民商事审判

广东法院
优秀裁判文书

GUANGDONG FAYUAN
YOUXIU CAIPAN WENSHU

主　编◎郑　鄂　副主编◎陈华杰

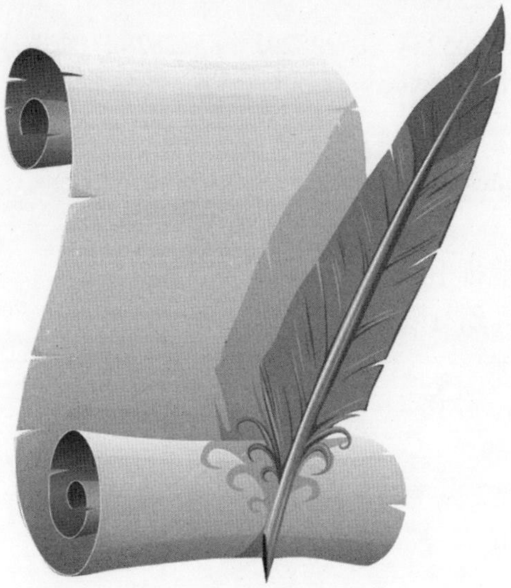

暨南大學出版社
JINAN UNIVERSITY PRESS

中国·广州

图书在版编目（CIP）数据

广东法院优秀裁判文书．民商事审判/郑鄂主编；陈华杰副主编．—广州：暨南大学出版社，2011.7（2011.8 重印）
ISBN 978-7-81135-802-5

Ⅰ.①广… Ⅱ.①郑…②陈… Ⅲ.①审判—法律文书—汇编—广东省 Ⅳ.①D926.22

中国版本图书馆 CIP 数据核字（2011）第 060180 号

出版发行：暨南大学出版社

地　址：中国广州暨南大学
电　话：总编室（8620）85221601
营销部（8620）85225284　85228291　85228292（邮购）
传　真：（8620）85221583（办公室）　85223774（营销部）
邮　编：510630
网　址：http：//www.jnupress.com　http：//press.jnu.edu.cn

排　版：暨南大学出版社照排中心
印　刷：佛山市浩文彩色印刷有限公司

开　本：787mm×1092mm　1/16
印　张：78.875
字　数：1968 千
版　次：2011 年 7 月第 1 版
印　次：2011 年 8 月第 2 次
印　数：2001—4000 册

总定价：198.00 元（一套三册）

序

裁判文书反映着人民法院履行宪法和法律赋予的神圣职责，在服务大局、维护稳定、化解社会矛盾中所取得的成绩，是人民法院与社会公众密切沟通的重要桥梁；是传承和弘扬司法文化，宣传国家法律制度、司法理念和文化内涵，展示法官智慧和人民法院司法公信力的重要媒介。裁判文书又是人民法院公正司法的载体，是法官呈现依法公正的审判程序、查明事实证据、分清是非责任、正确适用法律、彰显公平正义的重要舞台，是人民法院公正、公开、廉洁司法的重要窗口。

裁判文书在一定程度上代表了人民法院和人民法官公正司法的水平。一份优秀的裁判文书，必须客观、公正地描述案件事实，阐明证据采信、案件定性、责任承担，论证裁判逻辑和裁判结果，要体现法律的尊严和司法的权威，让当事人看到裁判的合理性和合法性，争取做到胜败皆服，实现案结事了。各级法院和广大法官必须牢固树立文书质量意识，始终把提高裁判文书的质量和制作水平，作为公正司法的重要任务，通过一份份严谨、规范、权威的裁判文书，传播社会主义法治理念，弘扬社会主义法治精神，诠释公正司法的过程，为维护社会稳定、化解社会矛盾、建设社会主义和谐社会发挥应有的作用。

近几年来，我省各级法院积极贯彻最高人民法院裁判文书改革的精神，通过创新和规范裁判文书样式，加强说理分析，提高文书制作水平。同时，通过对文书质量的检查评比，激发广大法官钻研裁判文书制作技巧的热情，不断提高全省法院裁判文书整体水平。2009 年以来，广东已连续两年组织开展全省法院优秀裁判文书评选活动，推动各级法院加强裁判文书质量管理工作，取得显著成效。这次由省高院编辑的《广东法院优秀裁判文书》所选录的 131 篇文书，是在全省各级法院推荐的 505 篇各类裁判文书中，按照公开、公正、公平原则，经严格的审核和评议评选出来的。这些优秀裁判文书涵盖刑事、民事、行政、立案、执行等各项审判执行业务，它们的共同优点是基本要素齐全，结构完整，层次分明；案件事实叙述完整、清晰、繁简得当；证据确实、全面、充分，证明力强；适用法律正确，引用法条准确、完整，实体处理得当；语言通顺、流畅，逻辑严谨，用语规范、准确。透过这些优秀裁判文书，我们可以看到办案法官在事实认定、证据分析、法律适用以及阐述裁判理由上下足了工夫，真正做到了以理服人，全面展示了我省法官制作裁判文书的职业水准。这些优秀裁判文书是我省法院大批优秀裁判文书的代表，省高院将它们集结出版时，编写了评析，便于读者学习、研究，摄取精华。文书所涉案件类型丰富，有许多在适用法律上具有相当难度，学习这些典型案例的裁判要义，可以开拓我们的视野，丰富我们的法学知识，对广大法官和学习、研究法律的其他读者，都将大有裨益。

广东省高级人民法院院长　郑　鄂

二〇一一年三月二十八日

目　录

●广东穗源实业发展公司等与广东省兴华实业公司等建设工程施工合同纠纷一案民事判决书

广东省高级人民法院

民事判决书

（2009）粤高法民一终字第15号

上诉人（原审被告）：广东穗源实业发展公司。住所地：广州市农林下路83号广发大厦23B楼A室。

法定代表人：吴洪，董事长。

委托代理人：李彦军，广东法制盛邦律师事务所律师。

委托代理人：张敏琳，广东法制盛邦律师事务所律师助理。

上诉人（原审被告）：广州市黄埔区鱼珠街茅岗社区居民委员会（原广州市黄埔区大沙镇茅岗村村民委员会）。住所地：广州市黄埔区鱼珠街茅岗社区。

法定代表人：周伟强，主任。

委托代理人：刘盖丘，广东高特律师事务所律师。

委托代理人：李汝松，身份证号：440105196303062759，住广州市江南大道北建安五巷3号。

上诉人（原审被告）：广州市黄埔区城市建设开发有限公司（原广州市黄埔区城市建设开发总公司）。住所地：广州市黄埔区丰乐中路建设大厦4楼。

法定代表人：潘远文，董事长。

委托代理人：罗锐强，该公司职员。

委托代理人：于志勇，广东天胜律师事务所律师。

被上诉人（原审被告）：广东省兴华实业公司。住所地：广州市农林下路17号。

法定代表人：刘光国，总经理。

委托代理人：谢运星，男，该公司职员。

被上诉人（原审原告）：广州市建筑机械施工有限公司。住所地：广州市南堤二马路28号。

法定代表人：冼聪颖，董事长。

委托代理人：郭荣昭，该公司职员。

委托代理人：樊相帮，广东明思律师事务所律师。

上诉人广东穗源实业发展公司（以下简称穗源公司）、广州市黄埔区鱼珠街茅岗社区居民委员会（以下简称茅岗居委会）、广州市黄埔区城市建设开发有限公司（以下简称黄埔城建公司）与被上诉人广州市建筑机械施工有限公司（以下简称机械公司）、广东省兴华实业公司（以下简称兴华公司）建设工程施工合同纠纷一案，原由广东省广州市中级人民法院于2005年8月26日作出（2003）穗中法民四初字第173号民事判决。穗源公司不服该判决，向本院提起上诉。本院经审理后，于2005年12月10日作出（2005）粤高法民一终字第315号民事裁定，以原审判决认定事实不清为由，将本案发回原审法院重新审理。原审法院重新审理后，于2008年8月21日作出（2006）穗中法民五重字第2号民事判决。穗源公司、茅岗居委会和黄埔城建公司仍不服该判决，向本院提起上诉。本院受理后，依法组成合议庭对本案进行了审理，现已审理终结。

机械公司于2003年11月7日向原审法院提起诉讼，请求判令：（一）兴华公司、穗源公司向机械公司支付拖欠的工程款16228913.27元及逾期付款违约金（按每日万分之二点一，从2000年7月1日起计至判决之日止）；（二）兴华公司、穗源公司负担本案诉讼费用。原审法院于2005年8月26日作出（2003）穗中法民四初字第173号民事判决，判令：（一）机械公司与兴华公司、穗源公司于1993年8月6日签订的《广州市建筑安装工程承发包专用合同》无效；（二）兴华公司、穗源公司于判决生效之日起一个月内支付工程款16228913.27元给机械公司；（三）驳回机械公司的其他诉讼请求。案件受理费111433元由机械公司负担25000元，兴华公司、穗源公司负担86433元。

穗源公司不服上述判决，于2005年9月20日向本院提起上诉，请求：（一）撤销广东省广州市中级人民法院（2003）穗中法民四初字第173号民事判决第二项；（二）由机械公司、兴华公司负担本案诉讼费。本院经审理后，于2005年12月10日作出（2005）粤高法民一终字第315号民事裁定，以原审判决认定事实不清为由，将本案发回原审法院重新审理。

机械公司于本案重审时向原审法院诉称：1993年8月6日，机械公司与兴华公司签订《广州市建筑安装工程承发包专用合同》。随后，穗源公司作为涉案工程的共同发包人也在该合同的复印件上盖章确认。该施工合同约定：兴华公司、穗源公司作为发包单位，机械公司作为承包单位，对位于广州市黄埔区茅岗路口中山大道北侧的宝岗大厦进行施工；承包工程的工期为900天（暂定1993年9月1日－1996年3月1日）。该合同第十六条第五项对违约责任作出了明确约定：一方逾期结清或退回工程尾数款者，从逾期20天次日起，按应结清或退回的数额，比照银行有关延期付款的规定，向对方偿付逾期付款违约金。合同签订前（1993年1月9日），兴华公司已按规定分别交纳了土地出让金、城市综合开发费和涉案工程宝岗大厦的土地价款，做好了开发建设宝岗大厦的前期工作；机械公司则在签订合同后依约进场施工。1993年8月，兴华公司又向合作开发单位（茅岗居委会）交纳了开发宝岗大厦的第一期定金500万元。穗源公司则在1993年8月通过阳西县利达房地产开发公司支付了30万元的宝岗大厦工程投资税费；1994年4月1日穗源公司又缴纳了40万元市政建设配套费。由于发包单位兴华公司、穗源公司迟迟没有依约拨付工程进度款，机械公司自筹资金进行了机械石方、人工土石方和挡土桩等相关工程；由于施工过程中地质爆破等问题和多次被迫停工，机械公司又为此多次向兴华公司和穗源公司请求有关损失补偿。在多次磋商未果的情况下，机械公司不得已停止施工。2000年6月26日，穗源公司向机械公司发函，对由于资金没有及时到位，致使机械公司未能顺利施工的情况深表歉意，并请求机械公司尽快提供已施工基础部分结算。机械公司遂于同月与穗源公司对宝岗大厦已施工部分进行结算，结算工程造价为人民币 16999933.27 元。穗源公司于 2006 年 6 月 30 日签收了《工程结算书》，但一直没有任何回应。根据施工合同第十二条第二款约定：兴华公司、穗源公司应在接到结算书之日起 30 天内提出意见，逾期视作同意。因此，应当认为双方对涉案工程的结算造价已达成一致意见。整个工程建设中，穗源公司仅预支过 77.1 万元工程款，但结算后就没有再支付过任何款项。机械公司分别于 2001 年 12 月 17 日和 2003 年 8 月 12 日两次发函催收该工程款，穗源公司均有签收或签字作过回应，但一直拒不支付。涉案工程是茅岗居委会与兴华公司合作开发的，而黄埔城建公司和茅岗居委会同样是合作开发关系。因此，作为涉案工程发包方的兴华公司和穗源公司迟迟拒不支付工程款，侵害了机械公司合法的财产权益；茅岗居委会和黄埔城建公司分别作为涉案工程的合作开发单位，应当对拖欠机械公司工程款的支付承担连带责任。为此，机械公司请求原审法院判令：1. 兴华公司、穗源公司、茅岗居委会和黄埔城建公司支付拖欠机械公司的工程款 16228913.27 元以及逾期付款利息（按每日万分之二点一从 2000 年 8 月 20 日起计至判决之日止，暂计至 2006 年 4 月 19 日，为 7051300.53 元）；2. 兴华公司、穗源公司、茅岗居委会和黄埔城建公司对第 1 项请求工程款本金和逾期付款利息的支付承担连带责任；3. 由兴华公司、穗源公司、茅岗居委会和黄埔城建公司承担本案的诉讼费用。

兴华公司于本案重审时辩称：由于涉案工程没有通过竣工验收，机械公司编制的《工程结算书》没有送达兴华公司，兴华公司不清楚《工程结算书》的内容，且工程没有进行结算，所以不同意机械公司的诉讼请求。现在兴华公司同意与机械公司结算，但具体的数额需要经过审核。兴华公司调查得知，机械公司于 1996 年 10 月 8 日才具有一级总承包资质，而双方就涉案工程签订的合同是在此时间前，涉案工程按照一级一类结算既不合理，也不合法。机械公司与兴华公司签订合同时有约定总承包的经营范围，可以承接涉案工程，其后机械公司把工程转给了南方建筑装饰工程总公司，所以工程结算应按实际施工企业即南方建筑装饰工程总公司的资质来结算。

穗源公司于本案重审时辩称：1. 穗源公司不是合同的一方当事人，不应成为合同的一方主体而承担相应的义务。2. 涉案工程没有通过竣工验收，机械公司无权要求支付工程款。3. 涉案工程是南方建筑装饰工程总公司施工，而该公司没有相关的资质，所以在结算时应按照无资质进行结算，且本案的签证人何茂及雷法文没有授权，其签证应为无效，不应记录为本案工程量。另外，机械公司主张的每日万分之二点一是违约金而非利息，因工程至今还没有进行结算，故穗源公司不同意机械公司计算利息的方法。

茅岗居委会于本案重审时辩称：1. 根据茅岗居委会与兴华公司签订的协议以及补充协议，茅岗居委会在开发过程中的义务是提供土地，权利是分得建成以后的房屋，支付工程款不是茅岗居委会的义务。2. 根据茅岗居委会与兴华公司签订的所有文件，宝岗大厦的土地是茅岗居委会的，并且在实际办理项目各种手续过程中，项目的土地使用权人一直是茅岗居委会，茅岗居委会在没有收到建成的房屋之前拥有全部土地使用权，但是这并不等于茅岗居委会要支付工程款，因为支付工程款不是提供土地方的义务，而是投资方兴华公司的义务。另外，机械公司与兴华公司直接签订建设施工合同，其与茅岗居委会没有直接的法律关系，机械公司不能直接向茅岗居委会主张工程款。

黄埔城建公司于本案重审时辩称：1. 根据《民法通则》第一百三十五条、一百三十七条的规定，本案作为普通的债权债务纠纷，应适用两年的诉讼时效期间。而本案经历了原一、二审，原一审判决书已认定黄埔城建公司参加本案诉讼是由原审法院依职权追加的，机械公司并没有向我公司主张过任何权利；机械公司从2000年8月20日至2006年4月20日提交起诉状止也没有证据证明其曾向黄埔城建公司主张过权利。因此，机械公司向黄埔城建公司主张权利已超过法定诉讼时效期间，依法不享有胜诉权。2. 本案是建设工程施工合同纠纷，机械公司提起的是合同违约之诉。黄埔城建公司与机械公司没有任何合同上的权利义务关系，机械公司要求黄埔城建公司对本案的债务承担连带责任没有事实和法律依据。3. 黄埔城建公司与茅岗居委会于1992年8月12日依据黄埔区政府的文件埔府（1992）文与茅岗居委会签订了《确认书》，从《确认书》可看出黄埔城建公司并不是涉案项目的实际开发人。根据公平原则和权利义务对等原则，黄埔城建公司不应承担任何责任。4. 机械公司提交的证据无法证明其诉讼请求，应承担举证不能的责任。机械公司是涉案合同的当事人，其提交的合同在本案原一审和重审时的主体发生了变化，该合同的真实性存在瑕疵。由于施工合同无效且工程质量目前仍不能确定，机械公司主张工程款不符合法律规定。

原审查明：广州市黄埔区大沙镇茅岗村村民委员会（茅岗居委会的前身，以下简称茅岗村委会）经广州市城市规划局（88）城地发复字第401号《关于同意改变土地使用性质的复函》及广州市房地产管理局1988年房地字260号《同意使用土地通知书》批准，在位于广州市中山大道东侧、茅岗村西南边地段5145平方米土地上进行项目建设。1992年8月12日，广州市黄埔区城市建设开发总公司（甲方，即黄埔城建公司的前身，以下简称黄埔城建公司）与茅岗村委会（乙方）签订《确认书》，其中约定：项目内容：位于中山大道黄埔路段北侧、茅岗路口西侧，（85）城地批字646号5145平方米用地，兴建宝岗大厦商住楼，建筑面积约5万平方米。项目开发方式：甲方取得本开发项目，本项目的各项具体工作则给予乙方承接，乙方自负盈亏，严格按有关规定运作。乙方责任：乙方自行组织人、财、物力进行本项目的开发建设管理经营，按规划要求兴建全部工程（包括各配套的公共设施），确保各单项工程至全项目按质按量完成并通过市有关部门验收；自行筹集本项目所需全部资金，不得要求甲方担保，按时如额交纳各种税费、管理费。1992年10月26日，茅岗村委会（甲方）与兴华公司（乙方）签订《合作开发合同书》，合同约定：甲方提供的合作开发用地位于茅岗公路口中山大道的西北面，占地面积约7326平方米，可建一幢高层综合商住楼及地下室一层，总建筑面积2.5万至3万平方米。甲方负责事项：负责办理征地的红线图及搬迁、测量、钻探、设计、立项、三通一平等事项，负责落实与挂靠单位（黄埔城建公司）的各项任务，为购房户办理产权契证，办理产权所发生的各项税费和费用由乙方支付。乙方负责事项：乙方负责该大楼建筑的全部资金和经营管理，负责组织施工队伍进行快速施工，确保工程时间、质量，提高经济效益，负责开发建设和所涉及经营的各项税费；将报建资金及时汇足给甲方；由甲方出面与挂靠单位（黄埔城建公司）协同签订具体有关条款。

1993年2月15日，广州市国土局出具广州市建征（拨）（93）字第74号《建设用地批准书》，其中载明：用地单位为茅岗村委会、黄埔城建公司，建设项目名称为综合商住楼，用地批准文号为（85）城地批646号，批准用地面积为5145平方米，并随文注销了（88）房地字260号《同意使用土地通知书》。

1993年8月6日，机械公司（乙方、承包方）与兴华公司（甲方、发包方）签订了《广州市建筑安装工程承发包专用合同》，其中约定：第一条，工程名称：宝岗大厦。建设地点：广州市黄埔区茅岗路口中山大道北侧。第二条，建设规模、面积（工程量）和承发包工程的范围及内容：综合大楼一幢30层、地下室一层，建筑面积约为56200平方米，桩基础、地下室、上层土建装修和室内水电管线、防雷等工程，消防系统及高级装修未列入本合同范围，届时另行商定。第三条，承包工程的工期定为900个日历天，暂定于1993年9月1日开工，1996年3月1日竣工，每个单项工程工期的起止时间是：桩基础及地下室至±0.00为180个日历天、±0.00以上及合同承包范围各项目为720个日历天，具体正式开工日以双方代表签认作为计算工期的依据；在履约过程中，根据变更设计所影响的工期和双方责任、不可抗力所延误的工期等因素，经甲、乙双方签证认可后进行调整，从而确定最后的竣工日期，乙方应按此竣工日期竣工。第四条，工程质量标准及保修条件、期限，按照国家及省、市的有关规定执行，工程竣工后由乙方出具保修证明书，有关保修责任范围按市建委穗建（1984）170号文规定办理。第五条，承包方式：乙方包工包料，以广州市建委现行定额规定和有关文件规定按二级企业标准计算编制工程预算和结算。施工各包干系数按2.5%计取。第六条，工程总造价按上述承包范围和方式，暂定为人民币柒仟伍佰万元，待图纸会审，编出工程预算书后即行调整合同造价，作为拨款依据。第七条，甲方应负责完成以下工作：向乙方提交施工（安装）图纸与说明书和有关的技术资料各14份；水电安装图纸14份；地质勘探资料2份；建筑（安装）许可证和报建审核意见书；提供适当场地供乙方就近搭设工棚，堆放材料设备之用；收到乙方工程预算书后60天内应审核交还乙方，逾期视作同意；向乙方提供现有场地所埋设的各类管线资料，防止发生施工事故。第八条，乙方应负责完成以下工作：在开工前5天完成组织施工图会审、编制施工组织设计，并送交甲方，作为甲方检查监督执行施工计划的依据。第十条，甲方派专人邓焕良为驻工地代表，对工程进度、工程质量进行监督，检查验收隐蔽工程，办理中间交工工程验收签证手续，督促乙方按规定搞好试件、材料试压和各项技术资料及报表整理，负责签证、解决应由甲方解决的问题以及其他事宜。第十二条，工程价款的支付和结算必须划（汇）入乙方的开户银行：市建二支行，账号：233015－79，否则，由此所造成的一切后果均由甲方负责；乙方不得将该工程款转入第三方账户或挪作他用。关于工程价款的支付和结算，双方在合同中约定：一、工程备料款和进度款按本款第（二）项执行，即桩基础及地下室，乙方自行带资施工；自地下室完工，即行按±0.00以上预算合同造价30%付给乙方备料款，以后按月进度全额付给进度款；进度款付至预算价50%之后，每月拨付进度款时，分期按比例扣还备料款；若市建委发文调整工程造价系数，甲方应按系数调整拨付进度款；进度款付至95%时余尾数5%待施工结算时付清；带资部分土建完工二十天内付清。二、工程结算：乙方应在全部工程竣工验收合格后三十天内提出竣工结算，送甲方和经办银行审核，甲方应在接到结算之日起三十天内提出意见，逾期视作同意，由经办银行划账，结算尾数。双方在竣工结算确认后三十天内，应进行退补结算。第十四条，工程交工验收：工程（包括单项工程）竣工前五天，由乙方通知甲方组织有关单位进行验收；工程质量及工程内容符合要求的，双方在《竣工工程验收证明书》上签章，同时乙方将全部有效的技术档案资料向甲方移交；如工程质量不合格或工程内容尚未完成者，由乙方在商定的期限内进行翻修或补建后，再进行验收，直至达到符合标准和要求为止，并按最后验收合格的日期作为竣工日期，由此支付的一切费用均由乙方负责；甲方逾期组织验收的，除应向乙方偿付违约金外，如果验收合格的，按本款规定的验收日期作为竣工日期，验收不合格需翻修的，按实际逾期天数顺延工期；工程（包括单项工程）未经验收，甲方提前使用或擅自动用，由此而发生的质量或其他问题由甲方承担责任。第十六条，违约责任：1. 甲方逾期供应材料、设备或逾期履行第七条各项规定之一者，从逾期七天次日起，除应负担乙方的实际损失外，并按拖延天数顺延工程；2. 甲方不按期拨付工程款，从超过十天次日起，按拖欠数额，按银行有关延期付款的规定向乙方偿付逾期付款违约金，同时，乙方有权停止施工，直至结清之日，停工期间的窝工和其他损失按实由甲方承担，工期顺延；……5. 一方逾期结清或退回工程尾款者，从逾期二十天次日起，按应结清或退回数额，比照银行有关延期付款的规定，向对方偿付逾期违约金。第十八条，其他事项及补充条款：1. 有关本工程的施工图纸与说明和会审记录，及其图表、资料，双方进行的有关会议洽谈记录，双方协商同意并经双方当事人签证的有关修改设计的变更文件等，都是据以施工和交工验收的技术资料，也是本合同的组成部分；2. 乙方应加强防火、防盗、施工安全防护措施和加强对施工队伍的管理，遵守和执行安全、文明和深夜施工等方面的规定，否则，造成的损失和有关部门按规定给予的处罚或追究赔偿的经济损失均由乙方负责；3. 乙方由谢英汉为本工程负责人。

在原一审庭审中，兴华公司提供的《广州市建筑安装工程承发包专用合同》，发包方（甲方）一栏盖有兴华公司印章，承包方（乙方）一栏盖有机械公司印章。机械公司提供的《广州市建筑安装工程承发包专用合同》，是兴华公司提供的上述《广州市建筑安装工程承发包专用合同》复印件，其上在发包方（甲方）一栏加盖穗源公司印章。在重审期间，机械公司提供的《广州市建筑安装工程承发包专用合同》，是兴华公司提供的上述《广州市建筑安装工程承发包专用合同》复印件，其上在发包方（甲方）一栏加盖穗源公司印章，承包方（乙方）一栏加盖机械公司印章，上述三份合同的签约时间及合同内容均相同。兴华公司称对有穗源公司盖章的合同的真实性不清楚，认为穗源公司并非涉案工程的发包单位，兴华公司在涉案工程开发中委托穗源公司法定代表人吴洪代为处理涉案工程的相关事宜包括付款，穗源公司与机械公司发生关系是基于兴华公司对吴洪的委托。在重审庭审中，兴华公司又称其并没有委托授权穗源公司对宝岗大厦工程进行管理，穗源公司对该工程进行实际管理所产生的法律责任应由其自行承担。穗源公司也承认兴华公司没有委托穗源公司对涉案工程进行管理。机械公司称穗源公司在兴华公司提供的《广州市建筑安装工程承发包专用合同》复印件上加盖印章后，机械公司又在承包方（乙方）一栏加盖印章是对该合同予以确认，并认为兴华公司与穗源公司均是合同主体，均是建设单位，均有履行合同之义务。

1993 年 8 月 18 日，茅岗村委会（甲方）与兴华公司（乙方）签订《〈合作开发合同书〉补充协议》，其中约定：有关建筑该幢大楼的工程质量，以及在建筑大楼中发生的债权债务、工程事故、工伤事故、风险责任全部由乙方负责，全部由乙方承担经济和法律责任，甲方不承担经济和法律责任。

1993 年 12 月 9 日，广州市城市规划局黄埔区规划分局以［93］穗城规埔建字第 149 号文向茅岗村委会和黄埔城建公司发出《关于宝岗大厦基础先行施工的批复》，载明暂同意宝岗大厦工程的基础、地下部分先行施工。

1993年12月11日，机械公司开始进场正式施工。1995年11月16日完成人工挖孔桩，1995年12月16日停工至今。机械公司在完成桩基工程后，向建设单位提交了《单位工程竣工报告书》，称：本工程于1995年11月16日竣工，请你单位派人于1995年12月20日到施工现场参加验收。关于桩基础的施工、检测及验收，机械公司在重审期间提交了《关于黄埔区宝岗大厦人工挖孔桩终孔会议纪要》及《十二月一日宝岗工地会议记录》、《桩基质量无损检测报告》、《桩基质量钻探抽芯检验报告》、《桩基工程竣工验收证明书》等证据材料。其中《关于黄埔区宝岗大厦人工挖孔桩终孔会议纪要》有设计单位、广州市质监站、机械公司和建设单位相关人员的签名，其中代表广州市质监站的是"王兴刚"，代表建设单位的是"邓衍权"、"何茂"。关于桩基础的分项工程验收的《十二月一日宝岗工地会议记录》记载：宝岗大厦工地桩基础砼浇灌由1995年9月13日开始，1995年11月16日止，共93条桩全部完成，需进行分项验收，以便进行地下室的施工；王站长提出桩的动测检验条数为：16桩承台测6条、9桩承台测5条、单桩共检测79条、桩抽芯检测暂定3条；穗源公司表示同意以上检测数量并支付检测费用；参加人员一栏有"王兴刚"的签名。据广东省工程勘察院地球物理勘探分院分别于1996年4月和1996年5月3日出具的《桩基质量无损检测报告》和《桩基质量钻探抽芯检验报告》记载：广东省工程勘察院地球物理勘探分院受穗源公司委托，于1996年4月18日和21日对宝岗大厦工地的桩基进行了瞬态动测法检测，共检测53根桩，其中一类桩8条，二类桩45条（分类标准：一类桩身完整连续，砼抗压强度均大于设计要求；二类桩身基本完整连续，砼抗压强度符合设计要求；三类桩身局部有缺陷，砼抗压强度基本符合设计要求；四类桩身有严重缺陷，砼抗压强度低于设计要求）；于1996年4月25日至30日对宝岗大厦工地的58、64、80号三条桩基础进行钻孔抽芯检验工作，目的是了解其桩身结构、砼强度、桩底沉渣及持力层等质量情况，以上桩砼强度表明58、64号桩为质量良好桩，80号桩为质量合格桩。宝岗大厦《桩基工程竣工验收证明书》记载：开工日期为1993年12月1日，竣工日期为1995年11月16日；建设项目名称为人工挖孔桩；建设单位一栏由穗源公司盖章、验收人邓衍权，承建单位一栏由机械公司盖章。关于宝岗大厦工程监督管理情况，广州市建设工程质量监督站于2007年9月29日函复原审法院称：该工程于1994年10月8日到广州市建设工程质量监督站办理监督登记手续，电脑记录显示处于待报监状态，即没有完成报监手续；该项目报监记录显示建筑监督员为原副站长王兴刚。

2000年6月20日，机械公司将《工程结算书》送达兴华公司、穗源公司，结算造价为16999933.27元。穗源公司在该结算书上盖章并注明："此基础结算由有关部门复核审定。"在本案重审期间，机械公司确认上述工程结算书是按照其与兴华公司、穗源公司签订的合同所约定的二级企业取费标准编制的。2000年6月26日，穗源公司在给机械公司的函中称，由于穗源公司资金没有及时到位导致机械公司未能顺利施工。根据机械公司于本案重审时提交的穗源公司于2000年6月26日给机械公司的函（复印件），该函称：关于机械公司承建穗源公司"宝岗大厦"工程一事，该项目已经大大超期，市国土局即将收回该地，因此，穗源公司拟低价转让出去，……现拟接收该项目的投资方与穗源公司谈判基本完成。另在机械公司重审时提交的南方建筑装饰工程总公司一公司三工区于1994年10月18日给宝岗大厦工程指挥部的《停工补偿报告》上，邓焕良签注："情况属实，请总公司批复"，并盖有宝岗大厦工程指挥部的印章。由于兴华公司、穗源公司一直未与机械公司结算桩基础工程款，机械公司遂于2003年11月7日向原审法院提起诉讼，请求判令兴华公司、穗源公司支付拖欠机械公司的工程款16228913.27元及逾期付款违约金（按每日万分之二点一，从2000年7月1日起计至判决之日止），由兴华公司、穗源公司负担本案诉讼费用。原审法院于2005年8月26日作出（2003）穗中法民四初字第173号民事判决，穗源公司不服该判决，向本院提起上诉。本院于2005年12月10日作出（2005）粤高法民一终字第315号民事裁定，以原审判决认定事实不清和影响案件的正确处理为由将本案发回原审法院重新审理，原审法院于2006年2月22日重新立案审理。

本案重审期间，穗源公司提交了机械公司于1995年5月13日致函兴华公司并抄送穗源公司的《请按合同约定的进行款项拨付的函》，该函称，工程款的拨付必须划入机械公司账户，或通知机械公司财务部门凭机械公司开具的票据拨付。由于宝岗大厦工程原先是由南方建筑装饰工程总公司第五工程处引进洽定，所以机械公司与南方建筑装饰工程总公司第一分公司签订了工程分包合同。现就有关问题顺告，目的是使兴华公司和穗源公司对事情有所了解。

原审另查明：兴华公司诉机械公司、第三人穗源公司建设工程合同纠纷一案，兴华公司请求机械公司开具已收工程款2951369元的发票以及移交宝岗大厦已施工的工程技术资料和分项工程质监验收资料，并终止《工程承发包合同》及撤离场地、支付逾期竣工的违约金等。在该案庭审过程中，兴华公司、机械公司均同意解除《广州市建筑安装工程承发包专用合同》，并一致确认目前机械公司已经撤场。同时，兴华公司确认其没有取得涉案工程宝岗大厦的建筑工程施工许可证、建筑工程规划许可证和土地使用权证。原审法院于2005年8月26日以（2004）穗中法民四初字第92号对该案作出判决，该判决书认定：因兴华公司及穗源公司未能提供证据证实兴华公司委托穗源公司与机械公司履行合同的相关权利义务，穗源公司在《广州市建筑安装工程承发包专用合同》上盖章并实际支付了部分工程款，故穗源公司是上述合同的主体；因兴华公司并非涉案工程的建设单位，涉案工程至今未取得建设规划许可证、建设施工许可证，故上述合同应属无效；因兴华公司、机械公司均确认机械公司实际上已撤离涉案工程的场地，双方的撤场纠纷已不存在，故兴华公司起诉要求机械公司撤离场地的请求应予驳回；因机械公司对兴华公司提供的经手人为夏炳权并盖有机械公司印章的两张预收款凭证（日期为1995年5月26日，合计771000元）予以确认，并同意开具发票，予以准许，对兴华公司提供的其余付款材料，从款项的支付方式看，上述款项并非通过划入机械公司开户银行的方式支付，不符合双方约定的工程款支付方式，从收款人身份来看，兴华公司未能举证证明谢英汉、蔡万荣是机械公司指定的工程款接收人，其他收款人也并非属于机械公司的机构，故兴华公司认为上述2180369元是工程预付款的理由不成立；鉴于机械公司完成人工挖孔桩后停工至今，且该工程已进行竣工验收，机械公司也已撤离涉案工程现场，机械公司应将属于兴华公司所有的与"宝岗大厦"相关的施工建设资料移交给兴华公司。同时判决上述《广州市建筑安装工程承发包专用合同》无效，机械公司向兴华公司开具已收工程款771000元的发票及向兴华公司移交"宝岗大厦"已施工的工程技术资料和分项工程质监验收资料等。该判决已发生法律效力。另在本案重审期间，机械公司与兴华公司、穗源公司均确认兴华公司已于2006年2月接收涉案工程及场地。

本案重审期间，原审法院向机械公司释明《广州市建筑安装工程承发包专用合同》为无效合同后，机械公司明确表示不变更诉讼请求。

本案重审期间，根据穗源公司提出的工程造价鉴定申请，原审法院委托广东均正房地产与土地估价有限公司对机械公司已完成的桩基工程造价进行鉴定。送鉴定的证据材料，包括兴华公司提交的关于宝岗大厦地基与基础人工挖孔桩施工及验收记录，编制日期分别为 1993. 11 - 1995. 12 和 1995. 3 - 1995. 11 的两套城建档案材料，以及机械公司提交的广州市建设工程建筑管理放线、验线、验收测量记录册等。原审法院组织双方当事人对送鉴定的证据材料进行了质证。在鉴定过程中，兴华公司曾要求撤回提交的鉴定资料。广东均正房地产与土地估价有限公司依据上述工程签证材料于 2008 年 1 月 28 日出具了《黄埔区茅岗路口宝岗大厦工程造价咨询报告》（粤均正造字［2006］Z-0234号），鉴定结论为：宝岗大厦基础工程造价为 16090864. 28 元，后依据机械公司关于漏评停工补偿的意见，于 2008 年 4 月 8 日出具增加了停工补偿费用鉴定内容的粤均正造字［2006］Z-0234（修）号鉴定报告，鉴定结论：停工补偿费用共计 392400 元，未含停工补偿工程造价为 16090864. 28 元，含停工补偿工程造价为 16483264. 28 元。上述鉴定报告送达双方当事人并经质证，机械公司表示对未含停工补偿和含停工补偿的工程造价鉴定结论均没有异议，并认为应该采纳含停工补偿的工程造价鉴定结论作为本案工程造价的定案依据。兴华公司认为因鉴定报告没有将不同签证人员的签证工程量加以区分，故对上述鉴定结论均不同意；兴华公司只认可有其员工雷法文、邓焕良签名或者盖有宝岗大厦工程指挥部印章的工程量签证材料，不认可穗源公司的员工邓衍权和何茂签名的签证材料。另在工程造价鉴定期间，兴华公司还提交了穗源公司于 1995 年 3 月 18 日给宝岗大厦工地的函，该函称，原穗源公司驻工地主管邓焕良等人因工作需要调出，现由邓衍权同志接管，施工工作方面的问题，请与邓衍权联系。穗源公司认为：1. 鉴定报告的工程量测算不准确，在工程量的签证中，邓衍权是穗源公司的员工，何茂则不是，何茂签名的资料穗源公司不予认可；2. 爆破工程量单价 2380 元/立方米是依据穗源公司与南方建筑装饰工程总公司第三工区的函件来确认的，并不是穗源公司与机械公司确认的，不应作为工程计价的依据；3. 鉴定报告套用定额的依据不科学；4. 涉案施工合同无效，应当按照实际施工人的资质确定其施工的等级，因机械公司没有提供实际施工人即南方建筑装饰工程总公司的资质材料，故应按无资质等级进行计算；5. 关于停工补偿，因邓焕良在《停工补偿报告》上已注明“请总公司批复”，但并没有总公司即兴华公司的批复，所以该停工补偿尚未得到建设方的确认，不应予以补偿。综上，上述鉴定结论不能作为本案工程造价的定案依据。茅岗居委会认为其既不是发包方，也不是建设方，故无法对鉴定报告的结论发表意见，由法院依法审查认定。黄埔城建公司表示对工程量的签证资料及鉴定结论有异议，因机械公司举证期限内提交的证据可以证实施工工程中存在转包或分包的情况，对于南方建筑装饰工程总公司是否有资质，黄埔城建公司不清楚，因此，只能假设以南方建筑装饰工程总公司没有资质来进行鉴定，但鉴定记录却依据一级资质进行鉴定。广东均正房地产与土地估价有限公司对穗源公司、兴华公司和黄埔城建公司提出的异议作出综合答复，并于 2008 年 7 月 9 日作出《黄埔区茅岗路口宝岗大厦工程造价咨询报告补充说明》，称按施工合同第五条约定的二级企业标准取费，未含停工补偿工程造价为 16027832. 81 元，含停工补偿工程造价为

16420232.81 元。该《补充说明》也已送达双方当事人并进行了质证。另外，穗源公司同时向原审法院提出对机械公司已完成的桩基工程进行工程质量鉴定的申请。

原审再查明：据机械公司提交的建设部于 1989 年 11 月 29 日核发的《施工企业资质等级证书》（复印件）显示，机械公司资质等级为机械施工一级，兼营建筑可承包 30 层以下、30 米跨度以下的房屋建筑，高度 100 米以下的构筑物的建筑施工；建设部于 2006 年 3 月 10 日核发的《施工企业资质等级证书》（原件）载明：机械公司主项资质等级为房屋建筑工程施工总承包一级。

原审法院认为：已有生效判决［（2004）穗中法民四初字第 92 号］认定穗源公司在机械公司与兴华公司签订的《广州市建筑安装工程承发包专用合同》上盖章并实际支付了部分工程款，故穗源公司是上述合同的主体；因兴华公司、穗源公司并非涉案宝岗大厦工程的合法建设单位，且涉案工程至今未取得建设工程规划许可证、施工许可证，违反了有关法律法规的强制性规定，故机械公司与兴华公司、穗源公司签订的《广州市建筑安装工程承发包专用合同》应属无效。尽管上述合同无效，但机械公司已依约实际完成了宝岗大厦桩基工程。在施工工程中，兴华公司成立的宝岗大厦工程指挥部、验收人雷法文在《隐蔽工程验收记录》上签注：“根据验收上面各条挡土桩按图规范施工，符合设计要求，情况属实，同意隐蔽”；在工程完工后，机械公司也依约向建设单位提交了《单位工程竣工报告书》，穗源公司并依据质监部门在《十二月一日宝岗工地会议记录》上提出桩的动测检验条数的意见，委托了广东省工程勘察院地球物理勘探分院对桩进行检测。该院分别于 1996 年 4 月和 1996 年 5 月 3 日出具的《桩基质量无损检测报告》和《桩基质量钻探抽芯检验报告》显示所检测的桩均符合设计要求或大于设计要求，桩质量均合格以上。结合施工合同关于“工程质量及工程内容符合要求的，双方在《竣工工程验收证明书》上签章”的约定，建设单位穗源公司在《桩基工程竣工验收证明书》上签名、盖章的行为也表明穗源公司认可机械公司施工的桩基工程质量及工程内容是符合要求的。现穗源公司又申请对机械公司已完成的宝岗大厦桩基工程重新进行工程质量鉴定。首先，穗源公司在本案中没有就此提起反诉；其次，机械公司早已撤离工地，并将工程技术档案资料移交给了兴华公司，兴华公司也实际接管了该工地，故对穗源公司工程质量鉴定申请依法不予采纳。至于《桩基工程竣工验收证明书》没有质监部门签章的问题。经查，《关于黄埔区宝岗大厦人工挖孔桩终孔会议纪要》及《十二月一日宝岗工地会议记录》可以反映，广州市建设工程质量监督站均派员参与了桩基工程的验收工作，其中王兴刚副站长还提出了桩的具体动测检验条数的意见。结合广州市建设工程质量监督站关于宝岗大厦工程监督管理情况给原审法院的复函内容，可以证实质监部门没有在上述《桩基工程竣工验收证明书》中工程质量等级核定结果一栏签名盖章是因宝岗大厦建设单位没有完成报监手续所致，责任在于兴华公司和穗源公司。综上，虽然机械公司与兴华公司、穗源公司签订的《广州市建筑安装工程承发包专用合同》无效，但机械公司已完成的桩基工程已经建设单位验收，桩的质量经检测合格，且机械公司已撤离工地，并将工程技术档案资料移交给了兴华公司，因此，根据《中华人民共和国合同法》第二百七十九条的规定，兴华公司、穗源公司应当参照合同约定支付工程价款给机械公司。关于兴华公司、穗源公司应付机械公司已完成的工程造价的问题。虽然机械公司在 2000 年 6 月 20 日将《工程结算书》送达穗源公司，但该公司在签收结算书时明确表示应由有关部门复核审定。由于穗源公司对机械公司单方编制的《工程结算书》内容有异议，兴华公司也不认可该《工程结算书》，故机械公司制作的《工程结算书》在法律上缺乏确定性，不能作为本案认定事实的根据。本案重审期间，根据穗源公司提出的工程造价鉴定申请，原审法院委托了广东均正房地产与土地估价有限公司对机械公司已完成的桩基工程造价进行鉴定。兴华公司提交的有关桩施工及验收记录的两套城建档案材料及机械公司补充的证据材料，绝大部分是施工过程中形成的签证等书面文件，根据《最高人民法院关于审理建设工程施工合同纠纷案件适用法律问题的解释》第十九条的规定：当事人对工程量有争议的，按照施工过程中形成的签证等书面文件确认。因此，广东均正房地产与土地估价有限公司根据兴华公司及机械公司提交的工程签证材料上进行鉴定是恰当的。关于兴华公司、穗源公司对部分工程签证材料中签证人员的签证资格提出质疑的问题，经审查，建设单位在上述签证材料上进行签证的机构及人员包括宝岗大厦工程指挥部及邓焕良、雷法文、邓衍权、何茂等人。兴华公司已认可有宝岗大厦工程指挥部、负责人雷法文签名的大部分签证材料，穗源公司也认可邓衍权和何茂是其员工。兴华公司、穗源公司虽对邓衍权、何茂两人签名的真实性提出质疑，但其仅提交了何茂的《证明》复印件及邓衍权的《关于宝岗大厦工程几个问题的说明》，上述证明、说明属证人证言，兴华公司、穗源公司既没有申请何茂和邓衍权出庭作证，也没有在原审法院提出的期限内申请对上述两人的笔迹进行司法鉴定，故应承担举证不能的法律后果。另外，何茂与邓衍权同在上述《关于黄埔区宝岗大厦人工挖孔桩终孔会议纪要》建设单位一栏签名及对工程进行签证的事实表明何茂是代表建设单位对涉案工程进行管理的，穗源公司认为何茂只是其公司的一般职员，没有工程签字的权力，缺乏依据。因此，兴华公司、穗源公司对于机械公司施工过程中形成的签证等书面文件提出的质疑不成立，不予采纳。需要指出的是，兴华公司在鉴定过程中要求撤回其提交的鉴定资料，既有违诚信原则，也与民事诉讼证据规则有关自认的规定不符，且机械公司也表示不同意，故依法不予准许。经广东均正房地产与土地估价有限公司鉴定，按机械公司一级企业标准取费未含停工补偿工程造价为16090864.28元，含停工补偿工程造价为16483264.28元；按施工合同第五条约定的二级企业标准取费，未含停工补偿工程造价为16027832.81元，含停工补偿工程造价为16420232.81元。穗源公司、兴华公司、黄埔城建公司和茅岗居委会虽对鉴定结论提出异议，但均未能提交足以反驳的相反证据和理由，因此，根据《最高人民法院关于民事诉讼证据的若干规定》第七十一条的规定，原审法院对鉴定机构作出的上述鉴定结论的证明力予以认定。鉴于合同约定的二级企业标准取费是双方当事人的真实意思表示，且机械公司已完成的桩基工程已经建设单位验收，桩的质量经检测合格，机械公司已撤离工地，将工程技术档案资料移交给了兴华公司，兴华公司、穗源公司应当参照合同约定支付工程价款给机械公司。故原审法院采纳按二级企业标准取费含停工补偿的工程造价鉴定结论16420232.81元作为确认本案工程款的依据，兴华公司、穗源公司应付机械公司工程款为16420232.81元。机械公司在施工过程中仅将部分桩基工程分包给南方建筑装饰工程总公司第一分公司施工，对此，机械公司已将双方分包之间的关系函告兴华公司、穗源公司，且南方建筑公司施工的有关桩基工程签证单也予以载明。由此可见，兴华公司、穗源公司对机械公司将部分桩基工程分包给南方建筑装饰工程总公司施工的事实是知道并认可的，穗源公司、黄埔城建公司认为合同无效，应按南方建筑装饰工程总公司无资质等级计价取费，理据不充分，不予采纳。兴华公司、穗源公司应付机械公司工程款16420232.81元，扣减生效判决认定兴华公司、穗源公司已付机械公司的工程款771000元后，尚欠机械公司工程款15649232.81元，故兴华公司、穗源公司应将未付的工程款15649232.81元及该款利息支付给机械公司。鉴于兴华公司、穗源公司确认机械公司已于2006年2月实际交付涉案工程，参照《最高人民法院关于审理建设工程施工合同纠纷案件适用法律问题的解释》第十八条第（一）项的规定，工程欠款的利息应按中国人民银行同期同类贷款利率的标准从2006年3月1日起计至判决还款之日止。机械公司主张利息按每日万分之二点一的标准从2000年8月20日起计，缺乏充分依据，不予支持。关于茅岗居委会、黄埔城建公司是否应对兴华公司、穗源公司拖欠机械公司的工程款及利息共同承责的问题，由于茅岗居委会、黄埔城建公司至今仍然是宝岗大厦工程项目的合法用地单位，且茅岗居委会与兴华公司签订了合作开发合同，在法律上是涉案开发项目的直接受益人，因此，茅岗居委会、黄埔城建公司对本案开发项目所产生的工程欠款及利息，对外应与兴华公司及穗源公司共同向机械公司承担责任。茅岗居委会、黄埔城建公司、兴华公司之间的内部合作开发关系，属另一法律关系，依法不予调处，茅岗居委会、黄埔城建公司可另循途径解决。茅岗居委会、黄埔城建公司仅以其不是实际投资人，支付工程款是投资方兴华公司的义务为由，主张对涉案工程欠款及利息无须承担责任，缺乏事实和法律依据，不予支持。关于黄埔城建公司认为机械公司诉请其承责已超过诉讼时效的问题，茅岗居委会、黄埔城建公司是因其是涉案开发项目的直接受益人而需要对本案开发项目所产生的工程款，与兴华公司及穗源公司共同向机械公司承担责任。茅岗居委会、黄埔城建公司承责范围及大小完全取决于发包人兴华公司、穗源公司与机械公司结算涉案工程总造价。由于穗源公司在收到机械公司提交的《工程结算书》后，一直未与兴华公司审定，涉案工程总造价直至本案才确定。因此，机械公司诉请黄埔城建公司就涉案工程欠款及利息与兴华公司、穗源公司共同承责，并未超过诉讼时效。据此，原审法院依照《中华人民共和国合同法》第五十二条第（五）项、第五十六条、第五十八条、第二百七十九条、第二百八十四条，《中华人民共和国建筑法》第七条，参照《最高人民法院关于民事诉讼证据的若干规定》第七十一条、第七十四条的规定，于2008年8月21日作出（2006）穗中法民五重字第2号民事判决：（一）广州市建筑机械施工有限公司与广东省兴华实业公司、广东穗源实业发展公司于1993年8月6日签订的《广州市建筑安装工程承发包专用合同》无效；（二）广东省兴华实业公司、广东穗源实业发展公司、广州市黄埔区鱼珠街茅岗社区居民委员会、广州市黄埔区城市建设开发有限公司于本判决发生法律效力之日起一个月内共同将未付的工程款15649232.81元及该款的利息（按中国人民银行同期同类贷款利率的标准计付从2006年3月1日起至判决还款之日止）支付给广州市建筑机械施工有限公司；（三）驳回广州市建筑机械施工有限公司的其他诉讼请求。本案诉讼费272211元（包括案件受理费126411元、工程造价鉴定费145800元），由机械公司负担33659元，兴华公司、穗源公司、茅岗居委会、黄埔城建公司共同负担238552元。

穗源公司不服上述判决，向本院提起上诉，请求撤销广东省广州市中级人民法院（2006）穗中法民五重字第2号民事判决书第二项，穗源公司无须承担支付工程欠款的责任，本案案件受理费由机械公司和兴华公司共同承担。主要理由是：（一）本案审理的是机械公司与兴华公司之间的建设工程施工合同纠纷，穗源公司并没有与涉案工程承发包双方签订过合同，不是工程的发包人，也不是工程的建设方。兴华公司才是真正的发包人，是建设方。因此，穗源公司不应成为本案诉讼当事人，更不应承担支付工程款的责任，重审判令穗源公司承担共同支付工程款责任错误。（二）原审判决认定涉案合同无效，但没有根据各方当事人的过错划分民事责任。机械公司和兴华公司对涉案合同无效均有过错，应根据过错的大小共同承担责任。

茅岗居委会不服上述判决，向本院提起上诉，请求撤销广东省广州市中级人民法院（2006）穗中法民五重字第2号民事判决第二项，驳回机械公司的诉讼请求，并由机械公司承担本案案件受理费。主要理由是：（一）原审判决违反法定程序。本案重审期间由法院委托进行工程造价评估，但机械公司提交鉴定的证据材料，未经证据交换和质证，属程序违法。（二）原审判决认定事实不清。本案属于建设工程施工合同纠纷，审查的应是机械公司与兴华公司之间的承发包合同关系，与茅岗居委会无关。茅岗居委会虽与兴华公司存在合同关系，但不是建设工程施工合同关系，与本案属于不同的法律关系，不能合并审理。（三）原审判决适用法律错误。茅岗居委会为涉案项目的合法用地单位，与兴华公司签订合作开发合同，茅岗居委会通过提供土地，获取相应的对价，与本案涉及的工程欠款纠纷无关。况且，连带责任的承担要么来自合同约定，要么依据法律规定，本案中对茅岗居委会承担的连带责任既无约定，亦无法律依据，因此，原审判决茅岗居委会对兴华公司的工程欠款承担连带责任属适用法律错误。

黄埔城建公司亦不服上述判决，向本院提起上诉，请求撤销广东省广州市中级人民法院（2006）穗中法民五重字第2号民事判决第一、第二项，驳回机械公司对黄埔城建公司的诉讼请求，并由机械公司承担本案案件受理费。主要理由是：（一）机械公司主张权利已超过诉讼时效期间。依据法律规定，机械公司应当从知道或者应当知道权利受侵害之日起两年内主张权利。根据本案事实，从1993年机械公司与兴华公司签订合同至2006年，机械公司从未向黄埔城建公司主张过权利，黄埔城建公司从未签收过机械公司的任何文件包括结算意见。因此，机械公司向黄埔城建公司主张权利已超过法定诉讼时效期间，对其诉讼请求应当依法予以驳回。（二）依据合同相对性原理，黄埔城建公司无须承担支付工程欠款的责任。本案是建设工程施工合同纠纷，而黄埔城建公司与机械公司之间从未签订过建设工程施工合同，根据合同相对性原理，机械公司只能依据合同约定向其合同当事人主张权利，其向黄埔城建公司主张合同权利没有事实和法律依据。（三）黄埔城建公司并非涉案项目的实际开发人及受益人。黄埔城建公司在本案中只是根据黄埔区政府“埔府［1992］019号文”的指示，为茅岗居委会开发土地提供便利。黄埔城建公司与茅岗居委会之间的权利义务关系以双方签订的协议为准。双方签订的协议约定可以充分证明，黄埔城建公司与茅岗居委会只是挂靠关系，黄埔城建公司并非涉案项目的实际开发人及受益人，黄埔城建公司只是依约收取10万元挂靠费。原审判决认定黄埔城建公司是受益人，并据此要求黄埔城建公司承担责任是错误的。（四）原审判决超出机械公司的诉讼请求范围，明显不当。原审判决确认涉案合同无效，而机械公司在本案重审中并无此项诉讼请求。即使经原审法院释明后，机械公司仍确认不变更诉讼请求。因此，原审判决超出机械公司的诉讼请求，属程序违法。（五）本案重审中的工程造价鉴定存在重大瑕疵，不能作为证据使用。本案重审中，当事人对工程造价鉴定报告提出了异议，但鉴定报告结论没有将有关的异议及问题进行有针对性的调整。首先，鉴定依据的签证问题；其次，转包的南方建筑装饰工程总公司并无相应资质，但鉴定报告仍按有资质的标准进行造价审核；再次，工程量测量不准。在上述问题没有得到解决的情况下，该工程造价鉴定报告的真实性及关联性存在重大瑕疵，不能作为证据使用。而且原审法院释明机械公司与兴华公司、穗源公司签订的施工合同无效，依据《最高人民法院关于审理建设工程施工合同纠纷案件适用法律问题的解释》第二条和第三条的规定，首先应当确认涉案工程质量是否合格，并据此作出不同的处理。广州市建设工程质量监督站于2007年9月29日复函原审法院，确认该工程“处于待报监状态，即没有完成报监手续”，可以认定政府主管部门并没有确认工程质量合格，原审判决在涉案工程质量是否合格不清的情况下作出判决，属于适用法律不当。

机械公司于二审口头答辩称：原审判决认定事实清楚，适用法律正确，请求依法驳回上诉，维持原判。

本院经审理查明，原审判决认定事实基本属实，本院予以确认。

本案二审期间，穗源公司和茅岗居委会分别向本院提交申请，要求对涉案工程进行质量鉴定，穗源公司还要求对涉案工程造价重新进行造价鉴定，主要理由是原审法院没有对涉案工程进行质量鉴定，属于认定事实不清，而且涉案工程造价委托鉴定的送鉴材料没有经过法庭质证，属程序违法。

本院认为：根据各方当事人的诉辩意见，本案的主要争议焦点有四：（一）穗源公司是否为涉案工程施工合同的发包人；（二）茅岗居委会和黄埔城建公司应否对本案工程款承担连带责任；（三）涉案工程是否需要进行质量鉴定；（四）原审法院对涉案工程的造价鉴定是否违反法定程序，该鉴定结论能否作为认定工程款的依据。

关于穗源公司是否涉案工程施工合同的发包人的问题。穗源公司在机械公司与兴华公司签订的《广州市建设安装工程承发包专用合同》发包人一栏加盖印章，穗源公司对此表示确认，且穗源公司在涉案合同履行中亦对机械公司支付了部分工程款，以上事实已为广东省广州市中级人民法院（2004）穗中法民四初字第92号生效判决所确认。根据本案查明的事实，2000年6月26日，穗源公司在给机械公司的函中承认，由于穗源公司资金没有到位导致机械公司未能顺利施工，并要求机械公司尽快将桩基部分的结算提交给穗源公司。涉案工程桩基部分完工后，穗源公司亦作为建设单位在宝岗大厦《桩基工程竣工验收证明书》中盖章，且于2000年6月30日在机械公司提交的《工程结算书》上盖章并注明：“此基础结算由有关部门复核审定。”此后，有关涉案工程的结算问题，机械公司也是多次与穗源公司联系。可见，穗源公司在机械公司与兴华公司签订的《广州市建设安装工程承发包专用合同》发包人一栏加盖印章后，实际上以发包人的名义参与了涉案工程施工合同的履行，以其实际行为认可了其发包人身份。因此，原审判决认定穗源公司是涉案合同的发包人有其事实和法律依据，本院依法予以维持。穗源公司上诉认为其不是涉案工程施工合同的当事人的主张，理据不足，本院不予采信。

关于茅岗居委会和黄埔城建公司是否应对兴华公司、穗源公司拖欠机械公司的工程款承担连带责任的问题。从兴华公司和茅岗居委会于1992年10月26日签订的《合作开发合同书》和1993年8月18日签订的《〈合作开发合同书〉补充协议》的内容来看，兴华公司负责整个项目的全部资金、施工建设、经营管理和各项税费等，并承担整个项目的工程质量、债权债务、事故风险等经济责任和法律责任，而茅岗居委会仅提供建设用地，收取固定利益人民币1780万元，不承担任何经济责任和法律责任。根据

《最高人民法院关于审理房地产管理法施行前房地产开发经营案件若干问题的解答》第十八条和第二十二条，以及《最高人民法院关于审理涉及国有土地使用权合同纠纷案件适用法律问题的解释》第二十四条的规定，上述合同的性质是名为合作、实为土地使用权转让，双方不是真正意义上的合作开发，而是转让土地使用权。因此，作为土地使用权的转让方，茅岗居委会无须对兴华公司的对外债务，包括兴华公司对机械公司的工程欠款承担连带赔偿责任。由于黄埔城建公司仅与茅岗居委会签订名为合作、实为挂靠关系的协议，茅岗居委会无须对兴华公司对机械公司的工程欠款承担连带赔偿责任，黄埔城建公司自然也无须对该工程欠款承担连带赔偿责任。原审判决认定茅岗居委会和黄埔城建公司是涉案项目的用地单位，且茅岗居委会与兴华公司签订了合作开发合同，是涉案项目的直接受益人，故茅岗居委会和黄埔城建公司对涉案项目所产生的工程欠款及利息，应与兴华公司、穗源公司共同向机械公司承担责任，属适用法律错误，本院依法予以纠正。茅岗居委会、黄埔城建公司上诉认为其无须对兴华公司和穗源公司对机械公司的工程欠款承担连带赔偿责任的主张，有事实和法律依据，本院依法予以支持。

关于涉案工程是否需要进行质量鉴定的问题。根据本案查明的事实，机械公司已依约完成了涉案工程的桩基础工程，且作为发包方的兴华公司成立的涉案宝岗大厦工程指挥部和验收人雷法文在每根桩的《隐蔽工程验收记录》上均签注："根据验收，上面各条挡土桩按图规范施工，符合设计要求，情况属实，同意隐蔽。"桩基础工程完工后，机械公司依约向兴华公司、机械公司提交了《单位工程竣工报告书》，穗源公司亦委托广东省工程勘察院地球物理勘探分院对涉案工程桩基进行了检测。根据广东省工程勘察院地球物理勘探分院分别于 1996 年 4 月和 1996 年 5 月 3 日出具的《桩基质量无损检测报告》和《桩基质量钻探抽芯检验报告》，所检测的桩达到一类桩和二类桩标准，均符合设计要求或大于设计要求，桩质量均为合格以上。根据兴华公司、穗源公司和机械公司签订的《广州市建设安装工程承发包专用合同》第十四条第三项的约定，工程质量及工程内容符合要求的，双方在《竣工工程验收证明书》上签章。穗源公司作为建设单位在机械公司提交的《桩基工程竣工验收证明书》上签名、盖章，表明穗源公司亦认可机械公司施工的桩基工程质量及工程内容是符合要求的。因此，穗源公司和茅岗居委会向本院申请对涉案工程进行质量鉴定，缺乏充足的事实和法律依据，本院不予支持。

关于原审法院对涉案工程的造价鉴定结论能否作为认定工程款的依据的问题。本案重审过程中，原审法院根据穗源公司的申请，依法委托了广东均正房地产与土地估价有限公司对机械公司已完成的桩基础工程造价进行鉴定。根据广东均正房地产与土地估价有限公司最终于 2008 年 7 月 9 日作出的《黄埔区茅岗路口宝岗大厦工程造价咨询报告补充说明》，机械公司已完成的桩基础工程的造价是：未含停工补偿工程造价为 16027832.81 元，含停工补偿工程造价为 16420232.81 元。根据原审法院的庭审笔录，原审法院分别于 2006 年 6 月 13 日和 14 日，组织双方当事人对提交给鉴定机构的送鉴资料当庭进行了证据交换和质证工作。鉴定报告初稿和定稿形成后，原审法院也分别于 2007 年 3 月 6 日和 2008 年 8 月 14 日组织双方当事人进行了质证。因此，原审法院委托广东均正房地产与土地估价有限公司对机械公司已完成的桩基础工程造价进行鉴定，程序并不违法。原审法院采纳按二级企业标准取费含停工补偿的工程造价鉴定结论 16420232.81 元作为确认本案工程款的依据，同时扣减兴华公司、穗源公司已付机械公司的工程款771000元，认定兴华公司、穗源公司尚欠机械公司工程款15649232.81元并无不当，本院依法予以维持。穗源公司要求对涉案工程重新进行造价鉴定的申请，理据不足，本院不予支持。

综上所述，原审判决认定事实清楚，但适用法律部分错误，本院依法予以纠正。茅岗居委会和黄埔城建公司的上诉请求部分有理，依法应予支持。根据《中华人民共和国民事诉讼法》第一百五十三条第一款第（二）项、《最高人民法院关于民事诉讼证据的若干规定》第二十七条和第七十一条、《最高人民法院关于审理房地产管理法施行前房地产开发经营案件若干问题的解答》第十八条和第二十二条、《最高人民法院关于审理涉及国有土地使用权合同纠纷案件适用法律问题的解释》第二十四条的规定，判决如下：

一、维持广东省广州市中级人民法院（2006）穗中法民五重字第2号民事判决第一项。

二、变更广东省广州市中级人民法院（2006）穗中法民五重字第2号民事判决第二项为：广东省兴华实业公司、广东穗源实业发展公司应于本判决发生法律效力之日起一个月内共同将未付的工程款15649232.81元及该款的利息（按中国人民银行同期同类贷款利率的标准计付，从2006年3月1日起计算至判决还款之日止）支付给广州市建筑机械施工有限公司。

三、撤销广东省广州市中级人民法院（2006）穗中法民五重字第2号民事判决第三项。

四、驳回广州市建筑机械施工有限公司的其他诉讼请求。

如果未按本判决指定的期间履行给付金钱义务，应当依照《中华人民共和国民事诉讼法》第二百二十九条之规定，加倍支付迟延履行期间的债务利息。

本案二审案件受理费人民币111433元，由广东穗源实业发展公司负担55716.5元，广州市建筑机械施工有限公司负担55716.5元。广州市黄埔区鱼珠街茅岗社区居民委员会多预交的二审案件受理费人民币115696元、广州市黄埔区城市建设开发有限公司多预交的二审案件受理费人民币115696元，由本院予以清退。本案一审诉讼费272211元，由广州市建筑机械施工有限公司负担33659元，广东省兴华实业公司和广东穗源实业发展公司共同负担238552元。

本判决为终审判决。

审　判　长　陈吉生
代理审判员　金锦城
代理审判员　贾　密
二〇〇九年十月十日
书　记　员　郭尔绚

【评析】

这是一份二审民事判决书，被评为2010年全省法院优秀裁判文书。该判决书具有以下特点：1. 基本要素齐全，结构完整，层次分明，符合最高人民法院诉讼文书样式的规定。2. 案件事实叙述完整清晰，繁简得当。对当事人提交的证据和质证情况作了详细充分的阐述，准确概括当事人的诉辩意见，认定事实清楚、完整，对案件的重要程序事项和诉讼活动作了明确表述。3. 论证充分、实体处理得当。本案当事人争议问题较多，包括诉讼主体是否适格、涉案合同的性质、工程造价鉴定结论的采信和工程质量的判断等，判决书在说理部分能够准确归纳当事人的争议焦点，结合证据的质证、认证情况进行充分论述，逻辑性、说理性强，论证全面、有针对性。适用法律准确具体，论理方式深入浅出，理据充分，实体处理得当，尤其是对涉案合同属于土地使用权转让还是合作开发房地产性质以及各方当事人对工程欠款责任承担的准确判定，具有一定的典型性，反映出办案法官深厚的法学理论功底和丰富的实践经验。4. 用语规范准确，逻辑严谨，行文流畅。

●惠州中冠工业房产开发有限公司清算委员会与冠京华电子工业（惠州）有限公司不当得利纠纷一案民事判决书

广东省高级人民法院

民 事 判 决 书

（2009）粤高法民一终字第 8 号

上诉人（原审原告）：惠州中冠工业房产开发有限公司清算委员会。地址：广东省惠州市下埔大道信托大厦正大会计师事务所内。

负责人：刘志宏，该清算委员会主任。

诉讼代理人：朱玉明、黄姗姗，均系广东广大律师事务所律师。

被上诉人（原审被告）：冠京华电子工业（惠州）有限公司。住所地：广东省惠州市斜下惠台工业园区内。

法定代表人：Byong Hyok Heo（巴彼），该公司董事长。

诉讼代理人：黄尉龙，广东方正联合律师事务所律师。

诉讼代理人：张辉，广东胜伦律师事务所律师。

上诉人惠州中冠工业房产开发有限公司清算委员会（以下简称中冠公司清算委员会）因与被上诉人冠京华电子工业（惠州）有限公司（以下简称冠京华电子公司）不当得利纠纷一案，不服广东省惠州市中级人民法院（2007）惠中法民一初字第 26 号民事判决，向本院提起上诉。本院受理后，依法组成合议庭对本案进行了审理，现已审理终结。

中冠公司清算委员会于 2006 年 9 月 8 日向广东省惠州市惠城区人民法院提起本案诉讼。2006 年 12 月 29 日，惠州市惠城区人民法院根据惠州市中级人民法院（2006）惠中法立民终字第 92 号民事裁定，将本案移送惠州市中级人民法院（以下简称原审法院）审理。中冠公司清算委员会在原审起诉称：惠州中冠工业房产开发有限公司（以下简称中冠公司）是在 1993 年 1 月 15 日由中方中信房地产惠州分公司（以下简称中信惠州分公司）与外方冠京华企业有限公司（以下简称香港冠京华公司）共同设立，主要经营范围为开发工业房产。2005 年双方发生纠纷，由中信惠州分公司依约向中国国际经济贸易仲裁委员会申请仲裁，该仲裁委员会于 2006 年 1 月 27 日作出（2006）中国贸仲京裁字第 0032 号裁决书，裁决双方合资经营的中冠公司合同书解除，中冠公司进行清算。由于双方无法自行清算，之后由中方中信惠州分公司依法向惠州市对外贸易经济合作局申请对中冠公司进行清算，惠州市对外贸易经济合作局于 2006 年 7 月 3 日作出惠外经贸资审字（2006）260号文件批准中冠公司进行特别清算程序，并依法成立清算委员会，负责中冠公司清算工作。清算委员会成立后经过大量的财产清查工作，发现冠京华电子公司非法占有了中冠公司土地款545万元，对中冠公司负有巨额债务，为维护清算公司的合法权益，清算组依据《外商投资企业清算办法》第十一条第（八）项的规定依法向人民法院提起诉讼，要求冠京华电子公司返还土地款545万元并按银行同期流动资金贷款利率支付利息。事实及理由如下：中冠公司清算委员会在清算中发现，中冠公司成立的目的是由中方中信惠州分公司与外方香港冠京华公司共同开发惠州惠台工业园区54号小区内5万平方米土地，其中由中方负责出资，由外方负责土地的征购并办理相关手续。另外，根据资料显示中冠公司实为开发此土地的项目公司，因为在中冠公司成立之前开发此土地的前期协议是由中信惠州分公司的主管单位中国中信房地产公司与香港冠京华公司进行的，协议书约定由双方共同投资开发惠台工业园区54号小区内5万平方米土地，由香港冠京华公司负责土地的征购及完善相关手续，之后双方再成立一个公司专项开发此土地。而在当时签订完协议后，香港冠京华公司董事长吴隆达就写信给中信房地产公司的负责人，称自己已付了大部分购地款，但土地涉及三通一平，需要人民币300万元。中信房地产公司收到信后，分别于1992年7月3日、7月22日、10月22日将420万元人民币汇到香港冠京华公司惠州办事处的账号上，让其去办理征地手续（其中有15万元付到冠京华电子公司）。1993年，为了便于项目开发，中信房地产公司决定由中信惠州分公司与香港冠京华公司成立中冠公司。中冠公司于1993年1月15日成立后，由外方香港冠京华公司董事长吴隆达担任中冠公司的董事长，继续负责办理协议内土地的手续，原420万元成为中冠公司中方中信惠州分公司的投资款进行购地。1993年12月30日，由冠京华电子公司出具一份“证明”，由中信惠州分公司、中冠公司、香港冠京华公司、冠京华电子公司三方确认：在中冠公司成立之前中信惠州分公司曾将部分资金付至冠京华电子公司，并由该公司代办购买土地房产等支付手续。具体如下：总收入420万元人民币（为中信房地产公司所投），其中375万元用于购买土地……此后时间里中方中信惠州分公司多次向外方香港冠京华公司董事长吴隆达询问土地进展情况，但对方总说国土使用证未办理出来。2004年8月，中方对吴隆达的理由产生怀疑，便委托律师去惠州国土局调查该土地的情况，调查后发现该土地并没有被中冠公司购买，而是被作为代办支付手续的冠京华电子公司从惠州国土局收购。冠京华电子公司系香港冠京华公司董事长吴隆达在内地成立的一家独资公司，该代为支付款项也为吴隆达安排。根据上述内容，中冠公司清算委员会认为本案当中，冠京华电子公司利用代为支付土地款项的便利私自将中信惠州分公司投资到中冠公司的375万元购地款转为自己购买土地的用途。据此，中冠公司清算委员会认为，冠京华电子公司将中冠公司的资金用于自己购买土地，其行为已构成违法，且其占有该笔巨额资金也没有任何合法理由及依据，属不当得利的行为，已严重侵害了中冠公司的合法权益。依据我国民法通则的规定，冠京华电子公司应当承担返还上述土地款及利息的责任。综上所述，请求法院在查清事实的基础上，依法判令：1. 冠京华电子公司返还中冠公司清算委员会购买土地款375万元并按银行同期流动资金贷款利率支付利息。2. 本案的全部诉讼费用由冠京华电子公司承担。

冠京华电子公司在原审答辩称：一、中冠公司清算委员会以冠京华电子公司作为本案被告，明显存在诉讼主体上的错误。（一）香港冠京华公司并不是冠京华电子公司的股东，冠京华电子公司法定代表人亦不是吴隆达或吴迪康。（二）冠京华电子公司与中冠公司之间并未签订任何土地使用权转让合同，中冠公司清算委员会亦未提供任何与冠京华电子公司之间签有土地使用权转让合同的证据。中冠公司清算委员会所提供的1992年6月18日的《合资开发惠州市惠台工业园区的协议书》系中信房地产公司与香港冠京华公司所签订的。1992年的《合资经营中冠公司合同书》和《中冠公司章程》系中信惠州分公司与香港冠京华公司所签订的。上述协议书、合同书和章程的签订既无冠京华电子公司参加，也无关于共同开发54号小区土地的具体约定，并不涉及冠京华电子公司所购买的惠台工业园区30009平方米土地，中国国际经济贸易仲裁委员会（2006）中国贸仲京裁字第0032号裁决书，也对此作出了明确认定。因此，冠京华电子公司与中冠公司清算委员会之间根本不存在任何土地使用权合同纠纷。（三）香港冠京华公司转入冠京华电子公司的全部款项（无论香港冠京华公司的款项来自何方）均系该公司对冠京华电子公司的投资，而香港冠京华公司已将对冠京华电子公司的全部投资作为该公司的股权价值，以80万美元的价格完全转让给了冠京华电子公司新的股东，香港冠京华公司通过转让其拥有的冠京华电子公司的股权，已收回对冠京华电子公司的全部投资，香港冠京华公司转入冠京华电子公司的全部资金也已属于新股东的投资。因此，冠京华电子公司并不存在占有香港冠京华公司资产，也不存在对香港冠京华公司负有任何债务，香港冠京华公司对外的债权、债务与冠京华电子公司无任何关系。二、冠京华电子公司未收取或占用中冠公司以及中信房地产公司和中信惠州分公司任何款项。（一）中冠公司清算委员会所提供证据中1992年7月3日、1992年7月22日和1992年10月22日，共计405万元的转账凭证说明，该部分款项系作为贷款汇入香港冠京华公司惠州办事处的账户，但该部分款项与冠京华电子公司无任何关系。而且，中冠公司清算委员会提供的中冠公司的收款收据和记账凭证证明，该405万元款项又被转入中冠公司。对此，中国国际经济贸易仲裁委员会（2006）中国贸仲京裁字第0032号裁决书也明确认定香港冠京华公司惠州办事处将收到的中信房地产公司405万元贷款又转给了中冠公司，且中冠公司已收到该405万元款项，并不存在该405万元款项被挪用的事实。（二）中冠公司清算委员会提供的1993年12月30日的一份证明。第一，冠京华电子公司从未出具过该证明，也从未收到过该证明中所列款项，该证明中所使用的冠京华电子公司印章系冠京华电子公司早已丢失并废止的印章。因此，该证明是伪造的。为此，冠京华电子公司已申请法院对该证明进行司法鉴定。第二，以这份伪造的证明，中冠公司清算委员会并不能提供任何冠京华电子公司收到证明中所列款项的汇款凭证和收款收据。第三，这份伪造的证明所载明的系两个公司向冠京华电子公司汇入资金，但并未载明其中的375万元土地款系由中信惠州分公司汇入的。第四，根据仲裁委第0032号裁决书确认中信惠州分公司1995年7月20日前，对中冠公司的投资款共计仅6139650元。其中包括：（1）中冠公司成立前曾经转给香港冠京华公司，后又转回中冠公司的405万元。（2）转给惠台工业园的170万元。（3）中冠公司成立后，陆续投入中冠公司的389650元。由此可见，根本不可能存在冠京华电子公司占用中冠公司清算委员会375万元土地款的情况。第五，已超过诉讼时效。（三）中冠公司清算委员会1992年11月19日、1993年2月2日由中信惠州分公司汇入冠京华电子公司的15万元，系当时该公司领导及工作人员出国，与冠京华电子公司换取了外汇的款项，与中冠公司清算委员会无关。中信惠州分公司也不可能再来无理索要该款项。即使中信惠州分公司无理索要该款项，也已超过诉讼时效。三、冠京华电子公司位于惠台工业园区的30009平方米的土地系冠京华电子公司自行购买的土地，与中冠公司清算委员会无任何关系。（一）根据1991年12月《广东省惠州市惠城区对外经济贸易委员会的文件》和《合作经营冠京华电子工业（惠州）有限公司合同》，由惠台工业园区开发总公司向冠京华电子公司提供15万平方米土地。后因惠台工业园区开发总公司未履行合同而退出合作，实际提供了30009平方米土地。（二）根据惠州市人民政府文件《惠府［1997］65号》规定的最高限价，30009平方米土地的地价款计4501350元，但也已明显高于冠京华电子公司当时土地出让合同中约定的价格。冠京华电子公司于1992年的1月27日、2月14日、3月2日、3月19日、5月8日、12月31日，先后支付土地款2855200元；委托北京市康诺冠京华代为支付土地款100万元。此时，冠京华电子公司共计已支付土地款3855200元。而中冠公司清算委员会所提供的证据中，中信房地产公司最早的对外付款时间为1992年7月。2000年12月8日，冠京华电子公司在办理和领取土地使用证时，惠台工业园管理部门提出冠京华电子公司尚欠土地款及办证费1556954.50元，由冠京华电子公司出具了欠条后，领取了土地证。为此，冠京华电子公司为购买该30009平方米土地所承担的总价款为5412154.50元。鉴于惠台工业园区管理部门对该土地的要价已超出惠州市人民政府规定对土地的定价，更远远高出当时购地时约定的地价，冠京华电子公司尚须与有关部门进行实际的协调和结算后，再结清地价款。因此，根据国有土地使用权出让合同，冠京华电子公司已超额支付了土地款，即使根据惠州市人民政府文件规定的最高限价，冠京华电子公司所支付的土地款加上出具的欠条，也已超额承担所购买的30009平方米的土地款，并不需要也未占用其他任何人的款项用于自己购买土地。四、惠州市公安局根据中信惠州分公司的报案，对该案件所涉及的款项以职务侵占为由作为刑事案件立案，并仍处在侦查阶段，在刑事案件未撤销和解除对冠京华电子公司土地的冻结之前，法院应依照有关规定中止对该案的审理。

原审法院经审理查明：1992年，中信惠州分公司与香港冠京华公司签署《合资经营中冠工业房产开发有限公司合同书》，约定成立中冠公司，用于开发房地产。中冠公司成立于1993年1月15日。2006年1月27日，中国国际经济贸易仲裁委员会以（2006）中国贸仲京裁字第0032号裁决书裁决合资合同解除，该合资公司进行清算。2006年7月3日，该公司经惠州市对外贸易经济合作局作出惠外经贸资审字［2006］260号文，进入清算程序。

冠京华电子公司系由香港冠京华公司开办的港资独资企业，成立日期为1992年1月13日。2005年，冠京华电子公司原投资方香港冠京华公司将其所有的90%的股权转让给了美国B&C INTERNATIONAL INC.，10%的股权转让给了香港冠骏集团有限公司。

1993年12月30日，冠京华电子公司出具《证明》（以下简称“四方证明”）一份，内容为“中冠公司系1993年元月份成立。该公司成立前，中信惠州分公司和香港冠京华公司曾将部分资金汇入电子公司账户，并由我公司代办支付手续，具体项目如下：人民币：收入：4200000元，支出：土地3750000元……以上账目已由该公司合资双方检验后认可，特此证明”。该《证明》加盖有中信惠州分公司、中冠公司、香港冠京华公司和冠京华电子公司四家公司的印章。

1992年11月19日，中信惠州分公司向冠京华电子公司付款10万元；1993年2月2日，中信惠州分公司向冠京华电子公司付款5万元；1992年7月3日，中信房地产公司向香港冠京华公司惠州办事处支付开办费5万元；1992年7月22日，中信房地产公司向香港冠京华公司惠州办事处支付贷款300万元；1992年10月22日，中信房地产公司向香港冠京华公司惠州办事处支付贷款100万元；1993年8月3日，中冠公司向案外人惠州市惠台工业园区开发总公司（以下简称惠台工业园）支付公共设施配套费120万元；1993年12月20日，中冠公司向案外人惠台工业园支付公共设施配套款50万元。

本案审理过程当中，冠京华电子公司对“四方证明”的真伪提出质疑，书面申请对“四方证明”中文字的具体书写时间和该证明中印章的加盖时间进行司法鉴定，原审法院收到冠京华电子公司的鉴定申请后要求其提供鉴定所需的检材，但冠京华电子公司书面答复表示无法提交符合要求的检材。

冠京华电子公司向原审法院提交了（2006）中国贸仲京裁字第0032号仲裁裁决书，双方对该仲裁裁决书的真实性并无异议，原审予以采信，该裁决书所认定的事实原审法院予以认定。对于原审法院向公安部门调查所取得的《询问笔录》，由于该部分证据未经公安部门最终定案予以认定，且部分当事人和证人的证词与原审法院查明事实有出入，因此对于《询问笔录》中所记载的内容，有其他证据予以印证的部分原审法院予以采信，没有其他证据予以印证的部分原审法院不予采信。

原审法院认为，中冠公司清算委员会系依生效的（2006）中国贸仲京裁字第0032号裁决书，经惠州市对外贸易经济合作局于2006年7月3日作出惠外经贸资审字（2006）260号文件批准成立的清算组织，参照《广东省高级人民法院关于企业法人解散后的诉讼主体资格及其民事责任承担问题的指导意见》第一条、第二条和第三条的规定，中冠公司清算委员会有权代表中冠公司提起诉讼。

本案的焦点在于冠京华电子公司是否占用了中冠公司清算委员会375万元的资金，对此原审法院审理如下：

首先，中冠公司清算委员会以不当得利为由请求冠京华电子公司返还375万元购地款的主要证据是由冠京华电子公司出具的，加盖有中信惠州分公司、香港冠京华公司和中冠公司公章的“四方证明”。该“四方证明”的内容显示，冠京华电子公司在中冠公司成立之前收取了中信惠州分公司和香港冠京华公司的资金420万元，其中375万元为其代办支付手续的土地款。从该证据的内容来看，由于向冠京华电子公司支付款项的是中信惠州分公司和香港冠京华公司，因此如果冠京华电子公司未能将该款项按照约定用于付款人中信惠州分公司和香港冠京华公司指定的用途，那么冠京华电子公司将对两付款人中信惠州分公司和香港冠京华公司负有违约之债，债权人应该是中信惠州分公司和香港冠京华公司，而非中冠公司，向冠京华电子公司主张权利的也应该是中信惠州分公司和香港冠京华公司，而非中冠公司。其次，从中冠公司、冠京华电子公司双方提交的证据来看，中信惠州分公司和香港冠京华公司所签订的合资企业经营合同中并未明确双方共同开发的土地位于惠台工业园区54号小区，也没有明确冠京华电子公司办理的土地就是中冠公司按合资企业经营合同约定开发的土地，因此原审法院无法认定中冠公司清算委员会所主张的，冠京华电子公司将应归属中冠公司的土地办理到了自己名下的事实，也就是说原审法院无法认定冠京华电子公司对中冠公司存在侵权行为，负有侵权之债。再次，从中冠公司清算委员会提交的收款收据来看，没有显示冠京华电子公司收取了中冠公司375万元购地款的事实。由此可见，对于“四方证明”所记载的375万元购地款，由于中冠公司与冠京华电子公司之间没有债权债务关系，因此其向冠京华电子公司主张权利没有事实与法律的依据。

综上所述，中冠公司与冠京华电子公司之间没有中冠公司清算委员会所主张的债权债务关系，中冠公司清算委员会的主张依据不足，原审法院不予支持。依照《中华人民共和国民事诉讼法》第一百三十八条的规定，原审法院于2008年11月7日作出判决：驳回中冠公司清算委员会的诉讼请求。

中冠公司清算委员会不服原审判决，向本院提起上诉称：一审法院认为中冠公司清算委员会无权向冠京华电子公司主张返还购买土地款375万元，与事实不符。中冠公司系由中信惠州分公司和香港冠京华公司共同投资于1993年1月15日成立，成立之前的405万元系中信惠州分公司对中冠公司的出资。这一事实已经在中国国际经济贸易仲裁委员会（2006）中国贸仲京裁字第0032号裁决书中得到明确的认定“据此仲裁庭认为该笔贷款应视为已经转作申请人的出资”（裁决书的第十九页第六行）。中冠公司清算委员会所提交的中冠公司所开具的收款收据也明确了中信惠州分公司投资405万元的事实，中信惠州分公司出资后，该405万元即依法确定为中冠公司所有。冠京华电子公司于1993年12月30日出具了一份“四方证明”，证明冠京华电子公司收到并代支付土地款375万元。中冠公司及中信惠州分公司和香港冠京华公司三方对这一事实同时盖章确认，但冠京华电子公司实际上并未为中冠公司办理用地手续及支付该375万元土地款，冠京华电子公司无正当理由占有了中冠公司的钱款的行为已构成不当得利，应依法返还。一审法院完全不顾中冠公司清算委员会所提出的完整的证据链，孤立地从文字上来理解“四方证明”，作出完全与事实相悖的判决。中冠公司清算委员会于2006年8月26日向惠州市中级人民法院提起诉讼，要求冠京华电子公司返还购地款375万元，惠州市中级人民法院以“冠京华电子公司将对两付款人‘中信惠州分公司’和‘香港冠京华公司’负有违约之债，债权人应该是‘中信惠州分公司’和‘香港冠京华公司’，而非‘中冠公司’”、“‘中冠公司’与‘冠京华电子公司’之间没有债权债务关系”为由，驳回中冠公司清算委员会的起诉。2007年10月11日，中冠公司清算委员会向广东省高级人民法院提起上诉，广东省高级人民法院于2008年4月2日作出裁定，在裁定书中明确“中冠公司清算委依据‘四方证明’等证据提出本案的诉请，与本案有直接利害关系。因此，中冠公司清算委诉请冠京华电子公司返还375万元而提起的诉讼，符合《中华人民共和国民事诉讼法》第一百零八条规定的条件，人民法院应予受理。原审裁定以中冠公司清算委主体不适格为由，裁定驳回其诉请冠京华电子公司返还购买土地款375万元的起诉不当，本院予以纠正”。案件发回重审后，惠州市中级人民法院却又以同样的理由来驳回中冠公司清算委员会的诉讼请求。中国国际经济贸易仲裁委员会裁决书中提到：“申请人（即中信惠州分公司）声称被申请人（即香港冠京华公司）对于股东出资的挪用事实上涉及香港冠京华公司对中冠公司资金的挪用，即对中冠公司之侵权行为，对上述争议认定及法律适用超出了本案仲裁庭的管辖范围，其纠纷解决可由中冠公司在存续期间通过其他法律途径对香港冠京华公司提出公司侵权主张，在合同解除之后，亦可由清算组对侵权股东提起诉讼”，也即中国国际经济贸易仲裁委员会认为已作为出资的资金应属合资公司（中冠公司）所有，出资股东（中信惠州分公司）不能再对该资金主张权利。而一审法院判决认为如果冠京华电子公司未能将375万元按照约定用于付款人中信惠州分公司和香港冠京华公司指定的用途，那么冠京华电子公司将对两付款人中信惠州分公司和香港冠京华公司负有违约之债，债权人应该是中信惠州分公司和香港冠京华公司，而非中冠公司，向冠京华电子公司主张权利的也应该是中信惠州分公司和香港冠京华公司，而非中冠公司。两个如此相悖的审理结论，让中冠公司清算委员会无所适从。综上所述，一审完全不顾客观事实，不顾证据链之间的逻辑关系，特别是对于已经得到中国国际经济贸易仲裁委员会裁决书认定的事实：中冠公司投资 375 万元委托冠京华电子公司代为办理购地；以及广东省高级人民法院裁定书认定的事实：中冠公司清算委员会与本案有直接利害关系。冠京华电子公司利用代为支付土地款项的便利私自占有了 375 万元购地款，冠京华电子公司的行为已构成违法，已严重侵害了中冠公司清算委员会的合法权益。故提起上诉，请求：1. 撤销惠州市中级人民法院（2007）惠中法民一初字第 26 号民事判决书，判令冠京华电子公司返还中冠公司清算委员会购买土地款 375 万元并按银行同期流动资金贷款利率支付利息。2. 一、二审诉讼费用均由冠京华电子公司承担。

冠京华电子公司答辩称：一、冠京华电子公司与中冠公司清算委员会之间不存在任何民事法律关系。（一）冠京华电子公司与中冠公司之间无任何设立民事法律关系的合同、协议及其他相关文件。（二）冠京华电子公司未收取中冠公司任何资金，也未占有中冠公司任何财产。（三）冠京华电子公司未接受过任何委托或授权代中冠公司办理征地手续或代付征地款项。二、中冠公司与案外人香港冠京华公司之间的债权债务关系不属于本案审理范围，在本案中不能对其双方的债权债务进行认定。第一，根据中冠公司清算委员会所提供的证据，中信房地产公司曾于 1992 年 7 月 3 日、7 月 22 日、10 月 22 日，汇入香港冠京华公司惠州办事处共计 405 万元人民币，中冠公司清算委员会提供的香港冠京华公司负责人与中信公司负责人来往的信函中表明，上述款项中的 400 万元系中信房地产公司对香港冠京华公司的贷款（5 万元为开办费）。中冠公司清算委员会提供的银行转账凭证也表明，该 400 万元款项的用途为贷款。因此，香港冠京华公司与中信房地产公司之间所形成的民事法律关系为借款关系，后因中信房地产公司以该贷款作为代其子公司中信惠州分公司对中冠公司的出资，将该借款关系中的债权人变更为中冠公司，但香港冠京华公司仍为该借款关系中的债务人，并不因此改变借款关系的性质。另外，中冠公司清算委员会所提供的《合资经营惠州中冠工业房产开发有限公司合同书》和《惠州中冠工业房产开发有限公司章程》，其中并未约定香港冠京华公司与中信惠州分公司共同开发的土地位于惠台工业园区 54 号小区，也无约定由香港冠京华公司负责办理征地事项和代付征地款项。因此，将上述 400 万元贷款歪曲为代中冠公司支付征地之款项是毫无根据和理由的。而且，根据《中国国际经济贸易仲裁委员会（2006）中国贸仲京裁字第 0032 号裁定书》中的确认，并根据中冠公司清算委员会所提供的 1993 年 5 月 14 日收款收据和 1993 年 5 月 21 日的记账凭证，香港冠京华公司已将包括 400 万元贷款在内的共 405 万元人民币作为中信房地产公司代其子公司中信惠州分公司对中冠公司的出资（即注册资本金），返还给了中冠公司。因此，双方的债权债务关系早已消灭。同时，根据有关法律规定，公司的注册资本金必须进入公司账内，方属于该公司的资产。第二，作为民事法律关系中的借款关系，有着与其他民事法律关系不同的法律特点：（1）民事主体的相对性，即债权人与债务人之间应是直接相对的，因此，债权人（出借方）的债权人不能成为债务人（借款方）的债权人，债务人（借款方）的债务人也不能成为债权人（出借方）的债务人。（2）借款关系中的标的物（款项），支付给债务人（借款方）之后，该款项的所有权随之转移给债务人（借款方），债权人

（出借方）对其所出借的款项不再享有所有权，仅对债务人享有债权。（3）借款关系中的债务人对所借款项享有充分的所有权，即占有、使用、处分、收益的权利，债务人在行使上述权利时，无论该款项的使用人或被使用人均不存在对债权人构成侵权或不当得利。因此，关于借款关系中的债权人（出借方）对其已出借的款项仍享有所有权的观点，明显有悖于法律的基本原理。第三，民事法律关系中的主体双方均享有平等的民事诉讼地位和对等的民事诉讼权利，中冠公司清算委员会是本案的当事人，依法享有并充分行使了民事诉讼权利，包括起诉、出庭、举证、申请回避、上诉等。而香港冠京华公司并不是本案当事人，根本无法享有和行使依法应享有的民事诉讼权利，包括抗辩、反诉、质证、举证、申请回避、上诉等。因此，如果本案中对其双方的债权债务进行审理，就必然使香港冠京华公司处于不平等的诉讼地位，并完全剥夺了香港冠京华公司依法应享有的民事诉讼权利。而且，在香港冠京华公司缺席的情况下对其双方的债权债务关系是否真实、合法、有效，是否存在或消灭等不可能依法作出准确和公正认定。因此，鉴于香港冠京华公司不是本案的当事人，中冠公司与香港冠京华公司之间的债权债务关系属于另一法律关系，并不属于本案的审理范围，亦不可能在本案中进行审理和作出确认。三、“四方证明”不能证明冠京华电子公司与中冠公司之间存在债权债务关系。（一）冠京华电子公司从未出具过该份“四方证明”，该“四方证明”中盖的冠京华电子公司的印章不是冠京华电子公司的印章，而中冠公司清算委员会一直拒绝向法院提供“四方证明”的原件。中冠公司清算委员会所提交的公证书，只能证明公证书上的“四方证明”复印件与公证委托人提交公证的所谓“四方证明”原件相一致，但并不能证明其所提交的所谓“四方证明”原件是真实的。公证程序规则第二十二条规定：公证人员应当通过询问证人、调查书证、物证、视听资料，现场勘验、进行鉴定等方式，认真收集证据，当事人应当如实陈述与公证事项有关的事实，并提供相应的材料。第二十二条同时规定，公证处应重点审查：“……（三）需公证的行为、事实、文书的内容是否真实、合法。”第三十三条进一步规定：“事实、文书真实无误；……”本案公证属文书公证，但公证书并没有按照上述规定提供“四方证明”真实无误的资料。因此，“四方证明”公证书存在重大错误，不能作为证据使用。并且，除中冠公司之外，“四方证明”中的其他三方均未当庭对该“四方证明”进行质证。而“四方证明”中表明的汇款方恰恰又不是中冠公司。同时，无任何证据证明冠京华电子公司接受过中信惠州分公司、香港冠京华公司、中冠公司的委托和授权代办土地款项支付手续，也无任何汇款凭证和收款收据证明冠京华电子公司收到过“四方证明”中所列举的中信惠州分公司和香港冠京华公司的任何款项。中冠公司清算委员会所提交的银行转账凭证和收款收据，均未表明冠京华电子公司收取了中冠公司清算委员会的任何款项。因此，“四方证明”明显存在虚假性，并不具备任何证据效力。（二）退一步讲，“四方证明”的内容仅明确表明：（1）中冠公司当时尚未成立，也未汇给冠京华电子公司任何资金，而且，既未表明中冠公司对“四方证明”中的款项享有债权，也未表明中冠公司与冠京华电子公司之间存在债权债务关系。因此，“四方证明”是要表明中冠公司对其中的款项不享有债权，并与冠京华电子公司之间不存在债权债务关系。（2）“四方证明”中所列款项，系由中信惠州分公司和香港冠京华公司汇入电子公司账户，而且，当时中信惠州分公司和香港冠京华公司尚不是中冠公司的股东，“四方证明”中并未表明，汇入电子公司的款项系中信惠州分公司和香港冠京华公司对中冠公司的出资。而且，根据有关法律规定，股东对所开办企业的出资必须汇入所开办企业的账户，并经法定验资机构验资后，才依法属于出资性质。因此，将“四方证明”中中信惠州分公司和香港冠京华公司汇入电子公司账户的款项解释为两公司对中冠公司的出资，既歪曲了“四方证明”内容，也违反了相关的法律规定。（三）结合本案的其他证据来看，中冠公司清算委员会也不可能对“四方证明”中的款项享有债权。根据《中国国际经济贸易仲裁委员会（2006）中国贸仲京裁字第0032号裁决书》确认中冠公司清算委员会实际收到的出资款共计6139650元，因此，中冠公司清算委员会享有的权利的范围不能超出6139650元。同时，该《裁决书》对中冠公司6139650元的款项的构成进行了确认，其中：（1）中信房地产公司汇给香港冠京华公司400万元贷款和5万元开办费（该405万元已由香港冠京华公司代中信房地产公司返还给中冠公司）；（2）汇给惠台工业园区170万元；（3）其余389650元存入中冠公司账户。因此，中冠公司清算委员会再对“四方证明”中的款项主张债权，其主张已远远超过自身的权利范围。同时也进一步证明“四方证明”中所列款项的债权人不可能是中冠公司。四、已超过诉讼时效。“四方证明”签署的时间为1993年12月30日，距今已近15年。因此，“四方证明”中的任何一方，包括香港冠京华公司、中信惠州分公司、中冠公司，在1995年12月30日之后，以“四方证明”作为依据提起诉讼均已超过诉讼时效。综上所述，冠京华电子公司认为，惠州市中级人民法院惠中法民一初字第26号民事判决书，认定事实清楚，适用法律正确，应依法予以维持。

本院经审理查明：原审查明的事实清楚、属实，本院依法予以确认。

本院另查明：

（一）1993年5月14日，中冠公司向中信房地产公司出具了一份《收款收据》，载明中信房地产公司交来投资款合计405万元（1992年7月6日5万元、7月24日300万元、10月24日100万元）。1993年5月21日中冠公司的记账凭证也载明中冠公司将上述中信房地产公司支付的三笔共计405万元，以长期投资科目入账。

（二）1993年12月30日，冠京华电子公司出具的“四方证明”内容为：“中冠公司系1993年元月份成立。该公司成立前，中信惠州分公司和香港冠京华公司曾将部分资金汇入电子公司账户，并由我司代办支付手续，具体项目如下：人民币：收入：4200000元；支出：土地3750000元，房屋180000元，固定资产105825.65元，接待费24077.30元，汽车费26166.99元，工资14550元，办公费55171.83元，其他43489.42元；余款：718.81元。美元：收入：560000美元，支出：购买设备510000美元，余款：50000美元（转入定期存单）。以上账目已由该公司合资双方检验后认可，特此证明。”

（三）中国国际经济贸易仲裁委员会作出的（2006）中国贸仲京裁字第0032号《裁决书》载明：被申请人香港冠京华公司向仲裁庭提交的代理意见中称，1993年12月30日，中信惠州分公司、中冠公司、香港冠京华公司、冠京华电子公司四方确认香港冠京华公司投入美元560000元，折合港币4244800元，据此可以认定香港冠京华公司已按合同约定履行部分出资义务……对于四方确认书（即“四方证明”），申请人（中信惠州分公司）既然已盖章认可，就足以认定被申请人（香港冠京华公司）已履行560000美元的出资义务，即香港冠京华公司在其与中信惠州分公司之间因合资经营纠纷而提起的仲裁案中，已确认申请人中信惠州分公司向仲裁庭提交的“四方证明”的客观真实性。在该仲裁案中，针对香港冠京华公司向仲裁庭提出的中信惠州分公司支付的人民币405万元中，有人民币400万元为给香港冠京华公司的贷款，因此不构成对中冠公司的出资的意见，仲裁庭认为：根据现有证据显示，人民币400万元贷款的主要目的是为了履行合资双方的中冠公司的目标项目，即在中冠公司成立之前，在香港冠京华公司提出需要对合资项目进行投资的时候，中信惠州分公司将该笔资金投入中冠公司项目的合理方法即是将其作为给予香港冠京华公司的贷款，至公司成立之后，其本金及利息再转为出资。鉴于该贷款完全用于中冠公司开发项目，中信房地产公司曾于香港冠京华公司请求贷款函件上批复的领导意见为“公司成立前以贷款付出，待公司成立之后连本带息转入出资”，香港冠京华公司对此并无异议，且1993年5月14日中冠公司收款收据与1993年5月21日的记账凭证亦表明中信房地产公司先前之贷款已经在中冠公司成立之后作为出资计入中冠公司账目。据此，仲裁庭认为该笔贷款应视为已经转作中信惠州分公司的出资。对于验资的问题，仲裁庭认为，中信惠州分公司已经根据双方的约定进行了出资，香港冠京华公司所主张的中信惠州分公司出资未经过验资程序并不能否认中信惠州分公司为善意地履行合同而事实上实施的出资行为。

（四）原审法院于2007年9月11日作出的（2007）惠中法民一初字第26号《民事裁定书》中，原审法院查明：中冠公司清算委员会提交的“四方证明”、收款收据等主要证据虽然由于被公安部门进行刑事侦查予以扣押而无法提交原件，鉴于中冠公司清算委员会对于该部分证据提交了经公证的复印件及照片，经原审法院向公安部门进行核实，表明该部分证据真实。

（五）本院二审期间，中冠公司清算委员会对其上诉请求第1项中关于要求冠京华电子公司支付的利息的计算方法向本院明确表示为：以375万元为本金、按中国人民银行公布的金融机构贷款一年期贷款基准利率、从1994年1月1日计算至2008年10月30日，合计4108137.5元。

本院认为：本案系中冠公司清算委员会基于中信惠州分公司、香港冠京华公司、中冠公司、冠京华电子公司四方在“四方证明”中认可的事实，认为冠京华电子公司实际上并未代中冠公司办理用地手续及支付375万元土地款，冠京华电子公司继续占有该款项构成不当得利，依法应予返还该375万元及利息。故本案当事人争议的问题是：冠京华电子公司是否无合法根据地占有了中冠公司的375万元购地款，因此损害了中冠公司的利益。因此，本案依法应定性为不当得利纠纷。原审法院对本案定性错误，本院依法予以纠正。

关于“四方证明”的真实性问题。经查，中冠公司清算委员会向原审法院提交的“四方证明”、收款收据等证据复印件及照片，已经公证机关公证，证实复印件及照片与原件相符。原审法院为查明“四方证明”等证据复印件及照片是否与原件相符，经向扣押上述“四方证明”等证据原件的公安部门进行核实，表明该部分证据真实。同时，作为在“四方证明”上加盖了公章的香港冠京华公司，在仲裁案件中也确认了“四方证明”的真实性。至此，涉案“四方证明”上加盖公章的四方当事人中有三方当事人已确认了“四方证明”的真实性。虽然，作为在“四方证明”上也加盖公章的冠京华电子公司否认自己曾出具过该“证明”，也否认上面所盖的冠京华电子公司的公章的真实性，但冠京华电子公司在原审针对“四方证明”的真实性提出鉴定申请后，又未能提交符合鉴定要求的检材，致使鉴定工作未果，冠京华电子公司依法应承担举证不能的不利后果。根据《最高人民法院关于民事诉讼证据的若干规定》第七十条第一款关于“一方当事人提出的下列证据，对方当事人提出异议但没有足以反驳的相反证据的，人民法院应当确认其证明力：（一）书证原件或者与书证原件核对无误的复印件、照片、副本、节录本……”的规定，中冠公司清算委员会提交的经核对无误的“四方证明”的复印件及照片的真实性依法应予以确认，该“四方证明”应作为认定本案事实的依据予以采信。冠京华电子公司关于其没有出具“四方证明”及“四方证明”上所盖的冠京华电子公司的公章不是其公司公章的答辩意见，理据不足，本院依法不予采纳。

关于冠京华电子公司是否应向中冠公司清算委员会返还375万元购地款的问题。经查，根据冠京华电子公司于1993年12月30日出具的，并经中信惠州分公司、香港冠京华公司、中冠公司、冠京华电子公司共同盖章认可的“四方证明”载明的内容反映，冠京华电子公司确认在中冠公司成立前，作为中冠公司合资双方的中信惠州分公司和香港冠京华公司曾委托其公司代办支付土地款等手续，并确认已收到中信惠州分公司和香港冠京华公司汇入其公司账户的人民币420万元，其已将其中的375万元用于土地项目的支出等事实。“四方证明”是在中冠公司成立之后由冠京华电子公司出具的，且“四方证明”中特别说明“以上账目已由该公司合资双方检验后认可”，故冠京华电子公司当时明知其收取的款项应属于“该公司”即中冠公司所有，其代办支付土地款等手续也应视为受中冠公司的委托。本案证据反映：1992年11月19日，中信惠州分公司向冠京华电子公司付款10万元；1993年2月2日，中信惠州分公司向冠京华电子公司付款5万元；1992年7月3日，中信房地产公司向香港冠京华公司惠州办事处支付开办费5万元；1992年7月22日，中信房地产公司向香港冠京华公司惠州办事处支付贷款300万元；1992年10月22日，中信房地产公司向香港冠京华公司惠州办事处支付贷款100万元。上述五笔款项共计420万元，其中15万元由中信惠州分公司直接支付给冠京华电子公司，400万元由中信惠州分公司的总公司中信房地产公司以贷款的名目支付给香港冠京华公司，还有5万元是中信房地产公司向香港冠京华公司支付的开办费。上述冠京华电子公司所确认收取中信惠州分公司和香港冠京华公司的420万元，即包括中信惠州分公司支付的15万元和香港冠京华公司支付的405万元，该款总额与中冠公司清算委员会所提供的付款凭证确认的数额相吻合。至于香港冠京华公司于何时、以何方式将其收取中信房地产公司的该405万元转付给冠京华电子公司，并不影响冠京华电子公司所确认的已收取该405万元款项的事实。同时，根据中国国际经济贸易仲裁委员会作出的、已生效的（2006）中国贸仲京裁字第0032号《裁决书》所认定的事实，中信房地产公司在中冠公司成立之前，其代中信惠州分公司以贷款形式支付给香港冠京华公司的400万元，应视为已经转作中信惠州分公司对中冠公司的出资。上述仲裁《裁决书》还认定，中信惠州分公司对中冠公司出资共计人民币6189650元，香港冠京华公司对中冠公司并没有出资。因此，作为中冠公司成立后的公司实有资产，只有中信惠州分公司一方的出资。冠京华电子公司在“四方证明”中所确认的在中冠公司成立前已收到中信惠州分公司和香港冠京华公司汇入其公司账户的人民币420万元，其来源即是合资一方中信惠州分公司对中冠公司的出资，该款依法应视为中冠公司的公司资产。中冠公司成立后，于1993年5月14日以中冠公司名义出具给中信房地产公司的收到投资款合计405万元（其中5万元为开办费）的收款收据，也证实包括上述400万元贷款在内的405万元已转化为中信惠州分公司对中冠公司的出资。冠京华电子公司关于上述400万元实为中信房地产公司对香港冠京华公司的贷款，且该款已由香港冠京华公司返还给中冠公司的答辩意见，与查明事实相悖。中冠公司清算委员会有权对属于中冠公司的资产主张权利，中冠公司在本案中只对420万元中的375万元土地款主张权利，属于对自己权利的处分，依法应予以准许。原审判决认为向冠京华电子公司支付款项的是中冠公司的股东中信惠州分公司和香港冠京华公司，有权向冠京华电子公司主张权利的债权人应该是中信惠州分公司和香港冠京华公司，而非中冠公司，属认定事实错误，本院依法予以纠正。冠京华电子公司在“四方证明”中确认已收到中冠公司合资双方支付的款项人民币420万元，并将其中的375万元用于支付土地款的事实，但冠京华电子公司至今未能举证证实其已将该375万元土地款支付给谁，也未能举证证实其已为中冠公司办妥何种土地手续，冠京华电子公司依法应承担举证不能的不利后果。冠京华电子公司收取委托人中冠公司的款项后，未能依约办妥受托事项，故其继续占有中冠公司的款项没有合法依据，损害了中冠公司的利益。根据《中华人民共和国民法通则》第九十二条关于“没有合法根据，取得不当利益，造成他人损失的，应当将取得的不当利益返还受损失的人”的规定，冠京华电子公司的行为已构成不当得利，依法应将其不当取得的375万元返还中冠公司清算委员会。根据《最高人民法院关于贯彻执行〈中华人民共和国民法通则〉若干问题的意见（试行）》第一百三十一条关于“返还的不当利益，应当包括原物和原物所生的孳息”的规定，冠京华电子公司还应向中冠公司清算委员会返还375万元产生的相应利息。因中冠公司清算委员会主张权利是2006年9月8日提起本案诉讼之时，但其诉讼请求中没有明确利息的计付时限，故上述375万元的利息应从中冠公司清算委员会主张权利时起算。中冠公司清算委员会二审期间主张该利息应计至2008年10月30日止，属于中冠公司清算委员会对自己权利的处分，本院依法予以准许。故冠京华电子公司应以375万元为本金，按中国人民银行公布的同期同类贷款利率从2006年9月8日起至2008年10月30日止计付利息给中冠公司清算委员会。综上，中冠公司清算委员会关于冠京华电子公司实际并未为其办理用地手续及支付375万元土地款，无正当理由占有中冠公司钱款的行为已构成不当得利，应依法返还的上诉主张有理，本院依法予以支持。

关于中冠公司清算委员会主张权利是否已超过法定诉讼时效的问题。虽然冠京华电子公司在“四方证明”中向委托方列明其已代付土地款375万元，中冠公司也认可了冠京华电子公司出具的款项支付账目，并一直善意期待冠京华电子公司为其办妥相关的土地手续，但直至诉讼发生时，冠京华电子公司也未能举证证实其已完成受托的事项，即其已将收取的375万元土地款支付给谁，或已为中冠公司办妥何种土地手续。故冠京华电子公司继续占有中冠公司财产缺乏合法根据。鉴于“四方证明”中并未明确委托事项应完成的期限，中冠公司可以随时主张权利。同时，根据《中华人民共和国民法通则》第一百三十七条关于“诉讼时效从知道或者应当知道权利被侵害时起计算”的规定，以及《最高人民法院关于审理民事案件适用诉讼时效制度若干问题的规定》第八条关于“返还不当得利请求权的诉讼时效期间，从当事人一方知道或者应当知道不当得利事实及对方当事人之日起计算”的规定，虽然冠京华电子公司出具“四方证明”的时间为1993年12月30日，但中冠公司清算委员会系基于中国国际经济贸易仲裁委员会2006年1月27日作出的（2006）中国贸仲京裁字第0032号《裁决书》，并经惠州市对外贸易经济合作局批准后于2006年7月3日成立的、代替中冠公司董事会及法定代表人行使职权的清算组织，其在清算中冠公司资产时知悉冠京华电子公司存在无正当理由占有中冠公司375万元土地款的事实，并于2006年9月8日向法院提起本案诉讼，请求冠京华电子公司返还不当得利。中冠公司清算委员会在知道冠京华电子公司存在不当得利事实后，在两年内以提起诉讼的方式主张权利，并未超过法定诉讼时效期间。冠京华电子公司关于中冠公司清算委员会主张权利已超过诉讼时效的抗辩意见，理据不足，本院依法不予采纳。

综上所述，原审判决认定事实及适用法律错误，实体处理不当，本院依法予以纠正。中冠公司清算委员会的上诉主张有理，本院予以支持。根据《中华人民共和国民事诉讼法》第一百五十三条第一款第（二）、（三）项的规定，判决如下：

一、撤销广东省惠州市中级人民法院（2007）惠中法民一初字第26号民事判决。

二、冠京华电子工业（惠州）有限公司应于本判决发生法律效力之日起十日内向惠州中冠工业房产开发有限公司清算委员会返还375万元土地款及利息（利息按中国人民银行公布的同期同类贷款利率从2006年9月8日起计至2008年10月30日止）。

如果未按本判决指定的期间履行给付金钱义务，应当依照《中华人民共和国民事诉讼法》第二百二十九条之规定，加倍支付迟延履行期间的债务利息。

本案一审案件受理费37260元、二审案件受理费37260元，共计74520元，由冠京华电子工业（惠州）有限公司负担。

本判决为终审判决。

审　判　长　杨慧怡
审　判　员　吴锡权
代理审判员　滕　梅
二〇〇九年九月二十三日
书　记　员　郭尔绚

【评析】

这是一份二审民事判决书，结构完整，格式规范，定性准确，层层推进查明事实，论据充分，论证透彻，逻辑性强，有较强的说服力。作为不当得利纠纷案件，该判决书能够围绕关键证据“四方证明”的客观真实性问题展开事实查明，对涉案款项的流转过程认证脉络清晰，并据此厘清了款项的权属关系；针对焦点问题即财产取得是否有合法依据能结合公司法律制度进行论证，理据充足。实体处理上适用法律正确，法条引用具体、明确，裁判结果无误。判决书文字表述详尽、准确，表达规范，语法通顺。该判决书质量较高，具有一定的典型性，被评为2010年全省法院优秀裁判文书。

●东莞市谢岗镇房地产开发公司等与吴川市建筑安装工程公司东莞分公司等建设工程施工合同纠纷一案民事判决书

广东省高级人民法院

民事判决书

(2009) 粤高法民一终字第87号

上诉人(原审被告):东莞市谢岗镇房地产开发公司,住所地:广东省东莞市谢岗镇花园路。

法定代表人:赖灿培,总经理。

委托代理人:许建军,广东赋诚律师事务所律师。

上诉人(原审被告、反诉原告):东莞市康湖酒店有限公司,住所地:广东省东莞市黄江镇社贝管理区。

法定代表人:谭伟雄,董事长。

委托代理人:仲兆庶,广东红棉律师事务所律师。

上诉人(原审被告):东莞市康湖房地产开发有限公司,住所地:广东省东莞市谢岗镇樟惠公路。

法定代表人:谭伟雄。

委托代理人:谢灿辉,男,汉族,1971年3月18日出生,住广东省东莞市谢岗镇光明南路9号。

委托代理人:仲兆庶,广东红棉律师事务所律师。

被上诉人(原审原告、反诉被告):吴川市建筑安装工程公司东莞分公司,住所地:广东省东莞市厚街镇北环路36号。

法定代表人:林亚尚,总经理。

委托代理人:杨翌亭,广东圳扬律师事务所律师。

被上诉人(反诉被告):吴川市建筑安装工程公司,住所地:广东省吴川市梅录镇人民东路苗圃侧。

法定代表人:杨康耀,总经理。

委托代理人:文震殊、陈均艺,均为广东正大联合律师事务所律师。

上诉人东莞市谢岗镇房地产开发公司(以下简称谢岗房地产公司)、东莞市康湖酒店有限公司(以下简称康湖酒店)、东莞市康湖房地产开发有限公司(以下简称康湖房地产公司)因与被上诉人吴川市建筑安装工程公司东莞分公司(以下简称吴川建筑东莞公司）、吴川市建筑安装工程公司（以下简称吴川建筑公司）建设工程施工合同纠纷一案，不服广东省东莞市中级人民法院（2008）东中法民二重字第3号民事判决，向本院提出上诉。本院依法组成合议庭审理了本案，现已审理终结。

吴川建筑东莞公司于2006年12月21日向原审法院诉称：2004年10月28日，吴川建筑东莞公司与谢岗房地产公司、康湖酒店共同协商，商定由吴川建筑东莞公司与谢岗房地产公司签订《东莞市谢岗镇港利花园中心会所工程施工合同》。该合同约定：吴川建筑东莞公司承建港利花园中心会所工程5－11层的钢筋混凝土主体框架，合同价款暂定4953万元，工程预付款项按补充合同执行。合同还约定："合同双方之一任何一方不履行义务或不按合同约定履行义务的其他情况，均属违约，由违约方承担违约责任，赔偿因其违约造成的损失，并支付合同价款3%的违约金。"同日，吴川建筑东莞公司又与康湖酒店签订了《港利花园会所钢筋混凝土框架工程施工补充合同》，该补充合同对原合同进行了补充约定并对工程的付款方式或逾期付款的利率进行了详细的约定。上述合同及补充合同签订后，吴川建筑东莞公司即按约定施工。但谢岗房地产公司、康湖酒店未按合同约定支付工程款。2006年2月20日，谢岗房地产公司、康湖酒店联合向吴川建筑东莞公司出具公函，请求吴川建筑东莞公司加建十一、十二层，施工所需工期按实际所需顺延，并确认了2005年11月1日十层屋面封顶可视作工程已封顶。2006年8月3日，吴川建筑东莞公司、谢岗房地产公司、监理单位、设计单位共同对吴川建筑东莞公司所做的工程进行了验收，确定了工程为合格工程，并在《工程中间验收交接记录》上签名盖章。2006年11月2日，吴川建筑东莞公司与谢岗房地产公司、康湖酒店进行了工程结算，签订了《港利花园会所钢筋混凝土主体工程结算造价审定书》，确定工程总造价为60260730.26元。2006年11月14日，吴川建筑东莞公司与康湖酒店签订了《港利花园会所钢筋混凝土框架工程验收移交协议书》，正式将所建工程移交给建设单位使用。工程验收结算、移交后，谢岗房地产公司、康湖酒店未按合同约定支付工程款，除已支付的23902203.40元外，余款36358526.85元至今未付。另外，由于谢岗房地产公司、康湖酒店未按约定支付工程款，根据我国《合同法》第二百八十六条规定，吴川建筑东莞公司对港利花园中心会所工程折价或拍卖的价款有优先受偿权。请求：（1）判令谢岗房地产公司、康湖酒店支付工程款本金36358526.85元及逾期利息（暂计至2007年3月31日，利息为2832848.99元，后续计至全部款项偿清之日止）；（2）判令谢岗房地产公司、康湖酒店承担违约责任，并支付违约金1807821.90元；（3）判令吴川建筑东莞公司对港利花园中心会所工程折价或拍卖的价款有优先受偿权；（4）判令谢岗房地产公司、康湖酒店对上述工程款、利息及违约金承担连带清偿责任；（5）判令谢岗房地产公司、康湖酒店承担本案的全部诉讼费用。

吴川建筑东莞公司于2007年9月3日向原审法院提出财产保全的申请，要求冻结谢岗房地产公司、康湖酒店价值36358526.85元的财产，并已提供担保。原审法院于2007年9月10日裁定查封、扣押或冻结谢岗房地产公司、康湖酒店价值36358526.85元的财产并采取了相应的财产保全措施。2007年11月12日原审法院作出（2007）东中法民二初字第38号民事判决书。谢岗房地产公司、康湖酒店不服该判决，向本院提起上诉，本院审理后于2008年5月4日作出（2008）粤高法民一终字第79号民事裁定书，认为本案反诉被告吴川建筑公司东莞分公司是不具有法人资格的企业，其民事责任应由其承担法律责任的法人负担，而原审未追加应承担此种责任的法人参加诉讼，属程序不当，将本案发回重审。原审法院依法于2008年6月10日追加吴川建筑公司为本案反诉共同被告。吴川建筑东莞公司在重审期间申请追加康湖房地产公司为共同被告，要求康湖房地产公司与谢岗房地产公司、康湖酒店共同承担连带责任。原审法院予以准许，并于2008年6月10日将康湖房地产公司追加为本诉共同被告。

谢岗房地产公司、康湖酒店原审口头辩称：（一）吴川建筑东莞公司追加康湖房地产公司为共同被告，没有任何法律与事实依据，康湖房地产公司与谢岗房地产公司、康湖酒店没有订立任何与建设工程纠纷有关的合同文件，不应成为本案被告。（二）康湖房地产公司与吴川建筑东莞公司订立的合同指向为违法建筑，所以应属无效，故约定的工程价款也属无效，更不存在违约利息。涉案工程港利花园中心会所没有报建相关手续，如用地规划许可证等相关证件，为违法建筑，被建设行政主管部门责令停工，依法因违法建筑订立合同属无效，且订立合同之后，吴川建筑东莞公司违背合同约定将涉案工程转包给没有资质的包工头，这种行为违反相关强制性规定。合同无效，价款约定也是无效，应由评估机构鉴定。（三）吴川建筑公司严重拖延工期，致使谢岗房地产公司、康湖酒店受到巨大经济损失，双方在合同中约定涉案工程工期为9个月，但吴川建筑东莞公司直至2006年11月14日才将涉案工程交付谢岗房地产公司、康湖酒店使用，延期364天。延期原因：1. 吴川建筑东莞公司因资金短缺，不能自带资金承建涉案工程；2. 吴川建筑东莞公司违反合同约定将承建工程分包给赖正东等包工头，而上述包工头是没有资质的，影响到了工期；3. 真正工人是不明真相的，他们不能按劳动法取得应得报酬，在吴川建筑东莞公司和工头的指示下上街示威闹事致使工程延期更为严重；4. 吴川建筑东莞公司违反合同约定，将工程分包给包工头，由于各包工头不能垫资施工，致使谢岗房地产公司、康湖酒店垫付了巨额工资及材料款，吴川建筑东莞公司实为若干自然人组成，以吴川建筑东莞公司名义在东莞承建工程，然后分包给外面的包工头；5. 吴川建筑东莞公司建设的工程存在严重质量问题，多处梁柱等主体结构开裂，出现安全隐患，经景德镇市建筑设计院设计和广州市胜特建筑科技开发有限公司作出的施工方案，吴川建筑东莞公司承建的工程需要巨额资金加固；6. 原审判决后谢岗房地产公司、康湖酒店已分别于2007年11月28日、2007年12月28日、2008年2月28日向吴川建筑东莞公司支付了共计240万元的款项。另外：1. 涉案工程至目前没有交接验收。2. 对于工程施工当中增加的十一、十二层，并没有得到谢岗房地产公司的认可。3. 本案到目前为止并没有进行最终的工程造价结算，谢岗房地产公司、康湖酒店不存在任何迟延付款的违约责任。4. 吴川建筑东莞公司作为施工方，由于没有完成工程验收结算义务，谢岗房地产公司、康湖酒店有理由相信吴川建筑东莞公司隐瞒了对其不利的证据，现请求法庭责令吴川建筑东莞公司提交所有与涉案工程有关的发票、收据、工资支付证明及验收资料，否则视为该证据对吴川建筑东莞公司不利。5. 按合同约定，谢岗房地产公司、康湖酒店接受的标准是工程二类，吴川建筑东莞公司没有提供相关结算材料，所以工程没有能够按时结算，谢岗房地产公司、康湖酒店不能按时付款，责任全在吴川建筑东莞公司，请求法庭责令吴川建筑东莞公司提交工程款结算资料。

康湖房地产公司原审口头辩称：（一）康湖房地产公司不是涉案诉讼主体。施工方为吴川建筑东莞公司，康湖房地产公司并没有在该合同上签字，并不是合同当事人。

（二）康湖房地产公司并没有对工程验收、交接和结算签字，也不是工程实际施工人，康湖房地产公司不应作为被告参加诉讼承担义务。（三）康湖房地产公司的真正作用只是代理建设单位康湖酒店支付工程款，仅为代为付款，付款行为后果应由委托方即康湖酒店承担。

康湖酒店原审反诉称：康湖酒店和谢岗房地产公司、吴川建筑东莞公司、吴川建筑公司于2004年10月28日签订了一份《港利花园中心会所建设工程施工合同》及《港利花园会所钢筋混凝土框架工程施工补充合同》，合同约定吴川建筑东莞公司、吴川建筑公司承建康湖酒店投资建设的“港利花园中心会所”。承包范围：钢筋混凝土主体框架及双方认定的施工图纸所示内容进行承包；工期：自2004年11月8日至2005年8月8日；材料及设备供应：由吴川建筑东莞公司、吴川建筑公司自行采购供应至谢岗镇工地现场。首先，吴川建筑东莞公司、吴川建筑公司严重违反合同约定，将承建工程分包给韦富强、李六明、赖正东等包工头施工。各分包之包工头因资金严重不足、不计发工人工资和管理混乱，导致无资金开工和开工严重不足，康湖酒店多次督促吴川建筑东莞公司、吴川建筑公司自己组织人员施工，但吴川建筑东莞公司、吴川建筑公司置之不理，导致工程因无资金购买材料及工人消极怠工一直处于停工或半停工状态。至2005年8月25日，十层的项目工程仅完成了五层的混凝土结构，工程濒临烂尾，严重违反合同的约定，无奈康湖酒店只好自己抽出资金为吴川建筑东莞公司、吴川建筑公司采购材料，在康湖酒店自己抽出资金采购材料的情况下，又由于工人领不到工资消极怠工，至2006年11月14日吴川建筑东莞公司、吴川建筑公司实际将工程交付康湖酒店使用，实际延期462天，扣除康湖酒店同意延期的时间，仍延期了364天。更有甚者，吴川建筑东莞公司、吴川建筑公司不履行与工人之间的劳动合同，不计发工人工资，导致工人上访闹事，无奈康湖酒店在无任何义务为其工人计发工资的情况下，再次为其垫付工人工资。其次，康湖酒店与吴川建筑东莞公司、吴川建筑公司约定的建筑合同标的港利花园中心会所，无相关的报建手续（如准建证、用地规划许可证、工程规划许可证、施工许可证等相关的证件），是一项违法建筑，是被相关部门责令停工的工程，根据法律规定，因违法建筑而订立的合同应当无效；合同订立以后，吴川建筑东莞公司、吴川建筑公司违反合同约定和法律规定，合同也应当因吴川建筑东莞公司、吴川建筑公司的违法分包行为而无效。由于上述违法原因存在，康湖酒店和吴川建筑东莞公司、吴川建筑公司之间订立的建设工程施工合同当然无效，而双方依照合同约定确定的工程款及违约利息约定也自然属无效约定，按照国家规定，应当由有工程造价资质的单位对工程重新造价评估，再确定是否存在工程尾款。经重新造价评估以后扣除已付的工程款，如存在工程尾款再确定付款时间和方式。第三，工程存在严重的质量问题。吴川建筑东莞公司、吴川建筑公司建设的涉案工程多处梁、柱等主体结构开裂，出现安全隐患，经景德镇市建筑设计院设计和广州市胜特建筑科技开发有限公司作出的施工方案，进行了补强施工，对吴川建筑东莞公司、吴川建筑公司承建的涉案工程投入了巨额资金加固和修复，给康湖酒店造成了巨大的经济损失。吴川建筑东莞公司、吴川建筑公司违反合同约定及诚信原则，将工程私自转包他人，致使无资金开工和工人怠工。吴川建筑东莞公司、吴川建筑公司之所以有如此高的回报率，就是因为合同约定带资建设，但其偏偏违反合同中最关键的约定，给康湖酒店造成了极大的经济损失和信誉损失。请求法院判令：（1）吴川建筑东莞公司、吴川建筑公司向康湖酒店支付工程延期交付违约金人民币 364000 元。（2）吴川建筑东莞公司、吴川建筑公司向康湖酒店支付为其垫付的工人工资及材料款利息人民币 823641 元（自垫付之日起暂计至 2007 年 3 月的对应日）。（3）吴川建筑东莞公司、吴川建筑公司与谢岗房地产公司、康湖酒店之间订立的《东莞市谢岗镇港利花园中心会所工程施工合同》无效，并指定有工程造价资质的单位对工程重新造价评估。（4）吴川建筑东莞公司、吴川建筑公司连带承担工程质量责任，向康湖酒店承担因工程加固和修复的损失 181000 元。（5）吴川建筑东莞公司、吴川建筑公司连带赔偿未带资履行合同的违约金 1485900 元。（6）本案的诉讼费由吴川建筑东莞公司、吴川建筑公司承担。

吴川建筑东莞公司原审口头辩称：（一）在谢岗房地产公司、康湖酒店提交的《港利花园会所付款清单》中，付款方是康湖房地产公司，原一审庭审中双方均确认其真实性；另在康湖房地产公司的财务明细账中，核算单位是康湖房地产公司，吴川建筑东莞公司与康湖房地产公司对此进行了核对，双方均签字确认。这说明康湖房地产公司在整个工程项目中，一直以建设者的身份与吴川建筑东莞公司进行结算和付款，故康湖房地产公司是本案的实际投资方之一。（二）在朱昌宏于 2006 年 2 月 20 日签署并发给吴川建筑东莞公司的公函上，落款是“东莞市康湖房地产开发有限公司工程项目部、东莞康湖酒店有限公司”，并加盖了康湖房地产公司工程项目部的章，说明康湖房地产公司以建设者的身份对申请人下达施工任务，参与了该工程的建设施工。（三）在谢岗镇规划建设办公室于 2005 年 4 月 25 日发出的《停工通知》中，抬头写有吴川建筑东莞公司和康湖房地产公司的名字，说明在政府建设规划部门以及备案中，均确认了康湖房地产公司是本案所涉港利花园中心会所工程的建设方。（四）在谢岗房地产公司、康湖酒店提交的银行付款电汇凭证上，也充分证明了涉案工程大部分是由康湖房地产公司支付，证明其参与了涉案工程的建设与施工的全过程。（五）在谢岗房地产公司、康湖酒店提交的广州市胜特建筑科技开发有限公司出具的《施工方案》第一页第三行，注明涉案工程的投资单位为康湖房地产公司，该《施工方案》是由康湖房地产公司以投资方的名义委托制作的，说明了康湖房地产公司也确认自己是该工程的实际投资者。（六）在东莞政府网站“东莞建设网”工程资料查询栏目项下，发现谢岗房地产公司、康湖房地产公司之间经常共同开发工程项目，二者间存在着密切的合作投资关系。（七）工商登记资料显示，康湖酒店与康湖房地产公司的投资人、出资额、法定代表人是完全相同的，说明二者间存在密切的投资关系。故康湖房地产公司作为该争议项目的实际投资人之一，理应成为本案的共同被告。另：（一）吴川建筑东莞公司从未将工程延期，延期的真正原因是康湖房地产公司、谢岗房地产公司增加工程量和没有按期付款。2004 年 12 月 18 日正式开工，工程开工后，由于康湖房地产公司、谢岗房地产公司不按期付款，致使吴川建筑东莞公司不能按期完工，后吴川建筑东莞公司于 2005 年 8 月 25 日申请延期 70 天，康湖房地产公司、谢岗房地产公司于 2005 年 8 月 30 日批准申请同意延期，最终在 2005 年 11 月 1 日提前完成原设计图十层楼的工程，在 2006 年 2 月 20 日康湖房地产公司、谢岗房地产公司向吴川建筑东莞公司出具的公函中确认了完工，实际施工工期为 318 天，还提前了 52 天完工。2006 年 2 月 20 日康湖房地产公司、谢岗房地产公司由于该工程使用功能的需要向吴川建筑东莞公司发出通知，要求吴川建筑东莞公司在十层基础上加建十一、十二层，并且注明加建工期按实际需要相应顺延，并没有约定明确工期，吴川建筑东莞公司在接到加建任务后予以施工，但康湖房地产公司、谢岗房地产公司再次拖欠工程款，吴川建筑东莞公司在2006年8月2日按时完成全部工程，并经建设单位、施工单位、监理单位验收，所以综上吴川建筑东莞公司是没有延期完工，还有提前完工，延期均是因为康湖房地产公司、谢岗房地产公司增加工程量和没有按时支付工程款造成。（二）康湖房地产公司、谢岗房地产公司从未替吴川建筑东莞公司垫付过工人工资，本案中是康湖房地产公司、谢岗房地产公司拖欠吴川建筑东莞公司巨额工程款，双方存在工程款支付的债权债务关系，康湖房地产公司、谢岗房地产公司向吴川建筑东莞公司的材料商进行付款并非是垫付责任，因为康湖房地产公司、谢岗房地产公司上述付款行为是在吴川建筑东莞公司的授权下进行的，相应款项从工程款中予以扣除，不存在垫付，从向法院提交的结算材料中也是有反映的，因此康湖房地产公司、谢岗房地产公司所言垫付利息根本不存在。（三）关于签订合同效力问题。双方签订合同合法有效，因为只有符合最高院关于建筑合同纠纷的司法解释第一条三种情形才能归为无效，而本案不属于该三种情形，虽然本案没有取得三证（建设许可证、规划许可证、施工许可证），但责任是在康湖房地产公司、谢岗房地产公司，法律规定与司法解释只是针对承包人是否具有相应资质，并没有对发包方是否需要资质作出要求，所以不影响合同效力，况且办理三证是在签订合同以后办理，办理责任在康湖房地产公司、谢岗房地产公司。康湖房地产公司、谢岗房地产公司称吴川建筑东莞公司将工程承包给三个包工头，但实际上述自然人只是吴川建筑东莞公司员工，是否签订劳动合同属于劳动争议范围，与本案无关，他们拿的也只是工人工资，不是承包关系，康湖房地产公司、谢岗房地产公司也无证据证明吴川建筑东莞公司将工程分包给上述三人。本案全部工程资金均由吴川建筑东莞公司支付，资金不足是因康湖房地产公司、谢岗房地产公司违约拖欠所致。（四）关于工程质量问题。涉案工程是经相关部门验收的，也被评为合格工程。建设方、监理方、施工方及设计方于2006年8月3日共同对涉案工程进行的质量评审及验收，一致认为工程为合格工程，不存在质量问题。至于康湖房地产公司、谢岗房地产公司诉讼中单方评定行为是没有效力的。（五）关于吴川建筑东莞公司未履行合同的违约问题。吴川建筑东莞公司严格履行合同约定，没有任何违约行为。

吴川建筑公司原审口头辩称：除认可吴川建筑东莞公司上述答辩意见外，补充如下：（一）关于合同效力及重新评估问题，康湖房地产公司、谢岗房地产公司是以自己应尽而未尽的义务作为抗辩理由，是不能成立的。（二）对于作为验收结算材料缺失部分建设单位签章的效力，因为康湖房地产公司、谢岗房地产公司代理人已予以确认，所以构成自认，康湖房地产公司、谢岗房地产公司在没有其他证据支持下不能随意推翻在前的自认。（三）从康湖酒店、康湖房地产公司主体名称及法定代表人来看，字号相同，法定代表人重合，另外，康湖房地产公司在加建公函中也有盖章确认，所以康湖房地产公司是案涉工程的实际投资人。

原审法院经审理查明：吴川建筑公司注册资本金7095万元，于2002年1月16日获建设部颁发资质证书，被评定为具有房屋建筑工程施工总承包一级的主项资质企业，可承担单项建安合同额不超过企业注册资金5倍的下列房屋建筑工程的施工：（1）40

层及以下各类跨度的房屋建筑工程；（2）高度240米及以下的构筑物；（3）建筑面积20万平方米及以下的住宅小区或建筑群体。该资质证书分别于2003年10月15日及2004年8月16日由广东省建设厅年检，后广东省建设厅于2005年6月14日作出通知，不再对建筑业企业进行资质年检。2004年4月26日，吴川建筑东莞公司核准成立，企业性质为全民所有制非法人企业，吴川建筑公司确认其为吴川建筑东莞公司的开办单位。

2004年10月28日，谢岗房地产公司作为甲方与吴川建筑公司的分公司即吴川建筑东莞公司作为乙方签订《东莞市建设工程施工合同》一份，双方约定由乙方承建甲方的港利花园中心会所5－11层钢筋混凝土框架工程，总建筑面积为77558平方米，合同工期为300个日历天，开工日期为2004年11月8日，竣工日期为2005年8月8日，质量要求达到国家或行业的质量检验评定的合格标准，合同价款暂定4953万元，工程预付款项按补充合同执行。谢岗房地产公司驻施工场地的工程师为“刘德建”。合同还约定：因乙方原因不能按照合同约定的竣工日期或工程师同意顺延的工期竣工的，乙方承担违约责任，每延期一天由乙方付给甲方罚金1000元，罚金不超过合同总造价的1%；质量保修期从工程实际竣工之日起算，质量保修费为合同总价款的3%，保修期满后14天内，甲方将剩余保修费和按保修期内银行存款利率计算的利息一次付给乙方；合同双方任何一方不履行义务或不按合同约定履行义务的其他情况，均属违约，由违约方承担违约责任，赔偿因其违约造成的损失，并支付合同价款3%的违约金。同日，康湖酒店作为甲方又与吴川建筑东莞公司作为乙方签订了《港利花园会所钢筋混凝土框架工程施工补充合同》，双方约定：该工程甲方不付备料款给乙方，乙方自带资金施工至二层楼板，甲方第一次给乙方支付工程款500万元，当乙方施工至第四层楼板时，甲方第二次给乙方支付工程款500万元，当乙方施工至顶层楼板时甲方第三次给乙方支付工程款500万元，剩余工程款扣除应留3%保修金后每月约给乙方支付190万元（190万元按实际工程款计算），在封顶后18个月内付清（变更、增加工程造价，钢筋、水泥调整价款在施工当月月底补付清，减少时结算再进行扣减）；甲方如不按照上述的时间支付工程进度款和结算款给乙方时，甲方应以逾期时间按国家银行贷款利率支付拖欠的工程款利息给乙方，即月息6厘计算结付；工期为300个日历天，提前一天完工奖1000元，推迟一天亦罚款1000元，开工日期以开工报告为准，因发包人未能按约定提供图纸及开工条件、设计变更和工程量增加等情况时，经现场工程师确定，工期应顺延；保修期土建工程为2年。又约定：双方对工程质量有争议，由东莞市建设工程质量安全监督站进行鉴定，所需费用及因此造成的损失和工期拖延，由责任方承担。双方均有责任，由双方根据其责任分别承担。谢岗房地产公司、康湖酒店在原一审庭审中主张上述两份合同有效，且对本案谢岗房地产公司、康湖酒店均具有约束力。

2004年12月16日，吴川建筑东莞公司与谢岗房地产公司、康湖酒店及监理单位共同签署《单位工程开工申请报告》，载明：申请开工日期为2004年12月18日，施工组织方案已审批，施工图纸于2004年12月4日会审，三通一平已经完成，工地现场已按《广东省建设工程文明施工若干规定》有关要求完成准备工作，主要材料及施工机械设备已按施工方案落实，已办理施工许可证，工程基线、标高经有关单位复核无误，三方均同意开工。

2005年5月17日，东莞市建设工程质量安全监督站检测中心出具谢岗镇港利花园会所1－8交A－P段二层楼面混凝土抗压强度检验报告一份，该报告载明成型日期为2005年4月18日、检验日期为2005年5月16日；2005年7月28日，该检测中心又出具谢岗镇港利花园会所1－8交A－P段四层楼面混凝土抗压强度检验报告一份，该报告载明成型日期为2005年6月27日、检验日期为2005年7月25日。2005年8月吴川建筑东莞公司以建设单位拖欠工程款至2005年8月25日耽误工期共70天为由请求工期顺延70天，建设单位栏由“朱昌宏”签名予以认可。

2006年2月20日，康湖酒店向吴川建筑东莞公司发出公函一份，要求吴川建筑东莞公司加建十一、十二层，具体做法是：⑥19×QS段按原十层和斜屋面结构施工，①②×SR和2324×SR两个楼梯间部分只按原十层此部分结构图施工；施工所需工期按实际所需相应顺延。由于施工合同和原施工图为十层，2005年11月1日十层屋面封顶可视为工程已封顶。该公函由朱昌宏签名确认，而朱昌宏在双方确认的多份证据中均以建设方代表或工程管理人员的名义签名确认。

2006年8月3日，吴川建筑东莞公司、谢岗房地产公司与涉案工程监理单位和设计单位共同签署了《工程中间验收交接记录》，各方一致确认港利花园会所12层主体结构已按合同约定完成，总建筑面积为77558平方米，造价约6000万元，开工日期为2004年12月28日，完工日期为2006年8月2日，施工单位已按要求完成了合同工程量并交付给建设单位，工程质保资料基本齐全，符合设计及施工规范要求，该工程质量符合建设工程有关强制性条款，其结构满足安全使用功能，经五方单位一致验收评定为合格工程。2006年11月14日，吴川建筑东莞公司与康湖酒店签订《港利花园钢筋混凝土框架工程验收移交协议书》，双方确认经建设单位、监理公司、设计院及施工单位有关人员初步检查验收，港利花园钢筋混凝土框架工程已按照设计文件和施工合同的约定完工，质量基本符合国家规定的合格标准，吴川建筑东莞公司在该协议签字后将工程移交给康湖酒店使用，以后康湖酒店自行施工工程质量及安全问题都与吴川建筑东莞公司无关，吴川建筑东莞公司要协助康湖酒店办理以后自行施工的工程档案资料，直至工程竣工验收。该协议书由康湖酒店盖章确认，并由谢岗房地产公司驻施工场地的工程师刘德建、朱昌宏等人签名。原一审期间，谢岗房地产公司、康湖酒店对该协议书予以确认。

2006年11月2日吴川建筑东莞公司与谢岗房地产公司、康湖酒店签署《港利花园会所钢筋混凝土主体工程结算造价审定书》，双方确认该工程面积造价（原一审庭审中双方确认此面积造价系12层工程建筑面积造价）、钢筋水泥价差补贴造价共为57574212.22元，变更增加工程造价（原一审庭审中双方确认该变更增加造价系除12层工程建筑以外零星增加工程造价）2472289.85元，双方有争议造价642684.59元按1/3补给承包方，双方一致确认工程造价为60260730.26元。该造价审定书由康湖酒店盖章及谢岗房地产公司驻施工场地的工程师刘德建签名确认。原一审期间，谢岗房地产公司、康湖酒店对该造价予以确认。

双方当事人确认涉案工程付款情况如下表所示：

序号	日期	工程款	垫付工人工资	垫付混凝土款	垫付钢材款
1	2005. 4. 29	1000000			
2	2005. 5. 8	2000000			
3	2005. 5. 12	2000000			
4	2005. 6. 2	123089			
5	2005. 8. 26	200000			
6	2005. 9. 18	3800000			
7	2005. 10. 10	400000			
8	2005. 10. 24	100000			
9	2005. 10. 27	30000			
10	2005. 11. 16	167975. 6			
11	2005. 12. 5				368178
12	2005. 12. 17	100000			
13	2006. 1. 5				580000
14	2006. 1. 5				358417
15	2006. 1. 21		200000		
16	2006. 1. 24		500000		
17	2006. 1. 24		200000		
18	2006. 1. 26				2500000
19	2006. 2. 7				3000000
20	2006. 2. 27				162212
21	2006. 3. 6				283572
22	2006. 3. 8	57984. 3			
23	2006. 3. 8	18324			
24	2006. 3. 28			24672	
25	2006. 4. 6				303431
26	2006. 4			82368. 5	
27	2006. 5. 15				1658465
28	2006. 5. 15	5558			
29	2006. 5. 15	23797			
30	2006. 5. 15			52428	
31	2006. 5. 19		200000		
32	2006. 6. 27			92263	

（续上表）

序号	日期	工程款	垫付工人工资	垫付混凝土款	垫付钢材款
33	2006. 6. 27	100000			
34	2006. 7. 4	100 000			
35	2006. 7. 8			14392	
36	2006. 7. 24			17219	
37	2006. 7. 27	100000			
38	2006. 8. 21	15959			
39	2006. 9. 6	200000			
40	2006. 11. 2	100000			
41	2006. 11. 10	10511			
42	2006. 11. 10	14388			
43	2006. 11. 21	200000			
44	2006. 12. 30		800000		
45	2007. 2. 5 前		1667030		
合计	23932233. 4				

双方确认上表第 9 项 30000 元不计入涉案工程已付工程款。上述款项的付款人均为康湖房地产公司。重审期间，康湖房地产公司主张上表第 15 项 200000 元属错误支付，但未提供证据证明，原审法院对该主张不予采信。此外，东莞市人民法院在审理另案原告湛江市建筑工程集团公司深圳分公司诉该案被告杜之权、吴川建筑东莞公司、吴川建筑公司返还欠款纠纷一案中，经该案湛江市建筑工程集团公司深圳分公司申请，该院于 2007 年 5 月 17 日以（2007）东法民一初字第 4067 －1 号民事裁定书裁定立即查封、扣押或冻结该案杜之权、吴川建筑东莞公司、吴川建筑公司 1400000 元的银行存款或其他相应价值的财产。后该案湛江市建筑工程集团公司深圳分公司主张吴川建筑东莞公司、吴川建筑公司对康湖房地产公司享有到期债权，经申请，东莞市人民法院于 2007 年 6 月 1 日以（2007）东法民一初字第 4067 －2 号民事裁定书裁定康湖房地产公司在 1400000 元的范围内不得对吴川建筑东莞分公司、吴川建筑公司清偿债务，若康湖房地产公司要求偿付的，由该院提存财物或价款。康湖房地产公司于 2007 年 8 月 13 日向东莞市人民法院诉讼案件担保金专户电汇港利花园中心会所工程款 1400000 元。

谢岗房地产公司、康湖酒店于 2007 年 11 月 2 日向原审法院提交吴川建筑东莞公司于 2007 年 9 月 17 日出具的金额为 800000 元的《收据》一张、收款人为吴川市第五建筑工程公司东莞分公司的电汇凭证两张，以及康湖房地产公司于 2007 年 5 月 31 日向吴川建筑东莞公司支付工程款 500000 元的电汇凭证一张，并主张上述凭证均为谢岗房地产公司、康湖酒店支付涉案工程款的凭证。吴川建筑东莞公司对 2007 年 9 月 17 日金额为 800000 元的《收据》予以确认，对收款人为吴川市第五建筑工程公司东莞分公司的两张电汇凭证以收款人并非吴川建筑东莞公司为由不予确认。关于康湖房地产公司于2007年5月31日向吴川建筑东莞公司支付工程款500000元的电汇凭证，吴川建筑东莞公司主张该款并非用于支付涉案工程，而是支付吴川建筑东莞公司与谢岗房地产公司、康湖酒店之间宝泰花园会所钢筋混凝土框架工程项目的工程款，并向法庭提交了《宝泰花园会所钢筋混凝土框架工程施工补充合同》复印件一份，但未向法庭提交原件以供核对。谢岗房地产公司、康湖酒店以无原件可供核对为由不予质证。双方对其主张均未再提交其他证据。双方确认，在原一审判决之后，康湖房地产公司于2007年11月28日、2007年12月28日及2008年2月28日分三次向吴川建筑东莞公司转账或电汇涉案工程款各800000元，共2400000元。

另查明：2005年4月25日，谢岗镇人民政府规划建设办公室向吴川建筑东莞公司及康湖房地产公司发出《停工通知》，称“你公司兴建港利花园中心会所工程，因没有到市建设局办理施工许可手续，须立即停止施工，并补办有关施工许可手续”。吴川建筑东莞公司称没有收到该通知。截至本案开庭之日，涉案工程尚未办理土地使用证、建设规划许可证及建设工程施工许可证。

重审期间，谢岗房地产公司、康湖酒店向原审法院提交了广州市胜特建筑科技开发有限公司制作的《东莞市港利花园（会所）部分框架梁柱裂缝结构补强施工方案》，称该公司于2007年12月12日派专业人员现场勘察，了解到“现场实际情况：所有梁结构复核均满足要求，施工用材料均合格，混凝土强度满足设计要求。确认：首层B轴12至13轴梁，五层D轴12至13轴梁上裂缝的形成为混凝土材料干缩、温度应力和基础不均匀沉降造成；负一层24轴交E轴边柱横切断裂是建筑纵横两个方向的温度应力造成；四层平面19轴交P轴柱多处横向竖向断裂的形成是施工过程中在柱施工缝处混凝土的浇捣过程中，出现一头一尾现象形成”。谢岗房地产公司、康湖酒店向原审法院提交了该公司称收到康湖房地产公司支付港利花园会所的补强加固工程款共181000元的两张收据。吴川建筑东莞公司称该工程是由谢岗房地产公司、康湖酒店、康湖房地产公司单方委托，与吴川建筑东莞公司无关，对该施工方案及收据不予确认。

原审法院认为：吴川建筑东莞公司与谢岗房地产公司和康湖酒店分别签订了《东莞市建设工程施工合同》、《港利花园会所钢筋混凝土框架工程施工补充合同》。在合同主体方面，吴川建筑公司是建设部评定的具有房屋建筑工程施工总承包一级资质企业，吴川建筑东莞公司是吴川建筑公司的分公司，亦当享有该资质，吴川建筑公司、吴川建筑东莞公司的施工资质符合承建港利花园会所工程的要求。谢岗房地产公司、康湖酒店、康湖房地产公司主张涉案工程至今未办妥土地征用手续、建设工程施工许可证等，应认定合同无效。但是，合同约定上述手续、证件应由谢岗房地产公司、康湖酒店办理，而且上述证件只是工程合法开工应办理的手续，未办理上述证件即进行施工面临的是承担相应的行政法律责任，而非导致民事合同无效的法定条件。在合同内容方面，合同系双方当事人真实意思表示的合意，未违反法律法规的强制性规定，故原审法院认定上述施工合同及补充合同合法有效。吴川建筑东莞公司不具有法人资格，吴川建筑公司作为吴川建筑东莞公司的开办单位，对吴川建筑东莞公司签订和履行上述两份合同的行为表示认可，故合同产生的应由吴川建筑东莞公司承担的民事责任应由吴川建筑公司承担；谢岗房地产公司与康湖酒店已确认上述两份合同对本案谢岗房地产公司与康湖酒店均具有法律约束力，谢岗房地产公司与康湖酒店对涉案债务承担连带清偿责任，因此，谢岗房地产公司与康湖酒店应对上述两份合同所产生的债务承担连带清偿责任。

对于康湖房地产公司的责任问题，根据证据反映，康湖房地产公司向吴川建筑东莞公司多次支付工程款；2006 年 2 月 20 日的公函显示，谢岗房地产公司、康湖酒店确认了涉案工程的工期及增加工程的方案，并加盖了康湖房地产公司“工程项目部”印章；谢岗房地产公司、康湖酒店委托案外人广州市胜特建筑科技开发有限公司就涉案工程制作的《东莞市港利花园（会所）部分框架梁柱裂缝结构补强施工方案》显示，该工程的投资单位为康湖房地产公司；谢岗房地产公司、康湖酒店向法院提交的《停工通知》显示，东莞市谢岗镇人民政府规划建设办公室于 2005 年 4 月 25 日要求吴川建筑东莞公司及康湖房地产公司就其兴建的港利花园中心会所工程停止施工并补办有关施工许可手续；工商登记资料显示，康湖酒店与康湖房地产公司的法定代表人、投资者完全一致，鉴于二者的密切关系，康湖房地产公司对上述公函、施工方案及《停工通知》等应当知情，但至本案起诉之前未提出任何异议。上述事实，可以证明康湖房地产公司为涉案港利花园会所工程的实际投资人、涉案合同的实际履行者之一。吴川建筑东莞公司要求康湖房地产公司就前述两份合同所产生的债务与谢岗房地产公司、康湖酒店共同承担连带清偿责任，原审法院予以支持。

谢岗房地产公司、康湖酒店以涉案工程出现严重质量问题为由申请原审法院对涉案工程质量进行鉴定。除前述《东莞市港利花园（会所）部分框架梁柱裂缝结构补强施工方案》外，谢岗房地产公司、康湖酒店对于质量问题一说未提出其他证据。重审的庭审期间，康湖酒店确认该工程已经过补强，补强费用已确定，现已进行装修。故原审法院认为该鉴定申请并无必要，予以驳回。康湖房地产公司主张与涉案工程建设不存在任何关系，只是代康湖酒店支付工程款，并以此为由申请对吴川建筑公司及吴川建筑东莞公司于 2004 年 10 月 28 日至 2007 年 2 月 28 日期间的财务会计账目进行审计。原审法院认为，谢岗房地产公司、康湖酒店、康湖房地产公司与吴川建筑东莞公司的款项往来事实清楚，吴川建筑公司与其分公司即吴川建筑东莞公司之间的财务账目与本案的事实认定并无关联。康湖房地产公司该申请缺乏理据，原审法院予以驳回。

一、关于本诉部分

吴川建筑东莞公司诉请谢岗房地产公司、康湖酒店、康湖房地产公司连带支付欠付工程款并承担相应的违约责任。经康湖酒店盖章及谢岗房地产公司驻施工场地的工程师刘德建签名确认的《港利花园会所钢筋混凝土主体工程结算造价审定书》，原一审庭审期间谢岗房地产公司与康湖酒店确认的《工程中间验收交接记录》、《港利花园钢筋混凝土框架工程验收移交协议书》、《港利花园会所工程付款清单》以及原一审庭审笔录中双方确认的应付款及已付款等事实，原审法院均予以认定。上述证据反映，双方当事人确认涉案工程总造价为 60260730. 26 元，谢岗房地产公司、康湖酒店、康湖房地产公司已经支付工程款 10837585. 90 元（其中不计入涉案工程已付工程款的 30000 元已扣除）、垫付工人工资 3567030 元、垫付混凝土款 283342. 50 元、垫付钢材款 9214275 元，康湖房地产公司另按照东莞市人民法院保全裁定向该院诉讼案件担保金专户电汇工程款 1400000 元。吴川建筑东莞公司主张谢岗房地产公司、康湖酒店、康湖房地产公司所垫付的工人工资与材料款均计入应付工程款，谢岗房地产公司、康湖酒店、康湖房地产公司未提出相反的主张，而且在抵扣这些款项后谢岗房地产公司、康湖酒店仍处于拖欠到期工程款的状态，故原审法院确认谢岗房地产公司、康湖酒店所支付的上述款项均应计为已付工程款。此外，谢岗房地产公司、康湖酒店提交了康湖房地产公司于2007年5月31日向吴川建筑东莞公司支付500000元的电汇凭证，坚持称该款项系支付本案港利花园中心会所工程的工程款，吴川建筑东莞公司辩称该款项系支付吴川建筑东莞公司与谢岗房地产公司、康湖酒店之间宝泰花园会所钢筋混凝土框架工程项目的工程款而非涉案工程款，但未向法庭提交充分的证据，原审法院认定该款项系谢岗房地产公司、康湖酒店支付涉案工程的工程款。谢岗房地产公司、康湖酒店又向原审法院提交吴川建筑东莞公司于2007年9月17日出具的800000元《收据》一张，双方对《收据》均予以确认，原审法院认定谢岗房地产公司、康湖酒店于2007年9月17日向吴川建筑东莞公司支付工程款800000元。至于谢岗房地产公司、康湖酒店提交的收款人为吴川市第五建筑工程公司东莞分公司的两张电汇凭证，由于未能证明与本案的关联性，原审法院不予采纳。双方又确认，在原一审判决之后，康湖房地产公司于2007年11月28日、2007年12月28日及2008年2月28日分三次向吴川建筑东莞公司转账或电汇涉案工程款共2400000元。综上，谢岗房地产公司、康湖酒店所支付的工程款合计29002233.4元，尚有工程款31258496.86元没有支付。

关于本案工程款的支付期限，双方在补充合同中约定吴川建筑东莞公司施工至第二层楼板时，谢岗房地产公司支付工程款500万元，当吴川建筑东莞公司施工至第四层楼板时，谢岗房地产公司第二次支付工程款500万元，当吴川建筑东莞公司施工至顶层楼板（第十层楼板）时，谢岗房地产公司第三次支付工程款500万元，剩余工程款扣除3%保修金后每月支付190万元，在封顶后18个月内付清；而变更、增加工程造价，钢筋、水泥调整价款在施工当月月底补付清，减少时结算再进行扣减。依约定涉案工程保修金为工程总造价的3%即1807822元，该保修金应于保修期（竣工后两年）满后14天内一次性支付。关于涉案工程的竣工时间，吴川建筑东莞公司主张竣工期限应为2006年8月3日，即《工程中间验收交接记录》的签署时间，而谢岗房地产公司、康湖酒店则主张应为2006年11月14日，即《港利花园钢筋混凝土框架工程验收移交协议书》的签署时间。原审法院认为，吴川建筑东莞公司与康湖酒店签订的《港利花园钢筋混凝土框架工程验收移交协议书》载明双方确认经建设单位、监理公司、设计院及施工单位有关人员初步检查验收，港利花园钢筋混凝土框架工程已按照设计文件和施工合同的约定完工，质量基本符合国家规定的合格标准，吴川建筑东莞公司在该协议签字后将工程移交给甲方使用。该移交协议书明确约定2006年8月3日《工程中间验收交接记录》系涉案工程初步检查验收，而验收移交协议书的签署时间则是工程正式移交时间。因此，原审法院认定工程正式竣工验收时间应为2006年11月14日。涉案工程保修期应为2006年11月15日至2008年11月15日，前述保修金的支付期限应为2008年11月16日至2008年11月30日。吴川建筑东莞公司主张施工至第二层、第四层楼板的时间应为东莞市建设工程质量安全监督站检测中心出具的谢岗镇港利花园会所二层、四层楼面混凝土抗压强度检验报告分别载明的成型日期，即2005年4月18日、2005年6月27日，而谢岗房地产公司、康湖酒店则主张应为上述两份报告的出具日期即分别为2005年5月17日、2005年7月28日。原审法院认为谢岗房地产公司、康湖酒店的主张更为合理，吴川建筑东莞公司施工至第二、四层楼板的时间应以上述两份报告的正式出具时间为准，即分别为2005年5月17日和2005年7月28日。至于吴川建筑东莞公司施工至十层楼板的时间，2006年2月20日的公函中载明2005年11月1日十层屋面封顶可视为工程已封顶，因该公函的签名人朱昌宏代表谢岗房地产公司在双方确认的多份证据中签名，原审法院认定朱昌宏系谢岗房地产公司的工程管理人员，其职务行为的后果应由谢岗房地产公司承担，该公函对谢岗房地产公司依法具有约束力。故吴川建筑东莞公司施工至十层楼板的时间应根据公函认定为2005年11月1日。综上，谢岗房地产公司应依约定于2005年4月18日、2005年6月27日、2005年11月1日分别支付工程款5000000元，并从2005年12月起至2007年5月止分18个月每月支付工程款1900000元。除前述款项外，其余工程款9252908.26元系增补工程造价（包括增加两层楼板工程造价与零星增补工程造价）与钢筋水泥补差价款，依约定该部分工程款应在施工当月月底补付清，但双方直至正式结算即2006年11月2日才将上述工程款最终确定下来，因此该部分工程款应从结算次日起支付即应于2006年11月3日支付。

综上所述，本案工程款的支付期限应分别为：于2005年4月18日、2005年6月27日、2005年11月1日分别支付工程款5000000元，并从2005年12月起至2007年5月止分18个月每月支付工程款1900000元，2006年11月3日支付9252908.26元，2008年11月16日至2008年11月30日支付保修金1807822元。除保修金1807822元以外，其余工程款共计58452908.26元履行期均已经届满，谢岗房地产公司、康湖酒店已经支付了工程款合计29002233.4元，尚有工程款29450674.86元没有支付，应承担相应的还本付息的违约责任。

关于吴川建筑东莞公司诉请的逾期付款利息，双方在合同中明确约定谢岗房地产公司如不按期支付工程进度款和结算款，应以逾期时间按国家银行贷款利率支付拖欠的工程款利息给乙方，即月息6厘计算结付，吴川建筑东莞公司也诉请按日息万分之二计付，因此谢岗房地产公司应支付的逾期付款利息均应按日息万分之二计付。至于具体的计息本金与计息期间，谢岗房地产公司、康湖酒店等已经支付了工程款合计29002233.40元，该工程款支付的是2005年4月18日、2005年6月27日、2005年11月1日应分别支付的工程款各5000000元，2005年12月至2006年6月共7个月工程款各1900000元，以及2006年7月部分工程款702233.40元。上述已经支付的工程款均不同程度迟于各该期款项应付款期间，应按照迟延的期间分别计算逾期利息，具体如下：

第一期5000000元于2005年5月12日支付完毕，其中以5000000元为本金从2005年4月19日计至2005年4月29日，以4000000元为本金从2005年4月30日计至2005年5月8日，以2000000元为本金从2005年5月9日计至2005年5月12日。

第二期5000000元于2005年12月5日支付完毕，其中以4876 911元为本金从2005年6月28日计至2005年8月26日，以4676911元为本金从2005年8月27日计至2005年9月18日，以876911元为本金从2005年9月19日计至2005年10月10日，以476911元为本金从2005年10月11日计至2005年10月24日，以376911元为本金从2005年10月25日计至2005年11月16日，以208935.40元为本金从2005年11月17日计至2005年12月17日，以108935.40元为本金从2005年12月18日计至2005年12

月5日。

第三期5000000元于2006年2月7日支付完毕，其中以5000000元为本金从2005年11月2日计至2005年12月5日，以4740757.4元为本金从2005年12月6日计至2006年1月5日，以3802340.4元为本金从2006年1月6日计至2006年1月21日，以3602340.4元为本金从2006年1月22日计至2006年1月24日，以2902340.4元为本金从2006年1月25日计至2006年1月26日，以402340.4元为本金从2006年1月27日计至2006年2月7日。

第一期1900000元于2006年2月7日支付完毕，其中以1900000元为本金从2006年1月1日计至2006年2月7日。

第二期1900000元于2006年5月15日支付完毕，其中以1900000元为本金从2006年2月1日计至2006年2月7日，以1202340.40元为本金从2006年2月8日计至2006年2月27日，以1040128.40元为本金从2006年2月28日计至2006年3月6日，以756556.40元为本金从2006年3月7日计至2006年3月8日，以680248.10元为本金从2006年3月9日计至2006年3月28日，以655576.10元为本金从2006年3月29日计至2006年4月6日，以352145.10元为本金从2006年4月7日计至2006年4月30日，以269776.60元为本金从2006年5月1日计至2006年5月15日。

第三期1900000元于2006年7月4日支付完毕，其中以1900000元为本金从2006年3月1日计至2006年5月15日，以429528.60元为本金从2006年5月16日计至2006年5月19日，以229528.60元为本金从2006年5月20日计至2006年6月27日，以37265.60元为本金从2006年6月28日计至2006年7月4日。

第四期1900000元于2007年2月5日前支付完毕，其中以1900000元为本金从2006年4月1日计至2006年7月4日，以1837265.60元为本金从2006年7月5日计至2006年7月8日，以1822873.60元为本金从2006年7月9日计至2006年7月24日，以1805654.60元为本金从2006年7月25日计至2006年7月27日，以1705654.60元为本金从2006年7月28日计至2006年8月21日，以1689695.60元为本金从2006年8月22日计至2006年9月6日，以1489695.60元为本金从2006年9月7日计至2006年11月2日，以1389695.60元为本金从2006年11月3日计至2006年11月10日，以1364796.60元为本金从2006年11月11日计至2006年11月21日，以1164796.60元为本金从2006年11月22日计至2006年12月30日，以364796.60元为本金从2006年12月31日计至2007年2月5日。

第五期1900000元于2007年8月13日支付完毕，其中以1900000元为本金从2006年5月1日计至2007年2月5日，以597766.60元为本金从2007年2月6日计至2007年5月31日，以97766.60元为本金从2007年6月1日计至2007年8月13日。

第六期1900000元于2007年9月17日支付完毕，其中以1900000元为本金从2006年6月1日计至2007年8月13日，以597766.60元为本金从2007年8月14日计至2007年9月17日。

第七期1900000元于2008年2月28日支付完毕，其中以1900000元为本金从2006年7月1日计至2007年9月17日，以1697766.60元为本金从2007年9月17日计至2007年11月28日，以897766.60元为本金计至2008年12月28日，以97766.60元为本金计至2008年2月8日。

第八期1900000元于2008年2月28日支付了702233.40元，其中以1900000元为本金从2006年8月1日计至2008年2月28日，以1197766.60元为本金，计至本息付清之日止。

谢岗房地产公司、康湖酒店、康湖房地产公司尚拖欠吴川建筑东莞公司工程款29450674.86元没有支付，其中包括第八期尚未支付的工程款1197766.60元，2006年8月至2007年5月共10个月各1900000元，以及2006年11月3日应支付的增补工程造价9252908.26元。上述各款项利息均应计至本息付清之日止。其中，第八期1900000元尚未支付的工程款1197766.60元利息从2007年9月18日起算，2006年8月至2007年5月共10个月各1900000元利息分别从各该月次月1日起算。

双方在施工合同中明确约定，合同任何一方违约，由违约方承担违约责任，赔偿因其违约造成的损失，并支付合同价款3%的违约金。该条款系双方当事人真实意思表示的合意，对双方具有约束力。因此谢岗房地产公司、康湖酒店、康湖房地产公司逾期付款还应承担合同总价款3%的违约金即1807821.90元。

另根据《中华人民共和国合同法》第二百八十六条之规定，发包人未按照约定支付价款的，承包人可以催告发包人在合理期限内支付价款。发包人逾期不支付的，除按照建设工程的性质不宜折价、拍卖的以外，承包人可以与发包人协议将该工程折价，也可以申请人民法院将该工程依法拍卖。建设工程的价款就该工程折价或者拍卖的价款优先受偿。另《最高人民法院关于建设工程价款优先受偿权问题的批复》第三条、第四条规定，具有优先受偿权的建设工程价款包括承包人为建设工程应当支付的工作人员报酬、材料款等实际支出的费用，不包括承包人因发包人违约所造成的损失，该权利应于建设工程竣工之日起6个月内行使，而吴川建筑东莞公司已于诉争的工程竣工之日起6个月内起诉主张该权利。因此，吴川建筑东莞公司对涉案工程折价或拍卖的价款在欠付到期工程款本金29450674.86元的范围内享有优先受偿权。

二、关于反诉部分

康湖酒店主张吴川建筑东莞公司迟延竣工应承担相应的延期交楼违约金。原审法院认为，涉案工程为十二层，双方在《东莞市建设工程施工合同》、《港利花园会所钢筋混凝土框架工程施工补充合同》中对涉案工程前十层的工期作了明确的约定：合同工期为300个日历天，开工日期为2004年11月8日，推迟竣工一天罚款1000元，开工日期以开工报告为准。如前所述，因谢岗房地产公司、康湖酒店在原十层楼板工程的基础上增加两层楼板，2006年2月20日公函中载明2005年11月1日十层屋面封顶可视为工程已封顶，因此吴川建筑东莞公司施工完前十层楼板的时间应为2005年11月1日。另2005年8月吴川建筑东莞公司以建设单位拖欠工程款为由请求工期顺延70天且谢岗房地产公司、康湖酒店予以认可，因此前十层楼板的工期应为370个日历天。双方当事人对涉案工程的实际开工日期有异议，但即使按照合同约定的开工日期即2004年11月8日计算，吴川建筑东莞公司于2005年11月1日施工完前十层楼板也没有超过合同约定的工期。因此原审法院认定吴川建筑东莞公司对前十层楼板的施工期间并未超过合同约定的工期。

关于增加的两层楼板，双方并未对该两层楼板的工期作出书面的约定，双方也没有提出其他的证据证明该两层楼板施工所需工期。原审法院认为，2006 年 2 月 20 日《公函》载明吴川建筑东莞公司加建的十一、十二层具体做法是：⑥19 × QS 段按原十层和斜屋面结构施工，12 × SR 和 2324 × SR 两个楼梯间部分只按原十层此部分结构图施工；施工所需工期按实际所需相应顺延。因此，加建的十一、十二层与原十层楼板的结构基本相同。在双方均未提出其他证据的情况下，原审法院参照原十层施工的工期（300 个日历天）推定增加的两层楼板的工期为 60 个日历天。该两层楼板的工期应从施工方接到公函次日即 2006 年 2 月 21 日起计至 2006 年 4 月 21 日。涉案工程正式竣工验收时间为 2006 年 11 月 14 日，吴川建筑东莞公司迟延竣工时间为 205 天，应承担迟延履行违约金 205000 元。由于吴川建筑东莞公司不具备法人资格，其总公司即吴川建筑公司应对其民事责任承担连带清偿责任。该违约金本应判归共同权利人谢岗房地产公司、康湖酒店、康湖房地产公司共同享有，但由于谢岗房地产公司、康湖房地产公司作为本案当事人，明知康湖酒店已提起该反诉，却明确表示暂时不提起反诉，因此原审法院目前将该权利判归康湖酒店享有。至于谢岗房地产公司、康湖房地产公司如认为对此权利不放弃，可通过另外的途径或诉讼与康湖酒店解决。

康湖酒店请求吴川建筑东莞公司支付为其垫付的工人工资及材料款利息的问题。如前所述，康湖酒店为吴川建筑东莞公司垫付的工人工资与材料款均应计入康湖酒店各期应付工程款内。而康湖酒店支付前述款项的时间均迟于各期工程款应付款时间。因此，康湖酒店诉请吴川建筑东莞公司支付垫付款项的利息于法无据，原审法院不予支持。

康湖酒店请求法院判令《东莞市谢岗镇港利花园中心会所工程施工合同》无效，并指定有工程造价资质的单位对工程重新造价评估。如前所述，原审法院已认定该合同合法有效，而双方当事人已对工程最终结算并签署《结算造价审定书》。康湖酒店无证据证明《结算造价审定书》违背双方真实意思表示或存在其他应认定无效的情形，故原审法院确认《结算造价审定书》为双方对工程最终造价结算的真实意思表示。康湖酒店请求对工程造价重新评估，原审法院不予采纳。

康湖酒店主张涉案工程存在质量问题，要求吴川建筑东莞公司、吴川建筑公司共同承担加固和修复的损失 181000 元。对此，由于双方在合同中约定“双方对工程质量有争议，由东莞市建设工程质量安全监督站进行鉴定，所需费用及因此造成的损失和工期拖延，由责任方承担。双方均有责任，由双方根据其责任分别承担”。康湖酒店单方委托第三方广州市胜特建筑科技开发有限公司制作的《东莞市港利花园（会所）部分框架梁柱裂缝结构补强施工方案》及出具的相应费用收据，吴川建筑东莞公司及吴川建筑公司不予确认。故根据合同约定，该方案及费用不应作为质量问题及损失的依据。况且，上述方案称该公司于 2007 年 12 月 12 日派专业人员现场勘察，了解到“现场实际情况：所有梁结构复核均满足要求，施工用材料均合格，混凝土强度满足设计要求”，而并未指称需要加固补强的梁、柱裂缝及断裂的原因是施工方原因造成。此外，康湖酒店未提供其他证据证明工程质量问题及损失。因此，原审法院对该项诉讼请求不予支持。

康湖酒店又要求吴川建筑东莞公司及吴川建筑公司连带赔偿未带资履行合同的违约金 1485900 元。根据上述认定，康湖酒店没有根据合同约定按期支付工程款；其垫付的工人工资及材料款均应计入各期工程款内，而这些款项的支付时间均迟于各期工程款应付时间。在康湖酒店逾期未支付多期工程款的情况下，吴川建筑东莞公司仍将工程施工完毕交付被告，故不存在所谓未带资履行合同的违约行为。此外，康湖酒店未能提供其他证据证明吴川建筑东莞公司未带资履行合同的违约行为。原审法院对该项诉讼请求予以驳回。

综上所述，根据《中华人民共和国民事诉讼法》第六十四条、第一百二十八条，《中华人民共和国合同法》第一百零七条、第一百一十四条、第二百八十六条，《最高人民法院关于审理建设工程施工合同纠纷案件适用法律问题的解释》第十七条，《最高人民法院关于建设工程价款优先受偿权问题的批复》第三条和《中华人民共和国公司法》第十四条的规定，原审法院判决：（一）谢岗房地产公司与康湖酒店应于本判决生效之日起五日内向吴川建筑东莞公司连带支付到期工程款本金 29450674.86 元。（二）谢岗房地产公司与康湖酒店应于本判决生效之日起五日内向吴川建筑东莞公司按日息万分之二连带计付未按期支付的工程款及前述第一判项所欠工程款的逾期利息。具体计算方法如下：第一期 5000000 元工程款，其中以 5000000 元为本金从 2005 年 4 月 19 日计至 2005 年 4 月 29 日，以 4000000 元为本金从 2005 年 4 月 30 日计至 2005 年 5 月 8 日，以 2000000 元为本金从 2005 年 5 月 9 日计至 2005 年 5 月 12 日；第二期 5000000 元工程款，其中以 4876911 元为本金从 2005 年 6 月 28 日计至 2005 年 8 月 26 日，以 4676911 元为本金从 2005 年 8 月 27 日计至 2005 年 9 月 18 日，以 876911 元为本金从 2005 年 9 月 19 日计至 2005 年 10 月 10 日，以 476911 元为本金从 2005 年 10 月 11 日计至 2005 年 10 月 24 日，以 376911 元为本金从 2005 年 10 月 25 日计至 2005 年 11 月 16 日，以 208935.4 元为本金从 2005 年 11 月 17 日计至 2005 年 12 月 17 日，以 108935.4 元为本金从 2005 年 12 月 18 日计至 2005 年 12 月 5 日；第三期 5000000 元工程款，其中以 5000000 元为本金从 2005 年 11 月 2 日计至 2005 年 12 月 5 日，以 4740757.4 元为本金从 2005 年 12 月 6 日计至 2006 年 1 月 5 日，以 3802340.4 元为本金从 2006 年 1 月 6 日计至 2006 年 1 月 21 日，以 3602340.4 元为本金从 2006 年 1 月 22 日计至 2006 年 1 月 24 日，以 2902340.4 元为本金从 2006 年 1 月 25 日计至 2006 年 1 月 26 日，以 402340.4 元为本金从 2006 年 1 月 27 日计至 2006 年 2 月 7 日；第一期 1900000 元工程款，其中以 1900000 元为本金从 2006 年 1 月 1 日计至 2006 年 2 月 7 日；第二期 1900000 元工程款，其中以 1 900000 元为本金从 2006 年 2 月 1 日计至 2006 年 2 月 7 日，以 1202340.4 元为本金从 2006 年 2 月 8 日计至 2006 年 2 月 27 日，以 1040128.4 元为本金从 2006 年 2 月 28 日计至 2006 年 3 月 6 日，以 756556.4 元为本金从 2006 年 3 月 7 日计至 2006 年 3 月 8 日，以 680248.1 元为本金从 2006 年 3 月 9 日计至 2006 年 3 月 28 日，以 655576.1 元为本金从 2006 年 3 月 29 日计至 2006 年 4 月 6 日，以 352145.1 元为本金从 2006 年 4 月 7 日计至 2006 年 4 月 30 日，以 269776.6 元为本金从 2006 年 5 月 1 日计至 2006 年 5 月 15 日；第三期 1900000 元工程款，其中以 1900000 元为本金从 2006 年 3 月 1 日计至 2006 年 5 月 15 日，以 429528.6 元为本金从 2006 年 5 月 16 日计至 2006 年 5 月 19 日，以 229528.6 元为本金从 2006 年 5 月 20 日计至 2006 年 6 月 27 日，以 37265.6 元为本金从 2006 年 6 月 28 日计至 2006 年 7 月 4 日；第四期 1900000 元工程款，其中以 1900000 元为本金从 2006 年 4 月 1 日计至 2006 年 7 月 4 日，以 1837265.6 元为本金从 2006 年 7 月 5 日计至 2006 年 7 月 8 日，以 1822873.6 元为本金从 2006 年 7 月 9 日计至 2006 年 7

月24日，以1805654.6元为本金从2006年7月25日计至2006年7月27日，以1705654.6元为本金从2006年7月28日计至2006年8月21日，以1689695.6元为本金从2006年8月22日计至2006年9月6日，以1489695.6元为本金从2006年9月7日计至2006年11月2日，以1389695.6元为本金从2006年11月3日计至2006年11月10日，以1364796.6元为本金从2006年11月11日计至2006年11月21日，以1164796.6元为本金从2006年11月22日计至2006年12月30日，以364796.6元为本金从2006年12月31日计至2007年2月5日；第五期1900000元工程款，其中以1900000元为本金从2006年5月1日计至2007年2月5日，以597766.6元为本金从2007年2月6日计至2007年5月31日，以97766.6元为本金从2007年6月1日计至2007年8月13日；第六期1900000元工程款，其中以1900000元为本金从2006年6月1日计至2007年8月13日，以597766.6元为本金从2007年8月14日计至2007年9月17日；第七期1900000元于2008年2月28日支付完毕，其中以1900000元为本金从2006年7月1日计至2007年9月17日，以1697766.60元为本金从2007年9月17日计至2007年11月28日，以897766.6元为本金计至2008年12月28日，以97766.6元为本金计至2008年2月8日；第八期1900000元于2008年2月28日支付了702233.4元，其中以1900000元为本金从2006年8月1日计至2008年2月28日；第八期1900000元尚未支付的工程款1197766.6元的利息从2008年2月19日起计至本息付清之日止。2006年8月至2007年5月共10个月各1900000元的利息分别从各该月次月1日起计至本息付清之日止，2006年11月3日应支付的增补工程造价9252908.26元的利息从2006年11月3日起计至本息付清之日止。（三）谢岗房地产公司与康湖酒店应于本判决生效之日起五日内向吴川建筑东莞公司连带支付违约金1807821.9元。（四）康湖房地产公司对上述第一判项、第二判项及第三判项确定的债务承担连带清偿责任。（五）吴川建筑东莞公司对涉案工程折价或拍卖的价款在欠付到期工程款本金29450674.86元的范围内享有优先受偿权。（六）吴川建筑东莞公司及吴川建筑公司应于本判决生效之日起五日内向康湖酒店给付迟延履行违约金205000元。（七）驳回吴川建筑东莞公司其他诉讼请求。（八）驳回康湖酒店其他反诉请求。如果未按本判决指定的期间履行给付金钱义务，应当依照《中华人民共和国民事诉讼法》第二百二十九条之规定，加倍支付迟延履行期间的利息。本案本诉收取案件受理费215006元、财产保全费5000元，由吴川建筑东莞公司及吴川建筑公司负担25986元，由谢岗房地产公司、康湖酒店及康湖房地产公司负担194020元；本案反诉收取受理费29640元，由吴川建筑东莞公司及吴川建筑公司负担2129元，由康湖酒店负担27511元。

谢岗房地产公司不服原审判决，向本院提出上诉。请求将本案发回重审或在查清事实后改判，请求：（1）确认吴川建筑东莞公司与谢岗房地产公司订立的《东莞市建设工程施工合同》以及《港利花园会所钢筋混凝土框架工程施工补充合同》无效，并指定有工程造价质资的单位对工程重新造价评估。（2）判令吴川建筑东莞公司和吴川建筑公司连带承担工程质量责任，向谢岗房地产公司承担因工程加固和修复而支出的损失人民币181000元。（3）判令吴川建筑东莞公司和吴川建筑公司连带向谢岗房地产公司支付合同违约金人民币1485900元。（4）驳回吴川建筑东莞公司和吴川建筑公司对谢岗房地产公司的所有诉讼请求。（5）由吴川建筑东莞公司和吴川建筑公司承担本案的诉讼费。事实与理由如下：（一）审理程序违法。1. 合议庭组成人员临时变更，原审法院应当在开庭前三日内将合议庭组成人员告知当事人，不得临时变更合议庭组成人员，且在当事人提出意见后强行开庭，违反民事诉讼法关于审理前的准备的规定。2. 未通知谢岗房地产公司参加共同诉讼，剥夺了谢岗房地产公司作为原告参加诉讼的权利。（二）认定事实严重错误。1. 涉案工程至今没有办妥土地征用手续、建设工程施工许可证等，原审法院却认定“未办理上述证件即进行施工面临的是承担相应的行政法律责任，而非导致民事合同无效的法定条件”。如果照原审法院的认定，无证施工不是“法定条件”，那么《建筑法》可以废止了。2. 退一步说，即使合同有效，原审法院也严重篡改和曲解当事人订立的《东莞市建设工程施工合同》及《港利花园会所钢筋混凝土框架工程施工补充合同》。谢岗房地产公司主张 1485900 元的合同违约金，原审法院一边确认吴川建筑东莞公司和吴川建筑公司确实有逾期交付工程的违约事实，另一方面又驳回谢岗房地产公司违约金的请求，理由是“其垫付的工人工资及材料款均应计入各期工程款内”，也就进一步推断吴川建筑东莞公司和吴川建筑公司没有违反合同约定。原审法院显然是以偏概全，偏袒吴川建筑东莞公司、吴川建筑公司。吴川建筑东莞公司、吴川建筑公司的违约是两方面的，一方面是逾期交付工程给谢岗房地产公司，另一方面是未带资承建工程、工人闹事，导致谢岗房地产公司垫付工人工资，而合同约定任何违约行为都应承担工程总额 3% 的违约金，吴川建筑东莞公司、吴川建筑公司既请求了违约利息，又请求了违约金，原审法院可以支持，而在吴川建筑东莞公司、吴川建筑公司重复违约的情况下，谢岗房地产公司的请求就不支持。而且谢岗镇人民政府出具的证明，也证明了这一事实，却在判决书中只字不提。3. 关于工程质量问题，谢岗房地产公司请求吴川建筑东莞公司、吴川建筑公司承担 181000 元的补强损失，原审法院以“康湖酒店未提供其他证据证明工程质量问题及损失，因此对该项请求不予支持”，原审法院有违公平正义。《东莞市港利花园（会所）部分框架梁柱裂缝结构补强施工方案》能证明有质量问题，补强施工方出具的收款《收据》就是损失证明。原审法院驳回谢岗房地产公司该请求还找到一条理由：“双方对工程质量有争议，由东莞市建设工程质量安全监督站进行鉴定”，但是请求合同约定的鉴定单位进行鉴定需要合同双方共同委托鉴定和评估，双方的官司打成这样，吴川建筑东莞公司、吴川建筑公司会来委托鉴定吗？4. 关于工程验收合格问题。原审法院认定“工程经五方单位验收评定为合格工程”。到底是哪五方，属认定事实错误。5. 原审法院对公函的认定和朱昌宏签名的效力不顾事实。谢岗房地产公司从来没有朱昌宏这样一名员工，也从未出过公函。本案在发回重审之前的审理中，对该问题吴川建筑东莞公司已经确认，对朱昌宏签字的钢筋水泥补差表不作为证据使用，也就是说朱昌宏的签名是不作为证据的，重新认定为证据，显然不妥。（三）由于审理程序和认定事实的根本错误，导致判决的错误。1. 因合同和涉案工程违法，应当认定合同无效，而合同无效后，双方并未确定实际的工程款金额，应当驳回吴川建筑东莞公司、吴川建筑公司的全部诉讼请求。2. 如果合同具有法律效力，原审法院既然支持吴川建筑东莞公司、吴川建筑公司请求的违约利息又支持 3% 的违约金，那么也必须支持吴川建筑东莞公司、吴川建筑公司请求的逾期交付工程罚金和违约金，因为照原审法院的认定违反合同的行为双方均存在。绝不能只对谢岗房地产公司采取罚上加罚的原则，而对吴川建筑东莞公司、吴川建筑公司采取优上加优的原则，这样违背了法律的公平正义性。3. 因工程质量问题导致谢岗房地产公司的损失，必须由吴川建筑东莞公司、吴川建筑公司承担。4. 原审判决不是按照实际建设方拖欠的工程款金额支付拖欠利息，而是按照合同的到期付款金额支付利息来下判，没有法律依据。既然谢岗房地产公司和吴川建筑东莞公司、吴川建筑公司在工程竣工后，双方以决算来确定工程款总额，那么就应当以决算时间为准，而原审法院将利息追溯至双方确定工程款总额之前，显然违背双方的真实意思表示，也于法无据。后谢岗房地产公司在二审庭审调查中提出补充上诉意见，认为原审法院还存在以下程序问题：即康湖酒店与谢岗房地产公司、康湖房地产公司是反诉原告与反诉被告的关系，代理人同一有利害冲突，严重侵害了其他当事人利益。原审法院并未告知当事人另行聘任代理人，而是继续审理，使得最终结果错误。

康湖酒店不服原审判决，向本院上诉。具体上诉请求事项及事实理由与谢岗房地产公司一致。

康湖房地产公司不服原审判决，向本院提出上诉，请求将本案依法发回重审或查清事实后改判为：（1）确认吴川建筑东莞公司与谢岗房地产公司签订的《东莞市建设工程施工合同》及《港利花园会所钢筋混凝土框架工程施工补充合同》无效；（2）康湖房地产公司无须与谢岗房地产公司和康湖酒店对吴川建筑东莞公司的所有诉讼请求承担连带责任；（3）驳回吴川建筑东莞公司、吴川建筑公司的所有诉讼请求；（4）由吴川建筑东莞公司和吴川建筑公司承担本案的诉讼费。事实与理由如下：（一）程序违法。1. 合议庭组成人员在开庭时才予以变更和告知，违反规定。2. 原审法院没有告知康湖房地产公司如要提出管辖权异议，应当在答辩期内提出。3. 对康湖房地产公司提出的管辖权异议没有进行书面审查和答复。4. 没有依法追加必要共同诉讼人参加诉讼。（二）认定事实错误或不清。1. 朱昌宏并非康湖房地产公司或者实际建设单位代表。2. 公函并非康湖房地产公司出具，康湖房地产公司也不存在工程部及其印章。朱昌宏也没有代表康湖房地产公司或者实际建设方在其他文件上签名，他代表的是其他单位，是工程设计单位。3. 实际上只有 4 个单位签字盖章，康湖酒店作为建设方没有签字盖章。该工程事实上还没有完成验收交接工作。4. 朱昌宏并非谢岗房地产公司派驻施工现场的工程师。5. 康湖房地产公司以及建设方并不确认钢筋水泥差价补贴造价金额和工程造价审定书。（三）适用法律错误。1. 违反合同法的基本原则，对于谢岗房地产公司、康湖酒店的违约责任，采取了罚上加罚的原则，在支付了违约应承担的利息后，仍然支持3%的违约金是错误的。2. 3%的违约金是在合同没有明确约定的其他情况下，违约方才承担的责任。3. 不是按照实际建设方拖欠的工程款金额支付拖欠利息，而是按照合同的到期付款金额支付利息，没有合同和法律依据。4. 吴川建筑东莞公司存在没有带资建设和延期完工的事实，应当按照合同的总金额承担3%的向实际建设方承担违约赔偿责任，但是原审判决没有支持，是错误的。5. 康湖房地产公司并非实际投资人，只是代理谢岗房地产公司、康湖酒店进行付款，其行为后果应当由谢岗房地产公司和康湖酒店承担。

吴川建筑东莞公司答辩称：（一）吴川建筑东莞公司与谢岗房地产公司、康湖酒店签订的《东莞市建设工程施工合同》、《港利花园会所钢筋混凝土框架工程施工补充合同》合法有效，吴川建筑东莞公司与谢岗房地产公司、康湖酒店已经进行了结算，达成了合法有效的结算协议，因此无须对该工程再行重新造价评估。首先，根据《最高人民法院关于审理建设工程合同纠纷案件适用法律问题的解释》第一条的规定，只有符合该条所述三情形之一的，才确认建设合同无效。其次，依照法律的规定及双方在合同中的约定，施工许可证应由建设方在建设工程合同签订以后办理，因此在签订合同时没有办理"三证"完全不影响合同的效力。根据合同法的一般原理，合同无效是自始无效，而本案中的合同在签订时并无任何可以导致其无效的情形。合同签订后，没有办理"三证"的法律责任应由谢岗房地产公司、康湖酒店、康湖房地产公司自己承担，其后续的违约行为不能使该合同自始归于无效。再者，没有"三证"进行建筑施工面临的是承担相应的行政法律责任，而非导致民事合同无效的法定条件。吴川建筑公司的建筑资质证书并不因未年检而失效。谢岗房地产公司、康湖酒店还称吴川建筑东莞公司将港利花园中心会所工程违法分包给了其他几个没有资质的包工头，但谢岗房地产公司、康湖酒店提及的韦富强、李六明、赖正东等人，并非是分包的包工头，他们只是吴川建筑东莞公司合同中的各个班组的班、组长，他们在整个工程施工过程中，所领取的只是本人以及各班组工人的工资，不是承包关系。在本案所涉工程中，所需的全部资金都是由吴川建筑东莞公司垫付，吴川建筑东莞公司的资金不足，也是因为谢岗房地产公司、康湖酒店严重违约，拖欠巨额工程款所致。谢岗房地产公司、康湖酒店没有任何证据证明吴川建筑东莞公司有违法分包行为。（二）吴川建筑东莞公司无须承担工程质量责任。关于工程质量的问题，涉案工程是经建设方、施工方、监理方、设计方于2006年8月3日共同质量评审、验收的，一致评定该工程为合格工程，不存在任何质量问题，谢岗房地产公司、康湖酒店的单方评定行为是无效的，其没有任何证据可以证明该工程存在质量问题。（三）吴川建筑东莞公司并无任何违约行为，无须向谢岗房地产公司、康湖酒店支付违约金。另，吴川建筑东莞公司口头补充：康湖酒店是反诉原告，但反诉被告是吴川建筑东莞公司与吴川建筑公司，谢岗房地产公司、康湖房地产公司均不是反诉的被告，不存在所谓原、被告代理人同一的问题。

吴川建筑公司未提交书面答辩，其在二审庭审调查中口头辩称：同意吴川建筑东莞公司的答辩意见。康湖酒店等当事人经常以变更委托人的形式影响法律程序，希望二审法院不受其干扰。

本院经审理查明：原审法院查明的事实除对《工程中间验收交接记录》的四方认定为五方有误外，其他认定均符合事实，本院予以确认。本院另查明：（一）关于谢岗房地产公司等提出的反诉原告及反诉被告代理人同一的问题。经查，本案在原一审期间，康湖房地产公司本是作为共同反诉原告提起了本案反诉，其将吴川建筑东莞公司列为反诉被告。但在本案发回重审后，仅有康湖酒店作为反诉人于2008年10月12日提起反诉，且将吴川建筑东莞公司、吴川建筑公司、康湖酒店、康湖房地产公司列为反诉被告，要求上述反诉被告偿还20万元。但该部分并未被原审法院接受，未在本案中审理。2008年10月13日，康湖酒店又提交书面反诉状，仅将吴川建筑东莞公司、吴川建筑公司列为反诉被告。重审期间，康湖酒店、康湖房地产公司的代理人中均有广东红棉律师事务所仲兆庶律师。（二）重审期间，根据吴川建筑东莞公司的申请，追加康湖房地产公司为本案被告，原审法院将民事起诉状副本、反诉状副本、《追加被告申请书》、《追加当事人通知书》以及证据副本等一并于2008年9月10日送达康湖房地产公司。康湖房地产公司于2008年10月13日向原审法院提交管辖权异议书，原审法院于2008年10月24日对康湖房地产公司做了管辖权异议笔录，认为康湖房地产公司提出管辖权异议已超过法定期限，故对其提出的管辖权异议不予审查。（三）本案发回重审后，原审法院于2008年11月7日开庭审理了本案，并明确告知因工作安排，合议庭原来审判长戴俊勇变更为胡晓婷，其他合议庭成员王顺颜、覃婴桃不变，书记员由张志强担任。各方当事人对上述合议庭的变更明确表示无异议，不申请回避。（四）本院审理期间，谢岗房地产公司向本院提交了《委托审计申请书》、《工程质量鉴定申请书》、《追加反诉共同原告申请书》。（五）在吴川建筑东莞公司2005年5月17日作出的《增加工程现场签证单》上，朱昌宏在建设单位一栏负责人处签名确认。2005年6月5日，对施工单位提交的《增加工程现场签证单》上，朱昌宏代表建设单位签名确认并加盖东莞市谢岗港利花园工程部公章。2005年7月8日，朱昌宏在施工单位出具的《增加工程现场签证单》上建设单位负责人一栏签名。2005年8月30日，朱昌宏在施工单位提交的《增加工程现场签证单》上负责人一栏签名确认。（六）《工程中间验收交接记录》记载的建设层数是12层，上加盖有谢岗房地产公司，监理单位、建设单位和设计单位的公章，落款时间是2006年8月3日。（七）2006年2月20日，东莞市康湖房地产开发有限公司工程项目部、康湖酒店致函吴川建筑东莞公司，表明对在建的港利花园加建十一、十二层，同时表明由于施工合同和原施工合同为十层，2005年11月1日十层屋面封顶可视作工程已封顶。该公函加盖有东莞市康湖房地产开发有限公司工程项目部的公章，并有朱昌宏的签名。（八）2006年11月14日，《港利花园钢筋混凝土框架工程验收移交协议书》上有建设单位和施工单位盖章，建设单位处盖有康湖酒店公章，并有代表刘德建、朱昌宏等四人签名，施工单位处加盖有吴川建筑东莞公司的公章，并有代表冼文杰、冼芳成签名。（九）原审判决后，谢岗房地产公司、康湖酒店、康湖房地产公司三方均提出上诉，但在接到本院的预缴案件受理费通知后，仅仅谢岗房地产公司预缴了上诉费。

本院认为：本案为建设施工合同纠纷。根据谢岗房地产公司、康湖酒店、康湖房地产公司的上诉意见以及结合吴川建筑公司、吴川建筑东莞公司的答辩意见，本案争议焦点为：（一）涉案主体是否妥当；（二）涉案合同效力；（三）涉案工程款的认定；（四）涉案工程是否经验收，是否存在质量问题；（五）涉案工程是否存在重复计算利息和违约金的问题；（六）原审判决是否存在程序违法的问题。

（一）关于涉案主体是否妥当的问题。首先，康湖酒店与康湖房地产公司在本案二审中的法律地位问题。原审判决后，谢岗房地产公司、康湖酒店、康湖房地产公司三方均提出上诉，但在接到本院的缴费通知后，仅仅谢岗房地产公司预缴了上诉费。因上述三方当事人在原审判决中是承担连带责任的一方，即在本案中是权利义务的共同承担方，其中一方预缴上诉案件受理费应视同负连带责任的其他当事人共同预缴，因此，康湖酒店、康湖房地产公司在本案中应享有上诉人的法律地位。其次，本案是否遗漏必要反诉共同原告。本案事实表明，本案在原一审期间，康湖酒店、谢岗房地产公司本是作为共同反诉原告提起了本案反诉，但在本案发回重审后，仅康湖酒店提出了反诉。作为共同权利的一方，由其中一方代行权利是可以的，原审法院认定如果谢岗房地产公司、康湖房地产公司对康湖酒店代行权利有异议可以通过其他途径解决的处理是正确的。谢岗房地产公司、康湖房地产公司上诉提出原审判决遗漏共同反诉原告的主张缺乏事实和法律依据，本院不予支持。

（二）关于涉案合同效力。1. 涉案施工方的认定。因吴川建筑东莞公司不具有法人资格，吴川建筑公司作为吴川建筑东莞公司的开办单位，对吴川建筑东莞公司签订和履行《东莞市建设工程施工合同》、《港利花园会所钢筋混凝土框架工程施工补充合同》的行为表示认可，故因上述两合同履行产生的权利可由吴川建筑东莞公司承担，但因履行上述两合同所产生的义务，吴川建筑东莞公司作为非独立法人，不能独自承担民事责任，应由吴川建筑公司与吴川建筑东莞公司一起承担。原审法院对此处理正确，本院予以维持。2. 本案建设方的认定。虽然谢岗房地产公司、康湖酒店分别与吴川建筑东莞公司签订《东莞市建设工程施工合同》和《港利花园会所钢筋混凝土框架工程施工补充合同》，但是对涉案工程无论是开工、中间验收还是最后移交，谢岗房地产公司、康湖酒店均是多次交叉出现，但其中一方对另一方所签订的合同、作出的确认均没有提出异议，且在此基础上进一步对涉案工程的进展予以确认，因此，原审法院认定谢岗房地产公司、康湖酒店是涉案工程的共同建设方有充分的事实依据，本院予以维持。至于康湖房地产公司，虽然其不是《东莞市建设工程施工合同》、《港利花园会所钢筋混凝土框架工程施工补充合同》的签约主体，但本案事实表明：①涉案工程的付款方均是康湖房地产公司。②2006 年 2 月 20 日发给吴川建筑东莞公司的公函上，落款是“东莞市康湖房地产开发有限公司工程项目部、东莞康湖酒店有限公司”，并加盖了康湖房地产公司工程项目部的章。③谢岗镇规划建设办公室于 2005 年 4 月 25 日发出的《停工通知》中，抬头写有吴川建筑东莞公司和康湖房地产公司的名字，说明在政府建设规划部门以及备案中，是确认康湖房地产公司为涉案工程建设方。④谢岗房地产公司、康湖酒店提交的广州市胜特建筑科技开发有限公司出具的《东莞市港利花园（会所）部分框架梁柱裂缝结构补强施工方案》中，注明涉案工程的投资单位为康湖房地产公司，该《施工方案》是由康湖房地产公司以投资方的名义委托制作的，说明了康湖房地产公司也确认自己是该工程的实际投资者。故原审法院认定康湖房地产公司是本案的实际投资方之一有充分的事实依据。康湖房地产公司上诉认为其不是实际施工方的主张缺乏事实依据，本院不予支持。3. 涉案合同效力。吴川建筑公司是建设部评定的具有房屋建筑工程施工总承包一级资质企业，吴川建筑东莞公司是吴川建筑公司的分公司，亦当享有该资质，吴川建筑公司、吴川建筑东莞公司的施工资质符合承建港利花园会所工程的要求。谢岗房地产公司、康湖酒店上诉主张涉案工程至今尚未办妥土地征用手续、建设工程施工许可证等，应认定合同无效。但是，涉案施工合同和补充合同均约定上述手续、证件应由建设方来办理，而且上述证件只是工程合法开工应办理的手续，未办理上述证件进行施工应承担的是相应的行政责任，而非导致民事合同无效的法定条件。涉案合同是双方当事人的真实意思表示，未违反我国法律、行政法规的强制性规定，故原审法院认定上述施工合同及补充合同合法有效正确，本院予以维持。

（三）关于涉案工程款的认定。本案事实表明：①康湖酒店盖章及谢岗房地产公司委派在工地的工程师刘德建签名的《港利花园会所钢筋混凝土主体工程结算造价审定书》。②谢岗房地产公司盖章、刘德建签名以及吴川建筑东莞公司、监理单位、设计单位均盖章确认的《工程中间验收交接记录》。③康湖酒店作为建设方盖章，有刘德建、朱昌宏等四人签名以及吴川建筑东莞公司盖章确认的《港利花园钢筋混凝土框架工程验收移交协议书》。④《港利花园会所工程付款清单》。以上证据均是谢岗房地产公司、康湖酒店在原一审审理期间确认过真实性的，在发回重审期间以及现二审阶段，虽然谢岗房地产公司、康湖酒店对上述证据的真实性不予认可，但原一审程序仍然是整个诉讼程序的一部分，谢岗房地产公司、康湖酒店否认上述已经确认过真实性的证据，但并未提交相反证据予以否定。康湖房地产公司虽然也对上述证据不予确认，但也未提交证据予以证实。因此，对上述证据本院予以认定。根据上述证据反映，涉案工程总造价为60260730.26元，已支付工程款29002233.4元，扣除保修金1807822元，尚欠工程款为29450674.86元。原审法院对此认定正确，本院予以维持。

总工程造价的认定中，建设方对加建工程（11－12层）存在异议。谢岗房地产、康湖酒店、康湖房地产公司认为没有证据表明存在加建工程。但本案事实表明，2006年2月20日，东莞市康湖房地产开发有限公司工程项目部、康湖酒店致函吴川建筑东莞公司，表明对在建的港利花园加建十一、十二层，同时表明由于施工合同和原施工合同为十层，2005年11月1日十层屋面封顶可视作工程已封顶。该公函加盖有东莞市康湖房地产开发有限公司工程项目部的公章，并有朱昌宏的签名。谢岗房地产公司、康湖酒店、康湖房地产公司虽然均不确认朱昌宏为其工作人员，但在《港利花园钢筋混凝土框架工程验收移交协议书》上，作为建设方有康湖酒店盖章以及四个人签名确认，其中就有朱昌宏，且在施工方提交的多份延长工期申请表上朱昌宏也在建设方签名确认。以上事实表明，朱昌宏的行为构成表见代理，朱昌宏的行为代表建设方。此外，《工程中间验收交接记录》也明确记载了涉案工程是12层。因此，对加建的11－12层原审法院依法予以认定是正确的，本院予以支持。因双方对加建工程没有约定工期，原审法院参照原施工合同酌情对11－12层工期的处理也符合公平原则，本院予以维持。

（四）涉案工程是否经验收。原一审庭审期间，谢岗房地产公司与康湖酒店确认了《工程中间验收交接记录》与《港利花园钢筋混凝土框架工程验收移交协议书》的真实性，在没有相反证据反证的情况下，该真实性应予认定。根据《工程中间验收交接记录》与《港利花园钢筋混凝土框架工程验收移交协议书》的记载，涉案工程合格并经验收，且已移交建设方使用。谢岗房地产公司、康湖酒店、康湖房地产公司对该问题的上诉主张缺乏事实依据，本院不予支持。

涉案工程是否存在质量问题。对此，谢岗房地产公司、康湖酒店、康湖房地产公司仅提交其与广州市胜特建筑科技开发有限公司签订的《东莞市港利花园（会所）部分框架梁柱裂缝结构补强施工方案》及其出具的费用收据。该委托是单方委托，与双方在《工程中间验收交接记录》与《港利花园钢筋混凝土框架工程验收移交协议书》中的记载不相符，且双方在《港利花园会所钢筋混凝土框架工程施工补充合同》中对工程出现质量问题的处理有明确的约定，即质量有异议的，由东莞市建设工程质量安全监督站进行鉴定。因此，原审法院对单方委托的证据不予认定的处理正确，本院予以维持。谢岗房地产公司、康湖酒店、康湖房地产公司的该主张缺乏事实和法律依据，本院不予支持。

（五）本案是否存在重复计算利息和违约金的问题。本案事实表明，建设方拖欠施工方的工程款，应支付拖欠工程款及利息，且未按合同约定的进度支付工程款，依照合同约定，建设方构成违约，应承担违约责任。原审法院判令建设方对施工方支付拖欠的工程款及利息，以及按照合同约定支付违约金有充分的事实依据。谢岗房地产公司、康湖酒店、康湖房地产公司上诉认为既判利息又判违约金存在双重惩罚的主张缺乏事实和法律依据，本院不予支持。至于谢岗房地产公司、康湖酒店、康湖房地产公司上诉主张应由吴川建筑东莞公司支付对应的违约金的问题，因谢岗房地产公司、康湖酒店、康湖房地产公司主张的违约金是要求吴川建筑东莞公司、吴川建筑公司赔偿未带资履行合同的违约金，而本院已查明谢岗房地产公司、康湖酒店、康湖房地产公司并未按照合同约定的进度支付工程款，已支付的工程款的时间也都在合同约定之后，且吴川建筑东莞公司、吴川建筑公司在谢岗房地产公司、康湖酒店、康湖房地产公司逾期未支付多期工程款的情况下，仍将涉案工程施工完毕并交付，故不存在未带资履行合同的违约行为。谢岗房地产公司、康湖酒店、康湖房地产公司对此问题的上诉主张缺乏事实和法律依据，本院不予支持。

（六）原审判决是否存在程序违法的问题。1. 是否存在反诉原、被告律师同一的问题。本案事实表明，本案在原一审期间，康湖酒店、康湖房地产公司本是作为反诉原告提起了本案反诉，将吴川建筑东莞公司列为反诉被告。但在本案发回重审后，仅有康湖酒店作为反诉人于 2008 年 10 月 12 日提起反诉，且将吴川建筑东莞公司、吴川建筑公司、康湖房地产公司列为反诉被告，要求上述反诉被告偿还 20 万元。但该部分并未被原审法院接受，未在本案中审理。2008 年 10 月 13 日，康湖酒店又提交书面反诉状，仅将吴川建筑东莞公司、吴川建筑公司列为反诉被告，谢岗房地产公司、康湖房地产公司列为本诉被告。虽然重审期间康湖酒店、康湖房地产公司的代理人均是广东红棉律师事务所仲兆庶律师，但因其法律地位不同，并不存在所谓反诉原、被告代理律师同一的问题。2. 开庭前告知合议庭的变更是否存在违法情形。本案事实表明，虽然原审法院在开庭前才口头告知各方当事人合议庭变更的情况，但各方当事人当庭明确表示对合议庭成员的变更没有异议，原审法院在此基础上进行的开庭审理活动符合法律规定。谢岗房地产公司、康湖酒店、康湖房地产公司上诉认为原审法院的该行为程序违法缺乏法律依据，本院不予支持。3. 是否存在原审法院未恰当处理管辖权异议的问题。首先，原审法院将民事起诉状副本、反诉状副本、《追加被告申请书》、《追加当事人通知书》以及证据副本等于 2008 年 9 月 10 日送达给了康湖房地产公司，康湖房地产公司于 2008 年 10 月 13 日才向原审法院提交管辖权异议书，根据《中华人民共和国民事诉讼法》第三十八条关于"人民法院受理案件后，当事人对管辖权有异议的，应当在提交答辩状期间提出"以及第一百一十三条关于"人民法院应当在立案之日起五日内将起诉状副本发送被告，被告在收到之日起十五日内提出答辩状"的规定，原审法院未对康湖房地产公司的管辖权异议作出书面裁定，仅在 2008 年 10 月 24 日对康湖房地产公司做了管辖权异议笔录，认为康湖房地产公司提出管辖权异议已超过法定期限，故对其提出的管辖权异议不予审查。原审法院的处理并未违反上述法律规定。康湖房地产公司对管辖权异议提出的上诉主张缺乏事实和法律依据。其次，原审法院是否具有告知康湖房地产公司管辖权异议应在提起答辩状期间提出的义务。康湖房地产公司上诉认为原审法院没有明确告知该权利，未尽告知义务，但上述法律规定是明文规定，且在康湖房地产公司委托有专业律师的情况下要求原审法院再明确告知其法律期间缺乏法律依据，对该上诉主张本院不予支持。

此外，谢岗房地产公司在本院审理期间提交的《委托审计申请书》、《工程质量鉴定申请书》、《追加反诉共同原告申请书》，因不符合《最高人民法院关于民事诉讼证据的若干规定》的规定，本院对其申请不予支持。

综上所述，原审判决认定事实清楚，适用法律正确，处理恰当，依法应予维持。谢岗房地产公司、康湖酒店、康湖房地产公司上诉均无理，依法应予驳回。根据《中华人民共和国民事诉讼法》第一百五十三条第一款第（一）项的规定，判决如下：

驳回上诉，维持原判。

本案二审案件受理费256697.04元由谢岗房地产公司、康湖酒店、康湖房地产公司负担。

本判决为终审判决。

审　判　长　梁　聪
审　判　员　杨慧怡
代理审判员　滕　梅
二〇〇九年九月十七日
书　记　员　郭尔绚

【评析】

该民事判决书在形式上具备了裁判文书的基本要素，结构完整，层次分明，审判程序规范合法。此案是建设工程施工合同纠纷，当事人较多，争议问题较多，事实较复杂，但承办人对案件事实的叙述清晰明了，争议焦点归纳准确。在归纳的六个争议焦点中，重点论述了合同效力以及工程款数额的认定，其中，对合同效力的论述中，先分别就当事人有争议的施工方和建设方的身份一一予以认定，之后才就本案施工方、建设方签订的合同效力予以探讨。在工程款数额的论述中，对有分歧的部分详细分析，无争议的部分简述明确，同时该判决对当事人争议的其他问题也一一予以了回应。整篇判决论述详略得当，理据充分。论证透彻，逻辑性强，有较强的说服力。实体处理上适用法律正确，法条引用具体、明确，裁判结果无误。文字表述精练、准确，表达规范，语法通顺，通俗易懂，可读性强。该判决书制作质量较高，具有一定的典型性，被评为2010年全省法院优秀裁判文书。

●中软置业有限公司与广东发展银行股份有限公司江门分行等拍卖合同纠纷一案民事判决书

广东省高级人民法院

民事判决书

（2009）粤高法民二终字第166号

上诉人（原审原告）：中软置业有限公司。住所地：北京市昌平区长陵镇政府街38号。

法定代表人：孙建国，董事长。

委托代理人：刘淑军，上海百全律师事务所律师。

委托代理人：周鑫，江苏智和律师事务所律师。

上诉人（原审被告）：广东发展银行股份有限公司江门分行。住所地：广东省江门市建设路49号之五。

负责人：陈里东，行长。

委托代理人：董志华，广东广大律师事务所律师。

原审被告：广东发展银行股份有限公司。住所地：广东省广州市农林下路83号。

法定代表人：李若虹，董事长。

委托代理人：董志华，广东广大律师事务所律师。

原审被告：安华白云拍卖行有限公司。住所地：广东省广州市东风中路268号广州交易广场30楼3001－3003室。

法定代表人：任全利，董事长。

委托代理人：周健，业务部经理。

委托代理人：叶荣，副总经理。

中软置业有限公司（以下简称中软公司）与广东发展银行股份有限公司江门分行（以下简称广发行江门分行）、广东发展银行股份有限公司（以下简称广发行）、安华白云拍卖行有限公司（以下简称白云拍卖行）拍卖合同纠纷一案，中软公司和广发行江门分行均不服广州市中级人民法院（2008）穗中法民二初字第336号民事判决，向本院提起上诉。本院依法组成合议庭审理了本案，现已审理终结。

本院查明：2005年12月22日，白云拍卖行发布拍卖公告称将于2005年12月28日举行拍卖会，拍卖委托人对北京天时达房地产开发有限公司（以下简称天时达公司）、北京皇都房地产开发有限公司（以下简称皇都公司）的全部债权，请有意竞买者于2005年12月27日17：00前携3000万元拍卖保证金（以到账为准）办理登记手续。

2005年12月27日，中软公司向白云拍卖行支付3000万元保证金。同日，广东和合影视投资有限公司代案外人黄光昌向白云拍卖行开具3000万元的支票，白云拍卖行收取了支票并于同日向黄光昌开具了收取3000万元保证金收据。

白云拍卖行向中软公司送达《广东发展银行股份有限公司江门分行对天时达公司、皇都公司债权拍卖手册（2005年12月28日）》（以下简称《拍卖手册》），包括《债权转让协议》、《白云拍卖行拍卖规则》、拍卖标的描述等内容。《拍卖手册》载明如下内容：本次拍卖标的为广发行江门分行对天时达公司、皇都公司的债权，债权贷款本金合计人民币1227610500元，利息约为419590910.06元（计至2005年12月26日）。附加条件为：力森公司已作出承诺，自愿分别以港元1元的价格转让其拥有的天时达公司100%及皇都公司85%的股权于本次债权拍卖的买受人或买受人指定的第三人（以下简称股权受让人），力森公司处置其拥有的皇都公司85%的股权已获得皇都公司另外两家中方股东的同意，且该两家股东还明确表示放弃对该85%股权之优先购买权。力森公司同时明确声明，该附件所提及的权益保证金、预付款，凡力森公司确有未按《合作经营北京皇都房地产有限公司合同》约定支付的部分均由股权受让人承担。股权受让人还须按《股权转让协议》所述条件受让上述股权，转让双方权利义务按《股权转让协议》的约定履行。股权转让特别注意事项：力森公司对天时达公司、皇都公司的股权目前涉及以下两项诉讼纠纷：1.（香港）森基出入口有限公司向香港法院提出诉讼，要求力森公司偿还欠款，并同时要求香港法院发出关于禁止力森公司处置其对天时达公司、皇都公司的股权的禁制令；2. 力森公司对天时达公司、皇都公司的股权原从贤达（集团）投资发展有限公司（以下简称贤达公司）转让而来，贤达公司已向法院起诉，要求法院判令将该股权恢复至转让前的状况，法院已作出一审判决，该判决宣告解除两公司之间于1997年9月24日签订的《北京天时达房地产有限公司股权转让协议书》、《北京皇都房地产开发有限公司股权转让协议书》。鉴于诉讼因素可能导致股权转让的不确定性，现转让人、拍卖人、力森公司共同作出以下声明：本次拍卖的标的仅为广发行江门分行对天时达公司、皇都公司的全部债权，而非力森公司对天时达公司、皇都公司的股权，力森公司系自愿将其股权随同债权一并转让。若本次拍卖成交，未来如因诉讼或终审判决的原因而导致力森公司无法履行《股权转让协议》约定的义务，或不能办理股权转让审批及变更登记手续，概不影响债权的转让及《债权转让协议》的生效与履行，由此引起的所有风险及责任由买受人自行承担。天时达公司是外商独资企业，其主要资产为正在开发的华辰公寓项目，该项目土地使用权面积为8078平方米，规划面积为8000平方米，规划建筑总面积为78121平方米，其中地上规划建筑面积为53677平方米，地下规划建筑面积为24444平方米。规划建筑地上25层，地下4层，规划用途为公寓和商业，公寓使用期限至2070年4月11日，商业使用期限至2040年4月11日。皇都公司主要资产为拟开发的皇都商城项目，该项目建设用地于1998年1月13日取得《建设用地规划许可证》，1999年12月30日与北京市房管局签订土地使用权出让合同，并领取国有土地使用证（临时），使用期限至2049年。该地出让金为10734.9万元，皇都公司已于2000年3月8日缴纳4294万元，尚欠6440.9万元未付，并需承担相应的滞纳金。大部分建筑物的拆迁工作已完成，唯中国科学院文献情报中心因皇都公司欠付1700万元补偿费而有部分建筑物未搬迁，项目至今未有实际开工。拍卖成交当日，买受人应不作修改地签署《拍卖成交确认书》、《债权转让协议》、《股权转让协议》。《拍卖手册》附件六-1《天时达公司股权转让书》和附件六-2的《皇都公司股权转让书》第五条声明和保证条款中均明确，买受人已对力森公司持有的天时达公司、皇都公司股权状况及天时达公司、皇都公司现状作了审慎和必要的调查，在开发和经营项目中的风险由买受人承担。

2005年12月28日，中软公司以4.5亿元成功竞得广发行江门分行对天时达公司、皇都公司的债权，并与白云拍卖行签订了《拍卖成交确认书》，约定：中软公司交付的拍卖保证金自成交之日起自动转作向转让人支付的履约定金，中软公司应按转让款的1%向白云拍卖行支付拍卖佣金450万元，买受人须于2005年12月30日前付清履约定金外的拍卖成交价余款及拍卖佣金，鉴于中软公司提出尚未见及力森公司同意股权转让的股东大会决议，中软公司同意在力森公司出具同意股权转让的股东大会决议后即刻签署《拍卖手册》中约定的《债权转让协议》、《股权转让协议》。

2005年12月29日，白云拍卖行将中软公司交付的3000万元划付给广发行江门分行。2005年12月30日和2006年1月6日，白云拍卖行致函中软公司，要求按照《拍卖成交确认书》约定付清全部成交款及拍卖佣金。

2005年12月31日，白云拍卖行就本次拍卖向广州市工商行政管理局越秀分局备案。2006年1月28日，广州市公证处出具公证书：该次拍卖符合《中华人民共和国拍卖法》规定，本处公证员到场出席了拍卖会，两竞买人分别持1号牌和8号牌，拍卖结果为持8号牌的竞买者购得拍卖标的，兹证明拍卖活动和拍卖结果真实有效。

2006年3月9日，中软公司向广发行江门分行发出《关于债权股权转让过渡有关问题的函》，表示对正式签订转让协议进行协调，并对相关管理作出建议。2006年3月28日，中软公司再次向广发行江门分行发出《关于“皇都商城”项目情况紧急通报》，认为皇都项目的政府批文已过期，该项目1997年批准的容积率为6.48，总规模为60841平方米，1999年11月份已调整为容积率1.8，总规划面积21030平方米，认为该行在拍卖时隐瞒了这一事实。

2006年4月23日，广发行江门分行致函中软公司，确认收到《关于“皇都商城”项目情况紧急通报》，表示若中软公司认为皇都商城项目确已发生重大不可抗力的重大变化，致使中软公司按拍卖成交价无法实现预期效益，则应在2006年4月29日前将相关证据提交广发行江门分行核查。但由于该项目是拍卖取得，如在拍卖成交后作降价处理有违公开、公平原则，广发行江门分行无法接受中软公司提出的处理方案，鉴于中软公司至今未履行付款义务，广发行江门分行同意由拍卖人解除拍卖成交确认书，并在短期内委托拍卖人对广发行江门分行的上述债权再次拍卖。

2006年4月25日，广发行江门分行委托白云拍卖行再次将本案争议的广发行江门分行对天时达公司及皇都公司的全部债权进行拍卖。白云拍卖行发布《债权拍卖手册（2006年5月11日）》：皇都公司的抵押物皇都商城的容积率原为6.48，经转让人近期向皇都公司了解，北京市政府对上述项目用地容积率调整为1.8，但北京市规划部门未向皇都公司发出有关调整容积率的文件，该项目用地有调整容积率甚至被无偿收回等风险，转让人和拍卖人声明不承担该等风险。案外人中国电子工程有限责任公司（以下简称电子公司）以2.2亿元竞得拍卖标的。

2006年4月27日，广发行江门分行和白云拍卖行共同致函中软公司：解除2005年12月28日的《拍卖成交确认书》，保留追究中软公司一切违约责任（包括但不限于造成广发行江门分行的损失、不予退还保证金及向白云拍卖行支付的佣金等）。中软公司于同日收到该函后盖章确认并表示：同意解除，我司将保留追究委托方及拍卖方在《拍卖手册》中隐瞒事实的公示责任。

2007年12月24日，中软公司致函广发行江门分行，请求退还3000万元保证金。因追讨未果，中软公司于2008年6月26日向原审法院提起本案诉讼，请求判决：1. 广发行江门分行、广发行、白云拍卖行返还拍卖保证金3000万元以及逾期付款利息人民币450万元（自2006年4月27日至2008年4月30日，按照中国人民银行两年期贷款利率计算，要求判决至生效时止）；2. 广发行江门分行、广发行、白云拍卖行赔偿中软公司的损失560万元；3. 由广发行江门分行、广发行、白云拍卖行承担本案诉讼费。

关于中软公司损失560万元的问题，中软公司提供了广发行江门分行向天时达公司出具的《关于支付北京二建原停工补偿款以及天时达公司日常费用的复函》传真件、广发行江门分行向中软公司出具的《关于注资北京天时达公司的复函》传真件，以证明其根据广发行江门分行的指示向案外人北京第二建筑有限责任公司支付天时达公司所欠工程款500万元以及向天时达公司出借款项60万元。广发行江门分行对上述函件不予确认。

中软公司还认为广发行江门分行及白云拍卖行未向其提供力森公司同意将天时达公司和皇都公司股权转让的会议纪要，导致中软公司无法依照《拍卖成交确认书》与广发行江门分行签订《债权转让协议》和《股权转让协议》。广发行江门分行则认为其已于2005年12月29日将上述文件交给了中软公司，有黄家志签署的《收条》为证，但广发行江门分行无法提交中软公司对黄家志的授权委托书，中软公司不确认黄家志是其员工，亦否认收到上述文件。《收条》载明收到力森公司关于天时达公司、皇都公司之股权转让协议及广发行江门分行与中软公司的债权转让协议，黄家志还注明“因中软公司法人（法定代表人）在桂林，待见到法人（法定代表人）后转交签收文件”。白云拍卖行提供了中软公司于2005年12月30日向其出具的复函传真件，以证明广发行江门分行已向中软公司出示了力森公司股东会决议。该函有部分内容为：我公司（中软公司）与贵公司（白云拍卖行）于2005年12月25日前往江门与广发行江门分行进行了沟通，江门分行也出示了股东大会决议，但是股权转让协议的签约代表到晚上十点多仍未到，我公司负责人须于29日一早赶往桂林，双方商定另安排时间签署相关协议。

另查明：1999年12月30日，北京市国土资源和房屋管理局与皇都公司签订《国有土地使用权出让合同》，根据该合同，出让给皇都公司的位于北京市东城区王府井大街27号的宗地容积率为6.07。2000年4月12日，北京市国土资源和房屋管理局与天时达公司签订《国有土地使用权出让合同》，根据该合同，出让给天时达公司的位于北京市朝阳区惠忠路的宗地容积率为6.65。

再查明：2005年12月中软公司参加竞拍时的股东为中软科技创业投资有限公司、北京金世通投资有限公司、北京中软电子工程有限公司。2006年11月30日，股东改为北京京软时代科技发展有限公司，持股100%。电子公司成立于1986年9月6日，注册资本2亿元。2006年5月11日中软公司受让了电子公司80%股份，另20%股份为刘小战持有。2006年6月22日，中软公司以1元的价格受让了刘小战持有的20%股份，成为电子公司100%股东。2008年4月18日，中软公司将全部股份转让给中电融通国际投资（北京）有限公司和北京京软时代科技发展有限公司。

原审法院审理本案认为：

本案争议焦点之一为承责主体的问题。本案拍卖标的为广发行江门分行所有，拍卖活动也是由广发行江门分行委托白云拍卖行进行，根据《中华人民共和国民事诉讼法》第四十九条及《最高人民法院关于适用〈中华人民共和国民事诉讼法〉若干问题的意见》第四十条规定，广发行江门分行可以对其财产承担民事责任。因此，可由广发行江门分行而非广发行对本案承担民事责任。

本案争议焦点之二为本案拍卖合同的效力问题。广发行江门分行委托白云拍卖行拍卖其债权及股权，中软公司竞买成功，并于2005年12月28日签署《拍卖成交确认书》，该《拍卖成交确认书》是双方的真实意思表示，符合法律规定，对三方具有约束力。中软公司认为本次拍卖无效，其理由如下：1. 中软公司认为白云拍卖行让未交纳保证金的人参加了竞买；2. 只有一个竞买人；3.《拍卖成交确认书》与《拍卖手册》不一致。对此，白云拍卖行提交了案外人黄光昌交付支票参加竞买的证据，证明本次拍卖并非只有一个竞买人，退而言之，即使本次拍卖只有一个竞买人，亦并无法律规定只有一个竞买人的拍卖合同无效。至于《拍卖成交确认书》与《拍卖手册》不一致，这不是合同无效的理由，中软公司在签订《拍卖成交确认书》前应核对相关内容，如果有异议应向白云拍卖行和广发行江门分行询问或协商。因此，中软公司主张拍卖合同无效的理由均不成立，不予采纳。

本案争议焦点之三为广发行江门分行和白云拍卖行是否隐瞒拍卖标的物瑕疵。从广发行江门分行分别为2005年12月28日和2006年5月11日两次拍卖印制的《债权拍卖手册》看，2005年12月28日《债权拍卖手册》未对皇都商城的容积率等重要情况进行披露，而2006年5月11日《债权拍卖手册》更为详尽。根据2006年5月11日《债权拍卖手册》，皇都商城的容积率将有较大调整，而且该项目用地甚至有被无偿收回的风险。将上述风险披露后，本案讼争债权于2006年5月11日第二次拍卖成交价较之2005年12月28日成交价降低了2亿余元。可见，广发行江门分行对影响成交价的重要信息未作披露，构成对标的物瑕疵的隐瞒。

本案争议焦点之四为广发行江门分行及白云拍卖行是否应当向中软公司返还3000万元保证金的问题。中软公司在竞买成功后，发现广发行江门分行隐瞒上述瑕疵，因如前所述，标的物的瑕疵对标的物成交价款有重大影响，中软公司经与广发行江门分行协商变更合同，协商不成，广发行江门分行要求解除合同，中软公司亦同意，三方协商一致解除合同。鉴于广发行江门分行对影响成交价的重要信息未作披露，同时，广发行江门分行未及时交付有关股权转让的文件，导致双方不能依约履行《拍卖成交确认书》，广发行江门分行对合同的解除存在过错，无权没收中软公司的履约保证金。因此，广发行江门分行应当向中软公司退还保证金3000万元。

白云拍卖行只是中软公司与广发行江门分行之间的中介机构，拍卖成交后，白云拍卖行已按《拍卖成交确认书》的约定将中软公司交纳的保证金3000万元划付给广发行江门分行，按照《拍卖成交确认书》的约定，这3000万元此时转为中软公司交纳给广发行江门分行的履约保证金，中软公司与广发行江门分行之间建立了法律关系，应由广发行江门分行直接向中软公司返还3000万元。其次，白云拍卖行没有收取2005年12月28日拍卖的佣金，其已将委托人印制的《债权拍卖手册》交付给中软公司，其对合同解除亦没有过错。因此，白云拍卖行不承担向中软公司返还3000万元的责任。

争议焦点之五为中软公司的主张是否超过诉讼时效保护期间的问题。广发行江门分行和白云拍卖行于2006年4月27日共同致函中软公司，声明解除2005年12月28日的《拍卖成交确认书》，中软公司收到函件后亦表示同意解除合同，但各方对解除合同之后保证金的处理未作安排，广发行江门分行只是声称保留追究中软公司的一切违约责任（包括但不限于造成广发行江门分行的损失、不予退还中软公司保证金及向白云拍卖行支付佣金等），并未声明没收保证金，因此，此时中软公司并未知道其权利受到损害，诉讼时效尚未起算。直至中软公司于2007年12月24日致函广发行江门分行，请求退还3000万元保证金，广发行江门分行不予退还，中软公司才知晓其权利受到损害，诉讼时效开始起算，中软公司于2008年6月26日起诉未超过诉讼时效保护期间。

争议焦点之六为广发行江门分行及白云拍卖行是否应当向中软公司赔偿损失560万元的问题。其一，虽然中软公司提供了《关于支付北京二建原停工补偿款以及天时达公司日常费用的复函》和《关于注资北京天时达公司的复函》的复印件作为证据，欲证明其按广发行江门分行的指示向案外人北京第二建筑有限责任公司支付天时达公司所欠工程款500万元以及向天时达公司出借款项60万元，但因为中软公司无法提供该复函的原件，而广发行江门分行也不确认上述复函，因此，中软公司认为广发行江门分行造成其损失560万元理由不充分。其二，中软公司如果主张560万元是代天时达公司支付工程款及向天时达公司出借款项，中软公司可以向天时达公司主张权利，未必是不可返还的损失。其三，在2006年5月、6月拍卖期间，中软公司是2006年5月11日第二次拍卖买受人电子公司的绝对控股公司，中软公司对拍卖标的仍然具有重大利益，其为天时达公司代付工程款或出借款项是为了盘活拍卖标的物，不能作为中软公司的损失计算。综上，中软公司请求广发行江门分行及白云拍卖行承担560万元的赔偿责任，理由不充分，不予采纳。

广发行江门分行解除合同即应向中软公司返还保证金3000万元，广发行江门分行未返还，应支付资金占用期间的利息，中软公司请求自解除合同之日起计算利息至判决生效时止有理，予以支持，广发行江门分行应自2006年4月27日起按照中国人民银行一年期贷款利率计算利息至判决生效时止。

关于中软公司及广发行江门分行的调查申请。中软公司请求法院调查本案拍卖标的第一次拍卖备案情况、发布公告情况等。广发行江门分行申请法院到北京调查：1. 黄家志是否于拍卖期间任中软公司法律顾问，有无与中软公司法定代表人同住广州国际大酒店；2. 向白云拍卖行调取第一次拍卖竞买人情况及第二次拍卖竞买人电子公司股东情况，向天时达公司和皇都公司调取两公司已向中软公司返还560万元代垫款的财务资料等。原审法院认为以上均属当事人举证范围，应由中软公司及广发行江门分行举证，且关于广发行江门分行第2项调查内容，白云拍卖行已提交相关证据。因此，原审法院对调查申请均不予采纳。

依照《中华人民共和国合同法》第九十三条、第九十七条的规定，判决如下：一、广发行江门分行在本判决生效之日起十日内向中软公司返还保证金3000万元及利息（自2006年4月27日起按照中国人民银行一年期贷款利率计算利息至判决生效时止）；二、驳回中软公司其他诉讼请求。如果广发行江门分行未按上述判决指定的期间履行给付金钱义务，应当按照《中华人民共和国民事诉讼法》第二百二十九条之规定，加倍支付迟延履行期间的债务利息。一审案件受理费242300元，由中软公司负担33922元，广发行江门分行负担208378元。

中软公司不服原审判决，向本院提起上诉称：中软公司向原审法院提交的《关于支付北京二建原停工补偿款以及天时达公司日常费用的复函》、《关于注资北京天时达公司的复函》为传真件，而非原审判决认定的复印件。中软公司一直要求天时达公司付款，但天时达公司没有理睬。中软公司和天时达公司之间没有合同关系，中软公司是受广发行江门分行的指示和为了积极接手天时达公司业务才付款的，该损失应由广发行江门分行赔偿。请求撤销原审判决第二判项，改判广发行江门分行赔偿560万元。

广发行江门分行亦不服原审判决，向本院提起上诉称：中软公司竞得拍卖物后，以种种理由拒绝支付成交款，导致拍卖结果无法履行，广发行江门分行有权解除合同并没收保证金（履约定金）。原审法院没有追究中软公司违约责任，反而判决广发行江门分行返还保证金并支付利息，是错误的。拍卖标的是债权，而非股权，无论股权状况如何，转让有无隐瞒瑕疵，均不影响中软公司按拍卖成交确认书的约定支付债权拍卖成交款。况且，也不存在力森公司有意隐瞒天时达公司、皇都公司项目瑕疵的问题，政府部门没有下发正式文件通知容积率下降，力森公司无从了解。《拍卖手册》附件六－2的《皇都公司股权转让书》已声明买受人应对天时达公司和皇都公司状况有审慎和必要的调查，无论天时达公司、皇都公司状况如何，均同意受让全部股权。综上，请求改判驳回中软公司全部诉讼请求。

广发行答辩称：同意广发行江门分行的意见。

白云拍卖行答辩称：认可原审判决。

本院认为：本案系拍卖合同纠纷。中软公司起诉要求广发行江门分行、广发行、白云拍卖行返还3000万元保证金及利息，并赔偿中软公司560万元损失。原审判决广发行江门分行向中软公司返还3000万元保证金并支付利息。中软公司上诉请求支持赔偿560万元的诉请。广发行江门分行上诉主张驳回中软公司全部诉讼请求。根据当事人的上诉请求和答辩意见，二审争议的焦点是拍卖合同的效力、中软公司是否存在违约行为、广发行江门分行对合同的解除是否具有过错、赔偿560万元损失的诉请应否支持的问题。

关于拍卖合同的效力问题。白云拍卖行发布拍卖公告后，中软公司和黄光昌分别以银行转账和由他人代交付支票的方式向白云拍卖行各交付了3000万元保证金参加拍卖。中软公司以4.5亿元竞得拍卖标的，白云拍卖行与其签订了《拍卖成交确认书》。成交后，白云拍卖行向广州市工商行政管理局越秀分局备案。广州市公证处出具了公证书认为该次拍卖符合《中华人民共和国拍卖法》规定，拍卖活动和拍卖结果真实有效。该次拍卖没有违反法律、行政法规的强制性规定，应认定合法有效。

关于中软公司是否存在违约行为、广发行江门分行对合同的解除是否具有过错的问题。中软公司与白云拍卖行于成交当日，即2005年12月28日签订的《拍卖成交确认书》明确约定，买受人须于2005年12月30日前付清履约定金外的拍卖成交价余款及拍卖佣金。关于力森公司同意股权转让的股东大会决议，《拍卖成交确认书》仅约定在中软公司见及该决议后即刻签署拍卖手册中约定的《债权转让协议》、《股权转让协议》，并没有将中软公司见及该决议作为付款条件。中软公司以没有见及力森公司的决议为拒付拍卖成交价余款的理由，缺乏依据，不应支持。中软公司没有按照《拍卖成交确认书》的约定于2005年12月30日前付清履约定金外的拍卖成交价余款及拍卖佣金，经白云拍卖行催告后仍未支付，构成违约，应承担违约责任。广发行江门分行在拍卖合同履行过程中不具有过错，其于2006年4月23日致函中软公司表示同意由拍卖人解除拍卖成交确认书，于同月27日与白云拍卖行共同致函中软公司声明正式解除拍卖成交确认书，符合《中华人民共和国合同法》第九十四条第一款第（三）项“当事人一方迟延履行主要债务，经催告后在合理期限内仍未履行的，当事人可以解除合同”的规定。中软公司所交的3000万元保证金按照《拍卖成交确认书》的约定已自成交之日起自动转作向转让人支付的履约定金。根据《中华人民共和国合同法》第一百一十五条规定，给付定金的一方不履行约定的债务的，无权要求返还定金，中软公司没有按照《拍卖成交确认书》的约定支付拍卖成交价余款及拍卖佣金，无权要求广发行江门分行和白云拍卖行返还定金3000万元。中软公司认为广发行江门分行在拍卖时故意隐瞒了皇都公司项目的重大瑕疵，存在过错，无权没收3000万元。根据《拍卖手册》和《拍卖成交确认书》，中软公司购得的是广发行江门分行对天时达公司、皇都公司12.27610500亿元本金和约4亿元利息共约16亿元的债权，而非力森公司对天时达公司、皇都公司的股权，力森公司系自愿将其股权随同债权一并转让，股权转让的风险由买受人自行承担，概不影响债权转让的效力与履行。因此，力森公司所持皇都公司股权的问题，不影响中软公司与广发行江门分行、白云拍卖行之间拍卖关系的效力，不能成为中软公司拒绝向广发行江门分行支付拍卖成交价余款和向白云拍卖行支付拍卖佣金的理由。中软公司认为广发行江门分行在拍卖时故意隐瞒了皇都公司项目的重大瑕疵，但无法提供证据予以证明。中软公司在2006年3月28日给广发行江门分行的《关于“皇都商城”项目情况紧急通报》中称皇都项目容积率1999年11月份已调整为1.8，但根据1999年12月30日北京市国土资源和房屋管理局与皇都公司签订的《国有土地使用权出让合同》，出让给皇都公司的宗地容积率为6.07，并没有如中软公司所述的降为1.8，对容积率降为1.8的主张，中软公司无法提供相关政府部门下发的文件予以证明。因此，中软公司主张广发行江门分行隐瞒皇都公司项目的重大瑕疵，存在过错，缺乏证据支持，本院不予采信。中软公司无正当理由拒不履行《拍卖成交确认书》约定的付款义务，在拍卖合同解除后，起诉要求广发行江门分行返还3000万元履约定金，不应支持。广发行江门分行上诉认为中软公司违约，主张没收其3000万元，合法有据，本院予以支持。原审判决认为广发行江门分行在拍卖时隐瞒了皇都商城容积率下降的事实，构成对拍卖标的物瑕疵的隐瞒，无权没收3000万元履约定金，认定事实和适用法律错误，应予纠正。

关于中软公司主张广发行江门分行、广发行、白云拍卖行向其赔偿560万元损失的问题。中软公司主张其受广发行江门分行指示，代天时达公司偿还了500万元工程款和向天时达公司出借60万元，但其提交的《关于支付北京二建原停工补偿款以及天时达公司日常费用的复函》和《关于注资北京天时达公司的复函》均为传真件，没有其他证据辅佐，广发行江门分行对上述函件又不予确认，故无法采信。中软公司因上述付款行为遭受损失，可另行向天时达公司主张。原审判决驳回中软公司该项诉讼请求正确。中软公司上诉要求广发行江门分行向其赔偿该560万元损失，缺乏证据支持，本院予以驳回。

综上所述，原审判决驳回中软公司要求广发行江门分行、广发行、白云拍卖行赔偿560万元损失的请求正确，中软公司的上诉请求缺乏依据，予以驳回；原审判决认为广发行江门分行隐瞒拍卖标的物瑕疵，应向中软公司返还3000万元履约定金，认定事实和适用法律错误，应予纠正，广发行江门分行的上诉请求合法有据，应予支持。依照《中华人民共和国合同法》第六十条、第九十四条第一款第（三）项、第一百一十五条、第一百一十七条，《中华人民共和国拍卖法》第四条、第三十九条第一款，《中华人民共和国民事诉讼法》第六十四条、第一百五十三条第一款第（二）项，《诉讼费用交纳办法》第二十九条的规定，判决如下：

一、撤销广州市中级人民法院（2008）穗中法民二初字第336号民事判决。

二、驳回中软公司的诉讼请求。

一、二审案件受理费共468022元，由中软公司负担。

本判决为终审判决。

审　判　长　李洪堂
审　判　员　秦红梅
代理审判员　陈　颖
二〇〇九年十二月二十四日
书　记　员　麦晓婷

【评析】

本案为广东发展银行与中软置业有限公司的拍卖合同纠纷，属新类型案件，焦点问题是拍卖成交后买受人中软置业有限公司未依约支付拍卖余款导致拍卖合同被解除，中软置业有限公司已交付的履约定金能否取回。判决书从法理、法律依据、常理等角度对争议焦点作了逐一分析和论证，具有较强的说服力。该案的处理思路有助于维护良好的拍卖交易秩序和诚信体系。该判决书格式规范，结构完整，层次分明，语言流畅，叙事清晰，说理透彻，条理清晰，适用法理准确，是一篇认证和说理较为充分的优秀裁判文书。

●北京中苑盛世投资管理有限公司与中国银行股份有限公司江门开平支行等存单纠纷一案民事判决书

广东省高级人民法院

民 事 判 决 书

（2009）粤高法民二终字第114号

上诉人（原审原告）：北京中苑盛世投资管理有限公司。住所地：北京市丰台区永外大红门南里11号。

法定代表人：陈重才，董事长。

委托代理人：蒋文，北京市江山律师事务所律师。

委托代理人：冷维江，公司职员。

被上诉人（原审被告）：中国银行股份有限公司江门开平支行。住所地：广东省开平市三埠祥龙中银路1号。

负责人：梁健军，行长。

委托代理人：李小龙，广东东方昆仑律师事务所律师。

委托代理人：李沛贤，广东东方昆仑律师事务所律师助理。

原审第三人：北京水利发展公司。住所地：北京市崇文区广渠门内大街2号一层。

法定代表人：刘虎，总经理。

委托代理人：蒋文，北京市江山律师事务所律师。

原审第三人：开平裕隆塑料制品有限公司。住所地：广东省开平市长沙幕村。

法定代表人：吴源林，董事长。

上诉人北京中苑盛世投资管理有限公司（原名北京市丰台区南苑农工商联合总公司，以下简称南苑公司）因与被上诉人中国银行股份有限公司江门开平支行（以下简称开平中行）、原审第三人北京水利发展公司（原名北京市水利经济发展公司，以下简称水利公司）、开平裕隆塑料制品有限公司（以下简称裕隆公司）存单纠纷一案，不服广东省江门市中级人民法院（2008）江中法民二重字第1号民事判决，向本院提起上诉。本院受理后，依法组成合议庭进行了审理，现已审理终结。

本院查明：1995年4月27日，南苑公司与水利公司签订一份《资金占有协议书》，主要约定：水利公司为扩展经营范围，在深圳、上海等地购买了一些地产和别墅，由于国家政策性调整，地产和别墅不能及时售出，资金不能按原定计划还款，现急需一笔资金解决燃眉之急。经双方商议，南苑公司同意拆出1000万元人民币资金给水利公司，具体事宜如下：一、南苑公司同意水利公司要求，给予水利公司1000万元人民币，但必须在10日内将南苑公司给予水利公司的1000万元人民币以大额存款形式存入中国银行，1000万元人民币大额存款单给南苑公司。二、大额存款到期时，由水利公司负责，将大额存款单汇入南苑公司指定的银行。三、此款存入方式为一年期大额存单，中途不得以任何方式及借口提前兑现，存单利息为国家标准利息。四、此款的实际利息为年息20%，超出国家规定部分总额为90.2万元人民币（利息9.02%），这笔钱分两次偿还，大额存单开出之日起六个月内先期归还45万元人民币（支票兑现）；剩余部分至大额存单到期日一并归还。对该协议，开平中行当时并不知晓。

1995年4月28日，南苑公司（汇款人）开出一张《中国人民建设银行汇票》，收款人为龙云滨（北京市水利局下属单位北京市水利物资贸易公司的法定代表人），汇款金额为1000万元，兑付银行为中国建设银行开平市支行。同日，龙云滨在上述汇票上背书，将此款转付给裕隆公司，并于当日将该款转账至裕隆公司在开平中行处开立的账户，裕隆公司随后开出《中国银行转账支票》，该转账支票载明，收款人为“北京市丰台区南苑农工商联合总公司”，转账金额1000万元；该转账支票进账单载明，收款人为“北京市丰台区南苑农工商联合总公司”，开户银行“中行储蓄部”，收款人的账号记载为“空白”，金额为1000万元。同日，裕隆公司将该款又办理了一年的定期存单。开平中行当日的相关《中国银行定期整存整取储蓄账卡》显示，编号为93江中NO.0486782，账号为0301543618，户名为南苑公司，存入金额为1000万元。《中国银行定期储蓄存款凭条》显示，账号543618，户名为南苑公司，存入金额为1000万元，存期一年。

此后，水利公司按照《资金占有协议书》的约定将载明金额1000万元的《中国银行定期整存整取储蓄存单》交给南苑公司，该存单显示存入日期为1995年4月28日，编号为93江中NO.0486782，账号为0301543618，户名为南苑公司，到期日为1996年4月28日，利率为年息10.98%。1996年5月27日，南苑公司、水利公司到开平支行处取款，开平中行以该定期存单虚假为由拒付，并向公安机关报案。

1995年5月9日，开平中行向裕隆公司出具证明一份，内容为收到裕隆公司交来南苑公司在我行储蓄部的定期储蓄存单一张，号码为93江中NO.0486782，金额人民币1000万元整，存入日期1995年4月28日，定期一年，年息10.98%，作为裕隆公司抵押开立信用证之用等。1995年9月20日，开平中行将裕隆公司交付质押的一张号码为93江中NO.0486782，账号为0301543618，户名为南苑公司，金额为1000万元，存入日为1995年4月28日，到期日为1996年4月28日的《中国银行定期整存整取储蓄存单》予以兑付并扣收，相关的合同依据是一份编号为BY－0195的《存款抵押合同》。该合同载明由开证方开平中行与申请方裕隆公司、担保方南苑公司于1995年5月2日签订，主要内容为裕隆公司向开平中行申请开立远期信用证，裕隆公司提供1000万元定期存单作抵押担保。

2001年11月，北京市水利局向广东省开平市公安局报案，报称龙云滨涉嫌伙同广东开平冠科房地产开发有限公司吴源林（其时还担任裕隆公司的董事长）诈骗该局3000万元国有资金。同年12月21日，开平市公安局复函北京市水利局，认为该案主要存在龙云滨涉嫌职务犯罪问题，建议由北京立案侦查，该局予以配合。

2003年8月3日，北京市人民检察院委托广东省江门市人民检察院对南苑公司持有的《中国银行定期整存整取储蓄存单》及开平支行已提取结清的《中国银行定期整存整取储蓄存单》与《定期整存整取储蓄账卡》上内容为“中国银行开平支行存款业务专用章（1）”的印文、内容为“梁晓军”和“余劲屏”的印文是否同一以及三者文字是否为同机打印形成进行鉴定。同年8月29日，江门市人民检察院作出一份江检技文检字［2003］13号《文件检验鉴定书》，结论是：南苑公司持有的《中国银行定期整存整取储蓄存单》与开平支行《定期整存整取储蓄账卡》上内容为“中国银行开平支行存款业务专用章（1）”的印文、“梁晓军”印文、“余劲屏”印文均不同一；所载文字不是同机打印形成；南苑公司持有的《中国银行定期整存整取储蓄存单》与开平中行已提取结清的《中国银行定期整存整取储蓄存单》上内容为“中国银行开平支行存款业务专用章（1）”的印文、“梁晓军”印文、“余劲屏”印文均是同一的；所载文字是同机打印形成。

1996年7月9日至1998年1月25日期间，水利公司先后七次向南苑公司偿还双方于1995年4月27日签订《资金占用协议》项下的借款，共计1000万元。2005年9月，水利公司向南苑公司发出一份《紧急致函》，称：“我公司于1995年4月27日与贵公司签订《资金占用协议书》一份，由我公司暂借贵公司1000万元，并以贵公司名义和以大额存单形式存入中国银行。存单期限为一年，到期后兑现存单。我公司按照协议约定存款并交回存单，到期后在取款时发现存单是伪造的，导致无法返还借款。为此，我公司另行筹措资金，偿还借款……望贵公司向开平中行提起民事诉讼，追索储蓄存款。”

另查明：北京市水利经济发展公司于2002年7月15日更名为“北京水利发展公司”。北京市丰台区南苑农工商联合总公司于2005年12月20日更名为“北京中苑盛世投资管理有限公司”。

再查明，据广东省江门市中级人民法院调查，中国人民银行开平市支行经核实中国人民银行账户管理系统没有北京中苑盛世投资管理有限公司（原名称北京市丰台区南苑农工商联合总公司）在中国银行股份有限公司江门开平支行开立账户。

南苑公司提交的广东省公证处于2003年7月17日向北京市检察机关的复函表明，该处没有发现（95）开证经字第213号公证书记载有关开平支行的代表人许超凡与裕隆公司的代表人吴源林以及担保人南苑公司的代表人陈立军三方于1995年5月2日在开平市签订的BY－0195号《存款抵押合同》的公证资料。北京市检察机关提供的相一致编号的公证书与该公证处存档的公证书案卷内容明显不符。另外，开平市公安局经济犯罪侦查大队曾于2001年12月21日去函北京市水利局，反映主要嫌疑人员吴源林、梁丽华二人在逃，无法查证涉案款项如何得到手和实质性用途等情况。

2007年2月7日，南苑公司向广东省江门市中级人民法院提起诉讼，请求判令开平中行：1. 支付银行存款本金1000万元；2. 按照定期存款利率支付存款利息1009800元（自1995年4月28日起至1996年4月28日）；3. 自1996年4月29日起至付清本金之日止，按中国人民银行公布的同期存款利率向南苑公司支付存款利息，计算至起诉之日止，本息合计12116868.36元；4. 承担本案全部诉讼费用。广东省江门市中级人民法院于2007年6月12日作出（2007）江中法民二初字第11号民事判决，判决驳回南苑公司的诉讼请求。南苑公司不服该判决，上诉至本院。本院于2007年11月30日作出（2007）粤高法民二终字第210号民事裁定，裁定撤销广东省江门市中级人民法院（2007）江中法民二初字第11号民事判决，发回广东省江门市中级人民法院重新审理。重审期间，广东省江门市中级人民法院依法追加水利公司、裕隆公司为第三人参加本案诉讼。

原审法院认为：本案是一般存单纠纷。根据《最高人民法院关于审理存单纠纷案件的若干规定》第五条第二款“人民法院在审理一般存单纠纷案件中，除应审查存单、进账单、存款合同等凭证的真实性外，还应审查持有人与金融机构间存款关系的真实性，并以存单、进账单、对账单、存款合同等凭证的真实性以及存款关系的真实性为依据，作出正确处理”的规定，结合案件当事人的诉辩和查明的案件事实，首先，有关南苑公司持有的存款日期为1995年4月28日，编号为93江中NO.0486782，账号为0301543618，户名为南苑公司，利率为年息10.98%，到期日为1996年4月28日，存款金额为1000万元的《中国银行定期整存整取储蓄存单》的真实性问题。该存单在2003年8月9日经江门市人民检察院鉴定为伪造的存单。对此鉴定结论，双方当事人均无异议，法院予以认定。

其次，有关南苑公司、开平中行双方是否存在真实的存款关系问题。一、从本案双方当事人所诉指的金额1000万元的资金流向可知，1995年4月28日，南苑公司根据其与水利公司签订的《资金占有协议书》开出一张金额为1000万元、收款人为龙云滨的中国建设银行承兑汇票。同日，龙云滨将上述汇票背书转付给裕隆公司在开平中行的账户，至此，该1000万元的所有权应属裕隆公司。二、从资金的转付及存款手续的办理可知，同年4月28日，裕隆公司用中国银行转账支票将1000万元资金从其开平中行账户转到开平中行储蓄部办理储蓄存款，上述转账支票及进账单分别载明，收款人记名为“北京市丰台区南苑农工商联合总公司”，进账单收款人的开户银行为“中行储蓄部”，收款人的账号记载为“空白”。根据我国法律规定，转账支票仅为同一票据交换区域即同城企业之间委托银行支付资金而使用的委托付款凭证。裕隆公司与南苑公司既不是同城的企业，且南苑公司在开平中行也没有开立银行账户，因此，不存在裕隆公司使用转账支票转出1000万元资金给南苑公司的条件及可能。由此可见，是裕隆公司而非南苑公司将定期存单记载的1000万元交付给开平中行。

此外，《储蓄管理条例》（1992年12月11日中华人民共和国国务院令第107号发布）第三十条规定“存单、存折分为记名式和不记名式……”我国在1995年尚未实行储蓄存款实名制，当时实行的是记名储蓄制度（储蓄匿名制），其记号既可以是真名，也可以是假名或代号、代码。

因此，上述转账支票并不是裕隆公司将资金转账到南苑公司，应是裕隆公司将资金从其企业账户转到储蓄部并记名为南苑公司办理大额定存。

1995年9月20日，开平中行依据开证方开平中行与申请方裕隆公司、担保方南苑公司于1995年5月2日签订的BY-0195的《存款抵押合同》，将裕隆公司交付质押金额为1000万元的《中国银行定期整存整取储蓄存单》予以兑付并扣收。结合该合同的内容及庭审笔录记录显示，申请方裕隆公司须于申请开证前在开证方储蓄部存入一年定期储蓄存款人民币1000万元，且该合同约定南苑公司在该合同中并不是存单质押的出质方，而是合同的担保方，对此经庭审调查南苑公司也无异议。因此开平中行将裕隆公司交付质押存单中存款（属裕隆公司自有存款）予以扣收，因该扣收行为效力属另一民事法律关系，对此法院不予审理。

综上，原审法院认为，本案不能仅凭裕隆公司所办理的中国银行定期整存整取储蓄存单上存款记名的名称与南苑公司的名称雷同，而认定南苑公司与开平中行存在真实的存款关系。南苑公司主张裕隆公司于1995年4月28日以转账支票的形式划付给南苑公司1000万元，并办理了南苑公司金额为1000万元的定期存款，没有法律和事实依据，法院不予采信。根据《最高人民法院关于审理存单纠纷案件的若干规定》第五条第二款第（四）项“存单纠纷案件的审理中，如有充足证据证明存单、进账单、对账单、存款合同等凭证系伪造、变造，人民法院应在查明案件事实的基础上，依法确认上述凭证无效，并可驳回持上述凭证起诉的原告的诉讼请求或根据实际存款数额进行判决……”的规定，南苑公司无法提供真实有效的定期存单，又无法证明其确实向开平中行交付了1000万元存款来证明双方之间存在真实的存款合同关系，现以虚假存单要求开平中行兑付1000万元定期存款本息证据不足，依法应承担举证不能的法律后果。依照《最高人民法院关于审理存单纠纷案件的若干规定》第五条、《中华人民共和国民事诉讼法》第六十四条第一款的规定，判决：一、南苑公司持有的上述《中国银行定期整存整取储蓄存单》无效；二、驳回南苑公司的诉讼请求。案件受理费70594元，由南苑公司负担。

南苑公司不服原审判决，向本院提起上诉称：一、原审判决严重漏判该笔存款是被另一张假存单支取的重要事实。1. 原审漏判该存款是被提前支取，且没有提前支取应出具的单位证明和取款人身份证明。2. 原审漏判存款实际被假存单支取的重要事实。经鉴定证明，开平中行用予证明存款被提前支取的取款证明是一张假存单，与开平中行留存的储蓄卡底档内容不一致。检察机关鉴定证明：支取时使用的存单和储蓄卡不是同机打印、不是同一公章、不是同一银行工作人员的名章（在存入复核、支取复核、记账）、支取时使用的存单背面没有复写痕迹。因此，开平中行不是依据真实的存单办理的取款，是以假存单办理的取款手续。3. 原审漏判支取存款时使用的假存单与南苑公司持有的假存单是一模一样的假存单的重要事实。南苑公司持有的是假存单，开平中行用予证明存款已经支取的存单也是假存单。通过检察机关鉴定证明，两张假存单属同机打印、同为存单背面没有复写痕迹、同一假的银行公章、同一假的银行工作人员的名章。由此说明，两张存单是一模一样的假存单，开平中行不能证明该笔存款被真实支取。存款被虚假存单支取的行为，对南苑公司不产生任何法律效力，完全是开平中行的单方行为。因此，原审判决仅认定南苑公司持有的存单是伪造的假存单，对开平中行用予证明存款已经支取的存单也是假存单未进行认定，属严重漏判。二、原审错误引用《储蓄管理条例》，并错误地将针对个人储蓄存款的规定直接用于单位存款。原审错误地回避了该条例仅是对个人业务的规定，不是对单位存款的规定。南苑公司已经举证证明，开平中行在当时办理单位储蓄存单业务，并举证其对单位存款有相应的取款规定，证明开平中行是明知为单位存款，也明知南苑公司就是真实的存款单位。而裕隆公司开出的转账支票本身就是单位对单位，不存在个人存款的事项。单位存款向来都是实名，根本就不存在可以是真名、假名或代号、代码的问题。开平中行底档留存的储蓄卡等资料中存款人户名为南苑公司，户名有明确地名和公司字样，属单位字号。个人存款无论是真名、假名或代号、代码，都不可能出现地名和公司字样。因此，原审判决错误引用《储蓄管理条例》，属严重适用法律错误。三、原审以南苑公司在中国人民银行开平支行没有开立账号为由，错误认定出票人就是票据的所有人。1. 原审将支票认定为出票人所有，违反法律规定。根据《中华人民共和国票据法》第八十一条的规定："支票是出票人签发的，委托办理支票存款业务的银行或者其他金融机构在见票时无条件支付确定金额给收款人或者持票人的票据。"1995 年 4 月 28 日，出票人裕隆公司开给南苑公司为收款人的一张转账支票，南苑公司办理了存款的存单。依照上述支票的法律定义，说明裕隆公司仅是支票的出票人，开平中行也仅是接受委托办理支票存款业务的银行，且开平中行作为银行应履行见票时无条件支付确定金额给收款人的义务。因此，法律明确规定支票是收款人所有，出票人签发支票后，所有权已经转为收票人。原审不顾法律的明确规定进行错误认定。2. 原审以南苑公司在中国人民银行开平支行没有开立账号为由，错误认定出票人裕隆公司是存款人。根据《支付结算办法》第一百一十六条的规定：单位和个人在同一票据交换区域的各种款项结算，均可以使用支票。本案使用的转账支票是在当地办理存款，本身就是同城交换。因此，南苑公司在开平中行处收取其他单位的支票并在开平中行处办理存款的行为，符合同城交换的情况，也符合支票可在同一票据交换区域进行各种款项结算的规定。该进账单上的收款栏处填写的单位名称为南苑公司的单位名称，开户银行为中行储蓄部。即该款直接转入开平中行的储蓄部，无须在中国人民银行开平支行开立账号。四、原审漏判开平中行依据伪造的《存款抵押合同》和伪造的公证书及以伪造的假存单支取了南苑公司的存款的重要事实，并错误认定开平中行按该伪造《存款抵押合同》和按开平中行自己开出的存单抵押证明进行扣划存款的行为有效。1. 原审漏判《存款抵押合同》是伪造的。开平中行使用伪造的《存款抵押合同》内容是将南苑公司列为担保人的身份对裕隆公司的信用证贷款进行担保。开平中行依据该伪造的《存款抵押合同》将南苑公司的存款抵扣信用证贷款。南苑公司已经指出合同上南苑公司的公章和人名章印文均是伪造的和虚假的，开平中行未提出异议。但原审对《存款抵押合同》已经确认为伪造的事实不进行认定，反而认定开平中行依伪造合同进行的行为有效，是严重错判。2. 原审漏判伪造的公证书。开平中行在使用伪造的《存款抵押合同》的同时，还使用了伪造的《存款抵押合同》进行虚假公证，伪造公证文书，但原审漏判。3. 开平中行背着南苑公司使用伪造的《存款抵押合同》和伪造的公证书及开平中行使用自己开出的存单抵押证明均可成为开平中行认可南苑公司是真实存款人的证据，但原审漏判。开平中行使用伪造的《存款抵押合同》、伪造的公证书和其自己开出的存单抵押证明，都是为了将南苑公司视为该《存款抵押合同》保证人，并将保证人存款以伪造的存单进行扣划的行为。由于所使用的上述文件是虚假的，因此，对南苑公司不发生任何法律效力。开平中行在该伪造的《存款抵押合同》和伪造的公证书上均将南苑公司作为信用证贷款人裕隆公司之外独立存在的另一家公司并以合同保证人身份出现，完全可以证明开平中行认可和明确知道存单的存款人是南苑公司，而非裕隆公司。4. 原审错误地认定开平中行自己开出的存单抵押证明。该证明是开平中行自己开出的，没有得到南苑公司的认可，不能用来认定收取的是裕隆公司的存款存单。五、最高法院对存单纠纷中金融机构负有举证责任有明确的规定，但原审未正确引用法律规定。根据《最高人民法院关于审理存单纠纷案件的若干规定》第五条第二款第（二）项的规定：如金融机构不能提供证明存款关系不真实的证据，人民法院应认定持有人与金融机构间存款关系成立，金融机构应当承担兑付的义务。该规定属法律规定特殊案件举证责任的倒置。因为所有的存款手续都是金融机构办理，存款人一旦选择了存款，必须听从金融机构的规定办理手续，金融机构提供的存单真假完全靠金融机构自身的管理，存款人在取得存单时，无法辨认存单的真伪，取证是困难的。我方目前取得的证据，都是由北京市纪委出具的证明。这些证据中，大部分是开平中行向其他司法机关或纪委提供的证据，并加盖有开平中行的公章。开平中行无法否认其真实性。由于开平中行不能举出相反证据，因此，存款关系成立，开平中行应当承担兑付的义务。综上所述，本案为一般存单纠纷，进账单、转账支票、定期储蓄存款凭条和定期整存整取储蓄账卡是用以证明存款关系存在的凭证。而开平中行凭假存单支付存款及存款由开平中行私自用于他人信用证的担保后，该存款又回到开平中行账户内。开平中行没有任何理由为其他单位开立信用证发生的费用转嫁给南苑公司。请求：1. 撤销原判，判令开平中行向南苑公司支付存款本金1000万元及利息；2. 一、二审诉讼费用由开平中行承担。

开平中行没有提交书面答辩意见，二审法庭调查时口头答辩称：一、南苑公司是明知涉案资金不是由南苑公司直接存入开平中行的，而是通过几个不同的环节进入不同主体的账户后，才进入开平中行储蓄部。通过不同环节后资金的所有权性质已经发生了根本性变化，南苑公司通过资金一开始从其转出的理由主张资金仍归其所有的逻辑不能成立。二、关于南苑公司提出的原审漏判存款被假存单支取的问题。即使开平中行有一笔款项曾经被假存单支取，这并不等于南苑公司提供另一张假存单开平中行也必须同样支付。开平中行是否凭一张假存单支付了款项，与南苑公司和开平中行之间是否存在真实存款关系这个问题无关。三、南苑公司认为涉案支票的所有权为南苑公司错误。四、南苑公司提出其在开平中行处收取其他单位的支票，并在开平中行办理存款，该提法不真实、不正确。因为南苑公司没有任何证据证明其实施了上述行为，并且支票的同城交换也不是南苑公司所主张的这种情况，因为转账支票根据支付结算办法的相关规定，仅为同城企业之间委托银行支付资金而使用的委托汇款方式，并不是南苑公司所说的这种情况。五、关于南苑公司提出的存款抵押合同、证明的情况。南苑公司认为这两份材料证明了开平中行对存款的认可，这是错误的。从存款抵押合同和证明的文字表述看，清楚显示开平中行对裕隆公司对案涉款项的所有权、支取权是确认的。对于南苑公司在存款抵押合同中享有何权利、承担何义务没有约定，实际上南苑公司只是作为一个保证人的身份出现，而开平中行要求南苑公司作为保证方是因为裕隆公司当时的存单记名为南苑公司，为了防止有可能的纠纷或者争议的出现，银行要求记名的人要有表示知情的方式，所以裕隆公司当时提供了所谓的担保，并不是说通过签订存款抵押合同就能够否认与裕隆公司之间的真实的存款关系。六、开平中行认为并不存在与南苑公司的存款关系。1. 南苑公司缺乏证明其与开平中行存款关系的直接证据。南苑公司不持有真实存单，缺乏证明其存款关系的直接证据。该款并不是由南苑公司的账户存入开平中行储蓄部，在开平中行办理开立存单手续的也不是南苑公司，南苑公司也明确表示不知道该存单的取款条件。2. 南苑公司也不具备与开平中行发生存款关系所应该具备的条件与可能性。根据1988年12月19日中国人民银行颁布的《银行结算办法》规定，转账支票仅为同城或同一票据交换地区的个人或企业之间的结算凭证，南苑公司与裕隆公司不属同城或同一票据交换地域的企业，因此不可能与裕隆公司发生转账支票的交易。南苑公司在开平中行未开立任何账户，这点经由中国人民银行查实。从技术上讲，南苑公司也无法在开平中行办理任何收款结算的业务，换句话讲，即使银行想办理也在技术上实现不了。本案的存单所显示的账号并不是南苑公司在开平中行开户所取得的账号，这个账号是裕隆公司在办理存单时根据当时银行的操作惯例为了防止存单所记载的名称发生重名的情况，所给予裕隆公司的仅对应于该存单的账号，该账号与南苑公司没有任何关系。根据《银行结算办法》第十六条的规定，收款人如果要将转账支票收入自己名下，必须要填制进账单送交存款人开户的银行，然后再办理入账手续，也就是说当时通过转账支票收款是唯一能使用的方法。南苑公司根本没有这样做。南苑公司完全不存在与开平中行发生存款所应具备的任何一项条件。开平中行对案涉的转账支票存单记名为南苑公司的这个情况简要说明如下：因为裕隆公司要将在其名下的1000万元办理储蓄存款，并且要求银行为其办理记名为南苑公司的存单，根据银行办理这些业务的手续，裕隆公司必须开一张收款人显示为南苑公司的转账支票，然后才可以为其办理资金的转出手续，同时要求转账支票的收款人与其后办理的存单记名一致，而这个名称只是真实存款人所要求的代号，银行只要求代号一致就可以办理。在这个过程中，银行始终是以裕隆公司为存款合同的相对人，不管裕隆公司将存单记名南苑公司也好，还是某某公司任何名称也好，都不对银行的存款关系产生影响。南苑公司与开平中行之间根本不存在存款关系。请求：驳回南苑公司的上诉，维持原审判决。

水利公司没有提交书面意见，二审法庭调查时口头表示对南苑公司提交的证据均予认可，支持南苑公司的陈述。

裕隆公司没有参加二审法庭调查。

本院认为：本案为存单纠纷。本案争议的焦点为南苑公司与开平中行是否存在真实的存款关系问题。

本案中，南苑公司据以主张权利的《中国银行定期整存整取储蓄存单》，在相关案件侦办过程中，由北京市人民检察院委托、经广东省江门市人民检察院鉴定，结论为该存单与开平中行留存的《定期整存整取储蓄账卡》上内容为“中国银行开平支行存款业务专用章（1）”的印文、“梁晓军”印文、“余劲屏”印文均不同一；所载打印文字不是同机打印形成。据此，应认定该存单系伪造。当事人对此均无异议，本院予以确认。

南苑公司与水利公司于1995年4月27日签订《资金占有协议书》后，于1995年4月28日开出《中国人民建设银行汇票》，汇款人民币1000万元至龙云滨名下，龙云滨又在该汇票上背书，将该笔款项转入裕隆公司在开平中行设立的账户。南苑公司与水利公司虽系企业间非法借贷关系，但南苑公司按双方协议划出该款后，依法仍享有要求水利公司返还的权利，南苑公司对水利公司享有相应债权。事实上，当南苑公司、水利公司发现所持《中国银行定期整存整取储蓄存单》系伪造后，水利公司即于1996年7月9日至1998年1月25日间，先后七次向南苑公司偿还了《资金占用协议书》项下的款项1000万元。据此，应认定南苑公司依《资金占用协议书》借给水利公司的1000万元已经得到清偿。南苑公司依其与水利公司的协议划出该1000万元至龙云滨名下，龙云滨又将该款转入裕隆公司账户，该款实际已脱离南苑公司之控制，事后水利公司亦返还了该款，故不应认定该款仍归南苑公司所有。

该笔款项由龙云滨背书转入裕隆公司账户后，裕隆公司办理了一年期定期存单。该存单的户名载明为“南苑公司”。但据一审法院向中国人民银行开平市支行调查，南苑公司在开平中行并未开立过账户，对此，南苑公司亦予确认。从存款的办理看，裕隆公司开出《中国银行转账支票》，收款人为“北京市丰台区南苑农工商联合总公司”，但收款人的账号留空，没有填写，而南苑公司并未在开平中行开户，也不具备裕隆公司将1000万元存入南苑公司账户的条件。仅凭该《中国银行转账支票》及当日开平中行办理存款的《中国银行定期整存整取储蓄账卡》载明的户名为“北京市丰台区南苑农工商联合总公司”，而南苑公司并未在开平中行开立账户，且亦未留存印鉴或其他相关单位资料，无法判定该笔存款所载户名与南苑公司系确定的唯一对应关系。南苑公司认为裕隆公司已将该款存入南苑公司，缺乏事实和法律依据，本院不予支持。

本案中，存在两张伪造的《中国银行定期整存整取储蓄存单》，一张为南苑公司、水利公司持有，另一张开平中行则据以提取结清。根据广东省江门市人民检察院所作鉴定结论，该两存单上“中国银行开平支行存款业务专用章（1）”、“梁晓军”、“余劲屏”的印文均是同一的；所载文字是同机打印形成。但是，开平中行对其中一张伪造的存单提取结清不能成为南苑公司、水利公司所持另一张伪造存单亦应予兑付的理由。发现本案存单系伪造后，开平中行与水利公司的上级单位北京市水利局分别向相关部门进行举报，要求查处。从当事人提交的有关部门出具的调查材料看，开平中行据以提取结清存单涉及的《存款抵押合同》公证书与广东省开平市公证处存档的公证书案卷内容明显不符；北京市水利局举报案件的主要嫌疑人员吴源林、梁丽华在逃，无法查证相关情况。即使开平中行在办理裕隆公司存单业务过程中存在过错及应承担相关责任，亦与本案处理南苑公司主张的存单纠纷无直接关联，况且相关部门并未就涉案情况是否存在刑事犯罪及具体犯罪事实、相关责任人作出认定。受害单位如认为开平中行的相关行为致其权利受损，可在相关刑事案件结案后另循法律途径解决，并不因此影响本案的处理。

南苑公司并不持有涉案真实存单，存单所涉款项亦非南苑公司存入，亦无证据反映系南苑公司直接在开平中行办理涉案款项的存入手续。南苑公司并未在开平中行开立账户，亦未留存印鉴或其他单位资料，且水利公司亦已返还南苑公司汇出到龙云滨名下的1000万元。南苑公司主张其与开平中行存在真实的存款关系，缺乏事实和法律依据，本院不予采信。南苑公司要求开平中行支付存款本金、利息，本院不予支持。

另外，原审法院引用《储蓄管理条例》第三十条的规定，认定我国在1995年实行的是记名储蓄制度（储蓄匿名制），但该条例所称储蓄是指个人的活动，不适用于单位存款。原审法院引用该条例错误，本院予以纠正。

综上，原审判决认定事实清楚，实体处理得当，依法应予维持。南苑公司要求开平中行支付存款及利息，缺乏事实和法律依据，本院予以驳回。依照《中华人民共和国民事诉讼法》第一百五十三条第一款第（一）项、第一百五十八条之规定，判决如下：

驳回上诉，维持原判。

二审案件受理费70594元，由南苑公司负担。

本判决为终审判决。

审 判 长 羊 琴
代理审判员 张 妍
代理审判员 郑捷夫
二〇〇九年十二月十六日
书 记 员 郑华平

【评析】

这是一份二审民事判决书，文书格式符合最高人民法院《法院诉讼文书样式（试行）》的有关规定，基本要素齐全，结构完整，文字简练、通畅，制作水平较高，被评为2010年全省法院优秀裁判文书。本案因南苑公司持到期存单向开平中行要求承兑遭拒遂起纷争。经查，涉案存单均系伪造，本案争议的焦点为南苑公司与开平中行是否存在真实的存款关系问题。本案案情复杂，牵涉相关刑事案件的处理问题，当事人争议较大，系本院发回重审案件。该判决书对当事人争议的主要问题逐一进行了分析、解答，逻辑清晰、详略得当，具有较强的说服力。

●广州市南谊房地产开发有限公司等与广东建筑工程机械施工有限公司等代垫赔偿款纠纷一案民事判决书

广东省高级人民法院

民事判决书

（2009）粤高法民二终字第83号

上诉人（原审原告）：广州市南谊房地产开发有限公司。住所地：广东省广州市海珠区江南大道与江南西路交界。

法定代表人：朱伟强，该公司董事长。

委托代理人：朱永平、梁淑军，均为广东大同律师事务所律师。

上诉人（原审被告）：广东建筑工程机械施工有限公司。住所地：广东省广州市先烈东横路11号。

法定代表人：郑国方，该公司董事长。

委托代理人：李建中，广东粤信律师事务所律师。

上诉人（原审被告）：广州市承总设计院。住所地：广东省广州市天河区体育东路体育东横街3号。

法定代表人：黎宁，该院院长。

委托代理人：刘兴桂，广东法制盛邦律师事务所律师。

上诉人（原审被告）：广州市设计院。住所地：广东省广州市天河区体育东路体育东横街3－5号。

法定代表人：赵路，该院院长。

委托代理人：邹院昌，广东东方昆仑律师事务所律师。

上诉人（原审被告）：广东海外建设监理有限公司。住所地：广东省广州市天河区建中路66号东梯701室。

法定代表人：桂群，该公司副总经理。

委托代理人：曾志宏，北京市德恒律师事务所广州分所律师。

上诉人（原审被告）：汕头市建安实业（集团）有限公司。住所地：广东省汕头市龙湖区华山路14号。

法定代表人：黄少华，该公司总经理。

委托代理人：罗云，北京市中北律师事务所律师。

原审被告：广州市宏泰散体物料运输有限公司。住所地：广东省广州市天河区东莞庄路 118 号 25 房。

法定代表人：张伯宏，该公司经理。

委托代理人：欧发强，广东海印律师事务所律师。

上诉人广州市南谊房地产开发有限公司（以下简称南谊公司）、广东建筑工程机械施工有限公司（以下简称机施公司）、广州市承总设计院（以下简称承总设计院）、广州市设计院（以下简称广州设计院）、广东海外建设监理有限公司（以下简称海外监理公司）、汕头市建安实业（集团）有限公司（以下简称建安公司）因与原审被告广州市宏泰散体物料运输有限公司（以下简称宏泰公司）代垫赔偿款纠纷一案，不服广东省广州市中级人民法院（2007）穗中法民二初字第 72 号民事判决，向本院提起上诉。本院依法组成合议庭对本案进行了审理，现已审理终结。

原审法院经审理查明：南谊公司为房地产开发公司，经核准开发广州市规划局穗规地证字［2001］第 109 号文核准的海珠区江南大道与江南西路交界西南角地段，面积 18816 平方米的用地。2002 年 12 月 5 日，南谊公司与被告机施公司签订《海珠城基坑支护及土石方外运工程施工合同》，约定由被告机施公司承担海珠城广场工程的基坑支护及土石方外运等工作。在尚未领取建筑工程施工许可证、建设用地批准书、建设工程规划许可证的情况下，机施公司即按南谊公司的指令进场进行基坑开挖及支护施工。期间因资金不到位，工程多次停工。2004 年 11 月 19 日，机施公司与南谊公司签订了《海珠城广场基坑支护及土方工程补充合同（二）》，该补充合同约定：“由于设计再次变更，坑底标高从 -16 米变更为 -19.6 米”，后机施公司继续进场施工。2005 年 7 月 15 日，南谊公司、机施公司、汤建光土石方挖运工程队共同签署确认书，载明：经南谊公司确认，由机施公司施工的海珠城广场 B 区基坑支护及土石方挖运工程已完工（包括汤建光施工的 -19.6 米以上范围内土方寄岩石已挖运完成）。机施公司具有市政共用工程施工总承包一级、地基与基础工程专业承包一级等资质。

2005 年 4 月 21 日，南谊公司与宏泰公司签订《海珠城广场 B 区土石方工程施工合同》，约定被告宏泰公司根据海珠城广场 B 区土建工程施工要求，承包土石方挖运等与土建工程施工相关的各项工作。

2001 年 12 月 29 日，南谊公司与承总设计院签订《海珠城广场建设工程设计合同》，约定由被告承总设计院承担海珠城广场工程的设计工作。

2002 年 12 月 6 日，南谊公司与广州设计院签订《海珠城广场工程基坑支护工程沉降、位移及裂纹系列观测合同》，约定由被告广州设计院承担基坑支护工程沉降、位移及裂纹监测工作。

2004 年 3 月，南谊公司与海外监理公司签订《海珠城广场建设工程委托监理合同》，约定被告海外监理公司对海珠城广场主体结构、砌体、室内装修、外墙等工程承担监理工作。2004 年 5 月，海外监理公司依合同进场进行工程监理工作。海外监理公司曾因基坑存在安全隐患书面要求南谊公司及有关施工单位暂时停止施工。

2005 年 6 月 8 日，南谊公司与建安公司签订《海珠城广场建设工程施工合同》、《海珠城广场 B 区主楼土建工程承发包补充合同》，约定由被告建安公司承担海珠城广场 B 区主楼土建工程。

2005 年 4 月 20 日，南谊公司向建安公司发出开工通知书，载明海珠城广场 B 区土建工程已具备开工条件，要求建安公司在次日组织开工。后建安公司进场施工。

2005 年 7 月 7 日，广州市建设委员会核发了建设工程施工许可证。载明：建设单位南谊公司，建设地址海珠区江南大道与江南西路交界地段，工程名称商业、办公楼工程土方开挖及基坑支护（不得进行结构施工），设计单位承总设计院，施工单位建安公司，监理单位海外监理公司，合同价格 1020 万元，合同开工日期 2005 年 7 月 7 日。

2005 年 4 月 20 日，南谊公司安排建安公司进场进行 B 区土石方工程施工。同年 5 月开始，机施公司陆续将已完成的基坑工作面移交给建安公司进行地下室结构施工。7 月 15 日，机施公司完成了基坑（－19.6 米深度）的开挖施工，并办理场地移交手续。7 月 17 日至事故发生的 7 月 21 日，为给主体结构条形基础施工做准备，南谊公司指定宏泰公司联营方汤建光将基坑局部开挖至地下－20.3 米（同时负责土石方运输），造成原支护桩完全裸露，变成吊脚桩，导致基坑支护受损失效。

机施公司分别于 2004 年 5 月 6 日、9 月 4 日、11 月 2 日三次向南谊公司提出要尽快处理基坑存在的安全隐患问题，但南谊公司、设计单位没有引起足够重视。2005 年 1 月 2 日，基坑南侧出现较大水平位移，南谊公司召集承总设计院、机施公司、海外监理公司有关工程技术人员开会研究补救措施，并按照承总设计院的加固方案对基坑进行了加固。2 月 2 日，广州设计院应南谊公司要求开始加强对基坑南侧的观测，由每月 2 次改为每周 2 次。3 月 3 日，基坑南侧再次出现较大位移。南谊公司又安排机施公司按照承总设计院提出的方案，对基坑进行了加固处理。期间，机施公司又于 1 月 27 日、3 月 3 日、5 月 16 日就基坑安全问题书面函告南谊公司，建安公司也于 7 月 3 日就基坑顶排水处理引起的安全隐患问题书面函告南谊公司，但没有引起建设单位的足够重视。

2005 年 7 月 21 日，海珠城广场 B 区建筑施工工地发生基坑坍塌事故，造成 3 人死亡、8 人受伤及重大财产损失。次日，广州市政府批准成立由广州市安监局牵头，广州市建委、监察局、公安局、总工会、海珠区政府、海珠区安监局等单位派员参加的“7·21”重大生产安全事故调查组。调查组对该事故展开调查，最后形成《海珠城广场“7·21”重大事故调查报告书》（送审稿）。9 月 12 日，市政府常务会议讨论通过了该《调查报告书》。《调查报告书》（送审稿）认定，事故原因：建设单位和施工单位无视国家法令，故意逃避行政监管，长期无证违法建设，基坑支护受损失效；有关单位和部门履行职责不严格，监管不得力，未能有效制止违法建设行为。其中直接原因：基坑局部开挖深度（－20.3 米）超过基坑支护桩深度（－20 米），造成原支护桩变为吊脚桩，而且基坑暴露时间过长，钢构件锈蚀和锚杆（索）锚固力降低，致使基坑支护受损失效；基坑南侧已有明显坍塌征兆，在基坑坡顶严重超载的作用下，基坑失稳坍塌。事故详细经过：（一）工程概况。根据《建设工程规划许可证》（穗规证［2004］第 1963 号）网上公示（该规划许可证原件未送达被许可人，据广州市政府法制办的法律意见，作为要式行政行为的建设工程规划许可决定未送达行政相对人的，尚未发生法律效力。规划部门网站公示行为并不能等同于发证行为），海珠城广场位于广州市海珠区江南大道与江南西路交汇处的西南角，地处城市闹市区，项目为 1 幢商业、办公楼，由 A、B、C 三区组成，建设规模为地上 39 层（部分 6、7、8 层），地下 5 层（部分 2 层），建筑面积约为 14 万平方米，总投资约 9 亿元。此次事故发生在海珠城广场 B 区基坑工程，该基坑西面及北面毗邻海珠区马涌，相距约6米；基坑南面毗邻海员宾馆和一栋七层居民住宅楼，相距约16米，另有一座二层高的临时建筑物位于南面基坑边约10米的围墙外；基坑东面毗邻地铁2号线，最近处相距5.5米。另查证，上述二层高的临时建筑物在事故中发生坍塌并造成屋内3人死亡、多人受伤。该临时建筑物建于1984年12月17日，隔山居委会（原沙园街第十九居委）为出建单位，出资单位是海运集团。海珠区城建局于1984年11月13日作出的审核意见为“同意报建贰拾叁平方作新居委会办公使用，只能搞预制构件，临时使用，但不得改变用途，国家需要时无条件拆除。如出现纠纷由街办事处负责解决”。居委会和海运集团亦于1984年12月17日签订协议，规定该房使用权归隔山居委会，不能转租或作其他使用。2002年3月居委会搬离该房，居委会将该房的一楼用作出租，现租户为张俊英。二楼一直由海运集团家属委员会使用，据海珠区政府调查，在事发前几个月由隔山居委会借给某粥馆使用。2004年1月起，海运集团物业管理中心向居委会每月收取100元管理费。该工程的建设单位是南谊公司，地质勘察单位是广州城市规划勘察设计研究院，设计单位是承总设计院，基坑开挖及支护施工单位是机施公司，基坑开挖爆破施工单位是广东宏大爆破工程有限公司，土石方外运单位是宏泰公司，该公司项目负责人为联营方汤建光，基坑监测单位是广州设计院，地下室及主体结构施工单位是建安公司，监理单位是海外监理公司，广州地区建设工程质量安全监督站负责质量安全监督。据调查，海珠城广场开发定位和规划设计历经多次变化。2001年5月，市城市规划局发出海珠城广场《建设用地规划许可证》。2002年，南谊公司向市规划局报审海珠城广场建筑设计方案时，提出海珠城广场拟建27层（部分6、8、9层，另设3层地下室）。同年10月16日，市规划局发出《关于送审建筑设计方案的复函》（穗规函［2002］第3713号），拟建51层商业、旅业大楼（部分6、9、10、48层，另设地下室）。2004年3月11日，市国土房管局核发《建设用地批准书》（穗国土建用字［2004］第131号）。同年5月28日，市规划局又发出《关于送审建筑设计方案的复函》（穗规函［2004］第1931号），拟建39层商业、办公楼（部分6、7、8、9层，另设4层地下室），但由于所报方案的地下车库配套指标不满足规划要求，应取消自编号B区地下1层的商场，调整为车库使用。7月26日，市规划局批复因地下室停车库面积不满足规划要求需相应调整设计（穗规函［2004］第2373号）。8月30日，市建委发出《关于海珠城广场初步设计的批复》，同意工程由A、B、C三区组成，B区地上38层，地下4层。11月25日市规划局在网站上公示《建设工程规划许可证》（穗规证［2004］第1963号），拟建设规模为地上39层（部分6、7、8层），地下5层（部分2层）。（二）基坑施工情况。2002年12月5日，南谊公司未经依法招投标，与机施公司签订基坑开挖及土石方外运工程承包合同。同年12月6日，南谊公司与广州设计院签订了基坑支护工程沉降、位移、倾斜观测合同。12月10日，在未领取建筑工程施工许可证、建设用地批准书、建设工程规划许可证和未办理建设工程安全监督登记手续的情况下，南谊公司发出开工令，安排机施公司进场进行基坑开挖及支护施工。由于资金不到位，施工期间历经多次停工。2003年1月16日，广州市余泥渣土排放管理处向机施公司发放了《余泥渣土先行排放（受纳）证明》。2004年3月，南谊公司未经依法招投标，与海外监理公司签订监理合同，工程开始引入监理；同年4月，部分基坑已按照要求开挖至地下-16米深度，东边和南、北两边的东段支护桩也已按照要求施工至地下-20米深度。6月，南谊公司要求承总设计院进行相应设计变更。7月，承总设计院按照建设单位的要求完成设计变更（基坑设计深度由原来的-17米变更为-19.6米），并提出采用增加一道水平钢管支撑、局部增加锚杆及土钉的基坑加固措施。但南谊公司在没有按规定组织专家审查的情况下，将该设计变更图纸交给施工单位继续进行基坑开挖施工。9月10日，南谊公司向广州市质安站申办施工安全监督登记手续。11月2日，广州市质安站接受其报监。2005年4月20日，南谊公司安排建安公司进场进行B区土建工程施工。4月21日，南谊公司与宏泰公司签订海珠城广场B区土石方工程施工合同，该合同由宏泰公司联营方汤建光负责履行。同年5月开始，机施公司陆续将已完成的基坑工作面移交给建安公司进行地下室结构施工。6月13日，南谊公司与建安公司签订海珠城广场B区主楼土建工程合同。6月17日，广州建设工程交易中心发出监理中标通知书，确认海外监理公司为中标单位。6月20日，广州建设工程交易中心发出中标通知书，确认建安公司为中标单位。7月15日，机施公司完成了基坑（-19.6米深度）的开挖施工，并办理了场地移交手续。7月17日至事发当日，为给主体结构条形基础施工做准备，南谊公司指定宏泰公司联营方汤建光将基坑局部开挖至地下-20.3米深度（同时负责土石方运输），造成原支护桩完全裸露，变成吊脚桩，导致基坑支护受损失效。另查证，机施公司分别于2004年5月16日、9月4日、11月2日三次向南谊公司提出要尽快处理基坑存在的安全隐患问题，但南谊公司、设计单位没有引起足够重视。2005年1月2日，基坑南侧出现较大水平位移，南谊公司召集承总设计院、机施公司、海外监理公司有关工程技术人员开会研究补救措施，并按照承总设计院的加固方案对基坑进行了加固。2月2日，广州设计院应南谊公司要求开始加强对基坑南侧的观测（由每月2次改为每周2次）。3月3日，基坑南侧再次出现较大水平位移。南谊公司又安排机施公司按照承总设计院提出的方案，对基坑进行了加固处理。期间，机施公司又分别于1月27日、3月3日、5月16日就基坑安全问题书面函告南谊公司，建安公司也于7月3日就基坑顶排水处理引起的安全隐患问题书面函告南谊公司，但均没有引起建设单位的足够重视。

事故原因分析：事故发生后，经广州市人民政府张广宁市长同意，由广州市安监局牵头，会同广州市建委、监察局、公安局、总工会等有关部门及海珠区政府联合组成了广州市“7·21”事故调查组。事故调查组根据《中华人民共和国安全生产法》、《中华人民共和国建筑法》、《企业职工伤亡事故报告和处理规定》等法律法规的规定，严格按照事故处理“四不放过”的原则，认真开展事故调查处理工作。经现场勘察和调查取证，对事故原因分析如下：（一）直接原因。1. 施工与设计不符，基坑支护受损失效。该基坑原设计深度为-17米，2004年7月设计深度变更为-19.6米，而实际基坑局部开挖深度为-20.3米，超深3.3米，造成原支护桩（深度-20米）变为吊脚桩，致使基坑支护严重失效，构成重大事故隐患。2. 基坑施工时间过长。本基坑施工时间长达2年7个月，基坑暴露时间大大超过临时支护期限为一年的规定，致使开挖地层软化渗透水、钢构件锈蚀和锚杆（索）锚固力降低。3. 地质勘察资料反映，在基坑开挖深度内的岩层中存在强风化软弱夹层，而且南侧岩层向基坑内倾斜，软弱强风化夹层中有渗水流泥现象，客观上存在不利的地质结构面，施工期间发现上述情况后，虽然设计方对基坑南侧西段作了加固设计方案，施工方也进行了加固施工，但对基坑南侧中段，设计方和施工方均未能及时有效地调整设计方案和施工方案，错过排除险情的时机，给该基坑工程留下严重的安全隐患。4. 基坑坡顶严重超载。7 月 17 日至事发当日，汤建光土方运输队在南侧坑顶进行土方运输施工，在基坑坡顶边放置有汽车吊 1 台（自重 23 吨），履带反铲 1 台（自重 17 吨）、自卸车（满载 25 吨），致使基坑南边支护平衡打破，坡顶出现开裂。5. 基坑变形监测资料表明，自 2005 年以来基坑南边出现过多次变形量明显增大、坑顶裂缝宽度显著增大和裂缝长度明显增长的现象，这些资料说明基坑南侧在坍塌前已有明显征兆。监测方虽然提供了基坑水平位移监测数据，但未作分析提示，业主方知道变形数值但也未予以重视，没有及时对基坑作有效加固处理。当存在不利的外荷载作用时，就引发了失稳坍塌事故。（二）间接原因。1. 建设单位无视国家法令，违法要求施工单位开工。南谊公司未经招标擅自将基坑开挖支护工程直接发包给机施公司；未依法办理建筑工程施工许可证、建设用地批准书、建设工程规划许可证和未办理建设工程安全监督登记手续，违法通知施工单位进场施工；未将设计变更图纸组织专家审查就擅自使用；未及时委托工程监理单位进行监理；违法将基坑挖运土石方工程发包给没有相应资质等级的宏泰公司；故意逃避政府有关职能部门的监管，经多次责令停工后仍继续违法施工；对有关单位报告的基坑变形安全隐患未给予足够的重视，错过了加固排险的时机。2. 设计单位不认真落实安全生产责任，没有按照法律、法规进行设计。承总设计院没有按照法律、法规进行设计，未能依法考虑基坑支护施工安全操作和防护的需要，在基坑支护（特殊结构）施工设计文件中没有提出保障施工作业人员安全和预防安全事故的措施建议，主体结构设计与基坑设计衔接不良，对于基坑开挖至地下 -20.3 米而严重影响基坑安全问题，未及时提出相应防护加固措施。3. 施工单位不认真落实安全生产管理责任，严重违法施工。（1）机施公司在南谊公司未依法取得建筑工程施工许可证、建设用地批准书、建设工程规划许可证和未办理建设工程安全监督登记手续，以及基坑设计深度变更的图纸未经专家审查的情况下，长期无证违法施工，施工时间长达 2 年多。在发现基坑有关安全问题后，机施公司虽然曾书面函告南谊公司要求解决，但在南谊公司未予理睬情况下没有及时向上级有关部门反映。（2）宏泰公司作为土石方挖运施工单位，在本单位未取得建筑业土石方挖运工程专业承包企业资质和安全生产许可证的情况下非法承揽工程，并安排联营方汤建光违法挖运土石方，而且对联营方汤建光私自承揽基坑超挖工程的行为没有进行有效的管理。其联营方汤建光土石方运输队盲目按照南谊公司指令往下深挖基坑至 -20.3 米，致使原支护桩变成吊脚桩，同时汤建光安排大型施工机械在南侧坑顶进行土方运输作业，大大增加了基坑坡顶负荷超载。（3）建安公司明知南谊公司没有取得建筑工程施工许可证而违法进场施工，不认真落实《建设工程安全生产管理条例》第二十六条的安全责任，没有对主体结构施工涉及的基坑因长期施工已经存在支护失效的安全问题组织专家进行论证和审查，也没有采取有效措施确保安全施工。4. 监测单位不认真落实安全生产管理责任，违反监测工作规程。作为基坑支护工程沉降、位移、倾斜监测单位，广州设计院没有认真落实安全生产管理责任，工作不严格，没有健全和落实本单位的监测工作规程和制度，也没有认真执行强制性地方标准《广州地区建设基坑支护技术规定》（GJB02 -98）的工作规程。对基坑监测两个组成部分（水平位移监测和岩土倾斜监测）的工作缺乏统一协调，每次监测工作结束后，没有及时提交监测简报和处理意见，也没有及时将监测数据所反映的安全隐患问题书面向建设单位反映。尤其在7月5日、7月15日、7月19日基坑南侧出现较大水平位移时，基坑南侧中段位移总量已超出警戒值（7月15日），虽然口头上告知了南谊公司观测情况，但没有书面向有关单位发出警告，也没有及时按合同规定告知设计单位及有关部门。5. 监理单位不认真落实工程监理责任，未能有效制止无证施工行为。海外监理公司于2004年5月进场后，没有认真履行建设工程安全生产职责，未依照法律、法规规定实施工程监理，对无证施工行为未能采取有效措施加以制止；虽然曾因基坑存在安全隐患书面要求有关单位暂时停止施工，但在施工单位仍不停止施工的情况下，没有及时向有关部门报告，违反了《建设工程安全生产管理条例》第十四条的规定。6. 有关部门履行职责不严格，监管不得力，未能有效制止违法建设行为。2005年10月13日，广州市安全生产委员会办公室发布《关于广州市"7·21"重大生产安全事故情况的通报》（穗安办［2005］66号文），内容：海珠城广场"7·21"事故发生后，市政府依法成立了事故调查组，调查组依照法定程序，按照实事求是、尊重科学的原则，对该起事故进行了调查处理。在查清事故原因、查明事故性质和责任的基础上，对事故责任人提出了处理建议，经9月12日市政府第84次常务会议审议，已同意结案。现将有关责任单位和责任人的处理决定通报如下：南谊公司作为建设单位，无视《中华人民共和国建筑法》第七条和《建设工程质量管理条例》第七条、第十一条、第十二条、第十三条的规定，未领取施工许可证擅自通知施工单位施工，未经招标擅自将基坑开挖支护工程直接发包给省机施，未将施工图设计文件组织专家审查而擅自使用，未及时委托工程监理单位进行监理，未及时在开工前办理工程质量监督手续；违法将基坑挖运土石方工程发包给没有相应资质等级的宏泰公司；故意逃避政府有关职能部门的监管，经多次责令停工后仍继续违法施工；对有关单位报告的基坑变形安全隐患未给予足够重视，错过了加固排险的时机，对重大安全事故的发生负主要责任。根据《建设工程质量管理条例》第五十四条、第五十六条、第五十七条的规定，由市建设行政主管部门给予其责令停止施工，限期改正，并处151.7万元的罚款。宏泰公司作为土石方挖运施工单位，在本单位未取得建筑业土石方挖运工程专业承包企业资质、安全生产许可证的情况下非法承揽工程，并安排联营方汤建光违法挖运土石方，而且对联营方汤建光私自承揽基坑超挖工程没有进行有效的管理。根据《建设工程质量管理条例》第六十条和《建筑施工企业安全生产许可证管理规定》第二十四条的规定，由市建设行政主管部门给予53.68万元的罚款，并予以取缔及没收违法所得。机施公司作为施工单位（市政公用工程施工总承包一级、房屋建筑工程施工总承包二级），无视《中华人民共和国建筑法》第七条和《建筑工程施工许可管理办法》（建设部令第91号）第三条的禁止性规定，在建设单位未依法取得建筑工程施工许可证的情况下长期违法施工，无视政府有关职能部门的监管，经多次责令停工后仍继续违法施工；不认真落实《建设工程安全生产管理条例》第二十六条的安全责任，没有根据基坑因长期施工已经存在的基坑支护失效的安全问题进行有效的安全验算，并采取有效措施确保安全施工；在发现基坑变形存在重大安全隐患后，虽然多次向南谊公司报告，但未能采取有效措施予以消除，对重大安全事故的发生负有重要责任。根据《中华人民共和国建筑法》第七十一条的规定，由市建设行政主管部门给予其责令改正，责令停业整顿。根据《建筑工程施工许可管理办法》第十条、第十三条的规定，由市建设行政主管部门给予3万元的罚款。根据《建筑施工企业安全生产许可证管理规定》第二十二条的规定，建议省建设行政主管部门暂扣安全生产许可证并限期整改。海外监理公司作为该工程监理单位（甲级资质），没有认真履行建设工程安全生产职责，未依照法律、法规规定实施工程监理，对无证施工行为未能采取有效措施加以制止；不认真落实《建设工程安全生产管理条例》第十四条第二款规定的安全责任，在施工单位仍不停止违法施工的情况下，并没有依法及时向有关主管部门报告；对现场周围工作环境存在的重大安全隐患未能采取果断的监理措施予以消除，对事故发生负有监督不力的责任。根据《建设工程安全生产管理条例》第五十七条的规定，由市建设行政主管部门责令限期改正。根据《广州市安全生产监察条例》第四十一条第一款第（五）项的规定，由海珠区安全生产监督管理部门给予其罚款9万元的行政处罚。建安公司作为该工程主体结构的施工单位（房屋建筑工程施工总承包一级、地基与基础工程专业承包二级），无视《中华人民共和国建筑法》第七条和《建筑工程施工许可管理办法》（建设部令第91号）第三条的禁止性规定，在建设单位未依法取得建筑工程施工许可证的情况下违法施工；不认真履行《建设工程安全生产管理条例》第二十六条的安全责任，没有对主体结构施工涉及的基坑因长期施工已经存在支护失效的安全问题组织专家进行论证和审查，并采取有效措施确保安全施工，对重大安全事故的发生负有一定的管理责任。根据《中华人民共和国建筑法》第七十一条的规定，由市建设行政主管部门给予责令改正，责令停业整顿。根据《建筑工程施工许可管理办法》第十条、第十三条的规定，由市建设行政主管部门给予3万元的罚款。承总设计院作为该工程设计单位，不认真落实《建设工程安全生产管理条例》第十三条规定的安全责任，在基坑支护结构施工设计文件中没有提出保障施工作业人员安全和预防生产安全事故的措施建议，并且承担的主体结构（条形基础工程）设计与基坑设计衔接不良，致使主体结构条形基础开挖到-20.3米后基坑出现安全隐患，并且没有提出有效的防护措施进行加固排险，对重大安全事故的发生负有重要的管理责任。根据《建设工程安全生产管理条例》第五十六条的规定，由市建设行政主管部门给予责令限期改正，并处30万元的罚款。广州设计院作为该基坑监测单位（工程勘察甲级资质），没有认真履行建设工程安全生产职责，没有制定和落实监测工作规程和制度。对基坑监测工作缺乏统一协调，当事发前基坑南侧出现较大水平位移时，虽然口头上告知了南谊公司观测情况，但没有书面向有关单位发出警告，也没有及时按合同规定告知设计单位及有关部门，违反了强制性地方标准《广州地区建设基坑支护技术规定》（GJB02-98）关于“每次监测工作结束后，及时提交监测简报及处理意见”的规定，对重大安全事故的发生负有重要的质量管理责任。根据《建设工程质量管理条例》第六十三条的规定，由市建设行政主管部门责令改正，并处30万元的罚款。《通报》同时对其他责任人作出处罚决定。

就“7·21”坍塌事故，南谊公司根据相关政府部门的要求，就有关损失作出了如下赔付：一、对事故死伤者进行赔付并支付受灾居民安置费用1377800元（已经另案起诉）；二、支付海员宾馆、海员宾馆职工赔偿款和海员宾馆修缮工程款共计19985682.27元；三、支付海员宾馆租户（共216户）损失赔偿款6534110.41元；四、返还城建资金垫支的事故抢险费用1657万元；五、支付海运集团四单位及广州市海运公安局赔偿款108318元；六、支付海员宾馆住店旅客赔偿款45873元。二至六项费用在本案主张。

宏泰公司无土石方挖运施工资质。

2007年3月7日，南谊公司向原审法院提起本案诉讼，请求判令：1. 机施公司、宏泰公司、承总设计院、广州设计院、海外监理公司、建安公司共同偿付已垫付的损害赔偿款、事故抢险等费用共计41081784.5元（其中机施公司偿付份额为4324398.4元，宏泰公司偿付份额为15135394.3元，承总设计院偿付份额为4324398.4元，广州设计院偿付份额为4324398.4元，海外监理公司偿付份额为4324398.4元，建安公司偿付份额为8648796.7元）；2. 上述六被告支付自起诉日起至偿付份额付清日止的利息损失（按银行同期贷款利率计算）；3. 六被告对前述第1项诉讼请求承担连带责任；4. 六被告承担本案诉讼费用。

原审法院审理认为：2005年7月21日海珠城广场B区建筑施工工地发生基坑坍塌的重大生产安全事故，造成人身伤亡及重大财产损失，依据《中华人民共和国民法通则》第一百零六条第二款规定"公民、法人由于过错侵害国家的、集体的财产，侵害他人财产、人身的，应当承担民事责任"。因此，造成海珠城广场B区基坑坍塌事故的相关侵权行为人，应承担相应的侵权赔偿责任。《中华人民共和国民法通则》第一百三十条规定，二人以上共同侵权造成他人损害的，应当承担连带责任；第八十七条规定，负有连带义务的每个债务人，都负有清偿全部债务的义务，履行义务的人，有权要求其他负有连带义务的人偿付他应当承担的份额。南谊公司作为海珠城广场的建设单位，在事故发生后，垫付了相关的赔偿费用。南谊公司垫付赔偿款后，依法有权要求共同侵权人按各自应承担的份额承担赔付责任。

本案争议的焦点之一是原告及各被告是否构成侵权及应承担的责任大小。南谊公司要求各被告承担共同侵权责任的主要依据是"7·21"重大生产安全事故调查组向广州市政府呈报的《调查报告书》及广州市安全生产委员会办公室发布的《通报》（穗安办[2005]66号文）。该院认为，事故发生后，广州市政府批准成立由广州市安监局牵头，广州市建委、监察局、公安局、总工会、海珠区政府、海珠区安监局等单位派员参加的"7·21"重大生产安全事故调查组，该调查组及时对该事故展开调查，并多次召开事故分析会，最后形成《调查报告书》并报送广州市政府。广州市安全生产委员会办公室在2005年9月20日发布了《通报》，《调查报告书》及《通报》是在事故发生后，及时组织政府相关部门作出的事故认定报告，对《调查报告书》及《通报》认定的事实本案各方当事人均未能充分举证予以反驳。同时，事故发生后，由于抢险的需要，坍塌现场已被填埋，无法委托鉴定机构对事故的原因、责任作进一步的鉴定。此外，广州市建设委员会在《调查报告书》等证据认定的事实基础上对南谊公司、机施公司、宏泰公司、建安公司等当事人作出了行政处罚，被处罚的当事人均未在限期内申请复议或向人民法院提起诉讼。因此，该院认为，《调查报告书》及《通报》应作为本案事实认定的主要证据。"7·21"坍塌事故是多个原因结合致使损害结果发生，各个原因在多因一果侵权损害民事责任的分担上具有相对的决定作用，原因行为的原因力大，行为人应承担较多的责任，原因行为的原因力小，行为人应承担较小的责任。因此，应由各侵权人依其过错程度，承担相应的侵权责任。

1. 关于建设单位南谊公司是否构成侵权的问题。南谊公司未领取施工许可证即通知施工单位施工，未将施工图设计文件组织专家审查而擅自使用，未及时委托工程监理单位进行监理，将基坑挖运土石方工程发包给没有相应资质的宏泰公司。南谊公司的行为虽不直接导致事故的发生，但南谊公司的上述行为已存在重大过失，是事故发生不可欠缺的原因，且其行为在实质上增加了损害发生的客观可能性，其对有关单位报告的基坑变形安全隐患未给予足够重视，错过了加固排险的时机，该过错行为与损害结果的发生之间存在因果关系，南谊公司已构成侵权，应承担主要的侵权赔偿责任。南谊公司应承担35%的损害赔偿责任。

2. 关于施工单位机施公司是否构成侵权的问题。机施公司在建设单位未依法取得建筑工程施工许可证的情况下长期违法施工，无视政府有关职能部门的监管，经多次责令停工后仍继续违法施工；没有根据基坑因长期施工已经存在的基坑支护失效的安全问题进行有效的安全验算，并采取有效措施确保安全施工。机施公司的行为虽不直接导致事故的发生，但其行为造成基坑事故发生的隐患，机施公司的上述行为已构成一定的过失，且在实质上增加了损害发生的客观可能性，该过错与损害结果的发生之间存在因果关系，机施公司已构成侵权，应承担相当的侵权赔偿责任。机施公司在发现基坑变形存在重大安全隐患后，多次向南谊公司报告，虽未能制止事故的发生，但已尽到其注意义务，因此，可相应减轻机施公司的责任。事故虽是在机施公司完成退场后发生的，但是由于机施公司在施工过程中的过错导致事故隐患的产生，因此，不能因事故发生在机施公司退场后而免除机施公司的侵权赔偿责任。机施公司应承担3.75%的损害赔偿责任。

3. 关于宏泰公司是否构成侵权的问题。施工与设计不符，基坑施工时间过长，基坑支护受损失效是事故发生的直接原因之一，在基坑设计深度变更为－19.6米后，宏泰公司将基坑局部开挖深度为－20.3米，造成原支护桩（深度－20米）变为吊脚桩，宏泰公司的该行为直接导致事故的发生，宏泰公司已构成严重过失；基坑坡顶严重超载也是事故发生的直接原因之一，在2005年7月17日至事发当日，宏泰公司联营方汤建光土方运输队在南侧坑顶进行土方运输施工，在基坑坡顶边放置有汽车吊1台（自重23吨）、履带反铲1台（自重17吨）、自卸车（满载25吨），致使基坑南边支护平衡打破，坡顶出现开裂。宏泰公司的该行为直接导致事故的发生，宏泰公司也构成严重过失。宏泰公司的过错行为直接导致损害结果的发生，宏泰公司已构成侵权，应承担主要的侵权赔偿责任。宏泰公司应承担32.5%的损失赔偿责任。

4. 关于设计单位承总设计院是否构成侵权的问题。承总设计院作为海珠城广场工程的设计单位，其承担的主体结构（条形基础工程）设计与基坑设计衔接不良，致使主体结构条形基础开挖到－20.3米后基坑出现安全隐患问题，并且没有提出有效的防护措施进行加固排险；同时未依照《建设工程安全生产管理条例》规定的安全责任，在基坑支护结构施工设计文件中没有提出保障施工作业人员安全和预防生产安全事故的措施建议。此外，由于从地质勘察资料反映，在基坑开挖深度内的岩层中客观上存在不利的地质结构面。施工期间发现上述情况后，虽然设计方承总设计院对基坑南侧西段作了加固设计方案，施工方也进行了加固施工，但对基坑南侧中段，设计方承总设计院和施工方均未能及时有效地调整设计方案和施工方案，错过了排除险情的时机，给该基坑工程留下严重的安全隐患。承总设计院的行为虽不直接导致事故的发生，但承总设计院的行为造成基坑事故发生的重大隐患，且其行为在实质上增加了损害发生的客观可能性，该过错行为与损害结果的发生之间存在因果关系，承总设计院已构成侵权，应承担10%的损害赔偿责任。

5. 关于广州设计院是否构成侵权的问题。作为基坑支护工程沉降、位移、倾斜监测单位的广州设计院，根据其与南谊公司签订的《沉降、位移及裂纹系列观测合同》的约定，应严格依照《广州地区建设基坑支护技术规定》（GJB02－98）等技术规范进行，在监测期间，如果位移总量超过35毫米，应立即通知南谊公司及设计人员和有关部门。但是，在2005年7月5日、7月15日、7月19日，当基坑南侧出现较大水平位移时，基坑南侧中段位移总量已超出警戒值，广州设计院虽然口头上告知了南谊公司观测情况，但没有将监测数据所反映的安全隐患问题书面向有关单位作出警告，也没有及时按合同规定告知设计单位及有关部门。据此可见，广州设计院未能及时、有效地对事故隐患进行分析提示，并将监测数据所反映的安全隐患问题书面向有关单位发出警告，致使有关单位未能及时对基坑作有效的排险加固处理，对涉案事故的发生存在较大过失，其行为与损害结果的发生存在因果关系，已构成侵权，应承担7.5%的损害赔偿责任。

6. 关于海外监理公司是否构成侵权的问题。海外监理公司虽不是基坑施工的监理单位，但其是主体施工的监理单位。在事故发生时，主体施工已开始，监理单位海外监理公司对宏泰公司的无证施工行为未能采取有效措施加以制止；在施工单位仍不停止违法施工的情况下，并没有依法及时向有关主管部门报告，对现场周围工作环境存在的重大安全隐患未能采取果断的监理措施予以消除。海外监理公司的行为虽不直接导致事故的发生，但海外监理公司的上述行为已存在一定的过失，其行为在实质上增加了损害发生的客观可能性，该过错行为与损害结果的发生之间存在因果关系，海外监理公司已构成侵权。由于海外监理公司不是基坑工程的监理公司，可相应减轻其责任，海外监理公司应承担7.5%的损失赔偿责任。

7. 关于建安公司是否构成侵权的问题。建安公司在建设单位未依法取得建筑工程施工许可证的情况下违法施工，且在基坑因长期施工已经存在支护失效时，未组织专家进行论证和审查并采取有效措施的情况下进场施工，虽然建安公司曾就基坑顶排水处理引起的安全隐患问题书面函告南谊公司，已尽到一定的注意义务，建安公司的行为也并不直接导致事故的发生，但建安公司的上述行为已存在一定的过失，且其行为在实质上增加了损害发生的客观可能性，该过错行为与损害结果的发生之间存在因果关系，建安公司已构成侵权，应承担3.75%的损失赔偿责任。

关于南谊公司已垫付的赔偿款是否合法合理的问题是本案的另一争议焦点。经审查，海珠城广场坍塌事故发生后，南谊公司作为建设方积极配合政府和有关受损害各方，并对相关单位垫付了赔偿款，有效地维护了社会稳定。南谊公司主张其向各财产受损单位、个人代垫了损害赔偿款共43243983.68元，其中包括支付海员宾馆、海员宾馆职工赔偿款和海员宾馆修缮工程款共计19985682.27元；支付海员宾馆租户（共216户）损失赔偿款6534110.41元；返还城建资金垫支的事故抢险费用1657万元；支付海运集团四单位及广州市海运公安局赔偿款108318元；支付海员宾馆住店旅客赔偿款45873元。根据《中华人民共和国民法通则》第一百零六条第二款、第一百一十七条第三款的相关规定，公民、法人侵害他人财产、人身的，应当承担民事责任；受害人因此遭受其他重大损失的，侵害人并应当赔偿损失。南谊公司代垫的上述费用，有《海珠城广场“7·21”重大安全事故调查报告书》、《关于海珠城广场“7·21”重大安全事故有关责任人处理情况的通报》、广州市中级人民法院（2006）穗中法民二初字第26号民事判决书、广东省高级人民法院（2007）粤高法民一终字第91号民事判决书、《海员宾馆“7·21”事故赔偿协议》及其补充协议发票、海员宾馆修缮工程合同及发票，海员宾馆租户赔偿清单、赔偿协议及赔偿款收条、海员宾馆职工事故财产损失赔偿清单、赔偿协议及赔偿款收据、广州市建设委员会文件以及银行汇款单、广州海运集团四单位及广州海运公安局赔偿清单、赔偿协议书及赔偿款收条、海员宾馆住客、旅客损失申报材料等证据予以证实，南谊公司已垫付的上述费用合法合理，该款项应由各责任人按比例承担。

综上所述，南谊公司已向各受损单位和个人赔偿的43243983.68元合法合理，该赔偿垫付款应由各责任人按比例承担，分别由南谊公司承担35%，即15135397.68元，宏泰公司承担32.5%，即14054294元，承总设计院承担10%，即4324398元，广州设计院和海外监理公司各承担7.5%，即3243298元，机施公司和建安公司各承担3.75%，即1621649元，机施公司、宏泰公司、承总设计院、广州设计院、海外监理公司、建安公司应将各自应承担的损失赔偿款支付给南谊公司。依照《中华人民共和国民法通则》第八十七条、第一百零六条第二款、第一百一十七条第三款、第一百三十条的规定，原审法院于2008年12月19日作出（2007）穗中法民二初字第72号民事判决：一、机施公司在本判决发生法律效力之日起十日内向南谊公司支付赔偿款1621649元；二、宏泰公司在本判决发生法律效力之日起十日内向南谊公司支付赔偿款14054294元；三、承总设计院在本判决发生法律效力之日起十日内向南谊公司支付赔偿款4324398元；四、广州设计院在本判决发生法律效力之日起十日内向原告南谊公司支付赔偿款3243298元；五、海外监理公司在本判决发生法律效力之日起十日内向南谊公司支付赔偿款3243298元；六、建安公司在本判决发生法律效力之日起十日内向南谊公司支付赔偿款1621649元；七、驳回南谊公司的其他诉讼请求。案件受理费215201元，诉讼保全费5000元，由南谊公司负担77070元，机施公司负担8257元，宏泰公司负担71567元，承总设计院负担22020元，广州设计院负担16515元，海外监理公司负担16515元，建安公司负担8257元。

南谊公司、机施公司、承总设计院、广州设计院、海外监理公司、建安公司均不服原审判决，向本院提起上诉。

南谊公司上诉称：一、原审判决认定南谊公司在广州市政府的要求和主持下，为维护基层社会稳定先行向各“7·21”事故的受损单位和个人赔偿的43243983.68元是合法合理的，但原审判决对南谊公司及其他各方的承责比例处理不当。根据南谊公司的过错程度及过错行为与损害结果之间因果关系的密切程度，南谊公司只应当承担不高于15%的损害赔偿责任，原审判决认定南谊公司应承担35%的损害赔偿责任，是不合理、不公平的。（一）南谊公司作为建设单位并不是造成“7·21”事故发生的直接责任人，不应当承担主要的侵权赔偿责任。南谊公司作为投资人，主要责任在于筹集建设资金。就海珠城广场工程的设计、施工、监理、基坑监测等具体的建筑分项工作，南谊公司已经分别与承总设计院、建安公司、机施公司、海外监理公司、广州设计院等单位签订了合同，由以上单位负责具体的工程建筑工作。南谊公司并不是负责工程设计、施工、监理、基坑监测等具体建筑工作的单位，不是造成“7·21”事故发生的直接责任人，不应当承担主要的侵权赔偿责任。（二）南谊公司及时对事故死伤者及其他损失作出理赔，有效防止了事故的损失和影响进一步扩大，为维护社会稳定作出贡献，依法应当减轻赔偿责任。二、建安公司是海珠城广场工程主体机构施工单位，机施公司是基坑施工单位，以上两单位均是海珠城广场建筑实体施工单位并且具有相应的建筑资质，理应对事故的发生承担较大的责任。原审判决认定建安公司承担3.75%的损害赔偿责任、机械公司承担3.75%的损害赔偿责任明显偏轻，恳请二审依法改判机施公司支付赔偿款3243298元（即机施公司应承担7.5%的损害赔偿责任），建安公司向南谊公司支付赔偿款8648796元（即建安公司应承担20%的损害赔偿责任）。三、原审判决第七项驳回南谊公司对于利息损失的合理要求，是错误的，请求二审改判其他责任人向南谊公司支付自起诉日起（2007年2月15日）至偿付份额付清日止，按同期银行贷款利率计算的利息损失。综上，请求二审撤销原审判决第一项，依法改判机施公司支付赔偿款3243298元（即机施公司应承担7.5%的损害赔偿责任）；撤销原审判决第六项，改判建安公司支付赔偿款8648796元（即建安公司应承担20%的损害赔偿责任）；撤销原审判决第七项，改判宏泰公司、机施公司、承总设计院、广州设计院、海外监理公司、建安公司支付自起诉日起至偿付份额付清日止，按同期银行贷款利率计算的利息损失；并判令其他各责任人共同负担本案诉讼费。

承总设计院上诉称：一、承总设计院作为设计单位，设计是规范合法的，不存在违约或其他不当，并一直关注和跟踪该建设项目。原审判决简单地采信了事后非专业机构作出的政府调查稿，认定承总设计院存在过错是错误的，适用法律不当。同时，南谊公司明显夸大损失，很多开支没有票据，也没有评估，原审判决对此概予认定，明显不当。二、广州市建设科技委员会办公室于2007年8月9日作出《关于“海珠城广场基坑支护设计文件意见”的报告》（穗建科办［2007］179号），确定事故的原因是基坑南侧变形位移大，建设单位没有及时采取有效的补救措施，导致基坑坍塌。该份新证据明确了事故的真正原因，可以排除承总设计院的设计瑕疵。综上，请求二审撤销原审判决第三项，由其他各责任人负担本案诉讼费用。

机施公司上诉称：2002年12月机施公司与南谊公司签订了《广州市建筑工程施工合同》，合同约定的工程名称为“海珠城广场基坑支护及土石方外运工程”。由于南谊公司设计变更，2003年6月27日双方又签订《海珠城广场基坑支护及土方工程补充合同》。2004年11月19日，由于南谊公司的工程设计两次变更，双方签订了《海珠城广场基坑支护及土方工程补充合同》，设计变更坑底标高从－16米变更为－19.6米。机施公司根据补充合同和南谊公司提供的变更图纸，在南谊公司的指令下深挖基坑至－19.6米。2005年7月15日，南谊公司组织了相关单位及人员对机施公司施工的工程进行验收，确认机施公司依照补充合同以及其提供的图纸，保质保量地履行了合同的全部义务，开挖的深度为－19.6米。“7·21”事故是在机施公司完成施工退场后发生的，机施公司对此不存在过失行为，原审判决判令机施公司承担7.5%的损害赔偿责任，是错误的。请求二审撤销原审判决第一项，驳回南谊公司对机施公司的诉讼请求，由其他各责任人共同负担本案诉讼费用。

广州设计院上诉称：一、原审判决认定广州设计院承担侵权赔偿责任，没有事实依据。(2007) 粤高法民一终字第91号民事判决的法律适用和责任认定部分，对本案不具有法律约束力，原审法院不应援引该判决作为确定本案法律责任的依据，对于本案的事实和法律责任应依法作出独立、客观的审查和认定。广州设计院已经全面、及时完成了“海珠城广场”基坑观测的实质义务，及时向南谊公司提供准确观测结果的义务，虽未将最后一次观测成果以书面方式报告给建设单位、设计人员和有关单位，但并未违反合同约定，最多只是履行合同义务上的形式瑕疵，与事故发生没有任何关系，主观上和客观上不可能构成对事故受害人的侵权。二、原审判决适用民法通则第一百零六条第二款、第一百一十七条第三款，认定广州设计院承担侵权责任，适用法律错误。广州设计院不是该项目的开发商和权益所有人，也不是法定的和约定的项目安全责任人，只是与南谊公司签订合同的当事人。广州设计院履行了合同实质义务，主观上对事故的发生没有过错，履约行为客观上与事故的发生也不存在因果关系，对事故的受害人不构成侵权，南谊公司向事故受害人赔偿之后向广州设计院追偿没有法律依据。至于广州设计院的行为是否违反与南谊公司签订的观测合同，则属于合同争议，与本案无关。三、南谊公司对“7·21”事故的发生具有严重过错，机施公司、建安公司也存在较大过失，原审判决对前述单位的责任比例判处过轻，显失公平。根据（2007）粤高法民一终字第91号民事判决查明的事实，南谊公司的重大过失是事故发生最直接和最大的原因，其承担责任的比例理应高于其他有关单位责任比例的总和，不应低于50%。原审判决认定南谊公司仅承担35%的责任比例，明显过轻。机施公司作为施工单位在建设单位未取得施工许可证的情况下长期违法施工，无视政府职能部门的监管，经多次责令停工后仍继续违法施工，是事故发生的原因之一，应对“7·21”事故损害承担不少于10%的赔偿责任。建安公司作为涉案工程主体结构的施工单位，在无施工许可证的情况下违法施工，未采取安全防护措施排除安全隐患，也是事故发生的直接原因之一，过错明显，应对“7·21”事故损害承担不少于10%的赔偿责任。综上，请求二审撤销原审判决第四项，驳回南谊公司对广州设计院提出的诉讼请求，由其他各方负担本案诉讼费用。

海外监理公司上诉称：一、原审判决海外监理公司承担基坑坍塌事故责任所依据的事实认定不清，适用法律不当。海外监理公司不是宏泰公司施工的基坑工程监理单位，根据相关法律规定，海外监理公司无权监理南谊公司指定给宏泰公司施工的基坑工程。特别是，在整个施工过程中，所有与该工程相关的单位均在同一处办公，但从未要求或邀请海外监理公司参与基坑工程坍塌之前召开的所有会议，由此也表明该基坑工程与海外监理公司毫无关联。《调查报告书》和《通报》只是说明海外监理公司发函后在施工单位没有停工的情况下，没有按照《建设工程安全管理条例》规定上报上级部门，海外监理公司是否报告“上级有关部门”与基坑坍塌没有因果关系。二、根据《建筑法》、《建设工程质量管理条例》等相关法律、法规规定，施工安全由施工单位负责，监理单位只负责施工中的监理责任。原审判决却认定海外监理公司承担7.5%的事故责任，比施工单位建安公司承担的事故责任多一倍，明显过重，显失公平。综上，请求二审撤销原审判决第五项，判令减轻或免除海外监理公司承担事故责任，由其他各方负担本案诉讼费用。

建安公司上诉称：一、原审判决查明造成“7·21”坍塌事故主要是由南谊公司的主观过错行为所致，理应由其承担过错赔偿责任。但判决结果却以“混合过错责任”推定建安公司亦承担过错赔偿责任，明显违反了我国民法规定的“归责原则”。根据与南谊公司签订的《施工合同》约定条款，建安公司履行了合同约定义务，是履行合同的正当、合法行为，并非原审判决认定的“违法施工行为”。二、原审判决未适用《中华人民共和国合同法》相关规定，而适用《中华人民共和国民法通则》的侵权责任条款，判定建安公司承担共同侵权的赔偿责任，缺乏事实依据和法律依据。综观建安公司的依约施工行为，根本没有侵权的行为及事实，更谈不上主观上的过错问题。三、《调查报告书》、《通报》本身不具有法律约束力，不是地方法规或者部门规章，原审判决以《调查报告书》、《通报》作为判决建安公司承担赔偿责任的最终依据，缺乏公正性。综上，请求二审撤销原审判决第六项，改判驳回南谊公司对建安公司的诉讼请求，由南谊公司负担本案诉讼费用。

宏泰公司亦向本院提起上诉，但经本院通知未依法预交本案二审案件受理费，本院已另行裁定其上诉按自动撤回处理。

本院二审查明：原审法院查明的事实清楚、属实，本院予以确认。

另查明，2005 年 12 月 23 日，南谊公司以其已对“7·21”坍塌事故死伤者进行代垫赔付并支付受灾居民的安置费用 1377800 元，要求机施公司、宏泰公司、承总设计院、广州设计院、海外监理公司、建安公司等六单位共同承担该损害赔偿款为由，向原审法院提起另案诉讼。原审法院于 2006 年 12 月 15 日对该案作出（2006）穗中法民二初字第 26 号民事判决。南谊公司、宏泰公司、承总设计院、建安公司、机施公司、海外监理公司均不服，向本院提起上诉。本院于 2007 年 9 月 5 日作出（2007）粤高法民一终字第 91 号民事判决，认定南谊公司、宏泰公司、承总设计院、广州设计院、海外监理公司、机施公司、建安公司对于“7·21”事故损害事实的发生均有因果关系，且各方对海珠城广场基坑工程发生事故均有过错，构成共同侵权；根据各共同侵权人的主观过错程度及过错行为与损害结果的原因力比例，认定各方承担损害赔偿的责任比例为：南谊公司承担 35%、宏泰公司承担 32.5%、承总设计院承担 10%、广州设计院承担 7.5%、海外监理公司承担 7.5%、机施公司承担 3.75%、建安公司承担 3.75%。该二审判决生效后，广州市设计院、海外监理公司向本院申请再审。本院于 2008 年 11 月 10 日作出（2008）粤高法立民申字第 477 号民事裁定，对本案进行再审。2009 年 11 月 25 日，本院作出（2009）粤高法审监民再字第 8 号民事判决，维持本院（2007）粤高法民一终字第 91 号民事判决。该再审民事判决已生效。

本院认为：本案为追偿代垫赔偿款纠纷。根据各方当事人二审意见，本案二审的主要争议为：海珠城广场基坑工程相关各方对于该工程发生“7·21”垮塌事故是否具有因果关系及各自过错状况；南谊公司要求其他相关各方承担赔偿责任的代垫赔偿款项是否真实、合理；南谊公司要求其他责任方赔偿其垫付赔偿款自起诉日起的利息损失是否正当、合法。

关于相关各方对“7·21”事故的责任认定问题。南谊公司开发的海珠城广场于 2005 年 7 月 21 日发生基坑倒塌事故，对相关个人和单位造成了人身及财产损害，南谊公司因此向相关个人和单位进行了赔付。其后，南谊公司以海珠城广场的设计方、施工方、监理方等相关各方未履行法定职责，对“7·21”事故造成的损害应承担侵权赔偿责任为由，要求宏泰公司、承总设计院、广州设计院、海外监理公司、建安公司、机施公司等相关单位共同偿付其代垫的赔偿款，先后提起两案诉讼：一是2005年12月23日向原审法院提起另案诉讼，要求工程相关各方共同承担其对相关人员支付的人身损害赔偿款、受灾居民安置费用；二是2007年3月7日向原审法院提起本案诉讼，要求工程相关各方承担其对相关单位和个人支付的财产损害赔偿款、事故抢险费用。

对于前案追偿人身损害赔偿款、受灾居民安置费用的诉讼，本院于2007年9月5日作出（2007）粤高法民一终字第91号二审终审判决，认定南谊公司、宏泰公司、承总设计院、广州设计院、海外监理公司、机施公司、建安公司对于“7·21”事故损害事实的发生均有因果关系，且各方对海珠城广场基坑工程发生该事故均有过错，构成共同侵权；根据各共同侵权人的主观过错程度及过错行为与损害结果的原因力比例，认定各方承担损害赔偿的责任比例为：南谊公司承担35%、宏泰公司承担32.5%、承总设计院承担10%、广州设计院承担7.5%、海外监理公司承担7.5%、机施公司承担3.75%、建安公司承担3.75%。该二审判决生效后，广州设计院、海外监理公司向本院申请再审。本院裁定再审后，于2009年11月25日作出（2009）粤高法审监民再字第8号民事判决，维持本院（2007）粤高法民一终字第91号民事判决。

本案为追偿财产损害赔偿款、事故抢险费用的诉讼。与上述前案诉讼相比，除了南谊公司请求工程相关各方共同承担的损害赔偿款项目与金额不同外，南谊公司支付的两案损害赔偿款均是基于相同的基础事实，即海珠城广场工程项目发生了“7·21”垮塌事故，并因此造成了他人的人身、财产损害。而生效的（2009）粤高法审监民再字第8号民事判决、（2007）粤高法民一终字第91号民事判决认定，南谊公司、宏泰公司、机施公司、承总设计院、广州设计院、海外监理公司共同造成了“7·21”事故损害，构成共同侵权，并根据各方行为与损害结果的原因力比例及主观过错状况，确定了各方承担该事故损害赔偿的具体责任比例。本案中，南谊公司追偿其支付的财产损害赔偿款、事故抢险费用仅是“7·21”事故造成的损害结果的一个构成部分，亦应当按照工程相关各方与“7·21”事故损害的因果关系及主观过错状况，确定各责任方及各自具体承担赔偿责任的比例。由于上述两份生效判决对此问题已经作出了认定和处理，上述两份生效判决应当作为确定本案各方是否构成共同侵权、共同侵权人的主体范围以及各共同侵权主体各自承担损害赔偿责任具体比例的依据。本案原审判决确定南谊公司、宏泰公司、承总设计院、广州设计院、海外监理公司、机施公司、建安公司是造成“7·21”事故损害的共同侵权人，各自承担损害赔偿的责任比例为：南谊公司承担35%、宏泰公司承担32.5%、承总设计院承担10%、广州设计院承担7.5%、海外监理公司承担7.5%、机施公司承担3.75%、建安公司承担3.75%。原审判决上述处理结果与（2009）粤高法审监民再字第8号、（2007）粤高法民一终字第91号两份生效民事判决的处理结果相同，并无不当。南谊公司、机施公司、承总设计院、广州设计院、海外监理公司、建安公司上诉请求二审调减其承担赔偿责任的比例或者确认其不应承担赔偿责任，因与上述两份生效判决的相关认定及处理结果不符，本院不予支持。

关于本案南谊公司支付赔偿款的认定。《中华人民共和国民事诉讼法》第六十四条第一款规定，当事人对自己提出的主张，有责任提供证据。《最高人民法院关于民事诉讼证据的若干规定》第二条规定，当事人对自己提出的诉讼请求所依据的事实或者反驳对方诉讼请求所依据的事实有责任提供证据加以证明；没有证据或者证据不足以证明当事人的事实主张的，由负有举证责任的当事人承担不利后果。南谊公司为证明其已对相关单位和个人支付赔偿款43243983.68元，一审期间在举证期限内提供了支付该赔偿款的相关协议、合同、发票、收据等证据。原审判决对此予以确认。承总设计院上诉提出南谊公司在本案主张的已付赔偿款存在不真实、不合理的部分，但未具体说明南谊公司举证已付赔偿款中不真实、不合理的赔偿款项目及金额，也未提供相反证据证明南谊公司所主张的该赔偿款确有部分不真实、不合理，依法应当承担举证不能的法律后果。对承总设计院要求二审重新审定南谊公司已付赔偿款的主张，本院予以驳回。

关于各方具体承担赔偿款金额的认定。《中华人民共和国民法通则》第一百三十条规定，二人以上共同侵权造成他人损害的，应当承担连带责任；第八十条规定，负有连带债务的每个债务人，都负有清偿全部债务的义务，履行了义务的人，有权要求其他负有连带义务的人偿付他应当承担的份额。南谊公司作为共同侵权人之一，向“7·21”事故的受损个人和单位支付了上述损害赔偿款43243983.68元，已实际履行了连带清偿义务，有权要求其他各共同侵权人承担与各自侵权行为相适应的损害赔偿责任。原审判决正确认定了各方构成共同侵权及各方承担损害赔偿的责任比例，并在此基础上判决其他各责任方宏泰公司、机施公司、承总设计院、广州设计院、海外监理公司、建安公司按各自具体承担赔偿责任的比例，将已付赔偿款43243983.68元中各自应负担的金额支付给南谊公司，处理结果并无不当。由于南谊公司在未领取施工许可证的情况下即通知施工单位开工，未将施工图设计文件组织专家审查即擅自使用，未及时委托工程监理单位进行监理工作，并将基坑挖运土石方工程发包给没有相应资质的宏泰公司，在工程的设计、施工、监理等各个重要环节均有重大过错，是海珠城广场基坑工程发生“7·21”垮塌事故的主要责任人，其向相关个人和单位支付赔偿款后，要求其他责任相对较轻的行为人除承担赔偿责任外还应向其支付该赔偿款自起诉日起的利息损失，不符合诚实信用原则及公平责任原则。南谊公司上诉请求二审改判支持其对其他责任方提出的垫付赔偿款利息损失的请求，本院予以驳回。

综上，南谊公司、机施公司、承总设计院、广州设计院、海外监理公司、建安公司要求二审减轻其对“7·21”事故的损害赔偿责任或者确认其不应承担赔偿责任的上诉理由，均不成立，予以驳回。原审判决程序合法，认定事实清楚，处理结果正确，应予维持。依照《中华人民共和国民事诉讼法》第一百五十三条第一款第（一）项、第一百五十八条之规定，本院判决如下：

驳回上诉，维持原判。

二审案件受理费145260.68元，由南谊公司负担50841元，承总设计院负担14526元，广州设计院负担10894.6元，海外监理公司负担10894.6元，机施公司负担5447.3元，建安公司负担5447.3元。

如未按原审判决指定的期限履行给付金钱债务，应当依照《中华人民共和国民事诉讼法》第二百二十九条的规定，加倍支付迟延履行期间的债务利息。

本判决为终审判决。

审 判 长 王建平
审 判 员 田 剑
代理审判员 李震东
二○○九年十二月二十五日
书 记 员 汪瑞芊

【评析】

本案为南谊公司因其开发的在建楼盘发生重大垮塌事故支付赔偿款后向其他六个相关单位进行追偿所致纠纷，需要对涉案工程的开发、设计、施工、监理等相关各方与楼盘发生垮塌事故的原因力及过错状况分别作出认定，案件事实复杂，诉争焦点众多。一审判决后，有五方当事人提出上诉，审理难度较大。本判决书对二审当事人的诉辩意见进行了归纳和梳理，对案件二审的主要争议逐一进行了分析和论证，具有较强的说服力和公信度。本判决书格式规范，结构完整，层次分明，语言流畅，叙事清晰，说理透彻，详略得当，制作质量较高，是一篇认证和说理较为充分的优秀裁判文书。

●珠海香记食品有限公司与佛山市合记饼业有限公司侵犯商标专用权纠纷一案民事判决书

广东省高级人民法院

民事判决书

（2007）粤高法民三终字第36号

上诉人（原审被告）：珠海香记食品有限公司。住所地：广东省珠海市前山上冲园艺研究所综合楼一楼。

法定代表人：杨新，董事长。

委托代理人：赵连玉，广东玉成律师事务所律师。

被上诉人（原审原告）：佛山市合记饼业有限公司。住所地：广东省佛山市市东上路67号。

法定代表人：冯治英，董事长。

委托代理人：韩丽茹，广东天地正律师事务所律师。

委托代理人：王密，男，汉族，1982年4月9日出生，住广东省佛山市禅城区季华五路10号24楼。

上诉人珠海香记食品有限公司（以下简称香记公司）因与被上诉人佛山市合记饼业有限公司（以下简称合记公司）侵犯商标专用权纠纷一案，不服广东省佛山市中级人民法院（2006）佛中法民三重字第2号民事判决，向本院提起上诉。本院受理后，依法组成合议庭审理了本案，现已审理终结。

原审法院查明：据公开出版发行的文献资料记载，盲公饼是佛山市土特产名产品之一，创制于清嘉庆年代后期（1796－1820），由一盲人的儿子何豫斋创制，并因而得名。盲公饼出名后创号为合记，店址为佛山鹤园街。新中国成立初期，佛山市饼干、糕点、糖果几个行业实行公私合营，以利群、和平两厂为骨干，组成佛山市合记饼干糖果食品厂，盲公饼为其生产的食品种类之一。后佛山市合记饼干糖果食品厂先后改名为佛山市糖果厂、佛山嘉华食品公司，地址为现佛山市禅城区市东上路67号。1999年12月8日，成立有限责任公司，命名为现有名称“佛山市合记饼业有限公司”，经营饼干、糖果、糕点等的加工、制造和销售业务，盲公饼亦是其生产的食品之一。

1982年12月15日，佛山市糖果厂经国家工商行政管理总局核准注册了“盲公牌”商标，“牌”不在专用范围内，注册证号为166967号，核定使用商品为第38类色饼，后经核准使用商品转为国际商品分类第30类。1988年12月30日，该商标注册人经国家工商行政管理局商标局核准变更为佛山嘉华食品公司，有效期续展至2013年2月28日。2000年3月28日，经国家工商行政管理局商标局核准，合记公司受让第166967号“盲公牌”注册商标。2002年12月28日，国家工商行政管理局商标局核准合记公司注册“盲公”商标，注册证号为1965555号，核定使用商品为第30类冰糖、饼干、糕点、糖果等，注册有效期限自2002年12月28日至2012年12月27日止。

香记公司成立于2000年4月6日，是杨新投资成立的独资（澳资）企业，经营范围为生产、销售自产的猪、牛、鱼肉干、肉丸及其他肉类加工品，蛋卷和各类饼食制品等。

2004年7月14日，合记公司的委托代理人李莉以普通消费者的身份，在佛山市锦华东路5号东方广场德胜一楼“香记食品系列”专柜购买了以“珠海（澳门）香记食品有限公司”的名义生产的“盲公饼”四盒，单价10元，并取得佛山市金达游乐发展有限公司的销售单及发票各一张，佛山市禅城区公证处现场公证了该交易过程。庭审中，香记公司对合记公司公证购买的产品系其生产销售无异议。该被控侵权产品的饼身及其包装盒上均印有“盲公饼”字样。

2004年7月29日，原审法院作出（2004）佛中法民三初字第32号判决，认定“盲公饼”为合记公司知名商品特有名称，该判决已生效。

从1998年开始，合记公司就保存有其针对盲公饼的打假维权及广告维护费的记录。2003年9月，合记公司创制的盲公饼在佛山美食节上荣获佛山市八大优秀传统食品第一名。

原审法院认为：本案讼争的焦点主要有以下几点：一是涉案商标是否有效，本案是否应中止审理；二是盲公饼商标中是否存在商品的通用名称；三是香记公司是否享有盲公饼商标的在先使用权。

关于焦点一。合记公司受让的盲公牌商标经国家工商行政管理局商标局依法核准，且在有效的续展期内，该注册商标应受法律保护。香记公司以“盲公”是“盲公饼”商品的通用名称且没有显著性、其已向国家商标局评审委员会提出撤销申请为由，要求中止本案的审理。香记公司的该主张属于注册商标专用权权利冲突纠纷。根据《最高人民法院（2004）民三他字第10号函》的规定：“对涉及注册商标授权争议的注册商标专用权权利冲突纠纷，人民法院不予受理。”故原审法院对香记公司提出的注册商标专用权冲突纠纷不作处理，香记公司向商标评审委员会提出撤销申请并不影响原审法院对注册商标专用权侵权纠纷的审理，其要求原审法院中止审理没有法律依据，故原审法院对香记公司的该请求不予支持。

关于焦点二。香记公司认为“盲公”是“盲公饼”商品的通用名称。原审法院认为，商品通用名称是指为国家或某一行业中所共用的，反映一类商品与另一类商品之间根本区别的规范化称谓，其源于社会的约定俗成，主要用来区别不同种类的商品。本案涉讼的“盲公”商标并不是饼类商品的通用名称，“盲公”不是区别饼类商品与其他类商品的称谓。从历史沿革来看，盲公饼首创于佛山，具有深远的历史渊源和浓厚的地方文化特色。盲公饼从创制至今，尽管其制造厂家多次更名，但都一直对“盲公”品牌倍加珍惜，悉心呵护。我国商标法刚一出台，佛山盲公饼的生产厂家就申请了商标注册，可见佛山盲公饼的生产厂家对“盲公”品牌的高度重视。并且盲公饼从创制至今近200年，其制造厂家不断改良、宣传，“盲公”的显著性在如此长的历史演变中愈显突出，其知名度亦随之不断提高，盲公饼早已成为相关公众所知悉的知名商品。“盲公”在其商标注册前已成为知名商标的特有名称。香记公司提供的互联网资料、《香港小吃》、《中国名点精品》、《各式中国糕点调制法》等书证、案外人的证明、其他企业生产的各类盲公饼实物等证据，只能证明盲公饼是一种深受广大消费者欢迎的知名商品，“盲公”是其特有名称，而非饼类商品的通用名称。根据国家工商行政管理局《关于禁止仿冒知名商品特有的名称、包装、装潢的不正当竞争行为的若干规定》第三条的规定：“知名商品特有的名称，是指知名商品独有的与通用名称有显著区别的商品名称，但该名称已经作为商标注册的除外。”即知名商品的特有名称是可以被权利人用来注册商标的，在其未注册前受反不正当竞争法的保护，在其注册后受商标法的保护。故香记公司认为合记公司“盲公”注册商标中含有商品通用名称的抗辩没有事实依据，亦与法律的规定不符，故原审法院对香记公司的该项主张不予支持。

关于焦点三。香记公司辩称，其投资人自1975年2月起即从事手信食品生产及进出口业务，并在港澳、大陆及东南亚等地区销售盲公饼，其对盲公饼有在先取得的合法权利，并可正当使用。其提供的证据主要有澳门中华商会证明书、澳门香记公司纳税凭单、澳门香记公司员工林生的证言、澳门香记公司盲公饼标识贴纸、盲公饼和凤凰卷等包装袋、澳门香记公司委任书及授权书等。原审法院认为上述证据证明的内容即使是客观存在的事实，也只能证明香记公司投资人在澳门生产、销售盲公饼的情况。我国商标法实行的是注册主义，即只有注册商标才能取得商标专用权，不存在在先使用权的问题。大陆和澳门属于不同的法域，香记公司投资人在澳门生产销售盲公饼，其商标没有在大陆注册，在大陆不享有“盲公”商标的使用权。再者，从盲公饼的起源及其演变看，佛山盲公饼远远早于香记公司盲公饼的生产，合记公司是佛山盲公饼的合法承继者，就生产先后的客观事实而言，香记公司的在先使用权亦不成立。故香记公司的该项主张亦没有事实依据和法律依据，原审法院不予支持。香记公司作为与盲公饼没有任何文化渊源的企业，其在中国大陆生产、销售“盲公饼”的行为，如果发生在权利人的商标注册前则构成侵犯知名商品特有名称；如果发生在权利人注册商标后则构成商标侵权。本案中香记公司的商标侵权行为显而易见。

基于香记公司的上述抗辩理由均不成立，且其未经合记公司许可在其生产销售的部分饼干的饼身及其包装盒上使用了合记公司注册的“盲公”商标字样，足以造成消费者的误认。依照《中华人民共和国商标法》第五十二条第（五）项、《中华人民共和国商标法实施条例》第五十条第（一）项的规定，香记公司的前述行为构成了对合记公司注册商标专用权的侵犯，应承担相应的民事责任。合记公司要求香记公司停止侵权、销毁有关模具及包装纸（盒）、赔偿损失合法，原审法院予以支持。对于赔偿数额，合记公司没有提供香记公司获利情况的有关证据，也没有提供其因侵权行为所受损失的证据，故原审法院根据合记公司商标的知名度，香记公司侵权行为的情节、时间及本案诉讼成本等各方面综合考虑，酌定香记公司赔偿合记公司经济损失20万元。至于赔礼道歉，合记公司没有提供因香记公司的侵权行为给其商誉造成影响的相关证据，故对合记公司的该项诉讼请求不予支持。综上，原审法院根据上述有关法律及《中华人民共和国民法通则》第一百三十四条第一款第（一）、（七）项的规定，判决：一、香记公司在判决发生法律效力之日起立即停止侵犯合记公司第166967号及第1965555号注册商标专用权的行为。二、香记公司在判决发生法律效力之日起10日内销毁生产侵权产品的模具及带有“盲公”字样的包装纸（盒）。三、香记公司在判决发生法律效力后10日内赔偿合记公司经济损失20万元。逾期履行，按银行同期商业贷款利率加倍支付迟延履行期间的债务利息。四、驳回合记公司的其他诉讼请求。本案一审案件受理费7260元，由合记公司承担260元，香记公司承担7000元。

香记公司不服原审判决，向本院提起上诉称：一、“盲公饼”是饼类食品的通用名称，具备通用名称的区别性特征、约定俗成特征、普遍使用特征。合记公司的证据不能证明中国只有合记公司生产盲公饼，却证明200余年来，海内外一直有许多同行业的商家生产、销售盲公饼。合记公司2000年才成立，与历史上的“合记”没有任何关系。二、“盲公饼”不是合记公司知名商品的特有名称。根据国家工商总局《关于禁止仿冒知名商品特有的名称、包装、装潢的不正当竞争行为的若干规定》第三条第三款的规定，知名商品特有名称是指该知名商品虽未经商标注册，但通过对该知名商品特有名称的认定使其获得与注册商标类似的保护。合记公司的“盲公”已经商标注册，本案是侵犯商标权诉讼，故本案只应适用商标法的规定，不适用反不正当竞争法的规定。知名商品原则上应当在全国市场范围内知名。反不正当竞争法第五条第（二）项所称的“特有”，是指商品的名称具有区别商品来源的显著特征。知名商品应在全国市场范围内知名；知名商品的特有名称应在全国市场范围内具有区别商品来源的显著特征。工商管理机关及人民法院在个案中对知名商品及知名商品特有的名称认定的效力不能及于其他案件。知名商品及知名商品特有的名称虽经个案认定，也不具有普遍及持久的效力，并不能形成绝对的知名商品权或知名商品特有的名称权。200年来，“盲公饼”这一商品名称被广泛使用，何以一朝成为合记公司独占的“特有名称”？合记公司的盲公饼即使有注册商标、即使是知名商品，但因盲公饼是本商品的通用名称，香记公司的使用也属于正当使用。三、香记公司有关于盲公饼的在先取得的合法权利。香记公司的投资人杨新是澳门香记（HONG KEE）食品公司及新丰行的投资人，自1975年2月起即从事手信食品生产及进出口业务，并开始生产和在港澳、大陆及东南亚等地区销售“盲公饼”。澳门香记食品公司及新丰行是澳门知名的老字号手信食品制造及进出口公司，在港澳、大陆及东南亚等地区享有盛誉。1999年10月，杨新为开拓大陆市场，筹备成立香记公司。1999年11月18日，澳门香记食品公司将其产品（包括盲公饼）的生产工艺、配方、品种名称、包装装潢授权给香记公司使用。早在1975年2月，杨新就在港澳、大陆及东南亚等地区销售“盲公饼”，早于第166967号“盲公牌”商标注册8年。澳门香记食品公司、新丰行及香记公司的投资人均是杨新，故早在1999年11月18日香记公司就取得了在大陆使用“盲公饼”的工艺、名称、配方的合法权利。此时合记公司没有取得“盲公”商标专用权，合记公司对其商标专用权没有溯及既往的效力。香记公司在中国大陆取得“盲公饼”的在先使用权，与“大陆和澳门属于不同法域”没有任何关系。本案与“水鸟案”的区别明显。“水鸟案”的判决是根据商标评审委员会维持“水鸟”商标的裁决意见下判的；本案香记公司向商标评审委员会申请撤销原告的三个“盲公”商标案现仍在继续审理中。“水鸟”商标权人并没有在其商品外包装上注明“水鸟牌水鸟被”导致其“水鸟”商标丧失显著性；“水鸟被”作为商品名称在商品的区别性、老百姓约定俗成、业内普遍使用方面与“盲公饼”不可相提并论。“水鸟被”尚未形成商品的通用名称，“盲公饼”早在“盲公”商标注册前就已成为商品通用名称。香记公司在先取得使用“盲公饼”的工艺、名称、配方的合法权利应受保护，根据商标法第九条的规定，不构成侵权。重审判决认为我国商标法实行的是注册主义，即只有注册商标才能取得商标专用权，不存在在先使用的问题，没有法律依据。注册主义特指申请商标注册的优先权，与在先使用权无关。四、重审判决赔偿不合理。原一审判决被告赔偿5万元，合记公司服判并未上诉。香记公司不服原一审判决上诉。重审判决在没有任何事实和法律依据的前提下，在重审庭审没有对此进行调查和辩论的情况下，判决香记公司赔偿20万元，突然增加15万元赔偿，没有依据。香记公司的产品以肉干为主，饼类食品占产品比例不大，盲公饼的产量更少。2004年，香记公司在佛山东方广场开店营业仅一个月，销售盲公饼不超过5盒，每盒销售价10元，总价50元。香记公司被查处后，撤销了佛山店，暂停生产盲公饼至今。根据商标法实施条例第四十九条的规定，合记公司注册商标中含有本商品的通用名称，合记公司无权禁止香记公司使用“盲公饼”的工艺、名称、配方的合法权利。请求：撤销原判，改判驳回合记公司的诉讼请求。

被上诉人合记公司答辩称：一、“盲公”不构成商品通用名称。根据商标法的规定，仅有商品通用名称的标志不得作为商标注册。商品通用名称和注册商标是一对矛盾。合记公司“盲公”商标为注册商标，不可能同时为商品通用名称。香记公司称其为通用名称没有依据。合记公司一直进行“盲公”、“盲公牌”品牌维护，“盲公”显著性逐渐增强，国内只有合记公司一家合法生产“盲公饼”。构成商品通用名称应为专业书目等权威资料记载的名称或者相关行业约定俗成，“盲公饼”既未记载于任何相关专业书目又未被《商标注册用商品和服务国际分类》收录，同时制饼业也未形成将“盲公饼”作为某类商品名称的约定俗成。二、“盲公饼”在广东省内为公众所知悉，是合记公司悉心经营的结果。“盲公饼”有其历史渊源和文化底蕴，具有显著性，能够与他人生产的同类饼食相区别，经过合记公司的长期经营，已经在我国境内市场享有一定知名度，为相关公众所知悉并获佛山市八大优秀传统食品第一名美誉。三、香记公司就“盲公饼”不享有在先权利。杨新在澳门兴办新丰行和澳门香记公司生产“盲公饼”只是该两企业的经营情况，与香记公司无关。不能以投资人相同认定澳门香记、新丰行经营的“盲公饼”与香记公司有关。商标权具有地域性，境外“盲公饼”的生产情况对大陆商标注册和在先权利不构成任何影响。20世纪公私合营之前，盲公饼一直由创始人开办的合记饼店以家庭作坊的形式生产经营。公私合营后，合记饼店与其他企业合并，几经变更为合记公司。合记公司与“盲公饼”创始人在“盲公饼”的生产上存在承继关系。无论从盲公饼起源的清朝嘉庆年间还是1956年公私合营起算，合记公司的生产历史均早于香记公司。而且我国商标保护实行的是“注册原则”而非“使用原则”，即使香记公司使用在先，合记公司仍有权禁止其侵权。四、重审判决香记公司赔偿合记公司20万元正确。香记公司自1999年开始生产、销售“盲公饼”，至起诉之日，侵权长达5年之久。香记公司销售“盲公饼”范围广，遍及珠三角地区，抢占了合记公司的大量市场份额。合记公司维权成本巨大，判决20万元合理合法。请求驳回香记公司的上诉。

本院经审理查明，原判查明的事实基本属实，本院予以确认。

香记公司在二审中提交珠海市餐饮协会《关于“盲公饼”是一种食品的通用和共用名称的查证意见》，该意见称：经查，在我国广东省和港澳地区、东南亚某些国家和地区有众多食品生产企业生产、销售一种以米粉、花生、糖为基本原料，烘烤压制成为饼状，可直接食用，通用“盲公饼”作为食品名称销售的干粮；各家生产的标记为“盲公饼”的这类食品在原材料配方、烘制方法、口感外形、包装等方面稍有区别，但大同小异，并皆称“盲公饼”，与市场上流行的杏仁饼、老婆饼、曲奇饼等以示区别；“盲公饼”是上述食品的共用和通用名称。合记公司质证认为，该证据为证人证言证据种类，证人应当出庭作证；该证内容是意见而非对通用名称的认可，没有出证依据，不真实；协会没有权力出具这样的证明，没有证明力；该证不是新证据，不能作为定案依据。

另查明，《佛山市志》记载：佛山市在200年前已有闻名的“合记”盲公饼；新中国成立初期，佛山有专营盲公饼的店；外销饼中，盲公饼用盲公牌。

并查明，2004年8月3日，合记公司向原审法院提起诉讼，请求判令香记公司：一、立即停止侵害“盲公”注册商标专用权行为。二、销毁生产侵权产品的模具及带有“盲公饼”字样的包装纸（盒）。三、在《南方日报》上公开向合记公司赔礼道歉、消除影响。四、赔偿合记公司经济损失25万元。五、承担本案全部诉讼费用。原审法院于2004年12月20日作出（2004）佛中法民三初字第283号民事判决，判决香记公司立即停止生产、销售侵犯合记公司第166967号、第1965555号注册商标的产品，并销毁制造侵权产品的模具及香记公司赔偿合记公司5万元经济损失等。香记公司不服，上诉至本院。本院于2006年7月4日作出（2005）粤高法民三终字第47号民事裁定，以“原审法院认定事实不清，证据不足”为由，发回重审。重审后，原审法院于2006年12月25日作出重审判决。

本院认为：本案为侵犯商标专用权纠纷。双方当事人对合记公司是第166967号、第1965555号商标注册人，香记公司生产、销售了被控侵权“盲公饼”没有异议。合记公司上诉争议的是：一、香记公司“盲公饼”是否侵犯合记公司商标专用权；二、香记公司是否享有在先权利从而不构成侵犯合记公司商标专用权；三、原审法院判决20万元赔偿是否有依据的问题。

一、关于香记公司“盲公饼”是否侵犯合记公司商标专用权的问题。本院认为，根据《商标法》、《商标法实施条例》及《商标法司法解释》的规定，注册商标授权、确权均是商标局或者商标评审委员会的职权范围，非人民法院司法职能范围，对于当事人提出的注册商标效力的异议，当事人应向商标评审委员会申请处理，人民法院在民事纠纷案件中不予审查商标的授权争议。合记公司依法受让取得的本案第166967号“盲公牌盲公”商标和经商标局核准注册的第1965555号“盲公”文字商标，现均为有效的商标，应受《商标法》保护。根据《商标法》第五十二条第（五）项、《商标法实施条例》第五十条第（一）项的规定，在同一种或者类似商品上，将与他人注册商标相同或者近似的标志作为商品名称或者商品装潢使用，误导公众的，属于侵犯注册商标专用权的行为。香记公司在同一种商品的外包装标贴和产品本身使用了“盲公饼”文字。其中，盲公饼正面被均分为三个区域，每个区域分别刻有“盲”、“公”、“餠”三字，与饼身同色，为阳文、宋体。产品外包装标贴“盲公饼”三个汉字为艺术字体，整齐均匀横向排列，居于被控侵权产品标贴中央上方显著位置，两侧纵向标明“驰名特产”、“传统饼食”，标贴下方中央标明“澳门鲜烤肉干”。显然，香记公司被控侵权产品上的“盲公饼”三字均是作为商品名称使用的。将香记公司的被控侵权“盲公饼”标记与合记公司的本案两商标在隔离的状态下分别相比较，香记公司被控侵权盲公饼饼身所刻阳文“盲公餅”与合记公司第166967号“盲公牌盲公”文字、图形组合商标和第1965555号“盲公”文字商标，仅“盲公”两汉字相同，但字体不同，差别显著。由于盲公饼为在佛山地区使用近200年的商品概念，结合产品的外包装显著位置关于生产源的明确、突出标记，足以使一般公众区分其为不同生产源的“盲公饼”，不致发生混淆。因此，被控侵权盲公饼饼身所刻“盲公餅”阳文，没有侵犯合记公司本案商标权。同理，香记公司被控侵权产品外包装的标贴与合记公司本案第166967号“盲公牌盲公”注册商标相比较，二者相同之处在于均含汉字“盲公”二字，但两者“盲公”二字字体不同，书写方式也有明显区别，以相关公众的一般注意力容易分辨，不致发生混淆或者产生二者商品来源密切相关的联想。因此，香记公司被控侵权产品外包装使用的“盲公饼”商品标记没有侵犯合记公司第166967号“盲公牌盲公”商标专用权。但是，香记公司被控侵权产品外包装使用的“盲公饼”商品标记包含了合记公司第1965555号“盲公”文字商标的全部文字内容，且两者均使用不常见的艺术字体，两者字体、书写方式高度近似，不易区分。由于合记公司生产的盲公饼为知名盲公饼，相关公众容易认为香记公司该“盲公饼”与合记公司有密切关系，是合记公司生产的“盲公”牌盲公饼，从而发生商品来源的混淆。香记公司该行为属于在同一种商品上将与合记公司第1965555号注册商标相近似的标志作为商品名称使用，误导公众的行为。因此，香记公司被控侵权产品外包装盒使用的“盲公饼”商品标记侵犯了合记公司第1965555号“盲公”文字商标专用权。香记公司上诉称其使用的“盲公饼”商品名称没有侵犯合记公司第166967号“盲公牌盲公”商标专用权理由成立，本院予以支持。香记公司上诉称其使用“盲公饼”商品名称没有侵犯合记公司第1965555号“盲公”文字商标专用权理由不成立，本院不予支持。

需要特别指出的是，盲公饼是商品名称，而“盲公”非商品名称，合记公司的第1965555号注册商标“盲公”是商标标识而非商品名称，原审判决对这两者未作区分，导致对本案部分事实认定发生偏差。本案的被控侵权产品标贴上使用的“盲公饼”系使用特定字体、书写方式独特且突出使用，其视觉效果独特，给人印象深刻，其实际效果类似于使用商标，使人容易产生联想和造成混淆，已非一般意义上对“盲公饼”商品名称的正常使用，其全面包含了合记公司第1965555号注册商标标识特征，且与之高度近似，这是本院认定香记公司侵犯合记公司第1965555号注册商标专用权的重要事实依据。

二、关于香记公司是否享有在先权利从而不构成侵犯合记公司商标专用权的问题。本院认为，根据《商标法》第九条、第三十一条的规定，申请注册的商标，不得与他人在先取得的合法权利相冲突，不得损害他人现有的在先权利，也不得以不正当手段抢先注册他人已经使用并有一定影响的商标。根据“谁主张，谁举证”的举证责任分配原则，香记公司主张在先权利，须提供其存在本案合记公司第1965555号注册商标“盲公”文字之先的著作权、外观设计专利权、企业名称权等合法在先权利的依据。但香记公司未能提供证据证明其在我国大陆地区就被控侵权“盲公饼”三字或者附有该三字的产品标贴、外包装等享有商标权、著作权、外观设计专利权、企业名称权等权利。本案合记公司第1965555号注册商标于2002年12月28日获准注册，在获取香记公司被控侵权“盲公饼”日期2004年7月14日之前。香记公司提交的“在先权利”依据为澳门中华商会证明书，澳门香记公司纳税凭单，澳门香记公司员工林生的证言，澳门香记公司盲公饼标识贴纸，盲公饼、凤凰卷等包装袋，澳门香记公司委任书及授权书等，证明的是香记公司投资人在澳门生产、销售盲公饼的情况。知识产权具有地域性，大陆和澳门属于不同的法域，在澳门使用的商品名称和标识，不能当然地可以在大陆使用，更不能当然地在大陆构成合法的权利。我国商标法实行的是注册制度，即注册商标享有商标专用权，获得在我国法域内的排他性强保护，在澳门使用的商品名称、标识，如未在祖国大陆获得在先的商标权、著作权、外观设计专利权、企业名称权等，仍然可能构成对在祖国大陆注册的商标专用权之侵害。香记公司不能证明其被控侵权商品名称“盲公饼”在合记公司第1965555号注册商标之先享有合法的权利，香记公司提出其享有在先权利的上诉理由不成立，本院不予支持。

三、关于原审法院判决20万元赔偿是否有依据的问题。本院认为，根据《商标法》第五十六条，《最高人民法院关于审理商标民事纠纷案件适用法律若干问题的解释》第十六条、第十七条的规定，侵犯商标权专用权的赔偿数额，为侵权人在侵权期间因侵权所获得的利益，或者被侵权人在被侵权期间所受到的损失，包括被侵权人为制止侵权行为所支付的合理开支。侵权人因侵权所得的利益，或者被侵权人因侵权所受损失难以确定的，由人民法院根据侵权行为的情节判决给予50万元以下的赔偿。人民法院在确定赔偿数额时，应当考虑侵权行为的性质、期间、后果，商标的声誉，商标使用许可费的数额，商标使用许可的种类、时间、范围及制止侵权行为的合理开支等因素综合确定。被侵权人为制止侵权行为所支付的合理费用，包括权利人或者委托代理人对侵权行为进行调查、取证的合理费用，也可以将符合国家有关部门规定的律师费用计算在赔偿范围内。原审法院对本案作出的最初判决，即（2004）佛中法民三初字第283号民事判决，判决香记公司赔偿合记公司5万元经济损失，合记公司并未上诉。在本院发回原审法院重审本案后，合记公司也没有提交新的证据证明其增加了损失，原审法院作出本案重审判决，判决香记公司赔偿合记公司20万元，依据不足。鉴于本案香记公司关于其未侵犯合记公司第166967号“盲公牌盲公”商标专用权的上诉理由得到支持，综合考虑本案实际情况，本院将香记公司的赔偿额调整为5万元。因此，香记公司关于原判赔偿不合理的上诉理由成立，本院予以支持。此外，由于香记公司的被控侵权包装盒系因黏附产品标贴而侵权，产品标贴系印刷品，无须生产模具，本案合记公司亦无证据证明该标贴需要模具生产。故本院亦不支持合记公司要求销毁侵权模具的诉讼请求。

综上所述，原审判决查明事实属实，但认定盲公饼为合记公司特有商品名称，把“盲公”当成盲公饼的商品名称并将二者混为一谈错误，依法应予改判。香记公司的上诉请求部分成立，本院予以支持。依照《中华人民共和国民法通则》第一百三十四条第一款第（一）、（七）项，《中华人民共和国商标法》第五十二条第（五）项、第五十六条第一款和第二款，《中华人民共和国商标法实施条例》第五十条第（一）项，

《最高人民法院关于审理商标民事纠纷案件适用法律若干问题的解释》第十六条第一款和第二款、第十七条，《中华人民共和国民事诉讼法》第一百五十三条第一款第（二）、（三）项之规定，判决如下：

一、维持广东省佛山市中级人民法院（2006）佛中法民三重字第2号民事判决第（四）项。

二、变更广东省佛山市中级人民法院（2006）佛中法民三重字第2号民事判决第（一）项为：香记公司立即停止侵犯合记公司第1965555号注册商标专用权的行为。

三、变更广东省佛山市中级人民法院（2006）佛中法民三重字第2号民事判决第（二）项为：香记公司自本判决发生法律效力之日起十日内销毁生产侵犯合记公司第1965555号注册商标专用权的包装盒。

四、变更广东省佛山市中级人民法院（2006）佛中法民三重字第2号民事判决第（三）项为：香记公司自本判决发生法律效力之日起十日内赔偿合记公司经济损失5万元。

香记公司如未按本判决指定的期间履行给付金钱义务，应当依照《中华人民共和国民事诉讼法》第二百二十九条之规定，加倍支付迟延履行期间的债务利息。

本案一、二审案件受理费各7260元，共计14520元，由上诉人香记公司负担11616元，合记公司负担2904元。被上诉人合记公司已经预交一审案件受理费7260元，其中应由香记公司负担的4356元，由香记公司在履行判决时迳付给合记公司，人民法院不另作收退。

本判决为终审判决。

审 判 长 邓燕辉
代理审判员 李泽珍
代理审判员 欧丽华
二○○九年七月十三日
书 记 员 张胤岩

附 图：

第1965555号注册商标

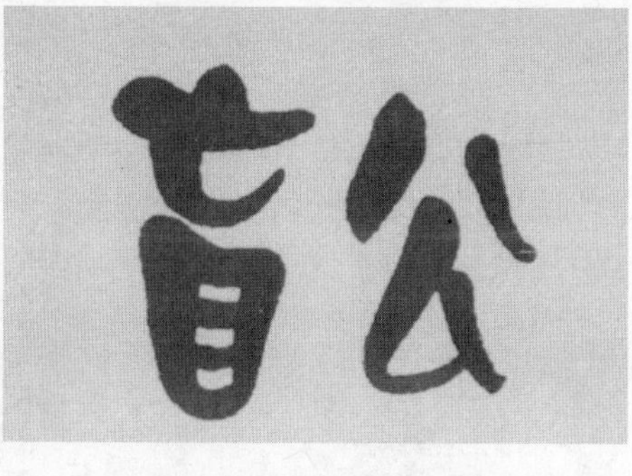

第166967号注册商标

被控侵权商品名称

被控侵权包装盒

【评析】

本案是对商品通用名称不当使用，导致侵犯他人注册商标的典型案例。盲公饼是发源于佛山，流传于粤港澳的知名饼类食品。本案粤澳双方争执激烈，社会影响大，一度为媒体包括央视广为报道，引起普遍关注。本案司法程序漫长，案件有反复，一审分歧大，判后被发回重审。本案终审处理颇有智慧，契合法律精神，对法律规定的理解，对于处理商品通用名称与商标权权利冲突案件的处理有重要的参考意义，是一份集法律效果和社会效果于一体的判决。终审判决确立了如下裁判规则：商品通用名称的使用只能在通常意义上使用，即仅作为商品名称使用，不得在相同或者近似标志已被他人注册为商标的情况下，在相同、相近类别商品上作商标性使用；与商品通用名称相近似的注册商标，在判定标志的近似性时，应剔除与商品通用名称相同、属于公共领域的内容，其保护范围限于注册商标区别于通用名称的显著性特征范围。该份民事判决书结构完整、层次分明，证据充分、分析透彻，适用法律正确、引用法条准确、完整，实体处理得当，具有一定的典型性，被评为2010年全省法院优秀裁判文书。

●中山市海茵计算机系统有限公司与深圳市赛银远古实业发展有限公司等侵犯计算机软件著作权纠纷一案民事判决书

广东省高级人民法院

民 事 判 决 书

（2008）粤高法民三终字第7号

上诉人（原审被告）：中山市海茵计算机系统有限公司（以下简称海茵公司）。住所地：广东省中山市东区中山三路13号海天电脑城52号。

法定代表人：曾许，总经理。

被上诉人（原审原告）：深圳市赛银远古实业发展有限公司（以下简称赛银公司）。住所地：广东省深圳市滨河路2229号海安中心10层。

法定代表人：尚坚，董事长。

委托代理人：吴佩，赛银公司工程师。

委托代理人：崔军，广东星辰律师事务所律师。

原审被告：深圳市光明公众高尔夫球会有限公司（以下简称公众球会）。住所地：广东省深圳市宝安区光明街道办。

法定代表人：陈武。

上诉人海茵公司因与被上诉人赛银公司、原审被告公众球会侵犯计算机软件著作权纠纷一案，不服广东省深圳市中级人民法院（2006）深中法民三初字第320号民事判决，向本院提起上诉。本院受理后，依法组成合议庭审理了本案，现已审理终结。

原审法院审理查明：赛银公司成立于1998年4月，是一家从事计算机软件技术开发的企业。赛银公司基于经营需要开发了名称为“远古俱乐部管理系统V3.0”、“远古酒店管理系统V1.0”的计算机软件，上述软件是适用于高尔夫球会、会所俱乐部应用的管理系统软件。2000年1月，国家版权局向赛银公司发放了分别为软著登字第0004107号、软著登字第0004105号的计算机软件著作权登记证书。赛银公司向原审法院提交了上述软件的目标程序和源程序。2000年12月，赛银公司与中山长江高尔夫球场签订《中山长江高尔夫球会俱乐部计算机网络工程合同》，中山长江高尔夫球场向赛银公司购买了包括会员综合管理系统、俱乐部营业管理系统、会所客房、高尔夫球管理、系统设置在内的远古俱乐部管理系统V4.0计算机软件。关于赛银公司请求保护软件与上述软件的关系问题，赛银公司在本案中请求保护其已经著作权登记的两个软件，鉴于上述软件是赛银公司根据中山长江高尔夫球场的需要在赛银公司该两软件的基础上开发的软件，软件的著作权属于赛银公司所有，上述软件名称也显示是赛银公司该两软件的升级版本，原审法院认定上述软件与赛银公司请求保护的两软件在技术上属于后续升级关系。在上述合同履行期间，赛银公司就软件应用对中山长江高尔夫球场的相关计算机操作人员进行了用户培训。海茵公司法定代表人曾许作为中山长江高尔夫球场的项目经理在相关文件上签字。2005 年 5 月，曾许和另一投资人曾尉成立了海茵公司。海茵公司在庭审中对赛银公司软件、赛银公司与中山长江高尔夫球场关于软件的交易事实、海茵公司法定代表人曾许在中山长江高尔夫球场的工作经历进行了确认。

2005 年 7 月，公众球会与海茵公司签订《深圳光明公众高尔夫球会海茵高尔夫管理系统软件采购合同》，公众球会向海茵公司购买名称为“高尔夫球俱乐部管理软件”的计算机软件，该软件支持 36 洞高尔夫球场管理及酒店客房管理，合同实收优惠价格为 20 万元。2005 年 10 月，赛银公司在为公众球会提供服务的时候，发现海茵公司提供的上述软件内有赛银公司员工吴依的照片和相关资料，而该照片和资料是赛银公司有意识地嵌入到其软件程序中，属于一种保护软件的技术措施。经比对软件程序，赛银公司认为海茵公司涉嫌侵犯其软件的著作权，遂向原审法院提出民事诉讼。

2006 年 7 月，基于赛银公司申请和案件审理的客观需要，原审法院作出（2006）深中法民三初字第 320 号民事裁定：1. 查封、扣押海茵公司关于“高尔夫球俱乐部管理软件”的源程序；2. 查封、扣押海茵公司制造和销售上述软件的相关财务账册及销售合同；3. 查封、扣押公众球会持有的“高尔夫球俱乐部管理软件”的目标程序。7 月 14 日，原审法院向海茵公司送达了上述裁定并采取了证据保全措施。海茵公司向原审法院承诺愿意七日之内提交被控侵权软件的源程序，否则愿意承担举证不能的法律责任。同时原审法院查封、扣押了本案被控侵权软件即公众球会持有的“高尔夫球俱乐部管理软件”的目标程序。海茵公司随后向原审法院提交了一份海茵公司高尔夫系统、酒店系统源程序、开发文档及 ERP 源程序，海茵公司在庭审中陈述该源程序是被控侵权软件的源程序。在庭审中，双方争议焦点在于赛银公司认为被控侵权软件是在赛银公司软件基础上开发的，使用了赛银公司软件的许多程序，侵犯了赛银公司软件的著作权。海茵公司则认为没有接触到赛银公司软件源程序，其软件是自主研发的，并没有侵犯赛银公司软件的著作权。针对赛银公司主张，海茵公司向原审法院提交了海茵星级酒店、高尔夫俱乐部（度假村/餐饮/CLUB）管理系统、明快 ERP 企业管理软件两软件的用户手册，WORK2000ERP 明快 ERP 企业管理软件的产品说明书，海茵公司三份计算机软件著作权登记证书，海茵公司软件销售账册以及与公众球会的软件采购合同，海茵公司法定代表人曾许的证书、聘书和有关资料。

鉴于赛银公司、海茵公司对赛银公司软件、被控侵权软件的相互关系存在严重分歧，原审法院基于案件审理的客观需要，委托中国科学技术法学会华科知识产权司法鉴定中心对相关技术问题进行鉴定。该中心接受原审法院委托后组织相关专家阅读了相关软件，并告知原审法院海茵公司提供的被控侵权软件源程序不完整，出于慎重的考虑，原审法院于 2007 年 4 月 23 日在告知海茵公司专家鉴定会议事项的同时，再次要求海茵公司于 2007 年 4 月 28 日前提供完整的源程序。但海茵公司仍未提供其软件的完整的源程序。2007 年 6 月 25 日，中国科学技术法学会华科知识产权司法鉴定中心向原审法院出具了华科司鉴中心（2007）知鉴字第 007 号司法鉴定书。鉴定结论为：1. 委托事项鉴定结论：因被控侵权源程序不是软件完整的源程序，故无法验证被控目标程序与被控侵权源程序是否一致，但经过对被控目标程序反编译后比对，被控目标程序与被控侵权源程序存在一定的关联性。因被控侵权源程序不是软件完整的源程序，无法与赛银公司源程序进行实质意义的比对，且被控侵权源程序存在的少量源程序在赛银公司源程序中也没有对应内容。赛银公司源程序与赛银公司目标程序除少量内容外，基本一致。被控目标程序和赛银公司目标程序的大部分程序不同。被控目标程序的 erpcom. pbd 文件（约占 pbd 程序量的 20%）中部分子程序文件（103 个子程序文件中的 30 个子程序文件）与赛银公司目标程序中的对应部分存在相同内容。2. 补充鉴定结论：被控目标程序与证据保全的海茵公司光盘中的目标程序基本相同。被控目标程序反编译后和赛银公司源程序存在部分程序相同内容。被控目标程序数据库和赛银公司源程序数据库有两个数据表结构相同。原审法院向本案当事人送达了上述鉴定书并进行了质证。赛银公司认为：海茵公司拒不执行原审法院裁定，应承担相应的法律责任；海茵公司无正当理由拒不提供证据，依法应推定赛银公司关于海茵公司软件侵权主张成立；司法鉴定书的鉴定结论已充分说明被控侵权软件侵犯了赛银公司软件的著作权。海茵公司不认同司法鉴定的有效性，认为法院委托鉴定要求有疏漏，同时对鉴定结论也有异议。

关于本案的主体问题，赛银公司起诉海茵公司相关软件侵犯赛银公司软件的著作权，曾许是海茵公司的法定代表人，其开发被控侵权软件的行为属于职务行为。鉴于赛银公司指控事实已查清和出于尊重赛银公司关于本案主体选择的考虑，原审法院决定不追加曾许为本案共同被告。

以上事实，有赛银公司软件源程序、目标程序、登记证书、合同、用户培训情况，公众球会与海茵公司签订的《深圳光明公众高尔夫球会海茵高尔夫管理系统软件采购合同》及银行进账单，海茵公司“海茵高尔夫管理系统软件”中客户信息资料中赛银公司员工吴依的照片、吴依的个人资料、公证书，海茵公司“海茵高尔夫管理系统软件”介绍及宣传资料，海茵公司向原审法院提交的源程序，海茵星级酒店，高尔夫俱乐部（度假村/餐饮/CLUB）管理系统、明快 ERP 企业管理软件两软件的用户手册，WORK2000ERP 明快 ERP 企业管理软件的产品说明书，海茵公司三份计算机软件著作权登记证书，海茵公司软件销售账册以及与公众球会的软件采购合同，海茵公司法定代表人曾许的证书、聘书和有关资料，司法鉴定书以及原审法院庭审笔录、质证笔录等在卷予以佐证。

原审法院认为：计算机程序属于著作权法中的计算机软件作品，是指为了得到某种结果而可以由计算机等具有信息处理能力的装置执行的代码化指令序列，或者可以被自动转换成代码化指令序列的符号化指令序列或者符号化语句序列。同一计算机程序的源程序和目标程序为同一作品。关于源程序和目标程序的相互关系问题，两者是一件程序作品的两种表现形式，目标程序是源程序的一种编码形式。一项源程序只能转化成一种目标程序，而一项目标程序却不一定只来源于一项源程序。因此对计算机程序是否侵权的判定，关键在于源程序的比对。在本案中，赛银公司在被控侵权软件中发现了赛银公司软件编程时预置的员工照片及资料，上述员工照片及资料应当属于程序中的某种特殊标记。海茵公司法定代表人曾许曾在赛银公司客户中山长江高尔夫球场工作过，作为项目经理参与了赛银公司软件应用的计算机培训，曾许有条件接触到赛银公司软件目标程序的升级版本和相应源程序。被控侵权软件涉嫌侵犯了赛银公司软件的著作权。

基于案件审理的客观需要，原审法院证据保全的民事裁定明确要求查封、扣押被控侵权源程序，海茵公司在原审法院证据保全时承诺提交完整的被控侵权源程序，否则愿意承担相应的法律后果。在鉴定机构反馈海茵公司提交的被控侵权源程序不完整时，原审法院再次告知海茵公司提交完整的被控侵权源程序，但海茵公司仍未提交。作为软件开发企业，海茵公司应当保存完整的被控侵权源程序。海茵公司无正当理由拒不执行原审法院民事裁定，不提交完整的被控侵权源程序，应当承担相应的不利后果。同时中国科学技术法学会华科知识产权司法鉴定中心向原审法院出具的华科司鉴中心（2007）知鉴字第007号司法鉴定书显示赛银公司软件与被控侵权软件存在一定的关联性，尤其被控目标程序反编译后和赛银公司源程序存在部分程序相同内容。赛银公司主张被控侵权源程序侵犯了赛银公司软件的著作权，可以推定该主张成立。因此，海茵公司“高尔夫球俱乐部管理软件”计算机程序侵犯了赛银公司“远古俱乐部管理系统V3.0”、“远古酒店管理系统V1.0”计算机程序的著作权。海茵公司应当承担相应的侵权责任，包括停止侵权并赔偿赛银公司经济损失。公众球会向海茵公司购买了侵权软件，也应当停止使用并销毁该软件。关于赛银公司要求海茵公司赔礼道歉的诉讼请求，鉴于海茵公司行为并未给赛银公司造成商誉上的损害，赛银公司的该请求缺乏事实依据，原审法院不予支持。

关于侵权赔偿数额的确定问题，赛银公司没有提供直接证据证明因为海茵公司的本案侵权行为使自己所遭受的实际损失。赛银公司在庭审中称海茵公司在广告宣传中陈述已经在13家企业使用，赛银公司是按照海茵公司、公众球会的合同金额估算海茵公司因侵权行为获取利润150万元。鉴于没有相关审计报告，海茵公司因侵权行为所获取的利润，原审法院无法查清。对赔偿数额，原审法院将依法酌情确定。酌情赔偿数额将综合考虑以下因素加以确定，赛银公司软件属于综合管理软件，需要较大的开发费用；海茵公司、公众球会合同实际金额为20万元；同时还应考虑赛银公司因调查和制止侵权行为所支付的合理费用，包括律师费。

据此，原审法院依照《中华人民共和国著作权法》第二条第一款、第三条第（八）项、第四十八条和《计算机软件保护条例》第三条、第三十条，《中华人民共和国民事诉讼法》第六十四条第一款、第一百三十条以及《最高人民法院关于民事诉讼证据的若干规定》第二十五条第二款、第七十五条的规定，判决如下：一、海茵公司立即停止侵害赛银公司计算机软件著作权的行为，销毁侵权复制品；二、海茵公司于判决生效之日起10日内赔偿赛银公司经济损失人民币20万元；三、公众球会停止使用、销毁侵犯赛银公司计算机软件著作权的复制品；四、驳回赛银公司的其他诉讼请求。如果海茵公司未按判决指定的期间履行给付金钱义务，应当按照《中华人民共和国民事诉讼法》第二百三十二条之规定加倍支付迟延履行期间的债务利息。本案案件受理费人民币17510元，赛银公司承担人民币7510元，海茵公司承担人民币10000元。赛银公司预付的诉讼费人民币10000元，原审法院不予退回，海茵公司应于判决生效之日起10日内迳付赛银公司。本案鉴定费人民币40000元，证据保全费人民币500元，均由海茵公司承担，海茵公司应于判决生效之日起10日内迳付赛银公司。

海茵公司不服上述判决，上诉称：（一）赛银公司员工的相片和我方软件没有任何因果关系，我方给所有客户的安装光盘中，并没有赛银公司的员工相片；在诉讼过程中，始终没有任何证据显示，赛银公司在著作权登记中以及在司法鉴定书中使用了本案所称的相片作为其版权的一部分；从赛银公司的证据中可以明显看出，相关的员工相片只是文件夹中的一个游离文件，任何人都可以复制；而另一个事实根据是，这些电脑已经被赛银公司使用过，这些电脑并非仅为我方使用。因此，有理由相信，这是赛银公司的一种栽赃行为，目的是通过与我方不相关的证据，从而有机会提出诉讼。（二）赛银公司及一审判词中称，“我方人员在中山长江球会工作过，作为项目经理参与了赛银公司软件应用的计算机培训，有条件接触软件的目标程序和源程序”，从而推断我方涉嫌侵权。我方认为，赛银公司是一家非常严格管理源程序的公司，赛银公司在进行高尔夫展会的时候，面对客户的咨询，仅仅提供1－2页的软件文字功能说明，软件的一个界面图也不让客户看到，可以肯定，赛银公司不可能将源代码随意让其他公司获得。我方人员2000年在长江球会工作期间，从未接触过赛银公司的源代码；因为工作关系，需要使用目标代码，但并不能查看到源代码，并且，我方人员在长江球会工作期间，市场上也没有存在此类程序的反编译工具。因此，本项推断是缺乏证据的。（三）我方著作权人在到达长江球会工作之前，已经开发明快ERP管理软件，而我方的高尔夫管理软件，是在明快ERP管理软件的基础上开发出来的，我方的软件从运行的界面到操作方法，与赛银公司软件根本不同。因此，赛银公司认为我方人员在长江球会工作期间，有机会接触到其源程序是无事实根据的指控。（四）一审判决书和司法鉴定书认为，“被控目标程序反编译后和赛银公司程序存在部分程序相同内容，原告主张被控程序侵犯了赛银公司软件的著作权，可以推定该主张成立”。我方认为，这是错误的主张。首先，法院未确定，相同部分的著作权是由海茵公司所有、赛银公司所有还是由第三方所有。在前面所述中，相同部分程序早已存在于我方的ERPCOM.PBL文件中，是我方在开发ERP软件时已经使用，在我方开发ERP软件时，我方还不知道赛银公司的存在，并且赛银公司并不开发ERP管理软件。司法鉴定书已经列出相同的文件，这些文件是组成海茵系统和明快ERP管理软件的框架，在使用向导生成PFC程序时，就会生成W_ SHEET，W_ ABOUT，W_ FRAME等文件，这些文件肯定是相同的。而另外的一些文件，是从SYBASE的PB系统中的基类库中继承和衍生出来的，这些文件一部分是基类库，是子类，一部分是PB系统的基类，这些文件的使用原型可以从PB系统的示例程序中找到，任何人都可以开发引用。由于赛银公司和海茵公司所相同的文件中有属于第三方即SYBASE公司著作权的文件，因此，不能根据两软件有相同部分，即认定其中一方侵权。（五）《海茵管理系统》是在我方软件明快ERP的基础上开发出来的。从两款软件的数据库结构、软件使用说明书、模块组成均可说明两款软件的关联关系。海茵管理系统在升级过程中，应用程序是从ERP的采购模块或进仓管理模块继承下来的，在这些模块的程序中间，清晰记录了“//材料采购计划表”的程序标记，这说明我方的海茵系统全部是在ERP系统基础上开发出来的。此程序标记是我方升级软件的特设标记，已经在国家软件注册中备案，可以肯定，赛银公司没有此程序标记。海茵管理系统99%保留了ERP的功能，只是为适应海茵管理系统，作了适当的增加或修改，海茵系统的说明书的ERP部分和我方的明快ERP管理软件相同。我方开发ERP软件早于我方认识赛银公司，相关的使用客户、报纸广告、软件著作权书均可证明。赛银公司从未开发 ERP 管理软件，为什么有少量程序相同呢？原因是赛银公司通过相关途径，获得或参照过我方的源代码。有证据显示，赛银公司在本案诉讼之前，已经非法接触到我方源代码。（六）赛银公司利用法院作为自己的垄断工具，本案的不公正判决会损害国家司法机关的权威性和地位，带来巨大的社会危害和影响国家公信力。综上，请求：1. 撤销原审判决的前三项并依法改判，本案一、二审诉讼费用由赛银公司承担。2. 判处赛银公司市场垄断行为（支配地位），要求远古公司退出强行霸占的深圳光明球会业务。3. 要求赛银公司因损害我公司形象和商业信誉作出道歉，并赔偿我方经济损失。4. 根据《反垄断法》，要求赛银公司的市场份额必须符合法律规定。

赛银公司答辩如下：（一）一审法院认定事实清楚。1. 一审法院认定海茵公司的被控侵权软件侵犯了赛银公司的软件著作权，综合考虑了诸多因素，在海茵公司被控侵权软件中发现赛银公司软件编程时预置的员工照片，仅是认定侵权的因素之一。一审法院在认定海茵公司侵权过程中，委托鉴定机构对赛银公司和海茵公司软件进行了比对，鉴定结果是赛银公司软件与海茵公司软件存在一定的关联性，尤其是被控目标程序反编译后和赛银公司源程序存在部分程序相同内容。鉴于此，一审法院在同时结合了以下因素：（1）在海茵公司软件中发现赛银公司软件编程时预置的员工照片；（2）海茵公司法定代表人曾许有条件接触到赛银公司软件目标程序的升级版本和相应源程序；（3）海茵公司拒不提交完整的被控侵权源程序，从而认定海茵公司侵犯了赛银公司的软件著作权。由此可见，一审法院并不是如海茵公司所述仅凭一张照片，就认定海茵公司侵权。2. 海茵公司法定代表人曾许有条件接触赛银公司的源程序。在赛银公司到中山长江高尔夫球场现场进行项目实施的时候（2001 年 1 月 4 日开始实施），笔记本电脑和移动硬盘还不普及。因此，赛银公司都是携带硬盘到客户现场，安装在客户的系统管理员电脑上进行软件修改工作的。因此，作为当时该客户系统管理员及项目经理的曾许完全有机会和条件拷贝赛银公司源代码。3. 赛银公司自主在 PFC 的基础上对 PFC 底层库进行了改进，海茵公司在“民事上诉状”中称，在其软件中与赛银公司软件底层中一致的文件都来自 PFC 底层库，这与事实不符。事实上，赛银公司在 PFC 底层库的基础上对其中的文件作了大量的改进，而海茵公司软件中对应文件竟然与赛银公司改进部分也完全相同。特别是，有些底层库对象是赛银公司软件中独有的，而海茵公司软件中也有，并且命名和赛银公司软件完全一样。甚至，在一些底层核心中，明显是赛银公司软件最独特的全局变量，一模一样地出现在海茵公司软件的底层核心。而且，在核心的数据表中大量的字段，海茵公司的程序中与赛银公司完全一致，甚至赛银公司的笔误字段也出现在海茵公司的程序中。这充分说明，海茵公司软件底层框架代码属于赛银公司软件源代码的一部分，海茵公司侵犯了赛银公司软件著作权。4. 海茵公司的被控侵权软件不是从 ERP 演变而来。海茵公司为掩盖其侵权的事实，将 ERP 系统与赛银公司软件源代码进行结合，以为如此就可以蒙蔽大众，非法牟利。由此可见，海茵公司侵权具有主观故意。5. 赛银公司从未获得海茵公司的源代码。海茵公司在“民事上诉状”中多次指控赛银公司曾获得其源代码，但没有提供任何证据。事实上，赛银公司通过 PB Kill 工具，只能看到海茵公司 PB 编译目标代码的部分源代码，进行分析用，而不能直接应用。而海茵公司并不是通过进行反编译获得赛银公司的部分代码，而是完全拷贝赛银公司源代码。（二）一审法院程序合法。1. 一审法院委托鉴定程序合法。2007 年 1

月12日，赛银公司收到《预交审计费通知书》，赛银公司于2007年1月15日就将鉴定费4万元汇入一审法院指定账号。2007年4月，一审法院转发了鉴定机构关于鉴定会议安排的通知书，但海茵公司却无故不出席。海茵公司在向一审法院提交源程序时称其提交了“高尔夫系统、酒店系统源代码，开发文档及ERP源代码”，而在“民事上诉状”中却说“没有提供ERP部分的源代码”，前后矛盾。2. 一审法院对鉴定报告质证程序合法。2007年8月1日，一审法院组织双方对鉴定报告进行质证。海茵公司虽然不认同鉴定的有效性，并对鉴定结论有异议，但没有提出任何理由，特别是当被问到“为什么不提交完整的源程序”时，回答其“提交的就是完整的源程序”，明显与事实不符。（三）一审法院适用法律正确。本案是软件著作权侵权纠纷案件，一审法院适用《中华人民共和国著作权法》和《计算机软件保护条例》是完全正确的。而海茵公司在“民事上诉状”中大谈《反垄断法》和《反不正当竞争法》才是误用法律。综上所述，一审法院认定事实清楚，适用法律正确，程序合法，请求二审法院驳回海茵公司的上诉，维持原判。

公众球会没有提供答辩意见。

经审理，本院对原审法院查明的上述事实予以确认。

本院另查明：赛银公司于2006年5月29日向原审法院提起诉讼，请求：1. 判令海茵公司立即停止侵害赛银公司计算机软件著作权的行为，销毁侵权复制品及宣传广告制品（包括但不限于宣传彩页、宣传册及网页）；2. 判令海茵公司在全国性报刊及其网站上公开向赛银公司赔礼道歉，消除影响，并保证不再侵犯赛银公司的计算机软件著作权；3. 判令海茵公司赔偿赛银公司经济损失人民币150万元；4. 判令公众球会停止使用、销毁侵犯赛银公司计算机软件著作权的复制品；5. 判令由海茵公司承担本案的全部诉讼费用。

本院认为：本案属于侵犯计算机软件著作权纠纷。双方当事人对原审法院认定赛银公司是“远古俱乐部管理系统V3. 0”、“远古酒店管理系统V1. 0”计算机程序的著作权人没有异议，本院予以维持。本案二审当事人争议的焦点是海茵公司是否侵犯了赛银公司本案计算机软件著作权。

司法实践中，判断是否侵犯计算机软件著作权的原则主要是“实质相似性加接触”，即在确认原、被告的两个程序实质相似的基础上，还要考虑被告是否接触或有可能接触了原告的作品。因为实践中有可能出现两个程序构成实质相似，但双方的作品都是独立创作产生的情况，此时如不能证明被告接触或可能接触了原告的作品，则不存在侵权问题。

本案中，赛银公司于2000年12月与中山长江高尔夫球场签订《计算机网络工程合同》，约定由赛银公司向中山长江高尔夫球场提供包括会员综合管理系统、俱乐部营业管理系统、会所客房、高尔夫球管理、系统设置在内的远古俱乐部管理系统计算机软件。此后，赛银公司就软件运用对中山长江高尔夫球场的相关计算机操作人员进行了培训，海茵公司法定代表人曾许作为中山长江高尔夫球场的项目经理参与了培训。因此，原审法院认定海茵公司接触了赛银公司本案计算机软件作品，有充分的事实依据，本院予以支持。

判断两个计算机软件是否实质相似，最主要的是对两个软件的程序代码进行比对。

在司法实践中，权利人提起计算机软件侵权诉讼时，能够取得的指控被告侵权的证据往往是被控侵权软件的目标程序，因此，首先能够进行对比的是二者目标程序的同一性。但目标程序同一性判断只是软件侵权判断的基础，两个软件的目标程序相同，并不能直接得出两个软件同一的结论，因为不同的源程序可能实现相同的功能，通过编译可能得到完全相同的目标程序。因此，在目标程序相同的情况下，还需进一步判断与目标程序相对应的两个软件的源程序是否同一。如果两个软件的源程序实质相似，则可判定两个软件相似，被控侵权行为成立。

本案中，赛银公司为了保护其计算机软件不受他人侵犯，在软件编程时有意识地预置其员工照片及资料，而在海茵公司提供给公众球会的被控侵权软件中发现有赛银公司员工的照片和资料。海茵公司认为被控侵权软件中赛银公司员工的照片和资料是赛银公司加进去的，但是海茵公司未提供任何证据佐证其主张，因此本院对海茵公司的该主张不予支持。

原审法院根据赛银公司的申请进行了证据保全，并在民事裁定中明确要求查封、扣押被控侵权源程序。海茵公司在原审法院实施证据保全时承诺提交完整的被控侵权源程序，否则愿意承担相应的法律后果。在鉴定机构反馈海茵公司提交的被控侵权源程序不完整时，原审法院再次告知海茵公司提交完整的被控侵权源程序，但海茵公司仍未提交。《最高人民法院关于民事诉讼证据的若干规定》第七十五条规定："有证据证明一方当事人持有证据无正当理由拒不提供，如果对方当事人主张该证据的内容不利于证据持有人，可以推定该主张成立。"作为软件开发企业，海茵公司应当保存完整的被控侵权源程序，现海茵公司无正当理由拒不执行原审法院民事裁定，不提交完整的被控侵权源程序，应当承担相应的不利后果。

根据中国科学技术法学会华科知识产权司法鉴定中心出具的华科司鉴中心（2007）知鉴字第007号司法鉴定书的鉴定结论，赛银公司软件、被控侵权软件存在一定的关联性，尤其被控目标程序反编译后和赛银公司源程序存在部分程序相同内容。海茵公司认为被控侵权软件是在其ERP管理软件的基础上开发出来的，但海茵公司没有提供充分的证据支持其主张，没有提供证据证明原审法院委托鉴定程序错误，也没有提供充分证据推翻中国科学技术法学会华科知识产权司法鉴定中心出具的上述鉴定结论，因此，该鉴定结论可以作为认定本案事实的依据。

综上，由于海茵公司无正当理由拒不提供完整的被控侵权源程序，导致中国科学技术法学会华科知识产权司法鉴定中心以及法院不能全面分析、对比赛银公司源程序与海茵公司被控侵权源程序是否实质相似，对此，海茵公司应承担举证不能的法律后果。赛银公司主张被控侵权源程序侵犯了赛银公司软件的著作权，该主张成立，本院予以支持。原审法院认定海茵公司"高尔夫球俱乐部管理软件"计算机程序侵犯了赛银公司"远古俱乐部管理系统V3.0"、"远古酒店管理系统V1.0"计算机程序的著作权，该认定正确，本院予以支持。赛银公司请求判令海茵公司承担相应的侵权责任，包括停止侵权并赔偿赛银公司的经济损失，有事实和法律依据，本院予以支持。至于原审判决海茵公司赔偿赛银公司经济损失人民币20万元，双方当事人对此均没有异议，本院予以维持。

海茵公司在上诉中请求判处赛银公司构成市场垄断行为、请求判处赛银公司向海茵公司赔礼道歉并赔偿经济损失等主张，因该等诉讼请求与本案审理的侵犯计算机软件著作权纠纷属于不同的法律关系，海茵公司应通过其他途径予以解决，本案不作处理。

综上所述，原审判决认定事实清楚，适用法律正确，应予维持。海茵公司上诉理由不成立，应予驳回。依照《中华人民共和国民事诉讼法》第一百五十三条第一款第（一）项的规定，判决如下：

驳回上诉，维持原判。

本案二审案件受理费人民币5100元，由海茵公司负担。

本判决为终审判决。

审 判 长　邓燕辉
代理审判员　黄伟明
代理审判员　欧丽华
二〇〇九年十二月十六日
书 记 员　欧阳昊

【评析】

本案属于侵犯计算机软件著作权纠纷，裁判文书制作质量高，符合优秀裁判文书评选标准，被评为2010年全省法院优秀裁判文书。其突出之处表现为：紧紧围绕二审当事人争议的焦点进行充分的分析论述，对判断侵犯计算机软件著作权的原则和方法进行了详细论述，层次分明，逻辑性强，说理充分透彻。该文书正确适用了民事诉讼中的证据规则，准确确定当事人的举证责任，尤其是结合本案的实际情况，对“有证据证明一方当事人持有证据无正当理由拒不提供，如果对方当事人主张该证据的内容不利于证据持有人，可以推定该主张成立”的证据规则进行了充分的论述，重点突出，切中要害，有理有据。该文书引用法条准确完整，实体处理正确，用语规范、严谨，裁判结论令人信服。

●鹤山银雨灯饰有限公司与中山市中振灯饰有限公司等侵犯发明专利权纠纷一案民事判决书

广东省高级人民法院

民事判决书

（2009）粤高法民三终字第355号

上诉人（原审原告）：鹤山银雨灯饰有限公司。住所地：广东省鹤山市共和镇工业开发区。

法定代表人：樊邦扬，董事长。

委托代理人：陈洁芳，广东广能律师事务所律师。

委托代理人：何新华，鹤山银雨灯饰有限公司职员。

被上诉人（原审被告）：中山市中振灯饰有限公司。住所地：广东省中山市小榄镇广丰工业区铁米缸。

法定代表人：邓长明，经理。

委托代理人：郝传鑫，广州三环专利代理有限公司专利代理人。

被上诉人（原审被告）：邓仲琼，女，汉族，1962年8月24日生。住址：广东省中山市古镇镇曹二长安路28号，身份证号：440620196208245742。系中山市古镇正业灯饰门市部业主。

委托代理人：郝传鑫，广州三环专利代理有限公司专利代理人。

上诉人鹤山银雨灯饰有限公司（以下简称银雨公司）因与被上诉人中山市中振灯饰有限公司（以下简称中振公司）、邓仲琼侵犯发明专利权纠纷一案，不服广东省中山市中级人民法院作出的（2008）中中法民三初字第36号民事判决，向本院提起上诉。本院受理后，依法组成合议庭审理了本案，现已审理终结。

原审法院查明：银雨公司是专利号为ZL200410032066.5发明、名称为一种软管灯改良结构（以下简称本专利）的专利权人，专利申请日为2004年3月31日，授权公告日为2007年1月17日。该专利最新交费日期为2008年2月2日。

银雨公司本专利的权利要求书如下：

1. 一种软管灯改良结构，其特征在于：包括一芯线，由柔性塑料挤出成型一个预制长度的条状体，该条状体的横截面一侧，上下间隔地设置有至少2根铜绞合线，该铜绞合线纵向延伸与条状体等长度，在该条状体横截面的另一侧设置有与该铜绞合线平行的横向孔，多个横向孔以预制的间距均匀地分布在条状体的整个纵向长度上；多个

LED 灯泡，通过 LED 灯泡导电脚上连接的引线相互串联及与至少一个限流电阻相串接，该 LED 串联灯串的首端和末端的引线与上述芯线中的铜绞合线作电气连接，所述的多个 LED 灯泡、限流电阻及其引线的串联连接点相应地塞入上述芯线中的多个横向孔中；一散光体，为用于扩散 LED 光线的乳白色不透明体，该不透明体为预定高度和预定宽度的，所述的散光体设置在多个 LED 灯泡上方，其长度与芯线的长度相等；一包覆层，由柔性塑料挤出成型一个用于包覆上述芯线、散光体及多个 LED 灯泡的、与上述芯线等长度的包覆层，该包覆层的位于 LED 灯泡照射上方的部分是一模拟霓虹灯玻璃管状发光面的半圆形曲面；一接头，设置在上述芯线及包覆层的首端与电源的供电线的连接处，用以包覆所述的铜绞合线与电源的供电线的电气连接的塑料罩壳。

2. 根据权利要求 1 所述的一种软管灯改良结构，其特征在于：包括一纵向设置在上述包覆层上、用于遮挡 LED 灯泡的侧光的不透光罩壳。

10. 根据权利要求 2 所述的一种软管灯改良结构，其特征在于：所述的不透光罩壳是与所述的包覆层一体挤出成型的不透光塑料层。

13. 根据权利要求 1 所述的一种软管灯改良结构，其特征在于：所述的散光体，是与上述包覆层等长度一体挤出成型的，与上述包覆层成一整体。

15. 根据权利要求 10 所述的一种软管灯改良结构，其特征在于：所述的散光体，在该散光体中设置一个纵向通孔。

2008 年 6 月 30 日，专利复审委针对银雨公司本专利作出的无效决定结论是：宣告银雨公司本专利权利要求 1、2、4 –9、11、12 无效，在权利要求 3、10、13 的基础上维持银雨公司本专利权有效。

2007 年 10 月 25 日，银雨公司委托代理人与广东省鹤山市公证处的工作人员来到位于中山市古镇的“中振灯饰（商店外墙广告牌上标注）”灯饰商店，购买了本案的被控侵权产品。该店员工出具了号码为 0001162 的出仓单和号码为 0006480 的收款收据。该出仓单的抬头有“广东中山市古镇正业门市部”字样，收货单位“海南黄生，13637661504”，货名及规格“LED 虹灯线”，长度“50 米”，金额“1550 元”，管仓员签名是“周小叶”，并盖有“中山市古镇正业灯饰门市部财务专用章”。该收款收据上写有兹收到“海南黄生 LED 霓虹灯货款 1550 元正”字样，经手人是“周小叶”，并盖有“中山市中振灯饰有限公司”的公章。公证处人员对上述购买过程及取得的被控侵权产品、票据进行了见证和拍照、封存，并出具了（2007）鹤证内字第 1540 号公证书。银雨公司为此支付公证费 850 元。另据银雨公司补充提供的周小叶卡片显示，上面有“中山市古镇中振灯饰有限公司　中山市古镇正业照明展示中心”字样，“门市：0760 –2341827　2345827（古一小学门口侧）”，“厂电话：0760 –2395103”，“传真：0760 –2341827”，“厂址：广东省中山市古镇东岸公路 2 号”。银雨公司认为中振公司、邓仲琼未经其许可实施其专利，侵犯了其专利权，遂向原审法院提起诉讼。

将被控侵权产品的一部分进行解剖，其技术特征为：一、包括有预制长度和宽度的芯线；二、芯线横截面一侧上下并排设置有两根电线，该电线与芯线等长；三、在芯线横截面的另一侧设置有与电线平行的若干个横向孔，该横向孔之间的间距相等；四、多个 LED 灯泡被相应地塞入上述横向孔中，并与至少一个限流电阻相互串联，该 LED 串联灯串的首端和末端的引线与上述芯线中的并排电线相连接；五、在 LED 灯泡正上方，设置有呈半圆曲面的散光体，散光体内纵向设置有一通孔，散光体和通孔与芯线等长；六、在散光体的下方设置有包裹芯线的与芯线颜色明显不同的包覆层，包覆层与其上方的散光体材料相同，且一体成型。

原审法院根据邓仲琼提出的司法鉴定申请，委托经民政部审核批准、入选最高人民法院第9号公告的司法鉴定人名册的北京紫图知识产权司法鉴定中心（以下简称紫图中心）对本案被控侵权产品与银雨公司本专利的技术方案是否相同或者等同进行鉴定。该司法鉴定中心安排高级工程师李成高、王连发和研究员闻秀元为鉴定人员进行鉴定。本案当事人均表示对紫图中心安排的鉴定人不要求回避。紫图中心作出的北京紫图［2009］知鉴字第006号鉴定报告书（以下简称鉴定报告书）的内容为：由于被控侵权产品LED软件霓虹灯与银雨公司本专利权利要求3明显不同且不等同，所以将被控侵权产品与较为接近的权利要求10、13的技术方案相对比。鉴于被控侵权产品的材料和结构，直接与权利要求13对比更为准确。由于权利要求13引用了权利要求10的内容，权利要求10又引用了权利要求1的内容，所以权利要求13的内容包括权利要求1、权利要求10、权利要求13的内容。……1. 本专利权利要求13所含的技术特征：A. 一种软管灯改良结构；B. 包括一芯线，由柔性塑料挤出成型一个预制长度的条状体，该条状体的横截面一侧、上下间隔地设置有2根铜绞合线，该铜绞合线纵向延伸与条状体等长度，在该条状体横截面的另一侧设置有与该铜绞合线平行的横向孔，多个横向孔以预制的间距均匀分布在条状体的整个纵向长度上；C. 还包括多个LED灯泡，通过LED灯泡导电脚上连接的引线相互串联及与至少一个限流电阻相串接，该LED串联灯串的首端和末端的引线与上述芯线中的铜绞合线作电气连接，所述的多个LED灯泡、限流电阻及其引线的串联连接点相应地塞入上述芯线中的多个横向孔中；D. 还包括一散光体，为用于扩散LED光线的乳白色不透明体，该不透明体为预定高度和预定宽度的，所述的散光体设置在多个LED灯泡上方，其长度与芯线的长度相等；E. 还包括一包覆层，由柔性塑料挤出成型一个用于包覆上述芯线、散光体及多个LED灯泡的、与上述芯线等长度的包覆层，该包覆层的位于LED灯泡照射上方的部分是一模拟霓虹灯玻璃管状发光面的半圆形曲面；F. 还包括一接头，设置在上述芯线及包覆层的首端与电源的供电线的连接处，用以包覆所述的铜绞合线与电源的供电线的电气连接的塑料罩壳；G. 该散光体是与上述包覆层等长度一体挤出成型；H. 在该散光体中设置一个纵向通孔。2. 被控侵权产品LED软体霓虹灯所含有的技术特征：a. LED软体霓虹灯；b. 包括一芯线，由柔性塑料挤出成型一个预制长度的条状体，该条状体的横截面一侧，上下间隔地设置有2根铜绞合线，该铜绞合线纵向延伸与条状体等长度，在该条状体横截面的另一侧设置有与该铜绞合线平行的横向孔，多个横向孔以预制的间距均匀地分布在条状体的整个纵向长度上；c. 还包括多个LED灯泡，通过LED灯泡导电脚上连接的引线相互串联及与至少一个限流电阻相串接，该LED串联灯串的首端和末端的引线与上述芯线中的铜绞合线作电气连接，所述的多个LED灯泡、限流电阻及引线的串联连接点相应地塞入上述芯线中的多个横向孔中；d. 还包括一散光体，为用于扩散LED光线的乳白色不透明体，所述的散光体设置在多个LED灯泡上方，其长度与芯线的长度相等；e. 一包覆层，是用与散光体同种材料一并挤出成型的乳白色不透明体，它仅包覆芯线及多个LED灯泡，与芯线等长；f. 还包括一接头，设置在芯线及散光体的首端与电源的供电线的连接处，用以包覆所述的铜绞合线与电源的供电线的电气连接的塑料罩壳；g. 该散光体与包覆芯线及多个 LED 灯泡的包覆层用同种材料等长度一体挤出成型；h. 在散光体中设置一个纵通孔。……对应的技术特征分析：1. 通过上述技术特征分析，可以明显地看出被控侵权产品的技术特征与专利技术特征分别对应相同的有：a－A、b－B、c－C、d－D、f－F、h－H。2. 不相同的对应技术特征有：e－E 和 g－G。其中 e－E 之不同体现在：专利 E 的特征所称的包覆层是用于包覆芯线、散光体、多个 LED 灯泡，且位于 LED 灯泡照射上方的部分是一模拟霓虹灯玻璃管状发光面的半圆形曲面。从中可看出该包覆层的功能是包覆着三种功能部件即芯线、散光体和 LED 灯泡，结构形式应该是闭合的层状结构，且位于灯泡上方的材料应该是透明的；而被控侵权产品的包覆层则只是包覆芯线和 LED 灯泡，与散光体部分不构成包覆关系，而只是与之相连为一体，其材料是与散光体同一的不透明体；两者包覆层体现的结构形式不同、选取的材料不同，体现了两种不同的手段，实现不相同的功能，因此这一对应技术特征既不相同而且也不等同。关于 g－G 对应技术特征：专利的特征 G 描述为“该散光体是与上述包覆层等长度一体挤出成型”，这里强调的是散光体与上述包覆层一体成型的加工方式，但其中的“上述包覆层”仍然是特征 E 所限定的结构和材料，即专利的包覆层由柔性塑料挤出成型，用于包覆上述芯线、散光体及多个 LED 灯泡并与上述芯线等长，该包覆层位于 LED 灯泡器材上方的部分是一模拟霓虹灯玻璃管状发光面的半圆形曲面。专利复审委员会第 11842 号无效宣告请求审查决定书第 13 页第 5 行也有“证据 1. 1 给出了本专利权利要求 10 中的将散光体和位于散光体下方的容纳 LED 灯、电子元件的部分一体成型的技术启示。但本专利的包覆层是包覆散光体和芯线的最外层的部分，证据 1. 1 并未给出将包覆散光体的包覆层与该散光体一体成型的技术启示”描述。而被控侵权产品的 g 特征，是散光体与其下部的包覆层一体挤出，但因二者所指的包覆层的结构形式不同且不等同，所以对应特征既不相同且不等同。……结论：广东省中山市中级人民法院提供给本中心的被控侵权产品 LED 软体霓虹灯的技术方案与专利号 ZL200410032066. 5 的技术方案不相同也不等同。中振公司、邓仲琼对鉴定结论无异议，银雨公司对鉴定结论有异议，但未申请重新鉴定。另，中振公司、邓仲琼为上述鉴定预支鉴定费 5 万元，差旅费 6679 元。

另查，中振公司为有限责任公司，经营范围是加工、销售灯饰、电器配件、五金制品、塑料制品，成立日期为 2003 年 6 月 9 日，核准日期为 2007 年 7 月 31 日。邓仲琼经营的中山市古镇正业灯饰门市部系个体工商户，经营范围是销售灯饰、电器配件，成立日期系 2004 年 6 月 10 日，核准日期为 2004 年 6 月 10 日。

中振公司、邓仲琼抗辩其销售的产品合法来源于江门市高新区亿嘉灯饰厂，为此提供了如下证据：一是江门市高新区亿嘉灯饰厂出具的授权书。内容为：“我公司专业生产 LED 软体霓虹灯，经中华人民共和国国家知识产权局颁发的《外观设计专利证书》使我公司在 LED 灯饰行业占有一定的市场。现我公司授权中山市古镇镇正业灯饰门市部，销售我公司所生产的专利产品 LED 软体霓虹灯。特此授权　江门亿嘉灯饰厂 2007. 11. 25。”二是江门市高新区亿嘉灯饰厂的送货单及收据。内容分别有“07 年 10 月 25 日　收货单位　中振灯饰　LED 灯带 100m　26　2600　50m　46　2300”及收到“中振灯饰货款 4099 元”字样，都加盖有“江门市高新区亿嘉灯饰厂”公章。三是名称为LED软体霓虹灯，专利号为ZL200630074970.2的外观设计专利证书，显示专利权人为董凌飞，专利申请日为2006年9月30日，授权公告日为2007年6月20日。四是江门市工商信息中心于2008年4月7日出具的证明，证明至即日9时40分止，未发现“江门市高新区亿嘉灯饰厂”的电脑注册登记资料。为此，邓仲琼在2008年4月4日到江门市公安局江海分局经济犯罪侦查大队报警。简要情况是，“中山市古镇镇正业门市部于2007年10月25日向江门市江海区外海镇一间叫亿嘉灯饰有限公司的符鹏购买一批价值4900元的霓虹灯线，并于当天把其中的1550元的灯线卖给一个自称是海南人的黄姓男人……”对此，江门市公安局江海分局经济犯罪侦查大队出具了受理报警登记表。

中振公司、邓仲琼认为上述证据能证明其销售的产品有合法来源，遂在举证期限内提出追加江门市高新区亿嘉灯饰厂的符鹏为本案被告并提出向中山市古镇曹步派出所调查证据的申请。原审法院以（2008）中中法民三初字第36-1号裁定驳回其追加当事人的申请，并在开庭时通知对其调查取证申请原审法院不予采纳。

原审法院认为：银雨公司享有的专利号为ZL200410032066.5的发明专利，专利复审委作出了涉案无效决定，宣告该专利权利要求1、2、4-9、11、12无效，在权利要求3、10、13的基础上维持有效，该专利现处于授权状态，依法应受到法律保护。

银雨公司本专利中包括独立权利要求1在内的部分权利要求被宣告无效后，原有的从属权利要求结合独立权利要求成为一个新的保护范围，据此，重新界定的本专利的保护范围为：

第一个新的独立权利要求（以下简称新独立权利要求一）为：一种软管灯改良结构，其特征在于：1. 包括一芯线，由柔性塑料挤出成型一个预制长度的条状体，该条状体的横截面一侧，上下间隔地设置有至少2根铜绞合线，该铜绞合线纵向延伸与条状体等长度，在该条状体横截面的另一侧设置有与该铜绞合线平行的横向孔，多个横向孔以预制的间距均匀地分布在条状体的整个纵向长度上；多个LED灯泡，通过LED灯泡导电脚上连接的引线相互串联及与至少一个限流电阻相串接，该LED串联灯串的首端和末端的引线与上述芯线中的铜绞合线作电气连接，所述的多个LED灯泡、限流电阻及其引线的串联连接点相应地塞入上述芯线中的多个横向孔中；一散光体，为用于扩散LED光线的乳白色不透明体，该不透明体为预定高度和预定宽度的，所述的散光体设置在多个LED灯泡上方，其长度与芯线的长度相等；一包覆层，由柔性塑料挤出成型一个用于包覆上述芯线、散光体及多个LED灯泡的、与上述芯线等长度的包覆层，该包覆层的位于LED灯泡照射上方的部分是一模拟霓虹灯玻璃管状发光面的半圆形曲面；一接头，设置在上述芯线及包覆层的首端与电源的供电线的连接处，用以包覆所述的铜绞合线与电源的供电线的电气连接的塑料罩壳。2. 包括一纵向设置在上述包覆层上、用于遮挡LED灯泡的侧光的不透光罩壳。3. 上述的不透光罩壳是与所述的包覆层一体挤出成型的不透光塑料层。

第二个新的独立权利要求（以下简称新独立权利要求二）系权利要求1与权利要求10的结合，即一种软管灯改良结构，其特征在于：1. 一散光体，为用于扩散LED光线的乳白色不透明体，该不透明体为预定高度和预定宽度的，所述的散光体设置在多个LED灯泡上方，其长度与芯线的长度相等；一包覆层，由柔性塑料挤出成型一个用于包覆上述芯线、散光体及多个 LED 灯泡的、与上述芯线等长度的包覆层，该包覆层的位于 LED 灯泡照射上方的部分是一模拟霓虹灯玻璃管状发光面的半圆形曲面；一接头，设置在上述芯线及包覆层的首端与电源的供电线的连接处，用以包覆所述的铜绞合线与电源的供电线的电气连接的塑料罩壳。2. 所述的散光体，是与上述包覆层等长度一体挤出成型的，与上述包覆层成一整体。银雨公司本专利的权利要求 13 为其新独立权利要求二的从属权利要求。

紫图中心的鉴定报告表明，本专利与被控侵权产品的整体技术方案不相同也不等同。现在本案争议的焦点是鉴定报告的结论是否应采纳，被控侵权产品是否落入银雨公司有效的本专利独立权利要求的保护范围。

银雨公司认为邓仲琼提出鉴定申请的时间超过举证期限，故鉴定报告失其合法性。对此，原审法院认为，因当事人对被控侵权产品与银雨公司本专利的比对意见系在开庭审理时才发表，故当事人针对二者是否相同或者等同这一问题的举证时限应相应地延至开庭审理时。当开庭审理时，中振公司、邓仲琼明确表示其不具备判断上述问题的知识，并口头提出了鉴定申请。之后邓仲琼均按照法院指定的期限提交了书面的鉴定申请和交纳了相关的费用。其申请的提出符合法律程序的要求。在鉴定结论的合法性问题上，首先，紫图中心既具备相应的鉴定资质，银雨公司在鉴定开始前又未对鉴定人提出回避申请；其次，在对鉴定报告质证时和质证后，银雨公司皆未提出足以反驳鉴定报告结论的相反证据和理由，亦未要求重新鉴定。故原审法院采纳鉴定报告的结论。

根据鉴定报告，在被控侵权产品与银雨公司专利的比对方面，应首先将被控侵权产品与银雨公司新独立权利要求一进行比对：包裹被控侵权产品芯线的结构是包覆层，该包覆层透光，与银雨公司新独立权利要求一中的第 2 项特征所叙述的“不透光罩壳”不相同也不等同。故鉴定报告中认定被控侵权产品 LED 软体霓虹灯与银雨公司本专利权利要求 3 不同且不等同的结论可以成立，原审法院予以采纳。

对于被控侵权产品与银雨公司新权利要求二的技术特征的比对，原审法院认为鉴定报告分析有理，其结论同样予以采纳。被控侵权产品和银雨公司新独立权利要求二在芯线、LED 灯泡、限流电阻、散光体、接头以及散光体中的纵向通过孔的设计上都是相同的。但二者的包覆层体现的结构形式并不同，选取的材料不同，体现了不同的手段，实现不相同的功能。也就是说，本案被控侵权产品的包覆层与散光体并不是包覆与被包覆的关系，而是通过使用相同的材料相连为一体的。但银雨公司新独立权利要求二中的包覆层却与散光体使用不同材料，且与散光体形成两个不同的独立部分，并包覆着散光体。所以，被控侵权产品与银雨公司本专利这一对应技术特征不相同且不等同。

因为两项整体技术方案的比对，只要各对应的技术特征有一个不相同也不等同，则可认定该两项技术方案不相同也不等同，所以本案被控侵权产品与银雨公司新独立权利要求二既不相同也不等同。又因银雨公司本专利的权利要求 13 是其新独立权利要求二的从属权利要求，在本案被控侵权产品技术特征未落入银雨公司新独立权利要求二保护范围的情况下，被控侵权产品技术特征当然也不落入银雨公司本专利的权利要求 13。

综合以上分析，被控侵权产品与银雨公司新独立权利要求一和新独立权利要求二既不相同也不等同，故被控侵权产品不是侵犯银雨公司本专利权的产品。银雨公司基于被控侵权产品落入其专利保护范围而要求中振公司、邓仲琼承担生产、销售侵权产品的民事责任的请求没有法律依据，原审法院予以驳回。基于银雨公司指控的被控侵权产品已经不构成侵犯银雨公司的专利权，对于中振公司、邓仲琼抗辩被控侵权产品是否有合法来源问题已无审查必要，在此不赘。

综上，银雨公司的诉讼请求没有法律和事实依据，原审法院不予支持。依据《中华人民共和国民事诉讼法》第六十四条之规定，判决如下：驳回银雨公司的诉讼请求。本案案件受理费6800元，鉴定费50000元，其他诉讼费用6679元，均由银雨公司负担。

银雨公司不服上述判决，上诉称：（一）原审判决关于专利侵权判断的鉴定程序严重违法，该鉴定报告依法不能作为定案依据。1. 原审法院违反法律规定准许邓仲琼超过举证期限对被控产品是否构成专利侵权的重要事实申请鉴定。2. 邓仲琼的鉴定申请为非专门性的技术问题，不符合申请鉴定的条件。邓仲琼申请鉴定的理由是不懂专利，并未指出存在什么样的具体专门技术问题需要鉴定。实质理由是被控产品的合法来源抗辩不能成立，于是申请侵权鉴定。3. 银雨公司在庭审中、鉴定前后多次口头及书面提出异议，原审法院仍然置之不理。4. 鉴定报告作为对本案主要事实有重大影响的证据，其鉴定人未出庭作证，也未对异议作出书面回复，致使银雨公司不能对鉴定报告进行有效质证，中振公司、邓仲琼没有履行其向法庭承担的举证责任，应当承担举证不能的法律后果。鉴定报告的质证程序不合法，不具有证明力。5. 原审法院以侵权比对意见是当庭审理时发表（5月29日）、举证期限应当延至庭审当天为由，认定鉴定申请未超过举证期限（5月22日）。该认定于理于法无据。本案证据交换前，原审法院已依法送达包括本案专利文件、公证购买侵权产品在内的证据材料，中振公司、邓仲琼是否懂得专利技术及侵权比对应当早已心知肚明，更何况庭审活动结束当天，其仅仅是保留申请的权利。6. 鉴定报告存在严重瑕疵，故意断章取义，将不存在的技术特征作为侵权比对的技术特征，失去了鉴定的权威性和公正性，技术分析不符合专利权利要求，与国家专利复审委无效决定相矛盾，不具有证据的证明力。（二）由于鉴定报告的错误分析，误导原审法院曲解本案专利的权利保护范围，导致本案实体判决发生严重错误，将侵权行为认定为不侵权。原审法院对本案专利新的保护范围的界定是符合专利权利要求的，但在对专利权利要求1、权利要求10的理解上存在严重误差。本案专利由芯线、多个LED灯泡、散光体、包覆层、接头等五个部件组成，本案实体争执的焦点就是散光体与包覆层的相互关系及两者的材料是否一致问题，即对本案专利保护范围的理解问题。原审判决采纳鉴定报告关于侵权判断的结论，认定本案专利的包覆层与散光体使用不同材料，存在包覆与被包覆关系，是两个独立的部分，而被控产品的包覆层、散光体不存在包覆关系，使用相同材料相连在一起，与专利的技术特征不相同，也不等同。上述问题，本案专利无效决定书中第二请求人广州市天河亮励得电子灯饰厂早已提出：在本专利权利要求10中，散光体与包覆层一体形成，造成同一挤出的东西既叫散光体又叫包覆层，权利要求1中有5个部件，权利要求10中只有4个部件，已经不是权利要求1中的产品。国家专利复审委员会经审查认定：散光体与包覆层一体形成，只是限定了两者的相互关系或连接关系，不会导致所述技术方案中缺少散光体或包覆层。权利要求10所附加的技术特征是对所应用的权利要求作进一步的限定，这种限定在说明书均有记载。由此可见，权利要求10中的散光体与包覆层不是两个独立的部分，而是一体挤出的一个整体。银雨公司与广州市天河亮励得电子灯饰厂专利侵权案，广州中院作出（2008）穗中法民三知初字第83号判决书认定侵权成立，省高院已维持原判。本案专利说明书第8－9页已清楚地记载柔性塑料包含本专利中的PVC不透明体，散光体与包覆层既可使用相同材料，也可使用不同材料。鉴定报告在分析权利要求10技术特征时断章取义，故意漏掉散光体与包覆层成一整体的技术特征，将该权利要求10理解为是制造方法。结合专利说明书及附图，很容易理解权利要求10的技术特征。根据专利审查指南规定，方法也可用于描述结构特征。事实上由于该专利产品是银雨公司首创发明制作的，其散光体与包覆层的制造工艺就是通过专用设备挤出成型的，没有也不可能上下连接。整个灯饰行业在制作软管灯饰时使用的均是该挤出设备，从而达到批量生产目的。鉴定报告无视国家专利复审委员会的无效决定，鉴定结论明显错误，依法不具有证明力。银雨公司有足够的理由和证据推翻鉴定结论，但绝不会为这种违法鉴定增加任何的成本申请重新鉴定。以上事实说明，被控侵权产品的技术特征完全覆盖专利权利要求10、权利要求13所记载的技术方案，已构成专利侵权。中振公司、邓仲琼未经授权，擅自以制造、销售等方式实施银雨公司合法拥有的专利技术，应当依法承担法律责任。综上所述，本案原审判决程序严重违法，认定主要事实错误。故请求二审法院撤销原审判决，改判责令中振公司、邓仲琼立即停止侵权，赔偿上诉人经济损失人民币30万元。

中振公司、邓仲琼答辩称：原审判决程序合法，认定事实清楚，适用法律正确，银雨公司上诉理由不能成立，请求予以驳回。

经审理，本院对原审法院查明的上述事实予以确认。

本院另查明，银雨公司2008年3月27日向原审法院提起诉讼，请求：1. 责令中振公司、邓仲琼立即停止生产销售侵犯银雨公司专利产品的行为；2. 判令中振公司、邓仲琼连带赔偿银雨公司经济损失人民币30万元；3. 判令中振公司、邓仲琼承担本案诉讼费用。庭审时银雨公司明确中振公司的侵权行为是生产销售侵权产品，邓仲琼与中振公司共同销售侵权产品。

本院认为：本案系侵犯发明专利权纠纷。银雨公司享有的名称为“一种软管灯改良结构”、专利号为ZL200410032066.5的发明专利，国家知识产权局专利复审委员会于2008年6月30日作出第11842号《无效宣告请求审查决定书》，宣告该专利权利要求1、2、4－9、11、12无效，在权利要求3、10、13的基础上维持有效，该专利现处于授权状态，依法应受到法律保护。

原审判决基于银雨公司本案专利权被国家知识产权局专利复审委员会宣告部分无效的原因，重新界定了银雨公司本案专利权的保护范围，双方当事人对此均没有异议，本院予以维持。银雨公司要求以权利要求1、10、13，也即新独立权利要求二及从属于其的原权利要求13，确定专利保护范围，本院予以确认。本案二审双方当事人争议的焦点主要是：原审法院委托紫图中心进行司法鉴定的程序是否合法，紫图中心出具的鉴定报告能否作为认定本案事实的依据，被控侵权产品是否落入了本案专利权的保护范围，中振公司、邓仲琼关于被控侵权产品具有合法来源的抗辩理由是否成立，中振公司、邓仲琼应承担何种民事法律责任等。

一、关于原审法院委托紫图中心进行司法鉴定的程序是否合法的问题

根据全国人民代表大会常务委员会《关于司法鉴定管理问题的决定》第一条的规

定，司法鉴定是指在诉讼活动中鉴定人运用科学技术或者专门知识对诉讼涉及的专门性问题进行鉴别和判断并提供鉴定意见的活动。本案中，被控侵权产品的技术特征与银雨公司本案专利权利要求的技术特征的比对显然属于专门性的技术问题，属于司法鉴定的范畴，邓仲琼可以就此专门性的技术问题向原审法院提出司法鉴定申请。银雨公司上诉认为邓仲琼的鉴定申请属于非专门性的技术问题，不符合鉴定申请的条件，理由不成立，本院不予支持。

本院认为，《最高人民法院关于民事诉讼证据规则的若干规定》中关于举证期限制度的规定，目的在于促进当事人积极举证，以有利于法官在开庭前整理诉讼争议焦点，提高诉讼效率，同时防止当事人搞证据突然袭击和拖延诉讼。本案没有证据显示中振公司、邓仲琼存在恶意拖延诉讼的故意。同时，因本案被控侵权产品是银雨公司公证购买并由公证处封存的，在一审证据交换时没有拆封，而是在一审开庭审理时才拆封，双方当事人此时才对被控侵权产品的技术特征与银雨公司本案专利权利要求保护范围的技术特征是否相同或者等同发表意见，而中振公司、邓仲琼当庭明确表示其不具备判断上述问题的知识，并口头申请司法鉴定，之后，邓仲琼按照原审法院指定的期限提交了书面的鉴定申请并交纳了相关的费用。因此，邓仲琼向原审法院申请司法鉴定，程序合法。银雨公司上诉认为原审法院违反法律规定准许邓仲琼超过举证期限申请司法鉴定，理由不成立，本院不予支持。

《最高人民法院关于民事诉讼证据规则的若干规定》第五十九条规定："鉴定人应当出庭接受当事人质询。鉴定人确因特殊原因无法出庭的，经人民法院准许，可以书面答复当事人的质询。"因此，一般情况下，鉴定人应出庭接受当事人的质询，确因特殊原因无法出庭的，亦应书面答复当事人的质询。本案中，鉴定人没有出庭接受当事人的质询，在银雨公司提交质证意见后，亦没有书面答复。因此，该鉴定报告在程序上存在一定的瑕疵。

二、关于紫图中心出具的鉴定报告能否作为认定本案事实依据的问题

经审查银雨公司本案专利新权利要求保护范围的技术特征、被控侵权产品的技术特征以及紫图中心出具的鉴定报告，发现紫图中心出具的鉴定报告存在下列问题：

第一，根据本案专利新独立权利要求二，本案专利包括技术特征 D："一散光体，为用于扩散 LED 光线的乳白色不透明体，该不透明体为预定长度和预定宽度的，所述的散光体设置在多个 LED 灯泡上方，其长度与芯线的长度相等"和技术特征 E："一包覆层，由柔性塑料挤出成型一个用于包覆上述芯线、散光体及多个 LED 灯泡的、与上述芯线等长度的包覆层，该包覆层的位于 LED 灯泡照射上方的部分是一模拟霓虹灯玻璃管状发光面的半圆形曲面。"据此可知，本专利中散光体的功能为扩散 LED 光线，而包覆层的功能为包覆散光体等部件，但据此并不能认为包覆层与散光体之间必定具有清晰、确定的物理界限。因此，鉴定报告中将本案专利的包覆层结构形式认定为"闭合的层状结构"是错误的。同时，本案专利技术特征 E 限定包覆层位于 LED 灯泡照射上方的部分为"半圆形曲面"，也即模拟霓虹灯玻璃管状的发光面形状，但并未对其材质是否为透明作出限定，故鉴定报告认为"位于灯泡上方的材料应该是透明的"没有依据。

第二，根据本案专利新独立权利要求二，本案专利包括技术特征："所述的散光

体，是与上述包覆层等长度一体挤出成型的，与上述包覆层成一整体。”紫图中心出具的鉴定报告在分析该技术特征时，将其归纳为技术特征G“该散光体是与上述包覆层等长度一体挤出成型”，其中遗漏了“与上述包覆层成一整体”的技术特征。

第三，紫图中心鉴定报告归纳被控侵权产品的技术特征之一为：“一包覆层，是用与散光体同种材料一并挤出成型的乳白色不透明体，它仅包覆芯线及多个LED灯泡，与芯线等长”，实际上，被控侵权产品的芯线和多个LED灯泡整体被其外部连为一体的柔性塑料所包覆，其位于灯泡上方部分同时具备了散光与包覆的功能，散光体被包覆层所包覆。

综上，紫图中心出具的鉴定报告，无论是在分析本案银雨公司专利的技术特征方面，还是在分析被控侵权产品的技术特征方面，均存在不正确之处。因此，不能作为认定本案事实的依据。原审法院依据紫图中心作出的鉴定报告的结论认定被控侵权产品没有落入银雨公司本案专利的保护范围，属认定事实错误，应予纠正。

三、关于被控侵权产品是否落入了本案专利保护范围的问题

银雨公司本案专利被国家知识产权局专利复审委员会宣告部分无效，原审法院重新界定了银雨公司本案专利权的保护范围及技术特征，是正确的，本院予以维持。

本案被控侵权产品的技术特征为：由柔性塑料的条状体、2根铜绞合线、横向孔、多个LED灯泡、限流电阻及引线、散光体、包覆层、电源的供电线、连接塑料罩壳等组成。由柔性塑料挤出成型一个预制长度的条状体，该条状体的横截面一侧，上下间隔地设置有2根铜绞合线，该铜绞合线纵向延伸与条状体等长度，在该条状体横截面的另一侧设置有与该铜绞合线平行的横向孔，多个横向孔以预制的间距均匀地分布在条状体的整个纵向长度上；多个LED灯泡，通过LED灯泡导电脚上连接的引线相互串联及与限流电阻相串接，该LED串联灯串的首端和末端的引线与铜绞合线作电气连接，LED灯泡、限流电阻及其引线的串联连接点相应地塞入横向孔中；散光体为乳白色不透明体，设置在LED灯泡上方，其长度与芯线的长度相等；用于包覆芯线、散光体及多个LED灯泡的柔性塑料包覆层，位于LED灯泡照射上方，该包覆层位于LED灯泡照射上方的部分是一半圆形曲面；设置在芯线及包覆层的首端与电源的供电线的连接处的接头，用以包覆铜绞合线与电源的供电线的电气连接的塑料罩壳。所述的散光体，与包覆层等长度一体成型，与包覆层成一整体，散光体中设置有一个纵向通孔。

本案二审中，双方当事人对被控侵权产品的技术特征与本案专利必要技术特征是否相同或等同存在争议，焦点在于散光体与包覆层的相互关系及两者的材料是否一致。根据本案专利新独立权利要求二可知，本案专利所述的散光体与包覆层是使用同一种材料一体挤出成型的，两者成一整体，即该整体起两种作用，一是散光作用，二是包覆作用，二者在结构上并无要求具备确定的物理界限。因此，中振公司、邓仲琼认为本案专利所述的散光体与包覆层只是两个独立的部分以及是由不同的材料制造的，是对本案专利技术特征的错误理解。

经比对本案专利新独立权利要求二及从属于其的原权利要求13的必要技术特征与被控侵权产品的技术特征，可知后者完全覆盖了前者的必要技术特征，落入了本案专利的保护范围。中振公司、邓仲琼认为被控产品没有侵犯银雨公司本案发明专利权，理由不成立，本院不予支持。

四、关于中振公司、邓仲琼认为被控侵权产品具有合法来源的抗辩理由是否成立的问题

本案被控侵权产品是由银雨公司通过公证购买的形式取得的，在公证购买的出仓单中盖有“中山市古镇正业灯饰门市部财务专用章”、在收款收据中盖有中振公司的印章，而中山市古镇正业灯饰门市部是由邓仲琼经营的个体工商户。因此，本案被控侵权产品是由中振公司、邓仲琼共同销售的。

中振公司、邓仲琼抗辩认为其销售的产品是其向江门市高新区亿嘉灯饰厂购买的，具有合法来源。但是，中振公司、邓仲琼提供的江门市工商信息中心于2008年4月7日出具的证明，证明了江门市高新区亿嘉灯饰厂并没有电脑注册登记资料，虽然邓仲琼向江门市公安局江海分局经济犯罪侦查大队报警，但到目前为止，仍然没有寻找到该公司及其负责人的下落。因此，中振公司、邓仲琼没有提供充分的证据证明江门市高新区亿嘉灯饰厂真实存在，其关于被控侵权产品具有合法来源的抗辩理由不成立，本院不予支持。

中振公司的经营范围是加工、销售灯饰、电器配件、五金制品、塑料制品，中山市古镇正业灯饰门市部经营范围是销售灯饰、电器配件。此外，“周小叶”的名片载有“中山市古镇中振灯饰有限公司　中山市古镇正业照明展示中心”字样，“门市：0760－2341827　2345827（古一小学门口侧）”，“厂电话：0760－2395103”，“传真：0760－2341827”，“厂址：广东省中山市古镇东岸公路2号”。因此，银雨公司认为中振公司制造以及销售了本案被控侵权产品、邓仲琼销售了本案被控侵权产品，理由成立，本院予以支持。

五、关于中振公司、邓仲琼应承担何种民事法律责任的问题

根据2000年8月25日修正的《中华人民共和国专利法》第十一条第一款的规定，发明专利权被授予后，任何单位或者个人未经专利权人许可，都不得实施其专利，即不得为生产经营目的制造、使用、许诺销售、销售、进口其专利产品，或者使用其专利方法以及使用、许诺销售、销售、进口依照该专利方法直接获得的产品。中振公司未经银雨公司的许可，擅自制造、销售被控侵权产品，邓仲琼销售被控侵权产品，两者均侵犯了银雨公司的专利权，应承担相应的侵权责任。银雨公司请求判令中振公司立即停止制造、销售侵权产品，邓仲琼立即停止销售侵权产品，理由成立，本院予以支持。

由于中振公司、邓仲琼具有侵犯银雨公司本案专利权的共同故意，因此，银雨公司请求判令中振公司、邓仲琼共同赔偿其经济损失，理由成立，本院予以支持。至于具体的赔偿数额，2000年8月25日修正的《中华人民共和国专利法》第六十条规定：“侵犯专利权的赔偿数额，按照权利人因被侵权所受到的损失或者侵权人因侵权所获得的利益确定；被侵权人的损失或者侵权人获得的利益难以确定的，参照该专利许可使用费的倍数合理确定。”《最高人民法院关于审理专利纠纷案件适用法律问题的若干规定》第二十一条规定：“被侵权人的损失或者侵权人获得的利益难以确定，有专利许可使用费可以参照的，人民法院可以根据专利权的类别、侵权人侵权的性质和情节、专利许可使用费的数额、该专利许可的性质、范围、时间等因素，参照该专利许可使用费的1至3倍合理确定赔偿数额；没有专利许可使用费可以参照或者专利许可使用费明显不合理的，人民法院可以根据专利权的类别、侵权人侵权的性质和情节等因素，一般在人民币

5000元以上30万元以下确定赔偿数额，最多不得超过人民币50万元。”第二十二条规定：“人民法院根据权利人的请求以及具体案情，可以将权利人因调查、制止侵权所支付的合理费用计算在赔偿数额范围之内。”本案中，由于银雨公司的损失以及中振公司、邓仲琼因侵权获得的利益均难以确定，也没有专利许可使用费可以参照，因此，本院综合考虑本案专利为发明专利，中振公司制造、销售侵权产品以及邓仲琼销售侵权产品的规模、时间，银雨公司为制止侵权所支付的合理费用等因素，酌定中振公司、邓仲琼共同赔偿银雨公司经济损失人民币15万元，对银雨公司超出此数额范围的诉讼请求不予支持。

综上所述，原审判决认定事实不清，适用法律错误，应予纠正。银雨公司上诉理由成立，应予支持。依照《中华人民共和国专利法》第十一条第一款、第五十六条第一款，《最高人民法院关于审理专利纠纷案件适用法律问题的若干规定》第二十一条、第二十二条，《中华人民共和国民事诉讼法》第一百五十三条第一款第（二）、（三）项的规定，判决如下：

一、撤销广东省中山市中级人民法院（2008）中中法民三初字第36号民事判决。

二、中振公司自本判决发生法律效力之日起立即停止侵犯银雨公司ZL200410032066.5发明专利权，即立即停止制造、销售被控侵权产品。

三、邓仲琼自本判决发生法律效力之日起立即停止侵犯银雨公司ZL200410032066.5发明专利权，即立即停止销售被控侵权产品。

四、中振公司、邓仲琼自本判决发生法律效力之日起七日内共同赔偿银雨公司经济损失人民币15万元。

本案一审案件受理费人民币6800元，鉴定费人民币50000元，其他诉讼费用人民币6679元，二审案件受理费人民币6800元，均由中振公司、邓仲琼负担。一、二审案件受理费均已由银雨公司向原审法院以及本院预交，原审法院以及本院应分别退回银雨公司人民币6800元，中振公司、邓仲琼应自本判决发生法律效力之日起七日内分别向原审法院以及本院交纳案件受理费人民币6800元。

如果未按本判决指定的期间履行给付金钱义务，应当依照《中华人民共和国民事诉讼法》第二百二十九条之规定，加倍支付迟延履行期间的债务利息。

本判决为终审判决。

审 判 长　邓燕辉
代理审判员　李泽珍
代理审判员　欧丽华
二〇〇九年十一月三日
书 记 员　张胤岩

【评析】

本案属于侵犯发明专利权纠纷，裁判文书制作质量高，符合优秀裁判文书评选标准，被评为2010年全省法院优秀裁判文书。其突出之处表现为：第一，该判决书根据上诉人的上诉理由、被上诉人的答辩意见，清楚、准确地归纳了当事人二审争议的焦点，为后面的分析论述打下了扎实的基础。第二，该判决书紧紧围绕当事人争议的焦点逐一进行充分的分析论述，层次分明，逻辑严谨，说理充分透彻。第三，该判决书正确适用了民事诉讼中的证据规则，对二审判决不采纳原审法院委托司法鉴定机构所作出的鉴定结论的理由进行了详细论述，结论令人信服。第四，该判决书正确确定了专利权的保护范围和被控侵权产品的技术特征，准确认定后者完全覆盖了前者的必要技术特征，从而构成侵权。该判决书引用法条准确完整，实体处理正确，用语规范、严谨。

●海口南青集装箱班轮公司与宝供物流企业集团有限公司等水路运输合同纠纷一案民事判决书

广东省高级人民法院

民事判决书

（2009）粤高法民四终字第263号

上诉人（原审被告）：海口南青集装箱班轮公司。住所地：海南省海口市和平北路申海大厦A座503室。

法定代表人：潘佩聪，该公司经理。

委托代理人：卢敏，上海市汇盛律师事务所律师。

委托代理人：戴玉鑫，上海市汇盛律师事务所律师。

被上诉人（原审原告）：宝供物流企业集团有限公司。住所地：广东省广州市天河区龙口东路361号宝供大厦四楼。

法定代表人：刘武，该公司董事长。

委托代理人：涂宏望，广东力诠律师事务所律师。

委托代理人：刘杰，广东力诠律师事务所律师。

原审被告：海南江海货物运输有限公司。住所地：海南省海口市滨海大道海口港汽车配载物流中心商铺A-3。

法定代表人：吴方杰，该公司经理。

上诉人海口南青集装箱班轮公司（以下简称南青公司）因与被上诉人宝供物流企业集团有限公司（以下简称宝供公司）、原审被告海南江海货物运输有限公司（以下简称江海运输公司）水路货物运输合同纠纷一案，不服广州海事法院（2005）广海法初字第21号民事判决，向本院提起上诉，本院依法组成合议庭审理了本案。本案现已审理终结。

宝供公司原审诉称：宝供公司与海南特区江海船务公司（以下简称江海船务公司）签订《海运运输合同》，约定由江海船务公司承运宝供公司托运的货物；江海船务公司是江海运输公司的大股东，两公司实为一体；上述合同实际履行过程中，江海运输公司转委托南青公司运输，因发生碰撞事故，本案货物全损；南青公司在申请设立海事赔偿责任限制基金时，没有向法院提供宝供公司的名称和地址，致使宝供公司未能申请登记债权，丧失了受偿权利。故请求法院判令江海运输公司、南青公司在南青公司所设立的海事赔偿责任限制基金之外另行连带赔偿宝供公司货物损失1325000元。

江海运输公司原审辩称：江海运输公司与江海船务公司是相互独立、性质不同的法人，江海运输公司从未与宝供公司签订海运合同；承运人是南青公司，江海运输公司对货损也无过错；宝供公司没有申请债权登记，依法应视为放弃债权。请求驳回宝供公司对江海运输公司的诉讼请求。

南青公司原审辩称：宝供公司并非托运人，其提出的赔偿请求属于限制性债权，南青公司依法享有限制赔偿责任的权利；宝供公司没有申请债权登记与南青公司无关；宝供公司不能证明货物发生了损失及损失数额，也不能证明其向货主赔偿了货物损失。请求驳回宝供公司的诉讼请求。

原审法院查明事实如下：

2003年3月17日，宝供公司与江海船务公司签订1份《海运运输合同》，约定：由宝供公司委托江海船务公司以海陆运输方式承运宝供公司托运的货物，宝供公司以货物托运委托书说明托运的货物及服务的内容；货到达指定地点，如集装箱封号与运单封号不符，出现货物短缺，江海船务公司对短缺货物应按市场零售价进行赔偿；运输费用的结算标准以附件《海口海运价格及运输时间》的约定为准，每月5日前结算上月1日至31日期间的运费，江海船务公司须交付正式运输发票和有效作业凭证及结算汇总表，经宝供公司审核无误后在20个工作日内用银行转账方式支付；合同有效期从2003年1月1日至2003年4月30日，合同到期后如果双方无异议，则合同有效期自动顺延。该合同附件《海口海运价格及运输时间》中记载了从海南省不同地点运输长20英尺的集装箱至杭州、广州、深圳等地的海运费金额、运输时间，其中从琼山三江镇和海口农垦仓库分别至深圳“门到门”运输，每个长20英尺的集装箱的海运运费分别为3270元和2970元。

2004年4月份，宝供公司曾委托江海运输公司运输部分红牛饮料从海口至深圳、广州等地，共发生海运费233016.80元。2004年6月8日，宝供公司将上述运费支付给江海运输公司，江海运输公司于6月10日以自己的名义向宝供公司开具了上述运费的海上货物运输业专用发票。

2003年7月7日，宝供公司与海南红牛饮料有限公司（以下简称红牛公司）签订1份《货物运输合同》约定：红牛公司委托宝供公司承运红牛饮料，宝供公司按照报价表于每月31日前与红牛公司结算当月1日至31日期间的运费，其中汽车运输凭客户签收单和运输发票结算，铁路运输凭铁路发票复印件、宝供仓库签字确认的入库单和国家税务局认可的运输发票结算；红牛公司委托宝供公司办理运输保险，当发生货差货损时，由宝供公司按红牛公司产品价值的实际金额每箱112.80元赔偿；合同有效期从2003年4月1日起至2004年12月31日止。该合同附有《红牛饮料配送价格》、《运费结算价格》和《红牛产品运输、储存基本条件》3个附件。

2004年6月24日，署名“冯春虹”的人向南青公司出具1份《国内水路货物集装箱运输委托书》，南青公司于6月28日在该委托书上盖章接受委托。该委托书载明的托运人为“冯春虹”（同时注明其手机号：13189953560），收货人为“童华”（同时注明其手机号：13076907530，地址：深圳红岭北路植园仓库3号仓），货物为4个长20英尺的集装箱装的饮料，预定29日舱位，装、卸港分别为琼新港与蛇口，货物装箱地点为三江，运杂费共计为8480元，收款对象为“海口办冯尔军”。该委托书同时注明该4

个集装箱的箱号和封铅号分别为GESU2485841/341294、CLHU3348706/341339、GESU2310951/341043、GESU2310170/341313。冯春虹的工作单位及其身份状况不明。

6月24日至28日，宝供公司安排红牛公司在该公司仓库向上述4个集装箱内装载了10600箱红牛饮料。6月29日，南青公司承运了该4个集装箱装的饮料，并出具了《国内水路集装箱货物运单》（运单号：NQQX291412），该运单载明：托运人（发货单位）为“宝供公司”，发货地址“三江”（未注明电话）；收货人为童华，收货地址为“深圳市红岭北路植园仓库3号仓1楼转宝供公司”，收货电话0755－25846232、13076907530；承运人为南青公司，承运船舶为“南青”轮，始发港琼新港，目的港蛇口港。该运单记载的货名、集装箱箱号及封铅号与上述《国内水路货物集装箱运输委托书》的记载相同。该运单右上角有一格式条款载明：“本运单经承托双方签认后，具有合同效力。承运人与托运人、收货人之间的权利、义务关系和责任界限均按《水路集装箱货物运输规则》、《水路货物运输规则》及运杂费用的有关规定办理。”在该运单装货港联托运人签章处的署名为“冯春虹”，承运人处加盖“海口南青集装箱班轮公司海口（新港）办”章。童华当时系宝供公司的职员。宝供公司持有该运单托运人联。没有证据表明存在全称为“宝供公司”的单位。

6月29日23：00，“南青”轮装载44个集装箱共1000吨货物从海口新港码头起航，驶往深圳蛇口港。7月1日约01：45，“南青”轮航行至珠江口距伶仃水道马友石灯船约2海里水域开始与前方来船“中航902”轮相遇，呈对遇局面，因两轮船员瞭望疏忽和采取避让措施不当，两轮于01：55在北纬22°16′295″，东经113°47′628″（概位）发生碰撞，“中航902”轮船艏破裂变形，艏尖舱进水；“南青”轮左舷船舯位置出现长约3.5米、高约2米的“V”字形破口，海水进入船舱。碰撞约5分钟后，“南青”轮坐地沉没于北纬22°16′324″，东经113°47′818″处，所载部分集装箱沉没、部分集装箱在水面漂浮。“中航902”轮为982总吨钢制集装箱船，航区A级，船籍港中山，船舶所有人与经营人均为中山市港航企业集团有限公司（以下简称港航公司）。“南青”轮为860总吨的钢制集装箱船，航区为国内沿海，船籍港海口，船舶所有人与经营人均为南青公司。

就该次船舶碰撞事故造成双方的损失，港航公司于2004年7月5日向海口海事法院起诉南青公司，海口海事法院于7月7日受理［案号：（2004）海事初字第018号］；南青公司于2004年8月9日向原审法院起诉港航公司，原审法院于2005年4月21日移送海口海事法院处理［案号：（2005）海事初字第004号］。海口海事法院经审理分别于2005年12月16日、2006年1月12日作出（2004）海事初字第018号、（2005）海事初字第004号民事判决书，认定：“中航902”轮与“南青”轮对于该次船舶碰撞事故应分别承担60%、40%的过失责任。南青公司对海口海事法院就该两案作出的上述判决不服，提起上诉，海南省高级人民法院经审理于2006年9月18日作出（2006）琼民二终字第18号、（2006）琼民二终字第19号民事判决驳回上诉，维持原判。

2004年7月7日，港航公司为限制其在上述船舶碰撞事故中的赔偿责任，向海口海事法院申请设立海事赔偿责任限制基金。海口海事法院于7月9日受理了港航公司的申请，于7月12日向已知利害关系人南青公司发出通知，告知其若对港航公司申请设立基金有异议应在7日内提出。海口海事法院分别于7月15日至17日在《南方日报》

上、于7月17日至19日在《海南日报》上就港航公司申请设立海事赔偿责任限制基金发布公告，要求有关债权人在公告之日起30日内申请债权登记，有异议的利害关系人应在公告之日起30日内提出异议。在公告之日起30日内，南青公司于7月16日就港航公司申请设立基金提出管辖权异议，另有其他3名利害关系人也提出异议。海口海事法院经审查于8月26日作出（2004）海限字第1号民事裁定书，驳回各异议人的异议，准许港航公司设立基金。南青公司不服，提起上诉，海南省高级人民法院于2005年2月28日裁定驳回上诉，维持原审裁定。2005年3月7日，港航公司按照海口海事法院（2004）海限字第1号民事裁定书，向该法院账户划拨3668718.40元，设立了海事赔偿责任限制基金。2007年7月18日，与基金有关的9个债权人共21宗债权纠纷经海口海事法院全部审结，有关21份判决书均已生效，有关债权总额为6799544.86元（不包含由港航公司承担的诉讼费用），海口海事法院于2007年7月18日裁定按比例分配基金，南青公司等9个债权人按债权比例受偿。港航公司申请设立基金时没有将宝供公司作为已知利害关系人告知海口海事法院，海口海事法院也没有书面通知宝供公司该院受理港航公司申请设立基金的情况。宝供公司没有就其货物损失针对港航公司设立的海事赔偿责任限制基金向海口海事法院申请债权登记，也没有起诉港航公司。

2004年7月9日，南青公司为限制其在上述船舶碰撞事故中的赔偿责任，向原审法院申请设立海事赔偿责任限制基金。原审法院经审查于7月20日受理了南青公司设立海事赔偿责任限制基金的申请［案号：（2004）广海法初字第198号］，于7月23日向南青公司送达了受理申请通知书，要求南青公司在接到该通知3日内向原审法院提供有关已知利害关系人的名称、地址、通信方式及有关证据。7月21日与23日，南青公司分别传真原审法院告知：该案利害关系人主要为港航公司（同时列明地址）；由于运输委托等操作和关系复杂，其他有关利害关系人的名称、地址等资料尚无法确定，故无法向法院提供。当时原审法院因没有获知利害关系人的情况，故没有特别向有关的利害关系人发出书面通知，以告知利害关系人原审法院已受理南青公司设立海事赔偿责任限制基金的申请并提示债权登记。原审法院于7月29日至31日在《人民日报》发布公告，通知：凡与本次海事事故有关的利害关系人应自公告之日起30日内向本院办理债权登记，逾期不登记的，视为放弃债权，不得在海事赔偿责任限制基金中分配。在公告期间，港航公司等4家公司先后于7月31日至8月20日就南青公司申请设立海事赔偿责任限制基金向本院提出异议。因南青公司没有将宝供公司作为该次船舶碰撞的利害关系人告知原审法院，原审法院没有通知宝供公司原审法院受理南青公司申请设立海事赔偿责任限制基金的情况，宝供公司也没有在原审法院公告的期限内向该院申请债权登记。原审法院于2004年9月3日作出（2004）广海法初字第198号民事裁定，准予南青公司设立海事赔偿责任限制基金。港航公司等异议人不服，提出上诉。在“中航902”轮与“南青”轮发生碰撞后，因在原审法院受理南青公司的起诉与申请设立海事赔偿责任限制基金之前，港航公司已向海口海事法院起诉并申请设立海事赔偿责任限制基金，且海口海事法院已受理港航公司的起诉和申请，广东省高级人民法院于2005年3月30日作出（2004）粤高法立民终字第314号民事裁定书，裁定：撤销该院（2004）广海法初字第198号民事裁定，将案件移送海口海事法院处理。原审法院于2005年4月5日将南青公司申请设立海事赔偿责任限制基金一案移送海口海事法院处理，海口海事法院受理后（没有另行发出公告）针对港航公司等4异议人提出的异议进行审查，于2005年8月15日作出（2005）海限字第01号民事裁定书，裁定：驳回港航公司等4异议人提出的异议；准许南青公司提出的设立海事赔偿责任限制基金的申请；基金数额为227120计算单位和自2004年7月1日起至基金设立之日止的利息。各当事人在上诉期内没有对该裁定提起上诉。在该裁定生效后，南青公司于2005年10月8日将上述基金款项折合人民币2953733元划付至海口海事法院设立了海事赔偿责任限制基金。2007年6月26日，海口海事法院审结其所受理的全部与该基金有关的18宗损害赔偿纠纷，有关18份民事判决书［（2004）海事初字第021号、第023－039号］均已发生法律效力，该18份判决共涉及符方海等7名债权人。依据该18份生效判决，符方海等7名债权人对南青公司的债权（不含南青公司应负担的诉讼费用）总额为2886220.84元，南青公司应承担的诉讼费共45665元，合计2931885.84元。海口海事法院于2007年6月26日就基金分配召集符方海等7名债权人开债权人会议，各债权人经自愿协商对基金分配达成协议，海口海事法院裁定确认了各债权人达成的受偿协议，各债权人受偿的债权总额（含应由南青公司承担的案件受理费）为2931885.84元。该18宗案件的执行申请费11639元由南青公司承担，从基金中支付。各债权人受偿的债权总额和该执行申请费合计2943524.84元。南青公司设立的基金直接存于海口海事法院账户无利息，海口海事法院分配债权及拨付申请执行费后，已将余款10208.16元退还南青公司。宝供公司没有参与该基金的分配。

船舶碰撞事故发生后，南青公司没有向宝供公司交付4个集装箱货物，宝供公司也没有通过其他途径取得该货物。宝供公司没有支付运费。

2004年8月3日、8月5日，宝供公司分别以邮政快递致函江海运输公司和南青公司，称：宝供公司委托江海运输公司运输4个集装箱的红牛饮料，共计10600件，因“南青”轮与他船发生碰撞而全部落海，后经海事局打捞出其中1个集装箱；该货物一经污染和破损即应销毁，因此，可推定宝供公司所托运的货物已实际全损；按成本价每件112.80元计算，上述货物损失共计1195680元，江海运输公司和南青公司作为承运人和实际承运人依法应向宝供公司赔偿上述货物损失，请该两公司于收到函件7日内将上述损失金额支付至宝供公司的账户。南青公司于8月11日收到上述索赔函。9月7日，宝供公司委托广东力诠律师事务所律师涂宏望分别向江海运输公司和南青公司发出一份与上述两函件内容基本相同的律师函。南青公司收到上述两份函件后，没有作出回复，直至2005年2月24日原审法院第一次庭审时，南青公司才在抗辩中告知宝供公司原审法院已受理其设立海事赔偿责任限制基金的申请并发布了公告。

红牛公司于2004年9月向宝供公司出具了2份证明，分别称：事故发生时红牛公司相关的普通型红牛产品销售给分销商的价格为每件125元；2004年7月委托宝供公司承运的10600箱红牛原味型产品发生沉船事故，红牛产品一经海水污染，无法进行正常的销售和使用，所以必须进行全部销毁。2004年10月26日，红牛公司向宝供公司发函称：红牛公司于2004年7月委托宝供公司承运的10600箱红牛原味型产品发生货损事故，红牛产品一经海水污染，无法正常销售和使用，所以必须全部销毁，限宝供公司于2004年年底按合同相关条款作出赔偿。同日，红牛公司向宝供公司出具另一份函称：根据红牛公司与宝供公司所签订的合同，宝供公司应赔偿的货物损失为1325000

元，该赔偿款在红牛公司所欠宝供公司的运费中扣除，如无异议请盖章确认。宝供公司于11月8日在该函件上盖章确认，同意从红牛公司欠其运费中抵扣上述赔偿款项。12月30日，红牛公司向宝供公司书面确认其已收到宝供公司的赔偿款1325000元。

江海船务公司系于1994年5月10日成立的国有企业法人，经营范围为海南与国内各港间货物运输、货运及船舶代理等，经营期限和营业执照的有效期为2004年5月10日止，但该公司还没有办理注销登记手续。江海运输公司系于2002年10月17日成立的有限责任公司，法人股东为江海船务公司，自然人股东为冯尔军、汪汉友、李天明，经营范围为天然乳胶集装箱运输、公路货物运输、陆路货物联运代理、仓储及配送服务。冯尔军、汪汉友不在江海运输公司任职。江海运输公司没有“水路运输许可证”。江海船务公司和江海运输公司的法定代表人均为吴方杰。南青公司持有交通部于2004年1月2日向其颁发的《水路运输许可证》，该许可证起止日期从2003年11月1日起至2008年10月31日止。

案经原审法院审判委员会讨论认为：该案是一宗水路货物运输合同纠纷。涉案《国内水路货物集装箱运输委托书》与《国内水路集装箱货物运单》所载明的货物的货名、集装箱号、封铅号等内容一致，均为该案货物，但《国内水路货物集装箱运输委托书》上载明的托运人与《国内水路集装箱货物运单》上载明的托运人不一致。因南青公司是在接受《国内水路货物集装箱运输委托书》之后出具《国内水路集装箱货物运单》的，运单是对运输合同关系的正式确认，尽管该运单载明的托运人为“宝供公司”而非宝供公司全称，但结合宝供公司持有该运单的托运人联之事实，可认定“宝供公司”为宝供公司简称，宝供公司是该运单上记载的托运人。宝供公司接受红牛公司的委托运输货物，又转委托南青公司从事部分运输；南青公司签发的运单所记载的收货人童华系宝供公司的职员，收货地址为宝供公司的经营场所，综合这些事实可认定宝供公司也是货物的收货人，童华是宝供公司的收货经办人。宝供公司与南青公司之间以该运单为主要形式订立了运输合同，该运输合同合法有效，南青公司为承运人，宝供公司为托运人和收货人。宝供公司是主张该案货物损失的适格主体。

江海运输公司与江海船务公司是两个相互独立的企业法人，与宝供公司签订《海运运输合同》的承运人是江海船务公司。宝供公司主张《海运运输合同》实质上由江海运输公司履行，但宝供公司没有提供证据予以证明。尽管江海运输公司曾于2004年4月作为承运人为宝供公司承运货物，但江海运输公司并没有就货物与宝供公司签订运输合同，其并非货物运输的承运人，亦未实际运输货物。宝供公司要求江海运输公司承担货损赔偿责任，缺乏事实与法律依据，不予支持。

按照《中华人民共和国合同法》第二百九十条的规定，承运人应当在约定期间或者合理期间内将货物安全运输到约定地点。按照宝供公司与南青公司在运单格式条款中的约定，承运人与托运人、收货人之间的权利、义务关系和责任界限均按《水路集装箱货物运输规则》、《水路货物运输规则》及运杂费用的有关规定办理。《水路货物运输规则》第三十四条第一款与第三款分别规定：“承运人应当在约定期间或者在没有这种约定时在合理期间内将货物安全运送到约定地点。”“承运人未能在本条第一款规定期间届满的次日起六十日内交付货物，有权对货物灭失提出赔偿请求的人可以认为货物已经灭失。”宝供公司和南青公司没有就该案货物的运输时间进行约定，但承运船舶“南青”轮于2004年6月29日自海南琼新港起运驶往目的港深圳蛇口，在运输过程中发生碰撞而沉没，至原审法院于2008年7月15日第二次开庭时，早已超过应当交货的合理期间之外的60日期限，南青公司一直没有向宝供公司交付货物，也没有提供证据证明货物下落。按照上述规定，可以认定该案货物已经灭失。

按照《中华人民共和国合同法》第三百一十一条的规定，承运人对运输过程中货物的毁损、灭失承担损害赔偿责任，但承运人证明货物的毁损、灭失是因不可抗力、货物本身的自然性质或者合理损耗以及托运人、收货人的过错造成的，不承担损害赔偿责任。承运人南青公司没有证明该案存在对货物灭失免责的事由，应予以赔偿。按照《中华人民共和国合同法》第三百一十二条的规定，货物的毁损、灭失的赔偿额，当事人有约定的，按照其约定；没有约定或者约定不明确，依照该法第六十一条的规定仍不能确定的，按照交付或者应当交付时货物到达地的市场价格计算。宝供公司与南青公司没有约定货损赔偿额，也没有事后达成赔偿补充协议，宝供公司没有提供证据直接证明应当交付时货物到达地的市场价格，但宝供公司与红牛公司约定了红牛饮料价值每箱112.8元并以该价值作为货损赔偿标准，而宝供公司实际以每箱125元的标准向红牛公司赔偿红牛饮料的损失，该事实表明每箱112.8元可代表货物的一种市场价值。宝供公司以高于原约定标准按每箱125元赔偿，没有说明合理理由，故对其要求按每箱125元赔偿的主张不予采纳。在没有相反证据的情况下，宝供公司托运的10600箱红牛饮料的损失，应按每箱112.8元计算，共计1195680元。按照《中华人民共和国海商法》第一百六十九条第二款的规定，互有过失的船舶，对碰撞造成的船舶以及船上货物和其他财产的损失，依照各船过失程度的比例负赔偿责任。《最高人民法院关于审理船舶碰撞纠纷案件若干问题的规定》（法释［2008］37号）第七条规定：“船载货物的权利人因船舶碰撞造成其货物损失向承运货物的本船提起诉讼的，承运船舶可以依照海商法第一百六十九条第二款的规定主张按照过失程度的比例承担赔偿责任。”南青公司对碰撞事故承担40%的过失责任，其应按此过失程度比例赔偿宝供公司的货物损失，即478272元（1195680元×40%）。

该案货物灭失属于《中华人民共和国海商法》第二百零七条第一款第（一）项规定的限制性债权，南青公司可据此限制船舶碰撞损害赔偿的责任，并根据《中华人民共和国海事诉讼特别程序法》第九章的规定申请设立海事赔偿责任限制基金。《中华人民共和国海事诉讼特别程序法》第一百一十二条规定：“海事法院受理设立海事赔偿责任限制基金的公告发布后，债权人应当在公告期间就与特定场合发生的海事事故有关的债权申请登记。公告期间届满不登记的，视为放弃债权。”南青公司申请设立海事赔偿责任限制基金对债权人权益有重要影响，因此，其在申请设立基金时应当按照《中华人民共和国海事诉讼特别程序法》第一百零四条的规定书面告知法院已知利害关系人的名称、地址和通信方法。2004年6月29日，南青公司承运该案货物，并签发了运单，运单载明的收货人童华系宝供公司的职员，同时附有收货地址和电话，南青公司知悉收货人信息。在2004年7月1日承运船舶“南青”轮碰撞沉没后，南青公司没有交付货物，应知货物已发生损失，其于2004年7月9日向原审法院申请设立海事赔偿责任限制基金时应当告知原审法院货物的托运人与收货人，却没有告知。原审法院受理南青公司设立基金的申请后，于2004年7月23日书面通知南青公司提供已知利害关系人的信息及有关证据，南青公司仅提供了碰撞事故对方船的所有人港航公司的信息，仍不提供货物的利害关系人的信息。原审法院受理南青公司设立海事赔偿责任限制基金的申请后，于2004年7月29日至31日在《人民日报》发布公告，债权登记期间为公告之日起30日内。2004年8月5日与9月7日，宝供公司两次致函南青公司要求赔偿货物损失，宝供公司第一次要求赔偿正在债权登记期（2004年7月29日至8月28日）内，南青公司应当及时告知宝供公司原审法院受理其申请设立基金的情况并将宝供公司作为已知利害关系人告知原审法院，而南青公司却不履行告知义务，严重违反了《中华人民共和国海事诉讼特别程序法》第一百零四条规定的告知义务。

按照《中华人民共和国海事诉讼特别程序法》第一百零五条和第一百零六条第一款的规定，海事法院受理设立海事赔偿责任限制基金申请后，应当在7日内向已知的利害关系人发出通知，同时通过报纸或者其他新闻媒体发布公告，通知和公告包括设立海事赔偿责任限制基金和办理债权登记事项等内容；利害关系人对申请人申请设立海事赔偿责任限制基金有异议的，应当在收到通知之日起7日内或者未收到通知的在公告之日起30日内，以书面形式向海事法院提出。法律对已知利害关系人与未知利害关系人的告知方式和异议期有明确区分，公告方式对已知利害关系人不发生送达或者告知效力。《中华人民共和国海事诉讼特别程序法》第一百一十二条关于“公告期间届满不登记的，视为放弃债权”的规定适用于已知和未知的利害关系人，目的是保证海事赔偿责任限制基金正常分配，避免海事法院因等待不明债权申报而无明确预期地推迟基金分配，所规定的除权效果是按照法律规定通知和公告的正常结果。宝供公司作为未受通知的已知利害关系人，未在债权登记期间申请债权登记，被依法视为放弃债权，不是按照法律规定接受通知进行诉讼的正常结果。南青公司申请设立海事赔偿责任限制基金，未履行告知法院已知利害关系人的义务，侵害了宝供公司的债权，依据《中华人民共和国民法通则》第一百零六条第一款关于“公民、法人违反合同或者不履行其他义务的，应当承担民事责任”之规定，南青公司应当承担相应的赔偿责任。南青公司违反告知义务所应承担的赔偿责任是一种特殊的债，已不同于被视为放弃的原债，而是侵害原债之后产生的新债。原债被视为放弃，是南青公司不履行法定告知义务所侵害的结果，因而产生新债，这与《中华人民共和国海事诉讼特别程序法》第一百一十二条关于“公告期间届满不登记的，视为放弃债权”的规定并不矛盾，该规定没有排除设立海事赔偿责任限制基金的申请人不履行告知义务导致债权被视为放弃的赔偿责任。

尽管有其他利害关系人未经法院通知而在债权登记期间申请债权登记，并不能推断所有已知利害关系人均知情。从法律关于通知与公告分别适用已知、未知利害关系人的规定，可推断法律并不要求已知利害关系人须注意法院关于受理设立海事赔偿责任限制基金申请的公告。通知是使已知利害关系人知情的唯一法定途径。宝供公司在货损发生后及时向南青公司提出书面索赔并起诉，在索赔过程中合理谨慎，而南青公司却严重违反告知义务。宝供公司作为已知利害关系人未受通知与错过债权登记期间之间有相当因果关系，宝供公司错过债权登记期间应认定为未受通知的结果。如果南青公司及时履行告知义务，宝供公司在债权登记期间申请债权登记并起诉，宝供公司可按比例从基金中受偿。南青公司设立的基金为2953733元。海口海事法院审理确认的有关债权（不含南青公司应负担的诉讼费用）总额为2886220.84元，加上宝供公司对南青公司的债权

478272 元，合计 3364492.84 元，宝供公司可按比例从基金中受偿 419881.35 元（2953733 元/3364492.84 元×478272 元）。南青公司应当赔偿因其未履行告知义务给宝供公司造成的损失 419881.35 元。

2004 年 7 月 12 日至 16 日，南青公司已知海口海事法院受理了港航公司申请设立海事赔偿责任限制基金的申请。南青公司于 8 月 11 日收到宝供公司第一件索赔函后，除应告知宝供公司其申请设立基金的情况外，还应当立即告知港航公司在海口海事法院申请设立基金的情况，以便宝供公司能在海口海事法院的公告之日（7 月 15 日至 19 日）起 30 日内向该法院申请债权登记，南青公司违反了《中华人民共和国合同法》第六十条第二款规定的诚信通知义务。但是，宝供公司于 2004 年 12 月 1 日向原审法院起诉南青公司索赔货物损失时已知该案货损是两船碰撞所致，却一直仅请求南青公司与江海运输公司赔偿，而在两年诉讼时效期间内没有起诉另一碰撞船舶“中航 902”轮的所有人与经营人港航公司，表明宝供公司自始并无要求港航公司按照碰撞过失比例承担货损赔偿责任之意。宝供公司没有向港航公司索赔货物损失，与南青公司没有履行上述通知义务无必然联系，故不能将宝供公司没有从港航公司设立的海事赔偿责任限制基金中受偿部分损失归咎于南青公司，而要求南青公司另行赔偿原本应由港航公司承担的赔偿责任。综上，依照《中华人民共和国海事诉讼特别程序法》第一百零四条、《中华人民共和国民法通则》第一百零六条第一款、《中华人民共和国合同法》第三百一十一条以及《中华人民共和国海商法》第一百六十九条第二款的规定，判决：（一）南青公司应在所设立的有关海事赔偿责任限制基金之外另行赔偿宝供公司损失 419881.35 元；（二）驳回宝供公司对江海运输公司的诉讼请求。以上给付金钱义务，应于判决生效之日起 10 日内履行完毕。如果未按判决指定的期间履行金钱给付义务，应当依照《中华人民共和国民事诉讼法》第二百二十九条之规定，加倍支付迟延履行期间的债务利息。一审案件受理费人民币 16635 元，由宝供公司负担 11364 元，南青公司负担 5271 元。

上诉人南青公司不服原审判决，向本院提起上诉称：（一）原审判决超越宝供公司诉请的其他性质的债权债务关系作出裁判。本案系宝供公司基于水路货物运输合同向承运人提起的货损赔偿之诉。宝供公司从未就“新债”提出过诉请。（二）宝供公司由于未能在法律规定期间内登记债权，故已经丧失向南青公司主张违约损害赔偿的债权人地位。1. 宝供公司基于海上事故而产生的损害赔偿债权均已丧失。2. 南青公司已经依法通过申请设立海事赔偿责任限制基金程序在《人民日报》进行了连续三日的公告，其他货主均已及时进行了登记并提起了诉讼，因此宝供公司即便是作为已知的利害关系人，也是由于其自身的疏忽导致未能根据法律规定进行债权登记。（三）宝供公司并非依法可以进行债权登记的利害关系人。1. 宝供公司并未举证证明其系涉案货物之托运人或收货人。根据其主张，其是与江海运输公司之间建立运输合同关系。2. 宝供公司不是收货人。其与童华之间的劳动合同的合同期间并不包含争议发生期间，且不能认定其真伪，其也未能证明运单所记载的地址系其营业地址。根据宝供公司自己的陈述，其为涉案货物运输的中间环节的承运人，相应的其可以取得债权人地位并有权将其所受损失进行登记、依法提起确权诉讼应当在其实际发生损失之时，但根据宝供公司的陈述，其对外作出赔偿系在 2004 年 12 月 30 日之后，此时也超过了登记期限。（四）就货物的实际损害程度、货物的价值与权利归属问题无任何有效证据可以证明，且宝供公司是否作出赔偿以及赔偿的合理性也无任何证据可以证明。1. 实际装箱情况无证据可以证明。2. 关于货物的价值，原审判决仅以案外人的单方面声明作出认定，缺乏事实依据。3. 原审判决在宝供公司不能提供任何证据证明其实际已经对外进行赔偿的情况下，认定宝供公司遭受了损失，亦缺乏事实依据。宝供公司声称其作出赔偿系通过与案外人之间就应收运费进行抵冲，但宝供公司不仅未能证明确实存在所谓运费欠款，也不能提供任何材料证明抵冲事实的存在。4. 在事故发生之后，宝供公司也未曾主张过提取货物并向救助人支付救助费用，所谓的损失显然是有关当事人的不作为造成。故请求撤销原审判决，依判决发回重审或迳行改判驳回宝供公司之全部诉讼请求。

被上诉人宝供公司答辩称：（一）原审判决没有超越宝供公司的诉讼请求。原审法院第一次开庭审理时，宝供公司变更了诉讼请求及事实与理由，主张因南青公司未向法院告知宝供公司的信息造成宝供公司没有进行债权登记，故应赔偿宝供公司的损失。（二）原审判决认定南青公司在申请设立海事赔偿责任限制基金时未依法履行告知义务事实清楚。1. 南青公司签发的运单列明宝供公司为托运人，收货人童华系宝供公司员工，并有电话号码及通信地址。2. 南青公司仅向法院提供了碰撞事故另一方船舶的信息，却仍然不提供宝供公司的信息。3. 南青公司的代理人于2004年7月21日和23日致法院的传真中再次明确表示不知有已知利害关系人，并表示如有错误愿意承担法律责任。这与南青公司自己签发的运单载明的宝供公司的电话及通信地址自相矛盾。4. 即使运单上托运人的名称只写简称，可能无法确认宝供公司的真实身份，但运单上列明有收货人童华的地址、联系电话和工作单位，南青公司亦没有提交童华的信息给法院。5. 在赔偿责任基金申报期间，宝供公司两次致函南青公司要求承担赔偿责任，但南青公司却从来没有告知过宝供公司有关基金事宜。（三）由于南青公司违反法定的告知义务，导致宝供公司无法在赔偿责任基金公告期间向法院申报债权，最终被视为放弃债权，是一种侵权之债，南青公司承担在海事赔偿限制基金之外另行赔偿的义务也是符合《中华人民共和国海事诉讼特别程序法》第一百一十条的规定。（四）原审判决对于货物的实际损害程度及价值的认定有充分的法律依据。1. 关于装箱数量。宝供公司提供的装车清单上详细列明每个集装箱内装载饮料的件数。每个箱号装载的数量与之后红牛公司出具的相关证明是相互印证的。2. 关于货物价值。事故发生时货物到达地深圳红牛饮料的市场价远高于每箱125元，而宝供公司按每箱125元赔偿红牛公司损失，已经是与红牛公司进行了多次协商的结果。3. 关于赔偿的方式。宝供公司长期给红牛公司承运货物，按照双方合同的约定，也并不是每票货一经承运就立即结清运费，而是有一个赎期，在此期间自然会出现红牛公司欠宝供公司运费。碰撞事故发生后，双方经协商一致，宝供公司以运费抵偿应赔偿红牛公司的货物损失。综上，原审判决认定事实清楚，适用法律正确，实体处理得当，请求维持原审判决，驳回南青公司的上诉请求。

本院二审查明的事实与原审法院查明的事实相同。

本院认为，宝供公司以南青公司违反法定义务致其债权受偿权利受侵害为由，要求南青公司对此承担赔偿责任。根据宝供公司的诉讼请求及理由，本案属侵权纠纷案件。本案二审双方当事人诉争的焦点为：（一）宝供公司是否为诉争货物运输关系中的托运人、收货人；（二）南青公司对于宝供公司未获基金清偿这一结果是否具有过错，该过错与该结果之间有无因果关系；（三）宝供公司作为受害人，对损害结果的发生是否亦有过错。

关于第一个争点，即宝供公司是否为诉争货物运输关系中的托运人、收货人的问题。南青公司对外签发的运单显示托运人为宝供公司，收货人为童华。而宝供公司向法院提交的劳动合同显示，于本案运单出具当时童华仍为宝供公司的员工，因此在宝供公司于原审起诉时持有运单托运人联，且无相反证据证明另有其他公司的字号为宝供公司的情况下，原审法院据运单及上述劳动合同认定宝供公司是托运人及收货人证据充分，本院予以维持。上诉人南青公司主张宝供公司并非诉争货物的托运人及收货人缺乏理据，本院不予采信。

关于第二个争点，即南青公司对于宝供公司未获基金清偿这一结果是否具有过错，该过错与该结果之间有无因果关系的问题。宝供公司作为诉争货物的收货人，据运单有权向承运人主张权利。由于事故发生后法院受理了申请人为南青公司的设立海事赔偿责任限制基金申请，因此根据《中华人民共和国海事诉讼特别程序法》第一百一十二条“海事法院受理设立海事赔偿责任限制基金的公告发布后，债权人应当在公告期间就与特定场合发生的海事事故有关的债权申请登记。公告期间届满不登记的，视为放弃债权”的规定，宝供公司的上述债权的行使方式及实现的途径受到相应的限制，即必须在上述程序与其他债权人一起以基金为限共同受偿，在基金赔付后债权人不能再通过民商事普通诉讼程序来主张合同权利。虽然方式、途径已被特定化，但是该种债权是一种可以实现的债权。在上述基金案件中，南青公司设立的基金已被案外七位债权人按比例清偿完毕，宝供公司本可以实现的债权永远落空。这是宝供公司诉称的损失，根据前述分析论述，本院认定该损失已实际发生。

《中华人民共和国海事诉讼特别程序法》第一百零四条明确规定，“申请人向海事法院申请设立海事赔偿责任限制基金，应当提交书面申请。申请书应当载明申请设立海事赔偿责任限制基金的数额、理由以及已知的利害关系人的名称、地址和通信方法，并附有关证据”。该条款赋予海事赔偿责任限制基金申请人向法院书面告知已知利害关系人的法定义务。本案中，南青公司是诉争运输关系下的承运人，对外向托运人宝供公司签发了运单，运单上清楚地载明了托运人名称与收货人名称、地址、联系电话、手机号码等内容，这表明南青公司知悉托运人及收货人的详细信息。但是，南青公司向法院申请设立海事赔偿责任限制基金时，并未如实向法院提供托运人、收货人信息，该行为明显有违上述条款的明文规定。

由于南青公司未向法院告知宝供公司的情况，直接导致法院未向宝供公司发出办理债权登记的通知，公告期间届满宝供公司亦未登记债权，从而产生了《中华人民共和国海事诉讼特别程序法》第一百一十二条规定的“公告期间届满不登记的，视为放弃债权”的法律后果。换言之，宝供公司无权再以货物运输合同为诉因向南青公司主张权利，其基于合同享有的合法债权因此受到了侵害。据此，本院认为南青公司上述消极不作为的行为与宝供公司遭受的损失之间存在因果关系，且南青公司的行为违反了法定义务，南青公司对损失的发生有过错。根据《中华人民共和国民法通则》第一百零六条第二款“公民、法人由于过错侵害国家的、集体的财产，侵害他人财产、人身的，应当承担民事责任”的规定，南青公司的行为构成侵权行为，依法应当承担侵权民事责任。因此，原审法院关于南青公司怠于履行告知义务的行为与宝供公司未能在设立海事赔偿责任限制基金程序中按比例受偿的结果之间存在相当因果关系、南青公司的行为构成侵权的认定并无不当，本院予以维持。

关于第三个争点，即宝供公司作为本案侵权纠纷中的受害人，对于其债权未能实现的损害结果是否亦有过错的问题。《中华人民共和国海事诉讼特别程序法》第一百零五条规定，“海事法院受理设立海事赔偿责任限制基金申请后，应当在七日内向已知利害关系人发出通知，同时通过报纸或者其他新闻媒体发布公告”。该条款规定了法院在受理基金申请后通知债权人的两种方式：一种是书面通知，另一种是公告。公告的对象是否仅限于非已知利害关系人，或者说是否将已知利害关系人排除在外，上法并无明确指引或限制。公告，是指公布告知，是向全社会的普罗大众发布通知，相对于书面通知的方式而言，这属于推定知悉的一种方式，在法律没有明确限定的情况下，应当理解为包括所有债权人在内，不论是已知利害关系人还是未知利害关系人。至于上法第一百零六条规定通过不同方式知悉基金设立的债权人相应的异议期间有不同，这是法律对基金程序中有关期间的合理安排，仅据此点，难以推定公告的对象不包括已知利害关系人。因此，作为一名积极维护自身合法利益的债权人，宝供公司应当切实了解基金程序中关乎切身利益的具体规定，谨慎注意法院对外发布的此种公告，或者了解、关注海事法院有关案件的受理及审理进程。本案中，南青公司仅向法院提供了一位利害关系人的信息，而最终有七位债权人在基金案件中受到清偿。这一事实说明，如果宝供公司像其他债权人一样，对法院的公告予以必要的关注或以其他方式了解基金案件的受理，本案的损害结果也是可以避免的。因此宝供公司对损害结果的发生亦有过错，其过错体现为对法院发布的公告的漠不关心、对其自身合法利益可能遭受损害这一结果的放任。

南青公司向法院申请设立基金后，在南青公司与宝供公司之中，只要有一方尽到了前文提及的各自义务，在一般情况下，宝供公司的债权均能够在基金程序中正常受偿。从这个角度来讲，对于损害的发生，双方当事人的过错程度大致相当。根据《中华人民共和国民法通则》第一百三十一条“受害人对于损害的发生也有过错，可以减轻侵害人的民事责任”的规定，南青公司应当赔偿宝供公司其未获受偿的债权损失419881.35元的一半，即209940.68元。因此，原审法院认为南青公司对诉争全部损害结果承担责任与本案事实不符，本院予以纠正。上诉人南青公司上诉认为宝供公司自身存在疏忽亦有过错有理，本院予以采信。

此外，南青公司对原审判决依据南青公司签发的运单、宝供公司与红牛公司关于货值的约定、实际赔付情况等证据认定货物数量及实际价值亦提出上诉，但并无提交相反证据证明上述货物数量与运单记载的数量不符以及原审认定的价格不合理，故本院对该上诉理由不予采信。

至于原审判决是否超出了诉请范围的问题，因宝供公司于原审中主张南青公司的行为导致宝供公司受损，故原审判决的认定及实体处理并无超出宝供公司的诉由和请求范畴。

综上，原审判决认定事实清楚，程序合法，但是认定南青公司对损害负有全部过错欠妥，本院予以纠正。上诉人南青公司上诉理由部分成立，本院予以采信。依照《中华人民共和国民事诉讼法》第一百五十三条第一款第（二）项、《中华人民共和国民法通则》第一百三十一条的规定，判决如下：

一、维持广州海事法院（2005）广海法初字第21号民事判决第二判项。

二、变更广州海事法院（2005）广海法初字第21号民事判决第一判项为：南青公司于本判决发生法律效力之日起十日内向宝供公司赔偿损失209940.68元。

如南青公司未按本判决指定的期间履行金钱给付义务，应当依照《中华人民共和国民事诉讼法》第二百二十九条之规定，加倍支付迟延履行期间的债务利息。

一审案件受理费人民币16635元、二审案件受理费人民币7598.22元，合共24233.22元。由上诉人南青公司、被上诉人宝供公司各负一半，即各12116.61元。

本判决为终审判决。

审 判 长　欧阳振远
审 判 员　张耀军
代理审判员　饶 清
二〇〇九年十二月五日
书 记 员　贺 伟

【评析】

该民事判决书是海事海商第二审裁判文书。该判决书格式规范、要素齐全，文字上用语规范，行文流畅，文字表述精练、准确，是一份制作质量较高的优秀海事海商裁判文书。其具有如下特点：1. 该判决书对当事人的陈述和诉辩意见以简洁而明确的语言进行记载和归纳，繁简得当、重点突出。对包括原审法院在内的应当查明的事实作出了全面、准确和清晰的表述，阐述符合证据认定部分的结论。2. 该案存在多方当事人，牵扯多重法律关系，涉及海商（海事）法、民法通则、合同法、侵权法、海事诉讼特别程序法等多个法律门类。该判决书对案件性质作出了确定和阐述，为全案的正确审理确定了基本方向和审查规则。根据当事人的诉辩意见，从纷繁复杂的法律事实和法律关系中，清晰而准确地找到该案的三个焦点问题；接着对焦点问题进行逻辑严谨、层次分明的说理解析，使得案件矛盾明显而突出；裁判理由论述部分详略得当，理据充分，论证透彻，逻辑性强，有较强的说服力。3. 该判决书的意义在于，在海事诉讼特别程序法没有明确规定的情况下，通过判决明确了海事赔偿责任限制基金设立程序中的申请人和已知利害关系人均有令债权得以在基金程序中顺利受偿的积极作为的共同义务，从而规范并指引今后海事赔偿责任限制基金设立程序中的申请人和已知利害关系人的行为，对海事诉讼特别程序法中的海事赔偿责任限制基金程序制度起到补缺堵漏的作用。

●美国安利有限公司等与广州安洛电器有限公司等侵犯注册商标专用权纠纷一案民事判决书

中华人民共和国广东省广州市中级人民法院

民事判决书

（2008）穗中法民三初字第126号

原告：美国安利有限公司（Alticor, Inc.），住所地：美国密歇根州亚达城福顿东街7575号（7575 FULTON STREET EAST, ADA, MICHIGAN, 49355, USA）。

法定代表人：Kim S. Mitchell。

委托代理人：钟献华、李胜，均为广东美华律师事务所律师。

原告安利（中国）日用品有限公司，住所地：中华人民共和国广东省广州市经济技术开发区北围工业区一区。

法定代表人：李锦芬，该公司董事长。

委托代理人：李胜，广东美华律师事务所律师。

被告：广州安洛电器有限公司，住所地：中华人民共和国广东省广州市越秀区仓边路登云里5号701房。

法定代表人：金上乐，该公司总经理。

被告：金上乐，男，1967年9月6日出生，汉族，住中华人民共和国浙江省温州市龙湾区天河镇金凤街30号。

被告：温州市安洛电器有限公司，住所地：中华人民共和国浙江省温州市龙湾区天河镇南华工业区。

法定代表人：金上节，该公司总经理。

上列三被告共同委托代理人：胡奎，浙江安瑞律师事务所律师。

上列三被告共同委托代理人：蔡晓洪，浙江安瑞律师事务所实习律师。

原告美国安利有限公司（以下简称美国安利）和原告安利（中国）日用品有限公司（以下简称中国安利）诉被告广州安洛电器有限公司（以下简称广州安洛）、被告金上乐和被告温州市安洛电器有限公司（以下简称温州安洛）侵犯注册商标专用权纠纷一案，本院受理后，依法组成合议庭，公开开庭进行了审理。原告美国安利的委托代理人钟献华、李胜，原告中国安利的委托代理人李胜，被告金上乐及三被告共同委托代理人胡奎、蔡晓洪到庭参加诉讼。本案现已审理终结。

原告美国安利和中国安利诉称：

一、第4188247号“Amway+飘带图形+安利”商标是驰名商标的事实。原告美国安利是上述注册商标的权利所有人，并授权原告中国安利使用上述商标。中国安利是中国最著名的以直销经营模式生产、销售系列化妆品和保健品及相关产品的公司之一。在已经获得直销牌照的14家直销经营公司中，原告中国安利以120亿元年销售额的服务规模和产品市场占有率名列前茅。“Amway+飘带图形+安利”于2002年8月由原告中国安利开始在中国大陆地区广泛使用，2006年由原告美国安利注册。而此前，“AMWAY”、“安利”作为单独的文字商标是原告中国安利自1992年设立开始就陆续注册的用于提供直销服务模式和系列产品的商标。其中，中文字体的“安利”文字商标注册于1993年，并陆续对商标的多种类别进行了保护性注册；英文字体“AMWAY”早于1983年已经注册，并在原告中国安利设立后许可使用至今，而且在经营中对上述商标在多种类别进行了商标保护性注册。“Amway+飘带图形+安利”商标标识于2002年8月以来被广泛地应用于与安利公司提供的直销服务和产品有关的产品、宣传资料、广告、营业场所标示、包装、信笺等。“Amway+飘带图形+安利”商标及其文字组成部分“AMWAY”、“安利”在安利公司直销服务和产品上的长期使用，使之成为市场上享有较高声誉并为相关公众所熟知的注册商标。对于大众消费者而言，见到“Amway+飘带图形+安利”或其中的“AMWAY”、“安利”的文字标示，就自然地与原告中国安利的直销服务模式、优质的产品和良好商业信誉联系起来；对于市场而言，长期以来“Amway+飘带图形+安利”及其文字几乎就是“直销模式”、“高的市场占有率和经济效益”的代名词。可以证明上述商标符合驰名商标标准的具体事实如下：

1. 相关公众对商标的知晓程度：（1）截至2006年，全国各地政府部门、权威机构等授予原告中国安利的荣誉称号、证书超过1800件次。其中，获得包括2005年中国食品安全年会颁发的《全国食品安全百佳先进单位》，2006年中国国家认证认可监督管理委员会颁发的《全国名优产品售后服务先进单位》等殊荣。（2）已经取得直销经营许可的14家企业的2006年度全国销售规模比较，原告中国安利为120亿元。（3）截至2007年底，原告中国安利累计在全国31个省、市、自治区开设190多家店铺，覆盖全国157个城市，用于店铺建设资金7.5亿元人民币。（4）原告中国安利的维他命和营养补充食品产品销售排名第一，市场占有率14%（2006年）。（5）原告中国安利的护肤产品销售排名第二，市场占有率7.8%（2006年）。（6）市场调查公司对原告中国安利知名度（2005－2007年）的调查结果显示，公众对原告中国安利的知晓程度普遍超过90%。

2. 商标使用的持续时间：中文字体的“安利”和英文字体“AMWAY”文字商标，在20世纪90年代开始至现在广泛用于标示原告中国安利的服务和产品，“安利”和“AMWAY”图形文字组合商标则自2002年8月开始作为统一的图形标示使用，上述商标广泛出现在不同年份的产品包装、宣传资料、产品介绍、销售店面、产品广告等处。

3. 该商标的宣传工作的持续时间、程度和地理范围：自2002年1月到2006年12月，原告中国安利投放的广告宣传费用为14.55亿元人民币，范围覆盖113个大中城市；内容形式上包括电视、报纸、期刊、户外广告、公益活动等。

4. 该商标作为驰名商标受保护的记录：（1）上述商标及其所含文字进行保护性注册，累计在45个类别中注册162件次商标。（2）历年来，有众多各地发现和处罚的各种形式的商标侵权案件。（3）涉及本案被告的产品侵权查处和调查处理中的案件16起。

5. 该商标驰名的其他因素：（1）2006年，原告中国安利交纳税收共计26亿元，在全国500强企业纳税排名中荣列第48位。（2）赞助各种公益活动3500多项，累计投入资金2亿元人民币。其中，2002年至2007年底，安利纽崔莱健康跑活动覆盖全国29个大中城市，带动社会参加人数150万人次。

二、被告的行为侵犯了“Amway + 飘带图形 + 安利”的商标权益。2006年陆续在全国各地市场发现，标有“Amway及图”和“安利国际”等字样的电工产品在市场销售。根据调查显示，该电工类产品由被告广州安洛出品，金上乐是被告广州安洛的法定代表人，同时是“Amway及图”第9类电工产品的商标所有人，金上乐与金上节又同为温州市安洛有限公司的股东，而温州市安洛有限公司又注册拥有侵权的www. gzamway. com. cn互联网网站，而网站的内容却又宣称版权归属广州安洛有限公司所有，且网站内容大量出现“Amway”和“安利”的字样，并暗示、误导大众该公司与原告美国安利公司或原告中国安利存在关联。由上述行为，原告认为：第一被告出品的电工产品虽然与原告的产品和服务不相类似，但其使用的商标标示和宣传资料，明显复制、模仿原告商标，并故意误导公众，使大众误以为该电工产品与原告有关联，严重损害了原告的合法权益。且从三被告的关联性可以认定，三被告有着共同的侵权故意。据此，原告请求：1. 判令三被告停止侵犯驰名商标“Amway + 安利 + 飘带图形”商标权的行为，包括立即停止使用“Amway及图”商标，立即停止使用并销毁带有“Amway”、“安利”字样的产品宣传资料、产品合格证、说明书、户外广告和产品外包装，停止使用和注销www. gzamway. com. cn的互联网域名，停止使用和删除网站内容中使用的“Amway”、“安利”字样的内容，停止使用和删除网站中有关被告与原告或原告持有的“AMWAY”、“安利”商标有关联的误导性宣传用语；2. 判令三被告共同赔偿原告经济损失人民币100万元；3. 判令三被告承担本案所有诉讼费用。

原告提交的证据材料有：

第一组证据：第4188247号注册商标“Amway + 安利 + 飘带图形”权利方面的证据。

证据1：第4188247号“Amway + 安利 + 飘带图形”商标注册证，证明原告美国安利为商标权人，注册类别为第29类，有效期限为2006年10月28日起的10年。

证据2：商标使用许可备案通知书，证明原告美国安利授权许可捷通国际有限公司使用第4188247号注册商标，再由捷通国际有限公司授权给原告中国安利使用涉案商标。

第二组证据：第4188247号注册商标“Amway + 安利 + 飘带图形”商标是驰名商标的证据。

证据3：2001－2006年，全国各地政府部门、权威机构等授予原告中国安利及其分支机构的部分荣誉称号、证书清单及复印件。例如，2005年12月中国质量协会和中国质量鼎组委会颁发给原告中国安利的“中国质量鼎”奖项，2005年9月由中国食品工业协会主办、中国食品安全年会组委会颁发给原告中国安利的2005－2006年度“全国食品安全百佳先进单位”，2003年12月由中国国家认证认可监督管理委员会和中国商业联合会颁发给原告中国安利的“全国名优产品售后服务先进单位”。

证据4：原告中国安利历年广告投入统计和2002－2006年审计报告，反映2002－2006年广告费投入14.55亿元，2006年业务收入120亿元。

证据5：原告中国安利在全国各地的开设店铺照片及公证书。公证书记载，截至2007年底，原告中国安利已经在全国开设194家店铺，并且已经列统计表和附有这些店铺的营业执照复印件。另外，还附有使用涉案商标作为店铺标识的照片。

证据6：企业知名度调查报告及产品市场占有率调查报告。

证据3－6证明相关公众对商标的知晓程度。

证据7：原告产品包装标签及产品实物。该证据是2003年3月开始至2007年历年产品外包装盒的扫描件，共59件，在每一个包装上均有“Amway＋安利＋飘带图形”的商标。该证据拟证明上述产品包装上都有使用本案主张权利的组合商标，以及商标的使用是持续使用。

证据8：介绍产品和服务的刊物《新姿广告册》，拟证明原告中国安利最早从2002年8月开始统一使用“Amway＋安利＋飘带图形”商标作为原告中国安利的产品标识。

证据7－8证明商标使用的持续时间。

证据9：原告中国安利2003年至2007年历年来委托制作的部分广告宣传片光碟，广告片都使用了本案主张权利的组合商标，是在全国范围电视媒体上播放的广告片。

证据10：原告中国安利自1996年至2007年历年来与全国各地广告公司订立的部分广告合同列表及广告发票清单。

证据11：与证据10对应的部分广告合同和发票（合同共88份，发票共122页）。

证据9－11及补充的证据2剪报，证明全国媒体报刊报道安利的剪报的汇总，从而证明该商标所作的宣传工作的持续时间、程度和地理范围。

证据12：131个安利商标保护注册的清单。本证据是原告美国安利在中国申请注册商标的情况，包括中文安利（1994年注册）、英文Amway（1983年3月15日注册）等商标，本案申请保护的商标显示的注册时间是2006年10月28日，但实际使用是从2002年8月份起，对此可从证据8所述的广告册得到印证。

证据13：近两年各地工商调查处罚的涉及“安利”或者“Amway”商标被侵权案件清单及文书，拟证明商标作为驰名商标被保护的记录。

证据14：本案被告的产品侵权被查处的案件清单及文书。主要是原告对第一被告所生产产品在各地要求查处的记录，证明被告的侵权事实，在行政处罚决定书上并不是将第一被告列为当事人，而是相关当事人因销售第一被告的电开关等产品被处罚，处罚决定书记载该电开关等产品上标注的“安利国际”与“安利”商标构成对原告于2004年4月21日在第9类电开关上注册的“安利”商标及第16类“宣传册”商品、第35类“广告；推销”等服务上注册的商标的侵权。

证据12－14不是针对本案主张权利的组合商标进行举证，而是对其组成部分及其中的“安利”和“Amway”分别申请注册的情况及维权情况的举证。“安利”在第9类电开关上有注册。“Amway”有在第9类注册，但没有和被告被控侵权产品相同或相近似的产品。

证据15：2001年至2006年历年完税证明，证明原告中国安利自2001年至2007年交纳的企业所得税额为26亿元，而包括其他税收则从2001年至2005年达到120亿元，证明原告中国安利对社会所作的贡献。

证据16：现为原告补充证据1，即原告中国安利组织安利健康跑的公益活动以及原告中国安利参加其他公益活动的有关资料作为证据16，原来所列的证据16的内容撤回。

证据15－16证明该商标驰名的其他因素。

第三组证据：

证据17：侵权产品实物和包装，证明侵权行为实际发生。该实物和包装上有第一被告的名称，还有第二被告在香港投资开设的公司的名称“安利国际电工（香港）有限公司”，里面的实物是电工开关和插座。

证据18：域名查询记录，证明侵权行为实际发生，三被告有共同侵权故意。因为他们共同注册Amway. com. cn的域名，具体注册者是被告温州安洛。

证据19：本案被告的产品侵权被查处的案件清单及文书（与证据14一致），拟证明被告的侵权行为在全国各地均有发生。

证据20：对侵权网站内容进行公证的公证书，证明侵权行为的实际发生，三被告有共同侵权故意。该公证书中网站内容第2页显示网站版权人是第一被告，在网站内容中，被告大量使用英文Amway，且网站首页显示“感受美国，从这里开始……”

证据21：温州市安洛有限公司股东组成证明，证明三被告有共同侵权故意，且该证据显示金上乐是温州安洛的股东。

证据22及补充的证据3：处理被告侵权案件的费用付出的列表清单，拟证明侵权行为给原告带来的损失（开庭当天补充的证据3是对本证据的补充，均是原告自己所列的清单，没有附相关的票据）。

证据23：金上乐注册香港安利国际电工的证明，证明三被告有共同侵权故意（本证据是原告方上香港公司登记的政府网站打印的资料，拟证明第二被告是香港安利国际电工的注册人）。

补充证据4：温州市工商行政管理局龙湾分局对第三被告作出的温龙工商处字［2007］0023号行政处罚决定书（复印件），证明第三被告是被控侵权产品的实际生产者。

证据17－23、补充证据4，都证明被告有实施被控侵权的行为。

补充证据5：拟证明被告金上乐于2004年6月18日提出注册申请的“安利国际”中文商标已无效的《商标的详细信息》查询资料。

被告广州安洛、被告金上乐和被告温州安洛辩称：

一、“Amway＋安利＋图形”商标系驰名商标的事实不能成立。驰名商标应是在某个具体商品类别上的驰名，而原告提供的证据材料涉及原告所有商品，原告提交的知名度、市场占有率、销售额的证据材料和数据与本案“Amway＋安利＋飘带图形”商标是否驰名的事实不具有关联性。因此原告提交的证据不足以证明“Amway＋安利＋飘带图形”商标为驰名商标。

二、被告使用“Amway”和“安利”字样不具有主观上的恶意，也不构成对原告的商标侵权。被告认为其使用“Amway及图”和“安利国际电工”标志、注册域名

gzamway. com. cn 不构成对原告的商标侵权，理由是原告虽在第 9 类商品上申请注册了第 4283583 号“Amway 及图”商标，但其核定使用的商品“计算机、计算机软件等”与第二被告金上乐申请注册第 3958131 号“Amway 及图”商标的申请指定商品“电开关、插座等”不属于近似商品，第二被告金上乐申请注册第 3958131 号“Amway 及图”商标符合法律规定；被告认为其在电开关商品上使用“安利”字样系取“安全”、“安康”、“利益”和“有利”之义，是被告自己的创意，且被告认为其在产品上使用的“安利国际电工”标志以相同比例、相同字体、相同颜色等作为一个整体使用，没有突出使用“安利”，因此无恶意仿冒原告注册商标的故意。

三、被告拥有 www. gzamway. com. cn 互联网网站经合法注册并正当使用，并没有暗示被告与原告存在关联，也没有误导广大消费者。因为：首先，上述网站被告于 2006 年就已经申请注册，一直合理、善意使用至今，因此已经获得一定的知名度；其次，通过互联网搜索原告的网站 www. amway. com. cn 时并不会出现被告网站和其他商品的销售信息，被告网站也不会与原告的网站产生链接。由此可见，被告并不具有借原告的知名度达到商品销售的故意，也没有误导消费者使其认为两者存在一定的关联，被告一直正当使用自己拥有的 www. gzamway. com. cn 网站，因此被告不构成对原告有关的权利的侵犯。

四、退一步讲，即使被告对原告构成商标侵权，原告提出 100 万元经济损失的赔偿要求没有具体计算依据，缺乏充分的事实和法律依据。

五、原告把金上乐作为被告不符合民事诉讼法第一百零八条和公司法的相关规定。金上乐虽然是被告广州安洛的法定代表人和温州安洛的股东，但在法律上两者俱是独立的个体，能够独立享受民事权利和承担民事义务，金上乐不应作为本案的被告。本案中原告指控的所谓商标侵权行为具体由广州安洛和温州安洛实施，有关广告也以两被告的名义发布和宣传。另外，第二被告金上乐虽然是第 9 类“Amway”商标的申请注册人，但还不是所有人，因为该商标尚处于异议待裁定中，金上乐还没有取得注册商标专用权，还不能授权许可他人使用，法律上任何单位和个人都有权在电工产品上使用该商标，其中也应该包括本案另外两被告的使用，金上乐都无权禁止使用和采取相应维权措施。

综上所述，被告认为原告的涉案商标不能认定为驰名商标，被告的行为不构成对原告的商标侵权，原告提出 100 万元的索赔依据不足，同时将金上乐作为被告也不符合相关法律规定。因此，要求驳回原告的起诉。

被告提交的证据材料有：

1. 被告的企业法人营业执照、法定代表人身份证明书、身份证，拟证明被告的主体资格。

2. 商标申请注册受理通知书、商标公告剪页，拟证明被告金上乐申请在第 9 类电开关等商品上注册第 3958131 号“Amway 及图”商标并被初审公告，另外还申请第 4126021 号“安利国际”商标不存在恶意侵权。

3. 中国质量认证中心发给被告广州安洛的中国国家强制性产品认证证书、上海英格尔认证有限公司发给被告温州安洛的认证证书、国家知识产权局发给被告金上乐的实用新型专利证书，拟证明被告合法经营，积极提高产品质量和技术含量，不存在恶意侵权。

4. 中国农业电影电视中心广告部关于被告广州安洛的“Amway + 图形”品牌在2006年中央电视台第七套农业节目播出的证明，拟证明被告努力推广品牌，不存在恶意侵权。

5. 中国商标网关于第4283583号注册商标的详细信息，拟证明原告的商标核定使用商品与被告电工产品不属于类似商品，被告对原告不构成商标侵权。

6. 被告温州安洛与温州经济技术开发区亿德斯网络设计室签订的《服务器空间租用协议书》，拟证明被告一直合理使用域名，并具有一定的知名度，不存在恶意注册域名的情况。

经质证，被告对原告证据除补充证据4因为没有原件，对其真实性不予认可外，对其他证据的真实性没有异议，但对涉案商标主张构成驰名商标有异议。被告认为在产品上使用包含有“安利”字样的企业名称不构成侵权，因为是以相同字体、相同颜色使用，没有突出使用，对原告商标不构成侵权。如果认定原告商标是驰名商标，则同意原告意见是模仿原告驰名商标的主要部分，但被告方不是故意侵权，被告方已经申请了“Amway”的注册，只是没有获得授权。而且，公司与股东是各自独立的个体，原告指控三被告共同侵权是原告主观的推断，其没有证据证明金上乐实施了商标侵权行为。

原告对被告所有证据的真实性没有异议，但认为证据2恰好证明三被告有共同侵权的故意，证据3与本案无关，证据4恰好证明被告的侵权事实，证据5、6与本案没有关联。

经审理查明：

一、关于第4188247号商标的基本情况。原告美国安利于2006年10月28日取得第4188247号“Amway + 飘带图形 + 安利”注册商标的专用权，核定使用商品为第29类加工过的水果、添加了维生素及/或矿物质的坚果、油炸土豆片、人食用粉状蛋白质。该商标的注册有效期限至2016年10月27日止。后原告美国安利于2007年4月5日向国家商标局报送了许可捷通国际有限公司使用第4188247号注册商标的使用许可合同备案申请，捷通国际有限公司于2007年5月14日向国家商标局报送了许可原告中国安利使用第4188247号注册商标的使用许可合同备案申请，国家工商行政管理总局商标局于2007年8月15日和2007年11月6日分别下发两份《商标使用许可合同备案通知书》对前述商标许可、再许可使用合同予以备案。原告主张权利的第4188247号“Amway + 飘带图形 + 安利”注册商标的图样为：

二、关于第4188247号注册商标驰名方面的事实。

1. 关于第4188247号注册商标的使用情况。

原告美国安利是上述商标的权利所有人，并授权原告中国安利使用上述商标。原告中国安利是中国著名的以直销经营模式生产、销售系列化妆品和保健品及相关产品的公司之一。“Amway＋飘带图形＋安利”商标于2002年8月开始由原告中国安利在中国大陆地区广泛使用，2006年由原告美国安利注册。而此前，“AMWAY”、“安利”作为单独的文字商标是原告中国安利自1992年设立开始就陆续注册的用于提供直销服务模式和系列产品的商标标识。其中，中文字体的“安利”文字商标注册于1993年，并陆续对商标的多种类别进行了保护性注册；英文字体“AMWAY”于1983年已经注册，并在原告中国安利设立后许可使用至今，而且在经营中对上述商标在多种类别进行了商标保护性注册。“Amway＋飘带图形＋安利”商标标识自2002年8月以来被广泛地应用于与安利公司提供的直销服务和产品有关的产品、宣传资料、广告、营业场所标识、包装、信笺等。商标及其文字组成部分“AMWAY”、“安利”在安利公司直销服务和产品上的长期使用，使之成为市场上享有较高声誉并为相关公众所熟知的注册商标。

2. 关于第4188247号注册商标使用的持续时间。

中文字体的“安利”和英文字体“AMWAY”文字商标，在20世纪90年代开始至现在均广泛用于标示原告中国安利的服务和产品，而“安利”和“AMWAY＋飘带图形”的组合商标则自2002年8月开始作为统一的商标标示使用，上述商标广泛出现在不同年份的产品包装、宣传资料、产品介绍、销售店面、产品广告等处。如2002年底生产的香皂，2003年7月26日生产的小麦胚芽油营养胶囊，2003年8月6日生产的小麦胚芽油营养胶囊，还有2003年8月31日生产的天然β－胡萝卜素营养胶囊，2004年4月22日生产的钙镁片，2004年2月16日生产的天然β－胡萝卜素营养胶囊，2004年4月27日生产的维生素C，2004年生产的美白精华液，2005年12月6日生产的纤维素嚼片，2006年1月20日生产的维生素C片，2006年6月25日生产的纤维素嚼片，2007年12月生产的润肤露，等等。

3. 关于相关公众对第4188247号注册商标的知晓程度方面的情况。

（1）全国各地政府部门、权威机构授予原告中国安利或其分支机构的荣誉称号、证书超过1800件次。其中，包括由国家科学技术部、农业部、卫生部、工商行政管理总局、食品药品监督管理局等构成的中国食品安全年会组委会颁发的“全国食品安全百佳先进单位”（2005年）、“全国食品安全示范单位”（2006年、2007年），中国质量协会颁发的“中国质量鼎”（2005年），中国质量检验协会颁发的“全国质量检验稳定合格产品”（1996－2006年），国家税务总局2006年9月中国纳税500强排行榜第48位，2007年1月被第一财经传媒有限公司、上海市对外服务有限公司及零点研究咨询集团评为“2006中国最具影响跨国企业”；2006年1月，被评为“2005年中国最具影响跨国企业”第10位；2006年10月，原告的纽崔莱产品被美国《读者文摘》评为2006年度“信誉品牌”中国区白金奖；2005年1月，在商务部外资司评出的“2003－2004年度中国外资企业500强”中列第33位；2003年11月，在商务部外资司评出的“2002－2003年度中国最大的500家外商投资企业”中列第41位，以及获得2006年中国国家认证认可监督管理委员会颁发的《全国名优产品售后服务先进单位》等殊荣。原告所取得的以上荣誉都由《人民日报》、《光明日报》、《中国质量报》、《民营经济报》、《消费日报》、《中国经济时报》、《中国青年报》、《第一财经日报》、《南方日报》、《市场报》、《福布斯》、《中国税务》等各种全国性报纸杂志及电视台等单位进行了大量的宣传报道。

（2）原告中国安利的产品销售及纳税等情况。自2002年到2006年，原告中国安利的国内销售额分别达到60.35亿元人民币、105.97亿元人民币、172.83亿元人民币、155.34亿元人民币、117.32亿元人民币。根据2006年国家税务局统计，原告中国安利交纳税收情况在全国500强企业纳税排名中荣列第48位。而根据《人民日报》2006年9月25日的报道，该公司累计到2005年底纳税逾120亿元。另外，根据两家市场调查公司的证明，其于2005年到2007年通过电话调查方式对全国部分大中城市进行的调查结果显示，原告中国安利的知名度普遍超过70%，甚至超过90%；而根据调查公司的调查结果显示，2001年到2006年原告的安利营养保健食品在中国的市场占有率均为第一（2004年21.5%，2005年18.9%，2006年14%），安利护肤品在中国的市场占有率均为第二名（2004年12.9%，2005年10.5%，2006年7.8%）。

（3）关于原告对第4188247号注册商标进行广告宣传等方面的事实。截至2007年底，原告中国安利在全国31个省、市、自治区的162个城市设立了194家店铺，所有店铺均使用“Amway+飘带图形+安利”商标为店铺标志。原告中国安利自2002年8月起开始将“Amway+安利+飘带图形”商标作为统一标识使用于产品包装和企业宣传资料。自2000年1月到2006年12月，原告中国安利投放的广告宣传费用为16.1亿元人民币，范围覆盖全国113个大中城市；内容形式上包括电视、报纸、期刊、户外广告、公益活动等。原告中国安利多年来在社会公益方面投入了大量资金，截至2007年底累计赞助各类公益活动3500多项，活动主要涉及儿童、环保和健康等方面，投入资金约2亿元人民币。其中，2002年到2007年底原告组织的年度安利纽崔莱健康跑活动覆盖了全国29个大中城市，参加人数近150万人次，影响广泛。

原告中国安利获得的公益类奖项包括：2007年1月，中国慈善总会给其颁发了“中华慈善事业突出贡献奖”；2006年3月，共青团中央授予其“中国青年志愿者行动贡献奖”；2005年11月，国家民政部颁发的“中华慈善奖”；2003-2004年，连续两届获得中国儿童少年基金会评出的“公益明星企业”；2004-2007年，连续四届荣获由光明日报社举办的“光明公益奖”等。

4. 关于第4188247号注册商标受保护的事实。

（1）原告美国安利在中国对“Amway”、“安利”、“Amway”/“安利”与各种图形的组合商标进行了广泛注册，共计有169件“安利”、“AMWAY”、“AMWAY及图”注册商标，覆盖了45个类别。其中，核定使用商品与本案被控侵权商品同属第九类商品的有2007年3月7日注册的第4283583号“AMWAY及图”商标和2004年4月21日注册的第3290127号“安利”商标，后者的核定使用商品包括与被控产品相同的电开关，前者不同。

而注册日期最早的是于1983年3月15日被核准的第173583号“AMWAY”商标。所注册的“AMWAY及图”商标图样包括：

Amway、Amway安利、Amway、

Amway、Amway

（2）2006－2007 年广州、乌鲁木齐、无锡、潜江、阜阳、烟台、苏州、酒泉等各地执法部门曾经查处带有“Amway＋飘带图形＋安利”标志的涉嫌假冒产品，证明原告“Amway＋飘带图形＋安利”商标在不同地域均曾遭到侵权。

以上事实，有原告提供的广州市质量技术监督局白云分局于 2006 年 7 月 20 日出具的（穗白）质监物单字［2006］第 02220 号“涉案物品清单”、2006 年 11 月 29 日出具的（穗云）质监物单字［2006］第 04300 号“涉案物品清单”、2007 年 3 月 14 日出具的（穗云）质监物单字［2007］第 21015 号“涉案物品清单”、2007 年 4 月 3 日出具的（穗云）质监物单字［2007］第 21023 号“涉案物品清单”、2007 年 8 月 21 日出具的（穗云）质监物单字［2007］第 11070 号“涉案物品清单”，由乌鲁木齐市工商行政管理局沙区分局于 2006 年 8 月 1 日出具的乌沙工商鉴委字［2006］001 号“鉴定委托书”，由无锡工商行政管理局崇安分局于 2006 年 11 月 6 日出具的“鉴定委托书”，由潜江市工商行政管理局于 2006 年 11 月 14 日出具的潜工商鉴委字［2006］21 号“委托鉴定书”，由安徽阜阳市工商行政管理局于 2007 年 4 月 11 日出具的阜工商鉴委字（2007）第 005 号“鉴定委托书”，由苏州市太仓工商行政管理局于 2007 年 4 月 16 日出具的“鉴定申请”，由烟台市工商行政管理局于 2007 年 6 月 19 日出具的“财物清单”，由甘肃省酒泉市质量技术监督局肃州分局于 2007 年 9 月 11 日出具的（酒肃）质技监物单字［2007］第 357 号“涉案（没收）物品清单”等证明。

（3）2007 年重庆市工商局、武汉市工商局、郑州市工商局、焦作市工商局、太原市工商局、凤冈县工商局等分别对当地销售带有“安利国际电工”、“Amway 及图”标志的电开关的商户出具行政处罚决定书，这些文件确定了被查扣的电开关产品包装显示“广州安洛电器有限公司生产”、“安利国际电工（香港）有限公司监制”等字样，并均认为被告使用“安利国际电工”字样属于侵犯“安利”商标权的行为。“安利国际电工（香港）有限公司”注册人为“金上乐”，注册日期为 2007 年 1 月 3 日。被告电开关产品上使用的“安利国际电工”、“Amway 及图”标志如下图所示：

安利国际电工
Amway

以上事实，有原告提供的电开关产品样品、香港特别行政区政府公司注册处综合资讯系统（ICRIS）网上查询中心关于“安利国际电工（香港）有限公司”注册信息结果打印件、2006 年 12 月 25 日重庆市工商行政机关行政处罚决定书［渝江工商经处字（2007）第 006 号］、2007 年 6 月 25 日武汉市工商行政管理局江汉分局行政处罚决定书［汉工商处字（2007）第 193 号］、2007 年 4 月 12 日郑州市工商行政管理局管城分局行政处罚决定书［郑工商管城处（2007）第 48 号］、2007 年 4 月 9 日焦作市工商行政管理局行政处罚决定书［焦工商专处字（2007）第 020 号］、2007 年 1 月 19 日太原市工商行政管理局行政处罚决定书［工商经检罚字（2007 ）第 20 号］、2007 年 2 月 1 日凤冈县工商行政管理局行政处罚决定书［凤工商处字（2007）第 06 号］等证明。

三、关于被控侵权的事实。

原告指控被告实施了如下的被控侵权行为：1. 被告广州安洛和被告温州安洛生产、销售标注有“安利”和“Amway”标识的被控侵权的电工开关和插座产品。2. 被告温州安洛申请注册了含有“Amway”的网络域名。3. 三个被告共同在 www. gzamway. com. cn 中大量使用“安利”、“Amway”等字样，在网站上使用“感受美国，从这里开始”的中英文广告用语，暗示与原告美国安利有关联。4. 被告金上乐通过在香港注册含有“安利”字号的“安利国际电工（香港）有限公司”的公司名称，并使用该公司名称在被控侵权产品包装上。原告对其指控提供了被控侵权的电工开关和插座产品实物及其包装，以及域名查询记录、侵权网站内容公证证明等，证明侵权行为实际发生。被告对原告指控其实施相关行为没有异议，但不承认构成侵权，也不认可涉案商标为驰名商标。被告金上乐还认为公司与其个人行为应该区分，公司的行为不应该由其个人负责，其并非适格的被告。

经查，被告广州安洛电器有限公司成立于 2004 年 9 月 9 日，法定代表人金上乐。被告金上乐于 2004 年 3 月 15 日向国家工商行政管理局商标局提交第 3958131 号“Amway及图”商标的注册申请，申请注册的类别为第 9 类，申请注册的商品包括电开关、变压器、接线盒（电）、插头、插座及其他接触器（电接头）、断路器、配电箱（电）、电涌保护器、调压器、熔断器、接线柱（电）。2006 年 1 月 21 日国家商标局予以初审公告，2006 年 4 月 20 日原告美国安利向国家商标局提交了异议申请，该商标异议仍在审理中，被告金上乐申请的第 3958131 号“Amway 及图”商标尚未被核准注册。被告金上乐申请的第 3958131 号“Amway 及图”商标图样如下：

Amway

2007年1月3日被告金上乐在香港注册登记了“安利国际电工（香港）有限公司”。被告温州市安洛电器有限公司注册成立于2007年7月19日，法定代表人金上节，股东为金上节和金上乐，投资比例分别为50%。被告温州安洛为网站 www. gzamway. com. cn 与北京新网数码信息技术有限公司签订了服务器空间租用协议书。

另外，被控侵权的电工开关和插座实物与包装上均标有被告广州安洛的名称以及被告金上乐在香港投资开设的公司“安利国际电工（香港）有限公司”的名称，并且都标注有“安利国际电工”和“Amway及图”的标识。在包装袋上还标注有包含被控侵权域名的网站地址 www. gzamway. com. cn。合格证上的生产者名称为广州安洛电器有限公司和金上乐在香港设立的“安利国际电工（香港）有限公司”。

被控侵权的域名 gzamway. com. cn 的注册人为温州安洛电器有限公司，联系人金上乐，注册日期2005年9月22日，有效期至2011年9月22日。网站 www. gzamway. com. cn 上显示“版权归广州安洛电器有限公司所有”，以及以下标志和广告语：

安利国际电工
Amway

Amway

感受美国.从这里开始…

该网站上还展出了被告的电工开关和地板插座等产品。

原告为支持其提出的赔偿请求，还提交了自行制作的为处理与被告侵权行为相关的事项而到温州、福州、太原、烟台、重庆、郑州、焦作、台州、南宁、武汉、深圳、遵义、贵阳、银川、南通等城市支出费用的清单，包括员工差旅费用、律师代理费用等，但没有提供发票等证据。

本院认为：原告美国安利是第4188247号商标的注册人，依法享有该注册商标的专用权；而原告中国安利是该注册商标的被许可使用人，其合法权利依法受法律保护。根据我国商标法的规定，注册商标的专用权以核准注册的商标和核定使用的商品为限。未经商标注册人许可，在同一种商品或类似商品上使用与其注册商标相同或近似的商标，构成侵犯注册商标专用权的行为。同时，为保护驰名商标注册人的利益，《最高人民法院关于审理商标民事纠纷案件适用法律若干问题的解释》规定，复制、模仿、翻译他人注册的驰名商标或其主要部分在不相同或者不相类似商品上作为商标使用，误导公众，致使该驰名商标注册人的利益可能受到损害的，属于给他人注册商标专用权造成其他损害的行为。本案中，第4188247号商标核定使用商品为第29类加工过的水果、添加了维生素及/或矿物质的坚果、油炸土豆片、人食用粉状蛋白质。

而本案中，关于原告指控被告广州安洛和被告温州安洛生产、销售标注有“安利”

和“Amway”标识的被控侵权的电工开关和插座产品问题，由于被控侵权产品是电工开关和插座，与原告注册商标核定使用的商品不是同一种商品或类似商品，按照普通的注册商标保护制度进行保护则被告的该行为不构成侵权。因此，原告在本案中主张第4188247号商标是驰名商标，并指控被告在电工开关和插座商品上使用该商标，构成侵权。所以，本案涉及第4188247号注册商标是否属于驰名商标的事实认定问题。

关于第4188247号商标是否构成驰名的问题。我国商标法第十四条规定，认定驰名商标应当考虑下列因素：（一）相关公众对该商标的知晓程度；（二）该商标使用的持续时间；（三）该商标的任何宣传工作的持续时间、程度和地理范围；（四）该商标作为驰名商标受保护的记录；（五）该商标驰名的其他因素。

本案原告请求保护的第4188247号商标，虽然于2006年才由原告美国安利取得注册商标专用权，但该商标于2002年8月开始即由原告中国安利在中国大陆地区广泛使用于与安利公司提供的直销服务和产品有关的产品、宣传资料、广告、营业场所标识、包装、信笺等。而且，由于该商标是由“Amway + 飘带图形 + 安利”组成的，其中的“AMWAY”、“安利”作为单独的文字商标是原告中国安利自1992年设立开始就陆续注册的用于提供直销服务模式和系列产品的商标标识。其中，中文字体的“安利”文字商标注册于1993年；英文字体“AMWAY”于1983年已经注册，并在原告中国安利设立后许可使用至今。而且原告在经营中，还对上述商标在多种类别进行了商标保护性注册。原告不但在直销服务和产品上对该商标进行长期、广泛的使用，还对该组合商标及使用该商标的产品在全国通过各种媒体进行了大量的广告宣传，在全国范围内广泛建立了店铺，使产品销售额及纳税额巨大，市场占有率高，并获得国家相关部门多项荣誉，还通过各种捐助活动等形式，使其达到相关公众广为知晓的程度并享有较高的声誉。原告还提交了该商标在全国各地受保护的记录等，证明原告主张的该第4188247号商标驰名的证据比较充分，符合认定为驰名商标的条件，构成驰名。

关于原告指控被告广州安洛和被告温州安洛在被控侵权的电工开关和插座产品上使用第4188247号驰名商标构成侵权的问题。根据查明的事实，被控侵权的电工开关、插座实物及其包装上均标有被告广州安洛的名称，以及被告金上乐在香港投资开设的公司“安利国际电工（香港）有限公司”的名称，并且都标注有“安利国际电工”和“Amway及图”的标识。在包装袋上还标注有包含被控侵权域名的网站地址www. gzamway. com. cn。该两被告还在网站www. gzamway. com. cn上使用“感受美国，从这里开始”的中英文广告语，还标注“安利国际电工”和“Amway及图”标志。

将被控侵权电工开关和插座产品及其包装上使用的标识与原告的第4188247号驰名商标进行比较，两者的英文文字“Amway”相同、中文“安利”与“安利国际电工”都有相同的“安利”文字，只是图案不同，但两者整体近似，可以认定被控侵权产品复制使用了原告第4188247号驰名商标的主要部分作为其商标。

被告还在包装上标注被告温州安洛注册的包含有原告的第4188247号驰名商标主要部分“Amway”的域名，并在网站www. gzamway. com. cn上展示其电工开关和插座产品，且使用“感受美国，从这里开始”的中英文广告语，还标注“安利国际电工”和“Amway及图”标志，容易使相关公众误认为该电工开关和插座产品是原告的产品或者来源于与原告有特定联系的企业，从而淡化该驰名商标的显著性，损害其美誉度。根据

《中华人民共和国商标法》第五十二条第（五）项和《最高人民法院关于审理商标民事纠纷案件适用法律若干问题的解释》第一条第（二）项的规定，“复制、模仿、翻译他人注册的驰名商标或其主要部分在不相同或者不相类似商品上作为商标使用，误导公众，致使该驰名商标注册人的利益可能受到损害的”，属于《商标法》第五十二条第（五）项规定的给他人注册商标专用权造成其他损害的行为。所以，被告的行为侵犯了原告第 4188247 号驰名商标权。

另外，关于原告还指控被告注册的域名 gzamway. com. cn，也侵犯其第 4188247 号驰名商标权的问题。

根据《最高人民法院关于审理涉及计算机网络域名民事纠纷案件适用法律若干问题的解释》第六条的规定，“人民法院审理域名纠纷案件，根据当事人的请求以及案件的具体情况，可以对涉及的注册商标是否驰名依法作出认定”。虽然，本案根据原告的请求和案件的具体情况可以对原告的第 4188247 号注册商标是否为驰名商标作出认定，但本院已经在以上处理原告就被告在本案提出的另一项指控时对此作出认定，故在此可作为直接认定原告的第 4188247 号注册商标为驰名商标，而不再重复认定的依据。

被控侵权的域名 gzamway. com. cn 的注册人为被告温州安洛，被告温州安洛还为网站 www. gzamway. com. cn 与北京新网数码信息技术有限公司签订了服务器空间租用协议书，而网站 www. gzamway. com. cn 上又显示“版权归广州安洛电器有限公司所有”。两被告还在该网站上展示其电工开关和插座产品，并使用“感受美国，从这里开始”的中英文广告语，还标注“安利国际电工”和“Amway 及图”标志。

庭审中，原告明确其指控被告侵权的法律依据是《最高人民法院关于审理涉及计算机网络域名民事纠纷案件适用法律若干问题的解释》第四条。该条规定，人民法院审理域名纠纷案件，对符合以下各项条件的，应当认定被告注册、使用域名等行为构成侵权或者不正当竞争：（一）原告请求保护的民事权益合法有效；（二）被告域名或其主要部分构成对原告驰名商标的复制、模仿、翻译或音译，或者与原告注册商标、域名等相同或近似，足以造成相关公众的误认；（三）被告对该域名或其主要部分不享有权益，也无注册、使用该域名的正当理由；（四）被告对该域名的注册、使用具有恶意。本案中，关于第一个条件，原告请求保护的第 4188247 号注册商标合法有效。关于第二个条件，本院认为，第 4188247 号注册商标是由 Amway + 飘带图形 + 安利构成的组合商标，Amway 和安利是该商标的主要部分。而上述域名的主要部分是“gzamway”，显然构成对第 4188247 号注册商标的模仿。关于第三个条件，被告对“gzamway”或者“amway”均不享有权益，也未提交充分证据证明其注册、使用该域名具有正当理由。关于第四个条件，依据《最高人民法院关于审理涉及计算机网络域名民事纠纷案件适用法律若干问题的解释》第五条第一款第（一）项的规定，为商业目的将他人驰名商标注册为域名的，人民法院应当认定被告具有恶意。本案中，被告模仿原告第 4188247 号驰名商标注册被控侵权域名，并且进行商业使用，用于展示其电工类产品等，显然出于商业目的，具有恶意。结合上述四个条件，被告注册、使用涉案被控侵权域名，亦侵犯了原告第 4188247 号注册商标权。

综上，由于被告广州安洛和被告温州安洛侵犯了原告第 4188247 号驰名商标权，依法应承担停止侵权、赔偿损失等民事责任。原告诉请该两被告立即停止商标侵权行为有据，本院予以支持。关于原告诉请该两被告销毁库存侵权产品，由于其未能举证证明被告有库存产品及库存产品的具体情况，该诉请依据不足，本院不予支持。原告诉请该两被告立即停止使用和注销涉案域名，于法有据，应予支持。关于被告金上乐是否应当对本案承担民事责任的问题，由于原告没有证据证明被告金上乐的行为侵权，其对金上乐提出的诉讼请求依法应予驳回。此外，关于原告诉请被告共同赔偿经济损失 100 万元，由于原告被侵权的损失和被告的侵权获利均难以确定，本院将根据原告第 4188247 号注册商标的声誉、被告的侵权情节，以及原告为调查制止侵权所支付的合理费用等因素，酌定被告的赔偿额。

综上所述，根据《中华人民共和国商标法》第五十二条第（五）项、第五十六条第一款和第二款，《最高人民法院关于审理商标民事纠纷案件适用法律若干问题的解释》第一条第（二）项、第十六条第一款和第二款、第二十一条第一款，《最高人民法院关于审理涉及计算机网络域名民事纠纷案件适用法律若干问题的解释》第四条、第五条第（一）项、第六条、第八条的规定，判决如下：

一、被告广州安洛电器有限公司、被告温州市安洛电器有限公司于本判决发生法律效力之日起立即停止侵犯原告美国安利有限公司和原告安利（中国）日用品有限公司分别享有注册商标专用权和被许可使用权的第 4188247 号注册商标权的行为。

二、被告广州安洛电器有限公司、被告温州市安洛电器有限公司于本判决发生法律效力之日起十日内停止使用和注销其注册、使用的 www. gzamway. com. cn 域名。

三、被告广州安洛电器有限公司、被告温州市安洛电器有限公司于本判决发生法律效力之日起十日内共同赔偿原告美国安利有限公司和原告安利（中国）日用品有限公司经济损失及合理支出共人民币 20 万元。

四、驳回原告美国安利有限公司和原告安利（中国）日用品有限公司的其他诉讼请求。

如未按本判决指定的期间履行给付金钱义务的，应当依据《中华人民共和国民事诉讼法》第二百二十九条的规定，加倍支付迟延履行期间的债务利息。

案件受理费人民币 13800 元，由原告美国安利有限公司和原告安利（中国）日用品有限公司负担 5520 元，被告广州安洛电器有限公司和被告温州市安洛电器有限公司负担 8280 元。

如不服本判决，原告美国安利有限公司可在判决书送达之日起三十日内，其他当事人可在判决书送达之日起十五日内，向本院递交上诉状，并按对方当事人的人数提出副本，上诉于广东省高级人民法院。

审　判　长　林幼吟
审　判　员　肖昭义
代理审判员　龚麒天
二〇〇九年九月三十日
书　记　员　叶翠仪

【评析】

本判决书符合法律文书的制作要求，属于较优秀的判决书。首先，在格式上，要素齐全、结构完整、层次分明、格式规范。其次，在案件事实叙述方面，做到完整、清晰，但又繁简得当；在证据认定方面，全面、充分地展示证据，证明力强；在适用法律方面，能够完整、准确地引用法律和司法解释；文书逻辑严密，说理充分，论证严谨；实体处理得当；语言通顺流畅，用词规范准确。本判决书最大的特点是结构清晰，层次分明，逻辑严密，说理充分，详略得当。判决书在查明事实部分，紧紧围绕原告主张权利的第4188247号注册商标的基本情况、第4188247号注册商标驰名方面的事实、被控侵权的事实展开叙述，对于争议较大的关于第4188247号注册商标是否驰名的事实部分作出了比较详尽的叙述，并且按照我国商标法和司法解释规定的认定标准中的各项内容逐一叙述展示，为判决理由部分作出该商标属于驰名商标的认定作了很好的铺垫。同时，本判决书还针对多数人对司法认定驰名商标事实上的一些误区，大胆创新，通过叙述该商标自2002年即开始使用、使用的持续时间、相关公众的知晓程度（对此还分项写明获奖超过1800件次、自2002年至2006年的销售及纳税等情况、广告宣传等方面的事实）、受保护的事实等，在判理部分进一步论证虽然该商标是2006年才注册，但仍然符合认定驰名商标的标准，说理较充分。这样，就能较有说服力地使人认识到该判决认定涉案商标为驰名商标是客观公正的。这一做法也与自2009年5月1日起施行的《最高人民法院关于审理涉及驰名商标保护的民事纠纷案件应用法律若干问题的解释》第四条关于“人民法院认定商标是否驰名，应当以证明其驰名的事实为依据，综合考虑商标法第十四条规定的各项因素，但是根据案件具体情况无须考虑该条规定的全部因素即足以认定商标驰名的情形除外”的规定精神相符。另外，关于被控行为是否构成侵权及被告是否应该担责的问题，本案的处理都能够根据查明的事实、法律和司法解释等作出准确的认定和处理。尤为可贵的是，由于原告对被告的几项侵权行为的指控都涉及以认定驰名商标为前提，本案都能够一一作出是否应该认定的回答，但又说明鉴于前文已经认定而不重复认定的依据，充分体现了法官的司法智慧。

●余秋生与张菁离婚纠纷一案民事判决书

广东省广州市中级人民法院

民 事 判 决 书

(2008) 穗中法民一终字第3517号

上诉人(原审被告):余秋生,男,1965年7月28日出生,汉族,住广州市天河路11号2601房。

诉讼代理人:肖红、肖成,广东信良兆诚律师事务所律师。

被上诉人(原审原告):张菁,女,1966年1月26日出生,汉族,住广州市天河路11号2601房。

诉讼代理人:詹小彤、邹杨,广东金领律师事务所律师。

上诉人余秋生因离婚纠纷一案,不服广州市越秀区人民法院(2008)越法民一初字第674号民事判决,向本院提起上诉。本院依法组成合议庭审理了本案,现已审理终结。

原审法院经审理查明,原、被告于1996年2月26日登记结婚,1996年10月22日生育儿子余卓航。被告余秋生系再婚,与前妻育有二子女。婚后初期原、被告夫妻感情尚可,后因他人介入夫妻关系导致双方产生矛盾乃至感情生变。2006年5月6日,余秋生写下"保证书",内容为:"保证书　我余秋生保证在2006年6月20日前给付张菁现金伍佰万元作为以后的生活费,另购自住住宅一套给张菁和余卓航居住(新世界),在2006年5月8日购东方之珠三套商品房给张菁,以上办妥,张菁同意和余秋生离婚。保证人:余秋生　同意人:张菁　2006.5.6。"2007年11月23日,原、被告签订《离婚协议》,内容为:"离婚协议书　甲方:余秋生,男,汉族,1965年7月28日出生。乙方:张菁,女,汉族,1966年1月26日出生。甲、乙双方于1996年2月在汕尾市民政局办理结婚登记手续,婚后于1996年10月22日育有一子余卓航。现由于夫妻感情已完全破裂,双方无法继续共同生活,经双方协商,现就离婚及共同财产分割事宜达成如下协议。一、甲、乙双方同意自愿解除婚姻关系。二、婚生儿子余卓航由乙方抚养,甲方在离婚后每年向乙方支付小孩抚养费10万元,直至小孩大学毕业为止。三、甲、乙双方确认夫妻共同财产为:1. 位于广州市建设六马路29号荣建大厦22层全层。2. 位于广州市五山路263号瑞华大厦首层商场。3. 位于广州市天河路11号2601号房(按揭中)。4. 位于广州市番禺区丽江花园华林居华江路5座201、202房。5. 位于汕尾市海滨大道翡翠湾6座302房。6. 乙方已收楼但未确权的位于广州市天河北路

703号东方之珠C座2803、2807、2808房。7. 婚后购买的家用电器、家具、生活用品。四、甲、乙双方同意就本协议第三条所列财产进行如下分割：1）1－3项归甲方所有；2）4－6项归乙方所有；4、5项产权现已办至乙方名下，甲方须在签订本协议之日起一年内将第6项房屋产权办至乙方名下（如乙方指定将上述房产办理到第三人名下时，需向甲方出具书面说明，甲方同意按乙方指定的名称办理过户手续），办证过程所涉税、费均由甲方支付。3）第7项家用电器、家具按房屋归属归各自所有，各自生活用品归各自所有。五、为了使乙方今后生活有保障，甲方同意：在甲、乙双方签订本协议之日起一个月内甲方支付给乙方人民币200万元；在本协议签订之日起第六个月时支付给乙方人民币200万元；在本协议签订之日起第十二个月时支付给乙方人民币200万元。六、甲、乙双方婚姻存续期间对外债务和乙方对外担保之全部债务均由甲方承担清偿责任。如果因乙方对外担保之债务致使乙方按本协议分割的财产遭受损失，甲方需全额予以补偿。七、甲、乙双方一致同意，乙方收到甲方给付的人民币600万元后七天内，双方去民政部门办理离婚手续。在未办理离婚手续前，甲方仍应每月5日前向乙方支付人民币2万元，用于家庭生活开支及乙方零用。八、甲、乙双方同意，本协议对共同财产分割的效力不受签约时未办理离婚登记的约束。九、本合同一式两份，双方各执一份，具有同等法律效力，如双方产生争议，可向有管辖权的法院提起诉讼。十、本合同自双方签字之日起生效。甲方：余秋生　乙方：张菁　2007年11月23日。”上述协议财产分割的内容及补偿费用已部分履行，该协议中第五项的“生活补偿费”被告已支付200万元。张菁认为该《离婚协议》系原、被告基于离婚签订的协议，合法有效，双方应按《离婚协议》的约定继续履行。余秋生对此持有异议，其认为《离婚协议》是原、被告对婚姻关系存续期间的共同财产及子女抚养问题进行的约定，该《协议》以双方“离婚”为生效条件，即只有在双方办理离婚登记后才能产生法律效力。现因原告向法院提起离婚诉讼，是对《离婚协议》内容的变更，为此该《离婚协议》没有实际生效。因原、被告在协议离婚过程中可能产生多份离婚协议书，婚姻当事人对离婚协议中意思表示是针对当时特定的环境背景、特定心理状态作出的，如果《离婚协议》所约定的财产进行分割后对未约定的财产再进行分割，则会出现显失公平、违反当事人签订《离婚协议》时的真实意思表示的情形。庭审中，原、被告均认为夫妻感情已经破裂，故同意离婚。

关于婚生子的抚养问题，原告认为婚生子余卓航自出生以来一直随其共同生活，而被告与其前妻育有一儿一女，且原、被告已就抚养问题在《离婚协议》中达成一致意见，即离婚后，婚生子余卓航由张菁携带抚养，由被告余秋生每年支付100000元抚育费直至儿子大学毕业，故应按《协议书》的约定处理抚养问题。被告对此表示异议，认为张菁无固定收入且缺乏抚养儿子的经济能力，故要求婚生子由其抚养，并表示如儿子由张菁抚养，每月仅同意支付1500元抚育费。双方均同意非携带婚生子的一方每周享有探视儿子两天的权利。

原、被告争议的夫妻共同财产情况如下：1. 位于广州市番禺区丽江花园华林居华江路5座201、202房。余秋生为证明该房为夫妻共有财产向本院提交上述两房屋的产权证复印件，其中记载余秋生及张菁为房屋共有权人。张菁称原、被告签订《离婚协议》之前已共同将上述两房屋出售给第三人徐惠娟，原、被告不过是在《离婚协议》

中约定将该房产归原告所有，为此向本院提交上述两房屋的“销售不动产统一发票”的记账联、发票联以及完税证，其中记载“开票日期2007年9月11日”，“销售的不动产楼牌号为广州市番禺区大石镇丽江花园华林居华江路5座201房、广州市番禺区大石镇丽江花园华林居华江路5座202房”，收款方为余秋生、张菁并有其二人的签名。余秋生对原告提交的“销售不动产统一发票”的记账联、发票联以及完税证的真实性不予确认，称付款人徐惠娟为原告张菁的母亲，徐惠娟并未实际付款，原、被告因协商上述两房产归张菁所有，余秋生为配合张菁遂将该房产过户到张菁指定人的名下。余秋生对其上述主张无举证说明。2.. 位于汕尾市海滨大道翡翠湾6座302房。据原告提交的房地产权证（编号：粤房地证字第C4998980号）以及“销售不动产统一发票”记载，该房屋权属人为张丹，张丹于2007年10月9日向汕尾市翡翠湾房地产有限公司付款购买。余秋生称因该房屋的购房款及税款均由余秋生向公司所借，故该房为夫妻共有房产，为此余秋生向本院提交该房的测绘发票、“借款审批单”、“契税完税证”原件，其中“测绘发票”记载的顾客以及“契税完税证”记载的纳税人名称均为张丹，“借款审批单”的借款人为余秋生，“借款事由”为“借汕尾翡翠湾房地产有限公司代张丹付购6栋302房楼款”。张菁认为双方在《离婚协议》中已对该房作分割，关于余秋生提交证据的质证意见，张菁认为余秋生提交的发票并非购房款发票，只是房管部门出具的测绘发票，而“借款审批单”仅有余秋生一人签名，且不能证明该款项实际用于支付购房款。3. 汕尾市市区滨海东段第16间地块的土地使用权价值。汕尾市市区滨海大道东段第16间地块（面积为715平方米）原使用权人为余秋生，2007年间该地块用于投资汕尾市合景创意房地产有限公司，现汕尾市滨海大道东段13－16间地块（面积为1660平方米，原汕尾市市区滨海大道东段第16间地块为其一部分）的土地使用权人为汕尾市合景创意房地产有限公司，以上有张菁向本院提交的汕尾市市区滨海东段第16间地块的国有土地使用证［编号：汕国用（1999）字第00054号］、余秋生向本院提交的汕尾市滨海大道东段13－16间地块的建设用地规划许可证［编号：地字第汕规［2008］007（单位）号］以及国有土地使用证［编号：汕国用（2007）第268号］为证。余秋生表示其于2007年8月即将涉案地块土地使用权无偿赠与其子余奇志，并称张菁对该地块的转让事宜亦表示同意，为此原告主张对该地块使用权价值进行分割无事实依据。余秋生对于其将汕尾市市区滨海大道东段第16间地块无偿赠与余奇志的事实无举证说明。张菁认为，据汕尾市滨海大道东段13－16间地块的建设用地规划许可证以及国有土地使用证记载，汕尾市合景创意房地产有限公司于2007年12月底才取得该地块的土地使用权，而非余秋生所称的2007年8月，是在原、被告签订《离婚协议》之后。因此，该地块土地使用权人应为原、被告，被告私自将地块转让他人未经原告同意，应对该地块进行评估后依法分割。在诉讼过程中，经原告申请本院委托评估公司对汕尾市市区滨海东段第16间地块在2007年12月的价值进行评估。2008年5月30日，广州粤国房地产土地与资产评估有限公司作出《土地估价报告》（编号：粤房评字08050139号），评估土地总地价为287.43万元。原、被告对该《土地估价报告》均予以确认。4.《离婚协议》中约定的生活保障费400万元。张菁提出原、被告在《离婚协议》第五条中约定“为了使乙方（即张菁）今后生活有保障，甲方（即余秋生）同意：在甲、乙双方签订本协议之日起一个月内甲方支付给乙方人民币200万元；在本协议签订之日起第六个月时支付给乙方人民币200万元；在本协议签订之日起第十二个月时支付给乙方人民币200万元”，张菁已收到余秋生向其支付的部分款项200万元，尚余400万元未支付。张菁认为《离婚协议》系原、被告处理离婚问题达成的一致意见，该《协议》合法有效，余秋生应按《离婚协议》的约定继续履行，即于2008年5月23日向其支付200万元，于2008年11月23日向其支付200万元。余秋生对此持有异议，其认为《离婚协议》对双方婚姻关系存续期间的共同财产及婚生子的抚养问题均进行了约定，同时约定原告收到被告给付的600万元七天内前往民政部门办理离婚手续，期间，被告依《离婚协议》约定内容将物业过户至原告或原告指定的第三人名下，并按约定给付原告200万元，然而在该《协议》部分履行后，原告又不同意以协议方式解除双方的婚姻关系并诉至法院。原告未能按约定与被告办理离婚手续，故该《离婚协议》并未实际生效，原告要求被告继续按《协议》约定向其支付400万元，已无事实依据。5. 广东穗达实业有限公司（以下简称穗达公司）股份转让款。余秋生原为穗达公司的股东之一。2007年9月20日，穗达公司召开股东会并通过《股东会决议》，决议事项如下：“一、同意余秋生将占公司注册资本75%的股权，共1312.5万元的出资以1312.5万元转让给张松林。二、同意免去余秋生的公司执行董事（法定代表人）兼经理的职务；同意选举张松林为公司执行董事（法定代表人）兼经理。”该《股东会决议》有股东余秋生、许淑迎、张松林的签名。同日，余秋生与张松林签订《广东穗达实业有限公司股权转让合同》，其中约定“第一条　股权转让价格与付款方式　甲方（即余秋生）同意将持有广东穗达实业有限公司75%的股权共人民币1312.5万元出资额，以人民币1312.5万元转让给乙方（即张松林），乙方同意按此价格及金额购买上述股权。第二条　乙方同意在本合同订立十五日内以现金形式一次性支付甲方所转让的股权”。2007年9月29日，广东省工商行政管理局作出《核准变更登记通知书》（粤核变通内字［2007］第0700074521号），该公司法定代表人由余秋生变更为张松林，变更前余秋生以货币出资1312.5万元，占公司出资比例75%，变更后张松林以货币出资1312.5万元，占公司出资比例75%。以上有原告提交的穗达公司工商登记资料、《广东穗达实业有限公司股东会决议》、《广东穗达实业有限公司股权转让合同》、股东名录、核准变更登记通知书为证。张菁认为余秋生在夫妻关系存续期间转让所得的穗达公司的股权转让款1312.5万元为夫妻共同财产，应由原、被告各占二分之一份额。余秋生表示为解决穗达公司对外负债问题，余秋生将其持有的穗达公司75%的股份无偿转让给张松林，作为对价由张松林帮助余秋生解决公司债务问题，因此余秋生实际上并无获得穗达公司的股权转让款，原告要求分割股权转让款无事实依据。为证明上述事实，余秋生向本院提交：（1）穗达实业公司的《股东转让出资合同书》，其中记载：“转让方：余秋生　受让方：张松林　广东穗达实业有限公司是余秋生、许淑迎共同设立的。根据《中华人民共和国公司法》第七十二条的规定和股东决议，现就转让方在广东穗达实业有限公司的出资转让事宜订立如下条款：一、余秋生将占公司注册资本的75%全部无偿转让给张松林，公司转让前所有的债权债务由新股东承担及结算。二、余秋生自转让之日起，不再是公司股东，不得以公司的名义对外从事任何活动。三、经双方协商同意，签订符合工商局变更要求的股东转让合同书，以通过工商局变更审核，但实际条款以本合同书为准。四、双方需在自签字之日起十五日内将变更手续办理完结……”该

《股东转让出资合同书》上有转让方余秋生、受让方张松林的签名。(2) 张松林的《声明》，内容为："声明　广东穗达实业有限公司原股东余秋生向我转让其占穗达公司75%股份时，双方约定为无偿转让，因此，此次转让为零对价，我未向余秋生支付转让款。现我愿意将所持股份的37.5%无偿转让给张菁。特此声明。声明人：张松林　二零零八年四月一日。"对于余秋生提交的上述证据，原告认为该《声明》的声明人并未到庭，不能确认《声明》的真实性。因此，原告不同意声明人所谓的将股权转让给原告。此外，股权受让人所称的无偿转让股权与工商登记的股权以现金方式转让的事实相悖，且余秋生与股权受让人的无偿转让协议违反了《公司法》及公司的《股东会决议》，故原告认为工商登记资料的证明效力更高，余秋生实际上是有偿取得股权转让款的。

6. 广东创标酒业公司（以下简称创标酒业）股份转让款。余秋生原为创标酒业的股东之一。2006年11月8日，创标酒业召开股东会并通过《股东会决议》，决议事项如下："一、同意股东余秋生将所持占公司原注册资本的70%的股份共700万元全部转让给许淑迎，转让金额700万元；同意并批准了他们签订的股份转让合同。二、同意免去余秋生的执行董事、法定代表人兼经理职务，同时选举许淑迎担任公司执行董事、法定代表人兼经理职务，任期叁年；同意张松林的监事职务保持不变，任期叁年。"该《股东会决议》有股东余秋生、许淑迎、张松林的签名。同日，余秋生与许淑迎签订《广东创标酒业有限公司股权转让合同》，其中约定"第一条　股权转让价格与付款方式　甲方（即余秋生）同意将持有广东创标酒业有限公司700万元的股份（占注册资本的70%）以原价人民币700万元转让给乙方（即许淑迎），乙方同意按此价格及金额购买上述股权。第二条　乙方同意在本合同订立十五日内以现金形式一次性支付甲方所转让的股权"。2007年9月29日，广东省工商行政管理局做出《核准变更登记通知书》（粤核变通内字［2006］第060093287号），该公司法定代表人由余秋生变更为许淑迎，变更前余秋生以货币出资700万元，占公司出资比例70%，变更后许淑迎以货币出资700万元，占公司出资比例70%。以上有原告提交的创标酒业的工商登记资料、《广东创标酒业有限公司股东会决议》、《广东创标酒业有限公司股权转让合同》、股东名录、核准变更登记通知书为证。张菁认为余秋生在夫妻关系存续期间转让所得的创标酒业的股权转让款700万元为夫妻共同财产，应由原、被告各占二分之一份额。余秋生表示为解决创标酒业公司对外负债问题，余秋生将其持有的创标酒业公司70%的股份无偿转让给许淑迎，作为对价由许淑迎帮助余秋生解决公司债务问题，因此余秋生实际上并无获得创标酒业公司的股权转让款，原告要求分割股权转让款无事实依据。为证明上述事实，余秋生向本院提交：(1) 创标酒业公司的《股东转让出资合同书》。该《股东转让出资合同书》记载："转让方：余秋生　受让方：许淑迎　广东创标酒业有限公司是余秋生、张松林共同设立的。根据《中华人民共和国公司法》第七十二条的规定和股东决议，现就转让出资事宜订立如下条款：一、余秋生股东将占公司注册资本的70%全部无偿转让给许淑迎，转让为零对价；二、公司转让前所有的债权债务由新股东承担及清算；三、许淑迎受让出资后占公司注册资本的70%成为公司股东，承担本公司新章程，享有股东权益；四、余秋生自转让之日起，不再是公司股东，不得以公司的名义对外从事任何活动；五、经双方协商同意，签订符合工商局变更审核要求的股东转让出资合同书，以通过工商局变更审核，但实际条款以本合同书为准；六、合同签订后，七日内双方需到工商局办理变更手续……”该《股东转让出资合同书》上有转让方余秋生、受让方许淑迎的签名。(2) 许淑迎的《声明》，内容为：“声明　广东创标酒业有限公司原股东余秋生向我转让其占创标酒业70%股份时，双方约定为无偿转让，因此，此次转让为零对价，我未向余秋生支付转让款。现我愿意将所持股份的35%无偿转让给张菁。特此声明。声明人：许淑迎　二零零八年四月一日。”对于余秋生提交的上述证据，原告认为该《声明》的声明人并未到庭，不能确认《声明》的真实性。因此，原告不同意声明人所谓的将股权转让给原告。此外，股权受让人许淑迎所称的无偿转让股权与工商登记的股权以现金方式转让的事实相悖，且余秋生与股权受让人的无偿转让协议违反了《公司法》及公司的《股东会决议》，故原告认为工商登记资料的证明效力更高，余秋生实际上是有偿取得股权转让款的。7. 广东耀生集团有限公司（以下简称耀生集团）股份转让款。余秋生原为耀生集团的股东之一，2007年12月3日，余秋生与邱乙葵签订《广东耀生集团有限公司股权转让合同》，其中约定“第一条　股权转让价格与付款方式　甲方（即余秋生）同意将持有广东耀生集团有限公司15%的股权共人民币300万元出资额，以人民币300万元转让给乙方（即邱乙葵），乙方同意按此价格及金额购买上述股权。第二条　乙方同意在本合同订立十五日内以现金形式一次性支付甲方所转让的股权”。次日，耀生集团召开股东会并通过《广东耀生集团有限公司股东会决议》，决议事项如下：“一、同意股东余秋生将所占公司注册资本的15%的股权，共300万元的出资以300万元转让给邱乙葵。二、同意免去余秋生、欧志强、余国治的公司董事职务，同时通过董事会关于免去余秋生的公司董事长（法定代表人）、经理职务的决议；选举邱乙葵、张松林、许淑迎担任公司董事，同时通过了董事会关于选举邱乙葵担任公司董事长（法定代表人）、聘任邱乙葵担任经理职务的决议，并选举余国治担任公司监事……”该《股东会决议》有各股东的签名。2007年12月17日，广东省工商行政管理局做出《核准变更登记通知书》（粤核变通内字［2007］第0700088652号），该公司法定代表人由余秋生变更为邱乙葵，变更前余秋生以货币出资300万元，占公司出资比例15%，变更后邱乙葵以货币出资300万元，占公司出资比例15%。以上有原告提交的耀生集团的工商登记资料、《广东耀生集团有限公司股东会决议》、《广东耀生集团有限公司股权转让合同》、股东名录、《核准变更登记通知书》为证。张菁认为余秋生在夫妻关系存续期间转让所得的耀生集团的股权转让款300万元，为夫妻共同财产，应由原、被告各占二分之一份额。余秋生表示为解决耀生集团对外负债问题，余秋生将其持有的耀生集团公司15%的股份无偿转让给邱乙葵，作为对价由邱乙葵帮助余秋生解决公司债务问题，因此余秋生实际上并无获得耀生集团的股权转让款，原告要求分割股权转让款无事实依据。为证明上述事实，余秋生向本院提交：(1) 耀生集团的《股东转让出资合同书》，其中记载：“转让方：余秋生　受让方：邱乙葵　根据《中华人民共和国公司法》第七十二条的规定和股东决议，现就转让出资事宜订立如下条款：一、余秋生股东将占公司注册资本的15%全部无偿转让给邱乙葵，转让为零对价。二、公司转让前所有的债权债务由新股东承担及清算。三、邱乙葵受让出资后占公司注册资本的15%，成为公司股东，承担本公司新章程，享有股东权益。四、余秋生自转让之日起，不再是公司股东，不得以公司的名义对外从事任何活动。五、经双方协商同意，签订符合工商局变更审核要求的股东转让出资合同书，以通过工商局变更审核。但实际条款以本合同书为准。六、合同签订后，十日内双方需到工商局办理变更手续……”该《股东转让出资合同书》上有转让方余秋生、受让方邱乙葵的签名。（2）邱乙葵的《声明》，内容为：“声明　广东耀生集团有限公司原股东余秋生向我转让其占耀生公司15%股份时，双方约定为无偿转让，因此，此次转让为零对价，我未向余秋生支付转让款。现我愿意将所持股份的7.5%无偿转让给张菁。特此声明。声明人：邱乙葵　二零零八年四月一日。”对于余秋生提交的上述证据，原告认为该《声明》的声明人并未到庭，不能确认《声明》的真实性。因此，原告不同意声明人所谓的将股权转让给原告。此外，股权受让人邱乙葵所称的无偿转让股权与工商登记的股权以现金方式转让的事实相悖，且余秋生与股权受让人的无偿转让协议违反了《公司法》及公司的《股东会决议》，故原告认为工商登记资料的证明效力更高，余秋生实际上是有偿取得股权转让款的。8. 余秋生所持有的广东水井坊酒业有限公司的股份。据原告提交的广东水井坊酒业有限公司（以下简称水井坊酒业）《企业登记资料》记载，余秋生为该公司的股东，以其名义在该公司的出资额占该公司出资比例的60%。庭审中，原、被告协商一致，将余秋生持有该公司出资额的二分之一转让给张菁。2008年5月7日，水井坊酒业股东会通过《广东水井坊酒业有限公司股东会决议》，内容如下：“出席会议股东：余秋生、张松林　根据《公司法》及公司章程，广东水井坊酒业有限公司于2008年5月7日在公司会议室召开临时股东会，出席本次会议的股东2人，代表公司股东100%的表决权，所作出决议经公司股东表决权100%通过。决议事项如下：“一、同意余秋生将其占公司60%的股权的一半转让给张菁，即转让股份占公司股份的30%；二、其余股东放弃对转让股份所享有的优先购买权。全体股东签名或盖章：余秋生　张松林。”该《股东会决议》上盖有水井坊酒业公司的公章。9. 余秋生所持有的汕尾市葵通实业有限公司的股份。据原告提交的汕尾市葵通实业有限公司（以下简称葵通实业）《企业登记资料》记载，余秋生为该公司的股东，以其名义在该公司的出资额占该公司出资比例的50%。庭审中，原、被告协商一致，将余秋生持有该公司出资额的二分之一转让给张菁。2008年6月17日，本院向葵通实业的股东余国治（法定代表人）发出函件，告知余秋生与张菁已就出资额转让份额协商一致，作为持有汕尾市葵通实业有限公司股份50%的另一股东余国治，存在如下三种处理方式：一、同意该出资额转让并放弃优先购买权的，张菁可以成为该公司的股东；二、不同意该出资额转让的，可以同等价格购买该出资额；三、不同意该出资额转让，也不愿意以同等价格购买该出资额的，则视为同意转让，张菁可成为该公司的股东。该函件要求余国治于本函签收之日起五日内就上述问题作出书面回复；逾期不予书面回复的，本院将视为同意按“不同意该出资额转让，也不愿意以同等价格购买该出资额”的情形处理。余国治于指定期间未就出资额转让问题作书面回复。

原审法院认为，原、被告均承认夫妻感情已经破裂，一致同意离婚，该院依法照准。原、被告于2007年11月23日签订书面《离婚协议》，双方在该《离婚协议》第八条对《协议》的效力作了“甲、乙（即原、被告）双方同意，本协议对共同财产分割的效力，不受签约时未办理离婚登记的约束”的约定，可见该协议系原、被告对婚姻关系存续期间夫妻所得的财产归属作出的约定，该协议对原、被告均有约束力。被告主张该《协议》以双方“离婚”为生效条件，与事实和法律不符，该院对此不予采信。

关于婚生子的抚养问题，根据《最高人民法院关于人民法院审理离婚案件处理子女抚养问题的若干具体意见》第三条的规定，对于两周岁以上的未成年子女，对于一方无其他子女要求未成年子女随其生活，而另一方有其他子女的，可予优先考虑。考虑到余秋生与前妻育有二子，原告要求婚生子余卓航由其携带抚养，是可行的。此外，原、被告在《离婚协议》中约定由被告余秋生每年支付100000元抚育费直至儿子年满十八周岁时止，该条款无违反法律、行政法规的强制性规定，且被告余秋生亦有支付能力，故原告要求余秋生按《离婚协议》约定每年支付100000元抚育费直至儿子十八周岁时止，该院对此予以支持。

夫妻共有财产指的是夫妻在婚姻关系存续期间所得的共同财产。位于广州市番禺区丽江花园华林居华江路5座201、202房原为原、被告夫妻共有，但据原告提交的“销售不动产统一发票”的记账联、发票联以及完税证记载，原、被告已于婚姻关系存续期间将该房出售他人并收取款项，故该房产现并非原、被告的夫妻共有财产，被告主张分割该房产，无事实与法律依据，本院不予支持。被告称该房产买受人未实际付款但无举证说明，应承担举证不能的不利后果，该院对此不予采信。位于汕尾市海滨大道翡翠湾6座302房，据原告提交的该房的房地产权证及“销售不动产统一发票”记载，该房的产权人为张丹，故该房亦并非原、被告夫妻共同财产，被告主张分割该房产，无事实依据，本院对此不予支持。余秋生主张该房为余秋生借款所购并向该院提交“借款审批单”，该“借款审批单”仅能证明余秋生向第三人借款的事实，并不能证明该款项用于支付购房款，因此，被告关于该房为夫妻共有财产的主张，该院亦不予采信。汕尾市市区滨海东段第16间地块原土地使用权人为余秋生，据原告提交的该地块的国有土地使用证、建设用地规划许可证等证据，该土地使用权于2007年12月转让给汕尾市合景创意房地产有限公司。余秋生主张原、被告均同意将该地块无偿赠与其子余奇志用于投资汕尾市合景创意房地产有限公司但无举证说明，应承担举证不能的不利后果，该院对此不予采信。鉴于此，原告要求被告将该地块评估价值2874300元的二分之一即1437150元支付给原告，于法有据，应予支持。

关于股权转让款的问题，余秋生于2007年9月将其持有的穗达公司75%的股份共1312.5万元的出资额以1312.5万元转让给张松林，于2006年11月8日将其持有的创标酒业的70%的股份共700万元的出资额以700万元转让给许淑迎，于2007年12月3日将其持有的耀生集团15%的股份共300万元的出资额以300万元转让给邱乙葵，以上有穗达公司、创标酒业、耀生集团的《股东会决议》、《股权转让合同》为证并经工商部门核准登记，足以认定，该院对此予以确认。原告主张穗达公司的股权转让款1312.5万元、创标酒业的股权转让款700万元、耀生集团的股权转让款300万元均为原、被告的夫妻共有财产，应由原、被告各占二分之一份额，符合法律规定，该院对此予以支持。余秋生主张穗达公司、创标酒业、耀生集团的股权转让均为无偿转让，并向该院提交《股东转让出资合同书》，受让人张松林、许淑迎、邱乙葵的《声明》为证。经审查，该《股东转让出资合同书》为转让人余秋生与受让人张松林、许淑迎、邱乙葵私下签订，该书证内容与工商部门的工商核准登记资料不符，根据《最高人民法院关于民事诉讼证据的若干规定》第七十七条的规定，国家机关依职权制作的公文书证的证明力大于其他书证，故该院对该《股东转让出资合同书》不予采信。受让人张松林、许淑迎、邱乙葵出具的《声明》，不符合证人证言须由证人出庭作证的规定，故该院对该《声明》亦不予采信。因此，对于余秋生关于穗达公司、创标酒业、耀生集团的股权转让均为无偿转让的主张，本院不予采信。

关于水井坊酒业出资额的分割问题，鉴于原、被告在庭审中协商一致将余秋生持有的该公司 60% 的股权的二分之一即该公司 30% 的股权转让给张菁，且水井坊酒业股东会全体股东亦于2008 年 5 月 7 日通过《股东会决议》，同意该股权转让并放弃优先购买权，该院依法照准。关于葵通实业出资额的分割问题，一方面，因原、被告在庭审中协商一致将余秋生持有的该公司 50% 的股权的二分之一即该公司 25% 的股权转让给张菁，另一方面，葵通实业另一持有 50% 股权的股东余国治既不同意转让，亦不愿意以同等价格购买该出资额，根据《最高人民法院关于适用〈中华人民共和国婚姻法〉若干问题的解释（二）》第十六条的规定，应视为余国治同意转让，为此，该院依法确认余秋生持有的葵通实业 50% 的股权的二分之一即该公司 25% 的股权转让给张菁。至于原、被告在《离婚协议》中约定由余秋生向张菁支付 400 万元生活保障费的问题，因该协议系原、被告对婚姻关系存续期间夫妻所得的财产归属作出的约定，该协议对于原、被告均有约束力，原告为此要求被告按《协议》如实履行，是可行的，应予支持。综上所述，依照《中华人民共和国民法通则》第七十五条，《中华人民共和国婚姻法》第十七条、第十八条、第十九条、第三十二条、第三十七条、第三十八条、第三十九条的规定，参照《最高人民法院关于适用〈中华人民共和国婚姻法〉若干问题的解释（二）》第十六条的规定，判决如下：一、准予原告张菁与被告余秋生离婚。二、离婚后，婚生子余卓航由原告张菁携带抚养，被告余秋生应自本判决发生法律效力之日起每年支付100000 元抚育费给儿子余卓航直至儿子余卓航年满十八周岁时止。被告余秋生享有于每周六、周日早上 8 时至下午 7 时探望儿子余卓航的权利。三、汕尾市市区滨海东段第16 间地块土地使用权转让价值应为原告张菁与被告余秋生共同所有，被告余秋生应于本判决发生法律效力之日起三十日内将该地块价值的二分之一即 1437150 元补偿款支付给原告张菁。四、被告余秋生所得的广东穗达实业有限公司的股份转让款 13125000 元应为原告张菁与被告余秋生夫妻共有，被告余秋生应于本判决发生法律效力之日起三十日内将股权转让款的二分之一，即 6562500 元支付给原告张菁。五、被告余秋生所得的广东创标酒业有限公司的股份转让款 7000000 元应为原告张菁与被告余秋生夫妻共有，被告余秋生应于本判决发生法律效力之日起三十日内将股权转让款的二分之一，即3500000 元支付给原告张菁。六、被告余秋生所得的广东耀生集团有限公司的股份转让款 3000000 元应为原告张菁与被告余秋生夫妻共有，被告余秋生应于本判决发生法律效力之日起三十日内将股权转让款的二分之一，即 1500000 元支付给原告张菁。七、被告余秋生应于本判决发生法律效力之日起三十日内将其持有的广东水井坊酒业有限公司60% 的股份的二分之一，即该公司 30% 的股份转让给原告张菁。八、被告余秋生应于本判决发生法律效力之日起三十日内将其持有的汕尾市葵通实业有限公司 50% 的股份的二分之一，即该公司 25% 的股份转让给原告张菁。九、被告余秋生应于本判决发生法律效力之日起一个月内将生活保障费 2000000 元款项支付给张菁，于本判决发生法律效力之日起十二个月内将生活保障费 2000000 元款项支付给原告张菁。十、驳回原告张菁的其他诉讼请求。十一、驳回被告余秋生的其他诉讼请求。如果未按本判决指定的期间履行给付金钱义务，应当依照《中华人民共和国民事诉讼法》第二百二十九条之规定，加倍支付迟延履行期间的债务利息。本案诉讼费178346元，其中受理费169597元（原告张菁已预付159597元，被告余秋生已预付10000元），评估费8749元（原告张菁已预付）由原告张菁负担89173元，由被告余秋生负担89173元。

判后，余秋生不服，向本院提起上诉。上诉请求：1. 依法撤销（2008）越法民一初字第674号民事判决书第二、三、四、五、六、九、十一项；2. 依法判决婚生子余卓航由余秋生抚养；3. 依法判决将余秋生持有的广东穗达实业有限公司、广东创标酒业有限公司、广东耀生集团有限公司的一半股份转让给张菁；4. 依法判决张菁向余秋生返还人民币200万元；5. 依法对位于广州市番禺区丽江花园华林居华江路5座201、202房及位于汕尾市海滨大道翡翠湾6座302房的夫妻共有财产进行分割。事实与理由：一、余秋生出具的证据足以说明，余秋生将所持有的穗达公司、创标酒业、耀生集团股份转让系无偿转让。一审法院仅依据股权转让协议，就认定余秋生取得了转让款，将其作为夫妻共同财产进行分割缺少法律依据。余秋生向一审法院提交的《股东转让出资合同书》明确写明，余秋生向受让人转让股权系零转让，其条件是受让人需解决余秋生转让股权前所有的债务问题，并且协议中明确约定，工商登记与本协议不同的应当以本协议为准。并且，受让人也向一审法院出具了声明，明确说明并未向余秋生支付转让款，同时，表示愿意将所持股份的一半无偿转让给张菁，该证据经质证，张菁并未对其真实性有任何异议，只是向法庭表明，要求余秋生给付转让款，不要股权。虽然在工商登记中上述三公司股份转让均显示为有偿转让，但其真实的转让情况，余秋生已向法院提交相反的证据并予以证明，一审法院不应在能够查清事实的情况下，置事实于不顾。就股权转让款事宜来说，假设工商登记中登记股权转让协议中的有偿转让是成立的，但在审理过程中，张菁也未能够证实，工商登记的有偿转让股权的协议书实际已经履行，余秋生确实收到转让款的证据，而一审法院对此也未进行调查，仅凭一份协议就将协议中的转让款作为夫妻共同财产来进行分割。试问，如果该协议并未实际履行或只是部分履行了呢？显然，这种认定缺少法律依据，一审法院擅自扩大了夫妻双方共有财产的认定范围，将可能存在的共同债权作为夫妻现有的共同财产进行分割。二、一审法院依据《离婚协议》判决余秋生给付张菁生活保障费人民币400万元及给付婚生子每年10万元的抚养费无事实及法律依据。从双方签订的《离婚协议》内容可以看出，余秋生与张菁在签订该协议时，双方对婚姻关系存续期间的所有财产（包括公司财产）及对外的担保及债务均作出了处理。而张菁也是明确知道余秋生公司的所有经营状况的，因此，在离婚协议中对财产的分割方面才出现了将法院已查封或已抵押给银行的物业都给予了余秋生（见协议第四条），而在离婚协议书第六条中明确约定："甲、乙双方婚姻存续期间对外债务和乙方对外担保之全部债务均由甲方承担清偿责任。如果因乙方对外担保之债务致使乙方按本协议分割的财产遭受损失，甲方需全额予以补偿。"很显然，在对夫妻共同财产的处理上，张菁选择了放弃对公司股份的持有，故此，余秋生才同意向张菁支付人民币600万元，并且承担所有的债务。而张菁之所以接受这样一种方案，不仅因为其知道余秋生公司所有的经营状况，而且也知道余秋生经营的公司存在大量的债务（这点也可通过协议第六条予以证明）。而张菁却在余秋生已经向其支付人民币200万元及办理了部分房产过户的情况下，以余秋生隐瞒共同财产向一审法院提起诉讼，余秋生认为，在签订《离婚协议》时，双方已对共同财产作出了分割，但张菁在明知余秋生对哪些公司持股的情况下（这点可以通过张菁起诉时向法院提交的证据清单予以证明，如张菁不知道公司的情况是不可能做到向法院提交一份详细的公司清单的，并且，对于公司之前和之后的变更情况了解得非常清楚），从最初的同意协议离婚到最终向法院起诉要求离婚，是对《离婚协议》的反悔，既然，张菁对《离婚协议》已反悔，并要求分割公司的股份，而张菁得到公司股份后，就有了经营的收入，在此情况下，余秋生也无须向张菁支付人民币 600 万元生活保障费。而张菁已取得的余秋生给付的人民币 200 万元也应当予以返还。三、一审法院对双方签订的《离婚协议》的部分条款视而不见，在能够充分说明事实的情况下，对共有财产未进行处理。一审法院认为，张菁主张的位于广州市番禺区丽江花园华林居华江路 5 座 201、202 房在婚姻关系存续期间已出售他人，该房产并非原、被告的夫妻共有财产。汕尾市海滨大道翡翠大道翡翠湾 6 座 302 房屋产权人登记为张丹，余秋生也无权主张分割该房产。但一审法院却忽略了余秋生与张菁双方签订的《离婚协议》中所反映出来的事实情况，对于共有财产范围，作为夫妻双方是最清楚的，余秋生与张菁在协议中对财产分割时，明确上述财产为双方共同财产，并且在协议中确定，上述物业已经办理至张菁名下，双方还约定，如张菁指定将上述房产办理到第三人名下时，需向余秋生出具书面说明，余秋生同意按张菁指定的名称办理过户手续。而之所以上述房产办理的时间与协议书签订的时间有所出入，是因为双方在签订协议时，是经过长时间的协商及沟通的，这点余秋生向张菁写的保证书也能说明，而在此事实面前，一审法院简单地将上述物业确定为非夫妻双方共同财产，显然与事实不符，损害了余秋生的合法权益。四、一审法院对举证责任进行了错误的分配。张菁主张汕尾市市区滨海东段第 16 间地块（面积为 715 平方米）为夫妻共有财产，余秋生已向法院提交的证据证明，该财产不在余秋生名下，其土地使用证及建设用地规划许可证均显示其使用权属于汕尾市合景创意房地产有限公司，此种情况下，张菁主张为共同财产，就应由其证明该财产系夫妻共同财产，但张菁并未证明，而一审法院认定余秋生无证据证明该地块已赠与其子余奇志，应承担举证不能的不利后果，余秋生认为，一审法院是对举证责任错误地进行了分配。另根据本案一审法院对余秋生主张的共有房产的处理，一审法院认为，余秋生主张的丽江花园房产及汕尾市海滨大道房产均不在余秋生名下，认定该房产非夫妻共同财产，同样，对于汕尾市市区滨海东段地块在财产分割时也不在余秋生与张菁名下，但一审法院却将其认定为共同财产，这样的处理显然对余秋生显失公平，且相互矛盾。五、一审法院查明事实有误。判决书第三页，经审理查明，"……婚后初期原、被告夫妻感情尚可，后因他人介入夫妻关系导致双方产生矛盾乃至感情生变"。一审法院在无任何证据证明的情况下，且也未就该事实在庭审时进行调查，就认定原被告夫妻关系产生矛盾及感情生变的原因是他人介入，这种描述不仅无事实依据，而且对于一份法院的判决书来说是极为不严谨的。综上所述，一审法院不仅未查明事实，而且错误地适用法律，作出了显失公平的判决。鉴于以上事实，余秋生请求二审法院依法公正审理本案，撤销一审判决中的二、三、四、五、六、九、十一项，对其进行依法改判。

被上诉人张菁答辩：不同意余秋生的上诉请求，请求二审法院维持原判。事实和理由：1. 余秋生提交的其受让穗达公司、创标酒业、耀生集团三公司股份的证据材料不具真实性、关联性，不能作为本案认定事实及作出法律判断的依据；余秋生在离婚诉讼期间擅自受让三公司股权与张菁主张分割该三公司之前转让获得的转让款是两个不同的法律关系，与本案无关。2.《离婚协议》合法有效，一审法院依据《离婚协议》判决由张菁抚养婚生子、余秋生给付张菁生活保障费及婚生子每年10万元的抚养费，反映了余秋生与张菁的真实意思表示，于法有据。3. 余秋生未能提出证据材料证明在婚姻关系存续期间将汕尾市滨海东段第16间地块处分给他人是经夫妻双方共同同意的行为，应当承担举证不能的不利后果，张菁完全有权主张对该地块进行分割。

一审除关于广州市番禺区丽江花园华林居华江路5座201、202房及汕尾市海滨大道翡翠大道翡翠湾6座302房屋的查明事实外，其他一审查明事实与二审查明基本一致，本院予以确认。

另查明，张菁在一审提起诉讼称：2007年11月23日，双方当事人签订了《离婚协议》，双方协商同意离婚，并对抚养问题、部分赔偿分割问题以及补偿问题作出明确约定，上述协议中财产分割的内容及补偿费用已部分履行。但张菁此后发现余秋生在《离婚协议》中隐瞒了夫妻共同财产，并存在恶意转移财产的行为。为了维护张菁的合法权益，请求法院判令双方当事人离婚；离婚后，婚生子余卓航由原告携带抚养，余秋生每年支付100000元抚育费直至儿子十八周岁时止，并要求余秋生按《离婚协议》的约定于2008年5月23日及2008年11月23日之前分别向张菁支付2000000元补偿款。《离婚协议》中未涉及的夫妻共同财产包括：余秋生有偿转让的广东穗达实业有限公司股份转让款13125000元、广东创标酒业有限公司股份转让款7000000元、广东耀生集团有限公司股份转让款3000000元，以余秋生名义持有的广东水井坊酒业有限公司的60%股份、汕尾市葵通实业有限公司的50%股份，以及余秋生私自有偿转让的汕尾市市区滨海东段第16间地块（面积为715平方米）的土地有偿转让款，上述夫妻共同财产均请求予以分割。因余秋生对夫妻共同财产存在隐瞒、转移等行为，张菁请求依法多分得《离婚协议》中尚未分割的夫妻共同财产。

余秋生在一审答辩称：基于夫妻感情确已破裂，余秋生同意离婚。关于抚养问题，余秋生要求婚生子余卓航由余秋生携带抚养，不要求张菁支付抚养费。双方基于平等协商而签订《离婚协议》，该《离婚协议》是以离婚为生效条件的，在余秋生履行《离婚协议》过程中，张菁向法院提起离婚诉讼，故其起诉行为是对《离婚协议》内容的变更，故《离婚协议》并无实际生效。关于夫妻共同财产问题：1. 关于夫妻共同房产及土地使用权的分割问题。位于番禺区丽江花园华林居华江路5座201房及202房以及汕尾市海滨大道翡翠湾6座302房为夫妻共同房产，要求该房产由双方当事人各占二分之一产权。因汕尾滨海东段第16间地块的土地使用权人现已不是余秋生，故张菁无权要求分得该地块土地使用权的财产权益。2. 关于股权转让款问题，因穗达公司、创标酒业、耀生集团三公司的股权转让均为无偿，余秋生并无实际取得股权转让款，故不存在分割股权转让款的问题。3. 关于公司股权转让的问题，余秋生为水井坊酒业、葵通实业两公司的股东，余秋生同意将余秋生所持有的上述两公司的股份的二分之一转让给张菁。

在本案一审判决后，余秋生将原转让的公司股份又回转至其名下，其中余秋生于2008年7月31日受让创标酒业股东许淑迎占有该公司70%的股份，于2008年8月6

日分别受让穗达公司股东张松林占有该公司75%的股份和耀生集团股东邱乙葵占有该公司15%的股份。余秋生称受让上述三公司股份均是零受让，为此提供了以下证据：一、关于创标酒业的证据：1. 许淑迎、余秋生于2008年7月25日签订的《股东转让出资合同书》，其中载明：许淑迎股东占创标酒业注册资本的70%全部零对价返还给余秋生。2. 广东省工商行政管理局于2008年7月31日作出的《核准变更登记通知书》［粤核变通内字（2008）第0800035526号］，载明：创标酒业法定代表人变更为张松林，公司股东变更为余秋生（占有该公司70%股份）、张松林。二、关于耀生集团的证据：1. 邱乙葵、余秋生于2008年8月1日签订的《股东转让出资合同书》，其中载明：邱乙葵股东占耀生集团注册资本的15%全部零对价返还给余秋生。2. 广东省工商行政管理局于2008年8月6日作出的《核准变更登记通知书》［粤核变通内字（2008）第0800035755号］，载明：耀生集团股东变更为广东耀生投资管理有限公司、广东穗达实业有限公司（余秋生占有该公司15%股份）、汕尾市葵通实业有限公司、广州优臣经济发展有限公司、广州兴亿装饰工程有限公司。三、关于穗达公司的证据：1. 张松林、余秋生于2008年7月31日签订的《股东转让出资合同书》，其中载明：张松林占穗达公司注册资本的75%全部零对价返还给余秋生。2. 广东省工商行政管理局于2008年8月6日作出的《核准变更登记通知书》［粤核变通内字（2008）第0800035753号］，载明：穗达公司股东变更为余秋生（占有该公司75%股份）、许淑迎。张菁对上述证据发表如下意见：1. 余秋生提交的上述证据不是一套完整的提交给工商部门进行股权变更登记的资料，其真实性无法认可，不能作为本案认定事实及作出法律判断的依据。据我方向工商部门进行查询得知，上述三公司进行并完成股权变更登记的材料有《核准变更登记通知书》、《股东会决议》、《公司章程修正案》、《股权转让合同》、股东名录等，余秋生仅向法院提交了《核准变更登记通知书》及未在工商部门登记备案的《股东转让出资合同书》，显然，余秋生提交的证据材料不能说明余秋生零受让的事实，相反，依据上述三公司在工商部门办理股权变更登记的资料足以说明余秋生有偿受让的事实。2. 余秋生提交的证据材料无法证明余秋生零受让上述三公司股权的事实，更不能由此说明此次股权的无偿返还行为正是因余秋生在与张菁离婚期间无偿转让股权的行为而产生，进而推断余秋生在与张菁婚姻关系存续期间的股权转让行为是无偿的。工商部门在进行股权变更登记核准时并不禁止股权零转让，现有法律法规也并无规定要求进行股权变更时一定是有偿的才可进行，而依据现有证据材料看，余秋生进行上述三公司股权的变更是有偿的且已向工商部门登记了其以现金方式有偿转让股权的事实。余秋生提交的证据表明其在零转让或零受让耀生集团股权时，仅有《股权转让出资合同书》而无其他股东同意转让的股东会决议，违反《公司法》，是无效的公司股权转让行为。3. 张菁要求维持一审法院判得的余秋生在婚姻关系存续期间有偿转让上述三公司股权而获得的股权转让款，而余秋生提交的证据只能反映出余秋生在婚姻关系存续期间将转让出的公司股权再次有偿受让回来，但余秋生并没有对张菁不可以分得股权转让款进行证明，余秋生提交的其受让上述三公司股权事实的证据材料与本案争论的事实是两个不同的法律关系。

张菁为证明余秋生再次有偿受让上述三公司，提交了上述三公司的工商登记资料，其中：一、关于创标酒业的资料：1.《企业登记资料》；2.《核准变更登记通知书》；

3.《公司变更登记申请书》；4.《广东创标酒业有限公司股东会决议》（其中载明：同意许淑迎将占公司注册资本70%的股权，共700万元的出资以700万元转让给余秋生）；5.《广东创标酒业有限公司章程修正案》（其中载明：公司章程第五章第八条　公司股东现改为余秋生、张松林；第六章第九条　股东的出资方式、出资额和出资比例现改为：张松林以货币出资300万元，总认缴出资300万元，占注册资本的30%；余秋生以货币出资700万元，总认缴出资700万元，占注册资本的70%）；6. 余秋生、许淑迎于2008年7月22日签订的《广东创标酒业有限公司股权转让合同》（其中载明：许淑迎同意将持有创标酒业70%股权共人民币700万元出资额，以人民币700万元转让给余秋生，余秋生同意按此价格及金额购买上述股权；余秋生同意在本合同订立十五日内以现金形式一次性支付许淑迎所转让的股权）；7. 广东创标酒业有限公司股东（发起人）出资情况表；8. 广东创标酒业有限公司董事、监事、经理情况表；9. 广东创标酒业有限公司任免职书。二、耀生集团的资料：1.《企业登记资料》；2.《核准变更登记通知书》；3.《公司变更登记申请书》；4.《广东耀生集团有限公司股东会决议》（其中载明：同意邱乙葵将占公司注册资本15%的股权，共300万元的出资以300万元转让给余秋生）；5.《广东耀生集团有限公司章程修正案》[其中载明：公司章程第五章第八条　公司股东现改为广东耀生投资管理有限公司、广东穗达实业有限公司（余秋生占有该公司15%股份）、汕尾市葵通实业有限公司、广州优臣经济发展有限公司、广州兴亿装饰工程有限公司；第六章第九条　股东的出资方式、出资额和出资比例现改为：余秋生以货币出资300万元，总认缴出资300万元，占注册资本的15%；广东耀生投资管理有限公司以货币出资800万元，总认缴出资800万元，占注册资本的40%；广东穗达实业有限公司以货币出资500万元，总认缴出资500万元，占注册资本的25%；汕尾市葵通实业有限公司以货币出资250万元，总认缴出资250万元，占注册资本的12.5%；广州优臣经济发展有限公司以货币出资100万元，总认缴出资100万元，占注册资本的5%；广州兴亿装饰工程有限公司以货币出资50万元，总认缴出资50万元，占注册资本的2.5%]；6. 余秋生、邱乙葵于2008年7月22日签订的《广东耀生集团有限公司股权转让合同》（其中载明：邱乙葵同意将持有耀生集团15%股权共人民币300万元出资额，以人民币300万元转让给余秋生，余秋生同意按此价格及金额购买上述股权；余秋生同意在本合同订立十五日内以现金形式一次性支付邱乙葵所转让的股权）；7.《广东耀生集团有限公司股东（发起人）出资情况表》。三、穗达公司的资料：1.《企业登记资料》；2.《核准变更登记通知书》；3.《公司变更登记申请书》；4.《广东穗达实业有限公司股东会决议》（其中载明：同意张松林将占公司注册资本75%的股权，共1312.5万元的出资以1312.5万元转让给余秋生）；5.《广东穗达实业有限公司章程修正案》（其中载明：公司章程第五章第八条　公司股东现改为余秋生、许淑迎；第六章第九条　股东的出资方式、出资额和出资比例现改为：许淑迎以货币出资437.5万元，总认缴出资437.5万元，占注册资本的25%；余秋生以货币出资1312.5万元，总认缴出资1312.5万元，占注册资本的75%）；6. 余秋生、张松林于2008年7月22日签订的《广东穗达实业有限公司股权转让合同》（其中载明：张松林同意将持有广东穗达实业有限公司75%股权共人民币1312.5万元出资额，以人民币1312.5万元转让给余秋生，余秋生同意按此价格及金额购买上述股权；余秋生同意在本合同订立十五日内以现金形式一次性支付张松林所转让的股权）；7.《广东穗达实业有限公司股东（发起人）出资情况表》；8.《广东穗达实业有限公司董事、监事、经理情况表》。余秋生对张菁提交的上述工商登记资料的真实性无异议，但认为余秋生第一次转让上述三公司时实际上是零转让，余秋生现再受让回上述三公司时实际上也是零受让。由于零转让或受让公司股权法律程序非常复杂，涉及公司的减资情况，考虑到方便办理工商变更手续才在工商部门办理了有偿转让或受让的手续，签订了符合工商变更审核要求的股权转让合同，以达到通过工商变更审核的目的。但双方的真实意思是零转让或受让，并且双方私下签订了零转让或受让股权的协议，余秋生根本未收到或支付过对价。

在二审诉讼中，余秋生提供了穗达公司、耀生集团、创标酒业于2009年6月11日签订的《股东会决议》，载明：上述三公司的股东同意余秋生将其占有公司股权的一半转让给张菁，其余股东放弃对转让股份所享有的优先购买权。张菁认为：1. 上述证据已过举证期限，不同意质证；2. 对其真实性也无法确认；3. 我方只对余秋生转让上述三公司的股份转让款提出诉讼请求，并非针对上述三公司的股份，故上述《股东会决议》与本案无关；4. 本案起诉时余秋生与上述三公司毫无关系，余秋生在诉讼期间采取恶意手段取回上述三公司股份与本案无关，不影响将余秋生的股份转让款作为夫妻共有财产分割；5. 余秋生擅自将股权进行转移的行为已损害了张菁的合法利益，应承担法律责任。

据广州市房地产产权情况表显示：广州市天河区五山路263号101房屋（即瑞华大厦首层，现被查封和抵押）的产权人是余秋生；广州市天河路11号2601号房（现被查封）属张菁和余秋生共同共有；广州市建设六马路29号22楼的房屋（即荣建大厦22层全层，现被查封）属余秋生、余燕玲共同共有。在本案二审中，余秋生、余燕玲均确认双方各占有荣建大厦22层全层的1/2产权份额，余燕玲对余秋生占有该房屋的1/2产权份额在本案中作为余秋生与张菁的共有财产处理表示无异议。张菁也同意对余秋生占有该房屋的1/2产权份额在本案中作为余秋生与张菁的共有财产处理。

穗达公司、创标酒业、耀生集团、水井坊酒业、葵通实业等公司，均是在《离婚协议》签订前已存在并经工商登记，余秋生在上述公司占有一定比例的股份。据余秋生在二审中提供的广州市白云区人民法院（2005）云法民二初字第465、466号民事调解书记载，张菁曾为穗达公司向中国农业银行广州市三元里支行申请的承兑汇票款作连带担保人。

在二审诉讼中，余秋生认为可作夫妻共有财产在本案中处理的有：1. 余秋生在荣建大厦22层全层占有的1/2产权份额；2. 瑞华大厦首层商场；3. 天河路11号2601号房；4. 丽江花园华林居华江路5座201、202房；5. 汕尾市海滨大道翡翠湾6座302房；6. 余秋生在穗达公司持有的75%股份；7. 余秋生在创标酒业持有的70%股份；8. 余秋生在耀生集团持有的15%股份；9. 余秋生在水井坊酒业持有的60%股份；10. 余秋生在葵通实业持有的50%股份。

张菁认为可作夫妻共有财产在本案中处理的有：1. 余秋生在荣建大厦22层全层占有的1/2产权份额；2. 瑞华大厦首层商场；3. 天河路11号2601号房；4. 丽江花园华林居华江路5座201、202房；5. 汕尾市海滨大道翡翠湾6座302房；6. 余秋生转让其在穗达公司持有的75%股权的转让款1312.5万元；7. 余秋生转让其在创标酒业持有的

70% 的股权的转让款 700 万元；8. 余秋生转让其在耀生集团持有的 15% 股权的转让款 300 万元；9. 余秋生在水井坊酒业持有的 60% 股份；10. 余秋生在葵通实业持有的 50% 股份；11. 汕尾市市区滨海大道东段第 16 间地块土地使用权转让价值。

在二审诉讼中，双方当事人均表示同意离婚，另双方当事人还确认以下事实：1. 荣建大厦 22 层全层价值为 500 万元，瑞华大厦首层商场价值为 500 万元，天河路 11 号 2601 号房价值为 120 万元，丽江花园华林居华江路 5 座 201、202 房的价值合计为 80 万元，汕尾市海滨大道翡翠湾 6 座 302 房价值为 40 万元；2. 因余秋生与张菁共同担保的债务未清偿而导致天河路 11 号 2601 号房、余秋生在荣建大厦 22 层全层占有的产权份额、瑞华大厦首层现被查封；3. 丽江花园华林居华江路 5 座 201、202 房原是余秋生与张菁的夫妻共有财产，在签订《离婚协议》前双方当事人协商将该房屋归张菁所有，且由双方当事人共同把上述房屋过户至第三人徐惠娟（张菁的母亲）名下，作为处理（分割）夫妻共有财产的一种方式，徐惠娟在一审诉讼前已经将上述房屋另行出售；4. 汕尾市海滨大道翡翠湾 6 座 302 房是双方当事人共同购买的房产，双方在签订《离婚协议》前确认该房归张菁所有，故该房屋直接以张菁指定的第三人（张菁的哥哥张丹）的名义登记房屋产权，张丹没有支付房款；5.《离婚协议》中所列的东方之珠三套房屋现已被房产公司收回，不属夫妻共有财产；6. 对一审认定汕尾市市区滨海东段第 16 间地块土地的评估价值为 2874300 元没有异议。

关于房产的处理，余秋生认为：由于余秋生在荣建大厦 22 层全层占有的 1/2 产权份额、瑞华大厦首层商场、天河路 11 号 2601 号房存在查封、抵押的情况，故上述房产不应当在本案中处理。如法院认为上述房产须在本案中处理，我方同意按双方确认的房屋价值进行平均分割，除丽江花园华林居华江路 5 座 201、202 房，汕尾市海滨大道翡翠湾 6 座 302 房归张菁外，我方在荣建大厦 22 层全层占有的产权份额及天河路 11 号 2601 号房也归张菁所有，瑞华大厦首层商场归我方所有。张菁认为：双方在《离婚协议》中已对房产进行分配，不同意重新分割房产。即丽江花园华林居华江路 5 座 201、202 房，汕尾市海滨大道翡翠湾 6 座 302 房归张菁，余秋生在荣建大厦 22 层全层占有的产权份额、瑞华大厦首层商场、天河路 11 号 2601 号房归余秋生，按照我方的房产分配方案是否需要补偿房屋差价，由法院按照夫妻共同财产公平合理分割的原则结合《离婚协议》已经履行的事实进行处理。如果余秋生在荣建大厦 22 层全层占有的产权份额及天河路 11 号 2601 号房、瑞华大厦首层商场已经解除查封或撤销抵押，我方同意取得上述房屋的所有权；如果上述房屋仍处于查封和抵押状况，我方不同意取得上述房屋的所有权。

余秋生确认没有夫妻共同债权需在本案处理，需要在本案处理的夫妻共同债务只有一项，即余秋生为履行《离婚协议》而向张菁支付的 200 万元生活保障费，是余秋生向案外人广州市伽达商贸有限公司所借，该款应作为夫妻共同债务在本案处理。除此之外，其他的夫妻共同债务无须在本案处理。张菁则确认没有夫妻共同债权债务需在本案处理，余秋生向张菁支付的 200 万元是余秋生在《离婚协议》上和张菁达成的经济补偿生活保障费，是余秋生自愿支付的一部分款项；广州市伽达商贸有限公司是余秋生控制的公司之一，对余秋生与广州市伽达商贸有限公司的借款协议无法确认；余秋生向谁借款履行离婚协议义务与张菁无关，余秋生所借款属于其个人债务，不属夫妻共同债务。

余秋生与张菁均确认天河路11号2601号房现由张菁及其儿子余卓航居住。张菁表示其在上述房屋属暂住性质，离婚后可以迁出。

本院认为：鉴于余秋生与张菁的夫妻感情确已破裂，双方均同意离婚，原审准予余秋生与张菁离婚正确，本院对此予以维持。双方因离婚而引起的子女抚养、探视问题，夫妻共同财产等问题，均应依法公平合理地处理。

据《最高人民法院关于适用〈中华人民共和国婚姻法〉若干问题的解释（二）》第八条第一款规定："离婚协议中关于财产分割的条款或者当事人因离婚就财产分割达成的协议，对男女双方具有法律约束力。"该款适用的前提条件是当事人在婚姻登记机关协议离婚，并就财产分割问题达成了协议。而在本案中，双方当事人虽就离婚、子女抚养、夫妻共同财产分割等问题达成了《离婚协议》，但双方最终未在婚姻登记机关协议离婚并向婚姻登记机关提交该协议，因此，该《离婚协议》不属于上述司法解释第八条第一款规定的情形。双方在《离婚协议》第三项、第四项中对夫妻共有财产的范围和分割进行了约定，但经审查，上述第三、四项涉及的荣建大厦22层全层有1/2产权份额属案外人余燕玲，广州市天河北路703号东方之珠C座2803、2807、2808房的产权人不是余秋生和张菁，故双方在《离婚协议》中处分了不属于离婚当事人的夫妻共有财产，双方也未能举证证明其对上述财产有处分权，因此，双方就上述非夫妻共有财产的约定对双方没有法律约束力。

综合《离婚协议》的内容分析，双方签订《离婚协议》的目的是到婚姻登记机关协议离婚，双方在协议中对抚养权、夫妻共有财产分割、生活保障费等达成的协议是基于协议离婚这一前提条件的。在《离婚协议》签订后，因张菁向法院起诉离婚，导致双方未能依约办理协议离婚手续，双方履行《离婚协议》的前提基础已丧失，张菁要求继续履行该协议的理由不成立，本院不予采纳。

《离婚协议》未涉及的穗达公司、创标酒业、耀生集团、水井坊酒业、葵通实业等公司，均是在《离婚协议》签订前已存在并经工商登记，余秋生在上述公司占有一定比例的股份，而且张菁曾为穗达公司向中国农业银行广州市三元里支行申请的承兑汇票款作连带担保人，可见，张菁在签订《离婚协议》时应当知道除在《离婚协议》涉及的夫妻共有财产外，双方还有其他的夫妻共有财产。由于双方在《离婚协议》中只对部分夫妻共有财产进行约定，现张菁起诉离婚，要求对《离婚协议》未涉及的其他夫妻共有财产进行分割是可行的，应予准许。

鉴于双方未能依《离婚协议》约定办理协议离婚手续，双方在协议中只处理了部分夫妻共有财产，且协议中约定归余秋生的房产均是处于查封、抵押状态的有瑕疵房产，余秋生请求在离婚诉讼中对双方确认的夫妻共有财产重新分配合理，本院予以采纳。

结合《离婚协议》第五、七、八项的内容分析，协议中关于生活保障费的约定是基于双方协议离婚，并到民政部门办理离婚登记手续而由余秋生支付给张菁的费用，现因双方未能依约到民政部门办理离婚登记手续，协议约定的生活保障费的支付条件未成就，张菁起诉要求余秋生按《离婚协议》支付尚未支付的生活保障费合计400万元，本院不予支持，原审判决第九项不当，应予撤销。

关于婚生小孩的抚养和探视问题。根据《最高人民法院关于人民法院审理离婚案件处理子女抚养问题的若干具体意见》第三点的规定："对两周岁以上未成年的子女，父方和母方均要求随其生活，一方有下列情形之一的，可予优先考虑：……（2）子女随其生活时间较长，改变生活环境对子女健康成长明显不利的；（3）无其他子女，而另一方有其他子女的；……"在本案中，双方当事人均要求儿子余卓航归其抚养，由于余卓航尚未成年，现随张菁生活，且张菁除儿子余卓航外，没有其他子女，而余秋生除儿子余卓航外，与其前妻还生育有二子女，综合本案的实际情况，原审判令余卓航由张菁抚养并无不当，本院对此予以维持。余秋生上诉请求儿子余卓航归其抚养的理由不成立，本院不予支持。至于抚养费问题，因双方当事人在协商离婚过程中，曾在《离婚协议》中约定由余秋生每年支付10万元抚养费直至儿子余卓航大学毕业为止，且考虑到余秋生也有支付能力，故原审判令余秋生每年支付10万元抚育费给儿子余卓航直至其年满十八周岁时止，并无不当，本院对此予以维持。关于婚生儿子余卓航的探视问题，因双方当事人对一审判决的探视方式均无异议，本院对此也予以维持。

因余秋生在葵通实业持有50%的股权、在水井坊酒业持有60%的股权，双方当事人确认余秋生的上述股权份额可以作为夫妻共有财产在本案中处理，本院予以准许。鉴于余秋生与张菁在一审庭审中协商一致将余秋生持有的水井坊酒业60%的股权的二分之一，即该公司30%的股权转让给张菁，且水井坊酒业股东会全体股东也通过《股东会决议》，同意该股权的转让并放弃优先购买权，故原审判决第七项正确，本院予以维持。鉴于余秋生与张菁在一审庭审中协商一致将余秋生持有的葵通实业50%的股权的二分之一，即该公司25%的股权转让给张菁，葵通实业另一持有50%股权的股东余国治既不同意转让，也不愿意以同等价格购买该出资额，原审根据《最高人民法院关于适用〈中华人民共和国婚姻法〉若干问题的解释（二）》第十六条的规定，视为余国治同意转让，故原审判决第八项并无不当，本院予以维持。

关于穗达公司、创标酒业、耀生集团的问题。双方争议的焦点是将余秋生转让上述三公司的股份转让款作为夫妻共有财产处理，还是将余秋生持有上述三公司的股份作为夫妻共有财产处理。本院认为，虽然工商登记资料显示余秋生分别将其持有上述三公司的股份有偿转让给案外人张松林、许淑迎、邱乙葵，但事后受让人张松林、许淑迎、邱乙葵均声明未实际支付该股份转让款给余秋生，余秋生也称未收取受让人的款项。在此情况下，因未有证据证明余秋生已实际收取了股份转让款，而张菁提供的《股东会决议》、《股权转让合同》只能证明余秋生与受让人张松林、许淑迎、邱乙葵存在转让股份的债权债务关系，但不足以证明余秋生已实际取得股份转让款即上述债权已实现，故张菁要求将余秋生转让上述三公司的股份转让款作为夫妻共有财产处理，依据不足，本院不予采纳。鉴于受让人张松林、许淑迎、邱乙葵已将受让股份转让回余秋生，即余秋生现再持有穗达公司75%的股份、创标酒业70%的股份、耀生集团15%的股份，余秋生要求将其持有的股份作为夫妻财产进行处理可行，应予准许。由于上述三公司的股东也通过《股东会决议》，同意余秋生将其占有公司股份的一半转让给张菁并放弃优先购买权，因此，余秋生应将其持有穗达公司75%的股份的1/2即37.5%、持有创标酒业70%的股份的1/2即35%、持有耀生集团15%的股份的1/2即7.5%转让给张菁。

汕尾市市区滨海东段第16间地块的原土地使用权人为余秋生，因该土地使用权是在余秋生与张菁婚姻存续期间取得，故应属于余秋生与张菁夫妻共有。鉴于该土地使用权已于2007年12月转让给汕尾市合景创意房地产有限公司，余秋生主张其与张菁均同意将该地块无偿赠与余秋生之子余奇志用于投资汕尾市合景创意房地产有限公司但未能举证证明，原审对其主张不予采信正确。张菁主张该土地使用权转让价值作夫妻共有财产处理有理，应予采纳，故原审将该土地的评估价值287.43万元作夫妻共有财产分割并无不当。考虑到余秋生已实际转让上述土地且未向张菁支付转让款，故可视为余秋生已实际获得财产价值287.43万元（A1）。

关于余秋生已支付给张菁的200万元问题。余秋生以该款是来源于其向广州市伽达商贸有限公司的借款为由，要求作为夫妻共同债务进行处理。因余秋生向广州市伽达商贸有限公司借款200万元并非余秋生与张菁共同举债之合意，且该债务也并非夫妻双方因婚姻共同生活及在婚姻关系存续期间履行法定抚养义务所负的债务，故余秋生主张上述200万元为夫妻共同债务的理由不成立，本院不予采纳。考虑到双方在协商离婚过程中，余秋生已支付200万元给张菁，故可视为张菁已实际获得财产价值200万元（B1）。

关于其他夫妻共有财产问题。双方当事人在二审庭审中均确认以下房产可作为夫妻共有财产处理：1. 余秋生在荣建大厦22层全层占有的1/2产权份额；2. 瑞华大厦首层商场；3. 天河路11号2601号房；4. 丽江花园华林居华江路5座201、202房；5. 汕尾市海滨大道翡翠湾6座302房。本院认为：一、瑞华大厦首层商场的产权人是余秋生，天河路11号2601号房的产权人是余秋生和张菁，因此上述两房屋可作为夫妻共有财产在本案中处理，双方确认瑞华大厦首层商场价值为500万元，天河路11号2601号房价值120万元，本院对上述房屋价值予以确认。二、因荣建大厦22层全层是属余秋生及案外人余燕玲共同共有（各占1/2产权份额），鉴于余燕玲对余秋生占有的该房屋1/2产权份额在本案中作为余秋生与张菁的共有财产处理表示无异议，因此，余秋生占有上述房屋的1/2产权份额可以作为夫妻共有财产在本案中处理。因余秋生与张菁确认荣建大厦22层全层的价值为500万元，故余秋生占有上述房屋的1/2产权份额的价值应为250万元。三、在张菁提起本案离婚诉讼时，丽江花园华林居华江路5座201房和202房、汕尾市海滨大道翡翠湾6座302房虽不是以余秋生与张菁名义登记的房产，但鉴于双方当事人确认在协商离婚过程中将上述房产作为处理（分割）夫妻共有财产的一种方式，并直接过户至张菁指定的第三人名下或以第三人名义登记房屋产权，且双方确认上述三房屋的价值合计120万元，故上述三房屋所表现的财产价值合计120万元可作为夫妻共有财产在本案中处理，并可视为张菁已分割取得夫妻共有财产价值合计120万元。综上，对于上述财产处理如下：归余秋生所有的房产有：瑞华大厦首层商场。按双方确认的房屋价值计算，上述房产价值合计为500万元（A2）；归张菁所有的房产或视为张菁已分割取得的夫妻共有财产价值有：1. 余秋生在荣建大厦22层全层占有的1/2产权份额；2. 天河路11号2601号房；3. 丽江花园华林居华江路5座201房和202房、汕尾市海滨大道翡翠湾6座302房所表现的财产价值。按双方当事人确认的房屋价值计算，上述财产价值合计为490万元（B2）。

综上，在分割夫妻共有财产中，除涉案公司的股权外，余秋生获得的财产价值合计787.43万元（即：A1 + A2 = 287.43万元 + 500万元），张菁获得的财产价值合计690万元（即：B1 + B2 = 200万元 + 490万元）。从双方当事人获得的财产价值相比，余秋生所获得的财产价值比张菁多97.43万元，余秋生应向张菁支付财产价值差额97.43万元的一半即48.715万元。

综上所述，依照《中华人民共和国民事诉讼法》第一百五十三条第一款第（一）项、第（三）项及《中华人民共和国民法通则》第七十五条，《中华人民共和国婚姻法》第十七条、第三十二条、第三十七条、第三十八条、第三十九条的规定，参照《最高人民法院关于适用〈中华人民共和国婚姻法〉若干问题的解释（二）》第十六条的规定，判决如下：

一、维持广州市越秀区人民法院（2008）越法民一初字第674号民事判决第一、二、七、八、十、十一项及案件诉讼费负担的决定。

二、撤销广州市越秀区人民法院（2008）越法民一初字第674号民事判决第三项、第九项。

三、变更广州市越秀区人民法院（2008）越法民一初字第674号民事判决第四项为：上诉人余秋生应于本判决送达之日起三十日内将其持有的广东穗达实业有限公司75%的股份的二分之一即该公司37.5%的股份转让给被上诉人张菁。

四、变更广州市越秀区人民法院（2008）越法民一初字第674号民事判决第五项为：上诉人余秋生应于本判决送达之日起三十日内将其持有的广东创标酒业有限公司70%的股份的二分之一即该公司35%的股份转让给被上诉人张菁。

五、变更广州市越秀区人民法院（2008）越法民一初字第674号民事判决第六项为：上诉人余秋生应于本判决送达之日起三十日内将其持有的广东耀生集团有限公司15%的股份的二分之一即该公司7.5%的股份转让给被上诉人张菁。

六、广州市天河区五山路263号101房屋（即瑞华大厦首层）的所有权归上诉人余秋生所有。

七、上诉人余秋生在广州市建设六马路29号22楼房屋（即荣建大厦22层）占有的二分之一产权份额归被上诉人张菁所有。

八、广州市天河路11号2601号房的所有权归被上诉人张菁所有。

九、在本判决书送达之日起三十日内，上诉人余秋生向被上诉人张菁支付48.715万元。

如果未按本判决指定的期间履行给付金钱义务，应当依照《中华人民共和国民事诉讼法》第二百二十九条之规定，加倍支付迟延履行期间的债务利息。

本案二审受理费169597元，由余秋生、张菁各负担84798.5元。

本判决为终审判决。

审　判　长　何慧斯
审　判　员　徐　琳
代理审判员　刘小鹏
二〇〇九年九月二十三日
书　记　员　薛显瑜

【评析】

本判决书案件事实认定清楚，法律适用正确。对离婚引起的子女抚养、夫妻共同财产等问题，依法公平合理地处理。针对涉案的夫妻共有财产种类多、存在形态多样、财产价值高的特点，二审法院对案件事实进行了详尽的查明，对夫妻共有财产的认定客观、合理，对夫妻共有财产价值的认定方法多样、灵活。如有的夫妻共有财产通过评估鉴定的方式来确定其价值，有的夫妻共有财产通过双方确认价值的方式来确定其价值。在分割夫妻共有财产时，充分考虑双方当事人的利益，依法公平合理地分割财产，保护了双方的合法权益。在决定小孩抚养权的归属时，除考虑有利于子女的健康成长外，还考虑一方是否具有相关司法解释规定的可予优先考虑情形。总体看来，本判决书论据充分、论证完整、说理透彻，对证据的审核认定展开了深入分析，具有说服力，被评为2010年全省法院优秀裁判文书。

●嘉顿有限公司与广州市同亿食品有限公司等侵犯商标专用权纠纷一案民事判决书

广东省广州市天河区人民法院

民事判决书

（2008）天法知民初字第329号

原告：嘉顿有限公司（The Garden Company，Limited）。住所地：香港九龙青山道58号。

法定代表人：张尚羽，行政总裁。

委托代理人：廖汉初，男，1976年11月8日出生，汉族，住福建省厦门市湖里区祥店里90号1202室。

被告：广州市同亿食品有限公司。住所地：广州市白云区均禾街新科村新东路12号。

法定代表人：林宏国，总经理。

委托代理人：池旭涛，广东尚之信律师事务所律师。

委托代理人：王爱云，广东尚之信律师事务所工作人员。

被告：中山市天进食品有限公司。住所地：广东省中山市小榄镇永宁华业路三街8号。

法定代表人：谭小妹，总经理。

委托代理人：黎锋，该公司职员。

被告：广州市天河惠万家经济发展有限公司。住所地：广州市天河区长兴路316号之一。

法定代表人：钟剑标。

委托代理人：胡文稚，该公司职员。

原告嘉顿有限公司诉被告广州市同亿食品有限公司（以下简称同亿食品公司）、中山市天进食品有限公司（以下简称天进食品公司）、广州市天河惠万家经济发展有限公司（以下简称惠万家公司）侵犯商标专用权纠纷一案，本院于2008年10月27日受理后，依法组成合议庭，于同年12月12日公开开庭进行了审理。原告的委托代理人廖汉初，被告同亿食品公司的委托代理人池旭涛、王爱云，被告天进食品公司的委托代理人黎锋到庭参加了诉讼。被告惠万家公司经本院传票传唤，逾期未到庭应诉。本案现已审理终结。

原告嘉顿有限公司诉称：原告注册登记于香港，成立于1947年，经过半个多世纪的悉心经营，现已发展成为国际知名的食品企业。原告的“卡通厨师”图形商标经多年广泛使用，在食品行业具有极高的知名度，尤其在华南地区，原告及原告所使用的上述商标可谓妇孺皆知。2005 年 4 月 7 日，经国家商标局核准，原告于《类似商品和服务区分表》第 30 类“糖果、蛋糕、饼干、面包、糕点”等商品上获准注册“卡通厨师”图形商标，注册号为 3693256，有效期至 2015 年 4 月 6 日。2006 年 3 月 14 日，经国家商标局核准，原告于《类似商品和服务区分表》第 30 类“糖果、蛋糕、饼干、面包、糕点”等商品上获准注册“卡通厨师”图形商标，注册号为 4003569，有效期至 2016 年 3 月 13 日。2006 年 5 月 28 日，经国家商标局核准，原告于《类似商品和服务区分表》第 30 类“糖果、蛋糕、饼干、面包、糕点”等商品上获准注册“Garden 及图形”商标，注册号为 4003568，有效期至 2016 年 5 月 27 日。

2007 年以来，原告陆续接到消费者的举报，称市场上出现使用原告“卡通厨师”图形商标的手工蛋卷产品。原告经调查，证实该产品系由被告同亿食品公司、天进食品公司共同生产销售，该产品所使用的图形商标也是“卡通厨师”造型，与原告注册商标“卡通厨师”的造型几无二致，极易造成消费者的混淆和误认。不仅如此，该产品所使用的图形商标还标注为注册商标。经原告进一步调查发现，被告同亿食品公司对外散发的产品广告宣传页上所展示的涉嫌侵权产品还包括其他多种口味的蛋卷产品、糖果产品等，且外包装均标注注册商标标记。

2007 年 12 月 17 日，原告委托律师向被告同亿食品公司发出律师函，敦促其立即停止生产、销售侵权产品，但同亿食品公司置之不理。至 2008 年 10 月 22 日，被控侵权产品在被告惠万家公司于广州市天河区石牌东路开设的惠万家百货超市仍有出售。被告同亿食品公司、天进食品公司在明知原告的注册商标，并在原告已发函提出警告的情况下仍继续生产、销售被控侵权产品，其主观恶意显而易见，为维护自身合法权益，原告起诉要求判令三被告立即停止侵犯原告商标专用权的行为，并判令三被告连带赔偿原告经济损失人民币 20 万元（含原告为制止侵权行为所支出的合理费用），并要求对被告同亿食品公司、天进食品公司给予相应的民事制裁。

原告就其主张，在举证期限内提交了如下证据：

1. 嘉顿有限公司的商业登记资料；

2. 中华人民共和国国家工商行政管理总局商标局的第 3693256 号、第 4003568 号、第 4003569 号“商标注册证”；

3. 律师函；

4. 署名广州市同亿食品有限公司的公司宣传资料和产品宣传资料；

5. （2008）粤穗广证内经字第 112948 号《公证书》及封存的纸盒装手工蛋卷实物；

6. 公证费发票、购买被控侵权产品的发票。

被告同亿食品公司辩称：我司并没有生产涉案被控侵权产品，原告所述与事实不符。涉案被控侵权产品的标识并未构成侵权，主要体现在两者商标图形及表达意义均不一致，原告商标最显眼处是文字，就消费者而言，商标的文字相对拼音及图形对公众的冲击力更强，我司认为应以文字为基础进行相同或相似的判断，两者的商标完全不同，不会使相关公众对商标的来源产生混淆，原告的主张没有任何事实依据，请求驳回其诉讼请求。

被告同亿食品公司就其主张，在举证期限内提交了如下证据：

1. 中华人民共和国国家工商行政管理总局商标局的第3944894号《商标注册证》；

2. 中华人民共和国国家工商行政管理总局商标局《核准商标转让证明》；

3. 署名“林宏国”出具的《商标使用授权证明》。

被告天进食品公司辩称：我司只负责生产涉案被控侵权产品，并没有侵犯原告的商标专用权，而且我司只生产了500盒，不接受原告的诉讼请求。

被告天进食品公司在举证期限内未提交证据。

被告惠万家公司未答辩。

庭审结束后，被告惠万家公司于2009年1月12日就涉案商品的来源提交了如下证据（本院于2009年3月17日组织了原、被告双方当事人对该组证据进行了质证）：

1. 广州市万胜贸易有限公司的送货单及广州市万胜贸易有限公司的企业法人营业执照副本、税务登记证、食品卫生许可证复印件（均加盖广州市万胜贸易有限公司公章）；

2. 广州市万胜贸易有限公司与被告惠万家公司签订的《供货协议书》及《惠万家商场供应商新品入场协议书》；

3. 广州市万胜贸易有限公司与被告同亿食品公司共同出具的《证明》；

4.《商品进销调存数量明细报表》。

经原、被告双方当事人质证，原告对被告同亿食品公司所提交证据的真实性没有提出异议，但认为与本案无关。原告对被告惠万家公司所提交证据的真实性均无异议，但认为惠万家公司仍需承担侵权责任。被告同亿食品公司和同亿食品公司对原告举证1、2、5、6的真实性没有异议；对于原告举证3，被告同亿食品公司称其未收到该律师函，被告天进食品公司则认为该函不是发给天进食品公司，故不知情；对于原告举证4的宣传资料，被告同亿食品公司称其从未印制或委托他人印制该资料，被告天进食品公司称其曾见过该类宣传资料，并称该类资料是由被告同亿食品公司交给天进食品公司相关人员看的。对于被告惠万家公司提交的证据，被告同亿食品公司认为在程序上属于超过举证期限提交的证据；在实体方面，同亿食品公司对广州市万胜贸易有限公司与被告同亿食品公司共同出具的《证明》的真实性没有异议，但认为与本案不具有关联性。对于惠万家公司提交的其他证据，同亿食品公司认为其真实性无法确认，被告天进食品公司对惠万家公司提交的证据没有发表明确的意见。就惠万家公司的举证，被告同亿食品公司补充提交广州市万胜贸易有限公司出具的《证明》一份（日期为2009年3月9日）及《销售出货单》（复印件）一份。该证明的内容为：兹有我司代理味味思牌的产品在惠万家销售，都是享有商标权的产品，对于涉案产品是由广州市交易批发市场力天商行供货销售。原告对该份《证明》的实质内容、证明力、证明对象均提出异议，并认为与本案无关，对于《销售出货单》，由于没有原件核对，原告对其真实性不予确认。被告天进食品公司对同亿食品公司补充提交的证据的真实性没有异议。对于律师函的送达，原告未补充提交证据加以证明，原告称其提交的宣传资料是原告的业务员到被告同亿食品公司的工厂联系业务时向同亿食品公司索取，除此之外，未能提交其他证据证明。被告惠万家公司未到庭参加诉讼，故未对原告及被告同亿食品公司提交的证据发表质证意见，其后亦未提交书面质证意见。

本院认证意见：原、被告双方当事人对原告举证1、2、5、6和被告同亿食品公司举证1、2、3的真实性没有异议，本院经审查，对其证据效力予以确认。被告惠万家公司提交证据虽然是在举证期限届满后，但考虑原告指控的涉案侵权产品是从惠万家公司的商场购得，该组证据关系到涉案被控侵权产品的来源，对本案基础事实的认定具有关键性作用，根据《最高人民法院关于适用〈关于民事诉讼证据的若干规定〉中有关举证时限规定的通知》第一条的规定，结合本案情况，本院认为有组织双方当事人进行质证的必要，不应受原定举证期限的限制。根据当事人的质证意见，经审查，本院对惠万家公司举证1、2、3的真实性予以确认，惠万家公司举证4是其单方所作记录，没有其他证据印证，本院对其真实性不予确认。被告同亿食品公司补充提交的证明只是广州市万胜贸易有限公司单方作出的主观性陈述，不具有证据效力。原告没有证据证明其已向被告同亿食品公司发出了律师函，在同亿食品公司予以否认而原告未能进一步提交证据加以证实的情况下，本院对该律师函的证据效力不予确认。原告未能举证证明其提交的宣传资料的合法来源，虽然天进食品公司称该类资料曾由被告同亿食品公司交给天进食品公司相关人员看过，但该资料属于普通印刷品，仅有原告及天进食品公司的陈述，尚不足以确定是由同亿食品公司印制或委托他人印制，在没有其他证据予以印证的情况下，本院对该组证据的证据效力不予确认。

综合到庭双方当事人的陈述和举证、质证及本院的认证意见，本院确认如下法律事实：

原告于1947年12月15日在香港依据香港公司条例注册成为有限公司，主要从事食品生产，经多年的经营，其生产的嘉顿（Garden）系列饼干、糖果、面包、蛋糕在食品行业具有较高的知名度，产品上所使用的“卡通厨师”图形商标在市场（尤其在华南地区）亦有一定的知名度。2005年4月7日、2006年3月14日、2006年5月28日，原告经中华人民共和国国家工商行政管理总局商标局核准先后注册了“卡通厨师”图形商标（商标注册证号为第3693256号，有效期自2005年4月7日至2015年4月6日止）、“卡通厨师”图形商标（商标注册证号为第4003569号，有效期自2006年3月14日至2016年3月13日止）和“卡通厨师及Garden”图文组合商标（商标注册证号为第4003568号，有效期自2006年5月28日至2016年5月27日止），核定使用商品均为《类似商品和服务区分表》第30类“糖果、饼干、面包、蛋糕、糕点”等。其中“卡通厨师”图形商标为带厨师帽的卡通人物头部图形（见附图1、2），“卡通厨师及Garden”图文商标由带厨师帽的卡通人物头部图形和英文Garden组合而成（见附图3）。

被告同亿食品公司成立于2004年7月8日，是从事加工、销售糕点和膨化食品，分装、销售饼干、干果、坚果、凉果、蜜饯、糖果食品的内地企业。2007年1月28日，被告同亿食品公司的法定代表人林宏国经中华人民共和国国家工商行政管理总局商标局核准受让了“味味思及图形”图文组合注册商标，该商标注册证号为第3944894号，有效期自2006年5月14日至2016年5月13日止，核定使用商品为第29类的“肉干、肉松、果肉、橄榄蜜饯、油炸土豆片、食用果冻、精制坚果仁、加工过的花生、加工过的松子、食用油”。该商标由带厨师帽的卡通人物头部图形和中文“味味思”组合而成（见附图4）。2007年10月1日，林宏国出具《商标使用授权证明》一份，载明：兹本人同意将持有商标注册证号第3944894号商标“味味思+图形”，从2007年10月1日起授权给广州市同亿食品有限公司使用，使用时间自2007年10月1日至2016年5月13日止。

被告天进食品公司成立于2001年8月17日，是从事加工、销售蛋卷、月饼、糕点、曲奇等食品的内地企业，其与被告同亿食品公司存在合作关系，同亿食品公司曾委托天进食品公司加工生产同亿系列产品。

2008年10月22日，原告的代理人向广东省广州市广州公证处申请对惠万家公司出售手工蛋卷的情况进行保全证据公证。当日，该公证处的公证员及工作人员随原告的代理人到达广州市天河区石牌东路惠万家百货天河东分店，在公证员及工作人员的现场监督下，原告的代理人在该店购买了四盒“手工蛋卷”，共支付了26.40元，并获得购物小票及发票一张，发票的印章内容显示为“广州市天河惠万家经济发展有限公司”。随后，该公证员及工作人员将上述物品进行了封存。经当庭拆封质证，被告天进食品公司确认上述四盒“手工蛋卷”为其制造，并称总共制造了500盒，全部发回给了被告同亿食品公司。该四盒“手工蛋卷”外包装均为纸盒，纸盒醒目处印有被告同亿食品公司取得使用权的“味味思及图形”图文组合注册商标，该外包装盒标注生产商处印有“生产商：广州市同亿食品有限公司（A）”，并注明公司地址、电话号码、传真号码，在上述标注左下方还印有“生产商：中山市天进食品有限公司”及公司地址。以上“生产商：广州市同亿食品有限公司（A）”的字体明显大于“生产商：中山市天进食品有限公司”及公司地址的字体。为进行上述保全证据公证，原告向广东省广州市广州公证处支付了公证费3000元。

本院另查明，广州市天河区石牌东路惠万家百货天河东分店属于被告惠万家公司的分支机构，不具有企业法人资格。原告代理人在广州市天河区石牌东路惠万家百货天河东分店购买的上述“手工蛋卷”由广州市万胜贸易有限公司供货，惠万家公司与广州市万胜贸易有限公司订立了《供货协议书》和《惠万家商场供应商新品入场协议书》，惠万家公司留存了广州市万胜贸易有限公司的《企业法人营业执照》副本及《税务登记证》副本和《食品卫生许可证》的复印件，广州市万胜贸易有限公司的经营范围为批发贸易，被告同亿食品公司表示广州市万胜贸易有限公司是其“味味思及图形”注册商标的部分产品的代理商。在原告提起本案诉讼后，广州市万胜贸易有限公司及被告同亿食品公司于2008年12月18日共同向被告惠万家公司出具《证明》一份，主要内容为：由于广州市同亿食品有限公司所属的味味思商标与嘉顿食品有限公司商标类同而遭起诉一事，现已由味味思厂家与嘉顿厂家进行沟通解决，所产生的所有法律责任、经济责任由广州市同亿食品有限公司及广州市万胜贸易有限公司承担，与广州市天河惠万家经济发展有限公司无关。就要求三被告连带赔偿经济损失人民币20万元的主张，原告除提交了公证费发票和购买被控侵权产品的发票外，未提交三被告因涉案行为所获得利益的证据，也未能举证证明原告因三被告的行为所受到的经济损失数额。

本院认为：原告是核定使用在《类似商品和服务区分表》第30类“糖果、饼干、面包、蛋糕、糕点”等商品上的“卡通厨师”图形商标和“卡通厨师及Garden”图文组合商标的注册人，该注册商标尚在有效期内，因此，原告对上述注册商标在核定使用商品上享有的商标专用权，应当受中华人民共和国法律的保护，未经原告的许可，他人不得在同一种商品或者类似商品上使用与“卡通厨师”商标和“卡通厨师及 Garden”商标相同或者近似的商标。根据现有证据，足以证明被告惠万家公司经营的广州市天河区石牌东路惠万家百货天河东分店对外销售了涉案被控侵权产品。

本案的争议焦点在于：被告同亿食品公司是否生产、销售了涉案被控侵权产品，是否对外散发涉嫌侵犯原告商标专用权的产品的广告宣传资料以及被告同亿食品公司使用的“味味思及图形”注册商标与原告的“卡通厨师”注册商标和“卡通厨师及 Garden”注册商标是否构成近似。

根据被告同亿食品公司与被告天进食品公司存在合作关系（由天进食品公司为同亿食品公司生产同亿系列产品），天进食品公司承认涉案被控侵权产品实际为其生产并陈述产品已交付被告的事实，并结合涉案被控侵权产品外包装标注的内容（生产商名称、地址、电话号码、传真号码等）及广州市万胜贸易有限公司是被告同亿食品公司部分产品的代理商，广州市万胜贸易有限公司向被告惠万家公司供应涉案被控侵权产品并与被告同亿食品公司共同向惠万家公司出具《证明》这一系列事实，在被告同亿食品公司没有充分的证据加以反驳的情况下，本院认定涉案被控侵权产品为被告同亿食品公司委托被告天进食品公司进行加工生产，同亿食品公司、天进食品公司属于共同生产商，被告同亿食品公司关于其没有生产涉案被控侵权产品的主张不能成立。原告仅能提交标注广州市同亿食品有限公司“同亿系列产品”的宣传册（或单张），在被告同亿食品公司否认该宣传品为其印制或委托他人印制的情况下，根据现有证据不能确认该资料是由被告同亿食品公司对外散发，故本院对原告所称被告同亿食品公司在对外散发的产品宣传页上所展示的涉嫌侵权产品还包括其他蛋卷产品、糖果产品等不予认定。

被告同亿食品公司与被告天进食品公司生产的“手工蛋卷”与原告“卡通厨师”图形商标和“卡通厨师及 Garden”图文商标核定使用商品范围中的糕点、蛋糕在功能、用途、销售渠道、消费对象等方面相同，均属于《类似商品和服务区分表》第 30 类的商品范围，故涉案被控侵权产品与原告“卡通厨师”商标和“卡通厨师及 Garden”商标核定使用商品属于同一种商品或者类似商品。经比对，原告的“卡通厨师”商标、“卡通厨师及 Garden”商标与被告同亿食品公司、被告天进食品公司生产的“手工蛋卷”外包装上使用的“味味思及图形”图文组合商标中显著识别部分均是带厨师帽的卡通人物头部图形，虽然两者在细微部分存在差别，但图形的主要构成部分基本相同，从整体上看并无实质差异，当二者使用在相同或类似的商品上时，容易使相关公众对商品的来源产生混淆，或者认为其来源与原告注册商标的商品有特定的联系。因此，被告同亿食品公司有权使用的“味味思及图形”注册商标与原告的“卡通厨师”注册商标和“卡通厨师及 Garden”注册商标在整体上构成近似。虽然上述“味味思及图形”商标是经中华人民共和国国家工商行政管理总局商标局核准注册的商标，但核定使用商品为第 29 类的“肉干、肉松、果肉、橄榄蜜饯、油炸土豆片、食用果冻、精制坚果仁、加工过的花生、加工过的松子、食用油”，并不包括第 30 类商品的糕点、蛋糕等，根据《中华人民共和国商标法》第五十一条规定，注册商标的专用权，以核准注册的商标和核定使用的商品为限，因此，被告同亿食品公司无权在第 30 类的商品上使用“味味思及图形”注册商标。根据《中华人民共和国商标法》第五十二条第（一）项规定，未经商标注册人的许可，在同一种商品或者类似商品上使用与其注册商标相同或者近似的商标的，属于侵犯注册商标专用权的行为。在被告惠万家公司经营的广州市天河区石牌东路惠万家百货天河东分店销售的、由被告同亿食品公司与被告天进食品公司生产的"手工蛋卷"，其外包装上使用的商标与原告的"卡通厨师"、"卡通厨师及 Garden" 商标近似，共同侵犯了原告享有的商标专用权，因此，被告同亿食品公司与被告天进食品公司依法应当立即停止侵权并承担赔偿原告经济损失的责任。由于原告没有向本院提供证据证明其在被侵权期间因侵权所受到的具体损失或侵权人在侵权期间因侵权所获得的具体利益，综合本案实际情况，因侵权人的利益和被侵权人的损失难以确定，原告主张的赔偿额20万元缺乏基本的证据支持，因此，本院不予全额采纳。本院将综合考虑各种因素，包括原告"卡通厨师"、"卡通厨师及 Garden" 注册商标的知名度，被告同亿食品公司、天进食品公司侵权行为发生的范围、侵权可能造成的影响、侵权产品的种类、销售单价以及被告同亿食品公司、天进食品公司的主观过错等因素，酌情予以确定。原告支出的公证费3000元、购买被控侵权产品的费用26.40元均属原告为制止侵权行为所发生的合理支出，依法应由被告同亿食品公司和天进食品公司一并予以赔偿。被告同亿食品公司、天进食品公司及作为涉案被控侵权产品供货商的案外人广州市万胜贸易有限公司均是经核准登记、具有经营蛋卷产品资格的企业，且"味味思及图形"商标属于注册商标，作为销售商，被告惠万家公司在进货时已尽合理注意义务，要求其正确识别使用在蛋卷上的"味味思及图形" 商标是否侵犯了原告的注册商标专用权显然过于苛刻，根据《中华人民共和国商标法》第五十六条第三款的规定，销售不知道是侵犯注册商标专用权的商品，能证明该商品是自己合法取得的并说明提供者的，不承担赔偿责任。据此，本院对原告要求被告惠万家公司与被告同亿食品公司、天进食品公司共同承担赔偿责任的诉讼请求不予支持，但被告惠万家公司依法应立即停止销售涉案被控侵权产品。至于原告要求对被告的侵权行为予以民事制裁问题，《最高人民法院关于审理商标民事纠纷案件适用法律若干问题的解释》第二十一条规定，人民法院在审理侵犯注册商标专用权纠纷案件中，依据民法通则第一百三十四条、商标法第五十三条的规定和案件的具体情况，可以判决侵权人承担停止侵害、排除妨碍、消除危险、赔偿损失、消除影响等民事责任，还可以作出罚款，收缴侵权商品、伪造的商标标识和专门用于生产侵权商品的材料、工具、设备等财物的民事制裁决定。由此可知，原告的该项请求属于民事制裁的范围，不属于原告要求被告承担的民事责任。民事制裁是国家基于国家利益对民事活动进行干预的形式，它具有公权力性和强制性，因此，原告将"对被告同亿食品公司、天进食品公司给予相应的民事制裁" 作为其民事诉讼的请求，与法律规定不符，本院不予支持。被告惠万家公司经本院合法传唤，无正当理由拒不到庭应诉，本院可依法对本案作缺席判决。

综上所述，依照《中华人民共和国商标法》第三条第一款、第五十一条、第五十二条第（一）项和第（二）项、第五十六条，《最高人民法院关于审理商标民事纠纷案件适用法律若干问题的解释》第八条、第九条第二款、第十条、第十一条第一款、第十二条、第十六条第一款和第二款、第十七条第一款、第二十一条第一款，《中华人民共和国民事诉讼法》第一百三十条的规定，判决如下：

一、被告广州市同亿食品有限公司、中山市天进食品有限公司于本判决发生法律效力之日起立即停止在其蛋卷产品的包装上使用商标注册证号为第3944894号的"味味思及图形”商标。

二、被告广州市天河惠万家经济发展有限公司于本判决发生法律效力之日起立即停止销售涉案的“手工蛋卷”。

三、被告广州市同亿食品有限公司与被告中山市天进食品有限公司于本判决发生法律效力之日起十日内，共同赔偿原告嘉顿有限公司经济损失和诉讼合理开支合计人民币73026.40元，该两被告并互负连带责任。

四、驳回原告嘉顿有限公司其余诉讼请求。

如果未按本判决指定的期间履行给付金钱义务，应当依照《中华人民共和国民事诉讼法》第二百二十九条之规定，加倍支付迟延履行期间的债务利息。

本案受理费4400元，由原告嘉顿有限公司负担400元，由被告广州市同亿食品有限公司与被告中山市天进食品有限公司共同负担4000元，并互负连带责任。

如不服本判决，原告嘉顿有限公司可在判决书送达之日起三十日内，被告广州市同亿食品有限公司、中山市天进食品有限公司、广州市天河惠万家经济发展有限公司均可在判决书送达之日起十五日内，向本院递交上诉状，并按对方当事人的人数提出副本，上诉于广东省广州市中级人民法院。

审 判 长　梁万生
人民陪审员　霍廷菊
人民陪审员　刘洁完
二〇〇九年六月三十日
书 记 员　沈永华

附图 1

附图 2

附图 3

附图 4

【评析】

本案裁判文书符合文书格式规范化的要求，并按照《最高人民法院关于民事诉讼证据的若干规定》的规定，依照法定程序，全面、客观地审核证据，依据法律的规定，遵循法官职业道德，运用逻辑推理和日常生活经验，对证据有无证明力和证明力大小进行独立的判断，公开判断的理由和结果，因此，在事实认定和法律适用方面条理清晰、论述充分，具有说服力，被评为2010年全省法院优秀裁判文书。其突出之处表现为：在事实认定方面，争议焦点主要在于被告同亿食品公司是否生产、销售了涉案被控侵权产品，是否对外散发涉嫌侵犯原告商标专用权的产品的广告宣传资料。判决书在认证意见中对有关证据进行了充分论证的基础上，依照法律规定对有关证据进行互相印证，查明了本案的法律事实，该事实有充分的证据加以证实，客观公正。在法律适用方面，判决书适用有关法律、司法解释的规定，明确被告同亿食品公司使用的"味味思及图形"注册商标与原告的"卡通厨师"注册商标和"卡通厨师及Garden"注册商标构成近似，该认定论证充分，并在裁判文书中附上实图，一目了然，使认定的结果更为直观。在细节方面，本判决书对当事人提出的一些问题也逐一加以评判，明确处理的依据，如超期举证问题、民事制裁问题等，使当事人明晰处理结果、根据，对当事人服判息讼起到一定的作用。事实上，由于裁判文书认证、说理较为充分，在该案作出一审判决后，原、被告双方当事人均未提出上诉，这是难能可贵的。

●广州立白企业集团有限公司与高锵益等擅自使用知名商品特有名称、装潢纠纷一案民事判决书

广州市白云区人民法院

民事判决书

（2009）云法民三知初字第143号

原告：广州立白企业集团有限公司。住所地：广州市荔湾区陆居路2号。

法定代表人：李若虹，总经理。

诉讼代理人：陈军，广东强邦律师事务所律师。

诉讼代理人：佘雪苹，广东格林律师事务所律师。

被告：高锵益（身份证号码：330323197803210917），男，1978年3月21日出生，汉族，广州市白云区太和嘉事隆超市经营者，身份证住址浙江省乐清市柳市镇东村，经营场所广州市白云区太和镇谢家庄农贸综合市场南面B幢二层。

诉讼代理人：黄金畅，男，1983年6月6日出生，系广州市白云区太和嘉事隆超市经理，身份证住址广东省开平市三埠街道办事处祥龙中路53号二幢302房。

被告：广州娜威实业有限公司，住所地广州市番禺区钟村屏二工业开发区。

法定代表人：刘玉琼。

诉讼代理人：邓勇，广东尚之信律师事务所律师。

原告广州立白企业集团有限公司诉被告高锵益、广州娜威实业有限公司擅自使用知名商品特有名称、装潢纠纷一案，本院受理后，依法组成合议庭，公开开庭进行了审理。原告广州立白企业集团有限公司的诉讼代理人陈军、佘雪苹及被告高锵益的诉讼代理人黄金畅、被告广州娜威实业有限公司的诉讼代理人邓勇到庭参加诉讼。本案现已审理终结。

原告广州立白企业集团有限公司诉称，原告生产的“立白”系列洗涤用品，因质量优良、价格适中而深受广大消费者的青睐，赢得良好的经济效益和社会效益。“立白Liby及图”商标被认定为“中国驰名商标”，“立白”牌洗衣粉被评为“中国名牌产品”。

原告于2007年3月开始设计制作“立白”牌“去渍霸”洗衣粉包装袋，该外包装袋装潢设计具有显著的独创性和区别性。2007年3月27日，原告向国家知识产权局申请了该包装袋的外观设计专利，并于2008年5月28日获得专利权，专利号ZL 200730050477.1。2007年7月21日，原告开始制作“立白”牌“去渍霸”洗衣粉的影

视广告，由国家网球队代言该产品，并从2007年至今在全国各大电视台投入了大量的广告宣传。2007年9月26日，原告召开“立白”牌“去渍霸”洗衣粉上市新闻发布会，全面推广该产品。2009年3月，原告又聘请“小沈阳”夫妇（沈鹤、沈春扬）代言拍摄“立白”牌“去渍霸”洗衣粉《找钥匙篇》电视广告，并在全国各大电视台投放，如中央电视台（1套、3套、6套、7套、新闻频道）、北京电视台（卫视、文艺频道、科技频道、影视频道、财经频道、生活频道、青少频道、公告频道）、天津电视台（1套、2套）等，电视广告投放总费用的刊例价达到8亿多元，广告覆盖总人次达到365亿。该产品销售现遍布全国各地，“立白”牌“去渍霸”洗衣粉已成为家喻户晓的知名商品，“去渍霸”也成为该产品的特有名称。

2009年1月，原告发现被告广州娜威实业有限公司开始生产销售“顺白”牌“去渍霸”洗衣粉，经原告购买回来比对后认为，该产品涉嫌侵犯原告的“立白”牌“去渍霸”洗衣粉的特有名称专用权，并仿冒原告产品的包装装潢。原告调查证实，被告广州娜威实业有限公司在广东省广州市番禺区、佛山顺德区、中山市、东莞市等地均有大肆销售上述产品。被告趁原告投入巨大财力、物力对“立白”牌“去渍霸”洗衣粉进行广告宣传和市场运作的机会，在“立白”牌“去渍霸”洗衣粉已成为家喻户晓的知名商品、“去渍霸”成为该产品的特有名称的前提下，生产和销售其“顺白”牌“去渍霸”洗衣粉，足见其“搭便车”实施不正当竞争的故意。为证实被告广州娜威实业有限公司生产和销售上述仿冒“立白”牌“去渍霸”洗衣粉的行为，2009年6月16日，原告委托代理人在被告高锵益所经营的嘉事隆超市内购得上述涉嫌侵权的产品。广州市白云公证处对购买过程和相关证物进行了证据保全公证。为了维护原告的商誉，追回原告所遭受的重大经济损失，原告向法院提起诉讼，请求判令：1. 被告高锵益、广州娜威实业有限公司立即停止生产、销售仿冒“立白”牌“去渍霸”洗衣粉知名商品特有名称、包装装潢的不正当竞争侵权行为，销毁侵权的“顺白”牌“去渍霸”洗衣粉之包装物；2. 被告广州娜威实业有限公司赔偿原告经济损失10000元整；3. 本案诉讼费由两被告承担。

被告高锵益辩称，是立白在白云区的供货商叫我们销售的，不是我们主动销售的，我们早已停止了销售被控侵权的产品。

被告广州娜威实业有限公司辩称，去渍是所有洗涤产品的基本功能，“去渍霸”三个字仅仅表述的是产品功能性的特点，对功能特点的表述不能为任何人独占享有，我方提供的证据也显示了国内多家企业申请注册“去渍霸”均被驳回。因此“去渍霸”是所有人均有权使用的公用名称，是公共资源。我方不否认原告生产的“去渍霸”产品知名度很高，也投入了大量的广告宣传，但始终“去渍”表达的是商品功能属性，而不是表达作为识别商品的特性，因此我方生产“去渍霸”洗衣粉并没有过错，不应承担任何赔偿责任；并且，我方只是大约在今年1月份生产了20件左右，现已没再生产。

原告为支持其诉讼主张，向本院提交的证据材料，以及被告广州娜威实业有限公司的质证、本院认证意见如下：

第一组：1. 原告营业执照副本、组织机构代码证。拟证明原告的诉讼主体资格。2. 个体工商户开业基本资料。拟证明被告高锵益的诉讼主体资格。3. 广州娜威实业有限公司企业注册基本资料、组织机构信息查询结果。拟证明被告广州娜威实业有限公司的诉讼主体资格。4. 广东省广州市白云公证处（2009）粤穗白内经证字第674号公证书及其证据保全专用袋、证据保全公证专用箱。拟证明被告高锵益、广州娜威实业有限公司实施了擅自使用“立白”牌去渍霸洗衣粉的特有名称和包装装潢的不正当竞争行为。

被告广州娜威实业有限公司质证认为：对上述证据1、2、3关于双方诉讼主体资格的证据没有异议；对上述证据4的真实性没有异议，但与原告欲证明事实的关联性不大。

本院认为：被告广州娜威实业有限公司对上述证据1、2、3关于双方诉讼主体资格的证据没有异议，予以认定。上述证据4，是原告以公证的方式获取的用以证明被告实施了相关不正当竞争行为的比对依据，与原告拟证明的事实直接关联，应当作为认定事实的依据。

第二组：1. 国家工商行政管理总局商标局关于认定“立白 Liby 及图”商标为“中国驰名商标”的批复；2. 中国名牌产品证书；3. 北京奥组委关于广州立白集团为29届奥运会赞助商的函。拟证明“立白”牌去渍霸洗衣粉是知名商品。

被告广州娜威实业有限公司质证认为：对上述证据的真实性没有异议，但对关联性有异议。

本院认为：原告在本案所主张的是“立白”牌去渍霸洗衣粉为知名商品，“去渍霸”为该知名商品特有的名称，其包装装潢为知名商品特有的装潢。而原告上述证据1，是国家工商行政管理总局商标局于2006年10月认定原告使用在第3类洗衣粉、洗洁精商品上的“立白 Liby 及图”商标为“驰名商标”，而原告主张权利的“立白”牌去渍霸洗衣粉包装袋上标注有注册标记的是“立白”文字商标，该证据与原告拟证明的“立白”牌去渍霸洗衣粉是知名商品没有关联性。原告上述证据2，是国家质量监督检验检疫总局于2005年9月授予原告生产的“立白牌合成洗衣粉”为“中国名牌产品”，结合原告其他证据，原告主张权利的“立白”牌去渍霸洗衣粉当时尚未上市，故上述证书与本案没有关联性。原告上述证据3，是2007年5月第29届奥运会组委会市场开发部发给相关单位的公函，函告原告为北京2008年奥运会洗涤用品供应商。这只能间接反映原告公司及其洗涤用品在同类中具有较强实力和声誉，“立白”牌去渍霸洗衣粉当时尚未上市，该公函与原告拟证明的“立白”牌去渍霸洗衣粉是知名商品没有关联性。

第三组：“去渍霸”名称认知度调研报告。拟证明大部分消费者提到“去渍霸”即知道是“立白”一种洗衣粉的名称。

被告广州娜威实业有限公司质证认为：原告是著名企业，对该证据的真实性没有异议，但对关联性有异议，其访问的只是部分消费者，不能完全证明消费者对涉案产品的认知度。

第四组：1. “立白”牌去渍霸洗衣粉包装袋外观设计专利证书及公报；2. 委托加工印刷“立白”牌去渍霸洗衣粉包装袋的证明。拟证明“立白”牌去渍霸洗衣粉与2007年3月27日最早使用“去渍霸”作为洗衣粉的商品名称。

被告广州娜威实业有限公司质证认为：对上述证据的真实性没有异议，但对关联性有异议，关键不在于何人最先使用。

第五组：1. 电视广告制作合同；2. “立白”牌“去渍霸”电视广告创意证明；3. 奥运专供产品“立白去渍霸全效洗衣粉”上市暨签约国家网球队新闻发布会项目合同；4. 立白赞助中国网球队合同；5. “立白去渍霸”洗衣粉“找钥匙篇”广告制作合同；6. 广州立白聘请小沈阳夫妇代言“立白去渍霸”广告合同；7. 立白品牌代理项目服务协议书；8. 媒体对“立白去渍霸”的相关报道。拟证明“立白”牌去渍霸洗衣粉于2007年7月22日开始制作影视广告进行大量宣传突出宣传“去渍霸”，并于2007年9月26日上市销售；各媒体也对“立白”牌去渍霸进行了大量的报道，“去渍霸”已被培育成“立白”牌洗衣粉的特有名称。

被告广州娜威实业有限公司质证认为：对上述证据的真实性没有异议，但对关联性有异议，关键不在于何人对商品投入了多少广告，何人的知名度高。

第六组：1. “立白去渍霸”广告监测报告；2. 部分电视台广告播出证明。拟证明“立白”牌去渍霸洗衣粉在CCTV和广东、福建、湖南、广西、浙江、河南等全国各大电视台投入了大量广告。

被告广州娜威实业有限公司质证认为：对上述证据的真实性没有异议，但对关联性有异议，证据无法支持原告的诉讼请求。

第七组：1. 部分产品经销合同；2. 部分“立白去渍霸”销售发票。拟证明“立白”牌去渍霸洗衣粉在全国各地均有销售。

被告广州娜威实业有限公司质证认为：对上述证据的真实性没有异议，但对关联性有异议。

第八组：“顺白”去渍霸洗衣粉在各地销售的相关收据。拟证明被告广州娜威实业有限公司在广东省广州市番禺区、佛山顺德区、中山市、东莞市等地销售侵权产品。

被告广州娜威实业有限公司质证认为：对上述证据的真实性没有异议。

第九组：1. “立白”牌去渍霸洗衣粉包装实物（150克、600克）；2. “顺白去渍霸”洗衣粉包装实物（350克、600克）。拟证明：1. 原告产品包装弱化了“立白”商标，突出了“去渍霸”的商品名称，意在把“去渍霸”作为洗衣粉的商品名称；2. 被告广州娜威实业有限公司产品包装也是弱化了“顺白”标识，突出了“去渍霸”的商品名称；3. 通过对产品包装的对比，二者包装有很大相似性，“顺白”去渍霸洗衣粉仿冒“立白”去渍霸洗衣粉的“去渍霸”特有名称和包装装潢。

被告广州娜威实业有限公司质证认为：对上述证据的真实性没有异议，但“去渍霸”属于洗涤用品的通用名称，而不是原告的专用名称，所有人均有权使用。

第十组：“立白”去渍霸洗衣粉“战胜污渍篇”广告片、去渍霸洗衣粉“找钥匙篇”广告片光碟。拟证明“立白”去渍霸邀请了国家网球队和“小沈阳”夫妇代言广告。

被告广州娜威实业有限公司质证认为：对上述证据的真实性没有异议，但“去渍霸”是通用名称，不是原告商品的专用名称，与原告商品的知名度多高没有直接关系。

就原告上述第三至十组证据，本院认为：被告广州娜威实业有限公司对上述证据的真实性没有异议，其真实性予以确认。上述证据与原告拟证明的诉争事实相关，可以作为本案认定事实的依据。

被告高锵益在第一次庭审时未到庭质证，也未提交证据。

被告广州娜威实业有限公司为支持其答辩意见，向本院提交的证据材料，以及原告的质证意见、本院认证意见如下：

证据1：从中国商标网打印的“顺白”商标的详细信息。拟证明涉案商品上使用的“顺白”商标是被告广州娜威实业有限公司的注册商标。

证据2：“商标在先权查询单”。拟证明“去渍霸”是产品的通用名称，黄惠乾申请的“去渍霸”，以及原告申请的“去渍霸”、“立白去渍霸”等商标注册申请均已被驳回。

原告对上述证据质证认为：对证据1的真实性没有异议。对证据2的真实性没有异议，但与本案没有关联，本案诉请的是知名商品特有名称权，而不是维护注册商标专用权。

本院认为：原告在本案所指控的是被告生产、销售的“顺白”牌“去渍霸”洗衣粉构成了对原告“立白”牌“去渍霸”洗衣粉特有的名称和包装装潢的仿冒。被告广州娜威实业有限公司的上述证据1所证明的事实，与原告指控的不正当竞争行为没有关联性，对本案没有证明力。能否作为商标注册与能否认定为知名商品特有的名称，在法律上有一定参考意义，被告广州娜威实业有限公司的上述证据2可以作为本案认定事实的参考。

由于原告“去渍霸”商标注册申请被驳回的原因，与原告“去渍霸”洗衣粉能否再作为知名商品特有的名称予以保护具有一定的法律关联性，而被告广州娜威实业有限公司的上述证据2不能反映原告的“去渍霸”商标注册申请被驳回的原因，根据本院审理案件需要，原告补充出示了申请注册“去渍霸”商标（申请号：4960375）的《商标驳回通知书》（发文编号：ZC4960375BHI）。该《商标驳回通知书》反映，国家工商行政管理总局商标局于2008年9月16日根据《商标法》第十一条第一款第（二）项、第二十八条的规定，以该商标用在指定商品上仅仅直接表示商品的功能特点为由，决定驳回原告的上述商标注册申请。

被告高锵益对上述《商标驳回通知书》的质证意见为：不认可该证据。

被告广州娜威实业有限公司对上述《商标驳回通知书》的质证意见为：对该证据没有异议。

本院认为：被告高锵益对上述《商标驳回通知书》不予认可，但不能说明具体理由，而被告广州娜威实业有限公司对上述证据没有异议，且该证据与本案待证事实具有关联性，可以作为本案认定事实的依据。

根据上述认证，本院查明如下案件基本事实：原告于2007年3月27日就去渍霸包装袋（视图如原告第九组证据“立白”牌去渍霸洗衣粉包装袋实物）申请了外观设计专利，并于2008年5月28日获授权公告。2007年4月，原告开始委托加工印刷“立白”牌去渍霸洗衣粉包装袋（版式如原告第九组证据“立白”牌去渍霸洗衣粉包装袋实物）。2007年7月，原告委托摄制由国家网球队（含郑洁、晏紫等网球明星）代言的“立白去渍霸全效洗衣粉《战胜污渍篇》”电视广告。2007年9月26日，原告召开“立白去渍霸全效洗衣粉”上市新闻发布会，将“立白去渍霸全效洗衣粉”作为奥运专供产品进行全面推广，以此借道奥运题材冲击洗涤高端市场。2009年3月，原告又聘请“小沈阳”夫妇代言拍摄“立白去渍霸洗衣粉《找钥匙篇》”电视广告。2007年10月以来，“立白去渍霸洗衣粉”电视广告在中央电视台和广东、福建、湖南、广西、浙江、河南等全国各大电视台进行了持续广泛的播放，仅在2007年10月至2009年2月间就投放了834676377元的广告费用，覆盖人次达36555182147人次。期间，《中华工商时报》、《羊城晚报》、《南方都市报》等媒体也对“立白去渍霸洗衣粉”的上市进行了报道。“立白去渍霸”洗衣粉自上市以来，在北京、广东、上海、湖南、福建、四川等全国各地均有大量销售。2009年4月，原告委托北京捷孚凯市场调查有限公司广州分公司就消费者对“去渍霸”名称认知度进行调研。北京捷孚凯市场调查有限公司广州分公司对北京、上海、广州等10个城市的1000名18－55岁的相关公众进行了电话访问，结果71%的消费者知道“立白去渍霸”为洗衣粉产品，并且除了“立白”外，77%的消费者不知道其他任何品牌有“去渍霸”洗衣粉；同时还对北京、上海、广州、福州、厦门等5个城市的500名18－55岁的相关公众进行了超市流动拦截面访，结果72%的消费者认知“立白去渍霸”产品，93%的消费者知道“立白去渍霸”为洗衣粉产品，除了“立白”外，83%的消费者不知道其他任何品牌有“去渍霸洗衣粉”。

2009年6月16日，原告委托代理人陈军与广东省广州市白云公证处的公证人员来到位于广州市白云区太和谢家庄农贸综合批发市场的“嘉事隆超市”，陈军以人民币55元向该店铺的销售人员购买了净含量为600克和350克的“顺白去渍霸全效飘香洗衣粉”各10件，并当场取得电脑小票1张、《广东省商品销售统一发票发票联》1张（发票号码：14858435；加盖有“广州市白云区太和嘉事隆超市发票专用章”）。公证人员现场监督了上述购物、付款、提货的全过程，并对店铺外景进行了拍照。被告广州娜威实业有限公司对原告代理人公证购买的“顺白去渍霸全效飘香洗衣粉”为其公司产品不持异议（该洗衣粉包装实物图见原告出示的第一组证据之4——“顺白去渍霸洗衣粉”包装袋实物）。

2009年8月6日，被告广州娜威实业有限公司向通达商标服务中心申请对“去渍霸”商标在先权查询。查询结果显示，可能构成冲突的在先权利有10余项相关申请，其中，申请人黄惠乾于2005年7月5日在第3类肥皂、洗涤剂等商品上申请的4760023号“去渍霸”商标于2008年8月27日被驳回申请，2009年3月2日驳回复审；原告也于2005年10月24日在第3类洗发液、香皂、洗衣粉等商品上申请注册“去渍霸”商标（申请号：4960375），国家工商行政管理总局商标局于2008年9月16日根据《商标法》第十一条第一款第（二）项、第二十八条的规定，以该商标用在指定商品上仅仅直接表示商品的功能特点为由，驳回了原告的上述商标注册申请。

另查，“广州市白云区太和嘉事隆超市”为个体工商户，经营范围为零售日用百货、小家电、文具用品等，经营人为高锵益。被告广州娜威实业有限公司为生产、销售洗衣粉、肥皂等商品的有限责任公司，该公司生产、销售的“顺白”去渍霸洗衣粉在广东省广州市番禺区、佛山市顺德区、中山市、东莞市等地均有销售。

本院认为，原告在本案所主张的是“立白”牌去渍霸洗衣粉为知名商品，“去渍霸”为该知名商品特有的名称，其包装装潢为知名商品特有的装潢，并据此指控被告生产、销售的“顺白”牌“去渍霸”洗衣粉构成了对原告“立白”牌去渍霸洗衣粉特有的名称和包装装潢的仿冒。根据原告的指控与被告的答辩，本案应作出认定的关键问题是：一、“立白”牌去渍霸洗衣粉是否为知名商品；二、原告提交的“立白”牌去渍霸洗衣粉的包装装潢是否为知名商品特有的装潢；“去渍霸”是属于产品通用名称还是属于原告的知名商品特有名称；三、被告在其生产、销售的“顺白”牌“去渍霸”洗衣粉上使用的“去渍霸”名称及其包装装潢，是否构成擅自使用原告知名商品特有的名称、包装装潢的不正当竞争行为。

一、关于“立白”牌去渍霸洗衣粉是否为知名商品。

所谓“知名商品”，是指在中国境内具有一定的市场知名度，为相关公众所知悉的商品。对知名商品的认定，应当结合该商品的销售时间、销售区域、销售额和销售对象，进行宣传的持续时间、程度和地域范围，作为知名商品受保护的情况等因素，进行综合判断。根据本案查明的事实，原告生产的“立白”牌“去渍霸”洗衣粉上市两年多来，原告为扩大该产品的知名度，通过体艺明星代言，斥巨资在中央电视台及广大地方电视台等媒体对该产品进行了长时间的广泛宣传，其广告覆盖人次之多已使公众普遍知悉。该产品上市以来，赢得了广大消费者的信赖，其销售网络已遍布全国，并取得了很高的销售额。综合上述因素，可以认定原告生产的“立白”牌“去渍霸”洗衣粉在全国范围内具有一定市场知名度，为社会公众普遍知悉，属于知名商品。

二、关于原告提交的“立白”牌去渍霸洗衣粉的包装装潢是否为知名商品特有的装潢；“去渍霸”是属于产品通用名称还是属于原告的知名商品特有名称。

商品的装潢，是指为识别与美化商品而在商品或者其包装上附加的文字、图案、色彩及其排列组合。商品特有的装潢，是指不为相关商品所通用，具有区别商品来源的显著特征的商品装潢。原告生产的“立白”牌去渍霸洗衣粉包装袋的装潢包括主视图和后视图，其文字、图案、色彩及其组合具有独特的美感，其设计具有显著的独创性和区别性，并于2008年5月获得外观设计专利，通过在“立白”牌去渍霸洗衣粉商品上长期、大区域使用，该装潢与该知名商品具有特定的联系，具有区别商品来源的显著特征，也是相关公众识别商品来源的重要依据，故此，本院认定原告的“立白”牌去渍霸洗衣粉包装袋的装潢属于“立白”牌去渍霸洗衣粉这一知名商品特有的包装装潢，应依法予以保护。

商品名称是为了区别于其他商品而使用的商品的称谓，有通用名称与特定名称之分。所谓商品的通用名称，是指为国家或某一行业中所共用的，反映一类商品与另一类商品之间根本区别的规范化称谓，它是用来区别不同种类商品的一般名称。商品的特定名称，是对某类商品中的特定商品的称谓，用以区别同种类商品。反不正当竞争法上所谓的知名商品特有的名称，是指具有区别商品来源的显著特征的商品名称，它一般是不为某类商品所通用的特定名称。“去渍霸洗衣粉”这一商品中，“洗衣粉”是对洗衣用的某类粉状合成洗涤剂的通用名称，而“去渍霸”并不为洗衣粉所通用；经营者将“去渍霸”作为一种洗衣粉名称，用以区别各种洗衣粉，是洗衣粉商品中不具有单一性的特定名称。虽然“去渍霸”作为一种洗衣粉名称，其字面意义含有对洗衣粉功能、效果的描述，使用之初欠缺显著的区别性特征而不能自动受保护，但通过经营者持续使用、长期做广告、广泛销售等商业运作，使该商品名称从不知名到知名、从不显著到显著，以致大多数相关公众将该名称与特定经营者的特定商品自然联系起来，具有标识特定商品和区分商品来源的意义，从而取得了显著特征，可以认定为特有的名称。本案原告生产的“去渍霸”洗衣粉已上市两年多，原告对该商品做了持续的、高强度的、大范围的广告宣传，建立了遍布全国的销售网络。通过高频率的使用，使“去渍霸”洗衣粉获得了广泛的认知，在全国范围内取得了较高销售额；通过市场调查也证明，大多数消费者已将之与原告生产的某种洗衣粉产生了特定联系，因而“去渍霸”名称经过使用取得了显著特征，可以认定为反不正当竞争法中的知名商品特有的名称。

三、被告在其生产、销售的“顺白”牌“去渍霸”洗衣粉上使用的“去渍霸”名称及其包装装潢，是否构成擅自使用原告知名商品特有的名称、包装装潢的不正当竞争行为。

对此，首先要判断被告生产、销售的“顺白”牌“去渍霸”洗衣粉所用的“去渍霸”名称及其包装装潢，是否与原告的“立白”牌去渍霸洗衣粉的名称、包装装潢相同或近似，足以造成对二者的混淆。

将本案原告生产的“立白”牌去渍霸洗衣粉的包装袋装潢与被告广州娜威实业有限公司生产的“顺白”牌去渍霸洗衣粉的包装袋装潢相比对，二者主色调均为绿色；二者视图整体结构相似：主视图左上角均为两排四个斜上排列的黄色黑体字，二者该部分字体大小相近，且有一排文字均为“立体去渍”；中部均为白色椭圆形及淡绿色漩涡纹，中部白色椭圆形中均印有“去渍霸”三个字，且“去渍霸”三个字均为大号红色的变体黑体字；“去渍霸”三个字左上方均为两个字号稍小的红色黑体字，分别为相近的“立白”与“顺白”；“去渍霸”三个字右下方均为两个字号稍小的蓝色变体黑体字“全效”；视图右下方均为花朵图案；后视图均为左右竖列的两块白色长方形，内书洗衣粉的功效及使用方法等的图形及文字说明，其中二者各说明图形除了个别细节删改外基本无差别，图形所附说明文字除了一处“立白”与“顺白”的差别外完全相同。从上述比对来看，两种包装的主色、文字、图案、结构等均高度相似，特别是主视图中部用大号红字加以突出的“去渍霸”三个字在字体、排列方式、颜色等各方面的视觉上基本无差别，且均用在同类的洗衣粉商品上，对相关公众施以一般注意力，足以造成对商品来源的混淆。

被告广州娜威实业有限公司与原告均在同一城市，且其认可原告生产的“去渍霸”洗衣粉投入了大量广告宣传，知名度很高，自己承认的使用“顺白”牌“去渍霸”洗衣粉包装袋的时间也比原告晚，其对原告的“去渍霸”洗衣粉的特有名称及包装装潢不可能不知道，却在同类商品上突出使用原告洗衣粉特有的“去渍霸”名称，以及使用与原告洗衣粉特有的包装装潢近似的包装装潢，以致足以造成相关公众将其生产的洗衣粉误认为原告的洗衣粉，其主观上明显存在“搭便车”的故意，构成了擅自使用原告知名商品特有的名称和包装装潢的不正当竞争行为。

由于经营者将其产品名称、包装、装潢培育成知名商品特有的名称、包装、装潢，需要付出大量成本；同时，培育成知名商品所特有的名称、包装、装潢后，又能给特定的经营者带来竞争上的利益，他人擅自使用知名商品特有的名称、包装、装潢，不正当地以“搭便车”的方式混淆市场，将会在损害消费者权益的同时，挤占知名商品经营者精心营造的市场份额，减损该知名商品特有的名称、包装、装潢的市场价值，从而获取不正当的竞争利益，因而该行为为我国《反不正当竞争法》所禁止，并应承担相应的民事责任。被告广州娜威实业有限公司擅自使用原告知名商品特有的名称和包装装潢的不正当竞争行为，损害了原告合法的竞争利益，依法应承担停止侵害、赔偿损失等民事责任。被告高锵益销售被告广州娜威实业有限公司生产的“顺白”牌“去渍霸”洗衣粉，也会造成原告权益的损害，也应承担相应的民事责任。现原告请求两被告立即停止生产、销售仿冒“立白”牌“去渍霸”洗衣粉特有名称、包装装潢的洗衣粉的行为，并销毁侵权的“顺白”牌“去渍霸”洗衣粉的包装物，本院予以支持。原告要求被告广州娜威实业有限公司赔偿经济损失，本院亦予以采纳。虽然原告未能计算出因被告的上述侵害行为所造成的损失，被告广州娜威实业有限公司也未能提供其因侵权所获得的利润，本院考虑到原告产品知名度高，而被告广州娜威实业有限公司的侵权产品销售范围较广，影响较大；同时，原告商品名称和包装装潢达到特有的显著程度也需要一定期限，因此，原告请求赔偿损失1万元较为适当，本院予以确认。

综上所述，依照《中华人民共和国民事诉讼法》第二百二十九条，《中华人民共和国反不正当竞争法》第五条第（二）项、第二十条，《关于审理不正当竞争民事案件应用法律若干问题的解释》第一条第一款、第二条第二款、第四条、第十七条第一款之规定，判决如下：

一、被告高锵益于本判决生效之日起，立即停止销售被告广州娜威实业有限公司生产的仿冒原告广州立白企业集团有限公司的“立白”牌“去渍霸”洗衣粉特有名称、包装装潢的“顺白”牌“去渍霸”洗衣粉，并销毁库存的“顺白”牌“去渍霸”洗衣粉的包装物。

二、被告广州娜威实业有限公司于本判决生效之日起，立即停止在其生产、销售的洗衣粉上使用“去渍霸”作为商品名称；立即停止生产、销售仿冒原告广州立白企业集团有限公司的“立白”牌“去渍霸”洗衣粉特有包装装潢的洗衣粉，并销毁现有库存的“顺白”牌“去渍霸”洗衣粉包装物。

三、被告广州娜威实业有限公司于本判决生效之日起十日内，赔偿原告广州立白企业集团有限公司经济损失10000元。

如被告未按本判决指定的期间履行给付金钱义务的，应当加倍支付迟延履行期间的债务利息。

本案受理费1000元，由被告广州娜威实业有限公司负担，并在收到本判决书之日起三日内向本院交纳。

如不服本判决，可在判决书送达之日起十五日内，向本院递交上诉状，并按对方当事人的人数提出副本，上诉于广州市中级人民法院。

审 判 长　魏子杰
人民陪审员　林广燎
人民陪审员　蔡玉林
二〇〇九年十二月十四日
书 记 员　洪宝蓝

【评析】

知识产权案件的社会关注度高，其裁判文书的制作要求也较高，主要是对证据的分析认定、争议焦点的归纳和说理方面，要尽量体现认证公开和说理充分。本案文书的制作既符合文书格式规范化的要求，也较好地体现了知识产权案件判决公开认证和充分说理的特点，一审判决后当呈人服判息诉，作为一审判决书是难能可贵的。在证据的分析认定方面，本案判决并不是简单的“一证一质一认”，而是根据证据拟证明的事项、对方当事人的质证意见，进行归纳，当事人举证和质证内容不同类的，分别作出分析认定；同类的，就集中分析认定，避免累赘。在此基础上，根据可以作为认定案件事实依据的证据，归纳出本案的基本事实，使案件事实得到认定，清晰明了。在争议焦点的归纳和说理方面，本案判决紧紧围绕此类不正当竞争行为的构成条件（知名商品、特有、相同或近似使用、混淆），并结合原告的指控与被告的答辩，按层进关系归纳出三个争议焦点，然后逐一展开说理论述。由于此类案件涉及的专有名词较多，因此，在说理论述中，一般先参照规范性文件对概念的内涵及构成作出表述，再结合案件事实加以分析，使一般性理论与个案事实较好地结合起来，“先立后破”，有理有据。在分析了被告的行为构成了不正当竞争的基础上，再从理论高度论述了该行为的危害性以及法律上的禁止性，从而依据相关法律规定作出被告应予承责的判决。整个判决书格式规范、详略得当、条理清晰、说理充分，较好地体现了公开、公正的原则，被评为2010年全省法院优秀裁判文书。

广州市天河区人民法院

民 事 判 决 书

（2008）天法少民初字第113号

原告：李平，男，1988年2月3日出生，汉族，住广州市天河区沙和路105号大院。

委托代理人：汤晓兰，女，汉族，1966年8月20日出生，住址同上。

委托代理人：李文利，广东迅法律师事务所律师。

被告：李伟坚，男，1989年5月20日出生，汉族，住广州市天河区沙东街沙东大街12号之三302房。

被告：李志权，男，1963年10月15日出生，汉族，住址同上

被告：叶慧然，女，1965年10月13日出生，汉族，住址同上。

上述三被告的共同委托代理人：周华，广东中大圣律师事务所律师。

上述三被告的共同委托代理人：周斌，广东中大圣律师事务所律师助理。

被告：广州市第七十五中学，住所地广州市天河区燕城路21号。

法定代表人：程印贵，校长。

委托代理人：黄小林，男，1959年9月20日出生，汉族，住广州市天河区牛利岗大街140号302房。

委托代理人：陈尚书，广东正大联合律师事务所律师。

原告李平诉被告李伟坚、李志权、叶慧然、广州市第七十五中学（以下简称七十五中）人身损害赔偿纠纷一案，本院于2008年11月27日受理后，依法组成合议庭，公开开庭进行了审理。原告李平及其委托代理人汤晓兰、李文利，被告李伟坚、李志权、叶慧然及其委托代理人周华、周斌，被告广州市第七十五中学的委托代理人黄小林、陈尚书到庭参加了诉讼。本案现已审理终结。

原告李平诉称：2007年12月17日晚6点10分，在七十五中燕塘校区操场内，该校高三（2）班学生被告李伟坚正在班上上体育课跑步，而高三（3）班的原告李平正与自己的同学打篮球。因当时天已黑，操场内又无安全路灯，原告在捡球时被迎面跑来的李伟坚撞倒。原告被撞倒地时，昏迷不醒，鼻子及耳朵鲜血直流，后被送到武警广东省总队医院进行抢救，在重症监护室内昏迷了5天，脑颅因骨折导致左耳流血达15天，吐血达6天，住院共28天。出院诊断为：1. 急性开放性中型颅脑损伤；2. 脑挫裂伤；

3. 左颅中窝底骨折并脑脊液耳漏；4. 面部软组织挫裂伤；5. 鼻骨骨折；6. 右颞脑内血肿。出院医嘱：全休一个月，继续服药，定期复查，不适随诊，耳鼻喉科及口腔科继续治疗，加强营养。原告为治伤先后已支付医疗费 17300 元；在住院期间原告的母亲护理原告 28 天，为此原告母亲的工资损失为 2083 元，另外交给医院的重症室护理费 250 元；共住院 28 天，每天伙食补助 50 元，合计住院伙食补助费 1400 元；出院后按医嘱全休一个月，营养费合计 1500 元；2008 年 11 月 25 日中山大学附属第一医院出具《疾病诊断证明书》：原告鼻中隔偏曲后继续治疗手术费约需 20000 元，感音神经性聋（左）后续治疗费 10000 元；原告因受伤，学习受到了严重的影响，精神受到很大损害，因此原告要求精神损失费 10000 元。被告李伟坚由于自己的过错造成原告身体受到损害，应承担赔偿责任。上述学生伤害事故发生在被告七十五中的教学场地内，该校老师在当时天黑又无安全灯光的状况下组织学生进行体育课跑步，未尽安全保障义务，造成跑步学生与在同一场地内打篮球的学生相撞，导致本次人身损害事故。据此，被告七十五中明显存在过错。因此，上述被告应对原告承担连带赔偿责任。综上，原告起诉请求：1. 被告赔偿医疗费 17300 元、护理费 2330 元、住院伙食补助费 1400 元、营养费 1500 元、后续治疗费 32200 元、精神损失费 10000 元，共计 64730 元；2. 被告承担连带赔偿责任。

原告为证明其主张，提供如下证据：1. 身份证、学生证、常住人员资料；2. 天河区教育局信访答复；3. 证人邱家俊、黄锦超的证言；4. 武警广东省总队医院门诊病历；5. 三九脑科医院病历；6. 中山大学附属第一医院病历；7. 入院、出院记录，出院证，诊断报告书，诊断证明书等病历资料；8. 医疗收费凭据，自购药品发票、收据；9. 陪护人员汤晓兰误工证明、劳动合同、护工费收据；10. 交通费发票；11. 现场照片。

被告李伟坚、李志权、叶慧然共同辩称：1. 原告人身损害的发生对被告李伟坚是意外事件，被告李伟坚不存在故意也不存在过失，没有过错无须承担赔偿责任。被告李伟坚当时按照老师的安排，和其他同学一起在学校的田径跑道上依次间隔进行 60 米加速短跑训练，原告则在离训练跑道 5 米左右的球场上打篮球。原告为捡出界的篮球，从篮球场冲到被告跑步的第三跑道上，而被告李伟坚正好在前面同学起跑后按顺序紧跟其后，起步 10 米左右与突然冲进跑道的原告相撞。被告李伟坚无法在低头加速跑的时候看到原告冲入跑道，更无法预知原告会冲入跑道，所以被告李伟坚对与原告相撞是不可预见，也不存在疏忽大意的过失，更不存在故意，被告李伟坚对相撞无任何过错。2. 原告身体损害的发生是其自身过错而造成，应自己承担损害结果。原告作为成年人，在学校有规定不能在操场逗留玩耍的情况下，在学校有广播通知不上体育课的人员不能进入操场的情况下，违反学校的规定，执意在操场打球。特别是原告在从篮球场冲到跑道上捡球时，作为正常人应该意识和注意到跑道上有上体育课的学生在进行加速短跑，其应当观察跑道上的情况，在确保安全的情况下，才能过跑道捡球。原告不注意跑道情况，自顾冲进跑道，与跑步的被告相撞，完全是原告自身过错造成。3. 原告的诉讼请求赔偿的项目不合法、不合理。原告的医药费已由七十五中捐款 15174.5 元支付，且医疗费中有其他从中山一院和三九脑科医院以及药店购买的药，该部分请求不合理；护理费、营养费没有医院的证明；后续治疗费尚未发生，且并非原治疗医院出具，该费用不合理。精神损害抚慰金，因被告李伟坚无过错，故不应承担。综上，请法庭驳回原告的诉讼请求。

被告李伟坚、李志权、叶慧然为证明其主张，提供如下证据：1. 广州市第七十五中学出具的《情况说明》；2. 被告李伟坚的病历资料及收费收据；3. 现场照片；4. 失业证；5. 证人王连炳、郑少广、黄桥辉的证言。

被告七十五中辩称：被告七十五中同意被告李伟坚、李志权、叶慧然的意见。1. 被告七十五中对事故不承担责任。事故发生时，原告已是成年人，具有避免和消除相应危险的认知能力和法律行为能力，当然也负有保障自身人身和财产安全的义务，原告只顾“捡回篮球”，而完全忽视周围存在的安全隐患，疏忽大意，撞到正在正常上体育课的被告，已经扰乱了正常的教学秩序，同时造成自身人身伤害，完全由原告自己承担责任。学校在事故发生后第一时间通知了“120”，及时将原告送到医院并通知了家长，在得知原告家庭经济情况后，还以人道主义精神发动全校师生捐款15174.5元，交给原告的父亲。对该事故，学校不能预知，也不存在过错，对事故采取积极的措施使原告得到医疗和经费上的救助，使原告身体和精神损失都减少到最低限度，学校对事故的处理是及时、恰当、合法的。2. 原告损失赔偿金额不应予以支持。原告第一时间治疗的医院是武警广东省总队医院，后又到广东三九脑科医院、中山大学附属第一医院就诊，原告未提供需要转院的证明，也无法证明转院治疗与本次事故的关系，故对原告在三九脑科医院及中山大学附属第一医院发生的费用不应予以认定。未发生的后续治疗费用也应在实际发生后另行起诉主张。精神损害赔偿也不应予以支持。3. 原告已收取的费用应予退还。事故发生后，学校师生纷纷捐款帮助原告治疗，并将筹集到的15174.5元交给原告的父亲，该款项应当作为垫付款项，因学校不应当承担本次事故责任，就不应当支付款项给原告，原告应当将收取的上述款项退还学校。4. 本校因原告无理诉讼所花去的费用14000元，应由原告予以赔偿。综上，请求法院驳回原告的诉讼请求。

被告七十五中为证明其主张，提供如下证据：1. 原告家长出具的收据；2.《关于将为李平同学的部分捐款转捐方翠琴老师的决议》；3.《关于强烈要求李平家长退还捐款的决议》；4. 广东正大律师事务所发票。

经审理查明：原告李平、被告李伟坚均曾系被告七十五中燕塘校区的学生。被告李伟坚现为华南师范大学的学生。

2007年12月17日18时许，在被告七十五中燕塘校区的操场内，被告李伟坚在该操场跑道上上体育课，并在老师的指导下进行60米加速跑训练。原告李平与其同学自行在跑道旁的篮球场打篮球。期间，原告李平为捡回滚入跑道的篮球而跑入跑道，与在跑道上做加速跑训练的被告李伟坚发生碰撞。碰撞后，原告受伤倒地。

原告受伤后立即被送至武警广东省总队医院住院治疗，经诊断为：1. 急性开放性中型颅脑损伤；2. 脑挫裂伤；3. 左颅中窝底骨折并脑脊液耳漏；4. 面部软组织挫裂伤；5. 鼻骨骨折；6. 右颞脑内血肿。原告于2008年1月14日出院，共住院28天，出院医嘱为：“全休一个月，继续服药，定期复查，不适随诊。耳鼻喉科及口腔科继续治疗，加强营养。”（目前尚未痊愈，因家属强烈要求出院）后原告又分别于2008年2月4日、5月7日在该院复诊。同年9月4日复诊时，医生建议对牙齿进行瓷贴面修复，价格大约为2000元。同年9月30日复诊时，医生建议进行鼻中隔手术治疗，费用约为5000元。所用医疗费用为14245.1元，护工费200元，陪床费50元。

2008年1月21日，原告因头部外伤而左耳流血及鼻中隔偏曲，在中山大学附属第一医院就诊，并分别于2008年11月24日、11月25日在该院复诊。所用医疗费为324元。

2008年2月2日，原告因右颞部脑外伤一个月后仍有鼻塞、耳鸣、眼部疲劳等症状，便在广东三九脑科医院复查，所用费用为813元。

原告提供劳动合同及广州市天河区石牌街道办事处出具的《证明》证实汤晓兰的月工资为2083.11元。

原、被告提供的照片显示，学校的跑道与旁边的篮球场之间有一条约一米宽的绿化带，间隔种植小树，无护栏。案发时被告李伟坚所在的跑道为靠篮球场边的第三条跑道。

证人邱家俊证实学校未规定放学后学生不能到篮球场打球；证人黄锦超、郑少广均证实被告李伟坚低头起跑时与冲入跑道的原告李平相撞；证人郑少广还证实学校未规定放学后学生不能在操场逗留，体育老师训练时会口头制止其他人进入跑道；证人王连炳（体育老师）证实李伟坚在低头加速跑时与原告李平相撞，训练时其会提醒进入跑道的其他人注意并制止他人进入跑道。

以上事实有证人邱家俊、黄锦超、王连炳、郑少广、黄桥辉的证言，武警广东省总队医院、三九脑科医院、中山大学附属第一医院的病历及收费收据、护工费收据，《证明》，劳动合同，现场照片等证据予以证实。

另原告受伤后，被告七十五中于2007年12月份发动师生为李平受伤献爱心捐款活动，并已将捐款15174.5元支付给原告。

本院认为，本案的争议焦点为：一、被告七十五中是否应当对伤害事故承担赔偿责任；二、被告李伟坚是否应当对伤害事故承担赔偿责任；三、原告李平是否应当承担责任；四、被告七十五中的捐款是否应当退还。

焦点一：关于被告七十五中应否承担赔偿责任的问题。本院认为：一、《最高人民法院关于审理人身损害赔偿案件适用法律若干问题的解释》第七条第一款规定：对未成年人依法负有教育、管理、保护义务的学校、幼儿园或其他教育机构，未尽职责范围内的相关义务致使未成年人遭受人身损害，或者未成年人致使他人人身损害的，应当承担与其过错相应的赔偿责任。《学生伤害事故处理办法》第九条规定，因下列情形之一造成的学生伤害事故，学校应当依法承担相应的责任：（一）学校的校舍、场地、其他公共设施，以及学校提供给学生使用的学具、教育教学和生活设施、设备不符合国家规定的标准，或者有明显不安全因素的……被告七十五中作为教育机构，应当保证校内体育设施和场地不会对学生的人身安全造成威胁，并应当预防和消除教育教学环境中存在的安全隐患。本案中，被告七十五中燕塘校区内的篮球场和跑道之间仅种植间隔的树木，而无其他保护措施以避免不同活动区域之间相互影响，因此极易引起篮球场内学生的篮球活动干扰到跑道上学生的跑动，故被告七十五中提供的体育场地存在安全隐患是导致本案事故的原因之一。二、《学生伤害事故处理办法》第九条规定，因下列情形之一造成的学生伤害事故，学校应当依法承担相应的责任：……（四）学校组织学生参加教育教学活动或者校外活动，未对学生进行相应的安全教育，并未在可预见的范围内采取必要的安全措施的……被告七十五中在组织被告李伟坚参加体育教学活动中，未对被告李伟坚进行相应的安全教育，亦未采取必要、有效的安全措施以避免在篮球场内活动的原告进入跑道内，因此学校对其组织的体育活动未尽到安全保护义务亦是导致事故的原因。

综上，被告七十五中提供存在安全隐患的体育场地，并在可预见的范围内未采取必要的安全措施，主观上存在过错，上述过错是导致事故发生的主要原因，被告七十五中应当承担相应的赔偿责任。

焦点二：关于被告李伟坚应否对伤害事故承担赔偿责任的问题。本案中，被告李伟坚在学校老师的组织下进行体育训练活动，事故发生时，其正按老师要求的动作要领进行短跑加速跑训练，在加速的过程中，其无法预见到原告突然跑入跑道捡球的行为且无法避免与原告相撞的损害后果，因此其主观上不存在过错。根据过错原则，应当由过错方对损害结果承责，被告李伟坚对损害结果的发生不存在主观过错，因此被告李伟坚不需要承担损害赔偿责任。

焦点三：关于原告李平是否应当承担责任的问题。《中华人民共和国民法通则》第一百三十一条规定，受害人对于损害的发生也有过错的，可以减轻侵害人的民事责任。本案中，原告在跑道上的学生正在进行跑步训练的情况下应当预见到其冲入跑道会发生碰撞事故，而未确保安全盲目从篮球场进入跑道区域捡球，放任损害结果发生，其主观上也存在过错，因此可以适当减轻侵害人的民事责任。

焦点四：关于被告七十五中的捐款是否应当退还的问题。本院认为，被告七十五中将老师和学生的捐款交付给原告的行为属于赠与合同关系，与原告因本次事故要求被告七十五中承担民事赔偿责任的侵权法律关系属于不同的法律关系，故不能认定该捐款为被告七十五中给原告的垫付款，故对该捐款，本案不予处理。

综上所述，根据原告、被告七十五中的过错程度，本院确定，被告七十五中承担70%的民事责任，原告李平自行承担30%的民事责任，被告李伟坚不承担民事责任。

原告因本次事故受到的损失有：1. 医疗费。关于原告在中山大学附属第一医院、广东三九脑科医院检查的医疗费用是否应当赔偿的问题，本院认为，原告因本次事故受伤出院后，另行选择专业医院对相关伤情进行复诊和治疗，不属于重复治疗，且符合情理，其所用医疗费用亦在合理范围内，故对该部分医疗费用，本院予以确认。但对广州市皮肤病防治所和天河区沙河人民医院出具的收费收据，原告均未提供相应的证据证实与本次事故有关，故该部分医疗费用本院不予确认。原告未提供医疗机构的明确意见证实其确需自购药品，故对其自购药品所支付的费用，本院不予确认。故根据原告提供的病历资料及收费收据，本院确认原告已支付的医疗费用共计15382. 1元。2. 护理费。原告因伤情需要雇佣护工，并支付了护工费200元，对该费用本院予以支持。关于原告主张汤晓兰的护理费用，本院认为，原告未提供医疗机构的明确意见证实原告在住院期间需要陪护，且未提供充分证据证实汤晓兰因护理原告而产生了误工损失，故对该部分护理费的主张，因无事实依据，本院不予支持。故原告的护理费为200元。3. 住院伙食补助费，原告共住院28天，按每天50元的标准计算，原告的住院伙食补助费为1400元。4. 营养费。根据医嘱及原告所受伤害的具体情况，本院酌情支持营养费1000元。5. 后续治疗费。根据医院医嘱的明确建议，原告对牙齿进行瓷贴面修复所需费用约为2000元，进行鼻中隔手术治疗的费用约为5000元，故本院确认原告的后续治疗费为7000元。综上所述，原告所遭受的经济损失共为24982.1元。被告七十五中负担其中的70%为17487.47元，原告自行负担30%为7494.63元。

根据《最高人民法院关于确定民事侵权精神损害赔偿责任若干问题的解释》第八条第二款的规定，因侵权致人精神损害，造成严重后果的，可根据受害人一方的请求判令其赔偿相应的精神损害抚慰金，第十一条规定，受害人对损害事实和损害后果的发生有过错的，可以根据其过错程度减轻或者免除侵权人的精神损害赔偿责任。被告七十五中未尽到安全保障的义务是导致损害结果的主要原因，且原告身体多处受到伤害，在一定程度上影响了其正常的学习和生活，亦给原告的身心造成了一定程度的损害，但原告自身未在体育活动场所中注意安全，亦存在过错，故根据原告及被告七十五中的过错程度，本院酌情确定被告七十五中承担的精神损害抚慰金为5000元。

关于被告七十五中主张因原告无理诉讼导致七十五中花费的14000元，应由原告予以赔偿的意见，本院认为，该主张基于原告起诉、被告应诉这一事实，与本案的侵权事实属不同的法律关系，故被告七十五中的上述主张，本案不予处理。

综上所述，依据《中华人民共和国民事诉讼法》第六十四条，《中华人民共和国民法通则》第一百零六条第二款、第一百一十九条、第一百三十一条、第一百三十四条第一款第（七）项，《最高人民法院关于审理人身损害赔偿案件适用法律若干问题的解释》第七条第一款、第十七条第一款、第十八条、第十九条、第二十一条、第二十三条、第二十四条，《最高人民法院关于确定民事侵权精神损害赔偿责任若干问题的解释》第八条第二款、第十条、第十一条，参照《学生伤害事故处理办法》第九条第（一）、（四）项的规定，判决如下：

一、被告广州市第七十五中学自本判决发生法律效力之日起十日内，赔偿原告李平经济损失17487.47元，精神损害抚慰金为5000元。

二、驳回原告李平的其他诉讼请求。

如果未按本判决指定的期间履行给付金钱义务，应当依照《中华人民共和国民事诉讼法》第二百二十九条之规定，加倍支付迟延履行期间的债务利息。

本案受理费680元，由原告李平负担380元，被告广州市第七十五中学负担300元。

如不服本判决，可在本判决书送达之日起十五日内，向本院递交上诉状，并按对方当事人的人数提出副本，上诉于广东省广州市中级人民法院。

审　判　长　孙玉波
人民陪审员　谢淑音
人民陪审员　邱丽均
二〇〇九年五月十五日
书　记　员　邓敏婧

【评析】

本案判决书对事实认定和法律适用的阐述和分析条理清晰、论述充分，具有说服力，被评为2010年全省法院优秀裁判文书。在事实认定方面，判决书根据各方当事人的陈述及相关的证据明确清晰地将事发的前因后果以及事故现场的环境情况进行了认定，这为责任认定及法律适用提供了充分的事实依据，尤其是在对环境的认定上，将双方当事人均确认的照片所反映的内容通过文字的形式进行准确的描述，对认定校方责任有更直观的反映；在责任认定方面，判决从保护未成年人合法权益的角度出发，充分说理，认真分析学校的责任和过错，并列明《学生伤害事故处理办法》中学校的责任范围，这不仅有利于判决的说理分析，也使得本判决成为教育文本，有利于教育机构提高安全保障能力，充分体现了法律的教育职能。同时针对本案存在的焦点问题，判决也逐一进行分析认定，条理清晰、逻辑严密，充分向双方当事人说明了法院的处理依据和理由，反映了法官在分析说理方面的扎实功底。此类校园伤害案件，虽然涉及的当事人较少，但往往对教育领域的指导意义非常重大，因此社会的关注程度较高，慎重并妥善地处理此类案件，能够较好地规范学校的职责，保护学生在校期间的人身安全，减少家长和学校之间的矛盾和冲突。

●广州帝森康体设备有限公司与中国平安财产保险股份有限公司财产保险合同纠纷一案民事判决书

广东省广州市中级人民法院

民事判决书

（2009）穗中法民二终字第223号

上诉人（原审原告）：广州帝森康体设备有限公司，住所地：广东省广州市黄埔大道西路191号1505房。

法定代表人：蔡晓明，该公司董事长。

委托代理人：吴俊波，广东法制盛邦律师事务所律师。

被上诉人（原审被告）：中国平安财产保险股份有限公司广州市芳村支公司，住所地：广东省广州市荔湾区浣花路109号8011室。

负责人：林学细，该公司经理。

被上诉人（原审被告）：中国平安财产保险股份有限公司，住所地：广东省深圳市八卦岭工业区平安大厦五楼。

法定代表人：任汇川，该公司董事长。

两被上诉人：共同委托代理人李欣，广东正大联合律师事务所律师。

上诉人广州帝森康体设备有限公司因与被上诉人中国平安财产保险股份有限公司广州市芳村支公司（以下简称平安保险芳村公司）、中国平安财产保险股份有限公司（以下简称平安保险公司）财产保险合同纠纷一案，不服广州市荔湾区人民法院（2008）荔法民二初字第494号民事判决，向本院提起上诉。本院依法组成合议庭审理了本案，现已审理终结。

原审法院查明：2007年10月29日，上诉人向被上诉人平安保险芳村公司投保机动车辆保险，车辆为蔡晓明所有的车牌号为粤A9E629汽车，保险期间自2007年10月31日零时起至2008年10月30日24时止，投保险种包括全车盗抢险（保险金额/赔偿限额为13.68万元）等。投保单中投保人声明一栏中载明："贵公司已向本人详细介绍了《平安机动车辆保险条款》的内容，特别就该条款中有关责任免除和投保人、被保险人义务的内容做了明确说明，同意投保"，上诉人及蔡晓明在投保单上盖签确认。2007年10月30日，被上诉人平安保险芳村公司向上诉人出具机动车辆保险单（保险单号20400021703107O9551）及缴交保险费的发票，其中保险单中特别约定一栏写明：本保单适用《中国平安财产保险股份有限公司机动车辆保险条款》（2007版）（以下简称《保险条款》)，保险单加盖被上诉人平安保险公司保单专用章。《中国平安财产保险股份有限公司机动车辆保险条款》(2007版)中第三章“全车盗抢险”第二条约定：下列原因造成的损失，本公司不负责赔偿：……(四)驾驶人饮酒或服用国家管制的精神药品或麻醉药品。2008年3月9日凌晨1点左右，蔡晓明喝酒后驾驶粤A9E629汽车，由于喝酒过量，酒后疲累，不知什么原因将车停放在华南植物园门口休息，凌晨3点半左右，蔡晓明被抢匪用液体喷到眼睛，之后车辆被抢，蔡晓明向天河公安分局长兴派出所报案，在报案过程中，蔡晓明陈述：“由于在唐会喝酒过量，酒后失忆，我不知道什么原因什么时候把粤A9E629停在车辆被抢地点，当时车没有熄火，没有关车窗，有没有锁车门我不记得了。”2008年3月11日，上诉人向被上诉人平安保险公司提出索赔申请，2008年7月30日，被上诉人平安保险公司向上诉人发出拒赔通知书，以驾驶人饮酒违反《安全法》第二十条及与《保险条款》第三章第二条约定免责事由为由拒赔。另查，广州市公安局天河区分局刑事警察大队于2008年6月18日就蔡晓明车辆被抢案立案，但未破案。又查，被上诉人平安保险芳村公司为被上诉人平安保险公司下属的非独立法人机构。

原审法院认为：上诉人与两被上诉人之间的保险合同关系有投保单、保险单为证，依法有效成立，双方应严格履行合同义务。本案的争议焦点之一是涉案《保险条款》中约定的免责条款是否有效。上诉人认为其未见过《保险条款》及并不清楚其中的免责条款，由于保险公司未在上诉人投保时明确说明免责条款，故该条款不产生效力；但上诉人及蔡晓明在投保单上声明保险公司已向其详细介绍了《保险条款》的内容及免责条款，故上诉人之上述意见，缺乏依据，原审法院不予采纳，并依法确认涉案《保险条款》中约定的免责条款有效。本案的另一争议焦点是按保险合同约定，两被上诉人有无就粤A9E629汽车被抢事故向上诉人赔偿的义务。上诉人认为粤A9E629汽车被抢时并未处于行驶状态，故不能以驾驶人饮酒为由拒赔，但从蔡晓明的陈述中可知，其驾驶过程中由于饮酒后疲累，停在被抢地点休息，当时车没有熄火，没有关车窗，换言之，蔡晓明处于驾驶座上，汽车没有熄火，其有能力随时直接驱动汽车，应视为驾驶人，而且蔡晓明深夜在路边停车后，没有关好车窗，也没有采取其他安全措施，增加了汽车被抢的风险，而由于其饮酒后疲累的原因，在他人实施抢劫时也不能采取正常驾驶者所能采取的防范措施，故粤A9E629汽车被抢事故与蔡晓明醉酒有直接关系，两被上诉人主张适用《保险条款》中的免责条款有理，两被上诉人并无就粤A9E629汽车被抢事故向上诉人赔偿的义务。综上所述，上诉人的诉讼请求缺乏依据，原审法院依法不予支持。被上诉人平安保险公司经原审法院传票传唤，无正当理由拒不到庭参加诉讼，原审法院依法作出缺席判决。依照《中华人民共和国合同法》第六十条，《中华人民共和国保险法》第十条、第十四条、第十七条、第十八条，《中华人民共和国民事诉讼法》第六十四条第一款、第一百三十条的规定，判决：驳回上诉人的诉讼请求。案件受理费1518元，由上诉人负担。

上诉人不服原审判决，上诉称：一、免责条款对上诉人没有效力，不能作为拒赔理由。(一)保险合同中并未载明保险人责任免除条款。两被上诉人应当按照保险法的规定，在保险单或者其他保险凭证中予以载明保险条款，本案中虽然保单“特别约定”一栏说明本保单适用《中国平安财产保险股份有限公司机动车辆保险条款》(2007

版)，但对于该保险条款，两被上诉人从开始投保到本案事故发生，自始至终都没有提供给上诉人，在庭审中被上诉人也无任何证据证实向上诉人提供了该保险条款的书面文件作为保险合同的组成部分。这就意味着在本案所涉及的保险合同关系中，不存在具体的责任免除条款，被上诉人所依据的《中国平安财产保险股份有限公司机动车辆保险条款》(2007 版) 中的责任免除条款，对上诉人没有效力，以此为拒赔理由缺乏依据。(二) 两被上诉人并未在订立保险合同时就责任免除条款对投保人作明确说明。虽然在投保单上“投保人声明”一栏上诉人确有盖章，但从该声明的内容上看，仅表明被上诉人介绍了《平安车辆保险条款》，但并未表明提供的是哪一个版本，不能表明被上诉人介绍的是据以作出拒赔的 2007 版《中国平安财产保险股份有限公司机动车辆保险条款》。实际情况是上诉人填好投保单就直接盖了章，被上诉人的业务员并没有提供具体的保险条款，没有作出详细介绍和明确说明。因此，依据保险法第十八条的规定，该免责条款也未产生效力。二、上诉人驾驶员蔡晓明饮酒与发生抢车事件，没有直接的因果关系，驾驶人饮酒不能构成两被上诉人拒赔的理由。保险公司以交通法规不允许酒后驾车为由将驾驶人饮酒规定为盗抢险中可以免责的事由，这样的格式条款，属于合同法第四十条“格式条款提供者免除其责任、加重对方责任、排除对方主要权利的，该条款无效”所规定的情况，应当认为无效的格式条款。或者界定适用该条款的条件为驾驶人饮酒与车被盗抢之间有直接因果关系。被上诉人并没有证据证实是由于饮酒原因导致驾驶员蔡晓明停车休息，停车休息并不必然会导致抢劫事件的发生。因此，在不能认定饮酒与抢劫事件之间存在直接因果关系的情况下适用该免责条款拒赔，理由不充分。三、原审法院认定车被抢与蔡晓明饮酒有直接关系，理由是没有关好车窗以及饮酒后疲累，在他人实施抢劫时不能采取正常驾驶者所能采取的防范措施。上诉人认为这一认定依据不足：1. 停车休息时将车窗打开，便于空气流通以免车内人员有窒息的危险，要求车内的人一定要关窗不符常理；2. 在遭遇抢劫时不强行抵抗是明智的选择，本案的事实并未显示出蔡晓明的行为存在正常驾驶员能做到但其却未做到的地方；3. 蔡晓明饮完酒是晚上 12 点半左右，遭到抢劫是凌晨 3 点半，在较长的时间里事实上已经恢复到正常的精神状态，从其被抢后能立即报警并神智清醒地协助警方调查可以证实。四、免责条款中所称“驾驶人”的概念并不适用于本案中的蔡晓明。“驾驶人”这一概念需要限定范围，由于交通法规禁止的是酒后驾驶的行为，这里的“驾驶人”也应当是指驾驶车辆处于行驶状态的人。本案中，被抢劫时已处于较长时间的停车静止状态，蔡晓明只是在车上休息，没有驾驶车辆行驶，无论车有无熄火，只要车未处于行驶状态，都不能将蔡晓明理解为免责条款中所称的“驾驶人”。在保险人未对驾驶人的概念有明确解释的情况下，根据保险法第三十一条的规定，人民法院应当作有利于被保险人和受益人的解释。综上所述，上诉人认为两被上诉人的拒赔理由并不成立，请求撤销原审判决，判令两被上诉人支付保险赔偿金 136800 元人民币，支付逾期付款违约金（从 2008 年 7 月 31 日计至付款之日)，并由两被上诉人支付本案一、二审全部诉讼费用。

被上诉人答辩称：一、免责条款有效。被上诉人提供了保险条款给上诉人，并在保险单特别约定栏目标明了“本保单适用《中国平安保险财产股份有限公司机动车辆保险条款》(2007 版)”，在投保书的投保须知和明示告知栏都对上诉人阅读保险条款进行了足够提示。上诉人在投保单上盖章确认的声明内容以及全车盗抢险免责条款适用黑体字的醒目字体标识，足以证明被上诉人对责任免除条款已尽到明确说明义务，免责条款有效。二、驾驶人蔡晓明饮酒后深夜驾车送人，因酒后失忆，在未熄火状态下在路边停车休息，连车辆如何被盗抢都不记得，可见驾驶人对所驾驶车辆的正常控制能力因饮酒受到影响，其饮酒驾车与本案车辆被盗抢明显存在因果关系。请求驳回上诉，维持原判。

本院确认原审法院查明的事实。另查明，保险单上用黑体字注明“明示告知：请详细阅读保险条款，特别是责任免除和保险人、被保险人义务”。二审中，上诉人确认收到保险单后看到了明示告知内容，没有向被上诉人要求给付保险条款。

本院认为，本案二审争议焦点有二：一、免责条款是否有效；二、被上诉人是否承担赔偿责任。

关于免责条款是否有效的问题，本院审查保险合同订立程序和免责条款内容两方面。在订立程序方面，本案不存在导致免责条款不发生效力的情况。第一，上诉人主张保险条款没有交付，免责条款对其没有效力。对此，《中华人民共和国保险法》第十三条第一款规定，“投保人提出保险要求，经保险人同意承保，并就合同的条款达成协议，保险合同成立。保险人应当及时向投保人签发保险单或者其他保险凭证，并在保险单或者其他保险凭证中载明当事人双方约定的合同内容。经投保人和保险人协商同意，也可以采取前款规定以外的其他书面协议形式订立保险合同”。据此，保险合同为非要式合同，双方当事人就订立保险合同及所适用条款达成合意，合同即依法成立并生效，保险条款是否交付并不影响保险合同成立与生效。第二，上诉人在投保单上签认已获知条款内容的声明，保险单上明示适用诉争保险合同所适用的保险条款，上诉人签收保险单后没有要求被上诉人另行给付保险条款，证明双方当事人明确约定所适用的保险条款，上诉人应当知晓所适用的保险条款内容，保险条款对双方当事人具有拘束力。第三，上诉人主张被上诉人未履行免责条款说明义务。对此，保险条款中免责条款使用黑体字和专门章节予以标识，上诉人在投保单上书面明示知悉条款内容，结合被上诉人在保险单上明确提示上诉人详细阅读免责条款的事实，本院认定被上诉人已经履行了说明义务。综上，本案保险合同订立程序合法，不存在导致免责条款不发生效力的情况。在内容方面，诉争免责条款规制酒后驾车行为，与《中华人民共和国道路交通安全法》第二十二条关于饮酒不得驾驶机动车的规定相符，并未违反法律、行政法规的强制性规定。该条款要求投保人履行安全注意义务，平衡双方当事人利益，并未不合理、不合法地免除己方责任，本院不适用《中华人民共和国合同法》第四十条认定该条款无效。综上，诉争免责条款合法有效，对双方当事人具有拘束力。

关于被上诉人应否赔付的问题。第一，蔡晓明酒后驾车与车辆损失之间存在间接因果关系，该过错行为增加保险风险，依据公平原则，被保险人应就其过错行为承担相应责任。首先，蔡晓明酒后驾车，违反道路交通安全法禁止性规定；饮酒后意识模糊，凌晨停车偏僻地段且不采取安全防范措施，怠于管理被保险车辆，主观过错明显。其次，抢劫是造成被保险车辆损失的直接原因，蔡晓明饮酒是造成车损的间接原因。该间接原因的表现，在于蔡晓明没有履行合理的安全注意义务，增加抢劫发生的可能性，而不在于其无法正当防卫、阻却抢劫行为。再次，依据公平原则，判断被上诉人是否赔付时，应考虑蔡晓明过错行为因素。按照因果关系法学理论，行为人对于间接原因造成的损害如何承担责任，应当实事求是，根据具体情况分析，并根据行为人的过错来决定。在行为人的行为介入其他因素的情况下，尽管行为人的行为对结果的发生来说是间接原因，或行为人主观过错程度较低，但从公平原则和保护受害人角度考虑，应由行为人对损害结果负一定的责任。本案中，蔡晓明过错行为与损害结果之间存在因果关系，该行为增加了保险风险。虽然现有证据不能证明被上诉人是否将饮酒作为保险风险与保费数额的测算因素，但从常理判断，车辆实际控制人饮酒增加保险风险，保险人有可能就此情形拒绝提供保险或者提高保险费用，以维护保险双方的权益平衡。因此，在判断被上诉人是否赔付时，本院认为，上诉人应当对驾驶人酒后驾车的过错行为承担相应的责任。第二，诉争免责条款约定，驾驶人饮酒造成的损失，被上诉人不负责赔偿，该条款合法有效，对双方当事人具有拘束力。依据保险法相关理论，被上诉人可依约不予赔付。首先，依据近因原则具体适用理论，多个致损原因前后衔接，彼此间存在因果关系，前一个损因就是致损的近因。如果前一个损因不属于承保风险，而后一个却是，也即不属于承保范围的前一个损因并非是直接促使损失发生的原因，保险人对损失不必负责。据此，蔡晓明饮酒是本案车损发生的近因，因其不属于承保风险，被上诉人可不予赔付。其次，依据损害发生原因竞合理论（此处“竞合”不分各原因单独或合力导致损害发生）中“不包括占优势”原则，当承保原因与未承保原因两者竞合导致损害结果发生，如果保险合同或法律明文规定将此未承保灾害列为不包括的灾害，则保险人不负保险赔偿的责任。据此，上诉人车损归因于蔡晓明酒后驾车疏于注意安全以及车辆被抢，饮酒驾车与车辆被抢两项原因竞合，导致车辆损失发生。由于保险条款明确约定驾驶人饮酒造成的损失被上诉人不予赔偿，被上诉人依约可不承担赔偿责任。上述保险法理论均支持本案被上诉人不承担赔偿责任。

关于免责条款中“驾驶人”概念的解释问题。上诉人主张按照《中华人民共和国保险法》第三十一条的规定，作出有利于被保险人和受益人的解释，将保险条款约定的“驾驶人”仅指驾驶车辆行驶过程中处于行驶状态的人，本案车辆被抢时处于静止状态，蔡晓明不是驾驶人。对此，保险合同的不利解释原则仅运用于保险合同所用文字语义不清或有多种含义并致使当事人的意图不明确的情形，且该原则不能排除解释合同的一般原则和方法的适用。就本案诉争免责条款而言，按文义解释，该条款并未明确约定该“驾驶人”仅指车辆行驶状态中的驾驶人；按目的解释，设立该条款的目的是要求被保险车辆的驾驶人履行安全注意义务，避免因酒后驾车增加保险风险。驾驶人饮酒后，可能因不当驾驶或不当管理导致车辆被盗抢，车辆被盗抢可能发生在行驶或非行驶状态中，如果将“驾驶人”解释为行驶车辆的驾驶人，缩小了安全注意义务的范围，与该免责条款的文义及设立目的不符。综上，文义解释及目的解释可以明确免责条款设立意图和含义，本院不运用不利解释原则，该上诉理由本院不予支持。

综上所述，上诉人上诉理由不成立，本院不予支持。原审判决查明事实清楚，适用法律正确，应予维持。经本院审判委员会讨论决定，依据《中华人民共和国民事诉讼法》第一百五十三条第一款第（一）项的规定，判决如下：

驳回上诉，维持原判。

二审案件受理费3036元，由上诉人广州帝森康体设备有限公司负担。

本判决为终审判决。

审　判　长　徐　炜
代理审判员　袁　方
代理审判员　谢欣欣
二〇〇九年 九 月二十三日
书　记　员　陈哲敏

【评析】

保险合同纠纷是商事审判领域的常见纠纷，本案既包含保险合同纠纷常见争议问题，也存在独特的争议焦点。该文书胜在审理常见问题之系统、规范、准确，审理新型问题之探索、创新、完善。文书事实叙述清楚，引用法律正确，实体裁判恰当，尤其是准确运用因果关系、格式条款、近因原则、不利解释原则等法学理论，结合案件具体事实，对多个争议焦点进行充分透彻的分析、论述，论据充分，论证周密。行文语言精练，论述繁简得当，格式规范。综上，该裁判文书符合优秀裁判文书的评选标准，被评为2010年全省法院优秀裁判文书。

广东省深圳市中级人民法院

民事判决书

（2009）深中法民五终字第2730－2738、2741号

上诉人（原审原告）：陈建华，男，汉族，1959年10月22日出生，住所地：深圳市福田区园岭新村36栋607室，身份证号码：440301195910224116。

上诉人（原审原告）：单协和，男，汉族，1954年7月15日出生，住所地：深圳市福田区青少年活动中心，身份证号码：440301195407154114。

上诉人（原审原告）：温钢坚，男，汉族，1956年9月20日出生，住所地：深圳市福田区福华路90号2栋301房，身份证号码：440301195609203615。

三上诉人共同委托代理人：陈三勇，广东卫权律师事务所律师。

上诉人（原审被告）：深圳市宝安龙华经济发展有限公司，住所地：深圳市宝安区龙华街道人民中路19栋综合大楼6楼，组织机构代码19247573－9。

法定代表人：梁猛，总经理。

委托代理人：吴华，广东深天正律师事务所律师。

委托代理人：彭伟强，男，汉族，1980年11月26日出生，住所地：深圳市宝安区龙华镇龙华村委上早禾坑，身份证号码：440106198011260337，系该公司员工。

上诉人陈建华、单协和、温钢坚因与上诉人深圳市宝安龙华经济发展有限公司（以下简称龙华经发公司）商品房买卖合同纠纷十案，不服深圳市宝安区人民法院（2006）深宝法民三初字第1775－1784号民事判决，向本院提起上诉。本院依法组成合议庭审理了十案，现已审理终结。

原审法院经审理查明，2007年2月6日，陈建华、单协和、温钢坚（买方）与龙华经发公司（卖方）签订了十份《深圳市房地产买卖合同（预售）》［编号：深（宝）网预买字（2007）第3932、3935、3937、3942、3946、3948、3952、3953、3955、3956号，以下简称《房地产买卖合同（预售）》］，每份共31页，均依法进行了备案登记。该合同中约定部分内容如下：（一）陈建华、单协和、温钢坚向龙华经发公司购买由龙华经发公司兴建的项目名称为江南华府中的1栋第9层办公楼901－910号十套房。（二）龙华经发公司应当于2007年12月8日前将上述预售的房地产交付给陈建华、单协和、温钢坚，交付前应取得法律、法规规定的相应的工程竣工验收合格证明文件；龙华经发公司向陈建华、单协和、温钢坚交付时应发出《入伙通知书》，《入伙通知书》

中应注明实际交付的上述房地产的套内建筑面积；陈建华、单协和、温钢坚对龙华经发公司所交付的房地产无异议，或异议部分经协商处理同意收楼的，应对龙华经发公司交付的本房地产的钥匙出具收条，该收条视为本房地产实际交付的凭据；龙华经发公司委托物业管理公司办理入伙手续的，应出具授权委托书；龙华经发公司书面通知陈建华、单协和、温钢坚入伙后，陈建华、单协和、温钢坚经验收同意收楼的，本房地产的交付时间为龙华经发公司交付本房地产的钥匙之日，龙华经发公司通知陈建华、单协和、温钢坚入伙后，陈建华、单协和、温钢坚无正当理由拒绝验收或无正当理由拖延验收时间的，本房地产的交付时间为龙华经发公司《入伙通知书》中的入伙期限届满之日。（三）陈建华、单协和、温钢坚认为本房地产不符合交付标准或条件的，应在《收楼意见书》中一次性提出异议，龙华经发公司在接到陈建华、单协和、温钢坚异议后，应在30日内对异议部分作出书面答复和处理意见，逾期不予答复及处理的，视为陈建华、单协和、温钢坚异议事实成立，本房地产视为未交付。（四）龙华经发公司如未在合同约定的交付期内将本房地产交付陈建华、单协和、温钢坚，逾期超过90日的，陈建华、单协和、温钢坚要求继续履行合同的，合同继续履行，自约定的交付期限届满日之次日起至实际交付之日止，龙华经发公司按日向陈建华、单协和、温钢坚方支付本房地产总价款万分之四的违约金。（五）本合同中通知均采用书面形式，通知书如系单位发出应加盖公章，如系个人发出应有签名，如无盖章或签名，视为未通知。陈建华、单协和、温钢坚、龙华经发公司双方在收到对方的书面通知时，应当签收，陈建华、单协和、温钢坚、龙华经发公司双方地址以本合同载明的通信地址为准，双方在合同中还约定了其他内容。《房地产买卖合同（预售）》附图3楼层平面图、附图4楼层剖面图及涉案房产的设计图、竣工图均显示涉案房产第9－11层预留螺旋钢木梯。上述协议签订后，陈建华、单协和、温钢坚付清了房款。

2008年4月3日，龙华经发公司委托深圳市花样年物业管理有限公司办理江南华府入伙手续。2008年4月12日，陈建华、单协和、温钢坚向龙华经发公司出具了《收楼意见书》，对涉案房产提出十二项异议，龙华经发公司对其中的四项进行了整改，对未整改部分没有作出书面的答复。2008年5月5日，陈建华、单协和、温钢坚再次向龙华经发公司出具《收楼意见书》，要求龙华经发公司尽快整改未整改的部分并给予书面的答复。2008年6月12日深圳市花样年物业管理有限公司致函给龙华经发公司：陈建华、单协和、温钢坚出具的《收楼意见书》中的问题仍有很大部分未整改，请龙华经发公司尽快整改。龙华经发公司于2008年6月16日收到此工作联系函。2008年7月18日陈建华、单协和、温钢坚又出具了《收楼意见书》，说仍有许多问题未解决，龙华经发公司也未按合同的约定给予书面的答复，要求龙华经发公司尽快解决问题。龙华经发公司于当日收到此意见书。2009年3月20日，龙华经发公司向陈建华、单协和、温钢坚发出了《关于〈收楼意见书〉的再次答复和催促入伙的通知》，称龙华经发公司已就陈建华、单协和、温钢坚《收楼意见书》提出的房屋质量问题在可整改的范围之内进行了全部整改，现再次通知陈建华、单协和、温钢坚尽快办理入伙手续。2009年3月26日，陈建华、单协和、温钢坚向龙华经发公司出具《收楼意见书》，要求龙华经发公司就陈建华、单协和、温钢坚对涉案房产提出的质量问题彻底整改好。从2008年4月12日到2009年3月26日，陈建华、单协和、温钢坚在《收楼意见书》中均提到大厅旋转楼梯应拆除，但龙华经发公司均未就此异议进行答复和处理。2009 年 5 月 6 日，陈建华、单协和、温钢坚、龙华经发公司及物业公司代表再次赴现场验收，情况记录如下：1. 从现场验收来看，开发商已根据业主提出的整改意见做了很多工作，如大门已更换，大门上方玻璃已更换，走廊天花板整改，换气口已整改；2. 现场新发现一些小问题，开发商已抓紧整改；3. 大厅地板被污染的问题未解决，经友好协商，业主同意不再追究；4. 业主认为最大的问题仍是大厅楼梯的问题，按照合同精神，从安全与权益角度考虑，业主强烈要求拆除楼梯，以免留下后患，开发商代表同意将此要求带回公司汇报。2009 年 8 月 18 日龙华经发公司就陈建华、单协和、温钢坚提出拆除大厅楼梯的要求作了答复，答复称“我公司已于 2009 年 3 月 20 日再次通知你们办理江南华府办公楼 901－910 号房屋的入伙手续，双方及物业公司代表也于 2009 年 5 月 6 日再次赴现场进行验收，验收过程中，你们仍以大厅楼梯影响了房屋安全与权益为由，强烈要求拆除楼梯，并拒绝办理入伙手续，我公司认为，该大厅楼梯在设计中就是客观存在的，现状也是符合设计规范的，且在房地产买卖合同中都已明确说明了的，你们现要求拆除该大厅楼梯是没有事实和法律依据的。我公司现再次要求，你们在接到本函后的三天内办理有关房屋的入伙手续，否则，你们应承担因此所产生的一切法律后果”。陈建华、单协和、温钢坚于 2009 年 8 月 21 日收到了《有关拆除大厅楼梯要求的答复》。

另 2007 年 12 月 9 日到 2009 年 4 月 30 日的逾期交房违约金陈建华、单协和、温钢坚已向法院主张，法院已作出判决。

陈建华、单协和、温钢坚于 2009 年 7 月 27 日向原审法院提起本十案诉讼，请求判令：1. 龙华经发公司自 2009 年 5 月 1 日起至实际交付涉案房地产之日止，按日支付房地产总价款万分之四的违约金（暂计算至 2009 年 12 月 31 日，各案具体金额见附表）；2. 龙华经发公司拆除大厅旋转楼梯后立即交付涉案房地产；3. 龙华经发公司承担诉讼费。

原审法院认为，陈建华、单协和、温钢坚与龙华经发公司签订的《房地产买卖合同（预售）》系双方的真实意思表示，未违反法律、法规的禁止性规定，合同合法有效，当事人应按约全面履行。陈建华、单协和、温钢坚已按合同的约定支付了全部购房款项，龙华经发公司未能按约于 2007 年 12 月 8 日将涉案房产交付给陈建华、单协和、温钢坚，已构成违约，应按约承担违约责任，向陈建华、单协和、温钢坚支付逾期交房的违约金。关于实际交付房产的日期，龙华经发公司认为最晚应是 2009 年 5 月 6 日。原审法院认为，根据合同的约定：买方收到《入伙通知书》后，应在接到《入伙通知书》之日起 3 日内按《收楼意见书》内容对本房地产进行验收，如有异议，应在验收期限届满之日起 3 日内以书面形式提出，逾期不提出，视为同意接收本房地产；买方认为本房地产不符合交付标准或条件的，应在《收楼意见书》中一次性提出异议。卖方在接到买方异议后，应在 30 日内对异议部分作出书面答复及处理意见；逾期不予答复及处理的，视为买方异议事实成立，本房地产视为未交付；陈建华、单协和、温钢坚于 2009 年 3 月 26 日向龙华经发公司出具了《收楼意见书》，可视为陈建华、单协和、温钢坚收到了龙华经发公司的《入伙通知书》，但陈建华、单协和、温钢坚再次要求龙华经发公司拆除大厅旋转楼梯，认为涉案房产不符合交付条件；2009 年 5 月 6 日经验收除大厅旋转楼梯问题需向龙华经发公司汇报外，陈建华、单协和、温钢坚提出的其他异议，龙华经发公司方均作了整改，2009 年 8 月 18 日龙华经发公司才对有关拆除大厅旋转楼梯的问题作了答复，认为陈建华、单协和、温钢坚要求拆除该大厅旋转楼梯无事实和法律依据，陈建华、单协和、温钢坚在接到本函后的三天内办理有关房屋入伙手续；至此，龙华经发公司就陈建华、单协和、温钢坚提出的所有异议均作出了答复并进行了处理。因大厅旋转楼梯属于合同约定的范畴，且陈建华、单协和、温钢坚提不出证据证明龙华经发公司在九层修建大厅旋转楼梯违约或违法，陈建华、单协和、温钢坚不能无理要求龙华经发公司拆除大厅旋转楼梯，所以应认定实际交房的日期为《有关拆除大厅楼梯要求的答复》送达给陈建华、单协和、温钢坚后的第三天即 2009 年 8 月 24 日，对龙华经发公司主张的已最晚于 2009 年 5 月 6 日将涉案房产交付陈建华、单协和、温钢坚的辩称意见，原审法院不予采纳。据此，可认定涉案房产龙华经发公司已于 2009 年 8 月 24 日交付陈建华、单协和、温钢坚，逾期交房违约金应支付到 2009 年 8 月 24 日止，2009 年 4 月 30 日之前的逾期交房违约金陈建华、单协和、温钢坚已另行主张，龙华经发公司共逾期交房 116 天。

综上所述，原审法院依照《中华人民共和国合同法》第六十条、第一百零七条，判决：一、龙华经发公司于本判决生效之日起五日内向陈建华、单协和、温钢坚支付自 2009 年 5 月 1 日起至 2009 年 8 月 24 日止的逾期交房违约金共计人民币 307351.09 元；二、驳回陈建华、单协和、温钢坚的其他诉讼请求。案件受理费总计人民币 7112 元，陈建华、单协和、温钢坚负担人民币 4268 元，龙华经发公司负担人民币 2844 元。

上诉人陈建华、单协和、温钢坚不服原审判决，向本院提起上诉，请求：1. 撤销原审判决，改判支持上诉人的诉讼请求；2. 诉讼费由被上诉人承担。事实和理由如下：一、被上诉人逾期 30 日未针对上诉人提出的“拆除大厅旋转楼梯”进行答复及处理，应视为上诉人该项异议事实已经成立。上诉人分别在 2008 年 4 月 12 日、5 月 5 日、7 月 18 日，2009 年 3 月 26 日、5 月 6 日出具的数份《收楼意见书》中均含有要求被上诉人“拆除大厅旋转楼梯”的异议，但被上诉人直至本十案起诉时均未作出答复。在以往两次诉讼中从未对上诉人提出的该项主张提出任何异议。按照合同约定，被上诉人逾期 30 日未针对上诉人提出的“拆除大厅旋转楼梯”进行答复及处理，应视为上诉人该项异议事实已经成立。原审判决和之前两次诉讼生效的判决均对此合同约定和上诉人在数份《收楼意见书》中提出“拆除大厅旋转楼梯”的异议和被上诉人逾期 30 日未针对上诉人提出的“拆除大厅旋转楼梯”进行答复进行了认定。涉案房产按合同约定未达到交付条件和标准，没有完成交付，被上诉人违约没具体的截止日期，其支付逾期交房违约金应算到完成交付之日为止。原审判决认定被上诉人已于 2009 年 8 月 24 日交付上诉人，没有依据。原审判决认定 2009 年 8 月 18 日被上诉人对拆除大厅旋转楼梯的问题作了答复，至此，被上诉人就上诉人提出的所有异议均作出了答复，没有依据。上诉人提出的“拆除大厅旋转楼梯”的异议事实成立，被上诉人的答复应是“拆除大厅旋转楼梯”，而被上诉人的答复是拒绝处理。原审判决的认定与事实不符，是错误的。二、被上诉人在涉案房产的空中花园建成旋转楼梯构成违约。被上诉人向原审法院提供的设计图和竣工图、合同附图均记载：预留螺旋钢木梯详见二次装修图。既然是“预留螺旋钢木梯”，在交房时变成了“现实”螺旋钢木梯，与“预留”的本意相悖；按合同约定，是否修建及如何修建应由上诉人在二次装修时自己决定。上诉人要求拆除旋转楼梯是恢复到“预留”原状，有合同条文依据。现实的螺旋钢木梯是违反合同第十八条、附件三和合同附件楼层平面图规定的，被上诉人不拆除是违约行为。三、现实的螺旋钢木梯违反物权法的规定，侵犯上诉人的物权。上诉人购买九层整层物业，对九层整层享有所有权。被上诉人修建的现实螺旋钢木梯已侵害了九层整层业主的所有权，留下安全隐患。涉案空中花园建筑面积是记载于上诉人持有的九层房产产权证内的建筑面积的，与十、十一层的物业无关。现实的螺旋钢木梯让九至十一层直接相通，侵犯了九层业主（即上诉人）的所有权。空中花园的建筑面积属上诉人所有，由上诉人单独交纳空中花园物业管理费，让九至十一层业主共享空中花园，违反公平原则。

龙华经发公司辩称：对方要求拆除大厅旋转楼梯不符合合同约定。空中花园的建成是原来设计方、施工方、建设单位在原有工程项目中具备的，也经过了竣工验收，该楼梯是合法的。对方认为楼梯只能归其所有，且强调其是购买第九层的说法，这种说法不符合事实，对方只是购买了九层十间房屋，并不是购买第九层，请求法院驳回上诉人的上诉请求。

上诉人龙华经发公司不服原审判决，向本院提起上诉，请求：1. 撤销原审判决第一项；2. 驳回陈建华、单协和、温钢坚的全部诉讼请求；3. 陈建华、单协和、温钢坚承担诉讼费。事实和理由如下：一、被上诉人在办理入伙手续时，向上诉人提出拆除大厅旋转楼梯的要求，属无理要求。1. 根据双方签订的《房地产买卖合同（预售）》第28 页《楼层平面图》和第 29 页《楼层剖面图》，该大厅旋转楼梯在设计中已客观存在，上诉人在合同中也就该大厅旋转楼梯向被上诉人进行了充分说明，现本十案房地产项目已通过竣工验收，该大厅旋转楼梯是符合设计规范的；2. 该大厅旋转楼梯是公共设施，如拆除将会损害其他业主的权益，本十案双方都无权将其拆除。二、被上诉人以其拆除大厅旋转楼梯的无理要求没有得到满足而拒绝收楼，根据双方的《房地产买卖合同（预售）》和本十案事实，应当认定本十案的涉案房地产已最晚于 2009 年 5 月 6 日进行了交付。上诉人于 2009 年 3 月 20 日向被上诉人发出《关于〈收楼意见书〉的再次答复和催促入伙通知》，被上诉人于 2009 年 5 月 6 日与上诉人及物业管理处的代表再次赴现场进行验收。在验收过程中，被上诉人仍以大厅旋转楼梯的存在为由，而拒绝收楼。上诉人认为，根据双方签订的《房地产买卖合同（预售）》中第九条第五款“卖方书面通知买方入伙后，买方经验收同意收楼的，本房地产的交付时间为卖方交付本房地产的钥匙之日；卖方通知买方入伙后，买方无正当理由拒绝验收或无正当理由拖延验收时间的，本房地产的交付时间为卖方《入伙通知书》中的入伙时间期限届满之日”的规定，涉案房地产已最晚于 2009 年 5 月 6 日交付给了被上诉人。三、原审判决根据双方《房地产买卖合同（预售）》第十一条的约定，认为被上诉人的起诉理由部分成立是错误的。被上诉人有关拆除合同中约定的大厅旋转楼梯的要求，实际上是要求变更合同，但上诉人并没有予以同意。根据《合同法》第七十八条的规定，被上诉人坚持其要求而拒绝收楼的行为属违约行为。四、被上诉人在本十案诉讼中偷换概念，将其违反合同的要求偷换成收楼过程中的异议，企图利用合同第十一条的约定，向我公司索取非法的巨额经济赔偿。被上诉人将其无理拒绝收楼说成是我公司逾期未交付，已通过诉讼收取了多达 130 多万元的违约金，被上诉人得到如此收益明显大于其自用或出租所得收益。被上诉人正是基于上述利益，才继续无理拒绝收楼，企图获取更大的非法利益。

五、（2009）深中法民五终字第765－774号民事判决书不能作为本十案的定案依据。1. 由于被上诉人在该案中提出了多达12项收楼意见，故上诉人只是在答辩中统称“除了已整改的外，其他八项都不予整改”，这不予整改的八项意见中就包括了被上诉人拆除大厅旋转楼梯的要求，但上诉人就本十案所提出的事实和理由在当时并没有进行完整说明；2. 上诉人于2009年3月20日向被上诉人发出《关于〈收楼意见书〉的再次答复和催促入伙通知》；被上诉人于2009年5月6日与我公司及物业管理处的代表再次赴现场进行验收，验收过程中，被上诉人仍以大厅旋转楼梯为由而拒绝收楼。上述事实都发生于（2009）深中法民五终字第765－774号案之后。六、上诉人在被上诉人办理入伙手续时，对上诉人提出拆除大厅旋转楼梯的要求，已多次进行口头或书面的答复。1. 在办理入伙手续时，已指出被上诉人要求拆除大厅旋转楼梯是违反合同约定的；2. 在前两次的诉讼过程中，已明确表示不能拆除大厅旋转楼梯；3. 上诉人已于2009年3月20日向被上诉人发出《关于〈收楼意见书〉的再次答复和催促入伙通知》。七、本十案中《房地产买卖合同（预售）》违约金约定过高，假若上诉人违约，被上诉人因此得到的收益明显大于其自用或出租所得收益。

陈建华、单协和、温钢坚答辩称对方的上诉理由和请求不能成立，请求法院予以驳回。1. 合同第28页已经写明“预留螺旋钢木梯……二次装修”，表明这是业主的事，不是开发商的事，第29页的剖面图也没有预留螺旋钢木梯。现在争议的空中花园，属于我方建筑面积之内。对方称大厅旋转楼梯是公共设施，不属实，第十、十一层的业主没有支付楼梯的款项，也没有分摊楼梯的面积，不存在第十、十一层的业主利益受损的事实。2. 2009年5月6日没有交付，我方认为至今也没有交付。3. 偷换概念不存在，我方是合法索赔，对方如果认为生效判决有问题可以申请再审。4. 2009年5月6日我方还一直在要求，没有多次答复，2009年8月18日才给我方答复。

二审审理过程中，龙华经发公司提交了：1. 涉案“江南华府”项目的设计单位深圳市建筑设计研究总院有限公司于2009年11月6日出具的《关于“江南华府”项目办公楼九层至十一层室内空中花园的说明》，内容为：“……由于在2004年进行施工图设计时无法确定楼梯采用何种材质及形式，故图中标明其做法‘详见二次装修图’……”；2. 涉案“江南华府”项目的监理单位深圳市东部建设监理有限责任公司于2009年11月11日出具的《关于“江南华府”项目办公楼九层至十一层室内空中花园楼梯的说明》，内容为：“……在经政府建设行政管理部门批准的设计图中，九至十一楼室内空中花园中就存在有一部旋转楼梯，……否则将无法通过竣工验收……”以上两份证据要证明的内容是：九层大厅的螺旋钢木梯在设计时已存在，并且已通过竣工验收，符合合同约定，不属于整改范围。

陈建华、单协和、温钢坚提交了：1. 涉案房产的物业管理单位于2009年11月2日出具的《江南华府1栋办公楼8－11层面积和物业管理费》；2. 深圳市国土资源和房产管理局于2008年1月8日出具的《建设工程竣工测量报告》，拟证明：涉案九层的“本层公用”面积是192.07平方米，十层的“本层公用”面积是121.27平方米，“本层公用”的分摊范围是“层内分摊”，二者相差70.8平方米，恰好是空中花园的建筑面积70.8平方米。以上两份证据要证明的内容是：争议的空中花园面积仅分摊给了九层，因此，十层、十一层没有权利共享空中花园，拆除楼梯不影响十层、十一层业主的利益。

本院经审理查明，涉案楼盘的设计图之《办公楼九、十二层平面图》显示涉案九楼空中花园处有圆形图标，并在旁边用文字注明“预留螺旋钢木梯详见二次装修图”。

另查，涉案十套房产的《房地产买卖合同（预售）》附图3楼层平面图显示涉案九楼空中花园处的圆形图标和文字说明与上述提及的设计图相同。

又查，涉案十套房产所在楼盘的项目名称为《江南华府工程商业办公－住宅楼》，该项目于2008年3月18日由建设单位、监理单位、施工单位、勘察单位、设计单位共同制作《工程竣工验收报告》，验收结论为“……该工程符合图纸设计要求……同意验收，质量评定为合格”。2008年3月27日卖方就该项目取得深圳市宝安区建设局业务办理中心出具的《深圳市宝安区房建工程项目竣工验收备案收文回执》（编号为：BA20080063号）。

又查，涉案十套房产已于2008年12月25日转移登记至陈建华、单协和、温钢坚三人名下，份额分别是40%、20%、40%。十套房产的登记总价款为人民币6623946元。

再查，陈建华、单协和、温钢坚在本十案诉讼前已就涉案房产的延期交房违约金先后提起了两次诉讼，第一次诉讼由深圳市宝安区人民法院作出（2008）深宝法民三初字第3232－3241号一审民事判决，判决卖方支付买方自2007年12月9日至2008年10月30日止的延期交房违约金，后卖方提起上诉，由深圳市中级人民法院作出（2009）深中法民五终字第765－774号二审生效民事判决，判决驳回上诉，维持原判；第二次诉讼由深圳市宝安区人民法院作出（2009）深宝法民三初字第793－802号一审民事判决，判决卖方支付买方自2008年10月31日至2009年4月30日止的延期交房违约金，后卖方未提起上诉，该判决现已生效。

原审法院查明的其他事实基本属实，本院予以确认。

本院认为，本十案争议的焦点有：一、龙华经发公司是否按合同约定的时间交付涉案房产；二、陈建华、单协和、温钢坚主张拆除旋转楼梯的理由能否成立；三、龙华经发公司有无答复陈建华、单协和、温钢坚的异议。

关于第一个争议焦点问题，首先，双方在合同中约定卖方应在2007年12月8日前将涉案房产交付给买方，交付时应发出《入伙通知书》，即卖方应在2007年12月8日或之前发出《入伙通知书》，否则应从2007年12月9日起承担延期交房的违约责任，即卖方承担延期交房违约责任的时间起点是固定的，并且结合在2008年4月12日买方已向卖方出具了第一份《收楼意见书》的事实，因此，原审判决关于“原告（买方）于2009年3月26日向被告（卖方）出具了《收楼意见书》，可视为原告（买方）收到了被告（卖方）的《入伙通知书》”的认定错误，本院予以纠正。

其次，卖方主张适用《房地产买卖合同（预售）》第九条第五款关于在买方拒绝验收或拖延验收时间时涉案房产的交付时间为《入伙通知书》中的期限届满之日的约定，其已完成了合同约定的交付义务。本院认为，根据《房地产买卖合同（预售）》第十一条第一款的约定，书面异议应在验收期届满后3日内提出，本十案中，买方在验收期届满后已于2008年4月12日提出了第一份《收楼意见书》，在卖方不否认买方《收楼意见书》效力的情况下，买方不存在拒绝验收或拖延验收时间的情形，因此，该条规定不能适用于本十案，卖方承担延期交房违约责任的时间终点不是《入伙通知书》中的入伙期限届满之日。

综上，卖方没有按照合同约定的时间交付涉案房产，应承担从2007年12月9日起延期交房的违约责任。

关于第二个争议焦点问题，首先，买方主张根据《房地产买卖合同（预售）》第十一条第二款的约定，“卖方在接到买方异议后，应在30日内对异议部分作出书面答复和处理意见，逾期不予答复及处理的，视为买方异议成立，本房地产视为未交付”。因卖方未在30日内对买方提出的拆除大厅旋转楼梯进行答复，可以视为该项异议已经成立。本院认为，根据民法的整体解释规则、目的解释规则和诚信解释规则，《房地产买卖合同（预售）》第十一条第二款的含义是，卖方没有在接到买方异议后30日内进行答复的后果是卖方须承担延期交房的违约责任，而不是产生买方异议得以成立的后果，买方的异议能否成立要按照是否符合合同的约定进行判断，因此，买方该上诉主张不能成立，本院不予支持。

其次，买方以卖方违反合同约定，在空中花园处擅自建造旋转楼梯为由拒绝入伙，并据此要求卖方支付延期交房违约金并拆除大厅旋转楼梯是否存在法律或合同依据。根据双方签订的《房地产买卖合同（预售）》的附图3楼层平面图，涉案的九楼空中花园处有圆形图标，并在旁边用文字注明“预留螺旋钢木梯详见二次装修图”。对此，买方认为该字样表明涉案旋转楼梯位置是“预留”，卖方无权在房产交付前擅自修建，将“预留”变为现实，应由买方在二次装修时自行决定是否安装楼梯。本院认为，根据文义解释原则，“预留螺旋钢木梯详见二次装修图”中，“图”被“二次装修”限制，且为“预留”，表明在最初的图纸中没有螺旋钢木梯的设计，卖方对螺旋钢木梯的具体设计要参照将来的图纸的意思进行，这是卖方对自身的工作进行安排计划，待将来二次装修的图纸确定后，卖方有权在该“预留”的位置建造螺旋钢木梯一座，结合二审时涉案楼盘的设计单位深圳市建筑设计研究总院有限公司和监理单位深圳市东部建设监理有限责任公司出具的说明，且从常理推断，将该共用楼梯的修建交由某一业主来决定，与常理不符。因此，“二次装修”为卖方的二次装修，而非指业主自行装修，卖方修建涉案螺旋钢木梯符合双方合同的约定。买方该上诉主张没有依据，本院不予支持。

再次，买方还根据其二审时提交的《公用建筑面积分层汇总表》显示涉案九层的“本层公用”面积是192.07平方米，十层的“本层公用”面积是121.27平方米，二者相差70.8平方米，恰好是空中花园的建筑面积70.8平方米，因此，买方主张螺旋钢木梯所在的空中花园的建筑面积记载于其持有的九层房产产权证注明的建筑面积之中，其对九层整层享有所有权，卖方修建的螺旋钢木梯侵犯了买方的物权。本院认为，买方的该主张不能成立，理由如下：1. 根据最高人民法院《关于审理建筑物区分所有权纠纷案件具体应用法律若干问题的解释》第二条第一款第（一）项、第三条第一款第（一）项的规定，该螺旋钢木梯不具有构造上的独立性，即使该部分建筑面积登记在买方的名下也不属于买方的专有部分；2. 如前所述，该螺旋钢木梯的存在符合双方《房地产买卖合同（预售）》的约定。

综上，卖方修建螺旋钢木梯的行为不构成违约，本院对买方要求拆除该楼梯的请求不予支持。

关于第三个争议焦点问题，首先，关于买方异议的标准问题，根据《房地产买卖合同（预售）》第十一条第二款的约定，“买方认为本房地产不符合交付标准或条件的，应在《收楼意见书》中一次性提出异议”，因此，本院认为，买方异议有效成立是有条件的，即涉案房产不符合合同约定的交付标准，而不是指在脱离合同的情况下，买方的异议都能够成立。

其次，按照《房地产买卖合同（预售）》第十一条第二款的约定，“卖方在接到买方异议后，应在30日内对异议部分作出书面答复和处理意见，逾期不予答复及处理的，视为买方异议成立，本房地产视为未交付”。本院认为，由此可以看出，只要买方在收到《入伙通知书》之日起3日内进行验收，并且在验收期届满之日起3日内提出书面异议，且该异议是针对涉案房产不符合交付标准的有效异议，卖方的答复义务都是无条件的、必须履行的，因此，在卖方未对买方收楼异议的时间和方式是否符合合同约定提出异议的情况下，卖方是否按照合同约定对买方提出的异议进行答复是本十案的争议焦点。

第一，卖方称其已于2008年4月12日答复买方的异议，依据是买方提交的2008年4月12日的《收楼意见书》右半部分“处理结果”注明的“○1－○12”的序号，在序号○1、○2、○5、○12后有“已处理”字样，其余序号后为空白。经二审审理查明，买方共提交了两份2008年4月12日的《收楼意见书》，一份《收楼意见书》右半部分《处理结果》为空白，一份为上述提及样式的《收楼意见书》（以下简称卖方主张的《收楼意见书》）。经本院询问买方两份《收楼意见书》差异的形成原因，其解释为：在买方处保存的《收楼意见书》右半部分《处理结果》处为空白，其在提起诉讼时经向涉案房产的物业管理单位取证，调取出的《收楼意见书》为右半部分《处理结果》处有序号和文字内容，并且尾部加盖了卖方的公章，还有管理注明的“此复印件与原件相符”的意见。

本院认为，即使采信卖方主张的《收楼意见书》，卖方在2008年4月12日也未进行符合合同约定的答复。理由如下：1. 卖方主张的《收楼意见书》右半部分《处理结果》处在除序号○1、○2、○5、○12之外别的序号后面没有内容，无法推知卖方的答复意见如何，即卖方没有进行全面的答复。2. 合同中关于答复的形式要求是：（1）书面形式；（2）卖方发出的通知应加盖公章，而卖方主张的《收楼意见书》右半部分《处理结果》处的“已处理”字样不知何人何时所写，也没有加盖卖方的公章。3. 买方主张在其自行向涉案房产的物业管理单位调取该份《收楼意见书》之前，没有收到过该份样式的《收楼意见书》。

第二，卖方又称2009年3月20日《关于〈收楼意见书〉的再次答复和催促入伙的通知》是其履行答复义务的证明。本院认为，该答复通知可以认定为符合合同约定的答复，卖方已经履行了答复义务。理由如下：从形式上看，《房地产买卖合同（预售）》对于答复的详简程度和内容并未约定，不要求卖方必须针对买方的异议逐一回复，未排斥答复中可以使用概括性的语言，原审判决查明部分认定该次答复不涉及旋转楼梯，有误，应予纠正；从实质上看，该答复称“我公司早已就你方《收楼意见书》提出的房屋质量问题在可整改的范围之内进行了全部整改，……通知你方尽快办理入伙手续……”实质和2009年5月6日的现场验收记录、2009年8月18日的答复并无不同，即可以整改的均已整改完毕，买方提出的其余异议包括旋转楼梯在内的事项不属于可改范围。虽然买方在收到卖方 2009 年 3 月 20 日的答复后，又于 2009 年 3 月 26 日出具《收楼意见书》，主张对于己方最初提出的 12 条整改意见中的第 1－7 条和第 10 条，卖方仍未整改，本院认为，在买方提起诉讼，主张相应期间的延期交楼违约金的情况下，买方应举证证明涉案房产在其提出异议的 2009 年 3 月 26 日时仍存在不符合交付条件的事实，即卖方仍未对买方提出异议的事项进行整改，现买方仅提出主张，没有完成相应的举证责任，本院不予支持。

至于 2009 年 5 月 6 日买卖双方及物业公司代表进行现场验收并签署《关于房屋验收的情况纪要》及此后 2009 年 8 月 18 日卖方出具《有关拆除大厅楼梯要求的答复》，本院认为，上述两份文件也是卖方的答复，但不能因此否认 2009 年 3 月 20 日答复的效力，因为在此时，涉案房产已经符合合同的约定，可以交付，且已按照相关设计图施工并制作《工程竣工验收报告》，该情况不因卖方再次答复而发生变化。原审判决认定卖方于 2009 年 8 月 24 日将涉案房产交付给买方，属认定事实错误，本院予以纠正。

综上，本院认为，在卖方于 2009 年 3 月 20 日对买方进行答复后，买方应当接收涉案房产。因买方在 2009 年 3 月 26 日的《收楼意见书》中承认于 3 月 24 日收到该次答复，卖方也确认该时间，因此，对 2009 年 3 月 24 日之后造成的房产未实际交付的事实，卖方本无须再承担违约责任。但因在深圳市宝安区人民法院（2009）深宝法民三初字第 793－802 号民事判决书判决卖方应向买方支付至 2009 年 4 月 30 日止的延期交房违约金后，卖方没有提起上诉，该判决现已生效，且卖方在本十案上诉状中自认涉案房产是在 2009 年 5 月 6 日进行了交付，应视为对自己权利的处分，本院予以确认。买方关于卖方违约没具体截止日期的上诉主张，不能成立，本院不予支持。

因 2009 年 4 月 30 日及之前的延期交房违约金已在另案支持，卖方应按照合同约定的日万分之四的标准即向买方支付自 2009 年 5 月 1 日起至 2009 年 5 月 5 日止的延期交房违约金。卖方主张合同约定的延期交楼违约金的标准过高，本院认为，该主张没有事实依据，本院不予支持。

综上所述，买方的上诉理由不能成立，本院不予支持，卖方的上诉理由部分成立，对成立部分，本院予以支持。依照《中华人民共和国合同法》第一百二十五条，《最高人民法院关于民事诉讼证据的若干规定》第二条第一款，《最高人民法院关于审理建筑物区分所有权纠纷案件具体应用法律若干问题的解释》第二条第一款第（一）项、第三条第一款第（一）项，《中华人民共和国民事诉讼法》第一百五十三条第一款第（三）项之规定，判决如下：

一、撤销深圳市宝安区人民法院（2009）深宝法民三初字第 1775－1784 号民事判决第二项。

二、变更深圳市宝安区人民法院（2009）深宝法民三初字第 1775－1784 号民事判决第一项为：深圳市宝安龙华经济发展有限公司于本判决生效之日起十日内按日万分之四的标准以涉案十套房产的总价款 6623946 元为本金向陈建华、单协和、温钢坚支付自 2009 年 5 月 1 日至 5 月 5 日止的延期交房违约金 13247.89 元（各案具体金额详见本判决附表）。

三、驳回陈建华、单协和、温钢坚其他诉讼请求。

如果深圳市宝安龙华经济发展有限公司未按本判决指定的期间履行金钱给付义务，应当依照《中华人民共和国民事诉讼法》第二百二十九条之规定，加倍支付迟延履行期间的债务利息。

本十案一、二审案件受理费共计人民币19344元，由陈建华、单协和、温钢坚负担18957元，深圳市宝安龙华经济发展有限公司负担387元。一、二审案件受理费已由双方分别预交，不另收退，陈建华、单协和、温钢坚迳付深圳市宝安龙华经济发展有限公司案件受理费5300元。

本判决为终审判决。

审　判　长　刘粤芳
审　判　员　柯云宗
代理审判员　赵　霞
二〇〇九年十二月七日
书记员　刘　云（兼）

附　表：

序号	一审案号	二审案号	房号（江南华府1栋9层）	房产价款（元）	诉请违约金（2009年5月1日至12月31日）（元）	判决违约金（2009年5月1日至5月5日）（元）	一审诉讼费（减半收取，买方交纳）（元）	二审诉讼费（元）		一、二审诉讼费的负担（元）	
								买方交纳	卖方交纳	买方负担	卖方负担
1	1784	2730	910	630195	61759.11	1260.39	672	613	531	1779.68	36.32
2	1783	2731	909	667182	65383.84	1334.36	717	661	574	1912.84	39.16
3	1782	2732	908	673660	66018.68	1347.32	725	669	582	1936.48	39.52
4	1781	2733	907	673660	66018.68	1347.32	725	669	582	1936.48	39.52
5	1780	2734	906	673660	66018.68	1347.32	725	669	582	1936.48	39.52
6	1779	2735	904	604938	59283.92	1209.88	641	580	502	1688.54	34.46
7	1778	2736	905	870156	85275.29	1740.31	966	923	810	2645.02	53.98
8	1777	2737	903	610165	59796.17	1220.33	647	587	508	1707.16	34.84
9	1775	2738	901	610165	59796.17	1220.33	647	587	508	1707.16	34.84
10	1776	2741	902	610165	59796.17	1220.33	647	587	508	1707.16	34.84
合计				6623946	649146.71	13247.89	7112	6545	5687	18957	387

【评析】

这是一份商品房预售合同纠纷中买方要求卖方支付延期交房违约金和采取拆除大厅旋转楼梯这一补救措施的终审民事判决，法律适用的难度在于买方虽然提起的是违约之诉，但是该诉讼请求既涉及合同法中的违约责任，又涉及物权法中业主对专有部分享有的所有权。就二审争议的焦点，即买方异议成立的条件以及异议成立的后果，该判决从三个方面予以概括归纳。首先，卖方在时间上是否迟延交付涉案房产，即从“量”上判断卖方承担违约责任的条件是否成立；其次，买方关于空中花园是其专有部分并拆除建在空中花园之中的旋转楼梯的主张能否成立，即从“质”上判断卖方承担违约责任的条件是否成立；最后，在前两个问题已经阐明清楚的基础上，再判断卖方有无依约答复买方的异议及相应后果，即卖方承担违约责任的时间终点是何时。该判决书格式规范，要素齐备，书写清楚，从内容上看查明事实清楚，适用法律正确，逻辑推理严密，归纳二审争议焦点准确到位，层层推进，辨法析理，体现了法官的深厚理论功底和对案件事实的驾驭掌控能力，起到了定纷止争的良好作用，是一份优秀的终审判决书。

广东省深圳市中级人民法院

民 事 判 决 书

（2006）深中法民二终字第165号

上诉人（原审被告）：中丝深圳进出口公司。住所地：深圳市罗湖区宝安北路干货仓602栋B4。

法定代表人：冯德明，总经理。

委托代理人：莫三中，广东信达律师事务所律师。

被上诉人（原审原告）：深圳市雷地科技实业有限公司。住所地：深圳市福田区新洲南路沙尾工业区金享楼1栋三层。

法定代表人：刘南林，董事长。

委托代理人：付强，广东华途律师事务所律师。

委托代理人：王郁恒，广东华途律师事务所律师。

原审被告：深圳市新威安实业发展有限公司。住所地：深圳市罗湖区文锦南路金安大厦七楼A单元。

法定代表人：石建兴，总经理。

诉讼代表人：冯德明，系中丝深圳进出口公司的法定代表人。

上诉人中丝深圳进出口公司（以下简称中丝公司）因与被上诉人深圳市雷地科技实业有限公司（以下简称雷地公司）、原审被告深圳市新威安实业发展有限公司（以下简称新威安公司）清算赔偿纠纷一案，不服深圳市罗湖区人民法院（2005）深罗法民一初字第2408号民事判决，向本院提起上诉。本院受理后，依法组成合议庭进行了审理。本案现已审理终结。

原审法院经审理查明：1997年9月11日，新威安公司、中丝公司共同成立兴华安公司。新威安公司出资额为人民币1800000元，出资比例为78.26%；中丝公司出资额为人民币500000元，出资比例为21.74%。2002年6月13日，深圳市福田区人民法院在审理深圳发展银行长城支行诉兴华安公司、雷地公司、中丝公司借款合同纠纷一案，判决雷地公司、中丝公司对兴华安公司1500000元以及利息的债务承担连带清偿责任。2003年12月1日，深圳市福田区人民法院对雷地公司、中丝公司及兴华安公司下发强制执行民事裁定书。2004年2月27日，兴华安公司由于未进行年检被依法吊销营业执照。2004年9月9日，深圳市福田区人民法院对雷地公司进行强制执行，依法扣划人民币 1980548.48 元。在庭审中，雷地公司确认其实际支付的执行款为人民币 1820191.22 元。另查，新威安公司于 1994 年 11 月 16 日由中国刑事科学技术协会以及深圳汇丰电子有限公司共同开办。后深圳汇丰电子有限公司的股份转给中丝公司。2004 年 2 月 27 日，新威安公司因未年检被依法吊销营业执照。根据相关规定，该院曾限期指定新威安公司的两股东协商指定诉讼代表人，由于两股东未在规定期限内指定诉讼代表人，为此，该院依法指定中丝公司的法定代表人为新威安公司的诉讼代表人。在审理期间，该院曾于 2005 年 9 月 5 日向新威安公司、中丝公司发出通知，要求新威安公司、中丝公司限期对兴华安公司进行清算，但是直至开庭前，新威安公司、中丝公司仍然未对兴华安公司依法进行清算。

原审法院认为：本案系股东对其开设的公司未尽清算义务而引起的侵权纠纷案件。具体讲本案涉及公司的独立责任与股东有限责任的相互关系问题以及有限责任公司被吊销营业执照后股东的责任问题。关于公司的独立责任与股东有限责任的相互关系问题。我国《公司法》第三条第一款规定，有限责任公司和股份有限公司是企业法人；《中华人民共和国公司登记管理条例》第二条规定，公司设立、变更、终止，应当依照该条例进行办理登记；我国《民法通则》第四十条规定，法人终止，应当依法进行清算，停止清算范围外的活动。第四十六条规定，企业法人终止，应当向登记机关办理注销登记并公告。可见，公司作为独立的法人，其成立或终止都必须按照一定的法律程序进行。公司是为了进行商业活动而人为设立的拟制的实体，从功能的角度看，公司设立的目的是为了使投资公众（即股东）分享企业的利润。公司作为一个私法上的自治组织，是由股东组成并且为股东赚钱的工具，股东作为投资者是企业利益的终极所有人。同时，我国《公司法》第三条第二款规定：“股东以其出资额为限对公司承担责任，公司以其全部资产对公司的债务承担责任”，因此，一般认为，公司作为一个拟制的实体、一个独立的法人，应当对其债务承担独立责任，而股东对公司承担的是有限责任。这就是所谓的法人独立责任原则和股东有限责任原则。这亦是中丝公司认为其不应当承担侵权责任的理由之一。但是，该院认为，股东有限责任与公司被吊销营业执照后股东的责任是不同层面的法律问题。承认股东对公司承担有限责任并不能否认股东在公司被吊销营业执照后不负有其他责任。换言之，要求股东对被吊销营业执照的企业承担相应的法律责任与法人独立责任原则和股东有限责任原则并不矛盾。股东有限责任不是绝对的，而是相对的，其适用的前提应是公司的成立和终止都严格按照法律规定进行。在某些情况下，不排除股东对开办企业承担补偿责任或清偿责任，甚至赔偿责任。关于中丝公司、新威安公司作为股东是否应对雷地公司承担赔偿责任的问题。该院认为，第一，根据法律的规定，法人终止，应当依法进行清算。因此，清算是终止公司人格的必经的法律程序，任何公司未经清算，不应终止。其目的是为了保护公司债权人利益，维护社会经济秩序。公司作为市场主体应当严格按照法律的规定进入和退出市场。公司成立后由于种种原因无法继续经营，如果不按照法律规定的程序对该公司的债权债务进行清算，那么必定影响所有与该公司有关的利害关系人。如果大量公司在被吊销营业执照后被注销前，都不进行清算，那么这对市场秩序将产生不良影响，甚至引发信任危机和社会矛盾。因此，被吊销营业执照后被注销前，应当及时被清算。根据我国《公司法》第一百一十九条的规定，有限责任公司的清算组由股东组成，因此，中丝公司、新威安公司作为兴华安公司的股东在该公司被吊销营业执照后负有及时对该公司依法进行清算的义务。虽然法律没有明确规定公司被吊销营业执照后应该在多长时间内被清算，但是可以参照我国《公司法》第一百一十九条关于公司因某种原因解散，应在15日内成立清算组的规定进行处理。然而，中丝公司、新威安公司在兴华安公司被吊销营业执照后长达一年多的时间内，未对该公司的财产进行清算。本案在审理中，该院又曾经指定中丝公司、新威安公司在一定期限内对兴华安公司履行清算义务，但是中丝公司、新威安公司仍然未对兴华安公司进行清算。中丝公司、新威安公司的行为完全背离法律要求对公司及时清算的立法目的。因此，该院认为，中丝公司、新威安公司作为股东怠于履行对开办企业的清算义务，应当承担相应的民事责任。第二，根据该院查明的事实，雷地公司已经为吊销企业兴华安公司偿还借款人民币1820191.22元，因此，雷地公司存在实际上的损失。在审理中，中丝公司对于雷地公司是否替兴华安公司偿还借款的事实提出质疑。该院认为，根据雷地公司提供的由深圳市福田区人民法院开具的凭证，可以认定雷地公司已经偿还了上述借款，至于发展银行通过何种方式进行账面处理与本案无关。第三，关于中丝公司、新威安公司未履行清算义务，与雷地公司的损失之间是否存在因果关系的问题。中丝公司、新威安公司抗辩称，雷地公司没有证据证明其损失与中丝公司、新威安公司未尽清算义务之间存在因果关系。该院认为，根据我国《公司法》第三十七条、第三十八条的规定，有限责任公司股东会由全体股东组成，股东会对公司的经营方针和投资计划、年度财务预算方案、利润分配方案和弥补亏损方案等享有职权，因此，中丝公司、新威安公司作为兴华安公司的股东应当清楚知道该公司的实际运作情况，包括资产、财务现状，而雷地公司是公司的外部利害关系人，无法知道该公司资产状况，况且中丝公司、新威安公司作为股东有权查阅公司的财务会计报告，因此，中丝公司、新威安公司应当清楚知道兴华安公司在被吊销营业执照后的实际财务状况。基于公平、诚实信用的原则，该院认为，应当由中丝公司、新威安公司承担其未履行清算义务与雷地公司损失之间不存在因果关系的举证责任。在审理中，中丝公司、新威安公司对于兴华安公司在吊销营业执照时其财产和资产状况未提供证据证明，因此，中丝公司、新威安公司应当承担举证不能的不利后果。综上，中丝公司、新威安公司应当按照各自出资的比例对雷地公司的损失承担赔偿责任。经计算新威安公司应承担人民币1424481.65（1820191.22×78.26%）元的赔偿责任，中丝公司应当承担人民币395709.57（1820191.22×21.74%）元的赔偿责任。对上述责任中丝公司、新威安公司相互承担连带责任。中丝公司、新威安公司还应承担1820191.22元的利息，按中国人民银行同期一年期贷款利率计算，从2004年9月9日至2005年7月13日止。依据《中华人民共和国民事诉讼法》第六十四条第一款、第一百三十条，《最高人民法院关于民事诉讼证据规则的若干规定》第二条第一款、第七条，《中华人民共和国民法通则》第一百零六条、第一百三十四条第一款第（七）项的规定，判决：一、新威安公司自判决生效之日起十日内向雷地公司赔偿人民币1424481.65元；二、中丝公司自判决之日起十日内向雷地公司赔偿人民币395709.57元；三、对上述责任新威安公司、中丝公司相互承担连带清偿责任；四、对上述款项的利息按中国人民银行同期一年期贷款利率计算，从2004年9月9日起至2005年7月13日止。中丝公司、新威安公司对应承担的利息承担连带清偿责任。本案受理费人民币19534元，由中丝公司、新威安公司负担。

上诉人中丝公司不服原审判决，向本院提起上诉，请求：1. 撤销（2005）深罗法民一初字第 2408 号民事判决；2. 判令中丝公司不向雷地公司支付赔偿金人民币 395709.57 元、利息以及撤销与新威安公司相互承担的连带清偿责任；3. 判令雷地公司承担本案全部诉讼费用。事实与理由如下：一、雷地公司在一审时所称的对兴华安公司享有的人民币 1820191.22 元的债权，只能向兴华安公司主张权利，而不能向中丝公司主张任何权利。虽然中丝公司系兴华安公司的股东之一，但根据《中华人民共和国公司法》第三条的规定："有限责任公司，股东以其出资额为限对公司承担责任，公司以其全部资产对公司的债务承担责任。"因此，雷地公司向中丝公司主张权利没有法律依据。一审判决认为企业被吊销营业执照后应由股东承担相对的有限责任的说法仅是一种法理的理解方式，扩大了对法律条文的解释，是没有法律依据的。二、一审判决于法无据。一审法院依据我国《公司法》第一百一十九条的规定认定中丝公司行为背离法律要求对公司及时清算的立法目的并怠于履行清算义务为适用法律错误。我国《公司法》第一百一十九条规定："股份有限公司设经理，由董事会聘任或解聘……"该条款乃是股份公司设立经理及其职权的规定，并不是对公司设立清算组的规定。关于公司的清算，我国《公司法》第一百九十条规定："公司有下列情形之一的，可以解散：（一）公司章程规定的营业期限届满或者公司章程规定的其它解散事由出现时；（二）股东会议解散；（三）因公司合并或者分立需要解散的。"我国《公司法》第一百九十一条规定："公司依照前条第（一）项、第（二）项规定解散的，应当在 15 日内成立清算组，有限责任公司的清算组由股东组成，股份有限公司的清算组由股东大会确定其人选；逾期不成立清算组进行清算的，债权人可以申请人民法院指定有关人员组成清算组，进行清算。人民法院应当受理该申请，并及时指定清算组成员，进行清算。"由此可见，企业被吊销营业执照的，并不属于法定的应当在 15 日内成立清算组的条件。关于何时成立清算组法律并无明文强制要求。退一步说，即使中丝公司应当在 15 日内成立清算组而没有成立，雷地公司的救济方式依法应当是申请人民法院指定有关人员组成清算组进行清算，而不是一审认为的因此由股东对开办企业承担补偿责任或清偿责任甚至赔偿责任。三、中丝公司并非故意怠于履行清算义务。在一审过程中，一审法院指定中丝公司在一定期限内对兴华安公司履行清算义务，但由于中丝公司属于国有企业，需向上级主管部门履行报告审批程序，因此在法院指定时间内没有能履行清算义务。但此后，新威安公司已于 2005 年 10 月 24 日成立了清算组并于 2005 年 10 月 25 日在报纸上进行了公告（见证据一），兴华安公司已于 2005 年 10 月 24 日成立了清算组并于 2005 年 10 月 27 日在报纸上进行了公告（见证据二），并于 2005 年 11 月 2 日向雷地公司发出了申报债权的通知书（见证据三）。由此可见，中丝公司正积极行使清算义务，对此事并没有懈怠，不应当承担由此带来的民事责任。综上所述，中丝公司认为，根据我国《公司法》第三条规定，中丝公司只以出资额为限对兴华安公司承担责任，而一审法院判决使中丝公司对兴华安公司债务承担无限责任是不合理也不合法的，它否认了兴华安公司作为独立法人应当承担的独立无限责任，同时也侵害了中丝公司的财产权。

雷地公司答辩称：一、原审判决对于股东有限责任原则的个案打破体现了法律公平、正义的价值。法人制度是人类智慧的结晶。但法人制度在商品经济的发展过程中也会被异化，法人的独立人格与股东有限责任有时会成为舞弊行为的护身符。出资者往往以法人外壳为挡箭牌，主张仅承担有限责任，并因此使债权人遭受损失。这种法人人格的异化导致了法人制度下出资者群体与债权人群体的利益平衡体系倾斜，使公平正义的价值体系受到挑战。这就必然导致法人人格在特定情况下的否认。当法人独立人格被滥用并对债权人利益和社会公共利益造成损害时，法院可以基于公平正义的价值理念否认该法人的独立人格，责令股东直接对法人的债务承担责任。法人人格否认并非对法人独立人格的全面的和永久性的剥夺，而是在特定的、具体的法律关系中对已经丧失独立人格特征的法人状态的一种揭示和确认，其效力仅限于该特定法律关系，并不影响承认法人在其他方面仍然是一个独立的法人实体。根据最高人民法院的相关司法解释，在特定情况下，法院可以直接执行股东的财产以清偿法人的债务；《广东省高级人民法院关于企业法人解散后的诉讼主体资格及民事责任承担问题的指导意见》第九条规定："企业法人的清算义务人在规定的期间内怠于履行清算义务，给债权人造成损失，债权人要求赔偿义务人承担侵权责任的，法院可以予以支持。"通过这些规定，我国的法律允许在特定的情况下否认法人的人格，而直接要求股东承担责任。现在新公司法第二十条规定"公司股东不得滥用法人独立地位和股东有限责任损害公司债权人的利益。公司股东滥用公司法人独立地位和股东有限责任，逃避债务，严重损害公司债权人利益的，应当对公司债务承担连带责任"。因此，原审判决在充分论证的基础上直接责令股东承担责任，是对我国公司法律制度的正确理解与适用，体现法律公平、正义的价值和该法院高超的审判水准。二、雷地公司在一审当中有权提出侵权赔偿之诉。根据刚才提到的广东省高院的《意见》的规定，在企业法人清算义务人怠于履行清算义务的情况下，债权人提出侵害之诉的，法院可以支持。根据这一规定，雷地公司在一审时提出侵权赔偿之诉并无不当，并且于法有据。为了慎重起见，在一审期间法院已经指定了中丝公司、新威安公司在限期内对兴华安公司进行清算，但是中丝公司、新威安公司拒绝在指定期限内进行清算，在这一事实下，一审判决才以中丝公司、新威安公司滥用法人地位或者是滥用股东有限责任为由，判令中丝公司、新威安公司承担赔偿责任。所以一审判决是慎重的，也是稳妥的。三、中丝公司的事后补救不能成为推翻一审判决的理由。在一审判决下判后，中丝公司称已经开始对兴华安公司的清算，但是一审判决是基于在一审所查明和确认的事实来作出的。那么中丝公司在一审判决作出之后才开始清算，并且试图以这种事后补救的方法来推翻一审判决，当然不成立。另外，中丝公司在上诉状中强调不是故意怠于履行清算，雷地公司认为"怠于作为"在主观上是故意，不存在过失的主观状况。综上，一审判决认定事实清楚，适用法律正确，请求二审法院予以维持。

原审被告新威安公司未到庭应诉，亦未提交书面的陈述意见。

原审法院查明事实属实，本院予以确认。另查明：兴华安公司清算公告于 2005 年 10 月 27 日起在《深圳特区报》公告三次，但清算工作至今无法完成。

本院认为：本案系公司债权人追究股东在公司被吊销营业执照后怠于履行清算义务的侵权赔偿责任纠纷。本案的主要争议焦点在于：其一，中丝公司能否以有限责任原则有效对抗雷地公司的诉讼主张，雷地公司向中丝公司主张权利的依据何在；其二，中丝公司应否承担怠于履行清算义务的侵权赔偿责任。

关于中丝公司能否以有限责任原则有效对抗雷地公司的诉讼主张，雷地公司向中丝公司主张权利的依据何在的问题。有限责任原则作为现代公司制度的核心和基石成为股东利益特殊保护的重要法律依据，但是，它并不是绝对和无条件的。相反，有限责任原则有其适用的特定条件和范围，超出一定界限，而导致权利和义务不对等时，则有必要考虑有限责任的除外适用。在这一点上，本院与原审法院的认识是一致的。股东享受有限责任保护的前提就是维持公司资本的充实和财产独立，履行股东应承担的义务，包括解散时对公司进行及时清算。从本质上讲，有限责任原则是“股东投资风险”、“股东参与公司运作程度”和“公司相对人权益保护”三者之间利益平衡与取舍的结果。公司法的目标并非单纯为了实现公司股东利益的最大化，而是为了实现公司法上各种利益关系主体之间的利益平衡。当股东违背了当初进入公司制度时自愿承担的遵守公司有限责任规则的默示承诺，并对他人权益造成损害时，就不应该再享有有限责任的保护，而应替之于例外适用的责任规则，对违背公司法律制度行为加以规制，以维护交易的安全与秩序。因此，中丝公司以有限责任原则为由主张雷地公司的起诉缺乏法律依据，理由不成立，本院不予采纳。本案雷地公司所主张的标的物，既是其对兴华安公司的债权，也是其因兴华安公司股东怠于履行清算义务所遭受的损失，根据《中华人民共和国民法通则》第一百零六条之规定，雷地公司可向作为股东的中丝公司提起侵权诉讼，中丝公司关于雷地公司对兴华安公司的债权只能向兴华安公司主张的上诉理由不成立，本院亦不采信。

关于中丝公司应否承担怠于履行清算义务的侵权赔偿责任问题。清算是公司法人人格终止的前提条件，2005 年修订前的《中华人民共和国公司法》虽未明确规定公司被吊销营业执照后的解散清算程序，但股东应在公司被吊销营业执照后的合理期限内对公司进行清算，在原审法院的通知下，雷地公司、新威安公司虽于 2005 年 10 月成立了兴华安公司清算组并予公告，但仍未在合理期限内按修订前《中华人民共和国公司法》第一百九十三条至一百九十七条之规定完成清算工作。兴华安公司实际已无法进行清算。公司的清算是确保公司财产得以保全、公司债权人利益得以实现的先决条件。因股东怠于履行清算义务而导致公司主要财产、账册等灭失，无法进行清算，将导致债权人就公司清算之后的资产实现其债权的合法权益遭受损害，股东应对债权人的损失承担连带赔偿责任。由于股东相对于债权人更能掌握公司被吊销营业执照前的资产情况，与证据的距离更为接近，更具举证能力，因此，在债权人举证证明债权合法存在且股东怠于履行清算义务之事实的情况下，证明债权人的损失与其怠于履行清算义务而致无法清算没有因果关系的举证责任则应分配给股东，并由其承担举证不能的法律后果。原审判决对中丝公司、新威安公司侵权事实、赔偿责任的认定及举证责任的分配正确，本院予以维持，但原判所引用法律条文出现笔误，本院予以纠正，正确条文为修订前《中华人民共和国公司法》第一百九十一条。

综上所述，中丝公司的上诉理由不成立，本院不予采纳。原审判决认定事实清楚，适用法律正确，应予以维持。依据《中华人民共和国民事诉讼法》第一百五十三条第一款第（一）项、第一百五十八条的规定，判决如下：

驳回上诉，维持原判。

本案二审受理费人民币19534元，由上诉人中丝公司承担。

本判决为终审判决。

审　判　长　王利萍
审　判　员　叶克潜
审　判　员　陈卫滨
二〇〇九年五月二十日
书记员　胡　迪（兼）

【评析】

这是一份债权人追究股东在公司被吊销营业执照后怠于履行清算义务的侵权赔偿责任的终审民事判决，法律适用的难度主要在于如何突破股东有限责任原则，分析和判定股东怠于履行清算义务的侵权赔偿责任。该判决书条理清晰、分析入理，以严密的逻辑推理和论证，令人信服地完成终审法院对二审争议焦点问题的论证与认定，这也是本判决书的精彩之处。就双方争议的焦点，即股东怠于履行清算义务的侵权赔偿责任问题，该判决从两个层面进行探究。首先指出有限责任原则不是绝对的和无条件的，相反，当有限责任原则的适用超出一定界限而导致权利义务不对等时，则应考虑有限责任原则的例外适用。此外，判决书没有停留在僵硬的法律条文本身，努力探寻立法的本义，进一步诠释了公司法的目标并非单纯为了实现公司股东利益的最大化，而是为了实现公司法上各种利益关系主体之间的利益平衡。虽然2005年《公司法》没有明确规定公司被吊销营业执照后的解散清算程序，但股东应在合理期限内启动清算程序，以确保公司财产得以保全。由此可体会到法官对于公平正义的深刻理解和不懈追求。该判决书格式规范，用语准确，文字通畅，客观中立，反映出法官在裁判文书制作方面具有扎实的功底，堪称一篇优秀的法律文书。

●特易购商业（深圳）有限公司与深圳东方置地实业有限公司房屋租赁合同纠纷一案民事判决书

广东省深圳市中级人民法院

民事判决书

（2009）深中法民五终字第1426号

上诉人（原审被告、反诉原告）：特易购商业（深圳）有限公司，住所地：深圳南山区南油大道（南海大道）西桃园路西海明珠花园F座2308号。

法定代表人：Kenneth Ian Towle，该公司董事长。

委托代理人：邓晓慧，该公司法律顾问。

委托代理人：张爱民，国浩律师集团（深圳）事务所律师。

被上诉人（原审原告、反诉被告）：深圳市东方置地实业有限公司，住所地：深圳市龙岗区龙岗街道龙河路榭丽花园B区一期东方国际茶都商铺301号。

法定代表人：黄少钦，该公司董事长。

委托代理人：苏仕忠，该公司工程部经理。

委托代理人：孙伟强，广东伟强律师事务所律师。

上诉人特易购商业（深圳）有限公司（以下简称特易购公司）因与被上诉人深圳市东方置地实业有限公司（以下简称东方置地公司）房屋租赁合同纠纷一案，不服深圳市龙岗区人民法院（2009）深龙法民初字第703号民事判决，向本院提起上诉。本院依法组成合议庭审理了本案，现已审理终结。

原审法院经审理查明，2007年2月13日东方置地公司（甲方）与上海康诚仓储有限公司（乙方）签署了一份《协议书》，协议书第1条1.2约定“甲方同意按照协议书列明的条款及条件建造并向乙方出租本协议书附件二所示位于建筑物内地下一层商业的配套用房，以及一至三层的商业用房（见附件二之（二）乙方方案规划平面图红线所框定的范围，以下简称租赁物业）用于开设经营大型超市。租赁物业建筑面积共约19392平方米，其中地下一层建筑面积约为176平方米，地上第一层建筑面积约为3850平方米，地上第二层建筑面积约为6682平方米，地上第三层建筑面积约为8684平方米（租赁物业建筑面积最终以房地产权证上标明的建筑物面积为准，如房地产权证记载不明的，则以政府授权单位出具的测绘报告上标明的建筑物面积为准，如测绘报告没有记载或记载不明的，以双方实测面积为准）”。该协议第5条5.2约定“自本协议书第7.5条规定的实际交付之日起，甲方授权乙方180天的免租期……180天期满之日，为免租期结束日”。该协议第6条6.2（2）约定“在最终取得房地产权证或政府授权单位出具的测绘报告确定租赁物业之实际建筑面积之前，乙方按照建筑面积19392平方米计算租金，若最终与房地产权证标明的建筑面积或测绘报告上标明的建筑面积有出入，则应以房地产权证上标明的建筑面积为准。如房地产权证记载不明的，则以测绘报告上标明的建筑面积为准，如测绘报告没有记载或记载不明的以双方实测面积为准，先前所付租金按照‘多退少补’方式处理。房地产证或测绘报告上标明的建筑面积或双方实测面积其增加部分超过本协议约定的建筑面积5%的，对超过5%部分的面积乙方有权使用并不予支付租金”。该协议书第7条7.1约定“甲方同意于2007年8月31日前（以下简称约定交付日。若因不可抗力的原因导致租赁物业建设工程延期，甲方应及时通知乙方并提供相关证明，甲乙双方应根据该证明资料共同协商并合理顺延上述交付日）将合乎条件的租赁物业交付乙方进行装修及使用”。第7条7.5约定“除本协议书另有约定外，乙方签署租赁物业交接单为该租赁物业的实际交付日”。

2007年12月28日东方置地公司（甲方）与上海康诚仓储有限公司（乙方，以下简称康诚公司）签署了《租赁物业交接单》，双方确认“……二、《协议书》约定的租赁物业已经全部按机械工业部深圳设计研究院制作的施工图纸和工程范围清单进行了施工并且已经全部竣工，并确认租赁物业完好无损，完全符合《协议书》及《协议书》全部附件约定的交付条件。三、甲方已经于2007年12月28日将完好无损的全部租赁物业移交给了乙方，乙方同意按现状全部接收并无异议”。

2008年1月25日，东方置地公司、特易购公司及康诚公司三方签署了《权利与义务转让协议书》，康诚公司将其在《协议书》中的全部权利与义务转让给特易购公司。

2008年6月19日东方置地公司向特易购公司发出催收租金的通知，特易购公司收到通知后于2008年7月1日书面答复按《协议书》第6条6.2（2）约定执行。对此东方置地公司于2008年7月7日复函同意暂按19392平方米计租金，待后房地产权证或测绘报告等确定面积出来后，双方再进行协商解决。东方置地公司委托深圳市中正测绘科技有限公司对特易购公司的租用场地进行测绘，该公司于2008年7月10日测量的结果为特易购公司向东方置地公司租用的建筑面积为21768.13平方米（其中套内面积18262.52平方米，分摊公用面积3505.61平方米）。2008年7月28日东方置地公司向特易购公司发出《洽谈函》，详明原《协议书》的约定存在重大误解，请特易购公司前来协商。2008年8月9日东方置地公司委托律师向特易购公司发出《律师函》。2008年8月17日特易购公司委托律师向东方置地公司发回《律师函》，称根据《合作协议书》的约定，租赁物业的范围是附件二房屋建筑图说之房屋平面图红线所框定的范围，因此租赁物业的面积也应是该框定范围的面积，而不应包括其他面积，至目前为止东方置地公司向特易购公司提供的租赁物业测绘资料既不完整也不清晰，且前后提供的数据不一致，无法清楚地了解详细的测绘数据，请东方置地公司尽快提供测绘单位出具的清晰完整的测绘图纸和相关资料（包含套内建筑面积及分摊公用面积之汇总表等相关资料），并由双方根据测绘资料对租赁物业的实际面积进行确认。经东方置地公司委托，深圳市中正测绘科技有限公司再次对特易购公司承租的榭丽花园三期1－3层商场分别进行了测量，并于2008年8月25日出具了测绘报告（含房屋建筑面积测绘和计算说明、公用建筑面积分层汇总表、房屋建筑面积分户汇总表、房屋建筑面积分层平面图），测量结果为特易购公司使用的建筑面积共计为：1层建筑面积3490.82平方米（套内建筑面积2897.90平方米+分摊公用面积592.92平方米）；2层建筑面积7340.84平方米（套内建筑面积6107.84平方米+分摊公用面积1233平方米）；3层建筑面积9535.32平方米（套内建筑面积7927.49平方米+分摊公用面积1607.83平方米）；地下室778.16平方米；卸货区482.77平方米。2008年11月5日东方置地公司向特易购公司发出《交纳租金通知》，特易购公司2008年11月10日回复称"敬请贵公司依据双方签订的协议书第6.2（2）条之规定提供房产证政府授权单位出具的测绘报告等相关资料（包括清晰完整的测绘纸、套内建筑面积及分摊公用面积之汇总表等相关资料）供我司参阅，待双方确认无误后，再依据协议的约定对租金进行'多退少补'之方式处理"。

另查，附件二之（二）乙方方案规划平面图载明的地下一层建筑面积共计778平方米与深圳市中正测绘科技有限公司2008年8月25日出具的测绘报告中测量的地下一层建筑面积778.16平方米基本一致，另该附件二之（二）乙方方案规划平面图标明地下室机房602平方米不计租，特易购公司专属区域为176平方米（778平方米－602平方米）。

东方置地公司向特易购公司催讨租金未果，遂向原审法院提起诉讼，请求判令：一、撤销东方置地公司、特易购公司于2007年2月13日签署的《协议书》第6条第6.2（2）约定中的"对超过5%部分的面积乙方有权使用并不予支付租金"；二、特易购公司立即补交自2008年6月25日至2008年9月24日超出《协议书》约定的约19392平方米计2235.91平方米（按42元/平方米/月）的租金共计563449.32元；三、特易购公司承担本案一切诉讼费用。特易购公司在东方置地公司起诉后在举证期限内提起了反诉，请求判令：一、东方置地公司立即支付特易购公司迟延交付违约金230654.6元；二、东方置地公司承担本案诉讼费用。

原审法院认为，第一，2007年2月13日东方置地公司（甲方）与康诚公司（乙方）签署的《协议书》对计租面积的约定集中在第1条1.2和第6条6.2（2），综合该两条的约定特易购公司承租物业的计租应以建筑面积为准，并非特易购公司所称的套内建筑面积，建筑面积包含了套内建筑面积和公摊面积，双方约定建筑面积"最终以房地产权证上标明的建筑物面积为准，如房地产权证记载不明的，则以政府授权单位出具的测绘报告上标明的建筑物面积为准，如测绘报告没有记载或记载不明的，以双方实测面积为准"，因此19392平方米是东方置地公司、特易购公司双方在签订协议时对租赁物建筑面积的大概约定，不是对计租面积的最终约定，现房地产证未能明确记载特易购公司的租用面积，则应"以政府授权单位出具的测绘报告上标明的建筑物面积为准，如测绘报告没有记载或记载不明的，以双方实测面积为准"。东方置地公司与特易购公司有异议的第6条6.2（2）共有两句话：第一句话"在最终取得房地产权证或政府授权单位出具的测绘报告确定租赁物业之实际建筑面积之前，乙方按照建筑面积19392平方米计算租金，若最终与房地产权证标明的建筑面积或测绘报告上标明的建筑面积有出入，则应以房地产权证上标明的建筑面积为准。如房地产权证记载不明的，则以测绘报告上标明的建筑面积为准，如测绘报告没有记载或记载不明的以双方实测面积为准，先前所付租金按照'多退少补'方式处理"。第二句话"若房地产证或测绘报告上标明的建筑面积或双方实测面积其增加部分超过本协议约定的建筑面积5%的，对超过5%部分的面积乙方有权使用并不予支付租金”。可以看出第6条6.2（2）第一句话和第二句话所表述的意思存在冲突，第二句话中的“对超过5%部分的面积乙方有权使用并不予支付租金”不符合该第6条6.2（2）第一句话所采取的“多退少补”原则，也与第1条1.2约定的“最终以房地产权证上标明的建筑物面积为准，如房地产权证记载不明的，则以政府授权单位出具的测绘报告上标明的建筑物面积为准，如测绘报告没有记载或记载不明的，以双方实测面积为准”不符合。东方置地公司在签订合同时对第6条6.2（2）中的“对超过5%部分的面积乙方有权使用并不予支付租金”存在重大误解，对于东方置地公司要求撤销的请求，原审法院依法予以支持。

第二，对于东方置地公司要求特易购公司补交自2008年6月25日至2008年9月24日超出《协议书》约定的约19392平方米计2235.91平方米（按42元/平方米/月）租金共计563449.32元的请求，2007年12月28日东方置地公司将租赁物业交给康诚公司，根据协议书第5.2条约定“自本协议书第7.5条规定的实际交付之日起，甲方授权乙方180天的免租期……180天期满之日，为免租期结束日”的约定，因此计租时间应从2008年6月25日起计算，根据深圳市中正测绘科技有限公司2008年8月25日出具的测绘报告，特易购公司使用的建筑面积为21627.91平方米（3490.82平方米+7340.84平方米+9535.32平方米+778.16平方米+482.77平方米），卸货区482.77平方米属于公用区域，协议书中也未将该区域计入租金范围，因此计租面积不应包括卸货区的面积，另外附件二之（二）乙方方案规划平面图明确了地下室602平方米不计租，因此特易购公司计租的租赁建筑面积应扣除该面积，经核算特易购公司应支付东方置地公司从2008年6月25日至2008年9月24日租金共计145043.64元［（21627.91平方米－482.77平方米－602平方米－19392平方米）×42元/平方米/月×3个月］。

第三，根据2007年12月28日东方置地公司（甲方）与康诚公司（乙方）签署的《租赁物业交接单》的第二条和第三条，东方置地公司、特易购公司在2007年12月28日已经对租赁物的交接时间进行了变更，且双方当时对此都无异议，现特易购公司主张“东方置地公司推迟至2007年12月28日才将物业交付给康诚仓储有限公司，东方置地公司没有按合同约定时间交付租赁物业”并要求东方置地公司支付违约金的请求，没有事实依据，原审法院不予支持。

综上，依据《中华人民共和国合同法》第五十四条、第七十七条、第八十四条、第二百二十七条之规定，判决如下：一、撤销东方置地公司与康诚公司2007年2月13日签署的《协议书》第6条6.2（2）约定中的“对超过5%部分的面积乙方有权使用并不予支付租金”条款；二、特易购公司于判决生效之日起十日内向东方置地公司补交从2008年6月25日至2008年9月24日租金共计145043.64元；三、驳回东方置地公司其他诉讼请求；四、驳回特易购公司反诉请求。如果未按本判决指定的期间履行给付金钱义务，应当按照《中华人民共和国民事诉讼法》第二百二十九条之规定加倍支付迟延履行期间的债务利息。案件受理费9435元，减半收取4718元（东方置地公司已预交），反诉费4760元，减半收取2380元（特易购公司已预交），共计7098元，由东方置地公司承担5536元，特易购公司承担1562元。

上诉人特易购公司不服原审判决，向本院提起上诉，请求：1. 撤销原审判决第一、二、四项；2. 判决驳回被上诉人东方置地公司的诉讼请求；3. 判决东方置地公司支付迟延交付违约金230654.6元；4. 判决东方置地公司承担本案一、二审的诉讼费用。其上诉依据的事实和理由为：

一、原审认定东方置地公司与康诚公司2007年2月13日签署的《协议书》第6条6.2（2）的约定为重大误解，没有事实依据。首先，《协议书》是在双方充分协商的基础上共同拟定各项条款，作为有完全民事行为能力的当事人双方当然充分明白各个条款的含义。同时该条款表达完整准确，不存在表述不清和任何歧义。租赁合同中的租赁面积和租金计算是一个非常核心的条款，作为普通的当事人都应当对此作出充分而审慎的注意，更何况东方置地公司是一家知名的房地产公司，经常拟订或者签署类似条款。对于超过5%的面积不予支付租金实为双方协商之后的约定，不存在重大误解。其次，原审判决认定事实错误。原审判决认为：《协议书》第6条6.2（2）第一句话约定“多退少补”原则、第6条6.2（2）第二句话约定“对超过5%部分的面积乙方有权使用并不予支付租金”所表述的意思存在冲突，与第1条1.2约定“最终以房地产证上标明的建筑面积为准，如房地产权证记载不明的，则以政府授权单位出具的测绘报告上标明的建筑面积为准，如测绘报告没有记载或记载不明，以双方实测面积为准”不符合。原审判决错误地理解合同条款。其真正的含义是：第1条1.2约定了承租面积，第6条6.2（2）第一句约定实际承租面积与合同约定面积出现差异时按“多退少补”原则处理，同时，该原则是在第6条6.2（2）第二句话约定的5%以内的多退少补，超过5%部分，特易购公司有权使用而不支付租金。这两个条款的意思层层递进，逻辑清晰，表述清楚，不存在任何冲突之处。二、原审法院仅凭东方置地公司提交的单方数据即认定承租面积，并计算租金，于法无据。首先，根据《协议书》第6条6.2（2）的约定，承租面积首先应当以房产证上的测绘面积为准，如果房地产权证记载不明确，才以双方实测面积为准。东方置地公司并没有提交房产证，而原审法院即以东方置地公司单方提交的数据计算租金面积，违反双方约定，于法无据。其次，原审法院认定承租物业的计租应以建筑面积为准，建筑面积包含套内建筑面积和公摊面积，这是没有法律依据的。《协议书》第1.2条约定承租物业为“附件二之（二）乙方方案规划平面图红线所框定的范围”，即租赁面积的计算范围应当只包括附件二乙方方案规划平面图所框定的范围。在合同有约定的情况下，法院就应依据合同精神，严格遵照合同条款认定承租物业的面积，而不应该毫无事实、法律依据的情况下随意解释合同条款。三、东方置地公司应当承担迟延交付的违约金。首先，原审法院对特易购公司是否同意延迟交付的事实认定错误。2007年12月28日，东方置地公司与康诚公司（乙方）签署的《租赁物业交接单》中的第三条，虽然写明“将完好无损的全部租赁物业移交给了乙方，乙方同意按现状全部接收并无异议”，只表明特易购公司同意按《租赁物业交接单》附件的物业工程状况接收物业，而并没有表明特易购公司同意东方置地公司延迟交付物业，及放弃追索迟延交付违约金。原审法院以此条款为依据，认定特易购公司对租赁物的交接时间进行了变更，驳回特易购公司反诉请求错误。东方置地公司迟延交付物业，其应当按照协议约定承担迟延交付违约金230654.6元。其次，一审时，东方置地公司确认依据特易购公司、东方置地公司于2008年3月7日签订的《深圳市房地产租赁合同书》第七条及《补充协议之一》第三条，物业交付时间变更为2008年3月18日。退一步讲，如以2008年3月18日作为双方同意的租赁物移交时间，则特易购公司认为应依此时间来计算180天的免租期，特易购公司的起租日应为2008年9月15日。综上所述，原判决认定事实不清，请求二审法院依法改判。

被上诉人东方置地公司书面答辩称：一、原审判决认定《协议书》第6条6.2（2）约定中的“对超过5%部分的面积乙方有权使用并不予支付租金”，为重大误解的论述是正确的，依据是充分的。况且，特易购公司在2008年11月10日给东方置地公司的回复中，已确认：双方依据确定的协议书第6.2（2）之规定提供房产证或政府授权单位出具测绘报告等相关资料（包括清晰完整的测绘图纸、套内建筑面积及分摊公用面积之汇总表等相关资料）供参阅，待双方确认无误后，再依据协议的约定对租金进行“多退少补”之方式处理。在这里，特易购公司已确认用“多退少补”的合同约定之方式处理计租建筑面积争议的问题。二、东方置地公司提交的测绘报告是符合合同约定程序及特易购公司要求的。合同约定，如房产证对租赁建筑面积记载不明，则以政府授权单位出具测绘报告上标明的建筑面积为准。东方置地公司正是在房产证对租赁建筑面积记载不明的情况下，委托政府授权单位出具测绘报告。东方置地公司将第一次测绘结果告知特易购公司后，又应特易购公司确认的，双方依据签订的协议书第6.2（2）之规定提供房产证或政府授权单位出具的测绘报告等相关资料（包括清晰完整的测绘图纸、套内建筑面积及分摊公用面积之汇总表等相关资料）供参阅的要求，进行符合要求的第二次测绘，双方应以测绘结果所确定的建筑面积作为计租依据。租赁合同自始至终均约定按建筑面积计租，建筑面积包括套内建筑面积和公摊面积，这是无可争辩的常识。三、特易购公司要求东方置地公司支付违约金没有依据。租赁合同原约定交付的时间为2007年8月31日前，但在2008年3月7日订立的《深圳市房地产租赁合同书》中约定2008年3月18日前交付，这一约定证明双方不再确定交付的时间为2007年8月31日前，只要在2008年3月18日前交付就行。结果，实际交付日为2007年12月28日，双方也共同履行了给特易购公司180日的免租期，自2008年6月25日起计收租金的合同约定。四、原审判决认定卸货区及地下室602平方米不计租是对特易购公司的袒护，已给东方置地公司造成巨大损失，请求二审法院予以纠正。

本院经审理查明，原审法院查明的事实无误，本院予以确认。

二审审理过程中，特易购公司于2010年2月5日向本院提交《关于租赁面积的说明》，称特易购公司不认可东方置地公司单方委托进行面积测量的行为，也不认可其委托的测绘机构出具的测绘结果。但是，为了尽快解决双方纠纷，特易购公司同意，在二审法院确认东方置地公司与康诚公司于2007年2月13日签订的《协议书》中第6条6.2（2）约定的“对超过5%部分的面积乙方有权使用并不予支付租金”条款合法有效的前提下，以一审判决认定的20543.14平方米作为计租面积。

本院认为，本案争议的焦点是东方置地公司对其与康诚公司于2007年2月13日签订的《协议书》中第6条6.2（2）关于“对超过5%部分的面积乙方有权使用并不予支付租金”的约定是否存在重大误解。东方置地公司主张其在签订该协议时，经对涉案租赁物的施工图纸进行粗略计算，计得面积约19392平方米，其当时认为只要严格按图施工，建成后的面积不会超过合同约定的5%，故其在未经严格审核建筑面积，又未在权威部门核实的情况下签订合同。但其严格按图施工后，实测面积为21145.14平方米，这一误差是图纸计算上的误差，并非施工上的误差，故东方置地公司在签订该合同条款时对租赁建筑物的实际建筑面积存在重大误解。本院认为，东方置地公司的该项主张缺乏依据，理由如下：第一，东方置地公司和康诚公司在已确认施工图纸的情况下签订协议约定租赁建筑物建筑面积总共约19392平方米，现其又未能举证证明按施工图纸精确计算的建筑面积远大于19392平方米，故其主张约定面积和建成后的实测面积之间的差距是图纸计算的误差，依据不足。第二，东方置地公司的经营范围包括房地产开发、商品房经营、物业管理和租赁等，应具备足够的专业知识评估涉案租赁合同的责任和履行风险。东方置地公司在和康诚公司签订上述合同时约定最终建筑面积超过合同约定面积5%的部分由特易购公司免费使用，表明其已经预见到租赁建筑物建成后的实际建筑面积存在超过约定面积5%的可能。现其又主张当时对租赁建筑物的实际建筑面积存在重大误解，认为实际建筑面积不会超过约定面积的5%，明显不合情理。第三，该合同第6条6.2（2）约定最终房地产权证上标明的建筑面积或测绘报告上标明的建筑面积与合同约定面积有出入的，应以前者为准，先前所付租金按照“多退少补”方式处理。又约定最终房地产权证上标明的建筑面积或测绘报告上标明的建筑面积增加部分超过协议约定建筑面积5%的，对超过5%部分的面积特易购公司有权使用并不予支付租金。该两项约定属于递进关系，在逻辑上并无矛盾。应当理解为：最终面积小于约定面积或最终面积增加部分未超过约定面积5%的，按多退少补原则处理；最终面积增加部分超过约定面积5%的，超过5%的部分特易购公司有权免费使用。原审认定该两项约定所表述的意思存在冲突，无充分依据，且东方置地公司的诉状中也未主张两者存在冲突。第四，特易购公司承租涉案建筑物用于商业经营，其确认上述协议中约定的最高租金标准，目的在于有效控制经营成本，具有合理性。东方置地公司在事先已核准图纸的情况下承诺最终面积超过约定面积5%的部分由承租人免费使用，现又主张存在重大误解，主张超过5%部分的租金，有违诚信，也会导致特易购公司无法实现控制成本的目的。第五，东方置地公司二审答辩称，特易购公司于2008年11月10日向其出具的复函中确认“待双方确认合同面积无误后，再依据协议的约定对租金进行‘多退少补’之方式处理”，故特易购公司已确认用多退少补的合同约定之方式处理计租建筑面积争议的问题。本院认为，特易购公司在该复函中并未排除原协议中有关最终面积超过约定面积5%的部分由其免费使用的条款的适用，不足以认定特易购公司已明确放弃该项权利或同意变更原协议的约定。而且，东方置地公司起诉主张因存在重大误解而要求撤销上述协议条款，而非要求确认该条款已由双方协议变更，故其该项答辩意见理由不成立，本院不予支持。综上所述，本院认为东方置地公司主张其与康诚公司签订的《协议书》中第6条6.2（2）关于“对超过5%部分的面积乙方有权使用并不予支付租金”的约定存在重大误解，请求法院撤销该条款的依据不足，本院不予支持。特易购公司相关上诉理由成立，本院予以支持。

特易购公司二审时向本院书面确认，如本院认定上述合同条款有效，则同意以一审判决认定的20543.14平方米作为计租面积。该面积超过了约定面积的5%，故依照双方关于超过5%的部分由特易购公司免费使用的约定，特易购公司实际应按20361.6平方米的建筑面积向东方置地公司交纳租金。因特易购公司已按19392平方米的面积交纳租金，故2008年6月25日至2008年9月24日期间特易购公司应向东方置地公司补交租金共计122169.6元［（20361.6平方米－19392平方米）×42元/平方米/月×3个月]。

关于特易购公司要求东方置地公司承担延迟交付租赁建筑物的违约金的问题，本院认为，东方置地公司与康诚公司签订的协议中虽约定租赁物业应于2007年8月31日前交付，但东方置地公司与康诚公司实际于2007年12月28日交接租赁建筑物时，康诚公司予以确认且表示无异议，应视为双方协商一致变更了交付时间的约定。因此，特易购公司现要求东方置地公司承担延迟交付违约金，依据不足，原审法院不予支持并无不当。

综上所述，特易购公司上诉理由部分成立，对成立部分，本院予以支持。原审法院认定事实基本清楚，但适用法律部分有误，本院予以纠正。依照《中华人民共和国合同法》第五条、第四十四条、第六十条第一款，《中华人民共和国民事诉讼法》第一百五十三条第一款第（一）、（二）项之规定，判决如下：

一、维持深圳市龙岗区人民法院（2009）深龙法民初字第703号民事判决第四项。

二、变更深圳市龙岗区人民法院（2009）深龙法民初字第703号民事判决第二项为：上诉人特易购商业（深圳）有限公司于判决生效之日起十日内向被上诉人深圳市东方置地实业有限公司补交从2008年6月25日至2008年9月24日的租金共计122169.6元。

三、撤销深圳市龙岗区人民法院（2009）深龙法民初字第703号民事判决第一项、第三项。

四、驳回被上诉人深圳市东方置地实业有限公司其他诉讼请求。

如未按本判决指定的期间履行给付金钱义务，应当依照《中华人民共和国民事诉讼法》第二百二十九条之规定，加倍支付迟延履行期间的债务利息。

本案一、二审本诉受理费共计14153元，由东方置地公司负担11084元，由特易购公司负担3069元；一、二审反诉受理费共计7140元，由特易购公司负担。上述费用已分别由双方预交，不另收退，东方置地公司迳付特易购公司6366元。

本判决为终审判决。

审 判 长　彭　宁
审 判 员　李祖坤
审 判 员　龚　萍
二〇一〇年三月五日
书 记 员　叶金花

【评析】

这是一份被评为2010年全省法院优秀裁判文书的二审民事判决书。该判决书的首部、正文和尾部的制作符合最高人民法院《法院诉讼文书样式（试行）》的要求，以下几个方面值得肯定：1. 对案件事实论述清楚，对双方当事人的诉辩主张进行了全面的概括，同时又做到了详略得当。诉辩双方的主张、争议的焦点问题及二审法院需解决的问题也非常清晰。2. 注重说理，思路清晰，层次分明，全面透彻。对于案件争议焦点即合同《协议书》第6条6.2（2）条款是否属于可撤销条款这一问题，通过条款文义解释、合同整体解释、合同条款目的分析、事实依据、举证责任、法律依据和情理分析等多方面进行论证，以得出最终结论，使判决具有充分的说服力。

广东省深圳市福田区人民法院

民 事 判 决 书

（2008）深福法民一初字第1694号

原告：王玲，女，1977年8月31日出生，汉族，户籍地址江西省奉和县小龙镇蔬菜村山下98号，身份证号码：362426197708317021。

委托代理人：袁佳存，广东中安律师事务所律师。

委托代理人：周文兵，广东中安律师事务所律师。

被告：廖东帆，男，1979年6月2日出生，汉族，户籍地址广东省深圳市福田区第一世界广场塔楼22D，身份证号码：441622197906020354。

被告：张仰跃，男，1972年1月5日出生，汉族，户籍地址广东省大埔县西河镇黄堂村上黄堂10-1号，身份证号码：441422197201055337。

上列被告共同委托代理人：黄闻一，广东经天律师事务所律师。

上列被告共同委托代理人：廖宏志，男，1937年1月19日出生，汉族，户籍地址广东省龙川县老隆镇市南居委会下泡水一路89号，身份证号码：442529193701190319。

上列原告诉被告民间借贷纠纷一案，本院于2008年5月20日受理后，依法由审判员曾朝晖独任审判，于2008年7月24日对本案公开开庭进行了审理。原告王玲及其委托代理人袁佳存，被告廖东帆、被告张仰跃及两被告的共同委托代理人黄闻一、廖宏志到庭参加诉讼。后因案情需要，本院依法组成合议庭，于2008年12月25日再次对本案公开开庭进行审理。原告王玲及其委托代理人袁佳存、周文兵，被告廖东帆、被告张仰跃及两被告的共同委托代理人黄闻一、廖宏志到庭参加诉讼。本案现已审理终结。

原告诉称，原告与被告廖东帆于2007年4月29日签订了一份《借款协议》，该协议约定：原告将现金200万元借给被告廖东帆周转投资，年息10%，分两期还款，还款期限分别为2007年10月28日后10天内连本带息105万元，2008年4月28日后10天内连本带息110万元。在第一期到期后，被告廖东帆承诺第二期到期时一并还清，利息按10%继续计算。借款到期后，被告廖东帆拒不还款。被告张仰跃作为被告廖东帆实际控制的个体工商户登记负责人，被告廖东帆使用其印章，以其名义共同借款，故应承担连带清偿责任。请求法院依法判令：一、两被告立即向原告支付借款及到期利息共计2200000元；二、两被告按约定年息10%的利息支付至判决生效时止，判决生效后按照银行最高贷款利率加倍支付利息；三、两被告对上述债务互负连带清偿责任。

被告廖东帆、张仰跃共同辩称：

一、原告所提供的书面证据看似真实确凿，实际上存在诸多疑点，经不起合理的怀疑。原告极力掩饰事实，即原告在本案所谓的借款期间，一直担任被告实际控制的深圳市印森幕墙有限公司（以下简称印森公司）会计职务，原告同时也是印森公司下属麦诺达五金商行的会计。由于会计工作岗位的工作属性，客观上原告存在使用麦诺达五金商行的公章和财务章的工作便利，故不能排除原告利用工作便利擅自使用上述印章的可能性。至于原告所提交的借款协议、收款收据的签名及字迹，目前不能排除被告廖东帆真实签名的可能性，但考虑到一般企业通常的工作中，当一个熟悉的会计人员或者其他财务人员拿来一堆财务资料要求领导签名时，领导往往失之认真审核即签名。

二、从原告提供的证据本身的形式和内容看，疑点众多，不合情理。首先，原告表面证据显示，原告借给被告人民币200万元，并且该笔现金由被告廖东帆亲自收取。在现代金融市场如此发达的情况下，很难想象借贷双方会冒提款、运输过程中的巨大风险，以现金的形式进行交付。另外，从原告提供的收款收据上可以看出，该收据为第二联，且其主要内容系打印上去的。这也是不合常规的，通常企业、个人很少会用打印的方式来出具收据。事实上，本案被告也是从来没有给其他人出具过打印的收据，且在技术上也是不可能的，因为只有那种连张的打印纸才能适用打印，一般是机关收费部门才用。从伪造的角度来看，要想取得被告的手写具体内容的该份证据，确实又做不到。这就是该份证据只能打印的关键原因。还有，从该份收据上可以看出，原告王玲另在打印的内容上加上了手写字。根据常理，收据是由借方出具给贷方的，其内容由借方确认，而本案由贷方擅自添加借方借据的内容，作为一个专业的财务人员，原告应清楚该添加行为对收据效力的影响，其目的是使收据与借款协议联系上，此为疑点三。疑点四，本案中，原告处心积虑，先用自己的手机把有关借款的信息内容发送到被告廖东帆手机上，再趁其手机放在办公室之际，点击转发该内容又发回到自己的手机，从而形成原告提交的所谓手机短信内容。但从所谓的《借款协议》的内容看，实际所谓第一期本金及利息还款到期日是2007年11月7日，如果是真正的借款人，又涉及巨额钱款，很难把这个日期搞错的。原告求财心切，在手中并无《借款协议》文本的情况下，留下了明显的破绽。

三、从原告王玲在公司任职期间及有关个人情况来看，本案所谓的借贷事实很难让人信服。原告自2007年1月18日到被告企业工作，在来到新工作单位仅有3个多月的时间，就敢于把如此巨额的钱款借给一个相对不是很熟悉的人，且不需要任何担保，不合常理。另外，在原告2008年4月离职时，并没有向本案的任何被告提出还款的要求，而于5月径向法院提起诉讼要求还款。

另外，王玲老家系江西省泰和县农村，家有土房三间，父母无业，家里有一个哥哥曾因斗殴伤人被劳教，近期又因偷盗电缆被警方问讯，根据其家庭状况，原告没有能力拿出200万元现金借给别人。而原告的丈夫在一家广告公司任职，该公司注册资金10万元，其不是股东和负责人，其亦不清楚王玲为何有如此多的资金。请求法院依法驳回原告的诉讼请求。

原告向本院举证的证据包括：

1.《借款协议》内容如下：甲方：王玲（362426197708317021），乙方：深圳市福田区麦诺达五金商行、廖东帆（441622197906020354）。本着互利互惠原则，双方于2007年4月29日签订以下协议：甲方将现金￥2000000元（大写：人民币贰佰万元整）借给乙方周转投资，年息经双方协定为10%。借款期限：到2007年10月28日止，到期后10天内乙方归还甲方50%的本金及其利息共计￥1050000元（大写：人民币壹佰零伍万元整）；2008年4月28日止，10天内乙方归还剩下的50%本金及利息共计￥1100000元（大写：人民币壹佰壹拾万元整）。特此协议。甲方：王玲，乙方：廖东帆，名字处还加盖了麦诺达五金商行的印章。协议系用已经使用的废纸的另一面打印形成的。

2. 收款收据（见下图）。原告承认王玲后面的身份证号码和“（详见协议）”的字样是原告自行添加的，系用无碳复写形成。“廖东帆已收”五个字系无碳复写形成。

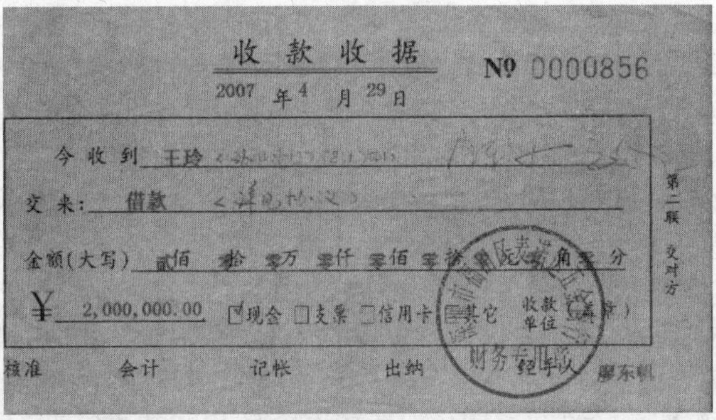

收款收据　№ 0000856

2007年4月29日

今收到　王玲

交来：借款

金额（大写）贰佰　拾　零万　零仟　零佰　零拾　角　分

￥ 2,000,000.00　☑现金　□支票　□信用卡　□其它　收款单位

核准　会计　记帐　出纳　经手人　廖东帆

第二联　交对方

3. 深圳市福田区麦诺达五金商行的工商资料。

4. 手机短信的照片六张：A. 原告手机通讯录存储的廖东帆的手机电话号码为13823187869；B. 王玲给“廖东帆”的短信：“廖先生，一下午我的十几个电话都不接？是否很有成就感啊。”C. 王玲给廖东帆的短信：“是否要搞得连朋友都不用做了？你做企业就这样过河拆桥吗？连个电话几天都不敢接？”D、E. 已发信息和已拨电话，证明2007年10月20日廖东帆向原告发送短信的事实，间接证明存在借款关系；F.“廖东帆”2007年10月20日向原告发送短信：“下周日28日到期的款先付利息给你，本金等另一半到期时一起给，请放心利息照算”，证明廖东帆对借款事实的确认。

5. 被告房产资料的电脑查询，证明被告廖东帆有借款需要。

原告在第二次庭审前举证如下：1. 原告13554842050在2007年10月期间的通话记录和短信发送记录，证明原告存在与被告廖东帆通话催款的情形，同时证明原告在2007年10月一个月内均没有向被告廖东帆的手机发送短信，廖东帆关于承诺还款的短信系原告编辑后发送至被告手机而后乘机转发给自己以便形成承诺还款的推断没有事实依据。2. 被告公司在2008年4月28日借款到期后人去楼空，证明被告意图逃避债务。

两被告举证如下：1. 保险清单；2. 原告的离职申请表，上述证据证明原告是廖东帆任总经理的印森公司会计，存在骗取廖东帆签字的便利性；3. 原告丈夫公司的注册资料，证明原告的家庭状况；4. 被告单位出纳彭琳2008年7月9日出具的证明，证明印章使用和保管情况；5. 证人王运芳的调查笔录，证明存在原告盗盖麦诺达商行印章的便利和可能性。

两被告第二次开庭举证如下：1. 租赁合同和收据，证实被告有两处办公地点，根本不存在逃避债务人去楼空的情形；2. 2008 年 7 月 24 日与原告丈夫的录音，证明原告丈夫根本不知晓借款这件事。

经审理查明：被告廖东帆系印森公司总经理，麦诺达五金商行系以张仰跃的名义注册的个体工商户，张仰跃承认该商行只是以其名义登记，商行的实际控制人是廖东帆。

原告王玲于 2007 年 1 月通过人才市场入职印森公司，担任公司会计。2008 年 1 月 24 日被告廖东帆同意原告以回家建房和小孩读书原因提出的离职申请。2008 年 5 月 20 日，原告向本院起诉要求被告偿还借款 200 万元。

关于借款过程，根据原告庭审陈述，综合如下：原告称，2007 年 4 月 26 日，原告丈夫的朋友杨小东（江西新余人）计划挂靠深圳华南装饰有限公司进行投标，将一笔 200 万元现金放在原告家中保管。原告因对被告廖东帆存在不应有的男女感情，考虑到印森公司资金紧张，遂瞒着自己的丈夫，主动提出向廖东帆出借 200 万元。2007 年 4 月 29 日上午 10 点，原告与廖东帆达成借款协议（4 月 29 日借款协议已经毁掉），约定全部借款 200 万元一年到期归还。达成协议后，下午 3 点被告驾车带原告来到原告的住处，原告和廖东帆一起将 200 万元现金从原告家中取出后放在被告廖东帆车上，两人一起驾车回到印森公司租赁的第一世界地下停车场。原告将借款交给了廖东帆后离开汽车上楼回到办公室，廖东帆过了几十分钟才上来，在当日下班之前将收据交给原告。原告称收款收据不知道是谁打印的；此后，原告考虑借款周期较长，遂与被告廖东帆协商变更了借款协议内容，即约定了半年到期先还一半借款和利息的内容，出示给本院的《借款协议》实际上是 2007 年 5 月 10 日重新签署的，因此没有写明日期。2007 年 4 月 29 日签署的协议已经毁掉了。在原告的要求下，被告廖东帆于 2007 年 9 月底在《借款协议》其签名处加盖了麦诺达商行的印章。借款部分到期后，原告打电话和短信催款，被告廖东帆作了回复（详见短信证据）。

就上述证据出现被告廖东帆签名的原因，被告廖东帆认为，应当是原告利用职务便利获得有被告签名的废纸从而变造《借款协议》，因被告有在废纸上练习签名的习惯；而麦诺达商行的印章则可能是原告利用麦诺达商行印章保管人王运芳看管疏忽所盗盖的。王运芳亦作证称其到龙华工厂上班前均会到印森公司看看有什么工作，并习惯将装有麦诺达商行印章的包放在财务室，因此存在被王玲盗用的可能。关于借款借据上“廖东帆已收”的字样，廖东帆称其为总经理，经常要在收款收据第一联上签字。不排除原告利用职务便利将与第一联内容不一致的第二联放在第一联下获得签名的可能。对于“廖东帆”向原告手机发送的短信问题，廖东帆辩称其曾收到过原告发给他的相同内容的短信，不排除原告盗用被告手机向原告自己手机转发该短信的可能。

原告起诉后，被告廖东帆与原告丈夫通话并进行录音，证明原告关于资金来源于其丈夫的朋友杨小东的陈述纯系编造；被告方还远赴原告江西农村老家录像取证，其中邻居证实原告家徒四壁，根本不可能出借巨额款项；被告还出示原告曾经因职务侵占被判刑的经历，证明原告有犯罪前科；原告代理人为此向原告的前夫（诉讼前与王玲离婚）做了调查笔录，意图证明借款来源确实如原告陈述，但提交笔录后又申请撤回，称不作为证据提交。同时认为，原告曾经被羁押的事实与本案无关。

本院认为，借款关系的成立有两项条件：一是借款的合意；二是借款的交付。就原告提交的证据而言，原告主张其向被告廖东帆出借现金200万元证据不足，分述如下：

一、关于借款资金的来源。原告主张其200万元现金系2007年4月26日其丈夫的朋友“杨小东”存放在其家中准备短期使用的投资款。2007年4月29日，原告因廖东帆公司资金困难遂主动提出向其出借，并于当日签订了协议和提取现金并出具收据。原告的相关事实的陈述有悖常理。一般而言，将200万元的巨额现金以纸盒封装并寄放在朋友处是罕见的，且原告也未提及双方有无相关收据和凭证；在家中存放朋友交付的200万元现金，对于保管方而言，资金的安全性根本无法得到保障。依据《借款协议》，原告出借时间为一年，远远超过所谓“朋友”可以寄放的时间，且约定的利率不高，而借款人亦无提供相应的财产担保。原告未解释其为何冒险借款并将如何向朋友“杨小东”交代。原告在如此条件下主动出借现金有悖常理。在原告起诉后，被告廖东帆与原告丈夫的通话录音中，原告丈夫在通话中始终未明确现金的来由，却反复称“不清楚”原告是否有200万元现金。可见原告关于现金来源的陈述缺乏佐证。

二、原告举证的三份主要证据均存在瑕疵，难以形成证据链条，不能证实原告的主张。1.《借款协议》打印在已经使用过的打印纸的另一面，且存在裁切的现象，并且无落款时间。如此巨额借款的协议草拟在一张废纸上，显然与常理不符。且借款协议只能证明借款的合意，不能证实借款已经交付。2. 关于《收款收据》。本院注意到原告提交的是收据的第二联，收据中出借人、金额、经手人等主要文字均系打印。通常而言，收款收据内容文字甚少，没必要为了“美观”费力进行电脑打印，由收款人全文书写则更常见和有证明力，因为只存在收款人一人书写的可能性，而打印的收款收据则打印者并不能确定。首先，票据左侧边缘裁切整齐，且提交的系无碳复写形成的第二联，可见，收据的内容是两联一起打印形成的，在如此轻薄的两联收据上进行设定和打印，对一般人而言难度较高，只有经常使用电脑和票据打印的财务人员才能熟练完成操作。其次，“廖东帆已收”字样系无碳复写形成，证明签字原文签署在收据的第一联上。而第一联内容与第二联是否一致，目前无证据证实。而且，原告在收据上还擅自添加其身份证号码和详见协议等字样，这种未经“借款人”同意纯属“画蛇添足”的添加，其真实目的为何？综上，收款收据采用打印方式有悖常理，不能证实系廖东帆出具；收据上“廖东帆已收”的字样系签署在第一联上无碳复写所形成，不能认定廖东帆系对第二联内容的确认。3. 关于“廖东帆”承诺还款的短信内容。本院认为，短信难以作为定案依据。首先，原告向“廖东帆”多次发送的短信内容均“语焉不详”，并未提及要求归还借款。而所谓“廖东帆”向原告发送的短信内容亦不具体，不能据此判断与本案存在关联性。其次，原告与“廖东帆”之间的短信息内容存储在原告的手机中，依据常理，手机的时间和日期等是可以任意设定的，而通讯录中名字对应的电话号码也可由机主随意设定，不存在唯一性。换言之，手机存储的信息在收发时间和收发对象等在操作上均存在作假的空间。再次，即使在当时原告与被告确实存在短信往来，但是，现有技术条件也无法对短信内容进行还原和确认。综上，原告提交的所谓短信无法采信，也不能证明债权债务关系的成立。

三、原告的陈述还存在诸多不合理之处。如原告陈述的借款时间系2007年4月29

日，经查，当日系星期日。原告未说明为何在非上班时间与被告签署借款协议和出借资金的合理性。此外，原告陈述被告当日与其一同回家取款，但是未提及双方有无清点。两人将巨款搬至被告廖东帆驾驶的汽车并开至第一世界楼下时，在尚未取得收据情形下，原告即独自上楼，此时也未对款项予以清点和正式交接。200 万元现金体积庞大，在未进行清点和当面获得收据的情形下，出借人即离开现场，亦与常理相悖。

综上，本院认为，原告主张借款关系成立，但其有关现金来源的陈述不足采信。而被告廖东帆关于《借款协议》系废纸变造形成，借据上的签名系被套取的辩解意见存在合理性，本院予以采信。原告主张被告廖东帆向其借款 200 万元证据不足，本院依法驳回原告的诉讼请求。

根据《中华人民共和国民事诉讼法》第六十四条、第一百二十八条，《最高人民法院关于民事诉讼证据的若干规定》第六十六条、第六十九条、第七十条之规定，判决如下：

驳回原告王玲的诉讼请求。

本案案件受理费 24506 元，保全费 5000 元（已由原告预交），均由原告负担。

如不服本判决，应在领取判决书之日起十五日内，向本院递交上诉状，上诉于广东省深圳市中级人民法院，并应在收到预交上诉费通知次日起七日内预交上诉案件受理费。逾期不预交的，按自动撤回上诉处理。

审　判　长　曾朝晖
审　判　员　邓小明
审　判　员　韩灿坤
二〇〇九年五月十九日
书　记　员　徐少芝

【评析】

近年来，利用虚假证据提起民间借贷的诉讼时有发生，如何对事实作出判断，是审理的难点。本案中，原告主张债权的成立证据有协议、收据和手机短信，从一般意义上看，债权成立的可能性较大。但该判决未拘泥于表面证据，大胆运用生活经验，对证据的瑕疵以及原告陈述的不合理之处进行详细的分析和解读，从而得出原告主张证据不足、诉讼请求不予支持的结论。本判决一审宣判后，原告未上诉。该判决书有以下几个主要特点：1. 格式规范，结构分明，层次严谨，要项齐备。2. 叙述完整、客观，行文流畅。首部通过原告诉称、辩称，原告举证和被告举证展开案件焦点，铺陈案件基本事实。基于被告对证据的否认，本文在事实查明部分不拘泥于证据所展示的事实，而是突出概括了原告关于借款经过的陈述，并详细列举被告对证据的反驳意见，进一步突出争议焦点，为判决的论证作了完整的铺排。3. 论证全面、充分、大胆，逻辑严谨，说理透彻，是非分明。判决详细分析了原告关于巨额资金来源以及借款交付的不合理陈述，并运用日常经验法则，对《收款收据》、《借款协议》、手机短信等证据的瑕疵和不合理之处进行充分、大胆和符合逻辑的分析，抽丝剥茧，从而得出裁判结论。全文持之有故、言之成理。4. 尤其需要指出的是，本判决对本案关键证据之一《收款收据》采用了图片展示的方式。由于《收款收据》的形式、字体、内容对本案事实认定起着重要作用，而使用文字又难以清楚明白地描述，该判决书使用将《收款收据》扫描成图片在判决文书中展示的方式清楚明了，是一种不错的尝试，不失为一篇优秀的裁判文书。

●深圳市万泉河科技有限公司与深圳市硕联信息技术有限公司著作权侵权纠纷一案民事判决书

广东省深圳市南山区人民法院

民事判决书

（2008）深南法知民初字第128号

原告：深圳市万泉河科技有限公司，住所地：深圳市福田区沙嘴路金地物业大厦4楼。

法定代表人：王亮，总经理。

委托代理人：骆振中，广东金唐律师事务所律师。

被告：深圳市硕联信息技术有限公司，住所地：深圳市南山区南山大道与龙岗路西北侧天源大厦塔楼A栋4H室。

法定代表人：张勇，董事长。

委托代理人：丁兰，广东瀚宇律师事务所律师。

委托代理人：申国智，男，1980年9月9日出生，汉族，住长沙市岳麓区咸嘉湖1号房，身份证号码：433027198009090030。

原告深圳市万泉河科技有限公司（以下简称万泉河公司）诉被告深圳市硕联信息技术有限公司（以下简称硕联公司）著作权侵权纠纷一案，本院立案受理后，依法适用普通程序，由审判员江波担任审判长，与审判员羊大雄、代理审判员黄娟敏组成合议庭，于2008年12月10日、2009年1月8日、2009年7月16日公开开庭进行了审理。原告万泉河公司委托代理人骆振中，被告硕联公司委托代理人丁兰、申国智到庭参加了诉讼。本案现已审理终结。

原告万泉河公司诉称，原告系2002年经合法注册成立的从事投资管理顾问、信息咨询、经济信息查询、计算机软硬件及网络系统技术开发与销售等业务的合法经营企业，其主要经营job36行业招聘网。2006年3月，现为被告法定代表人的张勇进入原告公司担任销售经理，其利用职务之便在任职期间不断窃取原告客户信息。原告经多次口头警告无效后，于2007年8月将其辞退。之后，原告发现中国专业人才网www.cptjob.com分页面下的机械模具人才网盗用原告在job36行业招聘网原创LOGO图像十多张；经过查证，中国专业人才网系属被告经营管理。在被告的行为给原告造成严重经济损失的情况下，原告于2008年8月向深圳市公证处申请证据保全，经统计，在此状态下可见的侵权图像共计8张。其中，与原告签订服务合同即会员协议书的公司有7家；另1家公司属于原告发展的潜在客户，即在双方同意的情况下，原告帮其在网站上发布消息及广告，试用满意后，即可签订会员协议书。被告盗用这8张LOGO图像对原告所造成的影响、损失不仅仅限于设计版权部分，更为重要的是造成原告客户的流失，依据会员协议书所签订的会员费用及报价单进行相关统计，损失金额达人民币21690元。原告认为，被告未取得原告合法授权，亦未支付任何费用，以不正当手段将原告原创的LOGO图像用于其网站上从事商业活动，其行为违反了《中华人民共和国著作权法》第四十七条、《信息网络传播权保护条例》第五条之规定，为维护原告合法权益，请求人民法院判令被告：1. 立即停止侵权行为，将盗用的8张机械模具类LOGO图像从其网站上清除，并在原告的www.job36.com及被告www.cptjob.com网站上向原告赔礼道歉；2. 赔偿原告因其侵权行为造成的损失人民币21690元；3. 支付原告网页保全的公证费人民币686元；4. 支付原告律师费人民币3000元；5. 承担本案诉讼费。

被告硕联公司辩称，一是原告提供的LOGO图像只有简单的图片，没有制作流程，而被告的图像则有制作流程，不能证明是被告抄袭原告的作品；二是涉案LOGO图像上的商家多数是知名商家，其本身有自己独创的LOGO标志，原告并非独创者，而被告则是参考了商家自身的LOGO标志进行创作的；三是原告主张的损失与被告无关，且无事实依据。综上，请求驳回原告全部诉讼请求。

经审理查明，LOGO泛指标识，在商业领域主要指产品商标等标志、徽标；在互联网环境中，则主要指互联网上各个网站用来与其他网站链接的图形标志，代表一个网站或网站的一个板块。

原告成立于2002年5月16日，其经营范围为信息咨询等，job36行业招聘网（网址为www.job36.com）为其经营管理网站，中国模具人才网（网址为www.mouldjob.com）为job36行业招聘网旗下网站，由被告成立于2007年9月25日，其经营范围为信息咨询，计算机软、硬件开发等，中国专业人才网（网址为www.cptjob.com）为其经营管理网站，机械模具人才网（网址为www.2mjob.com）为中国专业人才网旗下网站。2006年3月30日至2007年8月16日间，被告的现任法定代表人张勇在原告销售部任销售经理。

2007年至2008年间，原告先后与青岛润德精密模具有限公司、巨力精密设备制造（东莞）有限公司、浙江西子富沃德电机有限公司、永镫科技（南京）有限公司、宁波米勒模具有限公司、昆山睿磊模具科技有限公司、珠海市明才模具制造有限公司等七公司订立了《中国模具人才网mouldjob.com会员协议书》，约定：上述七公司成为中国模具人才网正式会员，并支付人民币2400元至3840元不等的会费，由原告在其网站首页或分页为上述七公司发布招聘信息的LOGO（广告），并提供相应链接。

2008年8月14日，原告委托代理人曹瑾至深圳市公证处申请网页保全。在公证员刘穗梅等人的监督下，申请人进行了如下操作：1. 进入网址http://www.cptjob.com，并实时打印网页；2. 点击页面上的“机械模具人才网”图片选项，并实时打印网页。公证处依此制作（2008）深证字第72294号公证书。根据该公证书显示，在机械模具人才网（网址为www.2mjob.com）上有如下LOGO：“巨力精密设备制造（东莞）有限公司”、“浙江西子富沃德电机有限公司”、“润德精密模具”、“永镫科技（南京）有限公司”、“宁波米勒模具制造”、“西菱台钻”、“睿磊专业模具设计培训中心”、“明才模具制造”（具体详见附表）。

另查，经原告确认，除“西菱台钻”相关LOGO所涉公司为其潜在客户，其他LOGO所涉主体均为其协议会员并支付了会费；协议会员的相关LOGO及招聘信息已在其中国模具人才网（网址为 www. mouldjob. com）上发布，潜在客户仅为其设计完LOGO，未订立协议，亦未在其网站发布LOGO及相关信息。

又查，原告主张的"润德精密模具"等八个相关LOGO的设计者为该公司设计师朱圣华、陈梦霞、朱红军等人。

再查，经法庭要求，原、被告分别提交了涉案LOGO设计原稿光碟，并对涉案LOGO的创建及修改时间作了书面比对。根据双方涉案LOGO最早的创作时间比对结果显示，"润德精密模具"、"浙江西子富沃德"、"永镫科技"、"西菱台钻"、"睿磊专业模具"、"明才模具制造"相关LOGO，原告创作时间早于被告；"巨力"、"宁波米勒模具"相关LOGO，被告创作时间早于原告。此外，原告"西菱台钻"相关LOGO原稿是由多帧图像组成的多媒体图片，经比对，原告上述原稿中包含有与被告相关LOGO一致的图像；原告其余LOGO原稿及被告提交的原稿均只有一帧图像（具体详见附表）。

此外，原告还提交了以下证据：1. 工作记录系统的截图及设计师在职证明，证明涉案LOGO由原告设计；2. 报价单、损失统计表，证明原告的损失；3. 聘请律师委托代理合同、律师费发票及公证费发票，证明原告维权的合理费用。除第3项证据外，被告对其余证据的真实性及关联性均不予确认。

被告亦提交了以下证据：1. 涉案LOGO商家自身网页公证书，证明原告主张的LOGO无独创性；2. 涉案LOGO商家在其他网站的招聘信息公证书，证明原告损失无事实及法律依据；3. 劳动合同，证明被告设计师与公司的劳动关系；4. 原告颁发给张勇的荣誉证书，证明原告所称开除张勇与事实不符。原告确认上述1、2项证据真实性，否定其关联性；对3、4项证据的真实性及关联性均不予确认。

以上事实，有员工入职登记表，员工保密协议，员工离职手续登记表，劳动合同，中国模具人才网www. mouldjob. com会员协议书，工作记录系统截图，在职设计师说明，工资表，工资支付记录，原、被告提交的LOGO原稿光碟，委托代理合同、发票，设计制作图，商家网站网页打印件，（2008）深证字第72294号公证书，（2008）深证字第94038号公证书，（2008）深证字第113178号公证书等证据及本院庭审笔录在案佐证，足以认定。

本院认为，本案为著作权侵权纠纷，双方争议的焦点为：一、原告主张的LOGO是否构成著作权法意义上的作品，及著作权人身份的确定；二、被告网站上展示的LOGO是否侵权，以及侵权责任的承担。

关于焦点一，根据《中华人民共和国著作权法实施条例》第二条之规定，"著作权法所称作品，是指文学、艺术和科学领域内具有独创性并能以某种有形形式复制的智力成果"。可见，独创性是作品的内涵。本案中，涉案的LOGO是招聘网站为相关商家发布招聘信息而制作的链接其他网站或网站内板块的图形标志；为引起受众注意，该LOGO应当具有高度的识别性，即可使受众能立即从该LOGO联系到发布信息的商家，因此，其主体必然包含商家独特的标识，其独创性也因而远低于一般作品的独创性要求。结合本案情形，原告主张的"润德精密模具"、"浙江西子富沃德"、"永镫科技"、"西菱台钻"、"睿磊专业模具"、"巨力"等相关LOGO虽包含相关商家的标识，但均做了文字组合或色彩搭配等创作，应视为独立的作品。著作权自作品创作完成之日起产生，原告主张的上述LOGO由其设计师为完成工作任务创作，属职务作品，相关著作权利由原告享有。至于"明才模具制造"、"宁波米勒模具制造"相关LOGO，根据双方原稿比对，原、被告LOGO图像基本一致，且被告创作时间早于原告，因此，对原告关于上述LOGO著作权的主张，本院不予采信，相关诉讼请求亦不予支持。

关于焦点二，首先应对原告主张的其余创作时间早于被告的LOGO与被告网站上展示的相应LOGO同一性作比对；如前所述原因，被告网站作为招聘网站，其展示的LOGO与原告主张的LOGO作用相同，亦是为商家发布相关招聘信息用，其主体也难免会包含商家的标识，因此，判断二者是否相同，其标准应高于一般作品间的实质相似的认定要求。结合本案情形，被告网站上展示的"巨力"、"睿磊专业模具"相关LOGO在构图或文字组合方面均与原告主张的LOGO不尽相同，系独立的作品，不构成对原告LOGO的侵权，因而本院对原告的相关诉讼请求不予支持。至于被告网站上展示的"润德精密模具"、"浙江西子富沃德"、"永镫科技"、"西菱台钻"相关LOGO，其文字组合、色彩搭配、构图与原告主张的相关LOGO基本一致，且上述LOGO原告创作时间早于被告，并且或在原告网站公开展示，或虽未公开展示但被告法定代表人张勇于该LOGO（"西菱台钻"相关LOGO）创作期间内在原告处任职，有可能接触到该LOGO设计，综合上述因素，本院认为，可以认定被告在网站上展示的上述相关LOGO构成对原告作品的侵权，其应承担相应的侵权责任。

被告侵犯原告著作权的，除应立即停止侵权行为外，还应赔偿原告的相应损失。本案中，由于原告提交的证据不足以证明被告在侵权期间因侵权所获得的利益，或者其在此期间因侵权所受到的损失，因此本院依法酌定赔偿数额。综合考虑被告侵权行为的性质、后果及原告的维权合理开支等因素，本院酌定被告的赔偿数额为人民币5000元。至于原告要求被告赔礼道歉等，因原告并未能举证证明被告侵权行为致其商誉等受损，故对该项诉讼请求本院不予支持。

综上，依据《中华人民共和国民事诉讼法》第六十四条第一款，《中华人民共和国著作权法》第十条第一款、第四十六条第五项、第四十八条之规定，判决如下：

一、被告深圳市硕联信息技术有限公司应立即停止侵权行为，即时在机械模具人才网（网址为www.2mjob.com）上清除"浙江西子富沃德电机有限公司"、"润德精密模具"、"永镫科技（南京）有限公司"、"西菱台钻"LOGO图像。

二、被告深圳市硕联信息技术有限公司应于本判决生效之日起十日内赔偿原告深圳市万泉河科技有限公司经济损失及合理开支人民币5000元。

三、驳回原告深圳市万泉河科技有限公司的其他诉讼请求。

如未按本判决指定的期间履行给付金钱义务，应当依照《中华人民共和国民事诉讼法》第二百二十九条之规定，加倍支付迟延履行期间的债务利息。

本案受理费人民币434元，由被告深圳市硕联信息技术有限公司负担。

如不服本判决，可在判决书送达之日起15日内，向本院递交上诉状，并按对方当事人的人数提出副本，上诉于广东省深圳市中级人民法院。

审 判 长　江　波
审 判 员　羊大雄
代理审判员　黄娟敏
二〇〇九年八月二十四日
书 记 员　涂晶晶

附　表：

经公证的被告网站展示的 LOGO	原告提交的 LOGO 原稿	被告提交的 LOGO 原稿
巨力精密设备制造(东莞)有限公司	巨力重工 JULI HEAVY INDUSTRY 2008 年 5 月 4 日	巨力精密设备制造(东莞)有限公司 2008 年 4 月 3 日
浙江西子富沃德电机有限公司 诚邀您的加盟！	浙江西子富沃德电机有限公司 诚邀您的加盟！ 2008 年 1 月 23 日	浙江西子富沃德电机有限公司 诚邀您的加盟！ 2008 年 5 月 6 日
润德精密模具 RunDe RUNDE PRECISION MOULD	润德精密模具 RunDe RUNDE PRECISION MOULD 2008 年 1 月 7 日	润德精密模具 RunDe RUNDE PRECISION MOULD 2008 年 4 月 5 日
YDT 永镫科技(南京)有限公司	YDT 永镫科技(南京)有限公司 2007 年 10 月 11 日	YDT 永镫科技(南京)有限公司 2008 年 4 月 5 日
NBHX MILLER 宁波米勒模具制造 欢迎您加入前进中的米勒	NBHX MILLER 宁波米勒模具制造 欢迎您加入前进中的米勒 2008 年 7 月 21 日	NBHX MILLER 宁波米勒模具制造 欢迎您加入前进中的米勒 2008 年 7 月 3 日
明才模具制造 诚聘模具精英	明才模具制造 诚聘模具精英 2007 年 7 月 18 日	明才模具制造 诚聘模具精英 2008 年 6 月 3 日
睿磊专业模具设计培训中心	睿磊模具科技 做最专业的模具设计培训 2007 年 12 月 25 日	睿磊专业模具设计培训中心 2008 年 4 月 5 日
WDM 西菱台钻	WDM 西菱台钻 浙江西菱台钻 2007 年 1 月 13 日	WDM 西菱台钻 2008 年 4 月 5 日

注：原、被告原稿下端的时间，为双方提交的设计原稿光碟中显示的涉案 LOGO 的最早创作时间。

【评析】

该一审判决书格式规范，结构完整，层次分明，语言流畅，叙事清晰，说理透彻，条理清晰，适用法理准确，是一篇认证和说理较为充分的优秀裁判文书。本案是以招聘网站LOGO为客体的著作权侵权纠纷。这一客体上的特殊性，使得本案的审理与一般的著作权侵权案件有所不同：首先，与一般的文字、图形作品不同，不少网站的LOGO并非静态图像，而是由多帧图像组成的动态多媒体图片，如何客观、准确地反映这一情况，是本案需要解决的首要问题。本案判决书以附表的形式，将经公证的被告网站展示的LOGO与原、被告提交的LOGO原稿逐一列表，并将动态的LOGO图片分解成数帧静态图像，既克服了文字在该类动态图片表述上的局限性，也使得判决书的说理性更强。其次，原、被告涉案LOGO均是为相关商家发布招聘信息而制作的链接其他网站或网站内板块的图形标志，其主体均包含了相关商家特有标识，其能否构成著作权法意义上的作品即是否符合作品独创性的要求，以及对原、被告LOGO实质相似的判断，是本案不可回避的另一问题。应该说，为引起受众注意，涉案LOGO应当具有高度的识别性，即可使受众能立即从该LOGO联系到发布信息的商家，因此，其主体必然包含商家独特的标识，其独创性也因而远低于一般作品的独创性要求。同时，由于原、被告的LOGO功能相同，判断二者是否相同，其标准也应高于一般作品间的实质相似的认定要求。本案采取了上述标准并作出了较为客观的判断，最终诉争双方均未上诉，并及时履行了生效判决。

●深圳维景京华酒店有限公司与吴树平房屋租赁合同纠纷一案民事判决书

深圳市罗湖区人民法院

民事判决书

（2008）深罗法民三初字第1190号

原告（反诉被告）：深圳维景京华酒店有限公司（以下简称维景酒店），住所地：深圳市罗湖区东门中路2088号温莎广场11楼。

法定代表人：蔚青，该公司董事长。

委托代理人：向旭家，北京德恒律师事务所深圳分所律师。

委托代理人：梁洁，北京德恒律师事务所深圳分所律师。

被告（反诉原告）：吴树平，男，汉族，1965年7月4日出生，身份证号：440520196507042333，住深圳市罗湖区东门中路2088号4楼4098号。

委托代理人：王礼伟，广东圣天平律师事务所律师。

原告维景酒店诉被告吴树平及被告吴树平反诉原告维景酒店房屋租赁合同纠纷一案，本院受理后，依法组成合议庭，公开开庭进行了审理。原告维景酒店的委托代理人梁洁，被告吴树平的委托代理人王礼伟到庭参加了诉讼。本案现已审理终结。

原告起诉称，2005年12月1日，原、被告双方就原告所有的温莎广场（位于深圳市罗湖区东门中路2088号）四楼4098号铺位签订了《租赁合同书》，约定将面积为616平方米的4098号商铺出租给被告，合同期为三年，至2008年11月30日止。其中，2005年12月1日至2006年11月30日，租金按35元/平方米/月，计21560元/月；从2006年12月1日至2007年11月30日，租金按48元/平方米/月，计29568元/月；从2007年12月1日至2008年11月30日，租金按68元/平方米/月，计41888元/月。管理费按20元/平方米/月计收，另，涉案商铺按独立电表的实际用量，依每度1元向甲方缴纳电费。双方约定每月10日前缴纳各项费用，逾期则按每日依应交未交的费用的0.5%收取滞纳金。超过一个月未交清的，原告有权解除合同并要求被告赔偿损失。合同签订后，被告屡屡违约，原告考虑到被告的实际情况，予以一次又一次地减租，但被告仍无法按时缴纳各项费用，截至2008年4月份，被告共拖欠了租金及管理费人民币275580元，电费24820元。经原告再三催促，被告均表示无法缴纳。综上所述，被告承租原告的商铺，理应缴纳相关的租金等费用，其未按时缴租的行为已构成违约，因此，请求法院判令：1. 解除原、被告签订的《租赁合同书》；2. 被告立即向原告支付欠款人民币300400.14元（其中租金及管理费275580.14元，电费24820元），并依每日万分之九点六（即国家规定的四倍）支付逾期付款滞纳金（暂计至2008年4月30日）；3. 被告承担本案的诉讼费。

被告答辩并在举证期限内提起反诉称，反诉人（被告）未交租金是因为原告违约在先，且滞纳金属于行政性的征收，不适于合同中使用，逾期支付应支付违约金，如果应该支付的话，应按银行同期贷款利率支付贷款利息；2005年8月，被反诉人（原告）将温莎广场商铺以香港中旅京华商业城名义办理市场登记，并对外宣传承诺要做专业性的酒店用品品牌市场。2005年12月1日，被反诉人（原告）与反诉人（被告）签订了市场商铺租赁合同，约定被反诉人（原告）将其位于京华商业城四楼4098号商铺出租给被告，合同期限为自2005年12月1日至2008年11月30日。根据被反诉人（原告）的公开宣传承诺的将三、四楼做专业性的酒店用品市场，被反诉人（原告）在该租赁合同的附件中也作了同样的承诺，并因此在合同中限定反诉人（被告）只能做酒店用品市场，否则视为违约。反诉人（被告）根据市场规划和经营要求，将铺位进行了装修，共花费约85万元，并进行了大量的形象广告投入，花费达544164元。但被反诉人（原告）的上述招商宣传及承诺实际是一种有意的欺诈，因为在反诉人（被告）进场后仅正常经营一年，被反诉人（原告）即将三、四楼改变了用途，且到2007年中全部改经营布料。从被反诉人（原告）蓄意改变商业用途开始，反诉人（被告）就要求被反诉人（原告）停止此违约行为，但被反诉人（原告）置之不理，不仅将该市场的三、四楼全部经营布料，还将“京华商业城”的招牌改为“京华布料城”，将反诉人（被告）树在楼外的铺号招牌拆除，导致反诉人（被告）巨大的经济损失。反诉人（被告）在2006年总营业额有约500万元，到了2007年才不到180万元，2008年则只有近50万元。由于以上被反诉人（原告）的行为导致反诉人（被告）的损失，经反诉人（被告）多次抗议，被反诉人（原告）将租金进行了适当的调整，但仍无法弥补实际的损失，因此，双方一直在协商可行的解决方法。但在此协商的过程中，被反诉人（原告）因无法向上级公司交代，为转嫁责任，于2008年5月19日下午3点强行停电，并随后向法院申请财产保全，于2008年5月28日查封了被告的铺面大门，使反诉人（被告）的经营场所完全停业。被反诉人（原告）的上述行为不仅给反诉人（被告）造成了直接的经营损失，且由于查封，使被告的四部经营电话一直无人接听，给反诉人（被告）造成了不可估量的商誉损失。基于以上事实，为维护反诉人（被告）的合法权益，请求法院判令：1. 被反诉人（原告）向反诉人（被告）赔偿2007年的经营损失人民币80万元；2. 被反诉人（原告）向反诉人（被告）赔偿2008年的经营损失人民币120万元；3. 被反诉人（原告）赔偿反诉人（被告）在4098号铺的装修损失人民币40万元；4. 被反诉人（原告）赔偿反诉人（被告）在租赁期间的形象推广费人民币30万元；5. 被反诉人（原告）赔偿反诉人（被告）因无故停电、查封反诉人（被告）的铺位而造成的商誉损失人民币100万元；6. 被反诉人（原告）赔偿反诉人（被告）因查封造成的反诉人（被告）的库存贵重样品等财产损失人民币172万元；7. 被反诉人（原告）承担反诉费。

针对被告的反诉，原告答辩如下：1. 关于京华商业城的定位。被告所在的物业早在2004年即定位在布料批发专业市场了。原告方自2004年开始就在《晶报》、《深圳商报》等大型媒体及相关网站上发布了广告进行宣传、招商，而且当时悬挂在首层的招牌就是“布料批发市场”。对此，原告提供了相关的报道予以证明。从这些证据中可以看到，该商城定位于布料批发专业市场远远早于原、被告签订租赁合同的时间。被告在签订合同之前已明知此情况，而非被告所称原告在2007年进行了功能及定位的转变，原告对此无任何违约之处。2. 关于商铺的查封。原告申请财产保全仅仅是要求查封与诉讼标的等同的相应财产，而非要求查封商铺。且2008年5月28日，罗湖法院执行人员致电被告要求其到场开门配合并清点货品时，被告拒不到场。在没有钥匙开门的情况下，法院执行人员才在商铺外张贴了封条。3. 关于被告诉请的诸项赔偿。在被告承租期间，原告多次为其减租并提供免费的广告位给其使用，其所得的优惠待遇是其他任何一个承租人所不曾享有的。被告的所有反诉请求，既缺乏法律依据，也缺乏事实和证据支持，其将自己的经营失败所有损失归于原告与事实极其不符。因此，请求法院驳回被告的全部反诉请求。

为证明自己的主张，原告在举证期限内向法庭提交了如下证据：1. 租赁合同书，证明原、被告之间的租赁合同关系；2. 土地使用权出让合同及红线图；3. 建设规划许可证；4. 工程验收合格证，证据2-4证明了原告对出租物业享有权利。

在被告反诉后提出了以下证据：1. 减租申请及批准单；2. 广告牌位临时使用协议；3. 2004年《晶报》广告；4. 2005年3月10日《深圳商报》广告；5. 2005年3月10日服装网文章；6. 2005年6月9日《深圳商报》广告；7. 2005年6月9日《深圳商报》文章；8. 照片，证明在被告承租的四楼还有一家瓷器商铺，该商铺经营得非常好，商铺号为4168号，瓷器店名称为盛世昌南。

被告在举证期限内向法庭提交的证据是：1. 租赁合同书及附件，证明京华布料城四楼原定位是酒店用品出口配套市场，因此原告违约；2. 原告的工商登记资料及宣传资料慧聪商情广告、名片；3. 京华商业城照片；4. 京华布料城外部照片；5. 京华布料城内部照片；6. 京华布料城四楼照片；7. 收费通知单，证据2-7证明原告改变经营定位，改经营布料的事实；8. 招牌收费单，证明原告无故拆除被告的广告招牌；9. 员工单，证明原告于5月19日停电；10. 电话单，证明电话被停，无法经营；11. 被告2006年度的经营额，证明被告的毛利润；12. 2006年银行凭证，证明对账单；13. 2007年经营额，证明2007年的亏损；14. 2007年凭证，证明往来凭证；15. 2008年经营额，证明2008年亏损；16. 2008年凭证，证明往来凭证；17. 被查封财产盘点清单，证明被查封财产损失；18. 装修合同，证明被告装修的损失；19. 被告的工商登记资料，证明经营状况；20. 荣誉证书；21. 质量证书，证明商誉损失；22. 邮寄单；23. 网络搜索；24. 在质量网的资料；25. 在114台的广告；26. 在中信网的广告；27. 在方之圆的广告图册；28. 在国招标网的广告；29. 在YES TRUST的广告，证据22-29证明知名度；30. 在佛兴展览会的广告；31. 在铭万网的广告；32. 在《深圳制度》的广告；33. 在国经发展中心的广告；34. 在《政府采购指南》的广告；35. 在环保协会的广告；36. 3721的广告；37. 在《人民时报》、中央电视台的广告；38. 在阿里巴巴的广告；39. 在商标大全的广告；40. 在建平印刷的广告；41. 在160的广告；42. 在京慧聪的广告；43. 在《中企动力》的广告，证据30-43证明被告的形象广告投入。

经法庭审理，本院确认下列事实：

一、2005年12月1日，原、被告双方签订了《租赁合同书》，约定将原告所有的温莎广场（位于深圳市罗湖区东门中路2088号）四楼4098号铺位出租给被告，面积为616平方米。合同期为三年，自2005年12月1日至2008年11月30日止。其中，2005年12月1日至2006年11月30日，租金按35元/平方米/月，计21560元/月；从2006年12月1日至2007年11月30日，租金按48元/平方米/月，计29568元/月；从2007年12月1日至2008年11月30日，租金按68元/平方米/月，计41888元/月。管理费按20元/平方米/月计收，另，涉案商铺按独立电表的实际用量，依每度1元向甲方缴纳电费。合同约定被告每月10日前缴纳各项费用，逾期则按每日依应交未交的费用的0.5%收取滞纳金，拖欠电费等费用超过5天，原告有权停止供电或停止商铺有关设施的使用。超过一个月未缴清的，原告有权解除合同并要求被告赔偿损失。合同签订时，被告须缴纳相当于一个月租金的履约保证金即人民币41888元。原告拥有该商城及其内部任何部分的命名权，有权修改、取消原有名称，但乙方所使用商铺的名称除外。合同期满后，商铺的固定装修无偿归原告所有，而原告也有权要求被告拆除装修，恢复原状，所需费用由被告承担。合同还约定了原、被告双方的其他权利义务关系。

二、自2003年12月，吴树平即开始租用温莎广场4098号铺位并以深圳市罗湖区天文星陶瓷展销总部的名义进行经营。

三、2004年5月15日，京华商业城与吴树平签订了《京华商业城广告位临时使用协议》，约定被告吴树平免费使用温莎广场首层北面和中庭前柱子的广告牌，使用时间为2004年5月10日至2005年5月9日，被告承担使用期间内产生的电费及其他费用。后广告牌被拆除，2006年12月18日被告吴树平向原告提出申请“2004年在东门中路做了广告牌，广告牌的费用是15500元，几个月后因商城的改造而拆迁，广告牌的拆迁造成的经济损失，希望原告能给予补偿，以广告牌电费8431元作为拆迁广告的补偿”。原告维景酒店同意了该申请。

四、合同履行期间，被告吴树平自2007年1月份开始未按期向原告维景酒店交纳租金、管理费及电费。被告吴树平于2007年4月27日、2007年5月28日向原告维景酒店提出了减租申请，经协商，原告维景酒店同意被告吴树平于5月中旬前支付4月、5月的费用，1-3月的费用于8月、9月、10月分别交清，2007年4-9月按九折收取有关费用。原告提交的2007年费用收取一览表上注明被告吴树平拖欠租金、管理费及电费共计人民币134544元，被告对此予以认可。被告吴树平未交纳2008年1-4月的租金、管理费及电费共计人民币165856.14元，被告对此予以认可。2008年5月19日，原告对被告吴树平承租的4098号铺位停止供电。

五、深圳维景京华酒店有限公司维景京华商业城（以下简称京华商业城）为原告的隶属企业，注册登记日期为2003年1月27日，核准日期为2005年8月3日。

六、2008年5月28日，本院根据原告维景酒店的申请对被告吴树平位于温莎广场4098号铺位内的陶瓷等财产采取诉讼保全措施予以查封。

七、在诉讼期间，本院根据被告吴树平的申请，委托深圳市天旭建设工程造价咨询有限公司对温莎广场4098号铺位的装修原值和现值进行了鉴定，确定装修原值为人民币574508.65元，装修现值为人民币95942.94元。

本案争议焦点为：一、本案被告拖欠租金是否具有正当抗辩理由，原告是否可以据此解除合同；二、租金、管理费及电费应如何计算；三、滞纳金标准如何确定；四、原告将京华商业城的商业定位改变，是否构成违约，并赔偿被告经营损失及形象推广费。

本院认为，原告维景酒店与被告吴树平所签订的《租赁合同书》，是双方当事人真实意思的表示，内容未违反法律和行政法规的强制性规定，合法有效，各方当事人均应严格履行。在合同履行期间，被告未依约交清租金及管理费，构成违约，达到了合同约定的解除条件，原告维景酒店有权单方请求解除合同。因此，本院对于原告维景酒店要求解除租赁合同的诉讼请求予以支持，就原、被告双方争议的一系列问题，本院阐述如下：

关于租金、管理费及电费问题。原告诉请的2007年1月至2008年4月的租金、管理费及电费共计人民币300400.14元，被告对此无异议，本院予以认可。

关于滞纳金的问题。租赁合同明确约定了“被告每月10日前缴纳各项费用，逾期则按每日依应交未交的费用的0.5%收取滞纳金”。该约定虽然是双方当事人的真实意思表示，该滞纳金实际上是约定被告违约时应承担的违约责任，属违约金，该计算标准明显过高，原告要求按万分之九点六计算逾期付款违约金，被告认为该计算标准也明显过高，要求调整。因此本院根据合同法的有关规定对违约金计算标准予以调整，以金融机构计收逾期贷款的罚息标准（每日万分之二点一）计算逾期付款违约金。

关于赔偿经营损失及形象推广费的问题。被告认为原告将京华商业城的商业定位改变，构成违约，应向被告赔偿2007年、2008年的经营损失人民币200万元及被告在经营期间的形象推广费人民币30万元。本院认为，虽然《租赁合同书》所附的平面图中注明四楼是酒店用品市场，根据被告吴树平提供的证据3－6，显示四楼经营的是布料、酒店布草、布艺、服装加工，但被告不能证明该照片的拍摄时间，因此无法证明京华商业城改变商业定位的时间。被告提供的慧聪商情广告日期是2004年11月1日，不能证明2005年12月1日双方签约时京华商业城的经营状况。被告吴树平认为原告维景酒店于2006年12月将京华商业城的招牌名称变更为京华布料城，而根据被告提供的证据7收费通知单，2006年5月5日，即由“京华商业城收费通知单”变更为“京华布料城收费通知单”，显示名称变更发生在2006年5月而不是被告主张的2006年12月。且根据合同约定“原告拥有该商城及其内部任何部分的命名权，有权修改、取消原有名称，但乙方所使用商铺的名称除外”，原告有权变更招牌名称。根据原告就反诉提供的证据3、4、6、7，证明京华商业城2004年7月30日以纺织品（布料）专业批发市场进行招商，2005年3月10日京华布料批发市场开业，并于2005年6月9日对“京华商业城京华布料批发市场三期”进行招商和宣传，图片显示京华商业城的二楼、三楼均是经营布料，表明京华商业城的经营重点为布料批发，被告吴树平自2003年12月即在京华商业城进行经营活动，从常理分析其对京华商业城的经营变化情况应该非常清楚，但仍在2005年12月与原告签订了《租赁合同书》，被告吴树平作为具有完全民事行为能力的商业经营者，应充分考虑经营中面临的各种商业风险并承担其后果，其行为表明对商业定位改变的情况是明知且同意的。退一步讲，即使京华商业城是在合同签订后改变商业定位，根据合同约定“若因原告违约导致合同目的无法实现，被告需单方面解除合同的，应当及时书面通知原告，并于递交解约通知书之日起三日内迁离所使用的商铺，原告退还履约保证金以及有结余的预交款项的余款”，因此，被告吴树平可以在他认为原告违约时单方面要求解除合同来避免损失的发生，但被告并未采取该救济措施。在其历次向原告维景酒店提出减租申请时只是以“生意不好，业务开支大，资金周转较慢”等原因要求减缓租金，而未因京华商业城商业定位变化而要求解除合同，说明被告吴树平愿意继续履行合同并承担经营风险。本案纠纷因被告吴树平违约拖欠租金及管理费所引起，原告维景酒店作为守约方，依法享有合同约定的解除合同的权利，被告吴树平要求原告维景酒店赔偿经营损失及经营性支出的形象推广费缺乏法律依据；且被告吴树平提供的银行对账单等证据不能证明经营损失的实际发生及其具体数额，其要求原告维景酒店赔偿经营损失亦缺乏事实依据；且企业的经营状况受很多因素影响，被告的证据不能证明其经营利润下降是原告维景酒店造成的，因此，本院对于被告吴树平要求原告维景酒店赔偿经营损失及形象推广费的反诉请求不予支持。

关于被告吴树平请求的因原告停电给其造成的商誉损失问题。合同约定“被告每月 10 日前缴纳各项费用，逾期则按每日依应交未交的费用的 0.5% 收取滞纳金，拖欠电费等费用超过 5 天，原告有权停止供电或停止商铺有关设施的使用”，原告维景酒店有权以停电的方式催促被告履行义务，即使给被告造成损失，由于原告系按合同约定采取行动，由此所产生的损失应由被告自行承担，原告对该损失不承担责任。且被告吴树平提供的证据不能证明商誉损失的实际发生及其具体数额，其要求原告维景酒店赔偿商誉损失亦缺乏事实依据，因此本院对于被告吴树平要求原告赔偿因停电给其造成的商誉损失的反诉请求不予支持。

关于被告请求的因原告申请法院对其铺位查封造成的损失问题。本院认为，当事人对自己提出的主张，有责任提供证据，否则，应承担举证不能的法律后果。被告吴树平提供的证据 17 被查封财产盘点清单无法证明原告维景酒店申请财产保全有错误并造成其财产受到损失，因此本院对于被告吴树平要求原告赔偿因申请财产保全给其造成的财产损失的反诉请求不予支持。

关于装修损失问题。合同约定“合同期满后，商铺的固定装修无偿归原告所有，而原告也有权要求被告拆除装修，恢复原状，所需费用由被告承担”，本案纠纷因被告吴树平违约拖欠租金及管理费所引起，原告维景酒店作为守约方，依法享有合同约定的解除合同的权利，合同提前解除是由被告吴树平的过错导致的，装修损失应由被告吴树平自己承担。

综上，依照《中华人民共和国民事诉讼法》第六十四条第一款、第一百二十八条，《中华人民共和国合同法》第四十四条第一款、第六十条第一款、第九十三条第二款、第九十七条、第一百零七条、第一百一十四条的规定，判决如下：

一、解除原告维景酒店与被告吴树平于 2005 年 12 月 1 日签订的《租赁合同书》。

二、被告吴树平应于本判决书生效之日起十日内向原告维景酒店支付租金及管理费 275580.14 元、电费 24820 元，并按每日万分之二点一支付逾期付款违约金（自 2008 年 4 月 23 日起至实际结清之日止）。

三、驳回原告维景酒店的其他诉讼请求。

四、驳回被告吴树平的反诉请求。

如未按本判决指定的期间履行付款义务，应当依照《中华人民共和国民事诉讼法》第二百二十九条之规定，加倍支付迟延履行期间的债务利息。

案件本诉受理费人民币6158元，由原告维景酒店负担人民币1000元，由被告吴树平负担人民币5158元。案件反诉受理费人民币24870元，由被告吴树平负担。案件诉讼保全费人民币2139元、公告费人民币980元、评估费人民币24000元由被告吴树平负担。

如不服本判决，可在本判决书送达之日起十五日内，向本院递交上诉状，并按对方当事人的人数提出副本，上诉于广东省深圳市中级人民法院。

审　判　长　钱　松
人民陪审员　许静莹
人民陪审员　聂元珍
二〇〇八年十二月十日
书　记　员　李　丹

【评析】

本判决书符合格式规范，首部要素齐备，书写清楚规范，当事人、诉讼代理人排列得当。首先，在事实的开始部分具体、完整地写明当事人的诉讼请求，当事人的理由归纳表述完整，叙述案情能抓住重点，摆出了案件的基本事实和当事人争议的焦点；接着归纳了当事人各方无争议的事实，确认了案件的基本事实；再在错综复杂的法律关系中清楚归纳总结案件争议的多个焦点，如被告拖欠租金是否具有正当抗辩理由，原告是否可以据此解除合同，租金、管理费及电费应如何计算及滞纳金标准如何确定等。并基于这些焦点对当事人的证据进行了详细分析，对证据及其他意见的采纳与否逐一进行评判，对每一个问题都表达了正确的观点。理由论述部分说理具有针对性，能对争议焦点运用法律阐明纠纷的性质，判词说理深入，条理清晰，分析透彻。法律解释与事实考量互相结合，在纠纷的处理上彰显了法官的理论功底和人文关怀，判决对诉辩双方的利益进行衡量和评判，晓之以理，动之以情，层层递进，法理昭然，引述法律条文正确，对纠纷处理公平合理，是一份优秀的裁判文书。

广东省珠海市中级人民法院

民事判决书

(2009)珠中法民一终字第831号

上诉人(原审被告):卢信章,男,1969年6月20日出生,汉族,住珠海市香洲区金鼎镇北沙村下北山,身份证号码:440401196906200816。

委托代理人:崔曼莉,广东亚太时代律师事务所律师。

委托代理人:蒙日伟,广东亚太时代律师事务所律师。

被上诉人(原审原告):林志豪,男,1975年1月15日出生,汉族,住珠海市香洲区金鼎镇永丰村,身份证号码:440402197501150815。

被上诉人(原审原告):林社群,女,1950年5月10日出生,汉族,住址同上,身份证号码:440401195005100821。

两被上诉人的共同委托代理人:张晓辉,广东玉成律师事务所律师。

上诉人卢信章与被上诉人林志豪、林社群相邻关系纠纷一案,卢信章不服珠海市香洲区人民法院(2009)香民一初字第211号民事判决,向本院提起上诉。本院依法组成合议庭审理了本案。现已审理终结。

原审查明:林志豪、林社群于1981年承包了金鼎镇上谭村麻园2.5亩的土地,1996年开始种植荔枝树,2007年6月改作养猪场。卢信章在2003年开始承包林志豪、林社群的猪场周围的果园。卢信章承包果园后,在果园内开通了一条可通行机动车的道路(见附图路②),林志豪、林社群一直在该路上出入猪场和永丰村大道,直至2008年11月,卢信章将该道路封锁,林志豪、林社群无法通行。2009年1月13日,原审法院组织林志豪、林社群及卢信章双方到现场勘查。现场可见路①、②、④,其中路①接通林志豪、林社群的猪场与永丰村大道,长约60米至70米,机动车不可行走。路②位于卢信章果园内,长约85米,也接通林志豪、林社群的猪场和永丰村大道,机动车可行走。林志豪、林社群所称的路③并不存在。路④仍然存在,可通往上谭村,只可行人。

原审法院认为:林志豪、林社群在猪场养猪,需要使用机动车运送饲料和猪只,因此,出入猪场的道路以能够行驶机动车较为有利于生产。林志豪、林社群的猪场被卢信章的果园包围在中间,路①虽可通行,但不能行车,而路②是唯一可以通车至永丰村大道的道路。显然,行走路②有利于林志豪、林社群的生产。路②虽由卢信章开通,且贯穿卢信章的果园，但该路自开通以来，双方一直在此通行，多年来并未见对卢信章的生产造成不良的影响。卢信章主张开通路②给林志豪、林社群行走，会对卢信章的生产生活造成损失，但未提供证据证明，其主张没有依据。林志豪、林社群请求开通路②让其通行，符合有利生产的原则，原审法院予以支持。林志豪、林社群主张卢信章封路后，以猪饲料代替潲水喂猪，增加了运输费用、饲料费用及人工费用，林志豪、林社群提交的证据虽然反映了其在2008年11月份以来的费用，但林志豪、林社群没有举证证明封路前养猪的费用，林志豪、林社群主张增加了费用证据不足，故原审法院对其第二项诉讼请求不予支持。综上所述，依照《中华人民共和国物权法》第八十四条的规定，原审法院作出如下判决：一、卢信章于判决发生法律效力之日起开通路②。二、驳回林志豪、林社群其他诉讼请求。一审案件受理费人民币150元，减半收取75元，由林志豪、林社群负担25元，卢信章负担50元。

一审判决后，卢信章不服，向本院提起上诉，请求：1. 撤销原审判决第一项；2. 改判驳回林志豪、林社群的全部诉讼请求；3. 判令林志豪、林社群承担本案一、二审全部诉讼费用。卢信章认为：一、路②系卢信章承包果园后为方便生产而砍掉果树开辟出来的、供自己用的园区内部小路，并非供村内相关人员通行的自然路，更非林志豪、林社群通行的法定“必须”之路，因此开通路②非卢信章的法定义务，故一审判决判令卢信章开通路②显属不当，更有失公平。首先，通过卢信章提供的证据1永丰社区居委会的《证明》和证据4光盘可以证实：路②位于卢信章承包的果园园区内部，不是村里公用道路，系卢信章2003年承包果园后为园区内生产便利而砍掉园内果树开辟的道路。其次，路②并非林志豪、林社群前往其猪场必经的道路，更不是唯一道路。恰恰相反，林志豪、林社群完全可以经路①顺利到达猪场，且从路①前往猪场比从路②前往猪场还近。另外，还有上谭村方向的通路④，可供林志豪、林社群通行前往其猪场。因此，既然还有其他两条可以通往猪场的道路，那么卢信章自用土地范围内之路②就不是林志豪、林社群生产的“唯一”、“必须”之路，当然更不存在一审判决所认定的“不利于原告的生产”。换言之，一审判决判令卢信章继续开通路②，既缺乏必要性，也没有遵循“按照历史上的通行习惯处理相邻关系”法律原则（因为路①通行在先而卢信章果园内之路②通行在后且形成至今不过5年），显属不当，更有失公平。再次，根据一审查明的事实可知：一直以来，林志豪、林社群原本经由路①前往其承包地，在2007年6月下半年开设猪场后，才开始在卢信章的路②上行驶车辆，至争议成讼不过约一年；路②是卢信章所有的果园内部为修整果木而设的人行小道，非路人通行之路，而林志豪、林社群为其车辆长期通行，将路②两边木苗碾压，小道逐渐被拓宽，养护成本加大、果苗受损，并发展至威胁到果场的安全。此外，林志豪、林社群喂猪所用的潲水、酒糟等通过路②时，经常泼洒在卢信章的果园内，致使果园遭受严重污染，果苗遭受毁损，双方遂出现争吵冲突，关系恶劣、无法共处。另外，由于路②正处于果园中间，将整个果园划分成了两部分，林志豪、林社群之送货、买货的陌生人出出进进不利于果园的管理，更无法保障果园里果苗不被践踏，不得已卢信章才被迫封闭路②。可见，对路②的关闭是卢信章权利正常行使的体现，无可厚非，一审判决不应进行干预。最后，路②系卢信章在自己的果园内砍掉果树所开辟出来的，卢信章损失了巨大的收益。所以，退一万步说，即使林志豪、林社群需要使用路②，那么根据相关法律规定，林志豪、林社群亦应给予卢信章相应的补偿，但一审判决在判令卢信章开通路②的同时，对于补偿问题却没有任何涉及，这对卢信章而言亦明显不公平。二、一审判决根据“有利生产”的原则所作判决在适用法律方面存在错误。首先，《民法通则》第八十三条规定：“不动产的相邻各方，应当按照有利生产、方便生活、团结互助、公平合理的精神，正确处理截水、排水、通行、通风、采光等方面的相邻关系。”《物权法》第八十四条规定：“不动产的相邻权利人应当按照有利生产、方便生活、团结互助、公平合理的原则，正确处理相邻关系。”探求立法原意，“有利生产”是有利于“相邻各方”的生产，而非其中一方，原审判决仅从有利于林志豪、林社群角度来裁决，则有失公允，在适用法律上存在明显错误。本案中，林志豪、林社群二人承包土地共2.5亩；卢信章承包的土地至少有25.3亩（其中，上谭村麻园10.2亩，下谭村麻园15.1亩），林志豪、林社群承包土地用于养猪，但养猪易污染土壤水源，这是众所周知的事实；卢信章承包土地用于种植荔枝、黄皮等树苗，属于响应政府号召搞规模化种植。所以，如适用“有利生产”的原则，应从当事人双方的生产活动出发来评判；否则必然违反同一条款中的“公平合理”原则。其次，林志豪、林社群如以机动车在路②上通行，卢信章的生产活动必然受到影响。理由如下：第一，林志豪、林社群以机动车通行将不可避免地导致卢信章在养护方面支出增大。由现场勘查可见，路②只是经砍伐果树拓宽、压实的小土路，在连续过车或雨天行车后，必然会加大养护成本，且影响其旁侧果木生长。第二，路②沿线树苗容易受损或发生土壤污染。林志豪、林社群的车辆在路②上行驶，易碾压路边树苗，而林志豪、林社群通过路②主要运输的是潲水和猪只，有恶臭散发，且变质的溲水泄露和猪粪尿流淌，必然污染路②及果园土壤。第三，保障林志豪、林社群在路②通行的原审判决如生效执行，其必将导致卢信章果园内部自用的临时道路变为法定化、公用化、永久化，无异于把卢信章果园内部道路裁判为历史通行形成的自然路且卢信章负有保障机动车通行的维护义务，倘若如此，必将严重妨碍卢信章更改果园内部道路或对果园封闭管理，实质上严重侵害卢信章的经营自主权。三、一审判决第一项缺乏可执行性，更不符合人民司法“息讼止争”的精神；相反，容易导致矛盾扩大甚至激化。卢信章开通路②在先，林志豪、林社群开猪场使用机动车通行在后；如遇林志豪、林社群开设机械零件仓库，是否同理要出现要求卢信章铺设混凝土公路供其通行的判决？原审判决第一项简单要求开通路②，并未能够“定纷止争”，相反却埋下了冲突、激化的伏笔，甚至将来随时可能出现谩骂斗殴或流血械斗，这不是卢信章在危言耸听。因为自双方发生纠纷后至今，林志豪、林社群已制造了多起纠纷，如将手枪子弹放到卢信章的果园里威胁卢信章、放火焚烧卢信章路①两旁的果苗，鼓动卢信章的员工不干活等。对于林志豪、林社群这些行为，卢信章已向公安机关报案和反映，要求制止，公安机关目前正在处理之中。所以，可以想象，如果按照一审判决的结果，那么这显然会更加助长林志豪、林社群的嚣张气焰，使其更加不可一世，从而导致双方的矛盾更加不可调和，最终真的可能发生流血事件！综上所述，一审判决判令开通卢信章果园内部的自有道路（即路②），违背了公平合理、等价有偿等民法的基本原则，也违背了“有利生产”的相邻关系处理原则，恳请二审法院依法查明事实，正确适用法律，公正裁决。

二审法庭调查中，卢信章补充其上诉意见称：本案讼争的路②，刚刚开辟出来时是为了方便果园内行人以及修剪果木，之所以拓宽到现在的宽度是因为被林志豪、林社群运送潲水的车碾压而被动造成的。

被上诉人林志豪、林社群答辩称：一、原审判决审理查明的事实基本清楚，适用法律正确，判决合理，请二审法院依法驳回卢信章的上诉请求；二、卢信章主张拓宽了这条路是因为林志豪、林社群运送饲料或潲水的汽车碾压而拓宽的，没有事实依据，林志豪、林社群的猪场是2007年才开设的，而卢信章的果园是2003年开始承包的，卢信章拓宽路②是为了自身的需要；三、路②本来是一条2米多宽的自然路，卢信章把它拓宽成3.5米左右。

二审法庭调查期间，上诉人卢信章提交了如下证据：一、下谭经济合作社于2009年6月28日出具的证明，内容为："1. 一直以来，林志豪猪场内的猪都是用酒楼的潲水和酒糟喂养，潲水、酒糟、出猪时的猪粪在运送过程中经常会泼洒出来，臭气熏天，引来大量苍蝇及老鼠等。这几年下来，卢信章的果苗被潲水、酒糟等污染坏死很多，进出的车辆经常把苗压死。双方因此发生多次冲突。另外，村里的环境及河水都被污染，村民反映强烈，村里多次向林志豪发出警告，希望有关部门顺应民意，迅速制止这种危害群众利益和健康的行为。2. 自去年以来，卢信章所承包的位于下谭村麻园的果苗场多次被人为毁坏、偷拔及财物多次被盗。卢信章已报警，但至今未有结果。3. 卢信章初始开拓小路（路②）时，小路（路②）的宽度只有现在的三分之一，路②现在的宽度是林志豪的汽车碾压被动拓宽的，卢信章补种的树苗也被林志豪的车碾死。"该证据拟证明路②的状况及卢信章设置栅栏是为了保障果园安全。二、上谭经济合作社在2009年6月28日出具的证明，内容为："林志豪在承包本村土地上养猪没有得到村委许可，并私自改变土地用途。本村对其因此造成的环境污染以及其对土地产生的永久性破坏不负任何责任。在林志豪与卢信章纠纷案一审期间，林志豪提供的一些有本村印章的材料内容纯属伪造，属于其个人行为，与本村委无关。关于《珠江晚报》说林某必须通过卢某果园内的一条路才能进出及林某诉称卢某擅自占用了该条自然路用来种果树等内容严重失实。"该证据拟证明卢信章所承包的果园包括了上谭村和下谭村的，而《珠江晚报》的相关报道失实。三、报警回执，拟证明上诉人设置栅栏的必要性。四、收款收据。五、三份荣誉证书。六、存折。证据四、五、六拟证明卢信章是守法公民，并非报纸上所说的路霸。

被上诉人林志豪、林社群认为上述证据不属于新证据，对此不予质证。

林志豪、林社群于二审法庭调查期间亦向本院提交两份证据：一、2009年4月22日所拍摄的照片2张，拟证明卢信章一直在使用路②，其关于林志豪、林社群为了运送潲水而开通路②的说法不成立。二、2009年6月21日06版的《珠江晚报》，证明卢信章曾经向林志豪、林社群要高额的过路费。上诉人卢信章对此发表质证意见如下：一、两张照片并没有显示出拍摄时间，车辆上并没有车牌号码，并不能证明该车辆是卢信章的。林志豪、林社群主张卢信章用大型车辆在路②行驶的说法，并不能成立，路②只能通行小型汽车或小型三轮车。从照片的状况来看，无法判断是否是本案所指的路②。二、2009年6月21日《珠江晚报》的报道属于新闻报道，并不属客观事实，也不是法律事实。

本院查明：一、林志豪、林社群在原审期间提出的诉讼请求为：1. 判令卢信章开通由永丰村大道进入林志豪、林社群猪场果园的道路（长 85 米、宽 3 米，已被卢信章封锁），并准许林志豪、林社群自由通行；2. 判令卢信章赔偿林志豪、林社群自 2008 年 11 月 28 日封锁通道之日起至开通之日止的运输费、人工费及饲料损失费等共计 8160 元。二、原审期间，卢信章在举证期限内提交了唐家湾镇永丰村上谭经济合作社与下谭经济合作社共同盖章出具的《证明》一份，内容为："卢信章自 2003 年 1 月 1 日承包位于上谭村麻园的果园 10.2 亩和下谭村麻园的果园 15.1 亩，承包期到 2033 年 1 月 1 日止，承包费每亩每年 150 元。……卢信章的果园里原来并没有路，现在果园里的那条长约 85 米、宽约 3 米的路是他承包后开发出来自己用的，这条路不是村里公用的路。在卢信章的果园旁边，生产队原有一条公用小路，现在仍可以通行，卢信章没有占用此路，但一直以来此路只能行人，不能行车。"林志豪、林社群质证认为，对该证据的真实性没有异议，但认为下谭经济合作社主任与卢信章有利害关系，故该证据不能起到证明的作用。三、二审调查中，林社群称路②本来没有这么长，有一部分是其用手推车开通的，长约 30 米。四、原审庭审中，经主审法官询问，林志豪、林社群表示原来双方就路①的通行协商过，但卢信章不同意；而卢信章则表示可以让林志豪、林社群从路①通行，但补偿问题要再行协商。二审期间，经本院主持调解，双方未能就此达成一致意见。

对原审查明的其他事实，双方无争议，本院依法予以确认。

本院认为，上诉人卢信章于二审期间提交的证据本可于一审期间取得，其在二审方提交，不属于新证据，且对方不同意质证，该证据依法可不作为定案的依据。而被上诉人林志豪、林社群于二审提交的证据，经卢信章质证作出了实体上的反驳，依程序可以作为二审审查认定事实的证据。但是，证据一的照片反映的时间地点不明，且与原审期间林志豪、林社群提交的照片反映的现场情况有明显区别，故本院无法采信；证据二属于新闻报道，仅反映了双方在原审期间所作的陈述及原审法院审理判决情况，且其中陈述并未经司法程序审查，不能当然作为本案二审认定事实的依据。

根据查明的事实及双方的诉辩意见，本案的争议焦点在于被上诉人林志豪、林社群对于路②是否拥有法定的通行权。本院分析认定如下：

《中华人民共和国物权法》（以下简称《物权法》）第八十七条规定，"不动产权利人对相邻权利人因通行等必须利用其土地的，应当提供必要的便利"。该规定是基于公众的客观整体利益需要，在不动产权利人的土地使用权上设定了一项义务，从而限制其权利的行使。该条文中所称的"必须"，是指一方权利的行使须以利用相邻一方的土地为条件，若不利用相邻一方的土地，就无法行使自己的民事权利，影响自己正常的生产或者生活。该条是判定本案林志豪、林社群所主张的相邻权是否成立的直接依据。而原审判决适用的《物权法》第八十四条则是正确处理相邻关系的四项基本原则，从这一条的规定来看，处理相邻关系对于应提供便利的不动产权利人而言，应注意顾全大局、发扬风格、克服困难，以实际行动支持生产建设。对于因此取得便利的一方，则应合理延伸自己的权利，方便相邻权利人的生活和生产，在处理方式上要选取最经济的方式，尽量减少给相邻权利人带来的不便或损失，不得把自己的方便建立在相邻权利人的不便之上，且应合理赔偿对方的损失。由上述法律规定看，判定本案林志豪、林社群的请求是否能得到支持，首先要判定卢信章开通其果园里的路②是否为林志豪、林社群通行之

"必须"，其次要看由此通行是否为最经济合理，有利于双方生产生活的方式。

首先，依本案的各项证据及双方陈述可以查明，目前通往林志豪、林社群的养猪场的道路有三条，即原审所附示意图中的路①、路②和路④，按上谭经济合作社与下谭经济合作社共同认可的情况，卢信章的果园里原来并没有路，现在的路②是他承包果园后开发出来自己用的，路②不是村里公用的路，而路①位于卢信章的果园旁边，是生产队原有的公用小路，现在仍可以通行，卢信章没有占用此路。对于路④，原审查明亦是原有的可通往上谭村的小路，一直保持通行状态。由此可见，林志豪、林社群的猪场并非被卢信章承包的果园完全包围，路②也并非林志豪、林社群的猪场通行的唯一路径。虽然上述路①和路④以现在的宽度不能通行机动车，但该两条路均为村里原有的公用路，在此基础上通过村里协调及适当补偿完全可以实现拓宽的愿望。在原审庭审中，林志豪、林社群亦表示原来其与卢信章就路①的通行协商过，但因补偿问题未达成一致意见而告吹，这也从一个侧面反映出林志豪、林社群实际上是可以通过其他方法实现通行目的的。因此，林志豪、林社群要求继续为其开通路②并不符合法律规定之"必须"的条件。

其次，卢信章在原审举证期限内提交的唐家湾镇永丰村上谭经济合作社与下谭经济合作社共同盖章出具的《证明》可以证实，路②为卢信章承包果园后开发出来自己用的路，该条路完全占用的是卢信章已承包的果园内的土地，该路将其果园从中分开，任由林志豪、林社群或其他人通行确实存在影响果园正常管理的问题。同时，林社群自称路②本来没有这么长，有一部分是其用手推车开通的，长约 30 米。可见，这一部分道路并非卢信章自己经营所需而开通的，如其按承包经营方式种植果树的话，确有可预见的经济收益。根据《物权法》第九十二条"不动产权利人因用水、排水、通行、铺设管线等利用相邻不动产的，应当尽量避免对相邻的不动产权利人造成损害；造成损害的，应当给予赔偿"之规定，林志豪、林社群无论从何路径通行，只要其通行限制了其他人的合法权利，并因此造成了实际损失，其都应给予赔偿或补偿。将使用路②需作出的损失赔偿与拓宽路①需作出的损失赔偿相比较，以两条路的宽度和长度计算，显然前者数额不会低于后者，因此，结合上述果园正常管理方面的因素考虑，继续开通路②并非处理林志豪、林社群的猪场通行问题的最经济合理的方式。

综上，林志豪、林社群在本案中提出由卢信章开通路②准许其自由通行之请求并不符合法律关于相邻权的规定，实际上林志豪、林社群如要从卢信章果园内通行的话，应属行使地役权的范畴，其应依照《物权法》关于地役权的规定与卢信章协商订立地役权合同方可实现。在林志豪、林社群拒绝作出损失赔偿或补偿的情况下，即便依照公平原则，卢信章亦有权拒绝林志豪、林社群在其承包的果园内路②通行的要求。卢信章就此的上诉请求有理，本院予以支持，对于林志豪、林社群提出的诉讼请求，应予以驳回。但是，基于林志豪、林社群经营猪场的实际需要，林志豪、林社群仍可考虑以上述订立合同方式通行或以其他方式拓宽道路通行，如需卢信章协助，则卢信章亦应依照《物权法》之规定顾全大局、克服困难予以协助，以实际行动支持生产建设。

综上所述，原审认定事实不清，导致实体处理不当，本院予以纠正。上诉人卢信章提出的上诉请求有事实及法律依据，本院予以支持。依照《中华人民共和国物权法》第八十七条、第九十二条，《中华人民共和国民事诉讼法》第一百五十三条第一款第

（三）项之规定，判决如下：

一、撤销珠海市香洲区人民法院（2009）香民一初字第211号民事判决第一项。

二、变更珠海市香洲区人民法院（2009）香民一初字第211号民事判决第二项为：驳回林志豪、林社群的全部诉讼请求。

一审案件受理费150元，二审案件受理费150元，均由林志豪、林社群负担。

本判决为终审判决。

审 判 长 陈 莹
审 判 员 吴永科
审 判 员 廖世娟
二〇〇九年九月二十二日
书 记 员 梁煜平

附 图：

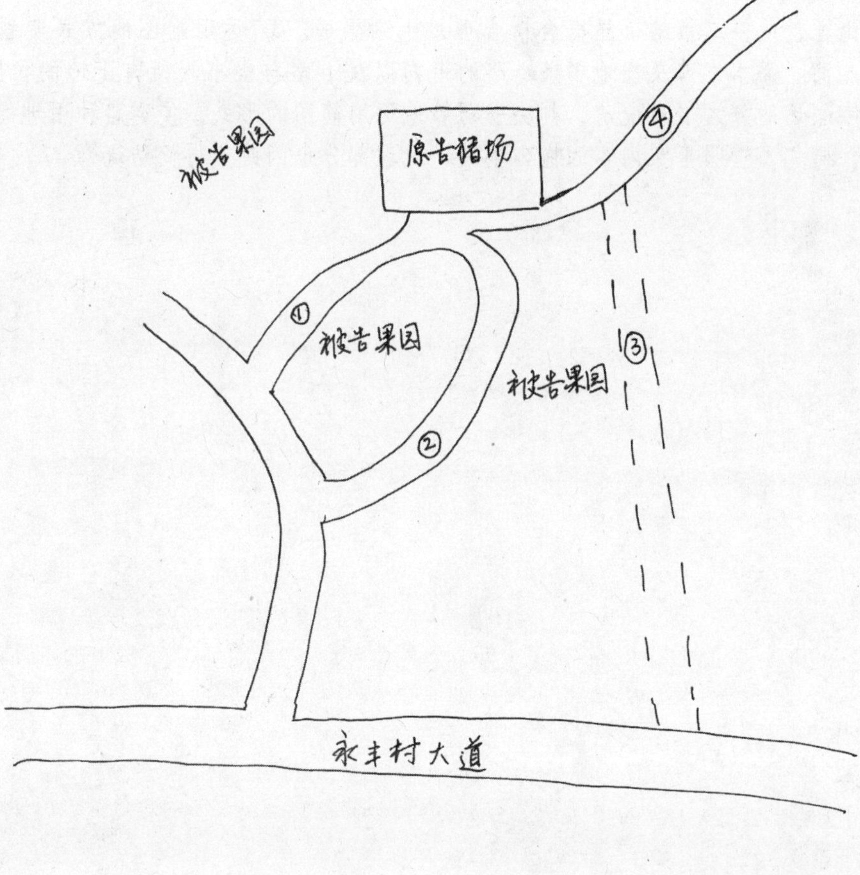

【评析】

这是一篇二审民事判决书，涉及相邻的土地使用人为方便自己土地的使用而利用邻人土地所引发的纠纷，其二审判决完全改变了一审的处理结果，因而裁判文书在细致入微地查明案件事实的基础上，进行了充分的论证说理，并为当事人指出了解决的思路和依据。该篇判决书格式规范严整、用语准确且深浅适度，事实叙述清晰，论理针对性强，被评为2010年全省法院优秀裁判文书，其突出之处具体表现如下：1. 充分尊重当事人的诉求，并做到有诉有答。结合农村相邻土地使用权纠纷案件易于矛盾激化的特点，该判决书尽量体现出对于双方当事人意思表示和诉求的尊重，对于诉讼请求及事实理由都作了详尽清晰的陈述，突出双方争议的焦点，在二审判决理由的分析论述中完整地回应了当事人提出的问题，对于卢信章开通其果园里的路②是否为林志豪、林社群通行之“必须”，以及由此通行是否为最经济合理和有利于双方生产生活这两个至关重要的问题，给予了清晰的论述和回答，未留任何存疑的空间。2. 全面反映当事人举证、质证和法官认证的过程。该案一审法院审理查明及论述的部分均较为简单，未能将证据的质证和认证过程清晰地反映出来，致使一审的处理结果缺乏说服力，这从卢信章言辞激烈的上诉状可以看出。二审判决则着力弥补了这一缺陷，对于与诉辩意见有直接关系的证据作了详尽的陈述，尤其是完整地引用了当地村民经济组织所出具的证明，客观反映了村民组织的意见，并将双方的质证意见也完整地表述出来，在此基础上进行的认证和分析论理，使得二审结果显得合情合理，水到渠成。3. 运用附图的方式使叙事和说理由繁入简。因本案涉及当地多条道路的走向以及道路与当事人所有土地的位置关系，仅用文字叙述的方式很难说清，判决书巧妙地运用简图的形式，使道路和用地的关系一目了然，避免了查明事实内容的拖沓不清，说理部分也因此变得简洁流畅。

●中国工商银行股份有限公司佛山南海支行与广东星宇律师事务所等诉讼代理合同纠纷一案民事判决书

广东省佛山市中级人民法院

民事判决书

（2009）佛中法民二终字第207号

上诉人（原审被告）：中国工商银行股份有限公司佛山南海支行，住所地：广东省佛山市南海区南海大道南105号。组织机构代码78575753－9。

负责人：陈学侬，行长。

委托代理人：陈岳，男，汉族，1977年2月8日出生，住广东省佛山市禅城区汾江南路85号。公民身份证号码：46010019770208111X。

被上诉人（原审原告）：广东星宇律师事务所，住所地：广东省佛山市南海区桂城南桂东路19号二楼。组织机构代码：45608093－4。

负责人：许家杰，主任。

委托代理人：陆宝昌，广东星宇律师事务所律师。

委托代理人：李博特，广东星宇律师事务所律师助理。

原审被告：中国信达资产管理公司深圳办事处，住所地：广东省深圳市福田区滨河路5022号联合广场A座29层。企业营业执照注册号：440301102752175。

负责人：王晓军。

委托代理人：陶江华、杨胜辉，均为该办事处职员。

上诉人中国工商银行股份有限公司佛山南海支行（以下简称工行南海支行）因与被上诉人广东星宇律师事务所（以下简称星宇律师所）、原审被告中国信达资产管理公司深圳办事处（以下简称信达公司深圳办）诉讼代理合同纠纷一案，不服广东省佛山市南海区人民法院（2008）南民一初字第255号民事判决，向本院提起上诉。本院依法组成合议庭审理了本案，现已审理终结。

案经原审法院审理查明：2001年5月28日，星宇律师所与工行南海支行经协商，签订《诉讼事务委托合同》一份，合同约定：工行南海支行委托星宇律师所为追讨贷款诉讼案件的一、二审诉讼代理人，代理方式为风险代理，按每宗案件收回现金额的2%支付律师费报酬给星宇律师所，在现金到账后五天内支付。合同签订后，星宇律师所立即派律师为工行南海支行代理案件共21宗的诉讼。

2001年12月20日，佛山市南海区人民法院分别作出（2001）南民二初字第

1569－2号民事判决书，确认借款本金709442.15元、利息118311.71元；（2001）南民二初字第1573－2号民事判决书，确认借款本金131436.36元、利息20197.99元；（2001）南民二初字第1559－2号民事判决书，确认借款本金131189.91元、利息19229.85元；（2001）南民二初字第1567－2号民事判决书，确认借款本金225880.4元、利息36679.1元；（2001）南民二初字第1562－2号民事判决书，确认借款本金45019.37元、利息3426.21元；（2001）南民二初字第1570－2号民事判决书，确认借款本金191293.58元、利息29726.25元；（2001）南民二初字第1561－2号民事判决书，确认借款本金127587.09元、利息20548.68元；（2001）南民二初字第1568－2号民事判决书，确认借款本金735399.64元、利息117515.43元；（2001）南民二初字第1566－2号民事判决书，确认借款本金243987.72元、利息38988.76元；（2001）南民二初字第1565－2号民事判决书，确认借款本金529350.63元、利息85255.14元；（2001）南民二初字第1560－2号民事判决书，确认借款本金131684.01元、利息21290.15元；（2001）南民二初字第1577－2号民事判决书，确认借款本金395227.5元、利息104741.94元；（2001）南民二初字第1563－2号民事判决书，确认借款本金2310928.59元、利息399713.33元；（2001）南民二初字第1555－2号民事判决书，确认借款本金86793.46元、利息9874.48元；（2001）南民二初字第1558－2号民事判决书，确认借款本金626052.76元、利息167012.04元；（2001）南民二初字第1564－2号民事判决书，确认借款本金95649.32元、利息7992.11元；（2001）南民二初字第1554－2号民事判决书，确认借款本金90000元、利息10000元。

2001年8月23日，佛山市中级人民法院作出（2001）佛中法经初字第327号民事判决书。2003年12月19日，佛山市中级人民法院作出（2003）佛中法民二初字第356号民事判决书，确认借款本金港币27450000元、美元620000元、利息16375132.12元。

2001年8月23日，佛山市中级人民法院作出（2001）佛中法经初字第3328号民事判决书，因李杰不服提出上诉，星宇律师所又指派律师代理了该案的二审诉讼。2001年11月27日，广东省高级人民法院作出（2001）粤高法经二终字第413号民事判决书，确认借款本金2586289.69元、利息460616.46元。

2001年8月23日，佛山市中级人民法院作出（2001）佛中法经初字第309号民事判决书，因南海西樵高尔夫发展有限公司不服提出上诉，星宇律师所又指派律师代理了该案的诉讼。2002年3月29日，广东省高级人民法院作出（2002）粤高法民二终字第85号民事判决书，确认借款本金37350000元、利息5999206.28元。

因上述21宗案被告未按判决履行还款义务，故星宇律师所又指派律师为工行南海支行代理上述21宗案件的执行，但至今未有执行结果。

另查，2005年10月28日，中国工商银行经国家工商行政管理总局核准名称变更为中国工商银行股份有限公司。2005年12月14日，中国工商银行佛山南海支行经中国银行业监督管理委员会佛山监管分局批准变更名称为工行南海支行。

2005年6月27日，中国工商银行（甲方）与中国信达资产管理公司（乙方）签订《中国工商银行与中国信达资产管理公司订立的可疑类信贷资产转让协议》，该协议第十三条约定原委托代理协议的处理：本协议转让的可疑类信贷资产项目甲方已委托中介机构提供服务并签订风险委托代理协议的，由甲方与中介机构解除原风险委托代理协议，同时由乙方与该中介机构签订新的代理协议。如果乙方和中介机构无法协商一致或导致中介机构向甲方索赔的，其后果由乙方承担。其他委托代理协议由甲方解除委托代理关系并向乙方推荐中介机构，由乙方决定该中介机构是否继续代理。前述风险委托代理协议，系指甲方与中介机构签署的，按照回收现金或非现金资产的一定比例支付代理费的委托代理协议。

2006 年 2 月 16 日，中国工商银行广东省分行、信达公司深圳办联合发出《中国工商银行广东省分行与中国信达资产管理公司深圳办事处债权转让通知暨债务催收联合公告（四）》，公告内容为：根据中国工商银行广东省分行与信达公司深圳办达成的债权转让安排，中国工商银行广东省分行（含各分支行）交其对公告清单所列借款人及其担保人享有的主债权及担保合同项下的全部权利，依法转让给信达公司深圳办。中国工商银行广东省分行特公告通知借款人及担保人。信达公司深圳办作为上述债权的受让方，现公告要求公告清单中所列债务人及其担保人，从公告之日起立即向信达公司深圳办履行主债权合同及担保合同约定的还本付息义务或相应的担保责任。清单中的佛山栏第 15、16、17 项的贷款人为工行南海支行，借款人为南海西樵高尔夫发展有限公司，贷款本金分别为美元 620000 元、港币 27450000 元、人民币 32650000 元。

2006 年 3 月 15 日，中国工商银行股份有限公司佛山分行将南海西樵高尔夫发展有限公司、南海市桂城腾龙体育娱乐有限公司、佛山市弘丰贸易有限公司、甘铭辉、铬敏刚、何文健、李杰、李军、李涛、李泽民、廖广华、刘逸平、罗华伟、陈达禧、陈晓、吴小梅、冼碧云、冼业荣的已剥离案件代理合同移交给信达公司深圳办，剥离本金共 76373075.01 元。2006 年 3 月 16 日信达公司深圳办确认接收。

因工行南海支行一直没有将资产转让协议的事项通知星宇律师所，亦没有与星宇律师所解除《诉讼事务委托合同》。星宇律师所知悉后经与工行南海支行、信达公司深圳办协商未果，遂于 2007 年 12 月 26 日向法院提出诉讼，请求判令工行南海支行向其支付律师费 1062633 元并承担本案的诉讼费用。在一审庭审中，星宇律师所陈述对法院追加的信达公司深圳办不要求其承担本案责任。

原审法院经审理认为：星宇律师所与工行南海支行于 2001 年 5 月 28 日签订的《诉讼事务委托合同》是双方真实意思表示，符合法律的相关规定，真实有效，依法受法律保护，双方均应按合同约定，全部履行各自义务。围绕本案争议焦点，分析如下：关于星宇律师所的诉讼请求是否超过诉讼时效的问题。根据《中华人民共和国民法通则》第一百三十五条“向人民法院请求保护民事权利的诉讼时效期间为二年，法律另有规定的除外”的规定，根据法院查明的事实，中国工商银行广东省分行与信达公司深圳办于 2006 年 2 月 16 日联合发出《中国工商银行广东省分行与中国信达资产管理公司深圳办事处债权转让通知暨债务催收联合公告（四）》，告知债权转让的相关事宜，故从公告之日起，视为星宇律师所已知道公告的相关事项。星宇律师所于 2007 年 12 月 26 日向法院起诉，主张要求工行南海支行支付代理费，并没有超出法律规定的二年期限。工行南海支行以其债权转让的公告日期是 2005 年 12 月 16 日，星宇律师所起诉已超过诉讼时效的主张，法院不予采纳。

关于工行南海支行是否需要支付诉讼代理费予星宇律师所的问题。第一，根据《中华人民共和国合同法》的规定，债权人可以将合同的权利转让给第三人，债权人转让权利的，应当通知债务人，未经通知，该转让对债务人不发生效力。债务人将合同义务转移给第三人，应当经债权人同意。具体到本案，工行南海支行将信贷资产转让给信达公司深圳办，是一种转让合同权利的行为，而星宇律师所并非是该合同权利所指向的义务人。在星宇律师所与工行南海支行签订的《诉讼事务委托合同》中，星宇律师所既是权利人也是义务人。本案中，星宇律师所依合同的约定，指派律师担任工行南海支行与南海西樵高尔夫发展有限公司等二十一宗案的诉讼、执行活动，履行了自己的义务。因此，工行南海支行应根据合同约定，在收回现金的情况下履行按收回现金额的2%向星宇律师所支付律师费作为报酬的义务。如工行南海支行也将该义务转让信达公司深圳办的，应当经债权人即星宇律师所的同意。具体到本案，工行南海支行认为已将履行报酬的义务转让给信达公司深圳办，但信达公司深圳办对此不予确认，且未经债权人即星宇律师所的同意。因此，不论工行南海支行是否已将《诉讼事务委托合同》中约定其应履行的义务转让给信达公司深圳办，均不能对抗债权人星宇律师所。工行南海支行仍应按《诉讼事务委托合同》约定向星宇律师所履行支付报酬的义务。第二，因中国工商银行变更为中国工商银行股份有限公司，并于2005年6月27日与中国信达资产管理公司签订《中国工商银行与中国信达资产管理公司订立的可疑类信贷资产转让协议》，将相关的债权转让予中国信达资产管理公司；另工行南海支行在庭审中亦确认涉案的债权已全部转让予信达公司深圳办，故应认定工行南海支行已实现了相关的债权。工行南海支行支付委托代理报酬的条件已成就。根据《最高人民法院关于民事诉讼证据的若干规定》第二条的规定，因工行南海支行无法举证证明其已通过书面方式与星宇律师所解除委托代理合同，告知星宇律师所上述协议的内容以及星宇律师所应与信达公司深圳办签订新的代理协议，故工行南海支行应对其举证不能承担不利后果，故对工行南海支行认为根据《中国工商银行与中国信达资产管理公司订立的可疑类信贷资产转让协议》第十三条的约定，债权转让后其与星宇律师所的委托合同关系也终止，星宇律师所应当向信达公司深圳办主张权利的主张，不予采纳。工行南海支行应按合同约定计付代理费予星宇律师所。至于工行南海支行实现债权的具体数额问题，因相关证据材料均在工行南海支行和信达公司深圳办处，而工行南海支行和信达公司深圳办并未向法院提供，故依法应承担不利的法律后果。现星宇律师所主张按申请执行标的106263343元的50%计算本金，然后按2%的提成计算律师费，符合双方约定，合情合理，予以支持。因信达公司深圳办不确认已转让合同义务，且星宇律师所在本案中不要求其履行义务，故其在本案中不需要承担责任。至于工行南海支行履行本案义务后，如有证据证明已将本案义务连同债权一并转让信达公司深圳办的，可另案向信达公司深圳办追偿。信达公司深圳办经法院依法传唤无正当理由拒不到庭参加诉讼，依法作缺席判决。综上，根据《中华人民共和国民事诉讼法》第六十四条第一款、第一百三十条，《中华人民共和国合同法》第八条、第六十条、第八十四条、第一百零七条、第四百零五条的规定，判决：工行南海支行应于判决发生法律效力之日起十日内向星宇律师所支付律师费1062633元；案件受理费14364元，由工行南海支行负担。

上诉人工行南海支行不服原判，向本院上诉称：一、一审判决认定事实错误。星宇律师所代理工行南海支行起诉的系列案件为20起，星宇律师所在一审期间并未提供（2001）南民二初字第1554－2号民事判决书及相关执行文书，且工行南海支行对其真实性不予确认，但一审法院单方面确认属认定事实错误。二、一审判决以2006年2月16日起算诉讼期间缺乏事实和法律依据，星宇律师所的诉求已过诉讼时效。中国工商银行广东省分行根据国家政策划转指令已将本案所涉的20起案件剥离给信达公司深圳办，并与信达公司深圳办分别于2005年8月9日、同年12月16日和2006年2月16日发布联合公告。星宇律师所既清楚这20起案件是同一时期的系列欠贷案件，那么其应当知道诉讼时效应从第一批公告时起算。事实上2006年2月16日只是对其中3起作最后一批公告，退一步讲，星宇律师所对发生在2005年8月9日和同年12月16日公告项下的17起诉讼案件的债权代理费的主张已超过二年诉讼时效。三、一审判决将工行南海支行政策性转让不良贷款债权收取的对价等同于星宇律师所已为工行南海支行实现债权，在没有发生合同约定"现金到账"的情况下，判令工行南海支行按合同约定向星宇律师所计付代理费缺乏事实和法律依据。1. 一审判决混淆了银行不良资产政策性剥离和一般意义上的债权实现两个概念。工行南海支行根据《中国工商银行与中国信达资产管理公司订立的可疑类信贷资产转让协议》将协议项下的债权转让给信达公司深圳办是国家政策性行为，非工行南海支行意志为转让，其性质上有别于商业意义上的债权转让。就本案而言，工行南海支行的债权并没有实现，只是换成信达公司深圳办以债权人的身份继续对债务人进行追索。退一步讲，即便在剥离协议中有对价条款，也不是基于星宇律师所的代理行为而收取的对价，工行南海支行基于国家政策指令划转不良资产取得的对价与星宇律师所的代理工作不存在因果关系。2. 星宇律师所向工行南海支行提供的是风险代理服务，但双方签订合同的目的并没实现，即在工行南海支行委托星宇律师所代理后，从未出现基于星宇律师所工作发生合同中约定"现金到账"的情形，且工行南海支行向信达公司深圳办转让涉案债权，是基于国家政策指令对可疑类贷款进行处置，并不等同于债权的实现，故工行南海支行支付委托代理报酬的条件尚未成就。四、自债权转让之日起，工行南海支行已不再享有代理协议项下委托清收之债权，该债权所产生的权利义务已一并剥离转让给信达公司深圳办，工行南海支行与星宇律师所之间的委托关系已经自然终止，工行南海支行已丧失债权人和委托人资格，在事实上和法律上形成合同不能履行的情形，星宇律师所应与信达公司深圳办就诉讼事务委托合同另行协商，故星宇律师所要求工行南海支行承担违约责任无事实和法律依据。综上所述，请求二审法院撤销原审判决，改判驳回星宇律师所的诉讼请求，一、二审诉讼费全部由星宇律师所承担。

上诉人工行南海支行对其陈述事实在二审期间提供了以下证据：

1. 中国工商银行与中国信达资产管理公司订立的可疑类信贷资产转让协议，证明本案债权转让是根据国家政策指令转让的，与一般的债权转让不同。债权转让按照协议操作是不会发生现金到账情形的，信达公司投标的成交价是贷款本金的14.02%。

2. 债权转让明细，证明债权转让的本金和利息数额；被上诉人星宇律师所答辩称：一、本案的起诉并未超过法律规定的诉讼时效。（1）债权转让公告是由工行南海支行的上级部门发布的，从其最后一期公告发布时间来看，星宇律师所的起诉仍在二年之内。（2）债权转让并没有直接导致代理合同的解除。在债权转让后，工行南海支行并没有通知星宇律师所，也没有通知法院解除与星宇律师所的代理关系，星宇律师所仍继续代理工行南海支行进入诉讼活动。本案的诉讼时效应以南海法院变更申请执行人并由工行南海支行书面通知星宇律师所时起算。二、（2001）南民二初字第1554－2号民事判决书已进入执行阶段，星宇律师所在一审期间已提交了调查取证申请书。三、星宇律师所已完成了一审、二审及执行程序的代理行为，履行了代理合同，但工行南海支行通过债权转让的形式实现了多少债权并没有举证证明，星宇律师所起诉时已酌情减半收取代理费，工行南海支行应支付相应的代理费。四、本案争议的代理费应由工行南海支行支付。根据诉讼事务代理合同，工行南海支行负有履行代理合同的义务。在一审中，信达公司深圳办已明确表示不再委托星宇律师所代理诉讼，更不愿意支付代理费。工行南海支行与信达公司深圳办的内部约定不能对抗星宇律师所，债权转让不导致代理合同权利义务的转让，工行南海支行应当履行支付代理费的义务。综上所述，原审判决认定事实清楚，适用法律正确，请求二审法院驳回上诉，维持原判。

被上诉人星宇律师所对其辩解在二审期间提供了以下证据：

1. 广东省南海市人民法院（2001）南经初字第1554－2号民事判决，证明星宇律师所代理案件的债权数额。

2. 2009年6月18日的报纸公告，证明转让债权的总金额目前已达上亿元。

原审被告信达公司深圳办答辩称：一、星宇律师所基于《诉讼事务委托合同》履行纠纷起诉，但因信达公司深圳办并非《诉讼事务委托合同》的当事人，不应作为本案的被告，人民法院追加信达公司深圳办为被告没有事实和法律依据。在与中国工商银行广东省分行签订债权转让合同时，该债权移交清单并不包含本案诉讼事务委托合同的任何资料，故信达公司深圳办没有义务承接本案的诉讼事务委托合同。二、债权转让合同与《诉讼事务委托合同》是两个性质完全不同的合同，两者间的履行无任何关联。工行南海支行将其对第三方享有的债权依法进行处分，信达公司深圳办依法接受该债权并没有损害星宇律师所的任何权利，且该债权并不包含工行南海支行在《诉讼事务委托合同》中的任何权利和义务，信达公司深圳办不因取得债权而对星宇律师所承担任何责任。三、信达公司深圳办不需承担任何责任。1. 信达公司深圳办与星宇律师所之间没有合同关系，且不存在信达公司深圳办违约的任何情形。2. 在债权转让时信达公司深圳办已在《南方日报》上进行债权转让公告，且接收债权后信达公司深圳办已立即将债权转让事实告知执行法院，但至今将近三年时间内星宇律师所从未与信达公司深圳办联系，也没有为信达公司深圳办从事过代理事项。3. 自接收债权至今，信达公司深圳办从未从南海高尔夫发展有限公司等债务人处收到任何执行回款。

原审被告信达公司深圳办在二审期间提供了债权本金清单，证明其受让债权的本金数额。

本院二审查明：原审判决认定工行南海支行将21宗案件项下的本金折合人民币76373075.01元及相应利息转让给信达公司深圳办有误，工行南海支行实际上将20件案件项下的本金折合人民币78835725.01元及相应利息转让给信达公司深圳办，（2001）南经初字第1554－2号民事判决项下的债权没有转让。本院除了对原审判决所认定的上述事实予以变更外，对原审判决所认定的其他事实予以确认。

另查明，工行南海支行与信达公司深圳办均确认债权转让价格按照20宗案件折合本金数额78835725.01元的14.02%计算。

本院认为，本案存在以下三个争议焦点：第一，本案债权是否超过诉讼时效期间。

第二，工行南海支行是否需要向星宇律师所支付代理费。第三，如需要支付代理费，代理费用的标准如何确定。

对于本案债权是否超过诉讼时效期间问题，根据《中华人民共和国民法通则》第一百三十七条“诉讼时效从知道或者应当知道权利被侵害时起计算……”的规定，要审查债权是否超过诉讼时效，首先要确定诉讼时效期间的起算点。本案属于代理费用追索而引起的纠纷，星宇律师所要求工行南海支行支付代理费，工行南海支行明确表示拒绝支付时，星宇律师所才知道自己的权利被侵害，诉讼时效期间应从此时开始计算。工行南海支行将债权转让给信达公司深圳办并不表示其一定不会支付相关代理费，故工行南海支行主张诉讼时效期间从首次债权转让公告时起算无理，本院不予支持。星宇律师所在最后一次债权转让公告即2006年2月16日后向工行南海支行主张支付代理费遭拒绝，其于2007年12月26日向原审法院提起诉讼并没有超过二年的普通诉讼时效期间。工行南海支行提出本案债权超过诉讼时效的上诉理由不成立，本院不予支持。

对于工行南海支行是否需要向星宇律师所支付代理费的问题，《诉讼事务委托合同》第六条第（2）项约定：“工行南海支行按每宗案件收回现金的2%支付报酬给星宇律师所，在现金到账后五天内支付”，工行南海支行支付律师费的前提是收回现金。现工行南海支行将星宇律师所代理的21宗案件中的20宗项下的债权转让给信达公司深圳办，案件债权人由工行南海支行变更为信达公司深圳办，工行南海支行不再是案件的债权人，星宇律师所不可能继续代理工行南海支行追收上述债权。星宇律师所不能继续进行代理工作的原因在于有关债权被转让，该原因不能归责于星宇律师所，根据《中华人民共和国合同法》第四百零五条“受托人完成委托事务的，委托人应当向其支付报酬。因不可归责于受托人的事由，委托合同解除或者委托事务不能完成的，委托人应当向受托人支付相应的报酬。当事人另有约定的，按照其约定”的规定，《诉讼事务委托合同》约定的支付条件虽未成就，但星宇律师所仍有权按照上述法律规定向工行南海支行主张相应的代理费。另外，星宇律师所代理工行南海支行实际参与了20宗案件的一审、部分案件的二审诉讼，在此过程中完成了大量的调查取证、文书撰写等代理工作，20宗案件也获得了胜诉并顺利进入执行程序，如按照《诉讼事务委托合同》第六条第（2）项约定不计付代理费对星宇律师所明显不公。原审判决认定工行南海支行应向星宇律师所支付该20宗案件的代理费正确，本院予以维持。对于（2001）南经初字第1554－2号案项下的债权未对外转让，债权人仍然是工行南海支行，工行南海支行仍有可能实现其债权，故星宇律师所仍可以根据《诉讼事务委托合同》第六条第（2）项的约定在工行南海支行回收该案现金时计收代理费，现无证据证实该案债务人清偿过债务，故星宇律师所无权计收该案代理费。

对于代理费用的计算标准问题，原审判决以星宇律师所主张的以申请执行标的106263343元的50%计算本金，然后按照2%计算律师费没有依据。星宇律师所主张的计算依据是《诉讼事务委托合同》第六条第（2）项的约定，该约定是以工行南海支行收回现金的数额为依据计算代理费，并非以申请执行的标的额为依据。本案20宗案件项下的债权难以实现，收回现金的数额与申请执行的数额必然存在差距。这20宗案件大部分在2001年已经审结，至2006年债权被转让已经历了长达五年的时间，星宇律师所代理工行南海支行在长达五年的执行期间内未收回分文欠款，说明了上述债权实现困难。中国工商银行将上述债权列入可疑类资产并予以剥离亦说明上述债权实现难度很大。因此，工行南海支行陈述以债权本金总额 78835725.01 元的 14.02% 即 11052768.65 元将债权转让给信达公司深圳办合理，不属于明显低价，且该转让价格亦得到了受让人信达公司深圳办的确认，故本院对工行南海支行陈述的转让价格予以确认。综合考虑《诉讼事务委托合同》的约定、星宇律师所完成代理事务的工作量，依据上述转让价格 11052768.65 元的 2% 计算律师代理费用较为合理，故本院确定代理费的数额为 221055 元。

综上所述，原审判决认定事实基本清楚，但对代理费计算数额有误，本院依法予以纠正。依照《中华人民共和国民事诉讼法》第一百五十三条第一款第（三）项之规定，判决如下：

一、变更广东省佛山市南海区人民法院（2008）南民一初字第 255 号民事判决为：中国工商银行股份有限公司佛山南海支行应于本判决发生法律效力之日起十日内向广东星宇律师事务所支付代理费 221055 元。

二、驳回广东星宇律师事务所的其他诉讼请求。

如中国工商银行股份有限公司佛山南海支行未按本判决指定的期限履行给付金钱义务，应当按照《中华人民共和国民事诉讼法》第二百二十九条之规定，加倍支付迟延履行期间的债务利息。

一审案件受理费 14364 元，由广东星宇律师事务所承担 11376 元，由中国工商银行股份有限公司佛山南海支行承担 2988 元。二审案件受理费 14364 元，由广东星宇律师事务所承担 11376 元，由中国工商银行股份有限公司佛山南海支行承担 2988 元。

本判决为终审判决。

审 判 长 周 珊
代理审判员 安建须
代理审判员 欧阳建辉
二〇〇九年七月三日
书 记 员 郑小敏

【评析】

本案是一起诉讼代理合同纠纷，工行南海支行委托星宇律师所代理多起借款合同纠纷的诉讼业务，工行南海支行虽然胜诉但未能在执行程序中获得清偿。按照诉讼代理合同的约定，星宇律师所按照回收款项的2%收取律师费，故星宇律师所未曾收取过律师费。后工行南海支行将借款合同项下的债权转让给信达公司深圳办，其不能在执行程序中获取款项，致使星宇律师所亦不可能按其回收款项计提律师费，星宇律师所遂向法院起诉请求工行南海支行支付律师费。本案争议在于工行南海支行是否应该支付律师费及律师费的计算标准问题。本判决紧紧围绕上述争议展开论述，思路清晰、论理充分。从代理工作不能继续的原因分析，指出原因在于债权转让，该原因不能归责于星宇律师所；从公平合理的角度分析，指出星宇律师所在诉讼业务中已经完成了大量的工作，工行南海支行应支付律师费。律师费的计算问题也是案件的难点，本判决对星宇律师所按诉讼标的计提律师费的主张不予采纳，指出此标准既无合同依据又不合理，但最后综合考虑了债权追收的难易程度、星宇律师所工作量等因素，参照转让价格计提律师费，较好地衡平了双方当事人的利益。本判决认定事实清晰、对争议问题论述充分、适用法律准确、判决结果合理，是一份具有较强说服力的优秀裁判文书。

●深圳发展银行股份有限公司佛山张槎支行与广东中人企业（集团）有限公司票据权益纠纷一案民事判决书

广东省佛山市中级人民法院

民事判决书

（2009）佛中法民二终字第1022号

上诉人（原审被告）：深圳发展银行股份有限公司佛山张槎支行，住所地：广东省佛山市禅城区张槎三路21号德兴花园C座。组织机构代码：72437031－4。

负责人：杨帆，该行行长。

委托代理人：符宁堂，广东千度律师事务所律师。

委托代理人：邱超劲，女，1977年8月16日出生，汉族，住广东省广州市海珠区新港西路135号大院。

被上诉人（原审原告）：广东中人企业（集团）有限公司，住所地：广东省广州市天河区上元岗中成路300号。企业法人营业执照注册号：440000000027599。

法定代表人：刘闻，该公司董事长。

委托代理人：张锡海、杨瑞华，均系广东法制盛邦律师事务所律师。

上诉人深圳发展银行股份有限公司佛山张槎支行（以下简称深发行张槎支行）为与被上诉人广东中人企业（集团）有限公司（以下简称中人公司）其他票据权益纠纷一案，不服广东省佛山市禅城区人民法院（2007）佛禅法民二指字第830号民事判决，向本院提起上诉。本院受理后，依法组成合议庭审理了本案，现已审理终结。

案经原审法院审理查明：中人公司因业务需要在深发行张槎支行处开立了结算账户，办理结算业务。2005年1月13日，江门市蓬江区五洲实业有限公司（以下简称五洲公司）向中人公司开具编号为AA02739713的商业承兑汇票一张，出票金额为500万元，汇票到期日为2005年5月13日，后中人公司将该承兑汇票向深发行张槎支行办理了票据贴现。2005年6月13日，深发行张槎支行擅自从中人公司账户上扣划了人民币500000元，自行部分实现了在该商业承兑汇票项下的再追索权。2005年7月29日，深发行张槎支行以前述商业承兑汇票到期未获付款为由，向佛山仲裁委员会申请仲裁，要求中人公司承担付款连带责任，佛山仲裁委员会于2006年11月10日作出（2005）佛仲字第061号裁决书，裁决书认为“申请人（即深圳发展银行佛山分行）在行使追索权时，有权直接从中人公司在申请人处开立的账户上扣收上述金额（500000元）及费用……”2006年12月21日，中人公司向佛山市中级人民法院申请撤销（2005）佛仲字第061号裁决书，佛山市中级人民法院于2007年3月5日作出（2007）佛中法民二初字第6号民事裁定书，裁定撤销佛山仲裁委员会（2005）佛仲字第061号裁决书。

另查明，广东省高级人民法院已作出（2008）粤高法民二终字第35号民事判决书，对中人公司提出的深发行张槎支行不享有包括AA02739713商业承兑汇票在内的4张商业承兑汇票的再追索权的主张予以支持，认为深发行张槎支行无权向其前手即中人公司行使票据再追索权。

原审法院经审理认为：根据《中华人民共和国票据法》第六十二条的规定，“持票人行使追索权时，应当提供被拒绝承兑或者被拒绝付款的有关证明”，深发行张槎支行在未提供相关证明证实已以其名义向工商银行票据部支付了包括AA02739713商业承兑汇票在内上述4张商业承兑汇票金额，无权向中人公司行使再追索权，因此，深发行张槎支行擅自扣划了中人公司的500000元违反了法律规定，其扣划的款项应返还给中人公司，并从扣划之日起至判决确认还款之日止，按中国人民银行规定的同期商业贷款利率计算利息给中人公司。对于中人公司的其他诉讼请求，法院不予支持。为此，依照《中华人民共和国票据法》第六十二条、第六十五条，《中华人民共和国商业银行法》第七十三条第一款的规定，判决：一、深发行张槎支行应在判决发生法律效力之日起10日内返还500000元给中人公司，并从2005年6月13日起至判决确定还款之日止，按中国人民银行规定的同期商业贷款利率计付欠款利息给中人公司；二、驳回中人公司的其他诉讼请求。案件受理费9489元由深发行张槎支行承担。

上诉人深发行张槎支行不服原审法院前述判决，向本院提起上诉称：原审认定事实不清，适用法律错误。原审法院无视深发行张槎支行对中人公司案涉的500000元款项有权扣划之事实，对本案作出错误的裁断。据此请求：1. 撤销原审判决；2. 改判驳回中人公司的全部诉讼请求；3. 本案的一、二审诉讼费用由中人公司负担。

上诉人深发行张槎支行在二审期间向本院提供了由佛山市公安局出具的《不予立案通知书》与《不予立案情况说明》各一份，以证明五洲公司的法定代表人施荣汉承认该公司在商业承兑汇票到期后并无支付票据款，商业承兑汇票的付款主体非五洲公司，而系深发行张槎支行。对于前述证据材料，被上诉人中人公司发表意见如下：1. 证据的提交已逾举证期限；2. 该证据与本案无关，且其内容严重失实，不足以对抗广东省高级人民法院作出的生效判决；3. 佛山市公安局的侦查程序违法，其没有对与商业承兑汇票相关的当事人中人公司、工行票据营业部等作全面调查，且无视《票据详细信息》、中国人民银行支付系统专用凭证等重要书证，而仅引用施荣汉的口供，违反了相关部门规章的规定。关于前述两份证据材料的认证意见，详见“本院认为”部分。

被上诉人中人公司答辩称：一、原审认定事实清楚，适用法律正确。中人公司因业务发展需要在深发行张槎支行处开立了结算账户。2005年1月13日，五洲公司为偿还燃料油款，向中人公司开具了编号为AA02739713的商业承兑汇票一张，汇票金额为5000000元，汇票到期日为2005年5月13日。为办理该商业承兑汇票的贴现，2005年1月11日中人公司与深发行张槎支行签订了《承兑汇票贴现合同》。合同第五条约定，在中人公司将汇票背书转让给深发行张槎支行时，深发行张槎支行应及时将贴现款划入中人公司的账户；第十条约定，如深发行张槎支行在汇票到期时被拒付款，深发行张槎支行对中人公司拥有追索权。《承兑汇票贴现合同》签订后，中人公司依约将编号为AA02739713的商业承兑汇票背书转让给深发行张槎支行，深发行张槎支行也依约支付了贴现款。2005年2月24日，深圳发展银行佛山分行与中国工商银行票据营业部广州分部签订《商业承兑汇票转贴现（买断）合同》，约定将编号为AA02739713的商业承兑汇票转贴现给中国工商银行票据营业部广州分部。深发行张槎支行在获取编号为AA02739713的商业承兑汇票后，将该汇票背书给中国工商银行票据营业部广州分部，后由该分部背书给中国工商银行票据营业部。2005年5月16日，付款人五洲公司向中国工商银行票据营业部兑付了人民币5000000元。既然出票人五洲公司已向中国工商银行票据营业部兑付了到期票款，就不存在中国工商银行票据营业部向前手行使票据追索权，更不存在向中人公司行使再追索权的问题。然而，深发行张槎支行于2005年6月13日擅自从中人公司开具的账户中划走人民币500000元，并辩称是再追索于5月13日到期的编号为AA02739713汇票的票款。另外，广东省高级人民法院已作出（2008）粤高法民二终字第35号民事判决书，对中人公司提出的深发行张槎支行不享有包括编号AA02739713商业承兑汇票在内的四张商业承兑汇票的再追索权之主张予以支持，认为深发行张槎支行无权向其前手即中人公司行使票据再追索权。二、原审判决合法、合情、合理。深发行张槎支行于2005年6月13日擅自从中人公司开具的账户中划走人民币500000元，并辩称是再追索于5月13日到期的编号为AA02739713汇票的票款。根据《广东省监察厅派驻省国资委监察室查询存款通知书》显示：编号为AA02739713的商业承兑汇票已于2005年5月16日收回款项，这证明该商业承兑汇票不存在到期不付款的行为，深发行张槎支行依法不享有该商业承兑汇票的再追索权，更无权任意扣划中人公司的款项。原审判令深发行张槎支行返还500000元予中人公司，并从2005年6月13日起至判决确定还款之日止，按中国人民银行规定的同期商业贷款利率计付欠款利息，是合法、合情、合理的。请求驳回深发行张槎支行的全部上诉请求，维持原判。

被上诉人中人公司在二审期间未向本院提供新证据。

经审查，本院对原审法院查明的事实予以确认。

本院二审另审理查明：广东省高级人民法院作出的（2008）粤高法民二终字第35号生效民事判决中认定，编号分别为AA02739713、AA02739715、AA02739716、AA02739723的四张商业承兑汇票到期日，没有发生深发行张槎支行所称的中国工商银行票据营业部被拒绝付款、退票的情况，汇票的承兑人、付款人五洲公司已经向持票人中国工商银行票据营业部支付了该四张商业承兑汇票款项合计2000万元。

再查明：本案原审判决书所列的当事人称谓中，被告“深圳发展银行佛山张槎支行”的全称应为“深圳发展银行股份有限公司佛山张槎支行”。

本院认为：从上诉人深发行张槎支行提供的营业执照、金融许可证、组织机构代码证等企业登记资料的内容记载来看，其机构名称为深圳发展银行股份有限公司佛山张槎支行。原审判决书中将其列载为“深圳发展银行佛山张槎支行”，应属笔误，本院对此予以纠正。

双方当事人在二审期间争讼的焦点为上诉人深发行张槎支行从被上诉人中人公司的账户上扣划人民币500000元之行为是否具有合法理据。上诉人深发行张槎支行于本案原审诉讼期间及已审理终结的（2008）粤高法民二终字第35号票据追索权纠纷案中，一直主张在2005年6月13日从被上诉人中人公司的账户上扣划500000元，缘于再追索编号为AA02739713的商业承兑汇票之票款。而广东省高级人民法院在其作出的(2008)粤高法民二终字第35号民事判决中，确认了“编号分别为AA02739713、AA02739715、AA02739716、AA02739723的四张商业承兑汇票到期日，没有发生深发行张槎支行所称的中国工商银行票据营业部被拒绝付款、退票的情况，汇票的承兑人、付款人五洲公司已经向持票人中国工商银行票据营业部支付了该四张商业承兑汇票款项合计2000万元”之事实，并在此基础上判定上诉人深发行张槎支行无权就前述四张商业承兑汇票向其前手中人公司行使票据再追索权，要求被上诉人中人公司支付汇票金额。该判决现已发生法律效力。依生效裁判的既判力理论，判决一经生效，即产生事实预决效力及诉讼标的确定力。事实预决效力指已为法院发生法律效力的裁判所确认的事实在后诉中能够产生预决效力，主张此类事实的当事人，无须另行举证，后诉法院应当直接采用预决事实或者不得作出与预决事实相矛盾的判断，除非当事人提供相反证据推翻了此类事实。诉讼标的确定力则指法院作出的终局判决一旦生效，当事人和法院都应当受到该判决内容的拘束，当事人不得在以后的诉讼中主张与该判决主文相反的内容，法院也不得在以后的判决中作出与该判决主文冲突的判断，除非通过特别程序，如审判监督程序，否则判决不能撤销或者变更。由此，本案应受前诉中已作出的有既判力的裁断结论之羁束。既然上诉人深发行张槎支行就案涉的编号为AA02739713的商业承兑汇票，对被上诉人中人公司不享有票据再追索权，无权要求被上诉人中人公司支付汇票款项，则上诉人深发行张槎支行此前从被上诉人中人公司的账户扣收500000元以追索票据款项之行为即不具有正当的权利基础，且不符合双方当事人订立的《承兑汇票贴现合同》之约定。因根据《承兑汇票贴现合同》第十条的约定，上诉人深发行张槎支行可直接从被上诉人中人公司的账户上扣收款项的前提条件，为汇票到期时被拒绝付款，上诉人深发行张槎支行对被上诉人中人公司拥有票据追索权。原审在此情况下认定上诉人深发行张槎支行擅自扣收款项的行为有违法律及合同规定，进而判令上诉人深发行张槎支行返还所划款项正确，本院予以确认。上诉人深发行张槎支行主张案涉商业承兑汇票项下的款项实由深圳发展银行所支付，其作为票据权利人对被上诉人中人公司享有票据追索权等。对此，本院认为，上诉人深发行张槎支行的此项述称，实质系对前诉生效判决内容提出相异主张。上诉人深发行张槎支行若认为已经发生法律效力的生效判决确有错误，且其有新的证据足以推翻原生效判决的，可另循法定途径申请处理，而在前诉生效裁判未经任何特别程序所撤销或者变更之情形下，本案应受该诉中已作出的有既判力的裁断结论之羁束，故对上诉人深发行张槎支行提出的前述主张，本院不予采纳。上诉人深发行张槎支行在二审期间提供的《不予立案通知书》与《不予立案情况说明》等材料，因在证据效力方面较人民法院已经发生法律效力的民事判决为低，本院不予采信。

上诉人深发行张槎支行在二审期间补充提出一项新的诉讼理由，即票据贴现实为一种贷款法律关系，其有权基于此种法律关系以贷款人的身份向被上诉人中人公司要求归还借款。对此，本院认为：票据贴现，依部门规章之规定，为贷款人以购买借款人未到期商业票据的方式发放的贷款。此项定义揭示了票据贴现与一般贷款的共同点，但票据贴现同时亦具有自身的法律特征。这些特征使得票据贴现与一般贷款间存在多项不同点，如资金使用范围与条件不同，即贴现申请人获得的票款可根据自己的意志支配，不受贴现人的限制，一般贷款则因银行出于风险考虑以及国家产业政策往往都会明确规定资金的用途，使借款人资金所有权行使的范围受到了一定的限制，且贷款银行有权监督检查其资金使用情况；法律关系不同，票据贴现体现了贴现申请人与贴现人的权利义务以及贴现人与票据付款人（承兑人）之间的权利义务关系，在票据权利转让后，贴现申请人只负责担保该票据到期付款的责任，而此种担保责任系基于票据行为本身和票据法的规定发生，一般贷款则体现了贷款银行与借款人之间的民事法律关系；关系成立方式不同，即票据贴现具有背书转让票据权利的票据行为，而一般贷款则没有票据行为，且须双方法律行为才能成立，等等。上诉人深发行张槎支行的前述主张，实质割裂了票据贴现行为之法律性质、特征予以考量。在本案中，围绕编号为AA02739713的商业承兑汇票之融资放贷，上诉人深发行张槎支行与被上诉人中人公司之间仅订立了一份《承兑汇票贴现合同》，故双方的权利义务关系应受该合同约定及票据贴现法律行为规范的调整。如前所述，由于就编号为AA02739713的商业承兑汇票之融资放贷关系，上诉人深发行张槎支行向被上诉人中人公司追索票款的条件并不成就，上诉人深发行张槎支行从被上诉人中人公司的账户扣收500000元以追索票据款项之行为不合《承兑汇票贴现合同》之约定，故上诉人深发行张槎支行须依法返还其所划款项。

据此，依照《中华人民共和国民事诉讼法》第一百五十三条第一款第（一）项之规定，判决如下：

驳回上诉，维持原判。

二审案件受理费8800元，由上诉人深圳发展银行股份有限公司佛山张槎支行负担。上诉人深圳发展银行股份有限公司佛山张槎支行已预交二审案件受理费9489元，多交的689元受理费经上诉人深圳发展银行股份有限公司佛山张槎支行申请后，由本院向其退回。

本判决为终审判决。

审　判　长　怀晓红
代理审判员　张　文
代理审判员　林炜烽
二〇〇九年十一月二十四日
书　记　员　梁碧姬

【评析】

该民事判决书制作文体结构完整、规范；用语流畅、严谨；记载的案件审理过程清晰；诉辩双方的事实主张、证据表述客观、准确；并能较准确地把握争议事实，提炼审理焦点，运用法理分析方法，基本阐明事理，辨析法律关系异同；适用法律条文准确，被评为2010年全省法院优秀裁判文书。该判决书的着墨重点与亮点在于裁判说理部分，体现了层次分明、环环相扣、说理充分的特点。它紧紧围绕当事人上诉提出的主张、理由，条分缕析，对生效裁判的既判力、票据贴现与一般贷款的异同等与案件相关的法理问题予以了详细论述，并把论证过程中的论点与查明的事实有机地结合起来，逐步展现裁判结论的心证形成过程，论点与论据之间的逻辑紧密，既充分体现了裁判者的居中性，也反映了审判的公正理性。判决书对每个争点问题的扎实论述，力践依法裁判，以理服人。

●顾吉秀等与广东雅洁五金有限公司
变更工伤事故损害赔偿协议纠纷一案民事判决书

广东省佛山市中级人民法院

民 事 判 决 书

（2009）佛中法少民终字第18号

上诉人（原审原告）：顾吉秀，女，1945年5月29日出生，汉族，住四川省宣汉县华景镇鲢鱼村三组27号，系死者王天英的母亲，公民身份号码：513022194505297583。

上诉人（原审原告）：王先永，男，1938年12月18日出生，汉族，住四川省宣汉县华景镇鲢鱼村三组27号，系死者王天英的父亲，公民身份号码：513022193812187590。

上诉人（原审原告）：陈前前，男，1997年1月20日出生，汉族，住四川省宣汉县华景镇佛耳坝村三组5号，系死者王天英的长子，公民身份号码：513022199701207576。

上诉人（原审原告）：陈学超，男，1998年11月6日出生，汉族，住四川省宣汉县华景镇佛耳坝村三组5号，系死者王天英的次子，公民身份号码：513022199811067578。

上诉人陈前前、陈学超的共同法定代理人：陈文果，男，1974年12月28日出生，汉族，住四川省宣汉县华景镇佛耳坝村三组5号，系上诉人陈前前、陈学超的父亲，本案第三人。

上列四上诉人的共同委托代理人：冉崇圣，四川聚鑫律师事务所律师。

上诉人（原审被告）：广东雅洁五金有限公司（以下简称雅洁公司），住所地：广东省佛山市南海区大沥长虹岭工业园长岗北路。

法定代表人：曹国基。

委托代理人：欧志强、王树林，广东通法正承律师事务所律师。

原审第三人：陈文果，男，1974年12月28日出生，汉族，住四川省宣汉县华景镇佛耳坝村三组5号，系死者王天英的丈夫，公民身份号码：513022197412287574。

上诉人顾吉秀、王先永、陈前前、陈学超、雅洁公司因变更工伤事故损害赔偿协议纠纷一案，不服广东省佛山市南海区人民法院（2008）南民一初字第2548号民事判决，向本院提起上诉。本院受理后，依法组成合议庭进行了审理，现已审理终结。

原审判决认定：2006年9月3日下午17时55分，被告雅洁公司的员工王天英下班后骑自行车回住处发生交通事故受伤，后送院抢救无效死亡。2006年9月12日王天英的丈夫申请工伤认定，同年10月8日被受理，同年12月6日佛山市南海区劳动和社会保障局作出佛南劳社伤认（2006）08815号《工伤认定书》，认定为不属于工伤。原告不服，申请行政复议。2007年3月29日佛山市南海区人民政府作出南府复决［2007］13号《行政复议决定书》，撤销佛南劳社伤认（2006）08815号《工伤认定书》，由佛山市南海区劳动和社会保障局在收到该决定书之日起15日内重新作出工伤认定。然而佛山市南海区劳动和社会保障局迟迟没有重新作出工伤认定，原告于是提起行政诉讼。

2007年4月24日，在佛山市南海区大沥镇劳动争议调解领导小组的主持下，第三人陈文果（向被告提交了王先永、顾吉秀两人的公证授权委托书）代表王先永、顾吉秀、陈文果、陈前前、陈学超作为乙方与被告雅洁公司作为甲方签订了《协议书》一份，主要内容为：甲乙双方对王天英死亡一事，就相关法律法规已作了充分了解，对其死亡事宜自愿不再继续进行相关的工伤认定程序（注：已作工伤认定，进入复议程序），并自愿就补偿事宜达成协议如下：1. 双方自愿放弃王天英死亡一事的工伤认定复议及行政诉讼权利；2. 由甲方向乙方一次性补偿人民币90000元（此费用包括王天英生前工资、丧葬补助金、供养亲属抚恤金、一次性工亡补助金、抢救费、住宿费、交通费及其他未提及事项的费用等一切费用）；3. 甲方支付给乙方应领取的上述款项后，甲方即已履行完毕对乙方的所有法律责任，以后不再承担乙方所提出的任何民事责任；4. 签订本协议后，乙方不得在甲方处及其客户单位作出任何的骚扰行为及恶意中伤行为，否则甲方有权作出法律追究。王天英的哥哥王天兵在《协议书》上见证人处签名并捺印，调解员曾国华、李英林也在《协议书》上签名并加盖“佛山市南海区大沥镇劳动争议调解领导小组”办公室印章。陈文果于当日收到该补偿款，并向雅洁公司出具《收据》，由陈文果在“收款人”处签名并捺印。

2007年6月8日，佛山市南海区劳动和社会保障局作出佛南劳社伤认（2007）04318号《工伤认定书》，认定王天英死亡属于工伤。2007年7月5日，原告撤回行政诉讼。

2008年3月24日原告以邮寄方式向原审法院提起诉讼，请求变更上述《协议书》的赔偿数额，原审法院审查后于2008年4月21日以《通知》形式告知原告需先行申请劳动仲裁。2008年5月28日原告申请劳动仲裁，佛山市南海区劳动争议仲裁委员会于2008年6月2日以已超过劳动争议仲裁受理时限为由作出南劳仲不字［2008］263号《不予受理通知书》。原告在法定期限内向原审法院提起诉讼。

另查，2006年9月12日，陈文果向佛山市南海区大沥劳动和社会保障所申请劳动争议调解，并提交了《调解申请书》、《调解方案》等材料。《调解申请书》申请请求为：支付申请人安葬补助费11016元、一次性工亡补助金88128元、抚恤金202800元、处理工亡费用8200元，共计310144元。《调解方案》要求为：一次性工亡补助金88128元、供养直系亲属抚慰金201240元、家属处理事故费用8130元，共计297498元。

再查，王天英工亡前12个月的平均工资为1175元。原告王先永、顾吉秀是王天英的父母，原告陈前前、陈学超均是王天英的儿子，第三人陈文果是王天英的丈夫。原告为处理事故而支付了住宿费用452元、餐费968元、交通费用1547元、工商查询费用60元、其他杂费75.50元。

又查，原告已与交通事故责任方达成协议，一次性从事故责任方得到交通事故损害赔偿款155000元。交通事故责任方另行支付了抢救费13610.70元。

原审判决认为，本案争议焦点在于：（一）关于王天英的身份及原告诉讼主体资格问题；（二）关于本案诉讼时效的问题；（三）关于《协议书》的效力及是否应当变更的问题。

（一）关于王天英的身份及原告诉讼主体资格问题。案件中，双方对于死者王天英的身份是确定的，争议的问题在于王天英的出生时间的确定。案件中，死者家属已经提供了当地户籍登记管理机关出具的《常住人员登记表》、公证处出具的“亲属关系公证书”，本案原告与王天英之间的亲属关系是可以认定的，而且双方在处理工伤损害赔偿过程中已以《协议书》的形式对王天英的身份及其与原告的身份进行了确认。被告对此提出的异议不成立，不予采纳。

（二）关于本案诉讼时效的问题。经查，第三人陈文果代表原告及本人于2007年4月24日与被告雅洁公司签订《协议书》，原告于2008年3月24日以邮寄方式向原审法院提起诉讼，请求变更上述《协议书》的赔偿数额。原告于2008年3月24日向原审法院提起变更之诉，属于主张权利，引起诉讼时效中断，诉讼时效从该日重新计算，而且至该日止尚未超过一年的诉讼时效。后来，原告申请劳动仲裁后不服佛山市南海区劳动争议仲裁委员会于2008年6月2日作出的南劳仲不字［2008］263号《不予受理通知书》，于2008年6月23日向原审法院提起诉讼，亦未超过上述诉讼时效。故被告关于本案已过诉讼时效的辩称，不予采纳。

（三）关于《协议书》是否应当变更的问题。《中华人民共和国合同法》第五十四条规定，因重大误解订立的合同，在订立合同时显失公平的合同，当事人一方有权请求人民法院或者仲裁机构变更或者撤销；当事人请求变更的，人民法院或者仲裁机构不得撤销。《最高人民法院关于审理劳动争议案件适用法律若干问题的解释》第二十条第二款规定，对于追索劳动报酬、养老金、医疗费以及工伤保险待遇、经济补偿金、培训费及其他相关费用等案件，给付数额不当的，人民法院可以予以变更。首先，关于是否存在重大误解的问题。本案中，第三人陈文果代表原告及本人于2007年4月24日与被告雅洁公司签订《协议书》之前，已向仲裁委员会提交了《调解申请书》、《调解方案》等材料，该两份材料显示，第三人陈文果是清楚知道如果王天英死亡被认定为工伤可以得到的赔偿项目及数额的，但其仍然签订了上述协议，故可以认定第三人陈文果在签订上述协议时不存在重大误解行为。相反，可以认定第三人陈文果签订上述协议时是对其权利作出了处分。其次，关于是否存在显失公平的问题。需要从王天英死亡被认定为工伤可以得到的赔偿数额方面来考察。根据《工伤保险条例》、《广东省工伤保险条例》的相关规定，王天英死亡被认定为工伤可以得到的赔偿项目及数额包括：丧葬补助金11016元（按上年度职工月平均工资发给6个月：1836×6=11016元）、一次性工亡补助金88128元（按上年度职工月平均工资发给48个月：1836×48=88128元）、供养亲属抚恤金112800元（按职工本人工资的30%发给供养直系亲属，抚恤金之和不得高于职工本人生前的工资，原则上按月发放；参照佛山市劳动和社会保障局佛劳社［2004］

106号文件精神，可一次性发放，按以下标准发放：不足18周岁的人员计算至18周岁；65周岁以下的计发10年；65周岁以上的计发5年。根据上述规定，王天英工亡时，顾吉秀61周岁，供养年限为10年；王先永67周岁，供养年限为5年；陈前前9周岁零8个月，供养年限为8年零4个月；陈学超7周岁零10个月，供养年限为10年零2个月；第1－5年抚恤金为1175元×12×5×100%＝70500元；第6年至8年零4个月为1175元×2年零4个月×90%＝27495元；第8年零4个月至第10年为1175元×1年8个月×60%＝14100元；第10年至第10年零2个月为1175元×2×30%＝705元；以上费用合计112800元)，以上合计211944元。对比上面两个赔偿金额，《协议书》给付金额不到应得到赔偿金额的一半，可见上述签订的《协议书》内容有失公平，损害一方当事人的权益。根据上述法律规定，当事人一方即本案原告有权请求人民法院予以变更。因此，原告的变更请求原审法院予以支持。但变更的幅度应由原审法院根据本案的具体情况予以酌定，考虑到《协议书》是在赔偿权利人即原告和第三人一方清楚知道己方权利的情况下，在劳动争议调解领导小组参与的情况下签订的，作为赔偿权利人是对其权益作出了部分的处分即放弃，故酌定由赔偿义务人在原《协议书》的基础上另行赔偿50000元予原告和第三人。原告的其他诉讼请求，不予支持，予以驳回。

为此，依照《中华人民共和国合同法》第五十四条、《最高人民法院关于审理劳动争议案件适用法律若干问题的解释》第二十条第二款的规定，判决：一、被告广东雅洁五金有限公司应于本判决生效之日起十日内在原《协议书》的基础上另行支付工伤事故损害赔偿款50000元予原告顾吉秀、王先永、陈前前、陈学超和第三人陈文果；二、驳回原告的其他诉讼请求。如果未按本判决指定的期间履行给付金钱义务，应当依照《中华人民共和国民事诉讼法》第二百二十九条之规定，加倍支付迟延履行期间的债务利息。本案受理费10元，由被告负担。

上诉人顾吉秀、王先永、陈前前、陈学超、雅洁公司均不服上述判决，向本院提起上诉。

上诉人顾吉秀、王先永、陈前前、陈学超上诉称：本案死者王天英虽然是农村农民，但其收入来自城市，居住地亦在城市，应视为城镇居民，按城镇标准予以赔偿。另外，原审判决并没有完全体现以人为本的原则，随着物价上涨，50000元作为被抚养人的生活费是十分有限的。综上，请求改判雅洁公司另行支付顾吉秀、王先永、陈前前、陈学超和第三人陈文果工伤事故损害赔偿款10万元。

上诉人顾吉秀、王先永、陈前前、陈学超在二审期间提交如下新的证据：四川省达州市佳诚公证处公证书，证明其委托代理人冉崇圣的代理权限。经质证后，上诉人雅洁公司认为上述公证书的真实性无法确认，原审第三人陈文果对上述公证书的真实性予以确认。本院认为，上述公证书符合《中华人民共和国公证法》第十一条第（十）项关于公证机构办理公证事项的规定，同时系按照国务院司法行政部门规定的格式制作，并由公证员加盖签名章并加盖公证机构印章。根据《中华人民共和国公证法》第三十二条的规定，公证书自出具之日起生效，故上述公证书系生效公证书。而根据相关法律、司法解释的规定，经过法定程序公证证明的文书，法院应当作为认定事实的依据，除非对方当事人提出足以推翻公证证明的相反证据。由于上诉人雅洁公司未能提供相反的证据，故上述公证书可以作为本案定案的依据。

上诉人雅洁公司上诉称：一、原审原告只能证明其是王天英的亲属，却无法证明死者的确就是王天英。但是，一审法院仅以双方签署《协议书》为由便认定双方确认死者的身份，显属不当。根据现有证据显示，死者的身份情况至少有三个版本：1. 根据死者生前向雅洁公司提供的身份证显示，死者姓名虽为王天英，但身份证号码为513022730324758，出生日期1973年3月24日，地址是四川省宣汉县华景鲢鱼村五社；2. 根据死者结婚证显示：姓名为王天英，身份证号码为513022740324758，出生日期1974年3月24日；3. 根据佛山市公安局南海分局交通警察大队登记的死者情况及其死亡时身份证记载，姓名为王天英，身份证号码为513022197510087584，出生日期1975年10月8日，住址是四川省宣汉县华景镇佛耳坝村三组5号。上述三个资料所记载的死者身份证号码、出生日期、地址均不相同，而原审原告提供的证据亦不能证明上述三份身份资料同属一人，更不能证明死者即是王天英。另外，死者在雅洁公司档案表中所填写的亲属情况，连丈夫、儿子的姓氏都搞错。因此，死者极有可能是冒充王天英的身份进入雅洁公司。

二、本案属于劳动争议纠纷，并不适用《中华人民共和国合同法》，而应当适用《中华人民共和国劳动法》及相关的劳动法律法规，原审原告已超过了要求支付工伤赔偿款的仲裁时效，应当驳回其诉讼请求。根据广东省高级人民法院的指导意见，2008年5月1日前发生的劳动争议案件，仲裁时效和起诉权的规定仍适用《劳动法》关于时效为60天的规定。2007年4月24日，雅洁公司与王天英家属的委托代理人陈文果签订协议书，并由雅洁公司支付了9万元，已经解决了赔偿事宜。2007年6月8日，佛山市南海区劳动和社会保障局作出工伤认定。无论是从签订协议之日还是认定工伤之日起计算，原审原告提起劳动仲裁申请时均已明显超过了仲裁时效，故仲裁机构作出不予受理的决定是正确的。而根据《最高人民法院关于审理劳动争议案件适用法律若干问题的解释》第三条的规定，原告无不可抗力或者其他正当理由的，应当驳回原告的诉讼请求。

三、王天英家属的委托代理人陈文果与雅洁公司系自愿签订协议书，双方当时都已清楚各种法律后果，是双方真实意思表示，不存在欺诈、胁迫、重大误解以及显失公平的情形，该协议合法、有效，且雅洁公司已按协议约定全额支付了补偿款9万元，也按协议约定对工伤认定结果未继续提出复议及行政诉讼，依据该协议雅洁公司也遭受了重大的诉讼权利损失，而一审法院以事后出现的法律事件作为变更权利的理由，更显失公平。雅洁公司与原审原告签订的协议是在佛山市南海区大沥镇劳动争议调解领导小组办公室的主持下进行的，事后也没有发生损害加重的情况或完全不可预见的问题，仅仅是双方对是否属于工伤在法律认识上存在差异。另外，在签订协议前原审原告已经获得交通事故赔偿款16万元，不存在经济或时间上的紧迫性，且原审原告当时委托律师代理，也不存在对法律误解、无知或缺乏经验等各种情形。双方在协议中约定自愿放弃工伤认定复议及行政诉讼权利，原审原告也不要求雅洁公司承担其他民事责任，属于当事人自行处分权利的行为，并不违反法律。协议签订后任何一方对未来的结果都不能确定，都具有风险性，所以，评价合同是否公平，应当以合同签订时已经存在的显失公平的事由来评价，而不能以事后发生的法律事件来评价。本案中，即使事后被认定为工伤，但该工伤结论是雅洁公司履行协议放弃诉讼权利的结果，如果以显失公平而变更合同，则属于以损害雅洁公司的合法利益为前提获得自己的利益。

四、一审法院用以计算赔偿款的法律依据不足，有违于常理，所以计算所得的赔偿款金额错误。根据《广东省工伤保险条例》的规定，供养亲属抚恤金应当是按月支付至失去供养条件为止，但是一审法院却一次性计算发放，并无任何法律上的依据，且佛山市劳动和社会保险局佛劳社［2004］106 号文件也没有规定用人单位可以一次性发放供养亲属抚恤金。根据《广东省工伤保险条例》的规定，供养亲属抚恤金发给由因工死亡职工生前提供主要生活来源、无劳动能力的亲属。根据中国传统的生活惯例，父母一般由成年儿子来抚养，因此顾吉秀、王先永不应当领取供养亲属抚恤金。同时，虽然王天英死亡，但尚有配偶陈文果生存，陈文果应当承担起抚养陈前前、陈学超的供养亲属抚恤金，也应当按照抚养人的份额来计算王天英应当承担的费用。而且，按照一审法院的算法，王天英整个月的工资全部用于供养亲属，完全是不合常理及不符合实际的。

综上，请求撤销原审判决，并依法驳回原审原告的全部诉讼请求。

上诉人雅洁公司在二审期间未提交新的证据。

本院二审期间依职权从南海区劳动和社会保障局调取工伤认定书、工伤认定书送达回证、快递邮件查询申请书、快递邮件详细单复印件，经当事人质证后，上诉人雅洁公司对上述证据的真实性无异议，原审第三人陈文果对上述证据没有意见，上诉人顾吉秀、王先永、陈前前、陈学超未发表意见。本院认为，上述证据系法定部门依职权出具，真实可信，可以作为本案定案的依据。

经审查，本院对原审认定的事实予以确认。

本院二审期间另查明，佛山市南海区劳动和社会保障局于 2007 年 6 月 21 日邮寄送达工伤认定书［佛南劳社伤认（2007）04318 号］，签收人为陈文川。

本院认为，本案争议焦点在于：（一）关于原审原告的诉讼主体资格问题；（二）关于本案时效的问题；（三）关于《协议书》的效力及是否应当变更的问题。

关于原审原告的诉讼主体资格问题。本案中，原审原告已经提供了四川省宣汉县公安局土黄派出所出具的《常住人员登记表》、四川省宣汉县公证处出具的公证书，足以认定原审原告与王天英之间的亲属关系。而在双方协商工伤赔偿的过程中，双方亦以《协议书》的形式对王天英的身份及其与原审原告的亲属关系进行了确认。另外，《协议书》中所载的王天英身份情况亦与佛山市南海区劳动和社会保障局工伤认定书、佛山市公安局南海分局交通警察大队交通事故认定书中所载的一致，因此，可以认定涉案事故的死者为王天英。雅洁公司虽对此有异议，但未能提供足够的证据予以推翻，故本院对原审原告的诉讼主体资格予以认可。

关于时效的问题。本案双方当事人在事故发生后就工伤赔偿曾达成《协议书》，该《协议书》属于平等主体之间设立、终止民事权利义务关系的协议，并非属于有关身份关系的协议，因此，如果一方当事人要求变更上述《协议书》，应适用《中华人民共和国合同法》第五十五条关于撤销权消灭的规定。本案中，工伤认定部门虽向陈文果邮寄送达工伤认定书，但签收人并非陈文果，亦无证据显示签收人陈文川系经过授权或是与陈文果同住的成年家属，故不能视为上述工伤认定书已经送达给工伤认定申请方。本案中，原审原告系以王天英的死亡被认定为工伤为由于 2008 年 3 月 24 日起诉请求变更

《协议书》，后原审法院于2008年4月21日以《通知》形式告知其需先行申请劳动仲裁。虽然工伤认定部门系2007年6月8日作出工伤认定，但并无证据显示相关部门已经将结论依法送达原审原告或原审第三人，故基于公平、合理的原则，本院以原审原告主张权利之日即2008年3月24日作为其知道或应当知道撤销事由之日。原审原告系2008年5月28日提起仲裁，故是在知道撤销事由之日起1年内行使撤销权。另外，本案系变更工伤赔偿数额，而非对款项的给付的争议，故仍属于劳动争议，应先申请劳动仲裁。关于劳动争议之日的确定，基于上述理由，本院亦以2008年3月24日作为劳动争议发生之日，但由于原审原告系向法院提起诉讼，故依据《最高人民法院关于审理劳动争议案件适用法律若干问题的解释（二）》第十三条第（二）项的规定，应视为仲裁期间的中断，应从原审法院通知原审原告提起仲裁时即2008年4月22日重新起算仲裁期间，而原审原告系2008年5月28日申请劳动仲裁，故未超过六十日的仲裁期间。雅洁公司主张本案已经超过相关时效，依据不足，本院不予采纳。

关于《协议书》是否应当变更的问题。《中华人民共和国合同法》第五十四条规定，因重大误解订立的合同、在订立合同时显失公平的合同，当事人一方有权请求人民法院或者仲裁机构变更。《最高人民法院关于审理劳动争议案件适用法律若干问题的解释》第二十条第二款规定，对于追索劳动报酬、养老金、医疗费以及工伤保险待遇、经济补偿金、培训费及其他相关费用等案件，给付数额不当的，人民法院可以予以变更。本案中，原审第三人陈文果代表原审原告及本人与雅洁公司签订《协议书》之前，已向仲裁委员会提交了《调解申请书》、《调解方案》等材料。从上述材料可见，原审第三人陈文果对于王天英死亡被认定为工伤可以得到的赔偿项目及数额是清楚的，陈文果在这种情况下仍然与雅洁公司签订了上述协议，故可以认定签订协议时并不存在重大误解的情形。但是，根据《工伤保险条例》、《广东省工伤保险条例》的相关规定，王天英家属因其死亡可以得到的工伤保险待遇为：丧葬补助金11016元、一次性工亡补助金88128元、供养亲属抚恤金112800元，以上合计211944元。与《协议书》约定的赔偿金额相比，《协议书》约定的赔偿金额不到法定赔偿金额的一半，可见上述签订的《协议书》内容有失公平，损害了原审原告的合法权益，应予变更。

关于供养亲属抚恤金的问题。根据法律的相关规定，王天英作为女儿及母亲有赡养父母和抚养子女的义务，同时根据劳动部《因工死亡职工供养亲属范围规定》第三条第（三）、（四）项的规定，依靠因工死亡职工生前提供主要生活来源，工亡职工父母男年满60周岁、女年满55周岁的，工亡职工子女未满18周岁的，可按规定申请供养亲属抚恤金。本案王天英死亡时，顾吉秀为61岁，王先永为67岁，陈前前与陈学超均未满18周岁。因此，原审认定顾吉秀、王先永、陈前前、陈学超属于供养亲属的范围，并无不当，本院予以维持。而根据规定，计算供养亲属抚恤金系根据职工工资的相应比例，雅洁公司主张按扶养人的份额，依据不足，本院不予采纳。另外，《工伤保险条例》及《广东省工伤保险条例》对用人单位支付供养亲属抚恤金的支付方式并无作出明确的规定，考虑到雅洁公司并未为死者购买工伤保险，而原审原告应得的抚恤金计算时间长达十年，且原审原告均非本地人口，基于公平、合理的原则，在无法律明文规定的情况下，根据本案实际情况，原审法院确定雅洁公司一次性向原审原告支付供养亲属抚恤金，处理恰当，本院予以维持。

因此，原审法院根据本案的具体情况，考虑到《协议书》是在赔偿权利人即原审原告和原审第三人一方清楚知道己方权利的情况下，在劳动争议调解领导小组参与的情况下签订的，作为赔偿权利人是对其权益作出了部分的处分即放弃，酌定由赔偿义务人在原《协议书》的基础上另行赔偿50000元予原审原告和原审第三人，处理恰当，本院予以维持。原审原告上诉请求雅洁公司另行支付100000元及雅洁公司上诉请求驳回原审原告诉请，理由均不充分，本院不予支持。

综上，原审认定事实清楚，适用法律正确，应予维持。依照《中华人民共和国民事诉讼法》第一百五十三条第一款第（一）项的规定，判决如下：

驳回上诉，维持原判。

二审受理费10元，由上诉人顾吉秀、王先永、陈前前、陈学超负担5元，由上诉人雅洁公司负担5元。

本判决为终审判决。

审 判 长 奉 芳
代理审判员 林 波
代理审判员 李永安
二○○九年五月八日
书 记 员 何丽容

【评析】

该判决书结构完整、规范，要素齐全，行文简洁、流畅、严谨，文字、标点符号使用正确，没有错别字，符合法院诉讼文书样式相关规定的要求；对于案件由来和审理过程的叙述完整、清晰，保证了案件事实叙述的公开性和完整性；对于当事人双方诉辩主张的归纳总结表述准确，详略得当，对当事人提交的及法院依职权调取的证据记载详细、客观，紧紧围绕当事人所提出的诉讼请求及所依据的事实；对证据的可采性、证明力和证据之间的关系分析透彻，事实认定能够反映出与相关证据之间的对应关系；准确把握争议事实，高度提炼审理焦点，并运用法律逻辑分析方法，深刻阐明事理，充分论证法理并展示法官的心证过程，详尽地阐述实体判决的理由，体现法官的法学理论功底及相关知识和综合素质；引用法律条文符合《最高人民法院关于裁判文书引用法律、法规等规范性法律文件的规定》的要求，并透彻分析法律适用与判决结论之间的关系。判决主文准确无歧义，具有可执行性，无漏判和多判情况，不失为优秀裁判文书。

●顺富国际有限公司等与贝亿德控股有限公司等涉外股权转让合同纠纷一案民事判决书

中华人民共和国广东省东莞市中级人民法院

民事判决书

（2007）东中法民四初字第223号

原告：顺富国际有限公司（Shun Fu International Ltd.），住所地：萨摩亚阿匹威伊街洛特贸商业中心二楼（Level 2，Loremau Centre Vaea Street，Apia Samoa）。

诉讼代表人：曾孟芬，该公司董事。

原告：曾孟芬，女，1960年8月14日出生，中国台湾地区居民，住台湾地区台北县永和市中溪里7邻仁爱路245号十楼，身份证号码：0677276305。

以上两原告之共同委托代理人：周红华、吴清发，均系广东君信律师事务所律师。

被告：贝亿德（英属维尔京群岛）控股有限公司［Vette Holding（BVI），Ltd.］，住所地：英属维尔京群岛托土拉罗德镇科穆尔·钱伯斯邮政信箱71号（Craigmuir Chambers，P. O. Box 71，Road Town，Tortola，British Virgin Islands）。

诉讼代表人：乔治·邓肯（George Philip Dannecker）。

委托代理人：汤瑞刚、胡华昌，均系广东赋诚律师事务所律师。

第三人：东莞顺富五金制品有限公司，住所地：广东省东莞市谢岗镇赵林工业区。

法定代表人：乔治·邓肯（George Philip Dannecker）。

委托代理人：河金英，广东赋诚律师事务所律师。

委托代理人：宋江南，广东赋诚律师事务所实习律师。

原告顺富国际有限公司（以下简称顺富国际公司）、曾孟芬诉被告贝亿德（英属维尔京群岛）控股有限公司（以下简称贝亿德公司）、第三人东莞顺富五金制品有限公司（以下简称东莞顺富公司）涉外股权转让合同纠纷一案，依照《中华人民共和国民事诉讼法》第二十四条、第二百四十一条的规定，本院依法对本案行使管辖权。本院于2007年9月25日受理后，依法组成合议庭，并于2008年4月16日公开开庭进行了审理。原告顺富国际公司及曾孟芬的共同委托代理人周红华、吴清发，被告贝亿德公司的委托代理人胡华昌，第三人东莞顺富公司的委托代理人河金英、宋江南出庭参加了诉讼。本案现已审理终结。

原告顺富国际公司及曾孟芬诉称：2004年9月10日，两原告与被告贝亿德公司签订《关于出售及购买东莞顺富五金制品有限公司100%股权的协议》。该协议约定，原告顺富国际公司将其持有的东莞顺富公司100%股权出售给被告贝亿德公司，曾孟芬为顺富国际公司与被告贝亿德公司的股权交易提供担保。根据该协议约定，被告贝亿德公司应向原告顺富国际公司支付：1. 首付现金807万美元；2. 分期现金对价共计126万美元，分为四期支付，每期付款分别在第一、二、三、四个周年日支付，每期支付315000美元；3. Vette Corp. 将Vette股票于分期付款日分配及发行给曾孟芬。根据该协议3.2条约定，被告应当于交割时向顺富国际公司支付首付现金对价，而被告于2004年10月1日向顺富国际公司支付了首付现金对价，因此2004年10月1日应认定为该协议项下的交割日，由此可见，分期付款日应为2006年4月30日，即Vette Corp. 应于2006年4月30日将Vette股票分配及发行给曾孟芬。根据该协议的内容，顺富国际公司已完成了以下工作：1. 被告贝亿德公司在2004年8月初指定台湾资诚会计师事务所的刘国佑到东莞顺富公司进行核查，两原告已配合其完成核查工作，并由刘国佑直接向被告交付了《审计报告》、《管理审计报告》，供被告贝亿德公司全面了解东莞顺富公司的财务、业务状况。2. 2004年9月20日，东莞顺富公司召开董事会会议，该董事会决议载明，顺富国际公司将其持有顺富国际公司的全部股权转让给被告。3. 东莞顺富公司的投资人于交割日前由原告顺富国际公司正式变更为被告贝亿德公司，原告顺富国际公司已完成工商登记变更手续。4. 原告也按照《协议》约定向东莞顺富公司增加缴付了36.32万美元的注册资本。5. 2004年9月底原告向被告交割东莞顺富公司，包括通过台湾资诚会计师事务所刘国佑将东莞顺富公司的文件、印鉴等移交给被告，因而被告已顺利接管东莞顺富公司并在工商行政管理局完成登记手续。但被告拒绝履行双方协议项下的支付义务，已违反了协议中的约定。在2004年10月1日支付了首期现金807万美元后，被告即明确表示拒绝支付其他款项。故在原告完全履行双方协议项下义务的前提下，被告拒绝支付分期对价和Vette股票的行为已经构成违约。根据合同法第一百六十七条、一百七十四条的规定，原告要求被告支付到期应付未付以及未到期的分期现金对价。另，根据最高人民法院《关于修改〈最高人民法院关于逾期付款违约金应当按照何种标准计算问题的批复〉的批复》及《中国人民银行关于外币借贷逾期利息计算等问题的批复》的规定，逾期付款违约金按每日万分之五的标准计算，外币借贷逾期按加收20%计算罚息。罚息的计算具体如下：第一期分期现金的对价315000美元，自2005年10月1日起暂计至2007年6月30日，其罚息为50644.44美元；第二期分期现金对价315000美元，自2006年10月1日起算暂计至2007年6月30日，其罚息为31670.74美元，两期罚息共72315.18美元。为维护原告合法利益，特向法院起诉，判令：1. 被告向原告顺富国际公司支付126万美元的股权转让对价；2. 被告立即向原告顺富国际支付126万美元中的63万美元的逾期付款罚息计至实际付款日，罚息标准按照每日万分之二点一再加收20%的标准计算，其中第一期款项315000美元自2005年10月1日起算，暂计至2007年6月30日是50644.44美元，第二期315000美元自2006年10月1日起算，暂计至2007年6月30日是21670.74美元。上述两项请求标的额按7.5218的汇率折合人民币10085990.56元；3. 判令被告承担本案诉讼费用。原告另于2008年1月24日向本院提交了增加诉讼请求申请书，称基于第三期款项已到期，故增加诉求：判令被告立即向原告支付第三期款项315000美元的逾期付款罚息至实际付款日，罚息标准按照每日万分之二点一再加收20%的标准计算，自2007年10月1日起算，计至被告实际付款日为止。

原告顺富国际公司及曾孟芬于举证期限内向法院提供的证据有：1.《关于出售及购买东莞顺富五金制品有限公司100%股权的协议》（以下简称《协议一》）及其中文译件，用以证明双方存在股权交易关系；2. 付款凭证，用以证明被告于2004年10月1日支付了首付现金对价，2004年10月1日应当确定为交割日；3. 东莞顺富公司于2004年9月20日召开的董事会会议的决议，用以证明股权转让已获得东莞顺富公司董事会的同意；4. 工商登记变更证明，用以证明顺富国际公司依约完成了工商登记变更手续；5. 顺富国际公司向东莞顺富公司增加缴付注册资本的验资报告及付款凭证，用以证明顺富国际公司已依约增加了东莞顺富公司注册资本；6. 被告向原告发送的有关函件，用以证明被告至今未履行支付分期现金对价和分配及发行Vette股票的义务；7.（2007）东证内字第9867号、9868号《公证书》，用以证明原告在起诉前仍向被告催款。原告于开庭时向本院补充提交了《股权转让协议》（以下简称《协议二》）。原告于开庭后向法院补充提交了《关于在登记处恢复已被除名公司的命令》。

被告贝亿德公司辩称：一、关于股权转让价。根据贝亿德公司提供的董事会决议，双方生效的协议应是被告提交的三页版的《股权转让协议》（以下简称《协议三》），而不是《协议一》，被告已经按照《协议三》的约定，及时足额支付全部股权转让款2560万港元，原告无权要求贝亿德公司继续支付额外的股权转让金。二、关于交割义务。原告并未将《协议一》提交东莞顺富公司董事会审议，也未到东莞市外经贸局办理相关行政手续，原告提交审议和审批的是《协助三》，原告无权要求被告按照《协议一》履行付款义务；三、税务弥偿。若以原告提交的《协议一》为准，则原告应当根据该协议第3.6条的规定，向东莞市外经贸局和东莞市地税局申报并缴纳税项，但直至2008年4月2日，原告未向东莞市外经贸局和东莞市地税局申报税项，原告应先承担所有税款及滞纳金才能要求被告承担支付后续款项，且根据前述协议3.6条的约定，被告也有权扣除或抵消该税款数额。因而原告无权要求被告依照《协议一》履行付款义务；四、东莞顺富公司从2002年开始经营状况持续恶化，根据被告提供的被告综合财务报表可以看出，东莞顺富公司在2002年业务状况就发生恶化，一直持续到2003、2004年和该协议完成之后。2005年，东莞顺富公司的经营状况继续恶化，在前三个季度的收入一直持续萎缩。鉴于原告违反该协议附件2的4（A）（iv）、4（B）（iii）、4（C）（iv）和6（D）条，若以原告提交的《协议一》为准，被告可依照该协议第3.5条和第5.2条的约定，拒付分期现金对价以抵消业务萎缩所造成的损失。综上，被告已经全额支付股权转让对价，原告的诉讼请求没有事实和法律依据，请求法院依法驳回原告的诉讼请求。被告贝亿德公司另于开庭时补充答辩意见称：东莞顺富公司的不良经营状况是由于原告夸大经营状况，并且存在不正当竞争而引起的。若以原告提交的《协议一》为准，被告未依照该协议第5.1（c）条、第9.4条、第9.5条的约定，在交割日后12个月内，删去英文名称中的“Shun Fu”和中文名称中的“顺富”，被告可依照该协议第5.2条的约定，拒付分期现金对价。

被告贝亿德公司提交法庭的证据有：1.《股权转让协议》（即《协议三》），用以证明原被告之间的股权交易金额为2560万港元；2.《有关东莞顺富五金制品有限公司的股权转让协议》，用以证明原被告之间存在多份股权交易协议；3. 付款证明和财务报表，用以证明被告支付股权转让款和东莞顺富公司财务状况；4. 东莞顺富公司季度收入趋势，用以证明东莞顺富公司的季度收入不断下降；5. 加工贸易加工企业生产能力证明，用以证明原告存在虚假财务报表的情况；6. 东莞亿富五金制品有限公司章程，用以证明东莞亿富五金制品有限公司重大权益问题的决议方式；7. 东莞亿富五金制品有限公司补充章程之一及批复，用以证明东莞顺富公司原名称及变更时间；8. 东莞顺富公司补充章程之三及批复，用以证明东莞顺富公司股权结构发生第一次变更的情况；9. 东莞顺富公司补充章程之四及批复，用以证明东莞顺富公司股权结构发生第二次变更的情况；10. 东莞顺富公司补充章程之五及批复，分次出资明细表，用以证明被告收购股权后增加投资、投资效果及原因；11. 东莞顺富公司 2003 年度企业年检数据卡、资产负债表，用以证明东莞顺富公司 2003 年度财务状况。被告于开庭时向法院补充提交《协议一》的中文译本。

本院另依照被告的申请到东莞市外经贸局调取了四份证据：1. 东莞顺富公司董事会决议；2. 顺富国际公司董事会决议；3. 东莞顺富公司补充章程之四；4. 2004 年 9 月 10 日的《股权转让协议》。

第三人东莞顺富公司辩称：一、原告顺富国际公司及曾孟芬与被告贝亿德公司的生效协议应该是《协议三》，且该文件已经得到东莞市外经贸局批准；二、被告贝亿德公司已经向原告支付转让款，而且多支付了。请求法院驳回原告的诉讼请求。

第三人东莞顺富公司没有向法院提交任何证据。

经质证，被告贝亿德公司对原告提交的证据 1 的英文件的真实性没有异议，但对中文译本提出异议；对证据 2 的真实性予以认可，但认为数目有部分差异；对证据 3、4、5 的真实性没有异议；对证据 6 的真实性不予确认；对证据 7 的真实性予以确认，但认为只是公证了邮件寄出的过程，但邮件最后到了哪里不清楚。对原告于开庭时提交的《协议二》认为不是新证据，且已过举证期限。对原告于开庭后补充提交的《关于在登记处恢复已被除名公司的命令》，认为不能说明原告已履行除去"顺富"字眼的合同义务。对第三人东莞顺富公司对原告提交的证据 1 的真实性不予确认，因为这不是其签订的；对证据 2、3、4、5 的真实性予以确认；对证据 6 的真实性不予确认，因为没有对邮件网页录入的过程进行公证，对函件的出处无法确认；对证据 7 的真实性不予确认，认为公证有瑕疵，邮件回单是谁签收，什么时候签收等都没有证明。对原告于开庭时提交的《协议二》认为不是新证据，且已过举证期限。对原告于开庭后补充提交的《关于在登记处恢复已被除名公司的命令》，认为不能说明原告已履行除去"顺富"字眼的合同义务。

原告顺富国际公司对被告提交的证据 1 的真实性不予确认，认为该协议与工商局备案的协议有出入；对证据 2 的真实性不予确认；对证据 3 的真实性予以确认；对证据 4 的真实性不予确认，认为所涉数据是贝亿德公司单方整理的数据；对证据 5、7 的真实性不予确认；对证据 6 的真实性予以确认，但认为属于亿富公司而不是第三人东莞顺富公司的章程，与本案无关；对证据 8、9、10、11 的真实性予以确认。原告对本院在东莞市外经贸局调取的四份证据的真实性予以确认。第三人东莞顺富公司对被告提交的证据 1 的真实性予以确认；对证据 2 的真实性不予确认；对证据 3、4、5、6、7、8、9、10、11 的真实性予以确认。第三人对本院在东莞市外经贸局调取的四份证据的真实性予以确认。

对于被告提交的《协议一》的中文翻译，原告除对《协议一》第 11.4 条，附件二保证中第 1 条（B），第 6 条（A）（i）、（B）、（F）（J），第 8 条（B）、（C），第 11 条（C），第 14 条（H），第 16 条（D），第 17 条（B），附件三交易完成之前的限制行为第 6 条，附件六税务弥偿契约第 2.01 条、第 2.01 条第（b）项（i）、第 2.04 条，附件七环境污染弥偿契约第 2.04 条、第 3.02 条的译文提出异议外，对其他译文没有异议。被告同意在被告提供的译文的基础上采纳原告就译文提出的上述异议。

案经本院审理查明：原告顺富国际公司于 2002 年 5 月 8 日在萨摩亚注册登记成立，登记英文全称为“SHUN FU INTERNATIONAL LTD”，诉讼代表人为其董事曾孟芬。被告贝亿德公司于 2004 年 6 月 8 日在英属维尔京群岛登记设立，登记英文全称为“Vette Holding（BVI），Ltd.”，诉讼代表人为其董事乔治·邓肯（George Philip Dannecker）。第三人东莞顺富公司原名“东莞亿富五金制品有限公司”，是（台湾）顺富投资企业股份有限公司于 1998 年 12 月 21 日在广东省东莞市投资成立的外商独资经营企业。2001 年 6 月 1 日，东莞市对外贸易经济合作局作出东外经资［2001］0768 号《关于独资企业东莞亿富五金制品有限公司补充章程之一的批复》，同意“东莞亿富五金制品有限公司”变更名称为现用名“东莞顺富五金制品有限公司”。2002 年 9 月 23 日，东莞市对外贸易经济合作局作出东外经资［2002］3701 号《关于独资企业东莞顺富五金制品有限公司补充章程之三的批复》，同意“原投资方（台湾地区）顺富投资企业股份有限公司退出独资企业，将其在独资企业的全部股权转让给（萨摩亚）顺富国际有限公司”。

2004 年 9 月 10 日，顺富国际公司、贝亿德公司与曾孟芬一同签订了《协议一》，协议英文名为 Agreement for the sale and purchase of 100% of the equity interest in 东莞顺富五金制品有限公司（Dongguan Shun Fu Metal Products Co.，Ltd.），称鉴于曾孟芬为顺富国际公司大部分已发行股本的实益所有人，顺富国际公司是东莞顺富公司全部股权和已缴注册资本唯一合法实益所有人，顺富国际公司同意出售，且贝亿德公司同意购买东莞顺富公司的全部股权和全部已缴注册资本的买卖股本。《协议一》第 10.1 条约定，曾孟芬不可撤销并无条件地向买方保证，其作为第一债务人而不仅仅是担保人，将保证卖方按期履行其在本协议、《税务弥偿契约》及《环境弥偿契约》项下的所有义务。《协议一》第 1.1 条定义约定“周年纪念日”是指交易完成日的周年纪念日。“交易完成”是指受限于诸条件的实现，指买卖股本买卖的完成，或在上下文要求时，指各方对第 5 条所述几项义务的履行。“交易完成日”是指将依据第 5 条完成交易的营业日，即在条件实现日期后 5 个营业日的日期，或各方同意的其他日期。“条件实现日期”是指所有条件已实现至买方满意的日期，由买方以书面形式向卖方进行确认或被买方根据第 4.5 条放弃。“条件实现的最后期限”是指 2004 年 9 月 30 日或各方同意的其他较晚的日期。“《股权转让协议》”是指与买卖股本的转让有关的协议，该协议将由卖方按批准的格式签署，以买方为受益人。“首期现金对价”是指根据第 3.2 条的规定应付的 807 万美元。“递延现金对价”指依据第 3.3 条的规定，买方应分四期支付给卖方的共计 1260000 美元的款项。《协议一》第 3.1 条约定：出售买卖股本的对价应为下列各项的总和：（i）首期现金对价，（ii）递延现金对价及（iii）Vette 股本。第 3.3 条约定：受限于第 3.5 条，贝亿德公司应分四项向卖方支付递延现金对价。第一期应在第一个周年纪念日支付，第二期应在第二个周年纪念日支付，第三期应在第三个周年纪念日支付，第四期应在第四个周年纪念日支付。《协议一》第3.5条约定：如买方对本协议、《税务弥偿契约》或《环境弥偿契约》项下的诸承诺方一方或双方提出申索，则买方有权在法律允许的最大限度内，在不损害其可能享有的任何其他权利的情况下，在买方向卖方发出该等申索的通知之日后立即从任何到期的未来分期付款中（按时间顺序）扣除和抵销该等申索的相关数额……《协议一》第4.1条约定：在满足以下诸条件之后，本协议的交易方视为完成……第4.3条约定：在所有条件实现的日期（即条件实现日）应在所有条件实现后由买方尽快以书面形式向卖方进行确认。《协议一》第5.1条约定：在受限于诸条件已妥为实现或放弃的情况下，交易完成应在交易完成日期的当日，于买方律师的办事处进行（或各方同意的其他地方）发生，同时进行下列所有（并非仅为其部分）事项：……（c）卖方的董事会和股东会应通过决议，批准卖方向萨摩亚群岛的公司登记处提交申请及/或申报并在交易完成日后的12个月内（或买方可能自行同意的更长的一段时间内）采取所有其他必要的行动变更卖方的公司名称以取消该名称中的英文字“Shun Fu”和中文字“顺富”；（d）买方应通过电汇的方式向卖方的银行账户汇出（或促成汇出）首期现金对价，该账户在交易完成之前的不少于3个营业日内由卖方以书面方式具体说明。第5.2条约定：任何一方无须完成本协议或履行本协议项下的任何义务，除非所有其他方完全遵守第5.1条项下的义务。《协议一》第9.4条约定：诸承诺人共同承诺在交易完成日后的12个月内（或买方可能自行同意的更长期间）变更卖方的公司名称以取消英文名“Shun Fu”和中文名“顺富”，并向买方送达书面证明，如卖方名称变更的证书的复印件（或其他类似书面证明），证明卖方的公司名称在交易完成日后的12个月内（或买方可能自行同意的更长期间）不再包括英文名“Shun Fu”和中文名“顺富”。第9.5条约定：诸承诺人向买方连带承诺他们将不（并将促使他们的关联人士、配偶、子女及其他亲戚也将不）以英文名“Shun Fu”或中文名“顺富”或以任何其他类似的或令人误解的名称在第一个周年纪念日后（或买方可能自行同意的较晚日期）进行交易。《协议一》第15条“管辖法律及司法管辖权”约定：本协议受香港法律管辖并根据香港法律予以解释。各方在此不可撤销地服从位于台湾的法院的非排他性的司法管辖，且放弃以地点和不便法庭为由而对在台湾进行诉讼程序的任何反对权。

同日即2004年9月10日，顺富国际公司与贝亿德公司签订《协议三》，协议第一条第1款约定“甲方（顺富国际公司）同意将其所持东莞顺富五金制品有限公司的全部股权以2560万港元转让给乙方（贝亿德公司），乙方同意按此价格购买甲方上述股份”；第2款约定“乙方同意在本协议订立一个月内以现金（或支票）形式支付甲方所转让的股份”。另查，本院从东莞市外经贸局调取的2004年9月10日的《股权转让协议》与被告提交的《协议三》内容一致。该份协议已作为办理股权转让手续所需之材料提交至东莞市对外贸易经济合作局。又查，与《协议三》的内容相比，原告于开庭时补充提交的《协议二》第一条第1点约定相关股权“以2560万港元转让给乙方（贝亿德公司）”后增加内容：“（其中已缴实收资本2509.68万港元，乙方以2509.68万港元购买，未出资部分由乙方在规定期限内缴足）。”被告提交的《有关东莞顺富五金制品有限公司的股权转让协议》未见双方盖章确认。

2004年9月27日，东莞市对外贸易经济合作局作出东外经资［2004］2487号《关于外资企业东莞顺富五金制品有限公司补充章程之四的批复》，同意“原投资方（萨摩亚）顺富国际有限公司退出外资企业，将其在外资企业的全部股权转让给贝亿德（英属维尔京群岛）控股有限公司”。

2004年10月5日，被告贝亿德公司向曾孟芬汇出627万美元，扣除手续费20美元后，曾孟芬于2004年10月6日收到汇款6269980美元。2004年11月8日，被告贝亿德公司向曾孟芬汇出2357405美元，扣除手续费20美元后，曾孟芬于2004年11月10日收到汇款2357385美元。扣除手续费后，两笔款项共计8627365美元。原告主张前述8627365美元中的807万美元是用于支付案涉股权转让的首期现金对价，其中五十多万美元是用于支付双方另外的买卖合同的货款。被告与第三人对原告这一主张不予确认，认为两笔款项均属股权转让款。

庭审中，原告认为首付现金对价的完成日为2004年11月10日，应以该日作为《协议一》约定的交易完成日。被告主张交易完成日应指条件实现日期经过第五天后的第一个工作日，而条件实现日期是指实现至买方满意的日期，实际上交割没有完成。

开庭后，原告提交代理词认为“Shun Fu”或者“顺富”都不是驰名商标或标识，被告也不能举证证明股权出售后原告仍然在国内使用“Shun Fu”或者“顺富”或对被告造成任何损失，原告没有履行第9.4条、第9.5条约定的义务不属于根本性违约，且股权出售后，曾孟芬作为顺富国际公司的股东曾经申请注销顺富国际公司，只是因诉讼的需要才恢复登记。根据合同法的规定，原告没有履行第9.4条、第9.5条约定的义务不能成为被告套用第5.2条约定拒付余款的合理理由。

本院认为：东莞顺富公司是在东莞市注册成立的外商独资企业，本案两原告以其与被告贝亿德公司签订的以转让东莞顺富公司股权为标的的《协议一》为依据提起诉讼，本案应属涉外股权转让纠纷。虽然三方在《协议一》中约定受香港法律管辖并根据其解释，但该约定违反了《最高人民法院关于审理涉外民事或商事合同纠纷案件法律适用若干问题的规定》第八条关于“在中华人民共和国领域内履行的下列合同，适用中华人民共和国法律：……（四）中外合资经营企业、中外合作经营企业、外商独资企业股份转让合同”的规定，本案应适用中华人民共和国内地法律作为解决双方合同争议的准据法。

本案双方当事人的争议焦点在于：一、双方之间的股权转让合同关系应依据哪一份合同文本执行；二、《协议一》所约定的“交易完成日”以及“周年纪念日”应以何日为准；三、被告贝亿德公司援引《协议一》第3.5条、第5.2条拒绝支付余下的股权转让款是否合法有据。

关于争议焦点一，双方就东莞顺富公司股权转让于2004年9月10日签署了三份内容不同的股权转让协议。其中《协议一》的内容远较《协议二》、《协议三》详细，并且《协议一》中第1.1条“定义”已明确“《股权转让协议》”是指与买卖股本的转让有关的协议，该协议将由卖方按批准的格式签署，以买方为受益人。即在签订《协议一》之时，双方已就其他已签署或可能签署《协议一》之外的股权转让协议的性质作出了约定，可进一步推定双方已同意其他股权转让协议的签署不应影响《协议一》对双方的约束力。此外，被告汇至曾孟芬处的8627365美元在数额上远大于《协议二》、

《协议三》所约定的股权转让金，被告主张己方是多付了股权转让款明显有违一般逻辑和日常生活经验，况且被告也曾承认其是依据《协议一》履行合同义务。因此，应当认定原告提供的《协议一》属于双方就东莞顺富公司股权转让达成的真实意思表示，原、被告双方之间的股权转让关系应受《协议一》的约束。

关于争议焦点二，《协议一》第 1.1 条定义约定“交易完成日”是指在条件实现日期后 5 个营业日的日期或各方同意的其他日期，第 5.1（d）条则约定买方即被告应在“交易完成应在交易完成日期的当日”、“通过电汇的方式向卖方的银行账户汇出（或促成汇出）首期现金对价”。由于首付现金对价已于 2004 年 11 月 10 日支付完毕，故本院同意采纳原告的主张，以首期现金对价支付日即 2004 年 11 月 10 日作为《协议一》约定的“交易完成日”。被告主张因交割未完成，“条件实现日期”及条件实现日期经过 5 个营业日后的“交易完成日”至今仍未能确定，但从首期现金对价的支付日期来看，即使退一步认为 2004 年 11 月 10 日不属于条件实现日期后经过 5 个营业日的日期，2004 年 11 月 10 日仍可作为双方已以其行为表明同意的其他日期而确定为“交易完成日”。与“交易完成日”相对应，《协议一》中约定的第一个“周年纪念日”应确定为 2005 年 11 月 10 日，第二、三、四个周年纪念日亦按此推算。

关于争议焦点三，被告以原告没有交纳股权转让所产生的税项违反《协议一》第 3.6 条，原告未提供完整真实的账本违反《协议一》附件二保证中的第 4（A）（iv）、4（B）（iii）、4（C）（iv）条，东莞顺富公司经营状况持续恶化违反《协议一》附件二保证第 6（D）条，原告未删除英文名称中的“Shun Fu”和中文名称中的“顺富”违反《协议一》中的第 5.1（c）、9.4、9.5 条为由，援引《协议一》第 3.5、5.2 条认为被告无须支付递延现金对价。对于前三项就税项、账本、经营状况提出的抗辩理由，被告并没有提供充分的证据可证明原告已构成违约并给被告造成实际损失，同时亦没有提供证据可证明被告已依照《协议一》第 3.5 条的约定向原告发出申索的通知，故被告援引《协议一》第 3.5 条主张无须支付递延现金对价依据不足，本院不予支持。至于被告以原告未删除英文名称中的“Shun Fu”和中文名称中的“顺富”提出的抗辩理由，《协议一》第 5.2 条约定：任何一方无须完成本协议或履行本协议项下的任何义务，除非所有其他方完全遵守第 5.1 条项下的义务。从该条约定来看，各方在《协议一》5.1 条项下的义务的履行顺序应先于相对方在合同中的其他义务。顺富国际公司未在“交易完成日”后的 12 个月内即 2005 年 11 月 10 日前按照《协议一》中的第 5.1（c）条的约定通过董事会和股东会决议并采取必要的行动删去其英文名称中的“Shun Fu”和中文名称中的“顺富”，依照《中华人民共和国合同法》第六十七条的规定，“当事人互负债务，有先后履行顺序，先履行一方未履行的，后履行一方有权拒绝其履行要求。先履行一方履行债务不符合约定的，后履行一方有权拒绝其相应的履行要求”。在顺富国际公司履行变更名称义务之前，被告有权拒绝原告的履行要求。原告另主张其并没有在国内使用“Shun Fu”和“顺富”进行经营，原告未履行相应义务并没有给被告造成损失，并不属于根本违约。但《协议一》第 9.4、9.5 条的约定可说明办理变名手续对于合同的履行具有一定重要性，同时考虑到首期现金对价的支付时间 2004 年 11 月 10 日和金额 807 万美元，双方在合同中约定以顺富国际公司在期后一年内办理变名手续作为递延现金对价126万美元的先履行义务没有超出合理的范围，被告有权在顺富国际公司履行《协议一》第5.1（c）条所涉义务之前暂时中止履行自己的义务。

综上所述，因原告未履行《协议一》第5.1（c）条中的义务，被告贝亿德公司依约有权拒绝原告就递延现金对价提出的履行请求，本院对原告要求被告支付三期递延现金对价的诉讼请求不予支持。原告要求被告支付第一、二、三期递延现金对价的逾期付款违约金缺乏依据，本院亦不予支持。依照《最高人民法院关于民事诉讼证据的若干规定》第二条第二款以及前述援引法律条文之规定，判决如下：

驳回原告顺富国际公司、原告曾孟芬对被告贝亿德公司的诉讼请求。

本案案件受理费人民币83343元、财产保全费人民币5000元，均由两原告负担。

如不服本判决，原告顺富国际公司、曾孟芬及被告贝亿德公司可在本判决书送达之日起三十日内，向本院递交上诉状，并按对方当事人人数提交副本，上诉于广东省高级人民法院。

审　判　长　毛德龙
代理审判员　祁晓娜
人民陪审员　邓爱容
二〇〇八年十二月十五日
书　记　员　叶充
书　记　员　陈雪玲

【评析】

本案为涉外股权转让合同纠纷，判决结构完整、论述严谨、层次分明。作为一审判决，该判决书详细叙述原、被告的主张及其各自提交的证据，全面、客观、真实地反映当事人观点，并结合当事人的质证意见对证据进行审核认定，从而得出案件基本事实，理顺案情，为判决论理奠定了基础。在该判决的论理部分，首先对法院管辖权和适用准据法进行分析认定，有理有据；然后针对双方当事人的诉辩意见准确归纳争议焦点，对双方之间股权转让合同关系应受哪份合同约束、合同义务履行期限的认定以及被告主张的抗辩权能否成立全面进行分析，逻辑严谨；最后根据双方对合同义务先后履行顺序的约定，认定被告作为后履行义务一方，在原告履行其先履行义务前，可暂时中止履行自己的义务，从而驳回原告的全部诉讼请求；论理部分说理繁简得当，语言通顺流畅，结论顺理成章，思路清晰，说服力强。一审宣判后，双方当事人均没有上诉，胜败皆服，确实难能可贵，因此被评为2010年全省法院优秀裁判文书。

●蔡瑞珍与东莞市中惠沁林山庄房地产开发有限公司商品房预售合同纠纷一案民事判决书

广东省东莞市中级人民法院

民事判决书

(2009) 东中法民一终字第6328号

上诉人(原审原告):蔡瑞珍,女,1974年8月21日出生,汉族,住广东省深圳市宝安区松岗镇碧头村32号。身份证号码:440306197408211628。

委托代理人:谭光达,广东宝锋律师事务所律师。

被上诉人(原审被告):东莞市中惠沁林山庄房地产开发有限公司(以下简称中惠公司)。住所地:广东省东莞市大岭山镇杨屋村,企业法人营业执照注册号:4419001905378。

法定代表人:叶惠全,总经理。

委托代理人:钱静,广东方天中律师事务所律师。

上诉人蔡瑞珍因商品房预售合同纠纷一案,不服东莞市第二人民法院(2009)东二法民一初字第898号民事判决,向本院提起上诉。本院依法组成合议庭进行审理,现已审理终结。

原审法院认定:2006年8月31日,蔡瑞珍与中惠公司签订了一份《中惠沁林山庄认购书》,约定蔡瑞珍向中惠公司认购中惠沁林山庄美林苑15栋楼1单元501号复式房一套,蔡瑞珍并于当日向中惠公司交纳定金20000元。后蔡瑞珍与中惠公司于2006年10月21日签订《商品房买卖合同》,合同第三条约定商品房为东莞市大岭山镇杨屋村中惠沁林山庄美林苑15栋楼1单元501号房,层高为下层:3米,上层:最低1.9米,最高4.8米,商品房的建筑面积为166.21平方米,套内建筑面积为151.08平方米;合同第四条约定,每平方米单价为5105.12元,总金额为771282元;合同第五条约定:“商品房交付使用后,合同约定计价面积与产权登记面积有差异的,以产权登记面积为准。产权登记面积与合同约定计价面积发生差异(含误差,下同),双方同意按照以下原则处理:1. 差异值为±0.6%以内(含本数)的,买卖双方不作任何补偿;2. 差异值为±0.6%以上(不含本数)至±3%以内(含本数)的,买卖双方按买卖合同约定的房屋单价多退少补;3. 差异值超过±3%以上(不含本数)的,买受人可选择多退少补或退回所购商品房。选择退房的,出卖人应在买受人书面提出退房申请的30日内退回已收的全部购房款及利息(以付款日起至退款日止为期,以退款日同期银行固定资产贷款利率计算）。”同日，蔡瑞珍与东莞市农村信用合作联社大岭山信用社签订《楼宇按揭抵押贷款合同》，向东莞市农村信用合作联社大岭山信用社贷款539000元用于支付案涉购楼款，蔡瑞珍并于同日向中惠公司支付了首期房款212282元、印花税共计258元（两种印花税分别为231元、27元）、登记费80元、公证费1294元、抵押合同律师费1348元。2006年11月3日，蔡瑞珍通过银行按揭向中惠公司支付了余下的购房款539000元。之后，蔡瑞珍后按月支付按揭还款，2007年5月21日，蔡瑞珍将余下的全部借款及利息共计514530.86元支付给了东莞市农村信用合作联社大岭山信用社。

在一审庭审中，双方已经确认案涉房屋的套内建筑面积比合同约定的套内建筑面积缩水了3.58平方米，占合同约定计价面积的2.37%。蔡瑞珍在一审庭审中认为，案涉房屋的上层最低层高只有1.4米，并非合同约定的1.9米，而中惠公司则称层高是包含楼板的厚度的，因蔡瑞珍、中惠公司双方对案涉房屋的上层层高存在争议，蔡瑞珍申请法院对案涉房屋的上层层高进行鉴定，原东莞市人民法院委托广州市汇志测绘技术有限公司对案涉房屋的上层层高进行实地测量，广州市汇志测绘技术有限公司出具的鉴定书显示：“案涉房屋的上层最高净高为3.56米、最低净高为1.78米，最高层高为3.76米，最低层高为1.98米，顶层天面的厚度为0.2米。”

原审认定以上事实，有蔡瑞珍提供的蔡瑞珍身份证复印件、中惠沁林山庄认购书、商品房买卖合同、买卖合同补充协议、美林苑五楼复式平面图、定金收据、印花税和律师费收据、公证书、首期房款收据、余款按揭借款收据、偿付按揭款存折、供款情况、入伙缴费标准表通知、报告及邮件（快递）回执、收据、照片，中惠公司提供的中惠公司营业执照复印件、证明、测绘资质证书（副本）、工程竣工验收报告、特快专递回执、《入伙通知书》、广州市汇志测绘技术有限公司出具的鉴定书等证据以及该院庭审笔录附卷为证。

原审法院认为：蔡瑞珍、中惠公司双方签订的《商品房买卖合同》是双方当事人的真实意思表示，且没有违反相关法律法规的强制性规定，是合法有效的，双方当事人应受该合同的约束。本案的争议焦点是双方的《商品房买卖合同》是否达到解除的条件。解决该问题的关键是对两个方面进行认定，其一是案涉商品房的面积缩水是否达到合同约定的可以解除的条件；其二是案涉商品房的层高是否符合合同约定，若不符合，是否达到合同约定的可以解除的条件。

首先，蔡瑞珍、中惠公司双方在一审庭审中已经确定案涉房屋的套内建筑面积实际缩水3.58平方米，该院对此予以确认。由于该缩水面积仅占合同约定计价面积的2.37%，是在合同第五条第二款约定的范围内，尚未达到可以解除合同的程度。因此，蔡瑞珍依据面积缩水要求解除合同的理由不充分，该院不予支持。

其次，广州市汇志测绘技术有限公司出具的鉴定书已经显示案涉房屋的上层最低层高为1.98米，上层最低净高为1.78米，可见层高和净高是两个不同的概念，而双方的《商品房买卖合同》约定的是层高，因鉴定报告已经确定上层最低层高为1.98米，该高度已经超过了合同约定的上层最低层高为1.9米的标准，故案涉房屋上层最低层高是符合合同的约定的。至于上层最高层高的问题，广州市汇志测绘技术有限公司出具的鉴定书显示案涉房屋的上层最高层高为3.76米，而合同约定的是4.8米，可见案涉商品房的上层最高层高是低于合同约定的高度的。但该院认为，在人们居住的商品房中，高度一般都在3米左右，案涉商品房的3.76米的高度并不会对蔡瑞珍的居住产生重大影响，蔡瑞珍是可以在该高度的房屋内正常生活的，不属于根本违约，未达到解除双方合同的程度。因此，蔡瑞珍据此要求解除合同的理由不足，该院不予采纳。

综上所述，蔡瑞珍要求解除双方签订的商品房买卖合同的诉请，依据不足，该院予以驳回。

对于蔡瑞珍要求中惠公司立即退还蔡瑞珍已付房款771282元及利息、支付损失费20803.18元（其中已支付利息截至2007年5月21日止共17823.18元、公证费1294元、抵押合同律师见证费1348元、登记费80元、印花税A 27元，印花税B 231元）、违约金，并要求中惠公司双倍返还定金40000元，赔偿蔡瑞珍物价涨幅差额损失费166210元等诉请，因上述诉请均是建立在案涉房屋的面积或上层高度违反合同的约定，已经达到根本违约足以解除合同的基础上，故对上述诉请该院均不予支持。对于案涉房屋因套内建筑面积缩水而导致蔡瑞珍的损失，因蔡瑞珍并未在本案中提出，故该院在本案中不作处理，蔡瑞珍可以另行起诉。

原审法院遂依照《中华人民共和国民事诉讼法》第六十四条、第一百二十八条，《中华人民共和国合同法》第四十四条、第九十三条的规定，判决：驳回蔡瑞珍的全部诉讼请求。本案一审受理费13988元，鉴定费1500元，共计15488元，均由蔡瑞珍负担。

一审宣判后，蔡瑞珍不服，向本院提起上诉称：一、原审判决混淆本案基本事实，回避本案争议焦点。（一）本案基本事实：2006年8月，中惠公司开发的沁林山庄公开对外发售商品房，我有意购买，在察看样板房后（该沁林山庄第一期2栋1单元4－5楼），同月31日与中惠公司签订《中惠沁林山庄认购书》，相继签订《商品房买卖合同》（以下简称合同）并按照中惠公司的要求交纳各项费用，包括购房款。2007年4月中惠公司通知我入伙时，我发现中惠公司即将交付的房屋与合同约定的交付标准相差甚远，当即拒收房屋，要求中惠公司换房（与样板房或合同约定的标准房或返还房款），中惠公司不同意我的要求，才导致本案纠纷的发生。本案争议焦点为：中惠公司所交付的房屋是否符合合同约定的交付标准。合同第三条约定：该商品房屋高为下层3米，上层最低1.9米，最高4.8米，建筑面积共166.21平方米，套内面积为151.08平方米。样板房也就是按照上述交付标准建造的，而实际交房时，面积只有120.96平方米（见2007年4月份物管公司向我下发的收费标准表），上层层高最低处为1.41米，最高处为3.76米，显然没有达到合同约定的交付标准。中惠公司即将交付的房屋不符合合同约定及样板房的交付标准，根据有关法律规定，我有权要求换房或返还购房款。（二）一审认定本案发生在房屋交付使用后产生的争议，并依照合同第四条之约定标准进行处理。事实上，本案发生在房屋交付过程中，还在合同履行阶段。依照交易惯例和我国合同法规定，对于产品质量有瑕疵的，买受人有权要求换货或拒收，否则不支付货款。商品房采取预售制，买受人付款在前，而房屋交付在后。交付房屋如果符合双方约定合同的标准，交付后发生所有权的转移，整个合同的履行才完成。在使用过程中，发现了合同约定解除条件，合同可以解除。原审也就是以此种情形来处理本案的，而本案因质量问题争议发生在所有权转移之前，合同根本没有履行完，在中惠公司有悖合同约定的前提下，该合同赋予购房人终止合同的权利。我选择行使此权利，一审法院应当支持我的请求。二、一审判决明显偏袒中惠公司，显失公平，表现在：（一）对“层高”

概念的理解上，依照合同第二条之约定，对房屋上层的层高约定的为最低不低于1.9米，最高不低于4.8米，按照大众理解的层高应是房屋净高的概念，而一审法院把层高和净高区分出来，认定房屋上层层高符合合同约定交付标准，不符合常理。再说，该合同是中惠公司制定的格式合同，依照合同法规定，对格式化的合同内容有争议，应作有利于对方的解释。（二）合同第十条明确约定了我享有终止合同的权利，一审判决却对此只字未提。合同法明确规定，对当事人有约定的，应按照约定执行，只是对质量标准未有明确的约定，按照不妨碍合同履行的原则来执行。一审判决没有尊重当事人的事前约定作出判决。综上，请求二审法院撤销原审判决，改判中惠公司返还我已付房款771282元及利息、支付损失费20863.18元、双倍返还定金40000元、赔偿我物价涨幅差额损失费166210元。

被上诉人中惠公司答辩称：一、一审判决对本案争议的焦点归纳准确。本案争议焦点是涉案商品房买卖合同是否达到解除条件，而不是蔡瑞珍在上诉状中所主张的涉案房屋是否符合合同约定的标准。蔡瑞珍主张涉案房屋的实际面积及层高与合同约定有差异，我公司也承认差异的存在，双方在此问题上并无争议。双方的争议是：这种差异是否达到解除合同的条件。二、一审判决对本案争议焦点的分析认定完全正确。关于面积差异，蔡瑞珍在一审时已确认涉案商品房的套内建筑面积比合同约定缩小3.58平方米，而且表示不再对面积进行鉴定。按照双方确认的缩水面积所计算出的面积差占比为2.37%，在合同第五条第二款的约定的范围内，尚未达到可以解除合同的条件。关于上层层高差异，根据双方确认的鉴定书的鉴定结论，出现差异的涉案商品房的上层最低层高为1.98米，最高层高为3.76米。由于双方在合同中并未约定层高不符时如何处理，因此依我国合同法，蔡瑞珍仅在差异导致合同目的无法实现时享有解除权。而本案中，涉案商品房仅上层层高与合同约定略有不符，且以现有层高，仍然可以满足蔡瑞珍日常生活需要，不会影响蔡瑞珍的居住品质，所以蔡瑞珍无权以层高差异为由解除合同。三、一审判决准确公正，蔡瑞珍上诉无理，法院应依法驳回其上诉。蔡瑞珍为了达到解除合同退房目的，故意在上诉状作出不实陈述，对已在一审确认的事实又予否认，对已经明确的层高与净高的概念故意混淆，完全置事实于不顾。综上所述，蔡瑞珍的上诉没有事实与法律依据，不应得到支持，请求二审法院予以驳回。

经审理查明，原审认定事实清楚，本院予以确认。

本院认为，本案为商品房预售合同纠纷。本案的争议焦点在于蔡瑞珍主张解除与中惠公司之间的《商品房买卖合同》的理由是否成立。蔡瑞珍主张解除合同的理由主要是涉案房屋面积缩水和层高不符合合同约定。对于面积差异问题，双方均确认涉案的商品房套内建筑面积实际缩水3.58平方米，由于该缩水面积仅占合同约定计价面积的2.37%，尚未达到可以要求解除合同的条件，因此，蔡瑞珍以房屋面积差异为由要求解除合同并不能成立。但是本案中，经鉴定，涉案商品房的上层最低层高为1.98米，最高层高为3.76米，而合同中约定的上层层高最低为1.9米，最高为4.8米，虽然上述上层最低层高符合合同约定，但是上层最高层高相差达1.04米，与双方的合同约定的标准并不相符，差距达21.67%，住房的使用主要在于空间，涉案房屋楼层高度的降低，必然对该房屋的使用功能造成比较大的影响，而且经本院到涉案房屋现场调查核实，涉案房屋上层层高的降低确实严重影响了蔡瑞珍对涉案房屋的使用，蔡瑞珍的购房合同目的不能实现，参照《最高人民法院关于审理商品房买卖合同纠纷案件适用法律若干问题的解释》第十四条“出卖人交付使用的房屋套内建筑面积或者建筑面积与商品房买卖合同约定面积不符，合同有约定的，按照约定处理；合同没有约定或者约定不明确的，按照以下原则处理：（一）面积误差比绝对值在3%以内（含3%），按照合同约定的价格据实结算，买受人请求解除合同的，不予支持；（二）面积误差比绝对值超出3%，买受人请求解除合同、返还已付购房款及利息的，应予支持……”的规定，蔡瑞珍要求解除与中惠公司之间于2006年10月21日所签订的《商品房买卖合同》的请求，理由成立，本院予以支持。因此，中惠公司应向蔡瑞珍返还购房款771282元及利息（按照中国人民银行规定的同期贷款利率，以212282元为基数，从2006年10月21日起计至2006年11月2日；以771282元为基数，从2006年11月3日计至本判决确定的履行期限届满之日止）。对于蔡瑞珍请求的贷款利息损失17823.18元，在上述中惠公司返还购房款利息中已得到补偿，本院不再支持。对于蔡瑞珍请求中惠公司支付公证费1294元、抵押合同律师见证费1348元、登记费80元、印花税258元，合理有据，本院予以支持。对于蔡瑞珍要求中惠公司双倍返还定金40000元及赔偿物价涨幅差额损失费166210元，缺乏合同和法律依据，本院不予支持。

综上所述，原审判决对合同应否解除处理不当，本院予以纠正。依照《中华人民共和国民事诉讼法》第一百五十三条第一款第（二）项、《中华人民共和国合同法》第九十四条第（四）项的规定，判决如下：

一、撤销东莞市第二人民法院（2009）东二法民一初字第898号民事判决。

二、解除蔡瑞珍与东莞市中惠沁林山庄房地产开发有限公司于2006年10月21日所签订的《商品房买卖合同》。

三、限东莞市中惠沁林山庄房地产开发有限公司于本判决生效之日起十日内向蔡瑞珍返还购房款771282元及利息（按照中国人民银行规定的同期贷款利率，以212282元为基数，从2006年10月21日起计至2006年11月2日；以771282元为基数，从2006年11月3日计至本判决确定的履行期限届满之日止）。

四、限东莞市中惠沁林山庄房地产开发有限公司于本判决生效之日起十日内向蔡瑞珍支付公证费1294元、抵押合同律师见证费1348元、登记费80元、印花税258元，合计2980元。

五、驳回蔡瑞珍的其他诉讼请求。

如果未按本判决指定的期间履行给付金钱义务，应当依照《中华人民共和国民事诉讼法》第二百二十九条之规定，加倍支付迟延履行期间的债务利息。

一审案件受理费13988元、鉴定费1500元，由中惠公司负担12000元，蔡瑞珍负担3488元；二审案件受理费13988元，由中惠公司负担12000元，蔡瑞珍负担1988元。

本判决为终审判决。

审 判 长　廖　政
审 判 员　莫松坚
代理审判员　杨斯淼
二〇〇九年十二月十五日
书 记 员　陈映红

【评析】

本案是典型的商品房面积缩水、层高不够导致的商品房预售合同纠纷。一般情况下，签订商品房预售合同时，商品房尚未竣工，买卖双方不能对商品房实际核量，交付时可能出现的问题就是面积缩水或层高不够。关于面积缩水的问题，《最高人民法院关于审理商品房买卖合同纠纷案件适用法律若干问题的解释》第十四条有明确的规定，面积误差比绝对值在3%以内（含3%），按照合同约定的价格据实结算；面积误差比绝对值超出3%才达到解除商品房预售合同的条件。关于层高不够的问题，相关法律法规未明确规定层高的误差标准，本案主要从实际层高与约定层高误差比的大小、层高不够对涉案商品房使用功能的影响度两个方面考量，处理结果公正得当，达到了既严格以事实为准绳又平衡了买卖双方利益的效果。综观本文，本文段落格式规范有序、事实认定清楚细致、法律分析透彻到位、处理结果公正得当，是一篇优秀的法律文书。

●东莞市莞成环保工程有限公司与东莞市三清环保工程有限公司等侵犯著作财产权纠纷一案民事判决书

广东省东莞市中级人民法院

民事判决书

（2009）东中法民三初字第178号

原告：东莞市莞成环保工程有限公司，住所地为广东省东莞市南城区胜和鸿福路鸿富楼B座九层G2号。

法定代表人：许家顺。

委托代理人：钱志秋，广东可园律师事务所律师。

委托代理人：黄明，广东可园律师事务所律师助理。

被告：东莞市三清环保工程有限公司，住所地为广东省东莞市石排镇福隆第三工业区。

法定代表人：楚邦学，经理。

委托代理人：王定忠，广东国锋律师事务所律师。

被告：东莞市通易计算机信息科技有限公司，住所地为广东省东莞市南城区莞太路胜和路段12号中兴大厦510号。

法定代表人：张杰，总经理。

委托代理人：赵久红，东莞市通易计算机信息科技有限公司管理专员。

委托代理人：彭建军，东莞市通易计算机信息科技有限公司管理部主任。

原告东莞市莞成环保工程有限公司（以下简称莞成环保公司）与被告东莞市三清环保工程有限公司（以下简称三清环保公司）、东莞市通易计算机信息科技有限公司（以下简称通易计算机公司）侵犯著作财产权纠纷一案，原告于2009年4月22日以三清环保公司、通易计算机公司为被告向本院提起诉讼，本院于2009年4月29日受理后，依法组成合议庭，于2009年6月30日9时30分进行庭前证据交换，2009年6月30日14时30分公开开庭进行审理。原告莞成环保公司委托代理人钱志秋、黄明，被告三清环保公司法定代表人楚邦学及其委托代理人王定忠，被告通易计算机公司法定代表人张杰及其委托代理人彭建军、赵久红到庭，本案现已审理终结。

原告莞成环保公司诉称：莞成环保公司于2006年8月建立了自己的网站http：//www.hb0769.cn，该网站的结构、内容系莞成环保公司设计。原告是网站http：//www.hb0769.cn的合法所有权人，对网站中的网页、文字、图片享有著作权。现原告发现三清环保公司在其网站 http：//sanqinghb. cn 采用了与原告网站几乎相同的格式、内容，而被告网站的技术支持商为被告二通易计算机公司。三清环保公司的 http：//sanqinghb. cn 的网页作品侵犯了原告的网页作品，同时网站中关于公司简介，工程案例、工程案例里面的锅炉、发电机脱硫除尘治理工程、废水治理工程、噪音治理工程、厨房火烟、油烟治理工程的内容侵犯了原告网页中部分文字和图片的著作权。该侵权行为极易使客户将莞成环保公司和三清环保公司两家企业相混淆，损害了原告的经营活动，事实上严重影响了原告的声誉和访问率，导致其客户流失，给其信誉和业务质量造成了损害。综上，请求法院判决：1. 两被告立即停止侵权行为（删除侵权部分）；2. 两被告在媒体上公开道歉；3. 被告向原告支付 10 万元人民币赔偿；4. 两被告承担本案的诉讼费及取证费用。

莞成环保公司为证明其诉讼主张，向本院提交以下证据材料：1. 被告网页公证书（1690 号）；2. 被告网页公证书（2121 号）；证据 1、2 证明被告的侵权事实。3. 原告网页；4. 原告网站制作协议书；证据 3、4 证明原告为网站权利人。5. 原告办公室横匾照片 3（张）；6. 原告与客户合同（共 11 份）；7. 原告工程案例照片；8. 原告设计方案；9. 备案意见；10. 公证费、律师费票据。证据 5－10 证明原告为网页、图片权利人及原告的损失。

被告三清环保公司答辩称：1. 原告的网站上很多内容都是属于公知内容，不具有独创性。2. 从通易计算机公司提供的网上相似的资料，无法明确原告的网站是其独创还是通过侵权行为所得。3. 三清环保公司是国家的正规公司，没有侵权的恶意，在接到法院的传票后立刻删除了案涉的网站，且原告不能证明如果侵权成立时其损失为多少。综据上述，原告的赔偿请求不合理，诉讼请求不明确，请求驳回其诉讼请求。

三清环保公司向法院提交如下证据：1. 收据。证明三清环保公司的网页 http：//www. sanqinghb. cn 是由通易计算机公司建设。2. 三清环保公司的资产负债表，证明三清环保公司自公司注册成立至今的经营状况。

被告通易计算机公司答辩称：1. 通易公司的 www. sanqinghb. cn 网站没有对原告的 www. hb0769. cn 网站构成侵权。首先三清环保公司的 www. sanqinghb. cn 网站与原告的 www. hb0769. cn 网站存在很大区别；其次，原告的网站不具有独创性；最后，原告提供的网站公证只是对 www. sanqinghb. cn 的公证，原告并没有提供 www. hb0769. cn 网站的公证证据，所以难以认定网站两者间是否侵权、谁侵谁的权。2. 原告是否对网站上的照片、图片享有合法著作权有待证明。如果 www. sanqinghb. cn 网站中出现了 www. hb0769. cn 网站的部分类似图片，通易计算机公司在本案中仅为网络技术服务提供者，无主观过错，不能作为侵权主体，无须承担侵权责任。3. 原告提出的 10 万元人民币赔偿，无任何依据，通易计算机公司无须承担。综上所述，通易计算机公司没有侵权行为，无主观过错，无须承担侵权责任。

通易计算机公司向法院提交如下证据：1. 服务合同，证明通易计算机公司提供技术支持制作的网站材料均由客户方提供。2. 交接书，证明通易计算机公司已经于 2008 年 9 月 9 日将制作完成网站的后台管理权限提供给了被告。3. 权属证明及解释，证明通易计算机公司为网站仅提供技术支持，版权为被告所有。4. ICP 备案公共信息查询结果，证明通易计算机公司为三清环保公司制作的 www. sanqinghb. cn 网站是合法制作和建设的，已经通过了备案取得许可证号，审核通过网站建设完成，此后网站后台管理交给了三清环保公司。通易计算机公司接到原告提出三清环保公司网站有涉嫌侵权后，立刻作出了关闭该网站服务器的处理，对于侵权与否，通易计算机公司并不知晓，主观属善意。5. 从其他网站上打印的相似或雷同资料，证明原告提供的照片是在网络上广泛流传的，属于互联网资源共享，也否认原告所称其享有所有权。6. 通易计算机公司的中华人民共和国增值电信业务经营许可证，证明通易计算机公司是合法设立的提供网络信息服务的公司。

本院经审理查明如下事实：

一、www. hb0769. cn 域名及其网页内容来源。

2006 年 8 月 3 日，广州广企网络科技有限公司（以下简称广企网络公司）与“莞成环保有限公司”签订网站建设协议，约定由广企网络公司为对方制作网站，域名为 www. hb0769. cn。备案公共信息查询结果显示，www. hb0769. cn 对应的单位名称为东莞市莞成环保工程有限公司，网站审核通过时间为 2007 年 3 月 15 日。www. hbo769. cn 网站标注的版权声明为“东莞市莞成环保工程有限公司 · 版权所有”，网站的技术支持为广东企业网。据原告陈述，网页内容均由原告提供给广企网络公司，或者由原告自行上传。原告提供了网页上部分图片的原件，并提供了与网页上列举的服务企业如东莞市三星电机有限公司、惠州比亚迪公司等签订的工程承包合同。

二、www. sanqinghb. cn 域名及其网页内容来源。

2008 年 9 月 9 日，通易计算机公司受三清环保公司委托，为其制作 www. sanqinghb. cn 网站。网站标注的版权声明为：“东莞市三清环保工程有限公司 · 版权所有”，网站的技术支持为通易公司。通易计算机公司在庭审时承认网站的部分内容是自己在网络上搜集并用在网站上的；三清环保公司否认曾向通易计算机公司提供网页内容或曾自行上传内容，主张网站所有内容均来源于通易计算机公司。

三、原、被告网页内容对比。

2009 年 3 月 9 日，原告以侵权为由，向东莞市公证处申请证据保全，在公证处由公证人员操作计算机，打开 IE 浏览器，输入网址 www. sanqinghb. cn，进入欢迎页面、公司简介（主页）页面、生产废水、生活废水页面、噪音治理范围页面，并实时打印上述页面。公证人员针对上述证据保全行为制作了（2009）东证内字第 1690 号公证书。2009 年 3 月 16 日，原告再次申请证据保全，在公证处由公证人员操作计算机，打开 IE 浏览器，输入网址：www. sanqinghb. cn，进入欢迎（首页）页面、锅炉、发电机脱硫除尘页面、厨房餐馆火烟、油烟治理工程页面，并实时打印上述页面。公证人员针对上述证据保全行为制作了（2009）东证内字第 2120 号公证书。

2009 年 4 月 13 日，原告代理人自行登陆 www. hb0769. cn 网站，打开公司简介页面（主页）、锅炉、发电机脱硫除尘页面、废水治理工程（生产废水、生活废水）页面、噪音治理工程页面、厨房火烟、油烟治理工程页面，并实时打印上述页面。

对比原、被告网站页面设置、布局结构结果如下：

原告莞成环保公司网站未设欢迎页面，其他页面的布局结构基本相同，以公司简介页面为例，该页面网标为“东莞市莞成环保工程有限公司”，下设“公司简介、服务指南、工程案例、环保新闻、资料下载、诚聘英才、联系我们”等栏目。页面主要图文区域为两栏结构，左边为“工程案例展示”，右边为“公司简介”。页面底部中央有公司地址、联系方式等信息。被告三清环保公司网站设有欢迎页面，其他页面的布局结构基本相同，以公司简介页面为例，该页网标栏内没有文字，下设“返回首页、公司简介、服务指南、工程案例、在线留言、联系我们”等栏目。页面主要图文区域为两栏结构，左边为“工程案例”，右边为“公司简介”。页面底部中央有公司地址、联系方式等信息。

对比原、被告网页内容结果如下：

1. 公司简介（主页）页面。原、被告的页面均包括了企业简介部分、客户名单部分、公司组织结构图部分、公司优势、企业文化理念等内容。除部分语句表述略有不同外，原告网页和被告网页内容基本一致。尤其是公司组织结构图更是完全一致。

2. 锅炉、发电机脱硫除尘页面、噪音治理工程页面、厨房火烟、油烟治理工程页面。原、被告页面内容，包括文字和图片，完全一致。

3. 废水治理工程（生产废水、生活废水）页面。原、被告页面内容，包括文字和图片，除标题略有不同外，其他内容完全一致。

四、其他查明事实。

原告莞成环保公司成立于2006年5月31日，经营环保工程施工、安装、调试，环保节能工程施工、维护等。根据原告提供的工程合同或方案，原告先后承接了东莞市南光电器有限公司电气发电机尾气处理，万裕集团厨房油烟火烟处理，东莞市三星电机有限公司排风管漏油维修改造工程，惠州比亚迪实业有限公司废气处理塔建设，东莞虎彩印刷有限公司发电机尾气治理，品翔电子塑胶制品（东莞）有限公司厨房油烟、火烟、发电机尾气治理及其整厂环保设施运行、监测和验收工程，东莞石排福隆兴利塑胶玩具厂厨房油烟、火烟、发电机尾气治理及其整厂环保设施运行、监测和验收工程，东莞市聚成汽车技术服务公司喷漆废气治理工程以及整厂环保设施运行、监测和验收工程，东莞市永佳丰田汽车销售服务有限公司发电机尾气治理以及整厂环保设施试运行、监测和验收工程，东莞市美迪家具有限公司厨房油烟、火烟、喷漆废气、锅炉尾气改造治理以及整厂环保设施试运行、监测和验收工程，东莞市美伦家具有限公司喷漆废气治理以及整厂环保设施试运行、监测和验收工程等。根据原告提供的照片，原告在办公室的宣传栏中张贴的“我们的使命”、“经营理念”、“公司目标”、“价值观”和www. hb0769. cn网站上的对应内容完全一致，宣传栏左上方注明的公司名称为“莞成环保”，在具体内容中使用的公司名称为“莞成”。

被告三清环保公司成立于2008年9月3日，经营范围为环保工程设计、施工、安装。

被告通易计算机公司成立于2006年9月13日，经营范围为网络软件开发、电子商务技术开发、网站建设和推广、计算机硬件系统集成、网络工程建设和维护。

本院认为，结合诉讼请求和答辩意见，本案的争议焦点在于：一、原告莞成环保公司是否享有www. hb0769. cn域名下网页作品及其网页内容（包括文字和图片）的著作权；（二）被告三清环保公司、通易计算机公司是否侵犯了原告的著作权，应承担何种责任。

一、原告莞成环保公司是否享有www. hb0769. cn域名下网页作品及其网页内容

(包括文字和图片）的著作权。

关于网页作品著作权。网页是由结构、布局、文字、图片等元素汇编而成，若其对内容的选择或编排体现独创性，则应属于汇编作品，受著作权法保护。本案中，www. hb0769. cn 域名下的各网页，虽采用的是一般的网页制作格式，但在内容选择编排上还是体现出一定的独创性，应属于汇编作品，受著作权法保护。《中华人民共和国著作权法》第十四条规定，汇编作品的著作权由汇编人享有。www. hb0769. cn 是莞成环保公司委托广企网络公司制作，在双方未对网页作品的著作权做特别约定的情况下，www. hb0769. cn 域名下的各网页的著作权属于汇编人广企网络公司，莞成环保公司未能提供证据证明其享有网页作品的著作权，对其主张不予支持。

关于网页内容著作权。www. hb0769. cn 网页的内容，是文字、图片内容的数字化形式，符合著作权法关于作品的规定，属于受著作权法保护的作品范畴，应当受到法律保护。莞成环保公司是 www. hb0769. cn 域名的所有权人和实际使用人。www. hb0769. cn 网页上均标注了如下文字“东莞市莞成环保工程有限公司©版权所有”，根据网站版权声明，网页内容的著作权属于原告。

莞成环保公司提交的网页材料虽未经公证，且证据形成时间晚于被告网页材料证据形成时间，但莞成环保公司还提供了工程合同或方案、照片原件，以及在办公室的宣传栏中张贴的“我们的使命”、“经营理念”、“公司目标”、“价值观”等证据以证明网页内容来源，上述证据形成了完整的证据链，显示了原告网站内容的创作过程，足以证明原告享有网页内容的著作权。二被告主张莞成环保公司网页内容来源于公共领域，但并未提交任何证据，本院不予采信。综上，本院依法支持原告的主张，认定莞成环保公司享有 www. hb0769. cn 网站内容，包括文字和图片的著作权。

二、被告三清环保公司、通易计算机公司是否侵犯了原告的著作权，应承担何种责任。

对比原、被告网页，可以发现除公司信息、少量标题、文字表述和个别图片存在不同外，大部分内容均相同，在三清环保公司不能举证证明其创作过程或合法来源的前提下，应当认定三清环保公司的网页系抄袭莞成环保公司的网页而制成。三清环保公司辩称 www. sanqinghb. cn 为通易计算机公司独立制作，自己并未向其提供任何材料，但并无证据证明，本院不予采信，且即便所述属实，作为域名所有人，三清环保公司也应对网页内容尽审查义务。三清环保公司未经许可，擅自使用原告 www. hb0769. cn 网页上的文字和图片，侵犯了原告对网页内容享有的著作权，按照著作权法第四十六条的规定，应当承担停止侵害、消除影响、赔礼道歉、赔偿损失等民事责任。至于消除影响、赔礼道歉的方式，原告要求三清环保公司在《广州日报》和《南方都市报》上同时发表声明，本院认为，只需一家媒体就可以达到消除影响、赔礼道歉的目的，无须同时在两家媒体上发表声明。至于赔偿数额，原告未能举证证明因被告的侵权行为造成的损失或被告因侵权行为的违法所得，本院综合考虑如下因素：①原告为建立网站建设投入较大，网站覆盖面较广；②被告网站多处抄袭原告，侵权恶意明显；③原告维权的合理支出，酌情判令三清环保公司赔偿经济损失人民币 5 万元。

通易计算机公司提供了部分材料用于制作 www. sanqinghb. cn 网页，否认这些材料是从原告网站抄袭得来，但并未提供证据证明上述材料的创作过程或合法来源，据此可以认定通易计算机公司未经原告许可，擅自使用 www. hb0769. cn 网页上的文字和图片。通易计算机公司还辩称在接到原告侵权情况反映后立即关闭了三清环保公司网站，但并未提供证据证明。退一步说，即便所述属实，因通易计算机公司实际参与了侵犯原告著作权的行为，其侵权责任不因事后关闭网站而免除。综上所述，按照《最高人民法院关于审理涉及计算机网络著作权纠纷案件适用法律若干问题的解释》第四条的规定，通易计算机公司应与三清环保公司共同承担侵权责任。

综上所述，并依据上述援引法律之规定，判决如下：

一、被告东莞市三清环保工程有限公司、东莞市通易计算机信息科技有限公司立即停止对原告东莞市莞成环保工程有限公司 www. hb0769. cn 网页内容著作权的侵权行为，即删除其 www. sanqinghb. cn 网站上侵犯原告著作权的内容。

二、限被告东莞市三清环保工程有限公司、东莞市通易计算机信息科技有限公司于本判决生效之日起五日内向原告东莞市莞成环保工程有限公司赔偿经济损失人民币 5 万元。

三、被告东莞市三清环保工程有限公司、东莞市通易计算机信息科技有限公司于本判决生效之日起十五日内在《南方都市报》或《广州日报》上赔礼道歉，消除影响，上述致歉内容应当经本院审核同意。

四、驳回原告东莞市莞成环保工程有限公司的其他诉讼请求。

如果未按本判决指定的期限履行给付金钱义务，应当依照《中华人民共和国民事诉讼法》第二百二十九条之规定，加倍支付迟延履行期间的债务利息。

本案诉讼费人民币 2300 元，由被告东莞市三清环保工程有限公司、东莞市通易计算机信息科技有限公司共同承担。

如不服本判决，原、被告可在本判决送达之日起十五日内，向本院递交上诉状及按对方当事人人数提出副本，并在提交上诉状之日起七日内，预交上诉费，上诉于广东省高级人民法院。

审　判　长　孙立凡
审　判　员　陈九波
代理审判员　陈娟娟
二○○九年十月十六日
书　记　员　程雨薇

【评析】

本案系东莞首宗网页侵权纠纷。首先从案件所涉法律问题来说，本案具有一定的典型性。本文涉及网页作品著作权和网页内容作品著作权两个权利的区别问题，网页和网页内容不能混为一谈。网页作品属编辑类作品，其著作权归于网页制作人而非网页所在的域名所有人，除非双方有特殊约定；网页内容（包括图片和文字），其著作权属于作者。本文涉及网页制作单位和域名所有人的责任承担问题。如果网页或网页内容侵犯了他人的著作权，作为网页制作单位，如果参与了侵权，则不能免责；如果其只是提供技术支持，并不知道网页内容侵权，只要在得知内容可能侵权后，及时删除内容，停止侵权，就可以免于承担责任。其次，从文书撰写角度来说，本文格式规范，层次分明，分段合理；案件事实叙述完整清楚，用语精练到位；对所涉法律问题分析透彻，说理到位，证据确实充分、适用法律正确，判决结果处理得当，是一篇优秀的裁判文书。

中华人民共和国广东省中山市中级人民法院

民事裁定书

（2009）中中法民四初字第14号

申请人：许赞威，男，1958年6月18日出生，澳门特别行政区居民，住澳门特别行政区氹仔信安马路631号美洁工业中心2楼J。身份证号码：5053317（3）。

委托代理人：冯钜深、张伟权，广东联合发展律师事务所律师。

被申请人：谈伟伦，男，1952年2月26日出生，澳门特别行政区居民，中国内地居所：中山市石岐区悦来南路南华街14号。身份证号码：5129089（8）。

申请人许赞威申请认可与执行澳门特别行政区法院判决一案，本院于2009年9月1日立案受理后，依法组成合议庭审理本案，并于2009年10月14日召集申请人与被申请人双方到庭听证聆讯。本案现已审理终结。

申请人许赞威申请称，申请人与被申请人谈伟伦债务纠纷一案，经澳门特别行政区初级法院于2008年7月3日作出的CV1－07－0023－CAO号判决书，判决被申请人谈伟伦向申请人支付：1. 港币200万元整；2. 2000年4月1日至2007年3月31日期间的已到期利息港币1345000元整；3. 2007年4月1日起按年利率10.25%计算至实际清偿债务为止的利息（暂计至2009年8月20日为港币489950元整）。以上合计港币3924950元整，折合人民币为3453956元。该判决书已于2008年7月14日成为确定（即发生法律效力），可以对被申请人实施强制执行。该判决书至今在澳门尚未得到实际执行。经申请人多方查证，被申请人长期在中山市石岐区居住生活，并在中山市有大量可供执行的财产。为此，申请人维护自己的合法权益，特依据《中华人民共和国民事诉讼法》第二百六十七条、第二百六十八条，以及《最高人民法院关于内地与澳门特别行政区相互认可和执行民商事判决的安排》（法释［2006］2号）的有关规定，请求广东省中山市中级人民法院认可和执行澳门特别行政区初级法院于2008年7月3日作出的CV1－07－0023－CAO号判决。

被申请人谈伟伦于听证聆讯时口头答辩称，申请人许赞威是被申请人的同事，双方之间债务的账面往来实际是20万元。澳门法院开庭时被申请人是缺席的，因为被申请人一直在中山，中山有投资业务。澳门法院审判的程序被申请人并不清楚，但是相信澳门法院在审判的实体和程序上都是合法的。只是在被申请人当时没有出庭应诉的情况下，澳门法院根据法律由检察官代替被申请人出庭，检察官是政府指派的，不是被申请人指派的，其答辩意思不是被申请人的直接意思。本案被申请人尊重中山市中级人民法院的裁决。

本院查明，申请人许赞威提请本院认可与执行的澳门特别行政区初级法院 CV1 - 07 - 0023 - CAO 号判决书，经该法院于 2009 年 3 月 10 日出具证明，已于 2008 年 7 月 14 日成为确定（即发生法律效力）。该判决书所涉案件，为 2007 年 3 月 22 日由许赞威作为原告向被告谈伟伦提起的一通常宣告案，澳门特别行政区初级法院并证明原告许赞威尚未有针对被告谈伟伦就该判决提起执行之诉。该法院出具的上述证明，由许赞威申请，目的是递交中国内地法院。许赞威在获得该证明后，将该证明并载有澳门特别行政区初级法院周艳平法官口述判决的《审判听证会议记录》影印本提交给本院，《审判听证会议记录》影印本经澳门特别行政区初级法院于 2009 年 1 月 30 日出具证明，证明影印本出自编号为 CV1 - 07 - 0023 - CAO 的通常宣告案卷宗，与正本无讹。该法院同时证明案件所涉原、被告许赞威和谈伟伦的身份及在澳门的住所情况。

根据载有周艳平法官口述判决的澳门特别行政区初级法院《审判听证会议记录》（通常诉讼程序编号 CV1 - 07 - 0023 - CAO）之内容，出席是次审判听证会议的人员除主审法官周艳平、法院初级书记员郑倩影外，还包括代理被告的钟柳仙检察官，及所有被传召出席是次会议的人，包括原告许赞威及其诉讼代理人戴明扬律师。开庭依法定程序宣告展开聆讯以及各人就座后，随即询问了原告列出之证人，包括何权德及阮玉荣，二人均为澳门特别行政区居民。至于被告谈伟伦，会议记录记载其最后为人所知之住址为澳门摆华巷 2 号 2 楼 C，澳门特别行政区初级法院已对其做公示传唤，但其没有答辩（本人未出席是次审判听证会议）。对于澳门特别行政区初级法院对谈伟伦的传唤方式，本院要求申请人许赞威提交该法院作公示传唤的证据，许赞威提交了该法院在 2007 年 7 月 24 日的《澳门日报》上刊登的“初级法院民事法庭公告”，公告所列的案件编号即“通常宣告案第 CV1 - 07 - 0023 - CAO 号”，与申请人许赞威申请承认与执行的判决编号相同。公告列明案件原、被告许赞威和谈伟伦的身份情况及住所情况，该法院传唤谈伟伦，“自第二次即最后一次刊登本公告起计三十天为中间期，得在该期间届满后的三十天内，就上述通常宣告案提出答辩……如不答辩则视其承认原告所陈述之事实，倘若提出答辩，必须委托律师”。

同样根据《审判听证会议记录》之内容，许赞威要求谈伟伦清偿的债务，源于谈伟伦因转售“氹仔北 TN50 地段”而欠下阮玉荣港币 200 万元，谈伟伦因欠缺现金支付欠下阮玉荣的债务而求助许赞威担保其清偿债务，随后许赞威代位取得阮玉荣的债权。2000 年 3 月 11 日，谈伟伦透过“协议书”接受阮玉荣的地位转移予许赞威，并声明承诺于 2 年内向许赞威偿还港币 200 万元；其后于 2000 年 3 月 30 日，在广东省中山兴中道海外大厦 8 楼“ZHONG YUAN & CO ADVOGADOS”律师事务所内，许赞威与谈伟伦在 Zhang Chi 律师的见证下订立“债务偿还协议”，约定具体的偿还债务方式。周艳平法官经聆讯所有被传召出席是次会议之人后，作出口述判决并载于会议记录：“法院裁定本诉讼因获得证明而理由成立，并因而判处被告（谈伟伦）向原告（许赞威）支付：港币 200 万元；港币 1435000 元，即由 2000 年 4 月 1 日至 2007 年 3 月 31 日期间，按约定年利率 10.25% 计算之已到期利息；以及由 2007 年 4 月 1 日起按约定年利率 10.25% 计算至实际清偿债务为止之已到期及将到期利息。诉讼费用由被告负担。”

另查明，申请人许赞威为在本院申请承认与执行上述澳门特别行政区初级法院判决，提供了被申请人在中山市的房产财产情况，包括谈伟伦个人所有或与人共有的坐落于中山市南区环城北台北溪河、中山市石岐区紫来大街8号503房、中山市南区环城北台管理区等六处房产。

本院在对本案听证聆讯时，经本院向申请人、被申请人双方询问，双方均明确确认就双方之间经澳门特别行政区初级法院裁决的债务纠纷，双方均未向内地法院及仲裁机构提起相同之诉讼或仲裁纠纷。

本院认为，本案属申请认可与执行澳门特别行政区法院判决案件。由于本案申请人经常居所地及财产所在地在中国内地本市，申请人向本院提起申请，符合《最高人民法院关于内地与澳门特别行政区相互认可和执行民商事判决的安排》（法释［2006］2号，以下简称的《安排》都同为题述司法解释）第四条第一款的规定，故本院对本案有管辖权。同时，除应适用被申请法院所在地关于司法协助的程序法律为裁决本案的准据法外，由于该《安排》为最高人民法院与澳门特别行政区根据双方一致意见达成，亦应适用该《安排》为裁决本案的准据法。

根据申请人许赞威申请本院承认与执行的载有判决事项的澳门特别行政区初级法院CV1－07－0023－CAO号《审判听证会议记录》之内容，被申请之判决确认之事项乃一般的金钱债务纠纷，非属被请求方法院（在此指中国内地法院）专属管辖；且判决内容并未违反内地法律的基本原则和社会公共利益；被申请人谈伟伦未能证明就被申请之判决所涉事项，被请求方法院（在此指本院）存在相同诉讼，及本院以外的内地法院或仲裁机构就相同诉讼已作出判决或仲裁裁决。对此，申请人与被申请人双方在本院对本案听证聆讯期间均予以确认；根据判决作出地的法律（在此指澳门特别行政区法律），败诉的当事人谈伟伦已经澳门初级法院合法公告传唤，包括在《澳门日报》上刊登传唤公告，谈伟伦在本案中称其长期居住在中山，也证明了澳门初级法院登报公告传唤的必要性，传唤程序合法；谈伟伦在澳门初级法院庭审聆讯时虽然没有出庭，但有检察官代理出席，诉讼权利依法获得保障；被申请之判决经澳门初级法院证明已经发生法律效力并尚未得以执行。综上，申请人许赞威请求本院认可的澳门特别行政区初级法院CV1－07－0023－CAO号《审判听证会议记录》所载的判决，并不存在《最高人民法院关于内地与澳门特别行政区相互认可和执行民商事判决的安排》第十一条规定的不予认可的六种情形，本院就本案进行听证聆讯期间，被申请人谈伟伦亦表示确信澳门初级法院的审判程序及实体处理合法。故申请人许赞威关于认可与执行澳门特别行政区初级法院CV1－07－0023－CAO号判决的申请依法应予准许。

综上所述，依照《中华人民共和国民事诉讼法》第二百六十五条、第二百六十六条及《最高人民法院关于内地与澳门特别行政区相互认可和执行民商事判决的安排》之规定，裁定如下：

一、认可与执行澳门特别行政区初级法院于2008年7月3日作出的CV1－07－0023－CAO号判决（以下称该判决）。

二、被认可和可予执行的该判决具体裁决项目为，谈伟伦应向许赞威支付：1. 港币200万元；2. 港币1435000元，即由2000年4月1日至2007年3月31日期间，按约定年利率10.25%计算之已到期利息；3. 由2007年4月1日起按约定年利率10.25%

计算至实际清偿债务为止之已到期及将到期利息。

本案受理费人民币36940元，由被申请人谈伟伦负担。

如不服本裁定，可以向广东省高级人民法院申请复议一次。复议期间不停止裁定的执行。

审　判　长　程建峰
审　判　员　陈　薇
审　判　员　何亦辉
二〇〇九年十一月六日
书　记　员　欧汉庭

【评析】

相互认可和执行判决，是司法协助最重要的环节之一。最高人民法院与澳门特别行政区在2006年2月28日签署的《关于内地与澳门特别行政区相互认可和执行民商事判决的安排》（以下简称《安排》），标志着两地司法协助向更紧密的层次迈出了强健的一步。这篇优秀的裁定书，源于申请人澳门居民许赞威依据《安排》请求内地法院认可和执行一份澳门特别行政区初级法院法官的口述判决，获选的意义不仅在于它是《安排》签署后内地首份认可和执行澳门法院判决的裁定，更在于内地法院以专业的司法实践兑现了对《澳门特别行政区基本法》的尊重及由此给予澳门法院的最重要司法协助承诺，体现了内地法官的优秀司法水平。同时，该裁定书还体现了对澳门特区特有司法制度的尊重，对程序问题的审查除依据《安排》的相应规定外，主要以澳门特区的法律作为审查标准，比如口述判决的形式、公告传唤送达的方式、代理人指派制度等。而为了使澳门特区法院的判决更方便地在内地得以执行，在文书格式没有先例可循的情况下，我们的法官将被认可和执行的判决之具体裁决项目在裁项中予以复述明确。最后，值得一提的是，该裁定书行文流畅、说理充分，语言上兼顾了内地与澳门在司法文化上的差异。为了弥合两地司法术语区别给读者带来的阅读困难，裁定书对个别术语作出了相应注解。随着今后两地更紧密司法协助的展开，这篇裁定书为这一领域提供了很好的研究范例，哪怕是专业性的批评。

●中国太平洋财产保险股份有限公司江门中心支公司与江门市新会正华五金制品有限公司等财产保险合同纠纷一案民事判决书

广东省江门市中级人民法院

民事判决书

（2009）江中法民二终字第61号

上诉人（原审被告）：中国太平洋财产保险股份有限公司江门中心支公司，住所地：江门市建设二路81号。

负责人：罗志宏，经理。

委托代理人：李建平，男，住江门市新会区会城明兴路21号5座301号。

委托代理人：刘惠宏，男，住江门市新会区大泽镇沙冲庙东村3巷13号。

被上诉人（原审原告）：江门市新会正华五金制品有限公司，住所地：江门市新会区大泽镇沙冲管理区。

法定代表人：刘贤汉，董事长。

委托代理人：张开清，广东广能律师事务所律师。

委托代理人：钟群兴，广东广能律师事务所律师助理。

原审第三人：江门市新会区农村信用合作联社大泽信用社，住所地：江门市新会区大泽镇河滨路5号。

负责人：李燮威，主任。

委托代理人：黄永就，该信用社信贷员。

上诉人中国太平洋财产保险股份有限公司江门中心支公司（以下简称太平洋江门公司）因与被上诉人江门市新会正华五金制品有限公司（以下简称正华五金公司）、原审第三人江门市新会区农村信用合作联社大泽信用社（以下简称大泽信用社）财产保险合同纠纷一案，太平洋江门公司不服江门市新会区人民法院（2007）新法经初字第728号民事判决，向本院提起上诉，本院依法组成合议庭审理了本案。本案现已审理终结。

原审法院查明：2005年8月9日，正华五金公司向太平洋江门公司投保财产保险综合险并填发《财产保险综合险投保单》（附有财产清单附表）。太平洋江门公司向正华五金公司出具一份《财产保险综合险保险单》，约定正华五金公司将其位于沙湾工业区的办公楼、厂房、宿舍、材料、成品及半成品向太平洋江门公司投保财产保险综合险，保险责任期限自2005年8月10日零时起至2006年8月9日二十四时止，总保险金额5200000元（其中材料、成品及半成品的保险金额2350000元），第一受益人为大泽信用社，每次事故绝对免赔额为1000元或损失金额的5%，两者以金额高者为标准等。当日，正华五金公司支付保险费5720元给太平洋江门公司。2006年5月28日和同年6月9日，因突降暴雨，正华五金公司位于沙湾工业区厂区存放的材料、成品及半成品等遭受水浸。两次险情发生后，正华五金公司及时向太平洋江门公司报案并申请理赔，太平洋江门公司先约请中坤评估公司到场勘验评估，后分别于2006年5月30日和同年6月10日单方委托广东泰诚保险公估有限公司（以下简称泰诚公估公司）进行评估，泰诚公估公司对两次事故分别出具了两份《保险公估终期报告》（以下简称《公估报告》），确定两次暴雨洪水造成正华五金公司保险标的损失的定损金额分别为186062.12元和103501.15元，分别减除残值5430元和7697.50元、比例分摊和免赔额后，理赔金额分别为48446.45元和25165.31元。太平洋江门公司和泰诚公估公司都没有将上述《公估报告》送达给正华五金公司。2007年2月，太平洋江门公司根据《公估报告》，核定两次保险事故理算后最终赔偿金额分别为48446.45元和25165.31元，并向正华五金公司发出两份理赔结果通知书。正华五金公司对理赔结果不服，遂于2007年8月2日提起一审诉讼，要求太平洋江门公司向正华五金公司或第三人大泽信用社支付保险赔偿金435903.88元及逾期付款违约金。诉讼中，正华五金公司对《公估报告》的评估程序和方法一审提出质疑，泰诚公估公司表示坚持《公估报告》的意见。一审根据正华五金公司的申请，决定对两次保险事故造成的损失重新进行公估，因双方对重新公估的公估机构未能协商一致，该院通过江门市中级人民法院委托江门市价格认证中心对涉案财产的损失重新进行公估鉴定，该中心于2008年7月31日作出《不予受理通知书》，以“委托方提供的广东省冶金产品质量监督检测中心检验报告显示，仅对标的物钥匙盒进行了质量检验，并没有对受损的全部标的物进行质量检验，难以确定全部标的物的损失程度”和“由于距离案件发生的时间较长，委托方无提供重新质量技术模拟鉴定准确资料，标的物实际损失情况难以确定”为由，决定不予受理。另查明，2006年1月1日，正华五金公司向中国平安财产保险股份有限公司（以下简称平安保险公司）投保财产保险综合险，约定正华五金公司对其位于小泽开发区的房屋建筑、原材料、产品及半成品续保，保险期限自2006年1月1日中午12时起至2007年1月1日中午12时止，总保险金额为11000000元（其中材料、产品及半成品的保险金额为6000000元）等。正华五金公司2006年5月份的“资产负债表”中“原材料、产成品、半成品”的库存金额为8323854.48元，其中沙湾工业区厂区库存2168268.70元，小泽工业区厂区库存6155585.78元。另外，该院在向泰诚公估公司调取上述公估调查材料时，该公司仅提供上述《公估报告》。中坤评估公司具有保险公估资格。

原审法院经审理认为：本案是财产保险合同纠纷。正华五金公司、太平洋江门公司在平等自愿、协商一致的基础上签订的保险合同，双方当事人的意思表示真实，合同内容合法有效，应受法律保护。根据《中华人民共和国合同法》第六十条“当事人应当按照约定全面履行自己的义务”和《中华人民共和国保险法》第十四条“保险合同成立后，投保人按照约定交付保险费；保险人按照约定的时间开始承担保险责任”的规定，正华五金公司已履行交保险费的义务，太平洋江门公司应在保险事故发生后履行支付保险赔偿金的义务，故正华五金公司要求太平洋江门公司支付保险赔偿金的请求，于法有据，予以支持。太平洋江门公司单方委托公估机构的行为违反了中国保险监督管理委员会《关于财产保险公司不得参加“强制定损”的通知》中有关“保险人和被保险人应本着协商、自愿的原则，委托有资格进行价值鉴定的机构和专家对财产损失进行鉴定”的规定，太平洋江门公司在出险后，先后单方委托两个公估机构进行评估，且每次委托均没有通知正华五金公司；另外，太平洋江门公司认为中坤评估公司不具备保险公司入库资质，就更不应要求其协助现场清点工作，故太平洋江门公司单方委托的行为有违协商、自愿原则，且也没有依法将《公估报告》向正华五金公司送达，故太平洋江门公司的公估程序显失公平。对于定损的数额问题，双方在诉讼中对《公估报告》确定的定损数额186062.12元和103501.15元、残值5430元和7697.50元和免赔额均无异议，故予以确认；双方争议的是定损的比例分摊，公估机构认为正华五金公司2006年5月份的库存金额8323854.48元，属不足额投保；而正华五金公司认为这个库存金额属于沙湾和小泽两个厂区所有，且两个厂区已在同一时间分别向不同保险公司投保财产综合险，太平洋江门公司与公估机构均没有提供其进行现场核实正华五金公司沙湾工业区的实际库存的证据，仅凭正华五金公司提供2006年5月份的库存金额就认定不足额投保，这与事实不符；而且原审法院在向泰诚公估公司调查时，该公司也没有提供太平洋江门公司实际库存的调查材料，故正华五金公司提供的2006年5月份“资产负债表”的库存8323854.48元不应作为沙湾工业区厂区的库存。根据《最高人民法院关于民事诉讼证据的若干规定》第六十六条“审判人员对案件的全部证据，应当从各证据与案件事实的关联程度、各证据之间的联系等方面进行综合审查判断”的规定，由于太平洋江门公司委托公估的程序不符合上述中国保险监督管理委员会通知的规定，且太平洋江门公司和公估机构对正华五金公司的实际库存审查不严，因此，采信正华五金公司主张的其沙湾工业区厂区的库存金额2168268.70元。据此可知，2006年5月28日，正华五金公司沙湾工业区厂区出险，受损的定损数额180632.12元，按实际损失计得赔偿金额166442.01元［（180632.12元－残值5430元）×95%（因免赔额为损失金额的5%）］；2006年6月9日的保险事故，材料、成品及半成品的定损数额103501.15元，按实际损失计得赔偿金额91013.47元［（103501.15元－残值7697.50元）×95%（因免赔额为损失金额的5%）］。两次赔偿合共257455.48元。对于正华五金公司主张的施救费用，根据《中华人民共和国保险法》第四十二条第二款“保险事故发生后，被保险人为防止或者减少保险标的的损失所支付的必要的、合理的费用，由保险人承担；保险人所承担的数额在保险标的损失赔偿金额以外另行计算，最高不超过保险金额的数额”的规定，其诉请施救费用符合法律规定，予以支持；但诉请金额过高，因此酌定两次施救费用合计共32490元（178人×90元/人＋183人×90元/人）。至于正华五金公司主张逾期付款违约金的问题，根据《中华人民共和国保险法》第二十六条“保险人自收到赔偿或给付保险金的请求和有关证明、资料之日起六十日内对其赔偿或给付保险金的数额不能确定的，应当根据已有证明和资料可以确定最低数额先予支付”的规定，太平洋江门公司本应在收到理赔申请的60天内（即2006年8月9日前）向正华五金公司进行理赔，但其拖延理赔而给正华五金公司生产经营造成了不应有的困难和损失，应承担违约责任；至于违约金，应以上述两项赔偿合共289945.48元为本金，从2006年8月10日起，按人民银行同期贷款利率计算为宜。由于本案第三人是保险事故的第一受益人，故太平洋江门公司应向第三人支付涉案赔偿款及违约金。综上所述，依照《中华人民共和国合同法》第六十条和《中华人民共和国保险法》第十四条、第二十六条、第四十二条第二款以及《最高人民法院关于民事诉讼证据的若干规定》第六十六条的规定，判决如下：一、太平洋江门公司应在本判决生效之日起十日内向大泽信用社支付保险赔偿金257455.48元、施救费用32490元，合计共289945.48元及违约金（以289945.48元为本金，从2006年8月10日起，按人民银行同期贷款利率计至本判决规定清偿日止）。二、驳回正华五金公司的其他诉讼请求。案件受理费8474元，由正华五金公司承担2625元、太平洋江门公司负担5849元。

太平洋江门公司不服原判决，向本院提出上诉称：一、撤销原判，改判太平洋江门公司赔偿金额为73611.76元。二、诉讼费用由正华五金公司承担。理由如下：第一，原审认为太平洋江门公司单方委托公估机构对正华五金公司财产损失进行鉴定有违协商、自愿原则与事实不符，且适用法律错误。1. 太平洋江门公司委托泰诚公估公司进行评估鉴定已得到正华五金公司的许可。泰诚公估公司到达损失现场后，正华五金公司均把与案件相关资料全部提供给泰诚公估公司，并允许其到事故现场进行损失评估，期间也多次与公估人就损失的情况进行商议。在评估结果出来以前，正华五金公司一直未向太平洋江门公司提出任何异议；评估结果出来后，正华五金公司也曾单方委托江门中坤公司进行评定。可见，对泰诚公估公司的评估鉴定行为已得到正华五金公司的同意，原审认为太平洋江门公司委托的泰诚公估公司评估程序及结论显失公平，明显与事实不符。而且泰诚公估公司是经国家审核具备保险公估的专业资质，更是保险公司入库选定具备公估评定资格的专门机构，其作出的专业评估鉴定意见具有权威的公信力。2. 一审法院认定太平洋江门公司单方委托公估公司违反保监会《关于财产保险公司不得参与“强制定损”的通知》，缺乏法律依据。首先，该通知是保监会于1999年12月29日颁布实施的，其适用前提是“少数行政部门借助行政手段，无视保险人和被保险人的权益，在一些地区对保险事故搞‘强制定损’活动”。可见该通知是以适用行政部门借助行政手段搞‘强制定损’活动为适用前提，与本案无关。其次，该保监发（1999）274号《通知》，是保监会于1999年12月29日颁布实施的，是根据1995年《中华人民共和国保险法》进行发布的，而《中华人民共和国保险法》已于2002年作出大幅度的修改，该通知也不应适用，并且根据2002年的《中华人民共和国保险法》第一百二十三条规定：“保险人和被保险人可以聘请依法设立的评估机构或者具有法定资格的专家，对保险事故进行评估和鉴定。”可见，法条对选定评估机构规定是“可以”，并非“应当”，也未明确规定要双方协商一致方能进行评估。人民法院审理案件应以法律、行政法规、地方性法规以及部门规章作为判案依据，而该《通知》属保监会对保险公司的通知，没有法律约束力，人民法院不应作为判案依据。第二，原审采信正华五金公司沙湾工业开发区厂房库存金额为2168268.70元没有事实和法律依据。该库存金额2168268.70元只有正华五金公司自制的资产负债表予以证明，并没有其他证据相互印证，属孤证。根据“孤证不以定案”的基本法律原则，一审法院就此认定正华五金公司其沙湾工业开发区厂房库存金额为2168268.70元纯属武断。事实上正华五金公司的投保额不足。根据正华五金公司在一审提交的证据，认为正华五金公司存在两个仓库，一个位于新会大泽沙湾工业开发区厂房即向本公司投保财产险所在地，当时库存为人民币 2168268. 70 元，而另一个位于新会小泽创利来工业开发区厂房，当时的库存为人民币 6155585. 78 元，与事实不符：1. 正华五金公司主动向泰诚公估公司提供的资产负债表及财务账册均证实当时正华五金公司的库存量为人民币 8323854. 48 元。泰诚公估公司在事故发生时要求正华五金公司提供当时的库存资料而正华五金公司自己提供了完整的资产负债表及账本全册，上述均清晰显示库存为人民币 8323854. 48 元，且有正华五金公司的盖章确认。而不管保险单还是工商登记，正华五金公司只有一个地址，以此足以证明正华五金公司是以全公司的财产进行投保，是同一保险标的，所以就理赔角度而言，不能在事发后为增加保险金额而避重就轻随便改变投保资料，以“造成损失的财产投了保，没有造成损失的财产没有投保”作为理由索赔，该做法明显违背了保险合同中的诚实信用原则。2. 正华五金公司提供的保险单反映，其投保的主体是正华五金公司，该公司是一个独立的法人，承保的形式是账面余额，即同一公司不可能存在两套账户。综合分析，正华五金公司所提供的证据不能推翻其按账面投保及理赔的事实，至于其向平安保险公司的投保，因投保地址与本案所发生地不一致，所以与本案无关。由于正华五金公司是不足额投保，根据《保险法》第四十条规定：“保险标的的保险价值，可以由投保人和保险人约定并在合同中载明，也可以按照保险事故发生时保险标的的实际价值确定。保险金额低于保险价值的，除合同另有规定外，保险人按照保险金额与保险价值的比例承担赔偿责任。”由于正华五金公司并未足额投保，根据《公估报告》确定的定损金额为 186062. 12 元和 103501. 15 元，分别减除残值 5430 元和 7697. 50 元，分别分摊和免赔额后，故按理赔的公式：赔付金额 = 损失金额 × 投保金额 / 实际库存 × 免赔率，得出赔偿的金额分别为 48446. 45 元和 25165. 31 元，即赔偿金额为 73611. 76 元是合法有据的。第三，原审判决自相矛盾，既认为《公估报告》不合法，又以其定损，但不采用该《公估报告》的理赔计算，明显是偏袒正华五金公司达到多赔付的目的，侵犯了太平洋江门公司的合法权益，明显不公。第四，本案不存在施救费用。正华五金公司主张的施救费用因为是属于事故发生时，对此正华五金公司有施救的义务，此费用不属于保险索赔的范围，且公估定损时已考虑该因素才作出公估结论。另外，对于正华五金公司提供施救的人数及工资等施救费用的证据，只有自制的清单；而且被保险人的四个证人中就有一个没有参加施救，且自行制作施救工资表，其合法性、真实性不能确认；正华五金公司应承担举证不能的不利后果，该费用依法不能认定，法院不应予以支持。

正华五金公司答辩称：一、一审法院对保险赔偿金部分事实的认定是清楚的，适用法律是正确的。第一，一审法院认定沙湾工业开发区厂房的库存金额为 2168268. 70 元是正确的、符合事实的。正华五金公司有大泽沙湾工业开发区和小泽开发区两处厂区，两处厂区同建一套账目。出险时正华五金公司整个公司的资产负债表显示，正华五金公司整个公司 2006 年 5 月的存货为 8323854. 48 元，这一存货包括沙湾工业开发区的厂房存货数额和小泽开发区的厂房存货数额，即：沙湾工业开发区的厂房存货数额 + 小泽开发区的厂房存货数额 = 8323854. 48 元。而根据有关财务资料，统计出沙湾工业开发区的厂房在 2006 年 5 月的存货数额确为 2168268. 70 元（原材料 1015650. 95 + 半成品 891258. 65 + 成品 261359. 1 = 2168268. 7 元），另一个位于小泽工业开发区厂房的库存则为人民币 6155585. 78 元。第二，双方签订的保险合同上写着被保险人投保的财产是位于大泽沙湾工业区的厂区的财产，所以在理赔时只能以沙湾工业区厂房库存财产价值 2168268.70 元为保险价值，而不能连小泽开发区厂房的库存财产价值也计算进去。双方是在平等自愿、协商一致的基础上签订保险合同，双方当事人意思表示真实，合同内容合法有效，应受法律保护。保险单上明明白白写着正华五金公司的地址是大泽沙湾工业区，财产保险财产清单附表中财产坐落地址也明明白白写着大泽沙湾工业开发区，而出险时大泽沙湾工业开发区的库存财产为 2168268.70 元，理所当然，正华五金公司的保险价值就是 2168268.70 元，这是不存在任何疑问的。正华五金公司的另一处厂区小泽开发区厂区的财产是向中国平安财产保险股份有限公司投的财产保险综合险，2006 年 5 月在保险期内，且是续保。该投保的材料、产品、半成品的保险金额为 600 万元。也就是说，正华五金公司是将位于大泽镇小泽开发区、大泽沙湾工业开发区的财产（不同的保险标的）分别向平安保险公司及太平洋江门公司投保，这并不构成重复投保（所谓重复投保，是指将同一保险标的在同一保险时段内向不同的保险公司投保）。故此，计算保险价值（库存金额）时，也应分别计算。大泽沙湾工业开发区的财产出险，计算保险价值时只能以大泽沙湾工业开发区厂区的库存金额作为保险价值，而不能连小泽开发区厂房的库存财产价值也计算在内。第三，正华五金公司为大泽沙湾工业开发区的财产投的是足额保险，太平洋江门公司应当及时按实际损失全额理赔。正华五金公司为大泽沙湾工业开发区的价值为 2168268.70 元的财产投保，保险金额为 2350000 元，因保险金额（2350000 元）高于保险价值（2168268.7 元），所以属于足额投保，依约赔偿金额应按实际损失赔偿。

二、关于施救费用的问题。太平洋江门公司主张本案不存在施救费用，其理由是不成立的。正华五金公司所主张的施救费用，既有法律依据又有事实依据，法院应予以支持。根据保险法第四十二条第二款规定：“保险事故发生后，被保险人为防止或减少保险标的的损失所支付的必要的、合理的费用，由保险人承担，保险人所承担的数额在保险金额标的损失赔偿金额以外另行计算，最高不超过保险金额的数额。”本案中，险情发生后，被保险人组织员工积极全力进行抢救，实际上产生了 169015 元的费用，数额加上保险赔偿金没有超过保险金额，保险人应该承担。关于证据方面，正华五金公司不但提供了有关的计算清单，而且依法申请法院传唤证人出庭接受质证，已予证实。

三、一审法院认为太平洋江门公司单方委托泰诚公估公司有违协商、自愿原则，公估程序显失公平是正确的。中国保险监督委员会《关于财产保险公司不得参加“强制定损”的通知》是有效的部门规章，法院审判时应予参照。该通知中有关“保险人和被保险人应本着协商、自愿的原则，委托有资格进行价值鉴定的机构和专家对财产损失进行鉴定”的规定，应该得到遵守。太平洋江门公司单方委托公估机构的行为违反了该规定。而原先委托的中坤评估公司具有保险公估资格，太平洋江门公司舍近求远单方委托泰诚公估公司，其动机可疑。且泰诚公估公司拒不出庭接受质证，对其作出的公估结论，又难以自圆其说，故该公估结论本来就不能作为有效的证据。然而，正华五金公司申请重新进行公估，却未得到许可。在这种情况下，正华五金公司本着相互体谅的原则，对其公估报告中确定的定损数额不作异议，法院将此作为参考并不自相矛盾。直到如今，正华五金公司仍然认为，出险时的有关资料与数据被中坤公司和泰诚公司所持有，根据那些资料和数据，是完全可以重新公估的。综上所述，原判认定事实清楚，适用法律正确，审判程序合法。太平洋江门公司的上诉请求，理由不成立。

原审第三人大泽信用社未作答辩。

本院经二审审理，对原审法院判决所查明的部分事实予以确认。

本院另查明：正华五金公司向太平洋江门公司出具的出险通知书中内容为：当时天气十分恶劣，不断落大暴雨，九时左右，发现厂内的人行道的水位越来越高，下水道开始涌上浊水，因当时厂外河道上的水位比厂水位更要高。当发现这种情况，立即动员全厂员工约100人进行抢救，并调动厂的全部车辆和人员对产品进行搬迁，因水势涨得很快，不到半小时，水已经浸没了全厂的地面，此时，员工调来沙包用来堵塞各车间的门口，以减轻水位的上升，并调来水泵排水，经过一个多小时的抢救，水位已停止上涨，但此时的水位已有50－60厘米深了，厂内地面的材料、成品及半成品已经大面积被水浸没。

2007年2月27日，太平洋江门公司向正华五金公司送达了理赔结果通知书，并要求其提供账号以便支付赔款。

本院认为：本案是财产保险合同纠纷。结合双方当事人的上诉和答辩，本案争议的焦点是：1. 有关泰诚公估公司对正华五金公司两次保险事故进行评估并出具公估报告的效力问题；2. 有关正华五金公司保险事故发生后库存账面余额的保险价值问题；3. 本案正华五金公司要求太平洋江门公司支付施救费有无事实和法律依据。

首先，关于本案泰诚公估公司对正华五金公司两次保险事故进行评估并出具公估报告的效力问题。

根据《中华人民共和国保险法》第一百二十三条“保险人和被保险人可以聘请依法设立的独立的评估机构或者具有法定资格的专家，对保险事故进行评估和鉴定”的规定，保险事故发生后，保险人和被保险人均可聘请依法设立的独立评估机构或者具有法定资格的专家，对保险事故进行评估和鉴定。本案中，太平洋江门公司在保险事故发生后委托具有法定资质的泰诚保险公估公司到正华五金公司进行保险损失的评估鉴定并要中坤公估有限公司到现场配合清点，正华五金公司在泰诚保险公估公司到事故现场进行损失评估过程中配合其提供与案件相关资料且未对此提出异议，应视为正华五金公司对泰诚公估公司评估定损行为已认可。据此，正华五金公司认为太平洋江门公司单方委托泰诚公估公司评估，评估程序显失公平，与事实不符，本院不予支持。

另根据《最高人民法院关于民事诉讼证据的若干规定》第五十九条第二款“鉴定人确因特殊原因无法出庭的，经人民法院准许，可以书面答复当事人的质询”的规定，泰诚公估公司出具公估终期报告书后，经原审法院准许，已书面答复了正华五金公司的有关质询。据此，正华五金公司认为泰诚公估公司拒不出庭接受质证，故该公估结论不能作为有效证据的辩称，理由明显不成立。

其次，关于正华五金公司保险事故发生后库存账面余额的保险价值问题。

一、2005年8月9日，正华五金公司与太平洋江门公司签订一份《财产保险综合险保险单》，该保单记载：被保险人为正华五金公司，公司地址为大泽镇沙湾工业开发区，标的项目：1. 办公楼、厂房、宿舍，坐落地址注明详见清单（清单上厂房注明坐落大泽沙湾工业开发区），以估价承包保险金额为285万元；2. 材料、成品及半成品，坐落地址注明详见清单（清单中无注明地址），以账面余额价值承保，保险金额为235

万元；第一受益人为大泽信用社；责任期限自2005年8月10日零时起至2006年8月9日二十四时止等。另本案投保书、保险单正本及财产清单附表中对材料、成品及半成品的坐落地址均未予以详细注明。根据《中华人民共和国保险法》第五条关于“保险活动当事人行使权利、履行义务应当遵循诚实信用原则”的规定，因正华五金公司工商注册的地址只有一个即大泽镇沙冲管理区，正华五金公司投保时未履行如实告知义务即如实告知其公司材料、成品及半成品分别存放于沙湾工业区及小泽开发区两处仓库，由此造成本案太平洋江门公司认为正华五金公司是以其公司的全部库存账面余额进行投保而正华五金公司认为是仅以大泽沙湾工业区的库存账面余额投保的争议，正华五金公司对此应负有过错。

二、保险事故发生后，泰诚公估公司要求正华五金公司提供当时保险事故发生时的仓库库存资料进行保险事故定损，正华五金公司向泰诚公估公司提供其2006年5月份显示库存账面余额为8323854.48元的资产负债表及总分类账本，该数额经正华五金公司盖章确认。正华五金公司也未向太平洋江门公司说明上述库存账面余额为全公司的库存账面余额即包括小泽开发区仓库的库存账面余额，致使泰诚公估公司以上述库存账面余额作为保险事故发生时的大泽沙湾工业区仓库库存账面余额予以定损并认定为不足额投保。因正华五金公司与太平洋江门公司签订的保险合同约定正华五金公司投保项目即办公楼、厂房、宿舍及材料、成品及半成品的全部保险金额共计只有520万元，据此正华五金公司在保险事故发生时提供的2006年5月份资产负债表及总分类账本显示的库存账面余额不能排除包括小泽开发区仓库的库存账面余额可能。

三、一审诉讼期间，正华五金公司提供其自制资产负债表，以证实保险事故发生时大泽沙湾工业区库存账面余额为2168268.70元。因该份资产负债表无其他证据予以佐证，不能排除正华五金公司为自身利益而在事后提供不真实的库存账面余额的可能。根据《最高人民法院关于民事诉讼证据的若干规定》第六十三条“人民法院应当以证据能够证明的案件事实为依据依法作出裁判”及第六十五条“审判人员对单一证据可以从下列方面进行审核认定：……（四）证据的内容是否真实；（五）证人或者提供证据的人，与当事人有无利害关系”的规定，原审法院以太平洋江门公司委托公估的程序不符合中国保险监督管理委员会通知的规定，太平洋江门公司和公估机构对正华五金公司的实际库存审查不严为由，仅凭正华五金公司在一审提供的一份资产负债表而认定其主张的沙湾工业区厂区库存金额为2168268.70元明显不当。

综上，因保险事故发生时双方均未予认真核实发生地大泽沙湾工业区库存账面余额真实的保险价值（太平洋江门公司未对库存账面余额予以调查核实，同时正华五金公司也未明确予以说明），导致本案保险事故发生时大泽沙湾工业区真实的保险价值即库存账面余额无法认定。本案双方因保险发生地保险标的库存账面余额的真实保险价值发生纠纷，正华五金公司与太平洋江门公司均有过错。

因双方在诉讼中对《公估报告》确定的两次保险事故定损数额186062.12元和103501.15元、残值5430元和7697.50元及免赔额均无异议，经计算两次保险事故定损数额共计262613.98元，正华五金公司与太平洋江门公司应就各自的过错对上述定损金额承担相应责任。根据双方过错大小，本院酌定双方对上述保险事故定损数额各承担50%，因此，本案太平洋江门公司应将两次保险事故造成正华五金公司损失131306元支付给受益人即大泽信用社。

再次，关于本案正华五金公司要求太平洋江门公司支付施救费有无事实和法律依据问题。

本案中正华五金公司提供其自制的工资表及本公司员工的证人证言，以证实其在上述保险事故发生后，组织人员进行施救并支付了费用。但结合正华五金公司在诉状中有关“因突降暴雨，致使沙湾工业区的材料、成品及半成品等遭到水浸，虽经其员工积极抢救，仍造成巨额损失”的陈述及其向太平洋江门公司出具的出险通知书中的内容，根据《最高人民法院关于民事诉讼证据的若干规定》第二条“当事人对自己提出的诉讼请求所依据的事实或者反驳对方诉讼请求所依据的事实有责任提供证据加以证明。没有证据或者证据不足以证明当事人的事实主张的，由负有举证责任的当事人承担不利后果”；第六十九条“下列证据不能单独作为认定案件事实的依据：（二）与一方当事人或者其代理人有利害关系的证人出具的证言”；第六十六条“审判人员对案件的全部证据，应当从各证据与案件事实的关联程度、各证据之间的联系等方面进行综合审查判断”。及《中华人民共和国保险法》第四十二条“保险事故发生时，被保险人有责任尽力采取必要的措施，防止或者减少损失。保险事故发生后，被保险人为防止或减少保险标的的损失所支付的必要的、合理的费用，由保险人承担，保险人所承担的数额在保险金额标的损失赔偿金额以外另行计算，最高不超过保险金额的数额”的规定，正华五金公司所提供工资表及其员工所作证人证言的证明力明显低于其在出险通知书中的陈述。正华五金公司提供的上述证据不足以证实其组织人员进行施救是发生在保险事故之后。正华五金公司在两次保险事故发生时，积极组织员工施救为其应当履行的法定责任和义务，由此发生的费用不属于保险索赔范围；况且在公估终期报告书定损理赔金额中已包括对受损物品的清理、整理的人工费、管理费等费用，因此正华五金公司再诉请太平洋江门公司支付施救费没有事实和法律依据。

泰诚公估公司于2007年1月25日出具了公估终期报告书确认两次保险事故最终理赔金额为73611.76元后，太平洋江门公司于2007年2月27日向正华五金公司送达了理赔结果通知书并要求其提供账号以便支付赔款。因正华五金公司不同意上述保险赔付金额而拒绝受领赔款，因此产生本案纠纷。为平衡双方当事人的合法权益，考虑正华五金公司是基于对理赔金额的异议才不予领取保险赔偿金，现经本院审理确认太平洋江门公司应赔付两次保险事故的保险赔偿金应为131306元，故正华五金公司不予受领赔款有其合理性。太平洋江门公司对泰诚公估公司确定的理赔金额超出部分（131306元－73611.76元）即57694.24元，应自其发出理赔通知书的次日起承担逾期付款违约责任（按中国人民银行同期逾期贷款罚息利率计算至本判决确定的给付之日止）。原审法院作出的太平洋江门公司承担逾期支付保险赔偿款的违约责任范围及起算时间的判处不当，应予以纠正。

综上，原审判决认定主要事实不清，证据不充分，判处不当，应予纠正。本院依照《中华人民共和国民事诉讼法》第一百五十三条第一款第（三）项、第一百五十八条的规定，判决如下：

一、变更江门市新会区人民法院（2007）新法经初字第728号民事判决主文第一项为：中国太平洋财产保险股份有限公司江门中心支公司支付应在本判决生效之日起十日内向第三人江门市新会区农村信用合作联社大泽信用社支付保险赔偿金131306元及逾期付款违约金（自2007年2月28日起以金额57694.24元按中国人民银行同期逾期贷款罚息利率计算至判决书确定的给付之日止）。

二、驳回江门市新会正华五金制品有限公司的其他诉讼请求。

如果未按本判决指定的期间履行给付金钱义务，中国太平洋财产保险股份有限公司江门中心支公司应当按照《中华人民共和国民事诉讼法》第二百二十九条之规定，加倍支付迟延履行期间的债务利息。

本案一审案件受理费8474元，二审案件受理费1640元，由中国太平洋财产保险股份有限公司江门中心支公司负担2926元，江门市新会正华五金制品有限公司负担7188元；江门市新会正华五金制品有限公司预交的一审案件受理费8474元，中国太平洋财产保险股份有限公司江门中心支公司预交的二审案件受理费1640元；中国太平洋财产保险股份有限公司江门中心支公司应在判决执行时一并支付给江门市新会正华五金制品有限公司1286元；本案一、二审法院收取的诉讼费不再清退。

本判决为终审判决。

审 判 长　曹富荣
代理审判员　徐　闯
代理审判员　王昭祥
二〇〇九年三月十九日
书 记 员　陈秀霞
书 记 员　梁启洪

【评析】

本案围绕当事人双方在订立、履行保险合同过程中，应当按照民事活动中诚实信用原则和如实履行告知及说明义务的要求，以及保险事故发生后导致真实的保险价值不能确定纠纷产生的因果关系，结合案件的现有证据，正确运用民事诉讼证据及保险法相关规定和民法的过错责任原则，对当事双方所涉争执焦点，从法律和事实层面进行综合评判，公正、合理界定了保险人的赔偿责任，实现了投保人与保险人之间的利益平衡，对司法实践中类似案件的审理有一定的借鉴作用。该裁判文书制作格式规范，案件事实叙述完整、繁简得当；证据翔实充分；引用法条准确、完整；语言通顺流畅，逻辑严谨，用语规范准确；程序公正、实体处理得当，是一篇优秀的裁判文书。

●广东嘉宝莉化工有限公司与江西嘉宝莉科工贸有限公司等
侵犯商标权及不正当竞争纠纷一案民事判决书

中华人民共和国广东省江门市中级人民法院

民事判决书

(2007) 江中法知初字第75号

原告：广东嘉宝莉化工有限公司。住所地：广东省江门市蓬江区棠下镇金溪工业区。

法定代表人：仇启明，该公司董事长。

委托代理人：刘延喜、温旭，均系广东三环汇华律师事务所律师。

被告：江西嘉宝莉科工贸有限公司。住所地：江西省南昌市经济开发区枫林大街江西青年科技创业园。

法定代表人：黄家颂，该公司总经理。

被告：德国嘉宝莉国际集团（香港）有限公司。住所地：香港九龙尖沙咀广东道30号。

法定代表人：黄家颂，该公司董事。

上述两被告共同委托代理人：闵蓉，江西中慧律师事务所律师。

上述两被告共同委托代理人：黄文辉，江西博世达律师事务所律师。

被告：陈卓润，男，汉族，1976年3月8日出生，系个体工商户江门市蓬江区宝润地板商行业主，经营场所：广东省江门市育才路5号首层铺1卡。

委托代理人：李民，广东坚信律师事务所律师。

被告：南昌鑫森木业有限责任公司。住所地：江西省南昌市昌北双港路（物资仓库内）。

法定代表人：刘孝森，该公司总经理。

委托代理人：闵蓉，江西中慧律师事务所律师。

委托代理人：黄文辉，江西博世达律师事务所律师。

原告广东嘉宝莉化工有限公司（以下简称广东嘉宝莉公司）诉被告江西嘉宝莉科工贸有限公司（以下简称江西嘉宝莉公司）、被告德国嘉宝莉国际集团（香港）有限公司（以下简称香港嘉宝莉公司）、被告陈卓润、被告南昌鑫森木业有限责任公司（以下简称南昌鑫森公司）侵犯商标权及不正当竞争纠纷一案，本院于2007年7月30日立案受理后，依法组成合议庭，于2008年1月15日、16日，2008年3月6日进行了庭前证据交换，并于2008年3月6日公开开庭进行了审理。原告广东嘉宝莉公司的委托代理人刘延喜、温旭，被告江西嘉宝莉公司、被告香港嘉宝莉公司、被告南昌鑫森公司的共同委托代理人闵蓉、黄文辉，被告陈卓润的委托代理人李民到庭参加了诉讼。本案现已审理终结。

原告广东嘉宝莉公司诉称：原告是一家从事涂料、油漆研发、生产、销售的高新技术企业，其商业经营活动拥有和使用“CARPOLY”和“嘉 宝 莉”注册商标。经过多年发展，原告以严格的质量保证与环保的科技创新发展思想奠定了在涂料行业的领先地位，其产品亦远销国内外，在行业内享有相当高的知名度，已成为知名品牌。2005年，该公司凭借其综合实力，获得了“广东省著名商标”、“广东省名牌产品”及“中国名牌产品”的殊荣。2006年，“嘉 宝 莉”商标（注册号1074012）被国家工商管理总局商标局认定为“中国驰名商标”。

但是，原告在市场上发现一种在产品上具有“CARBOLY嘉宝莉”标识的木地板产品，通过调查以及比较分析，发现：1. 被告江西嘉宝莉公司和被告香港嘉宝莉公司制造、销售、许诺销售“CARBOLY嘉宝莉”木地板；2. 被告江西嘉宝莉公司和被告香港嘉宝莉公司在网站、广告宣传册、产品工程投标书、职员名片、公司厂牌等多处使用上述“CARBOLY嘉宝莉”商标；3. 被告江西嘉宝莉公司注册了域名“www. carpoly. net”，该域名不仅与原告公司域名“www. carpoly. com”相近似，更重要的是该域名中的关键字“carpoly”与原告注册商标近似；4. 被告陈卓润为被告江西嘉宝莉公司在广东省江门市开设的加盟店，原告在被告陈卓润处购买到木地板产品；5. 被告南昌鑫森公司于2001年7月26日在第19类商品恶意抢注了与原告注册商标近似的“CARBOLY 嘉宝莉”商标，并于2006年向国家商标局申请将该注册商标转让给被告江西嘉宝莉公司。

被告的上述行为使消费者将被告的强化木地板与原告产品相混淆，误认为该产品来源于原告公司，甚至当被告产品出现严重质量问题时，导致许多消费者通过电话、网络等各种方式向原告投诉，要求解决产品的质量问题。被告的不正当竞争行为，其目的在于鱼目混珠，借用原告的商业优势，推销自己的商品。这种行为不仅侵占了原告的商业成果，破坏了原告的商业信誉，而且严重扰乱了社会经济秩序。

为此，原告根据《中华人民共和国商标法》、《中华人民共和国反不正当竞争法》、《中华人民共和国民法通则》及《最高人民法院关于审理商标民事纠纷案件适用法律若干问题的解释》及其他相关司法解释的规定，向法院提起诉讼，请求判令：1. 被告行为构成对原告的不正当竞争，并立即停止不正当竞争行为；2. 被告立即停止使用“carpoly”、“嘉宝莉”、“CARBOLY嘉宝莉”等标识，注销、停止使用域名“www. carpoly. net”，停止一切其他的不正当竞争行为；3. 被告公开登报道歉，消除影响；4. 被告赔偿因不正当竞争行为给原告造成的经济损失人民币100万元；5. 被告承担本案诉讼费和调查取证费。

同时，原告认为其“CARPOLY”（注册号736951）、“嘉 宝 莉”（注册号1074012）商标为相关公众广为知晓并享有较高声誉，请求本院认定此商标为中国驰名商标。

2008年1月15日第一次证据交换时，原告将诉讼请求第2项补充为：在该项请求前加上“被告的行为构成对原告‘CARPOLY’、‘嘉 宝 莉’的商标侵权”；将诉讼请求第3项明确为“在广州日报登报道歉”；将诉讼请求第4项变更为“判令被告因商标侵权和不正当竞争行为给原告造成的经济损失人民币100万元”；将诉讼请求第5项明确诉讼费用和调查取证费为人民币8000元。

原告广东嘉宝莉公司在举证期内提交的证据如下：

一、“CARPOLY”商标注册证（注册号736951）及权利变更证明；

二、“嘉 宝 莉”商标注册证（注册号1074012）及权利变更证明；

证据一、二证明原告拥有商标权；

三、国家工商行政管理总局商标局“关于认定‘嘉宝莉’商标为驰名商标的批复”，证明原告的商标为驰名商标；

四、原告商标独创的释义，证明原告两商标为原告独创的商标；

五、百度及Google网页搜索资料，证明“嘉宝莉”为原告独创，没有比原告更早使用这三个字的企业或个人；

六、包括以下内容：1. 驰名商标认定申请表；2. 企业基本情况介绍资料；3. 注册商标统计表及商标注册证明；4. 商标商品近三年的经济指标；5. 商标广告发布情况；6. 相关获奖、荣誉证明，以上证据证明原告的“CARPOLY”商标应认定为驰名商标；

七、包括以下内容：1. 企业基本情况介绍资料；2. 注册商标统计表及商标注册证明；3. 商标商品近三年的经济指标；4. 商标广告发布情况；5. 相关获奖、荣誉证明，以上证据证明原告的“嘉 宝 莉”商标应认定为驰名商标；

八、购买侵权产品公证书（含部分宣传册）；

九、被告江西嘉宝莉公司网页公证书；

十、被告产品宣传册；

十一、被告江西嘉宝莉公司厂牌照片；

十二、被告香港嘉宝莉公司职工名片设计样式；

十三、被告江西嘉宝莉公司产品投标书；

十四、被告江西嘉宝莉公司全国部分专卖店店面照片；

十五、被告江西嘉宝莉公司域名备案信息；

十六、公证购买侵权产品实物；

证据八至十六证明被告的不正当竞争及商标侵权行为；

十七、原告在第19类商品注册商标样式；

十八、被告南昌鑫森公司在第19类商品注册商标样式；

十九、原告在被告江西嘉宝莉公司商标申请日以前的部分获奖资料；

二十、原告在被告南昌鑫森公司商标申请日前在江西及其他地区销售的部分产品发票；

二十一、原告在被告南昌鑫森公司商标申请日前发布的部分广告费发票；

证据十七至二十一证明被告侵权的主观恶意；

二十二、被告江西嘉宝莉公司宣传册；

二十三、原、被告专卖店对比照片、门牌及销售人员名片；

二十四、第三方产品测试器产品照片；

证据二十二至二十四证明地板与油漆产品相关联；

二十五、被告江西嘉宝莉公司网页公证书；

二十六、原告网页资料；

二十七、报纸材料；

二十八、江西省质量技术监督信息中心的证明；

证据二十五至二十八证明被告的侵权行为造成相关公众的混淆及误认；

二十九、公证费发票，证明公证费支出；

三十、被告在“木地板”及“门”类产品上的商标申请注册信息；

三十一、包括：1. “嘉宝莉 CARPOLY”地板及门的江西专卖店照片；2. “嘉宝莉 CARPOLY”地板及门的产品宣传册；3. “嘉宝莉 CARPOLY”地板及门产品销售人员名片；

三十二、关于“嘉宝莉”门的网页搜索信息；

证据三十至三十二证明被告不正当竞争及商标侵权行为；

三十三、黄家颂申请的其他商标信息，证明被告存在主观恶意的情节；

被告江西嘉宝莉公司、香港嘉宝莉公司、南昌鑫森公司辩称：

一、被告江西嘉宝莉公司、香港嘉宝莉公司合法使用或被许可使用的注册商标不构成不正当竞争。两被告使用的“CARBOLY 嘉宝莉”商标于2001年7月26日申请注册，并于2002年11月28日经国家工商总局核准获得商标专用权（注册号1928813），两被告依法有权或被授权使用该商标，其合法经营没有违反《中华人民共和国反不正当竞争法》的任何条款；

二、本案中“CARBOLY 嘉宝莉”商标是否构成恶意抢注不在人民法院司法审查的范围之内；

三、原告的第736951号商标不符合驰名商标条件，同时在不正当竞争案件中要求司法认定驰名商标也于法无据。我国认定驰名商标的途径虽有行政认定和司法认定两种，但其认定的标准是一致的。国家工商行政管理总局商标局的有关批复未认定原告的第736951号商标为驰名商标，原告提供的证据明显不能证明该商标符合司法认定驰名商标的条件；

四、原告于2003年12月14日受让“CARPOLY”商标，被告在2001年已使用争讼商标，原告对于商标受让之前的行为无诉权。

综上，原告的“CARPOLY”和“嘉 宝 莉”商标于2001年时无任何知名度，三被告使用自有注册商标或被授权使用，不构成不正当竞争或商标侵权，原告诉请三被告停止使用及赔偿请求没有任何事实与法律依据，请求法院依法予以驳回。

被告江西嘉宝莉公司、香港嘉宝莉公司、南昌鑫森公司在举证期限内提交的证据如下：

第一组证据包括：1. 南昌鑫森公司工商登记资料；2. 江西嘉宝莉公司工商登记资料；3. 香港嘉宝莉公司的注册资料。证明上述三公司的股东身份。

第二组证据包括：1. 第1928813号商标注册证，证明被告南昌鑫森公司依法注册并获得了该商标专用权；2. 商标使用许可合同；3. 商标代理委托书、转让商标注册申请书、商标证明，证据2、3证明南昌鑫森公司许可江西嘉宝莉公司、香港嘉宝莉公司使用第1928813号商标；4. 被告江西嘉宝莉公司的域名登记资料、域名制作公司的证明材料，证明被告江西嘉宝莉公司分别于2003年7月12日、2004年4月1日注册了域名“www. carpoly. net”及“www. carboly. cn”。

第三组证据包括：1. 被告江西嘉宝莉公司及嘉宝莉地板获得的荣誉证书；2. 嘉宝莉地板广告宣传材料。证明嘉宝莉地板事实上已成为全国知名品牌，被告的商标也成为驰名商标。

第四组证据包括：原告的商标、广告宣传资料。证明原告没有规范使用诉争商标。

第五组证据包括：原告及诉争商标原所有权人的工商登记资料。证明1. 诉争商标原所有权人企业规模及产、销量小，诉争商标在2001年7月之前没有任何知名度；2. 原告成立日期为1999年10月28日，投产日期为2000年10月1日；3. 原告近三年的销售总收入包括其所有产品；4. 原告的销售额、利润每年增加，不存在任何损失。

被告陈卓润辩称：本人主要经营木地板产品，2007年5月开始成为嘉宝莉地板广东办事处的区域特许经销商，也是江西嘉宝莉公司授权的江门地区B级总代理商。一直以来，本人都是按照特许经销协议销售“嘉宝莉”品牌系列地板，产品从嘉宝莉地板广东办事处进货，并且有票据证明，有正当、合法的来源。本人仅仅作为嘉宝莉地板的代理商，销售嘉宝莉地板，不应对本案承担法律责任。

被告陈卓润在举证期内提交证据如下：

一、特许经销协议；

二、嘉宝莉地板广东办事处联系人名片；

三、授权书；

四、工程投标书；

五、嘉宝莉地板花色表。

证据一至五证明被告陈卓润所销售的地板有合法来源。

根据各方当事人提交的证据，结合各方当事人的诉辩主张，本院查明以下案件事实：

一、原告广东嘉宝莉公司企业登记基本情况及诉求保护商标注册、使用情况。

原告广东嘉宝莉公司于1999年10月28日成立，属台港澳合资企业，注册资本为320万美元，主要生产和销售涂料及其配套使用产品，如固化剂、稀释剂和黏合剂，以及涂装技术服务。

1995年3月28日，顺德联邦化工有限公司经国家工商行政管理总局商标局核准，注册“ ”商标，商标注册证号为第736951号，该商标核定使用商品为第2类的“聚酯汽车喷漆，聚酯汽车修补漆，聚酯家具漆，金属涂料，聚酯树脂，多彩涂料，固化剂，稀释剂”，注册有效期自1995年3月28日至2005年3月27日。2004年7月22日，原告广东嘉宝莉公司经核准，受让第736951号商标，并于2004年12月23日申请续展注册，有效期自2005年3月28日至2015年3月27日。

1997年8月14日，顺德联邦化工有限公司经国家工商行政管理总局商标局核准，注册“嘉宝莉”商标，商标注册证号为第1074012号，该商标核定使用商品为第2类的“涂料（油漆）”，注册有效期自1997年8月14日至2007年8月13日。2003年10月7日，原告广东嘉宝莉公司经核准，受让第1074012号商标，并于2007年8月30日申请续展注册，有效期自2007年8月14日至2017年8月13日。

“嘉宝莉”品牌系列产品因品质优异，曾多次获奖，如“嘉宝莉CARPOLY牌建筑涂料（内外墙）”被评为“中国名牌产品”、“改性聚氨酯、环氧树脂系列乳液及水性木器涂料”被评为“国家级火炬计划项目”、“无害级及无毒级聚氨酯固体剂”被评为“广东省重点新产品”。广东嘉宝莉公司也先后被获得“中国500最具价值品牌”、“中国化工500强企业”、“AAA+级中国质量信用企业”、“中国最具社会责任感企业”、“全国消费者（用户）信得过建筑材料”、“广东省优秀企业”等称号。2005年，“ ”及“嘉宝莉”被认定为“广东省著名商标”。2006年10月12日，国家工商行政管理总局商标局出具商标驰字［2006］第113号“关于认定‘嘉宝莉’商标为驰名商标的批复”，内容为“广东省工商行政管理局：你局《关于广东嘉宝莉化工有限公司在案件中申请认定‘嘉宝莉’，‘CARPOLY及图’商标为驰名商标的报告》（粤工商标字［2005］871号）及相关材料收悉。根据《商标法》、《商标法实施条例》及《驰名商标认定和保护规定》的有关规定，经审查研究，认定广东嘉宝莉化工有限公司使用在商标注册用商品和服务国际分类第2类聚酯家具漆、聚酯树脂商品上的‘嘉宝莉’注册商标为驰名商标”。

“嘉宝莉”商标自1997年注册以来，原权利人和原告及其分布在全国各省市的经销商、专卖店作为商品商标持续使用；原告的“嘉宝莉”牌涂料产品的年销售额巨大并不断上升，位于同行业前列，这足以说明在相关公众中有较高的知名度；原告及经销商、专卖店为宣传该品牌产品投入巨额广告费用，在电视、电台、报纸等广告媒体作了持续的、范围覆盖全国的宣传工作。此外，原告还将“嘉宝莉”系列商标在其他的商品类别上进行防御注册。

二、被告企业登记基本情况及“ ”商标注册、使用情况。

被告江西嘉宝莉公司成立于2003年9月19日，经营国内贸易、木制品地板、装饰材料的生产。注册资本500万元人民币。股东名单及出资比例分别为：黄家颂，40%；刘孝森，40%；裘宇泉，20%。法定代表人是黄家颂。

被告香港嘉宝莉公司成立于2002年12月4日，公司注册地址为香港九龙尖沙咀广东道30号。法定股本HK＄10000，其中黄家颂持有90%的股份，裘宇泉持有10%的股份。法定代表人是黄家颂。

被告南昌鑫森公司成立于2001年2月14日，经营木制品地板生产、销售，装饰材料，五金交电，化工产品的批发与零售。注册资本50万元人民币。股东名单及出资比例分别为：黄家颂，20%；刘孝森，40%；裘宇泉，20%；曾鹏，20%。法定代表人是刘孝森。

2001年7月26日，被告南昌鑫森公司经国家工商行政管理总局商标局申请注册“ ”商标。2002年11月28日，国家工商行政管理总局商标局核准注册该商标，商标注册证号为第1928813号，该商标核定使用商品为第19类的“强化木地板”，注册有效期自2002年11月28日至2012年11月27日。2003年10月20日，南昌鑫森公司与江西嘉宝莉公司签订《商标使用许可合同》，约定：南昌鑫森公司将已注册的第1928813号商标许可江西嘉宝莉公司使用；使用限期自2003年10月20日起至2009年10月19日止；许可使用费及支付方式为免费；未经南昌鑫森公司授权，江西嘉宝莉公司不得以任何形式许可第三方使用。诉讼中，被告没有提交南昌鑫森公司许可香港嘉宝莉公司使用第1928813号商标的证据。

被告陈卓润是个体工商户江门市蓬江区宝润地板商行业主，主要零售木地板、装饰材料，经营场所为广东省江门市育才路5号首层铺1卡。2007年5月20日，嘉宝莉地板广东办事处与被告陈卓润签订《特许经销协议》，授权江门市蓬江区宝润地板商行为嘉宝莉地板在广东省江门市B级代理商，可在广东省江门市蓬江区销售嘉宝莉地板，特许经销许可期限自2007年5月20日起至2008年5月19日止。

三、被诉行为。

2007年4月11日，原告广东嘉宝莉公司的委托代理人李晓岚向广州市公证处申请对其登陆广东嘉宝莉公司的网站（网址：http：//www. carpoly. com/）浏览并打印相关网页的过程进行保全证据公证。李晓岚在“Internet Explorer”地址栏中输入广东嘉宝莉公司网站网址“http：//www. carpoly. com/”，进入广东嘉宝莉公司网站首页，浏览并打印计算机屏幕内容；先后点击该网页“中文版”、“嘉宝莉社区”、“技术服务”、“严厉投诉嘉宝莉！名不副实的驰名商标”的帖子等链接，进入相关网页，浏览并打印计算机屏幕显示内容。广州市公证处公证员吴庆丰对李晓岚所浏览并打印之页面进行了保存，并出具（2007）穗证内经字第50174号公证书。根据公证书打印的网页显示，“严厉投诉嘉宝莉！名不副实的驰名商标”的帖子为注册用户“zaq”于2007年4月6日发表的，主要内容为：其在昆明世纪城购买的房子，使用、安装嘉宝莉地板；其投诉商家拖延安装、安装技术不专业、售后服务不到位、服务态度蛮横等情况。注册用户“傻妞”、“qdw_ dong”、“大品牌”等跟帖，称“zaq”所登陆的网站是广东嘉宝莉公司网站，而广东嘉宝莉公司专业生产涂料漆，并无生产地板，“zaq”弄错了投诉对象。

2007年4月11日，原告广东嘉宝莉公司的委托代理人李晓岚向广州市公证处申请对其登陆嘉宝莉地板网的网站（网址：http：//www. carpoly. net/）浏览并打印相关网页的过程进行保全证据公证。李晓岚在“Internet Explorer”地址栏中输入嘉宝莉地板网网址“http：//www. carpoly. net/”，进入“嘉宝莉地板网－江西嘉宝莉公司”网站首页，浏览并打印计算机屏幕内容；先后点击该网页“嘉宝莉企业”、“知名品牌”、“公司历程”、“产品展示区”、“嘉宝莉合作”、“企业在线”、“给我留言”、“联系我们”等链接，进入相关网页，浏览并打印计算机屏幕显示内容。广州市公证处公证员吴庆丰对上述李晓岚所浏览并打印之页面进行了保存，并出具（2007）穗证内经字第50175号公证书。根据公证书打印的网页显示，“http：//www. carpoly. net”网站的相关网页上均有突出标识“CARBOLY 嘉宝莉地板”，其中“给我留言”的页面有用户询问“加盟嘉宝莉油漆经销商需要什么条件”（2006年11月12日发帖）、“在你们公司购买了水性漆，因为我有三扇门需要调色，你们公司是不是免费帮客户调色”（2006年11月9日发帖）、“我家最近要刷内墙涂料，想买贵公司的产品，但不知道哪种型号最好”（2006年7月25日发帖）等问题。

2007年6月13日，原告广东嘉宝莉公司的委托代理人李晓岚来到位于江门市蓬江区院士路的宝润地板商行，购买嘉宝莉地板共10平方米，并付款人民币1350元，该店销售人员向李晓岚出具了《送货单》一张，印章为“江门市蓬江区宝润地板商行”，在该《送货单》背面注明联系电话及联系人，并表示不能出具发票。李晓岚在该商行索取了相关宣传画册共四份。上述过程由广州市公证处公证员吴庆丰现场监督，并出具（2007）穗证内经字第89905号公证书。公证保全的宣传画册页面上均突出标识有“CARBOLY嘉宝莉®”，并标有“德国嘉宝莉国际集团（香港）有限公司监制”、“江西嘉宝莉科工贸有限公司制造”等字样及两公司的地址、联系电话等；地板包装盒正上方突出标识有“CARBOLY 嘉宝莉®地板”字样。

2007年6月19日，原告广东嘉宝莉公司的委托代理人李晓岚再次向广州市公证处申请对其登陆嘉宝莉地板网（网址：http：//www. carpoly. net/）浏览并打印相关网页的过程进行保全证据公证。广州市公证处公证员吴庆丰对上述李晓岚所浏览并打印之页面进行了保存，并出具（2007）穗证内经字第93666号公证书。其中“给我留言”的页面上“管理员”对“余小姐”关于“位于江门育才路7号的江门宝润地板行是否为贵公司的经销商”的提问答复为“江门宝润地板行的经销商是广东江门嘉宝莉合法的经销商”。

根据原告庭前拍摄的照片及取得的有关宣传画册显示，被告在全国各地开设的专卖店在门匾及内部装潢上突出标识“嘉宝莉®地板”；其中在江西省南昌市开设的“嘉宝莉®木业”、“嘉宝莉®门业”专卖店内部装潢及宣传画册上突出标识有“CARPOLY 嘉宝莉®”“CARBOLY嘉宝莉”，店内放有木地板、木门销售，宣传画册上标有“德国嘉宝莉国际集团（香港）有限公司授权”、“江西嘉宝莉科工贸有限公司制造”等字样。另原告以“嘉宝莉门”为主题通过Google搜索到“江西嘉宝莉科工贸有限公司嘉宝莉地板嘉宝莉门”的信息。

原告为上述公证行为支付了公证费人民币8000元。

另查明，英文“CARPOLY”为臆造词，中文“嘉宝莉”为“CARPOLY”的音译。

本院认为：本案是侵犯商标权及不正当竞争纠纷。根据各方当事人的诉辩主张，本案的争议焦点为：一、被告南昌鑫森公司在第19类商品注册“”商标是否构成“恶意抢注”；二、“”和“嘉　宝　莉”注册商标在本案中能否认定为驰名商标；三、被告江西嘉宝莉公司、被告香港嘉宝莉公司突出使用“CARPOLY”、“嘉宝莉”和“CARBOLY嘉宝莉”标识是否构成侵犯商标权或者不正当竞争，应承担何种民事责任；四、被告江西嘉宝莉公司应否停止使用、注销域名“www. carpoly. net”网站；五、被告陈卓润的法律责任。

一、被告南昌鑫森公司在第19类商品注册“”商标是否构成“恶意抢注”。

原告广东嘉宝莉公司依法受让“”和“嘉　宝　莉”注册商标，且在有效期限内，故原告对“”和“嘉　宝　莉”注册商标享有的商标专用权依法应受法律保护。同样，被告南昌鑫森公司核准注册的“”商标依法亦受法律保护。江西嘉宝莉公司根据其与南昌鑫森公司签订《商标使用许可合同》，可以依据合同的约定使用“”商标。

关于原告主张被告南昌鑫森公司在第19类商品恶意抢注了与原告注册商标近似的“”商标的问题，本院认为，根据《中华人民共和国商标法》（以下简称《商标法》）第四十一条的规定，利害关系人以“恶意抢注”为由，对已经注册的商标有异议的，可以自行依法向商标评审委员会申请裁定撤销该注册商标。因而，对该问题，原告应该遵循有关的法律规定另行主张权利，本案不予调整。

二、“”和“嘉　宝　莉”注册商标在本案中能否认定为驰名商标。

原告拥有的“”注册商标核定使用商品为第2类的“聚酯汽车喷漆，聚酯汽车修补漆，聚酯家具漆，金属涂料，聚酯树脂，多彩涂料，固化剂，稀释剂”；“嘉　宝　莉”注册商标核定使用商品为第2类的“涂料（油漆）”；被控“CARPOLY”、“嘉宝莉”、“CARBOLY嘉宝莉”标识所使用商品为第19类的“强化木地板”。《商标法》第五十一条规定：“注册商标的专用权，以核准注册的商标和核定使用的商品为限。”《最高人民法院关于审理商标民事纠纷案件适用法律若干问题的解释》（以下简称《商标民事解释》）第二十二条规定：“人民法院在审理商标纠纷案件中，根据当事人的请求和案件的具体情况，可以对涉及的注册商标是否驰名依法作出认定。”要解决本案被告的行为是否构成商标侵权的问题，就需要对原告的商标实行跨类保护，这取决于“”和“嘉　宝　莉”注册商标是否为驰名商标。

根据《商标法》第十四条的规定，认定驰名商标应当考虑下列因素：（一）相关公众对该商标的知晓程度；（二）该商标使用的持续时间；（三）该商标的任何宣传工作的持续时间、程度和地理范围；（四）该商标作为驰名商标受保护的记录；（五）该商标驰名的其他因素。本院认为，（一）“CARPOLY”注册商标尚不宜认定为驰名商标。理由：1. 2006 年 10 月 12 日，国家工商行政管理总局商标局出具商标驰字［2006］第 113 号批复中，对于广东省工商行政管理局《关于广东嘉宝莉化工有限公司在案件中申请认定“嘉宝莉”、“CARPOLY 及图”商标为驰名商标的报告》，并未认定“CARPOLY”注册商标为驰名商标。人民法院在判断商标是否为驰名商标时适用的标准也应该与行政机关保持一致，在依法认定驰名商标时也应特别慎重。参照国家工商行政管理总局《驰名商标认定和保护规定》第九条“未被认定为驰名商标的，自认定结果作出之日起一年内，当事人不得以同一商标就相同事实和理由再次提出认定请求”的规定，在 2006 年 10 月国家工商行政管理总局商标局没有认定“CARPOLY”注册商标为驰名商标的情况下，原告于 2007 年 7 月向法院起诉，请求认定“CARPOLY”注册商标为驰名商标，不符合上述规定的时间要求；2. 虽然本案中原告举证证明“CARPOLY”注册商标具有一定的知名度（如在 2005 年被认定为“广东省著名商标”等），但综合考虑到上述认定驰名商标应当考虑的因素，原告所举之证据尚不足以证明“CARPOLY”注册商标已达到驰名的程度。（二）“**嘉宝莉**”注册商标依法应认定为驰名商标。理由：1. 从原告提交的证据看，“**嘉宝莉**”商标自 1997 年注册以来，原权利人和原告及其分布在全国各省市的经销商、专卖店作为商品商标持续使用已达 10 年；原告的“**嘉宝莉**”牌涂料产品的年销售额巨大并不断上升，位于同行业前列，这足以说明在相关公众中有较高的知名度；原告及经销商、专卖店为宣传该品牌产品投入巨额广告费用，在电视、电台、报纸等广告媒体作了持续的、范围覆盖全国的宣传工作，并有认定为“中国名牌产品”的记录，原告的“**嘉宝莉**”注册商标符合驰名商标的条件；2. 根据国家工商行政管理总局商标局出具商标驰字［2006］第 113 号的批复，可以认定，最少不迟于 2006 年 10 月，原告使用在商标注册用商品和服务国际分类第 2 类聚酯家具漆、聚酯树脂商品上的“**嘉宝莉**”注册商标达到驰名程度。

三、被告江西嘉宝莉公司、被告香港嘉宝莉公司突出使用“CARPOLY”、“嘉宝莉”和“CARBOLY嘉宝莉”标识是否构成侵犯商标权或者不正当竞争，应承担何种民事责任。

《最高人民法院关于审理注册商标、企业名称与在先权利冲突的民事纠纷案件若干问题的规定》第一条第二款规定：“原告以他人超出核定商品的范围或者以改变显著特征、拆分、组合等方式使用的注册商标，与其注册商标相同或者近似为由提起诉讼的，人民法院应当受理。”该规定是指对于超出注册商标专用权范围使用的注册商标之间的冲突，人民法院可以作为民事案件予以受理。根据《商标法》第五十一条的规定，商标专用权范围既是商标注册人行使权利的根据，也是对其进行保护的界限。超出注册商标专用权的界限，本质上是滥用注册商标专用权。而滥用注册商标专用权，不再是正当行使专用权的行为，不能阻止侵权行为或者不正当竞争行为的构成。就本案而言，从查明的事实可知，虽然被告江西嘉宝莉公司与南昌鑫森公司签订有《商标使用许可合同》，但其在核定使用的商品上使用“CARBOLY 嘉宝莉”注册商标时，实际上是单独使用“嘉宝莉”标识，或者单独变形使用“CARPOLY”，或者组合变形使用“CARBOLY嘉宝莉”标识，这些不规范的使用方式已经改变“CARBOLY 嘉宝莉”注册商标的显著特征。同时有证据证明，被告江西嘉宝莉公司将有关标识使用在“木门”上，超出核定使用的商品范围，故被告江西嘉宝莉公司的上述行为已不属于商标法保护的商标专用权的范围。被告香港嘉宝莉公司虽是在香港注册登记的企业，但其在中国境内的民事行为应当遵循中国内地的相关法律规定。本案中，被告香港嘉宝莉公司并未提交使用“CARPOLY”、“嘉宝莉”和“CARBOLY嘉宝莉”标识的合法依据。即使江西嘉宝莉公司、香港嘉宝莉公司与南昌鑫森公司从投资主体上看存在关联，但并不等于被告香港嘉宝莉公司当然享有使用“CARBOLY 嘉宝莉”注册商标及上述被控侵权标识的权利。

本院在认定被诉行为是否构成侵犯商标权或者不正当竞争时还考虑到以下因素：（一）原告注册商标的显著性。“CARPOLY”注册商标中的文字部分“CARPOLY”为臆造词，具有一定的独创性，“嘉宝莉”注册商标的中文“嘉宝莉”为“CARPOLY”的音译，两商标的显著性较高，具有较强区分商品来源的作用。（二）原告注册商标的知名度。“嘉宝莉”注册商标事实上已达到驰名程度，“CARPOLY”注册商标也具有一定的知名度，在相关公众中知晓程度较高。（三）原告注册商标的关联度。由于原告长期将“嘉宝莉”和“CARPOLY”注册商标一并宣传和使用，且中文“嘉宝莉”为“CARPOLY”的音译，故原告两商标关联度较高。（四）商标注册的先后。原告的上述两商标使用、注册时间均比被告使用、注册“CARBOLY 嘉宝莉”商标早，相对而言，原告的注册商标为在先权利。

《商标民事解释》第一条第（二）项规定：“复制、模仿、翻译他人注册的驰名商标或其主要部分在不相同或者不相类似商品上作为商标使用，误导公众，致使该驰名商标注册人的利益可能受到损害的，属于《商标法》第五十二条第（五）项规定的给他人注册商标专用权造成其他损害的行为。”本案中，“嘉宝莉”作为驰名商标，应当受到跨类保护，有权禁止他人在不相同或者不类似的商品上使用与注册商标相同或者近似的商标，误导公众，致使该驰名商标注册人的利益可能受到损害的行为。被告江西嘉宝莉公司、被告香港嘉宝莉公司在“嘉宝莉”注册商标驰名以后，未经原告许可，在同属于建材商品的强化木地板、木门上突出使用与原告“嘉宝莉”商标相近似的“嘉宝莉”和“CARBOLY嘉宝莉”标识，就相关公众而言，极易产生混淆，误认为是原告的产品或者商品来源与原告注册商标的商品有特定联系，造成“**嘉　宝　莉**”驰名商标淡化及显著性降低，已经构成侵犯原告“**嘉　宝　莉**”注册商标专用权，依法应承担相应的民事责任。

根据《民法通则》和《反不正当竞争法》的规定，经营者在市场交易中应当遵循诚实信用原则和遵守公认的商业道德，不得利用他人商标或者企业名称的信誉进行不正当竞争。“ ”注册商标虽未达到驰名程度，但也具有一定的知名度，且“**嘉　宝　莉**”和“ ”两商标关联度较高，相关公众在看到带有“CARPOLY”，特别是“CARPOLY 嘉宝莉®”、“CARBOLY嘉宝莉”商标的商品时容易联系到是原告的“嘉宝莉”商品。被告江西嘉宝莉公司、被告香港嘉宝莉公司在同属于建材商品的强化木地板、木门上突出使用“CARPOLY”和“CARBOLY嘉宝莉”，主观上具有明显的攀附他人商标声誉的意图，客观上容易引起相关公众误认为是原告的产品或者商品来源，与原告注册商标的商品有特定联系，或者误认为原、被告之间有某种关联，这损害了原告作为在先权利人的合法权益，扰乱了正常的社会经济秩序，构成了不正当竞争，依法应承担相应的民事责任。

综上，被告江西嘉宝莉公司、被告香港嘉宝莉公司的被诉行为已构成侵犯商标专用权和不正当竞争，依法应当承担停止侵权、消除影响、赔礼道歉、赔偿损失的民事责任。两被告有关不侵权或者不构成不正当竞争的抗辩，本院不予采纳。关于停止侵权，考虑到案件的具体情况，结合原告的诉讼请求，本案判令被告江西嘉宝莉公司、被告香港嘉宝莉公司不得突出使用“CARPOLY”、“嘉宝莉”和“CARBOLY嘉宝莉”标识，销毁带有上述标识的包装和宣传资料。当然，因被告持有合法有效的“ ”注册商标，且被告的企业字号中包含“嘉宝莉”文字，如被告江西嘉宝莉公司、被告香港嘉宝莉公司规范标注“ ”注册商标和企业名称的行为不在此列。关于消除影响、赔礼道歉，考虑到原告商标的知名度，被告应当在省级以上报刊上刊发致歉声明，原告诉请在《广州日报》登报道歉，合法有理，本院予以支持。关于赔偿数额，原告未能提供证据证明被告因侵权所获利的情况和原告因被告的侵权行为所受到的损失的证据，本院在综合考虑被告侵权行为的性质和情节、侵权的持续时间、原告注册商标的知名度及其为制止侵权行为所付出的合理费用等因素的基础上，确定被告江西嘉宝莉公司、被告香港嘉宝莉公司应向原告赔偿的经济损失为人民币 20 万元，对原告过高的赔偿请求，本院不予支持。同时，原告未提交证据证明被告南昌鑫森公司存在侵犯商标权或不正当竞争行为，原告诉求判令被告南昌鑫森公司承担相关的民事责任，本院不予支持。

四、被告江西嘉宝莉公司应否停止使用、注销域名“www. carpoly. net”网站。

《最高人民法院关于审理涉及计算机网络域名民事纠纷案件适用法律若干问题的解释》第四条第（二）项规定，人民法院审理域名纠纷案件，被告域名或其主要部分构成对原告驰名商标的复制、模仿、翻译或音译；或者与原告的注册商标、域名等相同或近似，足以造成相关公众的误认，应当认定被告注册、使用域名等行为构成侵权或者不正当竞争。本案中，被告注册、使用“www. carpoly. net”域名的行为已构成对原告商标专用权的侵害。理由：1. 原告的“”注册商标中具有区分作用的英文部分为“CARPOLY”，“CARPOLY”为臆造词，中文“嘉宝莉”为“CARPOLY”的音译，且原告“嘉 宝 莉”注册商标已依法被认定为驰名商标；2. “”注册商标中的英文部分是“CARBOLY”，并非“CARPOLY”，被告江西嘉宝莉公司对“www. carpoly. net”域名的主要部分“carpoly”不享有权益，被告对该域名的注册、使用具有主观恶意；3. 被告江西嘉宝莉公司为商业目的注册、使用“www. carpoly. net”域名，易使相关公众误认该域名的注册人就是“嘉 宝 莉”或“”注册商标的所有人或与原告存在某种合作关系，进而误认为进入该网站可查询到与原告相关的商品信息。被告因访问者的误认而提高其网站的访问率，并可导致原告相关产品的市场份额减少。同时，被告的上述行为违反诚实信用原则，无偿占用原告商标所带来的良好声誉，误导网络用户访问其网站，谋取不当利益，亦构成不正当竞争。原告请求判令被告立即停止使用并注销“www. carpoly. net”域名，有事实和法律依据，本院予以支持。至于赔偿数额，本院在上述人民币20万元的赔偿款中已一并考虑，不再另行判付。

五、被告陈卓润的法律责任。

被告陈卓润销售了侵犯注册商标专用权的商品，根据《商标法》第五十二条第（二）项的规定，其行为属侵犯注册商标专用权的行为，依法应承担相应的民事责任。对于原告请求判令被告陈卓润立即停止销售相关侵权商品的诉讼主张，合法有理，本院予以支持。因被告陈卓润能证明该侵权商品是自己合法取得并说明了提供者，根据《商标法》第五十六条第三款的规定，其无须承担赔偿责任。故对于原告请求判令被告陈卓润赔偿因其商标侵权行为而造成的经济损失的诉请，本院不予支持。对于原告要求作为销售商的被告陈卓润在报刊上向其公开赔礼道歉，消除影响的诉请，亦缺乏事实和法律依据，本院不予支持。

综上所述，依据《中华人民共和国民法通则》第一百一十八条、第一百三十四条，《中华人民共和国商标法》第十四条、第五十二条第（五）项、第五十六条，《中华人民共和国反不正当竞争法》第二条，《最高人民法院关于审理商标民事纠纷案件适用法律若干问题的解释》第十六条、第二十二条，《最高人民法院关于审理涉及计算机网络域名民事纠纷案件适用法律若干问题的解释》第四条第一款第（二）项、第六条，《最高人民法院关于审理注册商标、企业名称与在先权利冲突的民事纠纷案件若干问题的规定》第一条第二款的规定，判决如下：

一、被告江西嘉宝莉科工贸有限公司、被告德国嘉宝莉国际集团（香港）有限公司立即停止侵犯原告广东嘉宝莉化工有限公司“嘉 宝 莉”和“”注册商标专用权及不正当竞争行为，不得突出使用“CARPOLY”、“嘉宝莉”和“CARBOLY嘉宝莉”标识，销毁带有上述标识的包装和宣传资料。

二、被告陈卓润立即停止销售带有上述“CARPOLY”、“嘉宝莉”和

“CARBOLY嘉宝莉”标识的商品。

三、被告江西嘉宝莉科工贸有限公司立即停止使用“www. carpoly. net”域名，并自本判决发生法律效力之日起十日内注销该域名。

四、被告江西嘉宝莉科工贸有限公司、被告德国嘉宝莉国际集团（香港）有限公司自本判决发生法律效力之日起十日内在《广州日报》上刊发一则致歉声明，为原告广东嘉宝莉化工有限公司消除影响并赔礼道歉（内容须经本院核准）。逾期不履行的，本院将以上述方式公布本判决的主要内容，有关费用由被告江西嘉宝莉科工贸有限公司、被告德国嘉宝莉国际集团（香港）有限公司负担。

五、被告江西嘉宝莉科工贸有限公司、被告德国嘉宝莉国际集团（香港）有限公司自本判决发生法律效力之日起十日内赔偿原告广东嘉宝莉化工有限公司经济损失人民币20万元。

六、驳回原告广东嘉宝莉化工有限公司其他诉讼请求。

如果未按本判决指定的期间内履行给付金钱义务，应当依照《中华人民共和国民事诉讼法》第二百二十九条之规定，加倍支付迟延履行期间的债务利息。

案件受理费人民币13800元，由原告广东嘉宝莉化工有限公司负担人民币3800元，由被告江西嘉宝莉科工贸有限公司、被告德国嘉宝莉国际集团（香港）有限公司负担人民币10000元。

如不服本判决，原告广东嘉宝莉化工有限公司、被告江西嘉宝莉科工贸有限公司、被告陈卓润、被告南昌鑫森木业有限责任公司可在判决书送达之日起十五日内，被告德国嘉宝莉国际集团（香港）有限公司可在判决书送达之日起三十日内，向本院递交上诉状正本两份，并按对方当事人的人数提出副本一份，上诉于广东省高级人民法院。

当事人上诉的，应在上诉期限届满次日起七日内按不服本判决部分的上诉请求数额向广东省高级人民法院预交相应部分的上诉案件受理费（收款单位名称：广东财政代收费专户；收款银行：中国农业银行天河支行黄埔大道办事处；账号：058701040002234；银行地址：广州市黄埔大道西191号牡丹阁首层）。逾期未预交上诉案件受理费，又不提出缓交申请的，按自动撤回上诉处理。

审　判　长　吴拥军
审　判　员　张海疆
代理审判员　梁宇俊
二〇〇八年十二月一日
书　记　员　姚艳丽
书　记　员　李慕华

【评析】

本案法律关系较为复杂，涉及驰名商标的认定和保护、权利冲突、网络域名侵权、侵权商品的生产者和销售者不同的民事法律责任区分等多个问题，致使文书在表述基本事实、分析法律关系上难度较大。案件承办人能够紧紧抓住案件事实，提炼案件争议焦点，并据之展开分析，客观论述，层层深入，从而得出具有说服力的结论，体现了承办人扎实的法律功底和逻辑分析能力。归纳起来该判决书有以下特点：一是对当事人的诉辩主张作了比较全面又不失扼要的叙述，重点突出；二是争议焦点归纳准确，对每个焦点进行了详细而充分的说理和论证；三是使用图片扫描系该判决书的一大特色，承办人将涉案的多个商标直接扫描在判决书上，使人一目了然，也便于案件的执行。该判决书格式规范，结构完整，层次分明，语言流畅，叙事清晰，说理透彻，条理清晰，适用法理准确，是一份优秀的知识产权纠纷案件裁判文书。

广东省鹤山市人民法院

民事判决书

（2009）鹤法民一初字第207号

原告：邓健新，男，汉族，1976年5月16日出生，住鹤山市沙坪镇文明路93号。身份证号码44072519760516151X。

委托代理人：李志斗，广东五邑律师事务所律师。

委托代理人：李志恒，男，汉族，1982年11月6日出生，住江门市蓬江区荷塘镇。

被告：鹤山市德兴环球电缆有限公司。住所地：鹤山市沙坪镇文明路93号。

法定代表人：冯德全，该公司董事长。

委托代理人：冯卫文，广东法道行律师事务所律师。

委托代理人：源天护，住鹤山市沙坪镇文明路93号。

原告邓健新诉被告鹤山市德兴环球电缆有限公司劳动争议纠纷一案，本院于2009年1月19日受理后，依法由审判员黄才基独任审判，于同年3月3日公开开庭进行了审理。在审理中，发现案情复杂，本院依法转普通程序并组成合议庭，于同年8月10日第二次公开开庭进行了审理。原告邓健新及委托代理人李志斗和李志恒、被告的委托代理人冯卫文到庭参加了诉讼。本案现已审理终结。

原告诉称：原告于1993年9月15日进入鹤山市环球电缆总厂（原鹤山县电线厂）工作，2001年8月1日该厂改制为被告鹤山市德兴环球电缆有限公司，原告的职位为质监室副主任。最后一份劳动合同期限为2007年12月20日至2010年12月19日，原告每月工资为2606.60元。被告规定每月要扣副主任级的30%工资作为年终资金在年底单独发放，故原告每月工资为存折工资加奖金减被扣除费用为2606.60元。2008年5月，原告因与妻任某（也是被告的职工）发生家庭纠纷，任某正通过诉讼与原告离婚，由于任某是被告法定代表人冯德全的外甥女，被告为偏袒任某而刻意报复原告并捏造事实，诬称原告“以污言秽语侮辱、诅骂，甚至恐吓任某”，“故意闹事，严重影响公司正常的生产工作秩序”等，以此为理由单方解除与原告的劳动合同。被告在没有事先告知工会、没有与原告协商补偿和赔偿问题的情况下，就依据其为处理原告而临时制作的《劳动人事管理规定》作出了《关于邓健新违纪问题的处理决定》，单方强行解除了与原告的劳动合同关系，并且该决定也没有依法送达给原告。2008年8月28日，原告申请仲裁，但被仲裁委错误驳回原告的请求。请求判令：1. 被告向原告支付经济补偿金31279.20元、额外经济补偿金15639.60元、赔偿金5213.20元；2. 被告向原告支付代通知金2606.60元、6月份工资2606.60元、2008年1月至5月被克扣的工资3909.90元；3. 被告向原告支付法定假日加班工资17616.48元、延长工作时间加班工资37817.01元、法定休息日加班工资154833.28元。以上合计共267611.97元。

原告为其诉求在举证期限内提供以下证据：

证据1：《仲裁裁决书》及送达回证复印件，证明原告已向仲裁委提出仲裁、裁决内容，该裁决书认定的事实全部错误。

证据2：《临时工吸收为职工确认工龄审批表》、1993年10月份《工资表》复印件，证明原告1993年9月15日参加工作，是被告的职工，工龄15年。

证据3：2007年《鹤山市劳动合同》复印件，证明原、被告双方存在劳动合同关系，原告是被告的质检室副主任，是被告的中层管理人员。

证据4：《广东省就业失业手册》复印件，证明被告解除劳动合同是被告的单方原因所致。

证据5：《劳动投诉登记表》复印件，证明被告于2008年6月不准原告回厂上班后，原告依法向劳动部门投诉，请求继续履行合同的事实。

证据6：被告的《关于邓健新违纪问题的处理决定》复印件，证明该决定捏造事实，该决定至今没有送达给原告，也没有依法送达给工会，该决定是违法无效的，也证明被告欠原告6月份的工资至今未发。

证据7：《民事判决书》复印件，证明原告与任某的家庭纠纷与被告所称的“影响公司的生产秩序”无关，任某是被告法定代表人冯德全的外甥女，被告的老板冯德全为帮助任某离婚提供一张11万元的虚假借据帮助任某争夺夫妻共同财产，被告解除劳动合同具有明显的报复性质。

证据8：原告工资存折复印件，证明被告每月扣除原告各项费用后存入原告工资存折的工资为1459.69元，该工资并不是原告每月的真实工资。

证据9：《个人所得税完税证明》复印件，证明原告2005年度缴纳个人所得税为1867.89元，平均每月155.66元，根据《个人所得税法》，原告每月工资为2606.60元。

证据10：《考勤卡》复印件，证明原告在节假日、休息日的加班时间和晚上值班的情况，该卡的电脑资料存放在被告处。

证据11：《职工养老保险手册》复印件，证明该手册注明原、被告是“协商解除劳动合同”，不是因“邓健新违反被告规章制度”而被单方解除合同，被告解除合同后并没有向原告支付任何补偿和赔偿。

证据12：被告在仲裁庭出示的《考勤表》复印件，证明原告2008年5月份加班11.5天，其中法定假日加班6天，法定休息日加班5.5天，也证明原告长期为被告加班加点的事实。

证据13：《个人所得税起征点一览表》、《个人所得税法及税率表》，证明个人所得税起征点金额。

证据14：原告2006年1月至2008年6月《个人所得税完税证明》复印件，证明该期间原告纳税金额和据此计算出原告平均每月工资超过2500元。

证据15：被告为原告申报纳税的《纳税申报资料》复印件，证明依原告2005年、2006年、2007年的年终奖金分别为8600元、9700元、10600元，计算出该三年的月平均工资分别为2291.67元、2383.33元、2458.33元，还可推定原告2008年的月平均工资应按2007年的月平均工资为2458.33元。

被告辩称：1. 原告无视被告企业的规章制度，在厂内多次拦截前妻进行吵闹，其中较为严重的是2008年2月16日上午和5月6日中午，影响极坏，被（本厂）有关部门上报到公司要求处理，被告管理层依照程序研究后分别作出“记大过”、“留厂察看”的处分，并多次安排人员与其谈话，希望其认识错误，不要将家庭矛盾带到工作中，破坏管理秩序。但原告反而认为是被告的法定代表人针对他，对自己严重违反公司规章制度的行为毫无悔意。被告经对原告多次教育而原告仍不认识改正错误，经征求工会意见后，于2008年6月30日与其解除劳动合同，依法无须向原告支付经济补偿金、额外经济补偿金和赔偿金及代通知金。2. 原鹤山市环球电缆总厂已对包括被告在内的原职工进行了经济补偿，原告在被告的工作工龄应从2001年8月8日起计算。3. 2008年6月，原告是严重违规且情绪激动不适宜工作而回家反思，只能根据有关规定按鹤山市最低工资670元的80%支付其该月工资536元。4. 原告每月固定工资1575元。每年被告可能会根据上年实绩和表现对员工进行奖励，但无约定一定会发放，更无约定必然按每人工资的30%标准发放，也不存在截留原告30%工资的事实。5. 原告的具体工作是对成品的质检，根本没有加班的需要，被告也从未要求其加班，被告并未拖欠原告的加班工资。

被告为其抗辩，在举证期限内提供如下证据：

证据1：营业执照复印件一份，证明被告公司于2001年8月8日成立。

证据2：体改办文件复印件一份，证明原鹤山电缆总厂于2001年进行转制。

证据3：电缆总厂报告复印件一份，证明原鹤山电缆总厂已对原告进行经济补偿。

证明4：裁员名册复印件一份，证明原告已收取2001年8月以前的经济补偿金。

证据5：劳动合同复印件一份，证明原、被告之间的劳动关系。

证据6：工资表复印件一份，证明原告的每月工资为1575元。

证据7：员工手册一份，证明解除劳动关系所依据的规章制度。

证据8：情况报告复印件一份，证明漆包车间对原告违章行为向厂部报告。

证据9：会议记录复印件一份，证明公司领导班子对原告行为进行研究。

证据10：处理决定复印件一份，证明公司根据规定对原告作记大过处理。

证据11：情况报告复印件一份，证明门卫对原告违章行为向厂部报告。

证据12：会议记录复印件一份，证明公司领导班子对原告行为进行研究。

证据13：处理决定复印件一份，证明公司根据规定对原告作留厂察看处理。

证据14：会议记录复印件一份，证明公司领导班子就对原告如何处理进行研究。

证据15：征询工会意见复印件一份，证明公司就对原告的处理征询工会意见。

证据16：会议记录复印件一份，证明公司工会研究公司对原告违纪行为的处理意见。

证据17：工会回复复印件一份，证明工会同意公司的处理决定。

证据 18：处理决定复印件一份，证明公司根据规定对原告作解除劳动合同的处理。

证据 19：照片，证明被告三次对原告的处理决定均进行了公示。

证据 20：入厂记录（即原告上班时间记录）复印件，用于证明原告从 2006 年 6 月至 2008 年 5 月在厂工作的时间。

证据 21：企业档案登记资料复印件，证明鹤山市环球电缆总厂至今仍然存在，原告在该厂的工龄与被告无关。

证据 22：表彰大会讲话稿，证明被告 2005 年年终总结大会上（决定）从 2006 年起对班长以上管理人员进行每月考核，年末根据年度总评结果，参照工资收入的 20% 至 40% 标准“或者多于，或者等于，或者少于”分配年终奖金，并不是扣管理人员 30% 的工资作为年终奖发放。

证据 23：员工手册按金收据复印件，证明原告收取过被告公司的员工手册。

证据 24：员工手册一本，证明原告收取的是被告的第一版员工手册。

证据 25：文件发放登记表复印件，证明 2008 年 1 月被告将新的规章制度《劳动人事管理规定》发放到各个部门，由各个部门向员工传达。

证据 26：照片三张，证明被告将《劳动人事管理规定》和《职业行为十不准》等管理规章在公司内以公告形式公示。

证据 27：完税证明复印件，证明被告不存在截留 30% 的工资作为年终奖发放的事实。

证据 28：鹤山市总工会文件复印件，证明被告工会是合法成立的。

经庭审认证、辩证，被告对原告的证据的质证意见是：对证据 1、8、10 的真实性、合法性、关联性无异议；对证据 2 认为没有原件，不予确认，也只是说明原告与鹤山市环球电缆总厂的关系，与被告无关；对证据 3 的真实性无异议，但认为虽然合同约定是计件工资，实际上原告每月工资定额为 1 575 元；对证据 4 的真实性无异议，但认为记述的内容与事实不符，而事实是被告为便于原告重新寻找工作而派员在办手续时将终止合同的原因写为协商一致解决；对证据 5 的真实性无异议，认为该证据记录了原告对被告法定代表人存在极深的成见，导致其后来不认识违反厂规的错误；对证据 6 无异议，也证明被告多次向原告提供（送达处理决定）原件和要求原告办理有关手续，但原告一直回避，被告只能最终以此方式送给原告；对证据 7 的真实性、合法性无异议，但认为与本案无关联；对证据 9 的真实性、合法性无异议，但认为这只能证明原告在 2005 年度的个人收入情况；对证据 11 无异议，又认为里面的内容是为了方便原告以后工作而申报的；对证据 12 的真实性无异议，但认为原告进入厂区并不代表其去加班；对证据 13 认为属于法规；对证据 14 的真实性无异议，但只能证明原告 2005 年至 2007 年的实际收入情况，不能推断被告 2008 年会发给原告同样的工资或年终奖，被告有权发出，但不是必然发放的义务；对证据 15 的真实性无异议，又认为从原告 2005 年至 2007 年的年终奖金额占全年分别不同比例可知被告扣原告工资 30% 作为年终奖不存在。

原告对被告证据的质证意见是：对证据 1、2、5 没有异议；对证据 3 认为被告无原件出示而不予确认；对证据 4 不予确认；对证据 5 没有异议，但又认为原告的工资存折中的工资不计算加班费，劳动合同约定原告的工资按件计算，不是定额；对证据 6 和 10 至 18 认为是被告自己制作的，不予确认；对证据 7 认为没有原告的签章，不确认真实性和关联性；对证据 8 认为是被告为应付仲裁而制作的，不是事实，而且见证的这些人都没有出庭作证；对证据 9 的真实性和关联性无异议，但又认为是被告单方制作，被告从来没说过解除的原因，根本不存在原告与被告吵闹的情况，是冯德全恶意报复；对证据 19 认为被告在仲裁阶段没有提供，是被告单方制作，照片与事实不符，不予确认；对证据 20 无异议，但认为原告的工作时间多于一般人，超过 10 个小时，也证明原告长期加班；对证据 21 的真实性无异议，但与本案无关；对证据 22 认为该证据已经明确年终奖金是工资的一部分；对证据 23、25 认为没有原告签名，不予确认；对证据 24 认为只是封面没有内容，与本案无关；对证据 26 认为照片上的内容从没见过，拍摄时间是 2009 年 4 月 20 日，相片是被告后期自制的，不予确认；对证据 27 认为该证据证明原告的年终奖是属于个人工资的部分；对证据 28 的真实性无异议，但与本案无关。

对上述无异议的证据，本院予以确认。对有异议的证据，本院将根据上述已确认的证据，结合原、被告的质证意见、庭审笔录等进行综合认定，并将确认和认定的证据作为本案认定事实的依据。

原告申请出庭作证的证人邓巨强陈述：原告不用加班就工作 8 小时，晚上要加班就加班 3 小时。听车间内的人说原告工资是 2000 元至 4000 元。老板在大会上说要扣副主任级工资的 30% 在年底发。

被告申请出庭作证的证人：1. 冯汉华（被告搬运工）陈述，2008 年 2 月 16 日在漆包线 B 仓库见原告和其前妻在争吵，骂他前妻，当时有很多人在，我作为见证人在主任写的情况报告上签名，两天后公示栏公示了厂部对邓健新的处理决定。2. 李健屏（被告行政管理人员）陈述，因劳动局说一定要送达（决定）给他，所以我和主任三次到邓健新住所，邓健新说公司送的东西都不要，最后他妈才收下。3. 吕敬华（被告经理、工会主席）陈述，5 月 6 日后，公司委托我对邓健新谈话、教育，他没有认错。4. 钟海峰（被告质检室副主任）陈述，我在 5 月 6 日听见邓健新用污秽的语言骂任秀英，我和邓健新是质检室副主任，2008 年上班时间是上午 7：30 至 11：30、下午 1：30 至 5：30，每星期休息一天，加班一般是晚上到车间看一看就走了，公司没有规定要加班，2007 年底和 2008 年底收过奖金，相当于工资的 30%。5. 冯炎才（被告门卫）、黄柏江（被告保安）和冯增强（被告保安班长）陈述，2008 年 5 月 6 日中午见到原告与其前妻发生激烈争吵，有很多人围观，后来我们向公司提交情况报告，几天后见到公告栏公示对原告的处理决定，另外照片上反映的规章制度是 2007 年在公司公告栏上张贴的。

经审理查明，原告于 1993 年 9 月 15 日到鹤山市环球电缆总厂（前身为鹤山县电线厂）工作。2001 年 8 月 1 日鹤山市环球电缆总厂经鹤山市经济体制改革办公室同意实行停业整顿，同月 10 日鹤山市环球电缆总厂向市劳动局递交《关于停业整顿经济裁员的报告》，载明按市府办文件对该厂原告等 138 人实行经济性裁员，并按每年 360 元的标准计发至 2001 年 8 月 31 日止的经济补偿金，有关上级部门已经批准同意。原告在第三次庭审中承认已收到经济性裁员补偿金。同日，鹤山市待业职工管理所同意原告办理待业登记。同年 8 月 8 日被告公司成立。2003 年 8 月 20 日鹤山市劳动和社会保障局“同意被告公司接收原告为合同制工人，2003 年 9 月 1 日起执行”。原告在被告公司工作期间均签订劳动合同，最后一份劳动合同于 2007 年 12 月 18 日签订，该合同约定：

被告为甲方，原告为乙方，固定期限从2007年12月20日至2010年12月19日，工作部门为质检室，计件工资，月工资按单位经民主程序制定和公布的计件单价计算：第四条还约定甲方根据生产经营状况和依法制定的工资分配办法调整乙方工资，乙方在六十日内未提出异议的视为同意；定于每月30日发放工资等。

在履行合同中，被告每月底通过银行将原告的上月工资转到原告的工资存折内，其中已转到原告存折的2007年1月至3月的工资均为1296.16元、4月1272.83元、5月1445.26元、6月1459.69元、7月至8月均是1434.29元、9月1433.44元、10月1379.69元、2007年11月至2008年5月均为1459.69元。但被告在诉讼中提供的后勤办公室工资表中反映，其中原告2007年5月至2007年12月的工资项目中基本工资1295元、劳动保护120元、交通费60元、通信费100元，合计1575元，2008年1月至5月的工资项目中基本工资997.04元、加班工资297.96元、劳动保护120元、交通费60元、通信费100元，合计1575元。另从2007年6月起每月扣社保费、基金、手续费等104.31元。该表反映的实发金额与上述存折记录的金额一致。被告分别于2005年、2006年、2007年的年底向原告发放年终奖金8600元、9700元、10600元。双方在诉讼中还提供了原告于2006年6月至2008年5月进出厂门的时间记录。原告2005年、2006年、2007年各年度个人工资薪金所得纳税分别为1867.89元、776.69元、887.72元，2008年（1-6、11、12月）个人工资薪金所得纳税为994.7元。

还查明，2002年8月，被告制作员工手册，其中《劳动人事管理规定》第六条第一款第（七）项和《签订劳动合同规定》第二条第七款均规定：员工故意闹事，扰乱公司正常生产秩序和社会治安的，公司立即与本人解除劳动合同，并予以除名。公司发该手册给原告并收取按金50元。2006年6月被告编制第二版员工手册，其中《职工行为十不准》第七条规定。不准歧视、侮辱、训斥同事和打架，并且规定造成恶劣影响予以辞退或除名；《劳动人事管理规定》第六条第一款第（五）项规定：对员工故意闹事，扰乱公司正常秩序和社会治安的予以除名。上述《职工行为十不准》和《劳动人事管理规定》均张贴、框架在公示栏和各部门墙上，其中《劳动人事管理规定》还以文件形式发到各部门、车间。2008年2月16日上午9时许，原告到被告的漆包B仓库与仓管员任某某争吵，次日仓库三名管理人员向被告“公司领导”提交《关于邓健新在仓库无理吵闹的情况报告》，反映“邓健新对任某某高声辱骂、训斥，语言粗俗下流、不堪入耳。当时正值上班时间，又是漆包B仓库最繁忙时段。邓健新的无理取闹和粗言秽语不仅严重扰乱公司正常生产秩序……建议公司按章从严处理”。被告公司主管吕某某批注“经调查情况属实，建议公司按章严肃处理”。18日，被告公司召开“班子会议”，其中一个内容通报了上述情况，决定“根据公司制度，邓健新行为已达到‘记大过’的条款，要按章处罚，由谢主任、冯经理、李某与他谈话，教育他”。该日，被告作出《关于邓健新违纪问题的处理决定》：“……邓健新行为严重违反……公司决定对邓健新予以‘记大过’处分。如有重犯按章从严处理。”该决定发给各车间、部室、抄送给违纪员工邓健新、张贴在厂区公告栏中。事后，被告有关管理人员对原告进行了谈话教育。同年5月6日中午1时30分，原告在被告员工摩托车车棚路口与任某某再次发生争吵，7日，门卫张某某等三人以门卫值班室名义向被告“公司领导”提交《关于邓健新在公共场所故意闹事的情况报告》，反映“邓健新因私人问题截拦任某某，以粗言秽语高声辱骂，不堪入耳，并威吓日后要小心。……建议按章从严处理”。吕某某批注“经调查情况属实，建议公司按章处理”。8日，被告公司召开“班子会议”，其中通报了上述情况，决定对原告留厂察看至6月底，派三位管理人员再对原告进行教育。该日，被告作出《关于邓健新再次违纪问题的处理决定》：“……邓健新于今年2月16日因无理吵闹、辱骂任某某，被公司‘记大过’处分，至今仍不改正，再次重犯。现根据公司《劳动人事管理规定》第六条‘故意闹事，扰乱公司正常生产（工作）秩序，视情节轻重，处以记大过、留厂察看、解除劳动合同关系处分’的规定，决定对邓健新予以留厂察看处分，察看期从2008年5月8日起至6月30日止，如留厂察看期结束后，仍没有正确认识错误，则予以解除劳动合同关系。”该决定发给各车间、部室、抄送邓健新，张贴在厂区公告栏中。5月9日、30日、31日，被告5名包括董事长在内的管理人员先后与原告谈心并对其进行教育，但原告拒不认识错误，坚持己见。6月27日，被告公司召开“经理会议”，根据原告的表现，决定对原告在“留厂察看”期满之日起解除与原告劳动合同关系，按章行文、公示，并向公司工会提出《关于请工会研究邓健新违纪处理问题的通知》，该通知介绍了邓健新二次违反规章制度的事实及公司处理决定，提出了分析意见和解除劳动合同的意见，并附有关书面记录。6月28日，经鹤山市总工会2005年6月6日批复成立的被告工会委员会委员召开会议，该工会于次日将《关于公司通知邓健新违纪处理问题的回复》书面答复被告，认为被告对邓健新解除劳动合同的处理意见，符合厂规和有关规定并表示同意。6月30日，被告制作《关于邓健新违纪问题的处理决定》：2008年6月30日邓健新“留厂察看”期满之日，对邓健新予以解除劳动合同关系处理，劳资双方于2007年12月20日签订的劳动合同自2008年6月30日终止。该决定发给各车间、部室，并张贴在厂区公告栏。此后，为送达上述决定，被告两名管理人员打电话给原告，原告说公司送的东西不要，该两名管理人员咨询劳动局后到原告住所，原告的妈妈说邓交代不收任何东西，第二次原告的妈妈仍不收，第三次2008年8月25日下午原告的妈妈才收取。同年7月29日，经被告申办，沙坪劳动保障事务所在原告的《广东省就业失业手册》中备案注明：原、被告终止（解除）劳动合同时间为2008年7月1日，终止（解除）原因为协商一致解除（单位原因）。同年8月28日原告向鹤山市劳动争议仲裁委员会提起申诉。同年9月3日，鹤山市劳动争议仲裁委员会受理原告的申诉，于同年12月22日作出裁决，原告不服而于2009年1月19日向本院提起本案诉讼。

此外，本案因事实复杂，经本院院长批准，延长了审理期限。

本院认为，本案的争议焦点是：1. 原告在鹤山市环球电缆总厂的工作年限是否应在被告处工作年限中连续计算。2. 被告2008年1月至5月的工资是否被克扣。3. 对2001年1月至2008年6月期间的加班工资原告是否有权主张，如果有又如何确定加班工资金额。4. 被告单方解除劳动合同是否合法；解除劳动合同后，被告应否赔偿或补偿原告。

一、关于第1个争议焦点。《最高人民法院关于审理劳动争议案件适用法律若干问题的解释》第十三条规定“因用人单位作出的计算劳动者工作年限决定而发生的劳动争议由用人单位负举证责任的规定，应由被告负举证责任”。本案中，虽然被告所举的鹤山市经济体制改革办公室鹤体改字［2001］115号《关于同意鹤山市环球电缆总厂停业整顿的批复》文件，经鹤山市二轻工业公司、鹤山市工业局、鹤山市劳动者审批的鹤山市环球电缆总厂《关于停业整顿经济裁员的报告》及裁员名册是复印件，依证据规则不能单独作为认定案件事实的依据，但这些证据和鹤山市失业职工登记表、被告于2001年8月8日成立的营业执照、鹤山市环球电缆总厂至今存在的工商登记资料等证据互相联结形成证据链，结合原告第二次庭审时承认收到经济性裁员补偿金的事实，应认定被告与鹤山市环球电缆总厂是不同的独立法人企业，原告已收取鹤山市环球电缆总厂发放的至2001年8月31日止的经济补偿金，并因经济性裁员于该日离开该厂，同时认定原告于2001年9月1日进入被告单位工作。因此，依照《中华人民共和国劳动合同法实施条例》第十条的规定，原告在鹤山市环球电缆总厂的工作时间不应在被告处的工作年限中连续计算。

二、关于第2个争议焦点。关于原告第一次庭审中出示其《2005年个人所得税完税证明》，提出按其纳税1867.89元计算其该年度月平均工资为2606.60元，从而认为被告每月发到原告工资存折的工资1459.69元不是原告的真实工资，被告每月扣除原告30%的工资作为年终奖金发给的主张，本院经核实，根据《国家税务总局关于调整个人取得全年一次性奖金等计算征收个人所得税方法问题的通知》，原告按其纳税额计算年度月平均工资额的方法明显错误，对此主张本院不予采纳。对原告在第二次庭审中根据《纳税申报资料》反映的原告年度奖金额和被告提供的工资表，提出原告2005年、2006年、2007年的月平均工资分别为2291.67元、2383.33元、2458.33元，也推定原告2008年上半年月平均工资为2458.33元的主张，本院认为，虽然原、被告双方最后一次签订的劳动合同约定原告的劳动报酬是计件工资，但实际从2007年11月至2008年4月期间被告发工资到原告存折内，原告均对工资额无异议，按照双方签订的劳动合同第四条的约定，应视为原告同意上述期间每月工资额。况且一方面原告在本案诉讼中对被告提供的工资表表示有异议但又无反驳证据对其进行否定，反而又用该工资表来证明事实；另一方面原告提供的纳税申报资料、工资存折与被告提供的该工资表三者反映的数字吻合，因此，该工资表具有证明效力，应认定被告已足额向原告发放了至2008年5月的正常工资。被告根据其公司的全年经营效益和对员工全年工作业绩的综合考核情况向员工一次性发放年终奖金，是被告作为企业依法享有的工资、奖金分配的权利，原告关于被告每月扣除员工30%的工资作为年终奖金的主张，无事实和法律依据，混淆了正常工资和年终奖金的关系，本院不予采信。原告根据2005年、2006年、2007年年终奖金情况认为其2008年月平均工资与2007年一样为2458.33元，实际上是认为其2008年仍有年终奖金，但没有被告决定向原告发放该年度奖金的依据，故原告关于被告扣其2008年1月至5月的工资的主张，无事实法律依据，理由不成立，本院不予采纳。

三、关于第3个争议焦点。1. 由于被告最后一次发给原告的工资是2008年5月，根据《广东省工资支付条例》关于“工资支付台账应当至少保存二年”和广东省高级人民法院、广东省劳动争议仲裁委员《关于适用〈劳动争议调解仲裁法〉、〈劳动合同法〉若干问题的指导意见》第二十九条关于“劳动者主张加班工资，用人单位否认有加班的，用人单位应对劳动者未加班的事实负举证责任。劳动者追索两年前的加班工资，原则上由劳动者负举证责任”的规定，原告对其关于其从2001年1月1日至2006

年5月31日加班事实的主张负举证责任，被告对其关于原告从2006年6月1日至2008年5月31日没有加班事实的主张负举证责任。2. 原告的证人邓巨强和被告的证人钟海峰、原告提供的《考勤表》、被告提供的入厂记录和工资表，互相结合起来可以证实原告从2006年6月1日至2008年5月31日有加班的事实。根据每周工作40小时和每天工作8小时的规定，经核查，原告加班时间如下：2006年6月1日至2007年12月31日，正常工作日加班加点共251小时，休息日加班71.5天；2008年1月1日至同年5月31日，正常工作日加班加点31小时，法定节假日加班1.5天，休息日加班20.5天。3. 按工资表记载，原告从2007年5月至同年12月每月基本工资为1295元，平均每小时工资为（1295元/月÷21.75天÷8小时）=7.44元，从2008年1月至5月每月基本工资为997.04元，平均每小时工资为（997.04元/月÷21.75天÷8小时）=5.73元。因被告未提供2006年9月至2007年4月原告的工资表，又原告的工资存折反映该期间原告的工资额低于2007年5月至同年12月的工资额，故应按不利于被告的举证后果认定原告2006年9月至2007年4月每月基本工资为1295元，平均每小时工资为7.44元。4. 依有关法律法规规定计算，原告2006年9月至2007年12月的加班工资为［正常工作日加班加点251小时×150%+（休息日加班71.5天×8小时/天）×200%］×7.44元/小时=11312.52元；2008年1月至5月的加班工资为［正常工作日加班加点31小时×150%+（休息日加班20.5天×8小时/天）×200%+法定节假日加班1.5天×8小时/天×300%］×5.73元/小时=2352.17元。以上加班工资共为11312.52元+2352.17元=13664.69元。5. 被告已向原告支付2008年1月至5月的加班工资共297.96元/月×5个月=1489.80元，对比，被告欠原告加班工资13664.69元-1489.80元=12174.89元。6. 原告未能提供其2001年1月至2006年5月加班的证据，故对其关于要求被告支付该期间的加班工资的诉求，本院不予支持。另外，原告将年终奖金分摊到各个月作为正常工作时间工资来计算加班工资，与原劳动部《对〈工资支付暂行规定〉有关问题的补充规定》第二条关于加班加点按正常工作时间工资标准的一定倍数支付劳动报酬的规定不符，其计算方法本院不予采纳。

四、关于第四个争议焦点。1. 被告于2002年和2006年先后编制的《员工手册》，内容没有违反有关法律、行政法规及政策的规定，不存在明显不合理的情形，并且已经公示，原告长期没有提出异议，依照《劳动法》第四条的规定，《员工手册》可以作为被告用工管理的依据，依法应认定该手册是原、被告双方签订的劳动合同的附件，具有补充劳动合同内容的效力。2. 原告于2008年2月16日因私事到不是其工作岗位部门的仓库无理取闹，高声辱骂仓管员任某某，有众多员工在场见证，被告为此依《员工手册》的规定给予原告记大过处分，是企业管理的权力，并无违反劳动法的规定。原告虽然对被告公示的处理决定没有向工会或任何管理人员或该决定提出的见证人提出任何异议，也接受了被告管理人员的教育谈话，但从以后再次发生的类似事件分析，原告并没有认识错误。3. 同年5月6日，原告再次违反规章制度，被告作出给予原告留厂察看并明确告知原告如仍没有正确认识其错误则予以解除劳动合同关系的决定也已公示，抄送原告一份，原告亦无提出任何异议。原告关于被告是为了应付仲裁而自制出来的《情况报告》、《会议记录》、《决定》等的主张，无证据证实，本院不予采信。4. 由于原告两次严重违反用人单位合法制定的规章制度，也在被告管理人员多次找其教育谈话中不认识错误，被告经工会同意作出解除与原告的劳动合同关系的处理，并公示和书面通知原告，符合《劳动合同法》第四十三条关于“用人单位单方解除劳动合同，应当事先将理由通知工会”和《广东省劳动合同管理规定》第二十条关于“企业解除劳动合同应当征求本企业工会的意见”的规定。原告关于被告“没有事先告知工会”、“为处理原告而临时制作《劳动人事管理规定》”、“没有向原告送达处理决定”、“也没有送达给工会”等的陈述，完全不顾事实，也无依据证实，本院不予采信。被告解除与原告之间的劳动合同关系，符合《劳动合同法》第三十九条的规定，原告关于被告应支付经济补偿金、额外经济补偿金、赔偿金、代通知金的诉求，无事实和法律依据，本院不予支持。至于经被告申办，沙坪劳动服务所在原告的《就业失业手册》上注明协商解除劳动合同，被告关于原因是便于原告重新寻找工作的理由，符合情理，本院予以采信。5. 虽然原告在2008年6月至8月25日没有向被告提供正常劳动，但因为是被告作出对原告记大过、留厂察看的决定，并且于同年8月25日才向原告送达解除劳动合同的决定，因此，参照《广东省工资支付条例》第三十五条关于“用人单位没有安排劳动者工作的，应当按照不低于当地最低工资标准的百分之八十支付劳动者生活费”的规定，被告应向原告支付2008年6月1日至8月25日的生活费670元×（85÷30）×80% =1518.67元。

综上所述，依照《中华人民共和国劳动法》第四十四条、第四十七条、第八十二条、《中华人民共和国劳动争议调解仲裁法》第二十七条、第五十四条的规定，判决如下：

一、本判决生效之日起十日内，被告鹤山市德兴环球电缆有限公司支付给原告邓健新加班工资12174.89元。

二、本判决生效之日起十日内，被告鹤山市德兴环球电缆有限公司支付给原告邓健新2008年6月1日至8月25日的生活费1518.67元。

三、驳回原告邓健新的其他诉讼请求。

如果被告未按本判决指定的期间履行给付金钱义务，应当依照《中华人民共和国民事诉讼法》第二百二十九条之规定，加倍支付迟延履行期间的债务利息。

本案受理费10元，由原告邓建新负担8元，被告鹤山市德兴环球电缆有限公司负担2元。（受理费原告已预付，被告负担的受理费于支付款项时一并迳付给原告，本院不再收退。）

如不服本判决，可在判决书送达之日起十五日内，向本院递交上诉状，并按照对方当事人的人数提出副本，上诉于广东省江门市中级人民法院。

当事人上诉的，应在递交上诉状的次日起七日内按本判决确定的案件受理费同等金额向广东省江门市中级人民法院预交上诉案件受理费。逾期不交的，按自动撤回上诉处理。

审　判　长　黄才基
审　判　员　施锦琪
人民陪审员　麦翠琼
二〇〇九年九月二十八日
书　记　员　李乐群

【评析】

在劳动者违反用人单位规章制度的情形下，用人单位单方解除劳动合同，法官如何认定劳动者的违章行为是否达到法律规定的“严重”程度以及用人单位解除劳动合同是否符合法定程序，对此本案作出了准确的判断。本案中，被告制定的两版《员工手册》，内容和制定程序均是具有效力的构成要件，依法可作为审理本案的依据。原告第一次与员工争吵的行为，尚未达到“违反用人单位的规章制度”的严重程度。对原告第二次与同一员工争吵的行为，是否可以认定其违章行为达到严重程度，法官的自由心证将起到判断作用。被告先后作出的对原告记大过、留厂察看处理的内容和过程，虽然带有计划经济时代的行政色彩，但未违反劳动合同法的规定。原告在留厂察看考察期内多次接受谈心教育但拒不认识错误，坚持已见，显然原告的行为和心理为法官在本案中作出原告违章行为达到严重程序的论证判断，提供了充分的证据。同时，对被告单方解除劳动合同的理由、依据及程序，法官也作出了符合法律规定的认定。该判决书针对原、被告的诉辩，不回避任何问题，用证据和相关法律法规进行论证，层次分明，逻辑严谨，说服力强，具有一定的指导意义，是一篇优秀的裁判文书。

●李小兰与唐芳民间借贷纠纷一案民事判决书

广东省湛江市中级人民法院

民事判决书

（2009）湛中法民一终字第213号

上诉人（原审被告）：李小兰，女，1962年10月22日出生，汉族，住湛江市霞山区向前路10号5栋二门703房。

委托代理人：杨庭强，广东万维律师事务所律师。

委托代理人：林亚妹，女，1958年11月25日出生，汉族，住湛江市霞山区建新东路47号19栋1门201房。

被上诉人（原审原告）：唐芳，女，1965年7月26日出生，汉族，住湛江市霞山区创新路二横巷90号。

委托代理人：周立贻，男，1948年1月27日出生，汉族，住湛江市霞山区青岛路1号305房。

上诉人李小兰因民间借贷纠纷一案，不服湛江市霞山区人民法院（2008）霞法民三初字第361号民事判决，向本院提起上诉。本院受理后，依法组成合议庭审理了本案。现已审理终结。

原审审理查明：李小兰因经商需要资金周转而向唐芳借款。为此，唐芳筹款后，便先后4次借款14万元给李小兰。其中，2003年4月7日借款1万元，同年9月8日借款3万元，2004年3月11日借款5万元，同年10月13日借款5万元。李小兰取得借款时，均给唐芳出具《借条》。借条均载明了借款金额、借款时间及借款人姓名，但均未约定借款利息及还款期限。自2004年9月9日至2008年5月23日，李小兰先后11次将款项存入唐芳开立在湛江市商业银行的账户。其中：2004年9月9日存入1800元，2005年7月20日存入3300元，同年10月17日存入3300元，2006年1月10日存入3300元，同年2月17日存入3500元，同年10月20日存入3500元，同年11月21日存入3500元，2007年1月22日存入3500元，同年9月21日存入3500元，同年12月20日存入12800元（其中的1万元系唐芳按李小兰的要求，代李小兰汇给江永基的货款），2008年5月23日存入2000元。

另查明：自2006年1月至2008年3月间，李小兰的女儿潘某某居住在唐芳位于湛江市霞山区工农东二路37号湛江市商业银行宿舍604房。期间，李小兰向唐芳给付水电费每月200元。

原审法院认为：唐芳、李小兰双方对借款本金14万元均无异议，应予确认。李小兰出具的4张《借条》虽均未书面约定借款利息，但于2004年3月11日李小兰取得前3笔借款的9万元后，于2004年9月9日向唐芳账户存入的1800元，与月利率2%的利息计算金额相符，故对唐芳提出双方口头约定9万元借款按月利率2%计付利息的诉称意见应予采信。2004年10月13日，李小兰取得第4笔借款5万元后，在2005年7月20日至2006年1月20日间，李小兰每次向唐芳账户存入的3300元，与唐芳诉称第4笔借款的月利率按3%计付利息的意见也相符。据此，对李小兰在2006年2月17日至2007年9月21日每次向唐芳账户存入3500元中的3300元（不含李小兰为其女儿潘某某居住房屋而支付的每月200元水电费），以及李小兰于2007年12月20日存入唐芳账户的12800元（不含其中的1万元货款）和2008年5月23日存入唐芳账户的2000元，均应认定为李小兰按口头约定而支付给唐芳的借款利息。唐芳为帮助李小兰解决经营资金，将筹借来的款项再借给李小兰，李小兰取得借款后，虽给唐芳支付利息，但借款本金尚未偿还，唐芳要求李小兰清偿借款14万元有理有据，应予支持。依照《中华人民共和国民法通则》第八十四条、第一百零六条第一款以及《最高人民法院关于人民法院审理借贷案件的若干意见》第六条的规定，判决：李小兰应于判决发生法律效力之日起十日内给唐芳偿还借款14万元，并以尚欠借款本金按中国人民银行同期贷款利率的4倍计付自判决生效之日起至清偿债务之日止的利息。案件受理费3100元，由李小兰负担。

上诉人李小兰不服原审判决，提起上诉称：（一）原审判决事实认定错误。上诉人从2003年5月至2008年8月期间，以现金存入被上诉人银行的账户方式还清全部借款本金14万元，并多付2.7万元感谢费给被上诉人，并且被上诉人也明确承认上诉人借款后每月均还款给其，双方债权债务已结清。双方借款既无书面也无口头约定利息，被上诉人也无任何证据证明口头约定利息，双方对是否存在口头约定利息存在争议，根据《合同法》第二百一十一条的规定，应认定双方无口头约定利息。而且原审认定双方约定借款，是通过对上诉人还款金额与被上诉人诉称利率的巧合进行推断，并无证据对此推定予以证明，被上诉人也无证据证明上诉人哪笔还款是还本金，还是利息。（二）原审判决“以尚欠借款本金按中国人民银行同期贷款利率的4倍计付利息”是适用法律错误。因此，请求二审法院撤销原判，驳回被上诉人唐芳的诉讼请求。

被上诉人唐芳答辩称：原审判决认定事实清楚，适用法律正确，实体处理正确，依法应予维持。

本院经审理查明：原审法院查明的事实除“2006年1月至2008年3月李小兰的女儿居住在唐芳的银行宿舍并给付每月水电费200元”的部分外，其余事实基本清楚，本院予以确认。

二审期间，本院根据上诉人李小兰的申请，向湛江市商业银行调取2003年5月至2008年7月以李小兰、潘华胜、潘剑云名义存入被上诉人唐芳在湛江市商业银行100068437700048及100192511400010账户的存款记录。湛江市商业银行的查询结果共有18笔存款记录，其中有6笔存款已包含在原审查明的11次还款中，另有12笔新的存款：2006年5月19日存入3500元、2006年6月21日存入3500元、2006年7月19日存入3500元、2006年9月22日存入3500元、2006年12月27日存入10000元、

2007年1月4日存入10000元、2007年1月8日存入10000元、2007年4月19日存入10000元、2007年7月20日存入3500元、2008年2月25日存入1700元、2008年3月20日存入1800元、2008年6月22日存入2000元。对此证据，李小兰认为每月均还钱，至2008年7月应有45笔以上，银行还没有查询完整。唐芳则认为不属于新证据，依法不应予以质证，同时认为该12笔新出现的存款中，2006年12月27日、2007年1月4日和8日、2007年4月19日分别存入的10000元，与原审法院查明的2007年12月20日的12800元中的10000元相同，是代李小兰汇给江永基的货款，并不是偿还借款的利息，并提供了五份以唐芳名义汇款给江永基的湛江市商业银行电汇凭证予以证实。之后，李小兰再次申请调取同时期以唐芳名义存入以上两个账户的存款记录，银行查询结果共有197笔存款记录。对于该197笔存款记录，李小兰认为其中有23笔存款（包含原审法院已查明的4笔存款）是属于其还款给唐芳的，但唐芳认为李小兰的申请违反法律规定，不同意对此质证，而且所查询的结果均是唐芳存入自己的账户的，只认可原审法院查明的偿还利息款。为此，本院征询李小兰的意见，对唐芳不予确认的19笔存款是否申请笔迹鉴定，李小兰认为已经己方核对确认，不需要笔迹鉴定。

本院认为：本案属于民间借贷纠纷。双方当事人争议的焦点是双方的借款是否约定利息以及偿还款项的数额问题。

关于双方当事人的借款是否约定利息的问题。由于上诉人李小兰出具给被上诉人唐芳的借条中均没有利息的约定，对此唐芳认为存在口头的利息约定，利息存在变动的情况，并提交部分李小兰偿还利息的凭证，但李小兰予以否认，认为偿还款项均属于偿还本金，更不可能存在利息变动。虽然唐芳所提供的部分证据与其的陈述有一定相符的地方，但由于唐芳认为李小兰并不是每月均偿还利息，只有原审法院认定的11次还款，这与唐芳在起诉称李小兰每月按约定支付利息有互相矛盾的地方，李小兰偿还的款项是否属于约定的月利率，双方当事人存在争议，依照《中华人民共和国合同法》第二百一十一条第一款“自然人之间的借款合同对支付利息没有约定或者约定不明确的，视为不支付利息”的规定，李小兰与唐芳之间的借款应视为不支付利息，李小兰向唐芳所偿还的款项应视为偿还借款本金。

关于李小兰向唐芳偿还款项的数额问题。从原审法院查明的11次还款来看，除其中的10000元是货款外，李小兰共还款34000元。二审期间，本院依李小兰的申请，查询到以李小兰名义存入唐芳账户的还款记录还有12笔，共计63000元。对此，唐芳认为其中有40000元是代李小兰汇给江永基的货款，并提供相关的电汇凭证，而电汇凭证的时间与李小兰汇款入唐芳账户的时间基本在同一天或者相隔一天，汇款时间基本吻合，电汇收款人均为江永基，这与原审认定的2006年12月20日的10000元属于代汇江永基货款的相关证据基本类似，而且李小兰对于2006年12月20日的10000元存款在原审期间明确承认是属于代汇给江永基的货款，在二审期间李小兰虽然予以否认，但没有提供证据予以推翻，根据《最高人民法院关于民事诉讼证据的若干规定》第七十三条第一款“双方当事人对同一事实分别举出相反的证据，但都没有足够的依据否定对方证据的，人民法院应当结合案件情况，判断一方提供证据的证明力是否明显大于另一方提供证据的证明力，并对证明力较大的证据予以确认”的规定，结合唐芳所提供的电汇凭证及李小兰在原审法院的陈述等证据可以推断该40000元属于唐芳代李小兰汇给江永基的货款。故应从这12笔还款63000元中扣除40000元，其余的23000元应属于李小兰偿还给唐芳的借款本金。至于李小兰主张另外存在19笔以唐芳名义存入的款项属于其还款，但由于唐芳对这19笔款项不认可是李小兰的还款，而李小兰对于其该主张不申请笔迹鉴定，故现有证据不足以证实其主张这19笔款项属于还款的事实，依据《最高人民法院关于民事诉讼证据的若干规定》第二条“当事人对自己提出的诉讼请求所依据的事实或者反驳对方诉讼请求所依据的事实有责任提供证据加以证明。没有证据或者证据不足以证明当事人事实主张的，由负有举证责任的当事人承担不利后果”的规定，李小兰应承担举证不能的不利后果。因此，本院认定李小兰已向唐芳还款共计57000（即34000+23000）元，尚欠唐芳借款本金83000元应予偿还。

依照《最高人民法院关于贯彻执行〈中华人民共和国民法通则〉若干问题的意见（试行）》第一百二十三条“公民之间的无息借款，有约定偿还期限而借款人不按期偿还，或者未约定偿还期限但经出借人催告后，借款人仍不偿还的，出借人要求借款人偿付逾期利息，应当予以准许”和《最高人民法院关于人民法院审理借贷案件的若干意见》第九条“公民之间的定期无息借贷，出借人要求借款人偿付逾期利息，或者不定期无息借贷经催告不还，出借人要求偿付催告后利息的，可参照银行同类贷款的利率计息”的规定，唐芳请求李小兰支付判决生效后拖欠款项的利息有理，应予支持，但要求按中国人民银行的同类贷款利率的4倍计付利息不符合法律规定，不予支持。综上所述，原审判决认定事实部分清楚，但实体处理部分欠妥，本院予以纠正。李小兰上诉请求部分有理，本院予以支持。依照《中华人民共和国民事诉讼法》第一百五十三条第一款第（二）项之规定，判决如下：

变更湛江市霞山区人民法院［2007］霞法民三初字第361号民事判决为：李小兰应于本判决发生法律效力之日起十日内偿还借款83000元及利息（利息从判决生效之日起按中国人民银行同类贷款利率计算至清偿借款之日止）给唐芳。

如果未按本判决指定的期间履行给付金钱义务，应当依照《中华人民共和国民事诉讼法》第二百二十九条之规定，加倍支付迟延履行期间的债务利息。

一审案件受理费3100元，由李小兰负担2000元，唐芳负担1100元。二审案件受理费3100元，由李小兰负担2000元，唐芳负担1100元。

本判决为终审判决。

审 判 长 何素兰
审 判 员 陈志韧
代理审判员 曾庆聪
二○○九年八月五日
书 记 员 李泽华

【评析】

本案为借款纠纷，二审中双方当事人争议的焦点为借款是否约定利息及债务人是否已偿还款项数额。二审与一审最大的区别在于，由于债务人还款基本上是通过银行存款的方式，因还款时间跨度大，债务人保存存款的存根基本已丢失，二审法院根据债务人的申请，调取了银行存款记录，导致二审期间出现新的证据材料。二审判决紧紧围绕双方争议的焦点，联系二审出现的证据材料和双方当事人各自的说法，比照有关法律规定逐一分析，判决有理有据，具有较强的说服力。总体来说，该二审判决书要素齐全，结构完整，层次分明；案件事实叙述完整清晰，对调取的证据和质证情况作了详细充分的阐述，繁简得当；证据确定、全面、充分，证明力强；论理方式深入浅出，理据充分，适用法律准确具体，实体处理得当；用语规范准确，逻辑严谨，行文流畅，通俗易懂，系一份质量较高的优秀裁判文书。

●贵州省怀仁市酒中酒（集团）有限责任公司与李远彪
商标专用权侵权纠纷一案民事判决书

广东省河源市中级人民法院

民事判决书

（2009）河中法民三初字第4号

原告：贵州省仁怀市酒中酒（集团）有限责任公司，住所地：贵州省仁怀市国酒北路161号。

法定代表人：曹本强，董事长。

委托代理人：聂洪波，男，1984年5月21日出生，系该公司法律顾问。

被告：李远彪，男，1983年9月3日出生，身份证号：441621198309032259，住河源市源城区永福路幸福小区。系河源市源城区岁岁发商行（个体工商户）登记的业主。

委托代理人：杨照勇，男，1983年9月26日出生。

委托代理人：廖志胜，男，1982年7月9日出生，住紫金县敬梓镇村经色队1号。

原告贵州省仁怀市酒中酒（集团）有限责任公司（以下简称酒中酒公司）与被告李远彪商标专用权侵权纠纷一案，于2009年2月21日向本院提起诉讼。本院于2009年2月24日受理后，依法组成合议庭于2009年4月14日公开开庭进行了审理。原告贵州省仁怀市酒中酒（集团）有限责任公司的诉讼代理人聂洪波到庭参加了诉讼。被告李远彪经本院依法传唤，无正当理由未到庭参加诉讼。本案现已审理终结。

原告诉称：原告是一家知名的白酒生产、销售企业，其生产的“酒中酒”牌白酒在贵州省及湖南省均确认为著名商标。于1994年就开始使用的“本强·酒中酒”牌商标是在2007年成功注册的。2008年底，原告发现被告的“华强·酒中酒霸”牌白酒在销售，该白酒与原告的“本强·酒中酒”注册商标仅有两字之差，且包装也与原告的“本强·酒中酒”牌白酒相似。为了更好地维护自己的权益，原告暗中对被告销售的“华强·酒中酒霸”牌白酒等有关事实进行了公证。原告认为，被告销售的“华强·酒中酒霸”牌白酒与原告的“本强·酒中酒”牌白酒注册商标相似，其行为侵犯了原告所有的“本强·酒中酒”注册商标专用权，故特向法院起诉，请求判令被告立即停止对原告注册商标专用权的侵害，赔偿其侵权行为给原告造成的损失20000元（含因制止侵权行为所支出的合理费用15000元）。

原告为支持其诉讼请求，向本院提交下列证据：

第一组证据：证明原告主体适格。

贵州省仁怀市酒中酒（集团）有限责任公司企业法人营业执照、法定代表人身份证明书、组织机构代码证、全国工业产品生产许可证、贵州省酒类销售许可证，证明原告贵州省仁怀市酒中酒（集团）有限责任公司是依法成立的。

第二组证据：证明被告销售有涉嫌侵犯原告注册商标专用权产品的事实。

1. 被告的收款收据一份，证明被告销售“华强·酒中酒霸”白酒的事实。

2. 河源市公证处出具的公证书一份，证明对原告在被告处购买“华强·酒中酒霸”白酒的行为进行公证。

3. 河源市公证处贴封的“华强·酒中酒霸”酒两箱，证明原告在被告处购买两箱“华强·酒中酒霸”白酒的事实。

4. 被告店铺堆放酒的现场照片三张，证明被告销售“华强·酒中酒霸”白酒的事实。

第三组证据：证明相关公众对“本强·酒中酒”商标广为知晓的证据。

原告出具的本强·酒中酒及图商标注册证（证号：第 493363 号），证明原告享有本强·酒中酒及图注册商标专用权，本强·酒中酒及图商标于 2007 年 8 月 28 日在中国商标局注册第 33 类商品，原告为该商标的所有权人。被告销售的“华强·酒中酒霸”白酒与原告的注册商标在同一种类（商品）上相似，误导了消费者对商品来源的认识，属于侵犯注册商标专用权的行为。

第四组证据：证明本强·酒中酒及图商标已有近 20 年的使用历史，在未获准注册前，已经获得了较多、较高的荣誉，已被国家有关部门、相关市场和消费者认可。于 2007 年被获准注册后，本强·酒中酒及图商标的知名度得到了极大提升。

1. 1993 年香港中国优质商品展览贸易中心颁发的“金奖”证书及其证书照片，证明本强·酒中酒白酒是中国优质商品之一。

2. 1994 年 6 月 14 日第五届亚洲太平洋国际贸易博览会颁发的“金奖”证书及其证书照片，证明本强·酒中酒白酒获得第五届亚洲太平洋国际贸易博览会颁发的“金奖”。

3. 2004 年 2 月 18 日中国质量认证中心首次颁发的“质量管理体系认证证书”及其英文副本，证明本强·酒中酒白酒的质量管理体系符合标准。

4. 2002 年 3 月 8 日中国食品工业协会颁发的“中国名优白酒信誉品牌”及其照片，证明本强·酒中酒白酒被中国食品工业协会评定为“中国名优白酒信誉品牌”白酒。

5. 2003 年 4 月、2004 年 3 月湖南省消费者委员会连续两年颁发的“信得过品牌”证书及其照片，证明本强·酒中酒白酒被湖南省消费者委员会连续两年评为“信得过品牌”白酒。

6. 2005 年 9 月 15 日湖南省体育局颁发的“第十届全国运动会湖南省体育代表团唯一指定专用白酒”证书及其照片，证明本强·酒中酒白酒是“第十届全国运动会湖南省体育代表团唯一指定专用白酒”。

7. 2005 年 10 月 25 日湖南省消费者委员会、湖南省酒业协会颁发的“2005 年度湖南省消费者信得过的金牌白酒”证书及其照片，证明本强·酒中酒白酒被湖南省消费者委员会、湖南省酒业协会评为“2005 年度湖南省消费者信得过的金牌白酒”。

8. 2006 年 1 月 15 日中国人民政治协商会议湖南省委员会办公厅颁发的“政协湖南省第九届四次会议指定用酒”证书及其照片，证明本强·酒中酒白酒被中国人民政治协商会议湖南省委员会办公厅指定为“政协湖南省第九届四次会议指定用酒”。

9. 2006 年 6 月 7 日中国保护消费者基金会颁发的“消费者认可的优质信誉品牌”证书及其照片，证明本强·酒中酒白酒为“消费者认可的优质信誉品牌”的白酒及在消费者中具有高知名度与美誉度。

10. 2006 年 9 月 1 日、2008 年 9 月 11 日贵州省工商行政管理局颁发的“贵州省著名商标”证书及其照片，证明本强及图商标（注册号：762251）被贵州省工商行政管理局评审为“贵州省著名商标”。

11. 2007 年 6 月全国消费品信誉调查委员会、中国企业品牌发展工作委员会颁发的“中国驰名品牌”、“中国政府采购首选品牌”证书及其照片，证明本强·酒中酒白酒质量稳定合格，为中国政府采购首选品牌的商品，被确认为“中国驰名品牌”的商品。

12. 2008 年 1 月中国人民政治协商会议湖南省委员会办公厅颁发的“政协湖南省第十届一次会议选定为大会唯一接待用酒（白酒）”证书及其照片，证明本强·酒中酒白酒被政协湖南省第十届一次会议选定为大会唯一接待用酒（白酒）。

13. 2008 年 9 月 13 日中国湘菜美食文化节组委会颁发的“奥运湘军唯一指定饮用白酒”证书及其照片，证明本强·酒中酒白酒为第三届中国湘菜美食文化节奥运湘军凯旋宴唯一指定饮用白酒。

14. 2008 年 12 月贵州省名牌战略推进领导小组颁发的“2008 年度贵州省名牌产品”证书及其照片，证明本强·酒中酒白酒具有高知名度，属贵州省名牌产品。

15. 关于长沙湘贵实业有限公司与贵州省仁怀市酒中酒（集团）有限公司的关系说明，证明贵州省仁怀市酒中酒（集团）有限公司拥有酒中酒霸系列产品的知识产权，该系列产品由长沙湘贵实业有限公司负责在全国市场上销售。

被告对原告提供的证据的真实性、合法性无异议。

被告辩称：一、原告诉请的主体错误，被告不应承担民事赔偿义务与责任。被告与原告的公司业务代表刘自力于2000 年 9 月 30 日签订了《区域销售代理协议书》并向刘自力缴纳了一定的保证金。二、被告销售的“华强·酒中酒霸”与原告所称的“本强·酒中酒”注册商标有着明显的区别，被告没有侵害原告的注册商标专用权。河源市公证处保全证据的公证行为是暗中进行的，被告并不在场，公证行为不公开，显失公平、公正，不具有法律效力。原告要求的合理开支也不应由被告承担。被告请求法院驳回原告的诉讼请求。

被告在举证期限内对其答辩提供的证据有：

1. 营业执照及税务登记证，证明被告的经营范围、方式及登记情况。

2. 代理协议书，证明被告系善意销售及归责于刘自力。

3. 民事答辩状，证明对原告起诉答辩的理由和事实。

4. 收条，证明刘自力已收取的货款。

原告对被告提供的证据 1 的合法性、关联性无异议；对证据 2、4 的真实性、关联性无异议，但不具有合法性；对证据 3 没有相关证据佐证，不予采信。

本院查明：酒中酒公司是“本强·酒中酒”及图商标（以下简称“本强·酒中酒”商标）的所有权者。酒中酒公司是一家知名的白酒生产、销售企业，其生产的“酒中酒”牌白酒在贵州省及湖南省均确认为著名商标。“本强·酒中酒”商标于 2007 年 8 月 28 日在中国商标局注册第 33 类商品，酒中酒公司为该商标的所有权者。

"本强·酒中酒"商标及产品被相关公众认知的情形及所获奖项：

"本强·酒中酒"荣获"1993年度香港国际博览会和香港国际食品展评会金奖"。"本强·酒中酒"荣获"1993年度第五届亚洲太平洋国际贸易博览会金奖"。2002年度"本强·酒中酒"被中国食品工业协会评定为"中国名优白酒信誉品牌"。2003年、2004年度"本强·酒中酒"被湖南省消费者委员会连续两年评为"消费者信得过品牌"。2005年度被湖南省体育局评为"第十届全国运动会湖南省体育代表团唯一指定专用白酒"。2005年度被湖南省消费者委员会、湖南省酒业协会评为"2005年度湖南省消费者信得过的金牌白酒"。2006年度被中国人民政治协商会议湖南省委员会办公厅评为"政协湖南省第九届四次会议指定用酒"。2006年度被中国保护消费者基金会推介为"消费者认可的优质信誉品牌"。2006年、2008年度本强·酒中酒及图商标被贵州省工商行政管理局评定为"贵州省著名商标"（注册号：762251）。2007年度被全国消费品信誉调查委员会、中国企业品牌发展工作委员会确认为"中国驰名品牌"、"中国政府采购首选品牌"白酒产品。2008年度被中国人民政治协商会议湖南省委员会办公厅选定为"政协湖南省第十届一次会议选定为大会唯一接待用酒（白酒）"。2008年度被中国湘菜美食文化节组委会评定为"第三届中国湘菜美食文化节奥运湘军凯旋宴唯一指定饮用白酒"。2008年度被贵州省名牌战略推进领导小组评为"2008年度贵州省名牌产品"。

2008年底，原告营销业务员来广东省河源市准备开发"本强·酒中酒"白酒市场业务时，广东省河源市场上有"华强·酒中酒霸"牌白酒在销售，该白酒与原告的"本强·酒中酒"注册商标仅有两字之差，且包装也与原告的产品包装相似。原告发现上述情况后，即向广东省河源市公证处申请证据保全，于2009年2月21日向本院提起诉讼。

本院认为：原告酒中酒公司是"本强·酒中酒"商标的注册商标权人，对"本强·酒中酒"商标享有专用权。本案争议的焦点有：1. 被告主体是否适格；2. 被告行为是否构成侵权；3. 如果构成侵权，被告如何承担责任。本院分别作出下列评判：

1. 被告主体是否适格。

依据广东省河源市公证处的（2009）河证内字第1070号公证书证明公证员游小健、罗威及原告酒中酒公司的委托代理人聂洪波于2009年2月20日到广东省河源市源城区永福路幸福小区河源市源城区岁岁发商行，由聂洪波以普通消费者身份与河源市源城区岁岁发商行购得"华强·酒中酒霸"250ml瓶装的和125ml瓶装的各一箱，并取得购物收款收据一张。公证员游小健、罗威对聂洪波所购得的物品作为证据进行了保全。李远彪是河源市源城区岁岁发商行的个体工商户业主，是原告所诉侵权商品的销售方，被告主体适格。

2. 被告行为是否构成侵权。

被告销售的标有"华强·酒中酒霸"标识的白酒与原告的"本强·酒中酒"商品是同一类商品，虽然被告的"华强·酒中酒霸"商品与原告的"本强·酒中酒"商品只有两字之差，但是被告的"华强·酒中酒霸"商品标识的图案、颜色、形状及包装都与原告的"本强·酒中酒"商品商标近似，因此容易误导相关公众对该"华强·酒中酒霸"的来源产生混淆，误以为"华强·酒中酒霸"与原告的"本强·酒中酒"商品具有某种关联性，降低相关公众对原告的"本强·酒中酒"品牌的吸引力。根据《商标法》第五十二条第（一）项的规定，未经商标注册人的许可，在同一种商品或者类似商品上使用与其注册商标相同或者近似的商标的及《商标法》第五十二条第（二）项规定，销售侵犯他人注册商标专用权的商品的。结合本案事实及上述法律规范，被告销售“华强·酒中酒霸”标识的白酒，显然是与原告的“本强·酒中酒”白酒商标相似，并想借此攀附该商标的良好商誉，以取得不正当的商业利益。从保护商标专有性的角度看，被告销售“华强·酒中酒霸”标识的白酒必定会降低原告所有的“本强·酒中酒”商标的显著性，损害其商誉价值，给原告所有的“本强·酒中酒”商标的专有性及其形象利益造成实质性损害。因此，被告销售“华强·酒中酒霸”标识商品的行为构成商标侵权。被告以其销售的“华强·酒中酒霸”商品与原告的“本强·酒中酒”商品商标有着明显的区别，不存在该商品商标侵权为抗辩理由，也未提供“华强·酒中酒霸”商品生产商的具体情况，被告对“华强·酒中酒霸”商品来源未尽到审查义务。被告关于不构成侵权的答辩理由不充分，不能成立，依法不予支持。本院确认被告销售标有“华强·酒中酒霸”标识的商品侵犯原告的“本强·酒中酒”注册商标专用权的事实成立。

3. 被告如何承担责任。

被告销售与原告“本强·酒中酒”商标相近似的“华强·酒中酒霸”商品是侵犯原告所有的“本强·酒中酒”商标专用权，依法应承担停止侵权及赔偿经济损失的民事责任。关于赔偿数额问题，原告未能提供在被侵权期间因被侵权所受到的直接损失的证据，也未能提供被告在侵权期间因侵权所获得的利益的证据。本院考虑原告商标的声誉、被告的经营规模、被告侵权时间、被告主观过错程度、河源市源城区的经济发展水平、原告制止侵权行为的合理开支等因素，原告的经济损失与原告的诉求基本相符，依法确定被告应赔偿原告经济损失 20000 元。综上所述，原告的诉讼请求具有事实和法律依据，本院予以支持。被告的抗辩理由不成立，本院不予支持。依照《中华人民共和国商标法》第五十二条第（二）项、第五十六条第一、二款及《中华人民共和国商标法》第五十六条第一款以及《最高人民法院关于审理商标民事纠纷案件适用法律若干问题的解释》第十六条、第十七条之规定，判决如下：

一、被告李远彪应于本判决发生法律效力之日起立即停止销售侵犯原告商标专用权的商品。

二、被告李远彪应于本判决发生法律效力之日起十日内赔偿原告经济损失人民币 20000 元。

如未按本判决的期间履行给付金钱义务，应当依照《中华人民共和国民事诉讼法》第二百二十九条之规定，加倍支付迟延履行期间的债务利息。

案件受理费 500 元由被告李远彪负担。

如不服本判决，可在判决书送达之日起十五日内，向本院递交上诉状，并按对方当事人的人数提出副本，上诉于广东省高级人民法院。

审　判　长　谢健生
审　判　员　邹建忠
审　判　员　李小强
二〇〇九年七月十三日
书　记　员　李斯蔚

【评析】

该民事判决书格式规范，层次分明，语言简洁，说理充分，体现了承办法官较高的裁判文书制作水平与工作责任心，被评为2010年全省法院优秀裁判文书。其优点主要有：1. 诉讼过程叙述比较完整。如当事人起诉时间和法院立案受理、开庭审理的时间，以及当事人参与开庭诉讼的情况，都写得比较清楚，比民事诉讼文书样式的制作要求更加详细，比较突出地体现了程序公正的要求。2. 能够完整、准确地概括当事人的诉讼主张。不仅比较客观地归纳了当事人的诉讼理由及其诉讼请求，而且完整地列举了当事人提供的证据，并对证据的内容及其证明对象作了恰当的说明，较好地体现了法官公正的司法立场和对当事人及其诉讼代理人的尊重。3. 叙事说理有特点。在定性准确的基础上，能够抓住商标侵权案件的特点与要求进行叙事、说理。如认定事实清楚部分，对原告列举的大量证据，能够分门别类以分组的方式将复杂的证据列举清楚、井然有序；分析说理部分，能够按照逻辑顺序，理清争议焦点，然后逐层进行分析论证，事、理、法相结合，逻辑性强，较有说服力。

广东省汕头市中级人民法院

民事判决书

（2009）汕中法知初字第3号

原告：李云峰，男，汉族，1964年10月29日出生，住广东省汕头市金平区金厦街道金砂路89号6座603房，身份证号码：440505196410290011。

委托代理人：郑豪，广东中大中律师事务所律师。

委托代理人：温俊刚，男，汉族，1979年10月21日出生，住广东省汕头市金平区金厦街道水仙园22幢607房，身份证号码：440508197910212312。

被告：无锡市环达电控仪表有限公司，住所地江苏省无锡市青祁路101－401A。

法定代表人：董邦军，总经理。

委托代理人：华国平，该公司总经理助理。

被告：张成，男，汉族，1969年8月7日出生，住河南省新蔡县宋岗乡杨庄村委张庄组，身份证号码：412828196908070654。系汕头市金平区东成机电经营部业主，经营场所广东省汕头市杏花路4号1幢底层第三格。

委托代理人：郑舜钦，广东潮之荣律师事务所律师。

原告李云峰诉被告无锡市环达电控仪表有限公司（以下简称环达公司）、被告张成侵犯外观设计专利权纠纷一案，本院受理后，依法组成合议庭，于2009年2月10日上午九时公开开庭进行了审理。原告委托代理人郑豪和温俊刚、被告环达公司法定代表人董邦军及其委托代理人华国平、被告张成及其委托代理人郑舜钦均到庭参加诉讼。本案现已审理终结。

原告诉称：2006年3月22日，原告就微电脑纠偏控制仪机壳向国家知识产权局申请了外观设计专利。2007年2月21日，国家知识产权局向原告颁发了该机壳外观设计专利，专利号为ZL200630055373.5。原告在自己经营的汕头市新兴自控设备厂使用该专利，生产微电脑纠偏控制仪。由于质量好，设计合理，适用机床机型广泛，赢得了客户的肯定，占据了粤东市场。但自2007年以来，原告生产的微电脑纠偏控制仪市场销售量缩减了40%以上，直接经济损失超过50万元。原告在市场上发现被告环达公司生产的微电脑纠偏控制仪与原告的产品从外观上看是一模一样，其内部制作却工艺粗糙，产品质量低劣，批发价格只有原告价格的60%，造成客户误认为这是原告生产的产品，严重影响原告产品信誉。被告张成在粤东地区长期经销被告环达公司生产的侵权产品。

原告认为，被告环达公司未经原告同意，使用原告的外观设计专利，仿冒生产原告专利产品，侵犯原告的专利权，破坏了正常的市场竞争秩序和专利保护制度，应当赔偿原告的经济损失。被告张成经销被告环达公司生产的仿冒产品，也侵犯了原告的合法权益，应当承担一定的赔偿责任。请求判令：1. 两被告立即停止侵权行为，销毁侵权产品；2. 被告环达公司赔偿原告经济损失 200000 元；3. 被告张成赔偿原告经济损失 20000 元；4. 两被告共同赔偿原告调查费用 10325 元；5. 两被告共同承担本案全部诉讼费用。

原告对其陈述的事实在举证期限内提交的证据有：

1. 原告身份证复印件 1 份，证明原告的主体资格。

2. 被告环达公司工商登记查询资料复印件 1 份，证明被告环达公司的主体资格。

3. 被告张成个体户机读档案登记资料和常住人口基本信息复印件各 1 份，证明被告张成具备诉讼主体资格，其系汕头市金平区东成机电经营部业主。

4. 外观设计专利证书及副本复印件各 1 份，证明原告对涉讼侵权产品拥有外观设计专利。

5. 公证书 1 份，证明被告张成销售涉讼侵权产品，原告向被告张成购买侵权产品花费 615 元。

6. 被告张成销售发票复印件 2 份，证明被告张成长期销售涉讼侵权产品。

7. 被告环达公司销售发票复印件 2 份，证明被告环达公司销售涉讼侵权产品。

8. 涉讼侵权产品照片 7 份，证明涉讼侵权产品侵犯原告专利权。

9. 广告复印件 4 份，证明原告刊登报纸广告，推广专利产品。

10. 专利许可使用协议复印件 1 份，证明原告专利许可使用年费为 100000 元。

11. 调查费用发票复印件 17 份，证明原告调查侵权费用为 10325 元（含购买涉讼侵权产品 615 元）。

被告环达公司辩称：原告诉称不实，被告环达公司现在进行生产和销售的微电脑纠偏控制仪是目前市场上通用的工业产品，不是特定的产品，任何人都可以进行生产和销售。同时必须指出的是被告环达公司所生产的该类产品是根据用户要求指定生产的，其外观设计并非与原告所述的“一模一样”，不存在侵害原告专利权的事实。请求驳回原告的诉讼请求。

被告环达公司在庭审时提交了被告环达公司生产的产品实物一个和产品照片 3 张、电路板照片 1 张（电路板上印有 0808DD：20060318 字样）、原告产品照片 3 张等证据，以证明被告环达公司生产的产品从外观设计上看和原告的产品是有区别的，表现在排气孔、安装的挂孔、面板按钮等不一致，被告环达公司产品的按钮是凹凸的，原告产品的按钮是平面的。同时证明被告环达公司的产品是在原告专利申请之前生产的。

被告张成辩称：被告张成所销售的产品均有合法来源，其并不知道原告的产品与他人产品之间是否存在专利纠纷问题。根据《中华人民共和国专利法》第六十三条之规定，其不应承担赔偿责任。请求驳回原告的诉讼请求。

被告张成在庭审时提交了以下证据：

1. 送货单（顾客联）复印件 2 张，证明被告张成销售的产品由被告环达公司提交，有合法来源。

2. 送货单（回条）复印件 1 张，证明被告张成销售被告环达公司的产品后，与被告环达公司进行了结算。

经开庭质证，被告环达公司对原告提交的证据的质证意见为：对证据 1、2、4、5、7、8、9 均没有意见，认为证据 3、6 与其无关，对证据 10 的真实性没有异议，但认为许可费用不能作为向其提出赔偿要求的标准，对证据 11 中 7500 元的律师代理费有异议，认为律师费不能作为要求赔偿的依据。

被告张成对原告提交的证据的质证意见为：对证据 1、3、5、8、9 没有异议，认为证据 2、7、11 与其无关，对证据 4、6 的真实性没有异议，但是对证据 6 证明的内容有异议，该发票证明了其是合法的销售者，并且产品有合法来源。对证据 10 的证明内容有异议，该协议签订的日期是 2008 年 10 月 25 日，付款日期是同年 12 月 31 日，原告未提交证据证明该合同是否履行，使用费是否已支付，该协议不能作为要求赔偿的依据。

原告对被告环达公司提交的证据的质证意见为：被告环达公司提交的证据已经超过了举证期限。同时陈述，对被告环达公司提交的产品的真实性没有异议，从照片的内容来看，与原告提交的证据 8 内容不完全一致，上面写的是被告环达公司的产品，上面有四个螺丝孔，在原告提交的证据 8 表面并没有打孔，与被告环达公司本身的产品是不一样的。被告环达公司提出排气孔、安装孔、面板按钮不一致，从照片来看，排气孔与原告产品的排气孔侧面是完全一致的，背面安装挂孔 5 个按钮也是一致的，看不出有什么区别。被告环达公司提出生产日期在原告获得专利之前，首先，经公证购买的涉讼侵权产品实物电路板上的 0808DD：20060318 不表示是纠偏仪的生产日期，其次，即使是表示 2006 年 3 月 18 日这一日期，也是纠偏仪主板里面的电路板的生产日期，并不是侵权产品的生产日期，况且日期也是被告环达公司自己印刷的，是不真实的，原告主张的外观设计是根据总体的外观来主张的，和主板没有关系。

被告张成对被告环达公司提交的证据均没有异议。

原告对被告张成提交的证据的质证意见为：对证据的真实性均没有异议，但对证明的内容有异议，认为体现的是 2008 年 5 月 11 日购买了四台、7 月 11 日购买了两台、9 月 7 日购买了一台，而原告向被告张成购买的两台机器时间分别是在 2008 年 3 月 26 日和 10 月 27 日，因此上述送货单内的产品不包括原告购买的产品，被告张成提交的材料并不完全，还有其他单据没有提交。

被告环达公司对被告张成提交的证据均没有意见。

根据当事人的上述举证与开庭质证意见，本院认证如下：

被告环达公司对原告提交的证据 1、2、4、5、7、8、9 均没有意见，认为证据 3、6 与其无关，被告张成对原告提交的证据 1、3、5、8、9 没有异议，认为证据 2、7、11 与其无关，故本院对证据 1－3、5、7－9 予以确认。被告张成对原告提交的证据 4、6 的真实性没有异议，但是对于证据 6 证明的内容有异议，认为该发票证明了其是合法的销售者，且产品有合法来源。因原告提交的证据 4 是外观设计专利证书及副本，证明的内容为原告拥有本案外观设计专利权，证据 6 系被告张成的销售发票，证明的内容为被告张成销售涉讼侵权产品的事实，被告张成对该事实并不否认，只是认为其有合法来源，故本院对原告提交的证据 4、6 予以确认。被告环达公司和被告张成对原告提交的证据 10、11 的真实性均没有异议，但都认为证据 10、11 不能作为赔偿的依据，本院对证据10、11的真实性予以确认。原告对被告环达公司提交其生产的产品实物和3张原告产品照片等证据没有异议，但对被告环达公司提供的另外4张照片有异议，认为与公证购买的涉讼侵权产品在正面存在有无打孔的差异，电路板上标明的日期不能作为纠偏仪的生产日期，被告张成对被告环达公司提交的上述证据均没有异议，因此，本院仅对被告环达公司提交其生产的产品实物和3张原告产品照片等证据予以确认。原告和被告环达公司对被告张成提交的3张送货单的真实性没有异议，本院对被告张成提交证据的真实性予以确认。

综上，本院认定以下事实：

2006年3月22日，原告向国家知识产权局申请“微电脑纠偏控制仪机壳”外观设计专利，2007年2月21日被授予外观设计专利，专利权人为原告，专利号为ZL200630055373.5。授权公告载明本案专利的彩色图片主视图、后视图、右视图、左视图、俯视图、仰视图、立体图。本案专利的微电脑纠偏控制仪机壳呈长方体（附图一），正面（附图二）为仪器控制面板，采用上面深蓝、下面浅蓝两种颜色水平分开作为背景，八个四方形按钮以上下各四个平均散布在背景上，除“停机”按钮为正红色外，其他七个按钮均为浅蓝色，并在正面分布长方形、圆点、箭头等形状的操作指示灯；在浅蓝色区域内的正下方中间标明“LPC－2微电脑纠偏控制仪”。背面（附图三）一大四小共五个插孔由大到小自左向右水平分布，同样大小的插孔按照使用频率确定先后排序。每个插孔下方均用文字和图示说明，提示操作。侧面（左、右视图，附图四）分上下两排，紧密并整齐地排列垂直方向的排气孔。原告依据本案专利在自己经营的汕头市新兴自控设备厂生产了型号为LPC－2的微电脑纠偏控制仪。

2008年10月27日，原告委托其代理人郑豪申请广东省汕头市汕头公证处对汕头市金平区东成机电经营部销售LPC－2微电脑纠偏控制仪的行为进行公证。该公证处于2008年11月14日对此出具了（2008）汕市证经字第342号公证书（下称第342号公证书），该公证书证明：该公证处公证员钟响、工作人员王健雄和原告委托代理人郑豪于2008年10月27日到汕头市杏花路4号1幢底层挂有“东成机电”招牌的商店，由郑豪以普通购物者身份购买了商品一件，并取得《广东省商品销售统一发票》（发票码：03564313）一张。购物结束后，由王健雄对该商店的周围状况进行拍照，共拍照片2张。王健雄还对所购物品进行了封存、拍照，共拍9张照片，物品封存后留于郑豪处。郑豪的购物全过程由上述公证人员进行了现场监督。

开庭审理中，本院主持各方当事人当庭对第342号公证书公证封存的被控侵权产品——型号为LPC－2的微电脑纠偏控制仪实物进行了勘验，查明在被控侵权产品的电路板边缘印有“0808DD：20060318”等字样。

被告环达公司认可被控侵权产品系其生产（见附页）。

经比对，被控侵权产品除侧面（左、右视图）的安装孔的位置、数量与涉案专利不一样外，无论是外壳的形状，还是控制面板按钮、指示灯以及侧面排气孔的分布，均与本案专利基本相同或相近。

另查，汕头市金平区东成机电经营部的经营场所为汕头市杏花路4号1幢底层第三格，被告张成系该经营部的业主，被告张成分别于2008年5月11日、7月11日、9月7日向被告环达公司购买了共七台微电脑纠偏控制仪并在其经营的汕头市金平区东成机电经营部进行销售，销售单价为615元。

2008年3月26日，原告向被告张成购买LPC－2微电脑纠偏控制仪一台，价格为615元。

原告分别于2007年3月19日、2008年5月12日在《包装印刷商情报》上刊载其微电脑纠偏控制仪广告，推广产品。

2008年10月25日，原告与汕头市德威电热设备有限公司签订了一份微电脑纠偏控制仪机壳的专利实施许可合同，合同约定：原告以普通实施许可的方式将涉案专利许可给汕头市德威电热设备有限公司制造、使用、销售专利产品，使用年费为100000元，期限自2008年10月25日起至2017年2月20日止。该专利实施许可合同没有向国务院专利行政部门备案。

再查，原告在本案中已支付律师代理费7500元、公证费1200元及其他调查取证费用1624.5元。

本院认为：本案系外观设计专利权纠纷，原告所享有的本案专利，诉讼时处于有效的法律状态，依法应予保护。综合当事人的诉辩主张，本案争议的焦点是被告环达公司生产的被控侵权产品是否落入原告涉案专利的保护范围，以及被告张成对其销售被控侵权产品的行为是否应承担侵权责任。

《中华人民共和国专利法实施细则》规定外观设计是指对产品的形状、图案或者其结合以及色彩与形状、图案的结合所作出的富有美感并适用于工业应用的新设计。《中华人民共和国专利法》规定外观设计专利权被授予后，任何单位或个人未经专利权人许可，都不得实施其专利，即不得为生产经营目的制造、销售、进口其外观设计专利产品。外观设计专利权的保护范围以表示在图片或照片中的该外观设计专利产品为准。

要判断侵权产品是否落入涉案专利的保护范围，应当以专利授权时表示在照片中的外观设计专利产品与被控侵权产品进行对比，从一般消费者的角度施以一般的注意力，采取整体观察、隔离对比、重点比较要部、综合判断的方法，看二者是否会造成误认和混淆，以得出是否构成相同或相近似的结论。就本案而言，应以原告的本案专利授权时专利产品的彩色图片，包括主视图、后视图、右视图、左视图、俯视图、仰视图、立体图中的外观设计专利产品与被告环达公司生产的被控侵权产品进行对比。首先，从整体上看，本案专利和被控侵权产品均为LPC－2微电脑纠偏控制仪，对于一般消费者而言，二者的整体形状均呈长方体、大小比例相同。其次，众所周知，消费者购买该控制仪时，侧重点在于控制仪的正面，正面是控制仪最显著、最富于美感、最吸引消费者的外观部分，其余部分不会引起消费者太多的注意。以控制仪的正面为视角，本案专利与被控侵权产品在整体上并无明显差异。另外，本案专利产品正面的控制按钮的分布及按钮与背景颜色的搭配系其最醒目的独到之处，系本案专利的主创部位，此处应作为对比的重点，而被控侵权产品的特点也在于此。同时，对于一般消费者来讲，其不具备专业设计人员的专业知识，在购买并隔离观察时只施加普通的注意力，正面视觉观察的效果是控制按钮的分布均匀、对称，背景和按钮之间颜色的搭配醒目，易于辨识。因而本案专利的设计特征与被控侵权产品相比较，对于一般消费者而言较易产生误认，二者应为相近似的外观设计（见附图一至四）。综上，可以判断被告环达公司生产销售的被控侵权产品已经落入原告本案专利的保护范围。

关于被告环达公司提出“其生产和销售的微电脑纠偏控制仪是目前市场通用的工业产品，不是特定的产品，任何人都可以生产和销售，不存在侵害原告专利权事实”的问题。因本案涉案专利系“微电脑纠偏控制仪机壳”外观设计专利，而非微电脑纠偏控制仪本身，故被告环达公司上述辩称理由不成立，本院不予采纳。至于被告环达公司提出被控侵权产品电路板上的“0808DD：20060318”字样可以证明被控侵权产品是在原告专利申请之前生产的主张，根据一般消费者获取产品生产日期的来源和产品生产者标注产品生产日期的惯例，经组装的产品的生产日期应当标注在产品的机壳、使用说明书或者外包装盒等醒目位置，被控侵权产品在上述位置均没有标注，而且被告环达公司也没有提供在本案专利申请日前就已经生产或销售与涉案专利同样产品的证据，故其上述主张缺乏事实依据，本院不予采纳。

综上，原告的外观设计专利权受法律保护，被告环达公司生产、销售侵权产品的行为已构成对原告专利权的侵犯，应依法承担包括停止侵权、赔偿原告因其侵权行为而遭受经济损失的法律责任。

汕头市金平区东成机电经营部系个体工商户，被告张成系其经营者，依法应当由被告张成对汕头市金平区东成机电经营部销售侵权产品的行为承担法律责任。依据《中华人民共和国专利法》第六十三条第二款之规定，为生产经营目的使用或者销售不知道是未经专利权人许可而制造并售出的专利产品或者依照专利方法直接获得的产品，能证明其产品合法来源的，不承担赔偿责任。本案中依据第342号公证书公证的事实和公证封存的侵权实物、被告张成提交的在与被告环达公司进行交易过程中形成的送货单等可知，被告张成销售被控侵权产品来源于被告环达公司。因此，被告张成虽然实施了销售被控侵权产品的行为，但因其能够证明其产品有合法来源，故依法只承担停止销售被控侵权产品的法律责任，而不承担侵权赔偿责任。原告关于被告张成应当赔偿原告经济损失20000元并与被告环达公司共同赔偿原告调查费用10325元的诉讼请求，缺乏法律依据，本院不予支持。

关于本案被告环达公司赔偿额的确定，鉴于原告无充分证据表明原告因被侵权而造成的损失以及两被告所获利益，尽管原告提交了专利实施许可合同，但没有提交该合同已实际履行、使用费已支付的相关证据，故该合同约定的100000元使用年费不能作为赔偿数额确定的直接依据。本院根据本案专利的类别及其保护期限、被告环达公司侵权的性质和情节、被控侵权产品的市场销售价、原告为本诉讼所支付的合理费用等因素综合确定侵权赔偿额为80000元。

综上，依照《中华人民共和国专利法》第十一条第二款、第五十六条第二款、第六十三条第二款，《中华人民共和国民法通则》第一百一十八条，《最高人民法院关于审理专利纠纷案件适用法律问题的若干规定》第二十一条、第二十二条之规定，判决如下：

一、被告无锡市环达电控仪表有限公司和被告张成立即停止侵犯原告李云峰所有的名称为“微电脑纠偏控制仪机壳”、专利号为ZL200630055373.5的外观设计专利行为，并销毁侵权产品。

二、被告无锡市环达电控仪表有限公司应于本判决发生法律效力之日起十日内向原告李云峰支付赔偿金80000元。

三、驳回原告李云峰的其他诉讼请求。

如果未按本判决指定的期间履行给付金钱义务，应当依照《中华人民共和国民事诉讼法》第二百二十九条之规定，加倍支付迟延履行期间的债务利息。

案件受理费4754.88元，由原告李云峰负担754.88元，由被告无锡市环达电控仪表有限公司负担4000元。

如不服本判决，可在本判决书送达之日起十五日内，向本院递交上诉状正本及副本一式四份，上诉于广东省高级人民法院。

审 判 长 游建英
审 判 员 孔志勇
审 判 员 郭建龙
二〇〇九年六月九日
书 记 员 洪 虹

专利产品　　　　被告产品

立体图

附图一

正面图

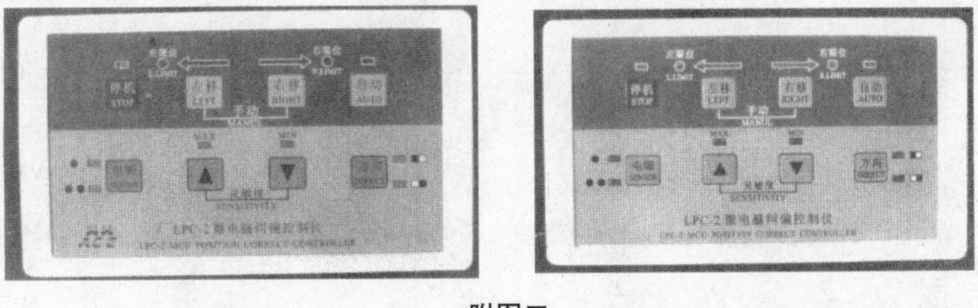

附图二

背面图

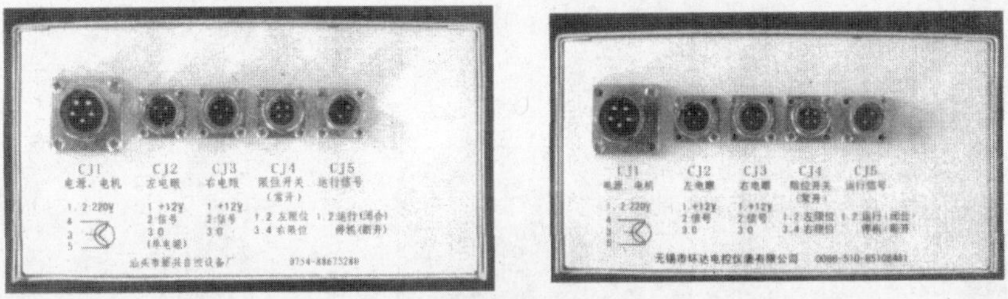

附图三

左侧图

附图四

【评析】

这份一审民事判决书制作格式规范、结构完整、层次分明，通篇该繁则繁、该简则简，详略得当。尤其在判决书的事实认定部分，制作者浓墨重彩、客观真实地再现了庭审的全过程。它围绕当事人争议所涉及的证据，充分运用证据规则理论、法律逻辑，逐一进行了分析认证，并通过认定证据阐明了法院所认定的案件事实。而且，面对案件当事人提供的繁杂证据，能够做到叙述条理分明、层次清楚，说理力度大。对有争议的证据，逐一明确是否采信，并对各方证据的说明力作出了回答。这充分体现了判决书制作者深厚的法学理论功底和缜密的逻辑思维，也是本判决书最大的亮点。另外，在判决书的裁判理由部分，制作者则紧紧围绕争议焦点所适用的法律规定内容，并对该规定加以必要的法律分析，进而依据法律规定及其分析，明确当事人的是非过错及其民事责任。同时，该部分还对原告的全部诉讼请求采信与否作出了有理有据的评判，明确了有理是什么，无理是什么，很有针对性、法律性和逻辑性，该判决书被评为2010年全省法院优秀裁判文书，值得广大法官学习。

●南京中山地产经营开发公司等与汕头市达濠区土地开发公司等土地使用权出让合同纠纷一案民事判决书

广东省汕头市中级人民法院

民事判决书

（2008）汕中法民一初字第1号

原告：南京中山房地产经营开发公司，住所地：南京市栖霞区尧建新村100号。

法定代表人：高崇富，经理。

原告：汕头市金陵房地产开发公司清算组，住所地同上。

法定代表人：高崇富，经理。

上列二原告的委托代理人：武乃才，南京中山房地产经营开发公司部门经理。

上列二原告的委托代理人：陈宝宏，南京欣达律师事务所律师。

被告：汕头市达濠土地开发公司，住所地：汕头市濠江区茂南路段南侧濠联大厦1-2楼。

法定代表人：朱重炎，经理。

委托代理人：朱少波，汕头市濠江区法律援助处律师。

第三人：中国建筑第八工程局第三建筑公司，住所地：南京市尧化门。

法定代表人：李国，总经理。

第三人：汕头市大丰房产开发有限公司，住所地：汕头市中山中路2号3楼。

法定代表人：吴允强，经理。

原告南京中山房地产经营开发公司（以下简称南京公司）、汕头市金陵房地产公司清算组（以下简称金陵清算组）诉被告汕头市达濠区达濠公司（以下简称达濠公司）及第三人中国建筑第八工程局第三建筑公司（以下简称八局三公司）、汕头市大丰房产开发有限公司（以下简称大丰公司）土地使用权出让合同纠纷一案，本院于2007年12月27日立案受理后，依法组成合议庭于2008年1月15日公开开庭进行了审理。2008年3月19日，本院依法通知八局三公司和大丰公司作为本案的第三人参加诉讼并于2008年6月10日再次公开开庭进行审理。原告南京公司，金陵清算组的委托代理人陈宝宏、武乃才，被告达濠公司的法定代表人朱重炎及其委托代理人朱少波到庭参加诉讼，第三人八局三公司和大丰公司经本院合法传唤，没有正当理由拒不到庭参加诉讼。本案现已审理终结。

原告南京公司、金陵清算组起诉认为，南京公司与达濠公司于1992年签订《土地使用权出让协议书》，约定由达濠公司出让土地100亩的使用权给南京公司，由南京公司引进项目投资兴建工业区。同年11月5日，南京公司支付500万元给达濠公司，达濠公司以预收土地款名义开具了收据。为便于土地开发和经营，1992年11月，南京公司设立了汕头市金陵房地产公司（以下简称金陵公司），金陵公司于1993年4月28日、5月27日分别付款给达濠公司400万元、80万元，达濠公司也分别出具了两张预售出让金共480万元的收据。1994年6月26日，金陵公司与达濠公司签订《土地使用权出让协议书》一份，约定达濠公司出让的土地为56亩，南京公司与金陵公司支付的980万元转为该协议的土地款，协议还约定了达濠公司办理土地红线图、土地证及土地三通一平的条件和时间，金陵公司支付剩余土地款的时间和金额。协议签订后，达濠公司一直未履行协议。2004年9月17日，达濠公司按照区政府规划对金陵公司的用地进行了变更，按照金陵公司实际支付土地款的情况改变了用地位置。在此过程中，双方曾多次函件往来，金陵公司要求给付土地或返还土地款，但均未解决问题。2000年，金陵公司歇业，南京公司作为组建主管单位成立金陵清算组，金陵公司的债权债务均由南京公司承担。另查，2006年11月，汕头市濠江区人民政府致函汕头市中级人民法院执行局，以汕濠府函（2006）105号文的形式确认达濠公司出让土地给金陵公司的土地有效，但又错误地认为该宗土地使用权属大丰公司。二原告认为，金陵公司与达濠公司所签订的《土地使用权出让协议书》应为有效合同，达濠公司一直没有履行该协议将土地交付给金陵公司。为保护原告的合法权益，特请求人民法院判决：1. 确认《土地使用权出让协议书》有效，达濠公司履行交付36.3亩土地义务。2. 达濠公司承担违约责任，向原告赔偿损失58.8万元；3. 达濠公司承担本案诉讼费用。

原告南京公司、金陵清算组提供下列证据：

1. 达濠公司与南京公司和金陵公司的《土地使用权出让协议书》各1份；

2. 八局三公司与大丰公司土地使用权转让《协议书》1份，该份协议书大丰公司没有签章；

3. 达濠公司收取转让款980万元的收款收据3张；

4. 达濠公司给金陵公司同意办理土地转让手续的《承诺书》1份；

5. 南京公司、金陵公司致达濠公司、濠江区政府、濠江区建设局有关函件及邮件收据8份；

6. 濠江区建设局复函1份；

7. 达濠公司给八局三公司调整用地位置《通知书》1份；

8. 南京公司致汕头市中级人民法院、汕头市物业拍卖行函件3份；

9. 大丰公司因未能及时办妥解封一事致八局三公司、金陵公司函件1份；

10. 南京公司关于成立金陵公司文件1份；

11. 金陵公司设立及注销的资料。

被告达濠公司答辩认为，二原告在诉状中遗漏了《土地使用权出让协议书》后，金陵公司并没有按约付款。同时，二原告回避了一个重要事实：即1997年4月26日八局三公司对属下的金陵公司与达濠公司所签订土地出让协议书项下的权利义务，已委托达濠公司将其全部转让给大丰公司。由于金陵公司、八局三公司与大丰公司之间存在债权债务关系（详情不清），为了理顺各方的债权债务关系，1997年4月26日八局三公司总经理姜兴国亲笔签字委托（传真件）达濠公司将金陵公司在土地出让协议书中全部权利义务转让给大丰公司。1997 年 5 月 15 日，达濠公司致函八局三公司同意其要求，并由达濠公司与大丰公司转签《土地使用权出让协议书》。在此过程中，为理顺账务关系，1997 年 5 月 13 日八局三公司开具收据代金陵公司收回土地出让金 980 万元；同日，达濠公司开出收据确认收大丰公司 980 万元的土地出让金。因此，本案争议的 36.3 亩土地使用权应确认为大丰公司所有。汕头市中级人民法院（1997）汕中法立解字第 4 号裁定书和 1998 年 7 月 6 日的通知书也确认了这一事实。虽然大丰公司曾于 1999 年 4 月 7 日致函达濠公司要求解除与达濠公司于 1997 年签订的土地转让协议，但由于达濠公司对汕头市中级法院《通知书》的疏忽，于 1999 年 4 月 8 日给金陵公司以《承诺书》并于隔日复函向大丰公司表示同意。为此，达濠公司及法定代表人受到了汕头市中级人民法院罚款 3 万元和拘留 15 天的处罚。2000 年 3 月 8 日，达濠公司向金陵公司和大丰公司声明：确认八局三公司于 1997 年 4 月 26 日发给达濠公司的委托书，由达濠公司与大丰公司签订土地协议，土地使用权归大丰公司所有；1999 年 4 月 7 日大丰公司发给达濠公司的函无效；废止达濠公司 1999 年 4 月 9 日回大丰公司函；金陵公司与大丰公司之间的债务与达濠公司无关。2004 年 9 月 17 日达濠公司致函八局三公司《关于调整工业用地位置的通知》，系此期间达濠公司的业务人员不清楚 1994 年 6 月 16 日签订的《土地使用权出让协议书》的权利义务已全部转让给大丰公司的情况下造成的。而濠江区政府汕濠府函（2006）105 号文并没有确认达濠公司“出让土地给金陵公司的土地有效”的问题，相反，该函件已明确“1997 年 4 月，八局三公司将协议项下关于三联工业区 04 号地的权利义务全部转让给大丰公司，原已支付的 980 万元地价款由大丰公司返还八局三公司……八局三公司涉及三联工业区 04 号地块的债权债务全部转移至大丰公司”。该函件所确认的是该宗土地使用权属归大丰公司所有。二原告提出汕濠府函（2006）105 号文确认达濠公司出让给金陵公司的土地有效，与事实不符。根据《合同法》第八十八条的规定，金陵公司与达濠公司签订的《土地使用权出让协议书》中的权利义务全部转让给大丰公司是合法有效的，本案争议的 36.3 亩土地使用权应为大丰公司所有。二原告的起诉请求缺乏事实和法律依据，请求人民法院驳回二原告的诉讼请求。

被告达濠公司提供下列证据：

1. 向八局三公司汕头分公司和金陵公司分别出具的收款 500 万元和 400 万元的《收款收据》、《进账单》复印件 4 份；

2. 达濠公司与金陵公司的《土地使用权出让协议书》复印件 1 份；

3. 八局三公司委托达濠公司将其与金陵公司《土地使用权出让协议书》的权利义务全部转让给大丰公司的传真件复印件 1 份；

4. 达濠公司同意将与金陵公司《土地使用权出让协议书》的权利义务全部转让给大丰公司致八局三公司的函复印件 1 份；

5. 达濠公司与大丰公司的《土地使用权出让协议书》复印件 1 份；

6. 八局三公司代金陵公司收回土地款 980 万元的《收据》和达濠公司收大丰公司土地款 980 万元的《收款收据》复印件各 1 份；

7. 汕头市中级人民法院通知达濠公司协助执行“不准大丰公司转让、抵押”本案争议土地的《通知书》和《裁定书》复印件；

8. 大丰公司向达濠公司要求解除《土地使用权出让协议书》及达濠公司表示同意的函件复印件各 1 份；

9. 汕头市中级人民法院对达濠公司及该公司的法定代表人进行罚款及拘留的《罚款决定书》、《罚款收据》和《拘留决定书》；

10. 达濠公司给八局三公司、金陵公司的函件复印件 1 份；

11. 大丰公司给八局三公司函件复印件 1 份；

12. 汕头市濠江区给汕头市中级人民法院《关于收回大丰公司……部分协议出让用地的函》复印件 1 份。

13. 高崇富为八局三公司副经理、刘昆仑为南京公司总经理、武乃才为八局三公司投资管理部经理的名片等 7 张。

第三人八局三公司答辩认为：一、八局三公司不应被列为本案的第三人，八局三公司既不是本案所涉合同的当事人，也不是该合同所涉的权利人或义务人，二原告对八局三公司无任何诉求，因此，无论法院如何裁判，均不应涉及八局三公司或要求承担任何责任。二、达濠公司的答辩状所述不属实。（1）八局三公司并没有权利委托达濠公司将金陵公司的《土地使用权出让协议书》中的权利义务转让给他人。八局三公司与南京公司、金陵公司均为独立的法人单位，在 90 年代互有债权债务关系（后已解决）。当时正是达濠公司主动提出转让金陵公司的土地使用权来解决三角债关系，八局三公司同意达濠公司的意见，与大丰公司接触、商谈，但此事并未成立，故八局三公司未告知南京公司和金陵公司。达濠公司理应知道八局三公司是无权将南京公司、金陵公司的权利义务转让给他人的。（2）1997 年 4 月 26 日传真件的真实情况。①该传真件中，八局三公司明确告知达濠公司，准备将南京公司、金陵公司《协议书》项下的权利义务转让给大丰公司，而不是已经获得南京公司、金陵公司授权来办理土地使用权的转让行为。②八局三公司要求与达濠公司之间对如何进行土地使用权转让事宜签订协议（见传真件第三条），后因此事并未成立，故达濠公司与八局三公司之间也未签订具体的协议。③八局三公司的传真件发出后不久，派人将收据和“协议书”（八局三公司起草，与大丰公司之间关于土地使用权转让的“协议书”，八局三公司已加盖公章，大丰公司未盖章）交给了达濠公司，由达濠公司负责与大丰公司确认，并由达濠公司将土地转让费 980 万元支付给八局三公司，但达濠公司未将“协议书”交由大丰公司盖章，也没有履行给予 980 万元的义务，八局三公司传真发出后，达濠公司未给予回复，八局三公司对达濠公司的其他行为并不知晓，也不应承担责任。④传真发出后，金陵公司曾向八局三公司询问此事，八局三公司告知此事未成立，具体事宜应询问达濠公司，达濠公司亦告知金陵公司土地使用权转让一事并不成立。同时，达濠公司于 1999 年 4 月 8 日向金陵公司出具“承诺书”，承诺双方之间的土地转让《协议书》等均受法律保护。由此可见，八局三公司向大丰公司转让土地使用权一事是不存在的，也是不成立的。⑤达濠公司没有法律意识，1992 年 11 月 5 日，八局三公司所属的汕头公司曾向达濠公司汇款 500 万元代南京公司支付土地出让金，该款属南京公司所有，达濠公司对此也认可，并开具收据。八局三公司对该款从未提出过任何异议，至今也是认可的，但达濠公司却认为八局三公司有权支配其出让给金陵清算组的土地，正是达濠公司的错误认识，才导致其不与二原告协商，也不征得二原告的同意，擅自与大丰公司办理土地使用权出让的后果。(3) 达濠公司与大丰公司之间的土地转让行为不合法，也非善意。①达濠公司将金陵公司名下的土地转让给大丰公司，其行为性质是土地转让而不是土地出让行为。根据《城镇国有土地使用权出让和转让暂行条例》第十九条规定，只有土地使用者才有权将土地使用权再转移。因此，达濠公司将金陵公司的土地使用权转给大丰公司，其行为违反法律规定，八局三公司对达濠公司土地开发公司的行为不承担任何责任。②大丰公司未与金陵公司之间签订土地使用权转让协议，也未在与八局三公司之间的协议书上签章，且明知该协议书是附条件生效的协议，在协议未生效的情况下，对金陵公司名下的土地使用权作出处分，并与达濠公司之间签订《土地使用权出让协议书》，其行为是非善意行为，也不合法。八局三公司对大丰公司的行为不承担任何责任。③达濠公司与大丰公司签订《土地使用权出让协议书》的行为损害了金陵公司和八局三公司的利益，事后两者都对自己的行为作出撤销的意思表示。当金陵公司获知两者的行为后，曾表示强烈的反对。达濠公司特致函金陵公司承诺其与该公司之间的合同受法律保护，慰抚、支持金陵公司。大丰公司受到金陵公司的责询后，也向八局三公司、金陵公司、达濠公司分别致函表达了歉意和要求达濠公司确认金陵公司的土地权益。由此可见，无论是达濠公司还是大丰公司，都对自己的错误行为作出了撤销的意思表示。八局三公司对此并没有过错和责任。三、金陵清算组诉达濠公司要求确认《土地使用权出让协议书》有效，并履行给付土地义务。人民法院审理的是该协议书是否合法有效，有无变更或撤销，八局三公司不是上述协议书的当事人，也无权变更或撤销上述协议书。因此，上述协议是否合法，是否变更、撤销均与八局三公司无涉。恳请人民法院依法裁判。

八局三公司未提供证据。

大丰公司未作答辩。

经开庭质证，原、被告双方对对方所提交的证据的真实性没有异议。

达濠公司对南京公司和金陵清算组提交上述证据 4 认为，该《承诺书》所指的土地经汕头市中级法院查封后，已失去效力；对证据 5 认为，达濠公司与金陵清算组土地转让协议中金陵清算组的全部权利义务已转让给大丰公司，南京公司和金陵清算组应向大丰公司主张权利。

南京公司和金陵清算组对达濠公司提供的上述证据 3、4 认为，八局三公司无权代表金陵公司，八局三公司的传真件及达濠公司给八局三公司的复函并不对金陵公司产生约束力；对证据 12 认为，濠江区政府没有权力确认金陵公司名下的土地已转移给大丰公司；对证据 13 认为，有关人员在八局三公司、南京公司和金陵公司之间交叉任职，属人员的正常流动，与本案无关。

根据双方所提供的证据及质证意见，本案审理查明，南京公司与达濠公司于 1992 年 9 月 28 日签订《土地使用权出让协议书》，约定由达濠公司向南京公司出让 100 亩土地使用权。同年 11 月 5 日，八局三公司汕头分公司向达濠公司汇款 500 万元，同日，达濠公司向南京公司出具预收土地款 500 万元的收据。同年 11 月，南京公司在汕头市设立了金陵公司。1993 年 4 月 28 日、5 月 27 日金陵公司分别向达濠公司支付 400 万元和 80 万元，达濠公司向其出具预收出让金的收据。1994 年 6 月 26 日，金陵公司与达濠公司签订《土地使用权出让协议书》，约定达濠公司出让的土地为 56 亩，综合价 27 万元/亩，合同总额为1512万元，南京公司与金陵公司原支付的980万元转为该协议的土地款，余款532万元由金陵公司于1995年6月30日前分三期付清，此外，协议还约定了达濠公司办理土地红线图、土地证及土地三通一平的条件和时间，金陵公司支付剩余土地款的时间和金额等。

1997年4月26日，八局三公司向达濠公司发出传真提出："我司与贵司转让56亩土地协议书签订后，我司依约分别于1993年、1994年支付了980万元土地出让定金。鉴于我司下属金陵公司已停业，实际运作有困难，现特致函贵司，收到此函后3日内请就下列事项书面答复我司：1. 我司拟将协议书项下的权利义务全部转让给大丰公司，我司业已支付的980万元土地转让金，由大丰公司返还我司，利息损失由我司自行承担。2. 我司于1996年向贵司出具的关于项下的土地再出让的委托书，应于贵司与大丰公司达成新的土地出让法律关系后5日内返还我司。3. 贵司与大丰公司及我司之间的协议关系分别拟订，主要包括贵司与大丰公司的土地出让协议，我司与大丰公司债还款协议等。该传真件由姜兴国签名注明传真件有效。"达濠公司收到该传真件后于1997年5月15日复函八局三公司称："贵司传真件收悉。我司同意贵司提出的事项，具体情况由大丰公司同我司协调理楚。"

八局三公司在向达濠公司发出传真件的同日，制作了一份与大丰公司的协议书，内容为：甲方（八局三公司）同意将所属金陵公司于1993年购置的三联工业区50亩土地转让给乙方（大丰公司）开发，甲方已支付达濠公司地价款980万元抵作乙方开发该地的地价款，该项由乙方用现汇方式按约定时间直接付给甲方，第一期于1997年6月15日前支付200万元；第二期于1997年9月15日前支付260万元；第三期于1997年12月15日前支付260万元；第四期于1998年12月15日前支付260万元。本协议依第一期付款汇到甲方账号后生效等。该协议书已由八局三公司签名盖章，大丰公司未签名盖章。

1997年5月13日，八局三公司汕头公司向达濠公司出具收到土地转让费（代金陵公司收款）980万元的《收据》。该收据注明收款单位为中建八局三公司及开户银行、账号等内容。同日，达濠公司又向大丰公司出具收到土地转让金980万元的《收款收据》。随后，达濠公司与大丰公司于同月19日签订了一份与金陵公司相同的土地出让协议书。

1998年7月6日，本院作出（1997）汕中法立解字第4号民事裁定书，认定在申请人广东粤海汕头建设开发公司与被申请人汕头经特区威山厂房开发有限公司土地使用权转让合同纠纷一案中，因大丰公司自愿提供其所有的位于汕头市达濠区三联工业区范围内的土地24200平方米（折36.3亩）作为解除原被本院（2007）汕中法立保字第4号裁定查封的、位于汕头市21街区"威山花园"A、B幢房产的担保物。遂裁定：解除对被申请人威山公司位于汕头市21街区"威山花园"A、B幢房产的查封。1998年7月7日，该裁定书及不准大丰公司将上述土地转让、抵押的协助执行通知书一并送达达濠公司。

1999年4月7日，大丰公司发函达濠公司提出，"鉴于八局三公司属下单位与我司的债权债务关系已协商解决，我司提出解除我司与贵司于1997年签订的土地转让协议并废止相关的一切手续。请贵司把该地块确认给金陵公司"。同月8日，达濠公司向金陵公司出具一份承诺书，表示“我公司与贵公司的一切文书均受法律保护，……我公司将为贵司合作项目提供一切有利条件和优惠政策，并按贵司要求办理土地转让手续”。同月9日，达濠公司复函大丰公司，“我司同意贵司提出的解除土地转让协议的意见，原签订的土地转让协议和相关一切手续废止”。

1999年11月18日，广东粤海汕头建设开发公司向本院申请对（1997）汕中法民初字第27号民事判决的执行，请求执行汕特威山公司859.75万元和相关的诉讼费用等。2000年3月8日，达濠公司向金陵公司和大丰公司发函提出，“受双方公司委托（注：八局三公司和大丰公司），我司于1997年5月19日废止同金陵公司的土地协议，同大丰公司签订了土地协议。1999年4月7日，我司接到大丰公司函提出解除与我司的土地协议，并将该土地协议书转还给金陵公司，我司表示同意。但是在1997年4月26日至1999年4月7日期间，也就是大丰公司拥有该土地期间，我司忽略了市中级法院对大丰公司有关资产进行查封的通知，轻信大丰公司来函中没有债权债务的事实。鉴于上述情况和协助市中级法院执行办案，我司向你们两公司声明：确认八局三公司于1997年4月26日发给我司的委托书（传真件），土地协议由我司同大丰公司签订，土地使用权由大丰公司所有；1999年4月7日大丰公司致我司的函无效，同时废止我司1999年4月9日回大丰公司函，金陵公司与大丰公司之间的债权债务与我司无关”。2000年3月14日，金陵公司收到该函件。鉴于达濠公司协助大丰公司转移被本院限制转移的土地，本院于2000年3月3日对达濠公司及其法定代表人作出罚款3万元和拘留15日的决定。

2000年3月15日，大丰公司给八局三公司发函称：“关于汕头中院执行庭强行责令达濠公司将贵司在三联工业区内的36.3亩土地转名为我司所有并加以查封的问题，我司认为是错误的。由于此事给贵司造成的麻烦我司深表歉意。我司正积极协同达濠公司向市中级法院和广东高院提出异议，尽早解决此事。如果法院强制执行，我司也将购回该土地归还贵司，以免造成贵司的损失。”

2000年3月9日，本院作出（1999）汕中法执字第313号民事裁定书，裁定拍卖大丰公司为威山公司提供担保的三联工业区内36.3亩土地。2000年3月17日和2001年11月2日，金陵公司向本院就三联工业区内36.3亩土地的查封和拍卖提出异议，请求解除对36.3亩土地的查封并予以归还等。

2004年9月17日，达濠公司给八局三公司发出了《关于调整工业用地位置的通知》，提出“贵司于1994年6月同我司签订土地出让协议，于三联工业区04号地，现因濠江区政府对达濠三联工业区用地总体布局进行调整，贵司04号用地在调整范围内”。

2006年11月28日，濠江区政府向本院发出汕濠府函［2006］105号《关于收回大丰公司位于三联工业区部分协议出让用地的函》称：“1994年，我区所属的达濠公司与金陵公司签订土地出让协议，……三联工业区04号地块（56亩）从1994年签订出让协议至今一直闲置，且一直没有办理任何产权登记手续。为盘活土地资源，解决历史遗留问题，区政府决定收回三联工业区04号地块其余的19.7亩土地安排给有关工业项目作为生产建设用地，对贵院于1998年要求我区土地开发公司协助不准转让、抵押的36.3亩土地的坐标明确如下：……”

2007年1月23日，本院对三联工业区内36.3亩土地再次委托评估和拍卖。2007年6月14日，南京公司又向本院提出执行异议。2007年7月26日，本院对南京公司的异议举行执行听证会并中止案件的执行。在听证会中，南京公司表示："八局三公司是南京公司的投资人。"2007年11月19日南京公司、金陵清算组以达濠公司为被告提起本案诉讼。

另查，1992年7月25日，八局三公司向汕头市政府出具一份《关于中建八局三公司在汕头市开办房地产经营开发公司的报告》，提出该公司拟在汕头市设立独立核算、自负盈亏，具有法人地位的金陵公司。1992年8月，八局三公司在南京市工商局注册成立南京公司，其注册资金792万元由八局三公司全资注入，金陵公司为南京公司的分支机构。1992年9月5日，汕头市建委批复南京公司同意该公司在汕设立分公司，同年11月3日，汕头市建委同意南京公司在汕分公司的名称为汕头市金陵房地产公司并在工商机关登记。金陵公司因不按期申报年度检验，于1999年1月6日被汕头市工商局吊销营业执照。

本院认为，达濠公司与南京公司、金陵公司所签订的《土地使用权出让协议书》是双方在平等的基础上自愿协商达成的，是双方真实的意思表示。2006年11月26日濠江区人民政府给本院《……收回部分出让土地的函》，对达濠公司与金陵公司土地出让合同的成立及事后的变更等也进行了追认。由于原告南京公司和金陵清算组的诉讼请求仅限于实际支付土地款后所确定的土地面积和位置，故原协议超出36.3亩土地面积部分，本案不作调整。本案争议的焦点是：（一）八局三公司与南京公司和金陵公司的关系；（二）八局三公司于1997年4月6日委托达濠公司将金陵公司的全部合同权利义务转移给大丰公司是否已完成；（三）达濠公司在合同变更后再向八局三公司所作出的承诺是否有效。

（一）关于八局三公司与南京公司和金陵公司的关系问题。达濠公司与金陵公司1994年6月16日签订的《土地使用权出让协议书》，基于如下事实：（1）该协议是在南京公司与达濠公司于1992年9月28日签订的《土地使用权出让协议书》基础上变更而来的，在达濠公司与南京公司的协议签订后，第一笔出让金500万元由八局三公司汕头分公司向达濠公司支付。（2）金陵公司的成立，首先是由八局三公司向汕头市人民政府出具报告，提出该公司由其开办。该报告经汕头市人民政府有关部门同意后，八局三公司又全额注资设立了南京公司并将金陵公司作为其分支机构，金陵公司的注册资金522万元源于南京公司的全额投入。（3）南京公司现任法定代表人高崇富，在协议签订时，曾以八局三公司副经理的身份出现。金陵公司的法定代表人刘昆仑，在达濠公司与南京公司的土地出让协议中又代表南京公司签名，而刘昆仑名片上南京公司的地址就设置在南京尧化门八局三公司内。上述事实表明，八局三公司既是南京公司的开办单位也是金陵公司的主管单位，三家公司虽然在工商登记上是各自独立的企业法人，但在与达濠公司的土地出让交易中，三家公司之间财务往来相互替代，人员交叉任职，其实质是法人混同，八局三公司是金陵公司与达濠公司土地出让协议的实际权利义务人，八局三公司有能够代表金陵公司处分其民事的权利。

（二）关于八局三公司1997年4月6日委托达濠公司将金陵公司的全部合同权利义务转移给大丰公司是否已完成的问题。八局三公司作为南京公司的开办单位和金陵公司的上级主管单位，在其下属金陵公司已停业，实际运作确有困难的情况下，于1997年4月6日给达濠公司发出传真件委托达濠公司对金陵公司的合同权利进行转让，所委托的事项和内容明确清楚。八局三公司随着传真件的发出及对与大丰公司转让协议的确认，又于1997年5月13日向达濠公司出具了“代金陵公司收款980万元”的收据。达濠公司向金陵公司退回土地出让金得到八局三公司的确认后，根据八局三公司委托事项的要求，向大丰公司出具收到同等数额的收据，并于1997年5月19日完成了与大丰公司土地出让协议的签订。上述两份收据的对冲和达濠公司与大丰公司协议书的签订，表明达濠公司已完成了八局三公司的全部委托事项。因此，应认定达濠公司与金陵公司的协议已经解除并在达濠公司与大丰公司之间形成了新的合同关系。八局三公司提出无权将金陵公司的协议进行转让，对达濠公司的行为并不知情，达濠公司转让金陵公司的合同权利并非善意等抗辩理由，与事实不符，不予采纳。达濠公司提出金陵公司的合同权利已由八局三公司转让给大丰公司的抗辩理由，应予支持。

（三）关于达濠公司在合同变更后再向八局三公司所作出的承诺是否有效的问题。大丰公司取得金陵公司的合同权利后，遂以土地受让人的身份于1998年6月向本院申请将该片土地作为担保，解除因另案被本院查封的房产。大丰公司的申请经本院裁定准许，其担保行为已得到本院的确认。大丰公司以其受让的合同权利进行担保后，又于1999年4月7日通知达濠公司解除双方之间的土地出让协议。大丰公司的行为是明显的欺诈行为，当属无效。而达濠公司在本院的裁定书和协助执行通知书下达后，仍向金陵公司发出了《承诺书》，承诺原与金陵公司的协议有效并继续履行。达濠公司的行为是一种严重妨害民事诉讼的违法行为，所承诺的内容并不发生法律效力。达濠公司发现其错误后，于2000年3月8日向八局三公司、金陵公司和大丰公司发函解除承诺，应予认定。而大丰公司在达濠公司妨害民事诉讼的行为受到本院制裁之后，于2000年3月15日给八局三公司发函，表示用于抵押的土地，如“……法院强制执行，我司也将购回该土地归还贵司，以免造成贵司的损失”，印证了大丰公司从八局三公司处受让了金陵公司的全部合同权利义务事实，同时也表达了愿意承担归还八局三公司土地的责任，对此，本院予以采信。南京公司和金陵清算组回避了八局三公司已经完成土地转让的事实，提出达濠公司应继续履行交付土地义务等，本院不予支持。

综上所述，金陵公司在与达濠公司签订的土地使用权出让协议中所享有的合同权利，已由八局三公司全部转移给大丰公司，南京公司、金陵清算组以与八局三公司之间是相互独立的民事主体，八局三公司无权处分金陵公司的权利，主张达濠公司应向其承担履行交付36.3亩土地的义务，缺乏事实和法律依据，其诉讼请求应予驳回。南京公司、金陵清算组如果认为权利被侵害，可向八局三公司主张权利，至于八局三公司与大丰公司之间的经济纠葛，可依法另案处理。依据《中华人民共和国合同法》第七十七条、第八十八条和《最高人民法院关于审理涉及国有土地使用权合同纠纷案件适用法律问题的解释》第九条的规定，判决如下：

驳回原告南京中山房地产经营开发公司、汕头市金陵房地产开发公司清算组的诉讼请求。

本案一审受理费84128元，由原告南京中山房地产经营开发公司和汕头市金陵房地产开发公司清算组负担。

如不服本判决，可在判决书送达之日起十五日内向本院递交上诉状一式十份，上诉于广东省高级人民法院。

审　判　长　肖少峰
审　判　员　曾佩杏
审　判　员　张丹华
二〇〇八年九月二十日
书　记　员　陈丽娜

【评析】

本案判决书主要有以下三个特点：一是复杂案情清晰化。本案共有5个涉及的企业，企业间互有来往，在诉讼过程中，有关企业在证据上、事实认定上极力避重就轻，给本来就错综复杂、时间跨度大的案情调查、厘清带来了更大的难度。该判决书在事实认定上以时间脉络为主线，分段阐明，使复杂案情得以清晰化、条理化，透明度高，便于直观了解。二是争议问题焦点化。案件当事人在经济往来的关系上、债务债权的处理上、合同签订的理解上均有不同看法，争议问题较多。该判决书能抓住根本，切中要害，高度归纳三个争议焦点，通过分析争议焦点，认定事实，适用法律。三是结构行文精细化。该判决书制作规范，结构严谨，布局合理，文字言简意赅，行文流畅，能充分展现缜密的心证过程、科学的逻辑推理、透彻的阐述分析，是一份制作质量较高的优秀裁判文书。

●佛山市顺德区杏坛镇乐欣塑料五金包装厂与汕头保税区宝田电子有限公司等票据支付请求权纠纷一案民事判决书

广东省汕头市中级人民法院

民事判决书

（2008）汕中法民二终字第51号

上诉人（原审原告）：佛山市顺德区杏坛镇乐欣塑料五金包装厂，住所地：佛山市顺德区杏坛镇马齐工业区7号。

负责人：刘妙心，厂长。

委托代理人：张李平，广东国强鸿业律师事务所律师。

被上诉人（原审被告）：汕头保税区宝田电子有限公司，住所地：汕头保税区内厂房第一幢及第二幢之一至三楼。

法定代表人：肖文龙，总经理。

委托代理人：蔡锡喜，广东潮星律师事务所律师。

原审第三人：佛山市顺德区优迪电器有限公司，住所地：佛山市顺德区杏坛镇齐杏居委会杏坛工业区桑麻片区三路20号。

法定代表人：李远洪。

委托代理人：林恩，该公司职员。

上诉人佛山市顺德区杏坛镇乐欣塑料五金包装厂（以下简称乐欣包装厂）因票据付款请求权纠纷一案，不服汕头市龙湖区人民法院（2007）龙民三初字第133号民事判决，向本院提起上诉。本院于2008年8月21日受理后，依法组成合议庭，于2008年9月24日公开开庭进行了审理。上诉人乐欣包装厂的委托代理人张李平，被上诉人汕头保税区宝田电子有限公司（以下简称宝田公司）的委托代理人蔡锡喜，原审第三人佛山市顺德区优迪电器有限公司（以下简称优迪公司）的委托代理人林恩到庭参加诉讼。本案现已审理终结。

原审法院审理查明，2006年6月6日，宝田公司与优迪公司签订一份《“优迪”牌电器销售合作合同》，约定优迪公司指定宝田公司为其在粤东、福建省、江西省、浙江省、东北三省的经销商，为优迪公司销售“优迪”牌电器产品，优迪公司提供一批货给宝田公司铺市场，用铝胆的每个型号200台，电脑型钢胆5L、6L的各100台，共1200台，宝田公司应在2006年6月6日至2007年6月6日完成的销售额为2000万元。双方约定订货与付款方式为：在优迪公司提供货物给宝田公司时，宝田公司到顺德设立注塑工厂，成立的注塑工厂给宝田公司担保，由注塑工厂提供担保书，如宝田公司未在优迪公司提供货物给宝田公司时设立注塑工厂，先由宝田公司提供支票作担保，当宝田公司成立注塑工厂并提供担保后退回支票给宝田公司，在第一批铺底货物退清给优迪公司或结清铺底货物余款时应把支票退还给宝田公司，在合同期内优迪公司不得使用宝田公司提供担保的支票；宝田公司应提前七天以书面形式向优迪公司提交订货计划，宝田公司收到优迪公司货物时开具支票，宝田公司在30天内将货款汇到优迪公司账户，优迪公司退还货款支票，优迪公司在30天内如无收到宝田公司的付货款，优迪公司有权使用货款支票；产品有质量问题优迪公司负责退换。合同签订后，优迪公司开始向宝田公司发货。同月10日和22日，宝田公司分别给优迪公司开出编号为01281041的支票和编号为01281045的支票两张，金额分别为67302元和144674元。同时注明了收款人为优迪公司，用途为货款，出票日期均空白。

2007年6月27日，优迪公司授权广东国强鸿业律师事务所张李平律师即本案乐欣包装厂的代理人向宝田公司出具律师函，称：优迪公司自2006年起向宝田公司供应电器产品，截至2007年6月，宝田公司尚余211976元货款未支付给优迪公司，要求宝田公司在收到函后七日内支付前述欠款，否则将采取有关法律强制措施。

2007年6月2日、同月15日和28日，乐欣包装厂分三次向优迪公司提供压力锅塑料件，总金额22万元，优迪公司在乐欣包装厂的送货单上加盖公章。优迪公司将上述宝田公司出具的编号为01281041及01281045的两张支票背书转让给乐欣包装厂，乐欣包装厂分别于2007年7月27日和同年8月3日持该两张支票到银行要求付款时，被银行以账户余额不足为由退票，乐欣包装厂持该两张支票向原审法院起诉。

2007年8月9日，宝田公司的法定代表人肖文龙将优迪公司生产的两台银弧微电脑压力锅送信息产业部电子第五研究所质量检测中心和中国赛宝（总部）实验室检验，两检验单位于2007年9月4日作出“根据检验结果判定本次送检的产品检验不合格”的检验结论。

原审法院另查明，乐欣包装厂系个人独资企业，投资人刘妙心，其企业经营范围及方式为“加工、产销：再生塑料、塑料制品、五金电器制品、电子制品及零配件、纸类制品”。优迪公司系私营的有限责任公司，法定代表人李远洪，经营范围为“制造：家电、五金、家电配件”。

刘妙心与李远洪系母子关系，共同居住于佛山市顺德区大良街道中区居委会东康居民小组东乐路东城花园5座301房。

原审法院审理认为，本案系持票人持出票人签发的支票请求付款时因余额不足无法兑付而引起的票据付款请求权纠纷。本案争议的焦点在于乐欣包装厂是否明知存在抗辩事由而取得票据。两张支票的交付时间是2006年6月，而优迪公司委托张李平律师于2007年6月向宝田公司发送律师函，张李平律师同时又是本案乐欣包装厂的代理人，而且乐欣包装厂的投资人刘妙心与优迪公司的法定代表人李远洪是母子，乐欣包装厂及优迪公司系私营和个体企业，由此可以推定，优迪公司在背书转让两张支票给乐欣包装厂之前已经知道两张支票无法兑付，所以委托本案代理律师张李平向宝田公司发送律师函催款，宝田公司与优迪公司之间已经存在经济纠纷，乐欣包装厂在受让两张支票之前就应当知道宝田公司与优迪公司之间存在经济纠纷，明知两张支票无法兑付。因此，乐欣包装厂对两张支票不享有票据权利。乐欣包装厂要求宝田公司支付两张支票的金额及利息的诉讼请求，依据不足，应予驳回。宝田公司关于乐欣包装厂主观上明知宝田公司与优迪公司之间存在抗辩事由的意见，理由充分，可予支持。经原审法院审判委员会讨论决定，依照《中华人民共和国民事诉讼法》第六十四条第一款、《中华人民共和国票据法》第十三条、《最高人民法院关于审理票据纠纷案件若干问题的规定》第十五条第（三）项的规定，判决：驳回乐欣包装厂的诉讼请求；案件受理费4600元，财产保全费1590元，合计诉讼费6190元由乐欣包装厂负担。

上诉人乐欣包装厂不服原审判决，向本院上诉称，一审判决证据认定错误，且因此导致认定事实错误，进而实体判决错误。一、一审判决证据认定错误、认定事实错误。根据证据规则，采信证据的标准是“真实性、合法性、关联性”，三者缺一不可。根据这个标准衡量一审判决的证据认定情况，可以发现一审判决对宝田公司证据的确认是错误的：首先，一审判决确认了宝田公司提交的证据1，即“优迪”牌电器销售合作合同，但该合同上优迪公司的签章只是复印件，并非原件，乐欣包装厂也对该合同的真实性提出了异议。在这种情况下，应由举证人提交真实的原件方可确认该证据的真实性，而一审判决在没有原件的情况下即确认了该合同——这显然是依据不足的，是违反证据必须具备的“真实性”原则的。也许，一审判决是根据所谓“林伟军”签署的内容来确认该合同的，但这仍然不能成立。因为“林伟军”在该合同复印件上所写的内容在证据类别上属“证人证言”，根据证据规则，证人证言必须证人出庭接受质证后方可根据质证的情况进行分析判断。而本案中所谓“林伟军”并未出庭作证，因此，就连是否存在“林伟军”及此人的身份都不能确定，又有何依据确认其所书写的内容呢？所以，该合同不具备真实性，不应被采信。一审判决以乐欣包装厂“未提供相应的反驳证据”作为确认该合同的理由也是不能成立的。因为，证明证据的真实性，这是举证人法定的也是基本的义务，举证人不能举证其证据的真实性即应依法承担举证不能的责任，这并非“举证倒置”的情形，乐欣包装厂没有义务为对方的证据真实性举证。根据最高法院的证据规则第七十条，只有对“书证的原件”提出异议才有义务提出反驳证据，而如前所述该合同只有复印件，并无原件。因此，一审判决确认该合同是错误的。其次，一审判决确认了证据3即所谓“林伟军”任优迪公司业务经理的“通知书”。同样，该“通知书”并非原件，只是复印件，并不具备证据的真实性要件，一审判决的确认是错误的。一审判决确认的理由是与前述“《合作合同》能够相互印证”，但如前所述，所谓《合作合同》已不具备真实性，又何能“相互印证”此“通知书”的真实性？一审判决的此种理由实为“以伪证伪”的典型错误。同时，乐欣包装厂在一审中“认为与本案无关，未予否认”也不能成为确认该“通知书”的理由。因为，乐欣包装厂认为本案系票据关系且乐欣包装厂并非该通知书的发出方，从而质证称该证据与本案无关，这是合法合理的质证意见；而且，如前所述，证明证据的真实性，这是举证人法定的基本义务；同时，乐欣包装厂并未确认该“通知书”，根据最高法院证据规则第八条第二款“对一方当事人陈述的事实，另一方当事人既未表示承认也未否认，经审判人员充分说明并询问后，其仍不明确表示肯定或者否定的，视为对该项事实的承认”，一审法庭并未要求乐欣包装厂必须明确承认或否认该情况，即在没有对乐欣包装厂作“充分说明并询问”的情况下确认该“通知书”是违反证据规则的，是错误的。

再次，宝田公司提交的证据1、3－7，其实均是宝田公司与优迪公司之间销售合作关系的材料，而本案是乐欣包装厂与宝田公司之间的票据纠纷，显然这些证据与本案没有关联，即不符合“关联性”的证据标准，一审判决对这些证据的确认是错误的。而且，根据所谓优迪公司收取支票的“收条”，因这两张收条上明确记载支票款项性质是“货款”，所以已足以推翻宝田公司所谓“抵押”的说法。因此，一审判决根据上述错误认定的证据，所认定的所谓宝田公司与优迪公司签订合作合同、宝田公司提供支票作担保、优迪公司产品不合格等“事实”是错误的。而事实上，本案支票只是宝田公司开具给优迪公司支付货款的——这正如前述“收条”的明确记载。二、一审判决认定乐欣包装厂“不享有票据权利”并驳回乐欣包装厂的诉讼请求是错误的。一审判决是根据“推定”而认定乐欣包装厂“不享有票据权利”，即一审判决并无充分、确切的证据作出该认定。而且，一审判决作出“推定”的理由也不能成立。因为：首先，宝田公司与优迪公司并不存在抗辩事由。根据一审判决，其认定的所谓“抗辩事由”是宝田公司与优迪公司之间“存在经济纠纷”及案涉支票“无法兑付”——这是不能成为票据法上的“抗辩事由”的。票据法上所指的“抗辩事由”是指票据债务人得以拒绝付款的确定性的事由，而一审判决所认定的“经济纠纷”显然并未经优迪公司确认，也未经任何生效法律文书确认，故该“经济纠纷”并不具有确定性。事实上，所谓“经济纠纷”只是宝田公司拒付款的借口，之前其并未向优迪公司提出过，甚至在优迪公司发出律师函后，宝田公司仍未提出过所谓“纠纷”，只是在本案中才突然提出。如果这样的借口也被作为“纠纷”并被作为有效的“抗辩理由”，那将是对诚信原则的抹杀和对不诚信行为的纵容。同时，该所谓“经济纠纷”是宝田公司主张优迪公司的产品存在质量问题，显然，质量问题属宝田公司另向优迪公司主张的法律关系，与其为支付货款而已经开具的支票之间是两个不同的法律关系，即该“经济纠纷”不能成为宝田公司拒绝承担票据责任的抗辩事由，宝田公司应该也完全可以在承担票据责任后另向优迪公司主张质量问题。一审判决将并不确定的、属另一法律关系的“经济纠纷”作为“抗辩事由”，将使票据债务人极易寻找拒绝承担票据责任的借口，使票据关系沦为儿戏，动摇票据关系的基础，违背票据关系“无因性”的基本原则，并且，“无法兑付”是在将票据提请兑付时被拒付的一种客观事实，在提交兑付前是不能确定是否发生“无法兑付”这种事实的。这不但不能被作为票据债务人的“抗辩事由”，反而是持票人行使票据权利的前提——只有票据“无法兑付”了，才能要求票据债务人承担票据责任。一审判决对此的认定显然是违背法理逻辑的。其次，乐欣包装厂并不明知宝田公司与优迪公司之间的“抗辩事由”。一审判决认定乐欣包装厂明知所谓“抗辩事由”的理由是优迪公司曾委托乐欣包装厂的代理律师向宝田公司发过催款律师函以及乐欣包装厂的投资人与优迪公司的法定代表人是母子关系，这些理由都是不能成立的。因为：所谓“抗辩事由”如前所述并不确实存在，且根据支票“收条”可充分反映案涉支票是支付货款，并非其他用途，乐欣包装厂有权受让此种情形的支票。同时，优迪公司委托发出的律师函，仅仅是催收货款，并非催收支票款，宝田公司在收函后未作任何回应，乐欣包装厂是在受让支票且得不到兑现后才经由优迪公司的介绍委托现代理律师，且代理律师之前并不知道支票的有关情况。这些事实，有宝田公司举证的律师函以及优迪公司的书面说明可充分证实。这个情况，显然不应成为乐欣包装厂“明知”所谓“抗辩事由”的依据。至于乐欣包装厂的投资人与优迪公司的法定代表人是母子关系的问题，虽然存在这样的关系，但乐欣包装厂与优迪公司是独立的法律主体，优迪公司作为有限公司，是由数个股东投资设立的，其法定代表人并不能等同于公司本身，且事实上其法定代表人并不负责公司的经营管理，以此“推定”乐欣包装厂“应当”知道所谓“抗辩事由”是没有说服力的。其实，从相反角度而言，如果真如一审判决认定的存在所谓“抗辩事由”，而乐欣包装厂与优迪公司之间的前述关系可以作为“应当知道”的理由，那么，优迪公司又怎会将支票转让给乐欣包装厂而使乐欣包装厂陷入麻烦之中？乐欣包装厂又怎会受让这种麻烦的支票？——合理的情况只可能是：宝田公司与优迪公司之间并不存在所谓的“经济纠纷”，支票是宝田公司用以支付货款的正常支票；或者乐欣包装厂并不知道宝田公司与优迪公司之间的种种情由，只是正常受让支票且以为支票能够得到兑付。因此，一审判决认为乐欣包装厂“应当”知道的理由是不能成立的。还必须说明的是，根据《票据法》及司法解释，“明知”存在抗辩事由而取得票据才能被作为票据债务人的有效抗辩，而一审判决是根据“推定”、根据“应当知道”来进行认定，这没有法律依据。综上所述，宝田公司与优迪公司之间并不存在所谓“抗辩事由”，乐欣包装厂也并不知道宝田公司与优迪公司之间存在所谓“抗辩事由”，乐欣包装厂作为支票持有人，有权根据票据法向作为出票人的宝田公司主张付款权，宝田公司的抗辩理由不能成立。请求二审法院：1. 撤销一审判决，改判支持乐欣包装厂的诉讼请求；2. 判令宝田公司承担诉讼费用。

被上诉人宝田公司在答辩期限内未作书面答辩。开庭时辩称：一、本案两张支票就是我司与优迪公司在 2006 年 6 月 6 日订立的合作合同中约定的担保支票。二、两张支票项下金额 211976 元，其用途实质不是我司向优迪公司支付的货款，而是担保金额。三、优迪公司将两张支票背书转让给乐欣包装厂，是在因产品质量问题产生经济纠纷，委托乐欣包装厂代理律师发函催讨未果的情况下，与优迪公司积极配合而完成的。优迪公司将合作合同约定的不得使用的两张担保支票擅自背书转让，其行为已构成严重违约侵权。四、乐欣包装厂负责人与优迪公司法定代表人是母子关系，并且一起共同居住生活，各自全面负责管理企业的一切生产经营活动，完全知道两张担保支票不得使用而且发生了经济纠纷，在这种情况下，虚构了不真实的交易关系，背着我司恶意取得两张担保票据。根据《票据法》第十、十二条规定，乐欣包装厂依法不得享有两张担保票据的权利。五、根据《票据法》第十三条，《最高人民法院关于审理票据纠纷案件若干问题的规定》第十五条第（二）、（三）项的规定，我司享有票据抗辩权，以上的抗辩依法成立。六、一审判决正确，我司的答辩请求是维持原判，驳回乐欣包装厂全部上诉请求。

原审第三人优迪公司在答辩期限内未作书面答辩。开庭时述称：一、我司与宝田公司没有签订销售合同，林伟军不是我司员工。二、宝田公司的支票是为了支付货款，我司背书给乐欣包装厂也是为了支付货款。三、我司产品不存在质量问题，而且我司产品已买保险。

原审第三人优迪公司在二审期间提供的证据有：1. 证明一份；2. 社会保险个人参保信息表一份。

经开庭质证，上诉人乐欣包装厂认为优迪公司在二审期间提供的证据充分证明林伟军是佛山市顺德区杏坛镇万信电子电器厂的生产组长，不是优迪公司的员工或主管销售人员，这就可以充分证明宝田公司所提交的所谓销售合作合同是虚假的。另外，证明林伟军有代理优迪公司签订合同的权利，以及证明合同的真实性，明显应由宝田公司承担举证责任。

被上诉人宝田公司对优迪公司在二审期间提供的证据的质证意见为：一、该两份材料是在举证期满后提交的，其不同意进行质证。二、林伟军是否是优迪公司的职工并不影响林伟军作为签约代表在2006年6月6日合作合同签字的事实。

本院对原审第三人优迪公司在二审期间提供的证明及社会保险个人参保信息表的真实性予以确认，但该两份证据不足以推翻《“优迪”牌电器销售合作合同》的真实性，故本院对该两份证据不予采信。对宝田公司原审提供的《“优迪”牌电器销售合作合同》，优迪公司认为该份合同是虚假的，但其提供的证据不足以证明其主张，也未对该份合同中的公章申请鉴定，故本院对该份合同的证据效力予以确认。

本院审理查明，原审查明的事实与本案的证据一致，本院予以确认。

本院认为，本案是票据付款请求权纠纷。双方当事人争议的焦点是涉讼的两张支票是否是担保支票以及乐欣包装厂是否明知存在抗辩事由而取得票据。

关于本案涉讼的两张支票是否是担保支票的问题。从宝田公司与优迪公司之间签订的《“优迪”牌电器销售合作合同》的内容来看，双方在《“优迪”牌电器销售合作合同》中约定了两种支票：（一）优迪公司提供货物给宝田公司，宝田公司作信用担保的支票。合同约定，在优迪公司提供货物给宝田公司时，宝田公司到顺德设立注塑工厂，成立的注塑工厂给宝田公司担保，由注塑工厂提供担保书，如宝田公司未在优迪公司提供货物给宝田公司时设立注塑工厂，先由宝田公司提供支票作担保，当宝田公司成立注塑工厂并提供担保后退回支票给宝田公司，在第一批铺底货物退清给优迪公司或结清铺底货物余款时应把支票退还给宝田公司，在合同期内优迪公司不得使用宝田公司提供担保的支票。（二）担保宝田公司偿还货款的货款支票。合同约定，宝田公司应提前七天以书面形式向优迪公司提交订货计划，宝田公司收到优迪公司货物时开出支票，宝田公司在30天内将货款汇到优迪公司账户，优迪公司退还货款支票，优迪公司在30天内如无收到宝田公司付货款，优迪公司有权使用货款支票。根据本案涉讼两张支票的记载事项及相关证据，可以认定本案涉讼的两张支票是担保宝田公司偿还货款的货款支票。但宝田公司在其开出的两张支票上并未背书记载“质押”字样，根据《最高人民法院关于审理票据纠纷案件若干问题的规定》第五十五条的规定，宝田公司的行为不构成票据质押。因此，在宝田公司未按期付还货款的情况下，优迪公司可以按合同的约定使用该两张货款支票，包括依法背书转让该两张支票。

关于乐欣包装厂是否明知存在抗辩事由而取得票据的问题。优迪公司向乐欣包装厂购买压力锅塑料件而将两张支票背书转让给乐欣包装厂，乐欣包装厂已给付了对价，乐欣包装厂取得该两张支票符合《中华人民共和国票据法》第十条的规定，故乐欣包装厂对该两张支票依法享有票据权利。宝田公司提出乐欣包装厂虚构不真实的交易关系，恶意取得两张支票，依法不享有票据权利的抗辩，理由不成立，本院不予采纳。宝田公司提出的关于优迪公司所提供的产品存在质量问题，以及乐欣包装厂明知宝田公司与优迪公司存在上述抗辩事由仍受让该两张支票的抗辩意见，因宝田公司未能提供证据证明其在优迪公司背书转让两张支票之前已向优迪公司提出产品存在质量问题的异议，以及乐欣包装厂明知宝田公司与优迪公司之间存在产品质量争议仍受让该两张支票，故宝田公司的上述抗辩意见缺乏事实和法律依据，本院不予支持。

综上所述，宝田公司作为出票人，应当按照其签发的支票金额承担保证向持票人付款的责任。现因宝田公司账户存款不足导致票据退票，乐欣包装厂据此向宝田公司行使被拒绝付款的支票金额及相应利息之追索权，符合法律规定，应予支持。乐欣包装厂上诉请求撤销一审判决，改判支持其诉讼请求的理由成立，应予支持。原审判决适用法律不当，应予改判。依照《中华人民共和国票据法》第四条、第十条、第二十六条、第六十一条第一款、第七十条第一款第（一）项和第（二）项，《中华人民共和国民事诉讼法》第一百五十三条第一款第（二）项的规定，判决如下：

一、撤销汕头市龙湖区人民法院（2007）龙民三初字第133号民事判决。

二、汕头保税区宝田电子有限公司应于本判决发生法律效力之日起十日内付还佛山市顺德区杏坛镇乐欣塑料五金包装厂两张支票金额211976元及该款自2007年8月3日起至本判决限定还款之日止按照中国人民银行规定的同期流动资金贷款利率计算的利息。

如果未按本判决指定的期间履行给付金钱义务，应当依照《中华人民共和国民事诉讼法》第二百二十九条的规定，加倍支付迟延履行期间的债务利息。

一审案件受理费4600元，财产保全费1590元，合计共6190元由汕头保税区宝田电子有限公司负担。二审案件受理费4600元由汕头保税区宝田电子有限公司负担。

本判决为终审判决。

审 判 长　陈　滨
审 判 员　姚焕丹
审 判 员　庄晓燕
二〇〇八年十二月十一日
书 记 员　林　喆

【评析】

这是一份二审民事判决书，其制作格式符合最高人民法院诉讼文书制作的有关规定，基本要素齐全，结构完整、层次分明，反映审判程序规范合法。案件事实叙述按时间顺序，对案件争议涉及的案情均有交代，叙事完整、条理清晰、详略得当；准确概括当事人的诉辩意见，对当事人提交的证据和质证、认证情况作了充分的阐述；准确归纳案件的争议焦点，并紧紧围绕焦点问题展开分析、论述。判决理由论述部分详略得当，理据充分，论证透彻，逻辑性强，有较强的说服力；实体处理上适用法律正确，法条引用准确、完整，裁判结果无误；全篇语言通顺流畅，用语规范准确，逻辑严谨。该份裁判文书制作质量较高，被评为2010年全省法院优秀裁判文书。

●曾立泉与张国辉等道路交通事故人身损害赔偿及高度危险作业损害赔偿纠纷一案民事判决书

广东省新兴县人民法院

民事判决书

（2009）新法民初字第27号

原告（反诉被告）：曾立泉，男，1957年7月20日出生，汉族，农民，住广西壮族自治区灵山县陆屋镇申安村委连塘坝村17号。

委托代理人：田党胜，广东格林律师事务所律师。

被告（反诉原告）：张国辉，男，1953年12月25日出生，汉族，居民，住新兴县新城镇下较场26－201号。

委托代理人：黎海珍，广东恒力律师事务所律师。

委托代理人：苏志聪，男，广东恒力律师事务所法律工作者。

被告：中国大地财产保险股份有限公司广东分公司。住所地：广州市天河区华强路3号之二301至309房。

法定代表人：张仁江，该分公司总经理。

委托代理人：曾权飞，男，该分公司职员，住广州市天河区珠江新城华强路3号之二富力盈力大厦301室。

被告（反诉第三人）：吴家松，男，1962年10月25日出生，汉族，农民，住广西壮族自治区平南县安怀村河头屯29号。

委托代理人：陈秋实，男，住肇庆市端州区康乐中路134号新2幢301房。

被告（反诉第三人）：新兴县新中旅大酒店有限公司。住所地：新兴县新城镇中山路95号。

法定代表人：张东岳，该公司董事长。

委托代理人：李新林，广东志海律师事务所律师。

原告（反诉被告）：曾立泉与被告（反诉原告）张国辉、被告中国大地财产保险股份有限公司广东分公司（以下简称大地保险公司）、被告（反诉第三人）吴家松、被告（反诉第三人）新兴县新中旅大酒店有限公司（以下简称新中旅酒店）道路交通事故人身损害赔偿及高度危险作业损害赔偿纠纷一案，本院于2008年12月12日立案受理后，依法组成合议庭，公开开庭进行了审理。原告（反诉被告）曾立泉及其委托代理人田党胜，被告（反诉原告）张国辉的委托代理人黎海珍、苏志聪，被告大地保险公司的委托代理人曾权飞，被告（反诉第三人）吴家松及其委托代理人陈秋实，被告（反诉第三人）新中旅酒店的委托代理人李新林到庭参加诉讼。本案现已审理终结。

原告（反诉被告）曾立泉诉称，2008 年 8 月，新兴县新中旅大酒店有限公司将酒店装饰工程承包给吴家松，吴家松雇请我从事装修工作，每天按 80 元计算报酬。2008 年 8 月 30 日上午，原告和工友韦立文两人负责装修酒店牌坊，用木梯和杉木搭好架子，原告站在离地面四五米高的杉木板上粉刷牌坊天花。当日 9 时许，被告张国辉驾驶其本人的粤 WY3083 号轿车行至酒店牌坊处，该车后视镜碰到作支撑的木梯，致使杉木坍塌倒下及原告从四五米处跌下地面，造成原告受伤。后原告立即被送往新兴县人民医院住院治疗，经医院诊断伤情为右侧第 6－10 肋骨骨折并右气胸。至 2008 年 12 月 1 日出院，住院 94 天，期间住院医疗费共计 24462.99 元，由原告支付，被告张国辉未支付医疗费。原告住院及出院后休养一个月，期间由其妻子吴秀明、其子曾文堃护理。事故发生后，新兴县公安局交通警察大队于 2008 年 11 月 14 日作出第 200800629 号交通事故认定书，不能确认任何一方当事人的违法行为造成交通事故，无法查证确认该宗事故的事实，即该事故认定书对事故责任没有作出认定。原告认为，目击证人韦立文证实张国辉驾驶粤 WY3083 号轿车由新中旅大酒店开出行至酒店牌坊处，该车后视镜碰到作支撑的木梯，致使杉木坍塌倒下及原告从四五米高处跌下地面，造成原告受伤，被告张国辉的过错行为造成原告受伤，参照《广东省高级人民法院、广东省公安厅关于〈道路交通安全法〉实施后处理道路交通事故案件若干问题的意见》第二十条的规定，根据当事人提供的证据难以认定交通事故责任或当事人的过错的，人民法院可按如下规则确定当事人的民事责任：……（2）机动车与非机动车驾驶人、行人发生交通事故的，由机动车方承担全部民事责任。故被告张国辉应承担事故的全部责任。2008 年 12 月 23 日，经中山大学法医鉴定中心鉴定，我的伤情被鉴定为十级伤残。

综上所述，按《2008 年广东省交通事故人身损害赔偿计算标准》的规定，我的损失共有：医疗费 24462.99 元、误工费 9920 元、护理费 5360 元、交通费 500 元、住院伙食费 4700 元、营养费 2000 元、残疾赔偿金 35398.6 元、伤残鉴定费 645 元、被抚养人生活费 6303.45 元、精神抚慰金 10000 元，合计共 99290.04 元。由于肇事的粤 WY3083 号轿车已购买交通事故强制责任险，故保险人大地保险公司对原告的损失应承担赔偿责任，超出赔偿限额部分，由各被告承担连带赔偿责任。本案受理费由被告负担。

被告（反诉原告）张国辉辩称：一、原告诉状陈述与事实不符。1. 我的车辆后镜并无碰到原告作支撑的木梯。当时，车辆通过新中旅酒店牌坊时，离原告工作的木梯还有很宽的距离，加之我的车后镜也未有划花或损坏的痕迹，所以，原告称我的车辆后镜碰到原告作支撑的木梯致原告倒下受伤完全不符事实。2. 原告到医院就诊时，向医院反映情况时也没有讲到是交通事故所造成的。3. 交警部门经过查验后所作的责任认定书也明确指出，从涉嫌交通肇事当事人张国辉、曾立泉及其他证人目前所收集到的有关证据材料以及对涉嫌肇事车辆的勘验结果，尚不能说明行为人相关交通活动情况和事故成因有直接关系。因此，本案真实的事实是原告用木梯搭建工作架不符合施工安全的要求，本身就存在很大的危险性。而当我开车从牌坊门口经过时，原告的木架突然掉下，并掉在我的车后尾部，致车后尾损坏的事实。也就是讲，不是我行车致原告掉下，而是原告掉下致我车辆损坏。二、我不负赔偿责任。依前所述，原告的受伤根本与我无关，而且交警部门也认定无证据证实我的行车与原告掉下存在因果关系，既然我的行车与原告的掉下无关，那么我对原告的受伤依法就不承担任何赔偿责任。三、依据民事证据规则“谁主张，谁举证”的原则，原告应就因果关系提出充足的证据，否则，其应承担举证不能的后果。至于其在诉状中所提出车辆与行人发生交通事故的规定不符合本案的实际情况，因为原告并非是行人，而是高空作业者。综上所述，我认为原告的诉求缺乏事实和法律依据，请法院依法驳回原告的不合理诉求。

被告（反诉原告）张国辉反诉称，2008 年 8 月，新中旅酒店将装饰工程承包给吴家松施工，吴家松雇请曾立泉从事施工。2008 年 8 月 30 日上午，曾立泉从事酒店高空施工作业，用梯子和杉木搭好架子，准备在离地面四五米高的杉木板上粉刷牌坊天花。因地面是一高一低（牌坊处是 60 度的斜坡），梯子一脚用泡沫及砖头垫着求平衡，当时曾立泉脚穿滑底拖鞋从木梯往上爬，当日 9 时许，反诉人张国辉驾驶其本人的粤 WY3083 号轿车行至酒店牌坊处时，由于施工安全措施不到位，梯子无人扶，加上木梯脚的泡沫砖头无法支撑几百斤重的杉木架子及人，致使杉木架子坍塌、坠落，砸中反诉人张国辉的轿车后该车经送修理，修理费 3093 元，车内财产：玻璃防爆膜、枕头、香水座合计 2000 元。根据《民法通则》的有关规定，请求被反诉人曾立泉赔偿反诉人财产损失 5093 元，并赔偿反诉人精神抚慰金 10000 元；反诉第三人吴家松、新中旅酒店对上述赔偿款承担连带赔偿责任。

被告大地保险公司辩称，根据交警部门的认定，不能证实原告受伤的事实是由张国辉驾驶车辆造成的，故大地保险公司不需要承担强制险的责任。原告的受伤是其在施工过程中没有尽到安全责任造成的，应由其工程的发包方和施工方承担责任。另外，曾立泉虽然有东莞的暂住证，但其没有提供有关的劳动合同及相关的工资清单证明其收入，故其误工等补助应按农村居民计算。

被告（反诉第三人）吴家松辩称，曾立泉的受伤是由被告张国辉驾驶车辆造成的，应由被告张国辉承担全部责任，由于张国辉的车辆购买了机动车强制险，该损失应由被告大地保险公司承担。另外，我方与曾立泉并不是雇佣关系，即便有关系也只是承揽关系，在承揽过程中，风险是自负的，不应该由我方负责。所以，我方不是本案的第三人，也不是本案的诉讼主体。

被告（反诉第三人）新中旅酒店辩称，本案属于道路交通事故人身损害赔偿纠纷，赔偿责任应由被告张国辉及其投保的保险公司承担。理由如下：一、本案属于一般侵权，定性为道路交通事故人身损害赔偿纠纷才恰当。根据交警出具的事故认定书，认定张国辉驾驶的小车后视镜碰到了施工棚架的木梯令棚架坍塌，致使曾立泉从高处坠下受伤。被告张国辉驾驶车辆通行时，没有确保安全，引致事故的发生。虽然交警部门对事故责任没有作出认定，但根据《广东省高级人民法院、广东省公安厅关于〈道路交通安全法〉施行后处理道路交通事故案件若干问题的意见》第二十条第一款第（二）项的规定：“根据当事人提供的证据难以认定交通事故责任或当事人的过错的，人民法院可按如下规则确定当事人的民事责任：（2）机动车与非机动车驾驶人、行人发生交通事故的，由机动车方承担全部民事责任。”因此，依法可认定张国辉承担事故的全部民事责任。二、本案不属于特殊侵权纠纷。被告张国辉主张本案定性为“建筑物、搁置物、悬挂物塌落损害赔偿纠纷”或“高度危险作业致人损害赔偿纠纷”，本公司认为其理据不充分。首先，本案的损害结果发生的原因应是车碰撞木梯引致棚架坍塌的，而不是棚架自然倒塌。其次，张国辉的过错行为（不小心驾驶车辆，没有确保安全通行）与损害事实之间有直接的因果关系。最后，本案当事人并无意思联络，不构成共同侵权。假设工棚有安全隐患，没有外力碰撞它也不会突然倒塌，被车碰撞了才发生了本案的损害事故，搭棚架施工并不属于高度危险作业，因此，应由驾驶人张国辉承担事故的全部过错。

综上所述，本案应定性为道路交通事故人身损害赔偿纠纷，属于一般侵权纠纷，不属于特殊侵权纠纷，赔偿责任由被告张国辉及其投保的保险公司承担。本公司发包工程的行为与损害结果没有直接的因果关系，不构成对原告的侵权，请法院驳回原告及反诉原告对本公司的诉讼请求。

原告（反诉被告）辩称：一、反诉原告提出的请求不合理；二、提出精神抚慰金的要求没有法律依据；三、反诉原告的做法是在拖延时间和推卸责任，请法院依法驳回反诉原告的请求。

经审理查明，2008 年 8 月 30 日 9 时许，张国辉驾驶其本人的粤 WY3083 号轿车，由县新中旅社往环城北路方向行驶，行至县新中旅社牌坊处，通过无防护设施，仅用两把木梯作支撑横挂三条杉木就站立在上面装修牌坊的曾立泉，杉木及人突然坍塌在车辆的顶、尾部，造成曾立泉受伤、车辆损坏的交通事故。事故发生后，曾立泉当天被送到新兴县人民医院住院治疗，经诊断为右侧第 6－10 肋骨骨折并气胸，住院治疗至 2008 年 12 月 1 日出院。期间共花去医疗费 24462.99 元。出院时医嘱：全休 1 个月。住院期间前 10 天陪护 2 人，后期陪护 1 人。2008 年 11 月 14 日，新兴县公安局交通警察大队对该宗事故处理并作出认定，认为经交警管理部门调查：从涉嫌交通肇事当事人张国辉、曾立泉及其他证人目前所收集到的有关证据材料以及对涉嫌肇事车辆的勘验结果，尚不能说明行为人相关的交通活动情况和事故成因有直接关系，不能确认任何一方当事人的违法行为造成的交通事故，无法查证确认该宗交通事故的事实。2008 年 12 月 18 日，原告自行委托中山大学法医鉴定中心对其伤情作伤残鉴定，经该中心鉴定，原告曾立泉的伤残属十级伤残。原告遂于 2008 年 12 月 8 日诉至本院，请求本院支持其上述诉求。本院受理后，被告张国辉于 2009 年 3 月 3 日向本院提出反诉，认为曾立泉从事高空作业，由于安全措施不足，从施工处摔下，砸中其轿车，造成其财产损失共 5093 元，要求曾立泉赔偿，并要求曾立泉赔偿其精神损害抚慰金 10000 元。同时，要求追加吴家松、新中旅酒店为本诉被告及反诉第三人参加诉讼，共同承担责任。

另查明，张国辉的粤 WY3083 号轿车于 2007 年 10 月 14 日向被告大地保险公司购买了第三者强制责任保险。

另查明，新中旅酒店于 2008 年 8 月间将其部分装修工程发包给吴家松承揽，吴家松雇请曾立泉为新中旅酒店的牌坊做掮灰工作。

再查明，曾立泉共生育 4 个子女，其中未成年的女儿曾华丽生于 1994 年 8 月 10 日、儿子曾文涛生于 1996 年 1 月 6 日。此外，还有母亲何喜春，生于 1932 年 4 月 12 日。此外，曾立泉曾于 2007 年 5 月 5 日及 2008 年 5 月 5 日在东莞市办理了暂住证，暂住地址是东莞市望牛墩镇寮厦村厂宿舍。

庭审中，原告曾立泉对被告张国辉提出追加吴家松、新中旅酒店作为本诉被告无异议，并要求被追加的两被告共同承担连带责任。对原告曾立泉的受伤是否系因被告张国辉驾驶轿车造成的问题，原告申请本院调取了新兴县公安局交警大队处理该宗事故的案卷材料。该大队于2008年11月6日向证人韦立文询问调查时，韦立文证实在事发时，其看见一辆黑色轿车右边后视镜碰撞牌坊处的云梯，致曾立泉从上面掉下。另外，据交警勘验事发现场，该现场位于新兴县新中旅社上坡牌坊处，路面宽4.4米。

以上事实有原告曾立泉提供的身份证和户口簿、交通事故认定书、诊断证明书、司法鉴定意见书及有关收费单据、疾病诊断证明书、住院病历及出院记录、医药费收据、暂住证；被告张国辉提供的2008年6月18日购置防爆膜等收款收据、2008年9月4日维修事故修理费发票和结算单、机动车保险单以及本院根据原告申请调取的新兴县交警大队处理该宗事故的案卷和本院庭审笔录证实，足以认定。

本院认为，对于双方争议的曾立泉的受伤是否是张国辉驾驶轿车碰撞云梯造成的问题。虽然新兴县公安局交警大队对该宗事故作出“经交警管理部门调查：从涉嫌交通肇事当事人张国辉、曾立泉及其他证人目前所收集到的有关证据材料以及对涉嫌肇事车辆的勘验结果，尚不能说明行为人相关的交通活动情况和事故成因有直接关系，不能确认任何一方当事人的违法行为造成的交通事故，无法查证确认该宗交通事故的事实”的认定，但由于事发现场的路面宽只有4.4米，再加之原告所立的两张云梯，路面就更窄；而且现场目击证人韦立文证实，事发时被告张国辉驾驶的轿车右侧后视镜碰撞牌坊处的云梯，致曾立泉从上面掉下。同时，由于曾立泉掉下时刚好掉在张国辉车辆的顶、尾部，时间非常吻合；况且原告的受伤，经医院诊断为右侧第6－10肋骨骨折，证明其是胸部先碰到张国辉的车辆的顶、尾部；脚部并没有受伤，说明其受伤时受外力作用，无意识跌落。以上几点形成了一个证据链，充分说明了事发时，被告张国辉驾驶轿车经过原告工作的牌坊时，其轿车右侧后视镜碰撞原告在牌坊上面工作时作为支架的云梯，致原告曾立泉从支架上跌下的事实。因此，本院认定原告曾立泉的受伤是被告张国辉驾驶粤WY3083号轿车经过中旅社牌坊时刮碰到曾立泉架设的云梯造成的；本案属于道路交通事故人身损害赔偿纠纷。至于双方在该次事故中的责任，虽然张国辉驾驶的车辆造成曾立泉受伤，存在过错责任，但由于事发路段为斜坡路段，路面宽只有4.4米，加之曾立泉用作支架的两张云梯，路面比较窄；况且事发时为早上9时，该处是新中旅社通往外面的唯一出口，来往行人、车辆比较多，原告曾立泉在牌坊上搧灰，只用两张云梯作为支架，横挂三条杉木为工作台在上面施工，并没有做好安全防护工作，亦存在一定的过错责任。根据《中华人民共和国道路交通安全法》第七十六条第一款第（二）项“机动车与非机动驾驶人、行人之间发生交通事故的，由机动车一方承担责任，但是，有证据证明非机动车驾驶人、行人违反道路交通安全法律、法规，机动车驾驶人已经采取必要处置措施的，减轻机动车一方的责任”及《中华人民共和国民法通则》第一百三十一条“受害人对于损害的发生也有过错的，可以减轻侵害人的民事责任”的规定，本院认定张国辉应负该宗事故的主要责任，曾立泉负事故的次要责任。同时，参照《广东省道路交通安全条例》第四十八条第一款“机动车与非机动车驾驶人、行人发生交通事故造成人身伤亡、财产损失的，由保险公司在机动车第三者责任强制险责任限额范围内予以赔偿。对超过责任限额的部分由机动车一方承担责任；但是，有证据证明非机动车驾驶人、行人违反道路交通安全法律、法规，机动车驾驶人已经采取必要处置措施的，机动车一方按照以下规定承担赔偿责任：（一）机动车一方负主要责任的，承担百分之八十”的规定，被告张国辉应承担该次事故80%的责任，原告曾立泉应承担20%的责任。由于曾立泉是吴家松雇请其为新中旅酒店做牌坊装修的，根据《最高人民法院关于审理人身损害赔偿案件适用法律若干问题的解释》第十一条第一款“雇员在从事雇佣活动中遭受人身损害，雇主应当承担赔偿责任。雇佣关系以外的第三人造成雇员人身损害的，赔偿权利人可以请求第三人承担赔偿责任，也可以请求雇主承担赔偿责任。雇主承担赔偿责任后，可以向第三人追偿”的规定，曾立泉自负部分的责任应由吴家松承担。此外，由于新中旅酒店将有关的装修工程交吴家松承揽，双方构成加工承揽合同关系，根据《最高人民法院关于审理人身损害赔偿案件适用法律若干问题的解释》第十条“承揽人在完成工作过程中对第三人造成损害或者自身损害的，定作人不承担责任。但定作人对定作、指示或者选任有过失的，应当承担相应的赔偿责任”的规定，由于新中旅酒店选任了没有装修施工资质的吴家松为其装修工程，故其在选任承揽人方面有过错，其应在曾立泉自负20%的责任中承担20%的责任。

对于原告曾立泉的赔偿标准是按农村居民还是按城镇居民计算的问题，由于曾立泉的户口登记为农村居民户口，虽然曾立泉提供了其在东莞市办理了暂住证，暂住地址是东莞市望牛墩镇寮厦村厂宿舍的证据，但其未提供其在此有固定收入的证据，参照《广东省高级人民法院、广东省公安厅关于〈道路交通安全法〉施行后处理道路交通事故案件若干问题的意见》第二十七条“受害人的户口在农村，但发生交通事故时在城镇居住一年以上，且有固定收入的，在计算赔偿数额时按城镇居民的标准对待”的规定，曾立泉的赔偿计算标准，应以农村居民的标准计算。

综上所述，根据《最高人民法院关于审理人身损害赔偿案件适用法律若干问题的解释》及《广东省2008年度人身损害赔偿计算标准》的有关规定及原告的主张，计算原告曾立泉的损失有：医疗费24462.69元（其中住院医疗费22217.69元、门诊治疗费用2245元）、住院伙食费4700元（94天×50元/天）、护理费2410.72元（10天×23.18元/天×2人+84天×23.18元/天×1人）、误工费2874.32元（124天×23.18元/天）、伤残鉴定费645元、残疾赔偿金11248元（5624元/年×20年×10%）、被扶养人生活费4202.3元（其中其母亲何喜春扶养费为4202.3元/年×5年×10%=2101.15元、女儿曾华丽的扶养费为4202.3元/年×4年×10%÷2人=840.46元、小儿子曾文涛的扶养费为4202.3元/年×6年×10%÷2人=1260.69元），合计共50543.03元。对原告主张超出部分，本院不予支持。对于原告主张的交通费500元的诉求，由于原告所提供的车票凭据面值只有280元，且这些票据并未能证实是原告及其家人因就医或者转院治疗所实际发生的交通费用，故对原告的此项请求，本院不予采纳。对于原告主张的营养费2000元的诉求，由于医疗机构并无出具原告曾立泉受伤后需要补充营养的证明，故原告的此项请求理据不足，本院不予采纳。对于原告请求支付精神损害抚慰金10000元的诉求，由于该宗事故造成原告曾立泉十级伤残，确实给原告造成了一定的精神损害，依照《最高人民法院关于确定民事侵权精神损害赔偿责任若干问题的解释》第八条第二款及第十条的规定，结合本案的实际情况，精神损害抚慰金应以1000元为宜，对原告主张超出部分，本院不予采纳。综上所述，原告方在该次交通事故中所受到的损失实为 51543.03 元。根据双方当事人在该宗交通事故的责任，原告的损失，由于张国辉购买了机动车第三者责任强制险，故被告大地保险公司在机动车第三者责任强制险责任限额范围内予以赔偿，其中全额赔偿伤残限额 27080.34 元，医疗费用限额 10000 元，合计共 37080.34 元。余下的医疗费 13462.69 元，由被告张国辉承担 80% 的责任，即承担 10770.15 元。原告曾立泉自负的 2692.54 元，由新中旅酒店负 20% 责任，即承担 538.51 元，余下的 2154.03 元，由被告吴家松负担，吴家松对被告张国辉所承担的 10770.15 元负连带责任。

对于被告（反诉原告）张国辉的反诉请求原告（反诉被告）曾立泉赔偿财产损失 5093 元（其中该车经送修理产生的修理费 3093 元，车内财产：玻璃防爆膜、枕头、香水座合计 2000 元），并赔偿精神抚慰金 10000 元；反诉第三人吴家松、新中旅酒店对上述赔偿款承担连带赔偿责任的反诉请求。由于在该次事故中确实造成了被告（反诉原告）张国辉轿车的损失，对其提供的汽车修理费 3093 元，本院予以确认。但对其要求赔偿玻璃防爆膜、枕头、香水座合计 2000 元的请求，由于其提供的证据未能证实该批财物在该次事故中受损，故其主张，理据不足，本院不予采纳。对于其主张原告（反诉被告）曾立泉赔偿精神抚慰金 10000 元的诉求，由于其未能提供证据证实，故其主张，理据不足，本院不予采纳。对于被告（反诉原告）张国辉主张原告（反诉被告）曾立泉赔偿的汽车修理费 3093 元，由于张国辉在该次事故中负 80% 的责任，故其应自负 2474.4 元，曾立泉负 20% 的责任，即承担 618.6 元，曾立泉负担的部分，由新中旅酒店负 20% 的责任，即负担 123.72 元，余下的 494.88 元由吴家松负担。鉴于此，依照《中华人民共和国民事诉讼法》第六十四条第一款，《中华人民共和国道路交通安全法》第七十六条第一款第（一）项，《中华人民共和国民法通则》第一百零六条第二款、第一百一十九条、第一百三十一条、第一百三十四条第一款第（七）项，《最高人民法院关于审理人身损害赔偿案件适用法律若干问题的解释》第二条、第九条、第十条、第十一条第一款、第十七条、第十九条、第二十条、第二十一条、第二十三条、第二十五条、第二十八条，《最高人民法院关于确定民事侵权精神损害赔偿责任若干问题的解释》第八条第二款及第十条，参照《广东省道路交通安全条例》第四十八条第一款的规定，判决如下：

一、原告曾立泉在该次交通事故中造成的损失共 51543.03 元，由被告中国大地财产保险股份有限公司广东分公司赔偿 37080.34 元；被告张国辉赔偿 10770.15 元；被告吴家松赔偿 2154.03 元，被告吴家松对被告张国辉的赔偿款项承担连带责任；被告新兴县新中旅大酒店有限公司赔偿 538.51 元；上述款项应于本判决发生法律效力之日起十日内支付给原告曾立泉。

二、原告（反诉被告）曾立泉应于本判决发生法律效力之日起十日内赔偿 618.6 元给被告（反诉原告）张国辉；原告（反诉被告）曾立泉承担的责任，由反诉第三人新兴县新中旅大酒店有限公司负 20% 的责任，即赔偿 123.72 元，余下的 494.88 元由反诉第三人吴家松负责赔偿。

三、驳回原告（反诉被告）曾立泉及被告（反诉原告）张国辉的其他诉讼请求。

如果未按本判决指定的期间履行给付金钱义务，应当依照《中华人民共和国民事诉讼法》第二百二十九条之规定，加倍支付迟延履行期间的债务利息。

本案受理费2282元，由原告曾立泉负担1095元，被告张国辉负担950元，被告吴家松负担190元，被告新中旅酒店负担47元；反诉费177元，由被告（反诉原告）张国辉负担170元，原告（反诉被告）曾立泉负担7元。

如不服本判决，可在判决书送达之日起十五日内，向本院递交上诉状，并按对方当事人的人数提出副本，上诉于广东省云浮市中级人民法院。

审 判 长 冯得兴
审 判 员 郭仕斌
审 判 员 王 凯
二〇〇九年六月十六日
书 记 员 伍桂群

【评析】

这是一份一审民事判决书，其严格按照《法院裁判文书样式》的规定制作，格式规范，层次分明，结构严密，文字严谨，文理通顺，制作质量较高，被评为2010年全省法院优秀裁判文书，其特点具体表现为：在当事人诉辩主张部分，归纳准确，详略得当；查明事实部分，能够具体写明经法庭审理认定的事实，对当事人法律关系发生的时间、地点及相互间的法律关系的内容进行条理清晰的叙述；说理部分，能够准确界定当事人之间法律关系的性质，总结出争议焦点，在明确当事人的权利和义务的基础上，准确认定划分当事人的民事责任；对当事人诉辩意见及相关证据，能结合查明的事实并引用法律条文逐一进行分析论证，较好地运用法律语言，摆事实、讲道理，分清是非责任，细致地阐明法院采纳与否的理由及法律依据，做到以理服人；判决事项部分，能够做到明确、具体、完整。

●中域电讯连锁集团股份有限公司与沙斌杰不正当竞争侵权纠纷一案民事判决书

广东省梅州市中级人民法院

民事判决书

（2009）梅中法民三初字第4号

原告：中域电讯连锁集团股份有限公司。地址：广东省东莞市南城区元美路华凯广场B座19层1901－1918室。

法定代表人：李建明，该公司董事长。

委托代理人：崔斌，男，1982年4月21日出生，汉族，系中域电讯连锁集团股份有限公司法务部专员。

委托代理人：王小玮，男，1978年1月21日出生，汉族，系中域电讯连锁集团股份有限公司法务部专员。

被告：沙斌杰，男，1974年1月11日出生，汉族，现住广东省兴宁市龙田镇圩镇粤东饮料厂宿舍，系广东省兴宁市兴田一路470－472号铺位兴宁市创业通讯经营部负责人。

委托代理人：杨锋，男，1977年2月26日出生，汉族，住址：广东省兴宁市兴田街道办事处中山东路1号。

委托代理人：刘伟亮，男，1977年10月2日出生，汉族，住址：广东省兴宁市合水镇明星村阁里18号。

原告中域电讯连锁集团股份有限公司（以下简称中域公司）诉被告沙斌杰不正当竞争侵权纠纷一案，本院于2009年3月11日受理后，依法组成合议庭，于2009年4月28日公开开庭进行了审理。原告中域公司的委托代理人王小玮，被告沙斌杰的委托代理人杨锋、刘伟亮到庭参加诉讼。本案现已审理终结。

原告中域公司诉称：原告于2002年5月10日经东莞市工商局注册登记成立“广东中域电讯连锁有限公司”，2007年3月27日变更为“广东中域电讯连锁股份有限公司”，2008年8月4日变更为现名称。原告的经营范围是：销售移动电话手机、无线寻呼机、普通电话机、对讲机、通讯终端设备及配件、电话卡等；移动电话手机维修服务，电讯软件、电子产品的开发、销售和服务，移动通信的技术合作，电讯加盟管理等。原告从成立之日起，就在全国范围内通过“直销连锁、特许加盟、收购兼并”三种连锁经营方式，形成了完善的加盟体系并进行了大规模的广告投入。到2008年5月，原告的连锁网络已经遍布全国25个省、市、区，直营店、加盟店上千家，是全国规模最大的手机专业连锁企业。原告优质高效的服务理念和优良的服务得到了公众的赞许，先后获得了“中国商业名牌企业”、“中国电讯连锁经营市场产品质量用户满意消费者放心第一品牌”、“中国企业品牌建设十大杰出贡献奖”、“1996－2006 杰出连锁专业店、”“中国连锁十佳著名品牌” 等社会荣誉。原告仅从 2002 年到 2004 年就在全国性媒体投入广告费 2 亿多元，至今仍在不间断地进行广告宣传。原告还拥有“中域”文字、图形，文字图形字母组合等相关系列注册商标近三十个，原告的商标具有鲜明的独创性，其图形是“中域”两字拼音字母第一个字的组合“ZY”的变形。原告在多年的经营中形成了独有的店面装潢，即黄底蓝字，中域电讯文字从左至右排列。2004 年 3 月、2007 年 3 月，“中域” 文字图形字母组合注册商标先后两次被广东省工商行政管理局认定为“广东省著名商标”。2008 年 11 月，原告发现被告经营的兴宁市兴田一路 470－472 号铺位中域手机店，所使用的名称、标记、招牌的装潢与原告独有的名称、标记、装潢一模一样，同时被告所经营、销售的主要电讯器材亦是手机及手机配件，具有竞争关系。被告为了获得不正当利益，进行不正当竞争，自 2008 年 8 月起至今，恶意模仿原告门店的装潢设计，使用与原告一模一样的文字、图形商标作为其门店标志，又对外宣传是原告所经营的梅州二号门店，这些足以使消费者误认为被告的门店就是原告经营的门店。被告的行为侵犯了原告的商标专用权、企业名称权等，情节严重，持续时间长，是极为恶劣的不正当竞争行为，该行为严重影响了原告在该地区的销售收入，给原告造成了难以估量的损失。为了维护原告的合法权益，依据《中华人民共和国民事诉讼法》、《中华人民共和国反不正当竞争法》、《最高人民法院关于审理不正当竞争民事案件应用法律若干问题的解释》等法律规定，向法院提起诉讼，请求：1. 依法判令被告立即停止不正当竞争行为，拆除并不再使用其在梅州兴宁市兴田一路 470－472 号铺位上所使用的一切与“中域电讯” 相关的标识、名称、装潢；2. 依法判令被告赔偿原告的经济损失人民币 200000 元；3. 依法判令被告赔偿原告因证据保全支出的公证费 1000 元、差旅费 4500 元；4. 本案诉讼费用由被告承担。

原告对其陈述的事实在举证期限内提供的证据有：

1. 原告企业法人营业执照一份；

2. 兴宁市工商行政管理局个体户档案登记资料一份，证明被告沙斌杰的诉讼主体资格；

3. 广东省东莞市公证处（2009）东证内字第 889 号《公证书》及相粘连的兴宁市兴田一路 470－472 号铺位现场照片十张；

4. 广东省东莞市公证处公证员从被告店中索取的“中国中域电讯连锁有限公司梅州二号·第 111502L 连锁店服务卡”一张；

5. 国家商标局核发给原告的“中域”中文、中英文组合、中英文图案组合《商标注册证》等共两份；

6. 原告企业形象及标识设计图案取得广东省版权局《作品登记证》的证据两份；

7. 原告的“中域”商标被认定广东省著名商标的证书一份；

8. 原告获得“1996－2006 杰出连锁专业店”、“中国连锁十佳著名品牌” 等社会荣誉证书、奖牌等六份；

9. 原告在报刊登载部分广告的复印件；

10. 原告支付公证费、出差费的发票一份。

被告沙斌杰未提出书面答辩，在庭审中辩称：1. 被告在2005－2008年的经营过程中使用原告中域公司的服务标识，是得到原告默许加盟的。2. 沙斌杰一直以来都不是该店的法定代表人，其只是经营者。

被告沙斌杰就其抗辩陈述未提供证据证明。

经开庭认证、质证，被告对原告提供的证据的真实性无异议。

本院查明：原告中域公司于2002年5月10日注册登记成立，经营范围是销售移动电话手机、无线寻呼机、普通电话机、对讲机、通信终端设备及配件、电话卡等；移动电话手机维修服务，电讯软件、电子产品的开发、销售和服务，移动通信的技术合作，电讯加盟管理等。原告中域公司从成立之日起，就在全国范围内通过“直销连锁、特许加盟、收购兼并”三种连锁经营方式，形成完善的加盟体系并进行了大规模的广告投入。先后获得了“中国电讯连锁经营市场产品质量用户满意消费者放心第一品牌”、“中国企业品牌建设十大杰出贡献奖”、“1996－2006杰出连锁专业店”、“中国连锁十佳著名品牌”等社会荣誉。原告中域公司“中域”文字图形字母组合注册商标先后两次被广东省工商行政管理局认定为“广东省著名商标”。原告中域公司的“中域电讯企业形象及标识设计方案”图案还取得了广东省版权局颁发的《作品登记证》。

被告沙斌杰为兴宁市创业通讯经营部经营业主，经营范围是零售通信器材及维修服务，经营所在地为兴宁市兴田一路470－472号铺位。

2008年11月间，原告中域公司发现被告沙斌杰经营的兴宁市兴田一路470－472号铺位中域手机店，所使用的名称、标记、招牌的装潢与原告中域公司独有的名称、标记、装潢相同，且被告沙斌杰所销售的主要电讯器材亦是手机及手机配件。据此，原告中域公司认为被告沙斌杰的行为是不正当竞争的行为，遂于2009年1月12日向东莞市公证处申请证据保全。东莞市公证处接受申请后，于2009年1月15日派出公证员到兴宁市兴田一路470－472号店铺现场察看、拍照，并在该店索取“中国中域电讯连锁有限公司梅州二号·第111502L连锁店服务卡”一张。随后，东莞市公证处作出（2009）东证内字第889号《公证书》，主要内容是：兹证明与本公证书及相粘连的照片十张是在我处公证员的监督下拍摄所得，与当时的实际情况相符。从该十张照片图像看，被告沙斌杰经营的位于兴宁市兴田一路470－472号店铺所使用的名称、标记、招牌的装潢与原告中域公司的名称、标记、装潢相同，即注册商标的图形是“中域”两字拼音字母第一个字的组合“ZY”的变形，店面招牌装潢为黄底蓝字，“中域电讯”文字从左至右排列。据此，原告中域公司认为被告的行为侵犯其商标专用权、企业名称权等，因而向本院起诉，提出诉状中的诉请。

另查明，被告沙斌杰经营的手机销售店原为原告中域公司的加盟店，双方签订了加盟合同，加盟期限是2002年至2005年，加盟期限届满后，原告、被告没有续约或者重新签订合同。对此事实，原告、被告在庭审中予以承认。

本院认为：本案属知名服务标识特有装潢权侵权纠纷。本案的争议焦点：一是原告中域公司是否享有知名服务标识特有装潢权；二是被告沙斌杰经营的手机销售店所使用服务标识与原告中域公司的知名服务标识特有装潢是否相同或者相混淆，使购买者误认为是该知名服务商。

关于原告中域公司是否享有知名服务标识特有装潢权问题。原告中域公司使用的“中域电讯”注册商标及其特有装潢是否享有知名服务标识权，可从该服务标识是否属于知名服务标识和该服务标识是否属于特有装潢两方面予以认定。知名服务标识应为相关公众所知悉，在相关的市场领域中有较高的知名度为条件。原告中域公司的主要经营业务是销售移动电话手机，其在全国范围内通过“直销连锁、特许加盟、收购兼并”三种连锁经营方式，形成完善的加盟体系并进行了大规模的广告投入，先后获得了“中国电讯连锁经营市场产品质量用户满意消费者放心第一品牌”、“中国企业品牌建设十大杰出贡献奖”、“1996－2006 杰出连锁专业店”、“中国连锁十佳著名品牌”等社会荣誉。原告中域公司“中域”文字图形字母组合注册商标先后两次被广东省工商行政管理局认定为“广东省著名商标”。对此，被告沙斌杰并无异议。因此，原告中域公司的“中域电讯”图形、文字注册商标以及特定的黄底蓝字装潢构成的服务标识在手机市场上具有一定知名度，并为相关公众所知悉，应确认为知名服务标识。也正因为原告中域公司的“中域电讯”图形、文字服务标识在手机市场上具有一定知名度，被告沙斌杰才会在 2002 年至 2005 年期间成为原告中域公司的加盟店。原告中域公司注册商标的图形是“中域”两字拼音字母第一个字的组合“ZY”的变形，店面招牌装潢为黄底蓝字，“中域电讯”文字从左至右排列。该注册商标“ZY”的变形及店面招牌装潢属“中域电讯企业形象及标识设计方案”图案之一，取得了广东省版权局颁发的《作品登记证》。因此，原告中域公司的店面招牌装潢具有显著的独特性和区别性特征，并非为相关服务标识所通用，应确认为知名服务标识特有的招牌装潢，应受法律保护。

关于被告沙斌杰经营的手机销售店所使用服务标识与原告中域公司的知名服务标识特有装潢是否相同的问题。根据东莞市公证处（2009）东证内字第 889 号《公证书》证明的内容，被告沙斌杰经营的位于兴宁市兴田一路 470－472 号店铺所使用的名称、标记、招牌装潢均与原告中域公司的名称、标记、装潢相同。对此，有东莞市公证处《公证书》所附的在被告沙斌杰经营现场拍摄的十张照片为证，被告沙斌杰对照片的真实性亦无异议。据此，被告沙斌杰经营的手机销售店在加盟原告中域公司并使用其服务标识期限届满后，在既没有续约又没有重新签订加盟合同的情况下，仍然使用原告中域公司的名称、标记、招牌装潢进行经营，其行为违反了《中华人民共和国反不正当竞争法》，构成了不正当竞争，依法应承担相应的民事责任。被告沙斌杰在庭审中抗辩认为，在 2005 年后的经营过程中仍然使用原告中域公司的服务标识，是得到原告中域公司的默许加盟，但被告沙斌杰对此抗辩未提供任何证据证实，而原告中域公司予以否认，故根据民事诉讼“谁主张，谁举证”的原则，被告沙斌杰的此抗辩主张不成立。

关于民事责任的承担问题。鉴于被告沙斌杰经营的手机销售店使用原告中域公司的服务标识构成了对原告中域公司的知名服务标识、特有装潢权的侵犯，因此，原告中域公司依法请求判令被告沙斌杰立即停止不正当竞争行为，拆除并不再使用其在梅州兴宁市兴田一路 470－472 号铺位上所使用的一切与“中域电讯”相关的标识、名称、装潢的诉讼请求，依法应予以支持。关于原告中域公司请求判令被告沙斌杰赔偿原告经济损失人民币 20 万元的问题，因原告中域公司未提供自己损失或被告获利方面的证据，而被告沙斌杰也未提交侵权获利的证据，因而无法准确计算被告沙斌杰侵犯原告中域公司知名服务标识特有装潢权所获利益，只能根据本案被告沙斌杰侵权行为所持续的时间、销售范围、当地的经济状况以及本案侵权行为的性质、后果等情节综合考虑，酌情确定赔偿数额。原告中域公司请求判令被告沙斌杰赔偿证据保全支出的公证费1000元、差旅费4500元的问题，根据《中华人民共和国反不正当竞争法》及其司法解释规定，赔偿数额还应当包括进行调查取证的合理费用，据此，原告中域公司请求判令被告沙斌杰赔偿证据保全支出的公证费1000元的诉请，应予以支持。至于赔偿差旅费4500元，因原告中域公司未提交差旅费中的乘车发票、住宿发票等规范性证据，故只能酌情确定赔偿数额。

综上所述，根据《中华人民共和国反不正当竞争法》第五条第二项、第三项和第二十条，《最高人民法院关于审理不正当竞争民事案件应用法律若干问题的解释》第三条、第六条第一款、第十七条第一款之规定，判决如下：

一、被告沙斌杰应在本判决发生法律效力后立即停止使用并拆除其在兴宁市兴田一路470－472号铺位上所使用的一切与“中域电讯”相关的标识、名称、装潢。

二、被告沙斌杰应在本判决发生法律效力之日起十五日内赔偿原告中域电讯连锁集团股份有限公司人民币50000元。

三、被告沙斌杰应在本判决发生法律效力之日起十五日内赔偿原告中域电讯连锁集团股份有限公司因证据保全支出的公证费人民币1000元，差旅费2000元。

案件受理费4383元，由被告沙斌杰负担。受理费由原告中域公司预交，由被告沙斌杰在履行判决时迳行支付给原告中域公司。

如不服本判决，当事人可在判决书送达之日起十五日内向本院递交上诉状及其副本一式五份，上诉于广东省高级人民法院。

审 判 长　陈卓军
审 判 员　梁凯明
审 判 员　孔宁清
二〇〇九年八月二十一日
书 记 员　朱红珍

【评析】

该判决书符合最高人民法院规定的诉讼文书样式。行文叙事条理清晰，层次分明，论证充分，逻辑严谨，用语规范准确，语言通顺流畅，适用法律正确，引用法条准确、完整，是一篇优秀的裁判文书。未经许可而使用他人的知名服务标识、特有装潢，构成不正当竞争侵权，属新类型案件。该判决书从原告是否是知名服务商，是否拥有知名服务标识特有装潢权，被告经营行为是否构成侵权，依据证据证明的事实逐一论证，阐述准确，说理充分，对同类案件判决书的写作具有一定的借鉴意义。该判决书根据查明的事实，从被侵权的服务标识是否为某类商品知名服务商的特有装潢，行为人是否擅自使用与知名服务商特有装潢相同或相近的标识进行经营，使购买者误认为是该知名服务商，从而确认被告的行为构成不正当竞争侵权，层层推进，以证据支持论点，以论点推断出结论，论证充分。特别是对原告在手机销售市场中的知名度以及原告的服务标识特有装潢具有显著的独特性和区别性特征进行了深入的分析论证，增强了对案件定性的准确性，继而依据法律的规定，确认被告应承担相应的法律责任，有理有据，使人信服。

●阿迪达斯体育（中国）有限公司与广东美佳乐购物广场有限公司侵犯知名商品特有装潢权及商标专用权纠纷一案民事判决书

中华人民共和国广东省揭阳市中级人民法院

民 事 判 决 书

（2009）揭中法民三初字第7号

原告：阿迪达斯体育（中国）有限公司。住所：江苏省苏州工业园区现代大道88号普洛斯物流园区C21号。

法定代表人：JOHANN WOLFGANG BENTHEIMER，董事长。

委托代理人：邢星辉、丁龙兵，均系上海市汇业律师事务所律师。

被告：广东美佳乐购物广场有限公司。住所：广东省普宁市流沙中华新城老河街（原流沙小商品市场1－3层）。

法定代表人：陈耀强，总经理。

委托代理人：黄锡松，该公司部门经理。

委托代理人：王俊亮，广东海马律师事务所律师。

原告阿迪达斯体育（中国）有限公司与被告广东美佳乐购物广场有限公司侵犯知名商品特有装潢权及商标专用权纠纷一案，本院于2009年7月15日受理后，依法组成合议庭，并于2009年9月28日公开开庭进行了审理。原告的委托代理人邢星辉、丁龙兵，被告的委托代理人黄锡松、王俊亮到庭参加了诉讼。本案现已审理终结。

原告阿迪达斯体育（中国）有限公司诉称，原告关联公司阿狄达斯—萨洛蒙有限公司（德国）为世界最大体育用品供应商之一。从1974年起，阿狄达斯—萨洛蒙有限公司先后对“**ADIDAS**”/“**adidas**”/“”/“”/“阿迪达斯”及“”系列标志在中国注册了商标（以下简称“adidas系列商标”），指定使用的商品和服务项目涉及第3、9、14、18、21、24、25、26、28、32类，涵盖了鞋、服装、箱包、球类及体育器材等产品。“阿迪达斯”正是“adidas”的中文音译，该两个标志不仅是原告及其关联公司商标，也是其商号。经原告及其关联公司多年的精心经营、管理和宣传，“adidas系列商标”及商号在中国早已家喻户晓，阿迪达斯/adidas产品经销网络已遍及全国，成为中国体育用品行业的知名商品。2000年6月，中国工商行政管理局将“”与“adidas”组合商标列入了《全国重点商标保护名录》。2002年，福建省泉州市中级人民法院刑事判决书也认定了“ ”与“adidas”组合商标为驰名商标。2008年，随着北京奥运会的举办，作为北京奥运最大官方赞助商，阿迪达斯/adidas品牌及其产品更加深入人心。阿狄达斯—萨洛蒙有限公司（德国）先后在中国设立了阿迪达斯（苏州）有限公司及阿迪达斯体育（中国）有限公司作为阿迪达斯零售管理商，经阿狄达斯—萨洛蒙有限公司（德国）授权在中国境内管理、使用adidas系列商标，并有权通过包括授权零售商、批发商或特许经营等各种可用分销渠道，仅以专卖店形式销售阿迪达斯/adidas产品，并提供相应服务。自2007年5月起，原阿迪达斯（苏州）有限公司的销售业务全部转入原告，现在原告为阿迪达斯集团在国内的唯一零售管理商，在中国境内进行以专卖店（“阿迪达斯/adidas专卖店”）形式销售阿迪达斯/adidas产品并提供相应管理服务。截至目前，原告已通过授权方式在全国开设了超过5000家阿迪达斯/adidas专卖店，仅在广东就设立了400多家。为使阿迪达斯/adidas专卖店整体营业形象具有独特风格，原告花费巨额资金委托上海千目图文设计制作有限公司设计出了一套内容包括：横贯顶部由图形商标延伸出来的三条线、营业用具（包括鞋墙、陈列桌、道具等）以及阿迪达斯及图组合商标图样在内的SPC识别系统，为配合该SPC识别系统，原告还专门委托佛山市杰为先活货架有限公司对包括鞋墙、陈列桌、道具等在内的营业用具进行专门设计生产，并通过合同条款形式对这些营业用具的使用及回收进行了专门的管理。经过原告多年的精心经营管理，包含这套SPC识别系统的阿迪达斯/adidas专卖店整体营业形象已形成独特风格，逐渐成为原告品牌特有的包装、装潢。阿迪达斯/adidas专卖店的整体营业形象与原告所提供的产品、服务之间已形成了唯一的密不可分的指示关系。

被告的经营范围包括经营运动服饰及体育用品，与原告存在直接竞争关系，应当并实际知晓“adidas系列商标”和“阿迪达斯/adidas”商号及产品的高知名度，以及阿迪达斯/adidas专卖店特有的包装、装潢。然而，2009年初，原告发现被告在没有获得原告授权或以其他任何形式同意的情况下，在其所经营的广东普宁美佳乐购物广场（广达店）四楼开设了一个所谓的“adidas专卖店”（下称该店铺）。该店铺专门销售带有adidas系列商标的运动服饰、运动鞋、运动包及其他体育用品等，与原告合法授权的阿迪达斯/adidas专卖店经营范围完全相同。该店铺使用了原告具有独特风格的专卖店整体营业形象和SPC识别系统，包括横贯顶部由图形商标延伸出来的三条线、营业用具（包括鞋墙、陈列桌、道具等）的装潢；擅自在商业经营中使用原告的“阿迪达斯/adidas”商号；并在户外广告、营业招牌、内部装潢、产品包装上使用了原告享有合法权益的“**ADIDAS**”/“**adidas**”/“ ”/“ ”等标志；同时，该店铺在经营中虚假宣传其为“阿迪达斯连锁店”。被告的上述行为足以使相关公众对原、被告产品及产品来源产生混淆，造成了被告所售产品和原告合法授权的专卖店内销售的商品相混淆，使相关公众误认为被告与原告有特定联系（误认为经原告合法授权的专卖店），误认为其销售的商品为经原告合法授权的专卖店商品，侵犯了原告知名商品特有的包装、装潢权及原告的企业名称权，构成了不正当竞争；同时，被告的行为还构成对原告在第18类、第25类、第28类的adidas系列商标的侵权，淡化了原告的商标，损害了原告的合法权益。被告上述行为严重误导了消费者，使原告的销售量减少并遭受了重大损失。根据《中华人民共和国商标法》、《中华人民共和国反不正当竞争法》的规定及相关司法解释，被告的行为侵犯了原告的商标权，并对原告的正常经营构成了不正当竞争。请求判令：1. 确认阿迪达斯/adidas 专卖店整体营业形象（内容包括横贯顶部由原告图形商标“ ”延伸出来的三条线，鞋墙、陈列桌、道具等营业用具以及 adidas 及图组合商标图样等在内的 SPC 识别系统）为原告知名商品特有的包装、装潢。2. 被告立即停止对原告的不正当竞争行为及对原告“**ADIDAS**”/“**adidas**”/“ ”/“ ”/“阿迪达斯”/“ ”商标及原告享有合法权益的其他注册商标的侵权行为，包括：（1）被告立即停止擅自使用阿迪达斯/ adidas 专卖店整体营业形象，并销毁相关装潢材料和营业用具；停止擅自以“阿迪达斯”名义对外经营，及以“阿迪达斯专卖店”名义进行虚假宣传；（2）被告停止在户外广告、营业招牌、内部装潢、营业用具、产品包装上使用“**ADIDAS**”/“**adidas**”/“ ”/“ ”等标志，并销毁附带前述标志的所有材料；停止销售使用“**ADIDAS**”/“**adidas**”/“ ”/“ ”/“ ”等标志及原告其他注册商标的产品。3. 被告在《揭阳日报》上公开赔礼道歉，以消除影响。4. 被告向原告支付损害赔偿金暂计为人民币（下同）50 万元。5. 被告赔偿原告为制止被告侵权及不正当竞争行为所支付的费用 10 万元。6. 给予被告训诫、责令具结悔过、没收其进行非法活动的财物和非法所得及罚款等民事制裁措施。7. 由被告承担本案所有的诉讼费用。

原告为其诉讼主张提供的证据如下：

第一组证据是原告主体资格及权属证据，包括第 1－7 项证据。证据 1 是商标注册证明及商标使用许可合同备案通知书共 13 份；证据 2 是原告营业执照；证据 3 是商标权人阿狄达斯—萨洛蒙有限公司（德国）对原告的授权委托；证据 4 是阿迪达斯（Adidas）投资架构表；证据 5 是 Adidas International B. V 与阿迪达斯（苏州）有限公司的商标许可使用协议（1998 年 8 月 18 日）；证据 6 是 Adidas International Marketing B. V 与原告的商标许可使用协议（2007 年 5 月 1 日）、授权书及被许可商标清单；证据 7 是部分关于阿迪达斯业务转移的通知书及原告部分经销商、合作伙伴的确认信。

第二组证据是原告知名度证据，包括第 8－21 项证据。其中第一部分是有关原告产品的销售时间、销售区域、销售额和销售对象，证据 8 即原告及阿迪达斯（苏州）有限公司 2000－2008 年第三方审计报告；证据 9 是原告在全国范围内部分合法授权专卖店的授权证书；证据 10 是原告在广东地区合法的授权专卖店铺清单。第二部分是原告通过广告和赞助等形式进行宣传的持续时间、程度和地域范围的证据，包括证据 11（与证据 8 相同）；证据 12 是原告和阿迪达斯（苏州）有限公司的部分广告合同及样品、在部分网络媒体上的广告图样；证据 13 是 CCTV 奥运拍档的拍摄协议；证据 14 是原告的赞助证书（奖杯、奖牌）等照片共六张；证据 15 是奥组委法［2005］271 号奥运会标志使用备案号的通知、奥组委法［2008］3201 号关于为原告在广告中使用北京 2008 年奥运会、残奥会知识产权提供证明的函。第三部分是有关原告的 adidas 系列商标作为驰名商标及原告阿迪达斯/ adidas 产品作为知名商品的受保护的记录及相关情况，证据16是商标局商标（2000）28号文件关于印发《全国重点商标保护名录》的通知；证据17是奥运标志及知名品牌商标保护名录；证据18是各地工商行政管理机关对部分侵犯adidas系列商标的侵权行为作出的处罚决定书计五份；证据19是部分与“adidas”商标相关的域名争议案例裁决书二份，证据20是福建省泉州市中级人民法院（2002）泉刑终字第807号刑事判决书；证据21是湖南省郴州市中级人民法院（2008）郴民三初字第3号民事判决书。

第三组证据是原告阿迪达斯/adidas专卖店整体营业形象具有独特风格证据，包括第22－30项证据。其中第一部分有关原告通过协议方式在全国范围内对专卖店种类、视觉陈列、装修、器架等进行了管理及长时间的广泛使用，包括证据22为原告在全国范围内部分合法授权专卖店的授权证书（与第二组证据中证据9相同）；证据23是原告在广东地区合法的授权专卖店铺清单（与第二组证据中证据10相同）；证据24是深圳市滔搏商贸有限公司零售销售协议（2007年1月份）。第二部分有关原告委托专业机构为专卖店形象统一设计出了具有独特风格的SPC识别系统，并对器架委托专业机构进行了统一生产、提供与回收。包括证据25，深圳百朗深圳市罗湖区东门新白马店的授权书；证据26，上海千目图文设计制作有限公司的设计合同；证据27，深圳百朗深圳市罗湖区东门新白马店的效果图及相关设计图纸；证据28，深圳百朗深圳市罗湖区东门新白马店的器架签收单；证据29，深圳市滔搏商贸有限公司零售销售协议（与证据24相同）；证据30，湖南省郴州市中级人民法院（2008）郴民三初字第3号民事判决书（与证据21相同）。

第四组证据是被告构成商标侵权及不正当竞争证据，包括第31－32项证据。证据31是广东省普宁市公证处公证书；证据32是被告店内装潢的照片与原告合法专卖店内照片的形象对比。

第五组证据是被告持续进行不正当竞争行为和商标侵权行为，并且具有恶意，造成原告损失扩大的证据，即证据33：原告律师函及快递单封面。

第六组证据是赔偿证据，包括第34－36项证据。证据34是原告为本案聘请律师支出的律师费发票（10万元）；证据35是上海市汇业律师事务所收费标准；证据36是原告为制止侵权而产生的相关费用（被告出具的销售服装发票260元、普宁市公证处公证费1000元、原告代理律师于2009年7月13日从上海到汕头的一张飞机票1040元）。

补充证据一：原告的合法授权专卖店的设计效果图纸和被告店铺的图片对比。证明被告在店铺装潢中擅自使用了与原告特有的SPC识别系统完全相同的整体营业形象；被告在店铺内所使用的装潢和原告阿迪达斯/adidas产品专卖店特有的装潢完全相同，足以导致相关公众的混淆和误认，构成对原告的不正当竞争。补充证据二：1. adidas520域名投诉裁决书，作为原证据19的一部分，共同证明原告的“adidas”系列商标及阿迪达斯/adidas商号、产品具有相当高的知名度，受到司法部门、工商行政主管部门、相关专家及合法经营人的认可和重点保护，并对侵犯“adidas”系列商标的行为进行了严厉打击。2. 湖北竞速武汉王府井店的设计图纸。证明原告的专卖店店铺的装潢设计是一致的，且是特有的。3. 律师费进账单以及法律服务专项合同，证明原告为制止被告的侵权行为所付出的合理费用。4. 普宁公证处有关公证的光盘，证明被告在经营过程中以阿迪达斯的名义进行宣传。

被告广东美佳乐购物广场有限公司答辩称：一、被告在本案并没有实施任何侵权行为，本案将被告列为被告主体不适格。1. 原告诉称内容明显严重失实。原告诉称被告经营范围有经营运动服饰及体育用品便存在竞争关系明显不实。被告毕竟是一家大型的购物广场，注册经营范围是非常广泛的，根本不存在与原告竞争的问题。原告诉称2009 年初，被告购物广场（广达店）四楼开设一个“adidas 专卖店”明显不实。首先，被告购物广场（广达店）于2008 年12 月份开业，专柜承租者是2009 年3 月份后才开始进场装修。其次，被告购物广场内除了开设专柜，并没有开设专卖店，专柜与专卖店是两个不同的层次。再次，被告只是出租场地，并没有经营任何阿迪达斯的产品。被告购物广场内的专柜并不是由被告自己经营，大部分是被告以出租场地使用权的形式租给承租人自主经营管理。本案涉及的运动服饰专柜，正是由被告出租给承租人黄凤凤经营管理的，被告与承租人在签订《场地租赁合同》时已经明确：被告仅出租场地，合同期内承租人所涉及的经营、管理、债权纠纷、相关政府管理规定的全部责任与被告无关，被告只是收取租金、管理费和合同保证金，并没有参与该专柜的经营。被告出租的运动服饰专柜没有使用原告专卖店的整体营业形象和SPC 识别系统、营业用具的装潢、“阿迪达斯/adidas”商号，没有在户外广告、营业招牌、内部装潢、产品包装上使用原告的商标、标识及作虚假宣传。因此被告并不存在任何不正当竞争或侵权行为，原告将被告列为被告主体明显不适格。2. 被告经了解得知，被告购物广场四楼出租的运动服饰专柜是经营正牌的阿迪达斯运动产品，根本不可能存在任何不正当竞争的行为，也不存在任何侵犯商标权的行为。根据《中华人民共和国反不正当竞争法》第五条规定中的四种不正当竞争行为的表述来看，根本不存在规定的任何一种行为，此其一。其二，出租专柜的经营者也并没有在营业场所的装饰、营业用具的式样、营业人员的服饰等构成的具有独特风格的整体营业形象与原告一样。退一步讲，即使一样，也与被告无关。其三，出租专柜经营的是正牌的阿迪达斯运动产品，也不可能存在误认误购的问题，因为产品本身是原告的产品，专柜并不是用假产品来冒充真产品，而构成不正当竞争行为的前提是用假产品通过各种形式来冒充真产品，使消费者误认为是真产品。本案涉及的专柜出售的都是阿迪达斯正牌的产品，并不是假产品，出售真产品与真产品之间怎么可能存在不正当竞争、存在侵犯商标权的问题呢？本身是正牌产品，就不可能出现造成和他人的知名商品相混淆，使购买者误认为是该知名商品的问题。其四，租赁被告专柜的经营者经营的是原告的产品，只有为原告扩大消费者的范围，为原告打开销路，怎么可能使原告的销售量减少并受到重大损失呢？而且被告的购物广场于今年三月份后才开张，租赁者的经营时间过短，且至今在其周边的专柜都尚未出租，因此，原告提出的使其销售量减少并遭受重大损失，根本就不符合逻辑和客观实际。其五，公众购买产品的心理，只求正货，并不关心货物的来源，相关公众绝对没有一个人会去关心所购货物是不是原告的专卖店的货物，也绝没有一个人会去考虑售货单位是不是与原告有联系，销售的商品只要是原告的商品，就不存在误认的问题。二、市场经济是自由经济，只要不违反法律、法规规定就可以自由买卖。法律、法规允许可以在市场上流通的商品，任何人都可以自由买卖。被告出租的专柜出售的是正牌阿迪达斯产品，没有违反法律、法规规定，是可以在市场上流通的商品，因此，租赁被告专柜的经营者可以自由买卖阿迪达斯正牌的产品。租赁者的做法并不涉及被告是不是存在不正当竞争的问题。三、确认阿迪达斯/adidas 专卖店整体营业形象是不是原告知名商品特有的包装、装潢，与本案没有关联性。因为阿迪达斯/adidas 专卖店整体营业形象是不是原告知名商品特有的包装、装潢，应该按规定由原告向有权认定的行政机关申请，而且被告的购物广场上也没有阿迪达斯/adidas 专卖店。所以，原告在本案要求确认其专卖店整体形象是不是其知名商品特有的包装、装潢，明显没有事实依据和法律依据。综上，被告在本案中并没有实施任何侵权行为，本案将被告列为被告主体不适格，而且本案原告要求确认阿迪达斯/adidas 专卖店整体营业形象是不是原告知名商品特有的包装、装潢的请求明显与本案无关。请求依法驳回原告的全部诉讼请求，以维护被告的合法权益。

被告为其辩解主张提供的证据如下：1.《企业法人营业执照》，证明被告的法人主体资格。2. 租赁合同书。3. 黄凤凤身份证。4. 保证金收款收据。5. 管理费收款收据。证据2－5 证明美佳乐购物广场四楼运动服专柜出租给黄凤凤使用等事实。6. 广州宝元贸易有限公司内部调拨单、销售出货单，证明黄凤凤租用的专柜出售的产品是从原告的经销商广州宝元贸易有限公司进货，所进的货物是正牌产品，进货渠道合法等事实。7. 销售明细单（2009 年3 月份至8 月份），证明专柜所有的销售情况等事实。8. 进销存汇总及明细单（2009 年 3 月份至 8 月份实际销售额合计 18562. 8 元、销售成本14652. 84 元、毛利 3909. 96 元），证明黄凤凤租用专柜后几个月来所有的进货、销售及存货情况等事实。9. 复函，证明原告发出律师函后，租户黄凤凤根据事实有复函给原告，并没有主观恶意等事实。

被告对原告提供的证据质证如下：

第一组证据中，证据1“商标注册证”，阿迪达斯商标许可使用，证明内容有异议，关联公司拥有不等于原告拥有。证据2“营业执照”，享有中、英文商号权，证明内容有异议，原告中文享有商号权，而英文没有商号权。证据3“授权委托书”，而真实性、合法性、关联性有异议，原告只是代理人的身份，属于特别代理，授权委托书并没有委托原告“以自身名义维权”。证据4－7“商标许可使用协议”，真实性、合法性、关联性有异议，只能证明原告与苏州公司经营业务具有延续性，并不是连续性，并且不能证明专卖店形象设计使用具有连续性。

第二组证据中，对证据8－14 的真实性、合法性、关联性均有异议。证据8“审计报告”，2000－2007 年这段时间是属于苏州公司经营，他的业绩与原告无关。证据9“授权经销店”证书，这部分只有深圳、广州5 张授权证，其实只有广东被授权，并不能证明在全国范围内部分授权。而且这部分证据无法证明原告销售区域极广，包括广东、北京、湖南、河南、河北、沈阳、山东等全国各大省、市。证据10“广东地区授权店铺清单”，因清单是自制的，没有相关依据可印证。对证据 8 －10 证明内容有异议，一是这部分证据无法证明原告在中国销售时间长，因为原告是 2007 年 5 月 7 日才接受销售业务，至今只有两年时间，时间不长；二是这部分证据没有相关依据来证明原告已通过授权方式在全国开设数千家专卖店及在广东设立了近千家授权店铺。证据 11“2000－2008 审计报告”，2000－2007 年这段时间属于苏州公司经营，投入广告费、赞助费者是苏州公司而不是原告，原告举证证明是其投入不符事实。证据 12“户外广告、宣传协议、网络广告合同”，一是只有协议，没有相关依据印证，比方租金收据；二是重庆市渝中市区互动体育用品店这一张是苏州公司签的，明显单位有涂改；三是深圳市高马文化传播有限公司、重庆市渝中市区互动体育用品店、上海锐力运动用品有限公司、北京利生体育商厦、上海唐狮广告有限公司在协议书上的授权代表都无人签名，日期没有填，反而原告这么有名的公司却正正规规签上名，这样的协议很难让人接受是真的，明显这些协议缺乏其真实性。网络广告合同是苏州公司签订，与原告无关。证据13“奥运档案拍摄协议”，只有协议，没有相关依据印证。证据14“原告的赞助证书”，大部分赞助证书、奖杯是苏州公司的而不是原告的，原告要证明的内容不实。证据15“奥运会的通知”，合法性无异议，而真实性、关联性有异议，奥林匹克标识是2005年5月8日，当时是苏州公司而不是原告。对证据12－15证明内容有异议，一是这部分证据大体都是发生在2008年至2009年这段时间，并无法证明原告进行长时间广告宣传；二是拍摄协议、赞助证书、奥运标识都是苏州公司投入而不是原告投入，原告所提供的这一部分证据无法证明其为宣传自己的产品而赞助全国（全球性）各地方体育赛事及体育赞助商的主张。对证据16－21的合法性无异议，而对真实性、关联性有异议。证据16“全国重点商标保护名录通知”是2000年6月公布，当时是苏州公司在经营，与原告无关。证据17“全国重点商标保护名录”，是2000年6月公布，当时是苏州公司在经营，与原告无关。证据18“各地工商处罚决定书”、证据19“裁决书”、证据20“假冒注册商标案”，均与本案无关。证据21“判决书”，一是与本案无关；二是该判决书无法确认原告专卖店整体的营业形象，被认定为知名商品特有的包装、装潢。

第三组证据中，对证据22－29的真实性、合法性、关联性均有异议。证据22“专卖店授权书”，只有深圳、广州5张广东的授权证，并不能证明在全国范围内部分授权，而且这部分证据无法证明专卖店由原告提供管理。对证据23“广东地区授权店铺清单”，因清单是自制的，没有相关依据可印证。证据24“深圳市××零售销售协议(2007年1月份)”，该协议是苏州公司签订的而不是原告签订的，且该协议书只能证明与深圳某公司的管理约定，而无法证明是原告与所有专卖店的管理规定。证据25“深圳百朗授权书”，与本案无关。证据26“上海千目图文设计合同”，该协议是苏州公司签订的而不是原告签订的，也没有相关依据可印证，凭这张协议无法证明原告在全国专卖店使用协议内容。证据27“深圳百朗设计图纸”，凭这张图纸无法证明原告在全国专卖店使用。证据28“深圳百朗签收单”，凭这张签收单无法证明原告在全国专卖店使用SPC识别系统，因无其他相关依据可印证。证据29“深圳市滔博公司零售协议”，该证据只能证明原告对该店进行管理，而无法证明原告对所有专卖店实行统一管理。对证据30“湖南中院判决书”，合法性无异议，而真实性、关联性有异议。一是与本案无关；二是该判决书无法确认原告专卖店整体的营业形象，被认定为知名商品特有的包装、装潢。

第四组证据中，对证据31“普宁市公证书”，合法性无异议，而真实性、关联性均有异议。专柜虽未被授权，但原告所要证明的内容明显不实。一是货源是从原告进的，是卖原告的货，不需冒用；二是销售原告的货，对外没有进行虚假宣传；三是出租的是专柜而不是专卖店，没有对外说是专卖店；四是该专柜的整体营业形象不可能与原告完全一样，若要完全一样，除非该店的装潢是原告完成的；五是该店在购物广场的四楼，其中大部分专柜尚未出租，不足以导致相关公众的混淆和误认。对证据32“照片形象对比”，真实性、合法性、关联性有异议。购物广场出售原告的产品，户外广告是正常的，店铺装潢、营业用具不可能一样，税票上没有原告产品上的名字，无法证明什么。售货小票只能证明专柜销售的是原告的产品。所有这些事实不足以证明被告对原告已构成商标侵权。

第五组证据，对证据33“律师函”，真实性、合法性、关联性有异议。被告接到此律师函后才得知销售原告产品的专柜未被授权，故按原告律师的要求清理掉原告的所有广告，根本没有拒绝纠正，不存在主观恶意。对此问题倒是原告无事找事，这从原告出示的证据18－21可看出，其实原告才存有主观恶意，造成的损失应由原告自己负责。

第六组证据中，对证据34－36的真实性、合法性、关联性均有异议。证据34“律师费发票”，原告律师收费10万元不知是以什么标准收的。像广东律师收费标准没确定数额的以1000－8000元收费为适，有数额的一桩侵权案件收费也不会超过20000元。本案原告律师又没有风险代理，收10万元简直不可思议。证据35“汇业律师收费标准备案表”，原告律师的备案表收费标准不能适应诉讼案件，一是律师所自己制定的；二是以小时收费只是适应法律咨询，像广东省规定律师收费标准是法律咨询每小时1000－3000元，法律咨询才有按小时收费，案件都是按一定的标准规定收费的。证据36“原告制止侵权相关费用”，税票是购物，无法证明是为制止侵权所付的费用。航空单上的人员没有身份证明，同样也无法证明是为制止侵权所付的费用。

对原告补充证据一的质证意见：对该证据的真实性、合法性、关联性均有异议，没有完全相同的地方，图片也不能证明是被告的地方。对原告补充证据二的质证意见：裁决书与本案无关，设计图纸与本案无关，原告的律师费的收费是不合理的，被告不是以专卖店的形式进行宣传，该光盘是翻录的，不能作为证据使用。

原告对被告所提供证据的质证意见：对第1份证据没有异议，对第2－9份证据的真实性、合法性、关联性均有异议。

本院根据原告的证据保全申请，于2009年7月17日作出（2009）揭中法民三初字第7－2号民事裁定书，作出如下证据保全：

1. 对被告位于广东省普宁市美佳乐购物广场（广达店）四楼的未经授权的“阿迪达斯/adidas专柜”开业至今的全部会计凭证账册进行保全取证（该项证据经被告与承租人黄凤凤联系后提供，见被告所提供的证据6－8）。

2. 对上述被告的“阿迪达斯/adidas专柜”目前在售的及库存的所有带有“adidas”系列商标的产品及其产品包装进行保全取证（经清点，存货包括adidas男女装运动服62件、男女鞋40双、运动包6个、袜子30双，本院予以记录）。

3. 对上述被告的“阿迪达斯/adidas专柜”的装潢设计及户外广告拍照取证（实拍照片25张）。

原、被告对上述证据保全范围的3项证据的质证意见：原告对第1项证据的真实性、合法性、关联性有异议，对第2、3项证据没有异议。而被告没有异议。

本院经过对本案所有证据进行综合分析、认证，查明了下列事实：

原告关联公司在中华人民共和国的商标注册情况：（1）“ADIDAS”商标。阿狄达斯（加拿大）公司于1974年12月注册了该商标，取得两本商标注册证，证号分别为第71087号和第71092号，核定使用商品分别为第51类和第54类，期满后续展分别注册为第18类和第25类。1976年5月阿狄达斯（加拿大）公司又在核定使用商品第64类注册了该商标，期满后续展注册在第25类，商标注册证号为第75360号。上述三份商标注册证核定使用商品包括袋、鞋、衣服等。（2）“adidas”商标。1982年9月阿迪达斯运动厂阿迪达斯公司（德国）注册了该商标，商标证号列第162239号，核定使用商品为第64类，期满后续展注册在第28类，包括各种体育器材。1988年12月爱迪达鞋厂创办公司在核定使用商品第55类（袜子）注册了该商标，商标证号列第333574号。2004年6月阿狄达斯—萨洛蒙有限公司（德国）在核定使用商品第25类（鞋、服装、帽等）注册了该商标，商标证号列第3336263号。（3）“阿迪达斯”商标。1997年9月阿迪达斯有限公司注册了该商标，商标证号列第1106698号，核定使用商品第25类，包括服装、雨衣、鞋、帽、袜等。1999年4月7日，上述（1）、（2）、（3）项商标中证号列第71087号、第71092号、第75360号、第162239号、第333574号、第1106698号计六份商标注册证的注册人均变更为阿狄达斯—萨洛蒙有限公司（德国）。（4）“”商标。阿狄达斯国际有限公司先后于2000年11月、2000年12月、2001年3月分别在核定使用商品第28类、第25类、第18类注册了该商标，商标证号分别为第1473187号、第1489454号、第1536558号，商品使用范围包括运动器械、服装、袜、鞋、皮革制品等。其中第1473187号、第1536558号商标注册人于2003年6月21日均变更为阿迪达斯国际经营管理有限公司，而第1489454号商标注册人于2004年9月14日变更为阿狄达斯—萨洛蒙有限公司（德国）。（5）“”商标和（6）“”商标，即“三道杠（长）”和“三道杠（短）”图形商标，2000年12月阿狄达斯萨洛蒙有限公司（德国）在核定使用商品第25类（各种鞋）注册了这两个商标，商标证号分别为第1493353号和第1493354号。上述（1）至（6）项商标共计12份商标注册证中，除了第333574号商标注册证有效期期满而没有证据证明已续展有效期外，其余11份商标注册证均在有效期内或续展有效期内。

现阿迪达斯集团（adidas AG）包括阿迪达斯有限公司（阿狄达斯－萨洛蒙有限公司）及其所有子公司，在中国设立的子公司有阿迪达斯（苏州）有限公司和阿迪达斯体育（中国）有限公司。1998年8月18日，阿迪达斯集团属下阿狄达斯国际有限公司与阿迪达斯（苏州）有限公司签订了《商标许可使用协议》，许可阿迪达斯（苏州）有限公司在中国使用“adidas”有关商标以及在中国制造、销售和分销阿迪达斯产品。2007年4月18日原告阿迪达斯体育（中国）有限公司在中国成立，之后，阿迪达斯集团属下阿狄达斯国际经营管理有限公司于2007年5月1日与原告阿迪达斯体育（中国）有限公司签订了《商标许可使用协议》，许可阿迪达斯体育（中国）有限公司在中国使用“adidas”有关商标及作为阿迪达斯产品在中国的销售商。自2007年5月7日起，阿迪达斯（苏州）有限公司原所有销售业务转入阿迪达斯体育（中国）有限公司。2007年6月21日，阿迪达斯集团（adidas AG）出具《授权委托书》给原告阿迪达斯体育（中国）有限公司，特授权阿迪达斯体育（中国）有限公司在中华人民共和国境内全权代表阿迪达斯集团（adidas AG）依法从事保护阿迪达斯集团（adidas AG）知识产权及其他合法权益事宜，包括向有管辖权的人民法院提起诉讼或者应诉等，并可以转委托律师。

阿迪达斯（苏州）有限公司和原告通过授权方式先后在全国各地开设阿迪达斯/adidas专卖店，仅在广东省已设立了400多家。自2000年至2008年，阿迪达斯（苏州）有限公司（2000年至2006年）及原告（2007年至2008年）年销售额均超亿元，且逐年增加，从2000年销售额3亿多元，到2008年销售额已达92亿多元。阿迪达斯（苏州）有限公司和原告为扩大阿迪达斯产品的知名度，从2000年起至2008年，每年都投入巨资（千万元以上）进行广告和提供赞助，其中2000年的广告费为20171776.62元，从2005年开始每年广告费已超过1亿元，2008年广告费达到570405067.53元。阿迪达斯（Adidas）商标于2000年6月列入国家工商行政管理局商标局印发的《全国重点商标保护名录》。原告也成功赞助了2008年北京奥运会，成为北京奥运会合作伙伴。为使阿迪达斯/adidas专卖店整体营业形象具有独特风格，阿迪达斯（苏州）有限公司及原告委托上海千目图文设计制作有限公司设计出了一套内容包括横贯顶部由图形商标延伸出来的三条线、营业用具（包括鞋墙、陈列桌、道具等）以及阿迪达斯及图组合商标图样在内的SPC识别系统，为配合该SPC识别系统，还委托专业公司对包括鞋墙、陈列桌、道具等在内的营业用具进行专门设计生产。阿迪达斯（苏州）有限公司及原告又通过合同约定，对授权专卖店进行统一样式的布局装潢，并对营业用具的使用及回收进行了管理，使包含SPC识别系统的阿迪达斯/adidas专卖店整体营业形象形成独特风格。

2009年3月，被告在其经营的广东普宁美佳乐购物广场（广达店）四楼品牌运动区开设了一个adidas专柜，专门销售带有adidas系列商标的运动服饰、运动鞋、运动包及其他体育用品等，与原告授权的阿迪达斯/adidas专卖店经营范围相同。在没有获得原告授权或同意的情况下，该专柜的装潢使用了原告具有独特风格的SPC识别系统，包括横贯顶部由图形商标延伸出来的三条线、营业用具（包括鞋墙、陈列桌、道具等）的装潢，其整体营业形象与原告的授权专卖店基本相同。被告在该专柜门面上部、专柜旁边消防门及其广达店户外广告牌上均使用了“”标志。同月20日，原告的代理人员到该专柜购买了一件带有“”标志的短袖POLO，货号697311，价税合计260元，并索取了编号为00988802的广东增值税普通发票，该发票上销售单位处加盖了被告的发票专用章。广东省普宁市公证处对此购买行为进行了公证，出具了（2009）普证内民字第231号公证书，并收取了公证费1000元。在本案诉讼过程中，对上述经公证购买的带有“”标志的短袖POLO是否阿迪达斯品牌真品，原告表示不清楚。而被告披露的供货方广州宝元贸易有限公司确系原告授权的经销商。在2009年7月17日本院采取证据保全之前，被告已自行将阿迪达斯专柜门面上部及其广达店户外广告牌上使用的“”标志去掉，但该专柜内的装潢及专柜旁边消防门的“”标志未作改变。

本院认为，本案系侵犯知名商品特有装潢权及商标专用权纠纷。原告是阿迪达斯集团（adidas AG）在中国设立的子公司，阿迪达斯集团也于2007年6月21日出具《授权委托书》，特授权原告在中华人民共和国境内全权代表阿迪达斯集团依法从事保护阿迪达斯集团知识产权及其他合法权益事宜，包括向有管辖权的人民法院提起诉讼或者应诉等，因此，原告以其自身名义代表阿迪达斯集团提起本案诉讼，主体适格。阿迪达斯集团及其属下子公司在中国注册取得了“adidas”系列商标专用权，事实清楚，应予确认。阿迪达斯（苏州）有限公司及原告在中国经营的“adidas”系列商品，自2000年起，每年销售额都在数亿元以上，且逐年增长；销售网点也遍及全国，仅在广东省就有400多家授权专卖店；每年都投入千万元以上巨额资金进行广告宣传和提供赞助；阿迪达斯（Adidas）商标也于2000年6月列入国家工商行政管理局商标局印发的《全国重点商标保护名录》；原告也成功赞助了2008年北京奥运会，成为北京奥运会合作伙伴。因此，“adidas”系列商品具备经营时间长、销售数额大、销售区域广、广告宣传力度大等因素，其市场知名度高，足以认定为知名商品。阿迪达斯（苏州）有限公司及原告委托专业公司设计了一套内容包括横贯顶部由图形商标延伸出来的三条线、营业用具（包括鞋墙、陈列桌、道具等）以及阿迪达斯及图组合商标图样在内的SPC识别系统，对包括鞋墙、陈列桌、道具等在内的营业用具也委托专业公司进行专门设计生产，并且通过合同约定，对授权专卖店进行统一样式的布局装潢及对营业用具的使用、回收进行了管理，使包含SPC识别系统的阿迪达斯/adidas专卖店整体营业形象风格独特，具有显著的区别性特征，根据《最高人民法院关于审理不正当竞争民事案件应用法律若干问题的解释》第三条“由经营者营业场所的装饰、营业用具的式样、营业人员的服饰等构成的具有独特风格的整体营业形象，可以认定为反不正当竞争法第五条第（二）项规定的‘装潢’”的规定，应确认其为原告的知名商品特有装潢。被告在没有获得原告授权或同意的情况下，擅自使用了原告具有独特风格的包含SPC识别系统的阿迪达斯/adidas专卖店整体营业形象，对其开设的adidas专柜进行装潢，其行为足以使相关公众误认为其与adidas系列商品的经营者即原告具有许可使用、关联企业等特定联系，故依照《中华人民共和国反不正当竞争法》第五条第（二）项“擅自使用知名商品特有的名称、包装、装潢，或者使用与知名商品近似的名称、包装、装潢，造成和他人的知名商品相混淆，使购买者误认为是该知名商品”和《最高人民法院关于审理不正当竞争民事案件应用法律若干问题的解释》第四条第一款“足以使相关公众对商品的来源产生误认，包括误认为与知名商品的经营者具有许可使用、关联企业等特定联系的，应当认定为反不正当竞争法第五条第（二）项规定的‘造成和他人的知名商品相混淆，使购买者误认为是该知名商品’”的规定，应认定被告的行为对原告享有的知名商品特有的装潢权构成侵权。由于“adidas”在中国属于具有较高市场知名度、为相关公众所知悉的阿迪达斯集团（adidas AG）中的字号，可以认定为《中华人民共和国反不正当竞争法》第五条第（三）项规定的“企业名称”；又因为“adidas”和“”是阿迪达斯集团（adidas AG）及其属下子公司在中国依法注册的商标，因此，被告未经原告同意在其广达店户外广告牌、adidas专柜门面上部及该专柜旁边消防门上使用“”标志（前两处标志已去掉），既侵犯了阿迪达斯集团的企业名称权，也侵犯了其注册商标专用权。综上所述，原告主张被告侵犯其知名商品特有装潢权、企业名称权及商标专用权，要求被告停止侵权，理由成立，依法应予支持。被告辩称其没有侵权，理由不成立，不予采纳。

关于原告要求被告赔偿其经济损失的问题。由于在本案诉讼过程中，被告提供了印有广州宝元贸易有限公司字号的内部调拨单、销售出货单，披露其 adidas 专柜销售的是从原告授权的经销商广州宝元贸易有限公司购进的 adidas 系列真品，而原告提供的证据 10（原告在广东地区合法的授权专卖店铺清单）印证了广州宝元贸易有限公司确是其授权的经销商。原告也没有主张和举证证明被告的 adidas 专柜存在销售假冒的 adidas 系列商品事实。另外，对于原告代理人员经普宁市公证处公证从被告开设的 adidas 专柜购买的带有“adidas”标志的短袖 POLO 是否阿迪达斯品牌真品，原告绝对能够鉴定清楚，但原告却表示不清楚，予以回避。故依照《最高人民法院关于民事诉讼证据的若干规定》第七十五条“有证据证明一方当事人持有证据无正当理由拒不提供，如果对方当事人主张该证据的内容不利于持有人，可以推定该主张成立”的规定，并综合考虑上述原、被告的主张及举证情况，应推定被告开设的 adidas 专柜销售的 adidas 系列商品是真品。既然被告的 adidas 专柜销售的 adidas 系列商品是真品，也即是最初来源于原告及其关联企业生产的商品，因此，被告的销售行为不可能也不会造成原告销售量下降、赢利减少等情况，不会给原告造成经济损失，反而会间接给原告带来赢利。故原告要求被告赔偿其经济损失 50 万元，缺乏事实和法律依据，依法不予支持。而原告要求被告赔偿其为制止被告侵权及不正当竞争行为所支付的费用 10 万元，因被告确实存在侵权事实，故应对原告所支付的维权合理费用进行赔偿。而原告主张支付了律师费 10 万元，虽然提供了上海汇业律师事务所的收费标准、收费发票及进账单，但缺乏计算依据，因此，本院不能全部予以支持，只能根据本案的性质、诉讼标的额等情况酌情支持其合理费用部分，即由被告赔偿原告为制止被告侵权行为而支付的合理费用 2 万元。

关于原告要求被告停止销售使用“adidas”系列商标标志产品的问题。虽然被告侵犯了原告及其关联企业的知名商品特有装潢权、企业名称权及商标专用权，但其销售的 adidas 系列商品是最初来源于原告及其关联企业生产的商品，其销售行为并没有违反法律法规的规定。被告从原告授权的经销商处购买了 adidas 系列商品后，其便获得了所购买 adidas 系列商品的所有权、处分权，因而被告有权将 adidas 系列商品再销售出去，原告对此无权予以限制。故原告这一主张缺乏理由依据和法律依据，应予驳回。

至于原告要求被告在《揭阳日报》上公开赔礼道歉，以消除影响；要求本院给予被告训诫、责令具结悔过、没收其进行非法活动的财物、非法所得及罚款等民事制裁措施。因被告只是侵犯了原告及其关联企业的知名商品特有装潢权、企业名称权及商标专用权，其销售真货的行为并不违法，也不会对原告及其关联企业的商誉造成损害和不良影响，故原告的这些请求缺乏依据，本院不予支持。

综上，依照《中华人民共和国民法通则》第九十六条、第一百二十条《中华人民共和国反不正当竞争法》第五条第（二）、（三）项和第二十条，《中华人民共和国商标法》第三条第一款、第五十二条第（三）项、第五十六条第一款，《最高人民法院关于审理不正当竞争民事案件应用法律若干问题的解释》第一条第一款、第三条、第四条、第六条第一款、第七条的规定，判决如下：

一、被告广东美佳乐购物广场有限公司立即停止侵犯原告阿迪达斯体育（中国）有限公司知名商品（adidas 系列商品）特有装潢权、企业名称权及 adidas 系列注册商标专用权的行为，包括停止使用包含 SPC 识别系统的阿迪达斯/adidas 专卖店整体营业形象，停止使用 adidas 企业字号和 adidas 系列注册商标标识。

二、被告广东美佳乐购物广场有限公司赔偿原告阿迪达斯体育（中国）有限公司为制止本案侵权行为而支付的合理费用人民币 2 万元，限于本判决发生法律效力之日起十日内支付。

三、驳回原告阿迪达斯体育（中国）有限公司的其余诉讼请求。

如果未按本判决指定的期间履行给付金钱义务，应当依照《中华人民共和国民事诉讼法》第二百二十九条之规定，加倍支付迟延履行期间的债务利息。

本案受理费人民币 9800 元，诉讼保全费人民币 1980 元，合计人民币 11780 元，由被告负担，被告应于本判决发生法律效力之日起十日内向本院交纳。

如不服本判决，可在判决书送达之日起十五日内，向本院递交上诉状，并按对方当事人的人数提出副本，上诉于广东省高级人民法院。

审　判　长　罗泽彬
审　判　员　张晓炜
审　判　员　李世荣
二〇〇九年十二月十日
代 书 记 员　黄小贺

【评析】

这是一份一审民事判决书，被评为 2010 年全省法院优秀裁判文书，具有如下特点：1. 格式规范，结构合理，层次分明。判决书的首部、双方当事人的诉辩主张和举证部分、事实认定部分、判决说理部分等，均能做到陈述清楚，有条不紊，符合民事判决书的制作要求。2. 列举证据和事实客观全面。本案涉及侵犯知名商品特有装潢权、商标权、企业名称权，证据材料繁多，法律问题也比较前沿，这就要求法官逐一理清各个法律问题、各个争议问题及相关证据的头绪，并一一予以阐明。而这份判决书均做到了以上要求，能够很好地陈述各个问题，并把庞杂的证据按照其所要证明的内容进行整理后分组罗列，井然有序，让人看得清楚明白。而且，能保持客观中立的态度进行陈述，这也符合裁判文书必须体现司法公正、公开的要求。3. 论证充分有力，条理清晰。本案判决理由部分，针对本案所涉及的各个问题逐个仔细分析论述，认定事实和处理有理有据，毫不含糊。先是论证原告主张的知名商品特有装潢权、商标权、企业名称权是否成立，再分析被告的行为是否对原告的权利构成侵权，最后再论述被告的行为是否给原告造成损失及应承担的法律责任。论述详细深入，既联系相关证据，又引用相关法律规定，有理有据，说服力强。可见，这是一篇认定事实清楚，适用法律正确，处理恰当，令人信服的优秀判决书。

●肇庆市信托投资公司清算组与肇庆市对外经济服务公司借款合同纠纷一案民事判决书

广东省肇庆市中级人民法院

民事判决书

（2009）肇中法民商初字第29号

原告：肇庆市信托投资公司清算组。住所地：肇庆市城北路110－111号财联大厦7楼。

负责人：何炼生，肇庆市信托投资公司清算组组长。

委托代理人：黎传东，广东勤思进律师事务所律师。

委托代理人：梁荷珍，广东勤思进律师事务所律师。

被告：肇庆市对外经济服务公司。住所地：肇庆市城中路49号。

法定代表人：谢永丽，总经理。

委托代理人：梁卫建，该公司职员。

原告肇庆市信托投资公司清算组（以下简称信托公司清算组）诉被告肇庆市对外经济服务公司（以下简称经济服务公司）因借款合同纠纷一案，本院于2009年7月13日受理后，依法组成合议庭，于2009年8月26日召集双方当事人进行庭前交换证据，并于同年9月1日公开开庭进行了审理。原告信托公司清算组委托代理人黎传东、梁荷珍及被告经济服务公司委托代理人梁卫建到庭参加诉讼。本案现已审理终结。

原告信托公司清算组诉称：1992年6月至1993年1月，原告与被告签订了三份贷款合同，约定被告向原告贷款本金共计人民币2700万元，分别是：（1）1992年6月25日借款500万元，贷款期限为6个月，利率为月息9.072‰，并约定被告超过合同约定贷款期限而尚未偿还的本金部分，按月息加收20%计；（2）1993年1月4日借款2000万元，贷款期限为1个月，利率为月息9.072‰，并约定被告超过合同约定贷款期限而尚未偿还的本金部分，按月息加收20%计；（3）1992年9月30日借款200万元，贷款期限为1年，利率为月息9.072‰，并约定被告不按合同偿还借款，原告有权按人民银行规定加收罚息20%。原告按照合同约定向被告发放了贷款。上述借款到期后，经原告多次催收，被告未能归还上述借款本息。截至2008年10月31日，被告仍拖欠原告借款本金人民币1148.2万元、利息人民币35123319.13元，合计人民币46605319.13元（利息暂计至2000年3月10日，之后利息另行主张）。为了维护原告的合法利益，根据《民事诉讼法》第一百零八条的规定，诉讼请求如下：1. 判令被告立即归还原告借款本金人民币 1148.2 万元、利息人民币 35123319.13 元，合计人民币 46605319.13 元（利息暂计至2000 年3 月10 日，之后利息另行主张）；2. 判令被告承担本案的全部诉讼费用。

原告信托公司清算组对其陈述事实在举证期限内提供的证据有：

1. 关于成立信托公司清算组的通知1 份；2. 被告的工商登记资料1 份；3. 贷款合同3 份；4. 借款凭证3 份；5. 催收贷款通知书5 份。

被告经济服务公司答辩称：一、市信托公司诉状中所叙并非是本案事实真相的全部。1992 年3 月23 日，肇庆市人民政府肇府（1992）14 号文件“关于成立市政府对外融资领导小组及建立市级综合偿债基金的通知”，规定市对外融资领导小组办公室（以下简称市府融资办）与市外经领导小组办公室合署办公管理的一套人员。市信托公司的主要负责同志是该领导小组的组织成员之一。同年5 月28 日肇庆市对外经济领导小组办公室下发《关于肇庆市综合偿债基金及对外融资的管理办法》文件中明确规定我公司的主要任务是做好综合偿债基金及对外融资的代发放，代回收及流向资金追踪等扶持本市内外企业发展生产的业务工作。公司资金的调拨全部由市府融资办研究决定，我公司是为执行市府融资办决议的具体工作单位。二、1993 年1 月4 日，我公司根据市府融资办的指示向市信托公司签订贷款合同，用于扶持肇庆市海外贸易公司（以下简称市海外公司）和香港华迈实业有限公司（以下简称香港华迈公司）的生产发展。我公司向市信托公司的贷款是执行市府融资办的指示进行的，借款后，我公司分别划给上述两单位。所以，我公司不是该笔贷款的使用单位，而真正的使用单位是市海外公司、香港华迈公司，我公司不过是一个执行市府融资办指示代办理调拨手续的单位。由于市海外公司、香港华迈公司借款一直没有偿还，在市府融资办的指示下，我公司还帮助上述两贷款公司偿还了大部分贷款本金，造成了我公司的重大损失。为了维护我公司的合法权益，为了让法院弄清本案事实的全部真相，同时，本案的审判结果亦与市海外公司、香港华迈公司有直接的利害关系。为此，特向贵院提出申请，请贵院将市海外公司、香港华迈公司列为本案的第三人。三、市信托公司诉讼的标的经我公司对照核查，大部分属于高利息加罚息。故此，市信托公司所计的利息偏高，希望法院审理时按中国人民银行现时利率并免除罚息后重新计息。四、因为市信托公司的主要负责人是市府融资办的成员之一，对该笔贷款去向是十分清楚的。市海外公司、香港华迈公司贷款到期后其实未能按期归还，上述两公司才是该笔贷款的使用者。因此，市信托公司诉讼中要求我公司承担本案的诉讼费没有事实依据，该费用应由该款使用的第三人承担。五、贵院（2009）肇中法民商初字第29－1 号民事裁定书查封、冻结我公司位于文明路38 号侨务楼四楼及六楼两处房产一事。该两处房产于1999 年12 月14 日已以以房抵债形式抵给了肇庆市财政局。所以，该两处房产已属于市财政局所有。希望贵院以事实依据为准，将房产给予解封，归还肇庆市财政局。正如前面所述，市信托公司的借款不是真正借给我公司，而是借给了市海外公司、香港华迈公司。我公司只是执行市府融资办的指示代市政府统筹资金还外债及扶持本市内外企业发展生产的一个代发放、代收、代还及跟踪资金使用者的情况，而且我公司亦代使用该借款的两单位偿还了大部分贷款资金，当然本公司也负有协调不力的责任。为此，我公司请求法院根据本案当事人的过错来确定承担本案的诉讼费用。

被告经济服务公司对其陈述事实在举证期限内提供的证据有：1. 肇府（1992）14号文件1份；2. 市对外经济领导小组文件1份；3－8. 借款合同6份；9. 以房抵债协议书1份。

经开庭质证，被告经济服务公司对原告信托公司清算组提供的证据1－5的真实性、合法性、关联性均无异议；原告信托公司清算组对被告经济服务公司提供的证据1－8真实性无异议，关联性有异议，认为与本案无关，对证据9的真实性不发表意见。

经本院审理查明：1992年6月至1993年1月，原告信托公司与被告经济服务公司签订了三份《贷款合同》，约定被告向原告贷款本金共计人民币2700万元，分别是：（1）1992年6月25日借款500万元，贷款期限为6个月，利率为月息9.072‰，并约定被告超过合同约定贷款期限而尚未偿还的本金部分，按月息加收20%计；（2）1992年9月30日借款200万元，贷款期限为1年，利率为月息9.072‰，并约定被告不按合同偿还借款，原告有权按人民银行规定加收罚息20%；（3）1993年1月4日借款2000万元，贷款期限为1个月，利率为月息9.072‰，并约定被告超过合同约定贷款期限而尚未偿还的本金部分，按月息加收20%计。原告按照合同约定，于1992年6月25日、9月30日，1993年1月4日分别向被告发放了贷款500万元、200万元、2000万元。上述借款到期后，原告于2001年1月11日、2003年5月25日、2005年6月13日、2009年5月11日、2009年5月28日向被告发出催款通知书，被告均盖章予以确认，并表示被告尚欠借款本金1148.2万元，欠息另行核对。

庭审中，由于被告在归还借款本金时未能明确具体为归还哪一笔，故原、被告对被告归还的借款本金为哪一笔有不同意见。原告认为被告尚未归还的借款本金应当是500万元、200万元以及2000万元的部分本金，因而利息的计算从1992年6月26日起计500万元借款的利息，从1992年10月1日起计200万元利息，从1993年1月5日起计剩余借款的利息，利率应按照合同约定计算。被告则认为200万元及500万元的两笔借款已经还清，仅剩下2000万元的借款本金尚未还清，应当从1993年1月5日开始按照人民银行逾期贷款利率计算利息。

另查明：根据2008年11月6日肇庆市人民政府发出的肇府办函［2008］98号《关于成立肇庆市信托投资公司清算组的通知》，肇庆市信托投资公司被撤销，由肇庆市人民政府组织成立清算组，清算期间，由清算组行使原市信托投资公司的管理权，清算组组长行使原公司的法定代表人职权。

此外，本案诉讼期间，信托公司清算组向本院提出财产保全的申请，经审查后，本院依法对经济服务公司的两处房产予以查封。

本院认为：本案为借款合同纠纷。经济服务公司向信托公司借款三笔，事实清楚，证据充分，双方当事人没有提出异议，本院予以确认。借款到期后，经济服务公司只归还部分借款本金，而没有归还其余本金及利息，其行为已构成违约。依据《中华人民共和国民法通则》第一百零八条和《中华人民共和国合同法》第二百零六条、第二百零七条之规定，经济服务公司应将1148.2万元本金及相应利息清偿给信托投资公司。金融机构向借款人发放多笔贷款，借款人还款时没有明确归还哪一笔借款，且还款数额不足清偿全部借款，需要认定归还哪一笔借款的，应按照双方的约定认定；没有约定或约定不明的，按照借款到期的时间顺序认定偿还先到期的借款。本案中，由于被告还款时没有明确是归还哪一笔借款，双方对此没有约定且事后不能达成一致，故本院认为本案应当按照借款到期的时间顺序来认定偿还先到期的借款。因此，根据三笔借款的到期时间推算，被告尚未归还的借款本金应当是200万元借款及2000万元借款中的948.2万元借款。尚欠利息的计算应当从1992年9月30日起计200万元借款利息，从1993年1月4日起计948.2万元借款利息。借款期限内的利率按照合同约定利率计算，借款期限届满之后的利率按照中国人民银行规定的同期同类贷款的逾期利率计算。即从1992年9月30日至1993年9月29日按照月息9.072‰计算200万元的利息，从1993年9月30日至2000年3月10日按照中国人民银行同期同类贷款的逾期利率计算200万元的利息；从1993年1月4日至1993年2月3日按照月息9.072‰计算948.2万元的利息，从1993年2月4日至2000年3月10日按照中国人民银行同期同类贷款的逾期利率计算948.2万元的利息。

被告经济服务公司答辩认为本案借款的实际用款人为市海外公司、香港华迈公司，要求追加他们作为第三人参与诉讼。根据合同相对性的原则，由于市海外公司、香港华迈公司与被告经济服务公司之间存在的借款关系与本案的借款纠纷分属不同的法律关系，被告可以另循法律途径解决，故本院在本案中不再追加市海外公司、香港华迈公司参与诉讼。

综上，根据《中华人民共和国民法通则》第一百零八条和《中华人民共和国合同法》第二百零六条、第二百零七条的规定，判决如下：

一、被告经济服务公司应当在本判决发生法律效力之日起十日内偿还原告信托公司清算组借款本金1148.2万元及相应利息。（利息的计算为：从1992年9月30日至1993年9月29日按照月息9.072‰计算200万元的利息，从1993年9月30日至2000年3月10日按照中国人民银行同期同类贷款的逾期利率计算200万元的利息；从1993年1月4日至1993年2月3日按照月息9.072‰计算948.2万元的利息，从1993年2月4日至2000年3月10日按照中国人民银行同期同类贷款的逾期利率计算948.2万元的利息。）

二、驳回原告信托公司清算组的其他诉讼请求。

如果经济服务公司未按本判决指定的期间履行给付金钱义务，应当依照《中华人民共和国民事诉讼法》第二百二十九条之规定，加倍支付迟延履行期间的债务利息。

本案受理费274827元，财产保全费5000元，合计共279827元，由被告经济服务公司负担。

如不服本判决，可在判决书送达之日起十五日内，向本院递交上诉状，并按对方当事人的人数提出副本，上诉于广东省高级人民法院。

审 判 长　叶庆军
审 判 员　何　桑
审 判 员　李升文
二〇〇九年十二月十七日
书 记 员　张　赛

【评析】

这是一份一审民事判决书，其制作格式符合最高人民法院诉讼文书制作的有关规定，基本要素齐全，结构完整，层次分明。该判决书文字简洁、流畅，对有关事实的认定清楚，对案件事实的归纳层次较为分明，繁简得当；在证据的列举和认定方面，能反映案件事实及发展脉络，层次清晰，结构较为合理。该判决书说理充分，能够紧紧围绕当事人争议焦点进行分析论证，有较强的针对性，说理逻辑性较强，较为客观、全面地反映了当事人的诉讼请求、事实与理由，对借款利息的计算详细而准确，分段表述清晰，突出了争议焦点。全篇用语规范准确，制作质量较高，被评为2010年全省法院优秀裁判文书。

广东省肇庆市中级人民法院

民事判决书

（2009）肇中法民商终字第179号

上诉人（原审原告）：德庆金松建材有限公司。住所地：德庆县九市镇。

法定代表人：何浩新，该公司总经理。

上诉人（原审原告）：何浩新，男，1962年10月18日出生，汉族，住佛山市三水区西南街道三达路23号翠景苑6座301。

上诉人（原审原告）：何平忠，男，1962年8月16日出生，汉族，住佛山市三水区西南街道青岐隔岗村五巷5号。

上述三上诉人的共同委托代理人：邓伟刚，广东康州律师事务所律师。

被上诉人（原审被告）：劳伟明，男，1966年12月29日出生，汉族，住佛山市顺德区乐从街道办事处莲塘路39号。

委托代理人：梁光文，广东丰源律师事务所律师。

被上诉人（原审被告）：广东德庆南松水泥有限公司。住所地：德庆县德城镇朝阳西路247号。

法定代表人：赵亚金，总经理。

委托代理人：李炳球，广东新风律师事务所律师。

上诉人德庆金松建材有限公司（以下简称金松公司）、何浩新、何平忠因与被上诉人劳伟明、广东德庆南松水泥有限公司（以下简称南松公司）租赁经营合同纠纷一案，不服德庆县人民法院（2009）德民初字第46号民事判决，向本院提起上诉。本院依法组成合议庭审理了本案。本案现已审理终结。

经审理查明：劳伟明于2003年与南松公司签订了租赁经营合同，由劳伟明租赁南松公司九市水泥厂第一条生产线（第二条生产线南松公司因债务关系已将该线的产权转移给广东省成套设备局下属的悦成设备公司，劳伟明同时向该公司租赁第二条生产线），其后，注册成立德庆县新南松水泥有限公司进行经营，该公司股东登记为劳伟明、彭孝美。2004年10月31日，劳伟明代表德庆县新南松水泥有限公司与南松公司签订一份《租赁经营合同》，租赁南松公司九市水泥厂第一条生产线（同时与第二条生产线的所有权人租赁第二条生产线），租赁期限从2004年10月31日起至2010年12月31日止。2006年12月12日，何浩新、何平忠及刘勇诗与劳伟明签订一份《转让协议》，劳伟明将南松公司九市水泥厂第一、第二条生产线的所有租赁经营权，原《租赁经营合同》内容条款及其在租赁期内投入的所有设备转让给何浩新、何平忠、刘勇诗经营。劳伟明的全部股权转让金为 278 万元，劳伟明把三份租赁合同全部延期至 2010 年 12 月 31 日。2006 年 12 月 16 日，劳伟明、彭孝美与何浩新、何平忠及刘勇诗签订《股权转让合同》，并召开了德庆县新南松水泥有限公司股东会，作出《关于变更公司名称、变更公司董事会及监事会成员的股东会决议》，将德庆县新南松水泥有限公司变更为金松公司，2007 年 1 月 15 日，在工商管理部门办理了公司的变更手续，金松公司登记股东为何浩新、何平忠及刘勇诗。2007 年 1 月 18 日，劳伟明与何浩新、何平忠及刘勇诗的转租行为得到南松公司及第二条生产线的所有权人的确认，并签订《协议书》，确定了欠款、租金、两条生产线保证金的数目及其支付方式等。2007 年 1 月 6 日、8 日、10 日、12 日，劳伟明先后四次共收到何浩新、何平忠及刘勇诗的转让款 278 万元。2007 年 1 月开始，何浩新、何平忠及刘勇诗将原广东省德庆新南松水泥有限公司登记变更为德庆金松建材有限公司后，接手经营管理，2007 年底，金松公司因生产许可证到期到省有关部门办理延期手续时被告知，该企业已被列入淘汰企业，2008 年 3 月 18 日，南松公司、金松公司一起向国家发展和改革委员会提出“申请 2007 年第 96 号文中广东省德庆新南松水泥有限公司需淘汰转产延期三年”的申请，德庆县经济贸易局也在该申请书上出具“情况属实”的证明意见，但金松公司无法办理生产许可证延期手续。

另查明：德庆县人民政府曾于 2005 年 1 月 6 日向广东省经济贸易委员会发出《德庆县淘汰立窑承诺函》，根据国家水泥行业大力淘汰落后立窑，发展新型干法旋窑，控制总量，调整结构的产业政策和省政府关于发展山区资源型工业项目精神，对淘汰立窑水泥生产能力作出承诺：将德庆金辉罗洪水泥有限公司、德庆水泥厂、九市水泥厂及南松公司等四家水泥企业于 2006 年 12 月底全部淘汰完毕。2007 年 6 月 25 日，德庆县发展和改革局向德庆县新南松水泥有限公司发出德发改［2007］44 号《关于下达我县淘汰落后水泥产能计划的通知》（实际上是向金松公司发出），通知该企业因落实国家关于加快推进产能过剩行业结构调整和淘汰落后水泥产能的要求，已将该企业列入德庆县 2007 年淘汰落后水泥产能企业名单，淘汰 2 条立窑生产线。2007 年 12 月 18 日，中华人民共和国发展和改革委员会发出 2007 年第 93 号公告，公告广东省德庆新南松水泥有限公司（实际经营者为金松公司）等水泥企业为 2007 年应淘汰落后水泥产能企业，应自觉按期淘汰所属落后生产线，有生产许可证但未完成淘汰任务的不得换发生产许可证。2008 年 3 月 18 日，德庆县经济贸易局向德庆新南松水泥有限公司（实际已变更为金松公司）发出《关于关停落后生产线的通知》，责令该企业停止 2 条机立窑的生产。2008 年 9 月 27 日，肇庆市环境保护局发出肇环函［2008］173 号《关于对我市污染减排项目进行督办的函》，将金松公司年底拆除落后生产设备列为德庆县污染减排项目督办方案。2008 年 12 月 26 日，德庆县人民政府办公室发出德办字［2007］152 号《关于拆除德庆新南松水泥有限公司机立窑生产线的通知》，必须对该机立窑生产线进行拆除，并要求德庆新南松水泥有限公司（实际上已变更为金松公司）积极配合，无条件终止相关合同。2008 年 12 月底金松公司正式停产。2009 年 3 月 16 日，金松公司、何浩新、何平忠及刘勇诗遂向一审法院提起诉讼，请求：1. 确认其与劳伟明于 2006 年 12

月12日签订的《转让协议》无效，确认劳伟明与南松公司签订的转让给其的《租赁经营合同》无效；劳伟明应向何浩新、何平忠、刘勇诗返还转让款278元。2. 确认金松公司与劳伟明、南松公司于2007年1月18日签订的《协议书》无效，并判令劳伟明、南松公司连带承担向金松公司赔偿直接经济损失295024元。3. 判令劳伟明、南松公司承担本案的一切诉讼费用。

此外，本院深圳银仓投资有限公司与南松公司借款合同纠纷一案，于2006年10月8日作出（2006）肇中法民商初字第98－1号民事裁定书，对南松公司所有价值15941080元的财产或等值银行存款予以查封。

原审法院经审理认为：南松公司与德庆县新南松水泥有限公司于2004年10月31日签订的《租赁经营合同》及劳伟明于2006年12月12日与何浩新、何平忠及刘勇诗签订的《转让协议》均是真实意思表示，且没有违反法律的强制性规定和政策，而《转让协议》亦得到南松公司的确认。为此，该《租赁经营合同》和《转让协议》均为有效合同和有效协议。此外，何浩新、何平忠及刘勇诗于2007年1月接手经营后，何浩新、何平忠及刘勇诗已支付转让款，对公司名称、生产许可证予以变更，劳伟明均履行了协议中约定的义务，故该协议已履行完毕。至于市场变化及国家政策调整，使原租赁期限未达到协议约定的期限，并非是劳伟明所控制。故此，金松公司、何浩新、何平忠及刘勇诗要求确认上述《租赁经营合同》和《转让协议》无效、要求劳伟明返还转让款及由劳伟明、南松公司共同赔偿金松公司、何浩新、何平忠的经济损失的请求，理据不足，本院不予支持。金松公司、何浩新、何平忠提出劳伟明、南松公司在签订转让协议时有欺诈行为。经查，德庆县人民政府向省有关部门的承诺函是政府内部的信函往来，该函并未转发政府其他职能部门和相关企业，且金松公司、何浩新、何平忠亦没有证据证实劳伟明在明知承诺函内容之后仍与其签订转让协议。此外，金松公司于2007年6月25日收到德庆县发展改革局通知，已知该企业被列入2007年淘汰企业名单，亦未按合同法有关规定行使撤销和变更权。为此，金松公司、何浩新、何平忠提出劳伟明、南松公司明知租赁经营的两条生产线已列入县及国家淘汰范畴，采取欺诈手段与其签订转让协议，理据不足，不予支持。南松公司因债务原因于2006年10月8日被肇庆市中级人民法院查封第一条生产线及土地等，其后将该财产抵押深圳银仓投资有限公司。根据《中华人民共和国合同法》第二百二十九条规定，租赁物在租赁期间发生所有权变动，不影响租赁合同的效力。故南松公司第一条生产线及土地等所有权的变化，并不影响何浩新、何平忠及刘勇诗与劳伟明签订转让协议的效力。综上所述，依照《中华人民共和国民事诉讼法》第六十四条、《最高人民法院关于民事诉讼证据若干规定》第二条的规定，判决如下：驳回原告德庆金松建材有限公司，原告何浩新、何平忠的诉讼请求；本案受理费31400元，诉讼保全费5000元，共36400元由原告德庆金松建材有限公司，原告何浩新、何平忠承担。

宣判后，上诉人金松公司、何浩新、何平忠不服一审判决，提出上诉称：一、原审判决认定相关事实错误、证据不足。1. 原审认为“原告金松公司于2007年6月25日收到德庆县发展改革局通知，已知该企业被列入2007年淘汰企业名单，也未按合同法有关规定行使撤销和变更权”，我们认为原审的这一认定完全是错误的。因为2007年6月25日德庆发改局发出的该份通知的主体单位是德庆县新南松有限公司（即劳伟明经营的公司)，并不是发给我们公司，完全与事实不符。2. 双方签订的《租赁经营合同》和《转让协议》及《协议书》约定的租赁和转让的标的物是被查封财产，属于依法不能租赁和转让的标的物。双方签订的合同标的物受法律管制，是无效合同。劳伟明签订的《租赁经营合同》所涉及的标的物一、二号水泥生产线，由于南松公司的债务问题，被债权人深圳银仓投资有限公司诉至肇庆中院，肇庆中院于2006年10月8日依法查封了南松公司所有的1500多万元的财产。事后肇庆中院于2006年12月6日作出（2006）肇中法民商初字第98号民事判决，并对抵押物九市水泥厂的土地及土地以上建筑物进行拍卖。劳伟明明知上述生产线已经被法院裁定查封和处理，仍在2006年12月12日及2007年1月18日将租赁物进行转让及租赁给我们，其行为已明显违反了法律的强制性规定，故在该前提下所签订的协议及合同应依法确认无效，而原审法院对该事实却不予认定。3. 劳伟明故意隐瞒与合同订立有关的重要事实，但一审法院却无视这一客观事实。2005年6月6日德庆县人民政府在对广东省经济贸易委员会作出的《德庆县淘汰立窑承诺书》中，已承诺将九市水泥厂及南松水泥有限公司至2006年12月底机立窑全部淘汰完毕。随后国家发改委等有关行政部门相继发出公告及通知，责令租赁物九市水泥厂两条生产线予以淘汰，使我公司被迫到2008年10月22日停止生产。最终致使我们到2008年12月底被迫停止经营。劳伟明作为原出租人及租赁人，已在德庆县经营多年，同时受行政机关德庆县经贸局管理，应该对德庆县人民政府作出的重大政策性调整是知情的，不然为什么政府函作出承诺在2006年12月底将九市水泥厂淘汰完毕，而劳伟明却在2006年12月12日就将原租赁物匆忙转让和租赁给我们，时间上的巧合，可知劳伟明的心态就是想尽快转手并从中大捞一笔。这些事实足以推定劳伟明是明知德庆县人民政府的行政意图，却故意隐瞒重要事实，严重损害了上诉人的合法权益，劳伟明应承担违约过失责任。根据合同法关于无效合同处理的原则，劳伟明应当返还已经取得的即我们已经交付的转让金278万元及赔偿经济损失295024元。同时，由于我们已支付使用水泥厂设备合理费用，交付实际使用期间的租金，劳伟明也应返还租金。因此，我们不需要再支付任何费用给劳伟明。二、原审判决证据不足，错误理解法律，导致实体处理错误。劳伟明原签订的租赁合同和劳伟明与我们签订的新的租赁合同均有明确的租赁期限，也就是说，劳伟明应保障我们签约后有四年的经营期，这是劳伟明不可推卸的义务。协议第一条的内容明确规定“甲方把三份租赁合同延期至2010年12月31日”，但我们接手后实际租赁经营期只有两年，即从2007年1月起至2008年12月底止。劳伟明没能给我们提供足够的经营期限，应当承担违约责任，一审法院没依法处理，实际上将一切经营风险判归我们。三、退一步讲，因形势变更导致原租赁期限未达到协议约定的期限，但依照公平原则没有任何理由我们单方承担后果。劳伟明应对我们不能按期经营的后果承担相关法律责任，应退还合同约定未满部分时间的转让费给我们。劳伟明收取我们转让费278万元，按经营期限4年计算，平均每年收取上诉人转让费69.5万元。按照法律规定的公正、公平原则，劳伟明也理应对我们不能经营的两年而取得的转让费139万元予以返还。南松公司作为出租方应对上述损失承担连带赔偿责任。此外，由于劳伟明不能按合同要求保障我们经营4年，其行为已明显违约，根据《租赁经营合同》第九条第（二）项规定，劳伟明也应连带向我们赔偿违约金30万元。综上所述，原审判决明显不公，请求：一、依法撤销（2009）德民商初字第46号判决。二、判令劳伟明、南松公司返还赔偿金及转让金3075024元。三、一、二审诉讼费用由劳伟明、南松公司承担。

被上诉人劳伟明答辩称：一审法院认定事实清楚，适用法律正确，判决也是正确的；金松公司、何浩新、何平忠上诉无理无据，二审法院应驳回金松公司、何浩新、何平忠的上诉，维持一审法院的正确判决。一、我与何浩新、何平忠、刘勇诗签订的《转让协议》合法有效且双方对该《转让协议》的权利义务已履行完毕。经双方充分协商一致，我与何浩新、何平忠、刘勇诗自愿签订《转让协议》和《股权转让合同》，并依法召开了相关的股东会及通过了相关决议，变更股东、法定代表人、董事会和监事会，上述事项也依法在工商部门办理了相应的变更备案手续。之后我依约履行完毕自己在《转让协议》中的义务，包括：第一，将我在德庆县新南松水泥有限公司90%的股份（另又一股东彭孝美占10%股份）以双方自愿商定的价格转让给何浩新、何平忠、刘勇诗；第二，将我在租赁期内投入的所有设备（该设备清单由出租方即南松公司确认）转让给何浩新、何平忠、刘勇诗，上述设备当时价值4287500元；第三，将我原租赁生产线的租赁经营权及原《租赁经营合同》内容条款转让给何浩新、何平忠、刘勇诗等。而何浩新、何平忠、刘勇诗在2007年1月份也依约向我支付了《转让协议》中的全部转让款。况且双方签订的《转让协议》及后来的补充协议等，均是双方的真实意思表示，协议内容也没有违反我国的法律强制性规定和政策，而《转让协议》和《租赁经营合同》得到了原出租人南松公司的确认。为此，上述的合同和协议都是有效的。因此，双方在《转让协议》中的权利义务已全部履行完毕。至于《转让协议》履行完毕后出现的市场变化或国家政策的调整，并非我（包括金松公司、何浩新、何平忠在内）所能预测和控制的，这也是生产经营所要面临的风险之一。二、金松公司、何浩新、何平忠没有任何的证据可以证实我在转让租赁经营权等时存在“欺诈”或“隐瞒重要事实”的行为。1. 德庆县人民政府2005年6月6日发出的德府函［2005］20号《德庆县淘汰立窑承诺函》系政府内部的信函往来，据查该函并未转发政府其他职能部门和相关企业；我（包括更名前的广东省德庆新南松水泥有限公司）在本案前也从未收到过，亦没有相关部门或单位向我通知或转告过该函的有关内容，我对该函的内容一无所知；且金松公司、何浩新、何平忠亦没有任何证据证实我是在明知该承诺函内容之后才与其签订《转让协议》。金松公司、何浩新、何平忠用的“推测法”来推测答辩人“应当知道”承诺函的内容及政府的重大政策性调整，有违我国法律规定，这样的推测法也是很荒谬的。2. 原出租人与他人打官司及其财产被查封，当时我对此并不知悉，而且这也并不影响金松公司、何浩新、何平忠对租赁标的物的正常使用。原出租人南松公司与深圳银仓投资有限公司（以下简称银仓公司）2006年12月份的官司纠纷，由于我并不是该诉讼的当事人，因此当时我并不知悉该官司的进展情况及其判决结果；另外，根据我国《合同法》第二百二十九条“租赁物在租赁期间发生所有权变动的，不影响租赁合同的效力”之规定，就算租赁物被法院查封、拍卖，也并不影响我当时及金松公司、何浩新、何平忠之后对租赁物的正常使用——金松公司、何浩新、何平忠对租赁物一直使用到2008年底就是最好的明证。银仓公司等债权人也没有否定金松公司、何浩新、何平忠与原出租人南松公司签订的《租赁经营合同》的效力。因此，在本案中我根本不存在对金松公司、何浩新、何平忠进行“欺诈”或“隐瞒重要事实”

的民事行为，金松公司、何浩新、何平忠称我早已“明知”租赁经营的生产线列入县及国家淘汰拆除范畴还转租给金松公司、何浩新、何平忠经营的说法是毫无事实根据和法律依据的。三、我与何浩新、何平忠、刘勇诗签订的《转让协议》不符合我国法律规定的“情势变更”原则之规定。1. 情势变更原则适用的时间要件必须是发生在合同成立以后、履行终止之前。本案中，我与何浩新、何平忠、刘勇诗2006年12月份签订《转让协议》之后，如上述所说，我已履行了自己在《转让协议》中约定的所有义务；而金松公司、何浩新、何平忠也于2007年1月份履行完他们在《转让协议》中约定的付款义务，且已接手实际经营。很明显，我与金松公司、何浩新、何平忠都已履行完毕《转让协议》中各自的义务，则该《转让协议》应已依法履行终止。因此，我与金松公司、何浩新、何平忠本案签订的《转让协议》根本不符合情事变更原则之规定。《转让协议》履行完毕后，金松公司、何浩新、何平忠是在与原出租人南松公司履行他们重新确认的《租赁经营合同》，此已与我无关。2. 金松公司、何浩新、何平忠在混淆法律概念。《转让协议》约定我负责将原租赁合同延期至2010年12月31日，是要求我要征得原出租人的同意延长合同租赁期，而不是说要我保证该延长的合同期限一定能履行期满——谁敢保证新承租人与出租人不会因其他事情而中途违约、毁约或解约？我依约把租赁合同延期了，且合同内容得到了原出租人与金松公司、何浩新、何平忠的确认。至此，我的此项义务已经履行完毕。但金松公司、何浩新、何平忠却将此后其与原出租人的履约行为和履约期限强加到我的身上，竟然要我保证其与出租人能履约期满。金松公司、何浩新、何平忠与原出租人如何去履行他们之间形成的新的租赁关系与我无关。另外，导致《租赁经营合同》不能履行是由于国家政策的调整及金松公司、何浩新、何平忠不能按照国家要求进行改造而造成的，金松公司、何浩新、何平忠并不能将该责任或后果推卸给他人，包括原出租人南松公司。综上所述，金松公司、何浩新、何平忠没有任何证据可证实其与我签订的《转让协议》存在重大误解或欺诈行为，该《转让协议》是合法有效的；且双方均已履行完毕该《转让协议》中约定的义务，该合同（协议）关系已消灭。故一审法院的判决是正确的，请二审法院依法驳回金松公司、何浩新、何平忠的上诉请求。

被上诉人南松公司答辩称：一、原审判决认定事实清楚，证据确实充分、审理程序合法，适用法律准确，实体处理合法正确。金松公司、何浩新、何平忠的上诉理据不成立，希二审法院驳回上诉，维持一审正确的判决。1. 原审认为“原告金松公司于2007年6月25日收到德庆县发展改革局通知，已知该企业被列入2007年淘汰企业名单……”的认定，是完全正确的。而且金松公司、何浩新、何平忠亦于一审时当庭承认收到该文。虽然德庆发改局的文件是写着发至“德庆新南松有限公司”，但事实上该公司早已于2007年1月18日经德庆县工商局注销，经营者劳伟明于2006年12月底已将水泥厂移交给金松公司、何浩新、何平忠经营管理，德庆发改局不可能将文件发给一个早已不存在的公司，而对正在生产的金松公司、何浩新、何平忠却视而不见。毕竟该文的内容主要是针对金松公司、何浩新、何平忠正在经营生产的水泥生产线。因此，接收该文的唯有金松公司、何浩新、何平忠，金松公司、何浩新、何平忠在收到该文后有无异议，有无依法行使撤销权，均是金松公司、何浩新、何平忠的单方行为，与本案查明的事实无关，故原审在查明此事实上，是完全正确的。2. 金松公司、何浩新、何平忠与我公司签订的《租赁经营合同》和《转让协议》及《协议书》合法有效，依法受保护。金松公司、何浩新、何平忠认为无效的理据不成立。首先，我方与劳伟明签订《租赁经营合同》时，是于2004年10月起到2010年12月止。当时，并无任何单位与部门对我方的生产线等进行查封和裁定。同时，《租赁经营合同》是双方的真实意思表示，而且无违反我国法律法规的强制性规定，亦经过主管部门的同意，因此合同的合法性不容置疑，不存在任何无效的地方，并且在租赁期间亦无任何人任何部门对我方与劳伟明签订的《租赁经营合同》的合法性提出过异议。因此金松公司、何浩新、何平忠认为合同无效，无法律根据。其次，金松公司、何浩新、何平忠与劳伟明签订《转让协议》是建立在我方与劳伟明的《租赁经营合同》的基础上的，是劳伟明将其在《租赁经营合同》中的权利及新投入的设备设施与股权转让给金松公司、何浩新、何平忠，并经得我方同意的，只是一个再转租行为。虽然肇庆中院曾于2006年10月查封了我公司所有的1500多万元财产，然而我公司与劳伟明签订《租赁经营合同》在前，法院查封在后，因此，不存在所谓“不能租赁和转让的标的物”的情况。该查封并不能否定我公司与劳伟明于2004年10月签订的《租赁经营合同》的效力和合法性，即使查封了我公司的财产，但该租赁合同的效力是延续至2010年12月的，我国《合同法》第二百二十九条规定：“租赁物在租赁期间发生所有权变动，不影响租赁合同的效力。”因此，劳伟明将合法的租赁合同进行转租并经原出租方即我方的同意，是完全合法的，而且，肇庆中院（2006）肇中法民商初字第98－1号民事裁定书也无不准租赁的裁定。其只是裁定未经许可“不得擅自转让、抵押”，对租赁和转租并无限制。可见，劳伟明与金松公司、何浩新、何平忠的转租行为，是合法有效的，金松公司、何浩新、何平忠认为无效的讲法，于法无据，并不成立。3. 我方与劳伟明不存在故意隐瞒与合同订立的有关重要事实，金松公司、何浩新、何平忠的上诉毫无根据。德庆县人民政府2005年6月6日对广东省经济贸易委员会作出的《德庆县淘汰立窑承诺书》，是县政府与省政府部门往来的文书，与我方毫无关系，而且其文书指向十分清楚，是向省政府部门的。我公司作为一企业，又有何能力和可能性知道政府的决策呢？事实上，若不是因这次官司，金松公司、何浩新、何平忠提供这文书，我方到现在都不知道有此“承诺书”。因此，金松公司、何浩新、何平忠仅以我公司属德庆经贸局领导，就可以知道政府的决策和部署的这一推断实属荒谬。如果金松公司、何浩新、何平忠的推断成立，那么所有上级部门和政府的决策就不存在需要保密的要求了，政府的决策就可事先尽人皆知了。而事实上，该承诺书不但没有履行，2006年底也没有淘汰该企业，而是由金松公司、何浩新、何平忠一直生产到2008年底，只不过由于金松公司、何浩新、何平忠未能办理生产许可证，才被迫停止生产。因此，金松公司、何浩新、何平忠的所谓“隐瞒”一说毫无事实根据，我公司也毫无需要隐瞒事实，瞒骗金松公司、何浩新、何平忠。作为原出租方，不管是劳伟明继续租赁经营还是由金松公司、何浩新、何平忠经营生产，对于我方来说，都是一样的。我方只是提供租赁物，收取租金，没有必要帮助一方来瞒骗另一方。金松公司、何浩新、何平忠的所谓“隐瞒”一说，既无事实根据和证据，也无理据，是完全的瞎推测。二、金松公司、何浩新、何平忠不能按约履行至合同期满，责任在于金松公司、何浩新、何平忠不能办理生产许可证。金松公司、何浩新、何平忠与劳伟明以及我公司之间就租赁期限达成了一个明确协议，就是将期限延期至2010年12月31日。根据金松公司、何浩新、何平忠的要求，三方达成了一致，同意其要求延期的意愿。而金松公司、何浩新、何平忠与劳伟明签约之前，是已经十分清楚当时劳伟明的生产许可证期限是到2008年10月到期的这一重要细节的。但他们双方并没有到期后由劳伟明帮其办理生产许可证的约定，只是约定由劳伟明将其生产许可证转至金松公司的名下。因此，对于生产许可证到期能否办理的风险，金松公司、何浩新、何平忠是十分清楚的，而且亦知道办理生产许可证是其自己的责任。这从其在生产许可证期满前已着手办理的行为可以得到证明。而从金松公司、何浩新、何平忠与劳伟明之间的协议知道，劳伟明已按约定全面履行了合同条款而上诉人也完成了付款及接手经营的约定，双方的协议已履行完毕。只是由于金松公司、何浩新、何平忠在经营中，遭到不能办理生产许可证的风险，不能办理生产许可证而无法履行合同期满。这是签约前已可估计到的商业风险而非金松公司、何浩新、何平忠所说的情势变更。所以金松公司、何浩新、何平忠要求我公司与劳伟明承担一半责任，不但与其上诉请求自相矛盾，而且亦无法律根据，金松公司、何浩新、何平忠因不能办理生产证而形成的损失只能由其自己承担。金松公司、何浩新、何平忠的上诉理据不成立，希二审驳回。

本院认为：金松公司、何浩新、何平忠起诉主张，其与劳伟明、南松公司签订《转让协议》、《协议书》时，劳伟明、南松公司明知其租赁经营的两条生产线已列入淘汰拆除的范畴，且被法院查封的事实，却采取欺诈手段签订合同，这是其请求确认《转让协议》、《协议书》无效的理由。经原审法院查明，德庆县人民政府于2005年1月6日向广东省经济贸易委员会发出《德庆县淘汰立窑承诺函》，对淘汰立窑水泥生产能力作出承诺，九市水泥厂及南松公司等四家水泥企业到2006年12月底全部淘汰完毕。这只是德庆县人民政府向省有关部门的承诺函，是政府内部的信函往来，该函并未转发政府其他职能部门和相关企业及对外公布。这也并非劳伟明经营的德庆县新南松水泥有限公司、南松公司所作出的承诺，由于原德庆县新南松水泥有限公司经营的2004年11月23日领取生产水泥（普通硅酸盐水泥3.2R）的《全国工业产品生产许可证》，有效期至2008年10月22日，故该承诺书只是政府单方面向有关部门作出的承诺，与劳伟明、南松公司无关。根据《中华人民共和国民事诉讼法》第六十四条第一款“当事人对自己提出的主张，有责任提供证据”以及《最高人民法院关于民事诉讼证据的若干规定》第二条第二款“没有证据或者证据不足以证明当事人的事实主张的，由负有举证责任的当事人承担不利后果”的规定，金松公司、何浩新、何平忠对其起诉主张劳伟明、南松公司明知该生产线要拆除与签订合同存在欺诈行为应当承担举证责任。而金松公司、何浩新、何平忠在诉讼中提交的证据，不能证明劳伟明在签订合同时存在欺诈这个事实，依法应当承担举证不能的不利后果。相反，依据一审的相关证据证明，在何浩新、何平忠、刘诗勇与劳伟明签订《转让协议》后，并经工商管理部门核准将原德庆县新南松水泥有限公司注销变更为何浩新等经营的金松公司，该协议双方已完全履行，金松公司经营期间，因办理生产许可证时方知要拆除其租赁的两条生产线，并于2008年3月18日，以南松公司、金松公司的名义一起向国家发展和改革委员会提出申请延期拆除该两条生产线，此后相关部门陆续发出的公告、通知等，均在德庆县新南松水泥有限公司转让后、金松公司经营期间时发生，因此，劳伟明、南松公司并没有存在故意隐瞒事实与其签订转让公司合同的事实。至于其租赁的两条生产线，是德庆县新南松水泥有限公司与南松公司签订《租赁经营合同》确定的权利，随着公司股权和公司名称合法有效的转让和变更，该《租赁经营合同》的权利义务随之由金松公司承继，虽然生产线被法院予以查封，但劳伟明履行了转让的约定，且已经得到生产线出租人的同意，对金松公司租赁生产线的经营生产并没有产生影响。因此，金松公司、何浩新、何平忠请求确认《转让协议》、《协议书》和《租赁经营合同》无效的主张，没有事实根据和法律依据而不能成立，金松公司、何浩新、何平忠要求劳伟明返还转让款 278 万元，理据不足，应予驳回。关于 2007 年 6 月 25 日，德庆县发展和改革局向德庆县新南松水泥有限公司发出德发改［2007］44 号《关于下达我县淘汰落后水泥产能计划的通知》，而德庆县新南松水泥有限公司已于 2007 年 1 月 18 日在工商部门登记变更为德庆金松建材有限公司，原审判决认定实际是向金松公司发出通知是正确的。金松公司在明知生产线要拆除和不能办理生产许可证和延期经营的情况下，对原材料没有及时作出处理，故造成的损失应由其自行承担。综上所述，何浩新、何平忠、刘勇诗与劳伟明于 2006 年 12 月 12 日签订的《转让协议》，金松公司与劳伟明、南松公司于 2007 年 1 月 18 日签订的《协议书》，以及原租赁生产线的《租赁经营合同》，均是平等主体之间当事人自愿达成的合意，是双方当事人的真实意思表示，且不违反法律、法规的强制性规定，依法成立，受法律保护。

对于金松公司、何浩新、何平忠提出上诉认为，因形势变更导致双方签约时原租赁期限未达到协议约定期限的目的根本不能实现，主张劳伟明、南松公司存在违约的情形，要求劳伟明、南松公司合同退回不能经营的两年转让金 139 万元及按合同约定赔偿违约金 30 万元，这是在处理有效合同的前提下，主张变更合同的诉求，金松公司、何浩新、何平忠在诉讼中既认为《转让协议》、《租赁经营合同》和《协议书》是有效的合同，又请求确认《转让协议》、《租赁经营合同》和《协议书》无效，其请求与理由互相矛盾，对此本院不作处理。

综上所述，金松公司、何浩新、何平忠的上诉理由不成立，原判决认定事实清楚，适用法律正确，应予维持。据此，依照《中华人民共和国民事诉讼法》第一百五十三条第一款第（一）项的规定，判决如下：

驳回上诉，维持原判。

本案一审受理费按一审判决确定负担；本案二审案件诉讼费 31400 元，由上诉人金松公司、何浩新、何平忠负担。

本判决为终审判决。

审　判　长　吴国红
审　判　员　吴　文
审　判　员　杜水源
二〇〇九年九月三十日
书　记　员　杨延婷

【评析】

本案为租赁合同纠纷，该判决书通过运用充分的证据证明当事人在租赁经营合同履行期间，涉及原租赁的公司股权转让的关系，在股权转让后，原租赁经营合同仍生效并继续履行等事实，适用法律正确。该判决书书写格式规范，叙述详细，层次分明，语言流畅，是一份优秀的裁判文书，具体特点如下：1. 该判决书对案件有关事实的认定详细清晰，对案件事实归纳层次较为分明、繁简得当；在证据的展示和认定方面，有条有理并且有针对性地指出对公司股权转让后，当事人履行原租赁经营合同的情形，真实反映了案件的事实经过，叙述详细清晰，语言流畅完整，结构较为合理。2. 该判决书的说理部分，对当事人争议焦点进行了分析和论证，有较强的针对性，说理逻辑性较强，较为客观、全面地反映了当事人的诉讼请求、事实与理由，并通过一系列的事实，对双方签订的《转让协议》、《协议书》的效力问题进行了分析，适当引用法律法规，作出准确判定。

●赖国辉等与永安财产保险股份有限公司清远中心支公司等道路交通事故人身损害赔偿纠纷一案民事判决书

广东省连州市人民法院

民事判决书

（2009）连法民一初字第53号

原告：赖国辉，男，1938年7月2日出生，汉族，住广东省连州市龙坪镇垦区村民委员会滑塘村42号，系受害人赖金雄的父亲。

原告：陈福情，女，1945年9月13日出生，汉族，住广东省连州市龙坪镇垦区村民委员会滑塘村42号，系受害人赖金雄的母亲。

原告：陈玉莲，女，1976年1月23日出生，汉族，住广东省连州市龙坪镇垦区村民委员会滑塘村42号，系受害人赖金雄的妻子。

原告：赖晓静，女，1997年11月29日出生，汉族，住广东省连州市龙坪镇垦区村民委员会滑塘村42号，系受害人赖金雄的女儿。

法定代理人：陈玉莲，系原告赖晓静的母亲。

原告：赖晓雯，女，2004年11月26日出生，汉族，住广东省连州市龙坪镇垦区村民委员会滑塘村42号，系受害人赖金雄的女儿。

法定代理人：陈玉莲，系原告赖晓雯的母亲。

原告：赖康锐，男，2007年10月2日出生，汉族，住广东省连州市龙坪镇垦区村民委员会滑塘村42号，系受害人赖金雄的儿子。

法定代理人：陈玉莲，系原告赖康锐的母亲。

原告：赖志雄，男，1968年7月8日出生，汉族，住广东省连州市龙坪镇垦区村民委员会滑塘村42号，系受害人赖金雄的哥哥。

法定代理人：赖国辉、陈福情，系原告赖志雄的父母。

上列七原告的共同委托代理人：欧晓梅、盘良好，均系连州市法律援助处指派的法律工作者。

被告：永安财产保险股份有限公司清远中心支公司，住所地：广东省清远市新城北江二路国泰广场A栋首层7－13卡。

负责人：黄宏明，该公司总经理。

委托代理人：黄少国，广东定海针律师事务所律师。

被告：清远市汽车运输集团公司，住所地：广东省清远市新城凤鸣路客货汽车总站六楼。

法定代表人：黄尚镇，该公司总经理。

委托代理人：刘日新，连州市北湖法律服务所法律工作者。

委托代理人：邱国强，男，1958 年 7 月 2 日出生，汉族，住广东省连州市东门北路四巷 18 号。

原告赖国辉、陈福情、陈玉莲、赖晓静、赖晓雯、赖康锐、赖志雄诉被告永安财产保险股份有限公司清远中心支公司、清远市汽车运输集团公司道路交通事故人身损害赔偿纠纷一案，本院立案受理后，依法由代理审判员林炜烽适用简易程序于 2009 年 2 月 12 日、2 月 23 日公开开庭进行了审理，第一次开庭时原告赖国辉、陈玉莲及各原告的共同委托代理人欧晓梅、盘良好，被告永安财产保险股份有限公司清远中心支公司的委托代理人黄少国与被告清远市汽车运输集团公司的委托代理人刘日新、邱国强到庭参加诉讼；第二次开庭时各原告的共同委托代理人欧晓梅、盘良好，被告清远市汽车运输集团公司的委托代理人刘日新到庭参加诉讼。本案现已审理终结。

赖国辉等七原告诉称：2007 年 6 月 7 日 15 时 40 分，受害人赖金雄驾驶粤 R/V2460 号中型客车沿 X390 线从连州市区往连州市连州镇石角方向行驶至 07 公里 +300 米路段时，与对向由罗秋平驾驶的粤 R/U0666 号大型普通客车发生碰撞，造成赖金雄死亡的交通事故。事故发生后，连州市交警大队先后于 2007 年 7 月 9 日、12 月 31 日，2008 年 4 月 21 日作出三份结果不同的《交通事故认定书》。各原告对该三份事故认定结论不服，认为受害人赖金雄不应对本次交通事故负责，为此一直向有关部门申诉。2008 年 6 月 26 日，连州市人民法院作出（2008）连法民一初字第 90 号民事判决，推定本次事故中两车的驾驶员应承担同等责任。同年 10 月 29 日，清远市中级人民法院作出（2008）清中法民一终字第 449 号民事判决，维持了连州市人民法院的一审判决。至此，本交通事故最终被确定由两车驾驶员即罗秋平与赖金雄承担同等责任。此后，各原告虽多次与两被告协商，但两被告均拒绝作出合理赔偿。特起诉请求：1. 判令永安财产保险股份有限公司清远中心支公司在机动车第三者责任强制保险责任限额范围内承担赔偿责任，并在死亡伤残赔偿限额项下赔偿 50000 元予赖国辉等七原告；不足部分，根据肇事司机罗秋平应承担的责任，由永安财产保险股份有限公司清远中心支公司在第三者商业责任保险范围内赔偿 435042. 72 元，清远市汽车运输集团公司对该款承担连带清偿责任。2. 判令永安财产保险股份有限公司清远中心支公司、清远市汽车运输集团公司承担本案的诉讼费用。赖国辉等七原告在庭审期间变更其第 1 项诉讼请求为"判令永安财产保险股份有限公司清远中心支公司在机动车第三者责任强制保险责任限额范围内承担赔偿责任，并在死亡伤残赔偿限额项下赔偿 50000 元予赖国辉等七原告；不足部分，根据肇事司机罗秋平应承担的责任，由永安财产保险股份有限公司清远中心支公司在第三者商业责任保险范围内赔偿 436692. 72 元，清远市汽车运输集团公司对该款承担连带清偿责任"。

诉讼期间，赖国辉等七原告举证，被告永安财产保险股份有限公司清远中心支公司、清远市汽车运输集团公司质证及本院认证如下：

1. 身份证与出生医学证明各 1 份、连州市龙坪镇垦区村村民委员会证明 2 份以及常住人口登记卡 7 份，以证实诸原告的诉讼主体资格及赖金雄生前从事司机职业。被告永安财产保险股份有限公司清远中心支公司质证认为无异议。清远市汽车运输集团公司质证认为，除对连州市龙坪镇垦区村村民委员会证明赖金雄生前从事司机职业有异议外，对其余证据材料均无异议。本院认为，关于连州市龙坪镇垦区村村民委员会出具的赖金雄生前所从事的职业为运输司机之证明，与赖金雄在事发当时正为他人提供客运服务的事实能相互佐证，故本院予以采信；至于本组的其他证据材料，因两被告均无异议，故本院迳予采纳。

2. 连县残疾人卡片与证明各1份以及残疾人证2份，以证实赖国辉、赖志雄系残疾人，其两人均为赖金雄生前的被扶养人。被告永安财产保险股份有限公司清远中心支公司质证认为，残疾人证不具有法律效力。清远市汽车运输集团公司质证认为，残疾人证及由多家部门联合出具的证明均不能证实赖志雄为非完全民事行为能力人。本院认为，本组证据材料均由相关机构或政府部门所出具，其来源合法，内容真实客观且能相互印证，故本院予以采纳。

3. 《交通事故认定书》3份，以证实连州市公安局交警大队先后对本次交通事故作出3份不同的事故认定结论。被告永安财产保险股份有限公司清远中心支公司质证认为，事故责任认定应以法院此前的判决为准。清远市汽车运输集团公司质证认为无异议。本院认为，关于案涉事故中各肇事方的责任问题业经法院在先判决终审判定，本案应以在先裁判结论为依据作出认定。

4. 民事判决书2份，以证实法院终审认定本次事故中两车的驾驶员承担同等责任。被告永安财产保险股份有限公司清远中心支公司、清远市汽车运输集团公司均质证认为无异议，本院予以采纳。

5. 收据6份、发票26份，以证明各原告因办理丧葬事宜及不服交警部门作出的事故认定结论向有关机关上访而支出的费用。被告永安财产保险股份有限公司清远中心支公司、清远市汽车运输集团公司质证认为，上述票据无法证明与本次事故有关，且非正式发票。

6. 《广东省人大常委会信访回复单》、《关于赖国辉对连州交警大队2007A00037号交通事故认定书有关问题的答复》、《关于对连州交警大队2007A00037号B交通事故认定一案进行复核的结论》、《公安机关受理信访事项告知单》各1份，以证明赖国辉向有关部门上访及相关部门的回复情况。被告永安财产保险股份有限公司清远中心支公司、清远市汽车运输集团公司质证认为，上述证据材料与本案无关。关于证据6、7的认证意见，详见“本院认为”部分。

7. 保险单1份，以证明粤R/U0666号大型普通客车的投保情况。被告永安财产保险股份有限公司清远中心支公司、清远市汽车运输集团公司质证认为无异议，本院予以采纳。

8. 连州市公安局龙坪派出所证明1份，以证实赖国辉与陈福情所育子女的情况。被告永安财产保险股份有限公司清远中心支公司、清远市汽车运输集团公司质证认为无异议，本院予以采纳。

被告永安财产保险股份有限公司清远中心支公司答辩认为：一、粤R/U0666号大型普通客车并无在永安财产保险股份有限公司清远中心支公司投保交强险，故诸原告提出的诉讼请求部分有误。二、死者赖金雄在本事故中需与另一肇事司机负同等责任，故诸原告起诉的损失赔偿额应按同等责任分担。三、由于案涉的第三者责任险为商业责任保险，永安财产保险股份有限公司清远中心支公司与诸原告之间不存在合同关系，故诸原告直接起诉保险公司缺乏法律依据。四、诸原告要求的赔偿额不当。此外，永安财产保险股份有限公司清远中心支公司在另案中需要赔偿10万多元，本案应对此款作出扣除。综上，请求驳回诸原告对永安财产保险股份有限公司清远中心支公司提出的诉请。

诉讼期间，被告永安财产保险股份有限公司清远中心支公司未提供证据材料。

被告清远市汽车运输集团公司答辩认为：一、终审判决已认定赖金雄在本事故中负同等责任，故诸原告起诉的损失赔偿额应由两肇事车辆各分担50%。二、清远市汽车运输集团公司一方的肇事车辆在事发前仅投保了50万元的商业第三者责任险。三、诸原告要求的赔偿额不当。1. 赖国辉与陈福情的扶养费应按其两人所生育子女的人数计算；2. 赖志雄是否应列入本案的被扶养人范畴值得考究，其要求30年的扶养费缺乏法律依据，即便赖志雄达到扶养标准，其扶养费亦应由赖国辉、陈福情及其所有子女共同承担；3. 诸原告起诉的死亡赔偿金已具有精神抚慰的性质，其另要求的精神损害抚慰金缺乏事实与法律依据；4. 诸原告要求的交通费、住宿费无理。

诉讼期间，被告清远市汽车运输集团公司提供了收据1份，以证实其司代原告方支付了一半的事故赔偿款，要求于本案中抵扣此笔代垫款。赖国辉等七原告质证认为，对收据的真实性无异议，但对其关联性有异议。被告永安财产保险股份有限公司清远中心支公司质证认为，对收据的真实性无异议。关于此份证据材料的认证意见，详见“本院认为”部分。

经审理查明：2007年6月7日15时40分许，赖金雄驾驶粤R/V2460号中型客车由连州市区往连州市连州镇石角方向行驶，行至X390线07公里300米路段时，与对向由罗秋平驾驶的粤RU0666号大型普通客车发生交通事故，造成粤R·V2460号客车的司机赖金雄和乘客罗承耀、陈凤珍、孔梅秀、罗水球、张亚团、罗东成、黄彩英、罗亚妹、罗记得、赵青梅、罗意连、唐细妹、潘升、陈石莲、罗月记、罗威受伤。当日赖金雄和罗承耀、陈凤珍、孔梅秀等人入住连州市人民医院，赖金雄经抢救无效于当日死亡。同年7月9日，连州市公安局交警大队作出第2007A00037号《交通事故认定书》，认定“赖金雄承担事故的全部责任，罗秋平不承担此事故的责任”。赖国辉不服，向清远市公安局交警支队申请复核。同年12月13日，连州市公安局交警大队作出第2007A00037号B《交通事故认定书》，认定“赖金雄承担此事故同等责任，罗秋平承担此事故的同等责任，罗承耀等十六人不承担事故责任”。对此事故认定结论，清远市汽车运输集团公司（连州分公司）不服，向清远市公安局交警支队提出复核申请。2008年1月17日，清远市公安局交警支队答复认为该交通事故认定书存在错误，决定撤销连州市公安局交警大队作出的事故认定书，并要求连州市公安局交警大队重新对本次事故进行调查处理。同年4月21日，连州市公安局交警大队作出第2007A00037号C《交通事故认定书》，认定“赖金雄承担此事故的主要责任，罗秋平承担此事故的次要责任，罗承耀等十六人不承担此事故的责任”。2008年6月26日，连州市人民法院对罗承耀、陈凤珍、孔梅秀、罗水球、张亚团、罗东成、黄彩英、罗亚妹、罗记得、赵青梅、罗意连、唐细妹、潘升、陈石莲、罗月记、罗威诉赖国辉、陈福情、陈玉莲、罗秋平、陈卓玲、清远市汽车运输集团公司、中华联合财产保险股份有限公司清远中心支公司、永安财产保险股份有限公司清远中心支公司、赖晓静、赖晓雯、赖康锐、许庆锋道路交通事故人身损害赔偿纠纷一案，作出（2008）连法民一初字第90号民事判决，该判决中判定本次事故两肇事车辆的驾驶员赖金雄与罗秋平承担同等责任，罗承耀等十六名乘客不承担责任；判决同时认为，罗秋平系清远市汽车运输集团公司的工作人员，其在执行职务中致人损害，故应由清远市汽车运输集团公司承担相应的民事赔偿责任。永安财产保险股份有限公司清远中心支公司为粤RU0666号大型普通客车承保了保额22万元的车损险、限额50万元的第三者责任险及附加险（自燃损失险、玻璃单独破碎险、基本险不计免赔特约险），该司应就粤R/U0666号大型普通客车造成第三者的损害在第三者责任险50万元的限额内，与清远市汽车运输集团公司对101614.26元的赔偿款承担连带赔付责任。前述判决作出后，清远市汽车运输集团公司不服，上诉于清远市中级人民法院。清远市中级人民法院于2008年10月29日作出（2008）清中法民一终字第449号民事判决，判决驳回清远市汽车运输集团公司的上诉，维持原判。清远市汽车运输集团公司在本案庭审期间明确表示其司对于作为粤R/U0666号肇事车辆一方于此次事故中的责任承担主体没有异议。

另查明：死者赖金雄生前受雇于他人从事运输职业，其主要家庭成员情况为父亲赖国辉，1938年7月2日出生；母亲陈福情，1945年9月13日出生；妻子陈玉莲，1976年1月23日出生；女儿赖晓静，1997年11月29日出生；女儿赖晓雯，2004年11月26日出生；儿子赖康锐，2007年10月2日出生；兄赖志雄，1968年7月8日出生；妹赖彩莲，1979年9月15日出生；妹赖美莲，1984年10月18日出生，均为农业家庭户口。

又查明：事故发生后，粤R/U0666号大型普通客车的驾驶员罗秋平曾向原告方给付了3000元。

本院认为：关于事故当事方的责任承担问题。在此前作出的（2008）连法民一初字第90号民事判决与（2008）清中法民一终字第449号民事判决书中，业已明确判定本次事故两肇事车辆的驾驶员赖金雄与罗秋平承担同等责任，罗秋平系清远市汽车运输集团公司的工作人员，其在执行职务中致人损害，故应由清远市汽车运输集团公司承担相应的民事赔偿责任。前述民事判决现已发生法律效力。依生效裁判的既判力理论，判决一经生效，即产生确定力。这种确定力包括形式上的确定力，即当事人不能再以上诉的方式请求推翻或变更判决，除非通过特别程序，如审判监督程序，否则判决不能撤销或者变更；以及实质上的确定力，即法院作出的终局判决一旦生效，当事人和法院都应当受到该判决内容的拘束，当事人不得在以后的诉讼中主张与该判决相反的内容，法院也不得在以后的判决中作出与该判决相冲突的判断。由于上列生效裁判现尚未经任何特别程序所撤销或者变更，故本案应受该诉中已作出的有既判力的前述判断结论之拘束。依此，本院确定清远市汽车运输集团公司须对死者赖金雄一方在事故中遭受的人身与财产损失承担50%的民事赔偿责任。同理，因上列生效裁判中也已判定永安财产保险股份有限公司清远中心支公司应对粤R/U0666号大型普通客车造成第三者的损害在其赔偿责任限额内，与清远市汽车运输集团公司承担连带赔付责任，而相对于粤R/U0666号大型普通客车来说，死者赖金雄亦属于该车车上人员、被保险人以外的第三者之范畴，故根据既判力理论，永安财产保险股份有限公司清远中心支公司应对死者赖金雄一方在事故中遭受的人身与财产损失，在相应的赔偿责任限额内，与清远市汽车运输集团公司承担连带赔付责任。诸原告所提的由两被告对其事故损失承担全部赔偿责任，以及永安财产保险股份有限公司清远中心支公司所提的其司不应对案涉损失直接承担赔偿责任之诉讼主张，理据不足，本院均不予采纳。

根据诸原告诉请的损害赔偿项目范围，依照《最高人民法院关于审理人身损害赔偿案件适用法律若干问题的解释》第十七条第三款、第十八条第一款、第二十七条、第二十八条、第二十九条之规定，并结合诸原告在本案中的举证情况，本院对原告方遭受的物质性损失核定如下：1. 死亡赔偿金 112480 元。赖金雄生前的户籍性质为农业家庭户，其死亡赔偿金按照法庭辩论终结时的上一统计年度受诉法院所在地即《广东省2008 年度人身损害赔偿计算标准》中的农村居民人均纯收入参数 5624 元/年，计算 20年，为 112480 元。2. 丧葬费 18198 元。丧葬费按照受诉法院所在地上一年度职工月平均工资标准，以 6 个月总额计算，即 36396 元/年 ÷12 个月 ×6 个月 =18198 元。3. 被扶养人生活费 78442.93 元。（1）被扶养人的主体。事故发生之时，受害人赖金雄的父亲赖国辉已年满 60 周岁、母亲陈福情已年满 55 周岁，女儿赖晓静、赖晓雯、儿子赖康锐均不满 18 周岁，兄长赖志雄患有精神病，丧失劳动能力，上列人员依法属于受害人赖金雄应当承担扶养义务的未成年人或者丧失劳动能力又无其他生活来源的成年近亲属之范畴，有权作为被扶养人生活费之主体提出权利主张。清远市汽车运输集团公司、永安财产保险股份有限公司清远中心支公司虽对赖志雄的劳动能力状况持有疑义，但无提供任何反证推翻由相关机构或政府部门出具的证书或证明材料，故对两被告提出的疑异主张，本院不予采纳。（2）根据法律规定的各被扶养人的扶养年限、除赖金雄外其他扶养人的人数等情况，且在数被扶养人年赔偿总额之规制范围内，上述各人可得之被扶养人生活费数额见下表：

人员 年限	女赖晓静	父赖国辉	女赖晓雯	母陈福情	子赖康锐	兄赖志雄
8 年	1/5 ×8 年 ×α	2/15 ×8 年 ×α	1/5 ×8 年 ×α	2/15 ×8 年 ×α	1/5 ×8 年 ×α	2/15 ×8 年 ×α
11 年	—	1/6 ×3 年 ×α	1/4 ×3 年 ×α	1/6 ×3 年 ×α	1/4 ×3 年 ×α	1/6 ×3 年 ×α
15 年	—	—	3/10 ×4 年 ×α	1/5 ×4 年 ×α	3/10 ×4 年 ×α	1/5 ×4 年 ×α
18 年	—	—	—	2/7 ×3 年 ×α	3/7 ×3 年 ×α	2/7 ×3 年 ×α
20 年	—	—	—	—	—	1/3 ×2 年 ×α
总额	6723.68 元	6583.6 元	14918.17 元	13547.41 元	20321.13 元	16348.94 元

注：α 系数即受诉法院所在地上一年度农村居民人均年生活消费支出标准 4202.3 元/年。

4. 交通费 600 元、住宿费 600 元。虽然诸原告于诉讼期间提供的交通费、住宿费等相关票据，存在诸如无乘车日期、乘车起止地的内容记载以及非正式发票等形式的瑕疵，但结合诸原告提供的多份事故认定书与信访材料来看，并结合日常生活经验分析，死者赖金雄的近亲属客观上确需因处理事故及丧葬事宜而支出相应的交通与住宿费用，这些费用支出亦应属本案事故的合理损失范畴，如果对该损失项目赔偿诉求不予支持，则有违公平合理的基本法则与本案的具体情况。故根据死者赖金雄的近亲属往返处理交通事故、丧葬事宜的次数等诸因素综合考虑，本院酌定原告方由此发生的交通费损失为600元、住宿费损失为600元。上列物质性损失合计210320.93元。清远市汽车运输集团公司需承担其中的50%，即105160.47元。由于按责任比例划分后依法核算出的前述各损失项目的赔偿额，均无超出诸原告就相关损失项目所诉请的赔偿数额之范畴，故清远市汽车运输集团公司须按依法核算的损失赔偿额全面承担赔付责任。此外，由于本案的交通事故造成受害人赖金雄死亡的严重损害结果的发生，由此会给死者的近亲属带来巨大的精神痛苦或相当程度的精神利益的丧失。根据《最高人民法院关于确定民事侵权精神损害赔偿责任若干问题的解释》第八条第二款、第十条之规定，并综合考虑肇事双方的过错程度、损害后果、受诉法院所在地平均生活水平等因素，本院酌定由清远市汽车运输集团公司向原告方给付精神损害抚慰金10000元。清远市汽车运输集团公司提出的关于死亡赔偿金已具有精神抚慰的性质，诸原告同时要求赔付死亡赔偿金与精神损害抚慰金缺乏依据之答辩主张，与现行法律法规及司法解释的规定相悖，因清远市汽车运输集团公司所持观点的依据为《最高人民法院关于确定民事侵权精神损害赔偿责任若干问题的解释》第九条第（二）项的规定，而该规定之内容与施行时间在后的《最高人民法院关于审理人身损害赔偿案件适用法律若干问题的解释》中关于精神损害抚慰金与死亡赔偿金为两个并行存在的损害赔偿项目之相关规定不符，依后法优于前法的原则以及《最高人民法院关于审理人身损害赔偿案件适用法律若干问题的解释》第三十六条第二款的规定，清远市汽车运输集团公司提出的前述答辩主张已失去了相应的法律依据支撑，故本院不予采纳。综上所述，清远市汽车运输集团公司依法应向诸原告赔付事故损失款合计115160.47元。由于原告方在诉讼期间已自认粤RU0666号大型普通客车的驾驶员罗秋平曾向其给付了3000元，而清远市汽车运输集团公司在本次事故中承担的系其工作人员罗秋平职务侵权行为致他人损害的转承责任，故此罗秋平先前给付的该3000元款项，应视为侵权方清远市汽车运输集团公司的已赔款在本案的应赔付款项中予以扣除。由此，清远市汽车运输集团公司尚应向诸原告赔付事故损失款112160.47元。清远市汽车运输集团公司主张其已代死者赖金雄一方向事故中的其他受害者垫付了10多万元的赔偿款，要求将前述代垫款与本案的赔偿款作抵销。对此，本院认为，清远市汽车运输集团公司所提的赔偿代垫款与本案的损害赔偿款属于两个性质、权利义务主体不同的债，且清远市汽车运输集团公司并无在法定期限内提出债务抵销的反诉请求，故其提出的前述诉讼主张，缺乏实体与程序法律基础，本院不予采纳。由此，对于清远市汽车运输集团公司提供的与该主张相关的证据材料如收据等，本院亦不予采纳。

因此前的生效判决已行判定永安财产保险股份有限公司清远中心支公司应与清远市汽车运输集团公司对本次事故中其他受害者遭受的101614.26元损失额承担连带赔偿责任，故永安财产保险股份有限公司清远中心支公司现仅需在500000元－101614.26元即398385.74元的责任限额内，与清远市汽车运输集团公司向本案诸原告承担连带赔付责任。

据此，依照《中华人民共和国民事诉讼法》第六十四条第一款，《中华人民共和国民法通则》第一百零六条第二款、第一百一十九条、第一百三十一条，《最高人民法院关于审理人身损害赔偿案件适用法律若干问题的解释》第十七条第三款、第十八条第一款、第二十七条、第二十八条、第二十九条、第三十六条第二款，《最高人民法院关于确定民事侵权精神损害赔偿责任若干问题的解释》第八条第二款、第十条之规定，判决如下：

一、清远市汽车运输集团公司应于本判决发生法律效力之日起十日内向原告赖国辉、陈福情、陈玉莲、赖晓静、赖晓雯、赖康锐、赖志雄赔付死亡赔偿金、丧葬费、被扶养人生活费、交通费、住宿费、精神损害抚慰金合计 112160.47 元。

二、永安财产保险股份有限公司清远中心支公司在商业第三者责任险 398385.74 元的责任限额内，对前项所列的赔偿款承担连带清偿责任。

三、驳回原告赖国辉、陈福情、陈玉莲、赖晓静、赖晓雯、赖康锐、赖志雄的其他诉讼请求。

如果未按本判决指定的期间履行其金钱给付义务，应当依照《中华人民共和国民事诉讼法》第二百二十九条的规定，加倍支付迟延履行期间的债务利息。

本案受理费 8580 元，因适用简易程序审理减半收取 4290 元，由原告赖国辉、陈福情、陈玉莲、赖晓静、赖晓雯、赖康锐、赖志雄负担 290 元，被告清远市汽车运输集团公司负担 4000 元（本案受理费经批准缓交，双方当事人应将其需予负担的诉讼费部分于本判决发生法律效力之日起十日内交付予本院）。

如不服本判决，可在判决书送达之日起十五日内，向本院递交上诉状，并按对方当事人的人数提出副本，上诉于广东省清远市中级人民法院。

代理审判员　林炜烽

二〇〇九年三月六日

书　记　员　陈书娟

附：相关法律规定

《中华人民共和国民事诉讼法》

第六十四条第一款　当事人对自己提出的主张，有责任提供证据。

《中华人民共和国民法通则》

第一百零六条第二款　公民、法人由于过错侵害国家的、集体的财产，侵害他人财产、人身的应当承担民事责任。

第一百一十九条　侵害公民身体造成伤害的，应当赔偿医疗费、因误工减少的收入、残废者生活补助费等费用；造成死亡的，并应当支付丧葬费、死者生前扶养的人必要的生活费等费用。

第一百三十一条　受害人对于损害的发生也有过错的，可以减轻侵害人的民事责任。

《最高人民法院关于审理人身损害赔偿案件适用法律若干问题的解释》

第十七条第三款 受害人死亡的，赔偿义务人除应当根据抢救治疗情况赔偿本条第一款规定的相关费用外，还应当赔偿丧葬费、被扶养人生活费、死亡补偿费以及受害人亲属办理丧葬事宜支出的交通费、住宿费和误工损失等其他合理费用。

第十八条第一款 受害人或者死者近亲属遭受精神损害，赔偿权利人向人民法院请求赔偿精神损害抚慰金的，适用《最高人民法院关于确定民事侵权精神损害赔偿责任若干问题的解释》予以确定。

第二十七条 丧葬费按照受诉法院所在地上一年度职工月平均工资标准，以六个月总额计算。

第二十八条 被扶养人生活费根据扶养人丧失劳动能力程度，按照受诉法院所在地上一年度城镇居民人均消费性支出和农村居民人均年生活消费支出标准计算。被扶养人为未成年人的，计算至十八周岁；被扶养人无劳动能力又无其他生活来源的，计算二十年。但六十周岁以上的，年龄每增加一岁减少一年；七十五周岁以上的，按五年计算。被扶养人是指受害人依法应当承担扶养义务的未成年人或者丧失劳动能力又无其他生活来源的成年近亲属。被扶养人还有其他扶养人的，赔偿义务人只赔偿受害人依法应当负担的部分。被扶养人有数人的，年赔偿总额累计不超过上一年度城镇居民人均消费性支出额或者农村居民人均年生活消费支出额。

第二十九条 死亡赔偿金按照受诉法院所在地上一年度城镇居民人均可支配收入或者农村居民人均纯收入标准，按二十年计算。但六十周岁以上的，年龄每增加一岁减少一年；七十五周岁以上的，按五年计算。

第三十六条第二款 在本解释公布施行之前已经生效施行的司法解释，其内容与本解释不一致的，以本解释为准。

《最高人民法院关于确定民事侵权精神损害赔偿责任若干问题的解释》

第八条第二款 因侵权致人精神损害，造成严重后果的，人民法院除判令侵权人承担停止侵害、恢复名誉、消除影响、赔礼道歉等民事责任外，可以根据受害人一方的请求判令其赔偿相应的精神损害抚慰金。

第十条 精神损害的赔偿数额根据以下因素确定：（一）侵权人的过错程度，法律另有规定的除外；（二）侵害的手段、场合、行为方式等具体情节；（三）侵权行为所造成的后果；（四）侵权人的获利情况；（五）侵权人承担责任的经济能力；（六）受诉法院所在地平均生活水平。法律、行政法规对残疾赔偿金、死亡赔偿金等有明确规定的，适用法律、行政法规的规定。

【评析】

本判决书制作质量高，被评为2010年全省法院优秀裁判文书。其基本要素齐全，格式规范，结构完整，层次分明，具有以下特点：1. 案件事实叙述完整清晰，认定事实清楚。承办人在查清事实的情况下，对当事人提交的证据和质证情况作了详细充分的阐述，确定了事故当事方的责任负担。2. 准确归纳了案件的争议焦点，并紧紧围绕焦点问题展开分析、论述。由于本案原告共有七人，对于原告诉请的损害赔偿项目范围，结合原告举证情况，承办人在对七原告遭受的物质性损失进行核定时，把七原告可得的被扶养人生活费数额以表格的形式一一列出，使人一目了然。3. 论理方式深入浅出，理据充分，对与案件争议焦点密切相关，且当事人持有异议的证据的证明目的、意见、法院对此予以认定或者不予认定的理由均详细地进行阐述，适用法律准确具体，实体处理得当，反映出承办人深厚的法学理论功底和丰富的实践经验。4. 该裁判文书文字表述精炼、准确，表达规范，逻辑严谨，语法通顺，通俗易懂。

●叶路娣等与朱明益等道路交通事故人身损害赔偿一案民事判决书

广东省清新县人民法院

刑 事 判 决 书

（2009）清新法民初字第507号

原告：叶路娣，女，1959年9月29日出生，汉族，广东清新县人，农民，住广东省清新县石潭镇联滘村委会建福村34号。

原告：刘伙妹，女，1932年9月2日出生，汉族，广东清新县人，农民，住广东省清新县石潭镇联滘村委会建福村34号。

原告：麦小艳，女，1997年8月30日出生，汉族，广东清新县人，农民，住广东省清新县石潭镇联滘村委会建福村34号。

三原告共同委托代理人：李俊岭，男，1944年5月10日出生，汉族，住深圳市福田区红荔西路市政大院七栋302室。

三原告共同委托代理人：麦师廷，男，1980年10月6日出生，汉族，广东清新县人，农民，住广东省清新县石潭镇联滘村委会建福村34号。

被告：朱明益，男，1968年2月18日出生，汉族，贵州省遵义市人，住贵州省遵义市红花岗区丰乐路50号。

被告：广东清连公路发展有限公司，住所地：广东清远市人民路交通大厦8楼。

法定代表人：吴亚德，总经理。

委托代理人：何仕林，广东君言律师事务所律师。

委托代理人：陈松涛，广东清连公路发展有限公司员工。

被告：吴春桂，男，1967年4月3日出生，汉族，广东汕头市人，住广东省汕头市潮阳区河溪镇潮揭路1号。

委托代理人：谢燕尔，广东经天律师事务所律师。

被告：封仕明，男，1955年6月4日出生，汉族，广东省清新县人，农民，住广东省清新县石潭镇建民村委会封屋村15号。

被告：封志安，男，1985年7月6日出生，汉族，广东省清新县人，农民，住广东省清新县石潭镇建民村委会封屋村15号。

被告封仕明、封志安的委托代理人温桂明：广东清远市清城区下廓法律服务所法律工作者。

被告封仕明、封志安的委托代理人温贺：广东清远市清城区下廓法律服务所法律工作者。

被告：中华联合财产保险股份有限公司深圳分公司，住所地：深圳市福田区深南中路中核大厦14楼。

负责人：陈加顺，总经理。

委托代理人：温绍东，广东永航律师事务所律师。

委托代理人：甘云，广东永航律师事务所实习律师。

原告叶路娣、刘伙妹、麦小艳诉被告朱明益、广东清连公路发展有限公司、吴春桂、封仕明、封志安道路交通事故人身损害赔偿一案，本院于2009年4月7日受理后，依原告叶路娣、刘伙妹、麦小艳的申请，于2009年4月13日作出通知追加中华联合财产保险股份有限公司深圳分公司为本案的被告参加诉讼，并组成合议庭公开开庭进行了审理。原告叶路娣、刘伙妹、麦小艳的委托代理人李俊岭、麦师廷到庭参加诉讼，被告朱明益、被告广东清连公路发展有限公司的委托代理人何仕林、陈松涛、被告吴春桂的委托代理人谢燕尔、被告封仕明、被告封志安及其委托代理人温贺、被告中华联合财产保险股份有限公司深圳分公司的委托代理人甘云均到庭参加诉讼。本案现已审理终结。

原告叶路娣、刘伙妹、麦小艳诉称：2008年12月31日，被告朱明益驾驶粤BYH655号小客车在清连一级公路由清远市区往阳山县方向行驶，当其行驶至清新县石潭镇河岗路段时与由左侧驶来封仕明驾驶的无号牌两轮摩托车发生碰撞后，小客车再次碰撞前方同向由麦先容骑驶的自行车，造成三车不同程度损坏，4人受伤，麦先容当场死亡的交通事故。经交警处理认定，封仕明负此事故的同等责任，朱明益负此事故的同等责任，麦先容不承担此事故的责任。被告朱明益与封仕明应对受害人麦先容的死亡承担连带赔偿责任。朱明益所驾驶的事故车辆粤BYH655号小客车的车主为吴春桂，吴春桂应对朱明益造成受害人死亡的损失承担连带赔偿责任。封仕明所驾驶的无号牌两轮摩托车的车主为封志安，封志安应对封仕明造成受害人死亡的损失承担连带赔偿责任。朱明益是广东清连公路发展有限公司的雇员，事发时朱明益是为广东清连公路发展有限公司履行职务的行为，广东清连公路发展有限公司应对朱明益造成受害人死亡的损失承担连带赔偿责任。综上，朱明益、封仕明、吴春桂、封志安、广东清连公路发展有限公司对受害人麦先容的死亡承担连带赔偿责任。故原告要求五被告连带赔偿如下诉讼请求的损失：死亡赔偿金112480元、丧葬费18198元、被抚养人生活费19606.9元（其中受害人母亲刘伙妹抚养费7000元，受害人次女麦小艳抚养费12606.9元）、误工费5952.4元（其中受害人长女麦金彩误工费1400元，长女婿朱平安误工费2800元，四弟麦森荣误工费1752.4元）、精神抚慰金50000元，以上五项合计赔偿总金额206237.3元。

原告叶路娣、刘伙妹、麦小艳向本院提供的证据有：1. 清新县公安局交通警察大队的事故认定书，待证损害结果已发生的事实及其责任认定；2. 深圳市公安局景田派出所证明，待证麦森荣的误工费；3. 深圳市安英灯饰商场有限公司误工证明，待证受害人女儿麦金彩、女婿朱平安的误工费；4. 户籍证明信，待证原告与受害人的亲属关系及原告的诉讼主体资格；5. 道路交通事故车辆技术鉴定书，待证粤BYH655号小客车、无牌事故摩托车碰撞损坏情况以及交通事故发生的事实；6. 交通事故尸表检验记录，待证受害人麦先容因交通事故死亡的事实；7. 人口信息，待证被告朱明益、吴春桂的身份情况及诉讼主体资格；8. 行驶证、车辆查询信息，待证粤BYH655号小客车的车辆登记信息；9. 驾驶证，待证被告朱明益的驾照登记信息。

对原告提供的证据，被告的质证意见如下：被告朱明益、广东清连公路发展有限公司、吴春桂、中华联合财产保险股份有限公司深圳分公司对证据1、4、5、6、7、8、9表示无异议，对证据2、3有异议；被告封仕明、封志安对证据4、5、6、7、8、9无异议，对证据1、2、3有异议。

被告朱明益辩称：我愿意按法律规定处理本案。

被告朱明益没有向本院提供证据。

被告广东清连公路发展有限公司辩称：1. 朱明益并非我公司的员工，其在事发当时驾驶行为亦非执行我公司公务的职务行为。朱明益为清连高速化改造工程A13合同段的承包人中铁十三局集团电务工程有限公司的雇员，与我公司无雇佣关系。2. 我公司不是粤BYH655号小客车的实际控制人，该车的实际支配人为清连项目管理Ⅰ处。综上，事故的发生与我公司无关，请求法院驳回原告对我公司的诉讼请求。

被告广东清连公路发展有限公司提供的证据有：1. 清连高速化改造工程A13合同段《建设工程承包合同》摘录，证明该合同段的承包人为中铁十三局集团电务工程有限公司，朱明益为该承包人的雇员而非广东清连公路发展有限公司的雇员；2.《第1项目管理合同段项目管理合同》摘要，证明清连项目管理Ⅰ处并非广东清连公路发展有限公司的下设机构，而是广东清连公路发展有限公司与深圳高速工程顾问有限公司签订该合同后而由其设置的项目管理机构；3.《机电监理服务合同》摘录，证明清连项目管理Ⅰ处机电监理办并非清连公路公司的下设机构，而是深圳高速工程顾问有限公司与重庆中宇工程咨询监理有限责任公司签订该合同后而由其在项目管理Ⅰ处设置的办事机构；4. 车辆移交单，证明广东清连公路发展有限公司并非事故车辆的实际控制人。

对被告广东清连公路发展有限公司提供的证据，原告和其他被告的质证意见如下：原告叶路娣、刘伙妹、麦小艳和被告中华联合财产保险股份有限公司深圳分公司表示对证据的真实性无异议，对其关联性有异议；其余被告朱明益、吴春桂、封仕明、封志安均表示对其真实性、关联性、合法性没有异议。

被告吴春桂辩称：依交警认定，摩托车方和汽车方承担此事故的同等责任，受害人不承担此事故的责任，摩托车方和汽车方是独立的主体，即摩托车方和汽车方应按责任认定各自承担50%的赔偿责任。摩托车方和汽车方不存在共同侵权的故意，原告方在诉求中主张5被告对麦先容的死亡承担连带赔偿责任没有事实和法律依据。依内部法律关系，摩托车车主与摩托车驾驶员对其应承担50%的责任负连带赔偿责任；汽车车主与汽车驾驶员对其应承担50%的责任负连带赔偿责任，因汽车驾驶员是履行职务行为，其雇佣单位也应就此50%的责任负连带赔偿责任。

被告吴春桂向本院提供的证据有：粤BYH655号小客车的保险单和保险发票，待证粤BYH655号小客车的投保情况。

对被告吴春桂提供的证据，原告和其他被告均无异议。

被告封仕明辩称：在本交通事故中受害人麦先容的死亡应由朱明益承担主要责任，与我方无关，清新县公安局交通警察大队认定我方和汽车方应承担此事故的同等责任是错误的，请求受诉人民法院更改清新县公安局交通警察大队作出的责任认定，确认我方无责任。另外原告提出的误工费5952元，因麦金彩、朱平安没有提供用工单位的工商登记资料、工资单据及完税证明，对其误工费表示质疑。原告要求赔偿精神抚慰金50000元过高，与本地的经济收入支出状况不符。

被告封仕明没有向本院提供证据。

被告封志安的答辩意见与封仕明的一致。

被告封志安没有向本院提供证据。

被告中华联合财产保险股份有限公司深圳分公司辩称：三原告并非主张麦金彩、朱平安、麦森荣误工费的适格主体，无权向答辩人主张三人的误工费。原告没有提供朱平安、麦森荣与死者麦先容之间的亲属关系证明，因此，上述两人的误工费不属于人身损害赔偿范围。原告未提供证据证明“深圳市安英灯饰商场有限公司”是合法成立经营的企业，也没有提供麦金彩、朱平安的劳动合同、工资支付证明和纳税证明，无法说明其与深圳市安英灯饰商场有限公司存在劳动合同关系和工资水平。另外，原告主张麦金彩、朱平安为受害人料理丧葬事宜的误工天数为10天，时间过长，按司法实践按3天计算为宜。原告主张麦森荣为受害人料理丧葬事宜从2008年12月31日至2009年1月3日共四天的误工损失，这与事实不符，元旦属国家法定节假日，2、3日（星期五、六）是星期六、日提前调休，这三天是法定节假日和公休日，麦森荣是公务员，不存在误工损失的依据。原告主张受害人母亲刘伙妹的生活费按三个抚养人标准计算，但无提供抚养人的相关证明，这明显与事实不符，且原告在有关证据中提到刘伙妹有四个子女，这与按三个抚养人计算生活费的事实不符。原告诉请的精神抚慰金过高，应根据受害人当地的生活水平确定精神抚慰金。被告封仕明、封志安应在机动车第三者责任强制保险责任限额（人民币110000元）范围内先予赔偿，超出限额外原告损失的部分由两机动车方按法院确定的责任限额分别赔偿。原告只能就交强险限额范围内的损失直接向保险人追偿，超出交强险责任范围以外的损失，原告无权直接向保险人主张。

被告中华联合财产保险股份有限公司深圳分公司提供的证据有粤BYH655号小客车的保险单，待证粤BYH655号小客车在该公司的投保情况。

对被告中华联合财产保险股份有限公司深圳分公司提供的证据，原告和其他被告均无异议。

对双方当事人提供的证据经审查质证，对双方均无异议的证据本院予以认可其真实性、合法性、关联性，确认其具有证明力。对双方有异议的证据，本院将在下面进行分析认定其合法性、真实性、关联性和证明力。

通过对原告的诉讼请求、被告答辩和证据质证等的综合分析，本案争议的焦点为：1. 原告因受害人交通事故死亡而遭受的损失金额，其中争议金额焦点为原告诉请的误工费、抚养费；2. 六被告对原告因受害人交通事故死亡遭受的损失是否承担连带赔偿责任。

经本院审理查明，2008年12月31日，被告朱明益驾驶粤BYH655号小客车在清连一级公路由清远市区往阳山县方向行驶，当其行驶至清新县石潭镇河岗路段时，朱明益驾驶的小客车与从左侧驶来的封仕明驾驶的无号牌两轮摩托车发生碰撞，小客车碰撞摩托车后向前再次碰撞前方麦先容同向骑驶的自行车，造成三车不同程度损坏，麦先容（1955年8月25日出生）当场死亡的交通事故。经清新县公安局交通警察大队作出第2009A00003号交通事故认定书认定：封仕明未取得机动车驾驶证驾驶机动车，驾驶机动车借道行驶未按规定让在道路内正常行驶的车辆或者行人优先通行，违反有关法律法规的规定，是导致此事故的一方面过错；朱明益驾驶机动车未按操作规范安全驾驶，遇紧急情况采取不当的应急措施，违反有关法律法规的规定，是导致此事故的一方面过错；无证据证明麦先容有导致此事故过错。依据《交通事故处理程序规定》第四十五条的规定，封仕明承担此事故的同等责任，朱明益承担此事故的同等责任，麦先容不承担此事故的责任。

受害人麦先容死亡后，被告吴春桂支付了丧葬费18000元给原告处理其后事。

交通事故发生当日，受害人麦先容的四弟麦森荣、女儿麦金彩、女婿朱平安从深圳赶回家中处理其丧葬事宜。麦森荣在深圳市公安局景田派出所任民警，该派出所出具证明证实：麦森荣月工资为13143元，折合日工资为438.1元，2008年12月31日至2009年1月3日共请假4天，回老家处理其三哥发生交通事故的后事。受害人女儿麦金彩、女婿朱平安均在深圳市安英灯饰商场有限公司工作，该公司出具证明证实：因麦金彩父亲死亡，麦金彩、朱平安于2008年12月31日至2009年1月10日向公司请假，由于该公司为服务行业，元旦期间不放假，其请假期间该公司不支付工资，麦金彩日工资为100元，朱平安日工资为200元，其中元旦是三倍工资，1月2日和3日是双倍工资。原告未能提供依据证明麦金彩与朱平安已结婚，原告提供的户籍证明信显示麦金彩为未婚。

受害人麦先容的父母分别为麦路新与刘伙妹，父亲麦路新先于麦先容死亡，母亲刘伙妹（1932年9月2日出生）健在。刘伙妹有六个子女，分别是儿子麦西就、麦大生、麦先容、麦森荣，女儿麦玉妹、麦水姑。受害人麦先容的妻子为叶路娣，麦先容夫妇生育了四个子女，分别是儿子麦师廷（1980年10月6日出生）、女儿麦金彩（1983年1月27日出生）、儿子麦文杰（1989年4月4日出生）、女儿麦小艳（1997年8月30日出生），其中女儿麦小艳为在校学生，其余子女均已成年，都参加了工作。本案诉讼过程中，本院征询麦师廷、麦金彩、麦文杰的意见，他们表示其已经成年有工作，其自愿放弃在本案中的实体权利，不作为原告参加本案的诉讼。

被告封仕明所驾驶的无号牌两轮摩托车（发动机号码78010560）的车辆实际支配人为封志安。朱明益所驾驶的粤BYH655号小客车登记的车主为吴春桂。2008年7月22日，吴春桂为粤BYH655号小客车在中华联合财产保险股份有限公司深圳分公司购买了机动车交通事故责任强制保险和其他机动车商业险，其中机动车交通事故责任强制保险的保险期间自2008年7月26日零时起至2009年7月25日24时止，死亡伤残赔偿限额为110000元。

广东清连公路发展有限公司是一间中外合作的有限责任公司，经营范围为：经营建设及管理清连一级公路，改造原国道107线清连路段及相关的配套设施。

本案在诉讼过程中，依原告的申请，本院依法于2009年4月9日作出裁定查封了事故车辆粤BYH655号小客车。另外，本院依法于2009年4月13日作出参加诉讼通知书，追加中华联合财产保险股份有限公司深圳分公司为本案的被告并参加诉讼，庭审中，原、被告双方均表示对追加中华联合财产保险股份有限公司深圳分公司为本案被告无异议。

原、被告双方因赔偿问题协商未果，原告遂向法院提起诉讼要求六被告赔偿原告死亡赔偿金、丧葬费、被抚养人生活费、亲属误工费、精神抚慰金的损失合计206237元，且第1至第5被告对此承担连带赔偿责任。

以上事实，有原告的户口本复印件、清新县公安局交通警察大队的交通事故认定书、机动车交通事故责任强制保险单及发票、户籍信息资料、行驶证及车辆信息资料、证明、调查笔录及庭审笔录等在案佐证，足以证明。

本院认为，公民享有生命健康权，公民因过错侵害他人财产、人身的应承担民事责任。根据清新县公安局交通警察大队对该交通事故的认定，封仕明承担此事故的同等责任，朱明益承担此事故的同等责任，麦先容不承担此事故的责任，该认定书具有合法性、真实性、关联性，本院予以采信。机动车与非机动车之间发生交通事故，造成人身伤亡的，由机动车一方承担责任，故被告封仕明对受害人麦先容的死亡遭受的损失承应承担50%的赔偿责任，被告朱明益对受害人麦先容的死亡遭受的损失应承担50%的赔偿责任。二人以上共同故意或者共同过失致人损害，或者虽无共同故意、共同过失，但其侵害行为直接结合发生同一损害后果的，构成共同侵权，应当承担连带责任，故封仕明、朱明益对受害人麦先容的死亡遭受的损失应承担连带赔偿责任。

被告封仕明、封志安对清新县公安局交警大队认定书的责任认定表示有异议，要求本院重新认定事故责任，但其没有提供相关依据证明该认定书的不当性或不合法性，对其辩解理由本院不予采纳。对被告吴春桂辩解摩托车方和汽车方各自独立承担50%的赔偿责任，不存在共同侵权不承担连带赔偿责任的理由，缺乏事实和法律依据，其抗辩理由不足，对其抗辩意见，本院不予采纳。

对受害人麦先容因交通事故死亡导致原告因此损害遭受的损失，应按以下方法分析计算认定：一、丧葬费，丧葬费按照受诉法院所在地上一年度职工月平均工资标准，以六个月总额计算，参照《广东省2008年度道路交通事故人身损害赔偿计算标准》，城镇、国有单位在岗职工年平均工资36396元，故受害人的丧葬费为36396元÷12月×6月=18198元。二、死亡赔偿金，死亡赔偿金按照受诉法院所在地上一年度城镇居民人均可支配收入或者农村居民人均纯收入标准，按20年计算。参照《广东省2008年度道路交通事故人身损害赔偿计算标准》，农村居民人均年纯收入5624元，故受害人的死亡赔偿金为5624元/年×20年=112480元。三、受害人亲属误工费，受害人死亡的，赔偿义务人应当支付受害人亲属办理丧葬事宜支出的交通费、住宿费和误工损失等其他合理费用。受害人麦先容家属处理其丧葬事宜按3天时间计算为宜，即从2008年12月31日至2009年1月2日按3天计算。依据《中华人民共和国劳动法》和国务院制定的《全国年节及纪念日放假办法》的有关规定，2009年元旦为法定节假日放假一天，2009年1月2、3日是星期五、六日，将1月3、4日即星期六、日提前调休，即1月1、2、3日为放假时间。节假日未能放假且不能安排补休的人员，元旦上班工资为平时的3倍，星期六、日上班工资为平时的2倍。（1）麦金彩的误工费，受害人女儿麦金彩在深圳市安英灯饰商场有限公司工作，日工资为100元，故其误工费为100元×1天+300元×1天+200元×1天=600元。对原告提出麦金彩的误工费按10天计算为1400元不符合法律规定，对超出600元的部分本院不予支持。（2）受害人女婿朱平安的误工费，原告未能提供受害人女儿麦金彩与女婿朱平安的结婚证类婚姻关系依据，且原告提供的户籍证明信反映麦金彩为未婚，被告中华联合财产保险股份有限公司深圳分公司据此辩解朱平安与受害人无亲属关系，该答辩意见合理合法，本院予以采信。故原告提出受害人女婿朱平安的误工费为2800元的诉讼请求，无事实依据，本院不予支持。(3) 麦森荣的误工费，受害人麦先容的弟弟麦森荣在深圳市公安局景田派出所担任民警，属国家公务员，2009年1月1日、2日节假日按休息或补休处理，不存在误工的事实，而2008年12月31日当天的误工问题，因其未提供有误工费损失的事实依据，因而，原告诉请要求赔偿麦森荣误工费，因缺乏事实及法律依据，对原告该请求，本院不予支持。综合上述，原告因受害人死亡办理其丧葬事宜的受害人亲属误工损失为600元。四、抚养费，被扶养人生活费根据扶养人丧失劳动能力程度，按照受诉法院所在地上一年度城镇居民人均消费性支出和农村居民人均年生活消费支出标准计算。(1) 刘伙妹的生活费，事发时受害人母亲刘伙妹为76岁，其有6个子女，其生活费按5年计算，参照《广东省2008年度道路交通事故人身损害赔偿计算标准》，农村居民人均年生活消费支出4202.3元，故其生活费为4202.3元×5年÷6人=3501.92元。原告在诉讼请求中提出刘伙妹的生活费按三个子女计算为7000元，不符合事实与法律规定，对超出的部分本院不予支持。(2) 事发时受害人女儿麦小艳为11岁，参照《广东省2008年度道路交通事故人身损害赔偿计算标准》，农村居民人均年生活消费支出4202.3元，故其生活费为4202.3元×7年÷2人=14708.05元。原告在诉讼请求中提出麦小艳按6年计算为12606.9元，是其真实意思表示，是对自己权利的处分，也无损害对方当事人的利益，其诉讼请求本院予以支持。综合上述，原告因受害人死亡遭受的生活费损失为16108.82元。五、精神抚慰金，因侵权致人精神损害，造成严重后果的，应当赔偿精神抚慰金。被告封仕明、朱明益的侵权行为造成受害人麦先容死亡，给原告刘伙妹、叶路娣、麦小艳造成极大精神损害，故被告封仕明、朱明益应赔偿原告适当的精神抚慰金，依据受诉法院所在地平均生活水平及本案的实际情况，被告应赔偿原告精神抚慰金40000元为宜。综合上述，原告因受害人麦先容死亡所遭受的损失包括丧葬费、死亡补偿费、被扶养人生活费、受害人亲属误工费、精神损害抚慰金共187386.82元。被告吴春桂已赔偿丧葬费18000元给原告，此款作相应扣减，故原告因该交通事故导致受害人麦先容死亡所遭受的损失为169386.82元。

原告提出被告朱明益是广东清连公路发展有限公司的雇员，事发时是为该公司履行职务行为，广东清连公路发展有限公司应承担连带赔偿责任，但原告未能提供其主张的相关证据，被告朱明益和广东清连公路发展有限公司又不予认可，原告应对此承担举证不能的不利后果，故该主张本院不予支持。广东清连公路发展有限公司辩解称朱明益为中铁十三局集团电务工程有限公司的雇员，粤BYH655号小客车的实际支配人为深圳高速工程顾问有限公司设置的清连项目管理Ⅰ处，因其对该主张没有提供相应证据，本案又无法查证，对其辩解理由本院不予取信。

被保险机动车发生道路交通事故造成本车人员、被保险人以外的受害人人身伤亡、财产损失的，由保险公司依法在机动车交通事故责任强制保险责任限额范围内予以赔偿。根据中国保险行业协会制定的《机动车交通事故责任强制保险条款》约定：在中华人民共和国境内（不含港、澳、台地区），被保险人在使用被保险机动车过程中发生交通事故，致使受害人遭受人身伤亡或者财产损失，依法应当由被保险人承担的损害赔偿责任，保险人按照"交强险"合同的约定对每次事故在下列赔偿限额内负责赔偿：

(一) 死亡伤残赔偿限额为 110000 元;(二) 医疗费用赔偿限额为 1 万元……死亡伤残赔偿限额和无责任死亡伤残赔偿限额项下负责赔偿丧葬费、死亡补偿费、受害人亲属办理丧葬事宜支出的交通费用、残疾赔偿金、残疾辅助器具费、护理费、康复费、交通费、被扶养人生活费、住宿费、误工费,被保险人依照法院判决或者调解承担的精神损害抚慰金。因此,被告中华联合财产保险股份有限公司深圳分公司依法应在粤 BYH655 号小客车的交通事故责任强制保险死亡伤残赔偿限额范围内赔偿麦先容死亡补偿费 110000 元给原告。

对于超出被告中华联合财产保险股份有限公司深圳分公司粤 BYH655 号小客车的交通事故责任强制保险死亡伤残赔偿限额 59386.82 元的部分,由被告朱明益、封仕明按各自 50% 的责任赔偿给原告,即被告朱明益、封仕明各自赔偿丧葬费、被扶养人生活费、受害人亲属误工费、精神损害抚慰金共 29693.41 元给原告。由于被告吴春桂在原告处理麦先容后事期间已经支付丧葬费 18000 元,此款应由朱明益、封仕明各承担 50% 即 9000 元,因此,被告朱明益应赔偿原告实际损失为 20693.41 元,被告封仕明应赔偿原告实际损失为 38693.41 元。同时朱明益、封仕明各自对对方的上述赔偿款互负连带赔偿责任。

被告封仕明所驾驶的无号牌两轮摩托车的车辆实际支配人为封志安,封志安应对封仕明赔偿给原告的损失依法承担连带赔偿责任。朱明益所驾驶的粤 BYH655 号小客车的登记车主为吴春桂,吴春桂应对朱明益赔偿给原告的损失依法承担连带赔偿责任。

据此,依照《中华人民共和国民事诉讼法》第六十四条第一款,《中华人民共和国民法通则》第一百零六条第二款、第一百一十九条、第一百二十三条、第一百三十条,《中华人民共和国道路交通安全法》第七十六条,《机动车交通事故责任强制保险条例》第二十一条第一款,《最高人民法院关于审理人身损害赔偿案件适用法律若干问题的解释》第三条、第十七条第一款与第三款、第十八条第一款、第二十七条、第二十八条、第二十九条,《最高人民法院关于确定民事侵权精神损害赔偿责任若干问题的解释》第八条第二款、第十条,参照《广东省高级人民法院、广东省公安厅关于〈道路交通安全法〉施行后处理道路交通事故案件若干问题的意见》第二十一条第一款的规定,判决如下:

一、被告中华联合财产保险股份有限公司深圳分公司在粤 BYH655 号小客车的交通事故责任强制保险死亡伤残赔偿限额范围内赔偿麦先容死亡补偿费 110000 元给原告叶路娣、刘伙妹、麦小艳,此款应于本判决发生法律效力之日起五日内付清。

二、被告封仕明应赔偿丧葬费、被扶养人生活费、受害人亲属误工费、精神损害抚慰金共 38693.41 元给原告叶路娣、刘伙妹、麦小艳,此款应于本判决发生法律效力之日起五日内付清,被告封志安对上述款项承担连带赔偿责任。

三、被告朱明益应赔偿丧葬费、被扶养人生活费、受害人亲属误工费、精神损害抚慰金共 20693.41 元给原告叶路娣、刘伙妹、麦小艳,此款应于本判决发生法律效力之日起五日内付清,被告吴春桂对上述款项承担连带赔偿责任。

四、封仕明、封志安、朱明益、吴春桂对上述第二、三项赔偿款项负连带赔偿责任。

五、驳回原告的其他诉讼请求。

如果未按本判决指定的期间履行给付金钱义务，应当依照《中华人民共和国民事诉讼法》第二百二十九条的规定，加倍支付迟延履行期间的债务利息。

本案受理费4394元，财产保全费1551元，合计共5945元，由原告负担785元，被告封仁明、封志安、朱明益、吴春桂负担5160元。原告已预交受理费4394元，本院不作退回，应由被告负担的部分待被告在赔偿原告的上述款项时一并迳付给原告。

如不服本判决，可在判决书送达之日起十五日内，向本院递交上诉状，并按对方当事人的人数提出副本，上诉于广东省清远市中级人民法院。

审　判　长　陈秋荣
审　判　员　刘伟东
审　判　员　苏耀光
二〇〇九年九月七日
书　记　员　梁金源

附：相关法律规定

《中华人民共和国民事诉讼法》

第六十四条第一款　当事人对自己提出的主张，有责任提供证据。

第二百二十九条　被执行人未按判决、裁定和其他法律文书指定的期间履行给付金钱义务的，应当加倍支付迟延履行期间的债务利息。被执行人未按判决、裁定和其他法律文书指定的期间履行其他义务的，应当支付迟延履行金。

《中华人民共和国民法通则》

第一百零六条第二款　公民、法人由于过错侵害国家的、集体的财产，侵害他人财产、人身的，应当承担民事责任。

第一百一十九条　侵害公民身体造成伤害的，应当赔偿医疗费、因误工减少的收入、残废者生活补助费等费用；造成死亡的，并应当支付丧葬、死者生前扶养的人必要的生活费等费用。

第一百二十三条　从事高空、高压、易燃、易爆、剧毒、放射性、高速运输工具等对周围环境有高度危险的作业造成他人损害的，应当承担民事责任；如果能够证明损害是由受害人故意造成的，不承担民事责任。

第一百三十条　二人以上共同侵权造成他人损害的，应当承担连带责任。

《中华人民共和国道路交通安全法》

第七十六条　机动车发生交通事故造成人身伤亡、财产损失的，由保险公司在机动车第三者责任强制保险责任限额范围内予以赔偿。超过责任限额的部分，按照下列方式承担赔偿责任：（一）机动车之间发生交通事故的，由有过错的一方承担责任；双方都有过错的，按照各自过错的比例分担责任。（二）机动车与非机动车驾驶人、行人之间发生交通事故的，由机动车一方承担责任；但是，有证据证明非机动车驾驶人、行人违反道路交通安全法律、法规，机动车驾驶人已经采取必要处置措施的，减轻机动车一方的责任。交通事故的损失是由非机动车驾驶人、行人故意造成的，机动车一方不承担责任。

《机动车交通事故责任强制保险条例》

第二十一条第一款 被保险机动车发生道路交通事故造成本车人员、被保险人以外的受害人人身伤亡、财产损失的，由保险公司依法在机动车交通事故责任强制保险责任限额范围内予以赔偿。

《最高人民法院关于审理人身损害赔偿案件适用法律若干问题的解释》

第三条 二人以上共同故意或者共同过失致人损害，或者虽无共同故意、共同过失，但其侵害行为直接结合发生同一损害后果的，构成共同侵权，应当依照民法通则第一百三十条规定承担连带责任。

第十七条第一、三款 受害人遭受人身损害，因就医治疗支出的各项费用以及因误工减少的收入，包括医疗费、误工费、护理费、交通费、住宿费、住院伙食补助费、必要的营养费，赔偿义务人应当予以赔偿。受害人死亡的，赔偿义务人除应当根据抢救治疗情况赔偿本条第一款规定的相关费用外，还应当赔偿丧葬费、被扶养人生活费、死亡补偿费以及受害人亲属办理丧葬事宜支出的交通费、住宿费和误工损失等其他合理费用。

第十八条第一款 受害人或者死者近亲属遭受精神损害，赔偿权利人向人民法院请求赔偿精神损害抚慰金的，适用《最高人民法院关于确定民事侵权精神损害赔偿责任若干问题的解释》予以确定。

第二十七条 丧葬费按照受诉法院所在地上一年度职工月平均工资标准，以六个月总额计算。

第二十八条 被扶养人生活费根据扶养人丧失劳动能力程度，按照受诉法院所在地上一年度城镇居民人均消费性支出和农村居民人均年生活消费支出标准计算。被扶养人为未成年人的，计算至十八周岁；被扶养人无劳动能力又无其他生活来源的，计算二十年。但六十周岁以上的，年龄每增加一岁减少一年；七十五周岁以上的，按五年计算。被扶养人是指受害人依法应当承担扶养义务的未成年人或者丧失劳动能力又无其他生活来源的成年近亲属。被扶养人还有其他扶养人的，赔偿义务人只赔偿受害人依法应当负担的部分。被扶养人有数人的，年赔偿总额累计不超过上一年度城镇居民人均消费性支出额或者农村居民人均年生活消费支出额。

第二十九条 死亡赔偿金按照受诉法院所在地上一年度城镇居民人均可支配收入或者农村居民人均纯收入标准，按二十年计算。但六十周岁以上的，年龄每增加一岁减少一年；七十五周岁以上的，按五年计算。

《最高人民法院关于确定民事侵权精神损害赔偿责任若干问题的解释》

第八条第二款 因侵权致人精神损害，造成严重后果的，人民法院除判令侵权人承担停止侵害、恢复名誉、消除影响、赔礼道歉等民事责任外，可以根据受害人一方的请求判令其赔偿相应的精神损害抚慰金。

第十条 精神损害的赔偿数额根据以下因素确定：（一）侵权人的过错程度，法律另有规定的除外；（二）侵害的手段、场合、行为方式等具体情节；（三）侵权行为所造成的后果；（四）侵权人的获利情况；（五）侵权人承担责任的经济能力；（六）受诉法院所在地平均生活水平。法律、行政法规对残疾赔偿金、死亡赔偿金等有明确规定的，适用法律、行政法规的规定。

《广东省高级人民法院广东省公安厅关于〈道路交通安全法〉施行后处理道路交通事故案件若干问题的意见》

第二十一条第一款 人民法院经审理依法确认各自承担的责任后，对于未超过责任限额范围的部分，根据受害方的请求，可判决由保险公司承担赔偿责任，也可判决由机动车所有人、车辆实际支配人及驾驶员承担连带赔偿责任，还可判决保险公司和机动车所有人、车辆实际支配人及驾驶员承担连带赔偿责任。对于超过责任限额范围的部分，判决由机动车所有人、车辆实际支配人、驾驶员承担连带赔偿责任。

【评析】

本案原、被告双方当事人较多，判决书对双方当事人的诉讼请求、答辩意见归纳得准确得当，并通过对当事人的诉辩意见及证据的质证来确认争议焦点为原告遭受的损失金额及六被告对原告的损失承担连带赔偿责任。原、被告举证的证据较多，但证据列举全面准确，质证过程充分，是非辨析分明。事实认定叙述明确具体、清楚客观，行文流畅，为裁决理由奠定坚实基础。论证部分详略得当，理据充分，论证透彻，逻辑性强，有较强的说服力；对双方有异议的证据分析客观全面，对当事人争议的焦点原告遭受的损失金额及六被告对原告的损失承担连带赔偿责任方面对照案件认定的事实和法律依据逐一分析确定，并且有针对性、合理合法地分析确认原告的诉求及被告的辩解意见，采信证据合法有据，说理论证充分有据，做到“辨法析理，胜败皆明”。本判决遵循裁判案件引据叙事、由事而理、法理互见、事理呼应、由理而断的逻辑顺序，适用法律准确，判决结果适当。总体来说，本判决制作格式符合最高人民法院诉讼文书制作的有关规定，基本要素齐全，结构完整，案件事实叙述完整，证据确凿，适用法律正确，语言通顺流畅，反映审判程序规范合法，被评为2010年全省法院优秀裁判文书。

●中国平安财产保险股份有限公司广东分公司与惠州市勤辉货运服务有限公司公路货物运输合同纠纷一案民事判决书

广东省惠州市惠城区人民法院

民事判决书

（2009）惠城法民二初字第970号

原告：中国平安财产保险股份有限公司广东分公司。住所地：广州市天河区体育东路160号16、17、27、28楼。

法定代表人：肖继艳，总经理。

诉讼代理人：杨亦可、彭军，广东晟典律师事务所律师。

被告：惠州市勤辉货运服务有限公司。住所地：惠州市江北金龙大道56号金泽物流园A6栋110－111号。

法定代表人：岳秀芳，总经理。

诉讼代理人：谢孔德、叶林辉，系该公司员工。

原告中国平安财产保险股份有限公司广东分公司诉被告惠州市勤辉货运服务有限公司公路货物运输合同纠纷一案，本院受理后，依法由代理审判员陈文聪适用简易程序独任审判，于2009年9月8日公开开庭进行了审理。原告中国平安财产保险股份有限公司广东分公司的诉讼代理人杨亦可、被告惠州市勤辉货运服务有限公司的诉讼代理人谢孔德、叶林辉到庭参加诉讼。本案现已审理终结。

原告中国平安财产保险股份有限公司广东分公司诉称，2008年3月9日上午9点40分，原告承保了《国内水路、陆路货物运输险》、被保险人为TCL－罗格朗国际电工（惠州）有限公司的27箱开关插座。经被告惠州市勤辉货运服务有限公司承运由惠州运往浙江玉环县的运输过程中，在福建省福州市罗源县境内因运输车辆起火造成该批货物全部烧毁，事故发生后，被保险人TCL－罗格朗国际电工（惠州）有限公司即向原告报案并提出理赔申请，经原告调查，2008年3月12日，事故发生地交警和消防部门证实了该事故的发生，同一天，被告出具了事故说明，承认因其运输车辆起火造成该批27箱货物全部烧毁的事实，该批开关插座价值人民币36553.06元，被保险人为TCL－罗格朗国际电工（惠州）有限公司。2008年7月22日，原告根据《中华人民共和国保险法》和与保险合同的约定向被保险人支付了保险赔款35456.47元，同时，被保险人将其取得的上述部分保险标的的一切权益转让给原告。根据《中华人民共和国合同法》的规定，被告作为承运人应对运输过程中货物的毁损、灭失承担损害赔偿责任。根据

《中华人民共和国保险法》规定，原告在向被保险人支付保险赔款后有权向被告追偿。为此，特向你院起诉，请依法判令：1. 被告赔偿经济损失35456.47元，并自起诉之日起承担迟延付款利息；2. 由被告承担本案诉讼费。

被告惠州市勤辉货运服务有限公司辩称：第一，作为合同相对方，托运方TCL－罗格朗国际电工（惠州）有限公司已明确不会向答辩人追偿，行使追偿请求权，因此，原告也就没有权利进行追偿。第二，托运人已经明确了其和答辩人货物运输合同价格不含保险，答辩人毫不知情，也没有过错，是托运方自己投保，原告作为保险公司与答辩人毫无关系。第三，运输汽车燃烧事件属于意外的不可抗力事件，承运人依法无须承担责任。《中华人民共和国合同法》第一百一十七条规定："因不可抗力不能履行合同的，根据不可抗力的影响，部分或者全部免除责任，但法律另有规定的除外。当事人迟延履行后发生不可抗力的，不能免除责任。本法所称不可抗力，是指不能预见、不能避免并不能克服的客观情况。"第三百一十一条规定："承运人对运输过程中货物毁损、灭失承担损害赔偿责任，但承运人证明货物的毁损、灭失是因不可抗力、货物本身的自然性质或者合理损耗以及托运人、收货人的过错造成的，不承担损害赔偿责任。"因此，根据交警的证明，是汽车燃烧导致货物损失，属意外的不可抗力事件。第四，是托运人TCL－罗格朗国际电工（惠州）有限公司同意答辩人交由第三人方方达物流运输有限公司广州分公司承运其货物，而货物损失事件就是发生在方方达物流运输有限公司广州分公司承运阶段，因此答辩人也无须承担责任。

经审理查明，2007年5月23日，被保险人TCL－罗格朗国际电工（惠州）有限公司（以下简称罗格朗公司）与被告惠州市勤辉货运服务有限公司（以下简称勤辉公司）签订了一份《货物运输协议》（合同编号：WL－QH2007A），约定由勤辉公司以汽车发运罗格朗公司的产品，合同还对其他事项作了约定。2008年3月6日，根据上述运输协议的约定，罗格朗公司将一批开关（27箱）交由被告勤辉公司运往浙江玉环县，2008年3月9日9时40分，被告运输的车辆行至沈海（闽）高速公路B道166K＋950m路段时发生交通事故，车辆起火燃烧，导致该批货物全部毁损。根据该批货物的订单价格，其价值为36553.06元。

2007年9月3日，罗格朗公司作为被保险人与原告签订了一份《国内运输货物保险预约保险协议》，约定由原告对罗格朗公司运往中国大陆境内的货物予以承保，保险期限从2007年9月4日零时起至2008年9月3日24时止，双方对责任范围、除外责任等事项还作了约定，2008年9月4日，原告向罗格朗公司签发了《国内水路、陆路货物运输保险单》。上述2008年3月9日交通事故发生后，罗格朗公司向原告发出了出险通知，并向原告进行理赔，原告于2008年7月22日向罗格朗公司支付了35456.47元赔款，罗格朗公司也于同日向原告出具了《赔款收据及权益转让书》，确认收到赔款并将保险标的的一切权益转让给原告，由原告以其自己的名义或以罗格朗公司的名义向责任方追偿或诉讼。2009年8月7日，原告诉至本院，要求判如所请。

另查，2009年8月31日，罗格朗公司向被告勤辉公司出具了一份《说明》，证明双方运输价格不含保险，保险公司赔付后在保险公司赔付的金额范围内，罗格朗公司不再要求货运公司赔偿。

以上事实有原、被告双方营业执照、货物运输协议、货物签收单、事故说明、证明

(3 份)、提货单、受损标的清单、国内运输货物保险预约保险协议、国内水路、陆路货物运输保险单、出险通知书、赔款收据及权益转让书、资金汇划补充凭证、说明以及本院庭审笔录在卷为证。

本院认为，本案原告是基于其已向被保险人罗格朗公司支付了保险赔款向被告勤辉公司追偿而引发的案件，原告也是以自己的名义而非以罗格朗公司的名义起诉，因此，本案案由应为保险代位求偿权纠纷，而非货物运输合同纠纷。被告勤辉公司与罗格朗公司之间存在合法有效的货物运输合同关系，理应按照货物运输合同的规定将罗格朗公司的货物安全地运送至约定地点，根据《中华人民共和国合同法》第三百一十一条“承运人对运输过程中货物的毁损、灭失承担损害赔偿责任，但承运人证明货物的毁损、灭失是因不可抗力、货物本身的自然性质或者合理损耗以及托运人、收货人的过错造成的，不承担损害赔偿责任”的规定，被告运输的车辆因出现交通事故而造成罗格朗公司的货物损失 36553.06 元，应对该货物损失负赔偿责任。被告与罗格朗公司约定的运费是否包含保险并不影响被告安全运输货物的义务，因其过错造成损失的，仍应对罗格朗公司负赔偿责任。造成罗格朗公司货物损失是由于被告运输的车辆发生了交通事故，而交通事故并不是法定的免责事由，被告辩称交通事故属于不可抗力的免责事由，属混淆不可抗力事件与意外事件两者的概念，法律意义的不可抗力系指“不能预见、不能避免并不能克服的客观情况”，不能预见、不能避免、不能克服三个条件是判断是否构成不可抗力的标准。何为“意外事件”？我国现行法律对此并没有明确的定义，根据《牛津法律大辞典》，“意外事件，通常意义上是指任何意想不到和非故意的偶然事件，尤其是指造成损害或者伤害的事件。从法律角度来看，仅当发生正常人的预见力不能预见或者合理的谨慎所无法避免或者阻止的不可避免的事件，例如，地震所致的损害才不会引起法律责任。不过，若这一事件的发生虽非故意的，但能合理预见或者若采取谨慎措施就不会发生，例如，车辆碰撞，则应当承担法律责任。在特殊情况下，不管采取了何种谨慎和预防措施，只要发生了意外事件，就应承担严格责任，甚至绝对责任”。本案所涉交通事故在通常情况下的确无法预见，但可以通过谨慎驾驶、加强车辆保养等方式予以避免和克服，因而属于意外事件，不属于不可抗力范围，被告不能因交通事故而主张免责。

原告与罗格朗公司之间存在合法有效的财产保险合同关系，罗格朗公司的货物因发生交通事故而毁损，属于原告的保险责任范围，原告依法向罗格朗公司履行了赔付义务，根据《中华人民共和国保险法》第六十条第一款“因第三者对保险标的的损害而造成保险事故的，保险人自向被保险人赔偿保险金之日起，在赔偿金额范围内代位行使被保险人对第三者请求赔偿的权利”的规定以及罗格朗公司出具给原告的《赔款收据及权益转让书》，原告在赔付给罗格朗公司的 35456.47 元范围内享有要求被告承担货物损失的赔偿责任，因此，原告的诉请具有事实根据和法律依据，本院予以支持。在罗格朗公司于 2008 年 7 月 22 日收到原告赔付的保险赔款后，向第三人追偿的权利已转移给了作为保险人的原告，罗格朗公司对追偿的权利不再享有处分权，根据《中华人民共和国保险法》第六十一条第二款“保险人向被保险人赔偿保险金后，被保险人未经保险人同意放弃对第三者请求赔偿的权利的，该行为无效”的规定，罗格朗公司于 2009 年 8 月 31 日出具给被告的《说明》，其内容中涉及放弃向被告主张赔偿权利的部分无效，被告不能因此而免除责任。而且，从该《说明》的内容来看，被告也已知保险公司向罗格朗公司赔付了损失，罗格朗公司对已赔付的金额作放弃的意思表示显然无效。因此，对于被告的该项抗辩理由，本院亦不予采信。至于被告有关追加方方达物流运输有限公司广州分公司承担责任的主张，由于原告所主张的系罗格朗公司享有的权利，而罗格朗公司与方方达物流运输有限公司广州分公司并不存在货物运输合同关系，被告也没有提供证据证明存在此种关系，相反，被告将所接受运输的货物又委托给方方达物流运输有限公司广州分公司运输，应由被告基于其运输合同关系向方方达物流运输有限公司广州分公司主张。综上，依照《中华人民共和国合同法》第二百八十八条、第二百九十条、第三百一十一条，以及《中华人民共和国保险法》第六十条第一款的规定，判决如下：

被告惠州市勤辉货运服务有限公司应于本判决生效之日起十日内向原告中国平安财产保险股份有限公司广东分公司赔偿35456.47元损失。

如果未按本判决指定的期间履行给付金钱义务，应当依照《中华人民共和国民事诉讼法》第二百二十九条之规定，加倍支付迟延履行期间的债务利息。

本案受理费686元，减半收取343元，由被告惠州市勤辉货运服务有限公司负担。

如不服本判决，可在判决书送达之日起十五日内，向本院递交上诉状，并按对方当事人的人数提出副本，上诉于惠州市中级人民法院。

代理审判员　陈文聪

二○○九年十一月三日

书　记　员　李敏玲

【评析】

本判决书对焦点把握准确，逻辑结构清晰，分析说理透彻，法言法语运用得当，对双方当事人均具有很强的说服力，被评为2010年全省法院优秀裁判文书。其突出之处具体表现在：一是在涉及多个法律关系中准确地把握了主要法律关系，即原告平安保险公司与罗格朗公司的财产保险合同关系、被告勤辉公司与罗格朗公司的货物运输合同关系、原告平安保险公司与被告勤辉公司的责任追偿关系。二是对争议焦点问题分析说理透彻，如对关系到具体的法律适用的案由问题的分析，准确确定为保险代位求偿权纠纷；如对不可抗力这一关键性问题的理解，准确运用我国合同法第一百一十七条第二款的定义，并以学理解释的方法，引用了权威学理观点（《牛津法律大辞典》）对意外事件的理解，从而认定交通事故并不属于不可抗力，不构成免责事由；再如有关罗格朗公司转让追偿权与放弃追偿权的效力，罗格朗公司向原告转让追偿权的时间在前，向被告表示放弃权利的时间在后，根据《中华人民共和国保险法》第六十一条第二款“保险人向被保险人赔偿保险金后，被保险人未经保险人同意放弃对第三者请求赔偿的权利的，该行为无效”的规定，罗格朗公司在取得保险金后则无权处置追偿权，即便处置也属无效行为。

●东莞市宝建纸业有限公司与厦门康捷顺物流有限公司等海上货物运输合同无正本提单放货纠纷一案民事判决书

中华人民共和国广州海事法院

民事判决书

(2008) 广海法初字第292号

原告：东莞市宝建纸业有限公司。住所地：广东省东莞市万江简沙洲管理区。

法定代表人：胡宝明，董事长。

委托代理人：徐晓路，广东盛唐律师事务所律师。

委托代理人：徐楠，女，1984年7月18日出生，汉族，住广东省深圳市福田区电子科技大厦C座36层C。

被告：厦门康捷顺物流有限公司。住所地福建省厦门市湖里区海天路1号604-605。

法定代表人：林彩云，董事长。

委托代理人：李荣存，广东敬海律师事务所厦门分所律师。

被告：厦门康捷顺物流有限公司深圳分公司。住所地：广东省深圳市福田区益田路皇都广场3号楼10层1012单元。

负责人：刘晓，经理。

委托代理人：李荣存，广东敬海律师事务所厦门分所律师。

原告东莞市宝建纸业有限公司（以下简称宝建公司）与被告厦门康捷顺物流有限公司（以下简称康捷顺公司）、厦门康捷顺物流有限公司深圳分公司（以下简称康捷顺深圳分公司）海上货物运输合同无正本提单放货纠纷一案，本院于2008年6月12日受理后，依法组成合议庭，分别于2008年11月25日、12月15日公开开庭进行了审理，经各方当事人同意，本院决定本案与另外35宗原告宝建公司诉被告康捷顺公司和康捷顺深圳分公司海上货物运输合同无正本提单放货纠纷案合并审理。原告宝建公司的委托代理人徐晓路，被告康捷顺公司和康捷顺深圳分公司的共同委托代理人李荣存到庭参加诉讼。本案现已审理终结。

原告宝建公司诉称：2007年10月，康捷顺公司和康捷顺深圳分公司为宝建公司运输了一批货物，康捷顺公司和康捷顺深圳分公司向宝建公司签发了提单号为SZEVE0710051的提单。但是，康捷顺公司和康捷顺深圳分公司未凭正本提单就交付货物，致使宝建公司遭受货物损失8285.5美元，折合人民币61886.06元（以下如无特指，均为人民币元）。康捷顺公司和康捷顺深圳分公司违反了《中华人民共和国海商法》（以下简称《海商法》）第七十一条关于承运人凭正本提单交付货物的义务，应当向宝建公司赔偿由此遭受的损失。请求判令康捷顺公司和康捷顺深圳分公司连带赔偿宝建公司货物损失61886.06元及自货物装船之日起至判决确定的应当支付之日止按中国人民银行同期贷款利率计算的利息（暂计至2008年5月15日的利息为2788.84元），并由康捷顺公司和康捷顺深圳分公司负担本案受理费和保全费等费用。

原告宝建公司在举证期限内提供了以下证据：1. 编号为SZEVE0710051的提单3份；2.（2008）深证字第95009号公证书、（2008）深证字第95012号公证书、（2008）深证字第95013号公证书；3. 编号为BJ071003113的发票；4. 编号为531620070166288801的报关单；5. 售货合同；6.（2008）深证字第46086号公证书；7. 中国外汇交易中心授权公布人民币汇率中间价公告。宝建公司在举证期限届满后提供了以下反驳证据：出口收汇批次核销信息登记表、出口收汇核销专用联登记（信息）表、涉外收入申报单10份、出口收汇核销专用联信息登记表（境外收入）10份、外汇汇款收账通知10份、编号为BJ080227161的发票、编号为SZLAX080304的提单信息确认件、编号为531620080169214636的报关单、深圳市组织机构代码政务公开信息表。宝建公司还申请本院调查收集了以下证据：太平船务（中国）有限公司深圳分公司出具的证明。

被告康捷顺公司和康捷顺深圳分公司共同辩称：一、康捷顺公司和康捷顺深圳分公司是宝建公司的货运代理人，与宝建公司之间不存在海上货物运输合同关系。（一）康捷顺深圳分公司与宝建公司签订的《费用结算服务协议》约定，宝建公司全权委托康捷顺深圳分公司为其在深圳口岸的货运代理。（二）根据法律和航运惯例，托运人应当在货物装船后船舶离港前向承运人提出签发提单的要求。但本案中，宝建公司在向承运人交付货物后，并未向康捷顺公司和康捷顺深圳分公司索要过提单，表明宝建公司视康捷顺公司和康捷顺深圳分公司为其代理。（三）康捷顺公司和康捷顺深圳分公司的业务人员受宝建公司蒙骗，在放货半年之后的2008年4月30日，一次性签发了36套提单，但这些提单的签发不能成为重新确认双方法律关系的证明以及要求凭单放货的依据。二、即使康捷顺公司和康捷顺深圳分公司被认定为承运人，康捷顺公司和康捷顺深圳分公司也已适当履行义务，不存在违约行为。（一）涉案货物运输不存在凭单放货的基础条件和合同约定。1. 涉案货物被收货人提走后半年内，宝建公司都没有要求签发提单，因此，涉案货物运输并不存在凭单放货的基础条件。2. 根据涉案货物运输的航程时间和售货合同的约定，宝建公司实际上已经排除了要求买方（收货人）凭单提货和承运人凭单放货的可能性。3. 宝建公司与康捷顺公司和康捷顺深圳分公司存在长期的货运代理关系，涉案货物运输之前的所有货物均未签发提单，而采取无单放货的方式，宝建公司从未提出过异议，说明宝建公司已经认可了无单放货的操作方式。（二）根据最密切联系原则和“场所决定行为”的国际私法原则，本案应分割适用法律。因承运人交付货物的行为受当地法律的强制性约束，故货物的交付应适用交付地国的法律，即美国法律。承运人未凭正本提单将货物交付给记名提单收货人，符合美国法律规定。三、宝建公司已经收到涉案货款并进行了收汇核销，没有实际损失。四、宝建公司主张的损失属于贸易风险，与违约行为之间没有因果关系，并且，其请求赔偿的金额不能超过其买卖合同项下的货款金额，利息损失不属于赔偿范围。宝建公司主张按贷款利率计算利息和按人民币计算赔偿额也没有依据。五、宝建公司请求康捷顺公司和康捷顺深圳分公司承担连带责任没有法律依据。

被告康捷顺公司和康捷顺深圳分公司在举证期限内共同提供了以下证据：1.《费用结算服务协议》；2. 船期表和售货合同4份；3. 美国《1936年海上货物运输法》和《1916年波莫兰提单法》；4. 最高人民法院（1998）交提字第3号民事判决书；5. 广东省高级人民法院（2005）粤高法民四终字第184号民事判决书。被告康捷顺公司和康捷顺深圳分公司在举证期限届满后共同提供了以下反驳证据：康捷顺公司和康捷顺深圳分公司的营业执照和交货记录。被告康捷顺公司和康捷顺深圳分公司还共同申请本院向国家外汇管理局东莞市中心支局（以下简称东莞外管局）调查收集了以下证据：东汇函［2008］81号关于对广州海事法院调查取证的复函（以下简称复函）。

就本案事实，原告举证和被告质证如下：

1. 宝建公司提供了编号为SZEVE0710051的正本提单3份和（2008）深证字第95013号公证书，以证明康捷顺公司和康捷顺深圳分公司是涉案货物运输的承运人，并且其未凭正本提单交付货物致使宝建公司遭受损失。康捷顺公司和康捷顺深圳分公司对提单和公证书形式上的真实性没有异议，对涉案货物被提走的事实也予以认可，但对上述提单的合法性提出异议，认为上述提单是2008年4月30日签发的，属于倒签提单，不能证明合同关系，提单也不是康捷顺公司和康捷顺深圳分公司共同签发的，并且，上述公证书不能证明宝建公司遭受了损失。

2. 宝建公司提供了编号为BJ071003113的发票、编号为531620070166288801的报关单和售货合同，以证明涉案货物的价值。康捷顺公司和康捷顺深圳分公司对上述报关单的真实性没有异议，对上述发票的真实性和售货合同的真实性和关联性有异议。

3. 宝建公司提供了（2008）深证字第46086号公证书，以证明康捷顺公司和康捷顺深圳分公司的无船承运人资格和英文名称。康捷顺公司和康捷顺深圳分公司对上述公证书的真实性予以确认，但认为无船承运人资格并没有排除其货运代理人的地位。

4. 宝建公司提供了出口收汇批次核销信息登记表、出口收汇核销专用联登记（信息）表、涉外收入申报单10份、出口收汇核销专用联信息登记表（境外收入）10份、外汇汇款收账通知10份、编号为BJ080227161的发票、编号为SZLAX080304的提单信息确认件、编号为531620080169214636的报关单，以证明宝建公司用其他外汇收入办理了涉案货物的出口收汇核销手续。康捷顺公司和康捷顺深圳分公司的质证意见如下：（1）对出口收汇批次核销信息登记表形式上的真实性没有异议，内容真实性有异议，认为核销数额与东莞外管局出具的复函显示的数额不一致，证据有矛盾的情况下应以国家机关正式出具的而且出具日期在后的正式复函为准；（2）对出口收汇核销专用联登记（信息）表、涉外收入申报单、出口收汇核销专用联信息登记表（境外收入）的真实性有异议，认为上述证据是宝建公司单方制作填写的文件，没有银行或外汇管理局的签章，并且出口收汇核销专用联信息登记表（境外收入）中的核销单号码与涉案货物的核销单号码不符，与本案没有关联性；（3）对提单信息确认件和发票的真实性和关联性有异议；（4）外汇汇款收账通知显示，部分核销款项来源于涉案货物的收货人，不能证明这些外汇收入并非涉案货物的货款，反而可以证明宝建公司收到了涉案货物的货款；（5）即使部分用以核销的外汇收入来自其他方，也不能排除是通过第三方付款的可能，并且宝建公司既然可以用第三方的外汇收入来核销涉案货款，那么同样也完全可以用涉案货款去核销其他的外汇额度，所以不能排除宝建公司已收到货款的事实。

就本案事实，被告举证和原告质证如下：

1. 康捷顺公司和康捷顺深圳分公司共同提供了《费用结算服务协议》，以证明其法律地位为宝建公司的货运代理人。宝建公司对该证据的真实性、合法性和关联性均提出异议。

2. 康捷顺公司和康捷顺深圳分公司共同提供了船期表和4份售货合同，以证明货物由盐田运抵美国西海岸航程时间约20天，运抵美国东海岸航程时间约30天，宝建公司在售货合同中约定货款于出货45天内付清，鉴于货到美国仅需20－30天，该约定实际已经排除要求买方凭单提货和承运人凭单放货的可能性，也即认可了承运人无单放货的操作习惯。宝建公司对船期表的关联性提出异议，对售货合同的真实性、合法性和关联性均提出异议。

3. 康捷顺公司和康捷顺深圳分公司共同提供了其营业执照，以证明其具有货运代理的资格，其主要业务也是货运代理。宝建公司对上述证据的关联性提出异议。

4. 康捷顺公司和康捷顺深圳分公司共同提供了交货记录，以证明涉案货物在运抵目的港后不久便被收货人提走，但在采用同样放货方式交付货物之后，宝建公司仍然向收货人供货而不提出任何异议，证明宝建公司已经充分接受和认可无单放货的操作模式。宝建公司对该证据的真实性提出异议，认为该证据的很多内容没有翻译，康捷顺公司和康捷顺深圳分公司也没有提交证据证明该证据的来源。

5. 康捷顺公司和康捷顺深圳分公司共同申请本院向东莞外管局调取了复函，以证明宝建公司收到了涉案货款并办理了出口收汇核销手续。宝建公司对该证据的真实性没有异议，但认为宝建公司是用其他与本案无关的外汇收入进行批次核销，因此该证据不能证明宝建公司收到了涉案货款。

经对上述证据材料的综合分析，并结合当事人的陈述，合议庭一致认证如下：

宝建公司提供了编号为SZEVE0710051的3份正本提单的原件，康捷顺公司和康捷顺深圳分公司虽然对上述提单的合法性提出异议，并认为提单是倒签的，但其没有提供相反的证据，因此对上述证据予以采信，并且倒签提单也不影响正本提单持有人向承运人主张赔偿因无正本提单放货导致损失的权利。

宝建公司提供了编号为BJ071003113的发票、编号为531620070166288801的报关单原件和售货合同原件，上述证据也可以相互印证，康捷顺公司和康捷顺深圳分公司虽然对上述发票的真实性和售货合同的真实性和关联性提出异议，但没有提供相反的证据，因此，宝建公司提供的上述证据可以证明涉案货物的价值为8285.5美元。

康捷顺公司和康捷顺深圳分公司共同提供了《费用结算服务协议》的原件，宝建公司虽然提出异议，但没有提供相反的证据，因此对该证据的真实性予以确认。

售货合同关于付款的约定属于买卖合同关系的内容，本案是海上货物运输合同纠纷，两者属于不同的法律关系，并且售货合同中也没有关于可以无单放货的明确约定，因此，康捷顺公司和康捷顺深圳分公司共同提供的船期表和售货合同不能证明宝建公司认可了承运人无单放货的操作习惯。

康捷顺公司和康捷顺深圳分公司对于其共同提供的交货记录没有说明该证据的来源，也不能确认该证据的真实性，该证据也不能证明宝建公司已经充分接受和认可无单放货的操作模式，因此，对康捷顺公司和康捷顺深圳分公司主张的有关事实不予采信。

康捷顺公司和康捷顺深圳分公司共同提供了其营业执照，但不能仅凭其营业执照就证明康捷顺公司和康捷顺深圳分公司无船承运人或货运代理人的身份，其法律地位应结合其他证据材料综合认定。

针对康捷顺公司和康捷顺深圳分公司共同申请本院向东莞外管局调取的复函，宝建公司提供了出口收汇批次核销信息登记表、出口收汇核销专用联登记（信息）表、涉外收入申报单10份、出口收汇核销专用联信息登记表（境外收入）10份、外汇汇款收账通知10份、编号为BJ080227161的发票、编号为SZLAX080304的提单信息确认件、编号为531620080169214636的报关单予以反驳。出口收汇批次核销信息登记表采取的是保留整数位的计数方式，并且核销方式是批次核销，与复函并不矛盾，涉外收入申报单和出口收汇核销专用联信息登记表（境外收入）均为原件并有银行工作人员的签名，并且上述证据也可以相互印证，因此，对上述证据的真实性均予以采信。

各方当事人提供的其他证据及其他质证意见对本案判决结果不产生影响，不予赘述。

根据庭审调查和已经确认的证据以及对上述证据的认定，合议庭对涉案事实一致作出如下认定：

2007年2月9日，康捷顺深圳分公司（甲方）与宝建公司（乙方）签订《费用结算服务协议》，约定：乙方全权委托甲方为其在深圳口岸的货运代理；双方约定收取的费用包括ORC、单证费、AMS、运费；甲方在收到乙方的中国口岸的费用后，须按乙方要求出具正本提单或电放提单。

宝建公司作为卖方与买方WOOD WORLD INC签订的售货合同记载：签约地点为中国东莞，货物为卫生卷纸和面巾纸，付款条件为买方须于卖方出货45天内付清总货款。

2007年10月3日，宝建公司开具了给收货人WOOD WORLD INC的编号为BJ071003113的发票，该发票记载的涉案货物价值为8285.5美元。

2007年10月10日，康捷顺公司签发了编号为SZEVE0710051的提单，记载：托运人宝建公司，收货人WOOD WORLD INC，收货地和装货港均为中国盐田，船名MAJESTIC MAERSK，航次V.0709，卸货港和交货地均为迈阿密（MIAMI），集装箱号MAEU8366328，货物为卫生卷纸，毛重9782千克，尺寸70.96立方米，装船日期2007年10月7日。提单背面条款第三条关于司法管辖权的记载为：所有在本提单项下及与本提单有关的争议，应在中华人民共和国境内的法院依照中国法律裁决。

上述提单项下货物运抵目的港后，承运人未凭正本提单就向收货人交付货物。

中华人民共和国大鹏海关于2007年11月7日出具的编号为531620070166288801的报关单（收汇核销联）记载：经营单位和发货单位均为宝建公司，指运港迈阿密，批准文号（核销单号）080525184，成交方式FOB，集装箱号MAEU8366328，涉案货物为卫生卷纸，总价8285.5美元。

2008年4月2日的出口收汇批次核销信息登记表记载：单位名称宝建公司，12笔核销单号对应的成交总价（货款数额）分别为8286美元、12760美元、11293美元、

8044 美元、7261 美元、8044 美元、7903 美元、9295 美元、13096 美元、8286 美元、17051 美元、7877 美元，合计 119196 美元，其中涉案货款为 8286 美元，对应的核销单号为 080525184；10 笔收汇额分别为 10437 美元、17578 美元、10731 美元、7199 美元、6718 美元、7592 美元、13905 美元、2800 美元、30188 美元、22927 美元，合计 130075 美元，其中 10437 美元的付款人为 ACCT/PA5512/P P LTD.，17578 美元和 22927 美元的付款人为 WINNING EDGE MARKETING INC，10731 美元、7592 美元和 2800 美元的付款人为 PREACT INC，7199 美元和 13905 美元的付款人为 BAO MING DEVELOPMENT (HK) LIMITED，30188 美元的付款人为 GREENLEAFE SALES AND MARKETINGINC，6718 美元的付款人为收货人 WOOD WORLD INC，但收货人支付的该 6718 美元是编号为 BJ080227161 的发票和编号为 SZLAX080304 的提单项下货物的货款，装载该票货物的集装箱号为 GATU8736316。宝建公司用上述 10 笔收汇办理了上述 12 笔货款的核销手续，包括涉案货款在内的核销额共 119196 美元。

复函记载的 80525184 的核销单号对应的出口金额和收汇核销金额均为 8285.5 美元，核销日期为 2008 年 4 月 2 日。

宝建公司因本案及合并审理的其他 35 宗案件的纠纷于 2008 年 6 月 4 日向本院提出诉前财产保全申请，请求冻结康捷顺深圳分公司的银行存款，本院已裁定准许。诉前财产保全案号为（2008）广海法保字第 86 号，该案于 2008 年 6 月 12 日转入诉讼，诉讼案号为（2008）广海法初字第 292 至 327 号。诉讼过程中，本院又依宝建公司申请，冻结了康捷顺公司的银行存款以及康捷顺公司及其分公司的无船承运业务保证金。宝建公司交纳了诉前财产保全申请费 5000 元。

合议庭一致认为：

本案是一宗海上货物运输合同无正本提单放货纠纷案件。本案货物运输始发地在本院辖区内，依照《中华人民共和国海事诉讼特别程序法》第六条第二款第（二）项和《中华人民共和国民事诉讼法》第二十八条关于“因铁路、公路、水上、航空运输和联合运输合同纠纷提起的诉讼，由运输始发地、目的地或者被告住所地人民法院管辖”的规定，本院对本案具有管辖权。

因涉案货物运输目的港在美国，本案具有涉外因素。涉案提单背面条款第三条关于司法管辖权的记载为：所有在本提单项下及与本提单有关的争议应在中华人民共和国境内的法院依照中国法律裁决。该提单是康捷顺公司签发的，宝建公司是提单记载的托运人，其也同意适用中国法律解决本案争议，因此，涉案提单背面的法律适用条款是双方当事人真实意思的表示，对双方当事人具有法律约束力，应当认定双方当事人选择了本案合同争议适用的法律，依照《海商法》第二百六十九条的规定，中华人民共和国法律应作为处理本案合同争议的准据法。康捷顺公司和康捷顺深圳分公司认为，提单的效力、合同效力应适用中华人民共和国法律，但货物的交付应适用交付地国即美国的法律，但其分割适用法律的主张没有法律依据，不予支持。

本案各方当事人争议的焦点归纳为四个问题，合议庭分析及处理意见分述如下：

一、宝建公司与康捷顺公司、康捷顺深圳分公司之间的合同关系。

康捷顺深圳分公司和宝建公司签订的《费用结算服务协议》虽然约定宝建公司全权委托康捷顺深圳分公司为其在深圳口岸的货运代理，但同时约定收取的费用包括运费，康捷顺深圳分公司在收到宝建公司的中国口岸的费用后，须按宝建公司要求出具正本提单或电放提单。而收取运费和签发提单是承运人的权利义务，因此，根据《费用结算服务协议》的约定不能确定双方之间究竟是货运代理关系还是运输合同关系，应当结合合同履行情况进行综合认定。根据上述查明的事实，《费用结算服务协议》并非康捷顺公司和宝建公司签订的，康捷顺公司签发了提单，提单是运输合同的证明，在没有相反证据的情况下，应认定康捷顺公司与宝建公司之间成立海上货物运输合同关系，康捷顺公司是涉案货物的承运人。康捷顺深圳分公司不是本案合同关系的当事人，宝建公司认为康捷顺公司和康捷顺深圳分公司均为承运人没有事实依据，不予支持。

二、宝建公司是否存在货款损失。

虽然涉案货款已经办理了出口收汇核销手续，但该事实仅是从核销程序上推定收汇，可以作为宝建公司收到涉案货款的初步证据。但宝建公司提供证据证明了其用以办理涉案货款核销手续的外汇收入中，一部分并非收货人支付的，另一部分虽然是收货人支付的，但该部分外汇收入是收货人用以支付其他货款而非涉案货款。因此，宝建公司提供的证据可以推翻核销程序推定的事实。康捷顺公司和康捷顺深圳分公司提出，不能排除由他人代买方支付货款的可能性以及宝建公司用涉案货款去核销其他外汇额度的可能性，其对这种可能性应当提供证据证明，但其上述主张因没有提供证据证明而不成立。综上，宝建公司提供的证据可以证明其未收到货款，存在货款损失。

三、康捷顺公司和康捷顺深圳分公司是否应承担无单放货的赔偿责任。

依照《海商法》第四十六条第一款的规定，承运人对集装箱装运的货物的责任期间是指从装货港接收货物时起至卸货港交付货物时止，货物处于承运人掌管之下的全部期间。在承运人的责任期间，货物发生灭失或者损坏，除本节另有规定外，承运人应当负赔偿责任。涉案提单项下的货物运抵目的港后，康捷顺公司未凭正本提单就向收货人交付货物，3 份正本提单仍由宝建公司持有。本案并无证据表明宝建公司与收货人在买卖合同中约定货物无须凭提单交付，也无证据表明宝建公司认可承运人未凭提单交付货物的行为。康捷顺公司和康捷顺深圳分公司提出宝建公司排除了要求收货人凭单提货和承运人凭单放货的可能性，并且宝建公司已经认可了无单放货的操作方式，但康捷顺公司和康捷顺深圳分公司提出的上述抗辩，均无事实依据，不予支持。依照《海商法》第七十一条关于“提单，是指用以证明海上货物运输合同和货物已经由承运人接收或者装船，以及承运人保证据以交付货物的单证。提单中载明的向记名人交付货物，或者按照指示人的指示交付货物，或者向提单持有人交付货物的条款，构成承运人据以交付货物的保证”的规定，康捷顺公司作为承运人，违反了凭提单交付货物的义务，使得宝建公司对提单项下的货物失去了控制，康捷顺公司应当赔偿宝建公司由此遭受的货物损失。

凭正本提单交货是国际海上货物运输的基本规则，在没有其他约定的情况下，承运人必须凭正本提单交货。康捷顺公司作为海上货物运输的承运人，对目的港国法律关于是否须凭正本提单提货的规定应当知悉，对可能发生的交货风险应当预见，并承担相应的责任，并且，适用本案纠纷的准据法是中华人民共和国法律，而非美国法律。因此，康捷顺公司和康捷顺深圳分公司提出的“承运人未凭正本提单将货物交付给记名提单收货人，符合美国法律规定，不存在违约行为”的抗辩没有事实和法律依据，不予支持。

康捷顺深圳分公司不是本案合同关系的当事人，宝建公司请求康捷顺深圳分公司承担连带赔偿责任没有事实和法律依据，不予支持。

四、赔偿范围。

《海商法》第五十五条第一款和第二款规定："货物灭失的赔偿额，按照货物的实际价值计算；货物损坏的赔偿额，按照货物受损前后实际价值的差额或者货物的修复费用计算。货物的实际价值，按照货物装船时的价值加保险费加运费计算。"宝建公司提供发票和报关单证明涉案货物装船时的价值为 8285.5 美元。宝建公司没有举证证明其支付了保险费和运费，也没有主张保险费和运费损失，货物价值损失的赔偿额应为货物装船时的价值 8285.5 美元。由于涉案货物价格在发票、报关单及售货合同上的记载均采用美元形式，因此宝建公司请求按人民币赔偿货物损失没有事实依据，不予支持。因此，康捷顺公司应向宝建公司赔偿货物损失 8285.5 美元。

宝建公司请求赔偿的利息和诉前财产保全申请费均是因康捷顺公司无单放货行为给宝建公司造成的损失，该损失与康捷顺公司无单放货行为之间也存在因果关系，依照《中华人民共和国合同法》第一百一十三条第一款关于"当事人一方不履行合同义务或者履行合同义务不符合约定，给对方造成损失的，损失赔偿额应当相当于因违约所造成的损失，包括合同履行后可以获得的利益，但不得超过违反合同一方订立合同时预见到或者应当预见到的因违反合同可能造成的损失"的规定，宝建公司请求赔偿的利息和诉前财产保全申请费属于本案赔偿范围。

关于宝建公司请求赔偿的利息。宝建公司请求的利息应当自应收货款之日起算才合理。宝建公司与收货人在售货合同中约定的付款条件为买方须于卖方出货 45 天内付清总货款，宝建公司请求的利息应当自货物装船后 45 天时起算较为合理。宝建公司请求从装船之日起计算，不予支持。宝建公司请求根据中国人民银行同期贷款利率计算利息合理，予以支持。提单记载的涉案货物装船时间为 2007 年 10 月 7 日，因此，康捷顺公司应向宝建公司赔偿上述货物损失 8285.5 美元的利息（从 2007 年 11 月 21 日起，以该日中国人民银行公布的美元对人民币汇率中间价将上述美元换算为人民币，按照中国人民银行同期人民币流动资金贷款利率计算至本判决确定的支付之日止）。

关于宝建公司请求赔偿的诉前财产保全费用。宝建公司是因本案及合并审理的其他 35 宗案件的纠纷申请的财产保全，综合该 36 宗案件的情况，宝建公司申请财产保全正确，康捷顺公司应当向宝建公司赔偿诉前财产保全申请费 5000 元。但为便于计算，该诉前财产保全申请费在本案中一并予以判决，在合并审理的其他 35 宗案件中不再对该诉前财产保全申请费作出判决。

综上，依照《中华人民共和国海商法》第四十六条第一款、第七十一条、第五十五条第一款与第二款和《中华人民共和国合同法》第一百一十三条第一款的规定，判决如下：

一、被告康捷顺公司向原告宝建公司赔偿货物损失 8285.5 美元及利息（从 2007 年 11 月 21 日起，以该日中国人民银行公布的美元对人民币汇率中间价将上述美元换算为人民币，按照中国人民银行同期人民币流动资金贷款利率计算至本判决确定的支付之日止）。

二、被告康捷顺公司向原告宝建公司赔偿诉前财产保全申请费5000元。

三、驳回原告宝建公司的其他诉讼请求。

本案受理费1417元由被告康捷顺公司负担。被告康捷顺公司应于判决生效之日起十日内向本院支付其所负担的受理费，原告宝建公司预交的1417元受理费由本院退还宝建公司。

以上给付金钱义务应于本判决生效之日起十日内履行完毕。

如果未按本判决指定的期间履行给付金钱义务，应当依照《中华人民共和国民事诉讼法》第二百二十九条之规定，加倍支付迟延履行期间的债务利息。

如不服本判决，可在判决书送达之日起十五日内向本院递交上诉状，并按对方当事人的人数提出副本，上诉于广东省高级人民法院。

审　判　长　詹卫全
审　判　员　邓锦彪
代理审判员　邬文俊
二〇〇八年十二月十五日
书　记　员　曾惠芬

【评析】

本判决书是一份关于海上货物运输合同无正本提单放货案件的一审判决书。判决书在阐述了原、被告双方的诉请和答辩意见、理由之后，全面展示了双方当事人提供的相关证据材料及质证意见，并在此基础上逐一对材料进行分析、论证，最终作出了是否采信的认定。对质证、认证过程的描述详尽，有理有据，使得判决书查明和认定的事实有充分的证据支持，令人信服。在证据认定之后，又完整地叙述了法院查明的事实，全面、清晰地展示了案情。对管辖权、法律适用问题也作了专门论述，能充分反映出涉外海事纠纷案件裁判文书的特点。判决书能够从双方当事人的诉辩理由中概括分析、归纳出本案的争议焦点，准确到位，层次清楚，将每一争议焦点作为小标题，围绕争议焦点充分说理，论证严密。无论是采纳当事人的主张还是驳回当事人的请求，判决书都论述得很透彻。因此，一审判决后，双方当事人均未上诉，做到了胜败皆服，社会效果良好。本案涉及的关键问题是出口收汇核销的证明效力如何认定，该问题在司法实践中存在一定争议。法院认为，被告提供的收汇核销的证据虽然证明涉案货款已经办理了收汇核销手续，但这只能初步证明原告收到了货款。而原告提供的证据可以推翻核销程序推定的事实，证明其没有收到涉案货款。这样举证责任就转移给两被告，两被告又不能进一步提供相反的证据，法院最终认定原告存在货款损失，从而判令两被告应承担赔偿责任。本案中对出口收汇核销的证明效力的处理意见可以作为处理类似争议问题的参照。综上可见，该判决文书写作规范，文字流畅，事实认定和法律适用准确，判决结果公正，不失为一篇优秀的涉外裁判文书。

广 州 海 事 法 院

民 事 判 决 书

(2009)广海法初字第247号

原告:广州市番禺区人民检察院。住所地:广州市番禺区市桥街禺山大道80号。

法定代表人:暨中党,检察长。

委托代理人:詹欣鸿,该院民事行政检察科副科长。

委托代理人:万炳权,该院民事行政检察科主任科员。

被告:卢平章,男,汉族,1950年4月11日出生,个体工商户,系广州市番禺区东涌东泰皮革染整厂(以下简称东泰厂)业主。户籍地:海南省文昌县铺前镇华兰村。

委托代理人:何红章,东泰厂厂长。

原告广州市番禺区人民检察院诉被告卢平章水域污染损害赔偿纠纷一案,本院于2009年4月20日立案受理后,依法组成合议庭,于6月11日公开开庭进行了审理。原告委托代理人詹欣鸿、万炳权,被告委托代理人何红章到庭参加诉讼。鉴定人李俊飞到庭接受了质询。本案现已审理终结。

原告诉称:2005年1月,被告卢平章在其承租的广州市番禺区东涌镇励业路9号,经工商登记后独资开设东泰厂,从事皮革生产染整业务,主要对客户提供的羔羊皮、兔皮、黄狼皮等动物皮进行染色加工成熟皮。生产工艺包括复浸、脱脂、浸酸、漂洗、染色等环节。生产过程中使用铬粉、红钒钾、高锰酸钾、纯碱、染料等化学物质。2008年1月至7月,东泰厂采用污水处理设施的抽水管变换阀门的方法,先后5次将55吨未经净化处理的污水通过塑胶管直接排入工业区下水道后流入番禺区东涌镇官坦村虾导涌。由于污水没有经过净化处理,导致排放的污水中CODcr、色度、重金属含量均严重超标,严重污染排水口附近河道地表水和周围环境生态。经过广州市番禺区环境科学研究所进行环境经济损失量化分析,东泰厂排放污水造成的经济损失为62500元。请求法院判令被告:1. 立即停止违法排放污水等一切破坏水域环境的行为;2. 承担将未经处理的污水直接排入广州市番禺区东涌镇官坦村虾导涌造成的环境经济损失费等各项费用,共计62500元;3. 本案诉讼费由被告承担。

原告在举证期限内提供了以下证据:1. 广州市番禺区环境保护局(以下简称番禺区环保局)对卢平章的询问笔录;2. 番禺区环保局对何红章的询问笔录3份;3. 广州市番禺区人民检察院对何红章的调查笔录2份;4. 广州市环境监察支队番禺大队对卢

微欣的询问笔录；5. 广州市番禺区人民检察院对卢微欣的调查笔录；6. 广州市环境监察支队番禺大队现场检查笔录；7. 广州市番禺区环境监测站监测结果1份；8. 番禺区环保局工作人员行政执法证；9. 东泰厂关于何红章、卢微欣职务的证明材料；10. 卢微欣的工资表；11. 与卢微欣有关的流动人员信息登记表；12. 何红章对偷排现场辨认的材料；13. 广州市环境监察支队番禺大队现场取证照片；14. 东泰厂的用水情况；15. 东泰厂排污许可证登记资料；16. 东泰厂的工商登记资料；17. 东泰厂的增值税发票和货单复印件；18. 广州市番禺区环境科学研究所出具的《广州市番禺区东涌东泰皮革染整厂废水偷排造成水体污染的环境经济损失量化分析报告》（以下简称《量化分析报告》）；19. 广州市番禺区环境科学研究所的法人证书；20. 广州市番禺区国土局卫星地图。

被告辩称：对广州市番禺区人民检察院作为原告提起本案诉讼没有异议。我厂在2005年经过环保方面的评估、认证和相关部门审批后才设立，污水经过污水处理池处理后才排出，整个流程有专人管理。在2008年期间，我厂的污水处理设施变换了一个阀门，导致部分污水未经处理就排放到市政渠道，造成水域污染，这是卢微欣的个人行为，我厂应承担管理不善的责任。

被告在举证期限内没有提供证据。

被告对原告提交的全部证据的真实性没有异议，合议庭予以采信。根据庭审并结合证据，合议庭认定如下事实：

东泰厂于2005年1月17日开业，经营场所在广州市番禺区东涌镇官坦村励业路9号。经营范围包括生产、加工皮革和毛皮，染整，硝制。由卢平章个人经营。卢平章本人长期定居香港，很少回番禺，其雇用何红章为东泰厂厂长，工厂的运作包括生产、销售和后勤等均由何红章全权处理。

东泰厂持有排污许可证，废气处理能力为6000立方米/小时，废水处理能力为70吨/日，其中工业污水量为38吨/日。东泰厂目前有染槽46台，脱水机3台，其中20台染槽经环保部门审批许可，后来增加的26台染槽的审批手续尚在办理当中。

2008年7月13日16时许，广州市环境监察支队番禺大队接到群众投诉反映，位于东涌镇官坦村虾导涌交警中队第九分队北面的排水口处发现大量的红色废水。执法人员于17时许到现场检查发现，上述河涌存在宽约9米、水深1.5米的红色废水带，水带长度约为100米。经过对该区域内工厂逐一进行排查，最后发现污染源为东泰厂。现场发现东泰厂两台水泵正在抽水，执法人员现场采集水样，即时制止其偷排废水的行为。

事故发生后，广州市环境监察支队番禺大队、番禺区环保局对东泰厂厂长何红章、污水处理工卢微欣进行询问。

何红章确认2008年7月13日在番禺区东涌镇官坦村虾导涌交警中队第九分队北面的排水口处发现的大量红色废水是东泰厂排放的，该红色废水没有经过污水处理设备进行净化，是生产后直接排放的。因为经过废水处理污水颜色很浅，只有一点浑浊，而那次排放的污水的颜色很深，是深红色，显然没有经过废水净化处理。这次偷排是由于东泰厂污水处理工卢微欣的个人操作，导致污水未经处理就外排。从当时的现场看，卢微欣通过在废水池抽水管的变换阀门上设置了蓝色塑胶管道，通过该管道进行偷排。出现这次偷排行为可能是卢微欣想减轻工作量，不想当晚加班而想尽快完成工作造成的。何红章在笔录中还确认如果卢微欣承认之前也有过偷排行为，她认为有这种可能性，因为平时都是由卢微欣具体负责污水处理，她自己管理厂里的业务比较多，很少监督污水的排放问题，存在管理不善的责任，从而让卢微欣有机可乘多次进行偷排。

卢微欣是东泰厂职工，2005 年 4 月 3 日进厂担任电工，从 2007 年 11 月起担任污水处理工，2008 年 8 月辞职。卢微欣在询问笔录中承认：我在东泰厂负责污水处理工作，前后有 5 次将未经净化处理的工业污水偷排到市政管道。第一次大约是 2008 年 1 月份，差不多过年的时候，因为废水处理池要进行清理，不能进行废水净化处理，我就偷偷将未经处理的废水排入市政管道；第二次大约是 2008 年初，由于抽水机坏了，我就将洗毛的水直接排放到市政管道；第三次是 2008 年 4 月底，也是由于废水处理池要进行清理而偷排；第四次是 2008 年 7 月 12 日，由于我约了人家下棋赶着下班就进行偷排；第五次是 2008 年 7 月 13 日也是由于我约了人家下棋才进行偷排，这次被环保部门现场查获了。第一次、第三次、第五次都是每次偷排 2 个多小时，每小时水管的偷排量是 6 吨多，每次大约偷排 12 吨多污水。第二次偷排由于洗毛的水比较少，只有一个槽，偷排了 1 吨多污水。第四次偷排了 3 个小时，每小时水管的偷排量也是 6 吨多，这次偷排 18 吨多的污水。以上 5 次总共偷排了 55 吨未经净化处理的污水。

2008 年 7 月 13 日，广州市番禺区环境监测站受广州市环境监察支队番禺大队的委托，分别在厂内偷排口和河涌排水口抽取废水进行监测，监测项目和结果如下：pH 值 6.28 和 7.18、CODcr266 和 57.2、氨氮 6.15 和 6.48、色度 800 和 400、硫化物 0.088 和 1.84。

受原告的委托，广州市番禺区环境科学研究所对东泰厂废水偷排造成水体污染的环境经济损失进行评估，出具了《量化分析报告》。该报告记载：励业路工业区（东泰厂在该工业区内）的纳污水体为沙湾水道下游。根据《广东省地表水环境功能区划方案》，沙湾水道中上游（墩涌以下）为饮用水源保护区，执行《地表水环境质量标准》（GB3838－2002）Ⅱ类标准；沙湾水道中下游为工农渔业用水区，执行《地表水环境质量标准》（GB3838－2002）Ⅲ类标准。东泰厂主要对羔羊皮、兔皮、黄狼皮和灰鼠皮加工成熟皮，生产工艺包括复浸、脱脂、浸酸、鞣制、复鞣、漂洗、染色等环节。生产过程中使用铬粉（Cr_2O_3）、红钒钾、高锰酸钾、纯碱、染料等化学物质，生产废水中含有悬浮物、有机耗氧物质和重金属铬（三价），水质成分复杂。东泰厂将未经处理的生产废水直接排入虾导涌，直接影响虾导涌河涌水质。通过对东泰厂偷排口污水水质的监测结果来看，东泰厂非法排放废水的行为将会加重虾导涌的污染，进一步影响沙湾水道下游水质。本次监测东泰厂偷排口污水 COD_{Cr} 超过《水污染排放限制》（DB44/26－2001）第二时段一级标准值 2.66 倍，色度超过标准值 20 倍，重金属超标 62 倍。同时通过水质模型模拟，结果相互印证。通过环境经济损失分析，从保守的角度估算，东泰厂废水偷排造成的环境经济损失包括直接损失 27500 元，其中农业生产损失 16500 元和环境生态损失 11000 元；间接损失 35000 元，其中水生态系统被损害时影响其他生产和消费系统所造成的经济损失 22000 元，环保部门、水利部门、农业部门等为应对本次污染危害采取措施产生的防御费用 13000 元，上述损失和费用合计在 62500 元以上。

《量化分析报告》是由取得建设项目环境影响评价资质的广州市番禺区环境科学研

究所作出的，该报告对东泰厂的排污所造成的环境损害进行了科学的量化研究，指出了违法排污和环境损害的因果关系，并对具体的环境经济损失总量进行了评估。

合议庭成员一致认为：本案为通海水域污染损害赔偿纠纷。《中华人民共和国水法》第三条规定："水资源属于国家所有。"《中华人民共和国民法通则》第七十三条规定："国家财产属于全民所有。国家财产神圣不可侵犯，禁止任何组织或者个人侵占、哄抢、私分、截留和破坏。"国家所有的水资源不容许任何单位或个人的违法行为加以滥用或破坏。水资源被滥用或破坏，国家有权通过司法程序向违法行为人要求赔偿，弥补水资源遭受的损害。检察机关作为国家的法律监督机关，其检察权包括保护国家财产和资源免遭违法行为侵害，以及在国家财产和资源遭受违法行为侵害时有权代表国家提起诉讼。本案受污染的东涌镇官坦村虾导涌水域属于国家所有的水资源，该水域位于原告的辖区，也属于本院的管辖范围，因此，原告有权就被告的违法行为造成的损害向本院提起诉讼。

原告提供的询问笔录、调查笔录、现场检查笔录、环境监测站监测结果、现场取证照片等证据形成了完整的证据链，证明了卢微欣是东泰厂的职工，专门负责污水处理工作。由于个人贪图方便，私自增设管道，将未经处理的污水直接偷排到市政管道，造成水域遭受污染的后果。东泰厂在管理上存在疏忽，卢平章是东泰厂的业主，应承担相应的民事侵权责任。根据广州市番禺区环境科学研究所的《量化分析报告》，东泰厂违法排放污水已经严重危害了东涌镇官坦村虾导涌水质。根据《最高人民法院关于民事诉讼证据的若干规定》第四条第（三）款的规定，因环境污染引起的损害赔偿诉讼，由加害人就法律规定的免责事由及其行为与损害结果之间不存在因果关系承担举证责任。被告未举证证明其行为与水质的污染之间没有因果关系，应承担举证不能的后果，认定东涌镇官坦村虾导涌水质污染与被告的违规排放污水行为之间存在因果关系。根据《中华人民共和国民法通则》第一百零六条和第一百二十四条的规定，被告应对其违规排污行为造成的环境损害承担民事责任。

广州市番禺区环境科学研究所是对建设项目环境影响评价具有资质的鉴定机构，对其鉴定结论予以采信。该报告认定的损失中，直接损失 27500 元和间接损失 22000 元是被告的侵权行为所造成的，被告应予赔偿；防御费用 13000 元系因被告的违法行为，并为应对本次污染危害而产生的必要费用，应由被告负担。原告系代表国家提起本案诉讼，原告受偿的款项应如数上交国库。

综上，依照《中华人民共和国民法通则》第七十三条，第一百二十四条，第一百三十四条第一、二款，《中华人民共和国环境保护法》第四十一条第一、二款，《中华人民共和国水污染防治法》第八十五条第一款的规定，判决如下：

一、被告卢平章立即停止违法排放污水等一切破坏水域环境的行为。

二、被告卢平章赔偿环境污染损失和费用共 62500 元，由原告受偿后上交国库。

本案案件受理费 1363 元由被告负担，被告应于本判决生效之日起七日内向本院缴纳。

以上给付金钱义务，应于本判决生效之日起十日内履行完毕。如果未按本判决指定的期间履行给付金钱义务，应当按照《中华人民共和国民事诉讼法》第二百二十九条的规定，加倍支付迟延履行期间的债务利息。

如不服本判决，可在判决书送达之日起十五日内，向本院递交上诉状，并按对方当事人的人数提出副本，上诉于广东省高级人民法院。

审 判 长 程生祥
审 判 员 张科雄
代理审判员 邬文俊
二〇〇九年七月二十二日
书 记 员 杨 倩

【评析】

本案是广州海事法院受理的第二宗环境公益诉讼案件，由检察机关作为原告则是首例。法院对原、被告的主体资格、被告的侵权行为与损害结果之间的因果关系等进行了严格的审查认定，判决认定检察机关有权代表国家作为原告提起环境公益诉讼，被告是水域污染的侵权主体，应对污染损害后果承担责任。被告服从判决并履行了义务，案件取得了较好的法律效果和社会效果。当前的环境污染现象和事件日益受到社会的广泛关注，但在社会公共利益遭受严重损害时，却普遍存在无人起诉、无人去追究责任的情况，致使国家和社会利益遭受重大损失。造成这种现象的根本原因在于我国环境公益诉讼上存在主体缺位，导致环境损害行为不能及时得到纠正。在这种情况下，由检察机关代表国家提起环境公益诉讼，意义重大。鉴于我国法律目前没有明确赋予检察机关提起环境公益诉讼的资格，检察机关提起的环境公益诉讼仍处于个案阶段，尚未成为一种制度化的措施。建议在环境保护领域建立公益诉讼制度，赋予检察机关代表国家和公众利益，对破坏污染环境的侵权人提起环境公益诉讼的权利和资格，以维护人类社会的环境公益。本判决书制作格式符合最高人民法院有关诉讼文书样式及相关司法解释的规定，基本要素齐全，结构完整，层次分明；事实叙述完整、清晰；证据确实、全面、充分，证明力强；案件适用法律正确，引用法条准确、完整；实体处理得当；语言通畅，用语规范准确，是一篇优秀的裁判文书。

●五华县华胜船舶工程技术服务部与广州市百砺船舶制造有限公司海上工程承包合同纠纷一案民事判决书

广州海事法院

民事判决书

（2008）广海法初字第408号

（2008）广海法初字第486号

原告（反诉被告）：五华县华胜船舶工程技术服务部。住所地：广东省梅州市五华县华城镇新华一路131号。

负责人：朱兆胜，个人独资企业投资人。

委托代理人：梁道球，广东大同律师事务所律师。

委托代理人：梁淑军，广东大同律师事务所律师。

被告（反诉原告）：广州市百砺船舶制造有限公司。住所地：广东省广州市番禺区石楼镇莲花山浮莲岗。

法定代表人：林淑勤，该公司董事长。

委托代理人：杨文龙，广东法制盛邦律师事务所律师。

委托代理人：何伟雄，广东法制盛邦律师事务所律师。

原告五华县华胜船舶工程技术服务部（以下简称华胜服务部）诉被告广州市百砺船舶制造有限公司（以下简称百砺公司）海上工程承包合同纠纷一案，于2008年8月15日向本院提起诉讼，本院受理后依法组成合议庭进行审理。被告百砺公司于2008年10月9日对原告华胜服务部提出反诉，本院受理后依法与本诉合并审理，于2008年11月4日和12月3日两次召集双方当事人进行证据交换，并公开开庭审理。华胜服务部委托代理人梁道球、梁淑军，百砺公司委托代理人杨文龙、何伟雄到庭参加诉讼。两案现已审理终结。

华胜服务部诉称：2006年11月22日，华胜服务部和百砺公司签订海洋平台工程项目施工合同，约定由华胜服务部承包百砺公司的R303－PC2A PC2B SC2A SC2B建造项目工程。华胜服务部已于2006年11月6日组织工人进场施工。施工过程中，百砺公司没有按照合同约定支付进度工程款，也没有提供必要的施工条件和材料。另由于百砺公司提供的图纸存在错误以及百砺公司单位工程技术人员对图纸的错误理解导致返工，加上百砺公司施工主管的瞎指挥和不文明干预，进一步影响了工程作业的进度。2007年2月5日，百砺公司单方毁约，封锁施工现场并强令华胜服务部工人撤离。华胜服务部共完成合同项目工程量364吨和合同外工程若干，而百砺公司没有向华胜服务部支付任何工程款。百砺公司不按合同约定支付进度工程款和提供必要施工条件已经构成违约，后又单方毁约，拒不支付工程款，严重侵害华胜服务部的合法权益，应承担违约责任并赔偿华胜服务部依合同可预见的损失。请求法院判令：1. 百砺公司向华胜服务部支付工程款564200元、返工费用150000元、合同外工程款107380元，共计821580元；2. 百砺公司向华胜服务部支付自起诉之日起至工程款付清之日止的利息（按同期银行贷款利率计算）；3. 由百砺公司承担本案诉讼费用。

华胜服务部在举证期限内提供了以下证据：1. 合同；2. 关于R303－PC2A PC2B SC2A SC2B工程工程款结算及支付的公函；3. 百砺公司向华胜服务部出具的异议书；4. 柴建军、裴大军等人的工牌；5. 华胜服务部委托代理人对柴建军、熊火林、裴大军、刘忠祥、皮超的调查笔录；6. 部分施工图纸；7. 华胜服务部向百砺公司出具的要求结算费用的函件。此外，华胜服务部申请的证人熊火林、裴大军、皮超、刘忠祥、郭广忠出庭接受了法庭和双方当事人的质询。

百砺公司在庭审中口头辩称：华胜服务部起诉所称的事实并不真实。华胜服务部没有承包R303－PC2B SC2B工程。百砺公司已经按照约定履行合同义务，但是由于华胜服务部组织不力和工人技术不过关，导致工程进度严重逾期，华胜服务部完成的工程量只有22.3吨，并且未经双方验收确认。华胜服务部所称的工程量和违约金没有任何事实依据，请求法院驳回原告的诉讼请求。

百砺公司在举证期限内提交了以下证据：1. 合同和补充合同；2. 情况说明；3. 百砺公司代华胜服务部支付工人工资表；4. 百砺公司向华胜服务部出具的异议书及其邮寄记录；5. 停工通知单；6. R303－PC2A SC2A工程量统计表。

百砺公司反诉称：2006年11月22日，华胜服务部和百砺公司签订合同，约定由华胜服务部承包百砺公司所属编号为R303－PC2A PC2B SC2A SC2B工程项目。2007年1月22日，双方签订补充合同，对合同期限、违约责任进行补充约定，并对华胜服务部的承包项目进行变更，取消该项目PC2B和SC2B两个分段，即华胜服务部仅承包PC2A和SC2A分段，其他条款不变。合同签订后，百砺公司按约定履行了义务，但由于华胜服务部组织施工不力，工程进度严重滞后。至2007年2月7日，华胜服务部已完成的工程量与合同约定的标准和进度要求相差甚远。华胜服务部的行为已构成严重违约，合同已经解除，华胜服务部应向百砺公司支付违约金。此外，由于华胜服务部负责人朱兆胜下落不明，并拖欠其雇请的70多名农民工几个月工资，导致这部分农民工聚众闹事，严重影响百砺公司正常的生产秩序和员工的人身安全。为防止事态的进一步恶化而影响社会的和谐稳定，在广州市番禺区石楼镇劳动和社会保障服务中心（以下简称石楼镇劳动服务中心）及石楼镇派出所的协调和要求下，百砺公司代华胜服务部向60多名农民工垫付了187908元工资。请求法院判令：1. 华胜服务部向百砺公司支付代垫付的工人工资187908元及其利息（利息计算标准：其中，177556元的利息自2007年3月7日起至付清之日止，10352元的利息自2007年12月11日起至付清之日止，均按中国人民银行规定的金融机构同期同类贷款利率计算）；2. 华胜服务部向百砺公司支付违约金165168元；3. 由华胜服务部承担反诉案诉讼费用。庭审时，百砺公司将第二项诉讼请求违约金变更为120993元。

百砺公司提供了与本诉案一致的证据。

华胜服务部答辩称：百砺公司的反诉歪曲事实，真正的事实与华胜服务部在本诉起诉状中的陈述一致。

华胜服务部提供了与本诉案一致的证据。

为查明本案事实，经法庭释明，百砺公司在法庭指定的期限内补充了以下证据：1. R303 - PC2A PC2B SC2A SC2B 项目图纸；2. 领料单；3. 江苏海外集团对外经济技术合作有限公司（以下简称江苏海外公司）承包 R303 - PC2A PC2B SC2A SC2B 项目的工程结算单据；4. 南通亚德船舶工程有限公司（以下简称亚德公司）承包 R303 - PC2A PC2B SC2A SC2B 项目的工程结算单据；5. 广东省电力第一工程局钢结构分公司（以下简称广电公司）承包 R303 - PC2A PC2B SC2A SC2B 项目的工程结算单据；6. 王锦兴工程队承包 R303 - PC2A PC2B SC2A SC2B 项目的工程结算单据；7. 上海珀耶工贸有限公司（以下简称珀耶公司）承包 R303 - PC2A PC2B SC2A SC2B 项目的工程结算单据。

百砺公司对华胜服务部提供的证据 1 - 4 和证据 7 的真实性没有异议，华胜服务部对百砺公司提供的合同、补充合同、异议书和邮寄记录、停工通知单等证据的真实性没有异议。结合庭审调查，合议庭认定如下没有争议的事实：

2006 年 11 月 22 日，华胜服务部和百砺公司就华胜服务部承包百砺公司编号为 R303 - PC2A PC2B SC2A SC2B 的工程项目事宜签订合同，约定百砺公司负责以下事项：1. 提供图纸、包括技术和检验标准；2. 提供制作所需钢材材料、焊条、焊丝、药粉、衬垫、烘箱、焊条筒；3. 在百砺公司指定的场地施工，由百砺公司提供电力、水、气、气瓶、吊车、叉车；4. 按图需提供数控切割设备下料；5. 油漆涂装、脚手架；6. 大型通风设备（小型的由华胜服务部自备）；7. 提供旧铁板做 3m × 2m × 1m 工具箱一只；8. 拍 X 光片、探伤，如不合格，重做的费用由华胜服务部负责；9. 制作设备限制送厂外材料加工；10. 电焊机、埋弧焊机、气体保护焊机、两台自动气割机；11. 图纸错误由百砺公司负责修改，另计费用。华胜服务部负责以下事项：1. 提供营业执照、税务登记证、税务发票；2. 工人的身体检查、劳动保险、住宿；3. 电焊工和点焊人员需执百砺公司认可的证件上岗；4. 工人必须穿工作服、安全鞋，戴安全帽、安全眼镜、耳塞、安全带，需符合百砺公司的安全管理要求；5. 华胜服务部必须提供工作中易损耗材（如磨片、割嘴、面罩、焊钳、气刨碳棒等）；6. 焊工必须执有 ABS 证书，如需百砺公司安排考试，费用由华胜服务部支付，合格焊工的证书由百砺公司保留；7. 华胜服务部有责任清扫工作环境，垃圾和废料分别投放；8. 华胜服务部应遵守百砺公司厂规厂纪；9. 制作项目所需胎架（不另计费用）；10. 协助百砺公司项目的各类压力测漏试验等，完成项目的报检；11. 使用工具设备必须符合百砺公司的安全使用标准；12. 华胜服务部自备除百砺公司负责的设备之外的生产工具；13. 妥善保管使用百砺公司提供的设备，人为损坏或保管不善按双倍维修费用赔偿；14. 需安装和焊接项目上的舾装件，费用按结构重量计算（不包括舾装件制作）；15. 华胜服务部有义务协助百砺公司完成承接项目吊运到运输船上。此外，双方还约定：1. 合同签字生效后，无正当理由不得提前解除合同，如果未能在百砺公司所需工期 2007 年 2 月 20 日完成，每超过一天按 1 万元罚款；2. 如因百砺公司的材料、设备短缺或天气造成的工期延误，双方记录确认后工期顺延；3. 华胜服务部未能达到百砺公司所需工程进度，百砺公司增派的工人按200元/天/10小时计费；4. 华胜服务部自备设备材料如需百砺公司代办，百砺公司另加10%的代办费；5. 工程款按工程进度的90%支付；6. 华胜服务部须对承接项目负责六个月的质量保证，工程款的10%在六个月后如无质量问题时支付；7. 本项目按人民币结算，按净重每吨1550元计算（包括舾装件，管道除外）。本合同由华胜服务部、百砺公司双方签名并盖章。华胜服务部一方由郭广忠签名。

在合同履行过程中，百砺公司于2006年12月19日向华胜服务部发出《停工通知单》，称："现通知从今天起停止在百砺公司承包的工程，理由如下：1. 未达到百砺公司所要求的工程进度；2. 贵公司内部管理混乱；3. 工人技术差，造成下料错误。现需你公司签约人郭广忠两日内来百砺公司商谈相关事宜。如贵公司签约人没有在两日内来商谈，合约自动取消，一切后果由你公司承担。"柴建军在该停工通知单上签收。

2007年1月3日，百砺公司给华胜服务部发函："鉴于贵队目前施工状况，焊工严重不足，严重影响工程进度。限贵队三天内尽快安排有焊证的焊工进场地施工。否则，我公司将强加干涉，特此通知。"熊火林在该函件上签收。庭审中，华胜服务部表示收到该通知，并调焊工补充。

2007年1月22日，华胜服务部、百砺公司签订补充合同，约定：1. 延长此合同到2007年3月5日，华胜服务部必须在此时间前完成承接项目；2. 因华胜服务部的原因造成百砺公司经济损失的，华胜服务部应该承担全部责任和相关费用；3. 华胜服务部的工程进度和百砺公司要求的工程进度相差20%时，华胜服务部应加派工人并加班，如果和百砺公司要求的工程进度相差40%，百砺公司有权取消合约，华胜服务部应当承担全部责任，承担所有华胜服务部员工的薪水，以及因误工赔偿百砺公司的损失占项目的20%；4. 因百砺公司的原因造成华胜服务部怠工，双方必须在两天内以书面形式确认，华胜服务部反馈的问题百砺公司未能在两天内答复的，华胜服务部需记录反馈时间以书面递交给百砺公司；5. 如果华胜服务部转包承接项目，百砺公司有权取消合约，华胜服务部应承担全部责任和造成的经济损失；6. 经华胜服务部、百砺公司双方协商，对华胜服务部承包项目变更为取消R303－PC2B SC2B工程两分段，由华胜服务部承包R303－PC2A SC2A分段，其他条款不变。华胜服务部一方由郭广忠签名，且郭广忠在其签名后括号注明"拿出303的2B"。庭审中，郭广忠陈述其是现场施工的主管，全面负责该项目，签订该补充合同是真实的，但是，这个合同不平等，所以，其在签名后面注明"拿出303的2B"，表示仅同意该条款，对其他条款不接受。

2007年2月6日，华胜服务部向百砺公司出具函件称，华胜服务部已经为百砺公司施工两个多月，但未拿到一分钱的工程款。华胜服务部于2月1日要求百砺公司支付进度款，但是百砺公司单方面通知华胜服务部停工，进行结算。华胜服务部对此没有异议，但华胜服务部系由下岗工人和农民工组成，无能力承担亏损，要求结算方式采用实报实销，具体理由如下：1. 百砺公司单方面解除合同；2. 整个工程的前期是无用功，后期才是有用功。华胜服务部依靠后期的盈利来保证前期工程的亏损，但是百砺公司解除合同的行为终止了这种连续性；3. 华胜服务部大量工作量是由于百砺公司配套设施不齐备、数控切割的问题而造成的，尤其是图纸的错误。

2008年6月18日，华胜服务部向百砺公司出具《关于R303－PC2A PC2B SC2A SC2B工程工程款结算及支付的公函》，称华胜服务部为涉案项目施工共产生合同内工程款 564200 元、返工费用 150000 元、合同外工程款 107380 元，共计 821580 元，请百砺公司在收到本函件之日起五天内将该款项支付给华胜服务部，如对函件有异议，在收到本函件之日起三天内向华胜服务部提出（联系人郭广忠先生），否则视为百砺公司对该函件没有异议。7 月 4 日，百砺公司向华胜服务部回函称："关于 R303 - PC2A PC2B SC2A SC2B 工程工程款结算及支付的公函，我方有异议。贵公司的违约行为对我司造成的经济损失，我方将保留追究权利。"百砺公司将该回函通过快递寄给华胜服务部。

庭审中，华胜服务部、百砺公司双方对涉案合同于 2007 年 2 月 5 日解除没有争议。

本案争议的事实问题是双方当事人各自主张的损失，合议庭认定如下：

一、关于涉案工程的工程量

关于涉案工程的工程量，百砺公司提供了工程的全部图纸。庭审中，华胜服务部申请的证人熊火林称完工工程量大概为 610 吨，华胜服务部也主张其完成 364 吨工程量，占总工程量的大半。百砺公司提供的图纸分别标有 R303 - PC2A PC2B SC2A SC2B 工程各部分的名称及重量，经核算，图纸标示的工程总量为 572. 44 吨，其中 R303 - PC2A SC2A 的工程量为 389. 73 吨，R303 - PC2B SC2B 的工程量为 182. 71 吨。合议庭认为，百砺公司提供的图纸完整清晰，并且能与华胜服务部的主张和证人证言相印证，予以采信，认定涉案工程总量为 572. 44 吨，其中 R303 - PC2A SC2A 的工程量为 389. 73 吨，R303 - PC2B SC2B 的工程量为 182. 71 吨。

二、华胜服务部主张的损失

华胜服务部主张的费用共计 821580 元，包括：1. 合同内工程量 364 吨，工程款 564200 元；2. 因百砺公司提供的图纸错误导致的返工费用 150000 元；3. 新做乙炔氧气瓶架 15 套、大工具柜 2 个、造船用平台胎架 6 个、船台定位囤 120 套，计合同外工程款 107380 元。合议庭分别认定如下：

（一）关于合同内工程款

华胜服务部的依据是关于 R303 - PC2A PC2B SC2A SC2B 工程工程款结算及支付的公函、郭广忠等 5 位证人证言、部分图纸。百砺公司主张华胜服务部完成的工程量仅有 22. 38 吨，因华胜服务部无法按期完成工程，百砺公司已将工程转由其他工程队施工。百砺公司提供了领料单和各工程队结算单据。领料单由华胜服务部工人签名，合计为 122 吨。华胜服务部对领料单的真实性没有异议，但认为百砺公司未提供完整的领料单。华胜服务部对百砺公司提供的其他证据不予认可，主张百砺公司应提供相关的合同。

关于江苏海外公司的工程量。百砺公司主张江苏海外公司的工程量为 30. 282 吨，工程款为 48451 元，提供了银行回单、费用报销单、百砺船舶外包队付款单分析和委托书等证据。2008 年 1 月 18 日和 1 月 23 日的中国银行存款回单记载：收款人为刘祥，账号为 4767801 - 0188 - 085187 - 8，存入金额分别为 88000 元和 10 万元。费用报销单记载：用途为付 JOCR303、R309、B289、B296 工程款尾数（已包括所有舾装件及更改图费用），金额为 188000 元。付款单分析记载：江苏海外公司与百砺公司尾款结算，工程款费用总数为 1039578. 35 元，舾装件和变更总数为 212824. 80 元，其中 R303 PC/SC2A - LB2&B1（片体）金额为 48451. 2 元，给承包商余款总数为 188000 元。委托书由江苏海外公司于 2008 年 1 月 22 日出具，记载江苏海外公司委托刘祥到百砺公司结算工程款，账号为4767801－0188－085187－8，户名刘祥，开户行为中国银行广州番禺石楼支行。

关于亚德公司的工程量。百砺公司主张亚德公司的工程量为R303－PC2A SC2A项下S1C、S1D分段86.263吨、工程款为138020元；R303－PC2B SC2B项目PC2B全部分段97.694吨、工程款为156310元，合计工程量为183.957吨、工程款为294331元。百砺公司提供了中国银行电汇凭证、收据、存款回单、百砺船舶外包队付款单分析、费用报销单、法人授权委托证明书、营业执照等证据。与本案工程有关的付款分析单有9份，分别记载了亚德公司R303－PC2A SC2A PC2B工程的不同阶段的进度情况和费用结算，其中，2007年12月12日的分析单有“结清”章，2008年1月11日的分析单为尾款结算。上述付款分析单均记载：亚德公司R303－PC2A SC2A工程总吨数为86.263吨、工程款为138020元；R303－PC2B工程总吨数为97.694吨、工程款为144957.57元。百砺公司提供的银行回单、收据等记载自2007年4月至2008年1月，百砺公司多次向亚德公司、钱树华、曹小国等支付工程款和借款。亚德公司于2007年4月5日和12月15日出具委托书，委托钱树华向百砺公司收取工程款；于2007年4月出具委托证明，委托曹小国向百砺公司借款40000元。

关于广电公司的工程量。百砺公司主张广电公司负责R303－PC2A SC2A项目S1A和S1B分段68.689吨，工程款为109220元，提供了协议书、营业执照、付款分析单、发票等证据。协议书由广电公司与百砺公司于2008年4月14日签订，双方就广电公司承包百砺公司R303［CSC1A&B、CPC1A&B、SC2A/PC2A（S1A S1B）］工程款以及所有舾装件安装工程款及2008年1月1日前广电公司承包百砺公司所有工程的一切费用事宜达成付款协议，确认双方工程总结算为752895.76元，百砺公司应再支付广电公司200000元。付款分析单共6份，其中与涉案工程相关的有3份，记载2007年3月份第4个星期至2007年5月份第3个星期，广电公司R303－PC/SC2A－S1A S1B工程进度和付款情况，工程总吨数为68.698吨，总工程款为109916.8元。广电公司于2008年6月28日出具了金额为200000元的发票。

关于王锦兴工程队工程量。百砺公司主张王锦兴工程队负责R303－PC/SC2A项目WF1、LB1分段122.5吨，工程款为196000元。百砺公司提供了费用报销单、付款分析单、收据各3份，该3份证据一一对应，记载了百砺公司与王锦兴工程队分别于2007年3月8日、2007年4月18日、2008年5月2日结算的费用，王锦兴出具了金额分别为49000元、68600元和89653.5元的收据。费用报销单记载用途为303－PC&SC2A/WF1&LB1工程款，付款分析单记载王锦兴工程队负责R303－PC&SC2A/WF1&LB1工程的总吨数为122.5吨，工程总价为196000元，另借用人员费用11253元。

关于珀耶公司的工程量。百砺公司主张珀耶公司负责R303－PC2B SC2B项目SC2B全部分段84.975吨，工程款为135960元。百砺公司提供了银行回单、收据、授权委托书、付款分析单、费用报销单等证据。珀耶公司于2007年3月1日出具授权委托书，授权阎立国负责与百砺公司的业务和工程款收款事宜。银行回单记载百砺公司于2007年4月24日向阎立国支付298584.87元。珀耶公司分别于2007年9月22日和2008年1月24日出具收据，记载收取工程款389189.11元和R303工程款171703.36元。与本案工程相关的5份付款分析单记载珀耶公司负责R303－SC2B，总吨数为84.975吨，工程总价为135960元，分5次付款；另有B289 4C工程工程款701767.27元和增加片体工程工程款21750.20元，合计723517.47元；两项费用合计为859477.47元，与上述发票和银行回单的总金额859477.34元基本一致。

合议庭认为，百砺公司虽然没有提供各工程队的合同，但是百砺公司提供的证据中明确包含了R303－PC2A SC2A PC2B SC2B的相关内容，付款凭证、收据或发票与付款分析单记载的时间、金额也基本能够印证，对百砺公司提供的证据予以采信，认定江苏海外公司的R303－PC2A SC2A项目工程量为30.282吨、亚德公司的R303－PC2A SC2A项目工程量为86.263吨、R303－PC2B SC2B项目工程量为97.694吨、广电公司的R303－PC2A SC2A项目工程量为68.689吨、王锦兴工程队的R303－PC2A SC2A项目工程量为122.5吨、珀耶公司的R303－SC2B项目工程量为84.975吨，合计为490.403吨。其中，R303－PC2B SC2B工程由亚德公司和珀耶公司全部完成。R303－PC2A SC2A工程总量389.73吨扣减上述工程队的工程量，余82吨。该数量与百砺公司提供的领料单记载的钢材重量122吨大致能对应，应认定该82吨为华胜服务部的工程量。

（二）返工费用

华胜服务部主张由于百砺公司提供的图纸错误，导致R303－PC2A SC2A完工后重新拆除装配焊接，造成返工费用共计150000元。华胜服务部没有提供任何证据。合议庭认为，根据华胜服务部和百砺公司签订的合同约定，图纸错误由百砺公司负责修改，另计费用。但是，华胜服务部未就返工事实提供任何证据。根据《中华人民共和国民事诉讼法》第六十四条的规定，当事人对自己的主张应承担举证责任，华胜服务部未能提供任何证据，应承担举证不能的后果，对该项费用不予认可。

（三）合同外工程量

华胜服务部主张合同外工程款共107380元，包括：1. 新做乙炔氧气瓶架15套，共用时750个小时，按200元/天/10小时计费，为15000元；2. 大工具柜2个，共10吨，按1550元/吨计算，为15500元；3. 胎架工程共用料28吨，按1550元/吨计算，为43400元；4. 船台定位囤120套，工程量21.6吨，按1550元/吨计算，为33480元。华胜服务部提供了证人裴大军、刘忠祥、皮超等作证工人施工制作了上述工程，但是，证人在庭审中无法清楚说明合同外工程的数量。合议庭认为，根据华胜服务部和百砺公司签订的合同，制作项目所需胎架是不另计费用的，并且，华胜服务部没有提供有效证据证明其所主张的合同外工程实际发生的数量以及计费依据，应承担举证不能的后果，对上述费用不予认可。

三、百砺公司主张的垫付工资

百砺公司主张其为华胜服务部垫付了工人工资187908元，提供了情况说明、百砺公司代华胜服务部支付员工工资表、向承彪的申请和工资单等证据。情况说明由百砺公司出具，记载因涉案合同纠纷，华胜服务部工人向百砺公司追讨工资，双方谈判无果，经过石楼镇劳动服务中心的调解，百砺公司于2007年3月6日向向承彪、周俊、万能举等60名工人支付工资共177556元；2007年12月11日，百砺公司又向向承彪支付工资10352元；两项合计187908元。石楼镇劳动服务中心在该情况说明上签字“情况属实”，并盖章确认。百砺公司代华胜服务部支付员工工资表记载，华胜服务部参与本案工程的员工共计 75 人。该表格有两种格式，一种由员工签名，但无原件核对；另一种系百砺公司制作打印，由郭广忠、向承彪和周新兵分别于 2007 年 2 月 7 日和 2 月 8 日签名，有原件核对。向承彪的申请书记载向承彪因赶着回家过年，未来得及向百砺公司领工资，申请补领工资 10352 元。申请书和工资单也没有原件核对。华胜服务部对百砺公司提供的证据和主张的事实不予认可，认为应以有员工签名的工资表原件为准。

合议庭认为，由员工签名的工资表中，有员工签名确认的工资总额为 187909 元，虽然该工资表没有原件核对，但是，石楼镇劳动服务中心盖章确认百砺公司向华胜服务部员工支付了 187908 元的工资，华胜服务部工作人员郭广忠、向承彪、周新兵也在百砺公司代华胜服务部支付员工工资表上签名，以上证据相互印证，足可证明百砺公司确实已向华胜服务部员工支付工资 187908 元。

合议庭成员一致认为，本案为海上工程承包合同纠纷。华胜服务部和百砺公司就承包 R303 – PC2A PC2B SC2A SC2B 工程项目事宜签订了合同，该合同是当事人真实意思表示，并且没有违反法律规定，依法有效。由郭广忠签名的补充合同虽然没有华胜服务部的盖章，但是，涉案合同由郭广忠代表华胜服务部签署，并且郭广忠全面负责涉案工程；在工程无法在原定工期完成的情况下，双方当事人协商延长工期，华胜服务部退出部分工程，华胜服务部对此予以确认，因此，根据《中华人民共和国合同法》第四十九条的规定，百砺公司有理由相信郭广忠是有权代表华胜服务部签署补充协议的，该补充协议依法成立。华胜服务部对延长工期和退出部分工程两个条款予以确认，却以未签章为由对其他条款不予确认，不符合诚信原则。因此，涉案合同和补充合同均合法有效，双方当事人都应该依照合同约定，诚信地行使合同权利，适当全面地履行合同义务。

在本案合同履行过程中，华胜服务部和百砺公司未能互相合作，导致合同无法继续履行，百砺公司于 2007 年 2 月 5 日要求华胜服务部退场，解除涉案合同。对此，华胜服务部表示没有异议，可以认定双方当事人已经于 2007 年 2 月 5 日解除涉案合同。根据《中华人民共和国合同法》第九十七条：“合同解除后，尚未履行的，终止履行；已经履行的，根据履行情况和合同性质，当事人可以要求恢复原状、采取其他补救措施，并有权要求赔偿损失。”百砺公司在整个合同履行期间，未与华胜服务部核算工程量，也未按照合同约定按工程进度的 90% 支付工程款，其行为已经构成违约。对华胜服务部的损失，百砺公司应予赔偿。根据本案查明和认定的事实，华胜服务部实际完成 82 吨的工程量。根据《中华人民共和国合同法》第九十八条“合同的权利义务终止，不影响合同中结算和清理条款的效力”的规定，本案工程款应根据合同约定确定。按照合同约定，涉案工程量按净重 1550 元/吨计算。据此，华胜服务部的工程款为 127100 元，百砺公司应予支付。

根据合同的约定，华胜服务部组织工人施工，工人的身体检查、劳动保险、住宿等都由华胜服务部自行负责，因此，百砺公司没有义务支付工人工资。本案查明百砺公司已经向华胜服务部员工支付了 187908 元工资，该款项属于垫付款，百砺公司有权向华胜服务部要求返还。百砺公司另根据补充合同请求违约金 120993 元。但是，百砺公司没有提供证据证明其对华胜服务部指示过工程进度，并且，百砺公司在合同约定的工程期限之前即单方通知解除合同，因此，不能认定华胜服务部在工程进度上构成违约。对百砺公司关于违约金的请求不予支持。

前述华胜服务部的工程款与百砺公司垫付的工资相抵销，华胜服务部尚应支付百砺公司 60808 元。但是，百砺公司未适当履行本案合同，并且提前解除合同，导致合同目的无法实现，存在过错。华胜服务部虽然无法举证证明其工程外工程量，但是，其进行了部分合同外工程这一事实是客观存在的，且该部分合同外工程是为涉案合同做准备的。华胜服务部约 75 名员工在百砺公司工程现场施工 2 个多月，并按合同约定提供易损耗材及部分生产工具，华胜服务部也为此承担了巨大成本。华胜服务部并未从本案工程中获得收益。结合百砺公司已经向华胜服务部的员工垫付工资的事实，合议庭认为，双方的债权债务关系就此抵销，互不追究。

综上，根据《中华人民共和国民事诉讼法》第六十四条第一款、《中华人民共和国合同法》第一百零七条以及《中华人民共和国民法通则》第四条的规定，判决如下：

一、驳回原告（反诉被告）五华县华胜船舶工程技术服务部的诉讼请求。

二、驳回被告（反诉原告）广州百砺船舶制造有限公司的诉讼请求。

本诉案件受理费 12016 元由华胜服务部负担；反诉案件受理费 3454 元由百砺公司负担。

如不服本判决，可在判决书送达之日起十五日内，向本院递交上诉状，并按对方当事人的人数提出副本，上诉于广东省高级人民法院。

审　判　长　程生祥
审　判　员　张科雄
代理审判员　辜恩臻
二〇〇八年十二月十四日
书　记　员　杨　倩

【评析】

本案是海上工程承包合同纠纷，案件争议焦点是补充协议的效力及华胜服务部已完成工程量的认定。鉴于郭广忠代表华胜服务部与百砺公司签订了海上工程承包合同，双方确认了合同并履行了部分合同义务，因此，在补充协议只有郭广忠个人签字的情况下，合议庭综合郭广忠的职务行为及合同履行的实际情况，认定补充协议是郭广忠代表华胜服务部签订的，合法有效，该认定体现了当事人的真实意思表示和诚实信用原则。对华胜服务部已完成工程量的认定，在华胜服务部无法提供充分证据的情况下，合议庭没有简单驳回其诉讼请求，而是做到释明的义务，并要求百砺公司提供由其他工程队完成华胜服务部遗留工程的证据，从而计算出华胜服务部实际完成的工程量。在华胜服务部应得工程款不足冲抵百砺公司为华胜服务部垫付员工工资的情况下，合议庭考虑到百砺公司在解除合同的行为上有过错，华胜服务部做了部分合同外工程，承担了巨大成本。为公平保护各方的合法权益，认定双方的债权债务关系就此抵销，互不追究，驳回双方的诉讼请求。本案上诉后，上级法院对原审法院在本案中适用释明权，从诚实、公平原则综合衡量双方当事人的合法权益予以肯定，维持了原判。本案认定事实扎实，裁判理由充分，不失为优秀裁判文书。

●揭阳市骏业五金塑胶制品有限公司对福清市通达船务有限公司申请设立海事赔偿责任限制基金异议一案民事裁定书

广州海事法院

民事裁定书

（2008）广海法初字第266-8号

申请人：福清市通达船务有限公司。住所地：福建省福清市龙田镇福芦（蓝天）别墅小区21号店面。

法定代表人：余美焰，该公司董事长。

委托代理人：杨运福，广东恒福律师事务所律师。

委托代理人：梁永刚，广东恒福律师事务所律师助理。

异议人：揭阳市骏业五金塑胶制品有限公司。住所地：广东省揭阳市榕城区梅云新乡村工业区A区。

法定代表人：黄丽建，该公司董事长、总经理。

委托代理人：陈浩奋，该公司职员。

申请人福清市通达船务有限公司于2008年5月30日向本院申请设立海事赔偿责任限制基金，本院受理后，向有关的利害关系人发出通知，并于6月12日至6月14日连续三日在《人民法院报》发布公告。异议人揭阳市骏业五金塑胶制品有限公司于6月23日向本院提出异议。本院据此举行了听证会，由申请人和异议人发表意见并进行举证。

申请人福清市通达船务有限公司称：其所有的"通达698"轮于2008年4月3日航经汕头榕江10号灯浮附近水域时，与福建省平潭县全兴船务有限公司所有的"全兴96"轮发生碰撞，造成"通达698"轮受损，"全兴96"轮及所载货物沉没。"通达698"轮登记的总吨为2980吨。根据《中华人民共和国海商法》、交通部《关于不满300总吨船舶及沿海运输、沿海作业船舶海事赔偿限额的决定》的有关规定，"通达698"轮非人身伤亡海事赔偿责任限额为290580计算单位，按照碰撞事故发生之日即2008年4月3日国际货币基金组织公布的特别提款权与人民币的汇率1：11.4272计算，折合人民币3320516元。申请人申请在本院设立"通达698"轮非人身伤亡海事赔偿责任限制基金，基金数额为290580计算单位（折合人民币3320516元），加上自2008年4月3日起至基金设立之日止的相应利息，利息按银行活期存款利率计算。

异议人揭阳市骏业五金塑胶制品有限公司称：其系涉案船舶碰撞事故中的货主。福建省平潭县全兴船务有限公司以其所有的“全兴96”轮为异议人运输不锈钢材287件，重464.902吨，总价值848575美元（折合人民币5940025元）。涉案事故造成异议人的43吨不锈钢材被浸蚀为废料，其余均需在制作前清洗、刨光、加工等之后才能使用，共造成经济损失人民币2921258.70元。依照《中华人民共和国海商法》及相关法规的规定，损害方应承担赔偿责任。异议人已将赔偿清单交给“通达698”轮和“全兴96”轮的船东，并已提起相关诉讼。在涉案碰撞事故的《责任认定书》尚未出具，异议人对上列两轮的具体状况和赔偿责任无从知晓的情况下，异议人不能同意“通达698”轮申请设立海事赔偿责任限制基金的数额为290580计算单位（折合人民币3320516元）。异议人认为“全兴96”轮属于航行港澳货轮，本案不能适用交通部《关于不满300总吨船舶及沿海运输、沿海作业船舶海事赔偿限额的决定》第四条“从事中华人民共和国港口之间货物运输或者沿海作业的船舶……；300总吨以上的，其海事赔偿限额依照《中华人民共和国海商法》第二百一十条第一款规定的赔偿限额的50%计算”的规定，申请人福清市通达船务有限公司申请设立的海事赔偿责任限制基金数额不当，基金利息应按银行同期贷款利率计算，同时认为本院应明确异议人揭阳市骏业五金塑胶制品有限公司享有优先受偿权。

经审理查明：福州海事局颁发的“通达698”轮船舶所有权登记证书记载：船名为“通达698”轮，船籍港为福州，船舶种类为普通货船，总吨为2980吨，船舶所有人为福清市通达船务有限公司，船舶共有情况为福清市通达船务有限公司占5%股份，余美凯占95%股份。福州海事局于2005年1月27日颁发的、有效期至2010年1月26日的船舶国籍证书记载：船舶所有人、船舶经营人均为福清市通达船务有限公司。

申请人福清市通达船务有限公司所作的“通达698”轮海事报告记载：2008年3月31日，“通达698”轮在广西防城白龙港装运煤炭后驶往广东揭阳港。4月3日，该轮航行经过汕头港榕江10号灯浮时，因“全兴96”轮突然横至“通达698”轮船艏，造成两轮碰撞事故。异议人揭阳市骏业五金塑胶制品有限公司确认是“通达698”轮与“全兴96”轮的碰撞事故导致了异议人的不锈钢材损失。

中国船级社福州国内船舶检验中心于2007年11月20日颁发的、有效期至2009年1月18日的海上货船适航证书记载：“通达698”轮准予航行近海及内河A级航区（航线），作一般干货船用。“通达698”轮的进出港签证记录记载：2008年3月30日，靠泊防城白龙；3月31日，驶往揭阳，实载货为煤5000吨；4月4日，靠泊揭阳；4月9日，驶往汕头；4月10日，靠泊汕头。福州海事局于2004年6月21日颁发的、有效期至2009年6月20日的“全兴96”轮船舶国籍证书记载：船舶种类为集装箱船，总吨为738吨，船舶所有人、船舶经营人均为福建省平潭县全兴船务有限公司。交通部于2004年5月17日作出的《关于同意“全兴96”轮从事港澳航线货物运输的批复》（交水批［2004］276号文）记载：同意福建省平潭县全兴船务有限公司所属“全兴96”集装箱船（738总吨，416净吨）从事国内沿海各对外开放港口至港澳航线货物运输。福建省交通厅于2007年4月30日颁发的、有效期至2008年4月30日的福建省国际航线船舶营运证（编号为闽水运管2007GJ02007）记载：船名为“全兴96”轮，货运区域或航线为国内沿海开放港口至港澳航线。“全兴96”轮的海关监管簿记载：2008年3月29日，驶离口岸（开航港）为汕头，抵达口岸（目的港）为香港，航行途经路线为汕头－三门－香港；4月3日，驶离口岸（出发港）为香港，抵达口岸（目的港）为汕头，航行途经路线为香港－三门－汕头－揭阳，载货情况为散货，冷轧不锈钢带材等，件数287件，重量为464.902吨。

除福建省国际航线船舶营运证外，上述证据均为原件，对上述证据的真实性，申请人福清市通达船务有限公司和异议人揭阳市骏业五金塑胶制品有限公司均无异议，合议庭予以采信。福建省国际航线船舶营运证虽无原件，但记载的内容可与其他证据相印证，合议庭亦予以采信。合议庭对上述证据证明的事实予以认定。

另查，2008年5月21日，福建省平潭县全兴船务有限公司就案涉船舶碰撞事故向本院提起诉讼，请求本院判令福清市通达船务有限公司赔偿其因“通达698”轮碰撞“全兴96”轮产生损失和费用550万元以及利息，并承担该案受理费及财产保全等费用。本院于同日受理该案。

合议庭成员经审查一致认为：《最高人民法院关于适用〈中华人民共和国海事诉讼特别程序法〉若干问题的解释》第八十一条规定：“当事人在诉讼中申请设立海事赔偿责任限制基金的，应当向受理相关海事纠纷案件的海事法院提出，但当事人之间订有有效诉讼管辖协议或者仲裁协议的除外。”在福清市通达船务有限公司提出本案申请之前，本案所涉船舶碰撞事故当事人已就相关海事纠纷向本院提起诉讼，本院亦已受理，故本院对本案具有管辖权。

依照《最高人民法院关于适用〈中华人民共和国海事诉讼特别程序法〉若干问题的解释》第八十三条规定，“利害关系人依据海事诉讼特别程序法第一百零六条的规定对申请人设立海事赔偿责任限制基金提出异议的，海事法院应当对设立基金申请人的主体资格、事故所涉及的债权性质和申请设立基金的数额进行审查”。

一、关于设立基金申请人的主体资格。《中华人民共和国海事诉讼特别程序法》第一百零一条第一款规定：“船舶所有人、承租人、经营人、救助人、保险人在发生海事事故后，依法申请责任限制的，可以向海事法院申请设立海事赔偿责任限制基金。”根据已查明的事实，本案申请人福清市通达船务有限公司既为“通达698”轮的船舶所有人之一，又为该轮的船舶经营人，故申请人具备申请设立海事赔偿责任限制基金的主体资格。

二、关于事故所涉及的债权性质。《中华人民共和国海商法》第二百零七条第一款规定：“下列海事赔偿请求，除本法第二百零八条和第二百零九条另有规定外，无论赔偿责任的基础有何不同，责任人均可以依照本章规定限制赔偿责任。”其中第（一）项规定：“在船上发生的或者与船舶营运、救助作业直接相关的人身伤亡或者财产的灭失、损坏，包括对港口工程、港池、航道和助航设施造成的损坏，以及由此引起的相应损失的赔偿请求。”第（三）项规定：“与船舶营运、救助作业直接相关的，侵犯非合同权利的行为造成其他损失的赔偿请求。”申请人福清市通达船务有限公司所有的“通达698”轮在运输煤炭过程中与福建省平潭县全兴船务有限公司所有的“全兴96”轮发生碰撞，福清市通达船务有限公司要求限制赔偿责任的海事赔偿请求符合《中华人民共和国海商法》第二百零七条规定的限制性债权特征。福清市通达船务有限公司有权就其所有的船舶在营运过程中发生碰撞事故引起的非人身伤亡的赔偿请求申请设立海事赔偿责任限制基金。

三、关于申请设立基金的数额。《中华人民共和国海商法》第二百一十条第二款规定："总吨位不满300吨的船舶，从事中华人民共和国港口之间的运输的船舶，以及从事沿海作业的船舶，其赔偿限额由国务院交通主管部门制定，报国务院批准后施行。"交通部《关于不满300总吨船舶及沿海运输、沿海作业船舶海事赔偿限额的决定》第五条规定："同一事故中的当事船舶的海事赔偿限额，有适用《中华人民共和国海商法》第二百一十条或者本规定第三条规定的，其他当事船舶的海事赔偿限额应当同样适用。"根据已查明的事实，"通达698"轮属于航行近海及内河航线船舶，但因"全兴96"轮核定的货运航线为国内沿海开放港口至港澳航线，不属于沿海运输、沿海作业船舶，其海事赔偿限额应依照《中华人民共和国海商法》第二百一十条第一款第（二）项的规定计算。因此，同一事故中"通达698"轮的海事赔偿限额应当同样适用该项规定。异议人关于涉案船舶属于航行港澳货轮，本案不能适用交通部《关于不满300总吨船舶及沿海运输、沿海作业船舶海事赔偿限额的决定》第四条规定的主张，有事实、法律依据，应予支持。根据《中华人民共和国海商法》第二百一十条第一款第（二）项的规定及该轮的总吨计算，"通达698"轮的海事赔偿限额应为581160计算单位，按照申请人提供的碰撞事故发生之日即2008年4月3日国际货币基金组织公布的特别提款权与人民币的汇率1:11.4272计算，折合人民币6641032元。《中华人民共和国海事诉讼特别程序法》第一百零八条第三款规定："海事赔偿责任限制基金的数额，为海事赔偿责任限额和自事故发生之日起至基金设立之日止的利息。以担保方式设立基金的，担保数额为基金数额及其在基金设立期间的利息。"故此，"通达698"轮海事赔偿责任限制基金的数额为581160计算单位，折合人民币6641032元，加上该款项自2008年4月3日起至基金设立之日止的利息。申请人关于"通达698"轮海事赔偿责任限额为290580计算单位的主张没有法律依据，本院不予支持。关于基金利息的利率，鉴于该基金的性质为随时准备兑现的赔付基金，不可能作贷款或定期储蓄安排，合议庭认为申请人福清市通达船务有限公司按照银行活期存款利率计算利息的主张合理，应予支持。

关于异议人揭阳市骏业五金塑胶制品有限公司提出的本案碰撞事故《责任认定书》出具情况、涉案船舶的具体状况、赔偿责任承担不明以及本院应明确异议人优先受偿权等问题，不属于设立海事赔偿责任限制基金程序的审查范围，合议庭不予审理。

综上，依照《中华人民共和国海事诉讼特别程序法》第一百零六条第二款之规定，裁定如下：

一、准许申请人福清市通达船务有限公司提出的设立海事赔偿责任限制基金的申请。

二、申请人福清市通达船务有限公司应在裁定生效之日起三日内在本院设立相当于其责任限制总额的海事赔偿责任限制基金，该基金的数额为581160计算单位，折合人民币6641032元，加上该款项自2008年4月3日起至基金设立之日止的相应利息（利息按银行活期存款年利率0.72%计算）。以担保方式设立基金的，担保数额为基金数额及其在基金设立期间的利息。

本案申请费人民币10000元，公告费人民币5400元，由福清市通达船务有限公司负担。

如不服本裁定，可在裁定书送达之日起七日内，向本院提交上诉状及副本5份，上诉于广东省高级人民法院。

审 判 长 邓宇锋
审 判 员 韩海滨
代理审判员 常维平
二〇〇八年八月二十日
书 记 员 朱名芳

【评析】

申请设立海事赔偿责任限制基金是一项程序性的权利，目的在于保护船方利益，避免他人对基金设立人的其他财产行使权利。本案较好地掌握了《最高人民法院关于适用〈中华人民共和国海事诉讼特别程序法〉若干问题的解释》第八十三条“利害关系人依据海事诉讼特别程序法第一百零六条的规定对申请人设立海事赔偿责任限制基金提出异议的，海事法院应当对设立基金申请人的主体资格、事故所涉及的债权性质和申请设立基金的数额进行审查”规定的立法精神。该裁定书围绕设立基金申请人的主体资格、事故所涉及的债权性质和申请设立基金的数额等方面进行分析，层次分明，针对性强，对“事故所涉债权性质”进行程序性、表面的审查，不对债权性质进行实体审查。对申请设立基金的数额，适用了交通部《关于不满300总吨船舶及沿海运输、沿海作业船舶海事赔偿限额的决定》第五条的规定，定性准确。另外，在申请人申请设立一定金额的海事赔偿责任限制基金，而法院认为基金数额应更高时，是驳回申请人的申请还是直接裁定其设立更高数额的基金，法律并无明文规定。该裁定书直接裁定准许设立更高数额的基金，把是否实际设立基金的处分权交给申请人行使，很好地维护了申请人的利益。申请人在法定期限内如未设立基金，海事法院只需裁定终结相关程序即可。而在法院直接裁定驳回申请人申请的情形下，可能导致申请人需重新提出申请，重新交纳申请费及进行公告。综上可见，该裁定书结构完整，事实清晰，行文繁简得当，案件适用法律正确，引用法条准确、完整，制作质量较高，是一篇优秀的裁判文书。

●深圳市华运国际物流有限公司与黄艳等多式联运合同纠纷一案民事判决书

中华人民共和国广州海事法院

民事判决书

（2009）广海法初字第143号

原告：深圳市华运国际物流有限公司。住所地：广东省深圳市罗湖区嘉宾路4028号太平洋商贸大厦A区22楼。

法定代表人：方曼荻，该公司总裁。

委托代理人：黄亚泉，广东恒运律师事务所律师。

委托代理人：陈群，广东恒运律师事务所律师。

被告：黄艳，男，汉族，1950年8月28日生，住广东省阳江市平冈镇居民委员会南街20号。

被告：陈沅翘，男，汉族，1962年10月11日生，住广东省阳江市江城区银湾路3号226房。

两被告共同委托代理人：黄赞荣，广东经纶律师事务所律师。

原告深圳市华运国际物流有限公司诉被告黄艳、陈沅翘多式联运合同纠纷一案，本院于2009年2月27日受理后，依法由审判员宋伟莉适用简易程序于4月14日公开开庭进行了审理。原告委托代理人陈群、两被告共同委托代理人黄赞荣到庭参加了诉讼。本案现已审理终结。

原告诉称：2007年11月，阳江市奥维丹纺织有限公司（以下简称奥维丹公司）向原告托运1×20英尺货柜的全涤针织拉链男上衣，装货港为深圳盐田港，卸货港为加拿大温哥华，交货地为多伦多，双方约定运费预付。根据奥维丹公司委托，原告妥善安排货物运输，于2008年1月将货物安全运抵目的地。但奥维丹公司至今未付运杂费28759.78元。原告从阳江市工商局查询得知，奥维丹公司已于2008年6月24日被注销登记，该公司原股东黄艳、陈沅翘出具的清算报告称公司债务为零。陈沅翘作为清算组负责人，在明知公司对原告负有债务的情况下，却未通知原告申报债权，导致原告未获清偿。根据《最高人民法院关于适用〈中华人民共和国公司法〉若干问题的规定（二）》第十一条的规定，原告有权向陈沅翘主张赔偿责任。黄艳、陈沅翘以虚假的清算报告骗取注销登记，在明知原告债务未获清偿的情况下，处置公司剩余财产，违反了《中华人民共和国公司法》第一百八十七条和《关于适用〈中华人民共和国公司法〉若干问题的规定（二）》第十九条的规定，依法对公司债务承担赔偿责任。请求判令：两被告向原告连带支付运杂费28759.78元，及自2007年11月23日起至实际付清所有费用之日止按中国人民银行同期同类流动资金贷款利率计算的利息；两被告连带承担本案诉讼费等法院费用以及原告因办理本案支出的律师费、交通费、电信费、差旅费等有关费用。原告在诉讼中明确法院费用包括本案受理费和诉前财产保全申请费，撤回律师费、交通费、电信费、差旅费等有关费用的诉讼请求。

原告在举证期限内提交了以下证据：1. 订舱单、提单样本、YJ1EF2007110004号提单，用以证明奥维丹公司向其托运了涉案货物；2. YHYTTOR2MD522号提单、无船承运业务经营资格登记证、无船承运业务经营者名单，用以证明原告作为承运人以自身名义转委托案外人完成了运输；3. DMA LOGISTICS INC. 致原告的电子邮件附查柜费账单，用以证明货物于2008年1月9日抵达多伦多的事实；4. 运杂费账单、律师函，EMS详情单等用以证明奥维丹公司尚未支付运杂费的事实；5. 奥维丹公司的注册登记资料、股东会决议、清算报告、黄艳的履历表、陈沅翘的身份证，用以证明两被告未按法定程序清算，致使原告债权未获清偿。

两被告共同辩称：原告承诺奥维丹公司将货物运至加拿大多伦多的期限是25天，但实际运到的时间为50天。延期运到使得货物错过了圣诞节的黄金销售期，无人提货，给奥维丹公司造成了严重的经济损失。因此，原告无权要求支付运费。奥维丹公司的注销程序完全合法。由于原告在履行海运合同时违约，给奥维丹公司造成经济损失，实际上是原告欠付奥维丹公司债务，而不享有债权，奥维丹公司清算时，两被告并无通知原告的义务。此外，除运杂费数额外，两被告对涉案运输的事实予以确认。请求驳回原告的诉讼请求。

两被告在举证期限内提交了以下证据：1. 到柜通知及集装箱运输收据、原告的宣传单及2007年12月7日发给奥维丹公司的电子邮件，用以证明原告承诺涉案货物运输期限为25天，实际超期；2. 漠江会计师事务所报告书及媒体刊登的注销公告，用以证明奥维丹公司的注销程序合法。

经庭审质证，两被告认为原告提交的证据3 DMA LOGISTICS INC. 致原告的电子邮件附查柜费账单是案外人出具的，不予认可；证据4运杂费账单、律师函是原告单方出具的，不予认可，对原告的其余证据没有异议。原告对两被告提交的证据的真实性、合法性和关联性均无异议，但认为这些证据不能证明原告承诺船期为25天及奥维丹公司的清算合法。本审判员认为，原告提交的电子邮件及附查柜费账单、运杂费账单等证据与原告提交的提单，以及两被告认可的货物的运输事实等相互印证，在两被告仅提出异议，没有提交相反证据的情况下，应予采信。对其余原告提交而两被告没有异议的证据，经审核予以认定。因原告对两被告提交证据的真实性、合法性和关联性没有异议，对该部分证据经审核予以采信。

根据上述采信的证据和庭审情况，本审判员认定事实如下：

2007年11月19日，奥维丹公司以传真形式向原告订舱。该订舱单记载：抬头为原告，托运人为奥维丹公司，收货人为艾卡销售（ERICA MARKETING），收货地点为中国阳江，目的港为加拿大多伦多，货物为全涤针织拉链男上衣91纸箱，毛重为1666公斤，体积为19.8立方米，运费预付。奥维丹公司于同日传真给原告的提单样本中记载提单号为YJ1EF2007110004，启运港为深圳盐田，船名和航次为XIN CHOUG QING/

V. 0103E，其余与订舱单记载一致。同日，原告传真给奥维丹公司的运杂费账单记载：提单号为 YJ1EF2007110004，原告需向奥维丹公司收取海运费、拖车费、报关费、转关费、港建费共计 28759. 78 元。两被告在庭审中称，奥维丹公司收到该函件，但未予确认。11 月 23 日，原告依据提单样本制作了 YJ1EF2007110004 号提单，记载了货物于 11 月 23 日被装上船。由于奥维丹公司要求以电放方式将货物交付给收货人，原告未向奥维丹公司签发该提单。

原告以自身名义转委托案外人完成货物运输。2007 年 11 月 23 日，MANDARIN LOGISTICS CO. LTD. 出具 YHYTTOR2MD522 号电放提单。该提单记载：托运人为原告，通知人及收货人为 DMA LOGISTICS INC.，船名/航次为 XIN CHOUG QING/V. 0103E，起始港为盐田，卸货港为温哥华，交货港为多伦多，货物为全涤针织拉链男上衣 91 纸箱，集装箱的箱号为 CCLU2990516，装船日期为 11 月 23 日，该提单标有电放字样。涉案货物实际被拖车从阳江运至深圳，海运至加拿大温哥华，经铁路运至多伦多。

2008 年 1 月 10 日，原告在目的港的货运代理人 DMA LOGISTICS INC. 公司职员以电子邮件方式告知原告，涉案集装箱于 1 月 9 日运抵加拿大多伦多。因加拿大与中国的时差，电子邮件记载的日期均推迟了 1 天。邮件所附的由中海船务代理有限公司于 2007 年 12 月 31 日出具给 DMA LOGISTICS INC. 公司的查柜费账单记载，案涉货物的查验费为 1207 加元。

3 月 3 日，原告发出律师函，要求奥维丹公司支付 YJ1EF2007110002 号提单、YJ1EF2007110004 号提单项下货物的海运费人民币 48851. 08 元以及柜租和堆存费等费用 15177 美元，因涉案货物在多伦多无人提取，要求奥维丹公司就如何处置货物向原告出具拍卖或者运回货物的书面指示。

交通部颁发的 MOC－NV00942 号无船承运业务经营资格登记证记载：经审核，原告符合《中华人民共和国国际海运条例》规定的无船承运业务经营资格条件，准予从事进出中华人民共和国港口货物运输的无船承运业务，发证日期为 2003 年 4 月 29 日，有效期至 2011 年 4 月 29 日。

两被告以原告发给其的宣传单和 2007 年 12 月 7 日的电子邮件主张双方当事人约定的运输期限为 25 天，而实际运输时间从 2007 年 11 月 20 日至 2008 年 1 月 9 日，合计 50 天。宣传单记载，“深圳至多伦多 3 截 5 开，船期 25 天，海运费 3269 美元；4 截 6 开，船期 23 天，海运费 3559 美元，如有需要请提前订舱”。电子邮件记载，“深圳至多伦多截舱日每周三、走船日每周日、T/T 大约 26 天”。原告对运输的时间没有异议，但认为双方没有明确约定运输期限，且案涉货物因加拿大海关查验而导致延期。

奥维丹公司是由黄艳、陈沅翘于 2004 年 4 月 21 日出资设立的有限责任公司，黄艳和陈沅翘分别占 90% 和 10% 的股份。该公司于 2008 年 5 月 9 日在《阳江日报》上刊登了注销公告，要求债权人自公告之日起 45 天内申报债权。6 月 22 日，奥维丹公司的清算组成员出具清算报告称：4 月 10 日该公司召开股东会议，决定解散公司，并成立了清算组于 4 月 11 日开始清算。截止 6 月 22 日，公司的债权债务为零。公司的剩余财产 298542. 81 元，按照股东出资比例分配，至 6 月 22 日，公司债权债务清理完毕，剩余财产分配完毕。陈沅翘作为清算组成员之一和股东在该报告上签名，黄艳作为股东在报告上签名。6 月 22 日奥维丹公司的股东会决议记载，报告已经股东会审议通过，报告内容不含虚假，如有虚假全体股东愿承担一切法律责任。6 月 24 日，奥维丹公司经阳江市工商行政管理局注销登记。

应原告的诉前财产保全申请，本院于 2009 年 3 月 2 日作出（2009）广海法保字第 16 - 2 号民事裁定，对被告黄艳所有的车牌号为粤 Q37613、粤 Q33903 的车辆和被告陈沅翘所有的车牌号为粤 Q52421 的车辆予以保全，责令两被告向本院提供 65000 元的担保。该诉前财产保全转入（2009）广海法初字第 143、144 号两案。两被告于 3 月 26 日向本院提出财产保全复议申请，请求解除对超出财产保全价值范围的财产所采取的保全措施；撤销责令两被告向本院提供 65000 元担保的事项。原告为此申请撤销对被告黄艳所有的粤 Q33903 车辆的保全。本院裁定解除对被告黄艳所有的粤 Q33903 车辆的保全。原告为申请诉前财产保全，交纳申请费 670 元。

另查明，原告为与奥维丹公司的多式联运合同纠纷一案，于 2008 年 9 月 3 日向本院提起诉讼。本院受理后，原告又以查询到该公司已被工商部门注销登记为由向本院提出撤诉，本院裁定予以准许。原告之后就该运输合同项下的债权对奥维丹公司的两股东提起了本案诉讼。

原告和两被告在庭审中一致选择中华人民共和国法律处理涉案多式联运合同争议。

本审判员认为：本案系原告以两被告非法清算注销公司，侵害其多式联运合同项下的债权为由提起的诉讼。

奥维丹公司向原告订舱，将涉案货物交由原告从中国阳江运往加拿大多伦多，原告以样本回应，进而原告向奥维丹公司发出收取运杂费账单，并完成了涉案货物的运输。由此可见，原告收取运杂费，负责将奥维丹公司托运的货物经由陆、海路运至目的地，原告与奥维丹公司之间成立了多式联运合同关系，原告是多式联运经营人，奥维丹公司是托运人。货物运输目的港是加拿大多伦多，该合同具有涉外因素。本案双方当事人均选择中华人民共和国的法律处理合同争议，根据《中华人民共和国海商法》第二百六十九条的规定，应适用中华人民共和国法律审理合同争议。

涉案多式联运合同是双方的真实意思表示，合法有效，原告和奥维丹公司均应受合同约束。《中华人民共和国合同法》第三百一十七条规定："多式联运经营人负责履行或者组织履行多式联运合同，对全程运输享有承运人的权利，承担承运人的义务。"原告按照奥维丹公司要求将货物运抵目的港，已经依约履行了合同义务，依照《中华人民共和国海商法》第六十九条第一款规定，作为托运人的奥维丹公司应当按照约定支付相应运杂费。原告与奥维丹公司约定运费预付，奥维丹公司应该在货物被装上船前即 2007 年 11 月 23 日前支付运杂费，但奥维丹公司一直未付，违反了合同约定。根据《中华人民共和国合同法》第一百零七条的规定，当事人一方不履行合同义务或者履行合同义务不符合约定的，应当承担继续履行、采取补救措施或者赔偿损失等违约责任。对于运杂费数额，原告提交的运杂费账单虽然是其单方出具，但奥维丹公司收到后一直未提出异议，在两被告没有提交相反证据的情况下，对该运杂费数额予以确认。据此，奥维丹公司应向原告支付运杂费 28759.78 元及其从 2007 年 11 月 23 日起至实际付清所有费用之日止按中国人民银行同期同类流动资金贷款利率计算的利息。

两被告抗辩称因原告延期运到货物导致奥维丹公司货物损失，因此奥维丹公司不应支付运费。本审判员认为，原告是否迟延交付货物并造成奥维丹公司货物损失及其数额，应另循法律途径解决，奥维丹公司以此为由不付运费，于法无据，予以驳回。

两被告抗辩称，由于原告迟延交付货物造成奥维丹公司产生损失，两被告因此没有通知原告申报债权的义务。由此可见，奥维丹公司清算时，两被告已明知奥维丹公司与原告存在债务没有结清。奥维丹公司业已注销，股东陈沅翘作为清算组成员在明知奥维丹公司与原告存在债务没有结清的情况下，未将公司清算事宜书面通知原告，导致奥维丹公司欠付原告的债权未获清偿。《最高人民法院关于适用〈中华人民共和国公司法〉若干问题的规定（二）》第十一条规定："公司清算时，清算组应当按照公司法第一百八十六条的规定，将公司解散清算事宜书面通知全体已知债权人，并根据公司规模和营业地域范围在全国或者公司注册登记地省级有影响的报纸上进行公告。清算组未按照前款规定履行通知和公告义务，导致债权人未及时申报债权而未获清偿，债权人主张清算组成员对因此造成的损失承担赔偿责任的，人民法院应依法予以支持。"陈沅翘依法应对奥维丹公司欠付原告的债务承担赔偿责任。

进一步而言，两被告作为公司的股东，在明知奥维丹公司与原告存在债务没有结清的情况下，对清算报告中陈述的"公司的债权债务为零"等签字确认，并以股东会的形式审议通过了清算报告，存在虚假陈述，清算组因此分配了公司的剩余财产，之后公司被注销，使得原告的债权未获清偿。《中华人民共和国公司法》第一百八十七条规定，公司财产在分别支付清算费用、职工的工资、社会保险费用和法定补偿金，缴纳所欠税款，清偿公司债务后的剩余财产，有限责任公司按照股东的出资比例分配。公司财产在未依照前款规定清偿前，不得分配给股东。《最高人民法院关于适用〈中华人民共和国公司法〉若干问题的规定（二）》第十九条规定："有限责任公司的股东、股份有限公司的董事和控股股东，以及公司的实际控制人在公司解散后，恶意处置公司财产给债权人造成损失，或者未经依法清算，以虚假的清算报告骗取公司登记机关办理法人注销登记，债权人主张其对公司债务承担相应赔偿责任的，人民法院应依法予以支持。"两被告以含有虚假陈述的清算报告、股东会决议注销了奥维丹公司，依法应对奥维丹公司欠付原告的债务承担连带赔偿责任。

原告为本案及（2009）广海法初字第144号两案申请诉前财产保全产生的申请费670元，在本案中一并处理。该申请费系两被告拖欠原告费用所致，两被告应予支付。

综上，依照《中华人民共和国公司法》第一百八十六条、第一百八十七条和《最高人民法院关于适用〈中华人民共和国公司法〉若干问题的规定（二）》第十一条、第十九条规定，判决如下：

一、被告黄艳、陈沅翘向原告深圳市华运国际物流有限公司连带偿付运杂费28759.78元及其利息（利息从2007年11月23日起至本判决确定偿付之日止，按中国人民银行同期同类贷款利率计算）。

二、被告黄艳、陈沅翘向原告深圳市华运国际物流有限公司连带支付诉前财产保全申请费670元。

以上给付金钱义务，应于本判决生效之日起十日内履行完毕。如未按本判决指定的期限履行金钱给付义务，应当依照《中华人民共和国民事诉讼法》第二百二十九条的规定，加倍支付迟延履行期间的债务利息。

本案受理费286.5元，由两被告负担。两被告应在本案裁判文书生效之日起五日内向本院交纳该受理费，原告预交的受理费，由本院退回。

如不服本判决，可在判决书送达之日起十五日内，向本院递交上诉状，并按对方当事人的人数提出副本，上诉于广东省高级人民法院。

审　判　员　宋伟莉
二〇〇九年五月五日
书　记　员　朱名芳

【评析】

本判决书对当事人陈述和诉辩意见归纳清晰明确、重点突出，列明了当事人提交的证据，全面反映了当事人的质证过程，对证据的认证准确、清晰、繁简得当，完整地反映了财产保全、简易程序等案件的审理程序。本案是原告在多式联运合同项下的债权未获清偿时，作为被告的公司没有经过合法程序被清算注销，导致原告的债权落空而产生的纠纷，处理该案涉及海商法、公司法、合同法等法律，判决书准确引用法律条文进行了说理，且逻辑严谨、层次分明，沿着法律关系的认定、权利义务的界定、责任划分主线进行了准确的论证。此外，判决书格式和表述都比较规范，行文流畅，被评为2010年全省法院优秀裁判文书。

●太平保险有限公司深圳分公司与深圳市中爱科技发展有限公司申请确认仲裁协议效力一案民事裁定书

中华人民共和国广州海事法院

民 事 裁 定 书

（2009）广海法他字第1号

申请人：太平保险有限公司深圳分公司。住所地：深圳市福田区莲花支路1001号公交大厦主楼第六层。

负责人：李自良，该分公司总经理。

委托代理人：徐洪恺，广东海利律师事务所律师。

委托代理人：吴勇，广东海利律师事务所律师。

被申请人：深圳市中爱科技发展有限公司。住所地：深圳市福田区金田东路知本大厦503室。

法定代表人：李海蓉，该公司董事长。

委托代理人：邓香花，广东晟典律师事务所律师。

委托代理人：王德荣，广东晟典律师事务所律师助理。

申请人太平保险有限公司深圳分公司与被申请人深圳市中爱科技发展有限公司申请确认仲裁协议效力一案，本院受理后，依法组成合议庭，于2009年4月20日公开开庭进行了审理。原告委托代理人徐洪恺、被告委托代理人邓香花到庭参加诉讼。本案现已审理终结。

申请人太平保险有限公司深圳分公司的请求及其理由：被申请人在中国国际经济贸易仲裁委员会华南分会针对申请人提起了仲裁，其所依据的是申请人和被申请人于2006年8月签署的货物运输预约保险单中的仲裁条款。申请人认为涉案货物索赔并不受该争议处理条款的约束和调整。理由主要是：1. 预约保险单根本没有具体货物的信息，该预约保单的签约目的是承保，并不包括理赔等其他目的。涉案纠纷并非货物承保纠纷，而是货物保险索赔方面的纠纷，因此预约保险单对于涉案货物索赔纠纷并不适用。2. 涉案保险单在国际贸易中是可流转的单证。在涉案货物已经实现正常买卖的情况下，申请人作为保险人今后只能代位买方即收货人向承运人行使代位求偿权，因此本案贸易合同的买方才具有保险索赔权，保险赔款也只能赔付给买方或者依照买方的指示赔付；由于贸易合同买方ATL International收取涉案货物后，已经向申请人提供了一份保险单正本，即首先向申请人主张了保险索赔权，故本案被申请人提出的保险索赔，其权利只能来自于货物的买方，其向保险人索赔的依据只能是分别签发的保险单，而不是预约保险单。3. 由于分别签发的5份保险单中均无有关仲裁的约定，并且预约保险单内容也没有通过任何方式并入或成为分别签发的保险单的一部分，在二者不一致的情况下，应当执行分别签发的保险单，即不存在仲裁协议。申请人因上述理由请求裁定中国国际经济贸易仲裁委员会华南分会受理的SHEN F2009007号仲裁案所依据的仲裁协议无效。

庭审中，申请人进一步明确表示请求确认的事项为预约保险单中的有效仲裁条款对保险单项下的保险索赔无效。

申请人在举证期限内提交以下5份证据：1. 证明被申请人向中国国际经济贸易仲裁委员会华南分会申请仲裁的SHEN F2009007号仲裁案的仲裁申请书复印件；2. 申请人和被申请人签订的、记载有仲裁条款的货物运输预约保险单及补充协议复印件；3. 申请人向被申请人签发的、没有记载仲裁条款的9920802360120060098号、992080236012006000100号、992080236012006000103号、992080236012006000123号和992080236012006000338号货物运输保险单的正面复印件；4. 证明涉案保险标的已经被目的港收货人提取的、国际船舶与货物索赔集团有限公司（INTERNATIONAL HULL & CARGO CLAIMS GROUP LIMITED）于2007年8月21日出具的检验报告复印件；5. 证明992080236012006000338号保险单已经转让给目的港收货人的、考克斯索赔集团（COX CLAIMS GROUP）于2008年7月7日寄给申请人的信函复印件。

被申请人深圳市中爱科技发展有限公司对申请人请求的意见：中国国际经济贸易仲裁委员会华南分会受理的SHEN F2009007号保险合同纠纷仲裁案所涉预约保险单和5份保险单共同组成货物运输保险合同。在预约保险单第十五条中，被申请人和申请人明确约定发生争议提交中国国际经济贸易仲裁委员会仲裁。该仲裁条款是具有法律效力的约定。该预约保险单不仅是双方履行承保的合同依据，而且是在保险单项下货物损坏时将保险理赔争议提交仲裁管辖的合同依据。正本保险单是否已经流转的事实与本案无关。因此，预约保险单中的仲裁条款对保险单具有法律上的约束力，中国国际经济贸易仲裁委员会华南分会对本案具有仲裁管辖权，请求裁定驳回申请人的申请。

被申请人在举证期限内提交以下4份证据：证据1、2、3与申请人的证据2、3相同；证据4是中华人民共和国驻爱尔兰大使馆经济商务参赞处于2009年4月16日出具的关于ALT集团的说明信。

经质证，申请人和被申请人对货物运输预约保险单及补充协议、货物运输保险单的真实性、合法性和关联性均无异议。对申请人提交的其他3份证据，被申请人对仲裁申请书和检验报告的真实性没有异议，但认为检验报告与本案无关；对考克斯索赔集团寄给申请人的信函，认为该证据与本案无关。对被申请人提供的关于ATL集团的说明信，申请人认为该证据与本案无关。

经审核，合议庭对本案证据认定如下：因货物运输预约保险单及补充协议、货物运输保险单、仲裁申请书和检验报告与本案事实具有关联性，且申请人、被申请人对其真实性均表示确认，对其证明力应予认定。对申请人提交的考克斯索赔集团致申请人的信函，因与原件核对无异，对其真实性予以确认。对被申请人提交的关于ALT集团的说明信，因无原件核对且与本案事实不具有关联性，对其证明力不予认定。

根据上述采纳的证据，结合庭审情况，合议庭查明本案事实如下：

2006年8月，被申请人与申请人签订货物运输预约保险单（预约协议号Y920820063501001）。该预约保险单就订约主体、基本权利义务约定，投保人和被保险人为深圳市中爱科技发展有限公司，保险人为太平保险有限公司深圳分公司。保险人根据投保人的申请，在投保人按照本预约保险单中所约定的方式如期履行向保险人缴付相应保险费义务的前提下，依照本预约保险单（包括附件）中所列明的承保条件和条款，承保货物运输保险。预约保险单是对由投保人或被保险人于保单正式生效后运输的约定货物按条件予以承保而签订的正式合约；第二条就保险标的约定，被保险人具有可保利益的全新之常规普通货物，包括家私，钢构件、建材（为钢结构、防火板、石胶板，不含幕墙玻璃等易碎品）等；第五条就保险期限约定，预约保险单生效时间为双方均签字盖章之日起至第二日零时；第十条就保险条件约定，主承保条款为《海洋运输货物保险条款》等，承保险别为海运一切险；第十一条就保费结算约定，采取每月结算方式；第十四条就预约保险单的终止和变更约定，如需变动和修改，或单方要求提前终止预约保险单，须提前30天书面通知送达对方，解约自向保险人发出或由保险人发出书面解约通知的第二日零时起满720小时开始生效；第十五条就争议处理明确约定，一旦发生争议，双方应实事求是，友好协商处理。双方实在不能达成一致意见时，提交中国国际经济贸易仲裁委员会仲裁。该预约保险单没有记载具体签订日期，但庭审中双方当事人均确认签约后合同已经生效，并且之后没有作出过终止的约定。

2007年5月21日，申请人与被申请人签订货物运输预约保险单补充协议，约定：原预约保险单（预约协议号Y920820063501001）项下保险标的自2007年5月21日起调整为被保险人具有可保利益的全新之常规普通货物，包括家私，钢构件、建材、大理石等；原预约保单其他条件不变。

预约保险合同生效后，申请人于2007年1月31日向被申请人签发99208023601200600098号货物运输保险单，保险货物项目为钢结构房屋配件（POD）；于2007年2月1日，签发了99208023601200600100号货物运输保险单，保险货物项目为钢结构房屋配件（POD）；于2007年2月7日，签发了99208023601200600103号货物运输保险单，保险货物项目为钢结构房屋配件（POD）；于2007年2月27日，签发了99208023601200600123号货物运输保险单，保险货物项目为钢结构房屋配件（POD）；于2007年11月1日，签发了99208023601200600338号货物运输保险单，保险货物项目为钢结构房屋配件（Module）。该5份运输保险单中均记载，承保中国人民保险公司《海洋运输货物保险条款》一切险，如一份保单已用于索赔，其余自动失效，且均没有记载争议解决办法。

2008年7月7日，考克斯索赔集团（COX CLAIMS GROUP）寄给申请人的函件中记载，该集团已从收货人处获取了99208023601200600338号保险单原件。

2008年12月31日，被申请人依据预约保险单第十五条的约定，向中国国际经济贸易仲裁委员会华南分会提出仲裁申请，请求裁决申请人就99208023601200600098号、99208023601200600100号、99208023601200600103号、99208023601200600123号和99208023601200600338号保险单项下货物发生的损失向被申请人支付保险赔偿金674148.46元及利息。中国国际经济贸易仲裁委员会华南分会于2009年1月13日受理，该仲裁案编号为 SHEN F2009007。

关于 9920802360120060033８ 号保险单是否在预约保险单的有效期间内签发的问题。申请人认为，根据预约保险单第三条关于预计年度保险金额的约定可以推定该预约保险单的有效期是一年，因而该份保险单不是在预约保险单有效期间签发的。被申请人认为，订约双方没有根据预约保险单第十四条作出过终止预约保险单的约定，因此该份保险单是在预约保险合同的有效期间签发的。《中华人民共和国合同法》第六十一条规定，合同生效后，当事人就质量、价款或者报酬、履行地点等内容没有约定或者约定不明确的，可以协议补充；不能达成补充协议的，按照合同有关条款或者交易习惯确定。合议庭成员一致认为，预约保险单已经明确约定保险费采取每月结算的方式，预约保险单中“年度最低保险费 45 000 元”条款仅是对年度保险费金额的约定，并不能由此推定出预约保险单有效期就是一年。预约保险单没有对保险期限作出明确约定，仅在第十四条约定了生效时间和终止方式。根据庭审中双方当事人均确认预约保险单生效后没有发生过终止的事实，应认定 99208023601200600338 号保险单是在预约保险单有效期间内签发的。

合议庭成员一致认为，本案属涉外案件。《最高人民法院关于适用〈中华人民共和国仲裁法〉若干问题的解释》第十六条规定，对涉外仲裁协议的效力审查，适用当事人约定的法律；当事人没有约定适用的法律但约定了仲裁地的，适用仲裁地法律。本案双方当事人未明确约定审查仲裁协议效力所适用的法律，但约定了提交中国国际经济贸易仲裁委员会仲裁，显然约定了仲裁地在中国，故本案应适用中华人民共和国法律。

双方当事人对预约保险单中的仲裁条款本身有效没有异议，本案争议的焦点是该仲裁条款的效力是否及于 SHEN F2009007 号仲裁案所涉海上货物运输保险合同纠纷。

本案中与仲裁条款有关的文件只有订约人同为申请人和被申请人的预约保险单和 5 份保险单，这些文件均是双方当事人真实意思表示，合法有效。预约保险单证明双方之间成立海上预约保险合同关系，虽然具体的保险标的尚不明确，但该预约保险单含有包括赔偿处理在内一个完整保险合同所需的基本权利义务内容，其中的仲裁条款符合《中华人民共和国仲裁法》第十六条的规定，是有效的仲裁条款；而针对各保险标的逐次签发的 5 份保险单是在预约保险单有效期间内签发的，具体内容符合预约保险单约定的承保范围和保险条件，是履行预约保险合同的重要证明。预约保险合同是约定了承保物的标的范围，并对凡属于合同规定范围内的货物予以长期承保的一种长期保险合同，与保险单之间具有总分合同的属性。《中华人民共和国海商法》第二百三十二条第二款规定，保险人分别签发的保险单证的内容与预约保险单证的内容不一致的，以分别签发的保险单证为准。由该款规定可知，内容不一致才是优先执行保险单内容的充分且必要条件，在没有作出不一致约定的情况下，应以预约保险单为准。由于本案申请人和被申请人在 5 份保险单中没有就争议解决方式作出与预约保险单不一致的约定，双方之间的争议解决方式应以预约保险单内容为准，预约保险单中的有效仲裁条款对申请人和被申请人之间产生的海上货物运输保险合同纠纷具有约束力。

根据《中华人民共和国海商法》第二百二十九条的规定，海上保险合同的转让必须以背书或其他方式进行。申请人提交的考克斯索赔集团（COX CLAIMS GROUP）致申请人的函件只能证明收货人取得过 99208023601200600338 号保险单原件，并不能证明该保险单已经通过背书或其他明确授权的方式进行了转让。此外，即使保险单已经发生了转让，该事实对被申请人从申请人处获得保险赔偿所构成的影响也是实体上的问题，不属于本案的审理范围。

综上，申请人关于预约保险单中的仲裁条款对保险单项下的保险索赔无效的确认请求，没有事实依据和法律依据，不予支持。依照《中华人民共和国仲裁法》第二十条的规定，裁定如下：

预约保险单（预约协议号 Y920820063501001）中的有效仲裁条款对中国国际经济贸易仲裁委员会华南分会受理的 SHEN F2009007 号仲裁案所涉申请人太平保险有限公司深圳分公司和被申请人深圳市中爱科技发展有限公司之间产生的海上货物运输保险合同纠纷具有约束力。

本案申请费 400 元，由申请人负担。

如不服本裁定，可在裁定书送达之日起十日内，向本院递交上诉状，并按对方当事人的人数提出副本，上诉于广东省高级人民法院。

审　判　长　邓宇锋
代理审判员　莫　菲
代理审判员　宋瑞秋
二〇〇九年七月十四日
书　记　员　朱名芳

【评析】

本案是一宗仲裁条款效力认定的案件，具有涉外因素。该裁定书认定事实清楚、适用法律正确，裁判结果正确，被评为 2010 年全省法院优秀裁判文书。该裁定书突出之处表现在：1. 格式规范，突出了案件的涉外因素。能按照涉外商事裁判文书制作要求，在文书标题、法院名称等前面冠以国家名称；2. 准确选择准据法。在准确识别纠纷法律性质的基础上，能严格按照准据法的选择方法进行推理，根据《最高人民法院关于适用〈中华人民共和国仲裁法〉若干问题的解释》规定，确定本案应适用的法律为中国的仲裁法和海商法；3. 结构清晰，繁简得当。能准确分析、归纳出本案的争议焦点，并围绕争议焦点列明证据内容、法院质证及采纳证据情况；4. 阐明法理，观点清楚。经综合论证得出“预约保险单中的有效仲裁条款如未限定适用范围，则对分别签发的保险单项下的货物保险争议具有约束力”的结论，有理有据，令人信服。

综合

广东法院
优秀裁判文书

GUANGDONG FAYUAN
YOUXIU CAIPAN WENSHU

主　编◎郑　鄂　副主编◎陈华杰

暨南大学出版社
JINAN UNIVERSITY PRESS

中国·广州

图书在版编目（CIP）数据

广东法院优秀裁判文书. 综合/ 郑鄂主编；陈华杰副主编. —广州：暨南大学出版社，2011.7（2011.8 重印）
ISBN 978-7-81135-802-5

Ⅰ.①广… Ⅱ.①郑…②陈… Ⅲ.①审判—法律文书—汇编—广东省 Ⅳ.①D926.22

中国版本图书馆 CIP 数据核字（2011）第 060335 号

出版发行：暨南大学出版社

地　址：中国广州暨南大学
电　话：总编室（8620）85221601
营销部（8620）85225284　85228291　85228292（邮购）
传　真：（8620）85221583（办公室）　85223774（营销部）
邮　编：510630
网　址：http：//www.jnupress.com　http：//press.jnu.edu.cn

排　版：暨南大学出版社照排中心
印　刷：佛山市浩文彩色印刷有限公司

开　本：787mm×1092mm　1/16
印　张：78.875
字　数：1968 千
版　次：2011 年 7 月第 1 版
印　次：2011 年 8 月第 2 次
印　数：2001—4000 册

总定价：198.00 元（一套三册）

序

裁判文书反映着人民法院履行宪法和法律赋予的神圣职责，在服务大局、维护稳定、化解社会矛盾中所取得的成绩，是人民法院与社会公众密切沟通的重要桥梁；是传承和弘扬司法文化，宣传国家法律制度、司法理念和文化内涵，展示法官智慧和人民法院司法公信力的重要媒介。裁判文书又是人民法院公正司法的载体，是法官呈现依法公正的审判程序、查明事实证据、分清是非责任、正确适用法律、彰显公平正义的重要舞台，是人民法院公正、公开、廉洁司法的重要窗口。

裁判文书在一定程度上代表了人民法院和人民法官公正司法的水平。一份优秀的裁判文书，必须客观、公正地描述案件事实，阐明证据采信、案件定性、责任承担，论证裁判逻辑和裁判结果，要体现法律的尊严和司法的权威，让当事人看到裁判的合理性和合法性，争取做到胜败皆服，实现案结事了。各级法院和广大法官必须牢固树立文书质量意识，始终把提高裁判文书的质量和制作水平，作为公正司法的重要任务，通过一份份严谨、规范、权威的裁判文书，传播社会主义法治理念，弘扬社会主义法治精神，诠释公正司法的过程，为维护社会稳定、化解社会矛盾、建设社会主义和谐社会发挥应有的作用。

近几年来，我省各级法院积极贯彻最高人民法院裁判文书改革的精神，通过创新和规范裁判文书样式，加强说理分析，提高文书制作水平。同时，通过对文书质量的检查评比，激发广大法官钻研裁判文书制作技巧的热情，不断提高全省法院裁判文书整体水平。2009 年以来，广东已连续两年组织开展全省法院优秀裁判文书评选活动，推动各级法院加强裁判文书质量管理工作，取得显著成效。这次由省高院编辑的《广东法院优秀裁判文书》所选录的 131 篇文书，是在全省各级法院推荐的 505 篇各类裁判文书中，按照公开、公正、公平原则，经严格的审核和评议评选出来的。这些优秀裁判文书涵盖刑事、民事、行政、立案、执行等各项审判执行业务，它们的共同优点是基本要素齐全，结构完整，层次分明；案件事实叙述完整、清晰、繁简得当；证据确实、全面、充分，证明力强；适用法律正确，引用法条准确、完整，实体处理得当；语言通顺、流畅，逻辑严谨，用语规范、准确。透过这些优秀裁判文书，我们可以看到办案法官在事实认定、证据分析、法律适用以及阐述裁判理由上下足了工夫，真正做到了以理服人，全面展示了我省法官制作裁判文书的职业水准。这些优秀裁判文书是我省法院大批优秀裁判文书的代表，省高院将它们结集出版时，编写了评析，便于读者学习、研究，摄取精华。文书所涉案件类型丰富，有许多在适用法律上具有相当难度，学习这些典型案例的裁判要义，可以开拓我们的视野，丰富我们的法学知识，对广大法官和学习、研究法律的其他读者，都将大有裨益。

广东省高级人民法院院长　郑　鄂

二〇一一年三月二十八日

目　录

行政审判篇

审判监督篇

执行篇

立案篇

行政审判篇

●始兴县顿岗镇七北村民委员会坪岗一村民小组等不服韶关市人民政府行政复议决定纠纷一案行政判决书

广东省高级人民法院

行政判决书

（2009）粤高法行终字第152号

上诉人（原审第三人）：始兴县顿岗镇七北村民委员会坪岗一村民小组（以下简称坪岗一村民小组）。

诉讼代表人：陈伦发，村民小组长。

上诉人（原审第三人）：始兴县顿岗镇七北村民委员会坪岗二村民小组（以下简称坪岗二村民小组）。

诉讼代表人：刘运清，村民小组长。

共同委托代理人：陈如园，始兴县顿岗镇七北村民委员会坪岗二村民小组村民。

共同委托代理人：丁钢全，广东三豪律师事务所律师。

被上诉人（原审原告）：始兴县马市镇涝州水村民委员会山口村民小组（以下简称山口村民小组）。

诉讼代表人：刘善军，村民小组长。

委托代理人：张平，广东韶州律师事务所律师。

委托代理人：刘少华，男，汉族，韶关市岭南职业技术学校副校长，住韶关市浈江区东提南市一医院231号。

原审被告：韶关市人民政府。

法定代表人：郑振涛，市长。

委托代理人：刘定爱、李嘉，均系韶关市法制局工作人员。

上诉人坪岗一、二村民小组因被上诉人山口村民小组诉韶关市人民政府韶府复决［2008］77号《行政复议决定书》行政纠纷一案，不服韶关市中级人民法院（2009）韶中行初字第8号行政判决，向本院提起上诉。本院依法组成合议庭对本案进行了审理，现已审理终结。

原审法院经审理查明，争议山林，四至：东至山脚田至圳塘俚再至坳、南至坳上埂过224米高程点沿埂至坳、西至坳下窝至荒田、北至荒田至山脚田，林木种类为松树，面积90亩。1974年始兴县马市镇涝洲水大队（现涝洲水村委会）和始兴县顿岗镇七北大队（现七北村委会）就对包括现争议山发生纠纷，1974年12月14日，在始兴县、社处理山林纠纷工作组（顿岗公社、马市公社、县林业森工局、县法院）的调处下，始兴县革委会农林水办公室作出了始革农办［1974］第037号协议书，确认了双方大队山林的界限，并绘制了山林示意草图。1981年原告领取了4070号《山林权证》，2003年，原告依据［1974］第037号协议书和1981年的4070号《山林权证》换发了新的《林权证》（NO.04402220205JDSYMSY00040），现争议山在该证的四至范围，第三人坪岗一、二村民小组也依据［1974］第037号协议书领取了《林权证》（NO.04402220805JDSYMSY00002），现争议山不在该证的四至范围。经始兴县人民政府查证，双方2003年新领取的《林权证》没有经过公告程序。因原告修引水池和第三人发生林木林地权属纠纷。2006年10月13日；第三人向始兴县人民政府申请处理。2007年，始兴县人民政府作出［2007］始府行决字第5号《关于亚疗寨（坰塘坰）山林权属纠纷的处理决定》，决定认为，山口村民小组与坪岗一、二村民小组一致认可1974年始革农办［1974］第037号协议书是本宗林木林地争议解决的原则，予以认同；1953年的土地证经查明与始革农办［1974］第037号协议书相违背，所提交的五份合同未经公证机关公证，采信度不高；山口村民小组提交的4070号《山林权证》予以采信。决定：一、维持始革农办［1974］第037号协议书。二、维持山口村民小组《林权证》（NO.04402220205JDSYMSY00040）。三、争议的林业用地面积90亩，其林木林地权属归山口村民小组所有。第三人不服，向韶关市人民政府申请复议。2007年9月28日，韶关市人民政府作出韶府复决［2007］59号《行政复议决定书》，决定撤销始兴县人民政府2007年作出的［2007］始府行决字第5号《关于亚疗寨（坰塘坰）山林权属纠纷的处理决定》，责令始兴县人民政府重新作出具体行政行为。2008年9月26日，始兴县人民政府重新作出［2008］始府行决字5号《关于亚料寨林木林地权属纠纷的处理决定》，决定认为，坪岗一、二村民小组和山口村民小组称的“坳塘坳”与“坰塘坰”是同一地方。双方在处理该案林木林地权属纠纷时坚持以始革农办［1974］第037号协议书为依据，予以采纳。按照该协议文字，实地勘察山口村民小组所带的界线走向基本吻合；石榴花寨（坪岗村称）和荷包寨（山口村称）是双方对同一座山的不同称法，坰塘坰就在石榴花寨的脚下，该协议书图示“坰塘俚”的“塘”字被圈着，没有它意，认同该协议第一页倒数第三行“沿山埂下坳塘，坳塘坳走窝圳下坳俚”的提法。对签订1974年协议的当事人进行了解的情况客观、实际，予以采纳。山口村民小组1981年编号为4070号的《山林权证》与县存根相符，予以采信。双方2003年的《林权证》都没有履行“公告”程序，不予支持，应予撤销。山口村民小组主张的坳塘坳凸显、坡度大与调查当年参与协商的当事人以及后来工作组林业工程技术员的现场实地勘察，石榴花寨山脚下现有坪岗村水池的坳就是坳塘坳的意见一致。沿山埂下坳塘、坳塘坳走窝圳下坳俚的实际线路是地形图上的乡镇界线，及坳塘坳山坡面归坪岗一、二村民小组所有，面积5亩，四至界限：东至坳，南至山坡，西至埂，北至埂、坳。根据《林木林地权属争议处理办法》第六条：“县级以上人民政府或者国务院授权林业部依法颁发的森林、林木、林地的所有权或者使用权证书，是处理林权争议的依据。”第二十一条：“当事人之间达成的林权争议处理协议，自当事人签字之日起生效。”《广东省森林林木林地权属争议调解处理办法》第十二条第一款：“县级以上人民政府依法核发的林权证，是处理林权争议的依据。”第二款第（五）项：“当事人之间依法达成的林权争议及附图。”第二十二条：“调处林权争议应当维护已经调解签订的合约、协议。”《广东省林地林权登记换发证工作方案》粤府办

［2002］57号工作程序（二）审核结果要张榜公告，接受群众监督的规定。决定：一、维持始革农办［1974］第037号协议书。二、争执的林业用地面积90亩，其中85亩林木林地权属归山口村民小组所有，四至界限：东至山脚田至垇塘俚再至坳，南至坳上埂过224米高程点沿埂至坳，西至坳下窝至荒田，北至荒田至山脚田。另外5亩归坪岗一、二村民小组所有，四至界限：东至坳，南至山坡，西至埂，北至埂、坳。三、撤销坪岗一、二村民小组的《林权证》（NO. 04402220805JDSYMSY00002）和山口村民小组的《林权证》（NO. 04402220205JDSYMSY00040）。第三人再次向韶关市人民政府申请复议，2009年1月19日，韶关市人民政府作出韶府复决［2008］77号《行政复议决定书》，决定：一、维持始兴县人民政府2008年9月26日作出的《关于亚料寨林木林地权属纠纷的处理决定》（［2008］始府行决字5号）中裁决的第一、三项内容。二、变更始兴县人民政府2008年9月26日作出的《关于亚料寨林木林地权属纠纷的处理决定》（［2008］始府行决字5号）中裁决的第二项内容为争议山林，四至：东至山脚田至垇塘俚再至坳、南至坳上埂过224米高程点沿埂至坳、西至坳下窝至荒田、北至荒田至山脚田，面积90亩权属全部归第三人坪岗一、二村民小组集体所有。原告不服，于2009年3月9日向原审法院提起行政诉讼，请求：1. 撤销被告韶关市人民政府2009年1月19日作出的韶府复决［2008］77号《行政复议决定书》。2. 判决该90亩争议林地的权属归原告集体所有。3. 本案的一切费用由被告承担。

原审法院另查明，原告、第三人从始兴县人民政府、韶关市人民政府到一审庭审，一致认为本案纠纷以1974年12月14日始兴县革委会农林水办公室作出的始革农办［1974］第037号协议书及附图作为本案的处理依据。原告、第三人现争议的最大焦点是［1974］第037号协议书及附图所述的“上胡桐降山埂，沿山埂下坳塘，坳塘坳走窝圳下坳塘俚”与现争议山现场的具体位置有不同的看法。原告认为是从东往西走的第一个垇就是垇塘垇（坳塘坳），第三人认为第二个垇就是垇塘垇（坳塘坳）。原告、第三人对上述的位置均在原审法院2009年5月20日现场勘察时在地图上予以确认。此外，原审法院2009年5月20日对始兴县马市镇涝洲水大队（现涝洲水村委会）和始兴县顿岗镇七北大队（现七北村委会）进行了调查，原告的涝洲水村委会认为其1981年将现争议山退回给了原告，属原告所有，第三人的七北村委会也认为其1982年将现争议山退回给了第三人，属第三人所有。

原审法院认为，被告韶关市人民政府2009年1月19日作出的韶府复决［2008］77号《行政复议决定书》，决定：1. 维持始兴县人民政府2008年9月26日作出的《关于亚料寨林木林地权属纠纷的处理决定》（［2008］始府行决字5号）中裁决的第一、三项内容是正确的。2. 变更始兴县人民政府2008年9月26日作出的《关于亚料寨林木林地权属纠纷的处理决定》（［2008］始府行决字5号）中裁决的第二项内容为争议山林，四至：东至山脚田至垇塘俚再至坳、南至坳上埂过224米高程点沿埂至坳、西至坳下窝至荒田、北至荒田至山脚田，面积90亩权属全部归第三人坪岗一、二村民小组集体所有是错误的。理由：一、原告与第三人对争议地一致认为以始革农办［1974］第037号协议书及附图作为本案的确权依据；2003年，原告和第三人新领取的《林权证》，始兴县人民政府认定没有按公告程序发放，予以撤销，双方也没有提出异议。因此，被告韶关市人民政府作出的韶府复决［2008］77号《行政复议决定书》，决定维持始兴县人民政府2008年9月26日作出的《关于亚料寨林木林地权属纠纷的处理决定》（［2008］始府行决字5号）中裁决的第一、三项内容是正确的。二、本案争议的焦点即1974年协议书中的垇塘垇（坳塘坳）究竟处在什么位置，是地形图高程点222米至224米之间的垇塘垇，还是224米至339.5米之间的垇塘垇。从［1974］第037号协议书及附图和现场的位置来看，附图上的石榴花寨、山脚、南蛇坑田塅田面、连塘山塘、垇塘垇、胡桐降埂与实际现场的位置是相对应的，地图上标注的地名石榴花寨是清楚的，南蛇坑田塅田面双方在地图上确认的位置也是一致的，石榴花寨往西边走的山坡下就是垇塘垇，而争议山就靠在南蛇坑田塅田面的西面，［1974］第037号协议书的附图所标注的南蛇坑田塅田面的西面就是属于涝洲水大队的山岭。因此，被告韶关市人民政府作出的韶府复决［2008］77号《行政复议决定书》，决定变更始兴县人民政府2008年9月26日作出的《关于亚料寨林木林地权属纠纷的处理决定》（［2008］始府行决字5号）中裁决的第二项内容为争议山林全部属于第三人所有明显是错误的。三、［1974］第037号协议书是始兴县马市镇涝洲水大队（现涝洲水村委会）和始兴县顿岗镇七北大队（现七北村委会）在始兴县、社处理山林纠纷工作组的调处下达成的，该协议书明确的山权是属于原大队（现村委会）的权属，而没有明确现争议山是属于原告或第三人村民小组的权属。被告韶关市人民政府在没有查清原大队在什么时候将现争议山分给第三人的情况下，决定将争议山归第三人所有的事实证据是不充分的。据此，依照《中华人民共和国行政诉讼法》第五十四条第（二）项第1、2目的规定，判决如下：一、撤销被告韶关市人民政府2009年1月19日作出的韶府复决［2008］77号《行政复议决定书》。二、被告韶关市人民政府在本判决生效之日起60日内重新作出具体行政行为。

上诉人坪岗一、二村民小组上诉称：一审法院判决认定没有科学根据，属主观臆断。涉案争议山林石榴花寨林地，该林地由亚料寨、圆墩、猪肝吊胆等地块组成，面积为90亩。由于上诉人和被上诉人2003年领取的《林权证》被始兴县人民政府以未经公告为由予以撤销，因此上诉人、被上诉人一致认可应当以始革农办［1974］第037号协议书及附图为本案的确权依据。作为复议机关的韶关市人民政府经实地勘察，认为1974年协议书的附图中明确标明了第一个山坳就是“垇塘垇”，协议的记载与协议附图保持一致。据此作出复议决定是正确的。一审法院在没有任何科学依据的情况下就主观、武断地认定石榴花寨往西边走的山坡下就是垇塘垇，即将“垇塘垇”认定在被上诉人所声称的由西向东走的第二个山坳，并据此作出撤销了复议决定是错误判决。一审法院作出认定是与客观事实相悖的，根本无法解释1974年协议书的附图明明标示由西向东走的第一个山坳就是“垇塘垇”，而他们认定的“垇塘垇”却是第二个山坳的矛盾。因此，上诉人强烈呼吁和请求二审中亲自上山细致勘察，并聘请专业机构的技术人员对现场进行进一步查证。在此还要特别说明的是，一审法院组织双方当事人实地勘察的当天，由于天下暴雨，并没有上山认真细致地实地勘察，仅仅是在离实地约有一里之遥的山脚下观望就对极为关键的“垇塘垇”的位置作出前述认定，是极不严肃和极不慎重的。综述，请二审法院查清本案事实，依法判决，维护上诉人的合法权益。

被上诉人山口村民小组答辩称：一、本案林地权属争议的焦点只有一个，即1974年协议书中的垇塘垇究竟处在什么位置，是地形图高程点222米至224米之间的第一个垇塘垇还是224米至339.5米之间的第二个垇塘垇，第一个垇则只能下至南蛇坑田塅底，第二个垇才符合1974年协议书附图的叙述特征。另外，第一个垇的最低位上到高程点222米有三条等高线，上到224米高程点也是三条等高线，这说明该坳比较平坦，且两个高程点高度仅差2米，不符合1974年协议书附图中标明坳塘坳处在一座高且陡的山脚下这一明显特征。而第二个坳的最低位置224米高程点有四条等高线，上到339.5高程点则有二十八条等高线，这说明该坳比较凸显、坡度大，且两个高程点的高度之间相差115.5米，显然，第二个坳的特征与1974年协议书附图中的坳塘坳完全相符。二、被上诉人认为从1974年协议书的内文中可以认定石榴花寨与荷包寨实际上是同一座山，再结合1974年协议书的界限图可以看出该山是由两个山头（由西往东）组成一座山。该认定是错误的。而1974年协议书的文字记载指的是同一座山头，只是双方当事人各有不同的称呼，尤其是在始兴县人民政府组织争议双方当事人在实地勘察中也指同一座山头，始兴县人民政府在《关于亚疗寨（坳塘坳）山林权属纠纷的处理决定》（［2007］始府行决字第5号）中予以了确认，被上诉人认为一座山由两个山头组成是错误的。综上所述，一审法院判决正确，请求二审法院以事实为依据，维持原审判决。

原审被告韶关市人民政府答辩称：一、韶关市人民政府作出的（韶府复决［2008］77号）《行政复议决定书》认定事实清楚、证据充分，依法应予维持。在本案中，由于争议双方坚持以始革农办［1974］第037号协议书为处理依据，县政府因此也依法将该协议书作为确权的依据，被上诉人予以认同。而其认定双方在2003年换发证期间所申报领取的新版《林权证》都没有履行“公告”的法定程序，所以依据相关法律规定注销了争议双方所换领的新版《林权证》也并无不当。但是县政府所作出的处理决定对协议的界线走向却作出了错误的认定，其指认的界线走向与协议及实际地形不相符，没有包括现争议山林在内。二、一审判决认定事实不清、证据不足，依法应予撤销。一审法院受理该案后，曾召集各方当事人赴争议现场进行勘验，本府亦派员进行参见。但由于当天刚下完暴雨，所以也没有直接上山进行实地踏山勘察，只是在离现场实地较远的地方进行观看，在争议最大的两个坳塘坳都不能完全看清楚的情况下，就对协议及其附图中的“坳塘坳”位置进行了确定。被上诉人认为对于争议范围四至确认的制图、画图等工作，应当由具备专业资质的林业工程师或林业技术人员来负责，但是当天的现场勘验的制图、画图等工作却并非由相关的工程师或技术人负责。因而，一审判决撤销复议决定是错误的，请求二审法院依法撤销原判，维护被诉复议决定。

经审查，本院对原审法院查明的事实予以确认。

本院认为，涉案争议山林四至：东至山脚田至坳塘俚再至坳、南至坳上埂过224米高程点沿埂至坳、西至坳下窝至荒田、北至荒田至山脚田，林木种类为松树，面积90亩。1974年本案权属争议双方所属大队曾就包括现争议山在内的山林地发生山林权属纠纷，经政府部门牵头调处，各方当事人签字认可，始兴县革委会农林水办公室作出了始革农办［1974］第037号协议书（以下简称1974年协议），确认了双方大队山林的界限，并附图说明双方山林分界线的位置。《广东省森林林木林地权属争议调解处理办法》第二十二条规定：“调处林权争议应当维护已经调解签订的合约、协议。”由于本案权属争议双方当事人在县政府调处、市政府行政复议和诉讼期间均一致同意将1974年协议作为本案争议山林确权的依据，符合上述办法的规定，本院予以认可。

由于权属争议双方对1974年协议中的一段文字“上胡桐降山埂，沿山埂下坳塘，坳塘坳走窝圳下坳塘俚”中的“坳塘坳”位于现争议山的具体位置意见分歧，权属争议双方均主张根据上述协议文字表述，本案争议山林应归己方所有。原审判决认为"本案争议的焦点即1974年协议中的垇塘垇（坳塘坳）究竟处在什么位置，是地形图高程点222米至224米之间的垇塘垇，还是224米至339.5米之间的垇塘垇"并无不妥。关于1974年协议中的垇塘垇（坳塘坳）所处位置的确认，原审法院经过现场勘察，认定"从［1974］第037号协议书及附图和现场的位置来看，附图上的石榴花寨、山脚、南蛇坑田塅田面、连塘山塘、垇塘垇、胡桐降埂与实际现场的位置是相对应的，地图上标注的地名石榴花寨是清楚的，南蛇坑田塅田面双方在地图上确认的位置也是一致的，石榴花寨往西边走的山坡下就是垇塘垇（即地形图高程点224米至339.5米之间的垇塘垇）"。本院经再次现场勘察，并结合1974年协议及附图等材料分析判断，确认原审判决的上述认定正确，可以合理解释1974年协议附图中相邻的多个分界地标之间的相对应关系。本案被诉复议决定认定1974年协议中的"垇塘垇（坳塘坳）"应当是上诉人坪岗一、二村民小组所指认的第一个垇（即地形图高程点222米至224米之间的垇塘垇），但被诉复议决定难以合理解释其所认定的"垇塘垇（坳塘坳）"位置与1974年协议附图中与"垇塘垇（坳塘坳）"相邻的多个分界地标（如石榴花寨、南蛇坑田塅田面等）之间的相对应关系，本院不予支持。原审法院对本案被诉复议决定的上述认定予以纠正，并据此认定被诉复议决定主要证据不足，判决撤销重作并无不当，依法应予以维持。上诉人坪岗一、二村民小组上诉认为其所指认的第一个山坳才是1974年协议附图中的"垇塘垇"，应以此作为本案争议山林的确权界线，被诉复议决定的认定正确，一审法院作出的认定与客观事实相悖等，因缺乏事实根据，上诉理由不成立，本院不予采纳。

综上，原审判决正确，依法应予以维持；上诉人上诉请求改判的理由不成立，依法应予以驳回。依照《中华人民共和国行政诉讼法》第六十一条第（一）项之规定，判决如下：

驳回上诉，维持原判。

二审案件受理费50元，由上诉人坪岗一、二村民小组共同负担。

本判决为终审判决。

审　判　长　林俊盛
审　判　员　谢卫华
代理审判员　彭　静
二〇〇九年十一月五日
书　记　员　陈　丹

【评析】

本案司法审查的标的是行政复议决定，案件涉及目前山林权属纠纷的行政确权决定。关键问题是要查清复议决定的事实认定问题，即对复议决定所依据的关键证据——协议书的内容应如何理解要作出正确判断。该判决书除了格式规范，要素完整之外，主要特点在于观点鲜明，判断清晰。论理部分开宗明义，首先确定了争议地范围，接着固定确权依据——协议书作为关键的审理对象，有的放矢，整个案件脉络由此清晰。紧接着阐述了二审法院再次现场勘察作出的分析以及结论，以此反驳复议决定的意见，观点鲜明，证明有力。判决书脉络清晰，文笔流畅，用词准确，详略得当，格式规范，全案处理无误，令人信服，被评为2010年全省法院优秀裁判文书。

●梁端逢不服广东省知识产权局专利行政处理纠纷一案行政判决书

广东省高级人民法院

行政判决书

（2009）粤高法行终字第233号

上诉人（原审原告）：梁端逢，男，汉族，1946年8月26日出生，住阳春市体育中心3号楼404房。

委托代理人：马德尧，男，汉族，1943年10月24日出生，住广州市海珠区广纸西西街3号之六。

被上诉人（原审被告）：广东省知识产权局。地址：广州市先烈中路100号大院60号楼9－12层。

法定代表人：陶凯元，该局局长。

委托代理人：孙克良、李鹏，均系该局工作人员。

原审第三人：佛山市顺德区睡皇寝室用品有限公司（以下简称睡皇公司）。地址：佛山市顺德区乐从镇乐平路。

法定代表人：霍兆铭，总经理。

委托代理人：冯靖，广东舜华律师事务所律师。

上诉人梁端逢因诉被上诉人广东省知识产权局专利行政处理纠纷一案，不服广州市中级人民法院（2009）穗中法行初字第20号行政判决，向本院提起上诉。本院依法组成合议庭，对本案进行了审理，现已审理终结。

原审法院认为，被告是管理专利工作的部门，依据《中华人民共和国专利法》（2000年8月25日第二次修正）第五十七条的规定，有权处理因侵犯专利权引起的纠纷。

《中华人民共和国专利法》（2000年8月25日第二次修正）第五十六条第一款规定："发明或者实用新型专利权的保护范围以其权利要求的内容为准，说明书及附图可以用于解释权利要求。"本案中，原告拥有专利号为ZL02251434.1、名称为"多功能保健药睡枕（睡垫）"的实用新型专利权，该专利权真实有效，全部权利要求共1－9。根据权利要求1的记载可见，该多功能保健药睡枕，包括睡垫、坐垫，是由中草药药疗层、磁疗层和柔软弹性层所组成，其组成特征在于：中草药药疗层于面层，磁疗层处在中间层位置，并与柔软弹性层布料连接，外层布料把中草药药疗层和磁疗层及柔软弹性层紧密包裹缝纫在一起，使之成为中草药药疗层下与磁疗层联结、磁疗层下与柔软弹性层联结的整体。换言之，中草药药疗层、磁疗层和弹性层的整体组合，使该睡枕（睡垫）具有了药疗、磁疗的保健功能。因此，被告认为药疗层、磁疗层和弹性层是本案专利的三个必要技术特征，具有事实和法律依据，应予以支持。

第三人制造、销售的被控侵权产品名为“保健枕头”，由中草药如决明子、香草等做成的药疗层和中空棉做成的弹性层组成。将被控侵权产品与ZL02251434.1实用新型专利权利要求中记载的技术特征进行对照，各方当事人均确认，两者的最大区别是被控侵权产品不具有磁疗层。本案的争议焦点也就在于，被控侵权产品具有与本案专利相同的药疗层和弹性层是否构成侵权。如前所述，药疗层、磁疗层和弹性层是本案专利的三个必要技术特征，被控侵权产品虽然也有药疗层和弹性层，但不具有磁疗层这个必要技术特征，也就是说，其不具有本案实用新型专利权利要求1所述的全部必要技术特征，因此未落入该实用新型专利权的保护范围。被告认定第三人制造、销售被控侵权产品不构成侵犯本案专利权，从而作出驳回原告处理请求的决定，认定事实清楚，适用法律正确。原告在诉讼中提出的北京市高级人民法院关于执行《专利侵权判定若干问题的意见（试行）的通知》，不是专利行政部门处理专利纠纷案件的法律依据，原告据此认为被告适用法律错误的理由不成立。

处理程序方面，被告受理原告的处理请求后，进行了调查取证，经过现场勘验检查、召集当事人进行审理听取了双方的陈述和申辩，作出涉案《专利纠纷案件行政处理决定书》并送达原告及第三人。被告的处理程序符合《中华人民共和国专利法》第五十七条、《专利行政执法办法》第十三条的规定。原告未能举证证明被告的办案人员在执法过程中有舞弊行为，其认为被告程序违法的主张不成立，不予支持。

综上所述，被告作出的粤知法处字［2008］第22号案专利纠纷案件处理决定认定事实清楚，适用法律正确，程序合法，依法应予维持。依照《中华人民共和国行政诉讼法》第五十四条第（一）项的规定，判决：维持被告广东省知识产权局于2009年2月17日作出的粤知法处字［2008］第22号案专利纠纷案件处理决定。

梁端逢不服原审判决，上诉请求：1. 撤销原审判决。2. 由二审法院组织专家进行鉴定并将本案交国家专利局进行仲裁。3. 二审法院将本案材料移送检察机关和公安机关，追究被上诉人的刑事责任。4. 判令被上诉人赔偿上诉人一切损失（含精神赔偿50万元）。5. 二审法院委托北京市高级人民法院审理此案。6. 邀请省或全国人大代表参加庭审工作。主要理由是：上诉人的专利技术分为有磁疗层和无磁疗层两大系列，这在说明书中有详细说明，说明书和附图可以解释权利要求书。原审第三人故意缺失磁疗层属恶性侵权，已构成全面侵权。原审判决认定原审第三人不构成侵权属认定事实错误；原审判决及被上诉人故意规避、歪曲《专利法》第五十六条和《专利行政执法办法》第十二条的规定，是适用法律不当；被上诉人违反行政执法和审理程序，属知法犯法。

被上诉人广东省知识产权局答辩称：一、被上诉人认定原审第三人未侵犯上诉人专利权的事实清楚、证据确凿。被上诉人所作出的《决定书》是依据《专利法》第五十六条和有关侵权判定原则的要求作出的。药疗层、磁疗层和弹性层是本案专利的三个必要技术特征。但是被控侵权产品只具有药疗层和弹性层，不具有磁疗层这个必要技术特征，因此，被控侵权产品不具有该实用新型专利权利要求1所述的全部必要技术特征，未落入该实用新型专利权的保护范围，故不构成侵权。二、被上诉人所作出的《决定书》，是经过立案、现场检查、勘验、审理，并对原审第三人制造、销售的被控侵权产品与上诉人的实用新型专利进行了全面的分析比较，按照专利侵权的判定原则，依据《中华人民共和国专利法》第十一条、第五十六条、第五十七条第一款和《专利行政执法办法》第十三条规定作出的。因此，该《决定书》程序合法，适用法律正确。请求二审法院驳回上诉，维持原判。

原审第三人睡皇公司答辩称，同意被上诉人广东省知识产权局的答辩意见。被控产品未落入专利产品的保护范围。将一种或多种中草药组成的药疗层与弹性柔软层组合成保健枕，是公知公用的技术，不存在原审第三人恶意仿冒、规避本案专利的事实。请求二审法院驳回上诉，维持原判。

经审理查明，上诉人梁端逢拥有名称为“多功能保健药睡枕（睡垫）”的实用新型专利权，该专利申请日为2002年12月6日，授权日为2004年5月12日，专利号为ZL02251434.1。其权利要求1载明：“一种多功能保健药睡枕，包括睡垫、坐垫，是由中草药药疗层、磁疗层和柔软弹性层所组成，其特征在于：用布包裹着颗粒状的植物中草药多种作为药芯缝纫成m波纹状的中草药药疗层（4）于面层，并把若干粒（块）永久磁铁（2）也缝纫在两层内夹层布料（3）里组成磁疗层（8）处在中间层位置，同时并与柔软弹性层布料（5）连接，通过外层布料（1）在外一起把三维卷曲中空纤维棉（11）包裹填满在里面缝纫成为柔软弹性层（6）在底层，而针缝线（10）把两层内夹层布料（3）缝纫成一行行、一个个的小内袋（7），并使之在小内袋（7）与小内袋（7）之间缝纫成一道道有r形的分沟（9），将具有中草药药效的颗粒状中草药多种作为药芯装入到小内袋（7）里面组成为中草药药疗层（4）在面层，同时外层布料（1）也把中草药药疗层（4）和磁疗层（8）与柔软弹性层（6）紧密包裹缝纫在一起成为一整体，使中草药药疗层下与磁疗层联结，磁疗层下与柔软弹性层联结的整体。”

2008年11月18日，上诉人向被上诉人申请处理原审第三人侵犯其实用新型专利权的行为。被上诉人受理后，于2008年12月26日到原审第三人的经营场所进行现场勘验检查，并于2009年1月9日召集上诉人、原审第三人进行审理。2009年2月17日，被上诉人作出粤知法处字［2008］第22号案《专利纠纷案件处理决定书》，认定，将被控侵权产品与本案专利相比较，原审第三人制造、销售的被控侵权产品是由中草药如香草、薰衣草、决明子、柚柑叶等做成的药疗层和中空棉做成的弹性层组成，而本案专利权利要求1明确是由中草药药疗层、磁疗层和柔软弹性层所组成，并详细描述了药疗层、磁疗层和弹性层三层之间的位置关系和形状，如“把若干粒（块）永久磁铁（2）也缝纫在两层内夹层布料（3）里组成磁疗层（8）处在中间层位置”、“同时外层布料（1）也把中草药药疗层（4）和磁疗层（8）与柔软弹性层（6）紧密包裹缝纫在一起成为一整体，使中草药药疗层下与磁疗层联结，磁疗层下与柔软弹性层联结的整体”等，为此，药疗层、磁疗层和弹性层是本案专利的三个必要技术特征。但是被控侵权产品只具有药疗层和弹性层，不具有磁疗层这个必要技术特征，因此，被控侵权产品不具有该实用型专利权利要求1所述的全部必要技术特征，未落入该实用新型专利权的保护范围。被上诉人认为，根据专利法有关“实用新型专利权的保护范围以其权利要求的内容为准，说明书及附图可以用于解释权利要求”的规定，被控侵权产品不具有本案实用新型专利的全部必要技术特征，未落入该实用新型专利的保护范围。因此，原审第三人制造、销售被控侵权产品不构成侵犯本案专利权，不应承担法律责任。依据《中华人民共和国专利法》第十一条、第五十六条、第五十七条第一款和《专利行政执法办法》第十三条规定，决定驳回上诉人梁端逢的处理请求。被上诉人向上诉人及原审第三人送达了该《专利纠纷案件处理决定书》。上诉人对该处理决定不服，于2009年3月4日向原审法院提起行政诉讼，请求撤销粤知法处字［2008］第22号案《专利纠纷案件处理决定书》，判令被上诉人承担诉讼费及造成上诉人的一切损失。

本院认为，根据《中华人民共和国专利法》（2000年8月25日第二次修正）第五十七条的规定，被上诉人作为管理专利工作的部门，具有处理专利侵权纠纷的法定职责。

上诉人梁端逢拥有的ZL02251434.1实用新型专利权真实有效，依法应当受到法律保护。《中华人民共和国专利法》（2000年8月25日第二次修正）第五十六条第一款规定："发明或者实用新型专利权的保护范围以其权利要求的内容为准，说明书及附图可以用于解释权利要求。"上诉人实用新型专利权的保护范围应以其权利要求的内容为准，根据其权利要求1的记载，上诉人的专利必定包含中草药药疗层、磁疗层和柔软弹性层三个技术特征。经将被控侵权产品与本案专利权利要求中记载的技术特征进行比较，各方当事人均确认，两者的最大区别是被控侵权产品不具有磁疗层这个技术特征。因此，被控侵权产品不具有本案实用新型专利的全部技术特征，未落入该实用新型专利权的保护范围。被上诉人认定原审第三人制造、销售被控侵权产品不构成侵犯本案专利权，从而作出驳回上诉人处理请求的决定，认定事实清楚，适用法律正确，程序并无不妥之处，原审判决予以维持正确，本院依法应予维持。上诉人上诉主张被上诉人处理程序违法，因缺乏事实根据和法律依据，本院不予支持。

上诉人上诉主张在其专利说明书中记载了无磁疗层的技术方案，按照说明书和附图可以用于解释权利要求的法律规定，原审第三人已构成侵权。由于上诉人关于无磁疗层的描述仅记载在专利说明书中，而未反映在专利权利要求书记载的技术内容中，故不能作为确定涉案专利权保护范围的根据。上诉人该上诉主张不能成立，本院不予支持。

上诉人上诉主张根据《专利行政执法办法》第十二条的规定，本案应当适用等同原则判定被控侵权物品构成侵权。经审查，《专利行政执法办法》第十二条规定："《专利法》第五十六条第一款所称的'发明或者实用新型专利权的保护范围以其权利要求的内容为准'，是指专利权的保护范围应当以其权利要求记载的技术特征所确定的范围为准，也包括与记载的技术特征相等同的特征所确定的范围。等同特征是指与记载的技术特征以基本相同的手段，实现基本相同的功能，达到基本相同的效果，并且所属领域的普通技术人员无须经过创造性劳动就能够联想到的特征。"由于上诉人未能说明被控侵权产品的哪一项技术特征等同于本案专利权利要求保护的磁疗层这个技术特征，故上诉人此项上诉主张不能成立，本院不予支持。

综上所述，原审判决正确，依法应予以维持。上诉人的上诉请求和理由均不能成立，依法应予以驳回。依照《中华人民共和国行政诉讼法》第六十一条第（一）项的规定，判决如下：

驳回上诉，维持原判。

一、二审案件受理费各100元，由上诉人梁端逢负担。

本判决为终审判决。

审 判 长 林俊盛
审 判 员 谢卫华
代理审判员 彭 静
二〇〇九年十二月二十九日
书 记 员 陈 丹

【评析】

本判决书制作格式规范，基本要素齐全，结构完整，层次分明；案件事实叙述完整、清晰，繁简得当；证据确实、全面、充分，证明力强；适用法律正确；程序公正、实体处理得当；语言通顺流畅，逻辑严谨，用语规范准确，被评为2010年全省法院优秀裁判文书。其突出之处在于紧紧围绕当事人的争议焦点问题予以论述，对法院不予支持的部分说理充分，正确引用法条，处理妥当，维护了行政机关合法的行政行为。例如：1. 专利权保护范围如何确定，仅在专利说明书中描述而在权利要求中未记载的技术方案，上诉人要求将其纳入专利权保护范围的，可否得到支持。对此，判决明确表示不支持。这是法院在审理此类专利行政案件中较早明确这种观点的，判决后反响较好。2. 等同原则的适用。上诉人以等同原则进行抗辩，但由于被控侵权产品未有一项技术特征等同于本案专利权利要求保护的磁疗层这个技术特征，故上诉人的上诉主张不能得到支持。3. 发生专利权侵权纠纷时，当事人的救济途径问题。发生专利权侵权纠纷时，当事人既可以向人民法院直接提起民事起诉，也可以请求管理专利工作的部门处理，当事人对专利行政部门作出的处理决定不服的，可依法提起行政诉讼。

广东省高级人民法院赔偿委员会

决定书

（2009）粤高法委赔字第10号

赔偿请求人：刘梦军，男，汉族，1980年11月11日生，湖北省汉川市人，住湖北省汉川市脉旺镇直形村6－333号。

委托代理人：马汉时，男，汉族，1948年11月21日出生，住广东省海丰县海城镇新市56号。

赔偿义务机关：汕尾市人民检察院。

法定代表人：尚德，检察长。

委托代理人：林海滨、李永源，该院干部。

赔偿义务机关：汕尾市中级人民法院。

法定代表人：陈孙，院长。

委托代理人：蔡伟恒、蔡美容，该院干部。

赔偿请求人刘梦军以错捕错判共同赔偿为由，向共同赔偿义务机关之一的汕尾市中级人民法院申请赔偿。汕尾市人民检察院、汕尾市中级人民法院作出（2009）汕中法检赔字第1号共同赔偿决定书，以刘梦军未在法定期限内提出赔偿请求，已自动丧失国家赔偿请求权为由，驳回刘梦军的赔偿请求。刘梦军不服，依法向本院赔偿委员会申请作出赔偿决定。

本院赔偿委员会受理后，依法公开对本案进行了听证。汕尾市人民检察院委派该院干部林海滨、李永源，汕尾市中级人民法院委派该院干部蔡伟恒、蔡美容，刘梦军的委托代理人马汉时均参加了听证，本案现已审理终结。

赔偿请求人刘梦军称，其因涉嫌抢劫被逮捕。汕尾市中级人民法院一审判决犯抢劫罪，有期徒刑四年。省法院二审判决无罪。2005年8月16日取保候审释放。2006年1月收到省法院二审判决。2007年5月，其通过律师向汕尾市中级人民法院行政审判庭（含赔偿委员会办公室）申请赔偿，因赔偿义务机关不止一个，汕尾市中级人民法院通知律师，将材料递交汕尾市人民检察院听取意见。2008年9月其拿回材料后，向汕尾市中级人民法院申请赔偿，两赔偿义务机关以超过法定期限提出赔偿请求为由，驳回其赔偿请求。请本院赔偿委员会依法作出赔偿决定，责令上述两赔偿义务机关赔偿其915天的人身自由赔偿金102470.85元。

汕尾市人民检察院答辩意见：1. 根据汕尾市中级人民法院及该院的调查，刘梦军于2006年1月份收到二审无罪判决，但刘梦军在无中止时效的情况下，直至2008年9月23日才向汕尾市中级人民法院递交赔偿申请书。根据《中华人民共和国国家赔偿法》第三十二条规定，刘梦军未在两年法定期限内提出申请，已丧失国家赔偿请求权。2. 对刘梦军犯罪事实的认定，有刘梦军两次有罪供述及同案人李正军相互印证的指证材料，刘梦军、李正军对现场照片的辨认，李正军对作案地点的指认等旁证材料证实刘梦军参与抢劫。虽然原审开庭时刘梦军有翻供，但一审法院均采纳了公诉机关的证据。现二审法院改判刘梦军无罪，证明刘梦军在侦查阶段的两次有罪供述是虚伪供述，导致其被羁押判刑。因此，适用《中华人民共和国国家赔偿法》第十七条第（一）项"因公民自己故意做虚伪供述，或者伪造其他有罪证据被羁押或者被判处刑罚的，国家不承担赔偿责任"的规定，对刘梦军不承担赔偿责任。

汕尾市中级人民法院答辩意见，同汕尾市人民检察院答辩意见一致。

本院赔偿委员会经审理查明：赔偿请求人刘梦军因涉嫌犯抢劫罪，于2003年2月11日被羁押，同年2月12日被刑事拘留，同年3月20日被逮捕。同年8月29日，汕尾市中级人民法院作出（2003）汕中法刑二初字第18号刑事附带民事判决书。同年12月30日，本院以（2003）粤高法刑二终字第557号刑事附带民事裁定书，撤销（2003）汕中法刑二初字第18号刑事附带民事判决，发回重审。2004年11月5日，汕尾市中级人民法院作出（2003）汕中法刑二重初字第18号刑事判决书，以刘梦军犯抢劫罪为由，判处有期徒刑四年。刘梦军不服，向本院上诉。本院于2005年6月29日作出（2004）粤高法刑二终字第672号刑事判决，以原审认定刘梦军参与抢劫事实不清，证据不足为由，判决刘梦军无罪。同年8月16日刘梦军被取保候审释放。2006年1月刘梦军收到（2004）粤高法刑二终字第672号刑事判决书。

此后赔偿请求人刘梦军一直在北京、浙江一带打工。2007年5月，刘梦军来到汕尾市，咨询律师意见是否可获得国家赔偿，得到肯定答复后，刘梦军正式授权委托汕尾市海陆律师事务所吴律师办理赔偿申请，吴律师向汕尾市中级人民法院行政审判庭（含赔偿委员会办公室）递交赔偿申请书及所有相关材料，申请国家赔偿。其后，汕尾市中级人民法院通知吴律师，因赔偿义务机关不止法院一个，让吴律师把材料递交汕尾市人民检察院征求他们的意见。2008年9月23日，赔偿请求人刘梦军拿回材料，再次向赔偿义务机关之一的汕尾市中级人民法院申请赔偿。2009年4月20日，汕尾市中级人民法院、汕尾市人民检察院作出（2009）汕中法检赔字第1号共同赔偿决定书，认定赔偿请求人刘梦军2006年1月份已收到广东省高级人民法院的判决书，但直至2008年9月23日才向该院提出申请赔偿。因未在法定期限内提出赔偿请求，已自动丧失国家赔偿请求权，驳回刘梦军的赔偿请求。

本院赔偿委员会认为，根据《中华人民共和国国家赔偿法》第三十二条规定，"赔偿请求人请求国家赔偿的时效为两年，自国家机关及其工作人员行使职权时的行为被依法确认违法之日起计算，但被羁押期间不计算在内"。赔偿请求人刘梦军2006年1月收到本院作出的（2004）粤高法刑二终字第672号刑事判决书后，曾两次向赔偿义务机关之一的汕尾市中级人民法院申请国家赔偿，第一次在2007年5月，其通过律师向汕尾市中级人民法院申请国家赔偿，并未超过法定申请赔偿时效。汕尾市中级人民法院和汕尾市人民检察院以刘梦军未在法定期限提出赔偿请求，已自动丧失国家赔偿请求权为由，驳回刘梦军赔偿请求的理由不成立，应予纠正。

《中华人民共和国国家赔偿法》第十七条第（一）项规定："因公民自己故意作虚伪供述，或者伪造其他有罪证据被羁押或者被判处刑罚的，国家不承担赔偿责任。"此规定是法定的国家免除赔偿责任情形。根据最高人民法院《关于邢高峰申诉一案的函》［（2002）赔申字第12号］和《关于刘冬远因错误逮捕申请厦门市人民检察院、厦门市中级人民法院赔偿一案的批复》［（2004）赔他字第3号］函，"公民自己故意作虚伪供述"是指为欺骗、误导司法机关，或者有意替他人承担刑事责任而主动作与事实不符的供述。本案赔偿请求人刘梦军是在被公安机关限制人身自由后，才作有罪供述的，且在一审时翻供，说明刘梦军并非自己故意、主动到公安机关作有罪供述，不存在欺骗、误导司法机关或替他人承担刑事责任的动机，而赔偿义务机关也无证据证实刘梦军有"故意作虚伪供述"的动机。因此，汕尾市中级人民法院和汕尾市人民检察院以刘梦军在侦查阶段"故意作虚伪供述"，不承担赔偿责任的意见，不予采纳。根据《中华人民共和国国家赔偿法》第十九条第四款规定，"二审改判无罪的，作出一审判决的人民法院和作出逮捕决定的机关为共同赔偿义务机关"。汕尾市人民检察院和汕尾市中级人民法院应当作为赔偿义务机关，承担对刘梦军错捕错判的共同赔偿义务。根据《中华人民共和国国家赔偿法》第二十六条规定，"侵犯公民人身自由的，每日的赔偿金按照国家上年度职工日平均工资计算"。赔偿请求人刘梦军被限制人身自由的时间为2003年2月11日至2005年8月16日，共918天。按照2008年度全国职工日平均工资标准111.99元计算，共同赔偿义务机关应赔偿刘梦军人身自由赔偿金102806.82元。另根据最高人民法院、最高人民检察院《关于办理人民法院、人民检察院共同赔偿案件若干问题的解释》第三条规定，共同赔偿义务机关各按应当赔偿金额的二分之一承担赔偿责任，即各支付51403.41元。

综上所述，赔偿请求人刘梦军申请汕尾市人民检察院和汕尾市中级人民法院赔偿限制人身自由赔偿金的理由成立，应予支持。根据《中华人民共和国国家赔偿法》第十九条第四款、第二十五条第一款、第二十六条和最高人民法院、最高人民检察院《关于办理人民法院、人民检察院共同赔偿案件若干问题的解释》第一条、第三条规定，决定如下：

一、撤销汕尾市人民检察院、汕尾市中级人民法院作出的（2009）汕中法检赔字第1号共同赔偿决定书。

二、共同赔偿义务机关汕尾市人民检察院、汕尾市中级人民法院赔偿刘梦军人身自由赔偿金102806.82元，由共同赔偿义务机关各承担一半，即51403.41元。

本决定自送达之日起十五日内履行完毕。

本决定为发生法律效力的决定。

二〇〇九年八月五日

（院印）

【评析】

这是一份共同赔偿决定书。该决定书基本要素齐全；案件事实叙述完整、清晰，实体处理得当；语言流畅，逻辑严谨，符合最高人民法院裁判文书格式，被评为2010年全省法院优秀裁判文书。其突出之处在于：1. 论证严谨，证据充分。赔偿义务机关以超期限为由，驳回赔偿请求人的申请。该决定书详细阐述了赔偿请求人在法定期限内向赔偿义务机关申请国家赔偿的过程，用事实证明赔偿请求人的申请应予受理。2. 说理透彻，处理得当。赔偿义务机关答辩认为赔偿请求人是故意作虚伪供述。对此，该决定书以最高人民法院的司法解释为依据，充分论述了赔偿请求人并非主动到公安机关作有罪供述，不存在欺骗、误导司法机关或替他人承担刑事责任的情形，故赔偿义务机关应承担赔偿责任。该决定书紧紧围绕争议的焦点，全面、细致地对申诉理由和答辩意见进行了评判，繁简得当，结论客观、准确。本决定书生效后，共同赔偿义务机关已全额支付人身自由赔偿金给赔偿请求人，取得良好的社会效果。

●苏骏伟不服西南财经大学等行政处理决定纠纷一案行政判决书

广州市天河区人民法院

行政判决书

(2009) 天法行初字第90号

原告苏：骏伟，男，1991年5月7日出生，汉族，住广东省珠海市香洲区前山逸仙路65号6栋701房。

委托代理人：陈子健，广东安国律师事务所律师。

委托代理人：苏金坤，男，1964年3月27日出生，汉族，住广东省珠海市香洲区前山园丁巷13号。

被告：广东省教育考试院。住所地：广州市天河区中山大道69号。

法定代表人：杨开乔，院长。

委托代理人：王云龙，广东太平洋联合律师事务所律师。

被告：西南财经大学。住所地：四川省成都市光华村街55号。

法定代表人：赵德武，校长。

委托代理人：喻敏，该校法学院副院长。

委托代理人：杨旭，该校员工。

原告苏骏伟于2009年7月21日向广州市越秀区人民法院提起行政诉讼，要求广东省教育厅、西南财经大学撤销对其作出的招生录取行政处理决定，广州市越秀区人民法院受理后，依法告知其广东省教育厅不是本案适格被告，经原告同意将被告变更为广东省教育考试院，并将本案移送我院审理。本院于2009年9月28日受理本案，依法组成合议庭，于2009年11月2日公开开庭进行了审理。原告委托代理人陈子健、苏金坤，被告广东省教育考试院的委托代理人王云龙，被告西南财经大学的委托代理人喻敏、杨旭到庭参加诉讼。本案现已审理终结。

原告苏骏伟诉称：2009年6月7日至6月9日，我参加了广东省2009年普通高等、中专学校招生统一考试（考生号：0402101194），考试成绩是612分。我按照相关程序，填报了西南财经大学作为录取第一志愿，投档线为604分，并填报了专业志愿，分别为：(1) 025金融学。(2) 034会计学。(3) 037财务管理。(4) 053金融学（证券与期货方向）。(5) 046法学。(6) 040税务（并服从调剂）。但是，被告广东省教育考试院却违反《2009年广东省普通高等学校招生工作规定》第七条第2点“高考成绩达到同批录取最低控制分数线的考生中，省招生办公室按志愿顺序从高到低分，以一定比例提供考生电子档案给高等学校，由高等学校决定考生录取与否及所录取的专业，高等学校负责对已投档但未被录取考生的解释以及处理其他遗留问题。省招生办公室对高等学校执行国家和省招生政策、招生计划完成情况进行监督和检查，对高等学校提交的录取和退档名单进行核准备案，对高等学校不合理录取或退档提出复议”的规定，对被告西南财经大学的招生工作未能严格进行监督和检查，西南财经大学将我退档后，被告广东省教育考试院未能严格审核并复议。被告西南财经大学违反其制定的《招生简章》第二条录取规则的相关规定，被告广东省教育考试院及西南财经大学滥用职权实施招生录取行为，在被录取的35名考生中，有数名考生分数低于我，而我在符合西南财经大学录取要求的情况下却未能被录取，我对西南财经大学的退档行为曾提出申诉，强烈要求复议，西南财经大学至今没有给出令我充分信服的复议结论。我认为，被告西南财经大学实施招生录取的具体行政行为违反了《中华人民共和国宪法》第四十六条、《中华人民共和国教育法》第三十六条以及教育部《2009年普通高等学校招生工作规定》、《2009年广东省普通高等学校招生工作规定》、《关于做好广东省2009年普通高校招生工作的通知》等相关规定，侵犯了我的合法权益。同时，我提出质疑，多次通过电话信访，2009年7月17日又委托父亲到广东省教育考试院信访部门书面提出信访正当要求，要求根据高考成绩，翻查投档到西南财经大学的所有考生原始报考专业志愿的电子档案，以核实该校录取是否公正、是否有舞弊录取行为，审核是否有纵容舞弊行为，均遭到拒绝。广东省教育考试院及西南财经大学的行为严重违背了《关于做好广东省2009年普通高校招生工作的通知》（二）第五条“关于公开高校招生录取操作规程及招生专业录取情况，录取工作实行阳光作业”，“各高校要如实向社会公布录取操作规程及操作办法，如进档考生人数、分数情况，分档、录取原则等，并在实际工作中加以落实、执行。录取结束后，各高校必须公布录取名单，公布考生退档原因，公布各专业录取最低分、录取考生志愿分布及分数情况。公布后，有考生反映不合理录取或不合理退档的，高校必须妥善处理”的“阳光”精神，剥夺了公民起码的知情权。根据《行政诉讼法》第五十四条“人民法院经过审理，根据不同情况分别作出以下判决：……（二）具体行政行为有下列情形之一的，判决撤销或者部分撤销，并可以判决被告重新作出具体行政行为：……5. 滥用职权的”的规定，人民法院可依法判决撤销被告的具体行政行为，并可以判决被告重新作出招生录取的具体行政行为，根据《行政诉讼法》第六十七条之规定，“公民、法人或者其他组织的合法权益受到行政机关或者行政机关工作人员作出的具体行政行为侵犯造成损害的，有权请求赔偿”，我应当获得相应的经济赔偿。综上所述，我认为，被告滥用职权实施招生录取的行为，严重侵犯了我的合法权益，请求贵院判令：1. 撤销两被告对我作出的高考招生录取行政行为。2. 责令两被告重新对我作出招生录取决定。3. 两被告向我支付交通费损失5000元。4. 两被告向我赔偿精神损失费2元。5. 两被告承担本案诉讼费50元。

为证明其诉称事实，原告提供以下证据予以证明：1. 准考证（复印件），证明原告苏骏伟参加2009年高考的事实。2. 教育部2009年普通高等学校招生工作规定。3. 广东省2009年普通高等学校招生工作规定。4. 广东省招生委员会《关于做好广东省2009年普通高校招生工作的通知》（粤招［2009］3号）。5. 西南财经大学《招生章程》。上述4份文件证明被告广东省教育考试院、西南财经大学的具体行政行为违反上述规定，不具备合法性。

被告广东省教育考试院辩称：一、我院在原告高考录取工作中并无不当之处，也没有监督不力的问题。原告是珠海市第一中学学生，2009 年参加广东省普通高等、中专学校招生统一考试（考生号：0402101194，五科总分 612 分），本科第一批第一志愿填报西南财经大学。广东省招生办按规定及时把原告的档案投到西南财经大学。在录取过程中，西南财经大学根据该校招生章程录取规则，对原告予以退档，我院审核后认为退档符合该校“志愿清”的规则（即同一志愿按分数从高到低，不同志愿按顺序从前往后依次录取），属于正常的退档行为，对此没有提出异议。所以，我院在原告高考录取工作中并无不当之处，也没有监督不力的问题。在西南财经大学录取的广东考生中，确有 5 名总分比原告低的事实（分数分别是 609、607、606、605、604 分），但所有 5 人均按该校招生章程录取原则，被录取在本人所报志愿的专业，其中 4 人所录的专业原告没有填报，另 1 人被录取到原告第五志愿的法学专业（该考生分数虽为605 分，但为第一志愿）。原告落选是因其志愿填报造成的，不存在招生部门违反录取规则的行为。二、我院在原告高考录取过程中的监督工作符合《广东省 2009 年普通高等学校招生工作规定》的有关规定。我院于 2009 年 3 月 25 日下发的《广东省 2009 年普通高等学校招生工作规定》第七章“录取”第 2 条规定：“高等学校招生录取工作实行‘学校负责，招办监督’的录取管理体制，即在政治思想品德考核和身体健康状况检查合格、高考成绩达到同批录取最低控制分数线的考生中，省招生办公室按所报学校志愿顺序从高分到低分，以一定比例提供考生电子档案给高等学校，由高等学校决定考生录取与否及所录取的专业，高等学校负责对已投档但未被录取考生的解释以及处理其他遗留问题。省招生办公室对高等学校执行国家和省招生政策、招生计划完成情况进行监督和检查，对高等学校提交的录取和退档名单进行核准备案，对高等学校不合理录取和退档提出复议。”我院在高校录取过程中，对西南财经大学提交的拟录取考生名单和拟退档考生名单，进行了认真审核，认为该校录取结果符合国家和省的相关规定，也符合该校招生章程公布的录取原则，因此，同意学校的录取结果。可见，我院在录取过程中的监督工作符合相关规定，维护了高校招生工作的公平、公正。三、我院并未剥夺原告的知情权。原告曾在退档后提出过异议，我院已作了详细的解释、说明，但对原告要求“根据高考成绩，翻查投档到西南财经大学的所有考生原始报考专业志愿的电子档案”，我院认为这既不符合《广东省 2009 年普通高等学校招生工作规定》的有关规定，也侵犯了其他考生的个人隐私，没有同意原告的不合理要求，不存在我院剥夺原告知情权的事实。四、由于我院没有监督不力和侵害原告权利的事实，所以，原告要求支付交通费和精神损失费的诉讼请求没有事实和法律依据。综上所述，我院在原告被退档一事中没有监督不力的问题，也不存在侵害其权利的事实。根据最高人民法院《关于执行〈中华人民共和国行政诉讼法〉若干问题的解释》第四十四条第一款第（三）项之规定，请求法院依法驳回原告的起诉。

为证明其辩称事实，被告广东省教育考试院提供以下证据予以证明：1. 广东省机构编制委员会办公室《关于省教育考试院加挂牌子的函》［粤机编办（2007）379 号］。2. 广东省机构编制委员会办公室《关于广东省考试中心更名等问题的函》（粤机编办（2006）310 号）。3. 广东省机构编制委员会《关于印发广东省考试中心机构编制方案的通知》[粤机编办（2000）11号]。上述证据1－3证明广东省教育考试院负责广东省招生工作，是其职责范围内的工作。4. 广东省招生委员会《关于做好广东省2009年普通高校招生工作的通知》[粤招［2009］3号]，广东省2009年高等学校招生录取工作实行“学校负责，招办监督”的录取管理体制。5. 关于苏骏伟考生家长信访问题的回复，原告苏骏伟的家长提出信访意见的当日，我院即书面回复原告。6. 西南财经大学2009年在广东省所录取的“原告苏骏伟所报考的六个专业志愿”最低分数考生的录取情况。具体情况为：（1）025金融学，第一志愿637分。（2）034会计学，第一志愿616分。（3）037财务管理，第二志愿627分。（4）053金融学（证券与期货方向），第一志愿621分。（5）046法学，第三志愿605分。（6）040税务，第六志愿622分。7. 西南财经大学2009年在广东省已录取、比原告苏骏伟分数低的五名考生的录取情况。具体情况为：（1）043信息管理与信息系统专业，第五志愿609分。（2）051数学与应用数学专业，第一志愿607分。（3）042管理科学专业，第六志愿606分。（4）046法学专业，第一志愿605分。（5）048国际商务双语专业第二志愿604分。

被告西南财经大学辩称：一、关于本案事实问题。原告诉称我校在今年高考录取中“违反其制定的《招生简章》（应该是《招生章程》）第二条录取规则的相关规定，未能按照院校志愿顺序、专业志愿顺序、分数高低顺序进行录取”，“滥用职权实施招生录取行为”，在被录取的35名考生中，有数名考生分数低于原告，而原告在符合被告录取条件的情况下未能录取，我校认为，原告上述主张并不符合事实真相，其理由如下：我校在《西南财经大学2009年普通本科招生章程》中公布的招生录取规则符合教育部规定，并经教育部审核批准。同时，我校通过相关媒体、网络以及《西南财经大学2009年普通本科招生指南》等方式向全社会公布，原告也了解了我校的招生录取规则，即原告所称的“按照院校志愿顺序、专业志愿顺序、分数高低顺序进行录取”。根据此规则，广东省教育考试院按照我校招生计划（我校2009年在广东省理科招生计划为35名），在第一志愿报考我校的考生中按照1∶1.2的调档比例为我校投放了41名考生档案（因为第一志愿已满，所以不再投档第二志愿的考生档案），故有6名考生将会被退档。对于进档考生，我们按照专业志愿顺序、分数高低依序进行录取。即每个专业都先从第一志愿报考该专业的考生中，按照分数高低依序录取，如果其专业第一志愿录取满额，该专业就录取结束，不再录取其他考生；如果某个专业第一志愿没有录取满额，才会录取第二志愿填报该专业的考生并按照分数高低依序录取，依此类推。对于所有填报的专业志愿均不能被录取且服从专业调剂的考生，录取系统将从高分到低分依次调剂进入还没有录取满额的专业中，直到各个专业录取满额。1. 我校上述招生录取规则经教育部批准，“广东省普通高考录取系统”也经教育部批准使用，在录取过程中，我校工作人员严格按照《广东省普通高考录取系统院校使用手册》操作，按照《西南财经大学2009年普通本科招生章程》中的录取原则，在该系统中做相应设置后，由“录取系统”自动完成“分档到各专业”的操作，并形成预录取和预退档结果，经过广东省教育考试院审核通过后，形成最终录取结果。因此，从录取流程和操作规范上也排除了原告所称我校“滥用职权”的可能性。2. 从最终的录取结果来看，也是符合我校在《西南财经大学2009年普通本科招生章程》中向社会公布的录取规则的。原告投档成绩为：612 分，报考我校所填报的六个专业志愿依次为：（1）025 金融学。（2）034 会计学。（3）037 财务管理。（4）053 金融学（证券与期货方向）。（5）046 法学。（6）040 税务。此六个专业志愿我校在广东录取情况分别为：（1）025 金融学，第一志愿录满、最低录取分数 637 分（原告苏骏伟第一志愿填报，但未达到该专业的录取最低分）。（2）034 会计学，第一志愿录满、最低录取分数 616 分（原告第二志愿填报，且未达到该专业的录取最低分）。（3）037 财务管理，第二志愿录满、最低录取分数 627 分（原告第三志愿填报，且未达到该专业的录取最低分）。（4）053 金融学（证券与期货方向），第一志愿录满、最低录取分数 621 分（原告第四志愿填报，且未达到该专业的录取最低分）。（5）046 法学，第三志愿录满、最低录取分数 605 分（原告第五志愿填报，但是该专业第三志愿已经录取满额，按照我校的录取规则原告也不能被录取到该专业）。（6）040 税务，第六志愿录满、最低录取分数 622 分（原告第六志愿填报，但未达到该专业的录取最低分）。以上六志愿专业均录取比苏骏伟志愿顺序更靠前或考分更高的考生，根据我校在《西南财经大学 2009 年普通本科招生章程》中向社会公布的录取规则，原告所填报的六个专业志愿均不能被录取。我校录取有七位投档成绩与原告相同或比其更低的理科考生。具体情况如下：（1）考生号 0701101059，612 分，录取第三志愿，英语专业（根据专业志愿录取，原告没有填报此专业）。（2）考生号 0305103252，612 分，录取第二志愿，审计学专业（根据专业志愿录取，原告没有填报此专业）。（3）考生号 0304101282，609 分，录取第五志愿，信息管理与信息系统专业（根据专业志愿录取，原告没有填报此专业）。（4）考生号 0604101483，607 分，录取第一志愿，数学与应用数学（数学与经济学双学位班）专业（根据专业志愿录取，原告没有填报此专业）。（5）考生号 0402102092，606 分，录取第六志愿，管理科学专业（根据专业志愿录取，原告没有填报此专业）。（6）考生 0402124017，605 分，录取第一志愿，法学专业（该生第一志愿填报此专业，而原告第五志愿填报此专业，根据专业志愿优先的规则，虽然该生投档成绩低于原告，但是应该录取该考生，而不能录取原告）。（7）考生号 0303109510，604 分，录取第二志愿，国际商务（双语实验班）专业（根据专业志愿录取，原告没有填报此专业）。“录取系统”在分档的过程中，对于所有填报的专业志愿均不能被录取且服从专业调剂的考生，将从高分到低分依次调剂录取进入还没有录取满额的专业中，我校 2009 年在广东省本科第一批理科被调剂录取的考生有以下几位：（1）考生号 0402101720，考分 629，调剂录取专业：新闻学。（2）考生号 1901107149，考分 621，调剂录取专业：人力资源管理。（3）考生号 1302101390，考分 620，调剂录取专业：英语。（4）考生号 0803101695，考分 619，调剂录取专业：计算机科学与技术。所以我校本科第一批理科调剂录取的最低分为 619 分，原告也没有达到调剂录取的最低分。综上，原告不能被我校录取，故将其退档。以上事实表明，原告认为我校“违反《招生简章》（应该是《招生章程》）第二条录取规则的相关规定，未能按照院校志愿顺序、专业志愿顺序、分数高低顺序进行录取”及“滥用职权”的主张不能成立。二、关于法律问题。1. 我校并未违反《关于做好广东省 2009 年普通高校招生工作的通知》（二）第五条的规定，在录取工作开始之前，我校已经按规定对录取操作程序及方法等事项作了充分的信息公开，在实际工作中也加以落实、执行，录取结果也作了及时公布，原告提出异议后，我校也通过电话、电子邮件等方式作了详细的解释、说明，所以我校并未剥夺原告的知情权，由于我校对原告的退档并无不合理之处，因此除了解释、说明之外，谈不上妥善处理的问题。2. 根据《行政诉讼法》第十一条之规定，原告要求支付交通损失费、精神损失费，不属于行政诉讼的受案范围，应依法予以驳回。综上所述，原告不能被我校录取，是因为根据我校的录取规则，原告的专业志愿与高考分数的结合不符合我校招生条件，不录取的结果由合法的录取系统自动生成，因此，我校的行为并不违法，请求法院根据《行政诉讼法》第五十四条第（一）项之规定，判决维持我校的招生行为，驳回原告的全部诉讼请求。

为证明其辩称事实，被告西南财经大学提供以下证据予以证明：1.《招生章程》，该章程已报送教育部门备案，并通过高考阳光平台向全国发布。2.《招生章程》，通过学校网站及相关媒体向社会作出公示。3. 录取名单，该名单涉及考生隐私，我校在此隐去考生的姓名。4. 校长信箱收到苏骏伟家长的来信，并作出了回复。

经庭审质证，原告对被告广东省教育考试院提供的证据质证认为：对证据 1－3 的真实性、合法性、关联性均没有异议，被告广东省教育考试院具备被告主体资格。对证据 4 的真实性没有异议，但与具体行政行为是否合法没有直接的关系。证据 5 是在我方向越秀区人民法院提起诉讼后，才邮寄给我方，大概是在 2009 年 7 月 21 日收到，对方在 7 月 17 日并未作出任何的回复。我方认为该证据与具体行政行为是否合法没有直接关系，对其关联性有异议。对证据 6－7 的真实性均没有异议，对其合法性、关联性均有异议。根据最高人民法院《关于行政诉讼证据若干问题的规定》第六十条之规定，被告及其诉讼代理人在作出具体行政行为之后，或者在诉讼程序中，自行搜集的证据不能作为认定被诉具体行政行为合法的依据。上述两份证据是在具体行政行为之后所形成的证据，并非原始证据。原始证据应当是在招生录取过程中，考生纸质档案及电子档案。

原告对被告西南财经大学提供的证据质证认为：对证据 1－3，根据最高人民法院《关于行政诉讼证据若干问题的规定》第六十四条之规定，“以有形载体固定或者显示的电子数据交换、电子邮件以及其他数据资料，其制作情况和真实性经对方当事人确认，或者以公证等其他有效方式予以证明的，与原件具有同等的证明效力”。被告后台管理系统未经公证，对上述证据的真实性、合法性不予确认。对证据 4，我方确实收到该邮件，但其答复根本没有实质的内容，如涉及实质内容，对方全部采取回避。

被告广东省教育考试院对原告提供的证据发表质证意见如下：对准考证的真实性、合法性、关联性均没有异议。对被告西南财经大学提供的证据质证意见如下：对证据 1－4 的真实性、合法性、关联性均没有异议。

被告西南财经大学对原告提供的证据发表质证意见如下：对准考证没有异议。对被告广东省教育考试院提供的证据发表质证意见如下：对证据 1－7 的真实性、合法性、关联性均没有异议。

经审理查明：原告于 2009 年 6 月 7 日至 6 月 9 日参加广东省 2009 年普通高等、中专学校招生统一考试，准考证号为 0402101194，成绩为总分 612 分。原告在填报高校志愿时将被告西南财经大学作为其第一批本科院校第一院校志愿，在该校在广东省计划招生录取专业中依次选择以下专业作为其专业志愿填报：（1）金融学。（2）会计学。（3）财务管理。（4）金融学（证券与期货方向）。（5）法学。（6）税务，并同意服从专业调剂。然而原告在录取过程中被该校退档，后被合肥工业大学录取。被告西南财经大学2009年在广东省理科实际招生人数为35名，最低录取分数为604分，共有5名分数比原告低的考生被该校录取。原告获知被被告西南财经大学退档后，曾向被告广东省教育考试院提出信访。被告广东省教育考试院于2009年7月17日函复原告，对原告被退档的问题进行了答复，并将原告所填报的各志愿专业的录取情况作了介绍：第一专业金融学最低分为637分；第二专业会计学最低分为616分；第三专业财务管理最低分为627分；第四专业金融学（证券与期货方向）最低分为621分，第五专业法学最低分为605分；第六专业税务最低分为622分。原告父亲还多次通过电子邮件方式向被告西南财经大学提出信访，该校已通过电子邮件和电话向其作出解释。

另查明，被告西南财经大学在其招生章程中载明了其录取规则："1. 招生录取工作在教育部领导下，在各省（自治区、直辖市）招生委员会统一组织下按照'学校负责，招办监督'的招生录取体制进行，接受纪检监察部门和社会监督。2. 学校原则上按照我校在各省（自治区、直辖市）120%以内调阅考生档案；实行平行志愿的省（自治区、直辖市）调档比例控制在105%。3. 在考生思想政治道德考核和身体健康状况按相关规定检查合格后，我校采用'志愿清、专业清'规则进行录取，即按照院校志愿顺序、专业志愿顺序、分数高低依序进行录取；实行平行志愿的省份采用'专业清'规则进行录取；对江苏省进档考生采用'先分数后等级'的规则排序，再按照'专业清'规则进行录取。……"

被被告西南财经大学录取的比原告分数低或与其分值相同的考生的专业志愿填报、被录取专业、分数情况见下表：

考生号	投档分数	是否服从调剂	专业志愿填报	录取专业
0701101059	612	是	1. 049 国际经济与贸易（双语实验班）；2. 035 会计学（注册会计师方向）；3. 047 英语；4. 025 金融学；5. 040 税务；6. 052 新闻学	047 英语
0305103252	612	是	1. 049 国际经济与贸易（双语实验班）；2. 036 审计学；3. 037 财务管理；4. 030 工商管理；5. 027 保险；6. 050 人力资源管理	036 审计学
0304101282	609	否	1. 026 金融工程；2. 053 金融学（证券与期货方向）；3. 039 投资学；4. 037 财务管理；5. 043 信息管理与信息系统	043 信息管理与信息系统
0604101483	607	是	1. 051 数学与应用数学（数学与经济学双学位班）；2. 025 金融学；3. 034 会计学；4. 041 统计学；5. 030 工商管理；6. 026 金融工程	051 数学与应用数学（数学与经济学双学位班）

（续上表）

考生号	投档分数	是否服从调剂	专业志愿填报	录取专业
0402102092	606	是	1. 025 金融学；2. 026 金融工程；3. 053 金融学（证券与期货方向）；4. 051 数学与应用数学（数学与经济学双学位班）；5. 039 投资学；6. 042 管理科学	042 管理科学
0402124017	605	是	1. 046 法学；2. 037 财务管理；3. 034 会计学；4. 035 会计学（注册会计学）；5. 038 会计学（双语实验班）；6. 040 税务	046 法学
0303109510	604	否	1. 049 国际经济与贸易（双语实验班）；2. 048 国际商务（双语实验班）；	048 国际商务（双语实验班）

被告西南财经大学 2009 年在广东省经调剂录取的考生共四人，具体情况如下表：

考生号	录取分数	录取专业
0402101720	629	新闻学
1901107149	621	人力资源管理
1302101390	620	英语
0803101695	619	计算机科学与技术

在原告填报西南财经大学的专业志愿中，最低录取分数低于原告分数的专业志愿为原告填报的第五专业志愿法学专业，该校 2009 年在广东省录取的该专业人数为 2 人，其中 0306101270 号考生第三志愿填报该专业，考分为 614 分，0402124017 号考生第一志愿填报该专业，考分为 605 分。

本院认为，《中华人民共和国教育法》第二十条规定：“国家实行国家教育考试制度。国家教育考试由国务院教育行政部门确定种类，并由国家批准的实施教育考试的机构承办。”教育部《2009 年普通高等学校招生工作规定》第 12 条规定：“教育部授权教育部考试中心、省级招生委员会或高等学校承担高等学校招生考试有关工作。”《广东省 2009 年普通高等学校招生工作规定》第七章“录取”第 1 条规定：“广东省招生委员会办公室负责组织实施全国各类普通高校在广东省的录取工作。”第 2 条规定：“高等学校招生录取工作实行‘学校负责，招办监督’的录取管理体制，即在政治思想品德考核和身体健康状况检查合格、高考成绩达到同批录取最低控制分数线的考生中，省招生办公室按所报学校志愿顺序从高分到低分，以一定比例提供考生电子档案给高等学校，由高等学校决定考生录取与否及所录取的专业，高等学校负责对已投档但未被录取考生的解释以及处理其他遗留问题。省招生办公室对高等学校执行国家和省招生政策、招生计划完成情况进行监督和检查，对高等学校提交的录取和退档名单进行核准备案，对高等学校不合理录取和退档提出复议。”被告广东省教育考试院和各高等院校负责2009年普通高校在广东省的招生录取工作，在“学校负责、招办监督”的管理体制下，由被告广东省教育考试院负责组织、监督，由各高等学校负责具体招生录取工作。

结合教育部《2009年普通高等学校招生工作规定》第八章“录取”和《广东省2009年普通高等学校招生工作规定》第七章“录取”的规定，录取过程中，由被告广东省教育考试院在录取最低控制分数线上，按照合格考生志愿顺序、院校专业选考科目要求和考生选考科目情况，按总分从高分到低分，以1∶1至1∶1.2的比例投档，由各高等学校择优录取，在投档顺序上，先投第一志愿的考生档案，之后对招生计划未满的高校，继续投第二志愿的考生档案，第三、第四志愿依次类推。原告2009年高考总分为612分，第一志愿为被告西南财经大学，在第一志愿报考该校的考生中进入招生计划人数与规定投档比例相乘后的投档范围。

对于进入投档范围的考生的具体录取规则，根据教育部《2009年普通高等学校招生工作规定》第六章“招生简章”和《广东省2009年普通高等学校招生工作规定》第四章“招生计划及章程”的规定，由各高等学校在其经主管部门审核备案的招生简章中明确规定。根据被告西南财经大学招生章程，该校采用“志愿清、专业清”规则进行录取，即按照院校志愿顺序、专业志愿顺序、分数高低依序进行录取。在进入投档范围内的考生中，该校先对各专业第一志愿考生按高分到低分进行录取，在这一环节结束后，对已录满的专业便不再录取其他志愿报考该专业的考生，对未录满的专业按照第二志愿考生按高分到低分继续录取，在这一环节结束后仍未录满的专业再按第三志愿考生分数排序继续录取，并以此类推。原告分数为612分，虽然高于部分被被告西南财经大学最终确定录取的考生，但综合对该校在广东省招收的35名考生的分数、专业志愿填报情况，特别是分数与原告相同或低于原告的考生的专业志愿填报情况以及该校所录取的法学专业考生的分数及专业志愿填报情况的分析，本院认为，被告西南财经大学2009年在广东省的招生录取结果符合上述招生章程中所规定的录取规则，符合教育部《2009年普通高等学校招生工作规定》和《广东省2009年普通高等学校招生工作规定》的规定。

在原告及其家长通过电话、电子邮件、信访等方式向两被告提出质疑后，被告广东省教育考试院已书面向其作出答复，原告亦承认被告西南财经大学曾通过电话向其作出解释，两被告对该退档行为的后续处理符合教育部《2009年普通高等学校招生工作规定》和《广东省2009年普通高等学校招生工作规定》的规定。

综上，原告要求撤销两被告对其作出的高考录取行政行为的诉讼请求，本院不予支持。

现行高等学校招生录取体制在保障招生录取工作整体有序进行的同时，也不可避免地给考生在填报志愿的过程中带来一定的高分低就风险。在参加攸关人生命运的高考及填报高考志愿时，广大考生除了要有优秀的成绩作为基础，还应当注重与家长一起广泛搜集考录信息，理性分析考录形势，关注专业的冷热程度，熟悉和掌握志愿填报的技巧，避免将获得优秀高考成绩的欢喜演化为高分低就的伤心。原告未能被被告西南财经大学录取与其填报志愿不尽合理有关，在原告所填报的专业志愿中第一、二、三、四、六志愿实际录取分数线均比原告分数高4至25分，并没有形成适当的专业冷热梯度，而原告成绩唯一达到专业录取分数线的法学专业被放到了第五志愿填报。所幸的是原告已被同为国家重点大学的合肥工业大学录取，原告应当珍惜在大学学习的机会。其实，无论在哪所大学学习，要成才还是要靠自己。本院衷心希望，原告通过努力学习，在四年的大学生活中也能取得像中学阶段一样的优异成绩。本院同时也希望，教育主管部门和高等学校在今后的高校招生录取工作中，能进一步改善各项工作，及时准确地提供各类考录信息，引导考生合理填报志愿，做好风险提示，为广大考生和家长提供更加科学到位的服务。

综上所述，依照最高人民法院《关于执行〈中华人民共和国行政诉讼法〉若干问题的解释》第五十六条第（四）项的规定，判决如下：

驳回原告苏骏伟的诉讼请求。

本案受理费50元由原告苏骏伟负担。

如不服本判决，可在判决书送达之日起十五日内，向本院（立案庭）递交上诉状，并按对方当事人的人数提出副本，上诉于广东省广州市中级人民法院。

审　判　长　何灿文
人民陪审员　李　郁
人民陪审员　林钰青
二〇〇九年十二月四日
书　记　员　曾　妍
书　记　员　瞿　栋

【评析】

本案文书的制作既符合文书格式规范化的要求，又结合个案特点，客观地记录了案件审理的动态过程，简要地交代了原受理法院行使管辖权的依据，清晰而准确地体现了本案的整个受理及审理的过程，被评为2010年全省法院优秀裁判文书。综合分析，本文有如下几个突出的特点：首先，充分展现原、被告及第三人各方观点。由于本案涉及的是备受社会关注的高考招录问题，本案自受理之初乃至案件审理终结，均受到社会、媒体的广泛关注，详尽陈述各方观点体现出法院对各方当事人的充分尊重，也体现了法官对各方观点的充分考虑和重视。因此，合议庭聪明地将充分表达涉讼各方当事人的观点列为文书制作的一个重点，并很好地突出了这一重点。其次是文书的表达手法新颖独到。本文创新性地运用了表格绘制手法列示成绩和志愿数据，形式的新颖令人眼前一亮，同时也使判决书的说服力和表现力骤然增强。再次，文书的说理部分说理透彻、逻辑严谨、结构清晰、层层推进。论述准确抓住了原、被告双方争议的焦点问题，首先从学校录取的法律依据是否成立着手分析，然后进一步分析学校的招录行为是否符合其《招生章程》，进而分析作为招生主管部门的被告是否履行了监督职责，透彻而充分地展示了主审法官围绕案件争议焦点而展开的理性思维以及最后决定裁判结果的各种考虑因素，从而水到渠成地得出“原告要求撤销两被告对其作出的高考录取行政行为的诉讼请求，本院不予支持”的处理结论。最后一点，也就是最值得肯定的一点，是作者在层层深入分析，理据充分地驳回了原告的诉讼请求后，独辟蹊径另起一段，结合高考制度对家长考生的深远影响，给予了原告热情的鼓励，同时也对招生主管机构和高等学校提出了增强对考生服务意识的冀望，充分地体现了司法的人文关怀，人民法官富有人性的司法审判形象油然而生，在整篇文书中起到了浓墨重彩的华章渲染作用，裁判结果的信服力由此而进一步增强！

●方勇生不服深圳市社会保险基金管理局养老保险待遇决定纠纷一案行政判决书

广东省深圳市中级人民法院

行政判决书

（2009）深中法行终字第183号

上诉人（原审原告）：方勇生，男，汉族，1953年6月10日出生。住址：深圳市福田区莲花一村12栋509。身份证号码：432801195306105011。

委托代理人：谢晓初，广东深君联律师事务所律师。

被上诉人（原审被告）：深圳市社会保险基金管理局。住所地：深圳市福田区彩田南路社保大厦。

法定代表人：袁建勇，局长。

委托代理人：谢芷环，广东中全律师事务所律师。

委托代理人：罗云龙，男，汉族，1979年11月9日出生。住址：深圳市福田区北环路7003号中审大厦1318－1320。身份证号码：362401197911092035。

原审第三人：现代电子（深圳）实业有限公司，住所地不详。

上诉人方勇生因诉深圳市社会保险基金管理局养老保险待遇决定一案，不服深圳市福田区人民法院（2008）深福法行初字第304号行政判决，向本院提起上诉。本院依法组成合议庭进行了审理，原审第三人现代电子（深圳）实业有限公司经本院合法传唤，未出庭参加庭审，本案现已审理终结。

原审法院认定，2008年6月2日，原告填写《深圳市企业参保员工养老保险待遇审核表》，向被告申请办理提前退休，申请按月领取养老保险待遇。原告还向被告提交了身份证、失业员工证、存折、户口本和其他个人档案材料。其中，《核工业部企业工资改革套改、升级职工登记表》记载：原告于1970年3月参加工作，在核工业部国营七一一矿任职钳工（审批时间为1985年12月30日）。《核工业总公司一九八九年企业职工调整工资审批表》记载：原告于1970年10月参加工作，在核工业部国营七一一矿任职钳工（审批时间为1990年6月30日）。《工人调动通知》显示原告于1990年6月3日从国营七一一矿调入第三人单位。《特种作业人员登记卡》是原告在第三人处工作后办理电焊工操作证时所填写，表示原告的工种为电焊，工种年限为15年，发证日期为1992年9月2日。《劳动合同》是原告与第三人于1999年4月14日签订，表示第三人聘用原告在动力厂从事电焊工作，合同形式为无固定期限。深圳市失业员工证显示原告于2001年8月31日起因终止解除劳动合同登记失业。被告经审核原告的个人档案材料，认为原告的工作经历不属于从事高空和特别繁重体力劳动工作累计满10年，从事井下、高温工作累计满9年或从事其他有害身体健康工作累计满8年的情况，认定原告不符合《劳动人事部关于改由各主管部门审批提前退休工种的通知》和《国务院关于工人退休、退职的暂行办法》相关规定，于2008年6月26日作出了深社保养不决字［2008］第00149号《深圳市企业参保员工不符合按月享受养老保险待遇条件决定书》。原告不服，向被告申请行政复议，被告于2008年8月4日作出了深劳社复决［2008］37号《行政复议决定书》，维持了上述待遇决定。原告仍不服，遂向法院起诉。

原审法院经审理认为，根据《深圳经济特区企业员工社会养老保险条例》第二十三条规定，只有达到国家规定退休年龄的员工，才能享受退休养老保险待遇。《劳动人事部关于改由各主管部门审批提前退休工种的通知》第一条规定，从事高空和特别繁重体力劳动工作累计满10年，从事井下、高温工作累计满9年或从事其他有害身体健康工作累计满8年的，可以提前退休。但是，劳社厅函［2002］251号《国家劳动和社会保障部关于特有工种不是提前退休特殊工种的复函》中明确，电子行业特有工种，是一种作为职业技术培训和鉴定工作依据的技术工种，不是提前退休特殊工种，不能作为企业职员办理提前退休的依据。本案中，原告的个人档案材料表明，原告于1990年6月3日调入第三人单位工作之前在国营七一一矿的工种为钳工，调入第三人单位后工种为电焊工，而第三人单位属于电子行业，因此，原告不属于符合办理提前退休人员的范围。被告作出的深社保养不决字［2008］第00149号《深圳市企业参保员工不符合按月享受养老保险待遇条件决定书》符合法规规定，法院予以支持。对原告的第一项诉讼请求，法院不予支持。关于原告的第二、三、四项诉讼请求，由于本案是对被告作出的上述具体行政行为的合法性进行司法审查，且从本案的证据来看，原告的档案材料不足以确认原告在第三人处曾任职十二年电焊工的事实；由于被告作出的上述具体行政行为符合法规规定，原告要求被告重新作出具体行政行为和补发其退休金的请求缺乏事实依据，因此，对原告的第二、三、四项诉讼请求，法院亦不予支持。根据《最高人民法院关于执行〈中华人民共和国行政诉讼法〉若干问题的解释》第五十六条第（四）项的规定，判决驳回原告方勇生的全部诉讼请求。本案案件受理费50元（原告已预交），由原告负担。

上诉人方勇生因不服原审判决上诉称：一、原审判决认定事实不清，适用法律错误。《国家劳动和社会保障部颁发电子行业特有工种目录》（52种）中未有电焊工工种。劳社厅函［2002］251号复函中明确的是：电子行业的特有工种。另由国家劳动和社会保障部网上查得“电焊工属特殊工种，连续工龄满8年，55岁，就可以退休”。上诉人符合劳人护［1985年］6号《劳动人事部关于改由各主管部门审批提前退休工种的通知》第一条“从事井下、高温工作累计满9年或从事其他有害身体健康工作累计满8年的，可以提前退休”规定的条件。而原审判决认定上诉人不属于符合办理提前退休人员的范围是错误的。原审第三人现代电子（深圳）实业有限公司“动力厂”是给公司五个专业厂提供电力、能源、蒸汽、空压、冷冻、石油液化气、氢气、氮气、氧气的专业厂，电焊工属特种作业的特殊工种，所以符合提前退休的范围。二、依据被上诉人提供的档案证据材料第8页（驻深圳单位调入迁户工人呈批表），填报单位现代电子（深圳）实业有限公司填写的上诉人现任工种一栏为焊工，直至2001年8月31日企业关闭，解除劳动合同。被上诉人所提供档案证据材料第 16、17 页的劳动手册也证明上诉人是电焊工，被上诉人提供的档案材料足以证明，上诉人在原审第三人单位曾任职十二年电焊工的事实。请求二审法院撤销原审判决，支持上诉人在一审中的诉讼请求。

被上诉人深圳市社会保险基金管理局答辩称：一、确认职工从事的工种是否为国家规定的特殊工种的基本要求必须符合三个条件，包括企业所属的行业、职工从事的工种以及实际劳动条件与国家劳动保障行政部门文件所规定的行业、工种和相应的劳动条件相符。在本案中，上诉人也明确确认国家规定的特殊工种提前退休须满足从事高空和特别繁重体力劳动工作累计满 10 年，从事井下、高温工作累计满 9 年，从事其他有害身体健康工作累计满 8 年的条件。在上诉人的档案中，原始档案没有记载上诉人从事电焊工的工作年限。二、特殊工种必须严格按照原劳动部和有关行业主管颁发的工种目录来执行，并且工种仅限于本行业。上诉人在原审第三人处从事电焊工，该公司属于电子工业，根据原劳动人事部 1985 年 3 月 4 日给原电子工业部的复函［劳人护（1985）7 号］，该复函明确规定了电子工业提前退休工种，这些名称中并未包括上诉人从事的电焊工。因此，被上诉人作出上诉人不符合按月享受养老保险待遇条件决定书是符合法律规定的，请求二审法院维持原判。

原审第三人现代电子（深圳）有限公司未参加庭审亦未提交参诉意见。

原审法院对于案件事实的认定，本院予以确认。

本院另查明，深圳市劳动部门发出的《工人调动通知》载明上诉人于 1990 年 6 月 3 日从外地调动到现代电子（深圳）实业有限公司工作，从事的是焊工。

上诉人在一审中的诉讼请求是请求判决：1. 撤销被告于2008 年6 月26 日作出的深社保养不决字［2008］第 00149 号《深圳市企业参保员工不符合按月享受养老保险待遇条件决定书》。2. 确认原告 1990 年至 2001 年一直在现代电子（深圳）有限公司动力厂从事电焊工工作达 12 年这一事实。3. 被告重新作出原告提前退休决定。4. 被告补发 2008 年 7 月至诉讼结案的退休金。

本院认为，根据《国务院关于工人退休、退职的暂行办法》和原劳动人事部 1985 年 3 月 4 日作出的劳人护［1985］6 号《关于改由各主管部门审批提前退休工种的通知》规定，“年满五十五周岁”且“从事其他有害工作累计满八年的”，可以办理退休。本案中，关于上诉人于 1953 年 6 月出生、在 2008 年 6 月向被上诉人申请办理退休并按月领取养老保险待遇时已年满五十五周岁并无争议。本案争议的焦点在于：一是上诉人所从事的工作是否是国家规定的“其他有害工作”即其从事的工种——“电子工业中的电焊工”是否属于国家规定的提前退休的工种。二是上诉人从事该工种的时间是否达到国家规定的可以提前退休的工作年限即是否满八年。

关于上诉人从事的工种是否属于国家规定的提前退休的工种问题，上诉人主张其从事的工种属可以提前退休的工种；被上诉人主张 1985 年 3 月 4 日原劳动人事部给原电子工业部的《关于电子工业有毒有害作业提前退休工种的复函》［劳人护（1985）7 号］明确规定了电子工业提前退休工种，该规定中并未包括上诉人从事的电焊工。本院认为，原劳动人事部 1985 年 3 月 4 日作出的劳人护［1985］6 号《关于改由各主管部门审批提前退休工种的通知》规定，将目前由劳动人事部统一审批的提前退休工种，改为由国务院各有关部门审批；原劳动部 1993 年 7 月 3 日作出的劳部发［1993］120

号《关于加强提前退休工种审批工作的通知》规定，自即日起国务院各有关主管部门停止审批新的提前退休工种，因而，在 1985 年 3 月 4 日之后至 1993 年 7 月 3 日之前，国务院各有关部门审批的提前退休工种属依法可以提前退休的工种范畴。而在上述时间段内，原电子工业部于 1986 年 9 月 30 日作出［86］电生字第 0791 号《关于印发〈电子工业提前退休的工种〉的通知》，该通知明确规定“电焊工”工种性质为“有毒有害”，属电子工业提前退休工种范畴。本案中，上诉人从事的是电子工业中的电焊工工种，因而，其从事的工种属于可以提前办理退休工种的范畴。

关于上诉人从事电焊工的时间是否达到国家规定的可以提前退休的工作年限，上诉人主张其从事电焊工的工种已达到可以提前退休的年限即“从事其他有害工作累计满八年”；被上诉人主张上诉人从事电焊工的年限未达到可以提前退休的年限即未满八年。本案中，在被上诉人提供的有关上诉人档案材料中，深圳市劳动部门发出的《工人调动通知》证明上诉人于 1990 年 6 月 3 日到现代电子（深圳）实业有限公司工作，从事的是焊工；深圳市劳动部门 1992 年 9 月 2 日给上诉人制发的《特种作业人员登记卡》表明工种为“电焊”；1999 年 4 月 14 日，上诉人与现代电子（深圳）实业有限公司签订的劳动合同，表明上诉人“在动力厂岗位从事电焊工作（工种）”，合同期限为“无固定期限，从 1999 年 5 月 1 日起”。《深圳市失业员工证》显示上诉人 2001 年 8 月 31 日劳动合同解除。从被上诉人提供的上述材料记载可见，上诉人于 1990 年 6 月 3 日到现代电子（深圳）实业有限公司至其 2001 年 8 月 31 日解除劳动合同，从事电焊工作达 8 年以上，已达到原劳动人事部 1985 年 3 月 4 日作出的劳人护［1985］6 号《关于改由各主管部门审批提前退休工种的通知》中有关“从事其他有害工作累计满八年”的规定，可以按照《国务院关于工人退休、退职的暂行办法》第一条第（二）款的规定办理退休。

根据《深圳经济特区企业员工养老保险条例》第二十三条，只有达到国家规定退休年龄的员工，才能享受退休养老保险待遇。本案中，上诉人在被上诉人作出被诉深社保养不决字［2008］第 00149 号《深圳市企业参保员工不符合按月享受养老保险待遇条件决定书》时已年满五十五周岁，且符合国家规定的“从事其他有害工作累计满八年”的年限要求，依法应办理退休，享受养老保险待遇。因而，被上诉人所作被诉《深圳市企业参保员工不符合按月享受养老保险待遇条件决定书》，认定事实不清，依法应予撤销。上诉人在原审中提出并在二审中主张的要求撤销被上诉人于 2008 年 6 月 26 日作出的深社保养不决字［2008］第 00149 号《深圳市企业参保员工不符合按月享受养老保险待遇条件决定书》及要求被上诉人重新作出行政行为的诉讼请求，依法应予支持。

至于在原审中提出并在二审中主张的要求确认上诉人 1990 年至 2001 年一直在现代电子（深圳）实业有限公司动力厂从事电焊工工作 12 年这一事实的诉讼请求，因行政诉讼系对具体行政行为是否合法进行审查，法院在行政判决的判项中并不直接对是否存在某一事实进行确认。

至于在原审中提出并在二审中主张的要求被上诉人补发 2008 年 7 月至诉讼结案的退休金的诉讼请求，因如上所述，本院支持上诉人要求被上诉人重新作出具体行政行为的诉讼请求，但是否补发退休金问题尚未经行政机关处理，在此情况下，司法机关并不能直接予以决定，而应由行政机关即被上诉人依法处理。

综上，上诉人要求撤销一审判决及要求撤销被诉具体行政行为并要求被上诉人重新作出具体行政行为的诉讼请求具有事实依据和法律依据，依法应予支持。原审判决认定事实不清，依法应予撤销。依据《中华人民共和国行政诉讼法》第六十一条第（三）项、第五十四条第（二）项第1目、第2目、《最高人民法院关于执行〈中华人民共和国行政诉讼法〉若干问题的解释》第五十六条第（四）项的规定，判决如下：

一、撤销深圳市福田区人民法院（2008）深福法行初字第304号行政判决。

二、撤销被上诉人2008年6月26日作出的深社保养不决字［2008］第00149号《深圳市企业参保员工不符合按月享受养老保险待遇条件决定书》。

三、被上诉人于本判决生效之日起六十日内对上诉人方勇生提出的按月享受养老保险待遇申请事项重新作出具体行政行为。

四、驳回上诉人方勇生的其他诉讼请求。

本案一、二审案件受理费共计人民币100元，由被上诉人负担（因上诉人已向本院及原审法院各预交案件受理费50元，故由被上诉人迳付上诉人100元）。

本判决为终审判决。

审　判　长　邱仲明
代理审判员　曹　勇
代理审判员　罗毓莉
二〇〇九年十一月十六日
书　记　员　许莹姣

【评析】

本判决书要素齐全，结构完整，论证充分，是一份优秀的行政判决书。本判决书主要具有以下特点：1. 案件事实叙述清晰全面。无论对原判认定事实部分还是理由部分，都能准确归纳，与二审查明的事实、判决理由相互呼应，繁简恰当。在案件事实的叙述上条理性强，简明扼要。2. 说理充分，针对性强。裁判理由部分是本裁判文书的精华所在。该判决的理由部分，先从纷繁复杂的案件事实中提炼出了本案争议的两大焦点，即上诉人所从事的“电子工业中的电焊工”是否属于国家规定的提前退休的工种以及上诉人从事该工种的时间是否达到国家规定的可以提前退休的工作年限，然后紧扣案件争议焦点以及双方的意见逐一论证，说理透彻，逻辑清晰，说服力强。3. 适用法律正确，实体处理得当。本案是二审改判案件，引用法律条文准确完整，实体处理部分充分体现了行政诉讼的特点，切实维护了当事人的合法权益。4. 语言通顺流畅，用语规范准确。

●田晓玲等不服深圳市市场监督管理局工商行政登记纠纷一案行政判决书

广东省深圳市中级人民法院

行政判决书

（2009）深中法行终字第388号

上诉人（一审被告）：深圳市市场监督管理局。住所地：广东省深圳市福田区深南大道7010号工商物价大厦。

法定代表人：申庆三，局长。

委托代理人：杨蕾，该局工作人员。

委托代理人：赵鸿泉，该局工作人员。

上诉人（一审第三人）：田晓玲，女，1966年1月12日出生，汉族，广东省深圳市人，现住广东省深圳市白沙岭南天大厦6栋406室。居民身份证号码：430104660112432。

上诉人（一审第三人）：深圳派成铝业科技有限公司。住所地：广东省深圳市龙岗区布吉街道李朗大道下李朗村口右侧。

法定代表人：田晓玲，董事长。

委托代理人：李建勇，广东华商律师事务所律师。

上诉人（一审第三人）：深圳市派铭金属工程制品有限公司。住所地：广东省深圳市福田区深南中国际科技大厦1902室。

法定代表人：罗超，董事长。

上诉人（一审第三人）：派成实业（香港）有限公司。住所地：香港特别行政区德辅道西343号21字楼C7室。

法定代表人：田晓玲，董事长。

被上诉人（一审原告）：罗超，男，1963年10月27日出生，汉族，广东省深圳市人。现住广东省深圳市福田区南天大厦6栋406室。居民身份证号码：430104196310274313。

委托代理人：孟获，广东律人律师事务所律师。

委托代理人：李伟超，广东律人律师事务所律师。

上诉人田晓玲、深圳派成铝业科技有限公司、深圳市派铭金属工程制品有限公司、派成实业（香港）有限公司与上诉人深圳市市场监督管理局因工商行政登记一案，各方均不服广东省深圳市福田区人民法院（2008）深福法行初字第373号行政判决，向本院提起上诉。本院受理后，依法组成合议庭，对本案进行审理，现已审理终结。

一审法院经审理查明，深圳派成铝业科技有限公司于1998年12月28日经工商行政管理部门准予登记成立，企业类型为合资经营，法定代表人为罗超。2007年3月26日，深圳派成铝业科技有限公司向原深圳市工商行政管理局申请办理法定代表人变更登记，并已向该局提交《外商投资的公司变更登记申请书》、《外商投资的公司法定代表人登记表》、《深圳派成铝业科技有限公司董事长委派书》、《深圳派成铝业科技有限公司董事会决议》等文件。原深圳市工商行政管理局经审查后决定准予变更登记。2007年4月9日，原深圳市工商行政管理局向深圳派成铝业科技有限公司出具《变更通知书》，通知变更前法定代表人为罗超，变更后法定代表人为田晓玲。2007年5月，罗超知道深圳派成铝业科技有限公司的法定代表人变更为田晓玲后向原深圳市工商行政管理局投诉，请求撤销该变更登记。2008年3月12日，原深圳市工商行政管理局向深圳派成铝业科技有限公司出具深工商外告字［2008］龙2号《行政处罚告知书》，以深圳派成铝业科技有限公司申请办理法定代表人变更登记时提交的《外商投资的公司法定代表人登记表》及《深圳派成铝业科技有限公司董事长委派书》上法定代表人罗超的签名系假冒为由拟决定撤销该变更登记。经听证会后，原深圳市工商行政管理局于2008年5月22日向罗超出具《复函》，称就目前的事实证据不足以作出撤销深圳派成铝业科技有限公司法定代表人变更登记的行政处罚决定。

另查明，深圳派成铝业科技有限公司的章程第三条规定深圳派成铝业科技有限公司的合营各方为深圳市派铭金属工程制品有限公司（法定代表人为罗超）及派成实业（香港）有限公司（法定代表人为田晓玲）；该章程第二十条规定深圳派成铝业科技有限公司的董事会设董事长1人，副董事长1人，董事长由深圳市派铭金属工程制品有限公司委派，副董事长由派成实业（香港）有限公司委派，合营各方在委派和更换董事人选时，须书面通知董事会。

再查明，深圳派成铝业科技有限公司申请办理法定代表人变更登记时提交的《外商投资的公司法定代表人登记表》及《深圳派成铝业科技有限公司董事长委派书》上法定代表人罗超的签名系由签名章盖印形成。

一审法院认为，深圳派成铝业科技有限公司申请办理法定代表人变更登记时提交的《外商投资的公司法定代表人登记表》及《深圳派成铝业科技有限公司董事长委派书》上法定代表人罗超的签名并非其本人所签，而是由签名章盖印形成。因《外商投资的公司法定代表人登记表》及《深圳派成铝业科技有限公司董事长委派书》是申请办理法定代表人变更登记时必须提交的申请文件，现罗超否认签名章代表其行为，故不能认定罗超已在上述申请文件上签名。根据深圳派成铝业科技有限公司的章程第二十条关于该公司的董事长由深圳市派铭金属工程制品有限公司委派的规定，罗超系深圳市派铭金属工程制品有限公司的法定代表人，以该公司名义发出的文件需要得到罗超的认可，故《深圳派成铝业科技有限公司董事长委派书》未得到罗超认可，属不真实的文件。《外商投资的公司法定代表人登记表》亦未经罗超认可，亦属不真实的文件。原深圳市工商行政管理局根据不真实的文件对深圳派成铝业科技有限公司作出准予法定代表人变更登记决定于法无据，依法应予撤销。此外，罗超请求恢复其为深圳派成铝业科技有限公司法定代表人不属行政审判权限范围，依法予以驳回。综上，依照《中华人民共和国公司法》第一百九十九条、《中华人民共和国公司登记管理条例》第六十九条、《中华人民共和国行政诉讼法》第五十四条第（二）项第1目及《最高人民法院关于执行〈中华人民共和国行政诉讼法〉若干问题的解释》第五十六条第（四）项之规定，判决：一、撤销原深圳市工商行政管理局于2007年4月5日准予深圳派成铝业科技有限公司法定代表人（由罗超变更为田晓玲）的工商变更登记行为；二、驳回罗超的其他诉讼请求。案件受理费人民币50元由原深圳市工商行政管理局负担。

上诉人深圳市市场监督管理局不服一审行政判决上诉称，深圳派成铝业科技有限公司在历次工商变更登记中一直有使用被上诉人签名章的习惯，被上诉人在听证会上并未否认其签名章的存在及该印章在经营活动当中的使用，且深圳派成铝业科技有限公司申请办理法定代表人变更登记时提交的《深圳派成铝业科技有限公司董事会决议》上有被上诉人的亲笔签名，被上诉人对于此次法定代表人变更系知晓和认可的，故一审法院仅凭被上诉人在庭审过程中否认其在《外商投资的公司法定代表人登记表》及《深圳派成铝业科技有限公司董事长委派书》上的签名而认定上述申请文件系不真实的文件与事实不符。原深圳市工商行政管理局已根据深圳派成铝业科技有限公司的章程对该司提交的申请文件进行严格审查，故该局决定准予深圳派成铝业科技有限公司法定代表人变更登记并无不当，依法应予维持。原深圳市工商行政管理局为维护其合法权益，诉至二审法院请求依法撤销（2008）深福法行初字第373号行政判决及维持原深圳市工商行政管理局于2007年4月5日准予深圳派成铝业科技有限公司法定代表人变更登记的具体行政行为。

上诉人田晓玲不服一审行政判决上诉称，签名方式在社会实践中存在多样性，如亲笔签名、签名章、签笔名、电子签章等，均属法律认可且从未禁止的签名方式。在深圳派成铝业科技有限公司以往的经营活动中，存在在多个领域多次使用被上诉人签名章的事实，尤其是在历次工商变更登记中使用，如2001年8月15日的董事会决议，2002年10月22日的《外商投资企业变更（备案）登记申请书》，2005年7月11日的《外商投资企业变更（备案）登记申请书》等，即被上诉人对于其签名章的存在及该印章在经营活动当中尤其是在工商变更登记中的使用系知晓和认可的，一审法院不认可被上诉人签名章的效力明显不妥。另被上诉人虽否认《外商投资的公司法定代表人登记表》及《深圳派成铝业科技有限公司董事长委派书》上的签名章可代表其行为，但在上述申请文件上均已加盖公章，而该公章是公司行为最有效的证明，具有较高的公示力，法定代表人是否签名或签名的真伪均不能影响其效力，且被上诉人签名章的使用亦是通常惯例，故一审法院不能仅凭被上诉人签名章的使用不能代表其真实意思表示而否认公章的效力，既而否认《外商投资公司的法定代表人登记表》及《深圳派成铝业科技有限公司董事长委派书》的真实性。深圳派成铝业科技有限公司的董事会是该司的最高权力机关，重大事项均由董事会表决通过。2007年3月26日，经深圳派成铝业科技有限公司股东及董事会成员商议，一致同意变更该司法定代表人为田晓玲，被上诉人已在该次董事会形成的决议上签名确认，故深圳派成铝业科技有限公司的法定代表人变更为田晓玲系被上诉人的真实意思表示。此外，依据《最高人民法院关于执行〈中华人民共和国行政诉讼法〉若干问题的解释》第三十六条及第三十七条规定，被上诉人曾于2007年7月23日以相同的事实理由诉至一审法院请求撤销原深圳市工商行政管理局于2007

年4月5日准予深圳派成铝业科技有限公司法定代表人变更登记的具体行政行为，后已自行申请撤诉，故被上诉人现再次针对该工商变更登记行为提起行政诉讼系重复起诉，且不存在正当事由，依法应予驳回。综上，田晓玲为维护其合法权益，诉至二审法院请求依法撤销（2008）深福法行初字第373号行政判决，并驳回被上诉人的诉讼请求。

上诉人深圳派成铝业科技有限公司不服一审行政判决上诉称，签名方式在社会实践中存在多样性，如亲笔签名、签名章、签笔名、电子签章等，均属法律认可且从未禁止的签名方式。在深圳派成铝业科技有限公司以往的经营活动中，存在在多个领域多次使用被上诉人签名章的事实，尤其是在历次工商变更登记中使用，如2001年8月15日的董事会决议，2002年10月22日的《外商投资企业变更（备案）登记申请书》，2005年7月11日的《外商投资企业变更（备案）登记申请书》等，即被上诉人对于其签名章的存在及该印章在经营活动当中尤其是在工商变更登记中的使用系知晓和认可的，一审法院不认可被上诉人签名章的效力明显不妥。另，被上诉人虽否认《外商投资的公司法定代表人登记表》及《深圳派成铝业科技有限公司董事长委派书》上的签名章可代表其行为，但在上述申请文件上均已加盖公章，而该公章是公司行为最有效的证明，具有较高的公示力，法定代表人是否签名或签名的真伪均不能影响其效力，且被上诉人签名章的使用亦是通常惯例，故一审法院不能仅凭被上诉人签名章的使用不能代表其真实意思表示而否认公章的效力，既而否认《外商投资的公司法定代表人登记表》及《深圳派成铝业科技有限公司董事长委派书》的真实性。深圳派成铝业科技有限公司的董事会是该司的最高权力机关，重大事项均由董事会表决通过。2007年3月26日，经深圳派成铝业科技有限公司股东及董事会成员商议，一致同意变更该司法定代表人为田晓玲，被上诉人已在该次董事会形成的决议上签名确认，故深圳派成铝业科技有限公司的法定代表人变更为田晓玲系被上诉人的真实意思表示。此外，依据《最高人民法院关于执行〈中华人民共和国行政诉讼法〉若干问题的解释》第三十六条及第三十七条规定，被上诉人曾于2007年7月23日以相同的事实理由诉至一审法院请求撤销原深圳市工商行政管理局于2007年4月5日准予深圳派成铝业科技有限公司法定代表人变更登记的具体行政行为，后已自行申请撤诉，故被上诉人现再次针对该工商变更登记行为提起行政诉讼系重复起诉，且不存在正当事由，依法应予驳回。综上，深圳派成铝业科技有限公司为维护其合法权益，诉至二审法院请求依法撤销（2008）深福法行初字第373号行政判决，并驳回被上诉人的诉讼请求。

上诉人深圳市派铭金属工程制品有限公司不服一审行政判决上诉称，深圳派成铝业科技有限公司法定代表人的更换不仅是该司的意愿，亦是深圳市派铭金属工程制品有限公司及派成实业（香港）有限公司的真实意愿，故被上诉人事后不认可毫无根据。此外，被上诉人的签名章在深圳派成铝业科技有限公司及深圳市派铭金属工程制品有限公司的经营活动中均有使用，被上诉人对此是知晓和认可的，故一审法院仅以《外商投资的公司法定代表人登记表》及《深圳派成铝业科技有限公司董事长委派书》上被上诉人签名章的使用无法代表被上诉人真实意愿为由撤销原深圳市工商行政管理局于2007年4月5日准予深圳派成铝业科技有限公司法定代表人变更登记的具体行政行为缺乏事实根据及法律依据。综上，深圳市派铭金属工程制品有限公司为维护其合法权益，诉至二审法院请求依法撤销（2008）深福法行初字第373号行政判决，并驳回被上诉人的诉讼请求。

上诉人派成实业（香港）有限公司不服一审行政判决上诉称，深圳派成铝业科技有限公司法定代表人的更换不仅是该司的意愿，亦是深圳市派铭金属工程制品有限公司及派成实业（香港）有限公司的真实意愿，故被上诉人事后不认可毫无根据。此外，被上诉人的签名章在深圳派成铝业科技有限公司及深圳市派铭金属工程制品有限公司的经营活动中均有使用，被上诉人对此是知晓和认可的，故一审法院仅以《外商投资的公司法定代表人登记表》及《深圳派成铝业科技有限公司董事长委派书》上被上诉人签名章的使用无法代表被上诉人真实意愿为由撤销原深圳市工商行政管理局于2007年4月5日准予深圳派成铝业科技有限公司法定代表人变更登记的具体行政行为缺乏事实根据及法律依据。综上，派成实业（香港）有限公司为维护其合法权益，诉至二审法院请求依法撤销（2008）深福法行初字第373号行政判决，并驳回被上诉人的诉讼请求。

被上诉人罗超答辩称，上诉人的上诉请求没有法律依据，一审判决认定事实清楚、适用法律正确，请求二审法院依法驳回上诉人的上诉，维持（2008）深福法行初字第373号行政判决。

经本院审理查明，一审判决查明事实清楚，本院予以确认。

另查明，深圳派成铝业科技有限公司于2007年3月26日申请办理法定代表人变更登记时提交的《外商投资的公司法定代表人登记表》系变更登记申请书的组成部分，该公司已在该登记表上加盖公章，田晓玲亦已在该登记表上签名。深圳市派铭金属工程制品有限公司于2007年3月26日出具《深圳派成铝业科技有限公司董事长委派书》，决定免去被上诉人在深圳派成铝业科技有限公司任法定代表人、董事长及董事职务，任命田晓玲为该司法定代表人、董事长及董事，并已在该委派书上加盖公章。被上诉人虽对深圳派成铝业科技有限公司申请办理法定代表人变更登记时提交的《深圳派成铝业科技有限公司董事会决议》上的签名不予确认，但未举证证实该签名系伪造，亦未申请作笔迹鉴定。原深圳市工商行政管理局已于2007年4月5日决定准予深圳派成铝业科技有限公司法定代表人变更登记。

再查明，原深圳市工商行政管理局已因机构改革被撤销，其有关工商登记方面的行政职权现由深圳市市场监督管理局继续行使。

本院认为，原深圳市工商行政管理局作为公司登记机关，依法具有对公司登记事项进行登记的法定职权。根据原深圳市工商行政管理局提交的据以作出被诉工商变更登记行为的合法有效的证据材料，可证明深圳派成铝业科技有限公司的股东方深圳市派铭金属工程制品有限公司已决定免去被上诉人在深圳派成铝业科技有限公司任法定代表人、董事长及董事职务，并决定任命田晓玲为该司法定代表人、董事长及董事的事实，即深圳派成铝业科技有限公司已依该公司章程相关规定变更其法定代表人，故原深圳市工商行政管理局据此对深圳派成铝业科技有限公司申请变更法定代表人作出准予变更登记决定合法有据。

深圳派成铝业科技有限公司申请办理法定代表人变更登记时提交的《外商投资的公司法定代表人登记表》上被上诉人的签名虽系由签名章盖印形成，但田晓玲作为拟任法定代表人已在该登记表上签名，且深圳派成铝业科技有限公司亦已在该登记表上加盖公章，符合《企业法人法定代表人登记管理规定》第六条关于企业法人申请办理法定代表人变更登记应提交由原法定代表人或者拟任法定代表人签署的变更登记申请书的规定，故被上诉人作为深圳派成铝业科技有限公司原法定代表人应在变更登记申请书上签名并非申请办理法定代表人变更登记的法定要件。另，深圳市派铭金属工程制品有限公司出具的《深圳派成铝业科技有限公司董事长委派书》上被上诉人的签名虽系由签名章盖印形成，但深圳市派铭金属工程制品有限公司已在该委派书上加盖公章，具有公示效力，且被上诉人提交的证据材料不足以证明该公章已丧失法律效力，故原深圳市工商行政管理局据此认定深圳市派铭金属工程制品有限公司已为深圳派成铝业科技有限公司变更法定代表人出具任免文件并无不当，符合《企业法人法定代表人登记管理规定》第六条关于企业法人申请办理法定代表人变更登记应提交对企业原法定代表人及新任法定代表人任免文件的规定。此外，被上诉人虽对深圳派成铝业科技有限公司申请办理法定代表人变更登记时提交的《深圳派成铝业科技有限公司董事会决议》上的签名不予确认，但未举证予以反驳，故原深圳市工商行政管理局据此认定深圳派成铝业科技有限公司已就变更法定代表人召开董事会形成决议并无不妥，对于被上诉人以其未在《深圳派成铝业科技有限公司董事会决议》上签名为由提出该决议系虚假的主张，本院不予采信。而被上诉人以原深圳市工商行政管理局未作处理为由再次就被诉工商变更登记行为提起行政诉讼不属于重复起诉的法定情形，故对于田晓玲与深圳派成铝业科技有限公司提出被上诉人属重复起诉的主张，本院不予采纳。

综上，原深圳市工商行政管理局于 2007 年 4 月 5 日依深圳派成铝业科技有限公司申请作出的准予法定代表人变更登记行为认定事实清楚、适用法律正确、符合法定程序，对于被上诉人提出判令撤销该工商变更登记行为的诉讼请求，本院予以驳回。而被上诉人请求恢复其为深圳派成铝业科技有限公司法定代表人已超越人民法院审理行政案件的审判权限，不属本案审理范畴，本院亦予以驳回。一审判决实体处理有误，依法应予纠正。为此，依照《中华人民共和国行政诉讼法》第六十一条第（二）项及《最高人民法院关于执行〈中华人民共和国行政诉讼法〉若干问题的解释》第五十六条第（四）项之规定，判决如下：

一、撤销广东省深圳市福田区人民法院（2008）深福法行初字第 373 号行政判决。

二、驳回被上诉人罗超的诉讼请求。

本案一、二审案件受理费共人民币 100 元，由被上诉人罗超负担。

本判决为终审判决。

审　判　长　邱仲明
审　判　员　罗毓莉
代理审判员　曹　勇
二〇〇九年十二月三日
书记员　林晓鹏（兼）

【评析】

本判决书要素完备，逻辑清晰，论证严密，被评为2010年全省法院优秀裁判文书。本判决具有以下特色：首先，事实叙述清晰全面。对原判认定事实的归纳简明扼要，案件事实的叙述详略得当、条理性强。其次，说理充分、针对性强。说理贯穿全文，尤其是判决的理由部分，能紧扣司法审查的主线，对上诉人的上诉理由和有关当事人的答辩意见逐一论证，说理明白透彻，逻辑严密。再次，语言表述简练流畅。对于二审查明的事实与一审原判事实有明确区分；对案件事实概括精练，要素齐备，整体详略得当。最后，适用法律正确，实体处理得当。本案是二审改判案件，引用法律条文准确完整，实体处理部分无懈可击，被诉行政机关的合法行政行为得到明确的支持。

●吴浩不服深圳市公安局公共信息网络安全监察分局行政处罚纠纷一案行政判决书

深圳市罗湖区人民法院

行政判决书

（2008）深罗法行初字第53号

原告：吴浩，男，汉族，1973年10月6日出生。住址：深圳市南山区创业路东方海雅居雅典阁20E。身份证号码：420623197310063515。

委托代理人：王豪鸣，广东竞德律师事务所律师。

被告：深圳市公安局公共信息网络安全监察分局。住所地：深圳市罗湖区解放路4018号。

负责人：乔智，该局局长。

委托代理人：董炫，广东网安律师事务所律师。

委托代理人：颜永财，该局民警。

第三人：黄希枫（WONG HII FOONG），马来西亚公民，女，1971年7月19日出生。护照号码：K15682387。

委托代理人：杨志宏，广东融商诚达律师事务所律师。

原告吴浩诉被告深圳市公安局公共信息网络安全监察分局行政处罚一案，本院受理后，依法组成合议庭，公开开庭进行了审理。因黄希枫与本案被诉的具体行政行为有法律上的利害关系，本院依法追加其作为第三人参加诉讼。原告吴浩及其委托代理人王豪鸣，被告深圳市公安局公共信息网络安全监察分局的委托代理人董炫、颜永财，第三人黄希枫及其委托代理人杨志宏均到庭参加了诉讼，本案现已审理终结。

原告吴浩诉称，原告与公司的财务总监黄希枫存在私怨，于2007年9月13日在《男女蒲典香港夜生活游乐资讯论坛》中的“大陆信息”版内发帖“深圳兼职马来西亚女模特”，并留下黄希枫临时使用的案外人邓志勇的手机号码13825291419。为此，黄希枫向被告报案。原告也及时请求被告删除了此条信息，并以书面及电子邮件的方式向黄希枫道歉。2007年10月19日，被告认定原告构成诽谤，对原告作出拘留3日的行政处罚决定。原告认为，上述论坛可能含有色情内容，但并非色情网站。原告虽捏造黄希枫为“女模特”，可能对其生活造成了干扰，但发帖内容与色情无关，也没有出现黄希枫的姓名，他人并不知晓手机的持有人是谁，不存在贬损其人格、破坏其名誉的违法事实，故不构成诽谤行为。

原告的诉讼请求：撤销深公（信）决字［2007］第045号《公安行政处罚决定书》。

被告深圳市公安局公共信息网络安全监察分局辩称，所谓诽谤他人指故意捏造并散布虚构的事实，足以贬损他人人格、破坏他人名誉的行为。原告在含有大量色情服务信息的《男女蒲典香港夜生活游乐资讯论坛》上发表“深圳兼职马来西亚女模特，13825291419”帖子的行为已经构成诽谤，理由如下：（一）原告的行为主观方面表现为故意，符合诽谤行为主观方面的构成要件。原告承认因在工作上与第三人黄希枫存在意见分歧，才发表“深圳兼职马来西亚女模特，13825291419”的帖子。原告的目的是使他人认为该帖指向的对象是从事色情服务的，从而拨打帖中的手机号码以骚扰黄希枫。（二）原告的行为客观方面表现为实施捏造并散布某种虚假的事实，足以贬损他人人格、破坏他人名誉的行为，符合诽谤行为客观方面的构成要件。帖中手机号码的使用人黄希枫是一家上市公司高薪聘请的财务总监，其主观上不愿意也不需要从事所谓兼职模特行业，客观上也没有从事该行业，原告也承认其实施捏造上述虚假事实的行为。原告在互联网站《男女蒲典香港夜生活游乐资讯论坛》上予以公开发表，已经构成散布的行为。自从该帖在上述网站发表后，黄希枫每天都会接到几十名陌生男子打来的电话，问其“是不是妓女”、“一个晚上多少钱”等，对其人格造成贬损。原告在明知该手机号码为黄希枫公开使用的情况下发表帖子，足以使包括家庭成员、朋友、公司员工、公司供应商等认识黄希枫的人知道帖子所指向的人是黄希枫。（三）被告依据《中华人民共和国治安管理处罚法》第四十二条第二项的规定作出的深公（信）决字［2007］第045号《公安行政处罚决定书》，事实清楚、证据充分、程序合法，原告的诉讼请求应予以驳回。

第三人黄希枫述称：（一）原告的违法行为应当受到行政处罚，被告对原告作出的行政处罚证据充分，符合法律规定。第三人是马来西亚公民，自2006年底以来一直在深圳惠格浩电子有限公司任财务总监。2006年12月18日，公司为第三人开通手机号码13825291419，第三人至今一直使用该手机号码。从2007年9月13日开始，第三人不断收到身份不明人士的性骚扰电话和短信，其内容均与要求提供性服务有关。第三人于2007年9月17日向被告报案。经被告侦查发现，上述事件的起因是原告为泄私愤，在黄色网站《男女蒲典香港夜生活游乐资讯论坛》上以“强烈推荐深圳兼职马来西亚女模特”为内容的发帖，并同时写明第三人的手机号码。对于上述恶劣的行径，第三人供认不讳，被告也已掌握充分证据，可谓事实清楚、证据确凿。（二）原告的主张毫无事实与法律根据。原告的发帖位于论坛中的“大陆‘信’息”版块之“旅游‘性’地”子版块，该子版块的内容是“收录中、港、澳、台同胞性息之大全”，其具体内容均不折不扣地属于色情内容。原告并非只是捏造第三人为“女模特”，而是在论坛当中明显刊载色情内容的区域发帖“强烈推荐深圳兼职马来西亚女模特”。在该特定的色情内容环境中，任何具备正常思维能力的人都只会唯一地理解该帖与推荐性服务有关，而不会作其他理解。原告的发帖内容是否出现第三人的姓名，并不是判断其行为是否构成诽谤的必要条件。手机登记的机主尽管不是第三人，但该号码自开通至今一直为第三人使用，公司的员工、客户以及其他与第三人有往来和联系的人均掌握这一信息，事实并非原告所称的“他人并不知晓手机的持有人是谁”。原告发帖之后，第三人收到的性骚扰电话和短信达数十条之多，并非只是“可能干扰了黄的个人生活”，第三人实在不堪其辱，身心极其痛苦。原告的行为无疑已经构成了对第三人的诽谤和侮辱，原告主张其行为不构成诽谤显然是与事实和法律相悖的。综上所述，请求法院依法驳回原告的诉讼请求，以维护第三人的合法权益。

被告向本院提交以下证据材料：1. 被告对第三人黄希枫的询问笔录（二份）。2. 被告对原告吴浩的询问笔录（四份）。3. 电脑、网站页面屏拷材料。4. 深圳市公安局公共信息网络安全监察分局《勘验/检查笔录》。5. 深圳市公安局公共信息网络安全监察分局《公安行政处罚告知笔录》。6. 深圳市机构编制委员会深编［2005］29 号和深编［2006］104 号文件。

原告向本院提交以下证据材料：1. 深公（信）决字［2007］第 045 号《公安行政处罚决定书》。2. 中国移动通信发票（电话号码是 13925291419，客户名称是邓志勇）。

第三人向本院提交以下证据材料：1. 报警详细信息表。2. 2008 年 1 月 18 日下载的“男女蒲典香港夜生活游乐资讯讨论区”网站页面。3. 第三人收到的部分短信内容。4. 中国移动通信客户入网服务协议。5. 中国移动业务受理单。6. 证人邓志勇的声明。7. 深圳惠格浩电子有限公司的情况说明。8. 银行开户许可证。9. 中国移动通信的专用发票。10. 深圳惠格浩电子有限公司的电话号码一览表。

第三人向本院申请证人邓志勇出庭作证，证明手机号码 13825291419 的开户人是邓志勇，使用人一直是第三人黄希枫。

经庭审质证，原告认为被告的证据 1 黄希枫的询问笔录中黄希枫存在虚假陈述，笔录内容不真实；证据 2 原告的询问笔录中，原告对于发帖目的的陈述相互矛盾，不能作为定案的依据；证据 6 不能证明被告具有行政处罚的职权。原告对于被告的上述证据材料均不予认可，对于被告提交的其他证据材料予以认可。原告对于第三人提交证据的真实性没有异议，但认为第三人的证据不能作为审查被诉具体行政行为合法与否的依据。被告对于原告、第三人提交的证据予以认可。第三人对于原告、被告提交的证据予以认可。本院认为，被告提交的证据 1、2 是被告在调查取证的过程中对原告、第三人进行询问所作的笔录，符合证据的真实性、合法性、相关性要求，可以作为本案证据使用。被告提交的证据 6 是深圳市机构编制委员会文件，可以作为证明被告是否具有网上违法行为的行政处罚权的证据，本院予以采纳。被告提交的其他证据材料和原告提交的证据材料符合证据的真实性、合法性、相关性要求，可以作为本案证据使用。行政诉讼的被告对其作出的具体行政行为负有举证责任，本案第三人提交的证据材料不能作为法院审查被诉具体行政行为是否合法的依据，但可以作为证明第三人所陈述事实的证据。

本院经审理确认以下事实：（一）第三人黄希枫是深圳惠格浩电子有限公司的财务总监，原告吴浩曾是其下属员工。原告与第三人之间存在恩怨。（二）原告吴浩于 2007 年 9 月 13 日在“男女蒲典香港夜生活游乐资讯讨论区”（wet123. net）网站内“大陆信息”版块的“旅游性地”子版块发表了内容为“深圳兼职马来西亚女模特，13825291419”的帖子。“深圳兼职马来西亚女模特”是原告捏造的事实，手机号码“13825291419”是深圳惠格浩电子有限公司以员工邓志勇的名义为黄希枫开通使用的，用户登记为邓志勇，实际使用人是第三人黄希枫。（三）“旅游性地”版块内的帖子含有大量色情内容。（四）2007年 9 月 17 日，第三人黄希枫向被告报案，要求公安机关对其不断收到性骚扰电话和短信这一事件进行调查。（五）被告接到第三人的报案后，进行了调查取证，收集了相关证据。2007 年 10 月 19 日，被告告知原告拟作出行政处罚决定的事实、理由、法律依据及原告所享有的权利。同日，被告作出了深公（信）决字［2007］第 045 号《公安行政处罚决定书》，认定吴浩对受害人黄希枫进行了诽谤，决定对吴浩行政拘留三日。（六）行政拘留期限为 2007 年 10 月 19 日至 2007 年 10 月 22 日，现已执行完毕。

本院认为，根据深圳市机构编制委员会深编［2005］29 号文件及深编［2006］104 号文件，被告作为深圳市公共信息网络安全监察机关，具有查处网上有害信息及其他违法行为的职权。被告对原告作出行政处罚的主体资格符合法律规定。

诽谤是指故意捏造某种足以贬损他人人格、名誉的事实并以文字或言语的方式公开散布的行为。该行为主观方面表现为故意，客观方面表现为行为人捏造并散布某种虚构的事实，足以贬损他人人格、名誉。本案原告吴浩在“男女蒲典香港夜生活游乐资讯讨论区”内的“大陆信息”版块的“旅游性地”子版块发表内容为“深圳兼职马来西亚女模特，13825291419”帖子的行为，构成诽谤行为。第一，原告在主观上存在故意。原告因与第三人有矛盾，希望通过网络发帖的方式让人以为第三人在深圳从事色情服务行业，以达到干扰第三人正常生活的目的，主观意图明显。第二，原告实施了在网络上散布捏造的“深圳兼职马来西亚女模特”事实的行为。原告认为其发帖内容与色情无关，不会产生贬损第三人人格、名誉的后果。但帖子所在的“旅游性地”版块含有大量的色情内容，任何一个具备正常理智的人浏览该帖都会将女模特与提供色情服务联系起来，足以损害第三人的人格、名誉。原告认为其发帖不会贬损第三人人格、名誉的观点不能成立。第三，原告所发的帖子是针对第三人黄希枫进行的。帖子虽然没有出现具体姓名，但结合“深圳、马来西亚、女性、13825291419”这几个要素，其所指向的人物是特定的，即本案的第三人黄希枫。只要是熟识第三人的同事、朋友或家人看到该帖都会将之与其所认识的黄希枫联系起来。原告认为该帖没有出现第三人的姓名，对象并不特定，不构成诽谤的观点不能成立。被告认定原告发帖“深圳兼职马来西亚女模特，13825291419”对第三人黄希枫进行了诽谤，事实清楚、证据充分。

《中华人民共和国治安管理处罚法》第四十二条第二项规定：“公然侮辱他人或者捏造事实诽谤他人的，处五日以下拘留或者五百元以下罚款……”原告捏造事实诽谤他人，应当受到处罚。被告对原告作出行政拘留三日的行政处罚决定，符合上述法律的规定。

依据《中华人民共和国治安管理处罚法》第九十四条的规定，公安机关作出治安管理处罚决定前，应当告知违反治安管理行为人拟作出治安管理处罚的事实、理由和依据，及其依法享有的权利。本案被告作出行政处罚决定前已经告知原告吴浩拟作出处罚决定的事实、理由、依据。在原告明确表示不提出陈述和申辩的情况下，被告作出深公（信）决字［2007］第 045 号《公安行政处罚决定书》，并送达给原告。被告的行政处罚程序合法。

综上所述，被告作出的深公（信）决字［2007］第 045 号《公安行政处罚决定书》认定事实清楚、证据充分、适用法律法规正确、程序合法，应当予以支持。原告要求撤销深公（信）决字［2007］第045号《公安行政处罚决定书》的诉讼请求，理由不成立，本院予以驳回。依据《最高人民法院关于执行〈中华人民共和国行政诉讼法〉若干问题的解释》第五十六条第（四）项的规定，判决如下：

驳回原告吴浩的诉讼请求。

本案受理费人民币50元，由原告负担。

如不服本判决，可在判决书送达之日起十五日内向本院提交上诉状，并按对方当事人的人数提出副本，上诉于广东省深圳市中级人民法院。

审　判　长　程时菊
审　判　员　曹中海
代理审判员　黄　欣
二〇〇八年四月二十九日
书　记　员　王　宇
书　记　员　郑　晓

【评析】

这份一审行政判决书无论从结构、格式、语法还是分析、说理等方面看，都是一篇优秀的裁判文书，具体表现在：格式规范，要素齐全，层次分明。当事人的基本情况无一漏缺；审判过程叙述清楚，当事人的诉称辩称简明扼要；证据列举无漏列，分析详细；认定事实清楚，逻辑严密；裁判理由充分，论证严密；适用法律准确，裁判主文清晰正确。全文用语流畅，遣词造句恰当，体现出作者扎实的文字功底。

广东省珠海市中级人民法院

行政判决书

(2009)珠中法行终字第30号

上诉人(原审原告):郭胜光,男,汉族,1952年1月22日出生,住珠海市香洲区香洲卫星街二巷1号301房。身份证号码:44040119520122301X。

上诉人(原审原告):郭成容,男,汉族,1962年2月11日出生,住珠海市香洲区香洲卫星街二巷1号201房。身份证号码:44040119620211301X。

上列两上诉人的共同委托代理人:邹艳娥,广东海鸥律师事务所律师。

被上诉人(原审被告):珠海市国土资源局。住所地:珠海市吉大九洲大道中2002号。

法定代表人:夏克军,该局局长。

委托代理人:毛毅,珠海市国土资源局干部。

委托代理人:李军华,广东友邦方达律师事务所律师。

上诉人郭胜光、郭成容因与被上诉人珠海市国土资源局(以下简称市国土局)土地行政撤销纠纷一案,不服珠海市香洲区人民法院(2008)香行初字第111号行政判决,于2009年1月23日向原审法院递交上诉状,提起上诉。本院于2009年3月27日立案受理后,依法组成合议庭,于2009年4月15日公开开庭进行了审理。本案现已审理终结。

原审查明,郭九仔与郭胜光、郭成容为父子关系。1989年,珠海市人民政府向郭九仔颁发珠府国用字(1989)第04020600097号《国有土地使用证》,郭九仔获得位于珠海市香洲区卫星街132号土地的使用权,土地用途为“住宅”。因拆建,原珠海市国土局于1992年6月2日核发珠国土许字(私1992)第626号《建设用地许可证》,准许香洲区卫星街132号用地150平方米由郭九仔作为住宅用地。1992年6月8日,珠海市规划局批准郭九仔在该块土地上报建住宅250.3平方米。1993年5月7日,珠海市规划局批准补办报建住宅基底面积15.84平方米。1993年11月1日,郭九仔向原珠海市国土局提交《土地登记申请书审批表》,其中的申请书中载明土地批准用途为“住宅”。由原珠海市国土局工作人员于1993年11月6日填写的国有土地使用权登记卡的土地用途栏为“住宅”(首层饮食业)。地籍调查表的批准用途和实际用途均为“住宅”,备注栏则写明首层出租作饮食业。1993年11月10日填写的土地登记审批表和核发的珠府国用字（1993）第04020600012号《国有土地使用证》载明的土地用途为“商业”。1994年2月28日，珠海市人民政府向郭九仔颁发位于香洲区卫星街132号、建筑面积为501.30平方米房屋的房屋所有权证，其中住宅面积为501.30平方米。后来，郭胜光、郭成容继承了香洲区卫星街132号房屋。另外，郭九仔及郭胜光、郭成容缴纳了该土地自1993年至2006年的土地使用费，并交纳了该房屋的相关税。2004年11月29日，郭胜光、郭成容向市国土局提交《关于请求确认珠海市香洲区卫星街132号产权用途的申请报告》。市国土局于2005年3月17日作出珠国土字［2005］125号《关于撤销郭九仔位于卫星街132号土地使用权登记中商业使用功能的决定》，认为原珠海市国土局使用证中的用途为“商业”，属核准登记不当。根据《珠海市房地产登记条例》第四十四条之规定，决定撤销郭九仔位于卫星街132号土地使用权登记中商业使用功能，依法变更登记为住宅功能。郭胜光、郭成容不服，于2008年11月3日向珠海市香洲区人民法院提起行政诉讼。

原审认为，珠府国用字（1989）第04020600097号《国有土地使用证》，珠国土许字（私1992）第626号《建设用地许可证》，（92）规宅字520号《居民住宅建筑、维修许可证》及（93）珠规补字32号《补办建筑报建证明》均明确载明位于珠海市香洲区卫星街132号土地的用途为“住宅”，而且郭九仔提交的《土地登记申请书》中载明的土地批准用途也是“住宅”，但之后核发的珠府国用字（1993）第04020600012号《国有土地使用证》将该土地的用途登记为“商业”。据此，市国土局认为珠府国用字（1993）第04020600012号《国有土地使用证》中的土地用途为“商业”属于核准登记不当，认定事实清楚，证据确实。《广东省城镇房地产权登记条例》第十七条第一款规定：“有下列情形之一的房地产，由房地产管理部门决定撤销全部或者部分登记事项：……（二）房地产管理部门工作疏忽导致核准登记不当的。”1997年10月1日施行的《珠海市房地产登记条例》第四十四条第一款规定：“有下列情形之一的，由登记机关撤销全部或者部分登记事项；有第（二）项行为的，登记机关并可处以一千元以上二万元以下的罚款：……（三）登记机关审查有疏忽，核准登记不当的。”本案中，市国土局发现珠府国用字（1993）第04020600012号《国有土地使用证》对土地的用途核准登记不当后，依据《珠海市房地产登记条例》第四十四条作出珠国土字［2005］125号《关于撤销郭九仔位于卫星街132号土地使用权登记中商业使用功能的决定》，适用法规正确，程序并无不当。《广东省城镇房地产权登记条例》第十七条第二款规定：“撤销登记的决定应当自作出决定之日起十五日内书面通知当事人。”本案市国土局作出撤销登记的决定后，没有按照规定时间将该决定送达郭胜光、郭成容，因此，市国土局在珠国土字［2005］125号《关于撤销郭九仔位于卫星街132号土地使用权登记中商业使用功能的决定》的送达程序上存在严重瑕疵，但该瑕疵的存在并不足以撤销珠国土字［2005］125号《关于撤销郭九仔位于卫星街132号土地使用权登记中商业使用功能的决定》。依照《最高人民法院关于执行〈中华人民共和国行政诉讼法〉若干问题的解释》第五十六条第（四）项之规定，判决驳回郭胜光、郭成容的诉讼请求。

上诉人郭胜光、郭成容不服上述判决，向本院提起上诉，请求二审法院撤销一审判决，并撤销市国土局2005年3月17日作出的《关于撤销郭九仔位于卫星街132号土地使用证登记中商业用途功能的决定》。

事实与理由：一、上诉人依法取得的商业用途功能的土地使用权应获法律保护。1. 上诉人于1993年11月10日依法取得珠府国用字（1993）第04020600012号《国有土地使用证》，注明土地用途为“商业”。该证是在原用途为“住宅”的土地使用证已注销的前提下，由土地管理部门进行调查后（调查结果为首层作饮食业），经过审批，确认用途为“商业”，符合《土地登记规则》第四十八条、第五十条关于土地用途变更登记的规定。2. 自涉案土地用途被核准为“商业”以后，上诉人一直按要求以商业用地支付土地使用费。以上两点证明涉案土地用途为“商业”并非“疏忽”所致的登记不当。3. 依据《物权法》第九条的规定，不动产物权依法登记，发生效力，公民的合法权益应获保护。二、被上诉人作出案涉撤销行为证据不足。被上诉人作出撤销郭九仔土地使用权登记中商业使用功能的决定，依据的是注销的土地使用权证、报建的资料等，既没有对地籍调查的“首层作饮食业”予以说明，也没有就审批同意作为“商业用途”作出说明，既没对利害关系人（土地使用权人）进行调查，也没对土地管理部门按“商业用途”进行管理和收费进行调查。更为重要的是，对于撤销的唯一理由“疏忽”，没有给予任何文字或事实说明。三、被上诉人作出案涉撤销行为适用法律、法规错误。1. 被上诉人撤销商业用途登记，适用的唯一法律依据是《珠海市房地产登记条例》，未提及当时已发布实施的《中华人民共和国土地管理法》和《中华人民共和国城市房地产管理法》的相关规定，珠海市的地方性法规关于撤销的规定与我国当时对登记的土地使用权的法律保护是相互矛盾的。2. 涉案行政行为没有提及或适用《广东省城镇房地产权登记条例》，且该条例关于撤销的规定与国家土地管理的法律规定是相悖的。3. 在郭九仔1993年11月10日取得用途为“商业”的土地使用权之前，已取得所涉土地的使用权，故当时应适用关于土地变更登记的法律规定。2005年，被上诉人若认为用途为“商业”的土地使用权登记不当，则不应撤销该登记，而应是更正登记。故涉案行政行为所依据的事实与适用的法律不符。四、被上诉人违反法定程序。1. 根据《广东省城镇房地产权登记条例》第十七条第二款的规定，撤销登记的决定应在作出决定之日起十五日内书面通知当事人，但被上诉人并未按规定通知当事人。2. 因改变土地用途登记与土地使用权人有重大利益关系，被上诉人作出撤销商业用途登记之前，应当告知利害关系人有听证的权利，但被上诉人在作出决定之前，未对上诉人进行调查，未告知相关的权利，事后也未通知当事人，违反了《中华人民共和国行政许可法》第四十七条的规定。被上诉人的程序错误直接导致了决定的错误，并直接损害了上诉人的合法权益。五、被上诉人作出案涉撤销行为属于滥用职权。被上诉人既是房屋拆迁纠纷的裁决机关，又是土地管理部门，理应审慎作出行政行为。但被上诉人仅以“疏忽”为借口随意修改物权的登记事项，反映出土地管理部门行使职权的随意性和物权登记及其法律保障的不确定性。

综上，上诉人认为被上诉人作出的案涉撤销行为主要证据不足、适用法律错误、违反法定程序、滥用职权，严重侵犯了上诉人的合法权益，希望二审法院予以纠正，支持上诉人的诉讼请求。

被上诉人市国土局辩称：一、一审判决认定事实清楚，证据确实充分。被上诉人在一审中向法院提交的涉案地块的原始登记档案中所有的登记资料显示该地块的用途为“住宅”，一审法院确认上述材料的关联性、合法性与真实性，可作为定案依据。上述材料中珠府国用字（1989）第04020600097号国有土地使用证，珠国土许字（私1992）第626号《建设用地许可证》，（92）珠宅字520号《居民住宅建筑、维修许可证》及（93）珠规补字32号《补办建筑报建证明》均明确载明位于珠海市香洲区卫星街132号土地的用途为“住宅”，而且郭九仔提交的《土地登记申请书》中载明的土地批准用途也是“住宅”，但之后核发的珠府国用字（1993）第04020600012号《国有土地使用证》将该土地的用途登记为“商业”。被上诉人认为珠府国用字（1993）第04020600012号《国有土地使用证》中的土地用途在无任何法定变更事由出现的情况下，由“住宅”变更为“商业”，确属因疏忽所导致的核准登记不当，一审法院已在查明事实的基础上采纳了上述观点，认定事实清楚。二、被上诉人作出案涉撤销行为符合有关土地登记法律法规的相关规定。《广东省城镇房地产权登记条例》第十七条第一款规定：“有下列情形之一的房地产，由房地产管理部门决定撤销全部或者部分登记事项：……（二）房地产管理部门工作疏忽导致核准登记不当的。”1997年10月1日施行的《珠海市房地产登记条例》第四十四条第一款规定：“有下列情形之一的，由登记机关撤销全部或者部分登记事项：有第（二）项行为的，登记机关并可处以一千元以上二万元以下的罚款：……（三）登记机关审查有疏忽，核准登记不当的。”本案中，被上诉人发现珠府国用字（1993）第04020600012号《国有土地使用证》对土地的用途核准登记不当后，依据《珠海市房地产登记条例》第四十四条作出珠国土字［2005］125号《关于撤销郭九仔位于卫星街132号土地使用权登记中商业使用功能的决定》，适用法规正确，程序并无不当。三、上诉人的诉求无事实和法律依据。上诉人称，对涉案用地，其一直按商业用地交纳了土地使用费，支付了对价，据此认为涉案土地用途登记为“商业”并非疏忽。被上诉人认为，不能因为上诉人交纳了土地使用费就可以将本应为“住宅”用途的涉案土地登记为“商业”合法化。同时，虽然上诉人因错误登记交纳了一定的土地使用费，但涉案土地一直以来按商业用途经营，上诉人也从中获取了本不应获取的利益。《行政许可法》第四十七条所规定的需以听证为前置程序指的是行政许可，而本案争议的珠国土字［2005］125号《关于撤销郭九仔位于卫星街132号土地使用权登记中商业使用功能的决定》并非行政许可，因此不受《行政许可法》第四十七条听证前置程序规定的调整。

综上，被上诉人认为一审判决认定事实清楚，证据充分，适用法律正确，上诉人的诉求无事实和法律依据，恳请二审法院驳回上诉人的上诉请求，维持原判。

二审诉讼过程中，上诉人郭胜光、郭成容向本院提交了以下证据：1. 珠海市国土资源局香洲分局2007年2月8日出具的“征收国有土地使用权有偿使用收入缴款通知书”，用以证明在市国土局作出涉案撤销决定之后，其香洲分局仍按商业用地通知上诉人缴付商业使用费。2. 2000年7月7日的“广东省行政事业收费统一收据”，用以证明上诉人缴纳了1993－2000年度土地使用费14691元；落款时间为2007年2月8日的“广东省其他非税收入通用票据”，用以证明上诉人依照国土部门的通知缴纳了涉案房屋土地2004－2006年的使用费5508元。3. 落款时间为2009年4月10日的“税收转账专用完税证”，用以证明上诉人缴纳了2007－2009年的土地使用费用。4. 珠荣正［2007］估字第F1353号《房地产估价报告》，用以证明在涉案房屋因拆迁而作的估价报告中，一楼应属于商业用途，但该估价报告全部按住宅用途进行估价，损害了上诉人的利益。5. 2008 年 7 月 25 日珠海市国土资源局作出的珠拆裁字［2008］01 号《房屋拆迁裁决书》，用以证明涉案房屋按住宅价值评估及补偿，损害了上诉人的利益。6. 珠府函［2009］66 号《行政强制拆迁决定书》和珠国土公告［2009］11 号《行政强制拆迁公告》，用以证明政府及其职能部门将对涉案房屋实行强拆，损害了上诉人的利益。7. 1995 年 4 月 11 日的“广东省行政事业性收费统一收据”，载明内容为“改变功能交费”，用以证明上诉人当时缴纳了涉案土地改变功能费用 550 元，上诉人认为市国土局在本案诉讼中隐瞒了涉案土地改变功能的相关资料。

被上诉人市国土局主张上诉人于二审诉讼过程中提交上述证据，不符合最高人民法院《关于行政诉讼证据若干问题的规定》关于举证期限的规定，二审法院不应予以采纳。被上诉人市国土局质证认可上述证据的真实性，但认为不能以上诉人缴纳过商业用地使用费这一理由来认定涉案土地已变更为商业功能，对于 1995 年 4 月 11 日的收据，市国土局在二审庭审结束后提交的书面质证意见中称，该收据反映的收费内容是对上诉人擅自改变土地用途所收取的罚款，并非法律意义上收取的改变土地用途的地价款，该收据不能证明涉案地块已交纳改变土地功能使用费，地块已由住宅功能转为商业功能。

对原审判决查明的其他事实，本院予以确认。

本院认为，依照《中华人民共和国行政诉讼法》和相关司法解释的规定，被上诉人市国土局应对其作出的具体行政行为的合法性承担举证责任，并应在法定期限内提供据以作出被诉具体行政行为的全部证据和所依据的规范性文件。《最高人民法院关于行政诉讼证据若干问题的规定》第六条规定：“原告可以提供证明被诉具体行政行为违法的证据。原告提供的证据不成立的，不免除被告对被诉具体行政行为合法性的举证责任。”本案中，上诉人郭胜光、郭成容在二审诉讼过程中提交的证据属于证明被诉具体行政行为违法的证据，上诉人郭胜光、郭成容针对原审判决补充提交上述证据证明被诉具体行政行为违法，应予以准许。故被上诉人市国土局关于上诉人郭胜光、郭成容在二审中提交的证据已超过举证期限不应予以采纳的主张没有法律依据，本院不予支持。

被上诉人市国土局于 1993 年 11 月 10 日核发给郭九仔珠府国用字（1993）第 04020600012 号《国有土地使用证》，该凭证载明珠海市香洲区卫星街 132 号 159 平方米土地用途为“商业”。行政行为具有确定力，对行政主体而言，非依法定理由和程序，不得随意改变其行政行为的内容或就同一事项重新作出行政行为。本案中，涉案房屋面临拆迁，其土地用途的界定对房屋所有权人有重大利害关系，被上诉人市国土局于 2004 年 11 月收到上诉人郭胜光、郭成容提交的《关于请求确认珠海市香洲区卫星街 132 号产权用途的申请报告》，2005 年 3 月 17 日作出珠国土字［2005］125 号《关于撤销郭九仔位于卫星街 132 号土地使用权登记中商业使用功能的决定》。在作出上述 125 号撤销决定前，被上诉人市国土局未履行告知义务，未听取上诉人郭胜光、郭成容的陈述、申辩意见，也未向当事人作调查，违反了行政正当程序的基本要求；被上诉人市国土局在作出上述撤销决定后，未在法律规定的期限内送达当事人，直到 2008 年 10 月上诉人郭胜光、郭成容才获得该份撤销决定。据此，被上诉人市国土局作出的珠国土字［2005］125 号《关于撤销郭九仔位于卫星街 132 号土地使用权登记中商业使用功能的决定》违反法定程序，应予以撤销。原审判决认为市国土局作出涉诉具体行政行为“程序并无不当”错误，本院予以纠正。依照《中华人民共和国行政诉讼法》第五十四条第（二）项之规定，判决如下：

一、撤销广东省珠海市香洲区人民法院（2008）香行初字第111号行政判决。

二、撤销珠海市国土资源局作出的珠国土字［2005］125号《关于撤销郭九仔位于卫星街132号土地使用权登记中商业使用功能的决定》。

一、二审案件受理费合计100元，由被上诉人珠海市国土资源局负担。

本判决为终审判决。

审 判 长 徐素平
审 判 员 林 洁
审 判 员 乌云利
二〇〇九年七月九日
书 记 员 吴 岭

【评析】

本行政判决书全文6000余字，格式规范，行文流畅，言简意赅，被评为2010年全省法院优秀裁判文书。文书对案情、当事人的诉辩意见及原审的裁判陈述清楚，对二审补充查明的事实和当事人的举证、质证意见作了完整阐述，展现了本案案件事实和当事人诉讼主张两方面的清晰脉络，在此基础上，对双方争议的涉诉具体行政行为是否合法予以分析。在实体处理上，本案运用正当行政程序这一行政法上的基本原则作为裁判的依据，纠正了原审法院以法律对作出涉诉具体行政行为尚无明确程序规定而认定“程序并无不当”的观点，具有一定的示范意义。行政机关在作出对行政相对人不利影响的行政行为时应当履行告知义务并为其提供某种形式的表达意见和为自己利益辩护的机会，这是正当行政程序原则最低限度的要求。尽管现行法律、法规及规章尚未对行政撤销行为明确规定这一程序要求，但行政机关在作出行政撤销行为时必须履行这些程序义务，否则，法院可直接运用正当行政程序原则认定该行政行为违法并判决撤销。

●梁光明不服佛山市南海区交通局行政交通运输管理处罚纠纷一案行政判决书

广东省佛山市南海区人民法院

行政判决书

（2009）南行初字第30号

原告：梁光明，男，汉族，1971年2月9日出生。住址：广东省怀集县岗坪镇关塘村委会岗坳队324号。

委托代理人：陈辉，男，汉族，1969年1月28日出生。住址：广州市越秀区沙尾左二巷9号。

被告：佛山市南海区交通局。住所地：佛山市南海区桂城街道南新二路65号。

法定代表人：彭国昌，局长。

委托代理人：罗啟泳，该局交管总站副站长。

委托代理人：李雪琴，该局交管总站执法监督办副主任。

原告梁光明诉被告佛山市南海区交通局交通运输管理行政处罚一案，于2009年3月24日向本院提起诉讼。本院于同日受理后，依法组成合议庭，于2009年5月4日公开开庭审理了本案。原告的委托代理人陈辉，被告的委托代理人罗啟泳、李雪琴到庭参加诉讼。本案现已审理终结。

2008年12月25日，被告以原告驾驶的车辆在从事道路运输活动，且无法当场提供《道路运输证》和其他有效证明为由，依据《中华人民共和国道路运输条例》第六十三条的规定，作出粤佛南交扣字第NO.0006618号道路运输车辆暂扣凭证，暂扣原告的粤Y95847车辆，通知原告在七日内持本凭证到罗村交管所接受处理，在暂扣期间，对车辆予以免费保管；逾期不接受处理的，将依法作出行政处罚决定。2009年1月8日，被告作出佛南交罚决字［2009］第NO.1173422交通行政处罚决定，以原告于2008年12月25日在罗务路路口，使用粤Y95847车辆，未取得道路运输经营许可，擅自从事道路客运经营，违反了《中华人民共和国道路运输条例》第十条的规定为由，认为原告已经违反交通行政管理秩序，应立即停止经营，并依据《中华人民共和国道路运输条例》第六十四条的规定，给予原告罚款人民币30000元的处罚。被告依法向本院提供了作出具体行政行为的证据、依据：

1. 粤佛南交扣字第NO.0006618号《道路运输车辆暂扣凭证》（原件）1份，证明被告依法暂扣粤Y95847号车辆并向原告送达暂扣凭证。

2. 佛南交罚通字NO.1187253《交通违法行为通知书》、通知书送达回证（原件）

各1份，证明被告已经依法履行法定告知程序。

3. 佛南交罚决字［2009］第NO.1173422《交通行政处罚决定书》、送达回证（原件）各1份，证明被告依法作出行政处罚决定并送达原告。

4. 交通违法行为调查报告（原件）1份。

5. 2008年12月25日被告工作人员在罗务路路口对梁光明所作的询问笔录、2008年12月25日被告工作人员在罗务路路口对刘婧玉所作的询问笔录（原件）各1份，刘婧玉的身份证（复印件）1份，证明原告未取得道路运输经营许可，擅自从事道路客运经营的事实。

6. 2008年12月25日被告工作人员在罗务路路口所作的现场笔录（原件）1份，证明内容同证据5。

7. 粤Y95847号小型普通客车机动车行驶证（复印件）1份，证明粤Y95847号车的车辆情况。

8.《关于举报非法营运车辆的函》（原件）1份，证明粤Y95847号车辆被举报从事非法营运活动。

9. 2008年12月25日被告工作人员在罗务路路口对长城车队所作的检查记录（原件）1份，证明被告同日对长城车队进行了监督检查。

10. 刘杰文、李德源、余坚、梁毅超的行政执法证（原件）各1份，证明被告执法人员具有执法资格。

被告向本院提供以下法规、规范性文件：

1.《中华人民共和国道路运输条例》。

2.《道路旅客运输及客运站管理规定》，证明《道路运输车辆暂扣凭证》的样式由交通部所规定。

3.《2008年佛山市道路交通运输市场联合整治工作方案》，证明被告与公安部门开展联合执法行动。

原告诉称：一、原告是粤Y95847车辆的车主。2008年12月25日，原告的车辆正常行驶却被被告非法拦截，被告已涉嫌公路三乱。原告以自有车辆在道路上行驶并没有违反法律强制规定，被告在公路上拦车缺乏法律依据。第一，被告违反法定程序，超越权限在国道内拦车检查执法，与交通部公路司所编的《道路运政管理知识读本》第二十章的规定不符。被告采取流动检查的方法，根据《道路运政管理知识读本》及交通部公路司、广东省交通厅的相关规定，被告应当采取设点检查的方式。321国道在南海范围内并没有设立检查点，被告在321国道上拦车检查是违反规定的。第二，在国道上设置检查站必须经过省级部门的批准，其他部门不得擅自设立检查站。第三，根据原告提供的广东省交通厅公众网所公布的检查点打印件，可以证明被告是违法检查。二、原告驾驶车辆在道路上从事运输活动合法，被告不能以原告在驾驶车辆时有运输活动为由扣押原告机动车，并罚款30000元。法律、法规规定被告执法时必须进行录像，但被告并没有进行录像。被告举证的长城车队与原告无关，被告对原告进行的拦车、扣车、罚款，均是违法行为。为此，原告向法院提起诉讼，请求：1. 依法确认被告在公路上违法拦车，强行扣押原告车辆的行为违法。2. 撤销被告的粤佛南交扣字第NO.0006618号道路运输车辆暂扣凭证，返还原告粤Y95847车辆。3. 撤销被告的佛南交罚决字

［2009］第 NO. 1173422 交通行政处罚决定。4. 被告承担本案诉讼费用。

原告向本院提供以下证据：

1. 梁光明的身份证、梁光明的机动车驾驶证、粤 Y95847 号机动车行驶证（复印件）各 1 份，证明原告的主体资格以及该车驾驶员具备驾驶条件。

2. 粤佛南交扣字第 NO. 0006618 号《道路运输车辆暂扣凭证》、佛南交罚通字 NO. 1187253《交通违法行为通知书》、佛南交罚决字［2009］第 NO. 1173422《交通行政处罚决定书》（复印件）各 1 份，证明被告对原告作出具体行政行为。

被告辩称：

一、被告采取行政强制措施事实清楚、适用法规准确。2008 年 12 月 25 日，被告与佛山市公安局南海分局开展联合执法行动，在罗村罗务路路口对长城车队进行监督检查时发现被投诉的粤 Y95847 车辆搭载乘客，被告依照《道路运输条例》第五十九条的规定对车辆进行检查，经询问原告和乘客刘婧玉得知，原告搭载两名乘客从盐步到罗村务庄，同两名乘客议定 80 元车费。原告未取得道路运输经营许可从事道路客运经营，被告依据《道路运输条例》第六十三条“道路运输管理机构的工作人员在实施道路运输监督检查过程中，对没有车辆营运证又无法当场提供其他有效证明的车辆予以暂扣的，应当妥善保管，不得使用，不得收取或者变相收取保管费用”的规定，依法暂扣粤 Y95847 车辆。被告暂扣车辆事实清楚、证据确凿、适用法规准确。

二、被告检查的地点不是 321 国道，而是罗村罗务路路口，罗务路是乡道。被告当天在罗务路路口对长城车队进行检查，在检查中发现原告所驾驶的车辆有非法营运行为。该车队位于罗务路口，其长期在此进行运输活动。根据《道路运输条例》第五十九条第二款的规定，该路段属于货运集散地、道路运输的经营场所，符合进行检查的条件。根据《道路运输条例》第五十九条第三款的规定，原告所驾驶的粤 Y95847 车辆是被投诉从事非法营运的车辆，被告有权对原告进行检查。当时的实际情况并非被告向原告进行拦截，而是原告自动停下来，由被告进行检查。

三、被告对原告所作行政处罚决定认定事实清楚、适用法规准确。根据《道路运输条例》第十条的规定，从事客运经营的，应当按规定提出申请并取得道路运输经营许可。原告未取得道路运输经营许可，驾驶车辆在道路上从事道路旅客运输经营，已违反了法规规定，被告依照《道路运输条例》第六十四条的规定，对原告依法作出罚款 30000 元的行政处罚决定。被告所作行政处罚决定认定事实清楚、适用法规准确。

综上，被告对原告所作的粤佛南交扣字第 NO. 0006618 号行政强制措施和佛南交罚决字［2009］第 NO. 1173422 交通行政处罚决定符合法规规定，请求法院予以维持。

经庭审质证，本院对以上证据作如下确认：被告提供的证据 1－3，原告对其真实性没有异议，证据取得形式合法，与本案具有关联性，本院予以采纳。被告提供的证据 4 与被告提供的证据 5、6 相互印证，能证明原告未取得道路运输经营许可，于 2008 年 12 月 25 日使用粤 Y95847 车辆搭载两名乘客从盐步运往罗村务庄（原告与该两名乘客议定 80 元车费），被告在罗务路路口对原告实施检查的事实，具有真实性、关联性、合法性，本院对该组证据予以采纳，原告、刘婧玉作为被调查人均在询问笔录中签名确认笔录记载的内容，原告认为被告进行误导性提问，没有证据证明，本院对原告的此项主张不予采信。被告提供的证据 7，原告没有异议，本院予以采纳。被告提供的证据 8，能证明被告收到有关对原告的粤 Y95847 车辆从事非法营运活动的举报材料的事实，与本案具有关联性，本院予以采纳。被告提供的证据 9，与本案不具有关联性，本院不予采纳。被告提供的证据 10，能证明刘杰文、李德源、余坚、梁毅超作为被告的工作人员，具备道路运输管理的执法资格，与本案具有关联性，本院予以采纳。被告提供的法规依据，适用于本案。

原告提供的证据 1、2，被告均没有异议，本院予以采纳。

经审理查明，2008 年 12 月 25 日，被告在与佛山市公安局南海分局开展联合执法行动的过程中，在罗务路路口对原告驾驶粤 Y95847 车辆从事道路运输活动进行监督检查时发现原告未经许可使用粤 Y95847 车辆从事客运经营，且无法当场提供《道路运输证》和其他有效证明，遂以原告驾驶的车辆在从事道路运输活动，且无法当场提供道路运输证和其他有效证明为由，依据《中华人民共和国道路运输条例》第六十三条的规定，作出粤佛南交扣字第 NO. 0006618 号道路运输车辆暂扣凭证，暂扣原告的粤 Y95847 小型普通客车，并通知原告在七日内持本凭证到罗村交管所接受处理，在暂扣期间，对车辆予以免费保管；逾期不接受处理的，将依法作出行政处罚决定。被告于同日将该暂扣凭证送达给原告。2009 年 1 月 4 日，被告作出佛南交罚通字 NO. 1187253 交通违法行为通知书，认为原告未经许可，擅自从事道路运输经营（客运），违反了《中华人民共和国道路运输条例》第十条的规定，根据《中华人民共和国道路运输条例》第六十四条的规定，拟给予原告罚款人民币 30000 元的行政处罚，并告知原告可在收到该通知之日起 3 日内向被告进行陈述、申辩或要求听证，逾期将视为放弃上述权利，被告将依法作出处罚决定。被告于同日将该通知书送达给原告。2009 年 1 月 8 日，被告作出佛南交罚决字［2009］第 NO. 1173422 交通行政处罚决定，以原告于 2008 年 12 月 25 日在罗务路路口，使用粤 Y95847 车辆，未取得道路运输经营许可，擅自从事道路客运经营，违反了《中华人民共和国道路运输条例》第十条的规定为由，认为原告已经违反交通行政管理秩序，应立即停止经营，并依据《中华人民共和国道路运输条例》第六十四条的规定，给予原告罚款人民币 30000 元的处罚。被告于同日将该处罚决定书送达给原告。原告不服，向本院提起行政诉讼。

另查明，佛山市人民政府于 2007 年 12 月 29 日发出《印发 2008 年佛山市道路交通运输市场联合整治工作方案的通知》。该通知规定各区要相应制订方案，组织辖区相关部门成立专项行动联合执法队伍，在市的统一指导下，分别负责本区的各项整治行动。

被告收到有关粤 Y95847 等车辆从事非法营运活动的举报材料。

本院认为，依据《中华人民共和国道路运输条例》第七条第二款“县级以上地方人民政府交通主管部门负责组织领导本行政区域的道路运输管理工作”的规定，被告作为交通行政主管部门，依法享有对本辖区违反交通管理秩序的行为进行调查处理的职权。依据《中华人民共和国道路运输条例》第十条第一、二款“申请从事客运经营的，应当按照下列规定提出申请并提交符合本条例第八条规定条件的相关材料：（一）从事县级行政区域内客运经营的，向县级道路运输管理机构提出申请。（二）从事省、自治区、直辖市行政区域内跨 2 个县级以上行政区域客运经营的，向其共同的上一级道路运输管理机构提出申请。（三）从事跨省、自治区、直辖市行政区域客运经营的，向所在地的省、自治区、直辖市道路运输管理机构提出申请。依照前款规定收到申请的道路运输管理机构，应当自受理申请之日起20日内审查完毕，作出许可或者不予许可的决定。予以许可的，向申请人颁发道路运输经营许可证，并向申请人投入运输的车辆配发车辆营运证；不予许可的，应当书面通知申请人并说明理由”的规定，原告在从事客运经营之前，必须依法向道路运输管理机构提出申请，取得道路运输经营许可证及车辆营运证。被告提供的现场笔录、对原告及乘客刘婧玉所作的询问笔录相互印证，能够证实原告存在未经许可，擅自从事客运经营的行为，违反了《中华人民共和国道路运输条例》第十条第一、二款的规定。依据《中华人民共和国道路运输条例》第五十九条“道路运输管理机构的工作人员应当严格按照职责权限和程序进行监督检查，不得乱设卡、乱收费、乱罚款。道路运输管理机构的工作人员应当重点在道路运输及相关业务经营场所、客货集散地进行监督检查。道路运输管理机构的工作人员在公路路口进行监督检查时，不得随意拦截正常行驶的道路运输车辆”的规定，道路运输管理机构的工作人员既可在道路运输及相关业务经营场所、客货集散地进行监督检查，又可在公路路口进行监督检查，并非只有在道路运输检查站才能实施监督检查。被告在罗务路路口对原告实施监督检查，符合上述法规的规定。原告、刘婧玉在询问笔录中均已确认检查地点为罗务路路口，原告认为被告未经批准在321国道上非法拦车，属于“公路三乱”，没有相关证据支持，本院对此不予采信。《中华人民共和国道路运输条例》第六十条规定：“道路运输管理机构的工作人员实施监督检查时，应当有2名以上人员参加，并向当事人出示执法证件。”被告在粤佛南交扣字第NO. 0006618号道路运输车辆暂扣凭证上注明了两名执法人员的姓名及执法证号，在询问笔录中均反映两名执法人员向被询问人出示了行政执法证件，被告的调查以及暂扣车辆的程序合法。原告认为被告执法时必须进行录像，没有法律、法规依据，本院不予支持。依据《中华人民共和国道路运输条例》第六十三条“道路运输管理机构的工作人员在实施道路运输监督检查过程中，对没有车辆营运证又无法当场提供其他有效证明的车辆予以暂扣的，应当妥善保管，不得使用，不得收取或者变相收取保管费用”以及《广东省道路运输管理条例》第五十五条“各级交通行政主管部门对未经许可擅自从事营业性道路运输的，可以暂扣运输车辆和相关设备，并在规定期限内作出处理决定”的规定，被告对原告作出粤佛南交扣字第NO. 0006618号道路运输车辆暂扣凭证，暂扣原告的粤Y95847车辆，告知其在七日内持本证到罗村交管所接受处理，于法有据，依法应予维持。故原告关于依法确认被告在公路上违法拦车，强行扣押原告车辆的行为违法的第一项诉讼请求以及撤销被告作出的粤佛南交扣字第NO. 0006618号道路运输车辆暂扣凭证，返还原告粤Y95847车辆的第二项诉讼请求，均没有事实和法律依据，本院不予支持，依法应予驳回。

被告在作出行政处罚决定之前，向原告发出《交通违法行为通知书》，告知原告拟作出行政处罚决定的违法事实、理由及依据，并依法告知原告享有陈述、申辩或要求听证的权利。被告对原告作出行政处罚决定后，依法将处罚决定书送达给原告。因此，被告作出佛南交罚决字［2009］第NO. 1173422交通行政处罚决定的程序合法。被告认定原告于2008年12月25日在罗务路路口，使用粤Y95847车辆，未取得道路运输经营许可，擅自从事道路客运经营，违反了《中华人民共和国道路运输条例》第十条的规定，并依据《中华人民共和国道路运输条例》第六十四条的规定，给予原告罚款人民币30000元的处罚，认定事实清楚、证据充分、适用法规正确，依法应予维持。原告认为其驾驶车辆在道路上从事运输活动，不存在营运性行为，不构成非法营运，没有事实和法律依据，故其提出撤销被告作出的佛南交罚决字［2009］第 NO. 1173422 交通行政处罚决定的第三项诉讼请求，本院不予支持，依法应予驳回。综上，依照《中华人民共和国行政诉讼法》第五十四条第（一）项、最高人民法院《关于执行〈中华人民共和国行政诉讼法〉若干问题的解释》第五十六条第（四）项的规定，判决如下：

一、维持被告佛山市南海区交通局于 2008 年 12 月 25 日作出的粤佛南交扣字第 NO. 0006618 号道路运输车辆暂扣凭证以及于 2009 年 1 月 8 日作出的佛南交罚决字［2009］第 NO. 1173422 交通行政处罚决定。

二、驳回原告梁光明的其他诉讼请求。

本案受理费 50 元（原告已预交），由原告负担。

如不服本判决，可在判决书送达之日起十五日内，向本院递交上诉状，并按对方当事人的人数提出副本，上诉于广东省佛山市中级人民法院。

审 判 长　谭　龙
代理审判员　刘晓霞
代理审判员　吴晓岚
二〇〇九年五月二十七日
书 记 员　程淑坚

【评析】

本案是一起道路交通行政处罚行政案件。行政判决书按照最高人民法院公布的最新行政裁判文书格式制作，结构严谨、语言流畅、重点突出、层次分明，被评为 2010 年全省法院优秀裁判文书。判决书针对当事人有争议的证据详细阐明了采纳与认定的理由，事实部分叙述清楚，说理部分论证充分，表现在紧扣“被告调查和暂扣车辆的行为是否合法”以及“被告对原告所作行政处罚决定是否合法”两个争议焦点，结合查明的事实和相关的道路交通法规、规章，从被告的职权依据、采取的强制措施以及对原告所作的行政处罚决定是否合法的问题逐一开展论述，并在正面论述的基础上有针对性地穿插对原告主张的分析、评判，指出原告的主张是否具有法律依据及能否得到法院支持的理由，分析透彻、令人信服。维持被告所作的道路运输车辆暂扣凭证和交通行政处罚决定，并驳回原告的其他诉讼请求的判决结果正确、合法、合理。

●东莞市佐川润滑科技有限公司不服东莞市社会保障局社会保障行政确认纠纷一案行政判决书

广东省东莞市中级人民法院

行政判决书

（2009）东中法行终字第14号

上诉人（原审原告）：东莞市佐川润滑科技有限公司。住所地：东莞市松山湖科技产业园区北部科技工业园。

法定代表人：汪小龙，总经理。

委托代理人：蒋四清、汤镇涛，均为广东旗峰律师事务所律师。

被上诉人（原审被告）：东莞市社会保障局。住所地：东莞市东城大道社保大楼。

法定代表人：梁冰，局长。

委托代理人：赖美兰、王浩，均为东莞市社会保障局工作人员。

原审第三人：彭召来，男，1951年4月4日出生，汉族，湖南省衡南县人，住衡南县谭子山镇背银居委会，是尹金菊的丈夫。身份证号码：430422195104041070。

原审第三人：王芳友，女，84岁，湖南省衡南县人，住衡南县永兴乡泉口村泉塘小组，是尹金菊的母亲。

原审第三人：彭鑫，女，1992年11月16日出生，汉族，湖南省衡南县人，住衡南县泉湖镇凤山村增公组，是尹金菊的女儿。身份证号码：430422199211161762。

法定代理人：彭召来，是彭鑫的父亲。

以上原审第三人的共同委托代理人：彭小桃。

原审第三人：彭小桃，女，1984年10月9日出生，汉族，湖南省衡南县人，住衡南县泉湖镇凤山村增公组，是尹金菊的女儿。身份证号码：430422198410091942。

上诉人东莞市佐川润滑科技有限公司因社会保障行政确认纠纷一案，不服东莞市人民法院（2008）东法行初字第265号行政判决向本院提起上诉。本院受理后，依法组成合议庭，对本案进行了审理，现已审理终结。

原审法院根据当事人举证并经庭审质证，认定以下事实：尹金菊是东莞市佐川润滑科技有限公司顺德办事处的厨工，主要负责做饭、买菜、打扫卫生的工作。2008年5月14日7时58分许，尹金菊外出买菜途经105国道顺德客运站对开路段，被一辆中型货车撞伤，被顺德区大良医院诊断为特重型颅脑外伤，于2008年5月20日不治身亡。2008年6月23日，彭小桃就尹金菊2008年5月14日发生交通事故死亡一事，向东莞市社会保障局申请工伤认定。东莞市社会保障局依法受理后，经实地调查核实，认为尹金菊是为单位准备午饭外出买菜时遭遇交通事故死亡，属于《广东省工伤保险条例》第九条第（五）项“因工外出期间，由于工作原因受到伤害或者发生事故下落不明”应当认定为工伤的情形，于 2008 年 7 月 5 日作出东社保工伤认字第 20080623023 号《工伤认定书》，认定尹金菊于 2008 年 5 月 14 日所发生的事故属工伤。东莞市佐川润滑科技有限公司不服该认定，向东莞市人民政府提出复议申请，东莞市人民政府于 2008 年 9 月 5 日作出东府复决［2008］080101 号《东莞市人民政府行政复议决定书》维持东莞市社会保障局的认定。东莞市佐川润滑科技有限公司仍不服，提起行政诉讼。原审法院认定上述事实的证据有：工伤认定申请表、企业机读档案登记资料、企业法人营业执照复印件、彭小桃身份证、尹金菊身份证、户口本、亲属关系证明书、尹金菊工作证明、工资证明、沈燕证人证言、佛山市公安局顺德分局交通警察大队第 2008A00026 号《交通事故认定书》、交通事故现场示意图、职工伤亡事故认定现场示意图、事故现场照片复印件、尹金菊住院病历、诊断证明、尹金菊死亡证明书、工伤认定提交材料通知书存根、关于伤亡事故情况的书面回复材料、关于尹金菊工作职责与工作时间的说明、尹金菊 2008 年 3 月工资表、对符玲所作的询问笔录、东莞市佐川润滑科技有限公司经营地点照片、顺德市金利农产品批发市场照片、关于尹金菊伤亡事故情况的书面回复材料、东社保工伤认字第 20080623023 号《工伤认定书》及送达回证、东府复决［2008］080101 号《东莞市人民政府行政复议决定书》及送达回证、一审庭审笔录等。

原审法院认为，根据国务院《工伤保险条例》第五条、第二十条的规定，东莞市社会保障局作为东莞市社会保障行政部门，依法享有对本辖区内工伤事故进行处理和认定的职权，东莞市社会保障局在法定期限内作出本案所诉的东社保工伤认字第 20080623023 号《工伤认定书》并送达给东莞市佐川润滑科技有限公司，其执法主体适格，应予确认。

东莞市佐川润滑科技有限公司员工尹金菊于 2008 年 5 月 14 日 7 时 58 分许在 105 国道顺德客运站对开路段发生交通事故死亡的事实清楚，当事人没有异议，原审法院予以确认。本案争议的焦点是尹金菊是否因工作原因外出受伤。根据东莞市佐川润滑科技有限公司顺德办事处办公室主任符玲及办公室文员沈燕的证人证言，尹金菊在出发前向沈燕交代了外出目的是去市场买菜，同时由顺德交警大队绘制的交通事故现场图也证实尹金菊携带了买菜用的轮式行李车的事实，以上证据相互印证，可以推断出尹金菊当时外出目的是买菜，即是因工作原因外出。东莞市佐川润滑科技有限公司提出尹金菊发生事故路线与其平时去红岗市场或天桥底市场路线相悖，由此推断其并不是去买菜。经过东莞市社会保障局的实地考核，确认在 105 国道中山往广州方向西侧距办事处 2000 米处有个顺德市金利农产品批发市场，尹金菊去那里买菜亦是在合理时间合理范围内；另外东莞市佐川润滑科技有限公司也没有提出确实的证据证明尹金菊外出存在其他目的，因此东莞市佐川润滑科技有限公司主张理由不成立。

根据《广东省工伤保险条例》第九条“职工有下列情形之一的，应当认定为工伤……（五）因工外出期间，由于工作原因受到伤害或者发生事故下落不明的”的规定，尹金菊因工外出买菜发生交通事故死亡符合上述条件，同时亦没有法定排除认定工伤的情形，依法应当认定为工伤。东莞市佐川润滑科技有限公司的起诉理由不成立，依法予以驳回。东莞市社会保障局依法作出的东社保工伤认字第20080623023号《工伤认定书》认定事实清楚、证据充分、适用法律准确、程序合法，依法予以维持。依照《中华人民共和国行政诉讼法》第五十四条第（一）项、《最高人民法院关于执行〈中华人民共和国行政诉讼法〉若干问题的解释》第四十九条第三款的规定，原审法院判决：维持东莞市社会保障局作出的东社保工伤认字第20080623023号《工伤认定书》。本案一审诉讼费50元，由东莞市佐川润滑科技有限公司承担。

一审宣判后，东莞市佐川润滑科技有限公司不服，提起上诉称，原审法院认定事实不清，证据不足。1. 尹金菊入职东莞市佐川润滑科技有限公司时已超过法定退休年龄，其不再具备《劳动法》意义上的劳动者资格，其与东莞市佐川润滑科技有限公司之间不属劳动关系，尹金菊的伤亡不适用《工伤保险条例》的规定。2. 尹金菊发生交通事故前买菜所去的市场都在105国道的东侧，无须穿越国道。而尹金菊发生交通事故是因其穿越105国道，其由东到西穿越国道的方向与其平时买菜去的两个市场方向相反。证人沈燕的证言及符玲的询问笔录仅能证明尹金菊早上出门是去买菜，但因尹金菊当天的去向与平时买菜的路线方向相反，所以不能仅凭这两份证据认定尹金菊横穿105国道是为了去买菜。东莞市佐川润滑科技有限公司请求：1. 撤销东莞市人民法院（2008）东法行初字第265号行政判决第一项，改判撤销东社保工伤认字第20080623023号《工伤认定书》。2. 诉讼费由东莞市社会保障局承担。

被上诉人东莞市社会保障局在二审的法定期限内未提交答辩状，其在二审法庭调查时称二审答辩意见与一审一致。

原审第三人彭召来、王芳友、彭鑫、彭小桃在二审的法定期限内未提交答辩状，其在二审法庭调查时答辩称：尹金菊与东莞市佐川润滑科技有限公司之间存在劳动关系，东莞市佐川润滑科技有限公司亦因此而发放工资给尹金菊。尹金菊是因为工作原因才去买菜的，而且东莞市佐川润滑科技有限公司也无证据证明尹金菊是在买菜后从事其他活动而发生交通事故受伤的。

本院经全面审查各方当事人提供的证据，并经法庭调查，对一审法院认定的事实予以确认。另，原审第三人二审期间提交的衡南县劳动和社会保障局、衡南县社会劳动保险局、衡南县公安局泉湖派出所、衡南县泉湖镇凤山村村民委员会分别出具的证明，证明了尹金菊在2008年3月到东莞市佐川润滑科技有限公司工作前一直在家务农，未享受企业养老保险待遇或退休金及湖南省衡南县尚未实行农村养老保险制度的事实。

本院认为，根据国务院《工伤保险条例》第五条第二款“县级以上地方各级人民政府劳动保障行政部门负责本行政区域内的工伤保险工作”及第二十条第一款“劳动保障行政部门应当自受理工伤认定申请之日起60日内作出工伤认定的决定，并书面通知申请工伤认定的职工或者其直系亲属和该职工所在单位”的规定，被上诉人东莞市社会保障局作为我市行政区域内的社会保障行政部门，依法享有对我市辖区内的工伤事故进行处理和认定的法定职权。原审第三人彭小桃于2008年6月23日就尹金菊的死亡向东莞市社会保障局提出工伤认定申请，东莞市社会保障局经审查东莞市佐川润滑科技有限公司及原审第三人彭小桃提供的材料并经调查核实，于2008年7月3日作出东社保工伤认字第20080623023号《工伤认定书》，并分别于2008年7月4日、2008年7月7日送达东莞市佐川润滑科技有限公司及原审第三人，程序合法。

东莞市社会保障局提供的东莞市佐川润滑科技有限公司于 2008 年 5 月 21 日出具的两份证明、关于尹金菊工作职责与工作时间的说明、东莞市佐川润滑科技有限公司 2008 年职员工资表、对符玲的询问笔录等证据，足以认定东莞市佐川润滑科技有限公司招用尹金菊负责打扫卫生、做饭、买菜等后勤事项，并为尹金菊发放工资报酬的事实。根据原审第三人二审提交的证明，尹金菊到东莞市佐川润滑科技有限公司工作时虽已年满五十周岁，但并未享受养老保险待遇或退休金，尹金菊与东莞市佐川润滑科技有限公司之间形成的用工关系可按劳动关系处理，对东莞市佐川润滑科技有限公司认为其与尹金菊之间不存在劳动关系的主张，不予支持。

东莞市社会保障局提交的沈燕的证言、对符玲的询问笔录、佛山市公安局顺德分局交通警察大队第 2008A00026 号《交通事故认定书》、交通事故现场示意图、职工伤亡事故认定现场示意图、事故现场照片复印件，证明了尹金菊在外出买菜过程中遭遇交通事故受伤的事实。尹金菊的受伤符合《广东省工伤保险条例》第九条“职工有下列情形之一的，应当认定为工伤：……（五）因工外出期间，由于工作原因受到伤害或者发生事故下落不明的”的规定。东莞市佐川润滑科技有限公司认为尹金菊发生交通事故的路线与其平时买菜的路线方向相反，主张尹金菊当时并非外出买菜。对此，本院认为，符玲及沈燕的证人证言证明了尹金菊外出目的是去市场买菜，而东莞市社会保障局的调查显示，在 105 国道中山往广州方向西侧距东莞市佐川润滑科技有限公司驻顺德办事处 2000 米处坐落有顺德市金利农产品批发市场，同时由佛山市公安局顺德分局交通警察大队绘制的《交通事故现场图》显示尹金菊携带了买菜用的轮式行李车，以上证据相互印证，证明了尹金菊外出买菜的事实，同时东莞市佐川润滑科技有限公司未能提交证据证明尹金菊外出存在其他目的，因此其该项上诉主张的理由不成立。

综上所述，东莞市社会保障局作出的东社保工伤认字第 20080623023 号《工伤认定书》认定事实清楚，适用法律、法规正确，作出该认定书的程序合法，原审法院予以维持是正确的。东莞市佐川润滑科技有限公司的上诉理由均不能成立，对其上诉请求，本院予以驳回。原审判决认定事实清楚，证据充分，适用法律、法规正确，本院予以维持。

依照《中华人民共和国行政诉讼法》第六十一条第（一）项之规定，判决如下：

驳回上诉，维持原判。

本案二审诉讼费 50 元，由上诉人东莞市佐川润滑科技有限公司承担。

本判决为终审判决。

审　判　长　张善华

代理审判员　韦艳芹

代理审判员　王相东

二〇〇九年五月十六日

书　记　员　苗卉卉

【评析】

本案是以社会保障行政确认为司法审查标的的行政案件。本判决书格式规范、要素完整、表述流畅清晰。法官根据个案特点，在二审判决书中不再列举有关证据，而是直接引用了原审法院对前述行为的确认，提纲挈领地归纳了原审原告上诉的理由。在判决理由部分以易于解读的流畅文笔，运用事理分析、法理诠释和推理等方法阐明了对有关事实的法律性质的判定。在说理构架上，法官从合法性审查的几个方面对被诉行政行为进行了分析，先以简洁的语言阐述了执法主体资格和行政程序的合法性，后以概括性文字论证了作出被诉行政行为证据的充分性。针对原审原告提出的上诉理由，法官经二审补充调查确认死者虽已年满五十周岁，但并未享受养老保险待遇或退休金的事实后，得出了用人单位与死者之间形成的用工关系可按劳动关系处理的结论。同时，综合案件证据，充分论证了死者是在外出买菜时发生交通事故受伤的事实，反驳了原审原告关于死者发生交通事故时存有其他目的的主张。整篇判决书事实过程的表述充分展现了涉案行政争议的起因及发生经过，理由论证过程具有针对性，基本观点鲜明清晰，具备了较强的说服力，被评为2010年全省法院优秀裁判文书。

广东省东莞市第一人民法院

行政判决书

（2009）东一法行初字第99号

原告：东莞捷绅眼镜厂有限公司。住所地：东莞市长安镇乌沙李屋第六经济开发区。

法定代表人：萧明，男，1953年6月27日出生，美国国籍。护照号码：427875436。

委托代理人：张随斌，男，1979年1月28日出生，汉族，住河南省正阳县付寨乡伍庄村张马店0号。

被告：东莞市劳动局。住所地：东莞市东城区育兴路101号。

法定代表人：祁达洪，该局局长。

委托代理人：黄炽标，广东理正明律师事务所律师。

委托代理人：傅毓懿，东莞市劳动局工作人员。

原告东莞捷绅眼镜厂有限公司不服被告东莞市劳动局行政处罚一案，于2009年2月18日向本院提起诉讼，本院当日受理后，依法组成合议庭，于2009年4月7日公开开庭进行了审理。原告东莞捷绅眼镜厂有限公司的法定代表人萧明、委托代理人张随斌，被告东莞市劳动局的委托代理人黄炽标、傅毓懿到庭参加诉讼。本案经广东省高级人民法院批准延长审限至2009年8月18日。本案现已审理终结。

被告东莞市劳动局针对原告违反禁止使用童工的相关规定，于2008年10月27日作出东劳监决字［2008］119号《劳动监察行政处罚决定书》，给予原告罚款5000元的处罚。被告在法定期限内向本院提供了作出被诉具体行政行为的证据、依据：1. 求职登记表，证明李小波于2008年6月5日入职原告处，入职时明确表明其于1992年8月5日出生，入职时未满16周岁。2. 考勤表，证明李小波于2008年6月份在原告处上班18天。3. 2008年6月工资条、工资签收表，证明李小波于2008年6月5日入职原告处，并领取了原告发放的6月份工资。4. 李小波身份证，证明李小波是1992年8月5日出生，原告保留其身份证复印件，清楚知道其入职时未满16周岁。5. 调查笔录、厂牌，证明李小波在原告烧焊部B线工作。6. 劳行令字NO. 0001859号《劳动监察限期整改指令书》及送达回证，证明被告发现原告存在部分工人超时加班，招用李小波、郭栋、彭晨阳三名童工以及招用曾思等6名未成年工未到劳动部门备案等劳动违法行为，被告指令原告于2008年9月1日前进行整改，并将该指令书送达给原告。7. 东劳监告字［2008］119号《劳动保障行政处罚告知书》及送达回证，证明被告于2008年10月14日向原告发出《劳动保障行政处罚告知书》，告知原告拟对其劳动违法行为罚款5000元，请其行使陈述和申辩的权利。8. 东劳监决字［2008］119号《劳动监察行政处罚决定书》及送达回证，证明被告于2008年10月27日作出涉案《劳动监察行政处罚决定书》，对原告作出罚款人民币5000元的行政处罚，并送达给原告。9. 适用的法律法规，证明被告作出的具体行政行为是合法的。

原告东莞捷绅眼镜厂有限公司诉称，被告东莞市劳动局于2008年9月和10月共6次派人来原告处调查取证所谓的“招用童工”，并于2008年10月27日对原告作出《劳动监察行政处罚决定书》（东劳监决字［2008］119号），对原告罚款5000元。原告不服，于2008年12月8日向有关部门提出行政复议申请。有关部门于2009年1月20日作出《行政复议决定书》（东府复决［2008］121201号），维持了被告的原处罚决定，原告于2009年2月5日进行了签收。原告的原人力资源部主管王所生在2008年6月份误招了一位童工李小波（1992年8月5日生），但在人事资料上报审核时被及时发现，总经理萧明否决了该份求职申请并严厉批评了王所生。王所生不服而辞职，辞职后出于报复的目的捏造事实，向被告举报原告聘用童工。原告没有“招用童工”，理由如下：1. 李小波在应聘的过程中虽然通过了原告人力资源部的初审，但在二审时被发现年龄不符而未被录用。2. 在原告否决了李小波的应聘并严厉批评王所生以后，王所生出于报复的目的而进行的所谓“举报”本身就是荒唐的事情。另外，被告没有当场查到当事人李小波，没有当事人李小波的口供或调查记录，没有李小波在原告处工作的证据原件。综上所述，原告认为被告的处罚于理无据，于情不合，故请求法院判决撤销被告作出的东劳监决字［2008］119号《劳动监察行政处罚决定书》，并承担与本案有关的费用。

原告东莞捷绅眼镜厂有限公司向本院提供了以下证据：1. 东府复决［2008］121201号《行政复议决定书》及送达回证，证明原告提起诉讼没有超过诉讼时效。2. 东劳监决字［2008］119号《劳动监察行政处罚决定书》，证明被告作出的处罚不合法。

被告东莞市劳动局辩称，一、原告违反劳动法律法规的规定，非法雇佣童工。根据《中华人民共和国劳动法》第十五条的规定“禁止用人单位招用未满十六周岁的未成年人”；又根据《禁止使用童工规定》第二条第一款的规定“国家机关、社会团体、企业事业单位、民办非企业单位或者个体工商户（以下统称用人单位）均不得招用不满16周岁的未成年人（招用不满16周岁的未成年人，以下统称使用童工）”。2008年8月18日，被告接到投诉称原告存在超时加班不支付加班费、收取员工保证金、不与员工签订劳动合同、克扣工资等劳动违法行为。经研究后被告于2008年8月25日决定对原告立案调查，其后被告即对原告进行检查，发现原告存在部分工人超时加班、招用李小波、郭栋、彭晨阳三名童工以及招用曾思等6名未成年工未到劳动部门备案等劳动违法行为，被告于是发出限期整改指令书，责令原告对其劳动违法行为进行限期整改。之后，被告通过进一步调查取证，依法调取了李小波的《求职登记表》、《6月份的考勤表》、《6月份的工资条》、《6月份员工工资签收表》以及李小波的身份证等证据材料，并对原告的两位员工进行调查，发现原告于 2008 年 6 月 5 日招用了一名工人李小波，李小波是 1992 年 8 月 5 日出生，在被原告雇佣时是未满十六周岁的未成年人。因此，原告从 2008 年 6 月开始即存在使用童工一名的劳动违法行为。尽管原告一直辩称没有招用童工李小波，但是李小波的《求职登记表》以及身份证均清楚表明其入职时未满十六周岁，而原告的招聘人员显然是知道李小波年龄的，且李小波从 2008 年 6 月 5 日开始已经在原告处上班并领取该月工资。原告辩称李小波复审时被发现年龄不符而未被录用，如果以李小波离厂（时间 2008 年 8 月 27 日）是因复审时被发现年龄不符而未被录用，那么这时距离李小波入职已经两个多月了，原告的辩解根本不成立。原告雇佣童工一名从事生产活动是事实，原告的行为已违反了《中华人民共和国劳动法》和《禁止使用童工规定》的有关规定，属于劳动违法行为。二、被告对原告作出的东劳监决字［2008］119 号《劳动监察行政处罚决定书》符合劳动法律法规的规定。1. 对原告的行政处罚程序合法。《劳动和社会保障部关于实施〈劳动保障监察条例〉若干规定》第三十八条规定："劳动保障监察限期整改指令书、劳动保障行政处理决定书、劳动保障行政处罚决定书应当在宣告后当场交付当事人；当事人不在场的，劳动保障行政部门应当在 7 日内依照《中华人民共和国民事诉讼法》的有关规定，将劳动保障监察限期整改指令书、劳动保障行政处理决定书、劳动保障行政处罚决定书送达当事人。"《最高人民法院关于适用〈中华人民共和国民事诉讼法〉若干问题的意见》第八十一条规定："向法人或者其他组织送达诉讼文书，应当由法人的法定代表人、该组织的主要负责人或者办公室、收发室、值班室等负责收件的人签收或盖章，拒绝签收或者盖章的，适用留置送达。"因此，对于拒绝签收劳动法律文书的，被告依法可以采取留置送达的方式送达。由于原告存在"2008 年 6 月招用李小波童工一名"的劳动违法行为，被告于 2008 年 10 月 14 日向其发出《劳动保障行政处罚告知书》，告知原告拟对其劳动违法行为罚款 5000 元，请其行使陈述和申辩的权利，但原告拒绝签收，被告只好采用留置送达的方式送达。2008 年 10 月 27 日，被告根据原告的劳动违法情况作出东劳监决字［2008］119 号《劳动监察行政处罚决定书》，对其作出罚款 5000 元的行政处罚，但原告依然拒绝签收，被告只好于作出处罚决定的当天又采取留置送达的方式送达给原告。2. 对原告的行政处罚合法，适用法律法规正确。《禁止使用童工规定》第六条第一款规定："用人单位使用童工的，由劳动保障行政部门按照每使用一名童工每月处 5000 元罚款的标准给予处罚。"原告于 2008 年 6 月招用了李小波一名童工，李小波的《求职登记表》、《6 月份的考勤表》、《6 月份的工资条》、《6 月份员工工资签收表》以及李小波的身份证等证据材料均清楚证实原告 2008 年 6 月雇佣该名童工的事实，被告对其按照每使用一名童工每月处 5000 元罚款的标准给予处罚，对其处罚 5000 元并无不当，完全符合法律法规的规定。综上所述，被告的行政处罚决定是依据劳动法律法规的规定行使，结合原告的劳动违法情况作出，完全符合劳动法律法规的规定，原告起诉的理据不足，请人民法院依法驳回原告的诉讼请求。

经庭审质证，原告对被告提供的求职登记表的真实性予以确认，但认为该表"部门经理或部门上级主管领导意见"栏及"总经理审批"空白，可以说明原告法定代表人否决了聘用李小波的事实。本院认为，求职登记表相应审批栏空白可以证明原告部门经理及总经理没有在该求职登记表上签名审批李小波入职，但不能证明李小波没有在原告处上班的事实。原告对被告提供的东劳监决字［2008］119号《劳动监察行政处罚决定书》的真实性没有异议，本院予以确认。原告认为被告提供的其他证据均是伪造的。本院认为考勤表、2008年6月工资条、工资签收表、李小波身份证、调查笔录、厂牌均是被告依法定程序调取，其中调查笔录有被调查人签名确认并附有被调查人的工作证，其他证据均加盖有原告的公章，符合证据规则要求，原告亦没有相反证据予以反驳，本院对上述证据的真实性予以确认；劳行令字NO.0001859号《劳动监察限期整改指令书》及送达回证是被告依法定程序作出，送达回证上有原告法定代表人签名，对该证据的真实性，本院予以确认；东劳监告字［2008］119号《劳动保障行政处罚告知书》及送达回证是被告依法定程序作出，送达回证上显示送达方式为留置送达，有两名见证人签名确认，符合送达文件的相关要求，对该证据的真实性，本院予以确认。被告对原告提供证据的真实性没有异议，本院予以确认。

经审理查明，2008年8月26日被告对原告进行立案调查，通过调查认为原告存在部分工人超时加班，招用李小波、郭栋、彭晨阳三名童工，招用曾思等6名未成年工未到劳动部门备案等劳动违法行为，于当日作出劳行令字NO.0001859号《劳动监察限期整改指令书》，指令原告于2008年9月1日前对所存在的问题进行整改，并将整改情况书面报告给被告。被告当天将该《劳动监察限期整改指令书》送达给原告。之后被告通过进一步调查取证，获取了求职登记表、考勤表、工资签收表、调查笔录等一系列的证据材料。经查，原告于2008年6月份招用李小波（1992年8月5日出生），聘用当时李小波未满16岁，李小波在原告公司烧焊部工作，2008年8月份离厂，并领取了2008年6月份工资。被告认为原告的行为违反《禁止使用童工规定》第二条的规定，于2008年10月14日以留置送达方式向原告发出东劳监告字［2008］119号《劳动保障行政处罚告知书》，告知原告拟对其处罚的事实和理由，并告知原告行使陈述和申辩的权利。原告未在指定期限行使上述权利。2008年10月27日被告以留置送达的方式向原告发出东劳监决字［2008］119号《劳动监察处罚决定书》，认定原告的行为违反《禁止使用童工规定》第二条的规定，根据《禁止使用童工规定》第六条规定，对原告处以罚款人民币5000元。原告不服，向东莞市人民政府提出行政复议申请，东莞市人民政府于2009年1月20日作出东府复决［2008］121201号《行政复议决定书》，维持被告作出的东劳监决字［2008］119号《劳动监察行政处罚决定书》。原告仍不服，向本院提起行政诉讼。

本院认为，根据国务院行政法规《禁止使用童工规定》第五条“县级以上各级人民政府劳动保障行政部门负责本规定执行情况的监督检查”的规定，被告东莞市劳动局作为东莞市劳动保障行政部门，依法享有对本辖区内使用童工的违法行为进行监督管理的法定职权，被告经过审查作出东劳监决字［2008］119号《劳动监察行政处罚决定书》并送达给原告，其执法主体适格，程序合法，依法应予以确认。

本案争议的焦点是原告是否存在使用童工李小波的违法事实。被告提供的求职登记表、考勤表、2008年6月工资条、工资签收表、李小波身份证、调查笔录、厂牌等证据之间相互印证，形成一个完整的证据链，可以清楚显示李小波入职时未满16周岁，在原告公司烧焊部工作了一段时间，并领取了工资。原告法定代表人称其在复核李小波入职资料时，已经否决聘用李小波，被告提供的上述材料是王所生为报复公司伪造的。

本院认为原告未提供任何证据证明其主张，且即使原告法定代表人曾否决聘用李小波，而李小波事实上确实在原告处工作，也不能因此而免除原告使用童工的法律后果，因此对于原告的主张，本院不予采纳。根据《禁止使用童工规定》第二条第一款“国家机关、社会团体 、企业事业单位、民办非企业单位或者个体工商户（以下统称用人单位）均不得招用不满 16 周岁的未成年人（招用不满 16 周岁的未成年人，以下统称使用童工)”和第六条第一款“用人单位使用童工的，由劳动保障行政部门按照每使用一名童工每月处 5000 元罚款的标准给予处罚……”的规定，被告对原告处以 5000 元罚款的处罚事实清楚、证据充分、适用法规正确、处罚金额合法。

综上所述，依照《中华人民共和国行政诉讼法》第五十四条第（一）项的规定，判决如下：

维持被告 2008 年 10 月 27 日作出的东劳监决字［2008］119 号《劳动监察行政处罚决定书》。

本案收取诉讼费人民币 50 元，由原告东莞捷绅眼镜厂有限公司负担。

如不服本判决，可在判决书送达之日起十五日内，向本院递交上诉状，并按对方当事人的人数提出副本，上诉于东莞市中级人民法院。

审 判 长 邓 艳
代理审判员 李 静
代理审判员 余燕飞
二〇〇九年七月十四日
书 记 员 廖卫国

【评析】

本篇裁判文书格式体例规范；层次分明，逻辑严谨；事实叙写完整、清晰，简繁得当；证据列举全面准确，质证过程充分；焦点揭示简明扼要，是非辨析分明；理由阐述充实有力，针对性强；适用法律正确，引用法条准确、完整；文字通顺，语言准确，判词简洁无歧义。裁判文书中有关证据的出示、质证、认证的过程清楚，对控辩双方意见均完整列举，证据的述写非常充分、具体、清楚，证据分析可谓条分缕析、透彻流畅，事实认定客观公正，为理由的阐述及判决的结论奠定了很好的基础。裁判论证说理部分将劳动局对原告非法使用童工行为予以行政处罚的行政行为进行了充分评析，详细地说明了当事人请求予以支持和不支持的理由，引“法”讲“理”，使赢的当事人清清楚楚，输的当事人明明白白。裁判文书遵循了裁判案件应当引据叙事、由事而理、由理而断的逻辑顺序，体现了言之成理、以理服人的文本风格，不失为优秀裁判文书。

●方国钢不服东莞市公安局交通警察支队厚街大队行政处罚决定纠纷一案行政判决书

广东省东莞市第二人民法院

行政判决书

（2009）东二法行初字第1号

原告：方国钢，男，1978年10月29日出生，汉族，湖北省武汉市人，住武汉市新洲区三店街西黄村方家畈湾七组061号。身份证号码：420124197810293519。

委托代理人：方名山，广东信而立律师事务所律师。

被告：东莞市公安局交通警察支队厚街大队。住所地：广东省东莞市厚街镇。

法定代表人：李顺东，该大队大队长。

委托代理人：叶启华，该大队工作人员。

委托代理人：樊国亮，东莞市公安局交通警察支队工作人员。

原告方国钢不服被告东莞市公安局交通警察支队厚街大队2008年10月16日作出的44192600NO.1117875号《公安交通管理简易程序处罚决定书》，向本院提起诉讼。本院2009年2月6日受理后，依法组成合议庭，于2009年3月13日公开开庭审理了本案。原告方国钢及其委托代理人方名山，被告东莞市公安局交通警察支队厚街大队的委托代理人叶启华、樊国亮到庭参加诉讼。本案现已审理终结。

被告东莞市公安局交通警察支队厚街大队于2008年10月16日对原告方国钢作出44192600NO.1117875号《公安交通管理简易程序处罚决定书》，认定原告实施了代码为1042的违法行为，决定给予原告罚款200元的行政处罚。被告向本院提供了作出被诉具体行政行为的依据：1.44192600NO.1117875号《公安交通管理简易程序处罚决定书》，拟证明被告对原告作出的具体行政行为的内容。2.电脑制作的原告违章地点的现场图，拟证明原告违章的情形。

原告方国钢诉称，原告2008年10月16日10时许驾驶粤S3E748小车行驶在厚街镇港口大道三屯琪胜红绿灯地段、从西边（琪胜鞋厂）由右边拐弯从副道驶入港口大道虎门方向前行30－50米处被被告民警拦下，民警要求其靠边停车，出示驾驶证、行驶证，并告之其闯红灯不按规定车道行驶。原告从琪胜鞋厂出来驶向港口大道虎门方向，根本不受三屯琪胜红绿灯的控制，只需要由副道顺着右转弯车道行驶即可。原告认为：1.被告值勤民警没有在执法时出示人民警察证件向原告表明执法身份。2.被告值勤民警没有在执法时听取原告的陈述和申辩。3.根据《中华人民共和国行政诉讼法》的规定，被告对作出的具体行政行为负有举证责任，现被告没有任何证据证明原告有不按规定车道行驶的行为。4. 被告处罚原告的依据只是单方口头陈述、单方填写的处罚决定书，没有任何其他书面依据即影像资料记录证明原告有交通违章事实。原告2008年11月7日向东莞市公安局交通警察支队提起行政复议，要求撤销该处罚决定，复议机关作出了维持决定。原告不服，请求法院判令：1. 撤销被告作出的44192600NO. 1117875号《公安交通管理简易程序处罚决定书》。2. 本案诉讼费由被告承担。

原告方国钢起诉时向本院提供了以下证据：1. 44192600NO. 1117875号《公安交通管理简易程序处罚决定书》，拟证明被告对原告作出的具体行政行为的内容。2. 东莞市公安局交通警察支队执法监督科受理回执、东公交复字［2008］106号《行政复议决定书》及送达回证，拟证明原告经过了行政复议程序，复议机关维持了被告的行政行为。

被告东莞市公安局交通警察支队厚街大队辩称，2008年10月16日10时15分许，被告民警方伟文、陈惠行驾驶警车在辖区港口大道执勤，行驶至港口大道三屯琪胜红绿灯路口时，发现原告方国钢驾驶粤S3E748小车在看见路口亮红灯时，即将车驶入右转弯车道越过右边的双实线行驶。执勤民警拦住原告，上前表明执法身份，让驾驶人出示了相关证件。民警在听取了原告陈述和申辩后告知原告实施了代号为1042的“机动车不按规定车道行驶”的违法行为，执勤民警开具44192600NO. 1117875号《公安交通管理简易程序处罚决定书》，对原告作出罚款200元的处罚，并将《处罚决定书》交与原告阅读核实，原告拒绝签名，执勤民警在《处罚决定书》上予以注明。被告作出上述处罚决定认定事实清楚、法律依据充分，请法院维持被告对原告作出的处罚决定。

经庭审质证，原、被告双方对44192600NO. 1117875号《公安交通管理简易程序处罚决定书》的真实性无异议，本院予以确认。

经审理查明，2008年10月16日10时许，被告东莞市公安局交通警察支队厚街大队执勤民警在港口大道三屯琪胜红绿灯路口发现原告方国钢驾驶粤S3E748小车在看见路口亮红灯时，将车驶入右转弯车道越过右方的双实线行驶。执勤民警依据《广东省道路交通安全条例》第五十八条规定，对原告未按规定车道行驶的行为以简易程序作出44192600NO. 1117875号《公安交通管理简易程序处罚决定书》，决定对原告处以200元罚款。由于原告拒绝在上述处罚决定书上签名，被告执勤民警注明“当事人拒绝签名”，并盖章确认。原告对此决定不服，认为自己并没有不按规定车道行驶的行为，向东莞市公安局交通警察支队提起行政复议，东莞市公安局交通警察支队于2008年12月8日作出东公交复字［2008］106号《行政复议决定书》，维持了被告作出的处罚决定，原告不服，向本院提起诉讼。

本院认为，本案的争议焦点是被告东莞市公安局交通警察支队厚街大队对原告方国钢作出的处罚决定是否合法。被告作为涉案地点辖区处理道路交通违法行为的有权机关，其于2008年10月16日作出的44192600NO. 1117875号《公安交通管理简易程序处罚决定书》，载明了原告于2008年10月16日10时许驾驶粤S3E748小车在港口大道实施了不按规定车道行驶的行为，并记录了原告的身份状况及驾驶车辆状况，有执勤民警盖章，虽然原告拒绝签名，但被告已在上面注明原因。根据《中华人民共和国行政诉讼法》第三十一条第一款“证据有以下几种……（七）勘验笔录，现场笔录”和最高人民法院《关于行政诉讼证据若干问题的规定》第十五条“被告向人民法院提供的现场笔录，应当载明时间、地点和事件等内容，并由执法人员和当事人签名。当事人拒绝签名或者不能签名的，应当注明原因。有其他人在现场的，可由其他人签名”的规定，涉案的《公安交通管理简易程序处罚决定书》不仅是行政处罚决定文书，亦是《中华人民共和国行政诉讼法》第三十一条第一款第（七）项规定的现场笔录，可作为对原告交通违法行为进行行政处罚的证据。原告认为其并不存在不按规定车道行驶的违法行为，但并没有提供相关的证据予以证实，因此，对被告在处罚决定书上确认的违法事实本院予以确认。

对原告未按规定车道行驶的行为，根据《广东省道路交通安全条例》第五十八条“驾驶机动车有下列行为之一的，责令改正，处警告或者二百元罚款：（一）不按规定车道行驶，或者变更车道时影响其他车辆正常行驶的……”的规定，被告对原告处以200元罚款符合法律法规的规定。

根据《中华人民共和国道路交通安全法》第一百零七条第一款“对道路交通违法行为人予以警告、二百元以下罚款，交通警察可以当场作出行政处罚决定，并出具行政处罚决定书”及公安部《道路交通安全违法行为处理程序规定》第七条第二款“对个人处以二百元以下罚款的，可以适用简易程序，由交通警察当场作出处罚决定”、第八条“对违法行为人当场处以罚款处罚的，应当按照下列程序实施：（一）口头告知其违法行为的基本事实，拟作出的行政处罚、依据及其依法享有的权利；（二）听取违法行为人的陈述和申辩，违法行为人提出的事实、理由或者证据成立的，应当采纳；（三）制作简易程序处罚决定书；（四）简易程序处罚决定书应当由被处罚人签名、交通警察签名或者盖章、公安机关交通管理部门盖章。当事人拒绝签名的，交通警察应当在简易程序处罚决定书上注明；（五）将简易程序处罚决定书当场交付被处罚人；当事人拒收的，交通警察应当在简易程序处罚决定书上注明。公安机关交通管理部门按照简易程序作出处罚决定的，可以由一名交通警察实施……”的规定，被告适用简易程序对原告处以200元以下罚款，并在处罚决定书上注明“当事人拒绝签名”事项，执法程序合法。综上所述，被告作出的44192600NO. 1117875号《公安交通管理简易程序处罚决定书》认定事实清楚、适用法律正确、程序合法，本院依法予以维持。

综上所述，依照《中华人民共和国行政诉讼法》第五十四条第（一）项的规定，判决如下：

维持被告东莞市公安局交通警察支队厚街大队2008年10月16日作出的44192600NO. 1117875号《公安交通管理简易程序处罚决定书》。

本案收取诉讼费人民币50元，由原告方国钢负担。

如不服本判决，可在判决书送达之日起十五日内，向本院递交上诉状，并按对方当事人的人数提出副本，上诉于东莞市中级人民法院。

审 判 长 徐 珍
代理审判员 陈 莹
代理审判员 陈 伟
二〇〇九年三月二十三日
书 记 员 谭洁仪

【评析】

本案案情非常简单，证据数量很少，但判决书将一个看似很简单的行政处罚，从被告作出处罚是否具备法定职权、作出处罚的证据的推理采信、作出处罚是否符合法定程序、作出处罚适用法律是否正确几个方面进行论证。尤其是对“交警的现场笔录”能否作为对原告交通违法行为进行行政处罚的证据、适用简易程序对拒绝在处罚决定书上签名的原告作出处罚的合法性的论证逻辑清晰、非常严谨。判决书引用法律条文准确、完整、规范，说理层次分明、论证翔实、说理充分，读后让人信服。本判决书符合优秀裁判文书的评选标准，被评为2010年全省法院优秀裁判文书。

●徐闻县下洋镇邓吴宅经济合作社不服徐闻县人民政府行政处理决定纠纷一案行政判决书

广东省雷州市人民法院

行政判决书

(2009)雷法行初字第16号

原告：徐闻县下洋镇邓吴宅经济合作社。所在地：徐闻县下洋镇邓吴宅村。

法定代表人：邓由柏，男，主任。

委托代理人：邓涛，男，38岁，广州船员基地干部。

委托代理人：薛亚锦，男，广东展望律师事务所律师。

被告：徐闻县人民政府。所在地：徐闻县徐城镇德新一路。

法定代表人：林海武，男，县长。

委托代理人：黄魁，男，徐闻县国土资源局执法监察股股长。

第三人：徐闻县下洋镇林宅经济合作社。所在地：徐闻县下洋镇林宅村。

法定代表人：林家庆，男，主任。

委托代理人：林家武，男，61岁，住徐闻县下洋镇林宅村。

委托代理人：蔡开健，男，广东择正律师事务所律师。

原告徐闻县下洋镇邓吴宅经济合作社（下称邓吴宅村）不服被告徐闻县人民政府徐府裁［2008］7号《行政处理决定书》，向湛江市中级人民法院提起行政诉讼。湛江市中级人民法院于2009年3月17日作出（2009）湛中法行辖字第23号《行政裁定书》，裁定本案由雷州市人民法院审理。本院2009年4月1日受理后，于2009年4月8日向被告徐闻县人民政府送达了起诉状副本及应诉通知书。本院依法组成合议庭于2009年4月30日公开开庭审理了本案。原告邓吴宅村法定代表人邓由柏及其委托代理人邓涛、薛亚锦，被告徐闻县人民政府法定代表人林海武的委托代理人黄魁，第三人徐闻县下洋镇林宅经济合作社（下称林宅村）法定代表人林家庆的委托代理人林家武、蔡开健到庭参加诉讼。本案现已审理终结。

被告徐闻县人民政府根据原告邓吴宅村的土地确权申请，以1988年邓吴宅村和林宅村成立经济合作社之前，枝仔村是两村共同享有的名称，于1986年作出徐府［1986］72号决定，确定枝仔村集体所有的170亩土地应属于枝仔邓吴宅村与林宅村共有。根据权利、义务对等原则，按两村当时的人口比例划分争议土地，依据1987年初下洋镇农村基层组织情况统计表记载，邓吴宅村75户农业人口为311人，林宅村71户农业人口为307人，根据《中华人民共和国土地管理法》第十六条，国土资源部《确定土地所有权和使用权的若干规定》第五十三条之规定，于2008年12月3日作出徐府裁［2008］7号《行政处理决定书》：一、在158.74亩争议地中西边划79.88亩确定为邓吴宅村所有。四至：东至林宅新地界，南至大路，西至吴宅园地，北至邓吴宅园地。二、在158.74亩争议地中东边划78.86亩确定为林宅村集体所有。四至：东至北礼妃宜园地，南至大路，西至邓吴宅新地界，北至邓吴宅园地。

被告徐闻县人民政府于2009年4月17日向本院提供了作出被诉具体行政行为的证据和依据有：1. 调查报告。2. 立案通知书及送达回证、文件呈批传阅。3. 林宅村土地确权申请。4. 邓吴宅村答辩书及写给国土局的申请书。5. 邓吴宅村对下洋镇政府处理意见的复议材料。6. 徐府［1986］72号裁决书。7. 邓国梁、林家学、邓国甫、符方林、符乃才、凌开松调查笔录、现金日记账。8. 凌文明、吴朝躬证明材料。9. 邓吴宅村提交的证据材料。10. 下洋镇人民政府证明。11. 1987年农村基层组织情况统计表。12. 争议土地平面图。13. 徐闻县地名志、地图、地方志编纂委员会证明。14. 抗日战争根据地村庄的证书与锦旗。15. 调解会议通知、会议签到表、调解笔录。16. 徐府裁［2007］8号处理决定、湛府复决［2007］104号《行政复议决定书》。17. 郑世儒、符方德证明材料。以上证据，予以证明被诉具体行政行为证据确凿，适用法律、法规正确，符合法定程序。

原告邓吴宅村诉称：1. 被告徐闻县人民政府在原具体行政行为被上级行政复议机关撤销后，又以同一事实和理由作出与原具体行政行为相同的具体行政为，是违法的、无效的具体行政行为。2. 被告徐闻县人民政府既不在法定期限内重新作出具体行政行为，又不在复议机关期限内重新作出具体行政行为，违反法定程序，依法予以撤销。3. 徐府［1986］72号决定确定给枝仔村集体所有的土地为170亩，而徐府裁［2008］7号行政处理决定书中没有任何证据证实争议地的面积是158.74亩。4. 1987年前，原告邓吴宅村均以枝仔村名义参与民事活动，该争议地一直都是邓吴宅村经营使用。徐府裁［2008］7号行政处理决定以枝仔村于1988年之前是邓吴宅村和林宅村共同享有的名称为由，将争议地其中一部分78.86亩确定给林宅村所有，没有事实和法律依据，请求予以撤销。

原告邓吴宅村提供的证据有：1. 徐府裁［2007］8号《行政处理决定书》。2. 湛府复决［2007］104号《行政复议决定书》。3. 徐府裁［2008］7号《行政处理决定书》。4. 行政复议申请书。5. 湛府复［2009］8号《行政复议受理通知书》。6.《徐闻县志》第148页。7.《关于分工编写〈徐闻县志〉的通知》（徐府发［1985］4号）。8. 徐府［1986］72号文件。9. 徐府［1987］4号文件。10. 土地承包使用证。11. 家庭联产承包合同。12.（2007）徐法民一初字第49号民事判决书。13. 骆成锋证明材料。14. 李赵权证明材料。15. 徐府［1986］72号文档案材料。16. 邓有典证明材料。17. 凌开松证明材料。18. 林家学证明材料。19. 林家学居民身份证。20. 现场图。21. 农业税完税证。22. 2007年10月9日邓国梁证明。以上证据，予以证明被诉具体行政行为是不尊重客观事实的、违法的行政行为。

被告徐闻县人民政府辩称：1. 本府并非以同一事实和理由作出与原具体行政行为相同的具体行政行为。首先，徐府裁［2007］8号《行政处理决定书》对争议地"四固定"前的使用事实未予查明，而徐府裁［2008］7号《行政处理决定书》增加确认邓吴宅村和林宅村均于1958年曾在长坡岭开荒种植的事实；其次，作出徐府裁［2007］8号《行政处理决定书》的法律依据是《中华人民共和国土地管理法》第十六条、《确定土地所有权和使用权若干规定》第二十条、第五十三条，而作出徐府裁［2008］7号行政处理决定书的法律依据是《中华人民共和国土地管理法》第十六条、《确定土地所有权和使用权若干规定》第五十三条，两份行政处理决定书事实和法律依据明显不同。2. 本府因故未能在法定期限内重新作出具体行政行为，并非违反法定程序。《中华人民共和国行政复议法》第三十二条规定："被申请人应当履行行政复议决定。被申请人不履行或者无正当理由拖延履行行政复议决定的，行政复议机关或者上级行政机关应当责令其限期履行。"2008年本府土地权属纠纷案件多，人手少，以致未能在法定期限内重新作出处理决定，湛江市人民政府知道本府这一具体情况，并未责令本府限期履行。原告邓吴宅村没有证据证明本府不履行或者无正当理由拖延履行行政复议决定。即使原告邓吴宅村有充分确凿的证据证明本府违反该条法律规定，也应根据《中华人民共和国行政复议法》第三十七条的规定，追究直接负责的主管人员和其他直接责任人员的行政责任，而本府的行政行为并不属于撤销行政处理决定情形之一的违反法定程序之行为。请法院予以维持。

第三人林宅村述称：1. 原告邓吴宅村以被告徐闻县人民政府是以同一事实和理由作出与原具体行政行为相同的具体行政行为，缺乏事实依据。徐府裁［2007］8号《行政处理决定书》是以枝仔村集体所有的170亩土地是枝仔邓吴宅经济合作社和枝仔林宅经济合作社所共有的，按1986年两村人口比例划分争议地。而徐府裁［2008］7号《行政处理决定书》除依据枝仔村在1988年邓吴宅经济合作社和林宅经济合作社成立之前是共同享有的名称，1986年徐闻县政府裁决长坡岭170亩土地给枝仔村，应按1986年两村人口比例划分争议地之外，增加了在1986年前枝仔林宅、邓吴宅都在长坡岭种植。1986年徐闻县政府就以枝仔村在"四固定"前有插花地在孙田农场耕种范围内为由，将争议地确认给枝仔村，并且在1986年参加行政调处时，是以枝仔村为主体，按户数筹集经费等事实和理由。2. 原告邓吴宅村以徐闻县人民政府未能在法定期限内重新作出具体行政行为，认为违反法定程序的诉讼理由，有悖于法律。徐府裁［2008］7号《行政处理决定书》认定事实清楚，证据确凿，实体处理适当，符合法定程序，适用法律、法规正确，请法院予以维持。

第三人林宅村提供的证据有：1. 林家庆身份证。2. 法定代表人身份证明书。3.《行政复议决定书》。4. 行政复议申请书。5. 徐府裁［2008］7号《行政处理决定书》。6. 证明材料。7. 湛府复决［2007］104号《行政复议决定书》。8. 徐府裁［2007］8号《行政处理决定书》。9. 调查报告。10. 调解会议笔录。11. 调解会议通知书。12. 县志办《证明》。13. 县志复印件。14. 地图复印件。15.《证明》。16. 县政府颁发的匾牌和锦旗。17. 现金日记账。18. 证明材料。19. 答辩书。20.《土地确认权申请书》。21.《通知》。22. 徐闻县下洋镇人民政府《答辩书》。23. 答复书。24. 提出答复通知书。25. 邓吴宅村行政复议申请书。26. 徐府［1986］72号裁决书。27. 徐府［1987］4号《关于原孙田一、三队，昌仔一、二队，北礼一、二队，上湖一、二队和原林宅一、二、三队土地权属纠纷问题的裁决书》。以上证据，予以证明被诉具体行政行为正确，应予维持。

经庭审质证，本院对以下证据作如下确认。被告徐闻县人民政府提供的证据：1. 调查报告。2. 立案通知书及送达回证、文件呈批传阅。3. 林宅经济合作社土地确权申请。4. 邓吴宅经济合作社答辩书及写给国土局的申请书。5. 邓吴宅村对下洋镇政府处理意见的复议材料。6. 徐府［1986］72 号《裁决书》。7. 调查邓国梁、林家学、邓国甫、符方林、符乃才、凌开松笔录、现金日记账。8. 邓吴宅村提交的证据材料。9. 下洋镇人民政府证明。10. 1987 年农村基层组织情况统计表。11. 争议土地平面图。12. 徐闻县地名志、地图、地方志编纂委员会证明。13. 抗日战争根据地村庄的证书与锦旗。14. 调解会议通知、会议签到表、调解笔录。15. 徐府裁［2007］8 号处理决定、湛府复决［2007］104 号《行政复议决定书》。原告邓吴宅村提供与被告提供不相同的证据：1. 徐府裁［2008］7 号《行政处理决定书》。2. 行政复议申请书。3. 湛府复［2009］8 号《行政复议受理通知书》。4. 徐府［1987］4 号文件。5. 土地承包使用证。6. 家庭联产承包合同。7.（2007）徐法民一初字第 49 号民事判决书。8. 徐府［1986］72 号文件档案材料。9. 林家学居民身份证。10. 农业税完税证。第三人林宅村提供与被告提供不相同的证据：1. 林家庆身份证。2. 法定代表人身份证明书。3. 湛府复决［2009］13《行政复议决定书》。4. 证明材料。5. 调查报告。6. 县志办《证明》。7. 县志复印件。8. 地图复印件。9.《证明》。10. 县政府颁发的匾牌和锦旗。11. 现金日记账。12. 答辩书。13.《土地确认权申请书》。14.《通知》。15. 徐闻县下洋镇人民政府《答辩书》。16. 答复书。17. 提出答复通知书。18. 徐府［1987］4 号《关于原孙田一、三队，昌仔一、二队，北礼一、二队，上湖一、二队和原林宅一、二、三队土地权属纠纷问题的裁决书》。以上证据与案件事实有某种联系，具有证明案件事实的可能性，符合法律规定的程序，查证属实并能反映案件事实，具备证据的关联性、合法性、真实性，本院予以认定。

本院依职权于 2009 年 4 月 23 日进行现场勘察勘验笔录，原、被告及第三人均无异议，本院确认其作为本案认定事实的依据。

对于原告邓吴宅村，提供的证据：1.《徐闻县志》第 148 页，证明枝仔是邓吴宅村与林宅村两个不同的自然村。2.《关于分工编写〈徐闻县志〉的通知》（徐府发［1985］4 号），证明枝仔是指邓吴宅村，与林宅村历来就是两个不同的自然村。以上证据，被告徐闻县人民政府和第三人林宅村均提出异议。异议理由是 2007 年 11 月 15 日徐闻县地方志编纂委员会办公室出具证明已证实"《徐闻县志》第四章'乡镇概况'中下洋镇龙江塘管理区枝仔村，由于审稿人员疏忽，林宅、枝仔（即邓、吴宅），经查实正确的记载应是枝仔（即林、邓、吴宅）"。本院认为，徐闻县地方志编纂委员会办公室是徐闻县人民政府成立的负责县志编写工作的机构，其出具的更正证明具有证明效力，因此，本院对原告邓吴宅村提供的以上两份证据，不予采信。3. 土地承包使用证、家庭联产承包合同只能证明原告邓吴宅村使用争议地的事实，不能证明枝仔仅指邓吴宅村的说法成立。

根据最高人民法院《关于行政诉讼证据若干问题的规定》第十三条第（四）项的规定，当事人向人民法院提供证人证言的，应当附有居民身份证复印件等证明证人身份的文件。原告邓吴宅村提供的骆成峰、李赵权、邓有典、凌开松、林家学、邓国梁等人的证明材料，被告提供的凌方明、吴朝躬、郑世儒、符方德等人的证明材料，均未附有居民身份证复印件等证明证人身份的文件，不符合证据要求，不能作为证据采用。

经审理查明，争议土地位于徐闻县山海公路长坡岭北侧，面积170亩，剔除田园路后可耕作面积158.74亩。其四至为：东至北礼妃宜园地，西至吴宅园地，南至孙田公路，北至邓吴宅园地。

原告邓吴宅村和第三人林宅村历来是两个不同的自然村，《徐闻县地名志》记载：邓宅，在下洋圩南约5公里外，属龙江塘管理区。因村地俗称枝仔，又称枝仔邓宅；林宅，在下洋圩南约5公里外，属龙江塘管理区。因村地俗称枝仔，又称枝仔林宅。1988年之前享有共同名称枝仔村。1988年枝仔村民委员会分为邓吴宅村民小组和林宅村民小组。

1958年原告邓吴宅村和第三人林宅村在长坡岭开荒种植，但由于收成差而丢荒。1964年，原前山公社孙田农场到该岭开垦使用，将原告邓吴宅村及第三人林宅村原开荒地进行复垦。面积约1002.3亩。1982年原告邓吴宅村邓国祥和第三人林宅村吴明辉等人到该岭强行占用土地而与前山公社孙田农场发生纠纷。1986年12月15日，被告徐闻县人民政府作出徐府［1986］72号《关于长坡土地权属纠纷问题的裁决书》，以枝仔村在“四固定”前约有几十亩插花地在孙田农场耕地范围内，后被孙田农场耕种为由，将孙田农场在山海公路以北的土地划出170亩归枝仔村集体所有。裁决后，原告邓吴宅村与第三人林宅村未对170亩土地使用权进行划分。上述土地由原告邓吴宅村村民吴进良、邓有柏、吴明伍、吴明执、邓国祥、吴明仁、邓德森和第三人林宅村村民林家学等八户使用。2006年5月20日，第三人林宅村以该土地被私人侵占耕种为由，向徐闻县下洋镇人民政府提交《土地确权申请书》，主张170亩土地所有权。2006年4月29日，徐闻县下洋镇人民政府作出洋府（2006）4号《关于枝仔村长坡岭土地使用权的处理意见》，按照原告邓吴宅村与第三人林宅村的人口比例划分争议土地。原告邓吴宅村不服，向徐闻县人民政府申请行政复议。在复议期间，徐闻县下洋镇人民政府以镇级人民政府对村级土地纠纷，只有调解处理意见，没有裁决权为由，于2006年6月18日作出洋府［2006］7号《关于撤销〈关于枝仔村长坡岭土地使用权的处理意见〉的通知》，撤销洋府（2006）4号处理意见。2007年9月20日，徐闻县人民政府作出徐府裁［2007］8号《行政处理决定书》，以枝仔村于1988年之前是原告邓吴宅村和第三人林宅村共同享用的名称为由，并按照原告邓吴宅村和第三人林宅村两村当时的人口比例将争议土地划分处理：争议地西边的79.88亩归原告邓吴宅村集体所有；争议地东边的78.86亩为归第三人林宅村集体所有。原告邓吴宅村不服该处理决定，向湛江市人民政府申请复议。2008年1月2日，湛江市人民政府作出湛府复决［2007］104号《行政复议决定书》，以徐闻县人民政府未确认该地“四固定”前使用事实的情况下，仅以原告邓吴宅村和第三人林宅村共同享有“枝仔村”的名称作出处理决定，认定事实不清为由，撤销了徐府裁［2007］8号处理决定，责令徐闻县人民政府在接到该复议决定之日起180日内重新作出具体行政行为。

2008年12月3日，徐闻县人民政府重新作出徐府裁［2008］7号《行政处理决定书》，确认枝仔村于1988年之前是原告邓吴宅村和第三人林宅村共同享有的名称。1958年枝仔林宅村、邓吴宅村都在长坡岭开荒种植，1986年徐闻县政府以枝仔村在“四固定”前有插花地在孙田农场耕种范围内为由，将争议土地划分处理。争议地西边的

79.88 亩归原告邓吴宅村集体所有，争议地东边的 78.86 亩为归第三人林宅村集体所有。原告邓吴宅村不服，于 2008 年 12 月 31 日向湛江市人民政府提起行政复议申请。2009 年 1 月 14 日，湛江市人民政府受理原告邓吴宅村行政复议申请。2009 年 3 月 17 日，原告邓吴宅村以湛江市人民政府超过 60 日的法定复议期限未作出复议决定为由，提起行政诉讼。

另查明，本案在审理期间，湛江市人民政府作出湛府复决［2009］13 号《行政复议决定书》，维持徐闻县人民政府作出的徐府裁［2008］7 号《行政处理决定书》。

本院认为，本案是集体所有土地之间的权属争议。本案争议焦点问题是：1. 被告徐闻县人民政府是否以同一事实和理由作出与原具体行政行为相同的具体行政行为。2. 枝仔村的名称是原告邓吴宅村还是包括第三人林宅村。3. 争议地应如何确定所有权。

对于本案被告徐闻县人民政府是否以同一事实和理由作出与原具体行政行为相同的具体行政行为的问题，徐府［2008］7 号《行政处理决定书》事实部分除了确认原告邓吴宅村和第三人林宅村统称枝仔村外，还增加确认 1958 年原告邓吴宅村和第三人林宅村到长坡岭进行开荒种植和 1982 年原告邓吴宅村和第三人林宅村与原前山公社孙田农场对该岭土地发生争议时，原告邓吴宅村与第三人林宅村统一以枝仔村作为一个主体参与行政处理，且按户数筹集所需经费等两个事实。被告徐闻县人民政府重新作出的徐府［2008］7 号《行政处理决定书》的具体行政行为与原具体行政行为即徐府［2007］8 号《行政处理决定书》虽然结果相同，但主要事实和主要理由有所改变。不属于《中华人民共和国行政复议法》第二十八条第二款“行政复议机关责令被申请人重新作出具体行政行为的，被申请人不得以同一事实和理由作出与原具体行政行为相同或者基本相同的具体行政行为”的规定。原告邓吴宅村诉辩理由不成立。

对于枝仔村的名称是原告邓吴宅村还是包括第三人林宅村的问题，1986 年 12 月 15 日被告徐闻县人民政府作出徐府［1986］72 号《关于长坡土地权属纠纷问题的裁决书》，将 170 亩土地划归枝仔村所有和使用。由于对枝仔村的名称是原告邓吴宅村还是包括第三人林宅村一直存有争议，导致两村对 170 亩集体土地的划分产生纠纷。原告邓吴宅村与第三人林宅村历来是不同的自然村，《徐闻县地名志》“政区聚落地名编”中记载：邓宅、林宅均在下洋圩南约 5 公里外，属龙江塘管理区，因村地俗称“枝仔”。1988 年之前邓吴宅村和林宅村享有共同名称“枝仔”。下洋镇人民政府证明 1988 年枝仔分为邓吴宅村和林宅村。而原告邓吴宅村以《徐闻县志》第四章节“乡镇概况”中记载“林宅、枝仔（即邓、吴宅）”主张枝仔即指邓吴宅村。但其据以主张权利的依据已于 2007 年 11 月 15 日被徐闻县地方志编纂委员会办公室出具证明予以更正为“枝仔（即林、邓、吴宅）”。故《徐闻县志》第四章节“乡镇概况”中关于枝仔的记载不再具有证明力。徐闻县地方志编纂委员会办公室是徐闻县人民政府成立的专门负责县志编写工作的机构，应以其出具的证明及《徐闻县地名志》的记载作为定案依据；另，原告邓吴宅村认为被告徐闻县人民政府提供的证据 10 即“1987 年农村基层组织情况统计表”证实枝仔即指邓吴宅村，但该证据记载时间是 1987 年，且没有其他证据佐证，并不能以此推断 1986 年之前枝仔即仅指邓吴宅的说法成立。故原告邓吴宅村的诉辩理由依据不足，本院不予采纳。

对于争议地应如何确定所有权的问题，争议地是长坡岭部分土地，原告邓吴宅村和第三人林宅村均于1958年在长坡岭开荒种植。1982年原告邓吴宅村和第三人林宅村与原前山公社孙田农场对该岭土地发生争议时，原告邓吴宅村和第三人林宅村曾以“枝仔村”为主体主张权利。经本院进行现场勘察，原告邓吴宅村与第三人林宅村均确认，争议地中有十多亩土地是第三人林宅村使用，其余土地是原告邓吴宅村使用。且原告邓吴宅村在2006年3月20日提交给徐闻县国土资源局的《关于处理土地权属纠纷的申请书》和2006年9月22日提交给被告徐闻县人民政府的《行政复议申请书》中均承认，争议地中有17亩土地属于第三人林宅村所有。这就表明，争议地两村都有使用的事实。国家土地管理局《确定土地所有权和使用权的若干规定》第二十条规定：“村农民集体所有的土地，按目前该村农村农民集体实际使用的本集体土地所有权界线确定所有权。根据《六十条》确定的农民集体土地所有权。由于下列原因发生变更的，按变更后的现状确定集体所有权。（一）由于村、队、场合并或分割等管理体制的变化引起土地所有权变更的……”第五十三条“一宗地由两个以上单位或个人共同使用的，可确定为共有土地使用权，共有土地使用权面积可以在共有使用人之间分摊。”《中华人民共和国土地管理法》第十条规定：“农民集体所有的土地依法属于村农民集体所有的，由村集体经济组织或者村民委员会经营、管理；已经分别属于村内两个以上农村集体经济组织所有的，由村内各该农村集体经济组织或者村民小组经营、管理。”根据上述规定，徐府［1986］72号《裁决书》将现争议地划归枝仔村所有，该裁决书已具有法律效力。在枝仔村分立为邓吴宅村和林宅村后，按两村实际使用和尊重历史的原则，该争议地应为邓吴宅村和林宅村共有。根据《中华人民共和国土地管理法》第16条“土地所有权和使用权争议，由当事人协商解决，协商不成的，由人民政府处理，单位之间的争议，由县级以上人民政府处理”的规定，被告徐闻县人民政府按人口比例将争议地分别划分给原告邓吴宅村、第三人林宅村所有，并无不妥。

综上，被告徐闻县人民政府作出的徐府裁［2008］7号《行政处理决定书》证据确凿，适用法律、法规正确，符合法定程序，应予维持。依照《中华人民共和国行政诉讼法》第五十四条第（一）项之规定，判决如下：

维持被告徐闻县人民政府于2008年12月3日作出的徐府裁［2008］7号《行政处理决定书》。

案件受理费50元，由原告徐闻县下洋镇邓吴宅经济合作社负担。

如不服本判决，可在判决书送达之日起十五日内，向本院递交上诉状，并按对方当事人的人数提出副本，上诉于广东省湛江市中级人民法院。

审　判　长　曹彪武
审　判　员　黄　祝
审　判　员　陈再美
二〇〇九年六月九日
书　记　员　梁玛丽

【评析】

本行政判决书结构完整、层次分明，叙述事实完整、清晰得当，准确把握案件争议焦点，被评为2010年全省法院优秀裁判文书。其突出之处在于：1. 文书格式规范，结构严谨。判决书在交代了案件由来之后，详尽归纳原告诉讼请求、被告的答辩理由及第三人的陈述意见。归纳清楚准确，充分体现抗辩式审判的特色。事实认定部分的叙述与原告的诉讼请求前后呼应，详尽而有针对性，文字流畅，脉络清晰。在格式上严格按照一审行政裁判文书格式要求，当事人称谓规范，运用法言法语得当。2. 争议焦点概括准确，说理充分，分析透彻，体现了法官扎实的法学功底。本案是一起两村因地名的使用不同导致集体所有土地之间权属争议的土地行政确权纠纷，判决书在全面把握案情的前提下，准确概括提炼出当事人争议的焦点，从错综复杂的案情中，直接概括本案的三个焦点，依据查明及认定的事实，对三个焦点问题一一进行详细而透彻的论述，逐项指出不采纳原告诉讼请求的法理根据和法律依据，立论正确，论证充分，环环相扣，层次感强，逻辑严谨，让败诉方输得明明白白，口服心服。

●林镇顺等不服汕头市潮阳区规划与国土资源局土地注销登记纠纷一案行政判决书

广东省汕头市中级人民法院

行政判决书

(2009) 汕中法行终字第8号

上诉人(原审原告):林镇顺,男,1937年4月4日出生,汉族,住汕头市潮阳区文光街道平东居委会南和园14栋604房。身份证号码:440524370404001。

上诉人(原审原告):陈惠娇,系林镇顺之妻,女,1943年5月20日出生,汉族,住址同上。身份证号码:440524430520006。

上诉人(原审原告):林向阳,系林镇顺、陈惠娇之子,男,1964年2月20日出生,汉族,住址同上。身份证号码:440524640220003。

上诉人(原审原告):林宜宣,系林向阳之妻,女,1965年1月6日出生,汉族,住址同上。身份证号码:440524196501060966。

上诉人(原审原告):林向华,系林镇顺、陈惠娇之女,女,1965年12月24日出生,汉族,住汕头市潮阳区文光街道西双居委会水运公司宿舍2栋503房。身份证号码:440524196512240065。

委托代理人:林镇顺(本案上诉人),系上述其他四上诉人的委托代理人。

被上诉人(原审被告):汕头市潮阳区规划与国土资源局。住所地:汕头市潮阳区棉新大道中段。

法定代表人:李振森,局长。

委托代理人:钟学庆,广东练江律师事务所律师。

原审第三人:汕头市潮阳区文光街道平东居委会。住所地:汕头市潮阳区文光街道。

法定代表人:张元潮,主任。

委托代理人:吴楚豪,汕头市潮阳区文光街道法律服务所所长。

上诉人林镇顺、陈惠娇、林向阳、林宜宣、林向华不服被上诉人汕头市潮阳区规划与国土资源局(以下简称区国土局)土地注销登记纠纷一案,汕头市潮阳区人民法院于2008年11月24日作出(2008)潮阳行初字第2号行政判决,上诉人林镇顺、陈惠娇、林向阳、林宜宣、林向华不服原审判决,向本院提起上诉。本院受理后,依法组成合议庭,公开开庭审理了本案。上诉人林镇顺、被上诉人的委托代理人钟学庆、原审第三人的委托代理人吴楚豪到庭参加诉讼。本案现已审理终结。

原审法院经审理查明，2001年6月27日，原潮阳市人民政府（已于2003年撤销，分立为潮阳区人民政府和潮南区人民政府，现潮阳区人民政府辖区内的原潮阳市人民政府行使的职权，由潮阳区人民政府继续行使）依第三人潮阳区文光街道平东居委会干部的申请，登记确认址于平东居委会吴厝巷十一巷（1－5号）集体土地为原告等五人的宅基地，向原告林镇顺、陈惠娇、林向阳、林宜宣、林向华分别颁发了潮集建（2001）字第0524300200584号，潮集建（2001）字第0524300200585号，潮集建（2001）字第0524300200580号，潮集建（2001）字第0524300200595号，潮集建（2001）字第0524300200587号《集体建设用地使用证》。2007年4月19日，第三人平东居委会向被告区国土局提交了"向潮阳区国土局申请撤销林镇顺等五人《集体土地建设用地使用证》"申请书，要求撤销原告等五人分别执有的上述五本证。被告受理后进行了调查，调取了2001年5月份前后上述五本证申请和核准登记所依据的证据材料及有关部门与本案有关的调查材料，发现上述争议土地是原潮阳市建筑材料公司于1982年5月向平东居委会租用的企业用地（没有办理租赁登记），双方分别于1982年5月23日、2000年3月1日签订有《租赁合约》。并查明五本证是2001年5月间，平东居委会干部分别以原告等五人于1984年经棉城镇政府（现为文光街道）批准，取得平东居委会划拨宅基地为由，申办登记领取的。原告等五人在1984年均不是本居委会人，棉城镇政府也未批准该地为原告等五人的宅基地，五本证的发放存在申请人隐瞒、欺骗登记机关，登记内容依据的材料失实，登记不当的事实。因此，被告根据《广东省实施〈中华人民共和国土地管理法〉办法》第十条，第十一条的规定，于2008年8月12日作出潮阳规划国土籍字（2008）3号《潮阳区规划与国土资源局注销土地登记决定书》，决定注销原告林镇顺、陈惠娇、林向阳、林宜宣、林向华分别执有的上述五本《集体建设用地使用证》中五宗宅基地使用权的土地登记。

另查明，被告曾于2007年10月12日对原告等五人作出《潮阳区规划与国土资源局撤销土地登记决定书》，认定"原告等五人申办土地发证时，无如实反映情况，隐瞒其土地权属来源及用地性质，人为分解为5宗宅基地，非法取得登记发证"的事实。决定：1. 撤销上述5宗宅基地的土地登记。2. 原已领取的上述五本证同时予以作废。原告等五人不服，于2007年11月1日向汕头市国土资源局申请行政复议，汕头市国土资源局于2008年1月29日作出汕国土资复议（2007）1号《行政复议决定书》，认为被申请复议的具体行政行为"认定事实不清，缺乏足够的证据不予以支持"，且"适用法律错误"。因此作出决定，予以撤销。

又查，原告林镇顺、陈惠娇系夫妻关系，原告林向阳、林宜宣系林镇顺、陈惠娇的儿子和儿媳，原告林向华系林镇顺、陈惠娇的女儿，原告等五人均不是平东居委会人。潮阳市建筑材料公司于1981年4月17日成立，法定代表人为林镇顺，企业类型为集体所有制企业，2006年2月15日因不按规定接受年检被工商部门吊销营业执照。

原审法院认为，根据1999年11月27日施行的《广东省实施〈中华人民共和国土地管理法〉办法》第十条第三款"土地登记申请人在申请土地登记时，隐瞒事实，伪造有关证明文件，或采取其他非法手段骗取登记的，县级以上人民政府土地行政主管部门应当注销其土地登记"的规定，发现已生效的土地权属登记不符合登记发证条件而予以纠正，是县级以上人民政府土地行政主管部门的职责。根据1999年1月1日施行的《中华人民共和国土地管理法》的有关规定，只有本集体经济组织的村民，符合一户一宅等条件，用地经有权批准的部门审批，方能取得宅基地使用权。本案中，被告在发现向原告等五人颁发的土地使用证不符合发证条件的情况下，其作为县级以上人民政府土地行政主管部门，有权根据利害关系人的申请进行纠正。被告认定该土地登记是第三人有关干部及业务人员以原告等五人名义申办；在申办过程中，虚构是平东居委会划拨并于 1984 年经棉城镇政府批准取得的宅基地；隐瞒了原告等五人不是平东居委会人等事实，以此证明该土地登记存在登记内容失实，登记不当，其土地登记及发证行政行为是错误的，依法应予纠正的主张，事实清楚，证据确凿；被告在查明事实的基础上，依据《广东省实施〈中华人民共和国土地管理法〉办法》第十条、第十一条的规定，作出了注销上述土地登记的行政行为，适用法律、法规正确；被告经发现、调查核实、研究讨论、送达、作出决定等程序进行处理，程序合法。因此，被告作出的注销土地登记行政行为合法、有效。原告提出，被告就同一问题曾于 2007 年 10 月 12 日作出过行政决定，后由于原告提起行政复议而被复议机关撤销。现被告又就同一问题作出了与前相同的具体行政行为，违反了《中华人民共和国行政复议法》第二十八条关于行政复议机关责令被告重新作出具体行政行为的，被告不得以同一的事实和理由做出与原具体行政行为相同或基本相同的具体行为的规定。因被告 2007 年 10 月 12 日作出《撤销土地登记决定书》，认定的事实是“原告等五人申办土地发证时，无如实反映情况，隐瞒其土地权属来源及用地性质，人为分解为 5 宗宅基地，非法取得登记发证”，适用的依据是《广东省城镇房地产权登记条例》的规定；而被诉具体行政行为认定的事实是“第三人有关干部及业务人员采用隐瞒事实、欺骗登记机关、假冒他人签名等手段骗取登记”，适用的依据是《广东省实施〈中华人民共和国土地管理法〉办法》的规定，可见被告作出的上述两个具体行政行为不是基于同一的事实和理由，故原告的理由不能成立。原告又提出，根据《行政处罚法》的规定，被告无权注销登记和吊销证照。因此被告的具体行政行为在法律适用上存在错误。因虚报、瞒报或申报不实均发生在申请登记时而不是发证后的违法行为，申请时按真实情况不符合法律规定的发证条件，行政机关发现后予以注销，其法律后果相当于恢复原状，而非剥夺民事权利，故被告的注销登记是行政处理行为，不是行政处罚，不能适用《行政处罚法》的规定。因此，原告的理由不能成立。遂依照《中华人民共和国行政诉讼法》第五十四条第（一）项的规定，判决：维持被告潮阳区规划与国土资源局于 2008 年 8 月 12 日作出的潮阳规划国土籍字（2008）3 号《潮阳区规划与国土资源局注销土地登记决定书》的具体行政行为。案件受理费 50 元，由原告负担。

上诉人林镇顺、陈惠娇、林向阳、林宜宣、林向华不服，上诉请求撤销原审判决。主要理由是：原审判决认定事实不清，适用法律错误。首先，被上诉人潮阳区规划与国土资源局在作出具体行政行为时程序上违法。《中华人民共和国行政复议法》第二十八条规定：“……行政复议机关责令被告重新作出具体行政行为的，被告不得以同一的事实和理由作出与原具体行政行为相同或基本相同的具体行政行为。”但潮阳区规划与国土资源局曾于 2007 年 10 月 12 日就同一问题作出过行政决定，后由于上诉人提起行政复议而被行政复议机关撤销；2008 年 3 月 27 日又作出过相同的决定后于 2008 年 5 月 29 日自行撤销；现在被上诉人又就同一问题作出与前相同的具体行政行为。虽然引用的法律条文不同，但仍属于“以同一事实和理由”的范畴。原审判决仅以前后两个行政行为文字表述不同而认为属不同事实和理由，这显然违背立法本意。其次，被上诉人在作出具体行政行为时依据的《广东省实施〈中华人民共和国土地管理法〉办法》和《行政处罚法》的规定相矛盾。而后者是上位法，法律效力高于前者，根据后者的规定，前者无权注销登记和吊销证照。原审法院认为行政机关的撤证行为属于行政处理行为而不是行政处罚，但此认定既没有法律依据也无视上诉人的被撤证就是一种受行政处罚的客观事实。因此这种将具体行政行为定性为行政处理不准确。综上，原审法院判决认定事实不清，适用法律错误，请求二审法院依法审理，以保障公民合法的财产权益。

被上诉人汕头市潮阳区规划与国土资源局答辩称：第一，我局所决定注销的五宗宅基地土地登记，有大量的证据证明，涉及的土地实际是原潮阳市建筑材料公司于1982年租用平东居委作为集体企业用地使用至今，而原棉城镇政府未曾批准该地作为林镇顺等五人使用的宅基地，且申办过程中，是平东居委会干部以林镇顺等五人名义申办的，明显该五宗土地登记时系隐瞒事实及采取非法手段骗取登记的，从而致使上述登记内容失实，登记不当。因此，被上诉人根据《广东省实施〈中华人民共和国土地管理法〉办法》第十条、第十一条之规定，决定将以林镇顺、陈惠娇、林向阳、林宜宣、林向华名义对位于平东居委吴厝巷十一巷五宗宅基地登记予以注销，是完全正确的，不仅有事实依据，也有法律依据。第二，我局所作出的注销登记行为并不违反法定程序。被上诉人2008年8月12日作出的注销登记与2007年10月12日作出的撤销土地登记其内容是不同的，不仅体现在“撤销”与“注销”字眼的不同，而且认定隐瞒事实的行为人也不同，适用法律也不相同，因此不存在以同一的事实及理由作出与原具体行政行为相同或基本相同的具体行政行为。何况被上诉人作出的决定，并非是在复议机关责令重新作出具体行政行为的情况下作出的。因此，上诉人以复议机关责令重新作出具体行政行为的情况下，以同一的事实及理由作出与原具体行政行为相同或基本相同的行政行为为由，指责被上诉人的决定违反程序，是不能成立的。第三，上诉人在上诉状中指责被上诉人适用法律错误，无权注销登记。被上诉人认为，《广东省实施〈中华人民共和国土地管理法〉办法》中第十条明确规定了注销土地登记由原土地登记机关作出。被上诉人作为原土地登记机关作出注销土地登记并没有超出职权，且本案被诉具体行政行为并非行政处罚。因此，上诉人以所谓行政处罚法并没有规定被上诉人享有注销登记和吊销证照的权力，而武断认为《广东省实施〈中华人民共和国土地管理法〉办法》与《行政处罚法》相矛盾，从而否定被上诉人的注销登记权，这明显是对法律的曲解。综上，被上诉人所作出的注销登记决定是正确的，不仅事实清楚，证据充分，且程序合法，适用法律准确。请求二审法院维持一审判决，驳回上诉人的上诉，以维护法律尊严，促进社会和谐。

原审第三人汕头市潮阳区文光街道平东居委会没有提交书面答辩意见，庭审时述称，同意被上诉人的答辩意见。

原审法院查明的事实与本院查明的事实一致，本院予以确认。

本院认为，《广东省实施〈中华人民共和国土地管理法〉办法》第十条第三款规定：“土地登记申请人在申请土地登记时，隐瞒事实，伪造有关证明文件，或采取其他非法手段骗取登记的，县级以上人民政府土地行政主管部门应当注销其土地登记。”根据这一规定，被上诉人汕头市潮阳区规划与国土资源局2008年8月12日作出的潮阳规划国土籍字（2008）3号《潮阳区规划与国土资源局注销土地登记决定书》的具体行政行为，是被上诉人依职权作出的行政处理决定，并非是对行政相对人实施行政处罚。《中华人民共和国行政复议法》第二十八条第二款规定："行政复议机关责令被申请人重新作出具体行政行为的，被申请人不得以同一的事实和理由作出与原具体行政行为相同或基本相同的具体行政行为。"根据上述法律规定，被申请人（即本案被上诉人）能否就同一的事实和理由作出与原具体行政行为相同或基本相同的具体行政行为是以行政复议机关是否有责令被申请人重新作出具体行政行为为前提的。本案中，被上诉人2007年10月12日作出的《撤销土地登记决定书》因适用法律问题被行政复议机关汕头市国土资源局依法撤销，但行政复议机关并没有责令被上诉人重新作出具体行政行为。因此，被上诉人2008年8月12日作出的潮阳规划国土籍字（2008）3号《潮阳区规划与国土资源局注销土地登记决定书》的具体行政行为应视为是一个新的具体行政行为，虽然处理结果与前一个具体行政行为基本相同，但认定事实和适用法律不同，也不是在行政复议机关的责令下作出的。因此，被上诉人并没有违反《中华人民共和国行政复议法》第二十八条第二款的规定，上诉人上诉认为被上诉人是以同一的事实和理由作出与原具体行政行为相同或基本相同的具体行政行为以及被诉具体行政行为是对行政相对人实施行政处罚的主张，缺乏足够的事实和法律依据，其上诉理由不能成立，依法应予驳回。

综上所述，原审判决认定事实清楚，适用法律正确，程序合法，依法应予维持；上诉人的上诉理由不能成立，依法应予驳回。依照《中华人民共和国行政诉讼法》第六十一条第（一）项之规定，判决如下：

驳回上诉，维持原判。

二审案件受理费50元，由上诉人林镇顺、陈惠娇、林向阳、林宜宣、林向华负担。

本判决为终审判决。

审　判　长　陈楚纯
审　判　员　马希云
审　判　员　黄烈群
二〇〇九年三月二十八日
书　记　员　郭丹虹

【评析】

本行政判决书结构完整，层次分明，逻辑严谨，详简得当，语言规范流畅，符合优秀裁判文书评选标准，被评为2010年全省法院优秀裁判文书。其优秀之处在于：案件涉及土地注销登记纠纷，焦点问题在于涉讼的土地注销登记行为是否违反了《中华人民共和国行政复议法》第二十八条第二款关于"行政复议机关责令被申请人重新作出具体行政行为的，被申请人不得以同一的事实和理由作出与原具体行政行为相同或基本相同的具体行政行为"的规定。在转述原审法院的裁判意见之后，判决书对当事人的上诉与答辩理由作了精要的概述，突出了当事人的争议焦点。事实认定部分以时间为序，进行周密细致的叙述，读来井井有条。说理部分抓住查明事实的关键点，紧扣行政复议机关是否有权责令被申请人重新作出具体行政行为以及涉讼的土地注销登记行为是否是一个新的具体行政行为这一核心展开论述，论据充足，论证充分，说服力强，适用法律正确，处理结果妥当。

●李长妹等不服韶关市浈江区十里亭镇人民政府行政经济组织成员确认纠纷一案行政判决书

广东省韶关市浈江区人民法院

行政判决书

（2009）韶浈法行初字第23号

原告：李长妹，女，1963年3月18日出生，汉族，住韶关市浈江区十里亭镇良村村民委员会火冲村村民小组。

原告：温玉芳，女，1989年10月29日出生，汉族，住韶关市浈江区十里亭镇良村村民委员会火冲村村民小组，系李长妹女儿。

原告：温文杰，男，1994年9月15日出生，汉族，住韶关市浈江区十里亭镇良村村民委员会火冲村村民小组。

法定代理人：李长妹，温文杰母亲。

上述原告委托代理人：张科峰，广东卓明律师事务所律师。

被告：韶关市浈江区十里亭镇人民政府。住所地：该区十里亭大道。

负责人：谢向军，代镇长。

委托代理人：饶瑞明，该镇工作人员。

委托代理人：卢国清，该镇司法所工作人员。

第三人：韶关市浈江区十里亭镇良村村民委员会火冲村村民小组（以下简称火冲村）。

诉讼代表人：李细芳，组长。

委托代理人：李柏智，广东韶信律师事务所律师。

原告李长妹、温玉芳、温文杰诉被告韶关市浈江区十里亭镇人民政府经济组织成员资格行政确认一案，向本院提起行政诉讼。本院受理后，依法组成合议庭，并于2009年7月23日公开开庭审理了本案，原告李长妹及原告的共同委托代理人张科峰，被告的委托代理人饶瑞明、卢国清，第三人的委托代理人李柏智到庭参加诉讼。本案现已审理终结。

原告诉称，原告李长妹自出生至结婚一直居住在火冲村，所生儿女温玉芳和温文杰也一直随母亲李长妹生活，并有独立的住房，且与家人参加火冲村的土地责任承包，缴纳农业税，履行计划生育，享有选举权与被选举权，原告李长妹实行的是家庭联产承包责任制。被告认定原告未履行村民集体义务是错误的，因此无论依据《妇女权益保护法》，还是《广东省农村集体经济组织管理规定》，原告已具备集体经济组织成员资格，请求人民法院判决撤销被告2009年4月9日作出的镇府（2009）10号《关于集体经济组织成员确认书》，确认原告有村集体经济组织成员资格，并由被告承担本案诉讼费。

原告提交了以下证据材料：1. 判决书、裁定书。2. 户籍证明、结婚证。3. 承包合同、出生证。4. 证明、选民证。5. 确认书等。

被告辩称：李长妹婚后未取得土地承包，所提供的是其婚前父亲为户主的土地承包合同书，未履行集体义务，原告未经复议，便径直起诉，程序错误，被告作出的行政确认合法，请求人民法院判决驳回原告的诉讼请求。

被告提交了以下证明材料：1. 确认书、证明。2. 调查材料等。

第三人火冲村述称，原告婚后已取得夫家的集体经济组织成员资格，丧失了原集体经济组织成员资格，对于未迁出户口的"外嫁女"，出于主观因素，原则上应允许村规民约对其享受集体经济组织利益的权利进行限制。原告李长妹婚后不在本村居住，没有履行村集体义务，其提供的土地承包合同是婚前其父亲为户主的土地承包合同书，原告李长妹不具备村集体经济组织成员资格，于是召开了村民户主会议，同时原告未经复议，直接起诉，违反程序，因此被告的确认正确，请求人民法院判决驳回原告的诉讼请求或裁定驳回起诉。

第三人提交了以下证明材料：1. 分配协议。2. 证明等。

经庭审质证，原告认为其符合经济组织成员资格的条件，法院民事判决已确认。被告及第三人火冲村仍持答辩意见。

经审理查明，原告李长妹于1963年3月18日出生于火冲村，1989年2月2日与乐昌市廊田镇东庄村村民温林华登记结婚，原告李长妹婚前与父母共同生活于火冲村，1989年10月29日原告李长妹与温林华生育原告温玉芳，1994年9月15日生育原告温文杰。婚后原告李长妹户口未迁出火冲村，户籍仍登记在火冲村，并有公安机关颁发的居民身份证，原告温玉芳和温文杰也登记在火冲村。原告李长妹还在当地建房屋一幢。

另查明，原告李长妹与李应丁是姐弟关系，李应丁的承包土地证中家庭人口为6人，包括原告，原告李长妹在夫家未分得承包地，原告及其子女参加了当地韶关市农村合作医疗。同时原告李长妹亦领取了计划生育服务证、选民证等。

又查明，2006年国家征收第三人火冲村村民小组土地，并由政府支付土地补偿费，为此经村民小组表决，通过了《火冲村征地款分配协议》，该协议第三条约定"出嫁女（指已申领结婚证的女子）及其家庭人员、空挂户（指没有火冲村祖宗产业继承权的人员）不享受火冲村的任何分配待遇"。按该分配方案，该村每人分得土地补偿费207130元。因原告李长妹要求第三人火冲村按该村村民同等待遇分配征地补偿费未果，于2007年7月26日向本院提起民事诉讼。本院以原告李长妹具有火冲村户籍，未脱离村集体经济组织所在地的生活、生产，且《火冲村征地款分配协议》第三条不具有法律效力等为由，认定原告李长妹具有第三人火冲村村民成员资格，并判决第三人火冲村支付原告李长妹征地补偿费207130元。第三人火冲村不服，上诉至韶关市中级人民法院，该院以集体经济组织成员的资格认定，不是平等民事主体之间的权利义务关系，应先由基层政府处理，不属民事案件受理范围等为由，作出（2008）韶中法民一终字第67号《民事裁定书》，裁定驳回原告李长妹的起诉。随后原告向被告申请确认集体经济组织成员资格，被告经调查认为，原告李长妹婚后户口虽未迁出，但广东省取消农业税之前没有取得婚后组成家庭在该村的土地承包合同，没有按《广东省农村集体经济组织管理规定》履行村的集体义务，因此，根据该管理规定第十五条、第十六条、第十七条的规定，以及《广东省实施〈中华人民共和国妇女权益保障法〉规定》第二十四条规定和粤委办［2006］142号文件精神，作出镇府（2009）10号《关于集体经济组织成员资格确认书》。确定原告在本村征地分配方案确定时不具备火冲村集体经济组织成员资格。原告不服，诉至本院。

本院认为，原告李长妹具有火冲村户籍，在火冲村有固定居所，且长时间居住火冲村，原告李长妹婚后，生有一女温玉芳、一子温文杰，其户口也在火冲村，原告李长妹婚后仍在火冲村生活居住，并按要求落实了相关计划生育措施，也与弟弟李应丁等家人一起承包火冲村分配的土地，履行了法律法规和组织章程规定的相关义务，根据《广东省农村集体经济组织管理规定》第十五条第一款“原人民公社、生产大队、生产队的成员，户口保留在农村集体经济组织所在地，履行法律法规和组织章程规定义务的，属于农村集体经济组织的成员。实行以家庭承包经营为基础，统分结合的双层经营体制时，集体经济组织成员所生的女子，户口在集中经济组织所在地，并履行法律法规和组织章程规定义务的，属于农村集体经济组织的成员”，中共广东省委办公厅通知粤委办［2006］142号省委农办、省妇联、省信访局关于切实维护农村妇女土地承包和集体收益分配权益的意见第二条（二）项：“农村集体经济组织成员中的妇女，因结婚户口未迁出原居住地并尽义务的，仍是户口所在地集体经济组织成员，其本人和按政策生育的女子享有与男子平等权益”之规定，原告符合火冲村经济组织成员资格的条件。被告以原告在广东省取消农业税之前没有取得婚后组成的家庭在该村的土地承包合同为由，认为原告未按《广东省农村集体经济组织管理规定》第十七条的规定，履行村集体义务，确认原告不具备集体经济组织成员资格，证据不足，本院不予支持。《行政诉讼法》第三十七条第二款规定：“法律、法规规定应当先向行政机关申请复议，对复议不服再向人民法院提起诉讼的，依照法律、法规的规定。”依据该款的规定，作为复议前置必经程序的具体行政行为，必须是法律、法规有明确规定，否则作为行政相对人有复议、诉讼的选择权，本案所诉的具体行政行为，法律、法规并未明确规定复议前置是必经程序，因此原告不服，选择诉讼是合法的。依照《中华人民共和国行政诉讼法》第五十四条第（二）项第1目和《最高人民法院关于执行〈中华人民共和国行政诉讼法〉若干问题的解释》第六十条第一款的规定，判决如下：

一、撤销被告作出的镇府（2009）10号《关于集体经济组织成员资格确认书》。

二、被告于本判决生效后30日内重新作出具体行政行为。

案件受理费50元，由被告负担。

如不服本判决，可在判决书送达之日起十五日内，向本院递交上诉状，并按对方当事人的人数提出副本，上诉于广东省韶关市中级人民法院。

审　判　长　张静平
审　判　员　刘桂全
审　判　员　甘广建
二〇〇九年十一月二十四日
书　记　员　谢　菲

【评析】

本案属行政确认案件，目前在如何看待原告是否具备集体经济组织成员资格问题上，政府与法院看法不尽一致。政府主要是以原告在取消农业税之前没有以婚后组成的家庭名义进行土地承包、未履行村集体义务为由不确认其成员资格。但法院认为，原告具有村户籍并与家人进行土地承包，原告履行了法律法规和组织章程规定的相关义务，应具备村集体成员资格，据此，法院作出了撤销政府决定的判决。在政府和法院之间，对于该问题的处理存在不同的观点，法律、法规对此也没有明确规定，而本案能结合事实，较好地运用相关法律、规章和政策作出判决，不失为一个新的突破，也为今后处理该类型案件提供了参考。该份行政判决书体裁新颖，结构完整，层次分明，详简得当，语言规范，且说理较为充分，适用法律、法规具体准确。其主要特点：一是针对集体经济组织成员资格的认定，在目前法律、法规尚无明确规定的情况下，较好地运用了相关法律和规章以及查明的事实，对确认集体经济组织成员资格作出了有理有据的肯定，并指出了行政机关存在的问题。二是针对案件是否必经行政复议，依据法律规定给予了明确回应。三是针对争议焦点展开论述，突出中心，使人一目了然，是一篇优秀裁判文书。

●惠州市广华检测研究有限公司不服惠州市质量技术监督局不予行政许可纠纷一案行政判决书

广东省惠州市中级人民法院

行政判决书

（2009）惠中法行终字第33号

上诉人（原审原告）：惠州市广华检测研究有限公司。

法定代表人：钟丽华。

委托代理人：章利兵，广东卓凡律师事务所律师。

委托代理人：冯计明，广东卓凡律师事务所实习律师。

被上诉人（原审被告）：惠州市质量技术监督局。

法定代表人：张国强，局长。

委托代理人：梁志坚，该局法规科科长。

委托代理人：蔡义，广东凯扬律师事务所律师。

上诉人惠州市广华检测研究有限公司因诉惠州市质量技术监督局不予行政许可纠纷一案，不服惠城区人民法院（2008）惠城法行初第31号行政判决，向本院提起上诉。本院依法组成合议庭，对本案进行了审理，现已审理终结。

原审法院经审理查明：2008年1月18日，原告向被告申请建立“环境试验设备温度、湿度检定装置”等十五项计量标准器，提出行政许可请求。2008年1月18日，被告根据《中华人民共和国行政许可法》第三十二条第一款第（五）项决定予以受理。被告受理后根据《中华人民共和国行政许可法》第四十五条和《计量标准考核办法》第十三条、《计量标准考核规范》第6.2.3及7.2第2项的规定，告知原告听证（检验、检测、鉴定、专家评审）所需时间为八个月，自2008年1月18日至2008年9月18日。被告向主管部门广东省质量技术监督局请示，广东省质量技术监督局于2008年8月29日作出粤质监量函［2008］404号批复：“依据《中华人民共和国计量法》第八条和《中华人民共和国计量法实施细则》第十条规定，企业向质监部门申请建立的计量标准器具只限于本企业内部使用的最高计量标准器具，对于企业申请建立的其他计量标准器具不予受理。”2008年9月16日，被告作出（惠州）质监（计）不许字［2008］第001号《质量技术监督不予行政许可决定书》，对原告申请建立“环境试验设备温度、湿度检定装置”等十五项计量标准器，经审查，不符合该许可事项许可条件，决定不予行政许可。理由是依据《中华人民共和国计量法》第八条的规定，企业向质监部门申请建立的计量标准器具只限于本企业内部传递量值使用，作为统一单位量值的依据。而根据原告的企业法人营业执照经营范围，企业内部无量值传递的对象。

原审法院认为，《中华人民共和国计量法》第八条规定："企业、事业单位根据需要，可以建立本单位使用的计量标准器具，其各项最高计量标准器具经有关人民政府计量行政部门主持考核合格后作用。"可见企业向质监部门申请建立的计量标准，必须同时具备两个条件，缺一不可。本案争议的焦点是原告申请建立的计量标准，是否只限于本企业内部使用。从原告申请计量标准的实质、目的分析，2008 年 8 月 1 日原告与惠州市高新技术产业协会联名向被告提交的《关于再次邀请领导专家对我司进行"计量标准考核"的请示》中表明，原告在 2007 年 12 月向中国合格评定国家认可委员会申请校准、检测实验室认可，中国合格评定国家认可委员会要求其向被告申请建立计量标准，方可进行实验室认可。原告应中国合格评定国家认可委员会要求向被告申请建立的计量标准，不属企业内部使用的最高计量标准器具。原告也没有提供其申请建立的计量标准是只限于本企业内部使用的证据。所以，被告认为原告申请建立的计量标准不是只限于本企业内部使用，不在行政许可的范围，不能给予行政许可，有法律依据，应予以支持。至于原告提出被告没有向其提供专家评审结果和组织听证违反法律程序的问题，被告认为原告申请建立的计量标准不是只限于本企业内部使用，不在行政许可的范围，所以无须进行专家评审和组织听证，该主张应予支持。依照《中华人民共和国行政诉讼法》第五十四条第（一）项的规定，判决维持被告广东省惠州市质量技术监督局 2008 年 9 月 16 日作出的（惠州）质监（计）不许字［2008］第 001 号《质量技术监督不予行政许可决定书》。本案受理费 50 元由原告惠州市广华检测研究有限公司负担。

上诉人惠州市广华检测研究有限公司不服一审判决，提起上诉称：一、一审法院认定事实错误。上诉人为依法登记核准的企业法人，申请建立计量标准器具是为上诉人生产、销售产品使用，属于本单位使用。计量标准考核是质量技术监督部门对计量标准测量能力的评定和开展量值传递资格的确认。《中华人民共和国计量法》第八条规定，企业事业单位根据需要，可以建立本单位使用的计量标准器具，其各项最高计量标准器具经有关人民政府计量行政部门主持考核合格后使用。《计量法条文解释》对《中华人民共和国计量法》第八条的解释，一是对企业、事业单位建立计量标准以及这些计量标准法律地位的规定；二是企业、事业单位根据生产、科研、经营管理需要建立的计量标准，在本单位内部使用，作为统一本单位量值的依据。而上诉人建立标准目的是上诉人根据生产、科研、经营管理需要建立的计量标准在本单位内部使用。一审法院根据中国合格评定国家认可委员会要求上诉人建立计量标准器具后方能进行实验室认可，认定上诉人建立计量标准器具是应中国合格评定国家认可委员会的要求，就非内部使用。上诉人申请建立标准器具的目的不是为了出租出借而是为了内部使用，谁要求建立不能否认内部使用的事实。二、一审法院对被上诉人违反程序予以认可，属适用法律错误。根据质量监督检验检疫总局令（第 72 号）第十条的规定，申请考核单位，应当向主持考核的质量技术监督部门递交计量标准考核申请书和有关技术资料。主持考核的质量技术监督部门应当对申请资料的完整性进行审查，符合规定要求的，予以受理；不符合规定要求的，在 5 个工作日内通知申请考核单位需要补充的全部内容；经补充符合要求的，予以受理。主持考核的质量技术监督部门逾期未告知申请考核单位是否受理申请的，视为受理。被上诉人于2008年1月18日向上诉人发出《质量技术监督行政许可听证（检验、检测、鉴定、专家评审）期限告知书》，书面告知上诉人专家评审、听证共需八个月时间。被上诉人在作出不予行政许可的决定时，没有向上诉人提供专家评审结果和组织的相关证据。被上诉人一直未提交专家评审结果和组织听证的证据，足以证明被上诉人根本没有按照发出的通知组织专家评审和听证。《计量标准考核办法》第十三条、《计量标准考核规范》第6.2.3及7.2项明确规定作出具体行政行为的考核时间，被上诉人也按照规定书面告知上诉人，被上诉人在作出具体行政行为前没有依法依行政主体的承诺组织专家评审和听证明显违反程序。《中华人民共和国行政许可法》第四十八条第一款第（五）项规定，听证应当制作笔录，听证笔录应当交听证参加人确认无误后签字或者盖章。行政机关应当根据听证笔录，作出行政许可决定。根据该条法律规定，被上诉人不仅应组织听证，而且还应该根据听证笔录作出行政许可决定。被上诉人在没有听证的情况下草率作出不予行政许可决定书，严重违反法律程序。《中华人民共和国行政诉讼法》第五十四条规定，违反法定程序作出具体的行政行为，人民法院判决撤销，并可以判决被上诉人重新作出具体行政行为。根据上述事实和法条，被上诉人作出的不予行政许可的决定严重违反法律程序，依法应该撤销且被上诉人需对上诉人的申请重新作出具体的行政行为。

被上诉人惠州市质量技术监督局答辩称：一、关于被上诉人作出不予行政许可决定的法律依据及所依据的法律条文中有关计量术语的解释。根据《中华人民共和国计量法》第八条规定，企业、事业单位根据需要，可以建立本单位使用的计量标准器具，其各项最高计量标准器具经有关人民政府计量行政部门主持考核合格后使用。国家计量局发布的《计量法条文解释》对《中华人民共和国计量法》第八条的解释：1. 本条是对企业、事业单位建立计量标准以及这些计量标准法律地位的规定。2. 企业、事业单位根据生产、科研、经营管理需要建立的计量标准，在本单位内部使用，作为统一本单位量值的依据。3. 建立本单位的各项最高计量标准，须经有关人民政府计量行政部门主持考核合格后，才能在本单位内部开展检定。二、关于上诉人公司属性以及申请建立“计量标准器”的实质。上诉人于2007年4月20日在惠州市工商行政管理局登记成立。营业执照登记的经营范围为仪器仪表的校准、检测、维修及技术培训、技术咨询，自动化测试系统集成，销售仪器仪表、自动化测试设备，注册资本180万元。就上诉人在工商营业执照登记的经营范围以及其在2007年12月向中国合格评定国家认可委员会申请实验室认可的事实而言，上诉人是一家具有校准、检测实验室性质的小型企业，而不是生产加工型企业。根据2008年8月1日上诉人与惠州市高新技术产业协会联名向被上诉人提交的《关于再次邀请领导专家对我司进行“计量标准考核”的请示》中披露，上诉人在2007年12月向中国合格评定国家认可委员会申请实验室认可，中国合格评定国家认可委员会要求其向被上诉人申请建立计量标准，方可进行实验室认可。根据上述情况，上诉人无疑是一家具有校准、检测实验室性质的小型企业，而不是生产加工型企业。另外，根据上诉人在惠州市工商行政管理局登记的经营范围中的“仪器仪表的校准、检测、维修”的计量业务，如果在企业内部实施，则无须向工商行政管理部门登记，如果要对社会开展经营性的“仪器仪表的校准、检测、维修”计量业务，则应获得有关部门的授权。显然，工商行政管理部门在受理上诉人登记经营范围时，是充分认识到这一点的，所以在其登记的经营范围栏加注“上述经营范围法律、行政法规禁止的项目除外；法律、行政法规限制的项目须取得许可后方可经营”。这说明上诉人申请建立计量标准，目的不是用于企业内部进行量值传递，而在一审法庭调查时，上诉人也承认其主营业务是对外开展校准、检测业务，也进一步证明其企业内部根本不存在大量量值传递的事实。三、上诉人申请建立的计量标准，不属企业内部使用的最高计量标准器具，不符合法律规定的条件，依法不能给予行政许可。《中华人民共和国计量法》第八条规定，企业、事业单位根据需要，可以建立本单位使用的计量标准器具，其各项最高计量标准器具经有关人民政府计量行政部门主持考核合格后使用。根据《计量法条文解释》对第八条的解释，即企业向质监部门申请建立的计量标准只限于企业内部使用的最高计量标准器具。也就是说企业向质监部门申请建立的计量标准，必须同时具备两个条件，即必须是企业的最高计量标准，必须用于企业内部进行量值传递，二者缺一不可。根据计量技术规范的术语解释，企业的最高计量标准是具有企业内部最高计量学特性的计量标准，处于工作计量标准的上端，用于检定工作计量标准。以上诉人申请的“压力表检定装置”计量标准｛（惠州）质监（计）受字［2008］第7号｝为例，根据国家计量检定系统（JJG2023－89）压力计量器具检定系统框图（《中华人民共和国计量法》第十条规定：“计量检定必须按照国家计量检定系统表进行”），被上诉人申请的“压力表检定装置”计量标准位于检定系统框图的工作标准处，是用于日常检定/校准的计量标准，而不是具有企业内部最高计量学特性的计量标准。至于“本单位内部使用”的含义，应该说，所有的企业自行投资建立的计量标准，都是本单位内部使用的，问题在于使用的目的是否符合现行的法律要求。《计量法条文解释》对内部使用的目的规范为“作为统一本单位量值的依据，在本单位内部开展检定”。而上诉人2008年1月18日以企业内部量值传递需要为由，申请建立“环境试验设备温度、湿度检定装置”等十五项计量标准器，故意隐瞒建立计量标准实为通过中国合格评定国家认可委员会的实验室认可事实。直至2008年8月1日上诉人与惠州市高新技术产业协会联名向被上诉人提交的《关于再次邀请领导专家对我司进行“计量标准考核”的请示》中才披露，上诉人在2007年12月向中国合格评定国家认可委员会申请校准、检测实验室认可，中国合格评定国家认可委员会要求其向被上诉人申请建立计量标准，方可进行实验室认可。上诉人应中国合格评定国家认可委员会要求向被上诉人申请建立的计量标准，不属企业内部使用的最高计量标准器具，不在被上诉人行政许可的范围，依法不能给予行政许可。被上诉人就此事还特别向广东省质量技术监督局进行了专门的请示，广东省质量技术监督局于2008年8月29日下发粤质监量函［2008］404号文，明确批复“企业向质监部门申请建立的计量标准器具只限于企业内部使用的最高计量标准器具，对于企业申请建立的其他计量标准器具不予受理”，因此，被上诉人作出不予行政许可的决定完全符合法律规定。四、上诉人申请的行政许可项目依法并不是必须举行听证，被上诉人不举行听证并不违反法律规定的程序，因其申请不符合法律规定，也根本不需进行专家考评。首先，依据《中华人民共和国行政许可法》第四十六条“法律、法规、规章规定实施行政许可应当听证的事项，或者行政机关认为需要听证的其他涉及公共利益的重大行政许可事项，行政机关应当向社会公告，并举行听证”的规定，不是每一项行政许可都必须举行听证，而上诉人向被上诉人申请的所谓计量标准的行政许可，已经完全超出了被上诉人的职权范围，依据《中华人民共和国计量法》及其他相关法律规定，根本不可能给予行政许可，听证根本就没有必要，相关的法律法规也没有规定需要举行听证；其次，上诉人申请的行政许可是上诉人的企业行为，根本谈不上涉及公共利益。因此，被上诉人未就上诉人的行政许可举行听证，完全符合法律规定。而组织专家考评的前提是上诉人的申请符合法律的规定，考评的目的是对所申请建立的计量标准进行测量能力的评价，但如前所述，上诉人的申请根本不符合《中华人民共和国计量法》的有关规定，因此，也就没有必要组织专家进行考评。五、上诉人在一审开庭时，已经明确表明撤销其一审诉讼请求中的第3项诉讼请求，即要求被上诉人支付其经济损失240万元的请求，因此，上诉人在上诉状中又要求支持一审诉讼请求，没有法律依据。

上诉人惠州市广华检测研究有限公司及被上诉人惠州市质量技术监督局在二审审理期间未提供新的证据，本院予以确认。

本院经审理查明，上诉人向被上诉人提出建立“环境试验设备温度、湿度检定装置”等十五项计量标准器的申请，被上诉人于2008年1月18日作出（惠州）质监（计）受字［2008］第1号《质量技术监督行政许可申请受理决定书》，认为上诉人提出的申请和所提供的材料，符合该项目申请条件。根据《中华人民共和国行政许可法》第三十二条第一款第（五）项，决定予以受理。同日，被上诉人向上诉人发出15份《质量技术监督行政许可听证（检验、检测、鉴定、专家评审）期限告知书》，告知上诉人申请的十五项计量标准器行政许可事项，根据《中华人民共和国行政许可法》第四十五条和《计量标准考核办法》第十三条、《计量标准考核规范》第6.2.3及7.2第2项的规定，听证（检验、检测、鉴定、专家评审）所需时间为八个月，自2008年1月18日至2008年9月18日。因被上诉人向广东省质量技术监督局提交了《关于企业申请建立计量标准器具有关问题的请示》，广东省质量技术监督局于2008年8月29日作出粤质监量函［2008］404号《关于企业申请计量标准器具核准有关问题的批复》，批复内容第一项是“依据《中华人民共和国计量法》第八条和《中华人民共和国计量法实施细则》第十条规定，企业向质监部门申请建立的计量标准器具只限于本企业内部使用的最高计量标准器具，对于企业申请建立的其他计量标准器具不予受理”。2008年9月16日，被上诉人作出（惠州）质监（计）不许字［2008］第001号《质量技术监督不予行政许可决定书》，认为上诉人申请建立“环境试验设备温度、湿度检定装置”等十五项计量标准器，不符合该许可事项许可条件，决定不予行政许可。被上诉人决定不予行政许可的理由是：依据《中华人民共和国计量法》第八条规定，企业向质监部门申请建立的计量标准器具只限于本企业内部传递量值使用，作为统一单位量值的依据。而根据上诉人的企业法人营业执照经营范围，企业内部无量值传递的对象。

另查明，上诉人于2007年4月20日领取了注册号为4413002272375的《企业法人营业执照》，工商登记的经营范围是“仪器仪表的校准、检测、维修及技术培训、技术咨询；自动化测试系统集成；销售仪器仪表、自动化测试设备（上述经营范围法律、行政法规禁止的项目除外；法律、行政法规限制的项目须取得许可后方可经营）”。

本院认为，根据《中华人民共和国计量法》第四条“国务院计量行政部门对全国计量工作实施统一监督管理。县级以上地方人民政府计量行政部门对本行政区域内的计量工作实施监督管理”的规定，被上诉人具有作出被诉具体行政行为的主体资格。

《中华人民共和国计量法》第八条规定：“企业、事业单位根据需要，可以建立本单位使用的计量标准器具，其各项最高计量标准器具经有关人民政府计量行政部门主持考核合格后使用。”对此，广东省质量技术监督局于2008年8月29日作出的粤质监量函［2008］404号《关于企业申请计量标准器具核准有关问题的批复》明确指出：“依据《中华人民共和国计量法》第八条和《中华人民共和国计量法实施细则》第十条规定，企业向质监部门申请建立的计量标准器具只限于本企业内部使用的最高计量标准器具，对于企业申请建立的其他计量标准器具不予受理。”据此，被上诉人认定企业向质监部门申请建立的计量标准器具只限于本企业内部传递量值使用，作为统一本单位量值的依据，该认定符合法律规定，本院予以采纳。被上诉人根据上诉人提供的《企业法人营业执照》及请示内容，认定上诉人申请建立“环境试验设备温度、湿度检定装置”等十五项计量标准器，不是用于企业内部量值传递，该认定事实清楚，证据确凿，本院予以采纳。《中华人民共和国行政许可法》第四十六条规定：“法律、法规、规章规定实施行政许可应当听证的事项，或者行政机关认为需要听证的其他涉及公共利益的重大行政许可事项，行政机关应当向社会公告，并举行听证。”被上诉人决定对上诉人提出的建标申请不予行政许可，对于该不予行政许可事项，有关规范计量的法律、法规、规章并未规定需要举行听证；且上诉人提出的建标申请不属于涉及公共利益的重大行政许可事项。被上诉人在作出不予行政许可决定之前不组织听证的理由成立，本院予以采纳。被上诉人受理后经审查认定上诉人提出的建标申请不属于计量标准器具核准范围，决定不予行政许可，而组织专家评审耗费人力、物力、财力和时间，已成为不必要。据此，上诉人认为被上诉人在作出不予行政许可决定之前未组织专家评审及听证违反法定程序的主张，没有法律依据，本院不予采纳。

综上所述，被上诉人惠州市质量技术监督局于2008年9月16日作出的（惠州）质监（计）不许字［2008］第001号《质量技术监督不予行政许可决定书》，认定事实清楚，适用法律、法规正确，程序合法，原审判决维持被上诉人作出的不予行政许可决定正确，本院予以维持。上诉人上诉的理由不成立，本院不予采纳。被上诉人答辩的理由成立，本院予以采纳。依照《中华人民共和国行政诉讼法》第六十一条第（一）项的规定，判决如下：

驳回上诉，维持原判。

本案二审案件受理费50元由上诉人惠州市广华检测研究有限公司负担。

本判决为终审判决。

审 判 长　张海涛
审 判 员　孙柏松
审 判 员　刘　烨
二〇〇九年五月二十日
书 记 员　戴智敏
书 记 员　廖晓丹

【评析】

本裁判文书的格式体例规范，遵循了裁判案件应当引据叙事、由事而理、法理互见、事理呼应、由理而断的逻辑顺序，体现了言之成理、以理服人的文本风格。在裁判理由的阐述上，能紧紧抓住裁判理由是裁判文书的灵魂这一特点，对案件当事人争议的几个焦点逐一展开论述。首先，对被上诉人作出被诉具体行政行为的主体资格问题，判决根据《中华人民共和国计量法》第四条的规定，确认被上诉人具有作出被诉具体行政行为的主体资格。其次，对于本案的焦点即上诉人的申请事项是否符合许可条件问题，裁判文书分两个层面进行，层层递进，全面应用了《中华人民共和国计量法》第八条以及广东省质量技术监督局粤质监量函［2008］404号《关于企业申请计量标准器具核准有关问题的批复》的规定，结合上诉人提供的证据，从而得出上诉人的申请不符合许可条件的结论。再次，关于本案是否必须进行听证的问题，裁判文书依据《中华人民共和国行政许可法》第四十六条的规定，认定本案不属于必须经过听证的法定情形，本案未经听证不构成程序违法。裁判文书整个论述条理清晰，层次分明，逻辑严谨，繁简适当，充分透彻，让人信服，被评为2010年全省法院优秀裁判文书。

审判监督篇

●广州五环物业管理有限公司与招商银行股份有限公司广州分行租赁合同纠纷再审案民事判决书

广东省高级人民法院

民 事 判 决 书

（2008）粤高法审监民提字第127号

申请再审人（一审被告、反诉原告，二审上诉人，原申请再审人）：广州五环物业管理有限公司。住所地：广州市天河区天河北路96－102号裙楼中座301房。

法定代表人：何群，总经理。

委托代理人：王明晖、黄锋，广东凡立律师事务所律师。

被申请人（一审原告、反诉被告，二审被上诉人，原被申请人）：招商银行股份有限公司广州分行。住所地：广州市天河区体育东路138号金利来大厦。

负责人：王书长，行长。

委托代理人：彭清正、安娜，广东南国德赛律师事务所律师。

广州五环物业管理有限公司（下称五环公司）因与招商银行股份有限公司广州分行（下称招行广州分行）租赁合同纠纷一案，不服广州市中级人民法院（2007）穗中法审监民再字第116号民事判决，向本院申请再审。本院于2008年9月17日作出（2008）粤高法立民申字第2381号民事裁定，对本案进行提审。本院依法组成合议庭审理了本案。现已审理终结。

2005年11月1日，招行广州分行向广州市天河区人民法院起诉称，2005年1月26日，招行广州分行与广州市光信科技发展有限公司（下称光信公司）签订了《广州市房地产租赁合同》及《房地产租赁补充契约》，约定：光信公司向招行广州分行承租位于广州市天河北路96－102号裙楼中座首至三层的房产，租期15年，其中，2005年6月11日起至2007年6月10日的月租金为33万元；光信公司应分别在签订租赁合同及补充契约后15天内于2005年6月10日分别向招行广州分行交纳10万元和56万元的租赁、管理押金，并于2005年6月10日向招行广州分行交纳首月租金33万元；光信公司逾期交纳租金的话，招行广州分行有权按照每日2%的标准计收违约金，逾期45日的话，招行广州分行有权解除合同，损失由责任方承担等内容。上述合同签订后，光信公司于2005年1月27日向招行广州分行交纳了10万元租赁、管理押金。2005年4月11日，招行广州分行、五环公司及光信公司三方签订了《协议书》，约定承租方由光信公司变更为五环公司，五环公司享有并承担光信公司在上述《广州市房地产租赁合同》及《房地产租赁补充契约》中的所有权利和义务。但五环公司从使用上述场地至今未向招行广州分行交纳任何款项，其违约行为严重侵犯了招行广州分行的权益。请求法院判令：1. 解除招行广州分行与五环公司就广州市天河北路96－102号裙楼中座首至三层的房产（除招行广州天河支行外）而签署的《广州市房地产租赁合同》及《房地产租赁补充契约》。2. 五环公司迁出上述房产。3. 五环公司向招行广州分行支付从2005年6月11日起至其迁出上述房产之日止的租金（按上述租赁合同约定的租金标准计算，计至2005年10月20日已达143万元）。4. 五环公司向招行广州分行支付截至其迁出上述房产之日止的违约金（按逾期未交纳租金数额每日2%的标准计算，计至2005年10月20日已达2277000元）。5. 五环公司承担本案的诉讼费。

五环公司就本诉答辩并反诉称，招行广州分行所述与事实不符，五环公司不同意招行广州分行的诉讼请求。一、招行广州分行没有按时移交租赁场地，已构成违约，应承担违约责任。招行广州分行、五环公司及光信公司于2005年4月11日签订《协议书》，约定由五环公司享有并承担光信公司与招行广州分行于2005年1月26日签订的《广州市房地产租赁合同》及《房地产租赁补充契约》的所有权利和义务。合同签订后，招行广州分行直至2005年4月1日才将场地正式移交给光信公司。依据《房地产租赁补充契约》的约定，五环公司有权要求顺延免租装修期63天，并要求招行广州分行支付违约金415800元。二、招行广州分行没有完全按合同的约定履行，五环公司多次要求招行广州分行按有关规定向广州市房地产管理部门办理租赁登记手续，但招行广州分行至今仍没有履行。《广州市房屋租赁管理规定》第十二条、第十九条规定房屋租赁实行备案登记制度。办理工商登记时，以租赁房屋为经营场所的，应当提供登记备案的房屋租赁合同。招行广州分行、五环公司在合同中明确约定办理租赁登记，由于招行广州分行没有依约办理房屋租赁登记，致使五环公司无法领取市场登记证，无法对租赁场地进行合法转租及分租，在招商中无法为承租人提供经登记备案的房屋租赁合同用于办理工商登记，从而无法从转租及分租行为中获利。五环公司承租场地后，投入了巨大的装修资本，却无法开展正常的经营活动，所承租的场地因此绝大部分空置，遭受了重大经济损失。这均是招行广州分行不办理租赁登记所致。依照合同约定，招行广州分行理应承担因其不履行约定的行为造成的损失。五环公司行使要求招行广州分行在办理租赁登记后再计收租金的先履行抗辩权，合法有理。三、依据双方的约定，场地内的设施由招行广州分行负责维修。招行广州分行提供的场地内存在中央空调管道严重漏水、消防栓主管道闸阀失效漏水及楼板多处严重漏水等问题，影响消防验收及商场开业。虽经五环公司多次催促，招行广州分行仍不履行维修义务，致使五环公司不得不自行出资维修、补漏，以避免损失的扩大。由于五环公司拒付租金与招行广州分行不履行合同约定互为牵连，根据对价原则，五环公司不支付租金的行为是有法可依的。综上，招行广州分行的行为已构成严重违约，致使合同目的无法实现，极大地损害了五环公司的合法权益。依据双方合同的约定及合同法的有关规定，五环公司拒付租金有理，请求法院驳回招行广州分行的诉讼请求。同时，鉴于招行广州分行违约，反诉要求法院判令：1. 招行广州分行继续履行广州市光信科技发展有限公司与招行广州分行于2005年1月26日签订的《广州市房地产租赁合同》（下称《租赁合同》）及《房地产租赁补充契约》（下称《补充契约》），立即按规定为五环公司向房地产租赁管理机构办理上述合同的租赁登记备案，招行广州分行在登记后才能向五环公司收取租金。2. 招行广州分行向五环公司支付逾期交付场地的违约金415800元（每逾期1日，按每月租金2%的标准，从2005年1月28日起计至2005年3月31日止）。3. 招行广州分行承担本案的诉讼费用。

招行广州分行对反诉答辩称，不同意五环公司的反诉请求。一、造成招行广州分行未依约交付租赁场地的主要责任在于光信公司，招行广州分行对此不存在过错，无须承担违约责任。招行广州分行于2005年2月1日将场地的铁门钥匙交给光信公司，光信公司随即进入并占用场地，并将钥匙配发给五环公司。根据招行广州分行与光信公司签订的合同，招行广州分行向光信公司移交场地的前提是光信公司或五环公司向招行广州分行提交合格的装修设计图纸，并得到招行广州分行的许可之后，招行广州分行才向其移交场地。光信公司与五环公司迟迟未向招行广州分行提供合格的装修图纸，致使招行广州分行无法向其移交租赁场地。招行广州分行与光信公司在合同履行过程中，对移交场地的时间进行了变更，是双方的真实意思表示，光信公司从未向招行广州分行主张迟延交付场地的违约金。因此，五环公司无权要求招行广州分行承担没有按约定时间交付场地责任和顺延免租期，更不能以此为由拒付租金。二、招行广州分行没有办理租赁登记的过错在于五环公司，招行广州分行对此不存在违约情形，五环公司无权行使先履行抗辩权。根据《广州市房屋租赁管理规定》及房地产租赁备案指南，办理租赁登记需要由出租人和承租人的协同办理，招行广州分行多次与五环公司协商到有关部门办理租赁登记事宜，但五环公司拒不履行协助义务。由于五环公司没有向招行广州分行提供办理房屋租赁登记所需的文件，导致租赁场地无法办理租赁登记，过错在于五环公司。五环公司占有和使用租赁场地长达一年多的时间，但现在才以招行广州分行未办理租赁登记作为抗辩理由，主要是为了达到恶意拖欠租金的目的。本案中，招行广州分行作为出租人已完成移交租赁场地的主要义务；五环公司作为承租人的主要义务是交付租金，在办理租赁登记中招行广州分行只是履行协助义务，两者没有牵连，五环公司以招行广州分行没有办理租赁登记为由行使先履行抗辩权，没有法律依据。三、五环公司称招行广州分行怠于履行场地维修义务没有依据。综上，请求法院驳回五环公司的反诉请求。

广州市天河区人民法院一审查明，招行广州分行是位于广州市天河区天河北路96－102号首层中座101、102及二、三层中座的所有权人，持有相应的《房地产证》（穗房地证字第0582334号）。上述房地产的使用性质为商业，总建筑面积为7855.45平方米。五环公司是于2005年3月7日成立的企业法人，经营范围包括物业管理、场地出租（限天河北路96－102号裙楼中座首至三层）等。

2005年1月26日，招行广州分行（甲方）与光信公司（乙方）签订租赁合同，约定招行广州分行同意将坐落于广州市天河区天河北路96－102号裙楼中座首至三层（除招商银行广州天河支行外）部位的房地产出租给光信公司作商业用途使用；房地产室内建筑面积5000平方米；租赁期限从2005年1月15日起至2020年6月10日止；其中，2005年1月15日至2005年6月10日为免租金、装修期，2005年6月11日至2007年6月10日的月租金额为33万元，2007年6月11日至2008年6月10日的月租金额为40万元，2008年6月11日至2011年6月10日的月租金额为412000元；租金按月计算，由光信公司在每月的第10日前按转账支票付款方式缴付租金给甲方，总费用中租金为60%、管理费为40%，招行广州分行给予光信公司相应发票；光信公司向招行广州分行交纳66万元保证金，并按照双方签订的房地产租赁合同使用房屋，招行广州分行应在租赁期满或解除合同之日将保证金本金退回光信公司；在租赁期内，招行广州分行依合同将房屋及设备按现状交付光信公司使用，未按约定提供房屋的，每逾期一日，须按月租金额的2%向光信公司支付违约金；在租赁期内，招行广州分行负责对房屋定期安全检查，承担房屋主体结构自然损坏的维修费用，招行广州分行应负的其他修缮责任按国家有关规定执行；租赁期内，光信公司依时交纳租金，逾期交付租金的，每逾期一日，光信公司须按当月租金额的2%向招行广州分行支付违约金，如果逾期45日，招行广州分行有权解除合同，收回房屋；招行广州分行同意光信公司将房屋转租或分租，但必须签订转租合同，在国家有关法律、法规允许的范围内，由光信公司与分租方共同制定分租合同，分租合同期限不得超过本协议租赁期限，否则按违约处理；光信公司应爱护和正常使用房屋及其设备，发现房屋及其设备自然损坏，应及时通知招行广州分行并积极配合招行广州分行检查和维修，光信公司应负的其他修缮责任按国家有关规定执行；租赁期届满且招行广州分行要求收回房屋或解除合同之日，应交回原承租房屋和设备给招行广州分行，光信公司的装修归招行广州分行所有，不能拆离；任何一方未能履行本合同规定的条款或者违反房地产租赁管理法律、法规，另一方有权依法提前解除本合同，造成的损失由责任方承担；本合同未尽事宜，双方可另行签订房地产租赁补充契约，但内容不得违反国家、省、市有关法律和法规，如与本合同有抵触，以《补充契约》为准，其补充协议经双方签章和房地产租赁管理机构登记后作为本合同附件，与本合同具有同等法律效力；本合同经双方签章后，自房地产租赁管理机构登记之日起生效等内容。

同日，招行广州分行与光信公司还签订了补充契约，约定招行广州分行将案涉场地租赁给光信公司作营业之用，以体育用品、休闲用品、服饰、精品商业为主（不得经营餐饮、娱乐业），租赁期15年，即从2005年1月15日起至2020年6月10日止；招行广州分行与光信公司签订本契约之日起到2005年6月10日为免租金装修期，光信公司签订本协议后15天内向招行广州分行交纳首期10万元的租赁、管理押金，招行广州分行收到光信公司押金后正式移交场地给光信公司，光信公司于2005年6月11日正式开始计算租金；如招行广州分行未能按时移交场地给光信公司，光信公司每天按月租金额的2%向招行广州分行收取违约金，免租金装修期顺延，当月租金折算率再行计算；在免租金装修期和租赁期间，案涉场地发生的一切水电、装修、通信、卫生及营业等费用由光信公司负责；在租赁期内，招行广州分行应免费提供光信公司设施和设备如下：招行广州分行安装并负责日常维护案涉场地的全套消防报警、喷淋系统（招行广州分行按可使用现状移交给光信公司装修，如光信公司需增加或修改，费用由光信公司负责），并协助光信公司办理案涉场地的消防合格证，提供日常空调给光信公司使用；如光信公司第二次装修需变动消防报警、喷淋系统或空调系统，有关费用由光信公司负责；光信公司在《租赁合同》、本补充契约签订之日起15天内向招行广州分行交纳首期10万元的租赁、管理押金，2005年6月10日向招行广州分行交纳二期56万元的租赁、管理押金，同时交纳首期租金和管理费，招行广州分行给光信公司出具相应发票；如光信公司在租赁期内提前解除《租赁合同》及本补充契约，招行广州分行可用上述租赁、管理押金抵扣光信公司的欠租款、欠水电款、违约金和损坏设施等的赔偿金，租赁、管理押金抵扣不足部分，招行广州分行仍有权追索；双方约定的交楼时间为本协议签订后15日内，招行广州分行应按此规定移交场地给光信公司，否则光信公司每天可按月租金额的2%向招行广州分行收取违约金；光信公司对房屋进行内装修，事先应向招行广州分行提交装修设计图纸，得到招行广州分行认可签印后进场施工；租赁期间，光信公司负责租赁物内由招行广州分行提供配套的设施和设备的日常检查，若配套设备发生故障，光信公司应即时通知招行广州分行或该单元管理者，招行广州分行或该单元管理者应及时组织修理，修理费用由招行广州分行负责（属光信公司非正常使用或光信公司增加设备等直接责任除外）；在租赁期间，招行广州分行应承担其职责范围内的修缮、管理费用责任，具体包括大厦结构、公共地方及由招行广州分行安装或提供的设施及设备（如电梯、防火和安全设施、公共服务设施、水电供应系统、空调供气系统）的质量、保养和修理；本契约任何一方给予对方的通知、请求，要求者必须用书面形式方为有效，所有光信公司向招行广州分行、招行广州分行向光信公司发出通知在依照本契约首部分所述的招行广州分行/光信公司传真号码以传真方式发出后，或在邮寄或以其他方式送达本契约首部分所述的招行广州分行/光信公司的地址（或招行广州分行/光信公司随后所通知的通信地址）邮寄发出后生效；本补充契约经招行广州分行、光信公司双方签字生效，同时按照有关规定向广州市房地产管理局办理租赁登记手续；若本补充协议的条款与《广州市房地产租赁合同》有抵触，则以本补充协议为准等内容。

2005年1月27日，光信公司向招行广州分行交纳了租赁、管理押金10万元。

2005年4月1日，招行广州分行与光信公司办理了案涉场地的交接手续，双方签署的《招商银行广州分行光华大厦裙楼中座西侧物业移交记录》显示：招行广州分行将出租物业及其设备一并移交光信公司管理，经现场验收，运作基本正常；租户已接收物品和设备、设施，若有损坏愿意赔偿并接受处罚。关于推迟案涉场地交接时间的问题，招行广州分行解释如下：其已于2005年2月1日向光信公司交付了钥匙。为证明该事实，该行向法院提供了案涉场地的前一任物业管理公司——广州市银碟物业管理有限公司的工作人员李志明、黄伟东的证言，但未申请该两证人出庭作证；而且五环公司的企业注册基本资料也显示五环公司于2005年3月7日成立时已将案涉场地作为住所地和办公地点；另，根据双方的约定，招行广州分行必须在审查五环公司提交的装修图纸合格之后才将案涉场地移交给五环公司进行装修使用，但五环公司一直没有提交合格的装修图纸。五环公司则称招行广州分行在2005年4月1日之前只是向五环公司移交了案涉场地中的301房供其作办公地点使用，正式的场地交接时间为2005年4月1日。

2005年4月11日，招行广州分行、光信公司及五环公司（丙方）签订一份《协议书》，约定广州分行、光信公司双方于2005年1月26日签订了《租赁合同》及《补充契约》，招行广州分行将案涉场地租赁给光信公司，经招行广州分行、光信公司、五环公司三方协商一致，合同主体变更约定如下：1. 招行广州分行、光信公司双方于2005年1月26日签订的《租赁合同》及《补充契约》中的承租方由原来的光信公司变更为五环公司。2. 五环公司承担《租赁合同》及《补充契约》中约定的光信公司的所有权利义务，光信公司不再承担任何法律责任和义务。3. 上述两租赁合同主体的变更不影响合同其他条款的效力等内容。

五环公司接收案涉场地后，于2005年5月至8月期间，多次向招行广州分行致函要求完善消防设施（安装消防水带喷头、解决消防栓主管道闸阀失效渗水）及解决中央空调漏水等问题。招行广州分行收到上述函件后，也多次复函给五环公司，称其已对消防设施完成修复义务（缺少的消防水带喷头已补齐），案涉场地移交已有几个月，场地交接时并不存在漏水问题，但同时表示安排人员进行检查，如属保温材料老化引起泄漏，招商广州分行将负责维修，如属因装修损坏造成泄漏则应由五环公司自行修复。

五环公司为证明其多次要求招行广州分行办理租赁登记，在举证期限内向该院提供了以下证据：1.《关于办理房地产租赁登记的要求》（五环［2005］029号），内容为请求招行广州分行依据双方的约定办理房产租赁登记，落款时间为2005年6月27日。五环公司未举证证明其已向招行广州分行送达该函件。2.《再次请求办理房产租赁登记的函》（五环［2005］051号），内容：由于招行广州分行没有依约办理租赁合同的备案登记致使五环公司至今未能办理“市场登记证”，并影响了招商工作的进行，因此再次要求招行广州分行迅速办理租赁登记手续，落款时间为2005年9月30日。五环公司未举证证明其已向招行广州分行送达该函件。3.《关于租赁事宜的函》，五环公司在该函件中提出双方签订的《租赁合同》及《补充契约》必须到房管部门备案；招行广州分行已于2005年10月19日签收该函件。招行广州分行对上述证据发表以下质证意见：对证据1、2的真实性有异议，因招行广州分行从未收到该两份函件；对证据3的真实性无异议；招行广州分行在提起本案诉讼之前也曾多次要求五环公司协助办理租赁登记，但五环公司没有配合；而在起诉要求解除双方租赁关系后，招行广州分行已无义务为五环公司办理租赁登记。另，五环公司为证明由于招行广州分行拒不办理租赁登记致使其无法领取市场登记证及因此导致案涉场地的次承租人纷纷要求解除与五环公司的租赁关系，在第一次庭审过程中向该院提供了以下证据：1. 肖文婷、李学勇、广州市酒类配送有限公司等次承租人分别与五环公司签订的租赁合同，及其以五环公司无开办市场主体资格为由要求解除双方租赁关系或要求五环公司协助转租的函件。2. 广州市工商行政管理局天河分局天河工商所（以下简称天河工商所）于2006年1月10日向五环公司发出的《询问通知书》，内容：为调查了解五环公司未经工商登记擅自开办市场，请五环公司于指定时间到天河工商所接受询问。3. 天河工商所于2006年1月10日向五环公司发出的《责令改正通知书》，内容为：经查，五环公司于2006年1月10日在广州市天河区天河北路96－102号裙楼中座301房从事未办市场注册擅自对外招租营业行为，违反了《广东省商品交易市场管理条例》第十二条的规定，根据该条例第三十二条的规定，现责令3天内改正上述违法行为，及时办理市场注册。招行广州分行对五环公司当庭提交的上述证据发表以下意见：五环公司没有在举证期限内提交上述证据，不同意质证，且该证据也与五环公司的反诉请求无关。

五环公司至今未向招行广州分行交纳第二期租赁、管理押金560000元，也没有向招行广州分行交纳任何租金。

五环公司称其曾到相关主管部门要求办理市场登记证，但主管部门依据《广东省商品交易市场管理条例》的规定，以双方的租赁合同没有办理租赁登记备案为由，不同意办理。但五环公司对此未举证证明。

另，根据五环公司的申请，一审法院通过摇珠方式确定由广州建成工程造价咨询事务所有限公司（以下简称建成公司）对案涉场地的装修现值进行评估鉴定。2006年9

月 27 日，一审法院向建成公司出具了《委托鉴定函》。2006 年 10 月 16 日，一审法院组织双方当事人及建成公司到案涉场地进行评估鉴定，但五环公司临时向一审法院提交申请书，表示放弃评估鉴定申请，并同意向建成公司的评估工作人员支付劳务费 1000 元。

招行广州分行在第一次庭审过程中表示将逾期交纳租金的违约金计付标准变更为欠交租金的每日千分之三的标准。五环公司则抗辩称该标准过高，并请求法院调整按每日万分之二点一的标准计算。

广州市天河区人民法院审理认为，招行广州分行与光信公司于 2005 年 1 月 26 日签订的《租赁合同》及《补充契约》是双方当事人的真实意思表示，内容没有违反国家法律和行政法规的强制性规定，是合法有效的。2005 年 4 月 11 日，招行广州分行、光信公司及五环公司通过签订《协议书》的方式，约定上述《租赁合同》及《补充契约》中的承租人由光信公司变更为五环公司，至此，《租赁合同》及《补充契约》中承租人的权利和义务已全部由五环公司承受。《租赁合同》中虽约定“本合同经双方签章后，自房产租赁管理机构登记之日起生效”，但由于招行广州分行作为出租人已经履行了将案涉场地交付给五环公司使用的主要义务，五环公司也已经实际接收场地并使用，应视为双方协商一致变更了上述约定。在法律及行政法规没有规定上述《合同》应当在办理批准、登记手续生效的情况下，该《租赁合同》已经生效。

由于《补充契约》中作出了关于“若本补充协议的条款与《合同》有抵触，则以本补充协议为准”的约定，因此，在《租赁合同》与《补充契约》的约定有矛盾的情况下，以《补充契约》中的约定为准。

关于租金起算时间问题，《补充契约》的约定是《补充契约》签订当日（即 2005 年 1 月 26 日）起至 2005 年 6 月 10 日为免租金装修期（共 136 天），招行广州分行于收到租赁、管理押金 10 万元后，《补充契约》签订后 15 日内正式移交场地，如未能按时移交则免租金装修期顺延。依据双方约定，招行广州分行虽称其于 2005 年 2 月 1 日将案涉场地的钥匙交付给光信公司，并提交案涉场地的前一任物业管理公司——广州市银碟物业管理有限公司的工作人员李志明、黄伟东的证言作为证据对此予以证实，但该证据属于证人证言，且招行广州分行没有申请上述两证人出庭作证，在两证人的证言与场地交接记录相矛盾的情况下，上述证人证言不足以证实场地交接时间为 2005 年 2 月 1 日。根据招行广州分行与光信公司之间的场地交接记录显示招行广州分行于 2005 年 4 月 1 日才将案涉场地交付给光信公司使用，五环公司也对该时间予以认可，该院认定 2005 年 4 月 1 日为案涉场地的交接时间。由于招行广州分行已于 2005 年 1 月 27 日向光信公司收取了 10 万元租赁、管理押金，依约招行广州分行应在《补充契约》签订后 15 日内（即 2005 年 2 月 10 日前）正式将案涉房屋移交给五环公司使用，但招行广州分行直至 2005 年 4 月 1 日才将案涉场地交付使用，迟延了 49 天，依约免租装修期应顺延至 2005 年 7 月 29 日，即五环公司应从 2005 年 7 月 30 日开始向招行广州分行交纳租金。办理上述《租赁合同》及《补充契约》的登记备案手续是双方的共同义务。招行广州分行称其曾于提起本案诉讼之前多次要求五环公司配合办理租赁登记备案手续，但未举证证明，该院不予采信。五环公司虽提交了《关于办理房地产租赁登记的要求》（五环［2005］029 号）和《再次请求办理房产租赁登记的函》（五环［2005］051 号），用于证明其曾致函招行广州分行要求办理租赁登记备案手续，但未举证证明其已向招行广州分行送达了上述两份函件，也未举证证明已按《补充契约》约定的有效方式（即传真或邮寄方式）进行了送达，因此，在招行广州分行否认收到该函件的情况下，该院对上述两份函件不予认定。五环公司于2005年10月19日向招行广州分行送达了《关于租赁事宜的函》，提出双方签订的《租赁合同》及《补充契约》必须到房管部门备案，应视为五环公司于此时向招行广州分行提出了办理租赁登记备案手续的要求，但招行广州分行对此没有答复五环公司，存在不当之处。招行广州分行在《租赁合同》及《补充契约》签订后没有要求五环公司配合办理租赁登记备案手续，而五环公司则于2005年4月1日接受案涉场地后直至2005年10月19日才向招行广州分行提出办理租赁登记备案手续的要求，因此，双方对于《租赁合同》及《补充契约》至今未办理登记备案手续均有过错。五环公司提交的其与次承租人分别签订的租赁合同及次承租人以五环公司无开办市场主体资格为由要求解除双方租赁关系或要求五环公司协助转租的函件、天河工商所于2006年1月10日向五环公司发出的《询问通知书》和《责令改正通知书》等证据，已经超过举证期限，且上述证据也无法证实五环公司无法办理市场注册手续的过错在于招行广州分行。在五环公司没有举证证实其无法领取市场登记证是由于《租赁合同》和《补充契约》没有办理租赁登记备案手续所致及《租赁合同》和《补充契约》没有办理租赁登记备案手续的责任在于招行广州分行拒不履行协助义务的情况下，五环公司关于其可以依法行使要求招行广州分行在办理租赁登记备案手续后再交纳租金的先履行抗辩权的抗辩及反诉请求，理由不成立，不予支持。

如上所述，五环公司应从2005年7月30日开始向招行广州分行交纳租金，但五环公司从2005年4月1日使用案涉场地铺位至今未向招行广州分行支付租金，依据双方关于"租赁期内，五环公司依时交纳租金……如果逾期45日，招行广州分行有权解除合同，收回房屋"的约定，五环公司逾期交纳租金已超过45日，其行为已构成违约。招行广州分行要求解除《租赁合同》和《补充契约》，收回案涉场地的诉讼请求，有事实和法律依据，该院予以支持。在《租赁合同》及《补充契约》解除后，招行广州分行无须再履行协助五环公司向房地产租赁管理机构办理上述合同的租赁登记备案手续的义务。五环公司关于要求招行广州分行继续履行《租赁合同》及《补充契约》并办理上述合同的登记备案手续的反诉请求，理由不成立，不予支持。

合同解除后，尚未履行的，终止履行；已经履行的，根据履行情况和合同的性质，当事人可以请求恢复原状、采取其他补救措施，并有权要求赔偿损失。招行广州分行要求五环公司清付截至其迁出案涉场地之日止的租金并支付迟延交纳租金的违约金，有事实和法律依据，予以支持。五环公司应按双方约定的租金标准向招行广州分行交纳从2005年7月30日起至其迁出案涉场地之日止的租金。招行广州分行起诉要求五环公司从2005年6月11日开始交纳租金，理由不成立，不予支持。同时，依据双方关于"租金按月结算，由五环公司在每月的第10日前缴付租金给招行广州分行"和"逾期交纳租金的，每逾期一日，五环公司须按当月租金额的2%向招行广州分行支付违约金"的约定，每月逾期交纳租金的违约金本应以当月应交租金金额为本金，按每日2%的标准，从欠交当月的11日起计至五环公司付清租金之日止。招行广州分行在第一次庭审过程中将上述违约金的标准变更为每月租金的每日千分之三的标准，并未过高，且符合当事人意思自治原则，没有超过合同约定的标准，予以采纳。五环公司要求予以调低的抗辩，不予采纳。但每月逾期交纳租金的违约金以不超过当月应付租金数额为限。

关于五环公司要求招行广州分行支付迟延交付案涉场地的违约金的反诉请求问题，如上所述，招行广州分行本应于收到租赁、管理押金 10 万元后，《补充契约》签订后 15 日内（即 2005 年 2 月 10 日前）将案涉场地交付给五环公司使用，但招行广州分行直至 2005 年 4 月 1 日才移交场地，依据双方关于“光信公司签订本协议后 15 天内向招行广州分行交纳首期 10 万元的租赁、管理押金，招行广州分行收到光信公司押金后正式移交场地给光信公司”和“双方约定的交楼时间为本协议签订后 15 日内，招行广州分行应按此规定移交场地给光信公司，否则光信公司每天可按月租金额 2% 向招行广州分行收取违约金”的约定，招行广州分行的行为已构成违约，应承担相应的违约责任，每日按月租金额 2%（即 330000 × 2% = 6600 元）的标准向五环公司支付从 2005 年 2 月 11 日至 2005 年 3 月 31 日止（共 49 天）迟延交付场地的违约金 323400 元（6600 元/天 × 49 天）。五环公司反诉要求从 2005 年 1 月 28 日起计算迟延交付场地的违约金，理由不成立，不予支持。

至于五环公司抗辩称案涉场地内存在中央空调管道严重漏水、消防栓主管道闸阀失效漏水及楼板多处严重漏水等问题，在租赁期间，由于《招商银行广州分行光华大厦裙楼中座西侧物业移交记录》显示：“招行广州分行将出租物业及其设备一并移交光信公司管理，经现场验收，运作基本正常。”在五环公司没有举证证明上述问题的出现是由于自然损坏，而非由于其装修行为引起损坏的情况下，该抗辩理由不成立，五环公司不能以此为由拒付租金。

另，由于五环公司已将案涉场地部分出租给他人使用，该院已于 2006 年 7 月 4 日采取在案涉场地内张贴公告的方式追加次承租人作为本案第三人参加诉讼，并通知自公告张贴之日起三十日内向该院申报权利。但该院在上述期间届满时没有收到案涉场地内的次承租人任何权利申报申请，不影响本案的处理。但案涉场地内的各次承租人作为案涉场地的实际使用人，有义务将实际使用的房屋交还给招行广州分行。

在本案一审审理过程中，依据五环公司的申请，通过摇珠方式确定了评估机构，并组织评估机构的工作人员及当事人双方到案涉场地对装修现值进行评估鉴定，但五环公司临时申请撤销在本案中对装修现值进行评估鉴定，致使该院对案涉场地内的装修现值无法认定，同时由于五环公司在本案中对装修补偿问题并未提出反诉，因此，本案对装修补偿问题不予调处，双方可通过其他合法途径解决。另，由于五环公司表示同意负担因此产生的评估工作人员劳务费 1000 元，是当事人对自己权利的合法处分，予以准许。据此，广州市天河区人民法院于 2006 年 12 月 5 日作出（2005）穗天法民三字第 1807 号判决：一、解除招行广州分行与光信公司于 2005 年 1 月 26 日签订的《广州市房地产租赁合同》和《房地产租赁补充契约》。二、五环公司于本判决发生法律效力之日起 15 日内，迁出位于广州市天河区天河北路 96 – 102 号裙楼中座首至三层（除招商银行广州天河支行外）部位的房屋（该房屋的次承租人应分别配合五环公司将其实际使用的上述房屋腾空交还给招行广州分行）。三、五环公司于本判决发生法律效力之日起 15 日内，向招行广州分行交纳 2005 年 7 月 30 日起至迁出上述房屋之日止的租金（其中，2005 年 7 月 30 日至 2007 年 6 月 10 日的月租金标准为 33 万元，2007 年 6 月 11 日至

2008 年 6 月 10 日的月租金标准为 40 万元，2008 年 6 月 11 日至 2011 年 6 月 10 日的月租金标准为 412000 元）。四、五环公司于本判决发生法律效力之日起 15 日内，向招行广州分行支付逾期交纳租金的违约金（每月逾期交纳租金的违约金应以当月应交租金金额为本金，按每日 3‰的标准，从欠交当月的 11 日起计至五环公司付清租金之日止，但每月逾期交纳租金的违约金以不超过当月应付租金数额为限）。五、招行广州分行于本判决发生法律效力之日起 15 日内，向五环公司支付迟延交付房屋的违约金 323400 元。六、驳回招行广州分行的其他诉讼请求。七、驳回五环公司的其他反诉请求。本案本诉受理费 70830 元、反诉受理费 8797 元，合共 79627 元，由招行广州分行负担 13800 元，五环公司负担 65827 元；评估费 1000 元由五环公司负担。

五环公司不服一审判决，向广州市中级人民法院提起上诉称：一、首先，原审判决遗漏与本案有直接利害关系的第三人，严重违反法定程序，影响案件公正裁决。原审法院虽然采取了公告敦促次承租人申报权利的方式，但并不符合法定的程序，最终导致第三人参加诉讼的法定权利落空。其次，原签订《租赁合同》和《补充契约》的光信公司没有参加诉讼，亦违反最高人民法院关于合同法的司法解释。二、原审判决认定事实错误。1. 原审判决混淆了是否履行双方关于办理租赁登记的约定对诉讼争议合同生效与否和合同能否实际履行的概念。本案招行广州分行因未办理租赁合同的登记，给五环公司招商、实现专业市场经营目的造成了障碍，致使合同的目的无法实现。2. 根据《租赁合同》的约定，招行广州分行作为租赁登记的义务人，《广州市租赁管理规定》亦明确上述义务系出租人必须履行的义务，且根据法律法规和规章对租赁登记的规定，无不要求提供房地产权证或其他合法权属证明的原件，而原件恰恰在出租人处，登记与否的主动权在出租人，承租人处于被动地位。3. 原审判决认定五环公司关于涉案场地设备存在严重质量问题的抗辩理由不成立，缺乏依据。五环公司提交的多份催告招行广州分行履行维修义务的函，均有招行广州分行的签收，有的还有其加注意见，从而表明五环公司所称中央空调漏水、消防栓漏水等质量问题的存在，同样影响五环公司财产安全和合同目的的实现。4. 招行广州分行作为出租人，应当依法依约全面履行，交付符合合同目的的实现的标的物的义务。五环公司作为后履行一方当然有权依照法律规定行使先履行抗辩权。据此，上诉请求：依法撤销原判，发回重审，或驳回招行广州分行的诉讼请求。

招行广州分行答辩称，同意一审判决，请求维持原判。

广州市中级人民法院二审对原审法院查明的事实予以确认。另查明，据一审庭审笔录记载，五环公司在庭审中陈述，现讼争场地只有一户在经营，其他承租人均已离场，但五环公司在一审期间并无提交招行广州分行在一审法院提起诉讼后尚在讼争场地经营的次承租人的证据材料。在二审庭审期间，五环公司称其已经与 80 多户次承租人订立了租赁关系，但无提供任何证据证实该事实。

广州市中级人民法院二审认为，关于五环公司认为一审判决遗漏当事人的问题，一审法院以公告的方式通知讼争场地的实际使用人主张权利，并无不当。讼争场地实际使用人经一审法院以公告的方式催告主张权利，在无任何实际使用人向一审法院申报权利并申请参加诉讼的情况下，实际使用人不参加诉讼，并不影响案件的审理，一审法院不将实际使用人列为第三人，并无不当。光信公司已经将其与招行广州分行《租赁合同》

和《补充契约》中的权利义务一并转让给五环公司，本案的处理结果与光信公司没有法律上的利害关系，一审法院不将光信公司列为案件第三人，并无不当。故，五环公司上诉认为一审判决遗漏当事人，影响案件公正裁决，依据不足，不予支持。招行广州分行与光信公司所签订的《租赁合同》及《补充契约》是双方当事人的真实意思表示，其内容无违反国家法律、行政法规的强制性规定，该合同合法有效。五环公司与招行广州分行、光信公司于2005年4月11日签订协议，光信公司将其在上述合同中的权利义务一并转让给五环公司，故上述合同的主体已经变更为五环公司和招行广州分行，五环公司和招行广州分行均应当按照上述合同约定，履行各自的义务。

关于合同租金的问题，五环公司认为在招行广州分行为其办理租赁合同登记及招行广州分行履行对租赁物修理义务之前，其可拒绝缴纳租金。二审认为，首先，依照《中华人民共和国合同法》第二百一十二条之规定，租赁合同是出租人将租赁物交付承租人使用、收益，承租人支付租金的合同；该法第二百一十六条之规定，出租人应当按照约定将租赁物交付承租人，并在租赁期间保持租赁物符合约定的用途；该法第二百二十六条之规定，承租人应当按照约定的期限支付租金。故，交付租赁物及其保持租赁物符合约定的用途是出租人的基本义务，向出租人交纳租金是承租人的基本义务。根据证据材料显示，招行广州分行已经在2005年4月1日向光信公司移交了场地，并在移交记录中注明“经现场验收，运作基本正常”，而五环公司已经向光信公司承接了其在《租赁合同》及《补充契约》中的权利义务，故五环公司本应按照合同约定向招行广州分行交付租金。其次，关于租赁合同登记的问题，二审认为，五环公司和招行广州分行虽然在《租赁合同》中约定要办理租赁合同登记，但租赁合同登记需双方互相配合，共同为之。现有证据显示，五环公司迟至招行广州分行起诉的前一天，即2005年10月19日才致函招行广州分行要求办理租赁合同登记。故，五环公司称无办理租赁登记和市场登记证以致其无法使用场地证据不足，不予采信。再次，关于租赁物质量瑕疵的问题。由于五环公司承接了光信公司在《租赁合同》和《补充契约》中的权利义务，故光信公司在接收场地时的验收记录，对五环公司具有拘束力。虽然在五环公司和招行广州分行的往来书函中反映讼争房屋存在消防栓的问题和漏水的现象，依照《补充契约》的约定，招行广州分行负责配套设备故障的维修，但属五环公司非正常使用或五环公司增加设备等直接责任除外。光信公司在接收场地时在接收记录上表明“经现场验收，运作基本正常”，而五环公司既无证据证实漏水等问题发生的原因，亦无证据证实漏水等问题的存在对讼争房屋使用的影响大小，故五环公司以漏水等问题拒不支付全部租金，依据不足，不予支持。五环公司无充分证据证实无办理租赁合同登记影响其使用和漏水等问题对其使用租赁物的影响，故其主张先履行抗辩权，依据不充分，不予支持。五环公司从接收场地至今，从未向招行广州分行支付租金，显然已经违反合同约定，招行广州分行要求解除合同，收回场地，符合法律规定，予以支持。综上所述，依照《中华人民共和国民事诉讼法》第一百五十三条第一款第（一）项的规定，广州市中级人民法院于2007年3月2日作出（2007）穗中法民五终字第238号民事判决：驳回上诉，维持原判。本案二审受理费79627元，由五环公司负担。

五环公司不服，向广州市中级人民法院申请再审认为：一、原审判决严重违反法定程序，遗漏应当参加诉讼的当事人。1. 原审判决在查明本案存在为数众多的次承租人的前提下，不依职权履行追加第三人到庭参加诉讼的职责，以公告敦促次承租人申报权利的方式并不符合法定的程序，直接判令不特定的第三人承担判决义务，最终导致第三人参加诉讼的法定权利被剥夺。2. 原签订《租赁合同》和《补充契约》的光信公司没有参加诉讼，却对该主体的权利义务作处理，明显是遗漏诉讼主体。一审在招行广州分行没有主张的前提下，超出当事人的诉讼请求范围判决，严重违反法定程序。二、原生效判决认定五环公司先履行抗辩权理由不足缺乏事实和法律依据，偷换法定义务与合同约定义务的概念，明显违背了民事诉讼证据规则，导致认定案件事实出现错误。租赁合同登记是营业执照、税务登记、消防验收、卫生验收、市场许可审批等经营所需证照办理的法定前置条件，是保障五环公司及众多次承租人合法经营的前提，也是合同目的实现的基础，原审判决以五环公司在2005年10月19日才致函招行广州分行要求办理合同登记为由，认定五环公司先履行抗辩证据不足，明显无视法律对租赁登记的规定。据此，请求：1. 撤销一、二审判决，发回重审或直接改判驳回招行广州分行的全部诉讼请求。2. 由招行广州分行承担一、二审的诉讼费用。

广州市中级人民法院再审查明的事实与原审查明的事实基本一致，予以确认。

广州市中级人民法院再审认为：关于原审判决是否存在遗漏当事人的问题。1. 光信公司诉讼主体资格问题。招行广州分行与光信公司于2005年1月26日所签订的《租赁合同》及《补充契约》，已在2005年4月11日由五环公司与招行广州分行、光信公司三方签订的协议中约定，光信公司将其在上述合同中的权利义务一并转让给五环公司，故上述合同的租赁主体已经变更为五环公司。原审仍维持一审判决解除光信公司与招行广州分行租赁合同欠妥，应予纠正。本案的处理结果与光信公司并无法律上的利害关系，不需追加光信公司参加本案诉讼。2. 次承租人的问题。讼争场地并未确定特定的次承租人，一审法院以公告的方式催告有关权利人主张权利，在无次承租人向一审法院申报权利并申请参加诉讼，招行广州分行也无要求次承租人参加诉讼的情况下，一审法院不将次承租人列为第三人，并不影响案件的审理。一审判决不特定的次承租人配合五环公司腾空交还房屋并无执行的实际意义，该表述应予删除。

五环公司认为以公告敦促次承租人申报权利的方式并不符合法定的程序，直接判令：不特定的第三人承担判决义务，遗漏了应当参加诉讼的次承租人，理由不成立。

关于违约责任方面问题。本案的争议焦点是办理租赁登记手续是否是五环公司交纳租金的前提条件，未办理能否行使先履行抗辩权。本案中，《租赁合同》及《补充契约》是双方当事人的合意，合同内容无违反法律、法规的强制性规定，为合法有效合同。依照法律规定，租赁合同是出租人将租赁物交付承租人使用、收益，承租人支付租金的合同。招行广州分行已将场地交付承租人使用，承租人应履行支付租金的义务。双方在租赁合同中虽约定了要办理租赁合同登记，但办理租赁登记手续需要双方配合完成，五环公司迟至起诉前的一天才致函给招行广州分行要求办理租赁登记，而在此之前五环公司一直无交纳租金，五环公司以办理租赁登记手续为交纳租金的前提条件，认为是行使先履行抗辩权，理由不成立，不予采信。依据双方关于在租赁期内，应依时交纳租金，逾期45日，有权解除合同的约定，招行广州分行要求解除合同，收回场地，合法合理，予以支持。

综上所述，原审判决承担义务的部分主体有误，再审予以纠正。经审判委员会讨论决定，依照《中华人民共和国民事诉讼法》第一百五十三条第一款第（一）、（三）项的规定，广州市中级人民法院于2008年6月4日作出（2007）穗中法审监民再字第116号民事判决：一、撤销（2007）穗中法民五终字第238号民事判决。二、维持广州市天河区人民法院（2005）天法民三初字第1807号民事判决第三、四、五、六、七项及案件受理费负担的决定。三、变更广州市天河区人民法院（2005）天法民三初字第1807号民事判决第一项为：解除招行广州分行与五环公司的租赁关系。四、变更广州市天河区人民法院（2005）天法民三初字第1807号民事判决第二项为：五环公司于本判决送达之日起15日内，迁出位于广州市天河区天河北路96－102号裙楼中座首至三层（除招商银行广州天河支行外）部位的房屋，将房屋腾空交还给招行广州分行管理使用。

五环公司不服广州市中级人民法院的再审判决，向本院申请再审认为：（一）一、二审程序违法。本案招行广州分行的第一请求就是解除与五环公司的合同，一审在没有通知光信公司参加诉讼的情况下，却对该主体的权利义务作出处理，判决解除招行广州分行与光信公司的合同，明显是遗漏诉讼主体。（二）本案合同中约定租金计算违约金，管理费没有约定违约金，招行广州分行的起诉要求支付租金及租金的违约金，并没有要求支付管理费的违约金，原审将租金和管理费的违约金一并处理不当。（三）2005年1月27日，光信公司交纳了首期租赁、管理押金，按合同约定招行广州分行应同时交付场地，但招行广州分行至2005年4月1日才正式交付，逾期交付达64天，但原审认定49天与事实不符。（四）招行广州分行签订合同后，本应先办理租赁登记，但招行广州分行未办理租赁登记，致使五环公司根本无法经营，也无法根据合同约定进行招租，但原审没有判决招行广州分行承担过错责任，将责任全部归于五环公司。（五）五环公司原支付了10万元押金以及对房屋进行装修，原审判决解除双方的租赁合同后，对押金及装修费未进行处理不当。五环公司申请再审请求：1. 撤销（2007）穗中法审监民再字第116号民事判决。2. 依法再审，纠正原判决的不当。

本院经再审查明，原审法院查明的事实属实，本院予以确认。另查明，本院再审期间，招行广州分行已将五环公司承租的天河北路96－102号裙楼中座首层至三层房屋全部卖给广州永翔科技有限公司，并于2009年4月20日办理了过户登记。五环公司认为，招行广州分行此行为隐瞒法院，故意损害五环公司对房屋作为承租人的优先购买权，招行广州分行的上述行为应承担相应的责任。

本院再审认为，综合申请再审人五环公司的再审理由以及被申请人招行广州分行答辩意见，本案再审双方争议的主要问题是：一、原审判决是否存在遗漏诉讼主体。二、原审判决将租金和管理费一并计算违约金是否错误。三、本案租赁的房屋未办理登记是否影响五环公司招租经营活动。四、招行广州分行迟延交付场地计算违约金的时间是49天还是64天。

一、关于原审判决是否存在遗漏诉讼主体问题。根据本案事实，招行广州分行原将广州市天河区天河北路96－102号首层中座101、102及二、三层中座的总建筑面积为7855.45平方米房屋租赁给光信公司，双方于2005年1月26日签订了《租赁合同》及《补充契约》。2005年4月11日，招行广州分行与五环公司、光信公司三方签订的协议约定，光信公司将其在上述《租赁合同》中的权利义务一并转让给五环公司，故上述合同中的承租人已经变更为五环公司，五环公司已成为合同的相对方。招行广州分行是在与五环公司履行租赁合同中发生纠纷而起诉五环公司的，五环公司的诉讼主体适格。虽然原一审判决解除光信公司与招行广州分行《租赁合同》在表述上欠妥，但原再审判决已对该判项表述作出了纠正。因本案的实体处理结果与光信公司并无法律上的利害关系，原审没有追加光信公司为当事人参加诉讼并无不当。五环公司申请再审提出应追加光信公司参加本案诉讼的理由不成立，本院不予支持。

二、关于原审判决将租金和管理费一并计算违约金是否错误的问题。经审查双方当事人签订的《租赁合同》及《补充契约》的内容，《租赁合同》虽然没有约定管理费要计算违约金，但双方签订的《补充契约》约定，签订《租赁合同》和《补充契约》时，首月租金和综合管理费必须与场地租赁保证金、综合管理保证金、公共设施及公共场地使用保证金、水电保证金同时缴付给招行广州分行，支付的租赁费为月租金额包含了总费用中租金60%和管理费40%，因五环公司违约，原审判决将租金和管理费一并计算违约金符合《补充契约》的约定。五环公司申请再审认为租金和管理费一并计算违约金错误的理由不成立，本院不予采纳。

三、关于本案租赁的房屋未办理登记是否影响了五环公司招租经营活动的问题。双方当事人签订的《租赁合同》第十四条载明，本合同经双方签章后，自房地产租赁管理机构登记之日起生效。从上述约定看，双方本应将租赁合同先到有关部门办理备案登记才生效。但由于双方签订合同后，五环公司未有书面的证据证实其要求办理备案登记，直至本案起诉之前才发函要求招行广州分行办理登记。鉴于五环公司已在2005年4月1日接受了场地，并在移交记录中注明“经现场验收，运作基本正常”，因此，应认定招行广州分行已将场地交付承租人五环公司使用。现五环公司在租赁期间也未提供证据证实其因未办理租赁登记影响其招租而造成其经营损失，且五环公司从使用案涉场地铺位至今未向招行广州分行交纳过租金。因此，五环公司提出其租赁的房屋因招行广州分行未办理登记影响了五环公司招租经营造成其经济损失缺乏事实依据，本院不予支持。

四、关于招行广州分行迟延交付场地计算违约金的时间是49天还是64天的问题。经审查双方签订的《补充契约》约定“光信公司签订本协议后15天内向招行广州分行交纳首期10万元的租赁、管理押金，招行广州分行收到光信公司押金后正式移交场地给光信公司”。依据上述约定，招行广州分行应在签订《补充契约》后的15天内移交场地。五环公司虽然在签订《补充契约》的第二天提前交付了押金10万元，但这是五环公司自愿提前履行义务的行为，而对招行广州分行移交场地的时间仍然不变，现招行广州分行直至2005年4月1日才将案涉场地交付给五环公司，其迟延交付场地的时间应从2005年2月10日计至4月1日共49天。原审判决按《补充契约》约定计算招行广州分行迟延交付租赁场地从2005年2月10日起至2005年4月1日止为49天是正确的。五环公司申请再审认为招行广州分行迟延64天交付场地的理由不成立，本院不予采纳。

此外，五环公司申请再审还提出原审未将其交纳的10万元押金及其装修费用进行处理的问题，因五环公司在一审诉讼中请求继续履行租赁合同，未对其交纳的10万元押金及其装修费用提出反诉主张，原审对此未进行处理并无不当，五环公司可另循法律途径解决。

至于五环公司再审提出其租赁的房屋在本院再审期间已由招行广州分行出卖给他人，造成其与次承租人发生冲突事件，由此造成的重大经济损失应由招行广州分行承担责任的问题，因招行广州分行将租赁房屋出卖给他人与本案租赁合同属不同的法律关系，五环公司认为招行广州分行出卖行为造成其重大经济损失，也可另循法律途径解决。

综上所述，五环公司再审请求的理由不成立，本院予以驳回。原再审判决认定事实清楚，适用法律正确，本院予以维持。依照《中华人民共和国民事诉讼法》第一百八十六条、第一百五十三条第一款第（一）项之规定，判决如下：

维持广州市中级人民法院于2008年6月4日作出的（2007）穗中法审监民再字第116号民事判决。

本判决为终审判决。

审　判　长　万季明
代理审判员　郑丽容
代理审判员　熊　忭
二〇〇九年十二月二十二日
书　记　员　林芳华

【评析】

本案是一宗房产租赁合同纠纷再审案，有本诉，有反诉，双方当事人争议较多。承办人以其丰富的办案经验，在纷繁复杂的诉讼争议中，准确地归纳出矛盾的焦点：一、原审判决是否存在遗漏诉讼主体。二、原审判决将租金和管理费一并计算违约金是否错误。三、本案租赁的房屋未办理登记是否影响五环公司招租经营活动。四、招行广州分行迟延交付场地计算违约金的时间是49天还是64天。判决文书针对上述四个诉讼焦点，逐一进行分析、论证，论据紧扣双方确认的事实，论证条理清楚，逻辑严谨，说服力强。判决书结构完整，层次分明，格式规范，行文流畅，制作质量较高，被评为2010年全省法院优秀裁判文书。

●深圳市商业银行华强支行与深圳市四方汽车贸易有限公司等合作合同纠纷再审案民事判决书

广东省高级人民法院

民事判决书

（2008）粤高法审监民提字第4号

申请再审人（案外人）：深圳市商业银行华强支行。住所地：深圳市福田区振华路305栋苏发大厦一楼。

负责人：崔军，行长。

委托代理人：王长春，广东国欣律师事务所律师。

委托代理人：李继，广东国欣律师事务所律师。

被申请人（一审原告、原被申请人）：深圳市四方汽车贸易有限公司。住所地：深圳市福田区彩田北路中银大厦B栋1601室。

法定代表人：刘勇，总经理。

委托代理人：康晓岳，广东万乘律师事务所律师。

委托代理人：杨慧隆，广东万乘律师事务所律师助理。

被申请人（一审被告、原申请再审人）：深圳市中环通贸易有限公司。住所地：深圳市罗湖区深南东路文华大厦东座9D。

法定代表人：钟华，总经理。

深圳市四方汽车贸易有限公司（下称四方公司）与深圳市中环通贸易有限公司（下称中环通公司）合作合同纠纷一案，深圳市中级人民法院于2006年1月6日作出（2006）深中法民二再字第12号民事调解书，已经发生法律效力。2008年3月27日，深圳市商业银行华强支行（下称华强支行）向本院申请再审。本院于2008年3月21日作出（2008）粤高法民二申字第89号民事裁定，对本案进行提审。本院依法组成合议庭审理了本案，现已审理终结。

2004年10月26日，四方公司向深圳市中级人民法院起诉称，2003年10月10日，中环通公司与四方公司签订一份《进口奔驰E240轿车销售合作合同》（下称《合作合同》），约定双方共同出资在深圳市合作销售甲方进口的奔驰E240轿车。双方各出资800万元，各占出资总额的50%，首期销售数量50辆，应于本合同签订之日起三个工作日内将金额汇入中环通公司指定账户。双方分别以本公司的汽车展场为基本销售点，各提10辆奔驰E240轿车分放自己的展场销售。后因销售情况不理想，经协商达成补充修改协议，但未能按约履行还款任务。请求：1. 判令中环通公司返还出资款800万元。2. 判令支付迟延返还出资款期间利息247800元（此息从2004年3月29日计至2004年10月29日，并续计至清偿之日止，按中国人民银行规定同期贷款利率计算）。3. 判令中环通公司承担本案诉讼费及保全费。

中环通公司答辩称，四方公司起诉的事实属实，提交的证据材料真实。对返还四方公司800万元没有异议，主张免除利息并分担诉讼费。

深圳市中级人民法院一审查明，中环通公司确认四方公司提交的证据材料真实、合法，并依据确认的证据材料查明四方公司诉状中所称事实属实。双方于2004年6月26日签订了一份还款及担保协议，在该协议中，中环通公司确认应于2004年3月28日前返还四方公司800万元，承担分期偿还并支付利息。协议签订后，中环通公司未履行。

深圳市中级人民法院一审认为，四方公司与中环通公司签订的进口奔驰E240轿车销售合作合同是双方当事人的真实意思表示，合法有效。四方公司提出解除合同，中环通公司予以确认，属双方当事人协商一致解除合同。合同解除，中环通公司应于2004年3月28日前返还四方公司800万元，但中环通公司未依约还款，应当承担相应的违约责任。四方公司的诉讼请求合理，提交的证据材料真实合法充分，对其诉讼请求依法予以支持。依照《中华人民共和国合同法》第四十四条、第六十条、第九十三条、第一百零七条的规定，于2005年3月10日作出（2004）深中法民二初字第590号民事判决：深圳市中环通贸易有限公司应于本判决生效之日起十日内返还深圳市四方汽车贸易有限公司人民币800万元及利息（利息从2004年3月29日起按照中国人民银行规定的同期贷款利率计付至款项清偿之日止）。案件受理费51249元，财产保全费41759元，共计人民币93008元，由深圳市中环通贸易有限公司承担。

中环通公司不服一审判决，向深圳市中级人民法院申请再审称，2003年10月11日，双方通过签订一份补充协议，已履行了补充协议约定，于2003年10月14日至11月13日，向四方公司交付了8辆奔驰E240轿车，因该车辆证明文件被华强支行质押，未能办理车辆权属变更。请求深圳市中级人民法院撤销一审判决，双方按和解协议解决债权债务纠纷。

四方公司口头答辩，请求二审法院对本案予以调解。

深圳市中级人民法院再审查明，2003年10月10日，四方公司和中环通公司签订一份《合作合同》（合同号：2HTB2003031），双方约定共同出资在深圳市合作销售中环通公司自埃及进口的奔驰E240轿车，由双方各出资人民币800万元，各占出资总额的50%，首期销售数量是50台，双方分别以本公司汽车展场为基本销售点，各提10台奔驰E240分放自己展场销售。合同中明确约定，四方公司提出终止合同时，必须提前十五个工作日以书面形式通知，中环通公司应在十八个工作日内就合作销售清算完毕，并向四方公司退还出资。2003年10月11日，双方又签订了一份《〈合作合同〉补充合同》（下称《补充合同》），约定：为保障四方公司权益，中环通将40辆奔驰E240轿车交付四方公司，四方公司具有所有权、处分权。2003年10月14日至11月13日，中环通公司部分履行了上述《补充合同》，向四方公司交付了8辆奔驰E240轿车，但因为车辆进口证明文件被质押于深圳市商业银行，该8辆车未能办理车辆权属变更。2004年3月24日，深圳市中级人民法院因华强支行诉中环通公司和钟伟华借款合同纠纷一案，依华强支行的申请将这 8 辆车查封。由于销售情况不理想，双方经协商不能达成补充修改协议。2004 年 2 月 10 日，四方公司依《合作合同》约定以书面形式向中环通公司提出终止合作，并要求中环通公司依约退还出资。但中环通公司收到通知后，虽多次与四方公司协商还款事宜，始终未能如约履行还款义务。四方公司遂诉至法院，请求判令中环通公司返还出资款人民币 800 万元及支付迟延返还出资款期间利息（按中国人民银行同期贷款利率自 2004 年 3 月 29 日起计至清偿之日止）。

深圳市中级人民法院再审期间，四方公司与中环通公司在该院的主持下达成调解协议，深圳市中级人民法院于 2006 年 1 月 6 日作出（2006）深中法民二再字第 12 号民事调解书：一、四方公司与中环通公司同意不再执行（2004）深中法民二初字第 590 号民事判决。二、双方同意中环通公司 2003 年 10 月 14 日至 11 月 13 日期间交付四方公司的 8 辆奔驰 E240 轿车价值人民币 320 万元。三、中环通公司还需偿还四方公司人民币 480 万元及其利息（利息从 2004 年 3 月 29 日起按照中国人民银行规定的同期贷款利率计付至款项还清之日止）。四、案件受理费 51249 元，财产保全费 41759 元，共计人民币 93008 元，由中环通公司承担。

2008 年 3 月 27 日，华强支行向本院申请再审认为：（一）四方公司与中环通公司的《合作合同》纠纷已经深圳市中级人民法院作出判决，由于双方当事人均没有提出上诉，该判决已发生法律效力。但深圳市中级人民法院根据中环通公司的申请，又对该案立案再审，在未撤销原审判决的情况下，就作出再审调解书，程序违法。原审法院明知车辆文件被华强支行质押查封，仍将车辆确权给四方公司抵债，显然互相矛盾。且故意遗漏必须参加诉讼的第三人，剥夺华强支行的诉权，侵害华强支行的合法权益。（二）四方公司在一审及再审中请求的是解除合同返还出资款，并没有要求对 8 辆奔驰车确认产权已转移及以奔驰车抵偿债务，但调解书没有对一审适用法律错误进行审理，而是为配合当事人逃废银行债务，阻止华强支行对 8 辆车的执行，故再审调解书的内容超出当事人请求范围，实体审理错误。（三）四方公司与中环通公司签订的《合作合同》及《补充合同》的内容相矛盾。《合作合同》约定每辆车价格为 92 万元，10 辆车为 920 万元，但四方公司仅支付 800 万元，不符合商业常识，人为后补合同的痕迹明显，再审调解书认定的《合作合同》及《补充合同》涉嫌伪证。华强支行请求：（一）撤销深圳市中级人民法院（2006）深中法民二再字第 12 号民事调解书。（二）维持深圳市中级人民法院（2004）深中法民二初字第 590 号民事判决书。

四方公司辩称：一、华强支行与中环通公司签订的车辆《质押合同》是无效合同，双方质押关系不能成立。二、四方公司与中环通公司签订的《合作合同》、《补充合同》是有效合同，四方公司已经合法得到 8 辆车的所有权，不存在伪证问题。三、深圳市中级人民法院作出（2006）深中法民二初字第 590 号民事判决确立了四方公司与中环通公司之间的债权债务关系，（2006）深中法民二再字第 12 号调解书更进一步明确了以车抵款的问题，两者并不矛盾。华强支行所称的同一法院作出两份文书相矛盾理由不成立。

中环通公司辩称，汽车进口证明已交给了华强支行，8 辆汽车已交给了四方公司，请求由法院处理。

本院再审查明，2003 年 10 月 10 日，中环通公司与四方公司签订一份《合作合同》，约定双方共同出资在深圳市合作销售甲方进口的奔驰 E240 轿车。合作方式：1. 共同出资1600万元，各占出资总额的50%，双方各出资800万元，首期销售数量50辆，应于本合同签订之日起三个工作日内将金额汇入中环通公司指定账户。销售方式：双方分别以本公司的汽车展场为基本销售点，各提10辆奔驰E240轿车分放自己的展场销售。合同还对双方责任义务作了约定，未经合同他方书面同意，双方不得单方终止合同或撤回资金；中环通公司提出终止合同时，必须提前十五个工作日以书面形式通知，中环通公司应在十八个工作日内就合作销售清算完毕，并向四方公司退还出资。

2003年10月11日，中环通公司与四方公司又签订一份《补充合同》，该合同载明：经双方协商，就2003年10月10日《合作合同》未尽事宜，签订本补充合同。为保障四方公司权益，原合同第二条“销售方式”之第3项（即中环通公司应提交10台奔驰E240轿车给四方公司）所约定的存放在四方公司展场的10台奔驰E240轿车的所有权属四方公司，四方公司有处分权，中环通公司不得对上述车辆作任何处理。

合同签订后，中环通公司于2003年10月14日至11月3日向四方公司交付了10辆奔驰E240轿车，发动机号及车架号分别是：11291331512426，261730；11291331513106，261754；11291331512500，261756；11291331511256，261729；11291331512462，261771；11291331512209，261731；11291331487429，237799；11291331513143，261778；11291331512505，261764；11291331511342，261711。

另查明，2003年10月20日，中环通公司与华强支行签订了一份《质押合同》[编号：深商银（G1032）货字（03）第00123号]，其中约定，中环通公司向华强支行申请贷款2520万元，中环通公司以29辆汽车的进口证明书作为贷款质押物，其中包括已转移所有权给四方公司的8辆奔驰车（此前，四方公司已售出2辆车，剩下8辆车）的《货物进口证明书》[编号分别为：（1）XIX0364730。（2）XIX0364734。（3）XIX0364737。（4）XIX0364738。（5）XIX0364739。（6）XIX0534043。（7）XIX0534044。（8）XIX0534671]，该证明书仍保留在中环通公司处，8辆车的《货物进口证明书》由中环通公司交给了华强支行质押。合同签订后，华强支行按合同约定分三笔向中环通公司发放了流动资金贷款人民币19488000元。中环通公司未依约偿还贷款，华强支行于2004年4月6日，向深圳市中级人民法院起诉，请求：1. 解除编号为深商银（G1032）货字（03）第00123号的借款合同，判令中环通公司归还贷款人民币17584120.55元（现暂不欠息，之后利息计至贷款还清之日止）。2. 判令中环通公司根据编号为深商银（G1032）货字（03）第00123号的《质押合同》承担质押责任。3. 判令钟伟兴承担连带清偿责任。4. 判令中环通公司、钟伟兴共同承担本案诉讼中的一切费用。上述质押证明书未办理质押登记。

2004年3月20日，华强支行向深圳市中级人民法院提出诉前财产保全申请。2004年4月23日，深圳市中级人民法院作出《（2004）深中法立裁字第80号民事裁定书》，查封了中环通公司、钟伟兴银行存款，查封、扣押他们的其他可供执行财产（以1949万元人民币为限）。

2004年8月23日，华强支行与中环通公司之间的贷款合同纠纷一案，经深圳市中级人民法院调解，双方已达成调解结案。深圳市中级人民法院作出《（2004）深中法民二初字第228号民事调解书》，确认中环通公司欠华强支行贷款及其利息。中环通公司承诺1个月内还清欠款本息，华强支行在诉讼中查封中环通公司质押在华强支行的车辆证明及钟伟兴的房产，如中环通公司履行了还款，则华强支行同意深圳市中级人民法院解封上述债务人的财产查封。

2004年12月29日，华强支行申请强制执行《（2004）深中法民二初字第228号民事调解书》。深圳市中级人民法院于2004年12月31日受理，并于2005年2月4日作出（2005）深中法执字第245-1号民事裁定，查封了停放在四方公司场所内的8辆奔驰车。四方公司不服，于2005年2月5日向深圳市中级人民法院提出执行异议。四方公司以《补充合同》内容认为该8辆车的所有权已交付给了四方公司，中环通公司向华强支行设定质押在后，且未经异议人许可将该10辆奔驰车设置质押，属无权处分，请求解除对上述8辆汽车的查封措施。深圳市中级人民法院于2006年4月1日经组织双方当事人听证调查作出（2005）深中法执字第245号-（05）审126号民事裁定：解除对争议的8辆奔驰车的查封措施。

2009年6月4日，华强支行向本院提交了上述8辆轿车的《货物进口证明书》，该证明书上载明的车架号、发动机号与中环通公司交给四方公司的号码一致。本院将此证据出示给各方认证、质证，中环通公司认可将上述8辆车的《货物进口证明书》交给华强支行作为其借款质押，车辆交给了四方公司。四方公司对上述证据无异议，但其认为该质押关系发生在其交付车辆之后。

本院再审认为，综合华强支行再审请求以及四方公司、中环通公司的答辩意见，本案再审争议的主要问题是：一、深圳市中级人民法院作出的再审调解书是否遗漏了当事人，是否属程序违法，其内容是否存在损害华强支行的合法权益。二、中环通公司将8辆轿车的《货物进口证明书》交给华强支行作质押，其质押关系是否有效。

一、关于深圳市中级人民法院作出的再审调解书是否遗漏了当事人，是否属程序违法，内容是否存在损害华强支行合法权益的问题。经审查本案事实，深圳市中级人民法院于2005年3月10日作出（2004）深中法民二初字第590号民事判决，由中环通公司偿还800万元及其利息给四方公司。因中环通公司没有履行上述判决书所确定的还款义务，中环通公司向深圳市中级人民法院申请再审。双方在法院主持下，自愿达成调解协议，以中环通公司存放在四方公司处的8台奔驰车作价320万元抵偿债务，中环通公司另欠四方公司480万元及利息，由中环通公司予以返还。因华强支行不是该《合作合同》和《补充合同》签订方，与四方公司、中环通公司不存在合同关系。故原审法院没有追加华强支行作为当事人参加诉讼，并不存在遗漏当事人问题，亦不属程序违法的问题。华强支行再审中认为再审调解书与原判决互相矛盾，且遗漏了其作为当事人参加诉讼属程序违法，缺乏事实和法律依据，本院不予采纳。

二、关于中环通公司将8辆轿车的《货物进口证明书》交给华强支行作质押，其质押关系是否有效的问题。经查，中环通公司与四方公司于2003年10月11日签订的一份《补充合同》约定，中环通公司将10辆轿车存放在四方公司处，四方公司对该车拥有所有权和处分权，并在同年10月14日至11月3日将10辆轿车交付给了四方公司。而2003年10月20日，中环通公司与华强支行签订质押借款合同后，只将8辆轿车的《货物进口证明书》交给华强支行，并没有将车辆交给华强公司。根据《中华人民共和国担保法》（简称《担保法》）关于权利质押及其标的的有关规定，可作为质押标的的权利，一是应符合如下条件：1. 须为财产权。2. 须有让与性。3. 须适于设定质押。依照上述规定，华强支行与中环通公司签订的《质押合同》所约定的《货物进口证明书》本身并非权利凭证，不具有市场交换价值即变价性及财产权性，不符合权利质权标的的基本特征，故《货物进口证明书》作为质押标的不符合条件。二是进口汽车在出售之前与出售之后区别。作为进口汽车，仅凭《货物进口证明书》不能认定拥有车主权利。要取得车主的权利，除了具有金钱和车辆的交付外，还必须到有关部门办理入户登记。本案中，中环通公司与华强支行签订质押借款合同后，虽然将汽车《货物进口证明书》交给了华强支行，但用于质押关系的车尚未交付给华强支行，依据《担保法》第六十四条规定，出质人和质权人应当以书面方式订立质押合同。质押合同自质押物移交于质押权人占有时生效，故华强支行与中环通公司签订的《质押合同》尚未生效。三是华强支行与中环通公司于 2003 年 10 月 20 日签订质押借款合同，但在此之前中环通公司与四方公司已签订《补充合同》，将 10 辆奔驰车的所有权确认归四方公司，并将车辆交付给四方公司，即交付车辆在前，签订《质押合同》在后。虽然该车辆未办理过户手续登记，但依照《担保法》关于质押合同的第六十三条，四方公司作为债权人可将上述车辆拍卖、变卖的价款优先受偿。因此，可确认华强支行与中环通公司签订《质押合同》尚未生效。

此外，关于华强支行再审还认为，中环通公司与四方公司在达成调解书期间处分了其查封的车辆，损害了其合法利益的问题。因华强支行与中环通公司签订《质押合同》时，中环通公司已将汽车交给了四方公司，华强支行虽对停放在四方公司处的 8 辆轿车申请诉讼保全而予以查封，但四方公司以查封的汽车所有权不属于华强支行为由向深圳市中级人民法院提出异议，原审法院已对上述 8 辆轿车予以解封。由于中环通公司提供给华强支行的《货物进口证明书》未到车管所进行登记备案，中环通公司尚未将车辆交付给华强支行，双方以《货物进口证明书》为质押标的，故质押关系尚未成立。华强支行认为上述车辆的处分损害其利益的理由不成立，本院不予支持。

综上所述，华强支行的再审请求理由不成立，本院予以驳回。深圳市中级人民法院作出的调解书认定事实清楚，适用法律正确，应予维持。依照《中华人民共和国民事诉讼法》第一百八十六条、第一百五十三条第一款第（一）项的规定，判决如下：

维持深圳市中级人民法院（2006）民二再字第 12 号民事调解书。

本判决为终审判决。

审 判 长 万季明

审 判 员 赵 虹

代理审判员 郑丽容

二〇〇九年九月二十三日

书 记 员 慕丽静

【评析】

这是一篇高质量的再审民事判决书，被评为 2010 年全省法院优秀裁判文书。其具有鲜明的特点：一是要素齐全，结构完整。判决书篇幅不长，但各项要素齐全，格式规范，结构完整，层次分明，清晰明了。二是繁简得当，文字流畅。对一审审理的程序、事实，以及双方当事人的诉求、质证等方面的阐述，重点突出，详略得当，表述清楚，文字流畅。三是论据充分，论理透彻。本案涉及共同出资合作经营汽车纠纷，案外人申请再审。案情并不复杂，但涉及权力质押及其标的的有关规定。判决书在简洁明了地阐述了有关方面的观点之后，准确地归纳出案件争议的焦点，然后紧紧围绕案情的焦点展开分析、论述。论据充分，论理透彻，表达准确，行文规范；适用法律正确，引用法条准确、完整，实体处理得当，做到以理服人。同时提醒人们注意以进口汽车的《货物进口证明书》作为借款质押物是有三个条件规定和限制的，仅凭《货物进口证明书》设置质押不能认定拥有车主所有权。要取得车主的权利除了具有金钱和车辆的交付外，还必须到有关部门办理入户登记。文书送达后，双方当事人均服判息讼。

●深圳市特力（集团）股份有限公司与中国农业银行深圳市分行等借款合同纠纷再审案民事判决书

广东省高级人民法院

民事判决书

（2008）粤高法审监民再字第23号

申请再审人（一审被告、二审上诉人）：深圳市特力（集团）股份有限公司。住所地：深圳市罗湖区水贝二路56号特力大厦三楼。

法定代表人：张瑞理，董事长。

委托代理人：何振华，北京市中伦律师事务所深圳分所律师。

委托代理人：廖森林，男，1981年11月14日出生，汉族，住深圳市南山区南油路2336号，系该公司法律顾问。

被申请人（一审原告、二审被上诉人）：中国农业银行深圳市分行。住所地：深圳市深南东路5008号农行大厦。

负责人：许涛，行长。

委托代理人：梁伟芳，广东圣和胜律师事务所律师。

二审被上诉人（一审被告）：深圳石化工业集团股份有限公司。住所地：深圳市福田区红荔西路石化大厦。

法定代表人：厉怒江，董事长。

深圳市特力（集团）股份有限公司（以下简称特力集团）因与中国农业银行深圳市分行（以下简称深圳农行）、深圳石化工业集团股份有限公司（以下简称石化工业集团）借款合同纠纷一案，不服本院（2006）粤高法民二终字第172号民事判决，向本院申请再审。本院于2007年10月26日作出（2007）粤高法立民申字第682号民事裁定，决定本案由本院另行组成合议庭进行再审，并于2008年1月23日作出（2007）粤高法立民申字第682－1号民事裁定，决定本案再审期间中止原判决的执行。本院依法另行组成合议庭审理了本案，现已审理终结。

2004年7月19日，一审原告深圳农行起诉至深圳市中级人民法院（以下简称一审法院）称，1995年12月14日，深圳农行上步支行与石化工业集团（当时名为深圳市石油工业集团股份有限公司）、特力集团签订了一份《担保限额贷款合同》，约定由该行向石化工业集团发放长期贷款最高不超过人民币5760万元，期限自1995年12月14日至2000年12月14日止，在此期限内贷款可多次循环使用，特力集团为石化工业集团借款提供连带责任保证担保，在贷款本息未还清前，担保方仍然负有担保责任，直至贷款本息还清为止。合同签订后，石化工业集团自 1995 年 12 月 24 日起先后 9 次循环使用该贷款额度，每次贷款金额均为 5760 万元，其中最后一次贷款期限为 1999 年 12 月 24 日至 2000 年 6 月 24 日。但石化工业集团未依约履行还款义务。2000 年 12 月 29 日，深圳农行与石化工业集团、长城资产管理公司深圳办事处（以下简称长城深圳办）协商签订了一份《贷款转投资及股权转让三方协议》，约定：深圳农行将其对石化工业集团在本案《担保限额贷款合同》项下的人民币 5760 万元债权与其他贷款债权共计折合人民币 27000 万元债权以投资形式划转给长城深圳办；石化工业集团同意长城深圳办实施投资入股，由石化工业集团与长城深圳办共同组建有限责任公司或股份有限公司，并按照《公司法》有关规定登记注册。同日，长城深圳办又与石化工业集团、深圳石化集团有限公司（以下简称石化集团）签订了《协议书》，与石化集团签订了《股权转让合同书》，对长城深圳办在接受债权转让后，就入股组建新的投资控股公司进行了约定。《股权转让合同书》中约定，石化集团保证在本合同签订后两个月内，完成对新公司的出资及新公司的注册登记手续；如石化集团未能在约定时间内办理完毕新公司的注册登记手续，每逾期一日应向长城深圳办支付人民币 27000 万元欠款每日万分之五的违约金；如任何一方当事人严重违反本合同，导致不能实现本合同预期目的，守约方有权单方面解除本合同，违约方应自接到守约方解除本合同的书面通知后三日内向守约方支付违约金人民币 200 万元；违约方应自接到守约方解除本合同的通知后十日内向守约方偿还全部投资。上述协议签订后，石化工业集团、石化集团未按协议约定于 2001 年 2 月底前完成新公司的注册登记。为此，2002 年 7 月 18 日，深圳农行上步支行向石化工业集团发出《债务逾期催收通知书》，申明由于《股权转让合同书》、《贷款转投资及股权转让三方协议》未能履行，农行现向石化工业集团催收，要求其立即履行 5760 万元借款及利息的还款义务，石化工业集团进行了签收。2002 年 12 月 11 日，深圳农行与长城深圳办联名向石化集团、石化工业集团发送了深农银函［2002］96 号、深农银函［2002］97 号文件，要求解除上述协议及合同，并恢复深圳农行与石化工业集团、深圳石化液体化工有限公司贷款本金折合人民币 27000 万元及相应利息的贷款债权债务关系，深圳农行同意解除原《贷款转投资及股权转让三方协议》，并同意接受上述债权。2002 年 12 月 27 日，深圳农行通过特快专递向石化工业集团发出《债务逾期催收通知书》，并对投递行为进行了公证。此外，2000 年 8 月 16 日，深圳农行上步支行向特力集团发出保证催收通知书，同年 8 月 25 日特力集团进行了签收。2002 年 8 月 2 日，该行通过公证特快专递方式向特力集团发出担保人履行责任通知书，要求其履行担保责任。深圳农行认为，根据本案事实和我国合同法的有关规定，《贷款转投资及股权转让三方协议》已经解除，深圳农行已经合法重新取得了债权人的法律地位。但石化工业集团并未履行还款义务，特力集团也未按合同约定履行担保责任。为保障其合法权益，特向法院提起诉讼，请求判令：（一）第一被告石化工业集团偿还深圳农行借款本金人民币 5760 万元，以及自 2000 年 12 月 30 日起至借款还清之日止利息、复利（至 2004 年 6 月 20 日止共欠利息人民币 16652286.37 元，逾期未履行法院判决应当加倍支付迟延履行期间的债务利息）。（二）第二被告特力集团对石化工业集团的全部债务承担连带清偿责任。（三）判决两被告承担本案诉讼费及深圳农行实现债权的一切费用。

一审被告石化工业集团辩称：（一）石化工业集团已不是本案的债务人，不应该承担还款责任。1. 债务转让协议已经履行。本案所涉及的债权实质上已经进行了一次债权转让和一次债务转让，即依据2000年12月29日签订的《贷款转投资及股权转让三方协议》，深圳农行将债权转让给了长城深圳办，依据同日签订的《协议书》，石化工业集团将债务转让给了石化集团，并且该债务转让的协议已经得到了实际履行。石化集团已经承接了深圳农行的涉案债务，石化工业集团也已相应抵冲了应收石化集团账款人民币26700万元。2. 债务转让协议不应被解除。石化工业集团与石化集团、长城深圳办三方签订《协议书》的目的只是想让石化集团将石化工业集团人民币27000万元的债务背过去，以减少石化工业集团作为上市公司的大量债务，同时亦减少石化集团作为石化工业集团大股东对石化工业集团的巨额欠款，从而对社会公众股东有所交代。至于其他协议是否履行，长城资产管理公司能否取得涉案协议规定的投资，都不影响该《协议书》的履行，不影响石化集团承担其已经受让的债务。况且在该《协议书》第二条相关法律责任第2款中明确约定："如此方案操作过程中不能按预先目标和时间内如期完成，乙方（石化集团）在操作不成功后的三个月内以现金人民币27000万元及该款项的时间价值（以一年期银行同期贷款利率计）返还。"可见在该《协议书》中，石化工业集团、石化集团、长城深圳办三方已经约定了不能以该项投资为基础组建目标公司的法律后果，即由石化集团以现金的形式来偿还该等债务。从以上明显可以看出，该《协议书》在法律上不具备解除合同的要件，石化集团才是本案真正的债务人。（二）本案已过诉讼时效，深圳农行已丧失了胜诉权。深圳农行在2002年7月18日对涉案债务整体向石化工业集团进行过催收，以便造成时效中断。但是，在2002年7月18日的时候，深圳农行已经将债权转让给长城深圳办，且在《贷款转投资及股权转让三方协议》中第1条明确规定了"从投资划转之日起，甲方（长城深圳办）行使投资人的一切权利，乙方（深圳农行）不再行使债权人的权利"。而深圳农行和长城深圳办是在2002年12月27日通过公证的方式向石化工业集团送达了《债务逾期催收通知书》，要求解除上述协议，恢复原来的债权债务关系。且不论2002年12月27日的上述举措能否产生解除协议、恢复债权的效力，至少在2002年7月18日，深圳农行是与涉案贷款毫无关系的第三方，更不是债权人，所以该催收行为根本不能产生时效中断的效力。而2002年12月27日的催收行为发生在过了两年的诉讼时效之后，更加无法产生时效中断的效力。综上所述，石化工业集团请求法庭依法驳回深圳农行对石化工业集团的诉讼请求。

一审被告特力集团辩称，特力集团不同意深圳农行的诉讼请求。（一）2000年12月29日石化工业集团未经特力集团同意，与长城深圳办签订《贷款转投资及股权转让三方协议》，将人民币27000万元贷款以投资形式划转给长城深圳办，并约定长城深圳办行使投资人的权利。该协议已生效。该协议的签订将深圳农行与借款人石化工业集团之间原来的借款债权债务关系变更为股权投资法律关系，特力集团原来以借款法律关系为基础的担保责任，由于借款主合同被新协议所取代而消灭，特力集团不应当再承担担保责任。（二）2000年12月29日，石化集团、石化工业集团和长城深圳办签订《协议书》，将长城深圳办对石化工业集团人民币27000万元的投资权益置换为对石化集团同等金额的投资权益。也就是说，代替深圳农行行使投资人一切权利的长城深圳办同意将上述贷款的人民币27000万元投资从石化工业集团转移至石化集团，该协议的签订是典型的债务转移行为。保证人对未经其同意转让的债务不再承担保证责任。（三）特力集团担保的是深圳农行与石化工业集团签订的担保限额贷款合同，特力集团对该合同的保证期间应至2000年12月24日止。深圳农行起诉为2004年8月，已超过诉讼时效。（四）特力集团未收到深圳农行的任何要求承担保证责任的通知。（五）深圳农行已将债权转移，无权行使公证催收，其公证催收无效。因此，特力集团不应再承担担保责任。同时，特力集团恳请法庭注意最高人民法院关于适用《〈中华人民共和国担保法〉若干问题的解释》第三十条“……债权人与债务人协议变动主合同由容，但并未实际履行的，保证人仍应承担保证责任”的规定是指主合同的“变动”。而本案中的合同、协议是债权债务的转移，是根本性质的变化，无论从立法意图，还是字面意义和条文结构，均不能适用该条的规定。因此，深圳农行以该条款为依据要求特力集团承担担保责任是对法律的曲解。深圳农行应该从新的法律关系中去追究法律责任和后果。在新的法律关系中，深圳农行和相关当事人的权利义务相当明确。综上所述，特力集团对农行上步支行与石化工业集团的贷款担保责任，由于该行与石化工业集团、石化集团和长城深圳办事处之间，未经特力集团同意，以债权债务转移的形式使原贷款担保合同性质、主体、内容等发生了根本性变更，以及担保期限届满超过法定诉讼时效等原因而归于消灭，特力集团不应再承担担保责任。

一审法院经审理查明，1995年12月14日，深圳农行上步支行与石化工业集团（当时名为深圳市石油工业集团股份有限公司）、特力集团签订了一份《担保限额贷款合同》。合同约定：深圳农行上步支行向石化工业集团发放长期贷款最高不超过人民币5760万元，期限自1995年12月14日至2000年12月14日止；在此期限内，贷款可多次循环使用，每次贷款金额及使用期限由双方商定，以借款借据为准；贷款利率执行中国人民银行有关利率规定；特力集团为石化工业集团借款提供连带责任保证担保，在贷款本息未还清前，担保方仍然负有担保责任，直至贷款本息还清为止。合同签订后，石化工业集团开始向深圳农行上步支行循环借款，最后一次借款期限为1999年12月24日至2000年6月24日，深圳农行上步支行依约向石化工业集团发放贷款5760万元，石化工业集团未归还本金及利息。特力集团也未履行担保责任。

2000年12月29日，深圳农行与石化工业集团及长城深圳办协商签订《贷款转投资及股权转让三方协议》，约定：深圳农行同意将其对石化工业集团在本案《担保限额贷款合同》项下的人民币5760万元债权与其他贷款债权共计折合人民币27000万元债权以投资形式划转给长城深圳办；从投资划转之日起，长城深圳办行使投资人的一切权利，深圳农行不再行使债权人的权利；石化工业集团同意长城深圳办实施投资入股，并按照公司法有关规定重新登记注册；石化工业集团在签订本协议后，主动向长城深圳办逐笔核对上述投资金额，并与长城深圳办配合制定投资入股方案，组建新的有限责任公司或股份有限公司；长城深圳办和石化工业集团共同组建有限责任公司或股份有限公司需聘请双方共同认可的具有法定评估资格的中介机构进行资产评估；在过渡期内，三方要相互配合，保证企业经营活动的正常进行和三方的合法权益，均不得转移资产或低价销售资产。

同日，石化工业集团、石化集团与长城深圳办签订一份《协议书》，约定：长城深圳办对石化工业集团27000万元的投资权益置换为长城深圳办对石化集团同等金额的投资权益；石化集团与长城深圳办同意以该项投资为基础组建目标公司；石化工业集团与石化集团同意由以上投资转移所引起的一切法律纠纷均由石化集团和石化工业集团负责；如此方案在操作过程中不能按预期目标和时间内如期完成，石化集团在操作不成功后的三个月内以现金27000万元及该款项的时间价值（以一年期银行同期贷款利率计）返还；石化工业集团同意承担在石化集团组建目标公司过程中的责任。

同日，长城深圳办与石化集团签订《股权转让合同书》，约定：双方同意，长城深圳办以其对石化集团人民币27000万元的投资权益，置换石化集团在其注册成立的新公司股权的方式完成本次股权转让；石化集团保证在本合同签订后两个月内，完成对新公司的出资及新公司的注册登记手续；在石化集团完成新公司的注册登记手续后五日内，长城深圳办按本合同约定的条件以承接深圳农行划转的对石化集团的27000万元投资权益受让石化集团在新公司90%的股权，并备齐所有股权转让的文件，石化集团应于收到文件后五日内送交深圳市工商行政管理局；本合同生效之日起至石化集团成为新公司股东的法人变更登记手续完成之日止的期间内，双方维持原有债权债务的法律关系，石化集团应向长城深圳办支付上述期间27000万元欠款利息（按一年期银行贷款利率计算），长城深圳办也不享受同期的股权收益。同时规定了违约责任，即如石化集团未能在约定时间内办理完毕新公司的注册登记手续，每逾期一日应向长城深圳办支付人民币27000万元欠款每日万分之五的违约金；如任何一方当事人严重违反本合同，导致不能实现本合同预期目的，守约方有权单方面解除本合同，违约方应自接到守约方解除本合同的书面通知后三日内向守约方支付违约金人民币200万元，十日内向守约方偿还全部投资等。

上述协议签订后，石化集团未按协议约定完成新公司的注册登记。

2002年12月11日，深圳农行与长城深圳办以深农银函［2002］97号、深农银函［2002］96号文共同向石化集团、石化工业集团发出《关于恢复农行对深圳石化工业集团股份有限公司、深圳石化集团有限公司、深圳石化液体化工有限公司债权的函》和《关于恢复农行对深圳石化工业集团股份有限公司、深圳石化液体化工有限公司债权的函》。两函称：因前述协议与合同未得到履行，长城深圳办要求解除上述协议与合同，并恢复深圳农行与石化工业集团贷款本金折合人民币27000万元及相应利息的贷款债权债务关系；深圳农行同意解除原《贷款转投资及股权转让三方协议》，并同意接受上述债权。

2000年8月16日，三方协议签订前，深圳农行上步支行曾向石化工业集团、特力集团发出催收通知书，同年8月25日，两公司签收。2002年7月18日，深圳农行上步支行以公证投递方式向特力集团发出《债务逾期催收通知书》。2002年12月27日，深圳农行、长城深圳办共同以公证投递方式向石化工业集团发出《债务逾期催收通知书》。石化工业集团未归还贷款本金及利息，特力集团也未履行担保责任。

一审法院认为：（一）深圳农行与石化工业集团、特力集团签订的《担保限额贷款合同》是各方当事人的真实意思表示，未违反我国法律和行政法规的禁止性规定，合法有效，应受法律保护。上述合同签订后，深圳农行已按照该合同约定向石化工业集团发放了贷款，履行了合同义务。深圳农行最后一次向石化工业集团发放贷款，期限届满日期为2000年6月24日，在该贷款期限届满后，石化工业集团未履行还款义务，特力集团未履行担保义务，均构成违约，应当承担相应的违约责任。（二）深圳农行与石化工业集团及长城深圳办协商签订的《贷款转投资及股权转让三方协议》，石化工业集团、石化集团与长城深圳办签订的《协议书》，以及长城深圳办与石化集团签订的《股权转让合同书》，亦是各方当事人的真实意思表示，依法成立，合法有效。深圳农行虽然将贷款以投资形式转让给长城深圳办，长城深圳办亦欲将该权益置换为石化集团注册成立的新公司的股权，但由于石化集团并未在约定期限内注册成立新的公司，致使长城深圳办的权益无法实现，长城深圳办依据《股权转让合同书》的约定有权单方解除合同。鉴于上述协议未实际履行，深圳农行与长城深圳办同意恢复原借款债权债务关系，并对石化工业集团和特力集团进行了催收，深圳农行作为债权人有权行使要求石化工业集团归还借款本息的诉讼权利，以及要求特力集团承担担保责任的诉讼权利。深圳农行的诉讼请求合理，提交的证据材料真实合法充分，对其诉讼请求依法予以支持。（三）石化工业集团主张其不再是本案的债务人，认为本案实际已进行了一次债权转让和债务转让，三方协议签订后，深圳农行已将债权转让给长城深圳办，根据同日签订的协议书，其已将债务转让给石化集团，石化集团已承接了深圳农行涉案债务。对此，由于三方协议的解除，深圳农行恢复债权人地位，深圳农行及长城深圳办又履行了对石化工业集团和特力集团的相关通知义务。贷款转投资协议已被解除，相关权利义务已被恢复原状的情况下，再要求深圳农行按已被解除的协议向石化集团主张权利已无合同依据和法律依据。（四）对于特力集团的担保责任问题，根据最高人民法院《关于适用〈中华人民共和国担保法〉若干问题的解释》第三十条第三款的规定，债权人与债务人协议变动主合同内容，但并未实际履行的，保证人仍应当承担保证责任。本案《贷款转投资及股权转让三方协议》、《协议书》和《股权转让合同书》均未实际履行，因此，特力集团依法仍应承担保证责任。（五）石化工业集团和特力集团主张深圳农行在将债权转让给长城深圳办后已不能行使债权人的权利，因此此间的催收行为不能产生时效中断的效力。对此，对于石化工业集团来讲，人民币5760万元借款于2000年6月24日到期，而深圳农行于同年8月16日即向石化工业集团进行了催收，同年12月29日签订《贷款转投资及股权转让三方协议》，就债务如何清偿达成协议，亦构成诉讼时效中断。2002年12月27日，深圳农行与长城深圳办共同对石化工业集团进行催收，再次构成诉讼时效中断。深圳农行于2004年7月16日提起诉讼，未超过诉讼时效。对特力集团而言，深圳农行已于2000年8月16日向特力集团发出催收通知书，又于2002年7月18日以公正邮寄送达的方式向特力集团发出《担保人履行责任通知书》主张权利。对于特力集团而言，其所担保的人民币5760万元借款的债权人仍是深圳农行，而不是长城深圳办，深圳农行2002年7月18日向特力集团主张权利符合法律规定，产生诉讼时效中断的法律效果。因此，深圳农行于2004年7月16日对特力集团提起诉讼，未超过诉讼时效。据此，一审法院经审判委员会讨论决定，依照《中华人民共和国合同法》第二百零五条、第二百零六条、第二百零七条，《中华人民共和国担保法》第十八条、第二十一条、第三十一条，最高人民法院《关于贯彻执行〈中华人民共和国民法通则〉若干问题的意见（试行）的通知》第173条第一款，《中华人民共和国民事诉讼法》第一百三十条、第二百三十二条的规定，于2005年9月15日作出（2004）深中法民二初字第437号民事判决：（一）石化工业集团应于本判决生效之日起十日内偿还深圳农行借款本金人民币5760万元及利息（利息从2000年12月30日起按中国人民银行公布的同期贷款逾期利率计至款项清偿之日止），逾期则加倍计付迟延履行期间的债务利息。（二）特力集团对石化工业集团的上述付款义务承担连带清偿责任。其代为清偿后，有权向石化工业集团追偿。本案案件受理费人民币381271.43元，由石化工业集团和特力集团连带承担。

特力集团不服一审判决，向本院提起上诉称，一审判决在没有任何事实根据的情况下，认定《贷款转投资及股权转让三方协议》、《协议书》《股权转让合同书》未实际履行，掩盖了本案债权债务已经实际转移的事实，属于认定事实错误。（一）本案中《贷款转投资及股权转让三方协议》约定了债权的转移和债务的转移，该转移已经实际履行。理由为：1.《股权转让合同书》约定："在本合同生效之日起至石化集团成为新公司股东的法人变更登记手续完成之日止的期间内，双方维持原有债权债务的法律关系。"该约定表明，自该《股权转让合同书》生效之日（2000年12月29日）起，在石化集团和长城深圳办之间就存在着债权债务关系。换句话说，此笔债权的债权人已变更为长城深圳办，债务人则已变更为石化集团。《协议书》也约定，如此方案在操作过程中不能按预期目标和时间内如期完成，石化集团在操作不成功后的三个月内以现金27000万元及该款项的时间价值（以一年期银行同期贷款利率计）返还。此款约定也表明，本案的债务人为石化集团，债权人为长城深圳办。2.《关于恢复农行对深圳石化工业集团股份有限公司、深圳石化集团有限公司、深圳石化液体化工有限公司债权的函》和《关于恢复农行对深圳石化工业集团股份有限公司、深圳石化液体化工有限公司债权的函》、《债务逾期催收通知书》都有"恢复债权债务关系"的明确表述，长城深圳办在这些文件中都有盖章。而且，两份恢复债权的函中所列的第一收件人都是石化集团。特别是在《关于恢复农行对深圳石化工业集团股份有限公司、深圳石化液体化工有限公司债权的函》中清楚载明："长城深圳办要求解除上述协议与合同，并恢复……贷款债权债务关系。深圳农行同意解除原《贷款转投资及股权转让三方协议》，并同意接收上述债权。"如果没有债权债务的转移，何来债权债务关系的恢复？3.上述协议、函件及《债务逾期催收通知书》中关于债权债务转移的约定和确认新的债权债务关系的明确表述、特力集团提交的由石化工业集团制作的《人民币贷款发生情况登记表》上有关贷款已收回的记载、石化工业集团所述石化集团财务负责人签字的财务会计分录及其2000年年度报告中有关石化集团已承接石化工业集团债务的证词，这些证据组成了一个完整的证据链，证明了债权、债务业已转移。（二）变更债务人未经保证人同意。根据《中华人民共和国担保法》第二十三条"保证期间，债权人许可债务人转让债务的，应当取得保证人书面同意，保证人对未经其同意转让的债务，不再承担保证责任"的规定，保证人依法不再承担保证责任。（三）在债权债务业已转移的情况下，原合同关系已消灭，一审判决书认定石化工业集团与特力集团应依据已消灭的《担保限额贷款合同》承担违约责任，属于适用法律错误。法律规定及合同约定均没有合同解除后原有债权债务关系应予恢复的依据。相反，依据《中华人民共和国合同法》第九十八条规定和《协议书》、《股权转让合同书》的约定，前述三协议被解除的法律后果应是石化集团以现金向长城深圳办返还此笔债务。（四）一审判决书认定深圳农行在2002年向特力集团催收债权没有证据支持。公证书仅记载对“邮寄文书的邮寄行为进行了现场公证”，不能确定该邮寄文书即《担保人履行责任通知书》。公证书未载明特快专递号码，也没有特力集团签收此邮件的证明。退一步说，假定深圳农行有向特力集团催收，由于此时债权人已变更为长城深圳办，深圳农行主体已不适格。深圳农行起诉超过诉讼时效。（五）一审判决适用最高人民法院《关于适用〈中华人民共和国担保法〉若干问题的解释》第三十条第三款认定保证人仍应承担责任，属于适用法律错误。该条属于对担保法第二十四条关于主合同内容变更的解释。本案应适用前述《中华人民共和国担保法》第二十三条规定，认定保证人不再承担保证责任。请求二审法院撤销一审判决，驳回深圳农行的全部诉讼请求。

被上诉人深圳农行辩称：（一）一审判决认定事实清楚，适用法律正确。一审认定《贷款转投资及股权转让三方协议》、《协议书》和《股权转让合同书》未实际履行是正确的，符合客观事实和法律规定。本案涉及债权转化成股权的政策性“债权转股权”行为。债权转股权并非简单的债权债务的转移。本案中《股权转让合同书》的履行以石化集团注册成立新公司为前提条件，石化集团取得新公司股权才能转让给长城深圳办。而石化集团未注册成立新公司，所以导致该合同未能履行。《贷款转投资及股权转让三方协议》约定深圳农行将对石化工业集团的贷款转为长城深圳办对石化工业集团的投资，即债权转股权，石化工业集团应按协议约定组建新公司并重新登记注册，但其并未依约组建新公司，从而深圳农行对石化工业集团的贷款并未能转为长城深圳办对石化工业集团的投资，即合同未实际履行。《协议书》约定将长城深圳办对石化工业集团的投资权益置换为对石化集团的投资权益，但须以《贷款转投资及股权转让三方协议》的履行为前提，《贷款转投资及股权转让三方协议》未能履行，所以《协议书》也未实际履行。在三份合同未能履行的情况下，一审法院适用最高人民法院《关于适用〈中华人民共和国担保法〉若干问题的解释》第三十条第三款认定保证人仍应承担责任是正确的。（二）特力集团以《贷款转投资及股权转让三方协议》、《协议书》中涉及主体的改变不属于上述条款中“合同内容”的范围，作为不适用该条款的抗辩理由是不成立的。根据《中华人民共和国合同法》第十二条规定，合同的内容由当事人约定，一般包括以下条款：当事人的名称或者姓名和住所……所以，合同的内容是包括当事人即合同主体的。（三）特力集团所主张的担保法规定的债权债务转移未通知担保人，担保人不承担保证责任是不适用于本案的。本案不是普通的债权债务转移，而是以国有商业银行不良贷款的处置及盘活国有企业为根本目的的债权转股权，应适用最高人民法院（法［2005］62号）《关于金融资产管理公司收购、处置银行不良资产有关问题的补充通知》规定精神，国有商业银行（包括国有控股银行）向金融资产管理公司转让不良贷款，或者金融资产管理公司收购、处置不良贷款的，担保债权同时转让，无须征得担保人的同意，担保人仍应在原担保范围内对受让人继续承担担保责任。也就是说，即使本案三份协议履行了，适用该规定，特力集团仍应承担担保责任。而实际上，本案三份协议并未履行，债权转股权也不同于债权债务的转让。（四）合同的目的应当理解为合同的社会经济功能或者说合同存在的正当理由。从这种意义上讲，不符合政策性目的的债权转股权合同将可能导致国有资产流失或者面临重大风险，因而不具备基本的合法性要件，根据合同法第五十二条将被认定无效。因此，在债权转股权合同未实际履行的情况下，为避免国有资产流失，深圳农行要求恢复原贷款合同是有法律依据的。深圳农行作为权利人有权主张债权。（五）合同的债权效力与物权效力往往不是同步发生的。本案因目标公司未成立，无法完成股权转让及变更登记，因此，原有的贷款关系并未消灭，深圳农行仍是债权人，具备向特力集团催收的资格，对特力集团的追索行为构成诉讼时效中断。公证书已经证明深圳农行向特力集团发出《担保人履行责任通知书》，公证书所附《担保人履行责任通知书》复印件明确证明了所寄邮件内容。本案三份合同约定的是由原来的债权债务关系转变为金融资产管理公司与企业间的控股（或持股）关系，而非简单的债权债务转移。该三份合同由于没有建立目标公司而未能实际履行，特力集团仍应承担担保责任。深圳农行有权向特力集团等债务人催收，且催收导致诉讼时效中断，深圳农行要求特力集团承担连带保证责任合理合法，原审判决正确，应予维持。

被上诉人石化工业集团未在法定期限内提交书面答辩意见。

本院二审查明，石化工业集团未列入原国家经济贸易委员会推荐的实施债权转股权企业名单；深圳农行与石化工业集团及长城深圳办签订的《贷款转投资及股权转让三方协议》、长城深圳办与石化集团签订《股权转让合同书》和长城深圳办与石化集团签订的《股权转让合同书》，未经过原国家经济贸易委员会会同财政部、中国人民银行审核报国务院批准。另查明，2002 年 7 月 18 日，深圳农行上步支行以公证投递方式向特力集团发出《债务逾期催收通知书》，公证书附有投递文书的复印件，显示为催收本案 5760 万元借款本息的《担保人履行责任通知书》，主要内容为：由于石化工业集团与长城深圳办于 2000 年 12 月 29 日签订的《股权转让合同书》和石化工业集团与长城深圳办、深圳农行签订的《贷款转投资及股权转让三方协议》未能履行，现向特力集团催收本案 5760 万元借款本息。其他查明事实与一审基本一致。

本院二审认为，本案属于借款合同纠纷。一审判决认定深圳农行上步支行与石化工业集团、特力集团签订的《担保限额贷款合同》有效，石化工业集团欠深圳农行借款 5760 万元及利息未还，特力集团亦未履行连带保证责任，各方当事人没有异议，本院不予审查。二审当事人争议的焦点问题是：特力集团是否应当依《担保限额贷款合同》向深圳农行承担担保责任。深圳农行与石化工业集团及长城深圳办签订的《贷款转投资及股权转让三方协议》内容是将深圳农行对石化工业集团的债权转为长城深圳办对石化工业集团的股权，该协议属于债权转股权协议。2000 年 11 月 20 日国务院发布的《金融资产管理公司条例》第十八条规定：“实施债权转股权的企业，由国家经济贸易委员会向金融资产管理公司推荐。金融资产管理公司对被推荐的企业进行独立评审，制定企业债权转股权的方案并与企业签订债权转股权协议。债权转股权的方案和协议由国家经济贸易委员会会同财政部、中国人民银行审核，报国务院批准后实施。”但石化工业集团未列入原国家经济贸易委员会推荐实施债权转股权的企业名单，其与长城深圳办、深圳农行签订的债权转股权协议，也未按上述规定由原国家经济贸易委员会、财政部与中国人民银行联合审核报国务院批准。根据《中华人民共和国合同法》第四十四条第二款关于“法律、行政法规规定应当办理批准、登记等手续生效的，依照其规定”的规定，上述《贷款转投资及股权转让三方协议》未生效。长城深圳办又与石化工业集团和石化集团签订《协议书》，约定将其对石化工业集团享有的股权转为对石化集团的股权，与石化集团签订《股权转让合同书》，约定将其对石化工业集团的股权转为对石化集团新成立的公司的股权，该两份合同均以《贷款转投资及股权转让三方协议》生效，长城深圳办对石化工业集团享有股权为前提，现由于《贷款转投资及股权转让三方协议》未生效，长城深圳办不享有对石化工业集团的股权，因此，《协议书》和《股权转让合同书》亦没有发生法律效力。当事人之间的权利义务仍应当按原《担保限额贷款合同》确定。深圳农行依《担保限额贷款合同》最后一次贷款给石化工业集团人民币5760万元，约定的还款期限为2000年6月24日。特力集团承诺为石化工业集团借款提供连带责任保证担保。还款期限届满后，石化工业集团未履行还款责任，特力集团亦未履行保证责任，均应承担相应的违约责任。合同约定的保证期间为：直至贷款本息还清为止。根据最高人民法院《关于适用〈中华人民共和国担保法〉若干问题的解释》第三十二条第二款规定，应当视为保证期间约定不明，保证期间为主债务履行期届满之日起二年，即2000年6月24日至2002年6月23日。2000年8月16日，深圳农行向特力集团催收，在保证期间内向保证人主张了权利，并自此起算保证债权的诉讼时效。深圳农行上步支行在二年的诉讼时效期间内，于2002年7月18日以公证邮寄方式向特力集团发出本案5760万元借款本息的《担保人履行责任通知书》，构成诉讼时效中断。诉讼时效应自2002年7月19日重新起算二年。2004年7月16日，深圳农行提起本案诉讼，未超过诉讼时效。特力集团主张2002年7月18日深圳农行上步支行对其实施催收行为时，已不是本案债权的债权人，不具备催收债权的主体资格。但由于上述债权转股权协议并未生效，且深圳农行并未将转让债权的事项通知特力集团，因此，债权人仍为深圳农行，深圳农行向特力集团催收债权，符合法律规定。特力集团以深圳农行对其提起诉讼超过诉讼时效为由，请求驳回深圳农行的诉讼请求，没有事实和法律依据，本院不予支持。综上所述，特力集团上诉理由不成立，一审判决除对《贷款转投资及股权转让三方协议》、《协议书》和《股权转让合同书》的效力认定不当，应予纠正外，认定其余事实基本清楚，实体处理无误。据此，本院二审依照《中华人民共和国合同法》第四十四条第二款，《金融资产管理公司条例》第十八条，《中华人民共和国民事诉讼法》第一百五十三条第一款第（一）项、第一百五十八条规定，于2007年3月20日作出（2006）粤高法民二终字第172号民事判决：驳回上诉，维持原判。二审案件受理费人民币381271.43元，由特力集团负担。

特力集团向本院申请再审称：（一）二审法院认为《贷款转投资及股权转让三方协议》的内容是将深圳农行对石化工业集团的债权转为长城深圳办对石化工业集团的股权，该协议属于债权转股权协议，并据此认定该三方协议是《协议书》和《股权转让合同书》的前提条件，前者无效导致后两者无效，该认定属于事实认定错误。1.《贷款转投资及股权转让三方协议》不是债权转股权协议，其直接目的在于解决深圳农行对长城资产管理公司应负担的资本金问题，但实质意图在于实现深圳农行将债权转让给长城深圳办，尔后可以实现长城深圳办对外投资的目的。2. 从合同内容看，《贷款转投资及股权转让三方协议》仅对所谓“债权转股权”的事宜约定了大致框架，实际上合法有效的约定内容为债权转让行为。3.《协议书》的约定内容实质为经债权人同意的债务转让行为，该债务转让行为合法有效。4.《股权转让合同书》详细约定了债权转股权的具体方案操作及各方当事人的具体权利义务，该协议才具有表面上的债权转股权协议性质，但又并非实质意义上的债权转股权协议。《贷款转投资及股权转让三方协议》、《协议书》是《股权转让合同书》的前提，本案各方当事人签订上述三份协议的目的在于实现长城深圳办假债权转股权之名行对外投资之实的最终目的。（二）二审法院将《贷款转投资及股权转让三方协议》认定为债权转股权协议，混淆了债权与物权的概念，忽略了债权转让与股权取得两个动态过程，该认定属于事实认定和法律适用错误。债权转股权中存在两个过程，一是由资产管理公司取得商业银行的债权，二是由资产管理公司和债务人依据国家政策商定债权转股权的具体实施方案。《金融资产管理公司条例》第十八条的规定主要是对股权取得设定的条件限制，并不影响债权转让的法律效力。保证只是对债权的担保而非对物权的担保，在长城深圳办将债权转为股权后，特力集团的担保法律义务即不复存在。即使后来长城深圳办由于没有履行法定手续无法取得约定股权，也只能在长城深圳办与石化工业集团之间基于违约责任而产生一个新的债权债务关系，而特力集团对此不需再承担担保责任。（三）二审法院认为深圳农行于2000年8月16日向特力集团催收，并于2002年7月18日以公证邮寄的方式向特力集团发出本案5760万元借款本息的《担保人履行责任通知书》，构成诉讼时效中断，特力集团仍应向深圳农行承担保证责任，属于事实认定错误和法律适用错误。通过《贷款转投资及股权转让三方协议》和《协议书》两个合同约定的债权转让和债务转让，本案所涉人民币5760万元贷款的债权人已经变更为长城深圳办，债务人已经变更为石化集团，特力集团已不再是保证人。二审判决混淆了深圳农行2002年7月18日出具文书的时间与8月2日申请公证的时间。公证书只能证明深圳农行有邮寄行为，但不能证明特力集团收到了该邮件。（四）二审法院认为“深圳农行并未将转让债权的事项通知特力集团，因此，债权人仍为深圳农行，深圳农行向特力集团催收债权，符合法律规定”。该认定属于法律适用错误。债权转让只要通知了债务人即对债务人发生法律效力，同时担保债权一并转让，保证人应当向受让人承担保证责任。即一旦发生了债权转让的事实，即使原债权人不通知保证人，保证人与原债权人之间的保证担保法律关系也已消失。（五）即使如二审法院认定，由于没有办理相关批准、登记等手续，直接或间接导致《贷款转投资及股权转让三方协议》、《协议书》和《股权转让合同书》无效，作为无过错方的保证人在债权债务关系恢复到原先状态时仍然要承担保证责任，也有违公平原则。综上所述，二审判决无论是事实认定还是法律适用上均存在错误，而且作出判决的主要证据不充分。请求撤销一、二审判决，改判特力集团依法不需再对涉案债务转让承担连带清偿责任，一、二审案件受理费由深圳农行承担。

被申请人深圳农行辩称，二审法院认定《贷款转投资及股权转让三方协议》、《协议书》和《股权转让合同书》等属于债权转股权协议，并认定该合同未按法定程序审核批准，属于未生效合同是完全正确的，符合客观事实及法律规定。《贷款转投资及股权转让三方协议》的合同主体、协议约定的国有企业不良贷款、设立新的目标公司等内容都具备债权转股权协议的法律特征，该协议不是特力集团认为的一般债权转让协议。通过上述三个协议，深圳农行将其对石化工业集团的贷款折人民币27000万元以投资形式划转给长城深圳办，长城深圳办将投资权益置换为其对石化集团同等金额的投资权益，并最终置换为石化集团新设公司的股权。上述行为被二审法院认定为国有商业银行及国有金融资产管理公司处置银行不良贷款的债权转股权行为是符合法律及相关政策规定的。涉案三个协议的签订和履行是债权转股权整体行为的一个组成部分，不可分割，各协议内容及效力互相影响。由于《贷款转投资及股权转让三方协议》未生效，长城深圳办不享有对石化工业集团的股权，因此《协议书》和《股权转让合同书》也没有生效，原贷款债权债务关系依旧存在，深圳农行仍然是债权人，完全具备向特力集团催收的债权人主体资格。2002 年 8 月 2 日深圳农行上步支行以公证投递方式向特力集团发出《担保人履行责任通知书》，该公证书不仅对农行主张权利的邮寄行为进行了公证，还对其主张权利的内容进行了公证，依法导致诉讼时效中断。综上所述，涉案三个协议是围绕国家的债权转股权政策签订的，并非简单的债权债务的转移，而该协议由于没有按法定程序办理审批手续，因此尚未生效，且该协议并未实际履行。《担保限额贷款合同》合法有效，特力集团仍应依照该合同承担担保责任。另外与本案所涉资金为一个系列的总额 27000 万元的债权转股权案件，其他六个案件与本案为系列案，案情相同，经二审判决在三年前就已全部生效，并没有提起再审申请。特力集团的目的是恶意诉讼，拖延承担责任的时间，请求驳回其再审请求，维持二审判决。

石化工业集团再审未答辩。

本院再审查明，《贷款转投资及股权转让三方协议》中载明该协议是“根据《合同法》及财政部关于资产管理公司资本金划转的有关规定”进行协商达成的。一、二审判决认定深圳农行上步支行于“2002 年 7 月 18 日”以公证邮寄方式向特力集团发出《担保人履行责任通知书》，实际应为 2002 年 8 月 2 日发出。双方当事人再审中均表示对原二审判决认定的其他案件事实没有异议，本院再审予以确认。

本院认为，本案属于借款合同纠纷。一、二审判决认定深圳农行上步支行与石化工业集团、特力集团签订的《担保限额贷款合同》有效，石化工业集团欠深圳农行借款 5760 万元及利息未还，特力集团亦未履行连带保证责任，各方当事人没有异议，本院予以确认。本案再审争议的主要问题，一是《贷款转投资及股权转让三方协议》的性质和效力应当如何认定；二是《贷款转投资及股权转让三方协议》、《协议书》和《股权转让合同书》签订后，特力集团基于《担保限额贷款合同》所承担的保证责任是否因此而消灭；三是深圳农行的起诉是否超过诉讼时效期间。

（一）关于《贷款转投资及股权转让三方协议》的性质和效力应当如何认定的问题。根据国务院发布的《金融资产管理公司条例》以及国家经贸委、中国人民银行发布的《关于实施债权转股权若干问题的意见》等相关政策、法规、规章的规定，我国政策性债权转股权是指国家组建金融资产管理公司，收购国有银行的不良贷款，把原来银行对企业的债权转为金融资产管理公司对企业的股权，成为对企业阶段性持股的股东，在企业经济状况好转以后，通过上市、转让或企业回购形式收回这笔资金。实施债权转股权的目的一是盘活商业银行不良资产，加快不良资产的回收，增加资产流动性，防范和化解金融风险；二是加快实现债权转股权的国有大中型企业转亏为盈；三是促进企业转换经营机制，加快建立现代企业制度。本案《贷款转投资及股权转让三方协议》无论是名称还是内容，均表明该协议是债权转股权协议，而非一般的债权转让协议。第一，该协议的名称已经明确三方签订协议的目的是将贷款转为投资并转让相关股权，并非仅仅转让债权；第二，协议的签订主体是国有银行、金融资产管理公司和国有企业；第三，该协议是三方“根据《合同法》及财政部关于资产管理公司资本金划转的有关规定”进行协商达成的，带有明显的政策性；第四，协议中约定深圳农行对石化工业集团的 27000 万元贷款是以投资形式划转给长城深圳办的，由长城深圳办行使投资人的权利；第五，协议中约定长城深圳办与石化工业集团共同组建新的有限责任公司或股份有限公司；第六，在该协议基础上签订的《协议书》和《股权转让合同书》，均是关于长城深圳办行使其对石化集团以及对石化集团注册成立新公司的股权的约定，上述三个协议约定的内容，构成国有银行、金融资产管理公司和国有企业之间债权转股权的整体过程，具有共同的合同目的，各协议的内容及效力相互影响。因此，本案《贷款转投资及股权转让三方协议》符合债权转股权的基本要件和法律特征。由于债权转股权的实施关系到国家金融资产安全和国有大中型企业转亏为盈，我国对债权转股权企业的范围、条件、操作程序等均有严格规定。1999 年 7 月 30 日国家经贸委、中国人民银行发布的《关于实施债权转股权若干问题的意见》中明确规定“国家经贸委按照选择范围和条件，严格把关，防止一哄而起”，还规定“国家经贸委、财政部、中国人民银行对金融管理公司确认的企业债权转股权的条件、方案，联合进行严格审核后，报国务院批准实施”。2000 年 11 月 20 日国务院发布的《金融资产管理公司条例》第十八条规定：“实施债权转股权的企业，由国家经济贸易委员会向金融资产管理公司推荐。金融资产管理公司对被推荐的企业进行独立评审，制定企业债权转股权的方案并与企业签订债权转股权协议。债权转股权的方案和协议由国家经济贸易委员会会同财政部、中国人民银行审核，报国务院批准后实施。”但石化工业集团并未列入上述债权转股权的企业名单，其与长城深圳办、深圳农行签订的债权转股权协议，也未按上述规定由相关部门审核报国务院批准。同时，石化集团也未按协议约定设立新的公司，不能实现合同目的，债权转股权未能完成。因此，本院二审根据《中华人民共和国合同法》第四十四条第二款关于“法律、行政法规规定应当办理批准、登记等手续生效的，依照其规定”的规定，认定上述《贷款转投资及股权转让三方协议》以及《协议书》、《股权转让合同书》未生效并无不当。特力集团关于《贷款转投资及股权转让三方协议》是关于债权转让行为而非债权转股权协议的主张，没有充分的事实和法律依据，本院不予支持。

（二）关于《贷款转投资及股权转让三方协议》、《协议书》和《股权转让合同书》签订后，特力集团基于《担保限额贷款合同》所承担的保证责任是否因此而消灭的问题。《中华人民共和国合同法》第八条规定：“依法成立的合同，对当事人具有法律约束力。当事人应当按照约定履行自己的义务，不得擅自变更或者解除合同。依法成立的合同，受法律保护。”该法第四十四条规定：“依法成立的合同，自成立时生效。法律、行政法规规定应当办理批准、登记等手续生效的，依照其规定。”如上所述，由于本案《贷款转投资及股权转让三方协议》未经相关部门审批而未生效，以该协议为基础的《协议书》和《股权转让合同书》也因此而未生效，故上述三个协议对当事人不具有法律约束力，不能产生相应的法律后果。特力集团称《贷款转投资及股权转让三方协议》约定的内容为债权转让，深圳农行已将其对石化工业集团的债权转让给了长城深圳办，《协议书》约定的内容为债务转移，石化工业集团未经其同意将债务转移给了石化集团，以及《股权转让合同书》并非实质意义上的债权转股权协议的主张，同样缺乏充分的事实和法律依据。由于上述三个协议没有发生法律效力，本案双方当事人自应按照原《担保限额贷款合同》确定各自的权利义务。因此特力集团基于《担保限额贷款合同》所承担的保证责任并不能因上述三个未生效协议的签订而消灭。

（三）关于深圳农行的起诉是否超过诉讼时效期间的问题。本院认为，由于《贷款转投资及股权转让三方协议》属于未生效的债权转股权协议，不能产生债权转股权的法律后果，同时由于本案三个协议并非一般的债权转让和债务转移合同，不能导致债权转让和债务转移，双方当事人仍应按照原《担保限额贷款合同》确定各自的权利义务，因此2002年8月2日深圳农行上步支行向特力集团催收时，深圳农行仍是本案债权人，特力集团仍是本案担保人，深圳农行有权对特力集团进行催收。深圳农行上步支行在保证期间内，于2000年8月16日向特力集团催收，应自此起算保证债权的诉讼时效。2002年8月2日，深圳农行上步支行以特快专递方式向特力集团邮寄了《担保人履行责任通知书》，并经深圳市公证处进行现场公证。参照《最高人民法院关于债权人在保证期间以特快专递向保证人发出逾期贷款催收通知书但缺乏保证人对邮件签收或拒收的证据能否认定债权人向保证人主张权利的请示的复函》关于“债权人通过邮局以特快专递的方式向保证人发出逾期贷款催收通知书，在债权人能够提供特快专递邮件存根及内容的情况下，除非保证人有相反证据推翻债权人所提供的证据，应当认定债权人向保证人主张了权利”的规定，深圳农行已在二年的诉讼时效期间内向特力集团主张了债权，构成诉讼时效中断，深圳农行于2004年7月16日向法院提起诉讼，未超过诉讼时效期间。因此特力集团认为深圳农行的起诉超过诉讼时效期间的主张，也没有充分的事实和法律依据。此外，由于本案的债权转股权协议未生效，一、二审法院依据原《担保限额贷款合同》判决特力集团承担相应的担保责任，并未加重其本应承担的担保责任，不存在违反公平原则的问题。

综上所述，申请再审人特力集团的改判请求缺乏充分的事实和法律依据，不足以推翻原二审判决，本院不予支持。二审判决正确，依法应予维持。依照《中华人民共和国民事诉讼法》第一百八十六条第一款、第一百五十三条第一款第（一）项之规定，判决如下：

维持本院（2006）粤高法民二终字第172号民事判决。

本判决为终审判决。

审　判　长　吕善智
代理审判员　付庆海
代理审判员　熊　忭
二〇〇九年十一月十日
书　记　员　吴晓华

【评析】

这是一份再审民事判决书，制作格式符合最高人民法院2008年底制定的《民事审判监督程序裁判文书样式（试行）》的要求，基本要素齐全，结构完整，层次分明，事实清晰，论述透彻，逻辑严谨，被评为2010年全省法院优秀裁判文书。案件事实叙述清晰完整，能够准确概括当事人的诉辩意见，紧紧围绕案件争议焦点逐一论述。判决书重点针对当事人最为关心的《贷款转投资及股权转让三方协议》的性质和效力问题，根据我国特定时期债权转股权的相关政策、法律、法规的规定，结合相关理论和司法实践，深入浅出、有理有据地进行分析论述，从而认定该协议以及在此基础上签订的另两份协议，构成国有银行、金融资产管理公司和国有企业之间债权转股权的整体过程，具有共同的合同目的，各协议的内容及效力相互影响，该协议是债权转股权协议，而非一般的债权转让协议，并根据该协议未经相关部门审批的情况认定该协议无效，裁判结果令人信服。同时，判决书用语规范，行文流畅，通俗易懂，详略得当，具有一定的代表性。

广东省广州市中级人民法院

民事判决书

（2009）穗中法审监民再字第266号

申请再审人（一审原告、二审上诉人）：邝致敏，女，1954年2月7日出生，汉族，住广州市天河区员村二横路11号大院1号309。

申请再审人（一审原告、二审上诉人）：黄嘉健，男，1981年4月22日出生，汉族，住址同上。

法定代理人：邝致敏。

申请再审人（一审原告、二审上诉人）：黄嘉正，男，1986年6月28日出生，汉族，住址同上。

上列申请再审人共同委托代理人：于定勇，广东信利盛达律师事务所律师。

上列申请再审人共同委托代理人：肖少孟，广东信利盛达律师事务所职员。

被申请人（一审被告、二审被上诉人）：暨南大学附属第一医院。住所地：广州市黄埔大道西613号。

法定代表人：黄力，该医院院长。

委托代理人：朱康儿，男，该医院医生，联系地址同上。

委托代理人：林晓军，广东永航律师事务所律师。

申请再审人邝致敏、黄嘉健、黄嘉正与被申请人暨南大学附属第一医院医疗损害赔偿纠纷一案，本院于2007年3月15日作出（2006）穗中法民一终字第1633号民事判决，已经发生法律效力。邝致敏、黄嘉健、黄嘉正不服二审判决，向广东省高级人民法院申请再审。2009年8月14日，广东省高级人民法院作出（2009）粤高法立民申字第826号民事裁定，指令本院对本案进行再审。本院依法另行组成合议庭审理了本案，现已审理终结。

广州市天河区人民法院一审认为，暨南大学附属第一医院是否应当对邝致敏、黄嘉健、黄嘉正（以下简称邝致敏一方）承担损害赔偿的责任，取决于暨南大学附属第一医院在为黄耀洪治疗的过程中是否有过错。对于广州市医学会和广东省医学会作出的《医疗事故技术鉴定书》，邝致敏一方虽提出不同意见，但并未提交足以反驳《医疗事故技术鉴定书》的其他证据，故对广州市医学会和广东省医学会作出的《医疗事故技术鉴定书》予以采信，本医案不构成医疗事故。但根据两份《医疗事故技术鉴定书》

中的分析意见，暨南大学附属第一医院在治疗过程中存在着以下不足：骨髓检查报告未按时发出；患者化疗后白细胞明显减少时，医院有条件进行保护性隔离而未进行；对骨穿、化疗和特殊状态下的胃镜检查，病历资料中缺乏患者本人或家属签字同意的知情同意书，违反了《病历书写基本规范（试行）》的规定。第一，对于骨髓检查发报告时间较长的问题，根据暨南大学附属第一医院提交的病历记录，暨南大学附属第一医院的医生在骨髓检查后第二天（3月3日）已知道了检查的结果，并据此作出了判断，在此基础上制定出化疗的方案，因此骨髓检查发报告的时间较长是暨南大学附属第一医院管理上的不足，但并未对患者的治疗造成影响，两份《医疗事故技术鉴定书》中均分析认为，暨南大学附属第一医院对黄耀洪的诊断是正确的，进行化疗的方案也符合诊疗常规，也就是说骨髓检查发报告时间较长并未影响对患者的诊断和治疗。第二，对于骨穿、化疗、胃镜检查是否征得患者及家属同意的问题，暨南大学附属第一医院虽未让患者或家属签署知情同意书，但其病历中记录了已将风险告知患者及家属并征得患者及家属的同意，并且化疗的过程持续多天，称患者及家属不知情是不符合常理的，因此，根据暨南大学附属第一医院提交的病历，以及按常理分析，暨南大学附属第一医院应当是在征得了患者及家属同意的情况下进行化疗的。暨南大学附属第一医院未让患者及家属签署知情同意书，是违反《病历书写基本规范（试行）》的行为，但其对患者进行治疗这一行为本身并无过错，与患者的死亡之间并无因果关系。第三，关于化疗后医院有条件进行保护性隔离而未进行的问题，患者的死亡是白血病及并发症的转归，与医院的这一不足之间不存在因果关系。综合本案事实和证据，暨南大学附属第一医院的医疗行为无违反医疗卫生管理法律法规和诊疗规范、常规，患者黄耀洪的死亡与暨南大学附属第一医院的医疗行为之间无因果关系，邝致敏一方要求暨南大学附属第一医院赔偿丧葬费、死亡赔偿金、被扶养人生活费、陪护费、住院伙食补助费、住宿费及退还医疗费等，缺乏依据，不予支持。但考虑到暨南大学附属第一医院在医疗过程中存在着不足，酌情给予邝致敏一方20000元的补偿。据此，依照《中华人民共和国民事诉讼法》第六十四条、《中华人民共和国民法通则》第一百一十九条的规定，于2006年3月15日作出判决：一、自本判决发生法律效力之日起10日内，暨南大学附属第一医院补偿给邝致敏、黄嘉健、黄嘉正20000元。二、驳回邝致敏、黄嘉健、黄嘉正的其他诉讼请求。

判后，邝致敏一方不服，向本院提起上诉。

本院二审查明，患者黄耀洪因发热伴头晕半月、血细胞异常于2004年2月17日入住暨南大学附属第一医院。入院诊断为发热、贫血。入院当天行骨髓穿刺术，发现黄耀洪幼稚淋巴细胞为6.5%，为明确其原因，暨南大学附属第一医院对黄耀洪进行了淋巴结活检排除了淋巴瘤。3月2日暨南大学附属第一医院对黄耀洪再次行骨髓穿刺术，3月16日出具检验报告显示黄耀洪原始单核细胞30%、POX部分幼稚细胞阳性、未见免疫分型结果。3月4日暨南大学附属第一医院开始对黄耀洪予常规剂量的MA方案化疗。之后分别又于3月17日、3月31日对黄耀洪行骨髓穿刺术，结果均为增生极度低下。化疗后，患者出现骨髓抑制情况，经抗感染、输血等治疗，4月12日上午9时50分，黄耀洪突然出现神志不清、呼之不应，面色紫绀，继之呼吸心跳停止，经抢救无效于上午10时10分死亡。死亡诊断：1. 急性单核细胞白血病。2. 脑出血。3. 多器官功能衰竭。4. 肺部感染。5. 丙型肝炎。6. 溃疡性食道炎。死亡原因：脑出血。一审中，暨南大学附属第一医院向一审法院申请对本案进行医疗事故技术鉴定。一审法院委托了广州市医学会进行医疗事故技术鉴定，广州市医学会于2005年8月11日作出广州医鉴［2005］045号《医疗事故技术鉴定书》，其中分析意见如下："鉴定组专家详细阅读了医患双方有关鉴定资料，认真听取了医患双方的陈述，并向双方对有关问题进行了提问，经讨论认为：1. 在对患者黄耀洪的诊疗过程中，医方依据其临床表现和血象、骨髓象检查结果，诊断为急性白血病是正确的，据此而采取的治疗方案也符合急性白血病的诊疗常规。骨髓报告发出时间迟于开始治疗时间12天，但治疗并非在医生不知情的情况下进行，在骨髓穿刺后的第二天责任医生亲自阅骨髓片并口头告知患者家属诊断及治疗方案，征得其同意后方才进行化疗。化疗方案的选择与诊断也是一致的。医方对患者白血病的诊断与治疗是正确、积极的。2. 因患者诉胸骨后疼痛，医方考虑为食管下段炎症经保守治疗后效果欠佳。为明确原因，在患者血小板低下的情况下经输注血小板后进行了胃镜检查，过程顺利。胃镜检查距死亡5天，专家认为胃镜检查与患者的死亡无因果关系。3. 医方在诊疗过程中存在的不足：（1）骨髓检查发报告的时间较长（12天）。（2）在患者白细胞明显减少的情况下，最好进行保护性隔离，若因患方经济原因而未同意医生的建议时应做好记录。（3）对骨穿、化疗和特殊状态下的胃镜检查，病历资料中缺乏患者本人或家属签字同意的知情同意书，违反了《病历书写基本规范（试行）》的规定。综上所述，医方的医疗行为无违反医疗卫生管理法律法规和诊疗规范、常规；医疗过程存在不足；患者的死亡是其原发疾病白血病及其并发症的转归，与医方的医疗行为之间无因果关系。"该鉴定书的结论为："综上分析，根据《医疗事故处理条例》第二条、第三十三条，本医案不构成医疗事故。"邝致敏一方于2005年8月25日提交再次鉴定的申请。一审法院于2005年9月12日委托广东省医学会对本案进行再次医疗事故技术鉴定。广东省医学会于2005年12月15日作出广东医鉴［2005］160号《医疗事故技术鉴定书》，其中分析意见如下："鉴定组专家详细阅读了医患双方有关鉴定资料，认真听取了医患双方的陈述，并向双方就有关问题进行了提问，经讨论认为：1. 未发现暨南大学附属第一医院对黄耀洪的诊疗过程中存在违反医疗卫生管理法律、行政法规、部门规章的行为，但有违反《病历书写基本规范（试行）》等行为：医方实施化疗及骨穿、胃镜等检查，未让患方签知情同意书；患者化疗后白细胞明显减少时，医院有条件进行保护性隔离而未进行；对患者不同意，医方又不能提供谈话记录并签字的依据；骨髓报告未按时发出。2. 依据医方提供的血象、骨髓细胞形态学检查结果，符合急性白血病的诊断，医方据此采取的MA方案化疗也符合急性白血病的诊疗规范；血液专科医生依据患者的临床表现，结合自阅骨髓细胞形态学作出初步诊断符合临床常规，与医方提供的骨髓报告相一致；书面报告迟发与白血病的诊断正误无因果关系；从医方提供的病历中可以看到口头告知患者及家属并征得同意化疗的记录，鉴定调查时患方承认患者本人是知情的，专家组认为化疗前医方履行了告知义务；胃镜检查是依据病情需要而采取的，与患者死亡无因果关系。患者的死亡是白血病及其并发症之转归。医方的不足与患者的死亡无因果关系。3. 本案不构成医疗事故，医方无责任。该鉴定书的结论为："综上所述，根据《医疗事故处理条例》第二条、第三十三条，本医案不属于医疗事故。"暨南大学附属第一医院认为其在对黄耀洪进行化疗前已口头告知了患者及家属化疗的风险，患者及家属表示了同意才进行化疗的。暨南大学附属第一医院对此提交的证据有黄耀洪的住院病历，其中记录“2004 年 3 月 3 日……昨日复查的骨髓涂片骨髓幼稚细胞进一步增多，已大于 30%，但分类不明，可进行组化染色分类，化疗方案予 MA 方案。将化疗的必要性和风险与患者及家属说明，家属及患者表示同意化疗”。

另查，邝致敏是黄耀洪的妻子，黄嘉健、黄嘉正是黄耀洪与邝致敏的儿子。一审中，邝致敏一方提供了黄耀洪在暨南大学附属第一医院住院的医疗费（65796.15 元）收据、《暨南大学第一附属医院住院费用明细表》及黄嘉健被评为残疾二级的《残疾人证》，要求赔偿：1. 黄耀洪在 2003 年 3 月 2 日之后的医疗费 54796.15 元。2. 丧葬费按广州市职工平均工资计算 6 个月为 9489.5 元。3. 死亡赔偿金按照广州市平均生活费计算 6 年为 57817.44 元。4. 黄嘉健的被扶养人生活费按照广州市最低生活保障标准计算 20 年为 79800 元。5. 陪护费按照广州市上一年度职工平均工资计算 42 天为 2184 元。6. 住院伙食补助费按 30 元/天计算，黄耀洪住院 42 天为 1260 元。7. 住宿费 3780 元。合计 209127.09 元。

本院二审认为，黄耀洪因发热伴头晕半月血细胞异常，到暨南大学附属第一医院住院治疗，因此，双方形成医疗服务合同关系。暨南大学附属第一医院依据黄耀洪的临床表现和结合自阅骨髓细胞形态学作出初步诊断为急性白血病，符合临床常规，与骨髓报告相一致，暨南大学附属第一医院据此而采取的治疗方案也符合急性白血病的诊疗常规。虽然骨髓检查的报告迟发，但与白血病的诊断正误没有因果关系。但由于暨南大学附属第一医院在诊疗过程中，对黄耀洪进行化疗、穿刺和特殊状态下的胃镜检查都没有依照《医疗机构管理条例》的规定，在没有家属签名的情况下进行，这都是违反医疗常规的。且暨南大学附属第一医院在黄耀洪白细胞明显减少的情况下，有条件对黄耀洪进行保护性隔离而没有进行，构成怠于履行安全防护义务。尽管医疗鉴定机构鉴定意见认为该医疗过错行为与黄耀洪的死亡后果之间不存在直接因果关系，但由于暨南大学附属第一医院在客观上没有履行对黄耀洪进行有效防护的义务，其医疗过错行为与最终发生的死亡结果存在法律上的相当因果关系。虽然鉴定机构认为不构成医疗事故，但是否构成医疗损害不是以是否构成医疗事故为必要条件，即只要暨南大学附属第一医院确实存在民事过错，符合民事侵权构成要件，则应承担相应的民事责任。因黄耀洪自身疾病的进展是其死亡的主要原因，而暨南大学附属第一医院没有履行防护治疗义务仅是导致黄耀洪死亡的次要原因，故暨南大学附属第一医院应对黄耀洪的死亡承担次要责任，酌定暨南大学附属第一医院对黄耀洪的死亡后果承担 30% 的赔偿责任。关于邝致敏一方提出的各项损失有：1. 医疗费。黄耀洪在暨南大学附属第一医院的治疗费为 65796.15 元，有邝致敏一方提供的住院医疗费明细表为据证实，邝致敏一方主张赔偿 2003 年 3 月 2 日之后的医疗费 54796.15 元，予以确认。2. 丧葬费。根据最高人民法院《关于审理人身损害赔偿案件适用法律若干问题的解释》第二十七条的规定，按照受诉法院所在地上一年职工月平均工资标准，以六个月总额计算为 9489.5 元（18979 元/年 ÷2）。3. 死亡赔偿金。根据最高人民法院《关于审理人身损害赔偿案件适用法律若干问题的解释》第二十九条的规定，死亡赔偿金按照受诉法院所在地上一年度城镇居民人均可支配收入或者农村居民人均纯收入标准，按二十年计算。现邝致敏一方主张按 6 年计算为57817.44元（9636.24元×6年），是其对自己权利的处分，予以采纳。4. 护理费。邝致敏一方主张黄耀洪住院期间由邝致敏护理，因邝致敏一方没有提供证据证明邝致敏因护理黄耀洪而造成的误工损失，故按照广州市上一年度职工平均工资每月1581为标准计算42天（2003年3月2日至4月12日）护理费为2184元。5. 住院伙食补助费。按照每天30元的标准计算为1260元（30元×42天）。6. 被抚养人生活费。邝致敏一方仅提供了黄嘉健的残疾证，没有提供证据证明黄嘉健无劳动能力又无其他生活来源，故邝致敏一方要求赔偿被抚养人生活费，不予支持。7. 住宿费。因邝致敏一方均在广州市居住，且邝致敏一方没有提供证据证明其存在住宿费的损失，故其要求赔偿住宿费3780元，不予支持。综上所述，邝致敏一方的各项损失合计125547.09元。由暨南大学附属第一医院承担30%的赔偿责任为37664.13元。一审法院酌情判决暨南大学附属第一医院赔偿2万元依据不足，二审予以纠正。综上所述，依照《中华人民共和国民事诉讼法》第一百五十三条第一款第（三）项的规定，于2007年3月15日作出判决：一、维持广州市天河区人民法院（2005）天法民一初字第539号民事判决第二项。二、变更广州市天河区人民法院（2005）天法民一初字第539号民事判决第一项为：自本判决之日起10日内，暨南大学附属第一医院赔偿邝致敏、黄嘉健、黄嘉正37664.13元。本案一、二审受理费各5650元均各由暨南大学附属第一医院负担1018元，邝致敏、黄嘉健、黄嘉正负担4632元。

邝致敏一方不服二审判决，申请再审称：1. 骨髓检查报告是未按时出具的。正常情况下应当先出报告确定患者的病情后再决定采取何种医疗措施，但医院在报告没有出来之前，仅通过阅片的方式对患者的病情作出诊断并采取了措施，违反了诊疗规范和医疗法规。2. 医学会的鉴定。广州医学会和广东省医学会作出的医疗鉴定均确认医院存在违规与不足，且医学鉴定以一份严重迟延并带有造假嫌疑的检查报告单来确定患者当时的病情，并以此来证明医方诊断的正确性，回避没有对患者采取任何隔离保护措施的问题，这种鉴定显然无任何正确性和科学性可言。二审法院的判决无视两次医学鉴定存在的明显错误，简单地依据两次鉴定作出认定和判决，该判决自然存在错误。3. 医院明显侵犯了患者及亲属的医疗知情权，医院提供的病历不能证明患者化疗时知情，其在进行化疗后追问医生才知情。但二审没有判决医院承担任何责任，造成不公，属于错误判决。4. 邝致敏一方提供了黄嘉健的《残疾人证》，黄嘉健是一级智力残疾，没有任何收入来源且终身需要他人照料。二审判决驳回关于黄嘉健被抚养人生活费的诉讼请求明显存在错误。我方提出按六年居民平均生活费计算死亡赔偿金是基于我方诉讼时认为该医疗纠纷属于医疗事故，应当适用《医疗事故处理条例》的情况下所作出的诉请。在法院作出判决前，广州医学会和广东省医学会都认为该医疗事件非医疗事故，导致我方提出诉讼请求的条件变化，法院在审理时没有将相关法律加以释明，导致我方未能在诉讼中及时变更诉讼请求，因此提出按《医疗事故处理条例》的规定计算死亡赔偿金57817.44元并非我方的真实意思表示。故请求：1. 委托中华医学会对医疗事件重新进行医学鉴定。2. 撤销（2006）穗中法民一终字第1633号民事判决。3. 判决暨南大学附属第一医院赔偿340254.45元（医疗费损失54796.15元＋丧葬费9489.5元＋死亡赔偿金192724.80元＋护理费2184元＋住院伙食补助费1260元＋被扶养人生活费79800元＝340254.45元）。4. 判令一、二审受理费各5650元均由暨南大学附属第一医院承担。

暨南大学附属第一医院答辩称，二审判决医院承担30%的责任已经加重了医院理应承担的赔偿责任，邝致敏一方要求医院承担全部责任没有事实和法律依据。邝致敏一方在再审中提出死亡赔偿金的主张以及街道证明黄嘉健没有任何收入来源的证据均不应予以采纳。请求驳回邝致敏一方的再审请求。

本院再审确认二审查明的事实。

另查明，暨南大学附属第一医院提供鉴定的资料包括黄耀洪的住院病案，其记载如下内容：入院诊断发热、贫血查因，入院后确诊日期2004年3月4日，主要诊断急性单核细胞白血病。2004年2月18日……骨髓检查未见明显异常，现贫血原因未明，尚需进行进一步检查，目前抗感染治疗。2月19日……患者双颌下均扪及绿豆大小淋巴结……2月23日……双颌下可及2个花生米大小的淋巴结……行淋巴结活检术，以明诊断。2月25日……患者临床诊断上高度怀疑恶性淋巴瘤，病情危重，需催促口腔科协助活检……2004年3月2日骨穿记录…… 3月3日，患者昨晚9时许出现畏寒、寒战、发热，测体温39.6℃……骨髓涂片见幼稚淋巴细胞，查体仅见颌下淋巴结肿大，而活检未见淋巴瘤细胞。临床无确诊淋巴瘤证据，但骨髓见多量幼稚细胞，本病恶性的可能性大，可考虑行化疗。昨日复查的骨髓涂片骨髓幼稚细胞进一步增多，已大于30%，但分类不明，可进行组化染色分类。化疗方案予MA方案。将化疗的必要性与风险与家属及患者说明，家属及患者表示同意化疗。3月22日小结。目前诊断急性单核细胞白血病（M5）NR（无缓解），肺部感染……化疗第七天复查骨髓示骨髓受抑，化疗间歇出现发热……目前情况：患者化疗间歇第12天，仍有低热……下一步治疗计划。继续抗炎治疗，待骨髓恢复后行第二次化疗。4月4日，患者昨晚诉有胃痛，难忍……下午2:15突然出现畏寒、寒战……化疗间歇第25天……患者血小板较低，下午腹壁出现大片瘀斑。4月7日患者仍有发热……肝脾大、胆囊炎……患者腹胀……注意生命体征。4月11日……患者目前情况有急诊血液透析的指征，但根据患者目前病情，行血透亦有极大风险，有可能血液透析过程中即死亡。上述情况已向家属交代清楚。家属表示不同意血透，签字如下（邝致敏）……《会诊请求单》记载该院于2月22、25日先后组织口腔科、感染科等对黄耀洪的病情进行会诊；2月25日黄耀洪在活体检查《手术同意书》以及《输血治疗意见书》上签名；黄耀洪于2月17、21、25、28日分别行血液检验，2月18日示检验结果白细胞$3.86\times10^9/L$，血小板$46\times10^9/L$；2月23日《骨髓血细胞检查报告单》示检验结果白细胞$2.68\times10^9/L$，血小板$40\times10^9/L$；2月26日示检验结果白细胞$4.59\times10^9/L$，血小板$68\times10^9/L$；3月1日示检验结果白细胞$5.3\times10^9/L$，血小板$49\times10^9/L$；2月17日以贫血查因行骨髓穿刺，2月23日《骨髓血细胞检查报告单》示有核细胞增生明显活跃，淋巴细胞系比例增高，可见幼稚淋巴细胞6.5%等，意见为分类可见幼稚淋巴细胞（建议病理检查）；化疗期间，3月4、6日行血液检验，3月5日示检验结果白细胞$3.17\times10^9/L$，血小板$36\times10^9/L$，3月8日示检验结果白细胞$1.53\times10^9/L$，血小板$56\times10^9/L$；化疗间歇期，3月11日至4月11日先后多次行血液检验，显示白细胞、血小板明显减少。

一审审理期间，暨南大学附属第一医院还提供了医学书籍《内科学》里的部分书页第597、598、603、610页作为证据，其中第610页记载“【预后】急性白血病若不经特殊治疗，平均生存期仅3个月左右，短者甚至在数天后即死亡”。

再查明，邝致敏一方一审起诉时在起诉状中主张暨南大学附属第一医院医疗行为不当，一审法院立案案由为医疗服务合同纠纷。经两次鉴定后，一审法院将案由更改为医疗事故纠纷。在对鉴定结论质证时，邝致敏一方提出如果法庭认为案件性质不是医疗事故产生的特殊医疗纠纷，其将考虑变更诉请；对是否医疗事故，不发表意见。

关于人身损害赔偿的费用问题，再审期间，邝致敏一方提交广州市天河区员村街绢麻社区居委会的书面证明以及《残疾人证》，说明黄嘉健长期靠父母供养，是智力一级残疾。

关于采取隔离保护措施的问题，再审中，暨南大学附属第一医院承认黄耀洪是在普通病房进行化疗，但辩称此属于国情，并陈述保护性隔离措施分为：第一层次是无菌性（如手术室），第二层次是一个人、两个人或三个人一间病房，第三层次是普通病房。目前来说第一层次是无法满足的，第二层次在病人不多的情况下可以满足，第三层次是大多数的情况。邝致敏一方主张第二层次是一般的保护性隔离措施，第三层次基本就是没有保护性隔离措施；暨南大学附属第一医院一方不采取保护性隔离措施也没有告知过患者及其家属。

本院再审认为，本案是邝致敏一方因患者黄耀洪在暨南大学附属第一医院住院治疗期间死亡而产生的医疗纠纷，一审法院先后委托广州市医学会、广东省医学会进行医疗事故技术鉴定，两次鉴定的结论均认为不构成医疗事故，因此，一、二审将本案案由认定为医疗事故损害赔偿纠纷不当，再审予以纠正，本案为因医疗事故以外的原因引起的医疗损害赔偿纠纷。同时，二审实际以最高人民法院《关于审理人身损害赔偿案件适用法律若干问题的解释》为依据确定赔偿数额，但没有对当事人释明相关的法律适用，确有不当，再审予以指正。由于邝致敏一方主张暨南大学附属第一医院的医疗行为不当，该事实争议涉及高度专业性的医学问题，一审法院根据暨南大学附属第一医院的申请在诉讼中委托有关医学会进行鉴定，符合《中华人民共和国民事诉讼法》第七十二条的规定以及最高人民法院《关于民事诉讼证据的若干规定》第二十五条的规定。暨南大学附属第一医院所提交的鉴定资料，虽然包括迟延发出的骨髓报告单，但病历记载完整、连贯，与相关的各种检查的申请单、报告单等互相印证，医疗文书齐全，记录清楚、可辨，可作为认定黄耀洪病情发展以及治疗过程的依据。邝致敏一方以“医学鉴定以一份严重迟延并带有造假嫌疑的检查报告单来确定患者当时的病情”为由，主张两次鉴定结论无任何正确性和科学性，理由不充分。一、二审采用鉴定结论为本案的证据，并无不当。邝致敏一方再审中提出申请中华医学会鉴定，此不属于人民法院审理医疗损害赔偿纠纷的必经程序，邝致敏一方对两次鉴定结论有异议，但其没有提供充分的事实和理由证明本案存在重新鉴定的情形，故其申请不符合最高人民法院《关于民事诉讼证据的若干规定》第二十七条的规定，本院不予采纳。

患者黄耀洪因持续发热头晕到暨南大学附属第一医院住院治疗，暨南大学附属第一医院根据其体征及贫血、发热的症状，初诊先行血常规和骨髓检验，期间给予抗感染治疗，其后每周两次血常规检验，密切注意黄耀洪的病情发展，并组织数次会诊、行淋巴结活检术以鉴别诊断，当发现第二次的骨髓象显示原始细胞达30%的现象时，结合多次血象的特点，即诊断急性白血病并行化疗，争取患者病情迅速获得缓解，暨南大学附属第一医院的上述医疗行为符合医疗技术常规，有关医学会的鉴定结论也予证实。邝致敏一方对骨髓象报告没有出来之前，暨南大学附属第一医院仅通过阅片的方式对患者的病情作出诊断并采取医疗措施的行为提出异议，理由不充分，本院不予采纳。但是，急性白血病是恶性疾病，病情发展迅速，自然病情仅几个月，当急性白血病确诊后，医疗机构应当尊重患者的知情权，兼顾保护性医疗制度，综合患方的意愿、经济能力和疾病特点，选择并设计最佳方案治疗。本案中，邝致敏一方主张其化疗时不知情，对此暨南大学附属第一医院主张已告知患者但其提供的证据仅为病历记载，此不符合卫生部颁布的《病历书写基本规范（试行）》第二十五条“特殊检查、特殊治疗同意书是指在实施特殊检查、特殊治疗前，经治医师向患者告知特殊检查、特殊治疗的相关情况，并由患者签署同意检查、治疗的医学文书。内容包括特殊检查、特殊治疗项目名称、目的、可能出现的并发症及风险、患者签名、医师签名等”的规定，邝致敏一方主张暨南大学附属第一医院损害其知情权，理由充分。此外，鉴定结论中提及暨南大学附属第一医院还存在实施骨穿、胃镜等检查，未让患方签知情同意书，对患者化疗后白细胞明显减少时，医院有条件进行保护性隔离而未进行，骨髓报告未按时发出等不足之处。鉴于保护性隔离需为层流病房或消毒隔离病房，现实生活当中难以作为普遍标准，暨南大学附属第一医院没有告知患者及其家属而常规安排黄耀洪在普通病房进行治疗，与黄耀洪的死亡没有必然的因果关系。广州市医学会、广东省医学会的鉴定分析意见也说明了暨南大学附属第一医院上述的医疗过失行为与黄耀洪的死亡不存在直接因果关系，黄耀洪的高恶性疾病自然转归是其死亡的主要原因。故暨南大学附属第一医院未履行告知义务等医疗过失行为对黄耀洪死亡的损害结果不具有实质原因力，二审判决暨南大学附属第一医院对黄耀洪死亡的损害结果承担30%的赔偿责任，依据不足。邝致敏一方再审主张暨南大学附属第一医院承担本案的全部赔偿责任，不符合本案事实。但考虑到暨南大学附属第一医院在诊疗过程中多次未注意履行告知义务，确有过失，损害了邝致敏一方的知情权，暨南大学附属第一医院应对其过失行为承担适当的赔偿责任，二审判决暨南大学附属第一医院赔偿3万余元，公平合理，并无不当，应予维持。综上所述，邝致敏一方的再审请求没有充分的事实和法律依据，本院不予采纳。经本院审判委员会讨论决定，依照《中华人民共和国民事诉讼法》第一百五十三条第一款第（一）项、第一百八十六条的规定，判决如下：

维持本院（2006）穗中法民一终字第1633号民事判决。

本判决为终审判决。

审　判　长　陈小翔
审　判　员　刘惠玲
审　判　员　叶惠莲
二〇〇九年十二月十五日
书　记　员　林锐君

【评析】

作为一份医疗损害赔偿纠纷案件的判决书，案情涉及高度专业性的医学问题，但本判决书却没有显出丝毫的晦涩难懂，而是通过合理的布局、通俗流畅的语言和严密透彻的论证展示出裁判者深厚的法学理论功底和审判水平，被评为2010年全省法院优秀裁判文书。其突出之处表现为：首先，针对案件的争议焦点进行必要的补充调查，并通过增加对患者住院病案内容及权威医学书籍相关记载的内容，使得认定事实的依据更加翔实充分。其次，对于原审判决存在的不足毫不避讳，而是严格依照有关法律规定，在进行充分论证后予以指出和纠正。此外，作为一份维持原判的再审裁判文书，其判决理由并没有流于形式或是重复原审论述的内容，而是通过对病情发展的详细描述并结合卫生部有关医学方面的规章制度，作出了医院未履行告知义务等医疗过失行为对患者死亡的损害结果不具有实质原因力的认定结论，层层递进，说理充分，令人信服。

●泉州港通石业有限公司与广东君之杰律师事务所委托合同纠纷再审案民事判决书

广东省广州市中级人民法院

民事判决书

（2009）穗中法审监民抗再字第6号

抗诉机关：广东省人民检察院。

原审上诉人（一审原告）：泉州港通石业有限公司。住所地：福建省泉州市丰泽区泉秀灯星浦西村。

法定代理人：庄镇泉，该公司总经理。

诉讼代理人：陈尚书，广东正大联合律师事务所律师。

原审被上诉人（一审被告）：广东君之杰律师事务所。住所地：广东省广州市越秀区寺右新马路豪景大厦206室。

负责人：沈少林，该所主任。

诉讼代理人：梁东升，广东君之杰律师事务所律师。

诉讼代理人：罗建中，广东君之杰律师事务所律师。

抗诉申请人泉州港通石业有限公司（以下简称港通公司）与被申请人广东君之杰律师事务所（以下简称君之杰律师所）委托合同纠纷一案，前由本院于2007年8月15日作出（2007）穗中法民二终字第1081号民事判决，已经发生法律效力。2008年6月25日广东省人民检察院提出抗诉。广东省高级人民法院于2008年9月1日作出（2008）粤高法立民抗字第61号民事裁决书，裁定本案由本院另行组成合议庭进行再审，本院依法另行组成合议庭，于2009年2月24日公开开庭审理了本案。广东省人民检察院指派广州市人民检察院检察员陈宏、书记员邱正文出庭支持抗诉，港通公司的委托代理人陈尚书、君之杰律师所负责人沈少林及其委托代理人梁东升、罗建中到庭参加诉讼。本案现已审理终结。

原二审查明，2003年3月12日，港通公司（委托人）与君之杰律师所（受委托人）签订《委托协议》，订明：委托人委托受委托人指派律师办理法律事务，并向受委托人支付律师服务费。具体付款方式：按返回工程款的百分之七支付律师费。受委托人指派梁东升律师为委托人办理以下法律事务：与恒源公司、帝苑大酒店工程款二案。委托人终止委托、受委托人终止接受委托的，对律师服务费的处理，依照有关法规的规定。本协议一式三份，自双方签字日起至本案执业完毕止有效。

2003 年 3 月 21 日，港通公司诉恒源公司装修工程施工合同纠纷及港通公司诉帝苑大酒店装修工程施工合同二案由天河区法院立案审理，港通公司授权君之杰律师所指派的梁东升律师作为委托代理人参加了诉讼。2003 年 12 月 24 日，天河区法院作出（2003）天法民三初字第 349、350 号民事判决书，分别判决恒源公司向港通公司支付工程款 407719 元，并承担受理费 8680 元、公告费 500 元、评估费 5000 元；帝苑大酒店向港通公司支付工程款 1540565. 54 元，并承担受理费 18970 元、公告费 500 元、评估费 12000 元。判后，港通公司不服上述二案的判决，上诉至本院，并授权其公司职员刘文凤及君之杰律师所指派的梁东升律师作为委托代理人参加了诉讼。2004 年 9 月 2 日，本院以（2004）穗中法民二终字第 894、930 号民事判决书，分别判决驳回港通公司上诉，维持原判。刘文凤在本院的宣判笔录及送达回证上签字确认。判决生效后，恒源公司及帝苑大酒店均未履行法院判决，港通公司亦无在法律规定的期限内向法院提出申请执行。现港通公司以君之杰律师所没有尽其代理申请法院执行的义务，致使两案丧失申请强制执行权，并直接造成港通公司损失为由诉至法院，要求君之杰律师所赔偿。请求：1、解除双方签订的《委托协议》。2. 君之杰律师所赔偿港通公司 1993934. 54 元及利息（从 2005 年 3 月 12 日起至付清日止，按中国人民银行同期逾期贷款罚息利率计算）。3. 本案诉讼费由君之杰律师所承担。

二审庭询中双方当事人确认：君之杰律师所仅凭双方签订的《委托协议》不能完成为港通公司代为向法院申请强制执行的事宜，执行阶段双方没有办理委托手续。

广州市越秀区人民法院（2007）越法民二初字第 705 号一审民事判决认为，合同法规定，委托合同是委托人和受托人约定，由受托人处理委托人事务的合同；受托人应当按照委托人的指示处理委托事务。港通公司与君之杰律师所签订的《委托协议》，是双方当事人协商一致形成的合意，内容无违反法律法规的强制性规定，因而合法有效，港通公司、君之杰律师所之间的委托法律关系成立。

本案所产生的纠纷，是港通公司认为君之杰律师所未能按《委托协议》的约定，履行其代理申请执行的义务而致其损失。对此一审法院认为：

首先，委托合同并不等同委托代理。委托合同是委托人与受托人之间意思表示一致的协议，其内容主要在于确定委托人与受托人内部之间的权利义务；而委托代理行为是代理人以委托人的名义对外实施的民事行为且所产生的效果直接归属于委托人的行为。在港通公司与君之杰律师所签订的《委托协议》中，约定由君之杰律师所指派律师办理港通公司与恒源公司、帝苑大酒店工程款二案法律事务，委托的报酬按返回工程款的百分之七计算，期限至执行完毕等条款，正是明确双方当事人之间的权利义务，确立双方的委托关系。而在履行《委托协议》过程中，君之杰律师所指派的律师参加上述两案的诉讼过程，必须基于港通公司的授权才得以实施，且在上述两案的一、二审诉讼中，港通公司均向法院出具授权委托书，确认君之杰律师所指派律师的委托代理行为。《委托协议》虽然订明港通公司委托君之杰律师所处理事务的期限是至执行完毕，但并无约定代理港通公司向法院申请执行属君之杰律师所的合同义务。且由君之杰律师所为港通公司向法院申请执行亦属于委托代理行为，而委托代理行为不能由委托合同当然发生，只能基于委托人的委托授权行为。因此，港通公司在无授权君之杰律师所向法院申请执行的情况下，而据其与君之杰律师所签订的《委托协议》认为君之杰律师所没有履行向法院提出强制执行申请代理义务，导致其损失的主张没有事实依据。

其次，合同法规定，有偿的委托合同，因受托人的过错给委托人造成损失的，委托人可以要求赔偿损失。现港通公司主张赔偿损失，是因其没有在法律规定的期限内向法院申请执行，丧失向法院申请执行的权利。港通公司诉称："判决生效后恒源公司及帝苑大酒店并未向港通公司付款，港通公司多次联系君之杰律师所，询问案件进展情况，君之杰律师所均答复要港通石业公司静心等待……"该诉称表明了港通公司、君之杰律师所就上述两案对方当事人没有履行法院生效判决进行过协商，但港通公司既没有作出申请执行的意思表示，同时亦无依据双方的委托关系，要求君之杰律师所处理向法院申请执行的相关事务。虽然君之杰律师所亦没有提交相应的证据证明其辩称的已告知港通公司执行期限及有关事项，但君之杰律师所是否告知的行为与导致港通公司不能向法院申请执行没有因果关系。港通公司作为上述两案的当事人，是向法院提起申请执行的主体，应当知道其在诉讼过程中的权利及义务，并严格遵守相关的法律程序。在上述两案的审理终结后，在对方当事人不履行判决时，港通公司即可在法律规定的期限内向法院提起执行的申请，至于是否决定申请执行，均是港通公司行使的权利范围。现港通公司提交的证据并不能证明是因君之杰律师所的行为而导致其不能向法院提起申请执行，以致造成本案损失。因此，港通公司在本案所提起的1993934.54元损失作为君之杰律师所的过错行为所致并主张赔偿的诉讼请求没有事实依据，不予支持。合同法规定，委托人或者受托人可以随时解除委托合同。故港通公司、君之杰律师所均享有合同的解除权。庭审中，经法院向港通公司、君之杰律师所释明，港通公司确认解除《委托协议》的意思表示，君之杰律师所对此并无异议，故合同依法经通知到达对方时解除。现港通公司要求法院判决解除双方签订的《委托协议》的诉讼请求不符合法律的有关规定，不予采纳。据此，依照《中华人民共和国合同法》第八条、第四十四条、第六十条第一款、第三百九十六条、第四百零六条、第四百一十条的规定，判决如下：驳回原告泉州港通石业有限公司的诉讼请求。本案受理费21412元由原告泉州港通石业有限公司负担。

港通公司不服一审判决，向本院提起上诉。

本院二审认为，本案争议的焦点问题是上诉人错过申请人民法院强制执行期限是否为被上诉人不履行合同义务（行为过错）所造成。本案上诉人主张的是民事赔偿责任，根据法律规定，一方当事人不履行合同义务或者履行合同义务不符合约定条件的，另一方当事人有权要求赔偿损失。而违约责任的归责原则是判定当事人承担违约责任的原则，该归责原则主要为过错责任和严格责任。本案中上诉人与被上诉人签订《委托协议》，该协议虽然约定了上诉人委托被上诉人指派律师办理与广州市恒源房地产发展有限公司、广州市帝苑大酒店有限公司工程款二案的法律事务，但并没有约定委托的具体事项。事实上，被上诉人代为进行民事诉讼及申请强制执行均须由上诉人另行出具委托书，故须有双方进一步的履行才能完成委托协议，而并非由被上诉人单方行为完成，出具委托书是上诉人的合同义务，接受委托为上诉人进行法律事务的代理则是被上诉人的合同义务。因此，并非如上诉人想象的，一切事务均由被上诉人完成，况且上诉人经过了一、二审的诉讼，也完全知道其须出具委托书，现上诉人并没有出具申请执行的委托书，故被上诉人并不构成违约的严格责任。

民事诉讼当事人申请执行期限为《中华人民共和国民事诉讼法》所规定，该法律为国家向民众颁布实施的法律，并非须掌握专业知识的人员才得以知晓的，上诉人作为诉讼当事人应当知道诉讼过程中的权利义务，并依法行使权利、履行义务，故上诉人以其不具有专业知识为由，认为被上诉人没有对此给予其指引，应当承担过错责任理由不成立。综上所述，上诉理由不成立，上诉请求予以驳回。原审判决认定事实清楚、适用法律正确。依照《中华人民共和国民事诉讼法》第一百五十三条第一款第（一）项的规定，判决如下：驳回上诉，维持原判。本案二审受理费21412元由上诉人泉州港通石业有限公司负担。

广东省人民检察院抗诉认为，终审判决认定君之杰律师所不构成违约属于适用法律错误。理由如下：（一）君之杰律师所负有代理执行事务的合同义务。第一，委托合同明确约定执行事务在合同义务范围之内。根据港通公司与君之杰律师所签订的《委托协议》约定，君之杰律师所接受港通公司的委托指派梁东升律师为港通公司办理与恒源公司、帝苑大酒店工程款二案的法律事务，协议自双方签字起至本案执业（行）完毕止有效。从上述约定可知，双方约定的委托代理内容是办理经济纠纷案件，委托代理期限是从协议签订到案件执行完毕时止。委托内容和委托期限明确具体。因此，港通公司的委托事项包括由君之杰律师所代理港通公司进行与恒源公司、帝苑大酒店工程款二案的诉讼和执行事务。终审判决认定《委托协议》没有约定委托的具体事项，该认定错误。第二，要求港通公司办理相关代理手续属于律师义务之内，不能以港通公司未主动提示授权委托书免除律师义务。终审判决以港通公司没有出具授权委托书为由免除君之杰律师所应负的代理义务错误。授权委托书只是对外表征，没有出具授权委托书不会导致委托关系的消灭。律师对外展示《委托协议》亦可具有授权委托书的法律效果。港通公司授权君之杰律师所办理有关法律事务的意思表示已经在《委托协议》中明确记载，委托代理关系的确立是基于《委托协议》，而非授权委托书。另外，律师所有义务提醒并要求港通公司出具授权委托书以完成其代理事项。在执行阶段要另行出具授权委托书属于较精细的法律问题，是最高人民法院有关司法解释作出的规定。港通公司作为一般当事人，由于对追偿工程款所面临的诉讼、执行等法律事务不熟悉不精通，故其委托律师办理。作为专业的法律人士，君之杰律师所指派的梁东升律师有义务提醒、要求港通公司提供授权委托书，港通公司亦有协助义务。但除非港通公司拒绝提供授权委托书，君之杰律师所不能免除其代理义务。本案中，君之杰律师所无证据证明其曾向港通公司告知要求出具授权委托书，因此，不能因港通公司没有出具授权委托书而免除君之杰律师所的代理义务。

（二）君之杰律师所未履行执行阶段委托事务，应承担违约责任。其一，梁东升律师没有履行合同约定的代理义务。在港通公司委托办理的涉案民事判决书生效后，债务人没有主动履行债务。此时，作为具有专门法律知识和专业技能的梁东升律师，应当清楚知道生效判决当事人一方为法人的申请执行期限是6个月，并在该期限内代理港通公司提出执行申请，包括向送达法院获取判决生效证明，制作申请执行文书，向委托人进行有关执行事务的法律指导并获得执行阶段的授权委托书，向执行法院申请强制执行等。现有证据表明，梁东升律师没有完成上述行为，没有忠实、诚信、恪尽职守地履行自己的合同义务，应承担违约责任。其二，梁东升律师的不作为违反职业规范。《律师职业道德和执业纪律规范》规定“律师应当诚实守信，勤勉尽责，尽职尽责地维持委托人的合法利益”；“律师应充分运用自己的专业知识和技能，尽心尽职地根据法律的规定完成委托事项，最大限度地维护委托人的合法利益”；“律师应当遵循诚实守信的原则，客观地告知委托人所委托事项可能出现的法律风险……”君之杰律师所梁东升律师在与港通公司的委托关系中没有“忠于职守”、“勤勉尽责”，更谈不上“最大限度地维护委托人的合法利益”。君之杰律师所应当对梁东升律师的懈怠行为承担责任。其三，终审判决以港通公司对《民事诉讼法》规定的申请执行期限应当知道为由，认定君之杰律师所不应承担过错责任的理由错误。尽管民事诉讼当事人的申请执行期限为《民事诉讼法》所规定，并非须掌握专业知识的人员才得以知晓，但是，法律允许当事人亲自办理法律事务，也允许当事人将其民事诉讼权利和诉讼义务通过委托授权的方式让渡给代理人来享有和履行。在委托他人办理法律事务的情形下，港通公司有理由相信代理律师会尽职地行使诉讼权利和履行义务，港通公司无须事事亲为，包括查询申请执行期限。因此，申请执行期限的公开性不能免除君之杰律师所的代理义务。君之杰律师所应承担怠于履行职责的过错责任。

（三）违约方应对违约造成守约方损失承担赔偿责任。《律师法》第四十九条规定，律师违法执业或者因过错给当事人造成损失的，由其所在的律师事务所承担赔偿责任。尽管从理论上港通公司仍然享有自然债权，但该债权已失去法律的强制性保护，其实现仅能依靠债务人的自觉履行。但是至今债务人未偿还该债务，而港通公司对该部分债权也无任何法律救济途径可以寻求，造成了重大损失。君之杰律师所因代理行为出现过错给港通公司造成损失，君之杰律师所应在合理的范围内承担赔偿责任。

君之杰律师所答辩认为，港通公司在终审判决书生效后对方当事人不履行判决时应履行《委托协议》，遵守《中华人民共和国民事诉讼法》的规定，在申请执行期限届满前为我方提供代为申请执行所必需的法定文件、证件，因港通公司未按《中华人民共和国民事诉讼法》的规定履行这一义务，导致我方不能取得人民法院确认的委托诉讼代理人资格，不能依据法定文件、证件申请执行的诉讼代理活动，我方没有违约，港通公司要求我方赔偿损失无事实、法律根据。终审判决驳回港通公司的上诉，维持原判完全正确，广东省人民检察院对此提出抗诉，相关的意见应予以驳回。

双方对原二审查明事实没有异议，本院再审予以确认。

本案再审期间，港通公司提供了两份证据材料：一是港通公司与帝苑大酒店建设工程施工合同纠纷案审理期间，港通公司向二审法院提交的委托君之杰律师所的授权委托书，该委托书复印自本院（2004）穗中法民二终字第930号案卷材料。该委托书称：现请受委托人指派梁东升律师代理，并特别授权代理律师可代为承认、放弃、变更，进行和解，提起反诉。后面用笔手写“代为收取各类法律文书及执行款项”。港通公司认为，由于格式合同由君之杰律师所提供，而在签订合同时港通公司已作委托，委托书由对方自己填写，才有手写的字样。因此，港通公司执行阶段的授权委托非常明确、清楚。二是具体内容尚未填写的授权委托书（复印件）。该委托书注明委托人为港通公司，受委托人为君之杰律师所，其他内容包括时间均为空白，委托人栏加盖港通公司印章。港通公司认为签订合同时已全部授权给君之杰律师所，其向君之杰律师所提供了5份空白委托书，委托书不是二审时才给，该委托书是我方事先盖章后交给对方，由对方自行填写，何时填写都可以，对方可任意填写内容，并决定何时使用。

君之杰律师所为此发表以下质证意见：1. 认为上述二审委托书是二审作出的，不属于执行阶段，其不能代表执行阶段的委托书。各个不同的诉讼阶段当事人都要分别向法院提交《授权委托书》，而在执行阶段港通公司没有提交《授权委托书》和其他法律规定必需的法律文书。委托书只是二审的授权范围，不是执行阶段，不可能发生执行款的收取问题。2. 港通公司认为已有 5 份《授权委托书》，已作出全部委托不符合事实。二审的庭审笔录及判决书已确认双方明确确认港通公司和君之杰律师所没有办理代为申请执行的委托手续，港通公司提交的证据一审前已持有，不属于新证据，该材料本身没有证明任何问题，恰恰说明该公司明知如其需要委托我方代为申请时，手中已有我方的格式《授权委托书》，完全可以填写相关授权后提交给法院，我方已起到指引作用。如无新证据不能推翻法院对事实的认定。

本院再审认为，《中华人民共和国合同法》第四百零六条规定，有偿的委托合同，因受托人的过错给委托人造成损失的，委托人可以要求赔偿损失。本案的争议焦点是：对于港通公司没有在法定期限向人民法院申请强制执行，君之杰律师所作为受托人是否有过错。

首先，双方签订的《委托协议》没有违反法律法规的强制性规定，合法有效。该协议约定，港通公司的委托事项是由君之杰律师所指派律师办理与恒源公司、帝苑大酒店工程款二案的法律事务，该协议自双方签字起至该两案执行完毕有效。因此，君之杰律师所的受托范围包括一审、二审和申请执行。其次，双方在履行《委托协议》的过程中，君之杰律师所受托进行一、二审诉讼，均由港通公司另行出具委托书交给法院，而非由君之杰律师所直接提起。可见，执行程序的提起应由港通公司申请，受托人君之杰律师所没有义务提起执行程序。但是，根据《中华人民共和国合同法》第四百零一条规定，受托人应当按照委托人的要求，报告委托事务的处理情况。委托合同终止时，受托人应当报告委托事务的结果。本案中，由于港通公司已经将一、二审至执行阶段的法律事务授权委托了君之杰律师所，虽然双方没有约定受托人要履行报告义务，但在委托事务的过程中，如进行有障碍、情势变更等，受托人应随时报告。港通公司诉讼的相对方恒源公司及帝苑大酒店在一、二审期间均下落不明，二审终审后，港通公司如果不提起执行程序，将丧失强制执行的机会。对此，君之杰律师所作为受托人应履行报告义务，告知港通公司提起执行程序。受托人君之杰律师所因怠于报告致港通公司受损，存在一定的过失。再次，《中华人民共和国律师法》第二十七条规定，律师担任诉讼法律事务代理人或者非诉讼法律事务代理人的，应当在受委托的权限内，维护委托人的合法权益。本案中，君之杰律师所在处理受托事务时，应尽善良管理人的注意义务。根据双方签订的协议，处理港通公司与恒源公司、帝苑大酒店工程款二案执行程序的法律事务，是君之杰律师所的受托范围，君之杰律师所应根据法律的规定完成委托事项，最大限度地维护委托人的合法利益。据此，君之杰律师所在受托案件二审结束后，有义务提醒港通公司提起执行程序。而且，港通公司在二审期间向法院提供的授权委托书上，也有代为收取各类法律文书及执行款项的陈述，表明双方确认的委托行为直到收取执行款项。现没有证据证实君之杰律师所曾提醒港通公司或已经履行提醒了港通公司申请强制执行而不被接受。因此，君之杰律师所没有尽到提醒港通公司在法定期限内向人民法院申请强制执行的注意义务，对港通公司丧失法律强制保护的机会，君之杰律师所存在一定的过失，应承担相应的赔偿责任。

综上，君之杰律师所在受托期间，因怠于向港通公司报告有关执行事项，没有尽受托人注意义务，没有提醒港通公司提起强制执行程序，对港通公司丧失强制执行机会有一定的过失，应承担相应的民事责任。由于执行程序的提起应由港通公司申请，受托人君之杰律师所没有义务提起执行程序。而且，《中华人民共和国民事诉讼法》对民事诉讼当事人申请执行期限作了明确规定。因此，造成港通公司丧失强制执行保护，主要原因是港通公司没有在法定期限内向人民法院申请执行，港通公司应承担主要责任。鉴于港通公司与恒源公司、帝苑大酒店施工合同纠纷二案的债权只是一般债权，即使港通公司在法定期限内申请强制执行，也只能按第三顺序参与帝苑大酒店拍卖款的分配（第三顺序债权受偿率为本金的21.7335%），其债权也无法全部兑现。根据君之杰律师所过错的大小和港通公司如期申请执行可能取得款项的情况，可由君之杰律师所按上述第三顺序债权受偿率的50%予以赔偿，即君之杰律师所应赔偿港通公司的损失211715元。

审查原审判决认定事实基本清楚，但适用法律欠当，判决有误，本院再审予以纠正。检察机关抗诉理由成立，应予支持。本案经本院审判委员会讨论决定，依照《中华人民共和国民事诉讼法》第一百五十三条第一款第（二）项、《中华人民共和国合同法》第三百九十六条、第四百零一条、第四百零六条的规定，判决如下：

一、撤销本院（2007）穗中法民二终字第1081号和广州市越秀区人民法院越法民二初字第705号民事判决。

二、在本判决送达之日起十五天内，广东君之杰律师事务所向泉州港通石业有限公司支付211715元。

三、驳回泉州港通石业有限公司的其他诉讼请求。

本案一、二审受理费各21412元，由泉州港通石业有限公司各负担19138元。广东君之杰律师事务所各负担2274元。

本判决为终审判决。

审 判 长　陈小翔
审 判 员　刘惠玲
代理审判员　黄伟群
二〇〇九年九月二十九日
书 记 员　黄藻诗

【评析】

判决书整体布局合理，语言清新流畅，尤其是在说理部分，论证严密，说理充分，说服力强。针对君之杰律师所作为受托人对于港通公司未能在法定期限向法院申请强制执行是否存在过错这一争议焦点，进行了层次分明、逻辑严密的论述。承办法官先对双方委托事项作出认定，根据《委托协议》约定，受托范围包括一、二审和申请执行，因而，本案委托事项明确包括执行事务在内。紧接着，以《合同法》和《律师法》的相关规定为依据，对受托人君之杰律师所负有的报告和提醒义务进行论证，进而以现有证据无法证实受托人已经履行注意义务为由认定其对于港通公司债权丧失法律强制保护机会存在过失，应承担相应赔偿责任。论述至此，受托人承担赔偿责任的依据已经充分，然而，如何确定赔偿责任的具体数额，又是一个值得探讨的问题，处理不好会有引发道德危机的可能，因为如果受托人承担责任过重，可能产生类似债权难以通过强制执行实现的案件当事人怠于申请执行，而故意通过此种途径由受托人承担责任，以获取比其通过正常执行途径可获得的债权更大的利益。于是本案综合考虑了双方当事人的过错程度以及强制执行可实现债权数额等因素以确定赔偿数额，使得赔偿数额的确定依据更加充分，裁判结果令人信服。该判决书是一篇优秀的裁判文书，值得学习。

●瑞鸿（佛山）金属彩印有限公司与佛山市顺德区创城进出口贸易有限公司代理合同纠纷再审案民事判决书

广东省佛山市中级人民法院

民 事 判 决 书

（2009）佛中法民二再字第11号

抗诉机关：广东省人民检察院。

申诉人（一审被告、二审被上诉人）：瑞鸿（佛山）金属彩印有限公司。住所地：广东省佛山市顺德区高新技术开发区（容桂）新宝路北8号。

法定代表人：陈常行，董事长。

委托代理人：刘春明，广东广开律师事务所律师。

被申诉人（一审原告、二审上诉人）：佛山市顺德区创城进出口贸易有限公司。住所地：广东省佛山市顺德区大良街道东乐路恒基楼二楼。

法定代表人：董伟，总经理。

委托代理人：胡炳华，广东汇联律师事务所律师。

委托代理人：潘敏华，女，1972年8月17日出生，汉族，住广东省佛山市顺德区勒流镇冲鹤村人和街。

原审第三人：佛山市顺德区凯寅实业有限公司。住所地：广东省佛山市顺德区容桂街道小黄圃工业区朝桂路五横路九号之一。

法定代表人：梁家濂，总经理。

委托代理人：李云，广东聚理律师事务所律师。

申诉人瑞鸿（佛山）金属彩印有限公司（以下简称瑞鸿公司）因与被申诉人佛山市顺德区创城进出口贸易有限公司（以下简称创城公司）、原审第三人佛山市顺德区凯寅实业有限公司（以下简称凯寅公司）代理合同纠纷一案，不服本院（2008）佛中法民二终字第242号民事判决，向检察机关申诉。2009年4月16日，广东省人民检察院作出粤检民抗字［2009］33号民事抗诉书，向广东省高级人民法院提出抗诉。2009年4月29日，广东省高级人民法院作出（2009）粤高法立民抗字第165号民事裁定，指令本院另行组成合议庭再审本案。2009年8月17日，本院依法由袁汉才、谭志华、翟林彬组成合议庭第一次公开开庭审理了本案。广东省佛山市人民检察院指派检察员余晓华、杨楚君到庭。因工作原因本案合议庭组成人员发生变更，本院依法由刘建红、谭志华、翟林彬组成合议庭于2009年11月20日和2009年12月4日先后两次公开开庭审理了本案。本院于2009年11月20日开庭审理本案时，广东省佛山市人民检察院指派检察员余晓华、曾璐出庭。三次开庭审理时，申诉人瑞鸿公司的委托代理人刘春明，被申诉人创城公司的法定代表人董伟和委托代理人胡炳华、潘敏华，原审第三人凯寅公司的委托代理人李云都到庭参加了诉讼。本案现已审理终结。

2007年5月14日，一审原告创城公司向广东省佛山市顺德区人民法院起诉称，2006年9月1日，其与瑞鸿公司签订《进口代理协议》，瑞鸿公司委托创城公司进口马口铁卷板有关事宜，并约定了以下主要条款：1. 创城公司为瑞鸿公司垫付保证金、定金、货款。2. 进口合同项下货物在清关完税后30天内，瑞鸿公司按银行付款日的汇率金额支付创城公司垫付的货款；如瑞鸿公司逾期付款，则按每日万分之五计付违约金。3. 创城公司按每吨向瑞鸿公司收取代理费人民币200元。上述协议签订后，创城公司依约为瑞鸿公司进口马口铁，垫付了保证金、定金和货款，全部进口货物在2006年12月26日清关完税，瑞鸿公司应在30日内（2007年1月25日前）付清货款。但至2007年1月26日，瑞鸿公司仍欠款人民币5940000元；至2007年2月17日，瑞鸿公司仍欠款人民币4940000元；至2007年3月30日，瑞鸿公司仍欠款人民币1940000元。按每日万分之五分段计算，至2007年5月15日，瑞鸿公司应支付违约金人民币233780元。创城公司为瑞鸿公司进口马口铁1780吨，按每吨人民币200元计算，瑞鸿公司应支付代理费人民币356000元。瑞鸿公司以凯寅公司名义办理进口货物报关，并以凯寅公司的名义交纳海关进口关税，故凯寅公司应与瑞鸿公司一同清偿上述债务。综上，创城公司诉至法院，请求：1. 判令瑞鸿公司、凯寅公司共同清偿货款人民币2167950元、办理进口货物代理费人民币356000元及违约金人民币233780元（从2007年1月26日起按每日万分之五计付违约金至清还货款之日止，违约金暂计至2007年5月15日，以后顺延计算），以上三项合计人民币2787730元。2. 本案诉讼费用由瑞鸿公司、凯寅公司共同承担。

2007年5月29日，创城公司将上述第一项诉讼请求变更为：判令瑞鸿公司、凯寅公司共同清偿货款人民币142898.57元、债权转让款人民币1800000元［佛山市金雄峰商贸有限公司（以下简称金雄峰公司）转让］、办理进口货物代理费人民币442607.6元、垫付订金和债权转让款的利息人民币130000元（利息计算至2007年1月25日）、律师费人民币85200元及违约金人民币233780元（从2007年1月26日起按每日万分之五计付违约金至清还货款之日止，违约金暂计至2007年5月15日，以后顺延计算），以上六项合计人民币2834486.17元。

2007年5月30日，创城公司向广东省佛山市顺德区人民法院申请撤回对凯寅公司的起诉，广东省佛山市顺德区人民法院于2007年6月5日作出（2007）顺法民二初字第01322－2号民事裁定，准许创城公司撤回对凯寅公司的起诉。

2007年7月2日，创城公司将上述第一项诉讼请求再次变更为：判令瑞鸿公司支付订货订金人民币1800000元（金雄峰公司转让）、订货保证金人民币1100000元（金雄峰公司转让）、货款人民币4157118.66元、办理进口货物代理费人民币442607.06元、订货订金和订货保证金合共人民币2900000元的利息人民币130000元、律师费人民币85200元、违约金人民币613712.22元（从2007年1月26日起按每日万分之五计付违约金至清还欠款之日止，违约金暂计至2007年6月30日，以后顺延计算），以上七项合计人民币 8328638.48 元。

一审被告瑞鸿公司答辩称：1. 2006 年 8 月 16 日及同年 9 月 1 日，其与创城公司签订了两份《进口代理协议》，但由于创城公司并未按照协议的约定进口马口铁卷板，故双方实际并未履行《进口代理协议》。双方存在的仅是就 873.544 吨货物的买卖关系，瑞鸿公司同意在此基础上与创城公司对账结算。2. 2006 年 12 月 26 日，创城公司的法定代表人董伟与瑞鸿公司的原法定代表人陈常林签订的《协议书》所涉及的 1550 吨货物并非双方合作的货物，其中所约定的相关款项缺乏依据，且非法处分了他人权益，是一份无效的协议。正是基于上述原因，陈常林受凯寅公司委托和创城公司就 1550 吨货物于 2006 年 12 月 27 日签订了一份《协议书》。因此，创城公司依据两份《进口代理协议》及 2006 年 12 月 26 日签订的《协议书》要求瑞鸿公司支付垫付货款、货物进口代理费、律师费、违约金没有事实和法律依据。同时，金雄峰公司与瑞鸿公司之间的借款纠纷，与本案不是同一法律关系，应另案解决。

原审第三人凯寅公司陈述称，本案涉及的 873.544 吨马口铁的所有权属于凯寅公司，是凯寅公司委托创城公司代理进口的，与创城公司、瑞鸿公司无关。

广东省佛山市顺德区人民法院一审查明，2006 年 8 月 16 日及同年 9 月 1 日，创城公司、瑞鸿公司双方签订了《进口代理协议》，约定瑞鸿公司委托创城公司代理进口马口铁卷板的有关事宜，并约定以下主要条款：1. 创城公司为瑞鸿公司垫付保证金、定金和货款。2. 进口合同项下货物在清关完税后 30 天内，瑞鸿公司按银行付款日的汇率金额支付创城公司垫付的款项，瑞鸿公司逾期付款按每日万分之五计付违约金。3. 创城公司按每吨向瑞鸿公司收取代理费人民币 200 元。2006 年 9 月 11 日，瑞鸿公司向金雄峰公司借款人民币 1800000 元；2006 年 9 月 13 日，金雄峰公司代创城公司付款人民币 1100000 元为瑞鸿公司用于支付进口马口铁的信用保证金。2006 年 12 月 26 日，瑞鸿公司与创城公司签订《协议书》一份，确认该两笔款项共计人民币 2900000 元由瑞鸿公司直接付给创城公司。金雄峰公司对此没有异议。该协议还确认瑞鸿公司应支付该两笔款项的利息人民币 130000 元给创城公司。代理合同签订后，创城公司进口马口铁 1736.58 吨，其所依据的是与韩国东部制钢有限公司（以下简称韩国东部公司）于 2006 年 3 月份签订的《销售合同》。该笔货物中仅有 873.544 吨是创城公司开具信用证并垫付相应货款的，但创城公司就该笔货物曾于 2006 年 12 月 26 日、27 日分别与瑞鸿公司及凯寅公司签订《协议书》，对该笔货物的权属及相应进口代理费用问题达成了协议。

广东省佛山市顺德区人民法院一审认为，在本案中，创城公司与瑞鸿公司之间确实签订了《代理进口协议》，之后创城公司事实上也进口了一批货物，本案的关键在于创城公司进口货物是否是履行双方之间的《进口代理协议》。经查，创城公司在向海关递交的进口报关单上将收货单位写明为凯寅公司，其进口的货物数量及进口方式均不符合双方签订的《进口代理协议》的约定。且双方所签订《代理进口协议》的时间迟于创城公司与韩国东部公司签订《销售合同》的时间，这与代理合同的性质不相吻合。本案中虽有瑞鸿公司原法定代表人陈常林及副董事长何奇倡签收创城公司的提货单，但瑞鸿公司辩称该提单的签收是受凯寅公司委托，且凯寅公司也确认这一事实，虽无书面委托材料，但委托并非要式行为，有瑞鸿公司及凯寅公司双方的自认，法院对瑞鸿公司的该抗辩理由予以采纳。创城公司对其进口的同一笔货物，曾于2006年12月26日、27日分别与瑞鸿公司及凯寅公司签订《协议书》以确认对账，由此可认定创城公司尚不能明确其进口货物是为了履行与瑞鸿公司之间签订的《进口代理协议》，因此，其针对瑞鸿公司的2006年12月26日的协议，因与2006年12月27日的协议相矛盾，其要证明该笔货物是创城公司为瑞鸿公司进口的证明力明显不足，法院不予确认。对于创城公司进口的货物，瑞鸿公司辩称并非为其代理进口，该笔货物的权属归凯寅公司所有，凯寅公司也确认该事实。关于创城公司、瑞鸿公司与金雄峰公司之间的债权转让事实，因本案为代理合同纠纷，创城公司没有充分证据及理由证明该债权转让是为了履行本案所涉及的代理合同，因此法院认定该债权转让与本案不属同一法律关系，对该债权转让带来的相应法律后果本案不予审理，创城公司可另行起诉。因此，在本案中，结合创城公司的诉请、瑞鸿公司的抗辩及凯寅公司的陈述，法院虽不能确认本案所涉货物的实际买受人，但创城公司也没有确实充分的证据证明其进口的货物是在履行与瑞鸿公司之间的《进口代理协议》还是为凯寅公司所进口，在双方的举证、质证及凯寅公司的陈述均不能充分说明事实真相、充分证明自己的诉讼主张的情况下，根据《最高人民法院关于民事诉讼证据的若干规定》第七十三条“因证据的证明力无法判断导致争议事实难以认定的，人民法院应当依据举证责任分配的规则作出裁判”的规定，在本案中，证明进口货物确是履行《进口代理协议》的举证责任应属创城公司一方，现创城公司不能提供确实充分的证据以确认其主张的事实及诉讼请求，应承担举证不能的法律后果。根据《中华人民共和国民事诉讼法》第六十四条之规定，广东省佛山市顺德区人民法院作出（2007）顺法民二初字第01322号民事判决：驳回创城公司的诉讼请求。案件受理费人民币70100.5元、财产保全费人民币5000元，合计人民币75100.5元，由创城公司负担。

创城公司不服一审判决，上诉到本院称，一审判决未对双方提交的证据作综合分析，导致认定事实错误。创城公司提交的证据占有明显优势，应作为认定事实的依据。瑞鸿公司打算从韩国东部公司进口马口铁，并与韩国东部公司有过接触和前期谈判工作。由于瑞鸿公司资金不足，通过介绍与创城公司取得联系，双方经协商签订《进口代理协议》由创城公司代理瑞鸿公司进口马口铁，并由创城公司垫付部分款项，瑞鸿公司按照约定支付代理费给创城公司。《进口代理协议》签订后，创城公司按照合同的约定及时、全面履行合同义务，并向瑞鸿公司交付货物。瑞鸿公司也按照合同约定支付部分货款，并由瑞鸿公司的法定代表人和副董事长签名确认收到上述进口货物。瑞鸿公司在履行合同过程中及至收取货物之日，均未提出任何质量、数量或地点上的异议。瑞鸿公司未按期支付货款、代理费的行为已构成违约，请求二审法院撤销一审判决，改判瑞鸿公司向创城公司支付如下款项：1. 信用证保证金人民币1100000元。2. 代垫货款（含订货保证金）人民币4157118.66元。3. 代理费人民币442607.06元。4. 自2007年1月26日起按日万分之五计算的违约金。

瑞鸿公司答辩称，一审判决认定事实清楚，适用法律正确，请求二审法院驳回创城公司的上诉请求，维持原判。

原审第三人凯寅公司陈述称，本案所涉的货物为凯寅公司所有。

本院二审查明，2006年8月16日及同年9月1日，创城公司、瑞鸿公司双方签订了《进口代理协议》，约定瑞鸿公司委托创城公司代理其进口货物马口铁卷板的有关事宜。在9月1日签订的《进口代理协议》中，双方有如下约定：一、第二条约定：甲方（指创城公司，下同）按每吨向乙方（指瑞鸿公司，下同）收取人民币200元的手续费。二、第四条第1项约定：甲方负责垫付定金和开证保证金，乙方在收到货后即付垫付的款项至甲方指定账户或由乙方向银行申请货押后将甲方垫付的款项由银行直接转给甲方。第2项约定：甲方负责对外付款并垫付单证金额货款，按银行付款日的汇率与乙方结算。乙方同时支付代理手续费。第4项约定：进口合同项下货物在清关完税后30天内，乙方按银行付款日的汇率金额支付甲方垫付的货款。三、第六条第3项约定：乙方有义务按本协议之约定，按期、足额向甲方支付定金、代理费、货款及其他相关费用。如因乙方违约导致进口货物合同不能履行、不能完全履行、延迟履行，乙方应偿付甲方为其垫付的费用及利息，支付约定的手续费和违约金（逾期欠款的日利息按万分之五计算），并承担甲方因此对外承担的一切责任。四、第七条第1项约定：履行或延迟履行或履行不符合约定条件的，乙方应偿付甲方为其垫付的一切费用税金及利息，支付约定的手续费和违约金，并承担乙方由此造成的一切经济和法律责任。第3项约定：因外商不履行其合同义务导致进口合同不能履行或不能完全履行或延迟履行或履行不符合约定条件的，甲方视为已完成本协议，乙方应按协议规定支付甲方代理进口手续费和代垫费用。

2006年9月11日，瑞鸿公司向金雄峰公司借款人民币1800000元；2006年9月13日，金雄峰公司代创城公司付款人民币1100000元为瑞鸿公司用于支付进口马口铁的信用保证金。2006年12月26日，瑞鸿公司与创城公司签订协议书，瑞鸿公司确认该两笔款项共计人民币2900000元由瑞鸿公司直接付给创城公司，金雄峰公司对此没有异议。2006年9月，创城公司开立了信用证。同年12月，创城公司从韩国进口873.544吨马口铁，并于12月26日清关完税后交由瑞鸿公司签收。创城公司代瑞鸿公司垫付人民币5157118.66元（含开证保证金人民币1755786.11元）的货款。2007年3月30日，瑞鸿公司的副总经理、副董事长何奇倡持有用瑞鸿公司便笺书写并由瑞鸿公司的法定代表人陈常林授权的委托书，在创城公司处签收了报关单，并出具了收据。收据写明："兹收到创城公司代理本公司进口马口铁税单一份。"

2007年7月2日，瑞鸿公司向一审法院提交由凯寅公司出具的《证明》一份，记载："由于创城公司要求本公司与之合作进口韩国东部公司的马口铁，双方约定以合作方式向韩国东部公司进口一批马口铁；由于双方各自向东部公司开立进口信用证以各自支付进口货款以及相关费用，并各自结汇核销；所进口的货物各约占一半，由运输单位开立双方各自独立的装船单、提单等交双方各自收存提货；由创城公司负责办理进口手续，本公司按照创城公司要求先代垫关税，后按实际结算各自承担部分；各自提货后由双方自行销售，利润由各自享有，风险各自承担。其后，双方与东部公司达成协议后，各自于2006年9月份左右开立了相关信用证，并在12月份进口了1736.582吨东部马口铁。其中创城公司占873.544吨，本公司占863.038吨，各自有提单为证。货物进口后，应创城公司的要求，由创城公司全权办理有关清关手续……"

另查明，创城公司确认瑞鸿公司曾还款人民币1000000元。在一审诉讼期间，凯寅公司认为1736.582吨马口铁均为其委托创城公司代理进口。

本院二审认为，综合双方在二审期间的诉辩意见，本案的争议焦点是：1. 创城公司进口的873.544吨马口铁是否是代理凯寅公司进口。2. 创城公司交付给瑞鸿公司的873.544吨马口铁的行为是否为履行双方间代理协议的行为。3. 创城公司要求瑞鸿公司支付保证金、垫付货款、代理费是否有依据。4. 瑞鸿公司是否应承担逾期付款的违约责任。

关于创城公司是否是代理凯寅公司进口马口铁的问题。在一审期间，创城公司主张其与凯寅公司是合作进口关系，共同向韩国东部公司进口马口铁。凯寅公司在向原审法院出具的《证明》中确认了双方间的合作进口关系，而且还明确双方是各自独立收存提货、自行销售，利润、风险均自担。从中可以看出，创城公司、凯寅公司对双方之间的合作进口关系均予以认可，因双方是各自提货、自行销售、利润风险也各自承担，所以不存在创城公司是代理凯寅公司进口马口铁的事实。一审庭审期间，凯寅公司陈述创城公司是代理其进口马口铁的主张，与其出具的《证明》内容不符，在没有相反的证据推翻《证明》中陈述的“合作进口关系”的事实的情况下，本院对凯寅公司的该项主张不予采纳。

关于创城公司交付给瑞鸿公司873.544吨马口铁的行为是否为履行双方间代理协议的问题。创城公司进口马口铁后，瑞鸿公司的副总经理、副董事长何奇倡持有用瑞鸿公司便笺书写并由瑞鸿公司的法定代表人陈常林授权的委托书，在创城公司处签收了报关单，并出具了收据。收据写明：“兹收到创城公司代理本公司进口马口铁税单一份。”第一，如前所述，创城公司并未代理凯寅公司进口马口铁，并基于何奇倡的特定身份，收据中的“本公司”不应指凯寅公司。第二，2006年12月，作为瑞鸿公司高管的何奇倡代表瑞鸿公司签收了创城公司进口的货物；2007年3月，何奇倡又受瑞鸿公司法定代表人陈常林授权签收报关单，鉴于创城公司、瑞鸿公司存在进口代理协议的事实，可以认定何奇倡出具的收据中的“本公司”是指瑞鸿公司，创城公司交付给瑞鸿公司873.544吨马口铁的行为是履行双方间代理协议的行为。

关于创城公司要求瑞鸿公司支付保证金、垫付货款、代理费是否有依据的问题。一、对保证金，创城公司代瑞鸿公司垫付了人民币1100000元保证金，依据双方在《进口代理协议》第四条第1项的规定，瑞鸿公司应于收货后向创城公司支付。因此，创城公司请求瑞鸿公司向其支付人民币1100000元保证金的主张有理，本院予以支持。二、对垫付货款，创城公司代瑞鸿公司垫付了人民币5157118.66元货款（含开证保证金人民币1755786.11元），瑞鸿公司仅支付了人民币1000000元，余款人民币4157118.66元未付，创城公司请求瑞鸿公司向其支付该款项的主张有理，本院予以支持。三、对代理费，创城公司代理瑞鸿公司进口马口铁873.544吨，按照《进口代理协议》第二条的约定，瑞鸿公司应向创城公司支付人民币174708.80元的代理费。创城公司主张按2213.038吨（1350吨+863.038吨）计算代理费，一方面，863.038吨马口铁为凯寅公司进口，并不是创城公司代理瑞鸿公司进口，故该863.038吨马口铁的代理费，创城公司无权主张；另一方面，创城公司并没有提交瑞鸿公司认可的其与韩国东部公司签订的购销合同，其所主张的计算依据1350吨为开具信用证的额度，并不是购销合同中约定的供货数量，而且，创城公司也没有证据证明是韩国东部公司的原因造成供货数额不足。因此，对创城公司要求按1350吨而不是实际供货数873.544吨计算代理费的主张，本院不予支持。

关于瑞鸿公司是否应承担逾期付款违约责任的问题。创城公司、瑞鸿公司在进口代理协议中约定，瑞鸿公司应在收货后将创城公司代垫的保证金返还，应在清关完税30天内向创城公司支付代理费及垫付的货款，否则按日万分之五计算违约金。创城公司、瑞鸿公司的上述约定是双方的真实意思表示，合法有效，可以作为计算违约金的依据。本案中，进口马口铁清关完税的时间与瑞鸿公司收货的时间均为2006年12月26日。因此，瑞鸿公司应于收货的当日即2006年12月26日向创城公司返还人民币1100000元的保证金，应于2007年1月25日前向创城公司支付代理费及垫付的货款，瑞鸿公司未如期支付，应承担支付上述款项及按日万分之五计算违约金的违约责任。创城公司对上述款项均请求自2007年1月26日起计算违约金有理，本院对其主张予以支持。

综上，依照《中华人民共和国民事诉讼法》第一百五十三条第一款第（三）项的规定，本院二审作出（2008）佛中法民二终字第242号民事判决：一、撤销广东省佛山市顺德区人民法院（2007）顺法民二初字第01322号民事判决。二、瑞鸿公司应于该判决发生法律效力之日起十日内向创城公司返还订货保证金人民币1100000元及相应利息（从2007年1月26日起按日万分之五计算至实际清偿之日止）。三、瑞鸿公司应于该判决发生法律效力之日起十日内向创城公司支付垫付的货款人民币4157118.66元及相应利息（从2007年1月26日起按日万分之五计算至实际清偿之日止）。四、瑞鸿公司应于该判决发生法律效力之日起十日内向创城公司支付代理费人民币174708.80元及相应利息（从2007年1月26日起按日万分之五计算至实际清偿之日止）。五、驳回创城公司的其他诉讼请求。一审案件受理费人民币70100.50元、财产保全费人民币5000元，合计人民币75100.50元，由创城公司承担人民币19100.50元，瑞鸿公司承担人民币56000元。二审案件受理费人民币55994元，由创城公司承担人民币2794元，瑞鸿公司承担人民币53200元。

瑞鸿公司不服本院原二审判决，向检察机关申诉。

广东省人民检察院抗诉认为，本案属代理合同纠纷，争议的焦点是创城公司进口的873.544吨马口铁是否是履行双方间签订的《进口代理协议》。原二审判决认定创城公司交付给瑞鸿公司的873.544吨马口铁是履行双方之间签订的《进口代理协议》的行为，存在认定的基本事实缺乏证据证明的问题。

本案中，创城公司先于2006年3月份与韩国东部公司签订编号为TP060901的《销售合同》，进口马口铁1736.58吨；后于2006年8月和9月与瑞鸿公司签订两份《进口代理协议》。即创城公司与瑞鸿公司所签订的《进口代理协议》的时间迟于其与韩国东部公司签订《销售合同》的时间，终审认定创城公司未取得代理权之前，已以代理人的身份代理瑞鸿公司与韩国东部公司签订代理合同，显然不合情理。且创城公司在向海关递交的相关报关单上的收货单位均为凯寅公司，其《海关进口关税专用缴款书》和《海关进口增值税专用缴款书》则记载缴款人为创城公司和凯寅公司；创城公司进口的货物数量及进口方式亦均不符合双方签订的《进口代理协议》的约定，故创城公司进口873.544吨马口铁就不属履行双方间代理协议的行为。至于何奇倡签收报关单并出具收据的问题，本案中《海关进口关税专用缴款书》等相关报关单上的报关日期是2006年12月15日，何奇倡签收的收据是2007年3月30日，即何奇倡在创城公司货物清关三个多月后才收取这些单证。且在何奇倡签收的相关报关单和缴款书上，其收货单位和缴款人均为凯寅公司。所以，原二审判决以瑞鸿公司副总经理何奇倡签收了报关单并出具了收据为由，认定创城公司交付给瑞鸿公司873.544吨马口铁是履行双方间的《进口代理协议》，显属认定事实不清。

此外，瑞鸿公司已于2006年10月9日从该司香港账号611－203－803－001支付创城公司港币5000000元用于购买873.544吨马口铁。故原二审判决认定瑞鸿公司未能在2007年1月25日前支付创城公司垫付的货款构成违约，属认定事实不清。

本院再审过程中，瑞鸿公司称，其与创城公司之间是买卖合同关系，并同意检察机关的抗诉理由。

创城公司答辩称：1. 创城公司与凯寅公司之间不存在代理进口关系，而只存在合作进口关系。凯寅公司在本案一审中出具的《证明》已自认创城公司与其之间仅存在合作关系。2. 创城公司代理瑞鸿公司从事进口业务，在签订代理协议后，创城公司代垫订金、保证金，货到后交付提单、送货单等均按协议约定而做，并按照约定完成了全部的代理义务，瑞鸿公司应依约定支付相应的款项并承担违约责任。3. 创城公司与瑞鸿公司之间根本不是买卖合同关系，瑞鸿公司未提供任何证据证明双方存在买卖关系。4. 瑞鸿公司提供其于2006年10月9日支付港币5000000元给创城公司的所谓新的证据，只是为了拖延时间，其实创城公司已向瑞鸿公司支付了相应的人民币款项。

原审第三人凯寅公司陈述称：1. 凯寅公司与创城公司之间的买卖关系是确实的，而创城公司法定代表人董伟与瑞鸿公司原法定代表人陈常林于2006年12月26日、27日签订的两份结算协议是符合事实的，但凯寅公司认为应以2006年12月27日的结算协议为准。2. 同意检察机关的抗诉理由。

本院原二审查明事实正确，本院再审予以确认。

在再审诉讼期间，瑞鸿公司提交了中国法律服务（香港）有限公司出具的深办第03068号中华人民共和国司法部委托香港律师办理内地使用公正文书，证明瑞鸿公司于2006年10月9日向创城公司支付了港币5000000元。瑞鸿公司主张该款项的用途是作为购买创城公司873.544吨马口铁的预付款。创城公司对该笔款项的真实性予以认可，但创城公司称瑞鸿公司支付的港币实际是10000000元，瑞鸿公司在2006年9月26日还付款港币5000000元给创城公司，但认为这些港币款项与涉案马口铁无关，是双方之间的其他款项来往，并提交了交易时间为2006年9月18日、2006年9月29日、2006年10月10日的银行交易单据五份，证明创城公司已于2006年9月18日付款人民币2000000元，2006年9月29日分别付款人民币200000元、3000000元，2006年10月10日分别付款人民币2066500元、3000000元给瑞鸿公司，已冲抵了包括瑞鸿公司主张的上述5000000元港币在内的10000000元港币。瑞鸿公司对创城公司主张的上述五笔款项的真实性无异议，但认为不能证实创城公司的主张。根据创城公司、瑞鸿公司的上述意见，本院对双方上述来往款项的真实性予以认可。

再审查明，2006年12月5日和26日，何奇倡签收了创城公司信用证项下873.544吨进口马口铁的进口货物送货明细单，该明细单备注栏注明“不含税未付款”。

2007年3月30日，瑞鸿公司原法定代表人陈常林用公司便笺纸出具委托书，内容如下：“本人委托何奇倡到创城公司取回海关单证。”何奇倡于同日到创城公司签收了进口货物报关单，海关进口关税、增值税专用缴款书等单证，并在报关单背面注明“兹收到创城公司代理本公司进口马口铁报关单”等内容，在海关进口关税、增值税专用缴款书背面注明“兹收到创城公司代理本公司进口马口铁税单”等内容。

另查明，瑞鸿公司分别于2006年9月26日、2006年10月9日付港币各5000000元给创城公司；创城公司于2006年9月18日付款人民币2000000元，2006年9月29日分别付款人民币200000元、3000000元，2006年10月10日分别付款人民币2066500元、3000000元给瑞鸿公司。

瑞鸿公司的原名称系佛山市顺德区瑞鸿企业发展有限公司，于2006年10月30日经工商行政机关核准变更为现名称。2009年4月29日，经工商行政机关核准，瑞鸿公司的法定代表人由陈常林变更为陈常行。

本院再审认为，本案系代理合同纠纷。根据检察机关的抗诉理由及各方当事人的诉辩，本案再审争议的焦点是：1. 创城公司向瑞鸿公司交付873.544吨进口马口铁是否是履行双方之间签订的《进口代理协议》。2. 瑞鸿公司于2006年10月9日向创城公司支付港币5000000元是否是购买马口铁的预付款。

关于创城公司向瑞鸿公司交付873.544吨进口马口铁是否是履行双方之间签订的《进口代理协议》的问题。虽然创城公司实际进口马口铁的数量及到货港与《进口代理协议》约定不相一致，但瑞鸿公司签收相关单证和提取873.544吨马口铁的行为已表明其认可创城公司实际进口马口铁的数量及对到货港的变更。基于创城公司与瑞鸿公司之间签订有《进口代理协议》、瑞鸿公司原法定代表人陈常林和副董事长何奇倡签收涉案马口铁的提单，报关单，海关进口关税、增值税专用缴款书，进口货物送货明细清单和瑞鸿公司提取涉案873.544吨马口铁的事实，结合瑞鸿公司原法定代表人陈常林出具的委托书及瑞鸿公司副董事长何奇倡签收海关报关单，海关进口关税、增值税专用缴款书出具的收据的内容，本院认定创城公司向瑞鸿公司交付873.544吨马口铁是履行《进口代理协议》。另外，虽然创城公司与韩国东部公司签订《销售合同》的时间早于本案《进口代理协议》签订的时间，但在实践中，被代理人与代理人就进口代理事宜谈妥后，由代理人先与外方签订买卖合同，进口代理协议双方再签订代理协议确认代理内容的情况也存在，且不违反法律规定。同时，本案货物进口的时间在《进口代理协议》签订之后，故仅以合同签订时间的先后不足以否定创城公司代理瑞鸿公司进口马口铁的事实。而对于瑞鸿公司认为双方之间存在买卖合同关系的主张，因瑞鸿公司未能提供书面的买卖合同予以证明，也不能说明买卖合同中双方约定的具体价款，故该主张缺乏事实依据，本院不予支持。对于凯寅公司认为其与创城公司之间存在买卖关系的主张，因该主张与凯寅公司在本案一审时出具的《证明》表明双方系合作关系，各自独立进口马口铁的内容相矛盾，且凯寅公司也未提供证据证明其与创城公司之间存在买卖关系，故对凯寅公司的该主张，本院不支持。

关于瑞鸿公司于2006年10月9日向创城公司支付的港币5000000元是否是购买马口铁的预付款的问题。如前所述，瑞鸿公司认为双方之间存在买卖关系的主张不成立，故不存在支付购买马口铁预付款的问题。而瑞鸿公司副董事长何奇倡分别于2006年12月5日和26日签收的进口货物送货明细清单备注栏明确注明“不含税未付款”，故瑞鸿公司称其已支付港币5000000元预付款的主张与其签收的送货明细清单的内容相矛盾。此外，创城公司已提供证据证明其在收到瑞鸿公司的5000000元港币后，已经给了瑞鸿公司相应的人民币款项5066500元，冲抵了该笔港币款项。因此，本院认为瑞鸿公司称其已支付给创城公司购买马口铁预付款5000000元港币的主张缺乏事实和法律依据，本院不予支持。

综上所述，检察机关的抗诉理由不成立，本院依法不予支持；原二审判决认定事实清楚，适用法律正确，实体结果处理恰当，本院依法予以维持，但本案一审案件受理费人民币54716元，财产保全费人民币5000元，合计为人民币59716元，而一审、原二审将一审诉讼费用计算为人民币75100.5元，且原二审以此为基数进行诉讼费用分担有误，故本院再审对此依法予以纠正。据此，本案经本院审判委员会讨论决定，依照《中华人民共和国民事诉讼法》第一百八十六条第一款的规定，判决如下：

一、维持（2008）佛中法民二终字第242号民事判决的判项主文部分。

二、变更（2008）佛中法民二终字第242号民事判决的诉讼费用部分即“一审案件受理费人民币70100.50元、财产保全费人民币5000元，合计人民币75100.50元，由佛山市顺德区创城进出口贸易有限公司承担人民币19100.50元，瑞鸿（佛山）金属彩印有限公司承担人民币56000元。二审案件受理费人民币55994元，由佛山市顺德区创城进出口贸易有限公司承担人民币2794元，瑞鸿（佛山）金属彩印有限公司承担人民币53200元”为：一审案件受理费人民币54716元，财产保全费人民币5000元，合计为人民币59716元，由佛山市顺德区创城进出口贸易有限公司承担人民币14929元，瑞鸿（佛山）金属彩印有限公司承担人民币44787元。二审案件受理费人民币55994元，由佛山市顺德区创城进出口贸易有限公司承担人民币2794元，瑞鸿（佛山）金属彩印有限公司承担人民币53200元。

本判决为终审判决。

审 判 长　刘建红
代理审判员　谭志华
代理审判员　翟林彬
二〇〇九年十二月十五日
书 记 员　欧阳凤霞

附：相关法律规定

《中华人民共和国民事诉讼法》

第一百八十六条　【再审审理】人民法院按照审判监督程序再审的案件，发生法律效力的判决、裁定是由第一审法院作出的，按照第一审程序审理，所作的判决、裁定，当事人可以上诉；发生法律效力的判决、裁定是由第二审法院作出的，按照第二审程序审理，所作的判决、裁定，是发生法律效力的判决、裁定；上级人民法院按照审判监督程序提审的，按照第二审程序审理，所作的判决、裁定是发生法律效力的判决、裁定。

【评析】

本文书结构完整、内容全面、事实清楚、适用法律正确，处理结果公平合理，体现了法官的智慧及对公正的追求，是一份优秀的民事再审裁判文书。其突出之处表现如下：1. 格式规范，结构完整，要素齐全。文书格式规范，符合再审文书样式要求；结构完整，要素齐全，完整、清晰地记载了案件由来和审理经过，较好地反映了案件从一审、二审到再审的整个过程及再审程序中的重要诉讼事件。2. 文书客观、准确地表述各方当事人的事实主张和证据，详略得当；对证据尤其是再审程序中检察机关调取的证据的可采性、证明力及证据之间的关系分析透彻，事实认定能够反映出与相关证据之间的对应关系。3. 文书围绕抗诉机关的抗诉意见，准确把握争议事实，高度提炼争议焦点，并运用法律逻辑分析方法，充分论证法理，严密地推理出案件处理结果，体现了裁判的逻辑过程和法官较深的法学理论功底和综合素质；引用法律条文直接、准确、规范、完整，并透彻分析法律适用与判决结论之间的关系；判决主文准确无歧义，具有可执行性，无漏判和多判情况。4. 文书用语简洁、流畅、准确、严谨，既有法言法语特征，又通俗易懂。

●**赵克勇等与曾一帆租赁合同纠纷再审案民事判决书**

广东省东莞市中级人民法院

民事判决书

（2009）东中法民再字第14号

申请再审人（一审本诉原告、反诉被告，二审被上诉人）：赵克勇，男，1974年4月5日出生，汉族，住江西省波阳县鄱阳镇高门1－30号。身份证号码：362330197404050275。

申请再审人（一审本诉原告、反诉被告，二审被上诉人）：汪志仙，男，1961年5月13日出生，汉族，住江西省波阳县鄱阳镇解放街东116号。身份证号码：362330196105130019。

申请再审人（一审本诉原告、反诉被告，二审被上诉人）：赵庭国，男，1952年7月21日出生，汉族，住江西省波阳县鄱阳镇黄泥岭40号。身份证号码：362330195207210234。

申请再审人（一审本诉原告、反诉被告，二审被上诉人）：陈国龙，男，1968年2月22日出生，汉族，住江西省波阳县高岭乡包丰村委会。身份证号码：362330196802227895。

申请再审人（一审本诉原告、反诉被告，二审被上诉人）：汪文婕，女，1987年6月23日出生，汉族，住江西省波阳县鄱阳镇人民路南2号。身份证号码：362330198706230022。

申请再审人（一审本诉原告、反诉被告，二审被上诉人）：张彩霞，女，1973年6月20日出生，汉族，住江西省波阳县莲湖乡慕礼村。身份证号码：362330197306203848。

上列申请再审人的共同委托代理人：周应龙，广东今见律师事务所律师。

被申请人（一审本诉被告、反诉原告，二审上诉人）：曾一帆，男，1977年7月14日出生，汉族，住广东省东莞市虎门镇金洲竹洲村六巷2号，系东莞市虎门诚和房地产咨询服务部的经营者。身份证号码：44190019770714167X。

委托代理人：邬超，广东林德律师事务所律师。

委托代理人：曾寿培，男，1947年2月6日出生，汉族，住广东省东莞市虎门镇金洲竹洲村六巷2号，系曾一帆的父亲。身份证号码：442527194702061676。

申请再审人赵克勇、汪志仙、赵庭国、陈国龙、汪文婕、张彩霞因与被申请人曾一帆租赁合同纠纷一案，不服本院（2008）东中法民一终字第2046号民事判决，向广东省高级人民法院申请再审。广东省高级人民法院于2008年11月29日作出（2008）粤高法立民申字第3373号民事裁定，指令本院再审本案。本院依法另行组成合议庭，公开开庭审理了本案。申请再审人赵克勇、汪志仙、赵庭国、陈国龙和被申请人曾一帆以及六名申请再审人的委托代理人周应龙、被申请人曾一帆的委托代理人邬超、曾寿培到庭参加了诉讼。本案经合议庭评议并经审判委员会讨论决定，现已审理终结。

2007年4月23日，一审本诉原告赵克勇等一方起诉至东莞市人民法院称，东莞市虎门诚和房地产咨询服务部是曾一帆个人经营并经工商注册登记的个体工商户。曾一帆超越经营范围、采取欺诈的手段，诱使赵克勇等一方与其于2006年5月16日签订了《房屋租赁合同》，牟取不正当利益，给赵克勇等一方造成了经济损失。具体表现为：一、曾一帆超越经营范围进行经营，行为违法。曾一帆所持的《个体工商户营业执照》上核准的经营范围及方式是“房地产咨询服务”，曾一帆通过从中介服务中获取信息、见好楼盘自己租，然后非法炒租、转租，显然属超经营范围经营。二、曾一帆以欺诈手段订立合同，以合法形式掩盖非法目的。首先，曾一帆隐瞒与签订合同有关的重要事实，在其炒作下，产权业主在短短一个多月的时间里三易其名，曾一帆对赵克勇等一方显然实施了欺诈。具体为：1. 曾一帆向社会发布招租信息时，谎称房屋业主是“香港商人”。2. 曾一帆在合同签订时，将东莞市虎门诚和房地产咨询服务部作为产权业主，列为出租人，名不符实。3. 2006年6月22日，曾一帆出示了一份虎门寨社区居委会出具的《证明》，证明出租楼层的产权人为东莞证券有限责任公司。其次，曾一帆不能提供房屋产权证，其只能出示一份由居委会出具的产权证明，且其提供的房屋图纸不全，并与实际结构不符，尤其是消防通道不符合安全规范。三、双方订立《房屋租赁合同》时所约定租价显失公平。同一栋大厦，三楼装修后的月租金为3万元，而曾一帆出租的四楼为毛坯房，使用面积相等，但其索要的月租金高达4.7万元。综上所述，为维护社会主义市场经济秩序的和谐稳定，保障自身的合法财产利益，赵克勇等一方特提起诉讼，恳请人民法院依法判令：1. 撤销双方签订的《房屋租赁合同》。2. 曾一帆赔偿赵克勇等一方因按约定对租赁物装修、添附而产生的费用250万元。3. 曾一帆承担本案全部诉讼费用。一审第三次庭审中（2007年11月26日），赵克勇等一方变更其诉讼请求为：1. 确认实际租赁面积为2000平方米，租金按租赁单价19.58元计算，月租金为39160元。2. 因曾一帆违约，赵克勇等一方免交租金，直到办理到合法手续之日止。3. 曾一帆赔偿赵克勇等一方因未办理到合法手续而造成的实际损失，合计30万元。4. 本案的诉讼费用全部由曾一帆来承担。

一审本诉被告曾一帆答辩称：一、曾一帆对涉案房屋具有合法的转租权，曾一帆有权就涉案房屋与赵克勇等一方签订《房屋租赁合同》。双方是在自愿真实的前提下签订合同的，曾一帆没有必要也从未以欺诈手段与赵克勇等一方订立合同，涉案合同合法有效，不应当被撤销。1. 曾一帆对涉案房屋具有合法的转租权。涉案房屋属于东莞证券有限责任公司所有，2006年4月，东莞证券有限责任公司虎门营业部经理口头同意曾一帆在城市大厦四楼的外墙上通过广告招租，此后东莞证券有限责任公司同意将整层房屋租赁给曾一帆，并允许曾一帆转租，期限为15年。2. 曾一帆没有采取欺诈手段与赵克勇等一方签订合同。曾一帆从未向赵克勇等一方声称房东是香港商人，也未声称房东委托曾一帆中介招租。3. 关于曾一帆以“东莞市虎门诚和房地产咨询服务部”的名义与赵克勇等一方签订涉案合同的问题。这是赵克勇等一方要求曾一帆以“东莞市虎门诚和房地产咨询服务部”的名义与其签订涉案合同的。事实上，曾一帆与“东莞市虎门诚和房地产咨询服务部”本是一体，只是称谓不同而已，而且《最高人民法院关于适用〈中华人民共和国合同法〉若干问题的解释（一）》第十条规定：“当事人超越经营范围订立合同，人民法院不因此认定合同无效。但违反国家限制经营、特许经营以及法律、行政法规禁止经营规定的除外。”4. 关于2006年虎门寨社区居委会出具涉案房屋的产权人为东莞证券有限责任公司的证明问题。曾一帆早已将其并非涉案房屋的产权人这一事实告知赵克勇等一方，赵克勇等一方也从未提出异议，这说明双方在当时并无纠纷，曾一帆也从未对赵克勇等一方实施欺诈，也没有隐瞒与签订合同有关的重要事实。5. 关于涉案房屋租赁合同备案问题。《城市房屋租赁管理办法》系建设部在《中华人民共和国合同法》实施前发布的部门规章，并非法律、行政法规，且该办法并未规定未办理备案手续的租赁合同无效，故未办理备案手续不影响合同的效力。二、关于双方约定的租金是否显失公平的问题。首先，每平方米20元的租金在虎门黄河时装城这个黄金旺地已经很便宜，附近物业的租金一般在每平方米25元以上，而且还在逐年上涨。其次，曾一帆在转租中承担着极大的风险，曾一帆已经垫付的租金，不知道何时才能收回。再次，曾一帆一不偷，二不抢，即使在转租过程中有一定的差价，也完全是曾一帆在艰辛付出后的合法合理的回报。三、关于是否存在房屋图纸不全，与实际不符，消防通道不符合安全规范及赵克勇等一方是否具有抗辩权并拒绝交纳租金的问题。涉案房屋的图纸已由曾一帆全部交给赵克勇等一方，且涉案房屋早已取得土地使用证、建设用地规划许可证、建设工程规划许可证、东莞市房屋建设工程和市政基础设施工程竣工验收备案证书等一系列合法证件。同时，涉案房屋是在经赵克勇等一方多次查看现场后，按现状交付给赵克勇等一方使用的。赵克勇等一方在未能取得合法经营手续的情况下擅自开业，责任应由其自负，与曾一帆无关。曾一帆已按约定交付租赁物，并已确保租赁物的用途，且涉案房屋并不存在危及赵克勇等一方安全及健康的情形，故赵克勇等一方不能拒绝支付租金。四、赵克勇等一方的所谓损失应由其自行承担，特别是赵克勇等一方在未取得经营证件前擅自装修及营业，致使损失扩大，更应由其自行承担全部责任。涉案房屋已经取得《竣工验收备案证书》，系验收合格的物业，可用于出租。《最高人民法院关于未经消防验收合格而订立的房屋租赁合同如何认定其效力的函复》明确规定：“租赁房屋用于开设宾馆、饭店、商场等公众聚集场所的，向当地公安消防机构申报消防安全检查的义务人为该企业的开办经营者，但租赁标的物经公安消防验收合格，不是认定房屋租赁合同效力的必要条件。”赵克勇等一方承租涉案房屋用于经营旅业，应当重新办理装修的消防审核及验收合格证。《中华人民共和国消防法》第十条规定：“未经审核或者经审核不合格的，建设行政主管不得发给施工许可证，建设单位不得施工……未经验收或者经验收不合格的，不得投入使用。”但赵克勇等一方却违反前述规定，擅自对涉案房屋进行装修并已营业，如有损失应由赵克勇等一方自行承担。再说，赵克勇等一方经营的东莞市虎门金煌旅馆的室内装修工程消防工程消防设计，于2007年3月8日经东莞市公安消防局东公消审字［2007］第46号《建筑工程消防设计审核意见书》审核通过，这也证实涉案房屋是符合消防规范的，赵克勇等一方如早日将其旅馆的装修设计送审，亦可早日通过消防审核。五、赵克勇等一方不但以各种理由拒交租金，而且还多次以暴力手段恐吓、威逼曾一帆放弃该物业的转租权，无理要求曾一帆安排其直接与东莞证券有限责任公司签订合同，或大幅降低租金。曾一帆另外补充答辩意见称：1. 涉案房屋租金并不是按面积计算的，赵克勇等一方主张以面积计算租金没有依据。2. 曾一帆不存在任何违约行为，赵克勇等一方要求曾一帆免除租金及赔偿损失没有依据。3. 赵克勇等一方是因为自己没有领取合法证件而停业，应由其自己承担损失。综上所述，曾一帆请求法院依法驳回赵克勇等一方的全部诉讼请求。

一审本诉被告曾一帆反诉称：2006 年 5 月 16 日，曾一帆与赵克勇等一方签订《房屋租赁合同》，双方约定由曾一帆将虎门镇城市大厦第四层全层出租给赵克勇等一方作旅业、宾馆用，免租期三个月，正式租期从 2006 年 8 月 16 日至 2016 年 8 月 15 日共 10 年，每月租金 47000 元，每两年递增 3%，每月 5 号之前支付当月租金；若赵克勇等一方不依约支付租金或迟延支付租金达 15 日或欠缴各项费用达 2 万元，曾一帆有权单方解除合同，收回房屋，并无须退还租房保证金。合同签订后，曾一帆就将涉案房屋交付给赵克勇等一方占有、使用至今，但赵克勇等一方除支付第一个月租金外，从 2006 年 9 月 16 日起无故拖欠租金，共拖欠 8 个月的租金，共计 376000 元。现曾一帆特提起反诉，请求法院依法判令：一、解除双方于 2006 年 5 月 16 日签订的《房屋租赁合同》。二、赵克勇等一方支付至交还房屋时止的全部租金，暂计至 2007 年 5 月共计 376000 元。三、曾一帆无须退还租赁保证金给赵克勇等一方。四、本案诉讼费用由赵克勇等一方承担。一审庭审中，曾一帆增加诉讼请求为：1. 赵克勇等一方赔偿交还房屋前的租金利息损失（利息分别以各月租金 47000 元为本金，自当月 6 日起，按中国人民银行规定的同期同类贷款利率标准计算至租金本息付清之日止）。2. 确认涉讼房屋内的固定装修归曾一帆所有。

一审本诉原告赵克勇等一方对反诉提出答辩称：一、曾一帆与赵克勇等一方签订的《房屋租赁合同》无效。1. 曾一帆不是租赁房屋的所有权人，不具有出租人主体资格。2. 租赁房屋未依法取得房屋的所有权证。3. 房屋的消防设施不符合安全合格标准。4. 租赁合同签订后未申请登记备案。5. 房产部门未核发《房屋租赁证》。6. 本租赁合同顾名思义不属于转租合同，即使属转租合同，未经登记备案也同样无效。二、曾一帆的反诉请求与法相悖。1. 国务院《城市私有房屋管理条例》第 16 条规定："房屋租金，由租赁双方根据公平合理原则，参照房屋所在地租金的实际水平协商确定，不得任意抬高，出租人除收取租金外，不得收取押金或其他费用。"曾一帆在出租房屋时，向承租人收取租赁保证金，并在自己解除时予以没收，其行为不合理、不合法，破坏了市场交易秩序。2. 曾一帆交付的租赁物存有消防安全隐患、检查验收不合格，无法申请工商注册登记而不能经营使用并受益，赵克勇等一方作为后履行一方，有权拒绝支付租金。3. 赵克勇等一方按合同约定用途对租赁房屋进行豪华装修和必要添附，投资价值 250 万元。这种装修添附是保证合同约定用途顺利实施的需要，可以认定已经出租人同意。租赁合同解除后，赵克勇等一方可以就租赁房屋增值部分请求曾一帆予以偿还。赵克勇等一方另外又补充答辩意见称：1. 与赵克勇等一方签订《房屋租赁合同》的是东莞市虎门诚和房地产咨询服务部，该服务部与曾一帆属不同的主体，东莞证券有限责任公司对曾一帆转租行为的追认，对东莞市虎门诚和房地产咨询服务部不具法律效力。2. 曾一帆直到2006年9月才正式供电，致使赵克勇等一方在装修过程中无法将用电分配到房间，装修期被迫延长。3. 合同约定的租用面积为2400平方米，但赵克勇等一方承租的实际面积只有2000平方米，可见曾一帆存在欺诈行为。4. 装修竣工后，曾一帆一直不提供楼层的建筑平面图，直到2007年1月才提供，导致赵克勇等一方长达5个月都无法向消防部门申请消防审核。5. 曾一帆提供的平面图也与实际不符，存在缺陷，无法通过消防部门的审核，迫使赵克勇等一方修改图纸，改变消防通道，并另行支付20万元用于安装排烟系统，才于2007年3月8日正式通过消防审核。6. 消防审核后，赵克勇等一方本想试业，但曾一帆又到工商、公安等部门进行投诉，致使赵克勇等一方在试业过程中多次被公安、工商等部门查封、罚款，最终于2007年7月13日被全面封门和取缔。7. 2007年9月7日，消防部门正式验收合格后，赵克勇等一方认为已经具备了试业的条件，但曾一帆仍然不依不饶，到处告状，致使赵克勇等一方的工作人员被公安部门两次拘留。8. 消防验收后，赵克勇等一方就积极办理其他证照，在办理特种行业许可证时，公安部门要求提交与业主签订的合同原件，由于双方签订的是转租合同，赵克勇等一方找到曾一帆，要求其提供与业主签订的合同，但曾一帆不予理睬。综上所述，曾一帆的反诉请求，违反了法律、法规的规定，请求法院依法予以驳回。

东莞市人民法院一审查明，曾一帆系东莞市虎门诚和房地产咨询服务部的经营者，该服务部的经营范围为房地产咨询服务，该服务部未在东莞市房产管理局办理房地产中介服务机构登记备案手续。赵克勇、汪志仙、赵庭国、汪文婕、张彩霞、陈国龙为东莞市虎门金煌旅馆的合伙人，东莞市虎门金煌旅馆于2006年7月3日在东莞市工商行政管理局取得个体工商户名称预先核准登记，投资人为赵克勇，但至今仍未领取营业执照。

2006年5月16日，东莞市虎门诚和房地产咨询服务部作为出租方（甲方），赵克勇作为承租方（乙方），共同签订了一份《房屋租赁合同》，约定：该房屋坐落于东莞市虎门镇城市大厦第四层，全层建筑面积约2400平方米，该房屋未设定抵押，无产权纠纷。乙方租赁该房屋用途为经营旅业、宾馆；若改变用途，必须取得甲方书面允许，否则作违约处理。租赁期限：（一）装修免租期三个月，自2006年5月16日至2006年8月15日。房屋租赁期限从2006年8月16日至2016年8月15日共10年。（二）租赁期满，甲方有权收回该房屋。乙方有意继续承租的，应提前60日向甲方提出书面续租要求，征得同意后甲乙双方重新签订房屋租赁合同。租金：（一）租金标准：四楼全层每月租金47000元，每两年递增3%。（二）租金支付时间：每月5日前……房屋租赁保证金：（一）甲方交付该房屋时，乙方向甲方支付10万元作为房屋租赁保证金。（二）租赁期满或合同解除后，房屋租赁保证金除抵扣应由乙方承担的费用、租金以及乙方应承担的违约赔偿责任外，剩余部分应如数返还乙方。房屋的交付及返还：（一）交付：甲方应于2006年5月16日前将房屋按约定条件交付给乙方。（二）返还：租赁期满或合同解除后，乙方应返还该房屋及其附属设施；甲乙双方应结清各自应当承担的费用；乙方固定的装修不能拆除，但无须工具拆除的可移动的物件（包括空调）可以带走，但甲方要求乙方拆走的乙方必须拆走。转租：（一）乙方在得到甲方书面许可后可以转租该房屋。（二）乙方转租该房屋，应按规定与接受转租方订立书面转租合同，转租合同必须在甲方签字盖章同意后才生效，否则无效，但甲方不能无故为难乙方。合同解除：（一）经甲乙双方协商一致，可以解除本合同……（四）乙方有下列情形之一的，甲方有权单方解除合同，收回该房屋：1. 不支付或者不按照约定支付租金达 15 日的。2. 欠缴各项费用达 2 万元的。3. 擅自拆改变动或损坏房屋主体结构的。4. 利用该房屋从事违法活动的。5. 经营过程中产生的噪音、气味过大或有其他严重污染环境情况发生并在一个月内无明显改善的。6. 乙方擅自改变房屋用途或转租给他人未得到甲方书面同意的。7. 拖欠一个月以上工人工资的。乙方在不影响房屋结构的情况下可自行装修，甲方应尽量提供房屋产权证明给乙方办理证照，提供通畅的消防通道及单独使用的水电源。同时双方还对所有权变动、违约责任、合同争议的解决办法等作了约定。赵克勇和曾一帆在合同上签字，并加盖有“东莞市虎门诚和房地产咨询服务部”的印章。

之后，曾一帆作为承租方（乙方），东莞证券有限责任公司作为出租方（甲方），共同签订了一份《租赁合同》，约定东莞证券有限责任公司将坐落于东莞市虎门镇城市大厦第四层全层出租给曾一帆，建筑面积 2280 平方米，实用面积 2000 平方米；曾一帆租赁该房屋的用途为经营旅业、公寓、写字楼、仓库、学校、酒店等合法用途；租赁期限：（一）装修免租期 3.5 个月，自 2006 年 6 月 1 日至 2006 年 9 月 15 日；房屋租赁期限从 2006 年 9 月 15 日至 2021 年 9 月 15 日，共 15 年；曾一帆在租赁期内可以将该房屋部分或全部转租给他人，并知会甲方，转租行为不能损害甲方的利益。双方还对房屋装修改善、租金、房屋租赁保证金等事项进行了约定。该房屋租赁合同加盖有“东莞证券有限责任公司”的印章，并有曾一帆的签名，但没有具体的签订日期。东莞市虎门镇虎门寨社区居民委员会于 2006 年 6 月 22 日出具证明一份，证实城市大厦第四层全层产权属于广东省东莞证券有限公司虎门证券营业部所有。东莞证券有限责任公司虎门证券营业部于 2006 年 6 月 29 日出具证明一份，证实该部已将城市大厦第四层出租给曾一帆，并允许曾一帆转租给别人使用。2006 年 7 月 15 日，东莞证券有限责任公司收取曾一帆租赁押金 90000 元。从 2006 年 11 月 6 日起曾一帆向东莞证券有限责任公司虎门证券营业部缴纳了涉案房屋的租金。

赵克勇等一方与曾一帆签订上述《房屋租赁合同》后，曾一帆如约于 2006 年 5 月 16 日将涉案房屋交付给赵克勇等一方。赵克勇等一方则将涉案房屋进行装修，作为旅馆经营使用。赵克勇等一方向一审法院提交收据、送货单、发票、合同、出货单等，拟证明其对涉案房屋进行装修，装修费用为 250 余万元。曾一帆对赵克勇等一方提交的上述装修费单据的真实性有异议，认为该些单据均不是发票，票据上客户栏和地址栏都是空白的，有些单据根本就不是写着赵克勇等一方或涉案房屋的地址，且这些单据不能证明与涉案的房屋有关联性，但确认签订上述合同时涉案房屋是毛坯房，而现今该房屋有装修。

赵克勇等一方提交东莞市工商行政管理局行政处罚决定书、责令改正通知书、扣押财物通知书，东莞市公安局公安行政处罚决定书、查封相片等，拟证明因曾一帆未能提交相关材料致使赵克勇等一方不能办理营业执照，赵克勇等一方在涉案房屋经营的旅馆多次给工商、公安部门查处，及造成赵克勇等一方的经济损失。曾一帆对赵克勇等一方提交的该部分证据的真实性没有异议，但认为这是由于赵克勇等一方非法经营所造成的，该损失应由赵克勇等一方自己承担。根据赵克勇等一方提交的上述证据，赵克勇等一方因分别于2006年12月18日至2007年2月8日期间和2007年4月15日至2007年5月8日期间，未经工商行政管理机关核准登记注册，擅自在东莞市虎门镇城市大厦设立金煌旅馆，从事旅业服务的经营活动，分别于2007年2月8日和5月8日被东莞市工商行政管理局虎门分局查处，被没收违法所得共4000元，并罚款2000元。2006年9月21日，赵克勇等一方经营的东莞市虎门金煌旅馆因“没有公安机关核发的《特种行业许可证》擅自经营旅馆业”，被东莞市公安局虎门分局责令立即停业。2007年7月13日，东莞市虎门金煌旅馆因赵克勇等一方于2006年9月21日开始未经公安机关许可擅自经营旅馆业至今，被东莞市公安局予以取缔。2007年7月12日至10月12日期间，赵克勇及汪志华、祝小虎因未经公安机关许可擅自经营东莞市虎门金煌旅馆，被公安机关处罚，共被罚款2500元，汪志华、祝小虎被行政拘留。

赵克勇等一方提交一份东莞证券有限责任公司与赵克勇签订的房屋租赁合同复印件，拟证明东莞证券有限责任公司与赵克勇就涉案的房屋签订了租赁合同，赵克勇等一方与曾一帆及曾一帆与东莞证券有限责任公司签订的租赁合同均已失效。曾一帆对该租赁合同复印件的真实性有异议，认为东莞证券有限责任公司与赵克勇没有签订过该租赁合同，该合同是伪造的，并要求赵克勇等一方出示合同原件，赵克勇等一方以该合同原件丢失为由没有提交原件。根据曾一帆的申请，一审法院于2007年7月26日到东莞证券有限责任公司虎门营业部进行调查，该营业部总经理陈镇成证实并没有与赵克勇签订过该租赁合同。

赵克勇等一方提交图纸、东莞市公安局建筑工程消防审核意见、消防整改通知书，拟证明曾一帆提供的房屋设计图纸与实际不符，消防安全通道不符合规范要求，不能通过消防验收。曾一帆则提交土地证、建设用地规划许可证、建设工程规划许可证、关于同意虎门城市花园商住楼建筑工程消防设计的审核意见、建筑工程消防审核意见书、东莞市房屋建筑工程和市政基础设施工程竣工验收备案证书、关于东莞市虎门金煌旅馆室内装修工程消防工程设计的审核意见、东莞市商品房建设准建证等，拟证明黄河城市大厦依法取得了建设用地规划许可证、建设工程规划许可证，符合申报审批及消防要求，在竣工后经综合验收，为验收合格物业，可用于出租；赵克勇等一方承租涉案房屋后申请广东省东莞市公安消防局对东莞市虎门金煌旅馆室内装修工程消防工程及消防设计进行审核，这证实涉讼房屋符合消防要求，而东莞市虎门金煌旅馆的室内装修工程消防工程及设计等是由赵克勇等一方负责，是由于赵克勇等一方的原因才造成不能通过消防验收的。经双方申请，一审法院依法向东莞市公安消防局进行调查，东莞市黄河集团城市花园5—28层住宅部分消防验收于2002年1月20日已符合设计要求；根据东莞市公安消防局关于东莞市虎门金煌旅馆室内装修工程消防验收不合格应当改正后申报复验的意见，2007年5月25日东莞市公安消防局对东莞市虎门金煌旅馆室内装修工程的验收意见是：4－5轴与A－B轴之间的楼梯间未按规范要求设置封闭楼梯间，内走道的隔墙未按规范要求砌至梁板底部，且不宜留有缝隙，风机房未独立设置，锅炉房未按要求设置甲级防火门，部分防火门闭门器损坏，疏散指示宜设在疏散走道及其转角处距地面1.00米以下的墙面上；东莞市虎门金煌旅馆室内装修工程在消防方面不具备使用条件。2007年9月7日，东莞市虎门金煌旅馆室内装修工程经复查通过消防验收。此外，东莞市虎门金煌旅馆已办理了公共场所卫生许可证及广东省排放污染物临时许可证。

赵克勇等一方主张涉案房屋实际面积与合同约定不符，请求一审法院委托相关单位进行测量，并按实际面积调整租金。一审法院到东莞市虎门房地产管理所了解测量事宜时，发现涉案房屋所在的城市大厦正在申请办理房产证，房管部门已委托深圳市爱华测绘有限公司东莞分公司对城市大厦进行测绘。该司的报告显示，涉案房屋套内建筑面积为2121.37平方米，共有分摊面积为130.39平方米，房屋建筑面积为2251.76平方米；涉案房屋分摊部分包括水泵房、变压器室、控制室及梯间1、4、5。赵克勇等一方与曾一帆对深圳市爱华测绘有限公司东莞分公司测量的结果没有异议，并确认涉案房屋三个楼梯中有一个已改做成电梯，该电梯赵克勇等一方暂时还不能使用，但曾一帆称其在转租时已把上述情况告知赵克勇等一方，赵克勇等一方则予以否认。另曾一帆称城市大厦一楼梯间也是给赵克勇等一方使用的，面积约为100平方米。

赵克勇等一方主张曾一帆违约，拒不提交办证所需的材料，致使赵克勇等一方不能办理合法经营旅馆的手续，并因此造成经济损失30万元。赵克勇等一方称其于2006年6月初即向曾一帆索要租赁房屋产权证件和相关材料，以便办理相关证照，并表示曾一帆是于2006年12月下旬才交付涉案图纸的。曾一帆称其于房屋交付时即2006年5月16日即向赵克勇等一方交付图纸，但于2006年12月31日才要求赵克勇等一方补办签收手续，但未提交证据予以证明。赵克勇等一方提交一份特种行业许可证申请表，拟证明赵克勇等一方申报旅馆业特种行业许可证，需要曾一帆提交第一手租赁合同。该表背面写有申报条件与材料，其中第一项第五点注明需要提交“经营场地房产所有权证明资料（即房屋产权证书或租赁合约)”，经一审法院到东莞市公安局虎门分局了解，“租赁合约”包括业主与承租人及承租人与次承租人签订的租赁合同。曾一帆确认其没有向赵克勇等一方提交其与业主签订的租赁合同，并认为其与赵克勇等一方之间的租赁合同已解除，并无义务向赵克勇等一方提交其与业主签订的租赁合同。根据个体工商户登记注册办事须知，设立登记需提交资料包括特殊行业经营许可证。

赵克勇等一方主张不能办证造成其经济损失30万元，但未提交证据予以证明。赵克勇等一方提交赵庭国和陈国龙的陈述，并申请证人祝小龙出庭作证，拟证明曾一帆收取赵克勇等一方押金5万元，并实施欺诈，但曾一帆予以否认。

曾一帆提交报警回执和录音资料，拟证明赵克勇等一方不但拒付租金，且先后多次带领十多名同伙到曾一帆经营的咨询部和住宅进行恐吓、骚扰，其中曾一帆于2006年9月23日12时被迫报警求助。赵克勇等一方对报警回执和录音资料的真实性无异议，但认为这是因双方发生纠纷而进行的协商，赵克勇等一方并没有胁迫曾一帆。

曾一帆将涉案房屋交付给赵克勇等一方后，赵克勇等一方至今仅向曾一帆支付一个月的租金。曾一帆认为赵克勇等一方的行为符合双方签订的《房屋租赁合同》约定的解除条件，请求法院解除双方于2006年5月16日签订的《房屋租赁合同》，不退还租赁保证金，并确认房屋内的固定装修归曾一帆所有。

赵克勇等一方于2007年4月23日向一审法院提起本案诉讼，以曾一帆超范围经营，并使用欺诈手段迫使其在违背真实意思的情况下签订《房屋租赁合同》为由，请求法院依法撤销双方签订的《房屋租赁合同》。后赵克勇等一方于2007年11月26日在本案一审第三次开庭审理时变更诉讼请求为：1. 请求确认实际租赁面积为2000平方米，租金按租赁单价19.58元计算，月租金为39160元。2. 因曾一帆违约，赵克勇等一方免交租金，直到办理到合法手续之日止。3. 曾一帆赔偿赵克勇等一方因未办理到合法手续而造成的实际损失，合计 30 万元。4. 本案的诉讼费用全部由曾一帆来承担。

东莞市人民法院一审认为，曾一帆是东莞市虎门诚和房地产咨询服务部的经营者，其以该部的名义对外进行民事活动，依法应由曾一帆承担本案的民事责任。而赵克勇、汪志仙、汪文婕、张彩霞、陈国龙、赵庭国确认东莞市虎门金煌旅馆是由其合伙经营的，且东莞市虎门金煌旅馆至今未领取营业执照，因此赵克勇等一方应共同承担本案的民事责任。曾一帆以东莞市虎门诚和房地产咨询服务部的名义与赵克勇等一方签订的《房屋租赁合同》是双方真实意思表示，并不违反法律、行政法规的强制性规定，合法有效，双方均应严格恪守。

本案的争议焦点首先是赵克勇等一方请求确认其实际租赁面积为 2000 平方米，租金按租赁单价 19.58 元计算，月租金为 39160 元是否于法有据。根据双方签订的上述《房屋租赁合同》，涉案房屋应是坐落于东莞市虎门镇城市大厦第四层全层，建筑面积约 2400 平方米，而根据《中华人民共和国合同法》第二百一十六条的规定，曾一帆作为出租人应按照约定将租赁物交付给赵克勇等一方，包括按照约定交付与约定面积相符的房屋给赵克勇等一方，但根据深圳市爱华测绘有限公司东莞公司对涉案房屋的测绘结果，涉案房屋建筑面积仅为 2251.76 平方米，明显与约定的面积不符。曾一帆虽辩称涉案房屋所在的城市大厦一楼梯间约 100 平方米也是赵克勇等一方在使用，但该楼梯间不属于曾一帆与东莞证券有限责任公司签订的租赁合同约定的租赁范围，且曾一帆没有其他证据证明其对该楼梯间享有独占的使用权，因此法院对曾一帆的该项辩解不予采信。曾一帆未能提供足额建筑面积的房屋给赵克勇等一方使用，已构成违约。虽然上述房屋租赁合同并未约定租金单价，但根据该合同约定的租金和面积仍可以折算出单价为 47000 元 ÷ 2400 平方米 = 19.58 元/平方米，赵克勇等一方每月应缴纳的租金应为 19.58 元/平方米 × 2251.76 平方米 = 44089.46 元。

其次是双方的上述房屋租赁合同是否应当予以解除。曾一帆与东莞证券有限责任公司签订的租赁合同，约定东莞市虎门镇城市大厦第四层全层建筑面积为 2280 平方米，实用面积为 2000 平方米，表明曾一帆明知涉案的房屋建筑面积不足 2400 平方米，但曾一帆在与赵克勇等一方签订上述房屋租赁合同时却故意欺骗赵克勇等一方，称涉案房屋的建筑面积约为 2400 平方米，曾一帆的行为是一种欺诈行为，存在明显的恶意。上述《房屋租赁合同》明确约定赵克勇等一方是租赁涉案房屋经营旅业、宾馆的，且曾一帆应尽量提供房屋产权证明给赵克勇等一方办理证照，曾一帆作为涉案房屋的出租人，理应积极促成该合同目的的实现，依法和依约及时向赵克勇等一方提供办理经营旅业、宾馆证照所需的资料。经一审法院向东莞市公安局虎门分局咨询，办理旅馆业特种行业许可证需要涉案房屋产权证或曾一帆与业主所签订的租赁合同原件，但曾一帆至一审庭审时止仍没有向赵克勇等一方提供其与东莞证券有限责任公司签订的租赁合同原件给赵克勇等一方办理相关证照，且一再拒绝提供，因此曾一帆的行为已构成违约。赵克勇等一方未按合同约定按时缴纳租金是曾一帆的上述违约行为造成的，曾一帆反诉请求解除双方签订的上述《房屋租赁合同》于法无据，法院不予支持。

关于租金问题，如上所述，因曾一帆违约拒不向赵克勇等一方提交办理旅馆业特种经营许可证的资料，致使赵克勇等一方不能使用涉案房屋进行合法经营，由此造成的租金损失理应由曾一帆自己承担。因此赵克勇等一方请求免交涉案租金，直到办理到合法手续之日止有理，法院予以支持。但鉴于赵克勇等一方于2007年7月13日被公安机关取缔前一直经营东莞市虎门金煌旅馆，该段时间的租金应由双方各自承担一半为宜，具体为44089.46元÷2×11－47000元＝195492.03元。

关于赵克勇等一方主张的曾一帆赔偿其因未办理到合法手续而造成的实际损失30万元，因赵克勇等一方没有提交证据证明其存在损失，且赵克勇等一方在2007年7月13日之前一直进行非法经营，该部分损失是因赵克勇等一方的非法行为造成的，应由赵克勇等一方自己承担。因此，法院对赵克勇等一方的该项请求不予支持。

综上所述，一审法院遂依照《中华人民共和国民事诉讼法》第六十四条、第一百二十八条，《最高人民法院关于适用〈民事诉讼法〉若干问题的意见》第四十六条、第四十七条、第四十九条，《中华人民共和国合同法》第八条、第四十四条、第六十条、第六十六条、第一百零七条、第一百一十二条、第一百二十五条、第二百一十二条，《最高人民法院关于贯彻执行〈中华人民共和国民法通则〉若干问题的意见（试行）》第四十一条、第六十八条及上述规定，判决：一、确认曾一帆交付给赵克勇、汪志仙、汪文婕、张彩霞、陈国龙、赵庭国使用的涉案房屋的建筑面积为2251.76平方米，租金单价按每平方米19.58元计算，每月租金为44089.46元。二、限赵克勇、汪志仙、汪文婕、张彩霞、陈国龙、赵庭国于判决发生法律效力之日起三日内支付曾一帆2006年9月16日至2007年7月13日期间的租金差额共计195492.03元。三、2007年7月14日至曾一帆实际提供办理旅馆业特种行业许可证所需曾一帆提供的资料止的租金，由曾一帆自己承担，赵克勇、汪志仙、汪文婕、张彩霞、陈国龙、赵庭国无须缴纳租金。四、驳回赵克勇、汪志仙、汪文婕、张彩霞、陈国龙、赵庭国的其他诉讼请求。五、驳回曾一帆的其他诉讼请求。一审本诉受理费13400元，由赵克勇等一方负担6700元，曾一帆负担6700元；反诉受理费3470元、财产保全费2020元，共计5490元，由曾一帆负担2636元，赵克勇等一方负担2854元。

一审宣判后，曾一帆不服一审判决，向本院提起上诉称：一、赵克勇等一方违反有效房屋租赁合同的约定，长期拒付租金，违法经营，已构成根本违约，根据双方约定及法律规定，双方签订的《房屋租赁合同》应予解除。但一审法院一方面认定该租赁合同为有效合同，却又对赵克勇等一方的根本违约行为视而不见，驳回了曾一帆解除租赁合同的合理请求，该判决逻辑混乱，且明显偏袒赵克勇等一方。二、曾一帆与赵克勇等一方签订的《房屋租赁合同》第四条约定"四楼全层每月租金47000元"，双方在合同中并未约定单位面积的租金，即双方是以整层楼为计价单位的，并不是以单位面积为计价单位的。赵克勇等一方对此在一审起诉前一直未提出异议，曾一帆并未实施欺诈行为。三、涉案房屋未能办理相关证件，完全是赵克勇等一方长期不打算办证等行为导致的，而与曾一帆的行为并无因果关系。一审法院在赵克勇等一方未提供任何证据证实其在2007年11月26日前已要求曾一帆提供其与东莞证券有限责任公司签订的租赁合同的情况下，生硬而又固执地认定曾一帆未提供协助，这明显有失公允。四、赵克勇等一方极不诚信，长期拒付租金，长期不办理经营证件，违法经营，多次以暴力手段恐吓、威逼曾一帆，伪造其与东莞证券有限责任公司签订的租赁合同，理应承担不利后果，但一审判决却对此只字不提，并作出了对赵克勇等一方明显有利的判决。五、根据《房屋租赁合同》第七条第二项的约定，在租赁合同被解除后，赵克勇等一方添加的固定装修不能拆除，应无偿归曾一帆所有。综上所述，一审法院认定事实及适用法律均极为错误，曾一帆据此请求二审法院：1. 撤销东莞市人民法院（2007）东法民一初字第5315号民事判决第一、二、三、五项。2. 改判解除曾一帆与赵克勇等一方签订的《房屋租赁合同》。3. 改判赵克勇等一方立即向曾一帆支付拖欠的租金（自2006年9月16日起至租金付清之日止，2008年8月16日前每月租金按47000元计算，其中暂计至2007年5月15日为376000元）及租金利息损失（利息分别以各月租金47000元为本金，自当月6日起，按中国人民银行规定的同期同类贷款利率标准计算至租金本息付清之日止）。4. 确认涉讼房屋内的固定装修归曾一帆所有。5. 本案一审、二审诉讼费用由赵克勇等一方承担。

赵克勇等一方二审答辩称：一、一审判决是在查明了事实的基础上依据法律所作出的公正判决。曾一帆未能提交相关材料，其提供的房屋设计图纸与实际不符、消防安全通道不符合规范要求，不能通过消防验收，致使赵克勇等一方不能办理证照，无法进行正常经营，并且多次被相关部门查处，最终被取缔，造成赵克勇等一方极大的经济损失。而且，涉案房屋的实际建筑面积为2251.76平方米，比合同约定的2400平方米少了148.24平方米。一审法院在查明事实的基础上，依据相关法律、法规所作出的判决是公正的。二、曾一帆的上诉请求没有事实根据和法律依据。首先，赵克勇等一方没有交纳房租是因为曾一帆没有按照合同约定提交相关材料，致使赵克勇等一方不能办理证照，无法正常营业，不能产生收益，无法实现签订合同的目的。其次，曾一帆不能按照合同约定的面积2400平方米交付房屋给赵克勇等一方使用，已构成违约。赵克勇等一方同意折算租金，不追究曾一帆恶意欺诈的责任，已经是息事宁人。曾一帆却提出每隔两年递增3%的租金，这简直是欺人太甚。再次，曾一帆没有按照合同约定提交有关材料致使赵克勇等一方不能达到合同目的，属于根本性的违约。三、曾一帆应赔偿赵克勇等一方在未办理特种行业许可证和工商营业执照期间的人员工资、利息及预期利润等损失合计50万元。四、涉案租赁合同应延长合同期限，即自2008年8月16日至2018年8月15日共十年。综上所述，赵克勇等一方请求二审法院驳回曾一帆的上诉请求。

本院二审查明，一审判决认定事实基本清楚，本院二审予以确认。本院二审另查明，曾一帆与赵克勇签订案涉租赁合同时，已收取赵克勇房屋租赁保证金10万元。一审诉讼过程中（2007年7月13日），因赵克勇于2006年9月21日开始未经公安机关许可擅自经营旅馆业，东莞市虎门金煌旅馆被东莞市公安局予以取缔。

再查，东莞市虎门金煌旅馆于2007年3月8日取得东莞市公安消防局颁发的东公消审字［2007］第46号《建筑工程消防设计审核意见书》。此后该旅馆一直未能通过东莞市公安消防局的消防验收，此间于2007年5月25日，东莞市公安消防局还出具了一份文号为东公消审字［2007］第126号的《关于东莞市虎门金煌旅馆室内装修工程消防验收不合格应当改正后申报复验的意见》。直至一审法院诉讼过程中的2007年9月7日，东莞市虎门金煌旅馆室内装修工程才经复查通过消防验收，取得文号为东公消审字［2007］第220号的《关于东莞市虎门金煌旅馆室内装修工程消防验收合格的意见》。赵克勇等一方于2007年4月23日向一审法院提起诉讼，后赵克勇等一方于2007年11月26日在一审法院第三次开庭审理时，变更其诉讼请求。

赵克勇于2007年10月30向一审法院提交一份“情况说明”，该“情况说明”显示，赵克勇在一审诉讼过程中的2007年10月29日下午因办理旅馆业特种行业许可证未果而要求曾一帆提供其与东莞证券有限责任公司签订的一手租赁合同原件。一审诉讼过程中（2007年12月27日的庭审中），曾一帆确认其没有向赵克勇等一方提交其与东莞证券有限责任公司签订的一手租赁合同原件，并认为赵克勇等一方提出该要求的时间太迟了，直至诉讼过程中才提出这一要求，其与赵克勇等一方之间的租赁合同已解除，并无义务向赵克勇等一方提供该一手租赁合同原件。

曾一帆已于2008年1月25日上午会同东莞证券有限责任公司虎门证券营业部经理协助赵克勇等一方将曾一帆与东莞证券有限责任公司签订的一手租赁合同原件提交给公安机关核对，用于办理旅馆业特种行业许可证。但赵克勇等一方指称，由于曾一帆与东莞证券有限责任公司签订的一手租赁合同中的承租人是曾一帆，而曾一帆以东莞市虎门诚和房地产咨询服务部名义与赵克勇签订的《房屋租赁合同》中的转租人是东莞市虎门诚和房地产咨询服务部，合同主体前后不衔接，因而造成虎门公安分局太平派出所拒收旅馆业特种行业许可证申报材料。

又查，个体工商户设立登记中，其经营范围中涉及法律、行政法规规定必须报经审批的项目的，应提交有关部门的批准文件，其中包括特殊行业经营许可证。而根据公安部门申请旅馆业特殊行业许可证申报条件与应提交材料的规定，办理特殊行业经营许可证需要公安消防部门的消防验收意见书、工商部门核发的《企业名称预先核准通知书》、经营场地竣工验收报告或房屋安全鉴定、经营场地平面设计图、安全设施结构图，以及“经营场地房产所有权证明资料（即房屋产权证书或租赁合约）”（该“租赁合约”包括业主与承租人及承租人与次承租人签订的租赁合同）等资料。曾一帆称，由于赵克勇等一方的旅馆室内装修迟迟未能通过消防验收，才未能取得特殊行业许可证，并非曾一帆未提供与东莞证券有限责任公司签订的租赁合同才导致其未能申领旅馆业特殊行业许可证。

另查，赵克勇等一方于2007年11月5日取得东莞市环保局虎门分局颁发的《广东省排放污染物临时许可证》，于2007年11月12日取得东莞市卫生局颁发的《公共场所卫生许可证》。

本院二审认为，案涉租赁合同是本案诉辩双方的真实意思表示，也没有违反法律、法规的强制性规定，一审法院认定为合同有效是正确的。本案中，赵克勇等一方以曾一帆未提供有关资料为由提起违约赔偿之诉，而曾一帆则以赵克勇等一方长期拖欠租金为由解除合同，双方在诉讼中的立场不同，故本诉与反诉的主张能否成立，应以双方各自的诉前行为作为判定是否构成违约的事实基础。赵克勇等一方自2006年9月16日起至2007年4月16日向一审法院起诉以及诉讼期间均未交纳房屋租金，该事实不存争议。本案的关键在于曾一帆违约在先的事实能否成立。如成立，则赵克勇等一方有权行使先履行抗辩权，其不构成根本违约；如不成立，则赵克勇等一方构成根本违约，曾一帆有权行使合同解除权，并要求赵克勇等一方全额支付拖欠的租金及利息，以及收回涉讼房屋内的固定装修。

关于案涉租赁合同能否认定曾一帆违约在先，包括三个方面的问题：一是房屋面积问题，二是消防验收问题，三是证照资料问题。以下分述之：

一、合同约定的房屋面积与实际测绘结果存在误差是否构成曾一帆违约的事由。对此，应首先明确案涉合同的标的物是什么。根据曾一帆和赵克勇所签订的案涉《房屋租赁合同》，租赁房屋“坐落于东莞市虎门镇城市大厦第四层，全层建筑面积约2400平方米”，租金标准为“四楼全层每月租金47000元”，由此可见，双方租赁的标的物实为“城市大厦第四层全层”，其所在位置及范围已然确定，租赁双方的权利义务亦已规限在“城市大厦”的“第四层全层”，至于该层楼房的实际面积与所谓的“建筑面积约2400平方米”存在合理的误差对合同不构成实质性影响。根据已经查明的情况，曾一帆和赵克勇于2006年5月16日签订案涉合同，但曾一帆经过东莞证券有限责任公司的追认于2006年7月15日签订房屋租赁合同，且涉案房屋所在的城市大厦在一审诉讼过程当中才申请办理房产证。可见曾一帆在与赵克勇签订租赁合同时，不可能知悉涉案房屋的真实建筑面积。作为非专业测绘人员，曾一帆凭借简易图纸粗略估算出“全层建筑面积约2400平方米”，与经专业测绘的实际建筑面积2251.76平方米相比，其误差仅为6%左右，属于合理误差，且亦在2400平方米的大概范围，故不能以此认定曾一帆存在欺诈或违约。况且，赵克勇等一方在签订合同时明知是按照“全层建筑面积约2400平方米”来计算“四楼全层每月租金47000元”，并非以单位面积计算租金标准，对此赵克勇等一方在一审起诉前也一直未提出异议，现其违背签约时的真实意思表示主张按照实际租赁面积确认租赁单价，缺乏合同依据且违反诚实信用原则，该项诉讼请求不应获得支持。曾一帆在案涉合同中对租赁面积的计算尽管存在误差，但不构成合同的违约行为。一审判决并未以合同双方真实意思表示的角度判别双方的权利义务，适用法律有误导致处理不当，本院二审予以纠正。

二、赵克勇未能及时通过消防验收能否归责于曾一帆的问题。首先，案涉《房屋租赁合同》并未约定曾一帆提供给赵克勇等一方办理消防设计审核和验收意见所必需的建筑竣工图纸的交付义务及交付时间。《中华人民共和国合同法》第六十二条规定，当事人就有关合同内容约定不明确，依照合同有关条款或者交易习惯仍不能确定的，如系履行期限不明确的，债务人可以随时履行，债权人也可以随时要求履行，但应当给对方必要的准备时间。该法第六十七条规定，“当事人互负债务，有先后履行顺序，先履行一方未履行的，后履行一方有权拒绝其履行要求。先履行一方履行债务不符合约定的，后履行一方有权拒绝其相应的履行要求”。在合同无明确约定的情况下，有要求才有义务。本案中，赵克勇等一方何时需要建筑竣工图纸以及需要何种图纸的主动权不在曾一帆而在于赵克勇等一方，而赵克勇等一方既未提供证据证明其曾要求曾一帆提交其所言的“建筑竣工图纸”，也未提供证据证明曾一帆经催告后在合理期限内仍未交付上述“建筑竣工图纸”的事实。因此，不能认定曾一帆拒不提供建筑竣工图纸的事实。其次，赵克勇等一方还主张曾一帆所提供的建筑竣工图纸与涉案建筑的实际情况不符、消防安全通道不符合要求，导致其无法通过消防部门的消防设计审核，但该主张未有充分有效的证据予以支持。即使图纸与实际不符，也不能由此必然推理出赵克勇等一方无法通过消防设计审核的原因来自于曾一帆，对此，可由其后的消防设计审核获得通过的事实得到印证。再次，2007年5月25日东莞市公安消防局对东莞市虎门金煌旅馆室内装修工程的验收意见“4－5轴与A－B轴之间的楼梯间未按规范要求设置封闭楼梯间，内走道的隔墙未按规范要求砌至梁板底部，且不宜留有缝隙，风机房未独立设置，锅炉房未按要求设置甲级防火门，部分防火门闭门器损坏，疏散指示宜设在疏散走道及其转角处距地面1.00米以下的墙面上；东莞市虎门金煌旅馆室内装修工程在消防方面不具备使用条件”中，并无牵涉曾一帆作为出租人需要承担的任何义务。赵克勇等一方所提交的《金煌宾馆验收中存在问题》虽有“图纸与现场情况不符”的表述，但该证据既无法证明赵克勇等一方所称的“涉案房屋设计有问题，涉案房屋不能通过消防整改”，也无法确认其所谓的“图纸”系何种类型和内容的图纸，及与本案有何关联性，该证据本身的真实性也难以认定；而且，2007年9月7日东莞市虎门金煌旅馆室内装修工程经复查通过消防验收，更可推翻赵克勇等一方的上述主张。因此赵克勇等一方迟至2007年3月8日才取得东莞市公安消防局颁发的东公消审字［2007］第46号《建筑工程消防设计审核意见书》，迟至2007年9月7日才通过室内装修工程的消防验收，并不能归责于曾一帆。

三、关于办理证照的问题。案涉《房屋租赁合同》第十四条约定曾一帆“应尽量提供房屋产权证明给赵克勇办理证照”，该约定中的“尽量”所指向的履行期限并不明确。如前所述，《中华人民共和国合同法》第六十二条规定，当事人就有关合同内容约定不明确，依照合同有关条款或者交易习惯仍不能确定的，如系履行期限不明确的，债务人可以随时履行，债权人也可以随时要求履行，但应当给对方必要的准备时间。作为出租人，不可能随时掌握承租人办理证照的进度，有关的证照何时办理以及办理证照时需要何种房屋产权证明，其主动权仍在赵克勇等一方，亦即当赵克勇一方要求曾一帆提供有关房屋产权证明而遭到拒绝时，曾一帆才有可能构成违约。对此，赵克勇一方应首先负举证责任。赵克勇等一方称其于2006年6月初即向曾一帆索要租赁房屋产权证件和相关材料，以便办理相关证照，但仅为口述，并未提供任何证据予以证明，本院二审不予采信。而且，赵克勇向一审法院提交2007年10月30日的“情况说明”证实，赵克勇等一方直至2007年10月29日下午才在办理旅馆业特种行业许可证，未果后才要求曾一帆提供其与东莞证券有限责任公司签订的租赁合同原件，而此时已进入一审诉讼程序中，也就是说，赵克勇等一方在其起诉前并无任何证据证明因曾一帆未提供一手租赁合同原件而导致未能办理有关证照，故不应认定曾一帆构成违约。

综上所述，曾一帆不存在不履行在先合同义务和违约在先的事实，反之，赵克勇等一方拒不交付租金并拖欠至今，根据案涉《房屋租赁合同》第十一条第（四）项的约定，曾一帆有权解除该合同并要求赵克勇等一方支付所拖欠的租金。即赵克勇等一方应按合同约定的租金标准从2006年9月16日起至本院二审确定合同解除之日止计付所拖欠的租金，并支付相应的利息（分别以各月租金为本金，自当月6日起，按中国人民银行规定的同期同类贷款利率标准计算至租金本息付清之日止）。与此相应，赵克勇等一方所主张免交至办理到合法手续之日止的租金以及相关损失的诉讼请求，本院二审依法驳回。

关于装修的问题，根据案涉《房屋租赁合同》第七条第（二）项的约定，租赁期满或合同解除后，赵克勇应返还该房屋及其附属设施；双方应当结清各自应当承担的费用；赵克勇固定的装修不能拆除，但无须工具拆除的可移动的物件（包括空调）可以带走，曾一帆要求赵克勇拆走的赵克勇必须拆走。本院二审既已确认案涉租赁合同的有效性，以及赵克勇等一方因违约而导致合同解除，故应依据前述合同约定，租赁房屋内可拆除的装修物，由赵克勇等一方予以拆除并归其所有，不能拆除的固定装修则归曾一帆所有。

至于房屋租赁保证金应否退回的问题，尽管曾一帆在上诉中未提及，但基于本院二审判令解除合同，与一审判令继续履行合同的处理方式有别，且曾一帆于一审反诉中亦主张确认房屋租赁保证金的权属，为全面妥善解除案涉合同的纠纷，本院二审对该问题一并处理。如前所述，案涉租赁合同因承租人赵克勇等一方的违约导致合同不能继续履行，依据双方合同第十二条的约定，曾一帆有权没收赵克勇等一方的10万元房屋租赁保证金，因此，曾一帆主张其无须退回房屋租赁保证金，本院二审予以支持。

综上，一审法院认定事实基本清楚，但适用法律错误，导致处理结果不当，本院二审予以纠正。本院二审遂依照《中华人民共和国民事诉讼法》第一百五十三条第一款第（二）项的规定，判决：一、撤销东莞市人民法院（2007）东法民一初字第5315号民事判决。二、解除曾一帆与赵克勇签订的《房屋租赁合同》。三、限赵克勇、汪志仙、赵庭国、汪文婕、张彩霞、陈国龙于判决生效之日起三日内，按每月47000元的标准共同向曾一帆支付自2006年9月16日起至判决确定合同解除之日止的租金及其利息（分别以各月租金为本金，自当月6日起，按中国人民银行规定的同期同类贷款利率标准计算至租金本息付清之日止）。四、确认案涉租赁房屋（东莞市虎门镇城市大厦第四层全层）内的固定装修归曾一帆所有。五、确认赵克勇、汪志仙、赵庭国、汪文婕、张彩霞、陈国龙向曾一帆交纳的房屋租赁保证金10万元归曾一帆所有。六、驳回赵克勇、汪志仙、赵庭国、汪文婕、张彩霞、陈国龙的诉讼请求。本案一审本诉受理费13400元、财产保全费2020元及反诉受理费3470元，均由赵克勇等一方负担；二审受理费9515元，也由赵克勇等一方负担。

赵克勇等一方不服本院二审判决，申请再审称：一、曾一帆违约在先是不争的事实，具体理由分述如下：1. 双方签订的《房屋租赁合同》第十四条第一款第二项明确约定，曾一帆应尽量提供房屋产权证明及相关资料给赵克勇等一方办理证照。由此约定可以得出以下结论：首先，曾一帆应当提供房屋产权证明给赵克勇等一方办理相关证照。其次，所谓的尽量提供应当视为曾一帆有必要主动、积极、及时地将有关办理证照方面的房屋产权证明提供给赵克勇等一方。也就是说，曾一帆应当在合同约定的交付租赁物给赵克勇等一方时将相关证明交给赵克勇等一方；再结合赵克勇等一方签订合同的基本目的是用于旅馆经营，以及结合办理特种行业许可证是旅馆营业之必要，可以清楚地知道曾一帆交付相关房屋产权证明的义务属于合同的主要义务，应当主动、积极、及时地履行。2. 一审、二审庭审均查明，曾一帆并没有依照合同的约定交付办理证照的房屋产权证明给赵克勇等一方。更甚者，曾一帆对办理消防验收意见所必需的建筑竣工图纸都没有及时交付，而消防验收合格意见书是办理特种行业许可证的又一必要文件。事实上，赵克勇等一方在曾一帆交付租赁房屋时就发现该房屋没有消防设施，即要求曾一帆提供该房屋的建筑竣工图纸和相关房屋产权证明材料，而曾一帆起初以各种理由拒不交付，直至2006年12月31日才将一份和租赁房屋实际情况并不相符的建筑竣工图纸交付给赵克勇等一方。因此赵克勇等一方只得另行设置消防设施并根据设置情形绘制建筑竣工图纸（该图于2007年2月绘制完毕，制图费6000元，见收据）用于申请消防验收，导致延迟了申请办理特种行业许可证的时间。2007年9月7日，赵克勇等一方取得了消防验收合格的意见书，即申请特种行业许可证，可是曾一帆依然不提供其与租赁房屋所有权人签订的租赁合同，但赵克勇等一方还是于同年10月8日再次申请特种行业许可证，仍然因缺少曾一帆与租赁房屋所有权人签订的租赁合同而未成功。该合同是办理特种行业许可证的必备文件之一，致使赵克勇等一方至今未能办理特种行业许可证。3. 双方于2006年5月16日签订的《房屋租赁合同》约定的房屋面积为2400平方米，在一审庭审时，曾一帆才提供了其与东莞市证券有限责任公司签订的租赁合同，该租赁合同约定的建筑面积为2280平方米，实用面积2000平方米，这时赵克勇等一方才发现被曾一帆欺骗，因而请求一审法院进行调查，一审法院到东莞市虎门房地产管理所了解测量事宜时，发现产权人正在办理房产证，房管部门已经委托深圳市爱华测绘有限公司东莞分公司进行测绘，根据测绘显示，涉案房屋建筑面积只有2251.76平方米。4. 二审法院首先确认一审判决认定事实基本清楚，也就是说二审法院认定了赵克勇等一方在签订租赁合同后有缴纳一个月租金的事实，同时也认定了曾一帆报案的原因和经过。（曾一帆称，赵克勇等一方拒付租金并带人进行恐吓骚扰，而赵克勇等一方称，曾一帆拒绝提供办理消防验收的建筑竣工图纸等，自己是来讲道理、要曾一帆提供相关材料的。）在诉讼过程中赵克勇等一方申请人民法院对公安机关的受理记录进行调查，并作为证据，证明赵克勇等一方曾在2006年9月23日要求曾一帆提供约定的办证资料。二、二审法院在查明事实的基础上，却不依据事实进行判断，而故意偏袒曾一帆，枉法裁判。1. 二审法院认为《房屋租赁合同》第十四条约定曾一帆“应尽量提供房屋产权证明给赵克勇等一方办理证照”中的“尽量”所指向的履行期限并不明确，又歪曲引用《中华人民共和国合同法》第六十二条关于合同履行期限的规定，并提出“作为出租人，不可能随时掌握承租人办理证照的进度，有关的证照何时办理以及办理证照时需要何种房屋产权证明，其主动权仍在赵克勇等一方”的错误结论，二审法院完全不顾事实，故意偏袒曾一帆的用意显而易见。赵克勇等一方签订合同的根本目的是为了经营旅馆，众所周知，经营旅馆的前提是必须办理相关证照，办理证照必须提供相关文件，况且，赵克勇等一方在签订合同之时及以后经常口头要求曾一帆提供房地产证件及相关资料（见一审曾一帆的陈述和曾一帆提供的赵克勇于2006年12月31日收到文件的签收手续），而直至今天，曾一帆都没有提供。2. 二审法院还认为案涉《房屋租赁合同》并未约定曾一帆提供给赵克勇等一方办理消防设计审核验收意见所必需的“建筑竣工图纸”的交付义务及交付时间，并且认为“有要求才有义务”。这完全是站在曾一帆的立场随意编造理由，为曾一帆进行开脱。如前所述，赵克勇等一方自签订合同后就一再要求曾一帆提供房产证及建筑竣工图纸等，而曾一帆以各种理由拒不交付，直至2006年12月31日才将一份和租赁房屋实际情况并不相符的建筑竣工图纸交付给赵克勇等一方（该情况在一审法院审理时，曾一帆对此作了陈述，并记录在案），二审法院怎能说赵克勇等一方没有提出要求？况且，依据双方签订该合同的目的和常识，曾一帆也应当主动、积极、及时地交付。3. 二审法院完全漠视一审法院向东莞市公安消防局调查所了解的事实。一审法院向东莞市公安消防局调查得知，东莞市黄河集团城市花园5－28层住宅部分消防验收于2002年1月20日已符合设计要求，而赵克勇等一方承租的恰恰是东莞市黄河集团城市花园第四层，况且该房屋第四层根本未建消防设施。因此，完全可以得出东莞市黄河集团城市花园第四层以下根本没有进行消防验收、不符合出租条件的结论。4. 二审法院认为2400平方米与2251.76平方米相比，误差超过6%是属于合理误差，且认为曾一帆先签转租合同而后才签订租赁合同也属于正常，并得出曾一帆在签订转租合同时不可能知悉房屋的真实建筑面积的悖论，从而推导出“曾一帆在案涉合同中对租赁面积的计算尽管存在误差，但不构成合同的违约行为”的错误结论。难道二审法院连只有签订房屋租赁合同后才有转租行为这种常识性问题都不懂？三、二审判决超过诉讼请求的范围，违背民事案件“不告不理”的原则。曾一帆的上诉请求中并没有涉及价值10万元的房屋租赁保证金，然而，二审法院却依照职权对曾一帆没有在上诉请求中提起的事项进行审理，并判决赵克勇等一方缴纳的10万元房屋租赁保证金归曾一帆所有。如此判决明显违反了法律规定，超出了二审应当审理的范围，也明显地违反了民事诉讼“不告不理”的原则。综上所述，曾一帆没有依约履行其先合同义务，违约在先是不争的事实，曾一帆的上述违约行为直接导致承租房屋无法使用，断水、断电，并被相关部门查封、取缔，曾一帆的违约行为构成根本性违约。因此，赵克勇等一方完全有理由、有权行使先履行抗辩权。二审法院完全不依据事实进行判决，故意偏袒曾一帆，赵克勇等一方强烈要求撤销二审判决，维持一审正确判决。

曾一帆再审答辩称：一、违约在先的只能是赵克勇等一方，曾一帆已依约履行了合同约定的义务。依据相关法律规定及合同约定，曾一帆作为出租方的主要义务是提供涉讼房屋，赵克勇等一方作为承租方的主要义务是合理、合法使用涉讼房屋，并按时足额支付租金。曾一帆已全面履行了前述义务，而赵克勇等一方在违法使用涉讼房屋的同时，长期无理拒付租金，暂计至2009年4月，赵克勇等一方已拖欠32个月的租金达1516690元。赵克勇等一方违约不言自明。以下为曾一帆就此提出的具体理由：1. 赵克勇等一方至今仍经营多家旅店、旅馆、宾馆，这证实了赵克勇等一方拥有经营该行业的丰富经验，对与曾一帆签订的合同的各项条款及法律后果十分清楚。但赵克勇等一方在经营这些旅店、旅馆、宾馆过程中，都存在不办或拖延申办相关营业证照的情况，也佐证了赵克勇等一方并非诚信守法经营之人，自始就不打算履行与曾一帆签订的租赁合同。赵克勇等一方申请再审只是为了拖延时间，属无理缠讼。其中，赵克勇等一方在深圳市经营的深圳市宝安区沙井镇金华旅店，成立于2002年9月6日，证实赵克勇等一方至少自该时起已具有从业经验，对于其后签订的合同应承担的法律后果无疑是知晓的；赵克勇等一方在东莞市经营的东莞市虎门金宝旅馆实际上在2005年底已开业，但赵克勇等一方迟至2008年1月22日才取得营业执照；赵克勇等一方在广州市经营的广州市海珠区金顺宾馆，据工商登记资料反映的开业日期为2006年7月14日。以上事实反映，赵克勇等一方在经营旅业过程中，一般采取先开业，再视情况决定是否申办相关证照的模式，其根本目的是为了偷税漏税。在本案中，赵克勇等一方亦是先违法开业。赵克勇等一方所谓的曾一帆“欺诈”一说，只不过是赵克勇等一方无中生有编造出来的说法罢了，事实证明真正存在欺诈行为的是赵克勇等一方，而不是曾一帆。由于赵克勇等一方未及时申办营业证照所导致的包括被有关部门罚款、查封、取缔等经营损失，理应由赵克勇等一方自行承担。2. 在“合理使用”涉讼房屋的问题上，赵克勇等一方不仅长期以来一直严重违约，更是严重违法。双方在租赁合同第八条第（一）项明确约定“乙方（即赵克勇等一方）应合理使用并爱护该房屋及其附属设施”。《中华人民共和国物权法》第七条亦明确规定“物权的取得和行使，应当遵守法律，尊重社会公德，不得损害公共利益和他人合法权益”。按照法律规定及常理，赵克勇等一方在接受房屋后应当想方设法尽最快速度办理经营证件，即应当先通过装修设计方案的消防审核，再进行装修，待消防验收后再申请旅馆业特种行业许可证，并在此前申请公共场所卫生许可证及广东省排放污染物临时许可证，再申请办理税务登记证及营业执照，但其所作所为却完全与法律规定及常理相悖。赵克勇等一方于2006年5月16日收楼后，经过装修，于2006年9月8日开业，但赵克勇等一方于2007年3月8日才取得东莞市公安消防局东公消审字［2007］第46号《建筑工程消防设计审核意见书》，后又因赵克勇等一方的原因，导致涉案旅馆多次未能通过东莞市公安消防局的消防验收，直至2007年9月7日才被复查通过消防验收，赵克勇等一方亦迟迟不向公安部门申请旅馆业特种行业许可证。对于不需要曾一帆提供任何协助的公共场所卫生许可证及广东省排放污染物临时许可证，赵克勇等一方也是在距双方签订租赁合同后达一年半之久的2007年11月5日和2007年11月12日才办理。可见，赵克勇等一方从一开始就打算不办理营业执照，这样可以少交税费，如果受到查处，就交点罚款了事。后来为了应付此次诉讼，才匆匆办理了两个证件，打出合法经营的幌子，但这恰好证实赵克勇等一方从来都不打算依法经营的事实。根据公安部门申请旅馆业特殊行业许可证申报条件与应提交材料的规定，赵克勇等一方应提交申请报告、企业名称预先核准通知书、公安消防部门的消防验收意见书等。由于赵克勇等一方负责的装修迟迟未能通过消防验收，才未能取得特殊行业许可证，并非曾一帆未提供与东莞证券有限责任公司签订的租赁合同导致其未能申领旅馆业特殊行业许可证。而且，在2007年11月26日一审开庭前，赵克勇等一方从未要求曾一帆提交曾一帆与东莞证券有限责任公司签订的租赁合同原件。退一步说，即使按照赵克勇等一方向一审法院提交的落款日期为2007年10月30日的《情况说明》，也只能证实赵克勇等一方直至2007年10月29日下午才知道旅馆业特种行业许可证需要曾一帆与东莞证券有限责任公司签订的租赁合同原件，而此前赵克勇等一方并未向曾一帆要求出示该合同原件。赵克勇等一方长期拖欠巨额租金，已构成根本违约，在曾一帆要求解除租赁合同的情况下，曾一帆在时隔一年半之后已无须再提供前述协助。尽管如此，曾一帆为了防止损失的进一步扩大，已于2008年1月25日上午会同东莞证券有限责任公司虎门营业部经理协助赵克勇等一方将曾一帆与东莞证券有限责任公司签订的租赁合同原件提交给公安机关核对，用于办理旅馆业特种行业许可证。总之，涉案房屋未能办理相关证件，完全是赵克勇等一方的行为导致的，而与曾一帆的行为并无因果关系。3. 虽然双方签订的《房屋租赁合同》约定，曾一帆应尽量提供房屋产权证明给赵克勇等一方办理证照，但从该约定及相关法律规定可知，此义务相对于赵克勇等一方按时交付租金的义务而言，并非应由曾一帆先履行的义务。首先，双方签订的租赁合同仅约定曾一帆“应尽量提供房屋产权证明”，并未包括“相关资料”。由此可知，图纸、消防验收合格意见书等相关资料并未包括在约定的产权证明范围内，更何况曾一帆已在双方签订租赁合同时将图纸交给了赵克勇等一方，并在东莞市虎门寨社区居民委员会于2006年6月22日出具房屋产权《证明》后，立刻将该证明交给了赵克勇等一方。其次，从该约定所使用的措词“尽量提供”可知，赵克勇等一方在签订合同时，并不清楚办理消防、工商等证照时，需要哪些材料。再次，该约定并未明确约定履行期限，属于约定不明。作为出租人，对赵克勇等一方是否办理、何时办理相关营业证照无法控制。如赵克勇等一方需曾一帆提供必要的协助，也应向曾一帆提出请求，否则曾一帆无法知道是否需要提供协助，以及提供何种协助。4. 曾一帆与赵克勇等一方签订的《房屋租赁合同》第四条约定“四楼全层每月租金47000元”，双方在合同中并未约定单位面积的租金，即双方是以整层楼为计价单位的，并不是以单位面积为计价单位的。对此，赵克勇等一方在一审庭审前一直未提出异议。首先，曾一帆与赵克勇等一方签订的合同中对租金计租方式的约定十分清楚明白，没有任何歧义。其次，由于涉讼房屋尚未办理房产证，曾一帆在与赵克勇等一方签订租赁合同时，并不明知涉案房屋的具体建筑面积及实用面积建筑面积。无论是一审法院在审理过程中采用房管部门委托的深圳市爱华测绘有限公司测算的建筑面积为2251.76平方米这一数据，还是曾一帆与东莞证券有限责任公司签订租赁合同中约定的建筑面积2280平方米这一数据，均是在曾一帆与赵克勇等一方签订房屋租赁合同之后才出现的。曾一帆与赵克勇等一方签订合同前，赵克勇等一方及其亲友曾多次到现场查看，赵克勇等一方也拿了图纸并找了房屋装修和消防装修人员到实地丈量，以规划日后的房间布局以及计算投资成本，赵克勇等一方在签订合同前对该楼层的建筑面积已经十分清楚。况且，涉案房屋属于不规则的多边形，不同的人测算面积不一致不足为奇。由于没有把握准确计算房屋面积，所以双方特别在“2400平方米”前加上“约”字。退一万步说，即使按照一审法院在审理过程中采用房管部门委托的深圳市爱华测绘有限公司测算的建筑面积2251.76平方米这一数据，与双方约定的约2400平方米仅相差6.166%，并不能就此认定曾一帆对面积问题实施欺诈。再次，赵克勇等一方在签订合同后至2007年5月30日一审第一次庭审前，一直未就房屋面积提出异议，这也说明其完全知道是以整层计租的。到一审第一次庭审时，距双方签订房屋租赁合同已超过一年，赵克勇等一方对面积问题已丧失撤销权。5. 赵克勇等一方先后多次带领十多名同伙到曾一帆经营的咨询部和住宅，以暴力手段恐吓、骚扰曾一帆及其家人、顾客，破坏办公设备，编造谣言中伤诽谤曾一帆，并恐吓要炸死曾一帆全家，威逼曾一帆放弃该物业的转租权，无理要求曾一帆安排其直接与证券公司签订合同，或大幅降低租金。曾一帆提供的录音、录像证据已充分证实这一点，赵克勇等一方并非前来“讲道理”。从赵克勇等一方伪造与东莞证券有限责任公司签订的租赁合同以及长期借故拒付巨额租金等行为可知，赵克勇等一方并非“讲道理”之人。二、原二审判决认定事实清楚，判决公正，应予维持。1. 关于提供房屋产权证明及涉讼房屋面积问题，曾一帆已在上文作了详细辨析，原二审判决也已根据事实，依法作出了正确认定。赵克勇等一方一再纠缠于此，纯属为了混淆视听。2. 租赁合同并未约定曾一帆负有交付建筑竣工图纸的义务，赵克勇等一方当初未能通过消防审核，完全是赵克勇等一方的行为导致的，与曾一帆的行为并无因果关系，相关后果应由赵克勇等一方承担。3. 涉案房屋早已经取得了土地使用证、建设用地规划许可证、建设工程规划许可证、东莞市房屋建设工程和市政基础设施工程竣工验收备案证书等一系列合法证件，这证实涉讼房屋系验收合格的物业，可用于出租。同时，根据《最高人民法院关于未经消防验收合格而订立的房屋租赁合同如何认定其效力的函复》中“租赁房屋用于开设宾馆、饭店、商场等公众聚集场所的，向当地公安消防机构申报消防安全检查的义务人为该企业的开办经营者，但租赁标的物经公安消防验收合格，不是认定房屋租赁合同效力的必要条件”的规定，消防验收合格不是认定租赁合同效力的必要条件，在赵克勇等一方租赁涉讼房屋经营旅业的情况下，承担办理装修消防审核义务的应是赵克勇等一方，而不是曾一帆。赵克勇等一方经营的金煌旅馆的室内装修消防设计，于2007年3月8日经东莞市公安消防局东公消审字［2007］第46号《建筑工程消防设计审核意见书》审核通过，并于2007年9月7日经复查通过验收，这一事实也证实涉案房屋是符合消防规范的，如赵克勇等一方早日将其旅馆的装修设计送审，一开始就按消防规范装修，并在知道不符合消防要求后立即整改，亦可早日通过消防审核。三、原二审法院确认10万元房屋租赁保证金归曾一帆所有，符合双方签订的《房屋租赁合同》的约定，有利于全面、妥善解决双方的纠纷，减少双方讼累，节约司法资源。四、由于赵克勇等一方极力阻挠，东莞市第二人民法院无法执行原二审判决，赵克勇等一方至今仍占用涉讼房屋，曾一帆恳请再审判令赵克勇等一方承担涉案房屋至交还给曾一帆单独处置时的全部租金。综上所述，曾一帆认为原二审判决认定事实和适用法律正确，判决公正，赵克勇等一方的再审请求于法无据，恳请再审依法维持原二审判决，驳回赵克勇等一方的再审申请。

本院再审查明，曾一帆系东莞市虎门诚和房地产咨询服务部的经营者，该服务部成立于2006年3月30日，其经营范围为“房地产咨询服务”，该服务部未在东莞市房产管理局办理房地产中介服务机构登记备案手续。赵克勇、汪志仙、赵庭国、汪文婕、张彩霞、陈国龙为东莞市虎门金煌旅馆的合伙人，东莞市虎门金煌旅馆于2006年7月3日在东莞市工商行政管理局取得个体工商户名称预先核准登记，登记的投资人为赵克勇，但该旅馆至今仍未领取营业执照。

2006年5月16日，东莞市虎门诚和房地产咨询服务部作为出租方（甲方），赵克勇作为承租方（乙方），共同签订了一份《房屋租赁合同》，约定：一、房屋基本情况。该房屋坐落于东莞市虎门镇城市大厦第四层，全层建筑面积约2400平方米，该房屋未设定抵押，无产权纠纷。二、房屋用途。乙方租赁该房屋用途为经营旅业、宾馆。若改变用途，必须取得甲方书面允许，否则作违约处理。三、租赁期限。（一）装修免租期三个月，自2006年5月16日至2006年8月15日。房屋租赁期限从2006年8月16日至2016年8月15日共10年。（二）租赁期满，甲方有权收回该房屋。乙方有意继续承租的，应提前60日向甲方提出书面续租要求，征得同意后甲乙双方重新签订房屋租赁合同。四、租金。（一）租金标准：四楼全层每月租金47000元，每两年递增3%。（二）租金支付时间：每月5日前……五、房屋租赁保证金。（一）甲方交付该房屋时，乙方向甲方支付10万元作为房屋租赁保证金。（二）租赁期满或合同解除后，房屋租赁保证金除抵扣应由乙方承担的费用、租金以及乙方应承担的违约赔偿责任外，剩余部分应如数返还乙方。六、其他费用。租赁期内，该房屋的房产税、租赁税等依法由甲方承担的税费由甲方承担，经营过程中产生的税收和经营费用由乙方负责承担，一切装修费用由乙方负责。七、房屋的交付及返还。（一）交付：甲方应于2006年5月16日前将房屋按约定条件交付给乙方。（二）返还：租赁期满或合同解除后，乙方应返还该房屋及其附属设施；甲乙双方应结清各自应当承担的费用；乙方固定的装修不能拆除，但无须工具拆除的可移动的物件（包括空调）可以带走，但甲方要求乙方拆走的乙方必须拆走。八、房屋及附属设施的维护。（一）乙方应合理使用并爱护该房屋及其附属设施。……（二）对于乙方装修、改善和增设的他物，甲方不承担维修的义务。九、转租（略）。十、所有权变动（略）。十一、合同解除。（一）经甲乙双方协商一致，可以解除本合同。（二）……（三）甲方有下列情形之一的，乙方有权单方解除合同：1. 未按约定时间交付该房屋达30日的。2. 交付的房屋结构存在严重问题危及乙方安全的。（四）乙方有下列情形之一的，甲方有权单方解除合同，收回该房屋：1. 不支付或者不按照约定支付租金达15日的。2. 欠缴各项费用达2万元的。3. 擅自拆改变动或损坏房屋主体结构的。4. 利用该房屋从事违法活动的。5. 经营过程中产生的噪音、气味过大或有其他严重污染环境情况发生并在一个月内无明显改善的。6. 乙方擅自改变房屋用途或转租给他人未得到甲方书面同意的。7. 拖欠一个月以上工人工资的。十二、违约责任。（一）甲方有本合同第十二条（注：原文笔误，应为“第十一条”）第三款约定的情形之一的，应按实际损失赔偿给乙方。（二）租赁期内，甲方需提前收回该房屋的，应提前60日通知乙方，赔偿乙方按国家会计制度折旧后的装修投入，并将已收取的租金余额退还乙方及双倍退还房屋租赁保证金。（三）乙方有本合同第十二条（注：原文笔误，应为“第十一条”）第四款约定的情形之一的，由此产生的一切法律责任由乙方承担，并没收乙方的房屋租赁保证金。（四）……（五）……十三、合同争议的解决办法（略）。十四、其他约定事项。（一）乙方在不影响房屋结构的情况下可自行装修。（二）甲方应尽量提供房屋产权证明给乙方办理证明。（三）提供通畅的消防通道及单独使用的水电源。（四）甲方给乙方办好水电费卡。……赵克勇和曾一帆在合同上签字，并且出租方加盖有“东莞市虎门诚和房地产咨询服务部”的印章。

上述合同签订当天，曾一帆向赵克勇交付了涉案房屋。赵克勇向曾一帆支付了保证金10万元及2006年8月16日至同年9月15日的租金47000元。

之后，曾一帆作为承租方（乙方），东莞证券有限责任公司作为出租方（甲方），共同补签了一份《租赁合同》，约定：东莞证券有限责任公司将东莞市虎门镇城市大厦第四层全层出租给曾一帆，建筑面积2280平方米，实用面积2000平方米；曾一帆租赁该房屋的用途为经营旅业、公寓、写字楼、仓库、学校、酒店等合法用途。租赁期限：（一）装修免租期3.5个月，自2006年6月1日至2006年9月15日；房屋租赁期限从2006年9月15日至2021年9月15日，共15年。租金按实用面积2000平方米计算，每月每平方米15元，前十年每月租金3万元，第十一至十五年每月租金33000元；租金在每月10日前支付。曾一帆需在东莞证券有限责任公司交付房屋时支付9万元房屋租赁保证金。曾一帆在租赁期内可以将该房屋部分或全部转租给他人，并知会东莞证券有限责任公司。东莞证券有限责任公司需提供涉案房屋的产权证明、房屋安全鉴定报告、前期消防审核报告等文件给曾一帆及曾一帆的承租人并协助办理营业执照等经营证照。双方还对房屋装修改善、解除合同的条件、违约责任、争议的解决方式等事项进行了约定。该《租赁合同》落款处出租方加盖有“东莞证券有限责任公司”的印章，承租方有曾一帆的签名，但没有具体的签订日期。2006年7月15日，曾一帆向东莞证券有限责任公司虎门证券营业部缴交了租赁押金90000元。从2006年11月6日起，曾一帆向东莞证券有限责任公司虎门证券营业部缴纳涉案房屋的租金。

涉案楼层原为毛坯房，赵克勇等一方在收楼后，开始对涉案房屋组织装修。赵克勇等一方声称装修费用达250余万元，其就此主张向一审法院提交的证据有收据、送货单、发票、合同、出货单等。曾一帆对赵克勇等一方提交的上述装修费单据的真实性有异议，认为该些单据均不是发票，票据上客户栏和地址栏都是空白的，有些单据根本就不是写着赵克勇等一方或涉案房屋的地址，且这些单据不能证明与涉案的房屋有关联性。但双方均未就装修工程的造价申请法院委托专业机构进行鉴定。

为履行《房屋租赁合同》约定的“尽量提供房屋产权证明给乙方办理证照”的义务，曾一帆分别要求东莞市虎门镇虎门寨社区居民委员会和东莞证券有限责任公司虎门证券营业部就涉案房屋的权属出具证明材料。其中，东莞市虎门镇虎门寨社区居民委员会于2006年6月22日出具《证明》，称“涉案房屋属于东莞证券有限责任公司虎门证券营业部所有”；东莞证券有限责任公司虎门证券营业部于2006年6月29日出具《证明》，称“涉案房屋是其物业，已经租给曾一帆使用，并允许曾一帆转租给别人使用，请有关部门协助其办理营业执照等有关事宜”。

对于《房屋租赁合同》约定的“提供单独使用的水电源”义务，赵克勇等一方主张曾一帆在2006年9月13日才提供用电，装修期间的临时用电是由物管帮忙提供的。赵克勇等一方对此提供了电工司徒明出具的《证明》予以佐证，但司徒明没有出庭作证。

赵克勇等一方经营的东莞市虎门金煌旅馆于2006年9月18日开始试业，但由于缺乏相关证照，赵克勇等一方多次被有关部门予以处理，具体情况为：1. 2006年9月21日被东莞市公安局虎门分局以“没有《特种行业许可证》擅自经营旅馆业”为由责令立即停业。2. 2006年10月11日，东莞市工商行政管理局虎门分局以东莞市虎门金煌旅馆“未经工商部门核准登记擅自从事经营活动”为由，要求赵克勇等一方3天内接受调查处理。3. 2007年2月9日，东莞市工商行政管理局以“无照经营”为由，扣押汪志仙违法收入3000元。4. 2007年3月2日，东莞市工商行政管理局认为赵克勇违反了《广东省查处无照经营行为条例》，责令赵克勇于2007年3月17日前改正。5. 2007年4月10日（起诉后），东莞市工商行政管理局对汪志仙作出《行政处罚决定书》，责令汪志仙停止无照经营行为，没收其违法所得2000元，并罚款1000元。6. 2007年5月8日，东莞市工商行政管理局以“无照经营”为由，扣押赵克勇违法收入3000元，并责令赵克勇于2007年5月30日前改正。7. 2007年7月9日，东莞市工商行政管理局对赵克勇作出《行政处罚决定书》，责令赵克勇停止无照经营行为，没收其违法所得2000元，并罚款1000元。8. 2007年7月12日，东莞市公安局对赵克勇作出《公安行政处罚决定书》，对赵克勇罚款500元。9. 2007年7月13日，东莞市公安局作出《取缔决定书》对东莞市虎门金煌旅馆予以取缔。10. 2007年9月29日，东莞市公安局作出《公安行政处罚决定》，对祝小虎予以行政拘留15日，并罚款1000元。11. 2007年10月12日，东莞市公安局作出《公安行政处罚决定》，对汪志华予以行政拘留15日，并罚款1000元。

2003年9月23日（东莞市虎门金煌旅馆第一次被有关部门处理后第三天），赵克勇等一方与曾一帆发生争执，导致曾一帆向东莞市公安局虎门分局太平派出所报警。曾一帆声称赵克勇等一方不但拒付租金，且先后多次带领十多名同伙到曾一帆经营的咨询部和住宅进行恐吓、骚扰；赵克勇等一方则认为这是因双方发生纠纷而进行的协商，其并没有胁迫曾一帆。

2006年12月20日（东莞市虎门金煌旅馆第二次被有关部门处理后），赵克勇怀疑曾一帆一方向有关部门投诉而导致东莞市虎门金煌旅馆被查处，与曾一帆的父亲曾寿培在电话中发生争执。通话中，赵克勇声称被曾一帆一方逼得没法过日子，要用炸药炸死曾一帆全家；赵克勇还提及曾一帆一方以前提供的图纸不齐全，以致消防验收申请进不了消防管理部门的窗口，要求曾一帆一方提供正规图纸；另外，赵克勇还陈述东莞市虎门金煌旅馆2006年9月的营业额不足2万元、2006年10月的营业额为9万多元、2006年11月的营业额为8万多元、2006年12月的营业额为5万多元。

另查明，办理东莞市虎门金煌旅馆营业执照涉及必须报经审批的项目，须提交有关部门的批准文件，其中包括消防、环保、公共场所卫生许可证、特殊行业经营许可证等。而根据公安部门关于申请旅馆业特殊行业许可证申报条件与应提交材料的规定，办理特殊行业经营许可证需要工商部门核发的《企业名称预先核准通知书》、公安消防部门的消防验收意见书、经营场地竣工验收报告或房屋安全鉴定、经营场地房产所有权证明资料（即房屋产权证书或租赁合约，经一审法院到东莞市公安局虎门分局了解，租赁合约包括业主与承租人及承租人与次承租人签订的租赁合同），以及经营场地平面设计图、安全设施结构图等资料。其中：

涉案楼层消防验收手续的办理情况为：一、涉案《房屋租赁合同》签订前的消防验收情况。涉案楼层位于东莞市虎门镇城市大厦第4层，1999年1月19日，东莞市公安消防支队作出东公消［审］字（99）第G-12号《关于同意虎门城市花园商住楼建筑工程消防设计的审核意见》，批复同意涉案东莞市虎门镇城市大厦1-4层为商业用途，5-28层为住宅，并提出消防要求和建议。2000年10月19日，东莞市公安消防局作出东公消［审］字（2000）第163号《关于虎门城市花园商住楼一至四层消防工程设计的审核意见》，对涉案东莞市虎门镇城市大厦1-4层消防工程的设计图纸及申请报表予以批复，认为应按上述东公消［审］字（99）第G-12号《关于同意虎门城市花园商住楼建筑工程消防设计的审核意见》增加消防卷盘系统，其他未尽事宜，仍按国家现行有关规定执行。二、涉案《房屋租赁合同》签订后的消防验收情况。1.《房屋租赁合同》签订后，曾一帆向赵克勇等一方交付了涉案房屋的建筑竣工图纸。由于涉案房屋现场其中一个楼梯间被堵塞改做电梯间，赵克勇等一方主张曾一帆提交的图纸与涉案房屋当时的实际情况不符，图纸达不到申请消防验收的要求，故其于2007年1月委托第三方重新绘制图纸，花费6000元。曾一帆主张其交付图纸的时间为2006年5月16日，但没有提交相应的证据；赵克勇等一方则主张在2006年12月下旬才收到建筑竣工图纸，但仅提交了刘俭祥出具的《证明》予以佐证，而刘俭祥本人没有出庭作证。2. 2007年3月8日，东莞市公安消防局作出东公消审字［2007］第46号《关于东莞市虎门金煌旅馆室内装修工程消防工程消防设计的审核意见》，同意东莞市虎门金煌旅馆申报审核的室内装修工程设置方案，并提出消防要求和建议。3. 2007年5月25日，东莞市公安消防局作出东公消审字［2007］第126号《关于东莞市虎门金煌旅馆室内装修工程消防验收不合格应当改正后申报复验的意见》，认为东莞市虎门金煌旅馆室内装修工程存在如下问题，在消防方面不具备使用条件：4-5轴与A-B轴之间的楼梯间未按规范要求设置封闭楼梯间；内走道的隔墙未按规范要求砌至梁板底部，且不宜留有缝隙；风机房未独立设置；锅炉房未按要求设置甲级防火门；部分防火门闭门器损坏；疏散指示标志宜设在疏散走道及其转角处距地面1.00米以下的墙面上。4. 2007年

9月7日，东莞市公安消防局作出东公消验字［2007］第220号《关于东莞市虎门金煌旅馆室内装修工程消防验收合格的意见》，认为东莞市虎门金煌旅馆室内装修工程在消防方面具备使用条件。

东莞市虎门金煌旅馆办理特殊行业经营许可证的情况为：2007年10月8日，赵克勇填表申请特殊行业经营许可证。2007年10月18日，该申请获得东莞市公安局虎门分局太平派出所的同意。但该申请未能进一步获得东莞市公安局虎门分局及东莞市公安局的同意。赵克勇于2007年10月30向一审法院提交了一份《情况说明》，赵克勇在该《情况说明》中称，2007年10月29日上午（一审诉讼过程中），东莞市公安局虎门分局告知赵克勇等一方办理旅馆业特种行业许可证需要提交与东莞证券有限责任公司签订的合同，赵克勇等一方于当天下午要求曾一帆提供其与东莞证券有限责任公司签订的一手租赁合同原件，但遭到拒绝。一审诉讼过程中（2007年12月27日的庭审中），曾一帆确认其没有向赵克勇等一方提交其与东莞证券有限责任公司签订的一手租赁合同原件，并认为赵克勇等一方提出该要求的时间太迟了，直至诉讼过程中才提出这一要求，其与赵克勇等一方之间的租赁合同已解除，并无义务向赵克勇等一方提供该一手租赁合同原件。一审判决送达给曾一帆后，曾一帆于2008年1月25日上午会同东莞证券有限责任公司虎门营业部经理协助赵克勇等一方将曾一帆与东莞证券有限责任公司签订的一手租赁合同原件提交给公安机关核对，用于办理旅馆业特种行业许可证。但赵克勇等一方指称，由于曾一帆与东莞证券有限责任公司签订的一手租赁合同中的承租人是曾一帆，而曾一帆却是以东莞市虎门诚和房地产咨询服务部的名义与赵克勇签订《房屋租赁合同》，两份合同主体前后不衔接，因而造成东莞市公安局虎门分局拒收办理旅馆业特种行业许可证的申报材料。

另外，赵克勇等一方主张涉案房屋实际面积与合同约定不符，请求一审法院委托相关单位进行测量，并按实际面积调整租金。一审法院到东莞市虎门房地产管理所了解测量事宜时，发现涉案房屋所在的城市大厦正在申请办理房产证，房管部门已委托深圳市爱华测绘有限公司东莞分公司对城市大厦进行测绘。该公司的报告显示：涉案房屋套内建筑面积为2121.37平方米，共有分摊面积为130.39平方米，房屋建筑面积为2251.76平方米；涉案房屋分摊部分包括水泵房、变压器室、控制室及梯间1、4、5。赵克勇等一方与曾一帆对深圳市爱华测绘有限公司东莞分公司测量的结果没有异议，并确认涉案房屋三个楼梯中有一个已改做成电梯，该电梯赵克勇等一方暂时还不能使用，但曾一帆称其在转租时已把上述情况告知赵克勇等一方，赵克勇等一方则予以否认。另曾一帆称城市大厦一楼梯间也是给赵克勇等一方使用的，面积约为100平方米，但曾一帆没提交相应证据证明其对城市大厦一楼梯间享有使用权。

再查明，涉案东莞市虎门镇城市大厦已经取得《土地证》、《商品房建设准建证》、《建设工程规划许可证》、《建设用地规划许可证》，并于2004年11月24日取得《竣工验收备案证书》。涉案东莞市虎门镇城市大厦5－28层为住宅用途，于2002年1月20日通过了东莞市公安消防局的消防验收。赵克勇等一方于2007年11月5日取得东莞市环保局虎门分局颁发的《广东省排放污染物临时许可证》，并于2007年11月12日取得东莞市卫生局颁发的《公共场所卫生许可证》。

以上事实，有东莞市虎门诚和房地产咨询服务部的营业执照及工商登记资料、《个体工商户名称预先核准通知书》、《房屋租赁合同》、《收据》、《租赁合同》、《收款收据》、《证明》、《东莞市公安局虎门分局特种行业、娱乐服务场所检查登记表》、《东莞市工商行政管理局虎门分局通知书》、《扣押财物通知书》、《东莞市工商行政管理局责令改正通知书》、《行政处罚决定书》、《公安行政处罚决定书》、《取缔决定书》、《报警回执》、录音材料、《个体工商户登记注册办事须知》、《特种行业许可证申请表》、东公消［审］字（99）第G－12号《关于同意虎门城市花园商住楼建筑工程消防设计的审核意见》、东公消［审］字（2000）第163号《关于虎门城市花园商住楼一至四层消防工程设计的审核意见》、建筑竣工图纸、东公消审字［2007］第46号《关于东莞市虎门金煌旅馆室内装修工程消防工程消防设计的审核意见》、东公消审字［2007］第126号《关于东莞市虎门金煌旅馆室内装修工程消防验收不合格应当改正后申报复验的意见》、东公消验字［2007］第220号《关于东莞市虎门金煌旅馆室内装修工程消防验收合格的意见》、《土地证》、《商品房建设准建证》、《建设工程规划许可证》、《建设用地规划许可证》、《竣工验收备案证书》、《广东省排放污染物临时许可证》、《公共场所卫生许可证》，以及当事人陈述笔录等附卷为证。

本院再审认为，案涉《房屋租赁合同》是双方当事人的真实意思表示，没有违反法律、行政法规的强制性规定，该合同合法有效。由于在履行合同的过程中双方均有过错，加上双方自发生纠纷以来积怨甚深，相互丧失了信任。在此情况下，继续履行合同很可能会进一步激化双方的矛盾、扩大双方的损失。因此，再审根据实际情况维持本院二审判决中关于解除《房屋租赁合同》的判项。对于《房屋租赁合同》解除后，租金、保证金、装修费用等如何处理，本院再审分析如下：

一、对双方各自过错情况的分析。

首先，关于曾一帆的过错，主要表现如下：

1. 在合同约定的房屋面积与实际测绘结果存在误差的问题上，曾一帆在缔约上存在过失。涉案房屋的面积涉及3个不同数据：双方在《房屋租赁合同》中约定为“约2400平方米”，曾一帆与东莞证券有限责任公司签订的《租赁合同》约定为2280平方米，深圳市爱华测绘有限公司东莞分公司所测量的结果为2251.76平方米。虽然《房屋租赁合同》约定涉案房屋是全层出租，但房屋面积无疑是影响当事人确定租金数额的一个重要因素。曾一帆作为转租人，与东莞证券有限责任公司有直接的联系，对于如此重要因素应及时向东莞证券有限责任公司了解并告诉赵克勇等一方，以便赵克勇等一方对租金标准作出更准确的判断，其没有这样做，故本院认定曾一帆在缔约上存在过失。

2. 《房屋租赁合同》明确约定赵克勇等一方租赁涉案房屋是用于经营旅业、宾馆，而经营旅业、宾馆是需要申办相关证照的，曾一帆在签订《房屋租赁合同》时未将涉案房屋当时没有取得房产证及土建工程未通过消防验收的事实告知赵克勇等一方，这对赵克勇等一方申请开办旅业、宾馆的证照必然带来很大的困难。

其次，关于赵克勇等一方的过错，主要表现如下：

1. 东莞市公安消防局于2007年5月25日作出的东公消审字［2007］第126号《关于东莞市虎门金煌旅馆室内装修工程消防验收不合格应当改正后申报复验的意见》显示，当时东莞市虎门金煌旅馆室内装修在消防方面不具备使用条件的内容包括：4－5轴与A－B轴之间的楼梯间未按规范要求设置封闭楼梯间；内走道的隔墙未按规范要求砌至梁板底部，且不宜留有缝隙；风机房未独立设置；锅炉房未按要求设置甲级防火门；部分防火门闭门器损坏；疏散指示标志宜设在疏散走道及其转角处距地面1.00米以下的墙面上。这些内容主要是赵克勇等一方的责任所致。

2. 东莞市虎门金煌旅馆室内装修工程在2007年9月7日经消防验收合格，而赵克勇等一方于2007年10月8日才填表申请特殊行业经营许可证，说明赵克勇等一方在办理证照上存在一定的拖延。

二、对租金和租金损失的处理。1. 关于《房屋租赁合同》解除前，每月租金标准的确定。双方签订《房屋租赁合同》时估算的房屋面积与实际测绘面积误差148.24平方米，误差率达6.18%，鉴于涉案房屋的高租金水平，且曾一帆存在缔约上的过失，一审法院按实际测绘面积折算出每月租金为44089.46元，符合公平原则，本院再审予以维持。2. 关于赵克勇等一方应承担的租金数额。如前所述，双方对《房屋租赁合同》不能顺利履行均有过错；同时，考虑到东莞市虎门金煌旅馆曾经营业一段时间。因此，本院再审认定赵克勇等一方应对自东莞市虎门金煌旅馆营业当月起至二审判决生效之日止约23.5个月的租金承担一半责任，即赵克勇等一方应承担518051.16（$44089.46\times23.5\div2\approx518051.16$）元。扣除赵克勇等一方已支付的47000元，赵克勇等一方还应支付租金差额471051.16元。3. 对于二审判决生效后租金损失的分担。虽然《房屋租赁合同》自二审判决生效之日解除，但由于曾一帆与东莞证券有限责任公司之间的《租赁合同》未解除，仍会产生每月30000元的租金损失。基于前述关于双方过错的分析，本院再审认定赵克勇等一方对曾一帆在二审判决生效后产生的租金损失，亦应承担一半责任。赵克勇等一方所应承担的租金损失应按每月15000元的标准自二审判决生效之次日起计算至赵克勇等一方完全退场之日止，此租金损失计算至2009年9月份（约13个月）为195000（$15000\times13=195000$）元。

三、对保证金的处理。同理，基于双方均有过错，曾一帆退回一半保证金即5万元给赵克勇等一方。

四、对赵克勇等一方装修损失的处理。首先，合同解除后，涉案租赁房屋内无须工具拆除的可移动的物件（包括空调），由赵克勇等一方自行带走并归其所有，固定装修则归曾一帆所有。其次，赵克勇主张其装修损失达250万元，但其提交单据大部分是收据，不少收据未注明客户名称、无销售单位盖章，难以确认其真实性，且个别收据中所列的内容（如大米、汽水、牙刷、梳子、保证金、租金等）明显非装修用途，还有个别收据小写数额与大写数额不一致，加上赵克勇等一方未申请对装修费用进行鉴定，故本院再审对赵克勇等一方所主张的装修损失数额250万元不予确认。但考虑到赵克勇等一方的装修确实已发生，其装修损失确实存在，根据涉案房屋现场的装修情况，结合折旧、双方过错程度等因素，本院再审酌情认定曾一帆应赔偿赵克勇等一方装修损失55万元。

综上所述，二审法院认定事实部分不清，导致处理结果不当，再审予以纠正。经本院审判委员会讨论决定，依照《中华人民共和国民事诉讼法》第一百八十六条第一款、第一百五十三条第一款第（三）项及《中华人民共和国合同法》第六十条第二款的规定，再审判决如下：

一、维持本院（2008）东中法民一终字第2046号民事判决第一项、第二项。

二、撤销本院（2008）东中法民一终字第2046号民事判决第三项、第四项、第五项、第六项。

三、限赵克勇、汪志仙、赵庭国、汪文婕、张彩霞、陈国龙于本判决生效之日起十日内，向曾一帆支付租金471051.16元。

四、赵克勇、汪志仙、赵庭国、汪文婕、张彩霞、陈国龙应按每月15000元的标准向曾一帆支付从二审判决生效之次日起计算至赵克勇等一方完全退场之日止的租金损失，其中计算至2009年9月份的租金损失195000元应于本判决生效之日起十日内支付，2009年10月及以后各月份的租金损失应在损失发生之次月上旬支付。

五、曾一帆应于本判决生效之日起十日内向赵克勇、汪志仙、赵庭国、汪文婕、张彩霞、陈国龙退回保证金5万元。

六、确认案涉租赁房屋（东莞市虎门镇城市大厦第四层全层）内的固定装修归曾一帆所有，无须工具拆除的可移动的物件（包括空调）归赵克勇、汪志仙、赵庭国、汪文婕、张彩霞、陈国龙所有。

七、曾一帆应于本判决生效之日起十日内向赵克勇、汪志仙、赵庭国、汪文婕、张彩霞、陈国龙支付装修损失55万元。

八、驳回赵克勇、汪志仙、赵庭国、汪文婕、张彩霞、陈国龙与曾一帆的其他诉讼请求。

本案一审本诉受理费13400元、财产保全费2020元、反诉受理费3470元及本案二审受理费9515元，由赵克勇等一方与曾一帆各负担一半。

如果未按本判决指定的期间履行给付金钱义务，应当依照《中华人民共和国民事诉讼法》第二百二十九条之规定，加倍支付迟延履行期间的债务利息。

本判决为终审判决。

审　判　长　何庆宜
审　判　员　黄建平
代理审判员　卢健如
二〇〇九年十月十三日
书　记　员　陈水明

【评析】

本判决书是关于租赁合同的解除及其法律后果的问题，本文叙事准确，文字流畅精练，条理清晰、说理透彻、格式规范，被评为2010年全省法院优秀裁判文书。形式方面，判决首部齐全规范，诉讼主体记载明确详细，当事人诉讼地位的列明严格依据法定的文书规范，记载的案件由来和审理经过完整、清晰。文书事实部分叙述完整、清楚，既简要叙明了各诉讼阶段的基本脉络，又叙明了当事人一审、二审和再审中的诉辩主张，以及历次裁判认定的基本事实和基本理由，并完整准确地叙明再审所认定的案件事实。文书裁判理由部分、主文部分以及诉讼费用负担部分表述明白准确、重点突出。内容方面，不动产租赁合同纠纷历来是民事案件审理的一大难点，在案件的事实认定、法律适用以及实体处理上均考验着法官的智慧。本案不仅案情复杂，而且当事人还提出了反诉，再加上当事人之间激烈的矛盾，极大地增加了案件的审理难度。承办法官迎难而上，不仅在证据的基础上准确认定了案件事实，还对案件的争议焦点进行抽丝剥茧、条分缕析，在此基础上重点分析了双方当事人对于导致合同解除存在的过错，并据此对租赁合同解除的法律后果作出了合法、合理的处理，有效地化解了双方当事人的矛盾，取得了法律效果和社会效果的完美统一。本案宣判后，双方当事人均服判息诉，未再发现有缠诉和上访的情形。判决认定事实清楚，适用法律正确，处理结果得当，说理充分透彻，分析鞭辟入里，充分体现了法官深厚的法学理论功底、宽广的知识面和良好的素质。

广东省中山市中级人民法院

民 事 判 决 书

（2008）中中法审监民再字第49号

申请再审人（一审被告、二审被上诉人）：钟敏，女，1974年12月18日出生，汉族，住中山市石岐区太平路29－37号504室。

委托代理人：温继华，女，1974年1月7日出生，汉族，住中山市石岐区悦银街37号101房。

被申请人（一审原告、二审上诉人）：蔡慕娟，又名蔡小娟，女，1964年5月13日出生，汉族，住中山市古镇镇冈南文阁路东二路三巷1号。

委托代理人：潘建世，广东金丰华律师事务所律师。

原审被上诉人（一审被告）：蔡景祥，男，1973年7月4日出生，汉族，原住中山市古镇镇灯都华庭第二幢704房，现已下落不明。

申请再审人钟敏因与被申请人蔡慕娟、原审被上诉人蔡景祥民间借贷纠纷一案，不服本院（2007）中中法民一终字第1281号民事判决（以下简称原二审判决），向本院申请再审。本院于2008年5月5日作出（2008）中中法立民一申字第38号民事裁定，决定对本案进行再审。本院依法另行组成合议庭，公开开庭审理了本案。申请再审人钟敏的委托代理人温继华、被申请人蔡慕娟及其委托代理人潘建世到庭参加诉讼。原审被上诉人蔡景祥经本院合法传唤无正当理由拒不到庭参加诉讼。本案缺席审理，现已审理终结。

2007年6月14日，一审原告蔡慕娟起诉至中山市人民法院称，其与蔡景祥是姐弟关系，蔡景祥与钟敏原系夫妻关系。2002年12月22日，蔡景祥与钟敏为生活需要向其借款13500元。2004年，蔡景祥与钟敏购买了太平路29－37号504的房屋，并将原第一城的房屋出租，用租金收入来供太平路的房屋。2005年3月3日，蔡景祥在原借条上重新签名确认欠款。2006年底，其得知蔡景祥与钟敏已于2005年3月3日办理了离婚手续，并将两处房产转名至钟敏名下。蔡景祥与钟敏为购买房屋和夫妻生活需要向其借款，依照婚姻法的有关规定，此债务应属蔡景祥与钟敏在夫妻关系存续期间的共同债务，为此，请求判令蔡景祥与钟敏连带偿还借款13500元，并支付逾期还款的利息（从起诉之日起按每日万分之二点一计至还清之日止），诉讼费用由蔡景祥与钟敏连带承担。蔡景祥（一审被告）提交书面答辩状，确认与钟敏结婚后，向蔡慕娟借款13500元，蔡慕娟向其追讨借款时，钟敏也在场，钟敏与其离婚主要是为了逃避蔡慕娟的借款，希望蔡慕娟能给予一定的期限，其有能力时会归还所有欠款。一审被告钟敏辩称，借条是虚构的，其不确认欠款的事实，请求驳回蔡慕娟的诉讼请求。

中山市人民法院一审查明，蔡慕娟是蔡景祥的姐姐，蔡景祥于 2002 年 12 月 22 日向蔡慕娟写下《借条》一张，注明“蔡景祥借蔡小娟人民币壹万叁千伍佰元正”。2005 年 3 月 3 日又在原借条上标注时间再次确认借款，并于 2007 年 3 月 20 日写下《借款确认书》确认欠蔡慕娟 13500 元借款。蔡慕娟与借条上的“蔡小娟”是同一人。钟敏与蔡景祥于 2005 年 3 月 3 日协议离婚，《离婚协议书》第三项注明：“夫妻无共同债权及债务。若有债务，在谁的名下则由谁来承担。”钟敏在中山市科学馆工作，收入稳定，蔡景祥收入一般。

中山市人民法院一审认为，本案系民间借贷纠纷。2002 年 12 月 22 日《借条》（蔡慕娟称 2005 年 3 月 3 日蔡景祥在原借条重新写上时间确认）是蔡景祥所签立，应是其真实意思的表示。《借条》内容清晰明确，能真实反映蔡慕娟与蔡景祥之间的债权、债务关系，立据后经蔡慕娟追讨，蔡景祥没有偿还借款，已构成违约。现蔡慕娟提起诉讼主张蔡景祥立即偿还 13500 元及相应的利息，予以支持。关于蔡慕娟提出要求钟敏对该借款承担连带清偿责任问题，由于蔡慕娟与蔡景祥为姐弟关系，蔡慕娟提供的《借条》为蔡景祥于 2002 年 12 月 22 日所签（蔡慕娟称 2005 年 3 月 3 日蔡景祥在原借条重新写上时间确认），并无钟敏签名确认。且蔡景祥与钟敏于 2005 年 3 月 3 日签订的《离婚协议书》中注明“夫妻无共同债权及债务。若有债务，在谁的名下则由谁来承担”。该协议与上述《借条》明显存在矛盾，蔡景祥在补充确认《借条》当天又签订《离婚协议书》否认双方存在债权债务，由此推知，钟敏在离婚时并不清楚有该项借款的存在。且蔡慕娟与蔡景祥存在一定的利害关系，蔡慕娟也未能提交证据证实该项借款确实用于蔡景祥和钟敏的夫妻家庭生活中，钟敏又否认知道该借款的存在，故蔡慕娟以该《借条》为由起诉钟敏承担连带清偿责任归还借款，显然证据不足，不予支持。关于如何计付迟延付款利息的问题，由于蔡慕娟与蔡景祥并无就利息作任何约定，故应从起诉之日起按中国人民银行同期同类逾期贷款利息计算为宜。蔡景祥经合法传唤拒不到庭，法院依法作出缺席判决。依照《中华人民共和国民事诉讼法》第六十四条、第一百三十条，《中华人民共和国民法通则》第八十四条、第九十条、第一百零八条的规定，中山市人民法院作出（2007）中榄民一初字第 617 号民事判决：一、限蔡景祥在判决生效之日起三日内清还借款人民币 13500 元及迟延付款的利息损失（从 2007 年 6 月 14 日起按中国人民银行同期同类逾期贷款利息计至判决确定履行之日止）给蔡慕娟。二、驳回蔡慕娟其他诉讼请求。案件受理费 138 元减半收取 69 元，财产保全费 170 元，合计 239 元，由蔡景祥负担。

蔡慕娟不服一审判决，向本院提起上诉称，原审认定本案借款属蔡景祥个人债务而非夫妻共同债务明显错误，蔡景祥承认该债务用于夫妻生活，其向蔡景祥与钟敏主张债务，法院应按夫妻共同债务处理。本案债务是在蔡景祥与钟敏夫妻关系存续期间发生，蔡景祥与钟敏在离婚协议中所作的是内部约定，对其没有约束力。蔡景祥与钟敏应对本案借款承担连带清偿责任，他们之间可依内部约定相互追偿。请求撤销一审判决，改判由蔡景祥与钟敏连带偿还借款 13500 元并支付逾期还款利息。钟敏答辩称，蔡景祥赌瘾很大，四处借钱，赌钱输了几十万元，其在科学馆工作十多年，有相当稳定、可观的收入，不需要借钱，请求驳回上诉，维持原判。

本院二审对一审查明的事实予以确认。另查明，蔡景祥与钟敏曾经是夫妻，双方于2000年7月20日登记结婚。蔡慕娟提交的借条"借款人"一栏落款为蔡景祥（有一被黑色笔迹划掉的红色笔迹签名及一黑色笔迹签名），日期为"2002.12.22（红色笔迹）"和"2005.3.3（蓝色笔迹）"。蔡慕娟称《借条》的内容是其所写，签名和日期是蔡景祥所写，《借条》于2002年12月22日所立，2005年3月3日蔡景祥重新签字确认。钟敏不确认《借条》的真实性，称"上面有两个签字，有一个签名被划掉，另一个签名的前面一个字不认识，后面两个字是'景祥'，日期也有两个"。但钟敏未对《借条》的真实性申请笔迹鉴定。蔡景祥在原审答辩称，本案借款是其在2002年12月22日为了买家私、生活等需要所借，2005年3月3日蔡慕娟向其追讨，其在旧借条上重新写了日期进行确认。

本院二审认为，蔡慕娟一审时提交的《借条》是由蔡景祥以个人名义向其出具，蔡景祥确认《借条》是真实的，钟敏否认《借条》的真实性，但其既未申请笔迹司法鉴定，也无举证予以否定，应承担举证不能的不利法律后果，据此应认定本案借款是真实、确凿的，借款发生在2002年12月22日，并于2005年3月3日得到重新确认。因该借款发生在蔡景祥、钟敏夫妻关系存续期间，而钟敏未举证证明蔡慕娟出借款项给蔡景祥时明确约定为蔡景祥个人债务，也无举证证明蔡景祥与钟敏约定婚姻关系存续期间所得财产归各自所有，依照《最高人民法院关于适用〈中华人民共和国婚姻法〉若干问题的解释（二）》第二十四条之规定，本案借款按夫妻共同债务处理。虽然蔡景祥与钟敏在《离婚协议书》中约定各自承担个人名下的债权债务，但该约定只对其两人有效，不能对抗债权人蔡慕娟，钟敏仍应对本案借款承担连带清偿责任。钟敏承担该债务后，可以依法向蔡景祥追偿。综上所述，蔡慕娟上诉主张，理据充分，予以支持。原审判决认定事实不清，适用法律错误，处理失当，应予改判。依照《中华人民共和国民事诉讼法》第一百五十三条第一款第（三）项、《中华人民共和国婚姻法》第四十一条、《最高人民法院关于适用〈中华人民共和国婚姻法〉若干问题的解释（二）》第二十四条之规定，本院作出（2007）中中法民一终字第1281号民事判决：一、撤销广东省中山市人民法院（2007）中榄民一初字第617号民事判决。二、钟敏、蔡景祥于判决生效之日起三日内清偿蔡慕娟借款人民币13500元及逾期付款利息（从2007年6月14日起按每日万分之二点一计至履行之日止）。一审案件受理费69元，财产保全费170元；二审案件受理费138元均由蔡景祥、钟敏负担。

钟敏申请再审称：（一）原二审判决认定的事实不清，本案必须结合已经审结的（2007）中中法民一终字第1260号案的案情进行审理，综合两案的案情来认定事实。蔡慕娟借条的第一个落款日期为2002年12月22日，蒋有才借条的落款日期为2005年3月2日，相隔近三年却用了同为"中山市宏发电子电器厂"的便笺；两借条书写模式相同，借条内容部分均为蔡慕娟笔迹，仅签名为蔡景祥笔迹；两借条的确认日期分别为钟敏与蔡景祥签订《离婚协议书》的前一日及当日；蔡慕娟借条先写2002年12月22日，后又加注为2005年3月3日，而蒋有才借条最后补充"原借条过期，现补写"。蔡慕娟借条内容未约定还款时间，但蔡慕娟似乎受两年诉讼时效的误导，为确保借条有效特意加注了2005年3月3日的落款日期，其对借条有效性的思路与蒋有才借条中补充

"原借条过期，现补写"是同出一辙的。此外，两借条的持有人与蔡景祥分别是母子和姐弟关系，存在非同一般的利害关系，这种借条可以随便写，对借条文字书写方面的真实性，钟敏根本无法申请鉴定，也没有申请笔迹鉴定的意义和必要。但是，基于与蔡景祥的利害关系，对借条内容的真实性，在没有任何旁证证实的情况下，本案不能以签名真实来认定借款的真实性。（二）蔡景祥于补写借条的次日、重新确认借条的当日却在《离婚协议书》中明确约定"夫妻双方无共同债权及债务"，这种明显不符合常理的行为只能存在两种情况：1. 所谓的补写及重新确认实际发生在《离婚协议书》签署之后。2. 钟敏根本不知道这两张借条的存在，所借款项也未用于蔡景祥与钟敏婚后的共同生活。综合两案的审理情况，蒋有才未能提交证据证明蔡景祥借取的款项用于婚后与钟敏共同购买房屋；蔡慕娟也未能举证证实蔡景祥的借款用于婚后与钟敏的共同生活。鉴于蔡景祥与两出借人的特殊关系及蔡景祥与钟敏已经离婚的事实，即使借条的补写及确认发生在《离婚协议书》签署之前，也应认定借款未用于蔡景祥与钟敏婚后的共同生活。（三）蔡慕娟和蒋有才与蔡景祥存在串通可能。如前所述，两案的关键证据"借条"无论是内容还是形式都存在诸多不合常理的疑点，且蔡景祥现在经济状况恶劣毫无偿债能力；相反，钟敏却一直有稳定的收入，经济条件较为优越，因此不能排除"借条"签署双方恶意串通、共同损害第三人（钟敏）利益的可能。（四）蔡景祥于签订《离婚协议书》的当日，在没有经过钟敏同意的情况下对原借款合同予以变更，该行为对钟敏不具有约束力，钟敏无须承担连带的还款责任。（五）原二审判决适用法律错误。根据《民法通则》第五十八条的规定，恶意串通损害国家、集体或者第三人利益的民事行为无效。蔡慕娟与蔡景祥串通订立借条以使钟敏承担不法债务的行为应属无效行为，钟敏不应对此承担连带清偿责任。原二审判决适用《中华人民共和国婚姻法》及《最高人民法院关于适用〈中华人民共和国婚姻法〉若干问题的解释》判决钟敏承担连带还款责任是错误的。综上所述，请求再审撤销原二审判决，维持原一审判决。被申请人蔡慕娟辩称：（一）钟敏认为借条不真实，却未能提供证据证明该借条是伪造的。蔡慕娟认为必要时可以对该借条的真实性进行鉴定，如果借条上两个落款时间是同时所写的，就可以鉴定出来。至于便笺的问题，蔡慕娟一直都使用"中山市宏发电子电器厂"的便笺纸，所以两张借条均用"中山市宏发电子电器厂"的便笺纸所写是完全可能的。钟敏说两张借条的书写模式相同，但两张借条的墨水是不一样的。该借款发生在蔡景祥与钟敏的婚姻关系存续期间，蔡慕娟对他们离婚一事当时是不知情的，故确认借条的时间刚好与他们离婚是同一天只是巧合。（二）（2007）中中法民一终字第 1260 号案与本案是相互独立的两个案件，事实也有不同，蔡慕娟对该案判决不服，已经向上级法院申请了再审，本案不能以该案判决作为依据。（三）蔡慕娟向蔡景祥追讨借款，蔡景祥重新确认的行为不是对原借款合同的变更，不影响该债务的承担主体。借条与离婚协议是相互独立的，蔡景祥与钟敏在《离婚协议书》中的约定只能对内不能对外。综上所述，原二审判决认定事实和适用法律正确，请求再审予以维持。

本院再审对一、二审查明的事实予以确认。另查明，据蔡慕娟所称，蔡景祥于 2002 年 12 月 22 日出具借条时，因先用红笔签了名，所以就用黑笔划掉再重新签名。蔡慕娟确认给的是现金，由蔡景祥收取，钟敏当时不在场。蔡慕娟以为该《借条》已过了两年的诉讼时效，所以让蔡景祥于 2005 年 3 月 3 日重新填写日期确认。钟敏不确认该借条的真实性，但没有对该《借条》的笔迹申请司法鉴定。蔡景祥和钟敏分别于2000年12月及2004年购买了两套商品房，双方在签订《离婚协议书》时同意这两套商品房归钟敏所有，由钟敏给付蔡景祥现金40000元，双方并明确表示“夫妻无共同债权及债务。若有债务，在谁的名下则由谁来承担”。钟敏与蔡景祥离婚后已与他人再婚。蔡景祥的母亲蒋有才曾于2007年6月14日以蔡景祥向其借款人民币80000元为由向一审法院提起诉讼，请求判令蔡景祥、钟敏连带清偿借款人民币80000元并支付利息（从起诉之日起按每日万分之二点一计至还清之日止）。为此，蒋有才提交了内容为“借母亲蒋有才人民币捌万元正，用于购买第一城房屋。原借条过期，现补写”的《借条》一张，“借款人”一栏有蔡景祥的签名，落款日期为“2005.3.2”。一审法院经审理后作出（2007）中榄民一初字第618号民事判决，判决蔡景祥偿还借款人民币80000元给蒋有才并支付迟延付款的利息损失，驳回蒋有才的其他诉讼请求。蒋有才不服该判决，上诉至本院。本院经审理后作出（2007）中中法民一终字第1260号民事判决，驳回上诉，维持原判。再审期间，本院就钟敏与蔡景祥签订《离婚协议书》的具体时间询问钟敏，钟敏称是2005年3月3日，具体时间现在已记不清，但钟敏认为如果蔡慕娟不知道其与蔡景祥于2005年3月3日离婚，为什么恰好在当天让蔡景祥重新签字，要么就是“2005.3.3”的时间根本不是当天所写。此外，本院也就蔡景祥在借条上书写“2005.3.3”的具体时间询问蔡慕娟，蔡慕娟称是2005年3月3日的白天，具体时间现在已记不清，其本来是想让蔡景祥重新写一张借条的，因蔡景祥当时正赶着出门，所以只签了时间。蔡慕娟还称当时钟敏也在场，但因其以为钱是谁借的让谁签字就行了，所以没让钟敏在借条上签字。

本院再审认为，本案争议的焦点是钟敏是否应该对讼争借款承担连带清偿责任的问题，这就涉及该借款是蔡景祥的个人债务还是蔡景祥与钟敏的夫妻共同债务的问题。

根据《中华人民共和国婚姻法》第四十一条的规定，“离婚时，原为夫妻共同生活所负的债务，应当共同偿还”。据蔡慕娟的陈述和蔡景祥的书面答辩意见反映，讼争借款是用于房屋装修、购买家私等开支，但蔡景祥与钟敏购买房屋的时间分别是2000年12月和2004年，蔡景祥向蔡慕娟借款时（即2002年12月22日）蔡景祥与钟敏的第一套商品房早已入住、第二套商品房尚未购买，根本不需要装修和购买家私，所以蔡慕娟和蔡景祥所称的借款用途与事实不符。且蔡慕娟没有提供其他证据证明蔡景祥借取的13500元实际用于蔡景祥与钟敏的夫妻共同生活，所以，钟敏无须对该借款承担连带清偿责任。

又根据《最高人民法院关于适用〈中华人民共和国婚姻法〉若干问题的解释（二）》第二十四条的规定，“债权人就婚姻关系存续期间夫妻一方以个人名义所负债务主张权利的，应当按夫妻共同债务处理。但夫妻一方能够证明债权人与债务人明确约定为个人债务，或者能够证明属于婚姻法第十九条第三款规定情形的除外”。因该规定没有要求债权人与债务人在借款发生时就明确约定为个人债务，所以，只要在偿还借款前债权人与债务人有约定为个人债务的，也属于该规定中但书的情形。本案中，因蔡慕娟以为原借条已超过两年诉讼时效，所以才让蔡景祥在该借条上签字，以便对借款重新确认。如果蔡慕娟真的不知道钟敏与蔡景祥于2005年3月3日离婚，为什么会这么巧的在当天让蔡景祥重新确认借款，且蔡景祥是蔡慕娟的弟弟，离婚这么重大的事情蔡景祥不可能不告诉自己的姐姐。而且，既然蔡景祥要与钟敏离婚，也就不可能为了钟敏的利益而向蔡慕娟隐瞒离婚的事情，可见，蔡慕娟应当是知道钟敏与蔡景祥于2005年3月3日离婚的。按照蔡慕娟的说法，蔡景祥重新确认借款时钟敏也在场，但蔡慕娟并没有让钟敏签字。可见，蔡慕娟只是向蔡景祥个人追收借款，蔡景祥也是以个人名义对该借款重新确认。而且，蔡景祥在当天与钟敏签订的《离婚协议书》中明确与钟敏没有夫妻共同债权及债务，“若有债务，在谁的名下则由谁来承担”，可见，蔡景祥已经把蔡慕娟的借款作为其个人的债务。再者，从蔡景祥拒不到庭参加诉讼而只是提交对蔡慕娟有利的书面陈述以及钟敏离婚后已与他人再婚的事实来看，也不存在蔡景祥与钟敏串通离婚来逃避债务而损害蔡慕娟利益的情形。因此，在蔡慕娟当时就知道蔡景祥与钟敏离婚的情况下，蔡慕娟仅向蔡景祥个人追收借款且蔡景祥也仅以个人名义对借款重新确认，表明蔡慕娟应当是知道该借款为蔡景祥个人债务的。既然该借款不属于蔡景祥与钟敏的夫妻共同债务，钟敏也就无须对该借款承担连带清偿责任。

综上所述，原二审判决认定事实有误，导致判决失当。本案经本院审判委员会讨论决定，依照《中华人民共和国民事诉讼法》第一百八十六条第一款、第一百五十三条第一款第（一）项，《中华人民共和国婚姻法》第四十一条，《最高人民法院关于适用〈中华人民共和国婚姻法〉若干问题的解释（二）》第二十四条的规定，判决如下：

一、撤销本院（2007）中中法民一终字第1281号民事判决。

二、维持广东省中山市人民法院（2007）中榄民一初字第617号民事判决。

一审案件受理费69元、财产保全费170元，由蔡景祥负担；二审案件受理费138元，由蔡慕娟负担。

本判决为终审判决。

审　判　长　郭军乐
审　判　员　薛焕彬
审　判　员　杨雪燕
二〇〇九年六月一日
书　记　员　章文佳

【评析】

这是一份撤销二审判决、维持一审判决的再审判决书，改判的原因在于13500元借款是否为夫妻共同债务这一事实认定上，对于事实与证据的分析认定要求较高，制作起来有一定的难度。本再审判决书被评为2010年全省法院优秀裁判文书，其最值得肯定的方面，就是判决书对法官心证过程和理由尤其是生活常理的充分阐述，法理与情理的结合恰到好处，相得益彰。对于婚姻关系存续期间夫妻一方以个人名义所负债务应否按夫妻共同债务处理问题，《最高人民法院关于适用〈中华人民共和国婚姻法〉若干问题的解释（二）》第二十四条作出了规定，但实践中争议颇多。本判决没有机械适用《最高人民法院关于适用〈中华人民共和国婚姻法〉若干问题的解释（二）》第二十四条的规定，而是针对个案情况，在探求法律精神和立法目的的基础上，充分运用经验法则和生活常理，推导出案件事实。判决书通过蔡慕娟与蔡景祥为姐弟关系，双方对借款用途陈述不符事实，夫妻离婚当日蔡慕娟即要求蔡景祥重新确认欠条，钟敏在场却未要求钟敏签字，不存在夫妻之间恶意串通通过离婚逃避债务情形等事实与证据的条分缕析，不断揭示夫妻共同债务的不合常理之处，自然而然地得出了该笔借款为蔡景祥个人债务的结论，改判结果令人信服，法律的公正性跃然纸上。

●钟发坤与杨星明建设工程合同纠纷再审案民事判决书

广东省江门市中级人民法院

民事判决书

（2009）江中法民再字第3号

申请再审人（一审被告、二审上诉人）：钟发坤，男，1971年8月15日出生，畲族，住深圳市龙岗区中心城和兴花园4－B1/401号。

被申请人（一审原告、二审被上诉人）：杨星明，男，1969年12月4日出生，汉族，住四川省巴中市兴隆昌8龙顶村437号。

委托代理人：陈朝宏，系广东华南律师事务所律师。

钟发坤因与杨星明建设工程合同纠纷一案，不服本院（2008）江中法民一终字第188号民事判决，向广东省高级人民法院申请再审。广东省高级人民法院于2008年12月25日作出（2008）粤高法立申字第2960号民事裁定指令本院再审本案。本院依法另行组成合议庭，公开审理了本案。钟发坤、杨星明及其委托代理人陈朝宏到庭参加诉讼。本案现已审理终结。

2007年10月29日，一审原告杨星明起诉至台山市人民法院称：我与钟发坤于2006年12月在台山市台城镇签订了建设工程合同，钟发坤将台山市国强金属制品有限公司的木材仓、干燥窑及连廊的土建工程给我承包。工程完成后，双方于2007年4月16日结算，其所做的工程款共254653.60元。处理钟发坤支付现金包括工人工资和门款167600.77元，仍欠86962.23元。此款经我多次上门催收，钟发坤至今分文未付，故特向法院起诉，请求判令钟发坤支付欠我的工程款86962.23元给我，并由钟发坤承担本案的诉讼费。钟发坤答辩称，工程完工后双方事实上作过结算，但我认为我们当时的结算事实有错漏，所以要求与杨星明重新结算或请第三方根据我们的合同进行重新结算。同时，事实上我已共支付了271600元给杨星明，按照第三方结算工程总价224095.90元，我已超支支付47504.10元给杨星明。另外，我们的协议约定发生工期延误时按实际延误天数每天扣罚金1200元，杨星明延期50天完工，应扣罚金60000元，两项相加杨星明应退还107504.10元给我。另外，杨星明在我处共取款23万元，有10万元是写了收条的，有13万元是没有写收条的。

台山市人民法院一审查明，杨星明、钟发坤于2006年12月3日签订《工程施工协议书》，协议约定，钟发坤将位于台山市汶村镇台山市国强金属制品有限公司木材仓、干燥窑及连廊土建工程发包给杨星明承建，工程总造价为252480元。在施工过程中，根据工程的实际情况，经双方协商同意增加了一些工程项目。该工程于 2007 年 4 月完工，2007 年 4 月 16 日杨星明、钟发坤双方对工程进行了验收和结算，经结算杨星明所做的工程款为 254563 元。双方在结算凭据上签名予以确认。另查明，在施工过程中，钟发坤分别于 2006 年 12 月 24 日和 2007 年 1 月 4 日以及 2007 年春节前支付了 60000 元、40000 元和 26000 元给杨星明，并代杨星明支付了木材仓大门款 15943. 40 元。另外，因工程完工后，杨星明因拖欠工人的工资而发生了纠纷，后经有关部门协调，钟发坤代杨星明支付了工人工资 25657. 37 元。也就是说，钟发坤共支付了 167600. 77 元给杨星明。杨星明所做的工程总款为 254563 元，减除钟发坤已支付给杨星明现款和代杨星明支付木材仓大门款和工人工资共 167600. 77 元，钟发坤仍欠杨星明工程款 86962. 23 元。杨星明经多次催讨，但钟发坤认为当初结算有错漏，要求重新结算，并向法庭提供其单方面请江门市蓬江区汇和工程造价咨询事务所有限公司所作的《结算总价》，同时还认为其已支付 230000 元给杨星明，其中有 130000 元没有写收据，已多付工程款给杨星明，所以一直拖欠而发生纠纷。杨星明遂于 2007 年 10 月 29 日诉至一审法院，请求判令钟发坤支付拖欠的工程款 86962. 23 元。

台山市人民法院一审认为，杨星明、钟发坤于 2006 年 12 月 3 日签订的《工程施工协议书》是双方的真实意思表示，合法有效，应受法律保护。杨星明已按工程施工协议规定完成了工程，因故延误的工期钟发坤在结算时已表示不予追究，钟发坤应负支付工程款义务。经双方结算，杨星明所做的工程总款为 254563 元，减除钟发坤已支付给杨星明 126000 元和代杨星明支付木材仓大门款 15943. 40 元和代杨星明支付工人工资 25657. 37 元，钟发坤仍欠杨星明工程款 86962. 23 元。上述的事实有杨星明、钟发坤双方于 2007 年 4 月 16 日结算凭据和双方承认的事实予以证明，应予确认。钟发坤认为杨星明已收取其 230000 元，其中 130000 元没有写凭据的，钟发坤向法庭提供的录音内容与钟发坤主张事实不清晰，同时杨星明认为钟发坤是在其饮过酒后诱导其谈话偷录的，对其录音不予承认，另钟发坤的证人覃伟蝉的证言仅是听说，证明力弱，据此，不予取纳。钟发坤主张原结算有错漏，应按第三方结算为准，即按江门市蓬江区汇和工程造价咨询事务所有限公司结算总价计算。因工程完工后双方结算已半年，钟发坤一直对结算问题无异议，在诉讼期间提出结算有错漏，要求重新结算。同时，江门市蓬江区汇和工程造价咨询事务所有限公司所作的结算总价是钟发坤单方面的主张和行为，不予支持。杨星明请求钟发坤支付工程款 86962. 23 元的理由充分，依法应予支持，钟发坤拖欠工程款无理，应予清还。为保护当事人的合法权益，依照《中华人民共和国民法通则》第一百零六条第一款，《中华人民共和国合同法》第四十四条第一款、第六十条第一款、第一百零九条，《最高人民法院关于民事诉讼证据的若干规定》第二条、第六十九条第（三）项之规定，台山市人民法院作出（2007）台法经初字第 914 号民事判决：钟发坤欠杨星明工程款 86962. 23 元，应自本判决发生法律效力之日起五日内一次还清。如果未按本判决指定的期间履行给付金钱义务，应当依照《中华人民共和国民事诉讼法》第二百三十二条之规定，加倍支付迟延履行期间的债务利息。本案受理费 1973 元，由钟发坤负担。

钟发坤不服一审判决，向本院提起上诉称：杨星明已经收取了本人现金 23 万元，其中 10 万元有写收据，13 万元没有写收据，从本人提供的谈话录音可以证明，原审法院没有采纳本人提供的录音证据是不当的。杨星明提交的结算单只是本人在喝酒时的仓促之举，有明显的错漏，应当根据本人委托工程造价鉴定机构评估的价格 224095.9 元认定工程价款，或进行重新结算。另外，杨星明严重误工 50 天，根据双方约定，应当罚款 60000 元。综上，本工程总造价为 224095.9 元，扣除罚金后为 164095.9 元，杨星明已从本人处取现金合计 271600.77 元，杨星明应当返还本人 107504.87 元，请求二审法院撤销原判，依法改判。

本院二审对一审法院查明的主要事实予以确认。

本院二审认为，本案属于建设工程合同纠纷。案件的主要争议是工程的总价款和钟发坤支付工程款的情况。

根据杨星明提供的《汶村国强工地结算单》，双方已在该结算单对建设工程分项进行计算结算，并都签字确认，此是双方对工程总价款作明确结算的真实意思表示，实为双方对工程价款的合意，内容并无违法。根据《中华人民共和国合同法》第八条"依法成立的合同，对当事人具有法律约束力。当事人应当按照约定履行自己的义务，不得擅自变更或者解除合同"的规定，双方受该《汶村国强工地结算单》的约束，钟发坤应当根据《汶村国强工地结算单》履行支付工程款的义务。钟发坤另行委托其他机构对工程进行评估，要求以评估价支付工程款，此为钟发坤单方要求变更工程价款的意思表示，在杨星明不同意的情况下，钟发坤上述请求于法无据，本院不予支持。另外，《汶村国强工地结算单》已载明"工期部分超期不计较"，即钟发坤已经表示对误工不再计较。综上，原审法院认定本案工程价款为 254563 元正确，本院予以确认，钟发坤应全额支付该工程款。

关于钟发坤已经支付的工程款数额问题。钟发坤提供录音，以证明杨星明已经收取了钟发坤现金 23 万元，其中 10 万元有写收据，13 万元没有写收据。根据最高人民法院《关于民事诉讼证据的若干规定》第七十条"一方当事人提出的下列证据，对方当事人提出异议但没有足以反驳的相反证据的，人民法院应当确认其证明力：……（三）有其他证据佐证并以合法手段取得的、无疑点的视听资料或者与视听资料核对无误的复制件；……"的规定，钟发坤提供的录音内容与其主张的事实不能完全吻合，既不能证明录音的时间、地点、被录音人员及有无第三者等情况，也没有任何有力证据佐证；同时杨星明认为录音是钟发坤在杨星明醉酒后偷录的，即钟发坤提供的录音证据存在大量疑点且是通过偷录等非合法手段取得。根据上述规定，对其提供的录音证据，本院不予采信。钟发坤不能提供其他证据证明其支付工程款的数额，根据最高人民法院《关于民事诉讼证据的若干规定》第二条"当事人对自己提出的诉讼请求所依据的事实或者反驳对方诉讼请求所依据的事实有责任提供证据加以证明。没有证据或者证据不足以证明当事人的事实主张的，由负有举证责任的当事人承担不利后果"的规定，需承担举证不能的不利后果。现工程总价款是 254563 元，扣除杨星明承认钟发坤已支付的 126000 元、钟发坤代支的大门款 15943.4 元和工人工资 25657.37 元，钟发坤仍欠杨星明工程款 86962.23 元，原审法院认定事实无误，本院予以确认，钟发坤应及时向杨星明付清所欠的工程款。

综上所述，原审法院认定事实清楚，适用法律正确，依照《中华人民共和国民事诉讼法》第一百五十三条第一款第（一）项的规定，本院二审作出（2008）民一终字第188号民事判决：驳回上诉，维持原判。二审案件受理费1973元，由上诉人钟发坤负担。

钟发坤申请再审称：1. 杨星明收取我工程款现金23万元，其中10万元有杨星明签字而另外13万元没有原告签字，该13万元实际上杨星明已经收取，我提交的录音内容可以证明该事实。在谈话录音中，杨星明已多次承认收取现金23万元并且有13万元没有签字的事实，其中在录音中多次承认各项具体列支数目共有7.5万元。杨星明在一审中也承认里面的录音是其本人的声音，只是推说是酒后所言。2. 一、二审法院对我提交的录音材料不采纳的做法不合法。本人提交的录音资料是为了维护本人的合法权益，在和杨星明谈话过程中采取的合法措施，录音的取得并没有侵害他人的合法权益或者违反法律禁止性规定，也没有违反社会公共利益、国家利益和社会公德，也不是在别人的工作场所或住所采用窃听所得，应为合法证据。杨星明也没有足够的证据加以反驳或反驳的理由并不成立。杨星明在录音谈话的时候条理清晰，谈话的内容是双方的真实意思表示，虽然杨星明并不知道有录音，但录音是其真实的意思表示，根本不可能处于醉酒状态，录音是出于保护自身合法权益的无奈之举，录音内容与我方主张的事实也能完全吻合。根据《最高人民法院关于民事诉讼证据的若干规定》第七十条“一方当事人提出的下列证据，对方当事人提出异议但是没有足以反驳的相反证据的，人民法院应当确认其证明力：……（三）有其他证据佐证并以合法手段取得的、无疑点的视听资料或与视听资料核对无误的复制件；……”的规定，对可以证明案件事实的视听资料人民法院应当采信。一、二审法院对上述条文中“存有疑点的视听资料”的理解存在错误。关于上述条文的理解可以参照《最高人民法院关于行政诉讼证据若干问题的规定》第七十一条“下列证据不能单独作为定案依据：……（四）难以识别是否经过修改的视听资料”，可见应该把“存有疑点”理解为“难以识别是否经过修改”。本人提交的录音为原始录音，并没有经过剪辑、合成或伪造，前后连接紧密，内容没被篡改，具有客观真实性和连贯性，不存在任何疑点，法院应当采纳。3. 杨星明提交的《汶村国强工地结算单》并没有提交原件，因为该结算单之前已经作废，本人从来没有认可其真实性、合法性、关联性，根据法律的相关规定，应不予采纳。退一步说，即便如此，原审判决对结算单载明的“工期部分超期不计较”理解为“钟发坤已经对误工不再计较”也是错误的，应理解为在超期的工期中有一部分是不计较的，而非全部或整体不计较。施工总工期约定为50天，因杨星明的原因严重误工期达205天，本人仅计算其中的小部分误工天数即50天，其他延误天数未计，杨星明严重延误工期给本人造成巨大经济损失及严重影响本人声誉，按照协议约定，发生工期延误时按实际延误天数每天罚款1200元，应罚款6万元。本人提交的第三方结算的总价为224095.9元，为相关资质的公司出具的，具有合法性和权威性，并准确反映了工程结算总价，应予以认可。综上，本工程总价224095.9元扣除罚金6万元后实际为164095.90元，杨星明已从本人处收取现金等合计271600.77元，据此，杨星明应退还本人107504.87元。请求撤销二审判决，依法改判我方胜诉。

被申请人杨星明辩称，申请人申请再审的理由不成立，应当维持一、二审的判决。理由是：（1）申请人提供的录音资料不能作为证据使用。其录音是没有经过当事人同意的情况下进行偷录的，不具有合法性。该录音资料是否经过删改、伪造申请人应当提供相关的证据，但申请人并没有提交相关的证据来予以证明录音资料的真实性，该录音资料的真实性不能保障。另外从录音资料的内容上看，其中的声音非常模糊，难以辨别录音发生的时间、地点、人物和谈话内容，录音发生时当事人的状态如何、是否存在另外的影响、当事人是否有受到胁迫、醉酒均不能反映，该录音资料存在疑点，不能单独作为证据使用。(2) 一审时申请人钟发坤已经表示对结算单的真实性、合法性、关联性没有异议，因此该结算单可以作为证据来使用，可以证明结算的真实情况。

本院再审对二审查明的事实予以确认。

本院再审认为，本案属于建设工程合同纠纷。本案争议的焦点是工程结算的总价、钟发坤支付工程款的情况及钟发坤提交的录音证据是否应作为证据采用。

杨星明提供的对建设工程进行结算的《汶村国强工地结算单》，钟发坤在一审时对结算单的真实性并未予以否认，其在一审庭审中承认该结算单的文字记录和签名是其本人亲笔所书，但同时认为结算单存在差错，要求重新结算。在再审时认为该结算单是复印件，原件已在结算当场撕掉了，对其真实性及内容予以否认。本院认为，钟发坤与杨星明分别在结算单上签名确认，应视为双方当事人对工程总价款作明确结算的真实意思表示，内容并不违法，该结算单对双方具有约束力。虽然钟发坤在再审时对结算单的真实性及内容予以否认，但钟发坤无证据证实该结算单是在其被胁迫或违背其真实意愿的情况下签订的，且钟发坤在一审时对该结算单的真实性并无异议，因此本院对该结算单的真实性及其内容予以确认。该结算单结算工程总价款为 254563 元，钟发坤要求以其另行委托的机构对工程进行评估的工程款作为结算依据，但杨星明并未对第三方机构评估的工程款予以确认，也未有证据显示双方当事人对工程重新结算达成一致协议，因此，双方应该按照双方确认的《汶村国强工地结算单》内容履行。原二审以《汶村国强工地结算单》认定工程总价款正确，本院予以支持。

关于钟发坤支付工程款数额问题。钟发坤主张杨星明已经收取了其现金 23 万元，其中 10 万元有写收据，13 万元没有写收据，其提供了录音证据予以证明，杨星明主张该证据是偷录的不具合法性，应不予采信。本院认为，根据最高人民法院《关于民事诉讼证据的若干规定》第六十八条“以侵害他人合法权益或者违反法律禁止性规定的方法取得的证据，不能作为认定案件事实的依据”的规定，即只有侵害他人合法权益或者违反法律禁止性规定的方法而取得的证据不能作为认定案件事实的依据。如果未经相关当事人同意的录音录像资料没有侵害到他人的合法权益，也没有违反法律的禁止性规定，则该录音录像资料可以作为证据采用。本案中，钟发坤与杨星明的谈话录音所涉及的是两人工程款结算情况，不涉及个人隐私，录音时未存在采取暴力、入室秘密窃取、秘密在他人住宅内安装录音录像设备等非法行为，故该录音不存在违反法律禁止性规定的情况，因此，钟发坤提供的录音资料具有合法性。但是在该录音谈话中，杨星明对于其收取了钟发坤 13 万元未签字的事实并未明确承认，亦无其他证据证实杨星明收取了钟发坤 13 万元却未签字这一事实，根据最高人民法院《关于民事诉讼证据的若干规定》第七十条“一方当事人提出的下列证据，对方当事人提出异议但是没有足以反驳的相反证据的，人民法院应当确认其证明力：……（三）有其他证据佐证并以合法手段取得的、无疑点的视听资料或与视听资料核对无误的复制件；……”的规定，钟发坤提供的录音证据虽具合法性，但是根据录音谈话并不能认定杨星明收取了钟发坤

13 万元却未签字这一事实，且钟发坤亦没有提供其他证据相佐证这一事实。根据最高人民法院《关于民事诉讼证据的若干规定》第二条“当事人对自己提出的诉讼请求所依据的事实或者反驳对方诉讼请求所依据的事实有责任提供证据加以证明。没有证据或者证据不足以证明当事人的事实主张的，由负有举证责任的当事人承担不利后果”的规定，钟发坤不能充分举证证明其主张，需承担举证不能的不利后果。

综上，原二审判决认定事实无误，适用法律正确，应予以维持。本案经本院审委会讨论决定，依照《中华人民共和国民事诉讼法》第一百八十六条、第一百五十三条第一款第（一）项和《最高人民法院关于贯彻执行〈中华人民共和国民法通则〉若干问题的意见（试行）》第五十八条之规定，判决如下：

维持本院（2008）江中法民一终字第 188 号民事判决。

本判决为终审判决。

审　判　长　梁秉锋
审　判　员　梅晓凌
代理审判员　张萍辉
二〇〇九年十月十三日
书　记　员　陈惠玲
书　记　员　肖敏莉

【评析】

本判决书在认定事实、剖析证据、裁判说理方面清晰、简洁明了，被评为 2010 年全省法院优秀裁判文书。本案当事人争议的焦点之一是工程结算价款，由于申请人对双方所签的工程结算单的真实性及内容陈述存在前后矛盾，裁判文书结合双方在一、二审中的陈述及其他相关证据最终确认了该证据的真实性及其内容；关于录音证据是否采信问题，裁判文书首先肯定了录音证据的合法性，可以作为证据采信，但是因录音谈话的内容并不足以证实申请人所主张的事实，且没有其他事实相佐证，最终没有支持申请人的主张。裁判文书围绕双方争议的焦点从证据的采信、法律适用等角度展开充分的说理论证，证据分析明确、具体，认定说理透彻，逻辑严密，具有较强的思想性和说服力，体现了对法律条文的正确把握适用。裁判文书在说理论述方面做到了说理严谨充分，逻辑性强，层次清楚，条理清晰，具有很强的针对性，在证据剖析、事实认定和法律适用等方面阐述到位，并使事实、理由和判决结果相互呼应。

广东省阳江市中级人民法院

民事判决书

(2009) 阳中法民再字第2号

申请再审人(一审原告、二审上诉人):冯新庆,男,1933年10月9日出生,汉族,住阳江市江城区沙岗村十三巷12号。

申请再审人(一审原告、二审上诉人):梁秀芬,女,1934年10月7日出生,汉族,住址同上。

被申请人(一审被告、二审被上诉人):阳江市江城区人民医院。住址:阳江市市区瓮洞巷14号。

法定代表人:陈健,院长。

委托代理人:方富国、简辽欣,阳江市江城区人民医院医务人员。

被申请人(原审第三人):谭月仙,女,1959年12月出生,汉族,住阳江市甘泉路64号小区二幢二巷2号。

委托代理人:林进国,是谭月仙的丈夫,阳江市江城区人民政府干部。

委托代理人:陈述林成,北京市华一律师事务所律师。

原二审上诉人(一审原告):周开锦,男,成年,住阳江市江城区沙岗村十三巷12号。

申请再审人冯新庆、梁秀芬因与被申请人阳江市江城区人民医院(下称江城医院)、谭月仙医疗损害赔偿纠纷一案,不服本院(1999)阳中民终字第93号民事判决书,向本院申请再审。本院于2008年11月25日作出(2003)阳中法审监民申字第18-1号民事裁定,裁定对本案进行再审。本院依法组成合议庭,公开开庭审理了本案,申请再审人冯新庆、梁秀芬,被申请人江城医院的委托代理人方富国、简辽欣,被申请人谭月仙的委托代理人林进国、林成到庭参加了诉讼,本案现已审理终结。

1998年10月21日,一审原告冯新庆、梁秀芬、周开锦起诉至阳江市江城区人民法院称,谭月仙违反医院规定,偷用没有流产设备的房子,擅自给冯杏兰做人流引产手术,致使冯杏兰死亡,鉴于谭月仙的违法过错发生在江城医院,故谭月仙、江城医院应共同承担民事责任,请求法院判令:谭月仙、江城医院共同赔偿医疗费6184.90元,丧葬费17530元,抚养费、生活困难及精神损失赔偿费等60000元,合共83714.90元。

一审被告江城医院答辩称,冯杏兰的死亡不是医疗事故,根据有关规定,不属于法院受理范围，且本案已过诉讼时效，请求驳回原告的诉讼请求。

一审被告谭月仙答辩称，冯杏兰的死亡是死胎钳刮术并发羊水栓塞，是一种难以避免的并发症，不属医疗事故。冯杏兰死亡后，江城医院出于对原告经济困难的帮助已支付了7000元给原告，谭月仙经江城人大的同志做工作也给了原告10000元赞助费。请求驳回原告的诉讼请求。

阳江市江城区人民法院一审查明，原告梁秀芬、冯新庆是冯杏兰（已故）的父母，周开锦是冯杏兰的丈夫。1995年1月8日上午9时，冯杏兰因停经三个多月，阴道流血而到江城医院妇产科就诊，经当班妇产科谭月仙医师检查后诊断为：妊娠三个月，死胎。同日上午12时30分，谭月仙未叫患者先到医院收款处缴纳手术费（同日医院收取了患者的医疗费用400元）就给患者做人流钳刮术。手术在江城医院的新产房进行，由妇产科医士曾婷做助手。当破膜后，羊水流出时患者发生羊水栓塞（钳刮人流过程中发生羊水栓塞难以避免）的危险症状。对此，谭月仙马上采取抢救措施并通知各科医生及医院领导和市人民医院妇产科主任钟秀梅等人参加会诊，采取综合性抢救措施。当天下午4时，患者被转往市人民医院妇产科继续抢救治疗。经治疗十天后，病人因羊水栓塞引起严重并发症造成尿毒症严重感染和全身多器官功能损害，病人家属也因经济困难和其他原因不配合治疗特别是血液透析，病人终因发生难以避免的羊水栓塞并发症于1995年1月18日下午3时40分在市人民医院妇产科死亡。1995年2月16日，经江城医院提出鉴定申请，阳江市江城区医疗事故技术鉴定委员会对上述医疗事件进行鉴定，鉴定委员会一致认为：冯杏兰的死亡不构成医疗事故。1995年2月23日，江城医院对妇产科医师谭月仙违反医院管理制度的错误作出处理通报。1995年7月28日，江城医院为了照顾死者家属经济上的困难，根据原告的申请，给予7000元的补助款，并说明冯杏兰死亡不构成医疗事故，医院对此不负任何责任，该款不属赔偿性质。此后，原告认为冯杏兰的死亡是由于谭月仙造成的，便到人大等有关部门上访、申诉，要求谭月仙负赔偿责任。1996年5月13日，在江城人大有关人员主持下，原告及谭月仙自愿协商一致并达成共识：原告正确认识到冯杏兰死于人流手术中难以避免的羊水栓塞并发症，不构成医疗事故，不属谭月仙、江城医院、市人民医院的医疗事故责任。原告因生活困难向谭提出经济援助要求，谭见原告能以实事求是的态度正视冯的死因，本着人道主义精神，同意接受原告求援，一次性赞助10000元给原告，原告以后不再以任何理由向谭索取任何财物，也保证不再以任何理由向任何单位、部门投诉或起诉谭月仙。同时，原告收取了谭支付的10000元赞助费。后来，原告还是不服，依然到有关部门投诉、上访。1998年4月9日，原告向江城区人民法院起诉谭月仙，请求谭赔偿其经济损失，因诉讼主体不合格被驳回起诉。原告不服上诉至阳江市中级人民法院，该院维持了江城区人民法院的裁定。1998年10月21日，原告再次向江城区人民法院提起诉讼，请求江城医院及谭月仙共同承担赔偿责任。

阳江市江城区人民法院一审认为，冯杏兰的死亡是由于在施行钳刮术中难以避免地发生羊水栓塞引起严重并发症而导致死亡，经有关部门对该起医疗事故进行鉴定，它不属医疗事故。因此，江城医院、第三人对该起事件不负任何事故责任，故原告请求被告、第三人承担赔偿责任理据不足，不予支持。至于第三人在工作中有违反医院管理规定的行为，属医院内部管理问题，应由被告自行解决。据此，依照《中华人民共和国民法通则》第一百二十一条之规定，阳江市江城区人民法院于1999年2月11日作出(1998)城民初字第946号民事判决，判决驳回原告梁秀芬、冯新庆、周开锦的诉讼请求，案件受理费2400元由原告负担。

梁秀芬、冯新庆、周开锦不服一审判决，向本院提起上诉称，谭月仙在给患者冯杏兰做人流钳刮术之前，就私自收取患者350元，并没有对冯杏兰问清病史和作全身检查，对冯杏兰采用钳刮术是错误的，一审以错误的医疗鉴定结论作为判决依据，驳回原告的诉讼请求是错误的，请求二审撤销原判，改判被上诉人赔偿有关损失83714.90元。

江城医院、谭月仙二审的答辩意见和一审相同。

本院二审确认了一审查明的事实后认为，上诉人冯新庆、梁秀芬的女儿冯杏兰由于在施行钳刮术中难以避免地发生羊水栓塞引起严重并发症而导致死亡，对于该死亡事件已经医疗事故鉴定部门作出鉴定结论，认定不构成医疗事故，该鉴定结论程序合法、客观、真实，故应采纳。因此，两被上诉人对冯杏兰的死亡不负任何的赔偿责任。上诉人主张冯杏兰的死亡构成医疗事故，但其在接到原事故鉴定部门的鉴定报告后，没有向上一级医疗事故鉴定部门申请重新鉴定，同时，还与两被上诉人分别签订了协议，并且也达成共识，认为冯杏兰的死亡不构成医疗事故，而由两被上诉人给予适当的经济帮助，上诉人梁秀芬也领取了协议书约定的经济帮助款，同时，上诉人亦无法提供相关的证据予以证明构成医疗事故的事实，鉴此，原审处理正确，上诉人上诉主张依法不予采纳，依照《中华人民共和国民事诉讼法》第一百五十三条第一款第一项之规定，本院于1999年8月7日作出(1999)阳中民终字第93号民事判决，驳回上诉，维持原判，一、二审案件受理费各100元均由上诉人负担。

申请再审人冯新庆、梁秀芬诉称，本案人命关天。因江城医院谭月仙医生违法私收费，不敢与同事商量，擅自作出错误诊断并且采取错误的钳刮术（末次月经1994年8月6日至1995年1月6日已5个月孕期，绝对不能采用钳刮术）。手术失败，没有采取有效的防护措施，延误了抢救，导致申请人的独生女冯杏兰（27周岁）不幸死亡。而当地医疗卫生部门医医相护，作出不属医疗事故的错误鉴定，致使江城区法院和市中级法院据之作出错判，驳回起诉。申请人一直不服，特向市法院申诉，市法院2005年4月20日作出(2003)阳中法审监民申字第18号驳回申诉通知书。我们认为该驳回申诉通知书是错误的，错误点有12处之多。因此，我们再次提起申诉，请求院长主持公道，以事实为依据，以法律为准绳，以人为本，珍惜生命，为民做主，依法改判被申请人赔偿再审申请人27.95万元。

被申请人江城医院答辩称：1. 申请再审人在判决生效两年内没有提出申请再审，其提出的再审申请不符合民诉法的规定，应当驳回其再审申请。2. 申请再审人称谭月仙私自在我医院给患者做手术，不符合事实，是对我医院形象的诽谤。3. 江城区医疗事故技术鉴定委员会作出的《冯杏兰死亡事件鉴定报告》是真实合法的，该报告认定江城医院是没有责任的。为此，请求再审维持原一、二审判决，驳回申请再审人的请求。

被申请人谭月仙辩称：1. 谭月仙作为江城医院医生，为冯杏兰做人流钳刮术，是为江城医院从事正常医务工作的行为，并非谭月仙个人行为，申请再审人要求谭月仙承担赔偿责任，严重违反程序法和实体法。2. 申请再审人称谭月仙或江城医院对冯杏兰采用钳刮人流手术，违反操作规程，这是申请再审人没有事实的瞎说，江城区医疗事故技术鉴定委员会作出的《冯杏兰死亡事件鉴定报告》已认定冯杏兰的死亡不构成医疗事故。为此，请求再审维持原一、二审判决，驳回申请再审人的请求。

本院再审查明，冯杏兰是冯新庆、梁秀芬的女儿，周开锦是冯杏兰的丈夫。1995年1月2日，患者冯杏兰因停经四个多月伴阴道出血，到江城医院就诊。经时任该院妇产科主任的谭月仙检查后诊断为“妊娠三月、死胎”。谭私自将一个价值30元的妇洗器以150元卖给冯杏兰（实交120元），并开出安络血等止血药物和妇阴洁叫冯杏兰到院外购买使用，同时给冯杏兰留下家庭电话和BB机号码。1995年1月5日，冯杏兰因服药不见好转而前往阳江市妇幼保健院检查。经市妇幼保健院B型超声波检查，其中病史栏写明“末次月经8月6号，停经4月，现阴道有血性分泌物”。妇科检查、子宫位置栏“平缓，增大如3+月”，临床诊断结果是“先兆流产？宫内胚胎停止发育，死胎”。1月6日，冯杏兰与谭月仙联系，约好1月8日（星期天）上午到江城医院行门诊人流钳刮术。1月8日上午11时30分，谭月仙未叫冯杏兰到江城医院收款处缴纳手术费，就带冯杏兰到医院某个偏僻的房间给冯杏兰做门诊钳刮术。据冯杏兰家属反映，做手术前谭月仙已私下向患者家属收取230元，其中200元是手术费，30元为患者上次购买冲洗器的欠款。手术刚开始破膜，羊水流出时患者突然出现咳嗽、气促烦躁等症状，诊断为羊水栓塞。经采取措施症状无明显改善后，叫阳江市人民医院妇科钟主任到江城医院出诊。冯杏兰出事后谭月仙趁机将200元手术费退给冯杏兰丈夫周开锦。以上事实，有冯新庆、梁秀芬提供的江城医院江医［95］通字第1号《关于对本院妇产科医师谭月仙违反医院管理制度的错误作出处理的通报》及该院作出的《本院妇产科医师谭月仙给患者冯杏兰做人流手术的过程、处理经过、事件分析汇报材料》为证。

阳江市人民医院钟主任出诊，见患者全身紫淤，阴道流血，羊水栓塞合并DIC，心率160次/分，即用西地兰、阿托品等药物，并输入同型血500ml、凝血因子1瓶，阴道流血减少。后行钳刮术，术中刮出胎盘、四肢，而头颅及脊柱未钳出。当日下午4时，冯杏兰被转往阳江市人民医院继续抢救治疗，以“3+月死胎人流、羊水栓塞并DIC，失血性休克”收入院。1月11日，为冯杏兰行清宫术，钳刮出股骨、头皮、脊柱以及其他残留组织，患者病情有好转。1月13日经内科及血透室会诊，决定对病人做血液透析。但因病人已出现尿毒症病症，四肢水肿，无法寻找到静脉通道，而病人基础压较低、凝血机制差，于经脉穿刺时容易皮下出血，静脉口出血难以止血。基于上述原因，未能做血液透析。1月15日11时45分，冯新庆在《阳江市人民医院手术申请》上签名，向医院申请给冯杏兰做血液透析。1月16日，医院将病人病情向家属阐明，病人随时有死亡可能，家属理解，冯新庆在病历上签字。1月17日上午，经再次会诊，阳江市人民医院决定做血液透析增大抢救机会，但冯杏兰家属以经济困难为由拒绝血透。经向冯杏兰家属释明，表示理解。1月18日上午6：30，冯杏兰病情危重，患者家属表示理解，但因经济困难，未能答复是否做血透。7：00再次询问是否做血透。9：00向冯新庆说明患者病情危重，尿毒症并发肺部严重感染。冯表示理解，但因经济来源困难，无法做血透。下午15：40，冯杏兰经抢救无效死亡。以上事实，有冯新庆在申诉时提供的《阳江市人民医院住院病历》、《阳江市人民医院手术申请》为证，上述证据在申诉听证时经双方当事人质证。

冯杏兰死亡后，冯新庆、梁秀芬认为江城医院谭月仙医师私收费，违反医疗操作规范，在不具备手术条件的情况下对患者冯杏兰施行钳刮术，致使其羊水栓塞引发尿毒症、肾功能衰竭，死亡，存在医疗过错，属于医疗事故，多次向院方投诉。

1995年2月16日，阳江市江城区医疗事故技术鉴定委员会根据江城医院医疗事故处理小组的申请，就上述医疗纠纷进行鉴定，并于1995年2月26日作出《冯杏兰死亡事件鉴定报告》，鉴定分析意见结论是：1. 根据医疗护理技术操作常规规定，病员妊娠十至十四周可行钳刮术。2. 此病员的主要死因是钳刮术并发羊水栓塞。钳刮术过程中发生羊水栓塞难以避免；一旦发生，死亡率高。根据《医疗事故处理办法》第三条第三款“发生难以避免的并发症的”不属于医疗事故。3. 病员在羊水栓塞发生后转送市人民医院抢救治疗的十天中，病人家属不配合治疗，如应做血液透析治疗，其家属虽说无钱，但为了抢救病人的生命，院方仍要坚持给她做透析，首次因找不到血管而做不成，后来，院长会诊时强调家属无钱也要帮助病者做透析，但因家属不配合而未能做；在准备用较新的广谱抗生素抗感染时，其家属未能配合而未能使用。在严重感染、多系统多脏器功能衰竭和尿毒症的情况下，失去了抢救的最后机会。根据《医疗事故处理办法》第三条第四款“以病员及其家属不配合诊治为主要原因而造成不良后果的”，不属于医疗事故。在江城区医疗事故技术鉴定委员会全体成员和特邀上级有关专家、区卫生局有关人员共15人参加的鉴定会上一致认为，冯杏兰的死亡不构成医疗事故。并告知医患双方“如不服该鉴定结论，可在接到鉴定报告之日起十五天内向上一级医疗事故技术鉴定委员会申请重新鉴定或者向上一级卫生行政部门申请复议，也可以直接向当地人民法院起诉”。

1995年2月23日，江城医院作出法医（95）通字第1号《关于对本院妇产科医师谭月仙违反医院管理制度的错误作出处理的通报》，认定谭月仙在医院内私自卖给病人冲洗器两个（共收300元），另给患者做人流钳刮术私下收取手术费200元（后退回），严重破坏了医院的管理制度，在社会上造成极端不良的影响，对谭月仙作出处理决定：“按其私收金额500元罚款40倍即20000元，停止处方权，交清罚款半年后视其工作表现考虑恢复处方权，调离妇产科到收款处任收款员工作，三年内不得晋升技术职称，责令退还其他私收费用，将其错误行为通报及上报。”同年3月28日，江城医院作出《本院妇产科医师谭月仙给患者冯杏兰做人流手术的过程、处理经过、事件分析汇报材料》，向阳江市、江城区有关领导汇报了上述情况。

冯杏兰死后，冯新庆卧病在床，梁秀芬不断前往江城医院投诉，到人大有关部门上访、申诉。1995年7月28日，江城医院与梁秀芬签订《合约》一份。《合约》称江城医院为了照顾死者家属经济上的困难，给予7000元补助。冯杏兰死亡非医疗事故，此款不属赔偿性质，只为人道补偿。此后梁秀芬依然四处上访。1996年5月13日，在江城区人大有关人员主持下，梁秀芬与谭月仙又签订一份《关于对冯杏兰死亡不构成医疗事故的处理协议书》（下称《协议书》），谭月仙一次性支付10000元人道补偿款给梁秀芬，梁秀芬放弃追究此事。事后，梁秀芬继续申诉。

冯新庆、梁秀芬、周开锦向江城区人民法院起诉谭月仙，要求追究谭月仙民事责任和刑事责任。江城区人民法院审查认为，谭月仙的行为属于职务行为，被告主体不适格，于1998年4月9日裁定驳回冯新庆、梁秀芬、周开锦的起诉。冯新庆、梁秀芬、周开锦不服，向本院提出上诉。上诉期间，江城医院向本院提供一份证明，证明冯杏兰的医疗费400元已由江城医院收取。1998年8月6日我院驳回上诉，维持原裁定。

1998年10月21日，冯新庆、梁秀芬、周开锦再次以江城医院和谭月仙为被告，向江城区人民法院提起民事诉讼，要求被告赔偿各项费用83714.90元。江城区人民法院一审驳回冯新庆、梁秀芬、周开锦的诉讼请求。冯新庆、梁秀芬不服，向本院提起上诉。本院二审驳回上诉，维持原判。

冯新庆、梁秀芬不服二审判决，于1999年10月6日向本院递交申诉状，并向阳江市人民检察院提出申诉。2003年3月17日，阳江市人民检察院以阳检民行建字（2003）03号《检察建议书》建议本院对本案再审。本院立卷审查后，于2005年4月20日以（2003）阳中法审监民申字第18号《驳回申诉通知书》驳回其再审申请。冯新庆、梁秀芬不服，向广东省高级人民法院、阳江市人大、本院继续申诉。本院对该案予以复查。

复查中，本院为查明本案关键证据《冯杏兰死亡事件鉴定报告》的真实性、合法性，依法于2008年9月4日召开听证会。听证期间，本院要求江城医院提供1995年1月8日给死者冯杏兰实施钳刮术的病历记录，院方先称“医院经历几次搬家、病历丢失或找寻不到”，后又称“冯杏兰在医院诊疗时间未超过24小时，医院按制度未书写病历，冯杏兰案无病历”。另据阳江市人大常委会法制工作委员会2000年10月30日作出的《关于提请依法监督梁秀芬等人与阳江市江城区人民医院及第三人谭月仙损害赔偿纠纷案的调查报告》反映，2000年市人大法工委的同志也曾前往江城医院试图调取冯杏兰一案原始病历，但院方称“冯杏兰的门诊抢救记录因多年来有关单位多次调查取证四处辗转，经两级法院审理结案而不再保存”。三种说法不一，但江城医院始终未能提供冯杏兰的病历。另外，本院还要求江城区卫生局提供1995年江城区医疗事故技术鉴定委员会作出《冯杏兰死亡事件鉴定报告》的相关材料，包括病历、评议记录、参会人员资质及名单、到会签名等。江城区卫生局称该案在当时评议时经集体讨论研究过，且有作会议记录和参会人员签字，但因档案保管不规范、年久无从查证，无法提供上述材料。

另查明，梁秀芬现年75岁，不识字，不会写自己的名字。其与江城医院、谭月仙签订的两份和解协议，均是经他人口述、他人代签名、自己盖指模。梁秀芬称，签订两份合约期间，冯新庆一直卧病在床，梁秀芬在江城医院门口静坐上访，影响到医院的形象和声誉，院方为此向两申请人表示愿补助其7000元。负责解释协议书的一个女子向梁秀芬解释称“此款不属于赔偿款，只是给二老生活援助、增加营养用的”，梁秀芬认为是院方为了不让他们堵在医院门口影响院方工作而提供补助的，且当时生活极其困难，冯新庆疾病缠身，就盖了指模，收下了这部分补偿款。

再审期间，本院审判人员到冯新庆、梁秀芬户口所在地阳江市公安局江城分局城北派出所调查常住人口登记表，证实除冯杏兰一个女儿外，还有三个儿子：冯常（1957年3月2日出生）、冯宏（1962年8月9日出生）、冯挺记（1970年10月11日出生）。再审期间，审判人员将冯常、冯宏、冯挺记常住人口信息表出示给冯新庆看时，他拒绝看上述材料，否认有三个儿子。

本院认为，本案的争议焦点是：1.《冯杏兰死亡事件鉴定报告》能否作为认定冯杏兰死亡原因证据问题。2. 江城医院是否存在过错，是否应承担民事赔偿责任以及冯杏兰死亡赔偿数额计算问题。3. 梁秀芬与江城医院、谭月仙分别签订的《合约》和《协议书》，是否是当事人真实意思表示问题。4. 本案是否超过两年申请再审期限以及冯新庆、梁秀芬的子女认定问题。

1. 关于《冯杏兰死亡事件鉴定报告》能否作为认定冯杏兰死亡原因证据的问题。

《冯杏兰死亡事件鉴定报告》存在重大瑕疵，不能作为认定冯杏兰死亡原因的证据。(1)《报告》所述的诊疗过程，缺乏病历等证据支持。国务院《医疗事故处理办法》第八条明确规定，“发生医疗事故或事件的医疗单位，应指派专人妥善保管有关的各种原始资料。严禁涂改、伪造、隐匿、销毁。因输液、输血、注射、服药等引起不良后果的，要对现场实物暂时封存保留，以备检验”。医疗事故或医疗事件发生后，原始资料和病历是病情发展的真实记录，是唯一能够证明诊疗过程的证据，院方有妥善保管有关资料的法定义务，以证明诊疗事实。结合院方和患方的举证能力，应由院方承担证明诊疗过程的责任。如其无法提供病历等原始资料，无法说明院方曾实施过怎样的治疗抢救手段，就应承担举证不能的责任。但是，本案一审、二审直至申诉审查阶段，江城医院及江城区卫生局均未能提供冯杏兰手术记录或病历记载，甚至江城医院对病历是否存在这一问题，前后出现三种不同的陈述。江城区医疗事故技术鉴定委员会在没有“冯杏兰门诊流产病历”证明医疗过程的前提下，作出的《冯杏兰死亡事件鉴定报告》没有事实依据。(2)《报告》根据《医疗事故处理办法》第三条第四款“病人及其家属不配合诊治为主要原因而造成不良后果的，不属于医疗事故”作为鉴定结论的依据，没有事实依据。冯新庆、梁秀芬在再审申请阶段提交了一份《阳江市人民医院住院病历》及 1995 年 1 月 13 日《阳江市人民医院手术申请》，证明冯新庆、梁秀芬并非不配合医院做血液透析，而是当时已明确向院方表示同意做血液透析。冯新庆、梁秀芬始终很配合阳江市人民医院抢救冯杏兰，也理解手术的高风险性，因此其在《阳江市人民医院手术申请》上签名确认，在冯杏兰住院病历第 12 页上也签名确认。最终未做血透，原因是家属经济困难，无法筹措到血透所需的治疗费。而《冯杏兰死亡事件鉴定报告》却称“院方为了抢救病人的生命，即使家属说无钱也坚持给她做血透，首次因找不到血管而做不成，后来，院长会诊时强调家属无钱也要帮助病者做透析，但因家属不配合而未能做”，这部分事实论述缺乏证据支持。相反，冯新庆、梁秀芬在申诉阶段提供的《阳江市人民医院住院病历》和《阳江市人民医院手术申请》均证明申请人并无不配合诊治的情形。据此，江城区医疗事故技术鉴定委员会作出的《冯杏兰死亡事件鉴定报告》，存在重大瑕疵，不能作为本案认定冯杏兰死亡原因的证据，原一、二审法院采信这一证据，认定事实不清，证据不足。

2. 江城医院是否存在过错，是否应承担民事赔偿责任以及冯杏兰死亡赔偿数额计算问题。

医疗纠纷适用举证责任倒置原则，一方面患者承担初步举证责任，对自己受到损害的事实和接受过医疗的事实承担举证责任，冯新庆、梁秀芬、周开锦在本案已完成上述举证责任。另一方面，医疗机构要对医疗行为与患者的损害后果不存在因果关系、不存在过错承担举证责任，否则，医疗机构要承担举证不能的法律后果。本案由于江城医院未能提供冯杏兰在江城医院进行人流钳刮手术和抢救的病历记录，无法说明院方曾实施过怎样治疗抢救手段，至此已无法对冯杏兰死亡是否构成医疗事故重新进行鉴定，对此江城医院应承担举证不能法律后果，本院依法推定江城医院对冯杏兰的死亡存在过错，因此，江城医院应对冯杏兰的死亡承担赔偿责任。冯新庆、梁秀芬、周开锦在原一、二审提出的诉讼请求是：要求江城医院、谭月仙共同赔偿医疗费 6184. 90 元，丧葬费 17530 元，抚养费、生活困难及精神损失赔偿费等 60000 元，合共 83714. 90 元；冯新庆、梁秀芬在再审变更的请求是：要求江城医院、谭月仙赔偿医疗费 10000 元、住院伙食补助 500 元、误工费 60000 元、陪护费 400 元、丧葬费 30000 元、抚养费 40000 元、交通费 2000 元、精神损害抚慰金 40000 元、律师费 4000 元等，共 279500 元。参照《广东省高级人民法院关于民事、行政再审案件审理程序的若干规定》第十二条的规定："再审申请人在庭审辩论终结前改变再审请求、再审理由的，以变更后的请求、理由为准。变更后的请求、理由超过原一审诉讼请求范围的，人民法院再审不予审理，但当事人同意调解的除外。"本案应围绕冯新庆、梁秀芬、周开锦在原一、二审提出要求江城医院、谭月仙赔偿 83714. 90 元的诉讼请求来审理。冯杏兰死亡时间是 1995 年 1 月 18 日，冯新庆、梁秀芬、周开锦在 1998 年 10 月 21 日向江城区人民法院起诉，本院在 1998 年 8 月 7 日作出二审判决。在本案一、二审审理期间，我国还没有制定统一的人身损害赔偿标准，对于当时审理的人身损害赔偿案件，只能参照《道路交通事故处理办法》的赔偿计算方法和冯杏兰死亡时（1995 年 1 月）的《1994 年度道路交通事故损害赔偿的计算标准》，冯新庆、梁秀芬、周开锦因冯杏兰死亡造成的损失如下：1. 死亡补偿费 37774. 8 元。按照 1994 年度城镇居民年人均生活费 3777. 48 元，补偿 10 年，为 37774. 8 元。2. 丧葬费 1200 元。3. 住院伙食费 110 元。住院时间是 1995 年 1 月 8 日至 1995 年 1 月 18 日共 11 天，按每天 10 元标准。4. 误工费 165 元。按事故发生时国营制造业年收入 5542 元标准，每天 15 元，住院时间 11 天，误工费为 165 元。5. 被抚养人生活费 6000 元。按事故发生地居民生活困难补助标准每月 50 元，抚养 20 年，冯新庆、梁秀芬有四个子女，被扶养人冯新庆、梁秀芬的生活费是 6000 元（50 元 × 12 月 × 20 年 × 2 人/4）。6. 精神损害抚慰金 35000 元。由于冯杏兰的死亡以及后来冯新庆、梁秀芬为此案长期向有关部门上访、申诉，给冯新庆、梁秀芬、周开锦造成巨大的精神痛苦，可酌情确定精神损害抚慰金为 35000 元。冯新庆、梁秀芬、周开锦没有提供医疗费凭据，对其要求赔偿 6184. 9 元医疗费的请求，本院不予支持。据此，江城医院应赔偿冯新庆、梁秀芬、周开锦因冯杏兰死亡造成的损失为 80249. 8 元。原一、二审判决采信江城区医疗事故技术鉴定委员会作出的《冯杏兰死亡事件鉴定报告》，认定江城医院不承担赔偿责任不当，应予纠正。

3. 梁秀芬与江城医院、谭月仙分别签订的《合约》和《协议书》，是否是当事人真实意思表示问题。

梁秀芬曾分别于 1995 年 7 月 28 日和 1996 年 5 月 13 日与江城区人民医院和谭月仙签订《合约》和《关于对冯杏兰死亡不构成医疗事故的处理协议书》。该两份协议书称，医患双方达成共识，冯杏兰之死非医疗事故造成，院方及谭月仙不承担责任。在此基础上，院方及谭月仙出于人道主义关怀给予死者家属 7000 元及 10000 元的补偿，死者家属不得再就此事向院方及谭月仙主张任何权利。两份协议书落款均为梁秀芬的名并盖有指模，但两个签名字迹显然不是出于同一人之手。经询问梁秀芬得知，其本人不识字，也不会写自己的名字，历来是他人代写、自己盖指模的。当时签订两份协议书的原因是，梁秀芬在江城区人民医院门口静坐上访，影响到医院的形象和声誉，院方为此表示愿给予相应补助。负责解释协议书的一个女子向梁秀芬解释称"此款不属于赔偿款，只是给二老生活援助、增加营养用的"，梁秀芬认为是院方为了不让她堵在医院门口影响院方工作而提供补助的，且当时生活极其困难，冯新庆又卧病在家，就盖了指模，收下了这些补偿款。从梁秀芬的文化程度和年龄看，结合她领取补偿款后一直不断上访的行为来看，她本人应是不能理解两份协议书真实意思的。且协议由对方当事人负责为其解释协议内容，梁秀芬这方没有其他人在场，也不利于其了解协议的真实内容。因此这两份协议不是冯新庆、梁秀芬真实的意思表示，不能据此认定冯新庆、梁秀芬放弃追究对方当事人的责任。江城医院、谭月仙出于人道主义关怀自愿给予冯杏兰家属 17000 元，应予准许，不能认定是江城医院对冯新庆、梁秀芬的赔偿款。

4. 本案是否超过两年申请再审期限以及冯新庆、梁秀芬的子女认定问题。

本院在 1999 年 8 月 7 日二审判决后，冯新庆、梁秀芬就一直不服，向本院提出申诉，这一事实有冯新庆、梁秀芬在 1999 年 10 月 6 日的申诉状证实，因此冯新庆、梁秀芬申请再审没有超过法律规定的两年期限。为了计算冯新庆、梁秀芬的被抚养人生活费，本院需查明冯新庆、梁秀芬的子女情况。冯新庆、梁秀芬在原一、二审、再审开庭都称只有一个女儿，没有儿子，再审期间，审判人员到冯新庆、梁秀芬户口所在地阳江市公安局江城分局城北派出所调查常住人口登记表，证实除冯杏兰一个女儿外，还有三个儿子：冯常（1957 年 3 月 2 日出生）、冯宏（1962 年 8 月 9 日出生）、冯挺记（1970 年 10 月 11 日出生）。再审期间，审判人员将冯常、冯宏、冯挺记常住人口信息表出示给冯新庆质证时，冯新庆拒绝看上述材料。本案应根据阳江市公安局江城分局城北派出所调查常住人口登记表，确认冯新庆、梁秀芬除冯杏兰一个女儿外，还有冯常、冯宏、冯挺记三个儿子。

综上所述，《冯杏兰死亡事件鉴定报告》存在重大瑕疵，不能作为本案认定事实的依据，由于江城医院未能提供冯杏兰在江城医院进行人流钳刮手术和抢救的病历记录，已无法对冯杏兰死亡是否构成医疗事故重新进行鉴定，对此江城医院应承担举证不能的法律后果，本院由此推定江城医院对冯杏兰的死亡存在过错，江城医院应赔偿冯新庆、梁秀芬、周开锦因冯杏兰死亡造成的损失 80249.8 元，原一、二审判决采信《冯杏兰死亡事件鉴定报告》的结论，认定江城医院不承担本案的赔偿责任，驳回冯新庆、梁秀芬、周开锦的诉讼请求不当，应予纠正。谭月仙作为江城医院的医生，在医院为冯杏兰进行治疗，是履行医生职务的行为，其产生的法律后果依法应由其所在单位江城医院承担。冯新庆、梁秀芬、周开锦起诉请求谭月仙承担赔偿责任，应予驳回。本案经本院审判委员会讨论决定，依照《中华人民共和国民法通则》第四十三条、第一百一十九条，《中华人民共和国民事诉讼法》第一百五十三条第一款第（三）项、第一百八十四条、第一百八十六条的规定，判决如下：

一、撤销本院（1999）阳中民终字第 93 号民事判决和阳江市江城区人民法院（1998）城民初字第 946 号民事判决。

二、阳江市江城区人民医院于本判决生效之日起 10 日内赔偿冯新庆、梁秀芬、周开锦 80249.8 元；

三、驳回冯新庆、梁秀芬、周开锦对谭月仙的诉讼请求。

如果未按本判决指定的期间履行金钱给付义务，应当按照《中华人民共和国民事诉讼法》第二百二十九条的规定，加倍支付迟延履行期间的债务利息。

原一、二审受理费共4800元，由阳江市江城区人民医院负担。

本判决为终审判决。

审 判 长 林　广
审 判 员 司徒达国
审 判 员 阙红光
二〇〇九年十一月六日
书 记 员 赖燕虹

【评析】

这是一份再审民事判决书，符合优秀裁判文书评选标准，被评为2010年全省法院优秀裁判文书。其具有以下鲜明特点：1. 判决书要素齐全，结构完整，层次分明，符合最高人民法院《民事审判监督程序裁判文书样式（试行）》的规定。2. 案件事实叙述完整、清晰、繁简得当。本案事实部分包括当事人在本案以往中的基本诉辩主张，尤其是将一审原告在一审中提出的诉讼请求准确地交代清楚，因为这一点涉及再审审理范围，还有本案历次裁判认定的基本事实，完整准确地叙明了本次再审认定的案件事实，着重叙述了与本次再审争议的事实及相关证据，繁简得当。3. 论证充分，实体处理得当。判决书准确把握了当事人的争议焦点，结合证据，正确认定事实，逻辑性、说理性强，论证全面，有针对性，做到“辨法析理，胜败皆明”。4. 该判决书适用法律正确，引用法条准确完整，语言通顺流畅，逻辑严谨，用语规范准确。5. 本案在不违反法律规定的前提下，给予十年来申诉不止的受害人充分的司法救济，促使当事人服判息诉，法律效果和社会效果良好。

●阳东县人民政府与中国建设银行股份有限公司阳江市分行等借款合同纠纷再审案民事判决书

阳江市江城区人民法院

民事判决书

（2009）城法审监民再字第2号

抗诉机关：阳江市人民检察院。

申诉人：阳东县人民政府。地址：阳东县城始兴路。

法定代表人：王作雄，阳东县县长。

委托代理人：谭开荣，阳东县法制局局长。

委托代理人：马威，阳东县法制局工作人员。

被申诉人（原审原告）：中国建设银行股份有限公司阳江市分行（原称中国建设银行阳江市分行）。地址：阳江市江城区东风一路50号。

法定代表人：关锦海，该行行长。

委托代理人：梁军，男，成年，该行职员。

被申诉人（原审第一被告）：阳江市化机贸易发展公司。地址：阳江市江城区豪贤路1号。

法定代表人：赵崇伟，该公司经理。

被申诉人（原审第二被告）：阳东县林化木片厂。地址：阳东县新洲镇新宝工业区。

法定代表人：王永光，该厂负责人。

第三人：黄万媛，女，1953年11月出生，汉族，住阳江市江城区万福路二街三巷7号。

委托代理人：欧建华，广东法盛律师事务所律师。

委托代理人：梁富述，男，1967年12月出生，汉族，住阳江市江城区沿江南路210号。

申诉人阳东县人民政府因与被申诉人中国建设银行股份有限公司阳江市分行（以下简称阳江建行）、被申诉人阳江市化机贸易发展公司（以下简称化机公司）及阳东县林化木片厂（以下简称木片厂）借款合同纠纷一案，不服本院于2003年12月15日作出的（2003）城法民二初字第1034号民事判决，向检察机关申诉。阳江市人民检察院于2008年11月12日作出阳检民行抗（2008）第19号民事抗诉书，向阳江市中级人民法院提出抗诉，阳江市中级人民法院于2008年12月12日作出（2009）阳中法民抗字第01号民事裁定书，指令本院再审本案。本院依法另行组成合议庭，公开开庭进行了审理，在审理过程中，本院依法追加债权受让人黄万媛作为第三人参加诉讼。阳江市人民检察院指派许进球、曾献法检察员出庭。申诉人阳东县人民政府及其委托代理人谭开荣、马威，被申诉人化机公司法定代表人赵崇伟、第三人黄万媛的委托代理人欧建华、梁富述到庭参加诉讼，被申诉人阳江建行及被申诉人木片厂经本院合法传唤无正当理由拒不到庭。本案现已审理终结。

2003年11月20日，原审原告诉称，第一被告于1999年12月27日分两次向原告分别借款50万元和42万元用于收购五金产品，双方签订了借款合同及抵押合同。合同约定：第一次借款期限自1999年12月27日起到2000年10月27日止，第二次借款期限自1999年12月27日起至2000年10月14日止，两次借款月利率均为5.567‰，均以第二被告所有的位于阳东县新洲镇新宝工业区的土地使用权［国有土地使用证：东府国用（1996）字第0201217号］作抵押担保，双方到国土部门办理了抵押登记手续。合同签订后，原告依约向第一被告发放贷款共92万元。贷款到期后，原告于2001年2月22日、2001年12月22日、2002年10月9日三次向两被告催收欠款，但第一被告未按合同的约定偿还贷款本息，计至2003年9月20日止，尚欠贷款本金92万元及利息254198.66元。现请求判令第一被告立即清偿所欠的借款本金92万元及利息，并判令依法拍卖第二被告位于阳东县新洲镇新宝工业区的土地使用权优先偿还原告贷款本息。第一被告化机公司对原告起诉的事实及请求无异议；第二被告木片厂没有到庭也没有答辩。

原审查明，第一被告于1999年12月27日分两次向原告分别借款50万元和42万元用于收购五金产品，双方签订了借款合同及抵押合同。合同约定：第一次借款期限自1999年12月27日起到2000年10月27日止，第二次借款期限自1999年12月27日起至2000年10月14日止，两次借款月利率均为5.567‰，均以第二被告所有的位于阳东县新洲镇新宝工业区的土地使用权［国有土地使用证：东府国用（1996）字第0201217号］作抵押担保，双方到国土部门办理了抵押登记手续。合同签订后，原告依约向第一被告发放贷款共92万元。贷款到期后，原告于2001年2月22日、2001年12月22日、2002年10月9日三次向两被告催收欠款，但第一被告未按合同的约定偿还贷款本息，计至2003年9月20日止，尚欠贷款本金92万元及利息254198.66元。

原审认为，原、被告在平等自愿协商一致的基础上签订借款合同及贷款抵押合同，各方主体适格，合同内容真实，该合同是合法有效合同。原告依约发放借款给第一被告后，第一被告理应按约定期限履行还款付息的义务，而逾期未履行是违约行为，应承担违约责任。第二被告以其所有的土地使用权作借款抵押，并办理抵押登记，根据《中华人民共和国担保法》第四十一条“当事人以本法第四十二条规定的财产抵押的，应当办理抵押登记，抵押合同自登记之日起生效”的规定，该抵押关系合法有效。原告请求拍卖第二被告抵押的土地使用权及附着物，所得款优先受偿的请求符合法律规定，本院予以支持。第二被告经本院传票传唤，无正当理由拒不到庭应诉，本院依法作缺席审理。综上所述，依照《中华人民共和国民法通则》第八十四条，《中华人民共和国担保法》第四十一条、第四十二条、第五十三条以及《中华人民共和国民事诉讼法》第一百三十条的规定，判决如下：一、第一被告尚欠原告借款本金 92 万元，限在本判决生效之日起三十日内付清。二、第一被告尚欠原告借款本金 92 万元的利息 254198.66 元（该利息计至 2003 年 9 月 20 日止，以后利息按中国人民银行有关规定的利率计至还清本金时止）限在本判决生效之日起三十日内付清。三、第一被告逾期还款，则拍卖第二被告所有的位于阳东县新洲镇新宝工业区的土地使用权［国有土地使用证：东府国用（1996）字第 0201217 号］及附着房屋，所得价款由原告优先受偿。

阳江市人民检察院抗诉认为：一、原审法院认定“第二被告（即木片厂）以其所有的土地使用权作借款抵押，并办理抵押登记，根据《中华人民共和国担保法》第四十一条‘当事人以本法第四十二条规定的财产抵押的，应当办理抵押登记，抵押合同自登记之日起生效’的规定，该抵押关系合法有效”是错误的。1996 年 7 月 16 日，化机公司开办木片厂。阳东县人民政府为支持镇企业的发展，将位于新洲镇新宝工业区属国有的 23925 平方米土地使用权无偿划拨给木片厂使用。1997 年 1 月 22 日，木片厂领取了阳东县人民政府颁发的东府国用（1996）字第 0201217 号《国有土地使用权证》，其使用权是划拨的土地使用权。1999 年 12 月 27 日，化机公司两次向阳江建行共借款 92 万元购买五金产品，并以木片厂所有的位于阳东县新洲镇新宝工业区的土地使用权作抵押担保，后到阳东县国土资源局办理《土地他项权利证明书》。木片厂在办理抵押登记时，没有与国土管理部门签订土地使用权出让合同和交付土地出让金。根据《中华人民共和国城镇国有土地使用权出让和转让暂行条例》第四十四条“划拨土地使用权，除本条例第四十五条规定的情况外，不得转让、出租、抵押”，第四十五条“符合下列条件的，经市、县人民政府土地管理部门和房产管理部门批准，其划拨土地使用权和土地上建筑物，其他附着物所有权可以转让、出租、抵押；……（三）具有地上建筑物、其他附着物合法的产权证明；……（四）依照本条例第二章的规定签订土地使用权出让合同，向当地市县人民政府补交土地使用权出让金或者以转让、出租、抵押所获收益抵交土地使用权出让金”及根据《划拨土地使用权管理暂行办法》第五条“未经市、县人民政府土地管理部门批准并办理土地使用权出让手续，交付土地使用权出让金，土地使用者不得转让、出租、抵押土地使用权”的规定，木片厂未经国土管理部门批准和签订土地使用权出让合同、支付土地使用权出让金，而擅自以该划拨土地使用权作贷款抵押。该抵押合同违反上述法律的规定，根据《中华人民共和国合同法》第五十二条“有下列情形之一的，合同无效：……（五）违反法律、行政法规的强制性规定”的规定，木片厂以划拨土地使用权作抵押而签订的抵押合同无效。因此，一审法院认定“第二被告（即木片厂）以其所有的土地使用权作借款抵押，并办理抵押登记，根据《中华人民共和国担保法》第四十一条‘当事人以本法第四十二条规定的财产抵押的，应当办理抵押登记，抵押合同自登记之日起生效’的规定，该抵押关系合法有效”是错误的。二、原审法院适用法律不当。如前所述，1999 年 12 月 27 日，化机公司、木片厂与阳江建行签订的抵押合同，属于无效合同。一审法院适用《中华人民共和国担保法》第四十一条、第四十二条、第五十三条的规定作出判决是错误的。

本院在再审过程中，申诉人认为：一、木片厂取得的 23925 平方米的土地使用权是划拨的土地使用权。木片厂于 1996 年 7 月 16 日由化机公司开办，并向阳东县工商行政管理局申请开业登记注册。我县政府为了支持镇企业发展，将位于新洲镇新宝工业区的国有财产23925平方米的土地使用权无偿划拨给木片厂使用。木片厂于1997年向阳东县国土资源局申请办理《国有土地使用证》，阳东县人民政府于1997年1月22日颁发东府国用（1996）字第0201217号《国有土地使用权证》，其使用权类型为划拨土地使用权。二、木片厂取得的23925平方米土地的划拨土地使用权，只有使用权，没有处分权，其以划拨土地使用权为他人借款抵押是无效的。化机公司于1999年12月27日分两次向阳江建行借款50万元和42万元，木片厂作为担保人，用其只有使用权而没有处分权的位于阳东县新洲镇新宝工业区的划拨土地的土地使用权为化机公司借款92万元作抵押担保。根据《中华人民共和国城镇国有土地使用权出让和转让暂行条例》第四十五条“符合下列条件的，经市、县人民政府土地管理部门和房产管理部门批准，其划拨土地使用权和地上建筑物、其他附着物所有权可以转让、出租、抵押：（一）土地使用者为公司、企业、其他经济组织和个人；（二）领有国有土地使用证；（三）具有地上建筑物、其他附着物合法的产权证明；（四）依照本条例第二章的规定签订土地使用权出让合同，向当地市县人民政府补交土地使用权出让金”的规定，而该土地上没有建筑物或者其他附着物，是单一土地。抵押时，木片厂没有与我县国土部门签订土地使用权出让合同，也没有补交土地使用权出让金，因此，该划拨土地使用权不符合上述法规第四十五条第（三）、（四）项的条件，该划拨土地使用权不具备抵押的法定条件。根据《中华人民共和国国有土地使用权出让和转让暂行条例》第四十四条“划拨土地使用权，除本条例第四十五条规定的情况外，不得转让、出租、抵押”的规定，该23925平方米的划拨土地使用权不得抵押。故木片厂以该划拨土地使用权为化机公司作抵押担保是无效的。即使阳东县国土部门为木片厂办理了抵押的他项权利证明书，但因该划拨的土地使用权不具备抵押的条件，是不得抵押的，阳东县国土部门办理的土地他项权利证明书是违法办理的，该行政行为是无效的，因此，其抵押是无效的。三、原审判决认定木片厂的23925平方米划拨土地使用权作为抵押有效，属查明事实不清，认定事实错误，违反有关法律法规规定。原审法院在审理该案时，未对抵押的合法性作出审查，未审查阳东县国土部门是否依法办理该划拨土地使用权的抵押登记手续，就认定该划拨土地使用权抵押有效，是查明事实不清，导致认定事实错误。因此，请求撤销原审判决的第三项，认定该划拨的土地使用权抵押无效，将该土地交回阳东县人民政府处理。

被申诉人化机公司辩称，木片厂的土地尚未缴交土地出让金是事实，但已交付了地款，取得了国土使用权证，该抵押应当认定有效。

被申诉人阳江建行在再审中没有到庭，也没有答辩。

被申诉人木片厂在再审中没有到庭，也没有答辩。

第三人黄万媛在再审中辩称：一、申诉人及抗诉机关所引用的《中华人民共和国城镇土地使用权出让和转让暂行条例》，其实施的时间是1990年5月19日，由国务院制定，其所引用的《划拨土地使用权管理暂行办法》实施时间是1992年3月8日，由国家土地管理局制定。而一审法院据以认定本案抵押合同合法有效的法律依据是《中华人民共和国担保法》，实施时间是1995年10月1日，由全国人大常委会制定。另外，国土资源部于2004年1月15日发布并施行的国土资发［2004］9号文《关于划拨国有土地使用权抵押登记有关问题的通知》进一步明确以国有划拨土地使用权抵押的效力如何认定问题。抗诉机关和申请人所引用的规定是过时的、无效的，且该规定属于规章，其效力远低于正式的法律、司法解释。因此，原审在2003年12月15日作出的判决适用法律正确。二、涉案土地使用权人为木片厂，使用权类型是划拨方式，已办理了土地使用权证，土地之上建有房屋，且已办理了房屋所有权证。木片厂以该土地为化机公司贷款作担保，并于1999年12月29日办理了抵押登记，取得了《土地他项权利证明书》。根据《中华人民共和国担保法》第四十一条规定“当事人以本法第四十二条规定的财产抵押的，应当办理抵押物登记，抵押合同自登记之日起生效”，又根据国土资源部于2004年1月15日发布的国土资发［2004］9号文《关于划拨国有土地使用权抵押登记有关问题的通知》规定“以国有划拨土地使用权为标的物设定抵押，土地行政管理部门依法办理抵押登记手续，即视同已经具有审批权限的土地行政管理部门批准，不必再另行办理土地使用权抵押的审批手续”。最高人民法院在转发上述通知的文件中规定“在《通知》发布之日起，人民法院尚未审结的涉及国有划拨土地使用权抵押经过有审批权限的土地行政管理部门依法办理抵押登记手续的案件，不以国有划拨土地使用权抵押未经批准而认定抵押无效，已经审结的案件不应依该《通知》提起再审”。三、阳东县人民政府不是本案的当事人，其此前已向江城区人民法院提出了执行异议申请，被江城区人民法院依法驳回了异议申请。根据2008年4月1日修改并施行的《民事诉讼法》第二百零四条规定，阳东县人民政府不是本案的当事人，是与裁定无关的案外人，其可以自裁定书送达之日起十五日内向上一级人民法院提起诉讼，但其没有提出诉讼而是通过抗诉机关对此案提请抗诉是不符合法律规定的。综上所述，请求法院依法驳回申诉人的请求，维持原审判决。

本院再审查明，被申诉人化机公司于1999年12月27日分两次向被申诉人阳江建行借款分别为50万元和42万元，用于收购五金产品，双方签订了借款合同及抵押合同。合同约定：第一次借款期限自1999年12月27日起到2000年10月27日止，第二次借款期限自1999年12月27日起至2000年10月14日止，两次借款月利率均为5.567‰，均以被申诉人木片厂所有的位于阳东县新洲镇新宝工业区的土地使用权［国有土地使用证：东府国用（1996）字第0201217号］作抵押担保，双方到国土部门办理了抵押登记手续。合同签订后，阳江建行依约向被申诉人化机公司发放贷款共92万元。贷款到期后，阳江建行于2001年2月22日、2001年12月22日、2002年10月9日三次向两被申诉人催收欠款，但被申诉人化机公司未按合同的约定偿还贷款本息，计至2003年9月20日止，尚欠贷款本金92万元及利息254198.66元。

另查，上述抵押土地及附属房屋位于阳东县新洲镇新宝工业区。领取了东府国用1996字第0201217号土地使用权证，该土地使用权证证明土地权属为国有，土地使用者为木片厂，土地用途为工业厂房，面积23925平方米，以划拨方式取得。附属房屋分别领取了粤房字第4365918号，粤房字第4365921号房屋所有权证，两证登记的权属人均为木片厂，建筑面积为384平方米和240平方米，合共624平方米，用途为非住宅，均为混合结构一层，于1996年由木片厂自建。被申诉人化机公司于1999年12月27日向阳江建行贷款时均以木片厂所有的上述土地使用权作抵押担保，双方在国土部门办理抵押登记时已领取了阳东县国土资源局核发的东府他项（1999）字第015号《土地他项权利证明书》，后因借款方没依约偿还本息，阳江建行提起诉讼。本院于2003年12

月 15 日，作出了（2003）城法民二初字第 1034 号民事判决认定上述抵押关系合法有效，化机公司应于判决生效后 30 日内向阳江建行偿还借款本金 92 万元及相应利息，逾期还款则拍卖木片厂所有的上述土地使用权及其附属房屋，所得价款由阳江建行优先受偿。判决生效后，阳江建行于 2004 年 4 月 6 日向本院申请执行。本案在执行过程中，黄万媛于 2008 年 7 月 9 日受让了本案的全部债权，本院根据当事人的申请于 2008 年 8 月 5 日变更了申请执行人为黄万媛，并查封且拟评估拍卖上述土地使用权及其附属房屋。申诉人阳东县人民政府因此于 2008 年 9 月 23 日向本院提出执行异议，要求确认上述土地抵押无效并将土地交回异议人处理。本院依法组成合议庭对异议人的异议进行了审查，并于 2008 年 10 月 15 日作出了（2008）城法执异字第 23 号执行裁定书，驳回了异议人阳东县人民政府的异议。阳东县人民政府因此向江城区人民检察院提出申诉。

以上事实有人民币资金借款合同、贷款抵押合同、贷款转存凭证以及土地他项权利证明书、本院执行裁定书、检察机关抗诉书等证据证实。

本院再审认为，由于木片厂将涉案土地作抵押已经土地行政管理部门依法办理抵押登记手续，应认定其为有效抵押，本院原审判决确认该抵押有效，符合《中华人民共和国担保法》的有关规定。至于申诉人阳东县人民政府称上述土地尚欠土地出让金的问题，《中华人民共和国城镇国有土地使用权出让和转让暂行条例》第四十五条规定："符合下列条件的，经市、县人民政府土地管理部门和房产管理部门批准，其划拨土地使用权和地上建筑物、其他附着物所有权可以转让、出租、抵押：（一）土地使用者为公司、企业、其他经济组织和个人；（二）领有国有土地使用证；（三）具有地上建筑物、其他附着物合法的产权证明；（四）依照本条例第二章的规定签订土地使用权出让合同，向当地市、县人民政府补交土地使用权出让金或者以转让、出租、抵押所获效益抵交土地使用权出让金。"上述规定阐明了政府的土地出让金是在土地转让、出租或者抵押之前设定的特殊债权，是应当优先于其他债权的法定债权，也就是土地出让金应当在转让、出租、抵押所获效益中优先于其他任何债权得到受偿。《中华人民共和国担保法》第五十六条"拍卖划拨的国有土地使用权所得的价款，在依法缴纳相当于应缴纳的土地使用权出让金的款额后，抵押权人有优先受偿权"更明确了尚未缴纳土地出让金的土地被依法拍卖时，该土地所应当缴纳的土地出让金优先于抵押债权受偿。由此可见，本案原审判决第三项"第一被告逾期还款，则拍卖第二被告所有的位于阳东县新洲镇新宝工业区的土地使用权［国有土地使用证：东府国用（1996）字第 0201217 号］及附着房屋，所得价款由原告优先受偿"与上述规定并没有抵触。因此，本案申诉人所主张的木片厂尚欠其土地出让金，该土地出让金可在拍卖上述抵押的土地使用权时得到法定的优先受偿，属于执行阶段处理的范围，不是本案审判阶段处理的范围。被申诉人木片厂以上述土地使用权为化机公司抵押借款是经国土部门办理抵押登记并核发土地他项权利证明书，程序合法。申诉人阳东县人民政府称木片厂擅自将划拨土地抵押借款，认为涉案土地抵押无效，理由不充分，本院不予采纳，其请求撤销本案原审判决第三项并将涉案土地交回其处理，理据不足，本院不予支持。

综上所述，本案原审判决认定事实清楚、证据充分、处理正确，故应予维持。本案经本院审判委员会讨论决定，依照《中华人民共和国民事诉讼法》第一百八十六条、第一百三十条以及《中华人民共和国民法通则》第八十四条第二款、第九十条、第一

百一十一条,《中华人民共和国担保法》第四十一条、第四十二条、第五十三条、第五十六条的规定,判决如下:

维持本院(2003)城法民二初字第1034号民事判决。

如不服本判决,可在判决书送达之日起十五日内,向本院递交上诉状,并按对方当事人的人数提交副本,上诉于阳江市中级人民法院,并预交上诉案件受理费。

审 判 长 凌远文
审 判 员 朱小萍
人民陪审员 林天成
二〇〇九年十二月二十二日
书 记 员 魏青梅

【评析】

本判决书是按照民事审判监督程序裁判文书的最新样式制作的一份判决书。判决书结构完整、层次分明、逻辑严谨、论理充分,充分地体现了对法律的巧妙运用和说理功能,被评为2010年全省法院优秀裁判文书。其独到之处表现在:本案属于以划拨的国有土地使用权作抵押担保的借款合同纠纷案件,原审法院对案件处理虽然正确,但论理不够充分,判决主文表述不够详尽,也不够科学,使当事人尤其是本案申诉人在对相关法律理解不透彻的情况下容易对判决产生误解,对涉案抵押土地尚未缴纳的土地出让金能否如数追缴产生很大悬念,不能信服。而再审判决中,在详尽地阐明案件事实后,精准运用法律条文展开论述,并对申诉人最担心的切身利益(即土地出让金)问题作出了深入的法理分析,引导当事人正确理解相关法律,从而确信其利益不会受到侵犯,既维护了原审判决的严肃性,又巧妙地弥补了原审判决的不足之处。判决书针对性强、说理透彻、文字流畅、语言表述淋漓尽致,案件处理结果无懈可击,使申诉人服判息诉。

● 佛山市供销企业集团与冯水金等合作开发房地产合同纠纷再审案民事判决书

广东省茂名市中级人民法院

民事判决书

（2009）茂中法民再字第14号

抗诉机关：广东省人民检察院。

申诉人（一审原告、二审上诉人）：佛山市供销企业集团。住所地：佛山市同济西路同福东一街3号之二。

法定代表人：肖夏沫，佛山市供销企业集团总经理。

委托代理人：任小宪，广东广立信律师事务所律师。

被申诉人（一审被告、二审上诉人）：冯水金，男，1959年1月17日出生，汉族，住茂名市为民路18号大院9号601房。

被申诉人（一审被告、二审上诉人）：李翠琼，女，1963年1月11日出生，汉族，住茂名市为民路18号大院9号601房。

上述两被申诉人的共同委托代理人：张洪杰，广东海法律师事务所律师。

申诉人佛山市供销企业集团（以下简称供销集团）与被申诉人冯水金、李翠琼合作开发房地产合同纠纷一案，原经茂名市茂南区人民法院于2007年3月23日作出（2007）茂南法民初字第129号民事判决，供销集团不服该判决，向本院提起上诉。本院于2007年8月31日作出（2007）茂中法民一终字第166号民事判决，维持一审判决。原判决发生法律效力并已经执行完毕后，供销集团不服该终审判决，向茂名市人民检察院提出申诉，茂名市人民检察院提请广东省人民检察院抗诉。2008年10月6日，广东省人民检察院于2008年10月6日作出粤检民抗字［2008］236号民事抗诉书，向广东省高级人民法院提出抗诉。广东省高级人民法院于2008年11月27日作出（2008）粤高法民抗字第197号民事裁定书，指令本院再审本案。本院依法另行组成合议庭，于2009年7月14日公开开庭审理了本案，茂名市人民检察院指派检察员林瑞松、崔松出庭支持抗诉。申诉人供销集团的法定代表人肖夏沫及其委托代理人任小宪，被申诉人冯水金、李翠琼的委托代理人张洪杰到庭参加诉讼。本案现已审理终结。

2001年6月8日，一审原告供销集团起诉至茂南区人民法院称，2001年12月5日，佛山市南国商贸实业总公司（以下简称南国公司）与被告冯水金及其持有的茂名市文明建材经营部签订《房地产合作开发合同书》，约定双方共同投资，联合开发位于茂名市区房地产项目，其中南国公司投资采用利润包干方式，即南国公司投资190万元，被告保证南国公司获得利润，被告冯水金之妻即第二被告李翠琼提供其住宅抵押担保，并作为担保人签名确认。南国公司依约向被告冯水金支付了190万元。项目完成后，被告冯水金没有依约支付190万元及利润给南国公司。2003年6月，南国公司将上述合同下债权转让给原告供销集团。2004年11月20日原、被告签订补充协议，被告冯水金进一步确认上述事实，并承诺2005年12月30日前付清上述款项，但至今被告冯水金仍未履行。原告认为上述债务属两被告作为夫妻之共同债务，冯水金、李翠琼应承担连带清偿责任，请求法院判令：1. 被告冯水金返还投资款190万元，支付逾期利息17635.80元。2. 被告李翠琼对上述债务承担连带清偿责任。3. 案件诉讼费由被告承担。

一审两被告辩称：1. 原告主张答辩人冯水金仍未履行返还投资款的义务，尚欠原告投资款190万元，没有事实根据。事实上，2004年11月20日原告与答辩人冯水金签订补充协议之后，答辩人在2006年1月27日至2006年6月23日期间，分3次共偿还93.8万元，仅欠原告投资款96.2万元，而不是190万元。原告要求答辩人归还投资款190万元，显然没有事实依据。2. 原告要求答辩人支付逾期付款利息17635.80元，不能成立。3. 原告在今天开庭时变更诉讼请求，要求答辩人支付57万元利润，不符合法律规定，不能列入本案审理。况且这57万元利润属保底条款，应不受法律保护。

原一审茂南区人民法院查明，2001年12月5日，南国公司与冯水金签订《房地产合作开发合同书》，约定双方共同投资，联合开发位于茂名市区房地产项目，其中第二条“投资方式及利润分配”约定，南国公司投资采用利润包干的形式，即南国公司投资190万元，冯水金保证南国公司获得利润57万元，冯水金之妻李翠琼提供其住宅抵押担保，并作为担保人签名确认。合同落款处乙方由冯水金签名并盖有“茂名市文明建材经销部”印章。南国公司依约向冯水金支付了190万元，但南国公司并未派员进场参与经营。冯水金没有依约支付190万元及利润给南国公司。2003年6月，供销集团、南国公司、佛山市商贸资产经营有限公司三个单位共同签订《关于供销企业集团与南国商贸实业总公司资产处理的纪要》，确定：南国公司将应收大沥潘汉城140万元，应收茂名房地产合作开发项目投资190万元转让给原告，从2002年12月1日起作抵减应收南国公司的欠款。预期应收茂名房地产合作开发项目的收益（约57万元）归原告所有。佛山市审计局于2006年3月6日出具的《佛山市审计局关于佛山市供销企业集团债权债务审计调查报告》也确认了上述事实。2004年11月20日，双方当事人签订补充协议，冯水金进一步确认上述事实，并承诺2005年12月30日前付清上述款项。冯水金在2006年1月27日至2006年6月23日期间，分3次共偿还93.8万元给上诉人供销集团。其中，2006年1月27日还30万元，同年4月20日还33万元，同年6月23日还30.8万元。原告在庭上承认收到该三笔还款。

另查明，2001年10月10日，南国公司借款25万元给南海市大沥三铭达金属有限公司。2002年11月30日，南国公司与南海市大沥三铭达金属有限公司签订借款协议，潘汉城向南国公司借款人民币180万元。但这180万元的借款潘汉城出具给南国公司的借据却是2001年11月30日。2001年12月，潘汉城与上诉人冯水金签订借款协议书，约定冯水金向潘汉城借款210万元，用于茂名市区的房地产项目开发，借款年利率为30%。

2004年5月1日，潘汉城向冯水金作出书面声明，称“2001年12月与冯水金签订的房地产合作开发合同书的投资款210万元是佛山市的杜卫阳、肖夏沫等人出资的，并不是我本人，更不是南海市大沥三铭达金属有限公司的资金。该投资款本金210万元及利润63万元，全部应归杜卫阳等人。现声明，我决不向冯水金或茂名市翠辉房地产公司索要投资款210万元及利润63万元。在冯水金归还273万元给杜卫阳等人后，我签名的房地产合作开发合同已完成履约责任，完全无效。我不再向冯水金索要任何款项”。2004年11月19日，冯水金作出承诺，称“于2003年3月至2004年3月间共偿还潘汉城（实际是杜卫阳、肖夏沫等人）的投资款共83万元，现还欠杜卫阳等人190万元。为保障投资人杜卫阳、肖夏沫等人的利益，承诺：于2005年1月底前全部偿还投资本金及利润共190万元，并酌情给予补偿损失利息”。2006年6月23日，杜卫阳在冯水金的该承诺书下面的空白处亲笔写上：投资到冯水金210万元已收回全部本金及利息合共273万元。原告向本院出具证明称杜卫阳自1976年12月进入其单位工作至今，1996年起担任财会科长职务及集团董事会董事；肖夏沫自1980年9月进入公司工作至今，2001年起担任办公室主任职务及集团董事会董事。

2005年12月30日，中共佛山市纪律检查委员会办案人员向冯水金作的谈话笔录反映，供销集团最后投资190万元给冯水金的公司，而那210万元投资款是蔡义幸通过潘汉城划到冯水金的公司。蔡义幸也说这210万元是私人的款项，如果合同到期还款时要先还这私人筹集的210万元。因为事前蔡义幸交代过这是私人的款项，一定要先予归还，所以就陆续归还这笔投资款。至谈话当日，尚未还过供销集团190万元投资款。

茂南区人民法院一审认为：该案第一个争议焦点是原、被告之间签订的《房地产合作开发合同书》及之后签订的《补充协议》是否有效的问题。2001年12月5日佛山市南国商贸实业总公司与被告冯水金及茂名市文明建材经销部签订的《房地产合作开发合同书》以及后来签订的《补充协议》，是明为联营、投资，实为借贷的合同，违反了法律法规的规定，应确认为无效合同。被告除返还本金给原告外，还应支付占用该款期间按中国人民银行规定的同期贷款利率计算的利息给原告。因此，原告对57万元利润的主张本院不予支持。本案争议的第二个焦点是被告收到原告的投资款是190万元还是400万元的问题。原告提起诉讼的主要证据是《房地产合作开发合同书》和《补充协议》以及《关于供销企业集团与南国商贸实业总公司资产处理的纪要》。该三份主要证据均一致证实供销集团向被告投资190万元作为合作开发房地产的投资款。据此，应认定原告投资给被告的款项为190万元。原告在庭上称另外还有210万元是由供销集团先借给南海市大沥潘汉城，再由潘汉城借给被告冯水金，该210万元也属原告供销集团的公款。本院认为，该210万元是冯水金从潘汉城手上借来，有冯水金与潘汉城双方于2001年12月签订的《借款协议书》为据。该210万元的款项属另一法律关系，不属本案审理的范围，原告可通过法律途径另行解决。本案争议的第三个焦点是被告在2006年1月27日至2006年6月23日期间，分3次共已偿还93.8万元给原告，该93.8万元的还款是偿还本案的190万元投资款还是偿还其他的210万元借款的问题。本院认为，债务人在偿还债务时，是谁的债权就还给谁，这是常理，除非有债权转让的情形出现。被告冯水金借到潘汉城的钱，在还钱时应该还给债权人潘汉城才对，不可能将应还潘汉城的款划到原告账户。潘汉城的两份声明及被告冯水金的承诺书，证明了该210万元已经由潘汉城将债权转让给杜卫阳的事实，是私人的款项。无法证明该210万元是原告的投资款或潘汉城将债权转让给原告的事实。因此，原告的这一主张缺乏证据，不予支持。被告冯水金辩称，在2006年1月27日至2006年6月23日期间，分3次共已偿还93.8万元给原告，尚欠原告投资款本金962000元。原告也确认收到这三笔还款，被告的抗辩理由成立，证据充分，予以采信。原告主张被告应还本金190万元缺乏证据，本院不予支持。本案第四个争议焦点是原告主张的逾期付款的利息17635.80元能否支持的问题。本院认为，占用该款期间的银行利息被告应支付给原告，这一点前面已经作了论述说明，原告不能再重复主张利息。本案第五个争议焦点是，原告在开庭时明确提出的57万元利润主张是否属变更诉求的问题和在法庭调查阶段补充提交的17份证据是否属逾期举证的问题。本院认为，原告在起诉状中已主张被告支付利润，具体数额未写明。原告在开庭时将该请求明确为57万元，并且补交了相应的受理费。合议庭告知被告是否要答辩期，被告明确表示无须再给答辩期，并就原告请求的利润进行了当庭答辩。因此，原告在诉状中已主张的利润，在庭上明确提出具体数额为57万元，被告明确表示无须再给答辩期，该问题已不存在争议。原告在庭上补充提交的证据副本已交给被告，并在庭上进行质证，被告收到该证据副本拒绝质证视为被告放弃权利，不影响本院对该证据的认定。有关原告提交的录音光盘，在庭上公开播放时，由于录音效果不佳，双方当事人及合议庭成员均无法听清楚具体内容，原告在庭上也无法提交该录音的具体内容的文字说明。虽庭后补交了《录音》说明，但仍无法证明该录音的具体内容。所以该录音光盘本院不予采纳。原告提交的杜卫阳和肖夏沫两人的证词，由于原告在开庭前没有申请证人出庭作证，且两个证人自始至终都在旁听法庭审理，违反了证人不得旁听法庭审理的有关规定，故杜卫阳和肖夏沫两人的证词本院不予采纳。两被告属夫妻关系，原告主张被告李翠琼应对被告冯水金的上述债务承担连带清偿责任，其主张合法有据，予以支持。综上所述，原审法院依照《中华人民共和国民事诉讼法》第一百二十五条第一款，《中华人民共和国合同法》第五十二条第（五）项、第五十八条、第八十八条，最高人民法院《关于民事诉讼证据的若干规定》第五十四条第一款、第五十八条、第六十九条第一款第（三）项，最高人民法院《关于审理联营合同纠纷案件若干问题的解答》第四条第（二）项的规定并参照广东省高级人民法院《关于审理几类金融纠纷案件的若干意见（试行）》第三十九条第一款以及广东省高级人民法院《关于审理几类金融纠纷案件的若干意见（试行）》的说明第三点的规定，判决如下：一、2001年12月5日佛山市南国商贸实业总公司与被告冯水金签订《房地产合作开发合同书》及2004年11月20日原、被告签订的《补充协议》为无效合同。二、限被告冯水金在判决生效后的十日内清偿尚欠的投资款本金962000元给原告佛山市供销企业集团，并按中国人民银行规定的同期贷款利率计付占用借款期间的利息给原告（利息分两段计算：第一段按本金1900000元从2001年12月5日起计至2006年6月23日止；第二段按本金962000元从2006年6月24日起计至还清时止）。三、被告李翠琼对被告冯水金的上述债务承担连带清偿责任。四、驳回原告的其他诉讼请求。如果未按本判决指定的期间履行给付金钱义务，应当依照《中华人民共和国民事诉讼法》第二百三十二条之规定，加倍支付迟延履行期间的债务利息。案件受理费30484元，财产保全费10020元，合计40504元，由原告负担25854元，由被告负担14650元。

供销集团不服以上判决上诉称：一、关于本案的法律关系及其效力。一审认定双方签订的《房地产合作开发合同书》和《补充协议》是“明为联营、投资，实为借贷的合同，违反了法律法规的规定，应确认为无效合同”，这样认为是片面、错误的。无论从联营还是借贷的角度分析，都不存在违反法律、行政法规强制性规定无效的情形，因此双方就应按合同履行，上诉人要求被上诉人支付合同约定的利润57万元就应依法得到法院的支持。二、关于210万元投资的问题。一审法院认为“是另一法律关系，不属于本案审理的范围”，只认为“潘汉城的两份声明及被告冯水金的承诺书，证明了该210万元已经由潘汉城将债权转让给杜卫阳的事实，是私人的款项，无法证明该210万元是原告的投资款或潘汉城将债权转让给原告的事实”。我方认为一审法院人为地将210万元的投资与190万元投资割裂开了，必然导致认定事实错误，使被上诉人的谎言得以实现，使上诉人的权益受到严重的侵害。三、关于被上诉人归还的三笔转账款共93.8万元是清偿210万元投资款的事实。在佛山市审计局和佛山市纪委介入调查之前，210万元的还款情况是冯水金向杜卫阳、肖夏沫私人还款，再由他俩划现金入公账，两被上诉人没有直接划款到上诉人的公账上。在2005年，上述两机关介入调查后，上诉人的法定代表人蔡义幸要求冯水金将欠款统一改入上诉人的公账上。于是被上诉人在2006年1月27日、4月20日、6月23日先后支付了30万元、33万元、30.8万元，合计938000元。而在6月23日支付30.8万元时，刚清偿了210万元投资及利润，冯水金要求杜卫阳在其承诺书上证明“投资到冯水金210万元现已收回全部本金及利息合共贰佰柒拾叁万元”。可见，被上诉人提供的上述三笔转账款是清还210万元投资款及利润，这事实双方是确认的。四、关于录音和证人证词的采信问题。对于被上诉人提交的录音，一审法院认为“在庭上公开播放时，由于录音效果不佳，双方当事人及合议庭成员均无法听清楚具体内容，原告在庭上无法提交该录音的具体内容。虽庭后补充《录音》说明，但仍无法证明该录音的具体内容，所以该录音光盘本院不予采纳”。我们认为该录音符合最高人民法院《关于民事诉讼证据的若干规定》的形成条件，是有效的证据。上诉人按法庭的要求播放并事后提供的《录音》光盘及文字说明，内容清晰、时间上的逻辑关系明确。尤其被上诉人对仍欠190万元投资和利润事实的确认十分清楚，听力正常的人稍有耐心听一听，都能听清录音内容。一审法院轻易将该重要证据排除在外，不予采信，对上诉人主张的权利将是严重的损害，直接影响上诉人的权利是否能得到法院公正对待和保护。所以一审法院不予采纳录音证据，是毫无事实证据的，恳请二审法院认真审核，予以采纳。对于杜卫阳、肖夏沫的证词，上诉人在庭审前已提交给法院，其证词与其他证据相互印证，能够补充证实本案的事实，故亦请二审法院结合本案其他证据予以采信。综上所述，一审法院没有全面辨析本案所有证据材料，认定事实片面，适用法律不当，对本案的法律关系性质及效力作出错误判断，没有依法完整公正保护上诉人的合法权益，恳请二审法院全面查清要案事实，撤销一审判决第一项、第二项、第四项，支持上诉人的诉讼请求。

上诉人冯水金、李翠琼不服一审判决，上诉称：一、从程序方面说，被上诉人供销集团在一审时没有主张上诉人支付投资款占用期间的利息，而一审判决却判令上诉人支付该利息，明显越出了被上诉人的诉讼请求范围，构成了判非所诉，违反法定程序。二、从实体方面来说，被上诉人放弃了自己主张投资款占用期间的利息的权利，这是被上诉人依法处分自己的民事权利和诉讼权利的合法行为，应予支持。退一步而言，即使法律明确规定上诉人应当支付投资款占用期间的利息给被上诉人，根据《民事诉讼法》第十三条的规定，当事人有权在法律规定的范围内处分自己的民事权利和诉讼权利，因此被上诉人有权放弃主张上诉人支付该利息的权利，这是被上诉人依法处分自己的民事权利和诉讼权利的合法行为。本案中，被上诉人没有提出请求上诉人支付投资款占用期间的利息，而主张上诉人支付逾期付款的利息 17635.80 元，这一行为表明被上诉人放弃了民事权利，在这种情况下，一审判令上诉人支付投资款占有期间的利息，明显错误。三、从法律方面来说，一审判令上诉人支付投资款占用期间的利息，不符合法律规定。一审判决参照 1999 年 6 月 30 日起施行的广东省高级人民法院《关于审理几类金融纠纷案件的若干意见》第三十九条第一款规定，判令上诉人支付投资款占用期间的利息给被上诉人。而根据 1999 年 10 月 1 日起施行的《合同法》第二百一十一条第一款规定，借款合同对支付利息没有约定或者约定不明的，视为不支付利息。因此，应按《合同法》的有关规定执行，在上诉人与被上诉人在合同中没有约定利息的情况下，不应当判令上诉人支付该利息。四、退一步而言，即使上诉人应支付利息，一审判决第二项判令上诉人分两段计付利息给被上诉人，第一段利息的计算方法明显错误。一审判令上诉人“按本金 1900000 元从 2001 年 12 月 5 日起计至 2006 年 6 月 23 日止”计付第一段利息，而上诉人于 2006 年 1 月 27 日还 30 万元，2006 年 4 月 20 日还 33 万元，2006 年 6 月 23 日还 30.8 万元，很明显，2006 年 1 月 27 日上诉人仅欠本金 1600000 元，2006 年 4 月 20 日仅欠本金 1270000 元，因此，要求上诉人在 2006 年 6 月 23 日前按本金 1900000 元计付利息，是错误的。请求二审法院依法撤销（2007）茂南法民初字第 129 号民事判决第二项有关“按中国人民银行规定的同期同类货款利率计付占用借款期间的利息给原告（利息分两段计算：第一段按本金 1900000 元从 2001 年 12 月 5 日起计至 2006 年 6 月 23 日止；第二段按本金 962000 元从 2006 年 6 月 24 日起计至还清时止）”的判决；五、本案诉讼费用由被上诉人负担。

茂名市中级人民法院二审查明的事实与一审查明的事实基本一致。二审还查明佛山市南国商贸实业总公司、冯水金均没有开发房地产资质。

茂名市中级人民法院二审认为：一、关于双方当事人签订的《房地产合作开发合同书》和《补充协议》是否有效的问题。双方当事人均没有开发房地产资质，且上诉人供销集团作为联营一方，不参加共同经营，也不承担联营的风险责任，且不论盈亏均收回本息，收取固定利润。根据最高人民法院《关于审理联营合同纠纷案件若干问题的解释》第四条的规定，双方当事人签订的合同，是明为联营，实为借贷，应确认合同无效。故上诉人供销集团上诉称，应认定双方当事人签订的合同有效，没有法律依据，本院对该项请求不予支持。二、关于上诉人冯水金、李翠琼归还的三笔款共 93.8 万元是否清偿投资款 190 万元的事实。上诉人冯水金、李翠琼分三次将 93.8 万元划到上诉人供销集团的账户，该集团予以承认。至于该集团称该三笔还款是还另一投资款 210 万元，并非清偿 190 万元投资款。由于上诉人供销集团未能提供证据证明其主张，故本院对该项请求不予支持。三、关于投资款 210 万元的问题。上诉人佛山市供销企业集团称该 210 万元是采取借道办法，由蔡义幸通过潘汉城划给冯水金的，是其集团的公款，并非私人借款。经查，该款 210 万元是上诉人冯水金于 2002 年 12 月向潘汉城所借，有冯水金与潘汉城签订的《借款协议书》为证。上诉人冯水金借潘汉城210万元，与本案没有法律上的利害关系，属另一法律关系，故上诉人佛山市供销集团称该款是其划给冯水金的投资款，证据不足，本院不予支持。四、关于证人证词和录音的采信问题。上诉人供销集团申请杜卫阳、肖夏沫出庭作证。因该两人在一审时参加了本案的旁听。根据最高人民法院《关于民事诉讼证据的若干规定》第五十八条的规定，证人不得旁听法庭审理。故本院对该申请不予准许。关于上诉人供销集团所提供的录音。因该录音未经对方同意便私下录取，且其录音时间及内容不够清晰，其形式来源不符合法律规定。故本院不予采纳。五、关于投资款的利息问题。上诉人冯水金、李翠琼上诉称供销集团没主张其支付投资款占用期间的利息，而一审法院却判决支付该利息，是判非所诉；该集团仅请求其支付逾期付款的利息17635.8万元，其放弃了主张投资款占用期间的利息的权利；且一审判决分两段计付利息，计算方法错误。由于双方当事人签订的合同是名为联营，实为借贷，且双方当事人约定冯水金在2005年12月30日前付清投资款190万元。上诉人冯水金应依约如期归还投资款190万元，逾期应按人民银行同期同类贷款计付利息给上诉人供销集团。上诉人冯水金分别于2006年1月27日、4月20日、6月23日归还了30万元、33万元、30.8万元，三笔共计93.8万元给上诉人供销集团。故上诉人冯水金应从逾期还款之日起按归还本金的时间分时段计算利息给上诉人供销集团。综上，上诉人冯水金、李翠琼认为一审判决计息错误，本院予以采纳。

综上所述，上诉人供销集团的上诉，证据不足，本院不予支持，应予驳回。上诉人冯水金、李翠琼的上诉有理，证据充分，应予支持。原审判决认定事实清楚，程序合法，适用法律正确，应予维持。但判决第二项的计息时段有误，应予变更纠正。依照《中华人民共和国民事诉讼法》第一百五十三条第一款第（一）、（三）项、《中华人民共和国合同法》第五十八条的规定，判决如下：一、维持原审判决第一、三、四项。二、变更原审判决第二项为：限上诉人冯水金在本判决发生法律效力后10日内清偿尚欠的投资款本金96.2万元给上诉人佛山市供销集团，并按中国人民银行规定的同期同类贷款利率计算借款逾期的利息给供销集团（利息计算时段：本金190万元从2005年12月31日起计至2006年1月26日；本金160万元从2006年1月27日起计至同年4月19日；本金127万元从2006年4月20日起计至同年6月22日；本金96.2万元从2006年6月23日起计至还清之日止）。二审案件受理费35601元，由上诉人供销集团负担。

供销集团在上述判决生效后申请强制执行并已执行完毕。后供销集团又不服上述生效判决，向茂名市检察院申诉称，茂名市中级人民法院作出的（2007）茂中法民一终字第166号民事判决书，没有对全部证据进行完整、综合的分析认定，没有进行具有说服力的司法说理，仅作粗糙的分析、简单的认定，毫无逻辑的推断，是一份认定事实错误的判决书。一、片面取舍证据，将有利于申诉人的证据排除在外，作出错误的事实认定。二、二审对190万元投资款占用利息的计算错误。

广东省人民检察院抗诉称，茂名市中级人民法院（2007）茂中法民一终字第166号民事判决认定的基本事实缺乏证据证明。原因如下：第一，终审判决认为涉案的210万元是“冯水金于2002年12月向潘汉城所借，有冯水金与潘汉城签订的《借款协议书》为证”的说法属认定基本事实缺乏证据证明。第二，终审判决认为“冯水金、李翠琼分三次将93.8万元划到供销集团的账户，该集团予以承认。至于该集团称该三笔还款是还另一投资款210万元，并非清偿190万元投资款。由于上诉人供销集团未能提供证据证明其主张，故本院对该项请求不予支持”的说法是认定基本事实缺乏证明。

申诉人供销集团的代理人诉称：一、申诉人冯水金收到被申诉人供销集团的投资款项的总金额为人民币400万元，该400万元由210万元及190万元构成。二、申诉人供销集团于2007年1月向茂名市茂南区人民法院提出诉讼之前，被申诉人冯水金向申诉人供销集团清偿273万元，该273万元是210万元的本金及收益，但是尚未清偿247万元即190万元及57万元的收益，原审法院错误认定被上诉人以银行转账形式归还三笔转账款共93.8万元清偿的是190万元投资款。再审时，申诉人所提交的两份特快专递的证据也能证明被上诉人至2006年11月4日止，尚未清偿247万元即190万元及57万元的收益。三、申诉人供销集团主张247万元的债权合法有效，不存在所谓的保底条款。

被申诉人冯水金、李翠琼答辩称：一、原判决认定另案的借款210万元是“冯水金于2001年12月向潘汉城所借”，与本案无关，是事实清楚、证据确凿的。冯水金与潘汉城之间的借款有《借款协议书》为证，尽管潘汉城出具书面声明证实将债权转让给杜卫阳、肖夏沫等人，但不能证明申诉人供销集团享有这210万元的债权。二、原判决认定冯水金划入供销集团账户的93.8万元款项是清偿供销集团190万元投资款的事实清楚、证据确凿。

本院再审查明的事实与原一、二审判决查明的事实一致。

再审庭审上，申诉人供销集团向法庭提交了两份特快专递。其中的内容包括国内特快专递邮件详情单（原件2份）、佛山市禅城区邮政局服务定额发票、蔡义幸写给申诉人的信件（复印件），没有原件可以提交。申诉人供销集团发给被申诉人冯水金的公函（复印件）。申诉人提交证据的目的是为了证实：信件证实，2006年11月4日，被申诉人冯水金尚未清偿247万元即190万元及57万元的收益，同时申诉人供销集团的法定代表人蔡义幸督促被上诉人尽快履行还款义务，并告知被上诉人履行还款义务的银行账号。被申诉人代理人看过申诉人提交的证据后对该证据的真实性存在怀疑，予以否认。

申诉人所提交的以上证据，均经庭审举证、质证，本院依职权核实后予以确认。

本院再审认为，经过再审审理后，双方争议的主要焦点有两个：第一，供销集团对冯水金投资款的总金额是400万元（由210万元及190万元构成）还是190万元。经查，南国公司与冯水金签订《房地产合作开发合同书》，借款190万元给冯水金，并通过电汇方式将借款汇入冯水金的公司，冯水金也承认收到190万元的借款。后南国公司将该债权转让给供销集团，2004年11月20日，冯水金与供销集团签订《补充协议》，进一步确认上述事实。对此，双方没有异议。后冯水金分三次将93.8万元划到供销集团的账户，该集团也承认。但是双方所签订的《房地产合作开发合同书》和《补充协议》，约定一方只收取利润不承担风险，根据最高人民法院《关于审理联营合同纠纷案件若干问题的解释》第四条的规定，双方当事人签订的合同，是明为联营，实为借贷，故应认定合同无效。原一、二审判决对合同效力的认定是正确的。供销集团以《房地产合作开发合同书》和《补充协议》作为依据起诉，其诉讼请求的标的额是190万元的债权及利润。据此，双方借款总额可以认定为190万元。二审判决生效后，供销集团向茂南区人民法院申请强制执行，冯水金、李翠琼已经履行完本案全部的债务，双方因房地产合作合同所发生的债权债务已经消灭。至于另外的210万元是由供销集团与潘汉城签订借款协议，约定由潘汉城向供销集团借款210万元，潘汉城付给供销集团8‰的利息。潘汉城再与冯水金签订借款协议书，将210万元借给冯水金，年利率为30%。潘汉城所作的两份声明及冯水金的承诺书只是证明了210万元的债权已经由潘汉城转让给杜卫阳、肖夏沫的事实，应视为是私人款项的转让，不能代表债权转让给了供销集团。当时供销集团的董事长蔡义幸也说这210万元是私人款项，要求冯水金偿还时先还这210万元的借款及利润63万元。因此，该210万元的借贷关系属于另一法律关系，不属于本案的审理范围。且供销集团在本案中并未同时起诉这210万元的债权，故本案并未对此210万元债权作出归属认定，申诉人将两笔债务混为一谈于法无据。第二个争议的焦点是被申诉人冯水金在2006年1月27日至2006年6月23日期间，分3次共偿还的93.8万元是还本案起诉的190万元的投资款还是还其他210万元的借款问题。经查，被申诉人李翠琼于2006年1月27日还30万元，同年4月20日还33万元及6月23日还30.8万元，均划到供销集团的账户，供销集团也予以承认收到上述三笔还款。因此，应认定该93.8万元是冯水金针对其所借供销集团的190万元的还款。而供销集团申诉称冯水金上述93.8万元还款是偿还另外一笔210万元借款，但其并没有提供相应的、充分的证据予以证实，该申诉意见理由不成立，本院不予采纳。综上，茂名市中级人民法院作出的（2007）茂中法民一终字第166号民事判决正确，应予维持。

本案经本院审判委员会讨论决定，依照《中华人民共和国民事诉讼法》第一百八十六条、第一百五十三条第（一）项之规定，判决如下：

维持（2007）茂中法民一终字第166号民事判决。

本判决为终审判决。

审　判　长　黄　沛
审　判　员　黄　媚
代理审判员　罗　文
二〇〇九年九月二十二日
书　记　员　冯为波
书　记　员　廖世永

【评析】

裁判文书用于向当事人说明案件审理过程、揭示案件实际情况，阐明法理、情理。它是司法公正的最终载体，是整个审判活动的综合再现，本判决书充分体现了这一社会作用。判决书制作格式规范，基本要素齐全，内容完整，结构合理。案件认定事实叙述清楚，语言简明凝练、条理通达。对当事人诉请及辩称部分尽量使用了庭审中的原话，说理部分则将法理用平实的语言，就事论理，以法论理，通俗流畅，使人易于接受。语言文字使用规范、标准。另外，判决书做到以理服人，能够充分体现“以事实为依据，以法律为准绳”，在依法认定事实的基础上，依据法律及司法解释的规定，紧紧围绕案件事实，阐述了各当事人应该承担的法律责任及理由，层层论述使得判决结果昭然若揭，使公众能够清晰地看到国家司法权在法律和理性的范围内是如何被运用的，体现了裁判的公正与公开。判决书的另外一个特点就是社会效果好，真正做到了使当事人赢得清清楚楚，输得明明白白，使当事人息诉服判，减少纷争。判决书被评为2010年全省法院优秀裁判文书，值得大家借鉴学习。

●谢少英与遂溪县人民政府等行政复议决定纠纷再审案行政判决书

广东省湛江市中级人民法院

行政判决书

（2009）湛中法行再字第3号

抗诉机关：广东省人民检察院。

申诉人（原审第三人）：谢少英，女，76岁，汉族，住遂溪县遂城镇建设路7横10号。

委托代理人：麦超，男，58岁，住遂溪县港门长春街。

委托代理人：赵旭，广东大展律师事务所律师。

被申诉人（一审被告、二审被上诉人）：遂溪县人民政府。

法定代表人：林少明，县长。

被申诉人（一审原告、二审上诉人）：麦茂清，男，74岁，汉族，住遂溪县港门镇港门圩长春街。

委托代理人：陈德新，广东正德律师事务所律师。

原审第三人：遂溪县房产管理局（以下简称县房管局）。

法定代表人：陈尚，局长。

委托代理人：支建武，该局副股长。

谢少英因与遂溪县人民政府、遂溪县房产管理局、麦茂清行政复议决定纠纷一案，不服本院（2005）湛中法行终字第101号行政判决，向检察机关申诉。广东省人民检察院于2008年7月8日作出粤检行抗字（2008）33号行政抗诉书，向广东省高级人民法院提出抗诉。广东省高级人民法院于2008年9月24日指令本院进行再审，本院于2009年3月5日作出（2009）湛中法行监字第2号行政裁定，裁定本案再审，并依法另行组成合议庭公开开庭审理了本案，谢少英的委托代理人麦超、赵旭，遂溪县房产管理局的委托代理人支建武，麦茂清的委托代理人陈德新到庭参与诉讼。本案现已审理终结。

遂溪县人民法院一审查明，原告麦茂清和第三人谢少英纷争的宅基地及房屋位于遂溪县港门镇港门圩长春街，四至为：东至麦华养屋，西至武芳屋，南至空地，北至大路（长春街）。1979年，第三人谢少英在该地上建筑砖瓦结构平房三间。1980年，第三人谢少英到遂溪县城居住。1983年10月17日被告遂溪县人民政府给第三人谢少英颁发了房证字NO. 298530号《广东省房产所有证》，但该证不在第三人谢少英手中，其也不知办到该证。在1989年土地房屋详查过程中，原告麦茂清向第三人遂溪县房管部门提出换证申请，于1989年7月6日第三人遂溪县房产管理局在没有第三人谢少英委托和任何证明情况下，给原告麦茂清办理了换证手续，将第三人谢少英名下的房证字NO. 298530号《广东省房产所有证》变更产权人为原告麦茂清粤房字第1977709号《房屋所有权证》。2002年，原告麦茂清将该旧房屋拆除重新建筑房屋时，引起纷争。2003年7月29日，第三人谢少英不服第三人遂溪县房产管理局给原告麦茂清颁发粤房字第1977709号《房屋所有权证》的具体行政行为，向遂溪县人民法院提起行政诉讼。2003年10月30日，遂溪县人民法院作出（2003）遂行初字第45号行政判决书，撤销遂溪县房产管理局的发证行为。原告麦茂清不服，上诉于湛江市中级人民法院，2003年12月18日，湛江市中级人民法院作出（2003）湛中法行终字第93号行政裁定，以本案被诉具体行政行为发生于1989年7月6日，而《中华人民共和国行政诉讼法》于1990年10月1日起施行，该法律没有溯及力为由，裁定撤销遂溪县人民法院（2003）遂行初字第45号行政判决，驳回第三人谢少英的起诉。此后，第三人谢少英又向遂溪县人民法院提起民事诉讼，请求判决赔偿和撤销粤房字第1977709号《房屋所有权证》。2004年7月5日，遂溪县人民法院作出（2004）遂民一初字第21号民事裁定，驳回第三人谢少英的起诉，谢少英不服，又向湛江市中级人民法院提起上诉。2004年8月3日，湛江市中级人民法院作出（2004）湛中法裁终字第91号民事裁定，驳回上诉，维持原判。于2004年9月8日第三人谢少英委托诉讼代理人到第三人房屋管理局查阅该房屋档案时，发现该房屋于1983年10月17日被告遂溪县人民政府已给其颁发了房产证字NO. 298530号《广东省房产所有证》，又发现在没有任何委托和证明的情况下，第三人遂溪县房产管理局将第三人谢少英名下的房产证更换为原告麦茂清名下粤房字第1977709号《房屋所有权证》。于2004年10月29日第三人谢少英提起行政复议申请，请求撤销第三人遂溪县房产管理局换发给原告麦茂清的粤房字第1977709号《房产所有权证》，确认房证字NO. 298530号《广东省房产所有证》合法有效。被告遂溪县人民政府于2004年12月1日作出遂府复决（2004）7号《行政复议决定书》，决定撤销粤房字第1977709号《房屋所有权证》与确认房证字NO. 298530号《广东省房产所有证》合法有效，原告麦茂清不服，于2004年12月24日遂向遂溪县人民法院提起行政诉讼。

遂溪县人民法院一审认为：（一）第三人遂溪县房产管理局是被告遂溪县人民政府主管房产登记的工作部门，第三人谢少英对第三人遂溪县房产管理局作出的具体行政行为不服，提出申请复议，被告遂溪县人民政府有权作出行政复议决定。（二）第三人谢少英向被告遂溪县人民政府申请行政复议符合法律规定。因为，第三人谢少英不服遂溪县房产管理局换发粤房字第1977709号《房屋所有权证》的具体行政行为，虽已向遂溪县人民法院提起行政诉讼，但湛江市中级人民法院作出的（2003）湛中法行终字第93号行政裁定已撤销了遂溪县人民法院作出的（2004）遂行初字第45号行政判决，驳回谢少英的起诉。可见，湛江市中级人民法院作出的（2003）湛中法行终字第93号行政裁定只是对本案的程序问题作出裁定，而未对本案的实体进行处理。这种情况，不属于《中华人民共和国行政复议法》第十六条第二款所规定的情况。所以，原告麦茂清、第三人遂溪县房产管理局在本案中提出第三人谢少英已向法院提起行政诉讼，法院亦已受理，且已超过复议期限，第三人谢少英无权再选择申请行政复议的主张欠妥，不予支持。（三）本案未超过申请行政复议的法定期限。因为，第三人谢少英在2004年9月8日才知道被告遂溪县人民政府给其颁发了房证字NO. 298530号《广东省房产所有证》。又知第三人遂溪县房产管理局将其所有的房证字NO. 298530号《广东省房产所有证》更换为原告麦茂清所有的粤房证字第1977709号《房屋所有权证》的具体内容。因此，第三人谢少英于2004年10月29日提起行政复议申请，并未超过60日的法定期限。原告麦茂清和第三人遂溪县房产管理局提出第三人谢少英申请行政复议已超过法定期限的主张，不予采纳。依照《中华人民共和国行政诉讼法》第五十四条第（一）项之规定，判决：维持被告遂溪县人民政府作出的遂府复决（2004）7号《行政复议决定书》的具体行政行为。案件受理费100元，由原告麦茂清负担。

一审宣判后，原告麦茂清不服判决，提出上诉。

本院二审查明，上诉人麦茂清与原审第三人谢少英纷争的宅基地及房屋位于遂溪县港门镇港门圩长春街，四至为：东至麦华养屋，西至武芳屋，南至空地，北至大路（长春街）。该地上原有砖瓦结构平房三间。麦茂清及谢少英均主张房屋是自己所建。该地上现建有一幢二层小楼，为上诉人麦茂清所建。

根据遂溪县房产管理局档案记载，遂溪县人民政府于1983年10月17日曾核发NO. 298530号《广东省房产所有证》，所有权人为谢少英。但没有证据显示该证曾发到任何个人或单位手上，县房管局档案记载上的签收人栏记载为空白。1989年7月6日，遂溪县房产管理局就上述房屋核发粤房字第1977709号的《房屋所有权证》给麦茂清，房屋来源登记为自建，登记类别为“换证”字样。上述房屋一直由麦茂清居住使用。2002年，上诉人麦茂清将该旧房拆除重新建筑房屋时引起纠纷。2003年7月29日，谢少英向遂溪县人民法院提起行政诉讼，请求撤销遂溪县房产管理局给麦茂清颁发的粤房字第1977709号《房屋所有权证》。2003年10月30日，遂溪县人民法院作出（2003）遂行初字第45号行政判决，撤销遂溪县房产管理局的发证行为。麦茂清不服，上诉至湛江市中级人民法院。2003年12月18日，湛江市中级人民法院作出（2003）湛中法行终字第93号行政裁定，以该案被诉具体行政行为发生于《中华人民共和国行政诉讼法》施行之前，该法律没有溯及力为由，裁定撤销原审判决，驳回谢少英的起诉。此后，谢少英又向遂溪县人民法院提起民事诉讼，请求判令麦茂清赔偿损失30000元、返还土地使用权和撤销粤房字第1977709号《房屋所有权证》。2004年7月5日，遂溪县人民法院作出（2004）遂民一初字第21号民事裁定，以其请求事由不属人民法院民事受案范畴为由，驳回谢少英的起诉。谢少英不服向湛江市中级人民法院上诉，2004年8月3日，湛江市中级人民法院作出（2004）湛中法裁终字第91号民事裁定，驳回上诉，维持原判。

2004年10月29日，谢少英向遂溪县人民政府申请行政复议，请求撤销粤房字第1977709号《房屋所有权证》，确认NO. 298530号《广东省房产所有证》合法有效，理由是其本人直至2004年9月8日才知道遂溪县房产管理局核发粤房字第1977709号《房屋所有权证》是根据NO. 298530号《广东省房产所有证》换发而来的。遂溪县人民政府于2004年12月1日作出遂府复决（2004）7号《行政复议决定书》，根据《中华人民共和国行政复议法》第二十八条第（四）项的规定，决定：一、撤销遂溪县房产管理局于1989年7月6日换发给麦茂清的粤房字第1977709号《房屋所有权证》。

二、确认遂溪县房产管理局于1983年10月17日颁发给谢少英的NO. 298530号《广东省房产所有证》合法有效。上诉人麦茂清不服，于2004年12月24日向原审法院提起行政诉讼。

本院二审认为，根据《中华人民共和国行政复议法》第九条规定："公民、法人或者其他组织认为具体行政行为侵犯其合法权益的，可以自知道该具体行政行为之日起六十日内提出行政复议申请；但是法律规定的申请期限超过六十日的除外。"上述规定的"知道该具体行政行为"系指知道具体行政行为的内容而言，并非指知道具体行政行为的原因。本案中，谢少英至迟于2003年7月知道遂溪县房产管理局颁发粤房字第1977709号《房屋所有权证》给麦茂清的具体行政行为的事实，亦知道该具体行政行为的内容。至于该证是换发而来或者其他原因而来属行政行为的原因。谢少英直至2004年10月29日才提起行政复议，显然已经超过法定的申请复议期限。被上诉人遂溪县人民政府受理谢少英的复议申请，属程序违法。房证字NO. 298530号《广东省房产所有证》只是档案记载形式，没有证据证明曾向任何个人或者组织颁发，它只是行政机关内部的记载文书，不能据此认定遂溪县房产管理局曾经作出过发证具体行政行为，亦不能认定其法律效力。被上诉人遂溪县人民政府认定该证有效缺乏事实依据。因此，被上诉人的复议具体行政行为程序违法，缺乏证据，应予撤销。原审判决认定事实基本清楚，但适用法律错误，依法应予撤销。依照《中华人民共和国行政诉讼法》第六十一条第（二）项之规定，判决如下：一、撤销遂溪县人民法院（2005）遂法行初字第18号行政判决。二、撤销被上诉人遂溪县人民政府于2004年12月24日作出遂府复决（2004）7号《行政复议决定书》的具体行政行为。一、二审案件受理费各100元，均由遂溪县人民政府负担。

广东省人民检察院抗诉认为，本案终审判决适用法律错误，理由如下：1. 县房管局颁发房证字NO. 298530号《广东省房产所有证》属于具体行政行为。在本案中，房证字NO. 298530号《广东省房产所有证》的存在是一个没有争议的事实。尽管房证字NO. 298530号《广东省房产所有证》没有实际颁发到产权人谢少英手中，但是，以麦茂清为产权人的粤房字第1977709号《房屋所有权证》乃是通过换证的方式从以谢少英为产权人的房证字NO. 298530号《广东省房产所有证》转换而来的，而县房管局既然同意了麦茂清的换证申请，将房证字NO. 298530号《广东省房产所有证》换发为粤房字第1977709号《房屋所有权证》，就充分说明房证字NO. 298530号《广东省房产所有证》已经实际发生了效力，并且已经颁发给了某个特定的个人，只是这个特定的个人不是该证的真正产权人谢少英而已。如果房证字NO. 298530号《广东省房产所有证》没有颁发给某个特定的个人且还没有生效的话，那又何来"换证"事实之存在呢？所以，现存于县房管局档案中的房证字NO. 298530号《广东省房产所有证》是不动产登记机关对物权内容的确认登记，能够起到物权公示的作用，是判断物权归属的根据，当然具有法律效力，遂溪县人民政府的复议决定确认该证合法有效是正确的。县房管局颁发房证字NO. 298530《广东省房产所有证》的行为符合具体行政行为的所有特征，无疑是一个具体行政行为。终审判决认为，房证字NO. 298530号《广东省房产所有证》只是档案记载形式，没有证据证明曾向任何人或者组织颁发，它只是行政机关内部的记载文书，不能据此认定遂溪县房管局曾经作出过发证具体行政行为，亦不能认定其法律效力。这一认定是对房产确权登记和具体行政行为的错误理解，属于法律适用错误。2. 谢少英于2004年10月29日向遂溪县人民政府提起的行政复议没有超过法定的申请复议期限，遂溪县人民政府受理其复议申请并不违法。根据我国《行政复议法》的规定，行政复议的申请期限从申请人知道作出该具体行政行为之日起算，所谓“知道之日”是指知道具体行政行为内容之时。在本案中，谢少英是在2003年知道了行政机关给麦茂清颁发了粤房字第1977709号《房屋所有权证》，但是并不知道麦茂清的粤房字第1977709号《房屋所有权证》是以她为产权人的房证字NO.298530号《广东省房产所有证》换发而来，也不知道行政机关已经给自己颁发过房产证。在2004年9月通过遂溪县人民检察院的调查知道事情真相后，谢少英于2004年10月29日向遂溪县人民政府申请行政复议，其中申请行政复议的事项是“行政机关对涉案房产权属证书变更登记的内容”。也就是说，谢少英是就县房管局“换证”这一具体行政行为申请行政复议，其申请复议的具体行政行为的核心内容是“换证”而不是“发证”。“换证”与“发证”在结果上是相同的，但是在内容上存在着较大的差别，并且这种差别会对谢少英寻求权利救济的途径产生重大的影响。谢少英知道行政机关给麦茂清颁发了房产证和谢少英知道行政机关将属于她的房产证换发给了麦茂清，是两个不同的事实状态，其内涵是不一样的。向麦茂清颁发粤房字第1977709号《房屋所有权证》只是县房管局对谢少英的房产证进行变更登记（换证）这一具体行政行为的一部分内容或者说是结果，谢少英仅仅知道此内容并不意味着她已经知道了县房管局对其房产进行产权变更的所有内容。如果把谢少英知道行政机关给麦茂清颁发了房产证，就认为是谢少英知道了县房管局“换证”这个具体行政行为，从而认定谢少英2004年10月提出的行政复议已经超过了法定期限，则对于房产的合法所有人谢少英而言既过于苛刻也很不公平，无异于纵容了麦茂清非法侵吞他人房产的行为，也是对民法上的公平原则和诚实信用原则的违背，既不合法也不合理。所以，终审判决认为“谢少英至迟于2003年7月知道遂溪县房产管理局颁发粤房字第1977709号《房屋所有权证》给麦茂清的具体行政行为的事实，亦知道该具体行政行为的内容。至于该证是换发而来或者其他原因而来属行政行为的原因。谢少英直至2004年10月29日才提起行政复议，显然已经超过法定的申请复议期限。遂溪县人民政府受理谢少英的复议申请，属程序违法”，把本属于一个整体的“换证”具体行政行为割裂为内容（发证）和原因（换证），把谢少英知道了行政机关的发证行为视为其知道了县房管局的“换证”行为的全部内容，乃是对我国法律对具体行政行为相关规定的错误理解和阐释，属于法律适用错误。

本院再审过程中，申诉人谢少英同意抗诉机关的抗诉意见，被申诉人遂溪县房产管理局辩称：1. 房证字NO.298530号《广东省房产所有证》所盖的印章是遂溪县人民政府的，并非县房管局所印制；谢少英亦没有证据证明县房管局曾发过该证给其，其没有房产证，即不能证明争议地上的房产属其所有。2. 房证字NO.298530号《广东省房产所有证》档案中登记类别所写的“换证”是工作人员的失误，该争议地上的房屋是自建，应是初始登记。

被申诉人麦茂清辩称：1. 抗诉书认为遂溪县房产管理局颁发房证字NO.298530号《广东省房产所有证》属合法有效的具体行政行为没有法律依据。因为房产权属登记属依申请的具体行政行为，县房管局在无人申请的情况下制作NO.298530号房产证超越行政权限，且该证自始至终没有颁发给谢少英，缺少表示行为，故该具体行政行为依法并未成立。2. 谢少英于2003年7月已知道粤房证字第1977709号《房屋所有权证》的存在，其当时选择了行政诉讼途径，经法院审理后已被驳回，其不能再选择行政复议寻求救济，故其于2004年10月29日再申请行政复议时已超过法定期限，遂溪县人民政府依法不应受理其复议申请；且NO. 298530号房产证根本就不存在，依法不能作为行政复议的对象。因此，抗诉书认为谢少英的该行政复议申请没有超过法定期限是没有法律依据的。

再审期间，双方均没有提交新的证据材料，对一、二审法院认定的事实也无异议。本案经本院再审审理查明，遂溪县人民法院认定的事实清楚，本院再审予以确认。

本院再审认为，本案为不服行政复议决定纠纷一案，遂溪县房产管理局是遂溪县人民政府主管房产登记的工作部门，谢少英对遂溪县房产管理局作出的具体行政行为不服，申请行政复议，遂溪县人民政府有权作出行政复议决定。

关于谢少英于2004年10月29日向遂溪县人民政府申请行政复议是否超过法定申请复议期限的问题。本院认为，县房管局的“发证”具体行政行为与“换证”具体行政行为虽然在结果上是相同的，但内容上却存在较大差别。谢少英在2003年7月29日仅仅知道县房管局对麦茂清的“发证”行为时，其提起行政诉讼直接指向的是县房管局的“发证”行为及非法受益人麦茂清，因为其当时并不知道房证字NO. 298530号《广东省房产所有证》的存在，故不可能涉及该问题；但谢少英在2004年9月8日得知县房管局的“换证”具体行政行为后，其申请行政复议直接指向的是县房管局的无故将原本以其作为产权人的房产证更换成其他人的行为，至于更换后的非法受益人是麦茂清还是其他别的人并无区别。由此可见，谢少英对县房管局“发证”或“换证”行为内容知道的多少直接影响了其提起行政诉讼或申请行政复议的范围，两者并不同一。如果把谢少英知道县房管局给麦茂清颁发了房产证，等同于谢少英知道了县房管局“换证”这个具体行政行为，这对谢少英来说既不合法，也不公平。因此，谢少英对于县房管局的“换证”行为申请行政复议的期限应从其知道县房管局“换证”行为存在的2004年9月8日起计算。根据我国《行政复议法》第九条“公民、法人或者其他组织认为具体行政行为侵犯其合法权益的，可以自知道该具体行政行为之日起六十日内提出行政复议申请；但是法律规定的申请期限超过六十日的除外”的规定，至其申请行政复议的2004年10月29日，期间尚不足两个月，并未超过法定期限，遂溪县人民政府受理谢少英的复议申请符合法律规定，应予支持。抗诉机关关于该行政复议行为未超过法定申请复议期限的理由成立，本院予以采纳。

在遂溪县人民政府复议期间，因县房管局未能提交当初作出将原登记在谢少英名下的房证字NO. 298530号《广东省房产所有证》换发成为麦茂清作为产权人的粤房字第1977709号《房屋所有权证》该具体行政行为的证据和依据，遂溪县人民政府据此作出撤销县房管局1989年7月6日换发给麦茂清的粤房字第1977709号《房屋所有权证》的决定合法正确，应予维持。至于再审中县房管局关于麦茂清名下的粤房字第1977709号《房屋所有权证》为初始登记，记录为“换证”属工作人员失误的辩解与事实不符，本院不予采纳。另由于房证字NO. 298530号《广东省房产所有证》虽登记在册，但该证一直没有颁发到产权人谢少英手中，并未实际发生法律效力，遂溪县人民政府复议决定确认该证合法有效缺乏法律依据，应予撤销。至于谢少英、麦茂清双方所争议的房产权属问题属另一法律关系，可依法另寻途径予以解决。

综上所述，遂溪县人民政府作出的遂府复决（2004）7号《行政复议决定书》认定事实清楚，程序合法，但部分决定证据不足，适用法律法规错误，应予撤销。抗诉机关抗诉理由成立部分，本院予以采纳，原二审判决认定事实不清，适用法律错误，应予纠正。原一审判决认定事实清楚，但适用法律部分不当，应予纠正。本案经本院审判委员会讨论决定，依照《最高人民法院关于执行〈中华人民共和国行政诉讼法〉若干问题的解释》第七十六条和《中华人民共和国行政诉讼法》第六十一条第（二）款、第五十四条第（二）项的规定，判决如下：

一、撤销本院（2005）湛中法行终字第101号行政判决和遂溪县人民法院（2005）遂法行初字第18号行政判决。

二、维持遂溪县人民政府遂府复决（2004）7号《行政复议决定》第一项。

三、撤销遂溪县人民政府遂府复决（2004）7号《行政复议决定》第二项。

一、二审案件受理费各100元，均由麦茂清负担。

本判决为终审判决。

审　判　长　吴春鸿
审　判　员　叶伟清
审　判　员　麦江梅
二〇〇九年十月二十九日
书　记　员　蒋阳兵

【评析】

本案的事实清楚，再审中各方当事人的争议焦点在于谢少英提起行政复议时是否已超过两个月的法定期限。本判决书做到了有的放矢，抓住案件的关键问题进行详细的分析，从法理出发，通过对比“发证”与“换证”两个不同具体行政行为的外延及内涵，阐释该两个具体行政行为对申请人谢少英的权益影响有何异同，分析了原终审判决将两个不同行政行为认定为同一个行政行为，并将其简单划分为“原因”与“结果”不同行为阶段所存在的错误，从而得出了本案诉讼前谢少英的申请复议行为未超过法定期限的再审认定结果。整个分析、论述过程条理清晰，说理充分，使得再审的判决结果既符合法律规定，也合乎情理，具有更强的说服力。总体而言，判决书文字精练，措辞准确，对案件事实认证清楚，对焦点问题的分析、论证清晰、明确，有理有据，适用法律正确，判决结果公正，是一份具有较高水平的裁判文书，被评为2010年全省法院优秀裁判文书。

●苏培钿犯贷款诈骗罪再审案刑事判决书

广东省潮州市中级人民法院

刑事判决书

（2008）潮中法刑再字第1号

原公诉机关：广东省潮安县人民检察院。

申请再审人（一审被告人、二审上诉人）：苏培钿，男，1962年11月15日出生，汉族，广东省潮安县人，文化程度初中，香港居民，捕前住广州市机场路西小区春暖花园E座303号，系潮州市华艺彩瓷有限公司、潮安县华艺陶瓷实业有限公司、广东华艺房地产开发有限公司及广东省国科（集团）有限公司等多家公司的法定代表人，因本案于1999年12月30日被潮州市公安局刑事拘留，2000年2月2日被逮捕。2001年6月22日以贷款诈骗罪被判处有期徒刑十五年；2003年3月28日至2007年11月15日经揭阳市中级人民法院5次减刑，于2007年11月30日刑满释放。

辩护人：肖帆，系广东省潮州锦帆律师事务所律师。

广东省潮安县人民检察院指控申请再审人苏培钿犯贷款诈骗罪一案，潮安县人民法院于2001年3月30日作出（2001）安刑初字第86号刑事判决，苏培钿不服，向本院提出上诉。本院于2001年6月22日作出（2001）潮中法刑经终字第11号刑事裁定，驳回上诉，维持原判。上述裁判发生法律效力后，申请再审人苏培钿不服，继续向最高人民法院和广东省高级人民法院申诉，广东省高级人民法院将其申请材料转至本院复查，本院于2003年9月30日作出（2003）潮法审监刑字第1号驳回申诉通知书。申请再审人苏培钿又不服，向广东省高级人民法院申诉，广东省高级人民法院经审查，于2008年7月30日作出（2008）粤高法立刑申字第92号再审决定书，认为申请再审人苏培钿的申诉符合再审立案的条件，依照《中华人民共和国刑事诉讼法》第二百零六条的规定，指令本院对该案进行再审。本院依法另行组成合议庭，公开开庭审理了本案。潮州市人民检察院检察员李彤，代理检察员蔡利平、林丽娴出庭履行职务。申请再审人苏培钿及其辩护人肖帆到庭参加诉讼。现已审理终结。

原一审判决认定：被告人苏培钿原系潮州市华艺彩瓷有限公司（下称彩瓷公司）、潮安县华艺陶瓷实业有限公司（下称陶瓷公司）、广东华艺房地产开发有限公司（下称房地产公司，上述三公司总称三家公司）及广东省国科（集团）有限公司（下称国科公司）的法定代表人。自1993年5月起，被告人苏培钿分别以上述彩瓷公司、房地产公司的名义多次向潮安县城市信用合作社（下称城信社）借款。至1995年年底，被告人苏培钿以该两家公司的名义多次在城信社的借款本金尚有人民币1.19亿元未还。1996年起，彩瓷公司（虚假的中外合作企业）、陶瓷公司、房地产公司在均没有实际生产、经营活动的情况下，被告人苏培钿仍于1996年至1998年期间，以该三家公司的名义，采用编造购买原材料、流动资金等虚假用途的理由，使用虚假的证明文件（虚假的中外合作企业等工商登记材料等），超出抵押物价值重复担保（提供的抵押物有：一、位于潮安县古巷镇枫四村“老土堀片”的土地使用权，国有土地使用权证号码列：安国用（1998）字第512111600036号；二、位于潮州市西荣路食品公司中心经理部宿舍楼第三层的房屋，所有权证号码列：粤房字第39003269号；三、位于潮安县古巷镇枫洋红亭脚的房产，房屋所有权证号码列：粤房字第3930850号、粤房字第3930851号、粤房字第3930852号；四、潮安县城市信用合作社认股书，号码列：3－013号、3－014号、00018号、00019号。上述抵押物均于1996年以前提供抵押，借款当时经城信社确认，抵押物作价人民币566万元），以及采用三家公司互贷互保、假冒陈某僚作为担保单位的法定代表人等手段多次向城信社借取信贷资金，其中1996年度借款103笔，计人民币1.288亿元，还款57笔，计人民币8050万元，净增额人民币4830万元；1997年度借款423笔，计人民币2.773亿元，还款229笔，计人民币1.67亿元，净增额人民币1.103亿元；1998年度借款525笔，计人民币2.625亿元，还款173笔，计人民币1.735亿元，净增额人民币8900万元。至此被告人苏培钿共借取贷款资金人民币2.476亿元，除付还城信社的账外利息款人民币4453.19405万元及综合费（中介费）人民币1.039374358亿元，付还借款本金人民币50万元及账内利息款人民币3667.18708万元，被告人苏培钿实际非法占有骗取的贷款资金共人民币6195.87529万元。

被告人苏培钿在非法获取贷款资金后，对贷款资金的收入、使用不作财务记账，隐匿借款资金的流向，违反借款合同确定的借款用途，将巨额信贷资金汇往广州、南京、上海、北京、深圳等地的公司及个人，共计人民币5055.0252万元，余下金额被其以提取现金的方式取走。被告人苏培钿将上述资金用于在上海市投资开发弘森大厦，在深圳市等地购买土地，在广州市购置白云堡豪苑、春暖花园等住宅，也有用于付还私人债务、借给他人（其中刘某龙结欠其借款人民币120万元，苏某芬结欠其借款人民币60万元，徐某瑞结欠其借款人民币130万元）及用于购买高档物品。经城信社派员催讨，被告人苏培钿在明知弘森大厦因另案已被上海市司法机关查封的情况下，仍欺骗城信社协商以弘森大厦、上海弘森房地产开发公司（下称弘森公司）的股权进行抵债，拒不归还借款。因被告人苏培钿肆意处置、挥霍贷款资金，使国家、集体的财产遭受重大损失。

原审认定上述事实的证据：

（一）公司情况

1. 彩瓷公司、陶瓷公司、房地产公司工商登记材料。

2. 证人郭某顺证言，反映其根本没有与苏培钿合作企业，没有投入合作资金。

3. 证人陈某僚证言，反映苏培钿的彩瓷公司、陶瓷公司自1994年下半年就停止生产，1999年4月后将厂房出租给他人。

4. 证人陈某明证言，反映1999年4月后有租用苏培钿的彩瓷、陶瓷两家公司的厂房。

5. 证人黄某凤证言，反映其不认识郭某顺，也不知苏培钿是否与郭某顺合作开办企业，其在苏培钿的公司仅是做杂务。

6. 文检鉴定，鉴定证实在华艺彩瓷厂与香港顺昌公司签订的合同、章程、董事会成员名单、验资报告书中“郭某顺”名字均不是郭本人所签。

7. 审计报告书，证实苏培钿的三家公司因无法提供合法的财务凭证而无法作出审核报告。

（二）与城信社发生借贷关系

1. 三家公司借款合同、补充合同及往来凭证，证明苏培钿以三家公司名义自1993年至1999年向城信社借款的明细情况，以及三家公司贷新还旧的空转数额，证明苏培钿有贷新还旧，没有实际还款。

2. 三家公司的对账单，证实苏培钿以三家公司名义从1993年到1998年借贷情况的明细记录。

3. 审计报告，证实苏培钿以三家公司名义自1996年到1998年借款净增额为人民币2.4760亿元。

4. 三家公司的账内、外利息，综合费明细，反映起诉书认定的账内、外利息和综合费的情况。

5. 抵押物清单反映了潮安县古巷镇枫四村“老土堀片”土地使用权、潮州市西荣路食品公司中心经理部宿舍楼3层305房、潮安县古巷镇枫洋红亭脚房地产以及城信社认股书作抵押的情况。

上述抵押材料证实苏培钿以三家公司名义从1993年到1998年间向城信社借款并作重复抵押。

6. 人行广东省分行、潮州市中心支行出具的确认函，确认城信社从1993年到1998年向三家公司贷款的净增额3.661亿元，并确认利息、中介费数额。

（三）资金流向

1. 证人陈某淮证言，反映苏培钿以三家公司的名义贷款后改变贷款用途的事实。

2. 三家公司汇款明细及凭证、证人吕某勉提供的资金流向流水账，证实起诉书中认定苏培钿以信汇、电汇方式汇出人民币5055.0252万元及提取现金的事实。

3. 三家公司提取现金凭证，证实苏培钿有提取现金的事实。

4. 汇往上海弘森大厦的资金3195万元及会计鉴定一份。

5. 苏培钿委托城信社购买高档物品和通过信用卡消费的情况。

6. 国科公司部分资金流向及苏培钿被刑事拘留当天的资金流向情况和其他部分资金流向的情况。

7. 有刘某龙、徐某瑞、苏某芬对欠款情况的陈述，其中刘某龙结欠苏培钿借款人民币120万元、苏某芬结欠苏培钿借款人民币80万元、徐某瑞共结欠苏培钿借款人民币130万元等。

8. 有关白云堡物业认购书及交款书证材料、广州江燕花园六套商住楼、春暖花园商住楼及潮安县庵埠镇大霞路土地情况。

9. 苏培钿买车的情况材料。

（四）相关证实

1. 被告人苏培钿身份证实、有关查封决定书、搜查扣押物品清单及查询、冻结存款通知书。

2. 机动车登记表及相关材料，证实 1999 年 11 月 11 日奔驰 600SEL（车牌号：粤 U30168）已变更车主为翁璇芬。

3. 上海弘森大厦被查封情况，证实弘森大厦已被上海司法机关查封的事实（大厦各部分被查封时间分别为 1998 年 2 月 17 日、1998 年 8 月 13 日、1999 年 1 月 29 日、1999 年 8 月 1 日）。

4. 苏培钿单方拟定的未经城信社确认的债务清偿协议书。

（五）相关证人证言

1. 陈某僚证实其既是彩瓷公司又是陶瓷公司的会计兼门卫，同时自 1996 年到 1998 年底苏培钿以其作为担保单位的法定代表人进行贷款担保，其本人对此并不清楚。

2. 证人杨某云证言，反映苏培钿以三家公司名义互贷互保方式向城信社借款，且极少还贷，利息由其计算。

3. 吕某勉证言，反映其是三家公司的工作人员，为苏培钿专职办理贷款业务。

上述证据，均已经庭审质证、认证，被告人苏培钿也供述在案，足以认定本案以上事实。

经过庭审质证，对辩护人提交的以弘森公司的股权抵债方面的证据问题，本院认为，该公司作为弘森大厦的项目公司（对此有被告人苏培钿所作的供述），其主要资产为弘森大厦，在对其股权进行处置时，已直接处分了弘森大厦的所有权，由于在此之前，弘森大厦已因涉讼他案被司法机关查封，被告人无权对其权益作出擅自处置，其转让行为无效，这些证据，不能作为本案定案依据。至于辩护人提交的国科公司资金流向的证据问题，本院认为，该证据不足以证明被告人没有占有其投资的资产，且没有其他的证据可以充分印证被告人没有这一目的故意，对此证据也不作为本案定案的依据。

另，对庭审中辩护人提出的城信社与本案有利害关系且其主要人员涉嫌有犯罪行为，其提供的证据不能采用的问题。经查认为，对该信用社提供的证据，只要来源合法、有其他相关证据相互印证，经查证属实的，可作定案证据，应当予以采信，因此辩护人的这一质证意见，本院不予采纳。

一审判决认为，被告人苏培钿无视国家法律，以非法占有为目的，采用诈骗手段骗取金融机构的贷款资金，数额特别巨大，其行为已破坏了国家金融管理秩序，侵犯了金融机构的财产权利，构成贷款诈骗罪，依法应予惩处。至于被告人辩解取得贷款的操作方式是按城信社的要求进行的，没有欺诈借款的问题，本院认为，放贷单位是否有违规操作的行为并不影响被告人采用上述非法手段骗取信贷资金的性质，对此本院不予支持。对被告人及其辩护人辩称没有挥霍贷款，有归还借款，有以弘森大厦作借款抵押并且用于抵债，贷款资金用于投资活动，没有故意非法占有信贷资金的目的问题，经查，被告人虽有归还部分贷款资金，但相对于其诈骗取得的金额而言，数额极小；在 1998 年底以前，还贷都是以贷新还旧的方式进行，并未实际归还本金，对此有审计报告为证；此外，被告人虽向城信社提交了一份以弘森大厦作抵押的声明书及弘森大厦的有关评估报告，但该评估价值（人民币 3.2268 亿元）并未经城信社认可，被告人也未将弘森大厦的有关权利证书交由城信社存执，双方也未达成抵押协议，更不存在抵押登记的问题，因此，提出有以弘森大厦作抵押的事实并不存在；被告人明知弘森大厦已被司法机关查封，对该财产其已无处分权，但仍欺骗城信社协商以物抵债，隐匿资金去向，拒不还款，同时还将信贷资金用于个人肆意挥霍，购置房产等供自己使用，主观上非法占有的故意明确；至于用信贷资金进行投资，系其对骗取的资金的非法处置，也印证其故意非法占有的目的。因此，这些辩护意见本院不予采纳。对辩护人辩称所有贷款都是法人行为，与被告人本人无关的问题，经查，三家公司并无实际的股东组成，在三家公司已经停业的情况下，被告人仍以该三家公司名义借取信贷资金，取得贷款资金后，对借款资金收、支也没有在相关公司的财务账上作记录，隐匿借款资金去向，运用信贷资金进行重大投资活动也未经相关公司的股东大会或董事会议决议通过，对信贷资金的流动与运用全部由其一人意志决定，同时被告人还以信贷资金购置物业供自己使用，对借款予以挥霍，这些行为，均证明了借款都是苏培钿本人所为，三家公司都是其在借款过程中操纵利用的工具，故此辩护意见不能成立，本院不予采纳。对辩护人辩称自贷自保，改变贷款用途不是刑法调整的范畴的问题，本院认为，自贷自保是被告人在骗取贷款资金过程中使用的手段，对其性质应当与其行为的主观方面相结合进行综合认定，被告人改变借款的用途，系其骗取贷款资金后非法处置贷款资金的行为，对此也应结合被告人的主观方面进行认定，而不能割裂其行为在主、客观方面的联系，对此辩护意见也不予采纳。对辩称无使用假冒法定代表人的问题，经查，有证人陈某僚证实其对代表担保单位进行贷款担保的行为一无所知，有法定代表人一栏签署陈某僚姓名的借款补充合同书，有担保单位的法定代表人不是陈某僚而是苏培钿的工商登记材料等证据在卷，足以认定此辩护理由不成立。对辩称不存在超抵押物价值重复担保问题，经查，按照法律规定，抵押权随主债权的存在而存在，随主债权的消灭而消灭，被告人在担保债权未实际清偿的情况下，以同一价值极其不足的抵押物多次为巨额资金作担保，其行为已构成以同一抵押物超值重复担保，为此，辩护人的意见不能支持。另外，对辩护人辩称不存在编造引进资金的虚假理由的问题，经查，三家公司均系采用虚假的股东组成人员、引进注册资金等证明文件取得工商登记，在该三家公司已实际停业的情况下，被告人实施了编造购买原材料、流动资金等用途的虚假理由骗取信贷资金转作其他活动的行为，因此，辩护人这一辩护意见不能成立。综上，辩护人辩称被告人苏培钿无罪的所有辩护理由均不成立。另查明：1. 被告人苏培钿以其开办的公司或他人名义，利用借款资金，于 1996 年向广州白云堡房地产开发有限公司认购了位于白云堡白轩径的房产，因被告人苏培钿未交足购买款，后被该公司起诉并被判决解除了买卖关系，且该处房产的产权也未变更登记为被告人苏培钿或指定的个人、单位，苏培钿并未实际取得该处房产的所有权，但在买卖关系解除之后，被告人苏培钿以骗取的资金缴交的认购款（共计人民币 7323772.07 元、港币 1647645 元）应予追缴以抵偿城信社被骗取的资金。同时，对扣押在案的被告人苏培钿的动产和查封的不动产以及刘某龙、苏某芬、徐某瑞等人结欠被告人苏培钿的欠款也应予以追缴，一并发还被害单位。对追偿后不足弥补被诈骗造成的经济损失部分的，城信社可另行提起民事诉讼。2. 对扣押在案的奔驰 600SEL 汽车一辆（车牌号：粤 U30168），经查，该车是被告人苏培钿以彩瓷公司的名义于 1993 年 9 月 13 日通过潮州市拍卖行购买的罚没车辆，1998 年 11 月 20 日被告人苏培钿将该车转让给翁璇芬之夫陈锐源以抵偿借款，双方于1999年11月11日在潮州市公安局车辆管理所办理了过户手续，变更登记后的车主是翁璇芬，其转让的行为有效，翁璇芬已取得该车的合法所有权，因此该车应发还车主翁璇芬。公诉机关指控被告人苏培钿犯贷款诈骗罪，基本事实清楚，基本证据确实、充分，罪名成立。为严肃国家法律，维护金融管理秩序及金融机构的财产权利，依照《中华人民共和国刑法》第十二条、第一百九十三条、第五十五条第一款、第五十六条第一款、第六十四条之规定，判决如下：

一、被告人苏培钿犯贷款诈骗罪，判处有期徒刑十五年，剥夺政治权利五年。并处罚金人民币40万元（应于本判决发生法律效力之日起十日内向本院缴交）。

二、对被告人苏培钿被冻结的存于其开办公司的银行存款（详见附件一“冻结被告人苏培钿所开办的相关企业存款情况”）251097.99元，被扣押的动产（电脑四部、打印机两部、复印机一台、空调机八台、电视机三台、音响一套、录像机一只、电话机两只、传真机一只、BP机两只、手机一部、热水器三只、吸尘器一只、碎纸机一只、饮水机一只、打字机一只、洗衣机一只、冰箱一只、保险柜三只、白马王子牌酒三百三十支、皮沙发茶几两对、茶几四只、皮沙发椅八只、皮沙发一套、家私一套、餐桌一套、电视组合柜一只、办公桌三只、黑色皮椅办公椅四只、床两套)，被查封的不动产(详见附件二“查封被告人苏培钿的相关不动产共九项”的清单)。被告人苏培钿在城信社人民币60万元的股权及被告人苏培钿向广州白云堡房地产开发有限公司缴交的房产的认购款（共计人民币732.377207万元、港币164.7645万元)，及用骗取的信贷资金投资于上海弘森大厦人民币3195万元，以及刘某龙结欠被告人苏培钿的借款人民币120万元、苏某芬结欠被告人苏培钿的借款人民币60万元、徐某瑞结欠被告人苏培钿的欠款人民币130万元，均予以追缴，发还被诈骗单位城信社，以抵偿诈骗贷款资金。

三、扣押在案的奔驰600SEL汽车一辆（车牌号：粤U30168）发还翁璇芬。

一审判决宣判后，苏培钿不服，上诉本院。本院二审作出（2001）潮中法刑经终字第11号刑事裁定书，驳回上诉，维持原判。

申请再审人苏培钿申诉称：一、本案事实不清。三家公司欠城信社的贷款债务已经在1999年7月15日之前彻底还清，双方债权债务关系已经消灭。城信社隐瞒了三家公司还清贷款的事实。因两份“债务清偿协议书”不仅明确约定了华艺彩瓷公司以其拥有的房地产等折款人民币220万元抵还城信社，并于同年6月10日履行完毕，同时还列明弘森公司对外所负债务和弘森大厦的抵偿价值及其各方权利义务，虽该协议未经各方当事人签章，但城信社出具的“委托授权声明”、“授权委托书”的内容，都明确说明债务清偿协议的真实性。申请再审人也根据城信社授权委托书的内容，与授权委托书指定的深圳市巨腾实业发展有限公司（下称巨腾公司)、潮州市威龙燃气集团有限公司(下称威龙公司）办理了工商过户、财产移交等手续。至此，城信社与申请再审人之间的“债务清偿协议书”已实际履行完毕，债权债务关系已经消灭。因此，两审法院认定申请再审人犯贷款诈骗罪，罪从何来？二、适用法律不当。1. 一审法院作出“对辩护人提交的以上海弘森房地产开发公司的股权抵债的证据问题，认为，该公司作为弘森大厦的项目公司，其主要资产为弘森大厦，在对其股权处置时已直接处分了弘森大厦的所有权，由于在此之前弘森大厦已被司法机关查封，被告人无权对其权益作出擅自处置，其转让行为无效，这些证据不能作为本案定案依据”。二审法院作出“上诉人明知弘森大厦大部分已被司法机关查封，对该财产已没有处分权，但仍欺骗城信社协商以物抵债，隐匿资金的去向，拒不还款”的认定。上述认定严重违背法律的基本原则，是本案是非颠倒的关键所在。其一，查封措施是债权人为实现自身权益而采取的法律手段，债权人并不因公司股东变更而丧失其权益，股权转让行为属于权利义务配置转让。对此，《合同法》也作出了明确的规定。而“股权转让协议”也明确约定弘森公司发生的一切债权债务由巨腾、威龙两公司承担。受让双方也委托上海万隆审计事务所对弘森公司整体资产负债情况进行了审计，双方对审计结果并没有任何异议。只要受让方履行承诺，被查封的财产自然得到解封。因此，股权转让与债权人对债权的实现并不矛盾，查封措施并不成为股权转让行为的法律障碍。其二，两审法院作出上述认定，实质上模糊了股权与所有权的界限。其三，股权转让合同是双方的真实意思表示，符合《公司法》和《工商行政管理条例》的有关规定，而且得到有效履行，营业执照已经变更。退一步说，其行为的合法性和有效性与否不是刑事审判管辖的范畴，而应是行政诉讼管辖和民事程序管辖的范畴，其审判程序违法。2. 本案案发后城信社向公诉机关提供的证据就有债务清偿协议与股权转让协议正式原件，《股权转让协议》的有效履行是债务清偿协议不可分割的组成部分。

综上所述，两审法院认定申请再审人犯贷款诈骗罪，罪名不能成立。特请求：1. 依法撤销（2001）安刑初字第86号刑事判决、（2001）潮中法刑经终字第11号刑事裁定、纠正（2003）潮法审监刑字第1号驳回申诉通知书。2. 依法宣告申请再审人苏培钿无罪。

申请再审人苏培钿的辩护律师在再审庭审中，提出如下辩护意见：

一、申请再审人与城信社之间所发生的纠纷是借款合同纠纷，并非贷款诈骗案件

（一）因申请再审人系三家公司的法定代表人，三家公司均经过国家工商行政管理部门注册登记，依法领取《企业法人营业执照》。

1. 借款过程，三家公司均各自以自己公司的名义与城信社签订借款或担保合同，而不是以申请再审人的名义，虽然三家公司自1996年开始生产经营不太正常，但其仍合法存在，其在被工商行政管理部门依法注销之前，仍然具有企业法人的法律地位。故原审判决否定三家公司的法人资格，是没有事实和法律依据的。

2. 城信社对引起本案纠纷负有完全的责任。因在变更弘森公司的股权及接管弘森大厦的财产后城信社仍认为申请再审人还拖欠其巨额贷款，且在贷款过程中，城信社为获取巨额非法利润而收取账外利息及综合费（中介费）的行为严重违反了《商业银行法》、《贷款通则》和《中国人民银行人民币利率管理规定》的相关规定，尤其是在本案债务已抵偿的情况下，违背诚实信用的原则，为了逃避其非法放贷及接管弘森大厦后怠于经营管理，从而给国家和集体造成巨大损失的经济和法律责任，向公安机关报假案、恶意嫁祸、陷害申请再审人。

3. 三家公司与城信社之间的纠纷属民事法律调整的范畴，而不应由《刑法》来调整。因三家公司与城信社之间的借款合同关系自各方签订借款合同开始，至城信社受让弘森公司的股权，更换法定代表人并完成财产交接而终止。这一过程，完全是企业法人之间所进行的经济往来，由此而引发的纠纷是民商事纠纷。

（二）原一、二审判决将本案性质定为“贷款诈骗罪”及认定申请再审人构成犯罪

没有事实和法律依据。

首先，贷款诈骗罪的本质特征是“诈骗”。而本案的大量证据足以证明，城信社对三家公司的经营状况、偿债能力、抵押数额、贷款用途等情况可谓了如指掌，尤其是诸如三家公司进行“自保自贷”、多次抵押、抵押与保证交叉进行及使用其他人的印章替换申请再审人的印章签订担保合同等不规范的行为，均是应城信社的要求而为的，这有申请再审人的供述，陈某淮的陈述，吕某勉、苏某民、杨某云及城信社的其他职员的证词可作证明。故三家公司根本不存在采用虚假事实、隐瞒事实真相的方法诈骗城信社贷款的行为。

其次，根据《刑法》第一百九十三条的规定，贷款诈骗罪主体是自然人，单位不能成为该罪的犯罪主体。而本案所涉贷款是三家公司的企业法人行为，并不是申请再审人的个人行为，故原一、二审判决认定三家公司的贷款行为是申请再审人的个人行为，进而认定其构成“贷款诈骗罪”明显有悖于事实和法律!

二、申请再审人主观上没有非法占有本案所涉借款的故意

首先，因三家公司自始至终有履行借款合同的意愿，并千方百计地以“贷新还旧”、自筹资金、以物抵债和以股金抵债等方式向城信社偿还贷款，同时还追加抵押物，作为履行合同的担保，且从原审判决已认定三家公司借款、还款笔数看，至1998年案发前，三家公司一直还在履行还款的义务。故三家公司具有主动的还款意愿并积极地履行还款义务。

其次，原审判决认定申请再审人苏培钿共借款资金人民币2.476亿元，除付还城信社账外利息4453.19405万元及综合费（中介费）1.039374358亿元，付还借款本金50万元及账内利息3667.18708万元，“实际非法占有骗取的贷款资金共6195.87529万元”。这种计算方式不符合有关的法律规定，应对三家公司付还城信社借款本金数额进行重新确认。因依照《商业银行法》等的规定，城信社向三家公司收取的高于法定利率的账外利息和综合费（中介费）应折抵借款本金，折抵后三家公司还款数额超过了尚欠借款金额的三分之二，这足以证明三家公司的还款诚意。

再次，三家公司从1998年11月自筹资金偿还城信社贷款起，直至1999年底申请再审人被刑事拘留的一年多时间里，申请再审人从没有抵赖、逃匿三家公司对城信社的债务和保证人的保证责任，既没有为城信社追讨三家公司债务设置法律障碍，也没有转移、藏匿财产和资金，更没有携款潜逃一走了之，而是积极设法筹集资金偿还三家公司的贷款，不仅先后自筹资金偿还了882万余元的贷款，更倾其公司和个人的全部所有向城信社追加了深圳横岗的两块土地及上海弘森大厦作为贷款的抵押担保物。同时，为清偿三家公司的贷款，申请再审人还应城信社的要求将国科公司在上海弘森公司的全部股权转让给城信社，同时双方商定国科公司用其价值3亿多元的弘森大厦抵偿三家公司在城信社的包括账外利息、综合费在内的全部贷款。

三、三家公司的法定代表人苏培钿客观上也没有实施诈骗城信社的贷款的行为

首先，三家公司自始至终均以自己经依法登记注册的公司名称与城信社签订借款合同或担保合同，并未以虚构的公司名称或采取其他虚假手段来骗取城信社的贷款。

1. 申请再审人不存在使用假冒法定代表人印章进行贷款担保，从而骗取城信社贷款的行为。

(1) 本案的证据已充分证明，三家公司是在城信社授意下使用陈某僚的印章以代替申请再审人的印章。城信社对此心知肚明，且从未提出任何异议。因此，三家公司的这一行为并不构成对城信社的诈骗。

(2) 保证人的保证行为是企业法人（公司）的行为，其保证责任因有其企业法人（公司）盖章而依法成立并承担保证责任，保证人法定代表人的盖章并不是确立保证法律关系的必要条件。三家公司从未否认和逃避其保证人的保证责任。

2. 申请再审人不存在超抵押物价值重复担保，以骗取城信社贷款的行为。

(1) 本案中所提供的抵押物只向城信社设定抵押，从未在其他金融机构重复设定抵押，因此不存在重复抵押的问题；况且每一份借款合同都设定了抵押担保和信用担保两种担保方式，而每一份借款合同都由城信社同一班人进行审查和批准，足见三家公司采取上述多次抵押及抵押与保证交叉进行的方式签订借款抵押担保合同，是在城信社明确同意的情况下而为的，根本不存在欺骗的成分，且设定并提供抵押物的行为是企业法人的行为而不是申请再审人的个人行为。

(2) 三家公司在贷款后期又不断向城信社追加了深圳横岗的两处土地、申请再审人在城信社的股份、上海弘森大厦等抵押物，上述抵押物的价值已远远超出三家公司在城信社的贷款总额。

其次，申请再审人任法定代表人的三家公司“自贷自保”及“改变贷款用途”并不构成贷款诈骗罪。

1. 本案的借款合同证明，在城信社借款及提供担保的主体是三家公司，申请再审人只是该三家公司的法定代表人而已。因此，本案借款与担保关系不是“自贷自保”，而是“此贷彼保”的关系。

2. 三家公司采取的这种贷款担保方式是城信社认可的，并没有欺骗城信社。况且，这种贷款担保方式法律没有禁止，更不是“贷款诈骗罪”规定的骗取贷款的五种方法之一。

3. 三家公司改变贷款用途将贷款投入房地产开发是经过城信社同意的，城信社的领导也多次到深圳及上海考察相关的工程项目。显然，三家公司并没有对城信社隐瞒贷款的真实用途及去向，因而不构成诈骗。

再次，申请再审人不存在非法占有本案所涉贷款的行为。因为在城信社申请贷款的主体是三家公司，申请再审人的行为是法人行为而不是个人行为；三家公司向城信社的全部贷款都是以投资或借贷的形式被其他关联公司使用，这些资金用于在广州、北京、深圳、上海等地的各种投资，而非申请再审人据为己有。

上述情况充分表明，三家公司的法定代表人苏培钿的行为是正常的企业法人行为，而不是诈骗贷款的犯罪行为。

四、三家公司向城信社的贷款已清偿，债权、债务关系已依法消灭，原一、二审判决不予认定是错误的

(一) 弘森公司转让股权及以弘森大厦抵偿城信社债务的行为是等价有偿、公平合理的，并未低价高估或隐瞒债务，因而是合法有效的。这有两份债务清偿协议及股权转让协议、弘森大厦评估材料为证，故原一、二审判决强行认定股权转让及财产抵偿无效，实质上模糊了“公司股权”与“公司财产所有权”的界限，这无非是认定城信社

委托两个公司以600万元受让弘森公司的股权，就可理所当然地无偿取得弘森公司3亿多元的资产，而免去其履行偿还弘森公司原欠债务的义务，且三家公司的原来贷款所产生的本案债务6195万元依然存在，这简直是匪夷所思！

（二）公诉人提出弘森大厦后来的评估价为6181万元，实际拍卖得款为6500万元，并据此来证明抵偿时弘森大厦的价值是申请再审人虚构的。该价值不能作为认定弘森大厦实际价值的依据。

1. 弘森大厦抵偿评估的时间与拍卖评估的时间不同。前者评估时间为1998年10月，我国房地产业仍然处于比较正常的时期；而后者评估及拍卖的时间为2000年下半年，当时正是我国受亚洲金融风暴的冲击，房地产价格暴跌的时期。时点不同决定了其价格的高低。

2. 2000年评估、拍卖时，弘森大厦早已归属城信社所有，价格变化与申请再审人无关。而对该明显低于实际价值的评估、拍卖价格，城信社怠于行使自己提出价格异议，要求重新评估的权利，导致了弘森大厦高值低估而被贱卖。对此，城信社应承担全部责任。

3. 1999年7月，受城信社委托接管弘森公司股权、弘森大厦物业的经营权和管理权的巨腾公司和威龙公司委托上海万隆审计事务所对弘森公司截至1999年8月4日的注册资本、投入资本变更情况的真实性和合法性进行审计，截至1999年8月4日，弘森大厦资产价值总额为2.3569582883亿元。对该审计结果，申请再审人及城信社均没有任何异议，应作为认定弘森大厦抵偿价格的依据。

（三）两份《债务清偿协议书》虽然未经城信社签章，但从本案控辩双方提供的证据来看，城信社已完全接受，并已实际履行上述两份协议书，这有《委托授权声明》、《授权委托书》和《股权转让协议书》相互印证。依照《合同法》第三十七条关于“采用合同书形式订立合同，在签字或者盖章之前，当事人一方已经履行主要义务，对方接受的，该合同成立”的规定，上述《债务清偿协议书》各方已实际履行完毕，因而依法成立、合法有效。而国科公司与城信社委托的巨腾公司和威龙公司签订的《股权转让协议书》是各方当事人同意用转让弘森公司股权的方式将弘森大厦抵偿城信社债务的真实意思表示，其转让行为符合《民法通则》、《公司法》及工商行政管理法律、法规的规定，该股权转让协议依法成立、合法有效，且已实际履行。显见，三家公司对城信社的贷款已清偿完毕，本案所涉债权、债务已消灭。

综上所述，本案是借款合同纠纷而非贷款诈骗案件；申请再审人在主观上没有非法占有城信社贷款的故意，客观上没有事实诈骗城信社贷款的行为；三家公司向城信社的贷款已全部清偿完毕，债权债务关系已消灭，因而公诉人在庭审中提出的申请再审人构成贷款诈骗罪有关事实方面的其他问题，均不足以构成该罪。恳请再审法院撤销原一、二审的错误判决，并改判申请再审人苏培钿无罪。

公诉机关潮州市人民检察院在再审庭审中指控的意见：1. 原审被告人被绑架的事实不存在；苏培钿与城信社协商以物抵债时，由于隐瞒弘森公司负债的事实，协商不成，城信社的人报警，后上海公安局作为经济纠纷而不予立案，这有上海公安局的有关材料，苏培钿无如实说明弘森公司的财产情况和被查封的事实，而仍然用于转让，说明苏培钿有非法占有的故意，其对弘森大厦的转让无效。2. 二审认定事实清楚：（1）编造虚假贷款理由。彩瓷公司虚构与顺昌公司的合作，经公安机关到顺昌公司调查无此事；郭某顺股东的签名是假的，苏培钿承认彩瓷公司虽名为中外合作企业，事实是其个人公司，以假冒合作企业骗取城信社的贷款。（2）自贷自保，骗取城信社贷款，三家公司无生产、无经营、无收入，属于皮包公司，苏培钿隐瞒实际情况向城信社贷款，指使陈某僚冒用法人代表贷款。（3）超出抵押物价值贷款，利用566万元的抵押物取得3亿多元贷款。（4）超出贷款用途，将贷款用途挪作他用。（5）虚构事实，拒不还贷。弘森大厦实际只值6000多万元。3. 苏培钿诈骗数额特别巨大，致使贷款到期无法归还，大肆挥霍，致使国家集体蒙受巨大损失，引发金融风波，造成社会矛盾。4. 苏培钿有非法占用贷款的故意和行为，在明知三家公司没有偿还能力的情况下骗取贷款，将资金挪作他用，肆意挥霍贷款资金，用于建造多处房地产、借给他人、购买高档消费品，造成巨额贷款无法归还。苏培钿编造三家公司购买原材料的理由骗贷，对贷款资金的用途一人决定，三家公司是苏培钿借款的工具，在城信社催讨时存在有意隐匿的行为。5. 本案是贷款诈骗，不是民事纠纷。根据最高人民法院的座谈纪要内容，苏培钿在主观和客观上均符合贷款诈骗罪，其犯罪事实清楚，应追究刑事责任。综上所述，苏培钿构成贷款诈骗罪，原审裁判正确，应予维持。

经再审查明，申请再审人苏培钿原系彩瓷公司、陶瓷公司、房地产公司及国科公司的法定代表人。三家公司至1995年实际已停产，后主要与城信社（挂靠潮安县供销社的集体非银行金融机构）发生借贷关系，所取得巨额资金主要用于苏培钿开办的其他公司开发房地产等项目。

自1993年5月至1998年12月止，申请再审人苏培钿分别以上述三家公司名义与城信社发生借贷关系，贷款发生额6354笔，累计人民币45.3392亿元，其中空转数5092笔，累计人民币34.199亿元。至1999年10月30日，经双方对账确认，实际贷款732笔、尚欠贷款余额3.661亿元（包含贷款应付的账内利息、账外利息、中介费及贷款本金）。在实际借款中，苏培钿三家公司的贷款总额分别是：彩瓷公司3.041亿元、陶瓷公司5850万元、房地产公司350万元，合计3.661亿元。上述借款从1996年之后的贷款情况是：苏培钿三家公司在1996年度借款103笔，计人民币1.288亿元；还款57笔，计人民币8050万元，净增额4830万元；1997年度借款423笔，计人民币2.773亿元，还款229笔，计人民币1.67亿元，净增额1.103亿元；1998年度借款525笔，计人民币2.625亿元，还款173笔，计人民币1.735亿元，净增额8900万元。至此苏培钿共借款人民币2.476亿元，除付还城信社账外利息4453.19405万元及综合费（中介费）1.039374358亿元，付还借款本金50万元及账内利息3667.18708万元，尚欠借款计人民币6195.87529万元。上述尚欠借款额未抵减苏培钿将弘森公司及弘森大厦折价用于抵偿城信社贷款的数额。

上述借款均按常规要求签订借款合同，并在合同约定抵押担保、保证担保条款等，审批手续齐全，苏培钿向城信社借取巨额款项实际是用于搞房地产建设，城信社是清楚的，但仍继续放贷，由于放贷数额大，城信社无权办理大额中长期贷款，所以，在签订借款合同上采用大额借款化为多笔小额借款的方式，并出现同一天签订十多笔共上千万元借款合同，并相应约定以购原材料或流动资金作为借款用途，没有按实际用于房地产建设的用途填写。借款期限也都是以短期形式，一般以两至三个月为期限，担保形式是以苏培钿三家公司在城信社采用此贷彼保及提供部分抵押物担保（没有办理抵押登记手续）的形式办理贷款手续。由于三家公司工商登记均是以苏培钿为法定代表人，三家公司此贷彼保在借款合同上出现借款人和担保单位法定代表人同样是苏培钿一人的情况，城信社就要求苏培钿三家公司在办理贷款手续时，作为担保单位的法定代表人就更换他人。所以，自1994年7月起一直用会计陈某僚的私章印鉴盖在合同担保单位的法定代表人栏上去办理贷款手续。

苏培钿在借款中提供的抵押物有：一、位于潮安县古巷镇枫四村“老土堀片”的土地使用权，国有土地使用权证号为安国用（1998）字第512111600036号。二、位于潮州市西荣路食品公司中心经理部宿舍楼第三层的房屋，所有权证为粤房字第39003269号。三、位于潮安县古巷镇枫洋红亭脚的房产，房屋所有权证为粤房字第3930850号、粤房字第3930851号、粤房字第3930852号。四、潮安县城市信用合作社认股书，号码为3－013、3－014号、00018号、00019号。上述抵押物均于1996年以前提供城信社确认并作价566万元作抵押，但均没有办理抵押登记。

苏培钿三家公司所取得借款，其资金有部分汇往广州、南京、上海、北京、深圳等地的公司及个人，共计5055.0252万元，余下资金由城信社提供现金方式给付苏培钿。苏培钿将上述资金用于在上海市投资开发弘森大厦，在深圳市等地购买土地，在广州市购置白云堡豪苑、春暖花园等住宅，也有少部分用于付还私人债务、借给他人及购买高档物品等。

1998年10月24日以后，因潮州市出现金融风波，城信社停止贷款给苏培钿三家公司，并加大催讨力度，苏培钿有变卖土地、房产、汽车等财产归还部分款项，主要是用于偿还利息和中介费。城信社由于一时难以收回苏培钿三家公司的巨额借款，加上出现挤兑现象，城信社便在1999年2月28日向潮州市公安局报案，指证苏培钿贷款诈骗。报案之后，双方又就偿还贷款进行协商，由于苏培钿无法及时归还贷款，城信社便要求苏培钿以其在上海建造的弘森大厦来抵押归还该社贷款。在同年7月15日苏培钿以国科公司（即弘森公司的股权单位）名义与城信社指定的威龙公司、巨腾公司双方签订了的股权转让协议书，约定甲方国科公司同意将弘森公司600万元股权以账面原价全额转让给乙方巨腾公司45%、270万元，转给丙方威龙公司55%、330万元。乙丙双方同意以账面原价600万元收购弘森公司，并约定弘森公司发生的一切债权债务由乙方丙方承担，与甲方无关，并办理有关工商变更手续和有关弘森大厦的经营交接手续。以此作为苏培钿三家公司偿还城信社贷款债务，这有城信社的委托授权声明中明确确认了双方达成的有关债务清偿协议为证，但城信社未在有关贷款债务清偿协议书上签名，主要原因是苏培钿与城信社在具体抵债协议条款还未最后达成一致意见。

上述用于抵偿贷款债务的弘森大厦位于上海南市区白渡路，双幢各为22层、23层，均已封顶，建筑面积约35000平方米，该弘森大厦的房产价值（连同建设方弘森公司）经苏培钿经营的国科公司委托深圳国际房地产咨询股份有限公司（国家A级企业）1998年10月20日评估，截至评估日的价值为人民币3.22684124亿元；城信社接手后，委托上海万隆审计事务所对弘森公司截至1999年8月4日的注册资本、投入资本变更情况的真实性和合法性进行审计，确认弘森大厦资产总值为2.3569582883亿元。由于双方在弘森大厦项目原有债务问题上协商发生争议，双方未就具体抵偿贷款数额达成协议，但弘森大厦实际被城信社接管抵债。抵债后，由于弘森公司原欠上海当地银行贷款等原因被提起诉讼并被当地法院查封在建的弘森大厦房产，至2000年下半年，因弘森公司没有偿还到期生效判决债务，而由当地法院将弘森大厦评估拍卖，评估价为6181万元，实际拍卖得款为6500万元，主要用于偿还到期生效判决债务。

认定上述事实的主要证据有：

一、有关证人证言

1. 证人吕某勉（负责苏培钿三家公司办理贷款手续人员）陈述了自1993年5月开始至1998年10月止，苏培钿一直以其所开办的三家公司轮换贷款，互为担保，并提供估值600万元左右的房产土地作为贷款抵押，以及用陈某僚（系彩瓷、陶瓷公司的会计）作为担保单位的法定代表人去做担保进行贷款，贷款用途是流动资金周转和购买原材料，一共向城信社贷款余额共3.661亿元人民币，其经手办理贷款共5935笔，累计金额42.6115亿元，其中空转数5203笔，金额38.9505亿元，苏培钿以上述形式贷款城信社都没有提出异议；1998年10月24日以后，因潮州出现金融风波，城信社停止放贷，重点放在与苏培钿商议还款的业务上，但有办理转贷手续；1998年后苏培钿借过10万、5万、3万等，陆续还款，还通过土地拍卖归还贷款本金50万元，余付还利息及中介费，还有2辆车被城信社拿去抵还利息，付还贷款中介费约1.2亿元；贷款过程长期以苏培钿的法定代表人贷款，又用担保单位的法定代表人苏培钿来做担保，城信社认为不符合贷款手续，便提出更换担保单位的法定代表人，对于三家公司的法定代表人是苏培钿，而陈某僚不是三家公司的法定代表人，城信社是清楚的，继续以停产后的两家公司名义向城信社贷款，城信社从未提出异议；在办理贷款业务时，一向都是苏培钿与城信社陈某淮主任联系好后，苏培钿就通知其到城信社找陈某淮主任办理贷款手续，整个贷款过程，三家公司都没有拿财产报表给城信社，城信社也没有要求过。办贷过程，是按城信社的要求去办理，在办理贷款过程中，有多笔贷款资金都是空头转账，付还城信社的利息和中介费，实际没有拿到贷款资金。苏将贷款资金划往南京、上海、北京、广州、深圳等地，用于开发房地产、购买土地、付还欠款等。至于弘森大厦，1999年4月中旬苏培钿要将弘森大厦项目工程移交还城信社以抵还贷款，当时签订了一份协议，因协议签订后双方各有意见，对协议中的条款后来又作了修改，所以先后出现有两三次还款协议，后无法抵还原因不清楚，当时苏还有提供弘森大厦的产权证、售楼证等在城信社作为贷款的抵押物。3.661亿元，除去利息和中介费2.2274517872亿元，剩下就是贷款本金；城信社有向苏培钿催讨归还贷款，但城信社没有说过要停止放贷的事。后由于合同款额每笔只能为50万元，每日要办理几十笔贷款工作量非常大，故在信贷部人员的建议下，其用城信社的快速复印机复印部分贷款文书；城信社在外有拆借资金贷给苏培钿及苏培钿三家公司向外单位借款，城信社有为其中一家公司提供担保和苏向城信社购买股份及其提供的苏贷款资金流向等情况。

2. 证人陈某僚的陈述反映了其是华艺陶瓷、华艺彩瓷两公司的会计；苏培钿用其私章及以其名义做担保单位的法定代表人向城信社贷款其均不知道，城信社也从没向其查询；在其任会计期间，城信社从没到两家公司了解经营情况或要求公司提供资产负债表、利润表等材料；两公司1996年没有生产，公司停产后因无销售，不用缴税，但都有按要求办理年审手续，也有应有关部门的要求，上缴相关报表等情况。

3. 证人陈某淮陈述其是城信社的会计，陈某淮是城信社的贷款负责人，1993 年 5 月 7 日至 1998 年 10 月，苏培钿以三家公司名义向城信社贷款，互贷互保，有贷无还，但大部分办贷后进行转账抵还利息和贷款。1993—1995 年上半年基本上有借有还，1995 年下半年后还贷较少，因苏培钿在广州投资开发江燕花园，资金紧张；苏培钿有时是还款后再贷，有时是进行转贷、转空数，1998 年 12 月苏培钿卖土地 400 万元左右，其中 50 万元用于归还房地产公司的借款本金 50 万元，余下的归还利息，1999 年 1 ~5 月苏也有拿 2 万、5 万等陆陆续续还城信社的钱，这一部分钱都是归还用于到期的利息，至今，苏培钿共欠城信社贷款余额 3.661 亿元，其中付还中介费 1.1 亿多元、付还利息 8000 多万元，余下的就是被苏贷后拿走的资金，苏贷款尚未还的笔数有 732 笔，苏每次贷款的手续都是完备的，贷期 2—3 个月。约 1997 年苏有拿深圳两块地的土地证及开发许可证作抵押，但到 1998 年 6、7 月间又被苏拿到另外银行办理抵押贷款手续后，拿了 400 万元来归还城信社，该款是从广州划来的；1998 年 11 月，苏又拿了上海弘森大厦的土地使用证和上海政府对大厦的批文、土地的评估书及售房证到该社作抵押，当时该社不知弘森公司在上海有债务，至 1999 年 4 月 8 日对账时才知弘森大厦在上海欠的债务，并陈述了苏培钿没还钱，仅提供价值约几百万元的担保物，为何还放巨额贷款给苏培钿，他不是很清楚。其自 1998 年 3、4 月负责审批贷款业务，后其成立贷款审核小组，对苏培钿三家公司贷款问题有召开会议，审核小组研究，其接手后共放贷给苏约 700 笔转贷款，都是空头转贷，极少量新增贷款的发放，放贷之前均有征得陈某淮主任同意后才放贷或转贷，城信社放贷给苏培钿三家公司的巨额贷款是通过拆借资金和高息储蓄得来的；自 1995 年起，苏来办理贷款时，就用陈某僚作为担保单位的法定代表人，陈是否是苏贷款担保单位的法定代表人，其向来不清楚，具体都由该社信贷部审查。对苏 1998 年前后的贷款，都有询问，并派人对苏培钿提供的抵押物进行实地查询和评估，但对以陈某僚名义做担保单位的法定代表人，是否有查询过不知道。苏培钿归还贷款资金大部分是在苏培钿的信用卡划过来，有三四笔是在广州电汇过来。从城信社提供的贷款资料看，大部分是空转数和以贷还贷（贷新还旧），即对苏贷款到期后无归还，就重新签订贷款借据和合同，苏个人未拿到钱，但同时应付还上期的利息和综合费；贷款过程出现一天有多笔贷款的现象是为便于向苏培钿收回贷款，就将苏所贷的大笔款分为若干小笔，每笔不超过 50 万元；吕某勉在办理贷款手续时，有用该社快速复印机复印；苏培钿向三百门建银实业公司借款 300 万元，由城信社提供担保，苏也有向城信社认购 60 万元的股份。

4. 证人杨某云陈述：其负责审查其中的借款合同书、借款申请书及借款补充合同书的内容是否齐全、填写是否正确，其他手续就由信贷人员审查。批准贷款是陈某淮。苏是三家公司的法定代表人，其以三家公司的名义、互贷互保方式，向该社贷款余额 3.661 亿元，其中付还综合费 1.1 亿多元、利息 8000 多万元，综合费另外记账处理，贷款手续由吕某勉办理、利息由其计算；收取的利息和中介费主要用于吸收储户存款的高息及城信社的业务费用、人员补助费；在贷款过程中苏有提供估值 566 万元的房产土地作为抵押物，苏培钿三家公司以前贷款用途是流动资金，1998 年后大部分是购买原材料，为何改变不清楚；苏向城信社贷款有两种形式：一种是借款合同，一种是抵押担保借款合同。1998 年 10 月后，在该社多次催讨下，苏培钿有陆续拿现金 270 多万元还城信社，是付还利息及中介费，1999 年 3 月还房地产的贷款 50 万元（本金），该款是城信社拿苏培钿在新洋路抵押土地拍卖后归还贷款，但对苏三家公司在 1995 年停产后，城信社为何再放贷其不清楚。在办理贷款的过程中，按正常的手续均应跟踪检查、监督，但城信社由于制度的问题，没有及时去监督贷款用途，另外，苏培钿有委托该社购买燕窝、鱼翅，资金由该社总务先出，后在收取中介费时，再向苏收回资金，故记在收取综合费的白条上；对于苏 1996 年以后无还贷、合同超期，本可以罚息、停止放贷，为什么没这样做，其不清楚。吕某勉在贷款到期后，对没有按期归还贷款的都有按时办理还贷、转贷、空转手续，但在城信社发生挤兑时，对三家公司到期没归还贷款，吕某勉也没按期来办理手续，该社为何再贷款给苏培钿三家公司？其没法答复这个问题。1998 年放贷给苏培钿三家公司均有通过贷款审查小组讨论决定，有关以“证券回购业务”形式贷款、拆借资金的情况与陈某陈述一致。

5. 证人苏某民陈述：苏培钿共向城信社贷款 732 笔，起止时间为 1993 年 5 月 7 日至 1998 年 10 月，至今逾期贷款余额 3. 661 亿元，综合费如何计算不知。苏培钿三家公司贷款用途都是购买原材料，是以三家公司名义互相交叉担保、土地和房产作抵押，担保单位法定代表人都是陈某僚，这些情况他都知道，但陈某僚是何人就不知。每一笔都是借款人苏培钿而担保人是陈某僚的名义办理贷款手续。苏培钿在该社贷款后，划往南京、广州等地；1998 年为严格管理，增加一个贷款审查小组，对苏培钿三家公司贷款，信贷部及骨干人员都有开会讨论，决定是否同意放贷，发放贷款前都有对贷款单位资产等情况进行调查，由信贷员向贷款单位业务员从口头上了解其贷款用途。苏仅提供 1000 万元左右抵押物、三公司交叉担保、提供陈某僚冒充担保单位法定代表人，该社还放贷，因以前一直都这样办理的，所以循老例继续办理，希望苏培钿三家公司能投资后资金回笼，加上陈某淮交代其按原来苏培钿的贷款形式进行操作；1998 年 10 月苏培钿取走原放在该社抵押的深圳横岗土地产权证明去贷款来还本社贷款；贷给苏培钿三家公司的资金来源是拆借资金，部分是存款，1998 年他也曾到苏培钿的彩瓷公司两三次，公司没有生产，贷的钱用于广州房地产，但三家公司何时停产不知，陈某淮也知苏培钿三家公司所贷款项是用于房地产开发。

6. 陈某淮陈述：苏培钿是彩瓷公司、陶瓷公司、房地产公司的法定代表人，苏从 1993 年 5 月开始在城信社贷款至 1998 年 8 月止，是以上述三家公司名义交叉担保贷款、以陈某僚作为担保单位的法定代表人进行担保，陆陆续续贷款给苏培钿至今，共贷 732 笔，现未偿还贷款本金 3. 661 亿元，因授权审批权限限制，不能批大笔，也为了以后引起债权债务纠纷，可到法院诉讼，故实质是放大笔贷款，一次性划给苏，在办手续时化整为零，一次几十万元进行办理手续，贷期都是 2—3 个月；苏培钿三家公司都是空壳公司，没有多少资产、没有怎么经营；苏培钿在办理贷款时都有提供抵押物和保证人，抵押物价值 566 万元，贷款过程是以贷新还旧方式进行运转；苏培钿贷款用途是购买原材料，但据了解，苏培钿贷款之后是用于搞房地产开发，虽对苏培钿三家公司贷款用途有作跟踪调查，但因领导关系等原因，就贷给苏培钿；在贷款过程中其发现贷款单位和担保单位的法定代表人都是苏培钿一人，便向苏提出这样做是违规的，要苏找有信誉的单位来做担保，故从 1994 年下半年苏培钿就以担保单位是陈某僚的假法人来办理贷款，是误解造成的；向苏培钿收取综合费用，这一部分是属于账外经营的利息，累计约

9000 多万元。至 1998 年 4 月，成立贷款审批小组，每一次贷款均有讨论研究。每一次贷款均是他和苏培钿电话联系，后由吕某勉来办理手续；苏培钿只提供 566 万元的房产土地等抵押物、以三公司名义交叉担保、以连襟陈某僚作为担保单位法人代表进行贷款，该社为何继续放贷累计总额 3.661 亿元人民币是多方面原因造成的；贷给苏培钿 3.661 亿元资金来源一部分是拆借资金，一部分是向其他信用社拆借，再一部分是信用社的储蓄存款。1998 年出现金融风波之后，该社积极催款，苏培钿有还贷，拍卖新洋路土地 400 多万元和一些现金及两部车抵还城信社欠款。在苏培钿贷了十几次款后，苏有叫他买鱼翅、燕窝、鲍鱼，有还钱给他，曾经通过信用卡划钱付还，后他叫苏直接与该社总务结算。至 1998 年 10 月双方对账，确认贷款数额之后，苏培钿表示要以他在上海建造的弘森大厦来抵押还该社贷款，经他们到上海了解，该两幢楼是苏出资建的，土地是苏向上海南市区买的，但尚欠土地方土地款，并以其中部分房产向南市区建行抵押贷款。目前该两幢楼已封项，但内外还没装修，后因苏培钿对两幢楼估价过高，并提出要该社代苏培钿偿还在外债务 4000 多万元，因不合理，故协商不成，发生争议，其向上海 110 报警。

7. 证人杨某高陈述：其本人没有协助城信社向任何单位拆借过资金，但记得 1998 年，有根据城信社的申请，结合其资金周转情况分次核批发放，余额 3900 万元；大约在 1997 年由城信社主任陈某淮带其到广州国科集团认识苏培钿的，但没有为苏培钿说情帮助其贷款。

8. 证人郭某顺陈述：其是香港顺昌（国际）贸易公司的董事长，1992 年在香港与苏培钿认识，当时双方有口头达成合作协议，同时给苏培钿寄去了有关商业登记、银行咨询等有关文书，后因在香港展览会上苏培钿没接到订单，故合作之事没谈成，也没与苏培钿成立合作公司。

9. 证人章某荣陈述：1999 年 7 月 23 日国科公司法定代表人苏培钿与城信社在上海南新雅大酒店办理有关弘森大楼托盘抵押手续，后苏培钿在上海遭到绑架，当时有报案。

10. 证人陈某林陈述：上海远东建设公司是 1995 年向南京市白下区政府属下的承建开发总公司第四分公司的项目公司上海弘森房地产开发有限公司签订合同后承建上海弘森大厦，其公司于 1995 年底开工，1997 年 1 月停工，1997 年 5 月该公司把上海弘森大厦的投资经营主体转让给国科公司，1998 年 5 月弘森大厦复工，复工之前国科公司汇来一部分工程款，后也陆续付款，共 1575 万元，该款是直接用于建设弘森大厦工程的，与苏培钿个人犯罪无关。

11. 证人冯某北陈述：南京市白下区城镇建设综合开发总公司第四开发公司于 1997 年 8 月将所属的弘森公司及其所属的弘森大厦项目投资经营主体转让给国科公司；苏培钿总共付给南京方 1620 万元，该款用于投资弘森大厦的基建工程费用和支付弘森公司部分债务款。

12. 证人刘某龙、徐某瑞、苏某芬分别陈述了其结欠苏培钿借款的事实。

13. 申请再审人苏培钿作了与上述认定事实一致的供述。

二、相关书证

1. 两份债务清偿协议书，反映了城信社、彩瓷公司、华艺陶瓷公司、弘森公司四方在积极协商债务清偿协议，该协议均有将弘森公司一方的债务告知城信社，但该两份债务清偿协议书均无签名确认。

2. 1999 年 4 月 25 日城信社出具的委托授权声明，反映了城信社与隶属于国科公司的弘森公司、彩瓷公司、陶瓷公司、房地产公司等达成的有关债务清偿协议，经该社研究决定委托授权巨腾公司对弘森公司进行过户及更换法人，并作为弘森公司的主管单位。国科公司应根据清偿协议，对坐落于上海市南市区白渡路外郎家桥的弘森大厦之所有投资物业、股权移交给该社授权的巨腾公司接受管理。

3. 1999 年 7 月 15 日城信社出具的授权委托书，反映了城信社与隶属于国科公司的弘森公司、彩瓷公司、陶瓷公司、房地产公司等达成的有关债务清偿协议。为全面履行该协议，经该社研究决定委托授权巨腾公司代表本社接收弘森公司的股权占 45%，计金额 270 万元，威龙公司占 55%，计金额 330 万元，作为弘森公司持有股权的新股东，对主体进行过户及更换法人。由巨腾公司和威龙公司作为接管股权后的代持股权人，并作为弘森公司股东单位。由陈翔出任弘森公司法定代表人，履行法定代表人的权利和义务。国科公司应根据清偿协议，对坐落于上海市南市区白渡路外郎家桥的弘森大厦之所有投资物业、股权及有关物业和股权的一切文件和资料移交该社委托的巨腾公司和威龙公司接受管理。另外，弘森公司的企业法人营业执照中的法定代表人已更改为陈翔。

4. 1999 年 7 月 15 日的股权转让协议书反映了对弘森公司进行改制的情况以及国科公司同意将弘森公司 600 万元股权以账面原价全额转让给巨腾公司 45%、270 万元，转给威龙公司 55%、330 万元。巨腾、威龙两公司同意以账面原价 600 万元收购弘森公司。弘森公司发生的一切债权债务由巨腾、威龙两公司承担，与国科公司无关。

5. 城信社的相关证实材料，反映了 1995 年 8 月起苏培钿在该社贷款出现不正常的借款还贷现象，且这段时间贷款额不断增加，至 1998 年贷款额增加到 3. 661 亿元，使该社资金逐步出现紧缺状态，且违反了正常的金融信贷操作程序。1998 年以来以各种方式催讨，约 1999 年 1 月，有两次在汕头国际大酒店与苏培钿谈如何解决 3. 661 亿元贷款，结果苏培钿应承把弘森大厦抵还贷款，并保留在该社几千万元贷款，等形势好转赚到钱后归还，但该社一班人到上海时苏培钿反口不认等情况。

6. 三家公司以及国科公司工商登记材料反映了公司工商登记注册的情况。

7. 城信社的工商登记材料反映了城信社是挂靠潮安县供销社的集体非银行金融机构，主要办理储蓄及小额流动资金贷款等业务。

三、其他书证材料

有关三家公司及国科公司、城信社工商登记材料；文检鉴定、审计报告、贷款关系的借款合同、补充合同及往来凭证；三家公司的对账单、账内、账外利息、综合费明细、抵押物清单；人行广东省分行出具的确认函；有关资金流向的证明材料，查封决定书及搜查、扣押物品清单，查询及冻结存款通知书，上海弘森大厦被查封材料；有关申请再审人苏培钿的身份证实及对其采取强制措施的有关手续等其他在卷材料予以证实。

本院再审认为，申请再审人苏培钿经营的三家公司与城信社之间发生借贷行为，虽然存在借款手续违规的事实，如大额中长期借款采取化大为小，化长期为短期，即以多笔小额短期贷出，并相应地不如实填写借款用途和借款担保采用此借彼保，小额抵押物反复抵押等情况，双方的上述行为仍应视为借贷关系成立。苏培钿三家公司是经工商部门核准登记开业的企业，其中彩瓷公司登记为中外合作企业，合作外方的法定代表人郭某顺在公安部门调查时否认实际合作和否认工商登记中的签名不是其所签，但其承认双方就合作公司进行过协商、口头达成合作协议，并向苏培钿提供过用于工商登记的有关材料，由于某种原因最后双方没有合作，其也没有要求撤回其所提供的用于工商登记的有关材料。三家公司后期虽没有正常经营，但均有年审，均没有被工商部门吊销或撤销登记，在法律意义上还是合法存在的企业。三家公司是依法登记的私营企业，不能随意否认其企业法人资格，其作为借款主体是合法的，故申请再审人苏培钿在本案的贷款活动中，应视为公司实施的借款行为，而不是苏培钿个人发生的借贷行为。

对于三家公司在贷款过程以此贷彼保、超抵押物价值、改变贷款用途、更换担保单位的法定代表人的方式，长期向城信社办理借款用于关联企业开发房地产，城信社是清楚的，并在 1998 年还专门成立了贷款审查小组研究讨论是否同意放贷，由于房地产开发的较长期限性及城信社放贷权限的限制，双方办理大量借贷手续主要是为了借新还旧，弥补借款期限短的缺陷而为；三家公司取得贷款后，苏培钿将资金大部分用于开发房地产，也有用于付还私人债务、借给他人及购买高档物品，基本交代了贷款资金的流向，且在贷款过程中，城信社也从中获得了巨额中介费和账外利息；金融风暴后，苏培钿也有变卖土地、房产、汽车等财物归还部分贷款，主要是用于偿还利息和中介费。故综合本案的事实和证据，三家公司并没有隐瞒借款用途的事实，苏培钿三家公司从城信社借出巨额资金，也不是城信社因受蒙骗而信以为真作出贷款的错误意思表示，且在三家公司采用此借彼保、更换担保单位的法定代表人及以部分抵押物反复作担保的形式办理借贷手续，是在城信社的要求和审查下进行的，并没有采用虚假欺骗行为，且从三家公司的还款笔数看，也没有借款后占为已有不予归还，而是一直陆续归还。本案没有充分的证据证明三家公司或者申请再审人苏培钿主观方面存在以非法占有为目的，并采取诈骗手段骗取城信社贷款的事实。

90 年代末期，由于受金融风波的影响，城信社停止继续办理借新还旧，苏培钿开办的相关企业及开发的弘森大厦房地产又处在半成品状态，无法及时回笼资金归还借款，从而导致双方纠纷的发生。在双方发生纠纷后，苏培钿也在积极筹款归还借款，并以尚在建设的弘森大厦房地产评估抵债，城信社也根据双方订立的转让协议，接管弘森公司，承接了弘森大厦建设项目，并在《股权转让协议书》中，约定弘森公司发生的一切债权债务由城信社的相关单位巨腾公司和威龙公司承担。这是城信社与三家公司之间的债务正常抵偿行为。原审认定“弘森公司作为弘森大厦的项目公司，其主要资产为弘森大厦，在对其股权进行处置时，已直接处分了弘森大厦的所有权，由于在此之前，弘森大厦已因涉讼他案被司法机关查封，被告人无权对其权益作出擅自处置，其转让行为无效”，这是混淆了企业股权转让行为与企业自身对其经营财产所有权进行处分的关系，即弘森公司股权转让行为不能等同于该公司对弘森大厦的财产变卖等处分行为，弘森公司股权转让行为并不影响司法机关对弘森公司所有的弘森大厦房产进行查封的效力，弘森公司股权不管转让给谁，新的股权人接手后，该公司原被查封的财产即弘森大厦不因此而被解除查封，司法机关仍可以继续对该公司被查封的弘森大厦依法处理，从而保证诉讼债权实现的目的。正因为如此，城信社的相关公司尽管经过工商变更手续接管了弘森公司和承接弘森大厦项目的经营后，由于弘森公司不履行到期生效判决债务的偿还义务，才导致弘森大厦被当地法院拍卖处理。所以，原审上述认定在法理方面是行不通的，而且由于该错误认定，直接影响转让双方权利义务的界定。

综上所述，本案发生的借贷行为，是三家公司与城信社之间的借款合同关系，不是申请再审人苏培钿个人发生的借贷行为。贷款诈骗罪的主体应为个人，单位依法不能作为贷款诈骗罪的主体。原审将三家公司的借款行为认定为苏培钿个人行为，没有充足的事实证据和理由。三家公司有关工商登记方面是否存在着提供不实材料的问题，属于工商行政管理范围，应由工商行政管理部门依法处理。对于本案所发生的借贷关系中，城信社出现违规放贷行为，依法应由金融管理部门依照我国金融管理法律法规的有关规定处理。至于三家公司借款后是否还清本息以及弘森公司及弘森大厦转让抵债的效力等问题，也应由民事法律规范调整。公诉机关指控申请再审人苏培钿无如实说明弘森公司的财产情况和被查封的事实，而仍然用于转让，说明苏培钿有非法占有的故意，其对弘森大厦的转让无效的问题，申请再审人是否如实说明弘森公司的财务情况及弘森大厦被查封的事实，将弘森公司用于转让，不是非法占有的认定要件，其公司股权转让的是否有效，也不是刑事审判认定范围，所以，该理由并不成立。至于指控申请再审人虚构事实，自保自贷，拒不还贷，虚构与顺昌公司合作，三家公司无生产、无经营、无收入、冒用担保单位法人代表及超出抵押物价值贷款等问题，上述已作了分析，均不能作为认定申请再审人犯贷款诈骗罪的事实依据，其指控罪名不能成立，不予支持。申请再审人苏培钿申诉其无罪的理由及其辩护人所提无罪辩护意见，证据充分，理由成立，应予采纳。原一、二审认定申请再审人苏培钿犯贷款诈骗罪，存在认定事实不清、证据不足，原审裁判错误，应予纠正。本案经本院审判委员会讨论决定，根据《中华人民共和国刑事诉讼法》第一百六十二条第（三）项、第一百八十九条第（三）项、第二百零六条和《最高人民法院关于执行〈中华人民共和国刑事诉讼法〉若干问题的解释》第三百一十二条第四项的规定，判决如下：

一、撤销潮安县人民法院作出的（2001）安刑初字第86号刑事判决。

二、撤销本院作出的（2001）潮中法刑经终字第11号刑事裁定。

三、原审被告人苏培钿无罪。

本判决为终审判决。

审 判 长　许少明
审 判 员　卢静云
审 判 员　康森严
二〇〇九年八月二十七日
书记员　张凌彬（代）

【评析】

本判决书被评为2010年全省法院优秀裁判文书，具有如下特点：1. 格式体例规范，结构完整，要项齐备，层次分明，逻辑严谨，语言通顺流畅，用语规范准确。2. 事实叙写明确具体，繁简得当；事实认定客观公正，为理由的阐述及判决的结论奠定了坚实的基础。3. 证据述写具体、清楚，对申请再审人及原公诉机关双方意见均完整列举，分析论证充分。4. 紧紧抓住裁判理由这一裁判文书的灵魂，把罪与非罪通过辨法析理在文书中加以细致阐述，是非辨析分明。从主体、主观方面，客体、客观方面等均不符合贷款诈骗罪的构成要件进行分析，理由阐述充实有力，针对性强，重点突出，逻辑严密，把看似复杂的案情简明化，而说理不乏透彻，使判决结论有了强有力的支撑。判决书遵循了裁判案件应当引据叙事、法理互见、事理呼应、由理而断的逻辑顺序，体现了言之成理、以理服人的文本风格。裁判文书的公正性、说服力、公信力，彰显了法官良好的理论功底和业务素质。

●叶君粒犯受贿罪再审案刑事裁定书

广东省汕尾市中级人民法院

刑 事 裁 定 书

(2009) 汕中法刑再终字第2号

原公诉机关：汕尾市城区人民检察院。

申诉人：叶君粒，男，1962年9月5日出生于汕尾市海丰县，汉族，大学本科毕业，原是汕尾市城区海洋与渔业局副局长，住汕尾市区新城路新佳小区五栋402房。因本案于2007年5月19日被刑事拘留，同年6月2日被逮捕，同年10月2日变更为取保候审。2008年6月5日被汕尾市城区人民法院以受贿罪判处有期徒刑5年，现在广东省揭阳监狱服刑。

辩护人：吴智亮，广东海陆律师事务所律师。

申诉人叶君粒因受贿一案，汕尾市城区人民法院以（2008）汕市区法刑初字第5号刑事判决，以被告人叶君粒犯受贿罪，判处有期徒刑五年，已经发生法律效力。被告人叶君粒不服，于2009年2月20日向原审法院提出申诉，原审法院于2009年4月1日以（2009）汕市区法刑监字第1号驳回申诉通知书驳回其申诉，维持原判。申诉人叶君粒仍不服，以原公诉机关汕尾市城区人民检察院于2007年8月27日出具的证明材料证实，其归案后能供述司法机关尚未掌握的部分犯罪事实，检举揭发他人的犯罪事实，有立功表现，且退清全部款项，应从轻或减轻处罚为由，向本院提出申诉，本院于2009年5月8日以（2009）汕中法刑申初字第1号刑事裁定书裁定对本案进行提审。本院依法组成合议庭，于2009年7月21日公开开庭审理了本案。汕尾市人民检察院指派检察员邱少瑶出庭支持公诉，申诉人叶君粒及其辩护人吴智亮到庭参加诉讼。现已审理终结。

汕尾市城区人民检察院指控，2002年至2007年，汕尾市城区海洋与渔业局根据上级部门关于渔船转产转业报废的文件精神和下达的任务，共办理了汕尾市城区马宫、新港等地31艘渔船转产转业报废手续和多艘渔船柴油补贴申报手续。在此过程中，被告人叶君粒不认真履行职责，对上报的不符合转产转业报废政策规定和柴油补贴申报条件的渔船没有严格审核，违规办理渔船报废和柴油补贴发放手续，并从中非法收受林宋和送的财物3万元，敖伟腾送的现金1.7万元，石妈宝送的现金3000元，罗芳寻送的现金5000元，徐成祖送的现金2.9万元，敖发球送的现金3000元，李焕奇送的现金8万元，合计人民币162500元。被告人叶君粒的行为已分别触犯《中华人民共和国刑法》

第三百八十五条第一款、第三百八十六条、第三百八十三条第一款第（一）项之规定，应当以受贿罪追究其刑事责任。鉴于被告人叶君粒归案后能供述司法机关尚未掌握的部分犯罪事实，且检举揭发他人的犯罪事实，经查证属实，具有立功表现，依法可以从轻或减轻处罚。公诉机关并向法庭提供了被告人的供述和辩解，证人证言，物证、书证等证据。

被告人叶君粒及其辩护人对公诉机关指控的犯罪事实、行为的定性均没有异议，提出被告人叶君粒在被刑事拘留前已如实供述了自己的主要犯罪事实，应认定为自首，且认罪态度好，退清了所有赃款，有悔罪表现，有立功表现，请求法院对被告人叶君粒减轻处罚。

汕尾市城区人民法院经审理查明，被告人叶君粒于2002年2月调入汕尾市城区海洋与渔业局任副局长，其间分管海洋股等部门，2005年11月15日后兼任城区渔民转产转业工作领导小组组长，2006年7月兼任城区渔用柴油涨价补助工作领导小组成员兼办公室主任。2002年至2007年间，汕尾市城区海洋与渔业局根据上级部门关于渔船报废和渔民转产转业的文件精神和下达的任务，共办理了汕尾市城区马宫、新港街道办事处等地31艘渔船转产转业报废手续和多艘渔船柴油补贴款申报手续，其间，被告人叶君粒不认真履行职责，对上报的不符合转产转业报废政策规定和柴油补贴申报条件的渔船没有严格审核，违规办理渔船报废和柴油补贴款发放手续，从中非法收受被告人林宋和、敖伟腾（均另案处理）等人送的财物共人民币162500元。具体受贿的犯罪事实分述如下：

（一）2005年上半年，杨海忠要林礼文、林宋和为其代办渔报废手续，二人将杨海忠属有渔船证件，但渔船已出卖，即“有证没船”的情况告知被告人叶君粒和黄佛寻、李远钦（均另案处理），要他们为该船申请报废提供方便，许诺领取补贴款后答谢，后被告人叶君粒等人违反渔船转产转业报废的政策规定，违规操作，致使杨海忠两次共领取国家发放的16万元的补贴款。得款后，林宋和为被告人叶君粒购买皮包、数码相机等贵重财物，折合人民币1万元。

上述事实，有公诉机关提交，并经法庭质证、认证的下列证据予以证明：

1. 被告人叶君粒的供述（见侦查卷宗第32－93页），供认上述认定的犯罪事实。

2. 同案人李远钦的供述（见侦查卷宗第94－119页），供认2005年下半年，他与黄佛寻、叶君粒等人到马宫万聪船厂看杨海忠的船，发现与证件记载的出入较大，大家就不同意拆解，不久，叶君粒带林宋和、林礼文到他办公室，林宋和要他帮忙，并答应事后感谢，后该船就通过检验，林宋和送给他2500元。

3. 证人杨海忠的证言（见侦查卷宗第143－148页），证实2003年他将从事生产的渔船出卖，仅保留渔船证件，2005年获知国家对自愿报废的渔船可给予补助后，找林礼文帮忙办理申请报废手续，林带他到汕尾市城区海洋与渔业局办理有关手续，后两次共领得16万元补贴款，他只得2.8万元，其余的都给林礼文。

4. 证人林礼文的证言（见侦查卷宗第149－157页），证实2005上半年，杨海忠称其有船证件但没有船，要他帮忙办理渔船报废手续，他告知并将船证件交给林宋和，7月，他与林宋和到汕尾市城区海洋与渔业局找叶君粒、黄佛寻、李远钦，将杨海忠船的情况告知他们，要求帮助并答应事后感谢；8月，他带杨海忠到该局办理渔船报废手续，10月后杨海忠分两次领得16万元补贴款，杨海忠得2.8万元，他得1.8万元，其余的钱给林宋和。

5. 汕尾市城区海洋与渔业局出具的《关于叶君粒同志的简历》及2005年11月15日《关于调整城区渔民转产转业工作小组的函》（见侦查卷宗第379页、第269页），证实叶君粒于2002年2月调入城区海洋与渔业局任副局长，分管纪检、安全、海洋股、财经，2005年11月15日后兼任城区渔民转产转业工作领导小组组长。

6. 中央减船资金安排明细表（汕尾市城区）（见侦查卷宗第299页），2007年2月28日进账单，证实杨海忠的减船补助款16万元。

7. 粤财农（2002）451号《关于下达海洋捕捞渔民减船补助资金的通知》，粤海渔（2003）72号《关于进一步做好沿海渔民转产转业有关工作的通知》，粤海渔（2005）167号［关于印发《广东省沿海渔民转产转业减船操作规程》的通知］，粤海渔（2006）15号《关于加快执行2003、2004年度中央减船计划的通知》，汕海渔函（2003）3号《关于下达海洋捕捞渔民减船补助资金的函》，汕海渔函（2004）50号《关于下达中央减船补助资金的函》，农办渔（2005）18号《关于报送2005年海洋捕捞渔民转产转业项目的通知》，汕海渔（2005）05号《关于下达2004年沿海渔民转产转业议案减船补助资金的通知》，汕海渔函（2003）33号《转发关于进一步做好沿海渔民转产转业有关工作的通知》，汕海渔函（2005）64号《关于下达2005年中央财政安排我市沿海捕捞渔民减船专项资金的函》，汕海渔（2005）93号《关于下达2005年沿海渔民转产转业省议案减船计划的通知》，汕海渔（2006）8号《关于下达2005年度农业部批准我市海洋捕捞渔船报废计划的通知》，汕海渔函（2004）3号《关于抓紧做好渔船报废和渔民转产转业领导小组的通知》，汕市区海渔（2003）4号《关于成立汕尾市城区渔船报废和渔民转产转业领导小组的通知》，汕市区海渔函（2005）7号《关于调整城区渔民转产转业工作领导小组的函》，自愿减船申请书、减船协议书、减船证件注销通知书等文书的式样，汕尾市2005年广东省转产转业方案减船配套计划明细表（城区）、中央减船资金安排明细表（城区），2005年度农业部批准汕尾市报废渔船计划明细表，公示、关于淘汰渔船通告，汕尾市2005年度农业部批准减船计划总表等（见侦查卷宗第256－383页）。证实我省渔船报废和渔民转产转业的有关文件规定和下达的任务、广东省沿海渔民转产转业减船的操作规程等。

8. 区政府常务会议纪要（第29期）、汕尾市城区渔用柴油涨价补助方案、汕尾市城区人民政府办公室关于渔用柴油涨价补助方案的补充通知、第一批至第十四批渔用柴油涨价补助汇总表（见侦查卷宗第350－377页）。证实叶君粒是城区渔用柴油涨价补助工作领导小组的成员兼办公室主任，渔用柴油涨价补助范围、对象、依据和标准、资金、下放程序、补助款发放的规定等。

上列证据，内容属实、来源合法，证据间相互印证，足以认定上述查明的事实，本院予以确认。

（二）2003年，黄勇庭要敖伟腾为其代办“有证没船”渔船的报废手续，并将该船证件交给敖，随后，敖找叶君粒、李远钦和罗世炳，许诺事成后感谢3人，2005年，在被告人叶君粒等人违规操作下，黄勇庭渔船报废申请获准，领得补助款12万元，2006年8月，敖伟腾送给被告人叶君粒1.1万元。

上述事实，有公诉机关提交，并经法庭质证、认证的下列证据予以证明：

1. 被告人叶君粒的供述（见侦查卷宗第32－93页），供认了上述认定的犯罪事实。

2. 证人黄勇庭、敖伟腾的证言（见侦查卷宗第158－161页、第120－133页），证实2003年初黄勇庭请敖伟腾帮其代办“有证没船”渔船的报废手续，向国家申请补贴款，并将该船证件交给敖，两年后，黄共领得12万元补贴款、得5万元，余款7万元给敖伟腾，敖伟腾得款后分两次送给被告人叶君粒1.1万元。

3. 中国农业银行进账单（见侦查卷宗第334页），证实黄勇庭领取了其中8万元补助款。

上列证据，内容属实、来源合法，证据间相互印证，足以认定上述查明的事实，本院予以确认。

（三）2006年上半年，林礼良粤汕尾20208号渔船的转产转业报废申请获准，但因该船已在陆丰市避风时沉没，无法按规定提供渔船检验拆解，林遂找石妈宝并将渔船的实情告知被告人叶君粒、李远钦，要他们把关时提供方便，许诺事后感谢，随后被告人叶君粒违规操作，使该船通过验船拆解，林礼良领得补助款4.5万元，被告人叶君粒实得3000元。2006年7月，罗芳寻的报废申请获准，因担心补助款被克扣，送给被告人叶君粒500元。2006年，徐成祖粤汕尾12258号渔船转产转业减船申请获准，但该船已出卖，徐无法交船检验拆解，遂要求被告人叶君粒、李远钦在调查核实渔船时提供方便，后被告人叶君粒等人在验船时违规让徐成祖通过，徐成祖领取补助款18万元后，送给被告人叶君粒1.4万元。

上述事实，有公诉机关提交，并经法庭质证、认证的下列证据予以证明：

1. 被告人叶君粒的供述（见侦查卷宗第32－93页），供认了上述认定的犯罪事实。

2. 同案人李远钦的供述（见侦查卷宗第104－119页），供认2006年上半年，林礼良、徐成祖的渔船拆解时，均找他和叶君粒帮助操作；林礼良领取补助款后，石妈宝送给他2000元。徐成祖在领取补助款后，送给他6000元。

3. 证人林礼良的证言（见侦查卷宗第162－168页），证实2004年他所有的汕尾20208号渔船申请报废，2005年该船在陆丰碣石镇避风时沉没，2006年该申请获准，因无船交付检验，请石妈宝帮忙找人，后他领取补助款4.5万元，他拿给石妈宝1.5万元。

4. 证人石妈宝的证言（见侦查卷宗第138－142页），证实林礼良因无船交付检验，请他找人帮忙，他找到叶君粒，将林礼良渔船的实际情况告知，要他帮忙解决，后该渔船报废申请获准，他拿1.5万元给叶君粒，叶从中拿2000元让他交给李远钦。

5. 证人罗芳寻的证言（见侦查卷宗第169－172页），证实2006年7月他渔船的报废申请获准，因担心该款被人克扣，送了500元给叶君粒。

6. 证人徐成祖的证言（见侦查卷宗第178－187页），证实2003年他所有的粤汕尾12258号渔船向国家申请转产转业，次年他将该船卖掉，后渔业局要调查核实该渔船，他找叶君粒帮忙，后叶君粒、李远钦等人来调查核实渔船，他领取了18万元补贴款，送给叶君粒1.4万元，李远钦6000元。

7. 中国农业银行进账单（见侦查卷宗第331页、第337－338页），证实林礼良于2006年4月1日领取了补贴款4.5万元，徐成祖于2006年7月6日领取了10万元，于2007年2月28日领取了8万元。

上列证据，内容属实、来源合法，证据间相互印证，足以认定上述查明的事实，本院予以确认。

（四）2002 年，陈佛明与孙振杰合股经营粤汕尾 20005 号渔船，后由孙振杰独资经营几个月后渔船漏水沉没，该船的捕捞许可证卖给陈汉忠。2004 年，孙振杰获悉渔船转产转业减船可领取国家发放的补助款，遂找敖伟腾代办，敖找叶君粒和罗世炳帮忙，共同造假，致使孙振杰转产转业减船申请获准，并领得补助款 7 万元，得款后，敖伟腾送给叶君粒 6000 元。2004 年，敖发球的渔船粤汕尾 20149，敖发涛的渔船粤汕尾 20232 号申请转产转业，因船证不齐等原因找叶君粒帮忙，后两船申请获准并领得补助款，敖发球托其兄敖发树送 3000 元给叶君粒。

上述事实，有公诉机关提交，并经法庭质证、认证的下列证据予以证明：

1. 被告人叶君粒的供述（见侦查卷宗第 32－93 页），供认了上述认定的犯罪事实。

2. 同案人敖伟腾的供述（见侦查卷宗第 120－133 页），供认孙振杰要他帮忙办理粤汕尾 20005 号渔船申请转产转业领取补助款的手续，他找叶君粒、罗世炳帮忙，后孙振杰转产转业申请获得批准，孙振杰拿给他 5 万元，他拿 6000 元给叶君粒。

3. 证人陈佛明、孙振杰的证言（见侦查卷宗第 188－192 页、第 193－196 页），证实 2002 年陈佛明与孙振杰合伙经营 20005 号渔船，后由孙独资经营，2004 年，孙找到陈说该船户是陈的，要陈协助办理转产转业手续，可付给陈 5500 元，孙振杰委托敖伟腾办理申请转产转业领取补助款的手续，共领取补助款 7 万元，陈佛明得 5500 元，孙振杰得 1.45 万元，敖伟腾得 5 万元。

4. 证人敖发球、敖发涛的证言（见侦查卷宗第 200－203 页、第 197－199 页），证实粤汕尾 20149、20232 两艘渔船申请转产转业减船时因船证不齐找叶君粒帮忙，后申请获准领取了 14 万元补偿款，委托其兄弟敖发树各送 3000 元给叶君粒、黄佛寻。

5. 证人敖发树的证言（见侦查卷宗第 204 页），证实 2004 年他代他弟将两个 3000 元的封包分别送给叶君粒、黄佛寻。

上列证据，内容属实、来源合法，证据间相互印证，足以认定上述查明的事实，本院予以确认。

（五）2003 年，苏木溪的粤汕尾 12017 号渔船申请转产转业减船，2004 年，苏将该船卖给李焕奇（另案处理），不久李将该船转卖，2005 年该渔船转产转业减船申请批下来，同时徐锦明“有证没船”的粤汕尾 12328 号渔船也获准转产转业减船，但没有渔船交付检验、拆解，其要李焕奇代为办理，2006 年初，李焕奇找到被告人叶君粒和黄佛寻、李远钦，要求他们帮忙，其间，李焕奇送给被告人叶君粒 5 万元，在叶君粒等人违规操作下，两船顺利通过检验、拆解，共领取国家发放的补助款 30 万元，领款后李焕奇又送给叶君粒 3 万元。

上述事实，有公诉机关提交，并经法庭质证、认证的下列证据予以证明：

1. 被告人叶君粒的供述（见侦查卷宗第 32－93 页），供认了上述认定的犯罪事实。

2. 同案人李焕奇的供述（见侦查卷宗第 134－137 页），供认苏木溪的渔船 2003 年便申请报废，但未批下来，2004 年苏将该船以 6000 元卖给他，后他将该船转卖，隔了一年多后，李远钦打电话到村委，告知苏木溪、徐锦明 2 艘渔船申请转产转业减船已批下来了，他告知李该渔船已卖掉，李称没有渔船是不能领补偿款的，这种情况只能找叶君粒，他将情况告知徐锦明，徐也没船的，称委托他办理，领款后给其 6 万元即可，

2006 年春节后他找叶君粒，将该 2 艘渔船属“有证没船”的情况告知，叶授意他买 2 艘船来检验，后该 2 艘船通过了检验、拆解，领取了补助款 30 万元，他两次共送给叶君粒 8 万元。

3. 证人徐锦明的证言（见侦查卷宗第 209 – 211 页），证实粤 12328 号渔船已于 2004 年卖掉，2005 年该渔船申请报废的手续批下来，因“有证没船”，就委托李焕奇办理，他得 6 万元即可，后李焕奇疏通关系，该渔船领得补助款 18 万元，他得 6 万元，余下 12 万元给李焕奇。

4. 证人苏木溪的证言（见侦查卷宗第 205 – 208 页），证实 2003 年农历 12 月底，他将 12017 号渔船以 6000 元卖给李焕奇。

上列证据，内容属实、来源合法，证据间相互印证，足以认定上述查明的事实，本院予以确认。

（六）2007 年春节前，林宋和在明知自己粤汕尾 20155、20135 号渔船和代为办理的石金明的粤汕尾 20059、20151 号渔船，石志华的 20211 号渔船，吴友明的 20088 号渔船，石勤娣的 20065 号渔船，张带勤的 20176 号渔船均是“有证没船”，不符合柴油补贴申请条件的情况下，先后找到被告人叶君粒和李远钦，并告知以上渔船的真实情况，要求办理油补申请，许诺事成后答谢，被告人叶君粒在同意后，违规操作，致上述 8 艘渔船的油补申请获得批准，共领取了油补款 448770. 08 元，林宋和拿 4 万元给被告人叶君粒，并交代其中 2 万元给李远钦，叶得款后拿 2 万元给李远钦。

上述事实，有公诉机关提交，并经法庭质证、认证的下列证据予以证明：

1. 被告人叶君粒的供述（见侦查卷宗第 32 – 93 页），供认了上述认定的犯罪事实。

2. 同案人李远钦的供述（见侦查卷宗第 94 – 119 页），供认林宋和的渔船及代办渔船共 8 艘，不符合柴油补贴申请条件，叶君粒找他称 8 艘船是林宋和办理的，要他尽快办理公示等审批手续，船主领款后，叶君粒分 3 次拿给他人民币共 2 万元。

3. 证人石金明、石勤娣、张带勤、石水的证言（见侦查卷宗第 244 – 246 页、第 247 – 250 页、第 240 – 243 页），证实石金明的粤汕尾 20059、20151 号渔船，石志华的 20211 号渔船（是石水以其儿子石志华的名义登记的），石勤娣的 20065 号渔船，吴友明的 20088 号渔船（是石勤娣向吴友明购买的，未过户），张带勤的 20176 号渔船均是“有证没船”，不符合柴油补贴申请条件的，他们得知国家对渔船柴油差价进行补贴后，均先后找林宋和请其代办油补申请的事项，后柴油补贴款发下来，张带勤领得约 4. 9 万元，拿 3. 5 万元给林宋和，石金明领得约 16 万元，拿 9. 5 万元给林宋和，石勤娣 2 艘船油补款多少钱她不清楚，只得款 2 万元，余款被林宋和所得，石水领得约 3. 1 万元，拿 2. 6 万元给林宋和。

4. 第十一批、第十二批渔用柴油涨价补助汇总表（见侦查卷宗第 373 – 374 页），证实林宋和 2 艘渔船的油补款共为 127202. 84 元，石金明的油补款共为 161457. 16 元，石志华的油补款为 31175. 28 元，吴友明、石勤娣的油补款各为 39642. 64 元，张带勤的油补款为 49649. 52 元，合计 8 艘渔船油补款为 448770. 08 元。

上列证据，内容属实、来源合法，证据间相互印证，足以认定上述查明的事实，本院予以确认。

（七）2004 年，苏木利将粤汕尾 12298 号渔船船体出卖，次年购买一艘虾艇套牌使用。2006年下半年，苏得知国家有发放柴油补贴款，遂托徐成祖办理相关手续，徐转托被告人叶君粒办理，2007年初，苏木利渔船的油补款申请获准，共领取了74666.72元，徐成祖送给被告人叶君粒1.5万元。

案发后，被告人叶君粒已向汕尾市城区人民检察院退清全部赃款，被告人叶君粒在海丰县看守所羁押期间，在监仓内劝架，被在押人员张云飞刺伤腹部在海丰县彭湃医院治疗4天。

上述事实，有公诉机关提交，并经法庭质证、认证的下列证据予以证明：

1. 被告人叶君粒的供述（见侦查卷宗第32－93页），供认了上述认定的犯罪事实。

2. 证人苏木利的证言（见侦查卷宗第173－177页），证实他2004年将粤汕尾12298号渔船船体出卖，买了一艘虾艇挂该牌进行生产，得知国家有发放柴油补贴款，就委托徐成祖办理，后该船获得74666.72元的油补，他得6000元，余款为徐成祖所得。

3. 证人徐成祖的证言（见侦查卷宗第178－187页），证实苏木利的虾艇套粤12298号牌生产，得知国家有发柴油补贴款，委托他办理相关手续，他找到叶君粒告知苏木利渔船“有证没船”，要叶帮忙解决，后该船的油补款发下来，他与苏木利取款后交给叶君粒，叶从中拿1.5万元给他，他从1.5万元中拿6000元给苏木利，4500元给李远钦，他得4500元，其余款为叶君粒所得。

4. 第十一批渔用柴油涨价补助汇总表（见侦查卷宗第373页），证实苏木利的补助柴油款为74666.72元。

5. 广东省暂时扣留（或冻结）财物收据［见本院卷宗（补证）］，证实叶君粒已退给汕尾市城区人民检察院款项人民币233000元。

6. 海丰县看守所的证明材料，证人杨成、陈义剩、张云飞的证言，证实叶君粒在海丰县看守所羁押期间，在监仓内劝杨成与张云飞打架，被张云飞用塑料衣架刺伤腹部，在海丰县彭湃医院治疗4天。

上列证据，内容属实、来源合法，证据间相互印证，足以认定上述查明的事实，本院予以确认。

对被告人叶君粒的辩解及辩护人提出的辩护意见，经查，被告人叶君粒因涉嫌受贿，在被司法机关采取强制措施前，经纪委及检察机关联合办案组盘问、教育后，主动交代自己受贿的罪行，应当视为自动投案，其自动投案后，如实交代自己的主要犯罪事实，应认定为自首；提出被告人有立功表现，经查，该辩解及辩护意见事实依据不足，本院不予采纳，其他辩解及辩护意见经查属实，本院予以采纳。

原审法院认为，被告人叶君粒身为国家机关工作人员，利用职务上的便利，非法收受他人财物共162500元，为他人谋取利益，其行为已构成受贿罪，应依法惩处。被告人叶君粒犯罪以后自动投案，如实供述自己的罪行，是自首；归案后退清了所有赃款，悔罪表现好，依法对被告人叶君粒减轻处罚。公诉机关认定被告人叶君粒具有立功表现，经查，该认定事实依据不足，本院不予采纳。公诉机关指控被告人叶君粒所犯罪行事实清楚，证据确实充分，罪名成立。根据被告人犯罪的事实、犯罪的性质、情节和对于社会的危害程度，本案经本院审判委员会讨论决定，依照《中华人民共和国刑法》第三百八十五条第一款、第三百八十六条、第三百八十三条第一款第（一）项、第六十七条第一款，最高人民法院《关于处理自首和立功具体应用法律若干问题的解释》

第一条之规定，判决如下：

被告人叶君粒犯受贿罪，判处有期徒刑五年。

（刑期从判决执行之日起计算。判决执行以前先行羁押的，羁押一日折抵刑期一日，扣除取保候审前羁押的4个月零13日，即自2008年6月5日起至2013年1月22日止）。

申诉人叶君粒对原审判决认定其受贿人民币162500元的事实没有异议，但原判对其立功表现没有认定不服提出申诉，其认为其归案后能供述司法机关尚未掌握的部分犯罪事实，检举揭发他人的犯罪事实，具有立功表现，且退清全部款项，请求再审改判，从轻或减轻处理。

再审庭审时公诉机关汕尾市人民检察院出示了汕尾市城区人民检察院于2009年7月15日出具的证明材料，证明“509”案件侦查期间，犯罪嫌疑人叶君粒归案后，向办案人员检举揭发船头家吴新德等人利用非法手段通过有关职能部门虚增杨仕、吴丰舜等人渔船的功率，从而多领国家发放的柴油补贴款的线索，办案组先后立案侦查社会人员吴新德、汕尾市城区渔政大队教导员蔡宏青，并查明两人相互勾结虚增多艘渔船功率而多领柴油补贴款的犯罪事实；以及汕尾市城区人民法院（2008）汕市区法刑初字第3号刑事判决书判处被告人吴新德犯行贿罪，判处有期徒刑二年，缓刑三年；（2008）汕市区法刑初字第4号刑事判决书判处被告人蔡宏青犯受贿罪，判处免予刑事处罚。再审时公诉机关认为汕尾市城区人民法院（2008）汕市区法刑初字第5号刑事判决认定申诉人受贿的犯罪行为和数额准确，但认定申诉人有自首情节错误，本案中申诉人叶君粒在被采取强制措施前如实交代了受贿8万元的犯罪事实，尚有受贿的82500元的犯罪事实是在被采取强制措施之后交代的，申诉人投案后如实交代的多次受贿犯罪数额明显小于实际认定的受贿数额，因此叶君粒虽在受到司法机关讯问，尚未被采取强制措施前自动到案，但归案后未能如实交代影响量刑的犯罪事实，不符合自首的法定条件，不能认定为自首。关于立功情节，从本案材料看，笔录中叶君粒虽有供述吴新德在代办杨仕、吴丰舜的渔船补贴时通过虚增渔船功率骗取国家的柴油补贴款的情况，侦查机关亦出具了该情况经查证属实的证明材料，但叶君粒作为油补工作领导小组成员，具有对油补渔船签署意见，负责具体审核的职权，在履行职权过程中，对吴新德等人采取欺骗手段，增大功率骗取国家柴油补贴款的违法犯罪行为，不认真履行监督职责，不严格把关，造成给他人多领油补款，应负渎职的责任。叶君粒的供述是一种坦白交代的表现，原公诉机关的出证材料不应认定为申诉人有立功表现。叶君粒身为国家工作人员，违规办理渔船报废和柴油补贴款发放手续，从中非法收受他人财物，数额达162500元，社会影响极坏，依法应严惩，原审判决有期徒刑五年，量刑不当，应予纠正。应依照刑法第三百八十三条第一款第一项的规定，予以惩处。

经再审查明，原审判决查明申诉人叶君粒在2002年至2007年间，汕尾市城区海洋与渔业局根据上级部门关于渔船报废和渔民转产转业的文件精神和下达的任务，共办理了汕尾市城区马宫、新港街道办事处等地31艘渔船转产转业报废手续和多艘渔船柴油补贴款申报手续，其间，申诉人叶君粒不认真履行职责，对上报的不符合转产转业报废政策规定和柴油补贴申报条件的渔船没有严格审核，违规办理渔船报废和柴油补贴款发放手续，从中非法收取被告人林宋和、敖伟腾（另案处理）等人送的财物共人民币

162500 元，申诉人叶君粒和公诉机关均没异议，本院予以确认。

另查明，申诉人叶君粒归案后，向办案人员检举揭发船头家吴新德等人利用非法手段，通过有关职能部门虚增杨仕、吴新德等人渔船的功率，从而多领国家发放的柴油补贴款的线索，检察机关先后立案侦查吴新德和汕尾市城区渔政大队教导员蔡宏青，并查明两人相互勾结虚增多艘渔船功率而多领柴油补贴款的犯罪事实。

上述事实，有公诉机关提交，并经法庭质证、认证的下列证据予以证明：

1. 申诉人叶君粒的供述，供认上述认定的事实。

2. 2007 年 8 月 27 日和 2009 年 7 月 15 日汕尾市城区人民检察院反贪局证明材料。

3. 汕尾市城区人民法院（2008）汕市区法刑初字第 3 号刑事判决，查明认定吴新德虚增渔船功率，多领柴油补贴款而被判处。

4. 汕尾市城区人民法院（2008）汕市区法刑初字第 4 号刑事判决查明认定蔡宏青虚增渔船功率，多领柴油补贴款而被判处。

上列证据，来源合法、内容属实，证据间相互印证，足以认定上述查明的事实。

本院认为，申诉人叶君粒身为国家机关工作人员，利用职务上的便利，非法收受他人财物共 162500 元，为他人谋取利益，其行为已构成受贿罪，应依法惩处。申诉人叶君粒犯罪以后自动投案，如实供述自己的罪行，是自首；归案后退清了所有赃款，悔罪表现好，原审判决在量刑上已予以充分的考虑。至于汕尾市城区人民检察院反贪局先后两次证明申诉人检举揭发船头家吴新德等人采用非法手段，通过有关职能部门虚增杨仕、吴丰舜等人渔船的功率，从而多领国家发放的柴油补贴款的线索。办案组经立案查明吴新德和汕尾市城区渔政大队教导员蔡宏青相互勾结虚增多艘渔船功率而多领柴油补贴款的犯罪事实属实。再审时虽有新的证据证实申诉人叶君粒检举揭发他人的犯罪事实，但叶君粒作为油补工作领导小组成员，具有对油补渔船签署意见，负责具体审核的职权，对吴新德等人采取欺骗手段，增大功率骗取国家柴油补贴款的犯罪行为，不严格把关、不认真履行监督职责，给国家造成损失，本应追究其渎职的责任，故该供述是其如实交代在油补工作中渎职行为的表现，不应认定为立功表现。故申诉人及其辩护人请求应对申诉人减轻处罚的意见不成立，不予采纳。公诉机关认为申诉人不构成立功表现的理由成立，其主张应予支持。至于公诉机关认为原判认定申诉人叶君粒有自首情节错误，原判量刑不当的主张，由于本案属再审案件，是针对申诉人的申诉理由提起的，且原审判决后公诉机关没有提请抗诉，因此该主张不予采纳。综上，原审法院根据被告人犯罪的事实、犯罪的性质、情节所作出的判决，并无不当，应予维持。经本院审判委员会讨论决定，依照《中华人民共和国刑事诉讼法》第二百零六条之规定，裁定如下：

维持汕尾市城区人民法院（2008）汕市区法刑初字第 5 号刑事判决。

本裁定为终审裁定。

审　判　长　吴焕义
审　判　员　钟荣军
审　判　员　叶剑亚
二〇〇九年九月二十二日
书　记　员　冯珠兰

【评析】

本案是基层法院一审判决生效后被告人不服提出申诉，二审法院再审提审后作出维持一审判决的案例。裁定书能按照裁判文书的格式规范制作，语句简练、准确，层次分明，要素齐全。对被告的供述及其辩护人的辩护意见归纳准确、简练；在认定事实方面，对案件发生的全过程的叙述层次清楚，重点突出，叙述案情完整。在认定证据和实体处理方面，针对被告人的供述和相关证人的证言相互印证，被告人认为其在案发后能主动交代自己的问题，同时也能揭发他人的犯罪行为，一审侦查机关对此亦予以证实，但因被告人负有领导审批责任，因此对其辩解意见不予采信。判决理由针对性强，说理透彻，逻辑性强。引用法条准确、完整，是一篇值得借鉴的法律文书，被评为2010年全省法院优秀裁判文书。

执行篇

●三井住友海上火灾保险株式会社执行复议案执行裁定书

中华人民共和国广东省高级人民法院

执行裁定书

（2009）粤高法执复字第33号

申请复议人（申请执行人）：三井住友海上火灾保险株式会社（以下简称三井住友会社）。地址：日本东京都中央区新川2－27－2。

法定代表人：植村裕之。

委托代理人：黄亚泉、黄晖，广东恒运律师事务所律师。

被申请复议人（被执行人）：珠海日顺运输有限公司（以下简称日顺运输公司）。地址：珠海市吉大九洲港货运联检楼201室。

法定代表人：唐丽婵。

申请复议人三井住友会社不服珠海市中级人民法院（以下简称珠海中院）作出的（2008）珠中法执异字第3号执行裁定，向本院申请复议。本院受理后，依法组成合议庭进行审查。现已审查终结。

执行法院认为，本案涉及现行民事诉讼法修改前后关于申请执行期限的法律适用问题。1991年《中华人民共和国民事诉讼法》第二百一十九条规定，双方是法人或者其他组织的申请执行期限为六个月，法律对申请执行期限没有关于适用中止、中断的规定。2008年4月1日起施行的《全国人民代表大会常务委员会关于修改〈中华人民共和国民事诉讼法〉的决定》将第二百一十九条改为第二百一十五条，修改为："申请执行的期间为二年。申请执行时效的中止、中断，适用法律有关诉讼时效中止、中断的规定。"《中华人民共和国立法法》第八十四条规定："法律、行政法规、地方性法规、自治条例和单行条例、规章不溯及既往，但为了更好地保护公民、法人和其他组织的权利和利益而作的特别规定除外。"《全国人民代表大会常务委员会关于修改〈中华人民共和国民事诉讼法〉的决定》及相关的司法解释并没有规定申请执行的期限具有溯及力，因此，在2008年4月1日以前已超过申请执行期限的，不再适用修改后的民事诉讼法。该案生效的民事调解书确认的最后履行期限为2005年11月30日，依照1991年《中华人民共和国民事诉讼法》的规定，申请执行的期限不适用中止、中断，最后申请执行的期限为2006年5月30日，三井住友会社于2009年1月19日申请执行已超过申请执行的期限，该案立案执行不当，日顺运输公司的异议成立。裁定撤销本院依据（2005）珠中法民四初字第16号民事调解书立的（2009）珠中法执字第29号执行案件。

申请复议人三井住友会社称，该案民事调解书依法生效后，日顺运输公司一直承诺履行给付义务，在2005年12月5日至2007年12月29日先后6次向三井住友会社提出还款计划或发函表示还款，三井住友会社才未向法院申请强制执行。请求依据最高人民法院致山西省高级人民法院（2004）执他字第23号复函（以下简称复函）立案执行。原裁定以超过法定申请执行期限为由不予受理执行申请，背离了法律规定申请执行期限的立法本意，也违反了民法的公平原则和诚实信用原则。请求裁定撤销（2009）珠中法执异字第3号《执行裁定书》，并依法裁定恢复执行（2005）珠中法民四初字第16号《民事调解书》。

被申请复议人日顺运输公司答辩认为，珠海中院（2009）珠中法执异字第3号执行裁定书适用法律准确，程序合法，裁定撤销原（2009）珠中法执字第29号执行案件合理合法。本案调解书规定的履行期限明确，亦无“当事人在一审法院审判法官的主持下多次达成和解协议”的情形存在。《复函》本身已经规定“（本复函仅）作为个案的特殊情况处理”。因此，《复函》不适合本案情况。请求本院予以维持。

本院查明，珠海中院于2005年11月3日作出（2005）珠中法民四初字第16号民事调解书，确认日顺运输公司于2005年11月30日前向三井住友会社支付30万元并负担财产保全费、诉讼费23775.5元。珠海中院于1月19日以（2009）珠中法执字第29号立案，2月9日向日顺运输公司送达执行通知书。日顺运输公司于2月10日提出书面异议。珠海中院于2009年7月2日作出（2009）珠中法执异字3号执行裁定书，依照《中华人民共和国民事诉讼法》第二百零二条和《最高人民法院关于适用〈中华人民共和国民事诉讼法〉执行程序若干问题的解释》第五条的规定，以三井住友会社超过申请执行期限为由，裁定撤销（2009）珠中法执字第29号执行案件。该裁定于2009年7月9日送达。三井住友会社于2009年7月17日向本院申请执行复议。

本院认为，该案生效民事调解书确认的最后履行期限为2005年11月30日，依照1991年《中华人民共和国民事诉讼法》的规定，申请执行的期限不适用中止、中断，最后申请执行的期限为2006年5月30日，三井住友会社于2009年1月19日申请执行已超过申请执行的期限。2008年4月1日以前已超过申请执行期限的，不宜适用现行的民事诉讼法规定。当事人之间就超过执行期限的生效法律文书确认的债务达成履行协议，属普通民事法律行为，可依其他法律途经解决。三井住友会社要求依据《复函》的内容恢复执行本案，本院不予支持。日顺运输公司答辩理由成立，三井住友会社的复议请求不予支持。执行法院认定事实清楚，法律适用正确，依照《中华人民共和国民事诉讼法》第二百零二条和《最高人民法院关于适用〈中华人民共和国民事诉讼法〉执行程序若干问题的解释》第八条、第九条的规定，裁定如下：

驳回三井住友会社的复议申请。

本裁定送达后立即生效。

审　判　长　胡志超
代理审判员　李晓奋
代理审判员　李常红
二〇〇九年十月十六日
书　记　员　肖辉燕

【评析】

本裁定书是依据修改后的民事诉讼法第二百零二条，对复议申请人不服下级法院的执行异议裁定提出复议申请经审查后制作的执行裁定书，被评为2010年全省法院优秀裁判文书。裁定书制作质量较高，主要体现在以下方面：1. 格式规范。这份裁定书与最高人民法院的文书样式要求完全一致。执行裁定书的各项要素齐全，结构完整，逻辑严密，层次分明，条理清晰，文字精练，语言流畅，表达准确。2. 事实清楚。裁定书查明事实清楚，从案件的执行依据、执行法院的执行过程、执行法院对异议的审查及处理、复议申请人提出的理由、被申请人的答辩、本院审查核实的事实逐一叙述，对涉及焦点问题的事实查明详实，重点突出。3. 论证充分。裁定书依据法院查明的事实，充分引用原案件卷宗的证据材料，对法院驳回申请人的复议请求进行了充分和全面论证，既抓住案件的焦点问题，又全面回应了申请人的复议请求和理由。4. 法律适用正确。这份裁定书在程序法上适用了《中华人民共和国民事诉讼法》第二百零二条和《最高人民法院关于适用〈中华人民共和国民事诉讼法〉执行程序若干问题的解释》第八条、第九条的规定，适用法条准确完整。5. 实体处理恰当。本案在依法认定事实、准确适用法律的基础上，作出驳回复议请求、维持执行法院裁定的处理结果。文书送达生效后，当事人未再投诉反映，处理效果好。

广东省广州市中级人民法院

执行裁定书

(2009) 穗中法执复议字第123号

申请复议人(申请执行人):罗振锋,男,汉族,1966年1月4日出生,住广州市天河区下塘西路27之一502房。

委托代理人:薛巍,男,1971年1月11日出生,住广州市越秀区下塘南约直街5号东301房。

被执行人(异议人):李国英,男,1962年5月22日出生,汉族,住广州市越秀区培正新横路9号101房。

被执行人(异议人):黄曼翎,女,1964年1月4日出生,汉族,住广州市越秀区培正新横路9号101房。

两被执行人的共同委托代理人:潘杰,男,1977年12月6日出生,住内蒙古根河市双拥街统建楼五号楼2单元12号。

申请复议人罗振锋不服广州市越秀区人民法院于2009年9月16日作出的(2008)越法执异字第7650-1号执行裁定书,向本院申请复议,本院受理后,依法组成合议庭进行审查,现已审查终结。

广州市越秀区人民法院认为,根据《最高人民法院关于人民法院民事执行中查封、扣押、冻结财产规定》第六条的规定,对于被执行人及其所扶养家属生活所必需的居住房屋,人民法院可以查封,但不得拍卖、变卖或者抵债。现无证据证明李国英、黄曼翎另有其他房产,故李国英、黄曼翎请求停止对广州市越秀区培正新横路9号101号房的拍卖,符合法律的规定,予以支持。依据《中华人民共和国民事诉讼法》第二百零二条之规定,广州市越秀区人民法院作出如下裁定:停止对被执行人黄曼翎名下的广州市越秀区培正新横路9号101号房房产的拍卖。

申请复议人罗振锋称:一、《最高人民法院关于人民法院民事执行中查封、扣押、冻结财产规定》第六条的立法原意在于保障被执行人的基本居住权,而非为被执行人恶意避债提供合法借口。在本案的一审诉讼期间,李国英、黄曼翎共有两套房屋,一套是本裁定涉及的房屋,另一套是李国英名下的本市寺右新马路156号6B房。李国英利用诉讼调解期间恶意变卖其名下的房屋,造成本案只有唯一住房的既成事实,导致法院的裁判文书无法执行,其债权无法实现。李国英、黄曼翎这种恶意避债的行为,法律应给予严厉制裁。李国英、黄曼翎的合法居住权问题，可以通过另外承租住房来保障。其现在可以提供两套住房供李国英、黄曼翎选择一套租用。二、本案应适用《最高人民法院关于适用〈民事诉讼法〉执行程序若干问题解释》第十条的规定进行审查。请求：撤销（2008）越法执异字第7650－1号执行裁定书，裁定继续拍卖黄曼翎名下的广州市越秀区培正新横路9号101号房。

本院查明，罗振锋因与李国英、黄曼翎民间借贷纠纷一案，于2007年7月5日向广州市越秀区人民法院提起诉讼，该院审理后于2007年9月14日作出（2007）越法民一初字第2214号民事判决书，判决李国英、黄曼翎一次性向罗振锋归还欠款95万元及利息。李国英、黄曼翎对该判决不服提起上诉，本院于2008年5月22日作出（2008）穗中法民二终字第176号民事调解书，确定由李国英、黄曼翎自领调解书30日内一次性偿还77万元给罗振锋。

据广州市房地产档案馆于2007年7月5日出具的《广州市房地产产权情况表》记载，广州市越秀区培正新横路9号101房，建筑面积55.62平方米，产权人黄曼翎，交易价格为220000元。他项权利摘要：权利种类抵押，权利人中国银行广州市广东国际大厦支行，权利部位全部，权利面积55.62平方米，权利价值人民币342508元。李国英、黄曼翎户籍住所为上址房屋，同住同户籍人员有其两个儿子李得钊、李得浚。现无证据证实李国英、黄曼翎另有其他住所居住。执行法院在2007年7月11日依法查封了广州市越秀区培正新横路9号101房，并于2009年8月拟拍卖上述房产以清偿本案债务。

另查，本市寺右新马路156号6B房屋原属李国英所有，根据广州市房地产档案馆出具的《广州市房地产产权情况表》记载，李国英与买受人郑志坚两人于2007年7月26日办理了该房产的交易过户登记手续。李国英、黄曼翎述称该房屋出售价格约70多万元，买卖合同是在2007年5月签订的，因过户无须他们协助，故不清楚买方办理过户手续的时间。在复议听证时，本院要求李国英、黄曼翎提供该房屋的买卖合同，但李国英、黄曼翎称买卖完成后该房屋买卖合同已经撕毁。他们所收取的房款已经用于偿还其他债务。

本案复议期间，罗振锋经征得房屋产权人的同意，提供薛姗（罗振锋代理人的妹妹）名下的位于广州市天河区天朗路319号1803房（套内建筑面积35.1768平方米）、陈丽琼、陈松森、陈美琼共有的位于东漖镇东漖村三松坊的宅基地房第二层（建筑面积约60平方米）共两套房屋，供李国英、黄曼翎选择一套承租居住。只要李国英、黄曼翎按期缴纳租金并保证房屋的完整、干净，产权人愿意将房屋出租给李国英、黄曼翎长期居住，租金按市场评估的私房租金标准计收。李国英、黄曼翎则表示：一、涉案房屋由其夫妻与两个孩子及李国英的母亲一起居住，两个小孩一个在培正小学读书，另一个在芳村读高中，李国英的母亲年事已高，挂靠的社区医院按期上门为老人看病，如果搬到上述两处房屋居住，不利于小孩上学，也不利于老人看病。二、现在李国英仅有每月3000元的收入，黄曼翎没有工作收入，无法负担房租。三、租赁合同约定的租期依法不能超过20年，则20年后或期间出租人强制解除租赁合同，他们的生存权、居住权没有保障，因此，他们不同意罗振锋提出的解决方案，但是他们目前也没有办法偿还债务。

本院认为，虽然目前被执行人李国英、黄曼翎一家除现在居住的自有房屋外，没有其他房屋可供居住，但《最高人民法院关于人民法院民事执行中查封、扣押、冻结财产规定》第六条的规定，其立法原则是为了保障被执行人的基本居住权。从本案的事实看，李国英、黄曼翎原本拥有两套房屋，但李国英在本案一审诉讼期间才将其中一套房屋转让给他人，且在未预留款项用于偿还本案债务的情况下，仍于二审中与罗振锋达成短期内还款的和解，现又拒不提供房屋买卖合同，也不能清楚说明所收房款的用途去向，难脱故意造成执行期间只余一套居住用房的现状以达到赖债目的的嫌疑。现罗振锋提供了两套房屋给李国英、黄曼翎选择租赁居住，房屋产权人亦愿意将房屋出租给李国英、黄曼翎长期使用，罗振锋提出的保障李国英、黄曼翎居住问题的方案实际可行。李国英、黄曼翎提出的迁居后的生活困难应自行克服。因此，李国英、黄曼翎以广州市越秀区培正新横路9号101号房是他们必需的居住用房为由，不同意拍卖该房屋以偿还本案债务，有违诚实信用，本院不予支持。罗振锋提出的复议理由成立，本院予以采纳。广州市越秀区人民法院于2009年9月16日作出的（2008）越法执异字第7650－1号执行裁定书处理欠妥，应予撤销。综上所述，依照《中华人民共和国民事诉讼法》第一百四十条第一款第（十一）项和第二百零二条的规定，裁定如下：

撤销广州市越秀区人民法院于2009年9月16日作出的（2008）越法执异字第7650－1号执行裁定书。

本裁定送达后立即生效。

审　判　长　赵　彤
审　判　员　黄晓清
审　判　员　肖　凯
二〇〇九年十二月十五日
书　记　员　郑怀勇

【评析】

对债务人规避执行行为，债权人一般难以取得其实施具体违法行为的证据；而《中华人民共和国民事诉讼法》修改后第二百一十七条规定的“财产申报制度”，并不能通过对违反该条规定的被执行人采取强制措施而实现债权人的利益。在被执行人住房条件表面符合《最高人民法院关于人民法院民事执行中查封、扣押、冻结财产规定》第六条的情况下，复议审查机关紧紧抓住被执行人在明知负担债务的情况下转移其他房产，得款去向不明且不能作出合理解释这一关键点，创设性地明确了规避执行的构成要件和相应的司法标准。在现有证据尚不能认定被执行人构成现行刑法所规定的“拒不执行罪”的情况下，这一认定不失为打击与震慑规避执行的重要举措。此外，由于目前上述规定第六条对于“被执行人及其所扶养家属生活所必需的居住房屋”范围尚无明确的标准，是“按套”、“按面积”，还是按“居住条件”，在实际操作上很难准确把握，其关键就是要在保护申请执行人的合法权益与适度保护被执行人的基本居住权之间取得平衡。在本案中，由于被执行人规避执行，在申请执行人提供的居住条件满足基本要求的情况下即可以执行被执行人财产的处理，较好地把握了两者之间的平衡。裁定书归纳当事人的复议理由简洁明了，对案件事实叙述全面清楚；裁决理由充分透彻，逻辑清晰严密，语句简练通顺，具有较强的说服力，充分展现了经办法官查清事实、追求公理的智慧，被评为2010年全省法院优秀裁判文书。

广东省深圳市罗湖区人民法院

民事裁定书

（2007）深罗法执二字第273号
－－（2009）审第640号

申请执行人：上海康赛建材有限公司（以下简称康赛公司）。住所地：上海市青浦区华新镇华民经济发展区12区4号。

法定代表人：徐哲妮，董事长。

委托代理人：房隐，上海市联合律师事务所律师。

被执行人：深圳市华辉装饰工程有限公司。住所地：深圳市罗湖区田贝一路23号文锦广场A区十二层。

法定代表人：庄志伟，董事长。

委托代理人：谭岳奇，广东国晖律师事务所律师。

申请执行人上海康赛建材有限公司依据已生效的上海仲裁委员会（2006）沪仲案字第0808号仲裁裁决书向本院申请强制执行。在执行过程中，被执行人深圳市华辉装饰工程有限公司以裁决事项不属于仲裁协议的范围为由，向本院申请不予执行。本院受理该申请，依法组成合议庭进行了公开听证。申请执行人的委托代理人房隐、被执行人的委托代理人谭岳奇均到庭参加了听证。本案现已审查终结。

被执行人称，上海仲裁委员会（2006）沪仲案字第0808号裁决书裁决事项不属于仲裁协议的范围，请求不予执行该仲裁裁决。事实和理由：一、康赛公司与被执行人发生的工程款总额为4658575元。（一）康赛公司向被执行人支付全部工程款4192275元的条件已经完全成就。康赛公司与被执行人于2005年4月30日签订《上海康赛建材有限公司深圳日立项目幕墙系统工程材料供应合同》、《上海康赛建材有限公司深圳日立项目幕墙系统工程安装合同》以及于2005年8月12日签订《上海康赛建材有限公司深圳日立项目金属外墙板工程安装合同》。工程建设方为日立环球存储产品（深圳）有限公司。在上述三份合同中，双方约定：1. 被执行人为康赛公司承建的日立环球存储产品项目主厂房、办公楼外装工程提供幕墙部分工程设计与咨询费和全部材料费，综合总价为353.84万元。2. 被执行人为康赛公司承建的项目负责幕墙的安装和安装管理工作，合同价格为35万元。3. 被执行人为康赛公司承建的项目负责金属外墙板的安装和安装管理工作，安装单价为65元/平方米，安装总面积暂定为5500平方米，合同总价暂定为35.75万元。项目地点在深圳市龙岗区。其中第3项金属外墙板的实际安装总面积为4675平方米，第3项合同总价为303875元。以上第1、2、3项工程款共计4192275元。根据双方合同约定，上述合同款项中的85%在工程验收前分批支付，工程通过验收后支付10%，其余5%作为质量保证金，在保质期满后支付。由于2005年12月日立环球存储产品项目主厂房、办公楼外装工程在未经竣工验收的情况下，已由工程建设方日立环球存储产品（深圳）有限公司实际占有使用，根据最高人民法院《关于审理建设工程施工合同纠纷案件适用法律问题的解释》第十四条的规定，实际交付建设方使用之日，视为工程通过验收，另根据《解释》第十三条规定，建设方在建设工程未经竣工验收的情况下进行使用，不得以建设工程质量不符合约定为由主张权利，被执行人认为根据《解释》的上述两条规定，康赛公司向被执行人支付全部工程款4192275元的条件完全成就，即康赛公司应向被执行人支付全部工程款总额为4192275元。（二）另外属于上述三个合同范围内的工程款还包括现场签证单11、现场签证单24、现场签证单25项下应付的工程款466300元。以上两项共计工程款4658575元。二、康赛公司与被执行人之间还发生了另一项业务，即被执行人为康赛公司代购材料和金属构件加工，发生时间为2005年4月至2005年12月，总款项为533108.85元。从上面可以看出，康赛公司应付被执行人的总款项为5191683.85元。三、康赛公司共向被执行人支付的4880325.99元，其中从工程建设方收款为578504.99元属于三个合同范围内的工程款，我方提交的证据显示从康赛公司直接付给被执行人的款项有六笔，款项共计1955196元，康赛公司转付的有四笔，款项共计185万元，以上十笔共计款项3805196元，发生时间为2005年4月至2006年1月，转账支票上注明款项性质为预付款、货款、材料款等。也就是说，这十笔款项康赛公司根本就没有注明支付的是上述三个合同项下的款项，仲裁庭直接将康赛公司向被执行人支付的4880325.99元全部认定为工程款完全没有事实和法律依据。综上，康赛公司共向被执行人支付的4880325.99元，其中包括康赛公司向被执行人支付的、与双方之间签订的三份合同没有联系的款项往来，即康赛公司请求裁决的事项包含与双方之间签订的三份合同没有联系的款项往来，从而不属于仲裁协议的范围，请求不予执行该仲裁裁决。

为支持其请求，被执行人向本院提交了以下证据：1. 龙岗区人民法院受理案件通知书。2. 民事起诉状，证据1、2均证明被执行人与申请执行人之间的工程款纠纷另行起诉。3. 深圳日立项目幕墙、金属外墙板系统工程决算表，证明工程价款构成。4. 从康赛公司处收款明细。证明康赛公司支付工程款情况。5. 2006年8月23日康赛公司的复函，证明工程款结算情况。6. 仲裁申请书，证明康赛公司提出仲裁情况，仲裁委员会裁决的是460万元，其他的都不属于仲裁协议的范围。7. 2005年4月30日签订的《上海康赛建材有限公司深圳日立项目幕墙系统工程安装合同》。8. 2005年4月30日签订的《上海康赛建材有限公司深圳日立项目幕墙系统工程材料供应合同》。9. 2005年8月12日签订的《上海康赛建材有限公司深圳日立项目金属外墙板工程安装合同》，证据7、8、9证明双方签订合同。10. 2006年1月5日工程施工联系单，证明2005年8月12日签订的《上海康赛建材有限公司深圳日立项目金属外墙板工程安装合同》工程量确认。11. 2005年3月18日《代理办理施工许可证协议》。12. 2005年4月26日《保函收讫证明》，证明被执行人为康赛公司代垫保函费用。13. 增加工程款现场签证单，包含了26个签证单，其中有23个不属于仲裁管辖，说明康赛公司拖欠工程款。14. 变更诉讼请求申请书，证明诉讼请求变更情况。15.（2006）深龙法民初字第10095号民事裁定书，针对申请人提出观点，龙岗法院予以驳回。16. 申请执行人工作人员名片，证明申请执行人工作人员的身份情况。17. 被执行人代办施工许可证单据（共4张），证明被执行人代办施工许可证支出费用情况。

对被执行人提交的证据，申请执行人认为，对证据1的真实性没有异议，与本案没有关联；证据2的真实性没有异议，对内容的真实性不予认可，与本案没有关联；证据3的真实性不予认可；证据4的真实性不予认可，对于工程款4880352.99元予以认可；证据5－10的真实性认可；证据11的真实性认可，但是并不能证明申请执行人要承担代垫费用；证据12与本案没有关联，不能作为证据；证据13的真实性不予认可；证据14－16的真实性认可；证据17的真实性不予认可。

另，被执行人补充提交仲裁裁决已处理、未处理的事项列表；华辉收款明细表（一）、（二）；工程量清单报价单；现场签证单3份；收款凭证6单；竣工资料、检测报告收条和现场照片。

申请执行人辩称，原裁决事项均属于仲裁范围，应当予以执行。一、根据原裁决的内容以及被执行人的确认，原裁决所涉及的事项包括以下几个方面：1. 三份合同的履行事项。2. 单片钢化玻璃改为中空钢化玻璃的事项。3. A栋主厂房增加幕墙面积事项。4. B栋办公楼铝板雨棚改为玻璃雨棚事项。以上四项是原裁决所裁决的内容。其中第一部分是双方的履行事项，双方都没有异议；对第二部分单片钢化玻璃作为幕墙及铝窗的组成部分，属于三份合同的组成范围，后由于工程的实际需要，由单片钢化玻璃改为中空钢化玻璃。我们认为这个变更仅属于对合同内容的变更，并非超出合同范围之外而由申请执行人额外变更的内容。A栋主厂房幕墙也属于三份合同约定的范围，在安装过程中其面积发生了相应的变化，属于建筑行业司空见惯的情况。同样，其面积的增减仅属于合同内容的变更，不属于超出合同范围之外而由申请执行人或施工方另行增加的内容。B栋办公楼铝板雨棚属于三份合同约定的范围，后来由于工程的实际需要，铝板雨棚改成了玻璃雨棚，该内容同样属于合同约定的范围。我们认为，三份合同均约定了凡因执行本合同所产生的或因本合同产生的一切均提交仲裁。同时根据最高人民法院关于适用仲裁法的解释第二条的规定，当事人基于合同变更、成立所产生的纠纷，均可视为仲裁事项，所以上述变更事项均是仲裁裁决的范围，并没有超出仲裁协议的范围。二、关于被执行人所称的拖欠工程款事项。拖欠的工程款已由深圳市龙岗区人民法院另案审理终结［案号为（2006）深龙法民初字第10095号］，在该案中龙岗法院已确认相应的工程款属于增加的内容，不属于仲裁范围，这与原裁决所认定的事实是一致的。虽然最终结果也是判决由申请执行人向被执行人支付工程款，但该结果是与本案没有任何关系的。三、被执行人反复强调工程款的支付行为。原裁决中认定的4880325.99元全部是工程款，这是被执行人在仲裁裁决过程中予以确认的，如果被执行人认为该款属于工程款的认定有错误，应当在法定期间内申请撤销原裁决，但不能以此作为申请不予执行的理由。综上，原裁决事项未超出仲裁协议范围，更未损害被执行人的利益，本案应当立即予以执行。

申请执行人提交了下列证据：1. 深圳日立项目幕墙、金属外墙板系统工程决算表。

2. 上海康赛工程明细表。

被执行人经质证认为，证据 1、2 的真实性和关联性均予以认可。申请执行人的证据 1 与被执行人提交的证据有 4 万元的差距，与三份合同没有关系，申请人提出的这个证据恰好支持了被执行人的观点。

经审查查明，申请执行人与被执行人于 2005 年 4 月 30 日和 8 月 12 日分别签订了上海康赛建材有限公司深圳日立项目幕墙系统工程的《材料供应合同》、《安装合同》和其金属外墙板工程的《安装合同》。三份合同的履行总价为人民币 4192275 元，在合同履行中所发生的实际工程款总款为人民币 4658575 元。另外，合同在履行方式上约定，合同款项的 85% 在工程通过验收前分批支付，工程通过验收后支付 10%，其余 5% 作为质量保证金，在保质期二年届满后支付。仲裁庭审理终结时，工程未通过验收，但工程建设单位已将工程项目实际投入使用，但工程质量仍在保证期限中。

仲裁裁决书认为工程项目已实际投入使用，应视为工程已经验收；但工程保质期并未届满，故申请执行人要求返还已支付的 10% 工程款不予支持；申请执行人请求返还已支付的 5% 工程款中的部分款项仲裁庭予以支持。据“仲裁裁决书认为”中载明，鉴于双方当事人结算中均称申请执行人所实际支付给被执行人的款项为工程款，故申请执行人已支付给被执行人的人民币 4880325. 99 元系属工程款。因此，申请执行人应向被执行人支付工程款总额 4658575 元的 95%，即人民币 4425646. 25 元。据此，仲裁庭裁决被执行人应向申请执行人返还工程款人民币 454679. 74 元。

在上述合同履行的同时，申请执行人与被执行人之间发生了金属构件加工关系，约定由申请执行人委托被执行人为其加工金属构件。被执行人加工之后，由申请执行人在被执行人出具的《增加工程现场签证单》及附件上签字予以确认。被执行人就该加工费曾向本案仲裁庭提出过主张，仲裁庭认为该加工费与双方当事人签订的上述三份合同无关，且被执行人未提起反请求，因此对此未作处理。后被执行人就加工费向深圳市龙岗区人民法院起诉，深圳市龙岗区人民法院作出（2006）深龙法民初字第 10095 号民事判决，确认申请执行人应在该判决生效之日起十日内支付被执行人金属构件加工费 530408. 85 元。在该案的审理过程中申请执行人承认从未向被执行人支付过加工费，被执行人也认可其说法并变更了诉讼请求。

另查，被执行人于 2007 年 3 月 2 日以仲裁裁决书裁决的事项不属仲裁协议的范围向本院提出不予执行该仲裁裁决的申请，因被执行人以同样的事实和理由在深圳市龙岗区人民法院起诉并已受理，即上述（2006）深龙法民初字第 10095 号案件。后本院依法中止执行该仲裁裁决书。现中止情形消灭，本案恢复执行，被执行人以同一理由向本院提出不予执行该仲裁裁决的申请。

本院认为，本案仲裁裁决书是基于双方当事人签订的有仲裁条款三份合同来进行认定事实。关于申请执行人已支付给被执行人的人民币 4880325. 99 元是否均属上述三份合同约定的工程款，仲裁庭是依据双方当事人结算中均称支付的款项为工程款而认定其全部为工程款。现被执行人以已转账支票上注明的款项性质为预付款、货款和材料款等为由认为仲裁庭超出仲裁协议的范围进行审查明显证据不足。而且被执行人自认为应属加工费的部分款项，在深圳市龙岗区人民法院另案中已经得到救济，因此，被执行人认为仲裁庭超出仲裁协议的范围进行审查的证据不足，本院不予支持。依照《中华人民共和国民事诉讼法》第一百四十条第一款第（十一）项的规定，裁定如下：

驳回深圳市华辉装饰工程有限公司不予执行（2006）沪仲案字第0808号仲裁裁决书的申请。

本裁定送达后立即生效。

审 判 长　张　青
代理审判员　聂海琴
代理审判员　王　艳
二〇〇九年十一月十二日
书 记 员　李惠英

【评析】

这是一份不予执行仲裁裁决的民事裁定书。本案案件的证据较多，给认定事实带来了一定的难度，当事人又各执一词，难以统一，因此，处理难度较大。裁定书将复杂的事实论述得层次分明、条理清晰，且说理简洁明了、针对性强，被评为2010年全省法院优秀裁判文书。具体来讲，裁定书有如下几个突出特点：1. 对被执行人的请求与申请执行人的答辩论述全面。裁定书较全面地展现了被执行人与申请执行人在本案中的观点，为后面“事实认定”和“本院认为”部分打下了基础。2. 事实清楚、论理言简意赅。裁定书在查明事实部分紧扣双方当事人的观点，围绕事件发生的时间线索展开，对仲裁的审理及龙岗区法院案件审理等情况进行了详略得当的表述，将案情事实的来龙去脉交代得清楚明白，将复杂纷纭的事实表述得条理清楚。“本院认为”部分以前述事实查明为铺垫进行了有针对性的论证，准确地把握了问题的关键。3. 全文结构完整严谨，行文顺畅，体现了承办法院具有较好的语言文字功底和逻辑推理能力。

●杨帝光执行异议案执行裁定书

广东省珠海市中级人民法院

执行裁定书

（2009）珠中法执案异议字第7号

案外人：杨帝光，男，汉族，1950年7月10日出生，住广东省珠海市香洲区唐家湾镇情侣北路383号银星花园2栋6单元603房。身份证号码：440821195007104516。

委托代理人：李文，男，汉族，1977年4月12日出生，住广东省珠海市香洲区唐家湾镇情侣北路383号银星花园2栋1单元402房。身份证号码：362502197704120410。

申请执行人：珠海市建筑工程有限公司。住所地：珠海市凤凰路70号。

法定代表人：刘立平，董事长。

委托代理人：方莉，广东铭建律师事务所律师。

被执行人：珠海市豪晖房地产有限公司。住所地：珠海市湾仔沙濠海大厦。

法定代表人：黄款，总经理。

委托代理人：王亚康，广东莱特律师事务所律师。

本院在执行珠海市建筑工程有限公司（以下简称建筑公司）申请执行珠海市豪晖房地产有限公司（以下简称豪晖公司）建筑施工合同纠纷一案中，案外人杨帝光于2009年1月15日对执行标的提出书面异议，本院受理后，依法组成合议庭进行审查，并进行了公开听证。案外人杨帝光的委托代理人李文、申请执行人建筑公司的委托代理人方莉、被执行人豪晖公司的委托代理人王亚康到庭参加了听证。现已审查终结。

案外人杨帝光称，其系珠海市湾仔沙碧海路濠海大厦79栋2206号房的住户，于2009年1月13日收到本院2009年1月7日发放的关于珠海市湾仔沙碧海路濠海大厦的查封《公告》，其濠海大厦79栋2206号房也在查封之列，严重损害了其作为正常业主的权益，特提出异议，申请撤销对其住房的查封。主要理由如下：1. 其于2004年9月3日与被执行人豪晖公司签订了珠海市湾仔沙碧海路濠海大厦79栋2206号房与2007号房的预售合同，两套房屋总价人民币1800000元，其中，按合同约定价格2007号房房款总价533100元，2206号房房款总价1266900元。2007号房房款已全部交清，2206号房其已交纳房款1030000元，因开发商未能办理房屋产权证，故尾款人民币236900元一直不敢交清。2. 其全家已于2004年11月装修完毕后住入珠海市湾仔沙碧海路濠海大厦79栋2206号房，现已正常居住4年多，并按时按期交纳了管理费、水电费、电话费等所有费用。

案外人杨帝光向本院提交了以下证据：《濠海大厦商品房预售合同》、2006年3月27日50万元的购房收款收据、2006年10月27日50万元的购房收款收据、2007年2月15日3万元的购房收款收据、(2005)珠中法民二初字第30号民事裁定书、(2005)珠中法民二初字第30号之一号协助执行通知书。

申请执行人建筑公司称，案外人杨帝光的申请没有事实和法律依据，恳请法院予以驳回。主要理由如下：1. 案外人杨帝光提交的2004年9月3日的《濠海大厦商品房预售合同》只是购房临时合同，并非正式商品房买卖合同。案外人杨帝光提交的2006年3月27日50万元的购房收款收据、2006年10月27日50万元的购房收款收据、2007年2月15日3万元的购房收款收据，并非正式的珠海市转让销售房地产专用收款收据。故不能证明案外人杨帝光与被执行人豪晖公司就异议房屋存在真实的购房关系，双方只是普通债权关系。2. 案外人杨帝光从2004年9月3日至今都未办理预购登记或其他任何产权登记确认手续，故异议房产在法律上仍为被执行人豪晖公司所有。3. 法院在2006年6月13日已根据申请执行人建筑公司的申请对异议房产进行了保全查封并执行送达，而案外人杨帝光即便真有支付103万元购房款，其中有两笔共人民币530000元分别在2006年10月27日和2007年2月15日交纳，被执行人豪晖公司已无权也不应该收取、使用该房的购房款。4. 异议房屋有未付清房款23万多元，该房款被执行人豪晖公司不应收取，应在有效期内支付到法院账户。

被执行人豪晖公司辩称，其对2004年9月3日的《濠海大厦商品房预售合同》无异议，是真实的，收款也是事实。2004年6月30日中院判决确认该房给开发商，后来开发商卖给案外人杨帝光，加建的部分报建也进行了补办。案外人杨帝光2004年开始装修，当时并未被法院查封。

本院对案外人杨帝光提交的证据认定如下：由于被执行人豪晖公司对案外人杨帝光提交的2004年9月3日的《濠海大厦商品房预售合同》无异议，并认可收款的真实性，而申请执行人建筑公司并未就杨帝光提交的证据的真实性提出反证，仅就其非正式商品房买卖合同和并非正式的珠海市转让销售房地产专用收款收据，提出不能证明是存在真实购房关系。因此，对案外人杨帝光提交的证据的真实性、合法性和关联性，本院予以确认。

本院查明，2004年9月3日，案外人杨帝光与被执行人豪晖公司签订了珠海市湾仔沙碧海路濠海大厦79栋2206号房与2007号房的预售合同，两套房屋总价人民币1800000元。其中，异议房屋2206号房房款总价1266900元。2006年3月27日，案外人杨帝光向被执行人豪晖公司交付了异议房屋2206号房购房款50万元。2006年6月13日，依申请执行人建筑公司的申请，本院对异议房屋2206号房进行了保全查封并执行送达。案外人杨帝光又分别于2006年10月27日和2007年2月15日向被执行人豪晖公司支付了购房款50万元和3万元。

另查明，案外人杨帝光于2004年11月对异议房屋2206号房装修后即全家入住，现已正常居住4年多，并按时按期交纳了管理费、水电费、电话费等费用。

在本案的审理过程中，本院于2009年4月14日作出通知书，要求案外人杨帝光在收到通知之日起十日内，将全部余款236900元汇入本院账户。案外人杨帝光于2009年

5月13日收到通知书后，即于2009年5月22日向本院汇入全部余款236900元。

本院认为，根据《最高人民法院关于人民法院民事执行中查封、扣押、冻结财产的规定》第十七条的规定，被执行人将其所有的需要办理过户登记的财产出卖给第三人，第三人已经支付部分或者全部价款并实际占有该财产，但尚未办理产权过户登记手续的，人民法院可以查封、扣押、冻结；第三人已经支付全部价款并实际占有，但未办理过户登记手续的，如果第三人对此没有过错，人民法院不得查封、扣押、冻结。本案中，案外人杨帝光在异议房屋被查封前后分三次向被执行人交纳了购房款103万元，在本案的审理过程中又按期向本院汇入全部余款236900元，属于上述规定“已经支付全部价款”的情形。案外人杨帝光在异议房产被查封前，于2004年11月装修后即全家入住，现已正常居住4年多，应当认定为属于上述规定对异议财产“实际占有”的情形。同时，由于被执行人所建濠海大厦审批手续不齐全及法院查封等原因，致使本案争议房屋未办理过户登记手续，杨帝光对此没有过错。因此，案外人杨帝光就该房屋提起异议申请，属于《最高人民法院关于人民法院民事执行中查封、扣押、冻结财产的规定》第十七条关于“人民法院不得查封、扣押、冻结”的情况，故对案外人杨帝光所提异议请求，本院予以支持。关于申请执行人建筑公司提出合同形式和收款收据形式，及异议房屋被查封后，被执行人豪晖公司是否有权分别在2006年10月27日和2007年2月15日收取案外人杨帝光两笔购房款共人民币530000元，不属于本异议审查范围，本院不予审处。

依照《中华人民共和国民事诉讼法》第二百零四条和《最高人民法院关于适用〈中华人民共和国民事诉讼法〉执行程序若干问题的解释》第十五条的规定，裁定如下：

中止对珠海市湾仔沙碧海路濠海大厦79栋2206号房的执行。

当事人对本裁定不服，认为原判决、裁定错误的，依照审判监督程序办理；认为与原判决、裁定无关的，可以自本裁定书送达之日起十五日内向人民法院提起诉讼。

申请执行人自本裁定书送达之日起十五日内未提起诉讼的，本院将裁定解除已经采取的执行措施。

本裁定送达后立即生效。

审　判　长　刘秋萍
审　判　员　周志毅
审　判　员　杨晓兰
二〇〇九年六月二十六日
书　记　员　崔文志

【评析】

本案是一件典型的案外人异议案件，案外人的异议理由及裁定所适用的法律依据都具有此类案件的代表性，是对物权登记制度下的购房者权益的保护，而这种保护是物权登记制度的例外情形，只适用于符合特定条件的案件。这篇对执行程序中案外人对执行标的提出异议进行审查所作的法律文书，被评为2010年全省法院优秀裁判文书，其突出之处体现在：裁定书先是简明扼要地陈述案件三方当事人（案外人、申请执行人、被执行人）对异议申请的观点及意见，接着详略得当地列明查明的案件事实，最后在说理部分将案件事实结合相应的法律依据进行分析论证，层次分明地阐述了作出裁决的理由，并在裁定书的最后告知当事人在案外人异议审查程序之后的救济途径及相应的法律后果。裁定书全文突出案外人异议案的程序性审查特点，叙述条理清晰，文书结构紧凑，让人对案件审查情况一目了然，特别是在说理部分，先是引用相应的法律依据，然后针对案件的实际情况，将之与司法解释规定的不得查封的条件逐项进行分析论述，最后自然地得出支持案外人异议申请的结论，行文合理而适当。

广东省阳江市中级人民法院

执行裁定书

（2009）阳中法执复字第56号

申请复议人（申请执行人）：卢洁贞，女，1954年7月21日生，汉族，住广州市大沙头二马路47号2502房。

被执行人：阳江市劲发房地产开发有限公司。住所地：阳江市江城区新江东路8号。

法定代表人：张宗文。

利害关系人：阳江市伟业房地产开发有限公司。住所地：阳江市江城区漠江花园内。

法定代表人：郑崇，该公司执行董事。

申请复议人卢洁贞不服阳江市江城区人民法院（2009）城法执异字第48号执行裁定，向本院申请复议，本院受理后，依法组成合议庭进行审查，现已审查终结。

执行法院认为，《中华人民共和国土地管理法实施条例》第三条第一款规定："国家依法实行土地登记发证制度，依法登记的土地所有权和土地使用权受法律保护，任何单位和个人不得侵犯。"据此，由于阳江市伟业房地产开发有限公司（以下简称伟业公司）已持有《国有土地使用证》，故可依法对涉案土地行使使用、处分等权利。虽然涉案土地的《建设用地规划许可证》登记的用地单位为阳江市劲发房地产开发有限公司（以下简称劲发公司），但这是在涉案土地的使用权转移前登记的用地单位，由于现涉案土地的使用权人为伟业公司，这一法律事实已由权属登记机关发证确认。因此，阳江市江城区港泰家用电器有限公司（以下简称港泰公司）、劲发公司在涉案土地原有权利与义务均已随之转移至伟业公司，而伟业公司作为涉案土地的使用权人，当然亦是该地的用地单位，由于涉案土地原有的《建设用地规划许可证》不再具有证明涉案土地是被执行人劲发公司的财产效力。因此，查封该《建设用地规划许可证》，这一执行行为没有法律依据，应予撤销。至于申请执行人提及的涉案土地的转让行为违反法规，因该行为不属本院的执行行为，故不属该异议的审查范畴。依照《中华人民共和国民事诉讼法》第二百零二条、《最高人民法院关于适用〈中华人民共和国民事诉讼法〉执行程序若干问题的解释》第五条之规定，该院裁定如下：撤销该院2009年8月4日作出的（2009）城法执字第517号执行裁定书及（2009）城法执字第517号协助执行通知书。

申请复议人卢洁贞申请复议称：1. 土地使用权与规划许可是两个不同的法律概念，

具有土地使用权，并不当然地拥有规划许可。转让土地使用权的是港泰公司，而不是劲发公司，涉案土地使用人与规划许可人不是同一法律主体，该转让并不当然地将劲发公司的财产权利转移。2. 阳江市江城区人民法院（2009）城法执字第517号执行裁定查封的是劲发公司的规划许可证，而不是土地使用权证，不存在侵犯伟业公司的土地使用权的行为。该院（2009）城法执异字第48号执行裁定认为伟业公司是涉案土地的使用人，当然亦是该地的用地单位，这与我国《城市规划法》的规定相违背。3. 在规划主管部门未作出更改之前，该规划许可证的用地单位是劲发公司，对建设用地单位的认定是规划部门的行政职能，法院的执行裁定并不具有这种职能。4. 伟业公司在涉案土地上的转让行为违反法规，有明确的证据可证实其是以合法形式掩盖非法目的，法院应对此证据给予审查。综上，请求依法撤销阳江市江城区人民法院（2009）城法执异字第48号执行裁定。

被执行人劲发公司、利害关系人伟业公司均没有提交书面答辩意见。

经审查查明，卢洁贞与劲发公司借款合同纠纷一案，阳江市江城区人民法院（2008）城法民二初字第1018号民事判决已经发生法律效力，该判决确定劲发公司在判决生效之日起十日内清偿尚欠的借款120万元及相应的利息给卢洁贞。因劲发公司没有履行上述生效法律文书确定的义务，卢洁贞向阳江市江城区人民法院申请强制执行，该院已依法立案执行。在执行过程中，阳江市江城区人民法院于2009年8月4日作出（2009）城法执字第517号执行裁定，查封劲发公司位于阳江市江城区新江东路（原报平象山）7658平方米土地编号为阳规地Ⅱ2006－116《建设用地规划许可证》。

另查明，港泰公司于1999年9月1日领取了阳江市［1999］许证征字第029号建设用地批准书，该批准书载明用地单位为港泰公司，土地用途为商住，用地批准文号为阳国土征字［1992］55号，批准用地面积为7658平方米，四至为报平象山（详见用地红线图）。2006年12月19日，劲发公司领取了上述国有土地使用权的建设用地规划许可证（阳江市城市规划局核发，编号为阳规地Ⅱ2006－116，位置为阳江市江城区新江东路西侧），该证载明用地单位为劲发公司，并对用地项目名称、用地位置、用地面积等进行了确认。2008年11月12日，港泰公司、劲发公司与伟业公司签订《土地及地上物转让协议书》，将上述国有土地使用及其上已建成主体的13栋四层半房屋等地上物以总价人民币718万元转让给伟业公司。2009年1月21日，伟业公司领取了上述国有土地使用权的权利证书［证号：阳府国用（2009）第10025号］。由于伟业公司未按约定付清余下的土地转让款408万元，港泰公司于2009年4月23日向阳江市江城区人民法院提起诉讼。在诉讼期间，该院查封了上述国有土地使用权。此后，双方达成了分期偿还土地款协议。2009年5月27日，阳江市江城区人民法院作出（2009）城法民二初字第517号之一民事裁定书，解除对上述国有土地使用权的查封。至2009年6月5日，伟业公司付清了土地转让款718万元。

本院认为，《建设用地规划许可证》是城市规划行政主管部门为确保土地利用符合城市规划，对建设项目位置和范围符合城市规划予以确认的法律凭证，其并不具有确定建设用地权属的法律效力。本案中，阳江市城市规划局核发的编号为阳规地Ⅱ2006－116的《建设用地规划许可证》，主要是对阳江市江城区新江东路西侧7658平方米国有土地使用权的用地项目名称、用地位置、用地面积等情况进行确认，虽然其中载明用地单位为劲发公司，但是由于《建设用地规划许可证》并不是确定国有土地使用权权属的法定凭证，故不能据此认定劲发公司是该国有土地使用权的所有权人。本案查明的事实表明，伟业公司已经受让上述国有土地使用权，并领取了国有土地使用权证，成为该国有土地使用权的所有权人。伟业公司作为该国有土地使用权的所有权人，其在符合建设用地规划许可的范围内行使权利应受法律保护。阳江市江城区人民法院裁定查封不具有确定国有土地使用权权属的《建设用地规划许可证》没有法律依据，且对伟业公司使用该国有土地使用权构成妨碍。该院审查伟业公司提出的执行异议后，作出（2009）城法执异字第48号执行裁定书，裁定撤销上述查封裁定符合法律规定，本院予以维持。申请复议人卢洁贞主张该国有土地使用权的转让违反法规的问题不属本案审查范围，其可另循法律途径解决。综上所述，申请复议人卢洁贞申请复议的理由不能成立，本院不予支持。据此，依照《中华人民共和国民事诉讼法》第一百四十条第一款第（十一）项、第二百零二条及《最高人民法院关于适用〈中华人民共和国民事诉讼法〉执行程序若干问题的解释》第八条、第九条的规定，裁定如下：

驳回申请复议人卢洁贞的复议请求。

本裁定送达后立即生效。

审 判 长 陈德印
审 判 员 温肇斌
审 判 员 谭海蛟
二〇〇九年十二月八日
书 记 员 姜雪萍

【评析】

裁定书是依据修改后的《中华人民共和国民事诉讼法》第二百零二条，对申请复议人不服下级法院的执行异议裁定提出复议申请经审查后制作的执行裁定书，被评为2010年全省法院优秀裁判文书，制作质量较高，主要体现在以下几个方面：1. 格式规范。这份裁定书与最高人民法院的文书样式要求完全一致。执行裁定书的各项要素齐全、结构完整、逻辑严密、层次分明、条理清晰、文字精练、语言流畅、表达准确。2. 事实清楚。裁定书查明事实清楚，从案件的执行依据、执行法院的执行过程、执行法院对异议的审查及处理、复议申请人提出的理由、被申请人的答辩、审查核实的事实逐一叙述，对涉及焦点问题的事实查明详实，重点突出。3. 论述充分。裁定书依据法院查明的事实，抓住案件的焦点问题，全面回应了申请人的复议请求和理由。4. 法律适用准确。裁定书适用了《中华人民共和国民事诉讼法》第一百四十条第一款第（十一）项、第二百零二条及《最高人民法院关于适用〈中华人民共和国民事诉讼法〉执行程序若干问题的解释》第八条、第九条的规定，适用法条准确完整。5. 实体处理恰当。本案在查明事实清楚、证据确凿充分、适用法律准确的基础上，作出驳回复议请求的处理结果。文书送达后，当事人未再投诉反映，处理效果好。

怀化铁路运输法院

执行裁定书

（2009）怀铁法执异字第1号

异议申请人：广州云浮酒店。住所地：广州市越秀区三元里大道603号。

法定代表人：周选兴，总经理。

委托代理人：李乐，广东岭南律师事务所律师。

委托代理人：刘志钊，广东省云浮市人民政府驻广州办事处工作人员。

被申请人：深圳通达化工总公司。住所地：深圳市深南中路13号新城大厦西座11楼。

法定代表人：李丹旗，总经理。

委托代理人：陈宏，广东金唐律师事务所律师。

委托代理人：王永杰，深圳通达化工总公司办公室主任。

被执行人：广东华能鹰山化工（集团）股份有限公司。住所地：广东省云浮市云城星岩二路112号。

法定代表人：廖树坤，董事长。

被执行人：云浮市人民政府。住所地：广东省云浮市。

法定代表人：黄强，市长。

委托代理人：林文前，云浮市法制局干部。

委托代理人：吴锦灿，云浮市法制局干部。

本院在执行深圳通达化工总公司与广东省华能鹰山化工（集团）股份有限公司、云浮市人民政府借款合同纠纷一案过程中，案外异议人广州云浮酒店于2009年3月20日向本院提出了案外人异议，认为法院查封的广州市三元里大道603号的云浮酒店一楼的土地使用权、房屋所有权是案外异议人的财产，法院的执行措施不当，请求解除查封。

案外异议人广州云浮酒店向本院举出如下证据：1. 酒店主要债务明细表，证明酒店目前负债情况。2. 休闲中心合作经营合同，证明酒店与云浮博达石业有限公司的合作事实。3. 广州云浮酒店卡拉OK厅（蓝太阳夜总会）合作合同，证明酒店与云浮博达石业有限公司的合作事实。4. 广州市中级人民法院民事裁定书，证明酒店被广州市中级人民法院查封的事实，怀化铁路运输法院是重复查封。5. 申诉书，证明云浮市人民政府对怀化铁路运输法院（2004）怀铁法执字第 10－1 号、（2004）怀铁法执字第 10－4 号裁定不服的事实。6. 复议申请书，证明云浮市人民政府对怀化铁路运输法院追加其为被执行人不服的事实。7. 广州云浮酒店固定资产清单，证明酒店大楼是其固定资产。8. 云浮县人民政府文件，证明云浮酒店是由各个股东集资兴办的，而非属于云浮市政府所有。9. 广州云浮酒店股本投入情况表，证明云浮酒店各股东投入股金的情况。10. 广州云浮酒店实收资本情况表，证明截止到 2004 年 10 月 31 日广州云浮酒店各股东注入股金的情况。11. 关于房改基金问题的汇报，证明云浮酒店是独立经营的主体，且目前经营困难，历史遗留问题较多，关系复杂，无能力偿还巨额借款。

被申请人通达化工总公司答辩称，广州云浮酒店的房产属于云浮市人民政府，而不是广州云浮酒店的，因此查封建筑物的所有权和土地使用权不构成侵权事实。

被申请人通达化工总公司向本院举出如下证据：1. 报建表。2. 房管局同意使用土地通知书。3. 发票。以上三份证据证明广州云浮酒店建筑物的房产所有权属于云浮市人民政府。4. 广州市越秀区工商局材料，证明广州云浮酒店是全民所有制企业。

被执行人云浮市人民政府认可案外异议人的异议请求。

被执行人云浮市人民政府向本院举出如下证据：1. 邮寄清单，证明其已向法院提出过复议。2. 申诉书，证明其对怀化铁路运输法院的裁定书不服。3. 怀化铁路运输法院通知书，证明云浮市政府对怀化铁路运输法院 10－1、10－4 裁定书不服，已提出过复议申请，但至今没有结论。4. 云浮市人民政府意见书，证明市政府已对怀化铁路运输法院要求举证的问题提出不同意见。

听证会上，法庭出示了法院执行人员调查收集的下列证据材料：1. 购房协议书。2. 广州市国土资源和房屋管理局穗国房协查复字（2009）第 45 号。

本院经审查查明，广州云浮酒店的前称是“建材大厦”，由广东省建筑材料工业局报建。广州市国土资源和房屋管理局于 1984 年 6 月 15 日根据市规划局 1982 年 11 月 6 日城地批字（1982）825 号文，向广东省建筑材料工业局核发《同意使用土地通知书》（1984 年房地字 209 号），同意其使用位于郊区三元里公社矿泉别墅北面地段（建设项目为宿舍），面积为 2484 平方米的土地。1993 年 3 月 13 日建材大厦竣工，由云浮县人民政府（现为云浮市人民政府）购买后开办广州云浮酒店，经济性质为国有，使用至今，但尚未办理土地使用证。

本院经审查认为，案外异议人提交的证据 1、2、3、4、5、6、8、9、10、11 所要证明的内容与本次听证审查的内容没有关联性，不予采纳。对其提交的证据 7，因该证据是广州云浮酒店自行编制，缺乏证明力，不能证明云浮市人民政府将购买的大楼投入广州云浮酒店作为其固定资产，对该证据要证明的内容本院不予采信。对被申请人深圳通达化工总公司提交的证据 1、2、3、4，案外异议人广州云浮酒店和被执行人云浮市人民政府对其真实性均没有提出异议，本院对上述证据载明的内容予以采信。对被执行人云浮市人民政府提交的证据 1、2、3、4 要证明的内容，均与本次听证审查的内容没有关联性，本院不予采纳。

综上，本院认为，案外异议人广州云浮酒店不能举证证明其对本院查封的广州市三元里大道 603 号的广州云浮酒店一楼的土地及房屋享有所有权，其异议理由不能成立，依照《中华人民共和国民事诉讼法》第一百四十条第一款第（十一）项和第二百零四条之规定，裁定如下：

驳回案外异议人广州云浮酒店提出的异议。

本裁定为终局裁定。

审 判 长 刘应军
审 判 员 陈学旺
审 判 员 欧阳伦文
二〇〇九年五月十一日
书 记 员 刘 君

附：相关法律条文

《中华人民共和国民事诉讼法》

裁定适用于下列范围：

（一）不予受理；

（二）对管辖权有异议的；

（三）驳回起诉；

（四）财产保全和先予执行；

（五）准许或者不准许撤诉；

（六）中止或者终结诉讼；

（七）补正判决书中的笔误；

（八）中止或者终结执行；

（九）不予执行仲裁裁决；

（十）不予执行公证机关赋予强制执行效力的债权文书；

（十一）其他需要裁定解决的事项。

对前款第（一）、（二）、（三）项裁定，可以上诉。

裁定书由审判人员、书记员署名，加盖人民法院印章。口头裁定的，记入笔录。

《中华人民共和国民事诉讼法》

第二百零四条 执行过程中，案外人对执行标的提出书面异议的，人民法院应当自收到书面异议之日起十五日内审查，理由成立的，裁定中止对该标的的执行；理由不成立的，裁定驳回。案外人、当事人对裁定不服，认为原判决、裁定错误的，依照审判监督程序办理；与原判决、裁定无关的，可以自裁定送达之日起十五日内向人民法院提起诉讼。

【评析】

怀化铁路运输法院在执行深圳通达化工总公司与广东省华能鹰山化工（集团）股

份有限公司、云浮市人民政府借款合同纠纷一案过程中，案外异议人广州云浮酒店于2009年3月20日向该院提出了案外人异议，认为法院查封的广州市三元里大道603号的云浮酒店一楼的土地使用权、房屋所有权是案外异议人的财产，法院的执行措施不当，请求解除查封。该院受理案外人执行异议后，依法召集到庭的当事人广州云浮酒店、深圳通达化工总公司、云浮市人民政府公开进行了听证，围绕争议焦点云浮酒店一楼的土地及房屋所有权归属问题进行举证、质证，当事人在听证会上充分陈述了意见。本裁定书符合民事裁定文书的要求，样式规范，对案件事实叙述清楚，对证据进行了列举归纳，简明扼要地说明证据与本案的关系，对证据是否采信说理充分，采信的证据与认定的事实紧密相扣，说理比较透彻，根据查明的事实，核实的证据，准确适用法律，依法驳回了案外异议人广州云浮酒店提出的异议。裁定书送达后，各方当事人均未提起执行异议之诉，达到了息诉服判、案结事了的目的，实现了法律效果与社会效果的有机统一。裁定书符合优秀裁判文书的评选标准，被评为2010年全省法院优秀裁判文书。

立案篇

●佛山市顺德区顺成房产有限公司与广州市花都华美实业有限公司票据追索权纠纷一案民事裁定书

广东省高级人民法院

民事裁定书

（2009）粤高法立民终字第406号

上诉人（原审原告）：佛山市顺德区顺成房产有限公司。住所地：广东省佛山市顺德区大良南国东路愉景花园顺成大厦五楼。

法定代表人：黄秋虹，董事长。

委托代理人：贾恩平，该公司职员。

被上诉人（原审被告）：广州市花都华美实业有限公司。住所地：广东省广州市花都区新华镇建设路60号首层。

法定代表人：黄永权，董事长。

委托代理人：区向东，广东浩瀚明扬律师事务所律师。

上诉人佛山市顺德区顺成房产有限公司（以下简称顺成公司）因与被上诉人广州市花都华美实业有限公司（以下简称华美公司）票据追索权纠纷一案，不服广东省佛山市中级人民法院（2009）佛中法民二初字第12号驳回起诉的民事裁定，向本院提起上诉。本院依法组成合议庭审理了本案。

原审裁定认为，本案属票据追索权纠纷。华美公司认为顺成公司提交的三张支票的基础关系正处于诉讼当中，顺成公司的起诉属重复起诉，故本案首先需审查顺成公司据以主张权利的三张支票是否是2008年11月21日签订的《补充协议》项下开出的三张支票。经查，本案的三张支票票面上记载的出票日期虽为2009年4月15日，但华美公司所提交的支票存根仅有一张载有“2008年”字样，其他时间均为空白，加上三张支票的款项金额共计38299114.47元，与2008年11月21日《补充协议》项下的债务金额一致。从本案三张支票存根记载的情况看，支票应该在2008年即已开出，即极可能就是华美公司主张的是2008年11月21日《补充协议》项下开出的票据。在华美公司举证抗辩三张支票的基础关系正在另案诉讼的情况下，顺成公司未能按原审法院要求对其主张的三张支票项下的基础关系予以最起码的说明，也没有举证反驳华美公司的抗辩主张，而2008年11月21日《补充协议》项下实际开出的支票是否确如协议上约定出票日期为2008年11月26日，举证责任在顺成公司。因顺成公司未能履行其证明义务，根据最高人民法院《关于民事诉讼证据的若干规定》第二条第二款的规定，应由顺成公司承担举证不能的不利后果。原审法院采信华美公司的主张，认定本案的三张支票即为2008年11月21日《补充协议》项下开出的票据。而顺成公司对于所持三张支票项下的款项，法律赋予两项诉权，一是基于双方的基础关系所享有的一般民事债权请求权；二是基于双方的票据关系所享有的票据法上的票据权利请求权，但债权人在同一时期，仅能对同一民事权益行使一个请求权。本案中，顺成公司已在广州市中级人民法院就其与华美公司之间的基础关系提起了民事诉讼，在该诉讼未有最终审判结果之前，顺成公司尚不享有票据权利请求权的起诉权。故顺成公司提起本案诉讼，属不当行使起诉权，应予驳回。依照《中华人民共和国民事诉讼法》第一百四十条第一款第（三）项及第二款的规定，裁定驳回原告顺成公司的起诉。

上诉人顺成公司不服原审裁定，向本院提起上诉称：原审法院在对本案三张支票基础关系未查明的情况下，认定本案属重复起诉，属认定事实错误，本案不属于重复起诉问题。请求本院依法撤销原审裁定，发回原审法院重新审理。

被上诉人华美公司未进行答辩。

经查，2008年9月26日，华美公司、广州市伟侨物业管理有限公司（以下简称伟侨公司）、广州市君通拍卖有限公司（以下简称君通公司）作为甲方与乙方顺成公司、丙方黄永权签订一份《和解协议》，约定甲方应偿还乙方款项120400000元，甲方应于签订协议次日先付50000000元给乙方，三方还约定余款的付款方式及期限。2008年10月11日，华美公司作为甲方与乙方顺成公司、丙方黄永权签订一份《协议书》，第一条约定："甲方以开具远期支票的方式支付《和解协议》中第四条之第2、3点内容的款项及利息，为此甲方同意支付给乙方100万元人民币作为风险补偿金。"第二条约定："甲方在签订本协议的当日向乙方开具支付上述款项的远期支票，具体为：出票日期为2008年11月6日的远期支票叁张，叁张远期支票的金额合计36516317.8元；……"2008年11月6日，华美公司作为甲方与乙方顺成公司、丙方黄永权签订一份《补充协议》，第一条约定："甲方已于2008年10月11日向乙方开具叁张远期支票，出票日期为2008年11月6日，金额合计36516317.8元，现甲方由于暂时无法安排资金支付，甲方重新向乙方开具叁张远期支票，叁张远期支票的出票日期为2008年11月17日，金额合计37383298.63元。……"2008年11月21日，华美公司作为甲方与乙方顺成公司、丙方黄永权再次签订一份《补充协议》，第一条约定："……2008年11月6日，甲方向乙方重新开具了出票日期为2008年11月17日的叁张远期支票，乙方同时交回甲方原开具的出票日期为2008年11月6日的叁张支票。现甲方由于暂时无法安排资金支付，甲方重新向乙方开具叁张远期支票，叁张远期支票的出票日期为2008年11月26日，金额合计人民币38299114.47元。……"

另查，2008年12月25日，顺成公司以华美公司、伟侨公司、君通公司、黄永权按约定支付首期50000000元后一直未支付余款，也没有按《和解协议》落实商铺过户、抵押登记；且依据上述《协议书》、《补充协议》开出的支票每次都不能兑付，以严重违约为由，向广州市中级人民法院提起诉讼，请求判令：1. 华美公司、伟侨公司、君通公司共同偿还70400000万元及该款利息。2. 华美公司、伟侨公司、君通公司共同支付滞纳金暂计1900800元和违约金1000000元。3. 华美公司支付风险补偿金1000000元。4. 黄永权对上述款项承担连带责任。2009年5月18日，顺成公司以华美公司开具的三张支票均被银行以余额不足为由退票，打乱顺成公司的资金计划，给其造成严重经济损失为由，向原审法院提起本案诉讼，请求判令华美公司：1. 支付支票款38299114.47元。2. 赔偿损失3820000元。2009年7月9日，原审法院组织本案双方当事人进行第二次开庭，顺成公司在庭审时称没有办法找到三张支票项下的基础关系的证据。

本院认为，本案为票据追索权纠纷。根据《中华人民共和国票据法》第十条第一款关于"票据的签发、取得和转让，应当遵循诚实信用的原则，具有真实的交易关系和债权债务关系"、第二款关于"票据的取得，必须给付对价，即应当给付票据双方当事人认可的相对应的代价"及最高人民法院《关于民事诉讼证据的若干规定》第二条第一款关于"当事人对自己提出的诉讼请求所依据的事实或者反驳对方诉讼请求所依据的事实有责任提供证据加以证明"的规定，顺成公司应当对其在本案据以主张权利的三张支票的取得的基础关系提供相应证据加以证明，但顺成公司在庭审时称没有办法找到三张支票项下的基础关系的证据，至今也没有进一步举证。因此，根据最高人民法院《关于民事诉讼证据的若干规定》第二条第二款关于"没有证据或者证据不足以证明当事人的事实主张的，由负有举证责任的当事人承担不利后果"的规定，顺成公司应承担举证不能的法律后果。根据上述查明的事实，顺成公司在本案据以主张权利的三张支票项下款项38299114.47元与2008年11月21日《补充协议》约定华美公司向顺成公司开具的三张远期支票项下的款项一致，而2008年10月11日《协议书》明确约定华美公司是以开具远期支票的方式支付《和解协议》约定所欠顺成公司的款项。故在顺成公司无法提供证据证明本案三张支票项下款项与《和解协议》无关的情况下，可以认定本案三张支票项下款项的基础关系就是《和解协议》。现顺成公司在提起本案诉讼前已依据《和解协议》向广州市中级人民法院提起民事诉讼主张债权，因此，在该诉讼未终结之前，顺成公司不能就同一民事权益再次行使请求权，故原审裁定驳回顺成公司的起诉正确，本院予以维持。综上所述，上诉人顺成公司请求撤销原审裁定，将本案发回原审法院进行审理的上诉理由不成立，本院不予采纳。依照《中华人民共和国民事诉讼法》第一百五十二条、第一百五十四条的规定，裁定如下：

驳回上诉，维持原审裁定。

本裁定为终审裁定。

审　判　长　邹　莹
代理审判员　周兰英
代理审判员　邵静红
二○○九年十二月十四日
书　记　员　张淑君

【评析】

本案属于票据追索权纠纷，一审裁定驳回原告佛山市顺德区顺成房产有限公司（以下简称顺成公司）的起诉，二审予以维持。争议的焦点问题是：在顺成公司已基于涉案支票项下款项的基础关系依据《和解协议》向广州市中级人民法院提起民事诉讼主张债权而案件尚未审结的情况下，能否在同一时期就涉案支票行使票据追索权。本案中，承办法官能够通过认真分析、全面了解顺成公司提起的两个案件所依据的事实理由及提供的证据，充分运用最高人民法院《关于民事诉讼证据的若干规定》规定的“谁主张谁举证”的举证责任分配原则，判断顺成公司既然无法提供证据证明涉案支票项下款项与《和解协议》无关，那么应承担举证不能的法律后果，进而得出顺成公司在前一诉讼未终结之前，尚不享有票据权利请求权的起诉权的结论。裁定书体现以法以理服人、说服力强；制作格式规范，基本要素齐全，层次分明；能够针对争议的焦点问题进行论述，归纳准确、简要明确；对案件事实和适用法律均叙述完整，程序公正；语言流畅、观点鲜明、用语规范准确，被评为2010年全省法院优秀裁判文书。

●广州心盟物流有限公司与广州市黄埔建筑工程总公司建设工程施工合同纠纷一案民事裁定书

广东省高级人民法院

民 事 裁 定 书

(2008) 粤高法立民申字第 3384 号

申请再审人（一审被告、二审上诉人）：广州心盟物流有限公司。住所地：广东省广州市黄埔区云埔工业区东诚片埔南路 2 号东诚大院 1 号楼 109 房。

法定代表人：邢劲松，董事长。

申请再审人（一审第三人、二审被上诉人）：广州新盟物流有限公司。住所地：广东省广州市白云区太和镇黄庄北路 15 号沙太华运站 5B22 铺。

法定代表人：余朝阳，董事长。

上列两申请再审人的共同委托代理人：刘邦惠，广东三民律师事务所律师。

上列两申请再审人的共同委托代理人：吴汉钊，广东三民律师事务所律师助理。

被申请人（一审原告、二审上诉人）：广州市黄埔建筑工程总公司。住所地：广东省广州市黄埔区广新路 68 号新安苑。

法定代表人：梁永就，董事长。

委托代理人：吴瑜娟，该公司职员。

委托代理人：周政权，广东德良律师事务所律师。

申请再审人广州心盟物流有限公司（以下简称心盟公司）、广州新盟物流有限公司（以下简称新盟公司）与被申请人广州市黄埔建筑工程总公司（以下简称黄埔建总）建设工程施工合同纠纷一案，广东省广州市中级人民法院于 2008 年 10 月 20 日作出了（2008）穗中法民五终字第 2160 号民事判决。此后，心盟公司、新盟公司向本院申请再审。本院依法组成合议庭对本案进行了审查，现已审查终结。

心盟公司申请再审称：（一）一审法院越权越位，对我方作出不利的判决。在我方与黄埔建总对工程价款有合同约定的情况下，应当以约定之价格为结算价款的基础。但一审法院在对方当事人没有要求的情形，自行委托评估机构对本案工程造价进行评估并以该评估价作为判决的依据，违反了《最高人民法院关于审理建设工程施工合同纠纷案件适用法律问题的解释》的规定。（二）我方已经根据双方合同约定超额支付工程进度款。一审法院关于“根据合同约定，被告未能提供图纸，未能支付工程预付款进度款，原告可停止施工，由被告（我方）承担违约责任”的认定是错误的。（三）二审法院对事实的认定和判决过程中，出现严重的错误。与一审法院一样，二审法院再次以一审法院擅自委托评估的价格作为最终工程结算价款，完全无视我方对该评估报告提出的异议以及相关证据。我方在二审中提交的白云设计院的证明可以证明，白云设计院从来就没有出具过竣工图。但《广州心盟物流园工程造价咨询报告书》中却有关于“本次造价咨询根据工程现状及针对双方现场意见分为竣工图内项目造价、双方有报价项目造价和有争议部分项目造价”。因此，该工程造价咨询报告书是不合理不合法的断案依据，对我方权益造成了严重的影响。另外，二审法院判决工程决算的依据存在严重错误。在对2003年10月11日的保证书上，判决书认为，“上诉人心盟公司在2003年10月11日的保证书中承诺工程按实际施工图纸和实际施工工程项目结算”，这是明显与保证书不符的，保证书的真实原文如下：“心盟物流承诺根据合同原有原则，在大包干的原则下，工程结算按实际施工图纸和实际施工工程项目计算。”判决书对黄埔建总在同一时期内对我方作出的保证书避而不谈，而那些避而不谈的保证书，恰是与上面所提保证书相对等的权利义务的承诺，即我方履行保证书的前提是黄埔建总先履行了其给我方的保证书的内容。二审法院却只谈到了我方的承诺与义务，却根本不理会我方履行义务的前提和应得的权利。因此，特申请再审，并请求撤销原一、二审判决，改判确认本案停工违约责任，确认在大包干原则下根据心盟公司实际完成工程量重新结算工程价款。

新盟公司申请再审称：（一）我方从来没有提交或收到《关于协商订立租赁合同补充合同的函》，但二审判决却以此作为终审判决的依据，违反了证据规则。（二）《关于协商订立租赁合同补充合同的函》的原文是：“为了缓和矛盾避免更大的损失，促成项目早日完成良好运作，依照法定程序股东会同意通过与广州新盟物流有限公司达成一致方案，将仓库项目转由新盟物流有限公司负责投资经营……”而非二审判决书中所说的“依照法定程序成立了广州新盟物流有限公司，并将仓库项目转由新盟公司负责投资经营等”。（三）二审法院对事实与证据认定不足，对我司的股东构成认定不准确。本公司股东为余朝阳和余朝晖，而非二审判决书中所说的“该公司股东变更为余朝阳和余朝军”。早在本案一审起诉前半年，余朝军已非我司股东。二审法院认定我方没有提供我司代替心盟公司支付对余朝军和何天翔款项的原始凭证或实际支付506.9545万元转让款的证据更是与事实严重相违。在本案一审中，我方就提交了相应的证据，可以充分证明我方与心盟物流公司签订的《项目转让协议》远在本案起诉之前一年就是合法有效的。一审法院采纳了我方的证据，判令我方无须承担连带责任。本案二审中判决却不采纳我方提交的证据，作出不利于我方的判决，是错误的。特申请再审，并请求撤销原二审判决。

本院认为，根据心盟公司、新盟公司所提出的理由和请求，本案的争议焦点是：本案建设工程造价应依何种标准进行认定，黄埔建总停工是否构成违约，新盟公司应否对心盟公司欠黄埔建总的工程款承担连带清偿责任。

关于涉案建设工程造价认定的依据问题。经查，心盟公司与黄埔建总签订的《建设工程施工合同》虽约定了涉案建设工程的合同价为8799186元，包干价为7791246元，但心盟公司在2003年10月11日的《保证书》中承诺工程结算按实际施工图纸和实际施工工程项目结算。心盟公司在该《保证书》中虽然声明了“根据原有合同，在大包干的原则下”进行结算的内容，但心盟公司其后在2003年12月12日的《保证书》中承诺按现有完成工程量和后续施工图纸，依照约定的定额标准结算。原二审法院据此认定心盟公司与黄埔建总实际已经变更了原来合同约定的涉案建设工程造价的结算方式和价格，符合本案的客观事实。由于双方已改变了按照原约定的建设工程固定价进行结算的方式，因此，本案不能认定为双方当事人对建设工程造价有固定结算价款。原二审法院为了确定涉案建设工程造价，没有采纳双方所签合同中关于涉案建设工程的合同价为8799186元，包干价为7791246元的约定，而是委托评估机构对涉案建设工程造价进行评估，并不违反相关司法解释的规定，本院依法予以确认。由于涉案建设工程的评估机构不具有鉴定资质，亦无证据显示该评估过程违反程序，该评估报告应认定为合法有效。原审法院采纳该评估报告作为认定涉案建设工程造价的认定依据，并无不当。心盟公司申诉称该评估报告无效，并主张原二审法院越权越位，理由不能成立，本院依法不予采纳。心盟公司还申请确认在大包干原则下根据心盟公司实际完成工程量重新结算工程价款，本院亦不予支持。

至于黄埔建总停工是否构成违约问题。经查，心盟公司在2003年9月12日签订的《补充协议》前已支付了工程款233万元，在补充协议中承诺至少支付75万元，在之后的保证书中承诺支付150万元和115万元，以上合计573万元。但实际履行中，心盟公司只支付了350.5万元。根据合同约定，心盟公司未能提供图纸，未能支付工程预付款、进度款的，黄埔建总可停止施工，由心盟公司承担违约责任。原一审法院据此认定黄埔建总以心盟公司未依照约定拨付工程款而停工，是依照合同约定所行使的权利，并不构成违约，符合双方合同约定。心盟公司申诉主张确认黄埔建总停工违约，因与双方签订的合同不符，本院依法不予采纳。

关于新盟公司应否对心盟公司拖欠黄埔建总的工程款承担连带清偿责任问题。心盟公司与新盟公司签订《项目转让协议》时，持有心盟公司70%股份的何天翔、余朝阳、余朝军联合持有新盟公司100%的股份。新盟公司为主张其已经履行了该《项目转让协议》，虽向法院提交了何天翔、余朝军的债务确认书、设备移交清单等证据，但这些证据均不足以证明新盟公司的该主张。由于新盟公司无法提供其已经代替心盟公司支付对余朝军和何天翔款项的原始凭证或实际支付506.9545万元转让款的证据，原二审判决确认心盟公司与新盟公司签订《项目转让协议》的行为实质系逃避债务的行为，并认定该《项目转让协议》无效，符合《中华人民共和国合同法》第五十二条第（二）项的规定，本院依法予以确认。由于心盟公司与新盟公司的行为损害了债权人黄埔建总的利益，且现讼争工程的实际使用人为新盟公司，原二审判决据此对原一审判决予以纠正，并支持黄埔建总关于要求新盟公司对心盟公司的工程款债务承担连带清偿责任，并无不当，本院依法予以确认。由于《关于协商订立租赁合同补充合同的函》并非认定该讼争问题的主要依据，因此新盟公司是否提交或收到《关于协商订立租凭合同补充合同的函》，均不影响法院前述对该问题的认定。新盟公司以其未提交或收到《关于协商订立租凭合同补充合同的函》为由，申诉主张其不应承担连带责任，本院依法不予支持。同样，对新盟公司股东的认定问题，也不影响本院上述认定。新盟公司以原二审判决对其股东的认定错误为由，要求支持其关于不承担连带责任的主张，本院亦不予采纳。

综上所述，申请再审人心盟公司、新盟公司的申请不符合《中华人民共和国民事诉讼法》第一百七十九条规定的情形。依照《中华人民共和国民事诉讼法》第一百八十一条第一款、《最高人民法院关于适用〈中华人民共和国民事诉讼法〉审判监督程序若干问题的解释》第十九条第二款之规定，裁定如下：

驳回广州心盟物流有限公司、广州新盟物流有限公司的再审申请。

审　判　长　刘孟浪
代理审判员　刘晓英
代理审判员　王　庆
二〇〇九年十二月二十五日
书　记　员　彭晓君

【评析】

本裁定书具有如下特点：首先，在结构上，由于裁定书是一份按照民事审判监督程序对当事人的再审申请进行审查后制作的驳回再审申请裁定书，因此，裁定书不同于通常程序审理案件制作的裁判文书。它分为首部、裁判理由部分、裁判主文部分以及尾部，具备并符合最高人民法院《民事审判监督程序裁判文书样式（试行）》规定的基本要素。结构完整、严密，层次分明。其次，在裁判说理上，裁定书首先紧紧围绕申请再审人的请求和理由，简洁地归纳出了本案的争议焦点。随后，裁定书根据相关法律法规，结合本案客观事实，有的放矢地逐个剖析各争议问题，做到了甄别证据，澄清事实，说明法理。尤其是在建设工程造价应依何种标准进行认定问题上，裁定书根据最高人民法院相关司法解释，遵循合同法原理及立法要旨，对涉案合同相关内容条分缕析，并综合双方此后达成的一系列来往函件及合同实际履行情况，得出双方当事人对建设工程造价没有约定固定结算价款，原二审法院为了确定涉案建设工程造价，委托评估机构对涉案建设工程造价进行评估，并以评估报告作为认定涉案建设工程造价的认定依据是正确的结论。因此，裁定书在辨法析理、以理服人以及裁判结果公正上，具有相当的借鉴价值。最后，裁定书逻辑严谨，文字精练，用语规范准确。裁定书无论是在制作格式、判决说理上，还是在语言文字上，都不失为一份优秀的裁判文书。

●武陵县广通汽车运输有限公司等与广州市宇联物流有限公司公路货物运输合同纠纷管辖权异议一案民事裁定书

广东省广州市中级人民法院

民事裁定书

（2009）穗中法立民终字第248号

上诉人（原审被告）：武陵县广通汽车运输有限公司。住所地：河南省焦作市武陵县文化路东段。

法定代表人：程建光。

上诉人（原审被告）：冯振伟，男，1979年1月7日出生，汉族，住河南省焦作市武陵县乔庙乡冯堤村。

被上诉人（原审原告）：广州市宇联物流有限公司。住所地：广州市白云区沙太路广东天健国际家居装饰商贸广场G3区首层自编G3108铺。

法定代表人：邹平，该公司总经理。

委托代理人：阴名发，该公司职员。

上诉人武陵县广通汽车运输有限公司、冯振伟因公路货物运输合同纠纷一案，不服广州市白云区人民法院（2008）云法民二初字第1290号民事裁定，向本院提出上诉。本院依法组成合议庭，审理了本案。

原审裁定认为，被上诉人提交的货运委托书中，空白处注明："如发生纠纷，由白云区人民法院管辖。"约定管辖的人民法院是被上诉人所在地法院，符合《中华人民共和国民事诉讼法》第二十五条的规定，故原审人民法院对本案具有管辖权。遂裁定驳回上诉人武陵县广通汽车运输有限公司、冯振伟对本案管辖权提出的异议。

上诉人不服原审裁定，向本院提出上诉称，其根本未与被上诉人签订所谓的"货运委托书"。该"货运委托书"载明的"如果发生纠纷，由白云区人民法院管辖"，其根本不知道。请求撤销原审裁定，将本案移送其住所地法院管辖。

本院经审查认为，本案是公路货物运输合同纠纷。被上诉人起诉时向原审法院提交的《货运委托书》没有双方盖章，且上诉人予以否认，《货运委托书》中"如发生纠纷，由白云区人民法院管辖"的约定是在空白处手书的，故不能确定双方对管辖法院达成合意，该约定对双方没有约束力。本案应按照法定管辖原则确定管辖法院。根据《中华人民共和国民事诉讼法》第二十八条的规定，本案依法由被告住所地或者运输始发地、目的地人民法院管辖。被上诉人起诉时提交的《货运委托书》记载及其诉称，两上诉人承担违约责任，是基于自身与上诉人华安汽运钟山分公司存在客运合同这一民事法律事实，它与非乘客的第三人伤害被上诉人涉嫌犯罪的刑事法律事实是不同的法律事实，两者所形成的法律关系并不相同，因此，本案不存在因第三人的行为涉嫌犯罪而不应受理或中止审理问题。二、民事诉讼管辖权的界定应当依照当事人诉请及诉因所依据的基础法律关系进行确定。本案中，被上诉人莫怀升要求两上诉人承担赔偿责任，是基于从广西贺州市钟山县乘坐上诉人华安汽运钟山分公司桂 J21060 号牌客车前往广东省中山市途中，上诉人作为承运人未尽合理有效的安全防范义务，以致非乘客上车对被上诉人实施伤害这一基础事实。就此，从责任形态看，本案存在违约责任与侵权责任竞合，其诉讼管辖权的确定首先应确定本案的诉因是违约之诉，还是侵权之诉。依照《中华人民共和国合同法》第一百二十二条的规定，被上诉人可以选择行使并且只能单一行使违约责任或侵权责任请求权。现结合被上诉人提交的民事起诉状以及其本人向法院作出的明确表示，应界定其选择依照合同法要求两上诉人承担违约责任，即本案属于违约之诉，而非侵权之诉，本案应界定为运输合同纠纷。作为一起运输合同纠纷，其诉讼管辖联结点为运输始发地、目的地或被告住所地，现被上诉人莫怀升作为原审原告选择向运输目的地人民法院提起诉讼，依照《中华人民共和国民事诉讼法》第二十八条之规定，中山市第二人民法院对本案依法享有管辖权。三、至于中山市人民法院 2008 年 10 月 7 日受理本案后，现由中山市第二人民法院审理问题，是因中山市人民法院被依法撤销，并分立为中山市第一人民法院和中山市第二人民法院，该案因其诉讼管辖联结点在中山市第二人民法院辖区而被分案给中山市第二人民法院所致，程序并无不当。综上，上诉人要求本案移送管辖的上诉理由不能成立，本院不予采信；原审裁定驳回其管辖权异议正确，本院予以维持。依照《中华人民共和国民事诉讼法》第一百五十二条第一款、第一百五十四条之规定，裁定如下：

驳回上诉，维持原裁定。

本裁定为终审裁定。

审 判 长　张煌辉
审 判 员　苏庆添
代理审判员　何亚成
二〇〇九年五月十八日
书 记 员　徐 爽

【评析】

本案是法理运用与生活实践紧密结合的典型。本裁定书被评为 2010 年全省法院优秀裁判文书，突出之处在于纠正了实务中就管辖权争议案件，仅针对管辖联结点进行审查判断的狭隘做法。文书恰当地把握了诉权二元论，并严格遵循民事诉讼的相对性审查原则，针对程序性事项一一进行审查，首先就诉讼是否成立，是否应不予受理或中止审理问题，提出被上诉人与第三者之间的刑事法律事实区别于被上诉人与上诉人之间的民事法律事实，故不存在“先刑后民”问题；其次分析了在请求权竞合的情况下如何确定管辖权，结合案件事实确定了诉因和管辖联结点；最后针对当事人提出的对中山市第二人民法院管辖的质疑作出了回应，解除了当事人的疑虑。说理有的放矢，层层递进，通过对法理鞭辟入里的分析，结合案件事实和法律规定最终得出令人信服的结论。文书另一特点是格式规范，符合最高人民法院 1992 年诉讼文书样式；同时，针对个案的特殊性和必要性，又有适当突破，如针对诉因的确定，二审增加了事实查明部分。

●陈传敏与潮州市雄英瓷业有限公司等金融借款合同纠纷一案民事裁定书

广东省潮州市中级人民法院

民事裁定书

（2009）潮中法立民终字第34号

上诉人（原审原告）：陈传敏，男，1970年11月11日出生，汉族，住潮安县古巷镇古四村大园9号。

委托代理人：杨树雄，广东新安律师事务所律师。

委托代理人：蔡沛然，广东新安律师事务所律师。

被上诉人（原审被告）：潮州市雄英瓷业有限公司。住所地：潮州市枫溪区蔡陇路口。

法定代表人：吴雄。

被上诉人（原审被告）：潮州市枫溪雄艺瓷厂。住所地：潮州市枫溪区蔡陇路口。

法定代表人：吴燕娇。

被上诉人（原审被告）：吴雄，男，1950年2月18日出生，汉族，住潮州市枫溪区长德怀德柑园前1号。

被上诉人（原审被告）：吴玉英，女，1956年7月12日出生，汉族，住潮州市枫溪区长德怀德柑园前1号。

被上诉人（原审被告）：吴燕娇，女，1977年5月17日出生，汉族，住潮州市枫溪区长德怀德柑园前1号。

上述五被上诉人委托代理人：陈图烈，广东志尚律师事务所律师。

上诉人陈传敏因金融借款合同纠纷一案，不服潮安县人民法院（2008）安民二初字第191号驳回起诉的民事裁定，向本院提起上诉。本院依法组成合议庭审理了本案。

原审法院认为，由于被告潮州市雄英瓷业有限公司和潮州市枫溪雄艺瓷厂分别于2004年10月21日和2002年11月7日被吊销营业执照，原来的办公场地潮州市枫溪区蔡陇路头的厂房已于2006年转让给潮州市雅然陶瓷工艺制作有限公司。且被告潮州市雄英瓷业有限公司又否认“陈爱列”系其公司的员工，所以，原告提供的“广东东宝集团有限公司与原告陈传敏的债权转让通知书已由陈爱列签收”的证据，不足以证明广东东宝集团有限公司已将其债权转让通知了被告潮州市雄英瓷业有限公司。又因广东东宝集团有限公司2008年8月16日给被告潮州市雄英瓷业有限公司的债权转让通知书的回执上没有任何单位或任何人签收，故应认定为：原告提供的证据未能证明广东东宝集团有限公司已将上述债权转让通知被告潮州市雄英瓷业有限公司。依照《中华人民共和国合同法》第八十条第一款关于“债权人转让权利的，应当通知债务人。未经通知，该转让对债务人不发生效力”的规定，因广东东宝集团有限公司与原告陈传敏的债权转让未通知被告潮州市雄英瓷业有限公司，该次债权转让对作为债务人的潮州市雄英瓷业有限公司不发生效力。依照《最高人民法院关于适用〈民事诉讼法〉若干问题的意见》第一百三十九条第一款关于“起诉不符合受理条件的，人民法院应当裁定不予受理。立案后发现起诉不符合受理条件的，裁定驳回起诉”的规定，应驳回原告陈传敏的起诉。另外依照《中华人民共和国民事诉讼法》第六十四条第一款关于“当事人对自己提出的主张，有责任提供证据”的规定和依照《最高人民法院关于民事诉讼证据的若干规定》第二条关于“当事人对自己提出的诉讼请求所依据的事实或者反驳对方诉讼请求所依据的事实有责任提供证据加以证明。没有证据或者证据不足以证明当事人的事实主张的，由负有举证责任的当事人承担不利后果”的规定，原告向五被告主张债权，原告必须证明其债权来源的合法性，而原告的债权系由广东东宝集团有限公司所转让而来的，而广东东宝集团有限公司与顺威联合资产管理有限公司之间的转让合同系涉及金融不良债权的转让，参照《金融资产管理公司条例》第二十六条关于“金融资产管理公司管理、处置因收购国有银行不良贷款形成的资产，应当按照公开、竞争、择优的原则运作。金融资产管理公司转让资产，主要采取招标、拍卖等方式”的规定，故原告应承担证明其债权转让方受让资产的合法性的举证责任，但原告提供的证据只有《要约邀请公告及顺威联合资产管理有限公司要约文件》和《债权包转让合同》，即只有要约邀请及合同的订立，但没有提供其不良贷款形成的债权包经合法、独立的评估机构评估的证据，以及该债权包采取公开招标、拍卖等方式的证据，也没有提供作为不良贷款形成的债权包受让人的适格性，换言之，即原告未能提供充分的证据证明其债权转让方广东东宝集团有限公司与顺威联合资产管理有限公司在转让债权包时转让程序的公正性和合法性，故在原告没有进一步提供证据的情况下，其应承担举证不能的法律后果，即法院不予确认其债权来源的合法性，因此对原告的诉求应予以驳回。依照《中华人民共和国民法通则》第五条，《中华人民共和国合同法》第八十条第一款，《中华人民共和国民事诉讼法》第六十四条第一款、第一百四十条第一款第（三）项，《最高人民法院关于适用〈民事诉讼法〉若干问题的意见》第一百三十九条第一款，《最高人民法院关于民事诉讼证据的若干规定》第二条和《诉讼费用交纳办法》第二十七条的规定，裁定如下：驳回原告陈传敏的起诉。

宣判后，原审原告陈传敏不服，向本院提起上诉称：一、原审法院认为上诉人提供的证据未能证明广东东宝集团有限公司（下称东宝公司）已将债权转让通知被上诉人，是认定事实错误。东宝公司通过邮政部门向潮州市雄英瓷业有限公司（下称雄英瓷业）的工商登记地址寄送债权转让通知符合法律的有关规定，被上诉人虽然提交了该地址已转让给潮州市雅然陶瓷工艺制作有限公司（下称雅然公司）的证据，但没有该公司存在及该公司何时进驻该地址的证据，而且被上诉人的法定地址仍然未发生变更。被上诉人否认“陈爱列”是其员工，但没有证据予以证明，即使“陈爱列”不是该公司员工，也不能否认其签收的效力及于被上诉人。二、原审法院认为上诉人未能提供充分的证据证明债权转让方东宝公司与顺威联合资产管理有限公司（下称顺威公司）在转让债权包时转让程序的公正性和合法性，应承担举证不能的法律后果，这是认定事实错误。顺威公司是一个经商务部批准设立的中外合资企业，根据批准设立的文件和工商营业执照，顺威公司对其自有不良债权拥有自主的处置权。而顺威公司在转让该笔债权时，采用要约邀请的方式进行转让，符合程序的公正性和合法性。该要约邀请经报纸公开公告，确保了转让程序的公正性和合法性。国家至今并未规定顺威公司这类中外合资企业转让不良债权需先评估，然后只能按照招标或拍卖两种方式出让。原审法院称上诉人没有提供债权包受让人的适格性，这是不正确的。上诉人提供了身份证明和村委会证明，也提供了东宝集团的营业执照供被上诉人质证及原审法院审核，没有任何证据表明受让人的适格性存在法律禁止的问题。请求二审法院撤销原审裁定并发回重审。

被上诉人潮州市雄英瓷业有限公司、潮州市枫溪雄艺瓷厂、吴雄、吴玉英、吴燕娇在法定答辩期内答辩称：一、陈传敏作为本案原告主体不适格。被答辩人认为以答辩人雄英瓷业的注册地址寄送邮件就视为合法有效的送达，该主张没有依据。而且答辩人只主张有向雄英瓷业寄送通知书，但雄英瓷业早已被工商部门吊销执照，不在原址经营办公，而该地址自2006年由雅然公司经营办公，雄英瓷业自2004年后从未在该址经营和办公，更没有留守人员。被答辩人主张在邮件详情单上签字的“陈爱列”是雄英瓷业的员工，但没有任何证据证明该问题，原审法院已查明被答辩人邮寄的特快专递邮件中的通知书回执上没有人签收，说明该份通知并未寄达。原审法院也并不是按照诉讼中的地址去送达法律文书的，所有的法律文书都是答辩人的律师在法院签收。被答辩人也承认顺威公司不是金融资产管理公司，那就不能适用金融管理公司的相关政策、法规和司法解释，也就是说不能适用在省级以上报纸公告即视为送达了债权转让通知书，而被答辩人称2007年12月27日顺威公司就将该债权转让给东宝公司，但没有证据证明顺威公司有向雄英瓷业送达债权转让通知书，依照《合同法》第八十条第一款的规定，该债权转让对第一答辩人也未生效。上述事实说明本案债权转让由于未将债权转让通知书送达各答辩人，陈传敏在本案中没有资格当原告。二、本案债权来源的合法性存在重重疑问。由于不良债权转让的复杂性和敏感性，最高人民法院专门对此类案件作出慎重又细致的规定。本案中债权转让诸多敏感性问题被答辩人并未举证证明。综上，由于本案存在债权转让未有送达答辩人的事实，且被答辩人未能有效证明债权转让的合法性、公正性和主体的适格性，原审法院裁定驳回起诉正确，请求二审法院维持一审裁定。

上诉人与被上诉人在二审期间均没有提供新证据。

本院经审查认为，由于一审法院裁定驳回起诉，因此本案争议的焦点是陈传敏作为原告是否符合《中华人民共和国民事诉讼法》第一百零八条第（一）项的规定，其是否具备原告主体资格，原审法院裁定驳回起诉是否正确。

《中华人民共和国民事诉讼法》第一百零八条规定：“起诉必须符合下列条件：（一）原告是与本案有直接利害关系的公民、法人和其他组织；……”该规定是对行使起诉权人的资格要求，也是提起诉讼的人能够成为原告的条件。凡是与本案有直接利害关系的公民、法人和其他组织均可作为原告提起诉讼。本案中，陈传敏起诉时提供的证明其与本案有直接利害关系的证据材料包括：（1）中国银行广州信托咨询公司潮州代办处与雄英瓷业签订的《借款合同》；（2）中国银行潮州分行与雄英瓷业法定代表人吴雄签订的《借款确认书》；（3）中国银行潮州分行发给雄英瓷业的将债权转让给中国东方资产管理公司广州办事处（下称东方资产公司）的《债权转让通知》及《回执》；

(4）刊登在《南方日报》上的《公告》，包括东方资产公司向雄英瓷业催收债权的《公告》，东方资产公司将债权转让给顺威公司后，顺威公司又将债权转让给东宝公司的《公告》；（5）东宝公司与陈传敏2008年8月15日签订的将债权转让给陈传敏的《债权转让协议》；（6）东宝公司发给雄英瓷业的内容为告知债权转让给陈传敏的《债权转让通知书》及回执，以及东宝公司将该通知及回执邮寄给雄英瓷业法定代表人吴雄的《国内特快专递邮件详情单》，邮件上收件人签名为“陈爱列”。根据上述债权转让的证据，可以认定该笔债权经多次转让，最后一次的受让人是陈传敏。一审法院认为陈传敏没有原告主体资格的理由是陈传敏提供的证据未能证明东宝公司已将上述债权转让通知雄英瓷业，根据《合同法》第八十条关于“债权人转让权利的，应当通知债务人。未经通知的，该转让对债务人不发生效力”的规定，该次债权转让对作为债务人的雄英瓷业公司不发生效力。对此，本院认为，陈传敏所提供的证据已经证明其是该笔债权的最后受让人，即其与本案有直接利害关系。至于该笔债权转让是否合法，是否对雄英瓷业发生效力，属案件实体审理认定的范围。陈传敏作为本案原告符合《中华人民共和国民事诉讼法》第一百零八条第（一）项的规定，原审裁定驳回起诉不当，本院予以纠正。案经本院审判委员会讨论决定，依照《中华人民共和国民事诉讼法》第一百零八条、第一百五十二条、第一百五十四条、第一百五十八条，《最高人民法院关于适用〈中华人民共和国民事诉讼法〉若干问题的意见》第一百八十七条的规定，裁定如下：

一、撤销潮安县人民法院（2008）安民二初字第191号民事裁定。

二、指令潮安县人民法院对本案进行审理。

本裁定为终审裁定。

审　判　长　黄雪玲
审　判　员　江　海
审　判　员　杨　桦
二〇〇九年十二月十六日
书记员　陈燕飞（代）

【评析】

本裁定书格式体例规范，结构完整，逻辑严谨，层次分明，要项齐备。事实叙写明确具体，繁简得当；证据列举全面准确；适用法律准确、完整，处理得当；用语规范准确，通顺流畅。尤其是在事实认定部分，首先揭示案件争议焦点，简明扼要，一目了然，既是对上文当事人诉辩的归纳总结，也是下文分析的重点，起着很好的承上启下作用。下文说理阐述充实有力，逻辑严密，按照大前提、小前提、结论的顺序依次展开；针对性强，是非辨析分明，紧紧围绕原告是否与本案有直接利害关系，是否具备原告主体资格进行论证，对该笔债权转让是否合法，是否对债务人发生效力等属案件实体审查的范围不作认定，纠正了审判实践中一审裁定把实体审查与程序审查相混淆的做法，维护了原告的起诉权。裁定文书符合优秀裁判文书的评选标准，被评为2010年全省法院优秀裁判文书。

《广东法院优秀裁判文书》编辑委员会

刑事审判

广东法院
优秀裁判文书

GUANGDONG FAYUAN
YOUXIU CAIPAN WENSHU

主　编◎郑　鄂　副主编◎陈华杰

暨南大学出版社
JINAN UNIVERSITY PRESS

中国·广州

图书在版编目（CIP）数据

广东法院优秀裁判文书. 刑事审判/ 郑鄂主编；陈华杰副主编. —广州：暨南大学出版社，2011.7（2011.8 重印）

ISBN 978-7-81135-802-5

Ⅰ.①广… Ⅱ.①郑…②陈… Ⅲ.①审判—法律文书—汇编—广东省 Ⅳ.①D926.22

中国版本图书馆 CIP 数据核字（2011）第 060307 号

出版发行：暨南大学出版社

地　址：中国广州暨南大学
电　话：总编室（8620）85221601
营销部（8620）85225284　85228291　85228292（邮购）
传　真：（8620）85221583（办公室）　85223774（营销部）
邮　编：510630
网　址：http：//www.jnupress.com　http：//press.jnu.edu.cn

排　版：暨南大学出版社照排中心
印　刷：佛山市浩文彩色印刷有限公司

开　本：787mm×1092mm　1/16
印　张：78.875
字　数：1968 千
版　次：2011 年 7 月第 1 版
印　次：2011 年 8 月第 2 次
印　数：2001—4000 册

总定价：198.00 元（一套三册）

（暨大版图书如有印装质量问题，请与出版社总编室联系调换）

序

裁判文书反映着人民法院履行宪法和法律赋予的神圣职责，在服务大局、维护稳定、化解社会矛盾中所取得的成绩，是人民法院与社会公众密切沟通的重要桥梁；是传承和弘扬司法文化，宣传国家法律制度、司法理念和文化内涵，展示法官智慧和人民法院司法公信力的重要媒介。裁判文书又是人民法院公正司法的载体，是法官呈现依法公正的审判程序、查明事实证据、分清是非责任、正确适用法律、彰显公平正义的重要舞台，是人民法院公正、公开、廉洁司法的重要窗口。

裁判文书在一定程度上代表了人民法院和人民法官公正司法的水平。一份优秀的裁判文书，必须客观、公正地描述案件事实，阐明证据采信、案件定性、责任承担，论证裁判逻辑和裁判结果，要体现法律的尊严和司法的权威，让当事人看到裁判的合理性和合法性，争取做到胜败皆服，实现案结事了。各级法院和广大法官必须牢固树立文书质量意识，始终把提高裁判文书的质量和制作水平，作为公正司法的重要任务，通过一份份严谨、规范、权威的裁判文书，传播社会主义法治理念，弘扬社会主义法治精神，诠释公正司法的过程，为维护社会稳定、化解社会矛盾、建设社会主义和谐社会发挥应有的作用。

近几年来，我省各级法院积极贯彻最高人民法院裁判文书改革的精神，通过创新和规范裁判文书样式，加强说理分析，提高文书制作水平。同时，通过对文书质量的检查评比，激发广大法官钻研裁判文书制作技巧的热情，不断提高全省法院裁判文书整体水平。2009 年以来，广东已连续两年组织开展全省法院优秀裁判文书评选活动，推动各级法院加强裁判文书质量管理工作，取得显著成效。这次由省高院编辑的《广东法院优秀裁判文书》所选录的 131 篇文书，是在全省各级法院推荐的 505 篇各类裁判文书中，按照公开、公正、公平原则，经严格的审核和评议评选出来的。这些优秀裁判文书涵盖刑事、民事、行政、立案、执行等各项审判执行业务，它们的共同优点是基本要素齐全，结构完整，层次分明；案件事实叙述完整、清晰、繁简得当；证据确实、全面、充分，证明力强；适用法律正确，引用法条准确、完整，实体处理得当；语言通顺、流畅，逻辑严谨，用语规范、准确。透过这些优秀裁判文书，我们可以看到办案法官在事实认定、证据分析、法律适用以及阐述裁判理由上下足了工夫，真正做到了以理服人，全面展示了我省法官制作裁判文书的职业水准。这些优秀裁判文书是我省法院大批优秀裁判文书的代表，省高院将它们集结出版时，编写了评析，便于读者学习、研究，摄取精华。文书所涉案件类型丰富，有许多在适用法律上具有相当难度，学习这些典型案例的裁判要义，可以开拓我们的视野，丰富我们的法学知识，对广大法官和学习、研究法律的其他读者，都将大有裨益。

广东省高级人民法院院长　郑　鄂

二〇一一年三月二十八日

目 录

广东省高级人民法院

刑事裁定书

(2008) 粤高法刑二终字第81号

抗诉机关（原公诉机关）广东省深圳市人民检察院。

原审被告人沈小红，女，1973年6月6日出生，汉族，初中文化，捕前系深圳市志联贸易有限公司（以下简称志联公司）总经理，住广东省广州市番禺区繁华路怡乐园九街四座1603房。因本案于2004年8月18日被羁押，同年8月20日被深圳市公安局刑事拘留，同年8月30日变更强制措施为取保候审，2007年1月29日被深圳市公安局依法执行逮捕。现羁押于深圳市第三看守所。

辩护人邓超军，广东义法律师事务所律师。

原审被告人李永达，男，1971年6月26日出生，汉族，高中文化，捕前系志联公司法定代表人，住广东省广州市番禺区繁华路怡乐园九街四座1603房。因本案于2004年8月20日被羁押并于当日被刑事拘留，同年9月22日因人民检察院不批准逮捕而变更强制措施为取保候审，2007年1月29日被深圳市公安局依法执行逮捕。同年12月28日被广东省深圳市中级人民法院取保候审。

辩护人郭洪波、车远鸿，广东义法律师事务所律师。

广东省深圳市中级人民法院审理广东省深圳市人民检察院指控原审被告人沈小红、李永达犯虚开增值税专用发票罪一案，于2007年12月19日作出（2007）深中法刑二初字第211号刑事判决。宣判后，广东省深圳市人民检察院不服，提出抗诉。广东省人民检察院于2008年10月17日作出粤检公三支刑抗（2008）20号支持刑事抗诉意见书，认为广东省深圳市人民检察院抗诉正确，应予支持。本院依法组成合议庭，于2009年2月27日、9月14日公开开庭审理了本案。广东省人民检察院检察员陈奕峰、骆惠慧出庭履行职务，原审被告人沈小红及其辩护人邓超军、原审被告人李永达及其辩护人郭洪波、车远鸿出庭参加诉讼。现已审理终结。

原判认定，2003年6月至2004年7月期间，志联公司在购进电子产品时，因销售方无法开具增值税专用发票，在法定代表人原审被告人李永达明知的情况下，由总经理原审被告人沈小红非法取得八家企业为志联公司开具的增值税专用发票153份，价税合计16984160.76元，并全部用于抵扣。2003年7月至2004年3月期间，志联公司在无真实贸易背景的情况下，由法定代表人李永达、总经理沈小红分别以志联公司等公司名义向深圳市华厦盛电子有限公司开具增值税专用发票共15份，价税合计1217016.58元，并全部由深圳市华厦盛电子有限公司用于抵扣。沈小红于2004年8月19日在公安机关对其询问时，如实陈述了其单位及本人进行本案虚开增值税发票犯罪的事实。另查，深圳市国家税务局出具材料证实，截至2004年5月21日，志联公司2004年度增值税入库税额124447.22元；2004年度增值税稽查查补预缴税款1400000元。

原判认定上述事实的证据有书证、物证、证人证言及被告人供述等。

原判认为，志联公司为牟取非法利益，故意让他人为自己、自己为他人虚开增值税专用发票，虚开价税数额巨大，其行为已触犯刑法，鉴于该单位已被吊销营业执照，主体资格已不存在，故依法不再追究刑事责任。但被告人沈小红、李永达作为犯罪单位的主管人员，直接指挥或纵容其单位虚开增值税专用发票，其行为均已构成虚开增值税专用发票罪。本案系单位犯罪，现有证据证实被告人沈小红作为犯罪单位的总经理，指挥、操纵、实施了其单位虚开增值税专用发票的全部犯罪活动，系主犯，依法应对其单位犯罪的全部后果负责；被告人李永达虽为犯罪单位的法定代表人，但其对单位虚开、入账、抵扣的具体行为并不知情，只是在不甚知悉的情况下纵容了其单位的绝大部分虚开增值税专用发票犯罪，其犯罪情节应比被告人沈小红轻，应认定为单位犯罪中的从犯，依法可予减轻处罚。被告人沈小红在尚未受到讯问、未被采取强制措施前经司法机关询问，主动交代其单位及本人的罪行，且对其罪行始终供认不讳，其行为可认定为自首，依法可予减轻处罚。志联公司在侦查机关立案前能够主动补缴部分税款，悔罪态度明显，对被告人沈小红、李永达均可酌情从轻处罚。根据被告人李永达的犯罪事实、情节、性质和悔罪表现，对其适用缓刑确实不致再危害社会，依法对被告人李永达宣告缓刑。依照《中华人民共和国刑法》第二百零五条第一款、第三款，第三十条，第三十一条，第二十五条，第二十六条，第六十七条，第七十二条，第七十三条，第七十六条，第六十一条之规定，作出如下刑事判决：

一、被告人沈小红犯虚开增值税专用发票罪，判处有期徒刑五年。

二、被告人李永达犯虚开增值税专用发票罪，判处有期徒刑三年，缓刑五年。

抗诉机关广东省深圳市人民检察院以深检公二抗（2008）10号刑事抗诉书提出抗诉，抗诉认为：1. 原判认定沈小红构成自首错误，根据《最高人民法院关于处理自首和立功具体应用法律若干问题的解释》中关于“自动投案”的有关规定，沈小红没有主动、直接投案的行为，且沈小红取保候审后弃保潜逃，不能认定为自首；2. 原判认定李永达为从犯错误，李永达是志联公司的法定代表人，也是公司的实际老板，是真正的受益者，又是直接经手人，不应认定李永达为从犯；3. 依法应判处沈小红、李永达十年以上有期徒刑或者无期徒刑，根据《中华人民共和国刑法》第二百零五条第三款的规定，单位犯虚开增值税专用发票罪虚开的税额巨大或者有其他特别严重情节的，应对其直接负责的主管人员处十年以上有期徒刑或者无期徒刑。综上，原判认定事实有误，适用法律不当，量刑畸轻。

广东省人民检察院以粤检公三支刑抗（2008）20号支持刑事抗诉意见书，支持深圳市人民检察院对深圳市中级人民法院（2007）深中法刑二初字第211号关于被告人沈小红、李永达虚开增值税专用发票一案的刑事判决提出的抗诉，并认为深圳市人民检察院提出被告人沈小红不构成自首、李永达是主犯的抗诉意见正确，建议二审对沈小红、李永达依法改判。出庭检察员意见认为：1. 公安机关早于2003年9月至2004年7

月期间，就掌握沈小红、李永达虚开增值税专用发票的犯罪事实，并于2004年8月5日就立案侦查。在掌握了沈小红犯罪事实的情况下，公安机关在问话时实质上行使的是讯问的职能，即使是采用询问笔录的形式，也应视为被讯问，且沈小红并非主动、直接向公安机关投案，而是被公安机关抓获的，根据《最高人民法院关于处理自首和立功具体应用法律若干问题的解释》中关于“自动投案”的有关规定，沈小红的行为不构成自首，因此一审法院认定沈小红构成自首错误。且沈小红于2004年8月30日被取保候审后，又弃保潜逃，于2007年1月29日被公安机关抓获归案。根据上述司法解释，犯罪嫌疑人自动投案后又逃跑的，不能认定为自首。2. 公安机关在对沈小红、李永达执行取保候审时，侦查员邱雪光、李旭欣已依法告知沈小红、李永达必须遵守《中华人民共和国刑事诉讼法》第五十六条的规定及违反规定应当承担的后果，在公安人员宣读的取保候审决定书中也记录有刑诉法第五十六条的规定，沈小红、李永达也在该取保候审决定书上签名，该取保候审决定书附在本案的诉讼卷中。3. 根据公安机关的证实，沈小红、李永达是被同时抓获的，因此，不存在沈小红协助抓获同案人。此外，李广、马莉是李永达公司的员工，此两人与沈小红、李永达夫妻存在利害关系，在与侦查机关出具的书证存在矛盾的情况下，证言可信度低。所以，沈小红的行为不构成立功。4. 本案虽认定为单位犯罪，但李永达、沈小红系志联公司的实际老板，可以说，李永达、沈小红是利用志联公司的牌子为个人非法窃取巨额税款，应比照一般单位犯罪从重处罚，原判对二人量刑畸轻，建议依法改判。

原审被告人沈小红表示服判。其辩护人辩称：1. 一审判决认定沈小红自首事实清楚，证据充分，定性准确。公安机关对沈小红第一次问话是询问，沈小红是作为其他案子的证人被问话，沈小红如实供述了整个事实，之后主动带公安机关到自己公司将所有的材料交给公安机关，其行为完全符合法律关于自首的规定，即使公安机关在2004年8月5日之前已经对本案侦查了，这对沈小红是否构成自首均不造成影响，根据法律的规定，犯罪行为虽被发现，在被告人被讯问之前自动投案的话也应被认定为自首，一审认定沈小红自首正确。2. 沈小红没有弃保潜逃的行为。沈小红在办理取保候审手续时，取保候审保证人马莉留了电话号码，公安机关完全可以通过马莉来找沈小红，且沈小红遵守了取保候审决定书上所有的规定，至于沈小红搬家的问题，其行为没有违反和影响刑诉法第五十六条的规定，而且公安机关也没有告知沈小红须定期到公安机关报到和刑诉法第五十六条的规定。3. 沈小红带公安机关到其公司抓获李永达应当认定为立功，此事实有李广证言和马莉证言，沈小红、李永达供述相互印证。4. 沈小红犯罪主观恶性不大，有悔罪表现，案发后沈小红及其家属主动补交了税款，减少了国家的损失，请求对沈小红从轻减轻处罚。

原审被告人李永达表示服判。其辩护人辩称：1. 一审判决认定李永达为从犯，定性准确。在共同犯罪中起次要或者辅助作用的，是从犯。本案中李永达并非财务人员，对虚开、抵扣的具体行为如何实施及其后果并不清楚，也没有直接的故意，所以以李永达为公司的法定代表人和受益人就认定他是主犯，这种观点是不能成立的。同时，对于证人段晓飞的证言，不能作片面理解，在一个非法律专业人士的心中，段晓飞认为志联公司就是李永达的，他并不能区分自然人和公司，因此只要与志联公司发生关系他就认为是与李永达发生关系，他向志联公司拿发票也认为是向李永达拿的发票，故不能认为李永达是主犯。2. 本案有真实的贸易往来，要跟没有真实贸易往来的虚开增值税专用发票区分开来，由于本案存在真实的贸易往来，所以给国家税款造成的损失比较小。因此在量刑时要酌情考虑。3. 本案是单位犯罪，但李永达不应承担直接责任人的法律责任。本案最主要的犯罪事实是志联公司从深圳市跨时代实业有限公司八家公司开具增值税专用发票 153 份，涉案金额 246 万多元，李永达不应承担直接责任人的法律责任。原审判决认定事实清楚，适用法律正确，定罪量刑适当，请依法予以维持。

经审理查明，2003 年 6 月至 2004 年 7 月期间，志联公司在购进电子产品时，因销售方无法开具增值税专用发票，在法定代表人原审被告人李永达明知的情况下，由总经理原审被告人沈小红以支付手续费的方式非法取得深圳市跨时代实业有限公司、深圳市桑马实业有限公司、深圳市威恒辉实业有限公司、深圳市讯能达实业有限公司、深圳市一森科技有限公司、深圳市天旭晟实业有限公司、深圳市振宇豪实业有限公司、深圳市富讯科技有限公司八家企业为志联公司开具的增值税专用发票 153 份，并全部用于抵扣。经核定，虚开税额人民币 2467784. 11 元，价税合计人民币 16984160. 76 元。

2003 年 7 月至 2004 年 3 月期间，段晓飞（另案处理）因无法向其客户深圳市华厦盛电子有限公司开具增值税专用发票，找到志联公司法定代表人原审被告人李永达、总经理原审被告人沈小红，让志联公司为自己开具增值税专用发票，并支付手续费。志联公司在无真实贸易背景的情况下，由李永达、沈小红分别以志联公司、深圳市富讯科技有限公司、深圳市一森科技有限公司、深圳市瀚新联实业有限公司、深圳市天旭晟实业有限公司的名义向深圳市华厦盛电子有限公司开具增值税专用发票共 15 份，并全部由深圳市华厦盛电子有限公司用于抵扣。经核定，虚开税额人民币 206892. 82 元，价税合计人民币 1217016. 58 元。

再查，原审被告人沈小红于 2004 年 8 月 19 日在公安机关对其询问时，如实陈述了其单位及本人进行本案虚开增值税专用发票犯罪的事实。

另查，深圳市国家税务局出具材料证实，截至 2004 年 5 月 21 日，志联公司 2004 年度增值税入库税额人民币 124447. 22 元；2004 年度增值税稽查查补预缴税款人民币 1400000 元。

认定上述事实，有如下证据证实：

一、书证、物证

1. 税务机关涉税案件、移送意见书及相关资料，证实深圳市税务局认为志联公司已触犯刑法第二百零一条之规定，于 2006 年 4 月 5 日移送深圳市公安局。并证明，志联公司于 2003 年 3 月至 2004 年 5 月期间取得 8 户企业虚开的增值税专用发票共 153 份，涉及金额 14516376. 65 元，税额 2467784. 11 元，价税合计 16984160. 76 元。

2. 案件受理表、立案报告表、立案决定书、破案报告表、抓获经过，证明侦查机关于 2004 年 8 月 19 日对沈小红进行询问，2004 年 8 月 20 日对犯罪嫌疑人沈小红、李永达执行刑事拘留，同年 8 月 30 日对沈小红变更强制措施为取保候审，2007 年 1 月 29 日，侦查机关在深圳市福田区世贸广场 C 座 2502 室将批捕在逃的沈小红抓获；2004 年 9 月 22 日对李永达变更强制措施为取保候审，2007 年 1 月 29 日，侦查机关在深圳市福田区世贸广场 C 座 2502 室将批捕在逃的李永达抓获。

3. 沈小红、李永达身份证明材料，证明两人身份情况。

4. 志联公司工商资料，证明深圳市志联贸易有限公司于 2001 年 12 月 4 日成立，经营范围为国内商业、物资供应业、信息咨询，法定代表人为李永达，总经理为沈小红，股东为李永达（占80%股份）、陈淦（占20%股份）。该公司2004年至2006年度未年检，2006年6月12日深圳市工商局在《深圳晚报》公告予以吊销。

5. 其他涉案公司工商资料、志联公司对账单等，均经沈小红确认，其中两份是同郭峡英的对账单。

6. 涉案销项发票统计表，均经沈小红确认。

7. 涉案发票复印件，均经开票人或沈小红确认。

8. 记账凭证、志联公司付款存根复印件，证实是沈小红向买票企业付款、周转的凭证。

9. 福田区国税局出具的志联公司相关资料，包括志联公司一般纳税人申请书、发票领用报表、使用明细、抵扣明细等，证明涉案的进项发票均已抵扣。

10. 香港警务处提供的相关资料，主要是香港创域公司、奥迪克公司与志联公司的交易详情及单据。

11. 国税局提供的志联公司相关书证。

12. 福田区国税局出具深圳市华厦盛电子有限公司所接受的15张增值税专用发票已抵扣，其中志联公司开出5份、深圳市天旭晟实业有限公司开出4份、深圳市一森科技有限公司开出2份、深圳市瀚新联实业有限公司开出1份、深圳市富讯科技有限公司开出3份。

13. 税务机关税务处理决定书、告知书，证明深圳市华厦盛电子有限公司2003年7月至2004年3月期间，取得志联公司等5户企业虚开的增值税专用发票共15份，税额206892.82元，价税合计1423909.40元。

14. 深圳市华厦盛电子有限公司付款存根复印件、深圳市华厦盛电子有限公司合同，经段晓飞辨认，这些合同是其提供给杨忠春的，是为了让李永达所开发票能顺利抵扣。

15. 涉案15份销项发票统计表，经李永达、段晓飞辨认，李永达称是其提供给段晓飞的，段晓飞称是其找李永达代开的。

16. 涉案15份发票复印件，经李永达、段晓飞辨认，李永达称是其提供给段晓飞的，段晓飞称是其找李永达代开的。

17. 已生效的涉案人郭峡生、郭峡龙的刑事判决书。

18. 深圳市国税局出具的说明补充，证明志联公司2004年入库税额124447.22元，2004年度增值税发票稽查查补预缴税款1400000元。

二、证人证言

1. 证人郭峡龙（已判决）证明，深圳市跨时代实业有限公司向志联公司开过增值税专用发票。

2. 证人郭峡生（已判决）证明，其以深圳市桑马实业有限公司的名义共虚开了四百多万元的增值税专用发票，开给志联公司七八十万元，分七八张开出，对方联系人是沈小红，是志联公司的职员。其和沈小红是在赛格市场认识的，沈小红讲他们公司需要增值税专用发票，其称可以代开，谈好按价税合计4%收手续费，谈好后沈小红将开票内容告诉其，其按要求开好票后把发票交给沈小红，沈小红以现金支付开票费。其辨认出沈小红就是找其开发票的人。

3. 证人陈苑亭（已判刑）证明，其经手以安美达公司、深圳市一森科技有限公司、深圳市跨时代实业有限公司、深圳市富讯科技有限公司、深圳市天旭晟实业有限公司的名义开过增值税专用发票，开给的公司有很多，其中包括深圳市志联贸易有限公司，还有一些公司记不得名字。

4. 证人段晓飞（另案处理）证明，2003 年 7 月开始，其与深圳市华厦盛电子有限公司做电子元件生意，其提供给深圳市华厦盛电子有限公司的增值税专用发票都是找志联公司的李永达代开的。其和李永达都是做 IC 生意的，是好朋友，由于鹏益（香港）有限公司深圳办事处不是一般纳税人，不能开增值税专用发票，深圳市华厦盛电子有限公司老板杨忠春又要求其提供，于是其找李永达代开，向李永达支付票面金额 10% 的手续费，再按 17% 的手续费提供给杨忠春。其一共找李永达开了 15 张增值税专用发票，李永达给他的发票分别是以志联公司、深圳市一森科技有限公司、深圳市天旭晟实业有限公司、深圳市富讯科技有限公司、深圳市瀚新联实业有限公司的名义开出的，称除了志联公司其他四家公司其都没听说过，发票都是李永达开给他的，他找谁开其不清楚。其知道志联公司税务及发票业务是沈小红负责，大多数情况下到志联公司拿发票都是梁晨去的，其也去过两三次，是向李永达拿的。卖给深圳市华厦盛电子有限公司的货物都是从赛格或者是从香港买来的。

5. 证人梁晨证明，2003 年段晓飞以鹏益（香港）有限公司深圳办事处名义与深圳市华厦盛电子有限公司进行电子元件贸易，其去送货时，深圳市华厦盛电子有限公司称需要增值税专用发票，其将情况告诉了段晓飞，段晓飞说到深圳找志联公司可以开发票。段晓飞让其到志联公司拿过发票，其去过五六次，一般是找李永达拿，李永达不在时会让其他人给，一般去的时候李永达和沈小红都在场。

6. 证人杨忠春（深圳市华厦盛电子有限公司老板）证明，其和段晓飞做电子元件生意，其从段晓飞那里取得五家不同公司开具的共 15 份增值税专用发票，这些发票都抵扣了。杨忠春称深圳市华厦盛电子有限公司已被税务部门处罚，补缴了税款和滞纳金。

7. 证人李广（原志联公司出纳员）证明，志联公司法人代表是李永达，总经理是沈小红，财务也由沈小红负责，其是出纳，还有三四个业务员。沈小红曾让其到赛格电子市场三楼某柜台找一名郭先生拿了一张增值税专用发票。公司的业务运作是李永达和沈小红负责的。2004 年 8 月 19 日下午，其带朋友到公司谈业务，在会议室看见李永达同客户谈业务，不久，沈小红带着一帮人进来，有十个人左右，他们一一询问在座人的姓名和资料，并看见沈小红拿出公司的账本、印章、支票等资料交给他们。公安经侦局、国税局的人搜查完毕后就把沈小红和李永达带走了。

8. 证人马莉（原志联公司员工）证明，志联公司法人代表是李永达，总经理是沈小红，2003 年 6 月至 2004 年 7 月，李永达负责联系公司的订货工作和销售业务，沈小红负责公司的全面工作。公司从香港创域公司和奥迪克公司购进电子元件，还有部分是在赛格电子市场购买的，货物进口都是李永达和沈小红办理的，香港两家公司的货大部分都没有增值税专用发票，申报抵扣的增值税专用发票都是沈小红和李永达找回来的。好像是 2004 年 8 月份一天下午三四点钟的时候，沈小红带公安经侦局、国税局的人来我们公司，当时以为是她的朋友，他们说要拿一些资料，国税局的人说要拿一些账本，沈小红拿出公司的账本交给他们。其是沈小红取保候审的担保人，在办理取保候审手续时，其留下了所有联系方式（住址和电话 13602599607），公安机关宣读取保候审决定时，其没有听到公安人员说到沈小红在一定的时间要到公安机关报到，自从沈小红被取保候审后，公安机关从未打过其电话（13602599607）找沈小红，其手机号码期间没有更换，直到现在都在使用，公安局只要找到其就肯定能找到沈小红，没有发现沈小红有违反取保候审规定的行为。

三、原审被告人供述及辩解

1. 原审被告人沈小红供述，其承认购买增值税专用发票用于公司抵扣税款，这些发票都是没有真实货物交易的，其详细供述了买票以及支付费用的过程。李永达很少过问公司的事。其帮段晓飞开过增值税专用发票给深圳市华厦盛电子有限公司，都是以志联公司的名义开的，志联公司与深圳市华厦盛电子有限公司没有贸易往来，都是段晓飞主动找其才开的发票，其被抓后主动带公安人员到其公司抓获李永达，并将公司的资料交给办案单位。

2. 原审被告人李永达供述，其和沈小红都清楚志联公司进货基本没有增值税进项发票。沈小红说过志联公司申报抵扣的增值税专用发票是找赛格电子市场的人虚开的，手续费大概是8%至10%，找人虚开都是沈小红操作的，找什么人买其不清楚。公司与涉案的开票公司没有真实贸易背景。段晓飞找其帮忙给深圳市华厦盛电子有限公司开过增值税专用发票，除以志联公司名义开出外，还以其他四家公司名义开过，除了志联公司的发票，其他是其让沈小红找他人代开的，开好后交给他，由他交给段晓飞。这些发票均没有真实贸易背景。沈小红于案发当天下午带经侦局、福田区国税局的人员到公司，当时所有人都在，包括马莉、李广等人，沈小红叫所有人到会议室，然后其主动拿出公司的账本交给侦查机关，随后，其和沈小红一起被经侦局的人员带走问话。

对抗诉机关、原审被告人沈小红、李永达及其辩护人提出的意见，综合评判如下：

第一，关于原审被告人沈小红的行为是否构成自首的问题。

现有证据可以证实原审被告人沈小红的行为构成自首，理由如下：

首先，原审被告人沈小红在尚未受到讯问、未被采取强制措施前经司法机关询问，主动交代其单位及本人的罪行，根据《最高人民法院关于处理自首和立功具体应用法律若干问题的解释》第一条“犯罪事实或者犯罪嫌疑人未被司法机关发觉，或者虽被发觉，但犯罪嫌疑人尚未受到讯问、未被采取强制措施时，主动、直接向司法机关投案属主动投案，犯罪嫌疑人自动投案后又逃跑的，不能认定为自首”的规定，沈小红的此节行为，应属主动投案，且如实供述其罪行，其行为应认定为自首。

其次，抗辩双方争议的焦点在于沈小红有无弃保潜逃的行为，根据上述规定，犯罪嫌疑人自动投案后又逃跑的，不能认定为自首。本案现有证据证实公安机关于2004年8月30日、9月22日对沈小红、李永达执行取保候审时，沈小红、李永达在取保候审决定书上签名，并留下联系方式，马莉和段晓飞分别作为沈小红、李永达的保证人，也留下了联系方式（住址和移动电话），公安机关于2007年1月29日重新对二人采取强制措施时，已近两年半的时间，按照法律规定，取保候审的最长期限为一年，现有案件材料无法证实公安机关在取保候审届满后是否采取了续保的手续，即本案是否存在取保候审的前提。另经证人马莉证实，在沈小红办理取保候审手续时，其作为担保人留下了所有联系方式（住址和电话13602599607），公安机关宣读取保候审决定时，其没有听到公安人员说到沈小红在一定的时间要到公安机关报到，自从沈小红被取保候审后，公安机关从未打过其电话（13602599607）找沈小红，其的手机号码期间没有更换，直到现在都在使用，公安局只要找到其就肯定能找到沈小红，没有发现沈小红有违反取保候审规定的行为。虽然公安机关出具材料证实在对沈小红、李永达执行取保候审时，侦查人员已依法向沈小红、李永达宣告相关规定及违反规定应当承担的后果，但沈小红、李永达、证人马莉均否认，故不能认定侦查机关已经告知沈小红、李永达相关规定。且公安机关通过监控保证人马莉的手机才于 2007 年 1 月 29 日在深圳市福田区抓获沈小红，进一步证明沈小红、李永达是长期在深圳市生活，不存在弃保潜逃的行为。

再次，本案的虚开增值税专用发票人民币 2467784. 1 元存在真实的贸易往来，应区别于没有真实贸易往来的虚开增值税专用发票犯罪行为，我国刑法规定虚开增值税专用发票罪的立法目的在于防止纳税人在没有真实贸易往来的情况下，虚开增值税专用发票用于抵扣税款，以避免国家税款的损失。本案中，2003 年 6 月到 2004 年 7 月期间，志联公司在购进电子产品时存在真实的贸易往来，依法有权从销售方索取增值税专用发票用于抵扣税款，但是由于销售方无法开具增值税专用发票，所以沈小红以变通的方法从深圳市跨时代实业有限公司等 8 家公司处为志联公司开具增值税专用发票 153 份，涉案金额人民币 246 万多元，由此可见，本案是有真实的贸易往来的，要跟没有真实贸易往来的虚开增值税专用发票区分开来。

最后，沈小红、李永达在取保候审后，能够主动补缴税款 140 万元人民币，挽回了国家部分损失，悔罪态度明显，可对其酌情从轻处罚。

综上，原判认定原审被告人沈小红的行为构成自首正确，检察院抗诉认为原审被告人沈小红的行为不构成自首的理由不成立，不予采纳。

第二，关于原审被告人李永达在共同犯罪中的地位、作用问题。

沈小红一直供述李永达虽为犯罪单位的法定代表人，但其对单位虚开、入账、抵扣的具体行为并不知情，只是纵容了其单位的绝大部分虚开增值税专用发票犯罪，公司的日常业务均由沈小红负责，这与证人李广、马莉、郭峡生的证言以及李永达的供述能够相互吻合，李永达犯罪情节应比沈小红轻，应认定为单位犯罪中的从犯，依法可予减轻处罚。

第三，关于原审被告人沈小红提出协助公安机关抓获原审被告人李永达的问题。

经查，沈小红在二审庭审中提出其协助公安机关抓获了李永达，证人李广、马莉均证实案发当天看见沈小红带领公安人员到公司，沈小红主动拿出公司的账本、印章等资料，公安机关将李永达一起带走。深圳市公安局出具书面材料证实公安机关是同时将沈小红、李永达抓获的，不存在沈小红协助公安机关抓获李永达的情况，故现有证据不能证实沈小红协助公安机关抓获李永达。

本院认为，志联公司为牟取非法利益，故意让他人为自己、自己为他人虚开增值税专用发票，虚开价税数额巨大，其行为已构成虚开增值税专用发票罪，鉴于该单位已被吊销营业执照，主体资格已不存在，故依法不再追究刑事责任。但原审被告人沈小红、李永达作为犯罪单位的主管人员，直接指挥或纵容其单位虚开增值税专用发票，其行为均已构成虚开增值税专用发票罪。原审被告人沈小红作为犯罪单位的总经理，指挥、操纵、实施了其单位虚开增值税专用发票的全部犯罪活动，系主犯，应按照其参与的全部犯罪处罚；原审被告人李永达虽为犯罪单位的法定代表人，但其对单位虚开、入账、抵扣的具体行为并不知情，只是在不甚知悉的情况下纵容了其单位的绝大部分虚开增值税专用发票犯罪，起次要作用，是从犯，依法可减轻处罚。原审被告人沈小红在尚未受到讯问、未被采取强制措施前经司法机关询问，主动交代其单位及本人的罪行，且对其罪行始终供认不讳，其行为可构成自首，依法可以减轻处罚。志联公司在侦查机关立案前能够主动补缴部分税款人民币140万元，悔罪态度明显，对原审被告人沈小红、李永达均可酌情从轻处罚。原判认定事实清楚，证据确实、充分，定罪准确，量刑适当，审判程序合法。依照《中华人民共和国刑事诉讼法》第一百八十九条第（一）项之规定，裁定如下：

驳回抗诉，维持原判。

本裁定为终审裁定。

审　判　长　何凌云
代理审判员　王一民
代理审判员　李翔晖
二〇〇九年十二月二十二日
书　记　员　郑思思

附：相关法律规定

《中华人民共和国刑事诉讼法》

第一百八十九条　第二审人民法院对不服第一审判决的上诉、抗诉案件，经过审理后，应当按照下列情形分别处理：

（一）原判认定事实和适用法律正确、量刑适当的，应当裁定驳回上诉或者抗诉，维持原判。

（二）原判决认定事实没有错误，但适用法律有错误，或者量刑不当的，应当改判。

（三）原判决事实不清楚或者证据不足的，可以在查清事实后改判；也可以裁定撤销原判，发回原审人民法院重新审判。

《中华人民共和国刑法》

第二十五条　共同犯罪是指二人以上共同故意犯罪。

二人以上共同过失犯罪，不以共同犯罪论处；应当负刑事责任的，按照他们所犯的罪分别处罚。

第二十六条　组织、领导犯罪集团进行犯罪活动的或者在共同犯罪中起主要作用的，是主犯。

三人以上为共同实施犯罪而组成的较为固定的犯罪组织，是犯罪集团。

对组织、领导犯罪集团的首要分子，按照集团所犯的全部罪行处罚。

对于第三款规定以外的主犯，应当按照其所参与的或者组织、指挥的全部犯罪处罚。

第二十七条　在共同犯罪中起次要或者辅助作用的，是从犯。

对于从犯，应当从轻、减轻处罚或者免除处罚。

第三十条 公司、企业、事业单位、机关、团体实施的危害社会的行为，法律规定为单位犯罪的，应当负刑事责任。

第六十一条 对于犯罪分子决定刑罚的时候，应当根据犯罪的事实、犯罪的性质、情节和对于社会的危害程度，依照本法的有关规定判处。

第六十七条 犯罪以后自动投案，如实供述自己的罪行的，是自首。对于自首的犯罪分子，可以从轻或者减轻处罚。其中，犯罪较轻的，可以免除处罚。

被采取强制措施的犯罪嫌疑人、被告人和正在服刑的罪犯，如实供述司法机关还未掌握的本人其他罪行的，以自首论。

第七十二条 对于被判处拘役、三年以下有期徒刑的犯罪分子，根据犯罪分子的犯罪情节和悔罪表现，适用缓刑确实不致再危害社会的，可以宣告缓刑。

被宣告缓刑的犯罪分子，如果被判处附加刑，附加刑仍须执行。

第七十三条 拘役的缓刑考验期限为原判刑期以上一年以下，但是不能少于二个月。

有期徒刑的缓刑考验期限为原判刑期以上五年以下，但是不能少于一年。

缓刑考验期限，从判决确定之日起计算。

第七十六条 被宣告缓刑的犯罪分子，在缓刑考验期限内，由公安机关考察，所在单位或者基层组织予以配合，如果没有本法第七十七条规定的情形，缓刑考验期满，原判的刑罚就不再执行，并公开予以宣告。

第二百零五条 虚开增值税专用发票或者虚开用于骗取出口退税、抵扣税款的其他发票的，处三年以下有期徒刑或者拘役，并处二万元以上二十万元以下罚金；虚开的税款数额较大或者有其他严重情节的，处三年以上十年以下有期徒刑，并处五万元以上五十万元以下罚金；虚开的税款数额巨大或者有其他特别严重情节的，处十年以上有期徒刑或者无期徒刑，并处五万元以上五十万元以下罚金或者没收财产。

有前款行为骗取国家税款，数额特别巨大，情节特别严重，给国家利益造成特别重大损失的，处无期徒刑或者死刑，并处没收财产。

单位犯本条规定之罪的，对单位判处罚金，并对其直接负责的主管人员和其他直接责任人员，处三年以下有期徒刑或者拘役；虚开的税款数额较大或者有其他严重情节的，处三年以上十年以下有期徒刑；虚开的税款数额巨大或者有其他特别严重情节的，处十年以上有期徒刑或者无期徒刑。

虚开增值税专用发票或者虚开用于骗取出口退税、抵扣税款的其他发票，是指有为他人虚开、为自己虚开、让他人为自己虚开、介绍他人虚开行为之一的。

【评析】

本案是一件因虚开增值税专用发票而引起的刑事案件。抗诉机关对原审法院深圳中院作出的一审判决不服，以原审判决认定犯罪嫌疑人沈小红自首以及犯罪嫌疑人李永达是从犯的理据不足为由，向广东省高级人民法院提出抗诉。该裁定在查明其他相关事实的基础上，紧紧围绕抗诉的两个争议焦点查明事实，充分说理。就沈小红是否构成自首而言，裁定从沈小红在尚未受到讯问和未被采取强制措施前主动交代其单位及本人罪行、不存在弃保潜逃行为、虚开增值税专用发票有真实贸易背景、主动补交税款挽回损失四个方面，澄清事实，适用法律，得出沈小红构成自首的结论。就李永达是否构成从犯而言，裁定依据其对单位虚开、入账、抵扣的具体行为并不知情，只是纵容了其单位的绝大部分虚开增值税专用发票犯罪，公司的日常业务均由沈小红负责这些基本事实，并结合证人证言相互印证，得出李永达犯罪情节应比沈小红轻、构成单位犯罪中的从犯的结论，非常扎实。最终驳回抗诉，维持原判。综上，该裁定重点突出，说理透彻，结构完整，语言流畅，制作质量较高，被评为2010年全省法院优秀裁判文书。

●苟建安等犯抢劫罪、故意杀人罪一案刑事裁定书

广东省高级人民法院

刑事裁定书

（2009）粤高法刑一终字第6号

原公诉机关广东省珠海市人民检察院。

上诉人（原审被告人）苟建安，男，1987年6月22日出生，汉族，四川省剑阁县人，文化程度小学，农民，户籍所在地四川省剑阁县白龙镇三湾村3组55号。因本案于2008年1月14日被刑事拘留，同年2月20日被逮捕。现押于广东省珠海市第二看守所。

辩护人陈晓宇，广东德赛律师事务所律师。

原审被告人刘昌朝，化名刘福运，男，1987年6月25日出生，汉族，湖北省郧西县人，文化程度初中，农民，户籍所在地湖北省郧西县店子镇二龙山村2组10号。因本案于2008年1月14日被刑事拘留，同年2月20日被逮捕。现押于广东省珠海市第二看守所。

广东省珠海市中级人民法院审理广东省珠海市人民检察院指控原审被告人苟建安、刘昌朝犯抢劫罪、故意杀人罪，原审附带民事诉讼原告人尹祝明、张湖娣提起附带民事诉讼一案，于2008年11月20日作出（2008）珠中法刑初字第131号刑事附带民事判决。宣判后，原审被告人苟建安对刑事部分判决不服，提出上诉。本案附带民事部分判决已生效。本院受理后，依法组成合议庭，于2009年4月28日在广东省珠海市中级人民法院公开开庭审理了本案。广东省人民检察院指派代理检察员张争年、肖可明出庭履行职务。上诉人苟建安及其辩护人陈晓宇、原审被告人刘昌朝等到庭参加诉讼。现已审理终结。

原判认定，2007年12月，被告人苟建安、刘昌朝密谋对同住在珠海市拱北桂花苑B栋紫光阁的女性进行抢劫，并商定得手后将抢劫对象杀害灭口。为此，苟建安、刘昌朝事先准备了作案工具，并对该栋楼进行了踩点，确定在15楼的空置房内实施抢劫。12月7日上午10时许，在桂花苑B栋紫光阁楼下物色抢劫对象的苟建安、刘昌朝见被害人刘招秀单独进入该楼内，即尾随刘招秀进入电梯，将刘招秀胁迫到15楼的一空置房内用鞋带捆绑刘招秀的手脚，用封口胶封住刘招秀的嘴巴，进行抢劫，两人共抢得现金1 000多元及手机、建设银行卡等物品一批。在威逼刘招秀讲出银行卡密码后，按照事先商定，两人采用苟建安提议的方式一起使用胶袋套住刘招秀的头部致使刘窒息

死亡。

后苟建安、刘昌朝对刘招秀的尸体进行肢解后装进旅行箱运至金鼎永丰锦石村旁沿海高速公路一排水渠处焚烧以毁尸灭迹。苟建安、刘昌朝还到中珠大厦楼下银行柜员机处，由苟建安使用刘招秀的建设银行卡取得人民币500元。

原判认定以上事实，有证人证言、现场勘查笔录、相关书证、物证、鉴定结论及被告人供述等证据。

原判认为，被告人苟建安、刘昌朝的行为均已构成抢劫罪、故意杀人罪。二人作案手段极其残忍，后果极其严重，且作案方式隐蔽，具有极大的社会危害性和人身危险性，论罪均应判处死刑。二人均积极、直接实施犯罪行为，在共同犯罪中无主、从犯之分，但在犯罪过程中，抢劫的起因之一是苟建安欠女友的钱而被催促还钱，是苟建安提议采用胶袋套头使被害人窒息死亡的杀人方式、选择焚尸地点并联系老乡运尸，负责保管、支配抢得的财产，其所起的作用相对大于刘昌朝，故对其判处死刑立即执行，而对刘昌朝则判处死刑可不立即执行。依照《中华人民共和国刑法》第二百三十二条、第二百六十三条、第六十九条、第四十八条第一款、第五十七条第一款、第六十四条之规定，判决如下：

（一）被告人苟建安犯故意杀人罪，判处死刑，剥夺政治权利终身；犯抢劫罪，判处有期徒刑五年，并处罚金人民币五千元。数罪并罚，决定执行死刑，剥夺政治权利终身，并处罚金人民币五千元。

（二）被告人刘昌朝犯故意杀人罪，判处死刑，缓期二年执行，剥夺政治权利终身；犯抢劫罪，判处有期徒刑五年，并处罚金人民币五千元。数罪并罚，决定执行死刑，缓期二年执行，剥夺政治权利终身，并处罚金人民币五千元。

（三）查获的赃款赃物包括玉兔一只、银戒指一枚、吊坠一只、18K镶金钻戒一枚及人民币138元，发还被害人刘招秀的家属尹祝明、张湖娣，供犯罪所用的弹簧刀一把予以没收。

苟建安上诉提出：1. 刘昌朝在本案中所起的作用比我大。因为犯意是刘昌朝先提出的，我是在刘要求下与刘一起实施犯罪的。被害人是被刘昌朝胁迫到15楼空置房间的，且致被害人死亡的塑胶袋也是刘找来并套在被害人头部的，提议分尸运走的也是刘昌朝。2. 我的认罪态度比刘昌朝好。刘昌朝在原审庭审中当庭翻供，推卸责任，拒不认罪，而我则如实交代犯罪事实。原审判决认定的事实不清，量刑过重，请求二审法院给予公正的判决。

其辩护人提出以下辩护意见：1. 苟建安的主观恶性比刘昌朝轻。因为刘昌朝与其姐姐住在作案地点紫光阁，所以作案地点的选择、杀人灭口、转移尸体等行为均与刘昌朝有很大的关联性，并且刘昌朝还找来了套在被害人头部的塑料袋。2. 刘昌朝认罪态度不好，在一审过程中翻供，拒不认罪；而苟建安的认罪态度较好，且是初犯。3. 本案二被告人共同策划、实施犯罪，地位平等，无主次之分，二人对被害人死亡的后果应承担相同的罪责。因此，请求二审法院对苟建安予以改判。

出庭检察员提出如下出庭意见：苟建安的供述与刘昌朝的供述及其他证据相互吻合、相互印证，原判认定犯罪事实清楚，证据确实、充分，量刑适当，审判程序合法，建议二审法院驳回上诉，维持原判的量刑，但对于本案的定罪则请二审法院慎重考虑。

经审理查明，上诉人苟建安与原审被告人刘昌朝共同暂住在刘昌朝姐姐租住的珠海市拱北桂花苑B栋紫光阁1108房。2007年12月，苟建安、刘昌朝密谋对住在紫光阁的女性进行抢劫，并商定得手后将抢劫对象杀害灭口。为此，苟建安、刘昌朝事先准备了刀具、封口胶、鞋带等作案工具，并对紫光阁进行了踩点，确定在15楼的空置房内实施抢劫。12月7日上午10时许，在紫光阁楼下物色抢劫对象的苟建安、刘昌朝见被害人刘招秀单独进入紫光阁，即尾随刘招秀一起进入电梯，在电梯内持刀胁迫刘招秀至15楼一空置房内，之后，两人用鞋带捆绑刘招秀的手脚，用封口胶封住刘招秀的眼睛、嘴巴。苟建安、刘昌朝从刘招秀身上及手提包内搜得现金人民币1000多元、滑盖式索爱牌手机一部、项链两条、18K镶金钻石戒指一枚、钻石吊坠一个、银戒指一枚、玉兔饰物一个（上述物品经鉴定共值人民币2360元）、建设银行卡一张等物。苟建安、刘昌朝威逼刘招秀说出银行卡密码后，按照事先商定，采用苟建安提议的方式一起使用胶袋套住刘招秀的头部致刘窒息死亡。

苟建安、刘昌朝离开紫光阁后商定将刘招秀的尸体肢解运走，两人购买了旅行箱、垃圾袋返回作案现场，一起用刀肢解刘招秀的尸体装入旅行箱中。8日凌晨，苟建安、刘昌朝到中珠大厦楼下银行柜员机处，由苟建安使用刘招秀的建设银行卡取得人民币500元。当日上午，苟建安、刘昌朝将装有尸块的旅行箱运至金鼎，存放于苟建安的老乡丁贵强处。苟建安又联系老乡母朝东于当晚将其与刘昌朝及装有尸块的旅行箱搭载至金鼎永丰锦石村附近沿海高速公路旁，苟建安与刘昌朝将旅行箱藏匿在该高速公路旁一排水渠处，期间，苟建安还购买了汽油。9日凌晨，苟建安、刘昌朝到该排水渠处焚烧尸体以毁尸灭迹。

苟建安、刘昌朝作案后，去到中山市大涌市场一首饰加工店出售刘招秀的部分物品——项链一条（带有心形吊坠）及一枚18K镶金钻石戒指。该条项链的吊坠被店主拆下来留在店里，而项链则被店主转卖给他人，无法找到。该枚18K镶金钻石戒指被店主老婆转卖给中山市石岐福泰珠宝金行。2008年1月14日16时许，苟建安在珠海市拱北北岭珠江花园2栋2单元501室被抓获，刘昌朝在珠海市吉大白莲洞门口被抓获。根据苟建安、刘昌朝的供述，公安人员在苟建安身上缴获刘招秀的银戒指一枚，在刘昌朝姐姐新租住的珠海市拱北侨岭街16号305房3号缴获苟建安、刘昌朝存放于该处的刘招秀的饰品小玉兔一只，在中山市大涌市场首饰加工店及石岐福泰珠宝金行分别缴获刘招秀的心形吊坠一个及18K镶金钻石戒指一枚，在珠海市金鼎镇永丰村养猪场门前的鱼塘缴获作案工具银白色折叠弹簧刀一把。

以上事实，有经原审庭审举证、质证的下列证据证实：

1. 广东省珠海市公安局高新分局珠公高（刑）勘［2008］26-1号现场勘验检查笔录及照片，证实在珠海市高新区金鼎镇永丰锦石村珠海奥晴打印机配件制造有限公司西北面休息区发现一烧灼痕迹明显的头颅和4块骨块；在北侧山丘发现5块骨块；在西部沿海高速公路树有“京珠高速公路下栅出口2KM”公路指示牌处高速公路的北侧排洪渠发现焚尸现场，焚尸处位于排水沟与排洪渠的交汇点，此交汇点有明显的烧蚀痕迹。在该处发现1块被烧焦的躯体残骸和3块骨块，1个烧焦的胸罩，2个长51厘米、宽34厘米的矩形铁框。在焚尸处中心位置发现1个焚烧残缺的旅行箱拉杆和1个长49厘米、宽36厘米的矩形铁框，在焚尸处散落9枚烟头，还发现1个长59厘米、宽40厘米的矩形铁框，2个长61厘米、宽39厘米的矩形铁框和1个长49厘米、宽36厘米的矩形铁框。正对焚尸处北侧的铁丝防护栏有一段卷曲变形。已提取上述头颅、骨块、尸块。

该现场排水沟经上诉人苟建安及原审被告人刘昌朝辨认，确认是其二人焚尸的地方。

2. 广东省珠海市公安局高新分局珠公高（刑）勘［2008］26－2号现场勘验检查笔录及照片，证实焚尸案杀人分尸现场位于珠海市拱北桂花苑紫光阁B座1502房，该房为毛坯空置房，在走廊最南端空房西北墙角地面有松散沙土，去除表面沙土后，发现两处可疑斑迹并提取。

该现场经上诉人苟建安及原审被告人刘昌朝辨认，确认是其二人于2007年12月7日抢劫杀害一女子，并对其尸体进行肢解的地方。

3. 广东省珠海市公安局珠公高刑技法尸鉴定字［2008］6号法医学尸体检验鉴定书，证实：（1）根据尸体检验所见，死者被分尸且被焚烧，软组织及内脏器官大部分缺失，无条件确定死者死因；（2）根据死者颅骨及耻骨联合部形态特征推断死者为女性；（3）根据死者牙齿磨耗及耻骨联合面特征推断死者年龄为20岁；（4）根据死者颅骨最大围和右侧股骨最大长综合推断死者身高约为158厘米。

4. 广东省珠海市公安局出具的珠公刑技法物鉴字［2008］17号法医学物证检验鉴定书，证实：（1）1月9日在珠海奥晴打印机配件制造有限公司大门西北面发现的头颅、1月10日至13日在珠海奥晴打印机配件制造有限公司北侧果园陆续提取的五块长骨碎片、沿海高速公路一条排洪渠内被烧焦的人类躯体上组织及长骨为同一女性所留的可能性均大于99.999%；不排除该女性为张湖娣之女刘招秀。（2）拱北桂花苑紫光阁B座1502房内地面沙土上两份可疑斑迹均检出为人血，为上述女性所留的可能性均大于99.999%。

5. 证人何长江（又叫何涛）的证言，证实2007年12月底一天凌晨3时许，他在中山石岐朋友家上网时，苟建安通过QQ与他聊天，说在珠海出事了，苟提了一下杀人的事，具体经过没说，只说等他到珠海才说。过几天他到珠海找苟建安，苟建安介绍刘福运（即刘昌朝）给他认识。苟建安与刘昌朝住在拱北伙工殿对面3楼刘昌朝姐姐刘芳处，他也住在该处。在珠海玩了几天后，苟建安才说与刘昌朝一起抢劫了一名女子财物并杀死该女子，然后运尸到金鼎烧了。刘昌朝也对他说了一下，并叫他不要乱对别人说。之后苟建安拿出一部白色索爱滑盖式手机和一条项链、一枚戒指给他看，对他说这些物品都是与刘昌朝抢劫杀害那名女子的物品。他戴着那项链出去玩了一天，后还给苟建安，那戒指一直由苟建安戴着。2008年1月初，那部手机被他和苟建安、刘昌朝一起卖到拱北市场二手手机市场，得款1450元，随后三人把钱花了。他听苟建安说过之前已卖过一条项链和一枚戒指，得款200多元。

2008年1月初一天晚上20时许，他和苟建安、刘昌朝在吉大一花坛路边，由他动手抢了一名女子的挂包，内有现金200元。过了一两天，他们三人在刘芳家商量绑架一女房东，由刘昌朝用电话约女房东出来说要租房，引诱她入房后对她实施捆绑，然后用刀逼她讲出银行卡之类的密码，去银行拿钱，得手后杀人，但最后没有实施。

经辨认，何长江分别指认了苟建安、刘昌朝，此二人曾讲过抢劫杀害一名女子，并与其一起实施一宗抢夺案。

6. 证人范珊珊（又叫范海莉）的证言，证实2007年12月初一个晚上，苟建安打电话约她到金鼎市场百和超市门口。她在那儿见到苟建安和一名男子在一起，苟建安和那男子带她到金鼎工业区一家旅馆里开了间房。开房后那男子在旅馆里睡觉，她和苟建安外出散步。苟建安对她说杀了人，尸体已经装在两个箱子里运到金鼎，放在一个地方藏起来，她不相信。苟建安又对她说已经买了汽油回来准备当晚把尸体拿出来用汽油淋上去焚尸，她还是不相信。她开玩笑说“你不怕我报警?”苟建安就要拿她手机，她不给，苟建安就带她回旅馆。苟建安拿了一张身份证给她看，是一名女孩子的，她记得身份证上写的是 1987 年出生。苟建安还拿了一条白色的项链和一个白色的戒指给她看，她就相信了。苟建安说要把这些东西给她，她因为害怕没有要。她与苟建安及那男子在旅馆里睡觉，她和苟建安睡在一起，苟建安说手机没电了，把她手机拿走，说怕她报警。晚上 3 点多钟，苟建安就叫醒了那男子，出门时把她手机拿走还把房间门反锁了。当时她问苟建安要去做什么，苟建安说要去借老乡赵伟田的摩托车用。二人出去后到天亮 7 时许才回来，中午 12 时许苟建安和那男子起来后走了，她也离开了。

苟建安是 2007 年三四月份到珠海的，5 月份她与苟建安确立男女朋友关系。由于苟建安一直不安心工作，而且在她卡上拿了 6000 多元，她于 11 月份与苟建安分手，她在分手时和在 11 月 16 日都要苟建安还钱。

经辨认，范珊珊指认了 2007 年 12 月初打电话约其在金鼎百和超市门口见面的苟建安，刘昌朝是当时与苟建安在一起的不知名男子。

7. 证人母朝东的证言，证实他的电话号码是 13543091361。2007 年 12 月 8 日晚 18 时许，他骑摩托车经过永丰工业区时，朋友“安儿”（即苟建安）叫他并向他借车，他不同意，苟建安说帮忙拉点东西出去。他买菜回家做饭，饭还没有做好，苟建安就打他电话问他有没有时间，他说饭没做好等一下。吃过饭后苟建安又打他的电话（显示的号码是 13726216749），他问苟在哪里，苟建安说了地点，这个地点是他以前朋友住的地方。于是他驾驶摩托车到那里，见到苟建安和另一男子，院子里有两个布质行李箱。二人见到他后就一人拿一个箱上摩托车，他当时感觉箱很重，他问箱里是什么东西，苟建安没有说。他将二人载出土路后，苟建安说去市场买点东西，他拉着苟建安去金鼎市场买东西，另一男子就看行李箱。苟建安在市场买了一个胶壶后说去油站，到官塘村对面的加油站加了 25 元左右的汽油，又叫他回刚才的土路。此时朋友赵伟田打电话问他在哪里玩，他说帮朋友拉点东西，刚好拉不了，叫赵过来帮忙。几分钟后赵伟田到了，苟建安就坐赵的摩托车，另一男子坐他的车，一人拿一行李箱。他跟着赵伟田一路经永丰村委过涵洞走二线公路往下栅方向走，经过锦石村涵洞没多久，苟建安叫停下，下车后他与赵伟田回到金鼎。约半个小时后，苟建安打电话叫他去接，他没去。过了一个小时左右，苟建安二人在永丰工业区又要借他和赵伟田的摩托车，他没有借，苟建安二人便不知去了哪里。之后他与苟建安还联系过三次。第一次苟建安用 13727031876 的电话打给他。第二次是他打苟建安 13727031876 这个电话一直没有人听，然后他就发信息叫对方回电话，很快苟建安就回复了。第三次是苟建安用 15919170028 这个电话打给他，他对苟建安说了金鼎锦石村发现人头的事，苟建安就问他除了发现人头，还发现什么没有。他在帮苟建安送行李的那个晚上，由于他手机没有电，苟建安借一台白色 Lenovo 推盖手机给他用，现在都还在使用。

经辨认照片，母朝东认出苟建安即 2007 年 12 月份其和赵伟田用摩托车载到永丰锦石村的“安儿”，刘昌朝即其和赵伟田用摩托车载到永丰锦石村的另一不知名男子。

8. 证人赵伟田的证言，证实 2007 年 12 月 8 或 9 日晚，他打电话问母朝东在哪玩，母朝东说在永丰工业区泥路往永丰锦石村方向的路边。他找到母朝东，母朝东骑一辆男式摩托车，旁边有两名男子，还有两个旅行袋放在地上，有一个像装酒的白色塑料壶。两名男子中他认识“安儿”（苟建安），另一个不认识。母朝东叫他帮忙送一下苟建安到锦石村，他同意了。苟建安提了个旅行袋放在他的女式摩托车前斗，一手提塑料壶坐上他的车，另一男子抱着一个箱坐母朝东的摩托车，他在前面，母朝东跟在后面。开到锦石水库外的二线公路边，他的摩托车快没油了，他就停下来问苟建安要到哪里，车快没油了。苟建安下车对母朝东说“你们把我们送到偏僻的地方”，他说前面锦石村就够偏僻，随便找个地方，太远他的车去不了。他们没有说话，他就往前开了一段路将苟建安二人放下，他和母朝东掉头回永丰工业区看别人打麻将。过了不知多久，母朝东叫他出去，他见到苟建安在门口，另一男子站在台阶下，二人都空着手。苟建安向他和母朝东借车，他与母朝东都没有借车，后来苟建安二人走了。前几天他听说锦石村发现死人头颅，他联想起送苟建安的事，怕是苟建安干的，就向公安机关反映此事。

经辨认照片，赵伟田认出苟建安即2007年12月份其和母朝东用摩托车载到永丰锦石村的“安儿”，刘昌朝即其和母朝东用摩托车载到永丰锦石村的另一不知名男子。

9. 证人王会兰的证言，证实2007年12月初的星期六中午11时30分，两名男子到永丰阳春埔村59号房找她的远房亲戚丁贵强，但丁贵强不在。其中一人说是丁贵强的亲戚，是四川的。她说丁贵强已回家，对方说要放点东西在丁贵强曾住过的那房子里，很快回来拿。她见只是放东西，就拿钥匙开门给二人进去放东西。二人放了一个暗红色带滑轮的旅行箱和一个黑色旅行袋在丁贵强睡觉的床底下。当晚20时许，二人回来拿东西走了。

经辨认照片，王会兰认出苟建安、刘昌朝即2007年12月初拿旅行箱及旅行袋在丁贵强曾住过的房子存放的男子。

10. 证人左秀琴的证言，证实永丰阳春埔村59号房是她舅舅租下来的，她的远房表哥丁贵强曾住过该房，但已回四川剑阁。她听她妈妈说2007年12月初星期六的中午11时至12时，有两名男子来找丁贵强。因那两名男子也是老乡，只说要放点东西，她妈妈就拿钥匙开门给那两名男子放东西。她当时在阳春埔71号房，她去到59号房时，那两名男子已走，只见到有两个行李箱，其中一个是红色带轮子的，另一个则没有看清楚。当晚20时许，她妹妹对她说那两名男子来拿东西离开了。

11. 证人刘昌辉的证言，证实桂花苑B栋紫光阁1108房是她在2007年4月份租下来的，她与男友许方伟、弟弟刘昌朝和苟建安居住。2007年12月8日凌晨4时许她和男友回住处时，刘昌朝和苟建安在客厅看电视，下午16时醒来没有见到刘昌朝和苟建安，晚上未见二人回来睡觉，到9日二人才回来帮忙搬家。9日下午16时许她从该处搬到拱北侨岭街16号305房3号出租屋，是她与男友、刘昌朝和苟建安一起搬的家，男友住几天后就回老家了。搬到拱北侨岭街16号305房3号出租屋不到一个月，苟建安的老乡何长江也过来居住。证人刘昌辉提供的出租合同及收据，证实2007年12月9日许方伟向赵会琴承租侨岭街16号2单元305－3号。

经辨认照片，证人刘昌辉认出她弟弟刘昌朝、苟建安和何长江，上述人员曾居住在其房子。

12. 证人邱华勇的证言，证实2008年1月9日12时5分许，他在工厂旁水泥地见到一个人骨头，厂里小狗在玩那骨头。那是一颗被烧过的头颅，还带一些头发，发出阵阵臭味。他告诉同事金华启，金华启看了便报警。

13. 证人金华启的证言，证实2008年1月9日12时许，他听邱华勇说在厂门左侧水泥地发现一个类似人头骨的东西，他去看果然是一颗被烧过的头颅，只剩下整个头骨，还带有一些头发，发出阵阵臭味，他便报警。

14. 证人刘瑜的证言，证实她和刘招秀很要好，比较清楚刘招秀的一些物品。2007年12月7日凌晨3时许，她和刘招秀下班后去按摩，10时许在拱北医院路口分手各自回家。当晚19时她回咖啡吧上班，刘招秀没来，打其手机一直关机。她到刘招秀住处桂花苑B栋22楼找房东打开刘招秀房门，房内没人且整整齐齐，刘招秀并没有回房间，她便陪刘招秀亲人到派出所报案。7日那天刘招秀拿一女式挂包，手上有一枚钻戒，脖子上有一条项链，手机是索爱滑盖式（面是白色，键盘是橙色的），系一个小玉兔。刘招秀有两条项链，一条吊坠是心形，另一条吊坠是小天使；还有两枚戒指，一枚是钻戒，一枚是银的；身上有银行卡，其中一张是老板娘给刘招秀用来支付日常费用的。

经辨认照片，刘瑜认出刘招秀。

15. 证人刘玉娟的证言，证实刘招秀是咖啡吧店长，2007年12月7日晚没有回来上班。她听刘瑜说当日与刘招秀去按摩到中午，刘瑜送刘招秀回桂花苑小区门口后就没有见过刘招秀。她到刘招秀住处桂花苑B栋紫光阁2204房2号房找，但门一直关着，手机也一直关机，后她和刘瑜就到派出所反映情况，之后刘瑜又和刘招秀亲人到派出所报失踪。刘招秀平时使用一部白色索爱滑盖手机，推开后数字键是橙黄色的，手机上挂着一只小玉兔。刘招秀手上戴一枚方形钻戒，有两条白金项链，有一条吊坠是螺旋心形，另一条吊坠有一小天使人像。她6日晚最后见刘招秀时，刘招秀戴在脖子上的项链是螺旋心形吊坠。因刘招秀是店长，老板开张银行卡规定每日营业额存入该卡，该卡刘招秀平时都要带着。

经辨认照片，刘玉娟认出刘招秀。

16. 证人刘传英的证言，证实刘招秀是金来登咖啡吧的店长，2007年12月7日失踪。咖啡吧的另一股东俞群曾将咖啡吧交给刘招秀管理一段时间，给刘招秀一张银行卡用来交铺租和发工资。10月10日她找刘招秀接手管理咖啡吧时，刘招秀告诉她说卡里只剩下500元，懒得去取，自己垫了500元现金连同营业款交给她，卡便由刘招秀自己拿着。

经辨认照片，刘传英认出刘招秀就是金来登咖啡吧的店长。

17. 证人冯宝仪的证言，证实桂花苑2204房隔成6间房出租，2号房是一个在莲花路步行街吧台上班的女孩子和男朋友在2006年7月5日向她租的。2007年12月8日，女孩子的两个女同事找到她说女孩子不见了，要她帮忙打开房门看一看，她没开。第二天晚上，管理处保安告诉她公安局的人叫锁王把门打开了。

经辨认照片，冯宝仪认出刘招秀就是租住在桂花苑2204房2号房的女孩子。

18. 证人陈纬（刘招秀男友）的证言，证实2006年7月他与刘招秀租住在拱北桂花苑B栋紫光阁2204房的2号出租房，当时与房东冯宝仪签了租房协议，该房一般是刘招秀住。

经辨认照片，陈纬认出刘招秀。

19. 租房协议书，证实陈纬向冯宝仪承租拱北桂花苑B栋2204－2号房。

20. 证人谢文开的证言，证实他经营一间位于中山市大涌市场华泰路200号的首饰加工店。2007 年 12 月中旬的一天 10 时许，两名男子拿一条项链和一枚戒指到店里卖，他以 270 元买下。他将项链卖给路过他首饰加工店的一名女子，项链的吊坠还在他住处，吊坠中间有一块很小的玻璃，他可以退出来。戒指拿给老婆林金兰卖掉，得款 850 元。当时那两名男子还拿出一条银项链，但嫌他出价太低没卖给他。

经辨认照片，谢文开认出苟建安、刘昌朝就是 2007 年 12 月中旬早上拿项链和戒指过来卖的人。

21. 证人林金兰的证言，证实 2007 年 12 月底，她丈夫谢文开送她一个 18K 戒指，戒指上镶着一块四方形钻石。谢文开说有两名男子拿一条项链和一枚戒指来店里，用人民币 270 元收回来的。2008 年 1 月她带小孩到石岐医院看病，因身上现金不够就把戒指卖给中山市福泰珠宝金行，卖得 850 元。

22. 证人黄润超的证言，证实 2008 年 1 月曾有一女子抱着小孩到他的店里，称小孩有病急需要现金，之后拿出一枚钻戒以 850 元卖给他的店，那枚戒指是 18K 镶钻的戒指。这枚戒指在珠宝店里保存着，可以提供给公安机关。

23. 广东省中山市福泰珠宝金行有限公司出具的书面凭证，证实该公司以 850 元收购 18K 镶钻戒指的事实，证人黄润超确认该收据为 2008 年 1 月 9 日收到一枚钻戒的凭证。

24. 证人张玉梅的证言，证实她经营吉大新潮流饰品店，她的店曾出售白色不锈钢刀把的弹簧刀，有两个经常到她店内买日用品的男子买了这种弹簧刀。

经辨认照片，张玉梅认出苟建安、刘昌朝曾到新潮流饰品店买弹簧刀。

该店经上诉人苟建安及原审被告人刘昌朝辨认，确认是其二人买刀的地方。

25. 证人刘炳宣的证言，证实他在夏湾市场一楼经营贤兴杂货店，该店有销售红色、白色和黑色的塑料袋。

该店经上诉人苟建安及原审被告人刘昌朝辨认，确认是其二人购买垃圾袋的地方。

26. 证人刁光辉的证言，证实他在夏湾灯光夜市二楼经营宜飞商店，该店有销售各种型号的行李箱。

该店经上诉人苟建安及原审被告人刘昌朝辨认，确认是其二人购买行李箱的地方。

27. 证人陈亚国的证言，证实他在金鼎市场 1 号铺开杂货店，有销售塑料桶。

该店经上诉人苟建安辨认，确认是其购买胶壶的地方。

28. 证人胡中文的证言，证实金鼎冠德加油站地处农村，很多村民都是拿桶过来加油的。

该加油站经上诉人苟建安辨认，确认是其买汽油的地方。

29. 证人黄俊炎的证言，证实他在拱北市场世普手机市场 C1 商铺工作，该商铺主要经营销售手机，有时会回收一些二手手机。

该店经上诉人苟建安及原审被告人刘昌朝辨认，确认是其二人与何长江把抢劫杀害的女子的手机卖掉的地方。

30. 原审被告人刘昌朝在侦查阶段对其伙同上诉人苟建安抢劫并杀害被害人刘招秀的事实供认不讳，并对刘招秀的生活照进行了辨认，确认刘是其与苟建安抢劫杀害的女子。

刘昌朝供称，他从 2007 年 9 月份没工作，一直住在赵勇剑处。11 月份苟建安找赵勇剑时他与苟建安相识。他们三人曾预谋过抢私家车并杀了车主，各自准备了一把刀，他和苟建安各准备了一把折叠式弹簧刀。后他和苟建安一起离开赵勇剑，准备一起做笔小的，就搬到他姐姐在桂花苑B栋1108房的家里住，一直没有机会。苟建安看上了他姐姐这栋楼，他没同意。2007年12月5日8时许，他和苟建安在回他姐姐住处的路上，苟建安说欠女朋友5 000多元，女朋友催还钱，赶紧做一笔，他也没钱用，所以同意了，最后定下就在桂花苑做。他说不想让他姐姐知道，因为他也住在桂花苑，怕抢了后被被害人认出来，苟建安就说抢的时候把被害人杀了就认不出来了。于是二人商量好只要动手抢了，不管对方是否认得出都要把人杀了，然后再把尸体运走。次日他和苟建安一起去踩点，在紫光阁的7楼开始走楼梯走到15楼，发现12、14、15这三层楼是没人居住的，他和苟建安商量后决定在15楼实施抢劫杀人。

2007年12月7日上午10时许，他和苟建安在拱北桂花苑B栋紫光阁门口物色抢劫对象，他携带一把刀和两条鞋带，苟建安带了一把刀，他还给苟建安一卷透明胶。过了一会有一约20岁、身高1.56米、穿灰黑色长袖衫和浅白带蓝色裤子的长发女子进入紫光阁B栋，他和苟建安尾随该女子进入电梯。当时那女子按了22或23楼，苟建安按了15楼。到15楼他和苟建安交换了一下眼神，他用右手持刀顶住那女的咽喉，用左手捂住那女的嘴，苟建安也在他拿出刀的同时右手拿刀顶那女的胸前，左手抓住那女的手，那女的不敢动不敢叫，此时电梯已经自动关上门，苟建安就按了18楼。到18楼他们胁持那女的从电梯里走出来，走楼梯到15楼他和苟建安事先商量好的那毛坯房里，是出电梯口右拐再右转一直到底的一间房，内有一个洗手间。他们让那女的蹲下，苟建安从他身上拿了两条鞋带把那女的手和脚分别绑起来，他和苟建安用透明胶封住那女的嘴巴和眼睛。苟建安把那女的灰色挂包打开，搜出现金人民币800多元、钱包内200多元、一条银项链、一张银联卡、一部滑盖式索爱手机、一张“梦幻造型”发廊的会员卡、一张刘招秀的身份证和一些酒吧清单。苟建安从那女的脖子上取下一条串有银戒指的银项链，共有两枚戒指。他们问那女的身上还有什么财物，由于透明胶封嘴不太紧，那女的还可以小声说话，说没有其他财物。他们问银联卡的密码，那女的说密码就记录在手机上，苟建安按那女的提示在手机上找出密码为“259259”，他说去查一下，苟建安说不用了。苟建安走到一边，他也跟过去。苟建安叫他找塑料袋来，他猜到苟建安想杀人灭口，因之前苟建安曾对他说过用袋子套上人的头部，让人呼吸不了空气就可以杀人，他不敢，苟建安还是叫他找塑料袋。他到门外另一间房找来一个黑色胶袋，苟建安说：“你不敢动，就两人一起动手。”于是他们每人拉着一边胶袋把那黑色胶袋套上那女的头部，一起用透明胶围着那女的脖子上缠住袋口。他们站在一旁看那女的情况，过一会那女的可能感到呼吸困难，便开始挣扎，搞破了一点胶袋，有点漏气。苟建安上去把胶袋按紧在那女的鼻和嘴之间，他则按住那女的双脚不让动，过了几分钟后那女的不动了。他问苟建安：“没动静了，要不要看一下?”苟建安说不用看了，只要胶袋还套在头上，哪怕昏迷以后还是会窒息而死的。二人合力把那女的抬到洗手间，横着把身体放在洗手间地上，用房内垃圾衣服盖在那女的身上，然后拿着财物到拱北凉粉桥附近的传奇网吧玩。

17时许，苟建安说怕那女的没死走去报警，要回现场确认那女的已死。二人回现场确认那女的已死了，便商量将尸体处理掉。他们到中珠大厦柜员机拿那女的银联卡取款，苟建安过去柜员机取款，他在附近站着，一会苟建安过来说该卡没钱，只取到500元。取完钱后，他们商定把尸体分成小块运走。二人到夏湾市场二楼一间卖行李箱及杂货的店买了一个红色黑边带滑轮行李箱，在楼下楼梯位置的一间杂货店买了一捆最大号的黑色垃圾袋。二人回到桂花苑B座紫光阁1108房他姐姐刘昌辉租住的房内把苟建安的一个黑色行李箱也拿出来，顺便拿走他姐姐的一个白色手提包。到现场后苟建安说想奸尸，让他望风，二人合力把尸体抬出洗手间后他在门口望风，因尸体已僵硬没奸成。他说不搞了，赶紧分尸运走，说完二人用弹簧刀把尸体分成六块分别放进垃圾袋再全部装进两个行李箱内，将死者衣服、挂包和其他物品装入他姐姐的挂包里，最后用地下灰土掩盖地下的血迹，拿着行李箱及挂包回到他姐姐的住处1108房。当时他姐姐不在家，二人把行李箱藏好，此时已是8日凌晨3时许，他姐姐和姐夫凌晨5时许回来。早上9时许，他趁姐姐还没醒，便和苟建安搬两箱东西及手提包到楼下。苟建安说要把两箱尸体带到金鼎老乡住处附近树林处理，便在桂花苑小区门口打的到唐家下车后坐面的到金鼎苟建安老乡住的那条小村，并找到老乡住处，但老乡不在住处已回老家，他们把行李箱都放在老乡住处后就到金鼎工业区玩桌球。中午12时许遇到苟建安的另一个老乡，苟建安叫老乡晚上帮忙用摩托车拉点东西，老乡同意并留了电话号码，之后二人就去苟建安姐姐家里吃饭。晚上20时许，苟建安联系老乡用摩托车把行李箱从村子里运出来，当时二人也坐着摩托车出来。摩托车开到工业区因路难走，很重走不了。老乡说再叫多一人开摩托来，苟建安便和老乡离开了，他留下看管行李箱。此时他见附近有人烧火，就把姐姐的挂包连同那女的衣服、包及一些物品在工业区一垃圾堆里烧毁了。过一会，苟建安和老乡开着摩托回来，并叫多一个老乡开摩托回来，苟建安还买了一壶汽油，用一个四方胶壶装着。他和苟建安分别拿着箱子乘两老乡的摩托，苟建安叫老乡把二人载到偏僻的地方，最后将二人送到一高速公路旁有铁丝网的地方。苟建安叫老乡停车放下他们，叫老乡先回去。二人在附近找到一条排水沟，将行李箱和汽油藏在水沟中，步行回金鼎工业区。之后苟建安联系女朋友在百和超市见面，在工业区附近旅店开了一间房，他在房里睡觉，苟建安和女友去散步。9日凌晨3时许，苟建安和女友回来叫醒他，他和苟建安去藏尸体地点准备焚尸。离开旅店时，苟建安反锁门把女友关起来并把女友手机收起来。苟建安说已将杀人和准备焚尸之事说给女友知道，怕女友报警而关住女友。二人离开旅店到高速公路附近的藏尸地点，将行李箱打开放在排水沟，倒出壶里一半汽油淋在尸块和行李箱上，用打火机点火进行焚尸，烧了将近半个多小时，二人将剩余汽油全倒在箱子和尸块上连同胶壶一起焚烧。二人步行离开焚尸现场回旅店睡觉，回到旅店时天已亮了，估计是7时许。他与苟建安在旅店睡到中午，后一起回拱北帮姐姐刘昌辉搬家。

抢得的索爱手机以1450元卖给拱北市场二手手机市场一男子，钱被他和苟建安、何涛（即何长江）一起花掉了。一条项链和一枚镶有方形像钻石东西的戒指以270元卖给中山大涌打金店，另一条项链被何长江拿走了，另一个戒指苟建安戴了，小玉兔在姐姐刘昌辉住处。银联卡、身份证由苟建安毁坏后扔掉了，其他物品都焚烧了。作案的两把刀在烧尸后扔到苟建安老乡住的那村子里一个鱼塘里，鞋带和透明胶在烧尸时连同尸块一起烧毁了。

刘昌朝还称，他和苟建安都住在他姐姐处，对环境比较熟悉，紫光阁进楼道的铁门锁他有钥匙，电梯是没有摄像头的，而该楼的14、15楼都没人居住，对二人实施抢劫杀人有很大的方便，所以就选择在桂花苑紫光阁作案。分尸是因为二人杀人后害怕被发现，想把尸体分解后方便运走，而选择到金鼎烧尸是苟建安说金鼎那有树林，比较偏僻，不容易被人发现。烧尸是因为觉得别人不容易认出死者。抢劫时用胶袋套头的杀人方法是苟建安说看电视看过的，电视上有这种杀人方法。他伙同苟建安抢劫的事情何长江知道，是苟建安当着他的面告诉何长江并说了二人杀人的经过和抢到的财物，苟建安还把抢来的手机和小玉兔拿给何长江看。

此外，2007 年 12 月 25 日，他与何长江、苟建安到吉大吉石路抢了一名单身女子的手提包，抢得 200 元。12 月底，何长江、苟建安向他提出以租房为名将桂花苑的房东骗出来，抢走财物逼事主讲出银行卡密码后把事主杀害，分尸焚毁，还准备了匕首、封口胶等工具。由于苟建安花钱太厉害，他想抢来的钱还不够苟建安花，他没有好处，所以放弃。他们还曾买过迷魂药准备作案，但药是假的。

经辨认照片，刘昌朝认出苟建安就是曾伙同其抢劫杀人的男子，并认出了何长江。

31. 上诉人苟建安对其与原审被告人刘昌朝抢劫并杀害被害人刘招秀的事实均予以供认，并对刘招秀的生活照进行了辨认，确认刘是其与刘昌朝抢劫杀害的女子。

对于抢劫的起因，苟建安除在他的亲笔供词中供认紫光阁的抢劫案是刘昌朝先提出的，而他也同意外，在其他的供述中苟建安均供认是他与原审被告人刘昌朝因经济困难，没有钱花，而为了解决经济困难，二人商定在暂住地紫光阁进行抢劫。他亦供认过由于赌博欠下不少赌债，而且女友又催他还钱，因此情急之下就想到抢劫杀人这种方法。他在亲笔供词中亦供认其因赌博欠债，而女友又催其还钱，在本案抢劫前就想过抢劫但没有实施成功。

苟建安供称，他在吉大银座酒店当保安时因赌博输了钱，经常从女友范海莉（即范珊珊）处借钱，花完了范珊珊妈妈放在范处的 5000 元。9 月中旬，范的妈妈要 2000 元回家，范让他还钱，他因嗜赌成性，输得一分钱也没有，便想走捷径挣钱。他的同事向他提起赵勇剑曾抢过私家车得了几万元，带他去见赵勇剑，刘昌朝也在，他便认识了刘昌朝。他们三人一起商量怎样抢私家车，怎样杀人灭口，他提出用塑料袋套在事主的头部，让事主窒息死亡，这是他从一部电视剧上看过的，刘和赵都同意。后来刘昌朝和赵勇剑闹矛盾，最后没实施。之后他一直跟随刘昌朝，刘昌朝的姐姐刘芳（即刘昌辉）租住在桂花苑 B 栋紫光阁 1108 房，他跟刘昌朝到该处暂住。因他们都没钱，见到该栋楼的女子可能有钱，加上刘昌辉快要搬家，他与刘昌朝为解决经济困难的问题，决定趁着刘昌辉搬家前在这栋楼抢一次后离开。（亲笔供词：刘昌朝对他说，刘昌辉一搬家，他们两人连住的地方都没有，他们必须马上做一次。由于他是第一次在拱北住，而且又在刘昌朝姐姐家吃住，所以他就听刘昌朝的，跟着他干。刘昌朝选定在刘昌辉租住的楼抢劫，他也同意了。）这栋楼是高层楼，每层楼都有很多间出租房子，光线比较昏暗，并且没有摄像头，管理也差，很适合实施抢劫。他们事先踩好点，案发前一两天走楼梯往上逐层看周围环境，决定在 15 层一间空置的房子实施抢劫杀人，因 15 层整个楼层都是空置房子，没有人租住且还未装修好。此次抢劫前二人商量过为不让人认出来，先抢后杀，因为二人也居住在这栋楼，怕被人知道。二人准备了两把折叠弹簧刀、两条鞋带、一卷透明胶。刀是在吉大凌波酒店附近一间日货店购买的，是刘昌朝告诉他买刀地方后他自己去买的，两把刀一模一样，鞋带和透明胶都是刘昌朝从刘昌辉住处拿来的。

2007 年 12 月 7 日上午 10 时许，他和刘昌朝在拱北桂花苑 B 栋紫光阁楼下物色抢劫对象。当时刘昌朝身上携带一把弹簧刀、两条鞋带和透明胶，他也带着和刘昌朝一样的刀。过一会，一名年约 20 岁、身高约 1.55 米的长发女子拿着一个挂包进入紫光阁并入了电梯，他们尾随进入电梯内。那女子按了22或23楼层键，电梯往上升到15楼时，刘昌朝和他开始动手。预谋是在15楼作案，但电梯已过，他按16楼时电梯也已过，只好按18楼。刘昌朝用刀顶着那女的脖子并用手捂嘴，他也把刀亮出来。到18楼他一手拦住电梯门，一手拿刀对着那女子，二人合力将那女子胁持从18楼楼梯一直走往15楼一间空置房子里，期间他已从那女子手中抢到一部索爱手机。在空置房子里，他从刘昌朝身上拿出鞋带将那女子的双手反绑，刘昌朝也用鞋带将那女子的双脚捆绑。他拿透明胶封住那女子的眼睛，刘昌朝也用透明胶封住那女子的嘴，当时那女子被他们绑住坐在地下。二人将那女子的挂包抢过来，从里面拿出一个钱包，内有现金人民币200多元、一张刘招秀的身份证（身份证上照片与那名女子长相相符）、建设银行卡、会员卡，并从包内搜出现金人民币800多元、一条项链、一个玉兔、一本往来港澳通行证以及一些单据等，并从那女子的脖子上取下一条项链、两枚戒指。刘昌朝问那女子银行卡的密码，那女子讲密码在手机上，他打开手机翻查见密码是“259259”，当时嘴封得不是很紧，那女子可以小声讲话。查到密码后，二人走到另一间房，他对刘昌朝说钱已抢到，不如现在逃走吧，刘昌朝说二人住在这栋楼刘昌辉家里，怕被人认出来，因那女子曾说是住这栋楼的，刘昌朝建议按照原来计划杀人灭口，把那女的杀掉，他说无所谓。二人在周围地下找来一个黑色胶袋，过去合力将那胶袋套住那女的头部，并用透明胶围住绑紧，让那女子透不了气。（亦供认过刘昌朝按照他所说的杀人方式，从地上捡起一胶袋套在女子的头部。在那女子挣扎时，他与刘昌朝均按住那女子，不让她反抗。）那女子挣扎，把胶袋搞破了一个洞，漏气了。刘昌朝过去用手捂住那女子的嘴和鼻并抓紧双脚，他用手按住双肩，当时那女子背靠墙坐在地上。过一会，那女子没挣扎不动了，但有心跳，刘昌朝还用手掐了一下那女的脖子。之后二人合力将那女子抬进房里洗手间放着，搬入洗手间时已确定那女子死了，二人找来地上一些破衣服、胶袋掩盖住，拿着那女子的财物到拱北传奇网吧玩游戏，此时已是下午14时许。

晚上18时许，二人从网吧出来商量怎么处理那女子的尸体，最后决定肢解尸体运走，找个地方抛尸或焚尸。刘昌朝说赶紧把尸体分开运走，因那楼有保安值班，再加上刘昌辉的男朋友经常在楼下打麻将，如不及时运走，可能被发现。二人到拱北夏湾市场二楼一间杂货店买了一个带轮子红色黑边的旅行箱，在楼下一间日用品店买了一捆大号垃圾袋，并回1108房拿了自己一个黑色行李箱和刘芳的一个包。返回现场后二人合力将那女子的尸体搬出来，他见那女死者长得还可以，便想奸尸，叫刘昌朝帮望风，因尸体已僵硬并发臭便放弃了。二人各拿之前抢劫使用的刀肢解尸体，把尸体分成六块（头部、躯干、双脚、双手）装入垃圾袋，并重复用垃圾袋包紧，分别放入两个旅行箱里，用刘昌辉的包装那女子的一些物品和衣服。然后二人用地上灰土掩盖地上的血迹，并在附近空置房子里找到一些脏水洗手，将行李箱藏在另一间空置房里。他和刘昌朝到拱北中珠大厦楼下柜员机用那女死者的银行卡取款，他开始按取1000元，但卡没那么多钱不成功，他按取500元便成功了，此时已是8日凌晨5时许。取完钱后回现场拿装尸块的行李箱和刘昌辉的包回到1108房。当时刘昌辉不在家，二人将行李箱藏在床下和沙发下。早上约9时许，二人趁刘昌辉与男友未醒，就把行李拿出来，下楼坐的士到唐家再转了一辆面的到金鼎永丰一条村找他的亲戚“阿强”（丁贵强），但丁贵强已回老家，二人把装尸块的行李箱放在丁贵强的住处。二人在金鼎永丰工业区遇见老乡母朝东，叫他晚上帮忙用摩托拉点东西，母朝东答应了。晚上20时许，母朝东驾着摩托过来“阿强”住处，他们把行李箱放在车斗中，乘坐母朝东的摩托往永丰工业区驶去。到工业区路难走，母朝东将刘昌朝放下，二人把行李箱卸下来由刘昌朝看住。他让母朝东叫多一辆摩托过来，顺便叫母朝东载他去金鼎市场一铺头买了个胶壶，然后去金鼎巴士站对面的油站买了25元汽油。母朝东联系到一个老乡骑摩托过来，大家便一起回工业区接刘昌朝。刘昌朝已把刘昌辉的包在工业区一垃圾堆处烧毁了，里面有死者的衣服、挂包及一些物品。他叫母朝东载他们去一处偏僻的地方，母朝东将他们载到沿海高速公路旁，二人拿着行李箱及装油壶在高速公路附近找到一条没有水的排水沟，把行李箱和壶放在沟里藏好。回工业区后他与女友范海莉（即范珊珊）见面，并在附近旅店开了一间房住，刘昌朝在房里睡着，他和范珊珊出去散步。期间他与范珊珊说到他抢劫杀人的事，范珊珊劝他自首，他当时不肯并拿了范的手机，防止范报警，之后和范回旅店睡。9日凌晨3时许，他和刘昌朝出旅店，并把范反锁在房里。二人走到准备焚尸的地点，打开箱子倒出壶里一半汽油淋在尸块和箱子上，然后点火焚尸。约烧了一个多钟头，二人将壶里汽油全倒在尸块上连同壶一起焚烧，之后回旅店睡觉，回到旅店是早上7时许。二人在旅店睡到中午时分，就回拱北帮刘昌辉搬家到拱北伙工殿对面的出租房。

烧完尸体后，二人都将各自的弹簧刀扔进金鼎永丰工业区附近的鱼塘里，两条鞋带和透明封口胶已烧毁。抢得的建设银行卡其取了500元后丢掉了，作案后其留着死者身份证，在去广州路上不见了。一条项链和一个戒指被其卖到中山市大涌村一间首饰店，得款270元，另一个戒指他一直戴着，另一条项链给了何涛（即何长江），玉兔给刘昌朝拿走，放在刘昌辉的住处。抢得的手机他用原来的手机卡13726216749使用过，后以1450元卖到拱北二手市场，他原来使用的手机在他运尸到金鼎时给了母朝东使用。抢得的现金1000多元是由其保管的，每一笔支出也是他支付的，现金已全部用完，通行证等其他物品都被烧毁了。

苟建安还供述他与刘昌朝商量抢劫时就说好，为了避免被人认出，无论是谁被他们抢了，他们都要杀人。他作完案后在上网时用QQ与何长江联系并把杀人的事告诉何长江。案发后约一个多星期，他叫何长江过来玩时，他和刘昌朝都将此事与何长江说了。卖手机时何长江也一起去了，卖到的钱也由何长江保管。

此外，做了这一次后，他们还想做一宗大的。他上网用QQ号360651672与同学何长江联系，并在网上说明他在珠海抢劫杀人的部分细节，何长江表示愿意到珠海来一起干。何长江于2007年12月底来到珠海，此时刘昌辉已搬到拱北伙工殿酒店对面三楼3号房居住。趁刘昌辉不在，他与何长江、刘昌朝商量下一次作案目标，选定刘昌辉以前在桂花苑租房时的房东，以租房的名义将该女房东约出来，先把女房东绑起来，再到房东家将男房东绑起来，之后逼问出银行存折和卡的密码，拿到钱以后就杀人。他与刘昌朝在何长江来珠海之前已在吉大同一地点买了两把匕首，何长江来后三人又在买匕首的地方买了一圈透明封口胶。后来看到杂志上介绍一种迷药，便决定买这种药来作案，就不用杀人。三人在广州买了后发现是假药，就放弃。2008年1月初，他与刘昌朝、何长江在建业一路附近由何长江抢了一年轻女子的手提包。

经辨认照片，苟建安认出刘昌朝就是和其一起抢劫杀害一名女子的男子，并认出何涛（即何长江）。

32. 交通银行拱北中珠大厦柜员机交易记录及中国建设银行珠海核算中心查询卡和

账户状态，显示主账号为6227003090420019896的银行卡在12月8日5时11分08秒至40分曾被提款，提款人提取款项金额为1000元时没有成功，提取款项金额为500元时成功，该账号持卡人姓名是俞群，证实上诉人苟建安在该柜员机取款500元的事实。

33. 广东省珠海市公安局特警支队直属二大队出具的打捞物证经过，证实2008年1月22日特警支队民警在珠海市金鼎镇永丰村养猪场门前的鱼塘中离鱼塘中心4米处的水下（偏公路方向）摸到一把银白色的折叠弹簧刀，长约10厘米，打开约20厘米。该把弹簧刀经苟建安辨认，是其抢劫那名女子并用来肢解尸体的刀。

34. 广东省珠海市公安局高新分局的搜查笔录，证实2008年1月16日，珠海市公安局高新分局刑警一大队的公安人员对珠海市拱北侨岭街16号305房3号房进行搜查，在客厅电视柜上的杂物小篮子内搜到一装饰品玉兔（系有红线），在客房的衣柜内搜查到运动服一套。

该运动服经原审被告人刘昌朝辨认，确认是其作案时所穿的上衣和裤子。搜取的玉兔，经上诉人苟建安及原审被告人刘昌朝辨认，均确认是其二人抢劫杀害那名女子的财物，证人刘瑜、刘玉娟经辨认饰物玉兔的照片，亦确认该饰物与被害人刘招秀手机上饰物玉兔是一样的。

35. 广东省珠海市公安局高新分局出具的情况说明，证实：（1）本案另一把弹簧刀（刘昌朝使用），经多次在鱼塘打捞，未找到；（2）刘昌朝、苟建安、何长江在供述中虽曾供述三人商量一起抢劫女房东一事，但由于未物色好对象并未准备好作案工具而放弃，经侦查未能确定三人所商量抢劫的女房东；（3）本案被害人刘招秀被抢的手机，经多方追查，至今未找回；（4）本案另一证人俞群（女），因没其联系电话和具体地址，无法联系到她核实有关情况；（5）本案另一嫌疑犯赵勇剑因没其详细年龄、地址，无法查找此人；（6）涉案物品玉兔一只、银戒指一枚、吊坠一只、18K镶金钻戒一枚及现金人民币138元暂由珠海市公安局高新分局刑警一大队保管。

36. 扣押在案的戒指一只，经上诉人苟建安及原审被告人刘昌朝辨认，确认是其二人抢劫杀害那名女子的物品，刘昌朝还确认此戒指就是其和苟建安在中山大涌卖掉的戒指。

37. 扣押在案的心形吊坠一只，经原审被告人刘昌朝辨认，确认是其和苟建安所抢的项链吊坠。

38. 广东省珠海市质量计量监督检测所NO. HZWT080027号检测报告，证实送检的系有红线的饰品小玉兔是石英岩玉，戒指一枚是18K镶金钻戒、一枚是银戒，心形吊坠是18K镶金钻石吊坠。

39. 广东省珠海市价格认证中心出具的涉案物品价鉴定结论书，证实涉案物品（钻石吊坠、饰品玉兔、钻石戒指、银戒指）价格总值为人民币2360元。

40. 被害人刘招秀的手机号码13527209750、上诉人苟建安的手机号码13726216749、证人母朝东的手机号码13543091361的通话记录，证实：（1）刘招秀的手机号码在2007年12月6日18时47分后便没有发生过通话；（2）苟建安的手机号码在2007年12月8日晚与母朝东的手机号码有过四次通话，分别是18：26、19：11、21：21、21：23。

41. 广东省珠海市公安局拱北派出所值班日志，证实在2007年12月10日23时30分许，张湖娣报称其女儿刘招秀从12月7日失踪至今未出现。

42. 广东省珠海市公安局九洲港派出所出具的情况说明，证实2008年1月28日，高新公安分局刑警一大队侦查员到该所查询于2007年12月1日至31日在该所辖区石花西路双抢案件情况。经查实，2007年12月1日至31日，在该所辖区内无发生抢劫、抢夺的案件。

43. 广东省珠海市公安局高新分局刑警一大队出具的抓获经过，证实2008年1月14日16时左右，该队根据线索综合侦查，在拱北北岭侨岭珠江花园2栋2单元501室发现苟建安并将其带回审查讯问。在吉大白莲洞门口处发现刘昌朝并将其带回审查讯问。

44. 证人刘伟秀的证言，证实刘招秀与她是刘福新和张湖娣所生，刘福新去世后，张湖娣带她和刘招秀与尹月军的父亲尹祝明组合成一个家庭。

45. 被害人刘招秀的身份证及户口本复印件，证实刘招秀的身份及家庭情况。

46. 上诉人苟建安及原审被告人刘昌朝的户籍证明，证实二人的身份情况。

对于苟建安上诉提出刘昌朝在本案中所起的作用比他大的意见，经查，证人范珊珊证实她在2007年11月份两次催苟建安还债。原审被告人刘昌朝供述案发前，苟建安对他说女友催促还钱，说要赶紧做一笔，而他当时也没钱，因此就同意了这个提议。苟建安亦供认其欠女友的钱，在女友要求还钱时，其因没钱便想走捷径挣钱。在实施本案抢劫前，其就想与赵勇剑、刘昌朝一起抢私家车，后因赵勇剑与刘昌朝闹矛盾而最后没有实施。在暂住到紫光阁后，二人为解决经济困难而决定抢劫紫光阁的女性。由此可见，虽然苟建安与刘昌朝在紫光阁的抢劫是一拍即合的，但抢劫的起因之一是苟建安因欠女友的钱而被催促还债。此外，刘昌朝还供认他与苟建安尾随被害人刘招秀进入电梯后，一起用刀及手控制住刘招秀，并且一同将刘招秀胁持至15楼的空置房内。这与苟建安在侦查阶段供认他与刘昌朝合力将刘招秀胁持至15楼空置房相吻合，足以认定刘招秀是被苟建安与刘昌朝共同胁持至作案地点的。刘昌朝供称在二人控制住刘招秀并已取得刘招秀的财物及银行密码后，苟建安让他去找塑胶袋，因苟建安曾对他说过用袋子套头会使人窒息死亡。在刘招秀死亡后，二人还商量要分尸运走。苟建安亦供称在本案抢劫前，他向刘昌朝、赵勇剑提出过用塑胶袋套头令人窒息死亡的杀人灭口的方法，这是他从电视上看到的。而且在刘招秀死后，二人商量决定肢解尸体抛掉或焚烧。二人的供述相互印证，足以证实本案的杀人方式是苟建安提议的，且在杀死刘招秀后，二人共同决定分尸。另，证人母朝东证实苟建安找他帮忙拉东西，后母朝东与赵伟田一起用摩托车搭载苟建安、刘昌朝及行李箱到金鼎锦石村焚尸现场附近时，苟建安让他们停下，而且苟建安在途中还买一胶壶到加油站买油。证人赵伟田亦证实苟建安让他与母朝东将苟、刘二人送到偏僻的地方。两名证人的证言与苟建安、刘昌朝在侦查阶段的供述均相互印证，足以证实苟建安在作完案后，联系老乡将刘招秀的尸体转移至金鼎永丰锦石村旁沿海高速公路排水渠处藏匿，并购买汽油将尸体进行焚烧的事实。因此，苟建安与刘昌朝在达成合意的情况下均积极、直接地实施了抢劫杀人的行为，但在整个作案过程中，苟建安不仅提出抢劫犯意，还提议了杀人方式、选择了焚尸地点、联系老乡运尸、购买了汽油焚尸，其作用相对刘昌朝而言较大，苟建安辩称刘昌朝在本案中所起的作用比他大的上诉意见与事实不符，不能成立。

对于苟建安的辩护人提出苟建安的主观恶性比刘昌朝轻的辩护理由，经查，如前所述，苟建安在本案中的作用较大。另外，苟建安的供述及证人范珊珊、何长江的证言一致证实苟建安在抢劫并杀人灭口后，不仅将抢劫杀人的犯罪事实告诉范珊珊与何长江，还邀请何长江到珠海欲再次实施抢劫。这些均说明苟建安主观恶性极深，人身危险性极大，苟建安的辩护人所提的辩护理由不能成立。

对于苟建安及其辩护人提出苟建安认罪态度比刘昌朝好的意见以及苟建安的辩护人提出本案二被告人地位平等，应对被害人的死亡后果承担相同的罪责的辩护理由，经查，苟建安及其辩护人所提刘昌朝在原审庭审中翻供、认罪态度不好属实，对此，原判已予认定。然而如前所述，苟建安在本案中所起的作用比刘昌朝大，且主观恶性极大，原审判决对苟建安及刘昌朝的量刑，是综合考量二人在犯罪中的地位、作用及社会危害性作出的，所处刑罚与其罪责相适应，量刑适当。

对于出庭检察员的关于本案定罪请二审法院慎重考虑的出庭意见，经查，根据苟建安与刘昌朝的供述，二人在实施抢劫前就已预谋抢劫得手后杀人灭口，二人的杀人行为不是作为劫取财物的一种手段，而是在实施完抢劫行为之后，为灭口而独立实施的行为。对这两个独立的行为应分别作出评价。根据《最高人民法院关于抢劫过程中故意杀人案件如何定罪问题的批复》，行为人为劫取财物而预谋杀人的，以抢劫罪定罪处罚。行为人实施抢劫后，为灭口而故意杀人的，以抢劫罪和故意杀人罪定罪，实行数罪并罚。因此，苟建安、刘昌朝先行抢劫，抢劫完毕后杀害刘招秀灭口的行为应以抢劫罪和故意杀人罪并罚。

本院认为，上诉人苟建安与原审被告人刘昌朝以非法占有为目的，采用暴力手段劫取他人财物，其行为均已构成抢劫罪。苟建安、刘昌朝在实施抢劫后，为灭口而故意非法剥夺他人生命，致一人死亡，其行为又均已构成故意杀人罪。苟建安、刘昌朝有预谋地实施抢劫并杀人灭口，在共同实施完抢劫、杀人行为后又共同进行分尸、焚尸，其犯罪动机卑劣，作案手段残忍，后果极其严重，且作完案后还密谋新的抢劫案件，具有极大的人身危险性。论罪均应判处死刑。但如前所述，苟建安所起的作用相对刘昌朝稍大，对苟建安应判处死刑立即执行，而对刘昌朝则判处死刑可不必立即执行。原审判决认定事实清楚，证据确实、充分，定罪准确，量刑适当，审判程序合法。上诉人苟建安上诉及其辩护人辩护所提理由及意见经查均不能成立，不予采纳。依照《中华人民共和国刑事诉讼法》第一百八十九条第（一）项、第一百九十九条、第二百零一条之规定，裁定如下：

驳回上诉，维持原判。

对原审被告人刘昌朝的裁定为终审裁定。

本裁定即为核准以故意杀人罪判处被告人刘昌朝死刑，缓期二年执行，剥夺政治权利终身，以抢劫罪判处被告人刘昌朝有期徒刑五年，并处罚金人民币五千元，数罪并罚，决定执行死刑，缓期二年执行，剥夺政治权利终身，并处罚金人民币五千元的刑事裁定。

对上诉人苟建安的死刑裁定依法报请最高人民法院核准。

审　判　长　李　华
代理审判员　邹伟明
代理审判员　苏智丽
二〇〇九年九月七日
书　记　员　彭　翔

【评析】

这是一份上诉案的二审裁定书，格式规范，文字精练，说理透彻，符合优秀裁判文书的评选标准，被评为2010年全省法院优秀裁判文书。其具有以下突出特点：1. 繁简得当，重点突出。该裁定书对二审认定的事实、证据和上诉理由、辩护意见及查证部分进行了详细、完整的归纳和总结，而其他部分的写作则相对简略，体现了二审文书的特点。2. 论理充分，逻辑严密，驳斥有力。该裁定书通过引用客观性证据以及证人证言、被告人供述等关键性的证据，全面、有针对性地对上诉理由、辩护意见进行了评判，论理有理有据，丝丝入扣，特别是对检察员提出的定罪异议，作出了详尽的回应，答复明确，使裁定书具有较强的说服力和公信力。3. 评判精准。该裁定书在确定了上诉人及原审被告人的犯罪性质、情节后，依次分清各人在共同犯罪中的地位、作用和该负的刑事责任，并对各人的罪责进行了综合的认定，条理顺畅。

广东省高级人民法院

刑 事 判 决 书

（2007）粤高法刑一终字第131-1号

原公诉机关广东省佛山市人民检察院。

上诉人（原审被告人）黎景全，男，1964年4月30日出生于广东省佛山市，汉族，初中文化，个体工商户，户籍地佛山市南海区盐步东秀碧华村和安里4号。因犯抢劫罪、故意伤害罪于1981年12月11日被原广东省南海县人民法院判处有期徒刑四年六个月，1985年4月9日刑满释放。因本案于2006年9月16日被羁押，次日被刑事拘留，同月28日被逮捕。现押于佛山市南海区看守所。

指定辩护人金三宝，广东古今来律师事务所律师。

广东省佛山市中级人民法院审理佛山市人民检察院指控被告人黎景全犯以危险方法危害公共安全罪及附带民事诉讼原告陈树辉、陈柏宇、李杜滔、卢练爱及林玉梅、梁家颖、梁志豪、梁伟成、杜深提起的附带民事诉讼一案，于2007年2月7日作出（2007）佛刑一初字第1号刑事附带民事判决，认定被告人黎景全犯以危险方法危害公共安全罪，判处死刑，剥夺政治权利终身。同时判令被告人黎景全赔偿附带民事诉讼原告人陈树辉、陈柏宇、李杜滔、卢练爱的经济损失共计人民币495264.98元；赔偿附带民事诉讼原告人林玉梅、梁家颖、梁志豪、梁伟成、杜深的经济损失共计人民币488035.97元。原审被告人黎景全对刑事部分判决不服，提出上诉。附带民事诉讼部分的判决已发生法律效力。本院于2008年8月19日作出（2007）粤高法刑一终字第131号刑事裁定：驳回上诉，维持原判；对黎景全的死刑裁定依法报请最高院核准。最高人民法院于2009年7月27日作出（2009）刑一复字第42591327号刑事裁定，不核准黎景全死刑，并撤销（2007）粤高法刑一终字第131号刑事裁定，将案件发回本院重新审判。本院依法另行组成合议庭，经过阅卷，审讯上诉人，听取了辩护人的意见，认为本案事实清楚，决定不开庭审理，现已审理终结。

广东省佛山市中级人民法院一审判决依据现场勘验检查笔录、鉴定结论、证人证言及被告人黎景全的供述等证据认定：

2006年9月16日18时50分左右，被告人黎景全酒后驾驶车牌为粤A1J374的面包车驶至广东省佛山市南海区盐步碧华村新路治安亭附近路段时，将骑自行车的被害人李洁霞、陈柏宇母子撞倒，接着撞烂治安亭前的铁闸及旁边的柱子。随后，黎的车轮被卡在路边花地上，梁锡全及其他村民上前救助伤者并劝阻黎景全，黎景全却加大油门驾车冲出花地，向李洁霞及救助的群众冲撞过去，碾过已倒在地上的李洁霞，并撞倒梁锡全，致李、梁二人当场死亡。

原判认为，被告人黎景全无视国家法律，在交通事故发生后逃逸过程中，驾驶车辆冲撞人群，危害公共安全，致两人死亡，其行为已构成以危险方法危害公共安全罪。黎景全对因其犯罪行为给各附带民事诉讼原告人造成的经济损失，依法应承担赔偿责任。综合案件的起因、被告人的主观恶性及其实施犯罪行为的情节与手段，依照《中华人民共和国刑法》第一百一十五条第一款、第四十八条第一款、第五十七条第一款、第三十六条第一款，《中华人民共和国刑法修正案（三）》第二条，《中华人民共和国民法通则》第一百一十九条以及《最高人民法院关于审理人身损害赔偿案件适用法律若干问题的解释》第十七条、第十九条、第二十一条、第二十三条、第二十七条、第二十八条、第二十九条的规定，作出前述判决。

黎景全上诉及其辩护人均提出，上诉人与现场大部分群众是同村村民，素无怨仇，甚至和被害人梁锡全还是好友，没有故意犯罪的动机，只是因为醉酒，犯罪时完全处于一种无意识状态，故只能认定为过失犯罪，而不能认定为以危险方法危害公共安全罪。

原二审出庭检察员则认为，本案现有证据虽然不能证实上诉人黎景全驾车第一次撞倒被害人李洁霞母子二人是一种故意行为，但其之后为逃离现场，不计后果地驾车冲向人群，致二人死亡的行为在主观上至少是间接故意。故黎景全构成以危险方法危害公共安全罪，原判定罪准确，量刑适当。

经审理查明，2006 年 9 月 16 日 18 时 50 分左右，上诉人黎景全酒后驾驶车牌为粤 A1J374 的面包车沿广东省佛山市南海区盐步东秀碧华村新路行驶至碧华村治安亭附近路段时，从后面将骑自行车的李洁霞、陈柏宇母子撞倒，接着撞烂附近治安亭前的钢闸门及旁边的柱子，又调转车头，车轮被卡在路边花地上。此时，同村村民梁锡全等多人上前救助伤者并劝黎景全停车，黎景全不予理会，加大油门驾车前后移动，将车驶出花地，为离开现场，不顾车前有众多村民正在救助伤者并对他进行劝阻，仍驾车往前冲，该车碾过已受伤倒地的李洁霞，又撞倒梁锡全，随后失控冲出路面死火停下，黎景全下车即被已赶到现场的警察控制。被害人李洁霞、梁锡全经抢救无效死亡。经鉴定，李洁霞、梁锡全均因巨大钝性暴力撞击致多脏器损伤、急性失血性休克而死亡；陈柏宇构成轻伤。同时经鉴定，黎景全案发时属急性醉酒状态。

认定以上事实的主要证据有：

1. 广东省佛山市 110 警情信息表及受理交通事故立案登记表，证实佛山市 110 指挥中心于 2006 年 9 月 16 日 18 时 53 分接到 122 报警，称佛山市南海区盐步东秀碧华村路段发生交通事故，有人受伤。指令交警部门派员及时到现场对事故进行处理，因有二人死亡，于次日以交通事故案件立案。

2. 广东省佛山市公安局南海分局交通警察大队交通事故现场勘查笔录、道路交通事故现场图及交通事故照片，以及佛山市公安局南海分局佛公南刑勘［2006］92 号现场勘验检查工作笔录、照片等，证实了案发现场情况：现场位于佛山市南海区盐步东秀碧华村路段。该路段呈南北走向，向北至碧华村方向，向南至穗盐路方向，路宽 9.2 米。该路段北端东西两侧各设有不锈钢闸门，西侧闸门后各有一个治安亭。该路段东西两侧为花场。肇事粤 A1J374 小型客车头东南尾西北停在该路段东侧路外。该车往北路面见有一处血迹。血迹往北路面依次倒着一辆粤 YK7817 摩托车、一个自行车车轮、一辆粤 YM6417 摩托车、一辆无号牌自行车（前轮脱落）。该无号牌自行车再往北为不锈钢闸门的东半扇闸门，该半扇闸门被碰撞变形。治安亭前倒着另一辆无号牌摩托车。治安亭木头立柱被碰撞折断，折断处有碰撞痕迹。在西侧不锈钢闸门的南侧 7.5 米处有肇事小客车的一条轮胎印痕，该印痕往南 1.75 米处为该肇事车的另一条车轮印痕。事故伤者均已送医院抢救。刑事侦查人员于 9 月 18 日再次勘验了现场，现场提取了塑料碎片、玻璃碎片及血迹。

3. 广东省佛山市盐步医院的死亡证明材料、佛山市公安局南海分局交通警察大队的交通事故尸表检验笔录，南公刑技法鉴字［2006］3840、3839 号法医学鉴定书及尸检照片，证实了被害人李洁霞、梁锡全的受伤情况及死亡原因。其中，被害人李洁霞体表全身多处挫擦伤，解剖见多处肋骨骨折、心包积血、左肺组织挫碎、肝挫碎、脾破裂，系因巨大钝性暴力撞击致多脏器损伤、急性失血性休克而死亡；被害人梁锡全全身多处大片状挫擦伤，双侧多处肋骨骨折，左股骨、右胫骨骨折，双肺、肝、脾不同程度挫裂，符合巨大钝性暴力撞击致多脏器损伤、急性失血性休克死亡。

4. 佛公南刑技法鉴字［2006］4163 号法医学鉴定书，证实被害人陈柏宇系受钝性暴力作用致右股骨近段骨折、右侧胫骨上段骨折，属于轻伤。

5. 相关车辆痕迹检验笔录及佛公刑技法诊亲字［2006］242 号法医学鉴定书以及华南理工大学分析测试中心的分析报告单，证实了现场肇事车辆与被害人受伤及现场相关物品毁损的关系。其中，车辆痕迹检验笔录证实粤 A1J374 肇事车前部、底部有多处撞痕和损伤，系与现场无号牌自行车尾部的藤椅、粤 YM6417 号二轮摩托车、不锈钢闸门、治安亭的木柱及路面钝物等碰撞、碰刮所致。其中，该车前桥底刮擦痕、传动轴表面减层擦痕，传动轴与后桥交接处底部表面见减层擦痕、排气管表面见擦痕。系该车与人体及衣物碰撞所致；该车后桥右侧、右后轮减震筒、右后轮胎内壁见黏附血迹，系该车底部碰刮梁锡全所致。

佛公刑技法诊亲字［2006］242 号法医学鉴定书证实送检的粤 A1J374 号小客车后桥右侧、右后轮减震筒、右后轮胎内壁提取的组织的基因型与死者梁锡全肌肉组织的基因型一致。

华南理工大学分析测试中心的分析报告单证实，从被害人梁锡全所穿上衣及长裤上提取的黏附物及李洁霞所穿上衣提取的黏附物与肇事粤 A1J374 号小客车后桥提取的油垢成分基本相同；梁锡全右侧大腿内侧与左足底提取的黏附物除少量酯类外，主要成分与肇事小客车前桥与后桥提取的油垢主要成分基本相同。

6. 佛山市公安局南海分局交通警察大队提供的肇事车辆粤 A1J374 的车辆信息、保险单等资料，证实粤 A1J374 面包车的所有人是黎景全，该车投保了第三者责任险（人财兼有）。

7. 佛公南刑技化鉴字［2006］697 号刑事化验检验报告书及佛山市第三人民医院法医精神病司法鉴定所 06124 法医精神病司法鉴定报告书，证实黎景全案发时为急性醉酒状态。其中，刑事化验检验报告书证实送检的黎景全案发时血液中检出乙醇成分，含量为 369.9 毫克/100 毫升。精神病司法鉴定报告书证实，鉴定检查过程中黎景全未查出幻觉、妄想等精神病性症状，不属病理性醉酒的范畴。黎景全案发时为急性醉酒状态。

8. 证人杜石军（治安队员）证实：2006 年 9 月 16 日 18 时 50 分左右，我正在岗亭值班，看见同村的黎景全开着其粤 A 牌面包车往碧华村方向来，离卡位约 50 米远时，黎的车从后面撞倒了一名本村妇女骑着的单车，单车后面还带着一个小孩。两人倒地后，黎没有停车，保持车速继续向前开，撞上了卡位闸门。又加油门调头往我站的卡位撞了过来，撞断了护栏。我立即躲开了，停在卡口的无牌摩托车被撞倒在地。之后，该车调头又往刚才来的地方开了过去，开了 10 米左右，撞上了路边的花地处，卡在那里。这时，村民陈锦华和梁锡全从虾场那边走出来，劝黎景全别搞这么多事。但黎不听，加油将车前后移动，四五分钟后，开车冲出花地。我和叶灿棠想从后面追上去拉他下车，但我们还没有接近，那部车又加大油门再次冲向被撞倒的骑单车的妇女和小孩，从那名妇女身上开了过去，并把停在路边的施救人员的两台摩托车撞倒在地上，车沿着左边车道向前开。我们在后面追，追了约 40 米远，见梁锡全伏在地上，脚已被轧断，面部多处擦伤并流着血。前面五六米处，黎景全的面包车差点冲入旁边池塘。车卡在那里后，黎打开车门下车，又突然冲上停在路边的巡警车的驾驶室。我与治安队员及警察上前制止了黎景全并将黎抓获。

9. 证人叶灿棠（治安队员）的证言，证实的情况与杜石军的证词基本一致。述称：当时肇事汽车被路边的物品顶住走不动，司机加大油门想离开，车轮打滑发出很大的胶味。我见状即走到该车驾驶室旁边叫司机停车熄火，并对司机说“你撞伤人了”。当时与我在一起的还有几名群众，他们叫那司机下车，但司机不理睬，继续加油想逃跑。车突然朝那名女子冲过去，我跳到一边避开，该车从那名女子身上轧过去，向穗盐路方向逃跑。后来，该面包车撞进了一个鱼塘的旁边后停下，司机从车里爬出来直接冲到警车上面，我们将司机抓住。之后，我看见梁锡全倒在一堆泥的旁边。

10. 证人陈锦华证实：案发当天 17 时许，我看见黎景全在虾场与梁志能兄弟发生争吵，梁志能兄弟将他推离虾场，后不知怎么黎被推倒在路边的河里，我将他拉上来，并将他们劝开。看样子黎景全喝过酒。黎景全到新公路穗盐路口取了车牌为粤 A1J374 的面包车，开往碧华村方向，车速非常快。后来，我听到有人叫有车撞伤人，我开摩托车到村口治安亭铁栏时，看见一名妇女倒在马路边，旁边有一自行车车轮，并有一辆自行车被撞倒在铁栏处；陈广铿站在该女子旁边打电话；黎景全开的汽车在那名女子对面路边被东西顶住车底开不动，还在车内加油门想离开。我走到驾驶室的旁边，用砖顶住车的前轮想让他下车，但黎将车门锁住不让我拉开，并加大油门想走，车就横向朝着那妇女倒的地方撞去。我避开车，扶着该女子的李锦超、陈广铿见状也放下该女子避开。面包车从那妇女的中间轧过去，黎景全继续往穗盐路方向开。我在后面追了约 30 米，见梁锡全倒在地上。黎的车撞进一个鱼塘边。

11. 证人陈广铿证实：2006 年 9 月 16 日 15 时至 17 时，我见同村的黎景全在虾场喝了很多啤酒。18 时 30 分左右，听说黎景全与人发生争执，遂赶到虾场，见黎被人劝开后开面包车离开虾场往碧华村方向去。接着，听到“砰”的一声响，有人告诉我说有一辆车撞倒了一个人。我出来时，看见李洁霞倒在地上，有个自行车车轮停在几米远的地方，围卡闸的旁边有部被撞烂的自行车。花场的两个人送李洁霞的儿子去医院；我与李锦超扶起李洁霞。车突然又飞快地朝着我们驶过来，车的右前轮从李洁霞身上轧过去。我与李锦超立即走开，该面包车又撞倒了两部摩托车。之后，我听说该车又撞倒了一个人。虾场离李洁霞有五六十米远，李洁霞离成利围卡闸有七八米远，李洁霞第一次受伤后还是清醒的，还叫我救她。在车再次冲向李洁霞前，陈锦华在劝黎停下来，但黎没理会。

12. 证人李锦超证实：案发当天18时50分左右，我驾驶摩托车从碧华村出来，当走到第一道不锈钢闸门时，见左边闸门被撞烂了，闸门附近有一辆自行车也被撞烂。闸门前方约10米处停着一辆白色面包车，车头向右前方（出村方向）在路外，车尾在路面上，仍在加油倒车，但车后退不了。我的车超过了该面包车约六七米时，见左边路边有一个女人倒在地上，受了伤，在她后方的地上跌落了一个自行车车轮，陈广铿站在该女子后方约2米的地方打电话。下车后，我看到伤者是妹妹李洁霞，她睁开眼看了我一下，不断地喘气，不能讲话，全身擦伤。听陈广铿讲有一个小孩也受了伤被送往医院。我立即报警。随后，听见周围有人喊“出事的车要逃走啦”。只见白色面包车已经倒出了路面，车头斜着向李洁霞的方向行驶，距李洁霞有十多米远时，我叫司机停车。司机是同村的“崩牙全”，但“崩牙全”没有停车，继续加油驶过来。陈广铿跳到路外。我想拉起妹妹，但拉不动，又见白色面包车还有两三米远就驶到了，我便躲开了。车右前边、后轮都碾轧过妹妹，之后又撞倒我停在路边的粤YM6417号摩托车。周围的群众说面包车又撞倒了梁锡全。

13. 证人彭监兴、黄剑淘的证言，其中彭监兴证实：案发当天19时左右，我听见后面“嘭”的一声响，看见一辆白色面包车自南向北撞向成利围卡闸，离它两三米远的地方有一个妇女倒在地上，后该车又斜向卡位的治安亭撞过去，把治安亭撞烂了；后面有一个单车儿童藤椅倒在地上。我发现藤椅里面有一个约3岁的男童。这时，那辆面包车倒车，将车头调向南面冲过来，我听到躺在公路上的妇女叫“救命”，又连叫了几声“我的儿子”。这时，面包车冲到了在他们斜对面公路的水生植物上，还在继续加油，但不能前进也不能后退。我马上和黄剑淘将男孩送往医院。该面包车平时由碧华村村民黎景全使用。

黄剑淘的证言与彭监兴基本一致。

14. 证人周惠贤的证言，证实的情况与黄剑淘、彭监兴的证词相符。还证实黄剑淘和彭监兴将小孩送往医院后，那名妇女还能清醒地说话。面包车仍发出很大的加油声，车轮打滑，车前后移动想驶出来。同时，面包车驾驶位的窗子是打开的，有人按着窗边跟司机讲话。面包车突然驶向我们这边，我们走入花场避开。待面包车驶过去后，见面包车将一个人向前推了十几二十米远，我没有看见那人是怎样跌倒在地的。之后，该面包车撞到路边的泥堆再次驶入花场，停在鱼塘边。

15. 证人黄志标证实：案发当天下午，我在虾场内见同村的黎景全和梁锡全来到虾场，像是喝醉了的样子。梁锡全躺在一张椅子上，黎景全与别人聊天，我搭儿子外出。18时30分许，我接到朋友电话称黎景全跟同村的“布什”打架，回到虾场见黎全身湿漉漉地从虾场上到公路，还想追打“布什”他们，我与梁锡全就上前劝阻。后来黎景全上了一辆白色面包车的驾驶位，梁锡全走过去像是劝他，黎景全驾驶面包车很快地往碧华村方向驶去，大家说他这样子肯定会出事。随后，黎景全驾驶的面包车撞在成利围卡闸上，陈锦华、梁锡全驾驶摩托车过去看。陈锦华打电话说黎景全将“大眼妹”和梁锡全撞伤。黎景全平时有喝酒的习惯，脾气比较暴躁，当时见他开车前怒气冲冲，走路时一拐一拐的。

16. 证人黎景钊证实：弟弟黎景全平时喝酒，醉酒后脾气很暴躁也很冲动，但家族中没有精神病患者。

17. 上诉人黎景全供述：2006年9月16日上午，我驾驶粤A1J374面包车外出送货后与朋友梁锡全等人到“锦带河”酒楼喝早茶，几个人喝了一瓶“白兰地”后，我驾车到了朋友黄志标的虾场继续喝啤酒。中午时候，我驾驶该车到了“锦带河”酒楼吃饭，又与同村朋友喝了两瓶“白兰地”。从酒楼出来时，我驾驶该面包车开了约100米即与梁锡全的摩托车发生了碰撞，将梁锡全及摩托车撞倒在地。梁锡全声称没有事并叫我去虾场坐一下。我开车到了虾场，将车停好进去后继续喝酒，期间遇见梁志能，讨论过如何还赌债的问题。由于当时喝了太多酒，之后的事情均不记得了。当我醒来时发现自己睡在医院，听老婆讲我开车撞伤了人。粤A1J374号白色面包车是我买来用于运输的，平时都是我自己驾驶。我与梁锡全是朋友，两人没有什么矛盾。

18. 公安机关相关抓获经过说明，证实在案发现场抓获黎景全的经过。

19. 户籍证明证实黎景全及各被害人的身份情况。

20. 广东省南海县人民法院刑事判决书、广东省英德监狱犯人身份卡证实黎景全的前科犯罪情况。

以上证据，均经一审、二审庭审质证、认证，本院予以确认。

在本院重审期间，上诉人黎景全亲属主动赔偿了附带民事诉讼原告人部分经济损失。

本案控辩双方争议的焦点就是上诉人黎景全的行为是否构成以危险方法危害公共安全罪，其主观上究竟是故意还是过失的问题。经查，上诉人黎景全违反交通管理法规，醉酒驾车撞倒李洁霞、陈柏宇母子二人的行为，本属交通肇事。黎景全在肇事后，驾驶车辆调头，在车轮被花地卡住的情况下，仍知道倒车，加大油门驾驶车辆前后移动，挣脱卡住车的障碍，重新将车辆驶回路面，可见其当时对周围的事态有一定的认知，控制能力也未完全丧失。但黎景全随后在车前有众多村民正在抢救伤者，并劝自己停车的情况下，仍驾车不计后果地向前冲，最终导致该车碾过已受伤倒地的李洁霞并撞倒村民梁锡全，致二被害人死亡。此时，黎景全主观上已超出了过失的范畴，符合明知自己的行为会发生危害社会的结果，仍放任这种结果发生的间接故意特征，且其行为危害的是不特定多数人的人身安全，应以危险方法危害公共安全罪追究刑事责任。黎景全及其辩护人均提出本案属过失犯罪的辩解意见，理据不足，不予采纳。

本院认为，上诉人黎景全醉酒驾车发生交通事故后，为离开现场，继续驾车冲撞现场人群，致二人死亡，其行为已构成以危险方法危害公共安全罪。犯罪情节恶劣，后果特别严重，依法应予严惩。但经鉴定，黎景全案发时血液中乙醇含量高达369.9毫克/100毫升，处于急性醉酒状态，辨认能力和控制能力均有所下降。同时，本案系间接故意犯罪，与蓄意危害公共安全的直接故意犯罪有所区别，且上诉人黎景全归案后认罪、悔罪态度较好，故依法可不适用死刑。原判认定事实清楚，证据确实充分，定罪准确，审判程序合法，但对上诉人黎景全适用死刑不当，应予纠正。上诉人黎景全及其辩护人对本案定性提出的异议，理由不能成立，不予采纳。根据《中华人民共和国刑事诉讼法》第一百八十九条第（一）、（二）项和《中华人民共和国刑法》第一百一十五条第一款、第五十七条以及《最高人民法院关于复核死刑案件若干问题的规定》第九条之规定，判决如下：

一、维持广东省佛山市中级人民法院（2007）佛刑一初字第1号刑事附带民事判决中对被告人黎景全的定罪部分。

二、撤销广东省佛山市中级人民法院（2007）佛刑一初字第1号刑事附带民事判决对被告人黎景全的量刑部分。

三、上诉人黎景全犯以危险方法危害公共安全罪，判处无期徒刑，剥夺政治权利终身。

本判决为终审判决。

审　判　长　陈广辉
审　判　员　林展芬
代理审判员　李欣荣
二〇〇九年八月二十六日
书　记　员　钟　铮

【评析】

这是一份二审刑事判决书，格式规范，条理清晰，逻辑严密，论证有力，被评为2010年全省法院优秀裁判文书。该判决书能紧紧围绕控辩双方争议的焦点进行分析、论证和说明。首先，该判决书对审判过程严格遵守法律程序予以充分的体现，对认定事实的证据进行了客观公正的分析归纳；其次，以采信的证据确立基本事实，采信证据与认定事实环环相扣，使事实认定具备牢固的根基，事实叙述清楚、准确、恰当；再次，法律事实与判理衔接无缝，逻辑性强，说理透彻，使判决书具有较强的说服力；最后，适用法律正确，实体判决令人信服。该判决书事实清楚，论证充分，适用法律正确，程序合法，结构严谨，文风朴实。其对法学理论的运用娴熟，更是体现了法官深厚的法律素养和文字功底。

●杜猛等犯抢劫罪、故意伤害罪一案刑事判决书

广东省高级人民法院

刑事判决书

（2009）粤高法刑一终字第378号

原公诉机关广东省汕尾市人民检察院。

上诉人（原审被告人）杜猛，又名杜锰、杜亮，男，1990年2月5日出生，四川省平昌县人，汉族，初中文化，无业，住四川省平昌县江口镇金鑫路5社3号。因本案于2008年4月28日被逮捕。现羁押于汕尾市看守所。

原审被告人申启辉，男，1990年7月6日出生，湖北省恩施市人，汉族，初中文化，无业，住恩施市舞坝办事处七堰沟八组。因本案于2008年2月5日被刑事拘留，同年3月14日被逮捕。现羁押于汕尾市看守所。

原审被告人向云龙，男，1991年8月7日出生，四川省宣汉县人，汉族，初中文化，无业，住四川省宣汉县天生镇关门石村1组。因本案于2008年2月5日被刑事拘留，同年3月14日被逮捕。现羁押于汕尾市看守所。

原审被告人王建，又名王健，男，1991年10月1日出生，四川省宣汉县人，汉族，初中文化，无业，住四川省宣汉县天生镇关门石村一社。因本案于2008年2月5日被刑事拘留，同年3月14日被逮捕。现羁押于汕尾市看守所。

法定代理人王志强，男，1968年3月5日出生，住四川省宣汉县天生镇关门石村一社。系王建之父。

指定辩护人刘木阶，汕尾市公职律师事务所律师。

原审被告人聂绪华，又名聂小华，男，1991年12月18日出生，四川省开江县人，汉族，小学文化，无业，住四川省开江县新宁镇瓦店子村3组。因本案于2008年4月26日被刑事拘留，同年6月3日被逮捕。现羁押于汕尾市看守所。

法定代理人聂绍清，男，1968年2月12日出生，住四川省开江县新宁镇瓦店子村3组。系聂绪华之父。

指定辩护人彭炳玉，汕尾市公职律师事务所律师。

原审被告人甘立玲，又名甘林，男，1989年1月28日出生，重庆市南川区人，汉族，初中文化，无业，住重庆市南川区水江镇大龙村1组。因本案于2008年4月26日被刑事拘留，同年6月3日被逮捕。现羁押于汕尾市看守所。

原审被告人董正发，又名阿江、江月，男，1988年5月18日出生，云南省保山市

人，汉族，初中文化，无业，住云南省保山市隆阳区汶上乡板桥村1组。2007年1月22日因犯抢夺罪被深圳市罗湖区人民法院判处有期徒刑一年。因本案于2008年2月5日被刑事拘留，同年3月14日被逮捕。现羁押于汕尾市看守所。

原审被告人唐海川，男，1992年8月6日出生，重庆市开县人，汉族，初中文化，无业，住重庆市开县巫山乡中桥村6组。因本案于2008年2月5日被刑事拘留，同年3月14日被逮捕。现羁押于汕尾市看守所。

法定代理人唐兴贵，男，43岁，住重庆市开县巫山乡中桥村6组。系唐海川之父。

指定辩护人庄俊超，汕尾市公职律师事务所律师。

原审被告人黑日子哈（自报），外号大龙，男，1986年11月12日生，彝族，小学文化，无业，住四川省凉山彝族自治州喜德县李子乡大兴村1组。因本案于2008年4月28日被刑事拘留，同年6月3日被逮捕。现羁押于汕尾市看守所。

原审被告人陈安乐，男，1990年3月16日出生，四川省宣汉县人，汉族，初中文化，无业，住四川省宣汉县天生镇油石村1组89号。因本案于2008年2月5日被刑事拘留，同年3月14日被逮捕。现羁押于汕尾市看守所。

原审被告人黑日子布（自报），外号小龙，男，1987年6月18日出生，彝族，小学文化，无业，住四川省凉山彝族自治州喜德县李子乡大兴村1组。因本案于2008年4月28日被刑事拘留，同年6月3日被逮捕。现羁押于汕尾市看守所。

广东省汕尾市中级人民法院审理广东省汕尾市人民检察院指控原审被告人申启辉、杜猛、聂绪华、甘立玲、董正发、黑日子哈犯抢劫罪和故意伤害罪，原审被告人向云龙、王建、唐海川、陈安乐、黑日子布犯抢劫罪一案，于2009年1月16日作出（2008）汕中法刑二初字第24号刑事判决。原审被告人杜猛、申启辉、向云龙、王建、聂绪华、甘立玲、董正发、唐海川、陈安乐不服，提出上诉。本院于2009年5月18日作出（2009）粤高法刑一终字第113号刑事裁定，撤销原判，发回重审。汕尾市中级人民法院重新审理后，于2009年8月10日作出（2009）汕中法刑二重初字第11号刑事判决。原审被告人杜猛不服，提出上诉。本院受理后，依法组成合议庭，经过阅卷，听取辩护人意见，认为事实清楚，决定不开庭审理。现已审理终结。

原判认定：被告人杜猛、申启辉、向云龙、王建、聂绪华、甘立玲、董正发、唐海川、黑日子哈、陈安乐、黑日子布于2007年11月13日至2008年3月15日间在汕尾市抢劫作案13宗，其中杜猛抢劫5次，劫取财物价值6690元，致1人轻微伤；申启辉抢劫6次，劫取财物价值9570元；向云龙抢劫6次，劫取财物价值8120元，致1人轻微伤；王建抢劫5次，劫取财物价值8120元；聂绪华抢劫5次，劫取财物价值9805元，致1人轻伤；甘立玲抢劫4次，劫取财物价值6650元，致1人轻伤；董正发抢劫3次，劫取财物价值2410元；唐海川抢劫3次，劫取财物价值1790元，致1人轻微伤；黑日子哈抢劫2次，劫取财物价值2425元；陈安乐抢劫2次，劫取财物价值4700元；黑日子布抢劫1次，劫取财物价值1230元。2007年12月30日晚，被告人申启辉、甘立玲、聂绪华、杜猛、董正发、黑日子哈伙同他人在汕尾市区奎山公园持刀和钢管伤害卓小科致重伤。

原判还认定，杜猛出生于1990年1月10日，申启辉、向云龙、王建、聂绪华、唐海川、陈安乐作案时不满18周岁，杜猛参与故意伤害作案时不满18周岁，董正发是累犯。

原判认定上述事实，采纳了公诉机关当庭出示质证的被害人陈述、证人证言、鉴定结论、现场勘验检查笔录、相关书证及被告人供述等证据。

原判据此认为，被告人申启辉、向云龙、杜猛、王建、聂绪华、甘立玲、董正发、唐海川、黑日子哈、陈安乐、黑日子布的行为均已构成抢劫罪，被告人申启辉、杜猛、聂绪华、甘立玲、董正发、黑日子哈的行为又构成故意伤害罪。依照《中华人民共和国刑法》第二百六十三条、第二百六十三条第（四）项、第五十二条、第五十三条、第二百三十四条第二款、第六十九条、第六十五条第一款以及第十七条第一、二、三款的规定，作出如下判决：

一、被告人杜猛犯抢劫罪，判处有期徒刑十三年，并处罚金人民币8000元；犯故意伤害罪，判处有期徒刑三年。数罪并罚，总和刑期十六年，决定执行有期徒刑十五年，并处罚金人民币8000元。

二、被告人申启辉犯抢劫罪，判处有期徒刑十二年，并处罚金人民币8000元；犯故意伤害罪，判处有期徒刑三年。数罪并罚，总和刑期十五年，决定执行有期徒刑十四年，并处罚金人民币8000元。

三、被告人向云龙犯抢劫罪，判处有期徒刑十二年，并处罚金人民币8000元。

四、被告人王建犯抢劫罪，判处有期徒刑十一年，并处罚金人民币7000元。

五、被告人聂绪华犯抢劫罪，判处有期徒刑十一年，并处罚金人民币7000元；犯故意伤害罪，判处有期徒刑三年。数罪并罚，总和刑期十四年，决定执行有期徒刑十三年，并处罚金人民币7000元。

六、被告人甘立玲犯抢劫罪，判处有期徒刑十一年，并处罚金人民币7000元；犯故意伤害罪，判处有期徒刑三年六个月。数罪并罚，总和刑期十四年六个月，决定执行有期徒刑十三年六个月，并处罚金人民币7000元。

七、被告人董正发犯抢劫罪，判处有期徒刑十一年，并处罚金人民币3000元；犯故意伤害罪，判处有期徒刑四年六个月。数罪并罚，总和刑期十五年六个月，决定执行有期徒刑十四年，并处罚金人民币3000元。

八、被告人唐海川犯抢劫罪，判处有期徒刑六年，并处罚金人民币2000元。

九、被告人黑日子哈犯抢劫罪，判处有期徒刑四年六个月，并处罚金人民币3000元；犯故意伤害罪，判处有期徒刑四年。数罪并罚，总和刑期八年六个月，决定执行有期徒刑七年，并处罚金人民币3000元。

十、被告人陈安乐犯抢劫罪，判处有期徒刑三年，并处罚金人民币2000元。

十一、被告人黑日子布犯抢劫罪，判处有期徒刑三年，并处罚金人民币2000元。

上诉人杜猛上诉提出：一审认定其于1990年1月10日出生有误，其是1990年农历正月初十，公历2月5日出生的，犯罪时未满18周岁；其没有参与原判认定的第六宗抢劫案，没有在故意伤害案中殴打被害人，且其因抢劫被抓获就主动交代其故意伤害罪，是自首。原判量刑过重，要求从轻、减轻处罚。

原审被告人王建的辩护人提出：原判认定王建参与第二宗抢劫的证据不足，王建在其他抢劫中是从犯，且犯罪时不满18周岁，原判量刑过重。请求对王建减轻处罚。

原审被告人聂绪华的辩护人提出：聂绪华犯罪时不满18周岁，在抢劫共同犯罪中是从犯，应从轻或减轻处罚；原判认定聂绪华犯故意伤害罪的事实不清，证据不足，罪名不成立。要求依法改判。

原审被告人唐海川的辩护人提出：原判认定唐海川参与第四宗抢劫证据不足；唐海川有法定和酌定从轻处罚情节，原判量刑偏重，请求二审充分考虑。

经审理查明：上诉人杜猛与原审被告人申启辉、向云龙、王建、聂绪华、甘立玲、董正发、唐海川、黑日子哈、陈安乐、黑日子布犯有如下罪行：

一、2007 年 11 月 13 日凌晨 4 时许，原审被告人申启辉、向云龙、王建、甘立玲伙同方伟宏、罗强（均另案处理）密谋抢劫事宜后，携带木棍窜到汕尾市区海滨街红太阳大排档对面草场，见吴晓青、卓燕彬在该处坐谈，即持木棍上前对吴、卓分别进行威胁和殴打，抢走卓诺基亚 N70 手机一部（价值人民币 800 元）；抢走吴现金人民币 300 元。之后将手机卖给汕尾市区新城路新城电讯店，得款人民币 1020 元及抢得现金被六人花掉。

认定上述事实，有经原审庭审质证的如下证据证实：

1. 被害人吴晓青的陈述证实：2007 年 11 月 13 日凌晨 3 时多，其和朋友卓燕彬两人来到汕尾市区海边街活力大排档对面草场坐谈，至凌晨 4 时多，有四名男青年手拿木棍和刀向他们走来，其中一个男青年用木棍打卓燕彬的后背部一下，然后其被一个男青年用刀架住脖子，其被抢去钱包，内有约 300 元人民币，其朋友卓燕彬被抢去了现金人民币 2000 元左右和一部诺基亚牌手机。

2. 证人黄锦文的证言证实：其于 2007 年 11 月份的一天在其经营的新城电讯店以人民币 1020 元的价格向两名外省男青年收购一部黑色诺基亚 N70 手机。经辨认照片，指出申启辉是卖手机给他的人。

3. 汕尾市城区价格认证中心出具的汕市区认字（2008）10 号《涉案财物价格鉴定结论书》，鉴定一部诺基亚 N70 手机价格为人民币 800 元。

4. 王建供述：2007 年 10 月左右，其和申启辉、向云龙、方伟宏、甘林、罗强六人经事先商量好，准备到海滨街抢劫作案。在当天凌晨 2 时许，他们徒步经过红太阳大排档对面草地时，发现有一对情侣在草地上谈话，他们就围了上去，每人手上拿着一根木棍，他们用木棍打了几下那男青年的背部，叫他不要动，申启辉、向云龙、甘林他们去搜他的身，从其身上抢得一部诺基亚 N70 的直板手机，其和罗强去抢那名女青年，从其身上搜得一部手机和现金 300 多元，那名女青年被他们抢了之后就哭了，要他们把手机还给她，其就把手机还给她，他们几人抢完后就逃离现场。第二天，申启辉和方伟宏将抢来的手机卖了出去，得款 1020 元。

5. 申启辉供述：2007 年 11 月的一天，其和王建、甘林、向云龙、方伟宏、罗强和海林经事先商量准备到海滨街实施抢劫作案。当天凌晨 2 时许，他们在红太阳大排档对面草地的人行道发现有一对情侣坐在草地上聊天，于是他们几人就冲上前将那对情侣围住，用事先带来的木棒打了那青年人几下，罗强去搜他的身，他自动把手机交给罗强；王建去搜那女青年的身，从其身上搜出现金人民币 300 多元及一部手机，但那女青年哭着要他们把手机还给她，王建就将手机还给了她。第二天，其和王建将抢来的那部黑色诺基亚 N70 手机卖到新城电讯店，获得人民币 800 元。他们一起将钱花掉。申启辉对参与该宗抢劫作案的王建、甘林、向云龙作了辨认。

6. 向云龙供述：2007 年 11 月一天凌晨 1 时许，其伙同王建、申启辉、海林、阿强、阿林六人各持一根木棍在海滨大道红太阳大排档对面绿化带抢劫一对男女青年，他们先是将那名男的殴打后再实施抢劫，这次他们抢得诺基亚手机一部和现金人民币 100

多元，手机由申启辉和方伟宏拿去卖到三马路一家手机店。向云龙对抢劫现场进行了指认。

7. 甘立玲供述：2007 年 11 月一天凌晨，其和王建、向云龙、申启辉、阿宏、罗强六人在海边街红太阳大排档对面草地见到一对男女青年，他们六人手上拿着木棒向那对男女青年围过去，用木棒打那男青年，那男的就逃跑，那女的没有跑，坐在地上哭。他们从那男的身上抢得一部诺基亚 N70 手机，从那女青年身上抢得现金 300 多元。手机由申启辉拿去卖，得款 800 元。

二、2007 年 12 月 6 日晚 7 时许，原审被告人申启辉、向云龙、王建、甘立玲、董正发密谋抢劫事宜后，携带西瓜刀窜到汕尾市区奎山公园凉亭处，由向云龙、王建在附近望风，申启辉、甘立玲、董正发持西瓜刀对在该处坐谈的郭伟雄、邱雅静进行要挟，抢走郭现金人民币 100 元和一部银色 LG880 手机（价值人民币 150 元）；抢走邱现金人民币 170 元和一部索爱 T628 手机（价值人民币 200 元）。赃款被五人瓜分。

认定上述事实，有经原审庭审质证的如下证据证实：

1. 被害人郭伟雄的陈述证实：2007 年 12 月 6 日晚 19 时许，其和朋友邱雅静在市区奎山公园内的凉亭坐，这时走过来三个男青年，其就起身走，三名男青年跑过来将其按倒在地，一名男青年还拿一把刀放在其脖子上并叫其不要抬头，叫其把身上的钱、手机拿出来，其把身上的钱及手机拿给他们。他们叫其往山的方向走回家，不要回头看。走时其看到有两名男青年和那三个抢他的人一起走。其被抢去现金人民币 100 元左右，一部银色 LG880 手机。郭伟雄经辨认照片，指出申启辉、甘立玲、董正发是抢劫其的歹徒。

2. 证人邱雅静的证言证实：2007 年 12 月 6 日凌晨被五名男青年抢劫，被抢去一部黑色直板索爱 T628 手机，现金人民币 170 元。

3. 汕尾市城区价格认证中心出具的汕市区认字（2008）45 号《涉案财物价格鉴定结论书》，鉴定 LG880 手机一部价格为人民币 150 元、索爱 T628 手机一部价格为人民币 200 元。

4. 申启辉供述：2007 年 12 月上旬的一天晚上 7 时许，其和甘林、阿江、王建、向云龙五人经事先商量好到奎山公园抢劫作案，当时王建和向云龙两人负责望风，其和甘林、阿江三人就进公园去物色目标实施抢劫。当他们三人来到奎山公园的一座拱桥旁边的凉亭时，看见一对男女青年坐在那里聊天，他们三人就围了上去，其掏出一支匕首架在那男的脖子上，接着他们将那对男女青年挟持到凉亭对面的石椅上，叫他们把钱拿出来，那男的将钱和手机给了他们，那女的也将钱和手机给了他们。这次作案后，他们叫那对男女往山的方向走，不要回头。这次抢了两部手机，一部是黑色直板索爱手机，一部是银色不知型号的手机及现金 200 多元。抢来的现金及卖手机的钱被他们五人平分。当晚他们离开现场时，王建、向云龙和他们一起走。

5. 向云龙供述：2007 年 12 月上旬的一天晚上 7 时许，其和甘林、阿江、王建和申启辉五人经商量到奎山公园去抢劫，其和王建两人提出作案时负责在附近望风，申启辉他们三人说可以。之后他们五人走到公园一座拱桥时看见前面凉亭那里坐着一对青年情侣，这时，申启辉和甘林、阿江走了过去，其和王建两人就在拱桥桥头望风，大约过了 7 分钟，申启辉他们三人就叫他们出来并和他们一起逃走。这次作案抢了两部手机，一部是黑色直板索爱手机，另外一部是银色杂牌手机及现金 200 多元。这次作案申启辉带了一支匕首。向云龙对参与该宗抢劫作案的申启辉、王建、董正发进行了辨认。

6. 董正发供述：2007 年 12 月上旬的一天晚上 7 时许，其和申启辉、甘林、王建和向云龙五人经事先商量好到奎山公园去作案，当时其记得王建和向云龙没有跟他们去抢，他们两人在附近望风，其和甘林、申启辉三人到公园一座拱桥旁的凉亭时，看见一对男女青年在聊天，他们三人就围了上去，申启辉拿出一支匕首架在那男的脖子上，并将他及他的女朋友挟持到凉亭对面的石凳去，叫他们把身上的钱和手机交出来。这次作案抢了两部手机，一部是黑色直板索爱手机，一部是银色杂牌手机及现金 200 多元。王建和向云龙在附近望风，他们走的时候就一起走。

7. 甘立玲供述：2007 年 12 月上旬的一天晚上，其和申启辉、阿江、王建和云龙五个人在市区奎山公园抢劫了一次，当时王建和云龙没有跟他们去抢，但是最后有分钱。当时其和阿辉、阿江三人来到公园的凉亭处见到一对男女在聊天，他们三人就靠近那男青年，用一把刀放在他的脖子上叫他不要抬头，那男青年把他身上的钱和手机给了其，然后就让他们往山的方向走。这次抢了两部手机，一部是黑色直板索爱手机，一部是银色手机，及现金 200 多元。两部手机由王建拿去卖。甘立玲对王建、申启辉、董正发参与该宗抢劫作案进行了辨认。

三、2007 年 12 月 19 日凌晨，原审被告人申启辉、聂绪华伙同阿伟、小郑（均另案处理）密谋抢劫事宜后，携带匕首窜到汕尾市区玉台山图书馆附近的绿化带，持匕首对在该处坐谈的蒲坤、李冰进行威胁，抢走蒲现金人民币 100 元、杂牌手机一部（价值人民币 120 元）和本田五羊摩托车一辆（价值共计人民币 2500 元）。赃款被四人分掉。

认定上述事实，有经原审庭审质证的如下证据证实：

1. 被害人蒲坤的陈述证实：2007 年 12 月 19 日凌晨零时 30 分，其和朋友李冰在慈云山公园坐，有四名男青年走过来，其中一人按住其脖子，另三人在一旁站着，叫其把钱拿出来，其把身上的 100 元人民币、手机及摩托车钥匙拿出来，他们中两个人有拿刀，他们就两人把车开走，两人把他俩带至慈云山公园楼梯高墙后，叫他俩一直走。其被抢去现金人民币 100 元，国产杂牌手机一部，红色本田五羊牌摩托车一辆。蒲坤经辨认，指出申启辉、聂绪华是抢劫其的歹徒。

2. 被害人李冰的陈述证实：2007 年 12 月 19 日凌晨在慈云山公园被四名男青年抢劫。

3. 汕尾市城区价格认证中心出具的汕市区认字（2008）45 号《涉案财物价格鉴定结论书》，鉴定杂牌手机一部价格为人民币 120 元、本田五羊摩托车一辆价格为人民币 2500 元。

4. 申启辉供述：2007 年 12 月中旬的一天凌晨，其和聂绪华、小郑、阿伟四人经事先商量到玉台山抢劫作案，当他们四人走到玉台山图书馆附近时，发现在旁边的绿化带有一对男女青年在谈话，旁边停放一辆摩托车，于是其先靠近那男青年，从他背后按住他的脖子，小华他们三人冲上来，当时小华和小郑两人手上拿着匕首指着那男青年，叫其将身上的钱、手机及摩托车钥匙拿给我们，阿伟去搜那女青年的身，之后，小郑去启动那辆摩托车，其和小华押那对男女青年到公园楼梯围墙后面去，叫他们俩一直往前走，他们就开摩托车逃离现场。抢得一部黑色直板国产杂牌手机、一辆红色本田五羊摩托车及现金 100 多元。

5. 聂绪华供述：2007年12月上旬的一天凌晨，其和申启辉，还有另外两名男青年四人商量好到玉台山抢劫作案，当他们四人走到玉台山图书馆附近时，发现绿化带里有一对男女青年在谈话，旁边停放一辆摩托车，申启辉就靠近那男青年，从背后按住他的脖子，其和其他两人也围上去，用匕首指着叫他们把钱、手机拿出来，那男青年将身上的钱、手机及摩托车钥匙拿出来，然后叫那对男女往公园楼梯走去，他们四人就开抢来的摩托车走了。这次抢了一部黑色的国产杂牌手机、一辆红色五羊二轮摩托车及人民币100多元。聂绪华对申启辉参与该宗抢劫进行了辨认。

四、2007年12月29日晚11时许，原审被告人董正发、唐海川、黑日子哈伙同老黑（另案处理）密谋抢劫事宜后，携带匕首窜到汕尾市区奎山公园的拱桥边，持匕首对在该处坐谈的余杰文及其女朋友进行威胁殴打，抢走余现金人民币700元和摩托罗拉V3IE手机一部（价值人民币600元）；抢走余的女朋友人民币200元。赃款被四人分掉。

认定上述事实，有经原审庭审质证的如下证据证实：

1. 被害人余杰文的陈述证实：2007年12月29日晚11时许，其和女朋友在奎山公园拱桥下附近的石椅上谈天，有三名男青年朝他们走过来，其中一名男青年手持一把长约30厘米的弯刀架在其脖子上叫其别动，另外两名男青年就动手打他，其中一名男青年动手搜其身，另一男青年去搜其女朋友放在石椅上的手袋，搜完后又继续打他。其被抢去一部黑色摩托罗拉V3IE手机、一个黑色皮质钱包（内有现金人民币700元，其本人身份证一张及工商银行卡、邮政储蓄卡），其女朋友被抢去现金200元左右、工商银行卡和身份证一张。

2. 汕尾市城区价格认证中心出具的汕市区认字（2008）45号《涉案财物价格鉴定结论书》，鉴定摩托罗拉V3IE手机一部价格为人民币600元。

3. 扣押物品清单证实在黑日子哈身上扣押余杰文的身份证。

4. 董正发供述：2007年12月下旬一天晚上11时许，其和大龙、唐海川，还有一个人，想不起是谁，经事先商量好到奎山公园抢劫，大龙对他们说他在公园大门口望风，他们三人就进公园物色目标，在公园一座拱桥下发现一对青年男女坐在石椅上聊天，他们三人就围上去，唐海川掏出一支匕首架在那男青年的脖子上，那男青年反抗起来，其和另一人就动手去打他，打完后唐海川就叫那对男女青年趴在地上，随后其就去搜那男青年的身，另一人就去搜那女青年的手袋，其从那男青年身上搜得一部摩托罗拉手机和黑色皮质钱包一个，里面有现金700多元及一张身份证，另一人从那女青年身上搜得现金200多元，之后他们三人离开了现场，在公园门口叫大龙一起走。其分得400多元，大龙只分得70元，这70元是唐海川在奎山公园门口给大龙的。抢得的手机被唐海川拿去卖了，那张身份证及银行卡被唐海川扔在出租屋，后来给大龙拿去用了。董正发对唐海川、黑日子哈参与该宗抢劫作案进行了辨认。

5. 黑日子哈供述：其保存的姓名为余杰文的身份证，是2007年12月下旬一天晚上约10时其和唐海川、董正发及外号老黑的人共四人到奎山公园抢劫所得的，随后其将这张身份证放在其钱包至今。当时他们四人到奎山公园后，其在奎山公园门口附近接应，唐海川、董正发和老黑三人则进入公园内实施抢劫。唐海川、董正发和老黑三人抢劫得手后出来，给了其70元人民币，而这张身份证是在出租屋拿到的，唐海川将身份证带回他们的出租屋，告诉其是抢来的。

五、2008 年 1 月 20 日凌晨，原审被告人申启辉、聂绪华、甘立玲伙同朱彪（另案处理）等五人密谋抢劫事宜后，携带西瓜刀和匕首窜到汕尾市区海滨街市人民医院对面凉亭处，持西瓜刀和匕首对在该处坐谈的林强芳、庄素真进行威胁砍打，抢走林、庄现金人民币 230 元、三星手机一部（价值人民币 600 元）、诺基亚 6280 手机一部（价值人民币 500 元）和五羊牌摩托车一辆（价值人民币 1600 元）。赃款被五人分掉。

认定上述事实，有经原审庭审质证的如下证据证实：

1. 被害人林强芳的陈述证实：2008 年 1 月 20 日凌晨 2 时 35 分许，其和女朋友庄素真在海滨大道人民医院对面的凉亭处坐，突然有三名男青年拿一把刀向他们走来，用刀架着其的脖子，随后又跑来两名持刀男青年，砍了其背部两刀，然后就抢走其摩托车（黑色、五羊牌）和其女朋友的背包。林强芳经辨认照片，指出申启辉、甘立玲是抢劫其的歹徒。

2. 被害人庄素真的陈述证实在 2008 年 1 月 20 日凌晨在海滨大道人民医院对面的凉亭处被五名男青年抢劫的事实，被抢去现金人民币 30 元、一部手机（诺基亚 6280，黑色）及银行卡、身份证等。

3. 汕尾市城区价格认证中心出具的汕市区认字（2008）45 号《涉案财物价格鉴定结论书》，鉴定三星手机一部（价格为人民币 600 元）、诺基亚 6280 手机一部（价格为人民币 500 元）、五羊摩托车一辆（价格为人民币 1600 元）。

4. 申启辉供述：2008 年 1 月下旬一天凌晨 2 时许，其和甘林、朱彪、小华还有朱彪的一个朋友经事先商量到海滨街去抢劫作案。当他们到达海滨街凤山妈祖附近时看见一对男女青年在市人民医院对面的凉亭聊天，其和甘林、朱彪三人先靠近那对青年人，当时其手持一把西瓜刀，甘林手持一支匕首指着那女青年，小华和朱彪去控制那名男青年，他们都有拿刀，那男青年反抗，被朱彪的朋友砍了几刀，其和小华去搜那对男女青年身上的钱，搜得一些现金、手机和摩托车钥匙，抢完后朱彪的朋友将那男青年的摩托车开走，他们四人就开朱彪的摩托车走。这次作案抢得一个背包（包内有一个钱包、一部黑色手机、现金 200 多元），从那男的身上搜得一部黑色手机，抢得一辆黑色五羊摩托车。

5. 聂绪华供述：2008 年 2 月中旬一天凌晨，其与大龙、阿彪在凤山妈祖附近红十字医院后门抢劫了绿化带上一对 17 岁左右的男女。当时大龙持一支匕首指那男青年，阿彪负责控制那对青年男女，其和大龙去搜他们身上的钱，搜得一部小灵通及现金 40 多元，之后他们将这对男女驾来的一辆五羊摩托车抢走。聂绪华对黑日子哈参与该宗抢劫犯罪进行了辨认。

6. 甘立玲供述：2008 年 1 月下旬一天凌晨 2 时许，其和申启辉、朱彪、聂绪华，还有一个人记不起来，在海边街人民医院对面的亭子抢劫一对男女青年。其和朱彪用带去的两把刀架在那名男青年的脖子上，聂绪华和另外一个人去搜那对男女的身，从他们身上搜得现金、手机和摩托车钥匙，他们五人开抢来的摩托车和朱彪的摩托车逃跑。这次抢得一个背包，背包内有钱包、一部黑色手机，钱包内有现金 200 元；还有一部黑色手机和一部黑色五羊摩托车。

六、2008 年 1 月 20 日前后的一天晚上 11 时许，上诉人杜猛与原审被告人董正发、唐海川密谋抢劫事宜后，携带匕首和钢管窜到汕尾市区奎山公园凉亭处，持匕首和钢管对在该处坐谈的一对青年男女进行威胁，抢走该对青年男女现金人民币 90 元和摩托罗拉 C118 手机一部（价值人民币 200 元）。之后将手机卖给汕尾市区莲塘村中国联通电讯店，得款人民币 40 元。赃款被四人瓜分。

认定上述事实，有经原审庭审质证的如下证据证实：

1. 证人陈惠烨的证言证实：其于 2008 年 1 月的一天，在其务工的汕尾市区莲塘电讯店以人民币 40 元的价格向一名外省男青年收购一部白色直板摩托罗拉手机。

2. 汕尾市城区价格认证中心出具的汕市区认字（2008）10 号《涉案财物价格鉴定结论书》，鉴定摩托罗拉 C118 手机一部价格为人民币 200 元。

3. 杜猛供述：2008 年 1 月 20 日前后的一天晚上 11 时许，其和唐海川、董正发三人经事先商量后，到奎山公园抢劫作案。当他们三人步行到公园山脚下的一个凉亭时，发现有一对男女青年坐在那里谈话，他们三人就围上去，其和唐海川分别掏出准备好的一支匕首和一把钢刀对着那两名男女青年，分别控制两名男女青年，对他们进行搜身，共抢得两部摩托罗拉手机及现金 90 多元，一部摩托罗拉手机被董正发卖到莲塘手机店，卖了 40 多元。钱被他们平分掉。

4. 董正发供述：2008 年 1 月 20 日左右的一天晚上 23 时许，其和唐海川、杜猛经商定抢劫后，杜猛身上藏一把匕首，唐海川身上藏一根钢管，到奎山公园寻找作案目标。在经奎山公园山脚下亭子时，看见一对男女青年在亭子里聊天，等三人靠近他们身边，杜猛拿出匕首指着男的，恐吓他不要动，唐海川拿着钢管对着女的，其过去和杜猛一起按住男的，杜猛用本地话叫他们把身上的财物拿出来，他们就把两部手机和几十元交给杜猛，他们得手后就逃跑了。两部白色手机，一部是坏的，另一部在莲塘的一个手机店卖得 40 多元，抢来的是 90 多元。董正发对参与该宗抢劫同案人唐海川、杜猛进行了辨认。

5. 唐海川供述：2008 年 1 月 20 日左右的一天晚上 11 时许，其和杜猛、董正发经事先商量抢劫后，其身上藏着一根钢管，杜猛藏着一把匕首，到奎山公园寻找作案目标。当他们走到公园山脚下的亭子时看到一对青年男女在谈话，他们靠近后，杜猛拿着匕首指着男的叫他不要动，其拿钢管对着女的，董正发跟杜猛一起按住男的，杜猛用本地话叫他们把钱拿出来，他们就从身上拿出两部手机和几十元钱交给杜猛，杜猛把东西交给董正发后他们就一起跑了。杜猛跟其说一部手机坏了，另外一部卖了。杜猛说当时抢到现金 90 多元，手机只卖了 40 多元，他们一起吃饭后，各分 35 元。

七、2008 年 1 月 24 日凌晨 1 时许，上诉人杜猛与原审被告人王建、申启辉、向云龙密谋抢劫事宜后，携带匕首窜到汕尾市区玉台山公园牌坊左侧的花坛处，持匕首对在该处坐谈的赵成雄、吴惠燕进行威胁，抢走赵、吴现金人民币 150 元、LG 手机一部（价值人民币 200 元）、杂牌手机一部（价值人民币 150 元）和五羊牌摩托车一辆（价值人民币 1200 元）。之后将手机卖给余俊平，得款人民币 350 元。赃款被四人瓜分。

认定上述事实，有经原审庭审质证的如下证据证实：

1. 被害人赵成雄的陈述证实：2008 年 1 月 24 日凌晨零时 50 分左右，其和女友吴惠燕在慈云山公园坐谈，这时有四名男青年走过来，其中一人拿一把刀架在其脖子上，四名男青年都站在他们身后，并把其眼镜拿掉，其他三人把他俩按住，说："我们求财，你们要合作。"说完用绳子把其的手后背绑起来，叫他们走到公园台阶处，把他们的两部手机和 100 多元现金、一辆摩托车抢走了。被抢去一部 LG 牌翻盖银色手机、一部国产杂牌黑色手机、一辆五羊牌银色摩托车、现金人民币 150 元。

2. 证人余俊平的证言和辨认照片笔录证实：其于2008年1月下旬的一天分别以人民币200元和150元的价格向杜猛收购一部银白色翻盖LG牌手机和一部黑白色直板杂牌手机。

3. 汕尾市城区价格认证中心出具的汕市区认字（2008）31号《涉案财物价格鉴定结论书》，鉴定杂牌手机一部价格为人民币150元、LG手机一部价格为人民币200元、五羊摩托车一辆价格为人民币1200元。

4. 杜猛供述：2008年1月下旬的一天凌晨1时许，其和王建、向云龙、申启辉四人经事先商量，到市区慈云山公园抢劫作案。当他们四人走到公园牌坊左侧的花坛时，发现有一对青年情侣在聊天，旁边停放一辆摩托车，于是他们四人就围上去，王建掏出一支匕首架在那名男青年的脖子上，其就去摘他的眼镜，他们又从附近捡来一条绳子将该男青年的手后背绑起来，其就去搜他的身，向云龙和申启辉就去搜那女青年的身。其搜到一部LG牌手机（银白色、翻盖），向云龙他们搜到一部杂牌手机（黑色）及现金100多元，随后他们又将他们驾来的摩托车（五羊牌、白色）劫走。摩托车被其卖给了一个叫阿国的海丰人，卖了550元，那两部手机被其卖给一个文身店，卖了350元，这些钱被他们四人平均分掉。

5. 王建供述：2008年1月下旬一天晚上1时许，其和杜猛、向云龙、申启辉四人商量到玉台山去作案，当他们走到玉台山牌坊左侧的树丛时发现有对年轻情侣，旁边停了一辆白色五羊摩托车，于是他们四人就走过去，其和杜猛掏出匕首架在那男青年的脖子上，向云龙和申启辉就去抢那名女青年，他们拿绳子将那名男青年的手后背捆绑起来，杜猛将那男青年的眼镜摘下来。他们从那名男青年的身上抢了一部LG牌手机（银白色、翻盖）和一部直板的黑色杂牌手机及现金100多元，并将他们的摩托车开走。第二天杜猛通过他的朋友将摩托车以550元卖出去，两部手机杜猛和申启辉卖掉得款350元。

6. 申启辉供述：2008年1月下旬的一天晚上10点多钟，其和向云龙、杜猛、王建四人经事先商量好到玉台山公园作案，当他们走到玉台山上的大圆球附近时，看到一对情侣坐在一张石板上谈话，于是他们四人冲上前，由向云龙和王建掏出事先准备好的匕首架在那对情侣的脖子上，其和杜猛上前去搜身。这次作案他们总共搜得两部手机，一部是黑色诺基亚N72手机，一部是白色索爱手机及现金150多元，那部诺基亚手机被杜猛拿到外面去卖，当时卖了800元，另外一部索爱手机被王建拿到市区马路去卖，获得60元，他们每人各分得170元左右。申启辉还对现场进行了辨认确认。

八、2008年1月31日早上7时许，上诉人杜猛与原审被告人王建、申启辉、向云龙、陈安乐密谋抢劫事宜后，携带匕首窜到汕尾市区玉台山公园大球附近，持匕首对在该处晨运的刘永良进行威胁殴打，抢走刘现金人民币400元及诺基亚手机一部（价值人民币100元）。赃款被五人分掉。

认定上述事实，有经原审庭审质证的如下证据证实：

1. 被害人刘永良的陈述证实：2008年1月31日早上7时20分，其一人在慈云山公园散步，突然从侧面冲出一名约20岁的男青年，其看情况不对就跑，当其跑至门口的路边时，被五六名男青年从后面追上来拉住，其中两名男青年的手各持一把尖刀，把其按倒在地上，对其拳打脚踢。其被抢去一部蓝白色诺基亚1110型直板手机及现金400多元。

2. 杜猛供述：2008 年 1 月下旬一天晚上，其和申启辉、王建、向云龙、陈安乐五人通宵上网，到第二天早上 7 时许，他们五人就想去玉台山玩，因为身上没钱，想去那里看看有没有可以抢劫的对象。当他们五人走到公园的大圆球附近时，见到一名老年人在晨运，于是他们五人就冲上前，向云龙和王建分别掏出一支匕首叫那老年人坐下，那老年人想往山下跑，被其追上按倒在地，之后他们几人用拳头打了他的身体，接着陈安乐去搜他的身，从他身上搜得一部诺基亚手机（银白色、直板）及现金 400 多元，这次他们每人分得 100 多元。

3. 王建供述：2008 年 1 月 30 日左右的一天晚上，其和向云龙、杜猛、申启辉、陈安乐五人通宵上网，到第二天早上 7 时许他们几人就想到玉台山公园去玩，当他们走到慈云山上那座圆球右侧时看到一个老头子在锻炼身体，他们就围了上去，其和向云龙手里拿着一把匕首，其就叫那老头子坐下，那老头子想跑，被杜猛按倒在地，其就用脚去踢那老头子，杜猛用拳头打他的背部，陈安乐去搜他的身，从他身上搜得一部诺基亚 1110 手机及现金 400 多元。

4. 申启辉供述：在 1 月底的一天晚上 11 时许，其和陈安乐、杜猛、王建、向云龙五人通宵上网。后到玉台山公园去玩，走到公园山顶那座圆球附近时为早上 7 点多钟，看到有一中年男人在草地上锻炼身体，于是就冲上前抢劫。杜猛从其后面用手勒住他的脖子，将他按倒在地上，向云龙和王建拿出匕首架在那中年男人的脖子上，陈安乐就去搜他的身，搜得一部诺基亚手机和现金 400 多元，之后他们就逃离现场到杜猛的出租屋分钱。

5. 向云龙供述：2008 年 1 月底的一天，其和申启辉、陈安乐、王建和杜猛五人在莲塘通宵上网。第二天早上 7 时许，他们走到慈云山公园，在玉台山的右侧，看到一老头在晨运，他们就围上去，其和王建从身上拿出一把弹簧刀，王建叫那老头坐下，那老头想跑，被杜猛按倒在地，用拳头打他的后背，陈安乐上去搜老头的身，搜到一部诺基亚手机和现金 400 多元。抢完后他们就跑了。

6. 陈安乐供述：2008 年 1 月 31 日上午 7 时许，其与王建、申启辉、向云龙、杜猛五人经事先商量抢劫后窜到玉台山公园山上圆球下，看到一个中年男人在那里，那人看到他们拔腿就跑，他们一起追上去，杜猛按住中年男人的身子，用拳头打他背部，向云龙拿着一把事先准备的水果刀指着他，其就搜他的衣服，搜出一部直板手机，而他们从中年男人身上搜得 400 多元，抢后他们就逃跑了。

九、2008 年 2 月 1 日晚 8 时许，上诉人杜猛与原审被告人向云龙、唐海川密谋抢劫事宜后，携带匕首、西瓜刀，驾驶摩托车窜到汕尾市区政和路规划局路段奎山河边，持匕首、西瓜刀胁迫在该处坐谈的余喜跃、黄雅洁交出财物。余喜跃反抗时，向云龙用匕首刺伤余的左胸部，致余受伤，三人随即逃离现场。经法医鉴定，余喜跃的损伤属轻微伤。

认定上述事实，有经原审庭审质证的如下证据证实：

1. 被害人余喜跃的陈述证实：2008 年 2 月 1 日 20 时 05 分左右，其和朋友黄雅洁在政和路规划局路段奎山河边坐谈，有三名男青年开一辆摩托车，从金煌方向往和顺村方向开，在规划局附近路段停下，然后从大路边往他们所在方向走来。果然三名男青年是冲他们来的，其中有两名从其左边方向靠近，有一名拿出一把西瓜刀将黄雅洁控制，另一名也拿出一把尖刀将要向他的腿部砍来，这时被其踢了一脚，刀就掉在地上，被其踢的那个人就从地上拿起尖刀向他的左胸肋部捅来。其被那名男青年捅伤后，那名男青年被其用脚踢了一下，然后他们就往和顺村方向跑。那名捅伤他的拿一把西瓜刀和一把尖刀，另外一名站在黄雅洁那边的是拿一把西瓜刀。没有被抢去任何东西。

2. 被害人黄雅洁的陈述证实：2008 年 2 月 1 日晚上 20 时许与朋友余喜跃在政和路规划局路段奎山河边被三名男青年持刀抢劫。

3. 法医学活体检验鉴定书，鉴定余喜跃的损伤属轻微伤。

4. 杜猛供述：2008 年 2 月上旬的一天晚上 8 点钟左右，其和向云龙、唐海川经事先商量好到金煌附近抢劫作案。当晚唐海川驾驶他的摩托车载他们两人在金煌对面的马路寻找作案对象。当他们驾车经市规划局门口时发现对面河边的草地上坐着一对男女青年，他们就将摩托车停放在路边，三人围上去，其就掏出一把西瓜刀，向云龙掏出一支匕首，两人一起指着那个男青年，唐海川就负责去控制那个女青年。那男青年一见到他们要来抢劫就反抗起来，和他们两人搏斗，其看到向云龙用他的匕首朝那男青年的身体捅了一下，随后那男青年就大声叫“抢劫”，见到这种情况三人都慌了，就往和顺村方向跑。大约过了 1 个小时，其发现他们开去作案的摩托车还停放在案发现场，于是其就骗其女朋友说其和唐海川在金煌跟人打架，现在摩托车被警察扣押，其要其女朋友帮其作伪证把车弄出来。这次抢劫他们没有抢到财物。

5. 向云龙供述：2008 年 2 月是日晚上 21 时许，其和杜猛、唐海川在政和路规划局对面绿化带抢劫一对男女。他们三人把车停放在政和路边，距那两人 100 米左右，把车停好向他们两人走近，其手上拿一把弹簧刀，杜猛拿一把西瓜刀，唐海川空手，其走到那男子左边，杜猛控制那女的。其看到那男子反抗就用弹簧刀捅了他一刀，那男子喊“救命”，他们就往和顺村方向跑了。后来摩托车被公安机关扣留了，杜猛和唐海川说要去派出所骗出来。这次他们没有抢到什么东西。向云龙还对作案现场作了指认。

6. 唐海川供述：2008 年 2 月 1 日晚上 8 时 30 分左右，其和杜猛、向云龙三人经事先商量抢劫后，杜猛带一把西瓜刀，向云龙带着一把匕首，其开一摩托车载他们两人到市区金煌附近寻找作案目标。看到路边一男一女在谈恋爱，他们把车开到离他们一百多米远的地方停下后，三人一起靠近这对男女，杜猛拿起西瓜刀，向云龙拿匕首对着那男的，叫他别动，其也从杜猛手里拿过刀对着女的，这时杜猛、向云龙和那男的打起来，那男的大声叫救命，然后他们就逃跑了，开去的摩托车也来不及开走丢在那里。回来时，向云龙说用匕首捅了那男的胸部一刀。唐海川还对参与抢劫的同案人杜猛、向云龙、董正发进行了指认。

十、2008 年 2 月 5 日凌晨 2 时许，上诉人杜猛与原审被告人王建、向云龙、陈安乐密谋抢劫事宜后，携带匕首窜到汕尾市区三马路豆腐街路段，持匕首对张月兰进行威胁，抢走张现金人民币 4000 元和联想牌手机一部（价值人民币 200 元）。陈安乐在逃离现场途中被公安机关抓获。

认定上述事实，有经原审庭审质证的如下证据证实：

1. 被害人张月兰的陈述证实：2008 年 1 月 5 日凌晨 2 时 05 分，其一人行走在豆腐街里仁巷交界处，从其后面走来四名男青年，其中一名抓住其头发，另一名用刀具架在其脖子上，四人将其按压在墙壁上使其动弹不得，有一个男青年叫其不要出声并将钱财交出来。其中一人从其身上搜到一部手机，抢走其的手提袋。其被抢去现金人民币 4000 多元、黑色联想牌手机一部。经辨认照片，张月兰指出陈安乐、杜猛、王建是对其实施抢劫的歹徒。

2. 汕尾市城区价格认证中心出具的汕市区认字（2008）31号《涉案财物价格鉴定结论书》，鉴定联想牌手机一部价格为人民币200元。

3. 杜猛供述：2008年2月5日凌晨1时许，其和王建、向云龙、陈安乐四人经事先商量好去抢劫作案，他们几人走到三马路附近的豆腐街时，见一名妇女提着挎包正往街里走，于是他们四人就冲上前将其围住。向云龙持匕首架在那妇女的脖子上，王建持匕首对着她的腹部，而其就去按她的头部并将其推到墙边。随后，陈安乐就去搜她的挎包，其去帮他搜，从那包里搜出一叠人民币和一部手机。这次作案得手后，他们四人就往三马路一神庙方向跑，而那名妇女就追在后面叫“抢劫”，他们几人跑了一段距离后就各自分开了。其从那妇女的包里搜得现金人民币约3200元（面值有100元30张，50元1张，其他的为散钱）和一部联想牌滑盖手机。

4. 王建供述：2008年2月5日凌晨零时许，其和向云龙、杜猛、陈安乐四人经事先商量抢劫后，到凌晨2时许，当他们四人到三马路豆腐街时，看到一名妇女正往里走，杜猛就提出要去抢她的财物。他们跟着那妇女进入小巷，上前围住那妇女，向云龙拿出匕首架在她的脖子上，其也拿出一支匕首指着她的腹部，杜猛用双手按住她的头部并把她推到墙边，陈安乐就抢她的挎包，从挎包里搜得一叠人民币，接着他们四人就迅速逃跑，其跑到工联街时遇到向云龙，然后他们一同回到通航旅店404房等待陈安乐和杜猛，向云龙将抢得的一叠钱放在床底下。大约过了四十多分钟，其和向云龙及在房里睡觉的申启辉三人被公安机关抓获。抢得一叠5元面值的人民币，看到杜猛从挎包里搜得一部手机和一叠100元面值的人民币。王建还对参与抢劫作案同案人陈安乐、杜猛、申启辉、向云龙进行了指认。

5. 向云龙供述：2月5日凌晨，其和王建、陈安乐、杜猛四人在通航旅店404房，杜猛提议要出去搞点钱用，他们三人都同意，其就顺手从床上拿了一把弹簧刀放在身上，他们四人到三马路寻找目标。至凌晨2时许，他们在三马路一小巷看见一妇女拿着挎包，就围上去，其拿出身上的弹簧刀架在那妇女的脖子上，王建拿出一把不锈钢尖刀威胁那妇女，杜猛叫她不要出声，并搜她的身，陈安乐就抢她的包，其拿了其中一叠5元面额的人民币，抢完就往不同方向逃窜。

6. 陈安乐供述：2008年2月5日凌晨2时左右，其和王建、向云龙、杜猛四人经事先商量抢劫后，向云龙身上带一把水果刀，他们四人到三马路看到一个妇女在三马路往一条小巷里走，杜猛跟他们说抢她，于是他们追上去，杜猛上前蒙住她的眼睛，王建和向云龙抓住那女人按到墙壁上，向云龙拿着一把水果刀指那女人，其搜她的身，搜到一个手提包，翻出一叠人民币交给向云龙，搜完后把手提袋扔还那女人。接着杜猛就往三马路方向跑，其跑到二马路时被十几个本地男青年抓住送到公安机关。陈安乐还对参与抢劫同案人杜猛、王建、申启辉、向云龙进行了辨认。

十一、2008年2月12日凌晨1时许，原审被告人聂绪华、黑日子哈伙同朱彪密谋抢劫事宜后，携带匕首窜到汕尾市区海滨街市人民医院南门对面的草地，持匕首对在该处坐谈的李海杰、徐婷婷进行威胁，抢走李现金人民币约30元，小灵通一部（价值人民币80元）和五羊牌摩托车一辆（价值人民币800元）；抢走徐人民币现金约15元。赃款被三人分掉。

认定上述事实，有经原审庭审质证的如下证据证实：

1. 被害人李海杰的陈述证实：2008 年 2 月 11 日 22 时许，其和女朋友徐婷婷两人开摩托车到海边街市人民医院对面的绿化带坐谈至凌晨 1 时 35 分左右，从左边走来一名男青年靠近其，手持一把长约 30 厘米的弹簧刀指着其肋部，另外从右边又走来两名男青年，其中一名男青年手持一把约 30 厘米的弹簧刀指着徐婷婷并叫徐趴下。那男青年叫其把钱和车钥匙给他，其就把身上的人民币约 30 元给他，将摩托车钥匙给他，也把手机给他，另外一个男青年也抢走徐婷婷的现金人民币约 50 元。其被抢走人民币约 30 元，一部小灵通手机，一辆五羊牌二轮摩托车，徐婷婷被抢走人民币约 50 元。李海杰经辨认照片，指出黑日子哈、聂绪华是对其实施抢劫的歹徒。

2. 被害人徐婷婷的陈述证实：2008 年 2 月 11 日晚，其与男朋友李海杰在海边街被三名男青年持刀抢劫。

3. 汕尾市城区价格认证中心出具的汕市区认字（2008）45 号《涉案财物价格鉴定结论书》，鉴定小灵通一部价格为人民币 80 元、五羊摩托车一辆价格为人民币 800 元。

4. 聂绪华供述：2008 年 2 月中旬一天凌晨，其与大龙、阿彪在凤山妈祖附近红十字医院后门对面的绿化带上抢劫了一对 17 岁左右的男女。当时大龙持一支匕首指那男青年，阿彪负责控制那对青年男女，其和大龙去搜他们身上的钱，搜得一部小灵通及现金 40 多元，之后他们将被害人驾来的一辆五羊摩托车抢走。聂绪华还对黑日子哈参与该宗抢劫犯罪进行了指认。

5. 黑日子哈供述：2008 年 2 月中旬的一天凌晨，其与朱彪、聂绪华事先商量好抢劫，到凌晨 1 时许，他们徒步到红十字医院对面的绿化带时发现有一对男女青年在谈话，其慢慢走到那男青年旁边掏出事先准备好的一支匕首指着那男青年肋部，小华叫那女青年趴在地上别动，之后他们去搜那对青年男女的身。从男的身上搜得一部市话通及现金人民币 30 元左右，还有一串车钥匙，从那女的身上搜得现金人民币 15 元，小华将那对青年开来的摩托车开走，其和朱彪坐上车，随后逃离现场。那辆摩托车是五羊摩托车。

十二、2008 年 2 月 14 日凌晨，原审被告人聂绪华、甘立玲伙同朱彪、黑丸、阿军（均另案处理）密谋抢劫事宜后，窜到汕尾市区海滨街鲁关爷庙对面凉亭处，看见两名青年正在抢劫李宽伟、赖芷扬的摩托车。聂绪华、甘立玲及朱彪、黑丸、阿军上前追打并赶走那两名男青年后，用随身携带的木棒和刀砍打李宽伟，抢走李的雅玛哈 125C 摩托车一辆（价值人民币 2000 元）。经法医鉴定，李宽伟的损伤属轻伤。

认定上述事实，有经原审庭审质证的如下证据证实：

1. 被害人李宽伟的陈述证实：2008 年 2 月 14 日凌晨零时许，其和同学赖芷扬来到海滨大道鲁关爷庙对面小亭坐谈，到凌晨 1 点多钟有两名男青年走过来，拿着刀架在他的嘴巴上，叫其不要动，那男青年就用手来搜他的身，拿了他的手机和钱包，他拿了钥匙就去开摩托车，但开不动，叫其过去帮他发动，其就过去把摩托车开动，他们开摩托车走了。这时又来了五六个男青年，手里拿着刀、木棍走过来，先和其一起追那两名男青年，但其追不到就转身回来，后那五六个男青年就动手打他，他们打后就跑了。其被抢走一部红色雅玛哈摩托车、一部黑色诺基亚 N70 手机及身份证、学生证。李宽伟经辨认照片，指出聂绪华是对其实施抢劫的歹徒。

2. 被害人赖芷扬的陈述证实：2008 年 2 月 14 日凌晨零时许，其与同学李宽伟在海滨大道小亭坐谈时先被两名男青年持刀抢去一辆摩托车、钱包及手机，后又有五六名男青年持刀及木棍过来，追打那两名抢走他们摩托车及钱物的男青年，那两名男青年将摩托车丢在地上逃跑。那五六名男青年用木棍和刀殴打李宽伟，之后，将前两名男青年丢下的李宽伟的摩托车开走。被抢去一部索爱 W800 手机。

3. 法医学活体检验鉴定书，鉴定李宽伟的损伤属轻伤。

4. 汕尾市城区价格认证中心出具的汕市区认字（2008）45 号《涉案财物价格鉴定结论书》，鉴定雅玛哈 125C 摩托车一辆价格为人民币 2000 元。

5. 聂绪华供述：2008 年 2 月中旬一天凌晨 2 时许，其和朱彪、甘林、阿军、黑丸五人在海滨街寻找作案目标，当他们走到一座神庙对面凉亭时看见两个男青年站在那里，看样子也是干他们这一行的。大约过了 2 分钟，他们发现那两名男青年在抢劫一对男女青年，想把他们的摩托车抢走，见车没有被启动，其和朱彪、甘林、黑丸、阿军五人马上追上去。那名被抢的男青年见他们五人去追那两名抢劫他的男青年也去追他们，那两名男青年就逃跑了，他们追了一段距离后发现那两名男青年丢下摩托车就不再追了，而是把摩托车开回那被抢劫的男青年旁边。朱彪和黑丸就去打那名被抢劫的男青年，打完后，他们五人就开那辆摩托车走了。朱彪带了一支匕首，甘林拿了一支木棒，这次抢得一辆红色女式摩托车。

6. 甘立玲供述：2008 年 2 月中旬一天凌晨，其和朱彪、阿军、黑丸、聂绪华五人在海滨街看见两名男青年在抢劫一对男女青年，他们把那对男女青年的一辆女式摩托车抢了过来，准备逃跑时摩托车启动不了，其和朱彪、阿军、黑丸、聂绪华五人就追上去。那两名抢劫的男青年见他们去追就逃跑，他们发现那两人丢下那辆摩托车之后就没有再追，而是把摩托车开回来。朱彪和黑丸就去打那名被抢劫的男青年，打完后，他们五人就开那辆摩托车逃跑了。朱彪拿着刀去打那男青年，黑丸是用木棒去打那男青年。

十三、2008 年 3 月 15 日 21 时许，原审被告人聂绪华、黑日子布伙同朱彪、信林（另案处理）密谋抢劫事宜后，窜到汕尾市区港雄体育馆门口附近，用随身携带的匕首对在该处坐谈的陈成义、黄晓静进行威胁，抢走陈、黄现金人民币 50 元、索爱手机一部（价值人民币 180 元）和白鲨牌摩托车一辆（价值人民币 1000 元）。赃款被四人瓜分。

认定上述事实，有经原审庭审质证的如下证据证实：

1. 被害人陈成义的陈述证实：2008 年 3 月 15 日晚上 21 时许，其和黄晓静在市区公园路港雄对面草坪坐，有四个男子走过来，其中一名男子走到其身边，拿刀对着其的右肋部，又有一名男子走到其的背后，用刀架在其脖子上。他们搜其的身，然后搜黄晓静的身。其被抢去 50 元现金，一部白色白鲨二轮摩托车，黄晓静被抢去一部直板索爱手机及 10 多元现金。陈成义经辨认照片，指出聂绪华、黑日子布是抢劫其的歹徒。

2. 汕尾市城区价格认证中心出具的汕市区认字（2008）45 号《涉案财物价格鉴定结论书》，鉴定索爱手机一部价格为人民币 180 元、白鲨摩托车一辆价格为人民币 1000 元。

3. 聂绪华供述：2008 年 3 月中旬一天晚上 10 点多钟，其与阿彪、小龙、信林四人走到港雄体校门口时发现对面草地上有一对青年男女在聊天。于是他们就走了过去，阿彪拿了一把匕首给其。他们走到两人身边，其与小龙用匕首指着那男的右肋部，叫他们不要动，信林去搜他们身上的钱财，阿彪用脚踢了那男的头部几下，那男青年就将钥匙拿给其，朱彪用那把钥匙去发动摩托车，小龙和信林搜完那对男女青年的身就和其坐上摩托车逃走。抢得一部白色直板索爱手机，现金 50 多元及一辆白鲨摩托车。聂绪华还对黑日子布参与该宗抢劫进行了指认。

4. 黑日子布供述：2008 年 3 月中旬的一天晚上 11 时许，其和聂绪华、王信林、朱彪四人经事先商量好到体校附近抢劫作案。当他们徒步到港雄体校门口时，发现对面附近草丛坐着一对男女青年，就先由聂绪华持一支匕首慢慢走过去，用匕首指着那男青年的右肋部，随后其也走过去用事先带来的匕首架在那男青年的脖子上，朱彪用脚踢了那人的头部，其和聂绪华、王信林去搜那对男女青年的身，从那男的身上搜得几十元现金和一串车钥匙，从那女的身上搜得一部白色直板索爱手机及现金十几元，之后朱彪将停放在旁边的一辆白鲨摩托车启动，其和绪华、信林坐上去逃跑。抢得一部白鲨摩托车、一部索爱手机及几十元现金。这次作案分得现金约 200 元。

十四、2007 年 12 月 30 日晚 8 时许，朱彪在汕尾市区奎山公园与他人发生纠纷，遂召集上诉人杜猛和原审被告人申启辉、甘立玲、聂绪华、董正发、黑日子哈、同案人信林（另案处理）等人，携带砍山刀和钢管，窜到奎山公园溜冰场旁边小卖部，共同对卓小科的头部、身体进行砍打，致卓小科重伤。

认定上述事实，有经原审庭审质证的如下证据证实：

1. 被害人卓小科陈述证实：2007 年 12 月 30 日下午，其与朋友杰胜、贤强在汕尾市区奎山公园溜冰场溜冰时，其和两名外省男青年发生纠纷；当晚 8 时许，其等三人又逛到奎山公园，在溜冰场旁边士多店前，其被十多名男青年持刀和钢管追打，其见之前与其发生纠纷的两名男青年也在他们当中。卓小科经辨认照片，指出申启辉、杜猛、向云龙是持刀、钢管打他的人。

2. 证人郑杰胜的证言证实：2007 年 12 月 30 日晚 9 时许，其和朋友卓小科到奎山公园青少年活动中心玩时，在小卖部旁边，卓小科被二三十名男青年用刀、钢管围着打，事情是因当天下午卓小科在公园溜冰场与人发生纠纷引起的。

3. 证人沈群的证言证实：2007 年 12 月 30 日晚 9 时 30 分左右，其在奎山公园青少年活动中心上班时，看到一名男青年站在小卖部旁边，这时来了二三十名男青年拿着刀、钢管冲着该名男青年进行殴打，该名男青年被打得满身是血。沈群经辨认照片，指出申启辉、甘立玲持刀，黑日子哈持钢管，他们均有砍打卓小科。

4. 同案知情人王建证实：2007 年 12 月下旬的一天下午，其听杜猛说朱彪被汕尾人欺负，要找机会报仇。随后，杜猛叫其和杜到海丰拿了三把开山刀回到汕尾发给大家。当晚 9 点多钟，他们一班人和朱彪叫来的十几个人走到奎山公园溜冰场旁边的士多店后，其见杜猛、朱彪、小华、大龙、申启辉还有一些人用刀和通心管打一名男青年。那名男青年倒在地上，身上流着血。

5. 汕尾市公安局城区分局法医出具的（2008）第 24 号《法医学活体检验鉴定书》，检查伤者卓小科后背第九胸脊处见 5cm × 0.5cm 皮肤划痕，左颞顶部见 16.7cm “n” 形手术创口。CT 片显示：左侧顶部硬膜外出血，量约 30mL，左侧顶骨裂伤、骨折，头皮血肿。病历：施左颞顶部开颅血肿清除术。鉴定卓小科的损伤属重伤。

6. 杜猛供述：2007 年 12 月下旬的一天下午 4 点多钟，大龙打其手机，说朱彪、甘林给一些汕尾本地人追砍，叫其马上到莲塘的出租屋集合，其和唐海川就赶到莲塘去。到了出租屋，看到朱彪非常气愤，并召集了很多人到莲塘出租屋，准备去找那些汕尾本地人算账。朱彪对其说刀不够，要其去找一批刀来，其叫他放心，其在海丰那边放有几把刀，其就叫上王建马上和其去海丰取刀。下午6点多钟，其和王建从海丰的一个朋友阿国处借了三把开山刀，回到汕尾，在莲塘的出租屋其就将这三把开山刀分别给了申启辉、聂绪华、甘林三人，除了这三人有拿刀外，其看到朱彪和信林也有拿刀。到了晚上8点多钟，他们这些人就从莲塘出发步行到公园大门口集合。遇到对方时，那人从身上掏出一支伸缩棍，甘林就先冲上前去砍了那人的头一刀，随后朱彪、信林、申启辉、小华、董正发、大龙等人就围了过去，围着那人乱砍乱打。当时有持刀的人都有砍打那人，除了拿刀的这几个人外，大龙还拿一支钢管打了那人的身体几下，之后钢管被董正发抢过去继续对那人的身体打了几下，主要打他的手脚。他们几个人围砍那汕尾男青年，打了两三分钟，怕警察过来抓人，就迅速逃离了现场。

7. 申启辉供述：2007年12月下旬的一天下午5点多钟，其和王建到莲塘出租屋，朱彪说在奎山公园被一群汕尾本地人追打，准备去找那些人算账。之后朱彪说刀不够，当时其看到杜猛叫朱放心，他会去海丰借几把刀过来，随后他就和王建两人一起去海丰借刀。到晚上6点多钟，杜猛和王建从海丰回来带了几把刀过来，这些刀都是开山刀，其就从他那里拿了一把较长的开山刀，小华和甘林也从杜猛那里各拿了一把开山刀，而朱彪、信林他们自己都有刀。到晚上8点多钟，他们这些人从莲塘出发步行到公园的大门口集合，到了公园门口，其看到朱彪叫来的那些人手上持有木棍，但没有拿刀，之后他们这些人就一起进公园。其看到甘林朝一个手持伸缩棍的人跑了过去，甘林朝他的头部砍了一刀，那人被砍了之后其和朱彪、小华、信林几个人也持刀追上去砍那男青年，那男青年见状就往小店方向跑，但没跑几步就跌倒在地上，遭他们这些有持刀的人乱砍。其记得其朝那人的腰部砍了一刀，还朝他的身体部位砍了一刀。除了他们这几个人之外，其还看到大龙和阿江都有参与打人，那人被他们乱砍时，大龙和阿江拿一支钢管在轮流打那人，打了几下。那人被他们围砍了两三分钟，他们就迅速逃离现场，其看到那人倒在地上，满身是血。

8. 董正发供述：2007年12月下旬的一天晚上，其接了朱彪的电话就赶到出租屋，看到杜猛从海丰拿了几把开山刀回来，正将刀分给他人，其中申启辉、小华、甘林三人各向杜猛拿了一把开山刀，朱彪、信林他们自己有刀，而大龙就持一支钢管。到晚上8点多钟，他们这些人从莲塘步行到公园的大门口集合，到了公园门口其看到朱彪叫来的那些人持有木棍，但都没有拿刀，之后他们进入公园到溜冰场附近。他们还没走到那人身边，那人就从身上掏出一支伸缩棍来，甘林就先冲上前去砍了那人的头部一刀，随后其和朱彪、大龙、申启辉、小华、信林，还有一些不认识的人就围了上去，围着那人乱砍、乱打。当时持刀的人都有砍打，而其当时手上没有拿工具，就用脚踢那个人的身上，踢了几下后，其看到大龙手持钢管往那人身上乱打，他打了几下，其就去夺他的钢管，夺过之后就用钢管打了那人的手脚和背部几下，他们这些人围着那人打了两三分钟，就迅速逃离现场了。

9. 聂绪华供述：当天下午朱彪召集了一些人到莲塘出租屋，朱彪说准备去找那些人算账，刀不够，杜猛说他会去海丰借几把刀来，随后就和王建一起去海丰借刀了。到了晚上6点多钟，他们两人才回来，并带了几把开山刀。其和申启辉、甘林三人从杜猛手上各拿了一把开山刀，而朱彪和信林自己都有刀。晚上8点多钟，他们这些人进了公园来到溜冰场附近，就见到对方从身上掏出一支伸缩棍来。其看到甘林先冲上前去，朝他的头部砍了一刀，那人被砍中之后，其和朱彪、申启辉、信林几个人也持刀追上去砍那男青年，那男青年往小店的方向跑，但没跑几步就跌倒在地，之后被他们这些有持刀的人乱砍，当时其记得其朝那人的脚砍了一刀，在他的背部砍了几下。其还看到大龙和阿江当时有拿一支钢管在轮流打那男青年几下，他们围砍了两三分钟后就迅速逃离现场。聂绪华经辨认后指出申启辉、甘林拿刀，董正发拿钢管。

10. 黑日子哈供述：2007 年 12 月下旬的一天，其到公园正门口，看到朱彪带了好多人，朱彪、申启辉、小华、甘林手上都有拿开山刀，也有一些人拿木棍。朱彪带他们去找那些汕尾本地人，甘林看到对方拿出一支三节棍，就先冲上去用刀朝他的身上砍了一刀，之后其他人也跟着冲上去砍那个人。当时其手上拿着朱彪给的钢管，用钢管去打他的手脚和身体，打了几下。董正发用脚去踢那个人后，又拿钢管打那个人的身体。这些刀有一些是他们自己买来的，有些是杜猛从海丰拿过来的。

认定本案其他事实，还有经原审庭审质证的如下证据：

1. 扣押物品清单、发还物品清单，及扣押的赃款、赃物、作案工具的照片证实：公安机关扣押了申启辉、陈安乐持有的 5 元面额人民币 143 张，三星、诺基亚 8850、COLOR 手机各一部和手机卡、银行卡等物品；向云龙持有的西瓜刀、弹簧刀各两把；杜猛持有的西瓜刀三把；黑日子哈持有的余杰文身份证一张和银行卡等物品；黄锦文持有的黑色诺基亚 N70 手机一部；陈惠烨持有的摩托罗拉 C118 手机一部；赖镇南持有的黑色直板索爱手机一部；余俊平持有的黑白色 N2626i 手机一部及所退赃款 150 元。公安机关已发还张月兰 5 元面额人民币 143 张和挎包一个，赵成雄 N2626i 手机一部。

2. 现场勘验检查笔录、接受刑事案件登记表及破案报告，证实上述案件的发生地点和立、破案的经过。

3. 各原审被告人的户籍证明，证实除上诉人杜猛以外的其他原审被告人的身份情况。

4. 上诉人杜猛供述：其出生于 1990 年农历正月初十，对应的公历日期是 1990 年 2 月 5 日。

5. 刑事判决书和刑满释放证明书，证实董正发于 2007 年 1 月 22 日因犯抢夺罪被深圳市罗湖区人民法院判处有期徒刑一年，2007 年 10 月 25 日在汕尾市看守所刑满释放。

综上所述：上诉人杜猛参与抢劫 5 次，劫取财物价值人民币 6690 元，致 1 人轻微伤；原审被告人申启辉参与抢劫 6 次，劫取财物价值人民币 9570 元；原审被告人向云龙参与抢劫 6 次，劫取财物价值人民币 8120 元，致 1 人轻微伤；原审被告人王建参与抢劫 5 次，劫取财物价值人民币 8120 元；原审被告人聂绪华参与抢劫 5 次，劫取财物价值人民币 9805 元，致 1 人轻伤；原审被告人甘立玲参与抢劫 4 次，劫取财物价值人民币 6650 元，致 1 人轻伤；原审被告人董正发参与抢劫 3 次，劫取财物价值人民币 2410 元；原审被告人唐海川参与抢劫 3 次，劫取财物价值人民币 1790 元，致 1 人轻微伤；原审被告人黑日子哈参与抢劫 2 次，劫取财物价值人民币 2425 元；原审被告人陈安乐参与抢劫 2 次，劫取财物价值人民币 4700 元；原审被告人黑日子布参与抢劫 1 次，劫取财物价值人民币 1230 元。上诉人杜猛和原审被告人申启辉、聂绪华、甘立玲、董正发、黑日子哈还参与故意伤害一次，致一人重伤。

对上诉人杜猛上诉所提，经查：原判认定杜猛生于 1990 年 1 月 10 日的依据有杜猛原来的供述、身份证及公安综合查询系统资料。但杜猛在公安侦查阶段对其出生时间有两种供述，一说是 1990 年 1 月 10 日出生，但未提及是公历还是农历；一说是 1990 年农历正月初十出生。公安综合查询系统资料证明杜猛出生日期为1990年1月10日。身份证载杜猛生于1990年1月10日。以上材料中，身份证和公安综合查询系统资料不能反映所登记的杜猛出生日期是公历还是农历，杜猛本人却早在侦查阶段已提出其身份证所载出生时间是农历，而以农历时间登记入户在广大农村地区是普遍现象，故原判认定杜猛生于公历1990年1月10日的依据不足。根据《最高人民法院关于审理未成年人刑事案件具体应用法律若干问题的解释》第四条第一款“对于没有充分证据证明被告人实施被指控的犯罪时已经达到法定刑事责任年龄且确实无法查明的，应当推定其没有达到相应法定刑事责任年龄”的规定，在证据存疑的情况下，应作出有利于被告人的认定。即本案应认定杜猛出生于1990年2月5日，犯抢劫罪和故意伤害罪时均不满18周岁；原判认定杜猛出生于1990年1月10日，犯抢劫罪时已满18周岁有误，应予纠正。至于杜猛参与第六宗抢劫作案的事实，有同案人董正发、唐海川均指证杜猛参与该宗抢劫的供述为证，杜猛对此也供述在案，应予认定。杜猛否认其参与第六宗抢劫的理由，不能成立。杜猛参与的故意伤害犯罪中，虽缺乏足够证据证实其直接动手，但有多名同案人指证其招集同伙，准备凶器，起了主要作用。且在杜猛于2008年4月28日归案前，参与该宗故意伤害犯罪的同案人申启辉已于2008年2月5日归案，并于2008年2月20日已交代其伙同杜猛等人实施故意伤害犯罪的事实。知道该次作案情况的原审被告人王建，也于2008年2月22日指证杜猛提出报复被害人和准备凶器。故杜猛在交代其故意伤害犯罪事实前，公安机关已掌握其犯故意伤害罪的证据，不能认定杜猛在故意伤害罪中有自首的情节。综上，上诉人杜猛所提其犯罪时不满18周岁的理由成立，其余理由不能成立。杜猛要求从轻改判，可以采纳。

对原审被告人王建的辩护人所提，经查：王建参与第二宗抢劫作案的事实，有同案人申启辉、向云龙、甘立玲、董正发的供述为证，四同案人均供述他们与王建一起实施该宗抢劫作案，该宗作案的被害人郭伟雄、邱雅静也陈述共有五人对他们实施抢劫，故虽王建拒不交代该宗犯罪，但仍应认定其是该宗抢劫犯罪的共犯。王建在参与共同抢劫作案中，均积极动手，并非从犯。原判已认定王建犯罪时不满18周岁，并根据其具体罪责酌情从宽判处，量刑适当。王建的辩护人请求对王建减轻处罚，不予采纳。

对原审被告人聂绪华的辩护人所提，经查：聂绪华参与故意伤害犯罪的事实，有同案人杜猛、申启辉、董正发、黑日子哈关于伙同聂绪华一起持刀、钢管等凶器砍打被害人的供述为证，知情人王建也证实见到聂绪华参与行凶，聂绪华本人也供述在案，证据确实、充分，足以认定。聂绪华共同故意伤害他人身体致重伤，其行为构成故意伤害罪。聂绪华在抢劫中均积极主动，所起作用并非次要。故聂绪华的辩护人所提聂绪华的故意伤害事实不清、证据不足、罪名不成立，抢劫中是从犯的理由，均不能成立。原判已认定聂绪华犯罪时不满18周岁，也已对其从轻处罚，再以此要求改判，据理不足。

对原审被告人唐海川的辩护人所提，经查：唐海川参与第四宗抢劫作案的事实，有同案人董正发、黑日子哈的供述为证。其中董正发还对唐海川参与该宗抢劫作了辨认确认；黑日子哈还证实从其身上缴获的被害人余杰文的身份证是唐海川抢劫得手后带回来的。故应认定唐海川参与了该次抢劫。唐海川的辩护人所提认定唐海川参与该宗抢劫证据不足的理由，不能成立。唐海川有犯罪时不满18周岁的法定从轻处罚情节属实，但其不供述部分犯罪，认罪态度一般。原判对其量刑适当，应予维持。

本院认为：上诉人杜猛与原审被告人申启辉、向云龙、王建、聂绪华、甘立玲、董正发、唐海川、黑日子哈、陈安乐、黑日子布采用暴力手段劫取他人财物，其行为均已构成抢劫罪，应依法惩处。其中，上诉人杜猛与原审被告人申启辉、向云龙、王建、聂绪华、甘立玲、董正发、唐海川抢劫多次，依法应予严惩。上诉人杜猛与原审被告人申启辉、聂绪华、甘立玲、董正发、黑日子哈持械殴打他人，侵害他人身体健康，致一人重伤，其行为又构成故意伤害罪，依法应予惩处并予以数罪并罚。原审被告人董正发曾因犯罪被判处有期徒刑，在刑罚执行完毕五年内再犯应当判处有期徒刑以上刑罚之罪，是累犯，应当从重处罚。上诉人杜猛与原审被告人申启辉、向云龙、王建、聂绪华、唐海川、陈安乐犯罪时不满18周岁，依法应当从轻处罚。原判认定基本事实清楚，证据确实、充分，定罪准确，对原审被告人申启辉、向云龙、王建、聂绪华、甘立玲、董正发、唐海川、黑日子哈、陈安乐、黑日子布量刑适当，审判程序合法；但认定上诉人杜猛的出生日期有误致对杜猛的量刑不当，应予纠正和改判。依照《中华人民共和国刑事诉讼法》第一百八十九条第（一）、（二）项的规定，判决如下：

一、维持广东省汕尾市中级人民法院（2009）汕中法刑二重初字第11号刑事判决的第二至第十一项，即对原审被告人申启辉、向云龙、王建、聂绪华、甘立玲、董正发、唐海川、黑日子哈、陈安乐、黑日子布的判决。

二、撤销广东省汕尾市中级人民法院（2009）汕中法刑二重初字第11号刑事判决的第一项，即对上诉人（原审被告人）杜猛的判决。

三、上诉人（原审被告人）杜猛犯抢劫罪，判处有期徒刑十二年，并处罚金人民币7000元；犯故意伤害罪，判处有期徒刑三年；决定执行有期徒刑十四年，并处罚金人民币7000元。（刑期从判决执行之日起计算。判决执行以前先行羁押的，羁押一日折抵刑期一日，即自2008年4月28日起至2022年4月27日止。罚金限于判决生效之日起三个月内缴纳。）

本判决为终审判决。

审 判 长　陈亦光
代理审判员　王欣美
代理审判员　王一民
二〇〇九年十二月十一日
书 记 员　陈明蔚

附：相关法律规定

《中华人民共和国刑法》

第十七条　已满十六周岁的人犯罪，应当负刑事责任。

已满十四周岁不满十六周岁的人，犯故意杀人、故意伤害致人重伤或者死亡、强奸、抢劫、贩卖毒品、放火、爆炸、投毒罪的，应当负刑事责任。

已满十四周岁不满十八周岁的人犯罪，应当从轻或者减轻处罚。

因不满十六周岁不予刑事处罚的，责令他的家长或者监护人加以管教；在必要的时候，也可以由政府收容教养。

第五十二条 判处罚金，应当根据犯罪情节决定罚金数额。

第五十三条 罚金在判决指定的期限内一次或者分期缴纳。期满不缴纳的，强制缴纳。对于不能全部缴纳罚金的，人民法院在任何时候发现被执行人有可以执行的财产，应当随时追缴。如果由于遭遇不能抗拒的灾祸缴纳确实有困难的，可以酌情减少或者免除。

第六十五条 被判处有期徒刑以上刑罚的犯罪分子，刑罚执行完毕或者赦免以后，在五年以内再犯应当判处有期徒刑以上刑罚之罪的，是累犯，应当从重处罚，但是过失犯罪除外。

前款规定的期限，对于被假释的犯罪分子，从假释期满之日起计算。

第六十九条 判决宣告以前一人犯数罪的，除判处死刑和无期徒刑的以外，应当在总和刑期以下、数刑中最高刑期以上，酌情决定执行的刑期，但是管制最高不能超过三年，拘役最高不能超过一年，有期徒刑最高不能超过二十年。

如果数罪中有判处附加刑的，附加刑仍须执行。

第二百三十四条 故意伤害他人身体的，处三年以下有期徒刑、拘役或者管制。

犯前款罪，致人重伤的，处三年以上十年以下有期徒刑；致人死亡或者以特别残忍手段致人重伤造成严重残疾的，处十年以上有期徒刑、无期徒刑或者死刑。本法另有规定的，依照规定。

第二百六十三条 以暴力、胁迫或者其他方法抢劫公私财物的，处三年以上十年以下有期徒刑，并处罚金；有下列情形之一的，处十年以上有期徒刑、无期徒刑或者死刑，并处罚金或者没收财产：

（一）入户抢劫的；

（二）在公共交通工具上抢劫的；

（三）抢劫银行或者其他金融机构的；

（四）多次抢劫或者抢劫数额巨大的；

（五）抢劫致人重伤、死亡的；

（六）冒充军警人员抢劫的；

（七）持枪抢劫的；

（八）抢劫军用物资或者抢险、救灾、救济物资的。

《中华人民共和国刑事诉讼法》

第一百八十九条 第二审人民法院对不服第一审判决的上诉、抗诉案件，经过审理后，应当按照下列情形分别处理：

（一）原判决认定事实和适用法律正确、量刑适当的，应当裁定驳回上诉或者抗诉，维持原判；

（二）原判决认定事实没有错误，但适用法律有错误，或者量刑不当的，应当改判；

（三）原判决事实不清楚或者证据不足的，可以在查清事实后改判；也可以裁定撤销原判，发回原审人民法院重新审判。

《最高人民法院关于审理未成年人刑事案件具体应用法律若干问题的解释》

第四条 对于没有充分证据证明被告人实施被指控的犯罪时已经达到法定刑事责任年龄且确实无法查明的，应当推定其没有达到相应法定刑事责任年龄。

相关证据足以证明被告人实施被指控的犯罪时已经达到法定刑事责任年龄，但是无法准确查明被告人具体出生日期的，应当认定其达到相应法定刑事责任年龄。

【评析】

该判决书首先具备了优秀法律文书的普遍必备条件：基本要素齐全，结构完整，层次分明；案件事实叙述完整、清晰，简繁得当；证据确凿，全面、充分，证明力强；适用法律正确，引用法条准确、完整；实体处理得当；语言通顺流畅，逻辑严谨，用语规范准确。该文书的特色在于，对上诉人的上诉理由逐条分析论证，何种理由成立，何种理由不成立，均予以论述和得出结论，让人一目了然。在对上诉人杜猛所提其犯罪时不满18周岁的理由，由于认定满18周岁和不满18周岁均没有充分的证据，二审文书引用相关法律规定，在证据存疑的情况下作出有利于被告人的认定，并指出一审在此情况下认定杜猛犯罪时已满18周岁是不适当的。最后，二审对各上诉人关于事实、证据、适用法律问题的理由分别论述后，肯定了一审判决的其余部分，对一审判决作出部分改判，理由充分，说服力强。

●聂间州等犯抢劫罪一案刑事判决书

广东省高级人民法院

刑事判决书

（2008）粤高法刑一终字第451号

原公诉机关广东省云浮市人民检察院。

上诉人（原审被告人）聂间州，男，1987年2月5日出生于广东省郁南县，汉族，小学文化，农民工，住郁南县历洞镇磨山村委塘冲村68号。2003年12月4日因犯盗窃罪被郁南县人民法院判处有期徒刑八个月，2004年6月18日刑满释放。因本案于2008年3月3日被刑事拘留，同年4月8日被逮捕。现羁押于郁南县看守所。

指定辩护人刘彤、梁家栋，广东云霄律师事务所律师。

上诉人（原审被告人）苏鉴明，男，1988年2月28日出生于广东省中山市，汉族，初中文化，无业，住中山市港口镇竹围街16号。2006年6月13日因犯盗窃、抢夺罪被中山市人民法院判处有期徒刑二年七个月，2007年7月19日刑满释放。因本案于2008年3月3日被刑事拘留，同年4月7日被逮捕。现羁押于郁南县看守所。

上诉人（原审被告人）吴镇宇，男，1991年2月12日出生于广东省中山市，汉族，初中文化，无业，住中山市港口镇西宁街28号。2006年6月13日因犯抢劫罪被中山市人民法院判处有期徒刑一年六个月，2006年10月20日刑满释放。因本案于2008年3月3日被刑事拘留，同年4月7日被逮捕。现羁押于郁南县看守所。

指定辩护人谭炳光，广东刚毅律师事务所律师。

原审被告人黄海祥，男，1988年10月4日出生于广东省中山市，汉族，初中文化，无业，住中山市港口镇干滘上街12号。2006年8月25日因犯故意伤害罪被中山市人民法院判处有期徒刑八个月，2006年10月18日刑满释放。因本案于2008年3月3日被刑事拘留，同年4月7日被逮捕。现羁押于郁南县看守所。

广东省云浮市中级人民法院审理广东省云浮市人民检察院指控原审被告人聂间州、吴镇宇、苏鉴明、黄海祥犯抢劫罪，附带民事诉讼原告人陈仕芳、周时旭、崔凤远提起附带民事诉讼一案，于2008年10月9日作出（2008）云中法刑初字第28号刑事附带民事判决。宣判后，原审被告人聂间州、苏鉴明、吴镇宇对刑事判决不服，提出上诉。原审附带民事部分的判决已发生法律效力。本院依法组成合议庭，于2009年8月20日在广东省郁南县人民法院公开开庭审理了本案，广东省人民检察院指派代理检察员蔡宇、刘咏海出庭履行职务。上诉人聂间州及其辩护人梁家栋、上诉人苏鉴明、上诉人吴镇宇及其辩护人谭炳光、原审被告人黄海祥到庭参加诉讼。现已审理终结。

原判认定，2008 年 3 月 2 日，被告人聂间州、吴镇宇、苏鉴明、黄海祥在郁南县历洞镇人民政府背后山顶的三岔路口抢劫出租车司机陈海军，劫得现金 580 多元及其他财物，并强迫陈海军进入车尾箱。当日傍晚 7 时许，四被告人逃至 S352 线（省道德朱公路）南江口镇连塘村路段时，陈海军被抛出车外跌落水泥路面，头部碰撞地面受伤。路人发现后报警，救护车接报赶到后将陈海军送至郁南县第二人民医院抢救。同日 20 时 35 分，陈海军经抢救无效死亡。

原判认定上述事实的证据有物证、书证、鉴定结论、证人证言、被告人供述等。

原判认为，被告人聂间州、苏鉴明、黄海祥、吴镇宇以非法占有为目的，有预谋、有准备地以暴力、胁迫的方法抢劫他人财物，抢劫财物数额巨大，在抢劫过程中致一人死亡，其行为均已构成抢劫罪。在共同犯罪中，被告人聂间州提出犯意，起组织、领导作用，是主犯，应当按照其组织、指挥的全部犯罪处罚；被告人苏鉴明作案积极，首先持刀威胁控制被害人陈海军，并与被告人聂间州共同押被害人到车后，胁迫被害人进入车尾箱内，也起了主要作用，是主犯，应当按照其所参与的全部犯罪处罚；被告人黄海祥、吴镇宇在共同犯罪中起次要作用，是从犯，依法应当从轻处罚；被告人吴镇宇犯罪时未满 18 周岁，依法应当从轻处罚。被告人聂间州、苏鉴明、黄海祥、吴镇宇均曾因犯罪被判处有期徒刑刑罚，刑罚执行完毕以后，在五年以内再犯应当判处有期徒刑以上刑罚之罪，是累犯，应当从重处罚。被告人聂间州、苏鉴明、黄海祥、吴镇宇的犯罪行为造成附带民事诉讼原告人陈仕方、周时旭、崔凤远的各项损失共计 154183. 23 元，应承担民事赔偿责任。依照《中华人民共和国刑法》第二百六十三条第（四）项、第（五）项和第二十六条、第二十七条、第六十五条第二款、第四十五条、第四十七条、第五十三条、第五十五条第一款、第五十六条第一款、第三十六条第一款以及《中华人民共和国民法通则》第一百一十九条、第一百三十条的规定，判决如下：

一、被告人聂间州犯抢劫罪，判处死刑，剥夺政治权利终身，并处没收个人全部财产。

二、被告人苏鉴明犯抢劫罪，判处无期徒刑，剥夺政治权利终身，并处没收个人全部财产。

三、被告人黄海祥犯抢劫罪，判处有期徒刑十五年，并处罚金 1 万元，罚金限于本判决发生法律效力之日起三十日内缴纳完毕。

四、被告人吴镇宇犯抢劫罪，判处有期徒刑十三年，并处罚金 1 万元，罚金限于本判决发生法律效力之日起三十日内缴纳完毕。

五、对从被告人身上搜获的现金 1425 元，发还 580 元给附带民事诉讼原告人陈仕方、周时旭、崔凤远。

六、由被告人聂间州赔偿 77091. 62 元给附带民事诉讼原告人陈仕方、周时旭、崔凤远，限于本判决发生法律效力之日起十日内付清。

七、由被告人苏鉴明赔偿 30836. 65 元给附带民事诉讼原告人陈仕方、周时旭、崔凤远，限于本判决发生法律效力之日起十日内付清。

八、由被告人黄海祥赔偿 23172. 48 元给附带民事诉讼原告人陈仕方、周时旭、崔凤远，限于本判决发生法律效力之日起十日内付清。

九、由被告人吴镇宇的法定代理人吴锡洪、李雪芳赔偿23172.48元给附带民事诉讼原告人陈仕方、周时旭、崔凤远，限于本判决发生法律效力之日起十日内付清。

十、被告人聂间州、苏鉴明、黄海祥和被告人吴镇宇的法定代理人吴锡洪、李雪芳对赔偿总额154183.23元负连带清偿责任。

上诉人聂间州及其辩护人提出：1. 他们只是想抢劫钱财，没有伤害被害人的意图；2. 被害人是自行爬出车尾箱跳车导致死亡的；3. 抢劫过程中被害人的死亡是意外；4. 聂间州认罪态度较好。

上诉人苏鉴明提出：1. 是聂间州、吴镇宇共同提议抢劫的；2. 其没有和聂间州共同租乘被害人的汽车，没有持刀胁迫被害人进入车尾箱。

上诉人吴镇宇及其辩护人提出：1. 是苏鉴明提议将被害人放入车尾箱的；2. 被害人跳车死亡是意外，他们没有伤害被害人的意图；3. 他们没有抢劫小汽车的动机；4. 原判对其量刑过重。

广东省人民检察院的出庭意见提出：1. 本案事实清楚，证据确实、充分；2. 各上诉人对被害人死亡后果的发生持放任态度，依照刑法构成间接故意，应对致被害人死亡的后果承担责任；3. 本案四上诉人、原审被告人共同作案，均为主犯；4. 聂间州是本案犯意最初的提出者和抢劫行为的积极实施者，应对案件后果负主要责任；5. 一审判决于法有据，定性准确，量刑适当，审判程序合法，上诉人要求从轻处罚的上诉理由缺乏根据。建议二审法院驳回上诉，维持原判。

经审理查明：2008年2月，上诉人吴镇宇、苏鉴明、原审被告人黄海祥经上诉人聂间州（以下均简称四人）提议，密谋结伙抢劫出租车司机财物。同年3月1日中午，四人在广东省中山市沙溪镇吃午饭时，聂间州提议将中山的出租车司机诱骗到广东省郁南县连滩镇附近偏僻的山路抢劫，其余三人表示同意，聂间州遂对四人予以分工。之后由聂间州出资，四人一起到便利店购买了2把西瓜刀、2卷封口胶带、2对手套带回四人共同租住的房屋，并用一个挂包装好。

3月2日12时许，四人携带作案工具窜至中山市东升镇商贸城门口。聂间州、苏鉴明与出租车司机陈海军商定以900元租乘陈的粤TW3501黑色海南马自达牌小汽车（经鉴定价值为82002元）前往郁南县历洞镇，聂间州先付了租金300元给陈海军。然后四人按预先分工的座位上车，苏鉴明负责携带装有作案工具的挂包。同日18时许，出租车行经郁南县历洞镇人民政府背后山顶的三岔路口路段时，聂间州利用下车小便的机会，提议开始抢劫。四人上车后，苏鉴明即从挂包里取出西瓜刀架在陈海军的颈部，叫陈不要动；黄海祥迅速拔掉汽车钥匙；聂间州也从挂包里取出西瓜刀，下车后将刀从车窗伸入车内架在陈的颈部。吴镇宇、黄海祥用封口胶带绑住陈的头、口和双手，共劫得现金580多元、金镶玉戒指1只（经鉴定价值为2343元）、诺基亚7260手机1台（经鉴定价值为350元）、OKWAP小灵通手机1台（经鉴定价值为175元）、中国农业银行金穗通宝卡1张、中国建设银行龙卡（储蓄卡）1张、GPS汽车导航系统1台（经鉴定价值为1260元）。四人还胁迫陈海军说出上述2张银行卡的密码，由吴镇宇用手机记录下密码。为避免被人发现，经聂间州提议，聂间州、苏鉴明持刀胁迫陈海军进入车尾箱，吴镇宇关上车尾箱。四人即上车，由聂间州戴上手套驾车逃走。途中苏鉴明将作案用的西瓜刀和剩下的封口胶丢弃在公路边。

同日19时许，四人逃至S352线（广东省道德朱公路）郁南县南江口镇连塘村路段时，车尾箱突然开启，陈海军被抛出车外跌落水泥路面，头部碰撞地面受伤，四人发现后为逃避罪责继续开车逃跑。路人发现后立即报警，之后陈海军被送至郁南县第二人民医院抢救。同日20时35分，陈海军经抢救无效死亡。经法医鉴定，死者陈海军系生前坠落时头部碰撞具有一定面积和硬度的钝器（如地面），致颅脑闭合性损伤而死亡。

认定上述事实的证据有：

1. 郁南县公安局法医学尸体检验鉴定书［郁公刑技法尸检字（2008）第15号］及尸体检验照片。证实死者陈海军系生前坠落时头部碰撞具有一定面积和硬度的钝器（如地面），致颅脑闭合性损伤而死亡。

2. 郁南县公安局现场勘验检查笔录、现场照片［郁公刑勘字（2008）84号］。证实聂间州、吴镇宇、苏鉴明、黄海祥开始实施抢劫的现场位于郁南县历洞镇人民政府背后山顶的三岔路口，即当地人称为历洞岭头的三岔路口。

3. 云浮市公安局现场勘验检查笔录［云公刑勘字（2008）12-1号、12-2号］。证实被害人陈海军从车上掉下公路的现场位于南江口镇古蓬村连塘路段。此段路为南北向，往北至南江口街市及都城、德庆等地，往南至连滩、罗定等地。路东侧有民房，再往东是为南江河。路西侧是民房。路宽为两车道，水泥地面。在水泥路面上，即距离东侧路基730cm，距西侧路碑770cm处有30cm×40cm的血迹。离该处血迹的东面120cm、距东侧路基610cm处有90cm×120cm的点状血迹。在距离第一处血迹的南侧720cm、距东侧路基730cm处有20cm×10cm的点状血迹。

4. 云浮市公安局现场勘验检查笔录、现场照片［云公刑勘字（2008）12-2号］。证实：聂间州、吴镇宇、苏鉴明、黄海祥丢弃的黑色小轿车停在南江口派出所南侧10500cm处的S352线省道上；小轿车为黑色海南马自达，车牌为粤TW3501；通过灯光，在小轿车左前门拉手上方发现一枚指印，拍照后提取；在左后门车窗玻璃左上角和下侧各发现一枚残缺掌印和一枚指印，拍照后提取；对车内进行勘查，发现在驾驶座前塑料垫片上有一对白色手套和六张公路收费单。

5. 郁南县公安局痕迹鉴定书［郁南县公安局物证鉴定室-郁公鉴（痕检）字［2008］第1号］。证实：（1）小车左前门拉手上方的指印为苏鉴明的左拇指所留；（2）小车左后门车窗玻璃左上角的掌印与玻璃下侧的指印为聂间州的右掌及右环指所留。

6. 提取笔录和扣押物品清单。证实：

（1）2008年3月3日，郁南县公安局在郁南县第二人民医院（连滩人民医院）的急救室内，提取黄色封口胶带两段；在德朱公路郁南县南江口镇佛子坳路段南江口加油站路段的公路上弃置的粤TW3501黑色的士上，提取白色手套两只。

（2）2008年3月3日，郁南县公安局在聂间州、苏鉴明、黄海祥、吴镇宇躲藏的德朱线上路佛子坳路段南江口加油站对面的山上，提取到浅绿色挂包（布包）一只，白色布手套一只。

（3）2008年3月3日，郁南县公安局在抓获聂间州时，当场从聂间州身上提取人民币666元，LOVELY手机一台（串号：351240000000130，卡号：13420208850）。

（4）2008年3月3日，郁南县公安局在抓获苏鉴明时，当场从苏鉴明身上提取人民币300元，金黄色镶嵌有绿色玉石样的戒指一只；诺基亚手机一台（串号：

357594006231113，卡号：13527148629）；OKWAP 小灵通手机一台（CMIID：2006CP0358，S/N：OK200P7A017606）；诺基亚手机一台（串号：351542009565538，卡号：13450917168）；GPS 汽车导航系统一台（设备特征码：636633472159 4655，凯立德牌）。

（5）2008 年 3 月 3 日，郁南县公安局在抓获吴镇宇时，当场从吴镇宇身上提取人民币 200 元，诺基亚手机一台（串号：350779305450 6214，卡号：15813191177）；中国农业银行金穗通宝卡一张（卡号：622848010111 6823317）；中国建设银行龙卡（储蓄卡）一张（卡号：4367423241800434746）。

（6）2008 年 3 月 3 日，郁南县公安局在抓获黄海祥时，当场从黄海祥身上提取人民币 259 元。

扣押物品清单证实：对以上提取物品的扣押情况。

7. 辨认笔录、照片。证实：经聂间州、吴镇宇分别辨认，分别指出 4 号、1 号封口胶带是作案时用于捆绑司机的。经黄海祥、苏鉴明分别辨认，分别指出 7 号、5 号挂包是作案时用来装作案工具的。

8. 广东省金银珠宝检测中心鉴定结论书（编号 610871492）。证实被抢戒指市场参考零售价为 2343 元。

9. 涉案物价格鉴定结论书——郁南县物价局价格认证中心郁价鉴［2008］27 号。证实：被抢汽车及物品价值共 83787. 00 元（其中海马轿车 82002. 00 元；凯立德牌 GPS 汽车移动导航器 1260. 00 元；诺基亚 7260 手机 350. 00 元；OKWAP 牌小灵通 175. 00 元）

10. 郁南县公安局刑警大队受理报警登记表。证实：2008 年 3 月 2 日 19 时许，接到群众报警，称在 S325 线（广东省道德朱公路）南江口镇连塘村路段，有一台黑色的士车尾箱掉下一名男子，该男子双手被封口胶带捆绑，呈昏迷状态。

11. 郁南县公安局刑警大队出具的抓获经过。证实：2008 年 3 月 2 日 19 时许，接报后，在省公安厅警犬队的支持下，对逃往南江口佛子坳路段山上的被告人进行搜捕，于第二天上午在佛子坳路段侧边山头（南江口加油站对面）将聂间州、苏鉴明、黄海祥、吴镇宇抓获。

12. 被害人户籍资料、被抢车辆信息。证实：被害人陈海军系 1974 年 4 月 18 日出生，四川省蓬溪县大石镇偏马村 4 社人，以及车牌号为粤 TW3501，车辆型号为 HMC7162A，车驾号为 LH17CKKF27H076236，发动机号为 870850 的黑色海马牌小汽车的车辆所有人为陈海军。

13. 广东省郁南县公安局刑警大队出具的证明。证实：公安机关在办理案件过程中存在笔误，将聂间州的“州”在部分材料中写成“洲”，应以户籍登记中的姓名（聂间州）为准。

14. 证人蒲燕（被害人陈海军的堂姐夫）的证言。证实：陈海军与其一样购买了一辆小汽车在广东省中山市东升镇搭客，陈海军的小汽车是黑色的海南马自达牌，车牌号码为粤 TW3501，该车购于 2007 年 9 月份。2008 年 3 月 2 日下午 2 时多，听粤 TQ9911 号牌的车主说陈海军刚才搭了四个客人去云浮，还听该车主说陈海军搭的那四个客人原本是想叫该车主搭的，但该车主嫌路程太远，没答应，那四个人才找陈海军搭他们的。到了 3 月 2 日下午的 4 点钟左右，陈海军用本人的手机（13450917168）打入其手机，在电话里说他没空，叫其帮他去接一下他的老板娘。

15. 证人聂福海（出租车司机）的证言。证实：其于2008年3月2日中午12点开着自己的车（粤TQ9911）到中山市东升镇商贸城门口等客，把车停在陈海军车（粤TW3501）旁的车位上。大约下午2点，有两人走到其车旁边，问其去不去肇庆、云浮，其说不去。该两人转身就走了。该两人刚走开，就有一台灰色的面包车停在该两人旁边，问他们去哪里，该两人其中一个说坐小车舒服点，不要面包车，接着那台面包车也开走了。后来，该两人就走到陈海军的车边问陈海军，他们谈什么其就不清楚了，只看见陈海军下车问“黄毛”到云浮那边多少钱，路线怎么走。“黄毛”还拿出地图出来，告诉陈海军怎样走。几分钟后，陈海军就开车出发了。当时其没有留意有几个人，事后，平时搭客的人说有四个人上了陈海军的车。

16. 证人莫宁、黄雪兰（二人系夫妇）的证言。证实：2008年3月2日下午将近6点钟时，他们开摩托车回家途中，在历洞岭顶三岔路口往连滩方向约1000米名叫“五尖”的小地方路段时，和一辆迎面而来的黑色小轿车会车，那车没有出租车的标志，是普通的私家车。后那台小轿车就往历洞岭顶三岔路方向走了。

17. 证人谭振华的证言。证实：2008年3月2日19时许，其在公路边走路回家，见有一台似黑色的小轿车在其身边开过，由连滩开返出南江口中，车开得很快，公路不平，见车尾箱自动打开，掉下来一个人。该车车牌记得是粤T×××，具体号码不记得。该人是一个男人，年龄35岁左右，上身穿黑色的衣服，西装或T恤分不清，下身穿黑色西裤，脚穿皮鞋，该男人身高大约160cm，该人右手手腕有黄色的比较厚的封箱胶，面部从两耳开始粘贴有黄色的封箱胶，就是一片。

18. 证人刘龙星的证言。证实：2008年3月2日晚上7点左右，其与兄刘龙清刚行至公路边，就听到公路上“扑”的一声响，其循声往连滩方向看去，看到在距其10米左右的公路上有一个人躺在公路上，接着有一台小车就从其面前开过，是往南江口方向的，车速很快，估计时速有80公里。其马上走过去看，看到躺在公路上的是一个男人，不是本地人。当时有一个本村的妇女也在现场看到，她讲是从刚才开过的那台小车的车尾箱掉下来的，其听到这样的情况，就马上拿手机出来打110报警，将情况报告110。过了一会儿，就有一台救护车来将伤者送到连滩医院。当时那个人是躺在公路靠南江河那边公路的，横躺在公路上，头往南江河方向，脚往山边方向，鼻孔流血，身体的其他部位就不见出血。那个人的右手用一种黄色的半透明的胶纸缠着，是平时用来封纸皮箱那种封口胶，左手就没有缠胶纸。头部也用黄色半透明的胶纸缠住，是从颈部连同嘴的位置一起绕一圈的，但嘴就没有封住，给露出嘴了。

19. 证人钱辉南（南江口镇古蓬连塘村委会干部）的证言。证实：2008年3月2日19时许，听邻居刘新明讲，有车撞死人，其就来到公路处，见到一个右手手腕有很厚的黄色封箱胶，面部上从两耳开始粘贴有黄色的封箱胶，但没有封住口的男子躺在路中间，后见医生刘金田过来帮该人打了一针，随后连滩卫生院的救护车载走了那个男人。听邻居谭振华讲有一台黑色的小轿车（车牌号粤T×××），已往南江口方向走了。

20. 证人刘新明的证言。证实：2008年3月2日傍晚18时许，其去连塘修车途中，见到公路边躺着一个左右手均被绑有黄色封口胶，嘴也被封口胶封着的人，并见到钱辉南和刘龙星两个人都用手机报警。后连塘卫生站的阿田帮该男子打了针。

21. 证人刘金田（连塘卫生所医生）的证言。证实：2008年3月2日傍晚7点左右，其正在卫生所，突然间听到有人大声喊："刘金田，跌伤了人呀，快来睇。"其就赶快跑出公路去看，见有一个男人横躺在公路上，这个人的嘴和鼻孔不断流血，其就过去问这个人是哪里的，但这个人不会回答，只是嘴动了几下，其就帮这个人打了一针。这个人的手缠有胶纸，嘴边附近有封口胶纸。这个人30岁左右，穿黑色的西裤。

22. 证人何铁飞（郁南县第二人民医院医生）的证言。证实：在2008年3月2日19时02分，医院接到出车抢救电话，到南江口镇连塘路段载回伤者。其在抢救室对男子抢救，发现男子右手腕有黄色的胶纸捆扎住，颈部也有黄色的胶纸绕住，来时已经昏迷了。伤者伤了头部、背部，按照观察，伤者耳朵流血、鼻孔流血、昏迷，应该是脑挫伤、颅底骨折形成，背部有组织挫伤。经努力抢救，伤者于2008年3月2日20时35分抢救无效死亡。

23. 证人傅锐森（郁南县石油公司员工）的证言。证实：2008年3月2日傍晚7点多钟，其开车从连滩来到南江口，在南江口加油站对面公路路段时，遇到南江口派出所民警查一辆黑色小轿车，其即指向一辆从连滩开出来的黑色小车。当警察靠近该车时，那台小轿车立即停靠在路边，车上走下来四个男人迅速向加油站对面的山上跑去，这四个人其中两个穿白色衣服，身高有1.70米以上，另两个穿黑色外衣，身高1.60米左右，其中一个比较肥矮。车是一辆黑色的海南马自达小轿车，车牌号为粤TW3501。

24. 证人崔凤远（被害人陈海军的妻子）的证言。证实：其丈夫陈海军生前带有诺基亚7260手机（号码：13450917168）和一台小灵通（号码：0760－3959246），戴有黄金结婚戒指，戒指中间有绿色的玉石；钱包里有农业银行卡，还有其他银行的卡；开一台车牌号为粤TW3501的海南马自达小车，该车以陈海军姓名入户；听其堂姐夫蒲燕讲，在3月2日下午3时左右他和陈海军通过电话，陈海军讲载客到了云浮那边。

25. 证人陈清华（被害人陈海军的大姐）的证言。证实：陈海军是其亲弟弟，陈海军于2007年下半年打电话告知其买了一辆海南产的马自达小汽车并用于搭客。其到郁南县殡仪馆经辨认，确认死者是其亲弟弟陈海军。

26. 上诉人聂间州、苏鉴明、吴镇宇及原审被告人黄海祥均对上述犯罪事实供认不讳。

27. 户籍资料证实四上诉人、原审被告人的身份情况。

28. 广东省郁南县人民法院刑事判决书［（2003）郁刑初字第79号］、刑满释放证明书［字（2004）41号］证实：聂间州曾于2003年10月15日因犯盗窃罪被郁南县人民法院于2003年12月4日判处有期徒刑八个月，2004年6月18日刑满释放。

29. 广东省中山市人民法院刑事判决书［（2005）中法刑初字第2313号］、刑满释放人员通知书［山刑释通字（2006）1392号］、释放证明书［（2007）粤高监释字第1470号］证实：苏鉴明曾因犯盗窃罪、抢夺罪被中山市人民法院于2006年6月13日判处有期徒刑二年七个月，并于2007年7月19日刑满释放；吴镇宇曾于2005年3月19日因犯抢劫罪被中山市人民法院于2006年6月13日判处有期徒刑一年六个月，并于2006年10月20日刑满释放。

30. 广东省中山市人民法院刑事判决书［（2006）中法刑初字第1465号］、刑满释放人员通知书［山刑释通字（2006）1384号］证实：黄海祥曾于2006年2月17日因犯故意伤害罪于2006年8月25日被判处有期徒刑八个月，并于2006年10月18日刑满释放。

对于上诉人聂间州及其辩护人、上诉人苏鉴明、上诉人吴镇宇及其辩护人提出的上诉理由及辩护意见，经查：1. 上诉人聂间州提议抢劫，伙同上诉人苏鉴明在案发前选定、商谈和租乘被害人的小汽车到云浮，提议把被害人放入车尾箱的事实有聂间州本人和同案人苏鉴明、吴镇宇、黄海祥的供述，目击证人聂福海的证言共同证实，并能相互印证，足以认定；2. 四上诉人、原审被告人劫取被害人陈海军的财物和小汽车后，逃至S352线（广东省道德朱公路）南江口镇连塘村路段时，车尾箱突然开启，陈海军被抛出车外跌落水泥路面，头部碰撞地面受伤，四人发现后为逃避罪责继续开车逃跑的事实有四人本人的供述和目击证人谭振华、刘龙星、钱辉南、刘新明、刘金田的证言证实，并能相互印证，足以认定；3. 被害人跌落地面时，四上诉人、原审被告人均在车辆前面座位内，被害人在密闭的车尾箱内，上述四人是无法看到被害人的具体行动的，因此三上诉人及其辩护人关于被害人自己顶开车尾箱跳出车外的上诉理由不足采信。而且，即使认定是被害人自己顶开车尾箱和跳出车外，被害人的行为也属自救，其并无过错，也应认定是上述四人的抢劫行为致使被害人死亡；4. 四上诉人、原审被告人在劫取被害人财物后胁迫被害人进入车尾箱，在驾车逃跑过程中被害人被抛出车外致死，被害人的死亡原因与上述四人的抢劫行为有因果关系，应当认定上述四人抢劫致人死亡；5. 四上诉人、原审被告人劫取被害人的财物和小汽车后驾车逃跑，小汽车已经处于上述四人的控制之下，当然属于上述四人劫取财物的一部分；6. 聂间州认罪态度好属实。综上，上诉人聂间州及其辩护人关于聂间州认罪态度好的上诉理由成立，本院予以采纳。上诉人聂间州及其辩护人所提的其他理由和苏鉴明、吴镇宇及其辩护人所提理由均不成立，本院不予采纳。

本院认为，上诉人聂间州、吴镇宇、苏鉴明及原审被告人黄海祥以暴力、胁迫的方法抢劫他人财物，数额巨大，致一人死亡，其行为均已构成抢劫罪。上述四人为谋取钱财预先密谋，使用暴力劫取被害人财物后又胁迫其进入车尾箱，致使被害人跌出公路伤重死亡，主观恶性大，犯罪后果严重，社会危害性大，且均系累犯，应当从重处罚。在共同犯罪中，聂间州首先提起犯意和进行分工，出资购买作案工具，负责驾驶抢得汽车，提议并持刀胁迫被害人进入车尾箱，在本案中起组织、策划、指挥作用，是罪行最严重的主犯；苏鉴明积极参与密谋和实施抢劫，伙同聂间州选定被害人为作案目标，并持刀胁迫被害人进入车尾箱，在本案中起主要作用，是主犯，罪责仅次于聂间州；黄海祥参与密谋和实施抢劫，负责拔掉汽车钥匙和用胶带捆绑被害人，在本案中起次要作用，是从犯，应当从轻处罚；吴镇宇参与密谋和实施抢劫，负责对被害人搜身劫取财物和用胶带捆绑被害人，在本案中起次要作用，是从犯，应当从轻处罚。吴镇宇犯罪时已满十四周岁不满十八周岁，应当从轻处罚。原审判决认定事实清楚，证据确实、充分，定罪准确，审判程序合法，对吴镇宇、苏鉴明、黄海祥量刑适当。但鉴于本案被害人是在汽车高速行驶过程中跌落地面受伤致死，聂间州没有积极追求或者希望被害人死亡后果的发生，其主观恶性与在抢劫中直接故意致人死亡的犯罪有所区别，且其认罪态度较好，故对其判处死刑可不立即执行。依照《中华人民共和国刑法》第二百六十三条第（四）、（五）项和第四十八条第一款、第五十七条第一款、第六十五条第一款以及《中华人民共和国刑事诉讼法》第一百八十九条第（一）、（二）项的规定，判决如下：

一、维持广东省云浮市中级人民法院（2008）云中法刑初字第28号刑事附带民事判决中对上诉人聂间州的定罪部分及对上诉人吴镇宇、苏鉴明、原审被告人黄海祥的定罪量刑部分；

二、撤销广东省云浮市中级人民法院（2008）云中法刑初字第28号刑事附带民事判决中对上诉人聂间州的量刑部分；

三、上诉人聂间州犯抢劫罪，判处死刑，缓期二年执行，剥夺政治权利终身，并处没收个人全部财产。

本判决为终审判决。

审　判　长　刘锦平
代理审判员　陈广辉
代理审判员　陈　渊
二〇一〇年一月六日
书　记　员　钟　铮

附：相关法律规定

《中华人民共和国刑法》

第四十八条　死刑只适用于罪行极其严重的犯罪分子。对于应当判处死刑的犯罪分子，如果不是必须立即执行的，可以判处死刑同时宣告缓期二年执行。

死刑除依法由最高人民法院判决的以外，都应当报请最高人民法院核准。死刑缓期执行的，可以由高级人民法院判决或者核准。

第五十七条　对于被判处死刑、无期徒刑的犯罪分子，应当剥夺政治权利终身。

在死刑缓期执行减为有期徒刑或者无期徒刑减为有期徒刑的时候，应当把附加剥夺政治权利的期限改为三年以上十年以下。

第六十五条　被判处有期徒刑以上刑罚的犯罪分子，刑罚执行完毕或者赦免以后，在五年以内再犯应当判处有期徒刑以上刑罚之罪的，是累犯，应当从重处罚，但是过失犯罪除外。

前款规定的期限，对于被假释的犯罪分子，从假释期满之日起计算。

第二百六十三条　以暴力、胁迫或者其他方法抢劫公私财物的，处三年以上十年以下有期徒刑，并处罚金；有下列情形之一的，处十年以上有期徒刑、无期徒刑或者死刑，并处罚金或者没收财产：

（一）入户抢劫的；

（二）在公共交通工具上抢劫的；

（三）抢劫银行或者其他金融机构的；

（四）多次抢劫或者抢劫数额巨大的；

（五）抢劫致人重伤、死亡的；

（六）冒充军警人员抢劫的；

（七）持枪抢劫的；

（八）抢劫军用物资或者抢险、救灾、救济物资的。

《中华人民共和国刑事诉讼法》

第一百八十九条 第二审人民法院对不服第一审判决的上诉、抗诉案件，经过审理后，应当按照下列情形分别处理：

（一）原判决认定事实和适用法律正确、量刑适当的，应当裁定驳回上诉或者抗诉，维持原判；

（二）原判决认定事实没有错误，但适用法律有错误，或者量刑不当的，应当改判；

（三）原判决事实不清楚或者证据不足的，可以在查清事实后改判；也可以裁定撤销原判，发回原审人民法院重新审判。

【评析】

该判决书是一篇事实叙述准确、法学推理严谨、文书格式规范的优秀法律文书，主要有以下三个特点：1. 事实叙述准确。事实部分是裁判文书的核心。该篇文书一是严格根据证据来叙述犯罪事实，认定事实的每一字每一句都有相应证据相佐证。二是详略得当。该篇判决书对于影响各被告人定罪量刑的事实，如提起犯意、购买作案工具、谁先动手、被害人的致死过程等均予以详细描写，而对于不影响定罪量刑的事实则一笔带过。总体来说，该篇文书的事实部分叙述完整、准确，对于被告人的上诉理由起到了不辩自明的效果。2. 法学推理严谨。说理部分是裁判文书的灵魂。该篇判决书首先详细、准确地叙述了被害人死亡非被告人积极追求和希望的结果，然后“举重以明轻”，自然而然得出了改判死缓的结论。既从法学理论上予以严格论证，又注意符合一般人的逻辑推理过程，使法律专业人士和普通老百姓都能心服口服。3. 文书格式规范。格式是裁判文书的载体。该篇裁判文书格式严谨、用词得当。特别可贵的是，该篇文书在严格依法和运用法学理论的基础上，在文字表达上晓畅明白，达到了通俗易懂、深入浅出的效果。

中华人民共和国广东省高级人民法院

刑事附带民事判决书

（2008）粤高法刑二终字第209号

原公诉机关中华人民共和国广东省江门市人民检察院。

上诉人（原审被告人）让·蒙特里特（Yann Mortelette），男，1983年6月29日出生于法国，法兰西共和国国籍，护照号码04A140106，文化程度硕士，在广东省中山市古镇嘉和灯饰公司工作，暂住广东省中山市古镇。因本案于2007年8月12日被刑事拘留，同年9月19日被逮捕。现押于江门市看守所。

辩护人（兼附带民事诉讼代理人）江国勇、陈滨球，均为广东敬海律师事务所律师。

翻译人员彭郁，广州市泰领翻译服务有限公司译员。

上诉人（原审被告人）米高尔·V. 舍甫琴科（Mikhail V. Shevchenko），男，1980年6月6日出生于俄罗斯，俄罗斯联邦国籍，护照号码623664244，文化程度硕士，在俄罗斯列宁格勒市KSK公司工作，暂住广东省江门市蓬江区。因本案于2007年8月12日被羁押，次日被刑事拘留，同年9月19日被逮捕。现押于江门市看守所。

辩护人赵剑客，广东良匠律师事务所律师。

翻译人员陈欢，广州市泰领翻译服务有限公司译员。

原审附带民事诉讼原告人黄林，男，1944年2月14日出生，汉族，住广东省江门市蓬江区东成村38号202室，系被害人黄刚之父。

原审附带民事诉讼原告人李秀玲，女，1946年6月13日出生，汉族，住广东省江门市蓬江区东成村38号202室，系被害人黄刚之母。

原审附带民事诉讼原告人陈婕，女，1975年6月25日出生，汉族，住广东省江门市蓬江区华园路8号602室，系被害人黄刚之妻。

中华人民共和国广东省江门市中级人民法院审理广东省江门市人民检察院指控原审被告人让·蒙特里特（以下简称让）、米高尔·V. 舍甫琴科（以上简称米高尔）犯故意伤害罪，原审附带民事诉讼原告人黄林、李秀玲、陈婕提起附带民事诉讼一案，于2008年6月19日作出（2008）江中法刑一初字第1号刑事附带民事判决。原审被告人让不服原审判决、原审被告人米高尔不服原审判决刑事部分，提出上诉。本院依法组成合议庭，公开开庭审理了本案。广东省人民检察院指派检察员何雄伟、冯宁出庭履行职务。上诉人让及其辩护人江国勇、陈滨球，上诉人米高尔及其辩护人赵剑客，原审附带民事诉讼原告人李秀玲，鉴定人员骞润宇、丁一训，翻译人员彭郁、陈欢到庭参加诉讼。现已审理终结。

原审判决认定，2007 年 8 月 11 日晚，被告人让和米高尔到江门市蓬江区建设二路新之城卡仕酒吧二楼大厅内喝酒。期间，被害人黄刚及其朋友马忠、龙梅等人亦在卡仕酒吧喝酒。至 8 月 12 日凌晨 2 时许，黄刚等人准备离开，马忠及女友龙梅经过被告人米高尔身边时，被告人米高尔摸了一下龙梅的臀部，马忠见状即与被告人米高尔发生争执并打斗，卡仕酒吧保安立即将两人分开。随后，马忠离开卡仕酒吧，被告人米高尔则继续在卡仕酒吧内喝酒。马忠到卡仕酒吧楼下后非常气愤，决定返回教训米高尔，黄刚即紧随其后予以劝阻，马忠返回到卡仕酒吧二楼大厅，用酒瓶连续击打被告人米高尔的头部致米高尔头部受伤流血，保安将双方阻拦至大厅门口，马忠又将酒瓶掷向米高尔之后逃离现场。被告人米高尔被打后，一拳打向上前劝架的被害人黄刚。之后黄刚又被打中一拳滚下楼梯，趴在楼梯的平台处，额部靠于墙上。随后，被告人让在黄刚背部跳了两下，并用脚踢黄刚，被告人米高尔亦用脚踢黄刚。之后被告人让陪米高尔离开卡仕酒吧到江门市人民医院治疗。被害人黄刚经送医院抢救无效于 2007 年 8 月 14 日死亡。

经法医鉴定，被害人黄刚系重型颅脑损伤死亡，被告人米高尔的损伤为轻微伤。

另查明，附带民事诉讼原告人黄林、李秀玲系被害人黄刚之父母，附带民事诉讼原告人陈婕系被害人黄刚之妻。黄林出生于 1944 年 2 月 14 日，李秀玲出生于 1946 年 6 月 13 日，两人婚后共生育 3 个儿子，即黄刚、黄伟、黄强，均已成年。黄林、李秀玲均为五邑大学退休教师，月收入分别为 1961. 7 元和 1938. 22 元。被害人黄刚系城镇户口。被告人让、米高尔故意伤害致黄刚死亡，给附带民事诉讼原告人造成下列经济损失：1. 死亡赔偿金 320300 元（按广东省 2007 年度城镇居民人均可支配收入 16015 元，赔偿 20 年计算）；2. 丧葬费 14012. 5 元（按广东省 2007 年度职工年平均工资 28025 元，6 个月计算）；3. 医疗费 7227 元（以住院收据为准）；4. 酌情给予护理费及家属的误工费、交通费、住宿费 3000 元。上述各项损失合计人民币 344539. 5 元。

原审判决认定上述事实，有经庭审质证的书证、证人证言、鉴定结论、现场勘查笔录、被告人供述等证据证实。

原审判决认为，被告人让、米高尔无视中国法律，故意伤害他人身体，致一人死亡，其行为已构成故意伤害罪，应依法惩处并应当赔偿附带民事诉讼原告人黄林、李秀玲、陈婕的经济损失。依照《中华人民共和国刑法》第二百三十四条第二款、第三十六条第一款和《中华人民共和国民法通则》第一百一十九条、第一百三十条及《最高人民法院关于审理人身损害赔偿案件适用法律若干问题的解释》第二条、第十七条、第十九条、第二十七条、第二十八条、第二十九条之规定，作出刑事附带民事判决：

一、被告人让犯故意伤害罪，判处有期徒刑十三年。

二、被告人米高尔犯故意伤害罪，判处有期徒刑十一年。

三、被告人让、米高尔连带赔偿人民币 344539. 5 元给附带民事诉讼原告人黄林、李秀玲、陈婕（其中让赔偿 60%，即 206723. 7 元；米高尔赔偿 40%，即 137815. 8 元），在本判决生效之日起十日内支付完毕。

四、驳回附带民事诉讼原告人黄林、李秀玲、陈婕的其他诉讼请求。

上诉人让上诉提出：一、原判认定黄刚“又被打中一拳滚下楼梯”的事实不清，认定米高尔打被害人头部一拳可排除打在被害人右耳后部属认定事实错误。米高尔打出的一拳是造成被害人死亡的致命一拳。二、原判认定让在被害人后背跳两下与被害人的死亡具有法律上的直接因果关系的证据严重不足。《关于对黄刚死因鉴定的补充说明》（以下简称《补充说明》）的取得方式和提交时间不符合法律规定，对让在被害人后背跳了一两下的行为与被害人的死亡是否有直接因果关系并未给出结论性意见，该《补充说明》不应作为对让定罪量刑的证据，在死者尸体已被火化的情况下，《补充说明》提及的“死者右耳后部损伤……但未见受伤相应部位的脑组织损伤及对侧位置的脑对冲伤”的结论性分析意见缺乏客观数据及事实依据。三、原判认定让曾踢过被害人的事实不成立，让只对其在被害人后背跳了一两下的行为承担刑事责任。四、让的行为充其量只需承担故意伤害致被害人轻伤的刑事责任。五、在定罪量刑上，让应承担较轻的刑事责任。对让的赔偿金额亦应予改判。

让的辩护人提出辩护意见称：一、被害人重型颅脑损伤与让的踩踏行为没有法律上的直接因果关系，对让应作无罪认定。两鉴定人确认被害人已形成了挥鞭样损伤并造成脑干离断，这一观点与《补充说明》所表达的“可以形成挥鞭样损伤”不相吻合。两鉴定人根据现场勘验，结合被害人损伤情况推断现场具备形成挥鞭样损伤的条件，原判不应根据推断给被告人定罪。两鉴定人对挥鞭样损伤是因何种伤害行为所致时的回答不一致，一位鉴定人确认可以排除被害人右耳后部受拳、坠落楼梯过程中及被踢时形成挥鞭样损伤，也即明确了被害人受暴力间接作用形成的唯一原因是被害人后背被踩踏，这与另一位鉴定人认为虽然头部受拳击、坠落过程中也可能形成挥鞭样损伤，但背部被踩踏最有可能形成挥鞭样损伤的意见存在分歧，表明该《补充说明》不应被采信。赵秀真等五证人模仿被害人卧姿而重组案件的图片说明现场被害人头部与身体躯干处于同一水平面，不可能形成支架。若被害人头部与身体躯干处于同一水平面时，是不可能导致挥鞭样损伤的。二、根据有利于被告人的原则，应认定让在被害人背上跳的次数为一次。三、被害人滚落楼梯后的昏迷症状符合脑干损伤的医学生理反应，故被害人在被让踩踏后背之前脑干损伤已经形成。四、让实施了打击被害人第二拳的观点不属实。五、对原判认定的民事赔偿款的计算方法及总额无异议，对原判决确定的支付比例有异议。按照罪、刑相适应原则，直接打击被害人头部的危害程度绝对高于在被害人倒地后在其后背跳了一两下的危害程度。鉴于让的行为与被害人颅脑损伤没有因果关系，一审法院判决让承担60%的赔偿责任于法无据，应予调整。

上诉人米高尔上诉及其辩护人提出辩护意见称：一、原判认定米高尔与让是共同犯罪以及米高尔的行为与被害人死亡后果有刑法上的因果关系的事实毫无证据支持。原判认定米高尔在事发当晚摸过龙梅的臀部不符合事实；被害人在二楼门外遭受让的打击和跳上被害人的背部踩踏与米高尔在二楼打击的一拳没有任何必然或偶然的因果关系；让的行为是独立完成的，不存在与米高尔共同打击致被害人死亡的事实。二、原判认定米高尔和让的行为彼此联系、互相配合，与被害人死亡之间存在因果关系、成立共同犯罪与事实不符。米高尔和让不是共同犯罪，两人之间就各自实施的行为没有认识因素和意志因素的共同故意。综上，米高尔与让不是共同故意犯罪，米高尔的行为与被害人的死亡结果没有刑法上的因果关系，米高尔无罪。

检察员发表出庭意见认为：一、原审判决认定主要犯罪事实清楚，证据确实、充分。上诉人让、米高尔因琐事对被害人黄刚进行殴打，情节恶劣，造成了无辜被害人死亡的严重后果，已构成故意伤害罪。一审判决定罪量刑均无不当。二、根据法医学鉴定和法医的解释，可以排除拳击、滚落楼梯、脚踢等因素造成被害人死亡的结果，可以认定让在被害人背部跳跃的行为造成了被害人脑干断裂，从而颅脑重伤死亡。其他伤害行为，虽然没有直接造成被害人死亡的结果，但与让的跳跃行为是前后衔接、相互作用，同样具有危害性，应当认定与被害人死亡具有刑法上的因果关系。三、原审法院要求鉴定人对原鉴定结论进行细化说明符合有关司法解释的规定。《补充说明》是对《法医学尸体检验报告书》的补充完善，应予采用。四、认定让对被害人打了第二拳且使其滚落楼梯是有一定证据支持的。五、上诉人让和米高尔在主观上具有相同的伤害的犯罪故意；在客观上都进行了殴打黄刚的伤害行为，两人的行为与被害人死亡之间都存在因果关系，即实施了共同的犯罪行为。六、本案中，让在被害人背部的跳跃行为相比米高尔更为恶劣，是造成被害人死亡的最直接原因，对其处以较重刑罚，并无不当。米高尔的伤害行为在造成被害人的死亡中起着稍次的作用。一审法院分别判处两人十三年和十一年的刑期，在刑法规定的幅度内量刑，并无不当。建议依法驳回上诉，维持原判。

经审理查明：2007 年 8 月 11 日晚，上诉人让和米高尔到江门市蓬江区建设二路新之城卡仕酒吧二楼大厅内喝酒。8 月 12 日凌晨 2 时许，同在卡仕酒吧喝酒的马忠及其女友龙梅与黄刚等人陆续离开卡仕酒吧。米高尔继续在卡仕酒吧内喝酒，让则走出二楼大厅，在大厅门口的平台上接听电话。马忠拉着龙梅到卡仕酒吧楼下后，对黄刚等人说龙梅被一名外国男子非礼了，其决定返回教训该外国男子。黄刚即紧随其后予以劝阻。马忠返回卡仕酒吧二楼大厅，用烟灰缸击打米高尔的头部致其头部受伤流血。酒吧保安将马忠和米高尔分开，并拥阻着二人走向二楼大厅门口，马忠又持酒瓶掷向米高尔，然后离开二楼大厅。米高尔在保安的阻拦下仍然挥动拳头，一拳打中上前劝架的黄刚的头部。黄刚被打后转身闪出二楼大厅门外，之后跌落楼梯，俯卧于靠近楼梯转角平台处，头部靠楼梯墙壁。此时，让打完电话，见到米高尔头部流血，以为是黄刚加害于米高尔，便站到黄刚背上进行跳踩，并在离开时用脚踢黄刚。米高尔走下楼梯时亦用脚踢黄刚，然后与让离开卡仕酒吧到江门市人民医院治疗头部伤口。被害人黄刚经送医院抢救无效于 2007 年 8 月 14 日死亡。

经法医鉴定，被害人黄刚系重型颅脑损伤死亡，上诉人米高尔的损伤为轻微伤。

另查明，附带民事诉讼原告人黄林、李秀玲系被害人黄刚之父母，附带民事诉讼原告人陈婕系被害人黄刚之妻。黄林、李秀玲均为五邑大学退休教师，有生活来源。被害人黄刚系城镇户口。让、米高尔故意伤害致黄刚死亡，给附带民事诉讼原告人造成下列经济损失：1. 死亡赔偿金 320300 元；2. 丧葬费 14012.5 元；3. 医疗费 7227 元；4. 酌情给予护理费及家属的误工费、交通费、住宿费 3000 元。上述各项损失合计人民币 344539.5 元。

认定上述事实的证据有：

1. 江公蓬刑勘字（2007）1201395 号《现场勘查记录》，证实 2007 年 8 月 12 日 3：45 江门市公安局蓬江分局刑警大队三中队接到报案后，于 4：30 至 7：30 对案发现场进行了勘验检查。让、米高尔故意伤害被害人黄刚的中心现场位于江门市蓬江区建设二路新之城卡仕酒吧。卡仕酒吧南面新之城停车场入口北侧是华润地下超市的出入口，在超市出入口西面、建设二路路边有一路灯，在距离该路灯灯柱北面 0.5 米、东面 4 米的地面上有一只牌子为“公牛风暴”的褐色球鞋；路灯北面 5 米处是一公交车候车站，在路灯和公交车候车站之间的地面上有多处点状血迹，地面点状血迹一直延伸至卡仕酒吧门口，在正对卡仕酒吧门口有4m×2.5m范围的点状血迹。卡仕酒吧的楼梯道呈“回”字形螺旋上升，在第二、三、四层楼梯拐角处的地板上分别发现点状血迹；第五层楼梯拐角的地板上发现点状血迹和擦拭状血迹，楼梯拐角北面墙壁的镜面上发现点状血迹；第五层楼梯拐角往东上至二楼酒吧门口。二楼酒吧，门口是一扇双开的玻璃门，门口进入是酒吧大厅，大厅中央是服务柜台，柜台东面是厨房，南面、西面、北面均为吧台。

2. 江门市人民医院于2007年9月6日出具的《门诊病历》，证实2007年8月12日3时，被害人黄刚被人发现昏迷约20分钟，“120”出车，现场发现心跳、呼吸已停止，即予心肺复苏，并接回医院。体检见昏迷状、双瞳孔散大、对光反射消失、右颞部可及一头皮血肿，血压测不到，未及呼吸音及心音。经抢救，被害人于3：04心跳恢复、自主呼吸未能恢复，经ICU会诊后，转ICU进一步治疗。

3. 江门市公安局户政科出具的人口信息资料，证实被害人黄刚于2007年8月14日因死亡而注销户口。

上述证据2、3经一审庭审质证，内容客观真实，与本案存在关联性，一审判决未予列举，本院经审核认为应当作为认定本案事实的证据。

4. 江公刑技法遗鉴字（2007）第0376号《法医学DNA检验鉴定书》，证实米高尔的牛仔裤右大腿前侧可疑斑迹，黑色短袖T恤胸前、右袖口可疑斑迹和让牛仔裤上左大腿前侧可疑斑迹、黄刚妻子提供米黄色T恤左胸前衣袋可疑斑迹、黄刚妻子提供黑色裤子右裤脚上可疑斑迹、卡仕酒吧门口前面建设路旁人行道地面可疑斑迹均检出人血，来源于米高尔的可能性为99.99999999%。卡仕酒吧一楼至二楼楼梯的第二拐角的楼梯墙壁镜子上可疑斑迹未检出有效基因分型；卡仕酒吧一楼至二楼楼梯的第二拐角的楼梯地面可疑斑迹、卡仕酒吧门口地面1号可疑斑迹、粤J65313汽车左前门的外面可疑斑迹均检出人血，来源于同一男性个体，排除来源于米高尔和让。

5. 江公刑技法鉴字（2007）第30号《法医学尸体检验报告书》（2007年8月20日出具），证实被害人黄刚经抢救无效于2007年8月14日死亡。鉴定人于次日对黄刚尸体进行检验鉴定，经检验尸表有如下损伤：左顶部检见5cm×5cm头皮出血，顶部正中检见一长3cm划痕，右额部近发际处检见1.5cm×0.4cm挫伤，右颞部检见1.3cm×0.4cm挫伤，右耳后部检见3cm×2cm皮下出血，下唇黏膜散在破损，范围为2cm×1cm。左胸部检见3cm×1cm挫伤，左胸外侧检见4cm×2cm挫伤，右锁骨部检见3cm×2cm挫伤，左腹部、左肩胛下部、右肩背部、左上臂上段前侧、右上臂外侧、右手臂部、左小腿上段前侧、左小腿中上段后内侧、右大腿中段前侧、右小腿上段前侧、右小腿下段前侧检见多处皮下出血。解剖检验见右颞部4cm×2cm头皮下出血，右额部见1cm×0.3cm皮下出血，右侧颞肌检见范围为4cm×3cm的出血区，颅盖骨未见骨折。蛛网膜下腔广泛性出血，脑干于延髓脑桥沟处离断，并伴有出血；双侧小脑扁桃体部分缺损，并形成枕骨大孔疝；侧脑室积血；颅底未见骨折。蛛网膜下隙脑脊液呈血性，部分破碎脑组织溢出枕部大孔，枕骨大孔疝形成。左肾包膜挫伤出血，范围为2cm×1cm，脊柱正中平肩胛骨下角处检见3cm×2cm肌肉出血。病理检验见：延髓、桥脑断面表面组织不平坦，个别脑实质凹凸不平，表面出血，断面下脑实质网状水肿，血管充血，个别神经元变性、周围小胶质细胞卫星样围绕，局灶区域纤维断裂；小脑疝处组织水肿；大脑脑实质蛛网膜下腔出血，脑实质未见明显病变，侧脑室腔面见出血。死者全身多处软组织挫伤出血，符合生前受到钝性外力作用所致；死者右耳后部损伤符合其生前遭受质地相对较软的钝性物体作用所致（如拳击等）。死者黄刚系因外力致重型颅脑损伤死亡。

6. 鉴定人出具的《补充说明》（2008 年 5 月 20 日出具），对被害人重型颅脑损伤的形成原因分析说明如下：（1）脑干损伤机理：人的大脑与脑干位于颅腔与脊髓腔的包围之中，只有暴力作用才能造成大脑及脑干损伤，而暴力造成脑干损伤分为暴力直接作用和间接作用两种：①暴力直接作用：头部直接受冲击后脑在颅腔内运动，脑干与小脑幕游离缘、斜坡和枕骨大孔缘相撞击而致伤；或着力时颅内压突然增高，向压力较低的椎管内分散时，较大的压力集中在脑干而致伤；或侧面脑室内、脑室外液瞬间移向导水管和第四脑室外致脑干受冲击，在此情况下，由于头部的突然加速运动或减速运动，会伴有一定程度的脑挫伤。②暴力间接作用：臀部或两足着地的坠落伤，外力借脊柱传达到枕骨大孔，围绕枕骨大孔的骨折所造成的延髓损伤；或暴力冲撞腰背部，头部先过伸而后又过屈的挥鞭样运动，导致脑干损伤。（2）被害人黄刚颅脑损伤分析：①死者蛛网膜下腔出血呈广泛性分布，但顶部血量较少，可见白色脑组织，分析蛛网膜下腔出血来源于脑底部，经尸体解剖检验及病理组织学检验，死者黄刚脑干损伤部位均检见出血，说明该处损伤具有生活反应，系生前伤。②死者黄刚右耳后部损伤符合其生前遭受质地相对较软的钝性物体作用所致（如拳击等），较大外力直接打击此部位虽可致脑干损伤（暴力直接作用），但未见受伤相应部位的脑组织损伤及对侧位置的脑对冲伤。结合现场情况，当人俯卧于地面，右额部近发际处靠于墙上，与身体形成支架，在此情况下背部受力时，头部摆动较小，大脑与颅腔相对位移小，不易形成脑组织挫伤，可以形成挥鞭样损伤（暴力间接作用）。

7. 江公刑技法鉴字（2007）第 32 号《法医学活体检验报告书》，证实米高尔头颅五官正常，右颞顶部检见 3.2cm 缝合创口，颈部、脊柱及四肢各大关节活动度正常，所受损伤为轻微伤。

8. 江门市公安局调取的卡仕酒吧监控录像资料，证实案发前在卡仕酒吧二楼大厅发生的跳舞及打斗的场面：米高尔（穿黑色上衣、浅色裤子）在酒吧二楼大厅一张圆桌前与一名女子贴身跳舞，后该女子与另一男子（穿浅色上衣、深色长裤）一起离开，米高尔在该女子身后伸手拍了一下该女子；让走出二楼大厅门外站在门口的平台上打电话，之后有一名男子（穿浅色上衣、浅色七分裤）走进二楼大厅，从吧台上拿起一个玻璃烟灰缸砸向米高尔，被害人（穿浅色上衣、深色裤子）紧随其后予以阻拦，酒吧保安亦上前分开两人，双方在保安的拥阻下走到二楼大厅门口。砸米高尔的男子手持酒瓶，不顾劝阻掷向米高尔，米高尔在保安拦阻下仍挥动拳头，一拳打中上前劝架的被害人的头部，被害人被打后有弯腰低头的动作，并转身闪出二楼大厅门外。

9. 江门市公安局扣押物品、文件清单及照片，证实案发时被害人黄刚所穿的浅色上衣左腹部位置有条纹状的鞋印，上衣背面有两个圆点状，分别为左右脚的鞋印；案发时米高尔所穿的黑色皮鞋鞋底为条纹状，让所穿的咖啡色休闲鞋鞋底为圆点状，均与被害人黄刚的上衣上的鞋印相吻合。

10. 模拟案发当晚被害人在楼梯上的卧姿的照片：证实班更更、魏勇、覃又喜、郑嵩文、赵秀真所确认的被害人俯卧在楼梯上的卧姿，被害人头朝楼梯墙壁，但卧姿及俯卧在楼梯上的位置各异。

11. 证人覃又喜（酒吧保安员）的证言：案发当天凌晨2时30分左右，我在卡仕酒吧二楼楼梯口处，发现有一名穿白色衣服的中国男青年与米高尔在吵架。米高尔头部流血，很生气地追打那名中国男青年，我和班更更及另一同事上前拦着米高尔不让他打人，并把两人推到二楼的入口处。在楼梯口处，米高尔挥起拳头打人，打了谁、有没有打中我都没有看到。后来，米高尔追出二楼大厅门口，我跟着走出门口，看到让站在楼梯阶上，被害人站在让站的楼梯阶下，让用右拳一拳打向被害人，打哪个部位我不记得了。被害人当场被打昏，倒在楼梯上，并滚落到楼梯的转角处，而让自己也跌倒在楼梯上，但让马上又站起来，走到楼梯转角处，用右脚踢被害人的腰部至少两下。米高尔也走下去用右脚踢被害人腰部至少两下。我们便把让和米高尔拦到卡仕酒吧门外，他们坐出租车走了。被害人面朝下趴在楼梯转角处一动不动，有保安打120，然后就几个人抬着被害人到酒吧外等救护车来。

12. 证人赵秀真（酒吧保安员）的证言：案发当天，我从一楼走上二楼门口时看到让站在门口打电话，走进酒吧大厅内，看见米高尔头部受伤流血，并正在和一名中国男子争吵，有保安在分开他们。我也上前站在两人中间，与班更更、魏勇等人将两人推至二楼楼梯口的地方，这时中国男子手里拿着酒瓶掷向米高尔，然后走下楼，孙建权追了出去。被害人不知什么时候走到二楼，我站在二楼门口旁边，看到让打了被害人的脸部一拳，被害人被打后就跌到二楼往下的第一段楼梯间。被害人是怎样跌下去的我没看到。被害人身体有一部分在平台上，有一部分在楼梯上，不能确定哪部分在平台上，哪部分在楼梯上，但倒卧的方向、姿势是可以确定的。让和米高尔从二楼门口走下楼，走到一楼至二楼楼梯间处，上去踢、踩趴在一楼至二楼楼梯间的被害人，让站在被害人的背上踩了一下，是双脚站在被害人背上的，米高尔也对被害人踢了几脚。

13. 证人魏勇（酒吧保安员）的证言：案发当天凌晨2时40分左右，我看到一名中国男青年从二楼门口进入大厅，从吧台上拿了一个酒瓶砸了一下米高尔的头部，米高尔当时没有还手。我和其他保安过去将双方拦开，并站在米高尔和砸人的中国男青年之间，将两人往二楼大门的方向带，想将他们赶出酒吧。中国男青年走到门口附近又用酒瓶砸了一下米高尔的头部。米高尔第一次被砸时已经流血了，这次血流得更厉害了。接着砸人的男青年就往一楼方向跑下去了，而跟在他后面的被害人被米高尔用右拳一拳打中头部并滚下四五级台阶。但当时我是面对着米高尔而背对被害人的，被害人是怎样滚下楼梯的我没看见。我回头看时，被害人背部朝天，面朝下，头靠在墙上一点，而脚靠近楼梯扶手，横趴在一楼与二楼楼梯转角平台的上一级楼梯处。让双脚站在被害人的背部，并且跳了一下或者两下。接着我与同事就将让拉开，在拉开的时候让还用脚踢了一下被害人的腰部。让双脚踩在被害人背部时，被害人的头部是靠在楼梯的墙上的，让踩完后，被害人的头才落到楼梯上。楼梯的每个台阶约20厘米高。

14. 证人郑嵩文（酒吧保安员）的证言：2007年8月12日大约凌晨2时30分，我看到一穿白色衣服的中国人用右手从吧台拿起一个装蜡烛的玻璃盅砸在米高尔的头右侧，米高尔的头部马上就流出血来。我拦住中国男子，但中国男子还是继续用右手拿着玻璃盅向前砸，我和班更更就推中国男子到二楼楼梯口，中国男子自己走下楼梯。大约一分钟后，中国男子又走上二楼，走向米高尔，被害人走向砸人的中国男子并拦住他。这时，米高尔发现了砸伤他的人就走过来，被害人就叫砸人的中国男子走，并拦住米高尔，当时被害人站在二楼楼梯的门口，米高尔不知为何就挥起右拳，一拳打中被害人的头部，被害人挨了一拳后，向门口方向走了几步就自己从楼梯上摔了下去，滚了大约四个台阶，俯身趴在楼梯上，头靠在楼梯的墙上的。米高尔又追上去，站在他身边，但没继续打他。让从一楼走上来，在平台处和米高尔交谈了几句，就走到趴在楼梯上的被害人身前，双脚同时踩在被害人的腰背上并用自身的重量向下踩了两下。米高尔也踹了几脚，然后和让离开了酒吧。保安打了120电话，并将被害人抬到卡仕酒吧门外等救护车来。

15. 证人班更更（酒吧保安员）的证言：案发时，我看到在二楼大厅门口处，孙建权在米高尔和一个穿白色上衣的中国人之间阻止他们打起来，米高尔头部已经受伤并流血，我过去和覃又喜拉住米高尔，其他几个保安也一起阻止他们发生打斗。米高尔摆脱保安并用右手打了被害人一拳，被害人和几个保安先出了二楼大厅的门口，米高尔追出了门口，我和赵秀真也跟了出去，看见被害人斜着趴在楼梯上，头部靠在楼梯的墙壁上，面部朝着二楼大厅门口的方向，双腿朝着楼梯扶手的方向，一条腿在楼梯上，另一条腿在楼梯拐角的平台上。

16. 证人孙建权（酒吧保安队长）的证言：案发时，我把中国男子推到二楼门口旁边，赵秀真、魏勇、郑嵩文、李伟明、覃又喜在后面拉米高尔，我拦住的中国男子右手拿起一个酒瓶，掷中米高尔的头部，米高尔的头部顿时流出血来，米高尔想冲过去打中国男子，但是不成功，中国男子走出二楼的楼梯口，我跟在后面，中国男子一直沿着楼梯走出卡仕酒吧的大门，我在大门口拉住该男子的上衣不让他走，该男子把上衣脱掉从我手中挣脱。

2007年8月12日12时至19时，侦查机关将事先准备好的不同男性（外国人）正面免冠照片12张不规则地排列在一张白纸上，在见证人的见证下，分别交给上述各证人辨认，证人覃又喜、郑嵩文、魏勇、赵秀真、孙健权均从照片中辨认出让和米高尔，班更更从照片中辨认出米高尔。

17. 证人蒋善荣（酒吧服务员）的证言：案发当时，我站在卡仕酒吧二楼大厅大门口的右侧位置，看见有一名中国男青年从吧台上拿了一个烟灰缸，然后走到15号台用烟灰缸砸正在那里喝酒的外国男青年头部一下。这时，这名外国男青年就想冲过去打那名中国男子，但是被保安拦住了，并将双方往二楼大门位置带。但是走到门口时，那名中国男青年又从吧台拿了一个酒瓶并砸了一下那名外国男青年的头部，那名外国男青年血流得更厉害了。接着打架的双方走出二楼门口往一楼方向走。之后，我看见有一名中国男青年躺在二楼到一楼之间的第一个楼梯转角处平台上几级楼梯处，腹部贴在楼梯上趴着，头部向墙的位置，脚往楼梯扶手方向。

18. 证人张国强（酒吧服务员）的证言：案发当天凌晨2时35分左右，我看见保安拉住一名中国男子，当时中国男子手持酒瓶想打离他一米远左右的外国男子，外国男子头部受伤正在流血。拉扯之间，中国男子想用酒瓶打外国男子但未打中，随后就被保安推出二楼门外，外国男子也跟着出门口。外国男子有一名同伴，也是外国男子，当时在门口拉扯时，我已经看见有另外一名外国男子过来，出门口时这名男子是跟着那个头部受伤的男子一起下楼出去的。

19. 证人罗纯谋（酒吧服务员）的证言：案发当天凌晨，我见到穿黑衣服的外国人搂住一名中国女子在跳舞，那名女子的男朋友见到此情况便上前与那外国男子发生争执，在推打过程中，外国男子被推倒在地，那男子便拉着那女子快步走出酒吧。

20. 证人褚俊凡（酒吧服务员）的证言：案发时，我看到一名高个子外国人正拳打脚踢一名中国男子，并一直追打到下楼的楼梯口处，后中国男子被打倒，我就没再过去看了。

21. 证人马忠的证言：案发当天凌晨1时许，我和女友龙梅、黄刚、卫崴等一起去卡仕酒吧喝酒。在酒吧待了一个小时左右，我拉着龙梅离开，当行至门前第二张桌的时候，看到有一名外国人转身用手摸龙梅的臀部，我就马上予以警告。那名外国人便双手抓住我腰部，想将我摔倒。我用双手猛按那外国人耳后位置，两人一起跌倒在地上。这时酒吧的保安过来将我们两人分开。分开后，那名外国人竖起中指骂人，我听后很气愤，就先带龙梅下到卡仕酒吧门外，想冲上去教训那名外国人。大家加以劝阻，叫我不要把事情闹大。但我还是冲进卡仕酒吧，而黄刚就在后面阻拦。我冲上去在第二张桌看到那名外国人，就随手在桌上拿了一件物品，往外国人头部打了一下。被打后，那外国人转过头来，我就继续往那外国人头上打了一下，手上的物品碎了，划伤我的手部。之后，我又随手拿了一个酒瓶吓唬向我冲过来的人，并将酒瓶扔到他们前面，然后转身冲到酒吧门外。保安人员拉住我，我就脱下上衣跑了。我跑到卫崴车上，卫崴开车送我到双龙路下车。后来我听说黄刚在人民医院急救，就赶到医院找警察自首。在医院我见到被打的外国男子和另一名手部受伤的外国男子，在酒吧时这两名外国男子是在同一张台喝酒的，他们附近还有两名男子及一名女子，那名女子与被打的外国人一起跳舞，跳得很投入。

22. 证人龙梅的证言：2007年8月11日晚上，我到卡仕酒吧与马忠、黄刚、卫崴一起喝酒，期间我没有跳舞，站在马忠身边看他们玩。次日凌晨2时许，马忠拉着我准备带我离开卡仕酒吧，走到门口右边的过道上时，站在过道旁的一名外国人伸手摸了一下我的臀部，我马上回头看什么事。马忠看到很气愤，那外国人向前伸出双手向马忠靠近，马忠就迅速把那外国人放倒在地上，双手按住外国人的肩部，在场的保安马上冲上来把马忠拉开，我把马忠拉到卡仕酒吧楼下，见到黄刚。马忠告诉黄刚我被摸的事，并说他很气愤，要上去打那外国人，说完转身就上去了。黄刚觉得马忠很危险就跟着冲了上去，过了两分钟，马忠飞快地从卡仕酒吧下来，对我说快走，我就跟着他上了卫崴的车，卫崴把我们送到天沙五路。后来我与马忠听说黄刚被送医院了，我赶到医院时，见到摸我臀部的外国人也在医院。案发当晚，马忠穿一件圆领白色T恤、灰色七分裤；黄刚穿一件白色有领T恤、深色裤子。

23. 证人卫崴的证言：案发当晚我与黄刚、马忠、龙梅等人一起在卡仕酒吧吧台附近一张小圆台喝酒。凌晨2时许，我与黄刚、马忠等人陆续离开酒吧。我准备去取车时，马忠说一个外国人摸了他妻子，又返回酒吧去找那个外国人理论。大约两三分钟后，马忠回来，拉着妻子上了我的车。我开车将马忠送回家之后回到酒吧，看见有警车及救护车到场，黄刚被送往人民医院抢救。

24. 证人秦培红的证言：案发当晚我与卫崴、黄刚、马忠等人在卡仕酒吧喝酒，大概是凌晨2：30我与卫崴离开酒吧，到酒吧门外见到马忠和他女朋友及黄刚。我与卫崴取了车出来见到马忠光着上身，身上有血，并说因为他女朋友被人非礼，所以打了人。卫崴开车送马忠和他女朋友回家后，我们又返回卡仕酒吧，见到警车和救护车到了，伤者黄刚后来被送到人民医院。

25. 上诉人让的供述：案发当晚，我与米高尔等人在卡仕酒吧喝酒，期间，我走出酒吧在一楼的大门外接听电话，约两分钟后，我接完电话走进酒吧，看到被害人从楼梯上滑下来，但没有看到整个滑下来的过程，只看到被害人滑下最后几级楼梯，四肢伸展开，头朝下。被害人滑下楼梯后，俯卧在一楼和二楼的楼梯拐弯处。米高尔站在二楼的门口，头部流血，我当时就估计米高尔和别人打架了。米高尔冲下楼梯跑到那名趴在楼梯间的男子身边，我上前问米高尔发生了什么事，米高尔说他在酒吧被别人打了头部，我听后很气愤，就用脚踩了那名趴着的男子后背两三下，然后米高尔就用脚踢那男子，我马上拉走米高尔并带他去医院。

侦查机关于2007年10月24日将12张不同男性正面免冠照片不规则排列后，在见证人的见证下交由让辨认，让从照片中辨认出米高尔。2007年8月14日侦查机关在见证人的见证下，由让带路到案发现场对卡仕酒吧、被害人倒地的具体位置、发现米高尔头部受伤流血的位置、让饮酒所坐的位置进行了辨认。

26. 上诉人米高尔的供述：案发当晚，我与让在卡仕酒吧喝酒，我喝多了，也不知道让去了哪里。当时只有我一人在原来的桌子上喝酒，这时一名男子从我身后用一个瓶子打中我头部，眼镜也被打落了。接着该男子被保安控制住，我只记得自己被打了一下头部之后很气愤，用右脚往这名男子身上踢了两脚，已经踢中了该男子的身体。后来让回来，带我去医院治疗伤口。当时我被打之后，感觉到可能是趴在楼梯上的人或者是他的同伙打我，就气愤地冲上去踢了该男子两下。我不记得曾跟让说过是楼梯上趴着的人打我。

侦查机关于2007年10月24日将12张不同男性正面免冠照片不规则排列后，在见证人的见证下交由米高尔辨认，米高尔从照片中辨认出让。2007年8月14日侦查机关在见证人的见证下，由米高尔带路到案发现场对卡仕酒吧、米高尔饮酒的地点、米高尔被打伤后踢中国男子的地点、米高尔在一楼至二楼楼梯间用脚踢趴在地上的中国男子的地点进行了辨认。

27. 让的辩护人提交的让的病历、CR图文报告单、五邑大学人力资源处出具的收入证明等，证实：2007年8月5日让经检查证实左腕舟骨骨折；附带民事诉讼原告人黄林、李秀玲有固定收入，即有生活来源。

28. 附带民事诉讼原告人提交的居民身份证、户口簿、结婚证、住院收据等，证实附带民事诉讼原告人黄林、李秀玲、陈婕与被害人黄刚的关系，且黄刚为城镇居民，医疗费用为7227元。

上述证据均经庭审出示、质证，证据之间能够相互印证，形成完整的证据链条，本院予以确认。侦查机关从卡仕酒吧提取的录像资料客观记录了案发当晚在酒吧内发生的打斗场面，录像资料与覃又喜等证人证言相互印证，足资认定米高尔在二楼大厅内打了被害人一拳，且该拳可排除打在被害人右耳后部；被害人受到拳击后转身闪出酒吧二楼大厅门外。现场目击证人证言一致证称被害人跌落楼梯后，俯卧于二楼至一楼的楼梯转角平台附近的楼梯阶上，头朝楼梯墙面，脚朝楼梯扶手方向。但对被害人在出了二楼大厅后是否遭受拳击、因何跌落楼梯、以何种方式跌落楼梯，相关证人证言之间存在矛盾之处，亦缺乏客观证据证实。各证人证言对让在被害人俯卧于楼梯上时在被害人背上跳了几下有不同的表述；从侦查机关提取的案发当晚被害人所穿的上衣背部的脚印看，该脚印存在重叠的痕迹，但与让在二审庭审中称其是两脚先后踩上被害人的背部再双脚跳了一下的供述亦相吻合，故根据现有证据只能认定让在被害人背部有踩跳的行为。同时被害人所穿上衣腰腹部的脚印与各证人证言亦相吻合，足资认定让和米高尔在被害人俯卧于楼梯上时各踢了被害人几脚。经法医鉴定，被害人系外力所致的重型颅脑损伤死亡。米高尔和让故意伤害黄刚，致黄刚死亡的事实清楚，证据确实、充分。

对于让的上诉理由及其辩护人所提意见，经查：

1. 关于《补充说明》能否作为本案认定事实依据的问题。依据《最高人民法院关于执行〈中华人民共和国刑事诉讼法〉若干问题的解释》第五十九条的规定，对鉴定结论有疑问的，人民法院可以指派或聘请有专门知识的人或者鉴定机构，对案件中的某些专门性问题进行补充鉴定或者重新鉴定。本案中，《法医学尸体检验报告书》认定被害人脑干于延髓脑桥沟处离断，系重型颅脑损伤死亡，但未对被害人脑干断裂的形成机理作出说明，一审法院依法发函原鉴定机构要求对被害人重型颅脑损伤的形成原因作出补充说明，该《补充说明》的取得程序合法。《补充说明》的内容是在原尸体检验的基础上对被害人脑干断裂的形成机理作出的分析说明，与《法医学尸体检验报告书》的内容（死者蛛网膜下腔广泛性出血，脑干于延髓脑桥沟处离断，并伴有出血；颅盖骨及颅底均未见骨折，亦未见右耳后部损伤相应部位的脑组织损伤及对侧位置的脑对冲伤）互相印证，证实被害人的重型颅脑损伤是暴力间接作用的结果，该部分内容客观真实。故《补充说明》在形式上及部分内容上均符合证据的要求，可以作为认定本案事实的证据，证实被害人重型颅脑损伤系暴力间接作用的结果。上诉人让所提《补充说明》不应作为对其定罪量刑的证据的理由不成立，不予采纳。

2. 关于让是否用脚踢被害人及让在被害人背部跳踩的次数问题。证人覃又喜、魏勇、郑嵩文的证言相互印证，可以证实让曾用脚踢被害人。上诉人让所提其只对在被害人后背跳一两下的行为承担刑事责任的理由不成立，不予采纳。

证人赵秀真证称让双脚站在被害人的背上踩了一下；证人魏勇证称让双脚踩在被害人背部，跳了一下，但后来的证言中又改称跳了两下；证人郑嵩文证称让双脚同时踩在被害人腰背上用自身的重量向下踩了两下。各证人对于让在被害人背上跳踩的次数的证言并不清晰；而案发时被害人所穿的衣服背上的两只脚的脚印都有重叠的痕迹。但让在侦查阶段供称其在被害人背上踩了两三下；二审庭审中则称是先后脚踩上被害人的背部，站好之后再跳了一下，这种情况下也会发生脚印的重叠。综上，对让在被害人背部跳踩的确切次数，证据之间存在矛盾，依据现有证据只能认定让在被害人背部有跳踩的行为，对具体跳踩的次数不作认定。上诉人让的辩护人所提应认定让在被害人背上跳的次数为一次的理由不成立，不予采纳。

3. 关于让在被害人背部跳踩的行为是否直接导致被害人死亡的问题。因尸检见被害人右额部近发际处有挫伤、左肩胛下部皮下出血、脊柱正中平肩胛骨下角处见肌肉出血，再结合案发地点的楼梯结构，并根据证人证言所模拟的被害人昏迷后的卧姿，鉴定人在《补充说明》中分析挥鞭样损伤可以在右额部近发际处靠于墙上、与身体形成支架时背部受力的情况下形成。

二审庭审中，鉴定人骞润宇证称，根据被害人的损伤情况可以排除拳击、滚落、踢这三种行为造成脑干断裂。鉴定人丁一训证称法医只对原因作可能性的分析，并不能作确定性的分析。根据两鉴定人的证言，《补充说明》中对于挥鞭样损伤的成因的分析是依据已经发现的客观情况作出的一种可能性的分析。故《补充说明》中关于挥鞭样损伤的成因的分析只能作为本案认定事实的参考。

案发后，警方根据证人班更更、魏勇、覃又喜、郑嵩文、赵秀真的证言，在案发地点模拟被害人在楼梯上的卧姿，并拍摄了照片。根据模拟的现场情况，在被害人背上的跳踩行为可以造成被害人脑干的挥鞭样损伤，但若因此认定是让的跳踩行为直接造成被害人重型颅脑损伤死亡则有失偏颇，理由是：第一，证人证言对被害人在现场的卧姿的描述各一。对于当时被害人的头部靠在墙上的事实，证人魏勇、郑嵩文、班更更的证言相互印证，可予认定。但对于“头部靠在墙上”的理解是可以有歧义的，再结合模拟被害人现场卧姿的照片，难以得出被害人头部靠墙必然与身体形成支架的结论。而让对被害人的卧姿则有稳定的供述及绘图描述，称当时被害人身体上部完全紧靠楼梯平台，一只脚搭在楼梯上。现有证据不能排除合理怀疑，故对被害人的具体卧姿根据本案现有证据无法客观真实地还原。第二，虽然被害人右额部近发际处检见挫伤，但该挫伤是否就是头部靠墙时背部受力所致，即被害人右额部受到的作用力和肩背部受到的作用力是否发生在同一时间即让跳踩时缺乏证据证实。第三，造成脑干挥鞭样损伤的作用力是否足以导致脑干于延髓处离断亦缺乏充分的科学依据。综上，本案没有充分的证据证实让在被害人背部跳踩的行为直接造成被害人重型颅脑损伤死亡，对上诉人让及其辩护人所提让在被害人背上跳踩的行为不是造成被害人重型颅脑损伤死亡的直接原因的意见予以采纳。

4. 关于让是否实施了打击被害人第二拳以及米高尔打被害人的一拳是否直接导致被害人重型颅脑损伤的问题。根据证人覃又喜、赵秀真的证言，让向被害人打了一拳致被害人滚下楼梯，而证人郑嵩文、魏勇则证称米高尔向被害人打了一拳致被害人滚下楼梯，且证人郑嵩文证称被害人被米高尔打下楼梯后他看见让从一楼走上来，这与让的供述相吻合。让多次稳定供述其当时在一楼打电话，上楼时看见被害人已经滑下楼梯，趴在二楼往一楼的楼梯平台上。现有证据之间相互矛盾，不能排除合理怀疑，因此不能认定让曾打被害人一拳，对上诉人让及其辩护人所提让没有实施打击被害人第二拳的行为的意见予以采纳。

根据《法医学尸体检验报告书》和《补充说明》，被害人系暴力间接作用所致的重型颅脑损伤死亡；尸检见被害人仅有右耳后部损伤符合其生前遭受质地相对较软的钝性物体作用所致（如拳击等），较大外力直接打击被害人右耳后部虽可致脑干损伤（暴力直接作用），但未见受伤相应部位的脑组织损伤及对侧位置的脑对冲伤，故可排除是被害人右耳后部遭受的拳击直接导致被害人重型颅脑损伤。根据录像资料，米高尔打出一拳时，被害人面向米高尔，米高尔用右拳打出，该拳可排除打在被害人右耳后部。但对于被害人右耳后部遭受的打击是何人在何时实施，本案没有证据予以证实。另外，从录像资料可见被害人在酒吧内挨了米高尔一拳后有弯腰低头的动作，并转身闪出二楼大厅门外，故亦可排除是该拳直接将被害人打落楼梯。综上，本案没有证据证实米高尔打被害人的一拳是导致被害人重型颅脑损伤的直接原因。上诉人让所提米高尔打出的一拳是造成被害人死亡的致命一拳的理由不成立，不予采纳。

5. 关于被害人在被让跳踩后背之前脑干损伤是否已经形成的问题。对让踩上被害人的后背之前发生的事实，证人覃又喜证称被害人当场被让的一拳打昏，倒在楼梯上，并滚落楼梯；证人郑嵩文证称被害人挨了米高尔一拳后向门口方向走了几步就自己从楼梯上摔了下去，滚了约四个台阶。证人证言对被害人跌落楼梯的细节描述不一，而让则供述被害人是从楼梯上头朝下滑下来的。综上，对被害人从二楼大厅门口跌下楼梯的具体情形根据本案证据无法还原，虽然让踩上被害人的背部之前被害人已失去反抗能力，不能排除被害人在此期间头部受到损伤，但对该可能存在的损伤及损伤的程度均无法证实，上诉人让的辩护人所提被害人在被让踩踏后背之前脑干损伤已经形成的意见缺乏事实依据，不予采纳。

6. 关于让的行为与被害人死亡结果之间的因果关系问题。让在被害人跌落楼梯并昏迷的情况下，双脚站上被害人的背部跳踩，并用脚踢被害人，其行为与米高尔的行为相互联系，共同作用，导致了被害人死亡的结果。上诉人让认为其行为充其量仅致被害人轻伤的意见没有事实依据，不予采纳。

7. 关于让是否构成故意伤害罪的问题。本案有充分证据证实米高尔在二楼大厅内打了被害人一拳且在被害人跌落楼梯后踢了被害人几脚；让在被害人趴在楼梯上时在被害人背上跳踩，离开时又踢了几脚；经法医鉴定被害人系外力所致的重型颅脑损伤死亡。因此认定米高尔和让构成故意伤害罪的事实清楚，证据确实、充分。上诉人让的辩护人认为对让应做无罪认定的理由不成立，不予采纳。

8. 关于让和米高尔在本案中应承担的刑事责任以及民事赔偿责任分配问题。从本案证据可以证明的事实看，米高尔仅是打了被害人一拳，并在被害人俯卧于楼梯时用脚踢被害人，且其行为是在受到马忠袭击之后的本能反应，主观恶性相对较小；让在被害人跌落楼梯并失去反抗能力的情况下，双脚站上被害人的背部跳踩，并用脚踢被害人，在伤害被害人的行为中，让跳踩的行为主观恶性稍大。

本案一审宣判后，2008 年 11 月 13 日，米高尔的家属向被害人家属支付了赔偿款人民币 138000 元。二审刑事部分开庭后，2009 年 6 月 8 日，广东敬海律师事务所代让向被害人家属支付了赔偿款人民币 137815. 8 元。二审民事部分开庭后，让的母亲到江门向被害人家属支付人民币 30000 元作为精神损害赔偿，米高尔亦通过俄罗斯驻广州总领事馆向被害人家属支付了人民币 20000 元作为精神损害赔偿。被害人家属认为让尚未全额支付一审判决确定的赔偿金额，无法接受该 30000 元人民币作为精神损害赔偿，并认为米高尔的悔罪态度较诚恳。

综合考虑让和米高尔在共同犯罪中的主观恶性及在一审判决后的悔罪态度，让应承担稍重的刑事责任和民事赔偿责任。原审判决对让和米高尔的民事赔偿责任比例分配适当，上诉人让及其辩护人所提让应承担较轻的刑事责任、对让的赔偿金额亦应予改判的理由不成立，不予采纳。

综上，对上诉人让及其辩护人所提让没有实施打击被害人第二拳的行为以及让在被害人背上跳踩的行为不是造成被害人重型颅脑损伤死亡的直接原因的意见予以采纳。上诉人让的其他上诉理由及其辩护人的其他意见经查均不成立，不予采纳。

对于上诉人米高尔的上诉理由及其辩护人所提意见，经查：

原审判决认定 2007 年 8 月 12 日凌晨，马忠及女友龙梅经过米高尔身边时，米高尔摸了一下龙梅的臀部，马忠见状即与米高尔争执并打斗，后被酒吧保安将两人分开的事实，与录像资料所记载的事实不相吻合。录像资料显示米高尔一直在酒吧内靠近吧台的一圆桌旁与一名女子贴身跳舞，圆桌旁除了让，还有另外两名男子；米高尔在该名女子被另一男子（从该男子的衣着可以排除是马忠）拉走时拍了一下该名女子，之后继续坐在圆桌旁喝酒，一直到被马忠袭击之前，米高尔都没有与他人发生争执。马忠与龙梅的证言称米高尔摸了一下龙梅的臀部，马忠因此与米高尔发生争执的事实与录像资料不相吻合。而马忠证称其在医院见到的两名外国人是一起在酒吧内喝酒的，当时他们附近有两名男子和一名女子，该名女子与被打的外国人一起跳舞的证言与录像资料可以相互印证。龙梅亦证称其在酒吧内没有跳舞，可见与米高尔一起跳舞并被米高尔拍了一下的女子不是龙梅。证人罗纯谋证称其见到穿黑衣服的外国人搂住一名中国女子跳舞，那名女子的男朋友见到此情况便上前与那外国男子发生争执，在推打过程中，外国男子被推倒在地，那男子便拉着跳舞女子快步走出酒吧。即根据罗纯谋的证言，是跳舞女子的男友与外国男子发生争执，其证言与马忠、龙梅的证言亦不相吻合。鉴于录像资料记载的案发前酒吧内发生的事实具有客观真实性，罗纯谋与马忠、龙梅的证言存在矛盾之处，故对马忠和龙梅所证称的米高尔摸了一下龙梅的臀部，马忠因此与米高尔发生争执并将米高尔推倒在地的事实不予认定，对上诉人米高尔及其辩护人所提米高尔没有摸过龙梅臀部的意见予以采纳。

证人郑嵩文证称让走上楼梯时曾与米高尔用外语交流，这与让的供述相吻合。让还供称其看到米高尔头部受伤流血，又有人趴在楼梯上，以为就是趴在楼梯上的人伤害米高尔。由此可见，在对被害人实施伤害行为时，米高尔和让均意识到自己不是在孤立地实施伤害行为，并明知自己伤害行为的性质以及结果，并且希望或放任危害结果发生，具有共同的犯罪故意，米高尔和让的伤害行为互相配合、相互补充，符合共同犯罪的成立要件，构成共同犯罪。本案中米高尔首先打了被害人一拳，在被害人跌落楼梯失去反抗能力的情况下还对被害人进行踢打；让则双脚站上被害人的背部跳踩，并用脚踢被害人。本案中让的行为不是独立完成的，米高尔与让的伤害行为共同作用、相互补充，共同导致了被害人死亡结果的发生，行为与结果之间是引起与被引起的关系，没有前者就不会有后者的存在，即米高尔与让共同故意伤害被害人的行为与被害人的死亡结果有刑法上的因果关系，应共同对被害人的死亡结果承担法律责任。上诉人米高尔及其辩护人认为米高尔与让不是共同故意犯罪、米高尔的行为与被害人的死亡结果没有刑法上的因果关系、米高尔无罪的理由不成立，不予采纳。

综上，对上诉人米高尔及其辩护人所提米高尔没有摸过龙梅臀部的意见予以采纳，其他上诉理由及辩护意见均不成立，不予采纳。

对于检察员的出庭意见，经查，原审判决认定让和米高尔共同故意伤害被害人黄刚致黄刚死亡的事实清楚，证据确实、充分，定罪准确，对让和米高尔的民事赔偿责任比例分配适当。检察员所提让与米高尔共同故意伤害黄刚，两上诉人的行为与黄刚的死亡之间存在因果关系，让在被害人背部跳跃的行为相比米高尔更为恶劣，对让应处以较重刑罚的意见理由充分，予以采纳。

本院认为，上诉人让、米高尔漠视他人身体健康，违反中国法律，共同故意伤害他人，致一人死亡，两上诉人的行为已构成故意伤害罪，应依法承担相应的刑事责任并连带赔偿原审附带民事诉讼原告人黄林、李秀玲、陈婕的经济损失。

两上诉人因其莽撞、不冷静的行为给各自的家庭和被害人的家庭带来了无法弥补的伤害。一审宣判后，米高尔的妻子将刚满一岁、尚未见过父亲一面的儿子交给年迈的母亲照顾，艰难地筹集了有关款项，从俄罗斯远道来华，替米高尔向被害人家属支付了赔偿款人民币 138000 元，并请求被害人家属谅解。临别时，被害人的妻子和米高尔的妻子拥抱，并表示米高尔的妻子也是受害人，不怪她。让的母亲承受着刚刚失去丈夫的悲痛，不远千里从法国来到中国，旁听本案的审理，积极联系被害人家属，对儿子的行为表示愤怒、伤心，并满怀歉疚地向被害人的家属祈求宽恕。

本案二审审理过程中，让和米高尔均表示愿意积极赔偿被害人家属的经济损失，并希望得到被害人家属的原谅。米高尔被羁押后刻苦学习中文，用中文写信给被害人家属表达其悔过和歉疚之心，在二审庭审中，用中文亲自向被害人家属表达了悔罪之情，并表示因其家境窘迫无法支付更多的精神损害赔偿，当其有重获自由的一天必定会用实际行动向被害人家属表达赎罪之心。二审休庭期间，米高尔再次向被害人的母亲李秀玲女士表示道歉并流下悔过的泪水。让在二审法庭上亦表示在二审裁判后，会积极向被害人家属支付法院裁判所确定的赔偿款。李秀玲女士表示相信米高尔是真诚的，愿意宽恕他；并表示看在让的母亲面上，可以宽恕让。李秀玲女士对让的母亲和米高尔的妻子给予同情和理解，并希望自己家庭成员的善良与宽容能够换来米高尔和让的良知。本案二审开庭后，让向被害人家属支付了赔偿款人民币 137815. 8 元，并支付了人民币 30000 元作为精神损害赔偿，且承诺将在二审裁判后按裁判所确定的赔偿款支付剩余的款项；米高尔亦向被害人家属支付了人民币 20000 元作为精神损害赔偿。对此，被害人家属表示认可，并请求本院对米高尔和让依法酌情从轻处罚。对米高尔在二审庭审中对被害人家属所做的表态和让称将在二审裁判后依裁判所确定的赔偿款向被害人家属支付剩余款项的承诺，本院均予以肯定。两上诉人主动赔偿被害人家属经济损失的行为体现了其真诚悔罪的态度，本院予以肯定并在量刑时加以考虑。

本案案发现场为酒吧，时间为午夜至凌晨时分，行为人均大量喝酒，意识状态欠佳，在此情况下，米高尔因被他人砸伤头部而出现本能的打击报复反应，让因见到米高尔头部流血而出于朋友义气参与到打击报复的行动中。案发现场混乱且视线较差以致出现打击对象错误的情形，导致了无辜被害人的死亡，这种突发事件中发生的犯罪行为相对于有预谋的犯罪行为其主观恶性较小。案发时间和地点的特殊性亦导致了案发后取证的困难，但根据现场各目击证人证言可知被害人跌落楼梯是瞬间发生的事，在这瞬间不存在非正常因素的介入，因此两上诉人的行为与被害人的死亡结果之间存在刑法上的因果关系。两上诉人共同故意伤害被害人致其重型颅脑损伤死亡，依法应承担相应的刑事责任。在共同实施伤害行为的过程中，米高尔是因在酒吧内受到袭击、头部流血的情况下而采取了拳打脚踢的报复性行动，其行为主观恶性较小；让在被害人俯卧于楼梯上、已经失去反抗能力的情况下，站到被害人的背上进行跳踩，其行为主观恶性稍大，对让应科以稍重的刑罚。

原审判决认定让和米高尔故意伤害他人身体、致一人死亡的事实及让和米高尔应当连带赔偿附带民事诉讼原告人黄林、李秀玲、陈婕的经济损失人民币 344539. 5 元的事实清楚，证据确实、充分；但认定米高尔在卡仕酒吧内摸龙梅臀部的事实以及被害人在卡仕酒吧二楼大厅门外遭受第二拳击打的事实证据不足，对让在被害人背部跳踩的行为是否直接导致被害人死亡的事实认定不清，本院均予以纠正。两上诉人故意伤害他人身体致人死亡，依法应判处十年以上有期徒刑、无期徒刑或者死刑。根据两上诉人的犯罪事实、性质、情节、对于社会的危害程度以及两上诉人的悔罪表现，对让和米高尔依法可酌情予以从轻处罚。依照《中华人民共和国刑事诉讼法》第一百八十九条第（三）项和《中华人民共和国刑法》第二百三十四条第二款、第六条第一款、第十四条、第二十五条第一款、第三十六条第一款、第六十一条以及《中华人民共和国民法通则》

第一百一十九条、第一百三十条及《最高人民法院关于审理人身损害赔偿案件适用法律若干问题的解释》第一条、第三条第一款、第十七条、第十九条、第二十七条、第二十八条、第二十九条、第三十五条的规定，判决如下：

一、维持（2008）江中法刑一初字第1号刑事附带民事判决第一项和第二项的定罪部分，以及第三项和第四项。

二、撤销（2008）江中法刑一初字第1号刑事附带民事判决第一项和第二项的量刑部分。

三、上诉人让·蒙特里特犯故意伤害罪，判处有期徒刑十一年。

（刑期从判决执行之日起计算。判决执行以前先行羁押的，羁押一日折抵刑期一日，即自2007年8月12日起至2018年8月11日止。）

四、上诉人米高尔·V. 舍甫琴科犯故意伤害罪，判处有期徒刑十年。

（刑期从判决执行之日起计算。判决执行以前先行羁押的，羁押一日折抵刑期一日，即自2007年8月12日起至2017年8月11日止。）

本判决为终审判决。

审　判　长　傅曜天
代理审判员　王一民
代理审判员　李翔晖
二〇〇九年八月十日
书　记　员　郑思思

附：相关法律规定

《中华人民共和国刑事诉讼法》

第一百八十九条　第二审人民法院对不服第一审判决的上诉、抗诉案件，经过审理后，应当按照下列情形分别处理：

（一）原判决认定事实和适用法律正确、量刑适当的，应当裁定驳回上诉或者抗诉，维持原判；

（二）原判决认定事实没有错误，但适用法律有错误，或者量刑不当的，应当改判；

（三）原判决事实不清楚或者证据不足的，可以在查清事实后改判；也可以裁定撤销原判，发回原审人民法院重新审判。

《中华人民共和国刑法》

第六条　凡在中华人民共和国领域内犯罪的，除法律有特别规定的以外，都适用本法。

凡在中华人民共和国船舶或者航空器内犯罪的，也适用本法。

犯罪的行为或者结果有一项发生在中华人民共和国领域内的，就认为是在中华人民共和国领域内犯罪。

第十四条 明知自己的行为会发生危害社会的结果，并且希望或者放任这种结果发生，因而构成犯罪的，是故意犯罪。

故意犯罪，应当负刑事责任。

第二十五条 共同犯罪是指二人以上共同故意犯罪。

二人以上共同过失犯罪，不以共同犯罪论处；应当负刑事责任的，按照他们所犯的罪分别处罚。

第三十六条 由于犯罪行为而使被害人遭受经济损失的，对犯罪分子除依法给予刑事处罚外，并应根据情况判处赔偿经济损失。

承担民事赔偿责任的犯罪分子，同时被判处罚金，其财产不足以全部支付的，或者被判处没收财产的，应当先承担对被害人的民事赔偿责任。

第六十一条 对于犯罪分子决定刑罚的时候，应当根据犯罪的事实、犯罪的性质、情节和对于社会的危害程度，依照本法的有关规定判处。

第二百三十四条 故意伤害他人身体的，处三年以下有期徒刑、拘役或者管制。

犯前款罪，致人重伤的，处三年以上十年以下有期徒刑；致人死亡或者以特别残忍手段致人重伤造成严重残疾的，处十年以上有期徒刑、无期徒刑或者死刑。本法另有规定的，依照规定。

《中华人民共和国民法通则》

第一百一十九条 侵害公民身体造成伤害的，应当赔偿医疗费、因误工减少的收入、残废者生活补助费等费用；造成死亡的，并应当支付丧葬费、死者生前扶养的人必要的生活费等费用。

第一百三十条 二人以上共同侵权造成他人损害的，应当承担连带责任。

《最高人民法院关于审理人身损害赔偿案件适用法律若干问题的解释》

第一条 因生命、健康、身体遭受侵害，赔偿权利人起诉请求赔偿义务人赔偿财产损失和精神损害的，人民法院应予受理。

本条所称“赔偿权利人”，是指因侵权行为或者其他致害原因直接遭受人身损害的受害人、依法由受害人承担扶养义务的被扶养人以及死亡受害人的近亲属。

本条所称“赔偿义务人”，是指因自己或者他人的侵权行为以及其他致害原因依法应当承担民事责任的自然人、法人或者其他组织。

第三条 二人以上共同故意或者共同过失致人损害，或者虽无共同故意、共同过失，但其侵害行为直接结合发生同一损害后果的，构成共同侵权，应当依照民法通则第一百三十条规定承担连带责任。

二人以上没有共同故意或者共同过失，但其分别实施的数个行为间接结合发生同一损害后果的，应当根据过失大小或者原因力比例各自承担相应的赔偿责任。

第十七条 受害人遭受人身损害，因就医治疗支出的各项费用以及因误工减少的收入，包括医疗费、误工费、护理费、交通费、住宿费、住院伙食补助费、必要的营养费，赔偿义务人应当予以赔偿。

受害人因伤致残的，其因增加生活上需要所支出的必要费用以及因丧失劳动能力导致的收入损失，包括残疾赔偿金、残疾辅助器具费、被扶养人生活费，以及因康复护理、继续治疗实际发生的必要的康复费、护理费、后续治疗费，赔偿义务人也应当予以赔偿。

受害人死亡的，赔偿义务人除应当根据抢救治疗情况赔偿本条第一款规定的相关费用外，还应当赔偿丧葬费、被扶养人生活费、死亡补偿费以及受害人亲属办理丧葬事宜支出的交通费、住宿费和误工损失等其他合理费用。

第十九条 医疗费根据医疗机构出具的医药费、住院费等收款凭证，结合病历和诊断证明等相关证据确定。赔偿义务人对治疗的必要性和合理性有异议的，应当承担相应的举证责任。

医疗费的赔偿数额，按照一审法庭辩论终结前实际发生的数额确定。器官功能恢复训练所必要的康复费、适当的整容费以及其他后续治疗费，赔偿权利人可以待实际发生后另行起诉。但根据医疗证明或者鉴定结论确定必然发生的费用，可以与已经发生的医疗费一并予以赔偿。

第二十七条 丧葬费按照受诉法院所在地上一年度职工月平均工资标准，以六个月总额计算。

第二十八条 被扶养人生活费根据扶养人丧失劳动能力程度，按照受诉法院所在地上一年度城镇居民人均消费性支出和农村居民人均年生活消费支出标准计算。被扶养人为未成年人的，计算至十八周岁；被扶养人无劳动能力又无其他生活来源的，计算二十年。但六十周岁以上的，年龄每增加一岁减少一年；七十五周岁以上的，按五年计算。

被扶养人是指受害人依法应当承担扶养义务的未成年人或者丧失劳动能力又无其他生活来源的成年近亲属。被扶养人还有其他扶养人的，赔偿义务人只赔偿受害人依法应当负担的部分。被扶养人有数人的，年赔偿总额累计不超过上一年度城镇居民人均消费性支出额或者农村居民人均年生活消费支出额。

第二十九条 死亡赔偿金按照受诉法院所在地上一年度城镇居民人均可支配收入或者农村居民人均纯收入标准，按二十年计算。但六十周岁以上的，年龄每增加一岁减少一年；七十五周岁以上的，按五年计算。

第三十五条 本解释所称"城镇居民人均可支配收入"、"农村居民人均纯收入"、"城镇居民人均消费性支出"、"农村居民人均年生活消费支出"、"职工平均工资"，按照政府统计部门公布的各省、自治区、直辖市以及经济特区和计划单列市上一年度相关统计数据确定。

"上一年度"，是指一审法庭辩论终结时的上一统计年度。

【评析】

裁判文书是司法审判实体公正和程序公正最直观的表现形式，也是法律文化的一种载体，通过裁判文书在社会中的传播，能够使公众理解和接受法制观念。该刑事判决书很好地体现了裁判文书的上述功能。其格式规范，结构严谨，叙述事实清楚、准确、恰当，论证充分，内在逻辑性较强，适用法律正确，审判程序公正，实体判决令人信服，被评为2010年全省法院优秀裁判文书。首先，该判决书对证据进行分析并予以采信的理由客观、充分，证据分析简洁而不失完整。其次，针对控辩双方争议的焦点展开分析、论证，例如对让·蒙特里特的行为是否为致被害人死亡的直接原因等事实进行了充分的论证，说理透彻。再次，定罪量刑的理由清楚明了，对案件的审理过程亦有客观完整的反映。最后，作为一个涉外刑事案件的判决，该判决书较好地阐释了我国的司法理念，使当事人通过阅读裁判文书就能明白法理和事理，既可以促使当事人服判息诉，亦能充分发挥法律的教化功能。

●苏永国犯故意伤害罪一案刑事裁定书

广东省高级人民法院

刑事裁定书

（2009）粤高法刑二终字第11号

抗诉机关（原公诉机关）广东省广州市人民检察院。

上诉人（原审被告人）苏永国，男，1979年12月15日出生于湖南省澧县，汉族，文化程度初中，住湖南省澧县梦溪镇荷堰村8组，因本案于2008年5月31日被刑事拘留，同年7月7日被逮捕。现押于广州市番禺区看守所。

辩护人李乙帆，广东世纪人律师事务所律师。

广东省广州市中级人民法院审理广东省广州市人民检察院指控原审被告人苏永国犯故意伤害罪，原审附带民事诉讼原告人梁锦源、黄卫华、孔善规、黎少英、梁嘉莉、梁嘉宝提起附带民事诉讼一案，于2008年11月19日作出（2008）穗中法刑一初字第327号刑事附带民事判决。抗诉机关即原公诉机关广东省广州市人民检察院对刑事部分的判决提出抗诉，广东省人民检察院支持抗诉；原审被告人苏永国对刑事部分的判决不服，提出上诉。本院依法组成合议庭，公开开庭审理了本案。广东省人民检察院指派代理检察员何雄伟、田华出庭履行职务，上诉人苏永国及其辩护人李乙帆到庭参加诉讼。现已审理终结。

原判认定，2008年5月25日凌晨，被告人苏永国与被害人梁伟伦先后到广州市番禺区市桥街沙圩一村云霖大街三巷一号北面士多店参与赌博，期间两人因故发生口角，梁伟伦动手殴打苏永国，两人发生扭打。被人劝开后，两人在店外再次发生打斗，苏永国持刀刺中梁伟伦腹部数刀、陈灿坤背部一刀后逃离现场，梁伟伦腹主动脉、肠系膜上静脉、肝脏和胰腺被刺破裂致失血性休克死亡，陈灿坤轻微伤。

另，梁伟伦系非农业家庭户口，与原审附带民事诉讼原告人孔善规于1990年6月16日确立收养关系，与原审附带民事诉讼原告人黎少英婚后育有原审附带民事诉讼原告人梁嘉莉、梁嘉宝。梁伟伦因抢救发生的医疗费为23168.2元，其遗体于2008年5月27日被殡葬。

原判认定上述事实，有证人证言、公安机关出具的破案材料、法医学检验鉴定书、现场勘查笔录、被告人供述、原审附带民事诉讼原告人提供及公安机关调取的书证等证据证实。

原判认为，被告人苏永国的行为已构成故意伤害罪。鉴于梁伟伦对引发本案有一定责任，对苏永国可酌情从轻处罚。附带民事诉讼原告人孔善规与梁伟伦的收养关系成立后，附带民事诉讼原告人梁锦源、黄卫华与梁伟伦的权利义务关系即消除，梁锦源、黄卫华的诉讼请求不予支持。苏永国应对附带民事诉讼原告人孔善规、黎少英、梁嘉莉、梁嘉宝遭受的物质损失承担民事赔偿责任。孔善规、黎少英、梁嘉莉、梁嘉宝的部分诉讼请求不予支持。依照《中华人民共和国刑法》第二百三十四条第二款、第五十六条第一款、第三十六条第一款，《中华人民共和国民法通则》第一百一十九条，《中华人民共和国收养法》第二十三条，《最高人民法院关于审理人身损害赔偿案件适用法律若干问题的解释》第十七条第三款、第二十七条、第二十八条、第二十九条、第三十五条之规定，作出判决：（一）被告人苏永国犯故意伤害罪，判处有期徒刑十五年，剥夺政治权利五年；（二）被告人苏永国赔偿附带民事诉讼原告人孔善规、黎少英、梁嘉莉、梁嘉宝死亡赔偿金353986元、丧葬费18198元、医疗费23168元、孔善规的被扶养人生活费23894.78元、梁嘉莉的被扶养人生活费74073.83元、梁嘉宝的被扶养人生活费107526.53元、误工费865.66元；（三）驳回附带民事诉讼原告人梁锦源、黄卫华的诉讼请求及附带民事诉讼原告人孔善规、黎少英、梁嘉莉、梁嘉宝的其他诉讼请求。

广东省广州市人民检察院抗诉认为，苏永国与梁伟伦之间的纠纷系由苏永国引起，而梁伟伦虽对争执的产生和激化负有一定责任，但不属重大过错；苏永国行凶手段残忍，情节恶劣，捅刺部位均系重要部位，无任何法定从轻、减轻处罚情节；苏永国及其家属至今未对被害人家属作出任何赔偿；原判对苏永国量刑畸轻，请求依法判处。

广东省人民检察院支持抗诉认为，苏永国对被害人要害部位连刺四刀后潜逃，情节恶劣，原判量刑畸轻，请求依法纠正。

上诉人苏永国上诉及其辩护人辩护认为，苏永国是在遭受攻击、心生恐惧的情况下，为了自卫而持刀刺伤梁伟伦，系防卫过当，应按过失致人死亡罪定罪处罚；梁伟伦对引发本案有重大过错；请求对苏永国从轻处罚。

经审理查明，2008年5月25日凌晨1、2时，上诉人苏永国与被害人梁伟伦、陈灿坤等十几人先后来到广州市番禺区市桥街沙圩一新村云霖大街三巷一号北面一间士多店参与扑克牌赌博。当苏永国坐庄时，梁伟伦屡次在开牌之前叫喊苏永国开出最小的牌，苏永国在多次输钱之后将牌掷向梁伟伦，梁伟伦遂大骂苏永国，两人发生口角并停止赌博。当离开赌博所在房间走到士多店客厅时，梁伟伦动手殴打苏永国，苏永国即与之对打，在场人员见状将两人劝开。在士多店门口，梁伟伦与苏永国再次发生扭打，苏永国遂持一把水果刀朝梁伟伦腹部连刺数刀，并在刺中梁伟伦朋友陈灿坤背部一刀后逃离现场。梁伟伦受伤倒地，经送往医院抢救无效死亡。经法医鉴定，梁伟伦系被锐器作用于腹部致腹主动脉、肠系膜上静脉、肝脏和胰腺破裂因失血性休克死亡；陈灿坤背部划伤为轻微伤。

2008年5月31日，潜逃至浙江省瑞安市的苏永国被抓获归案。经法医鉴定，苏永国右顶部、左额部擦伤，符合钝性暴力作用所致，其损伤为轻微伤。

上述事实，有下列证据证实：

1. 公安机关出具的接受刑事案件登记表、立案决定书，证实公安机关接到群众报案及立案侦查本案的相关情况。

2. 公安机关出具的破案经过材料，证实公安机关于2008年5月25日接群众报案称梁伟伦被捅伤致死后，经侦查发现湖南籍人苏永国有重大作案嫌疑，于同月31日在浙江省瑞安市将逃至该处的苏永国抓获并破获本案。

3. 广州市公安局番禺区分局出具的公安行政处罚决定书，证实该局查明邓清跃、陈显明、陈伟锋于2008年5月25日凌晨2时许在番禺区市桥街沙圩一新村云山大街三巷一号一士多店参与赌博，决定对三人各处以行政拘留五日。

4. 湖南省澧县公安局梦溪派出所提供的户籍证明材料，证实上诉人苏永国的出生日期等个人身份情况。

5. 广州市公安局番禺区分局市桥派出所提供的户籍证明材料，证实被害人梁伟伦的出生日期等个人身份情况。

6. 广州市公安局番禺区分局制作的扣押物品清单及照片，证实该局抓获上诉人苏永国后扣押苏作案时所穿的深蓝色长运动裤一条、白灰色短袖T恤一件、白色运动鞋一双。

7. 被害人陈灿坤的陈述及辨认笔录，证实：2008年5月25日凌晨2时许，我与朋友梁伟伦、陈显明等五人吃完夜宵后一起去沙墟新村的一家士多店内的房间参与赌钱。凌晨3时许，梁伟伦对面一个身穿T恤的外地男子拿到一副牌时，梁伟伦不停地叫“零点”，想不到该男子真的开了“零点”，该男子生气地将手中的扑克牌扔到梁伟伦身上，梁伟伦就用粗口和对方争吵了几句，我见状叫梁伟伦不要赌并拉着梁走出士多店。刚出门口时听到店里很吵，我回头看到一名男子（应该是士多店主）打了该外地男子一巴掌。我与梁伟伦在店门口准备开车离开时，店内参与赌博的十多人都出来了，梁伟伦回头踢了一下该外地男子的脚，该男子便冲过来用拳头打梁的脸部，两人扭打在一起。我上前劝架拉开梁伟伦，其他人也上前拉开该外地男子。当时情况非常混乱，梁伟伦突然倒在地上，和他打架的外地男子则跑出店外逃掉了。我扶起梁伟伦时发现其腹部流血，于是和“阿萍”开车送他到医院抢救，到医院后才发现自己左腰部也有一处刀伤。经辨认照片，陈灿坤指认上诉人苏永国就是与被害人梁伟伦发生打斗的男子。

8. 证人陈显明的证言及辨认笔录，证实：2008年5月25日凌晨2时许，我与梁伟伦、陈灿坤、陈伟锋、陈柏华吃完夜宵后一起到市桥沙一新村一家士多店参与赌博。凌晨3时许，一个名叫“阿国”的外省人做庄家，参赌的人在开牌时都叫喊“阿国”的牌“丁点”（即希望“阿国”开出最小的牌“零点”），其中梁伟伦叫的声音最大，谁知有一盘“阿国”真开了“零点”的牌，“阿国”很生气，就将扑克牌扔到梁伟伦脸上，梁伟伦生气地用手推了“阿国”，我们将两人分开后走到小店的厅里，梁伟伦又冲过去打了“阿国”头部一拳，大家又将他们两人分开，“阿国”用普通话说“你死定了”。在走到士多店门口时，“阿国”又冲向梁伟伦，撞到梁伟伦后和另外两名外省人跑掉了。梁伟伦走几步后跌倒在地上，我和陈灿坤、陈伟锋、陈柏华上前扶起梁时，发现他腹部流血，肠子都快从伤口流出来了。陈灿坤开车送梁伟伦到医院救治，我和陈伟锋去追“阿国”但没追到。经辨认照片，陈显明指认上诉人苏永国就是与被害人梁伟伦发生争执的男子“阿国”。

9. 证人邓清跃的证言及辨认笔录，证实：2008年5月25日凌晨2时许，我与梁伟伦、陈显明、“阿坤”等朋友吃完夜宵后一起去沙圩村一家士多店赌钱，当时店里已有十多人在赌。约10多分钟后一个穿短袖运动服、讲湖南话的男子进来参赌并坐庄，但玩几次后输了六七千元，赌博期间梁伟伦对着庄家说“零点、零点”，坐庄的该男子连输两次后突然将牌丢向梁伟伦，梁伟伦就说不玩了并和“阿坤”走出士多店，陈显明和赔了钱的庄家跟着走出士多店。我收好钱走出店门时，梁伟伦指着坐庄的男子骂粗口，该男子就和梁伟伦扭打在一起。因天黑人多，我看不清他们怎么打。梁伟伦方有“阿坤”去帮忙，湖南籍的“华仔”站在两人中间说不要打并推开梁伟伦。坐庄的男子与梁伟伦扭打约一分钟后，就和另外一名男子（该男子有否帮架不清楚）跑了，而梁伟伦站了一会就突然倒下，我们发现他肚子流血，就将他送到医院救治。经辨认照片，邓清跃指认上诉人苏永国就是与被害人梁伟伦发生冲突和打斗的男子。

10. 证人彭秀平的证言，证实：2008 年 5 月 25 日凌晨 2 时许，我与陈灿坤、梁伟伦等六人在夜市吃夜宵，之后梁伟伦与一名男子先行去沙一新村一家士多店赌钱，我与陈灿坤等人在 3 时许也去到该店，当时店里已有十几个人在赌钱。约 10 分钟后，一名参赌的外省人拿了一副烂牌被梁伟伦取笑，就将牌扔在梁伟伦的脸上，两人发生争执。我上前将梁伟伦拉开并叫他回家睡觉。我与梁伟伦、陈灿坤站在店外等其他朋友出来时，看见店老板陈宇拖着和梁伟伦发生争执的外省人往外走，梁伟伦以为老板帮该外省人，就又冲进店里，刚进门口就被四五名在一起赌钱的外省人围住，后涌出门口到了街心，不一会就见梁伟伦倒在地上，那名与梁伟伦发生争执的外省男子往马路跑去，又有两名外省男子跟着跑了。我与陈灿坤等人去扶梁伟伦时，发现梁的腹部流了很多血，就马上送他去医院。我没看见谁拿刀捅梁伟伦，但估计是与梁伟伦发生争执的该外省男子做的。

11. 证人陈伟锋的证言及辨认笔录，证实：2008 年 5 月 25 日凌晨 2 时 30 分许，我与梁伟伦等人吃完夜宵后一起到沙圩新村三巷附近一家店铺玩牌，我与陈显明、叶健强玩斗地主，梁伟伦到赌桌上与十多人玩扑克赌博。约半小时后，梁伟伦与一名外省人发生口角，该外省人将扑克牌扔在梁身上，梁伟伦与陈灿坤就和该外省男子到门外理论。过了几分钟，我们听到门外有争斗声，出去时看到梁伟伦趴在地上，陈灿坤背部受伤。我扶起梁伟伦时发现他腹部流血，肠子都流出来了，有两名外省人向平康路逃跑，我去追但追不上，于是报警。经辨认照片，陈伟锋证实上诉人苏永国就是与被害人梁伟伦发生争执打斗的男子。

12. 证人谢朝福的证言，证实：2008 年 5 月 25 日凌晨，我与老乡苏永国等四人一起到小店打牌，苏永国坐庄时对方（梁伟伦）说苏永国的牌小不能坐庄，苏永国生气，叫对方不要出声，第二盘时对方又出声，苏永国把牌扔到对方身上。苏永国把钱输光了，对方说不玩了并走出去，小店里的人就散场，苏永国和我也往店外走。对方在小店大厅用手机砸了苏永国的头几下，店老板和另一个老乡过去劝架。几分钟后苏永国走出店外，有人追出去。我走出店外时看到他们围成一团，有人喊不要打。不到一分钟，我看见苏永国跑了，我跟在后面跑掉。

13. 证人陈照坚的证言，证实：2008 年 5 月 25 日凌晨 3 时许，我与另一治安员陈冠宁在沙墟新村六米路的岗亭值班时，听到岗亭边一个士多店里有人在吵闹，开始以为是有人饮酒过多在吵，几分钟后发现很多人从店里走到店门口，过一会见到一个男子从里面冲出来走向平康路，店门口那帮人中有一个男子倒在地上，之后有人开车送去医院。

14. 证人陈冠宁的证言，证实：2008 年 5 月 25 日 3 时 30 分许，我在沙圩村六米路的岗亭上班时，听到云霖大街三巷一号的士多店内有两班人在那里吵架，我过去时发现店内有分成两班的十四人左右，“阿伦”在其中一班人中。正在吵架时有一个男子跑出店外朝村外跑去，店里的人就没再吵架。我见没人吵架就返回岗亭上班，这时听到从店里出来的人说“阿伦”躺在地上流血，我过去看见“阿伦”躺在店门前，肚子上有血。我跑到岗亭叫“阿超”打电话给“阿伦”大哥“阿斌”，告诉他“阿伦”出事了。

15. 证人万建国的证言，证实：2008 年 5 月 25 日凌晨 3 时许，我在市桥平康路平康苑门卫室值班时，看到有三个青年男子从沙圩一村小区内快跑出来，我走到门口往小区内看时，发现不远处有一个人倒在马路上，几分钟后有辆白色面包车将倒在地上的人扶上汽车离开，我就回值班室继续上班。

16. 证人谢建元的证言，证实：2008 年 5 月 28、29 日，原在广州做生意的老乡苏永国过来浙江省瑞安市找我，借住在我和女友周桃香租住的房子里。苏永国说刚在广州出了点事，跟人打架，准备在我这待几天再走。同月 31 日下午，苏永国在瑞安市东门市场附近被公安机关抓获。

17. 证人周桂森的证言，证实：我于 2007 年将沙圩新村云林大街三巷一号铺租给名叫黄日辉的外省男子开士多店，该店平时还聚集一些人打麻将。

18. 证人梁锦源的证言，证实：2008 年 5 月 25 日凌晨 3 时 30 分左右，邻居通知说我小儿子梁伟伦被人捅伤送至番禺中医院抢救。当日中午 13 时 30 分左右，梁伟伦经抢救无效死亡。

19. 证人黎少英的证言，证实：2008 年 5 月 25 日上午 7 时许，我听说丈夫梁伟伦在沙圩新村一间士多店被人刺伤送医院抢救，我到医院后，医院于当天中午 12 时许说梁伟伦经抢救无效死亡。梁伟伦生前常去沙圩新村的士多店打牌。

20. 上诉人苏永国的供述，供认：2008 年 5 月 25 日凌晨 1 时许，我与谭华等四名老乡到市桥沙圩新村一间供人赌钱的出租屋赌钱，我参赌约一小时后输了 3000 元，正想离开时又进来几名男子（其中一个身穿灰黑色短袖 T 恤），我就继续赌。赌博时该黑衣男子站在我对面，在我开牌前每次都叫“盲窿”（意思是希望我开出的牌最小），而我每次都输，我很生气，整个赌博我输了 1 万多元。最后一盘牌时，对面的黑衣男子仍叫“盲窿”，我又输了 1000 多元，我非常生气，就将手上的扑克牌扔向对面的该男子，该男子用粗口骂我并想冲过来打我，但被他朋友拦住。我赔完赌款后，黑衣男子说不赌了，其他参赌人员也就散开。我和谭华离开屋子走到大厅，看见很多人在大厅里，黑衣男子看到我后冲过来用手机打我头部，另一个身穿红白相间短 T 恤的男子也过来打我。在场的人和我老乡见状将他们拦开劝架。我被打后非常生气，看见大厅一张桌子上有一把水果刀，就用右手反手拿起该刀向着他们，想吓唬他们不再打我，但黑衣男子见我拿刀又冲过来打我，我在被该男子按着头打时右手持刀反手朝他腹部连捅三四刀，穿红白相间短 T 恤的男子跟在黑衣男子后面冲过来找我，我也向他身体捅了一刀，但不确定是否捅伤他。我捅伤他们后马上跑出小店，在沙圩市场附近乘摩托车逃跑，在世昌宾馆附近将刀扔在路边，之后乘车逃到广州，27 日再逃到浙江省瑞安市。

21. 公安机关拍摄的上诉人苏永国指认作案现场及作案所穿衣物的照片，证实上诉人苏永国归案后指认刀捅被害人梁伟伦、陈灿坤，逃跑路线，丢弃作案水果刀等现场及辨认扣押在案的作案时所穿衣物的经过情况。

22. 广州市公安局番禺区分局出具的法医学尸体检验鉴定书，证实经检验见死者梁伟伦腹部有多处（病历记载伤口 4 处）边缘整齐的创口，结论是：死者梁伟伦系被锐器作用于腹部致腹主动脉、肠系膜上静脉、肝脏和胰腺破裂，失血性休克死亡。

23. 广州市公安局番禺区分局出具的法医学活体检验鉴定书，证实经检验发现被害人陈灿坤的左上背部有长 1.5 厘米的缝合创口，伴浅划伤长 1 厘米，边缘整齐，分析符合锐器作用形成，结论是：陈灿坤的伤情为轻微伤。

24. 广州市公安局番禺区分局出具的法医学活体检验鉴定书，证实经检验发现上诉人苏永国左顶部擦伤痕为0.4cm×0.1cm，左额部擦伤痕为0.8cm×0.4cm，分析符合钝性暴力作用所致，结论是：苏永国的伤情为轻微伤。

25. 广州市公安局番禺区分局制作的现场勘查笔录及拍摄的现场照片，证实本案案发现场广州市番禺区市桥街沙墟一新村云霖大街三巷一号北面士多店的内外情况，现场勘查时在该士多店铺面中间位置的椅子西侧及东侧地面上发现多处滴状血迹。

关于广东省人民检察院支持抗诉的意见，经查，上诉人苏永国在朝梁伟伦要害部位连刺数刀后潜逃属实，其犯罪后果严重，应予惩处，但本案系由日常生活矛盾所激化引发，具有一定偶然性，苏永国的主观恶性和人身危险性不大，且被害人对本案的发生负有一定责任，故原判对苏永国酌情从轻处罚处理适当，检察机关抗诉认为原判量刑畸轻理由不成立，不予采纳。

关于上诉人苏永国的上诉理由及其辩护人的辩护意见，经查，上诉人苏永国与梁伟伦因赌博纠纷发生口角并对打，双方在互相斗殴中，各自具有殴击、伤害对方的故意，都以侵害对方为目的，都实施了积极的侵害行为，根本不具备刑法规定的正当防卫的前提条件和合法目的，作为斗殴一方的苏永国不能就此主张正当防卫的权利，因此，本案不存在防卫过当的问题；对于非法损害梁伟伦、陈灿坤身体健康的行为，苏永国主观上是明知并积极追求的直接故意而非过失，因此，苏永国的行为成立故意伤害罪而非过失致人死亡。梁伟伦在赌博过程中遭苏永国掷牌后斥骂继而动手殴打苏永国，虽对双方纠纷的升级与矛盾的激化负有相当责任，但其行为系受苏永国的掷牌行为所引发，且其对苏永国实施的攻击手段并未严重危及苏的人身安全，而苏永国刀刺致其死亡的严重后果则远远超过正常合理的反应范围，可见，梁伟伦对本案的发生不存在重大过错。综上，苏永国的上诉理由及其辩护人的辩护意见理由不成立，不予采纳。

本院认为，上诉人苏永国因日常生活矛盾而故意持刀损害他人身体健康，致一人死亡，一人轻微伤，其行为已构成故意伤害罪，应依法惩处。鉴于被害人梁伟伦对引发和激化本案存在一定过错，且本案系由日常生活矛盾所引发，具有一定偶然性，上诉人苏永国的主观恶性较小，故对苏永国可酌情从轻处罚。广东省人民检察院支持抗诉的理由不成立，不予采纳。苏永国的上诉理由及其辩护人的辩护意见均不成立，不予采纳。原判认定事实清楚，证据确实、充分，定罪准确，量刑适当，审判程序合法。依照《中华人民共和国刑事诉讼法》第一百八十九条第（一）项之规定，裁定如下：

驳回抗诉、上诉，维持原判。

本裁定为终审裁定。

审　判　长　赖俊斌
代理审判员　王晓文
代理审判员　陈韶妍
二〇〇九年九月一日
书　记　员　庄　雅

附：相关法律规定

《中华人民共和国刑事诉讼法》

第一百八十九条 第二审人民法院对不服第一审判决的上诉、抗诉案件，经过审理后，应当按照下列情形分别处理：

（一）原判决认定事实和适用法律正确、量刑适当的，应当裁定驳回上诉或者抗诉，维持原判；

（二）原判决认定事实没有错误，但适用法律有错误，或者量刑不当的，应当改判；

（三）原判决事实不清楚或者证据不足的，可以在查清事实后改判；也可以裁定撤销原判，发回原审人民法院重新审判。

《中华人民共和国刑法》

第三十六条 由于犯罪行为而使被害人遭受经济损失的，对犯罪分子除依法给予刑事处罚外，并应根据情况判处赔偿经济损失。

承担民事赔偿责任的犯罪分子，同时被判处罚金，其财产不足以全部支付的，或者被判处没收财产的，应当先承担对被害人的民事赔偿责任。

第五十六条 对于危害国家安全的犯罪分子应当附加剥夺政治权利；对于故意杀人、强奸、放火、爆炸、投毒、抢劫等严重破坏社会秩序的犯罪分子，可以附加剥夺政治权利。

独立适用剥夺政治权利的，依照本法分则的规定。

第二百三十四条 故意伤害他人身体的，处三年以下有期徒刑、拘役或者管制。

犯前款罪，致人重伤的，处三年以上十年以下有期徒刑；致人死亡或者以特别残忍手段致人重伤造成严重残疾的，处十年以上有期徒刑、无期徒刑或者死刑。本法另有规定的，依照规定。

《中华人民共和国民法通则》

第一百一十九条 侵害公民身体造成伤害的，应当赔偿医疗费、因误工减少的收入、残废者生活补助费等费用；造成死亡的，并应当支付丧葬费、死者生前扶养的人必要的生活费等费用。

《中华人民共和国收养法》

第二十三条 自收养关系成立之日起，养父母与养子女间的权利义务关系，适用法律关于父母子女关系的规定；养子女与养父母的近亲属间的权利义务关系，适用法律关于子女与父母的近亲属关系的规定。

养子女与生父母及其他近亲属间的权利义务关系，因收养关系的成立而消除。

《最高人民法院关于审理人身损害赔偿案件适用法律若干问题的解释》

第十七条 受害人遭受人身损害，因就医治疗支出的各项费用以及因误工减少的收入，包括医疗费、误工费、护理费、交通费、住宿费、住院伙食补助费、必要的营养费，赔偿义务人应当予以赔偿。

受害人因伤致残的，其因增加生活上需要所支出的必要费用以及因丧失劳动能力导致的收入损失，包括残疾赔偿金、残疾辅助器具费、被扶养人生活费，以及因康复护理、继续治疗实际发生的必要的康复费、护理费、后续治疗费，赔偿义务人也应当予以赔偿。

受害人死亡的，赔偿义务人除应当根据抢救治疗情况赔偿本条第一款规定的相关费用外，还应当赔偿丧葬费、被扶养人生活费、死亡补偿费以及受害人亲属办理丧葬事宜支出的交通费、住宿费和误工损失等其他合理费用。

第二十七条 丧葬费按照受诉法院所在地上一年度职工月平均工资标准，以六个月总额计算。

第二十八条 被扶养人生活费根据扶养人丧失劳动能力程度，按照受诉法院所在地上一年度城镇居民人均消费性支出和农村居民人均年生活消费支出标准计算。被扶养人为未成年人的，计算至十八周岁；被扶养人无劳动能力又无其他生活来源的，计算二十年。但六十周岁以上的，年龄每增加一岁减少一年；七十五周岁以上的，按五年计算。

被扶养人是指受害人依法应当承担扶养义务的未成年人或者丧失劳动能力又无其他生活来源的成年近亲属。被扶养人还有其他扶养人的，赔偿义务人只赔偿受害人依法应当负担的部分。被扶养人有数人的，年赔偿总额累计不超过上一年度城镇居民人均消费性支出额或者农村居民人均年生活消费支出额。

第二十九条 死亡赔偿金按照受诉法院所在地上一年度城镇居民人均可支配收入或者农村居民人均纯收入标准，按二十年计算。但六十周岁以上的，年龄每增加一岁减少一年；七十五周岁以上的，按五年计算。

第三十五条 本解释所称“城镇居民人均可支配收入”、“农村居民人均纯收入”、“城镇居民人均消费性支出”、“农村居民人均年生活消费支出”、“职工平均工资”，按照政府统计部门公布的各省、自治区、直辖市以及经济特区和计划单列市上一年度相关统计数据确定。

“上一年度”，是指一审法庭辩论终结时的上一统计年度。

【评析】

这是一篇抗诉、上诉案件维持原判的二审刑事裁定书，格式规范，条理清晰，表述准确，逻辑严密，被评为2010年全省法院优秀裁判文书，值得大家学习和推荐。本裁定书有以下几个主要特点：1. 格式规范，结构完整。本裁定书基本要素齐全，语言通顺流畅、规范准确，案件事实叙述完整、清晰、繁简得当，总体制作质量高。2. 认定事实清楚，条理清晰，表述准确。本案关键情节在于被告人如何致被害人死亡一节，证人证言与被告人供述多处不一致，事实表述难度较大，本裁定书运用科学的法律分析方法进行了论证分析，结合现场勘查结论、尸检报告以及被告人供述、证人证言等证据，作出了较为客观全面的事实认定，文字表述准确，事实认定清楚。3. 论证严密，定性准确，说理性强。本裁定书针对抗诉和上诉意见做了详尽分析，体现了严谨、审慎的审判作风，特别是对于被告人是否构成正当防卫一节作出了令人信服的阐释，认定双方为互相斗殴，各自均有积极伤害对方的故意，虽然被害人对引发本案存有一定过错，但其过错与被告人实施的伤害行为并不对等，得出不能认定被告人构成正当防卫的正确结论。

广东省高级人民法院

刑事裁定书

（2009）粤高法刑三终字第342号

原公诉机关广东省人民检察院广州铁路运输分院。

上诉人（原审被告人）易伟民，男，1960年4月11日出生于湖南省邵阳市，汉族，初中文化，无业，户籍地邵阳市双清区鼓楼亭社区居民委员会鼓楼亭5号附2号。曾因犯盗窃罪于1991年7月6日被湖南省邵阳市东区人民法院判处有期徒刑二年，1992年8月10日刑满释放。现因本案于2009年2月28日被刑事拘留，同年4月2日被逮捕。现押于广州铁路公安局长沙铁路公安处看守所。

辩护人彭东钫、孙珑艳，均为湖南东放明律师事务所律师。

广州铁路运输法院审理广东省人民检察院广州铁路运输分院指控被告人易伟民犯贩卖毒品罪一案，于2009年9月4日作出（2009）广铁中法刑初字第16号刑事判决。宣判后，被告人易伟民不服，提出上诉。本院依法组成合议庭，通过阅卷，听取辩护人意见，认为事实清楚，决定以不开庭方式审理。现已审理终结。

原判查明：1998年2月，被告人易伟民与同案人顾竹九、陈生根密谋共同出资到云南购买毒品海洛因，并商定由陈生根到广州购买咖啡因作为底粉与海洛因勾兑后出售。粟立许先到云南联系好毒品货源后，易伟民与顾竹九携带毒资13万元到云南保山与粟立许会合，以每克65元的价格购买了2000克海洛因一起带回邵阳。易伟民取走部分海洛因，其余部分由顾竹九藏匿。同年3月5日，易伟民与顾竹九、陈生根、粟立许密谋安排陈生根到广州购买咖啡因。陈生根到广州购得1449克咖啡因，返回邵阳即被抓获。后公安机关抓获顾竹九、粟立许，并起获顾竹九藏匿的海洛因1217克。易伟民潜逃，至2009年2月27日被抓获。

原判认定上述事实的证据有：证人证言，查扣的毒品物证，身份证明材料、生效裁判文书等书证，刑事科学技术鉴定材料，被告人、同案人供述和辩解。

原判认为，被告人易伟民以贩卖为目的，与他人共同购买毒品海洛因和咖啡因，其行为已构成贩卖毒品罪。易伟民在贩卖毒品的共同犯罪中起主要作用，系主犯，但其作用小于同案人顾竹九和粟立许。易伟民及其辩护人所提易并没有贩卖毒品、指控易犯贩卖毒品罪证据不足的辩解、辩护意见均不能成立，不予采纳。依照《中华人民共和国刑法》第三百四十七条第二款第（一）项、第五十七条第一款、第二十五条第一款和

第二十六条第一、四款之规定，以贩卖毒品罪判处被告人易伟民无期徒刑，剥夺政治权利终身，并处没收个人全部财产。

上诉人易伟民上诉及其辩护人辩护提出：顾竹九、粟立许与陈生根等人的共同犯罪行为与易伟民没有关联，顾没有参与贩卖毒品；原判认定上诉人易伟民出资5万元购买海洛因，并取走部分海洛因的证据不足；原判在没有查清易伟民是否拿走海洛因、拿走多少海洛因、所拿海洛因作何用途的情况下，认定易犯贩卖毒品罪，属定罪不当。综上，请求撤销原判，改判上诉人易伟民无罪。

经审理查明：1998年2月，上诉人易伟民与同案人顾竹九（已判刑）、陈生根（已判刑）在湖南省邵阳市金龙宾馆密谋共同出资到云南购买毒品海洛因，并商定由陈生根到广州市购买咖啡因，作为底粉与海洛因勾兑后再出售。顾竹九让同案人粟立许（已判刑）先到云南联系毒品货源，粟立许于同年2月中旬到云南与毒贩联系后，即打电话通知顾竹九带钱到云南保山提货。易伟民、顾竹九携带毒资13万元（其中顾出资3万元，易、陈各出资5万元）前往云南省保山市与粟立许会合，并以每克65元的价格购买了2000克海洛因，三人一起将海洛因带回邵阳市。回到邵阳后，易伟民取走部分海洛因，其余部分由顾竹九藏匿。同年3月5日，易伟民与顾竹九、陈生根、粟立许在邵阳金龙宾馆商定，由陈生根到广州购买咖啡因。陈生根到广州购买了1449克咖啡因后返回邵阳，在邵阳火车站出站时被抓获。后公安机关又抓获顾竹九、粟立许，并查获顾竹九藏匿的海洛因1217克。案发后，易伟民潜逃，于2009年2月27日在邵阳被抓获。

上述事实，有经庭审质证认证的下列证据证实：

一、证人证言

1. 证人罗鸿（同案人陈生根的女友）的证言：1998年2月，我在邵旭金龙宾馆陈生根的房间看见“尾巴”（易伟民）拿了一小包海洛因给陈生根，陈用锡纸烧后，“尾巴”说：“这东西还可以。”约一个星期后，陈生根对我说，他准备与顾竹九、“尾巴”各出资5万元到云南购买海洛因。又过一个星期，我在金龙宾馆听陈生根说，顾竹九、“尾巴”已买得海洛因2000克。同年3月4日，陈生根又对我说，海洛因已买回，顾竹九拿了1250克，“尾巴”拿了750克，他准备到广州。3月8日，我听“尾巴”说，陈生根到广州买“底粉”，已经出事了。

经对混合照片进行辨认，其辨认出上诉人易伟民就是其服刑前认识的外号叫“尾巴”的邵阳人。

2. 证人顾小军（顾竹九的胞兄）的证言：我于1998年3月9日知道弟弟顾竹九被抓。3月15日，派出所干警问我，顾竹九是否有箱子放在我家，我说不知道。后经领导教育，我告知他们，我母亲把那箱子放到新邵百合岭何秋生家里。当天晚上，我带人到何秋生家找到该箱子，打开后看到里面有用塑料纸包好的白色块状毒品。

3. 证人何导生（何秋生的儿子）的证言：1998年3月11日晚上5时左右，矿灯厂顾姓老工人的妻子提了一个白色纤维袋子来到我家中，说袋子里装的衣服要寄放在我家中，并说一个星期之后来取走。袋内所装的其实是枣红色密码箱，于3月18日被公安人员收缴。

二、书证

1. 广州铁路运输中级法院（1999）广铁中刑初字第2号刑事判决书和（2000）广

铁中法刑初字第 25 号刑事判决书，广东省高级人民法院（1999）粤高法刑经终字第 144 号刑事裁定书和（2000）粤高法刑经核字第 24 号刑事裁定书，证实：上述判决、裁定均认定了上诉人易伟民与顾竹九、陈生根、粟立许共同贩卖毒品的犯罪事实；顾竹九被以贩卖毒品罪判处死刑，剥夺政治权利终身，并处没收个人全部财产；陈生根被以贩卖毒品罪判处无期徒刑，剥夺政治权利终身，并处没收个人全部财产；粟立许被以贩卖毒品罪判处死刑，缓期二年执行，剥夺政治权利终身，并处没收个人全部财产。

2. 抓获经过材料，证实上诉人易伟民案发后潜逃，于 2009 年 2 月 27 日被抓获归案。

3. 户籍证明材料，证实上诉人易伟民的身份情况。

4. 湖南省邵阳市东区人民法院（1991）东法刑一初字第 46 号刑事判决书和湖南省邵阳监狱释放证明书，证实上诉人易伟民曾因犯盗窃罪，于 1991 年 7 月 6 日被判处有期徒刑二年，1992 年 8 月 10 日刑满释放。

三、物证

1. 棕色密码箱一个及其内装的白色块状物品 5 块，为侦查机关于 1998 年 3 月 18 日从何导生家中查获。

2. 白色粉末状物品一包，为公安机关于 1998 年 3 月 7 日从陈生根身上查获。

四、鉴定结论

1. 湖南省公安厅刑事侦察处（98）湘公刑技字第 48 号刑事科学技术鉴定书，证实从陈生根身上查获的白色粉末净重 1449 克，从中检出咖啡因成分。

2. 湖南省公安厅刑事侦察处（98）湘公刑技字第 57 号刑事科学技术鉴定书，证实从何导生家中查获 5 包白色块状物共净重 1217 克，从中均检出海洛因成分。

五、同案人、上诉人供述与辩解

1. 同案人顾竹九的供述：从 1997 年 6 月开始，粟立许与我共同贩卖毒品海洛因，粟共 4 次从云南购回海洛因，在邵阳掺入葡萄糖、咖啡因后由我出售。我在贩毒过程中认识了易伟民，从 1997 年 11 月起，易伟民开始动员我做大笔的毒品生意，我同意。1998 年 2 月的一天，我先安排粟立许到云南联系毒品货源。后易伟民约我到邵阳金龙宾馆，陈生根及情人罗鸿也在场。大家都同意易伟民所提的结伙到云南做大宗海洛因买卖的建议，并当场商定由我、陈生根和易伟民每人出资 5 万元，共 15 万元。几天后，粟立许电话告知我已在云南联系好毒品货源，要我们带钱过去，我将此消息转告陈、易二人。我与易伟民共带 13 万元（其中我只有 3 万元，陈生根、易伟民各出 5 万元）一同去了云南保山，找到粟立许后，以每克 65 元的价格购买了 2000 克海洛因。交易时，粟立许先在旅馆将 13 万元交给卖家，卖家将一红色纸袋（内有盒装的海洛因及面条）放在一辆开往昆明的汽车上，途中，该纸袋被一名妇女提下车，我们发现后租车追了几十公里才追回。后我们三人一起将海洛因带回邵阳，易伟民取走部分海洛因，剩下部分我与粟立许在我家清点过，约 1200 克，我将其藏匿在我胞兄顾小军家沙发下的密码箱里。回邵阳后第二天，我与易伟民、陈生根、粟立许再次在金龙宾馆密谋，由陈生根到广州购买咖啡因作为“底粉”掺入海洛因后出售。

2. 同案人陈生根的供述：1998 年 2 月，我与顾竹九、易伟民在邵阳市金龙宾馆密谋到云南购买海洛因，并从广州购买咖啡因作为“底粉”掺入海洛因后出售。顾竹九还说，其一位姓粟的朋友已到云南联系毒品货源。几天后，顾竹九与易伟民又找到我，声称姓粟的已在云南联系到海洛因货源，报价 65 元一克，要我出资 5 万元。于是我和易伟民各出5万元、顾竹九出3万元，顾竹九、易伟民共带了13万元去了云南。同年3月3日，顾竹九与易伟民再次到我入住的金龙宾馆，告知我从云南买回2000克海洛因，并商定由我前往广州购买“底粉”。我3月5日到广州购买了“底粉”，3月7日返回邵阳时在邵阳火车站被民警抓获。

经对混合照片进行辨认，其辨认出上诉人易伟民就是其贩卖毒品犯罪的同案人。

3. 同案人粟立许的供述：从1997年起，我开始为顾竹九到云南购回毒品海洛因到邵阳，后由顾销售。1998年正月初二，顾竹九找到我，称其朋友“陈伢子”（即陈生根）和“尾巴”（即易伟民）分别在广州和邵阳做毒品生意，有毒品销路，要我去云南联系毒品货源。我于正月初六动身到云南，联系好后即打电话告诉顾竹九带钱到云南保山提货。顾竹九与“尾巴”一起来到保山，以每克65元的价格，花13万元从毒贩“张大哥”手中购买了2000克海洛因。交易前，“张大哥”先拿海洛因样品到保山饭店给顾竹九、“尾巴”验货，毒资13万元是验货后在保山饭店交给“张大哥”的，后“张大哥”将海洛因夹在面条纸箱内放在开往昆明的汽车上。途中，两名妇女还误将这个纸箱取走，我们发现后租车追了几十公里，在一个小火车站里追回。后我们三人一起将这些海洛因带回邵阳，易伟民拿走了其中一部分，剩下的放在顾竹九家里。接着我与顾竹九、易伟民在金龙宾馆找到“陈伢子”，经商量决定由“陈伢子”到广州去购买咖啡因，作为“底粉”和海洛因掺在一起出售。“陈伢子”到广州买咖啡因返回邵阳火车站时出事，后我们其他人陆续被抓。

经对混合照片进行辨认，其辨认出上诉人易伟民就是其贩卖毒品犯罪的绰号“尾巴”的同案人。

4. 上诉人易伟民的供述与辩解：我绰号叫“尾巴”，也认识顾竹九、陈生根和粟立许，陈生根是我在邵阳金龙宾馆介绍给顾竹九认识的，陈在广州做毒品生意，很有钱。1998年2月，顾竹九曾对我说要骗陈生根的钱。顾竹九还对我说过顾在云南有毒品进货渠道，要我出面拉陈生根到云南进货。后来，顾竹九与我及粟立许到云南保山进货，陈生根没去云南，但给了顾竹九钱。到了云南保山，顾、粟两人去进货，让我在旅馆里等，三四天后回来，说货没进成。从保山回昆明时，粟立许有一个朋友来送行。途中，粟说丢了行李，我们三人下车，租车追了100多公里，终于把行李追回，那行李是一个纸箱子。后我们三人从昆明回到邵阳，下车后顾竹九送我四筒面。

易伟民后来翻供，否认其参与事前密谋、前往购买及事后分得毒品，并辩称其到云南是为玩乐。

对于上诉人易伟民及其辩护人所提上诉、辩护意见，综合评述如下：

（一）关于易伟民是否参与共同贩卖毒品海洛因的问题。经查，易伟民归案后，虽供认其与顾竹九、粟立许到过云南，且具体时间、地点、路线均与顾、粟所供一致，但辩解称去云南是为玩乐，否认参与购买并分得毒品海洛因。但同案人顾竹九、陈生根归案后均指证，1998年2月，易伟民与两同案人在邵阳金龙宾馆密谋共同出资到云南购回海洛因，掺入“底粉”咖啡因后再行出售，还商定各人的具体出资。证人罗鸿的证言，也对三人密谋贩毒一节予以佐证。同案人顾竹九、粟立许又指证，易伟民与其二人在云南保山以每克65元的价格购回2000克海洛因；同案人顾竹九、陈生根、粟立许还指证，购回海洛因后，易伟民与同案人再次在邵阳金龙宾馆密谋由陈生根到广州购买“底粉”咖啡因。综上，易伟民参与共同贩卖毒品海洛因的事实可以认定，故所提同案人的贩毒行为与其无关的辩解、辩护意见，经查不属实，不予支持。

（二）关于易伟民在共同贩卖毒品犯罪的出资及所分毒品的数量认定问题。经查，同案人顾竹九、陈生根均指证，到云南购买毒品的毒资共 13 万元，易伟民、陈生根各出资 5 万元，顾竹九出资 3 万元，证人罗鸿的证言也佐证此节，故易伟民出资 5 万元参与购买毒品的事实，可以认定。此外，同案人顾竹九、粟立许均指证从云南购得毒品海洛因共 2000 克，返回邵阳后易伟民取走部分毒品。顾竹九还供认，易取走部分毒品后，其手中尚剩 1200 克。此外，证人罗鸿也证实，其听陈生根说，购回的 2000 克海洛因中，顾竹九分得 1250 克，易伟民分得 750 克。案发后起获顾竹九藏匿的毒品 1217 克，与顾竹九所供其分得 1200 克毒品海洛因、罗鸿所证听说顾分得 1250 克毒品海洛因基本吻合，也与顾及陈生根两人的出资比例基本匹配［2000 ×（5 +3）/13 =1230.8］。综上，易伟民出资 5 万元购买毒品，并在购得后分得部分毒品的事实，可以认定。故所提证实易出资购毒及分得毒品的证据不足的辩解、辩护意见，与事实不符，不予支持。

（三）关于易伟民行为的定性问题。经查，同案人顾竹九、陈生根均供认，在前往云南购买毒品海洛因前，其二人与易伟民已密谋确定所购买海洛因是为渗入咖啡因“底粉”后再转卖牟利；顾、陈二人及粟立许还供认，从云南购回毒品后，顾竹九、陈生根、粟立许及易伟民再次密谋，决定安排陈生根到广州购买“底粉”咖啡因。此节，有证人罗鸿的证言以及侦查机关起获的海洛因、咖啡因等物证予以佐证，也与后来陈生根到广州购买咖啡因被查扣的事实相互印证。易伟民及同案人以转卖为目的购买毒品，应以非法买卖毒品罪论处，其所分得部分毒品去向未查清，不影响其行为定性。故所提对易伟民定罪不当的辩解、辩护意见，无事实和法律依据，不予采纳。

本院认为，上诉人易伟民以转卖牟利为目的，结伙共同购买毒品海洛因和咖啡因，其行为已构成贩卖毒品罪。在贩卖毒品的共同犯罪中，易伟民事前参与贩毒密谋，提供部分购毒资金，与同案人一同前往云南保山购买毒品海洛因，事后分得部分毒品，起主要作用，系主犯。易伟民及其辩护人所提上诉及辩护意见，经查均与事实不符，不予采纳。原审判决认定事实清楚，证据确实、充分，定罪准确，量刑适当，审判程序合法。根据《中华人民共和国刑事诉讼法》第一百八十九条第（一）项之规定，裁定如下：

驳回上诉，维持原判。

本裁定为终审裁定。

审　判　长　陈永斌
代理审判员　李　静
代理审判员　陈文凯
二〇〇九年十一月二十四日
书　记　员　苏　妙

附：相关法律规定

《中华人民共和国刑事诉讼法》

第一百八十九条　第二审人民法院对不服第一审判决的上诉、抗诉案件经过审理后，应当按照下列情形分别处理：

（一）原判决认定事实和适用法律正确、量刑适当的，应当裁定驳回上诉或者抗诉，维持原判；

（二）原判决认定事实没有错误，但适用法律有错误，或者量刑不当的，应当改判；

（三）原判决事实不清楚或者证据不足的，可以在查清事实后改判；也可以裁定撤销原判，发回原审人民法院重新审判。

【评析】

这是一份二审维持原判的毒品犯罪刑事裁定书，格式规范，文字简练，说理透彻，被评为2010年全省法院优秀裁判文书。毒品犯罪案件的事实认定往往高度依赖言辞证据，故该类案件对言辞证据的运用分析尤为重要。本裁定书的亮点就在于对证据的运用分析，有几个方面的特点：1. 前后案证据有机结合。上诉人犯罪11年后方归案但拒不认罪，而多名同案人案发后均已先行归案并被判处刑罚。本裁定充分运用同案人、证人对上诉人参与贩毒犯罪的稳定指证，并结合上诉人所供中与案发事实相关联的细节，论证上诉人参与犯罪的事实。2. 对言辞证据与客观证据论证得当。在论证上诉人的出资及分得毒品数量问题时，通过对各同案人、证人关于上诉人所涉部分事实的一致、吻合供述进行分析，并结合查获的毒品物证，通过数学计算的科学方法，得出上诉人分得毒品数量与其出资比例相匹配的结论，从而佐证同案人、证人言辞证据的合理性及其指证事实的可信性。3. 用证据证明的事实全面回应上诉、辩护意见。对上诉、辩护意见逐条全面驳斥回应，分析说理的事实依据、定性依据均有证据支持，使证据运用贯穿论证、评判过程的始终。

广东省高级人民法院

刑事附带民事裁定书

（2009）粤高法刑四终字第170号

原公诉机关广东省广州市人民检察院。

上诉人（原审被告人）蔡永建，绰号“山东”，男，1976年1月19日出生于山东省胶州市，汉族，文化程度大专，无业，户籍地山东省临沂市兰山区沂蒙路322号1号楼1单元402室，暂住地广州市白云区京溪街白灰场北路35号202房。因本案于2007年9月21日被刑事拘留，同年10月26日被逮捕。现被羁押于广州市第三看守所。

指定辩护人杨秀宏，广东法制盛邦律师事务所律师。由广东省法律援助处指派。

上诉人（原审被告人、原审附带民事诉讼被告人）莫庚良，绰号“肥佬”，男，1976年8月2日出生于广西壮族自治区北流市，汉族，文化程度初中，无业，户籍地北流市城西一路706号，暂住地广州市白云区某出租屋。因本案于2007年9月25日被刑事拘留，同年10月26日被逮捕。现被羁押于广州市第三看守所。

上诉人（原审被告人、原审附带民事诉讼被告人）梁广新，男，1972年10月19日出生于广西壮族自治区北流市，汉族，文化程度初中，无业，户籍地北流市城北一路188号，暂住地广州市白云区某出租屋。因本案于2007年9月25日被刑事拘留，同年10月26日被逮捕。现被羁押于广州市第三看守所。

上诉人（原审被告人）谢朝捷，男，1980年4月15日出生于广东省连平县，汉族，文化程度小学，无业，户籍地连平县上坪镇新镇村委会细古陂13号，暂住地广州市白云区某出租屋。因本案于2007年9月21日被刑事拘留，同年10月26日被逮捕。现被羁押于广东省广州市第三看守所。

原审被告人闫海勇，男，1984年6月12日出生于河南省新野县，汉族，文化程度小学，无业，户籍地新野县前高庙乡闫坡村八组39号，暂住地广州市白云区某出租屋。因本案于2007年9月27日被刑事拘留，同年10月26日被逮捕，2009年9月26日羁押期满已取保候审。

原审附带民事诉讼原告人杨增娥，女，1952年2月5日出生，汉族，住山东省诸城市贾悦镇贾悦西村，系被害人杨卫波之母。

广东省广州市中级人民法院审理广州市人民检察院指控原审被告人蔡永建犯故意杀人罪、抢劫罪，原审被告人莫庚良、梁广新犯抢劫罪，原审被告人谢朝捷犯抢劫罪、帮助毁灭证据罪，原审被告人闫海勇犯帮助毁灭证据罪，原审附带民事诉讼原告人杨增娥提起附带民事诉讼一案，于2008年11月18日作出（2008）穗中法刑一初字第237号刑事附带民事判决。宣判后，原审被告人蔡永建、莫庚良、梁广新、谢朝捷不服，提出上诉。本院依法组成合议庭，于2009年11月10日公开开庭审理了本案。广东省人民检察院指派检察员王霞、黄腾出庭履行职务，上诉人蔡永建、莫庚良、梁广新、谢朝捷及蔡永建的指定辩护人杨秀宏律师到庭参加诉讼。现已审理终结。

原判认定，2007年9月19日，被告人蔡永建、梁广新、莫庚良合谋对被害人杨卫波实施抢劫，并准备了电线、封箱胶等作案工具。蔡永建将杨卫波诱骗至其出租屋，三人合力捆绑住杨卫波后，劫得现金人民币75000元、港币4000元、手机三部、数码相机一部。梁广新、莫庚良携带分得的现金人民币5万元、港币2000元及移动电话三部、数码相机一部，驾驶杨卫波的黑色丰田牌小汽车逃离现场。之后，因杨卫波反抗，蔡永建持菜刀砍死杨卫波，并用劫得的信用卡分两次共提取现金人民币31400元。蔡永建后独自一人分尸并纠集上诉人谢朝捷、原审被告人闫海勇处理尸块，给谢朝捷报酬1500元，给闫海勇报酬1700元。

原判另对附带民事部分审理查明，附带民事诉讼原告人各项经济损失共计人民币406282.6元。

原判还查明上诉人谢朝捷两起抢劫事实：2007年8月6日17时许，上诉人谢朝捷与同案人谢学申和“阿容”（均另案处理）携带作案工具仿真枪、水果刀，劫得被害人杨金生驾驶的五菱牌小型普通客车一辆（车牌号：粤A50D80，经鉴定，价值人民币39000元），并造成杨金生轻微伤。

2007年8月29日23时许，上诉人谢朝捷与同案人谢学申、“阿容”携带作案工具仿真枪、电击器、水果刀，劫得被害人谭洪波驾驶的比亚迪小汽车（车牌号：粤BQA763，经鉴定，价值人民币75318元）一辆、现金人民币1500元和诺基亚牌6300型移动电话一部，并造成谭洪波轻微伤。

原判认定上述事实，有经一审庭审举证、质证的证人证言、书证、法医学尸体检验鉴定书、现场勘查检验工作记录等证据证实，各被告人对犯罪事实供述在案。

原判认为，被告人蔡永建故意非法剥夺他人生命，其行为已构成故意杀人罪。被告人蔡永建、梁广新、莫庚良、谢朝捷抢劫他人财物，数额巨大，其行为均已构成抢劫罪。被告人谢朝捷、闫海勇帮助当事人毁灭证据，情节严重，其行为均已构成帮助毁灭证据罪。被告人蔡永建、谢朝捷犯数罪，应当数罪并罚。被告人梁广新协助公安机关抓捕同案犯，属重大立功表现，依法可以从轻处罚。被告人谢朝捷被采取强制措施后，如实供述司法机关还未掌握的抢劫罪行，对其如实供述的抢劫犯罪行为以自首论，依法可以从轻处罚。根据《中华人民共和国刑法》第二百三十二条、第二百六十三条第（四）项、第三百零七条第二款、第六十九条、第六十八条、第六十七条、第五十七条第一款、第二十五条第一款、第二十六条第四款、第二十七条、第六十一条，《中华人民共和国民法通则》第一百一十九条及《最高人民法院关于审理人身损害赔偿案件若干问题的解释》第十七条、第二十七条、第二十八条、第二十九条、第三十五条之规定，作出如下判决：

一、被告人蔡永建犯故意杀人罪，判处死刑，剥夺政治权利终身；犯抢劫罪，判处有期徒刑十四年，并处罚金人民币十万元，决定执行死刑，剥夺政治权利终身，并处罚金人民币十万元。

二、被告人谢朝捷犯抢劫罪，判处有期徒刑十一年，并处罚金人民币五万元，犯帮助毁灭证据罪，判处有期徒刑二年，决定执行有期徒刑十二年六个月，并处罚金人民币五万元。

三、被告人莫庚良犯抢劫罪，判处有期徒刑十四年，并处罚金人民币十万元。

四、被告人梁广新犯抢劫罪，判处有期徒刑十一年，并处罚金人民币八万元。

五、被告人闫海勇犯帮助毁灭证据罪，判处有期徒刑二年。

六、扣押被告人蔡永建的人民币五万零三百三十五元、港币二千元，被告人莫庚良的人民币二万零四百四十四元，被告人梁广新的人民币一万九千九百元、港币二千元，被告人谢朝捷的人民币五百元依法发还被害人家属。

七、被告人蔡永建、莫庚良、梁广新赔偿附带民事诉讼原告人杨增娥丧葬费人民币一万八千一百八十八元、死亡赔偿金人民币三十五万三千九百八十六元，被扶养人杨增娥生活费人民币二万八千零一十五元三角、误工费人民币一千零九十三元三角、住宿费人民币三千元、交通费人民币二千元，以上合计人民币四十万六千二百八十二元六角，被告人蔡永建承担其中的百分之九十，即人民币三十六万五千六百五十四元三角四分，被告人莫庚良、梁广新各承担其中的百分之五，即人民币二万零三百一十四元一角三分。上述赔偿款项自本判决发生效力之日起三十日内一次性给付。

八、驳回附带民事诉讼原告人杨增娥的其他诉讼请求。

上诉人蔡永建上诉请求二审法院从轻处罚。理由是：1. 被害人杨卫波有过错。杨卫波人品极差，曾多次以承揽工程、替人找工作及帮人讨债为由诈骗他本人及朋友钱财，他是在讨钱无望的情况下才萌生报复之念。2. 一审法院定其故意杀人罪不当，应只定抢劫罪一个罪名。虽莫庚良、梁广新已离开现场，但杨卫波仍在现场处于被绑状态，抢劫过程仍在继续。他主观上没有杀害杨卫波的故意，杨卫波反抗并挣脱束缚威胁到他的生命安全，他迫于无奈出于防卫才持刀砍死杨卫波。以下情节可证实他不是预谋故意杀害杨卫波：菜刀不是事先准备好的；如果事先预谋杀人，他不会用自己实名租赁的出租屋；不会在分得款物比同案人少的情况下独自承担杀人、分尸的罪责；也不会方寸大乱，在包裹尸块的背包中留下证据；他与朋友一起经营士多店，有正常的经济收入，不会为了区区几万元而杀人。3. 一审未认定其有立功情节错误。他归案之后主动供述了梁广新、闫海勇的手机号码，公安根据这一线索抓获了梁、闫二人，客观上他起到了协助抓获同案犯的作用，请二审法院据此从轻处罚。

其辩护人提出：1. 一审法院认定抢劫的数额有误，莫庚良、梁广新二人开走小汽车超出了抢劫的共同犯意，蔡永建不应对小汽车承担抢劫的刑事责任。2. 原判认定蔡永建构成故意杀人罪定性不准。蔡永建没有谋财害命的主观意图，只是实施抢劫报复；被害人的死亡结果发生在抢劫现场、抢劫过程中，被害人虽然被绑，但蔡永建劫得的财物仍在现场，未离开被害人的视线；导致被害人死亡的直接原因是其一再挣扎、反抗，蔡永建是在拿刀威胁、轻微伤害无效的情况下出于无奈才持刀将其砍死的；蔡永建肢解尸体是死亡结果发生后的行为，不能反推蔡永建主观上具有杀人的故意。3. 蔡永建具有法定从轻情节：对抢劫罪构成自首，协助抓捕同案犯，构成立功，羁押期间，积极检举他人犯罪行为，有立功表现。同时，还具有如下酌定情节：被害人多次欺骗蔡永建及蔡的朋友，具有一定过错；蔡永建因被欺骗为了报复而抢劫钱财，事后肢解尸体并非发泄私愤，主观恶性不大；具有深刻的悔罪表现。希望二审法院充分考虑上述情节，慎用死刑。

上诉人莫庚良上诉请求二审法院从轻量刑。理由是：1. 他是从犯。事先并不认识杨卫波，是蔡永建策划好之后，由梁广新叫他过去帮忙的，实际分赃也不及蔡永建的一半。2. 他没有对杨卫波实施暴力，只是帮忙按住手脚，没有伤害杨卫波人身安全，且主动退赃。3. 没有前科，认罪态度好。上诉人莫庚良同时提出，一审法院判令其承担民事赔偿责任于法无据，他只是参与了抢劫，抢劫过程中杨卫波的生命权并未被实际侵害。杨卫波被杀害是蔡永建一人单独所为。请求撤销由其承担民事赔偿责任的判项。

上诉人梁广新上诉请求二审法院从轻量刑。理由是：1. 他是从犯。抢劫犯意由蔡永建提起，抢劫的对象、时间安排和方法手段由蔡永建策划，作案工具电线、封口胶由蔡永建准备，杨卫波由蔡永建骗至案发现场且蔡永建首先动手勒颈，控制住杨卫波之后，逼问密码、取赃款及分配赃款均是蔡永建主要实施和指挥，他只是听从蔡永建的安排帮助实施。2. 在抢劫过程中采用的暴力手段仅仅是捆绑，没有损害杨卫波的身体，劫得的财物大部分追回，危害相对较小。车辆是作为逃跑的工具使用的，不应列入抢劫金额，且已实际退还给家属，未造成实际损失。有实际退赃。3. 他有重大立功表现，应予减轻处罚，但一审在量刑上未予充分体现。上诉人梁广新同时提出，一审法院判令其承担民事赔偿责任于法无据，他只是参与了抢劫，抢劫过程中杨卫波的生命权并未被实际侵害。杨卫波被杀害是蔡永建一人单独所为。请求撤销由其承担民事赔偿责任的判项。

上诉人谢朝捷上诉提出，一审法院量刑过重。理由是：1. 他有自首情节，因帮助毁灭证据罪被抓获后如实供述抢劫罪行，积极带领公安机关到同案住处抓同案并提供重要线索，同时积极检举揭发他人犯罪行为。2. 抢劫罪是由在逃犯“阿容”一手策划、指使的，他是从犯。3. 被羁押期间，他有自首、争取立功的表现。4. 认罪态度好。另外，他因家境贫困、体弱多病而误入歧途，走上犯罪道路，请求二审法院从轻量刑。

广东省人民检察院出庭检察员提出各上诉人的上诉理由均不成立，一审判决定罪量刑准确。建议二审法院驳回上诉，全案予以维持。

1. 上诉人蔡永建认为被害人有过错、他自己没有抢劫意图、对自己的行为只应定抢劫一罪、自己的行为是正当防卫以及自己具有立功情节的上诉理由不成立，不应被采纳。

关于本案的起因。现有证据不足以证明被害人杨卫波有过错，即便蔡永建与杨卫波存在着纠纷，也应当通过合法手段寻求救济，而不是通过非法的手段谋取解决，更不能作为其犯罪的理由。蔡永建的抢劫意图明确，同案人梁广新、莫庚良证实蔡永建的抢劫意图并分得赃款25000元，蔡永建杀人后又持杨卫波的银行卡取得31400元占为己有，其辩称无侵占被害人财产意图的理由不成立。

上诉人蔡永建的行为构成抢劫罪、故意杀人罪，应数罪并罚。蔡永建杀人的行为应单独评价，认定为故意杀人罪。第一，蔡永建、梁广新、莫庚良并没有预谋杀人劫物，客观上他们也没有采取杀人的方式抢劫；第二，上诉人蔡永建杀害被害人杨卫波不是发生在劫取财物的过程中，而是在三人控制被害人、已顺利劫取财物并分赃之后；第三，被害人的反抗并不是为了防止财物被劫取而进行的反抗，是在受到侵犯后的一种自救行为，因此蔡永建的行为并不符合《最高人民法院关于抢劫过程中故意杀人案件如何定罪问题的批复》规定的只定抢劫一罪的情况。另外，本案中，蔡永建有两个犯罪故意和两个犯罪行为，应分别定罪。蔡永建与同案人共同预谋并实施了抢劫被害人杨卫波的犯罪，应定抢劫犯罪无疑；之后，蔡永建为了防止杨卫波逃脱用菜刀将杨杀害，其主观上具有杀害被害人的故意，且该主观故意是在对被害人实施抢劫行为后才产生的，此时的杀人行为与抢劫犯罪没有内在联系，是两个独立的犯罪，因此应该分别定罪处罚。

上诉人蔡永建的行为不属正当防卫。蔡永建、梁广新、莫庚良三人以暴力手段控制了被害人，劫走了财物和汽车后蔡永建一人面对被害人并最终将被害人杀死。被害人正遭受不法侵害，其挣脱捆绑、与蔡永建搏斗的行为是一种自救行为，蔡永建实施的是不法侵害行为，不属防卫。

上诉人蔡永建不具有立功表现及从轻、减轻处罚的量刑情节。蔡永建主动提供同案犯梁广新、闫海勇的手机号码，是如实交代自己犯罪事实的一部分，根据侦查机关出具的《抓获经过》及《情况说明》，上诉人蔡永建并未协助抓获梁广新、闫海勇，不具有立功情节。其虽能坦白有关的犯罪情节，但其作案手段残忍、犯罪后果极其严重，综合全案考虑，不足以对其从轻处罚。

2. 上诉人莫庚良与梁广新上诉认为自己不是主犯、本案犯罪后果不严重、对自己的量刑过重的上诉理由不成立，不应被采纳。第一，莫庚良与梁广新均是主犯。根据本案的证据，证实抢劫杨卫波的犯意虽不是上诉人莫庚良与梁广新提出，但他们与蔡永建共同商量，在抢劫的过程中积极参与，分工合作，合力将被害人捆绑住，且事后三人分得财物大致相当，在共同犯罪中均起到主要作用，属主犯。第二，本案危害后果严重。上诉人莫庚良与梁广新在抢劫的过程中没造成被害人杨卫波身体上实质的伤害，但抢劫罪是侵犯财产罪中最严重的犯罪，其二人采用暴力方式捆绑住被害人劫取被害人的财物，不仅侵犯他人的财产，还侵犯了他人的人身权利，且劫取的财物数额巨大，包含汽车在内总价值40多万元，社会危害性严重。虽大部分财物被追回是事实，但二人的行为对社会秩序已造成了严重危害。第三，上诉人莫庚良与梁广新逃跑时驾驶的小汽车，属被害人杨卫波的财物，不管上诉人莫庚良与梁广新如何处置该车，被害人杨卫波都对该汽车实际失去了控制，都应计入上诉人莫庚良与梁广新的抢劫数额中。第四，关于一审判处莫庚良与梁广新对本案附带民事诉讼赔偿各承担其中百分之五的问题。二人与蔡永建的先前行为致使被害人被捆绑，使被害人处于危险的处境中，迫使被害人进行自救，摆脱困境，从而导致最终结果。一审判处上诉人莫庚良与梁广新两人各承担百分之五的民事赔偿并无不当。

3. 关于上诉人谢朝捷在两起抢劫犯罪中的地位问题。谢朝捷在两次抢劫犯罪中，都实施了选择作案目标、谈价钱、租车、指挥接人、持枪威胁被害人、抢车并平分赃款的行为，他与同案人“阿容”、谢学申，分工协作、相互配合，主动积极，在共同犯罪中所起的作用相当，应认定为主犯。关于自首立功等量刑情节的问题。一审判决已认定其具有自首情节，但不具有立功表现。根据侦查机关出具的《抓获经过》及《情况说明》，证实同案人闫海勇是在侦查机关的盘查、布控下抓获的，而“阿容”仍在进一步追捕中。谢朝捷并没有协助侦查机关将两人抓获，不构成立功。谢朝捷认罪态度好，但其行为分别构成了帮助毁灭证据罪和抢劫罪，应当数罪并罚。谢朝捷两次抢劫数额巨大，一审考虑到其有自首情节，以抢劫罪判处其有期徒刑十一年已充分体现从轻量刑的原则，量刑恰当，建议二审法院予以维持。

经审理查明：

一、上诉人蔡永建抢劫、故意杀人，上诉人莫庚良、梁广新抢劫，上诉人谢朝捷、原审被告人闫海勇帮助毁灭证据的事实

上诉人蔡永建因经济拮据及认为被害人杨卫波曾经骗过其和其朋友的钱财等原因，起意抢劫杨卫波进行报复。2007 年 9 月 19 日，经与上诉人莫庚良、梁广新合谋，决定由蔡永建以请杨卫波帮人追债为名，将杨卫波骗至蔡永建位于广州市白云区京溪街白灰场北路 35 号 202 房的出租屋后，由莫庚良假扮需要追债的老板佯装与杨卫波谈生意，蔡永建发出指令后，事先躲在卫生间的梁广新冲出来用电线勒住杨卫波的脖子，三人合力控制住杨卫波后劫取财物，三人还准备了电线、封箱胶带等工具，进行了多次演练。

当日上午，蔡永建用新买来的电话卡约杨卫波，11 时许，杨卫波应蔡永建之约来到上址出租屋，与假扮成老板的莫庚良谈话，因梁广新迟迟不敢动手勒颈，蔡永建到卫生间从梁广新手中取过电线，从背后勒住杨卫波的颈部，莫庚良、梁广新用数据线、封箱胶带捆绑住杨卫波的手脚，用封箱胶带封住杨卫波的嘴部和眼睛后，在被害人杨卫波所携带的挂包内搜获现金人民币 5000 元、港币 4000 元、三星 SGH－E368 型数码移动电话一部、三星 SGH－D528 型数码移动电话一部、中兴 V82＋小灵通数码移动电话一部、佳能 IXUS60 型数码相机一部（经鉴定，共价值人民币 3059 元），又在杨卫波驾驶的粤 A68M98 黑色丰田牌小汽车（经鉴定，价值人民币 334300 元）内搜获现金人民币 70000 元。除此之外，三人还从杨卫波携带的挂包内搜得银行卡若干，并逼问出 1 张中信银行借记卡的密码，但取款未遂。三人随后进行了分赃，蔡永建分得现金人民币 25000 元、港币 2000 元，莫庚良、梁广新共分得现金人民币 50000 元、港币 2000 元及移动电话三部、数码相机一部。莫庚良、梁广新携带分得的赃款赃物，驾驶杨卫波的黑色丰田牌小汽车逃至广西。

梁广新、莫庚良逃离现场后，因杨卫波反抗，蔡永建持菜刀砍击杨卫波头面部和颈部，致杨卫波死亡。当日 16 时许，蔡永建用杨卫波的中信银行借记卡在广州市黄石农村信用合作社沙太分社的自动柜员机提取现金人民币 20000 元，随后回到出租屋，用借来的切割机将杨卫波的尸体切割成七块，用黑色胶袋包装之后分别装入一个纸箱和两个背包。9 月 20 日 1 时许，蔡永建携带其中一个背包到广州市海印桥附近，将背包弃入珠江。当日 4 时许，蔡永建又用杨卫波的中信银行借记卡在中国建设银行股份有限公司广州东山支行的自动柜员机提取现金人民币 11400 元。当日 11 时许，蔡永建纠集上诉人谢朝捷、原审被告人闫海勇合谋处理杨剩余的尸块，承诺事毕给二人好处费。经商议，决定由闫海勇到广州市花都区租赁房屋藏匿尸块。当日 18 时许，蔡永建、谢朝捷租车将用纸箱包装的尸块运至闫海勇租赁的广州市花都区花山镇永明村四队一民房，三人将尸块抬入该房屋藏匿，事后蔡永建给谢朝捷现金人民币 1500 元，给闫海勇现金人民币 1700 元作为酬劳。9 月 21 日，蔡永建、谢朝捷在广州市白云区京溪路京泉酒店 708 房合谋再次丢弃剩余尸块时被公安人员抓获。同年 9 月 25 日，公安人员在广西壮族自治区北流市抓获莫庚良、梁广新，同年 9 月 27 日，在广西壮族自治区临桂县抓获闫海勇。

案发后，梁广新的妻子李梅、莫庚良的妻子廖红梅分别代为退赃 17000 元、20000 元。被劫取的小汽车已被追回，发还给被害人家属。

认定上述事实的证据有：

1. 广州市公安局水上分局穗公（水刑）勘（2007）34 号现场勘验检查笔录及照片，证实从珠江水域发现的装有尸块的背包的特征、尸块组织的特征及尸块上沾着物的特征。从背包内搜获“钱中梅”中国工商银行的开户申请表一张。

2. 广州市公安局水上分局穗公（水刑）勘（2007）36 号现场勘验检查笔录及照片，证实抢劫、杀人及分尸现场广州市白云区京溪街白灰场北路 35 号 202 房的概貌。从该房内发现被害人杨卫波的驾驶证、军官证、军队驾驶证各一本，粤 A68M98 丰田汽车的购置完税证明，佳能相机盒一个，杨卫波存折四本等物品。房内有多处喷溅血点及血泊、菜刀一把，房内还提取到染血纸巾、烟头、饮料瓶等。在厕所窗台上提取到带血的鞋子一双。在该地址一楼装修档口内发现一台电动切割机，在切割机底座台板上发现有碎屑类附着物，砂轮外壳内有碎屑类附着物残留。

3. 广州市公安局水上分局穗公（水刑）勘（2007）35 号现场勘验检查笔录及照片，证实 2007 年 9 月 21 日 4 时，京溪京泉酒店 708 房发现一红黑色旅行背包，内装头部、腿部、脚部尸块 3 块。详细描述了背包及包内尸块的特征。

4. 广州市公安局水上分局穗公（水刑）勘（2007）37 号现场勘验检查笔录及照片，证实抛尸现场广州市花都区花山镇永明村四队一民房的概貌及在现场发现的装有一尸体躯干部分的包装纸箱。详细描述了该包装纸箱及尸体躯干部分的特征。

5. 广州市公安局刑事警察支队刑事技术所穗公刑技（DNA）（2007）1680 号法医物证鉴定书，证实：（1）在江湾桥南发现的尸块、京泉酒店发现的尸块、永明村发现的尸块的肋软骨，白灰场北路现场提取的血迹、现场染血纸巾上的血迹、窗台鞋子上的血迹均来自同一男性个体的可能性大于 99.99999999%，该男性个体是杨增娥的亲生儿子的可能性大于 99.9%；（2）白灰场北路现场提取的 4 枚烟头和饮料瓶均来自蔡永建的可能性大于 99.99999999%；（3）白灰场北路现场（202 房出租屋）提取的烟头来自梁广新的可能性大于 99.99999999%。

6. 广州市公安局刑事警察支队刑事技术所穗公刑技（法医）（2007）143 号法医学尸体检验鉴定书，证实根据 DNA 检验和尸体拼接情况，说明本案三个现场所发现的 7 块尸块属同一男性个体，死者身高为 173cm，推断死者年龄约 27 岁。上述碎尸块为同一男性个体，系因头面部受锐器作用致颅脑损伤合并失血性休克死亡，死后被人用锐器和锯类肢解。

7. 广州市公安局水上分局穗公（水刑）勘（2007）38 号现场勘验检查笔录及照片，证实被缴获的黑色皇冠 3.0 型汽车的车牌、车架号及发动机号。

8. 广州市黄石农村信用合作社沙太分社出具的 ATM 取款交易清单、录像及截图，证实编号为 6226900900221330 的银行卡于 2007 年 9 月 19 日被蔡永建分十次共支取人民币 20000 元。

9. 中国建设银行股份有限公司广州东山支行出具的 ATM 取款交易清单、录像及截图，证实编号为 6226900900221330 的银行卡于 2007 年 9 月 20 日被蔡永建分八次共支取人民币 11400 元。

10. 中信实业银行广州市珠江新城支行提供的借记卡登记资料，证实编号为 6226900900221330 的银行卡的持有人为杨卫波，2007 年 9 月 19 – 20 日两日内在其他银行的自动柜员机被提取现金共计人民币 31400 元。

11. 证人梁从兵（广州市水面环卫工人）的证言，证实 2007 年 9 月 20 日 6 点 50

分，他在江湾桥南边以西大约100米水面上作业时，打捞到一个旅行袋，打开后发现里面有一只人腿，后将尸块运上水警码头报案。

12. 证人吴德意（白灰场北路35号202房主人，蔡永建的房东）的证言及辨认笔录，证实蔡永建于2006年12月1日开始租住白灰场北路35号202房。该房平时由蔡永建一人居住，有时见到35号之二楼下开士多店的老板娘上来202房搞卫生，房租有时也是由老板娘交的。士多店有一个电动麻将台，四五月份左右的时候这张台就放在202房内。

经混杂辨认照片，吴德意辨认出蔡永建是租住202房的人，钱中梅是士多店的老板娘。

13. 吴德意提供的租房协议，证实京溪街白灰场北路35号202房于2006年12月1日租给蔡永建（电话13288618782），承租期至2007年12月1日。

14. 证人邓林霞（京泉酒店前台）的证言及辨认笔录，证实她在京泉酒店前台负责收钱或登记旅客入住资料，蔡永建和另一个男人于2007年9月19日4时50分入住京泉酒店708房，蔡永建在登记入住时，一会儿用左手，一会儿用右手，举止很怪异，并带了一个黑色挎包。

经混杂辨认照片，邓林霞辨认出蔡永建。

15. 广州市白云区同和京泉酒店国内旅客住宿登记表，证实蔡永建于2007年9月20日5时登记入住京泉酒店708房，2007年9月21日5时40分退房，蔡永建登记的常住地址是山东省临沂市兰山区沂蒙路322号2号楼1单元402室，与他的户籍地址相符。

16. 证人钱中梅（蔡永建的朋友、士多店老板娘、装尸块的背包和纸箱的所有人）的证言，证实2006年七八月份左右，她曾将背包及自动麻将机的纸箱搬到“东东”（蔡永建）所租住的白灰场北路35号202房，背包里还有一张办理银行存折的单据。9月19日18时许，她曾帮蔡永建洗过衣服和床单，当时蔡永建站在门口将衣服和床单交给她，不让进房间。她在洗衣服和床单的时候，发现上面有些潮湿的东西，不能确定是不是血迹。

经混杂辨认照片，钱中梅辨认出蔡永建就是“东东”。

钱中梅指认照片中的白灰场北路35号202房是蔡永建租住的地方；照片中的背包（装尸块的背包）是她放在蔡永建租住处的背包，背包内有工商银行的开户存单；照片中的纸箱（装尸块的纸箱）是她装自动麻将机的纸箱，她在2007年7月份左右将该纸箱存放在蔡永建的租住处。

17. 证人陈绍生（陈镜清弟弟，切割机出借人）的证言及指认、辨认笔录，证实2007年9月19日18时许“山东”（蔡永建）向他借切割机，五分钟后他听见“山东”在楼上锯东西，当天19时左右蔡永建将切割机还给他，他叫蔡永建放回原处，没有留意切割机有没有被损坏及被清洗过的痕迹，之后也没有使用过该切割机。蔡永建一般在隔壁的士多店活动。

经混杂辨认照片，陈绍生辨认出蔡永建就是“山东”，钱中梅就是士多店的老板娘；确认照片中的装修档口就是他居住的地方，2007年9月19日18时左右蔡永建在此向他借切割机，约一个多小时后归还；照片中的切割机就是被蔡永建借走的切割机。

18. 证人曾月胜（陈镜清工仔，案发前与陈绍生同住在白灰场北路35号之一铺面）

的证言及辨认笔录，证实2007年9月19日晚“山东”（蔡永建）来还切割机，他在次日发现该切割机好像被清洗过。蔡永建常在隔壁的士多店打麻将。

经混杂辨认照片，曾月胜辨认出蔡永建就是“山东”，钱中梅就是士多店的老板娘。

19. 证人陈镜清（白灰场北路35号之一铺面承租人，切割机主人）的证言及指认笔录，证实他承租了广州市白云区同和街白灰场北路35号之一铺面用于存放装修工具和材料，并供弟弟陈绍生和工人曾月胜住宿，房内经常堆放一些做木材装修使用的工具，如电焊机、切割机、压缩机等。他还认识在白灰场北路35号西边第二间铺面开士多店的老板娘和在35号202房住的蔡永建。老板娘是四川人，她的士多店有一张电动麻将台，供人打麻将按小时收费。

陈镜清对同和街白灰场北路35号之一铺面及切割机的照片指认在案。

20. 证人卢伟光（广州市花都区花山镇永明村四队村民，弃尸花都现场房屋的出租人）的证言，证实2007年9月20日18时许，有一个男子自称是在花都做保安，想帮朋友租房，于是他把该男子带到花山镇永明村四队38号与39号之间的旧房子，该房是同村卢耀洛的，他帮卢耀洛放租。那名男子给了100元现金当租金。他听附近的人说，9月20日21时许有一辆面包车开到该出租屋的门口。

21. 证人卢耀洛（广州市花都区花山镇永明村村民，尸块发现地屋主）的证言及辨认笔录，证实2007年9月21日19时许，有警察进入其出租屋，并从屋内提取一个纸箱运走。

卢耀洛对位于其出租屋内的涉案纸箱的照片进行了签认。

22. 证人何锦康（莫庚良之友）的证言，证实2007年9月20日莫庚良和梁广新开一辆无牌的黑色皇冠小汽车来到广西玉林找他，随后与他一同开车去柳州，莫庚良、梁广新将车开去一个修车铺，后于22日一起搭火车回到玉林，莫庚良和梁广新于23日回北流。

23. 证人何柳志（莫庚良之同母异父的哥哥）的证言及辨认笔录，证实2007年9月20日晚21时许，莫庚良将一台黑色无牌皇冠车交给他，让他帮忙拆卸定位系统。因当时无法拆下，便应莫的要求将该车停放于柳州航银路一家修理厂，当时同莫庚良在一起的还有两个男子。9月22日，莫庚良打电话给他说要回北流，车先由他存放，他就将车开到住处。当时车上挂了一个假车牌空J35012，后来他在车尾箱发现了一个广东车牌，还有一个行驶证。他并不知道车的来历，莫庚良也未告诉他。

经混杂辨认照片，何柳志辨认出莫庚良，梁广新就是2007年9月20日晚和莫庚良一起将一辆黑色皇冠小汽车交给他的人。

何柳志对照片中的皇冠小汽车，车钥匙、行驶证、车牌（粤A68M98）进行了指认，称这些是莫庚良交给他的。

24. 证人杨卫国（被害人杨卫波之兄）的证言，证实杨卫波从2002年至今承接市政园林局的工程建设项目，经营的公司属挂靠性质，有不少生意上的朋友。2007年9月20日，联系杨卫波两个手机号码都关机，又联系杨卫波的女朋友闫绘绘，她说9月18日杨卫波带了约20万元现金回家。杨卫波有一个黑色的帆布斜挎包，挎包内一般会有一台佳能数码相机、一些公文合同及两三万的人民币现金。杨卫波两台手机都是三星牌，手机号：13112227811和13422285611。去年杨卫波买了一台黑色丰田皇冠3.0小汽车（车牌号：粤A68M98），车上有电子地图。

25. 证人闫绘绘（被害人杨卫波的女朋友）证言，证实2007年9月19日早上她上班时杨卫波还在家睡觉，晚上7时下班回来杨已不在家，22时打他电话手机都关机，一直打不通。杨有两部手机，一部是三星黑色翻盖手机，型号是SGH－E368，另一部是三星白色滑盖手机，型号是SGH－D528，号码分别是：13112227811、13422285611，杨还有一部中兴牌白色翻盖小灵通，型号是V82＋，号码是33257533。他的车是一部黑色皇冠3.0小汽车，是2006年11月份左右在广州大道南的二手车市场买的，是2007年过户的，原车牌是粤YN9176，过户后改为粤A68M98，车上有装电子地图，车上还有部佳能IXUS60型相机，杨卫波出门时经常带一个黑色挂包，包内除了手机、相机外还有一些合同、欠单等东西。18日晚见他拿了几万元回来，还有一些港币，这些钱现都不在家，不知其是否带在身上。她在20日凌晨2时17分15秒时收到杨卫波13112227811手机发来的一条短信："我在广西后天回。"杨卫波的朋友里有一个名叫小蔡的人，他在同和住，听说是专门帮人追债的，听杨卫波说小蔡欠他一个人情。

闫绘绘对照片中的汽车钥匙、汽车遥控器、黑色挂包、黑色皇冠小汽车、佳能相机盒、杨卫波的行驶证和驾驶证、车牌号为粤A68M98的车牌等物品进行了指认，称系杨卫波所有。

26. 证人廖红梅（莫庚良之妻）的证言，证实莫庚良约在2007年9月23日回到家里，9月25日被公安机关抓获，她代莫庚良退给公安机关现金人民币2万元整。

27. 证人李梅（梁广新之妻）的证言，证实2007年9月22日左右，梁广新回到家里交给她现金人民币17000元，说是在广州开车赚的。9月25日梁广新被公安机关抓获，她代梁广新退给公安机关该17000元。

28. 证人赵军强（闫海勇战友）的证言，证实2007年9月22日下午闫海勇给他打电话称要来找他，9月24日闫海勇来到广西桂林市临桂县，他将闫海勇带到临桂县恒洲网吧3楼一起住。

29. 证人牟潺（被害人杨卫波的舅妈）的证言，证实案发前她曾将57100元港币及两张身份证、两本存折交给杨卫波，要他帮忙存钱和取钱，存折分别是工商银行和中信银行的，工商银行存折中有港币六七万元，身份证名字分别是"牟潺"和"杨沂"。

30. 杨增娥授权杨卫国处理杨卫波遗物的委托书及杨增娥、杨卫国、杨卫波的户籍材料证实了杨卫波的个人、家庭情况。

31. 广州市公安局水上分局出具的接受刑事案件登记表、公安机关说明、《抓获经过》及扣押清单，证实了此案案发、侦破及各被告人被动归案的情况。

32. 被害人杨卫波的车辆登记材料、购买证明、完税证明及车辆过户资料，证实该车为黑色丰田牌小型汽车，车牌号：粤A68M98，所有人：杨卫波，车辆型号：TV7300RoyalE3型，发动机号：3GRC014631，车架号：LTVBG874550043347。

33. 中国移动通信集团广东有限公司广州分公司、中国联通有限公司广州分公司提供的通话清单，证实蔡永建的手机号码13226613911、谢朝捷的手机号码15989170487、闫海勇的手机号码13711528950、梁广新的手机号码13610347136之间在案发前和案发期间的通话情况记录。

34. 广州市价格认证中心出具的穗价鉴（赃）（2007）1035、1074、26号涉案物价格鉴定结论书，证实经鉴定，黑色丰田牌小型汽车（车牌号：粤A68M98，车辆型号：TV7300RoyalE3型，发动机号：3GRC014631，车架号：LTVBG874550043347）价值人民币334300元，三星SGH－E368型数码移动电话机价值人民币594元，三星SGH－

D528 型数码移动电话机价值人民币 1175 元，中兴 V82 + 小灵通数码移动电话机价值人民币 190 元，佳能 IXUS60 型数码相机价值人民币 1100 元。

35. 上诉人蔡永建的供述：2007 年 9 月初，我和李哥（即梁广新）、李哥的朋友（即莫庚良）三人一起商量绑架杨卫波实施抢劫，因为杨卫波以前骗过我的钱。事先我们买了电话卡、准备了电线，商量好以请杨卫波帮忙讨债为由将其骗来我的出租屋，李哥的朋友扮成欠债的老板，我、杨卫波、李哥的朋友一起假装谈生意，等我看时机成熟，发出指令后，由躲在卫生间的李哥冲出来勒住杨卫波的脖子。2007 年 9 月 19 日中午 12 时左右，我连续打了几次电话催杨卫波，将他骗至白云京溪白灰场北路 35 号 202 房出租屋内，后来因李哥胆小，我冲进卫生间拿了电线快速出来套住杨卫波脖子，李哥和他的朋友一起按住杨卫波，然后用封口胶蒙眼、封口、捆绑手脚，控制住了杨卫波。从杨卫波的挂包内搜出银行卡 7 张、存折四五张、人民币 5000 元、港币 4000 元及一些证件。李哥他们用拳头殴打杨卫波，逼杨说出银行卡密码，杨卫波说只有一张中信银行卡内有 3. 14 万元，其他卡没钱，并说出了密码。我到杨卫波停在楼下的皇冠汽车内搜查，在尾箱内搜得 7 万元人民币，之后和李哥的朋友将杨卫波的车开到沙太路一停车场内停放，后一起回到住处。我拿了银行卡到附近工商银行柜员机提取，因输错密码没有取到钱又回到住处。当天 15 时 30 分许，李哥提出要分钱走人，我就分给他们共 5 万元人民币、2000 元港币。李哥走时要我处理好杨卫波时，意思是杨卫波不死，我们三人就要死。等他们走后我正考虑如何处理杨卫波，发现杨卫波已经挣脱控制，开始喊救命，我很恐慌，马上从厨房拿菜刀出来，并架在杨卫波的脖子上威胁杨不要出声，杨卫波答应了。但当我将菜刀移开时，杨卫波马上反抗并抢菜刀，我失去了控制，持刀对杨卫波的手、额头、脸部砍去，将杨卫波砍倒在地，最后用菜刀往杨卫波的喉咙砍去，将杨杀死了。后我持杨卫波的银行卡在京溪街的一农业银行柜员机取了 2 万元，然后到楼下档口借了切割机，将尸体肢解成 7 块，其中头部 1 块，躯干连双手 1 块，腿、脚部 5 块，然后用黑色胶袋装好，用封口胶封好，将腿部 3 块尸块装进一个黑红相间的旧旅行包，躯干连双手那块装进一个装自动麻将机的外包装箱，后将头部和 2 块脚部的尸块放进一个大红色旅行包。9 月 20 日凌晨 1 时许，我打的到海印桥附近，将装有尸块的那个旧旅行包抛到珠江，达到消灭证据的目的。在回来的路上，我把中信银行卡内剩余的 1. 14 万元人民币取了出来，当晚住在京泉酒店 708 房。20 日中午，我叫朋友小勇（闫海勇）过来商量抛尸的事，小勇和阿捷（谢朝捷）一起来，三人在南方医院附近见面，我请他们帮忙抛尸，对方同意了。我先给闫海勇 1000 元去花都租房子用于抛尸块，给了谢朝捷 500 元，等闫海勇办好租房子的事宜后，由谢朝捷帮忙搬尸块。19 时许，我和谢朝捷乘坐租来的面包车，将装有尸块的大纸箱运到闫海勇租的花都区花山镇永明村一出租屋，再由闫海勇和谢朝捷合力将纸箱搬到出租屋内，事后又给了闫海勇 800 元。还答应让谢朝捷帮忙处理剩余的 3 块尸块并再给谢 1000 元，谢朝捷同意了。第二天凌晨 3 时，我和谢朝捷在京泉酒店 708 房被公安抓获。

经混杂辨认照片，蔡永建辨认出谢朝捷、梁广新、莫庚良、闫海勇及被害人杨卫波。称梁广新就是“李哥”，与其一起抢劫杨卫波，莫庚良就是参与抢劫的“李哥”的朋友，闫海勇和谢朝捷是帮助其抛尸的人。

蔡永建指认了杀人地点、借切割机的地点、抛尸的地点、被抓获的地点，并对附卷的照片中杨卫波所有的汽车、车钥匙、数码相机盒、现金、挂包、皮夹、银行卡等物和抛尸所使用的旅行包、纸箱及被害人的尸块进行了指认。

36. 上诉人莫庚良的供述：2007 年 9 月 18 日晚，梁广新说有个山东人（蔡永建）约他过去商量怎么搞点钱。随后，我就和梁广新到南方医院门口和蔡永建碰头。后来梁广新跟蔡永建谈了约 20 分钟，大约是蔡永建有个老乡很有钱，可以把他骗到蔡永建的出租屋后绑起他，逼他讲出银行卡密码，然后去银行拿钱，我答应了。19 日上午 9 时许，我跟梁广新买了一卷透明胶布一起去蔡永建的出租屋，蔡永建让梁广新躲在厕所找机会用电线勒住被害人的脖子，我和蔡永建一起帮忙捆住被害人，然后再想办法搞钱。约 11 点蔡永建打电话约被害人过来，被害人就开着一辆黑色皇冠轿车过来。梁广新已经躲在厕所里，我则按计划假扮“李总”坐在客厅和被害人说话，吸引他的注意力。此时梁广新躲在厕所不敢动手，蔡永建就自己走到厕所拿着之前准备好的电线从背后一下子套住被害人的脖子，用力往后拉，我则过去抓住他的右手，梁广新也从厕所出来抓住他的左手。我们三人将被害人推到卧室里，梁广新用透明胶带将他的手脚都绑住，口也封住。当时被害人被绑住后就晕了过去，蔡永建就开始掏他的裤袋和皮包，在包里翻出了七八本存折、十几张银行卡、几千元的现金、一串车钥匙以及一部相机、两部手机。大约 10 分钟后，被害人醒了过来，我对他说“我们不想把你怎样，只是想要点钱”，蔡永建就上前问银行卡的密码。被害人说他只有一张卡上有钱，并讲了密码，后来又讲车上有几万块钱。于是蔡永建就到车尾箱拿出了一个黄色的牛皮纸档案袋，里面装有 7 万元现金。蔡永建将钱放好后，让梁广新看好人，然后叫我和他一起将那人的皇冠轿车开走，我们将车开到犀牛角村 201 路公交车站旁停好，接着打的回到蔡永建的出租屋。回来后蔡永建说他出去查下银行卡密码对不对，几分钟后，蔡永建打电话回来说密码不对，随后就又返回出租屋。我们三个人就再问密码，陆续问了半个小时左右，也没有问出什么结果，我和梁广新就要走，蔡永建就分钱。我分得人民币 25000 元、港币 1000 元、一部白色三星手机和一部白色小灵通手机。梁广新除分得人民币 25000 元、港币 1000 元外，还分到黑色三星手机一部、相机一部。我和梁广新从蔡永建的出租屋出来后，就到犀牛角放车的地方，把车开走（因为蔡永建说那辆车可能装了定位系统，他不要车，所以我跟梁广新决定把车开走）。我和梁广新一直开到柳州找我的朋友何柳志把车上的定位系统给拆下来，但他说拆不下，后来我就让他帮忙找个地方放车，车钥匙我也给他了，并吩咐他先帮忙保管好轿车。我和梁广新返回北流后就被抓了。

经混杂辨认照片，莫庚良分别辨认出蔡永建、梁广新、杨卫波，称蔡永建就是“山东”；蔡永建、梁广新一起参与抢劫；杨卫波就是被绑架抢劫的事主。

上诉人莫庚良指认了照片中的广州市白云区京溪街白灰场北路 35 号 202 房绑架被害人的地点，并辨认出附卷的照片中的物品就是其所抢得的被害人杨卫波所有的汽车、车钥匙、身份证、驾驶证、车牌、相机盒、挂包等物以及作案所使用的透明胶带、皮带、数据线等物。

37. 上诉人梁广新的供述：2007 年 9 月 10 日左右，山东佬（蔡永建）打电话给我，约我和肥佬（莫庚良）见面，帮他绑架一个朋友弄点钱用，我和莫庚良就答应了。事先商量好由我躲在蔡永建住处的厕所，他们假装请被害人追债为由稳住被害人，待时机成熟时我用事先准备好的电线勒住被害人脖子制服他。9 月 19 日案发当天我按约定躲进厕所，蔡永建把被害人骗来，和莫庚良陪被害人在客厅谈事，我在厕所躲了十多分钟，始终不敢出去勒被害人的脖子，此时蔡永建进来厕所，见我一直不敢出去，骂我是胆小鬼，就自己拿电线去勒被害人的脖子，莫庚良在旁边马上按住被害人的手脚，我也跑过去按住他的双肩，然后用胶纸封住口，绑住手脚。从被害人的包里搜得人民币5000元、港币3000元、手机两部、银行卡几张、存折几本等，蔡永建逼问出密码后就和莫庚良一起出去提钱，但取不到钱，我们从被害人的车上拿了7万元人民币。三人每人分了2.5万元人民币、1000元港币，蔡永建把他的1000元港币给了我，于是我有了2000元港币，我和莫庚良一人拿了一部手机，我还分了一个小灵通和一个相机。之后我和莫庚良就开着被害人的黑色皇冠车走了，该车当时是没有车牌的，我和莫庚良商量把车开回广西卖掉，开到柳州时莫庚良打电话叫朋友何锦康过来，将车开到一个大修厂，想把车上的卫星定位仪拆除，并在车上挂了一个军牌。我们二人乘火车回广西北流后被抓。我分得的2.5万元赃款，其中1.7万元交给了妻子李梅，其余的钱在柳州玩时花了一点，剩余的都在随身带的钱包里，现已被公安机关扣押。

经混杂辨认照片，梁广新分别辨认出蔡永建就是“山东佬”；莫庚良就是参与绑架的“肥佬”；杨卫波就是被绑架的人。

梁广新指认了照片中的广州市白云区京溪街白灰场北路35号202房绑架被害人的地点，并辨认出附卷的照片中的物品就是其所抢得的被害人杨卫波所有的汽车、驾驶证、车牌、挂包等物以及作案所使用的透明胶带、皮带、数据线等物。

38. 上诉人谢朝捷的供述：2007年9月20日13时许，我与朋友闫海勇接到“小山东”（蔡永建）的电话，要闫海勇叫上我一起到蔡永建在南方医院附近租住的出租屋帮忙搬人体尸块。我和闫海勇见到蔡永建后经商量，决定叫闫海勇去花都租屋放尸块，我和蔡永建回到了京泉酒店708房。17时许，闫海勇打电话给蔡永建说已在花都租好房子，于是我们二人就在京泉酒店附近租了一辆白色面包车先到蔡永建在白灰场的出租屋，我见地板的胶垫带有血迹，就问怎么回事，蔡永建说杀了一个朋友，尸块装在纸箱和黑色的背包里，还见到睡房的床板上有一把白色的菜刀。蔡永建给了我500元，叫我一起将纸箱搬上车，蔡自己上楼将黑色的背包搬上车。约20时许二人坐着面包车到花都见到了闫海勇，三人一起将装有尸块的纸箱搬到出租屋，然后回广州。到23时，蔡永建打电话叫我到京泉酒店708房，我过去后看到有一个黑色的背包放在窗口的台面，不知道里面放有什么，也没有问。约凌晨2时我被公安民警抓获。蔡永建前后共给了我1500元，给了闫海勇约1800元。

经混杂辨认照片，谢朝捷分别辨认出闫海勇、蔡永建。

谢朝捷指认了照片中的广州市白云区京溪街白灰场北路35号202房、花都区永明村一出租屋、照片中装尸块的纸箱、被抓获地点京泉酒店708房及在708房内见到的装有死者人头的背包。

39. 原审被告人闫海勇的供述：2007年9月20日上午10时许，我接到蔡永建的电话，让我找个人一起到他那里处理点事。于是我打电话给小谢（谢朝捷）一起过去，见面后蔡永建告诉我，他有一个朋友去他那里玩，后来发生争执，他就把那个朋友给杀了，尸体已经处理完，让我和谢朝捷帮忙找个没人的地方把尸体扔掉。我提议去花都找间出租屋，将尸体放在出租屋里比较隐蔽，他俩都同意。之后蔡永建就给了我1000元，我在花都花山医院旁用100元租了一间房子。大概晚上六七点，蔡永建他们便租了一辆面包车过来，我把他们带到我租的房子前面，帮忙把尸体搬进屋子里。尸体是用纸皮箱装的，蔡永建告诉我，尸体的头和脚没在箱里面。大概21时我回到广州，蔡永建又给了我800元。

经混杂辨认照片，闫海勇分别辨认出谢朝捷就是伙同其一起去花都抛尸后被抓获的小谢；蔡永建就是“山东”，称9月20日晚他和谢朝捷帮助蔡永建把一个装有一具男性尸体的纸箱运到花都一间出租屋，共得款1800元。

闫海勇指认照片中的广州市花都区永明村一出租屋就是他们抛弃尸体的地点，照片中的纸箱就是他们装尸体用的纸箱。

另对附带民事诉讼部分查明，被害人杨卫波为非农业户口，其母亲为杨增娥，生父已去世，养父下落不明。杨增娥共养育杨卫国、杨卫波、李金凤三名子女。赔偿数额依照《最高人民法院关于审理人身损害赔偿案件适用法律若干问题的解释》和《广东省2008年度人身损害赔偿计算标准》确定。具体为：1. 死亡赔偿金按受诉法院所在地上一年度农村居民人均纯收入计算，计20年，即17699.3元×20年=353986元；2. 丧葬费按照受诉法院所在地上一年度职工月平均工资标准，以6个月总额计算，即36396元/年÷2=18198元；3. 被扶养人生活费按受诉法院所在地上一年度农村居民人均生活消费支出标准计算，计20年，即4202.3×20年÷3=28015.3元。另外，杨增娥请求支付误工费1093.3元、住宿费3000元，酌情计交通费2000元。以上合计406282.3元。

认定上述事实的证据有附带民事诉讼原告人杨增娥的户口本及身份证、广州市殡仪馆遗体殡殓证明等证据予以证实。

二、上诉人谢朝捷抢劫事实

（一）2007年8月6日17时许，上诉人谢朝捷与同案人谢学申和“阿容”（均另案处理）携带作案工具仿真枪、水果刀，在广州市白云区新市街附近以租车运布匹为由搭乘被害人杨金生所驾驶的五菱牌小型普通客车（车牌号：粤A50D80，经鉴定，价值人民币39000元），当车行驶至广东省增城市荔城街广汕公路光辉家具城附近时，谢朝捷持仿真枪指住杨金生的腰部，谢学申持刀威胁并扼住杨金生的颈部意图控制住杨金生时，被害人杨金生跳车逃走。经鉴定，杨金生的损伤属轻微伤。随后由同案人“阿容”驾驶该车逃离现场，并将该车卖得现金人民币6700元，上诉人谢朝捷分得赃款现金人民币2100元。

认定上述事实的证据有：

1. 被害人杨金生陈述，2007年8月6日下午17时许，我在广州市白云区新市等朋友，有两名男子要我开车送他们到增城中新载一些布回来中大布匹市场，说好车钱是150元。他们让我先开车到鹅掌坦接了他们的一个朋友，然后沿着广汕路行驶到达中新。他们其中的一个人说那里的布不够颜色，再给我280元车钱，要到博罗拿货，还威胁说不去就不给原来的车钱。19时50分许，我驾车行至光辉家具斜对面时，车上的一个男子说要找个偏僻的地方小便。车一停下来时，坐在我后面的男子用左手卡住我的颈部，右手用一把弹簧刀放进我口中，并用普通话叫我不要出声；另一男子又拿着一把弹簧刀架在我颈上，并说不要动；坐在副驾驶室的男子拿出类似枪的物体指着我右腰，然后伸手去我右裤袋准备拿手机和钱包，我就用右手甩了他一下，左手打开车门从左边翻身滚下车往光辉家具店门方向逃走，那三人中有一人下车追，我跑到光辉家具门口后马上打110报警。那三人开着车沿广汕路往汕头方向走了。其车牌是粤A50D80，发动机号是LJ465Q3-1AE6608157672；车架号是LZWACAGA762081900。其电话：13570996808。

经混杂辨认照片，杨金生辨认出谢朝捷、谢学申，当时谢朝捷坐在副驾驶座上，持枪指着其右腰部进行威胁；谢学申持刀威胁。

杨金生对被抢面包车的照片进行了指认。

2. 车辆登记资料及相关证明材料，证实车牌号为粤 A50D80 的五凌牌小型普通客车所有人是杨金生。

3. 报案记录、接受刑事案件登记表证实：2007 年 8 月 6 日 19 时 57 分接获被害人杨金生报案称在广汕路光辉家具门口，被三名男子抢去一辆五凌珠江灰色面包车（车牌号：粤 A50D80）。报警电话：13570996808。

4. 广东省增城市价格认证中心穗增价鉴（赃）［2007］717 号鉴定结论证实：涉案的五菱牌小汽车价值人民币 39000 元整。

5. 广东省增城市公安局增公刑（技法）鉴（2007）第 983 号法医学活体检验鉴定书证实：杨金生的损伤属轻微伤。

6. 广东省增城市公安局出具的穗公（增荔刑）勘［2007］556 号现场勘查笔录证实：增城市公安人员于 2007 年 8 月 6 日 21 时对案发地点进行了勘查，案发地点在广东省增城市荔城街广汕公路光辉家具城斜对面路边。

7. 上诉人谢朝捷供述：我在 2007 年 8 月 10 日左右参与了由“阿容”策划的抢劫。我与阿申在新市一人行天桥附近的路边物色了一辆银白色的微型面包车，和司机谈好 150 元的价钱，便让司机开车到鹅掌坦会合了“阿容”，“阿容”告诉司机要去增城中新镇南美工业区。在去的途中，“阿容”分别以上厕所、买水等借口拖延时间，到增城中新镇时已是晚上 8 时左右。这时“阿容”又借口要去博罗，与司机谈好 280 元的价钱。车刚开了 1 公里左右，“阿容”叫司机停车同时示意我动手，于是我掏出事先准备好的一支仿真枪指着司机的腰，阿申一手拿刀一手扼着司机的脖子，司机挣扎，随后打开车门跑了。“阿容”便坐上驾驶位，向惠来方向驶去。后“阿容”说车卖了 6700 元，每人分得 2100 元。

经混杂辨认照片，谢朝捷辨认出同案人谢学申就是阿申、被害人杨金生就是被抢劫的司机。

谢朝捷确认照片中的地点就是抢劫面包车的地方；照片中的微型面包车就是其与同案人所抢劫的面包车。

（二）2007 年 8 月 29 日 23 时许，上诉人谢朝捷与同案人谢学申、“阿容”携带作案工具仿真枪、电击器、水果刀，在广州市白云区广园路北环高速公路入口附近以租车去广东省深圳市为名，搭乘被害人谭洪波所驾驶的比亚迪小汽车（车牌号：粤 BQA763，经鉴定，价值人民币 75318 元）。次日 1 时许，当车行驶至广东省深圳市福田区滨河大道沙河立交桥附近时，谢朝捷持枪指住谭洪波的腰部，谢学申用手扼住谭洪波的颈部并持刀向谭洪波的胸部捅刺，抢得谭洪波的现金人民币 1500 元和诺基亚牌 6300 型移动电话一部，随后谢朝捷和谢学申用透明胶带捆绑住谭洪波的手脚并封住其眼睛和嘴部。当车行驶至广东省深圳市龙岗区坑梓街道金沙沃尔玛配送中心附近时，谢朝捷和谢学申将谭洪波抬下车，用透明胶带将谭洪波捆绑在路边的树上，随后由“阿容”驾车逃离现场。“阿容”将该车卖得人民币 17000 元，谢朝捷分得人民币 5500 元。谭洪波被送往医院经抢救已脱离危险。经鉴定，谭洪波的损伤程度为轻微伤。

认定上述事实的证据有：

1. 被害人谭洪波陈述，证实2007年8月29日23时许，其在广州市广园路北环高速入口处，有三名男子以租车回深圳为名搭乘他的车，当时讲好价钱是200元。8月30日零时许，当车行至深圳市福田区滨河大道沙河立交桥附近被三名男子持枪抢去其身上的现金人民币1800元及诺基亚6300手机一部，其本人被三名男子捆绑后丢弃在深圳市龙岗区坑梓街道金沙沃尔玛配送中心附近路边，其所有的比亚迪汽车（车牌号：粤BQA763）也被抢走。

经混杂辨认照片，被害人谭洪波辨认出谢朝捷就是对其实施抢劫的三名男子之一，当时该男子坐在车的副驾驶座上用一把枪威胁我。同案人谢学申也是抢劫的同案人之一。

2. 车辆登记信息证实：比亚迪QCJ7160A轿车（车牌号：粤BQA763）的车主是谭洪波。

3. 接受刑事案件登记表及立案决定书证实：被害人谭洪波于2007年8月30日9时33分报案称于当日1时许，在深圳市福田区滨河大道沙河立交桥附近被三名男子持刀抢去其身上的现金人民币1800元及诺基亚6300手机一部，其本人被三名男子捆绑后丢弃在深圳市龙岗区坑梓街道金沙沃尔玛配送中心附近路边，其所有的比亚迪牌轿车（车牌号：粤BQA763）也被抢走。

4. 广东省深圳市公安局龙岗分局公（深龙）鉴（法临）字（2007）R5324号法医学人体损伤程度鉴定书证实：谭洪波的损伤程度为轻微伤。

5. 深圳市龙岗区价格认证中心出具深龙价鉴（2007）第4698号涉案价格鉴证报告书证实：涉案的比亚迪QCJ7160A轿车（车牌号：粤BQA763）的价格为人民币75318元。

6. 深圳市公安局龙岗分局出具的现场勘查笔录及照片证实：案发地点在广东省深圳市龙岗区坑梓街道金沙沃尔玛配送中心附近路边。

7. 上诉人谢朝捷对伙同谢学申和“阿容”抢劫被害人谭洪波比亚迪轿车的犯罪事实供认不讳，供述共抢得被害人诺基亚手机一部、现金人民币1500元，车由“阿容”卖得现金人民币17000元，其分得5500元，手机被“阿容”拿走。

经混杂辨认照片，上诉人谢朝捷确认照片中的地点就是其与同案人“阿容”、谢学申实施抢劫的地点。

针对控、辩双方所提意见及理由，本院综合评析如下：

关于对蔡永建的定罪分析。蔡永建的行为构成抢劫罪和故意杀人罪，应数罪并罚。蔡永建杀害杨卫波之时，杨卫波的财物已经被蔡永建及同伙莫庚良、梁广新劫得并瓜分完毕，即蔡永建的杀人行为是在抢劫既遂之后的另一行为，应该单独评价。另外，本案证据显示，蔡永建之后实施的杀人行为符合抢劫后灭口的性质。据蔡永建本人供述，他之所以杀害杨卫波是担心对方挣脱绳索之后报复他，害怕报复而持刀砍杀体现的就是灭口的犯意，客观上也付诸行动。蔡永建专门准备一张新手机卡联系杨卫波诱骗对方到现场，且从死者头面部刀创形态来看，刀创呈规则的右下切口，可以判断被害人被砍之时居于完全没有反抗之力或者已经死亡的状态，蔡永建毁尸灭迹的意图非常明显。根据《最高人民法院关于抢劫过程中故意杀人案件如何定罪问题的批复》之“行为人为劫取财物而预谋故意杀人，或者在劫取财物的过程中，为制服被害人反抗而故意杀人的，以抢劫罪定罪处罚。行为人实施抢劫后，为灭口而故意杀人的，以抢劫罪和故意杀人罪定罪，实行数罪并罚”的规定，对蔡永建应该定抢劫罪和故意杀人罪二罪，数罪并罚。

关于蔡永建是否构成立功的问题。蔡永建被抓获后交代犯罪事实时供认了同伙梁广新、闫海勇的手机号码（联系作案所用），公安以此为线索抓获该二人，本院认为，蔡永建的该行为不构成立功。主要理由：（1）蔡永建提供的手机号码是此前与同伙联系作案所使用的，其供述作案过程必然会谈到如何联系作案、使用何种工具联系、什么号码，故此一节属于犯罪事实的一部分，仅构成坦白。（2）创设立功制度的宗旨主要是鼓励犯罪嫌疑人、被告人将功抵过，用实际行动表白悔罪、赎罪的心理态度。具体到本案，蔡永建在前4次讯问（2007年9月25日前）虽然已供出梁广新、闫海勇的手机号码，但仍坚称杨卫波是他与梁广新、莫庚良抢劫后共同杀害并分尸，未讲出实情。直到2007年9月28日（梁广新、莫庚良9月25日被抓获）无可抵赖才如实供述独自杀人分尸的犯罪事实。故蔡永建供述二人的手机号码时仍心存侥幸，没有明确的悔罪、赎罪之意，如认定其立功与立法精神相悖。

关于杨卫波是否具有过错的问题。目前证据不能证实杨卫波具有过错。蔡永建称杨卫波人品差，曾经骗过其朋友的钱及感情，但该说法仅仅是蔡永建本人的辩解，没有证据予以证实。二审期间其辩护律师提交了一份由证人钱中梅出具的证词，内容是钱中梅证实曾经听说杨卫波骗过周某某的钱财，该份证词是一份传来证据，且未能提供更明确的信息，证明力有限；即便属实，杨卫波所骗的对象及骗取的钱财来源均与蔡永建没有关系。杨卫波的人品差与否不能构成蔡永建劫财杀人的理由。

关于小汽车应否归入抢劫数额的问题。蔡永建、莫庚良、梁广新三人均供述合谋抢劫杨卫波时并没有明确具体的抢劫目标，故可从被害人处劫得的任何财物均未超出三人的共同犯意。三人合力控制住杨卫波之后，杨卫波随身携带的钱财、物品及小汽车均在三人控制之下。三人获取了小汽车钥匙，蔡永建、莫庚良二人还将小汽车转移了停放地点。莫、梁二人开走小汽车时虽未明确对蔡永建讲明，但蔡永建供述其见小汽车不在停放地点，已预料到是莫、梁二人开走的。从共同犯意及事后表现来看，蔡永建应对劫得的小汽车承担刑事责任。

关于对蔡永建的死刑适用分析。蔡永建有预谋地结伙使用暴力手段劫取他人财物，数额巨大；故意杀人后分尸，手段极其残忍，罪刑极其严重，论罪应处死刑。公安抓获蔡永建时，在其房间内找到尚未抛弃的尸块，罪不可赖，蔡永建杀害杨卫波是在抢劫之后进行的，故蔡永建交代杀害杨卫波的来龙去脉包括抢劫的事实不构成自首。蔡永建归案后认罪态度较好，其供述了梁广新、闫海勇的手机号码客观上为公安顺利抓获该二人提供了线索，虽不构成立功，但可作为酌定情节予以考虑，但考虑到本案的犯罪手段、社会影响和恶劣后果，不足以对其从轻处罚。

关于蔡永建、莫庚良、梁广新三人在抢劫犯罪中的地位分析。抢劫犯意由蔡永建提起，犯罪对象由蔡永建锁定，但莫、梁二人参与策划，事前多次演练，实施过程中负责施力控制并捆绑，行为积极主动，对整个抢劫行为的完成起着重要的、不可或缺的作用，事后平均分赃，作用相当，三人均系主犯，没有主从犯之分。

关于莫庚良、梁广新是否应负民事赔偿责任的问题。根据《最高人民法院关于审理人身损害赔偿案件适用法律若干问题的解释》第三条“二人以上没有共同故意或共同过失，其分别实施的数个行为直接结合发生同一损害后果的，构成共同侵权，应当承担连带赔偿责任；其分别实施的数个行为间接结合发生同一损害后果的，应当根据过失大小或者原因力比例各自承担相应的赔偿责任”之规定，构成间接结合的数个侵权行为并不全部或必然导致损害结果的发生，只要其中一行为能为另一侵权行为直接或必然导致损害结果发生创造条件即可。本案中，莫庚良、梁广新在参与共同抢劫过程中帮助捆绑被害人杨卫波，为蔡永建之后杀害杨卫波创造了条件。杨卫波的死亡结果虽直接由蔡永建造成，但杨卫波是在被绑定的情况之下反抗才招致蔡永建的杀害，如果没有前期的捆绑行为，凭蔡永建、杨卫波二人的力量对比，蔡永建不可能轻易杀害杨卫波。故莫庚良、梁广新前期的行为为蔡永建的杀人行为创造了条件，符合共同侵权中“间接结合”的理论，应当根据实际情况按比例承担一定的赔偿责任。

广东省人民检察院对谢朝捷在抢劫犯罪中的地位、作用及量刑意见分析得当，有理有据，予以确认。

综上，上诉和辩护意见不成立，不予采纳；检察员出庭意见成立，应予采纳。

本院认为，上诉人蔡永建、莫庚良、梁广新、谢朝捷以非法占有为目的，当场使用暴力手段劫取他人财物，其行为均已构成抢劫罪。劫取财物数额巨大，应予严惩。蔡永建劫得他人财物后，因他人反抗而持刀砍人，致一人死亡，其行为又构成故意杀人罪。上诉人谢朝捷、原审被告人闫海勇帮助蔡永建抛尸，毁灭证据，情节严重，其行为均已构成帮助毁灭证据罪。蔡永建、谢朝捷犯数罪，依法应数罪并罚。在共同抢劫犯罪中，蔡永建、莫庚良、梁广新均是主犯。蔡永建杀人后分尸，手段残忍，社会影响恶劣，其虽归案后认罪态度较好，但不足以据此对其从轻处罚。上诉人梁广新协助公安机关抓捕同案犯，有立功表现，依法可从轻或减轻处罚。上诉人谢朝捷被采取强制措施后，如实供述司法机关还未掌握的抢劫罪行，对抢劫罪构成自首，依法可以从轻或减轻处罚。蔡永建抢劫后故意杀害杨卫波，给附带民事诉讼原告人造成各项经济损失，依法应承担民事赔偿责任。莫庚良、梁广新参与抢劫，对杨卫波的死亡结果具有一定的过错，应根据过错大小承担一定的民事赔偿责任。蔡永建、莫庚良、梁广新、谢朝捷上诉请求从轻处罚理据不足，不予支持。原判认定事实清楚，证据确实、充分，定罪准确，量刑适当，审判程序合法，但认定梁广新有重大立功表现有误，应予纠正。依照《中华人民共和国刑事诉讼法》第一百八十九条第（一）项、第一百九十九条、第二百条，《中华人民共和国刑法》第二百三十二条、第二百六十三条第（四）项、第三百零七条第二款、第六十一条、第六十七条、第六十八条、第六十九条、第五十七条第一款、第二十五条第一款、第二十六条第四款、第二十七条，《中华人民共和国民法通则》第一百一十九条及《最高人民法院关于审理人身损害赔偿案件若干问题的解释》第十七条、第二十七条、第二十八条、第二十九条、第三十五条之规定，裁定如下：

驳回上诉，维持原判。

本裁定为终审裁定。

对被告人蔡永建的死刑裁定依法报请最高人民法院核准。

审 判 长　胡晓明
代理审判员　陈志翔
代理审判员　王　芳
二〇一〇年一月九日
书 记 员　赵雪琴
书 记 员　陈锦莲

附：相关法律规定

《中华人民共和国刑事诉讼法》

第一百八十九条 第二审人民法院对不服第一审判决的上诉、抗诉案件，经过审理后，应当按照下列情形分别处理：

（一）原判决认定事实和适用法律正确、量刑适当的，应当裁定驳回上诉或者抗诉，维持原判；

（二）原判决认定事实没有错误，但适用法律有错误，或者量刑不当的，应当改判；

（三）原判决事实不清楚或者证据不足的，可以在查清事实后改判；也可以裁定撤销原判，发回原审人民法院重新审判。

第一百九十九条 死刑由最高人民法院核准。

第二百条 中级人民法院判处死刑的第一审案件，被告人不上诉的，应当由高级人民法院复核后，报请最高人民法院核准。高级人民法院不同意判处死刑的，可以提审或者发回重新审判。

高级人民法院判处死刑的第一审案件被告人不上诉的，和判处死刑的第二审案件，都应当报请最高人民法院核准。

《中华人民共和国刑法》

第二十五条 共同犯罪是指二人以上共同故意犯罪。

二人以上共同过失犯罪，不以共同犯罪论处；应当负刑事责任的，按照他们所犯的罪分别处罚。

第二十六条 组织、领导犯罪集团进行犯罪活动的或者在共同犯罪中起主要作用的，是主犯。

三人以上为共同实施犯罪而组成的较为固定的犯罪组织，是犯罪集团。

对组织、领导犯罪集团的首要分子，按照集团所犯的全部罪行处罚。

对于第三款规定以外的主犯，应当按照其所参与的或者组织、指挥的全部犯罪处罚。

第二十七条 在共同犯罪中起次要或者辅助作用的，是从犯。

对于从犯，应当从轻、减轻处罚或者免除处罚。

第五十七条 对于被判处死刑、无期徒刑的犯罪分子，应当剥夺政治权利终身。

在死刑缓期执行减为有期徒刑或者无期徒刑减为有期徒刑的时候，应当把附加剥夺政治权利的期限改为三年以上十年以下。

第六十一条 对于犯罪分子决定刑罚的时候，应当根据犯罪的事实、犯罪的性质、情节和对于社会的危害程度，依照本法的有关规定判处。

第六十七条 犯罪以后自动投案，如实供述自己的罪行的，是自首。对于自首的犯罪分子，可以从轻或者减轻处罚。其中，犯罪较轻的，可以免除处罚。

被采取强制措施的犯罪嫌疑人、被告人和正在服刑的罪犯，如实供述司法机关还未掌握的本人其他罪行的，以自首论。

第六十八条　犯罪分子有揭发他人犯罪行为，查证属实的，或者提供重要线索，从而得以侦破其他案件等立功表现的，可以从轻或者减轻处罚；有重大立功表现的，可以减轻或者免除处罚。

犯罪后自首又有重大立功表现的，应当减轻或者免除处罚。

第六十九条　判决宣告以前一人犯数罪的，除判处死刑和无期徒刑的以外，应当在总和刑期以下、数刑中最高刑期以上，酌情决定执行的刑期，但是管制最高不能超过三年，拘役最高不能超过一年，有期徒刑最高不能超过二十年。

如果数罪中有判处附加刑的，附加刑仍须执行。

第二百三十二条　故意杀人的，处死刑、无期徒刑或者十年以上有期徒刑；情节较轻的，处三年以上十年以下有期徒刑。

第二百六十三条　以暴力、胁迫或者其他方法抢劫公私财物的，处三年以上十年以下有期徒刑，并处罚金；有下列情形之一的，处十年以上有期徒刑、无期徒刑或者死刑，并处罚金或者没收财产：

（一）入户抢劫的；

（二）在公共交通工具上抢劫的；

（三）抢劫银行或者其他金融机构的；

（四）多次抢劫或者抢劫数额巨大的；

（五）抢劫致人重伤、死亡的；

（六）冒充军警人员抢劫的；

（七）持枪抢劫的；

（八）抢劫军用物资或者抢险、救灾、救济物资的。

第三百零七条　以暴力、威胁、贿买等方法阻止证人作证或者指使他人作伪证的，处三年以下有期徒刑或者拘役；情节严重的，处三年以上七年以下有期徒刑。

帮助当事人毁灭、伪造证据，情节严重的，处三年以下有期徒刑或者拘役。

司法工作人员犯前两款罪的，从重处罚。

《中华人民共和国民法通则》

第一百一十九条　侵害公民身体造成伤害的，应当赔偿医疗费、因误工减少的收入、残废者生活补助费等费用；造成死亡的，并应当支付丧葬费、死者生前扶养的人必要的生活费等费用。

《最高人民法院关于审理人身损害赔偿案件适用法律若干问题的解释》

第十七条　受害人遭受人身损害，因就医治疗支出的各项费用以及因误工减少的收入，包括医疗费、误工费、护理费、交通费、住宿费、住院伙食补助费、必要的营养费，赔偿义务人应当予以赔偿。

受害人因伤致残的，其因增加生活上需要所支出的必要费用以及因丧失劳动能力导致的收入损失，包括残疾赔偿金、残疾辅助器具费、被扶养人生活费，以及因康复护理、继续治疗实际发生的必要的康复费、护理费、后续治疗费，赔偿义务人也应当予以赔偿。

受害人死亡的，赔偿义务人除应当根据抢救治疗情况赔偿本条第一款规定的相关费用外，还应当赔偿丧葬费、被扶养人生活费、死亡补偿费以及受害人亲属办理丧葬事宜支出的交通费、住宿费和误工损失等其他合理费用。

第二十七条 丧葬费按照受诉法院所在地上一年度职工月平均工资标准，以六个月总额计算。

第二十八条 被扶养人生活费根据扶养人丧失劳动能力程度，按照受诉法院所在地上一年度城镇居民人均消费性支出和农村居民人均年生活消费支出标准计算。被扶养人为未成年人的，计算至十八周岁；被扶养人无劳动能力又无其他生活来源的，计算二十年。但六十周岁以上的，年龄每增加一岁减少一年；七十五周岁以上的，按五年计算。

被扶养人是指受害人依法应当承担扶养义务的未成年人或者丧失劳动能力又无其他生活来源的成年近亲属。被扶养人还有其他扶养人的，赔偿义务人只赔偿受害人依法应当负担的部分。被扶养人有数人的，年赔偿总额累计不超过上一年度城镇居民人均消费性支出额或者农村居民人均年生活消费支出额。

第二十九条 死亡赔偿金按照受诉法院所在地上一年度城镇居民人均可支配收入或者农村居民人均纯收入标准，按二十年计算。但六十周岁以上的，年龄每增加一岁减少一年；七十五周岁以上的，按五年计算。

第三十五条 本解释所称“城镇居民人均可支配收入”、“农村居民人均纯收入”、“城镇居民人均消费性支出”、“农村居民人均年生活消费支出”、“职工平均工资”，按照政府统计部门公布的各省、自治区、直辖市以及经济特区和计划单列市上一年度相关统计数据确定。

“上一年度”，是指一审法庭辩论终结时的上一统计年度。

【评析】

该裁定书在认定事实、证据摘录、论证说理三方面，详略得当，条理清晰，论证严谨，说理深刻，被评为2010年全省法院优秀裁判文书。主要亮点：1. 认定事实详略得当，关键事实的阐述流畅清晰。按照犯意的提起、共谋、抢劫的实施、劫财及逃匿过程分段式重点叙述了蔡永建伙同他人抢劫，之后独自杀人分尸，并纠集同伙抛尸的事实。2. 证据的摘录简明扼要，证据的排列先客观再言辞，主次有序、逻辑性强。先罗列杀人现场、三个抛尸现场的勘查情况及提取到的相关物证，再论述四个现场物证的检验鉴定情况及四个现场与蔡永建的关联。与认定的事实环环相扣，使读者一目了然。3. 说理全面、充分、深入。对于各上诉人的上诉理由及辩护人提出的辩护意见给予了全面回应评析。在定性问题上从蔡永建的供述、准备作案工具、刀创形态判断蔡永建具备抢劫后杀人灭口的故意，应适用有关司法解释定性；运用概括的犯罪故意理论论述蔡永建亦应对梁、莫二人开走的小汽车承担刑事责任；对蔡永建提供同伙作案所用手机号码，公安据此抓获莫、梁二人的情节，从设立立功制度的立法宗旨入手，结合悔罪态度论证不应认定为立功。通篇体现了承办人严谨细致的办案态度、较好的法学功底及掌控语言的能力，值得向大家推荐。

●董正青等犯内幕交易、泄露内幕信息罪一案刑事判决书

广州市天河区人民法院

刑事判决书

（2008）天法刑初字第689号

公诉机关广州市天河区人民检察院。

被告人董正青，男，1963年11月7日出生于湖北省潜江市，汉族，文化程度博士研究生，原系广发证券股份有限公司（以下简称广发证券）总裁，住广州市天河区陶育路88号2505房。因本案于2007年6月22日被羁押，次日被刑事拘留，同年7月19日被逮捕，现押于广东省看守所。

辩护人王波，广州金鹏律师事务所律师。

辩护人叶剑军，广东通法正承律师事务所律师。

被告人董德伟，男，1973年1月9日出生于湖北省潜江市，汉族，文化程度中专，住广州市天河区金田北街15号1805房。因本案于2007年6月11日被羁押，次日被刑事拘留，同年7月19日被逮捕，现押于广东省看守所。

辩护人赵宏彬，广州金鹏律师事务所律师。

辩护人刘艳芳，上海市锦天城律师事务所律师。

被告人赵书亚，男，1964年8月15日出生于湖北省潜江市，汉族，文化程度硕士研究生，住广东省深圳市福田区万科城市花园百合苑E302。因本案于2007年6月30日被羁押，次日被刑事拘留，同年7月19日被逮捕，现押于广东省看守所。

辩护人刘海清，上海刘海清律师事务所律师。

辩护人潘登，上海圣瑞敕律师事务所律师。

广州市天河区人民检察院以穗天检刑诉（2008）558号起诉书指控被告人董正青犯内幕交易、泄露内幕信息罪，被告人董德伟、赵书亚犯内幕交易罪，于2008年5月23日向本院提起公诉。本院依法组成合议庭，公开开庭审理了本案。广州市天河区人民检察院指派检察员廖丽红，代理检察员潘东、黄海锋出庭支持公诉，被告人董正青、董德伟、赵书亚及辩护人王波、叶剑军、赵宏彬、刘艳芳、刘海清、潘登均到庭参加了诉讼。现已审理终结。

广州市天河区人民检察院指控：2006年2月至5月间，被告人董正青任广发证券总裁期间，利用其个人直接主导广发证券借壳上市工作的职务便利，多次将“广发证券借壳延边公路上市”的内幕信息透露给被告人董德伟，并指使董德伟买入和卖出延

边公路股票。被告人董德伟利用该内幕信息，于2006年2月23日至10月18日，通过其控制的股票资金账户大量买卖延边公路股票，共投入资金人民币7000余万元，买入延边公路股票1457万多股，在股价升高后卖出获利人民币5000多万元，并将本金和账面盈利全部提取现金，共计人民币1亿多元。其中，被告人董正青和董德伟在经中国证券监督管理委员会认定的2006年5月10日至6月5日价格敏感期内，买入延边公路股票536.67万股，买入金额2595.47万元人民币，卖出1607.34万股，卖出金额8809.67万元人民币，账面盈利2284.67万元人民币。

2006年5月，被告人董正青又将内幕信息透露给被告人赵书亚。赵书亚即利用该内幕信息，通过其控制的股票资金账户，筹集资金200多万元购买延边公路股票。经中国证券监督管理委员会认定，被告人赵书亚在价格敏感期内买入延边公路股票49.81万股，买入金额242.78万元人民币，卖出29.49万股，卖出金额182.49万元人民币，账面盈利101.73万元人民币。

公诉机关认为被告人董正青的行为已经构成内幕交易、泄露内幕信息罪，被告人董德伟、赵书亚的行为均已构成内幕交易罪，提请本院判处，并列举了相关证据。

被告人董正青否认公诉机关的指控，提出如下辩解意见：一、广发证券借壳上市不是由其个人直接主导。二、其没有泄露任何内幕信息给董德伟、赵书亚，也没有让董德伟买卖延边公路股票，其本人也没有买卖延边公路股票。三、本案内幕信息形成时间应该是2006年6月2日。四、证监会认定函不能作为刑事审判证据使用。五、公安机关在审讯期间存在威胁、引诱、欺骗行为，其供述应以2007年7月18日的供述及庭审供述为准。故其行为不构成犯罪。

被告人董正青的辩护人提出如下辩护意见：一、公诉机关未能提供充分证据证明董正青泄露内幕信息给董德伟、赵书亚，并指使董德伟买卖延边公路股票。二、现有证据不能形成完整证据链。1. 董正青、赵书亚在侦查阶段的供述相互矛盾，三名被告人在侦查期间曾受到侦查人员威胁、引诱。2. 证人之间的证言存在多处矛盾。3. 公诉机关指控董正青通过电话通话方式泄露内幕信息，但没有提供董正青与董德伟、赵书亚之间通话记录证实。4. 中国证监会的认定函不应作为定案依据。三、在广发证券借壳延边公路上市一事中，主导人或决策人并非董正青，而是广发证券的大股东。董正青没有任何买卖股票的行为，董德伟买卖延边公路股票是基于其分析判断的正常市场交易行为，与广发证券借壳延边公路上市不具有关联性。四、内幕信息应具有确定性的特征，广发证券借壳方案得到延边公路认可的2006年6月2日才是本案内幕信息形成时间。五、延边公路股权分置改革与广发证券借壳延边公路一事并无必然联系，董正青也非延边公路股改过程中的知情人员。六、公诉机关在审查起诉中存在程序违法行为，没有依法履行监督职责排除非法证据。因此，公诉机关指控被告人董正青犯罪的事实不清，证据不足，应依法宣告无罪。

被告人董德伟否认公诉机关的指控，提出如下辩解意见：一、董正青没有向其透露内幕信息，也没有指使其买卖延边公路股票，其投资行为纯属个人行为，与广发证券及董正青无关。二、其从2004年开始一直关注延边公路股票，其买卖该股票是基于技术分析和交易习惯。三、其作伪证是为了应付证监会调查，处罚其超比例持仓的违规行为。四、公安机关在侦查阶段的讯问有违法行为。故其行为不构成犯罪。

被告人董德伟的辩护人提出如下辩护意见：一、公诉机关指控董德伟从董正青处非法获取内幕信息的证据不足。二、董德伟从2005年5月10日开始买卖延边公路股票，此后一直予以关注并进行一般投资者常见的波段操作。从2006年2月23日延边公路发布2005年年报后，董德伟开始买入该股；5月8日、11日，延边公路连续公告澄清没有借壳后，董德伟开始大量减持该股，证明董德伟是按照市场状况和公开信息进行的正常投资行为，与内幕信息无关，更非内幕交易。三、延边公路股改信息与本案认定的内幕交易信息无关。四、内幕信息要求具有重大性、非公开性和确定性，公诉机关以董正青在2006年2月份“内心已确定”借壳延边公路为由认定此时内幕信息已经形成是错误的，而且明显与中国证监会认定本案价格敏感期为2006年5月10日至6月5日相矛盾。五、董正青并无主导、控制广发证券借壳延边公路。六、董德伟在价格敏感期内卖出的1607.34万股中有1070.67万股是其之前买入，而此时内幕信息尚未形成，公诉机关认定董德伟的账面盈利数额有误。因此，公诉机关指控被告人董德伟犯罪的事实不清，证据不足，应依法宣告无罪。

被告人赵书亚否认公诉机关的指控，提出如下辩解意见：一、公诉机关没有证据证明董正青向其透露内幕信息、其从董正青处获取内幕信息。二、其在网上看到2006年5月10日的借壳传闻、5月11日延边公路的澄清公告以后，基于经验和技术分析才决定买入延边公路股票，并无获取内幕信息。三、其买入延边公路股票只有43万多股、买入金额210多万元，黄祥松的账户与其无关。四、公安机关在审讯期间存在诱供行为。五、在内幕信息公开前买卖股票并能够获利才能构成内幕交易罪，而其是在与董正青联系后才卖出股票，且亏损，并无获利。其行为不构成犯罪。

被告人赵书亚的辩护人提出如下辩护意见：一、公诉机关指控的证据只有被告人的供述，由于供述之间相互矛盾，赵书亚、董正青庭审时均供述公安机关审讯时有诱供行为，其有罪供述不应确认，且公诉机关未能提供通话记录以及赵书亚控制黄祥松账户的证据佐证，故本案证据未达到法定证明标准。二、由于广发证券可能借壳延边公路这一信息已经被媒体公开并得到市场的确认，赵书亚从董正青处获取的信息与市场上已经公开的信息一致，不符合内幕信息隐蔽性的特点。三、公诉机关认定内幕信息形成时间是2006年2月，与中国证监会认定的形成时间2006年5月10日相矛盾。四、公诉机关以中国证监会的认定函作为证据使用属于程序违法。五、《中华人民共和国刑法》（以下简称《刑法》）和《中华人民共和国证券法》（以下简称《证券法》）均未对内幕交易的“价格敏感期”和盈利计算标准、计算方法作出规定，公诉机关引用2007年3月开始施行的《证券市场内幕交易行为认定指引》来指控发生在2006年5、6月间的案件，违反法不溯及既往的基本原则。六、赵书亚在2006年5月12日买入延边公路股票，在5月18日才向董正青电话求证，赵书亚买入延边公路股票是根据该股的公开信息、投资价值和多年炒股经验所作出的判断，与内幕交易没有关联。因此，公诉机关指控被告人赵书亚犯罪的事实不清，证据不足，应依法宣告无罪。

经审理查明：广发证券成立于1993年5月21日，公司股东包括辽宁成大股份有限公司（以下简称辽宁成大，法定代表人尚书志）及吉林敖东药业集团股份有限公司（以下简称吉林敖东，法定代表人李秀林）等公司。延边公路建设股份有限公司（以下简称延边公路）成立于1999年3月31日，系上市股份有限公司（股票代码为000776），公司股东包括吉林敖东等公司。

2006年2月，广发证券确定采取借壳方式上市，由时任广发证券总裁的被告人董正青主持开展借壳工作。同年4月17日，被告人董正青在其家中召开会议，提出了具体的选壳标准和要求。同年5月7日，公司员工肖雪生根据被告人董正青的要求制作了《目标公司建议》，初步分析、比较包括延边公路在内的六家公司的情况及借壳可能性。同年5月8日，被告人董正青等广发证券高级管理人员与尚书志在广州商讨，确定以辽宁时代、延边公路为备选壳，优先考虑辽宁时代的方案。同年5月10日，公司员工周伟根据讨论结果制作了《广发证券股份有限公司借壳上市方案》，广发证券确定以延边公路和辽宁时代为备选壳的借壳上市方案。同年5月11日，因股票价格异常波动，延边公路发布公告，澄清该公司未与广发证券就借壳上市事项有任何接触。其后，被告人董正青指派肖雪生、周伟先后前往吉林敖东和辽宁成大，向李秀林和尚书志汇报广发证券借壳延边公路和辽宁时代方案。同年5月底，被告人董正青与李秀林、尚书志在长春讨论，确定广发证券借壳目标公司以辽宁时代为主、延边公路候补的方案。同年6月2日，广发证券确定借壳延边公路。同年6月5日，延边公路、吉林敖东同时发布公告，称吉林敖东正与广发证券就借壳延边公路事项进行协商。同日，延边公路股票停牌。

经中国证券监督管理委员会（以下简称中国证监会）认定，广发证券借壳延边公路为本案内幕信息。

从2006年2月开始，被告人董正青以支持延边公路股改为由，多次要求被告人董德伟买入延边公路股票。同年5月中旬，被告人董正青利用其掌握广发证券借壳延边公路的内幕信息，向被告人董德伟泄露该内幕信息，建议被告人董德伟买入和卖出延边公路股票。同期，被告人董正青又将该内幕信息泄露给被告人赵书亚。

被告人董德伟利用该内幕信息，在2006年5月10日至同年6月5日期间，利用其控制的多个他人账户买入延边公路股票5366732股，买入金额人民币25954729.83元，卖出16073431股，卖出金额人民币88096753.87元，账面盈利人民币22846712.42元。

被告人赵书亚利用该内幕信息，在上述期间，利用其控制的“黄祥婷”账户买入延边公路股票435100股，买入金额人民币2104128.85元，卖出291968股，卖出金额人民币1806683.82元，账面盈利约人民币100万元。

为应付中国证监会调查，被告人董正青、董德伟、赵书亚经密谋，由被告人董德伟、赵书亚伙同他人向中国证监会作伪证。期间，被告人董德伟指使多人迅速提取买卖延边公路股票的全部资金。

2007年6月1日，被告人董正青向广发证券辞职。2007年6月11日，被告人董德伟到广东省公安厅投案，次日被刑事拘留。同年6月22日，被告人董正青在本市被公安机关抓获归案，次日被刑事拘留。同年6月30日，被告人赵书亚在深圳被公安机关抓获归案，次日被刑事拘留。案发后，公安机关扣押、冻结了被告人董正青、董德伟的一批财物。

上述事实，有下列经庭审举证、质证的证据证实，本院予以确认：

（一）关于涉案公司基本情况的证据：

1. 广发证券的工商登记资料、《广发证券股份有限公司章程》证实了该公司的基本情况。

2. 延边公路的工商登记资料、深圳证券交易所提供的《“延边公路”相关情况》证实了该公司的基本情况。

3. 吉林敖东的工商登记资料证实了该公司的基本情况。

4. 广发证券提供的《吉林敖东药业集团股份有限公司持有广发证券股权的情况》证实了吉林敖东成为广发证券股东的过程。

（二）关于三被告人身份的证据：

5. 户籍证明、学历学位证书，证实了三被告人的身份情况。

6. 广发证券提供的任职资格申请表、《关于委派董正青等同志担任广发基金管理有限责任公司董事、监事与高管人员的决定》、《关于授权董正青同志主持公司日常行政和经营工作的通知》、《关于广发证券股份有限公司董事监事高级管理人员任职的决定》、《关于推荐董正青等同志任职的决定》等任职资料，证实了被告人董正青的任职情况。

7. 广发证券提供的《广发证券股份有限公司首届董事会 2003 年第一次临时会议决议（四)》、《关于公司部分领导成员分工调整的通知》、《关于总裁班子成员分工调整的决定》等资料，证实了被告人董正青于 2003 年 5 月被聘为公司总裁，工作职责是主持公司日常经营管理工作，负责组织实施董事会决议，管理总裁班子成员。

8. 中国证监会广东监管局出具的广东证监函［2006］46 号《给广发证券股份有限公司董正青同志的警示函》证实，被告人董正青因参股格瑞公司及该公司持有广发证券股权均未向监管部门报告而被处分。

（三）关于广发证券借壳延边公路上市全过程的证据：

9. 证人王志伟（广发证券董事长）的证言及书写的情况说明：2006 年 1 月，其提出要将上市工作作为公司当年的重点工作。2 月 6 日，其向中国证监会领导汇报该工作计划时，董正青提出公司历史上有账外经营行为和 2003 年亏损，IPO 上市存在困难。由于董正青指出公司 IPO 上市的硬伤，公司上市方式只能选择借壳上市。2 月 27 日，公司两大股东的董事长尚书志、李秀林在座谈会向经营班子提出公司上市可以选择 IPO 方式和借壳方式，董正青提出公司如果选择借壳方式可以在半年内上市。公司董事会授权董正青负责公司借壳上市工作，公司选择借壳上市的方式以及决定借壳目标公司等具体工作都由董正青操作。期间，董正青没有向董事会汇报工作。同年 6 月 2 日，其接到通知到北京开会才知道公司要借壳“延边公路”上市。6 月 5 日，吉林敖东、延边公路发布公告确认广发证券借壳。6 月 12 日，其在北京才第一次详细了解到具体的借壳方案。此后，公司主要工作是与证监会股改办、机构办沟通延边公路股改与广发证券借壳上市的具体方案。由于中国证监会指出借壳方案没有经过公司董事会决议的做法不妥，所以公司董事会在 6 月底才召开会议讨论，9 月份才作出正式决议。

10. 证人李建勇（原广发证券常务副总裁，现任代理总裁）的证言：因为公司使用 IPO 方式上市存在困难，所以公司上市方式基本是按照借壳上市的方案操作。2006 年 4 月初，董正青安排其和秦力参与上市工作，但没有安排其具体工作。在此期间，肖雪生、周伟负责选壳、考察工作，并向董正青汇报。其工作主要是解决公司员工内部持股的问题，以及和并购部开会讨论借壳上市的技术问题，对于公司选壳的具体过程并不清楚。5 月 8 日，尚书志提出优先考虑辽宁时代，之后董正青还安排肖雪生、周伟考察延边公路，致使尚书志疑惑董正青的真正用意，并要求董正青解释。6 月 2 日，其接到通知到北京开会时才知道广发证券公司确定借壳延边公路。其真正负责上市工作是在 9 月 8 日公司董事会就借壳上市工作作出决议后。在 2006 年 5 月之前，其多次看见董德伟在董正青家出现。证监会介入调查后，董正青承认董德伟在借壳方案公告前买入延边公路股票，其建议董正青辞职。2007 年 6 月 2 日，董正青以未能如期完成上市工作为由辞职。

11. 证人秦力（广发证券副总裁）的证言：因为广发证券 IPO 上市可能性不大，所以上市方式以借壳为主。借壳上市工作由董正青负责，并安排其和李建勇负责借壳上市方案的论证及找壳，其再安排肖雪生负责找壳。2006 年 4 月 17 日董家会议上，董正青提出了找壳的具体要求，在该次会议上有人提及“延边公路”。会后其与肖雪生只去了 ST 庆丰考察，并无到其他公司考察。5 月 8 日，肖雪生向尚书志、董正青等人汇报了包括延边公路在内的多家备选壳公司，经过讨论，最终确定了以辽宁时代、延边公路为备选壳，优先考虑辽宁时代的方案。在尚书志落实辽宁时代工作时，董正青还通过其安排肖雪生、周伟两人到吉林敖东和辽宁成大汇报借壳延边公路和辽宁时代的方案。6 月 2 日，董正青和股东在北京确定借壳延边公路上市。

12. 证人林治海（原广发证券副总裁）的证言及书写的情况说明：2006 年 3 月初，董正青主动提出启动广发证券借壳上市工作，并亲自负责找壳，在整个过程中都是由董正青个人决定选壳工作。在 4 月 17 日董家会议上，董正青提出了选壳公司的具体标准，期间有人提出了“延边公路”。5 月 8 日，董正青主动提出让尚书志与辽宁时代商谈借壳工作。在证监会官员质疑董正青坚持使用借壳方式上市，而且一人决定借壳公司，提出要核查此事，以及深圳证券交易所查到董正青弟弟购买延边公路股票之后，董正青立即提出改用 IPO 方式上市，或者换壳“石炼化”上市，但遭到股东否决。

13. 证人肖雪生（原广发证券并购部总经理）的证言：2006 年 2 月，董正青主动向证监会领导提出广发证券如果采用 IPO 方式上市就会存在连续盈利不足三年和历史遗留问题等障碍。4 月 17 日董家会议上，董正青提出证监会当前工作重点是股改，广发证券借壳上市找未股改的壳公司会得到证监会支持。董正青在该次会议上还提出“延边公路”，使其开始留意延边公路。5 月 8 日，其按照董正青要求向尚书志提交了《目标公司建议》，目标公司包括延边公路等公司。尚书志提出可以将辽宁时代列为备选壳之一，并愿意出面与辽宁时代及辽宁省国资委商谈。5 月 10 日左右，秦力要求并购部出具广发证券借壳延边公路或辽宁时代上市的技术方案，其要求周伟负责写。5 月 14 日，董正青通过秦力安排其与周伟先到吉林向李秀林汇报借壳延边公路方案，再到辽宁向尚书志汇报借壳辽宁时代方案。此时尚书志仍在做辽宁时代的工作。6 月 2 日，其接到通知后到北京参与研究借壳延边公路上市的具体方案。同年 10 月份，在证监会调查广发证券借壳延边公路一事后，董正青要求其将讨论选壳延边公路的时间尽量往后推，定在 5 月中下旬，但王志伟坚决反对，称选定延边公路作为备选壳之一的时间应是 2006 年 4 月 17 日。因为其与董正青感情好，所以其按照董正青的意思出具报告。广发证券内部从 2006 年 4 月底就开始传言借壳延边公路上市。延边公路股价异动上涨，不利于广发证券借壳，但对流通股东有好处。

14. 证人周伟（原广发证券并购部总经理助理）的证言及书写的情况说明：大约在 2006 年 1 月、4 月，其按照肖雪生的要求先后出具了广发证券借壳上市的方案。同年 5 月 15 日，其与肖雪生先后到吉林和辽宁向李秀林、尚书志汇报了借壳延边公路或辽宁成大的方案。同年 6 月 2 日，公司在北京开会确定要借壳延边公路上市。

15. 证人张忠新（原广发证券办公室副总经理）的证言及书写的情况说明：2006 年 4 月 17 日的会议记录是由其负责记录，其没有更改过。该会议记录上“延边公路，借力打力，借证监会影响”的内容是董正青在提出选壳标准后谈论选壳问题时提出的。

16. 证人欧阳西（广发证券副总裁）的证言：广发证券借壳上市一事由董正青全权负责。2006 年 4 月 17 日，董正青在家开会时对选壳工作作出安排，并对壳公司的标准提出了几点要求。5 月 8 日，肖雪生列举了包括延边公路在内的几家目标公司，尚书志提出优先选用辽宁时代，并负责做工作。6 月 2 日，其到北京开会才知道借壳延边公路上市。

17. 证人孙晓燕（广发证券财务总监）的证言：其直至 2006 年 6 月 3 日才知道广发证券要借壳延边公路上市，此前其没有参与公司借壳延边公路上市的准备工作。2006 年 5 月份，已经传言广发证券借壳延边公路。

18. 证人金波（董正青原秘书）的证言：2004 年 6 月，其帮董正青领了一部富士通笔记本电脑。其在董正青家见过董德伟。

19. 证人尚书志（辽宁成大董事长）的证言：广发证券在 2006 年 2 月 28 日召开的董事会上确定要以借壳方式上市。会后，董正青主动提出负责牵头找壳，争取半年内完成上市工作。同年 4 月延边公路股价异动上涨期间，其致电询问董正青是否借壳延边公路，董正青予以否认。5 月 8 日，肖雪生向其汇报了包括延边公路、辽宁时代在内的几家目标公司，董正青主动要求其去做辽宁时代工作。在其做辽宁时代工作期间，董正青在其不知情的情况下派肖雪生、周伟去找李秀林汇报借壳延边公路方案。董正青在是否仍用辽宁时代上市的问题上一直不表态，其对董正青的做法很不满。5 月 29 日，其与李秀林、董正青研究上市问题时，一直没有确定要用延边公路，李秀林表示支持借壳延边公路，但不用也没有关系，董正青还要求其继续做辽宁时代的工作。6 月 2 日晚上，其应董正青要求到北京开会时并不知道确定要借壳延边公路上市，也没有任何这方面的准备。董正青称当天已经向证监会汇报借壳延边公路上市事宜，在李秀林承诺保证辽宁成大第一大股东地位的情况下，其才同意用延边公路。此后，其向辽宁国资委表示不再做辽宁时代的工作。董正青没有与其商量广发证券最终借壳延边公路的事情。董正青其后曾经无故提出要换壳上市且不说明理由，其坚决反对。

20. 证人李秀林（吉林敖东董事长）的证言：其在 2005 年底曾经将延边公路股改的情况告知董正青，但没有要求广发证券或董正青在延边公路股改问题上提供帮助。2006 年 5 月 10 日，由于董正青称广发证券要在上交所选壳，不会用延边公路上市，所以延边公路发公告否认借壳传闻。但董正青又在 5 月 16 日派人来谈借壳延边公路的方案。5 月 29 日，其与董正青、尚书志三人讨论确定优先选用辽宁时代。但到了 6 月 2 日，董正青在事前没有通知也没有说明原因的情况下，便匆忙告知其决定借壳延边公路，并要求其一起向证监会汇报。由于其当时以为尚书志已经同意，就与董正青向证监会汇报此事。公告借壳延边公路后，董正青又提出使用 IPO 或换壳上市，但并不说明原因，后被其与尚书志否决。延边公路股票在 2006 年第一季度的交易量很少。

21. 证人薛荣年（平安证券副总裁）的证言：2006 年 6 月 2 日上午，董正青约其作为保荐机构代表到北京商谈借壳上市事情，在当天 13 时许其就听说广发证券借壳对象可能是延边公路。

22. 证人林辉（平安证券投资银行北京区总部总经理）的证言：2006 年 6 月 2 日 17 时许，其知道广发证券要借壳延边公路，并参与了该项目工作。

23. 证人郭仁堂（延边公路董事长兼总经理）的证言：延边公路在 2002 年、2003

年亏损，2004年州政府注资后才开始盈利，2005年摘掉ST帽，但公司经营情况一般。在2006年6月公告前，其不知道广发证券要借壳延边公路。广发证券一直是与吉林敖东商量此事，从未与延边公路商量。

24. 证人李利平（吉林敖东执行董事、延边公路董事）的证言：2005年10月，延边公路开始股改，后因股东反对而搁置。2006年3月，因吉林省政府开会明确了延边公路的股改时间，延边公路股改工作重新启动。从4月初开始，延边公路与深圳国际信托投资有限责任公司（以下简称深国投）洽谈收购深国投所持有的延边公路股份，深国投同意转让，后于5月18日正式签订了相关协议。但因证监会要求股改与广发证券借壳延边公路一事合并进行，导致股改未完成。同年5月16日，肖雪生和周伟到吉林敖东汇报借壳延边公路上市方案。

25. 证人易阳平（广州市格瑞实业公司法定代表人）的证言：2003年，董正青投资入股成为格瑞公司股东。2004年该公司向董德伟借款近3000万元，后通过拍卖持有了广发证券股权。2006年3、4月份，由于广发证券上市要解决董正青持有广发证券股权的问题，该公司将广发证券股权转移到另外一家公司。

26. 证人张成柱（广发基金管理公司信息技术部员工）的证言：其在董德伟个人笔记本电脑内安装了VPN程序，通过该电脑登录广发证券OA系统，收看公司文件。其忘记了是否曾经告诉董德伟登录密码。2007年4月份，董德伟要求其删除电脑内的全部VPN程序和有关广发证券的内部文件。2006年4月份，董德伟介绍其购买延边公路股票，此时广发证券公司内部已经传闻借壳延边公路上市。其购买了该股票，后决定在10月份全部卖出。由于证券公司人员不允许买卖股票，且当时证监会正调查董正青和董德伟涉嫌内幕交易一事，所以其不敢再买卖股票。其妻子聂继红曾帮严俊开立股票账户，之后又帮严俊提取了800万至900万元现金。

27. 由广发证券及证人张忠新提供的2006年2月27日座谈会、4月17日董家工作会议、6月2日北京金都假日酒店会议的记录，证实了广发证券确定要在2006年完成上市工作后，被告人董正青不仅主动提出采取借壳上市方式，还全面主持和参与广发证券借壳上市工作，而且制定了选壳具体要求和标准。

28. 证人肖雪生于2006年5月7日制作的《目标公司建议》方案，证实广发证券按照董正青的要求选择包括延边公路在内的六家目标公司作为借壳参考。

29. 证人周伟于2006年5月10日制作的《广发证券股份有限公司借壳上市》方案，证实广发证券确定借壳方案以辽宁时代和延边公路作为备选壳公司。该方案的主要内容是对广发证券借壳辽宁时代和延边公路的方法、步骤等工作进行分析，并对借壳两公司的成本作出比较。其中借壳延边公路上市的最低成本为2.06亿元，而借壳辽宁时代上市的最低成本为0.87亿元。

30. 延边公路在2006年4月至6月间的公告，证实：（1）延边公路股票于2006年4月26、27、28日连续三个交易日以及5月8、9、10日连续三个交易日达到涨幅限制，该公司先后于2006年5月8日、5月11日发出公告，说明公司经营情况正常，未与广发证券就借壳事项有任何接触。由于延边公路股票在5月31日和6月1、2日连续三个交易日又达到涨幅限制，该公司于6月5日发出公告，说明吉林敖东与广发证券就借壳该公司上市事宜正在进行沟通磋商，同日该股票停牌。（2）延边公路信息披露的指定报纸为《中国证券报》，指定网站为“巨潮资讯网”。（3）2006年4月11日公告的

《延边公路建设股份有限公司2006年第一季报》显示，该公司2006年第一季度总资产比2005年度期末减少2.5%。

31. 吉林敖东于2006年6月4日向延边朝鲜族自治州人民政府出具的《关于广发证券股份有限公司借壳延边公路上市事宜的请示》，证实延边公路当时的经营状况不理想，发展面临困难。该请示主要内容：（1）吉林敖东认为延边公路公司问题太多，积重难返，单靠延边公路和吉林敖东的力量无法摆脱目前的困境，加上长春－珲春的高速公路即将开通和仁坪收费站面临被撤诸多因素，延边公路无任何发展前景可言，极需优势力量来拯救延边公路。基于延边公路本身经营业绩，其股改工作无法进行，面临被边缘化的危险。（2）吉林敖东与广发证券达成广发证券借壳延边公路上市的意向后，向州政府申请批准。

32. 延边公路与广发证券于2006年9月23日签订的《关于延边公路建设股份有限公司吸收合并广发证券股份有限公司之协议书》及附件，证实广发证券借壳延边公路的具体方式。

33. 广发证券与吉林敖东于2006年9月23日签订的《补偿协议》证实，因延边公路吸收合并广发证券，广发证券同意补偿吉林敖东。

34. 延边公路与广发证券于2006年11月签订的《名称转让协议》证实，若延边公路吸收合并广发证券获得批准，则广发证券将其中英文名称无偿转让给延边公路。

35. 延边公路、吉林敖东、辽宁成大、广发证券等单位于2006年9月18日共同签署的《关于延边公路建设股份有限公司定向回购非流通股股份、换股吸收合并广发证券股份有限公司暨股权分置改革之保密协议》证实，上述单位对广发证券借壳延边公路上市方案及延边公路股改方案负有保密义务。

36. 广发证券分别于2006年10月、11月向中国证监会机构监管部出具的《关于申请就延边公路建设股份有限公司以新增股份换股吸收合并广发证券股份有限公司出具监管意见书的报告》及补充材料、《关于延边公路建设股份有限公司股权分置改革及换股吸收合并广发证券股份有限公司相关事宜的请求》，证实广发证券为借壳延边公路上市事项请求监管机构批准。

37. 广发证券提供的董正青《辞职申请》证实，2007年6月1日，董正青认为自己作为“公司上市工作的主要领导者、决策者、推动者和参与者”，因公司上市工作未获得监管部门最后批准而向广发证券提出辞职。

（四）关于董德伟交易延边公路股票的证据：

38. 证人杨涛的证言：2006年5月18日，董德伟要求其帮忙开立股票账户，其应要求以潘惠红和潘均雄名义开立两个股票账户。随后董德伟将1000万元转到其账户，其将该款转到上述股票账户内。该两个股票账户一直由董德伟操作，董德伟没有告知其利用该两个账户买卖何种股票。同年7月，其查看到潘惠红账户内持有的股票全部是延边公路。同年10月，董德伟卖出延边公路股票，其按照要求将其中700多万元转到董德伟指定的几个账户。2007年3月，董德伟为应付证监会调查他炒卖延边公路股票涉嫌内幕交易的事情，指使其伪造借款合同，并对证监会作伪证。同年5月份，董德伟提供资金要求其外出躲避调查，其携带家眷外逃至武汉。

39. 证人潘惠红（证人杨涛的妻子）的证言：2006年5月份，其与弟弟潘均雄按照杨涛的要求开立两个股票账户借给董德伟使用，杨涛将董德伟提供的500万元转账到其名下股票账户，该两个账户均由董德伟控制。2006 年底，其名下账户卖出股票后有 1100 万元，其按照要求将其中 700 万元转到其他个人账户，将其中 300 多万元转账到潘均雄账户。之后，其按照杨涛要求在证监会调查时帮董德伟作伪证。

40. 证人潘均雄（证人潘惠红的弟弟）的证言：2006 年 5、6 月份，其按照杨涛、潘惠红的要求开立了一个股票账户，不清楚该账户由谁使用。

41. 证人严俊的证言：2006 年 4 月份，其按照董德伟要求开立了超过 20 个股票账户，并帮董德伟存入 3000 万元。这些账户全由董德伟控制。同年 8 月至 10 月，其帮董德伟提现 5000 多万元。2007 年 3、4 月，其应董德伟要求与赵书亚、聂继红、陈微等人一起串供，并在证监会调查时作伪证。后其在董德伟要求下外出躲避调查。

42. 证人聂继红（证人张成柱之妻）的证言：2006 年 5、6 月份，其按照董德伟要求提供股票账户给董德伟操作。同年 8 月，其按照董德伟要求从账户内提取约 600 万元现金交给董德伟。后来，其按照董德伟要求向证监会和公安机关作伪证。

43. 证人李东的证言：其本人身份证丢失，其不认识董德伟，从未炒股，也没有在上海和深圳的交易所领取过股票交易证。

44. 被告人董德伟及其实际控制的户名为“陈微”、“严俊”、“聂继红”、“潘惠红”、“潘均雄”等人的证券账户资料及买卖延边公路股票记录、相关凭证，证实了在 2006 年 4 月 24 日至 5 月 30 日期间，被告人董德伟利用这些账户持续大量地买入该股；后又在 2006 年 5 月 30 日至 5 月 31 日期间以及 10 月 16 日至 10 月 18 日期间，短时间内持续大量地抛售该股，并且在此期间上述账户只交易过该股。被告人董德伟对上述证据均予以认签，不持异议。

45. 银行提供的账户开户资料、流水清单、相关凭证，证实了被告人董德伟在买卖延边公路股票过程中的资金往来情况，以及在短时间内通过数十个他人账户提取巨资的异常情况。

46. 深圳证券交易所提供的《“董德伟”控制账户 2004 年和 2005 年深市股票交易、持股和盈利情况》、《“董德伟”控制账户 2006 年 1 - 6 月深市股票交易、持股和盈利情况》、《“董德伟”控制账户 2004 年和 2005 年深市股票交易和持股账户情况》，证实了被告人董德伟从 2004 年至 2006 年 6 月份在深圳证券交易所交易股票的情况。

47. 上海证券交易所提供的《“董德伟”控制账户 2004、2005 年沪市股票交易、持股和盈利情况》、《“董德伟”控制账户沪市股票交易、持股和盈利情况（20060101 - 20060605）》、《“董德伟”控制账户 2004、2005 年沪市股票交易和持股账户情况》、《“董德伟”控制账户沪市股票交易和持股账户情况（20060101 - 20060605）》，证实被告人董德伟从 2004 年至 2006 年 6 月份在上海证券交易所交易股票的情况。

48. 深圳证券交易所提供的董德伟实际控制的股票资金账户交易延边公路情况汇总表，证实被告人董德伟在 2005 年和 2006 年交易延边公路的情况：（1）被告人董德伟于 2005 年 5 月至 6 月买入延边公路股票共 64 万股，于 2005 年 8 月 8 日前全部卖出，获利 25829 元人民币。（2）从 2006 年 2 月 23 日起，被告人董德伟开始买入延边公路股票，2 月份买入 252159 股，3 月份买入 3905050 股，4 月份买入 9788057 股（4 月 6 日持股比例超过 5%；4 月 17 日持股比例超过 10%），5 月份（5 月 10 日 - 5 月 30 日）买入 5386732 股。期间，于同年 4 月 3 日和 4 月 12 日分别卖出 147600 股和 2059 股，同年 5 月 10 日达到持股最高峰值 14573888 股，占流通股比重达 15.639%。（3）从同年 5 月

10日起，被告人董德伟开始通过多次倒仓进行大量减仓，5月10日倒仓16299股，5月17日倒仓624582股，5月19日倒仓1112372股，5月22日倒仓351851股，5月30日倒仓10万股。至6月1日停牌前，持股数量减为3088908股，持股比例为3.314%。复牌后于10月16日至18日全部卖出。（4）被告人董德伟在2006年间交易延边公路股票的账面累计盈利为52818354元。

49. 广东省公安厅网警总队出具的广公网监鉴定字［2007］007号鉴定书证实，被告人董德伟家使用的富士通笔记本电脑的网卡MAC地址与其操控的部分账户买卖延边公路股票的IP地址一致，而且该电脑内曾存放广发证券公司内部文件。

（五）关于被告人赵书亚交易延边公路股票的证据：

50. 证人黄祥婷（赵书亚妻子）的证言：其股票账户由赵书亚控制、操作，黄祥松是其弟弟。董德伟曾在2006年底的一天晚上找过赵书亚。2007年4、5月份，赵书亚被证监会调查。

51. 户名为“黄祥婷”（深圳股东代码0059058974）的证券账户开户资料及买卖延边公路股票记录、相关凭证，证实被告人赵书亚控制该账户买卖延边公路股票的情况：该账户于2006年5月12日持续买入延边公路股票，并在当天存入资金；于5月15日继续买入该股，并在当天存入资金；在5月22日继续买入；其后分别于5月26日、5月31日、10月16日、10月19日不断卖出该股。

（六）本案综合证据：

52. 中国证监会出具的证监函［2008］111号《关于董德伟等人涉嫌经济犯罪案件有关问题的认定函》，深圳证券交易所提交的账户组1、2逐日交易情况及交易明细（2006年5月10日-6月5日）附表，证实：（1）经中国证监会认定，广发证券借壳延边公路为内幕信息。（2）被告人董德伟利用股东代码0060693119等多个账户，在2006年5月10日至6月5日期间买入延边公路股票5366732股，买入金额人民币25954729.83元，卖出16073431股，卖出金额人民币88096753.87元，账面盈利人民币22846712.42元。（3）被告人赵书亚利用股东代码0059058974的账户在上述期间买入延边公路股票435100股，买入金额人民币2104128.85元，卖出291968股，卖出金额人民币1806683.82元，账面盈利约人民币100万元。

53. 广东省公安厅经济犯罪侦查局出具的《抓获经过》，证实了被告人董正青、董德伟、赵书亚的归案情况。

54. 广东省公安厅出具的搜查证、搜查笔录、扣押清单及冻结账户、房产资料，证实公安机关查封、冻结了被告人董正青、董德伟的财物一批，包括：（1）被告人董正青位于天河区陶育路88号2505－2605房的房产1套（房产登记号：富字23875，权证号码：穗房证字747505号）。（2）被告人董德伟的富士通笔记本电脑1台、现金人民币10万元。（3）被告人董德伟位于天河区龙口西路金田北街15号1805房（房产登记号：稳字95621，权证号码：穗房证字469900号）、天河区广利路53号301房（房产登记号：繁字54106，权证号码：穗房证字580638号）、天河区珠江别墅含珠街2号（房产登记号：2005交登字94006，权证号码：穗房证字3702317号）的房产3套。（4）被告人董德伟控制的“杨涛”账户（开户银行中国银行佛山花园支行，账号477702601880109327）。（5）被告人董德伟控制的“潘均雄”的证券账户（开户单位长江证券股份有限公司佛山普澜二路证券营业部，资金账号22115248）。

（七）三被告人的供述和辩解：

55. 被告人董正青在侦查阶段的供述和辩解：（1）2006 年 2 月 27 日，广发证券在大股东召集的座谈会上讨论上市方式，其提出采用借壳方式可以在 2006 年上半年完成。同年 4 月 17 日，其在家召开会议提出了借壳上市的选壳标准，会后由李建勇、秦力和肖雪生负责找壳。同年 5 月中旬，广发证券基本确定上市借壳目标公司在延边公路和辽宁时代两者之间选择。同年 5 月下旬，其与李秀林、尚书志研究后确定以辽宁时代为主、延边公路备选的方案。后因尚书志与辽宁时代谈判不成功，其与李秀林于 6 月 2 日向证监会汇报借壳延边公路上市。6 月 5 日，延边公路发布公告并停牌。（2）2006 年 2 月，其以支持延边公路股改为由多次要求董德伟买入延边公路股票 1000 万至 1400 万股。董德伟开始以该股票业绩差、购买风险大为由拒绝，但因其一再坚持，董德伟才同意购买。同年 5 月中旬，董德伟主动向其核实广发证券借壳延边公路的传闻，其告知董德伟广发证券有可能会借壳延边公路上市，要求董德伟继续买入，但是在操作时要注意，不要引起股价波动及证监会注意。同年 5 月底，广发证券确定借壳延边公路上市后，为避免被证监会发现及调查，其要求董德伟抛售延边公路股票。（3）其与赵书亚关系较好。2006 年 5 月，赵书亚多次向其核实广发证券借壳延边公路上市的消息。同年 5 月 9 日，其答复延边公路是广发证券借壳上市的备选壳之一。5 月 12 日，其答复延边公路和辽宁时代都是备选壳重点，延边公路的可操作性强，借壳上市快，借壳延边公路上市的可能性较大，而辽宁时代的可操作性小，借壳辽宁时代上市的可能性较小。5 月下旬，其答复选择辽宁时代的可能性较大。其是碍于朋友情面无法回避，而将借壳上市的情况告知赵书亚的。（4）2006 年 9 月，为应付证监会调查，其找赵书亚帮忙与董德伟一起作伪证，其知道董德伟和赵书亚向证监会作了伪证。

56. 被告人董德伟在侦查阶段的供述和辩解：（1）2006 年 2 月底至 10 月期间，其用约 7000 万元买入 1000 多万股延边公路股票，获利 5000 多万元，之后其将 1 亿多元资金全部套现。在此期间，为了避免证监会发现其超比例持仓，其控制操作“严俊”、“杨涛”等三十多个他人账户买卖该股票。（2）其是根据自己的技术分析作出买卖延边公路股票的投资行为，与董正青无关。其不知道广发证券要上市，也没有听说过广发证券借壳延边公路的传闻，董正青从未告知其有关信息。在 2006 年 6 月初看到公告后，其才知道广发证券借壳延边公路上市。（3）其在证监会调查时找赵书亚和杨涛作伪证，是因为害怕证监会对其超比例持仓行为进行处罚。（4）其曾借款人民币约 900 万元给董正青的妻子王晓红，另外借款 2700 万元给格瑞公司。

57. 被告人赵书亚在侦查阶段的供述和辩解：（1）2006 年 5 月 11 日，延边公路公告否认广发证券借壳该公司上市，因为媒体和证券市场都盛传广发证券会借壳延边公路上市，所以其打电话给董正青核实传闻是否属实。董正青答复广发证券谋求上市的目标早已确定，现想通过借壳延边公路上市，延边公路是最重要的备选对象，而辽宁时代借壳的可能性不大。其当时认为一个公司要借壳上市不是一个人就可以决定的，所以当时并没有买入太多延边公路股票，只是在 5 月 12 日和 5 月 15 日分两次共买入 43 万股，共投资人民币 210 万元。由于该股票走势不明确，向上突破不坚决，其心里不踏实，于是在 5.70 元附近价位大量卖出该股。直至 6 月 5 日停牌前三天，该股走势突然强劲，其没有抛售剩余的 14 万股。该股停牌后，其致电董正青询问何时复牌，借壳上市的机会大不大。董正青称成功几率很大，但不清楚何时复牌。复牌之后，其在 11 元左右价位将股票全部卖出，获利110万元左右。因为董正青是广发证券总裁，应该知道点内幕消息，其才打电话求证广发证券借壳延边公路上市的消息。董正青兄弟没有叫其买卖该股，其只是在买入股票时咨询过董正青。黄祥婷的账户是其开立的，黄祥婷不懂炒股，不知道其买卖延边公路股票的事情。（2）2006年9月份，董正青打电话称证监会正在调查他们两兄弟买卖延边公路股票涉嫌内幕交易的事，要求其帮助董德伟，具体事项由董德伟与其联系。之后，董德伟找到其要求一起作伪证，承认"严俊"、"聂继红"名下买入延边公路股票的4150万元资金是其向董德伟所借。其后，其多次与董德伟、严俊等人串供。董正青知道其与董德伟等人作伪证，并承认从2006年3月开始就指使董德伟大量收购延边公路，目的是要支持股改。（3）董德伟要求其一起作伪证的目的是应付证监会调查董德伟与董正青买卖延边公路股票涉嫌内幕交易的事情，并不是为了逃避超比例持仓的处罚，因为董德伟当时自认为分了很多个账户持有延边公路股票就不是超比例持股。

（八）辩护人提交的证据：

58. 被告人董正青的辩护人提交如下证据：

（1）广发证券提供的广发证券章程、股东大会议事规则、监事会议事规则、总经理工作细则、员工保密条约，证实了广发证券的情况及被告人董正青的工作职责。

（2）广发证券提供的"2006年1月1日－6月5日出差情况表"、飞机票及护照，证实了被告人董正青在此期间的出差情况。

59. 被告人董德伟的辩护人提交如下证据：

（1）《延边公路建设股份有限公司2004年年度报告》，显示该公司2004年度净利润约2760万元，比2003年同期增长179.96%。因2002年度和2003年度连续两年亏损，自2004年3月10日开始，该公司实施股票交易退市风险警示特别处理，股票简称变更为＊ST延路。

（2）延边公路于2005年7月15日、10月13日公布的《延边公路：业绩预告修正公告》，显示该公司预计2005年半年度净利润实现约920万元，较上年同期增长900%－1000%；预计2005年第三季度累计净利润实现约1500万元，较上年同期增长100%－130%。

（3）延边公路2006年2月20日公布的《延边公路建设股份有限公司第四届董事会第二十次会议决议公告》，显示该公司在2005年度盈利约1560万元，2004年度滚存的可供分配的利润约为负1.9亿元，累计可供分配的利润约为负1.8亿元。由于该公司以前年度出现亏损，尚未弥补完毕，该年度未分配利润主要用于弥补以前年度亏损。

60. 被告人赵书亚的辩护人提交了题目为《澄清公告苍白无力，广发借壳延边公路并非空穴来风》的网络文章，内容是文章作者认为广发证券有可能借壳延边公路上市。

本案控辩双方对于广发证券借壳延边公路上市的整个过程，以及被告人董德伟、赵书亚在此期间买卖延边公路股票的基本事实均不持异议，且有经庭审质证的证人证言、书证及三名被告人的供述等证据证实，本院对于上述事实及证据均予以确认。

控辩双方主要争议焦点在于：一、"广发证券借壳延边公路"是否属于本案的内幕信息，如何认定该内幕信息的形成时间。二、被告人董正青是否内幕信息知情人，其个人能否直接主导广发证券借壳延边公路上市的工作。三、在内幕信息尚未公开前，被告人董正青是否向董德伟泄露内幕信息，并建议董德伟买卖股票，董德伟是否利用该内幕信息买卖延边公路股票。四、被告人董正青是否向赵书亚泄露内幕信息，赵书亚是否利用该内幕信息买卖延边公路股票。现针对控辩双方的观点，结合本案现有证据及查明的事实，综合评判如下：

一、“广发证券借壳延边公路”是本案的内幕信息，信息形成之日是2006年5月10日

（一）《刑法》第一百八十条第三款规定，内幕信息的范围，依照法律、行政法规的规定确定。《证券法》第七十五条规定，证券交易活动中，涉及公司的经营、财务或者对该公司证券的市场价格有重大影响的尚未公开的信息，为内幕信息。《证券法》第六十七条第二款、第七十五条第二款分别列举了内幕信息的范围，其中包括：上市公司的经营方针、经营范围和股权结构的重大变化，上市公司收购的有关方案，以及国务院证券监督管理机构认定的对证券交易价格有显著影响的其他重要信息。

根据上述规定，本案“广发证券借壳延边公路”应认定为内幕信息，理由如下：其一，“广发证券借壳延边公路”直接导致延边公路经营范围、股权结构发生重大变化，信息一旦公开将对延边公路证券市场价格产生重大的实质性影响。客观上，延边公路股票从该信息开始形成后直至公告停牌前、复牌后，其市场价格不断持续上涨，也足以说明该信息对延边公路股票价格有重大影响。其二，在2006年6月5日延边公路发布公告之前，延边公路、广发证券、吉林敖东、辽宁成大等公司从未在媒体公开披露该信息，该信息显然具有秘密性。因此，本案认定“广发证券借壳延边公路”属于内幕信息具有充足的事实和法律依据。

关于被告人董正青的辩护人、被告人赵书亚的辩护人对于中国证监会认定函提出的异议。经查，中国证监会依法享有认定内幕信息的内容和范围的权力，其认定“广发证券借壳延边公路”是本案内幕信息符合法律规定，并无不当，本院予以确认，并结合本案其他证据认定本案内幕交易的时间以及三名被告人内幕交易的股票数量、金额和非法获利等事实。上述辩护意见不能成立，本院不予采纳。

关于被告人赵书亚的辩护人根据市场分析人士所写的网络文章提出广发证券借壳延边公路这一信息已经被媒体公开并得到市场的确认，赵书亚获取的信息与市场上已经公开的信息一致，该信息不符合内幕信息隐蔽性的特点，赵书亚有理由相信内幕信息已经公开的意见。经查，《证券法》第七十条规定，依法必须披露的信息，应当在国务院证券监督管理机构指定的媒体发布，同时将其置备于公司住所、证券交易所，供社会公众查阅。《股票发行与交易管理暂行条例》第六十三条规定，上市公司应当将要求公布的信息刊登在证监会指定的全国性报刊上。上市公司在依照前款规定公布信息的同时，可以在证券交易场所指定的地方报刊上公布有关信息；第八十一条第（九）项规定，“公开”是指将本条例规定应当予以披露的文件备置于发行人及其证券承销机构的营业地和证监会，供投资人查阅的行为。显然，未经合法途径向公众披露的信息，均为内幕信息。而本案事实表明，在2006年6月5日前，延边公路等公司并未公开披露广发证券借壳该公司的信息，该信息明显具有秘密性，属于内幕信息。在此期间，部分媒体出现的分析文章及市场出现的相关传闻均不属于内幕信息。《禁止证券欺诈行为暂行办法》第五条第三款规定，内幕信息不包括运用公开的信息和资料，对证券市场作出的预测和

分析。因此，在内幕信息公开前，媒体所载的分析文章或市场传闻只是一种分析预测，不论其是否准确，也无法改变其只是一种预测的性质，其所得出的结论不属于内幕信息，更不能认为内幕信息已经公开。上述辩护意见不能成立，本院不予采纳。

（二）本案内幕信息开始形成之日是2006年5月10日。

在2006年2月至5月10日前，广发证券确定要以借壳方式实现上市目标，没有确定具体的借壳目标公司。虽然广发证券员工在5月7日制作了《目标公司建议》，但该方案选定的目标公司多达6家，范围较为广泛，方案内容只是对目标公司的经营情况及借壳成本进行初步分析、提出建议，并无具体、明确的借壳目标，对目标公司股票价格并不构成实质性的影响。

2006年5月10日，广发证券出台《广发证券股份有限公司借壳上市》方案，该方案确定以辽宁时代和延边公路为备选壳，不仅详细比较了两者的借壳成本，还对借壳该两家公司的方法、步骤等工作进行了深入的分析。由于该方案中借壳目标公司明确，有具体的借壳工作安排，且是根据被告人董正青等广发证券高管人员与大股东董事长尚书志在5月8日开会充分讨论的结果制作，该消息一经公布将对辽宁时代和延边公路的证券价格造成重大的实质性影响，因此，2006年5月10日应认定为内幕信息开始形成之日。其后，被告人董正青根据该方案指派公司员工先后向公司股东吉林敖东和辽宁成大汇报借壳延边公路或辽宁时代的上市方案，亦印证了该内幕信息已经形成。

关于被告人董正青的辩护人、被告人董德伟的辩护人提出内幕信息应该具有确定性，广发证券借壳方案得到延边公路方认可的6月2日才是内幕信息形成时间的意见。经查，其一，根据法律规定及前述分析，广发证券借壳延边公路的信息形成于2006年5月10日，只要该信息对延边公路股票的市场价格造成重要影响并且尚未公开，即符合内幕信息的法定条件，而延边公路是否认可或何时认可，并不影响该内幕信息的认定，也不影响对内幕信息开始形成时间的认定。其二，广发证券在方案确定后即于5月中旬派员到吉林敖东汇报借壳方案，并得到吉林敖东董事长李秀林的支持，吉林敖东是广发证券第二大股东，也是延边公路第一大股东，故该借壳方案具有相当的确定性。上述辩护意见不能成立，本院不予采纳。

关于公诉机关指控被告人董正青从2006年2月起多次将内幕信息透露给被告人董德伟的意见，经查，本案内幕信息开始形成的时间是2006年5月10日，在此之前内幕信息尚未形成，公诉机关认定董正青从2月起泄露内幕信息缺乏证据支持，本院予以纠正。

二、被告人董正青是内幕信息的知情人

《刑法》第一百八十条第三款规定，知情人员的范围依照法律、行政法规的规定确定。《证券法》第七十四条第（四）项规定，由于所任公司职务可以获取公司有关内幕信息的人员，属于知情人员。

本案关于被告人董正青的任职资料显示，被告人董正青自2003年6月至2007年6月一直担任广发证券的总裁。根据公司章程，董正青作为公司总裁主持公司日常经营管理工作，负责组织实施董事会决议。2006年2月27日广发证券股东座谈会记录显示，广发证券董事会从2006年2月开始即已授权董正青领导的经营班子负责借壳上市工作。多份会议记录、多名证人证言及其本人的供述均证明被告人董正青一直主持借壳上市工作，参与了决定借壳延边公路从酝酿、讨论、研究到确定的全部过程。被告人董正青在其提交的辞职申请中亦自认是借壳上市工作的主要领导者、决策者、推动者和参与者。因此，被告人董正青作为广发证券的总裁，主持并参与广发证券借壳延边公路上市工作的事实是清楚的，其属于内幕信息知情人员。

关于被告人董正青及辩护人提出被告人董正青在广发证券借壳延边公路过程中没有起主导、决策作用的意见，经查，根据现有证据，广发证券借壳上市工作虽表现为公司行为，但被告人董正青在此过程中起主导作用，所以上述意见不能成立，本院不予采纳。

三、被告人董正青向被告人董德伟泄露内幕信息，被告人董德伟在董正青的建议下利用该内幕信息买卖该股票

（一）被告人董正青在侦查阶段的多份笔录中均供认，为支持延边公路股改，其从2006年2月起已经多次要求董德伟买入延边公路股票。在5月中旬，其告知董德伟广发证券借壳延边公路上市的内幕信息，要求董德伟继续买入延边公路股票，并提醒董德伟操作时注意方法，不要引起市场关注。在5月下旬，其知道借壳延边公路基本确定后，为免被调查，要求董德伟立即卖出该股票。被告人董正青上述供述连续、稳定，内容具体、详细，可信度高。

（二）被告人赵书亚在侦查阶段明确指证董正青承认曾要求董德伟购入延边公路股票，印证了董正青建议董德伟买入延边公路股票的事实。

（三）被告人董德伟买入或卖出延边公路股票的时间点，与被告人董正青供认的要求董德伟买入或卖出该股的时间点相互吻合。被告人董德伟控制的股票账户交易资料显示，董德伟从2006年2月开始突然大量买入延边公路股票，此后在3月、4月不断买入，持股比例在短时间内相继超过5%、10%，直至5月10日持股数量已经达到最高峰值1 457万多股，持股比例超过15%。其后，被告人董德伟通过不断买入、卖出的方式倒仓，大量减持该股，直至6月5日该股停牌前，仅持有该股308万多股。10月该股复牌后，被告人董德伟又在短短两天内全部卖出该股。被告人董德伟买卖该股的全过程进一步印证了其按照董正青的要求买卖延边公路股票的事实。

（四）被告人董正青、董德伟在中国证监会展开调查后的异常行为，印证了两被告人存在泄露内幕信息及内幕交易行为。

1. 根据证人林治海的证言，在获知证监会人士质疑广发证券为何坚持借壳上市时，董正青立即提出要用IPO方式上市，还提出要换壳“石炼化”；根据证人尚书志、李秀林的证言，广发证券确定借壳延边公路后，董正青无故提出要IPO上市或换壳上市，而且不说明原因；根据证人肖雪生的证言，2006年10月证监会调查后，董正青要求其将讨论选壳延边公路的时间从4月17日推迟到5月中下旬。

2. 多名证人证言、被告人董德伟的供述以及银行账户资料显示，董德伟在证监会开始调查后，即雇佣、指使多人迅速将买卖延边公路股票超过1亿元的资金全部提现。

3. 在证监会调查时，董正青联系赵书亚为董德伟作伪证，后董德伟、赵书亚等人结伙串供，制作假借据，向证监会作伪证，对该事实被告人董正青、董德伟及赵书亚均予供认。并且，被告人赵书亚在侦查阶段还明确指证董德伟要求其协助作伪证的真实意图就是应付证监会调查其与董正青内幕交易行为，而不是因为超比例持仓的违规问题。

上述异常行为反映了被告人董正青、董德伟企图掩盖其内幕交易行为的心理状态和

真实意图。被告人董德伟辩解其作伪证的目的仅为逃避证监会处罚其超比例持仓的意见不能成立，本院不予采纳。

综上，本案现有证据足以认定被告人董正青在内幕信息公开前向被告人董德伟泄露内幕信息，并建议董德伟买卖延边公路股票，而被告人董德伟利用该信息买卖该股票的事实。被告人董正青、董德伟及其辩护人关于两被告人没有泄露内幕信息及内幕交易的意见均不能成立，本院不予采纳。

四、被告人董正青向被告人赵书亚泄露内幕信息，被告人赵书亚利用该内幕信息买卖该股票

（一）被告人赵书亚在侦查阶段供述稳定，证实其于2006年5月11日致电询问董正青广发证券借壳延边公路的信息，在得到被告人董正青答复延边公路是备选壳之一，操作性强，上市快，辽宁时代操作性小的信息后，其共投资210万元，于5月12日和5月15日分两次买入延边公路43万多股。后其开始大量抛售该股，但在6月5日公告前因该股向上走势强劲而停止抛售。被告人赵书亚在庭审时亦供认其看到延边公路5月11日公告后致电咨询董正青，得到董正青关于延边公路是广发证券借壳上市备选壳的答复后，才开始卖出延边公路股票。

而被告人董正青在侦查阶段亦供认，其在2006年5月中旬多次应赵书亚的要求，告知赵书亚广发证券可能借壳延边公路上市的消息，在5月底其又告知赵书亚广发证券可能借壳辽宁时代。

被告人赵书亚、董正青的供述相互印证，形成完整的证据链条，充分、合理地解释了被告人赵书亚在短时间内买入或卖出延边公路的原因，证明被告人赵书亚从董正青处非法获取内幕信息后买卖该股的事实。

（二）延边公路于2006年5月11日已经发布澄清公告否认借壳，此时买入该股风险大增，但被告人赵书亚仍从次日开始突然持续大量地买入该股，在5月底又大量抛售，该异常交易情况印证了其内幕交易的事实。

关于被告人赵书亚及其辩护人辩称赵书亚是基于经验和技术分析买入延边公路股票，之后才致电咨询董正青，然后卖出股票，其操作是亏损的，证明其不是内幕交易的意见。经查，现有证据证实被告人赵书亚从董正青处获取内幕信息后买入该股票，其行为构成内幕交易，且是否获利并不影响定罪。该节意见不能成立，本院不予采纳。

综上，本案现有证据足以认定被告人董正青向赵书亚泄露内幕信息，被告人赵书亚利用该内幕信息买卖股票的事实。被告人董正青、赵书亚及其辩护人关于两被告人没有泄露内幕信息及内幕交易的意见均不能成立，本院不予采纳。

五、关于辩护人提出的其他问题

（一）关于被告人董德伟的辩护人提出被告人董德伟卖出的1607.34万股中有1070.67万股是在内幕信息形成之前买入的，公诉机关将此部分盈利计算在内，夸大了董德伟交易盈利的意见。经查，根据法律规定，在内幕信息公开前，非法获取内幕信息人员买入或者卖出股票，依法均应认定为内幕交易行为。被告人董德伟所持延边公路股票无论是在2006年5月10日之前或之后买入，只要在内幕信息公开前卖出，其所获利益应计算在内幕交易非法所得之内。被告人董德伟的辩护人该节辩护意见缺乏理据，不能成立，本院不予采纳。

（二）关于被告人赵书亚及其辩护人对于“黄祥松”账户提出的异议。经查，根据

现有证据，公诉机关认定“黄祥松”账户是被告人赵书亚所控制账户的证据不足，本院不予支持，在认定被告人赵书亚买卖延边公路股票的股数和金额时相应扣除“黄祥松”账户的数额。被告人赵书亚及其辩护人的该节意见本院予以采纳。

（三）关于三名被告人及辩护人提出公诉机关没有提供通话记录，无法证明泄露内幕信息的意见。经查，电话通讯记录只是辅助性证据，并非核心证据。且即使有电话记录也只能证明三人之间曾经通话，并不能证明具体的通话内容。本案现有证据足以认定被告人董正青向被告人董德伟、赵书亚泄露内幕信息的事实，该证据的缺失并不影响对本案事实的认定。三名被告人及辩护人的该节意见不能成立，本院不予采纳。

（四）关于三被告人在侦查阶段供述的采信问题。三名被告人及辩护人均提出公安机关有非法取证行为，被告人董正青、赵书亚在侦查阶段的供述不能采信的意见。经查，本案现有证据不能证明公安机关在侦查期间有诱供、刑讯逼供等违法行为。被告人董正青、赵书亚关于泄露内幕信息和进行内幕交易的供述能够相互印证，且有大量证人证言、交易记录等证据佐证，足以采信。对于被告人董德伟的供述，由于其在证监会调查时有作伪证行为，其供述可信度低，且其供述与董正青、赵书亚的供述及其他证据相矛盾，亦与常理相悖，其买卖延边公路股票的异常交易行为更加印证其辩解不可信，故其供述不足采信。三名被告人及辩护人该节意见均不能成立，本院不予采纳。

本院认为：被告人董正青作为广发证券借壳延边公路内幕信息的知情人员，在该内幕信息公开之前，向被告人董德伟、赵书亚泄露内幕信息，情节严重，其行为已构成泄露内幕信息罪。被告人董德伟、赵书亚非法获取广发证券借壳延边公路的内幕信息后，在该内幕信息公开前，买入、卖出延边公路股票，情节严重，其行为均已构成内幕交易罪。公诉机关指控被告人董正青犯泄露内幕信息罪，被告人董德伟、赵书亚犯内幕交易罪的罪名成立；唯指控被告人董正青犯内幕交易罪的意见，经查，本案现有证据尚不足以证实被告人董正青与董德伟、赵书亚有内幕交易的共同主观故意及客观行为，该项指控证据不足，本院不予支持。综上，依照《中华人民共和国刑法》第一百八十条、第五十二条、第五十三条、第六十四条的规定，判决如下：

一、被告人董正青犯泄露内幕信息罪，判处有期徒刑四年，并处罚金人民币 300 万元（刑期从判决执行之日起计算，判决执行以前先行羁押的，羁押一日折抵刑期一日，即从 2007 年 6 月 22 日起至 2011 年 6 月 21 日止；罚金自本判决发生法律效力第二日起十日内向本院缴纳）。

二、被告人董德伟犯内幕交易罪，判处有期徒刑四年，并处罚金人民币 2500 万元（刑期从判决执行之日起计算，判决执行以前先行羁押的，羁押一日折抵刑期一日，即从 2007 年 6 月 11 日起至 2011 年 6 月 10 日止；罚金自本判决发生法律效力第二日起十日内向本院缴纳）。

三、被告人赵书亚犯内幕交易罪，判处有期徒刑一年九个月，并处罚金人民币 100 万元（刑期从判决执行之日起计算，判决执行以前先行羁押的，羁押一日折抵刑期一日，即从 2007 年 6 月 30 日起至 2009 年 3 月 29 日止；罚金自本判决发生法律效力第二日起十日内向本院缴纳）。

四、追缴被告人董德伟的违法所得人民币 22846712.42 元、被告人赵书亚的违法所得人民币 100 万元，上缴国库（由公安机关执行）。

如不服本判决，可在接到判决书的第二日起十日内，通过本院或者直接向广东省广州市中级人民法院提出上诉。书面上诉的，应当提交上诉状正本一份，副本二份。

审 判 长 丁卫红
审 判 员 梁 皓
审 判 员 梁夏生
二〇〇九年一月九日
书 记 员 陈 敏
书 记 员 区倩慧

【评析】

1997 年修订的《中华人民共和国刑法》第一百八十条增设了内幕交易、泄露内幕信息罪，但这个罪名在司法实践中判例极少。此案是国内继“杭萧钢构”内幕交易案之后引起重大社会影响的内幕交易案，亦被媒体称为中国“券商内幕交易第一案”。此案审理最大的难点在于：1. 涉及证券交易领域的专业知识；2. 如何在缺乏被告人口供的情况下，准确运用证据采信规则，证明董正青向董德伟、赵书亚泄露内幕信息，以及董德伟、赵书亚利用内幕信息进行股票交易。由于案情复杂，判决书采取了先概括后分述的方法进行评析，先是概括了控辩双方分歧的主要焦点问题：1. 如何认定内幕信息的内容，2. 如何认定内幕信息形成时间，3. 如何界定内幕信息知情人员，4. 泄露内幕信息后建议他人买卖股票的行为如何定性；继而围绕上述焦点问题逐个展开评述。判决书多处引用了证券法以及证券交易的行政法规、行业规定，并从证券交易的范畴对被告人的交易行为作出客观推理，以达到有理有据、令人信服的效果。例如，何为“内幕信息”？为何“广发证券借壳延边公路”属于内幕信息？为何认定 2006 年 5 月 10 日为该案内幕信息形成时间而不是公诉机关认定的 2 月份以及辩方认为的 6 月 2 日？为何董正青属于“证券交易内幕信息的知情人”？等等。可以说，此案是在司法实践中科学地适用与贯彻主客观相一致的刑法基本原则的一个典范。整篇判决书虽然长达 2.3 万字，却做到繁而不冗，层次分明、条理清晰、论证周密、说理透彻，不失为一篇优秀的裁判文书。

广东省广州市中级人民法院

刑事附带民事判决书

（2009）穗中法刑一初字第331号

公诉机关广东省广州市人民检察院。

附带民事诉讼原告人莫南宜，男，1930年9月20日出生，汉族，身份证号码为440125193009200016，住广东省增城市荔城街健生路10号203房，系被害人莫少山的父亲。

委托代理人罗峰华，广东颐和律师事务所律师。

附带民事诉讼原告人周冬远，女，1993年11月26日出生，汉族，身份证号码为440183199311266121，住增城市荔城街荔乡路10号603房，系被害人莫少山的女儿。

法定代理人周钊，男，1967年5月19日出生，现居住在加拿大，系周冬远的父亲。

委托代理人莫少坚，男，1973年8月27日出生，汉族，身份证号码为440125197308270012，住广东省深圳市福田区温馨家园1H301，系周冬远的舅舅。

被告人何海彪，男，1971年3月21日出生，汉族，出生地增城市，文化程度大学，原系广东省增城市公安局交通警察大队六中队中队长，身份证号码为440125197103210710，住广东省增城市荔城街荔江路1号五幢402房。因本案于2009年4月11日被羁押，次日被刑事拘留，同月21日被逮捕。现被羁押于广州市第一看守所。

辩护人暨附带民事诉讼代理人安宁、叶晖，国信联合律师事务所律师。

广东省广州市人民检察院以穗检公一诉［2009］226号起诉书指控被告人何海彪犯强奸罪，于2009年9月14日向本院提起公诉。在诉讼过程中，附带民事诉讼原告人莫南宜、周冬远向本院提起附带民事诉讼。本院依法组成合议庭，不公开开庭进行了合并审理。广州市人民检察院指派检察员侯向东出庭支持公诉，附带民事诉讼原告人莫南宜、周冬远的委托代理人莫少坚、周钊，被告人何海彪及其辩护人安宁、叶晖到庭参加诉讼。现已审理终结。

公诉机关指控：2009年4月9日晚上11时许，被告人何海彪在广东省增城市荔城街1号楼下停车场门口路段恰遇被害人莫少山途经此地，即尾随被害人莫少山至增城市房管局露天停车场附近，然后采用暴力、胁迫手段，将被害人莫少山劫持至增城市荔城街增城公园禁毒宣传栏旁边的草地上，脱去被害人莫少山的衣裤，强行与被害人莫少山发生性关系。随后，被害人莫少山趁被告人何海彪不备，拿走其手提电脑包1个，随即离开现场并马上报警。公安机关于次日凌晨2时许传唤被告人何海彪到案。4月11日晚上11时许，被害人莫少山不堪受辱在增城市荔城街健生西路35号天台跳楼自杀身亡。

为了证明上述事实，公诉人在法庭上出示并宣读了相关的证人证言、书证、物证、现场勘查笔录、鉴定结论、被告人供述与辩解等证据。公诉机关认为，被告人何海彪违背妇女意志，以暴力、胁迫手段强奸妇女，并引起被害人自杀死亡的严重后果，其行为已触犯《中华人民共和国刑法》第二百三十六条第三款第（五）项的规定，构成强奸罪，提请本院依法判处。

附带民事诉讼原告人莫南宜、周冬远的诉讼请求：判令被告人何海彪赔偿经济损失死亡赔偿金394657.20元、丧葬费20387.50元、莫南宜的抚养费77639.85元、周冬远的抚养费46583.91元、周冬远的教育费160000元、精神损害抚慰金200000元，共计1099268.46元。

被告人何海彪辩解：其与被害人是认识的，发生性关系是双方自愿的；由于被害人自杀与他有关，愿意承担民事赔偿。

辩护人认为：现有证据较为明显反映被告人与被害人存在案发前已经认识的可能；公诉机关指控被告人构成强奸的证据不充分，被告人是否采取了暴力、胁迫手段存在重大疑点，发生性关系存在半推半就，事前同意、事后后悔的可能；被害人自杀死亡与多种因素密切相关，不能必然推断出被告人的行为导致被害人自杀的结论；被害人死亡的直接原因是其主动放弃生命，与本案发生的性行为之间并不存在必然的因果关系，被告人最多只应在法律规定的人身损害赔偿项目及数额413799.90元的范围内承担部分赔偿的民事责任。

经审理查明：2009年4月9日晚上11时许，被告人何海彪在广东省增城市荔城街1号楼下停车场门口路段恰遇被害人莫少山途经此地，即尾随被害人莫少山至增城市房管局露天停车场附近，然后采用暴力、胁迫手段，将被害人莫少山劫持至荔城街增城公园禁毒宣传栏旁边的草地上，脱去被害人莫少山的衣裤，强行与被害人莫少山发生性关系。后被害人莫少山趁被告人何海彪不备，拿走其手提电脑包1个（内有NEC笔记本电脑1部等物），随即离开现场并马上报警。公安机关根据被害人莫少山对该笔记本电脑存有的被告人何海彪照片的指认，于次日凌晨2时传唤被告人何海彪到案。被告人何海彪在被传唤期间，通过电话联系朋友找被害人所在单位领导企图私了此事，并散布与被害人原本相识、自愿发生性关系等谣言。4月11日晚上11时许，被害人莫少山不堪压力，在广东省增城市荔城街健生西路35号天台跳楼自杀身亡。

上述事实，有下列经公诉人举证、法庭质证的证据予以证实：

（一）被害人莫少山的陈述及其辨认、签认的笔录和照片证实：2009年4月9日晚上，其因要复习业务考试在单位看电脑资料至23时离开单位，想散步回家，途经国土局外面的停车场处发觉有个手提一个黑色电脑包的男子跟着她，并用粤语说要与其交朋友，其害怕马上转身往近贤轩方向走。但他一直跟在后面说他不是坏人，喝醉了，只想散散步交朋友，他的名字叫“文海”，并问其姓名，其告诉他叫“阿山”，他还拿出自己的手机要了其电话号码。他们往荔江小学正门方向走，没到荔江小学其就往回走，但他还是跟着，沿着学校的围墙走到路口，他就要其陪他去公园，其不答应。他就用手抓住其左手强行拉到国土局停车场最里面的一棵树下，双手抱着其用手乱摸、亲吻她，其挣扎反抗，他就用手箍着其颈部并用硬物顶住其脖子威胁说他很苦闷，假如喊叫就陪他一起死。其无法摆脱也不敢喊。他箍着其颈部拉到增城公园禁毒宣传栏旁边的石凳上，并把其推倒在草地上强行与其发生了性关系。趁他穿裤子之机，其赶快穿好裤子，拿走他放在石凳旁的电脑包，朝着公园桥的方向跑，在桥旁边摔倒了，并一边跑一边喊“救命”，到光明路家家乐维修部门口处打110报警。报警后发现自己的钥匙不见了，后民警带其到现场找到了钥匙。当时其上身穿一件灰色带帽子的拉链外套和一件蓝色羊毛衣，下身穿一条蓝色运动裤、纯深红色内裤，脚穿一双黄色休闲鞋。

经被害人莫少山辨认照片，确认照片中的电脑包就是强奸其的男子拿的手提电脑包；照片中7号的男子（即被告人何海彪）就是强奸其的男子。

（二）证人证言：

1. 证人邱献杨、汤亦文、潘康亮的证言证实：2009年4月9日晚上，何海彪与证人汤亦文等人在财神酒店吃饭，席间喝了很多酒，20时左右离开酒楼。何海彪打电话让证人潘康亮把何海彪停放在酒楼的车子开走，后何海彪与证人邱献杨去喝茶，因醉酒趴在桌子上睡觉，还呕吐了两次。23点左右，证人邱献杨等人开车送何海彪到他家（国税局宿舍）楼下。

2. 证人廖良满的证言证实：2009年4月9日晚，其多次打电话给何海彪，他都称在吃饭或喝茶。约11时许，他仍说在喝茶，但电话里的声音很安静，过了一段时间又打电话去，听他那里声音仍是很静，他说在吃夜宵，其反问不可能在这样静的地方吃夜宵，被他挂线。后再打电话就转入秘书服务。深夜12时多，他才接电话说到家门口，其见他手上有损伤，应是喝了酒，其还扶他上楼。凌晨2时，他接电话说单位叫他回去。去年年底竞岗后，发现他不愿意和其沟通，有时还发脾气，经常早出晚归。他一直用13902331288的手机号码，没有其他手机号码。只是三个月前多了个电话。

3. 证人吴耀华的证言证实：2009年4月9日23时45分，接110指挥中心通知，荔乡路与光明路交界的华帝燃具店门口有一女子被非礼，要求其所在西园派出所出警。其去到时，已有几名巡逻的辅警到场，一名女子靠在灯柱旁，前面放着一个黑色公文包，其见该女子神情恍惚，很害怕的样子，就问她是被人非礼还是强奸，她讲是被一个不认识的人在增城公园强奸。由于增城公园属荔园派出所辖区，所以其到荔园派出所备案。该女子上身穿一件长袖上衣，下身穿一条蓝色运动裤。未发现她的衣服有损坏，没有发现她身上有伤，她也没有说。当时还有该女子的两名朋友在场，后该女子的姐姐、姐夫也到场。

4. 证人梁玉清的证言证实：2009年4月9日晚上23时许，莫少山打电话给其说被人非礼并已报警。其就和朋友彭庆平一起过去，已有警察在场。几分钟后，莫少山的姐姐和姐夫也到了。她姐夫问她情况时，其听到莫少山说被一名男子用硬物顶住，那名男子还说想死，想和她一起死，她姐夫问她怎么不喊“救命”，莫少山就没有回答，脸色青白很害怕的样子。民警带莫少山回荔园派出所录口供，他们都去了派出所。莫少山说那个黑色电脑包是从那名男子那里抢过来的。民警在那包内的笔记本电脑文件夹里发现存放有很多照片，莫少山指着其中一张照片说：“就是他。”她的裤子和衣服很脏，臀部和后腰部的衣服、裤子上沾有很多泥，好像是黄泥。衣服没有被撕破，但头发很乱。

证人梁玉清指认照片中的电脑包是莫少山交给派出所的包，被告人何海彪是莫少山在派出所指认强奸她的人。

5. 证人彭庆平的证言证实：2009 年 4 月 10 日凌晨，其和梁玉清到场时见到莫少山背靠在一灯柱处，前面放着一个黑色的电脑包，他们就上去问她有没有事，她没有回答，其以为只是被人非礼就想叫她算了，但莫少山不肯。过了几分钟，莫少山的姐姐莫少文和姐夫黎汉明到了，莫少山见到莫少文就抱住莫少文哭，整个人都软了好像要倒下去似的。黎汉明觉得有问题就将莫少山拉到一边问发生什么事情。莫少山讲强奸她的男子说想死，叫莫少山陪他，并使用一硬物顶住莫少山的颈部威胁她，她不认识该男子。接着，出警的民警带他们到荔园派出所备案，民警打开电脑包的笔记本电脑发现有一张男性照片，莫少山辨认后指认照片中的男子就是强奸她的人。

证人彭庆平指认照片中的电脑包是莫少山交给派出所的包，被告人何海彪是莫少山在派出所指认强奸她的人。

6. 证人莫少文的证言证实：2009 年 4 月 9 日 23 时 45 分许，莫少山打电话哭着告诉其被人非礼。其与丈夫黎汉明马上赶去，见其妹靠在灯柱处哭。其问发生什么事情，如果被人非礼没什么事就算了，但莫少山不肯，说被一名男子在公园里强奸了，她拿了案犯的手提电脑，后民警带他们到荔园派出所。在派出所，莫少山指认了电脑里一男子的照片说就是强奸她的男子。派出所民警看了照片称认识照片上的人，马上打电话要抓该男子。接着公安局的技侦、法医到场，莫少山带民警到案发地点增城公园一宣传栏后面的石凳、草地处，并找回了她丢的一串钥匙。次日 5 时许其做完笔录。事后，听莫少山讲当晚她下班后想散步回家，那男子走过来跟她讲他很闷想死，莫少山当时还安慰对方，后来对方问她要电话号码及名字，莫少山出于同情就告诉对方了。后对方用一锁匙顶住她的颈部，所以她叫不出声来。之所以知道莫少山将名字及电话告诉对方，是因为在派出所时莫少山的手机曾有一陌生电话打入，莫少山就很害怕，说不知是不是对方打来了，没有接听。后她还讲发生这样的事情，不知道怎么办。其问她是否难以面对她的同事和客户，莫少山讲是。其认为莫少山是因被强奸的社会言论对她的声誉造成的影响，及不知如何面对社会及她的工作，所以选择跳楼的。她被强奸前的生活很好，为人比较单纯，生活比较简单，接触的人只是家人、单位同事及工作接触的客户，工作很认真，回到家只是看书、学习，2007 年被提拔为股长，当选了增城市的人大代表，前途是比较好的。案发当晚莫少山在荔园派出所录口供时没有将工作单位及是人大代表等情况跟公安说，但第二次被叫去录口供回来后，她对其说不知为何公安机关知道她的身份情况，不知会不会将其身份的资料跟对方说，那名男子是公安不知会不会再来骚扰她。案发后，地税局局长潘伯长曾找过她谈私了这件事，其他人则没有。莫少山被强奸后，说过不想留在荔城地税分局工作，想找潘伯长局长调动工作，觉得被强奸声誉受到影响，不想留在荔城分局面对她的客户。

经证人莫少文辨认照片，指认照片中编号为 2 的男子（被告人何海彪）就是当时莫少山指证强奸她的男子。

7. 证人黎汉明的证言证实：2009 年 4 月 9 日晚 23 时许，莫少文接到莫少山说被人非礼的电话后，他们就马上赶去现场。莫少山对其说被一名不认识的男子强奸了，还可能有精液留在身体内。到荔园派出所后，莫少山对从强奸她的男子那抢过来的电脑包内的手提电脑文档照片进行辨认，指认出照片的男子就是强奸她的人。次日凌晨 1 时左右，增城市公安局民警将嫌疑人带回荔园派出所，其得知那人叫何海彪，在增城市公安局交警大队派潭中队工作。他见到其时还说："很对不起，不好意思，今晚我喝多了，喝醉了。"莫少山后来对其说，她当晚在单位加班，23 时许步行回家，途经荔江小学附近时，一名男子下车后跟随她。后该男子抓住她，并用一硬物顶住她身体说："我要死了，你要陪我一起死。"还将莫少山推到增城公园一偏僻处强奸，对方有一股很浓的酒味。其认为莫少山是因心理压力大才跳楼自杀的。一是 4 月 10 日下午，莫少山对其说当天早上单位领导叫她回单位谈了一下被强奸的事，领导还说有人提出想叫她私底下解决这事。二是公安机关曾两次找莫少山询问了解案情，且莫少山知道嫌疑人是名警察，心里很害怕。三是案发后两天没有休息好。坠楼前一晚凌晨 3 时许，还打电话来说她的担心和忧虑。

经证人黎汉明辨认照片，指认 2 号男子的照片（被告人何海彪）就是莫少山在荔园派出所指证强奸她的人。

8. 证人苏火亮的证言证实：2009 年 4 月 9 日晚 24 时许，其在国土局后门门卫室值班，听到有一女子喊"救命"，喊了两声，看见一名女子从增城公园入口处的小桥跑出来，往家家乐维修店方向去，那女子留长头发到肩的样子，身穿长袖 T 恤和一条长裤，左手拿一个黑色公文包，她从桥处出来时脚步较快，到光明路处脚步减慢了。没看见有其他人在后面跟着她。

9. 证人李治平的证言证实：听魏姓工友说案发当晚 12 时左右有一名女子从增城公园方向跑出来喊"救命"，在桥上还摔了一跤。

10. 证人魏妙沅证言证实：案发当晚 23 时 53 分，其在位于增城公园靠光明西路方向北面的工棚睡觉，突然听到有一名女子用粤语叫"救命、救命"。听工友李华说他见到一名女子从增城公园的方向跑出来，边跑边喊"救命"，当该女子跑到公园的小桥时摔倒了。

11. 证人李华证言证实：案发当晚其在增城市国土局对面的工棚里准备睡觉时，突然听到一名女子用粤语喊"救命"，其马上起床跑出去看，见到一名女子从增城公园靠光明西路禁毒宣传栏处跑出来，准备跑过桥时在下阶梯处摔倒了，其看了一下时间是 23 点 35 分，过了一会，那名女子又站起来往光明西路方向跑去。

12. 证人黄房标、石雪林的证言证实：2009 年 4 月 9 日晚，他们增城公园 23 时熄灯，当晚没有发现异常情况。到 10 日凌晨 1 点左右，有很多警察在公园靠光明西路禁毒宣传栏处勘查。

13. 证人单婉冰、叶丹萍的证言证实：2009 年 4 月 10 日 1 时 30 分许，几名公安人员带着一名女子到她们增城市妇幼保健院荔江医院对该女子检查身体并提取阴道分泌物。

14. 证人温铁钦的证言证实：2009 年 4 月 9 日当晚，何海彪打电话让其去他家，并对其说晚上喝了很多酒，在增城公园与一名女子发生了性关系，那名女子把他的电脑拿走了。他还用其手机打电话给那女子，但对方没有接电话。他就让其到增城公园附近找那名女子看能否拿回电脑。其没去，直接回了家。何海彪多次打电话来说很烦，其不知与他发生性关系的是谁，不认识这女子。何海彪叫其帮他找人处理一下这件事，看能否私了。于是，其打电话给朱伯意，讲了何海彪出事的事情。第二天早上，他们约朱伯意商量找地税局局长潘伯长要求私了，并一起到潘局长的办公室，对他说朋友何海彪与

"阿山"发生了性关系，希望这事不要搞大，能否赔钱给"阿山"将事情私了。潘局长就讲先与"阿山"谈谈。一小时后，潘局长对他们说"阿山"根本不认识那男子不肯私了，并叫他们不要帮何海彪。是何海彪告诉其"阿山"在地税局工作。

经过辨认照片，温铁钦称均不认识包括莫少山在内的一组照片上的人。

15. 证人朱伯意的证言证实：2009 年 4 月 10 日凌晨 2 时许，温铁钦已打电话告诉其何海彪出事了。3 时 30 分左右，何海彪打电话说他出了件不好听的事情，让其当天无论如何都要帮他把这件事处理好，3 时 37 分 34 秒还发了两条信息给其。信息内容是："食饭和小楼派出所教导员、副所长一起饮酒，八点四十分去近贤轩饮茶，在饮茶过程中吐得好厉害，十点左右这个女子发信息给我，讲好闷想见我，然后我去我楼下见到她，一边行往公园方向走，当时她帮我拿着手提电脑，去到公园边石凳坐，坐了二十分钟我们揽着，我示意发生关系，她说不如在草地上做。然后我们发生了关系。做完她拿着我手提电脑很快走了，当时我都无反应过来，还以为她开玩笑呢。等了七八分钟无回来我就回家了。冲了凉被人传来了派出所告强奸，那女的早就认识，电话姓名我都知道的。经过就这样。"早上 7 时许，温铁钦约其到增城市荔城街找女事主"阿山"看能否把此事私了。温铁钦不认识"阿山"，其就说不如直接去找地税局局长潘伯长。9 时许，他们到地税局潘伯长的办公室，说有个朋友叫何海彪，昨晚喝醉酒与他局的一个女孩"阿山"去公园出了男女关系的事，希望这件事不要搞大，何海彪是公安人员，能不能补偿点钱给"阿山"把这件事私了。潘局长后来找"阿山"谈了。一个小时后，潘局长回来很生气地说"阿山"根本不认识何海彪，做公安的还做这种事，搞这些事有什么用。其才知道原来何海彪和"阿山"不认识的。离开潘局长的办公室，何海彪又发了条信息说："能否工作做到书记那里去呢？感谢。"时间是 2009 年 4 月 10 日 10 时 35 分 07 秒，因为不是好事，就没有去找书记说情。

16. 证人张炳新证言证实：2009 年 4 月 10 日一早，朱伯意和一名不认识的男子到家中找其说有一个亲戚在派潭中队工作，喝醉了酒，强奸了一名在增城市地税局工作的女子，问其是否认识该局的局长潘伯长看能否私了，其就打了个电话给潘伯长讲了这事。当天下午潘伯长打电话说那名女子不肯私了。

17. 证人潘伯长的证言证实：莫少山是增城市地税荔城分局征管股股长。2009 年 4 月 10 日上午 9 时许，张炳新打电话给其说，莫少山昨晚和一个公安发生了性关系，莫少山报案告那人强奸。听他的朋友说他们两人是相识一起玩的，莫少山报了案，能否做做工作叫莫少山撤案。其说要了解情况，就打电话给荔城地税分局局长通知莫少山到其办公室。10 点多，莫少山来到后就说她被人侮辱，当晚 11 点，她在办公室复习考试后一个人回家，因想散步，在国税局宿舍楼下被一男子跟踪，一直走到国土局与荔江小学附近。其问她为何不喊，她说那男子用硬物顶住她喉咙，并威胁她说出声就杀了她再自杀。莫少山事后拿了那男子的公文包。其问她是否认识那人，她说绝对不认识，她只想那人认罪。其当时表态支持和同情，让她不要有心理负担，安心工作。后见到张炳新的朋友朱伯意和温铁钦，对他们说怎么连这样的人都帮。其支持莫少山。莫少山的工作表现很好，是增城市人大代表。

18. 证人黄振旗的证言证实：2009 年 4 月 10 日下午 3 时左右，其到派潭交警中队想找何海彪，但没找到他。其打何海彪 13902331288 的手机，何海彪讲他在荔园派出所出不来，叫其照顾他老婆。

经过照片辨认，其确认照片中2号男子就是何海彪，辨认不出包括莫少山在内的一组照片内的人。

19. 证人胡兵、王运晃的证言分别证实：2009年4月11日23时许，发现被害人莫少山跳楼，躺在靠小区大门的地上，于是打110报警，随后就有警察到场。

20. 证人刘顺祥的证言证实：其是荔城街健生西路37号的保安，4月13日零时30分，警察让其辨认照片，其一眼就认出照片中的死者是二楼在地税局工作的莫少山。

21. 证人方东升的证言证实：2009年4月12日凌晨2时许，其接到公安人员的电话问莫少山是否其单位的人，她在自家楼上跳楼了，找不到家属，希望单位领导配合。2时20分，其与叶明副局长一起赶到现场，很多公安人员在场，法医称跳楼者已经死亡。莫少山时任增城市地方税务局荔城分局征管股股长。

22. 证人钟轩、向绪金的证言证实：2009年4月11日晚23时许，增城市人民医院接到有人跳楼通知，即派证人钟轩驾驶120救护车赶赴出事地点，经证人向绪金诊断该女子已死亡。

23. 证人莫少红的证言证实：案发后将莫少山所用的13902339232的手机交给警察。

24. 证人莫少坚的证言证实：在莫少山生前所使用的电话的电话簿内未发现有储存“文海”或何海彪的电话。其听二姐莫少文说莫少山自杀的压力可能来自两个原因：一是莫少山被强奸后面对同事、朋友的言论的压力；二是公安机关调查两次找莫少山去录口供造成莫少山有压力。还有莫少山听闻嫌疑人推翻了之前的口供，散播双方认识的谣言，找莫少山的领导要求私了造成了很大压力。

25. 证人王涓的证言证实：2009年4月10日下午，其回到单位见到莫少山坐在办公桌前，情绪比较低落，也不说话，因她平时比较开朗，所以就问她是否身体不舒服，但她没有回答。晚上7时许，其外出吃饭回到单位见莫少山还坐在自己的位置上没有走。4月11日没在单位见到她。莫少山为人比较好，很坚强。其对莫少山跳楼感到意外，听外面的人讲莫少山被派潭镇一名叫“彪”的中队长强奸。

26. 证人梁晓红的证言证实：4月10日上午，因公事打电话给莫少山问她如何处理，她让其具体办理，通话时莫少山情绪很低落，说话很小声。当晚，才听同事说莫少山被增城市交警大队派潭中队中队长强奸了。她为人善良、性格很坚强，工作作风正派。

27. 证人周冬远证言证实：最后一次和其母亲莫少山联系是4月11日晚22时许，通电话时听到母亲讲话好像哭过的样子，不开心。其就问她是否不开心，她说没什么事。在其追问下，她就说大人的事情小孩子不要理就挂线了。

（三）书证、物证：

1. 110警情信息表2份、接受刑事案件登记表、受理报警登记表、抓获经过证实：被害人莫少山于2009年4月9日23时45分用电话13902339232向110指挥中心报警；证人胡兵于2009年4月11日23时02分报警称有人跳楼，被告人何海彪的归案经过。

2. 增城市妇幼保健院荔江医院诊断证明书证实：莫少山于2009年4月10日在该院检查的情况。

3. 被害人莫少山的红色内裤一条的照片及情况说明；被告人何海彪衣裤的照片，经证人廖良满、被告人何海彪签认。

4. 增城市公安局出具的扣押物品清单及情况说明证实：扣押被告人何海彪三星牌

SGH－J708 型手机1台；诺基亚 N95 型手机1台；广东全球通 SIM 卡1张；神州行 SIM 卡1张；汽车钥匙；电脑包1个、笔记本电脑1套、光盘2张、信诚人寿保险名片1张、从东购物广场卡2张、笔记纸2张、书1本、信封6个、现金人民币11700元；浅啡色衣服1件、裤子1条。

5. 增城市人民医院出车通知证实：120出车时间是2009年4月11日23时10分。

6. 死亡医学证明书存根证实被害人莫少山的死亡情况。

7. 缴获的小方格簿1本、说明1份证实：缴获的上述本子内写有："眼光太可怕！""我真系唔识他，唔识！是他逼我，捉住我！""女：破坏了你的美梦，我不值得做妈妈！不要想我，我要化成无！"经增城市公安局核查，莫少山生前遗留的小方格簿上写的13802803888电话号码为潘伯长所有。

8. 调取证据通知书、查询清单、开户资料及通话清单证实：(1) 号码为13902339232的机主是莫少山、号码为13902331288的机主是何海彪。所调取的两个号码在2009年1月1日至4月12日之间没有通话记录。(2) 号码为13902339232（莫少山）在2009年4月9日23：44拨打110，在23：45、23：46两次拨打号码为13902333238（梁玉清），23：51、23：58拨打号码为13609092333（莫少文）。(3) 号码为13902339232（莫少山）在4月11日22：54－22：55与号码为13418099479（周冬远）两次通话。(4) 号码为13902331288（何海彪）在4月9日23时10分－4月10日与号码为13802803818（温铁钦）、13560299133（廖良满）有多次通话记录。2009年4月10日0时、2时、3时与号码为13802803818（温铁钦）有短信联系。(5) 号码为13539931288（何海彪）与号码为13802803818（温铁钦）在2009年4月10日有15次通话记录。被告人何海彪的13902331288、13539931288在4月10日内有160多次通话记录及发送60多条短信。

9. 缴获的移动电话内信息及情况说明证实：(1) 被害人莫少山的移动电话（13902339232）在2009年4月10日零时52分、9时4分44秒分别有一电话号码为13802803818（温铁钦）拨打的未接电话。(2) 被告人何海彪于2009年4月10日3时41分发短信给电话号码为13809286299（朱场长，即朱伯意）、14时54分发短信给电话号码为13632207777。

10. 增城市公安局出具的户籍资料及证明证实：被告人何海彪的主体身份，案发前在增城市公安局交通警察大队六中队担任中队长；被害人莫少山的身份情况，2006年11月当选增城市第十三届人民代表大会代表。

11. 增城市人民检察院侦查监督科提供的被害人莫少山写给该院的信证实：被害人莫少山在2009年4月10日请求该检察院介入被告人何海彪强奸案的调查，怀疑有人干扰办案，并通过单位领导向其施加压力要求私了，并严正声明其与被告人不相识。

（四）勘验、检查笔录2份：

1. 现场勘验检查笔录、提取痕迹、物品登记表、现场方位平面图及现场照片证实：现场地点位于增城市荔城街增城公园禁毒宣传栏旁边。中心现场位于荔城街增城公园禁毒宣传栏北边的石凳处。距石凳西北侧1米的小路上有一串钥匙，共有6条。

2. 现场勘查笔录、提取痕迹、物证登记表、现场方位示意图、中心现场示意图及现场照片证实：增城市荔城街健生西路35号楼下停车场。用死者身上钥匙可以开启二楼东边房子大门，在该套间饭厅的餐桌上，发现有一本小方格簿，簿里记录了一些手写的文字，照片显示打开一页的内容为"我真系唔识他，唔识！是他逼我，捉住我！"

（五）鉴定结论：

1. 广州市公安局刑事警察支队刑事技术所出具穗公刑技（DNA）［2009］191 号法医物证鉴定书结论：莫少山的阴棉和内裤上检出的精斑来自被告人何海彪的可能性大于 99.99999999%。

2. 增城市公安局刑事科学技术室出具穗公（增刑）鉴（尸）［2009］5063 号法医学尸体检验鉴定书证实：莫少山符合高坠致心脏、肝脏、左肺破裂及多发性肋骨骨折和骶骨、尾椎骨粉碎性骨折，造成创伤性、失血性休克死亡。

3. 增城市公安局刑事科学技术室出具穗公（增刑）鉴（伤）字［2009］540 号法医学人体损伤程度鉴定书证实：何海彪的损伤属于轻微伤。

4. 广州市公安局刑事警察支队刑事技术所出具穗公刑技（文检）［2009］37 号文件鉴定书证实：送检的小方格簿上内容为“我真系……”等的字迹与送来姓名为莫少山的“年度考核登记表”上“被考核人”填写字迹是同一人所写。

（六）被告人何海彪供述及辩解：2009 年 4 月 9 日晚上，其与汤亦文等人在富鹏财神酒店吃饭，期间喝了酒。20 时 40 分，其接到邱献杨的电话到近贤轩喝茶，期间吐了伏在台上休息了一小时。22 时许收到“阿山”的短信说很烦，她在荔江小学门口等。后邱献杨送其到家楼下，其途经楼下停车场见到“阿山”，她叫其一起走，并帮其拿着电脑包。他们在露天停车场一棵树下拥抱，“阿山”半推半就，说有灯光要到对面公园坐，于是，他们在增城公园自愿发生了性关系。“阿山”拿走了其电脑包，其还以为她在开玩笑。4 月 10 日 1 时，其曾打电话给温铁钦去找“阿山”的领导了解她为什么告其强奸，并帮其平息这件事。其与“阿山”认识有半年，是男女朋友关系，温铁钦也认识“阿山”，知道他们的关系，之前用一个 137 开头的电话与“阿山”联系，去年底没用了，就没有用电话联系，平时见面都是在街上碰见聊天。

被告人何海彪辨认了案发地点、黑色电脑包及包内物品、电脑内相片、两台手机、汽车钥匙的照片，确认无误。另被告人何海彪确认照片中编号为 12 的女子就是莫少山（而照片说明证实被告人何海彪辨认错误，该组照片的 10 号才是莫少山）。

另查明，附带民事诉讼原告人莫南宜生育包括被害人莫少山在内共四名子女。附带民事诉讼原告人莫南宜、周冬远及被害人莫少山均为城镇居民。上述事实，有附带民事诉讼原告人当庭提交的户籍资料、近亲属证明等证据，被告人何海彪及其代理人没有异议。

关于被告人何海彪及其辩护人提出证据方面的问题，本院综合评析如下：（1）被告人何海彪的辩护人提出，被告人何海彪的妻子在案发当晚 23 时一小时内给被告人打了四次电话，如果被告人强奸被害人就不可能有时间接电话或电话里的声音会很安静。经查，4 月 9 日当晚，廖良满分别于 23 时 10 分与何海彪通话 12 秒、23 时 40 分通话 17 秒、23 时 49 分通话 28 秒、23 时 59 分通话 21 秒；证人邱献杨证实 23 时送何海彪到国税局宿舍楼下；被害人莫少山陈述其 23 时离开单位，不久碰见被告人何海彪；证人李华证实 23 时 35 分看见被害人从公园跑出来；被害人报警时间是 23 时 45 分。综上，被告人何海彪在 23 时至 23 时 35 分当中，有足够的作案时间。（2）被告人何海彪的辩护人提出被害人莫少山案发当晚 23 时从单位回家选择较远的路线不合情理，经查，被害人莫少山陈述其因复习业务考试在单位看电脑资料到 23 时，想散步回家，故从单位后门往荔江小学方向回家。结合证人王涓、梁晓红、潘伯长证言证实被害人以往的工作表现，被害人莫少山的陈述符合其一贯表现，被害人莫少山陈述的上述原因具有合理性。(3)被告人何海彪的辩护人提出被害人陈述被用硬物顶着脖子没有形成伤痕不合情理。经查，被害人莫少山陈述被被告人用车匙类的硬物顶着脖子，并威胁如果喊叫就一起死，所以没有进行反抗。被害人为避免受到更大的伤害没有进行激烈的抵抗符合情理。(4)被告人何海彪的辩护人提出，被害人莫少山写给增城市人民检察院的信不能作为证据的意见。经查，该信是增城市人民检察院侦查监督科提供的书证，符合证据的形式要求，且内容与被害人陈述及证人莫少文等人的证言相吻合，可以作为本案的证据使用。(5)被告人何海彪的辩护人提出，从被害人家中提取的小方格簿中有撕裂，不排除被被害人的家人破坏的可能，内容不能确定与本案有关。经查，公安机关接到有人跳楼的报警后，经调查了解到被害人莫少山的身份及住处，并用被害人身上的锁匙开门进入其家中进行现场勘查，证据的提取没有瑕疵，且证人方东升证言证实其与税局领导接到公安局通知到达现场时，被害人的家属并没有到场，不存在被害人家属清理物品时损害证据的问题。该证据是打开的，放置在被害人家中餐厅的餐桌上，打开的一页写着："我真系唔识他，唔识！是他逼我，捉住我！"而后一页写着："女：破坏了你的美梦，我不值得做妈妈！不要想我，我要化成无！"等字句。可以看出后一段话是写给被害人女儿的遗言，前一段话应写在后一段话之后，也是临死之前所写，内容可以反映的是与强奸事实有关，可以作为本案的证据予以采信。

关于被告人何海彪及其辩护人提出被告人何海彪的行为不构成强奸罪，及该行为与被害人自杀没有因果关系的意见，本院评析如下：(1)从本案的抓获经过看，被害人莫少山是在被被告人何海彪实施强奸后，拿走何的手提电脑包后随即报警，公安人员根据被害人莫少山对电脑文档内的照片指认出被告人何海彪，并将其传唤归案，破案过程自然合理。(2)被害人莫少山陈述其在路上被尾随的被告人何海彪，用钥匙类物顶住喉咙，劫持到增城公园禁毒宣传栏后被推至石凳下草地上强奸，后趁被告人不备，拿走被告人的电脑包报警；吴耀华、梁玉清、彭庆平、莫少文、黎汉明等证人证实见到被害人的惊慌、害怕、痛哭以及头发零乱、衣服沾满泥土等情形；李华等证人分别证实4月9日23时35分，听到或目击一名女子左手拿着一个电脑包从增城公园跑出来，边跑边喊"救命"，期间还摔了一跤；证人单婉冰、叶丹萍证实4月10日凌晨1时许在医院为一名由公安人员带来的女子提取阴道分泌物；汤亦文、邱献杨等证人证实案发当晚与被告人何海彪吃饭、喝茶，被告人何海彪喝酒呕吐的情况；证人廖良满则证实其丈夫何海彪到家时间是12时多，发现其手上有损伤并有酒味；法医鉴定莫少山的阴棉和内裤上检出的精斑来自被告人何海彪。因此，被害人莫少山的陈述能够与证人证言、现场勘查笔录（发现被害人的锁匙）、法医鉴定等证据相互印证，真实可信，应当予以采信。(3)被告人何海彪关于与被害人认识并自愿发生性关系的辩解不具合理性。被告人何海彪在第一次问话中称莫少山年约30岁，当晚其收到莫少山的短信约好一起散步聊天，但电话清单证实案发前其电话根本没有与被害人有过联系，而且莫少山已年过四十，并非30岁。被告人何海彪辩解其曾用137号码与被害人有过电话联系，去年已停用了，在以后长达4个月的时间里，被告人何海彪如何与被害人联系不能自圆其说。被告人何海彪提出证人温铁钦能证实其与莫少山如何认识及相互的关系，但证人温铁钦却证实不认识被害人，也不能辨认出被害人的照片。被告人何海彪因强奸被刑事拘留后的第二天，在对多组照片进行辨认时，指认其他人为被害人莫少山。如果被告人何海彪与被害人是认识时间长达半年的男女朋友，竟然连“朋友”都认错，显然不合常理；而此时并不存在被告人何海彪辩解为保护被害人的名誉隐瞒被害人真实情况的必要。综上，被告人何海彪对于与被害人在案发前认识，自愿发生性关系的辩解不符合逻辑，不具合理性。（4）被告人何海彪的强奸行为与被害人莫少山的自杀行为之间存在刑法上的因果关系。证人周冬远、王涓、梁晓红分别证实案发后被害人莫少山情绪低落、不开心；证人莫少文、黎汉明、莫少坚的证言证实被害人莫少山在案发后情绪低落，没有休息好，曾表示难以面对社会及客户，特别是单位领导找她谈话，想叫她私底下解决此事，及案犯又是一名警察、散布双方认识的谣言给被害人造成极大的心理压力，她在坠楼前多次向亲属透露过自己的担心和忧虑；被害人莫少山在4月10日曾写了一封给增城市检察院的信，信中反映其怀疑有人干扰办案，为犯罪嫌疑人开脱罪责，还通过单位领导向其施加压力想私了，要求检察院介入该案的调查，并严正声明与何海彪并不相识。在被害人莫少山跳楼后，公安人员用从莫少山身上提取的钥匙打开其居住的房子进行了现场勘查，发现饭厅餐桌上的小方格簿是打开的，该簿上留有“我真系唔识他，唔识！是他逼我，捉住我！”“眼光太可怕！”“女：破坏了你的美梦，我不值得做妈妈！不要想我，我要化成无！”等字句。经鉴定，字迹为莫少山所写。可见，被害人在被何海彪强奸后，对公安机关两次找其进行问话，单位领导找其谈话，以及被告人是名警察产生了极大的反应和巨大的压力。小方格簿上“我真系唔识他，唔识！是他逼我，捉住我！”“眼光太可怕！”断续、不完整的字句，都能充分流露被害人自杀前所承受的巨大压力及对被强奸事实的强烈申辩。证人温铁钦、朱伯意的证言分别证实案发后，被告人何海彪告诉他们与一名女子发生了关系，要他们去找这名女子私了，他们找到被害人的单位领导增城市地税局局长潘伯长提出被告人要与“阿山”私了，遭到拒绝后，被告人还想让他们把工作做到更高层的领导处等情况。通话清单显示被告人何海彪使用的两台手机13902331288、13539931288在4月10日他被传唤、禁闭的一天内仍被用来打电话、发短信，通话次数多达160多次，短信60多条。从被告人何海彪的手机上提取4月10日3时41分发给朱伯意的短信证实，该短信大意是说案发当晚是被害人主动发短信约他，他们彼此之间是认识的。可见，被告人何海彪在案发后利用其在当地的关系及影响，制造其与被害人相熟的谣言，多方打听被害人的身份及工作情况。并在案发第二天一早，便利用朋友关系找到被害人所在单位的领导，提出将此事私了等行为，致使社会上产生不少两人是相好的谣言。综上，被告人何海彪在强奸被害人莫少山后通过朋友找到被害人单位领导及散布两人相互认识的谣言，给被害人莫少山造成极大的心理压力，致使被害人不堪压力，于4月11日晚11时跳楼身亡，被告人何海彪的行为与被害人莫少山的自杀后果两者之间存在刑法上的因果关系。因此，被告人何海彪及其辩护人的上述辩解及辩护意见均与事实不符，缺乏依据，本院不予采纳。

关于附带民事诉讼原告人莫南宜、周冬远要求民事赔偿的意见，经查，被告人何海彪的行为与被害人莫少山的自杀后果两者之间存在刑法上的因果关系，故被告人何海彪对造成附带民事诉讼原告人莫南宜、周冬远的经济损失应当予以赔偿，赔偿的标准、范围应当以法律规定为限。《最高人民法院关于刑事附带民事诉讼范围问题的规定》第一条规定，精神损失不属于附带民事诉讼的范围。本案的庭审时间是2009年10月，故参照《广东省2009年度道路交通事故人身损害赔偿有关项目计算标准》。丧葬费按照受诉法院所在地法院上一年度职工月平均工资标准，以6个月总额计算，即以

40775 元/年 ×1/2 = 20387.50 元；死亡赔偿金按照受诉法院所在地上一年度城镇居民人均可支配收入标准，按 20 年计算，即 19732.86 元/年 ×20 年 = 394657.20 元；附带民事诉讼原告人莫南宜今年 79 岁，抚养费按受诉法院所在地上一年度城镇居民人均消费性支出标准计算 5 年，因附带民事诉讼原告人莫南宜共生育包括被害人在内 4 名子女，故被告人何海彪仅需承担其中的 1/4，即 15527.97 元/年 ×5 年 ×1/4 = 19409.96 元。附带民事诉讼原告人周冬远今年 15 岁，抚养费按受诉法院所在地上一年度城镇居民人均消费性支出标准计算 3 年，被告人何海彪仅需承担其中的 1/2，即 15527.97 元/年 ×3 年 ×1/2 = 23291.96 元。附带民事诉讼原告人周冬远提出的教育费，由于抚养费已经包括了未成年子女在 18 岁前的教育费用，故本院不予支持。综上，被告人何海彪赔偿附带民事诉讼原告人莫南宜、周冬远的经济损失丧葬费、死亡赔偿金、抚养费共计人民币 457746.62 元。

本院认为，被告人何海彪身为人民警察，无视国家法律，违背妇女意志，采取暴力、胁迫的手段，强行与被害人发生性关系，案发后还多方散布谣言，引起被害人自杀死亡的其他严重后果，其行为已构成强奸罪，依法应当予以严惩。被告人何海彪犯罪后认罪态度不好，依法予以酌情从重处罚。公诉机关指控犯罪事实清楚，证据确实、充分，指控罪名成立。被告人何海彪的行为对造成附带民事诉讼原告人莫南宜、周冬远的经济损失应当予以赔偿，赔偿的标准、范围应当以法律规定为限。依照《中华人民共和国刑法》第二百三十六条第三款第（五）项、第三十六条第一款、第五十七条第一款、第六十一条和《中华人民共和国民法通则》第一百一十九条以及《最高人民法院关于审理人身损害赔偿案件适用法律若干问题的解释》第十七条、第二十七条、第二十八条、第二十九条的规定，判决如下：

一、被告人何海彪犯强奸罪，判处无期徒刑，剥夺政治权利终身。

二、被告人何海彪在本判决生效之日起十日内赔偿附带民事诉讼原告人莫南宜、周冬远的经济损失抚养费、丧葬费、死亡赔偿金共计人民币四十五万七千七百四十六元六角二分。

三、驳回附带民事诉讼原告人莫南宜、周冬远的其他诉讼请求。

如不服本判决，可在接到判决书的第二日起十日内，通过本院或者直接向广东省高级人民法院提出上诉。书面上诉的，应当提交上诉状正本一份，副本二份。

审　判　长　庄惠婷
代理审判员　伦铭健
代理审判员　彭卫东
二〇〇九年十二月十日
书　记　员　陈　埝
书　记　员　冯匡华
书　记　员　郭秀萍

【评析】

该一审刑事附带民事案判决书结构规范，层次明晰，用语精准，论证有力，被评为

2010 年全省法院优秀裁判文书。该文书最突出的特点是，注重用证据说话，以法理服人。在具体列举所采信的公诉机关所举有罪证据的基础上，对被告人及其辩护人提出的证据质疑，用翔实的证据细节来逐条分析排疑，做到“让事实和证据说话”，令人信服；接着又对被告人及其辩护人的辩护意见，用事实和法理逐点进行评判，逐一驳析，做到“以法理服人”。本案虽是一宗传统型犯罪案件，但由于经办法官态度认真、工作细致，使得这宗颇有争议的棘手案件裁判逻辑论证有力，辨法晰理透彻，判决公开公正，达到了服法息讼的司法效果，值得大家学习借鉴。

●梁培堃等犯诈骗、行贿罪等一案刑事判决书

广东省广州市中级人民法院

刑事判决书

(2008) 穗中法刑二初字第213号

公诉机关广东省广州市人民检察院。

被告人梁培堃，又名梁培坤，男，1956年1月16日出生，汉族，出生地广东省增城市，增城市穗联房地产经贸公司、增城市金徽房地产公司等公司法定代表人，住增城市荔城街西城路西三巷9号。因本案于2006年12月15日被刑事拘留，同月30日被逮捕，现被羁押于广州市国家安全局看守所。

辩护人刘涛，广东法制盛邦律师事务所律师。

辩护人徐叔宝，广东增泰律师事务所律师。

被告人吴远威，男，1958年7月26日出生，汉族，出生地广东省增城市，原系增城市朱村街山角村民委员会党支部书记，住增城市荔城街雁塔公司集资楼二栋204房。因涉嫌犯诈骗罪于2007年1月3日被刑事拘留，同年2月6日被逮捕，现被羁押于广东省增城市看守所。

辩护人梁叔强，广东民诚众信律师事务所律师。

被告人吴何锦，男，1962年5月28日出生，汉族，出生地广东省增城市，原系增城市荔城镇迳吓村第五合作社社长，住增城市荔城街迳吓村迳吓移民路7号。因涉嫌犯诈骗罪于2007年2月12日被刑事拘留，同年3月14日被逮捕，现被羁押于广东省增城市看守所。

辩护人吴国才，男，1963年5月10日出生，住增城市朱村街南岗村大道新村3号。

被告人崔德荣，男，1965年8月20日出生，汉族，出生地广东省南雄县，原系增城市金徽房地产公司职员，住增城市荔城街园圃路59号二栋401房。因涉嫌犯诈骗罪于2007年3月18日被刑事拘留，同年4月20日被逮捕，现被羁押于广东省增城市看守所。

辩护人刁勇文、贺国富，广东杰信律师事务所律师。

被告人陈暐，男，1971年3月6日出生，汉族，出生地广东省增城市，原系增城市金徽房地产公司职员，住增城市荔城街横梯里六巷8号。因涉嫌犯诈骗罪于2007年4月23日被刑事拘留，同年5月14日被逮捕，现被羁押于广东省增城市看守所。

辩护人廖远峰、卢伟钊，广东民诚众信律师事务所律师。

被告人赖翠玲，女，1981年8月22日出生，汉族，出生地广东省增城市，原系增城市金徽房地产公司职员，住增城市小楼镇腊圃村金大街七巷18号。因涉嫌犯诈骗罪于2007年5月17日被刑事拘留，同年5月25日被逮捕，现被羁押于广东省增城市看守所。

辩护人陈庄林，广东民诚众信律师事务所律师。

广州市人民检察院以穗检公二诉［2007］131号起诉书指控被告人梁培堃犯诈骗罪，合同诈骗、行贿罪，被告人吴远威、吴何锦、崔德荣、陈暐、赖翠玲犯诈骗罪，于2007年11月5日向本院提起公诉。本院依法组成合议庭，公开开庭审理了本案。广州市人民检察院指派检察员陈国坚、代理检察员何旭霞出庭支持公诉，被告人梁培堃及其辩护人刘涛、徐叔宝，被告人吴远威及其辩护人梁叔强，被告人吴何锦及其辩护人吴国才，被告人崔德荣及其辩护人刁勇文、贺国富，被告人陈暐及其辩护人廖远峰、卢伟钊，被告人赖翠玲及其辩护人陈庄林到庭参加诉讼。现已审理终结。

广州市人民检察院指控：

一、诈骗事实

2000年下半年，被告人梁培堃借与荔城镇政府合办工业园之机，以穗联公司征用荔城镇三联村八宗土地需补办手续为由，找到时任荔城镇副镇长邱伯禅（原任荔城镇国土所所长）、荔城镇人大主席刘亚淦（原任荔城镇副镇长）、增城市国土资源和房屋管理局副局长黎荣志（均另案处理），要求上述三人在一式三份的《用地申请表》等资料上作虚假的签批（即倒签日期）。上述三人分别假以各自在1994—1997年任职作签批。被告人梁培堃取得了24份《用地申请表》等资料。

2003年，被告人梁培堃得知增城市引入“和黄项目”需大量回收闲置土地后，与郑健明（时任增城市荔城镇副镇长，另案处理）相互纠合。由梁指使被告人崔德荣、陈暐将上述其中12份《用地申请表》等资料涂改其中地点、面积等，并参与伪造另外9份《用地申请表》等资料。同时，纠合被告人吴远威、吴何锦在这21份申办《建设用地批准书》所需资料上将征地日期倒签、签认和加盖山角村委、迳吓五社的印章，被告人梁培堃指使他人在这21份《用地申请表》上模仿时任增城市副市长曾达宏签批，从而编造金徽公司、穗联公司1994年至1997年已征用迳吓五社1952.549亩土地的事实。利用这些虚假资料及被告人梁培堃要求吴锦芳（曾任增城市国土局副局长）倒签签发日期出具的《宗地示意图》（又称红线图），梁向增城市国土部门违规申办了《建设用地批准书》。之后又分别于2004年6月24日、7月15日与增城市国土部门签订收回闲置土地协议书，共骗取补偿款人民币83959607元。

与此同时，被告人梁培堃另再指使被告人赖翠玲伪造增城市有关部门《关于建设商住项目用地计划立项的批复》、《建设用地规划许可证》的复印件等资料。连同模仿邱伯禅、刘亚淦、黎荣志、曾达宏四人签批，指使被告人崔德荣、陈暐涂改、填写申请地点、申请面积、四至等内容的14份《用地申请表》（其中13份《用地申请表》由被告人梁培堃纠合被告人吴远威、吴何锦将征地日期倒签、签认和加盖山角村委、迳吓五社的印章）。从而编造金徽公司、金山公司1997年已征用荔城镇三联村江尾社、伯公吓社、迳吓五社土地1273.702亩的事实。利用这些虚假资料及被告人梁培堃、郑健明到增城市国土资源和房屋管理局地籍测绘队要求汤廖文、吴锦芳出具倒签测绘和签发日期的《宗地示意图》，梁向增城市国土部门违规申办了《建设用地批准书》。被告人梁培堃、崔德荣、陈暐于2005年9月15日与增城市国土部门签订《收回闲置土地协议书》，骗取补偿款人民币76422120元，已取得人民币49895980元。

二、合同诈骗

1. 2003年3月19日和6月26日，被告人梁培堃以穗联公司名义与增城市正大房地产有限公司（以下简称正大公司）的法定代表人刘永福分别签订了两份《代办〈建设用地批准书〉协议书》，约定由穗联公司为正大公司代为办理坐落于增城市荔城镇金竹岗的土地（共约630亩）的《建设用地批准书》。之后，梁将土地分成8宗共625.711亩，并指使他人伪造相关的申报资料，违规向国土部门申办《建设用地批准书》，借此骗取代办费用人民币18691197元，已得款人民币8600000元。

2. 1992年12月至1993年4月，被告人梁培堃以增城县穗联房地产经贸公司与增城县建设综合开发公司（以下简称开发公司）签订《有偿转让土地协议书》，数次冒增城市荔城镇三联村民委员会之名收取土地转让费共人民币10750000元。1994年4月27日又签订《变更有偿转让土地协议书》，约定开发公司穗联公司所有的210.53亩土地，转让额是人民币19116124元，开发公司所欠余款待办妥土地使用证再支付。但被告人梁培堃将该地交由国土部门收回使用权，收取补偿款后隐匿，以骗取所收开发公司已支付的人民币107500000元。

3. 1993年3月至1994年12月，被告人梁培堃以增城市（县）穗联房地产经贸公司的名义与丘石清、郭华满、郑国安、刘佛清、梁永同、梁建明、江钟文、潘金生、吴森环、潘伯棉、朱振棠、王伙泉、王国锋、黄作庭等人签订《房地产有偿转让协议书》，约定穗联公司出让三通一平的土地给上述等人作建设商住楼房使用，但被告人梁培堃收取购地款及平整土地和下水道等费共人民币1555672元后，不履行协议交地并且藏匿，以骗取所收购地等款。

三、行贿

2000年至2005年10月，被告人梁培堃在纠合他人伪造征地资料以骗取土地使用权再骗取国土部门收回闲置土地补偿款的活动中，行贿与之有关的黎荣志等9名国家工作人员，财物价值共人民币3924000元。

广州市人民检察院针对上述指控的事实向本院移送了证人证言、书证、文检鉴定书、被告人供述等证据材料，认为被告人梁培堃纠合被告人吴远威、吴何锦，指使被告人崔德荣、陈暐、赖翠玲伪造申办土地使用权资料以骗取国土部门收回闲置土地补偿款，数额特别巨大，上述各被告人的行为均已触犯了《中华人民共和国刑法》第二百六十六条之规定，构成诈骗罪。被告人梁培堃以非法占有为目的，在签订、履行合同过程中，骗取对方当事人财物，数额特别巨大，其行为已触犯了《中华人民共和国刑法》第二百二十四条之规定，构成合同诈骗罪。被告人梁培堃为谋取不正当利益，给予国家工作人员以财物，使国家利益遭受重大损失，其行为已触犯《中华人民共和国刑法》第三百八十九条之规定，构成行贿罪，对被告人梁培堃应实行数罪并罚。被告人陈暐、赖翠玲具有自首情节，依法可从轻或减轻处罚，提请本院依法判处。

被告人梁培堃辩称：1. 其所办理的用地手续中确有作假资料，是应政府要求胁从作假，属政府行为，非其个人行为；2. 其与正大公司、开发公司、私人购地者之间的纠纷属于合同纠纷，不构成合同诈骗；3. 其划到黄士峰账户的305万港元中只有150

万元是送给黄士峰的，其余155万元是给自己女儿的购房款；大宇牌蓝龙小轿车是其借给黎荣志使用，不是行贿；别克牌赛欧小轿车也是借给刘亚淦使用，不是行贿。辩护人刘涛、徐叔宝提出的辩护意见是：1. 被告人梁培堃的行为不构成诈骗罪，理由是：(1) 梁培堃取得涉案土地的实际使用权在先，知道政府准备收地供给“和黄项目”在后，因此，其没有为了骗取政府的土地补偿款而取得涉案土地使用权的主观故意；(2) 梁培堃没有因为作假而获得额外的、非法的补偿，其所获得的补偿款是其应得的；(3) 为供应“和黄项目”用地而把农村土地作假变成闲置用地予以收回，是当地政府的行为。2. 被告人梁培堃的行为不构成合同诈骗罪，理由是：(1) 刘永福明知甚至指使梁培堃作假办证用于银行抵押贷款，其尚欠梁培堃办证费1000多万元，因此不能排除刘永福以梁培堃作假行骗为名来逃避债务，仅有刘永福的证言不足以认定梁培堃有诈骗的主观目的；(2) 穗联公司向开发公司转让其拥有的、客观存在的地块，完全具有履行给付土地的能力，但由于开发公司拖欠土地转让款致使土地无法及时交付，最终被政府收回，穗联公司收取了政府的土地补偿款而没有退款给开发公司是属于合同双方的民事纠纷，不构成合同诈骗罪；(3) 金徽公司已预留40亩地用于解决私人购地问题，并且已办理了用地手续，由于后来政府变更规划，致使土地无法依约过户给购地者，这是穗联公司签约时无法预见的，所导致的纠纷应通过民事救济途径来解决。3. 被告人梁培堃的行为不构成行贿罪，理由是：(1) 梁培堃虽有给予国家工作人员财物的事实，但其主观上并不具有“谋取不正当利益”的目的，政府支付的土地补偿款是其合法所得，因此，其行为不符合行贿罪的构成要件；(2) 大宇牌蓝龙小轿车是梁培堃借给邱伯禅使用，不是贿送；(3) 梁培堃在尚未被采取强制措施时，已如实向司法机关供述案件事实，即使其行为构成行贿罪，其具有自首情节，依法可对其从轻、减轻处罚。

被告人吴远威辩称：1. 其没有与梁培堃合谋造假诈骗。2. 其只倒签了30份《用地申请表》。辩护人梁叔强提出的辩护意见是：梁培堃确实在山角村征地，吴远威为了配合梁培堃办理国土使用证才在《用地申请表》及征地合同上签名盖章，其根本不知道这是一个造假行为，倒签日期在国土办证中很常见，不能因此认定吴远威参与造假，更不能以倒签日期为由认定其参与诈骗，因此，吴远威没有诈骗的主观故意，也没有实施诈骗的客观行为，不构成诈骗罪。

被告人吴何锦辩称：其只是参与卖地给梁培堃，没有实施诈骗。辩护人吴国才提出的辩护意见是：公诉机关无证据证实吴何锦在21宗用地资料上倒签征地日期，其签名盖章是根据梁培堃的要求对所征土地的权属进行确认，是基于办理国土手续的需要，其主观上没有非法占有公私财物的故意，所以其行为不构成诈骗罪。

被告人崔德荣辩称：梁培堃安排其涂改、填写办证资料，其不知道梁培堃将土地交政府回收。辩护人刁勇文、贺国富提出的辩护意见是：1. 被告人崔德荣的行为不构成诈骗罪，理由是：(1) 崔德荣是受老板梁培堃的指使参与涂改《用地申请表》及在《收回闲置土地协议书》上签名，属于履行职务的行为，并不知道梁培堃伪造文件的真正目的，不存在诈骗的共同故意；(2) 崔德荣没有实施收取款项的行为，也没有获取工资外的其他利益，不具有非法占有公私财物的目的；(3) 崔德荣没有参与财产处分，没有获取任何非法利益。2. 被告人崔德荣若构成犯罪，在共同犯罪中处于从犯地位，且具有自首情节，依法应从轻、减轻处罚。

被告人陈暐辩称：梁培堃将涂改过的《用地申请表》交其填写，其不知具体用途。

辩护人廖远峰、卢伟钊提出的辩护意见是：1. 被告人陈暐不构成诈骗罪，理由是：（1）陈暐是在梁培堃的指示下填写涂刮过的《用地申请表》，填写的内容不是陈暐本人的意思表示；（2）陈暐填写《用地申请表》不等于其必然知道该表格用于办理土地使用证；（3）陈暐没有犯罪的动机；（4）陈暐在《收回闲置土地协议书》上签名只是按梁培堃的指示实施的职务行为，不能与共谋策划诈骗的行为画等号。2. 陈暐具有自首情节，依法应从轻或减轻处罚。3. 陈暐检举同案人，可酌情予以从轻处罚。4. 陈暐是一名残疾人，建议法院量刑时考虑其实际情况。

被告人赖翠玲辩称：其按照梁培堃的安排修改了 14 份立项批复和规划许可证，但其不知这些文件作何用途，其行为不构成诈骗罪。辩护人陈庄林提出的辩护意见是：1. 被告人赖翠玲不构成诈骗罪，理由是：（1）赖翠玲是梁培堃公司的职员，除工资外没有获得非法利益，其主观上没有非法占有他人财物的故意；（2）赖翠玲的工作受梁培堃的指示和安排，梁培堃不可能与赖翠玲密谋诈骗，因此赖翠玲不构成诈骗共犯。2. 赖翠玲有自首情节，归案后有检举行为，确有悔罪表现，请法庭对其从轻或减轻处罚。

经审理查明：

一、1993 年至 1996 年间，被告人梁培堃名下的企业在增城市荔城镇三联村征用了1000 多亩土地，并向相关部门办理了合法的用地手续，2002 年 12 月及 2004 年 7 月，增城市土地开发储备中心将上述土地作为闲置土地回收了。2000 年下半年，被告人梁培堃借与荔城镇政府合办三联工业园之机，谎称其征用荔城镇三联村 700 多亩土地需要补办手续，找到时任荔城镇副镇长邱伯禅（原任荔城镇国土所所长）、荔城镇人大主席刘亚淦（原任荔城镇副镇长）、增城市国土资源和房屋管理局副局长黎荣志，要求三人在一式三份的《用地申请表》等资料上作签批并倒签日期至 1995 年和 1996 年，然后找人冒仿原增城市副市长曾达宏的笔迹作签批。被告人梁培堃利用上述虚假资料向增城市国土部门违规申办了《建设用地批准书》，后因故作废。在上述办理三联村用地手续的过程中，被告人梁培堃只向国土部门提交了一份《用地申请表》等资料，其余两份私自保留。

2003 年上半年，被告人梁培堃未经批准先后与荔城镇迳吓村五社（原朱村镇山角村八社）签订三份征地合同，非法征用迳吓村五社约 1150 亩土地。2003 年下半年，时任荔城镇副镇长的郑健明获知“和黄城”大型商住项目将落户荔城镇、政府需要大量回收闲置土地的消息后，找到被告人梁培堃商议，二人合谋以伪造批文的方式骗取土地使用权后将土地交政府回收以赚取土地补偿款，郑健明利用职务便利联络及疏通荔城镇政府及增城市国土部门相关人员以提供方便，梁培堃负责伪造办理国土使用证所需资料。随后，梁培堃指使其公司职员被告人崔德荣、陈暐对上述私自保留的其中 12 份《用地申请表》等资料进行涂改，另外找人伪造了 9 份《用地申请表》及所需的立项批复和规划许可证等资料。梁培堃又通过曾任增城市国土局副局长的吴锦芳出具了 21 份倒签日期的用地红线图。之后，梁培堃让被告人吴何锦、吴远威在以上 21 份申办资料上签认和加盖“山角村委”、“迳吓五社”的印章并倒签征地日期。梁培堃利用这些虚假资料编造金徽公司、穗联公司早在 1994 年至 1997 年已征用迳吓村五社 1952. 549 亩土地的事实，向增城市国土部门违规申办了《建设用地批准书》。2004 年 6 月 24 日及 7 月 15 日，梁培堃与增城市国土部门签订《收回闲置土地协议书》，将上述土地冒充闲置土地交由增城市土地开发储备中心回收。

与此同时，被告人梁培堃指使被告人崔德荣、陈暐对伪造的14份《用地申请表》等资料进行填写，并指使被告人赖翠玲伪造14份《立项批复》和《规划许可证》等资料。梁培堃与郑健明找到增城市国土局测绘队的吴锦芳、汤廖文出具了14份倒签日期的用地红线图。之后，梁培堃让被告人吴远威、吴何锦在其中13份伪造的办证资料上签认和加盖"山角村委"、"迳吓五社"的印章并倒签征地日期。梁培堃利用这些虚假资料编造金徽公司、金山公司早在1995年和1997年已征用荔城镇三联村江尾社、伯公吓社和迳吓村五社共1273.702亩土地的事实，向增城市国土部门违规申办了《建设用地批准书》。2005年9月15日，梁培堃、崔德荣、陈暐与增城市国土部门签订《收回闲置土地协议书》，将上述土地冒充闲置土地交由增城市土地开发储备中心回收。

增城市土地开发储备中心回收上述3226.251亩土地后，先后支付被告人梁培堃土地补偿款共计1.26085587亿元，除支付农民各项补偿款2360万元外，梁培堃个人实际所得1.02485587亿元。

案发后，被告人梁培堃、吴远威、吴何锦、崔德荣先后被公安机关抓获归案。2007年4月23日，被告人陈暐到增城市公安局投案自首。2007年5月17日，赖翠玲到增城市公安局投案自首。

上述事实，有经庭审举证、质证，本院予以确认的下列证据证实：

（一）相关书证：

1. 增城市朱村街山角村民委员会出具的《证明》证实：被告人吴远威于2002年4月至2007年6月任山角村委书记。

2. 增城市荔城街迳吓村民委员会出具的《证明》证实：被告人吴何锦自1982年起任迳吓村第五合作社（原山角八社）社长。

3. 增城市金徽集团有限公司、增城市穗联房地产经贸有限公司、增城市穗联房地产经贸公司、增城市金徽发展有限公司、广州市宏海水电投资有限公司、广州市麒穗商贸有限公司的工商登记资料证实：上述公司的法定代表人均为梁培堃。

4. 《接受刑事案件登记表》及《立案决定书》证实：2007年1月16日，增城市公安局接到国家审计署通告，发现私营企业主梁培堃弄虚作假非法侵吞国有资金，遂立案侦查。

5. 增城市国土资源和房屋管理局提供的土地登记档案证实：涉案35宗土地的用地资料在增城市国土资源和房屋管理局均有档案，资料包括《用地申请表》、《计划征用行政辖区土地申请表》、《申请征地报告》、《征用土地协议书》、《立项批复》、《规划许可证》、《建设用地批准书》等。

6. 增城市国土资源和房屋管理局建设用地科提供的1996－2001年建设用地批准书（存根）登记簿证实：涉案35宗土地的《建设用地批准书》在增城市国土资源和房屋管理局均有存根登记。

7. 增城市国土资源和房屋管理局出具的《关于金徽、穗联等公司征用土地涉嫌造假的调查报告》证实：从2002年12月至2005年9月，增城市国土资源和房屋管理局、土地开发储备中心分五次回收增城市金徽有限公司、增城市穗联房地产经贸公司、增城市金山有限公司位于荔城街三联村、迳吓村和朱村街山角村的土地49宗（面积共计4444.209亩），其中第二次和第五次回收的35宗（面积共3226.248亩）土地初步认定不属于1999年1月1日新《土地管理法》实施之前增城市有审批权时征用的土地，梁培堃并未真正取得上述土地的使用权。

8. 增城市发展和改革局出具的增发改函［2007］33号《增城市发展和改革局关于协助市公安局调查有关立项批复文号情况的复函》以及增发改函［2007］112号《关于协助公安局调查35份立项批复复印件情况的复函》证实：该局没有批出涉案35个文号的立项批复复印件给增城市穗联房地产经贸公司、增城市金徽有限公司、增城市金山有限公司。

9. 增城市规划局出具的《核查情况说明》证实：该局没有涉案的35个《建设用地规划许可证》的档案。

10. 广州市公安局出具的《文检鉴定书》证实：涉案35宗用地档案中，有34份《用地申请表》上吴何锦、吴远威的签名字迹均是吴何锦、吴远威本人所写，有23份《用地申请表》上邱伯禅、刘亚淦、黎荣志的书写字迹均不是邱伯禅、刘亚淦、黎荣志本人所写；全部35份《用地申请表》上曾达宏的书写字迹均不是曾达宏本人所写。

11. 增城市人民政府于2000年10月12日颁布并施行的《增城市闲置土地处理暂行办法》证实：增城市闲置土地的认定由市国土局负责；闲置土地被依法无偿收回使用权后，若原用地单位经济困难，经市政府批准，按不同地段约定最高限额给予补助；该办法实施后新批准使用的土地出现闲置被无偿收回时，政府不予补助。

12. 增城市国土资源和房屋管理局、增城市土地开发储备中心与梁培堃的公司签订的五份《收回土地使用权协议书》证实：2002年12月2日，增城市土地开发储备中心收回梁培堃的公司的闲置土地728.995亩；2004年6月24日，收回1952.549亩；2004年7月15日，收回473.966亩；2004年7月15日，收回15亩；2005年9月15日，收回1273.702亩。

13. 增城市土地开发储备中心根据合同资料及有关账目记录制作的《关于三联村、迳吓村土地整合及资金情况一览表》以及相关支付单据证实：2002年12月至2005年9月，增城市土地开发储备中心收属梁培堃名下的企业共4444.213亩土地，需支付土地补偿款21774.9121万元，实际支付了19023.2515万元，收款人分别是陈暐、梁惠兰。

14. 银行查询资料证实：增城市金徽有限公司收到增城市土地开发储备中心支付的土地补偿款共34440093元，广州市宏海水电投资有限公司收到土地补偿款共131040760元，合计165480853元。

15. “和黄城”土地整合财务审计组出具的《关于增城市“和黄城”项目土地整合财务收支情况的审计调查报告》及附件证实：（1）增城市土地开发储备中心回收梁培堃涉案的土地3226.251亩，共支付梁培堃土地补偿款126085587元；除支付农民各项补偿款23600000元外，梁培堃个人所得102485587元。（2）梁培堃个人所得土地补偿款，除部分提现外，大部分转账到其他30多家公司，银行存款结余39944.21元。

16. 增城市土地开发储备中心提供的《增城市国有土地使用权挂牌交易成交确认书》及《储备土地供应协议书》证实：2005年5月23日，增城市国土资源和房屋管理局公开挂牌竞价出让3048.973亩国有土地使用权，竞买人志和发展（北京）有限公司、晶彩投资有限公司、星恒企业有限公司、华勤企业有限公司以总价款人民币320100000元竞得。

17. 增城市朱村街道办事处提供的《关于朱村街山角水库周边征地情况说明》证

实：该街道办事处未接受过上级及有关部门关于山角水库周边的山地约 2400 亩的征地任务，未参加过有关的征地协调会及参与过征地的过程。

18. 朱村公社山角大队与增江公社迳吓大队签订的《协议书》及《土地权属界线核定书》证实：1978 年 5 月朱村公社山角大队第八、九生产队迁居增江公社迳吓大队，迳吓大队接收原属山角八、九大队的水尾田和山林。1989 年 12 月，重新核定山角村与迳吓村土地权属界线。

19. 朱村街道办事处出具的《和黄城项目在朱村街辖区范围内由原征地单位（梁培堃属下公司）征地的基本情况》及《和黄城项目在朱村街辖区范围内征地情况一览表》，证实：增城市土地开发储备中心整合收回梁培堃的公司位于朱村街的地块 2664.176 亩，朱村街各村社收到各项补偿款共计 2211.88044 万元。

20. 穗联房地产经贸公司与三联村委及各合作社签订的《协议书》证实：1996 年初，双方就征用三联村 1100 多亩土地的补偿款还款事项达成协议。

21. 经吴远威签认的增城市金徽有限公司与山角村第八社签订的《山地有偿转让征用协议》及收款收据证实：2003 年 1 月，增城市金徽有限公司征用原山角村八社约 338.15 亩土地，补偿价款 80 万元；签订日期倒签至 1996 年 10 月 28 日。

22. 经吴何锦、吴远威签认的增城市金徽有限公司与山角村第八生产队签订的《山岭有偿转让征用协议》及收款收据证实：2003 年 2 月，增城市金徽有限公司征用原山角村八社约 120 亩土地，补偿价款 65 万元；签订日期倒签至 1996 年 10 月 28 日。

23. 经吴何锦、吴远威签认的增城市金徽有限公司与荔城镇迳吓村第五合作社（原山角村八社）签订的《土地转让协议书》及收款收据证实：2003 年 3 月，增城市金徽有限公司征用原山角村八社约 700 亩土地，补偿价款 600 万元；签订日期倒签至 1996 年 8 月 20 日。

24. 增城市金徽有限公司与山角村第七、十四合作社签订的《山地有偿征用协议书》证实：2004 年 5 月 7 日，增城市金徽有限公司征用山角村第七、十四合作社约 400 亩土地，补偿价款 128 万元。

25. 增城市金徽有限公司与山角村第九合作社签订的《山地有偿征用协议书》证实：2004 年 8、9 月，增城市金徽有限公司征用山角村第九合作社约 128 亩土地，补偿价款 40 万元。

26. 广州市麒穗商贸有限公司、增城市金山有限公司与山角村第十、十一合作社签订的《征用荒山合同书》及收款收据、银行支票等书证证实：上述公司征用山角村油元自然村约 618 亩土地，补偿价款 370 万元；合同未写具体日期，收款日期为 2005 年 9 月。

27. 广州市麒穗商贸有限公司与山角村第九合作社签订的《征用荒山合同书》及收款收据、银行支票等书证证实：2005 年 12 月，广州市麒穗商贸有限公司征用山角村第九合作社约 560 亩土地，补偿价款 400 万元。

28. 经吴远威签认的增城市金徽有限公司与山角村村委会签订的《征用土地协议书》证实：2005 年底，增城市金徽有限公司征用山角村约 20 亩土地，补偿价款 20 万元；签订日期倒签至 2004 年 10 月 18 日。

29. 公安机关出具的《抓获经过》证实：各被告人归案的经过，其中被告人陈暐于 2007 年 4 月 23 日，被告人赖翠玲于 2007 年 5 月 17 日到增城市公安局投案自首。

30. 增城市人民检察院《移送冻结物品清单》和增城市公安局《情况说明》证实：

公安机关扣押梁培堃诈骗所得的赃款共计港币 9876417.33 元，包括：(1) 户名为张俊雄在中国工商银行增城支行的账户（账号为 3602041101033584777）存款港币 4876617.33 元；(2) 梁培堃在中国工商银行增城支行的账户（账号为 3602007901032238030）存款港币 4999800 元。

31. 增城市公安局的《关于申请对梁培堃等人在我市房管等产权暂不可变更和抵押的函》及相关房地产权档案详细资料，证实：增城市公安局向增城市国土资源和房屋管理局申请对梁培堃出资在增城市购买的 14 处房产和土地暂不可变更和抵押。14 处房产和土地是：1. 荔城街三联村横布头（土名），房地证号：3325947；2. 荔城镇解东二巷 12 号，房地证号：4884703；3. 荔城镇岗前西路 25 号 2 幢 302、402，房地证号：1070733；4. 荔城镇西城路西三巷 9 号第 3 至 6 层，房地证号：1622127；5. 荔城镇西城路西三巷 9 号首层，房地证号：1622173；6. 荔城镇城西广汕路边，房地证号：4060694；7. 荔城镇开园路 G 区 7 号之一，房地证号：0096537；8. 荔城镇中山路 109 号，房地证号：1389220；9. 荔城镇富华商住区 A 区 1 号 108 房，房地证号：0962311；10. 荔城街金华路 5 号 603 房，房地证号：3785622；11. 中新镇风光路，房地证号：3786313；12. 荔城镇三联村鸭仔园 A6，土地证号：2000－B0101026；13. 荔城镇三联村鸭仔园，土地证号：1999－B0100453；14. 荔城镇中山路 109 号，土地证号：1988－0016697－01250109867。

32. 增城市公安局的《关于申请对梁李毅等人在珠海市房管产权暂不可变更和抵押的函》及珠海市房地产登记中心的《复函》，证实：珠海市房地产登记中心根据增城市公安局的申请对被告人梁培堃出资以其亲属名义在珠海市认购的 4 处房产予以限制。4 处房产是：1. 珠海市香洲区情侣北路 199 号美丽湾小区海天苑 801 房，权证号：C4444774，权属人：梁荣臻；2. 珠海市香洲区情侣北路美丽湾海天苑 804 房，权证号：C4444728，权属人：梁珏玮、梁珏瑜；3. 珠海市香洲区情侣北路 199 号美丽湾海天苑 1101 房，权证号：C4444620，权属人：梁李毅；4. 珠海市香洲区情侣北路 199 号美丽湾海天苑 1104 房，权证号：C4444622，权属人：梁燕冰、梁燕琼。以上房产交易价格 248 万元。

（二）证人证言：

1. 证人曾达宏（原增城市人民政府副市长）的证言证实：其从 1993 年 3 月至 1998 年任增城市人民政府副市长，不太清楚任职期间有没有批过地给梁培堃名下的公司。

经辨认涉案的 35 份《用地申请表》，证人曾达宏确认《用地申请表》上的批示内容及签名非其本人书写，其从未为梁培堃批示征用荔城镇迳吓村的土地。

2. 证人钟新庭（增城市发展和改革局局长）的证言证实：2003 年 8、9 月，荔城街道办事处副主任郑健明以三联工业园用地资料丢失为由要求发改局补办手续，其要求荔城街道办事处出具遗失证明，但后来郑健明再没有就此事再找过其。其任职期间没有为梁培堃的公司出过《立项批复》。

3. 证人张俊雄的证言证实：其自 2003 年 6 月至 2006 年 6 月担任增城市国土资源和房屋管理局局长。2004 年下半年，荔城街道办事处和增城市土地开发储备中心准备回收荔城镇三联村 3000 多亩土地发展房地产项目，要求国土局请示市政府。国土局审查土地开发储备中心提交的报告，发现没问题，于是打报告给市政府，并于 2004 年底通过挂牌形式将 3000 多亩土地拍卖给和黄公司。2005 年下半年，经其同意，土地开发储备中心又回收梁培堃名下公司1200多亩土地。对于1999年前取得用地批复但未交出让金的土地，市政府如果需要利用，一般都会补办手续然后回收。梁培堃提供的资料均符合出证的条件，但当时其并不知道梁培堃的用地资料是造假的，其没有认真审查就吩咐周扩洪科长为梁培堃补办手续。

4. 证人黄士峰的证言证实：其自2003年5月至2006年任增城市荔城镇镇长、荔城街道办事处主任。2004年增城市国土部门将原来的三联工业用地变更为商住用地，荔城街道办事处配合国土部门对三联工业园的闲置土地进行整合及回收。梁培堃在三联工业园里有闲置土地，这些土地被回收后，梁培堃获得巨额补偿款。

5. 证人黎荣志的证言证实：其自1986年12月至2001年1月任增城市国土资源和房屋管理局副局长。1999年增城市政府决定对历史遗留土地补办用地审批手续，所谓历史遗留土地是指开发商在1998年12月31日前向农民征用并对农民进行了补偿的土地。2000年上半年，梁培堃找其补办三联村9宗历史遗留土地的审批手续，其在一式三份共27份《用地申请表》上签审核意见“符合用地条件，呈报市领导审批”，时间倒签至1997年。梁培堃补办9宗土地手续的事，荔城镇政府并未与其打招呼。

6. 证人邱伯禅（原增城市荔城街道办事处人大联络办主任）的证言证实：其担任荔城镇副镇长期间，有一天梁培堃拿荔城镇迳吓村和三联村附近9宗约800亩土地的30多份《用地申请表》找其帮忙签批，其在申请表上签批了“符合用地条件，同意呈有关部门审批”的意见，并按梁培堃的要求将时间倒签至其任荔城镇国土所所长的1994年和1995年。当时梁培堃称补签手续是政府要求办理的，土地将交政府收回，所以其才帮梁培堃在《用地申请表》中签署意见。

7. 证人刘亚淦（原增城市荔城镇人大主席）的证言证实：其担任荔城镇人大主席期间，2000年一天，梁培堃找其补签征用三联村4宗土地的审批手续，称市政府规定1999年前征用的土地可以补办手续，其未看过相关文件且不是现职主管干部，开始不同意签批，梁培堃又称是政府要求补办的，而且其他领导也已经签批了，所以其才同意在《用地申请表》中签署了“同意用地”的意见，并将签署时间提前至其担任荔城镇副镇长的1995年。

8. 证人周扩洪的证言证实：其担任增城市国土局用地科科长，用地科负责对申请用地单位提交的资料进行审查。2003年底至2004年初，增城市国土局局长张俊雄指示其严格审查梁培堃公司在三联工业园的几宗历史用地资料，其吩咐副科长赖照梅具体审查、严格把关，赖照梅审查后向其汇报称梁培堃公司提交的资料符合规定，之后其要求陈秋满出具这22宗土地的《建设用地批准书》。当时其以为梁培堃公司提供的用地资料是真实的历史资料，但2006年审计署审查时才知道那些资料全部是伪造的，实际是2003年底至2004年初倒签的资料。

9. 证人赖照梅（原增城市国土房管局用地科副科长）的证言证实：2004年4月，其按照科长周扩洪的吩咐对梁培堃公司提交的迳吓村约2000亩土地的用地资料进行审查，审查后认为资料齐全，周扩洪就吩咐其他人出具了22份《建设用地批准书》。这2000亩土地被增城市土地开发储备中心回收，并挂牌拍卖给和黄公司。不久，梁培堃公司又提交迳吓村约500亩土地的资料，周扩洪还要求其继续审查，其审查后周扩洪安排其他人出具了《建设用地批准书》。当时周扩洪科长没有明确要求其审查资料的真实性，所以其只审查资料是否齐备，不审查资料的内容是否真实。

10. 证人陈秋满（增城市国土资源和房屋管理局工作人员）的证言证实：2004年上半年的一天，用地科科长周扩洪吩咐其打印22宗土地的《建设用地批准书》及其存根，22宗地有17宗是增城市金徽有限公司、4宗是增城市穗联房地产经贸公司、1宗是增城市惠华有限公司，填写日期均在1998年之前。22宗土地的档案资料中有些办证资料有涂改痕迹。《建设用地批准书》打印出来后，周扩洪将办公室存放公章的保险柜的钥匙交给其，叫其在《征用土地协议书》的法定代表人处盖原局长黄赖生的印章。

11. 证人李叔坚、叶海花（增城市国土资源和房屋管理局工作人员）的证言证实：2004年底，周扩洪吩咐李叔坚为增城市金山有限公司的办证资料办理《建设用地批准书》，并特别交代李叔坚出证日期要写回至审批日期。叶海花将《建设用地批准书》的内容填写到存根登记本上，李叔坚则将内容输入电脑打印出证。李叔坚到办公室拿了“增城市国土局”的公章在办证资料及批准书上加盖。

证人李叔坚、叶海花对增城市金山有限公司13份《建设用地批准书》（1997年）的登记资料进行了签认，确认是2004年底李叔坚让叶海花帮忙填写的。

12. 证人黄荣波（原增城市国土资源和房屋管理局规划科科长）的证言证实：其自1995年到2001年担任增城市国土资源和房屋管理局用地科科长，期间为梁培堃的公司出具过《建设用地批准书》，但不是其亲自经办的，其没有批出过迳吓村的土地。

13. 证人罗增添（增城市国土资源和房屋管理局办公室主任）的证言证实：原国土局和房管局的公章及国土资源与房屋管理局的公章放在办公室的保险柜里，业务部门必须有主管副局长及局长的签名才能盖章。

14. 证人黄玉祥（原增城市国土资源和房屋管理局副局长兼增城市土地开发储备中心主任）的证言证实：2002年下半年，按照增城市委、市政府收回闲置土地用作发展经济的文件精神，增城市国土资源和房屋管理局于2002年8月开始收回金徽公司的闲置土地。

15. 证人杨山（原增城市土地开发储备中心副主任）的证言证实：其自2003年8月至2006年4月任增城市土地开发储备中心副主任，在收回梁培堃位于三联工业园土地的过程中，参与收地谈判、修订协议、讨论收地面积和补偿标准等工作。

17. 证人吴宇杰（原增城市土地开发储备中心征地科科长）的证言证实：征地科负责第二期及第三期的土地回收工作，支付土地补偿款由征地科提出意见及呈送审批，其帮梁培堃做了许多具体工作。

18. 证人吴锦芳的证言证实：自2000年3月退休后被国土局返聘至2000年底，主要负责土地测绘。2000年底被解聘后，其就没有红线图审批权，2002年5月后，因为补办1998年前的用地手续又可以签发红线图，签发时间都是1998年以前。2002年11月，梁培堃找其补签了约20份迳吓村的用地红线图。2004年上半年，郑健明和梁培堃又找其补签了10多份山角村的用地红线图。

证人吴锦芳对涉案的35份红线图进行了签认，确认其中21份红线图是2002年底测量队交其补签迳吓村的征地红线图，14份红线图是2004年上半年梁培堃交其补签山角村和三联村的征地红线图，图中的签名及签发时间均由其本人亲笔签写，日期是倒签的。

19. 证人汤廖文（增城市国土资源和房屋管理局地籍测量队队长）的证言证实：2004年郑健明和梁培堃找其，要求测量队为金山公司出具山角村约1300多亩土地的用地红线图，并要求将时间倒签回 1996 年。经请示张俊雄局长，其让内业组出图并倒签时间后，由聂灿权交给吴锦芳签名及盖章。

20. 证人聂灿权（增城市国土资源和房屋管理局地籍测量队内业组组长）的证言证实：其经手出具了梁培堃公司的 35 份用地红线图，2003 年底出具 21 宗地的红线图，2004 年初出具 14 宗地的红线图。按汤廖文的要求红线图上的时间均填回 1996 年，后送给吴锦芳签名。

聂灿权对涉案的35 份用地红线图进行了签认，确认这些红线图是2003 年底至2004 年初由测量队按照梁培堃公司的要求出具的山角村及迳吓村五社的红线图，出图时间显示为 1996 年。

21. 证人江国兵（增城市国土资源和房屋管理局地籍测量队队员）的证言证实：聂灿权安排其绘制及打印金山公司 13 宗征地红线图，出图时间是 2004 年前后，但红线图上标明时间是 1996 年，打印出图后给聂灿权复核。

证人江国兵对涉案的 13 份红线图进行了签认，确认这些红线图是 2004 年左右由其绘制的。

22. 证人吴干周（增城市朱村街山角村村委会主任）的证言证实：梁培堃在山角村共征收了六块土地、一块山塘：第一块是 2004 年 10 月 18 日征用山角村花朗山塘约 20 亩地；第二块是 2004 年 5 月 7 日征用七社、十四社花朗约 400 亩地；第三块是 2004 年 8、9 月征用九社上花朗约 120 亩地；第四块是 2005 年 7 月 11 日征用罗屋自然村的土地，面积以测量为准；第五块是 2005 年 9 月 23 日征用油元角自然村约 618 亩地；第六块是 2005 年 12 月 2 日征用九社蛇岴山约 560 亩地；第七块是 2006 年 3 月 20 日征用十四社蛇岴山约 188 亩地。除了第一块花朗山塘外，其他六块地的征地款已全部付清。吴远威与梁培堃签订征用花朗山塘 20 亩地的合同既没召开村委会议，也没有征得村委干部的同意。经国土所测量，这块地实际面积应为 41 亩。

23. 证人罗锦辉（朱村街山角村治保调解主任）的证言证实：梁培堃在山角村征了七块地约 2300 亩。除征用山塘约 20 亩地的合同是村委会签订的外，其余六份合同都是梁培堃与各生产队签订的。2004 年的上半年，吴远威要求其在征用山塘 20 亩地的合同书上签名，其签名后，梁培堃拿走合同书，之后一直未提此事。合同反映征用山塘的时间是 2004 年 10 月 18 日，合同上只有吴远威和其签名，村委没有收到山塘的征地款。

24. 证人吴远春、吴伯欢（分别为山角村第十合作社生产队队长、第十一合作社社长）的证言证实：2005 年 9 月 26 日，梁培堃的公司与山角村第十、十一合作社达成协议，征用蛇岴山 618 亩土地，征地款是 370 万元。征地前已经取得村民的同意并在合同上签名，梁培堃先后将 200 万元和 170 万元转账划到村的账户。

25. 证人吴月新、吴汉胡（原山角村油园自然村出纳、会计）的证言及提供账单证实：梁培堃征用山角村第十社、十一社蛇岴山 610 多亩土地，370 万元征地款已付清，钱已分给村民。

26. 证人吴金带、黄维喜（分别为山角村第九合作社生产队队长、会计）的证言及提供的账单证实：2004 年 8 月，梁培堃征用第九合作社花朗山 120 亩地。2005 年 12 月，又征用蛇岴山 560 亩地。卖地经全体村民同意，村干部及村民代表都在合同书上签名。梁培堃两次征地款都已付齐，尚有 100 多万元青苗费未补齐，钱已分给村民。

27. 证人吴金华、吴淦灯、吴亚营（分别为山角村第十四合作社社长、会计、出纳）的证言及提供的账单证实：2004 年 5 月 7 日，梁培堃征用第七、十四合作社花朗山地 400 亩，征地款 128 万元已付清，第十四社分得 64 万元，已分给村民。

28. 证人吴铁成、吴年发（分别为山角村第七合作社会计、出纳）的证言及提供的账单证实：2004 年上半年，梁培堃征用第七社和十四社共有的花朗山地 400 亩，征地款 128 万元，第七社分得 64 万元。

29. 证人吴正权、吴汉潮（增城市荔城街迳吓村村长、出纳）的证言证实：梁培堃在迳吓村五社分三次征用约 1150 亩的地，其中 2003 年 3、4 月征用后龙山约 700 亩地，合同落款时间是 1996 年，550 万元征地款是 2004 年 12 月才开始支付，迳吓联社收取 50 万元管理费，余款支付给迳吓村五社。

30. 证人吴叔新（迳吓村五社会计）的证言证实：梁培堃先后三次征用迳吓村五社约 1000 亩地，征地款已收齐，已分给农民。

31. 证人吴刘明（原增城市荔城街三联村村长）的证言证实：1992 年至 1993 年，梁培堃在三联村共征 500 亩地，并以公司的名义办理征地手续，其在《用地申请表》中签名及盖章。

32. 证人张何全、吴顺发、罗房深（荔城街三联村委会党支部书记、委员、文书）的证言证实：2002 年 12 月，三联村委会收到市土地开发储备中心支付的 100 万元土地补偿款，补偿的土地是 1992 年 10 月被征用。

33. 证人吴宪章（三联村伯公吓合作社会计）的证言证实：1992 年，梁培堃征用该社土地 31 亩，当时已支付大部分征地款，2002 年付清 40 多万元余款。

34. 证人张罗聪、张世同、张木生、张金海（分别为三联村隔田合作社原社长、社长、会计、出纳）的证言及提供的收款收据证实：1992 年梁培堃征用该社约 400 亩地，2002 年梁培堃支付补偿款 290 万多元，2005 年之后又分三次支付补偿款共 92 万元，土地补偿款已全部收齐。

35. 证人吴玉芳、吴伟霞（原三联村大巷合作社主任、会计）的证言证实：梁培堃的公司征用大巷合作社位于沙派岭和鸭仔园约 210 亩土地，该社已收到征地补偿款约 50 万元，补偿款是否收齐二人均不清楚。

（三）被告人供述：

1. 被告人梁培堃的供述：1999 年之前，其公司在荔城镇三联村征用了 1000 多亩地，并且办理了合法的用地手续。2000 年，荔城镇政府提出与其合办三联工业园，作为筹码其要求荔城镇政府为其补办工业园北边 9 宗 780 多亩地的国土手续，其中 1 宗是属三联村，其余 8 宗属迳吓村。1999 年前，邱伯禅、刘亚淦、黎荣志分别担任荔城镇国土所所长、副镇长和市国土局副局长，2000 年 11 月其找三人帮忙在《用地申请表》签署审批意见并将日期倒签为 1994 年至 1997 年，另外其找人冒签原副市长曾达宏的审批意见以及伪造所需的《立项批复》和《建设用地规划许可证》。这些资料交到增城市国土局，于 2001 年 1 月领取了 9 宗地的《建设用地批准书》。办妥国土手续后，其公司与迳吓村五社签订了征用 300 多亩地的协议书，还有 400 多亩地由于存在权属争议没有签订征地合同，但补偿款在 2004 年已支付给各合作社。这 9 宗地的《建设用地批准书》后因原人工测量的用地红线图与新的航拍红线图不一致于 2004 年重新办理。

2003 年前后，其在迳吓村五社共征用了 1150 多亩地，签订了三个征地合同，分别是 330 亩、700 亩和 120 亩。2003 年 8 月，当时任荔城镇副镇长的郑健明向其透露香港和黄集团将在荔城建设大型商住项目需要五六千亩地，并说搞工业赚不到钱，要其留地到时转卖给和黄公司赚大钱，但当时其手上的土地除了被市土地开发储备中心收回9宗三联村的土地用于搞三联工业园，其公司只有迳吓村与三联村交界14宗地近1300亩有合法手续，还有2000亩迳吓村的其他土地没有合法手续。郑健明问其如何解决，其提出可以使用一些1997年的征地手续，但没有立项和规划。郑健明答应出面协调搞定用地红线图、立项批复和规划证。因为1997年的手续是同意征用三联村和迳吓村的土地，征用山角村的土地需要改动有关内容，这部分工作由其负责。郑健明经过协调，规划局还是不同意帮办规划证，郑健明要求其做些假的规划证来应付，其按郑健明的指引，拿已有的《规划许可证》复印件找社会人员伪造了20多份迳吓村的土地《规划许可证》，后来又安排公司员工赖翠玲伪造了山角村14宗地的《规划许可证》和《立项批复》。

原来的征地手续是其利用政府部门管理漏洞保留下来的。按规定，征用一块地需要一式三份的资料，分别交给镇政府、规划局和国土局。但之前征用三联村和迳吓村的土地时，交给镇政府和规划局的资料都是复印件，留下两份原件。其安排公司员工崔德荣、陈暐等人对19份《用地申请表》原件进行涂改后套用，不足部分其找郑健明再提供18份已盖了迳吓村委、国土所及镇政府公章的空白的《用地申请表》进行填写，然后在街边找人冒签了邱伯禅、刘亚淦、黎荣志、曾达宏的签名和审批意见，所有资料上的时间都是倒签的。因为是征用山角村的土地，但征地手续实际上是征用迳吓村五社的地，为了避免日后发生争议，其要求迳吓村五社社长吴何锦及山角村党支部书记吴远威都在《用地申请表》、《计划征用荔城镇行政区域内土地申请表》及《征用土地协议书》上签名及盖章。2003年9月，其与郑健明找到市国土局测量队队长汤廖文，要求廖汤文以“荔城镇迳吓村第五社”的名义出具迳吓村及山角村的红线图，郑健明特别交代时间要倒签回1996年和1997年。测量队作出用地红线图后，经郑健明的协调，负责审批红线图的吴锦芳在图纸上签名及盖章，之后其通知吴何锦、吴远威在图纸上盖章确认。所有办证资料办齐后，经过郑健明的沟通，其将资料直接送到市国土局用地科。2004年3、4月，其领到21宗1952.549亩地的《建设用地批准书》；2004年8、9月，其领到14宗1273.702亩地的《建设用地批准书》。

2004年6月23日，市土地开发储备中心第二次回收21宗土地。2005年9月15日，第五次回收14宗土地。2005年5月，市土地开发储备中心通过挂牌拍卖方式将回收的部分土地出让给和黄公司建设“和黄城”项目。市土地开发储备中心共回收其公司4000多亩土地，其公司收到土地补偿款共1.6亿多元，除了支付农民征地款和青苗款，大部分用于偿还债务。此外，其划款500万元到香港炒股，以张俊雄的名义开设的炒股账户约有490多万元港币，共送了300多万元给黄士峰等人，在广州、珠海、荔城等地以亲友名义购买了多处房产。

被告人梁培堃分别对涉案的21宗和14宗用地档案进行签认，确认35宗用地档案是其和公司员工通过倒签征地日期，涂改、伪造征地批文及套用批文的方式办理的。

2. 被告人吴远威的供述：梁培堃从2000年至2005年11月征用山角村七社、八社、九社、十四社共1720亩土地，其以村委会的名义在征地合同上签名盖章。迳吓村五社原属山角村八社，2000年发放山权证时确认迳吓村五社的山地仍属山角村，所以梁培堃办理征用迳吓村五社土地的用地手续时，其协助梁培堃在相关资料上签名和盖章进行确认，这些资料有《用地申请表》、《计划征用荔城镇行政区域内土地申请表》及《征用土地协议书》，每块地都含有上述三份资料。其共三次帮梁培堃确认办证资料，第一次是梁培堃征用迳吓村五社约330亩地之后，其确认约十多套资料。该批资料中的“用地申请表”有涂改痕迹，还留有三联村的印章，其只签名和盖章，没有签时间；第二次是梁培堃征用山角村九社130亩地及七社、十四社400亩地之后，其确认了6套资料，梁培堃以迳吓村五社的名义办证，该批办证资料没有涂改过，但时间均倒签到1995年至1997年；第三次是梁培堃征用迳吓村五社700亩及120亩两块地之后，其确认了10套资料。同时，其还帮梁培堃三次盖章确认用地红线图。其不知道梁培堃征地是为了交政府回收。

被告人吴远威签认涉案35宗用地档案，确认其中34份《用地申请表》、《征用土地协议书》中村委会意见栏由其签名并加盖山角村委会公章，事先写好的签名时间与事实不符，实际时间是2001年至2005年。

被告人吴远威对梁培堃的公司与山角村村委及各社签订的《征用土地协议书》进行了签认，确认其中部分协议的签订时间是倒签的。

3. 被告人吴何锦的供述：梁培堃从2003年起三次与迳吓村五社签订协议，共征用1150亩土地，第一、二份征地协议书上其只签名盖章，没注明日期，第三份协议书其按梁培堃的要求将日期签回1996年8月。其分三次帮梁培堃签名盖章确认办证资料，这些资料包括《用地申请表》、《计划征用荔城镇行政区域内土地申请表》及《征用土地协议书》等。第一次是梁培堃征用迳吓村330亩地之后，梁培堃让其确认了700亩地的办证资料；第二次是梁培堃征用迳吓村120亩地之后，梁培堃让其确认了300亩地的办证资料；第三次是梁培堃征用迳吓村700多亩地之后，梁培堃让其确认了1000多亩地的办证资料。所确认的办证资料上的日期都是倒签的，其中有些《用地申请表》还被涂改过，每次确认办证资料的同时也在配套的用地红线图上盖章确认。其在梁培堃倒签日期的办证资料上签名仅为了帮梁培堃办理征地手续，并不知道梁培堃征地是为了骗取土地回收款。

被告人吴何锦签认涉案35宗用地档案，确认其中34份《用地申请表》、《征用土地协议书》和用地红线图有其亲笔签名及加盖迳吓村五社公章并倒签时间。

4. 被告人崔德荣的供述：其自1999年在穗联公司任会计兼业务，梁培堃没有按照合法程序征地，2001年以后征用迳吓村五社以及山角村的土地时，都是通过倒签征地日期、涂改批文、套用批文以及伪造批文的方式进行征地。在梁培堃造假征地过程中，其主要工作是填写申办征地文件的相关内容、落款日期及涂改批文等。这些文件包括《用地申请表》和《征用土地协议书》，2001年以后填写上述资料，而落款日期按梁培堃的要求倒签回1995年至1997年。用于涂改的《用地申请表》都是梁培堃征用三联村1000多亩地和后来补办迳吓村五社700多亩征地手续时留下来的，其知道梁培堃使用涂改的批文去申办国土证。

被告人崔德荣对涉案的35宗用地档案进行签认，确认其中的《用地申请表》、《计划征用荔城镇行政区域内土地申请表》、《申请征地报告》、《征用土地协议书》由梁培堃安排其和其他公司员工进行涂改后重新填写及倒签日期。

5. 被告人陈暐的供述：其自2002年底至2006年11月在金徽公司任会计，2004年梁培堃安排其填写一批征地的办证资料，包括《用地申请表》、《计划征用荔城镇行政区域内土地申请表》和两份《征地协议书》。梁培堃以金山公司名义办证的资料大部分由其填写，资料中都是申请征用迳吓村五社的土地，其没有涂改过批文，但填写时其中有些批文已经有涂改和刮改的痕迹。其没有在办证资料上填写日期，部分资料事前已写上日期，一般都是1997年以前的日期。其知道梁培堃用这些资料去办理征地手续，但不知梁培堃征地的用途，更不知道梁培堃征地是为了交政府回收。

被告人陈暲对涉案的35宗用地档案进行签认，确认其中的《用地申请表》、《计划征用荔城镇行政区域内土地申请表》、《申请征地报告》、《征用土地协议书》由梁培堃安排公司员工涂改后重新填写内容及倒签日期，其本人填写了部分内容。

6. 被告人赖翠玲的供述：其自2003年9月至2005年9月在金徽公司任文员，2003年10月，其按梁培堃的要求用电脑打印及复印了十多份增城市计划局《关于建设商住项目用地计划立项的批复》、《申请征地报告》、《征用土地协议书》及《建设用地规划许可证》。其伪造的资料都是金山公司的办证资料，梁培堃用这些批文办理征用山角村及迳吓村土地的手续，其曾经送过一批办证资料到国土局给用地科的赖照梅，但不清楚梁培堃征地是否为了交政府回收。

被告人赖翠玲对涉案的14宗用地档案进行签认，确认其中的《增城市计划局关于建设商住综合用地计划立项的批复》及《建设用地规划许可证》是梁培堃安排其用电脑打印及复印的方式伪造的。

二、2000年3月19日和6月26日，被告人梁培堃以穗联公司的名义与增城市正大房地产有限公司（以下简称正大公司）法定代表人刘永福签订两份《代办〈建设用地批准书〉协议书》，约定由穗联公司为正大公司代办坐落于增城市荔城镇金竹岗625.711亩地的《建设用地批准书》，正大公司支付穗联公司办证费用18691197元，联穗公司负责缴纳办证费。梁培堃通过伪造《用地申请表》、《计划征用荔城镇行政区域内土地申请表》、《建设用地规划许可证》等相关资料违规向增城市国土部门办理了八宗地的《建设用地批准书》，正大公司先后支付办证费用12152900.39元。正大公司取得八份《建设用地批准书》后，除了四份退回增城市国土局作废外，将其余四份用作银行抵押贷款、抵偿债务及交政府回收获取补偿。

上述事实，有经庭审举证、质证，本院予以确认的下列证据证实：

1. 《接受刑事案件登记表》和《立案决定书》证实：2006年4月，正大公司法定代表人刘永福报案称，穗联公司法定代表人梁培堃利用伪造公文、印章等方式，诈骗其公司支付的办证费2030万元，增城市公安局遂立案侦查。

2. 增城市国土资源和房屋管理局提供的正大公司位于荔城街金星村的四宗土地登记档案和四宗土地的《建设用地批准书》及存根证实：（1）正大公司曾在增城市国土资源和房屋管理局办理涉案八宗土地的用地手续，其中四宗土地的《建设用地批准书》后被注销。(2）用地档案中的《土地使用权出让合同书》、《征地协议书》上显示有刘永福的签名及正大公司的盖章，日期是倒签的。(3）［2000］73号《建设用地批准书》发证日期为2000年3月31日，该地块（97.425亩）被正大公司抵押给中国工商银行增城支行；2005年12月31日，增城市土地开发储备中心协议回收该地块，正大公司获得土地补偿款2037.425万元。(4）［2000］146号《建设用地批准书》发证日期为2000年7月10日，2000年9月14日，该地块（67.89亩）在中国工商银行增城支行作借款抵押；正大公司欠蒋国祥借款600万元未还，2002年7月增城市人民法院裁定以该地块抵偿债务过户给蒋国祥；2003年10月31日，增城市土地开发储备中心协议回收该地块，补偿蒋国祥土地款624.588万元。（5）［2001］32号《建设用地批准书》发证日期为2001年4月4日，因债务纠纷，2003年7月18日增城市人民法院裁决将该地块（90.107亩）作价660万元抵偿给梁培堃、张松溪；2004年3月3日，增城市土地开发储备中心协议回收该地块，补偿梁培堃、张松溪土地款738.877万元。

3. 增城市城市规划局出具的《证明》证实：增城市公安局提供的用地单位为正大公司的八份《建设用地规划许可证》复印件与增城市城市规划局存档资料均不相符，该八份规划许可证不具有真实性。

4. 增公刑鉴通字［2007］831号鉴定结论、穗公经技字检字（2007）第054号《文检鉴定书》证实：涉案四宗土地的《用地申请表》和《计划征用荔城镇行政区域内土地申请表》中邱伯禅、刘亚淦、黎荣志的字迹分别是邱伯禅、刘亚淦、黎荣志本人所写。

5. 正大公司与穗联公司签订的四份协议，包括两份《代办〈建设用地批准书〉协议书》、一份《协议书》及一份《结算协议书》，证实：2000年3月至11月，正大公司委托穗联公司代办8宗用地的《建设用地批准书》，应付办证费18691197元。

6. 广东省增城市人民法院（2004）增法民一初字第204号民事判决书证实：（1）2004年7月13日，增城市人民法院判决被告正大公司向原告金徽公司支付土地办证费500万元，判决同时认定正大公司在2000年11月25日前已付860万元，之后付3552900.39元，尚欠6538296.61元。（2）正大公司及刘永福在答辩意见中称，由于原告（联穗公司）没有按确定及有关法律的规定为被告办理《建设用地批准书》，没有为被告办理规划许可证，至今没有办理合法有效的《建设用地批准书》，故请求驳回原告的诉讼请求。

7. 被害人刘永福的陈述证实：正大公司于1998年11月18日成立，2000年3月19日和6月26日其代表正大公司与梁培堃签订《代办〈建设用地批准书〉协议书》两份，约定由梁培堃的穗联公司代办八宗共600多亩地的《建设用地批准书》，正大公司支付梁培堃办证费1800多万元。办证资料由梁培堃提供给国土部门，其将正大公司的印章交给梁培堃办证时使用。办证过程中，其共支付给梁培堃1800万多元的办证费。办好八套证件后，梁培堃交给其一套证件，三套证件经其同意用于办理抵押，另外四套证件退还给雁塔公司。

8. 证人周桂何（穗联公司文员）的证言证实：2000年3月，梁培堃以穗联公司的名义与刘永福的正大公司签订《代办〈建设用地批准书〉协议书》，约定由穗联公司代正大公司办理280亩地的《建设用地批准书》。合同签订后，梁培堃联系国土局测量队做现场测量及出具红线图，安排公司职员在空白的办证资料上填写内容，安排其打印《申请征地报告》。2000年6月，梁培堃又与正大公司签订协议，约定由穗联公司为正大公司代办350亩地的《建设用地批准书》。办证资料基本上由穗联公司负责，需要正大公司提供资料或签名盖章时才由正大公司协助，所有办证资料日期都是倒签到1994年至1996年。梁培堃将办证资料交到增城市国土局，2000年底或2001年初时办出了《建设用地批准书》。

证人周桂何对两份《代办〈建设用地批准书〉协议书》及涉案土地的用地资料进行了签认。

9. 被告人梁培堃的供述：2000年春节后，正大公司刘永福找其代办位于荔城镇金星村金竹岗280亩地的《建设用地批准书》。2000年3月19日，双方签订协议书，约定由穗联公司代办《建设用地批准书》，办证费用850万元。合同签订后，其联系市国土局测量队出具用地红线图，安排公司员工对其公司1993年和1994年征用三联村1300多亩地时留下的《用地申请表》、《计划征用荔城镇行政区域内土地申请表》等批文内容进行了涂改，然后将涂改过的批文送到金星村委补签名及盖章，并在外面找人冒签《沈满棠》、《曾达宏》的审批意见，还伪造了相关的《立项批复》和《建设用地规划许可证》，安排公司员工填写《土地使用权出让合同书》和《征用土地协议书》等相关的文书。2000年3月，其将伪造、变造的资料送到增城市国土局办证。2000年3月至2001年，从国土局领取《建设用地批准书》交给刘永福。2000年6月26日，双方又签订协议，其公司继续为正大公司代办金星村金竹岗约350亩地的《建设用地批准书》，办证费1000万元。合同签订后，其按照代办280亩地《建设用地批准书》的方式，采用涂改、伪造批文及倒签日期的方式，办理了该份协议中的350亩地的《建设用地批准书》，并在2000年7月初领取了5块地的《建设用地批准书》。其中4块地是雁塔公司转让给正大公司的。《建设用地批准书》批出10天后，雁塔公司向正大公司要回该4块地，刘永福通知其到国土局将该4块地的《建设用地批准书》注销。当时按正常程序，这些土地都是办不了证的，只有通过造假的方式才能办到。刘永福是知道其通过倒签日期的方式来办证的。正大公司只支付代办证费约860万元，还有约1000万元未付。刘永福当时办这些用地手续主要是为了用作抵押贷款的。

被告人梁培堃对两份《代办〈建设用地批准书〉协议书》及为刘永福代办的土地资料进行了签认。

10. 被告人崔德荣的供述：穗联公司代正大公司办理位于荔城镇金星村金竹岗630亩地的《建设用地批准书》过程中，梁培堃安排其帮忙拼贴红线图及填写办证资料，将日期倒签为1993年至1996年。

被告人崔德荣对梁培堃代正大公司办理的八宗土地档案资料进行签认，确认用地资料中的大部分内容是梁培堃安排其填写并倒签日期。

三、2000年至2005年10月，被告人梁培堃在伪造征地资料骗取土地使用权后交国土部门回收获取补偿款的过程中，为顺利办理相关手续及尽快领到土地补偿款，先后向黎荣志等9名国家工作人员行贿，赠送的财物共价值人民币391.55万元。具体分述如下：

1. 2001年上半年，被告人梁培堃为答谢在伪造申办用地手续过程中为其倒签批文的增城市国土资源和房屋管理局副局长黎荣志、增城市荔城镇副镇长邱伯禅、增城市荔城镇人大主席刘亚淦的帮忙，分别送给黎荣志、邱伯禅现金各人民币1万元及大宇牌小轿车各一辆（税价合计分别为人民币16.8万元、人民币16.55万元），送给刘亚淦别克牌赛欧小轿车一辆（税价合计人民币11.2万元）。

2. 2004年3月份，被告人梁培堃为感谢增城市土地开发储备中心副主任杨山在回收其闲置土地的补偿价格上给予关照，送给杨山人民币10万元。

3. 2004年中秋节前和2005年春节前，被告人梁培堃为了尽快收到土地补偿款，送给增城市土地开发储备中心征地科科长吴宇杰共人民币2万元。

4. 2004年8月份，被告人梁培堃为尽快收到土地补偿款，送给增城市土地开发储备中心主任、增城市国土资源和房屋管理局副局长黄玉祥人民币20万元。

5. 2005 年 6 月，梁培堃在其征用的土地被增城市国土部门回收及获得补偿款之后，为答谢增城市荔城街道办事处主任黄士峰在土地整合和回收过程中的帮助以及方便日后继续得到其支持，梁培堃提出送钱给被告人黄士峰，并提议黄士峰到香港开设银行账号接收。同年 7 月 2 日，被告人黄士峰在香港上海汇丰银行开设账户并将账号告知梁培堃，梁培堃随后分三次划款港币 305 万元到黄士峰的账户。

6. 2005 年 9 月，被告人梁培堃为感谢增城市国土资源和房屋管理局用地科副科长赖照梅在其申办《建设用地批准书》过程中提供的帮忙，送给赖照梅人民币 3 万元。

7. 2005 年 10 月，被告人梁培堃为感谢增城市国土资源和房屋管理局用地科科长周扩洪在其申办《建设用地批准书》中提供的帮忙，送给周扩洪人民币 5 万元。

上述事实，有经庭审举证、质证，本院予以确认的下列证据证实：

1. 受贿人黎荣志的供述：其任增城市国土局副局长期间，2000 年的一天，梁培堃拿荔城镇三联村与迳吓村交界约 750 多亩土地的 30 份《用地申请表》找其帮忙倒签审批意见，其在《用地申请表》上国土局一栏填写“符合用地条件，呈报市领导审批”的审批意见，并将签批日期倒签回 1997 年。2001 年 2 月，梁培堃约其和邱伯禅到东莞玩，为了感谢其与邱伯禅的帮忙，梁培堃分别送给其和邱伯禅各 1 万元。2001 年 4 月，梁培堃又约其与邱伯禅到广州市机场路附近一家汽车销售部挑选汽车，梁培堃购买三辆大宇牌小轿车，以梁培堃的名义上牌，将其中一辆小车（粤 A2N687）借其使用。

受贿人黎荣志对其倒签《用地申请表》的 8 宗土地的示意图进行了签认。

2. 受贿人邱伯禅的供述：其担任荔城镇副镇长期间，有一天梁培堃拿荔城镇迳吓村和三联村附近 9 宗约 800 亩土地的 30 多份《用地申请表》找其帮忙签批，其在申请表上签批了“符合用地条件，同意呈有关部门审批”的意见，并将时间倒签至其任荔城镇国土所所长的 1994 年和 1995 年。之后，梁培堃约其与黎荣志到东莞玩，其间梁培堃为了感谢其与黎荣志帮忙补办征地手续，分别送给其与黎荣志各 1 万元。2001 年的一天，梁培堃约其与黎荣志到广州市机场路附近一家汽车销售部挑选汽车，梁培堃购买了三辆大宇牌小轿车并以梁培堃的名义上了牌，其挑选了一辆车牌为粤 A2N402 的小车，一直使用至今。

受贿人邱伯禅对其倒签的 8 份《用地申请表》进行了签认。

3. 受贿人刘亚淦的供述：其担任荔城镇人大主席期间，2000 年的一天，梁培堃找其补签征用三联村土地的手续，其在《用地申请表》中签署了“同意用地”的意见，并将签署时间提前至其担任荔城镇副镇长的 1995 年。2002 年 5 月，梁培堃借了一辆别克赛欧的小车（车牌为粤 A5N080）给其使用。2005 年 12 月，其将该车过户到女儿刘慧媛名下，没付购车款给梁培堃。其认为该车是梁培堃为了多谢其帮忙补签《用地申请表》而送给其的，其没有在梁培堃的公司打过工。

4. 受贿人杨山的供述：其担任增城市土地开发储备中心副主任期间，土地开发储备中心负责与梁培堃进行收地谈判、修订收地协议等工作，梁培堃认为其在土地补偿价格上能够给予关照，所以送钱给其。2004 年 3 月的一天晚上，梁培堃到其家楼下，将一个礼品袋放在其车后座后离开，其回到家中，打开礼品袋，发现里面装有一条香烟和 10 万元人民币现金。收到梁培堃的钱后，只要拟定的补偿价格在局务会议所定的补偿幅度内，其再没有压价。

5. 受贿人吴宇杰的供述：增城市土地储备开发中心安排征地科负责第二期和第三

期的闲置土地回收工作，其帮梁培堃做了许多具体工作，梁培堃的土地补偿款须经征地科提出意见和呈送审批后才能支付。2004 年下半年和 2005 年春节前，梁培堃各送 1 万元给其。

6. 受贿人黄玉祥的供述：增城市国土资源和房屋管理局回收梁培堃的闲置土地期间，2004 年下半年的一天，其接到梁培堃的电话后，开车到梁培堃的公司楼下，梁培堃将装有 20 万元的塑料袋放在其车上，并说希望其能够尽快支付土地补偿款。因为其是增城市国土资源和房屋管理局副局长兼土地开发储备中心主任，梁培堃的土地补偿款要经其签名批准，梁培堃想尽快收到补偿款，所以才送 20 万元给其。收了梁培堃的钱后，当土地开发储备中心有资金时，其优先按照合同付款给梁培堃。

7. 受贿人黄士峰的供述：2004 年，其上任荔城街道办事处主任后，荔城街配合增城市国土局和土地开发储备中心对梁培堃的闲置土地进行整合回收，其安排分管国土的副主任郑健明协助国土局做好工作，从而使得梁培堃的闲置土地能顺利被整合回收，梁培堃从中获得巨额利润。2005 年六七月的一天，梁培堃到其家中，表示感谢其大力帮助整合土地并希望其继续帮助，提出送钱给其，让其到香港开个账户接收。其到香港上海汇丰银行开设一个账户并将账号告诉梁培堃。后来，梁培堃打电话告知其已将 300 万港元划到其账户。

8. 受贿人赖照梅的供述：2004 年，其按照科长周扩洪的吩咐对梁培堃公司提交的迳吓村约 2000 亩土地的资料进行审查，其审查后认为资料齐全，周扩洪就吩咐其他人出具了 22 份《建设用地批准书》。这 2000 亩土地被增城市土地开发储备中心回收，并挂牌拍卖给和黄公司。不久，梁培堃公司又提交迳吓村约 500 亩土地的资料，周扩洪还要求其继续审查，其审查后周扩洪安排其他人出具了《建设用地批准书》。2005 年 9 月，梁培堃送给其一个装有燕窝和茶叶的袋子，其打开茶叶盒发现里面有 3 万元现金。

受贿人赖照梅对经其审查的 22 宗土地《建设用地批准书》的证号进行签认。

9. 受贿人周扩洪的供述：其担任增城市国土局用地科科长，用地科负责对申请用地单位提交的资料进行审查。2003 年底至 2004 年初，增城市国土局局长张俊雄批示其严格审查梁培堃公司在三联工业园的几宗历史用地资料，其吩咐副科长赖照梅具体审查，之后要求陈秋满出具这 22 宗土地的《建设用地批准书》。2005 年的一天，梁培堃拿一袋水果到其家中表示感谢，梁培堃走后，其发现水果中有 5 万元人民币。

10. 增城市荔城镇政府与金徽公司签订的《联合开发三联工业园土地的协议》证实：2003 年 8 月 19 日，增城市荔城镇政府与金徽公司签订协议，约定由增城市国土资源和房屋管理局收回金徽公司的闲置土地，交由双方成立的项目公司共同开发。被告人黄士峰及梁培堃分别代表合同双方签字。

11. 增城市荔城街道办事处与增城市土地开发储备中心签订的《关于原荔城三联工业园土地整合使用协议》证实：2004 年 4 月 9 日，增城市荔城街道办事处与增城市土地开发储备中心达成协议，由增城市土地开发储备中心负责三联工业用地的整合和回收，交给荔城街道办事处负责招商开发，荔城街道办事处配合和协助国土局的工作。被告人黄士峰代表增城市荔城街道办事处在合同上签字。

12. 增城市荔城街道办事处提供的《关于荔城三联工业基地第二期土地整合问题的工作会议纪要》证实：2004 年 5 月 20 日，增城市国土局、增城市土地开发储备中心、荔城街道办事处、金徽公司召开工作会议，被告人黄士峰及梁培堃分别代表荔城街道办事处和金徽公司参加会议。会议同意增城市国土局收回金徽公司的闲置土地作政府储备用地。

13. 被告人黎荣志使用的大宇牌蓝龙小轿车（粤 A2N687）的销售发票和机动车登记资料证实：该车车主是梁培堃，税价合计人民币 168000 元。

14. 被告人邱伯禅使用的大宇牌蓝龙小轿车（粤 A2N402）的销售发票和机动车登记资料证实：该车车主是梁培堃，价费合计人民币 165500 元。

15. 被告人刘亚淦使用的别克小轿车（粤 A5V080）的购买发票和行驶证证实：该车的最初购买人是杨吴远，车主是刘慧媛，价费合计人民币 112000 元。

16. 证人杨吴运的证言：其帮梁培堃在金山市场管理工地，梁培堃买了一辆别克赛欧汽车（车牌粤 A51V080）给其使用，后来梁培堃让其将车给刘亚淦用，之后其还帮忙将该车过户到刘亚淦女儿的名下，其没收过刘亚淦的购车款。

17. 被告人梁培堃的供述：2000 年，其在三联村的 8 块土地用地手续不齐全，找黎荣志、邱伯禅、刘亚淦帮忙补办，三人在申请表上签署意见并倒签时间，所以一直很感谢三人。2001 年 2 月，其约黎荣志和邱伯禅到东莞玩时，给黎荣志和邱伯禅各 1 万元，另外，买了两辆大宇牌小轿车借给二人开。2002 年 5 月，其让公司副经理杨吴运将一辆别克赛欧小轿车送给刘亚淦，该车系其购买的，以杨吴运的名字上牌，后来刘亚淦将该车过户给自己的女儿。

增城市土地开发储备中心联合增城市荔城镇政府对其位于三联村、迳吓村和山角村的闲置土地进行整合和回收，杨山是增城市土地开发储备中心副主任，具体负责收地谈判和起草修订协议，其希望杨山在补偿价格上给予关照，对协议条款不要过严。2004 年 3 月的一天晚上，其在杨山家的楼下将一个装有 10 万元人民币和一条香烟的礼品袋放进杨山的车内，并对杨山说收地的事请他帮下忙。之前杨山在商谈收地时讲过根据中央规定政府收回闲置土地是不能给其补偿的，态度严肃，送钱给他之后就没再出现麻烦。

吴宇杰是增城市土地开发储备中心征地科科长，收取土地补偿款需要他出具证明和核实金额后，才能报土地开发储备中心领导审批。其希望吴宇杰能够帮忙尽快办好付款手续以便顺利收到补偿款，2004 年中秋节前和 2005 年春节前，其各送 1 万元现金给吴宇杰。

增城市土地开发储备中心决定收回其征用的部分土地，按合同要支付土地补偿款给其。2004 年 8 月的一天，其打电话给黄玉祥，黄玉祥开车到其公司楼下，其提着一个装有现金 20 万元人民币的塑料袋上了黄玉祥的车，对黄玉祥说请帮忙尽快给其补偿款，黄玉祥答应尽力帮忙，收下 20 万元后开车走。黄玉祥是土地开发储备中心主任，收地的补偿款要黄玉祥签名同意后才能拨款，其急于收到补偿款，所以才送钱给黄玉祥。送钱给黄玉祥之后，收取补偿款都很顺利，多亏黄玉祥的帮忙。

其位于荔城镇三联村、迳吓村和朱村镇山角村的大片土地除部分开发外，大部分土地处于闲置状态，经济十分困难。黄士峰上任荔城街道办事处主任后，增城市土地开发储备中心联合荔城街道办事处对荔城镇金三角的土地进行整合回收，由荔城街道办事处负责招商。在整合回收过程中，黄士峰安排荔城街道办事处副主任郑健明负责做农民的工作，使整合回收工作能够顺利进行，其顺利收到了土地补偿款。2005 年 8 月的一天，其对黄士峰讲，很感谢黄士峰的帮忙，不过补偿标准过低，还有几百亩土地政府未回收，希望黄士峰帮其尽量提高补偿标准，黄士峰表示尽力帮忙。其提出送钱给黄士峰，叫黄士峰到香港开个账户。黄士峰到香港开设账户后，打电话将账号告知其。其通过朋友划款 175 万港元到黄士峰的账户，之后其又从自己在香港上海汇丰银行开设的账户上划款 130 万港元到黄士峰的账户。

赖照梅是增城市国土资源和房屋管理局用地科副科长，其通过找人冒签领导签名及用剩下的用地审批资料办理部分土地的《建设用地批准书》要经过她审查。赖照梅审查时没有卡其，还为其了解有关土地档案情况提供方便。2005 年 9 月，其将一袋燕窝和 3 万元人民币现金送给赖照梅，感谢赖的帮忙。

周扩洪是增城市国土资源和房屋管理局用地科科长，用地科为其出具《建设用地批准书》中的大部分土地是其通过找人冒签领导签名和用剩下的用地审批资料扩大征用的，周扩洪不但没有给其添麻烦，而且在商谈收地和追收补偿款上为其讲好话。2005 年 10 月的一天，其提着一个装有 5 万元人民币现金和茶叶、洋酒的胶袋到周扩洪家中，向周扩洪表示感谢。

被告人梁培堃对其于 2000 年 11 月找刘亚淦、邱伯禅、黎荣志审批并倒签日期的 8 份“用地申请表”及土地示意图进行了签认；对其划款入黄士峰在香港上海汇丰银行有限公司账户的三张 130 万元、145 万元、30 万元的转账凭证进行了签认。

（18）增城市人民检察院出具的破案报告证实：检察机关根据增城市委交办线索，反映梁培堃涉嫌行贿犯罪，2005 年 12 月 15 日将梁培堃抓获归案。

另查明：

一、1993 年 1 月和 1994 年 4 月，被告人梁培堃以穗联公司的名义与增城县建设综合开发公司（以下简称开发公司）分别签订了《有偿转让土地协议书》及《变更有偿转让土地协议书》，约定由穗联公司将坐落于荔城镇三联村约 210.53 亩土地转让给开发公司，转让价格为 1911.6124 万元。开发公司先后支付了转让费共 1075 万元，余款约定办妥土地使用证再付清。穗联公司依约办妥土地转让手续，由于资金原因开发公司一直未领取国土使用证。2002 年 12 月，穗联公司将上述土地使用权交增城市国土局回收并获得土地补偿款。穗联公司收取开发公司的 1075 万元土地转让款至今未退还给开发公司。

上述事实，有经庭审举证、质证，本院予以确认的下列证据证实：

1.《接受刑事案件登记表》和《立案决定书》证实：2006 年 6 月，开发公司向增城市公安局报案称，被穗联公司的梁培堃诈骗土地转让款 1075 万元，增城市公安局遂立案侦查。

2. 开发公司出具的《控告书》证实：2006 年 5 月，开发公司向增城市公安局控告梁培堃于 1993 年 1 月与该公司签订有偿转让土地协议，收取土地转让款 1075 万元后至今未将土地交给该公司，2003 年梁培堃将上述土地转让给增城市土地开发储备中心，收取补偿款项后又不退回给该公司。

3. 开发公司与穗联公司签订的《有偿转让土地协议书》及《变更有偿转让土地协议书》证实：1993 年 1 月和 1994 年 4 月，穗联公司将位于荔城镇三联村约 210.53 亩土地转让给开发公司，总价款 1911624 元；开发公司在 1994 年 3 月前给付 1075 万元，余款 8366124 元在穗联公司办妥并交付土地使用许可证后付清；办理领证的规费，可由开发公司直接支付，后在转让土地款中扣除；开发公司不能依期付清余款，按月息 2 分利率计算利息直至付清为此。鉴于穗联公司转让的土地，许可证已办妥报批手续，由于开发公司资金原因暂不能领取国土使用证，从 1994 年 4 月 1 日起，如遇政策性需要增加的领证规费，由开发公司自行负责。

4. 开发公司提供的八张收款收据（其中五张以三联村民委员会名义开具）证实：开发公司已付穗联公司土地转让款 1075 万元。

5. 广州市公安局的《文检鉴定书》证实：三份收款收据中“张何金”的签名及“增城县荔城镇三联村村民委员会”的印章都是虚假的。

6. 增城市国土资源和房屋管理局建设用地科出具的《关于增城市建设综合开发公司土地查询情况的说明》证实：建设用地科没有开发公司位于荔城街三联村的土地资料。

7. 开发公司与广州市万旗投资发展有限公司、广州市信绮贸易发展有限公司签订的《协议书》证实：广州市信绮贸易发展有限公司通过债权转让取得开发公司的债权 1075 万元及利息。

8. 报案人夏芷淳（广州市信绮贸易发展有限公司职员）的陈述证实：1993 年 1 月 12 日及 1994 年 4 月 27 日，开发公司与梁培堃的穗联公司签订协议书，向穗联公司购买约 210.53 亩土地，转让价格 19116124 元。合同签订后，穗联公司收取了开发公司的 1075 万元，但至今未将土地交付给开发公司，之后梁培堃将上述土地转让给增城市土地开发储备中心，梁培堃收取了土地开发储备中心支付的补偿款后不退回给开发公司，致使开发公司损失 1075 万元。

9. 证人陈学舜（原开发公司副总经理）的证言证实：1993 年开发公司向梁培堃的穗联公司购买 210 多亩土地，已付给梁培堃买地款 1075 万元，还有约 800 多万元没付。按约定，梁培堃办好相关的土地证件交给开发公司，开发公司付清余款，后来梁培堃没交证，开发公司也没付清余款。

10. 证人张何金（增城市荔城镇三联村委会书记）的证言证实：三联村没有收到过开发公司支付的买地款，也没开过收据给开发公司。

张何金对盖有三联村村委会章的 8 张收据进行了签认，确认这些收据不是其亲笔签名，该村没有和开发公司有经济来往，公章是假冒的。

11. 被告人梁培堃的供述：1993 年 1 月 12 日，其公司与开发公司签订协议，转让三联村 331.319 亩土地给开发公司。1994 年 4 月 27 日，由于开发公司的资金问题，双方签订变更协议，其公司转让三联村 210.53 亩土地给开发公司。其公司收取了开发公司的买地款 1075 万元，还欠 8366124 元。开发公司提出降低价格，不开正式发票，所以其公司出具三联村的收款收据给开发公司，收据上的公章是假的，这样做的目的是避税。合同写明由其公司收齐买地款和办证费后，才将土地使用证交给开发公司，但开发公司没交齐买地款，且代办土地使用证后开发公司没钱领证，因时间太长，其公司没有将土地交给开发公司使用，1996 年前后开发公司欠款近 2000 万元，所以其到国土局注销了开发公司所购土地的使用证，这块地在 2002 年 12 月 2 日被政府收回。

二、1993 年 3 月至 1994 年 12 月，丘石清、郭华满、郑国安、刘佛清、梁永同、梁建明、江钟文、潘金生、吴森环、潘伯棉、朱振棠、王伙泉、王国锋、黄作庭等人与被告人梁培堃的穗联公司签订《房地产有偿转让协议书》，购买穗联公司位于荔城镇三联村鸭仔园地段的土地 2526.15 平方米（约 3.79 亩）作建房用地，支付购地款及平整土地和下水道等费用共计1556172元。签约后，双方一直未到有关部门办理土地使用权变更登记手续，直至2006年，上述购地者以被梁培堃诈骗购地款为由先后向公安机关报案。

上述事实，有经庭审举证、质证，本院予以确认的下列证据证实：

1.《接受刑事案件登记表》和《立案决定书》证实：2006年9月至2007年3月，丘石清、郭华满、郑国安、刘佛清、梁建明、江钟文、潘金生、吴森环、潘伯棉和朱振棠、王伙泉、黄作庭到增城市公安局报案称1993年至1994年间被梁培堃以有偿转让土地为名骗去购地款。

2. 报案人丘石清、郭华满、郑国安、刘佛清、梁建明、江钟文、潘金生、吴森环、潘伯棉和朱振棠、王伙泉、黄作庭的报案供述及提供的有偿转让协议书、收款收据证实：1993年3月至1994年12月，丘石清、郭华满、郑国安、刘佛清、梁永同、梁建明、江钟文、潘金生、吴森环、潘伯棉、朱振棠、王伙泉、王国锋、黄作庭等人与被告人梁培堃的穗联公司签订《房地产有偿转让协议书》，购买穗联公司位于荔城镇三联村鸭仔园地段的土地共计2526.15平方米作建房使用，已支付购地款及平整土地和下水道等费用共计1556172元。合同签订后，双方一直未办理土地过户手续。2005年，穗联公司关闭，梁培堃去向不明。

3. 增城市国土资源和房屋管理局建设用地科提供的《证明》及用地档案证实：（1）批准书号为增国土建用字［1995］43号穗联公司位于荔城镇三联村鸭仔园面积为24741平方米（约37.113亩）的土地，欠缴规费，于2006年5月被增城市国土资源和房屋管理局收回。（2）批准书号为增国土建用字［1994］219号（1994年7月25日发证，建设项目名称为成人俱乐部、商住区）穗联公司位于荔城镇三联村鸭仔园面积为45113平方米（约67.67亩）的土地，1999年3月26日转让出5080平方米，剩余面积为40033平方米，欠缴规费，无抵押、查封。

4. 辩护人提交的八份广州市中级人民法院（2001）穗中法房终字第01379至01386号民事判决书复印件证实：罗炼铮等8人于1994年向穗联公司购买位于荔城镇三联村鸭仔园的地块，穗联公司与8人一直没有办理转让过户登记手续，至2000年8人起诉至法院要求穗联公司返还购地款。法院经审理查明，1993年4月穗联公司领取三联村鸭仔园地块的《建设用地规划许可证》及签订《土地使用权出让合同书》，1994年7月领取了《建设用地批准书》，1997年增城市规划局对该地块作出规划图，2001年增城市国土局对《建设用地批准书》的建设项目名称从原来的成人俱乐部补充为商住区。2001年4月，增城市政府下发文件规定，企业征用的土地不得炒卖，不得将土地零星分割转让。2001年8月31日，增城市荔城镇招商办向法院出具证明表示，三联工业园中已保留了一个农贸市场、两个商住区，专门给穗联公司处理单位及私人购地的遗留问题。法院审理认为，双方签订的土地转让协议书有效，虽双方没有办理有关土地变更、转让过户登记手续，但有关部门已保留商住区专门给穗联公司处理单位及私人购地的遗留问题，双方应到有关部门办理土地使用权变更登记手续，终审判决驳回8人的诉讼请求。

5. 被告人梁培堃的供述：1993年其公司留有两块地卖给私人，分别是67.67亩和37.05亩，这两块都以穗联公司的名义取得《建设用地批准书》。1993年至1994年间，其公司卖了总共40亩地给丘石清等200户人家。按合同约定，合同签订后其公司都会提供《建设用地批准书》、《建设用地规划许可证》、《规划图》及《土地转让协议书》等资料给购地者到国土部门办理过户手续。但实际上仅有9户人家办理了过户手续，剩下近200户人家未办理过户手续，因为这些购地者不愿过户，这些人是为了炒地皮而买地，如果办理过户手续，以后转卖给土地国土部门又要收取登记费及交增值税。1997年增城市政府出台新规定控制土地过户，近200户人家至今未办理过户。收取的卖地款已用在公司的运作上，其建议将预留的土地按1996年的规划过户给购地者建房，或拍卖土地得款退还给购地者。

关于被告人梁培堃及其辩护人提出梁培堃的行为不构成诈骗罪的辩解和辩护意见，经查：

1. 1999年1月1日新的土地管理法实施后，增城市政府没有建设用地审批权，政府需要建设用地除依法报呈省政府或国务院审批外，还可以根据《增城市闲置土地处理暂行办法》将用地单位未按期开工建设造成闲置的土地回收作为建设用地。1999年前已取得用地批文但未缴纳出让金的闲置土地，增城市政府需要利用时可通过补办相关手续后回收。梁培堃正是利用了这一特殊政策，通过伪造资料虚构早在1995年至1997年已征用荔城镇迳吓村五社和山角村土地的事实，以补办手续为名申办国土使用证，然后冒充闲置土地交政府回收获利。事实上，涉案的3226亩土地并非梁培堃于1995年至1997年征用的土地，而是2003年之后才征用的土地，根本不符合补办手续的用地政策。

2. 20世纪90年代梁培堃在荔城镇三联村征地只有1000多亩，2000年增城市政府筹办三联工业园需要回收大量闲置土地，梁培堃为了多占土地以备日后牟利开始造假骗地。2000年底，梁培堃通过造假骗领了三联村和迳吓村五社700多亩地的国土使用证，直至2003年才与村民签订征地合同。与此同时，梁培堃还为别人造假办证，赚取巨额办证费用。这些事实证明梁培堃早在2000年时就开始通过造假非法占用土地，并非增城市政府为了进入“和黄城”项目需要大量用地而授意梁培堃造假。2002年12月，梁培堃位于三联村的728亩土地被增城市政府回收而获得3444万元的巨额补偿，2003年下半年增城市政府将引进“和黄城”项目的消息驱使梁培堃大肆造假骗地。

3. 没有政府文件反映增城市政府同意梁培堃造假或指示各部门配合梁培堃造假，涉案的国家机关工作人员亦否认指使梁培堃造假。事实上，梁培堃根本没有通过正常途径逐级报批，而是绕开其他审批部门，将伪造的资料直接交到增城市国土局办理《建设用地批准书》。用地审批的诸多环节中，最重要的三个部门——计划发展局、规划局、市政府均未参与造假，《立项批复》、《规划许可证》及市长批示均为梁培堃自己伪造的。梁培堃本人也只参加过一次由政府部门召开的有关回收闲置土地的会议，会议要求国土部门依法为用地单位办理手续，并未要求国土部门为梁培堃造假开绿灯。

4. 早在2000年梁培堃能够通过造假从增城市国土局顺利办理国土使用证的事实说明梁培堃与增城市国土部门某些工作人员存在不正当的关系。在整个办证过程中，只有荔城镇政府及增城市国土局个别工作人员为梁培堃提供方便，其中荔城街道办事处副主任郑健明起到重要作用，郑健明利用职务便利联络增城市国土部门相关工作人员为梁培堃造假提供方便。同时，梁培堃对提供帮忙的国家工作人员大肆贿赂。政府部门个别工作人员收受贿赂，滥用职权，为梁培堃造假提供方便，并不等于政府部门与梁培堃共同造假。

5. 即使梁培堃对涉案土地拥有承包权，但承包权不同于土地使用权，承包的农用地只能用于农业生产，土地所有权仍属于农民，要取得农用地的使用权需要经过严格的行政审批程序。梁培堃违反法律规定，未经批准非法征地，并伪造资料骗取国土使用证，因而对涉案土地不拥有合法的使用权。梁培堃将自己没有合法使用权的土地交政府回收而获取的土地补偿款当然属于非法所得。梁培堃的诈骗行为致使增城市政府将法律上仍属于农民所有的涉案土地有偿出让给用地单位，引致用地单位建设项目停工，必将造成增城市政府巨大的经济损失。增城市政府在整合回收闲置土地、变更规划功能、挂牌出让等过程中是否存在违规行为与梁培堃的诈骗行为无关，本案的核心问题是梁培堃对其交政府回收的土地是否拥有合法的使用权。

综上所述，被告人梁培堃取得涉案土地的使用权在实体上及程序上都是非法的，其对涉案土地不拥有合法的使用权，其将涉案土地冒充闲置土地交由政府回收，骗取土地补偿款，数额特别巨大，其行为已构成诈骗罪。被告人梁培堃及辩护人关于梁培堃不构成诈骗罪的辩解和辩护意见无事实根据和法律依据，本院不予采纳。

关于公诉机关提出被告人梁培堃犯合同诈骗罪的三项指控，本院审理认为：

1. 正大公司不仅明知梁培堃违规办证，而且使用这些证件获取利益，没有证据表明正大公司因为受骗而遭到损失。第一，刘永福应当知道梁培堃是违规办证。根据1999年1月1日施行的土地管理法，增城市人民政府已无建设用地审批权。刘永福作为从事房地产行业的人员应当知道上述法律规定，2000年刘永福仍委托梁培堃为其办理国土使用证，因此其对梁培堃违规办证的行为是明知的。第二，刘永福直接参与伪造办证资料。涉案用地档案资料中的《土地使用权出让合同书》、《征地协议书》上有刘永福的签名及正大公司的公章，日期倒签至20世纪90年代，而事实上正大公司在此时尚未成立，本案亦无证据证实办证资料上的签名及盖章是梁培堃假冒的。第三，增城市人民法院于2004年7月13日作出的（2004）增法民一初字第204号民事判决中，正大公司的答辩意见反映正大公司当时已经知道梁培堃是违规办证，但正大公司并没有停止使用这些《建设用地批准书》，增国土建用字［2000］第73号97.425亩土地于2005年12月31日被增城市土地开发储备中心回收，正大公司获得补偿款2037万多元。第四，正大公司取得《建设用地批准书》后并没有按期进行实质性开发，土地一直处于闲置状态，其中三宗地后来被增城市政府作为闲置土地回收。第五，涉案的四宗土地被正大公司用于抵押贷款、抵偿债务及交政府回收获利，正大公司不仅没有因为受骗而受损，反而获得巨大利益。因此，公诉机关指控被告人梁培堃上述行为构成合同诈骗罪不能成立，本院不予支持。被告人梁培堃及辩护人提出梁培堃不构成合同诈骗罪的辩解和辩护意见有理，本院予以采纳。但被告人梁培堃在为正大公司代办《建设用地批准书》过程中，伪造、变造《用地申请表》、《立项批复》、《规划许可证》等国家机关审批建设用地的重要公文，情节严重，依法已构成伪造、变造国家机关公文罪，应承担相应的刑事责任。

2. 开发公司丧失履约能力，梁培堃单方解除合同，将合同标的物另行处置，承接开发公司债权的信绮公司要求梁培堃退回开发公司已支付的转让款，属于合同纠纷。第一，梁培堃没有虚构事实且具有交付土地的履约能力。1992年至1993年梁培堃的公司在荔城镇三联村征用大片土地，直至2002年底三联村的土地才被政府收回。第二，1994年梁培堃已经依约办妥土地转让手续，但开发公司没有资金缴纳规费暂时不能领取国土使用证，梁培堃已履行了办证的合同义务，开发公司不能领取国土使用证责任不在梁培堃。第三，根据协议，开发公司领取国土使用证后要付清土地转让款836万元及利息给梁培堃，而开发公司没有资金领证，更无能力付清巨额的转让款，实际上已丧失履约能力。根据合同法，一方确信另一方丧失履行能力的，有权中止履行直至单方解除合同。第四，没有证据证实梁培堃于2005年逃匿的目的是占有开发公司1075万元的土地转让款，事实上梁培堃的逃匿与本案无关。因此，公诉机关指控被告人梁培堃上述行为构成合同诈骗罪，证据不足，本院不予支持。被告人梁培堃及辩护人提出梁培堃不构成合同诈骗罪的辩解和辩护意见有理，本院予以采纳。

3. 梁培堃未能交地给丘石清等11名购地者存在客观原因，无充分证据证实梁培堃具有非法占有土地转让款的主观故意。第一，梁培堃具有交付土地的履行能力。1993年至1995年穗联公司在三联村鸭仔园地段征用了100多亩土地，并且领取了《规划许可证》和《建设用地批准书》。第二，梁培堃有实际的履约行为。［1994］第219号《建设用地批准书》记载1999年3月26日转让出5080平方米，梁培堃为购地者办理了产权变更登记手续。第三，11名报案人只是向梁培堃购买地皮的众多购买者的一小部分，造成梁培堃未交地给11名报案人的真实原因，本案证据没有反映；2001年增城市政府禁止土地分割转让，客观上使梁培堃无法履行交地义务。第四，合同标的物仍然存在，合同目的仍可实现。［1994］第219号《建设用地批准书》所属地块还有40033平方米无抵押和查封，梁培堃已提出可行的解决方法。因此，公诉机关指控被告人梁培堃上述行为构成合同诈骗罪证据不足，本院不予支持。被告人梁培堃及辩护人提出梁培堃不构成合同诈骗罪的辩解和辩护意见有理，本院予以采纳。

关于被告人梁培堃及辩护人提出小轿车是借给黎荣志、刘亚淦使用，划给黄士峰的款项中有155万港元是梁培堃给女儿的购房款，梁培堃没有谋取不正当利益，故其给予国家工作人员以财物的行为不构成行贿罪的辩解和辩护意见，经查：1. 受贿人刘亚淦供述，2002年退休后梁培堃提出借车给其使用，其选了一辆别克车，2005年将车过户给女儿，其认为梁培堃是为感谢其在《用地申请表》上签字才有意送车给其，所以其没有付购车款给梁培堃，梁培堃也没有提出收钱，其并没有在梁培堃的公司打过工。证人杨昊运的证言证实其经手帮刘亚淦将别克车过户给刘亚淦的女儿，未收过刘亚淦的购车款。梁培堃在侦查阶段亦供述，其很感激刘亚淦帮忙在《用地申请表》上签字，所以看到刘亚淦退休后没有车开，就决定送一台小车给刘亚淦，作为答谢刘亚淦的关照。刘亚淦与梁培堃的如上供述，一致证实梁培堃为了答谢刘亚淦的帮忙以借车的名义贿送一辆别克车给刘亚淦的事实。2. 梁培堃找黎志荣、邱伯禅倒签《用地申请表》后不久，梁培堃带二人到广州市机场路汽车市场挑选汽车，梁培堃一共买了三辆大宇牌小汽车，以梁培堃的名字上牌，每人一辆，黎志荣、邱伯禅一直使用该车至案发时尚未归还梁培堃，亦未办理过户。梁培堃“借车”的背景和时间是黎荣志、邱伯禅帮忙倒签用地批文后不久，梁培堃“借车”的目的是答谢二人的帮忙，虽名为借车，但梁培堃实际上并没打算要回，黎志荣、邱伯禅借车后也没有主动归还，从2001年4月购车到2007年1月案发，二人使用梁培堃的车辆长达近六年的时间。以上事实表明，梁培堃实际上是以借车之名行“贿赂”之实。3. 证人伍雪芬证实梁培堃只支付女儿的生活费和医药费，梁培堃本人在香港的银行设有多个账户。梁培堃在香港上海汇丰银行也设有账户，送给黄士峰的款项就是从该账户划过去的，因此，梁培堃完全没必要将给女儿的购房款存到黄士峰的账户，黄士峰亦从未供述过305 万港元中有155 万港元是梁培堃给女儿的购房款，梁培堃在庭审前的供述中亦从未提及，故对梁培堃此辩解不予采信。4. 被告人梁培堃违反国家土地管理法，伪造征地批文，非法征地，骗领国土使用证，其对所征用的土地不拥有合法的使用权，因此获得的土地补偿款显然是不合法的。被告人梁培堃为谋利不正当利益，贿送钱财给国家工作人员，其行为已构成行贿罪。被告人梁培堃及其辩护人该节辩解和辩护意见，理由不能成立，本院不予采纳。

关于公诉机关指控被告人吴远威、吴何锦、崔德荣、陈暐、赖翠玲犯诈骗罪的意见，经查：受被告人梁培堃的指使，被告人吴远威、吴何锦在《用地申请表》、《征用土地协议书》、用地红线图等资料上签名及盖章确认并倒签日期，所确认的征地面积远超过梁培堃的实际征地面积，被告人崔德荣、陈暐对上述资料进行涂改、填写及倒签日期，而被告人赖翠玲伪造了部分《立项批复》和《规划许可证》。现无证据证实上述五被告人与被告人梁培堃密谋通过造假办证的方式诈骗政府的土地补偿款。五被告人均供述，协助梁培堃伪造办证资料时并不知道梁培堃是为了诈骗政府的土地补偿款。被告人梁培堃认为五被告人应该知道其办证的真实目的，但未能提出具体的理由和依据。因此，现有证据也不足以证实五被告人明知梁培堃企图诈骗政府土地补偿款而故意协助造假。五被告人参与伪造、变造的《用地申请表》、《计划征用荔城镇行政区域内土地申请表》、《立项批复》、《规划许可证》等文书是国家行政机关在法定职权内行使管理职能，对用地单位的用地申请作出决定的书面文件，属于国家公文的范畴。五被告人受梁培堃的指使，参与大量伪造、变造国家机关审批建设用地的重要公文，情节严重，依法已构成伪造、变造国家机关公文罪。综上，公诉机关指控被告人吴远威、吴何锦、崔德荣、陈暐、赖翠玲犯诈骗罪不当，依法应以伪造、变造国家机关公文罪对五被告人进行定罪处罚。

本院认为，被告人梁培堃以非法占有为目的，伪造用地资料骗领国土使用证，将没有合法使用权的土地冒充闲置土地交国土部门回收，骗取土地补偿款，数额特别巨大，其行为已构成诈骗罪。被告人梁培堃为谋取不正当利益，给予国家工作人员以财物，情节特别严重，其行为已构成行贿罪。被告人梁培堃在为正大公司代办《建设用地批准书》过程中，伪造、变造国家机关审批建设用地的重要公文，骗取国土使用证；被告人吴远威、吴何锦、崔德荣、陈暐、赖翠玲受被告人梁培堃的指使，参与大量伪造、变造国家机关重要公文，情节严重，其行为均已构成伪造、变造国家机关公文罪。被告人梁培堃犯诈骗罪、行贿罪和伪造、变造国家机关公文罪，依法应当数罪并罚。鉴于被告人陈暐、赖翠玲犯罪后，能主动向公安机关投案并如实供述自己的罪行，是自首，依法可减轻处罚；被告人陈暐、赖翠玲犯罪情节较轻，且确有悔罪表现，对其适用缓刑不致再危害社会，本院决定对其适用缓刑。公诉机关指控被告人梁培堃犯诈骗罪、行贿罪的事实清楚，证据确实、充分，罪名成立；指控被告人梁培堃犯合同诈骗罪，罪名不成立，本院不予认定，但其中一项指控的事实清楚，证据充分，本院依法认定被告人梁培堃构成伪造、变造国家机关公文罪；指控被告人吴远威、吴何锦、崔德荣、陈暐、赖翠玲犯诈骗罪不当，本院予以纠正。根据《中华人民共和国刑法》第二百六十六条、第二百八十条第一款、第三百八十九条第一款、第三百九十条第一款、第六十九条、第七十二条第一款、第二十五条第一款、第五十七条第一款、第五十九条、第六十七条第一款、第六十四条的规定，判决如下：

一、被告人梁培堃犯诈骗罪，判处无期徒刑，剥夺政治权利终身，并处没收个人全部财产；犯行贿罪，判处有期徒刑十年；犯伪造、变造国家机关公文罪，判处有期徒刑四年；决定执行无期徒刑，剥夺政治权利终身，并处没收个人全部财产。

二、被告人吴远威犯伪造、变造国家机关公文罪，判处有期徒刑七年。（刑期从判决执行之日起计算。判决执行以前先行羁押的，羁押一日折抵刑期一日，即自2007年1月3日起至2014年1月2日止。）

三、被告人吴何锦犯伪造、变造国家机关公文罪，判处有期徒刑七年。（刑期从判决执行之日起计算。判决执行以前先行羁押的，羁押一日折抵刑期一日，即自2007年2月12日起至2014年2月11日止。）

四、被告人崔德荣犯伪造、变造国家机关公文罪，判处有期徒刑三年。（刑期从判决执行之日起计算。判决执行以前先行羁押的，羁押一日折抵刑期一日，即自2007年3月18日起至2010年3月17日止。）

五、被告人陈暐犯伪造、变造国家机关公文罪，判处有期徒刑一年，缓刑一年六个月（缓刑考验期从判决确定之日起计算）。

六、被告人赖翠玲犯伪造、变造国家机关公文罪，判处有期徒刑一年，缓刑一年六个月（缓刑考验期从判决确定之日起计算）。

七、公安机关扣押被告人梁培堃在中国工商银行增城支行的账户（账号为3602007901032238030）存款港币4999800元以及张俊雄在中国工商银行增城支行的账户（账号为3602041101033584777）存款港币4876617.33元，连同被告人梁培堃用赃款购买的房屋和土地折价发还增城市土地开发储备中心，继续追缴其余违法所得（由广东省增城市公安局执行）。

如不服本判决，可在接到判决书的第二日起十日内，通过本院或者直接向广东省高级人民法院提出上诉。书面上诉的，应当提交上诉状正本一份，副本二份。

审　判　长　余锦霞
审　判　员　马健中
审　判　员　易建明
二〇〇八年八月十四日
书　记　员　邓国锐

【评析】

这是一份由广东省广州市中级人民法院制作，涉及多名被告人、多个罪名的一审刑事判决书。案件的事实多、证据多，控辩双方对案件的定性存在很大争议，所以该判决书在制作上有一定难度。总的来看，该判决书在内容上不仅符合最高人民法院“诉讼文书格式样本”的规范要求，而且写出了自己的一些特点：1. 在结构安排上，将公诉机关的指控事实、证据和意见、被告人的辩解及辩护人的辩护意见分类概述，尤其突出写明辩护人的观点和理据；对经审理查明的事实，先写有罪部分，后写无罪部分，每部分则以事实性质的重、轻为序，分别写明事实和确认事实的证据；事实部分采用客观叙述的方法，避免使用先入为主的用语；证据部分主要采取分类法列写，各类证据以证据力的大小为序，详略得当，为理由部分的论证提供依据。2. 理由部分是本判决书的亮点。针对控辩双方在法律适用、案件定性方面的意见，用了很大的篇幅来论证和阐明合议庭的观点和理由，观点鲜明，论据充分，论证周密，很有说服力。该判决书中所指出的政府部门个别工作人员收受贿赂，滥用职权，为被告人造假提供方便，并不属于共同造假的观点，正是建立在对刑法理论中对共犯的概念与实质深入理解的基础上，加以科学与具体地应用的典范。综观该判决书，用语规范，表达准确，语言流畅，层次分明，法理精准，逻辑性强，被评为2010年全省法院优秀裁判文书，值得大家学习。

广东省广州市白云区人民法院

刑事判决书

（2009）云刑初字第1323号

公诉机关广州市白云区人民检察院。

被告人张方述，男，1979年9月5日出生，汉族，出生地重庆市开县，文化程度小学，住重庆市开县临江镇龙桥村5组79号。因涉嫌犯绑架罪于2009年4月21日被羁押，同年5月21日被逮捕。现羁押于广州市白云区看守所。

辩护人刘召奎、谢树平，重庆奎龙律师事务所律师。

被告人张方均，男，1981年8月2日出生，汉族，出生地重庆市开县，文化程度小学，住重庆市开县临江镇龙桥村5组80号。因涉嫌犯绑架罪于2009年4月21日被羁押，同年5月21日被逮捕。现羁押于广州市白云区看守所。

辩护人李晓春，重庆荣东律师事务所律师。

广州市白云区人民检察院以穗云检刑诉［2009］1253号起诉书，指控被告人张方述、张方均犯绑架罪，于2009年8月5日向本院提起公诉。本院依法组成合议庭，公开开庭审理了本案。广州市白云区人民检察院指派代理检察员徐卉、许一思出庭支持公诉，被告人张方述、张方均及辩护人刘召奎、谢树平、李晓春均到庭参加诉讼。本案在审理过程中，本院依法向广东省高级人民法院申请延长审理期限一个月。本案现已审理终结。

广州市白云区人民检察院指控，2009年4月21日上午10时许，被告人张方述、张方均经合谋绑架勒索财物为母治病后，到本市白云区三元里街三元里古庙附近，由张方述持刀劫持邝某明作为人质，张方均展示写有“我只求有关部门能够贷款给我18000元”等字样的海报，向有关部门提出索财要求，经劝说仍不释放人质，后公安人员强行将人质解救。为证实上述所指控的事实，公诉机关当庭宣读并出示了被害人陈述及辨认材料、证人证言及辨认材料、现场勘验检查工作记录及现场照片、作案工具照片、物证照片、身份材料、到案经过、被告人供述及辨认材料等证据。根据上述事实和证据，公诉机关认为被告人张方述、张方均无视国家法律，以勒索财物为目的结伙绑架他人，其行为已触犯《中华人民共和国刑法》第二百三十九条第一款之规定，均构成绑架罪。张方述在共同犯罪中起主要作用，根据《中华人民共和国刑法》第二十六条第一、四款之规定，是主犯；张方均在共同犯罪中起辅助作用，根据《中华人民共和国刑法》

第二十七条之规定，是从犯，应从轻或减轻处罚。被告人持刀作案，应酌情从重处罚。鉴于两被告人出于筹钱为母治病的动机才劫持人质，被劫持者在本案中已成功获救，两人的绑架行为情节较轻，并结合两被告人在共同犯罪中的地位、作用及案发后的悔罪表现，建议对被告人张方述在有期徒刑五年以上十年以下量刑，对被告人张方均在有期徒刑五年以下量刑。提请本院依法判处。

被告人张方述对起诉指控的事实和定性不持异议，对自己实施的行为给被害人造成了伤害十分后悔，觉得对不起被害人；希望法庭对其从轻处罚，让其早日回归社会、重新做人。其辩护人对本案的事实和定性不持异议，就量刑问题向本庭提交了开县临江镇中心卫生院出具的证明、重庆三峡中心医院出具的病历及病危通知书、开县临江镇龙桥村民委员会出具的证明，录音、录像资料，照片等证据，并据此提出如下辩护意见：1. 被告人在得知母亲病危无钱继续治疗，生命已危在旦夕，多方筹钱无果，而老家的亲属再三打电话催促其寄钱回家的情况下，才铤而走险实施了劫持人质的过激行为，其犯罪动机完全基于对母亲的一片孝心，与其他绑架案件以非法占有或挥霍为目的绑架人质索取财物具有较大区别；2. 从行为的手段和结果看，被告人既没有打骂被害人，也没有对被害人的身体造成伤害，更没有向被害人或其他人索得财物；3. 案发前，张方述有正当职业，一直表现良好，并无前科、劣迹；4. 张方述在归案后能如实供述全案的事实，当庭自愿认罪，诚恳向被害人表示道歉，有悔罪的决心和表现。综上，请求合议庭根据以上酌情从轻处罚的情节，在有期徒刑五年以上十年以下的范围内对张方述从轻处罚，以体现“宽严相济”的刑事政策。

被告人张方均对起诉指控的事实和定性不持异议，对自己所实施的行为感到很后悔，并认为不应该把自己的不幸转嫁为别人的痛苦，希望合议庭能给其一次改过自新的机会，让其早日释放，报效社会、报答帮助过其母亲治病的好心人，早日与家人团聚。其辩护人对起诉指控的事实和定性不持异议，就量刑问题向本院提交了开县临江镇龙桥村民委员会出具的证明，并据此提出如下辩护意见：1. 张方均在共同犯罪中起次要、辅助作用，是从犯，依法应从轻或者减轻处罚；2. 张方均的犯罪动机纯粹就是为了救治病危的母亲及与张方述兄弟情深；3. 从犯罪结果看，被害人最终被安全解救，本案所造成的危害后果较小；4. 张方均在案发前一直表现良好，没有劣迹、前科；5. 张方均在案发时能听从民警的劝说，没有长时间与民警对峙，归案后如实供述本案的事实，当庭自愿认罪，有悔罪的决心和表现。综上，请求合议庭对张方均减轻处罚，并考虑适用缓刑。

经审理查明，2009 年 4 月 21 日上午 10 时许，被告人张方述为了筹钱给因突发性脑溢血病危住院的母亲治病，准备了水果刀、纸牌等作案工具，纠合弟弟张方均一起到本市白云区三元里街三元里古庙附近，由张方述持刀劫持途经该处的妇女邝某明作为人质，张方均则在一旁展示写有“我只求有关部门能够贷款给我 18000 元”等字样的纸牌，要求贷款 18000 元救治母亲。闻讯赶至的公安人员经过劝解后，将张方均带离，并说服其配合公安人员到现场劝说张方述释放人质。同日上午 11 时 30 分，因劝说无效，公安人员强行将人质解救，并当场抓获张方述，缴获作案工具水果刀一把，人质邝某明没有受伤。

上述事实，有下列经庭审举证、质证，本院予以确认的证据证实：

1. 被害人邝某明的陈述及辨认材料，证实：2009 年 4 月 21 日上午 9 时 50 分，我步行途经三元里古庙公交车站 3 米远的地方时，忽然有一男子抓住我的左手，将我拉向他身旁，然后右手拿出一把刀架在我的脖子上，同时左手扯着我的头发使我头部向上仰，我第一反应就是喊救命，抓住我的男子就用普通话说："不用吵，不要叫，不准哭，我只是要钱，我妈病了现要钱救她，我没有其他办法，我只是要钱，你不要喊了，否则我捅死你，那到时我会去阴间与你道歉!"当时，这男子身边还站着一名男子，这男子一直不吭声，我就没有看到该男子的样貌。很快警察来了与他们对话，劝说他们把我放了，我因害怕就一直在哭，也没注意双方谈话的具体内容。后来，警察把持刀男子的弟弟带走，双方继续在那里僵持了约半小时，可能那名男子也累了，就让我坐在地上，警察就不停劝说他，但他不听，只是不停要求赶快拿钱来。双方又僵持了很久，忽然与他谈话的人员一手把刀拉开，解救了我，并把持刀男子制服带回派出所。另外，持刀男子在案发时没有对我进行殴打，只是用刀架在我脖子上并拉扯我的头发，我的身体没有不适，也没有受伤，只是受到惊吓。经辨认照片，被害人邝某明认出被告人张方述就是劫持她的男子，被告人张方均也是劫持她的男子的弟弟。

2. 证人李福龙（系广州市公安局白云区分局三元里派出所的治安员）的证言及辨认材料，证实：2009 年 4 月 21 日上午 9 时 55 分，三元里派出所接到警情得知有人在派出所旁的书报亭处劫持人质，我就和公安人员一起赶到现场。到达现场后，我看见一名男子左手抓着一女事主的头发，右手持一匕首架在女事主颈部，大叫"谁给我 18000 元，让我妈做手术，我就放了这女的"。另外，在该男子的左边还有另一名男子站在台阶下，双手举着一个大纸牌，上面写了字。接着，带班的领导就与站在台阶下的男子对话，举牌男子说劫持人质的是他哥哥，因为母亲在老家做手术需要 18000 元，而他们没有钱，就想了这办法。公安人员就让他劝他哥哥先放人再说，此时他哥哥踢了弟弟一脚，大叫"我这是在想办法救妈妈"。后来，我等人递给他钱，想趁他接钱的时候抓住他，但他说要将钱打在账上。过了约半小时，我和街道的姚主任一起劝持刀男子，并趁对方擦眼泪时，由我一把拍打他的右手使匕首掉在地上，并将他制服；而持刀男子的弟弟在之前就回到派出所了。经辨认照片，证人李福龙认出邝某明就是 4 月 21 日被两名男子持刀劫持的人质；被告人张方述也是劫持人质的嫌疑人，当时是他拿刀；被告人张方均也是嫌疑人之一，当时他手上拿着一张纸牌。

3. 证人郭辉（系广州市公安局白云区分局三元里派出所民警）的证言及辨认材料，证实：2009 年 4 月 21 日上午 10 时许，我和治安员银兆学走到三元里古庙门口时，看见一名身穿白色衣服的男子用右手扼住一名女子的脖子站在公交车站和报摊之间的人行道上，该男子右手拿着一把长约 30 厘米的刀架在那名女子的脖子上，左手抓住那名女子的头发，我便叫对方把刀放下，同时让治安员到派出所叫人。突然，有一名身穿黑色衣服的年轻男子从我身后冲出来，一下子跪在我的面前，双手举起一张约有两张 A4 纸大的复印纸，嘴里在说话，但因为路边太吵，我听不到他说什么，只看到纸上大概写着"我不想犯罪，我妈住院了，需要 18000 元"；接着，我让拿刀男子先把刀放下，但对方喊着"不要逼他"等话语，我便问那女子是否认识那两名男子，那女子说不认识；随后，派出所的多名警察到现场劝说，但持刀男子的情绪很激动，而跪在地上的那名男子在警察的劝说下和警察回到派出所。接着，那个持刀男子不知什么原因就蹲下来，女人质也蹲下来，但刀一直没有离开女人质的脖子。在警察与男子谈判的过程中，双方对峙了一会儿，待我回派出所接警并准备出警时，就看见持刀劫持人质的男子被其他警察带回派出所。经辨认照片，证人郭辉指认邝某明就是被嫌疑人劫持的人，被告人张方述就是劫持女人质的嫌疑人，被告人张方均就是持纸牌勒索钱财的嫌疑人。

4. 证人熊强的证言及辨认材料，证实：2009 年 4 月 21 日上午 10 时许，我步行途经广州市广园中路 36 号（三元里古庙旁）门前时，目睹一名男子用左手抓住一名女子的头发，用右手拿着一把水果刀架在女子的脖子上，水果刀的刀刃是贴着女子脖子的，有警察到现场处理此事。直至上午 11 时许，持刀男子才被警察当场抓获，我听围观群众说该男子是为了筹钱给妈妈治病而劫持人质的，而持刀男子的另一名同伙已经被警察抓到派出所。经辨认照片，证人熊强认出邝某明就是 4 月 21 日被绑架的女子，被告人张方述就是参与绑架的嫌疑人。

5. 证人李辉灿（系重庆市开县临江镇安乐村治保会主任）的证言，证实被告人张方述、张方均的母亲于 2009 年 4 月 20 日在田里干活时摔倒在田埂下，昏迷不醒，送医院检查是颅内出血的情况。

6. 广州市公安局白云区分局三元里派出所出具的现场勘验检查工作记录及现场照片，证实案发现场为本市白云区广园中路三元里古庙公交车站旁书报亭东侧的人行道。

7. 作案工具照片及物证照片，证实作案工具水果刀的特征及物证纸牌的内容。

8. 广州市公安局白云区分局出具的扣押物品、文件清单和赃、证物保管专用收据，证实作案工具水果刀一把已在案发后被缴获，现依法扣押于广州市公安局白云区分局保管中心。

9. 身份材料，证实张方述出生于 1979 年 9 月 5 日，张方均出生于 1981 年 8 月 2 日，两被告人犯罪时均已满 18 周岁，已达应负完全刑事责任的年龄。

10. 广州市公安局白云区分局三元里派出所出具的“到案经过”，证实抓获被告人张方述、张方均归案的具体时间、地点、详细经过；两被告人是被动归案，没有自首情节。

11. 开县临江镇中心卫生院出具的证明，证实 2009 年 4 月 20 日，张方述、张方均的母亲谢守翠因突发性脑溢血住院。

12. 重庆三峡中心医院出具的病历及病危通知书，证实两被告人的母亲谢守翠于 2009 年 4 月 24 日因病情较重从开县临江镇中心卫生院转到重庆三峡中心医院时，医院已向家属发出病危通知书；随后经过救治，谢守翠的病情好转、出院，直至同年 5 月 11 日的前三天，又因脑溢血后遗症再次被送往重庆三峡中心医院 ICU 病房救治，住院 13 天后出院，现在仍需要继续治疗的情况。

13. 开县临江镇龙桥村民委员会出具的证明，证实张方述、张方均一贯表现良好、没有前科劣迹，家庭经济困难。

14. 生活照片、录音、录像资料，证实被告人张方述有一 3 岁的儿子由母亲和继父带养。

15. 被告人张方述的供述及辨认材料，证实：2009 年 4 月 20 日晚 8 时许，我得知母亲在干农活时跌倒入院，需要 10000 余元医疗费，就与弟弟张方均找老乡借钱，但一直没借到。案发当天，在三元里村的公厕附近，我对张方均说：“没办法了，只能劫持人质向政府借钱了，我们用刀劫持一个人，要政府有关部门拿到钱给妈妈治病才放人。”说完，我们走到三元里古庙旁边，我将写好要求的白纸交给张方均拿着，然后就拿出水果刀，劫持了一名女子；张方均将白纸举起并跪下，向在场的人公示我们的要求。警察赶到后，就派了代表来谈，我提出我妈妈病了，只要18000元，他们也看了张方均举着的白纸。后来，张方均在民警的教育下，很快向警察讲明了情况，被警察带走，我就劫持人质退到路边一个档口的卷闸门边，声明要拿到钱才放人。过了约十分钟，一名警察拿着两叠钱递给我，说是给我母亲治病的，我提出将钱汇到母亲的账户上。又过了几分钟，张方均由警察带过来，从我口袋里拿出手机，找到银行账号。过了二十多分钟，旁边的民警突然冲上前打掉我手上的刀，将我控制，并解救了那名女子。经辨认照片，被告人张方述认出邝某明是被劫持的人，被告人张方均是他的弟弟。

16. 被告人张方均的供述及辨认材料，证实：2009年4月20日晚9时许，我接到张方述的电话，知道母亲生病住院没钱救治，但我与张方述都没借到钱。4月21日上午10时许，在三元里公厕旁边，张方述拿出一张纸给我看，上面写着“不要逼我，我不想犯罪！妈妈住院需要钱，我只求有关部门能够贷款给我18000元……”的字样，另一面也写了很多字。然后，张方述说“走”，我们就走到三元里古庙路段，张方述将包着白纸的报纸给我，从身上拿出水果刀，左手一把抓住一名女途人的头发，右手拿刀架在该女子的喉咙上，女子立即大叫“救命”，张方述说“你别动，我不想伤害你，只是要钱给妈妈治病”，那女子就不敢动了，小声哭个不停。我举起手中的白纸，将写了大字的一面展示给群众和警察，并跪在地上。警察向我了解情况，声称他们会帮忙解决问题，我便跟着警察回到派出所。过了二十多分钟，我就配合警察去劝说张方述，并看见张方述用刀劫持那女子退到路边档口的卷闸门处，他大声说“今天一定要拿到钱给妈妈治病，否则不放人”。最后，一位民警拿出两叠钱给张方述，但张方述说不要现金，要民警将钱存到妈妈的账户，并要我在他手机里面查账号。我拿到他的手机后，回到派出所。过了十多分钟，我听说张方述被警察控制，那名女子被解救。经辨认照片，被告人张方均认出被害人邝某明是被劫持的妇女，被告人张方述是他的哥哥。

本院认为，被告人张方述、张方均无视国家法律，持刀在公共场所劫持人质，索要钱财，严重侵犯了公民的人身权利，两被告人的行为均已构成绑架罪，应当依法予以惩处。公诉机关指控被告人张方述、张方均犯绑架罪的事实清楚，证据确实、充分，罪名成立。两被告人出于筹钱救母的目的临时起意绑架他人，虽然动机有别于一般绑架犯罪，但同样侵害了他人的人身权利，依法应以绑架罪定罪处罚。在实施共同犯罪中，被告人张方述提起犯意、准备作案工具、负责分工和确定劫持对象，并直接实施了劫持人质的行为，在共同犯罪中起主要作用，是主犯；被告人张方均受哥哥张方述的纠合，实施了配合张方述展示纸牌、提出索取钱款的行为，在共同犯罪中起辅助作用，是从犯。鉴于两被告人在绑架人质过程中没有殴打、侮辱人质，也没有造成伤害后果，最后亦未实际索得财物，两被告人的行为属于刑法规定的情节较轻的绑架行为，依法应在五年以上十年以下有期徒刑的幅度科处刑罚。公诉机关及辩护人就此提出的相关意见符合法律规定，本院予以采纳。

本案查明的量刑情节包括：第一，两被告人持刀在公共场所绑架妇女，严重危害他人的人身安全，酌情可从重处罚。第二，被告人张方均在共同犯罪中起次要作用，是从犯，依法应从轻、减轻处罚或免除处罚。第三，两被告人没有前科劣迹，是初犯，且归案后能如实供述全案的事实，当庭自愿认罪，确有悔罪表现，酌情可从轻处罚。综合以上量刑情节，结合本案犯罪行为的性质，决定对被告人张方述从轻处罚；对被告人张方均减轻处罚。同时，本院考虑到被告人张方均在案发过程中未直接对被害人实施劫持和人身威胁，犯罪情节较轻，归案后已经认识自己的罪过，并且能够真诚悔罪，对其适用缓刑确实不致再危害社会，决定对张方均适用缓刑。公诉人、辩护人及被告人就此提出的相关量刑建议有理，本院予以采纳。

本院在此告诫被告人张方述、张方均：孝敬父母是中华民族的传统美德，但行孝也要遵纪守法，不能违法而任意妄为。你们今日之所以触犯刑律，主要原因在于你们法律意识淡薄，不能明辨是非，没有通过合法正当的途径去解决生活中的困难。你们罔顾他人生命健康和社会公义，采用持刀劫持人质的方式去筹钱救母，严重侵害了他人的人身权利，危害了正常的社会治安秩序和公众的安全感；同时也令自己身陷牢狱，不能在年老体弱的父母膝前尽孝，更辜负了母亲多年的抚养、教育和期望，理应受到法律的制裁和社会的谴责。希望你们能吸取教训，认识错误，勇于承担责任，好好接受改造；在今后的日子里，不断反省自己，努力学习各种本领，遵纪守法，争取早日回归社会，孝敬父母，回报社会。

依照《中华人民共和国刑法》第二百三十九条第一款，第二十五条，第二十六条第一、四款，第二十七条，第五十二条，第五十三条，第七十二条，第七十三条，第六十四条之规定，判决如下：

一、被告人张方述犯绑架罪，判处有期徒刑五年六个月，并处罚金二千元。（刑期从判决执行之日起计算。判决执行以前先行羁押的，羁押一日折抵刑期一日，即自2009年4月21日起至2014年10月20日止。罚金自本判决生效第二日起五日内缴纳。）

二、被告人张方均犯绑架罪，判处有期徒刑二年，缓刑三年，并处罚金一千元。（缓刑考验期自判决确定之日起计算。罚金自本判决生效第二日起五日内缴纳。）

三、缴获的作案工具水果刀一把，予以没收（由广州市公安局白云区分局执行）。

如不服本判决，可在接到判决书的第二日起十日内，通过本院或直接向广东省广州市中级人民法院提出上诉。书面上诉的，应当提交上诉状正本一份，副本二份。

审 判 长　张 卉
代理审判员　李中原
代理审判员　许霖鸿
二○○九年九月二十七日
书 记 员　黄妙思

附：相关法律规定

《中华人民共和国刑法》

第二百三十九条　以勒索财物为目的绑架他人的，或者绑架他人作为人质的，处十年以上有期徒刑或者无期徒刑，并处罚金或者没收财产；情节较轻的，处五年以上十年以下有期徒刑，并处罚金。

犯前款罪，致使被绑架人死亡或者杀害被绑架人的，处死刑，并处没收财产。

以勒索财物为目的偷盗婴幼儿的，依照前两款的规定处罚。

【评析】

该判决书依照《法院刑事判决文书式样》（样本）的要求撰写，格式规范，层次分明，条理清楚，详略得当，尤其在制作方法上有以下几个特点值得肯定：1. 按照《中华人民共和国刑事诉讼法》的规定，认真实践现代刑事诉讼要求的控辩模式，既简要叙明公诉机关的指控事实、罪名及其适用法律意见，又充分表述两被告人的辩解及其辩护人的辩护意见。除体现控辩双方地位平等的诉讼理念外，还首次在裁判文书中明确记载了反映量刑调查活动的控辩双方量刑建议、意见及依据的证据和理由等细节。2. 鉴于本案系共同犯罪，该判决依据现有证据所证实的情况，详细叙明两被告人在犯罪中具体实施的行为，为确定其刑事责任奠定了事实基础；根据我国刑法关于共同犯罪的规定及其刑法理论，客观具体地认定了两被告人在共同犯罪中的地位、作用，准确地确定两人的刑事责任。3. 在“本院认为”部分，详细记载了量刑理由和结果，特别就张方述、张方均犯绑架罪，应认定情节较轻及贯彻执行宽严相济的刑事政策，保证刑罚的轻重与被告人所犯罪行、承担的刑事责任相适应的理据进行了详尽的说明，对是否采纳控辩双方的量刑建议和意见作出正面回应，从而使本案量刑活动的全过程得到较为完整的记载，文书的说理部分显得更加丰满和充分，裁判结果令人信服。4. 在“本院认为”后部增加了宣判时法庭教育的内容，更进一步增强了裁判文书的说服力、亲和力，达到了审判与教育相结合的目的。总之，该判决书不仅形式上规范精当，内容亦合乎法理人性，在宽严相济的前提下，融情于理，理法相谐，真正实现“法社双效”、案结事了，堪称高超的审判艺术典范，该文书不失为一篇优秀裁判文书。

●孙思雄等犯违规出具金融票证罪一案刑事裁定书

广东省深圳市中级人民法院

刑事裁定书

（2009）深中法刑二终字第274号

原公诉机关广东省深圳市南山区人民检察院。

上诉人（原审被告人）孙思雄，男，1970年7月1日出生，汉族，大学文化，深圳市人，1998年5月任中国农业银行深圳南山支行海晖支行（以下简称海晖支行）行长，2004年11月9日离岗清收，2006年5月15日被中国农业银行开除，住深圳市龙岗区龙岗街道南联村东二区4巷3号房。因本案于2007年11月19日被抓获，同日被刑事拘留，同年12月14日被逮捕。现羁押于深圳市南山区看守所。

辩护人沈汉强，系广东圣方律师事务所律师。

上诉人（原审被告人）万克诚，男，1959年11月2日出生，汉族，研究生文化，湖北省黄梅县人，原深圳市现代计算机有限公司（以下简称现代公司）工会主席及资本总监，2004年12月辞职，住深圳市香蜜二村13－H7室。因本案于2007年11月10日被抓获，同日被刑事拘留，同年12月14日被逮捕。现羁押于深圳市南山区看守所。

辩护人胡雅丽，系湖北益惠民律师事务所律师。

深圳市南山区人民法院审理深圳市南山区人民检察院指控原审被告人孙思雄、万克诚犯违规出具金融票证罪一案，作出（2008）深南法刑初字第1321号刑事判决。宣判后，原审被告人孙思雄、万克诚不服，向本院提出上诉。本院依法组成合议庭审理本案，经审查，认为本案事实清楚，决定不开庭审理本案。现已审理终结。

原判认定：2003年间，李会斌（男，50岁，湖北武汉人，已移交总参政治部保卫部另案处理）任董事长、总经理的深圳市国基房地产开发有限公司（以下简称国基公司）开发深圳市南山区漾日湾畔房地产项目，向被告人孙思雄任行长的海晖支行先后贷款共计2亿元人民币（以下货币单位均为人民币），其中第一笔贷款5100万元，2004年5月到期。此外，国基公司尚有其他银行贷款和按揭款总计8亿元未偿还，已陷入资金危机。2004年1月份现代公司因承接重庆、武汉等地的轨道交通工程业务，决定增资扩股，现代公司董事长、总经理胡宇舟安排被告人万克诚办理增资扩股具体事宜。此后，被告人万克诚通过王辅认识李会斌，又通过李会斌认识孙思雄。李会斌表示要注资入股现代公司。被告人孙思雄主动提出给现代公司2亿元贷款，由李会斌的国基公司为现代公司的贷款提供担保。现代公司只同意贷款1亿元。2004年4月8日，现代公司在海晖支行开设一个正规的一般存款账户（账号尾号7627），用于贷款和验资。2004年5月21日，现代公司的1亿元贷款申请获深圳农行批准。

2004年5月28日，被告人万克诚按照被告人孙思雄、李会斌的安排，瞒着现代公司法定代表人胡宇舟和公司财务部门，提供伪造的资料，违反账户管理规定，冒用现代公司的名义在海晖支行开设了现代公司不知情、无法掌控的违规账户（账户尾号7908，以下简称7908账户），为实施犯罪制造条件。

2004年5月31日，被告人孙思雄、万克诚等人使用虚假的现代公司法定代表人授权委托书，伪造现代公司会计主管邓运泉的签名，编造虚假交易背景合同，从7908账户开出3500万银行承兑汇票，汇票收款人为李会斌控制的畅通伟业公司，随即由国基公司的财务部经理陈雪峰解汇，将款转入李会斌控制的康奇贝石公司和雨旸时若公司，李会斌增加700万元，当日以康奇贝石公司2200万元、雨旸时若公司2000万元，合计4200万元，作为国基公司向现代公司的入股资金转入7908账户，二十分钟后又将该4200万元转到李会斌控制的广东银头公司。李会斌再增加几百万，凑足5100万元，还了国基公司在海晖支行第一笔到期贷款。期间，被告人孙思雄在违规的4200万元的验资询证函上签字，并违反银行印章管理规定，强行夺走业务章，在验资询证函上加盖予以确认。

2004年6月29日，被告人万克诚凭据虚假的验资证明，瞒着现代公司法定代表人胡宇舟申请办理了变更工商登记，将自己非法变成现代公司的法定代表人，使李会斌及其部属王辅、马军、方芳等人成为现代公司的董事，李会斌所控制的康奇贝石公司、雨旸时若公司非法取得了现代公司42%的股权并控制了现代公司董事会。

2004年7月1日，被告人孙思雄、万克诚再次采用伪造签名、编造虚假合同等方法，从7908账户开出三张银行承兑汇票，总金额1500万元，汇票收款人为李会斌所控制的“汇胜达公司”。

2004年9月1日，被告人孙思雄、万克诚继续实施上述犯罪活动，采用相同手段，从7908账户开出五张银行承兑汇票，将总金额3500万元付给李会斌控制的汇胜达、畅通伟业、城联物流三家公司。

上述由被告人孙思雄、万克诚等人实施的违规出具银行承兑汇票的行为，给现代公司造成了极大损失，使一个国家重点软件企业陷入生存危机之中，也给中国农业银行造成重大损害。

原判采信的证据有：

一、相关公司工商注册登记资料

1. 深圳市现代计算机有限公司的工商注册登记资料

（1）深圳市现代计算机有限公司2004年6月29日前的营业执照，证实公司法定代表人为胡宇舟，注册资金5800万元，公司性质为有限责任公司。

（2）深圳市现代计算机有限公司2004年6月29日变更后的注册登记资料，证实公司法定代表人为万克诚，注册资金10000万元，董事成员有方芳、胡宇舟、李会斌、马军、唐应元、万克诚、王辅等。

（3）深圳市现代计算机有限公司2005年8月5日的工商注册登记资料，证实公司法定代表人为马军，注册资金10000万元，董事成员有方芳、胡宇舟、李会斌、马军、朱治理、张媛、王辅等。

（4）深圳市现代计算机有限公司2007年4月20日的工商登记资料，证实公司法定代表人为胡宇舟，注册资金10000万元，董事成员有胡宇舟、张媛、洪琳、朱治理、李会斌、王辅、方芳等。

以上四份证据表明了深圳市现代计算机有限公司42%的股份被李会斌等人占有。

2. 由李会斌控制的有关公司的工商注册资料

（1）深圳市康奇贝石科技有限公司的工商注册资料，证实该公司由李会斌出资300万元，赵东明、谢青山出资300万元，于1993年5月成立，住所地深圳市深南中路电子科技大厦7楼705C室，2004年4月法定代表人由李会斌变更为代伟。

（2）深圳市国基房地产开发有限公司的工商注册资料，证实该公司由李会斌出资950万元、深圳市康奇贝石科技有限公司出资4050万元于1997年7月组建，法定代表人为李会斌。

（3）深圳市雨旸时若实业有限公司的工商注册资料，证实该公司于2001年8月由市民周劲、毛秀芬各出资25万元设立，法定代表人为周劲。2004年8月30日由王辅经办，将周劲变更为王芳。

（4）广东银头融资担保投资有限公司的工商注册资料，证实该公司由国基公司和康奇贝石公司组成，法定代表人为马军。

（5）深圳市汇胜达贸易有限公司的工商注册资料，证实该公司由方芳出资92万元、东方巴黎商场公司（国基下属企业）出资300万元、康奇贝石公司出资1608万元组成。法定代表人为海广顺。

（6）深圳市城联物流有限公司的工商注册资料，外资企业变更登记申请，证实深圳市城联物流有限公司于2003年5月由龚燕申请设立，当年8月14日，正、副董事长变更为方芳、马军。2005年8月董事长变更为代銮成。2006年6月董事长变更为吕红荣。

（7）深圳市畅通伟业科技有限公司的工商注册资料，证实2003年11月24日，公司设立人彭少彬、蔡少凯等人将全部股份转让给康奇贝石公司。

以上这些公司均系李会斌的关联公司。

二、国基公司在农行贷款有关情况的证据

1. 审计署驻深圳特派员办事处审计证据，证实国家审计署深圳特派员办事处的“审计实事记录”：2002年3月15日，国基公司向农行南山支行申请“漾日湾畔”房地产项目开发贷款2亿元，南山农行于2003年1月20日成立项目监管小组，组长陈小舒，组员孙思雄、蓝斌、董庆华、杨大伟。2002年11月8日至2004年8月19日，在近两年时间里，孙思雄、蓝斌未向上级报告该楼盘的任何重要异常情况（此期间该楼盘开始销售，2003年7月开始在其他银行按揭，当年12月被深圳工行查封，国基公司已陷入债务纠纷），尤其是对2004年2月之后该楼盘很少发生按揭业务的重要情况，南山农行海晖支行负责人及经办人居然不闻不问，听之任之，没有及时汇报，导致深圳农行对该楼盘丧失所有资产保全的机会，使农行债权处于极度危险的处境。（审计员刘里，取证日期2005年10月19日）。

经延伸审计发现，国基公司在深圳市多家银行共取得近8亿元项目贷款和按揭款，其中用于房地产开发的只有近3亿元，用于归还银行贷款及利息1.4亿元。该公司挪用项目贷款和按揭款投资广东茂名腈纶厂等项目资金达2.9亿元，至审计之日（2005年9

月12日），该公司在深圳农行的贷款余额1.49亿元已逾期10个月，无法归还。

2. 农行深圳分行关于南山支行对国基公司项目贷款存在问题限期整改和责任清收的决定，证实南山支行对国基公司“漾日湾畔”房地产项目开发贷款，至检查之日余额1.48418亿元，贷款存在违规事实及风险，分行党委经研究决定，责令南山支行对该笔贷款实行责任清收，责任人：陈小舒、钱真敏、孙思雄（责令离岗清收）、蓝斌（责令离岗清收）。

3. 南山农行对审计署信贷审计证据反馈意见，证实经过支行多方努力，于2004年5月31日收回项目贷款5100万元。

4. 被告人孙思雄的供述，证实国基公司2002年4月份在海晖支行贷款，总共2亿元人民币，2004年6月份共归还5100万元。

三、现代公司在海晖支行贷款情况的证据

1. 证人胡宇舟的证言，证实2004年1月，根据公司业务需要，提出增资扩股计划，经万克诚介绍认识李会斌，李会斌愿意入股。3月份，万克诚引荐孙思雄，孙思雄说可以给现代公司2亿元贷款，由国基公司担保。其公司同意贷款1亿元。

2. 被告人万克诚的供述，证实2004年3月左右，其负责现代公司的增资扩股工作，通过王辅认识李会斌，李会斌介绍其认识孙思雄。孙思雄最初向其提出贷款2亿元给现代公司。因公司用不了那么多，后来申请贷款1亿元。后来孙思雄主动找其，说国基公司可以为现代公司贷款提供担保，但条件是现代公司要将贷款的一半就是5000万元供国基公司使用，其答应了。

3. 现代公司在海晖支行开立正规账户的资料（账号尾号7627），证实2004年4月8日现代公司法定代表人胡宇舟签名的申请开设一般存款账户的申请书，预留印鉴为现代财务章和胡宇舟印；审批人为孙思雄、蓝斌、杨大伟。

4. 现代公司贷款申请，证实2004年4月12日现代公司向农行南山支行申请贷款1亿元。

5. 现代公司的贷款批复通知书，证实深圳农行2004年5月21日批复：同意现代公司授信额度1亿元，其中5000万元是流动资金，5000万元用于开票、开证。同时提出要求：使用流动资金前，先收回国基公司在我行2004年5月22日到期的贷款5100万元。

6. 国基公司的保证合同，证实国基公司于2004年5月28日为现代公司提供担保1亿元。

7. 现代公司的5000万元流动资金借款合同，证实合同签订日期为2004年6月11日。

四、开设违规账户（账号尾号7908）的证据

1. 伪造的开户申请手续，证实2004年5月28日，万克诚假冒胡宇舟签名的开户申请，仍然为一般存款账户，预留印鉴为现代公司行政章和代伟私章，审批人为蓝斌、孙思雄。

2. 银行职员杨大伟的证言，证实其在海晖支行负责客户开户工作，现代公司在其支行开了两个一般结算账户。第二个账户是2004年5月28日开的，预留印鉴为现代公司公章和代伟的私章，根据营业执照，代伟不是法定代表人，当时银行要求补充提供法人委托授权书，其去档案库仔细查找了一遍，发现没有代伟的法人授权委托书。

3. 后补的法定代表人身份证明的书证，公司员工胡婷婷的笔迹对照，任职期限等书证，证实胡宇舟名字的笔迹是胡婷婷所写。

4. 现代公司法定代表人胡宇舟的证言，证实2004年5月28日，万克诚骗取公司公章，伪造其签名，在孙思雄提供的便利条件下另外私自开设公司账户，以代伟私章为预留印鉴。代伟不是其公司员工，其也未授权给代伟，所开账户现代公司不知情，现代公司无法控制，是一个非法账户。

5. 现代公司秘书周玲的证言，证实2004年5月28日的银行客户资料登记表其没有见过，表上的公章不是其盖的，“胡宇舟”三字也不是胡宇舟的签名。2004年5月前后万克诚借出过公司公章。胡宇舟的私章万克诚也用过。

6. 海晖支行客户经理蓝斌的证言，证实2004年现代公司在海晖开有两个账户，开设账户是前台做的，其没职权管。代伟原来是李会斌的司机，后来在国基办公室任职。

7. 海晖副行长郑婷元的证言，证实现代公司2004年4月8日开户是其审批的，资料齐全；2004年5月28日开的第二个账户是孙思雄审批的，上面有孙思雄的签名，资料是否齐全要问孙思雄。

8. 被告人万克诚的供述，证实其供述称现代公司在海晖农行开有两个账户，其中一个专门用于4200万元验资账户，预留印鉴是现代公司公章，私章是代伟，此事其向公司财务和董事会口头讲过。开验资账户是李会斌和孙思雄沟通好了。2005年5月28日现代公司开户申请表上“胡宇舟”三个字是其代签的，李会斌、孙思雄让其签什么其就按他们的要求签。代伟是李会斌的外甥。后来其知道，国基公司在海晖支行有贷款，在2004年5月左右到期，孙思雄和李会斌就运作了这些。

9. 被告人孙思雄的供述，证实其供述称现代公司在海晖支行开户验资的情况其不清楚。

五、虚假出具4200万元资信证明的证据

1. 证人胡宇舟的证言，证实2004年1月，根据公司业务需要，提出增资扩股计划。2004年6月上旬的一天，万克诚拿盖有海晖银行印鉴的单子给其看，显示康奇和雨旸分别进款2200万元和2000万元到现代公司，万克诚解释说康奇和雨旸都是国基下属公司，这样可以保证国基公司相对大股。后来查明4200万元增资款根本没有进现代公司的账户，而是进了非法账户，这一账户其和财务都不知道，也无法控制。2004年6月29日，万克诚凭借虚假的验资文书，私自办理了工商变更登记，万克诚成了现代公司的法定代表人，董事会七席中，万克诚的人占了五席，此后万克诚控制了财务。

2. 银行职员杨大伟的证言，证实账号7908的账户不是验资账户，其查了对账单，发现该账户于2004年5月31日进账4200万元，当天就转走了。

3. 银行客户经理蓝斌的证言，证实2004年5月31日国基公司还了5100万元到期贷款，起初国基公司账上才600万元资金，不足以偿还贷款，到了下班后款项才陆续到齐。

4. 4200万元增资资金流转情况的单证：

（1）2004年5月31日由现代公司7908账户开出3500万元银行承兑汇票给畅通伟业公司的票证。

（2）2004年5月31日，畅通伟业公司将3500万元承兑汇票贴现的凭证。

（3）2004年5月31日，畅通伟业公司将贴现后的款转给国基公司的说明及转账支票等。

（4）2004 年 5 月 31 日，康奇贝石公司转款 2200 万元至现代公司 7908 账户。

（5）2004 年 5 月 31 日，雨旸时若公司转账 2000 万元至现代公司 7908 账户。

（6）2004 年 5 月 31 日，由 7908 账户开出 4200 万元转给广东银头公司的转账支票。

（7）验资款同一天进出的银行对账单。

5.《缴付出资额的银行询证函》，证实康奇贝石公司 2200 万元、雨旸时若公司 2000 万元投资款，缴入 7908 账户。经办人孙思雄签名，上盖康奇贝石公司、雨旸时若公司公章以及海晖支行业务章，无现代公司公章，时间为 2004 年 5 月 31 日。

6. 审计署驻深圳特派员办事处审计专题报告，证实深圳农行个别工作人员违反规定，帮助国基公司抽逃对现代公司的股权增资款 4200 万元：2004 年 5 月 31 日，国基公司通过关联公司向现代公司在农行海晖支行开立的账户分别汇入增资扩股资金 2200 万元和 2000 万元，海晖支行负责人孙思雄违反深圳农行的业务印章的管理规定，不顾该行负责保管银行业务章的员工黄丽的反对，强行夺走业务章，在会计师事务所缴付出资额的银行询证函上，盖上印戳。在随后的半小时内，上述资金又被转入国基的另一家关联公司广东银头公司，通过这种手段，使国基公司完成对现代公司的增资，取得了对该公司的控股权。

7. 海晖支行会计主办黄丽的证言，证实其管理海晖支行的业务印章。2004 年 5 月 31 日的《缴付出资额的银行询证函》上的海晖业务章不是其盖的，上面有孙思雄的签名。2004 年 5 月 31 日，下班后，行长孙思雄要其留下业务章，其不同意（制度规定行长不能使用业务章），孙思雄趁其不注意拿走了业务章，其追到行长室要孙思雄归还业务章，行长室人多，其退出来，打电话给副行长郑婷元，后郑婷元打电话叫其从孙思雄处拿回业务章。

8. 海晖副行长郑婷元的证言，证实黄丽打电话给其称业务章被孙思雄借走了，后其打电话叫黄丽去孙思雄处拿回业务章。

9. 海晖员工黄晓华的证言，证实其看到黄丽追着孙思雄行长要业务章。

10. 被告人万克诚的供述，证实整个过程都是李会斌和孙思雄合谋的，孙思雄主动找其，说银行可以给 2 亿元贷款，其说 1 亿元就够了，后来孙思雄又说李会斌可以担保，但条件是贷款的一半，就是 5000 万元要给国基公司使用，其答应了。2004 年 5 月 31 日，现代公司的 3500 万元银行承兑汇票转到了国基公司的关联公司账上，李会斌就是拿了这笔款作了投资款，通过康奇贝石和雨旸时若两家公司增资入股现代公司。就在 2004 年 5 月 31 日验资当天，孙思雄又帮助李会斌把这 4200 万元转出验资账户，转入国基公司账户，最后还了国基公司在农行的贷款。2004 年 5 月 31 日下班后，当时王辅、马军、李会斌、代伟、陈雪峰（国基公司财务经理）都在，这笔钱的转走和验资都是孙思雄办的，如果没有孙思雄的协助，在银行下班后，4200 万元不可能被转走。关于 4200 万元增资款转走其是没权利的，也不知银行那边是一个什么状况，其那天在海晖支行，李会斌、王辅他们已经把材料及转款的凭证都准备好了，其过去只负责签个名。

11. 被告人孙思雄的供述，证实国基公司在海晖支行的第一笔贷款 5100 万元于 2004 年 5 月到期。2004 年 5 月，康奇贝石和雨旸时若两家公司入股现代公司，5 月 31 日，两家公司分别汇入现代公司在海晖开设的账户 2200 万元和 2000 万元入股资金，但这笔资金当天下午就转走了，转到了国基公司账上，用于国基公司在海晖支行贷款的还款。

现代公司要求验资，其向海晖支行提交了会计师事务所的验资询证函，其查询了现代公司在海晖支行开设的账户，确定康奇贝石公司和雨旸时若公司两笔资金入账后，其就给予办理验资手续。康奇贝石公司和雨旸时若公司的验资款4200万元当天就转走，还了国基公司的第一笔贷款5100万元。

12. 深圳华鹏会计师事务所情况报告形成时间，证实该所经查验资登记表，现代公司验资报告是2004年5月31日，工作档案已丢失。附登记表的委托人是现代公司。

13. 万克诚私自办理变更工商注册的文件，证实该文件经办人为万克诚签名，变更表中“胡宇舟”三字应为万克诚所写。股东会决议、董事会决议等，均无胡宇舟签名。

六、违规出具3500万元银行承兑汇票的证据

1. 审计署驻深圳特派员办事处审计专题报告，证实国基公司通过关联公司利用虚假的增值税发票复印件，办理银行承兑汇票贴现套取资金7700万元：2004年5月20日，深圳农行在国基公司尚未归还房地产贷款的情况下，同意由国基公司提供全额担保，向现代公司发放1亿元授信额度。海晖支行在为现代公司开立承兑汇票过程中，没有对其贸易背景的真实性进行严格审核，造成该行陆续为现代公司垫款，金额达9005万元，至今无法归还。其中5月31日和7月5日，海晖支行为现代公司开具了金额为3500万元和4200万元的银行承兑汇票，收款人分别为深圳市畅通伟业科技公司和深圳市城联物流公司，该两家公司随即将上述承兑汇票背书给深圳市汇胜达贸易公司（国基下属公司，其公章和资金由国基公司调度），国基公司指示汇胜达公司将上述承兑汇票在银行贴现，该公司在国基公司要求下使用虚假的增值税专用发票复印件，将上述承兑汇票在其他商业银行贴现套取资金后转入国基公司及其关联公司账户。

2. 2004年5月31日开出的3500万元银行承兑汇票，证实承兑申请人现代公司7908账户，现代公司行政章、负责人代伟、会计主管邓运泉；收款人畅通伟业公司；银行经手人蓝斌、孙思雄。

3. 银行承兑汇票申请手续及承兑合同，证实万克诚手写的“代伟到海晖支行办理银行业务”的授权委托书，加盖胡宇舟签名章（非胡本人手写），文书号171；承兑合同订立时间2004年5月31日，使用7908账户印鉴，银行经手人蓝斌、孙思雄。

4. 现代公司秘书周玲的证言，证实现代公司的公章由其保管，2004年5月左右，万克诚从其手中两次借走公章，万克诚打电话给胡宇舟，说要到南山这边办事，急需公章，胡宇舟同意了，其才把公章借给万克诚。2004年5月31日由现代公司开给畅通伟业公司的3500万元银行承兑汇票其以前没有见过，上面的现代公司公章不是其盖的。万克诚2004年7月从其手中拿走过胡宇舟的私章，直到同年10月其才从时任公司副董事长的王辅手中拿回胡宇舟的私章，并将章还给胡宇舟本人。

5. 工矿产品购销合同，证实现代公司购买智能纸币识别机，总金额4.4亿元；供方为深圳市畅通伟业科技公司。

6. 被告人万克诚的供述，证实工矿产品购销合同是其签的。其按照孙思雄的安排签了该工矿产品购销合同，以便贷出3500万元资金。

7. 现代公司财务部长邓运泉的证言，证实2004年5月31日3 500万元银行承兑汇

票单证是其在2004年底公司清查时才看见复印件，其根本不知道此事，凭证会计主管签名处“邓运泉”签名也不是其本人所签。负责人“代伟”印章其也搞不清楚，代伟既非其公司员工，更非公司负责人。按照规定，银行承兑汇票等需要企业会计主管面签，而在2004年5月31日开票当天其根本不知道此事。

8. 畅通伟业公司给审计署的关于银行承兑汇票贴现的说明，证实2004年5月31日，由国基公司财务部经理陈雪峰电话通知其带上开户资料和印鉴到商行福田支行办理贴现开户手续，并按贴现要求在承兑汇票上背书并加盖印章，贴现资金及加盖印章则由国基公司的人办理，贴现的全部余额按陈雪峰的安排将资金划回国基公司。

9. 海晖支行蓝斌的证言，证实2004年5月31日上午万克诚拿着贷款有关资料，包括“银行承兑汇票申请书”、填好的汇票凭证、承兑汇票合同以及工矿产品购销合同过来找其，要做这笔3500万元银行承兑汇票贷款，其接过材料后发现他提供的材料上都没有盖章，万克诚说现代公司公章管理很严，要其陪他到现代公司办公楼盖章，于是其和万克诚来到现代公司，万克诚加盖了汇票和几份合同涉及的所有公章，然后其把资料拿回行里审批，办理贷款。2004年5月31日开的银行汇票上的字是国基公司财务部陈雪峰写的。

七、违规出具1500万元银行承兑汇票的证据

1. 1500万元银行汇票及开出凭证，证实2004年7月1日分三张从7908账户开出，每张500万元，印鉴为代伟的，收款人汇胜达公司，申请人签名万克诚、邓运泉，银行经办人蓝斌、孙思雄。

2. 汇票背景合同（工矿产品购销合同），证实现代公司向汇胜达公司采购数据处理器，金额2850万元，蓝斌审核：真实、合法。

3. 现代公司财务部长邓运泉的证言，证实其对现代公司在海晖支行开第二账户的情况完全不知。2004年底万克诚向公司移交财务资料时其才知道第二账户的事情，辨认2004年7月1日和9月1日的银行承兑汇票上邓运泉的签名后明确表示不是其所签。

4. 被告人万克诚的供述，证实2004年7月1日开的1500万元银行承兑汇票上“邓运泉”三字不是邓运泉本人签的，好像是国基财务部陈雪峰的笔迹，开票和签名好像是同一个人。

八、违规出具3500万元银行承兑汇票的证据

2004年9月1日开出的3500万元银行承兑汇票有关单证，证实银行承兑汇票分5笔从7908账户开出，总金额3500万元，收款人为汇胜达、畅通伟业、城联物流三家李会斌控制的公司。申请人万克诚、陈雪峰，银行经办人蓝卓繁、孙思雄。这些依然是从7908账户开出的。

九、违规出具金融票证造成的损失情况

1. 审计署驻深圳特派员办事处审计专题报告，海晖支行在为现代公司开立承兑汇票的过程中，没有对其贸易背景的真实性进行严格审核，造成该行陆续为现代公司垫款，金额达9005万元，至今无法归还。

2. 南山农行与现代公司贷款纠纷的民事判决书。

十、其他方面的证据

1. 孙思雄的任职证明、银行文件。

2. 总参政治部保卫部的关于李会斌不构成犯罪的意见及相关材料。

原判认为，被告人孙思雄、万克诚等人合谋，违反规定开出虚假资信证明，数额达4200万元；被告人孙思雄、万克诚多次违反规定从违规账户为他人开出银行承兑汇票，数额达8500万元，情节特别严重，损失特别巨大，其行为均已构成违规出具金融票证罪。公诉机关指控的犯罪事实清楚，证据确实、充分，指控的罪名成立。

关于7908账户的性质，原判认为，根据《人民币银行结算账户管理方法》的规定："银行在银行结算账户的开立中，不得违反本法规定为存款人多头开立银行结算账户；注册验资的临时存款账户在验资期间只收不付。"现代公司已经开设了7627账户，后开设的7908账户是违规行为，且现代公司法定代表人胡宇舟和公司财务部门对该账户的开立并不知情，7908账户是现代公司不知情、无法掌控的违规账户。

关于被告人孙思雄及其辩护人辩称孙思雄出具验资询证函符合法律的规定，询证函不属于金融票证，原审查明，违规出具金融票证包括资信证明，验资询证函是资信证明的一种；康奇贝石公司和雨旸时若公司的4200万元的入股投资款转入7908账户二十分钟后就被转出，系康奇贝石公司和雨旸时若公司的虚假出资，同时也违反了前述"注册验资的临时存款账户在验资期间只收不付"的规定，并因此非法获取了现代公司42%的股权，孙思雄在明知是虚假出资的情况下强行从公章管理人手中夺去银行业务章，出具验资询证函。现有证据证实被告人万克诚当时在现场，对以上情况知悉，并凭虚假的验资证明变更了工商登记。此外，康奇贝石公司与雨旸时若公司于2004年5月31日才完成注资，而被告人万克诚辩护人提交的证据显示2004年5月18日已经股东会决议变更了法人代表，与事实不符。

关于被告人孙思雄、万克诚多次从7908账户开出银行承兑汇票的问题，原判认为，孙思雄在明知没有真实贸易关系，现代公司没有和农行签订授信合同的情况下，通过7908违规账户签发票据并支付款项，二被告人的行为符合违规出具金融票证罪的罪状规定。

关于本案的损失情况，被告人孙思雄、万克诚的非法行为不仅导致银行巨额流动资金贷款无法收回，也导致现代公司承担巨额票据承兑损失，数额巨大，对辩护人的相关辩称不予采信。

关于本案主体资格的问题，原判认为，被告人万克诚与孙思雄事前共谋，有共同犯罪的主观故意和客观行为，二被告人构成共同犯罪。被告人孙思雄作为海晖支行的负责人，是本案的策划人和主要经办人，是违规出具金融票证罪的适格主体，并系主犯；被告人万克诚虽非银行工作人员，但其作为本案的共犯，亦是违规出具金融票证罪的适格主体，但其在共同犯罪中起辅助作用，系从犯，原判根据其犯罪情节对其减轻处罚。

原判综合本案的事实情节，依照《中华人民共和国刑法》第一百八十八条第一款、第二十六条第一和四款、第二十七条之规定，判决如下：

一、被告人孙思雄犯违规出具金融票证罪，判处有期徒刑六年。

二、被告人万克诚犯违规出具金融票证罪，判处有期徒刑三年。

上诉人孙思雄上诉称，一审法院认定上诉人构成犯罪，认定事实不清、证据不足，请求二审法院改判无罪。具体理由如下：1. 关于指控的第一项犯罪事实，银行的内部管理中，没有关于禁止同一家公司在同一家银行同时开设两个结算账户的规定，且第二账户也不是越权、秘密开设的，现代公司完全有能力控制第二账户内的资金。2. 关于指控的第二项犯罪事实，上诉人没有审批承兑汇票权限，也没有证据证明上诉人参与了伪造现代公司会计主管邓运泉的签名。3. 关于指控的第三项犯罪事实，上诉人认为，增资扩股账户和出资验资账户有所不同，且银行没有义务审核转入和转出存款的真实目的。4. 上诉人与万克诚没有共同的犯罪故意，也没有共同的犯罪行为，不构成共同犯罪。综上，本案相关事实缺乏确实、充分的证据加以证明，现有证据存在相互矛盾、孤证等情况，本案的证据体系不符合我国刑事诉讼的证明标准，请求二审法院本着疑罪从无的原则认定上诉人无罪。其辩护人的辩护意见是：上诉人孙思雄没有犯罪动机、目的，不存在犯罪故意，也没有违规出具金融票证的犯罪行为，本案造成经济损失的后果和责任在于国基公司和现代公司之间的行为，不适用刑法，应以民事法律关系和行政法律关系调整，处理相应的法律后果。综上，请求二审法院撤销一审判决，改判上诉人孙思雄无罪。

上诉人万克诚上诉称：1. 上诉人不是金融机构的工作人员，无法实施侵害银行内部金融管理制度，也没有与孙思雄主观上合谋的事实和证据，上诉人所实施的行为均是按程序依法依规进行的，且相关的职能部门都按程序办理了批准手续。原判认定上诉人构成违规出具金融票证罪依法不能成立。2. 原审认定现代公司开设的7908 账户系临时存款账户，在验资期间只收不付，同时认定胡宇舟和财务部门对该账户的开立并不知情。上诉人认为，这样认定没有任何根据。3. 原审认定孙思雄违规出具验资询证函，康奇贝石公司和雨旸时若公司的4200 万元的入股投资款转入 7908 账户 20 分钟后被转出，属虚假出资，万克诚均在现场，对以上情况知悉；原审又凭虚假的验资证明变更工商登记，认为上诉人提供的2004 年5 月18 日股东会议变更法人代表与事实不符。上诉人认为，原判认定缺乏事实依据。4. 原判认定孙思雄、万克诚多次从 7908 账户开出银行承兑汇票问题，上诉人认为，承兑汇票并非上诉人经手办理的，上诉人只是履行负责人签字的手续。5. 公司的经营行为属于民法调整范畴，上诉人并无违规行为，也没有与孙思雄合谋的事实和证据。综上，上诉人认为原审法院认定事实错误，适用法律不当，请求二审法院改判其无罪。其辩护人亦以与上诉人上诉理由相同的观点提出辩护意见。

经审理查明，原审依据经庭审质证、认证的被告人供述、证人证言及相关书证等证据，认定原审被告人孙思雄、万克诚等人合谋，违反规定开出虚假资信证明，证明出资数额达4200 万元；原审被告人孙思雄、万克诚多次违反规定从违规账户为他人开出银行承兑汇票，数额达8500 万元的犯罪事实清楚，证据确实、充分，本院对原审所认定的事实和证据均予以确认。

控辩双方对本案事实有如下争议焦点，本院予以评断如下：

首先，本院认为，对于本案的事实认定不应将其割裂为互不关联的个别事实和情节来确定其行为性质，换句话说，不能仅针对个别行为或情节来判断其是否合法或是否违规，而应当综合分析本案的全案证据反映的情况，认定各行为人之间行为的形式和实质的联系以及与本案相关犯罪事实的最终结果的因果关系。否则，必然会导致以偏概全甚至曲解或者歪曲案件事实的真相。其次，具体到本案的关键争议事实，本身就涉及银行业务行为与企业行为的联系和银行内部人员与相关企业人员勾结配合的关系，因此，也应该综合分析评判相关事实、证据的实质内容和意义。具体争议焦点裁断如下：

一、关于现代公司名下尾号为7908 的账户的性质问题

第一，从相关法规的规定上看，上诉人孙思雄、万克诚明知现代公司已于2004 年

4月8日在海晖支行开设了一般存款账户（账号尾号7627），仍伙同李会斌另设立现代公司名下的尾号为7908的账户，而且，两个账户的申请表显示均为一般结算账户，因此，上述行为显然违反了2003年4月中国人民银行颁布的《人民银行结算账户管理办法》第六十六条的规定：银行在银行结算账户的开立中，不得“违反本办法规定为存款人多头开立银行结算账户”。此外，其辩称的7908号账户为用于验资的说法也与《人民银行结算账户管理办法》第十四条关于为注册验资需设立临时存款账户的规定不符。

第二，从7908号账户设立的相关资料看，现有证据表明，上诉人万克诚在开户申请表中伪造现代公司法定代表人胡宇舟的签名；开户资料中亦无法定代表人授权他人办理开户的授权委托书；该账户预留印鉴的代伟并非现代公司员工，亦无法定代表人的特别授权。此外，开户资料中的法定代表人身份证明书也系伪造（其笔迹为万克诚秘书胡婷婷所留，胡婷婷是2004年7月13日从武汉江汉大学毕业后入职现代公司，而该账户开户时间为2004年5月28日，该证据经原审法庭当庭质证）。而上诉人孙思雄作为银行经办人、审核人在明知上述情况下，违反《人民银行结算账户管理办法》的相关规定，仍签发报送开户资料，并最终设立该账户。综上，一方面，上述情况违反了《人民银行结算账户管理办法》第二十六条、第二十八条的规定；另一方面，也反映出该账户的设立并非现代公司的真实意思，实际上也并非现代公司所拥有和控制。设立该账户仅是上诉人万克诚、孙思雄以及另案处理的李会斌等人合谋为进一步实施违法行为制造条件的共同行为。

第三，从该账户其后的控制使用情况看，李会斌所在国基公司及其关联公司在上诉人万克诚、孙思雄的密切配合下，通过采取非法手段虚假注资，成为现代公司的控股股东，随即提供虚假的股东会决议和董事会决议等资料违法变更公司的工商注册登记，让万克诚非法取得现代公司的法定代表人及董事长资格，并由李会斌等关联公司人员控制现代公司董事会，为李会斌所在国基公司及其关联公司非法使用现代公司名下的7908账户提供条件。本案已查明事实也表明，该账户其后也确实由李会斌伙同万克诚在上诉人孙思雄配合下控制、使用。而现代公司的财务人员以及实际负责人均对此账户的存在和使用情况毫不知情。

第四，从该账户进出资金及其流向看，经过其账户的资金，李会斌所在国基公司在上诉人孙思雄、万克诚配合下，要么被利用成为国基公司通过关联公司康奇贝石公司和雨旸时若公司虚假注资现代公司的工具，要么被转入李会斌所在的国基公司操控的关联公司账户并用于归还国基公司的银行贷款或被非法侵占。

综上，该账户显然系李会斌所在国基公司伙同上诉人孙思雄、万克诚违法设立、实际控制并利用其实施非法获取占有银行资金的工具，与现代公司本身并无实质的关联。

二、关于上诉人孙思雄是否违规出具《缴付出资额的银行询证函》的问题

一方面，从银行办理该业务的过程上看，经查明：第一，作为接受注资的现代公司并未委托任何会计事务所进行验资工作，申请人落款为现代公司，而印章却为所谓投资方国基公司的关联公司康奇贝石公司和雨旸时若公司，申请询证主体明显不符，也不合情理。第二，上诉人孙思雄在办理该询证函过程中，违反银行印章“专人使用、专人保管、专人负责”、“非业务公章、受理凭证专用章管理人员不得使用印章”的管理规

定，强行夺走业务章，在验资询证函上加盖予以确认国基公司的所谓投资款项。第三，上诉人孙思雄并非经办该业务的人员，却违规在该银行询证函的经办人处签名。第四，康奇贝石公司和雨旸时若公司转入4200万元的7908账户并非供验资专用的临时存款账户，该所谓的入股投资款转入7908账户二十分钟后就被转出，显然违反《人民银行结算账户管理办法》第十四条关于设立临时存款账户的规定、第三十七条关于“注册验资的临时存款账户在验资期间只收不付”的规定。

另一方面，现有证据显示，上诉人孙思雄、万克诚明知该笔资金的主要来源，即系孙思雄、万克诚等人编造虚假交易合同从7908账户开出3500万元银行承兑汇票解汇的资金，且将该款转入李会斌控制的康奇贝石公司和雨旸时若公司当日又作为国基公司向现代公司入股资金转入7908账户。而且上诉人孙思雄当日还安排员工杨大伟立即将该4200万元转到李会斌控制的广东银头公司直接归还国基公司在海晖支行的到期贷款。总之，上诉人孙思雄、万克诚对所谓的入股资金的来源及其去向的真实情况完全清楚，而上诉人孙思雄仍违反其工作职责，隐瞒真实情况，违规出具该《缴付出资额的银行询证函》，为李会斌、万克诚等人其后实施非法占有现代公司股份、变更工商登记、控制公司董事会以及利用现代公司名下的7908账户违规出具银行承兑汇票等一系列违法行为提供了条件，而决非上诉人孙思雄辩称的正常履行工作职责。

三、关于上诉人孙思雄是否违规出具银行承兑汇票的问题

第一，鉴于前述分析的上诉人孙思雄、万克诚等开设的7908账户本身的目的、过程的违法性，因此，上诉人孙思雄、万克诚伙同李会斌等利用该账户进行其他金融活动，如出具银行承兑汇票等亦缺乏合法性。

第二，根据《中华人民共和国票据法》第十条规定：“票据的签发、取得和转让，应当遵循诚实信用的原则，具有真实的交易关系和债权债务关系。”《中华人民共和国商业银行法》第三十五条规定：“商业银行贷款，应当对借款人的借款用途、偿还能力、还款方式等情况进行严格审查。”第三十六条规定：“商业银行应当对保证人的偿还能力，抵押物、质物的权属和价值以及实现抵押权、质权的可行性进行严格审查。”中国人民银行银发（2005）235号文件《关于完善票据业务制度有关问题的通知》明确规定：“出票人（持票人）向银行申请办理承兑或贴现时，承兑行和贴现行应按照支付结算制度的相关规定，对商业汇票的真实交易关系和债权债务关系进行审核。”“银行承兑汇票的承兑行负责对出票人的资格、资信、交易合同和汇票记载的内容等进行审查。”银发（2006）385号文件《中国人民银行关于促进商业承兑汇票业务发展的指导意见》规定：“商业银行要加强对商业承兑汇票的风险管理，进行严格的真实贸易背景审查，防止利用商业承兑汇票套取银行贴现资金以及进行其他违法违规活动。”中国银行业监督管理委员会的《商业银行内部控制指引》第四十八条规定：“商业银行应当严格审查和监控贷款用途，防止借款人通过贷款、贴现、办理银行承兑汇票等方式套取信贷资金，改变借款用途。”第四十九条规定：“商业银行应当严格审查借款人资格合法性、融资背景以及申请材料的真实性和借款合同的完备性，防止借款人骗取贷款，或以其他方式从事金融诈骗活动。”《中国农业银行承兑汇票管理实施细则》第三条规定：“银行承兑汇票的承兑、贴现、转贴现必须以合法、真实的商品交易为基础。”第八条也规定：向银行申请承兑的商业汇票出票人必须“具有真实、有效、合法的商品购销合同”。现有证据证实，上诉人孙思雄伙同上诉人万克诚以及李会斌等人于2004年5月

31 日、7 月 1 日、9 月 1 日在开具 3500 万元、1500 万元、3500 万元银行承兑汇票过程中，合谋编造现代公司与李会斌控制的关联公司畅通伟业公司、汇胜达公司、城联物流公司等之间的虚假工矿产品购销合同，并使用虚假的现代公司法定代表人授权委托书、伪造现代公司会计主管邓运泉的签名，甚至由收款人单位，即非现代公司的负责人、会计主管，如陈雪锋（国基公司财务经理）办理现代公司名下的银行承兑汇票相关手续。此外，还提供虚假的增值税发票复印件。显然，上诉人孙思雄作为银行业务经办人员，非但未尽审查职责，而是伙同万克诚、李会斌等人直接参与策划、实施上述违法行为，违规出具银行承兑汇票，其违规之责不容置疑。

第三，根据《中华人民共和国票据法》第七条规定：“法人和其它使用票据的单位在票据上的签章，为该法人或者该单位的盖章加其法定代表人或者其授权的代理人的签章。”第十四条规定：“票据上记载事项应当真实，不得伪造、变造。”本案中，上诉人孙思雄经办的银行承兑汇票，除伙同万克诚伪造了现代公司财务主管邓运泉的签名，还在部分承兑汇票中使用了未经法定代表人授权人员的预留印鉴，均显属违规之举。

第四，至于上诉人孙思雄辩称其不知道相关合同是虚假合同，事实上，如前所述，上诉人孙思雄等人违规开设 7908 账户的过程就充分证实其事先共谋的前提，上诉人万克诚在侦查阶段的供述也明确证实其与孙思雄、李会斌等事先共谋，按照孙思雄的要求提供相关购销合同的过程。进一步来说，孙思雄前后三次经手办理共开出八张承兑汇票，总金额达 8500 万元，在第一次出具 3500 万元承兑汇票过程中，上诉人孙思雄甚至明目张胆抢夺银行业务章违规虚假验资，且随即将资金转入李会斌控制的关联公司账户后归还了李会斌所在国基公司在上诉人孙思雄所在农业银行的贷款；其他款项亦均转入李会斌控制的关联公司账户，以上贷款资金流向情况也足以证实上诉人孙思雄完全知道开具上述银行承兑汇票的真实用途，也当然完全知悉相关购销合同是虚假合同。

四、关于上诉人万克诚是否构成违规出具金融票证罪的适格主体的问题

本院认为，如前所述，上诉人孙思雄、万克诚等人的行为并非没有联系的独立行为，上诉人孙思雄作为农业银行的负责人，策划和实施违规出具金融票证的行为，是违规出具金融票据罪的适格主体；而上诉人万克诚虽非银行工作人员，但在开设 7908 账户、出具银行承兑汇票、出具虚假资信证明的过程中，按照事先通谋积极配合上诉人孙思雄，提供相关虚假合同、伪造会计主管签名、伪造法定代表人授权委托书等资料、签署相关文书等，为完成违规出具金融票证起积极帮助作用，属于共同犯罪中的帮助犯，依法应当承担相应刑事责任。

本院认为，上诉人孙思雄、万克诚等人合谋，违反法律法规及银行规定开出虚假资信证明，数额达 4200 万元，并多次从违规账户为他人开出银行承兑汇票，数额达 8500 万元，情节特别严重，损失特别巨大，其行为均已构成违规出具金融票证罪。在共同犯罪中，上诉人孙思雄起主要作用，是主犯，依法应当按照其参与的全部犯罪处罚；上诉人万克诚起次要作用，是从犯，依法予以减轻处罚。二上诉人的上诉理由及辩护人相关辩护意见均不能成立，本院不予采纳。

原审判决认定事实清楚，证据确实、充分，定罪准确，适用法律正确，量刑适当，审判程序合法，应予维持。依照《中华人民共和国刑事诉讼法》第一百八十九条第（一）项之规定，裁定如下：

驳回上诉，维持原判。

本裁定为终审裁定。

审　判　长　王育平
审　判　员　许瑞韩
审　判　员　蔡升琴
二〇〇九年三月二十五日
书　记　员　张新建

【评析】

该二审裁定书格式规范，要素齐备，书写清楚、规范，被告人、诉讼参与人排列得当。首先，在开始部分具体、完整地列明被告人的身份及任职情况；其次在正文部分详略得当地叙述了案件的基本事实，并针对案件事实，条分缕析地阐明了相关证据证实的内容；最后在准确归纳一审主要观点和上诉人主要上诉理由的基础上，从错综复杂的法律关系中理出多个争议焦点，如关于现代公司名下尾号为7908账户的性质问题、关于上诉人孙思雄是否违规出具《缴付出资额的银行询证函》的问题、关于上诉人孙思雄是否违规出具银行承兑汇票的问题等。基于这些焦点，结合本案事实、上诉人的主要上诉观点及现行《刑法》、《人民银行结算账户管理办法》、《中华人民共和国票据法》、《中华人民共和国商业银行法》、《商业银行内部控制指引》、《中国农业银行承兑汇票管理实施细则》等相关法律、法规性文件的规定，有针对性地进行了详细分析与阐述，对上诉人的行为性质及其社会危害性逐一进行评判，对每一个问题都表达了明确的观点，且理由论述逻辑严谨，判词说理深入周详，法律依据引用条理清晰。该裁定书将法律解释与事实考量互相密切结合，彰显了法官深厚的法学理论功底和丰富的社会阅历，是一份格式规范、结构严谨、论证充分、说理透彻的优秀裁判文书。

广东省深圳市龙岗区人民法院

刑事判决书

（2008）深龙法刑初字第3272号

公诉机关深圳市龙岗区人民检察院。

被告人王乐，男，1971年11月27日生，汉族，大学文化，户籍地广东省深圳市龙岗区坂田街道雪岗北路1号，系深圳市东方数码实业有限公司法定代表人。曾因犯虚开增值税专用发票罪，于2001年4月24日被珠海市中级人民法院判处有期徒刑一年七个月，2001年4月27日刑满释放。因本案于2008年8月21日被羁押，同年9月28日被逮捕。现羁押于深圳市龙岗区看守所。

辩护人竺睿，开物律师事务所广州分所律师。

深圳市龙岗区人民检察院以深龙检刑诉［2008］3097号起诉书指控被告人王乐犯拒不执行判决、裁定罪，于2008年11月10日向本院提起公诉，本案先适用简易程序，后转为普通程序，依法组成合议庭，公开开庭进行了审理。深圳市龙岗区人民检察院指派检察员肖辉出庭支持公诉，被告人王乐及其辩护人竺睿均到庭参加诉讼。本案在审理过程中，因补充证据的需要，公诉机关建议延期审理，现已审理终结。

公诉机关指控，被告人王乐系深圳市东方数码实业有限公司（以下简称东方数码公司）法定代表人。2007年以来，东方数码公司拖欠供货商货款，被浙江省金佳电子有限公司、深圳市国凯电子有限公司、东莞科创印刷制品有限公司、深圳市百昌隆精密塑胶有限公司和覃某某等起诉至法院。法院审理后，判决东方数码公司支付上述原告货款及逾期付款的利息。2008年4月份，上述判决陆续生效。后东方数码公司与部分原告进行调解或和解，但该公司有执行能力而拒不执行，并转移被查封的财产，转移账户上的资金，造成判决、裁定无法执行。

公诉机关认为，被告人王乐的行为已构成拒不执行判决、裁定罪，诉请本院依法判处。

被告人王乐对公诉机关指控的上述事实有异议。其辩称：1. 东方数码公司拖欠货款虽属实，但属于公司的债务，而非其个人；2. 东方数码公司拖欠的货款尚未到实际履行期限；3. 东方数码公司并未转移被法院查封的财产，亦未非正常转移资金。综上，王乐认为，公诉机关指控的证据不足，指控的罪名不能成立。

辩护人竺睿提出如下辩护意见：1. 在法院审理的关于东方数码公司的民事纠纷中，

法院有的法律文书没有证据证明已生效；2. 根据法院的判决书、调解书，以及当事人之间的和解协议，东方数码公司的大部分债务未到履行期限；3. 被告人王乐为了支付工人工资，曾向深圳市华荣新数码科技有限公司（以下简称华荣新公司）借款，故从东方数码公司转到华荣新公司账户上的钱是还给华荣新公司的，从东方数码公司转给王海峰的钱是应支付给王海峰的工资及王海峰之前帮公司垫付的货款；4. 东方数码公司虽存在部分法院生效法律文书未履行的情况，但本案尚未达到情节严重。综上，辩护人竺睿认为，本案证据不足，被告人王乐的行为不应构成拒不执行判决、裁定罪。

经审理查明，被告人王乐系东方数码公司的法定代表人、股东，拥有公司70%的股份。2007年以来，东方数码公司因拖欠货款，被浙江省金佳电子有限公司（以下简称浙江金佳公司）、深圳市国凯电子有限公司（以下简称国凯公司）、东莞科创印刷制品有限公司（以下简称东莞科创公司）、深圳市金正利电子科技有限公司（以下简称金正利公司）、深圳市百昌隆精密塑胶有限公司（以下简称百昌公司）、深圳市利好印刷有限公司（以下简称利好公司）和覃某某起诉至法院。法院审理后，分别以民事判决书或民事调解书的形式确认东方数码公司对上述公司的债务共有3169841元。2008年4月份，上述法律文书生效后，东方数码公司并未履行义务，上述案件进入强制执行程序，在执行阶段，浙江金佳公司、东莞科创公司与东方数码公司达成执行和解协议，但东方数码公司仍未按协议约定履行义务，上述两案仍恢复强制执行。2008年6月27日，法院依法裁定，查封东方数码公司的所有机器设备等固定资产。2008年8月12日，被告人王乐指使公司的工作人员，将法院查封的一台视频信号发射器和一台UX-300能量荧光光谱仪擅自转移。同时，王乐又于2008年5月至7月间，将东方数码公司账户上的270余万元非法转入华荣新公司的账户（该公司的法定代表人沈溪涓为王乐的妻子，其中一名股东戴玉章系东方数码公司的另一股东），转入其司机王海峰账户130余万元，因被告人王乐擅自转移法院查封的财产，并非法转移大量资金，造成法院生效的法律文书无法履行，故法院于2008年8月21日对王乐采取司法拘留措施。同时，因王乐的行为已涉嫌犯罪，法院将此案移交公安机关处理。公安机关于2008年8月26日对王乐执行刑事拘留措施。

上述事实，有下列证据证实：

1. 公司设立登记申请书、东方数码公司章程、验资情况材料、工商登记资料、常住人口基本信息，证实东方数码公司的基本情况、王乐系该公司的法定代表人及被告人王乐的身份等基本情况。

2. （2000）珠中法刑初字第207号刑事判决书，证实2001年4月24日，被告人王乐曾因犯虚开增值税专用发票罪，被判处有期徒刑一年七个月，根据该判决书记载的王乐的羁押日期，其刑满日期为2001年4月27日。

3. （2007）深龙法民初字第8098号民事判决书、龙法执通字（2008）第3621号执行通知书、送达回证，证实东方数码公司与浙江金佳公司的民事纠纷中，其2008年5月31日前应偿还浙江金佳公司的债务为261165元。2008年7月3日，浙江金佳公司与东方数码公司达成执行和解协议，双方约定由东方数码公司分三期偿还上述债务，如有一期逾期二十日未偿还，浙江金佳公司则有权要求按执行申请书恢复强制执行。现有证据不能证实东方数码公司如约履行执行和解协议，故东方数码公司所欠的上述债务仍属到期债务。

4.（2007）深龙法民初字第8851号民事判决书、龙法执通字（2008）第3954号执行通知书、送达回证，证实东方数码公司与国凯公司的民事纠纷中，其2008年5月30日前应偿还国凯公司的债务为255830元。

5.（2007）深龙法民初字第6353号民事判决书、（2008）深龙法执字第4120号执行令、执行和解协议，证实东方数码公司与东莞科创公司的民事纠纷中，其应偿还东莞科创公司的债务为110858元。2008年7月3日，东莞科创公司与东方数码公司达成执行和解协议，双方约定由东方数码公司分三期偿还上述债务，如有一期逾期二十日未偿还，东莞科创公司则有权要求按执行申请书恢复强制执行。现有证据不能证实东方数码公司如约履行执行和解协议，故东方数码公司所欠的上述债务仍属到期债务。

6.（2008）深龙法民初字第959号民事判决书、（2008）深龙法执字第4249号执行令、送达回执，证实东方数码公司与金正利公司的民事纠纷中，其2008年5月31日应偿还金正利公司的债务为372695元。

7.（2008）深龙法民初字第2796号、4232号民事调解书、（2008）深龙法民初字第362号民事判决书、龙法执通字第5031号、5834号、5257号执行通知书、送达回执，证实东方数码公司于2008年7月5日、7月22日、8月11日，共应偿还利好公司、百昌公司、覃某某的债务总额为2169293元。

上述3－7项，证实东方数码公司经法院生效法律文书确认的到期债务总额为3169841元。

8.（2008）深龙法执裁字第4120号民事裁定书、查封笔录、查封清单，证实法院于2008年6月27日，依法查封了东方数码公司的所有机器设备等固定资产，被告人王乐在查封笔录上亦签名确认。

9. 工商登记资料证实，东方数码公司的股东为王乐和戴玉章，其中王乐占70%的股份、戴玉章占30%的股份；华荣新公司的股东为沈溪涓和戴玉章，两人各占50%的股份。王乐供述沈溪涓为其前妻，双方于2008年8月离婚。

10. 银行查询单、银行进账单明细证实，2008年5月至7月间，东方数码公司向华荣新公司转入六笔较大数额的款项，共计人民币2704000元，付给王海峰（系被告人王乐的司机）人民币130余万元。

11. 证人陈某稳、王某平、王某命均系东方数码公司员工，分别为仓管员或经理，上述证人在法院工作人员于2008年8月22日了解被查封的财产情况时，证实被法院依法查封的、存放在三楼QA房的一台视频信号发射器（经与查封清单核对，该发射器型号为FLUKE5400，在查封清单第844项）、存放在五楼生产部的一台UX－300能量荧光光谱仪（在查封清单第961项）已被转移。

12. 现场勘查照片，证实被擅自转移的财产曾存放的地点。

13. 证人杨某方、史某波、王某勇均系东方数码公司的员工，上述证人均证实，被转移的财产是于2008年8月12日，由被告人王乐的司机和公司的高层管理人员搬走。

14. 抓获经过、拘留决定书（回执）、拘留证，证实被告人王乐2008年8月21日被司法拘留，8月26日被执行刑事拘留。

15. 立案决定书、逮捕证，证实本案立案的时间是2008年8月26日，以及被告人王乐被采取强制措施的情况。

上述证据均经法庭质证核实，本院予以确认。

被告人王乐的辩护人向本院提交的证据有：抵押贷款合同、银行进账单，拟证实被告人王乐将其妻子沈溪涓及岳父的房产抵押给银行贷款，所贷的款项用于东方数码公司经营，其性质是东方数码公司向沈溪涓个人借款，东方数码公司付给华荣新公司及沈溪涓个人的钱是还借款，而非转移资金。

经审查，辩护人提交的上述证据只是证实贷款行为，并不能证明所贷的款项用于东方数码公司经营，亦不能证明东方数码公司向沈溪涓个人借款，同时也不能证明东方数码公司付给华荣新公司及沈溪涓个人的钱是偿还借款，上述证据和本案无关，本院不予确认。

本院认为，被告人王乐作为东方数码公司的法定代表人，目无国法，对人民法院生效的判决、裁定，有能力执行而拒不执行，情节严重，其行为已构成拒不执行判决、裁定罪。公诉机关指控的罪名成立。王乐及其辩护人认为王乐的行为不构成犯罪，经查，上述确认的民事判决书、调解书、执行通知书、执行令、送达回执，证实上述法律文书已发生法律效力。上述民事案件中，虽有两宗在执行程序中达成执行和解协议，但现有证据不能证实东方数码公司已按和解协议的约定履行了义务，而根据和解协议的约定，如有一期未按期履行，则恢复强制执行，故上述判决书、调解书确认的债权，均是东方数码公司的到期债务。辩护人竺睿认为，上述民事判决书、调解书未生效，且存在未到期债务，该辩解与本院查明的事实不符，本院不予采纳；同时，人民法院生效的裁定亦是此罪所侵犯的对象，（2008）深龙法执裁字第4120号民事裁定书、查封笔录、查封清单，证实法院依法查封东方数码公司的所有机器设备，而现场勘查照片、证人陈某稳、王某平、王某命的证言，证实被查封的部分财产被转移，证人杨某方、史某波、王某勇均系东方数码公司的员工，上述证人均证实，被转移的财产是于2008年8月12日，由被告人王乐的司机和公司的高层管理人员搬走，上述证据能形成证据链，证实经法院生效裁定查封的部分财产被擅自转移，而转移财产的人均是东方数码公司的高层管理人员，或是被告人王乐的司机，在东方数码公司尚未倒闭的情况下，这些人从公司转移财产，王乐作为公司的法定代表人，辩解其不知情，该辩解与情理不符，本院不予采纳。辩护人竺睿认为，本案中的证人证言均是法院工作人员取得，程序不合法。本院认为，本案是法院在依法执行生效的裁判文书过程中，因当事人拒不执行生效的判决、裁定而发现涉嫌犯罪的线索，并把涉嫌犯罪的有关资料移送侦查机关处理，此做法并未违反法定程序，辩护人的此项辩解与法律规定不符，本院不予采纳。

根据所查明的事实，在进入强制执行程序后，东方数码公司共向华荣新公司的账户转入270余万元，向王海峰的账户转入130余万元，而华荣新公司的股东分别为戴玉章、沈溪涓，其中戴玉章也是东方数码公司的股东，沈溪涓则是王乐的妻子，华荣新公司和东方数码公司存在利益关系。王乐及其辩护人辩称，转入华荣新公司的钱是偿还向华荣新公司的借款，转入王海峰账户的钱是支付王海峰工资及偿还王海峰为公司垫付的货款，上述意见缺乏有效证据证实，本院不予采纳。王乐将东方数码公司的钱转给和其有利害关系的华荣新公司和自己的司机王海峰，共有400余万元，且没有相应证据证实是正常支付相应款项，应是非法转移资金的行为。

被告人王乐辩解，其个人并未拖欠货款，故不应追究其个人的责任。经查，被告人王乐系东方数码公司的法定代表人，占公司70%的股份，东方数码公司擅自转移法院依法查封的财产，经法院生效法律文书确认有300余万元到期债务，有能力履行，却非法转移大量资金，且情节严重，王乐作为负直接责任的主管人员，其行为已构成拒不执行判决、裁定罪，辩护人竺睿认为本案尚未达成情节严重，该项意见与本院查明的事实不符，本院亦不予采纳。

被告人王乐擅自转移法院依法查封的财产，非法转移大量资金，损害债权人的合法权益，且被告人王乐曾因犯虚开增值税专用发票罪被判处有期徒刑一年七个月，有犯罪前科，应酌定从重处罚。为维护法律的严肃性和人民法院裁判的权威，保护司法机关正常的司法活动不受侵犯，打击犯罪，根据被告人王乐犯罪的事实、性质、情节和对社会的危害程度，经合议庭评议，并经本院审判委员会讨论决定，依照《中华人民共和国刑法》第三百一十三条之规定，判决如下：

被告人王乐犯拒不执行判决、裁定罪，判处有期徒刑二年六个月。

（刑期从判决执行之日起计算。判决执行以前先行羁押的，羁押一日折抵刑期一日，即自2008年8月21日起至2011年2月20日止）。

如不服本判决，可在接到判决书的第二日起十日内，通过本院或者直接向广东省深圳市中级人民法院提出上诉。书面上诉的，应当提交上诉状正本一份，副本二份。

审 判 长 张有菊
审 判 员 彭 鹏
审 判 员 翟新立
二〇〇九年三月五日
书 记 员 卢娟兰

【评析】

这是一份一审判决书，格式规范，说理透彻，被评为2010年全省法院优秀裁判文书，具有以下突出特点：首先，在结构方面，首部、正文、尾部均清楚明晰。层次方面，正文整体及正文各个分段均主次分明、衔接连贯。叙事简洁、意思完整。行文方面，文字朴实、简练、自然，意思清晰。其次，该判决从内容上来看，在认定事实和适用法律方面准确，具有指导性，说理使人信服。本判决书详细叙述了控辩双方的观点及法院查明认定的事实。通过精细地罗列每一项经过质证的证据，对控辩双方的意见加以分析说明，排除、驳斥了辩方的观点，使人信服。该判决适用法律条款准确、全面，判决结果与事实、法律相适应。再次，判决所涉及的案件具有典型性，拒不执行生效裁判的行为是执行程序上的一个老大难的问题，由于被执行人常常恶意转移财产、拒不执行生效裁判，给法院执行工作带来很大困难，极大地侵犯了申请执行人的合法权益。通过对这种犯罪行为予以定罪量刑，能对预防此类犯罪起到很好的社会效果。

●廖战强犯合同诈骗罪一案刑事裁定书

广东省深圳市中级人民法院

刑事裁定书

（2009）深中法刑二终字第867号

抗诉机关深圳市罗湖区人民检察院。

原审被告人廖战强，男，1969年9月28日出生，身份证号码442525196909283635，汉族，广东省河源市人，高中文化，住广东省河源市源城区公园路27号。因涉嫌犯合同诈骗罪于2007年2月13日被羁押，2月16日被刑事拘留，同年3月22日被逮捕，现已取保候审。

辩护人章宏春，广东深兴律师事务所律师。

原审被告人廖战强合同诈骗一案，由深圳市罗湖区人民检察院于2007年7月11日以深罗检刑诉［2007］1263号起诉书，向罗湖区人民法院提起公诉，罗湖区人民法院于2007年10月31日作出（2007）深罗法刑初字第1446号刑事判决书，判决原审被告人廖战强犯合同诈骗罪，判处有期徒刑十一年，并处罚金人民币30000元，上缴国库；继续追缴原审被告人廖战强货款人民币584325.77元，返还被害单位深圳市兄弟高登眼镜有限公司。宣判后，原审被告人廖战强不服，上诉至本院，本院于2008年6月2日作出（2007）深中法刑二终字第202号刑事裁定书，裁定撤销原判，发回重审。罗湖区人民法院重新组成合议庭，对本案进行审理，于2008年11月18日作出（2008）深罗法刑重字第1号刑事判决书，判决原审被告人廖战强犯合同诈骗罪，判处有期徒刑十年，并处罚金人民币30000元，上缴国库；继续追缴原审被告人廖战强货款人民币531125.77元，返还被害单位深圳市兄弟高登眼镜有限公司。原审被告人廖战强不服，再次上诉至本院，本院于2009年4月24日作出（2009）深中法刑二终字第166号刑事裁定书，裁定撤销（2008）深罗法刑重字第1号刑事判决书，再次以事实不清、证据不足发回罗湖区人民法院重新审判。罗湖区人民法院另行组成合议庭对本案进行了审理，并于2009年7月23日作出（2009）深罗法刑二重字第1号刑事判决书，判决原审被告人廖战强无罪。宣判后，罗湖区人民检察院认为原审判决有误，于2009年8月3日以深罗检刑抗（2009）4号刑事抗诉书提出抗诉。本院于2009年9月23日受理此案，深圳市人民检察院于2009年11月19日出具深检公二支刑抗（2009）5号支持刑事抗诉意见书，决定支持罗湖区人民检察院抗诉意见。本院依法组成合议庭，于2009年11月25日公开开庭审理了本案，深圳市人民检察院检察员任小键出庭履行职务，原审被告人廖战强及其辩护人到庭参加诉讼。现已审理终结。

原审判决认定：被告人廖战强系长期从事 PS 版材生意的商人，2006 年 9 月 11 日，被告人廖战强从深圳兄弟高登眼镜有限公司（以下简称兄弟高登公司）处提取了一盒价值人民币 1130.17 元的爱尔发牌印刷 PS 版材样品（未付款）后，于 2006 年 9 月 14 日，与兄弟高登公司签订了一份合同，约定被告人廖战强购买兄弟高登公司爱尔发牌印刷 PS 版材一批，单价为每平方米 28.5 元，结算方式为 50 天，到期还货款，逾期按总货款 3% 交纳滞纳金。合同签订后，被告人廖战强分别于 2006 年 9 月 16 日、10 月 26 日、10 月 30 日向兄弟高登公司提取了价值人民币 446255.72 元、113455.88 元、23484 元的 PS 版材，按照合同约定，支付货款的时间分别为 2006 年 11 月 6 日、12 月 16 日、12 月 20 日。被告人廖战强称同年 10 月 26 日、10 月 30 日向兄弟高登公司提取的价值人民币 113455.88 元和 23484 元的 PS 版材，通过朋友介绍分别卖给了董先生、苏先生，但未收到货款，且无法提供该二人的身份情况和联系方式。2006 年 9 月 16 日提取的价值人民币 446255.72 元的 PS 版材，被告人廖战强当日以总价人民币 452934 元的价格出售给广州泰兴公司的龙云雨，龙云雨于当日出具了收到被告人廖战强该批 PS 版材的收据，并约定如有质量问题将退货。龙云雨在原审出庭时陈述因货物质量有问题，货物价格从每平方米人民币 29.5 元降为每平方米人民币 28.5 元。龙云雨于 2006 年 10 月 24 日向被告人廖战强支付了部分货款人民币 221800 元，并因质量问题退回 PS 版 71 盒(3550 平方米)。因龙云雨提出部分货物存在质量问题，要求退货，剩余款项未予支付。被告人廖战强即与被害单位兄弟高登公司总经理王聚成协商，要求推迟付款期限，得到了兄弟高登公司的同意，但由于双方未签订书面协议，无法认定双方协商的实际延期时间。据被告人廖战强供述，王聚成同意延迟六个月付款，而据王聚成陈述其只同意延迟十天付款，最迟不能超过二十天。因上海亚星印刷器材厂在马来西亚新开 PS 版印刷器材厂，聘请被告人廖战强前往马来西亚从事市场销售和技术服务，被告人廖战强即于 2006 年 11 月 12 日出境到马来西亚，于同年 12 月 25 日回国，又于 2007 年 1 月 4 日再次出境到马来西亚，于同年 2 月 2 日回国。期间，被告人廖战强未与兄弟高登公司联系。由于被告人廖战强出国之前未告知兄弟高登公司其行踪，离境后将手机关机，致使兄弟高登公司无法与被告人廖战强取得联系，兄弟高登公司认为被告人廖战强收取货物后，有逃匿行为，涉嫌合同诈骗，遂于 2006 年 11 月 20 日向深圳市公安局罗湖分局经侦大队报案。2007 年 2 月 13 日，被告人廖战强被上海市公安局嘉定分局抓获。

另查明，兄弟高登公司报案后，对被告人廖战强出售给龙云雨的未付款的 PS 版双方进行了结算，龙云雨于 2007 年 1 月 18 日向兄弟高登公司支付了货款人民币 53200 元。另，廖战强的妻子戚越于 2006 年 9 月 4 日委托纵横担保（深圳）有限公司出售福田区下沙路红树家邻名苑的房子并于同日公证，2006 年 11 月 4 日其妻子在罗湖区另购商品房，在 2007 年 5 月 18 日又转让了该房屋。

原判认定上述事实的证据有：书证、物证、证人证言、被告人供述和辩解、被害人陈述等。

原审判决认为，根据现有证据难以认定被告人廖战强主观上有非法占有的故意，也难以认定其客观上具有逃匿行为。公诉机关指控被告人廖战强犯合同诈骗罪事实不清，证据不足。依据《中华人民共和国刑事诉讼法》第一百六十二条第（三）项之规定，判决被告人廖战强无罪。

宣判后，深圳市罗湖区人民检察院认为该判决认定事实证据有误，适用法律不当，量刑错误，向本院提出抗诉，抗诉理由如下：（一）原判认为无法认定被告人廖战强有诈骗的主观故意有误。现有证据足以证明被告人廖战强以等同于进价的28.5元每平方米将一万多平方米PS版材卖给广州泰兴公司，并收取了广州泰兴公司龙云雨22万余元的货款，且此货款自始未付给被害单位兄弟高登公司；同时，据廖战强所称将剩余货物卖给苏先生和董先生，但其无法提供对方住址和联系方式，该笔货物去向不明。被告人廖战强在出国之前和回国之后均有时间联络或支付货款给被害单位，但其并未履行。可见，被告人廖战强具有非法占有58万余元货物的主观故意和客观行为。（二）认定被告人廖战强是否逃匿不能只依据其是否出国、是否转让房产，廖战强有履行合同的能力和时间但其不履行，其关闭手机和搬离原住处且不与被害人联系致使被害人无法找到他，客观上存在非法占有货款的行为。综上，对原审被告人廖战强应以合同诈骗罪定罪处罚。

二审庭审中，原审被告人廖战强否认控罪，辩称：1. 其没有诈骗的故意。其是以自己真实的身份与兄弟高登公司做生意。其将兄弟高登公司的货物卖给广州泰兴公司后，只收到泰兴公司的部分货款，泰兴公司龙云雨提出货物存在质量问题，故其未能与兄弟高登公司结清货款，通过与兄弟高登公司协商，兄弟高登公司称不能退货，但同意可延迟六个月付款；2. 其对其余货物的下落问题已经作了交代，除了45万余元的货物卖给了广州泰兴公司的龙云雨，其余12万余元货物分别卖给了深圳的董先生和东莞的苏先生，只是因为其被抓后联络电话丢失而导致无法联系；3. 其没有逃匿行为。2006年11月12日至12月25日及2007年1月4日至2月2日两次出国均系工作原因，是上海亚星印刷器材厂请其去马来西亚的工厂解决生产技术问题，其出售的住房是在与兄弟高登公司签合同之前就已公证委托出售了，并非事后卖出住房并逃匿，其关闭手机也是因为在国外没有开通国际漫游所致。

其辩护人辩称：此案为民事纠纷，原审被告人廖战强并未有逃匿行为，也没有诈骗的故意，其行为不构成合同诈骗罪。

本院经审理查明的事实与原判认定的事实一致。该事实有下列经过庭审质证的证据予以证实：

一、书证、物证

1. 兄弟高登公司出具的《合同》、原审被告人廖战强所写的收条及出库单，证实原审被告人廖战强已收到兄弟高登公司的PS版材四批共计价值人民币584325.77元。

2. 原审被告人廖战强写给龙云雨的收条，证实已收到龙云雨支付的221800元的货款及退回的71盒有质量问题的PS版材。

3. 证人龙云雨出具给原审被告人廖战强的收条，证实收到原审被告人廖战强总价人民币452934元的PS版材收据，并约定如有质量问题将退货。

4. 相关辨认笔录，证人王聚成、龙云雨均对廖战强作了辨认。

5. 原审被告人廖战强的出入境记录，证实廖战强于2006年11月12日出境到马来西亚，同年12月25日回国，2007年1月4日再次出境到马来西亚，同年2月2日回国。

6. 证人王聚成的手机通话记录，证实兄弟高登公司总经理王聚成在2006年11月10日之前与原审被告人廖战强的手机有多次联系，11月15日与廖战强妻子的手机有一次联系，之后再无联系记录。

7. 原审被告人廖战强的护照及中国亚星马来西亚有限公司出具的证明一份，证实原审被告人廖战强系因工作原因被中国亚星马来西亚有限公司邀请去解决机器设备的相关技术问题。

8.《委托书》、《公证书》、《购房合同》、产权转让登记表，证实原审被告人廖战强以其妻子名义购买了深圳市福田区下沙路红树家邻名苑听涛轩 1G 房，其妻子戚越于 2006 年 9 月 4 日已与纵横担保（深圳）有限公司签订了《委托书》，委托该公司出售上述房产，并已作了公证。随后，廖战强租房住。2006 年 11 月 24 日戚越购买了罗湖区红岗路龙园龙凤雅居龙腾阁 1415 号商品房，在 2007 年 5 月 18 日又转让了该房屋。

二、被害人陈述

1. 被害单位兄弟高登公司业务员王思云的陈述，证实其公司被原审被告人廖战强骗取了 584325.77 元的 PS 版材货物，后来廖战强搬离住处失去联系。

2. 被害单位兄弟高登公司总经理王聚成的陈述，证实其公司被原审被告人廖战强骗取了 584325.77 元的 PS 版材货物，付款期到后，原审被告人廖战强称未收到货款，要求延期支付，其答应廖战强可延期十天支付，最迟不得超过二十天。后廖战强搬离住处失去联系。

三、证人证言

1. 证人龙云雨的证言，证实其向廖战强订购了总价值人民币 452934 元的 PS 版材，并在收货当日出具了收到廖战强该批 PS 版材的收据。龙云雨在原审出庭时陈述因货物质量有问题，货物价格单价从每平方米人民币 29.5 元，降为每平方米人民币 28.5 元。其向廖战强支付了部分货款人民币 221800 元，并因质量问题退回 PS 版 71 盒，还有十几万的货有质量问题，后兄弟高登公司王总就直接降价给其，其支付了 5 万多元。

2. 证人陈超的证言，证实 2006 年底到 2007 年初，中国亚星马来西亚有限公司聘请了廖战强到马来西亚的工厂从事生产销售和技术服务，在 2007 年 2 月份公司通知廖战强回上海的公司开会，廖回到上海被抓。

3. 证人陈卫良的证言，证实 2006 年底到 2007 年初，廖战强受聘到马来西亚的工厂从事生产销售和技术服务。

四、原审被告人供述

原审被告人廖战强在公安机关供述其于 2006 年 9 月开始与兄弟高登公司签订合同，分四次共提取 58 万多元的 PS 版材，后其将 45 万余元的货卖给广州的龙云雨，并收取龙云雨 22 万多元的货款，其未将货款给付兄弟高登公司，是由于出售给龙云雨的货存在质量问题，龙要求退货，其告诉兄弟高登公司的人，兄弟高登公司不同意退货，但同意货款可以推迟六个月付款。因上海亚星印刷器材厂在马来西亚新开 PS 版印刷器材厂，邀请其前往马来西亚帮助解决调试和机器设备上的困难，其于 2006 年 11 月 12 日和 2007 年 1 月 4 日两次赴马来西亚，到 2007 年 2 月 2 日回国，还没有来得及与兄弟高登公司结算。另外提取的人民币 13 万余元的 PS 版分别出售给深圳的董先生和东莞的苏先生，至今未收到货款，由于是朋友介绍认识的，现在也记不清他们的姓名和联系方式，当时作介绍的朋友的电话现也记不清楚。

以上证据经原审当庭出示、质证，原审被告人及辩护人均无异议，在二审期间出庭检察员、原审被告人及其辩护人均未提交新证据，本院对原判采信的证据予以认定。

关于控辩双方所争议的原审被告人廖战强是否存在诈骗的主观故意及其是否逃匿的问题，本院予以裁断如下：

一、就现有证据，无法认定原审被告人廖战强主观上有非法占有的故意。根据《合同》约定，原审被告人廖战强应当在收取货物50天后支付货款。廖战强提取货物的时间分别为2006年9月11日、9月16日、10月26日、10月30日，按照合同约定支付货款的时间分别为2006年11月1日、11月6日、12月16日、12月20日。据原审廖战强以往及当庭供述，未付货款是因为货物存在质量问题，买方广州泰兴公司要求退货，其与王聚成交涉，王聚成不同意退货，但同意可延迟六个月付款。兄弟高登公司总经理王聚成亦陈述廖战强向其提出要求延长付款期限的要求，其同意推迟十天付款，最迟不能超过二十天。证人龙云雨亦证实部分货物确实存在质量问题。由于廖战强与王聚成商议延期时未签订书面协议，现不能认定双方协商延期的确切时间，但可以认定双方因货物存在质量问题，已就《合同》约定的还款期限进行了变更。而另外两批货款是因为结账时间未到，原审被告人也未收到买方董先生和苏先生的货款，而未与兄弟高登公司结账。故本院认为，本案中货款的拖欠和争议具有民事经济纠纷的性质，兄弟高登公司于2006年11月20日即付款期截止之前就向公安机关报案系过早采取刑事手段。

二、根据现有证据，难以认定原审被告人廖战强具有逃匿行为。原审被告人廖战强于2006年11月12日出境到马来西亚，于同年12月25日回国，2007年1月4日再次出境到马来西亚，于同年2月2日回国。据廖战强的供述和辩解、中国亚星马来西亚有限公司于2007年8月10日向原审法院出具的《证明》及证人陈超、陈卫良的证言，证实是因上海亚星印刷器材厂在马来西亚新开的PS版印刷器材厂，聘请廖战强在2006年11月至2007年2月期间前往马来西亚帮助从事销售和技术服务，是亚星公司派遣其去马来西亚短期出差，系职务行为。故原审被告人廖战强前往马来西亚难以认定是逃匿行为。如果按照兄弟高登公司总经理王聚成的陈述，延长付款期限二十天，原审被告人廖战强的付款时间应推迟至2006年11月25日，而兄弟高登公司2006年11月20日就报案了，是因为与廖战强的手机联系不上，但廖战强是因为同年11月12日因故去马来西亚未开通国际漫游，以致手机无法联系，其与王聚成于11月10日尚有联系。而如果按照原审被告人辩称的延期时间为六个月，则截至2007年2月13日廖战强被抓之日，尚未至货款支付期限。廖战强出售房屋的事实，亦无法证明其有逃匿的行为。经查明，原审被告人廖战强在深圳市福田区下沙路红树家邻名苑听涛轩1G房的房子，其妻子在廖战强与兄弟高登公司谈生意之前的2006年9月4日即已与纵横担保（深圳）有限公司签订了《委托书》，委托该公司出售上述房产，并已作了公证。

本院认为，根据现有证据难以认定原审被告人廖战强主观上具有非法占有的故意，客观上具有逃匿的行为。原公诉机关指控原审被告人廖战强犯合同诈骗罪的事实不清，证据不足。深圳市罗湖区人民检察院的抗诉理由经查与事实及法律不符，应予驳回。原判认定事实清楚，证据确实充分，定罪准确，量刑适当，审判程序合法。依据《中华人民共和国刑事诉讼法》第一百八十九条第（一）项之规定，裁定如下：

驳回抗诉，维持原判。

本裁定为终审裁定。

审　判　长　阮　玮
审　判　员　许瑞韩
代理审判员　黎　峰
二〇〇九年十二月九日
书　记　员　费娅男

【评析】

这是一份二审维持一审判决的刑事裁定书，二审维持的裁定书相对于其他文书来说较为简单易写，但本案有三个关注点，一是此案一审系无罪判决，二是此案系检察机关抗诉案件，三是此案系刑事案件中较为复杂的合同诈骗案件。针对此三点，本篇文书在格式上清楚规范，结构完整，在说理上表述清晰，证明力强，通篇阅读流畅，令人信服地完成了二审的论证与裁判。首先，该篇文书在案件来源上叙述清楚，本案系二审已两次发回重审的案件，在案件来源部分以时间顺序清晰地表述了本案多次判决、上诉、发回重审、抗诉的过程；其次，在案件事实和证据的表述上，为避免文字上不必要的重复，该文书适当地采取了“此繁彼简”和“此简彼繁”的表述方式，使整篇文书不至于头重脚轻或头轻脚重，整体匀称，层次分明；再次，关于合同诈骗和正常经济纠纷之间的区别一直是法院裁判的难点，该文书在说理上始终针对本案的三个争议焦点（被告人主观上是否有非法占有的故意；客观上是否有非法占有的事实；是否有逃匿行为）展开分析论证，并从纷纭复杂的案件事实中归纳总结出多个焦点事实（即：1. 买卖双方是否约定付款期限；2. 货物是否存在质量问题；3. 买卖双方是否存在延期付款约定；4. 被告人是否已将货物卖出并收款；5. 被告人是否有故意逃避债务行为），该文书针对这些事实焦点结合证据进行了逐一评判，逐步引申出本院认为的观点；最后，在理由论述部分该文书将对案件事实的说理前置，条理清晰，分析透彻，并有效避免了“本院认为”部分臃肿问题。总体来说，该文书反映了法官在裁判文书制作方面能严格按照最高院格式书写，具有较为扎实的功底，是一份比较突出的优秀裁判文书。

●温佛养等损害赔偿纠纷一案刑事附带民事裁定书

广东省深圳市中级人民法院

刑事附带民事裁定书

（2009）深中法民一提字第2号

抗诉机关广东省深圳市人民检察院。

原审刑事附带民事诉讼原告人，深圳市南山区人民检察院。

原审刑事附带民事诉讼被告人温佛养，男，汉族，1959年8月12日生，住深圳市南山区红花路98号2栋502，身份证号码440301195908125610。

原审刑事附带民事诉讼被告人朱迎佳，女，汉族，1969年5月13日生，住深圳市南山区前海路阳光棕榈园17栋2单元6D，身份证号码510102196905133787。

委托代理人刘辉，广东君言律师事务所律师。

原审刑事附带民事诉讼原告人深圳市南山区人民检察院因与原审刑事附带民事诉讼被告人温佛养、朱迎佳损害赔偿纠纷一案，不服广东省深圳市南山区人民法院作出的（2007）深南法刑初字第827号刑事附带民事裁定，提请广东省深圳市人民检察院抗诉。广东省深圳市人民检察院于2009年1月9日作出深检民抗［2009］1号民事抗诉书，向本院提出抗诉。本院于2009年2月13日作出（2009）深中法民抗字第1号民事裁定，裁定本院再审本案。本院依法另行组成合议庭，公开开庭审理了本案。广东省深圳市人民检察院指派检察员张福祥，广东省深圳市南山区人民检察院指派检察员俞娟、张诚出庭。温佛养、朱迎佳及其委托代理人刘辉到庭参加诉讼。本案现已审理终结。

深圳市南山区人民检察院一审起诉称：1992年6月至1995年1月间，深圳市政华集团下属深圳市国润小汽车服务有限公司（以下简称国润公司）等公司为向银行贷款，将其所属的“出租小汽车营运牌照产权证”设置抵押。后因拖欠贷款，该产权证被深圳市中级人民法院依法查封。1999年7月至8月，深圳市中级人民法院多次在报刊上刊登有关公告，准备依法处理查封的产权证。政华集团的法定代表人吴志剑（已被判刑）为谋取非法利益，利用伪造的出租小汽车营运牌照产权证与承包人签订出租汽车承包经营合同，以骗取承包金，并且采用办理承包合同公证的方法来掩盖其欺骗性。2000年4月初，政华集团副总裁刘庆平及职员张佛添、张文毅（二人被判刑）等人通过联系温佛养商定政华集团下属公司的小汽车出租承包合同在深圳市南山区公证处作公证，数量约150份，公证费每份人民币2240元。2000年4月至7月间，张佛添及张文毅等人陆续分批次带领承包者到深圳市南山区公证处办理承包合同公证。时任深圳市南山区公证处公证员的朱迎佳在未认真审查当事人申请公证的事实和提供的文件（包括伪造的出租小汽车营运牌照产权证）是否真实、合法的情况下，为虚假的承包合同出具公证书37份，合同金额为人民币1482万元。温佛养在审批过程中，未严格审查相关材料，审批同意为虚假合同办理了124份公证，致使100多名承包者被骗取承包金人民币5007万元。2000年7月中旬，部分被骗的承包人以“产权证既已被查封，又怎会被公证后再次出租”为诉求，到深圳市委、市政府静坐、示威，甚至到北京绝食，引发社会不安定因素，造成了恶劣的社会影响。2000年9月25日，深圳市南山区司法局在《关于温佛养等三位公证员停止执业的处理决定》中认定：在办理国润公司与承包人签订的124份公证证明中，由于公证员张某某、朱迎佳，审批人温佛养没有完全按照公证程序规则履行义务，对合同的真实性、合法性未做认真调查，被国润公司提供的虚假资料所蒙骗而出具了错误公证书，造成了严重影响，给予温佛养、张某某、朱迎佳停止执业一年的处罚，并依法撤销了办理的124份公证书。2000年11月，深圳市南山区公证处根据市政府关于“国润事件”的处理意见，从公证费中支取人民币483.5万元赔偿给部分承包者。承包者领取相应的赔偿金后出具了“公证错证责任协议赔偿金收据”并分别同南山区公证处签订了《公证赔偿协议》。深圳市南山区人民检察院认为，朱迎佳作为公证员未按照《中华人民共和国公证暂行条例》、《公证员职务试行条例》、《深圳经济特区公证条例》、司法部《公证程序规则（试行）》等法律法规之规定，没有完全按照公证程序规则履行义务，在对合同的真实性、合法性未做认真调查的情况下，为虚假合同办理了37份公证，温佛养作为国家公证机关副主任未严格履行审查义务，审批同意为虚假合同办理了124份公证书。温佛养、朱迎佳的玩忽职守行为致使多名承包者蒙受巨大经济损失，并向国家公证机关要求赔偿。深圳市南山区公证处根据深圳市政府的处理意见，对因其工作人员的过错导致的损失承担了10%的赔偿责任，从公证费中支取了人民币483.5万元的款项赔偿给受骗的承包者。案发时深圳市南山区公证处系区司法局直属事业单位，其收取的公证费按照行政事业性收费管理，属于应上缴财政的规费，故该笔赔偿款的性质可以认定为国家财产。深圳市南山区公证处在对外赔偿之后有权利向直接责任人追偿。但是，直至本案侦查终结，深圳市南山区公证处并未就民事赔偿部分向直接责任人进行追偿，即这笔483.5万元的经济损失至今仍由国家在承担。综上，请求判令：温佛养、朱迎佳对因其玩忽职守行为给国家造成的483.5万元人民币的经济损失承担相应的赔偿责任。

一审法院认为，《中华人民共和国刑事诉讼法》第七十七条规定：“被害人由于被告人的犯罪行为而遭受物质损失的，在刑事诉讼过程中，有权提起附带民事诉讼。如果是国家财产、集体财产遭受损失的，人民检察院在提起公诉的时候，可以提起附带民事诉讼。”《最高人民法院关于执行〈中华人民共和国刑事诉讼法〉若干问题的解释》第八十五条规定：“如果是国家财产、集体财产遭受损失，受损失的单位未提起附带民事诉讼，人民检察院在提起公诉时提起附带民事诉讼的，人民法院应当受理。”《最高人民法院关于刑事附带民事诉讼范围问题的规定》第一条规定：“因人身权利受到犯罪侵犯而遭受物质损失或者财物被犯罪分子毁坏而遭受物质损失的，可以提起附带民事诉讼。”上述法律及司法解释的规定相互补充，共同规定了人民检察院可以成为刑事附带民事诉讼的适格主体，且人民法院对相应的诉讼应当受理；同时也规定了人民法院受理人民检察院提起刑事附带民事诉讼的范围，即该案存在因人身权利受到犯罪侵犯或者财物被犯罪分子毁坏而使国家财产、集体财产遭受物质损失的情况。审查本案的事实证据，深圳市南山区人民检察院诉请判令温佛养、朱迎佳承担因错误公证导致深圳市南山区公证处损失人民币483.5万元赔偿责任的诉求，既不属于人身权利受到犯罪侵犯而遭受的物质损失，也不属于财物被毁坏而遭受的物质损失，该诉求不符合人民法院审理刑事附带民事诉讼的范围。综上，依照《最高人民法院关于刑事附带民事诉讼范围问题的规定》第一条第一款，《最高人民法院关于执行〈中华人民共和国刑事诉讼法〉若干问题的解释》第八十五条、第八十八条第（五）项、第九十二条、第一百条，《中华人民共和国民事诉讼法》第一百零八条第（四）项、第一百四十条第（三）项，《最高人民法院关于适用〈中华人民共和国民事诉讼法〉若干问题的意见》第一百三十九条之规定，裁定：驳回深圳市南山区人民检察院的起诉。

原审裁定生效后，深圳市南山区人民检察院不服，提请广东省深圳市人民检察院抗诉。广东省深圳市人民检察院抗诉认为：1. 深圳市南山区人民检察院对温佛养、朱迎佳提起附带民事诉讼有明确的法律依据。《中华人民共和国刑事诉讼法》第七十七条规定："被害人由于被告人的犯罪行为而遭受物质损失的，在刑事诉讼过程中，有权提起附带民事诉讼。如果是国家财产、集体财产遭受损失的，人民检察院在提起公诉的时候，可以提起附带民事诉讼。"《最高人民法院关于执行〈中华人民共和国刑事诉讼法〉若干问题的解释》第八十五条规定："如果是国家财产、集体财产遭受损失，受损失的单位未提起附带民事诉讼，人民检察院在提起公诉时提起附带民事诉讼的，人民法院应当受理。"另，经深圳市人大常委会通过并于1999年9月1日施行的《深圳经济特区公证条例》第四十三条规定："公证处因为过错出具错误公证书，或者办证行为不当，给公民、法人或者其他组织造成损失的，应当依法赔偿"；"公证处赔偿后，可以向有过错的公证员追索部分或者全部赔偿费"。因此，深圳市南山区人民检察院对温佛养、朱迎佳提起附带民事诉讼有明确的法律依据。2. 深圳市南山区人民法院（2007）深南法刑初字第827号刑事附带民事裁定适用法律错误。《最高人民法院关于刑事附带民事诉讼范围问题的规定》对《中华人民共和国刑事诉讼法》第七十七条规定进行了限制性解释，其中规定"因人身权利受到犯罪侵犯而遭受物质损失或者财物被犯罪分子毁坏而遭受物质损失的，可以提起附带民事诉讼。对于被害人因犯罪行为遭受精神损失而提起附带民事诉讼的，人民法院不予受理"。抗诉机关认为：其一，该条规定是对被害人提起附带民事诉讼的限制，强调的是能够提起附带民事诉讼的只能是"物质损失"而非"精神损失"。对于国家财产、集体财产遭受损失，由人民检察院提起附带民事诉讼的范围并未明确。其二，由人民检察院提起附带民事诉讼的范围，结合《中华人民共和国刑事诉讼法》第七十七条的规定理解，应限定在"由于被告人的犯罪行为而遭受物质损失"，即遭受的物质损失与被告人的犯罪行为有直接因果关系。至于该物质损失是如何造成的，相关法律并未明确规定（限制）。其三，物质损失是指生产、生活资料和货币化财产的损失。既包括生产、生活资料遭到犯罪行为毁坏、毁灭而直接导致的物质损失，也包括由于犯罪行为直接导致的如遗失、贬值、赔偿等其他经济损失。综上所述，本案中，深圳市南山区公证处错证赔偿人民币483.5万元，该笔赔偿款是由于温佛养、朱迎佳的玩忽职守行为直接导致的，是物质损失，符合刑事附带民事诉讼的条件。

由于该笔赔偿款属于公共财产，在被害单位深圳市南山区公证处未向直接责任人进行追偿的情况下，深圳市南山区人民检察院代表国家提起刑事附带民事诉讼于法有据。深圳市南山区人民法院（2007）深南法刑初字第 827 号刑事附带民事裁定，以最高人民法院的上述司法解释驳回深圳市南山区人民检察院的起诉，属于适用法律错误。经该院检察委员会讨论决定，根据《中华人民共和国民事诉讼法》第一百八十七条、第一百七十九条之规定，特提出抗诉，请依法再审。

温佛养再审答辩认为：一、损失不是其本人的责任。公证前涉案承包合同已在履行，承包人受骗与公证行为没有必然的因果关系。且本案生效的刑事判决已明确公证处赔付的 483.5 万元不作为玩忽职守造成的损失数额进行认定。二、错证责任已作处罚。南山区公证处已就“国润事件”中的错误公证对其本人及两位经办公证员在行政、经济上作出了相应处罚。其未在此次事件中获取任何经济利益，赔偿损失于法无据。三、检察院在对本案的处理上明显不公，对于办理了 87 份公证的公证员既不作刑事追究，也不作民事追究，同案不同处理。四、原审法院驳回检察院的起诉不存在适用法律不当的问题。综上，请求维持原审刑事附带民事裁定。

朱迎佳再审答辩意见认为：一、检察机关请求判令温佛养、朱迎佳赔偿 483.5 万元损失的诉求不符合人民法院刑事附带民事诉讼的范围。1. 朱迎佳的行为不具有民事侵权性质，不属于民事法律的调整范围。2. 该诉求不符合法律对受案范围的规定。二、483.5万元的损失与玩忽职守行为之间没有因果关系。且本案生效刑事判决明确不以上级责成公证处赔付的 483.5 万元作为玩忽职守的损失数额进行认定。三、检察机关对于公证处损失数额及其责任认定有误。公证处虽赔付 483.5 万元，但其亦从保险公司获赔 100 万元，另扣发责任人工资、奖金等 149900 元，其实际损失额仅为 3685100 元，且全部损失均认定由温佛养、朱迎佳造成明显不公。综上，请求维持原审刑事附带民事裁定。

本院再审查明，原审查明事实清楚，本院予以确认。

再审期间，朱迎佳提交了深圳市南山区司法局出具的“‘国润事件’公证处当事人经济处罚情况”，显示温佛养、朱迎佳被扣发工资、奖金等情况，温佛养被扣发款项为 89672 元，朱迎佳被扣发款项为 34312 元。

本院认为，本案的争议焦点是温佛养、朱迎佳是否需要对因其玩忽职守行为给国家造成的经济损失承担民事赔偿责任的问题。本院认为，本案适用范围应符合《最高人民法院关于刑事附带民事诉讼范围问题的规定》中的有关规定。该规定第一条规定，因人身权利受到犯罪侵犯而遭受物质损失或者财物被犯罪分子毁坏而遭受物质损失的，可以提起附带民事诉讼；第五条规定，犯罪分子非法占有、处置被害人财产而使其遭受物质损失的，人民法院应当依法予以追缴或者责令退赔。从该两条规定的立法本意看，可以提起附带民事诉讼的仅包括因人身权利受侵犯而遭受物质损失者，或者是因财物被毁坏而遭受物质损失者。在司法实践中，前者包括如故意伤害行为，后者包括如破坏公用设施行为。至于第五条规定的行为，包括盗窃行为、贪污行为，则应由人民法院予以追缴或责令退赔，该规定并未规定可以提起附带民事诉讼，换言之，即使盗窃、贪污损害的是国家或集体利益，也并非通过附带民事诉讼途径解决。至于本案所涉及的玩忽职守等渎职类犯罪行为，该规定所有条文均未涉及。因此，原审法院认为本案广东省深圳市南山区人民检察院的诉求不符合人民法院审理刑事附带民事诉讼的范围，该认定准确，检察机关的抗诉理由是对有关规定进行了扩张性解释，本院不予支持。另外，渎职犯罪的构成要件中包含对公共财产、国家和人民利益造成损害的因素，且该行为既然已经构成犯罪则应该为刑法所调整，行为人承担相应的刑事责任即可。况且本案刑事附带民事诉讼被告人温佛养、朱迎佳因其玩忽职守行为除受到刑事处罚外，也受到了一定的经济处罚，根据“一事不再罚”的原则，温佛养、朱迎佳无须承担其他民事赔偿责任。综上，深圳市南山区人民检察院的主张无事实和法律依据，本院不予支持。原审裁定认定事实清楚，适用法律正确，检察机关的抗诉理由不能成立，本院不予支持。依照《中华人民共和国民事诉讼法》第一百五十三条第一款第（一）项、第一百八十六条，《中华人民共和国刑事诉讼法》第七十七条，《最高人民法院关于执行〈中华人民共和国刑事诉讼法〉若干问题的解释》第一百条之规定，裁定如下：

维持广东省深圳市南山区人民法院（2007）深南法刑初字第827号刑事附带民事裁定。

本裁定为终审裁定。

审　判　长　郭勇忠
审　判　员　彭　亮
代理审判员　胡　劭
二〇〇九年七月二十日
书　记　员　郭春暖

【评析】

此案是一起适用审判监督程序进行再审的案件。该裁定书格式规范，事实和证据交代清楚，层次分明，说理透彻，裁判恰当，语言通畅，被评为2010年全省法院优秀裁判文书。具体而言，有以下几个特点：1. 事实认定的写作繁简得当。该案再审裁定书最终维持了该案一审裁定书的内容，故再审裁定书较为详细地保留了一审对事实认定的叙述，对再审认定的事实未再作赘述，而是以“本院再审查明：原审查明事实清楚，本院予以确认”一笔带过，这样既节省了笔墨，又较为清晰地再现了案件的事实，充分体现了裁判文书“该繁则繁，该简则简，繁简适当”的原则。2. 论证说理层次分明，针对性强，有说服力。该再审裁定书的论证围绕案件争议的焦点，分而论之，先引述涉案的相关法律规定，再陈述本案事实，继而将事实与适用法律相结合，符合逻辑三段论的标准要求，让当事人及阅读司法文书的人清楚明白本案的结论是如何推导出来的，符合裁判文书行文严谨、思路缜密的要求。3. 此案是再审案件，从一审的审理情况看，在对法律的理解上是有一定争议的，该争议也是检察机关抗诉再审的原因。对于这一类案件，再审程序应注意处理好维持案件的既判力和保证案件的公正性的关系。现行普遍观点是，原生效裁判在认定事实、审判程序、适用法律等方面虽有一定争议，但处理结果正确的，再审时不应改判。对此，再审裁定书作了详细的说明，原审并无不公平之处，故维持原判。

●珠海凌达压缩机有限公司等犯虚开增值税专用发票、用于骗取抵扣税款发票罪一案刑事判决书

广东省珠海市中级人民法院

刑事判决书

（2008）珠中法刑初字第112号

公诉机关广东省珠海市人民检察院。

被告单位珠海凌达压缩机有限公司（以下简称凌达公司），住所地珠海市香洲区北岭工业区，法定代表人高国平。

诉讼代表人陈勇，凌达公司法务助理。

辩护人陈勇，广东华信达律师事务所律师。

辩护人陈冰梅，广东华信达律师事务所律师。

被告人高国平，别名高国萍，女，1952年5月28日出生，汉族，北京市人，大专文化，原系凌达公司董事长、法定代表人、总经理，住所地珠海市香洲区吉大白莲路113号13栋302室。2006年12月25日因犯贪污罪、走私普通货物罪、受贿罪被广东省高级人民法院判处有期徒刑十四年，并处没收个人财产人民币三百万元。现羁押于珠海市第一看守所。

辩护人郭卫群，广东星辰律师事务所律师。

辩护人苏醒，广东深亚太律师事务所律师。

被告人张丽华，女，1970年10月26日出生，汉族，广东省兴宁市人，大专文化，原系凌达公司财务部经理，住所地珠海市香洲区吉莲新村6栋3单元705室。因犯贪污罪于2004年3月22日被羁押，同年3月31日被逮捕，2005年3月31日被珠海市香洲区人民法院判处有期徒刑三年，适用缓刑五年，并处没收个人财产人民币五万元，同日并被取保候审。因本案于2009年1月4日被逮捕。现羁押于珠海市第一看守所。

辩护人梁海涛，广东莱特律师事务所律师。

被告人傅莹，女，1975年10月1日出生，汉族，山东省济南市人，中专文化，原系北京盛多商贸中心财务人员，住所地山东省济南市历下区文化西路115号5号楼3单元202号，暂住地北京市海淀区花园路北口B2号。因本案于2007年6月27日被羁押，次日被刑事拘留，同年7月13日被逮捕。现羁押于珠海市第二看守所。

辩护人倪素芹，广东星辰律师事务所律师。

广东省珠海市人民检察院以珠检公诉［2008］093号起诉书指控被告单位凌达公

司、被告人高国平、张丽华犯虚开增值税专用发票、用于骗取抵扣税款发票罪，被告人傅莹犯虚开增值税专用发票罪，于2008年6月16日向本院提起公诉，本院依法组成合议庭，公开开庭审理了本案。珠海市人民检察院指派代理检察员王俊出庭支持公诉，上列被告单位的诉讼代表人、被告人及其辩护人等到庭参加诉讼。因案情复杂，经广东省高级人民法院批准，本案延长审理期限一个月，在延长审理期限内，珠海市人民检察院建议对该案延期审理，本院决定延期审理。现已审理终结。

公诉机关指控，1999年，时任被告单位凌达公司负责人的被告人高国平决定让其他公司为凌达公司虚开增值税专用发票用于抵扣税款。被告人高国平并指使财务部经理被告人张丽华与北京盛多商贸中心（已注销）的被告人傅莹具体联系，由被告人傅莹签署虚假的购销合同并按被告人张丽华提供的产品名称开出增值税专用发票，然后被告人高国平安排公司财务部、供应部、质控部等多个部门的人员制作虚假的入库单以报账。从1999年至2002年，北京盛多商贸中心共接受被告单位凌达公司虚开增值税专用发票295份，价税合计人民币28394235.77元，进项税款合计人民币4125657.94元已全部用于被告单位凌达公司向税务机关申报抵扣。

2001年7月至11月间，被告人高国平又联系广州保税区南冶发展有限公司（以下简称南冶公司）副总经理周晓雄（已判刑），让南冶公司以上述方式为凌达公司无货虚开增值税专用发票，并由被告人张丽华具体负责与南冶公司联系。后南冶公司共为凌达公司开出增值税专用发票9份，价税合计人民币11286930.08元，进项税款合计人民币1639981.28元已全部用于被告单位凌达公司向税务机关申报抵扣。

2001年5月，被告人高国平还指使被告人张丽华联系上海骏马运输公司（以下简称骏马公司）负责人门俊，让骏马公司为凌达公司虚开用于抵扣税款的普通货物运输发票一张，金额人民币1500000元，进项税款人民币105000元已全部用于被告单位凌达公司向税务机关申报抵扣。

案发后，被告单位凌达公司已向税务机关全额补缴了上述税款。

针对以上指控，公诉机关当庭宣读、出示了被告人供述和辩解、证人证言、书证等证据以支持其控诉。

依据以上事实及证据，公诉机关认为被告单位凌达公司及其直接负责的主管人员高国平、直接责任人员张丽华，让他人为自己虚开增值税专用发票和用于抵扣税款的其他发票，数额巨大，情节特别严重，其行为已触犯了《中华人民共和国刑法》第二百零五条第三款的规定，犯罪事实清楚，证据确实、充分，应当以虚开增值税专用发票、用于骗取抵扣税款发票罪追究刑事责任。被告人傅莹身为北京盛多商贸中心直接责任人员，为他人虚开增值税专用发票，数额巨大，情节特别严重，其行为已触犯了《中华人民共和国刑法》第二百零五条第三款的规定，犯罪事实清楚，证据确实、充分，应当以虚开增值税专用发票罪追究刑事责任。根据《中华人民共和国刑事诉讼法》第一百四十一条的规定，特提起公诉，请依法惩处。

针对公诉机关指控的事实及当庭出示的证据，被告单位、各被告人及其辩护人提出如下辩护意见：

被告单位凌达公司的诉讼代表人及辩护人提出：1. 本案实际上是被告人高国平个人假借公司名义实施犯罪行为，并非单位犯罪；2. 本案虚开增值税专用发票的行为，并非为凌达公司谋取非法利益，不应追究凌达公司的刑事责任；3. 从本案所造成的后果及影响来看，凌达公司实际上是被告人高国平等人犯罪行为的直接受害者。请求本院宣告被告单位凌达公司无罪。

被告人高国平及其辩护人提出：1. 对被告人高国平涉嫌虚开增值税专用发票一案的追诉，是对同一犯罪事实的再审理，违反了“一事不再理”的现代刑法原则；2. 作为一家国有企业，凌达公司虚开增值税专用发票，是以暂时性的税收违法行为进行自救，使自身赢得生机，发展壮大，最终成为国家税收强健、稳定的来源，从而保全了更大的国家利益，维护了更大的社会利益，其行为具有排除社会危害性的情形；3. 本案属单位犯罪，在案发期间，高国平既不是凌达公司的法定代表人，亦非凌达公司的决策者，作为直接负责的主管人员，应比照公司法定代表人及决策人承担次要责任；4. 本案认定凌达公司因虚开增值税专用发票致使国家税款被骗取的数额及由此认定“情节特别严重”，事实不清，证据不足，而且凌达公司接受南冶公司虚开价税合计657.103830万元的增值税专用发票、接受骏马公司150万元普通货物运输发票具有真实交易背景，不具有偷逃和骗取抵扣税额的目的；5. 被告人高国平在本案中具有自首及重大立功情节，可以减轻或者免除处罚；6. 本案追诉的是漏罪而不是新罪，在刑罚的合并执行上应根据刑法第六十九条、第七十条之规定，实行“先并后减”原则，即应先按数罪并罚的原则将本罪与原贪污罪、受贿罪及走私普通货物罪的量刑合并后，再减去被告人已服刑时间进行执行。请求本院查明事实，公正判决。

被告人高国平的辩护人提交了如下证据材料：1. 关于珠海格力集团公司、香港千锯有限公司和凌达公司企业性质有关情况的说明；2. 凌达公司简介；3. 借款协议；4. 2001年至2004年度珠海市国税收入千万元纳税大户分户情况；5. 凌达公司企业资料查询结果、核准企业变更登记通知书、关于变更凌达公司董事及董事长的通知、凌达公司新任董事会成员名单；6. 珠海市人民检察院提起公诉案件证据目录、关于认定被告人高国平自首、重大立功的证明、高国平重大立功的自述材料；7. （2006）粤高法刑二终字331号刑事判决书；8. 珠海市中级人民法院、珠海市人民检察院、珠海市公安局关于敦促被监管人员主动交代罪行、检举揭发，争取宽大处理的通告。以上证据材料主要用于证明：1. 凌达公司是国有企业；2. 凌达公司发展历程及虚开增值税专用发票的背景；3. 案发期间凌达公司遭遇资金周转困难；4. 凌达公司获得生机后积极主动纳税，为国家创造了较大的效益；5. 凌达公司法人治理结构以及在案发期间高国平不是凌达公司的法定代表人，也不是董事长；6. 高国平具有自首及重大立功情节；7. 高国平已经受到刑事处罚，一事不能再罚。

被告人张丽华及其辩护人提出：1. 被告人张丽华在本案中处于被动服从上级指示的地位，其主观上没有积极的故意，客观上没有超越职务的行为；2. 凌达公司虚开增值税专用发票的目的是少缴税款而非骗取金钱，而且案发后少缴的税款已经全部补上；3. 被告人张丽华已经被以贪污罪判处刑罚，贪污的款项来源于虚开增值税发票所套取出来的款项，因此有一事再诉之嫌。请求本院判处被告人张丽华免予刑事处罚。

被告人傅莹及其辩护人提出：1. 被告人傅莹在主观上并无虚开增值税专用发票的故意，其行为只是一种履行职务的被动行为；2. 傅莹于2007年6月被采取强制措施是因其主动向有关机关陈述事件真相而被警方控制的；3. 根据2001年1月21日《全国法院审理金融犯罪案件工作座谈会纪要》的精神，在单位犯罪中，对于受单位领导指派或奉命而参与实施了一定犯罪行为的人员，一般不宜作为直接责任人员追究刑事责任，被告人傅莹按照张丽华的指示来完成工作，应适用该纪要关于“直接责任人员”的特殊规定，请求本院宣告被告人傅莹无罪。

经审理查明，1999年以来，被告单位凌达公司的销售额逐步增加，为减少公司税负，缓解资金周转紧张，时任凌达公司总经理的被告人高国平决定让其他公司为凌达公司虚开增值税专用发票用于抵扣税款。

被告人高国平先指使凌达公司财务部经理被告人张丽华与北京盛多商贸中心（已注销）财务人员被告人傅莹具体联系，由被告人傅莹签署虚假的购销合同并按被告人张丽华提供的产品名称开出增值税专用发票，然后被告人高国平安排公司财务部、供应部、质控部等多个部门的人员制作虚假的入库单以报账。从1999年至2002年，北京盛多商贸中心共为被告单位凌达公司虚开增值税专用发票295份，价税合计人民币2839.423577万元，进项税款合计人民币412.565794万元已全部由被告单位凌达公司向税务机关申报抵扣。

2001年7月至11月间，被告人高国平又联系南冶公司副总经理周晓雄（已判刑），让南冶公司以上述方式为凌达公司无货虚开增值税专用发票，并由被告人张丽华具体负责与南冶公司联系。后南冶公司共为凌达公司开出增值税专用发票9份，价税合计人民币1128.693008万元，进项税款合计人民币163.998128万元已全部用于被告单位凌达公司向税务机关申报抵扣。

2001年5月，被告人高国平还指使被告人张丽华联系骏马公司负责人门俊，让骏马公司为凌达公司虚开用于抵扣税款的普通货物运输发票一张，金额人民币150万元，进项税款人民币10.5万元已全部用于被告单位凌达公司向税务机关申报抵扣。

案发后，被告单位凌达公司已向税务机关全额补缴了上述税款。

另查明，被告人高国平指使被告人张丽华以及财务经理助理迟文忠以支付货款等为名，将上述虚开的增值税专用发票在凌达公司报账，共套取人民币4034.926917万元，存放在北京盛多商贸中心处。据查，凌达公司共计将人民币5459.926971万元存放在北京盛多商贸中心账上。2006年12月25日，被告人高国平因贪污上述人民币5459.926971万元中的人民币45万元和美元96.5238万元，被广东省高级人民法院判处有期徒刑十一年，并处没收个人财产人民币300万元，除被贪污的款项外，其余款项经北京盛多商贸中心汇至香港成合公司，均用于支付芜湖凌通公司、美凌通公司、利永达公司、美通公司注册资金和进口设备等费用，而且，部分进口的设备已转由凌达公司及其子公司使用，部分由美凌通公司使用。美凌通公司、珠海美通公司的职员均是凌达公司派往担任，并与美凌达公司共同在凌达公司厂区运作，并由凌达公司负责管理、经营及分配利润。

此外，被告人高国平归案后，如实供述侦查机关尚未掌握的其他罪行，积极揭发他人犯罪行为，提供重要线索，本院（2006）珠中法刑重字第1号刑事判决、广东省高级人民法院（2006）粤高法刑二终字第331号刑事判决均认定其自首并有重大立功表现。被告人张丽华在被采取强制措施后，如实供述司法机关尚未掌握的其本人犯罪行为，广东省珠海市香洲区人民法院（2005）香刑初字第212号刑事判决已经认定其为自首。

以上事实，有经过庭审举证、质证，查证属实的下列证据予以证实：

一、被告人供述和辩解

（一）被告人高国平的供述和辩解

被告人高国平在本案侦查阶段有过 3 次供述，在 2004 年的贪污、受贿案中就虚开增值税发票的相关事实有过 5 次供述，皆作有罪供述，内容基本一致。

被告人高国平在本案侦查阶段的供述和辩解证实，其 1991 年到凌达公司工作，1992 年开始主管凌达公司全面工作。1995 年公司开始盈利，到 1998、1999 年凌达公司经营情况特别好，除了还清贷款，账上还有 3 个亿的盈余，公司每年要向税务机关申报缴纳几千万元的税款，因此公司税负很重。公司财务部张丽华、池文忠向其汇报此情况，说公司周转资金出现问题，没有流动资金付购买原料的货款。其向格力集团苏总和梁总汇报，他们说没办法，叫其公司自己解决。张丽华、池文忠他们说可以找人虚开一些增值税发票给凌达公司用于抵扣税款，这样就可以暂缓资金的紧张，省下的钱就可以买材料了。所以 1999 年那段时间其指挥凌达公司财务部、供应部、销售部、生产部等部门共同配合接受了几家公司虚开的增值税专用发票 4000 多万元。为了将虚开的增值税专用发票做得像真实业务流程，在凌达公司会议上其同意供应部、生产部等部门配合财务部将接受的虚开增值税专用发票使用的假合同、假质检单、假入库单等资料制作好，以不让税务机关发现。北京盛多商贸中心实际上是由其侄子高弋和他女友傅莹控制的，最开始成立北京盛多商贸中心的时候，是为了销售空调，注册法人是高国芬，但高国芬并没有参与公司的任何业务，只是用高国芬的名字注册公司，公司业务主要由高弋、傅莹负责。其让财务部与北京盛多商贸中心的傅莹联系，让傅莹用北京盛多商贸中心的增值税发票进行虚开，这些事情虽经其同意，但具体操作都是由财务部的张丽华联系和办理的。虚开的增值税发票主要内容是铝锭、硅钢片等，但凌达公司和北京盛多商贸中心并没有发生铝锭、硅钢片等业务往来。具体操作就是由凌达公司的供应部、财务部与北京盛多商贸中心联系，财务部确定数额，供应部根据数额出合同，再交还财务部根据合同向北京盛多商贸中心要求开票，具体运作是供应部、财务部和北京盛多商贸中心的高弋、傅莹联系操作的。这些都是经过其同意的。虚开增值税专用发票过程中，张丽华有没有给过高弋、傅莹手续费其不知道，经其手时没有给过。虚开的增值税发票都抵扣了税款，具体抵扣了多少，其不知道，以查证为准。当时凌达公司还分别让骏马公司和南冶公司虚开过增值税专用发票，但具体如何联系的其记不清了，总之当时凌达公司的供应部和销售部都参与了联系，他们联系好后向其汇报，其同意就可以虚开了。

被告人高国平在 2004 年的贪污、受贿案侦查阶段的供述和辩解证实，其任职凌达公司总经理。该公司名义上是中外合资企业，中方是格力集团，外方为香港千钜公司，实际上这两家公司都是国企，因此凌达公司实际上也是国企。1999 年下半年，其打电话给北京盛多商贸中心其的侄子高弋，问他有没有多余的增值税发票，他说有，其叫他为凌达公司虚开购买销售硅钢卷、铝锭、冷轧板的增值税发票，总额有 2800 多万元。商妥之后其就叫张丽华与高弋的妻子傅莹具体联系开票事宜。当时还签订了所谓的北京盛多商贸中心向凌达公司供应硅钢卷、铝锭、冷轧板的合同。这 2800 多万元虚开的增值税发票入凌达公司的账后，抵扣联给了国税局抵扣。应付北京盛多商贸中心的所谓货款在2001年上半年以电汇和银行承兑汇票的方式支付，这笔款就一直存放在高弋处。2001年5月左右，其公司的材料供应商南冶公司总经理周晓雄到其办公室催款，其问周是否能为凌达公司虚开增值税发票抵扣。之后其安排张丽华与周晓雄具体联系。同年8月，南冶公司以销售热轧板、热轧薄板等名义为凌达公司虚开增值税发票共计金额1128万多元。这些发票入账后，凌达公司陆续以银行承兑汇票的方式将货款支付给南冶公司，南冶公司又将这些银行承兑汇票背书给凌达公司。其就叫张丽华将南冶公司背书回来的汇票全部寄到北京盛多商贸中心高弋、傅莹处解付。2001年5月份，骏马公司的经理门俊为凌达公司开了150万元的运费发票，是张丽华与门俊预先谈妥的。凌达公司向骏马公司电汇了50多万元运费并开了一张100万元的银行承兑汇票给骏马公司。不久门俊把50万元还给了凌达公司，其让张丽华入了账外账，另100万元的银行承兑汇票转背回凌达公司后，张丽华请示其同意寄到北京盛多商贸中心傅莹处解付。根据其笔记本的记载，其寄放在北京盛多商贸中心高弋、傅莹处的虚开增值税发票总数是66296050元。因为高弋是其侄子，其放在那里比较放心，财务部也放心，因为放在其亲戚处有什么问题其可以负责。其公司请人虚开增值税发票为的是避税，这些发票入账后就一定要付款，这样出了账的款就回不到公司账上了。为安全起见其将款存放在北京高弋处。每个月都由张丽华与高弋对账，高弋都有传真其对账单给张丽华，其让张丽华将有关虚开增值税发票的账目及对账单还有公司小金库的账目都销毁了。凌达公司虚开增值税发票一般先由对方公司虚开出增值税发票，其拿票去抵税，然后陆续将发票款项打到对方账户上直至付清为止。一般其公司会与对方公司对账，与北京盛多商贸公司对账有两份单子：一份是公司的来往账目，主要确定北京盛多商贸公司是否收到钱，这张单由张丽华和北京盛多商贸公司对；第二份是私下的对账单，主要看北京盛多商贸公司是否已按其意思使用款项，一般由其来审核，对完账后其觉得没什么用就扔了。通过北京盛多商贸公司给其虚开的增值税发票是按发票金额2%支付手续费，前后付给高弋100多万元。其他三家公司按4%支付手续费，手续费是从凌达公司张丽华等人保管的小金库账户支付的。

（二）被告人张丽华的供述和辩解

被告人张丽华在本案侦查阶段有过4次供述，在2004年的贪污案中就虚开增值税专用发票的相关事实有过2次供述和3份亲笔供词，皆作有罪供述，内容基本一致。

被告人张丽华在侦查阶段的供述和辩解证实，1991年其在凌达公司任总经理助理，主管财务部的工作。当时因空调的销售情况特别好，凌达公司的会计账上收入很高，但在原料采购上供货方却不能及时提供增值税发票，这样致使凌达公司在财务上体现出每个月有大量销项增值税要申报缴纳。其把这一情况汇报给总经理高国平，高国平就指使其与北京盛多商贸中心的傅莹联系，让傅莹用北京盛多商贸中心的增值税发票为凌达公司虚开。为了不让税务机关发现而且能够顺利在珠海抵扣这些虚开的增值税发票，高国平还找来了供应部的黄泽鑫让他配合好虚开发票这件事，为虚开的发票拟订了虚假的供货合同，这些合同由其用特快专递邮寄到北京傅莹处，傅莹那边盖了章同虚开好的增值税发票一起再用特快邮寄给其，其登记好以后黄泽鑫还根据这些虚开的增值税发票补填检验及入库单据，并在公司财务上报账。所收到北京盛多商贸中心虚开的增值税发票也于当月由其交给黄泽鑫上账，然后由凌达公司财务部门拿到珠海市国税局抵扣了税款。

北京盛多商贸中心为凌达公司虚开的发票中货物名称是钢板、铝锭等，数额有2000多万，但与北京盛多商贸中心没有实际发生铝锭等业务往来。因为是虚开的增值税发票，所以开始时凌达公司并未向北京盛多商贸中心付款，但后来虚开的发票越来越多，凌达公司的账上挂账应付的数额太大，请示高国平后她就指示让其用远期银行汇票的形式付款平账，收款人是北京盛多商贸中心，由其用特快寄到北京傅莹处，傅莹收到后在背书处盖了背书章又寄回给其，因为她也知道这些并不是真正意义的货款。其一直保管到快要到期了，请示高国平该怎样托收汇票款，高国平就指示寄回北京让傅莹在北京盛多商贸中心的账号上托收。后来的走账基本上都是这样，虚开款就都留在了北京盛多商贸中心的账上。凌达公司在高国平的指使下还使用上述手法于相同时间分别接受骏马公司、南冶公司的虚开增值税发票。在2001年南冶公司也给凌达公司虚开了一千多万的增值税发票用于凌达公司抵扣税款。事情的起因也是因为凌达公司压缩机等产品销售情况很好，而当时供应商向凌达公司提供的进项增值税抵扣不够，为了能够多抵扣一些税款少缴一些增值税，凌达公司负责人高国平就直接与南冶公司负责人周晓雄电话联系，让周晓雄的南冶公司为凌达公司虚开一些增值税发票，并让周晓雄把虚开好的增值税发票直接交给其，并同其联系具体操作问题。南冶公司给凌达公司虚开的增值税发票不是一次拿来的而是分了几次虚开好由周晓雄拿来珠海交给其，其拿到虚开的增值税发票后就按高国平的要求把虚开的增值税发票拿去供应部办理假入库手续和报账手续。其记得当时供应部经办此事的人是杨武平。办理了假入库和真报账后又按高国平的指示向南冶公司办理了假付款手续。为了掩饰虚开增值税发票的情况，其按高国平的指示把凌达公司收到的商业汇票背书给南冶公司，这样在凌达公司的财务账上就显示了付款给南冶公司，但实际上南冶公司周晓雄在收到上述汇票后在背书栏盖了有关印鉴后又将那些汇票交回给其。等字据到期后其请示高国平，按高国平的指示，其将到期的汇票邮寄到北京傅莹处由傅莹在北京解付。

被告人张丽华在2004年的贪污案侦查阶段的供述和辩解证实，2000年高国平指示其与北京盛多商贸中心傅莹联系虚开增值税发票事宜，要求财务部和供应部将当月所需硅光片型号传真给北京盛多商贸中心，由北京盛多商贸中心参照传真开具增值税发票。前后共开具约2000万元增值税发票，由高国平在虚假伪造的购销合同上签名盖章将发票入凌达公司账，并由高国平签署以银行承兑汇票支付货款。2000年高国平指示其与南冶公司周晓雄联系虚开增值税发票事宜，南冶公司开出1000多万元的发票，先由供应部填单办手续由高国平签字，然后正常入账，再按正常手续用银行承兑汇票付款给南冶公司。南冶公司再私下退回银行承兑汇票给其，高国平再让其寄给北京盛多商贸中心的傅莹。2000年高国平与骏马公司负责人门俊会面时要求门俊开具150万元运输发票。收到发票后要付款时，先由销售部填单办手续由高国平签字，再到其处签字后先付了50万元现金给骏马公司，骏马公司收到后又退回给其，其再将50万元现金交给高国平。另外100万元按正常手续用银行承兑汇票付款给骏马公司。骏马公司再寄回给其，高国平再让其寄给北京盛多商贸中心的傅莹。

（三）被告人傅莹的供述和辩解

被告人傅莹在本案侦查阶段共有7次供述，对其虚开增值税发票的犯罪事实予以承认，内容基本一致。

被告人傅莹在本案的侦查阶段的供述和辩解证实，北京盛多商贸中心的两个法人是高国平的母亲张勉英和姐妹高国芬，其只是挂名的。该公司实际上是由高国平控制的，公司是听从高国平指挥与张丽华吩咐开展业务的。通过北京盛多商贸中心为凌达公司虚开增值税发票就是高国平通过张丽华指示其的。其在北京盛多商贸中心工作，没学过财务，不懂财务知识，张丽华打电话或传真过来叫其开票，其就按照安排开出发票。其当时没有觉得增值税发票和零售发票有什么区别，其只是按照上面的指示来开票，不知道后果的严重性。虚开增值税发票的事情一开始高弋是不知道的，后来其对他说起过，他问谁让开的，其说是张丽华让开的，他就说“领导让怎么做你就怎么做”。其和张丽华也是电话联系，没见过面。所开的增值税发票都和空调没有关系，其记得内容大概是关于铝锭、轧钢等货物。其也签过和凌达公司关于铝锭、轧钢等货物的合同，都是邮寄过来的。张丽华把合同寄到华新商场，然后其按要求签字，再邮寄回去。其只按照凌达公司张丽华的要求签订合同，实际并没有发生铝锭、轧钢的交易。凌达公司张丽华给其的邮寄或者传真材料均丢失了，1998 年 5 月北京盛多商贸中心注销的时候没有保留财务资料。其为凌达公司开的那些增值税发票都是其用手工填写的，每张发票的可填开金额都会填到最大值，当时其还不是很会计算，凌达公司的张丽华还曾在电话里指导其将增值税发票的面额开到最大值。在填开上述增值税发票给凌达公司后，张丽华还打电话告诉其凌达公司要将一些汇票寄给其，说是走账用的，过后其就陆续收到张丽华寄给其的一些汇票，开始收到汇票时，张丽华打电话让其把汇票拿到北京盛多商贸中心的开户行去办理贴现，但银行告诉其说北京盛多商贸中心不符合贴现条件，后来张丽华又指示其保管好汇票并等其到期后再入北京盛多商贸中心的账，还交代其这些走账的汇票要听她的指示，让汇到哪里再汇到哪里去。其印象中像这样由张丽华从珠海寄给其的汇票金额有几千万。当时收到这些时其都保留有银行的单据，包括按张丽华指示将款转出去的单据其都有保管，张丽华会定时将这些走账情况寄一份对账单传真给其由其核对无误后再寄回珠海。北京世纪高焮经济发展有限公司（以下简称世纪高焮公司）是高国平的公司，这个公司是高国平让成立的，也是高国平实际控制的。2001 年北京盛多商贸中心为了规避工商税务针对异地经营公司的检查，公司准备注销，其打电话问张丽华银行里的一些未到期汇票怎么办。张丽华在请示高国平后让其在北京再成立一个公司，把未到期的承兑汇票转到新成立的公司账上。然后其就在北京找了家代办公司，成立了世纪高焮公司，公司股东是傅莹、高弋，法定代表人是傅莹，不过公司实际上是高国平在控制。公司没有做具体业务，只是接受凌达公司的承兑汇票，进行转账。开始，北京盛多商贸中心为凌达公司转账的所有钱都转账到了世纪高焮公司上，其将凌达公司的承兑汇票转账到了世纪高焮公司结束后，世纪高焮公司其也不打算经营了，就将这个公司转给了闫岩。2003 年世纪高焮公司转给闫岩之前有北京盛多商贸中心转到世纪高焮公司的空调尾款大概几十万，凌达公司的承兑汇票几千万人民币，以查证为准。

被告人傅莹对北京盛多商贸中心开给凌达公司的多份增值税发票进行辨认并确认，在 1999 年到 2001 年期间，北京盛多商贸中心共为凌达公司开具了 295 份增值税发票，都是虚开的，没有实际货物贸易。

二、证人证言

1. 证人高弋（被告人高国平的侄子、被告人傅莹的丈夫）的证言证实，在高国平出事后其听傅莹说过，北京盛多商贸中心与凌达公司发生过业务往来，但具体有没有开增值税发票其不清楚。当时其只听傅莹说，双方签订过购货合同，但后来凌达公司没有实际要货，其他的不清楚。高国平就虚开增值税发票没有和其联系过。1999 年重新启用北京盛多商贸中心是高国平决定的，目的是为凌达公司走空调账、转空调款。世纪高烺公司也是高国平决定成立的，股东是其和傅莹，法定代表人是傅莹，让傅莹作为公司法定代表人也是高国平要求的。高说其是她侄子，用其名字任法定代表人不方便。当时高国平租用华新商场销售凌达公司生产的“雪普乐”牌空调，但没有独立法人资格，开设不了独立账户，所以高国平让其成立了世纪高烺公司，目的也是转空调款、过空调账。具体开票都是傅莹经办的，傅莹也是按照高国平、张丽华的指令去开的。

2. 证人黄泽鑫（凌达公司采购部经理）的证言证实，其在凌达公司任采购部经理时张丽华将一些北京盛多商贸中心虚开给凌达公司的增值税发票交给其让其办理虚假入库手续，并将虚开的增值税发票拿去财务部报账。而按照正常的入库和报账手续应该是供应商与凌达公司采购部联系将其公司采购的货物发到凌达公司由其组织对货物进行质量数量检验，合格后再通知供应商把正规发票拿来供应部将发票等入库单据交到财务部报账。而虚开的增值税发票，供应部根本没有收到任何货物，这些发票是张丽华直接拿给其，她说是高国平安排开的，为的是降低凌达公司的经营成本，多抵扣一些税款。黄泽鑫在 2004 年提供的证言中还对相关入库书证进行了确认。

3. 证人池文忠（凌达公司财务经理助理）的证言证实，1999 年初高国平从北京联系了北京盛多商贸中心为凌达虚开了 3700 多万元的增值税发票，以快递方式寄给张丽华。发票的抵扣联拿到国税局办理抵税，发票联以采购名义记在财务账上。公司多次以电汇或票据形式将货款支付出去，再由对方公司将款返回，以私人汇款形式寄到张丽华名下。其知道有 1200 万元左右由张丽华拿现金到公司记在应付款账上。

4. 证人齐华、曾显文、丘翔、肖玉良、曾龙、杨武平（凌达公司各部门工作人员）的证言分别证实，其六人为凌达公司供销部、质控部、生产计划部、技术部工作人员，分别对涉案增值税发票的入库单进行了辨认，并一致确认有关入库单没有真实货物入库，证实高国平指使下属制作虚假的入库单以入公司账目的情况。

5. 证人周晓雄（南冶公司副总经理）的证言证实，其为南冶公司副总经理，负责凌达公司的业务。其公司帮助凌达公司代开了大约 2000 万元的增值税发票，这些发票实际上是没有供货的，不是正常业务开的发票。因为凌达公司是其公司的长期客户，同时又是凌达公司的总经理高国平要求其帮忙的，其才帮凌达公司开票。2001 年 8、9 月份，其应凌达公司总经理高国平的要求，帮助凌达公司虚开了 9 张增值税发票，共计金额 11286930.08 元。凌达公司将这些发票入账后，陆续用承兑汇票的形式向南冶公司支付了所谓的货款，随后南冶公司又将这些汇票背书回凌达公司，退回给张丽华，凌达公司按开票金额的 6% 给了其公司手续费共 677216.50 元。2001 年 7 月其还帮高国平开了 4 份增值税发票合计人民币 120 多万元。

6. 证人郭海军（凌达公司会计）的证言证实，2001 年下半年有一天财务部经理张丽华拿来 9 张增值税购货专用发票，是南冶公司销售矽钢片等材料给凌达公司结算的，共计 1100 多万元。张丽华让其将这些发票入账，但没有采购部开来的入库单，其就怀疑是虚开来的增值税发票，张丽华没有与其明说，只叫其完善报账手续，其就找相关人员编制了几份虚构的入库单，将一切手续办齐后交给张丽华审批。经侦查人员向其出示南冶公司增值税发票9张进行辨认，其确定是张丽华交给其报账所用虚开的增值税发票。

7. 证人门俊（骏马公司总经理）的证言证实，2001年凌达公司的张丽华让其帮凌达公司虚开一张150万元的增值税运输发票，没有真实运输业务，其就让下属骏马公司经理叶向军以骏马公司的名义开给了凌达公司。后来凌达公司按照发票汇款50万元到骏马公司，其提现后又到珠海将现金直接还给了张丽华。后来凌达公司又寄过来一张100万元的银行承兑汇票，经骏马公司背书后又退回了凌达公司。

8. 证人张治美（骏马公司会计）的证言证实，骏马公司是私人公司，掌管财务的应该是老板门俊或门俊的妻子和姐姐。其记账时老板拿多少单据她就按这些单据来做账。

三、书证

1. 珠海市人民检察院出具的《案件移送函》证实，本案由珠海市人民检察院移送珠海市公安局管辖的情况。

2. 珠海市公安局吉大派出所出具的《人口信息表》、珠海市工商行政管理局出具的《企业法人营业执照》（副本）等材料证实，被告人高国平的身份情况，以及曾经担任过凌达公司董事长、法定代表人、总经理等职务。

3. 济南市公安局历下区分局趵突泉派出所出具的《调查情况》证实，被告人傅莹的身份情况。

4. 广东省珠海市中级人民法院（2006）珠中法刑重字第1号刑事判决书、广东省高级人民法院（2006）粤高法刑二终字第331号刑事判决书证实，被告人高国平因犯贪污罪、走私普通货物罪、受贿罪于2006年12月25日被广东省高级人民法院判处有期徒刑十四年，并处没收个人财产人民币三百万元。

5. 广东省珠海市香洲区人民法院（2005）香刑初字第212号刑事判决书证实，被告人张丽华因犯贪污罪于2005年3月23日被珠海市香洲区人民法院判处有期徒刑三年，适用缓刑五年，并处没收个人财产人民币五万元。

6. 广东省广州经济技术开发区人民法院（2005）开刑初字第39号刑事判决书证实，周晓雄因虚开增值税专用发票罪于2005年4月28日被广州经济技术开发区人民法院判处有期徒刑三年，适用缓刑五年。

7. 以下证据证实，北京盛多商贸中心为凌达公司虚开增值税发票2839.423577万元。

（1）高国平使用北京盛多商贸中心虚开的增值税发票套取公款一览表、凌达公司使用北京盛多商贸中心虚开增值税发票银行承兑汇票情况表，由侦查人员就北京盛多商贸中心为凌达公司虚开增值税发票统计汇总的上述表格详细列明了虚开发票的时间、数量、金额、虚开材料名称、虚假入库经手人及为支付这些虚开发票款项的付款方式等情况。

（2）凌达公司关于北京盛多商贸中心的明细分类账。从该账户中反映出1999年至2001年间，凌达公司该账户贷方即应付北京盛多商贸中心款项合计4316.923577万元，该账户借方即抵减应付北京盛多商贸中心款项合计4316.923577万元。所以截至2001

年5月底，凌达公司“应付账款——北京盛多商贸中心”账余额为零。

（3）凌达公司记账凭证、银行承兑汇票、电汇单等。该部分书证为上述明细分类账中关于资金往来情况的原始凭证。

（4）虚假合同四份。该四份合同包括工矿产品购销合同三份和购销合同一份，由北京盛多商贸中心与凌达公司签订。其中前三份由高国平及张丽华确认是为了开增值税发票而做的假合同，后一份由张丽华签名确认。

（5）凌达公司记账凭证、北京盛多商贸中心为凌达公司虚开的增值税发票、虚假入库单。其中每一张增值税发票复印件上皆由傅莹、张丽华签名确认是北京盛多商贸中心为凌达公司虚开的增值税发票。

（6）珠海市保税区国家税务局出具的《情况说明》证实，1999年至2001年，珠海凌达公司取得北京盛多商贸中心增值税专用发票总数295份。申报进项抵扣金额达412.565794万元。

（7）北京市丰台区国家税务局出具的《证明》证实北京盛多商贸中心领购发票的情况及发票使用情况。

（8）北京市丰台区国家税务局出具的北京盛多商贸中心的税务登记资料证实北京盛多商贸中心的发票领用情况。

8. 以下证据证实，南冶公司为凌达公司虚开增值税发票1128.693008万元。

（1）南冶公司为凌达公司虚开增值税发票1128.693008万元的统计表。

（2）南冶公司退回凌达公司银行承兑汇票1128万元的统计表。根据统计，南冶公司退回凌达公司的1128万元银行承兑汇票由高国平指使张丽华交给世纪高烺公司（兴业银行广安门支行，账号：321040102200006267）高弋、傅莹解付，其中158万元由世纪高烺公司再转背。

（3）凌达公司将南冶公司虚开的增值税发票入账的记账凭证、入库单、报销单、增值税发票等材料。其中增值税发票9张共计1128.693008万元，皆由南冶公司周晓雄签名确认是其公司所虚开。

（4）南冶公司工商登记注册资料、设立登记申请书、股东名单、营业执照、任职证明书等企业资料。

（5）南冶公司将虚开的增值税发票入账的明细分类账、记账凭证、增值税发票、发货通知单、银行承兑汇票、商业承兑汇票等材料。其中凌达公司付款给南冶公司的汇票皆由南冶公司再转背回凌达公司，并由凌达公司出具收据。

（6）珠海市国家税务局证明。珠海市国家税务局涉外税收管理分局出具的证明材料证实，由南冶公司为凌达公司开出增值税发票合计税款259.474752万元已向国税局申报抵扣。

9. 以下证据证实，骏马公司为凌达公司虚开150万元运输发票。

（1）银行承兑汇票、凌达公司与骏马公司对账单、凌达公司记账凭证、公路运输发票、报销单、现金收据、汇票收据、电汇单等。这些材料证实骏马公司为凌达公司虚开了150万元运费发票，骏马公司先后收到了电汇的50万元和100万元的银行承兑汇票。后50万元现金又转交凌达公司，汇票又转背回凌达公司。

（2）骏马公司工商资料、营业执照、税务登记证、股东名单、年检报告等材料。

（3）珠海市国家税务局证明。珠海市保税区国家税务局出具的《企业及运输发票信息查询及结果证明单》证实，骏马公司为凌达公司开出增值税发票合计税款10.5万元已向国税局申报抵扣。

10. 北京盛多商贸中心电划贷方补充报单、进账单、银行分户账、票汇委托书、转账支票、明细分类账等证实，北京盛多商贸中心交行北京市分行（1492015073949）账户收到凌达公司汇入的虚开增值税发票款7笔共1100万元。

11. 世纪高烺公司电划贷方补充报单第二联、委托收款凭证等证实，世纪高烺公司兴业银行广安门支行（321040102200006267）账户收到并解付北京盛多商贸中心虚开增值税发票款3笔共1200万元。

12. 世纪高烺公司银行分户账、电划贷方补充报单、委托收款凭证、开户申请书等证实，世纪高烺公司交行志新路支行（060668012015063142）账户收到并解付北京盛多商贸中心虚开增值税发票款504.35万元。

13. 世纪高烺公司电划贷方补充报单第二联、委托收款凭证、银行承兑汇票等证实，世纪高烺公司兴业银行广安门支行（321040102200006267）账户收到并解付南冶公司为凌达公司虚开增值税发票款11笔共970万元。

14. 银行承兑汇票、承诺函、银行承兑协议、协助查询存款通知书回执等证实，世纪高烺公司收到并转背南冶公司为凌达公司虚开增值税发票款4笔共158万元。

15. 世纪高烺公司电划贷方补充报单第二联、委托收款凭证、银行承兑汇票等证实，世纪高烺公司兴业银行广安门支行（321040102200006267）账户收到并解付骏马公司为凌达公司虚开运费发票款1笔100万元。

16. 有关虚开增值税发票所得款项去向的书证。

（1）世纪高烺公司银行对账单、银行收费凭证、汇票委托书、转账支票、开户申请资料等证实，世纪高烺公司从北京工行宣武支行白广路分理处（0801190225017－09）账户汇款给新会安利达公司人民币3340万元。

（2）电划贷方补充报单、储蓄取款凭条、存款凭条、汇票申请书、银行汇票、大额特种存单等证实，世纪高烺公司高弋从交行珠海分行（40551240780157707）账户汇款人民币833.8万元给深圳的陈钟熙。

（3）高国平与高弋购房款对账单、房产销售发票、交款单、储蓄取款凭条、信汇凭证、进账单、商品房买卖合同、转账支票、退房协议等证实，高国平从虚开增值税发票款中支出人民币588万元在北京市密云县亚澜湾等地购房。

17. 涉案公司工商登记资料证实，世纪高烺公司、北京盛多商贸中心等涉案公司的基本情况。

18. 北京盛多商贸中心工商资料证实，该公司已于2002年11月3日被吊销。

19. 凌达公司出具的相关报告、增值税纳税申报表、税收通用完税证证实，凌达公司已全部补缴相关税款。

20. 凌达公司出具的《关于指派诉讼代表人的说明》证实，凌达公司的诉讼代表人为陈勇，职务系凌达公司法务助理。

针对控辩双方争议的焦点问题，结合本案的事实和证据，本院综合评判如下：

（一）关于单位犯罪问题

被告单位凌达公司的诉讼代表人及其辩护人提出：1. 本案实际上是被告人高国平个人假借公司名义实施犯罪行为，并非单位犯罪；2. 本案虚开增值税专用发票的行为，并非为凌达公司谋取非法利益，不应追究凌达公司的刑事责任；3. 从本案所造成的后果及影响来看，凌达公司实际上是被告人高国平等人犯罪行为的直接受害者。请求本院宣告被告单位凌达公司无罪。

经查，根据刑法和《最高人民法院关于审理单位犯罪案件具体应用法律有关问题的解释》的规定，以单位名义实施犯罪，违法所得均归单位所有的，是单位犯罪。本案案发时被告人高国平作为凌达公司的总经理，全面负责凌达公司的各项工作，案发前，被告单位凌达公司的销售额逐步增加，为减少公司税负，缓解资金周转紧张，被告人高国平决定让其他公司为凌达公司虚开增值税专用发票用于抵扣税款。在公司财务部、供应部、质控部等多个部门工作人员的配合下，被告单位凌达公司共接受其他公司虚开增值税专用发票多张，进项税款已全部由被告单位凌达公司向税务机关申报抵扣。可见，让他人为凌达公司虚开增值税专用发票并非高国平个人行为，凌达公司多个部门员工均知道此事，而且还相互配合完成接受虚开的增值税专用发票的行为，更重要的是，虚开的增值税专用发票所抵扣的税款最后均由凌达公司受益，违法所得均归凌达公司所有，故本案是单位犯罪而非被告人高国平犯罪。因此，对于被告单位凌达公司及其辩护人的该项辩护意见不予采纳。

（二）关于各被告人在单位犯罪中的作用问题

被告人高国平及其辩护人提出，本案属单位犯罪，在案发期间，高国平既不是凌达公司的法定代表人，亦非凌达公司的决策者，作为直接负责的主管人员，应比照公司法定代表人及决策人承担次要责任。被告人张丽华及其辩护人提出，被告人张丽华在本案中处于被动服从上级指示的地位，其主观上没有积极的故意，客观上没有超越职务的行为。被告人傅莹及其辩护人提出，被告人傅莹在主观上并无虚开增值税专用发票的故意，其行为只是一种履行职务的被动行为，其只是按照凌达公司领导张丽华的指示来完成工作，应该认定其无罪。

经查，根据我国刑事法律中对单位犯罪直接负责的主管人员和其他直接责任人员的认定标准，直接负责的主管人员，是在单位实施的犯罪中起决定、批准、授意、纵容、指挥等作用的人员，一般是单位的主管负责人，包括法定代表人。其他直接责任人员，是在单位犯罪中具体实施犯罪并起较大作用的人员，既可以是单位的经营管理人员，也可以是单位的职工，包括聘任、雇佣的人员。应当注意的是，在单位犯罪中，对于受单位领导指派或奉命而参与实施了一定犯罪行为的人员，一般不宜作为直接责任人员追究刑事责任。本案中，被告人高国平案发时是凌达公司的总经理，决定让其他公司为凌达公司虚开增值税专用发票、安排被告人张丽华具体负责相关事宜，并且授意公司其他部门配合入货、虚开、付款等，所以对被告人高国平应该认定为对单位犯罪直接负责的主管人员。被告人张丽华明知虚开增值税专用发票行为违反国家法律，其职务范围内也没有虚开增值税发票的义务，在被告人高国平的安排下仍积极实施具体行为，其已经不是被动服从领导安排，作为虚开行为的直接责任人员，不论是主观上还是客观上均符合虚开增值税专用发票罪的构成要件。被告人傅莹作为北京盛多商贸中心的工作人员，与凌达公司没有领导与被领导的关系，不存在履行职务的问题，而且，其明知为其他公司虚开增值税专用发票行为是违反国家法律的，还积极实行虚开行为，应该认定为北京盛多商贸中心的直接责任人员，因北京盛多商贸中心已经被注销，被告人傅莹作为该公司的直接责任人员，仍然要承担虚开增值税专用发票罪的刑事责任。

另外，在单位共同犯罪中，被告人高国平是对被告单位凌达公司直接负责的主管人员，被告人张丽华是被告单位凌达公司的其他直接责任人员，被告人傅莹是北京盛多商贸中心的其他直接责任人员，因为北京盛多商贸中心已经被注销，故仅追究被告人傅莹的个人责任。在共同犯罪中，被告单位凌达公司、被告人高国平在共同犯罪中起到决定性的策划、领导作用，罪责明显高于被告人张丽华、傅莹，有必要区分其在共同犯罪中的主从地位，才能做到罪刑相适应。因此，认定被告单位凌达公司、被告人高国平在共同犯罪中是主犯，被告人张丽华、傅莹在共同犯罪中是从犯。

（三）关于“一事不再理”的问题

被告人高国平及其辩护人提出，对高国平涉嫌虚开增值税专用发票一案的追诉，是对同一犯罪事实的再审理，违反了“一事不再理”的现代刑法原则。被告人张丽华及其辩护人提出，被告人张丽华已经以贪污罪被判处刑罚，贪污的款项来源于虚开增值税发票所套取出来的款项，因此有一事再诉之嫌。

经查，珠海市人民检察院以珠检公诉［2005］74号起诉书指控被告人高国平犯贪污罪、走私普通货物罪、受贿罪，指控被告单位珠海美凌通电机有限公司犯走私普通货物罪，于2005年6月14日向本院提起公诉。本院于2005年9月30日作出（2005）珠中法刑初字第095号刑事判决，被告人高国平不服，提出上诉。广东省高级人民法院以（2005）粤高法刑二终字第636号刑事裁定发回重审。重审期间，公诉机关指控，1999年12月至2002年4月，被告人高国平利用其担任凌达公司总经理的职务之便，通过使用北京盛多商贸中心、南冶公司、骏马公司虚开增值税专用发票和运费发票报账的方式，以及采用虚假退货款给珠海冷冷制冷机器有限公司的手段，从凌达公司骗取公款共计人民币54924235.77元，存放于侄子高弋处，从而非法占为已有。本院于2006年4月10日作出（2006）珠中法刑重字第1号刑事判决，对检察院的起诉事实予以认定，认定被告人高国平构成贪污罪。被告人高国平仍然不服，提出上诉，广东省高级人民法院于2006年12月25日作出（2006）粤高法刑二终字第331号判决，认为被告人高国平利用虚开增值税发票套取资金人民币5459.926917万元，并非高国平个人行为，凌达公司的部分员工均知此事，亦直接参与具体操作，而套取的资金中绝大部分（扣除被高国平贪污的96.5238万美元和人民币45万元）经北京盛多商贸中心，汇至香港成合公司，均用于支付芜湖凌通公司、美凌通公司注册资金和进口设备等费用，故高国平套取资金并成立虚假外资独资企业的目的在于偷逃进口关税，而非其个人侵占。而且，部分免税进口的设备已转由凌达公司及其子公司美凌达公司使用，美凌通公司、珠海美通公司的职员均是凌达公司派往担任，并与美凌达公司共同在凌达公司厂区运作，并由凌达公司负责管理、经营及分配利润，因此，美凌通公司、珠海美通公司并非由高国平个人占有，也即通过虚开增值税发票套取的资金在凌达公司的掌控范围内，为凌达公司所用。

基于以上终审法院认定的事实，本院认为，公诉机关关于被告人高国平利用虚开增值税专用发票以及虚假退货款的方式套取公款，尔后贪污该项公款的犯罪事实虽然得到本院的认定，但是被省高院否定，省高院认为，凌达公司存放在北京盛多商贸中心账上的人民币 5459.926917 万元中，除被高国平贪污的款项外，其余款项均处于凌达公司掌控之中或者为凌达公司所用。可见，终审判决并未对高国平虚开增值税专用发票、用于骗取抵扣税款发票的犯罪行为给予刑法上的评价，而仅仅认定高国平贪污了凌达公司存放在北京盛多商贸中心的公款 96.5238 万美元和人民币 45 万元。因此，公诉机关以虚开增值税专用发票、用于骗取抵扣税款发票罪起诉被告人高国平不违反“一事不再理”的原则。同理，对被告人张丽华的起诉也不违反该原则。

此外，本案是单位犯罪，被告人高国平、张丽华是以对被告单位凌达公司直接负责的主管人员和其他直接责任人员的身份被追究刑事责任，虚开增值税专用发票的犯罪主体是被告单位凌达公司，而贪污罪的犯罪主体是被告人高国平和张丽华，犯罪主体不同，不存在重复评价的问题，而且，被告人高国平虚开增值税专用发票的目的是让凌达公司偷逃税款，事实上虚开的金额也成功地抵扣了税款，单位犯罪已经完成。而以虚假付款的形式套取公款存放在北京盛多商贸中心，由于北京盛多商贸中心的款项还处于凌达公司的掌控之中且为凌达公司所用，没有变成私款，所以被告人高国平贪污这笔款项中的 96.5238 万美元和人民币 45 万元，构成贪污罪，这个贪污行为根本无法评价之前的虚开行为，虚开行为和抵扣税款行为被虚开增值税专用发票罪评价，而将虚开款以及虚假退货款套取出来存放在北京盛多商贸中心是另外一个行为，是在虚开增值税专用发票罪已经既遂的情况下将虚开款转移到北京盛多商贸中心，这个行为与后来的贪污行为以及走私行为一起被贪污罪和走私普通货物罪所评价。

综上所述，以虚开增值税专用发票、用于骗取抵扣税款发票罪追诉被告人高国平和张丽华的刑事责任，是对不同犯罪事实的审理，不违反“一事不再理”原则。

（四）关于自首、立功的问题

被告人高国平及其辩护人提出，被告人高国平在本案中具有自首及重大立功情节，可减轻直至免除处罚。被告人傅莹及其辩护人提出，被告人傅莹于 2007 年 6 月被采取强制措施是因其主动向有关机关陈述事件真相而被警方控制的。

经查，在被告人高国平涉嫌贪污案的侦查阶段，被告人高国平和凌达公司财务经理助理迟文忠均向侦查机关对虚开增值税专用发票行为予以交代，侦查机关据此掌握了被告单位凌达公司虚开增值税专用发票的事实。因为被告人高国平系被告单位的董事长、法定代表人，迟文忠系被告单位的财务经理助理，可以将被告人高国平和迟文忠如实交代虚开增值税专用发票事实的情节认定为被告单位凌达公司具有自首情节，可以据此对被告单位凌达公司予以从轻处罚。

由于本案的犯罪事实发生在 1999 年至 2002 年之间，在 2004 年被告人高国平贪污案的起诉中，虚开增值税专用发票的犯罪事实基本被检察机关所掌握，只是由于事实认识的差异，公诉机关认为虚开发票是贪污公款（人民币 5492.423577 万元）的手段行为，按照刑法理论中关于牵连犯的处断原则，择一重罪（贪污罪）起诉，而未起诉虚开增值税发票行为。侦查机关曾为被告人高国平出具过自首和重大立功的证明，审判机关亦据此情节在被告人高国平贪污罪、受贿罪、走私普通货物罪的量刑上予以减轻处罚，该自首和重大立功的情节应当同样适用于本案对于被告人高国平的量刑，因为虚开增值税专用发票犯罪行为在前，高国平自首及重大立功在后，即可以据此对被告人高国平予以减轻处罚。因此，对被告人高国平及其辩护人的该项辩护意见予以采纳。同理，被告人张丽华在广东省珠海市香洲区人民法院（2005）香刑初字第212号刑事判决中被认定为自首，因为在被告人张丽华犯贪污罪的自首中，已经将虚开发票行为作了如实供述，因此，应当认定被告人张丽华在本案中具有自首情节，应当对其减轻处罚。

另外，被告人高国平及其辩护人提出被告人高国平在本案的侦查阶段也有立功表现，经查，被告人高国平在监仓内接受监管人员的指派，作为狱侦特情对涉嫌走私毒品的一名犯罪嫌疑人进行贴靠，在被告人高国平的配合下，2008年1月18日该名犯罪嫌疑人供述了走私毒品的事实并写下亲笔供词，以上事实有珠海市公安局法制监管处深挖犯罪案件侦查科出具的《关于高国平协助破获走私毒品案的经过》证实，但是，该名犯罪嫌疑人是因随身携带毒品入境被海关人员当场查扣，已经是人赃俱获，只是在主观故意方面辩称自己不知道行李里有毒品，因为该起走私毒品案侦破在先，而被告人高国平协助侦查机关工作在后，故被告人高国平的行为不构成“提供侦破其他案件的重要线索”的立功表现。鉴于被告人高国平是接受公安机关的安排作为狱侦特情协助侦查机关开展工作，对这种积极配合司法机关办案的行为应予以鼓励，而且被告人高国平的行为对于案件的侦查终结起到了一定的促进作用，因此，虽然不对被告人高国平作立功认定，但可以对其酌情从轻处罚。因此，对于被告人高国平及其辩护人的该项辩护意见不予采纳。

此外，被告人傅莹因贪污嫌疑于2004年3月18日被侦查机关网上追逃，2007年6月27日被北京市公安局花园路派出所抓获归案，以上事实有珠海市人民检察院出具的《在逃人员信息登记表》证实，被告人傅莹在2007年7月4日最早的一次讯问笔录中也供述其是2007年6月27日被北京市公安局花园路派出所民警抓捕的。因此，被告人傅莹及其辩护人的该项辩护理由不成立，不予采纳。

（五）关于社会危害性的问题

被告人高国平及其辩护人提出，作为一家国有企业，凌达公司虚开增值税专用发票，是以暂时性的税收违法行为进行自救，使自身赢得生机，发展壮大，最终成为国家税收强健、稳定的来源，从而保全了更大的国家利益，维护了更大的社会利益，其行为具有排除社会危害性的情形。被告人张丽华提出，凌达公司虚开增值税专用发票的目的是少缴税款而非骗取金钱，而且案发后少缴的税款已经全部补上。

经查，被告单位凌达公司为减少公司税负，缓解资金周转紧张，让其他公司为自己虚开增值税专用发票和运输发票，用于骗取抵扣税款，而且虚开的发票也均用来抵扣国家税款，国家发票管理体制和税收征管体制已经遭受侵害，税款已经被骗取，虽然凌达公司偷逃税款行为给自己公司带来了发展生机，但这是以牺牲国家利益为代价换取的，不能因此而否认凌达公司犯罪行为的社会危害性。至于事后补缴税款，因为犯罪行为已经既遂，危害结果已经发生，补缴税款行为只能当作悔罪表现来对待，因此，被告单位的该项辩护意见不成立，不予采纳。

（六）关于虚开税款、抵扣税款和犯罪情节的问题

被告人高国平及其辩护人提出，本案认定凌达公司因虚开增值税专用发票致使国家税款被骗取的数额及由此认定“情节特别严重”，事实不清，证据不足，而且凌达公司

接受南冶公司虚开价税合计 657.103830 万元的增值税专用发票、接受骏马公司 150 万元普通货物运输发票具有真实交易背景，不具有偷逃和骗取抵扣税额的目的。

经查，骏马公司为凌达公司虚开金额为 150 万元的普通货物运输发票，凌达公司以此发票用于抵扣税款 10.5 万元的事实，有被告人高国平、张丽华的供述和辩解、骏马公司负责人门俊的证词以及珠海市保税区国家税务局出具的《企业及运输发票信息查询及结果证明单》等证据支持，应予认定。该运输发票在虚开之时，即使凌达公司确实欠骏马公司的运输款，但是，这笔真实存在的运输款在两个公司的财务账面上有明确的反映，一旦还款，可以再一次拿到税务机关以申报抵扣税款，而虚开的运输费发票在两公司财务账面上是无法真实反映的，因为该笔运输款无对应的运输业务，纯属虚开，偷逃税款。同理，南冶公司为凌达公司虚开的增值税专用发票也无对应的真实交易，账面上无法真实地反映，属于虚开，目的在于偷逃税款。因此，对于被告人高国平及其辩护人的该项辩护意见不予采纳。

北京盛多商贸中心为凌达公司虚开了价税合计 2839.423577 万元的增值税专用发票，凌达公司以此发票用于抵扣进项税款 412.565794 万元的事实，有被告人高国平、张丽华、傅莹的供述和辩解、证人高弋、黄泽鑫、迟文忠以及凌达公司其他员工的证言、大量的书证予以证实，应予认定。珠海市保税区国家税务局 2007 年 8 月 9 日出具的《情况说明》（原件）证实，1999 年至 2001 年凌达公司取得北京盛多商贸中心增值税专用发票总数 295 份，申报进项抵扣金额达 412.565794 万元，证据真实有效，具有较强的证明力，应予采纳。因此，对于被告人高国平及其辩护人的该项辩护意见不予采纳。

南冶公司为凌达公司虚开了价税合计 1128.693008 万元的增值税专用发票，凌达公司以此发票用于抵扣进项税款合计 163.998128 万元的事实，有被告人高国平、张丽华的供述和辩解、证人周晓雄、郭海军的证言以及大量的书证予以证实，应予认定。珠海市国家税务局 2004 年 4 月 8 日出具的《证明》（复印件）证实，凌达公司取得南冶公司虚开的增值税专用发票总数 9 份，价税合计 1128.693008 万元，申报进项抵扣税款合计 163.998128 万元，因为在被告人高国平贪污案中，此份《证明》已经作为证据予以认定，真实有效，此次提供被告人高国平贪污案证据原件的复印件，应予认定。因此，对于被告人高国平及其辩护人的该项辩护意见不予采纳。

被告单位凌达公司及其直接负责的主管人员高国平、直接责任人员张丽华，让他人为凌达公司虚开增值税专用发票和用于抵扣税款的其他发票，价税合计人民币 4118.116585 万元，进项税款合计人民币 587.063922 万元已全部用于被告单位凌达公司向税务机关申报抵扣。被告人傅莹身为北京盛多商贸中心直接责任人员，为凌达公司虚开增值税专用发票，价税合计人民币 2839.423577 万元，进项税款合计人民币 412.565794 万元已全部用于凌达公司向税务机关申报抵扣。根据《最高人民法院关于适用〈全国人民代表大会常务委员会关于惩治虚开、伪造和非法出售增值税专用发票犯罪的决定〉的若干问题的解释》第一条的规定，虚开税款数额人民币 50 万元以上的，属于“虚开的税款数额巨大”；因虚开增值税专用发票致使国家税款被骗取人民币 30 万元以上的，属于“有其他特别严重情节”，因此，被告单位凌达公司、被告人高国平、张丽华、傅莹的犯罪情节均属于虚开的税款数额巨大、情节特别严重。

（七）关于数罪并罚的问题

被告人高国平及其辩护人提出，本案追诉的是漏罪而不是新罪，在刑罚的合并执行上应当依照刑法第六十九条、第七十条的规定，实行“先并后减”原则，即应当先按数罪并罚的原则将本罪与原贪污罪、受贿罪、走私普通货物罪的量刑合并后，再减去被告人已服刑时间执行刑罚。

经查，本案的犯罪行为发生在1999年至2001年，2004年，被告人高国平被检察机关以贪污罪侦查、起诉，在被告人高国平贪污案中，本案的犯罪事实基本被检察机关所掌握，但由于对事实性质认识的差异，该虚开增值税专用发票的犯罪行为未得到终审法院的评价，此次以虚开增值税专用发票罪起诉被告人高国平、张丽华，属于刑法上的漏罪，而非新罪，应当对新发现的罪作出判决，把前后两个判决所判处的刑罚，依照数罪并罚的规定，决定执行的刑罚。已经执行的刑期，应当计算在新判决决定的刑期以内。因此，被告人高国平及其辩护人的该项辩护意见予以采纳。

本院认为，被告单位珠海凌达压缩机有限公司及其直接负责的主管人员高国平、直接责任人员张丽华故意违反增值税专用发票管理规定，让他人为凌达公司虚开增值税专用发票和用于抵扣税款的其他发票，数额巨大，情节特别严重，依照《中华人民共和国刑法》第二百零五条第一款、第三款、第四款的规定，构成虚开增值税专用发票、用于骗取抵扣税款发票罪。被告人傅莹身为北京盛多商贸中心直接责任人员，故意违反增值税专用发票管理规定，为他人虚开增值税专用发票，数额巨大，情节特别严重，依照《中华人民共和国刑法》第二百零五条第一款、第三款、第四款的规定，构成虚开增值税专用发票罪。公诉机关指控的事实、罪名成立，应予支持。

在共同犯罪中，被告单位珠海凌达压缩机有限公司是主犯，依照《中华人民共和国刑法》第二十六条第一款、第四款的规定，应当按照其所参与的全部犯罪处罚；被告人高国平是被告单位珠海凌达压缩机有限公司直接负责的主管人员，是主犯，依照《中华人民共和国刑法》第二十六条第一款、第四款的规定，应当按照其组织、指挥的全部犯罪处罚；被告人张丽华是被告单位珠海凌达压缩机有限公司的其他直接责任人员，在共同犯罪中起次要作用，是从犯，依照《中华人民共和国刑法》第二十七条的规定，应当减轻处罚；被告人傅莹是北京盛多商贸中心的其他直接责任人员，在共同犯罪中起次要作用，是从犯，依照《中华人民共和国刑法》第二十七条的规定，应当减轻处罚。

被告单位珠海凌达压缩机有限公司在犯罪后，由其法定代表人高国平及其财务经理助理迟文忠主动向侦查机关投案，如实供述虚开增值税专用发票、用于骗取抵扣税款发票的行为，是单位自首，依照《中华人民共和国刑法》第六十七条的规定，可以从轻处罚。鉴于被告单位珠海凌达压缩机有限公司案发后已经向税务机关全额补缴了偷逃税款，可以对其酌情从轻处罚。被告人高国平犯罪后自首且有重大立功表现，鉴于其原犯贪污罪的生效判决因为该自首且有重大立功表现情节已经对其适用减轻处罚，依照《中华人民共和国刑法》第六十八条第二款的规定，在本案中也对其适用减轻处罚。被告人张丽华犯罪后自首，鉴于其原犯贪污罪的生效判决因为该自首情节已经对其适用减轻处罚，依照《中华人民共和国刑法》第六十七条第一款的规定，在本案中也对其适用减轻处罚。被告人高国平积极协助侦查机关工作，虽然不对其作立功认定，但是可以对其酌情从轻处罚。

被告人张丽华属于被宣告缓刑的犯罪分子，其在缓刑考验期限内发现判决宣告以前还有其他罪没有判决，应当撤销缓刑，对新发现的罪作出判决，把前罪和后罪所判处的刑罚，依照数罪并罚的规定，决定执行的刑罚。

综上，根据被告单位珠海凌达压缩机有限公司、被告人高国平、张丽华、傅莹的犯罪事实、犯罪性质、情节和对于社会的危害程度，依照《中华人民共和国刑法》以上条款、第二十五条第一款、第三十条、第三十一条、第五十二条、第五十三条、第六十九条、第七十条、第七十七条第一款及《最高人民法院关于适用〈全国人民代表大会常务委员会关于惩治虚开、伪造和非法出售增值税专用发票犯罪的决定〉的若干问题的解释》第一条的规定，判决如下：

一、被告单位珠海凌达压缩机有限公司犯虚开增值税专用发票、用于骗取抵扣税款发票罪，判处罚金人民币六百万元。

（罚金从判决发生法律效力第二日起一个月内缴纳）。

二、被告人高国平犯虚开增值税专用发票、用于骗取抵扣税款发票罪，判处有期徒刑七年，与其之前所犯贪污罪、走私普通货物罪、受贿罪被判处的有期徒刑十四年，并处没收个人财产人民币三百万元并罚，决定执行有期徒刑十八年，并处没收个人财产人民币三百万元。

（刑期从判决执行之日起计算。判决执行之前先行羁押的，羁押一日折抵刑期一日，即自2004年3月18日起至2022年3月17日止）。

三、被告人张丽华犯虚开增值税专用发票、用于骗取抵扣税款发票罪，判处有期徒刑四年，与其之前所犯贪污罪被判处的有期徒刑三年，适用缓刑五年，并处没收个人财产人民币五万元并罚，决定撤销缓刑，数罪并罚，决定执行有期徒刑五年，并处没收个人财产人民币五万元。

（刑期从判决执行之日起计算。判决执行之前先行羁押的，羁押一日折抵刑期一日，即自2004年3月22日起至2012年12月24日止）。

四、被告人傅莹犯虚开增值税专用发票罪，判处有期徒刑五年。

（刑期从判决执行之日起计算。判决执行之前先行羁押的，羁押一日折抵刑期一日，即自2007年6月27日起至2012年6月26日止）。

如不服本判决，可在接到判决书的第二日起十日内，通过本院或者直接向广东省高级人民法院提出上诉。书面上诉的，应当提交上诉状正本一份，副本二份。

审　判　长　谢志刚
审　判　员　汤薇乔
代理审判员　姚文强
二○○九年一月二十二日
书　记　员　吴志敏

【评析】

这是一篇一审刑事判决书，该案涉及单位犯罪、共同犯罪，有多名被告人、多起犯罪事实，案情复杂，控辩双方争议焦点较多，不论是在事实叙述方面，还是在论据说理方面，都有相当大的信息量要表达。这篇优秀裁判文书在写作上结合案件的特点，叙述清楚，论证有力，在归纳、分析证据方面和法理评析方面等均有值得推荐之处，具体表现在以下几个方面：1. 表述准确，归纳得体。本判决书对控辩双方的意见、案件事实、证据、适用的法律和判决结果概括全面、归纳准确，表述客观。例如辩护意见部分，文书分别将各被告人的辩解及其辩护人的辩护意见和辩方证据归纳总结成若干点，将辩方的观点言简意赅地表达出来。又如证据部分，判决书将证据按照刑事诉讼法第四十二条规定的证据类型来罗列，这样对证据分门别类的表述使人感到定案证据扎实、丰富。在被告人供述部分，判决书专门强调各被告人在侦查期间和之前在相关案件中对同一事实所作供述的次数，并强调多次供述内容基本一致，然后再对供述的内容予以表述，这样更能增强对认定事实的说服力。2. 详略得当，重点突出。该判决书篇幅较长，这是案情所决定的，由于文书写作详略得当，所以并未给人冗长的感觉。本案各被告人均作无罪的辩解或者要求免予刑事处罚，控辩双方的争议较大。在这种情况下，必须对案件的事实和证据仔细审查，着眼于争议焦点进行论证，作出对案件事实的认定。体现在文书上，表现于判决书在概括控辩双方意见后，对认定的案件事实逐一表述，通过大量、扎实的证据证明认定的案件事实。对被告人的供述和辩解、证人证言等言词证据详细引述，充分展示案件全貌，对大量的书证则适当地归纳和抽象，使得判决书架构主次分明，脉络更加清晰。对于控辩双方焦点问题的评判更是不吝笔墨，予以充分论述。通篇文书重点突出，基于充分的证据和透彻的分析之上对案件事实的认定，使人信服。3. 论证严密，批驳有力。说理性是一篇优秀裁判文书的灵魂，说理性薄弱的裁判文书是难以使公众，尤其是法律知识薄弱的当事人心服口服的。这篇判决书从案件的实际情况出发，将控辩双方争论的焦点归纳成七个问题，并结合案件事实和证据，法律、司法解释的规定，以及法学理论多个角度逐一展开充分论证。对于辩护意见，无论是否采纳均作出详细的分析说明。整个论述逻辑缜密，层层递进，文书的说理性充分，为最终作出有罪判决打下了坚实的基础。例如对于辩方提出的“一事不再理”问题，在评判的过程中，首先通过对本案被告人高国平、张丽华虚开增值税专用发票、用于骗取抵扣税款发票的行为进行过追诉，仅是对其将虚开增值税专用发票套现出来的5459余万元人民币中的96万余元美金和45万元人民币予以贪污的行为给予刑法上的评价，然后又从犯罪主体、犯罪目的等方面阐明前一次追诉的贪污行为无法评价后一次追诉的虚开行为，贪污行为是在虚开增值税专用发票既遂后的另一个独立的行为，从而得出本案的审理不违反“一事不再理”原则。

需要说明的是，本案二审已被广东省高级人民法院裁定驳回上诉，维持原判，该一审判决书已发生法律效力。

●祁传利犯合同诈骗罪一案刑事裁定书

广东省珠海市中级人民法院

刑事裁定书

（2009）珠中法刑再字第2号

原公诉机关珠海市香洲区人民检察院。

原二审上诉人（一审被告人）祁传利，男，1961年6月1日出生于吉林省，汉族，住山西省长治市城区太行西街55号8号楼1单元。2003年4月28日因涉嫌合同诈骗被长治市公安局经济侦查支队刑事拘留。因本案于2007年1月4日被羁押，同年2月9日被逮捕。现在广东省四会监狱服刑。

辩护人曾煌辉，广东金鹏律师事务所律师。

珠海市香洲区人民法院审理珠海市香洲区人民检察院指控被告人祁传利犯合同诈骗罪一案，于2007年12月17日作出（2007）香刑初字第1286号刑事判决，认定被告人祁传利犯合同诈骗罪，判处有期徒刑十年，并处罚金人民币五万元。被告人祁传利不服，提出上诉。本院于2008年4月9日作出（2008）珠中法刑终字第75号刑事裁定，驳回上诉，维持原判。原审上诉人祁传利不服，向广东省高级人民法院提出申诉。该院于2008年10月24日作出（2008）粤高法立刑申字第112号再审决定书，指令本院对本案进行再审。本院依法另行组成合议庭，经过审查证据材料、听取申诉人及其辩护人意见，认为事实清楚，决定不开庭审理。本案现已审理终结。

珠海市香洲区人民法院一审查明，珠海王子实业有限公司（以下简称王子公司）、珠海经济特区中技发展公司（以下简称中技公司）欠建设银行珠海分行本金人民币780万元，由于两公司未能清偿债务（连本带利，债务已达3032万多元），取得该不良贷款债权的中国信达资产管理公司广州办事处（系国务院批准成立的、专门收购建设银行及国家开发银行不良贷款的国有独资非银行金融机构，以下简称信达公司）于2003年12月4日在广州《新快报》登载公告，委托广州安华白云拍卖行有限公司（以下简称白云拍卖行）进行拍卖。陈向英知道此事后，私下与被告人祁传利商量，意欲通过拍卖的方式买回信达公司对中技公司、王子公司的债权。2003年12月8日，陈向英以龙城（澳门）投资有限公司（股东陈向英、刘淑珍，以下简称澳门龙城公司）的名义与被告人祁传利的长治市犇拓文化艺术有限公司（以下简称犇拓公司）签订《委托协议》，委托被告人祁传利代理收购信达公司对中技公司、王子公司的债权，澳门龙城公司负担所有收购费用及承担30万元的代理费。2003年12月9日至12月24日，陈向英委托其哥哥陈阳按合同约定陆续将人民币 385 万元的债权收购款支付给被告人祁传利。同年 12 月 19 日，白云拍卖行举行拍卖，被告人祁传利授权委托朋友申志岗举牌竞拍（被告人祁传利与陈阳也一起去到白云拍卖行一楼等候，但没上拍卖现场），以 290 万元的成交价（外加 5 万元的佣金）取得了信达公司对中技公司、王子公司 30323408.84 元的债权。同日，申志岗代被告人祁传利签订了拍卖成交确认书。同年 12 月 22 日，申志岗代表犇拓公司与信达公司签订了《不良贷款债权转让合同》，取得《不良贷款债权转让标的清单》、《债权证明文件清单》。12 月 23 日，被告人祁传利与陈向英确认各自履行了委托义务，并在委托协议的右下角签名。

另查明，有关陈阳第一笔付款的时间问题。陈阳填写的珠海市商业银行储蓄存款同城划款委托书的日期是 2003 年 11 月 9 日，付款账号是 6720203011，付款金额 35 万元，同一账号在同年 12 月 11 日划款 25 万元、12 月 12 日划款 5 万元。通过商业银行调取该账号的历史明细账显示，该账号 12 月 9 日贷方 35 万元、12 月 11 日贷方 25 万元、12 月 12 日贷方 5 万元。就 11 月 9 日划款委托书的时间与该账号历史明细账显示的时间有出入的问题，珠海市商业银行作出书面情况说明，证明是付款人陈阳填错了单（12 月错写为 11 月），柜员未曾发现，实际划款时间是 12 月 9 日。

2003 年 12 月 23 日，被告人祁传利与申志岗一起来到珠海，被告人祁传利将一份打印好的《保证书》，内容为实收陈阳人民币 385 万元，用于焦厂投资，由申志岗在“证明人”一栏签名，《保证书》则由被告人祁传利收回。随后，被告人祁传利即虚构这 385 万元人民币的款项属其与陈阳合作开办焦厂的投资款，以未收到澳门龙城公司支付的债权收购款为由，拒绝将该债权资料交给澳门龙城公司。2004 年 1 月 15 日，被告人祁传利以犇拓公司的名义，在《澳门日报》登载《申明》，要求澳门龙城公司在 2004 年 1 月 21 日前速到犇拓公司办理有关转交事宜。

2004 年春天，内蒙古乌海市日新工贸有限责任公司（以下简称日新公司）的股东刘平与李东春（已逝）、杨瑞明（祁传利亲戚）、被告人祁传利合股开办焦厂，被告人祁传利投资 80 万元，刘平、杨瑞明各投资 5 万元，李东春没有实际出资，由刘平任总经理，负责日常管理，大概办厂一年，因亏损而关闭。

2004 年 2 月，被告人祁传利通过李东春，要求刘平帮忙签署一些法律文件，方便被告人祁传利追债，表示祁追回款就可还钱给刘平了。于是，2004 年 2 月 21 日，刘平以刘旺（日新公司法定代表人）的名义在《债权转让协议》（协议内容是将犇拓公司取得的王子公司、中技公司的债权有偿转让给日新公司）上签字，通过与刘平签订的《债权转让协议》，虚构将这一债权以 295 万元人民币的价格已转卖给日新公司的事实。在双方从未真实交易的情况下，被告人祁传利开具虚假交易收据（根据广东永安达司法会计鉴定所作出的司法鉴定书，证实日新公司 2004 年度资产负债表显示长期投资、短期投资科目为零），企图达到将犇拓公司取得的王子公司、中技公司的债权转移给日新公司的目的。2004 年 2 月 25 日，被告人祁传利以日新公司的名义向珠海市中级人民法院申请恢复执行中技公司及王子公司的财产，珠海市中级人民法院于 2004 年 6 月 14 日，下发（2004）珠中法执恢字第 36 号通知书，以第三人澳门龙城公司提出异议为由，驳回要求恢复执行和变更申请执行主体的请求。随后，被告人祁传利通过山西弓平律师事务所的刘弘律师找到山西长兴律师事务所万柯岩律师，聘请万柯岩作为日新公司的诉讼代理人，被告人祁传利与万柯岩签订了委托合同。由万柯岩代理日新公司于2004年11月10日，在山西省长治市中级人民法院起诉被告人祁传利自己的犇拓公司，要求确认《不良贷款债权转让合同》及《转让债权协议》有效。长治市中级人民法院于2005年1月18日作出（2004）长民初字第116号民事判决，判决确认了《不良贷款债权转让合同》为有效合同，《债权转让协议》为有效协议。据此，日新公司于2005年2月22日，向珠海市中级人民法院申请恢复执行，2005年3月8日，珠海市中级人民法院决定恢复执行。2006年9月29日，广东省高级人民法院以（2006）粤高法执指字第742号指定珠海市中级人民法院执行的以王子公司、中技公司为被执行人的案件，交由广州铁路运输法院办理。2006年8月，澳门龙城公司向珠海市公安局报案，同年9月8日立案，2007年1月4日，被告人祁传利受通知前往珠海市公安局接受问话，当日被刑事拘留。

2007年5月29日，被告人祁传利在珠海市第一看守所检举梁贵卿等人抢劫的事实，2007年6月19日，珠海市公安局南屏派出所复函证明，公安机关据此破获一宗抢劫案件，编号为A44040112320070618。

一审法院认为，被告人祁传利以非法占有为目的，在签订、履行合同过程中，用虚构事实的方法，骗取被害人财物，数额特别巨大，其行为触犯了刑法，构成合同诈骗罪。被告人祁传利在看守所关押期间，检举揭发他人犯罪，有立功表现，可以依法从轻处罚。依照《中华人民共和国刑法》第二百二十四条第（五）项、第六十八条的规定，判决如下：被告人祁传利犯合同诈骗罪，判处有期徒刑十年，并处罚金人民币五万元。

被告人祁传利不服一审判决，向本院提出上诉。

本院二审查明，原判认定事实清楚，据以定罪的证据确实、充分，本院予以确认。另查明，本案在二审期间，祁传利在珠海市第一看守所检举姜云峰抢劫、强奸的事实，经二审开庭对此节事实的相关证据：珠海市公安局南屏派出所证明、珠海市公安局法制监管处出具的证明材料，公安机关据此破获一宗抢劫、强奸案件，编号为A4404028009992000401019O等，予以质证，查证属实。

关于上诉人祁传利及辩护人的上诉、辩护意见，本院二审综合评判如下：

关于陈阳第一次给祁传利付款的时间问题。经查，陈阳填写的珠海市商业银行储蓄存款同城划款委托书的日期是2003年11月9日，付款账号是6720203011，付款金额35万元。此节事实，原审主要依据珠海市商业银行历史分户明细账予以证实，并未仅仅依据商业银行出具的情况说明认定，该情况说明主要是佐证了柜员没有及时发现而导致单据填写时间与实际付款时间不符的原因。同时，辩护人提出的证明陈阳第一次给祁传利付款的时间应为2003年11月9日的六项证据，经查，确与上述珠海市商业银行历史分户明细账存在出入，但珠海市商业银行历史分户明细账上的时间为原始记载、真实准确，原审据此认定，事实清楚、证据充分，上诉人祁传利及辩护人的该意见，不予采纳。

关于澳门龙城公司是否给祁传利付款385万元的事实，即该385万元是合资经营焦厂的款项还是澳门龙城公司购买债权的款项，是本案的焦点问题。本院认为，该385万元属于澳门龙城公司购买债权的款项，确为澳门龙城公司向祁传利所付。现结合全案证据，综合分析如下：一、陈向英以澳门龙城公司名义与祁传利的犇拓公司签订《委托协议》，该《委托协议》的内容中已明确委托祁传利代理收购信达公司对中技公司、王子公司的债权，澳门龙城公司负担所有收购费用。债权收购完毕后，所收购的债权权益全部归澳门龙城公司所有。二、陈阳受陈向英委托以澳门龙城公司名义向祁传利付款，有陈阳的证言和被害人陈向英的陈述印证。三、陈阳向祁传利转账付款的前后时间，与澳门龙城公司与祁传利签订《委托协议》及犇拓公司与信达公司签订《不良贷款债权转让合同》的时间均基本吻合，即陈阳付给祁传利385万元的时间段，正是陈向英委托祁传利代理收购债权的时间。同时，根据2003年12月11日起至12月22日，陈阳分九笔共付给祁传利295万元，祁传利于12月22日分三笔付给白云拍卖行275万元的事实，祁传利支付拍卖款给白云拍卖行的时间和金额，同样与陈阳向祁传利付款的时间和金额相吻合。四、2003年12月19日债权拍卖的当天，陈阳也与祁传利、申志岗一起到了白云拍卖行。祁传利称陈阳向其所付款项系二人合股投资焦厂，而陈阳在向祁传利付款期间，却与祁传利共同参与拍卖债权事宜，祁传利所称有违常情。五、申志岗签字证明的保证书问题。申志岗称“这个保证书只有一份，我手上没有，这一份是保留在祁传利手上”。此节申志岗虽有不同陈述，但其在《保证书》上亲笔书写“我当时作为证明只签了一份，给了祁传利”。而陈阳称自己并未收到该保证书，更不认识申志岗，且无证据证实陈阳收到保证书。尤其是根据该保证书的内容看，主要是关于陈阳付款给祁传利，二人合资经营焦厂等事宜，如此重要内容，陈阳却没有签字，于理不合。同时，作为保证书上签字的申志岗自己也未保留该保证书，既然是保证，自己不保留，也不交给被保证人，而且，陈阳与申志岗素不相识，申志岗缘何要为近四百万元的标的作保证，不合情理。六、陈阳与祁传利合资经营焦厂，现无证据证实。合办焦厂的股东杨瑞明、刘平（负责焦厂经营）证实焦厂股东的情况中，从未提过有其他人投资，更未提过陈阳参与其中；而祁传利与杨瑞明、刘平等经营焦厂期间，祁传利投资额也仅仅为80万元，与其称陈阳付款近四百万元的投资款，相差甚远。而陈阳始终否认该事实，不仅如此，本案除了上述存有重大瑕疵的《保证书》中涉及其二人合资经营焦厂内容外，目前无任何书证和其他证据证明该事实。七、陈向英与祁传利签订的《委托协议》问题。该协议包含两方面的内容，一为委托代理收购债权，该项内容，陈向英与祁传利无异议并签字确认；二为确认双方已按协议完成，收购的债权归澳门龙城公司所有。该项内容，系同份协议书右下角位置补充内容，双方再次签字。就添补内容看，其实质上与前项内容并无本质区别，即“债权收购完毕后，所收购的债权权益全部归澳门龙城公司所有”。因此补充内容的真假问题，并不影响整个协议中双方事前早已明确的权利义务内容。而就补充内容和第二次签名时间看，2003年12月23日签字，也就是拍卖结束后，双方再次明确各自履行了义务，收购的债权归澳门龙城公司所有，补充内容亦在情理之中。至于该委托协议书右下角内容真伪问题，经查，该协议第一次签字的位置标明的是“甲方、乙方”，紧接着是签约时间，双方当时均已签字确认，祁传利当时在已经签字确认的情况下，同时再次签字，有违合同签字的正常程序，辩护人认为是陈向英提前设置的陷阱、是陈向英当时要求祁传利同时签字两次的说法，无证据证实，亦缺乏合理性。原审认为祁传利与陈向英均在协议书上不同位置签了两次名，如果不出现新内容正常人不可能在同一份合同上签两次名，且出现的新内容反映的事实也符合当时的情况，因此，确认委托协议右下角内容真实的认定，应予支持。据此，该协议补充之内容，可以证实祁传利对澳门龙城公司已履行付款义务并承担将债权文书交给澳门龙城公司的义务没有异议。据此，原审认定的此节事实清楚、证据充分，应予支持，上诉人祁传利及辩护人的相关意见，不予采纳。

关于祁传利欲将澳门龙城公司之债权转让给日新公司的事实，有证人证言及《不良贷款债权转让合同》、《转让债权协议》、民事判决等书证证实，原审认定此节事实清楚、证据充分，应予支持。

关于本案的定性问题。本院认为，合同诈骗罪是指以非法占有为目的，在签订、履行合同过程中，采取虚构事实或者隐瞒真相等欺骗手段，骗取对方当事人财物数额较大的行为。其主观特征是行为人具有非法占有目的，对于以非法占有为目的的认定，应根据刑法所规定的具体客观行为，并考虑事前、事中、事后的各种主客观因素，同时运用司法推定方式、综合分析认定，以正确判断合同纠纷与合同诈骗犯罪的关系。本案中，上诉人祁传利本应根据双方签订的委托协议，真实、完全地履行合同约定的委托事项，但其却在委托协议签订后，隐瞒真相、虚构其与陈阳合办焦厂、利用申志岗在《保证书》上签名，以便伪造其与陈阳合资经营焦厂的事实，达到将澳门龙城公司给其付款385万元用以购买债权的款项转化成陈阳与其合资经营焦厂的出资，进而以自己出资为名将澳门龙城公司的合法债权变为其本人的财产；同时，为达到非法占有之目的，其又隐瞒真相，通过诉讼、执行等方式确认本属于澳门龙城公司的合法债权为其所有。祁传利的行为符合合同诈骗罪的特征，原审判决认定其构成合同诈骗罪，并无不当，应予支持。上诉人祁传利及辩护人的相关意见，不予采纳。同时，上诉人祁传利在本案二审期间有立功表现，本可以从轻处罚，但原审根据其犯罪情节以及原审期间的立功表现，已对其从轻处罚并以合同诈骗罪中的法定最低刑判处刑罚，且其二审期间又非重大立功，故不宜再对其减轻处罚。

本院二审认为，原判认定事实清楚，采信证据确实、充分，适用法律正确，量刑适当，审判程序合法，予以维持。依照《中华人民共和国刑事诉讼法》第一百八十九条第（一）项之规定，裁定如下：驳回上诉，维持原判。

原审上诉人祁传利申诉及其辩护人辩护请求再审撤销原审判决，改判祁传利无罪。理由：原判没有任何证据证明祁传利欺骗了澳门龙城公司；祁传利没有虚构事实，没有非法占有澳门龙城公司财物的事实，主观上没有非法占有的故意；没有任何证据证明澳门龙城公司已支付购买债权款；陈阳支付的385万元与委托协议约定及拍卖款数额不合，与拍卖无关，原判强行推测这385万元是澳门龙城公司的收购债权款；陈阳第一次付款的时间为2003年11月9日；委托协议右下角四行字是陈向英添加造假；原判强行认定虚构《保证书》，回避祁传利将债权转让日新公司的事实。

经本院再审查明，广东省高级人民法院（2000）粤法经一终字第49号民事判决，维持珠海市中级人民法院再审判决：中技公司清偿建设银行珠海市分行营业部贷款本金人民币780万元和利息；王子公司对中技公司所欠债务承担共同清偿责任。收购该不良贷款债权的信达公司于2001年11月22日向珠海市中级人民法院申请强制执行。至2003年9月30日，该贷款债权本金和利息余额为人民币30323408.84元。由于两公司未能清偿债务，信达公司于2003年12月3日委托白云拍卖行拍卖该债权，并于同年12月4日在广州市《新快报》刊登拍卖公告。澳门龙城公司董事长陈向英得知此事后，有意参与竞拍购买信达公司对中技公司、王子公司的金融债权，被告人祁传利为了侵占澳门龙城公司的财物，乘机编造境外机构和个人不能参与竞买之谎言，提出让其公司代理购买。2003 年 12 月 8 日，陈向英代表澳门龙城公司（甲方）在珠海市维也纳酒店与被告人祁传利为法定代表人的犇拓公司（乙方）签订《委托协议》，主要内容："甲方（澳门龙城公司）委托乙方（犇拓公司）代表甲方收购信达公司的中技公司、王子公司债权。甲方以现金形式自行负担收购债权的全部款项，乙方以自身企业名义与信达公司办理收购债权的一切手续。债权收购完毕后，所收购的债权权益全部归龙城（澳门）投资有限公司所有，甲方需向乙方支付交通和劳务费 30 万元。"

2003 年 12 月 9 日至 12 月 22 日，陈向英根据委托合同约定以及祁传利的指定，委托其哥陈阳将澳门龙城公司的债权收购款人民币 297 万元汇入祁传利在珠海市商业银行、工商银行、建设银行、中国银行开立的银行账户，另向祁交付现金 33 万元。具体付款时间、金额如下：12 月 9 日，陈阳在珠海市商业银行（账号：0006720203011）将 35 万元汇入祁传利的珠海市商业银行账户（账号：0007046087011），同日，祁传利通过其犇拓公司的山西省长治市商业银行账户（账号：110120109000015886）汇款 20 万元至白云拍卖行的广州市商业银行账户（账号：292 - 8002918 - 79）支付竞拍定金。12 月 11 日、12 日，陈阳在珠海市商业银行分别将 25 万元、5 万元汇入祁传利的珠海市商业银行账户。12 月 12 日，祁传利将上述三笔债权收购款共 65 万元全部取出，其中 38 万元从其商业银行账户汇至以其妻宋兰芳名义开立的山西省长治市工商银行账户（账号：0505012901200286836）。12 月 12 日、20 日，陈阳在珠海市工商银行分别将 32 万元、40 万元汇入祁传利的珠海市工商银行账户（存折账号：2002022101010482425）。12 月 20 日，陈阳在珠海市建设银行将 55 万元汇入祁传利的珠海市建设银行账户（存折账号：309006 - 01001 - 50172750 / 卡号：4367423090060094934），同日，祁传利将该 55 万元转汇入其在该行的另一账户（卡号：4367420280912040424）后支取。12 月 19 日至 22 日，陈阳以现金方式支付给祁传利 33 万元。12 月 22 日，陈阳在珠海市中国银行将 30 万元汇入祁传利的珠海市中国银行账户（存折账号：4763805 - 0188 - 016584 - 1 / 卡号：6013822100002179324），在珠海市工商银行将 5 万元、70 万元汇入祁传利的珠海市工商银行账户（存折账号：2002022101010482425）。同日，祁传利从该两个账户直接将澳门龙城公司这三笔债权收购款共 105 万元转汇入白云拍卖行。同日，祁传利还通过其犇拓公司的山西省长治市商业银行账户（账号：110120109000015886）汇款 170 万元至白云拍卖行支付购买债权款。

2003 年 12 月 19 日，白云拍卖行举行拍卖会，被告人祁传利从原籍山西省长治市纠合其朋友申志岗来到广州市，授权委托申志岗参加举牌竞拍，被告人祁传利为了不让陈阳知道拍卖的实际交易情况，与陈阳在白云拍卖行一楼等候。申志岗代表犇拓公司最终以 290 万元的成交价（外加 5 万元的佣金）竞购得信达公司对中技公司、王子公司的不良贷款债权，并签订《拍卖成交确认书》、《拍卖成交凭证》。同年 12 月 22 日，犇拓公司向白云拍卖行支付全部购买债权款及佣金后，申志岗代表犇拓公司与信达公司签订《不良贷款债权转让合同》，取得《不良贷款债权转让标的清单》、《债权证明文件清单》。随后，申志岗将该金融债权的证明文件全部交给被告人祁传利。

2003 年 12 月 23 日，被告人祁传利与申志岗来到珠海市，祁传利、陈向英在《委托协议》（一式两份）右下方的第二部分内容“甲乙双方已按委托协议内容完全顺利执行完成，所收购的股权权益全部归龙城（澳门）投资有限公司所有”的下方签名确认。同日，被告人祁传利伪造一份内容为“实收陈阳人民币385万元用于焦厂投资”的保证书，授意申志岗在保证书的“证明人”一栏签名，虚构其收到陈阳代澳门龙城公司支付385万元债权收购款的用途系“陈阳与其合作经营焦厂的投资款”，制造澳门龙城公司未向其交付债权收购款的假证，《保证书》则由被告人祁传利保存。与此同时，在澳门龙城公司向祁传利交付的债权收购款共330万元已足够支付收购债权费用和犇拓公司劳务费（合计325万元）的情况下，被告人祁传利为继续骗取被害人的财物，隐瞒金融债权拍卖成交的实际价格，提前一天向陈阳出具一份“收到陈阳现金385万元整”的收据，诱使陈阳于同年12月24日在珠海市工商银行将澳门龙城公司“剩余”的债权收购款人民币55万元汇入祁传利指定的以其妻宋兰芳名义开立的长治市工商银行账户（账号：0505012901200286836），为祁提取占为己有。被告人祁传利后来还于2006年7月17日指使申志岗出具一份主要内容为其“于2003年12月23日接受陈阳提议作为证明人在《保证书》签名”的假《证明》，并纠合申志岗到长治市公证处办理该《证明》的公证［(2006）长证民字第510号公证书］。

被告人祁传利在收到澳门龙城公司的385万元债权收购款以及与申志岗串通伪造该385万元“用于焦厂投资”的《保证书》后，即逃离珠海市躲避受害人的追收，拒绝按照《委托协议》约定将澳门龙城公司出资并委托犇拓公司购得的金融债权之权利凭证交付权属人澳门龙城公司。2004年1月15日，被告人祁传利以犇拓公司的名义在《澳门日报》刊登内容为“望澳门龙城公司在2004年1月21日前速到犇拓公司办理有关转交事宜，否则后果自负”的催告申明，构造澳门龙城公司不履行委托合同之付款义务、拒绝受领金融债权的假象，为其非法占有属于澳门龙城公司所有的金融债权制造“澳门龙城公司未支付债权收购款”之“合法”抗辩事由。

2004年2月，为了防止委托人澳门龙城公司根据《委托协议》向犇拓公司追回委托代购的金融债权，被告人祁传利通过李东春（已死亡）要求日新公司控制股东刘平帮忙签署一些法律文件，方便被告人祁传利追债，表示追回款就可还钱给刘平。刘平明知日新公司没有受让犇拓公司债权的真实意思及资金，为了追回李东春、杨瑞明（祁传利亲戚）等人欠其的巨额款项，于同年2月21日擅自以日新公司及其法定代表人刘旺（刘平弟弟）的名义，在祁传利伪造的内容为“犇拓公司以295万元将其收购的中技公司、王子公司债权转让给日新公司，日新公司成为新的债权人”的《债权转让协议》上签字盖章。同日，在日新公司没有支付转让款、犇拓公司也没有向日新公司给付“交易”债权原始凭证的情况下，被告人祁传利以犇拓公司名义开具“收到日新公司债权转让款295万元”的假《收据》，虚构日新公司已“善意”买受犇拓公司对中技公司、王子公司之债权的事实，企图以善意取得之民法制度对抗权属人澳门龙城公司对金融债权的追及力。同时，祁传利为冒用日新公司名义完成其诈骗犯罪行为，授意李东春以债权执行需要为由，向刘平取得日新公司的公章、工商执照等，交由祁传利掌控使用。2004年3月2日，祁传利以犇拓公司名义在山西省长治市邮政局以挂号信形式向王子公司邮寄犇拓公司已转让债权与日新公司的《担保权利转让通知》，并在长治市公证处办理公证［（2004）长证经字第1007号］，以此表明犇拓公司履行了将债权转让与日新公司之事宜告知债务人的法定“通知”义务。

2004 年 2 月 25 日，被告人祁传利为将其非法占有被害人澳门龙城公司的金融债权兑现为财物，以实现最大化地占有他人财产之最终目的，在没有得到日新公司授权委托的情况下，擅自使用其掌控的日新公司印章，假冒日新公司名义出具“日新公司”的虚假《申请执行书》、《法定代表人身份证明书》、《授权委托书》、“请求将案件执行人变更为日新公司”函件等材料，于同年 4 月 2 日冒用日新公司名义向珠海市中级人民法院申请恢复执行中技公司、王子公司的财产。同年 4 月 21 日，祁传利以犇拓公司名义向珠海市中级人民法院出具一份虚假说明，内容：“我公司于 2003 年 7 月在互联网上看到信达公司对中技公司、王子公司债权进行拍卖处置的消息。经公司研究，并对该两公司调查、研究后决定对该债权进行收购，并派员前往白云拍卖行进行收购。”同年 5 月 9 日，澳门龙城公司作为执行案件的案外人向珠海市中级人民法院提出执行异议，珠海市中级人民法院于 2004 年 6 月 14 日作出（2004）珠中法恢执字第 36 号之一通知书，驳回“日新公司”要求恢复执行和变更申请执行主体的请求。此后，被告人祁传利为达到以日新公司名义申请执行该金融债权之目的，策划虚假的民事诉讼，一方面委托山西弓平律师事务所刘弘律师作为犇拓公司诉讼代理人，另一方面则通过刘弘律师找到山西长兴律师事务所万柯岩律师，祁传利自称系日新公司股东，使用其掌控的日新公司印章出具“日新公司”的虚假《授权委托书》，委托万柯岩律师作为“日新公司”诉讼代理人，代表“日新公司”于 2004 年 11 月 10 日向山西省长治市中级人民法院起诉祁传利的犇拓公司，并提供祁传利以犇拓公司名义开具“收到日新公司债权转让款 295 万元”的虚假收据等作为“原告”诉讼证据，主张日新公司已于缔约当天支付全部受让债权款 295 万元以及犇拓公司已交付债权凭证的虚假事实，请求法院：1. 确认《不良贷款债权转让合同》及《债权转让协议》有效；2. 判令被告犇拓公司继续履行合同或者退还 295 万元价款。祁传利还冒用日新公司名义向该法院递交《缓交诉讼费申请书》，假称“我单位因斥资三百万元购买犇拓公司转让之债权而使本公司资金出现短缺”。与此同时，被告人祁传利授意“被告”犇拓公司到庭自认“日新公司”的全部诉讼主张及“事实”，导致长治市中级人民法院依据“双方”当事人共同确认的无争议“事实”，于 2005 年 1 月 18 日作出（2004）长民初字第 116 号民事判决，认定“被告长治市犇拓文化艺术有限公司于 2004 年 2 月 21 日与原告内蒙古乌海市日新工贸有限责任公司签订的《债权转让协议》，约定：原告日新公司出资 295 万元给犇拓公司，由原告取代被告通过拍卖而取得的对珠海中技发展公司和王子实业有限公司债权的债权人地位等内容。原告当日支付被告 295 万元，被告也向原告交付了与债权相关的手续”。并认为“《债权转让协议》已实际履行”，判决：一、被告长治市犇拓文化艺术有限公司与中国信达资产管理公司广州办事处所签的《不良贷款债权转让合同》为有效合同；二、被告长治市犇拓文化艺术有限公司与原告内蒙古乌海市日新工贸有限责任公司签订的《债权转让协议》为有效协议。该一审判决生效后，被告人祁传利在没有得到日新公司授权委托的情况下，于 2005 年 2 月 22 日再次擅自使用其掌控的日新公司印章，出具“日新公司”的虚假《恢复执行申请书》，向珠海市中级人民法院申请恢复执行。同年 3 月 8 日，珠海市中级人民法院据此作出（2005）珠中法恢执字第 18 号恢复执行通知书，决定恢复该案的执行。

2005年5月27日，原告澳门龙城公司向珠海市中级人民法院起诉被告祁传利、犇拓公司，请求判令：1. 被告祁传利将应属原告所有的对王子公司债权返还原告；2. 被告祁传利返还原告60万元，被告犇拓公司承担连带责任 。同年8月9日，被告人祁传利以犇拓公司名义与广东信德盛律师事务所签订（2005）信德盛民代合字第080997号《民事委托代理合同》，祁传利作为犇拓公司代表在该合同“代表签署”一栏签名，委托该所程祥煌律师作为澳门龙城公司诉讼案的委托代理人，申请法院将“本案不由珠海市中级人民法院管辖”。与此同时，被告人祁传利使用其掌控的日新公司印章，假冒日新公司名义（甲方）与程祥煌律师代表的广东信德盛律师事务所（乙方）签订（2005）信德盛民代合字第080998号《民事委托代理合同》，祁传利还冒充日新公司代表亲自在该合同“甲方（日新公司）代表签署”一栏签写“祁传利”名字，委托程祥煌律师代理“日新公司”向法院申请将金融债权执行案件转交珠海市以外的法院执行。该委托代理合同约定：“在本合同签订三日内，甲方付乙方律师费人民币五万元，如乙方不能通过工作将本案交由珠海基层或中院以外的法院执行，乙方立即退还甲方五万元；如本案由珠海市中级人民法院转交广东省高级人民法院提级或指定其他法院执行，则在收到广东省高级法院通知后三日内，甲方再付乙方律师费人民币十万元；本案全部律师费为执行总标的的百分之贰拾；甲方对乙方的支付义务，犇拓公司及祁传利本人均同意承担担保责任。”虽然犇拓公司与日新公司不存在关联关系，被告人祁传利不是日新公司的职员或股东，且未得到日新公司的授权委托，但祁传利同时作为两个单位（犇拓公司、日新公司）的签署代表与同一律师事务所签订了两份委托代理合同，委托同一律师同时代理两个公司的事务，犇拓公司、祁传利则作为日新公司支付律师费的担保人，代理事项目的是将珠海市中级人民法院受理的诉讼案件和执行案件均移交其他法院办理。2006年1月13日，广东省高级人民法院作出（2006）粤高法立民终字第499号民事裁定，撤销广东省珠海市中级人民法院（2005）珠中法民四初字第36号之一民事裁定，澳门龙城公司诉祁传利、犇拓公司财产权属纠纷案件交由广州市中级人民法院管辖。2006年9月29日，广东省高级人民法院作出（2006）粤高法执指字第742号指定执行决定书，指定珠海市中级人民法院执行的以中技公司、王子公司为被执行人的（2002）珠中法执字第352号和（2005）珠中法恢执字第18号案件，交由广州铁路运输法院负责执行。2006年11月15日，被告人祁传利再次擅用其掌控的日新公司印章，假冒日新公司名义出具“日新公司”的虚假《授权委托书》，其未经日新公司授权便亲自在该委托书“（日新公司）法定代表人”一栏签署“祁传利代”字样，委托广东信德盛律师事务所程祥煌律师作为“日新公司”代理人，向广州铁路运输法院申请继续执行对王子公司的债权。2007年1月5日，广州铁路运输法院根据被告人祁传利冒用日新公司名义提出变更申请执行人的申请，作出（2007）广铁法执字第3号民事裁定书，将该执行案的申请执行人变更为内蒙古乌海市日新工贸有限责任公司。

2006年8月，澳门龙城公司向珠海市公安局报案，同年9月8日刑事立案。2007年1月4日，被告人祁传利受通知前来珠海市公安局接受问话，被刑事拘留。同年1月12日，侦查机关在祁传利住所山西省长治市水淹地长治市人民医院家属楼二单元407房，查获盖有日新公司公章及署名“日新公司”的材料原件多份。2007年4月13日，珠海市公安局向被告人祁传利冒用日新公司名义授权委托的“日新公司”代理人广东信德盛律师事务所程祥煌律师签发《调取证据通知书》(同年5月10日送达)，调取祁传利交给程祥煌律师的澳门龙城公司委托犇拓公司购买的金融债权之原始证明文件。同年4月17日，程祥煌律师将其持有的犇拓公司与信达公司签订的《不良贷款债权转让合同》原件，提交广州市南方公证处办理公证［(2007)南公证内字第09463号公证书］。同年5月11日，广东信德盛律师事务所向珠海市公安局提交该《不良贷款债权转让合同》的公证书，并称《不良贷款债权转让合同》原件已留存在广州市南方公证处。

澳门龙城公司以犇拓公司名义购买的金融债权之原始证明文件、剩余债权收购款至今尚未追回，由被告人祁传利掌控使用的日新公司公章下落不明。

上述事实，有原审判决采纳的书证、物证、证人证言、鉴定结论、被告人陈述等证据证实，证据确实、充分，足资认定。

本院再审认为，本案一审、二审、再审中双方争议的事实和法律之焦点问题基本相同，控辩双方在再审诉讼中均没有提供新证据。根据原审控辩双方的证据、控诉及辩护、申诉意见，结合再审的审查情况，本院对控辩双方的争议焦点以及案涉相关事项评判如下：

一、关于事实问题

(一) 陈阳向祁传利交付第一笔35万元的付款时间。被告人祁传利申诉称，陈阳向其支付第一笔35万元的时间为2003年11月9日。经查，第一笔付款35万元是陈阳以银行转账方式汇入祁传利的珠海市商业银行账户，虽然陈阳在填写同城划款委托书时将该笔付款的时间错写为“2003年11月9日”，但付款人陈阳和收款人祁传利的银行账户2003年历史分户明细账、祁传利的银行账户储蓄存款凭条、珠海市商业银行储蓄存款同城划款委托书等原始书证均一致地记载，陈阳在珠海市商业银行通过其付款账户(账号：0006720203011)将这35万元转汇入祁传利银行账户(账号：0007046087011)的实际发生时间是2003年12月9日。而且，祁传利该银行账户记载2003年仅存入一笔35万元，时间为12月9日，故不存在陈阳于2003年11月9日划款35万元给祁传利该银行账户之后又于12月9日向祁的同一账户划付等额款项的两次付款事实。虽然被害人在诉讼中曾错误地“自认”陈阳第一笔付款时间为2003年11月9日，但该“自认”与银行记载资金往来的多种原始记录凭证不相符，尤其是与祁传利的银行账户明细账记录2003年第一笔交易发生时间为12月9日不吻合。因此，被害人该“自认”与客观存在的显著事实相矛盾，属于自认法则适用的例外情形，不发生诉讼上的自认效力，法院应当依职权据实认定。原审判决认定陈阳向祁传利交付第一笔35万元的付款时间为2003年12月9日符合客观事实，有充分、确实的银行原始记录凭证佐证。被告人祁传利对如此明显、清晰以及有多种银行原始书证记载之客观事实仍予以否认，充分地表明其供述及辩解的虚假性。

(二) 陈阳向祁传利交付385万元的用途。被告人祁传利申诉称，该385万元是陈阳投资与其合作经营焦厂，并以申志岗作为证明人签名的《保证书》为证。本院认为，祁传利该申辩理由之目的，无非是企图切断陈阳代澳门龙城公司向祁传利支付385万元与澳门龙城公司委托祁传利的犇拓公司代购金融债权的关联，虚构澳门龙城公司未依约向犇拓公司支付债权收购款之“事实”，制造其“依法”行使合同法的后履行抗辩权而不依约向澳门龙城公司交付金融债权的“合法”抗辩事由。经查，该《保证书》仅有祁传利以及受其纠集的申志岗的两互为密切关系人之签名，本身不能显示与“投资人”陈阳有任何关联，除此之外，祁传利在诉讼中始终无法提供足以证明陈阳所付款项与祁等人合办焦厂存在关联性的任何证据。相反，证人申志岗的证言证明其是在不知实情之下按照祁传利的授意在祁提供的《保证书》“证明人”一栏签名作假证；与祁传利合作经营焦厂的合伙人刘平、杨瑞明（祁传利亲戚）证言均证实焦厂的出资人没有陈阳，且祁传利仅出资 80 万元，与陈阳交付给祁的 385 万元相差甚远。而且，陈阳代澳门龙城公司向祁传利支付 330 万元，均发生在澳门龙城公司与犇拓公司签订《委托协议》之后至犇拓公司与信达公司签订《不良贷款债权转让合同》并取得金融债权期间，交付该款与收购债权的前后时间能相互对应，尤其是最后三笔付款共 105 万元，系陈阳于犇拓公司取得金融债权当天在珠海市银行存入祁传利的银行账户后由祁直接从其账户将该款转汇入白云拍卖行以支付购买债权对价。陈阳之所以在犇拓公司收购金融债权完毕后还向祁传利支付 55 万元，完全是由于祁传利隐瞒该债权实际成交价格所致，并不影响支付该款项的目的。可见，陈阳向祁传利支付 385 万元的唯一事由应是澳门龙城公司履行《委托协议》约定的付款义务，因此，原判认定陈阳代澳门龙城公司向祁传利支付 385 万元之用途系用于收购金融债权的事实及证据俱在。被告人祁传利伙同申志岗恶意伪造的《保证书》自然对陈阳的付款行为没有约束力，对本案事实认定也不具有证明效力。被告人祁传利为骗取澳门龙城公司财物费尽心机地与申志岗伪造明显缺乏证明力且难符情理的《保证书》，如此拙劣手法反而将其内心诈骗之非法占有目的暴露无遗。

二、关于法律问题

（一）祁传利主观上具有非法占有他人财产之目的。被告人祁传利于犇拓公司取得信达公司对中技公司、王子公司之金融债权的次日（2003 年 12 月 23 日），即与申志岗伪造陈阳代澳门龙城公司支付的 385 万元债权收购款是“陈阳用于焦厂投资”的《保证书》，继而以澳门龙城公司未支付债权收购款为“抗辩事由”，拒绝将澳门龙城公司出资并以犇拓公司名义购得的金融债权之权利凭证交付澳门龙城公司。之后，祁传利为了永久占有该债权，通过李东春与日新公司股东刘平恶意串通，伪造没有真实交易的《债权转让协议》，虚构日新公司已“善意”买受该金融债权，以对抗委托人澳门龙城公司依据《委托协议》所享有的物权追及效力。此后，祁传利为了将已骗到手的债权兑现以达到最大化地占有他人财产之最终目的，在没有得到日新公司授权委托的情况下，擅自使用向刘平取得的日新公司公章，伪造“日新公司”《申请执行书》，冒用日新公司名义向法院申请恢复执行以及变更申请执行主体。被告人祁传利实施的犯罪行为，充分地表明其根本没有履行与澳门龙城公司签订的《委托协议》的诚意，明显具有将受害人澳门龙城公司出资购买的金融债权以及债权收购款据为己有之非法占有目的。此外，在珠海市中级人民法院驳回“日新公司”要求恢复执行和变更申请执行主体的请求后，被告人祁传利一手策划虚假诉讼，继续假冒日新公司名义向长治市中级人民法院提起确认之诉，伪造犇拓公司已收到日新公司受让债权款 295 万元的假收据，虚构日新公司于缔约当天已支付全部债权受让款的事实，并授意其犇拓公司到庭自认，导致长治市中级人民法院作出确认《债权转让协议》为有效协议的判决。该判决生效后，祁传利再次伪造“日新公司”的虚假《恢复执行申请书》，冒用日新公司名义向本院申请恢复执行、变更申请执行主体。被告人祁传利持续不断实施的犯罪行为，进一步说明其内心积极追求骗取他人财物，对危害结果的发生持希望态度，具有合同诈骗罪的主观犯意。被告人祁传利不仅自始至终没有任何履行合同交付义务的实际行为，没有按照《委托协议》约定将澳门龙城公司委托犇拓公司竞购的金融债权交付权属人澳门龙城公司，而且还伪造没有真实交易的《债权转让协议》作为防范被害人追回债权的对抗工具，归案后继续虚构“澳门龙城公司未支付债权收购款”之虚假事由进行抗辩，逃避履行合同责任。被告人祁传利的一系列犯罪行为表现，足以证明其根本没有履行合同交付债权义务的诚意，已具备非法占有他人财物的客观事实要件。

（二）祁传利客观上实施隐瞒真相的欺骗手段。合同诈骗行为的欺骗手段包括积极、作为地虚构事实和消极、不作为地隐瞒真相。隐瞒真相表现为掩盖客观存在的事实，使受害人不了解事实真相而陷入错误认识，从而签订、履行合同并“自愿地”交出财物，隐瞒真相手法较虚构事实具有更大的隐蔽性。被告人祁传利明知其根本没有履行合同的诚意，隐瞒其内心积极追求占有被害人澳门龙城公司财物以及委托购买之金融债权的犯罪意图，以愿意为被害人代购金融债权的虚假表示，骗取被害人的信任，使被害人产生相信其真诚地履行合同代理义务的错误认识。祁传利还通过签订委托代理合同，以“合法”的合同形式诱使对方当事人先履行合同义务，从而骗取对方多次“自愿”交付的债权收购款，进而最终占有以该款购得的应属于委托人澳门龙城公司所有之金融债权。可见，被告人祁传利主要是采取隐瞒事实真相的不作为手段骗取受害人财物，符合合同诈骗罪的客观行为特征。签订委托合同只是其骗取财物的手段，其行为实质是以签订经济合同为名行骗取财物之实。

（三）祁传利的犯罪行为之罪质。本案的事实及证据充分地显示，被告人祁传利采取隐瞒事实真相的手段非法占有被害人澳门龙城公司的巨额债权收购款及以该款购得之金融债权的主观故意及客观行为俱在，其行为不仅形式上违反合同义务构成违约，而且实质上已触犯刑律构成犯罪，依法应追究其刑事责任。祁传利的犯罪行为之性质是构成合同诈骗罪还是侵占罪，关键在于祁传利的非法占有目的之产生时间。刑法的“行为与责任同时存在原则”决定着罪过必须存在于行为时，作为合同诈骗罪的主观要件“非法占有目的”之产生，应在行为前或行为时。合同诈骗行为人的非法占有目的，通常在签订、履行合同之前产生，但合同诈骗的犯罪故意也可以产生于合同履行的过程中，即在合同签订之后至财物完全交付时。

本案控方的控诉证据证实，被告人祁传利乘被害人澳门龙城公司有意购买不良贷款债权之机，故意编造境外公司不能参与竞购金融债权的谎言，隐瞒其根本没有履行合同诚意的真相，以代为收购债权为诱饵，骗取被害人澳门龙城公司的信任，并以签订委托代理合同的“合法”形式，诱使被害人先履行合同义务，“自愿地”向其交付巨额债权收购款，进而将被害人出资购买的金融债权和剩余债权收购款占为己有。同时，被告人祁传利还精心布置债权收购款的收取及支付途径，不采用由陈阳直接将收购款汇入拍卖行的省本简捷之转款方式，而是指定陈阳先将款项汇入祁传利个人的珠海市银行卡账户，再从其银行账户将澳门龙城公司的债权收购款共105万元转汇入白云拍卖行账户；甚至不惜重复支付汇款手续费，以其自己及妻子名义在珠海市、山西省长治市开立多个银行账户调拨资金，将其在珠海银行收到的澳门龙城公司的债权收购款转汇往外地，最后从犇拓公司的长治市商业银行账户汇款共190万元给拍卖行支付购买金融债权对价，构造该金融债权全部由祁传利个人及其犇拓公司出资购买的假象，企图以此汇款事实切断陈阳代澳门龙城公司向其交付债权收购款与犇拓公司向拍卖行支付购买债权款的资金流向之关联性，为其在购得金融债权后与申志岗伪造陈阳代付的款项是用于“投资焦厂”的虚假《保证书》做准备，也为其最终以“澳门龙城公司未支付债权收购款”为借口拒绝向澳门龙城公司交付金融债权创造条件。而且，在签订《委托协议》以及收到澳门龙城公司支付的债权收购款之后，祁传利具有完全履行合同的能力却始终没有任何履行合同交付义务的实际行为，期间并没有出现导致契约受挫、足以令祁传利此时才开始产生非法占有目的之艰难情事。可见，被告人祁传利在诱使被害人向其交付债权收购款之前，已经具有非法占有被害人财物之诈骗目的。此外，祁传利为了永久地占有澳门龙城公司委托其代理收购的债权，于犇拓公司与信达公司签订《不良贷款债权转让合同》、取得《债权证明文件清单》的次日（2003年12月23日），即迫不及待地在珠海市伪造一份证明“实收陈阳人民币385万元用于焦厂投资”的《保证书》，并授意申志岗在《保证书》的“证明人”一栏签名，虚构澳门龙城公司委托陈阳支付给其385万元的用途，预先地制造日后不履行向澳门龙城公司交付债权凭证义务的抗辩依据。与此同时，祁传利不仅继续隐瞒其不履行合同义务的犯罪动机，隐瞒金融债权拍卖成交之实际价格的事实真相，还主动向陈阳提供祁妻宋兰芳的银行账户，提前向陈阳出具收到385万元的《收据》，诱骗陈阳继续履行合同的“付款义务”，于次日（2003年12月24日）在珠海市工商银行将余款人民币55万元汇到祁传利指定的长治市工商银行宋兰芳储蓄账户，为祁传利提取占有。祁传利在伪造《保证书》之后还骗得55万元的事实，足以表明其于诱骗被害人向其完全交付全部债权收购款之前，即在委托代理合同的履行过程中，也具有非法占有受害人财产之目的，符合合同诈骗罪的非法占有目的必须产生于合同签订、履行过程中的主观特征。

合同诈骗罪属于智能型犯罪，行为人多具有一定的市场交易等社会经验，甚至具有欺骗犯罪及反侦查经历，为掩盖其非法占有的目的，往往经过精心策划，以合法的合同形式和法定形式作外衣，具有相当大的隐蔽性。合同诈骗行为人的主观目的是藏于内心世界的因素，且行为人大多不会承认自己有非法占有他人财物的诈骗目的，其主观犯意的真实证据往往难以取得。但主观目的必然会通过一系列行为表现出来，在司法实务中判断行为人有无非法占有目的，可以依据案件事实、证据以及行为人的客观行为表现综合分析判断，并可运用刑事推定之司法证明方法及规则来认定。特别需要指出的是，合同诈骗罪犯祁传利在实施本案犯罪的当年，曾因涉嫌合同诈骗（与本案性质相同）被长治市公安局刑事拘留，具有对付司法机关侦查、审讯的亲历经验。而且，作为法律门外汉的祁传利为达到非法占有被害人财物之目的，在实施诈骗犯罪的整个过程中，除最初其个人拙劣地纠合申志岗伪造明显缺乏证明力的《保证书》外，能够屡屡不断地运用法律专业知识和按照法定程序逐步实施其非法占有财物的犯罪行为，有条不紊地循序渐进，诸如在境外报纸向澳门被害人刊登催告申明、伪造《债权转让协议》构建第三人日新公司已“善意”取得债权、履行将债权转让告知债务人之法定“通知”义务并办理邮政通知的公证、公证保全假证据申志岗的《证明》、提起《债权转让协议》确认有效之民事诉讼、向执行法院申请恢复强制执行、以第三人“善意取得”为由申请变更执行主体等，诈骗犯罪步骤如此完整、紧凑、周密，如此高层次的法律化犯罪手段，绝非其个人能力的杰作。

（四）犇拓公司与日新公司“签订”的《债权转让协议》是祁传利实施合同诈骗行为的犯罪工具，属于虚假的权利转让。被告人祁传利拒绝向被害人澳门龙城公司交付以犇拓公司名义购买的金融债权后，为了永久占有该债权以及对抗澳门龙城公司依据《委托协议》对该金融债权行使物上追及权，授意李东春与日新公司控制股东刘平恶意串通，由刘平擅自以日新公司及其法定代表人刘旺名义在祁伪造的内容为“将犇拓公司取得的中技公司、王子公司的债权以295万元转让给日新公司”的《债权转让协议》上签名，虚构日新公司已“善意”买受该金融债权。经查，虽然日新公司控制股东刘平在祁传利的策划下以日新公司名义与犇拓公司“签订”《债权转让协议》，但刘平证言称：“我以日新公司法定代表人刘旺名义签订债权转让协议，实际上并不是真正的债权转让，目的只是为了追回李东春等人欠我的300万元，我从未向祁传利支付一分钱，没有支付转让款295万元，也从未见过转让债权的原始证明文件。”证人杨瑞明（祁传利亲戚）证言证明刘平根本不可能支付转让款给祁传利；被告人祁传利供述亦多次承认没有收到日新公司向犇拓公司支付“购买”该金融债权的债权转让款。可见，债权“受让方”代表刘平证言与“出让方”代表被告人祁传利供述能相互一致地证实，日新公司根本没有向犇拓公司支付作为“购买”金融债权对价的转让款295万元，祁传利以犇拓公司名义出具“收到日新公司转让款295万元”的《收据》系假证据。而且，日新公司从未受领及实际占有该金融债权的原始权利凭证，也没有委托祁传利代为受领债权，该债权之原始证明文件始终为祁传利所占有。本院认为，日新公司自始没有受让该金融债权的真实意思，在《债权转让协议》上签名并非该公司的真实意思表示。《债权转让协议》的“签订”完全是祁传利为了实现其个人非法占有被害人财物之犯罪目的而一手策划、操纵实施的犯罪行为，是祁传利单方的犯罪意志之行为体现，而非合同“双方”当事人的真实合意，更非属真实、合法的市场交易，实属恶意、虚假的权利转让。因此，该《债权转让协议》实际上是祁传利非法占有受害人财物的犯罪工具，日新公司与犇拓公司“签订”该《债权转让协议》，属于《中华人民共和国合同法》第五十二条和《中华人民共和国民法通则》第五十八条规定合同及民事行为无效的法定情形：“恶意串通，损害国家、集体或者第三人利益的；以合法形式掩盖非法目的；违反法律、行政法规的强制性规定”，而且不符合《中华人民共和国民法通则》第五十五条规定民事法律行为应当具备的生效条件：“意思表示真实；不违反法律或者社会公共利益”，故该《债权转让协议》之效力，明显不属于合法有效。根据任何人不得因违法而获利之衡平法原则，没有受让金融债权的真实意思、没有支付买受之对价、没有受领该金融债权的日新公司，自然无权根据作为犯罪工具的《债权转让协议》取得被祁传利非法占有的金融债权之所有权。

（五）祁传利冒用日新公司之名提起的确认《债权转让协议》有效之诉属于虚假诉讼。经查，日新公司控制股东刘平证言称：“日新公司没有就《债权转让协议》在长治市中级法院起诉犇拓公司。我及刘旺均没有代表日新公司委托他人向法院申请执行债权，祁传利、李东春把日新公司的公章、营业执照拿走后具体用来做什么我也不清楚。”“日新公司委托广东信德盛律师事务所程祥煌律师代理申请执行债权的委托书，盖上日新公司公章但是祁传利签名，都是祁传利办的，日新公司没有委托他代为办理这些手续。”证人杨瑞明证言称：“借用刘平的日新公司名义申请执行债权，所有申请执行债权的事情都是祁传利在搞，整个事情刘平都没有直接参与，本身不符合债权转让的常理。”可见，证人刘平证言与杨瑞明证言能相互印证地证实，刘平及日新公司没有授权被告人祁传利以日新公司名义向法院申请恢复强制执行和提起民事诉讼。《债权转让协议》是被告人祁传利一手炮制虚假权利转让的产物，日新公司没有受让该债权的真实意思和行为；祁传利之后冒用日新公司名义向长治市中级人民法院提起《债权转让协议》为有效协议的确认之诉，没有经过日新公司的授权或认可，也非日新公司的真实意思表示，故作为该民事诉讼原告的“日新公司”之主体资格不合法。然而，长治市中级人民法院基于祁传利假冒日新公司名义起诉的诉讼主张和提供的虚假证据（犇拓公司收到日新公司债权转让款295万元的《收据》）以及祁传利的犇拓公司在诉讼中的自认等，采信“日新公司”的主张“事实”并作出（2004）长民初字第116号民事判决，确认《债权转让协议》为有效协议。被告人祁传利策划并提起该民事诉讼，目的明显是借助公权力确定日新公司善意取得金融债权之虚假事实，构造对抗被害人澳门龙城公司之物上返还请求权的法律障碍，最终使祁传利能够以日新公司名义申请执行法院强制执行，实现永久、排他地占有被害人财物的犯罪结果。因此，祁传利冒用日新公司提起的确认之诉，实属为实现其诈骗犯罪目的之虚假诉讼，故该确认之诉的民事裁判之既判力，自然不及于没有实际买受该金融债权、没有参加该诉讼的日新公司，对被冒用主体日新公司没有拘束力。该在先民事判决既不应当成为被告人祁传利掠夺受害人财物的“合法”依据，更不能成为对抗被害人澳门龙城公司追回被骗财物的司法障碍。日新公司没有追认该虚假诉讼之诈骗犯罪行为的权利，也无权依据该生效民事裁判取得澳门龙城公司委托犇拓公司代购的金融债权之所有权，更不能据此成为该金融债权的合法权利人。虽然广州铁路运输法院根据被告人祁传利冒用日新公司名义提出变更申请执行人的申请，作出（2007）广铁法执字第3号民事裁定，将该金融债权执行案的申请执行人变更为日新公司，但实际上不享有该金融债权所有权的被冒用主体日新公司，同样不应当具有向执行法院申请执行该金融债权的合法主体资格。

（六）祁传利冒用日新公司名义向法院提起的确认之诉、向执行法院申请恢复执行金融债权及变更申请执行主体，均属于其诈骗犯罪行为的组成部分。祁传利骗取澳门龙城公司的债权收购款以及用该款购得的金融债权之后，与日新公司控制股东刘平恶意串通，伪造该债权转让与日新公司的《债权转让协议》，假冒日新公司名义向法院提起确认之民事诉讼、申请恢复强制执行及变更申请执行主体，均是其诈骗犯罪实行行为的后续行为，如同诈骗他人的信用卡后到银行持卡取款，属于整个诈骗犯罪行为过程中不可分割的组成部分，并非独立于犯罪行为以外的合法民事行为。尤其是冒用日新公司名义提起确认之诉和申请恢复执行，是祁传利在诈骗犯罪目的支配下背着日新公司一手包办的恶意诉讼行为及结果，自应受到刑法上的否定性评价。人民法院对被告人祁传利的犯罪行为作出的刑事有罪判决生效后，基于刑事裁判的既判力，任何专业性执业机构、单位或个人均不能继续依据被告人祁传利假冒日新公司名义的虚假“授权委托”，协助罪犯祁传利实施其以申请法院强制执行手段非法占有被害人财物的犯罪行为。

（七）澳门龙城公司出资并以犇拓公司名义购买的不良贷款债权属于澳门龙城公司所有，依法应予追缴并发还被害人。根据澳门龙城公司与犇拓公司签订的《委托协议》关于“债权收购完毕后所收购的债权权益全部归澳门龙城公司所有”之明确约定，且本案不存在第三人善意取得的情形，被害人澳门龙城公司出资并委托犇拓公司代购、以犇拓公司名义竞拍购得的金融债权，应当属于实际出资人、约定权属人澳门龙城公司所有的合法财产，祁传利的行为是否构成犯罪以及构成何罪并不影响该金融债权之权利归属。《中华人民共和国刑法》第六十四条规定：“犯罪分子违法所得的一切财物，应当予以追缴或者责令退赔；对被害人的合法财产，应当及时返还。”被祁传利犯罪行为非法占有的该金融债权及其权利凭证，依法应予追缴，并应及时发还被害人澳门龙城公司，不应受本案刑事判决之判项是否已判决追缴或发还的限制。另外，动产物权变动原则上自交付时发生效力，以动产占有的移转为标准。虽然本案金融债权的“受让人”日新公司在祁传利策划、授意下与犇拓公司“签订”《债权转让协议》，但日新公司自始没有受让该金融债权的真实意思表示，没有支付买受该债权的有偿对价，该债权之原始权利凭证从未交付日新公司并始终为祁传利占有。显然，该金融债权“交易”从未因占有移转而发生物权变动的效果，日新公司自始至终未取得该金融债权的所有权，故不具备《中华人民共和国物权法》第一百零六条规定善意取得的构成要件，不构成善意取得。而且，公法责任具有很强的追夺原物之特点，对于公法责任的赃款、赃物一般不适用善意取得的私法制度。因此，作为祁传利诈骗犯罪赃物的金融债权之原始证明文件以及赃款的剩余债权收购款，依法应予继续追缴。

综上，本院终审判决认定原审上诉人祁传利的行为构成合同诈骗罪的事实清楚，采信的证据确实、充分，定性准确，适用法律正确，量刑适当，审判程序合法，应予维持。原审上诉人祁传利及辩护人的申诉理由及辩护意见，经查均不能成立，本院不予采纳。依照《中华人民共和国刑事诉讼法》第一百八十九条第（一）项之规定，裁定如下：

维持本院（2008）珠中法刑终字第75号刑事裁定。

本裁定为终审裁定。

审　判　长　郑伟民
审　判　员　周志毅
代理审判员　陈　捷
二〇〇九年三月十七日
书　记　员　蔡惠玲
书　记　员　黄键生

【评析】

该刑事裁定书不但符合裁判文书基本的样式要求，而且各部分内容表达完整、准确、规范，语言流畅、说理透彻、通俗易懂又较为精练，很好地体现了再审裁判文书的特点，被评为2010年全省法院优秀裁判文书。该裁定书的几点细微之处，值得推广：

1. 叙述事实详略得当。本案一审、二审、再审中双方争议的事实和法律之焦点问题基本相同，控辩双方在再审诉讼中均没有提供新证据，鉴于一审、二审与再审所认定的事实基本一致，该裁定书在事实认定部分突出重点，对原审判决认定事实部分未予充分展开的问题进行阐述，着重分析了陈阳向被告人交付第一笔35万元的付款时间，以及陈阳向被告人交付385万元的用途两个问题，此种结构安排既明确了原判认定的事实，又突出了再审查明的事实，从而解决了原判认定事实与再审查明事实之间的衔接问题，另外也理清了案情脉络，使本案的事实认定更趋完整。2. 论理透彻，逻辑严密。该裁定书针对合同诈骗罪的特殊构成要件，分别分析被告人的主观故意和犯罪手段，揭示了其犯罪行为的实质。通过对被告人犯罪行为的严密分析，认定被告人主观上具有非法占有他人财产之目的，客观上实施了隐瞒真相的欺骗手段。又通过区分合同诈骗罪与侵占罪，指出合同诈骗行为人的非法占有之目的多在签订、履行合同之前产生，也可发生于合同履行的过程之中，本案被告人在诱使被害人向其交付债权收购款之前即已具有非法占有被害人财物的诈骗目的，符合合同诈骗罪的主观特征，已构成合同诈骗罪。可以说，该裁定书对被告人的行为所作的法律上的评判有理有据，逻辑严密，论证充分，具有较强的说服力。

●罗仕刁等犯强迫卖淫罪一案刑事判决书

广东省珠海市中级人民法院

刑事判决书

(2009) 珠中法刑初字第62号

公诉机关广东省珠海市人民检察院。

被告人罗仕刁，绰号“罗五”、“老五”，男，1975年7月6日出生，土家族，贵州省德江县人，初中文化，住德江县沙溪乡舒家村石院墙组，暂住珠海市斗门区井岸镇桥北二路57号一单元201房，身份证号码：522227197507063614。因本案于2008年11月4日被羁押并被刑事拘留，同年12月11日被逮捕。现羁押于珠海市第三看守所。

辩护人李先洪，贵州省毅力律师事务所律师。

辩护人彭应，贵州省毅力律师事务所律师。

被告人罗军，男，1987年2月13日出生，土家族，贵州省德江县人，初中文化，住德江县沙溪乡桥岩村杨家组，暂住珠海市斗门区井岸镇桥北二路57号一单元201房，身份证号码：522227198702133619。因本案于2008年11月4日被羁押并被刑事拘留，同年12月11日被逮捕。现羁押于珠海市第三看守所。

被告人罗晓江，男，1988年2月3日出生，土家族，贵州省德江县人，初中文化，住德江县沙溪乡桥岩村杨家组，暂住珠海市斗门区井岸镇桥北二路57号一单元201房，身份证号码：522227198802033615。因本案于2008年11月4日被羁押并被刑事拘留，同年12月11日被逮捕。现羁押于珠海市第三看守所。

珠海市人民检察院以珠检公诉［2009］39号起诉书指控被告人罗仕刁、罗军、罗晓江犯强迫卖淫罪，于2009年4月8日向本院提起公诉。本院依法组成合议庭，不公开开庭审理了本案。珠海市人民检察院指派代理检察员王俊出庭支持公诉，被告人罗仕刁、罗军、罗晓江到庭参加诉讼。现已审理终结。

公诉机关指控，自2008年3月起至9月，被告人罗仕刁以珠海市斗门区白藤湖兴苑208房出租屋和珠海市斗门区井岸镇桥北二路第二栋201房等场所为据点，以欺骗、恐吓、强奸、禁闭、殴打、拍裸照要挟等手段控制万德彩、贺媛媛、张媛媛、周美跳、许晓文、牛连员、刘海霞、梁秋霞等女青年，并先后多次强迫上述女青年到斗门区雄凤饭店、美美发廊、山竹苑休闲庄等地卖淫。其间，被告人罗仕刁还于2008年3月、5月和7月间在斗门区白藤湖外苑宾馆101房、斗门区白藤湖兴苑208房出租屋以威胁的手段分别强行与女青年万德彩、贺媛媛和周美跳发生性关系。2008年10月开始，被告人罗仕习还纠集被告人罗军、罗晓江为其负责控制看管和接送上述女青年到雄凤饭店、美美发廊、山竹苑休闲庄等地卖淫，并接收卖淫所得。

2008年10月10日下午，被告人罗仕习和王波（另案处理）将欧阳玲骗至珠海市斗门区白藤湖外苑宾馆302房，以欧阳玲朋友王波欠被告人罗仕习钱为由，威逼其写下欠条。随后，被告人罗仕习将欧阳玲带回出租屋反锁在屋内，由被告人罗仕习、罗军、罗晓江轮流看管。期间，被告人罗仕习和阿志（另案处理）对欧阳玲进行打骂，强迫欧阳玲去卖淫，欧阳玲不从，并于10月13日凌晨从三楼窗口跳楼摔伤（经法医鉴定欧阳玲的损伤程度为重伤，伤残等级为八级），被告人罗军将其带回斗门区白藤湖兴苑208房出租屋看管，然后指使冉斌、王亚军（均另案处理）租车将欧阳玲运往中山市古镇丢弃于路边后离去。

公诉机关当庭宣读、出示了被告人的供述和辩解、被害人的陈述、物证、书证、证人证言、现场勘查笔录、鉴定结论及其他证据材料。

根据上述事实及证据，公诉机关认为被告人罗仕习、罗军、罗晓江以欺骗、禁闭、殴打、恐吓、要挟等手段强迫妇女多人卖淫，并造成一人重伤。其中被告人罗仕习强迫多人多次卖淫、强奸后迫使卖淫，并造成被迫卖淫的人重伤，情节特别严重，应以强迫卖淫罪追究刑事责任。在强迫卖淫的共同犯罪中，被告人罗仕习系主犯，被告人罗军、罗晓江系从犯。提请本院依法惩处。

针对公诉机关指控的事实，各被告人提出如下辩解：

被告人罗仕习提出是女青年的男朋友向其借钱后让这些女青年通过卖淫还钱，还钱后女青年自愿继续卖淫，其没有强迫卖淫，没有强奸万德彩、贺媛媛和周美跳，没有叫罗军、罗晓江控制看管女青年，其行为系组织卖淫，而非强迫卖淫。

被告人罗军提出其不知道女青年是在卖淫，亦不知道罗仕习强迫卖淫，其没有强迫女青年卖淫。

被告人罗晓江提出其没有帮助罗仕习看管女青年，没有强迫女青年卖淫。

被告人罗仕习的辩护人提出如下辩护意见：

1. 公诉机关指控罗仕习组织卖淫起始于2008年3月，依据的是万德彩的证言，其证言与罗仕习的供述不相吻合，应结合罗仕习的供述认定2008年4月起罗仕习开始组织卖淫。

2. 公诉机关认定罗仕习强行与万德彩、贺媛媛和周美跳发生性关系的证据只有未经查证属实、未到庭接受质询的上述三人的证言，没有其他证据印证，故指控罗仕习强奸后迫使卖淫不能成立。

3. 公诉机关认定罗仕习以恐吓、强奸、禁闭、拍裸照要挟等手段控制女青年的事实不清，证据不足，除欧阳玲外其他涉案女青年是罗仕习采取欺骗手段说服卖淫，不能把万德彩等人从事卖淫活动认定系罗仕习强迫所为，只能认定罗仕习组织多人卖淫。

4. 欧阳玲的损伤与罗仕习的强迫卖淫行为之间没有必然的因果关系，罗仕习不应对欧阳玲的重伤后果承担刑事责任，公诉机关指控罗仕习造成被迫卖淫的人重伤于法无据。

5. 罗仕习没有前科，从事该职业时间较短，没有暴力行为，对社会危害不大，且其归案后主动供述犯罪事实，认罪态度好，主动要求给欧阳玲治疗，有悔罪表现。

综上，对于欧阳玲而言，罗仕习的行为构成强迫卖淫罪（未遂），对于涉案其他女青年而言，罗仕习的行为构成组织卖淫罪，请求法庭在有期徒刑五年到七年间选择适当刑期作出公正判决。

经审理查明，自2008年4月开始，被告人罗仕习先后以珠海市斗门区白藤湖湖滨二区6号兴苑楼208房出租屋和斗门区井岸镇桥北二路57号一单元201房为据点，伙同他人以欺骗、恐吓、强奸、禁闭、殴打、拍裸照要挟等手段，陆续控制并强迫万德彩、贺媛媛、张媛媛、周美跳、许晓文、刘海霞、牛连员、梁秋霞等多名女子卖淫，其中，被告人罗仕习强行与万德彩、贺媛媛发生性关系后迫使二人卖淫。被告人罗仕习每天驾驶其车牌号为粤CE5253的小汽车或者租车接送上述女子到斗门区的山竹苑饭店、美美发廊、雄凤饭店等处卖淫，统一收取卖淫所得。2008年10月，被告人罗仕习雇请侄子被告人罗军为其看管、接送上述女子卖淫，统一收取卖淫所得后交给罗仕习。同月，被告人罗仕习的侄子罗晓江与女友到斗门区打工，入住罗仕习租的井岸镇桥北二路57号一单元201房。

2008年10月10日下午，王波的朋友（未归案）将欧阳玲骗至白藤湖外苑宾馆302房，被告人罗仕习以王波的朋友欠钱为由，威逼欧阳玲写下欠条，承诺不能还钱便自愿做“小姐”。随后，被告人罗仕习将欧阳玲带回兴苑楼208房出租屋，由其与被告人罗军、罗晓江轮流看管。期间，被告人罗仕习和“阿志”（未归案）对欧阳玲进行打骂，强迫欧阳玲卖淫，欧阳玲不从，于13日凌晨从出租屋的窗口跳楼逃跑摔伤。被告人罗军发现后告知被告人罗仕习并将欧阳玲带回出租屋看管。15日晚上，被告人罗仕习租车并指使冉斌、王亚军将欧阳玲运到中山市古镇路边丢弃。经鉴定，被害人欧阳玲的损伤程度为重伤，伤残等级为八级。

被害人欧阳玲跳楼逃跑摔伤后，被告人罗仕习、罗军带万德彩等人搬至井岸镇桥北二路57栋二单元201房。期间，被告人罗晓江曾两次与罗军一同接送女青年到雄凤饭店卖淫。2008年11月4日，三被告人在井岸镇桥北二路57栋二单元201房被公安人员抓获。

上述事实，有经庭审举证、质证并经查证属实的下列证据证实：

一、被告人的供述和辩解

1. 被告人罗仕习的供述，证实2008年10月10日下午，“友权”打电话说朋友带一名叫欧阳玲的女孩过来，问其要不要，其看后同意以2000元收下，并商量好以欧阳玲男友欠“友权”钱为由，逼欧阳玲作担保，其扮演借钱给欧阳玲的老板，以达到控制欧阳玲的目的。在白藤湖外苑宾馆302房间内，逼欧阳玲向其借钱并写欠条，内容是欧阳玲欠张老板5000元，如果明天中午12点之前还不了钱就做“小姐”还钱。其拿了5000元给欧阳玲，欧阳玲将钱给男友还给“友权”，自称是欧阳玲男友者借口出去找钱离开，其就带欧阳玲回白藤湖兴苑别墅二楼出租房。晚上“友权”将3000元还给其，当晚其看管欧阳玲。次日中午，“阿志”找其玩，其等找欧阳玲谈还钱的事。欧阳玲说没钱还，其哄说做“小姐”还钱，欧阳玲不同意，其就用手打了后背两下，“阿志”用脚踢了臀部两下。欧阳玲一直在哭，还是不同意做“小姐”。其和“阿志”离开时叫罗军看住欧阳玲。13日凌晨4时许，罗军打电话给其说欧阳玲跳楼逃跑时受伤了，叫其回去处理。其回去看到欧阳玲躺在沙发上，说腰痛双腿麻木不能走路。早上去药房买了正骨水和消炎药，欧阳玲在出租房休息两天。14 日，因欧阳玲受伤没有利用价值，其就出 300 元找“四川仔”载人，出 200 元请了冉斌，当晚冉斌和王亚军将欧阳玲抬上“四川仔”的车送去中山。其交代冉斌将欧阳玲送到男友处，但冉斌回来说将欧阳玲送到海洲随便一条路边。

2008 年 4 月至 11 月间，其采取类似的手段逼迫万德彩、贺媛媛、张媛媛、周美跳、许晓文、“刘霖”、梁秋霞等人卖淫。其强行与万德彩发生三次性关系，与贺媛媛发生一次性关系后，万德彩、贺媛媛就经常在发廊街、雄风饭店、山竹苑饭店接客卖淫。周美跳被“张老四”和“阿志”轮奸后才开始愿意做“小姐”，“阿志”还强行与许晓文发生性关系，并恐吓许晓文出去做“小姐”。平时其将女孩子送到饭店、发廊后就走了，收工女孩子就打电话叫其去接。贺媛媛等人卖淫的钱交给其或罗军，其下的指标是每天 400 元，其从这些女孩身上获益 5 万多元。罗军是其侄子，是其请来看管女孩不让逃跑的，已上班四十多天，每月其给罗军 800 元，自从罗军来了后其基本上把管理的事都交给罗军。罗晓江是其侄子，在一广西工头处维修机器，平时与其一起租住在桥北一区 57 号二单元 201 房。罗晓江曾跟罗军到雄风饭店带女孩子坐台，去过两次，还曾到过白藤湖兴苑二楼 208 房，欧阳玲伤了后其没有叫罗晓江去白藤湖出租屋。该出租屋是吉勇即“阿志”登记租的。

2008 年 8 月中旬，其用粤 CE5253 小汽车带万德彩、张媛媛、许晓文到美美发廊坐台、接客，贺媛媛等 5 名女孩和 3 个嫖客被抓，其交了 15000 元罚款。其于 2007 年 3 月与“阿卿”合伙开美美发廊，2008 年 3 月拆伙，5 月之后有时带女孩去发廊接客，平时女孩卖淫得 100 元“阿卿”拿 30 元，其余交给其。

2. 被告人罗军的供述，证实 2008 年 9 月底其在宁波打工，其叔罗仕习打电话叫其到珠海帮做事，其到斗门后罗仕习安排其住在白藤湖兴苑 208 房出租屋，有五六名女孩住在一较大的房间。随后几天，罗仕习带其到斗门贵头村山竹苑休闲庄旁一荔枝园茶楼和美美发廊熟悉环境。约一星期后，罗仕习叫其白天包车带那几个女孩到荔枝园坐台，其负责将小姐坐台、卖淫所得统一收起，晚上茶楼关门后租车将女孩接回出租屋，将一天所收到的钱如数交给罗仕习。后因万德彩与其他女孩争生意而吵架，罗仕习安排其带女孩到斗门小赤坎的雄风饭店坐台。有时用罗仕习车牌号为粤 CE5253 的黑色轿车，有时由其包车送女孩去卖淫。白天其带女孩到茶楼并看守，晚上回到出租屋在大厅睡觉看守，回出租屋便锁门，钥匙由其和罗仕习保管。其带着那帮女孩卖淫二十天左右，收入一万多元，罗仕习每月给 1000 元工资，包吃穿住，其刚拿一个月工资。卖淫的有万德彩、刘海霞、张媛媛、周美跳、许晓文、贺媛媛、牛连员七人，其不清楚是否自愿卖淫。扣押其的手机是罗仕习在其刚来时给的，其拿到手机时就发现手机上有很多这帮卖淫女的裸照，其只认识周美跳。

2008 年 10 月中旬一晚 9 时许，其载着 5 个女孩回到出租屋，见罗仕习和一女的在房间内。那女孩是罗仕习弄回来的，因不肯卖淫，罗仕习叫其先看管不要让跑掉。凌晨 1 时许，其太困便睡着了，大概 3 时许，楼下的惨叫声将其弄醒，其顺着房间窗口往下看发现那女孩在楼下草地上痛苦地呻吟着，急忙下楼把那女孩抱回房间并打电话给罗仕习，罗仕习回来后大骂其怎么这么不小心。早上 10 时许其又载 5 个女孩去做生意。那女孩曾哀求其放人走，但其没有这么做，因为那女孩将来要卖淫帮其换饭钱，不可能放人走。其曾骂过那女孩叫老实点，但没有打和强奸那女孩。后来其听罗仕习说租车将那女孩送到中山古镇，罗仕习怕出事被公安机关查获，就安排其和那些女孩搬到罗晓江住处桥北一区57号二单元201房，该处是罗仕习出钱租给罗晓江住的。罗晓江没有参与强迫卖淫，也没有去过白藤湖出租屋。

3. 被告人罗晓江的供述，证实2008年10月2日，其和女友肖芳芳从浙江到斗门打工，其堂叔罗仕习、堂哥罗军一直在这边。10中旬有个女孩被男友带过来交给罗仕习、罗军，在白藤湖一个地方的二楼住下。罗仕习叫那女孩去做“小姐”，那女孩不同意，所以一直被关在罗军住的地方。那女孩过来第二天10时许，其去罗军那里玩，看见那女孩被关在那里，只有一个人，就在屋里看电视并看守那女孩，直到下午4点才离开。次日中午12点左右，其过去又见那女的由罗仕习看守，罗军出去了，罗仕习就让其看守一下，下午4点其就回去，由罗仕习看守。看守时罗仕习有时在屋，有时出去，总之屋内至少有一人在看着那女的。过两天其到罗仕习住的地方，见那女孩躺在床上睡觉，罗仕习就讲前两天晚上那女孩从二楼跳下去摔伤了，其坐一下就走了，后来罗军讲那女孩被送走了。10月底，罗仕习、罗军从白藤湖兴苑208房搬到桥北二路57号201房与其同住，还带了7个女孩子。其知道这些女孩是做“小姐”卖淫的，是罗仕习和罗军强迫卖淫的，其曾见过罗仕习用手打过欧阳玲的脸。梁秋霞是三四天前有人交给罗仕习的，还没有开始卖淫。卖淫都是由罗仕习操纵的，卖淫的钱应该是交给罗仕习和罗军保管。平时女孩子不能自由出入，只能待在屋里，由罗仕习和罗军带出去，有时罗仕习开黑色小车接送去坐台，有时罗军包车接送。罗仕习等人搬来与其同住后，有两次其不用上班，自己要求和罗军一起带着女孩子到雄凤饭店。2008年10月中旬，其分别帮罗仕习看守女孩三次，罗仕习要求其一边看电视一边看好女孩别让逃跑了，罗仕习一般离开时都把大门锁上。

二、被害人的陈述

1. 被害人欧阳玲的陈述，证实2008年10月10日上午，在中山古镇王波的贵州朋友说带其去饭店当服务员，开车载其到处转。下午，两名自称酒店经理的人开着一辆黑色小车接其二人，还接了两名自称酒店保安的人，开了两个多小时后带其到一幢像别墅的出租楼三楼一个房间。一自称老板的男子问王波的朋友欠的7000元何时还，王波的朋友说没钱还，打电话向朋友借钱，说要两小时后才能借钱回来。老板不愿意，怕王波的朋友走掉就让其留下。老板让其写欠条，其开始不愿意，后来相信王波的朋友，就同意作担保，欠条内容为“今晚我欧阳玲欠张老板7000元，如果没钱还就愿意当小姐”，写完王波的朋友就去借钱。当晚20时许，王波的朋友仍未回来，张老板载其到另一间别墅，说王波的朋友不按约还钱，其作担保没钱还就当“小姐”。其不愿意，老板掴其一巴掌，要其在屋里好好想两天，将其反锁拘禁在屋里。12日晚上，张老板独自找其，让其还钱，逼迫其去做“小姐”。其死活不愿意，张老板又掴其几巴掌并用脚踢其脚和背部，狠狠地说次日早上再来，要是没钱又不当“小姐”的话就将其卖掉。13日凌晨2时30分许，其趁别人不注意跑到阳台往下跳想逃走，跳下去时感觉到一阵剧痛，并大喊一声，动不了躺在地上。老板的人见其摔在地上，马上通知老板，将其拖回三楼的屋子，没人送其去医院，又将其关在屋子两天。张老板见其不愿意当“小姐”，在15日晚上，两名陌生男子将其抬上一辆小货车，开到中山古镇海洲一电子厂外将其放下。

凌晨其看到一辆摩托车经过，便向司机求救，司机帮其报警，之后有警察赶到将其送到医院治疗。

在别墅平时由老板看着其，有时由老板侄子看着，老板侄子一般早上 10 点左右会带女孩子出去，老板侄子没有强迫其卖淫。还有老板叫来的一个不认识男子看守其，该男子在其受伤前来过两次，晚上不在白藤湖出租屋，有时出去一下就回来待一会。其受伤后该男子白天就与老板或早回来的女孩子看着其，看了其一个白天。屋子里还有七八个女孩子与其住一起，都是做“小姐”的，平时在屋里都不让穿衣服。老板曾在一天下午用刀逼迫其当着侄子和一女孩的面脱衣服。14 日下午，老板还在白藤湖出租屋房间里对其实施强奸。

经辨认，被害人欧阳玲指认被告人罗晓江是其受伤后在白藤湖出租屋看守其的男子，其受伤前来过两次，晚上不在白藤湖出租屋，有时出去一下就回来待一会。被害人欧阳玲还指认被告人罗仕习就是老板，被告人罗军就是老板的侄子，王亚军就是送其到古镇丢下的长头发男子，冉斌就是送其到古镇丢下的头发较短的男子。

2. 被害人万德彩的陈述，证实其上网时认识一个贵州籍自称王双勇的人。2008 年 3 月，王双勇带其到新会、中山古镇玩，后又到斗门井岸玩。罗仕习和另外一人开车接其二人到白藤湖外苑宾馆 101 房，王双勇与罗仕习外出回来后跟其说赌博输了一万元，拉着其往外跑，跑了 100 多米被罗仕习和三个不认识的男子拦住拉回 101 房。其中一人用力在其脚上踩了几脚，一人拿刀威胁其还钱，说如果不还就把其耳朵割下来，一人从包里拿出一张已写好的欠条叫其签。其不肯签，对方威胁其不签就用刀砍其，王双勇也劝其签，无奈其就在欠条上签名。对方把其留下，放王双勇筹钱，威逼其还钱或卖淫抵债。当晚罗仕习出去，又进来另外一个男人，其后三人对其实施轮奸，天亮时还用相机拍其裸照。之后对方要其选择，其选择帮卖淫，罗仕习回来后也强奸了其。罗仕习把其带到贵头山竹苑饭店接客，案发一个月前带其到雄风饭店卖淫。开始只是其一个人，之后贺媛媛、张媛媛、周美跳、许晓文、刘玲、牛连员陆续被罗仕习强迫卖淫。开始在山竹苑饭店由罗仕习用小轿车送其，陆续有女孩子到饭店上班后罗仕习就打电话请小面包车送其等去上班。到饭店后罗仕习就坐在那里，每次卖淫所得的钱都交给罗仕习。到雄风饭店后由罗军带其等去，卖淫所得的钱交给罗军，每晚回到出租屋，其看到罗军将当天的钱如数交给罗仕习。罗仕习与罗军是叔侄关系，罗仕习请罗军办事，每月给 1000 元。罗仕习叫其等不要走，不然抓回来就打个半死，之后把其等卖掉，再把裸照寄回家，其等便不敢逃走和报警。2008 年 8 月，罗仕习驾驶粤 CE5253 力帆牌小轿车把其和周美跳、许晓文、张媛媛、贺媛媛送到美美发廊坐台。其与张媛媛、贺媛媛卖淫时被民警查获，对其和贺媛媛罚款 5000 元，拘留十天，罚款都是罗仕习出的。

经辨认，被害人万德彩指认了被告人罗仕习和罗军，罗军是每天都带其等去山竹苑接客坐台、卖淫的，而罗仕习平时也带其等去，二人就是平时俗称的“鸡头”。

3. 被害人贺媛媛的陈述，证实 2008 年 5 月中旬，其男友曹振阳和曹波以做生意为由，将其带到一个酒店的房间内，房内有两个男的，一个叫罗仕习，另一个叫“修哥”。曹振阳向其中一男的借 1 万元，那男的要曹提供抵押，曹说把其留在房内，三天后回来再把钱还上将其带走。那男的要曹写借据，曹要其写了一份借据，内容大概是其保证曹会还钱，否则其本人负责，若其没钱就自愿以卖淫来挣钱还债。对方拿走其身份证，“修哥”要其拍裸照保证，曹用对方一人的手机拍了其裸照。曹振阳收了1万元就走了，罗仕习将其带到白藤湖兴苑宾馆的出租屋住下。罗仕习一直让其还钱，其没办法还，罗仕习让其接客卖淫挣钱，其不愿意，罗仕习便打其、恐吓其，说借据上是自愿说去卖的，而且有裸照，如果不去让其有好看的。其害怕罗仕习对家人报复或利用裸照报复其。过了一两天，罗仕习带其去喝酒，其喝多后罗仕习将其强奸了，其很气愤又不敢反抗。罗仕习说如果其接客每个月给其1000元工资还包吃包住，要不接客要不还钱，其迫于威胁答应了。从6月开始其一直卖淫还债，应该有3万元以上。白天去发廊、饭店坐台，晚上罗仕习亲自开车送其等去卖淫。后来陆续来了几个女孩子，罗仕习有时让其去劝女孩子卖淫。平时在出租屋其等不能自由出去，只有罗仕习带才可以出街，8月下旬罗仕习侄子罗军来后，二人一起看守其等。罗军平时与罗仕习一起带其等去雄风饭店、山竹苑休闲庄、美美发廊等地卖淫，其等被客人叫上钟后，罗军在附近等，其等将收来的钱交给罗军，罗军交给罗仕习。8月中旬，罗仕习开粤CE5253车送其和万德彩、周美跳、张媛媛、许晓文到美美发廊卖淫，其与万德彩、张媛媛卖淫时被抓获，每人被处拘留十日并罚款5000元，是罗仕习交的钱。

2008年10月中旬，罗仕习带回一个叫欧阳玲的女孩，罗仕习劝欧阳玲卖淫，欧阳玲不愿意。一天深夜，罗仕习不在时欧阳玲从住的地方窗户跳下去摔伤，罗军将欧阳玲救回。次日其等去接客时欧阳玲还在床上躺着，回来就看不到了。其听罗军说过欧阳玲跳楼那天，罗仕习打过欧阳玲并强迫欧阳玲卖淫。

经辨认，被害人贺媛媛指认了被告人罗仕习和罗军，罗军每天都带其等去卖淫，有时是罗仕习带其等去。

4. 被害人张媛媛的陈述，证实2008年5、6月份，“小龙”叫其去常平参加朋友的生日派对，与“阿飞”租车将其带到珠海斗门白藤湖外苑宾馆一个小别墅二楼的房间。一男的让其将3000元给“小龙”，并告知其是欠“小龙”的“K粉”钱。“小龙”跟其说好好在这里上班，并解释上班就是在这里的茶楼接客，其不想做，罗仕习威胁不干就送走其，其想如果不干不知会被怎样处理掉，无奈之下只好跟着罗仕习到茶楼接客。平时罗仕习的侄子罗军租一台面包车把其和另一些女孩带至荔枝园茶楼坐台，也去过美美发廊，其收了钱就交给罗仕习或罗军。8月13日凌晨其在美美发廊卖淫时被抓获，被罚款5000元，因未满十八岁没有被拘留，而万德彩和贺媛媛则被拘留和罚款。

经辨认，被害人张媛媛指认了被告人罗仕习、罗军，二人平时负责带其等去坐台接客、卖淫。

5. 被害人周美跳的陈述，证实2008年6月中旬在中山古镇玩，认识一姓付的贵州青年。7月14日姓付的带其到斗门玩，骗其说急着等钱用，要其帮写借条向罗仕习借5000元。其按罗仕习的要求写下借条，内容大概是其向“老五”（即罗仕习）借现金5000元，明天还完就可以走，若不能如期还就做“小姐”还，还完钱才能走。借条还写了其家庭地址和父亲的姓名。其等在白藤湖一出租屋住下来，次日姓付的骗其说回中山找钱后回来接其，但没有再出现。15日傍晚，罗仕习强奸了其，16日其就被强迫做“小姐”。罗仕习用车把其和张媛媛、万德彩、牛连员送到井岸镇贵头村荔枝园一个饭店坐台，有时其到斗门饭店或美美发廊坐台。罗仕习要求其每天至少要上交300元，其将卖淫所得都交给罗仕习或罗军。其居住的出租屋每天除了有人外出上班时会开门外，一般都会把门反锁，门匙由负责看守的罗仕习或罗军及同伙保管。8 月 13 日晚罗仕习用小面包车送其和贺媛媛、张媛媛、万德彩、许晓文到美美发廊，贺媛媛、张媛媛、万德彩卖淫时被派出所抓获而被治安拘留 10 天并处罚金 5000 元，之后没有在该发廊卖淫。

经辨认，被害人周美跳指认了被告人罗仕习、罗军，二人平时负责带其等去坐台接客、卖淫。

6. 被害人许晓文的陈述，证实 2008 年 8 月底一天下午，贵州朋友龙陈约其到中山富华酒店附近，龙陈和两个朋友开车将其带到珠海斗门白藤湖外苑宾馆的房间。龙陈对其说欠别人钱，刚说完就有两个人拿刀要砍龙陈。龙陈要其留下并叫其写下 5000 元的欠条，说回中山拿钱，晚上 12 点之前回来。龙陈走后约 1 小时，两名男子进来，其中一人是罗仕习，罗仕习拿 5000 元给开始拿刀进来的那两名男子，实际上龙陈把其卖给了罗仕习。罗仕习带其到白藤湖一出租屋，过了一会，叫“洪哥”和“修哥”的两名男子进来，“洪哥”逼其脱光衣服，用手机拍其裸照并强行与其发生性关系。“洪哥”说以后要听罗仕习的话，要卖淫赚钱，不然就将裸照寄回其家。二人走后，罗仕习说只要其好好卖淫赚钱，每个月给其发 1000 元当工资，替其存进罗军的银行卡上，到春节一次性给其，否则就把其卖到海岛上受黑社会折磨，到时生不如死，其听了很害怕便答应卖淫。次日其与其他女孩坐罗仕习的车（车牌号为粤 CE5253）到井岸镇贵头村山竹苑饭店卖淫，案发前两个月因“小姐”打架转到斗门镇雄凤饭店卖淫，卖淫地点还有美美发廊。每次都由罗仕习、罗军负责用小汽车载去坐台，由罗军看守。接客得到的小费都交给罗军，由罗军转交给罗仕习。其每个月能赚六七千元，至今共交了 2 万多元，被迫卖淫 200 多次，但未收到过罗仕习给的钱。自发生白藤湖西苑别墅跳楼事件后，罗仕习为防止其等晚上逃走，睡觉时不让其等穿衣服，并由罗仕习和罗军看守。平时罗仕习经常恐吓其等，说如果逃走一旦抓回来就打到半死，然后再卖掉，并把裸照和欠条寄回家，以高利贷的形式逼父母还债。如果其等不肯坐台接客，每天赚不到 400 元，罗仕习、罗军就要其等回来洗衣服、扫地、拖地和“泡温泉”（即把头按到水里泡）。案发前两个月，万德彩、贺媛媛曾在美美发廊卖淫时被查获，罗仕习为每人交罚款 5000 元。

经辨认，被害人许晓文指认了被告人罗仕习、罗军。

7. 被害人刘海霞的陈述，证实 2008 年 8 月，贵州人吴鹏辉带其出来玩，将其载到斗门，罗仕习说其男友吴鹏辉欠了他 8000 元，要其帮还钱，让其写欠条。当时其不肯，罗仕习恐吓其说不写就打、砍其，其害怕就写下借条并被关在出租屋里。罗仕习和另外一个男的要其去陪男人睡觉、发生性关系，如果不肯做就留在出租屋打扫卫生同时还清钱。其反抗不愿意，罗仕习用言语恐吓，另一个男的打其一耳光，其就同意了。罗仕习、罗军开着车牌号为粤 CE5253 的黑色小汽车带着其七个姐妹到雄凤饭店、山竹苑饭店、美美发廊坐台，晚上用车载其等回出租屋。每次罗仕习载其等到某个地方后，如果罗仕习走了，就由罗军在门口看守，不让其等随便走动。其等接完客人所挣取的小费在门口交给罗军，晚上挣取的小费回家后交给罗仕习。罗仕习在家里看守其等，把房门反锁不让进出，怕其等逃跑。罗仕习说如果每天挣不到 400 元小费就回家洗衣服、打扫卫生、拖地，如果做错事就得“泡温泉”，还要罚跪。其每月一般卖淫赚取五六千元，罗仕习称每月发 1000 元给其当工资，但两个月来其没有收到过钱。

经辨认，被害人刘海霞指认了被告人罗仕习、罗军，二人平时负责带其等去坐台接客、卖淫，就是平时俗称的“鸡头”。

8. 被害人牛连员的陈述，证实2008年10月中旬，男友莫习文带其到珠海斗门玩。男友约一男子到白藤湖东苑卡拉OK附近的出租屋，说欠了那男子7000元，叫其在这里做“小姐”还钱，其不愿意。第二天来了一名叫罗仕习的男子说帮还钱，但要其做“小姐”还钱，不然其或者男友留下一条腿，其害怕就答应了。之后，其和几个年龄与其差不多的女孩还有罗仕习、罗军住在东苑卡拉OK附近出租屋，每天早上9时许罗军租一辆面包车送其几个女孩到井岸荔枝园茶楼坐台，晚上9时将其等接回出租屋，坐台的有万德彩、贺媛媛、许晓文、周美跳、刘玲、张媛媛。坐台就是为客人提供性服务，每次100元，其都如数交给罗军，罗军交给罗仕习。罗军平时住在一起看守其等，还恐吓不让离开，到茶楼就在那里监视，每接一次客罗军就收一次钱。罗军等人还规定每人每天坐台必须要有300元以上，否则就会对其等进行打骂或惩罚洗所有女孩的衣服。每晚罗军带其等回出租屋后就将门反锁不让出去，钥匙由罗仕习或罗军保管，二人外出时就在外面将门反锁。

经辨认，被害人牛连员指认了被告人罗仕习和罗军。

9. 被害人梁秋霞的陈述，证实2008年11月2日20时许，其男朋友“摇摇”说带其去玩，将其带到斗门一个不知名地方的房间里，说借了别人的钱，并打电话约一个叫罗仕习的人。罗到后就提出让其担保，其男朋友走后，罗威胁其写下1万元的欠条。当晚罗仕习用黑色小轿车将其拉到井岸桥北一出租屋，与屋内一些不认识的女孩子一起住。次日，罗仕习要其还钱，没钱就做“小姐”，其不愿意，罗就掴其一巴掌，在场的有罗晓江，罗仕习还从随身的手袋拿出一把长约20厘米的水果刀吓其。当晚，罗仕习逼其当着其他人的面剥衣服。其还没有去卖过淫，其心里明白房间里的女孩子都是被罗仕习控制卖淫的。

经辨认，被害人梁秋霞指认了被告人罗仕习和罗军。

三、证人证言

1. 证人冉斌的证言，证实2008年10月中旬一天晚上，其受罗仕习指使与王亚军到白藤湖度假村别墅将一名年约18岁腰部受伤的女子带到中山古镇海洲。罗仕习跟其说那女孩是以2000元买回来的，关住想叫那女孩卖淫，但那女孩不肯并从楼上跳下逃跑受伤，因没有用处所以叫其送到中山海洲随便一个路边丢下。以前其见罗仕习经常带一些女的出去坐台，知道罗仕习是做“鸡头”的。

2. 证人王亚军的证言，证实2008年10月中旬一天晚上，冉斌叫其一起到白藤湖别墅将一女孩带到中山。当时“罗五”在别墅房间看守，那女孩不能走路。去中山的途中，其问那女孩得知因“罗五”逼迫卖淫，那女孩不依逃跑从二楼跳下来，把腰弄伤故不能走路。“罗五”说把那女孩送到中山随便一条路边扔了就可以了，“罗五”跟冉斌都是带女孩子去卖淫的。

3. 证人张克强的证言，证实2008年7、8月份，罗仕习打电话雇其从白藤湖罗仕习住的地方载女孩子到美美发廊、贵头村和小赤坎的饭店，载了十五六次，车费都是罗仕习付的。那些女孩子平时都是由罗仕习载出去，罗仕习没时间才租用其的车。10月15日左右的晚上，罗仕习以300元雇其将两名男子和一名年约18岁受伤的女子送到中山古镇海洲。

4. 证人侯丽的证言，证实其在井岸镇贵头村经营山竹苑饭店。2008 年 8 月，罗仕习有几次带几个女孩到饭店玩，如果客人要求，罗仕习就叫那些女孩坐陪，罗仕习坐在大厅里，走时就带那些女孩走。

经辨认，证人侯丽指认了被告人罗仕习，平时负责接送张媛媛、万德彩、贺媛媛等人到其经营的无牌饭店去坐台。

5. 证人黄岳雄的证言，证实其在斗门镇小赤坎经营雄凤饭店。“罗五”到其饭店问要不要带些女孩陪客人吃饭，其没有反对，“罗五”就经常带着侄子罗军以及六七个女孩子来坐台。“罗五”有台粤 CE5253 黑色小车，“罗五”或罗军，有时两人一起带女孩子来饭店。

经辨认，证人黄岳雄指认了被告人罗仕习、罗军，二人平时负责带女孩子到其饭店坐台接客。

6. 证人贺孝双的证言，证实 2008 年 8 月 13 日凌晨其在美美理发店以 100 元与万德彩发生性关系时被警察查获。

7. 证人李志金的证言，证实 2008 年 8 月 12 日 23 时许，其在美美发廊以 100 元与贺媛媛发生性关系时被警察查获。

8. 证人许凤芹（白藤湖湖滨二区六号兴苑楼管理人员）的证言，证实其出租屋 208 房是一个名叫吉勇的男子租用，该房除了吉勇外，偶尔下半夜就有五六个年轻女子来住，人员很复杂。

9. 证人何文俊的证言，证实井岸镇桥北一区 57 号一单元 201 房由其负责出租，该房是由一名叫罗仕习的男子租赁。

经辨认，证人何文俊指认了被告人罗仕习。

10. 证人肖芳芳（被告人罗晓江的女友）的证言，证实案发前两三天，罗仕习带着几名女子搬进桥北一区 57 号二单元 201 房，该房是罗仕习出钱租的，其还证实罗晓江是做装修的。

四、物证、书证

1. 贵州省德江县公安局沙溪派出所出具的户籍证明，证实三被告人的身份情况。

2. 珠海市公安局斗门分局刑事侦查大队出具的抓获经过，证实该队于 2008 年 11 月 4 日 6 时许在斗门区井岸镇桥北二路 57 号 201 房抓获被告人罗仕习、罗军、罗晓江。

3. 珠海市公安局斗门分局扣押物品、文件清单，证实从被告人罗仕习处扣押车牌号为粤 CE5253 的黑色力帆小轿车一辆、银色金属壳手机、黑色 BIRD 手机各一部，从被告人罗军处扣押黑色 AMOI 手机一部。

4. 珠海市公安局交通警察支队车辆管理所出具的机动车登记查询记录，证实车牌号为粤 CE5253 轿车的车主为被告人罗仕习。

5. 从被告人罗军手机里提取的裸照，被告人罗军确认其中一名女子是周美跳。

6. 珠海市公安局斗门分局作出的公安行政处罚决定书，证实贺媛媛、万德彩、张媛媛因于 2008 年 8 月 12 日在美美理发店卖淫分别被处以行政拘留十日并处罚款五千元。

7. 房屋出租合同书，证实 2007 年 5 月 5 日何文俊将桥北一区 57 号一单元 201 房出租给被告人罗仕习。

8. 珠海市实有人口信息登记表，证实2008年5月20日吉勇入住湖滨二区6号208房，同住的还有被告人罗仕习。

五、现场勘验查检笔录及照片

现场勘验查检笔录及照片，证实现场情况，被告人罗仕习指认了其带女孩子坐台的地方、租住的地方以及欧阳玲跳楼的地方。

六、鉴定结论

珠海市公安局斗门分局出具的珠公斗刑技法活鉴字［2008］813号法医学活体检验鉴定书，证实被害人欧阳玲的损伤程度为重伤，伤残等级为八级。

针对控辩双方争议的焦点问题，结合本案的事实和证据，本院综合评判如下：

关于被告人罗仕习提出女青年均是自愿卖淫，其没有强迫卖淫的辩解及其辩护人提出除欧阳玲外的其他女青年是罗仕习采取欺骗手段说服卖淫，不能把万德彩等人从事卖淫活动认定系罗仕习强迫所为的辩护意见，经查，被告人罗仕习以欺骗、恐吓、禁闭、殴打、拍裸照要挟等手段强迫被害人万德彩等多名女子卖淫的事实，不仅有多名被害人的详细陈述予以证实，被告人罗仕习在侦查阶段亦予供认，且与被害人的陈述能够相互印证，此外，还有存于手机里的被害人裸照予以佐证，足以认定，被告人罗仕习所提的该项辩解及其辩护人所提的该项辩护意见与经审理查明的事实不符，故不予采纳。

关于被告人罗仕习提出其没有强奸万德彩、贺媛媛和周美跳的辩解及其辩护人提出公诉机关认定此节事实的证据只有未经查证属实、未到庭接受质询的上述三人的证言，没有其他证据印证，指控罗仕习强奸后迫使卖淫不能成立的辩护意见。经查，被害人万德彩、贺媛媛分别证实被罗仕习强奸后开始卖淫的事实，被告人罗仕习在侦查阶段亦曾供述其强行与万德彩发生三次性关系，与贺媛媛发生性关系后，万德彩、贺媛媛就经常接客卖淫，其供述与二被害人的陈述能够相互印证，可以认定其强奸被害人万德彩、贺媛媛后迫使二人卖淫的事实。至于公诉机关指控被告人罗仕习强奸周美跳一节，被害人周美跳证实其是被罗仕习强奸，而被告人罗仕习供述周美跳是被“张老四”和“阿志”轮奸后才开始愿意做“小姐”，被害人的陈述与被告人的陈述相矛盾，不足以认定该节事实。故对被告人罗仕习及其辩护人所提罗仕习没有强奸万德彩、贺媛媛的辩解和辩护意见不予采纳，对罗仕习没有强奸周美跳的辩解和辩护意见则予以采纳。

关于被告人罗仕习的辩护人提出应认定罗仕习于2008年4月起开始组织卖淫的辩护意见。经查，被害人万德彩证实其于2008年3月被罗仕习逼迫卖淫，而被告人罗仕习供述其是于2008年4月逼迫被害人万德彩卖淫的，在被害人的陈述与被告人的供述不一致，且未得到其他证据印证的情况下，应以被告人罗仕习的供述认定其是从2008年4月份开始逼迫被害人万德彩卖淫的，对被告人罗仕习辩护人所提的该项辩护意见予以采纳。

关于被告人罗仕习的辩护人提出罗仕习不应对欧阳玲的重伤后果承担刑事责任的辩护意见。经查，被害人欧阳玲的重伤后果是由于被告人罗仕习将其拘禁于出租屋内逼迫卖淫，其不从跳楼逃跑所致，可见被害人欧阳玲的重伤结果与被告人罗仕习的强迫卖淫行为有着直接因果关系，故被告人罗仕习应当承担造成被强迫卖淫人重伤的罪责，被告人罗仕习的辩护人所提的该项辩护意见不能成立，不予采纳。

关于被告人罗仕习的辩护人所提罗仕习从事组织卖淫时间较短，没有暴力行为，对社会危害不大，且其归案后主动供述犯罪事实，认罪态度好，主动要求给予欧阳玲治疗，有悔罪表现的辩护意见。经查，被告人罗仕习从2008年4月份开始陆续控制多名被害人卖淫，且是强迫卖淫，所采取的手段卑劣，社会危害性大。其在庭审时面对多名被害人的指证仍拒不承认强迫卖淫的罪行，认罪态度差。其在欧阳玲跳楼逃跑摔伤后不仅未及时救治，反而指使他人深夜将欧阳玲运至中山丢弃在路边，其行为性质十分恶劣，今其主动要求给予欧阳玲治疗不足以对其酌情从轻处罚。被告人罗仕习的辩护人所提的这部分辩护意见均不能成立，不予采纳。

关于被告人罗军提出其不知道女青年是在卖淫，亦不知道罗仕习强迫卖淫，其没有强迫女青年卖淫的辩解。经查，从被告人罗军侦查阶段的供述来看，其对于女青年在卖淫是知情的。虽然其辩解不清楚女青年是否自愿卖淫，但多名被害人指证被告人罗军接送其等卖淫，并在卖淫地点和出租屋对其等进行看管，被告人罗仕习供述罗军是其请来看管女孩不让逃跑的，被告人罗晓江亦供述罗仕习和罗军强迫女孩卖淫。从被告人罗军所实施的行为来看，其对罗仕习强迫卖淫是知情的，而且参与了强迫卖淫，故对被告人罗军所提的辩解不予采纳。

关于被告人罗晓江提出其没有帮助罗仕习看管女青年，没有强迫女青年卖淫的辩解。经查，被告人罗晓江协助被告人罗仕习看守被害人欧阳玲的事实，不仅有被害人欧阳玲的陈述指证，其本人在侦查阶段亦予以供认，且与被害人欧阳玲的陈述能够相互印证，故可以认定。被告人罗晓江明知罗仕习强迫欧阳玲卖淫，欧阳玲不从而被关在白藤湖出租屋，仍协助罗仕习看守欧阳玲，其行为亦是强迫卖淫。被告人罗晓江所提的辩解不能成立，不予采纳。

关于被告人罗仕习的行为定性问题。本案中，被告人罗仕习从2008年4月开始陆续控制并强迫多名被害人多次进行卖淫，但其并非单纯地实施强迫卖淫行为，在其控制下的卖淫活动已具有组织性。多名被害人均是被他人骗至珠海市斗门区后以欠钱作担保为由交给被告人罗仕习控制，从2008年6、7月份开始，罗仕习已经同时控制三名以上的被害人在从事卖淫活动，至案发时有将近半年时间，而且有固定出租屋作为统一看管被害人的地点，有山竹苑饭店、美美发廊、雄风饭店等相对固定的卖淫场所，罗仕习还统一接送被害人卖淫、下达卖淫指标、统一收取卖淫所得，为被查获的卖淫女缴纳罚款，雇请被告人罗军专门看管、接送被害人卖淫和接收卖淫所得。可见被告人罗仕习主观上具有将分散的卖淫行为予以集中，长期控制、操纵多人从事卖淫活动的故意，其行为应当定性为组织卖淫。在组织他人卖淫的犯罪活动中，对被组织卖淫的人有强迫行为的，应当作为组织卖淫罪的量刑情节予以考虑，不实行数罪并罚。由于包括欧阳玲在内的多名被害人均是被告人罗仕习组织卖淫的对象，被告人罗仕习强迫其等卖淫只是组织卖淫的具体手段，其行为不构成强迫卖淫罪，而是构成组织卖淫罪。

关于被告人罗军、罗晓江的行为定性问题。本案中，被告人罗军、罗晓江在明知被告人罗仕习控制多名女青年卖淫的情况下，罗军受罗仕习的雇请看管、接送女青年卖淫，并收取卖淫所得，罗晓江与罗军接送女青年卖淫，二人为被告人罗仕习组织卖淫行为提供协助，其行为应定性为协助组织卖淫。同时，被告人罗军、罗晓江在明知被告人罗仕习逼迫被害人欧阳玲卖淫，而欧阳玲不从的情况下对欧阳玲轮流进行看管，这是一种强迫行为。由于组织卖淫罪可以涵盖强迫他人卖淫的行为，同理，为组织卖淫者实施组织卖淫行为而帮助其实施强迫行为的，也被协助组织卖淫行为所涵盖，应当以协助组织卖淫罪论处。被告人罗军、罗晓江受被告人罗仕习的指使看管被害人欧阳玲的行为从属于组织卖淫行为，仍是为他人的组织卖淫行为提供协助，该强迫行为仅作为协助组织卖淫罪的量刑情节予以考虑，不单独定罪，故被告人罗军、罗晓江的行为构成协助组织卖淫罪，而非强迫卖淫罪。

本院认为，被告人罗仕习有组织地采取欺骗、殴打、强奸、胁迫等手段，组织、控制多人从事卖淫活动，其行为已构成组织卖淫罪，具有组织、强迫多人多次卖淫、强奸后迫使卖淫、造成被强迫卖淫的人重伤的情形，且属情节特别严重。被告人罗军、罗晓江协助被告人罗仕习看管、接送卖淫女，罗军负责接收卖淫所得交给罗仕习，二人为他人的组织卖淫活动提供帮助，其行为均已构成协助组织卖淫罪，二人在协助组织卖淫过程中造成一人重伤，属于情节严重。公诉机关指控的事实成立，但认定三被告人的行为均构成强迫卖淫罪不当，予以纠正。被告人罗军受被告人罗仕习的雇请每天专门负责看管、接送卖淫女，统一收取卖淫所得，其在协助组织卖淫中起着主要作用，系主犯；而被告人罗晓江有正当职业，仅受被告人罗仕习的指使参与看管被害人欧阳玲，并两次和被告人罗军接送卖淫女，其在协助组织卖淫中所起的协助作用明显小于被告人罗军，起着次要作用，系从犯，对其应当减轻处罚。综上，根据各被告人的犯罪事实、性质、情节和对社会的危害程度，依照《中华人民共和国刑法》第三百五十八条第一款第（一）、（二）、（四）、（五）项、第二款、第二款、第二十五条、第二十六条、第二十七条、第五十七条第一款、第五十二条、第五十九条、第六十四条的规定，判决如下：

一、被告人罗仕习犯组织卖淫罪，判处无期徒刑，剥夺政治权利终身，并处没收个人财产人民币十万元。

二、被告人罗军犯协助组织卖淫罪，判处有期徒刑八年，并处罚金人民币一万元。

（刑期从判决执行之日起计算。判决执行以前先行羁押的，羁押一日折抵刑期一日，即自2008年11月4日起至2016年11月3日止。罚金从判决发生法律效力第二日起三个月内缴纳）。

三、被告人罗晓江犯协助组织卖淫罪，判处有期徒刑三年，并处罚金人民币五千元。

（刑期从判决执行之日起计算。判决执行以前先行羁押的，羁押一日折抵刑期一日，即自2008年11月4日起至2011年11月3日止。罚金从判决发生法律效力第二日起三个月内缴纳）。

四、供犯罪所用的被告人罗仕习的黑色力帆小轿车一辆（车牌号为粤CE5253）、银色金属壳手机、黑色BIRD手机各一部、被告人罗军的黑色AMOI手机一部予以没收。

如不服本判决，可在接到判决书的第二日起十日内，通过本院或者直接向广东省高级人民法院提出上诉。书面上诉的，应当提交上诉状正本一份，副本二份。

审 判 长　汤薇乔
审 判 员　朱文春
代理审判员　姚文强
二〇〇九年五月三十一日
书 记 员　官慧萍

【评析】

这是一篇一审刑事判决书，涉及被告人的行为定性、罪数、共同犯罪等问题，案件结果是一审法院改变公诉机关指控的罪名，将强迫卖淫罪改为组织卖淫罪和协助组织卖淫罪，因此裁判文书不仅要具备普通一审刑事判决书的写作要求，还必须在分析、采信证据的基础上进行论证说理。这篇优秀裁判文书较好地表现了这一能力，具体表现如下：1. 格式规范、表述准确、列证有序。在审理查明的事实部分，叙述清晰、准确，案件的主要情况以及各被告人在共同犯罪中所实施的具体行为一一点到，为明确各被告人的主从犯地位做好铺垫。该裁判文书在证据的罗列上非常细致，将所有证据按照法定证据种类归类，并对每个证据所要证明的内容予以说明，指向明确，使人一目了然。2. 说理充分，逻辑严谨。本案涉及定罪、罪数、共同犯罪等问题，这篇裁判文书都充分地予以阐述。如强调被告人罗仕习控制下的卖淫行为已具有组织性且组织卖淫罪包含强迫卖淫的具体手段，明确其行为构成组织卖淫罪而非强迫卖淫罪。此外，还对协助组织卖淫罪能否包含强迫卖淫行为进行了分析，详细阐述变更公诉机关指控罪名的理由。而且在说理部分先对主犯的行为定性进行分析，在此基础上进一步分析从犯的行为定性，具有较强的逻辑性。3. 评判准确，驳斥有力。被告人的辩解和辩护人的辩护意见在裁判文书中归纳得较为具体、明确，能够将其辩解、辩护意见较完整地体现在判决书中，并结合有关证据一一评判。评判内容抓住重点，具有很强的说服力，体现了审判人员分析证据、认定事实、根据法律得出最终判决结果的思维过程。

●罗小洪等犯抢劫罪一案刑事判决书

广东省珠海市中级人民法院

刑事判决书

（2009）珠中法刑初字第22号

公诉机关广东省珠海市人民检察院。

被告人罗小洪，男，1987年3月12日生，身份证号码：50023319870312103X，汉族，重庆市忠县人，小学文化，户籍住址：重庆市忠县乌杨镇沿溪村1组10号。2004年11月15日因犯抢劫罪被重庆市江北区人民法院判处有期徒刑二年，2006年7月12日刑满释放。2008年3月4日因涉嫌犯抢劫罪被羁押，次日被刑事拘留，同年4月2日被逮捕。现押于珠海市第二看守所。

指定辩护人原志宏，广东华信达律师事务所律师。

被告人罗能销，男，1987年10月3日生，身份证号码：522701198710035916，布依族，贵州省都匀市人，初中文化，户籍住址：贵州省都匀市石龙乡共和村端公组。2008年3月4日因涉嫌犯抢劫罪被羁押，次日被刑事拘留，同年4月2日被逮捕。现押于珠海市第二看守所。

被告人王五平（曾用名王武平，绰号“阿平”、“阿皮”），男，1987年8月16日生，身份证号码：622626198708160035，藏族，甘肃省文县人，初中文化，户籍住址：甘肃省文县城关镇关家沟村朱家山社132号。2008年3月21日因涉嫌犯抢劫罪被羁押，次日被刑事拘留，同年4月24日被逮捕。现押于珠海市第一看守所。

指定辩护人王斌，广东大公威德律师事务所律师。

被告人罗能纪，男，1990年2月9日生，身份证号码：522701199002095912，布依族，贵州省都匀市人，初中文化，户籍住址：贵州省都匀市石龙乡共和村端公组。2008年3月4日因涉嫌犯抢劫罪被羁押，次日被刑事拘留，同年4月2日被逮捕。现押于珠海市第二看守所。

辩护人王定忠、梁承雍，广东国律律师事务所律师。

被告人李尚勇（曾用名徐欢），男，1982年9月3日生，身份证号码：441424198209033183，汉族，广东省五华县人，初中文化，户籍住址：广东省梅州市五华县锡坑镇老楼村广庆楼。2008年3月4日因涉嫌犯抢劫罪被羁押，次日被刑事拘留，同年4月2日被逮捕。现押于珠海市第二看守所。

辩护人沈继光，广东华信达律师事务所律师。

被告人罗文教，男，1983年9月8日生，身份证号码：522701198309085917，布依族，贵州省都匀市人，初中文化，户籍住址：贵州省都匀市石龙乡甲壤村朱牙组。2008年3月4日因涉嫌犯抢劫罪被羁押，次日被刑事拘留，同年4月2日被逮捕。现押于珠海市第二看守所。

被告人罗文章，男，1987年1月7日生，身份证号码：522701198701075916，布依族，贵州省都匀市人，初中文化，户籍住址：贵州省都匀市石龙乡甲壤村朱牙组。2008年3月4日因涉嫌犯抢劫罪被羁押，次日被刑事拘留，同年4月2日被逮捕。现押于珠海市第二看守所。

被告人孟付权，男，1987年7月3日生，身份证号码：522701198707035632，布依族，贵州省都匀市人，初中文化，户籍住址：贵州省都匀市沙寨乡新和村上哨组。2008年3月4日因涉嫌犯抢劫罪被羁押，次日被刑事拘留，同年4月2日被逮捕。现押于珠海市第二看守所。

被告人韦贵发（绰号“火力”），男，1982年9月12日生，身份证号码：522701198209125918，苗族，贵州省都匀市人，初中文化，户籍住址：贵州省都匀市石龙乡新龙村拉力组。2008年3月5日因涉嫌犯抢劫罪被羁押并被刑事拘留，同年4月2日被逮捕。现押于珠海市第二看守所。

被告人广春海（曾用名广春奇），男，1986年3月7日生，身份证号码：522701198603075314，布依族，贵州省都匀市人，小学文化，户籍住址：贵州省都匀市平浪镇罗雍村平寨组2号。2008年3月4日因涉嫌犯抢劫罪被羁押，次日被刑事拘留，同年4月2日被逮捕。现押于珠海市第二看守所。

被告人罗志帮，男，1989年8月3日生，身份证号码：522701198908035911，布依族，贵州省都匀市人，初中文化，户籍住址：贵州省都匀市石龙乡共和村端公组。2008年3月4日因涉嫌犯抢劫罪被羁押，次日被刑事拘留，同年4月2日被逮捕。现押于珠海市第二看守所。

被告人江见秀，女，1988年9月5日生，身份证号码：360732198809050625，汉族，江西省赣州市人，小学文化，户籍住址：江西省赣州市兴国县古龙岗镇建设村。2008年3月5日因涉嫌犯抢劫罪被羁押并被刑事拘留，同年4月2日被逮捕。现押于珠海市第二看守所。

被告人罗辉干（绰号“罗刚”、“罗干”），男，1985年4月7日生，身份证号码：522701198504075917，布依族，贵州省都匀市人，初中文化，户籍住址：贵州省都匀市石龙乡甲壤村朱牙组。2008年3月26日因涉嫌犯抢劫罪被羁押并被刑事拘留，同年4月24日被逮捕。现押于珠海市第一看守所。

被告人任旭鹏（自报，绰号“河南仔”），男，1989年4月15日生，汉族，河南省洛阳市人，初中文化，户籍住址：河南省洛阳市孟津县白鹤镇王庄村2组。2008年3月26日因涉嫌犯抢劫罪被羁押并被刑事拘留，同年4月24日被逮捕。现押于珠海市第一看守所。

被告人罗元朋，男，1986年3月4日生，身份证号码：522701198603045932，布依族，贵州省都匀市人，初中文化，户籍住址：贵州省都匀市石龙乡共和村端公组。2008年3月23日因涉嫌犯抢劫罪被羁押，次日被刑事拘留，同年4月24日被逮捕。现押于珠海市第一看守所。

被告人肖万东，男，1990年9月18日生，身份证号码：511028199009182911，汉族，四川省隆昌县人，小学文化，户籍住址：四川省内江市隆昌县黄家镇酒谷村3组22号。2008年3月23日因涉嫌犯抢劫罪被羁押，次日被刑事拘留，同年4月24日被逮捕。现押于珠海市第一看守所。

指定辩护人崔曼莉、杨亮，广东亚太时代律师事务所律师。

被告人朱君（曾用名朱军），男，1991年9月8日生，身份证号码：511028199109084315，汉族，四川省隆昌县人，初中文化，户籍住址：四川省内江市隆昌县黄家镇张师村3组44号。2008年3月25日因涉嫌犯抢劫罪被羁押并被刑事拘留，同年4月24日被逮捕。现押于珠海市第一看守所。

法定代理人朱荣富，男，1962年11月28日生，户籍住址：四川省内江市隆昌县黄家镇张师村3组44号。系被告人朱君的父亲。

指定辩护人张凯，广东晨光律师事务所律师。

广东省珠海市人民检察院以珠检公诉［2009］003号起诉书指控被告人罗小洪、罗能销、王五平、罗能纪、李尚勇、罗文教、罗文章、孟付权、韦贵发、广春海、罗志帮、江见秀、罗辉干、任旭鹏、罗元朋、肖万东、朱君犯抢劫罪，于2008年12月29日向本院提起公诉。在诉讼过程中，附带民事诉讼原告人曾振华对被告人罗小洪、罗能销、王五平、罗能纪、李尚勇、罗文教、罗文章、孟付权、韦贵发、广春海、罗志帮、江见秀提起附带民事诉讼。本院依法组成合议庭，公开开庭进行了合并审理。广东省珠海市人民检察院指派代理检察员马晓华、万绍文出庭支持公诉，附带民事诉讼原告人曾振华及其委托代理人王新付，上列被告人及辩护人（除辩护人崔曼莉以外）等到庭参加诉讼。庭审后，附带民事诉讼原告人曾振华与被告人罗能纪、李尚勇的亲属就附带民事部分达成和解，由被告人罗能纪、李尚勇的亲属分别一次性赔偿附带民事诉讼原告人曾振华经济损失人民币4000元，共计人民币8000元。附带民事诉讼原告人曾振华向本院申请撤回其对被告人罗小洪、罗能销、王五平、罗能纪、李尚勇、罗文教、罗文章、孟付权、韦贵发、广春海、罗志帮、江见秀的附带民事诉讼，本院已裁定准许。本案现已审理终结。

公诉机关指控：

一、2008年3月2日，被告人罗小洪在深圳市宝安区观澜镇与同伙罗能销等人吃饭期间，提议前来珠海进行抢劫，后被告人罗小洪、罗能销、李尚勇、罗能纪、罗文教、罗文章、韦贵发、孟付权、王五平、江见秀共十人从深圳租车出发来到珠海，当晚住在珠海市前山南沙湾附近的旅店，准备在珠海板樟山进行抢劫。3月3日上午，被告人罗小洪带领其他同伙专程前往珠海市板樟山进行踩点，熟悉作案环境和逃跑路线。3月3日下午，被告人罗小洪、江见秀又带领被告人李尚勇、王五平、韦贵发前往杂货市场，购买用于抢劫的西瓜刀、铁水管、捆绑塑料带等作案工具。3月3日晚上，同伙罗能道（另案处理）带领被告人罗志帮、广春海从东莞出发来到珠海与罗小洪等十人会合，共同商议在珠海板樟山进行抢劫的人员分工和活动路线。

2008年3月4日中午，被告人罗小洪、罗能销、罗能纪、李尚勇、罗文教、罗文章、王五平、孟付权、韦贵发、罗志帮、广春海、江见秀共计十二人（罗能道因有事先行回东莞）分别乘坐三辆出租车来到珠海板樟山，并分批到达板樟山山顶。当天下午1时许，被告人罗小洪、罗能销各持一把自制手枪，并安排其他同伙从背包中拿出西瓜刀、铁水管等凶器，分头守候在板樟山山顶发射塔附近进行抢劫。被告人江见秀则在山下望风，向罗小洪等人电话通报上山游客情况。遇到爬山的游客时，被告人罗小洪、罗能销即带领其他同伙持手枪、西瓜刀、铁水管等凶器上前进行暴力威胁，劫走游客的随身财物，并挟持游客至山顶发射台附近的一间废弃房内，用塑胶带捆绑游客手脚，并派同伙持刀看守。对随身搜出银行卡的游客，被告人罗小洪、罗能销等人则强行逼问密码并安排同伙罗文章下山取款。遇到有的游客反抗，则以铁水管殴打对方或持手枪顶住对方头部使其屈服。当天下午1时许至5时许期间，被告人罗小洪、罗能销等十二人采取上述方法对登山游客王桂仙、邹娴、曾振华、廖爱娥、卢伟等23名被害人实施抢劫，打伤被害人多名，抢劫现金人民币6000余元，抢劫手机、金项链、金戒指、数码相机等财物27件累计价值人民币25031元，从抢得银行卡中取款人民币17000元。当天下午5时许，被告人罗小洪等人发现被抢游客中有人逃走，遂分头下山四处逃跑。其中被告人罗能销携带财物下山逃跑至板樟山通车隧道被巡警查获，后被告人罗小洪等其他十名同伙（除王五平外）先后被珠海公安机关抓获，抢劫所得大部分财物已追回。

二、2008年3月20日下午，被告人王五平带领被告人罗辉干、任旭鹏、罗元朋、肖万东、朱君等人从深圳市观澜镇坐大巴到珠海市，准备实施抢劫。3月21日18时左右，上述六被告人携一把砍刀、三把西瓜刀，在白莲洞公园山顶平台，对被害人曾志坚等六人实施抢劫，共抢得手机两部、现金约人民币900元。当晚22时左右，被告人王五平在白莲洞公园山下被公安机关抓获。3月22日晚，被告人肖万东、罗元朋在白莲洞公园内被抓获。3月25日，被告人朱君在南屏镇被抓获。3月26日，被告人罗辉干、任旭鹏在深圳市宝安区观澜镇一出租房内被抓获。

三、2008年3月1日下午3时许，被告人罗小洪、罗能销、李尚勇、罗文章、孟付权、罗能纪、罗文教、王五平伙同他人在深圳市宝安区观澜人民公园的山顶处，持刀抢劫陈炎文、罗良平、杨家园等十名游客，抢走手机、照相机、现金等财物累计价值人民币11000余元。

为证明指控的以上事实，公诉人当庭宣读和出示了下列证据：物证、书证、证人证言、被害人陈述、被告人供述和辩解、鉴定结论、现场勘查笔录、录像资料等。

公诉机关认为，被告人罗小洪、罗能销、罗能纪、李尚勇、罗文教、罗文章、孟付权、韦贵发、广春海、罗志帮、江见秀、王五平、罗辉干、任旭鹏、罗元朋、肖万东、朱君采取暴力手段结伙劫取他人财物，其行为均已触犯《中华人民共和国刑法》第二百六十三条之规定，应当以抢劫罪追究刑事责任。其中被告人罗小洪、罗能销、王五平、罗能纪、李尚勇、罗文教、罗文章、孟付权、韦贵发、广春海、罗志帮、江见秀共同持枪抢劫且抢劫数额巨大，适用《中华人民共和国刑法》第二百六十三条第（七）项、第（四）项之规定，追究其刑事责任。被告人王五平参与抢劫三次，构成多次抢劫。被告人罗小洪在刑满释放后五年内再犯，应当判处有期徒刑以上刑罚之罪，是累犯，依据《中华人民共和国刑法》第六十五条第一款之规定，应当从重处罚。被告人罗能销协助公安机关抓捕其他重大同案犯，有重大立功表现，依据《中华人民共和国刑法》第六十八条第一款之规定，可以减轻处罚。被告人肖万东、朱君犯罪时不满十八周岁，根据《中华人民共和国刑法》第十七条第三款之规定，应当从轻或者减轻处罚。提请本院依法判处。

针对公诉机关的指控，被告人罗小洪及其指定辩护人提出：1. 被告人罗小洪在板樟山抢劫案中所起作用并非最重要；2. 被告人罗小洪归案后提供线索协助民警抓获了被告人王五平、罗辉干、任旭鹏，有立功表现；3. 被告人罗小洪因参与板樟山抢劫归案后，第一个主动供述了司法机关尚未掌握的观澜人民公园抢劫案，故应认定被告人罗小洪属于主动供述司法机关尚未掌握的同种罪行，并有揭发同案犯漏罪的立功表现；4. 被告人罗小洪归案后认罪态度较好。此外，其辩护人还提出，被告人罗小洪在观澜人民公园抢劫案中是从犯。综上，请求对被告人罗小洪从轻或减轻处罚。

被告人罗能销辩解称：1. 板樟山抢劫案的组织者、策划者是罗小洪；2. 其在板樟山抢劫案中没有持枪威胁被害人；3. 其具有自首和重大立功表现。请求对其减轻处罚。

被告人王五平辩解称：其系被强迫参与板樟山抢劫案。

其指定辩护人的辩护意见：1. 被告人王五平在板樟山抢劫案和白莲洞抢劫案中是从犯；2. 被告人王五平归案后提供线索协助抓获被告人罗辉干、任旭鹏，具有立功表现；3. 被告人王五平未参与观澜人民公园抢劫案；4. 在板樟山抢劫案中，被告人王五平不知道罗小洪持枪抢劫，故不能认定王五平具有持枪抢劫的情节；5. 被告人王五平是初犯。请求对被告人王五平从轻或者减轻处罚。

被告人罗能纪辩解称：其在板樟山抢劫中没有动手打人。

其辩护人的辩护意见：1. 被告人罗能纪犯罪时不满 18 周岁；2. 被告人罗能纪在其参与的两宗抢劫犯罪中起次要或辅助作用，是从犯；3. 被告人罗能纪没有犯罪前科，归案后认罪态度较好。请求对被告人罗能纪从轻或者减轻处罚。其辩护人当庭举证由贵州省都匀市石龙乡共和村委会出具的证明，该证明证实村民罗能纪的出生日期是 1991 年 2 月 9 日，在登入户口时误登为 1990 年 2 月 9 日。

被告人李尚勇辩解称：1. 其在共同犯罪中起次要作用；2. 其系被诱骗参与板樟山抢劫案。

其辩护人的辩护意见：1. 被告人李尚勇在其参与的两宗抢劫犯罪中是从犯；2. 在板樟山抢劫案中，被告人李尚勇不应承担持枪抢劫的刑事责任；3. 被告人李尚勇有悔罪表现。请求对被告人李尚勇从轻或者减轻处罚。

被告人罗文教辩解称：1. 其不知道同案被告人在板樟山抢劫案中使用了枪支；2. 其未参与观澜人民公园抢劫案。

被告人罗文章辩解称：其系受罗小洪的诱骗参与板樟山抢劫案。

被告人孟付权辩解称：1. 其系受罗小洪的指使参与抢劫，其在板樟山抢劫案中起次要作用；2. 其不知道同案被告人在板樟山抢劫案中使用了枪支；3. 其没有参与观澜人民公园抢劫案；4. 其提供线索协助公安机关抓获同案犯，有立功表现。请求对其减轻处罚。

被告人韦贵发对公诉机关的指控无异议，唯提出其是少数民族，法律意识淡薄，请求对其从轻处罚。

被告人广春海对公诉机关的指控无异议，唯请求对其从轻处罚。

被告人罗志帮辩解称：1. 其在抢劫过程中仅是负责望风；2. 其不知道同案被告人

在板樟山抢劫案中使用了枪支。

被告人江见秀辩解称：案发当天其仅在板樟山停留了半个小时就先行离去，并没有望风，也不知道罗小洪是否有带作案工具到板樟山进行抢劫。请求对其从轻处罚。

被告人罗辉干对公诉机关的指控无异议，唯请求对其从轻处罚。

被告人任旭鹏辩解称：其没有砍伤被害人。

被告人罗元朋辩解称：其是从犯、初犯，请求对其从轻或者减轻处罚。

被告人肖万东对公诉机关的指控无异议。

其指定辩护人的辩护意见：1. 被告人肖万东犯罪时不满 18 岁，属于未成年人犯罪；2. 被告人肖万东是从犯；3. 被告人肖万东没有参与分赃，赃款赃物均已被追回并发还被害人；4. 被告人肖万东是初犯，归案后认罪态度较好。请求对被告人肖万东减轻处罚。

被告人朱君辩解称：其系受诱骗参与白莲洞抢劫案。

其指定辩护人的辩护意见：1. 被告人朱君是从犯；2. 被告人朱君犯罪时未满 18 岁；3. 被告人朱君归案后认罪态度较好，并检举被告人王五平参与板樟山抢劫案。请求对被告人朱君从轻或者减轻处罚。

经审理查明：

一、2008 年 3 月 1 日中午，被告人罗小洪、罗能销、王五平、罗能纪、李尚勇、罗文教、罗文章、孟付权伙同他人在深圳市宝安区观澜人民公园的山顶处，持刀抢劫陈炎文、罗良平、邢建强、匡乐、黎永月、周加文、周泽全、杨家园、李福平、李文斌等十名游客，劫得手机八台、照相机一部、现金人民币 2000 余元。在抢劫过程中，被害人杨家园的嘴角被刀划伤。抢劫完成后，八被告人与同案犯逃离现场。

上述事实，有经庭审举证、质证的下列证据予以证实：

（一）被害人陈述

1. 被害人陈炎文陈述，2008 年 3 月 1 日中午 12 时许，其在深圳观澜人民公园游玩时，被两名男青年强行拉到公园的一小山顶，那里已有十几名年轻男女被抢。歹徒中有一人持刀，其他人搜走其财物。其被抢人民币 950 元，手机一台，价值人民币 650 元。

2. 被害人罗良平陈述，2008 年 3 月 1 日下午 2 时许，其与邢建强、黎永月等五人在深圳观澜人民公园游玩时，被五名持刀男青年抢劫，当时有十几名游客被抢，并被歹徒围在亭子附近。抢劫其等的歹徒大约有十人。一名游客被歹徒用刀割伤了。其被抢人民币 360 元，手机一台，价值人民币 980 元。

3. 被害人邢建强陈述，2008 年 3 月 1 日下午 2 时许，其与同事在深圳观澜人民公园游玩时，被五名持刀男青年抢劫，当时有十几人被抢，并被歹徒围在山坡附近的树底下，其中一名被抢男子的嘴角受伤。其被抢人民币 120 元，手机一台，价值人民币 880 元，数码相机一部，价值人民币 1600 元。

4. 被害人匡乐陈述，2008 年 3 月 1 日下午 3 时许，其与邢建强等五人在深圳观澜人民公园游玩时，被六名持刀男青年抢劫，当时约有三十名游客被抢，并被歹徒围在凉亭附近的空地上，其中一名被抢女子被打。其被抢人民币 80 元，手机一台，价值人民币 1260 元。

5. 被害人黎永月陈述，2008 年 3 月 1 日下午 3 时许，其与罗良平等五人在深圳观澜人民公园游玩时，被四五名持刀男青年抢劫，当时有十几名游客被抢，并被歹徒围起来看守。其被抢现金60元，手机一台，价值人民币650元。

6. 被害人李文斌陈述，2008年3月1日下午3时许，其与四位朋友在深圳观澜人民公园游玩时，被五名持刀男青年拉到山上并抢劫。其被抢现金430元，手机一台，价值人民币1500元。

7. 被害人周加文陈述，2008年3月1日下午3时许，其在深圳观澜人民公园游玩时，被两名持刀男青年拉到山上并抢劫，当时有二十多名游客被抢，并被歹徒围起来看守。抢劫其等的歹徒有五六人，还有些歹徒负责看守其等。其被抢现金不到50元。

8. 被害人周泽全陈述，案发当天其与同事周加文被抢劫的经过情况，与周加文的陈述基本一致。并陈述，其被抢人民币23元。

9. 被害人杨家园陈述，2008年3月1日下午3时许，其与同事李福平在深圳观澜人民公园游玩时，被四名持刀男青年拉到山上并抢劫，当时还有其他被抢游客被十来名歹徒围起来看守。其反抗时被歹徒用刀划了嘴巴一刀，其被抢人民币270元，手机一台，价值人民币699元。有一名歹徒好像是贵州口音。

10. 被害人李福平陈述，案发当天其与杨家园被抢劫的经过情况，与杨家园的陈述基本一致。并陈述，杨家园的嘴角被划了一刀。其被抢人民币400元，手机一台，价值人民币1100元。歹徒都是贵州人。

（二）被告人供述和辩解

1. 被告人罗小洪在侦查阶段供称，2008年3月1日下午2点多，其坐车到达深圳市观澜人民医院时打电话给“阿祥”，“阿祥”说他们已经在观澜人民公园烽火台山头上做事了，其跑上山，看见“阿平”、罗文章、罗能销、罗文教等十来人正在实施抢劫，有人拿砍刀，有人把游客押到一边搜身，被抢游客有十几名。不到一分钟，其等下山了。其等共抢得十几台手机、一部相机和现金，其分得人民币100元。

并供称，参与抢劫的还有李尚勇、罗能纪等十几人。

2. 被告人罗能销在侦查阶段供称，2008年3月1日中午，其与罗小洪、罗文章、李尚勇、王五平、罗能纪、孟付权等人在深圳观澜人民公园进行抢劫，其等抢劫了十几名游客，共抢得十几台手机、一部相机和现金4000多元。

3. 被告人李尚勇在侦查阶段供称，2008年3月1日中午1点左右，其与罗小洪、罗能销、罗文教、罗文章、罗能纪、孟付权、王五平等十几人在深圳观澜人民公园进行抢劫。其等抢劫了十几名游客，共抢得十几台手机和现金3000至4000元。当时主要由罗能销、罗能纪、王五平等持刀抢劫，其负责望风和看守。

4. 被告人罗文章在侦查阶段供称，2008年3月1日下午3时许，其与罗小洪、罗能销、李尚勇、罗能道、罗能纪、孟付权、“阿平”等十几人在深圳观澜人民公园进行抢劫，当时罗能道、李尚勇、罗能纪等人持刀，其负责看守，罗小洪、罗能销等人负责抢劫游客，还殴打反抗的游客，其中一名男子被罗能道用水果刀划破了脸部。其等抢劫了十几名游客，共抢得十几台手机和现金4000多元。

5. 被告人罗能纪在侦查阶段供称，2008年3月1日，应该是罗能销等人在深圳观澜人民公园进行抢劫。当天上午10时许，其醒来后发现他们都出去了。下午2时许，罗能销、罗文教、罗文章、李尚勇、王五平、罗小洪、“河南仔”、孟付权、韦贵发返回宿舍，其看到他们在分钱。

（三）现场勘查笔录

深圳市公安局福民派出所深公（福民）刑勘［2008］030004 号、030064 号、030065 号、030069 号、030074 号《现场勘查笔录》及照片证实案发后公安机关对抢劫现场深圳市宝安区观澜街道办观澜人民公园东面山顶进行勘查的情况。在小树林的地面上提取带血的白色纸巾一张。

二、2008 年 3 月 2 日，被告人罗小洪在深圳市宝安区观澜镇向罗能销等人提议到珠海市板樟山进行抢劫，之后被告人罗小洪携带其购买的两支自制手枪及两发子弹，与被告人罗能销带领王五平、罗能纪、李尚勇、罗文教、罗文章、孟付权、韦贵发、江见秀共十人从深圳市租车来到珠海市。3 月 3 日上午，被告人罗小洪带领其他同伙前往珠海市板樟山踩点，熟悉作案环境和逃跑路线。3 月 3 日下午，由被告人罗能销提供资金，被告人罗小洪、江见秀带领被告人罗文教、王五平、韦贵发前往杂货市场，购买用于抢劫的西瓜刀、铁水管、捆绑塑料带等作案工具。3 月 3 日晚上，罗能道（另案处理）带领被告人罗志帮、广春海从东莞赶来珠海市与罗小洪等十人会合，共同商议板樟山抢劫事宜。

2008 年 3 月 4 日中午，被告人罗小洪、罗能销、王五平、罗能纪、李尚勇、罗文教、罗文章、孟付权、韦贵发、广春海、罗志帮、江见秀共计十二人（罗能道因有事返回东莞）分别乘坐三辆出租车来到珠海市板樟山，除被告人江见秀外均分批到达板樟山山顶。当天下午 1 时许，被告人罗小洪、罗能销各持一把自制手枪，并安排其他被告人从背包中拿出西瓜刀、铁水管等凶器，守候在板樟山山顶发射塔附近准备抢劫。被告人江见秀则在山下望风，向罗小洪等人电话通报上山游客情况。期间，被告人孟付权、韦贵发、罗志帮曾分别下到半山腰望风。之后，陆续有游客上山，当游客上到山顶时，被告人罗小洪、罗能销即带领其余九名被告人或分或合，分别持手枪、西瓜刀、铁水管等凶器上前进行暴力威胁。期间，被告人罗能销、罗能纪、罗文教等人持铁水管殴打反抗的游客。被告人罗小洪、罗能销还持手枪顶住游客头部。之后，被告人罗小洪等人挟持游客至山顶发射台旁的一间废弃房内，用塑料胶带捆绑游客手脚，由部分被告人持刀看守。后因房间内关押的游客太多，被告人罗小洪等人将部分游客押至山顶一小树林处看守。被告人罗小洪、罗能销等人还向游客逼问搜得的银行卡密码，并安排被告人罗文章下山取款。至当天下午 4 时许，被告人罗小洪、罗能销等人采取上述方法对王桂仙、邹娴、曾振华、廖爱娥、卢伟、朱翯、刘静瑞、林敬鹏、曹雪斌、袁小贵、张英潮、麦伟民、朱俊超、叶春兰、唐世宝、罗雨、王庆国、陈晓明、林克松、刘长青、龚俊、武立峰、邱伟权等二十三名游客实施抢劫，打伤曾振华、张英潮、麦伟民等多人（其中，该三名被害人经鉴定，未达轻伤），劫得现金人民币 6000 余元，港币 40 元，手机、金手链、铂金钻戒、数码相机等财物 32 件（其中，查获财物 28 件，经鉴定，查获的手机、金手链等 26 件财物价值人民币 25031 元），以及银行卡 12 张，背包 1 个，从抢得的被害人卢伟的银行卡中取款人民币 19000 元。当天下午 4 时许，被告人罗小洪等人发现有一名被抢游客逃走，遂分头下山逃跑。

当天下午，被告人罗能销携带大部分财物下山逃跑至板樟山通车隧道时被巡警查获。当晚，被告人罗能销带公安人员到珠海市前山镇南沙湾村抓获了被告人罗小洪、罗能纪、罗文教、广春海、罗志帮。该队经审查获得李尚勇、孟付权、罗文章的个人资料，在相关部门的配合下，侦查人员开车追捕，于2008年3月4日晚23时许，在江门市龙湾收费站截获乘坐出租车逃至此处的被告人李尚勇、孟付权、罗文章。公安人员经调查获悉江见秀的藏匿地点，经侦查布控，在被告人罗能销的指认下，于2008年3月5日早上6时许，在珠海市南屏镇金悦旅馆111号房间抓获被告人江见秀，并从其行李中搜得作案工具两支枪及两发子弹（经鉴定，两支枪均为以火药为动力发射枪弹的自制铁质枪支，两发子弹均系制式12号猎枪子弹）。3月5日下午，公安人员通过排查布控，在相关部门的配合下，在珠海市斗门区白蕉市场旁抓获被告人韦贵发。此外，从上述被告人处追回被抢劫的财物28件（其中26件财物价值人民币25031元）、现金人民币18800元、银行卡8张、背包1个，除手机1台、人民币1880元外，其余财物均已发还被害人。

另查明，被告人罗小洪、罗能销、罗能纪、李尚勇、罗文章、孟付权、韦贵发、罗志帮因板樟山抢劫案归案后，经相关部门动员，上述被告人从2008年3月6日至7日，陆续供述了2007年年底至2008年3月，在深圳市宝安区多次抢劫的犯罪事实。珠海市公安机关经与深圳市警方联系，深圳警方将2008年3月1日下午观澜人民公园抢劫案的相关证据移送珠海市公安机关。

上述事实，有经庭审举证、质证的下列证据予以证实：

（一）物证、书证

1. 珠海市公安局香洲分局刑警一大队出具的《扣押物品清单》、《发还物品清单》证实，案发后公安机关从被告人罗能销处扣押的赃款赃物分别是手机二十台，MP4一台，金色手链一条，白色项链二条，玉吊坠一个，白色戒指一枚，背包一个，信用卡八张，人民币880元；从被告人罗文章处扣押数码相机一台；从被告人李尚勇处扣押手表一只；从被告人罗文教处扣押背包一个，人民币18000元。扣押的手机十九台以及其余财物共二十七件、背包一个、现金人民币17000元已发回被害人。从被告人江见秀处扣押自制手枪两支，子弹两发。

2. 交通银行珠海分行账务中心出具的《账户账务历史查询》证实，被害人卢伟的银行卡于2008年3月4日14时50分40秒、14时51分34秒、14时52分27秒共三次各取款人民币5000元，15时3分32秒、15时4分3秒共二次各取款人民币2000元，共计取款人民币19000元。

3. 户籍证明资料证实参与板樟山抢劫的被告人罗小洪等十一人（除王五平）的身份情况。

4. 贵州省都匀市公安局石龙派出所于2009年3月16日出具的《关于罗能纪真实出生日期的函复》证实：（1）罗能纪在该所《常住人口登记表》及相关户籍档案上登记的年龄是1990年2月9日；（2）在此期间该所未收到罗能纪本人及家人关于更改其年龄的申请材料；（3）经查，石龙乡共和村村委会的证明系根据罗能纪的家人所述出具的。

5. 重庆市江北区人民法院（2004）江刑初字第483号《刑事判决书》、重庆市第一中级人民法院（2004）渝一中刑终字第646号《刑事判决书》、重庆市未成年犯管教所出具的《罪犯出监鉴定表》证实，被告人罗小洪于2004年11月15日因犯抢劫罪被重庆市江北区人民法院判处有期徒刑二年，并处罚金人民币2000元，2006年7月12日刑满释放。

6. 证人胡震球（珠海市公安局拱北口岸分局巡警）、林鑫、易剑亮、吴锡荣、赖庆生、陈森渊、冯小刚、李建军（均为珠海市公安局香洲分局民警）分别出具的“抓获经过”证实，2008年3月4日下午，拱北巡警在珠海市板樟山通车隧道内抓获擅自进入车道乱跑的犯罪嫌疑人罗能销，经对罗能销的随身物品检查，发现有手机20台，金项链等财物若干，怀疑是其在板樟山抢劫所得，将其带回吉大派出所审讯。当晚19时20分，罗能销带公安人员到珠海市前山南沙湾村抓获了同伙罗小洪、罗能纪、广春海、罗文教、罗志帮。3月4日晚23时许，公安人员根据线索在江门市龙湾收费站抓获了坐出租车逃至此处的犯罪嫌疑人李尚勇、孟付权、罗文章。3月5日凌晨，公安人员根据线索在珠海市南屏镇金悦旅馆抓获了犯罪嫌疑人江见秀，并从其行李中搜得作案工具两支枪。3月5日下午，公安人员通过排查布控，在珠海市斗门区白蕉市场旁抓获了犯罪嫌疑人韦贵发。

7. 珠海市公安局香洲分局刑警一大队于2008年8月25日出具的《情况说明》证实，2008年3月4日，公安机关在罗能销的引领下，在珠海市前山镇南沙湾村口抓获了罗小洪、罗能纪、广春海、罗文教、罗志帮。后在罗能销的指认下，公安机关在珠海市南屏镇金悦旅店布控抓获了江见秀。

8. 珠海市公安局香洲分局刑侦大队于2009年3月23日出具的《情况说明》证实，该队先后抓获了被告人罗能销、罗小洪、罗能纪、广春海、罗文教、罗志帮后，经审查获得犯罪嫌疑人李尚勇、孟付权、罗文章的个人资料，在相关部门的配合下，侦查人员开车追捕，于2008年3月4日晚23时许，在江门市龙湾收费站截获犯罪嫌疑人李尚勇、孟付权、罗文章。该队在南沙湾村调查获悉江见秀的藏匿地点。经侦查布控，于2008年3月5日早上6时许，公安人员在珠海市南屏镇金悦旅馆111号房间抓获了犯罪嫌疑人江见秀。该队经综合侦查布控，在相关部门的配合下，于2008年3月5日下午15时许，在珠海市斗门区白蕉市场旁抓获了犯罪嫌疑人韦贵发。

9. 珠海市公安局法制监管处深挖犯罪案件侦查科出具的《情况说明》证实，被告人罗小洪、罗能销、罗能纪、李尚勇、罗文章、孟付权、韦贵发、罗志帮因板樟山抢劫案归案后，经相关部门动员，上述被告人从2008年3月6日开始，陆续供述了2007年年底至2008年3月，在深圳市宝安区观澜镇多次抢劫的犯罪事实。珠海市公安机关经与深圳市警方联系，深圳警方将2008年3月1日下午观澜人民公园抢劫案的相关证据移送珠海市公安机关。

（二）证人证言

1. 证人韦世韩的证言证实，2008年3月4日晚9时许，其接到以前的工友韦贵发的电话，约其吃夜宵。后来韦贵发称身份证没有带，其便用身份证帮韦贵发在珠海市斗门区白蕉镇的一家旅店登记住宿。后来其还帮韦贵发用韦的银行卡取款人民币80元。

2. 证人廖治国（出租车司机）的证言证实，2008年3月4日晚10点左右，其在珠海市香洲区狮山路附近搭载三名男子去江门市新会。其开车到江门龙湾收费站时被两辆汽车前后夹住，四五名持枪警察抓获了搭乘其车的三名男子。

（三）被害人陈述

1. 被害人王桂仙陈述，2008 年 3 月 4 日下午，其和女儿邹娴，还有女儿的朋友“阿香”、“阿华”爬珠海板樟山。在山顶被四五名年轻男子抢劫，有的歹徒拿着钢管，有的拿刀，还有一名男子拿着一把黑色手枪，歹徒抢走了其等身上的钱和手机，又用塑料扣将其等的双手绑起来并押到一间砖房，里面已有十几名男女被绑在屋里，有四五名男子持砍刀和手枪看守。其被抢走一台白色手机，一枚黄金戒指，现金人民币 50 元。后来有人吹口哨，参与抢劫的十几名男子就离开了。

经辨认照片辨认出抢劫其等的男子有罗小洪、罗志帮、韦贵发、罗能销、罗文章、广春海、孟付权、李尚勇、罗文章。

2. 被害人邹娴陈述，证实被抢劫的经过情况与王桂仙的陈述基本一致。并证实，“阿华”因为反抗被歹徒用铁棒、刀打伤腿部。其母亲被抢走一枚黄金戒指，其被抢走一台白色直板手机，人民币 50 元，“阿香”被抢走一台黑色翻盖手机，现金几百元，“阿华”被抢走一枚白色金戒指。还证实，有游客被抢了银行卡后，还被逼问密码和存款余额，歹徒声称如果不说密码就会死在那里。后来歹徒又将其等押着走了十几分钟到另外一个山头。

经辨认照片辨认出抢劫其等的男子有罗小洪、罗志帮、韦贵发、罗能销、罗文章、广春海、孟付权、罗文教、罗能纪，其中罗文教曾经持刀看守被抢游客。

3. 被害人曾振华陈述，2008 年 3 月 4 日下午 1 时许，其和朋友邹娴、王桂仙、廖爱娥一起爬板樟山，突然冲出五名男子，其中一名男子拿出一把手枪顶住其额头，其自然地用手将他的手托起来，旁边一名男子一脚踹其腹部，又有一名男子拿一水管朝其右小腿敲了一棍，马上流血了。其等被歹徒推到一间房子里，里面已有十多人被塑料胶带反绑着手，蹲在地上，其等被搜走财物后也被反绑蹲在房间里，不久又有四名被抢游客进入房间。后来他们把其等带到山的另外一边，蹲了一个多小时。其被抢了男装手表一块，价值人民币 300 元，白金戒指一枚，价值人民币 5200 元，MP4 一部，价值人民币 700 元。

经辨认照片辨认出抢劫其等的男子有罗能销、孟付权、李尚勇、罗文章、罗文教、罗能纪，其中罗能销用铁水管打其背部一下，罗能纪用铁水管打其右小腿膝盖一下。

4. 被害人廖爱娥陈述，证实被抢劫的经过情况与曾振华的陈述基本一致。并证实，被抢的一些男子因反抗被打，其中一名男子被打得很严重，流血了，曾振华也被歹徒打了。其被抢走一台手机和人民币 300 元、港币 40 元。

经辨认照片辨认出抢劫其等的男子有罗志帮、罗文章、罗能纪。

5. 被害人卢伟陈述，2008 年 3 月 4 日中午 1 时许，其和女朋友朱蔼、女朋友的母亲（刘静瑞）、同事林敬鹏爬珠海板樟山。其等走到山顶发射塔后面的一条小路约 20 米时，被六名男子抢劫，其中一名男子拿着一支好像是手枪的黑色物体指着其等，一名男子拿着棍子，其余男子都拿着长约 30 厘米的砍刀，歹徒抢走朱蔼的小挂包和其的双肩包，将包内物品倒出来拿走。歹徒还逼问其和林敬鹏讲出各自银行卡的密码，然后用鞋带、胶带绑住其等的手脚。一名男子拿着银行卡去取钱，留下一名男子看守其等，其余四名男子返回山顶。过了约 30 分钟，歹徒带下来三名男子，和其等捆在一起。歹徒用同样的方法连续抢劫了四五批游客。其被一名歹徒用膝盖顶了胸部两下，但没受伤。

其看见最后一批被抢游客中有两名男子被歹徒拳打脚踢。

参与抢劫的男子前后大约有八名。其被抢走现金人民币1220元，佳能A640照相机一部，交通银行卡一张，卡里有人民币23100元。朱蔼被抢走一台手机，朱蔼的母亲被抢走一枚金戒指，林敬鹏被抢走一台手机，两张银行卡。

经辨认照片辨认出抢劫其等的男子有罗能销、罗文章、罗能纪。

6. 被害人朱蔼陈述，证实被抢劫的经过情况与卢伟的陈述基本一致。并证实，其中一名男子用手枪指着其太阳穴，其他男子用刀架住其母亲、卢伟等人。这些男子逼问银行卡密码时声称，说错了就要回来砍人。抢劫其等的男子手持一把长约15厘米的黑色手枪，掉了漆的，当时有一名男子拿过那把枪来看，持枪男子说怎么子弹还是上了膛的。其被抢了手机一台，装饰项链一条。

经辨认照片辨认出抢劫其等的男子有罗志帮、广春海、罗文章。

7. 被害人刘静瑞陈述，证实被抢劫的经过情况与卢伟的陈述基本一致。并证实，当时有一名高个子男子拿着一支手枪，指着其女儿朱蔼。其被抢了铂金钻戒一枚；朱蔼被抢走诺基亚手机一台，项链一条；卢伟被抢了相机一部，手机一台，现金2000多元，交通银行卡一张；林敬鹏被抢了手机一台、现金100元，两张交通银行卡。后来歹徒拿走林敬鹏的背包去装抢得的手机等物品。

经辨认照片辨认出抢劫其等的男子有罗能纪。

8. 被害人林敬鹏陈述，证实被抢劫的经过情况与卢伟的陈述基本一致。并证实，当时有两名男子拿着手枪，一名男子拿着铁水管，其余男子拿着西瓜刀。其被抢了手机一台，现金人民币80多元，两张银行卡，以及一个印有“BP”字样的背包。还证实，歹徒要抢朱蔼母亲的金戒指时，因为不好取，就威胁说不取下来就把她的手砍下来，结果将金戒指强行拔了下来。

经辨认照片辨认出抢劫其等的男子有罗志帮、罗能销、广春海、罗文章、罗文教、罗能纪。

9. 被害人曹雪斌陈述，2008年3月4日下午14时30分许，其与姐姐袁小贵一起在板樟山游玩时，被四名手持刀枪的男子抢劫，其中一人拿枪顶住其脑门，一人用长刀架住其脖子，另外两人控制其姐姐。其被抢走手机两台。歹徒用胶带捆绑其双手，押送到发射塔后面的一条小路上，那里已有十几名游客被绑住双手。实施抢劫的男子有八人，但听说附近还有。

经辨认照片辨认出抢劫其等的男子有罗小洪、罗志帮、罗能销、孟付权、罗文章、罗文教、罗能纪，其中罗能销最为凶狠，曾经拿枪指其头并踢了其两脚。

10. 被害人袁小贵陈述，证实被抢劫的经过情况与曹雪斌的陈述基本一致。并证实，其被抢走诺基亚N95手机一台，白金项链一条，黄金手链一条，黄金戒指一枚，玉坠一个。还证实，歹徒所持手枪应该是真的，其听见对方有人说怎么上了子弹呢。

经辨认照片辨认出抢劫其等的男子有罗小洪、罗能销、广春海、孟付权、罗文章、罗文教、罗能纪。

11. 被害人张英潮陈述，2008年3月4日14时许，其与同学麦伟民一起爬板樟山，被三四名男子手持水管抢劫，并被歹徒用胶带绑起来，押送到发射塔后面的小路上，那里已经有十几名男女被绑住蹲着。抢劫团伙大约有十人，其中一人手持手枪。其被抢走人民币70元、诺基亚手机一台、银行卡一张，其在被抢劫的过程中身体多处受伤。歹徒还逼问其银行卡的密码。参与抢劫的男子手持水管、长刀、手枪。

经辨认照片辨认出抢劫其等的男子有孟付权。

12. 被害人麦伟民陈述，证实被抢劫的经过情况与张英潮的陈述基本一致。并证实，其被抢走一台索爱手机、人民币440元、两张银行卡，歹徒还逼问其银行卡的密码。其被歹徒用手关节打了背部四五下，在跑时其不小心摔倒在小斜坡处。

13. 被害人朱俊超陈述，2008年3月4日中午12时许，其和朋友叶春兰爬珠海板樟山，被六七名男子拦住抢劫，其中一名男子拿着枪对准其头部，其他人拿着砍刀，其等被抢后还被歹徒用塑料带绑住，逼问银行卡的密码。其被抢走诺基亚手机一台、人民币90多元；叶春兰被抢手机一台、人民币约50元、银行卡一张。

经辨认照片辨认出抢劫其等的男子有罗能销、广春海、罗文章，其中罗能销踢过其腿部和腰部。

14. 被害人叶春兰陈述，证实被抢劫的经过情况与朱俊超的陈述基本一致。并证实，一名拿着砍刀的男子用脚踢其下身，另有一名拿着黑色手枪的男子和一名拿着铁棍的男子将朱俊超打倒在地。后来歹徒还逼问其等的银行卡密码。歹徒的同伙还打电话过来，好像是有人拿银行卡去取钱，因密码不对而打电话回来由同伙再逼问密码。其被抢走长虹手机一台、现金六七十元、中国银行卡一张，朱俊超被抢走诺基亚手机一台、现金六七十元。此外，其肩部被歹徒用拳头打了几下，左胳膊衣服被扯烂，有擦伤。

经辨认照片辨认出抢劫其等的男子有罗能销、广春海、李尚勇、罗文章、罗文教、罗能纪。

15. 被害人唐世宝陈述，2008年3月4日中午14时，其独自爬板樟山，在山顶观景台附近被两名男子架住，其中一人手持钢管，押着其往山上的空房间走，并搜走其财物。房间里已经有十几名被抢游客被捆住并蹲着。后来歹徒又将房间里的游客押到半山腰，在路上遇到一对男女，三名歹徒又冲过去抢，那名男子想反抗被歹徒用钢管打并用脚踢，其中一名歹徒掏出一把自制手枪顶着该男子的脑袋说“再不老实就毙掉你”。其被抢了一台摩托罗拉手机，一部科洛牌MP3，人民币一百七八十元，两张银行卡，银行卡已挂失，没有损失。

经辨认照片辨认出抢劫其的男子有罗能销，后来抢劫一对男女时该男子掏出一支手枪；罗志帮是拿着钢管的男子。

16. 被害人罗雨陈述，2008年3月4日下午14时许，因其姐夫刘长青上板樟山两三个小时都没有下来，其就上山查看。到山顶时，从小屋子冲出来两名手持铁水管的男子，其中一名男子用脚踢了其右腰部一下，喊着打劫，其准备反抗，这时从小屋里又冲出来三名男子，其就不敢反抗了。其被歹徒押到房间，被搜走财物，用约束带捆绑起来。过了半个小时，歹徒将房间内的十几名游客又押到半山腰的树林里，后来歹徒分批逃跑了。其被抢走一台索爱手机、人民币230元。其还见到有两名歹徒各手持一把自制圆筒状黑色手枪。

经辨认照片辨认出抢劫其的男子有罗能销、孟付权、罗文章、罗文教。

17. 被害人王庆国陈述，2008年3月4日14时30分许，其在珠海板樟山被四名男子抢劫，其中一名男子持枪顶住其头部，声称抢劫，其他男子就搜走其财物，之后其被押到半山腰的树林里，该处已有被抢的二十多名游客，其等均被约束带捆住，其中一名男子要反抗，遭到一顿拳打脚踢。其被抢走诺基亚3100手机一台、人民币120元。

经辨认照片辨认出抢劫其的男子有罗文教、罗能纪。

18. 被害人陈晓明陈述，2008年3月4日14时许，其在珠海板樟山被七八名男子抢劫，被抢走诺基亚手机一台，现金300元，银行卡两张。当时有一名男子持手枪指着其太阳穴，还有男子拿刀和水管，其被歹徒推到山顶小房间，掉进屋里的一个深坑，后脑勺撞在地上，左脚和手背有擦伤。

经辨认照片辨认出抢劫其的男子有罗文章。

19. 被害人林克松陈述，2008年3月4日下午约1时许，其在珠海板樟山被五名男子抢劫，其中一名男子持枪顶住其头部，一名男子拿刀指着其，其交出索爱手机一台及现金1000元。后来其被歹徒押到半山腰的小树林里，那里已经有五六名被抢游客蹲着，后来又陆续押来不少人。其还听到两名男子被歹徒殴打的惨叫声。

经辨认照片辨认出抢劫其的男子有罗小洪。

20. 被害人刘长青陈述，2008年3月4日，其带着父母、儿子爬珠海板樟山。中午12时许，其先到达山顶平台，被四名手持铁管和刀的男子抢劫，其被歹徒用铁水管打了头部右后侧及左肩部等处，其被押到山顶小屋内，被抢的十几名游客都关在这里。其被抢走手机一台和人民币100元。歹徒抢劫其他游客时还用枪威胁，有两名被抢男子不是很配合，歹徒就用铁水管殴打，并用脚踢。

经辨认照片辨认出抢劫其的男子有罗志帮、罗能销、孟付权、罗文章、罗文教，其中罗能销手持手枪，罗文教用铁管打过其。

21. 被害人龚俊陈述，2008年3月4日13时许，其与同事武立峰到珠海爬板樟山，在从观景台往圆明新园的路上，被六名男子前后堵住抢劫，其中两名男子手持手枪类的物体威胁，一名男子持铁水管，其余五六名男子持西瓜刀，其等被歹徒押到山顶的一个废旧房间里。后来房间里被关押的游客有二十多名，都被反绑着双手。其被抢走摩托罗拉手机一台，现金40多元，中国银行卡一张。

经辨认照片辨认出抢劫其等的男子有罗文教、罗能纪、韦贵发、罗能销、罗文章、广春海、孟付权。

22. 被害人武立峰陈述，证实被抢劫的经过情况与龚俊的陈述基本一致。并证实，当时有两名男子持手枪。其被抢走现金30元。

经辨认照片辨认出抢劫其等的男子有罗能销、罗文教、罗能纪。

23. 被害人邱伟权陈述，2008年3月4日中午13时30分，其在珠海板樟山被七八名男子抢劫，其中一名男子手持砍刀，其被抢走现金2100元，一台诺基亚手机。后来他们将抢到的财物收集起来交给一名男子，用深蓝色背包装好手机、现金、银行卡、金项链等，由该男子背下山。

经辨认照片辨认出抢劫其的男子有罗小洪、罗能销、罗志帮、韦贵发、李尚勇、罗文章、罗文教、罗能纪，其中罗能纪用刀架在其脖子上。

（四）被告人供述和辩解

1. 被告人罗小洪在侦查阶段供称，2008年3月4日12时至14时，其和罗能销（“阿销”）、罗文教（“阿全”）、罗志帮（“阿帮”）、罗能纪（“阿化”）、广春海（“辉海”)、孟付权、罗文章(罗文昌、“阿祥”)、李尚勇(徐欢、“老李”)、江见秀(“阿萍”)、“阿力”、“阿平”共计十二人在珠海市香洲区板樟山山顶手持枪支、西瓜刀、铁水管抢劫了二十多名游客。

并供称,2008年春节前,其从深圳来到珠海见女友江见秀时,觉得板樟山的地形有利于抢劫,就滋生了组织一帮人来此抢劫的念头。2008年正月十五前后,其与罗能销、罗文教、罗文昌、徐欢商量到珠海抢劫,他们表示很有兴趣参加。正月十八左右,其在深圳宝安沙井向“阿超”以每支人民币1000元的价格购买了两支霰弹手枪。3月1日,其找到罗能销、罗文教、罗文昌、徐欢、“阿平”等人商量到珠海抢劫的事情,并由罗能销联系罗在东莞的老乡。3月2日,其等十人从深圳来到珠海前山南沙湾,并于3月3日一起到板樟山踩点,3月3日下午,其和江见秀、“阿平”、罗文教、“阿力”到珠海南屏附近的市场购买了水果刀、铁棍、胶扣扎带、旅行袋等作案工具,花费人民币200多元,由其付款(罗能销给的钱)。

并供称,3月4日上午11时许,其等分乘三辆的士车来到珠海板樟山山顶会合,在山顶观景台上开始对陆续爬山上到山顶的二十余名游客实施抢劫,具体方式是持枪、水果刀、铁棍拦住这些游客要求将财物交出来,接着用胶扣扎带捆住游客的双手,赶到山顶的小房间关押并搜身。其等一共抢到手机19台、相机1部,以及项链、戒指、手表等物,现金有两万多元。其印象深的有抢过一男三女,有人用水管打伤了男子的右腿;有抢过一对情侣,男子想拿着铁棍反抗,被其用枪逼着就范;有抢过一名戴着眼镜的男子,该男子趁其等不备逃走了。其还见到罗能销朝两名男子身上打过一拳。

并供称,其等的分工是:其和罗能销持枪威胁,罗能纪、罗志帮、罗文昌、“阿平”持刀威胁,徐欢、广春海、罗文教、“阿力”持棍威胁,山下望风的有江见秀,半山腰望风的有孟付权,“阿平”负责将装有刀棍的旅行袋背上山,罗文教和罗文昌后来负责看守房间内被抢的游客,罗能销后来逼问出一游客的银行卡密码,由罗文昌持卡下山取到现金一万多元,抢到的所有财物由其负责收集,后来逃跑时物品由罗能销带着,罗文昌带着现金。

并供称,抢劫得手后,经罗文章清点,现金大约有19600元,当场给孟付权、李尚勇、罗文章、江见秀每人200元打麻将,其余的钱准备平分。

并供称,抢劫前罗能道与另外两名同伙一起从东莞来珠海,大家商量抢劫分工时罗能道也在场,但第二天抢劫前罗能道已经离开了。

经辨认照片辨认出参与抢劫的还有广春海、孟付权、“老李”(李尚勇)、“老教”(罗文教)、罗能纪、罗志帮、“阿祥”(罗文章)、“火力”(韦贵发)、“阿销”(罗能销)、江小萍(江见秀)、“阿平”(王五平)。

2. 被告人罗能销在侦查阶段供称,经罗小洪和“老李”(李尚勇)提议,其等从深圳包车到珠海准备抢劫、踩点、购买作案工具,以及抢劫的经过,与被告人罗小洪的供述基本一致。并供称,其借了200元给罗小洪购买作案工具,此外,其还联系在东莞的老乡罗志帮、广春海、罗能道赶来珠海参与抢劫,但案发当天罗能道因为有事先回去了。

并供称,案发当天由其、罗小洪、徐欢(李尚勇)、“阿平”(王五平)轮流将装有刀棍的旅行袋背上山。其等首先抢劫的是一名男子,从他身上抢到一部诺基亚6030

手机和现金100元。后来其他同伙也先后抢劫了十几人，都是拿着刀棍拦住游客要求将财物交出来，有的游客身上有银行卡的，其等就持手枪、刀、钢管逼问密码，并恐吓不说就将其打死。后来其等用约束带绑住游客的双手，将他们赶到山顶的废旧房间内关押，并派同伙看守。

并供称，其动手参与抢劫有两次，其余时间在现场看同伙抢。其看到有同伙用铁水管打伤游客。其和罗小洪各持一支手枪威胁游客，手枪都是罗小洪带来的。山下由江见秀负责望风；半山腰由罗志帮、孟付权负责望风，但期间他俩也拿刀抢劫过游客；后来其和罗文教、罗文昌（罗文章）负责看守房间内的被抢游客；王五平、罗文教在现场逼问游客的银行卡密码；由罗文昌下山取钱；抢到的现金由罗文昌带下山。

并供称，其等共抢劫了二十几名游客，抢得现金、手机、首饰、银行卡、相机等财物，其背着抢得的物品先下山。其下山后被警察抓获。

经辨认照片辨认出参与抢劫的还有广春海、孟付权、李尚勇、罗文教、罗能纪、罗小洪、罗志帮、罗文章、韦贵发、江见秀、王五平。

3. 被告人王五平在侦查阶段供称，2008年3月4日下午，在板樟山山顶上，其等抢劫了一次。是罗小洪提议到珠海板樟山抢劫的，包车和开房住宿的钱都是罗小洪出的。案发当天下午，其等到达板樟山山顶，其开始是在半山腰望风，后来罗小洪他们叫其到山顶帮忙抢和看守被抢的游客。其等使用了四把西瓜刀、四条钢管和两支自制手枪。其等一共抢了二十一人左右，共抢得现金人民币6000元左右，还有十多台手机和项链、戒指等财物。两支枪是罗小洪从东莞带过来的，其他作案工具是罗小洪到珠海后买的。参与抢劫的还有罗小洪、罗小洪的女朋友、罗能销等十二人。

并供称，抢劫时其看见“阿洪”、罗能销各带了一支手枪。其和罗小洪等人打过几名被害人。

4. 被告人罗能纪在侦查阶段供称，经罗小洪提议，其等从深圳包车到珠海准备抢劫、踩点，以及抢劫的经过，与被告人罗小洪的供述基本一致。并供称，案发当天其等分批到达山顶后，罗小洪叫其等到山顶小房间内拿抢劫工具。其拿了一根铁棍。其直接动手抢了两三次，和其他同伙一起持刀棍威胁，并用约束带捆住游客的双手，赶到山顶的小房间关押。其还看到孟付权和罗文教用水管打伤被抢游客。

并供称，抢劫时罗小洪和罗能销各持一支枪威胁，捆绑游客期间其帮罗小洪拿过枪。在山下望风的有江见秀，半山腰望风的有罗志帮和孟付权，其中孟付权也拿水管威胁过游客。后来其和“火力”（韦贵发）、罗文教、李尚勇看守房间内的游客，罗小洪、罗能销等人逼问出游客的银行卡密码后，由罗文章下山取钱，抢到的手机和钱由罗能销保管。

并供称，罗能道与罗能销联系后从东莞来珠海，准备一起抢劫，但第二天抢劫前罗能道有事回了东莞。

经辨认照片辨认出参与抢劫的还有广春海、孟付权、李尚勇、罗文教、罗小洪、罗志帮、罗文章、韦贵发、罗能销、江见秀、王五平。

5. 被告人李尚勇在侦查阶段供称，经罗小洪和罗能销提议，其等从深圳包车到珠海准备抢劫、踩点、购买作案工具，以及抢劫的经过，与被告人罗小洪的供述基本一致。并供称，案发前一天罗志帮、广春海、罗能道也从东莞赶过来，作案工具是罗小洪、罗文教、“阿皮”（王五平）一起购买的。

并供称，案发当天“阿皮”将装有西瓜刀、钢管等工具的背包带到山顶一个空房间内，然后其等分头寻找游客进行抢劫。其持一根铁水管与罗能纪、孟付权、王五平等人在山上抢劫了两批游客，其从一名男子身上抢得一块手表。其还看到罗能销等人拿着枪威胁游客，并用约束带捆住游客的双手，带进山顶小房间内抢劫随身财物。其看到其他同伙持刀或水管威胁，江见秀负责在山下望风。半山腰还有一两人望风，抢到的所有财物由罗能销收集保管。

并供称，抢到游客的银行卡后，其等还逼问出密码，由罗文章下山取款。

并供称，商量抢劫时罗能道一直在场，但第二天抢劫前罗能道有事回了东莞。

经辨认照片辨认出参与抢劫的还有广春海、孟付权、罗文教、罗能纪、罗小洪、罗志帮、罗文章、韦贵发、罗能销、江见秀、王五平。

6. 被告人罗文教在侦查阶段供称，经罗小洪提议，其等从深圳包车到珠海准备抢劫、踩点，以及抢劫的经过，与被告人罗小洪的供述基本一致。

并供称，案发前一天，其和罗小洪、罗小洪的女友、徐欢的朋友、“火力”去市场买了作案工具。罗志帮、广春海、“老道”（罗能纪的哥哥）也从东莞赶来会合。

并供称，2008 年 3 月 4 日上午，“老道”因为有事坐车走了。当天中午其等乘车来到珠海的山上。罗小洪将装有刀具的背包放在山顶房间内，其等各自上前拿工具。其和罗文章、徐欢（李尚勇）、广春海、孟付权拿了水管，罗小洪、罗能纪拿的是西瓜刀，罗能销、罗小洪身上各带了一把火药枪，“火力”在几十米远处望风，罗小洪的女朋友在石阶路上望风。

并供称，第一次抢的是一名约 30 岁的男子，其和徐欢、罗能纪、罗能销、孟付权拿着水管、刀具围上去；抢到一台黑色手机和几十块钱。第二次抢的是两名年轻女子，徐欢、罗能销抢到一台红色诺基亚 8310 手机和现金几十元。其等用胶带绑住被抢游客的双手，然后将游客关在房子里。后来又抢了几批游客，之后也都将游客赶到房子内。不久，有一男三女走到房子附近，其就和罗能销、徐欢、罗小洪等人围上去，那名男子反抗推其，其就用水管敲打他的右大腿，其等抢得三台手机和一些钱。其还看到罗能销拿着一把火药枪威胁被抢游客。后来房间里关押了十五六名游客，其等就将游客押到一百多米远的树林里看守，这时其听说罗文章已经下山持抢到的银行卡去取钱了，下午 14 时许，其接到罗文章的电话说取到 17000 元，其中一张卡的密码是错的。其等就决定分批从不同路线下山。

经辨认照片，参与抢劫的还有广春海、孟付权、李尚勇、罗能纪、罗小洪、罗志帮、罗文章、韦贵发、罗能销、江见秀、王五平。

7. 被告人罗文章在侦查阶段供称，经罗小洪提议，其等从深圳包车到珠海准备抢劫、踩点，以及抢劫的经过，与被告人罗小洪的供述基本一致。并供称，罗小洪还约罗志帮、广春海、罗能道从东莞到珠海会合。罗小洪、徐欢（李尚勇）、“火力”（韦贵发）、王某平（王五平）购买了作案工具。

并供称，案发当天，其等乘车到板樟山，作案工具由罗小洪、罗能销、徐欢、王五平轮流背上山顶。其拿着一根钢管在房间门口望风，罗文教和韦贵发在山顶望风，江见秀在山下望风，罗小洪、罗能纪、广春海、王五平各拿一把西瓜刀，徐欢和孟付权拿钢管，罗小洪和罗能销还各拿着一支枪。罗能纪、广春海、王五平、徐欢、孟付权在上面的平台守候，一旦有人来就拦路抢劫，如果人数多，罗小洪、罗能销、罗志帮就上前帮忙。当时有一名年轻男子上来，其等上前抢劫，那名男子想跑，孟付权追上去把他拉回来，用钢管往该男子的背部打了一下，其等抢得黑色手机一台。后来其等又从另两名男子身上抢到一台手机和现金 100 多元。过了几分钟，罗能纪等五人又抢劫了两名女子，抢到两台手机和现金 200 多元，之后将游客交给其看守。过了十几分钟，罗小洪、罗能销、徐欢、罗文教抢劫一名男子，抢到一张农行卡和现金 100 多元。后来，罗小洪等三人和罗能纪等五人又抢劫了三女一男，其中有名男子想逃跑，被他们拉回来打了一顿。其和罗小洪等人还抢劫了两男两女，罗小洪抢了一位阿姨的黄金戒指、王五平从一名青年女子身上抢到一条白色项链和一枚白色戒指，从两名男子身上搜出两张交通银行卡，一张邮政银行卡，并逼问出银行卡密码。罗小洪叫其拿着银行卡下山取钱，其下山后用抢来的一张交通银行卡在中国银行的网点分三次共取款人民币 15000 元，之后到马路对面的农业银行网点取款人民币 2000 元。而另一张交行卡及邮政卡卡内没有钱，之前抢得的一张农行卡密码是错误的。其打电话给罗文教，他说已经找不到该卡卡主了。其就直接回珠海南沙湾与同伙会合。

并供称，大家商量抢劫时罗能道在场，但第二天抢劫前罗能道有事返回东莞了。

经辨认照片辨认出参与抢劫的还有广春海、孟付权、李尚勇、罗文教、罗能纪、罗小洪、罗志帮、韦贵发、罗能销、江见秀、王五平。

8. 被告人孟付权在侦查阶段供称，经罗小洪提议，其等从深圳包车到珠海准备抢劫、踩点，以及抢劫的经过，与被告人罗小洪的供述基本一致。并供称，案发前一天下午，罗小洪、徐欢、罗文教、“火力”（韦贵发）、“阿皮”（王五平）买回抢劫用的刀具。后来罗志帮和广春海也到珠海会合。

并供称，案发当天中午，其等 12 人坐车来到板樟山山顶。抢劫第一位男子时，其也跟着围上去。后来罗小洪叫其到半山腰望风，在半山腰望风的还有罗志帮。其在半山腰看了一个多小时，罗文教打电话叫其上山来，其上到山顶看到有十几名游客被绑在一起，罗文教、广春海、徐欢、“阿皮”、“火力”拿着铁管和刀，罗能销、罗能纪拿着枪，罗小洪让其和罗能纪、广春海将装有刀具的背包背下山，其等下山时走了十几米就将包扔在山上了。

并供称，罗能道与另外两名同伙一起从东莞来珠海，但第二天抢劫前罗能道已经离开。

经辨认照片辨认出参与抢劫的还有广春海、李尚勇、罗文教、罗能纪、罗小洪、罗志帮、罗文章、韦贵发、罗能销、江见秀、王五平。

9. 被告人韦贵发在侦查阶段供称，经罗小洪提议，其等从深圳包车到珠海准备抢劫、踩点，以及抢劫的经过，与被告人罗小洪的供述基本一致。并供称，罗志帮和另外一名男子从东莞过来会合。后由江见秀带领去市场买了四把西瓜刀，五六根钢管。

并供称，案发当天中午其等共 12 个人到珠海板樟山山顶会合。“阿洪”叫江见秀到山下望风。其和“阿帮”（罗志帮）也去望风，罗志帮走一条路望风，其则是去另外一边望风，其余同伙从黑色背包内拿出西瓜刀、钢管，分散在附近准备抢劫。其看到罗能纪、“老李”（李尚勇）、孟付权、罗文章、“阿皮”（王五平）围上去抢劫了一名男子。从其望风处路过三人，其打电话告诉了同伙。后来罗小洪让其等一起将关在房间内的被绑游客赶到一个小山坳里，其看到被抢游客有二十多人，还看到罗能销拿着手枪。后来其等分批下山。

并供称，罗能道在罗小洪进行抢劫分工时在场，但第二天抢劫前罗能道有事回了东莞。

经辨认照片辨认出参与抢劫的还有广春海、孟付权、李尚勇、罗文教、罗能纪、罗小洪、罗志帮、罗文章、罗能销、江见秀、王五平。

10. 被告人广春海在侦查阶段供称，2008 年 3 月 3 日，罗能道和罗志帮约其一起从东莞到珠海参加抢劫。3 月 4 日上午，其等共 12 人搭车来到珠海板樟山，到达山顶后，罗小洪让其等从背包里面拿“兵器”，其拿了一把西瓜刀，罗志帮、罗能纪拿的也是西瓜刀，罗能销、罗小洪拿了手枪，其他人拿的是水管和刀。江见秀负责在山下望风，罗志帮负责在山顶的另一边望风。其与罗能纪、孟付权等人一起抢了一名男子，抢得一台黑色手机，后来又抢劫了两名女子，抢到一台手机和现金 100 多元。其还在旁边看同伙抢劫了几批游客，同伙都是用西瓜刀、水管、手枪威胁，并用胶带绑住被抢游客的双手后，赶到小房间看管。直到下午三点钟左右，其等离开了板樟山。

并供称，其与罗能道、罗志帮一起从东莞来珠海准备参与抢劫，但第二天抢劫前罗能道已经离开。

经辨认照片辨认出参与抢劫的还有孟付权、李尚勇、罗文教、罗能纪、罗小洪、罗志帮、罗文章、韦贵发、罗能销、江见秀、王五平。

11. 被告人罗志帮在侦查阶段供称，2008 年 3 月 3 日，罗能纪打电话约其和罗能道到珠海，其知道罗能纪等人是在珠海准备抢劫。罗能道带着其和广春海一起从东莞来到珠海。

2008 年 3 月 4 日上午，罗能道因为有事先回东莞了。其和广春海决定参加抢劫。罗小洪安排其和广春海跟着罗能纪。当天中午，其等来到板樟山山顶后，其被安排到半山腰的第一个观景台望风。后来其来到山顶看他们抢劫的情况，在山顶的小屋外面看见罗文教和罗能销在绑一名女子，罗文教等拿着刀具。

并供称，罗小洪和罗能销负责安排抢劫；其他同伙持刀、水管威胁游客；山下望风的有江见秀，其和孟付权在半山腰望风。

并供称，抢劫中途其去关押游客的房子看过，发现同伙有自制手枪、西瓜刀、铁管等作案工具，罗能销在绑游客的脚。

经辨认照片辨认出参与抢劫的还有广春海、孟付权、李尚勇、罗文教、罗能纪、罗小洪、罗文章、韦贵发、罗能销、江见秀、王五平。

12. 被告人江见秀在侦查阶段供称，2008 年 3 月 1 日，罗小洪和罗能销、徐欢、罗文章等人说要过来珠海干一把，其听出来是准备来抢劫。3 月 1 日，其等十人租车来到珠海。3 月 4 日，另有两名男子加入。3 月 3 日，其等十人到板樟山踩点，其还和罗小洪、“阿皮”（王五平）等人到市场买了四把西瓜刀和五六根钢管，其感觉是为抢劫准备的。

并供称，3 月 4 日上午，罗小洪提着装有两支手枪和两发子弹的黑色手提包和罗文教等人先去板樟山，其和两名同伙坐车后到，其在山脚下就打电话给罗小洪，罗小洪让其在山下望风。其开始看见有五六名身材比较高大的男子上山，其就打电话告诉罗小洪，并叫他别搞。接着又有两对男女先后上山，其告诉了罗小洪。后来其看到陆续有男女上山，一共十多人，其有点害怕了，身体也有点不舒服，就打电话给罗小洪说先走了。下午四点多，罗小洪等人返回住处，经清点共有现金17000元，据说还有二十多台手机，罗小洪给其200元去打麻将。其打完麻将返回住处，发现罗小洪等人都被抓了，其就将罗小洪用于抢劫的两支手枪和子弹放在旅行袋里逃走了。

经辨认照片辨认出参与抢劫的还有广春海、孟付权、李尚勇、罗文教、罗能纪、罗小洪、罗志帮、罗文章、韦贵发、罗能销、王五平。

（五）鉴定结论

1. 珠海市价格认证中心出具的珠价鉴［2008］A237号《涉案物品价格鉴定结论书》证实，2008年3月4日板樟山抢劫案的涉案物品手机二十台，MP4一台，金色手链一条，白色项链一条，玉吊坠一个，白色戒指一枚，相机一台等26件财物，总计价值人民币25031元。

2. 珠海市质量计量监督检测所出具的《检测报告》证实，2008年3月4日板樟山抢劫案的涉案饰品4件，分别为：钻石、翡翠（A货）、千足金手链7.78克、PT900铂金项链3.74克。

3. 珠海市公安局香洲分局出具的珠公香刑技法鉴字［2008］220号《法医学活体检验鉴定书》证实，曾振华右肩背侧、左中指疼痛，右小腿、右侧大脚趾趾甲有挫伤，所受损伤符合钝性外力作用形成，致多处软组织损伤。结论为，曾振华所受损伤未达轻伤。

4. 珠海市公安局香洲分局出具的珠公香刑技法鉴字［2008］225号《法医学活体检验鉴定书》证实，麦伟民背部、左手、右手均有擦伤并皮下出血，所受损伤符合钝性外力作用形成，致多处软组织损伤。结论为，麦伟民所受损伤未达轻伤。

5. 珠海市公安局香洲分局出具的珠公香刑技法鉴字［2008］224号《法医学活体检验鉴定书》证实，张英潮左脸颊及左耳有一处擦伤，枕部、胸背部疼痛，所受损伤符合钝性外力作用形成，致多处软组织损伤。结论为，张英潮所受损伤未达轻伤。

6. 珠海市公安局出具的珠公刑技痕鉴字［2008］2016号《枪支检验意见书》证实，在2008年3月4日板樟山抢劫案中查获的枪支两支均为以火药为动力发射枪弹的自制铁质枪支，两发子弹均系制式12号猎枪子弹。

（六）现场勘查笔录

珠海市公安局香洲分局珠公香（刑）勘［2008］381号《现场勘查笔录》及照片证实案发后公安机关对抢劫现场板樟山山顶及周边进行勘查的情况，在山顶附近的一斜坡地面上发现有遗留的烟头、约束带、纸巾、矿泉水瓶等物品，提取可疑烟头六枚。

被告人罗小洪等十一人（除被告人王五平）归案后对抢劫现场进行指认。板樟山山顶观景南路栏杆旁，为实施抢劫的地点；山顶观景台发射塔脚下百子碑旁栏杆，为埋伏地点；观景台西发射塔脚下的小屋子为抢劫时殴打、搜身、关押被抢游客的地点；观景台后面小路往下50米的地点为抢劫后准备逃跑时转移被抢游客的地点。被告人罗文章还对用抢得的银行卡取款的地点进行指认；被告人江见秀对在山脚停车场望风的地点进行指认。

（七）视听资料

银行录像证实2008年3月4日下午，被告人罗文章持被害人的银行卡到自动柜员机取款的经过。

三、2008年3月4日，被告人王五平参与板樟山抢劫案后逃回深圳。被告人王五平将其伙同他人在珠海板樟山抢劫的经过告知了被告人罗辉干、任旭鹏、罗元朋、肖万东、朱君，六被告人遂决定再到珠海实施抢劫。3月20日，由被告人罗辉干出资，并安排被告人朱君携带一把砍刀，六被告人一同从深圳市观澜镇坐车来到珠海市，当晚，被告人王五平带领其余被告人到白莲洞公园踩点。3月21日上午，由被告人罗辉干出资购买了三把西瓜刀。当天下午18时左右，在白莲洞公园山顶平台，经被告人王五平、罗辉干选定对象，由被告人任旭鹏、罗元朋、肖万东、朱君各持一把刀，六被告人对曾志坚、许姝、王彦芳、黄红艳、姜雅萍、杨成等六名游客实施抢劫，共抢得手机两台（经鉴定价值人民币2928元）、小灵通电池一块、现金人民币1000余元、澳门币50元。在抢劫过程中，被告人王五平踢了被害人杨成一脚。抢劫完成后，六被告人离开了白莲洞公园山顶平台。后被害人向公安机关报案。当晚22时左右，公安民警在白莲洞公园围捕，根据被害人描述的嫌疑人的体貌特征，抓获了逃下山的被告人王五平。3月23日晚，公安民警根据王五平供述的其余五名犯罪嫌疑人的衣着和体貌特征，在白莲洞公园山顶抓获了肖万东，从其身上搜得西瓜刀一把，在公园溜冰场附近抓获了被告人罗元朋。3月25日，被告人朱君因在珠海市南屏镇盗窃电线被群众扭送到公安机关，公安民警发现其体貌特征与白莲洞抢劫案的犯罪嫌疑人相似，经审查，查实其为参与白莲洞抢劫案的犯罪嫌疑人朱君。3月26日，公安民警根据王五平、罗元朋供述案发前与罗辉干、任旭鹏共同居住的暂住地址，在深圳市宝安区观澜镇一出租屋内抓获了被告人任旭鹏，在该出租屋楼下抓获了被告人罗辉干。此外，从上述被告人处追回被抢劫的手机二台、人民币125.2元、澳门币50元均已发还被害人。

上述事实，有经庭审举证、质证的下列证据予以证实：

（一）物证、书证

1. 户籍证明证实参与白莲洞抢劫案的被告人王五平等六人的身份情况。

2. 珠海市公安局拱北口岸分局刑警一大队出具的《扣押物品清单》、《发还物品清单》证实，案发后，公安机关从被告人王五平处扣押的赃款赃物分别是三星手机一台，澳门币20元，人民币125.2元；从被告人罗辉干处扣押诺基亚手机一台，澳门币20元；从被告人任旭鹏处扣押澳门币10元。以上财物已发还被害人。

3. 珠海市公安局拱北口岸分局刑侦大队于2009年3月20日出具的《随案移交物品清单》证实，该队于同日向本院移交西瓜刀一把。

4. 珠海市公安局拱北口岸分局刑警一大队于2008年3月28日出具的《关于“3·21团伙抢劫案”嫌疑人到案经过》证实，2008年3月21日下午18时许，经被害人报案，相关部门成立专案组进行围捕。当晚22时左右，专案组民警在白莲洞公园抓获了逃下山的犯罪嫌疑人王五平，并搜获赃款赃物。3月24日晚，专案组民警在白莲洞公园山顶抓获了肖万东，从其身上搜得西瓜刀一把，在公园溜冰场附近抓获了犯罪嫌疑人罗元朋。3月25日，专案组民警在南屏抓获了犯罪嫌疑人朱君。3月26日，专案组民警根据线索在深圳市宝安区观澜镇一出租屋内抓获了犯罪嫌疑人罗辉干、任旭鹏，并搜获赃款赃物。

5. 珠海市公安局拱北口岸分局刑侦大队于2009年3月2日出具的《补充说明》证实：

（1）该队在侦办2008年3月21日白莲洞公园山顶发生的一宗抢劫案期间，没有收到犯罪嫌疑人罗小洪、孟付权提供的关于嫌疑人王五平、罗辉干、任旭鹏的QQ号、住址等线索。案发后，案件侦破组在白莲洞公园内通过围捕守候分别于3月21日和3月24日抓获犯罪嫌疑人王五平、罗元朋、肖万东；经审讯，王五平、罗元朋交代案发前与罗辉干、任旭鹏共同居住在深圳市宝安区观澜镇三栋屋村大东门街9号的一间出租屋。根据此线索，3月26日该队派出追捕小组在上述地址抓获犯罪嫌疑人任旭鹏，后在该住处楼下抓获犯罪嫌疑人罗辉干。

（2）犯罪嫌疑人王五平被抓获后，经审讯，其供述了参与3月4日板樟山抢劫案的犯罪事实。

6. 珠海市公安局香洲分局刑侦大队于2009年2月27日出具的《补充说明》证实，该队认定犯罪嫌疑人罗小洪、孟付权具有立功情节（即配合公安机关抓获王五平、罗辉干、任旭鹏即“河南仔”）有误。现查实：犯罪嫌疑人王五平在白莲洞抢劫案发生后被当场抓获。根据王五平的交代，拱北分局刑侦大队在深圳观澜出租屋，将罗辉干、任旭鹏抓获。关于犯罪嫌疑人罗小洪、孟付权是否具有立功情节，以拱北分局提供的情况说明为准。

7. 珠海市公安局拱北口岸分局刑侦大队于2009年3月3日出具的《补充说明》证实，2008年3月25日，被告人朱君因在珠海市南屏镇盗窃电线被群众扭送到公安机关，专案组民警发现其体貌特征与白莲洞抢劫案的犯罪嫌疑人相似，经审查，查实其为朱君。

8. 珠海市公安局拱北口岸分局刑侦大队于2009年3月20日出具的《补充说明》证实，该队系根据被害人描述的嫌疑人的体貌特征，在白莲洞公园围捕时，于2008年3月21日22时许，在白莲洞公园一下山口附近抓获了王五平。23日晚，该队民警根据王五平供述的其余五名犯罪嫌疑人的衣着和体貌特征，在白莲洞公园山顶抓获了肖万东，在白莲洞公园溜冰场附近抓获了罗元朋。

（二）被害人陈述

1. 被害人曾志坚陈述，2008年3月21日下午6时许，其与杨成、黄红艳、姜雅萍、王艳芳、许姝等五名同事在白莲洞公园山顶的一张石桌处聊天，突然从四方冲上来七八名男子，其中七名男子都拿着西瓜刀之类的刀具，并立刻分别将刀架在其等脖子上，叫其等拿出随身财物，之后又对其等进行搜身。后来这些男子押着其等往板樟山方向走，约十多分钟后，这些男子就离开了。后来其听说杨成被歹徒踢了一脚。其被抢走一台诺基亚牌6120c型手机及现金人民币80元。

经辨认照片辨认出抢劫其等的男子有朱君、任旭鹏，其中朱君用刀架在其脖子上。

2. 被害人许姝陈述，案发当天其与曾志坚等人被抢劫的经过情况，与被害人曾志坚的陈述基本一致。并陈述，杨成被抢劫时，因动作慢被歹徒踢了几脚。歹徒使用的是西瓜刀之类的刀具。

经辨认照片辨认出抢劫其等的男子有罗元朋、肖万东、罗辉干、朱君，其中肖万东拿着西瓜刀押其进树林。

3. 被害人王彦芳陈述，案发当天其与曾志坚等人被抢劫的经过情况，与被害人曾志坚的陈述基本一致。并陈述，其被抢走现金约三百元。

经辨认照片辨认出抢劫其等的男子有罗元朋、罗辉干，其中罗辉干搜其身。

4. 被害人黄红艳陈述，案发当天其与曾志坚等人被抢劫的经过情况，与被害人曾志坚的陈述基本一致。并陈述，其被抢走现金人民币 110 元，姜雅萍被抢走小灵通电池一块。杨成被歹徒踢了一脚。

经辨认照片辨认出抢劫其等的男子有罗元朋、朱君、任旭鹏，其中罗元朋持砍刀，三名男子均搜其身。

5. 被害人姜雅萍陈述，案发当天其与曾志坚等人被抢劫的经过情况，与被害人曾志坚的陈述基本一致。并陈述，其被抢走一块小灵通电话的电池。有一名歹徒像是贵州口音。

经辨认照片辨认出抢劫其等的男子有罗元朋、罗辉干，其中罗元朋用砍刀架在其脖子上，罗辉干搜其身。

6. 被害人杨成陈述，案发当天其与曾志坚等人被抢劫的经过情况，与被害人曾志坚的陈述基本一致。并陈述，当时一名歹徒踢了其屁股一脚，但没有受伤。对方应该有三四名男子持刀，一把是砍刀，其他的是西瓜刀。其被抢走大约现金人民币 650 元，澳门币 50 元，一台三星 D908 手机。

经辨认照片辨认出抢劫其等的男子有罗元朋、王五平、罗辉干、朱君、任旭鹏，其中踢其的男子是王五平。

（三）被告人供述和辩解

1. 被告人王五平在侦查阶段供称，2008 年 3 月 21 日 18 时左右，在白莲洞公园的山顶石凳处，其和罗刚，还有外号“小不点”的两名男子，外号“河南仔”的男子，以及一名不知名的男子共六人抢劫了几名男女游客的财物。其等抢到了一台三星手机、一台诺基亚手机和人民币三四百元。

并供称，2008 年 3 月 20 日下午，其和罗刚等六名男子从东莞坐汽车到珠海，准备来珠海抢点钱用。2008 年 3 月 21 日下午，其等在白莲洞公园的山顶上伺机抢劫。其等看见几名男女坐在石凳上时，就一起冲出去，围住他们，罗刚和“河南仔”手里拿着西瓜刀。罗刚对那几名游客喊“把钱和手机拿出来”，游客没有动，罗刚就打了其中一名戴眼镜的男子几耳光，他们就把身上的手机和钱拿出来放在台上，两个“小不点”就拿走了财物。后来，其等将这几名游客赶到旁边的树林里后，其等便往板樟山方向跑了。其等在山上找了个地方躲起来，抢来的东西都交给了罗刚，罗刚给了其一台三星手机。

并供称，2008 年 3 月初的一天，其在深圳观澜跟罗刚说珠海的板樟山公园很好抢劫，后来罗刚同意到板樟山实施抢劫。

并供称，2008 年 3 月 20 日，其等到达珠海的当晚，其带领大家上板樟山踩点。次日早上，其与罗刚、“高个子”、朱君到一个小超市买了三把约 60 厘米长的西瓜刀，是罗刚付的钱。抢劫时有名戴眼镜的男子动作很慢，其就踢了该男子的屁股一脚，当时“河南仔”拿着砍刀，“高个子”和两个“小不点”各拿了一把西瓜刀，期间，罗刚曾把“高个子”的西瓜刀抢过来拦那名长头发的男子。

并供称，其等从深圳出发前罗刚还叫朱君从观澜出租屋内带了一把砍刀准备用于抢劫。

经辨认照片辨认出参与抢劫的还有罗辉干（罗刚）、朱君、任旭鹏、肖万东、罗元朋。

2. 被告人罗辉干在侦查阶段供称，2008 年 3 月 21 日 18 时许，其与罗元朋、“阿平”、“河南仔”，还有两个“四川仔”一共六人在珠海市白莲洞公园山顶平台处实施抢劫。抢劫时使用的大砍刀是其的，三把西瓜刀是其等一起买的，是其付的钱。其等共抢得现金人民币 700 多元，澳门币 20 元，手机两台。

并供称，是“阿平”从珠海回来说，珠海那边很容易抢劫，并说他曾伙同他人在珠海抢劫过。于是，2008 年 3 月 20 日，其等六人从深圳观澜到珠海。出发前“阿平”还叫个子矮一点的“四川仔”把放在其住处的大砍刀带上。当晚，其等到板樟山踩点。

并供称，抢劫时两名“四川仔”、罗元朋各持一把西瓜刀，“河南仔”拿着砍刀。

经辨认照片辨认出参与抢劫的还有王五平（“阿平”）、朱君（“四川仔”）、任旭鹏（“河南仔”）、肖万东（“四川仔”）、罗元朋。

3. 被告人任旭鹏在侦查阶段供称，案发前到珠海踩点、购买作案工具以及案发当天与王五平等人在白莲洞公园进行抢劫的经过情况，与被告人王五平的供述基本一致。并供称，作案前罗干（罗辉干）给了其一把长约 60 厘米，宽约 5 厘米的砍刀，让另外三名男子（即罗元朋、肖万东、朱君）各拿一把刀。从深圳到珠海的费用，是罗干支付的。抢劫时是罗干和另外两名男子搜游客的身。其等抢得人民币 700 多元，港币、澳门币各 30 元及两台手机。

并供称，是王五平提出抢劫的，王五平还告诉其等他曾在板樟山抢劫过一次。王五平用拳脚打了那名戴眼镜的男子头部几下。

经辨认照片辨认出参与抢劫的还有王五平（“阿平”）、罗辉干（罗干）、朱君、肖万东、罗元朋。

4. 被告人罗元朋在侦查阶段供称，案发前到珠海踩点、购买作案工具以及案发当天与王五平等人在白莲洞公园进行抢劫的经过情况，与被告人王五平的供述基本一致。并供称，从深圳到珠海的费用，是罗干支付的。抢劫时是罗干和“河南仔”搜游客的身。其等共抢得人民币 800 元左右和三台手机。

并供称，是王五平提议到珠海抢劫的，王五平曾在珠海的山上抢劫过一次。是罗干叫拿砍刀的。抢劫时其和“河南仔”、短头发的“四川仔”（朱君）各拿了一把西瓜刀，高一点的那个“四川仔”（肖万东）拿了一把砍刀。

经辨认照片辨认出参与抢劫的还有王五平、朱君（“四川仔”）、任旭鹏（“河南仔”）、肖万东（“四川仔”）、罗辉干（罗干）。

5. 被告人肖万东在侦查阶段供称，案发前到珠海踩点、购买作案工具以及案发当天与王五平等人在白莲洞公园进行抢劫的经过情况，与被告人王五平的供述基本一致。并供称，从深圳出发前罗干还将一把大刀交给朱君带着。抢劫时“阿朋”、“阿平”打了一名男子一顿，“阿平”叫其搜游客的身。其等共抢得人民币九百多元和两台手机。

并供称，是“阿平”提议来珠海实施抢劫的，“阿平”还告诉其等他曾到珠海抢劫过。从深圳到珠海的费用，是罗干支付的。

并供称，抢劫时其拿着一把西瓜刀，“河南仔”、罗干、朱君各拿一把刀，“河南仔”拿的是砍刀。其被抓获时所携带的那把刀就是该次抢劫时所使用的刀，已被扣押了。

经辨认照片辨认出参与抢劫的还有王五平（“阿平”）、朱君、任旭鹏（“河南仔”）、罗辉干（罗干）、罗元朋（“阿朋”）。

6. 被告人朱君在侦查阶段供称，案发前到珠海踩点、购买作案工具以及案发当天与王五平等人在白莲洞公园进行抢劫的经过情况，与被告人王五平的供述基本一致。并供称，抢劫时“河南仔”拿着一把长约40厘米的大砍刀。罗元朋提出，由其和罗元朋、“河南仔”、肖万东四人拿刀。其等共抢得人民币七八百元和两台手机。是罗辉干搜游客的身。

并供称，是“阿平”提议抢劫。是罗辉干叫其把砍刀带到珠海的。其和“阿平”及肖万东每人拿一把西瓜刀，“河南仔”拿着砍刀。

经辨认照片辨认出参与抢劫的还有王五平（“阿平”）、罗辉干、任旭鹏（“河南仔”）、肖万东、罗元朋（罗辉干的老乡）。

（四）鉴定结论

珠海市价格认证中心出具的珠价鉴［2008］A315号《涉案物品价格鉴定结论书》证实，2008年3月21日白莲洞公园抢劫案的涉案物品手机2台，总计价值人民币2928元。

（五）现场指认照片

被告人王五平、罗辉干、任旭鹏、罗元朋、肖万东、朱君对购买作案工具西瓜刀的地点、实施抢劫犯罪的地点、赃款赃物、查获的作案工具一把西瓜刀进行辨认确认。

针对控辩双方围绕本案事实、证据发表的意见，综合评判如下：

1. 关于被告人王五平、罗文教、孟付权是否参与观澜人民公园抢劫案的问题。经查，被告人罗小洪、罗能销、罗能纪、李尚勇、罗文章在侦查阶段供称被告人王五平共同参与了观澜人民公园抢劫案，被告人罗小洪、罗能纪、李尚勇在侦查阶段供称被告人罗文教参与了观澜人民公园抢劫案，被告人罗能销、罗能纪、李尚勇、罗文章在侦查阶段供称被告人孟付权参与了观澜人民公园抢劫案。综上，三名以上同案被告人分别指证被告人王五平、罗文教、孟付权参与了观澜人民公园抢劫案，故可以认定该节事实。被告人王五平的辩护人、被告人罗文教、孟付权所提王五平、罗文教、孟付权未参与观澜人民公园抢劫案的辩解、辩护意见，与审理查明的事实不符，不能成立，不予采纳。

2. 关于观澜人民公园抢劫案中各被告人的地位、作用的认定。经查，被告人罗小洪、罗能销、王五平、罗能纪、李尚勇、罗文教、罗文章、孟付权均在现场参与持刀抢劫，均是实行犯，且各被告人在该宗抢劫犯罪中所起作用相当，并非起次要或者辅助作用，故对参与该宗犯罪的被告人不区分主从犯。被告人罗小洪的辩护人所提罗小洪在观澜人民公园抢劫案中是从犯的辩护意见不能成立，不予采纳。

3. 关于被告人罗小洪、罗能销是否是板樟山抢劫案的组织者、策划者的问题。经查，被告人罗小洪在侦查阶段供称，作案前一个月，其到珠海市发现板樟山的地形适合抢劫，便产生了组织一帮人来此抢劫的念头，之后返回深圳向被告人罗能销、罗文教等人提议到珠海抢劫，他们表示赞同。被告人罗小洪还供称其从深圳携带了两支手枪与被告人罗能销等人来到珠海市，之后带领大家到板樟山踩点，还购买了西瓜刀、铁水管、捆绑塑料带等工具。被告人罗能销在侦查阶段也供称，经被告人罗小洪提议，其等从深圳来到珠海，其借了200元给罗小洪购买作案工具，作案后其携带抢得的大部分财物逃跑时被抓获。被告人罗小洪、罗能销均供称其二人在抢劫过程中持手枪威胁被害人。被告人王五平、罗能纪、李尚勇、罗文教、罗文章、孟付权、韦贵发的供述均不同程度地印证以上供述。该七名被告人和被告人广春海、罗志帮还证实，案发时，其等到达板樟山山顶后，被告人罗小洪、罗能销分发作案工具，安排分头进行抢劫，抢得的财物也由罗能销收集保管。综上，足以认定被告人罗小洪、罗能销系板樟山抢劫案的组织者、策划者，其中，被告人罗小洪所起作用较罗能销更大。被告人罗小洪及其辩护人所提罗小洪在板樟山抢劫案中所起作用并非最重要，被告人罗能销所提其不是板樟山抢劫案的组织者、策划者的辩解、辩护意见不能成立，不予采纳。

4. 关于被告人罗小洪、罗能销在板樟山抢劫案中是否持枪威胁被害人的问题。经查，被告人罗能销在侦查阶段供称其与被告人罗小洪在板樟山抢劫案中持枪威胁被害人，该供述与被告人罗小洪、罗能纪的供述相互印证，被告人李尚勇、罗文教的供述也证实看见被告人罗能销持枪威胁被害人，且亦有多名被害人指证案发现场有两名男子持枪威胁，其中，被害人曹雪斌经辨认照片还辨认出被告人罗能销就是持枪顶住其头部的男子，被害人唐世宝、刘长青经辨认照片辨认出被告人罗能销就是持枪威胁其他被害人的男子。综上，可以认定被告人罗小洪、罗能销在抢劫过程中持枪威胁被害人。被告人罗能销所提其没有持枪威胁被害人的辩解意见不能成立，不予采纳。

5. 关于参与板樟山抢劫案的各被告人是否均应认定具有持枪抢劫情节的问题。经查，现有证据足以认定被告人罗小洪、罗能销持枪威胁被害人，除被告人罗能纪、李尚勇、罗文教供称看见同案犯持枪威胁被害人以外，被告人王五平、罗文章、广春海、孟付权亦供称看见被告人罗小洪、罗能销在抢劫中持枪，被告人韦贵发供称在抢劫中看见罗能销拿着一支手枪，被告人罗志帮供称在抢劫中看见同伙有自制手枪，被告人江见秀在侦查阶段也供称案发当天看见罗小洪拿着装有两支手枪和两发子弹的手提包去板樟山。综上，虽然被告人罗小洪、罗能销持枪威胁被害人时被告人江见秀不在现场，但被告人江见秀明知被告人罗小洪携带枪支前往抢劫现场而仍然参与抢劫，故其对同案犯可能持枪抢劫有认识并认可，同案犯的该行为并未超出其犯罪故意，因此，被告人江见秀应共同承担持枪抢劫的刑事责任。此外，王五平等其他九名被告人均在抢劫现场看见被告人罗小洪、罗能销持枪，且与该二被告人分工协作，共同劫取被害人的财物，因此，也均应认定具有持枪抢劫的情节。被告人江见秀所提其不知道罗小洪是否有带作案工具到板樟山进行抢劫，被告人王五平的辩护人、被告人李尚勇的辩护人所提不能认定王五平、李尚勇在板樟山抢劫案中具有持枪抢劫的情节，被告人罗文教、孟付权、罗志帮所提其不知道同案被告人在板樟山抢劫案中持枪抢劫的辩解、辩护意见不能成立，不予采纳。

6. 关于被告人罗能纪在板樟山抢劫案中是否殴打了被害人的问题。经查，被害人曾振华陈述，一名男子持铁水管朝其右小腿敲了一棍致小腿流血，经辨认照片辨认出该男子就是被告人罗能纪。与曾振华一同被抢劫的被害人邹娴、廖爱娥经辨认照片也均辨认出抢劫其等的男子中有被告人罗能纪。此外，法医学活体检验鉴定书证实被害人曾振华的右小腿有挫伤，伤情未达轻伤。综上，可以认定被告人罗能纪在抢劫过程中殴打了被害人。被告人罗能纪所提其在板樟山抢劫中没有殴打被害人的辩解意见不能成立，不予采纳。

7. 关于被告人王五平、李尚勇、罗文章、孟付权所提在板樟山抢劫案中，王五平系被强迫参与抢劫，李尚勇系受诱骗参与抢劫，罗文章系受罗小洪的诱骗参与抢劫，孟付权系受罗小洪的指使参与抢劫的辩解意见。经查，上述四被告人经与其他被告人共谋、踩点、准备作案工具后，均在现场持凶器参与抢劫，积极实施犯罪，且四被告人均未提出其被强迫、受诱骗、受指使参与抢劫犯罪的证据，在案证据也未涉及该节，故四被告人提出的该项辩解意见不能成立，不予采纳。

8. 关于被告人江见秀所提案发当天其没有望风的辩解意见。经查，被告人江见秀在侦查阶段多次稳定供述其与男友罗小洪等十人从深圳租车到珠海准备抢劫，并一同到板樟山踩点，购买了西瓜刀、铁水管等工具，案发当天，罗小洪安排其在山下望风，其将上山游客的情况打电话告诉了罗小洪。该供述与被告人罗小洪的供述相互印证。此外，被告人罗能销、李尚勇、罗能纪、罗志帮、罗文教、罗文章、广春海、韦贵发等均供称被告人江见秀在山下望风。综上，可以认定，案发当天被告人江见秀在板樟山山下为罗小洪等人望风。被告人江见秀提出的该项辩解意见不能成立，不予采纳。

9. 关于板樟山抢劫案中各被告人的地位、作用的认定。经查，被告人罗小洪提议抢劫、组织踩点、准备作案工具；被告人罗能销提供购买作案工具的费用、掌管大部分赃款赃物。被告人罗小洪、罗能销是该宗抢劫犯罪的组织者、策划者。案发当天，被告人江见秀在山下望风，被告人罗小洪、罗能销持手枪在现场实施抢劫，其余九名被告人均在现场持刀具或者铁水管抢劫、看守游客，其中，被告人罗能销、罗能纪、罗文教等还殴打了被害人，被告人罗文章则中途下山持被害人的银行卡取款。综上，被告人江见秀在该宗抢劫犯罪中起次要作用，是从犯；其余十一名被告人中，虽然被告人罗小洪、罗能销所起作用较其他九名被告人的作用更大，但该十一名被告人均是实行犯，且在共同犯罪中起主要作用，是主犯，根据各自犯罪的事实、情节分别定罪处罚。被告人王五平的辩护人、被告人罗能纪的辩护人、被告人李尚勇及其辩护人、被告人孟付权、罗志帮所提被告人王五平、罗能纪、李尚勇、孟付权是从犯，被告人罗志帮在抢劫过程中仅是负责望风的辩解、辩护意见不能成立，不予采纳。

10. 关于被告人任旭鹏所提其在白莲洞抢劫案中没有砍伤被害人的辩解意见。经查，公诉机关未指控在该宗抢劫中被告人砍伤了被害人。六名被害人也均陈述抢劫时有几名被告人持刀威胁，但没有用刀砍。被告人任旭鹏及其他五名被告人的供述与被害人陈述相互印证，故可以认定被告人任旭鹏等六名被告人并未砍伤被害人。被告人任旭鹏提出的该项辩解意见成立，予以采纳。

11. 关于被告人肖万东的辩护人所提赃款赃物均已被追回发还被害人的辩护意见。经查，根据曾志坚等六名被害人的陈述和王五平等六名被告人的供述，王五平等六被告人共劫得手机两台、小灵通电池一块、现金人民币1000余元、澳门币50元。《扣押物品清单》、《发还物品清单》证实，从被告人王五平、罗辉干、任旭鹏处扣押赃物手机两台、赃款人民币125.2元、澳门币50元，均已发还被害人。综上，该宗抢劫犯罪尚有部分赃款赃物未被追回。被告人肖万东的辩护人提出的该项辩护意见不能成立，不予采纳。

12. 关于被告人朱君所提其系受诱骗参与白莲洞抢劫案的辩解意见。经查，被告人朱君经与其他被告人共谋、踩点、准备作案工具后，持刀具参与抢劫，积极实施犯罪，且被告人朱君未提出其受诱骗参与抢劫犯罪的证据，在案证据也未涉及该节，故被告人朱君提出的该项辩解意见不能成立，不予采纳。

13. 关于白莲洞抢劫案中各被告人的地位、作用的认定。经查，被告人王五平提议抢劫、组织踩点、准备作案工具，被告人罗辉干负责出资、准备作案工具。案发当天，被告人王五平、罗辉干选定对象，由被告人任旭鹏、罗元朋、肖万东、朱君各持一把刀，六被告人对被害人实施抢劫，其中，被告人王五平踢打了一名被害人，抢劫所获赃款赃物由被告人罗辉干掌管。综上，虽然被告人王五平、罗辉干的作用较其余四被告人的作用更大，但六被告人均是实行犯，且在该宗抢劫犯罪中所起作用并非次要或者辅助，故对参与该宗犯罪的被告人不区分主从犯，而根据各自犯罪的事实、情节分别定罪处罚。被告人罗元朋、被告人肖万东的辩护人、被告人朱君的辩护人所提罗元朋、肖万东、朱君是从犯的辩解、辩护意见不能成立，不予采纳。

14. 关于被告人罗能纪犯罪时是否年满十八周岁的问题。经查，侦查机关向贵州省都匀市石龙派出所调取的户籍证明证实，该所辖区村民罗能纪的出生日期是 1990 年 2 月 9 日。被告人罗能纪的辩护人当庭举证由贵州省都匀市石龙乡共和村村委会出具的《证明》证实，该村村民罗能纪的出生日期是 1991 年 2 月 9 日，在登入户口时误登为 1990 年 2 月 9 日。本院经向贵州省都匀市公安局石龙派出所去函调查，该所于 2009 年 3 月 16 日出具的《关于罗能纪真实出生日期的函复》证实，经核实，石龙乡共和村村委会的证明系根据罗能纪的家人所述出具的，并无其他证据，且该所《常住人口登记表》及相关户籍档案上登记的罗能纪的出生日期与该所出具的户籍《证明》一致，该所也未收到罗能纪本人及家人关于更改其年龄的申请材料。本院认为，村委会不是户籍登记机关，不具备出具村民出生日期证明的主体资格，其出具的《证明》不具备真实性、合法性，不予采信。因此，应采信当地派出所出具的户籍证明，据此认定被告人罗能纪的出生日期是 1990 年 2 月 9 日。被告人罗能纪的辩护人所提罗能纪犯罪时不满 18 周岁的辩护意见不能成立，不予采纳。

15. 关于被告人罗小洪、孟付权、王五平、罗元朋是否具有立功表现的问题。经查，珠海市公安局香洲分局刑警一大队于 2008 年 8 月 25 日出具的《情况说明》证实，罗小洪、孟付权归案后提供了王五平、罗辉干、“河南人”的地址、QQ 号等线索，配合公安机关抓获了该三人。珠海市公安局拱北口岸分局刑侦大队于 2009 年 3 月 2 日出具的《补充说明》证实，该队没有收到罗小洪、孟付权提供的关于王五平、罗辉干、任旭鹏的 QQ 号、住址等线索。该队在白莲洞公园内通过围捕守候分别于 2008 年 3 月 21 日和 3 月 24 日抓获王五平、罗元朋；经审讯，二人交代案发前与罗辉干、任旭鹏共同居住在深圳市宝安区观澜镇三栋屋村大东门街 9 号出租屋。根据此线索，该队于 2008 年 3 月 26 日在上述地址抓获了任旭鹏，在该住处楼下抓获了罗辉干。珠海市公安局香洲分局刑侦大队于 2009 年 2 月 27 日出具的《补充说明》证实，该队对罗小洪、孟付权配合公安机关抓获王五平、罗辉干、任旭鹏（“河南仔”）的认定有误，此节认定以拱北分局提供的情况说明为准。综上，由于被告人王五平、罗辉干、任旭鹏均由珠海市公安局拱北口岸分局刑侦大队组织抓获归案，故该队出具的情况说明证实抓获上述被告人的线索来源具有证明力，应予采信。此外，珠海市公安局香洲分局刑侦大队出具的《补充说明》也已对其前一份《情况说明》中认定被告人罗小洪、孟付权具有立功表现一节予以纠正。此外，罗小洪在侦查阶段供称其是在被抓获后的一个星期六辨认视频、向公安机关提供王五平等人的手机号码等线索。经查，白莲洞抢劫案发生在2008年3月21日，是星期五，而王五平当晚即被抓获。因此，即使罗小洪提供了相关信息，最早也是2008年3月22日，已在抓获王五平之后，故其不可能提供线索协助公安机关抓获王五平。综上，并非被告人罗小洪、孟付权提供线索协助公安机关抓获了被告人王五平、罗辉干、任旭鹏。被告人罗小洪及其辩护人、被告人孟付权所提罗小洪、孟付权归案后提供线索协助公安机关抓获了同案犯，有立功表现的辩解、辩护意见，与审理查明的事实不符，不能成立，不予采纳。此外，虽然公安机关系根据被告人王五平、罗元朋所供述的同案犯罗辉干、任旭鹏案发前的经常居住地而抓获了被告人罗辉干、任旭鹏，但由于被告人王五平、罗元朋属于供述同案犯的基本信息，不属于提供线索协助公安机关抓获同案犯，故不构成立功，但鉴于二被告人的该悔罪表现，可酌情从轻处罚。被告人王五平的辩护人所提王五平归案后提供线索协助抓获被告人罗辉干、任旭鹏，具有立功表现的辩护意见不能成立，不予采纳。

16. 关于被告人朱君的辩护人所提朱君归案后检举了被告人王五平参与板樟山抢劫案的辩护意见。经查，珠海市公安局拱北口岸分局刑侦大队于2009年3月2日出具的《补充说明》证实，该队于2008年3月21日抓获了涉嫌参与白莲洞抢劫案的被告人王五平，经审讯，其供述了参与3月4日板樟山抢劫案的犯罪事实。该队于2009年3月3日出具的《补充说明》证实，该队于2008年3月25日抓获朱君。此外，侦查机关制作的被告人王五平的讯问笔录证实，被告人王五平在2008年3月22日第一次讯问笔录中即供述了其参与板樟山抢劫案的犯罪事实。综上，被告人王五平在被告人朱君归案前已供述了其参与板樟山抢劫案，而并非被告人朱君归案后检举被告人王五平参与板樟山抢劫案。被告人朱君的辩护人提出的该项辩护意见不能成立，不予采纳。

17. 关于被告人罗小洪及其辩护人所提罗小洪因参与板樟山抢劫案归案后，第一个主动供述了司法机关尚未掌握的观澜人民公园抢劫案，故应认定被告人罗小洪属于主动供述司法机关尚未掌握的同种罪行，并有揭发同案犯漏罪的立功表现的辩解、辩护意见。经查，珠海市公安局法制监管处深挖犯罪案件侦查科出具的《情况说明》以及各被告人在侦查阶段的供述证实，被告人罗小洪、罗能销、罗能纪、李尚勇、罗文章、孟付权、韦贵发、罗志帮因板樟山抢劫案归案后，经相关部门动员，上述被告人从2008年3月6日至7日，陆续供述了2007年底至2008年3月，在深圳市宝安区多次抢劫的犯罪事实。珠海市公安机关经与深圳市警方联系，深圳警方将2008年3月1日下午观澜人民公园抢劫案的相关证据移送珠海市公安机关。综上，被告人罗小洪、罗能销、李尚勇、罗文章供述在深圳实施的多次抢劫包括了本案认定的观澜人民公园抢劫案，而被告人罗能纪、孟付权、韦贵发、罗志帮的供述不包括本案认定的观澜人民公园抢劫案，因此，可以认定，被告人罗小洪、罗能销、李尚勇、罗文章系因涉嫌板樟山抢劫案被抓获归案后主动供述了司法机关尚未掌握的观澜人民公园抢劫案，与司法机关已掌握的罪行属同种罪行，且如实供述的罪行较轻，依法可酌情从轻处罚。此外，被告人罗小洪供述与同案犯实施的其他共同犯罪事实，属于如实供述其罪行，不构成揭发同案犯漏罪的立功表现。被告人罗小洪及其辩护人提出的应认定罗小洪主动供述司法机关尚未掌握的同种罪行的辩解、辩护意见成立，予以采纳。被告人罗小洪及其辩护人提出的罗小洪有揭发同案犯漏罪的立功表现的辩解、辩护意见不能成立，不予采纳。

此外，被告人罗能销被抓获时携带了在板樟山抢劫中劫得的包括 20 台手机在内的大量赃款赃物，故其属于因具有重大犯罪嫌疑被抓获，而非仅因形迹可疑被抓获，因此，其行为不构成自首。对被告人罗能销就此情节所提辩解不予采纳。

本院认为，被告人罗小洪、罗能销、王五平、罗能纪、李尚勇、罗文教、罗文章、孟付权、韦贵发、广春海、罗志帮、江见秀、罗辉干、任旭鹏、罗元朋、肖万东、朱君采取暴力手段结伙劫取他人财物，其行为均已构成抢劫罪。其中，被告人罗小洪、罗能销、王五平、罗能纪、李尚勇、罗文教、罗文章、孟付权、韦贵发、广春海、罗志帮、江见秀具有持枪抢劫和抢劫数额巨大情节。被告人王五平参与抢劫三次，构成多次抢劫。被告人罗小洪、罗能销、罗能纪、李尚勇、罗文教、罗文章、孟付权参与抢劫二次。被告人韦贵发、广春海、罗志帮、江见秀、罗辉干、任旭鹏、罗元朋、肖万东、朱君参与抢劫一次。公诉机关指控的事实、罪名成立，予以支持。

在板樟山抢劫犯罪中，被告人罗小洪、罗能销、王五平、罗能纪、李尚勇、罗文教、罗文章、孟付权、韦贵发、广春海、罗志帮起主要作用，是主犯，应当按照其所参与的全部犯罪处罚；被告人江见秀起次要作用，是从犯，根据其犯罪事实、情节，予以减轻处罚。在观澜人民公园抢劫犯罪、白莲洞公园抢劫犯罪中，各被告人所起作用相当，故不区分主从犯。

被告人罗小洪在刑满释放后五年内再犯，应当判处有期徒刑以上刑罚之罪，是累犯，应当从重处罚。

被告人肖万东、朱君犯罪时不满十八周岁，结合二被告人的犯罪事实，依法予以减轻处罚，对被告人肖万东的辩护人、被告人朱君的辩护人就此节所提辩护意见予以采纳。

被告人罗能销协助公安机关抓捕包括罗小洪在内的六名同案犯，因其中的同案犯可能被判处无期徒刑以上刑罚，故其构成重大立功表现，结合其犯罪事实、情节，予以从轻处罚。对被告人罗能销就此节所提辩解意见予以采纳。

被告人罗小洪、罗能销、李尚勇、罗文章系因涉嫌板樟山抢劫案被抓获归案后主动供述了司法机关尚未掌握的观澜人民公园抢劫案，与司法机关已掌握的罪行属同种罪行，且如实供述的罪行较轻，依法可酌情从轻处罚。

被告人王五平、罗元朋归案后提供被告人罗辉干、任旭鹏案发前的经常居住地，公安机关据此抓获了被告人罗辉干、任旭鹏，对被告人王五平、罗元朋的该悔罪表现，可酌情从轻处罚。

此外，被告人罗能纪、李尚勇的亲属分别代其赔偿了附带民事诉讼原告人曾振华人民币 4000 元，二被告人具有悔罪表现，可酌情从轻处罚。

本案是经精心策划、周密准备、有组织、有分工的共同犯罪案件，多名被告人在光天化日之下在闹市区公园内连续对多名游客实施抢劫，这是对社会公共秩序的公然挑衅，具有极大的社会危害性。被告人在劫得财物后还持凶器集中看管被害人，长时间控制被害人的人身自由，给被害人身心造成了很大的伤害，造成广大市民出行安全感降低，社会影响非常恶劣。此外，本案大多数被告人参与抢劫两次或两次以上，其中，被告人罗小洪曾因犯抢劫罪被判处有期徒刑二年，刑满释放后不到二年又组织、策划了板樟山抢劫案；被告人王五平参与板樟山抢劫案侥幸逃走后，不思悔改，十几天之后又组织五名被告人到珠海再次抢劫作案，可见其主观恶性之深。因此，对各被告人特别是主要案犯必须予以严惩。

综上，依照《中华人民共和国刑法》第二百六十三条第（四）项、第（七）项、第二十五条第一款、第二十六条第一、二、四款、第二十七条、第十七条第三款、第六十五条第一款、第六十八条第一款、第四十八条第一款、第五十七条第一款、第五十六条第一款、第五十五条第一款、第五十九条、第五十二条、第六十四条，《最高人民法院关于处理自首和立功具体应用法律若干问题的解释》第四条、第五条、第七条的规定，判决如下：

一、被告人罗小洪犯抢劫罪，判处死刑，缓期二年执行，剥夺政治权利终身，并处没收个人全部财产。

（死刑缓期二年执行的期间，从高级人民法院核准之日起计算）。

二、被告人王五平犯抢劫罪，判处无期徒刑，剥夺政治权利终身，并处没收个人全部财产。

三、被告人罗能销犯抢劫罪，判处有期徒刑十五年，剥夺政治权利五年，并处罚金人民币二万元。

（刑期从判决执行之日起计算。判决执行以前先行羁押的，羁押一日折抵刑期一日，即自 2008 年 3 月 4 日起至 2023 年 3 月 3 日止。罚金从判决发生法律效力第二日起一个月内缴纳）。

四、被告人罗文教犯抢劫罪，判处有期徒刑十三年，剥夺政治权利四年，并处罚金人民币二万元。

（刑期从判决执行之日起计算。判决执行以前先行羁押的，羁押一日折抵刑期一日，即自 2008 年 3 月 4 日起至 2021 年 3 月 3 日止。罚金从判决发生法律效力第二日起一个月内缴纳）。

五、被告人罗能纪犯抢劫罪，判处有期徒刑十二年，剥夺政治权利三年，并处罚金人民币一万元。

（刑期从判决执行之日起计算。判决执行以前先行羁押的，羁押一日折抵刑期一日，即自 2008 年 3 月 4 日起至 2020 年 3 月 3 日止。罚金从判决发生法律效力第二日起一个月内缴纳）。

六、被告人罗文章犯抢劫罪，判处有期徒刑十二年，剥夺政治权利三年，并处罚金人民币一万元。

（刑期从判决执行之日起计算。判决执行以前先行羁押的，羁押一日折抵刑期一日，即自 2008 年 3 月 4 日起至 2020 年 3 月 3 日止。罚金从判决发生法律效力第二日起一个月内缴纳）。

七、被告人孟付权犯抢劫罪，判处有期徒刑十二年，剥夺政治权利三年，并处罚金人民币一万元。

（刑期从判决执行之日起计算。判决执行以前先行羁押的，羁押一日折抵刑期一日，即自2008年3月4日起至2020年3月3日止。罚金从判决发生法律效力第二日起一个月内缴纳）。

八、被告人李尚勇犯抢劫罪，判处有期徒刑十一年，剥夺政治权利三年，并处罚金人民币一万元。

（刑期从判决执行之日起计算。判决执行以前先行羁押的，羁押一日折抵刑期一日，即自2008年3月4日起至2019年3月3日止。罚金从判决发生法律效力第二日起一个月内缴纳）。

九、被告人韦贵发犯抢劫罪，判处有期徒刑十年，剥夺政治权利三年，并处罚金人民币一万元。

（刑期从判决执行之日起计算。判决执行以前先行羁押的，羁押一日折抵刑期一日，即自2008年3月5日起至2018年3月4日止。罚金从判决发生法律效力第二日起一个月内缴纳）。

十、被告人广春海犯抢劫罪，判处有期徒刑十年，剥夺政治权利三年，并处罚金人民币一万元。

（刑期从判决执行之日起计算。判决执行以前先行羁押的，羁押一日折抵刑期一日，即自2008年3月4日起至2018年3月3日止。罚金从判决发生法律效力第二日起一个月内缴纳）。

十一、被告人罗志帮犯抢劫罪，判处有期徒刑十年，剥夺政治权利三年，并处罚金人民币一万元。

（刑期从判决执行之日起计算。判决执行以前先行羁押的，羁押一日折抵刑期一日，即自2008年3月4日起至2018年3月3日止。罚金从判决发生法律效力第二日起一个月内缴纳）。

十二、被告人罗辉干犯抢劫罪，判处有期徒刑六年，并处罚金人民币五千元。

（刑期从判决执行之日起计算。判决执行以前先行羁押的，羁押一日折抵刑期一日，即自2008年3月26日起至2014年3月25日止。罚金从判决发生法律效力第二日起一个月内缴纳）。

十三、被告人江见秀犯抢劫罪，判处有期徒刑五年，并处罚金人民币五千元。

（刑期从判决执行之日起计算。判决执行以前先行羁押的，羁押一日折抵刑期一日，即自2008年3月5日起至2013年3月4日止。罚金从判决发生法律效力第二日起一个月内缴纳）。

十四、被告人任旭鹏犯抢劫罪，判处有期徒刑五年，并处罚金人民币五千元。

（刑期从判决执行之日起计算。判决执行以前先行羁押的，羁押一日折抵刑期一日，即自2008年3月26日起至2013年3月25日止。罚金从判决发生法律效力第二日起一个月内缴纳）。

十五、被告人罗元朋犯抢劫罪，判处有期徒刑四年，并处罚金人民币五千元。

（刑期从判决执行之日起计算。判决执行以前先行羁押的，羁押一日折抵刑期一日，即自2008年3月23日起至2012年3月22日止。罚金从判决发生法律效力第二日起一个月内缴纳)。

十六、被告人肖万东犯抢劫罪，判处有期徒刑二年，并处罚金人民币二千元。

(刑期从判决执行之日起计算。判决执行以前先行羁押的，羁押一日折抵刑期一日，即自2008年3月23日起至2010年3月22日止。罚金从判决发生法律效力第二日起一个月内缴纳)。

十七、被告人朱君犯抢劫罪，判处有期徒刑二年，并处罚金人民币二千元。

(刑期从判决执行之日起计算。判决执行以前先行羁押的，羁押一日折抵刑期一日，即自2008年3月25日起至2010年3月24日止。罚金从判决发生法律效力第二日起一个月内缴纳)。

十八、查获的作案工具两支枪及两发子弹、西瓜刀一把予以没收，查扣在案的赃款赃物发还被害人。

如不服本判决，可在接到判决书的第二日起十日内，通过本院或者直接向广东省高级人民法院提出上诉。书面上诉的，应当提交上诉状正本一份，副本二份。

审　判　长　谢志刚
审　判　员　汤薇乔
审　判　员　李晓琦
二〇〇九年四月十七日
书　记　员　官慧萍

【评析】

这是一篇一审刑事判决书，在文书的写作上符合普通一审刑事判决书的格式要求，认定事实清晰，论理充分，被评为2010年全省法院优秀裁判文书，其具有以下突出特点：1. 条理清晰，层次分明。此案涉及的抢劫犯罪事实有三起，该判决书在“经审理查明”部分按照作案时间的先后认定犯罪事实，体现了被告人流窜作案的特点。该判决书在认定每一起犯罪事实之后，叙明各被告人的归案经过、赃款赃物的查获情况，使案件事实线条清晰。本案的犯罪事实比较多，尤其是第二起抢劫犯罪，系十二名被告人先后对二十三名被害人实施抢劫，所涉证据量比较大。该判决书按照法定证据种类归类并依次罗列，非常细致，指向明确，使人一目了然。2. 论理充分，逻辑严密。控辩双方有争议的问题既是案件审理过程中的重点，也是裁判文书应当予以充分论述的内容。该判决书将被告人及其辩护人提出的辩解、辩护意见归纳为主从犯的认定、是否具有立功表现等十七个问题，分别结合事实、证据、法律规定，一一分析、论证，对于被告人及其辩护人所提意见是否采纳都给出了充分的理由，令人信服。3. 阐述社会危害性，言简意赅。本案系多名被告人在光天化日之下在深圳、珠海特区的闹市区公园内连续对多名游客实施抢劫的恶性案件，社会影响较大，因此，该判决书在“本院认为”部分特别阐述了本案的社会危害性，是该文书的一个亮点。

●杨仕明等犯贪污、受贿罪一案刑事判决书

广东省佛山市中级人民法院

刑事判决书

（2009）佛刑二初字第19号

公诉机关广东省佛山市人民检察院。

被告人杨仕明，男，1954年11月20日出生于广东省佛山市，汉族，大学文化，原广东健力宝集团有限公司副总经理，住佛山市三水区西南镇康乐路30号201。因本案于2002年7月22日被羁押，同月24日被刑事拘留，同年8月6日被逮捕。2004年1月8日取保候审，2005年1月24日解除取保候审。2009年6月4日被逮捕。现押于佛山市禅城区看守所。

辩护人宣东，北京市京都律师事务所律师。

辩护人冯红，广东南方福瑞德律师事务所律师。

被告人黎庆元，男，1951年6月28日出生于广东省佛山市三水区，汉族，大专文化，原广东健力宝集团有限公司副总经理，住佛山市三水区西南镇桂宝一街一巷3座501。因本案于2002年9月11日被刑事拘留，同年9月24日被逮捕。2004年1月8日取保候审，2005年1月24日解除取保候审。2009年6月4日被逮捕。现押于佛山市禅城区看守所。

辩护人谭创新，广东安道永华律师事务所律师。

辩护人陈峻峰，广东德纳律师事务所律师。

被告人阮钜源，男，1943年6月5日出生于广东省佛山市三水区，汉族，大学本科文化，原广东健力宝集团有限公司董事、副总经理，中共佛山市第九届党代会代表、原广东省三水市第十二届人大代表、广东省第九届人大代表，住佛山市三水区西南镇月桂路22号201。因本案于2002年10月15日被刑事拘留，同年10月28日被逮捕，2003年7月22日取保候审，2005年1月24日解除取保候审。2009年6月4日被逮捕。现押于佛山市禅城区看守所。

辩护人顾永忠，北京东卫律师事务所律师。

辩护人黄国根，广东经纬法律师事务所律师。

广东省佛山市人民检察院于2009年6月4日以佛检刑诉［2009］78号起诉书指控被告人杨仕明、黎庆元、阮钜源犯贪污罪，被告人杨仕明犯受贿罪，向本院提起公诉。本院依法组成合议庭，公开开庭审理了本案。广东省佛山市人民检察院指派检察员徐磊、代理检察员王瑜出庭支持公诉，被告人杨仕明及其辩护人宣东、冯红，被告人黎庆元及其辩护人谭创新、陈峻峰，被告人阮钜源及其辩护人顾永忠、黄国根到庭参加诉讼。现已审理终结。

广东省佛山市人民检察院指控：

一、贪污罪

1. 2000 年 6 月，被告人杨仕明、黎庆元、阮钜源及于善福（另案处理）等五位广东健力宝集团有限公司（以下简称健力宝公司）正副总经理召开会议，决定用子公司广东健力宝饮料有限公司（以下简称饮料公司）的职工福利基金为五人购买个人商业保险，并指示杨仕明负责落实。杨仕明即与中国人寿保险公司三水市支公司（以下简称人保公司）进行联系。

2000 年 6 月底，被告人杨仕明指使饮料公司财务部经理梁海鸥，通过在中国工商银行三水市支行兴隆储蓄所预先开设的账号为 219700189999 的健力宝工会账户，将饮料公司的职工福利基金，共计人民币 1141. 385 万元作为投保费划给人保公司，并用人保公司按上述保费金额开具的五份加盖有“附件”字样、投保人均为“健力宝饮料公司”的非正式保险费发票入账。人保公司收到保费后，即为李经纬购买国寿福瑞和康宁定期两个险种，投保费为 331. 88 万元；为杨仕明、黎庆元、阮钜源、于善福四人购买国寿福馨和康宁定期两个险种，投保费分别为人民币 187. 56 万元、200. 91 万元、229. 185 万元、191. 85 万元。并开具 5 份正式发票，由杨仕明交给李经纬等人各自保管。

2. 2001 年，健力宝公司面临转制之际，被告人杨仕明利用其主管公司财务的便利，指使陆庆坤（已判刑）以支取业务费用的名义，从公司结算中心的账上套取现金非法占有。同年 11 月至 12 月间，陆庆坤以“与广州银行工作会议费用”、“与广州有关银行举行迎新年联谊座谈会费用”和“与三水市有关银行举行迎新年联谊座谈会费用”的名义填制现金支出证明单，经杨仕明审批后，由陆庆坤、蔡伏云（已判刑）从结算中心的财务账上支取人民币共 19 万元。事后，杨仕明分占人民币 13 万元。

二、受贿罪

1997 年下半年，时任健力宝饮料厂主管销售和财务副厂长的被告人杨仕明，非法收受原南海市艺邦工程设计有限公司总经理李卫民人民币 10 万元。后杨仕明利用其职务上的便利，使李卫民顺利承接健力宝饮料厂旧销售大楼的装修工程，并顺利得到工程款的划拨。

为证实上述事实，公诉机关在法庭上出示了被告人李经纬、杨仕明、黎庆元、阮钜源的供述和辩解，证人梁海鸥等人的证言，物证、书证，鉴定结论等证据，并据此认为被告人杨仕明、黎庆元、阮钜源无视国家法律，利用职务上的便利，非法占有公共财物，数额特别巨大，应当以贪污罪追究其刑事责任。被告人杨仕明利用职务上的便利，非法收受他人财物，为他人谋取利益，应当以受贿罪追究其刑事责任。提请本院依法判处。

在法庭上，被告人杨仕明提出：1. 购买保险是经领导批准并有完善的财会手续，用于购买保险的钱未被其实际控制，还在保险公司的账上，因此不属于贪污；2. 公诉机关指控第二宗贪污不成立。那笔钱是陆庆坤提议提取用于公关的费用，用不完是要核销的，其并没有占为已有的故意，也没有非法占有过那些钱；3. 公诉机关指控他犯受贿罪的事实不成立，他没有收取过李的10万元。

被告人杨仕明的辩护人提出如下辩护意见：

第一，被告人杨仕明等人购买保险的行为不构成贪污罪。理由是：被告人杨仕明是聘用制干部，不具有正式的国家干部身份；被告人杨仕明等人没有非法占有的主观故意，没有共谋的事实和证据；购买保险是在一次工作例会上提出的，当时是决定为包括被告人杨仕明等领导成员在内的全体职工购买保险，作为一个产值上亿的公司的高层管理人员，杨仕明等人享有处分职工福利款的权利，他们作为职工的一分子享受上百万元的保险是合理的；他们没有实施非法占为己有的客观行为，保险是要为全体职工购买，只是因高层管理人员的需要而先行购买了，其他职工未能买保险是由于人数众多、改制等客观原因造成的；他们在购买保险的转账过程中已清楚表明了是用于购买保险的，其购买过程是公开进行的，没有实施侵吞、窃取等非法占有公共财物的行为。

第二，公诉机关指控被告人杨仕明贪污19万元的事实不清，证据不足。杨仕明的口供不稳定，且前后矛盾，其他间接证据证明力较弱，认定杨仕明贪污的证据只有陆庆坤一人的证言，故应不予认定。

第三，公诉机关指控被告人杨仕明犯受贿罪不成立。杨仕明并没有为他人谋取不正当利益，而且杨仕明是否收取李卫民10万元的事实不清。

第四，几被告人为健力宝公司的事业发展作出了巨大贡献，创造了巨额产值，被告人购买保险的数额与之相比是微不足道的，也是对他们长期艰辛付出的些许补偿，应判决其无罪。

被告人黎庆元对公诉机关指控的事实没有异议，但认为其行为不构成贪污罪。理由是他从来没有非法侵占公司利益的故意，买保险是公司给他的福利，所以他才会接受。

被告人黎庆元的辩护人提出，被告人黎庆元的行为不构成贪污罪。理由是：1. 被告人购买商业保险，符合当时的法律规定，而且资金来源合法，决策程序合法，列支渠道合法。该事项是饮料公司的五位董事集体决定的，谋取的也是全体职工的利益，资金来源是饮料公司工会账上的职工福利资金，购买保险的用途是符合职工福利资金使用规定的，购买保险时的入账手续也是真实合法的。2. 被告人黎庆元的行为不符合贪污罪的构成要件。主观方面，被告人没有非法占有的故意，几被告人当时讨论决定的是为全体职工购买保险而不是只为自己购买保险，只是由于为职工购买保险涉及人员众多、情况复杂而未来得及实施；客观方面，为职工购买商业保险是由饮料公司董事会集体决定的，体现了单位意志，属于单位行为。为被告人支付保险费的款项都保留有原始凭证且保管在公司财务账册中，并且均做了真实记录，并没有采取侵吞、窃取、骗取等隐蔽性的手段；犯罪客体方面，购买保险使用的资金并非是公共财产，不符合贪污罪的客体要件。3. 本案中被告人的行为未造成国有资产的实际损失。4. 被告人曾为健力宝公司的发展作出巨大的贡献，根据有关刑事政策，其行为属于在企业改制过程中出现的失误，不应作为犯罪处理。

被告人阮钜源提出，他只是参加过用职工福利费为全体职工买保险的会议，他并没有贪污的故意，是在不清楚的情况下接受保险的，并没有利用职务进行贪污。

被告人阮钜源的辩护人提出如下辩护意见：公诉机关未能提供足以证明几名被告人特别是被告人阮钜源具有贪污犯罪故意的事实和证据，指控不能成立。理由是：被告人阮钜源等人是在公司的一次办公例会上提出为全体职工购买个人商业保险的，而不是只为几名被告人购买保险，在那次会议之后，三被告人以及其他公司领导班子成员再也没有为购买保险事宜讨论研究过，因此不能认定阮钜源等人有贪污的共同故意；健力宝公司没有为职工购买保险不是被告人阮钜源与其他被告人共同故意或共同行为的结果，而是客观原因造成的，被告人阮钜源是在不清楚没有为职工买保险的事实及原因的情况下，被动地接受了公司已经为他购买保险的事实，虽然被告人购买保险的数额比较大，那也只是是否合理的问题，属于违纪违规的问题，可以要求他们返还或退回；本案被告人购买保险的款项在公司账面上均有体现，其购买保险是公开的，未采取任何秘密侵吞的手段。综上，不能认定被告人主观上具有贪污的故意。

经审理查明：

一、贪污事实

（一）2000 年 6 月，被告人杨仕明、黎庆元、阮钜源及李经纬、于善福（另案处理）五位健力宝公司正副总经理在一次工作例会上，决定用其下属子公司饮料公司（上述五人均兼任该公司董事长、董事或正、副总经理）的职工福利资金为其五人购买个人商业保险，并由杨仕明负责落实。杨仕明通过人保公司制订了具体的投保方案，并在征得李经纬、黎庆元、阮钜源、于善福四人的同意后，按照该方案为五人投保。6 月底，被告人杨仕明指使饮料公司财务部经理梁海鸥在中国工商银行三水市支行兴隆储蓄所专门开设账号为 219700189999 的饮料公司工会账户，并从饮料公司原有工会账户中转入该账户职工福利资金人民币 1300 万元，后通过该账户将其中的 1141. 385 万元作为保费转账给人保公司，并用人保公司按上述保费金额开具的加盖有“附件”字样、投保人均为“健力宝饮料公司”的非正式保险发票入账。人保公司即按照已制订的保险方案为上述五人开具了其个人为投保人的保单及正式保险发票，其中李经纬投保国寿福瑞和康宁定期两个险种，保费为 331. 88 万元；杨仕明、黎庆元、阮钜源、于善福四人投保了国寿福馨和康宁定期两个险种，保费分别为人民币 187. 56 万元、200. 91 万元、229. 185 万元、191. 85 万元。上述保单及正式发票由杨仕明、黎庆元、阮钜源等人各自保管。

上述事实有公诉机关、辩护人提交并经庭审举证、质证的下列证据予以证实：

1. 被告人的供述及辩解

（1）被告人杨仕明的供述和辩解：1999 年健力宝公司面临改制，筹备上市，当时不少职工、中层干部、集团公司科室人员都知道饮料公司有一大笔职工福利资金未发给职工，所以有人提出以购买商业保险的方式发钱给全体职工。在一次集团公司老总会上，李经纬、于善福、黎庆元、阮钜源和我五位正副总经理都表示赞成并决定以饮料公司工会的名义用职工福利资金为包括五位老总、集团公司科室人员在内的全体职工购买商业保险，并指定由主管饮料公司工会的集团公司副总黎庆元负责做方案。据我了解，给职工买保险的事情，黎庆元曾叫工会做过方案，但最后为什么李经纬会决定取消为全体职工购买保险，我就不知道了。2000 年上半年，我们五位集团公司老总在另一次会上商定为我们五人购买保险，李经纬让我经办此事，在这次会上没有人再提起为全体职工购买保险的事情。会后，我让公司财务梁海鸥与人保公司联系，人保公司的梁燕来找我，我让梁燕做了保险的方案并征得李经纬、于善福等四人的同意后，就按照该方案为公司五位正副老总购买了保险。人保公司按照我的要求先开具了饮料公司作为投保人的发票交给饮料公司入账，我就让梁海鸥从饮料公司工会的账上向人保公司支付了1000多万元的保费，人保公司将我们五人的保单交给我后，我就将李经纬、于善福、阮钜源、黎庆元的保单交给了他们本人保管。购买保险的钱是从职工福利资金中转入工会账中，再由工会费中支出的。当时人保公司按照行规返还了30多万元的保险回扣，我按照于善福的安排将这笔回扣分给李经纬10万元、于善福8.68万元、黎庆元5.38万元，我分得10.18万元，当时这些回扣是人保公司按照上述数额存入银行，再由我将存折交给李经纬等人的，我的那份钱被我取走了。我们五位老总购买了保险之后，没有人再提起过给其他职工购买保险的事情。2001年底，由于转制，集团公司五位老总开会决定以饮料公司工会的名义发福利费给包括老总在内的全体职工，工会制订出方案后就将3000多万元发给符合条件的职工了。

（2）被告人黎庆元的供述及辩解：约在1999年底，在一次集团公司班子会议上，主管财务的集团公司副总经理杨仕明提出公司准备改制，公司历年积累的职工福利资金有3000多万元应当处理掉，李经纬就说先由工会制订方案再作处理。当时我主管工会，会后我召集了董坤棠、韩伟贤等工会人员讨论方案，最后决定为全体职工购买保险（包括五位老总、集团公司科室人员、饮料公司的全体职工），并由董坤棠制订具体方案。由于我不满意董坤棠制订的方案，就让韩伟贤另外制订了一份方案。2000年3月，李经纬找到我问起做保险方案的事情，并说取消为全体职工买保险的事，我就通知韩伟贤不用再搞方案了，当时我还向于善福汇报了此事，于要求我按照李经纬的指示办。2000年3、4月份，阮钜源无意中碰到我时，说有些职工对此事意见很大，并问我为什么取消为全体职工购买保险，我告诉他是李经纬决定取消的。我虽然没有直接告诉杨仕明此事，但杨仕明应该是知道的，因为作为主管财务的副总，李经纬肯定会告诉他不再动用资金为职工买保险这件事的，况且杨在开会商议为我们五人买保险时再也没有提起为职工买保险的事情，说明杨事前已知道取消为职工买保险的事了。在这之后的又一次班子会议上，杨仕明提出要为公司五位老总买保险，李经纬、于善福、阮钜源和我均表示同意。杨仕明曾给过我一份健力宝集团投保情况表让我签名，又拿来保单让我签名确认，办理完保险手续后杨就将该保单交给我保管了，给我们买保险的1000多万元是从饮料公司职工福利资金中支取的。买保险的时候，我觉得这样做是不妥当的，因为没有其他职工的，而且投保额达200多万元也太多了，但是想到企业就要改制了，大家辛苦了这么多年，如果能够多获得些利益就争取回来，所以也就借买保险来多获取些个人利益了。事后，杨曾给过我一个5万多元的存折，我让李艳帮我将钱取出后就销户了。由于没有为职工买保险，杨仕明多次在会上提出要处理掉那3000多万元，后大家决定就以工会的名义把这笔钱发给大家作为福利，我就又组织饮料公司工会人员制订方案交给五位老总讨论后为全体职工分发了3000多万元。

（3）被告人阮钜源的供述及辩解：2000年5月份，我和李经纬、于善福、黎庆元、杨仕明五位集团公司正副总经理在李经纬的办公室开会，杨仕明提出为我们购买保险，我们均表示同意，李经纬即安排杨仕明负责落实此事。过了几天，杨仕明拿了购买保险的方案给我们看，大家同意之后，就由他去办理付款的手续。购买保险时，杨仕明曾拿填写好的保单给我们签名，保险手续办好后杨将那些保单交给我们自己保管，这些保费应当都是从集团公司的职工福利费中支取的。在我们购买保险之前，我们五位老总曾作出为全体职工（五位老总、集团公司部门人员、饮料公司职工）买保险的决定，当时李经纬指定黎庆元负责此事，黎庆元接到任务后曾组织人做过方案，但后来一直没有将方案提交我们五位老总讨论。我有次在办公楼的走道上遇见黎，我向他反映说不少职工意见很大，并问为什么李经纬还未将方案批下来给大家讨论，黎庆元说李经纬已决定取消为全体职工购买保险，这件事于善福和杨仕明应当是知道的，所以我们在商议给我们五人买保险过程中以及买完保险后，没有人再提起为其他职工买保险的事情。因为没有给全体职工买保险，工会账上还有3000多万元的福利款，杨仕明提出发给全体职工，我们五位公司老总经开会通过后就让工会主席黎庆元负责，后来工会制订方案就把这笔钱发放了。

（4）同案人李经纬（中止审理）的供述及辩解：2000年健力宝公司准备转制，我在办公室和于善福、阮钜源、黎庆元、杨仕明开集团正副总经理碰头会，杨仕明提出公司有一笔职工福利金，在转制前应如何处理的问题。经过商议，我们决定用工会的职工福利费为全体职工（五位集团公司老总、集团公司科室人员、饮料公司全体员工）购买商业保险，并指定黎庆元和杨仕明负责。后我将受益人名单和有关资料交给杨仕明，杨办理保险手续后，把保险单拿给我签了名。我曾经指定黎庆元做为全体职工购买保险的方案，但黎庆元没有交方案给我审阅，我不记得有没有叫黎庆元不再为全体职工买保险，我没有审批过为全体职工购买保险的用款申请，按照职责通过阅读公司报表，我是应该知道有没有给职工购买保险的，但因工作较忙，我没有发现此事。在给我们几位总经理买保险的过程中以及买完保险后没有人再提起过给职工买保险的事情。按照公司的规定，老总的福利最多可以是一般职工的10倍，我购买保险的保费花了330多万元，按照比例计算，我们公司的福利款肯定没有那么多，因此是不合理的。2001年11月份，当时面临改制，公司职工福利款中还有一笔钱，集团老总经开会研究就把这笔钱分发给全体职工了。

2. 证人证言

（1）证人梁燕的证言：2000年4、5月份，健力宝公司主管财务的经理杨仕明找到我说他们公司的领导李经纬、于善福、黎庆元、阮钜源、杨仕明每人想买200万元左右的保险，让我为他们做一份投保计划，后我将做好的投保计划交给杨，他们就按照那份计划购买了保险。这五人的保险费是从饮料公司的账上分三次划给我们公司的，杨仕明明确要求我们开发票给饮料公司，投保人一栏要填写饮料公司，当时我也提出异议认为这不妥当，但杨仕明坚持要这样做，我公司考虑到保险费是从饮料公司的账户划出的，所以最后还是答应开发票给饮料公司，但在发票上盖上“附件”章，这些发票实际上并不作真正的发票使用，只是用来补充说明保费的来源。我们在出具保单给李经纬等人时还附有发票给他们，这些发票上写的投保人均是其本人的名字。杨仕明在购买保险时提出要给予一些优惠，我请示公司领导黄绍光后同意了杨的要求，并按照杨的要求将钱分给李经纬、黎庆元、杨仕明和于善福，这些钱均存入了以他们名义所开的存折并由我交给了杨仕明，那些存折是在工商银行兴隆储蓄所开户的，存款凭条是我填写的。

（2）证人黄绍光的证言：2000年6月，健力宝公司为李经纬、于善福、杨仕明、黎庆元、阮钜源在我公司投保了1141万余元保费的保险。正常情况下，单位为个人投保的，我们公司只出一份带有参保人员附表的保单和正式发票，但因为这五人的保单是个人保单，我们公司就开具了个人投保发票给他们作为正式发票。梁燕同我讲杨仕明要求我公司开发票给他们公司入账，我们就按照要求又开了对应金额并盖有“附件”印签的发票给该公司，这些发票只是起佐证作用，不能当正式发票使用。在办理保险过程中，杨仕明提出要给投保金额3%的业务费给他们公司，考虑到这单业务很大，我们也就同意了，杨仕明又提出这笔款项要分给他们几个人，我们也只好按照他的意思办理。

（3）证人梁海鸥的证言：2000年6月份的一天，主管健力宝公司财务的副总杨仕明叫我以工会的名义在三水工商银行兴隆储蓄所开一个新账户，并从工会原来的账户上划出1300万元到该账户，他告诉我这笔钱是专款专用只用于购买保险的，但没有告诉我是为什么人买保险。后杨仕明拿了五份由杨仕明、黎庆元、于善福、阮钜源签字的中国人寿保险公司发票（金额共1141.385万元）给我入账，然后我就按照杨的要求从新开设的账户上分三次转账给人保公司1141.385万元，这些钱全部都是饮料公司工会的福利费，工会福利费有些是从饮料公司计提的公司福利费中划拨过来的，还有就是集团公司领导决定从饮料公司职工奖励资金中划拨的部分。大约在2000年，饮料公司工会主席黎庆元召集工会委员韩伟贤、董坤棠以及我开会，说集团公司领导决定用饮料公司工会福利费为饮料公司全体职工（包括集团老总）购买商业保险，并让韩、董等人制订方案，但后来没有买成。在我从工会福利费账上划款1300万元后，该账上还剩3600多万元。大约一个月后，该笔钱被上调集团公司，一直到2001年10月份又被划回工会账上。在这笔钱到账之前，黎庆元组织工会开会研究将这笔钱发给集团公司老总、集团科室人员以及饮料公司全体职工的方案，到11月份这笔钱就分发了。

（4）证人韩伟贤的证言：1999年下半年的一天，黎庆元召集饮料公司工会委员开会，黎在会上说集团公司领导决定为全体职工买保险，具体包括饮料公司全体职工和集团公司科室人员以及集团的五位老总，并指定董坤棠做一份方案，购买保险总额大约是3000万元。因黎庆元对董做的方案不满意，他又让我重新做了一份方案，我做方案的时间不是1999年底就是2000年初，我用了不到10天的时间做出方案交给黎，又过了约20天，我问黎对方案的意见，黎对我说集团公司的领导决定不再为全体职工买保险了，所以我就未再经手此事。2001年第四季度，黎庆元找到我说饮料公司有3000多万元的款项，叫我制订一个方案将这笔钱发给集团公司的老总、1995年至1999年饮料公司在册的职工以及退休人员，我制订好方案经集团公司老总审批后，就按照方案将钱发给了职工。

（5）证人董坤棠的证言：健力宝公司的人都知道饮料公司（平时称健力宝饮料厂）有一笔长期累积下来的资金。大约在2000年下半年，黎庆元说饮料公司想用3000多万元的资金为公司职工和集团公司的科室人员以及五位集团公司老总购买商业保险，让我制订一个方案，后我制订了方案交给黎庆元，黎没有采纳并让韩伟贤重新制订一个方案，后来韩制订的方案也不了了之，公司最终也没有为职工购买保险。2001年第四季度，黎庆元召集饮料公司的工会成员开会，说有一笔3000多万元的福利款项要分发给1995年至1999年饮料公司在册职工、集团公司科室人员、集团公司老总，后该笔钱按照制订的方案分发了。

（6）证人邓伟宁的证言：2001年我在健力宝公司总经理办公室工作，2001年12

月19日李经纬交给我一本工商银行存折（账号2013027501002804462），让我帮其将钱全部取出并销户，我按照李的要求帮其取钱并办理了销户。

（7）证人李艳的证言：我是工商银行广海分理处的主任，广海分理处是由兴隆储蓄所和广海办事处合并成立的。2002年元旦期间，黎庆元委托我将他的多本活期存折销户，并将那些存折上的存款转存至一个存折上后交还给黎。李艳确认了户名黎庆元（账号2013027501002804737）的存折即是黎庆元交给她的存折之一，取款凭条上的字迹是分理处储蓄员曾文伟填写的。

3. 鉴定书

［2002］佛检技鉴文检字第041号检察技术鉴定书，证实李经纬在人保公司投保的保险单上的签名与其他文件上李经纬的签名为同一人所写。

4. 书证

（1）健力宝公司投保情况表，李经纬、于善福、杨仕明、黎庆元、阮钜源投保单，相关保险合同。以上书证主要证实2000年6月29日李经纬、于善福、杨仕明、黎庆元、阮钜源向人保公司投保了1141.385万元的人寿保险，其中李经纬投保国寿福瑞、康宁定期两种保险，保费计331.88万元；于善福投保国寿福馨、康宁定期两种保险，保费计191.85万元；杨仕明投保国寿福馨、康宁定期两种保险，保费计187.56万元；黎庆元投保国寿福馨、康宁定期两种保险，保费计200.91万元；阮钜源投保国寿福馨、康宁定期两种保险，保费计229.185万元，上述保险均为含有现金价值的商业保险。

（2）饮料公司资产负债表。证实案发时饮料公司的职工奖励及福利资金约人民币4000万元。

（3）饮料公司工资、职工奖励、奖金、劳保福利及补贴明细账，银行付款凭证，工会出纳簿，饮料公司工会账户划款1300万元至饮料公司工会在工商银行三水支行兴隆所设立的219700189999账户的记账凭证、健力宝集团财务结算中心支票、存根，从饮料公司工会在工商银行设立的219700189999账户划1141.385万元到人保公司的支票存根、记账凭证，“健工”户的银行凭证、支票，人保公司开出的保险发票。以上书证主要证实健力宝饮料有限公司将历年积累的职工福利费转入工会账户，并从饮料公司工会账户划款1300万元至饮料公司工会在工商银行三水支行兴隆储蓄所设立的账户上，后又从该账户以保险费的名义分三次转账给人保公司，人保公司开具了正式发票给投保人李经纬、于善福、杨仕明、黎庆元、阮钜源，另外开具了盖有“附件”印章的发票给饮料公司入账，该入账发票上有杨仕明、黎庆元、于善福的签名。饮料公司财务人员梁海鸥签认了其经手转账给保险公司的支票存根以及入账使用的保险费发票。

（4）人保公司对投保人的奖励方案、费用支付凭证、李经纬等四人的银行存、取款凭条。以上证据主要证实人保公司以保险业务劳务费名义退回健力宝公司34.24万元，但该款被李经纬等四人实际取得，其中李经纬10万元（账号219700193752，后转为2013027501002804462），于善福8.68万元（账号219711193794），杨仕明10.18万元（账号219700193760），黎庆元5.38万元（账号219700193786，后转为2013027501002804737）。人保公司业务员梁燕签认了为李经纬等四人存款填写的凭条，邓伟宁则签认了代李经纬取款时填写的凭条。

（5）健力宝饮料公司工会出纳簿、发放职工福利费方案、凭证、汇总表、明细表。

主要证实2000年7月30日饮料公司工会账上调3600万元到集团公司，2001年10月29日，集团公司拨入工会账户职工奖励金3600万元。2001年10月2日饮料公司工会制订了发放职工福利费方案，其对象包括1995年1月至1999年12月31日在原健力宝饮料厂工作的人员，共计1500余人，2001年12月20日支出3235.7507万元作为职工福利费发放，厂长、副厂长享受标准为普通员工的10倍左右。

（二）2001年，健力宝公司面临转制，被告人杨仕明利用其担任集团公司副总经理主管公司财务的职务便利，指使陆庆坤（已判刑）以支取业务费用的名义，从公司结算中心的账上套取现金非法占有。同年11月至12月间，陆庆坤以“与广州银行工作会议费用”、“与广州有关银行举行迎新年联谊座谈会费用”和“与三水市有关银行举行迎新年联谊座谈会费用”的名义填制现金支出证明单，经杨仕明审批后，由陆庆坤、蔡伏云（已判刑）先后从结算中心的财务账上支取人民币共19万元。事后，杨仕明分占人民币13万元。

上述事实有公诉机关提交并经庭审举证、质证的下列证据予以证实：

1. 被告人供述及辩解

被告人杨仕明的供述及辩解：2001年12月，我分管公司财务期间，叫财务结算中心的经理陆庆坤以提取业务费的名义从公司结算中心支取了15万元公款，这笔钱陆庆坤分两次一共给了我7万元左右，这些钱都被我私人据为己有了。在此之前，我以接待费的名义批了一张4万元的单，后来不知是陆庆坤还是蔡伏云送给我1万元，这笔钱被我占有了。在做这些事情时，我想自己为健力宝公司的发展立下了汗马功劳，想到企业即将转制，要换新股东，自己马上没有权力批单用钱，所以就想乘机会搞些钱来给自己使用。

2. 证人证言

（1）证人陆庆坤的证言：2001年11月份，杨仕明让我以“与广州银行工作会议费用”的名义，从健力宝公司结算中心的小钱柜取4万元，并存3万元到杨在广州民生银行的储蓄卡里，另外1万元给我，这4万元钱被我和杨分占了。2001年12月，我按照杨仕明的吩咐，以“与广州有关银行举行迎新年联谊座谈会费用”和“与三水市有关银行举行迎新年联谊座谈会费用”的名义，从集团公司财务结算中心支取了15万元，这15万元并没有用于和有关银行的联谊支出，后我按照杨的要求分别与陈炜、蔡伏云一起送给杨10万元，剩余的5万元被我和蔡伏云分占。

（2）证人蔡伏云的证言：2001年12月31日，我公司结算中心经理陆庆坤拿了两份由杨仕明批准的白头支出证明单给我，让我去财务结算中心支取15万元作为银行的慰问金，我支取现金后按照陆庆坤的要求将钱存放在财务结算中心的库房内。2002年1月份，陆庆坤打电话给我说杨仕明要取5万元用，我拿了5万元去找陆庆坤并和陆一起去杨的办公室，陆将钱交给了杨。过了几天，陆庆坤再次打电话给我说杨仕明又要5万元，我即取了5万元送给陆。后来陆让我将剩余的钱存3万元到他的账户，另2万元由我自己花费了。这笔钱并没有用于银行慰问金，因为那年的银行春节慰问金是由健力宝公司财务部支出的。

（3）证人陈炜的证言：2001年快过年时，陆庆坤拿着两张已填好的支出证明单（金额分别为7万元和8万元）让我和罗蕴辉签名，说是要给银行送礼支出，我就和罗蕴辉在单上签了名，该款是在结算中心营业部支取的。2002 年 1 月份，陆庆坤找到我说杨仕明要用我们上次签名支出的那笔钱，并让我陪他一起去取钱以证明那钱是给了杨的。后我和陆庆坤去结算中心，蔡伏云将一包用报纸包好的钱交给陆，我就和陆庆坤一起去到杨仕明的办公室外，陆拿着钱进去，一会儿就空手出来了。

（4）证人罗蕴辉的证言：2001 年底，陆庆坤拿了两张有杨仕明、陆庆坤、陈炜签名的支出证明单让我签名，并说这 15 万元是春节时给银行的人送礼用的，我就按要求签了名。后来我曾问过蔡伏云那笔钱的去向，蔡说被杨仕明拿走了。2002 年春节前送礼给银行有关人员的钱不是从上述款项开支的。

3. 书证

（1）健力宝公司财务结算中心流水账、现金付出传票、支出证明单。记载以“与广州银行工作会议费用”、“与广州有关银行举行迎新年联谊座谈会费用”和“与三水市有关银行举行迎新年联谊座谈会费用”的名义，从集团公司财务结算中心支取 4 万元和 15 万元两笔款项。杨仕明、陆庆坤、蔡伏云、陈炜、罗蕴辉均对上述单据上的签名予以确认。

（2）银行存折交易流水及存款凭条。记载陆庆坤存折内由蔡伏云代理存入 3 万元，陆庆坤代杨仕明以杨仕明的名义在中国民生银行存入 3 万元。陆庆坤、蔡伏云对上述书证辨认后均予以确认，杨仕明辨认民生银行存款凭条后称该凭条上的签名不是其本人所签。

（3）情况说明。证实同案犯蔡伏云、陆庆坤对其个人所占赃款均已退赃。

二、受贿事实

1997 年下半年，时任健力宝饮料厂主管销售和财务副厂长的被告人杨仕明，在原南海市艺邦工程设计有限公司总经理李卫民承建健力宝饮料厂旧销售大楼工程期间，非法收受其人民币 10 万元。后杨仕明利用其职务之便，为李卫民顺利收取工程款提供了便利。

上述事实有公诉机关提交并经庭审举证、质证的下列证据予以证实：

1. 被告人供述及辩解

被告人杨仕明的供述及辩解：1997 年下半年，李卫民承接了健力宝饮料厂旧销售大楼工程，我当时是主管销售和财务的副厂长，装修设计要征求我的意见，另外装修过程中的付款，也必须由我审核签字才能进行。在该工程完工后，李卫民送给我人民币约 10 万元。因为我是饮料厂的副厂长，为了方便日后的工作，他才送钱给我。事实上，李卫民每次预支工程款，我也都尽可能按合同的进度要求复核签名支付预付款给他。

2. 证人证言

（1）证人李卫民的证言：1997 年上半年，杨仕明找到我要我将健力宝饮料厂原来的一座仓库改为销售大楼（旧销售大楼）并进行设计装修。由于杨仕明当时是主管该厂销售和财务的副厂长，有权参与决定工程由谁承接，尤其是工程款必须由杨审批才能支付。杨仕明有时会找理由卡我的工程款，为了能够顺利承接健力宝饮料厂旧销售大楼的装修工程，并在收取工程款时得到杨的关照，我送给杨人民币 10 万元。事实上，我送钱给他后也就顺利地收齐了工程款。我有个曾用名叫“李惠民”，我签工程合同时用过这个名字。

（2）证人何锡添的证言：1997 年，健力宝厂搞旧销售大楼的装修工程，该工程是由杨仕明分管的，杨就叫我帮他抓一下该工程的基建工作。当时厂领导定下来工程由李卫民去搞，李卫民的工程队开工几个月后，杨仕明给了我一份已准备好的合同让我代表饮料厂签名后将合同交给了李卫民。

3. 书证

（1）工程合同，由健力宝公司提供。主要证实：健力宝饮料厂与南海市艺邦工程设计有限公司的李惠民签订施工合同，工程总造价 20774153. 78 元。李卫民辨认后称他在承接该工程期间曾送给杨仕明人民币 10 万元。杨仕明辨认后承认李卫民在该工程完工后曾送给他人民币 10 万元。

（2）广东健力宝饮料厂银付凭证、工程款支付发票、银行汇票委托书、收款收据。证实：健力宝饮料厂向南海市艺邦工程设计有限公司支付工程款，该公司收取工程款并开具发票给健力宝饮料厂的情况。经杨仕明辨认该发票背后“仕明”字样的签名是其本人所签。

综上所述，被告人杨仕明伙同他人共同贪污共计人民币 1160. 385 万元，分占人民币 200. 56 万元；受贿人民币 10 万元。被告人黎庆元、阮钜源伙同他人共同贪污人民币 1141. 385 万元，其中黎庆元分占 200. 91 万元，阮钜源分占 229. 185 万元。

另查明，被告人杨仕明因涉嫌伙同陆庆坤、蔡伏云贪污被侦查机关抓获，其归案后主动交代了侦查机关尚未掌握的伙同黎庆元、阮钜源等人使用职工福利资金购买巨额保险的事实。

全案事实还有公诉机关以及辩护人提交的下列综合证据予以证实：

1. 健力宝公司、饮料公司、健力宝饮料厂组织机构、性质的相关书证。

（1）健力宝饮料厂营业执照、健力宝公司申请为中外合资经营企业登记档案、广东省对外经济工作委员会批复、中国对外经济贸易部批准证书、合资经营“广东运动饮料有限公司”合同、协议书、章程、董事会名单、原广东省三水县经济委员会复文、广东省经贸委批复、关于将广东健力宝有限公司改为广东健力宝集团有限公司报告、申请书、健力宝集团有限公司章程、补充章程、修改章程、广东健力宝集团有限公司董事会决议。以上书证主要证实广东健力宝饮料厂属于全民所有制企业，广东健力宝集团有限公司系中外合资企业，其中方出资者是广东健力宝饮料厂，案发时李经纬作为饮料厂代表，出任集团公司董事长、总经理，于善福、阮钜源作为饮料厂代表，担任集团公司董事。

（2）饮料公司企业登记资料、董事会决议、章程。主要证实饮料公司系中外合资企业，系健力宝公司控股的公司，案发时李经纬、于善福、阮钜源、杨仕明、黎庆元均担任该公司董事。

2. 关于被告人杨仕明、黎庆元、阮钜源的身份情况的证据：

（1）户籍证明。证实的被告人杨仕明、黎庆元、阮钜源的自然情况与起诉书所列的相同。

（2）干部履历表、干部职务任免审批表、任命文件、组织部证明文件、1998 年 9 月 1 日饮料公司董事会决议等。证实李经纬任职情况为：1993 年 12 月 29 日经原广东省三水市人民政府同意，李经纬担任健力宝公司董事长兼总经理；1994 年 6 月被原三水经济委员会任命为广东健力宝饮料厂厂长；1996 年 12 月 24 日被原三水工业局任命为广东健力宝企业集团理事会理事长；1998 年已担任饮料公司董事长；2002 年 1 月被广东健力宝饮料厂取消委派，不再担任健力宝公司董事长。

杨仕明任职情况为：1991 年 12 月 21 日被原三水县经济委员会任命为广东健力宝饮料厂副厂长；1993 年经原三水市经委和三水市委组织部批准担任健力宝公司党委委员；1994 年经原三水市经委同意以健力宝饮料厂副厂长职务享受副科级待遇；1998 年 9 月起担任饮料公司董事；1999 年 1 月 1 日担任饮料公司副总经理；1999 年 6 月被原三水工业局任命为健力宝公司副总经理，享受副科级待遇。

黎庆元任职情况为：1991 年 12 月被原三水县经济委员会任命为广东健力宝饮料厂副厂长；1998 年 9 月起担任饮料公司董事；1998 年 12 月任饮料公司副总经理；1999 年 6 月被原三水市工业局任命为健力宝公司副总经理，享受副科级待遇。

阮钜源任职情况为：经原广东省三水县经济委员会同意阮钜源于 1991 年 12 月起担任健力宝公司副总经理，期间担任公司董事，享受副科级待遇；直至 2002 年 1 月被广东健力宝饮料厂取消委派，不再担任健力宝公司董事；1998 年 9 月起担任饮料公司董事。

（3）人大任职及罢免通知。证实被告人李经纬原系第九届全国人大代表，广东省人大常委会根据广东省人民检察院关于李经纬涉嫌犯罪的情况报告，于 2002 年 10 月 13 日罢免李经纬全国人大代表职务。被告人阮钜源原系广东省第十二届人大代表，广东省人大常委会根据广东省人民检察院关于阮钜源涉嫌犯罪的情况报告，于 2002 年 10 月 13 日许可对阮钜源采取强制措施。

3. 抓获经过。证实被告人杨仕明、黎庆元、阮钜源的抓获经过。

4. 佛山市三水区人民检察院反贪局出具的情况说明。证实被告人杨仕明因涉嫌伙同陆庆坤、蔡伏云贪污被侦查机关抓获，其归案后主动交代了侦查机关尚未掌握的使用职工福利资金购买巨额保险涉嫌贪污的事实。

5. 搜查证、搜查笔录、扣押物品清单、随案移送物品清单、协助冻结投保单通知书、查询、冻结汇款通知书、冻结投保单情况说明。证实侦查机关依法对被告人杨仕明、黎庆元、阮钜源的人身、住处、办公室、保险箱及与犯罪有关的其他场所进行了搜查，并依法冻结了李经纬、杨仕明、黎庆元、阮钜源、于善福使用福利资金购买的保险；依法扣押、冻结了杨仕明、黎庆元、阮钜源的现金及银行存折一批。

对被告人杨仕明的辩护人提出的被告人杨仕明等人的身份问题，经查，根据被告人李经纬、杨仕明、黎庆元、阮钜源的供述，结合公诉机关及辩护人提交的有关被告人杨仕明等人的干部履历表、干部任免审批表、董事会决议等相关任职文件可以看出，被告人杨仕明、黎庆元、阮钜源等人均是受有关国有单位的委派担任健力宝公司董事长、董事或正副总经理，参与该公司的管理工作，并享受相应国家干部的待遇，属于受国有单位委派到非国有公司从事公务的人员，应以国家工作人员论。

对被告人杨仕明、黎庆元、阮钜源及其各自的辩护人提出的被告人杨仕明等人不具有共同贪污的主观故意，未实施贪污行为的意见，经查，购买保险的方案是经李经纬、杨仕明、黎庆元、阮钜源等人批准后实施的，他们对于购买保险的情况是明知的，在主观上有共同的意思联络；被告人杨仕明、黎庆元、阮钜源的供述以及饮料公司同期的资产负债表证实可用于购买保险的职工福利资金有三四千万元，李经纬的供述及饮料公司工会委员会出具的职工福利分配方案证实被告人杨仕明、阮钜源、黎庆元、李经纬等人享受福利费的标准只有普通职工的10倍左右，被告人等五名正副老总购买保险的金额竟达1100余万元，已明显超出其应当享有的职工权益，而被告人李经纬、黎庆元、阮钜源等人也承认他们对于这种极不合理性是知晓的；被告人及辩护人称未给其他职工购买保险是因人数多、情况复杂、方案难以制订等客观原因造成的，但未能提供任何证据予以证实，而被告人黎庆元的供述及证人韩伟贤、董坤棠的证言则证实韩、董二人在接受黎庆元的工作安排后在很短的时间内即制订了为全体职工购买保险的方案，而且直至2001年10月份，几被告人在公司改制之前，尚可以安排工会人员制订为全体职工发放福利费的方案并且按照该方案进行了发放，所以称人数多、情况复杂等客观原因导致未能给全体职工购买保险的理由不能成立。被告人李经纬、杨仕明、黎庆元、阮钜源等人在未给其他职工购买保险的情况下，同意按照杨仕明交给他们的保险方案，使用原本属于职工集体的福利款为其个人购买数额巨大的商业保险，具有明显的共同贪污故意。被告人杨仕明、黎庆元、阮钜源及其辩护人的上述辩解、辩护意见不成立，本院不予采纳。

对被告人黎庆元的辩护人所提购买保险使用的资金并非是公共财产，不符合贪污罪的客体要件的意见，经查，依照我国法律的相关规定，贪污罪的犯罪对象并不仅限于公共财物，还包括非国有公司、企业的财物。被告人杨仕明、黎庆元、阮钜源作为受国有单位委派到非国有公司从事公务的人员，在集团公司正副总经理会上利用他们同时身兼健力宝公司和饮料公司正副总经理、董事会成员的职务之便，将饮料公司的职工福利资金非法占为己有，为其购买保险，仍然可以构成贪污罪，因此辩护人以此为理由否认被告人构成贪污的理由不充分，本院不予采纳。

被告人杨仕明及被告人黎庆元的辩护人还提出用于购买保险的钱还在人保公司的账上，并未被几名被告人实际控制，被告人的行为未造成国有资产的实际损失，不属于贪污的意见，经查，被告人杨仕明、黎庆元、阮钜源等人是直接占有被贪污款项还是将其用于为个人购买商业保险只是贪污手段的不同，并不影响其行为本身的性质，在人保公司按照个人投保的方式为其开具实现保险利益所必需的发票及正式保单后，被告人杨仕明、黎庆元等人作为投保人即可享有各项保险利益，也就实现了对赃款的实际控制。因此该辩护意见不能成立。至于本案有一定证据证实被告人杨仕明等人投保的保险利益尚未真正实现，该保险尚可追回一节，可作为量刑情节酌情予以考虑。

关于被告人杨仕明及黎庆元的辩护人提出的被告人杨仕明、黎庆元、阮钜源等人曾对健力宝公司的发展作出重大贡献，其购买保险的行为与之相比微不足道，应判决其无罪的意见，经查，被告人杨仕明、黎庆元、阮钜源等人在担任健力宝公司领导期间，为健力宝公司的发展作出了贡献，对此党和政府已给予了他们政治上、物质上的荣誉和待遇，而且健力宝公司事业的发展并不仅仅是他们个人努力的成绩，而是集团公司全体职工共同拼搏的结果，对于其个人来说无论功劳多大，都不能成为剥夺其他职工合法权益的理由，也不能因此而享有超越法律的特权。在法律面前人人平等，任何公民犯罪都应依法受到刑事追究。被告人杨仕明、黎庆元、阮钜源利用职务之便，非法将本单位财物占为己有的行为是其承担刑事责任的行为基础，依法应予追究，该辩护意见不能成立，本院不予采纳。

对被告人杨仕明及其辩护人提出的公诉机关指控杨仕明第二宗贪污事实不成立，杨仕明没有非法占有的故意，也没有拿过那些钱的意见，经查，被告人杨仕明在侦查阶段对自己伙同陆庆坤等人以支取业务费的名义非法占有健力宝公司财物的事实均作了详尽的供述，与同案人陆庆坤、蔡伏云的证言相吻合，而且还有相关单据予以印证，被告人杨仕明庭上翻供的理由不足，对该点辩护意见不予采纳。

对被告人杨仕明及其辩护人提出的杨仕明没有收取李卫民的10万元，也没有为其谋取利益，公诉机关指控杨仕明犯受贿罪的事实不成立的意见，经查，被告人杨仕明在侦查阶段多次作过其作为健力宝饮料厂负责销售和财务的副厂长在旧销售大楼工程完工后收受行贿人李卫民人民币10万元并为李卫民及时收取工程款提供了便利的供述，与行贿人李卫民的指证相印证，证人何锡添也证实旧销售大楼的工程是由杨仕明分管的，上述证据足以证实被告人杨仕明利用职务的便利，为对方谋取了利益。该辩护意见与事实不符，不予支持。

本院认为，被告人杨仕明、黎庆元、阮钜源身为受国有单位委派到非国有公司从事公务的人员，利用职务便利，伙同他人将本单位财物非法占为己有，其行为均已构成贪污罪；被告人杨仕明身为国家工作人员，利用职务之便收受贿赂，为他人谋取利益，其行为已构成受贿罪。被告人杨仕明一人犯数罪，依法应数罪并罚。公诉机关指控被告人杨仕明、黎庆元、阮钜源犯贪污罪，指控被告人杨仕明犯受贿罪的事实清楚，证据确实、充分，罪名成立。被告人杨仕明在司法机关已掌握其贪污犯罪线索的情况下，主动供述了司法机关尚未掌握的部分贪污事实，因与司法机关已掌握的其贪污犯罪属同种罪行且罪行较重，应当对其从轻处罚。鉴于本案涉及的保险单及被告人杨仕明的其他贪污、受贿所得已扣押在案，可以对三被告人酌情从轻处罚。依照《中华人民共和国刑法》第二百七十一条第二款、第三百八十二条、第三百八十三条第一款第（一）项、第二款、第三百八十五条第一款、第三百八十六条、第六十九条、第五十九条、第六十四条及《最高人民法院关于处理自首和立功具体应用法律若干问题的解释》第四条的规定，判决如下：

一、被告人杨仕明犯贪污罪，判处有期徒刑十三年，并处没收个人财产人民币十五万元；犯受贿罪，判处有期徒刑十年。决定执行有期徒刑十八年，并处没收个人财产人民币十五万元。

（刑期从判决执行之日起计算。判决执行以前先行羁押的，羁押一日折抵刑期一日，即自2009年6月4日起至2025年12月16日止）。

二、被告人黎庆元犯贪污罪，判处有期徒刑十四年，并处没收个人财产人民币十五万元。

（刑期从判决执行之日起计算。判决执行以前先行羁押的，羁押一日折抵刑期一日，即自2009年6月4日起至2022年2月2日止）。

三、被告人阮钜源犯贪污罪，判处有期徒刑十四年，并处没收个人财产人民币十五万元。

（刑期从判决执行之日起计算。判决执行以前先行羁押的，羁押一日折抵刑期一日，即自2009年6月4日起至2022年8月26日止）。

四、本案扣押冻结的保险单（具体见附表1）由暂扣单位折现后退赔给案发时的被害单位广东健力宝饮料有限公司。

五、被告人杨仕明贪污所得的人民币十三万元由暂扣单位退赔给案发时的被害单位广东健力宝集团有限公司；被告人杨仕明受贿所得人民币十万元予以没收，由暂扣单位上缴国库（上述款项从附表2财产中予以抵扣）。

如不服本判决，可在接到判决书的第二日起十日内，通过本院或者直接向广东省高级人民法院提出上诉。书面上诉的，应当提交上诉状正本一份，副本二份。

审　判　长　李　静
代理审判员　蔡大宇
代理审判员　周　辉
二〇〇九年十一月二十三日
书　记　员　刘诚诚
书　记　员　许丽敏

附表1

编号	保险单编号	户名
1	中国人寿保险单编号：00－S43－4－7、00－S55－1－1	李经纬
2	中国人寿保险单编号：00－S43－3－4、00－S56－4－3	于善福
3	中国人寿保险单编号：00－S43－5－0、00－S56－3－0	杨仕明
4	中国人寿保险单编号：00－S43－2－1、00－S56－2－7	阮钜源
5	中国人寿保险单编号：00－S43－1－8、00－S56－1－4	黎庆元

附表2

编号	银行账号	户名	金额			
			人民币	港币	美元	英镑
1	中国银行：476951001880004038	杨仕明	26996.51	30531.45	46971.77	615.7
2	中国银行：4769599131021900333524	杨仕明		30000		
3	现金（暂扣于本院）	杨仕明		3130		

【评析】

这是一篇一审刑事判决书，被评为2010年全省法院优秀裁判文书。本案三名被告人均不承认自己有贪污的故意，也没有实施贪污行为，其辩护人也作无罪辩护。在此情况下，判决书在阐述被告人贪污的事实清楚，证据确实、充分方面难度较大，但该文书较好地克服了这一困难，并体现了如下特点：1. 详略得当，重点突出。被告人及其辩护人的意见主要是被告人不具有贪污罪的主体身份要件，没有贪污的故意，犯罪对象也不属于犯罪客体涵盖的范围。为此，判决书针对该部分问题的证据着墨较多，进行了重点罗列，对于其他证据则作了较为简略的表述，为最终认定被告人构成贪污罪提供了充足的事实依据。2. 层次分明，条理清晰。判决书对于被告人和辩护人的相关意见逐一回应，对于被告人是否具有贪污罪的主体身份，是否具有贪污的共同故意，是否实施了贪污行为以及购买保险的资金是否属于公款等方面进行了充分论证，每个方面的论证又分为若干层次。3. 论理充分，逻辑严密。在论证过程中结合对证据的分析，以证据支持论证，使论证有理有据，丝丝入扣，具有说服力，是该判决书的一大亮点。对于被告人主观故意的认定向来是刑事判决的一大难点问题，判决书牢牢把握住被告人的主观心态必然体现在客观方面这一关键要素，从几被告人对于购买保险的方案以及自己在职工福利分配方面应当享有的权益均是明知的情况下，仍然以极不公平的方式非法占有其他职工的合法权益，为其个人购买数额巨大的商业保险，具有明显的贪污故意，逻辑严密，说理充分，令人信服。

●邓智昆等犯假冒注册商标罪一案刑事判决书

广东省佛山市禅城区人民法院

刑事判决书

（2008）佛禅法刑初字第513号

公诉机关佛山市禅城区人民检察院。

被告人邓智昆，男，1973年5月24日出生于广东省佛山市南海区，汉族，高中文化，佛山市越明电子有限公司法定代表人，住佛山市禅城区汾江中路32号204房。2007年8月1日因本案被刑事拘留，同年9月4日被逮捕。现羁押于佛山市禅城区看守所。

辩护人曹建勋，广东循理律师事务所律师。

辩护人林俊贤，广东循理律师事务所律师。

被告人黄卓华，男，1970年9月30日出生于广东省佛山市，汉族，初中文化，佛山市利明电子有限公司业务员，住佛山市禅城区丝绸大街1号9座803房。2007年7月31日因本案被刑事拘留，同年9月4日被逮捕。现羁押于佛山市禅城区看守所。

辩护人龙伟文，广东广立信律师事务所律师。

佛山市禅城区人民检察院以佛禅检刑诉［2008］418号起诉书指控被告人邓智昆、黄卓华犯假冒注册商标罪，于2008年6月30日向本院提起公诉。经广东省高级人民法院批准，本院延长审理期限一个月。同年9月11日，佛山市禅城区人民检察院建议延期审理，同年10月8日建议恢复审理。同年11月23日，佛山市禅城区人民检察院再次建议延期审理，同年12月23日建议恢复审理。本院依法组成合议庭，公开开庭审理了本案。佛山市禅城区人民检察院指派检察员周伟雄出庭支持公诉，被告人邓智昆及其辩护人林俊贤、被告人黄卓华及其辩护人龙伟文到庭参加诉讼。现已审理终结。

公诉机关指控，2003年9月至2006年11月，被告人邓智昆、黄卓华经事前商议，由邓智昆经营的佛山市越明电子有限公司（以下简称越明公司）、佛山市昭荣电子电器有限公司（以下简称昭荣公司）负责生产假冒注册商标CHOCON铝电解电容产品，销售到佛山市利明电子有限公司（以下简称佛山利明公司）及佛山市高明区利明电子有限公司（以下简称高明利明公司）黄卓华主管的客户深圳市新天下科技有限公司（以下简称深圳新天下公司），并由昭荣公司开出增值税发票价值人民币4356030.72元、越明公司开出增值税发票价值人民币6102330.72元给深圳新天下公司，合计价值人民币10458361.44元。在庭审中，公诉机关向法庭提供了相关证据。公诉机关认为，被告人邓智昆、黄卓华未经注册商标所有人许可，在铝电解电容产品上使用与其注册商标相同的商标，共价值 10458361.44 元，情节特别严重，其行为触犯了《中华人民共和国刑法》第二百一十三条的规定，应当以假冒注册商标罪追究刑事责任。

在第二次庭审中，公诉机关变更指控越明公司开出的增值税发票价值冲减红字发票金额人民币 338340 元，为人民币 5763990.72 元，即本案中昭荣公司和越明公司开出的增值税发票总价值为人民币 10120021.44 元。

被告人邓智昆对公诉机关指控的罪名无异议，但辩称越明公司开出的增值税专用发票不是 600 多万元，而是 500 多万元；销售铝电解电容产品主要不是他联系的业务，也不是他收取货款。辩护人认为：1. 公诉机关指控的涉案金额有误。一是对昭荣公司开出的发票金额被告人邓智昆并不知情，也未能逐一核实；二是越明公司开出的发票金额总数应扣减红字发票（负数发票）的金额，实际应为 500 多万元，且最后两笔 17 万多元的发票并未收回货款；三是应当从发票总金额中减去佛山利明公司及高明利明公司生产销售 CHOCON 产品的货款部分 1791123 元。公诉机关提供的发票复印件不属于书证，不能作为认定事实的证据，应当委托司法财会人员重新核算。2. 公安机关的起诉意见书确认了违法所得数额及计算标准，两被告人也当庭供述违法所得计算标准为每人占销售额的 4%，合计 8%，法院应予认定。3. 2003 年 10 月至 2005 年 4 月间，被告人邓智昆在其工作的昭荣公司参与生产 CHOCON 产品，因信任黄卓华而以为 CHOCON 为未注册商标，主观上并非故意假冒他人的注册商标，并非犯罪行为。同时，昭荣公司的经营决策权在于法定代表人何建荣和财务主管何燕瑜两夫妇，邓智昆仅为业务员。因此该期间的生产行为属于民事侵权行为，不应由邓智昆承担刑事责任。4. 根据刑法法不溯及既往、从旧兼从轻的原则，本案不适用《最高人民法院、最高人民检察院关于办理侵犯知识产权刑事案件具体应用法律若干问题的解释（二）》中罚金刑的量刑标准。5. 被告人邓智昆有自首情节，主动赔偿被害人经济损失并取得谅解，认罪态度好，是初犯，应从轻或者减轻处罚。

被告人黄卓华对公诉机关的指控有异议，辩称他只是将被告人邓智昆介绍给深圳新天下公司的采购主管丁胜丰认识，收了一些好处费，并没有参与其他事情，指控的罪名不成立。辩护人认为：1. 本案是知识产权案件，涉及的民事关系复杂，台湾人黄仕虔拥有的 CHOCON 注册商标是其以不正当手段恶意注册得来的，真正的商标所有人应当是佛山明助电子工业有限公司（以下简称明助公司）。CHOCON 注册商标专用权的权利归属、权利的有效性、侵权的事实均不能确定，本案应作为民事纠纷解决或者作为刑事自诉案件处理，公诉机关不应轻易提起公诉。2. 黄仕虔在 2002 年至 2006 年期间没有许可过他人使用这一注册商标，佛山利明公司和高明利明公司生产 CHOCON 商标铝电解电容产品没有得到任何授权许可。高明利明公司提供的两份《商标使用授权书》是该公司与黄仕虔在 2007 年初左右补签的，没有公证和认证手续，不能反映事实真相。被告人黄卓华没有侵犯佛山利明公司和高明利明公司的合法权益。被告人黄卓华和邓智昆造成的社会危害远未达严重损害社会秩序和国家利益的程度。3. 关于假冒注册商标产品的金额。CHOCON 注册商标最迟从 2002 年 1 月 1 日起已经没有使用，应当因连续三年没有使用而于 2005 年 1 月 1 日撤销，但因佛山利明公司掩盖事实而至今未被撤销。因此本案金额最多应从 2003 年 9 月计至 2004 年 12 月 31 日。同时应当剔除佛山利明公司直接发往深圳新天下公司的约 300 万元货物。另外，被告人黄卓华于 2006 年 9 月离开佛山利明公司，其假冒金额应为 2006 年 9 月之前的金额。4. 侦查和公诉机关漏列本案的主犯杨惠卿、黄彩玉、丁胜丰及邓建雯，对越明公司涉嫌单位犯罪没有予以认定。5. 本案社会危害性较小，被告人黄卓华涉嫌的犯罪数额较小；被告人黄卓华是初犯，主观恶性小；在共同犯罪中起次要帮助作用，是从犯；归案后积极配合侦查，举报同案犯罪嫌疑人，提供其他犯罪线索，故请求对其减轻处罚。

经审理查明，商标 CHOCON 为注册商标，注册人为黄仕虔（台湾人），注册有效期限自 2001 年 5 月 28 日至 2011 年 5 月 27 日止。佛山利明公司于 2002 年开始在其生产的铝电解电容器上使用注册商标 CHOCON。2004 年 7 月 1 日佛山利明公司的投资者成立高明利明公司后，转由高明利明公司继续生产注册商标 CHOCON 铝电解电容器。被告人黄卓华从 2002 年至 2006 年 12 月在佛山利明公司和其后的高明利明公司任业务员，负责与客户深圳新天下公司联系注册商标 CHOCON 铝电解电容器的销售业务。2003 年 9 月，经被告人邓智昆与黄卓华两人商议后，被告人邓智昆所在的昭荣公司开始加工生产假冒的注册商标 CHOCON 铝电解电容器，由被告人黄卓华以利明公司的名义销售到深圳新天下公司。2004 年 7 月，被告人邓智昆登记成为昭荣公司股东，占公司 50% 股份。2005 年 4 月，被告人邓智昆退出昭荣公司，昭荣公司停止生产假冒的注册商标 CHOCON 铝电解电容器。被告人邓智昆于同月注册成立越明公司，任法定代表人。越明公司继续加工生产假冒的注册商标 CHOCON 铝电解电容器，由被告人黄卓华以利明公司名义销往深圳新天下公司，至 2006 年 11 月案发。被告人邓智昆、黄卓华生产、销售假冒注册商标 CHOCON 铝电解电容器期间，深圳新天下公司发给佛山利明公司或者高明利明公司的采购订单，由被告人黄卓华和邓智昆接收后处理，大部分订购产品由昭荣公司或者越明公司加工生产，小部分则另行以深圳新天下公司的名义制作订单交佛山利明公司或者高明利明公司生产。佛山利明公司或者高明利明公司生产的产品由被告人黄卓华调出后，与昭荣公司或者越明公司的产品一起发往深圳新天下公司。深圳新天下公司按照被告人黄卓华的指定，将货款（包括佛山利明公司或者高明利明公司产品的货款）付给昭荣公司或者越明公司，昭荣公司或者越明公司开具增值税专用发票给深圳新天下公司。两被告人收到货款后再将佛山利明公司或者高明利明公司应收货款支付给佛山利明公司或者高明利明公司。被告人邓智昆、黄卓华生产、销售假冒注册商标 CHOCON 铝电解电容器获利约为产品销售额的 8%，两人各占 4%。其中，2003 年 9 月 19 日至 2005 年 5 月 24 日，昭荣公司开具给深圳新天下公司的增值税专用发票金额共计人民币 4356030. 72 元。2005 年 6 月 22 日至 2006 年 11 月 15 日，越明公司开具给深圳新天下公司的增值税专用发票金额共计人民币 5936350. 72 元，扣除因重复开具增值税专用发票而出具红字发票冲减的金额人民币 338340 元，越明公司开具的增值税专用发票金额共计 5598010. 72 元。因此，昭荣公司和越明公司开具的增值税专用发票总金额为人民币 9954041. 44 元，剔除其中 2003 年 10 月至 2006 年 12 月深圳新天下公司支付给佛山利明公司及高明利明公司的货款人民币 1791123 元，被告人邓智昆、黄卓华假冒注册商标 CHOCON 的非法经营数额为人民币 8162918. 44 元，违法所得约为人民币 653033. 48 元。

2007 年 7 月 31 日凌晨 2 时，佛山市公安局禅城分局经侦大队在佛山市禅城区皇都酒店抓获被告人黄卓华。同日下午，佛山市公安局禅城分局经侦大队口头通知被告人邓智昆于次日8时30分到经侦大队接受讯问调查。邓智昆于8月1日8时30分到达经侦大队接受讯问，交代了基本犯罪事实，随后被刑事拘留。

另查明，2007年12月4日，被告人邓智昆及父亲邓鹤年与高明利明公司就假冒注册商标CHOCON损害高明利明公司权益问题达成和解协议，由邓鹤年补偿了高明利明公司人民币400000元。被告人黄卓华在审查起诉阶段向佛山市禅城区检察院举报佛山利明公司有偷税行为，佛山市公安局禅城分局将举报线索提供给佛山市禅城区国税局调查，现尚在查证中。

上述事实，有公诉机关提供并经法庭质证、认证的如下证据证实：

一、被害人陈述

被害人黄仕虔书面报案陈述，主要内容为：他是台湾彰化县人，在中国商标局注册了商标CHOCON。佛山利明公司获得了他的注册商标的使用权。2003年10月26日至2006年12月，原佛山利明公司销售员黄卓华勾结越明公司股东邓智昆、越明公司和昭荣公司，由越明公司生产假冒他的注册商标CHOCON的电子器件，黄卓华以“佛山明助电子有限公司”的名义进行销售，由越明公司和昭荣公司代开销售发票。他们仅向深圳新天下公司销售的产品就达人民币9775240.83元，严重损害了他本人的合法权益。

二、证人证言

1. 区婉枚（高明利明公司员工）的证言，主要内容为：高明利明公司和佛山利明公司是生产销售铝电解电容器的外资企业，生产注册商标CHOCON铝电解电容产品。该注册商标的所有人黄仕虔于2002年1月1日将该注册商标授权给佛山利明公司使用，2004年7月1日授权给高明利明公司使用。2006年12月左右，高明利明公司财务部与客户深圳新天下公司对账，发现深圳新天下公司回传的对账单的金额大于高明利明公司实际发货的金额。经到深圳新天下公司对账，发现很多送货单不是高明利明公司或者佛山利明公司的，其单位名称为“佛山明助有限公司”，送货人是高明利明公司的业务代表黄卓华，开具增值税发票的供货单位为昭荣公司和越明公司。这些铝电解电容产品使用了CHOCON注册商标，在其送货单和增值税发票上都写明是注册商标CHOCON铝电解电容产品，但货物包装与利明公司不同。据此，黄卓华、越明公司的股东邓智昆以及昭荣公司假冒高明利明公司和佛山利明公司使用的注册商标CHOCON，长期侵犯高明利明公司和佛山利明公司的注册商标使用权，造成两公司的经济损失人民币9775240.88元。

2. 证人葛亮亮（深圳市新天下集团神舟电脑有限公司仓管人员）的证言，主要内容为：他们公司向佛山利明公司和“佛山市明助电子有限公司”订购各种电容器产品，是与这两间公司的业务员黄卓华联系订货，听公司的同事讲这两间公司是同一家企业。这两间公司一般通过快递公司送货，由仓库验货签收，特急时则由黄卓华及另一个人送货。2006年11月，佛山利明公司到神舟公司对账，发现黄卓华送来的货是假冒产品。佛山利明公司的正品和黄卓华送来的假冒产品外包装不一样。

3. 证人姚晓燕（深圳新天下公司财务稽查人员）的证言，主要内容为：深圳新天下公司原来是向明助公司订购注册商标CHOCON铝电解电容产品，后因明助公司与佛山利明公司合并，深圳新天下公司从2002年6月起向佛山利明公司订购该产品。明助公司与佛山利明公司的业务代表均是黄卓华。因黄卓华称昭荣公司、越明公司与佛山利明公司是同一家公司，故深圳新天下公司也向昭荣公司和越明公司订购注册商标CHOCON铝电解电容产品及支付货款。经稽查，从2003年10月10日开始，深圳新天下公司同时收到佛山利明公司和昭荣公司发来的注册商标CHOCON铝电解电容产品，深圳新天下公司也同时给佛山利明公司和昭荣公司打货款。2005年9月30日，深圳新天下公司接到佛山利明公司业务主管黄卓华的通知，把昭荣公司改为越明公司。因此深圳新天下公司开始把货款打给越明公司。深圳新天下公司共向昭荣公司购进价值人民币4561013.44元的产品，共向越明公司购进价值人民币6214227.49元的产品。经与佛山利明公司对账，佛山利明公司实际发货到深圳新天下公司的产品价值为人民币1768683.28元。

4. 证人赵晓伙（高明利明公司副总经理）的证言，主要内容为：佛山利明公司与明助公司原来都是佛山市无线电三厂的合作伙伴。无线电三厂撤资后，由于明助公司经营状况较差，在2002年左右委托佛山利明公司管理。佛山利明公司于2005年搬到高明，成立了高明利明公司，佛山利明公司就没有经营了，目前在申请注销。黄卓华原是明助公司的员工，2002年明助公司被托管后转到佛山利明公司工作，2007年初离职。明助公司被托管前为深圳新天下公司生产注册商标CHOCON铝电解电容产品。2002年1月1日，佛山利明公司接受商标注册人黄仕虔授权，开始为深圳新天下公司生产注册商标CHOCON铝电解电容产品。2004年7月1日，黄仕虔又授权高明利明公司使用该注册商标。黄仕虔没有授权其他人使用该注册商标，佛山利明公司和高明利明公司也没有授权其他人使用该注册商标，也没有委托任何人生产加工及销售该注册商标产品。佛山利明公司和高明利明公司与昭荣公司、越明公司没有业务往来，也没有委托过昭荣公司、越明公司开具销售注册商标CHOCON铝电解电容产品的增值税发票给深圳新天下公司和深圳市神舟电脑有限公司（均为深圳市新天下集团公司的子公司）。黄卓华曾在公司拿过价值约人民币100万元的注册商标CHOCON铝电解电容产品销售，深圳新天下公司和神舟电脑公司以现金付款，不开公司发票。

5. 证人邓建雯（越明公司出纳）的证言，主要内容为：越明公司生产假冒利明公司注册商标CHOCON的铝电解电容产品，以利明公司的名义销售给深圳新天下公司，所以也以利明公司的名义给深圳新天下公司发送对账单。对账单是她弟弟邓智昆制作的，由她签名，上面的电话号码是她的。越明公司的出库单及增值税发票是她开的，增值税发票金额约为人民币500万元。

6. 证人李德兰（越明公司工人）的证言，主要内容为：她于2006年底到越明公司上班，该公司生产CHOCON牌电容产品，老板是邓智昆，财务是邓建雯。2007年8月1日早上她到公司上班，发现厂区里的三套生产设备不知为什么被搬走了。

7. 证人杨巧宣（越明公司工人）的证言，主要内容为：她于2007年5月到越明公司上班，公司生产电子元件，老板是邓智昆。2007年8月1日早上她到公司上班，发现公司的机器设备不知为什么全被搬走了。

8. 证人杨惠卿（越明公司股东）的证言，主要内容为：她于2005年3月从佛山利明公司退休后，就与邓智昆合作开办了越明公司，她占20%股份，实际并未出资。越明公司成立前，邓智昆和黄卓华就有生产销售注册商标CHOCON铝电解电容产品，不过不清楚是什么时候开始的。越明公司成立后生产销售注册商标 CHOCON 铝电解电容产品，主要由邓智昆和黄卓华操作，她只管生产，如果出现质量问题她要亲自处理。至于越明公司是否得到商标注册人的授权或者商标使用人的委托，以及黄卓华在越明公司是否有提成，她都不清楚。越明公司的产品销售到深圳新天下公司，销售额她不知道，毛利润为百分之二十左右，纯利润在百分之十几。

9. 证人何建民的证言，主要内容为：2001 年他哥哥何建荣开办昭荣公司，让他挂名作股东，实际上公司与他无关。2004 年何建荣把他名下的股份转给了邓智昆。昭荣公司主要是加工电解电容产品，邓智昆在受让股份前，他见过两三次邓智昆到昭荣公司送货。他不知道昭荣公司是否生产过注册商标 CHOCON 铝电解电容产品。

10. 证人黄彩玉（原佛山利明公司员工）的证言，主要内容为：她于 2003 年 7 月至 2004 年 6 月间在佛山利明公司做业务助理，负责统计销售产品数据和送货等。黄卓华是同部门的同事，邓智昆当时是她男朋友。黄卓华和邓智昆一起生产假冒注册商标 CHOCON 铝电解电容产品，并利用她的工作关系，让她在假冒产品的送货单上签名及与深圳新天下公司对账。黄卓华与邓智昆将佛山利明公司生产的产品和他们两人生产的产品混在一起送给深圳新天下公司，其中佛山利明公司的送货单名称是“佛山市利明电子有限公司送货单”，黄卓华与邓智昆自己的产品则用“佛山明助电子有限公司送货单”。佛山利明公司生产的产品和他们两人生产的产品是在一起对账的，她把他们两人生产销售的产品加到佛山利明公司的对账单上，传真给深圳新天下公司。佛山利明公司送给深圳新天下公司的产品不用开发票，由黄卓华收现金，昭荣公司开发票给深圳新天下公司。深圳新天下公司下订单到佛山利明公司，黄卓华把订单上的权益修改后在佛山利明公司电脑上下单，把一部分订单拿出来和邓智昆合作生产。

三、书证

1. 商标注册证，佛山市工商行政管理局提供的《商标的详细信息》，商标使用授权书。证实：（1）商标 CHOCON 在国家工商行政管理局商标局注册，商标注册号为第 1578724 号，注册人为黄仕虔（台湾人），核定使用商品为电容器等电子产品，注册有效期限自 2001 年 5 月 28 日至 2011 年 5 月 27 日止；（2）2002 年 1 月 1 日，黄仕虔与佛山利明公司签订商标使用授权书，黄仕虔将 CHOCON 注册商标授权佛山利明公司在中国大陆地区独家使用；（3）2004 年 7 月 1 日，黄仕虔与佛山利明公司及高明利明公司签订商标使用授权书，黄仕虔将 CHOCON 注册商标授权佛山利明公司和高明利明公司在中国大陆地区使用。

2. 权利承继声明和证明。证实：（1）佛山利明公司于 2006 年 2 月 1 日声明其公司拥有的一切权利由高明利明公司承继；（2）佛山利明公司和高明利明公司证明从未将 CHOCON 注册商标授权给任何公司和个人生产和加工。

3. 明助公司、佛山利明公司及高明利明公司的营业执照；被告人黄卓华与明助公司签订的劳动合同，与佛山利明公司签订的工作协议书和保密协议书；被告人黄卓华在高明利明公司工作期间制作的工作周记。证实被告人黄卓华原是明助公司的员工，后转至佛山利明公司工作，高明利明公司成立后，又转至高明利明公司工作，2006 年 12 月解除劳动关系。

4. 佛山利明公司及高明利明公司的产品送货单，货款交收凭证，银行来往凭证及现金往来对账表。证实2003年10月至2006年度佛山利明公司和高明利明公司从深圳新天下公司现金收款共计人民币1791123元。

5. 深圳新天下公司向“佛山明助”订货的订购单，向昭荣公司和越明公司付款的银行承兑汇票、电汇凭证、电汇业务委托书和财务明细分类账。证实深圳新天下公司向被告人邓智昆、黄卓华购买假冒注册商标CHOCON铝电解电容产品并支付相应货款的事实。

6. 2003年9月至2006年11月昭荣公司和越明公司向深圳新天下公司送货的送货单，名称为“佛山明助电子有限公司产品送货单”，送货单中“营业代表”为黄卓华。证实被告人邓智昆、黄卓华将生产的假冒注册商标CHOCON铝电解电容产品销售给深圳新天下公司的事实。

7. 昭荣公司银行账户流水账。证实深圳新天下公司从2003年10月10日至2005年6月24日汇入昭荣公司在中国银行佛山季华支行开设的887834583908093001账户的货款为人民币4331983.64元。

8. 邓智昆以佛山利明公司名义制作的对账单。证实2006年3月至2006年11月邓智昆就所销售的假冒注册商标CHOCON铝电解电容产品，以佛山利明公司名义向深圳新天下公司发出对账单进行对账。

9. 昭荣公司开具给深圳新天下公司的增值税专用发票。证实昭荣公司从2003年9月19日至2005年5月24日开具给深圳新天下公司的增值税专用发票总金额为人民币4356030.72元。

10. 越明公司开具给深圳新天下公司的增值税专用发票、出仓单、收款凭证，以及越明公司制作的发票一览表。证实越明公司从2005年6月22日至2006年11月15日开具给深圳新天下公司的增值税专用发票总金额为人民币5936350.72元，扣减红字发票金额人民币338340元后，为人民币5598010.72元。

11. 昭荣公司和越明公司的工商登记资料。证实昭荣公司为有限责任公司，成立于2001年10月18日，法定代表人为何建荣，2004年7月被告人邓智昆成为该公司股东，与何建荣各占股份50%；越明公司为有限责任公司，成立于2005年4月25日，法定代表人为被告人邓智昆，占80%股份，杨惠卿为股东，占20%股份。

12. 和解协议和赔偿款收据。证实2007年12月4日被告人邓智昆及父亲邓鹤年与高明利明公司就假冒注册商标CHOCON损害高明利明公司权益问题达成和解协议，邓鹤年补偿高明利明公司人民币400000元，登报声明道歉；高明利明公司不再追究被告人邓智昆民事责任，出具请求书请求司法机关不予追究邓智昆刑事责任或者减轻处罚。

四、搜查笔录、扣押物品清单及物证照片

以上资料证实公安人员于2007年8月1日对越明公司办公室及生产车间进行搜查，扣押了财务账本及会计凭证一批，不同规格的电子产品五小包；证实高明利明公司生产的CHOCON商标铝电解电容产品的内外包装状况和被告人邓智昆生产的假冒CHOCON商标铝电解电容产品的内外包装状况；越明公司生产CHOCON商标铝电解电容产品的机器设备状况。

五、抓获经过

证实2007年7月31日凌晨2时，佛山市公安局禅城分局经侦大队在佛山市禅城区皇都酒店抓获被告人黄卓华；同日下午，该经侦大队侦查员口头通知被告人邓智昆于次日8时30分到经侦大队接受讯问调查，并于8月1日在经侦大队抓获被告人邓智昆。

六、情况说明

证实被告人黄卓华归案后向佛山市禅城区检察院举报佛山利明公司有偷税行为，由佛山市公安局禅城分局将举报线索提供给佛山市禅城区国税局调查，现尚在查证中。

七、户籍材料

证实被告人邓智昆、黄卓华的身份情况与起诉书所列一致。

八、被告人在侦查阶段的供述

1. 被告人邓智昆的供述，主要内容为：他原是佛山利明公司的员工，负责销售铝电解电容产品，2000年离开公司。2003年3月份左右，佛山利明公司的业务员黄卓华拿佛山利明公司生产的CHOCON商标铝电解电容产品给他看，问他能不能生产，并说佛山利明公司生产的这个产品有质量问题，怕被客户深圳新天下公司取消采购资格。他与昭荣公司的法定代表人何建荣商量后，决定进行合作生产。2003年7月份左右，他与何建荣协商，他入股昭荣公司，与何建荣各占50%的股份，昭荣公司开始加工生产注册商标CHOCON铝电解电容产品。2004年昭荣公司在工商部门办理了他成为股东的登记手续。昭荣公司在外采购半成品的铝电解电容产品，在印刷厂印制CHOCON商标套管，然后进行组装检测及包装。产品由黄卓华联系销售给佛山利明公司的客户深圳新天下公司，送货单由黄卓华提供样本给昭荣公司印制，为“佛山市明助电子有限公司送货单”。从昭荣公司开具给深圳新天下公司的增值税发票看，昭荣公司生产销售该产品的价值是人民币4356030.72元。2004年底他从昭荣公司退股，2005年3月份注册成立了越明公司，继续生产注册商标CHOCON铝电解电容产品，由黄卓华销售给深圳新天下公司，销售额大约为人民币500万元。昭荣公司及越明公司生产销售的纯利润为销售额的14%左右，其中深圳新天下公司的采购主管丁胜丰提成六个点的回扣，昭荣公司或者越明公司与黄卓华平分利润，各占四个点。后期深圳新天下公司换了采购主管，对产品降了价，他们就没给采购主管回扣了，他和黄卓华的利润仍各在4%左右。目前他尚有50多万元的货款没有收回来。深圳新天下公司一开始是通过黄卓华下订单，后来就直接传真订单给他。他接到订单后，把自己能生产的留下来做，不能生产的就制好订单传真给利明公司去做。他开始生产销售CHOCON铝电解电容产品时并不知道CHOCON是注册商标，2005年初黄卓华才告诉他CHOCON是注册商标。

2. 被告人黄卓华的供述，主要内容为：他原是明助公司的员工，后来明助公司被佛山利明公司收购，他成为佛山利明公司员工。佛山利明公司搬到高明区经营后，他就成为高明利明公司的员工。他在公司里负责销售注册商标CHOCON铝电解电容产品，主要销售到深圳新天下公司及另一家深圳公司。2003年7、8月间，邓智昆向他提出可以生产注册商标CHOCON铝电解电容产品，他说生产注册商标CHOCON铝电解电容产品的手续很难搞，这是佛山利明公司生产使用的商标，但邓智昆称可以搞定。他知道

CHOCON 是注册商标，利明公司经授权后使用，邓智昆当时也知道这一情况，但邓智昆说不用怕。因邓智昆多次追他，他就带邓智昆找到深圳新天下公司采购主管丁胜丰协商。丁胜丰告诉邓智昆深圳新天下公司采购铝电解电容产品只认 CHOCON 注册商标，不要其他品牌。邓智昆就说他可以生产该注册商标产品，丁胜丰默许了，但要求一定要以利明公司的名义送货，发票必须统一由一个单位开具，丁胜丰收取六个点的回扣。随后他和邓智昆就开始生产利明公司的注册商标 CHOCON 铝电解电容产品，先由昭荣公司生产，后来由越明公司生产。开始是丁胜丰下单给他，他就通知邓智昆生产，后来邓智昆直接用传真机接丁胜丰的订单。邓智昆使用的送货单是"佛山市明助电子有限公司"名义的送货单，上面业务员是打印他的名字。深圳新天下公司下单采购的产品邓智昆不能生产的，就以深圳新天下公司的名义向利明公司下订单，以现金结算的方式在利明公司拿货。他从利明公司调出货来，与邓智昆生产的产品一起发到深圳新天下公司，然后由昭荣公司或者越明公司统一开发票给深圳新天下公司。他负责把深圳新天下公司对账开出的支票交给邓智昆。深圳新天下公司把货款汇到昭荣公司或者越明公司的账户后，邓智昆把从利明公司购进产品的货款交给他，他收到后就汇入利明公司的私人账户里，或者邓智昆自己把货款打到利明公司的私人账户里。邓智昆负责同深圳新天下公司对账，先由他把利明公司与深圳新天下公司的对账单交给邓智昆，邓智昆再制作总的对账单同深圳新天下公司对账。邓智昆生产销售 CHOCON 铝电解电容产品的利润情况他不清楚，他从中提取回扣，按照规格型号，每个 Φ8 型产品一分钱，每个 Φ10 型产品一分五厘钱，共收取了 10 万元左右。

在庭审中，被告人邓智昆的辩护人提供书证及申请证人出庭作证如下：

（1）和解协议及赔偿款收据（即公诉机关提供的书证 12）、高明利明公司出具的请求书、道歉声明各 1 份，证实：2007 年 12 月 4 日被告人邓智昆及父亲邓鹤年与高明利明公司就假冒注册商标 CHOCON 损害高明利明公司权益问题达成和解协议，邓鹤年补偿了高明利明公司人民币 400000 元；高明利明公司向本院出具请求书，请求司法机关不予追究邓智昆刑事责任或者予以轻判；被告人邓智昆于 2007 年 11 月 29 日在《佛山日报》刊登道歉声明，向高明利明公司道歉。

（2）证人邓建雯出庭作证的证言，主要内容为：越明公司开始使用千位发票，后改用万位发票，致使有的货物开了两次发票，故再开出红字发票（负数发票）对冲，所以越明公司向深圳新天下公司开出的增值税发票总额应减去红字发票金额。

（3）证人黄志锐出庭作证的证言，主要内容为：2007 年 8 月 1 日上午 8 点多，他的朋友邓智昆让他陪同到佛山市禅城区富民路的公安局，他不知道邓智昆为什么去公安局。到了公安局门口，邓智昆打电话给里面的公安人员，然后就自己进去，他随后离开了。

经庭审质证，公诉机关对被告人邓智昆的辩护人提供的上述证据无异议，且上述证据与公诉机关提供的证据内容可以吻合印证，能够确认其真实性，因此本院对上述证据予以采纳，对其所证明的事实予以认定。

在庭审中，被告人黄卓华的辩护人提供了明助公司的企业登记资料、明助公司董事会名单、明助公司合同书、佛山市对外经济贸易委员会《关于中外合作经营佛山明助电子工业有限公司合同和章程的批复》各 1 份，拟证实注册商标 CHOCON 本应属明助公司所有，黄仕虔作为明助公司的董事恶意抢注了该商标。

经庭审质证及审查，被告人黄卓华的辩护人提供的上述证据的内容与注册商标CHOCON所有人的认定没有证据和事实上的关联性，无法证明待证事实，本院不予采纳。

对于被告人邓智昆的辩解及其辩护人的辩护意见，经查：1. 关于被告人邓智昆、黄卓华制造、销售假冒注册商标CHOCON铝电解电容器的产品价值，即本案的非法经营数额问题。首先，公安机关依法侦查取得的昭荣公司与越明公司开具的增值税专用发票为有效证据，并经两被告人核实确认，对本案中假冒注册商标CHOCON铝电解电容器的价值具有证明力，公诉机关据此认定两被告人的非法经营数额并无不当。辩护人否认增值税专用发票的证据效力，请求进行财务专业核算的理由不成立，本院不予采纳。其次，辩护人提出越明公司的涉案金额应扣减红字发票冲减的金额和已开票未收款部分金额的意见。经逐一核查本案证据，越明公司开具的增值税专用发票的总金额为人民币5936350.72元，公诉机关认定发票总金额人民币6102330.72元与其提供的证据不符。同时越明公司开具了用以冲减重复开票的红字发票，总金额为人民币338340元。辩护人提出扣减红字发票金额的理由成立，本院认定越明公司开具的增值税专用发票的总金额为人民币5598010.72元。越明公司开票后尚未收到货款的部分同样属于两被告人制造、销售假冒注册商标产品的数额，辩护人提出扣减于法无据，本院不予采纳。再次，辩护人提出两被告人的犯罪数额应减去佛山利明公司和高明利明公司的价值人民币1791123元产品的意见。经查，2003年10月至2006年度佛山利明公司和高明利明公司生产销售给深圳新天下公司的注册商标CHOCON铝电解电容器共计人民币1791123元，由被告人邓智昆、黄卓华以昭荣公司和越明公司的名义收取货款后开具增值税专用发票，不属于两被告人的犯罪数额，辩护人的这一辩护意见理由成立，本院予以采纳。综上，被告人邓智昆、黄卓华实际生产、销售假冒注册商标CHOCON铝电解电容器的价值总计人民币8162918.44元。2. 关于辩护人主张按照销售额的8%认定两被告人违法所得数额的问题。经查，被告人邓智昆在侦查阶段多次稳定供述生产、销售假冒注册商标CHOCON铝电解电容器的利润为销售额的14%左右，深圳新天下公司的采购主管丁胜丰提成销售额的6%回扣后，他与黄卓华各得4%。证人杨惠卿证实越明公司的毛利润为销售额的百分之二十左右，纯利润为百分之十几，其证言与被告人邓智昆的供述基本吻合，而丁胜丰提成销售额的6%回扣这一事实亦有被告人黄卓华的证言予以印证，因此本院对邓智昆关于他与黄卓华各占销售额4%的利润的供述予以采信，认定两被告人的违法所得数额为非法经营数额的8%，计为人民币653033.48元。辩护人的这一辩护意见理由成立，本院予以采纳。3. 关于被告人邓智昆在昭荣公司假冒注册商标CHOCON时是否明知商标CHOCON是注册商标，其行为是否构成犯罪的问题。经查，被告人黄卓华供述他在与被告人邓智昆商议之时已告知邓智昆该商标为注册商标。被告人邓智昆在侦查阶段的前几次供述中均未提出开始生产假冒商标CHOCON产品时不知道是注册商标，到2007年10月26日的一次供述中才称他与何建荣是在昭荣公司开始生产后了解到该商标是注册商标，随后又称是在越明公司成立后于2005年底才知道这一情况的。邓智昆的供述前后不一致，亦与被告人黄卓华的供述不符，结合邓智昆的工作经验和经历，足以认定邓智昆在昭荣公司实施假冒注册商标CHOCON行为时应当知道该商标是注册商标，具有犯罪的主观故意。因此，被告人邓智昆作为昭荣公司的股东，伙同黄卓华由昭荣公司生产销售假冒注册商标 CHOCON 铝电解电容器，其行为已构成犯罪，应当承担刑事责任。辩护人的辩护意见理由不成立，本院不予采纳。4. 关于本案是否适用《最高人民法院、最高人民检察院关于办理侵犯知识产权刑事案件具体应用法律若干问题的解释（二）》的问题。《最高人民法院、最高人民检察院关于适用刑事司法解释时间效力问题的规定》第二条规定："对于司法解释实施前发生的行为，行为时没有相关司法解释，司法解释施行后尚未处理或者正在处理的案件，依照司法解释的规定办理。"据此，该司法解释的效力及于本案的处理，辩护人认为本案不应当适用该司法解释的意见于法无据，本院不予采纳。5. 关于被告人邓智昆自首情节的认定问题。被告人邓智昆在公安机关尚未采取强制措施时主动到公安机关投案，如实交代了自己的主要犯罪事实，应认定为自首。辩护人认为被告人邓智昆有自首情节的意见成立，本院予以认定。

对于被告人黄卓华的辩解及其辩护人的辩护意见，经查：1. 关于被告人黄卓华辩称其行为不构成假冒注册商标罪的问题。经查，被告人邓智昆供述其伙同黄卓华生产、销售假冒注册商标 CHOCON 铝电解电容器的事实，与证人邓建雯、黄彩玉、杨惠卿、姚晓燕、赵晓伙、区婉枚的证言内容一致，相互吻合，且有订购单、送货单、货款支付凭证、对账表、增值税专用发票等书证印证，足以认定被告人邓智昆与被告人黄卓华经商议后，由邓智昆生产假冒注册商标 CHOCON 铝电解电容器，通过黄卓华作为佛山利明公司和高明利明公司业务员的业务渠道，以佛山利明公司和高明利明公司产品的名义销售给深圳新天下公司，期间黄卓华负责联系客户、处理订单、收取货款和发票、进行对账等重要环节，参与了整个共同犯罪过程，其行为已构成假冒注册商标罪。被告人黄卓华的上述辩解意见与本院审理查明的事实不符，本院不予采纳。2. 关于注册商标 CHOCON 的权利归属和权利的有效性是否能够确定，公诉机关是否应当提起公诉的问题。经查，依据公诉机关提供的黄仕虔持有的《商标注册证》和工商管理部门出具的《商标的详细信息》，足以认定商标 CHOCON 的注册商标所有人为黄仕虔，两被告人的犯罪行为实施于注册商标的有效期限内。辩护人未提供证据证实该注册商标属恶意注册，存在权属争议，其对该注册商标的权属和权利的有效性提出的异议没有事实和法律依据，本院不予采纳。公诉机关按照法定的追诉标准提起公诉，符合法律规定，并无不当，辩护人认为两被告人的假冒注册商标行为未达严重危害社会秩序和国家利益程度，公诉机关不应提起公诉的辩护意见于法无据，本院不予采纳。3. 关于假冒注册商标 CHOCON 铝电解电容器的产品价值问题。首先，辩护人认为应扣减佛山利明公司和高明利明公司发货给深圳新天下公司的数额的意见，理由与被告人邓智昆的辩护人相同，本院予以采纳。其次，辩护人认为注册商标 CHOCON 因连续三年没有使用，依法应于 2005 年 1 月 1 日被撤销，故涉案金额应计至 2004 年 12 月 31 日止的意见，与审理查明的事实不符，亦无法律依据，本院不予采纳。再次，辩护人主张被告人黄卓华于 2006 年 9 月离开高明利明公司，其假冒金额应计至 2006 年 9 月止的意见。经查，高明利明公司副总经理赵晓伙的证言证实黄卓华于 2007 年初离职，这与黄卓华劳动合同中记载 2006 年 12 月解除劳动关系的记录相符，可以认定黄卓华在高明利明公司任职至 2006 年底，参与了本案中全部的生产、销售假冒注册商标 CHOCON 产品的活动，辩护人的意见与审理查明的事实不符，本院不予采纳。4. 关于注册商标所有人黄仕虔是否许可佛山利明公司和高明利明公司使用注册商标 CHOCON 的问题。辩护人主张黄仕虔在 2002 年至 2006 年间并未授权这两家公司使用该注册商标，但未能提供证据或者证据线索推翻公诉机关提供的商标使用授权书。并且，佛山利明公司和高明利明公司是否取得了商标注册人黄仕虔的使用许可，与认定两被告人实施侵犯被害人黄仕虔的注册商标专用权的犯罪行为没有法律上的关联性，不影响对两被告人的定罪量刑，因此本院对辩护人的这一辩护意见不予审查。5. 关于杨惠卿、黄彩玉、丁胜丰及邓建雯是否两被告人假冒注册商标犯罪中主犯的问题。杨惠卿等人的行为是否构成犯罪，公诉机关并没有指控，不属于本案审理的范围，辩护人主张在本案中予以查明认定的意见，本院不予采纳。6. 关于越明公司是否涉嫌单位犯罪的问题。越明公司是被告人邓智昆为实施假冒注册商标犯罪行为而设立的公司，依法不以单位犯罪论处，只能认定被告人邓智昆、黄卓华个人犯罪。辩护人主张越明公司涉嫌单位犯罪于法无据，本院不予采纳。7. 关于被告人黄卓华在共同犯罪中是否从犯的问题。经查，在共同假冒注册商标犯罪中，被告人邓智昆组织加工生产假冒注册商标的产品，被告人黄卓华联系订单、负责销售，两人均积极主动实施犯罪，互相配合，作用相当，不宜区分主从犯。对辩护人主张黄卓华为从犯的意见本院不予采纳。

本院认为，被告人邓智昆、黄卓华为谋取非法利益，未经 CHOCON 注册商标所有人许可，在同一种商品上使用与其注册商标相同的商标，非法经营数额达人民币 8162918.44 元，违法所得数额约为人民币 653033.48 元，其行为均已构成假冒注册商标罪，犯罪情节特别严重。公诉机关指控的罪名成立。被告人邓智昆犯罪后主动投案，如实供述犯罪事实，为自首，依法可以减轻处罚。被告人邓智昆积极赔偿佛山利明公司和高明利明公司的经济损失并取得谅解，悔罪态度较好，又可酌情从轻处罚。被告人黄卓华归案后积极举报他人犯罪线索，虽尚未获查实，但对其行为应予肯定，在量刑时酌情从轻。依照《中华人民共和国刑法》第二百一十三条、第六十七条第一款、第五十二条、第五十三条，《最高人民法院、最高人民检察院关于办理侵犯知识产权刑事案件具体应用法律若干问题的解释》第一条，《最高人民法院、最高人民检察院关于办理侵犯知识产权刑事案件具体应用法律若干问题的解释（二）》第四条，《最高人民法院关于处理自首和立功具体应用法律若干问题的解释》第一条的规定，判决如下：

一、被告人邓智昆犯假冒注册商标罪，判处有期徒刑二年六个月，并处罚金人民币 600000 元。

（刑期从判决执行之日起计算。判决执行以前先行羁押的，羁押一日折抵刑期一日，即自 2007 年 8 月 1 日起至 2010 年 1 月 31 日止；罚金应在本判决发生法律效力后十日内向本院缴纳）。

二、被告人黄卓华犯假冒注册商标罪，判处有期徒刑四年，并处罚金人民币 800000 元。

（刑期从判决执行之日起计算。判决执行以前先行羁押的，羁押一日折抵刑期一日，即自 2007 年 7 月 31 日起至 2011 年 7 月 30 日止；罚金应在本判决发生法律效力后十日内向本院缴纳）。

如不服本判决，可在接到判决书的第二日起十日内，通过本院或者直接向佛山市中级人民法院提出上诉。书面上诉的，应当提交上诉状正本一份，副本三份。

审　判　长　陈英姿
人民陪审员　曹淑娟
人民陪审员　邵伟东
二〇〇九年一月十九日
书　记　员　潘焰英

【评析】

该案系侵犯知识产权的刑事案件，其特点是证据繁多，事实认定困难，特别是关于犯罪数额认定方面的证据甄别难度大。两被告人及其辩护人针对犯罪构成、事实认定、证据采信、法律适用等方面提出大量异议和意见。承办法官严格按照规定格式制作判决书，特别是注意避免长篇判决书容易行文冗长累赘、用词造句可有可无的弊端，力求精简。在归纳列举证据、予以认证方面做到繁简有致，清晰全面，较好地证明了待证事实；在摘录归纳辩解辩护意见上做到具体明确，完整体现，结合证据全面评析，综合得出裁判理由；在论述争议焦点问题和分析采纳辩解辩护意见时追求既论证充分，切合要点，又简明精要，条理分明。总体而言，这篇判决书做到了格式规范，用语严谨，文字精练，认定事实缜密有据，评述和分析客观合理，不失为一篇优秀裁判文书。

●陈贤武犯故意伤害罪一案刑事附带民事判决书

广东省东莞市中级人民法院

刑事附带民事判决书

(2009)东中法刑一初字第130号

公诉机关广东省东莞市人民检察院。

附带民事诉讼原告人袁招英，女，汉族，1955年11月1日出生，身份证号码：362229195511010623，户籍所在地为江西省宜春市宜丰县澄塘镇集镇200号附2号，系被害人李文集之妻。

附带民事诉讼原告人李祖荣，男，汉族，1975年1月30日出生，身份证号码：362229197501300634，户籍所在地为江西省宜春市宜丰县澄塘镇集镇大厦，系被害人李文集之长子。

附带民事诉讼原告人李燕华，女，汉族，1978年11月29日出生，身份证号码：36222919781129062X，户籍所在地为江西省宜春市宜丰县桥西乡曹家岭村坪上组，系被害人李文集之女。

附带民事诉讼原告人李富荣，男，汉族，1980年12月18日出生，身份证号码：362229198012180613，户籍所在地为江西省宜春市宜丰县澄塘镇集镇大厦，系被害人李文集之次子。

以上四名附带民事诉讼原告人的诉讼代理人李小林，广东国欣律师事务所东莞分所律师。

被告人陈贤武（又名陈华生），男，1985年6月8日出生，身份证号码：44098219850608585X，汉族，文化程度小学，无业，户籍所在地为广东省化州市平定镇旺垌上垌村15号。因涉嫌犯抢劫罪于2008年7月18日被羁押，同日被刑事拘留，因涉嫌犯故意伤害罪于同年8月20日被逮捕。现押于东莞市看守所。

指定辩护人于淼，广东中建合展律师事务所律师，由东莞市法律援助处指派。

广东省东莞市人民检察院以东检刑一诉［2009］85号起诉书指控被告人陈贤武犯故意伤害罪，于2009年3月7日向本院提起公诉。在诉讼过程中，附带民事诉讼原告人袁招英、李祖荣、李燕华、李富荣向本院提起附带民事诉讼。本院受理后，依法组成合议庭，于2009年3月20日公开开庭合并审理了本案。广东省东莞市人民检察院指派代理检察员李远桃出庭支持公诉，附带民事诉讼原告人李富荣及诉讼代理人李小林，被告人陈贤武及指定辩护人于淼到庭参加诉讼。因本案有附带民事诉讼，经本院院长批准延长审理期限二个月。现已审理终结。

广东省东莞市人民检察院指控：2008 年 7 月 6 日 18 时 30 分许，被告人陈贤武与被害人李文集商定以 1150 元的价格购买李旧货店里的一部二手空调，并支付了 1000 元订金。李文集在陈贤武的指路下将空调送往陈租住的东莞市横沥镇半仙山村温馨出租屋 202 房。支付剩余货款时，双方因为货款数额问题发生争吵，李文集用手推陈贤武使其撞在墙上，陈从床上拿起哑铃连续砸了李的头部三下，直至李受伤倒地。陈贤武拿走了被害人李文集黑色长虹手机一部（价值 315 元），并用李的三轮车将空调运到横沥镇新城工业区卖给一家旧货店，得款 650 元后逃回云浮市新兴县。李文集于同月 8 日 12 时许被群众发现时已死亡。经法医鉴定，被害人李文集系被他人用钝器打击头部致颅脑损伤死亡。破案后，涉案空调及手机依法缴回并发还给被害人家属。

为指控上述事实，公诉机关向法庭提供了现场勘验材料、法医学尸体检验报告书等鉴定结论、兰友芝等证人的证言、作案工具哑铃等物证、调查函等书证、视听资料、被告人陈贤武的供述与辩解等证据。公诉机关据此认为被告人陈贤武无视国法，故意伤害他人身体，致一人死亡，其行为已触犯《中华人民共和国刑法》第二百三十四条第二款之规定，犯罪事实清楚，证据确实充分，应当以故意伤害罪追究其刑事责任，提请本院依法判处。

附带民事诉讼原告人袁招英、李祖荣、李燕华、李富荣提出：被告人陈贤武的犯罪行为导致被害人李文集死亡，给原告人造成了经济损失，请求本院判令被告人赔偿各项损失共计人民币 383284 元，其中包括死亡赔偿金 353986 元、丧葬费 18198 元、误工费 3000 元、交通费 8100 元。为支持其诉讼请求，原告人提交了身份证、户口本、亲属关系证明等证据。

在法庭上，被告人陈贤武对公诉机关指控的事实和提供的证据没有异议；其对附带民事诉讼原告人所提的诉讼请求也没有异议。被告人陈贤武的指定辩护人于森提出：1. 被告人陈贤武系初犯，认罪态度好，有明显悔罪表现；2. 陈的主观恶意不深，请法庭酌情从轻处罚。

被告人陈贤武及其辩护人均没有向法庭提交证据。

经审理查明：2008 年 7 月 5 日，被告人陈贤武与被害人李文集（男，殁年 56 岁，江西宜丰县人）商量购买李旧货店里的一部二手美的牌分体挂壁式空调，李文集要价 1200 元，陈贤武觉得贵就没有买。同月 6 日陈贤武又来到李文集的店里看空调，并与李文集的儿子李富荣将空调价格谈成 1150 元，但陈贤武还是没有当场购买。同日 18 时 30 分许，陈贤武再次来到李文集的店里购买上述空调和一个黑色哑铃，并支付了 1000 元订金。李文集在陈贤武的指路下用一辆三轮车将空调和哑铃送往陈租住的东莞市横沥镇中心市场西侧尹美琼出租屋 202 房，期间陈借用李的黑色长虹手机一部（价值 315 元）要打电话给其女朋友梁广梅。去到陈贤武上述出租屋后，在支付剩余货款时，李文集要求陈贤武再付 210 元（哑铃 10 元）。陈贤武认为只应再付 150 元，又认为空调货不对版，双方遂因此发生争吵。李文集用手推陈贤武使其撞在墙上，陈顺手从床上拿起刚买的哑铃连续砸了李的头部数下，直至李受伤倒地。陈贤武拿走了借用的被害人李文集的手机，并用李的三轮车将上述空调运到横沥镇新城工业区卖给一家旧货店，得款 650 元后逃至广东省云浮市新兴县。李文集于同月 8 日 12 时许被群众发现时已死亡。

经法医鉴定，被害人李文集系被他人用钝器打击头部致颅脑损伤死亡。破案后，涉案空调及手机依法缴回并发还给被害人家属。

另查明，被害人李文集系城镇户口居民，附带民事诉讼原告人袁招英是被害人的妻子，附带民事诉讼原告人李祖荣、李燕华、李富荣均是被害人的子女。被告人陈贤武的犯罪行为导致了被害人李文集死亡，给原告人造成了经济损失。依据《最高人民法院关于审理人身损害赔偿案件适用法律若干问题的解释》、参照《广东省2008年度人身损害赔偿计算标准》以及附带民事诉讼原告人提交的证据，其损失共计人民币376184元，包括：

1. 死亡赔偿金，按照城镇居民人均可支配收入标准，按二十年计算，为17699.3元/年×20年=353986元。

2. 丧葬费，按受诉法院所在地上一年度职工月平均工资标准以六个月总额计，(36396元/年÷12)×6=18198元。

3. 误工费，由于附带民事诉讼原告人无法提供误工人员的工资收入，按照广东省城镇、国有单位在岗职工平均工资标准，根据本案的实际情况和原告人的诉讼请求，以三人每人误工15天计，为36396元/年÷365×15×3=4487.18元。原告人诉请3000元低于法定标准，予以支持。

4. 交通费，由于缺乏有效票据酌情支持1000元。

以上各项费用共计人民币376184元。

上述事实，有经庭审质证、认证的以下证据证实：

（一）勘验、检查笔录

1. 现场勘查笔录、现场图及现场照片：证实案发现场位于东莞市横沥镇中心市场西侧尹美琼出租屋202房。现场发现一具男尸，公安机关在现场202房门口提取卡片一张，在202房内木凳上提取铁锤一把、哑铃一个、杂志一本，在床上提取卡片一张，在尸体侧血泊中提取卡片四张，在洗手间外墙角处的碟子内提取烟头十三枚，在哑铃一外端面上提取血迹一处，在尸体侧墙面上提取血迹一处，在尸体侧地面提取血迹一处。

2. 搜查笔录：证实公安人员于2008年7月19日9时30分许对居住在东莞市横沥镇裕宁工业区维德电子厂对面新旧货买卖店的戴文松住处和其他有关的地方进行搜查。后侦查人员在新旧货买卖店的小楼阁里搜查出一部白色美的牌1P分体空调冷气机，一部白色美的牌1P空调分机，一个白色直板空调遥控器。

（二）证人证言

1. 证人兰友芝的证言证实：2008年7月6日19时30分许，我在我出租屋后门对面走廊聊天时看到承租我出租屋B栋202房的男子（广东人，年约30岁，身高约1.67米，当日穿咖啡色有细横条纹短袖上衣）和另一名男子骑着人力三轮车来到我承包的出租屋A栋门口，当时三轮车上放了一台美的空调。我觉得对方那名男子很面熟，就和他聊天，对方称自己以前曾经住过我的出租房，并被盗过一辆电动自行车。二十分钟后，我又看见一名男子骑着那辆人力三轮车拉着空调离开。2008年7月8日13时30分许，我姐夫张金平发现B栋202房间内有一名男子死在出租房里。承租B栋202房的租客叫陈贤武，其租住了7月5日和6日两天。

辨认笔录：证实兰友芝辨认出被告人陈贤武就是租住B栋202房的男子。

2. 证人兰冬芝的证言证实：2008 年 7 月 5 日陈贤武（其租房有登记：广东省化州市平定镇人，身份证号码：44098219850608585X）开始租住我们出租房的 202 房。同月 6 日 20 时许，我在出租屋楼下看见陈贤武和一个骑着蓝色人力三轮车的人搬了一部空调和主机到 202 房。约十五分钟后，陈贤武自己又把空调和主机搬了下来放在之前那辆三轮车上，然后自己踩着三轮车向中心市场方向去了。陈贤武临走前还跟我说等其把店子搞好了还会回来租我的长期房。后来，陈贤武两天没有交房租，也没有回来，而唯一的钥匙又在陈贤武手上，敲门也没有人应。我丈夫张金平于是撬开了 202 房门并发现了死者。2007 年 3 月份陈贤武在我的出租屋 A 幢 403 房住了约 3 个月的长期房，当时陈有辆电动自行车放在出租房楼梯间被盗了。

辨认笔录：证实兰冬芝辨认出被告人陈贤武，辨认出被害人李文集就是与陈贤武一起搬空调上 202 房的男子。

3. 证人张金平的证言证实：2008 年 7 月 6 日 19 时 30 分，我看到租住 B 栋 202 出租房的租客从房间里搬了一个空调出来，放在门口的三轮车上骑走了。一直到 8 日中午 12 时许，我因为其没有给房费，就撬开了 202 房门，后发现房内躺着一名男子，腰部有血水流出，我见状就报警。租住 B 栋 202 房间的是一名男子，该男子 2007 年 3 月份左右曾经在我的出租屋住过两个月。

辨认笔录：证实张金平辨认出被告人陈贤武就是租住其 B 栋 202 房间的男子。

4. 证人柳景风的证言证实：2008 年 7 月 6 日 19 时许，我和案发出租屋房东的妹妹（兰友芝）在其出租屋门口聊天时看见一名年轻男子和中年男子用人力三轮车拉着一个纸箱，纸箱外面写着“空调”两个字。房东的妹妹就问那名年轻的男子以前是不是在她那里租过房，那名男子回答是并说还在那丢过一部电动车。那名男子说完后就匆忙地把纸箱抬到二楼。2008 年 7 月 8 日中午 12 时左右，我又跟案发出租房的房东聊天时，房东称昨天那个男的还没有下来退房，后来房东去撬开门后发现昨天抬空调的那个人的房间里有一个人躺在床上死了。房东就打电话报警了。

5. 证人尹美琼的证言证实：案发出租屋是我于 2006 年 3 月 1 日起承包给张金平管理的，我于 2008 年 7 月 8 日 13 时 30 分许知道出租屋 202 房间死了人。

6. 证人李富荣的证言证实：2008 年 7 月 6 日 18 时许，我在父亲李文集的旧货店里看见一名陌生男子向我父亲买空调。20 时许，我看见我父亲骑着三轮车载着一部空调机与上述陌生男子一起往横沥镇中心市场方向走。21 时许，我见父亲还没回来，便打电话给他，但无法接通。22 时 30 分，我再次打我父亲电话时，对方显示关机。我父亲使用的手机是一部直板黑色长虹牌 L158 手机，手机机身号码是 358140010518415，因为原来买了一部相同型号的手机，那部手机有问题就换了现在用的这部，所以有维修单并且记载了手机的串号。那部空调是美的牌白色 1P 分体式空调。

7. 证人袁招英的证言证实：2008 年 7 月 6 日晚上 20 时许，李文集独自一人踩着三轮车出去了，半个小时后，我儿子李富荣见其还没有回来便打电话给李文集，但电话一直没有人接，又过了半个小时后，李富荣再次拨打李文集的电话，李文集的手机已经关机。

7 月 6 日那天有一名男子过来我经营的旧货店说要买空调，一共来看了两次，分别是 10 时许和 16 时许，当时李文集都不在店里。到了当天 19 时许，那名男子又来了但没有到我们店里，而是去了旁边的一间新的旧货店。我见李文集骑着三轮车走后发现店里少了一部空调，估计李是送空调去了，该空调是美的牌，奶白色，1P 冷空调。7 月 8 日下午 16 时许，我得知李文集已死亡，死亡地点在东莞市横沥镇半仙山南佳商场旁一出租屋 202 房里。

8. 证人李杏花的证言证实：2008 年 7 月 6 日 19 时许，一名男子到了我经营的旧货店说要买空调，后来该男子去了隔壁一家旧货店询问。

9. 证人梁广梅的证言证实：我男朋友叫陈华生（经辨认是陈贤武），2008 年 7 月 8 日至 9 日，陈华生过来云浮新兴县找我，当时没有带行李，只带了一部黑色带白色边的杂牌直板手机。该手机后来给了我弟弟梁广恒用。

辨认笔录：证实梁广梅辨认出被告人陈贤武就是其男朋友陈华生；辨认出陈贤武借给其弟弟梁广恒使用的手机。

10. 证人梁文富的证言证实：陈贤武平时又叫陈华生，是梁广梅的男朋友。2008 年 7 月 13、14 号左右，梁广梅和陈贤武在我家暂住了一段时间。

辨认笔录：证实梁文富辨认出被告人陈贤武就是梁广梅的男朋友陈华生。

11. 证人梁广恒的证言证实：2008 年 7 月 9 日左右，我姐姐梁广梅的男朋友陈华生（陈贤武）一个人到了我家。后来我借了陈华生的一部直板黑色手机使用。

辨认笔录：证实梁广恒辨认出陈华生（陈贤武）借给其使用的手机；辨认出被告人陈贤武就是其姐姐梁广梅的男朋友陈华生。

12. 证人戴文松的证言证实：2008 年 7 月 6 日 20 时许，一名骑着自行三轮车的男子来到我的旧货店声称自己赌钱输了卖了一套美的牌分体式空调给我，价格是 650 元。

辨认笔录：证实戴文松辨认出被告人陈贤武就是卖空调给他的男子。

辨认照片：证实戴文松辨认出被告人陈贤武卖给其的空调机。

13. 证人李章其的证言证实：2008 年 7 月 6 日 19 时许，有一名男子用一部蓝色三轮车载着一部美的牌分体式空调来到我的旧货店，说要把空调卖给我。后因对方不能提供身份证和发票，我没有买该空调。

辨认笔录：证实李章其辨认出被告人陈贤武就是到其旧货店里卖空调的男子。

14. 证人杨秀荣的证言证实：陈贤武的身份情况。2008 年 2 月至 7 月份期间，陈贤武一共来惠州找我拿了 25000 元，陈说是用这些钱开间小店，陈在云浮有个女朋友。

（三）鉴定结论

1. 法医学尸体检验报告书、尸检照片：证实被害人李文集头部见多处创口，左颞顶、右额颞、枕部见片状皮下出血，双侧颞肌出血，右顶骨、右颞部见凹陷性骨折，弥漫性蛛网膜下腔出血，脑组织见散在挫伤，颅中窝横断骨折。创口呈条状，均创缘不整，创周见挫伤带，创腔内见组织间桥。结论是李文集系被他人用钝器打击头部致颅脑损伤死亡。

2. 估价委托书及价格鉴定结论书：证实涉案长虹牌手机案发日的价值为 315 元，美的牌分体挂壁式空调机案发日的价格为 1140 元。

3. 法医学 DNA 检验鉴定书：证实现场提取的哑铃上的血迹、现场墙上所提取的血迹为李文集所留的概率大于 99.99%。

（四）书证

1. 到案经过：证实2008年7月18日3时许，公安人员在云浮市新兴县洞口镇布坪村将被告人陈贤武抓获。无自首、立功情节。

2. 扣押物品清单：证实公安人员从戴文松处扣押空调主机一部、空调分机一部、空调遥控器一个；从陈贤武处扣押诺基亚N70手机一部、身份证一张；从梁广恒处扣押CHANG HONG手机一部，IMEI：358140010518415。

3. 发还物品清单：证实诺基亚N70手机一部、身份证一张已依法发还给梁广梅；涉案长虹牌手机一部、美的牌空调一台已依法发还给被害人的家属李富荣。

4. 调查函及常住人口信息表等：证实被告人陈贤武及其亲属的身份情况。

（五）物证

哑铃一个：经被告人陈贤武当庭辨认，为其作案时使用的工具。

（六）视听资料

被告人陈贤武指认现场录像和审讯录像CD一张。

（七）被告人的供述和辩解

被告人陈贤武的供述：2008年7月5日14时许，我想购买一台二手空调，就来到横沥医院对面的一间（即被害人李文集的）旧货店选空调，我看上了一台二手空调，老板李文集称要1200元，我觉得贵了，就没有买，去其他旧货店问价钱。到了7月6日13时许，我又来到上述旧货店，当时老板李文集不在，店里只有一名60岁左右的妇女和一名30岁左右的男子，我就问之前我想买的那部空调的价格，经过谈价，该男子说最低要1150元，我还是觉得贵，当时就没有买下来。到了当天18时许，我又来到上述旧货店，这次老板李文集在店里，我又问他空调到底多少钱，他说还是那个价。我考虑了一下，最后决定买下来，并支付了1000元订金。临走时，我还从李文集处买走了一个哑铃。李文集在我的指路下将空调送往我租住的横沥镇半仙山村温馨出租屋202房。到了出租屋楼下，由李文集将空调搬上楼，期间，我借了李的手机要打电话给我女朋友梁广梅。付钱时，李文集说还要给210元，我觉得只需给150元即可，而且这对空调不是一对的，我们因为价钱和货不对版问题发生争执。之后李文集手上的空调主机掉下来砸了我的右脚掌，我就骂了他。我们就吵了起来，李用手推我使我撞在墙上，我就顺手从床上拿起刚买的那个哑铃连续砸了李的头部三下，李随即倒在地上，头部流血。我把空调搬到楼下并用李文集的三轮车将空调运到横沥镇新城工业区卖给一家旧货店，得款650元。我拿走被害人的一部黑色长方形手机后逃回云浮市新兴县，之后将这部手机给了我女朋友的弟弟梁广恒使用。

辨认笔录：证实被告人陈贤武辨认出戴文松就是以650元的价格收购空调的旧货店的老板；辨认出袁招英就是在被害人的店里和其谈空调价钱的妇女；辨认出其用来敲打死者头部的哑铃；辨认出其拿走的被害人的手机。

指认现场笔录及照片：证实被告人陈贤武指认出，东莞市横沥镇半仙山桃园D0361出租屋就是其买空调的旧货店；东莞市横沥镇半仙山桃园新市场边的出租屋就是其暂住的出租屋，该出租屋202房就是其打死那旧货店老板的地点；东莞市横沥镇裕宁工业区维德路旧货店就是其卖空调的旧货店；东莞市横沥镇裕宁工业区维德路嘉豪食品厂旁的巷子就是其停放三轮车的地点。

辨认照片：证实被告人陈贤武辨认出其打伤旧货店老板后，在现场带走的空调机和手机。

（八）附带民事诉讼原告人提交的证据

身份证、户口本及亲属关系证明：被害人李文集系城镇户口。附带民事诉讼原告人袁招英是被害人的妻子，附带民事诉讼原告人李祖荣、李燕华、李富荣分别是被害人的子女。

对于辩护人提出的陈贤武主观恶性不深，请法庭酌情从轻处罚的辩护意见。经查，被告人因言语冲突，在与被害人发生推撞后，出于一时激愤随手抓起手边的哑铃砸向被害人，其主观恶性与穷凶极恶的犯罪行为确有区别。但法医学尸体检验报告书表明被害人头面部见多处创口，右顶部、右颞部、颅中窝等见多处骨折，系被钝器多次打击形成。被告人陈贤武面对已过半百的被害人，仅因一时激愤便使用如此残忍手段连续打击被害人头部，并致其死亡，犯罪后果严重。对于辩护人于淼提出的被告人陈贤武系初犯，认罪态度好，有明显悔罪表现的辩护意见，经查属实，予以采纳。

本院认为，被告人陈贤武无视国法，故意伤害他人身体，致一人死亡，其行为已构成故意伤害罪，且后果严重，应依法惩处。从现有证据分析，证人袁招英证实在 2008 年 7 月 6 日白天有人到旧货店买空调时李文集没有在场，证人李富荣当庭亦承认其父亲李文集说空调要 1200 元，而其与陈贤武谈定的空调价格是 1150 元，这与陈贤武供述其在 7 月 5 日与老板李文集谈定的空调价格是 1200 元、在 7 月 6 日与李文集儿子（即李富荣）谈定的空调价格是 1150 元的供述有互相印证之处，故本案中存在陈贤武认为涉案空调价格是 1150 元、而李文集认为涉案空调价格是 1200 元的可能性，即陈贤武与李文集可能对空调价格有误解，进而产生争执。被告人陈贤武论罪应处死刑，鉴于本案因生活琐事而起，双方对空调价格存在误解是事件的直接诱因，且陈贤武自归案后对故意伤害并致李文集死亡的犯罪事实均能如实供述，有一定的悔罪表现，可对其判处死刑而不必立即执行。

公诉机关指控被告人陈贤武犯故意伤害罪的事实清楚，证据确实充分，指控罪名成立，本院予以支持。被告人陈贤武的辩护人所提意见，经查属实，可以成立的，本院予以采纳；经查不能成立，本院不予采纳的，前已阐明理由。

被告人陈贤武的犯罪行为不仅应承担刑事责任，还应当承担相应的民事赔偿责任。对附带民事诉讼原告人袁招英、李祖荣、李燕华、李富荣所提死亡赔偿金、丧葬费的诉讼请求，于法有据，本院予以支持。关于误工费，由于附带民事诉讼原告人无法提供误工人员的工资收入，参照广东省城镇、国有单位在岗职工平均工资标准，酌情以三人每人误工 15 天计算。关于交通费，附带民事诉讼原告人未提交相关票据，鉴于为处理被害人李文集遇害一事确会产生相关交通费用，本院酌情予以支持。

本案经本院审判委员会讨论决定，依照《中华人民共和国刑法》第二百三十四条第二款、第四十八条第一款、第五十七条第一款、第三十六条第一款及《中华人民共和国民法通则》第一百一十九条，《最高人民法院关于审理人身损害赔偿案件适用法律若干问题的解释》第十七条第三款、第二十七条、第二十九条并参照《广东省 2008 年度人身损害赔偿计算标准》之规定，判决如下：

一、被告人陈贤武犯故意伤害罪，判处死刑，缓期二年执行，剥夺政治权利终身。

二、被告人陈贤武赔偿附带民事诉讼原告人袁招英、李祖荣、李燕华、李富荣人民币376184元（上述赔偿款限于本判决生效后一个月内付清）。

三、驳回附带民事诉讼原告人袁招英、李祖荣、李燕华、李富荣的其他诉讼请求。

如不服本判决，可于接到判决书的第二日起十日内，通过本院或直接向广东省高级人民法院提出上诉。书面上诉的，应提交上诉状正本一份，副本二份。

审　判　长　胡　鹏

代理审判员　郑寒草

人民陪审员　梁苏庆

二〇〇九年五月十二日

书　记　员　谢雪平

【评析】

这是一份一审刑事判决书，格式规范，基本要素齐全，叙述案件事实完整、清晰，证据罗列全面、充分，论理充分，适用法律正确，实体处理得当，被评为2010年全省法院优秀裁判文书。本案的难点在于分析本案的起因。罪犯陈贤武供称被害人李文集要多收他人民币50元。证人袁招英证实在2008年7月6日白天有人到旧货店买空调时李文集没有在场，证人李富荣当庭亦承认其父亲李文集说空调要1200元，而其与陈贤武谈定的空调价格是1150元，这与陈贤武供述其在7月5日与老板李文集谈定的空调价格是1200元、在7月6日与李文集儿子（即李富荣）谈定的空调价格是1150元的供述有互相印证之处，故本案中存在陈贤武认为涉案空调价格是1150元、而李文集认为涉案空调价格是1200元的可能性，本案判决在说理部分严格依照证据和生活常识，分析了本案起因可能存在偶然性。即陈贤武与李文集可能对空调价格有误解，进而产生争执。罪犯陈贤武用哑铃砸了被害人李文集头部数下，致李颅脑损伤死亡，手段凶残，依法应予严惩。但鉴于本案起因的特殊性，对罪犯陈贤武判处死刑，缓刑二年执行，一审宣判后，没有上诉和抗诉，被害人家属也没有异议，广东省高级人民法院核准了对罪犯陈贤武的判刑，取得了较好的法律效果和社会效果。

●唐毓铁犯故意伤害罪一案刑事附带民事判决书

广东省江门市中级人民法院

刑事附带民事判决书

(2009) 江中法刑一初字第36号

公诉机关广东省江门市人民检察院。

附带民事诉讼原告人侯受欣，男，1950年11月12日出生于广东省封开县，身份证号码：442825195011122538，汉族，文化程度小学，农民，住封开县南丰镇江贝村委会世六村104号。系本案被害人侯云基之父。

附带民事诉讼原告人梁金云，女，1952年8月27日出生于广东省封开县，身份证号码：442825195208272548，汉族，文化程度小学，农民，住址同上。系本案被害人侯云基之母。

诉讼代理人杨惠容，女，38岁，住广东省佛山市顺德区大良街道南国中路31号继业楼A座1梯704号。

诉讼代理人刘敏，广东顺恒律师事务所律师。

被告人唐毓铁，男，1982年1月10日出生于广西壮族自治区平果县，身份证号码：452624198201101832，壮族，文化程度初中，农民，住平果县坡造镇贤强村龙怀屯59号。因本案于2008年12月29日被羁押，同日被刑事拘留，2009年1月12日被逮捕。现押于江门市看守所。

指定辩护人陈宝权、段飞良，江门市法律援助处律师。

广东省江门市人民检察院于2009年6月18日以江检刑诉［2009］41号起诉书指控被告人唐毓铁犯故意伤害罪，向本院提起公诉。在诉讼过程中，附带民事诉讼原告人侯受欣、梁金云向本院提起刑事附带民事诉讼。本院依法组成合议庭，公开开庭合并审理了本案。广东省江门市人民检察院指派检察员邝健梅出庭支持公诉。附带民事诉讼原告人的诉讼代理人杨惠容、刘敏，被告人唐毓铁及其指定辩护人陈宝权、段飞良到庭参加诉讼。现已审理终结。

广东省江门市人民检察院指控，被告人唐毓铁与被害人侯云基原是同事关系，同在江门市江海区清华纸制品厂有限公司工作。2003年10月29日零时许，被告人唐毓铁在江海区外海青兰工业区5号宿舍大楼3楼走廊与莫秋凤聊天，引起莫的老乡侯云基不满，并遭到侯责备。随后，被告人唐毓铁与侯云基在宿舍大楼6楼发生争吵，期间，被告人唐毓铁跑回自己的宿舍拿了一把水果刀伙同他人冲到侯云基的宿舍内，对侯进行殴打。被告人唐毓铁持刀将侯云基的大腿捅伤后逃离现场。侯云基经送医院抢救无效死亡。

经法医鉴定，被害人侯云基系生前被他人持锐器刺断左股深动、静脉致失血性休克死亡。

为证实上述事实，公诉机关提供了证人证言、辨认笔录、鉴定结论、现场勘查笔录和照片以及被告人唐毓铁的供述等证据。

附带民事诉讼原告人侯受欣、梁金云诉称，被告人唐毓铁故意伤害致被害人侯云基死亡，应当赔偿附带民事诉讼原告人因此造成的下列经济损失：交通费94元、伙食费120元、丧葬费20387.50元、死亡赔偿金394657.20元、被扶养人生活费207039.60元，合计622298.30元。

被告人唐毓铁对起诉书指控的犯罪罪名及主要犯罪事实不持异议，但辩解是被害人首先持刀将其捅伤，其才持刀刺击被害人。对附带民事诉讼原告人的经济损失愿意进行赔偿，但无经济能力负担。

被告人唐毓铁的辩护人提出：1. 本案被害人首先干涉被告人唐毓铁与他人聊天，在双方发生争执后，首先持刀刺伤被告人，激化了双方的矛盾，才导致本案的发生，因此，被害人在本案中的行为具有过错；2. 被告人唐毓铁能够坦白交代自己的犯罪事实，且表示愿意对附带民事诉讼原告人的经济损失作出赔偿，确有悔罪表现。综上，应对被告人唐毓铁从轻处罚。

经审理查明，被告人唐毓铁与被害人侯云基原均是江门市江海区清华纸制品厂有限公司员工，且均居住在该厂位于江门市江海区外海青兰工业区5号6楼的员工宿舍。2003年10月29日零时许，被告人唐毓铁在江海区外海青兰工业区5号宿舍大楼3楼走廊与同住该宿舍3楼的莫秋凤聊天，引起莫的老乡侯云基的不满和责备。随后，被告人唐毓铁等人与侯云基在该宿舍大楼6楼走廊发生争吵。后被告人唐毓铁跑回自己所居住的602号宿舍的床上拿了一把水果刀伙同他人冲进侯云基所在的603宿舍内，对侯进行殴打。期间，被告人唐毓铁持刀将侯云基的左大腿捅伤后逃离现场。侯云基经送医院抢救无效死亡。

经法医鉴定，被害人侯云基系生前被他人持锐器刺断左股深动、静脉致失血性休克死亡。

另查明，附带民事诉讼原告人侯受欣、梁金云系本案被害人侯云基的父母，且与侯云基均系农业家庭户口，但侯云基于1999年8月已到江门市江海区清华纸制品厂有限公司工作，且有稳定收入，根据相关法律规定，对其的损失赔偿额应当按照城镇居民的赔偿标准计算。附带民事诉讼原告人侯受欣、梁金云均尚未年满60周岁，且均未提供相关部门出具的证实其等人丧失劳动能力又无其他生活来源的证明材料，对其二人要求被告人赔偿生活费的诉讼请求不予支持。本案中，附带民事诉讼原告人的经济损失为：交通费94元（交通费票据）、伙食费120元（酌情补偿）、丧葬费20387.50元、死亡赔偿金394657.20元，合计415258.7元。

上述事实，有经过本院庭审示证和质证的下列证据所证实：

（一）现场勘查笔录及照片

江门市公安局江海分局江海公刑勘字［2003］1049号现场勘查笔录及照片，证实本案的案发现场位于江门市江海区外海青兰工业区5号603宿舍，该宿舍门的东侧有一把断折小刀和一条点滴状的血路在走廊的地面上。宿舍门为双扇木门，木门框的插销扣被撞脱在现场西面第二张床的棉被上；挂在木门后面的玻璃镜跌碎在地上。该宿舍东北角的煤气瓶下面的地面上有一把小刀的刀柄。出事地点为宿舍东面第三张床的前面，床的前面遗留有104cm×73cm和40cm×20cm的两摊血泊，在两摊血泊处有一条点滴状的血路通往门口。在血泊前有一条带血的裤子，在带血裤子的侧面地面上遗留有一个血手印，在血手印的南面地面上遗留有一副眼镜和一件血衣。该宿舍东面第三张床上有一张沾有41cm×65cm血迹的棉被，棉被上有一只纸鹤和一个铁夹。公安人员从现场提取断折小刀一把和小刀刀柄一把。

（二）鉴定结论

广东省江门市公安局江公刑技（法）鉴字［2003］221号法医学尸体检验报告书及照片，死者侯云基左前臂下段前侧检见一处8cm×2cm的纵行刺创，创腔检见环指屈肌肌腱离断；右前臂上段背侧检见7cm×0.2cm划伤；左大腿中段内侧检见一处1.4cm×0.5cm斜行刺创口，创角内钝外锐，创缘整齐，创壁光滑，无组织间桥，创腔由外下向内上倾斜，深6厘米；右小腿胫前检见一片状擦伤，大小为1.4cm×0.6cm；左足第二趾骨背检见1.3cm×0.4cm挫裂伤；右足背检见5cm×1cm挫擦伤。死者大腿部损伤为致命伤，依其损伤形态特征、损伤方向，认系利器伤，符合他人持单刃利器（如水果刀类）刺激左大腿股深动、静脉，造成死者失血性休克死亡，左前臂损伤为抵抗伤。死者侯云基系生前被他人持锐器刺断左股深动、静脉致失血性休克死亡。

（三）相关书证

1. 抓获经过，证实公安人员抓获被告人唐毓铁的情况。

2. 户籍证明材料，证实被告人唐毓铁的身份状况。

（四）证人证言

1. 证人黄文宝的证言及辨认笔录，证实其与被告人唐毓铁以及被害人侯云基均是江门市外海镇清华纸制品厂有限公司的员工，且与侯云基是老乡关系。其和侯云基住在该厂宿舍6楼3号房，被告人唐毓铁等人住在该厂宿舍2号房。侯云基的绰号叫“四眼仔”，被告人唐毓铁的绰号叫“烂铁”。2003年10月29日零时许，侯云基告知其其表妹莫秋凤还在和他人聊天，后其在清华纸箱厂员工宿舍6楼见到莫秋凤与被告人唐毓铁及梁保仕站在3楼走廊里。不久，其听到侯云基说：“现在几点钟了，还在与人聊天。”其也随即说了莫秋凤几句，莫就回宿舍去了。不久，被告人唐毓铁及梁保仕上到6楼，并责问侯云基，侯云基说了几句就走进了自己的宿舍，被告人唐毓铁跟着来闹侯，但侯没理会唐，唐见状也离开了。约1分钟后，其听到拍门声，其刚想去开门，宿舍的门就被踢开了，其见到被告人唐毓铁以及梁保仕等6至7人冲进其和侯云基所在的3号宿舍，梁保仕推开其，被告人唐毓铁就动手推侯云基，一起冲进来的其他人也均围了过去。其见状想过去劝架，被梁保仕用右脚在肚子上踢了一脚，后梁又用脚踢侯云基并用一张铁折椅打侯的脚。这时，就见被告人唐毓铁跑了出去，很快又回来将侯云基推到其床边，唐毓铁手持一把刀身长约10厘米、椭圆形刀头、刀柄是深黄色胶柄的不锈钢单刃水果刀，向侯云基连捅两刀，一刀捅在侯云基的左手颈处，另一刀捅在侯云基的左大腿上，其见到侯云基的大腿在流血，被告人唐毓铁等人随即逃离了现场。其等人随即叫同事将侯云基送往外海医院抢救，而其则打电话报警。其还证实侯云基在该厂工作了六年左右。其辨认出被告人唐毓铁就是案发当晚持刀刺伤侯云基的人。

2. 证人莫城嗣的证言及辨认笔录，2003 年 10 月 29 日零时许，其正在江门市外海镇青兰工业区清华纸制品厂有限公司宿舍 6 楼 3 号房睡觉，其听到宿舍的木门被人用脚踢得很响，后见到被告人唐毓铁踢开宿舍的木门，手持一把水果刀气冲冲地冲进来，并大声地责问侯云基，侯云基没有出声，唐毓铁就上前用手推侯云基，但侯仍没出声。之后，被告人唐毓铁就用刀刺向侯云基，侯云基用手去挡，就刺中了他的手腕。这时，门口又冲进来唐毓铁的几个老乡，其中一名男青年上前用手推侯云基，并用拳打侯的胸部、用脚踢侯的腹部。接着，被告人唐毓铁又用水果刀刺中了侯云基的左大腿，侯随即跌倒在床上。随后，被告人唐毓铁等人逃离了现场。后其等人将侯云基送去外海医院抢救，但医生说抢救无效死亡了。其还证实，其和被告人唐毓铁以及侯云基均是江门市外海镇青兰工业区清华纸制品厂有限公司的员工，其与侯云基同住在该厂宿舍 6 楼 3 号房。其辨认出被告人唐毓铁就是案发当晚持刀刺伤侯云基手腕和左大腿的人。

3. 证人罗永尧的证言，证实其与被告人唐毓铁及被害人侯云基均是江门市外海镇青兰工业区清华纸厂有限公司的同事，且与侯云基同住在该厂宿舍 6 楼。2003 年 10 月 29 日凌晨零时许，侯云基不让被告人唐毓铁吵其女老乡，后唐毓铁与侯云基发生争吵，后双方各自回宿舍睡觉。不久，被告人唐毓铁伙同新入厂的广西老乡等人踢开其等人的宿舍门，被告人唐毓铁第一个冲进来，并对侯云基讲："你是不是不服气?"后唐毓铁上前和侯云基打斗，侯云基被打倒在黄文宝的床上，黄文宝起身劝阻，但被对方的一名男子按住，和唐毓铁一起来的人就用拳头殴打侯云基，之后被告人唐毓铁用刀刺伤侯云基，并随即逃离了现场。侯云基就倒在地上，后其等人将侯云基送往外海医院抢救，黄文宝即打电话报警。其见到侯云基的左手腕和左大腿受伤，并且宿舍里有很多血。其还证实，被告人唐毓铁手持一把长 20 至 30 厘米，宽 3 至 4 厘米，尖刀口、黄色刀柄单面锋刃的水果刀。

4. 证人陈连安的证言，证实其和被告人唐毓铁、被害人侯云基均是江门市外海镇清华纸制品厂有限公司的员工。2003 年 10 月 29 日零时许，其见到一帮广东封开人抬着侯云基从厂宿舍方向走过来，后"阿宝"对其说侯云基被唐毓铁打伤了，情况很严重，其听后立即驾驶厂里的一部车送侯云基到外海医院进行抢救，大约 30 分钟后，医生说侯云基因抢救无效死亡了。其还证实，打架的现场就在侯云基的宿舍里，其见到该宿舍里有一摊血，另侯云基已在该厂工作了六年。

5. 证人莫秋凤的证言，证实其是黄文宝的表妹，其和侯云基、"阿铁"等人均住在江门市外海镇青兰工业区 5 号宿舍楼。2003 年 10 月 28 日 23 时 30 分许，其和同事吃宵夜回来，在该宿舍楼的 3 楼遇到了"阿铁"，"阿铁"问其为什么不喜欢他，并拉住其不让走，双方讲话约 1 个小时。后其表哥黄文宝在 6 楼问其为什么还不睡觉，同时，侯云基也在 6 楼走廊上对其说："快点回去睡觉，怕他干什么，怕他，明天回家去。"其没有回应侯云基，这时"阿铁"新来的老乡也走过来，并叫其"表妹"，其即说："不要叫我表妹，我不是你表妹。""阿铁"就说其对他朋友态度不好。后其走进 3 楼的宿舍门，"阿铁"和他新来的老乡就到 6 楼和侯云基吵架，其即叫侯云基回去睡觉。其见到侯云基离开 6 楼走廊后，其也回宿舍睡觉了。后其听到楼上很吵，并听到"阿铁"

说话的声音很大。第二天上班后，听说昨晚打死人了。

6. 证人梁保丰的证言及辨认笔录，证实其与被告人唐毓铁系朋友关系，唐毓铁的绰号叫“烂铁”，梁保仕是其表弟，两人的性格都较为冲动，尤其是喝酒后做什么事都不计后果。2003 年 10 月 28 日晚，其到被告人唐毓铁位于江门市外海镇青兰工业区清华纸制品厂有限公司的宿舍 602 房看电视，而唐毓铁等人则在该宿舍楼顶上喝酒。后其听到唐毓铁、梁保仕在 6 楼的走廊里和人吵架，并说要打“四眼仔”，后被告人唐毓铁回到 602 房，在其睡的床头拿了一把长约 20 厘米、单刃、黄色塑料柄的水果刀出去，并随即听到一声很大的踢门声，其走到 603 房门口时，被告人唐毓铁冲了出来，并叫其等人快走。其进入 603 房时，见到梁保仕踢了“四眼仔”的老乡一脚，而“四眼仔”则坐在床上用手按住自己的大腿，腿上流出很多血。其辨认出被告人唐毓铁就是案发当晚从清华纸制品厂有限公司宿舍 602 房拿水果刀的人。

7. 证人梁保成的证言及辨认笔录，证实其和被告人唐毓铁以及梁保仕均是清华纸箱厂的员工，且同住在该厂宿舍楼 602 房，梁保仕是其弟弟。案发当晚，被告人唐毓铁在该宿舍的 6 楼对梁保仕说要打“四眼仔”，他们两人走到该宿舍 603 房门前，唐毓铁用手拍门，“四眼仔”开门后，双方就打了起来。不到 1 分钟，唐毓铁、梁保仕先后跑了出来，唐毓铁把衣服撩起来说他被“四眼仔”捅了一刀，其看到唐毓铁的左边腹部有一刀口，并且有血，刀口大约有 2 寸长，是横着的。随后，被告人唐毓铁就跑进 602 房拿了一把 20 多厘米长、2 厘米宽的水果刀，又冲进了 603 房，梁保仕也跟了过去。其随即也跟了过去，见到梁保仕用脚踢了“四眼仔”一下，被告人唐毓铁则用刀捅“四眼仔”，“四眼仔”是躺在一进门右边第三张床上，唐毓铁捅了“四眼仔”几刀，其看到床上有血，是从“四眼仔”的大腿内侧流出来的，很快“四眼仔”就站起来并倒在地上了，被告人唐毓铁及梁保仕就跑了。其还证实，被告人唐毓铁所持的是一把长约 20 厘米、宽 2 厘米，刀头是尖的、单刃、铁柄的水果刀。其辨认出被告人唐毓铁就是案发当晚持刀刺伤“四眼仔”的人。

8. 证人梁先念的证言，证实 2003 年 10 月 29 日零时许，在江门市外海镇青兰工业区清华纸制品厂有限公司宿舍 6 楼，其听到唐毓铁等人在吵架，其就去劝架，看到被告人唐毓铁持刀准备去捅“四眼仔”，其即上前用手拉住唐毓铁拿刀的手并问他干什么，唐说“四眼仔”捅了他，并甩开其的手和“四眼仔”打了起来，双方在床上扭打，不久，其见到“四眼仔”臀部压着的床单上有血。

9. 证人黄中祥的证言，证实其与被告人唐毓铁系老乡关系，唐毓铁的绰号叫“烂铁”。2003 年 10 月 28 日晚，其在被告人唐毓铁位于江门市外海镇青兰工业区清华纸制品厂有限公司 6 楼的宿舍睡觉。次日零时许，其听到并看到唐毓铁、梁保仕在旁边宿舍和一名男子吵架，其刚到旁边宿舍门口，唐毓铁、梁保仕就冲出来并叫其快跑。后其听说双方是为了唐毓铁和一个女人的事打架。其辨认出被告人唐毓铁就是案发当晚，在江门市外海镇青兰工业区清华纸箱厂宿舍 6 楼与同事打架的人。

10. 证人梁先光的证言，证实其是江门市外海镇青兰工业区清华纸制品厂有限公司的员工，住在该厂宿舍 6 楼 2 号房。2003 年 10 月 29 日零时许，其听到隔壁 3 号房很吵，好像是有人在打架，其刚走到隔壁宿舍门口，即看到“烂铁”和另外一个老乡从房间里跑了出来，其看到 3 号宿舍的“四眼仔”倒在地上，周围有很多血。

11. 证人唐玉华、黄中条的证言以及证人王东升、黄亮的证言及辨认笔录，均证实2003年10月29日凌晨1时许，被告人唐毓铁以及梁保仕二人到江门市福彩印花有限公司找其等人，告知其等人因打架准备回老家，并向其等人借钱。证人黄亮还证实，当晚被告人唐毓铁穿一件黄色的短袖衬衣，在左衣角处有几滴血迹，被告人唐毓铁还告知其他捅了对方5刀。王东升、黄亮辨认出被告人唐毓铁就是案发当晚因打架而向其等人借钱准备逃跑的人。

（五）被告人的供述及辨认笔录

被告人唐毓铁的供述及辨认笔录，证实其和侯云基均是江门市江海区清华纸制品厂有限公司的员工，并同住在该厂宿舍6楼，侯云基的绰号叫“黑仔”、“黑狗”、“四眼仔”。2003年10月28日晚，其和侯云基等人在清华纸制品厂有限公司员工宿舍楼顶喝酒，约23时30分许，其到该宿舍3楼和侯云基的一名女老乡聊天，聊了约30分钟。29日零时许，其返回宿舍6楼，在宿舍6楼的走廊遇到了侯云基，侯对其说：“那么晚了，人家都睡觉了，你去找人家做什么?”其随即回答：“我和人家聊天，关你什么事，你和她是什么关系?”双方因此吵了起来，且双方都喝了酒，谁都不服谁。后侯云基就走进了他自己的宿舍，其也随即跟了进去，并在后面推了他的肩膀一下，侯云基就立即从床上拿出一把水果刀并转身朝其刺来，刺中了其右侧肋部，其顺势用手打了一下刀，刀柄被打断了，刀身挂在其衣服上，刀口还有一点插在其身上，而刀柄还在侯云基手中，其随即转身走出侯云基的宿舍，把刀拔出来丢在走廊上。随后，其跑进隔壁其自己的宿舍，并从自己的床上拿出一把长约30厘米、不锈钢刀柄的不锈钢水果刀冲进了侯云基所在的宿舍，侯云基也冲过来用手抱着其脖子，其即持刀向侯云基左边的腿捅了4至5刀。然后，其将侯云基推摔在床上并跑了出来。后其发现水果刀上沾有血迹，就到宿舍楼内的冲凉房内冲洗，并将水果刀从窗口扔了出去，后其和梁保仕一起逃回了广西老家。其辨认出位于江门市江海区外海青兰工业区5号603房就是其和侯云基发生打斗，并用刀捅伤侯云基的案发现场，公安人员从案发现场提取的断折小刀是侯云基捅伤其所使用的小刀。

（六）刑事附带民事诉讼部分的证据

1. 户口簿复印件以及户籍资料证明，证实附带民事诉讼原告人侯受欣、梁金云的身份情况以及与本案被害人侯云基的关系。

2. 江门市江海区清华纸制品厂有限公司证明材料以及侯云基的工作牌，证实侯云基自1999年8月至案发时一直在该厂工作，且有稳定的收入。

3. 交通费票据，证实侯云基家属处理侯的后事所花费的交通费用。

4. 死亡证明，证实侯云基于2003年10月29日死亡。

上述证据确实、充分，本院予以确认。

对被告人唐毓铁及其辩护人的辩解、辩护意见，经查：1. 被告人唐毓铁及其辩护人均提出系侯云基首先持刀刺伤唐毓铁，致使双方矛盾激化，唐毓铁才持刀刺伤了侯云基。本案发生在侯云基等人所居住的集体宿舍内，但与侯云基同宿舍的证人黄文宝、莫城嗣、罗永尧以及被告人唐毓铁的朋友梁保丰均证实案发当晚未见侯云基持刀刺伤唐毓铁，证人梁保成虽证实案发当晚见到唐毓铁左边腹部有刀伤，并且唐毓铁告知其是被侯云基刺伤的，但梁保成并未亲眼目击侯云基刺伤唐毓铁的事实。因此，被告人唐毓铁的供述与其他证人证言存在明显的矛盾，且无其他证据相印证，系孤证，不宜认定；被告人唐毓铁在深夜与他人聊天，存在影响他人休息的可能性，且对方并不愿意与其聊天，作为老乡的侯云基加以制止并无不当。综上，被害人的行为在本案中并无过错。2. 对其辩护人所提出的被告人唐毓铁能够坦白交代自己的犯罪事实，认罪态度较好的意见，经查证属实，予以采纳。

附带民事诉讼原告人的诉讼请求符合相关法律规定，对合理部分予以支持。其因本案造成的具体经济损失为：交通费 94 元（交通费票据）、酌情补偿伙食费 120 元、丧葬费 20387. 50 元（广东省 2009 年度职工年平均工资标准为 40775 元，计算 6 个月）、死亡赔偿金 394657. 20 元（广东省 2009 年度城镇居民人均可支配收入标准为 19732. 86 元，计算 20 年），合计 415258. 7 元。

本院认为，被告人唐毓铁无视国家法律，因琐事而持刀故意伤害他人身体健康，并致一人死亡，其行为已构成故意伤害罪。本案中，被告人唐毓铁因琐事持刀故意伤害他人，后果严重，依法应严惩，但鉴于被告人唐毓铁在归案后能够坦白交代自己的犯罪事实，认罪态度较好，可酌情从轻处罚。公诉机关指控的犯罪罪名成立，本院予以支持。被告人唐毓铁及其辩护人的其他辩解、辩护意见理据不足，不予采纳。被告人唐毓铁故意伤害致侯云基死亡，应当赔偿附带民事诉讼原告人因此造成的经济损失。依照《中华人民共和国刑法》第二百三十四条第二款、第五十七条第一款、第三十六条以及《最高人民法院关于审理人身损害赔偿案件适用法律若干问题的解释》第十七条、第二十二条、第二十三条、第二十九条的规定，判决如下：

一、被告人唐毓铁犯故意伤害罪，判处无期徒刑，剥夺政治权利终身。

二、被告人唐毓铁赔偿附带民事诉讼原告人侯受欣、梁金云经济损失人民币 415258. 7 元。在本判决生效之日起十日内支付完毕。

三、驳回附带民事诉讼原告人侯受欣、梁金云的其他诉讼请求。

如果未按本判决指定的期间履行给付金钱义务，应当依照《中华人民共和国民事诉讼法》第二百二十九条之规定，加倍支付迟延履行期间的债务利息。

如不服本判决，可在接到判决书的第二日起十日内，通过本院或直接向广东省高级人民法院提出上诉。书面上诉的，应当提交上诉状正本一份，副本二份。

审　判　长　陈有就
审　判　员　毛国华
审　判　员　崔进文
二〇〇九年七月二十三日
书　记　员　李慕华

【评析】

该文书严格按照最高人民法院《法院诉讼文书样式（试行）》、《法院刑事诉讼文书样式（样本）》制作，格式规范，基本要素齐全，结构简约而完整，层次分明；案件事实叙述完整、清晰，繁简得当，但并非仅对公诉机关指控认定的事实简单地进行重复叙述，而是紧紧围绕被告人及其辩护人的辩解、辩护理由，并结合本案的证据来阐述事实，用语规范简洁，语言通顺流畅，逻辑严谨。着重查明被害人的行为是否具有过错，因为被害人是否具有过错是影响本案的重要量刑情节，为回应被告人及其辩护人的辩解、辩护意见打下了很好的基础；该文书所列举的证据确实、充分、全面，证据列举按照先客观后主观、先书面后言词的顺序排列，简单、明了、清晰，证明力强，这是该文书的一大特色；该文书的说理部分，说理透彻且针对性强，特别是紧扣被害人是否具有过错这一情节，与查明事实、列举证据部分前后呼应，作出透彻分析，进行了充分的论证，显得有理有据；在此基础上，引用法律条文准确、完整，适用法律正确，程序合法、公正，实体处理得当，是一份较为优秀的法律文书。

●谢松锦等犯故意伤害罪一案刑事判决书

广东省江门市中级人民法院

刑事判决书

(2009)江中法刑一初字第65号

公诉机关广东省江门市人民检察院。

被告人谢松锦(绰号“蛇仔”),男,1973年11月12日出生于广东省鹤山市,身份证号码440725197311121811,汉族,文化程度初中,住鹤山市鹤城镇五星村民委员会岗咀村18号。因本案于2008年9月25日被羁押,同日被刑事拘留,同年10月31日被逮捕。现羁押于鹤山市看守所。

指定辩护人冯杰晖,广东力源律师事务所律师。

被告人钟伟灵(绰号“的士”),男,1982年12月15日出生于广东省鹤山市,身份证号码440784198212151817,汉族,文化程度初中,住鹤山市鹤城镇禾谷村民委员会四新村23号。因本案于2008年9月25日被羁押,同日被刑事拘留,同年10月31日被逮捕。现羁押于鹤山市看守所。

辩护人任坚明,广东力源律师事务所律师。

被告人谢文兴(绰号“孙悟空”),男,1979年11月29日出生于广东省鹤山市,身份证号码440725197911292411,汉族,文化程度小学,住鹤山市址山镇禾南村民委员会高咀村八队32号。因犯故意伤害罪于2000年6月2日被鹤山市人民法院判处有期徒刑八个月;因犯抢劫罪于2003年6月13日被鹤山市人民法院判处有期徒刑七年,2007年9月25日刑满释放。因本案于2008年9月25日被羁押,同日被刑事拘留,同年10月31日被逮捕。现羁押于鹤山市看守所。

被告人钟可定(绰号“阿定”、“德古定”),男,1967年4月28日出生于广东省鹤山市,身份证号码440725196704280018,汉族,文化程度小学,住鹤山市沙坪镇中山路三巷3号303房。因本案于2008年9月25日被羁押,同日被刑事拘留,同年10月31日被逮捕。现羁押于鹤山市看守所。

被告人何一乐(绰号“阿乐”、“乐记”),男,1988年8月8日出生于广东省鹤山市,身份证号码440784198808081813,汉族,文化程度初中,住鹤山市鹤城镇南星村民委员会茅坪村四队46号。因本案于2008年9月25日被羁押,同日被刑事拘留,同年10月31日被逮捕。现羁押于鹤山市看守所。

被告人陈海腾(绰号“鸡屎腾”),男,1979年11月26日出生于广东省鹤山市,身份证号码440725197911264517，汉族，文化程度小学，住鹤山市沙坪镇永安南山路52－29号301房。因本案于2008年9月25日被羁押，同日被刑事拘留，同年10月31日被逮捕。现羁押于鹤山市看守所。

辩护人黄丽斌，广东东方大卫律师事务所律师。

被告人周酌攀（绰号“阿板”），男，1979年6月29日出生于广东省鹤山市，身份证号码440725197906292417，汉族，文化程度初中，住鹤山市址山镇禾南村民委员会白米田村一队163号。因本案于2008年9月25日被羁押，同日被刑事拘留，同年10月31日被逮捕。现羁押于鹤山市看守所。

辩护人李运庚，广东天高律师事务所律师。

广东省江门市人民检察院以江检刑诉［2009］76号起诉书指控被告人谢松锦、钟伟灵、谢文兴、钟可定、何一乐、陈海腾、周酌攀犯故意伤害罪，向本院提起公诉。本院依法组成合议庭，公开开庭审理了本案。广东省江门市人民检察院指派检察员林文礼出庭支持公诉，被告人谢松锦、钟伟灵、谢文兴、钟可定、何一乐、陈海腾、周酌攀及辩护人冯杰晖、任坚明、黄丽斌、李运庚到庭参加诉讼。现已审理终结。

公诉机关指控，2008年9月25日1时许，被告人谢松锦、钟伟灵、谢文兴、钟可定、何一乐、陈海腾、周酌攀等人喝酒消遣后，驾驶一辆面包车前往鹤山市沙坪镇人民东路江湾宾馆开房。在江湾宾馆门口，被告人钟伟灵、陈海腾、谢文兴、何一乐、钟可定等人因被害人尤坚洲驾驶一辆女装摩托车差点碰到被告人钟伟灵一事，与尤坚洲发生争吵。尤坚洲离开后纠集易美景、冯克明二人又返回江湾宾馆，与被告人陈海腾、谢文兴、钟伟灵等人再次互相争吵辱骂，冯克明用携带的一把防盗锁将被告人陈海腾的手表砸飞，双方继而发生打斗。被告人钟伟灵从随身携带的藏有五把砍刀的挎包内先后取出三把，被告人何一乐、钟可定各拿去一把，被告人钟伟灵自己持有一把。同时，被告人谢松锦从面包车上取出一把大沙刀，与被告人周酌攀也冲过来参与打斗。

在打斗过程中，被告人谢文兴、钟伟灵追打被害人易美景至江湾宾馆门前的公路上，被告人谢文兴持旁边大排档的胶凳猛打易美景，被告人钟伟灵持砍刀猛砍易美景头部、背部等部位。被告人何一乐持刀追砍被害人冯克明。被告人谢松锦、陈海腾、钟可定、周酌攀在江湾宾馆门口对被害人尤坚洲实施殴打，被告人谢文兴、钟伟灵追打易美景后也加入殴打，期间，被告人陈海腾、周酌攀、谢文兴、钟可定、钟伟灵对尤坚洲拳打脚踢，被告人谢松锦持大沙刀往尤坚洲头部、背部等部位猛砍。尤坚洲当场倒地，大量出血，后经现场抢救无效死亡。打斗后，被告人谢松锦、钟伟灵、谢文兴、钟可定、何一乐、陈海腾、周酌攀迅速驾车逃离现场。

经法医鉴定，被害人尤坚洲符合被他人用利器（刀类）砍击全身多处致失血性休克并颅脑损伤死亡；被害人易美景的损伤程度为轻伤；被害人冯克明的损伤程度为轻微伤。

公诉机关在庭审时对上述事实出示了被害人易美景、冯克明的陈述，被告人谢松锦、钟伟灵、谢文兴、钟可定、何一乐、陈海腾、周酌攀的供述，证人覃娇、朱镜辉、邓小芬、刘彩凤等人的证言，辨认笔录、物证、现场勘查笔录及照片、鉴定结论、相关书证等证据。

公诉机关认为，被告人谢松锦、钟伟灵、谢文兴、钟可定、何一乐、陈海腾、周酌攀无视国家法律，故意伤害他人身体致一人死亡、一人轻伤和一人轻微伤，其行为均已触犯《中华人民共和国刑法》第二百三十四条第二款之规定，应当以故意伤害罪追究其刑事责任。被告人谢文兴曾因犯抢劫罪被判处有期徒刑，在刑罚执行完毕后五年内再犯应当判处有期徒刑以上刑罚之罪，根据《中华人民共和国刑法》第六十五条之规定，是累犯，应当从重处罚。提请本院依法判处。

被告人谢松锦庭审时认罪。

被告人谢松锦的辩护人认为，被害人尤坚洲在与被告人钟伟灵因碰撞发生争吵被劝开后再次纠集易美景、冯克明与被告人一方争执，对引发本案具有一定的责任，而被告人谢松锦是初犯、偶犯，认罪态度较好，请求对谢松锦从轻处罚。

被告人钟伟灵庭审时否认控罪，辩称其打斗期间与对方有拉扯动作，虽持刀但未用刀砍人。

被告人钟伟灵的辩护人提出：本案指控被告人钟伟灵持刀砍伤易美景及对尤坚洲拳打脚踢的证据并不充分，被害人一方对引发案件具有过错，被告人钟伟灵是初犯、偶犯，案发后被告人陈海腾提议自首时钟亦同意，在回程途中被抓获，应认定其自首，因此，请求法庭对钟伟灵从轻处罚。而钟伟灵曾患精神疾病，钟本人庭审时亦要求对其是否具有精神病重新进行鉴定，请求法庭予以准许。

被告人谢文兴庭审时认罪，辩称其只是追打易美景，没有殴打过被害人尤坚洲。

被告人钟可定庭审时认罪，辩称其没有殴打被害人尤坚洲。

被告人何一乐庭审时否认控罪，辩称其只参与追打冯克明但未打到，冯所受损伤非其行为造成。

被告人陈海腾庭审时辩称其下楼劝架时对方一人持防盗锁打其，其用左手挡时手表被打飞，手臂剧痛，其顺势用右手还击对方但没打中，后双方发生了打斗，其并未参与殴打对方，认为其行为不构成故意伤害罪。

被告人陈海腾的辩护人提出：本案二被害人的陈述及各被告人的供述均较清晰地证明死者尤坚洲对案件引发具有过错，而陈海腾先后两次劝架，可见其主观上无意伤害对方；陈海腾庭审时供称被对方持防盗锁打击而还击对方一拳，这一行为不具有明确的伤害故意；陈海腾对同案人持刀伤害对方并不知情，故无放任或容忍同案人伤害对方的共同故意；证人朱镜辉、覃娇的证言与本案其他证据不吻合，不排除其二人将被告人陈海腾与其他被告人混淆而指证陈参与作案；被告人周酌攀庭审时已明确称其侦查阶段供述中称陈海腾参与殴打对方的陈述不属实。上述证据情况表明，本案认定陈海腾构成故意伤害罪的证据不充分，而从案发经过来看，本案系被害人一方因琐事纠集多人报复挑衅而与被告人一方发生斗殴，故被告人陈海腾的行为至多只可能构成聚众斗殴罪，而即使陈构成该罪，其亦具有以下减轻并从轻处罚的情节：陈海腾案发后劝同案人自首，在回程途中被抓获，陈的行为仍应构成自首；陈海腾在本案中没有使用工具，作用次要，是从犯；陈海腾的家属庭审后对死者家属一方支付了赔偿。综上，其辩护人请求法庭对被告人陈海腾减轻并酌情从轻处罚。

被告人周酌攀庭审时认罪，辩称其不是主动殴打对方，只是在对方撞过来时推了对方两下。

被告人周酌攀的辩护人提出：证人覃娇的证言中称被害人一方只有二人，与事实不符，可见覃的陈述可信度不高，被害人冯克明、证人朱镜辉均证实当时围打被害人一方的只有四五个人，可见七名被告人中有个别人并未参与殴打对方，这与被告人周酌攀本人的供述称其没有主动殴打对方，只是推了对方两下的情节是相吻合的，因此，被告人周酌攀的行为不构成故意伤害罪。即使合议庭认定被告人周酌攀的行为构成犯罪，亦应考虑以下情节：本案系被害人一方恶意挑衅引发聚众斗殴转化的犯罪，被害人有明显的过错，周酌攀的主观恶性较小；本案一死二伤的危害后果并非周酌攀的行为直接造成，不应由其对此承担责任；周酌攀同意自首并在回程途中被抓获，归案后如实供述案发的经过，应认定为自首。综上，其辩护人请求法庭对周酌攀从轻、减轻处罚。

经审理查明，2008 年 9 月 25 日 1 时许，被告人谢松锦、钟伟灵、谢文兴、钟可定、何一乐、陈海腾、周酌攀等人喝酒消遣后，共乘一辆面包车前往位于鹤山市沙坪镇人民东路的江湾宾馆。在江湾宾馆门口，被害人尤坚洲驾驶一辆女装摩托车经过，差点碰到钟伟灵，两人为此发生了争吵，后被陈海腾劝开。尤坚洲到达位于江湾宾馆左边的嘉兴桑拿门口后仍不服气，又纠集同伴即被害人易美景、冯克明二人返回江湾宾馆门口，与被告人一方再次发生争吵。当时已上楼准备开房的被告人钟伟灵、谢文兴、陈海腾得知对方再次过来与同伴发生争吵，于是先后下楼，双方互相争吵和推搡，陈海腾再次规劝未果，冯克明持一把防盗锁打陈海腾，陈用左手挡时手表被砸飞，即顺势用右手还击，谢文兴持旁边宵夜档的胶凳砸向对方，双方发生打斗。期间，钟伟灵从随身携带的挎包内取出三把砍刀，与何一乐、钟可定各持一把，谢松锦从面包车上取出一把大刀，与谢文兴、陈海腾、周酌攀共同殴打对方。谢文兴、钟伟灵追打易美景至江湾宾馆门前的公路上，谢文兴持胶凳殴打易美景，钟伟灵持砍刀砍击易美景头部、左右手臂和背部；何一乐持刀追砍冯克明至旁边的大排档；谢松锦持大刀砍中尤坚洲后脑部、背部等部位；陈海腾、周酌攀用拳脚殴打对方。尤坚洲被砍中多刀后倒地，大量出血，后经现场抢救无效死亡；易美景、冯克明均被砍伤。七名被告人作案后迅速乘面包车逃离现场，沿 325 国道逃往开平方向，后又折回，在经开平市水口镇前往江门市的途中被公安人员抓获。

经法医鉴定，被害人尤坚洲符合被他人用利器（刀类）砍击全身多处致失血性休克并颅脑损伤死亡；被害人易美景的损伤程度为轻伤；被害人冯克明的损伤程度为轻微伤。

上述事实，有以下由公诉机关提供并经庭审质证的证据证实：

1. 法医鉴定结论证实，被害人尤坚洲头部额顶见头皮创口，边缘整齐，创角锐利，深及颅内，其下颅骨呈“L”形骨折伴一处颅骨缺损；后枕部见一处头皮创口，边缘整齐，创角锐利，深及皮下；背部见四条皮肤划伤；左肩部有挫伤；右肩部、臀部、左大腿后部各有一处剁开状创口；左、右骼棘部都有软组织裂伤，以上创口边缘整齐，创角锐利，深及皮下；左上臂、右小腿各有一处剁开状创口，其下肱骨骨皮质部分断裂，下腓骨横行离断。分析说明，死者所受损伤为头部、四肢及躯干多处软组织裂创及划伤，符合被他人用利器（刀类）砍击所致。结论，死者尤坚洲符合被他人用利器（刀类）砍击全身多处致失血性休克并颅脑损伤死亡。

活体检验报告证实，伤者易美景左颞、左顶、左枕部有五处伤口，颈后部有一处伤口，左、右前臂均有伤口。入院诊断，全身多处刀砍伤。分析说明，全身多处创口符合受锐器砍击所致。结论，易美景的伤情达轻伤程度。

活体检验报告证实，伤者冯克明左、右肩胛各有一处创口，创角锐利，深及皮下。分析说明，其损伤符合锐器砍击所致。结论，冯克明的伤情属轻微伤。

2. 现场勘查笔录及照片证实，案发现场位于鹤山市沙坪镇人民东路江湾宾馆楼下。在距离江湾宾馆大门南边326厘米、距离人民东路北边312厘米的地面上仰卧着一具男性尸体。死者上身穿红色短袖T恤，下身穿深色休闲长裤。在尸体旁边的地面上见一处血泊（1号）；尸体东面的左脚脚趾边地面上有一条白色塑料凳腿，距凳腿向东226厘米处见一蓝色塑料凳，该塑料凳已损坏；尸体西边的右脚脚底边地面上有一个黑色的刀鞘；右腿大腿边的地面上有一张白色塑料凳，塑料凳被破坏；北距尸体96厘米处的地面上见一件白色短袖T恤（2号），西距尸体112厘米的地面上见一黑色刀鞘（3号）；距离江湾宾馆大门132厘米的地面上见一把西瓜刀（即前述砍刀），西瓜刀旁边地面见血迹（4号）；尸体西南边224厘米人行道的黄色地砖上见一只黑色“人”字拖鞋（5号）；距离拖鞋向东136厘米人行道上有滴落状血迹（6号）；距离6号血迹向南239厘米的地面上有一把红色的摩托车防盗车锁（7号）；距离人行道503厘米的人民东路的机动车道上见一蓝色塑料凳（8号）；距塑料凳362厘米的机动车道上见一血迹（9号）；在江湾宾馆的西面，即门口墩街与人民东路相接的路口地面见滴落状血迹。

欢乐美食门口情况：在门口第一张饭桌的南边地面上见一银白色的手表（10号）；第二张饭桌地面上有一对蓝色胶拖鞋（11号）；在手表和拖鞋之间有点滴状血迹（12号）；欢乐美食东边是嘉欣健康推拿中心，门口地面见滴落状血迹（13号）。

对面包车进行勘查，第一排座椅左边第一个车窗玻璃下见血迹；前面的地毯上有一把大刀，在该刀上沾有血迹和毛发；在面包车驾驶室驾驶员座后面是一块凸起的汽车车厢底板，该底板的隔热胶上可见血迹。

各被告人均对现场照片作了辨认。

3. 扣押物品清单证实，侦查机关从被告人钟可定处扣押汽车一辆（白色金杯面包车，车牌为粤S47101）、大刀一把（长约100厘米，黑色刀柄）。

4. 物证及照片经庭审时出示，被告人谢松锦确认大刀为其作案工具，被告人何一乐确认其拿该刀上车；被告人钟伟灵确认砍刀为其携带刀具中的一把，其与被告人钟可定、何一乐作案时所用的砍刀与该刀相同，黑色刀鞘用于装这些砍刀。

5. 抓获经过证实，2008年9月25日1时30分许，鹤山市公安局接到报案称鹤山市沙坪人民东路江湾宾馆楼下有人打架，迅速派警赶到现场处理。民警到现场后发现有一人已死亡，另两人受伤，立即将伤者送医院救治，并对现场进行勘查取证。经走访调查，得知几名犯罪嫌疑人驾驶一辆黄色牌照的白色面包车逃离现场。经过排查，民警在开平市水口镇往江门市新会区路段发现一辆黄色车牌为粤S47101的白色面包车，于是立即截停检查，将在车上的本案七名被告人抓获。

6. DNA检验鉴定证实，钟伟灵牛仔裤（裤脚）上（片状）可疑血痕、何一乐鞋上可疑血痕（二点点状）、钟可定鞋上可疑血痕（多点）、谢文兴衣服上可疑血痕（喷溅状）、现场1号、6号位置可疑血痕均检出人血成分，来源于尤坚洲的可能性为99.99999999%。

"大沙刀"（即前述大刀）刃后部可疑血痕、现场9号位置可疑血痕检出人血成分，来源于易美景的可能性为99.99999999%。

现场遗留砍刀上可疑血痕检出人血成分，来源于冯克明的可能性为99.99999999%。

陈海腾鞋上可疑血痕、何一乐鞋上可疑血痕、钟可定鞋上可疑血痕、谢松锦衣服上可疑血痕、谢松锦鞋上三处可疑血痕、谢文兴衣服上两处可疑血痕、谢文兴鞋上三处可疑血痕、粤S47101面包车驾驶位后可疑血痕、"大沙刀"刀柄上可疑血痕、江湾宾馆侧路面可疑血痕、嘉欣健康推拿中心门前地面可疑血痕、"欢乐美食"门前地面可疑血痕、现场一处可疑血痕均检出人血成分，来源于谢文兴的可能性为99.99999999%。

粤S47101面包车内车窗下位置可疑血痕检出人血，来源于陈海腾的可能性为99.99999999%。

7. 精神病司法鉴定证实，佛山市第三人民医院法医精神病司法鉴定所的主任医师刘素芳、副主任医师赵长江、黎雪松于2008年11月25日对被告人钟伟灵案发时是否有精神病进行鉴定，确认钟伟灵案发时无"精神病"，具有完全责任能力。

8. 被害人易美景的陈述证实，案发当晚，其开摩托车搭载冯克明，尤坚洲另开一辆摩托车，三人准备到嘉欣桑拿。其和冯克明先到嘉欣门口，看见尤坚洲在江湾宾馆门口和几名男子讲话。冯克明拿出防盗锁准备锁车时尤坚洲来到，尤说了句"沙气（白话，意为表达不满情绪），过去看看"，即叫其和冯克明一起去江湾宾馆门口。对方三名男子问"你们想怎样?"并说"你们很嚣张啊!"不知是尤坚洲还是冯克明应了一句"我们不想怎么样"，这时从江湾宾馆内又出来两名男子，旁边也走出两三名男子，共有七八名男子围过来开始推搡其三人，其被推到江湾宾馆靠近公路的地方，尤坚洲被推到靠近隔壁的大排档处，冯克明被推到大排档的正门口。突然，其见到对方有长四五十厘米的刀，其感到害怕就往公路上跑，对方三名男子在后面追，其感觉右臂忽然一阵剧痛就摔倒在地上，对方围上来用刀砍其头部三四刀，左右臂各一刀，左肩部一刀。其爬起身时对方已离开，尤坚洲躺在江湾宾馆门口，冯克明不见踪影。当晚其穿白色的短袖T恤和蓝色牛仔裤；尤坚洲穿红色短袖上衣和深灰色西裤；冯克明穿灰蓝色的短袖上衣和牛仔裤。其辨认出被告人陈海腾、钟可定、何一乐在江湾宾馆和其三人发生推搡。

9. 被害人冯克明的陈述证实，当晚其和易美景先到嘉欣门口，看见尤坚洲开摩托车经过江湾宾馆门口时被三四个人围住，双方发出争吵的声音。约一分钟后，尤坚洲来到嘉欣门口，说那几个人挑衅想打架，于是其三人一起走过去，当时其手里拿着准备锁摩托车的防盗锁。对方一人问什么事，其和尤坚洲、易美景就说没事，接着对方说"没事就没事啦"。其三人于是准备回嘉欣，这时从江湾宾馆的楼梯口下来的一名男子指着其三人说"你们很嚣张"，之前那几名男子就推其三人，双方互相推搡，场面很混乱。其突然见到地上有把砍刀，就往旁边的大排档跑，一名男子拿着刀追其，其跑进大排档内，对方用刀砍过来，其用防盗锁去挡，两人互推了几下，其往后面的住宅区逃走。其躲藏了约十分钟后才出来，发现背上流血，于是打的去医院，经过现场时见到有救护车，有医生对躺在宾馆门口地上的尤坚洲、易美景施救，其听到医生说尤已没得救了。其到医院后发现背部被砍中两刀。其当晚上身穿咖啡色的圆领T恤，下身穿蓝色牛仔裤。其辨认出何一乐是在江湾宾馆门口推搡其一方的男子之一。

10. 证人覃娇的证言及辨认笔录证实，其与本案七名被告人及另一名女子饮酒后乘一辆面包车去到江湾宾馆，被告人陈海腾、谢文兴与那名女子等人一起上去开房，开车的周酌攀未下车。其见到一名红衣男子在江湾宾馆门口大叫“他骂我，他骂我”，与他一起的还有一名白衣男子，二人与被告人一方几名男子争吵起来。接着陈海腾与谢文兴等人下来，双方先争吵后互相推打，谢文兴在旁边宵夜档拿起一张蓝色胶凳向对方砸去，然后捡起这张胶凳继续打对方，周酌攀下车过来后也打对方，红衣男子与白衣男子分头逃跑，白衣男子向公路方向跑，谢文兴和钟伟灵在后面追着，其余的人围住对方的红衣男子打。钟伟灵拿一把长约一米五的大关刀、谢文兴拿胶凳追打白衣男子，钟伟灵用大关刀打白衣男子的大腿、背部两三下，白衫男子倒在马路中间，谢文兴又用胶凳在他头部砸了几下，后谢文兴又跑到宾馆门口打红衣男子，钟伟灵还在公路上打白衣男子。其看见陈海腾、钟可定、谢松锦、周酌攀、何一乐、谢文兴围住红衣男子，该男子被打倒在地上，双手撑着地。其中陈海腾用脚踢和拿起胶凳打，谢松锦用破碎的胶凳打红色男子头部，周酌攀用拳头打和脚踢，谢文兴用破碎的胶凳打。其转身打电话给朋友，没看清后来打斗的情况。其电话还未打完就被谢文兴拉上车，其他被告人都在车上，其见到谢文兴的手受伤，流了很多血。之后车往325国道向址山方向行驶，中途加了油，后在一卫生院停下，谢文兴去包扎了伤口，然后车转头向沙坪方向行驶，直到被警察找到。

11. 证人朱镜辉的证言证实，当晚其坐在大排档吃宵夜，见到江湾宾馆内冲出五名男子，围住三名男青年用宵夜档的胶凳打他们，三名男青年立刻被打散，其中一名男青年跑到马路边，被行凶的一人从后面赶上用胶凳打，胶凳被砸碎，该行凶的男子又抽出长刀猛砍对方手臂，那名跑到马路的男青年被砍倒在地；另外四名行凶的男子每两人对付一名男青年，将其中一名男青年砍倒在地，另一名男青年被砍跑了。四个行凶的人中有三个人拿刀，没有拿刀的最先动手，用胶凳砸死者，而一名身穿灰色短袖的男子持长刀，对着已蹲下的死者后颈部砍了一刀，又在背部砍一刀；还有一名男青年被另外两个行凶者砍中后立即向嘉欣跑，并跑进恒昌花园，两个行凶者追出去但没追到，拎着刀返回来对已经被砍倒在马路上的男青年一阵脚踢，后一起上了一辆白色面包车逃跑了。

12. 证人刘彩凤的证言证实，凌晨1时30分许，其见到四五名手持刀具的男子追一名男子往沙坪加油站方向跑，没过几秒钟，四五名男子没有追上，又返回美食店门口，其中一个手拿关公刀的男子砍了躺在美食店门口地上的一名男子小腿一刀，另外几名男子用脚踢躺在地上的男子。其中一名男子身背一个黑色公文包，手持一把30厘米长的水果刀。

13. 证人冯开文的证言证实，双方打架约一分钟，两名男子被围攻，一个倒在江湾宾馆门口，一个跑到公路中间。

14. 证人兰翠华的证言证实，当时其见到两名男子跑进美食店大厅打架，其中一人拿防盗锁。后其见到一名男子手持一把关刀追着另一名男子。

15. 证人尤沃均的证言证实其子尤坚洲的情况；辨认笔录确认死者是尤坚洲。

16. 证人张敏敏的证言证实，当晚其和陈海腾一起上了三楼的房间，陈海腾下楼后其未跟下去，打斗的情形其不清楚。

17. 证人宋振华的证言证实，当晚 1 时 30 分，有三男两女来开房，其中一名身穿黑色衣服的男子拿钱开房，其给他 316 房的钥匙，后一名身穿灰色衣服男子说多开一间房，这时楼下有人喊打架了，两名男子就冲到楼下。其辨认出陈海腾、钟伟灵就是于 2008 年 9 月 25 日凌晨前来开房的人。

18. 证人陈建晓的证言证实，牌号为粤 S47101 的面包车为其所有。2008 年 9 月中旬，被告人陈海腾向其租借该车，每天的租金为 150 元，租期一个月，每半个月付一次租金。其将该车交给陈海腾时车上未放置任何刀具。同月 22 日其见过陈海腾并向他收取了 1500 元租金。

19. 身份材料证实被告人谢松锦、陈海腾、钟伟灵、谢文兴、钟可定、何一乐、周酌攀的身份情况，与前文基本情况部分一致。

20. 书证证实，被告人谢文兴于 2000 年 6 月 2 日因犯故意伤害罪被鹤山市人民法院判处有期徒刑八个月，2003 年 6 月 13 日因犯抢劫罪被鹤山市人民法院判处有期徒刑七年，2007 年 9 月 25 日刑满释放；案发现场遗留的一把神将牌防盗锁经冯克明辨认后确认不是其带到现场的那把锁；因被告人钟伟灵未能提供其供述扔刀及挎包的地点，故侦查人员无法查找到钟伟灵等人使用的作案工具；粤 S47101 面包车的车主为陈建晓。

21. 被告人谢松锦的供述及辨认笔录证实，2008 年 9 月 25 日 1 时许，其和另六名被告人在鸿运酒吧饮酒后，乘周酌攀驾驶的一辆白色面包车到江湾宾馆，其他人下车后其和周酌攀还在车上。其听到外面很吵，有人喊打架，于是马上拿起放在司机座位后面的大刀冲下车，见到江湾宾馆门口有两名男子持“短棍”之类的物体与其一方的人对打，其中一人在打何一乐和谢文兴，其立即冲过去举起大刀从侧面很用力地砍了他颈部一刀，又砍了他背部一刀，由于用力过猛，大刀掉在地上，其本人也摔倒在地。其爬起来马上跑上车，其他人也上了车。之后，周酌攀开车搭载大家逃离现场。在车上其发现谢文兴的手被砍伤，谢说是其用刀砍的，但其记不起来怎样砍到谢。其只看到何一乐、谢文兴参与打架，未留意其他人有没有打。

22. 被告人钟伟灵的供述及辨认笔录证实，其与六名被告人一起到江湾宾馆门前时，一名穿黑色上衣的男子驾驶一辆女装摩托车驶过其身边差点撞到其，其立即冲着对方骂“会不会开车啊!”并说“是不是想打架”，对方也冲其说“想打架吗”，这时身后有朋友叫其不要吵，其于是未再理会就与谢文兴、陈海腾及两名女子进入宾馆走上二楼柜台。不一会儿，何一乐上来说刚才与其吵架的人好像带人来吵，其遂与何一起下楼，接着与对方发生口角并相互推撞，其看见对方一人持一把摩托车防盗锁打其一方，打中其额头一下。这时，陈海腾从上面下来上前劝架，其即想起背着的包里有五把刀，于是往背后伸手从包中取出一把刀，何一乐抢走了这把刀，其再从包里取出第二把刀，又被人抢去，其又取出第三把刀冲向对方白衣男子，何一乐及另一个朋友与其一起追打对方，追到江湾宾馆侧边宵夜档，其就举起刀，看见白衣男子背部有血迹其就返回，一名穿黑色短袖衫的男子倒在江湾宾馆门口地上，其又用脚踢了黑衣男子几下。之后其与大家一起上车逃跑，在车上曾商量回来自首，回程中不知为何走向新会方向，后被抓获。其身上的血不知是谁的，其包内有五把刀，一把应该遗留在现场，剩余的刀连包一起被其在逃跑过程中扔到路边的河里。

23. 被告人谢文兴的供述及辨认笔录证实，当时对方白衣男子好像拿一把锁，钟伟灵和何一乐站在门口和他们吵，其劝他们别吵，白衣男子想动手，这时陈海腾从江湾宾馆下来用手指着白衣男子说“你别动手”，白衣男子用锁打陈海腾，陈用手挡时手表被打掉。这时其一方的人动手打对方，其和钟可定用拳脚追打拿锁的白衣男子，其他人怎样打不清楚，有无拿刀也不清楚。白衣男子被其二人打倒在路边，停着的摩托车都被碰倒了，其顺手从江湾宾馆隔壁吃宵夜的档口拿了张塑料椅子打向白衣男子，对方用手挡，椅子打碎了。谢松锦从其身后跑来，用关刀往白衣男子大腿及腰部砍了数刀。其看见陈海腾、钟伟灵、何一乐和周酉攀追另一名男子，其和钟可定、谢松锦也随后追，追出无几米就未再追并往回走，看见开摩托车撞钟伟灵的红衣男子躺在人行道上，谢松锦从他身边经过时说“看你以后还敢不敢‘窜’（意为嚣张）”，用关刀砍了他的右小腿一刀。之后其一方的人向面包车走去，由周酉攀开车，大家直接去恩平。车上大家商量回来自首，但谢松锦不同意，后在开平被警察抓获。钟伟灵的公文包里全是砍刀，打架时钟伟灵拿砍刀、谢松锦拿关刀。庭审中其称，逃跑时其和谢松锦均不同意自首。

24. 被告人钟可定的供述及辨认笔录证实，当时驾驶摩托车撞钟伟灵的男子带着另外两名男子过来，其中一人拿了一把摩托车防盗锁，他们三人围着钟伟灵骂起来，陈海腾从楼上冲下来与对方对骂，其见到拿防盗锁的男子用锁打陈海腾，陈海腾即与该男子对打，没见到陈用刀。另外两名男子动手与钟伟灵打起来，其一方其他人见状迅速围上去打对方。其和谢文兴、钟伟灵打对方吵架的男子，谢文兴从旁边宵夜档抓起一把胶凳向他头上砸去，其上前箍他的脖子但箍不住，于是抓他的头发，这时对方持锁男子冲上来想用锁打，钟伟灵就拿出一把砍刀，其抢过钟的刀与何一乐追砍持锁男子但未追上。其与何一乐回到江湾宾馆时发现吵架的男子倒在血泊之中，其一方的人上车后向开平方向逃跑，后被抓获。

25. 被告人何一乐的供述及辨认笔录证实，在江湾宾馆门口一名穿粉红色衣服的男子开一辆女装摩托车差点撞了钟伟灵，双方互骂了几句，陈海腾说“没事，走啦”并拉钟伟灵走，接着和钟及两名女子上二楼准备开房，谢文兴跟在后面，其也跟着上去。其走到一楼和二楼楼梯间时，听到下面很吵，转回头便看见谢松锦、钟可定在与刚才的红衣男子吵架，红衣男子带来两名男子，其就上去二楼对谢文兴说下面吵起来了，谢听到后就跑了下来，钟伟灵和陈海腾也先后跟着下来，双方有推拉的动作，陈海腾劝对方但对方不听，反而骂其一方，对方一名男子用防盗锁向钟伟灵打来，钟伟灵就把他背的包拉开伸手去包里拿刀，不知为什么其见到钟又把刀放回去，之后双方互打起来，大家就冲过去打对方三名男子。其见到对方一人拿防盗锁冲过来打其，就从钟伟灵的包里拿刀出来，右手拿刀朝拿防盗锁的男子左肩部砍了一下，后该男子用手中的防盗锁打掉了其手中的刀，并追其到旁边的美食店大厅内打，其又往江湾宾馆门口跑，该男子在后面追过来。这时其见到红衣男子已经倒在江湾宾馆门口的地上，谢松锦手持一把大关刀站在旁边，红衣男子想从地上爬起来，谢松锦用大关刀砍了该男子后脑部一刀，该男子就倒在地上打滚挣扎。在旅店门口前面 2 米远的公路中间，对方一名男子躺在地上，陈海腾等人往停车的方向走。这时拿防盗锁的男子快追上其，其抢过谢松锦手中的大关刀，返回去追拿防盗锁的男子，该男子就往嘉欣方向跑了，其拿着刀往停车的方向跑，当时周酉攀在车旁边，其第一个上车并把刀放在第二排座位前面，之后，其他人及一名女子一起上车。大家一起逃往恩平方向，途中陈海腾接了一个电话之后说对方死了一人，并问“去哪里”，大家都说不要停车。后谢文兴在恩平一个诊所包扎了伤口，大家再上车后陈海腾首先提议回沙坪自首，大家没有异议并往回走，到水口路段时谢松锦说他不同意回去自首，并要求半路放下他，后在水口去江门的路上被警察抓获。

26. 被告人陈海腾的供述及辨认笔录证实，2008 年 9 月 25 日 1 时许，由周酌攀开一辆面包车，其和另六名被告人及两名女子共九人去江湾宾馆，其和谢文兴打算带两名女子开房睡觉。车停在靠近小公园的小路边，除了周酌攀外其他人都下了车。大家一起走到江湾宾馆门口时，有一名男子驾驶一辆女装摩托车驶上人行道往嘉欣方向，车的倒后镜可能划到了钟伟灵的身体，钟伟灵就和该男子对骂了几句，其上前规劝，该男子就开着摩托车离开了。之后其和谢文兴各自带一名女子到江湾宾馆楼上开房，其和“阿敏”上三楼，谢文兴和另一名女子在二楼。其刚上到三楼就听到楼下传来很大的争吵声，于是下楼。其在门口见到三名男子和钟伟灵、何一乐、谢文兴、谢松锦推推扯扯，就过去劝对方，但对方一名穿灰色圆领 T 恤的男子举起一把摩托车防盗锁向其头部打过来，其用左手挡时所戴的手表被打飞，其右手顺势还击对方一拳未打中对方，接着双方就打了起来。其见到谢文兴、何一乐去追那名用摩托车锁打其的男子，往嘉欣方向追了约 30 米就停下；谢松锦用一把大刀砍之前开摩托车的男子，朝该男子头部后脑和身体部位砍了几刀，其见到该男子头部流血还动了几下，其见状立即冲谢松锦大喊“不要砍，这样会砍死人的”。接着，其一方的人就往面包车上跑，周酌攀当时还未下车，立即开车搭大家逃离现场。车开往开平方向，其劝大家回去自首，后在一个诊所为谢文兴包扎伤口后大家沿原路返回，但由于谢松锦不同意自首并要求放他下车，结果还未来得及找到合适的地方放下他就被警察追上，其与另六名被告人均被抓获。面包车是其向朋友陈建晓借用的。其不知道大刀的来源，推测是从车上取得。

27. 被告人周酌攀的供述及辨认笔录证实，当时其和谢松锦还在车上，其见到钟伟灵、何一乐、钟可定等人在江湾宾馆门口同三个不认识的男子吵架，谢松锦就从车上抓了一把刀冲下车，其也跟着下去。其走到江湾宾馆门口时，见到对方一名男子用什么东西打了陈海腾胳膊一下，接着双方混打起来，刚好对方有一个人被推到其身边，其担心其他被告人说其不够义气，就用拳头打了对方两下，用脚踢对方腿部一下，然后就走到车旁边。这时其见到对方一个人往公路边跑，谢松锦、钟可定在后面追，追到公路上，那人摔倒了，谢、钟等人就上去一阵乱打，谢松锦拿着大刀砍。在江湾宾馆门口，陈海腾、钟伟灵在打另外一个人，钟伟灵拿一把短一点的刀，陈海腾没有拿东西，拳打脚踢，对方那个人反抗着，这时谢松锦手拿大刀从公路边跑过来，又拿刀砍他，他就倒下了。后何一乐要其开车，他们一起上车，其一直开车到恩平。逃跑时陈海腾曾说过自首，到恩平后也是掉头准备回鹤山的，只是到水口镇后没有直接回鹤山，转头去江门，准备过一晚再说。

以上证据本院予以确认，其中法医学 DNA 检验报告证实被告人钟伟灵、何一乐、钟可定、谢文兴身上均沾有被害人尤坚洲的血迹，谢文兴上衣所沾尤的血迹为喷溅状，钟伟灵裤脚所沾尤的血迹为擦拭状，钟可定鞋上所沾尤的血迹为点状（多点），何一乐鞋上所沾尤的血迹为点状（两点）；现场遗留的砍刀、在面包车上查获的大刀上经检验分别有被害人易美景、冯克明的血迹，两把刀庭审时都已由各被告人辨认后确认为作案工具；法医鉴定结论证实被害人尤坚洲的死因与被害人易美景、冯克明的伤情；被告人谢松锦、钟伟灵、钟可定、何一乐的供述稳定，均承认自己持刀参与打斗，与证人朱镜辉所称行凶者中有四人持刀的证言相吻合，被告人陈海腾、谢文兴、周酉攀的供述及邓小芬等人的证言亦可部分印证其四人持刀；被告人谢松锦供认持大刀砍尤坚洲颈部和背部，被告人陈海腾、谢文兴、何一乐、周酉攀的供述指证其持大刀砍尤坚洲后脑及身体其他部位，足以证实谢松锦持大刀砍击了尤坚洲的后脑部等部位；被告人钟伟灵供认持刀追易美景，用脚踢尤坚洲，谢文兴、钟可定指证其殴打尤坚洲及持刀砍对方；被告人谢文兴的供述与其他被告人的供述及覃娇的证言均相互印证，证实其首先持胶凳殴打被害人一方，钟可定指证其参与打尤坚洲；周酉攀供认用手推打对方，证人覃娇的证言指证其殴打尤坚洲；证人覃娇、朱镜辉的证言与被告人周酉攀的供述相互印证，证实陈海腾用拳脚参与打尤坚洲。

综上，本案证人覃娇、朱镜辉、刘彩凤等人的证言和被害人易美景、冯克明的陈述均证实本案发生的经过，与七名被告人的供述相互印证，足以证实七名被告人共同殴打三被害人致尤坚洲死亡、易美景轻伤和冯克明轻微伤；虽然七名被告人事前并无通谋，但他们在与对方发生冲突后行动一致，分头殴打对方，其中多人持刀，在主观上已达成共同伤害对方的默契，他们的行为共同构成故意伤害罪。被告人陈海腾辩称其未对被害人一方实施伤害行为，其辩护人认为公诉机关指控陈海腾犯故意伤害罪的证据不足、陈海腾的行为只可能构成聚众斗殴罪，被告人钟伟灵及其辩护人辩称其未实际伤人，以及被告人周酉攀的辩护人认为周酉攀的行为不构成故意伤害罪的意见均与事实不符。

在共同犯罪中，被告人谢松锦持刀砍击被害人尤坚洲的后脑、背部、右小腿等部位，被告人钟伟灵携带多把砍刀，持刀伤人，并为何一乐、钟可定提供作案刀具，被告人何一乐、钟可定积极持刀伤人，被告人谢文兴首先用胶凳殴打被害人一方，积极参与打斗，上述五被告人均起主要作用，是主犯，依法应按照其参与的全部犯罪处罚；五人中谢松锦所起作用最大，钟伟灵次之，何一乐、钟可定作用相当，谢文兴的作用再次；被告人陈海腾、周酉攀均以拳脚参与打斗，起次要作用，是从犯，依法应当减轻处罚。

被害人尤坚洲未能正确处理与被告人钟伟灵因碰撞发生的纷争，在被劝说离开后因不服气而纠集同伴再次与被告人一方争吵，被害人冯克明持防盗锁打人，其一方的行为具有挑衅性质，对双方矛盾的恶化及引发本案具有过错，可据此适当减轻各被告人的罪责，对各被告人及辩护人所提相应意见可以采纳。

关于被告人陈海腾、钟伟灵、周酉攀的辩护人所提相关被告人属自首的意见，经查，各被告人的供述称在逃跑过程中由陈海腾提议并经大家商量打算自首，但陈海腾等人均供述由于谢松锦不同意自首，故未回鹤山，周酉攀称因谢松锦不同意自首，于是大家将车往江门方向开，打算在江门过一晚再做决定，谢文兴庭审时称其与谢松锦当时不同意自首，可见陈海腾、钟伟灵、钟可定、何一乐、周酉攀等五人即使有自首的意图，但尚未实际决定投案，也并非在投案的途中被抓获，不符合刑法和司法解释关于自首的构成条件，不能认定为自首。

对被告人钟伟灵认为其有精神病及其辩护人请求对钟伟灵重新进行精神病司法鉴定的意见，经查，佛山市第三人民医院法医精神病司法鉴定所对钟伟灵进行精神病司法鉴定的专家具备鉴定资格，鉴定程序合法，鉴定中对钟伟灵以前曾患“分裂样精神病”的病理症状做了详细的说明，关于钟伟灵精神状态的分析有理有据，从而得出其案发时无精神病，具有完整的控制能力及辨认能力的结论。由此，应当根据该鉴定结论认定钟伟灵具有完全刑事责任能力，而无须重新进行鉴定。

庭审后，经本院主持调解，被害人尤坚洲的家属尤沃均、吕惠英、梁美兰与被告人一方经过自愿协商达成了和解协议，由被告人谢松锦、陈海腾、周酌攀的家属代为赔偿18 万元，其中谢松锦家属支付 2 万元，陈海腾家属支付 14 万元，周酌攀家属支付 2 万元，均已交到本院。尤沃均、吕惠英、梁美兰对此表示满意并出具了谅解意见书。

本院认为，被告人谢松锦、钟伟灵、谢文兴、钟可定、何一乐、陈海腾、周酌攀无视国法，共同故意伤害他人身体致一人死亡、一人轻伤和一人轻微伤，其行为均已构成故意伤害罪。在共同犯罪中，被告人谢松锦、钟伟灵、谢文兴、钟可定、何一乐起主要作用，是主犯，依法应按照其参与的全部犯罪处罚；被告人陈海腾、周酌攀起次要作用，是从犯，依法应当减轻处罚。公诉机关指控各被告人的罪名成立。被告人谢文兴曾因犯抢劫罪被判处有期徒刑，在刑罚执行完毕后五年内再犯应当判处有期徒刑以上刑罚之罪，是累犯，依法应当从重处罚。鉴于被害人一方对引发本案具有一定的过错，可以据此酌情对各被告人从轻处罚；被告人陈海腾、周酌攀、谢松锦的家属能积极筹款用于赔偿给被害人尤坚洲的家属，得到尤家属的谅解，依法可以酌情对其三人从轻处罚。对各被告人及辩护人所提的合理意见本院予以采纳。依照《中华人民共和国刑法》第二百三十二条第二款、第二十六条第一、四款、第二十七条、第六十五条第一款、第五十七条第一款、第五十六条第一款和《最高人民法院关于刑事附带民事诉讼范围问题的规定》第四条之规定，判决如下：

一、被告人谢松锦犯故意伤害罪，判处死刑，缓期二年执行，剥夺政治权利终身。

二、被告人钟伟灵犯故意伤害罪，判处有期徒刑十五年，剥夺政治权利五年。

（刑期从判决执行之日起计算，判决执行以前先行羁押的，羁押一日折抵刑期一日，即自 2008 年 9 月 25 日起至 2023 年 9 月 24 日止）。

三、被告人谢文兴犯故意伤害罪，判处有期徒刑十一年，剥夺政治权利二年。

（刑期从判决执行之日起计算，判决执行以前先行羁押的，羁押一日折抵刑期一日，即自 2008 年 9 月 25 日起至 2019 年 9 月 24 日止）。

四、被告人钟可定犯故意伤害罪，判处有期徒刑十二年，剥夺政治权利三年。

（刑期从判决执行之日起计算，判决执行以前先行羁押的，羁押一日折抵刑期一日，即自 2008 年 9 月 25 日起至 2020 年 9 月 24 日止）。

五、被告人何一乐犯故意伤害罪，判处有期徒刑十二年，剥夺政治权利三年。

（刑期从判决执行之日起计算，判决执行以前先行羁押的，羁押一日折抵刑期一日，即自 2008 年 9 月 25 日起至 2020 年 9 月 24 日止）。

六、被告人陈海腾犯故意伤害罪，判处有期徒刑三年。

（刑期从判决执行之日起计算，判决执行以前先行羁押的，羁押一日折抵刑期一日，即自 2008 年 9 月 25 日起至 2011 年 9 月 24 日止）。

七、被告人周酌攀犯故意伤害罪，判处有期徒刑四年。

（刑期从判决执行之日起计算，判决执行以前先行羁押的，羁押一日折抵刑期一日，即自 2008 年 9 月 25 日起至 2012 年 9 月 24 日止）。

如不服本判决，可在接到判决书的第二日起十日内，通过本院或者直接向广东省高级人民法院提出上诉。书面上诉的，应当提交上诉状正本一份，副本二份。

审 判 长 陈有就
审 判 员 毛国华
代理审判员 莫荣炽
二○○九年十一月二十六日
书 记 员 李玉琼

【评析】

该判决书除具备格式规范、结构清晰、语言流畅的优点外还具有以下特点：其一，证据采信得当，事实认定“真实”。本案中，由于涉案的被告人、被害人及证人均人数众多，各被告人之间及他们与被害人、证人之间对案发经过的细节描述存在或大或小的差别，甚至在关键点上还出现了矛盾，那么如何采信最符合客观事实的证据对事实的认定就至关重要。本文能抓住全案证据共同指向的主线，不在细枝末节上纠缠，甄别、筛选出能相互印证又合乎情理的证据，案发经过紧扣证据并呼之而出，既严格突出“法律事实”，又能让人感受“客观真实”。其二，内容翔实而文字简约，论理透彻有力。本文的事实描述和证据罗列均充分展示了庭审质证的内容，擅用“法言法语”，轮廓清晰而言简意赅，毫无重复、累赘之感。论理是裁判文书的“灵魂”，本文在论理部分对证据的分析、事实的总结、辩解意见的回应铺陈而来，结构严谨，层次分明，对各被告人的罪责分析尤为透彻、精彩，这也是该文书的一大亮点。

中华人民共和国广东省江门市中级人民法院

刑事附带民事判决书

（2009）江中法刑二初字第30号

公诉机关广东省江门市人民检察院。

附带民事诉讼原告人黄素翠（英文名 SU CUI. HUANG），女，1979年8月18日出生于广东省开平市，国籍加拿大，现住加拿大安大略省多伦多市，护照号码JG278955，联系地址：HENRY ST. TORONTO ONT M5T 1W9。是被害人黄醒怀的妻子。

诉讼代理人黄景新，男，1951年12月8日出生于广东省台山市，住台山市白沙镇西村纱一村15号。是被害人黄醒怀的父亲。

附带民事诉讼原告人黄景新，男，1951年12月8日出生于广东省台山市，汉族，文化程度小学，农民，住台山市白沙镇西村纱一村15号。是被害人黄醒怀的父亲。

诉讼代理人司徒仲贤，系广东星辉律师事务所律师。

附带民事诉讼原告人胡玉珍，女，1959年7月8日出生于广东省台山市，汉族，文化程度初中，农民，住台山市白沙镇西村纱一村15号。是被害人黄醒怀的母亲。

诉讼代理人司徒仲贤，系广东星辉律师事务所律师。

被告人吴国平（绰号“阿国”），男，1986年1月27日出生于广东省开平市，身份证号码44078319860127219X，汉族，文化程度小学，无业，户籍所在地广东省开平市马冈镇大厂村委会南龙村旧村1巷14号。因本案于2009年1月9日被羁押，同月10日被刑事拘留，同年2月11日被逮捕。现押于开平市看守所。

辩护人梁河进，系广东潭江律师事务所律师。

被告人叶时聪，男，1985年10月4日出生于广东省高要市，身份证号码441283198510044072，汉族，文化程度小学，无业，户籍所在地广东省高要市南岸镇西环居委会西环二路北二街142号。因本案于2009年1月9日被羁押，同月10日被刑事拘留，同年2月11日被逮捕。现押于开平市看守所。

辩护人兼附带民事诉讼代理人张学明，系广东三良律师事务所律师。

被告人卢肇中（绰号“阿中”），男，1984年9月2日出生于广东省高要市，身份证号码441283198409024990，汉族，文化程度中专，无业，户籍所在地广东省高要市金渡镇腰岗村委会腰岗村13队。因本案于2009年1月10日被羁押，同月11日被刑事拘留，同年2月11日被逮捕。现押于开平市看守所。

辩护人卢健仪，女，1982 年 11 月 2 日出生于广东省高要市，住高要市金渡镇腰岗村委会腰岗村 13 队，是被告人卢肇中的胞姐。

辩护人李静染，系广东良匠律师事务所律师。

被告人黄炎民（绰号“田鸡”），男，1985 年 3 月 8 日出生于广东省开平市，身份证号码 440783198503086633，汉族，文化程度小学，无业，户籍所在地广东省开平市长沙街道办事处幕沙居委会祥苑北路 16 号二幢 401。因本案于 2009 年 1 月 10 日被羁押并被刑事拘留，同年 2 月 11 日被逮捕。现押于开平市看守所。

辩护人吴年发、赖瀚琪，系广东广能律师事务所律师。

被告人徐桂海（绰号“阿海”、曾用名徐二娣），男，1984 年 12 月 25 日出生于广西壮族自治区平南县，身份证号码 441283198412254172，壮族，文化程度初中，无业，户籍所在地广东省高要市南岸镇文峰居委会振兴一路 139 号。因本案于 2009 年 1 月 10 日被羁押，同月 11 日被刑事拘留，同年 2 月 11 日被逮捕。现押于开平市看守所。

辩护人区划，系广东融晖律师事务所律师。

诉讼代理人卢静琼，女，1955 年 8 月 18 日出生，住广东省高要市南岸镇文峰居委会振兴一路 139 号。是被告人徐桂海的母亲。

诉讼代理人苏婉娣，女，1987 年 10 月 14 日出生，住广东省新兴县新城镇雨洞低塘村 7 号。

广东省江门市人民检察院以江检刑诉（2009）104 号起诉书指控被告人吴国平、叶时聪、卢肇中、黄炎民、徐桂海犯抢劫罪，于 2009 年 11 月 12 日向本院提起公诉。在诉讼过程中，附带民事诉讼原告人黄素翠、黄景新、胡玉珍向本院提起附带民事诉讼。本院审查后，认为符合法定开庭条件，决定开庭审判，依法组成合议庭，于 2009 年 12 月 1 日、2010 年 4 月 2 日公开开庭审理了本案。广东省江门市人民检察院指派代理检察员林振宗出庭支持公诉，附带民事诉讼原告人黄景新（兼附带民事诉讼原告人黄素翠的诉讼代理人）、胡玉珍及其诉讼代理人司徒仲贤，被告人吴国平及其辩护人梁河进，被告人叶时聪及其辩护人兼附带民事诉讼代理人张学明，被告人卢肇中及其辩护人卢健仪、李静染，被告人黄炎民及其辩护人吴年发、赖瀚琪，被告人徐桂海及其辩护人区划、诉讼代理人卢静琼、苏婉娣均到庭参加诉讼。本案现已审理终结。

广东省江门市人民检察院指控：开平市恒丰寄售行（以下简称恒丰寄售行）与开平市恒生寄售行（以下简称恒生寄售行）是司徒某恒经营的两间寄售行。被告人黄炎民原为恒丰寄售行员工，因擅自提取该行人民币 5.5 万元被发现。为偿还所欠款项，被告人黄炎民于 2008 年 12 月初，在恒丰寄售行内要求被告人吴国平纠集人员抢劫以上两间寄售行，密谋过程中向被告人吴国平提供寄售行的内部运作信息。同年 12 月 11 日晚，被告人吴国平纠集被告人卢肇中、叶时聪、徐桂海，携带电击棒、刀具等作案工具窜至恒丰寄售行实施抢劫，因恒丰寄售行已关门没有得手。被告人卢肇中、叶时聪、徐桂海当天离开开平市。2009 年 1 月 1 日凌晨零时许，被告人吴国平再次纠集被告人卢肇中、叶时聪、徐桂海携带电击棒、刀具等作案工具驾驶号牌为粤 HH4983 的面包车窜至开平市，利用被告人黄炎民之前提供的寄售行内部信息准备抢劫寄售行。凌晨 3 时许，被告人徐桂海驾驶面包车在开平市苍城镇附近路边等候，被告人卢肇中驾驶摩托车载被告人叶时聪、吴国平窜至位于开平市三埠区新昌新安路的恒生寄售行。乘恒生寄售行员工被害人黄醒怀下班之际，被告人叶时聪用电击棒电击并用刀刺被害人黄醒怀数刀，被告人吴国平借机抢走被害人黄醒怀的挂包一个（内有金饰、手机、现金等物品）。被告人卢肇中驾驶摩托车搭载被告人吴国平、叶时聪逃离现场并与被告人徐桂海会合。被告人徐桂海驾驶面包车搭载被告人吴国平、叶时聪、卢肇中逃至广东省高要市南岸镇鑫城旅馆 201 房进行分赃。

经刑事法医学鉴定，被害人黄醒怀系被人用锐器刺伤致胸腹多脏器破裂、失血性休克死亡。经价格鉴定，涉案金饰、手机、小灵通等物品价格合计人民币 74525.7 元。

为证实指控的上述事实，公诉机关向法庭宣读并出示了林某秀、安某亮、吴某强、卢某中、邱某伙、周某杰、伍某鑫、黄某新、张某萍、司徒某恒、熊某胤等证人的证言，现场勘查笔录及照片，鉴定结论，视听资料，相关书证及被告人吴国平、叶时聪、卢肇中、黄炎民、徐桂海的供述等证据。

公诉机关认为，被告人吴国平、叶时聪、卢肇中、黄炎民、徐桂海无视国家法律，抢劫他人财物，并致一人死亡的严重后果，其行为均已触犯《中华人民共和国刑法》第二百六十三条之规定，应当以抢劫罪追究其刑事责任，提请分别依法判处。

附带民事诉讼原告人黄景新、胡玉珍、黄素翠诉称，因被告人吴国平、叶时聪、卢肇中、黄炎民、徐桂海抢劫致被害人黄醒怀死亡，给三原告人造成了下列经济损失，要求五被告人赔偿：（1）死亡赔偿金 394657.2 元（人民币，下同）；（2）丧葬费 20387.5 元；（3）被扶养人生活费 115639.4 元；（4）交通费 3000 元；（5）误工费 2000 元。以上合计 535684.1 元。附带民事诉讼原告人向本院提交了被害人及各原告人的户籍资料、身份证明等证据。

被告人吴国平对公诉机关的指控除辩称本案其他同案人不是其叫来参与作案外，其对公诉机关指控的其余事实、罪名及附带民事诉讼原告人的诉讼请求均无意见。

被告人吴国平的辩护人提出：1. 本案是被告人黄炎民引起的，作案车辆及作案分工是卢肇中安排的，除卢肇中本人是吴国平联系外，其余同案人都是卢肇中纠集的，作案工具的准备者及直接致被害人死亡的人是叶时聪，被告人吴国平在共同犯罪中的作用应比叶时聪和卢肇中要小。2. 被告人吴国平归案后认罪态度好，配合公安机关抓获同案人，应认定其有重大立功表现。综上情节请求对被告人吴国平从轻处罚。

被告人叶时聪对公诉机关指控的事实、证据、罪名及附带民事诉讼原告人的诉讼请求均无意见。

被告人叶时聪的辩护人提出：本案的组织、策划、分工、分赃等都是由吴国平、卢肇中实施的，被告人叶时聪只是在他们的安排下参与作案，且叶时聪归案后认罪态度较好，请求对叶时聪从轻处罚。

被告人卢肇中对公诉机关的指控辩称其没有参与抢劫，其用车载吴国平等人时也不知道他们要去抢劫或者已经实施了抢劫行为；对附带民事诉讼原告人的诉讼请求辩称其愿意承担其应承担的民事责任。

被告人卢肇中的辩护人卢健仪提出：被告人卢肇中没有作案动机，不知道同案人去抢劫，被告人卢肇中本人也不在案发现场，请法庭依法判决被告人卢肇中是否构成犯罪。

被告人卢肇中的辩护人李静染提出：1. 被告人卢肇中在本案中只是提供了交通工

具，只起次要及辅助作用，应属从犯。2. 被告人卢肇中没有前科，被告人的家属愿意赔偿被害人的经济损失。综上，请求对被告人卢肇中减轻处罚。

被告人黄炎民对公诉机关的指控辩称其没有参与实施抢劫行为，没有分得赃物，其行为应不构成犯罪；对附带民事诉讼原告人的诉讼请求辩称其愿意承担其应承担的民事责任。

被告人黄炎民的辩护人提出：1. 被告人黄炎民参与的2008年12月11日的抢劫行为只属犯罪预备，且黄炎民在该次行为中只起次要作用，应属从犯。2. 被告人黄炎民没有参与同案人于2009年1月1日对恒生寄售行的抢劫行为，黄炎民对该次抢劫不应承担刑事责任。综上，请求对被告人黄炎民免除处罚。

被告人徐桂海对公诉机关指控的事实、证据、罪名及附带民事诉讼原告人的诉讼请求均无意见。

被告人徐桂海的辩护人提出：1. 被告人徐桂海在本案中只起次要、辅助作用，应属从犯。2. 被告人徐桂海是初犯，犯罪后认罪态度较好。综上请求对被告人徐桂海减轻处罚。

被告人徐桂海的诉讼代理人提出：徐桂海只是帮卢肇中开车，没有参与抢劫，不应承担民事赔偿责任。

经审理查明：恒丰寄售行与恒生寄售行是司徒永恒经营的两间寄售行。被告人黄炎民原为恒丰寄售行员工，因赌博欠款擅自提取该行5.5万元被发现后，为偿还所欠款项，被告人黄炎民于2008年12月初，在恒丰寄售行内要求被告人吴国平纠集人员抢劫以上两间寄售行，密谋过程中黄炎民向被告人吴国平提供寄售行的内部运作信息。同年12月11日晚，被告人吴国平纠集被告人卢肇中来开平市抢劫该寄售行，被告人卢肇中与被告人吴国平商量后由被告人卢肇中准备好作案用的面包车、摩托车，卢肇中又纠集被告人叶时聪、徐桂海，携带电击棒、刀具等作案工具窜至恒丰寄售行企图实施抢劫，因恒丰寄售行已关门没有得手，被告人卢肇中、叶时聪、徐桂海当天离开开平市。2009年1月1日凌晨零时许，被告人吴国平再次联系被告人卢肇中利用之前被告人黄炎民提供的寄售行内部信息准备抢劫寄售行，被告人卢肇中再次准备好作案用的粤HH4983面包车和摩托车并纠集被告人叶时聪、徐桂海携带电击棒、刀具等作案工具，由徐桂海驾驶面包车于当日凌晨2时多窜至开平市苍城镇与在此等候的被告人吴国平会合后，将摩托车从面包车上抬下换上吴国平准备好的假车牌，四被告人商定由被告人徐桂海驾驶面包车在苍城镇附近路边等候，被告人卢肇中驾驶摩托车载被告人叶时聪、吴国平窜至位于开平市三埠区新昌新安路的恒生寄售行，被告人卢肇中、吴国平、叶时聪商定由卢肇中驾车在附近等候，被告人叶时聪持电击棒、刀具与被告人吴国平上去抢劫。当日凌晨3时许，乘恒生寄售行员工被害人黄醒怀下班携带物品走出寄售行门口之际，被告人叶时聪冲上去先用电击棒电击被害人黄醒怀，黄被电击后往路边跑去，被告人叶时聪追上被害人并用刀刺被害人黄醒怀数刀致被害人倒在地上，被告人吴国平借机抢走被害人黄醒怀的挂包一个（内有金饰、手机、现金等物品）。被告人吴国平、叶时聪抢劫得手后迅速跑上被告人卢肇中驾驶的摩托车，由卢肇中开车搭载被告人吴国平、叶时聪逃离现场并与被告人徐桂海会合。被告人徐桂海驾驶面包车搭载被告人吴国平、叶时聪、卢肇中逃至广东省高要市南岸镇鑫城旅馆201房进行分赃。2009年1月9日，公安机关将被告人吴国平、叶时聪抓获后，公安机关经过调查及在吴国平的带领、协助下于2009年1月10日在开平市长沙办事处祥苑北路16号楼下将黄炎民抓获。被告人徐桂海、卢肇中也于2009年1月10日被公安机关抓获。

经法医鉴定，被害人黄醒怀系被人用锐器刺伤致胸腹多脏器破裂、失血性休克死亡。经价格鉴定，涉案金饰、手机、小灵通等物品共价值人民币74525.7元。经对被告人叶时聪进行司法精神医学鉴定，鉴定意见是：在此次案发过程中，被鉴定人叶时聪意识清楚，为抢劫财物，有目的、有计划地伙同他人实施作案行为，现实作案动机明确，辨认能力及自控能力存在，未受幻觉、妄想等精神病性症状的支配及控制，其不符合精神障碍的诊断，应评定其具有完全刑事责任能力。

另查明，附带民事诉讼原告人黄景新、胡玉珍是被害人黄醒怀的父母亲，附带民事诉讼原告人黄素翠是被害人黄醒怀的妻子。黄景新、胡玉珍除黄醒怀外还有一个儿子黄义怀，已成年。各原告人、被害人均是农村居民，被害人黄醒怀在城镇工作、居住和生活已超过一年。因五被告人抢劫致被害人黄醒怀死亡，给各原告人造成了下列经济损失：1. 死亡赔偿金394657.2元（按《广东省2009年度人身损害赔偿计算标准》中城镇居民人均可支配收入每年19732.86元，赔偿20年计算）。2. 丧葬费20387.5元（按《广东省2009年度人身损害赔偿计算标准》中职工年平均工资为40775元，计算6个月）。3. 黄景新、胡玉珍的被扶养人生活费97460元（按《广东省2009年度人身损害赔偿计算标准》中农村居民人均年生活消费支出4873元，抚养20年，2人平均分担计算：4873元/年×20年÷2×2=97460元）。4. 交通费、误工费被害人家属有实际支出，但因时间较长无法提供相关票据，本院酌定3000元。以上合计共515505.7元。

上述事实，有公诉机关及附带民事诉讼原告人提交并经本院庭审质证的下列证据所证实：

1. 证人证言：

（1）证人林金秀的证言及辨认笔录证实，2009年1月的一天，一名有点光头的男子拿了一些金器过来其经营的佛山桂城金得利打金铺卖给其，包括一条纽纹细金项链，重8至9克；两枚女装戒指和两枚男装戒指，共重34至35克。其以每克170元的价格收购，共付款约8000元。其经辨认后确认该男子即被告人吴国平。

（2）证人安家亮的证言证实，2008年10月徐桂海曾向其借走了一支其从网上购买的电击棍。

（3）证人吴卫洪的证言证实，2009年1月8日其弟吴国平到医院探望其时给了其一台N73诺基亚手机，与吴国平供述将分得的一台手机给了其哥的情节相印证。

（4）证人吴志强的证言证实，2008年12月11日，有人用“徐桂海”的身份证登记入住开平市长沙宝源旅店317房。

（5）证人卢建中的证言证实，粤HH4983丰田白色面包车是其2007年以5万多元购买自己使用的，其哥卢肇中曾于2008年12月向其借过使用。

（6）证人黄义怀的证言证实，2009年1月1日凌晨4时许，其母亲打电话告诉其黄醒怀在寄售行上班期间被人抢劫致死。

（7）证人邱盆伙的证言证实，2009年1月1日凌晨2时30分左右，其从星星网吧出来到金苹果面包店门口处见有一名男子受伤倒在地上，伤者用手按着胸部跟围观的人说他被人抢劫，快死了，叫其报警，其就打110报警，其还见到伤者身边留有一些当票和一条黑色的带子。后来其与朋友吃夜宵时，有人讲见到一名男子开着一辆本田王摩托车在福建饺子店门口附近等候，另外两名男子抢走东西后就坐等候的摩托车往新安路南边方向逃走。

（8）证人周俊杰的证言及辨认笔录证实，2009年1月1日凌晨，其和朋友邱盆伙、陈锡宁、邝德胜经过星星网吧走到魔发师理发店时听到有人叫“抢劫啊”，其等人转回去看见在金苹果门口的马路上躺着一个人，那人叫救命并说自己被抢劫的人捅了几刀，邱盆伙就打电话报警。之前其等人走过金苹果前面的路面时已经见到有一辆打着火的摩托车停在路边，其听到叫“救命”的声音时回头看见有两个人很快跳上该摩托车逃走。其辨认后确认被告人叶时聪就是当时跑向摩托车时跑在后面的男子。

（9）证人陈锡宁、邝德胜的证言及辨认笔录证实，2009年1月1日凌晨2时45分左右，其二人和朋友邱盆伙、周俊杰等四人走路去新安路的大排档吃夜宵时，听到后面有人大叫“打劫”，其四人回头看见路上有两名男子在追打另一名男子，他们打了几下后将被打的男子按在地上抢走对方的一个挂袋，因为相隔有一段距离其没看清他们用什么工具打人。两人抢到袋子后转身往一辆停放在金苹果蛋糕店门前的男装摩托车跑去，上车后由另一男子开车逃走。其等人见受伤的男子身上有血流出来，地上还有被割断的挂袋带子，邱盆伙就打110报警。证人陈锡宁、邝德胜辨认后认为叶时聪像是跑在后面上摩托车的男子。

（10）证人陶美莲证言证实，其于2004年9月认识黄醒怀后共同居住于开平市区幕沙路84号1幢205房，2007年黄醒怀开始到恒生寄售行工作直至出事。

（11）证人关寿康的证言证实，2009年1月1日凌晨，其看见一名男子用手抱着另一名男子的颈部拖着他向金苹果蛋糕店走去，旁边还有一名男子并排走，当他们行至金苹果蛋糕店门口时，被抱颈的男子就倒在地上并叫“抢劫啊”，那个抱他颈部的男子用右手搜倒地男子的衣袋，掏出一些票据扔掉，另外一名男子没有动手，之后那两名男子就逃跑了。那名抱着事主颈部并搜身的男子身高约有1.7米，留有中等头发，脸形较宽，稍黑的皮肤，身穿碳色T恤上衣，脚穿白色皮鞋。

（12）证人劳伯准的证言证实，2009年1月1日凌晨2时35分左右，其看见两名抢劫的男子与被抢的男子从恒生寄售行门前开始相互挣扎，其中一名男子用手打被抢男子的肩膀，另一名男子抢那名男子的腰包并且将抢得的票据撒在地上，被抢劫的男子倒地后全身是血。

（13）证人伍俊鑫（高要市鑫城旅业老板）的证言证实，2009年1月1日凌晨5时许，其同学叶时聪拿了一个袋子和光头男子打的来到旅馆，叶时聪没有登记就入住201房。6时许卢肇中和徐桂海又驾驶一辆白色面包车（车牌号粤HH4983）来找叶时聪。其辨认出叶时聪、徐桂海、卢肇中等就是当晚入住其旅店的人。

（14）证人陈小梅的证言证实，公安人员在其家杂物房的摩托车尾箱里扣押徐桂海放的5台手机。

（15）证人叶时文的证言证实，2009年1月9日下午，警察搜查时在其哥叶时聪的房间搜查出大量手机。

（16）证人黄炎新、张冬萍的证言证实，黄炎民曾拿了司徒永恒55000元，2008年

12 月 20 日在开平市长沙派出所写下欠条，后黄炎新帮黄炎民还清款项。

（17）证人司徒永恒、熊潮胤的证言证实，司徒永恒经营的恒生寄售行与恒丰寄售行一般是上午 9 时开门一直营业到第二天凌晨 3 时左右，员工下班时会将当天营业的贵重物品带回总店对数入库。2008 年 11 月黄炎民以扣结算客户单据的方式挪用现金 55000 元。

2. 开公刑勘［2009］1 号现场勘验检查记录证实各被告人实施抢劫的现场情况，公安人员在距离恒生寄售行西北方 26.5 米处提取了血迹和 1 条黑色挂包肩带。

3. 鉴定结论：

（1）开公刑技法鉴字［2009］S001 号法医学尸体检验鉴定书证实，法医检见死者黄醒怀右胸胸锁关节下、胸部正中双乳平面处、剑突部位、右腋前、右乳外上方、右乳外下方、左上腹、左胸下外侧第九肋处及左大腿外侧各有 1 处创口，腰背部有 7 处创口，左、右手各有 1 处创口。以上创口创缘整齐，创角一锐一钝。胸腹部创口致 3 处肋骨骨折，右肺中叶、下叶破裂，右胸腔大量积血，右侧膈肌及肝脏破裂、腹腔积血。鉴定结论：被害人黄醒怀系被他人用锐器刺伤致胸腹多脏器破裂、失血性休克死亡。

（2）江公刑技鉴法物字［2009］0328 号法医学 DNA 检验鉴定书证实，现场 2 号可疑斑迹检出人血成分，来源于黄醒怀的可能性为 99.99999999%。现场背包带检出 DNA 成分来源于一男性个体，排除来源于叶时聪、卢肇中、吴国平或徐桂海。

（3）开价评［2009］0026 号涉案物价格鉴定结论书证实，公安人员抓获各被告人后从各被告人及相关人员处扣押的各被告人所抢的手机 36 台、黄金首饰 16 件、铂金首饰 2 件、钯金首饰 1 件共价值人民币 64885.7 元。

（4）开价评［2009］0086 号涉案物价格鉴定结论书证实，叶时聪拿走未追回的手机 7 台、黄金首饰 3 件共价值人民币 8450 元。

（5）开价评［2009］0087 号涉案物价格鉴定结论书证实，吴国平拿走未追回的手机 3 台共价值人民币 1190 元。

（6）江门市第三人民医院江精司鉴（2009）第 215 号法医精神病司法鉴定所司法鉴定意见书证实，经对被告人叶时聪进行司法精神医学鉴定，鉴定意见是：在此次案发过程中，被鉴定人叶时聪意识清楚，为抢劫财物，有目的、有计划地伙同他人实施作案行为，现实作案动机明确，辨认能力及自控能力存在，未受幻觉、妄想等精神病性症状的支配及控制，其不符合精神障碍的诊断，应评定其具有完全刑事责任能力。

4. 有关书证：

（1）司徒永恒提供的物品目录证实其寄售行被抢劫的手机数量是 54 台。

（2）扣押、发还物品清单、搜查笔录证实，公安机关扣押徐桂海持有的赃物黄色戒指 7 枚、吊坠 3 个，手机共 16 台；扣押吴国平给吴卫洪的赃物诺基亚 N73 手机 1 台；扣押邓婷方手链 1 条，戒指 1 枚；扣押卢肇中持有的赃物项链 3 条、戒指 3 枚、手机 11 台；扣押叶时聪持有的赃物手机 10 台、小灵通 1 台、戒指 1 枚、作案工具电子秤 1 台；扣押林金秀持有的吴国平销赃的赃物金块 1 块重 42.2 克；扣押吴国平持有的赃物索爱手机 1 台。以上物品均已发还被害人。

（3）户籍资料证实各被告人、被害人、附带民事诉讼原告人的身份情况，各被告人犯罪时均已满十八周岁。

（4）破案报告、抓获经过证实各被告人的归案过程，其中被告人吴国平归案后，带领、协助公安人员抓获被告人黄炎民。

（5）住宿登记资料证实被告人徐桂海等人第一次到开平作案时入住旅店登记情况。

（6）公安机关出具的说明材料证实，被告人吴国平分得的手机中有 7 台因吴国平供述在广州销赃 4 台及在佛山掉了 3 台无法追回、有 2 台手机因未能查实型号无法估价；卢肇中借来作案的摩托车因未能查找到车主无法找到、作案用的电击棒因已丢弃无法找到；各被告人所抢得的装赃物的黑色挂袋、作案用的摩托车牌因各被告人供述已丢弃无法提取；被告人叶时聪所分得的赃物中有 1 条金属项链、2 个戒指、3 台手机因叶时聪供述已丢失未能追回，叶时聪作案用的刀具因叶时聪供述已丢弃未能找到；手机号码 13413814485 的通话清单因地域不属江门地区无法提取；公安机关无法收集到黄炎民赌博的证据，无法找到证人劳伯准、邱盆伙制作辨认笔录，原恒丰经营场所已作其他用途，无法带黄炎民辨认现场；叶时聪不熟悉开平市区道路，无法做现场指认。

（7）被害人黄怀醒的急救病历证实其伤后在医院抢救的情况。

（8）工商户营业执照证实本案被抢劫的寄售行的工商登记情况。

（9）黄炎民欠钱交代书、还款收据证实黄炎民挪用寄售行款项及还款情况。

5. 视听资料证实，公安机关于案发后在现场提取了监控录像，录像中显示被告人叶时聪、吴国平追打被害人的过程。被告人叶时聪、吴国平对当庭播放的该录像辨认后确认录像中跑在最前面的是被害人，第二人是叶时聪，第三人是吴国平。

6. 被告人供述：

（1）被告人吴国平的供述证实，2008 年 12 月的一天，在恒丰当铺工作的黄炎民与其说起拿了当铺老板的钱没还，老板向他追款，黄说想找人抢当铺。因为之前其朋友卢肇中曾说过想买黑市车抢劫，其就对黄炎民说由其来抢，黄同意并告诉其当铺内一般只有一个人上班及上下班时间，店里值钱的物品都放在袋子里由值班的人下班时带走，作案时要两间寄售行都抢，否则老板会怀疑他。其二人还说好抢劫得手后分部分钱给黄炎民。之后其把与黄炎民商量准备抢劫当铺及该当铺有约价值 10 万元物品等情况告诉卢肇中，卢肇中同意找人来参与作案，其就叫卢肇中准备一辆摩托车。次日卢肇中用一辆汽车载一辆摩托车，带了电击棒、一把匕首和徐桂海、叶时聪来开平。其等人会合后商量好抢劫时其和徐桂海开车接应，卢肇中开摩托车和叶时聪去抢劫。之后卢肇中和叶时聪携带刀和电击棒出去准备抢该当铺时因当铺已关门没有成功，卢肇中等人离开开平市。2008 年 12 月 31 日卢肇中提出再来抢劫，叫其带副车牌去沙塘高速路口附近等他们，当晚其就带着车牌在高速路口等卢肇中、叶时聪、徐桂海来到后，其等人换好车牌上车商量时其提出只想带路不想动手去抢，但卢肇中说上次其骗了他们，要其和叶时聪动手抢，徐桂海在沙塘马冈路口接应。后卢肇中开摩托车载其和叶时聪来到市区时已是次日凌晨，其三人先去到幸福市场恒丰当铺发现已关门，又到新昌当铺发现那里还在营业且只有一人上班，其三人先熟悉附近路线情况，并商定卢肇中负责开摩托车接应，其拿刀、叶时聪拿电击棒去抢劫。后其害怕提出不要抢了，卢肇中说不能再白跑一趟，叶时聪叫其负责抢东西，叶负责使用电击棒电晕那个人，于是其把刀和电击棒都给了叶时聪。大约凌晨 2 时 30 分，卢肇中开摩托车去到当铺前面一点接应，叶时聪突然冲进当铺用电击棒电击那人头部，那人从店里冲出来，叶时聪跟着追出来，其跟着往两人跑的方向追去，其和叶时聪追了几米后叶时聪将那个男子推倒并殴打，其跟上前用力拉了两下将那男子抱在胸前的黑色布袋抢走，得手后其立即往卢肇中停车的方向跑去，随后叶时聪也跟着上车由卢肇中开车逃至马冈镇路口与徐桂海会合，其等人将摩托车推进面包车内，由徐桂海开车载其等人逃跑至一间旅馆房间分赃，其提出给提供内幕消息的黄炎民分一点，徐桂海等人同意。最后其分得 2300 元，徐桂海分得 1000 多元，卢肇中分得 2000 多元，叶时聪分得 1600 元。分钱后其等把当票烧掉，又将抢得的 40 多台手机和 180 多克金器四人均分，将车牌扔掉。其除了将分得的一部手机给了其哥外，将其余手机、金器销赃得款 9000 多元。其等抢劫完坐面包车去高要市途中叶时聪取出作案用的弹簧刀，其见到刀上有血迹问叶时聪怎么回事，叶时聪说他用刀捅了几下那个人，其抢包时也见那人身上流血，但其没有看清叶时聪是如何捅他的，叶时聪还说当时是他用刀割断事主的背包带其才得以抢走背包的。

（2）被告人叶时聪的供述证实，2008 年 12 月的一天，卢肇中叫其和徐桂海来开平后吴国平提出去抢当铺，其等开车过去时当铺已经关门没有抢成。2008 年 12 月 31 日晚卢肇中又说去开平抢劫，卢肇中开面包车载了一辆摩托车和其及徐桂海到开平与吴国平会合后，徐桂海在面包车上等，其和卢肇中、吴国平开摩托车进入开平市区一个其不熟悉的街道停下，吴国平叫卢肇中开摩托车在附近接应，卢肇中交给其一支黑色电击棍、吴国平交给其一把长十二三厘米的弹簧刀。其和吴国平走到一当铺门口见一男青年背着一个黑挂袋从铺内走出又走进去，其就冲上去用电击棍电击他颈部，吴国平也上来拉那人，那人挣脱后向街上跑，吴国平在前其在后追十多米后追上那人，其拉住他的衣服用拳头打他，吴国平抢他的袋子，那人也用拳头打到其，其就用左手拿弹簧刀向他身上、背上乱刺四五刀后那男子倒地，其又用电击棍电击他，后其见吴国平已抢到挂袋跑开，其也就跟着吴国平跑了十多米到卢肇中停车的地方上车后，卢肇中载其二人逃跑，吴国平指路回到徐桂海停面包车的地方将摩托车抬上车后其四人开车回高要市，其四人将袋内几十部手机、金首饰及现金分赃，其分得 13 台手机、黄金手链 1 条、铂金戒指 1 个和人民币 1300 元，给介绍抢劫的人留了 1000 多元在吴国平处。其将作案用的电击棍、弹簧刀丢到高要市的河里。在吴国平抢袋拉扯中，其没有注意吴国平是否持有工具，事后其看到自己所持的弹簧刀刃上有血迹，还和车上的人说过其捅了那个男子四五刀。

（3）被告人卢肇中的供述证实，2008 年 12 月的一天，吴国平打电话给其说开平有间当铺里面有好多手机、金器和现金，吴国平熟悉当铺的运作情况容易下手，叫其准备一辆摩托车叫几个人来抢劫，其同意并叫叶时聪、徐桂海一起去抢。于是其借了一辆面包车装上向“阿成”借的摩托车由徐桂海开车和叶时聪三人到开平与吴国平会合，吴国平带其三人到幸福商场附近的一间当铺准备抢劫，但因当铺已关门没抢成，其三人返回高要市。2008 年 12 月 31 日，吴国平又打电话叫其等到开平抢劫当铺，于是其三人又于当晚由徐桂海开面包车载摩托车到开平市苍城镇与吴国平会合，到开平市时已经是 2009 年元旦的凌晨了。会合后其等人商定徐桂海开面包车在苍城接应，其开摩托车载吴国平和叶时聪由吴国平带路先到开平市区幸福商场附近的那间当铺，发现已关门又去另一间当铺后，其三人商定由其开摩托车接应，吴国平和叶时聪负责动手抢劫。凌晨 3 时许，有一男子拿着当铺里面的东西出来，吴国平和叶时聪两人就上去准备抢劫，其在附近接应，不久其见到吴国平、叶时聪两人追赶从当铺出来的男子，其将车掉头时听到身后有人喊“抢劫啊”，约一分钟后吴国平、叶时聪就过来上其摩托车，其开车逃跑，吴国平指路到苍城镇与徐桂海会合后，其等人将摩托车抬上面包车逃到高要市。分赃时其等人将黑色布袋里面装有的50多台手机、金器及叶时聪从衣袋里拿出的一叠人民币四人均分，其分得8台手机，40克金器，人民币1900元，吴国平多拿了1000元说是给报料的人。吴国平在回高要的车上曾经问叶时聪是否用刀刺了人，叶时聪说因为那人反抗他就用刀刺了那男子几刀。电击棍和刀子都是叶时聪的，其知道叶时聪作案时拿一把单刃匕首，电击棍不知道谁拿。

（4）被告人徐桂海的供述证实，2008年12月初的一天，卢肇中说开平的吴国平对一间当铺比较熟悉，容易抢劫，叫其负责开一辆面包车（车牌粤HH4983）载一辆摩托车和卢肇中、叶时聪到开平市与吴国平会合后，吴国平带其等去看了当铺。当日凌晨两点多其四人准备作案时发现当铺已关门就没有抢成，其和叶时聪、卢肇中返回。2008年12月31日晚上，卢肇中又叫其和叶时聪去开平抢劫，卢肇中向他弟弟卢建中借来面包车载上一辆摩托车由其开车到开平市苍城镇与吴国平会合后，吴国平叫其开面包车在原地等候，卢肇中开摩托车载吴国平、叶时聪去抢劫。当日凌晨3时许，叶时聪打电话给其说东西已抢到手，叫其开车出路边等。不久卢肇中开摩托车载吴国平、叶时聪带了一个黑色袋子来到，其四人将摩托车抬上面包车开车回高要市，把抢来的手机、金饰、现金平均分了，其中卢肇中多拿1200元说是两次去开平的费用，吴国平多拿1000元说是给提供内情的人，其分得1300元及手机15台、黄金首饰40克、白金戒指1枚。叶时聪在回高要的路上说起抢劫的过程中是由卢肇中负责开车接应，叶时聪和吴国平动手抢劫，抢劫时叶时聪用带去的电击棍电击几下对方还是让那人跑了，后来叶时聪追上去抓住他并用弹簧刀捅了他几刀才抢到袋子。抢劫用的摩托车是卢肇中向一个叫“阿荣”的人借来的，来到开平后吴国平换了一副本地车牌去作案；电击棍是其向朋友安家亮借来的。作案后假车牌、电击棍及抢得的黑色袋子都丢进西江河了。

（5）被告人黄炎民的供述证实，2008年12月的一天，吴国平来到其工作的开平市幸福路恒丰寄售行玩，当时其和吴国平讲寄售行的老板查账查到其欠公款55000多元，其没钱还，想叫吴国平在其上班的时候来寄售行假装将其打晕将寄售行的钱物抢走，这样就有钱还给老板，吴国平提议其趁下班时把店里的东西拿走算了，其觉得如果拿财物跑了老板肯定知道，就与吴国平商量还是吴国平来抢当铺，抢到之后其要2万元。其当时还告诉吴国平寄售行一般是早上9点上班、凌晨3点下班，下班时金器、手机等东西是带走的，每天收金器价值约5万元、手机约60台、现金约1万元，当铺里的闭路电视还没有投入使用。但后来其不想做违法的事情，就在吴国平又来寄售行玩的时候对他说不想抢当铺了，其自己想办法还钱，吴国平没有出声。后来吴国平告诉其已经叫来肇庆的几个朋友到开平准备抢劫寄售行，但寄售行关门了没抢到。其就叫吴国平让叫来的人快些离开开平，后来的事情其就不知道了。其是因赌博欠钱才挪用公款的。

（6）各被告人的辨认笔录、指认现场笔录证实，被告人吴国平辨认出林金秀是向其购买赃物金戒指、金项链的人；被告人吴国平、叶时聪、徐桂海能指认出预伏、抢劫、逃跑的现场及路线；各被告人能指认出作案用的面包车、分赃用的电子秤及分赃地点，均能相互辨认出同案人，并确认被告人吴国平绰号为“光头”、“豪哥”、“阿国”，被告人叶时聪绰号为“矮仔”，被告人徐桂海绰号为“阿海”，被告人卢肇中绰号为“阿中”，被告人黄炎民绰号为“田鸡”。

对被告人吴国平及其辩护人所提意见，经查：1. 本案查明的事实表明，被告人吴国平纠集被告人卢肇中来开平市抢劫，被告人卢肇中又纠集了被告人叶时聪、徐桂海参与抢劫，被告人吴国平作为首要纠集者，对全案起组织、策划作用，被告人吴国平及其辩护人提出被告人吴国平没有纠集其他同案人、被告人吴国平的作用较小等意见据理不足。2. 被告人吴国平归案后认罪态度好，在公安机关抓获同案人黄炎民的过程中起到一定的协助作用属实，应认定被告人吴国平有立功表现；但根据被告人黄炎民在本案中的作用及可能被判处的刑罚情况，不能认定被告人吴国平的行为属重大立功。

对被告人叶时聪的辩护人所提意见，经查，被告人吴国平纠集被告人卢肇中作案后，被告人卢肇中又纠集被告人叶时聪参与作案，被告人叶时聪积极参与并在对被害人实施抢劫行为时持电击棒电击被害人、用刀具刺被害人十多刀致被害人胸腹多脏器破裂、失血性休克死亡，被告人叶时聪在共同犯罪中的作用积极、主动，是致被害人死亡的主要和直接凶手，属本案主犯，其作案手段凶残，情节恶劣，后果极其严重，应依法惩处。被告人叶时聪的辩护人要求对被告人叶时聪从轻处罚据理不足，不予采纳。

对被告人卢肇中及其辩护人所提意见，经查，本案同案人吴国平、叶时聪、徐桂海的供述与有关证人证言、缴获的赃物等证据相互印证，足以证实被告人吴国平向卢肇中提出来开平市抢劫后，被告人卢肇中积极纠集被告人叶时聪、徐桂海参与作案，并准备好作案用的面包车、摩托车等作案工具；在具体实施抢劫的过程中，被告人卢肇中到达抢劫现场并按照其与吴国平、叶时聪的分工负责驾驶摩托车在现场接应，事后均分赃物。被告人卢肇中在侦查阶段也对其参与的该抢劫事实作了稳定的供述，其在庭审中否认该事实据理不足，不予采纳。根据被告人卢肇中在本案中实施的上述行为来看，其在共同犯罪中起主要作用，属主犯，但其作用较同为主犯的被告人吴国平、叶时聪要小，在量刑时可根据其作用及对被害人赔偿等情节酌情从轻处罚。

对被告人徐桂海的辩护人所提意见，经查，被告人吴国平纠集被告人卢肇中作案后，被告人卢肇中又纠集被告人徐桂海参与犯罪，徐桂海在共同犯罪中按被告人吴国平、卢肇中的安排主要负责驾驶面包车进入开平市及在离抢劫现场较远的苍城镇接应被告人吴国平、叶时聪、卢肇中等人离开开平市，其在共同犯罪中的作用与被告人吴国平、叶时聪、卢肇中相比较为次要，应属从犯，其辩护人提出徐桂海是从犯、初犯，犯罪后认罪态度较好等意见理由充分，应予采纳。

对被告人徐桂海的诉讼代理人所提意见，经查，被告人徐桂海在被告人吴国平、叶时聪、卢肇中等人所实施的抢劫行为中起帮助作用，其行为与被害人的死亡结果之间存在因果关系，理应承担致被害人死亡的民事责任，其诉讼代理人提出被告人徐桂海不应承担民事赔偿责任的意见据理不足，不予采纳。

对被告人黄炎民及其辩护人所提意见，经查：1. 被告人黄炎民因明确提出要吴国平找人来抢劫其所工作的寄售行并向吴国平等人提供了该寄售行的内部运作信息，其在吴国平等人对该寄售行的两次抢劫行为中都起到了配合、帮助作用，其行为与吴国平等人的行为已共同构成抢劫罪。被告人黄炎民及其辩护人提出黄炎民不应对第二次抢劫承担刑事责任的意见不能成立，理由是：首先，被告人黄炎民关于其在吴国平等人第一次抢劫后曾向吴国平提出其不想再抢劫寄售行的供述被告人吴国平予以否认，没有其他证据相印证的情况下不能认定被告人黄炎民在吴国平等人实施第一次抢劫后有明确要求同案人放弃犯罪的行为；其次，被告人黄炎民客观上也没有采取有效措施阻止同案人继续实施其所提议的抢劫犯罪，其对同案人继续实施犯罪持放任态度，理应对同案人所实施的抢劫行为共同承担刑事责任。2. 被告人黄炎民向吴国平等人提议抢劫并提供寄售行的信息后，对吴国平等人所实施的具体抢劫过程没有参与，事后也没有分到赃款赃物，其在共同犯罪中只起次要、辅助作用，应属从犯。其辩护人提出被告人黄炎民属从犯的意见理由充分，应予采纳。

本院认为，被告人吴国平、叶时聪、卢肇中、黄炎民、徐桂海无视国家法律，抢劫他人财物，并致一人死亡的严重后果，其行为均已构成抢劫罪，应依法惩处。公诉机关指控各被告人的罪名成立，证据确实、充分，本院予以支持。在共同犯罪中，被告人吴国平从被告人黄炎民处得到抢劫对象信息后，积极纠集被告人卢肇中等人来开平市抢劫，在具体抢劫过程中，被告人吴国平亲自动手劫取被害人财物，被告人吴国平作为本案首要纠集者，对全案起组织、策划作用，属主犯，应当按照其所参与或者组织、指挥的全部犯罪进行处罚，鉴于被告人吴国平犯罪后协助公安机关抓获同案人黄炎民，有立功表现，可对被告人吴国平从轻处罚；被告人叶时聪在被告人卢肇中的纠集下积极参与抢劫，在实施抢劫行为时持电击棒电击被害人、用刀具刺致被害人胸腹多脏器破裂、失血性休克死亡，被告人叶时聪在共同犯罪中的作用积极、主动，是致被害人死亡的主要和直接凶手，其作案手段凶残，情节恶劣，后果极其严重，属主犯，应当按照其所参与的全部犯罪进行处罚；被告人卢肇中在被告人吴国平向其提出来开平市抢劫后，积极纠集被告人叶时聪、徐桂海参与作案，并准备好作案用的面包车、摩托车等作案工具，在具体实施抢劫的过程中，被告人卢肇中到达抢劫现场并按其与吴国平、叶时聪的分工负责驾驶摩托车在现场接应，事后均分赃物，属主犯，应当按照其所参与或者组织、指挥的全部犯罪进行处罚，鉴于其家属已预交赔偿款 50000 元，可对被告人卢肇中酌情从轻处罚；被告人徐桂海在被告人吴国平、卢肇中的纠合下参与犯罪，徐桂海在共同犯罪中主要按吴国平、卢肇中的分工负责驾驶面包车进入开平市及在离抢劫现场较远的地方接应被告人吴国平、叶时聪、卢肇中等人离开开平市，其在共同犯罪中的作用与被告人吴国平、叶时聪、卢肇中相比较为次要，属从犯，其家属又预交赔偿款 50000 元，可对被告人徐桂海减轻处罚；被告人黄炎民明确提出要吴国平找人来抢劫其所工作的寄售行并向吴国平等人提供了该寄售行的内部运作信息，其在吴国平等人对该寄售行的两次抢劫行为中都起到了配合、帮助作用，但被告人黄炎民向吴国平等人提议抢劫并提供寄售行的信息后，对吴国平等人所实施的具体抢劫过程没有参与，事后也没有分到赃款赃物，在共同犯罪中只起次要、辅助作用，属从犯，其家属又预交赔偿款 17000 元，可对被告人黄炎民减轻处罚。各被告人的行为还侵犯了被害人的生命权利，应赔偿附带民事诉讼原告人因此所造成的经济损失 515505.7 元。根据本案的事实及情节，依照《中华人民共和国刑法》第二百六十三条第（四）项、第（五）项、第二十六条第一款、第四款、第二十七条、第六十八条、第四十八条、第五十七条第一款、第三十六第一款，《中华人民共和国民法通则》第一百一十九条及《最高人民法院关于审理人身损害赔偿案件适用法律若干问题的解释》第十七条、第二十七条、第二十八条、第二十九条之规定，判决如下：

一、被告人叶时聪犯抢劫罪，判处死刑，剥夺政治权利终身，并处没收其个人全部财产。

二、被告人吴国平犯抢劫罪，判处死刑，缓期二年执行，剥夺政治权利终身，并处没收其个人全部财产。

三、被告人卢肇中犯抢劫罪，判处有期徒刑十一年，剥夺政治权利一年，并处罚金5万元。

（罚金限判决生效后二个月内缴纳。刑期从判决执行之日起计算，判决执行以前先行羁押的，羁押一日折抵刑期一日，即自2009年1月10日起至2020年1月9日止）。

四、被告人徐桂海犯抢劫罪，判处有期徒刑六年，并处罚金3万元。

（罚金限判决生效后二个月内缴纳。刑期从判决执行之日起计算，判决执行以前先行羁押的，羁押一日折抵刑期一日，即自2009年1月10日起至2015年1月9日止）。

五、被告人黄炎民犯抢劫罪，判处有期徒刑三年，并处罚金2万元。

（罚金限判决生效后二个月内缴纳。刑期从判决执行之日起计算，判决执行以前先行羁押的，羁押一日折抵刑期一日，即自2009年1月10日起至2012年1月9日止）。

六、被告人叶时聪、吴国平、卢肇中、徐桂海、黄炎民应在判决生效后十日内连带赔偿人民币515505.7元给附带民事诉讼原告人黄素翠、黄景新、胡玉珍（被告人叶时聪承担30%、被告人吴国平承担25%、被告人卢肇中承担20%、被告人徐桂海承担15%、被告人黄炎民承担10%。其中被告人卢肇中已预交50000元，被告人徐桂海已预交50000元，被告人黄炎民已预交17000元）。

如不按本判决指定的期间履行给付金钱义务，应当依照《中华人民共和国民事诉讼法》第二百三十二条之规定，加倍支付延迟履行期间的债务利息。

如不服本判决，可在接到判决书的第二日起十日内，通过本院或者直接向广东省高级人民法院提出上诉。书面上诉的，应当提交上诉状正本一份，副本二份。

审 判 长 谢建华
审 判 员 张英军
审 判 员 张 锋
二〇一〇年四月二十七日
书 记 员 陈秀霞
书 记 员 赵文彦
书 记 员 陈健欢

【评析】

本案是一起多人共同抢劫致人死亡的刑事附带民事诉讼案件，该文书体现了承办法官较高的文书制作水平，被评为2010年全省法院优秀裁判文书。其特点如下：1. 文书格式非常规范。文书中对涉外当事人国名的使用、阿拉伯数字与中文大写数字的使用、控辩双方意见的概括、事实与证据的分析认定、控辩意见的评判、本院认为及判项部分的书写都严格依照格式制作，行文清晰。2. 文书用语高度简洁精练。文书中对事实的认定准确而具体，证据排列及内容概括重点突出而不累赘，控辩意见的评判既紧扣刑法理论又逻辑清晰、令人信服，从对各共同犯罪人的具体行为的认定到责任划分、主从犯划分、量刑的区分、民事责任的认定思路清晰，层层推进，体现了文书制作者具有严谨的办案作风、较高的刑法理论水平和较强的文字综合能力。

广东省阳江市中级人民法院

刑事判决书

(2009)阳中法刑二终字第14号

抗诉机关阳江市江城区人民检察院。

原审被告人罗雅，女，1972年8月24日出生，汉族，初中文化，原在阳江市建皇装修装饰材料有限公司任出纳员，住阳江市区城南宁安社48号。因涉嫌犯盗窃罪于2007年12月3日被刑事拘留，同月7日被取保候审，2009年1月4日被逮捕，同年3月4日被江城区人民法院一审宣告无罪，当天释放。

阳江市江城区人民法院审理阳江市江城区人民检察院指控原审被告人罗雅犯盗窃罪一案，于2009年3月2日作出（2009）城法刑初字第33号刑事判决。江城区人民检察院认为原判适用法律不当，提出抗诉。本院受理后，依法组成合议庭，于2009年4月9日公开开庭进行了审理。阳江市人民检察院指派代理检察员黄维孟出庭支持抗诉，原审被告人罗雅到庭参加诉讼。期间，经广东省高级人民法院批准，延长审理期限一个月。本案经合议庭评议，并经审判委员会讨论决定，现已审理终结。

原审判决认定：被告人罗雅原在阳江市区西平路阳江市建皇装修装饰材料有限公司（以下简称建皇公司）任出纳员。2007年12月1日下午2时30分，建皇公司老板的儿子谭升亮带现金8万元来到公司罗雅的办公室交给罗雅，谭离开时忘记将公文包带走，罗雅见谭升亮交给其的现金中夹有一本户名罗斯（谭升亮的母亲）的农村信用合作社存折，顿起贪念，遂将存折藏好。下午4时许，谭升亮记起存折遗忘在建皇公司而返回公司取公文包，罗雅没有将存折交还谭。罗雅携上述存折利用其知道的存折密码于次日上午10时和第三日上午8时15分，先后从阳江市江城区埠场镇农村信用合作社储蓄所和市区城西农村信用合作社安宁路分社共提取96000元，后将钱收藏于家中。2007年12月3日上午9时30分，公安人员在建皇公司将被告人罗雅抓获，接着在其住处阳江市区江南新城乐园街二街八号203房缴获上述96000元。破案后，缴获的96000元已返还罗斯。

另查，本案在审理过程中，罗斯向法院提交《撤案书》一份，强烈要求撤销其堂妹罗雅的案件，请求执法人员不再追究罗雅的任何责任。

原判认定上述事实，有被害人陈述，搜查笔录、赃款照片、扣押物品清单，取款凭条及被告人的供述等证据证实。

原审法院认为：1. 公诉机关指控被告人罗雅从谭升亮的公文包内盗走存折证据不充分，应认定为罗雅发现谭升亮交给其的现金中夹带存折而将存折藏匿。此外，无论是谭升亮将存折无意之中交给了罗雅还是存折放在其的公文包里谭忘记拿走，都是将财物遗忘在罗雅的办公室，该存折或公文包都属于遗忘物。2. 被告人罗雅的行为性质不属于盗窃：（1）谭升亮在建皇公司没有办公场所，谭升亮将财物遗忘在公司，实际是对其的财物暂时失去了控制。被告人罗雅将上述存折占有时，该存折当时已在被告人的实际控制之下，被告人罗雅占有存折的行为不符合盗窃罪中“秘密窃取”的特征。（2）罗雅所占有的存折是提取现金的凭证，而且其平时会使用该存折，知道存折的密码，罗雅控制了存折，在被害人未发觉之前，实际就是控制了存折里的存款，其到银行提款只凭密码，不需要用秘密手段取得。这种在占有了存折的基础上延伸出的取款行为，也不属于盗窃。因此被告人罗雅的行为不构成盗窃罪。依照《中华人民共和国刑事诉讼法》第一百六十二条第（二）项之规定，作出判决：被告人罗雅无罪。

江城区人民检察院抗诉称：1. 被害人谭升亮把公文包放在父母经营的公司办公室，不是其他一般公共场所，谭升亮实际上对存折、公文包并没有完全丧失控制，被害人事后马上就记起该物，说明被害人只是一时疏于看管，因此存折和公文包不是遗忘物，法院判决认定该公文包、存折属于遗忘物，认定事实错误。2. 罗雅在被害人谭升亮回来取公文包前已偷偷把存折藏好，将存折占为己有之后，再利用早已得知的密码先后取款共96000元，最后，为掩盖盗取被害人存款之事实而将存折撕毁丢掉，这些连续的行为充分表明被告人是以非法占有他人财物为目的，在他人未察觉的情况下秘密窃取他人财物，且数额特别巨大，行为构成盗窃罪，法院判决原审被告人罗雅无罪适用法律错误。3. 退而言之，即使存折是遗忘物，但存折内的存款不是遗忘物，存款所有人是罗斯，保管人是银行，罗雅基于对存折偶然的占有，利用熟知的该存折密码，采取不为所有人所知的手段，从银行取走存折内的存款，其行为属于秘密窃取他人财物，而不是占有存折行为的延伸，其行为已构成盗窃罪。为此请求本院依法判处，追究罗雅的刑事责任。

阳江市人民检察院支持抗诉称：1. 建皇公司的办公室是由被害人管理和控制，是非公共空间，谭升亮把公文包、存折放在罗雅的办公室并脱离其控制。原审判决认为建皇公司的办公室是公共场所，进而认定公文包、存折是遗忘物是错误的，应予纠正。2. 罗斯已对其存折设置了密码，除其有授权外，无论该存折处于何处，其对存折内的存款都没有丧失控制和占有，罗雅持有该存折并不等同于当然占有存折内的存款。3. 罗雅使用秘密手段将存折取走后，出于非法占有的目的，又采用秘密手段将存款提取出来，其行为符合盗窃罪的构成要件，应以盗窃罪追究其刑事责任。原审判决罗雅无罪是适用法律错误，应依法予以纠正。

原审被告人罗雅在庭审中辩解称：存折是夹在谭升亮交给她的现金里，不是她秘密窃取的，原审宣告她无罪是正确的。

经审理查明：建皇公司的法定代表人是罗斯。建皇公司为方便以现金支付货款给客户，便以罗斯的名义开立了数个银行活期存折，建皇公司商场卖货收取的现金就存进这些活期存折里。原审被告人罗雅在建皇公司担任财会工作人员，负责支付货款给客户，协助保管公司的存折及到银行提款、取款等工作。2007年12月1日下午2时许，罗斯的儿子谭升亮携带8万元现金来到建皇公司罗雅的办公室交给罗雅，同时罗雅无意中从谭升亮处得到了一本建皇公司的存折（以罗斯名义开户）。次日上午 10 时和第三日上午 8 时 15 分，罗雅携带该存折并利用因工作的关系知道该存折密码的便利，先后三次从农村信用合作社储蓄所提取了现金共 96000 元占为已有。案发后，公安人员从罗雅家里缴获了赃款 96000 元，并返还给建皇公司的法定代表人罗斯。

上述事实，有下列证据证明：

1. 被害人的陈述。

（1）罗斯陈述，证实建皇公司是其家庭经营的，2007 年 11 月 30 日下午，其把几个存折交给其儿子谭升亮，到 12 月 2 日晚上其儿子将存折交回其，其发现少了一本江城农村信用合作社存折，便问儿子，儿子讲在 12 月 1 日将放存折的袋子遗留在公司办公室 2 小时，其余时间袋子没有离开过他。这个存折的密码其和谭升亮、丈夫谭懿健及罗雅四个人知道，这个存折平时是罗雅保管的。到银行看了闭路录像后才知道是罗雅持该存折分三次取走了存折中的 96000 元。其交给谭升亮的几个存折是以其个人名义开立的，存折里的资金是公司商场卖货的现金存进来的，钱是公司的。罗雅是其堂妹，本质不坏，钱又追回了，所以其不想追究罗雅的任何责任。

（2）谭升亮陈述，证实 2007 年 11 月 30 日，其母亲罗斯要出差，将几个存折用信封装好交给其保管。第二天下午，公司出纳员罗雅打电话给其讲下午结货款需要现金 8 万元，下午 2 时左右，其到银行提了 8 万元回公司，现金是与几个存折一起放在一个塑料袋里，将现金交给罗雅前，其从塑料袋里把存折拿出来，放到他的公文包（挂包）里，将现金交给罗雅后其就离开了公司，到下午 4、5 点钟，其发现放存折的公文包丢失在公司，就回公司取回了公文包，到 12 月 2 日其妈回来，其将存折交回其妈，其妈清点时发现少了一个江城农村信用社的存折。12 月 3 日其妈到信用社查询，发现被人提走了 96000 元，就报了警，后来知道是罗雅提了钱，罗雅有存折的密码。其记不清楚丢失的存折是夹在交给罗雅的现金里还是在其的公文包里。其不想追究罗雅的任何责任。

2. 原审被告人罗雅供述，证实其在建皇公司当出纳员，2007 年 12 月 1 日下午约 2 时 30 分，谭升亮提 8 万元到其办公室叫其支给客户，谭接着就离开了，其见到提钱的存折也和钱放在一起，就将那存折放到了自己的袋里，约到了 3 时多，谭升亮又回到其办公室取回他忘记拿的挂袋，其就假装问谭是否还有东西忘记拿，谭讲没有就离开了。因其经常去银行为公司提款，而其公司的所有存折的密码都是一样的，故其知道该存折的密码。第二天，其到埠场农村合作信用社用该存折分两次提了 48000 元，12 月 3 日上午到城西信用合作社安宁路分社提了 48000 元，其把这些钱放在其的租住屋，后将存折撕烂丢掉。所提取的钱被公安人员缴回了。

3. 搜查笔录、缴获的赃款的照片、扣押物品及发还清单，证实从原审被告人罗雅处缴获 96000 元，并发还被害人罗斯。

4. 广东省农村信用合作社取款凭条，证实罗雅用罗斯的存折分三次共提款 96000 元。

5. 接受刑事案件登记表，证明罗斯被人提走现金后报案的事实。

6. 抓获经过证明，证实罗雅在西平路建皇公司被抓获。

7. 常住人口信息表，证实罗雅的身份。

8. 申请书，证实罗斯请求司法机关不追究原审被告人罗雅的刑事责任。

9. 建皇公司的企业法人营业执照，证实建皇公司的性质等情况。

本院认为，原审被告人罗雅身为公司财会工作人员，利用自己依照职务所直接拥有管理本公司财物的便利，将单位财物非法占为己有，数额较大，其行为已构成职务侵占罪。关于江城区人民检察院及阳江市人民检察院提出的原审被告人罗雅的行为已构成盗窃罪的抗诉和支持抗诉的理由，经查，检察机关指控罗雅使用秘密手段窃取存折，完全是根据谭升亮的陈述等间接证据推理得来的，但是这一证明体系不足以排除其他的可能性，得出的结论不是唯一的，事实上这一推理结论就与罗雅的供述这一直接证据产生矛盾。因此，在没有其他的补强证据的情况下，检察机关指控罗雅使用秘密手段窃取了存折的证据是不足的。另外，罗雅在掌控了存折之后，是利用其因职务的关系已获知的存折密码，才能在银行提取到本公司的存款，否则，其目的是不可能得逞的，罗雅不具备盗窃罪的秘密窃取的客观构成要件。故抗诉机关的抗诉理由和阳江市人民检察院支持抗诉的理由不能成立，不予采纳。关于一审法院宣告原审被告人罗雅无罪及罗雅辩护称其无罪的理由，经查，涉案存折内的存款是作为公司支付货款使用，其性质为公司财产，罗雅为公司财会人员，有保管公司存折的职责，公司存折在罗雅手中掌控，该存折就不应视为遗忘物，一审法院认定涉案存折为遗忘物是不正确的；罗雅主观上具有非法占有公司银行存款的目的，客观上利用了职务的便利侵占公司的财产所有权，其行为有一定的社会危害性，应当定罪处罚。因此一审法院宣告原审被告人罗雅无罪及罗雅辩解无罪的理由不能成立，不予采纳。鉴于案发后赃款已全部追回，没有造成公司的损失，而且罗雅的犯罪行为也取得了被害人的谅解，可对其酌情从轻处罚并适用缓刑。原审判决认定事实部分有误，适用法律错误，应予纠正。根据原审被告人犯罪的事实、犯罪的性质、情节以及对于社会的危害程度，依照《中华人民共和国刑事诉讼法》第一百八十九条第（二）、（三）项及《中华人民共和国刑法》第二百七十一条第一款、第七十二条第一款、第七十三条第二、三款之规定，判决如下：

一、撤销阳江市江城区人民法院（2009）城法刑初字第33号刑事判决。

二、原审被告人罗雅犯职务侵占罪，判处有期徒刑二年，缓刑二年（缓期考验期限自判决确定之日起计算）。

本判决为终审判决。

审 判 长 周 俏

审 判 员 莫介云

审 判 员 庞泳洪

二〇〇九年五月二十二日

书 记 员 陈贵连

书 记 员 黄秉迁

【评析】

该份刑事判决书能够按照1999年最高人民法院《法院刑事诉讼文书样式》的基本要求制作，格式规范，层次分明，说理分析逻辑性强，语言通顺流畅，用语规范准确，案件实体处理得当，适用法律正确，被评为2010年全省法院优秀裁判文书，其最大的亮点在理由部分。该案检察机关指控和提出抗诉的理由是认为被告人构成盗窃罪，一审宣告被告人无罪，最后二审认为被告人构成职务侵占罪，当中涉及罪与非罪，此罪与彼罪的问题。裁判法官抓住被告人是否使用了秘密手段窃取存折这一案件争议的焦点问题，全面分析了证据，针对一审判决的理由、检察机关抗诉的意见、上诉人的辩护意见以及职务侵占罪的犯罪构成要件等逐一进行说理，层次分明，逻辑严谨，说理透彻。该判决书体现了作者具有一定的法律适用、逻辑思维和文书写作的能力。

●傅怀犯贪污罪一案刑事判决书

广东省茂名市茂南区人民法院

刑事判决书

（2009）茂南刑初字第191号

公诉机关茂名市茂南区人民检察院。

被告人傅怀，女，1986年5月5日出生于广东省高州市，汉族，身份证号码：440981198605058324，文化程度中专，原系茂名市茂南区公馆中心卫生院挂号收款员，住茂名市双山一路聚龙苑501房。因涉嫌犯贪污罪于2009年1月6日被茂名市茂南区人民检察院取保候审，同年7月14日被本院取保候审。

茂名市茂南区人民检察院以茂南检刑诉（2009）194号起诉书，指控被告人傅怀犯贪污罪，于2009年7月8日向本院提起公诉。本院于同日立案，并依法组成合议庭，公开开庭审理了本案。茂名市茂南区人民检察院指派检察员戴建兰出庭支持公诉，被告人傅怀到庭参加诉讼。现已审理终结。

茂名市茂南区人民检察院指控，2008年1月至9月期间，被告人傅怀利用其任茂名市公馆中心卫生院挂号收款员的职务之便，通过截留入账联截留相应金额的方式，或通过伪造其他内容相同但金额较小的入账联代替金额较大的入账联上交财务，从而截留其中差额金额的方式，共侵吞公馆中心卫生院的公款126143元，其中的103010元存放于其个人的工商银行存折中，其余的23133元用于其家庭生活开支。傅怀已向公馆中心卫生院退回赃款124000元，向检察院退出赃款2143元。

公诉机关认为，被告人傅怀无视国法，利用职务上的便利，侵吞公共财物，事实清楚，证据确实、充分，其行为已触犯《中华人民共和国刑法》第三百八十二条第一款、第三百八十三条第一款第（一）项之规定，应当以贪污罪追究其刑事责任。被告人傅怀在司法机关尚未掌握其犯罪事实的情况下，主动如实交代自己的罪行，是自首，根据《中华人民共和国刑法》第六十七条第一款的规定，可以从轻或者减轻处罚。提请本院依法判处。

被告人傅怀辩称，公诉机关指控其侵占公款126143元属实，但公馆中心卫生院不属于国家机关，其也不属于国家机关工作人员，其所截留的公款在检察院介入前已经退清给单位，没有给单位造成损失，其行为不属于贪污罪，应是挪用公款罪，请求法院从轻处理。

经审理查明，茂名市茂南区公馆中心卫生院（以下简称公馆卫生院）原名茂名市茂南区公馆医院，经审批于2007年10月18日变更为现用名称，属全民所有制事业单位，其职能是向社会提供门诊、急诊、住院等医疗服务。被告人傅怀于2005年8月19日调入该单位工作，于2006年10月8日转为正式职工，2007年11月起至案发前任挂号收款员的职务，负责代收各临床科室的收费款项。其工作职责是在来诊病人经临床科室诊治确定费用后，按照就诊病人出示的《公馆医院药品收款卡片》的划价金额收取相关费用，然后于当日下班前将业务收入与各临床科室开出的《茂名市公馆医院业务收入缴款单》核对无误后，将其中的交会计入账联单据和业务收入现金一起上缴到财务人员处。自2008年1月起至同年9月，被告人傅怀利用职务之便，通过截留或者销毁交会计入账联单据不上缴财务，从而侵占相应的业务收入，或者通过伪造其他内容相同，但金额较小的交会计入账联单据代替金额较大的单据上缴财务，从而侵占两者之间的差额部分款项的方法，先后将公馆卫生院共计126143元的业务收入非法占为已有。被告人傅怀将其中的103010元存放于其在中国工商银行的个人账户，其余23133元用于家庭生活开支。2008年9月，茂南区卫生局就被告人傅怀的经济问题找其谈话，其如实交代了自己的犯罪事实，并分别于2008年9月28日、9月30日、10月4日退还公款80000元、25000元、19000元（共计124000元）给公馆卫生院。2008年10月6日，茂名市茂南区人民检察院接到群众举报后通知傅怀即日接受询问，在询问中被告人傅怀如实供述了自己的犯罪事实，并于2008年10月17日向检察院退出赃款2143元。

上述事实，有证据如下：

1. 医疗机构申请变更登记注册表，证实茂名市茂南区公馆中心卫生院更名情况及其性质为全民所有制。

2. 干部介绍信、准予调入证，广东省国家机关、事业单位新参加工作人员审批表，大中专毕业生考核转正定级表，国家事业单位工作人员变动工资审批表，工作人员工资变动审批表，均证实被告人傅怀是公馆卫生院正式职工。

3. 公馆卫生院提供的被告人傅怀任挂号收款员期间《茂名市公馆医院业务收入缴款单》的存根联、药品费收款卡片、会计入账联单据，证实被告人傅怀经手的有关单据情况。

4. 证人何亚燕对会计入账联单据的辨认材料，证实被告人傅怀伪造部分会计入账联单据的事实。

5. 公馆卫生院吴金容、陈木观、何江瑜等40名工作人员分别对《茂名市公馆医院业务收入缴款单》的辨认材料，证实被告人傅怀伪造有关单据的事实。

6. 被告人傅怀对公馆卫生院2008年1－9月《茂名市公馆医院业务收入缴款单》的辨认材料，证实其侵占公款的详细项目。

7. 茂南区公馆中心卫生院收款员（傅怀）截留营业收入汇总表（2008年1－9月），证实经茂南区公馆中心卫生院统计，被告人傅怀共截留公款126143元。

8. 被告人傅怀存放侵占的公款的工商银行个人账户存折两本及其对账户内款项出入情况所作的供述，证实被告人傅怀将截留的公款据为已有，存放于个人账户并将部分公款用于个人生活开支的事实。

9. 公馆卫生院的证明及收据复印件三份，证实被告人傅怀向该单位退还公款124000元的事实。

10. 广东省暂时扣留（或冻结）财物收据，证实被告人傅怀于 2008 年 10 月 17 日向检察机关退出赃款 2143 元。

11. 茂名市茂南区人民检察院补充侦查终结报告，证明该院反贪污贿赂局确认被告人傅怀的行为符合自首条件，具有自首情节。

12. 证人黄人海的证言，证实公馆卫生院的财务管理情况以及被告人傅怀侵占公款 126143 元的事实。

13. 证人何亚燕的证言，证实公馆卫生院的财务管理情况以及被告人傅怀退还公款的情况。

14. 公馆卫生院吴金容、陈木观、何江瑜等 40 名工作人员的证言，证实各科室与挂号收款处业务往来情况以及被告人傅怀伪造有关单据的事实。

15. 茂南区人民检察院讯问傅怀全程同步录音录像资料，证实检察机关依法对被告人傅怀进行讯问，被告人傅怀对其犯罪事实供认不讳。

16. 被告人傅怀的供述及其书写的自我交代，证实其对侵占公款 126143 元的事实供认不讳。

17. 被告人傅怀的身份证明材料，证实其已达刑事责任年龄。

18. 公馆卫生院于 2009 年 7 月 19 日出具的证明，证实在检察院侦查前，傅怀已将情况向单位如实交代清楚，并已退清赃款，未对单位造成损失。

以上第 1－17 项证据由检察机关提供，第 18 项证据由被告人傅怀提供，均经庭审质证、认证，为有效证据，本院予以确认。

本院认为，被告人傅怀无视国家法律，在担任公馆卫生院挂号收款员期间，利用职务上的便利，将本单位公款 126143 元非法占为已有，数额较大，其行为已构成职务侵占罪。被告人傅怀在司法机关尚未掌握其犯罪事实的情况下，主动如实向其主管单位交代自己的罪行，是自首，其对行为性质的辩解不影响自首的成立，依法可以从轻处罚。公诉机关指控被告人傅怀的行为构成贪污罪，经查，被告人傅怀实际所做的工作仅是按照就诊病人提供的《公馆医院药品收款卡片》的划价金额收取病人缴纳的医药费等费用，然后于当日下班前上缴到财务人员处，其工作仅限于收取和上缴医药费等费用，对收取的费用仅是经手或临时保管，不具有对财物的管理支配权，不具有代表单位进行组织、领导、监管和管理的职责，其所从事的实质上是收取病人医药费等费用并上缴单位财务的劳务性工作，而非管理医药费等费用的公务性工作，因此其工作不应被认定为对国有资产负有管理职责的公务活动，其不属于从事公务的人员，不具备贪污罪的主体资格，对其犯罪行为不应以贪污罪论处，而应按其从事劳务工作的实际情况，以职务侵占罪论处。公诉机关之指控事实清楚，证据确实充分，但指控被告人傅怀的行为构成贪污罪定性不当，应予纠正。被告人傅怀辩称其行为应构成挪用公款罪之辩护意见，经查，被告人傅怀截留公款后，将公款存入个人银行账户，并将部分公款用于个人生活开支，为掩盖侵占公款的事实，又销毁部分收费单据，证明其具有将公款据为已有不予归还的故意和目的，不符合挪用公款罪的主观构成要件，且其也不符合挪用公款罪的主体资格，故该辩护意见没有事实和法律依据，本院不予采纳。被告人傅怀一直如实供述自己的犯罪事实，积极退清赃款，确有悔罪表现，根据其犯罪情节和悔罪表现，适用缓刑确实不致再危害社会，依法可以宣告缓刑。案经本院审判委员会讨论决定，依照《中华人民共和国刑法》第二百七十一条第一款、第六十七条第一款、第七十二条、第七十三条，《最高人民法院关于处理自首和立功具体应用法律若干问题的解释》第一条、第三条之规定，判决如下：

被告人傅怀犯职务侵占罪，判处有期徒刑二年，缓刑二年。

（缓刑考验期限，从判决确定之日起计算）。

如不服本判决，可在接到判决书的第二日起十日内，通过本院或者直接向广东省茂名市中级人民法院提出上诉。书面上诉的，应当提交上诉状正本一份，副本二份。

审 判 长　李志强
审 判 员　刘再庆
审 判 员　温国尧
二〇〇九年七月三十一日
书 记 员　陈泽涛

【评析】

该判决书格式规范，逻辑严谨，说理透彻，符合优秀裁判文书评选标准，被评为2010年全省法院优秀裁判文书，其具有以下突出特点：1. 简繁得当。该判决书紧紧围绕控辩双方的争议焦点展开表述，对于控辩双方没有争议的犯罪事实和证据证明体系等方面内容，简明扼要进行表述；对于控辩双方争议焦点所在的案件定性问题，在叙述事实和说理论述时充分展开，思路明确，重点突出。2. 案件事实叙述完整、清晰。在叙述事实时，该判决书按照被告人犯罪行为侵犯的客体、主体资格、客观方面以及主观方面、悔罪表现等五部分内容组成的逻辑构架，对各项相关事实按时间次序逐步展开叙述，全面、完整、准确地反映了被告人的罪行以及量刑情节。3. 说理透彻，针对性强。该判决书在说理论述时，对于本案定性上存在的争议没有采取全面展开论述的方式，而是敏锐地直接抓住各项争议罪名之间在本质特征上的区别进行透彻的分析说理，从而得出被告人的行为构成职务侵占罪的正确论断，具有很强的针对性。同时，从该判决书的行文来看，语言通顺流畅，文字精练，用语规范准确，是一份质量较高的裁判文书。

●苏泳犯故意杀人罪一案刑事附带民事判决书

广东省茂名市中级人民法院

刑事附带民事判决书

（2009）茂中法刑一初字第 91 号

公诉机关广东省茂名市人民检察院。

附带民事诉讼原告人苏春华，女，1984 年 3 月 31 日出生，汉族，住广东省惠州市惠城区埔前街二巷 12 号。系本案被害人覃群海之女。

附带民事诉讼原告人苏岚枫，男，1989 年 8 月 8 日出生，汉族，广州大学二年级学生。系本案被害人覃群海之子。

以上二名附带民事诉讼原告人的诉讼代理人袁安南，广东省高州市人民政府法制局干部。

被告人苏泳，男，1962 年 12 月 20 日生于广东省高州市，汉族，初中文化，无业，户籍所在地广东省高州市府前北路 202 号大院 302 房，住广东省高州市市区南湖路 52 号。2009 年 7 月 16 日因涉嫌犯故意杀人罪被刑事拘留，同年 7 月 29 日被逮捕。现羁押于高州市看守所。

辩护人程家钧，广东成就律师事务所律师。

广东省茂名市人民检察院以茂检公一刑诉［2009］83 号起诉书指控被告人苏泳犯故意杀人罪，于 2009 年 11 月 6 日向本院提起公诉。在诉讼过程中，附带民事诉讼原告人提起附带民事诉讼。本院依法组成合议庭，于 2009 年 12 月 2 日公开开庭进行了合并审理。茂名市人民检察院指派检察员梁徽出庭支持公诉，附带民事诉讼原告人覃群周、苏春华、苏岚枫及其诉讼代理人袁安南，被告人苏泳及辩护人程家钧等到庭参加诉讼。现已审理终结。

茂名市人民检察院指控：2009 年 6 月初，被告人苏泳与妻子即被害人覃群海（女，殁年 49 岁）已协议离婚。几天后，苏泳又多次找覃群海要求复婚，均遭到了拒绝。苏泳觉得离婚后亲戚、朋友都不理他，儿子、女儿也不想亲近他，于是感到对生活没有希望，并认为这些都是覃群海造成的结果，便产生了杀害覃群海的念头。后准备了一把三角尖刀，驾驶红色天马牌男装摩托车（车牌号码：粤 K80E98）寻找跟踪覃群海，伺机下手。7 月 14 日 15 时许，苏泳携刀驾驶摩托车窜到高州市聚贤新村 126 号覃群海住处附近，见覃群海刚好下楼并进入其天籁牌小汽车内（车牌号码：粤 KQH862），便冲上前拉开车门拔刀捅中覃群海的左肩，覃群海抓住苏泳持刀的手，苏泳又将覃拉出车外，用刀连续捅向覃的脸、腹、胸、颈等部位，致覃倒在地上，一名在场的群众用扫把将苏泳的刀打落在地上，苏泳捡起刀，继续朝覃的身上乱捅，致覃不动后才逃离现场。覃群海被捅后当场死亡，经法医鉴定：覃群海是被他人用锐器（类三棱刮刀）刺伤颈部致右颈内静脉离断，右侧血气胸形成，失血性休克死亡。

公诉机关提供的证据有书证、物证、被告人供述与辩解、证人证言、鉴定结论和现场勘验笔录、视听资料等。

公诉机关认为，被告人苏泳无视国家法律，非法剥夺公民生命权利，造成一人死亡的严重后果，其行为已触犯《中华人民共和国刑法》第二百三十二条之规定，犯罪事实清楚，证据确实充分，应当以故意杀人罪追究其刑事责任。根据《中华人民共和国刑事诉讼法》第一百四十一条之规定，提起公诉，请本院依法判处。

附带民事诉讼原告人诉称：被告人苏泳的犯罪行为造成原告人经济损失。请求本院判令被告人苏泳赔偿原告人及其他赔偿权利人的经济损失共 972347 元。

被告人苏泳辩解：其没有计划杀被害人的，只是想请求与被害人复婚，才拿刀吓被害人，错手杀害的。

被告人苏泳的辩护人提出辩护意见：一、被告人苏泳的犯罪行为不是预谋杀人，而是临起犯意，其主观恶性相对不深，社会危害程度相对不大。二、被告人苏泳归案前有自首的意愿，认罪悔罪态度好。三、被告人苏泳犯罪系事出有因，复婚心切是导火索，归根到底是因原本婚姻家庭矛盾以及被告人长期心理压抑所引发的。1999 年 9 月，最高人民法院《全国法院维护农村稳定刑事审判工作座谈会纪要》规定：对于婚姻家庭、邻里纠纷等民间矛盾激化引发的故意杀人犯罪，适用死刑一定要十分慎重，应当与发生在社会上的严重危害社会治安的其他故意杀人案件有所区别。对于被害人一方有明显过错或对矛盾激化负有直接责任，或者被告人有法定从轻处罚情节的，一般不应判处死刑立即执行。四、被告人苏泳虽然文化程度低，搭客辛苦，但他自食其力，并无任何违法犯罪前科，并非凶恶之人。五、死者无以复生，唯有生者保重。被告人的父亲及女儿已写了多封求情信恳求公安机关、检察院和法院从轻判决，挽救这可怜的老父亲和两个不幸的孩子，挽救这两个悲惨破碎的家庭。希望本院对被告人苏泳从轻判决，给他一个改过自新、弥补过错、重新做人的机会。

辩护人提出的证据有：苏东文居民身份证、高州市石仔岭街道南宫社区居民委员会证明、苏东文书求情信、苏春华书求情信、苏春华居民身份证等。

经审理查明，被告人苏泳与被害人覃群海曾缔结婚姻，生育有一女一子，即附带民事诉讼原告人苏春华、苏岚枫。2009 年 6 月初，苏泳与覃群海协议离婚。几天后，苏泳又多次找覃群海要求复婚，均遭到覃群海拒绝。苏泳觉得，离婚后亲戚、朋友都不理他，女儿、儿子也不想亲近他，于是感到对生活没有希望，并认为这些都是覃群海造成的结果，便产生杀害覃群海的念头。其后，苏泳准备了一把三棱刮刀，驾驶红色天马牌男装摩托车（车牌号码：粤 K80E98）寻找、跟踪覃群海，伺机下手。2009 年 7 月 14 日 15 时许，苏泳携带三棱刮刀驾驶摩托车窜到高州市聚贤新村 126 号覃群海住处附近，见覃群海刚好下楼进入其天籁牌小汽车内（车牌号码：粤 KQH862），便冲上前拉开车门，拔刀刺中覃群海的左肩，覃群海抓住苏泳持刀的手。苏泳又将覃群海拉出车外，用刀连续刺向覃群海的脸、腹、胸、颈等部位，致覃群海倒在地上。在场的一名群众用扫帚将苏泳的刀碰落在地上。苏泳捡起刀，继续朝覃群海身上乱刺，致覃群海不动后才逃离现场。覃群海被刺后当场死亡。经法医鉴定：覃群海是被他人用锐器（类三棱刮刀）刺伤颈部致右颈内静脉离断，右侧血气胸形成，失血性休克死亡。

2009 年 7 月 16 日，被告人苏泳被高州市公安局抓获。

上述事实有以下经庭审举证、质证的证据证实：

1.《接受刑事案件登记表》，证实：2009 年 7 月 14 日 15 时许，苏岚枫报警称覃群海在高州市南湖塘社区聚贤新村登山路口牌坊右边被人持刀杀害。

2. 高州市公安局现场勘查笔录、现场勘验检查提取痕迹、物证登记表、现场图和现场照片，证实：2009 年 7 月 14 日 15 时 50 分至 17 时 40 分，高州市公安分局对覃群海被害现场高州市区聚贤新村 126 号住宅楼西侧门前进行勘验，地面有尸体一具；尸体右下腹部插有木柄三棱刮刀一把；靠近尸体头部处遗有扫帚一把，紧靠尸体左侧大腿处有长 28 厘米左脚皮鞋一只，距脚北 60 厘米处有红色头盔一个，距尸体西北向 1.5 米遗有沾附有血迹的眼镜一副；翻转尸体，可见地上遗留有大片血迹。距尸体西 2.5 米处停放有车牌号码为粤 KQH862 的小汽车一辆，车呈着火状态，车头朝南，车左前门打开，司机座位处有红色手袋一个，袋内有手机一部、覃群海身份证一张等物品，座位垫脚处有长 28 厘米的右脚皮鞋一只，经与尸体旁边的左脚皮鞋对比，认定为同一双皮鞋，小汽车左后门处遗留有点状及流淌状血迹；尸体与小车之间的地上遗有玻璃碎片及大片血迹。沿着尸体往西北方向的地面上遗留有长 24.5 厘米的右脚血赤足印，一直延伸至茂名大道 109 号住宅楼门前。提取头盔 1 个，皮鞋 1 双，刀具 1 把，眼镜 1 副，指印 1 枚，血迹多处，手机 1 部，覃群海的身份证 1 张，拍照提取血赤足印 1 枚。

3. 高州市公安局高公刑技法尸字（2009）第 46 号《法医学尸体检验报告书》，证实：死者覃群海被他人用锐器（类三棱刮刀）刺伤颈部致右颈内静脉离断，右侧血气胸形成，失血性休克死亡。

4. 证人关廷旋的证言，证实：2009 年 7 月 14 日 15 时许，在高州市区茂名大道 169 号楼侧边道路，一戴着红色摩托车头盔的中年男子持一把三角刀不停刺向一妇女身上，该妇女被刺中后，流出很多血，洒在地上。关廷旋在旁边大声叫不要伤人。另一男青年抄起一把扫帚，欲阻止该男子伤人。但该男子不理会，继续刺该妇女，直至该妇女倒地，该男子仍不停手。关廷旋用小灵通打 110 报警。关廷旋打完电话后，见该男子头盔掉在地上，鞋也掉了，但仍继续刺该妇女。直到该妇女不动后，该男子才空着手、没穿鞋离去，那把三角刀还插在该妇女腰上。该男子步行至茂名大道路边，驾驶一辆男装红色二轮摩托车离去。

5. 证人容文的证言，证实：2009 年 7 月 14 日 14 时 30 分许，在高州市区茂名大道 169 号楼附近，一戴着红色摩托车头盔年龄约四十岁的男子转来转去，形迹可疑。15 时许，听到“卡米亚”陶瓷店后面传来女人叫：“救命!”容文到陶瓷店后，看见原先那男子正持一把三角尖刀往倒在地上的妇女身上连续刺。该妇女不停叫：“救命!”该男子继续刺。一群众持一扫帚柄冲上去朝该男子身上打。容文没继续看。约 2 分钟后，容文听围观群众说该男子逃跑了。容文看见该男子没戴头盔，驾驶一辆红色男装摩托车逃跑。

6. 证人周建茂的证言，证实：2009 年 7 月 14 日 15 时许，在高州市聚贤新村 126

号旁边，周建茂听见有人大声叫。然后，看见一男子拿一把三角形的刀猛刺一妇女。周建茂拿了一把扫帚，跑过去，该妇女已趴在地上，奄奄一息，满脸是血，右手微抬起。该男子全身是血，拿着刀正朝该妇女的腹部、颈部、胸部等部位乱刺，满地是血。周建茂用扫帚朝该男子砸过去，把该男子手上的刀打掉。该男子又捡起刀，骑在该妇女身上继续刺。有一刀是该男子用手提起该妇女右手，朝该妇女腰部用手把刀旋转着插进去的，并用手掌在刀柄上用力把刀拍进去。周建茂找长棍欲制止该男子行凶时，听见有人喊："跑了！"周建茂回头看，该男子不见了。该妇女一动不动躺在血泊中。一顶红色头盔在该妇女旁不远处，一辆银色小汽车在该妇女旁边，车门没关。证人周建茂并辨认出被告人苏泳是该行凶的男子。

7. 证人张满珠的证言，证实：2009 年 7 月 14 日 14 时 30 分许，在高州市茂名大道 167 号旁边，停放着一辆银白色小汽车。15 时许，张满珠突然听到嘈杂声。然后，看见一中年男子手拿一把三角形尖刀刺了一妇女的颈部、面部等部位数刀。该妇女大叫，接着倒在地上。该男子随即蹲下到该妇女旁边，继续刺该妇女。该妇女还在叫。一男青年用一根扫帚柄砸向该男子。该男子的刀被打掉在地上。但该男子随即又捡起刀朝该妇女身上刺，有几刀是该男子将刀刺进该妇女身上后又用手拍刀柄将刀拍深一点。直至该妇女没有反应后，该男子才赤足逃跑了，留下血脚印。刀还插在该妇女身上。该妇女已无动静。旁边遗有一顶红色摩托车头盔、该男子的皮鞋。证人张满珠并辨认出被告人苏泳是该行凶的男子。

8. 证人苏岚枫的证言，证实：被告人苏泳是苏岚枫的父亲，被害人覃群海是苏岚枫的母亲。苏泳与覃群海已于 2009 年 6 月协议离婚。2009 年 7 月 14 日 15 时许，苏岚枫在其母覃群海租住的房屋对面房屋玩。苏岚枫下楼准备去买东西。在楼下见到其母覃群海的小汽车（车牌号码：粤 KQH862）、覃群海的尸体、手提包。后经苏岚枫辨认，现场留有其父苏泳的一副眼镜、平时用的头盔。还见到现场留有皮鞋、一把扫帚。

9. 证人覃群周的证言，证实：2009 年 7 月 14 日 14 时许，覃群周的妻子打电话告知覃群周，其妹覃群海在聚贤新村被人杀害。覃群周去到现场，见覃群海躺在血泊中，经法医鉴定已死亡。覃群海的小汽车（车牌号码：粤 KQH862）停在旁边，车门开着。当时听覃群海的儿子苏岚枫说，现场遗留的头盔、皮鞋、眼镜可能是苏泳的。苏泳与覃群海于 2009 年 6 月 1 日刚刚协议离婚。苏泳、覃群海二人离婚后一个月，覃群周听人说苏泳又想和覃群海复婚，覃群海不同意。覃群海被害前住在聚贤新村，被害现场在该房屋旁边。

10. 高州市公安局发还物品、文件清单，证实：高州市公安局发还红色男装摩托车一辆给苏岚枫。

11. 被告人苏泳的户籍登记资料，证实：被告人苏泳出生于 1962 年 12 月 20 日等身份情况，犯罪时已满十八周岁。

12. 被害人覃群海的户籍登记资料，证实被害人覃群海的身份情况。

13. 被告人苏泳的供述，证实：2009 年 6 月 1 日，苏泳与妻子覃群海协议离婚。几天后，苏泳感觉还爱覃群海，便想和覃群海复婚，于是多次找覃群海面谈，要求复婚，覃群海不同意。苏泳很伤心。苏泳觉得，离婚后亲戚、朋友都不理他，女儿、儿子也不想亲近他，于是感到对生活没有希望。苏泳认为这些都是覃群海的错，就产生杀害覃群海的念头。其后，苏泳准备了一把三角刀，驾驶红色天马牌男装摩托车（车牌号码：粤 K80E98）在覃群海居住的地方等候，伺机杀害覃群海，但一直没有机会。2009 年 7 月 14 日 14 时 30 分许，苏泳头戴红色摩托车头盔、戴一副金属边框眼镜、携带三角刀，驾驶摩托车来到高州市聚贤新村 126 号覃群海住处附近，将摩托车停放在茂名大道旁边一间瓷砖店门口。苏泳步行到覃群海住处路口等候，覃群海的小汽车停放在楼下。15 时许，苏泳见覃群海刚好下楼并进入其天籁牌小汽车内（车牌号码：粤 KQH862），便冲上前拉开车门拔刀朝覃群海左上臂刺了一刀。覃群海反抗拉住苏泳持刀的手，苏泳将覃群海拉出车外，用刀向覃群海的脸、腹、胸、颈等部位刺了几刀，覃群海就倒在地上了。这时有一个人用一根扫帚柄打向苏泳，苏泳的刀被打落在地上。苏泳捡起刀，又朝覃群海上臂、腹部等部位刺了几刀，最后一刀是刺在腹部，当时苏泳感觉没有力了，刺得不是很深，而且感觉覃群海还会动，苏泳就用手掌把三角刀拍进去。在刺覃群海的过程中，由于覃群海反抗，苏泳的眼镜、头盔、皮鞋等被打落在现场了。之后，苏泳赤脚穿过小巷，驾驶摩托车逃离现场。

14. 被告人苏泳供述的录音录像和指认现场的录音录像，证实：作案的地点、具体过程，侦查人员讯问苏泳的过程。

15. 被告人苏泳对涉案物品、现场的照片进行签认：皮鞋、犯罪现场、摩托车、刀、眼镜、头盔、上衣、长裤。

16. 高州市公安局刑事侦查大队四中队出具的《破案经过》证实：2009 年 7 月 16 日侦查人员在高州市东门巷抓获苏泳。

以上证据，本院予以确认。

本院认为，被告人苏泳无视国家法律，故意非法剥夺他人生命，造成被害人一人死亡的严重后果，其行为已构成故意杀人罪。公诉机关指控被告人苏泳的犯罪事实清楚，证据确实、充分，罪名成立。被告人苏泳罪行极其严重，论罪须判处死刑。鉴于本案因婚姻家庭矛盾激化引发，综合考虑本案的全部情况，对被告人苏泳判处死刑可缓期二年执行。

被告人苏泳的犯罪行为造成被害人覃群海死亡，造成被害人覃群海的女儿、儿子即附带民事诉讼原告人苏春华、苏岚枫经济损失。依照《最高人民法院关于审理人身损害赔偿案件适用法律若干问题的解释》的规定，赔偿包括丧葬费、死亡赔偿金。该解释第二十七条规定，“丧葬费按照受诉法院所在地上一年度职工月平均工资标准，以六个月总额计算”。按照《广东省 2009 年度人身损害赔偿计算标准》，本院所在地 2008 年度城镇、国有单位在岗职工平均工资为 40775 元，故丧葬费为 20387. 5 元。该解释第二十九条规定，“死亡赔偿金按照受诉法院所在地上一年度城镇居民人均可支配收入或者农村居民人均纯收入标准，按二十年计算。但六十周岁以上的，年龄每增加一岁减少一年；七十五周岁以上的，按五年计算”。按照《广东省 2009 年度人身损害赔偿计算标准》，本院所在地 2008 年度城镇居民人均可支配收入为 19732. 86 元，故死亡赔偿金为 394657. 2 元，赔偿数额合共 415044. 7 元。附带民事诉讼原告人的诉讼请求超出法定赔偿数额部分，不予支持。此外，被害人的近亲属覃群周在诉讼过程中提起附带民事诉讼，又当庭撤回起诉，覃群周撤回起诉符合法律规定，同意其撤回起诉。

对于被告人苏泳的辩解，经查，被告人苏泳预谋杀害被害人，有其在侦查阶段的多次供述证实，其实施杀害行为的过程的具体情节也能印证其供述的真实性。其辩解与事实不符，故不予采纳。

对于被告人苏泳的辩护人的辩护意见，经查，一、被告人苏泳预谋杀害被害人，有证据证实。相关辩护意见与事实不符，故不予采纳。二、无确实证据证实被告人苏泳曾有自首意愿，况且，被告人无自首的行为，是否曾有自首意愿，不影响对其量刑。相关辩护意见无理由，故不予采纳。被告人归案后能如实供述其犯罪行为，也有一定的悔罪表现。相关辩护意见有理由，故予以采纳。三、被告人杀害被害人，是婚姻家庭矛盾激化引发。相关辩护意见与事实相符，故予以采纳。四、被告人无违法犯罪前科。相关辩护意见与事实相符，故予以采纳。五、被告人的父亲、女儿均致函政法机关恳求对被告人从轻处罚。相关辩护意见与事实相符，故予以采纳。

综上所述，根据被告人苏泳犯罪的事实、犯罪的性质、情节和对社会的危害程度，综合考虑本案的全部情况，经本院审判委员会讨论决定，依照《中华人民共和国刑法》第二百三十二条、第五十七条第一款，《中华人民共和国民法通则》第一百一十九条，《中华人民共和国刑事诉讼法》第七十七条第一款，《最高人民法院关于审理人身损害赔偿案件适用法律若干问题的解释》第十七条第三款、第二十七条、第二十九条、第三十五条之规定，参照《广东省2009年度人身损害赔偿计算标准》，判决如下：

一、被告人苏泳犯故意杀人罪，判处死刑，缓期二年执行，剥夺政治权利终身。

二、被告人苏泳赔偿附带民事诉讼原告人苏春华、苏岚枫人民币415044.7元。限被告人于本判决发生法律效力之日起三十日内付清。

如不服本判决，可在接到判决书的第二日起十日内，通过本院或者直接向广东省高级人民法院提出上诉。书面上诉的，应当提交上诉状正本一份，副本二份。

审 判 长 李 杰
审 判 员 阮树本
审 判 员 徐忠圣
二OO九年十二月八日
书 记 员 杨冬冬
书 记 员 廖世永

【评析】

这是一审刑事附带民事判决书，格式规范，文字精练，被评为2010年全省法院优秀裁判文书，主要有两个方面特点：1. 判决准确把握了宽严相济的刑事政策。该案被告人犯故意杀人罪，罪行极其严重，社会危害性极大。该判决准确把握和正确适用了依法从“严”的政策要求，依法判处被告人死刑。另外，该案是因婚姻、家庭纠纷激化引发的犯罪。该判决在全面考察犯罪的事实、性质、情节和对社会危害程度的基础上，充分考虑预防犯罪和化解社会矛盾的目的，对被告人酌定从宽处罚。虽判处被告人死刑，但缓期二年执行。该判决做到了严中有宽、宽以济严。事实上，该案一审宣判后，公诉机关没有抗诉，当事人没有上诉，被害人其他近亲属没有申请抗诉，达到了法律效果与社会效果相统一。2. 判决书语言简练、明快，态度是非分明，论理充分。例如，“被告人苏泳与被害人覃群海曾缔结婚姻，生育有一女一子，……2009年6月初，苏泳与覃群海协议离婚”。用简洁的语言交代了被告人实施犯罪的背景情况，也为下文论理“鉴于本案因婚姻家庭矛盾激化引发，综合考虑本案的全部情况，对被告人苏泳判处死刑可缓期二年执行”铺垫了事实根据。又如，“被告人苏泳罪行极其严重，论罪须判处死刑”，态度鲜明，毫不含糊。总而言之，该判决书规范、得体，值得一读。

●吴水冰犯信用卡诈骗罪一案刑事判决书

广东省湛江市中级人民法院

刑事判决书

（2009）湛中法刑三初字第13号

公诉机关广东省湛江市人民检察院。

被告人吴水冰，男，1972年11月12日出生于广东省湛江市坡头区，身份证号码：440803197211122953，汉族，大专文化，原系湛江市霞山区建设街道办事处副主任。户籍所在地湛江市霞山区解放街道解放派出所霞山区政府宿舍民享西二路402房，住湛江市霞山区海头镇正街7号501房。因涉嫌犯信用卡诈骗罪于2008年10月24日被刑事拘留，同年12月1日被逮捕。现押于湛江市第一看守所。

广东省湛江市人民检察院以湛检公一刑诉［2009］11号起诉书，指控被告人吴水冰犯信用卡诈骗罪，于2009年3月9日向本院提起公诉。本院依法组成合议庭，于2009年3月27日公开开庭审理了本案。湛江市人民检察院指派检察员陈培文出庭支持公诉，被告人吴水冰到庭参加诉讼。现已审理终结。

广东省湛江市人民检察院指控：2006年期间，被告人吴水冰因帮他人融资失败而欠下了40多万元的债务，经济陷入困境。2007年，吴水冰与同学杨宇聊天时，得知杨宇与银行的工作人员很熟，可以办理信用卡。2007年6月至2008年8月期间，吴水冰伪造了吴水兵、吴华南两张身份证，同时利用工作之便窃取了黄伟文、梁湛华、林凯、李巍、冯汝恒、袁凯武、陈俊发、庄戈、蒙小燕、尤锐、叶宁等人的身份证复印件，将自己的工作证用遮盖复印的方法伪造上述人员的工作证复印件，填写好信用卡申请表，委托杨宇把申请资料交给银行申请信用卡，骗取了建设银行信用卡14张、发展银行信用卡5张，然后持卡到湛江康华商务酒店和湛江新录都大酒店等地方利用消费的形式套取现金来偿还债务。至2008年12月23日止，吴水冰冒用他人信用卡骗取建设银行和发展银行资金合计852295.54元。

针对上述指控，公诉机关提交了相关的证据。根据以上事实与证据，公诉机关认为，被告人吴水冰冒用他人信用卡诈骗银行资金852295.54元，数额特别巨大，其行为已构成信用卡诈骗罪，提请本院依法判处。

被告人吴水冰对于其冒用他人身份资料申领建设银行以及发展银行的信用卡，并持卡套取现金的事实没有异议，但其辩称，其行为不构成信用卡诈骗罪。其只是通过不恰当的手段冒用他人名义使用银行资金，并没有非法占有银行资金的目的。除有一张建设银行的信用卡没有按最低还款额按时还款外，其他的信用卡其都申请了分期还款，也一直按照银行对账单的要求按最低还款额进行还款，每张卡都有还款记录，其主观上没有骗取银行资金的故意。此外，其对于起诉书认定的涉案金额表示有异议。综上，请求法院不追究其刑事责任。

经审理查明，2006 年期间，被告人吴水冰与陆桂华商定，由吴水冰负责融资帮陆桂华筹建粤龙饲料厂。为此，吴水冰先后以 8% 的利率向朋友借款 40 多万元。但后来融资失败，吴水冰为此欠下 40 多万的债务，经济陷入困境。2007 年，吴水冰与同学杨宇聊天时，得知杨宇与银行的工作人员很熟，可以办理信用卡。2007 年 6 月至 2008 年 8 月期间，吴水冰伪造了吴水兵、吴华南的身份证，利用工作之便窃取了黄伟文、梁湛华、林凯、李巍、冯汝恒、袁凯武、陈俊发、庄戈、蒙小燕、尤锐、叶宁等人的身份证复印件，并将自己的工作证、空白的霞山区机关工作人员证采取遮盖、填挖后复印的方法伪造了上述人员的工作证复印件，又填写好信用卡申请表，并附上上述伪造、窃取的身份证、工作证的复印件，委托杨宇把申请资料交给银行申请信用卡，骗领了建设银行信用卡 14 张、发展银行信用卡 5 张，然后持卡到湛江康华商务酒店和湛江新录都大酒店等地方利用消费的形式套取现金来偿还债务。至 2008 年 12 月 23 日止，吴水冰冒用他人信用卡骗取建设银行和发展银行的资金合计 851411. 24 元。

其中：1. 冒用吴水兵的名义骗领建设银行信用卡 2 张，卡号分别为 4367480008520432、5324585060514732，骗取资金共 121773. 24 元；2. 冒用黄伟文名义骗领建设银行信用卡 2 张，卡号分别为 4367480008695697、5324585060549191，骗取资金共 134064. 55 元；3. 冒用吴华南的名义骗领建设银行信用卡 1 张，卡号为 4367480009184352，骗取资金 74892. 96 元；4. 冒用梁湛华的名义骗领建设银行信用卡 2 张，卡号分别为 5324582020021320、4895920300336988，骗取资金共 120472. 83 元，骗领发展银行信用卡 1 张，卡号为 4063651090044294，骗取资金 34930 元；5. 冒用林凯的名义骗领建设银行信用卡 1 张，卡号为 5324582020084906，骗取资金 33405. 82 元；6. 冒用李巍的名义骗领建设银行信用卡 1 张，卡号为 5324582020084914，骗取资金 39002. 60 元；7. 冒用冯汝恒的名义骗领建设银行信用卡 2 张，卡号分别为 5324582020084922、4895920300254660，骗取资金共 84789. 4 元；8. 冒用袁凯武的名义骗领建设银行信用卡 1 张，卡号为 4367480012930502，骗取资金 44394. 20 元；9. 冒用陈俊发的名义骗领建设银行信用卡 1 张，卡号为 5324582020173568，骗取资金 51155. 46 元；10. 冒用庄戈的名义骗领建设银行信用卡 1 张，卡号为 4367480009427363，骗取资金 41540. 98 元，骗领发展银行信用卡 1 张，卡号为 4063651097336792，骗取资金 22304. 84 元；11. 冒用蒙小燕的名义骗领发展银行信用卡 1 张，卡号为 5203821097304102，骗取资金 18835. 79 元；12. 冒用叶宁的名义骗领发展银行信用卡 1 张，卡号为 4063661097314061，骗取资金 26251. 08 元；13. 冒用尤锐的名义骗领发展银行信用卡 1 张，卡号为 4063651090013646，骗取资金 3597. 49 元。

上述事实，有检察机关提交，并经法庭质证、认证的下列证据予以证明：

1. 证人彭建军（中国建设银行湛江分行信用卡部职员）的证言，主要内容为：2007 年 6 月至 2008 年 8 月间，湛江市霞山区建设街道办事处副主任吴水冰分别伪造吴水兵、黄伟文、吴华南、梁湛华、林凯、李巍、冯汝恒、袁凯武、陈俊发、庄戈的身份证明资料及工作证到中国建设银行湛江分行冒领了 15 张信用卡，并恶意透支，诈骗中国建设银行资金共计 49.98 万元。

2. 证人袁凯武的证言，主要内容为：其从来没有向中国建设银行湛江分行申领过信用卡，也没有持卡进行恶意透支，信用卡申请表上所填写的地址、工作单位、职务、联系人、联系电话均与其本人真实情况不相符，申请表不是其本人所填，署有其名的申请表上的签名亦不是其本人所签，是他人冒用其身份证资料以其名义向建行申领了信用卡并进行透支。

经辨认，证人袁凯武确认以其名义申领信用卡的申请表不是其本人填写的，表上所附的工作证不是其本人的。

3. 证人冯汝恒的证言，主要内容为：其从来没有向中国建设银行湛江分行申领过信用卡，也没有持卡进行恶意透支，署有其名的信用卡申请表上所填写的地址、工作单位、职务、联系人、联系电话均与其本人真实情况不相符，申请表不是其本人所填，申请表上的签名亦不是其本人所签，是他人冒用其身份证资料以其名义向建行申领了信用卡并进行透支。并反映其曾于 2007 年 8、9 月份提供身份证复印件等资料给霞山区建设街道办办理下岗优惠证。

经辨认，证人冯汝恒确认以其名义申领信用卡的申请表不是其本人填写的，表上所附的工作证不是其本人的。

4. 证人梁湛华的证言，主要内容为：其从来没有向中国建设银行湛江分行以及广东发展银行湛江分行申领过信用卡，也没有持卡进行恶意透支，署有其名的信用卡申请表上所填写的地址、工作单位、职务、联系人、联系电话均与其本人真实情况不相符，申请表并不是其本人所填，申请表上的签名亦不是其本人所签，是他人冒用其身份证资料以其名义向建行申领了信用卡并进行透支。

经辨认，证人梁湛华确认以其名义申领信用卡的申请表不是其本人填写的，身份证复印件并不是其本人提供，所附的工作证、房产证均不是其本人的。

5. 证人吴华南的证言，主要内容为：其从来没有向中国建设银行湛江分行申领过信用卡，也没有持卡进行恶意透支，署有其名的信用卡申请表上所附的身份证上的相片、地址均与其本人身份证不相符，系伪造。2008 年，建设银行曾经多次通过电话向其追收信用卡透支额，其向银行工作人员解释从来没有申领过信用卡。后经了解，其曾打电话给吴水冰，问吴水冰是否以其名义申领了信用卡，吴水冰说是朋友以吴华南名义申领了信用卡，并答应将透支额还清。因为吴水冰系其上级领导，并答应将透支额还清，且申请资料中的身份证复印件与其本人身份证不相符，故其没有向公安机关报案。

经辨认，证人吴华南确认以其名义申领信用卡的申请表不是其本人填写的，所附身份证复印件以及工作证均不是其本人的。

6. 证人尤雅的证言，主要内容为：其曾用名为尤锐，现在身份证姓名为尤雅，其没有以尤锐的名义向发展银行湛江分行申请办理卡号为 4063651090013646 的信用卡，也没有持该卡进行消费透支，银行也没有通过电话或者书面和上门等形式向其追收欠款，其也没有收过银行透支催收单。可能是其同学吴水冰冒用其名义向发展银行申领了信用卡。

经辨认，证人尤雅确认以其名义申领信用卡的申请表不是其本人填写的，所附身份证复印件不是其本人提供。

7. 证人黄伟文的证言，主要内容为：其从来没有向银行申领过信用卡，也没有借身份资料给任何人办理过信用卡，银行也没有向其追收过信用卡透支额。

经辨认，证人黄伟文确认以其名义申领信用卡的申请表不是其本人填写的。

8. 证人李巍的证言，主要内容为：其从来没有向银行申领过信用卡，也没有持卡透支，以其名义申领信用卡资料中的工作证不是其本人的，应当是他人冒用其名义申领了信用卡并持卡透支。

经辨认，证人李巍确认以其名义申领信用卡的申请表不是其本人填写的，所附的身份证复印件不是其本人提供，工作人员证不是其本人的。

9. 证人林凯的证言，主要内容为：其从来没有向银行申领过信用卡，申请表不是其本人所填写的，署有其名的信用卡申请表中的笔迹不是其本人的，申请表中所填写的住址、工作单位等均与其本人真实情况不相符，申领信用卡资料中的工作证亦不是其本人的，应当是他人冒用其名义申领了信用卡并持卡透支。

经辨认，证人林凯确认以其名义申领信用卡的申请表不是其本人填写的，所附的身份证复印件不是其本人提供，工作人员证不是其本人的。

10. 证人蒙小燕的证言，主要内容为：其从来没有向银行申领过信用卡，署有其名的信用卡申请表不是其本人所填写的，申请表中所填写的情况也大多与其本人真实情况不相符。并反映其曾经因为需要办理社保、工资关系提交过身份证复印件给吴水冰。

经辨认，证人蒙小燕确认以其名义申领信用卡的申请表不是其本人填写的，所附的身份证复印件不是其本人提供的。

11. 证人叶宁的证言，主要内容为：其与吴水冰系同学关系，2006 年，吴水冰曾经以其名义分别在工商银行、建设银行各办理了一张信用卡，信用卡透支被银行催款后，其叫吴水冰将钱还清并分别注销了上述工商银行、建设银行的信用卡。吴水冰还曾经向其借款四万元，但已经还清。其从来没有在发展银行办理过信用卡，署有其名字的申领发展银行信用卡的申请表不是其本人填写的，其对于吴水冰以其名义向广东发展银行申办信用卡毫不知情，其也没有收过广东发展银行的对账单和催款通知书。

经辨认，证人叶宁确认以其名义申领广东发展银行信用卡的申请表不是其本人填写的，所附的身份证复印件不是其本人提供的。相关的借据、收据系吴水冰向其借款、还款时向其出具的凭证。

12. 证人陈俊发的证言，主要内容为：其从来没有向银行申领过信用卡，署有其名的信用卡申请表不是其本人所填写的，申请表中所填写的住址、工作单位等均与其本人真实情况不相符，申领信用卡资料中的工作证亦不是其本人的，应当是他人冒用其名义申领了信用卡并持卡透支。

经辨认，证人陈俊发确认以其名义申领信用卡的申请表不是其本人填写的，所附的身份证复印件不是其本人提供，工作人员证不是其本人的。

13. 证人陆桂华（原湛江市粤龙饲料有限公司负责人）证言，主要内容为：2003 年 8 月份，因公司经营不善，资金周转困难，其通过公司会计陈小宁介绍认识了吴水冰，想通过吴水冰向银行贷款。当时双方签订了一个协议，由吴水冰负责为其公司向银行贷款，贷款过程所需的费用由吴水冰自理，若贷款成功，则按贷款额的 3% 支付劳务费提成给吴水冰。后来由于贷款没有成功，故其也就没有支付劳务费给吴水冰。至于吴水冰为其公司办理贷款过程花了多少钱，其不清楚。

14. 证人蔡茂捷（建设银行湖光分理处主任）的证言，主要内容为：其于2005年11月份至2008年6月份在建设银行湖光分理处当主任，当时该分理处有办卡业务。杨宇是湛江东兴炼油厂的财务，在该分理处开有三个基本账户，其便向杨宇推销办卡业务，杨宇帮吴水冰向其分理处递交申请表，总共申领了13张信用卡。13张信用卡都是提供了申请人的身份证复印件以及霞山区机关工作人员证复印件，都是由杨宇拿了申请表交给吴水冰，再由杨宇将填好的申请表及证件资料交给其分理处，具体是谁填写的其没有去核对，只是通过打电话去核对。建设银行办卡规章制度要求是“三亲见”，即见本人签名、见证件原件、见本人，并且要核对证件原件，但因为杨宇是东兴炼油厂的财务，与其经常有业务来往，吴水冰是霞山区建设街道办副主任，申请表都是由吴水冰交给杨宇的，基于对杨宇以及吴水冰的信任，其没有去核对证件原件及申请人本人和申请人本人签名，以为是吴水冰帮单位同事申领，是吴水冰同事自己签名及提供资料给吴水冰办卡的，并不知道是吴水冰冒用他人名义申领信用卡供自己使用。

吴水冰申领的13张信用卡中，以吴水兵名义申领了2张信用卡，卡号分别为4367480008520432及5324585060514732；以黄伟文名义申领了2张信用卡，卡号分别为4367480008695697及5324585060549191；以吴华南名义申领了1张信用卡，卡号为4367480009184352；以梁湛华名义申领了2张信用卡，卡号分别为5524582020021320及4895920300336988；以林凯名义申领了1张信用卡，卡号为5324582020084906；以李巍名义申领了1张信用卡，卡号为5324582020084914；以冯汝恒名义申领了2张信用卡，卡号分别为5324582020084922及4895920300254660；以陈俊发名义申领了1张信用卡，卡号为5324582020173568；以庄戈名义申领了1张信用卡，卡号为4367480009427363。此外，以吴水兵名义申领，卡号为4895920300052528的信用卡，以及以袁凯武名义申领，卡号为4367480012930502的信用卡不是在其分理处申领的。

15. 证人杨宇（东兴炼油厂财务人员）的证言，主要内容为：吴水冰系其初中同学，2006年，吴水冰称与朋友合办饲料厂要融资，向其借钱。其称没钱可借，但是有一张信用卡可以借给吴使用，并向吴说明要准时还款并支付透支利息。后来吴水冰就用其信用卡透支了2万元左右（目前尚欠1万元左右）。2007年，吴水冰问其是否认识银行的人，可不可以帮他办理信用卡。当时正好建设银行湖光分理处主任蔡茂捷向其推销公务卡，其便答复吴水冰可以帮他办理信用卡。先由吴水冰填写好申请表，并提供申请人身份证及工作证复印件，其再把申请资料交给蔡茂捷申领信用卡。其第一次帮吴水冰向银行递交信用卡申请表是以吴水兵的名义进行申领的。除了袁凯武这张申请表不是其帮吴水冰递交外，其余的申请表都是其帮吴水冰递交的。递交申请表时，吴水冰没有提供申请人的身份证和工作证原件。吴水冰称是帮他单位同事办理的，其也没有核实是否属实。此外，其还帮吴水冰向广东发展银行湛江分行湖光分理处递交过信用卡申请表，至于是否成功申领到信用卡其不知道。

16. 证人吴糠的证言，主要内容为：吴水冰没有持卡在其公司消费过，但有时吴水冰急需用钱，持卡在其公司的POS机刷卡，其再将现金给吴水冰。吴水冰套取现金的信用卡有中国建设银行和广东发展银行两家银行的信用卡，套取现金时吴水冰都是签自己的名字。其知道利用POS机套取现金是违反银行规定的，但其和吴水冰是朋友，吴愿意支付手续费给其，故其便同意吴水冰用卡在其公司POS机上套取现金。

17. 建设银行报案材料、发展银行报案材料、接受刑事案件登记表、立案决定书、抓获经过，主要内容为：2008年10月10日、28日，中国建设银行湛江分行、广东发展银行湛江分行分别向侦查机关报案，称持卡人分别为梁湛华、吴华南、吴水兵、黄伟文、冯汝恒、庄戈、陈俊发、袁凯武、李巍、林凯、尤锐、蒙小燕、叶宁的上述两银行的信用卡的持卡人资料涉嫌被冒用，信用卡被冒领冒用并恶意透支，请侦查机关立案侦查。侦查机关根据报案，分别于2008年10月23日、11月3日决定立案侦查。于2008年10月24日在霞山区建设街道办事处楼下将被告人吴水冰抓获。

18. 搜查证、搜查笔录、扣押物品清单、冻结存款通知书，主要内容为：侦查机关依法对被告人吴水冰住所霞山区海头镇正街7号501房以及办公室进行搜查，扣押到中国建设银行卡17张，广东发展银行卡8张，中国工商银行卡1张，吴水兵身份证1张（编号440803197411222953）、吴华南身份证1张（编号440803700327341）、广东农村信用合作社存款存折1本、中国邮政储蓄绿卡1张、中国建设银行冯汝恒信用卡一张（卡号：4835910000256357）、收条、收据、借据、欠据等单据以及中国建设银行、中国工商银行存取款凭条一批。在被告人吴水冰办公室发现伪造的“霞山区机关工作人员证”（姓名分别为陈俊发、李巍、孙斌等），身份证复印件（姓名分别为吴水冰、谭志伟、岑柏锐、袁凯武、杨华福、孙斌等）；中国建设银行、招商银行的信用卡申请表（申请人姓名分别为孙斌、吴田佑等）。没有冻结到吴水冰的银行存款。

19. 湛江市公安局、霞山区建设街道办事处、霞山区机关事务管理局、湛江市房地产档案馆出具的证明材料，主要内容为：经人口信息查询，无姓名吴水兵，身份证号码440803197411222953的人；霞山区建设街道办事处查无吴水兵、李巍、庄戈、吴华南、黄伟文、林凯、梁湛华、冯汝恒等人；霞山区机关事务管理局查无袁凯武、陈俊发二人；湛江市房地产档案馆查无梁湛华、庄戈坐落在湛江市的房产登记资料；坐落于霞山区文明北一路41号3幢604房产权属吴水冰。

20. 人口信息资料，证实被告人吴水冰作案时已年满18周岁。

21. 湛江市粤龙饲料有限公司工商登记资料，证实证人陆桂华原系湛江市粤龙饲料公司负责人。

22. 原始收据、收条、借据、欠据、消费存根［包括陈用收条收据16张，彭戈（彭仔）收条收据22张，李彬收条13张，王光收条6张，叶宁收据18张，吴美林收条1张，吴水冰借据7张，杨志坤欠据1张，消费存根79张］，上述证据均经过被告人吴水冰的辨认，主要内容为：被告人吴水冰与上述人员之间的借款、还款等经济往来以及其持卡消费及通过消费的形式透取现金的情况。

23. 吴水兵、吴华南的身份证复印件、确认书、特快专递详情单，姓名分别为陈俊发、袁凯武的霞山区工作人员证复印件，搜查扣押到的信用卡拍照附卷，中国建设银行湛江分行提供的信用卡申请表复印件，上述证据均经被告人吴水冰辨认，主要内容为：吴水冰伪造吴水兵、吴华南的身份证以及霞山区工作人员证，冒用吴水兵、黄伟文、吴华南、梁湛华、林凯、李巍、冯汝恒、袁凯武、陈俊发、庄戈等人名义填写信用卡申请表，并冒用上述人员名义骗领并签收了信用卡。

24. 建设银行信用卡流水账以及发展银行信用卡流水账，主要内容为：吴水冰冒用梁湛华、吴华南、吴水兵、黄伟文、冯汝恒、庄戈、陈俊发、袁凯武、李巍、林凯、尤锐、蒙小燕、叶宁等人名义骗领了建设银行以及发展银行的信用卡后，持卡消费以及通过消费的形式套取现金的具体情况。

25. 湛公鉴文［2008］36号鉴定文书，内容为：侦查机关将发展银行以及中国建设银行提供的，申请人分别签署为“叶宁”、“庄戈”、“尤锐”、“袁凯武”、“黄伟文”、“吴水兵”、“梁湛华”、“李巍”、“冯汝恒”、“陈俊发”、“吴华南”的信用卡申请表原件共15张作为检材，同时提供吴水冰笔迹样本原件15张一并送鉴，经鉴定，检材上除“银行专用栏”、“银行填写部分”栏及“加急”字迹外的笔迹与吴水冰笔迹样本同一。

26. 广东中正司法会计鉴定所湛中正鉴字（2009）001号司法鉴定意见书，主要内容为：经司法会计鉴定，1. 吴水兵卡号为4367480008520432的建设银行信用卡欠款合计109292.17元，其中本金96257.64元，卡号为5324585060514732的建设银行信用卡欠款合计30266.37元，其中本金25515.60元，两卡欠款本金合计121773.24元；2. 黄伟文卡号为4367480008695697的建设银行信用卡欠款合计117373.31元，其中本金103419.60元，卡号为5324585060549191的建设银行信用卡欠款合计34708.79元，其中本金30644.95元，两卡欠款本金合计134064.55元；3. 吴华南卡号为4367480009184352的建设银行信用卡欠款合计87571.34元，其中本金74892.96元；4. 梁湛华卡号为4895920300336988的建设银行信用卡欠款合计30225.10元，其中本金28007.60元，卡号为5324582020021320的建设银行信用卡欠款合计107026.71元，其中本金92465.23元，两卡欠款本金合计120472.83元；5. 林凯卡号为5324582020084906的建设银行信用卡欠款合计38361.46元，其中本金33405.82元；6. 李巍卡号为5324582020084914的建设银行信用卡欠款合计45901.54元，其中本金39002.60元；7. 冯汝恒卡号为5324582020084922的建设银行信用卡欠款合计73215.06元，其中本金62787.40元，卡号为4895920300254660的建设银行信用卡欠款合计24883.78元，其中本金22002.00元，两卡欠款本金合计84789.4元；8. 袁凯武卡号为4367480012930502的建设银行信用卡欠款合计49931.02元，其中本金44394.20元；9. 陈俊发卡号为5324582020173568的建设银行信用卡欠款合计59160.11元，其中本金51155.46元；10. 庄戈卡号为4367480009427363的建设银行信用卡欠款合计51112.23元，其中本金41540.98元；11. 蒙小燕卡号为5203821097304102的发展银行信用卡欠款合计19039.63元，其中本金18835.79元，超额金200元；12. 梁湛华卡号为4063651090044294的发展银行信用卡欠款合计35520.58元，其中本金34930.00元，超额金200元；13. 叶宁卡号为4063661097314061的发展银行信用卡欠款合计27694.83元，其中本金26251.08元，超额金284.30元；14. 尤锐卡号为4063651090013646的发展银行信用卡欠款合计3604.21元，其中本金3597.49元；15. 庄戈卡号为4063651097336792的发展银行信用卡欠款合计22592.61元，其中本金22304.84元，超额金200元。

上述建设银行、发展银行信用卡欠款合计967480.85元，其中本金851411.24元，超额金884.30元，利息49600.83元，滞纳金65584.48元。

27. 被告人吴水冰的供述与辩解，主要内容为：其系湛江市霞山区建设街道办事处副主任。曾与朋友陆桂华投资办厂，因经营不善于2006年底倒闭，其亏损了40万元，这些钱均系其通过朋友李斌（彬）向别人借来的，月息8分钱，每月均要支付利息给债主，其工资收入根本不够支付利息。2007年，其与朋友杨宇闲聊时，杨宇称认识建设银行的主任，有办卡任务，问其有没有单位同事或朋友想办信用卡，可以帮忙办。其当时因很多债主都在向其追收本金及利息，并且其已经在建设银行申领了信用卡，不能再申请，其便想通过伪造他人的资料到建行申领信用卡，然后用信用卡套取现金，用于偿还债务。于是，其便找人伪造了吴水兵、吴华南的身份证，同时利用工作之便拿了黄伟文、梁湛华、林凯、李巍、冯汝恒、袁凯武、陈俊发、庄戈、蒙小燕、尤锐、叶宁等人的身份证复印件，将自己的工作证以及空白霞山区机关工作人员证用遮盖、填挖复印的方法伪造出上述人员的工作证复印件，填写好信用卡申请表，并附上申请人身份证、工作证复印件等申请资料，委托杨宇把申请资料交给银行申请信用卡，申请资料中除姓名与身份证号码属实外，其他均系其捏造。其没有直接接触银行工作人员，银行也没有要求核对其提交的资料原件。建行信用卡均是通过邮政快递邮寄的，其以他人名义申领后，就拨打建行服务电话咨询领卡时间，然后又拨打邮局快递公司电话咨询卡是否邮寄到，如果到了，其就与快递员联系取卡，取卡时只需要签名就行，不用提供申领人身份证。2007年6月至2008年8月间，其以吴水兵的名义申领了2张卡号分别为4367480008520432、5324585060514732的建设银行信用卡；以黄伟文的名义申领了2张卡号分别为4367480008695697、5324585060549191的建设银行信用卡；以吴华南名义申领了1张卡号为4367480009184352的建设银行信用卡；以梁湛华名义申领了2张卡号分别为4895920300336988、5324582020021320的建设银行信用卡；以林凯名义申领了1张卡号为5324582020084906的建设银行信用卡；以李巍名义申领了1张卡号为5324582020084914的建设银行信用卡；以冯汝恒名义申领了2张卡号分别为5324582020084922、4895920300254660的建设银行信用卡；以袁凯武名义申领了1张卡号为4367480012930502的建设银行信用卡；以陈俊发名义申领了1张卡号为5324582020173568的建设银行信用卡；以庄戈名义申领了1张卡号为4367480009427363的建设银行信用卡；以蒙小燕名义申领了1张卡号为5203821097304102的发展银行信用卡；以梁湛华名义申领了1张卡号为4063651090044294的发展银行信用卡；以叶宁名义申领了1张卡号为4063661097314061的发展银行信用卡；以尤锐名义申领了1张卡号为4063651090013646的发展银行信用卡；以庄戈名义申领了1张卡号为4063651097336792的发展银行信用卡。上述信用卡均是其在上述人员不知情的情况下以上述人员的名义申领的。申领到上述信用卡后，其以吴水兵、黄伟文、吴华南、梁湛华、林凯、冯汝恒、袁凯武、蒙小燕、尤锐、叶宁等人的名义持上述的银行信用卡进行消费以及透支现金。其一开始主要是将信用卡交给杨由成，由杨在湛江康华商务酒店和湛江新录都酒店通过消费的形式套取现金给其，其按2%支付手续费给杨，其将套支出来的现金主要用于偿还债务，经杨介绍与商户熟悉后，其便自己去套现，也是支付2%的手续费给商户，总共套现了大约40万元，以银行对账单为准。其知道冒用他人名义申领信用卡并透支现金是不对的，但其认为其行为并不属于诈骗犯罪行为。

经辨认，被告人吴水冰能够辨认出其冒用吴水兵、黄伟文、吴华南、梁湛华、林凯、冯汝恒、袁凯武、蒙小燕、尤锐、叶宁等人的名义申请银行信用卡时填写的申请表，伪造以及利用工作之便取来的上述人员的身份证复印件，采取遮盖、填挖后复印手段伪造出来的霞山区机关工作人员证，其冒用上述人员名义申领并持有使用的建设银行、发展银行的信用卡，其冒用上述人员名义持卡进行消费以及透支现金的存根，其与陈用、彭戈（彭仔）、李彬、王光、叶宁、吴美林、杨志坤之间借款、还款时所立的原始收据、收条、借据、欠据。

关于被告人吴水冰辩解称其主观上不具有诈骗的故意，其行为并不构成信用卡诈骗罪以及对于涉案金额有异议的问题。判断被告人主观上是否具有非法占有的故意，并不能仅凭被告人的供述及辩解，还应当综合考量被告人的客观行为。本案中，被告人吴水冰因融资失败，身负巨债，为偿还债务，采取伪造、冒用他人身份资料，以他人名义骗领银行信用卡，并冒用他人名义使用信用卡，违反信用卡管理规定以消费的形式透取现金，用于偿还个人债务，透支的现金多达 85 万元，数额特别巨大，以其个人目前的收入，根本不足以偿还其所透支的巨额现金，至于其每次透取现金后均申请分期还款，并按最低还款额进行还款，这只是其为了掩饰罪行，增加所冒用的信用卡的信用额，为进一步骗取银行更多资金的一种作案手法，其明知自己无偿还能力，仍然冒用他人名义申领信用卡，并持卡违规透取现金，其上述的行为已经足以证明其主观上具有非法占有银行资金的故意，其辩称主观上没有诈骗故意的辩解与本案客观事实不相符，不予采纳。根据《中华人民共和国刑法》第一百九十六条之规定，信用卡诈骗罪是指用虚构事实或者隐瞒真相的方法，利用信用卡进行诈骗，骗取财物数额较大的行为。客观方面表现为：一是使用伪造的信用卡，或者使用以虚假的身份证明骗领的信用卡；二是使用作废的信用卡；三是冒用他人信用卡；四是恶意透支。本案中，被告人吴水冰伪造了吴水兵、吴华南的身份证，利用工作之便窃取得黄伟文、梁湛华、林凯、冯汝恒、袁凯武、蒙小燕、尤锐、叶宁等人的身份证复印件，并采取遮盖、填挖后复印的手法伪造了上述人员的工作人员证后，以上述人员的名义向银行申领了信用卡，并持卡进行消费、透取现金，并将透取出来的现金用于偿还个人债务，其行为已经违反了国家的金融管理制度，侵犯了上述被其所冒用人员以及银行的权益，其行为完全符合信用卡诈骗罪构成要件，构成信用卡诈骗罪，其冒用他人名义透取现金后，分别申请了分期还款并按照银行对账单要求的最低限额还款的行为，并不能改变其冒用他人信用卡行为的性质，不影响其信用卡诈骗罪的成立。此外，其犯罪涉案金额系侦查机关依法委托具有鉴定资格的司法会计鉴定机构，在对其冒用他人名义申领、使用的信用卡的全部流水账进行审核的基础上作出，鉴定主体适格，鉴定程序合法，依据确实充分，鉴定结论真实客观，依法应予采信。被告人的这一辩解，也进一步印证了被告人主观上根本不知自己到底透取了银行多少现金，根本没有还款的能力以及诚意。综上，被告人吴水冰的上述辩解意见与本案客观情况不符，不予采纳。

本院认为，被告人吴水冰伪造、冒用他人的身份资料，以他人名义骗领银行的信用卡，并冒用他人名义持卡进行消费、透支现金，用于偿还个人债务，骗取银行资金数额多达 851411.24 元，数额特别巨大，其行为已构成信用卡诈骗罪，依法应予惩处。检察机关指控被告人吴水冰犯信用卡诈骗罪的事实清楚，证据确实、充分，所定罪名成立，予以支持。被告人吴水冰辩解称其主观上不具有诈骗故意，其行为不构成信用卡诈骗罪的意见不符合本案的客观事实，不予采纳。根据被告人吴水冰犯罪的事实，犯罪的性质、情节及对社会的危害程度，依照《中华人民共和国刑法》第一百九十六条第一款第（一）、（三）项、第五十二条、第五十三条、第六十四条之规定，判决如下：

一、被告人吴水冰犯信用卡诈骗罪，判处有期徒刑十一年，并处罚金人民币5万元。

（刑期从判决执行之日起计算。判决执行以前先行羁押的，羁押一日折抵刑期一日，即自2008年10月24日起至2019年10月23日止。罚金限于本判决生效第二日起一个月内缴纳）。

二、缴获的信用卡予以没收。

如不服本判决，可在接到判决书的第二日起十日内，通过本院或者直接向广东省高级人民法院提出上诉。书面上诉的，应当提交上诉状正本一份，副本二份。

审 判 长　李非白
审 判 员　陈梦敦
代理审判员　袁南利
二〇〇九年四月二十一日
书 记 员　陈 赞（代）

【评析】

该判决书格式规范，说理清晰，逻辑严密，论证有力，案件质量高，被评为2010年全省法院优秀裁判文书，具有以下特点：1. 论理充分，逻辑严密，驳斥有力。判决书的分析说理部分是判决书的灵魂，亦是衡量一份判决书是否具有说服力和公信力的关键所在。本案涉及罪与非罪，且被告人拒不认罪，论述需要结合信用卡诈骗罪的犯罪构成展开，客观、全面地对被告人的行为作出评判。这篇判决书说理透彻，逻辑严密，以被告人的主观故意作为切入点，通过综合考量被告人的客观行为，有力地驳斥了被告人辩称主观上没有诈骗故意的辩解，然后结合信用卡诈骗罪的犯罪构成，全面、客观地对被告人的行为进行评判，论证有理有据，丝丝入扣，判决结果具有较强的说服力和公信力。2. 格式规范，归纳有序，重点突出。本案被告人作案使用的涉案信用卡多达19张，每张信用卡涉案金额不同，且涉及多名证人证言，案情复杂。审查查明的事实部分，在认证证据的基础上翔实、准确地予以叙述，证据罗列归纳有序，重点突出，条理清楚、顺畅，适用法条准确、具体。3. 定罪准确，量刑适当，案件质量高，该案一审宣判后，被告人不服提出上诉，广东省高级人民法院二审裁定驳回上诉，维持原判。

●王利国犯故意伤害罪一案刑事判决书

广东省揭阳市榕城区人民法院

刑事判决书

（2009）揭榕法刑初字第180号

公诉机关揭阳市榕城区人民检察院。

被告人王利国，男，1974年4月10日出生于揭阳经济开发试验区京冈街道办事处，汉族，小学文化，住揭阳经济开发试验区京冈街道办事处下路村西座围六横巷68号。因本案于2009年3月13日被行政拘留，同月23日被刑事拘留，2009年4月3日被逮捕。现押于揭阳市看守所。

辩护人许洁伟，广东冠法律师事务所律师。

揭阳市榕城区人民检察院以揭榕检诉字［2009］165号起诉书指控被告人王利国犯故意伤害罪，于2009年7月20日向本院提起公诉。在诉讼过程中，被害人林洁云向本院提起附带民事诉讼。经本院院长批准，延长审限两个月。本院依法组成合议庭，公开开庭进行了合并审理。揭阳市榕城区人民检察院指派检察员高丽珊出庭支持公诉，被害人林洁云，被告人王利国及其辩护人许洁伟到庭参加诉讼，在审理过程中，经本院主持调解，被害人林洁云与被告人王利国就赔偿问题达成协议并当庭履行完毕。本案现已审理终结。

揭阳市榕城区人民检察院指控：2009年3月12日17时许，被告人王利国路过揭阳经济开发试验区京冈街道办事处下路村被害人林洁云的家门口时，因林洁云家饲养的狗朝他吠叫，遂与林洁云的女儿王嘉瑜发生口角，林洁云刚好回家并上前责问，王利国继续吵闹并用拳头打林洁云，致林洁云左耳部位受轻伤，左眼部位、背部受轻微伤。经法医鉴定，林洁云的损伤程度属轻伤。

上述指控事实，公诉机关当庭出示了被害人林洁云的陈述，证人王利民、王惠荣、王来雄、王嘉瑜等人的证言，现场勘查笔录，现场照片，辨认笔录，抓获经过证实材料，法医学活体检验鉴定书，被告人王利国的供述及其身份证实材料等证据证实。

揭阳市榕城区人民检察院指控认为，被告人王利国的行为触犯了《中华人民共和国刑法》第二百三十四条之规定，构成故意伤害罪。提请本院依法判处。

被告人王利国对指控其打伤被害人林洁云的经过供认不讳，对其行为表示后悔。

辩护人辩护称：1. 被害人林洁云损伤程度为轻伤的鉴定结论依据不足，请求重新鉴定。2. 被告人王利国犯罪情节轻微，主观恶性及社会危害性较小，且能主动上交

7000元在派出所用于赔偿被害人的合理经济损失，请求法院对被告人免予刑事处罚。3. 被害人对本案的发生有一定过错，对被告人王利国可以酌情从轻处罚。4. 被告人王利国一贯表现好，是初犯，且案后能坦白交代，认罪态度好，有悔罪表现，请予酌情从轻处罚。

经审理查明：2009年3月12日17时许，被告人王利国路过揭阳经济开发试验区京冈街道办事处下路村被害人林洁云的家门口时，因林洁云家饲养的狗朝他吠叫，遂与林洁云的女儿王嘉瑜发生口角，林洁云刚好回家，便上前问是因何事吵架，王利国便对林洁云进行谩骂，并用拳头殴打林洁云，致林洁云左耳部、左眼部、背部等部位受伤。经法医鉴定，林洁云的损伤程度属轻伤。

上述事实，有检察机关提交并经法庭质证、认证的下列证据予以证明：

1. 被害人林洁云的陈述。林陈述2009年3月12日17时45分左右，其骑自行车回家时见王利国站在其家门口骂其女儿，其问王利国是因何事，王利国二话不说，便用拳头打其头部、眼角、胸口两侧及腰背部等部位，致其受伤，后被群众劝开。

2. 证人王嘉瑜的证言。王证实2009年3月12日17时30分，其家里养的一条小狗走到通巷中在王利国的儿子旁边绕了一圈并嗅了一下，王利国见后用脚踢小狗，说这衰狗如果咬到人怎么办，其听后说狗咬到人不用你赔钱。王利国听后即对其谩骂，其将狗抱回家里并骂小狗，王利国以为其在骂他，又走过来对其谩骂。这时，其母亲林洁云回家见状问是因为何事口角，王利国二话不说，用拳头朝其母亲的双眼、头部、胸口、腰背等处乱打，其母亲被打后斜倒在墙边，后被在场群众劝开。

3. 证人王利长的证言。王证实2009年3月12日17时50分左右，其在家里听到邻居林洁云家里养的一条小狗吠王利国，引起王利国骂王嘉瑜。一会儿后，林洁云回家问其女儿发生什么事，王利国对林洁云母女进行谩骂，其走出家门口时，恰好见到王利国用拳头朝林洁云眼部、头部及身体乱打，林洁云被打伤左眼部，用手捂住眼部说其眼睛看不清而且头晕，被邻里群众扶回家里。

4. 证人王惠荣的证言。王证实2009年3月12日17时50分左右，其在家里听到通巷有人打架，马上走了出来，见到王利国正用拳头打林洁云的后背，林洁云已被打伤眼部，林洁云很生气，用手捂住眼部要撞向王利国，被附近群众劝开，后被送往医院治疗。

5. 证人王来雄的证言。王证实2009年3月12日17时50分左右，王利国在通巷步行经过王嘉瑜家门口时，王嘉瑜养的一条小狗朝王利国吠叫，王利国骂了一阵之后，走到通巷另一边与其及王瑞声三人闲谈，其听到林洁云的女儿王嘉瑜在她的家门口骂人，王利国说王嘉瑜是在骂他，并走到王嘉瑜的门口谩骂王嘉瑜，其与王瑞声上前劝解。这时，王嘉瑜的母亲林洁云骑自行车来到巷口，见王利国在骂其女儿，就问王利国是因什么事，王利国便谩骂林洁云，随后用拳头朝林洁云的头部、左眼及身体各处乱打，致林洁云左眼肿胀并流血，林洁云用手捂住左眼，其见状马上将王利国拉开并推其回家。

6. 现场勘验笔录。经勘验，现场位于揭阳经济开发试验区京冈街道办事处下路村林洁云家门口。

7. 现场照片，经被告人王利国辨认，确认无误。

8. 法医学活体检验鉴定书。经鉴定，林洁云头面部及全身多处软组织挫伤符合钝性外力作用所致；左耳损伤后致外伤性鼓膜穿孔并传导性聋，左耳气导低额损失 >85

分贝递减，左耳损伤属轻伤；左眼损伤后致左眼挫伤，视力尚可，左眼损伤属轻微伤；躯干损伤未达轻微伤范围。结论为：林洁云的损伤程度属轻伤。

9. 抓获经过证实材料。揭阳市公安局京冈派出所证实该所于2009年3月13日18时30分将王利国传唤到派出所审查并对其执行行政拘留。

10. 被告人王利国的供述。王供述2009年3月12日18时左右，其回家途经林洁云家门口时，林洁云家里养的一条小狗跑过来吠他，并用头抵着其右脚，其骂小狗时王炎辉的女儿王嘉瑜走了出来，其问王嘉瑜说如果狗咬到人怎么办，王嘉瑜回应说“狗咬到人不用你出钱”，双方遂发生口角。王嘉瑜的母亲林洁云回家见状上前责问其为了何事，并用手指朝其比划。其见状很生气，便用右手打林洁云的左眼角两下，林洁云的眼角顿时肿胀，其指甲还划破林洁云眼角皮肤致其流血，随后被邻居劝开。

11. 被告人王利国的身份证实材料。

辩护人辩护称被害人林洁云的损伤程度为轻伤的鉴定结论依据不足，请求重新鉴定。经查，该鉴定结论是法医依法作出，客观真实，合法有效，应予采信，辩护人该辩护意见，理由不成立，不予采纳。

另查明：在本案审理过程中，经本院主持调解，被告人王利国与被害人林洁云于2009年10月29日就损害赔偿问题达成协议，由王利国一次性赔偿林洁云医疗费、误工费、住院伙食补助费、护理费、营养费、继续治疗费、鉴定费等损失合共人民币2万元，并当庭付清赔偿款。被害人林洁云及其亲属请求法院对被告人王利国从轻处罚。

本院认为，被告人王利国无视国家法律，故意非法损害他人身体健康，致人轻伤，其行为已构成故意伤害罪。公诉机关指控被告人王利国所犯罪名成立，本院予以支持。被告人王利国归案后能坦白交代犯罪事实，且在亲属配合下主动赔偿被害人的经济损失，取得被害人及其亲属的谅解，被害人及其亲属也请求对被告人王利国从轻处罚，故对被告人王利国可予酌情从轻处罚。辩护人辩护称被告人王利国主观恶性及社会危害性较小，是初犯，案后能坦白交代，主动赔偿被害人的经济损失，认罪态度好，有悔罪表现，请求予以酌情从轻处罚的辩护意见，经查，理由成立，予以采纳；但辩称王利国的犯罪情节轻微，请求法院对王利国免予刑事处罚以及被害人对本案的发生有一定过错等辩护意见，经查，理由不成立，不予采纳。依照《中华人民共和国刑法》第二百三十四条第一款之规定，判决如下：

被告人王利国犯故意伤害罪，判处有期徒刑八个月。

（刑期从判决执行之日起计算。判决执行以前先行羁押的，羁押一日折抵刑期一日，即自2009年3月13日起至2009年11月12日止）。

如不服本判决，可在接到判决书的第二日起十日内，通过本院或者直接向揭阳市中级人民法院提出上诉。书面上诉的，应当提交上诉状正本一份，副本二份。

审 判 长　张剑锋
审 判 员　陈少彬
审 判 员　林珠娜
二〇〇九年十月二十九日
代书记员　陈晓芳

【评析】

该判决书制作格式符合《法院刑事诉讼文书样式》规范的基本要求，被评为2010年全省法院优秀裁判文书，其具有以下特点：1. 首部、事实、说理部分，层次分明，条理性强。首部将本案依法延长审限及将被害人参加诉讼后经调解获得赔偿等问题，几句话带过，既体现出审判程序的合法性，又反映出对被害人诉讼权利及其他合法权益的充分保护。2. 事实部分详略得当。事实部分对控辩双方的意见只作简单的概述，着重点放在查明的事实及证据，使人对该案能够充分了解。3. 文书说理充分，针对性强。在查清事实的基础上，根据被告人的犯罪特征认定被告人的行为所构成的罪名，并分析被告人所具备的从轻处罚情节，并对控辩双方意见予以辩驳，充分的说理既体现了宽严相济的原则，也使对被告人作出从轻处罚的判决顺理成章。整篇判决书内容简明扼要，一气呵成。

广东省清远市中级人民法院

刑事判决书

（2009）清中法刑初字第35号

公诉机关广东省清远市人民检察院。

被告人欧阳伟森，男，1949年11月23日出生于广东省佛冈县，汉族，文化程度大专，中共党员，佛冈县第十三届人民代表大会代表。1998年任佛冈县机关事务局局长；2001年10月兼任佛冈县行政中心筹建办公室主任；2001年12月任佛冈县政府办公室主任；2004年11月任佛冈县县长助理（副处级）；2005年兼任佛冈县人民中心配套工程建设工作领导小组常务副组长；2007年5月任佛冈县国有资产经营有限公司董事长。住佛冈县青松东路德安街28号2幢601房。因涉嫌犯受贿罪，于2008年4月1日被监视居住，同月2日被刑事拘留，同月16日被逮捕，同月22日被取保候审。

辩护人赖青，广东名典律师事务所律师。

辩护人麦美群，广东名典律师事务所实习律师。

广东省清远市人民检察院以清检刑诉字（2009）27号起诉书指控被告人欧阳伟森犯受贿罪，于2009年8月7日向本院提起公诉。本院依法组成合议庭，于2009年9月7日公开开庭审理了本案。广东省清远市人民检察院指派检察员蓝晓燕、伍春玲出庭支持公诉，被告人欧阳伟森及其辩护人赖青、麦美群到庭参加了诉讼。现已审理终结。

广东省清远市人民检察院指控：2001年春节至2008年春节期间，被告人欧阳伟森在先后担任佛冈县机关事务局局长兼佛冈县行政中心筹建办公室主任、佛冈县政府办公室主任兼任佛冈县人民中心配套工程建设工作领导小组常务副组长、县长助理期间，在负责协调、监管和管理佛冈县人民政府新办公大楼主楼、信访楼、人大和政协两栋副楼、府前广场、档案馆、新招待所等工程及工程监理款拨付过程中，利用职务之便，为他人谋取利益，先后多次收受黄国庆、郑泽民、胡志程等人给予的贿赂共计人民币240300元、港币40000元、美元6000元。

公诉机关为指控被告人欧阳伟森受贿的犯罪事实，提供了如下证据予以证实：被告人欧阳伟森的供述，行贿人黄国庆、郑泽民、胡志程等人的陈述，证人朱伟文、欧阳浩锋、何婉儿等人的证言，有关工程的合同、财务账册、银行转账凭证等书证及被告人欧阳伟森的任职文件等。据此，公诉机关认定被告人欧阳伟森的行为触犯了《中华人民共和国刑法》第三百八十五条的规定，构成受贿罪。但欧阳伟森有自首情节，可以从轻或减轻处罚。向本院提起公诉，请求本院依法惩处。

被告人欧阳伟森对公诉机关指控其犯受贿罪的犯罪事实无异议，请求本院从轻或减轻处罚。

被告人欧阳伟森的辩护人辩护提出：1. 2003 年 12 月，欧阳伟森新居入伙时收取胡志程的两台彩电及 5000 元现金属于朋友间礼尚往来，不是贿赂；2. 2006 年底，胡志程替欧阳伟森支付购房款人民币 65920 元及港币 20000 元是欧阳伟森向胡志程的借款，并非索贿；3. 2008 年春节，胡志程送给欧阳伟森的人民币 20000 元是朋友间馈赠，而非受贿，因为其时欧阳伟森已调离主管工程建设的岗位，没有利用职权为胡志程谋取利益；4. 欧阳伟森有自首情节，依法可以从轻或减轻处罚，欧阳伟森积极退清赃款，且又年老多病，不适宜关押，请求对欧阳伟森减轻处罚并适用缓刑。

欧阳伟森及其辩护人向本院提供了佛冈县中医院的门诊病历、佛冈县人民医院体检报告及门诊病历、广州医学院第二附属医院门诊病历、佛山市中医院的住院证明书等证据，拟证实被告人欧阳伟森的心血管有肿瘤，并患有冠心病、高血压、脑动脉硬化、颈椎病等。

经审理查明：

一、2004 年至 2007 年间，被告人欧阳伟森在先后任佛冈县机关事务局局长、佛冈县人民政府办公室主任、县长助理期间，伙同时任佛冈县机关事务局副局长朱伟文（另案处理）在负责佛冈县政府新办公大楼主楼、信访楼、人大和政协两栋副楼、府前广场、档案馆、新招待所等监理工程及监理费拨付工作过程中，利用职务之便，为他人谋取利益，先后五次非法收受黄国庆给予的贿赂共计人民币 75000 元，其中欧阳伟森个人从中分得人民币 40000 元。具体事实如下：

1. 2004 年春节期间，被告人欧阳伟森在审批支付行政中心监理费人民币 80000 元给黄国庆后，非法收受黄国庆给予的贿赂人民币 10000 元，事后欧阳伟森从中分给朱伟文 5000 元，其个人从中分占人民币 5000 元。

2. 2004 年中秋节期间，被告人欧阳伟森在审批支付人大和政协副楼监理费人民币 75000 元给黄国庆后，非法收受黄国庆给予的贿赂人民币 10000 元。事后欧阳伟森从中分给朱伟文人民币 5000 元，个人从中分占人民币 5000 元。

3. 2005 年春节期间，被告人欧阳伟森在审批支付办公大楼主楼监理费人民币 100000 元给黄国庆后，非法收受黄国庆给予的贿赂人民币 15000 元。事后欧阳伟森从中分给朱伟文人民币 5000 元，个人从中分占人民币 10000 元。

4. 2006 年春节期间，黄国庆在收到人民中心监理费人民币 100000 元后，贿送给朱伟文人民币 20000 元。事后朱伟文从中分给被告人欧阳伟森人民币 10000 元。

5. 2007 年春节期间，黄国庆在收到办公楼监理费人民币 130000 元后，贿送给朱伟文人民币 20000 元。事后朱伟文从中分给被告人欧阳伟森人民币 10000 元。

认定上述事实的证据有：

1. 行贿人黄国庆的证言，证实其在挂靠清远市中正工程监理公司为佛冈县政府新办公楼等工程实施监理过程中，先后五次送给欧阳伟森和朱伟文 75000 元，其中：①2004年春节前，在收到监理费 80000 元后，在欧阳伟森家楼下送给欧阳伟森 10000 元，要欧阳伟森从中分一点给朱伟文；②2004 年中秋节期间收到监理费 75000 元后，在欧阳伟森车上送给他10000元，说好是给欧阳伟森和朱伟文两人的；③2005年春节期间，在收到工程监理费100000元后，在欧阳伟森楼下送给欧阳伟森15000元，并说好也分一点给朱伟文；④2006年春节前，在收到100000元监理费后，就到朱伟文交通局宿舍楼下给朱20000元，说好这些钱是给朱和欧阳伟森的；⑤2007年春节期间，在收到130000元监理费后，其就给了朱伟文20000元，说好是给朱和欧阳伟森两人的。因为佛冈县新政府有关工程的监理业务是欧阳伟森和朱伟文给机会给黄国庆做的，工程监理费经他两人帮手也能很快收到，一开始送钱给他们也是希望通过他们能将更多的县府办公楼工程的监理业务继续交给其来做，所以为了感谢他们才送钱给他们的。

2. 证人朱伟文的证言，证实监理工程是不需要经过招投标的，所以实际是县府基建工程筹建办决定的，由机关事务局出面签合同及办理事务。由于2001年11月成立基建筹建办，欧阳伟森是组长，朱伟文是成员，所以他们有权讨论决定监理工程交给谁做，监理费也要他们审批才能支付。可以讲黄国庆的监理工程前期都是欧阳伟森同意决定并代表机关事务局与他签订的，到了2005年后指挥机构调整，筹建办人员调整，欧阳伟森仍任主任，朱伟文为副主任，并由朱伟文负责代表机关事务局签订合同，但工程的取得、工程款的支付仍要筹建办讨论决定后才由机关事务局执行，所以后期工程仍要朱伟文和欧阳伟森同意才能取得。由于黄国庆经欧阳伟森及朱伟文承揽了监理工程，所以先后送了五次钱给欧阳伟森及朱伟文，其中三次送给欧阳伟森，再由欧阳伟森将其中一部分转交朱伟文，每次5000元，另两次则是送给朱伟文，每次20000元，再由朱伟文将其中一半转交欧阳伟森。

3. 被告人欧阳伟森的供述，欧阳伟森对其伙同朱伟文五次收受黄国庆贿赂共计人民币75000元，其个人分占人民币40000元的犯罪事实供认不讳。

4. 经费支出明细账、发票、监理合同等书证，证实黄国庆承接佛冈县政府新办公楼等监理工程，欧阳伟森、朱伟文代表政府签订合同，2004年1月31日支付黄国庆行政中心监理费80000元，2004年9月26日支付黄国庆副楼监理费75000元，2005年1月31日支付黄国庆主楼工程监理费100000元，欧阳伟森和朱伟文审批同意支付，2006年1月31日支付黄国庆人民中心监理费100000元，2007年1月31日支付黄国庆办公楼监理费130000元，朱伟文审批同意支付。

二、2001年至2002年间，被告人欧阳伟森在任佛冈县机关事务局局长期间，利用管理佛冈县迎宾馆拆旧建新工程的职务便利，先后两次非法收受工程承建商郑泽民的贿赂共计人民币30000元。具体事实如下：

1. 2001年春节期间，被告人欧阳伟森在负责管理佛冈县迎宾馆拆旧建新工程和工程款支付过程中，非法收受郑泽民贿赂10000元。

2. 2002年上半年，被告人欧阳伟森协助郑泽民申请减免迎宾苑工程的有关市政配套费，非法收受郑泽民贿赂人民币20000元。

认定上述事实的证据有：

1. 行贿人郑泽民证言，证实2001年初，他中标了县府迎宾馆一幢旧楼的拆旧建新工程，中标后与县机关事务局的代表欧阳伟森局长签订中标合同，这个工程不但要受到机关事务局的监督管理，在办理有关手续时还需要县机关事务局的配合，出于感激欧阳伟森在工程中对其的帮助，郑泽民在2001年春节送给欧阳伟森人民币10000元；后来郑泽民还打报告让欧阳伟森拿给冯福祥（时任佛冈县人民政府副县长）审批减免了20%的城市配套费用，为了感激欧阳伟森的帮助，在2002年上半年，郑泽民又送给欧阳伟森人民币20000元。

2. 被告人欧阳伟森的供述，证实2001年春节期间，其在任佛冈县机关事务管理局局长负责管理郑泽民承建佛冈县迎宾馆拆旧建新工程和工程款支付过程中，在郑泽民的车上收受郑送的人民币10000元。2002年上半年，欧阳伟森作为县机关事务局局长帮郑泽民找到主管县领导减免了迎宾苑部分市政配套费，郑泽民又送给他人民币20000元。

3. 佛冈县人民政府会议纪要、佛冈县迎宾馆危房拆建开发合同，证实2001年2月欧阳伟森代表甲方机关事务局与郑泽民代表的佛冈县振兴建筑工程队签约。

4. 规划报建缴费单，证实迎宾苑商住楼基础设施配套费原为160510元，经减免20%，实收128408元。

5. 工程结算书、明细账等书证，证实2002年欧阳伟森代表机关事务局审批迎宾苑工程结算等相关事项。

三、2002年底至2008年春节期间，被告人欧阳伟森在先后担任佛冈县机关事务局局长兼县行政中心筹建办公室主任、县府办公室主任兼县人民中心配套工程建设工作领导小组常务副组长等职务期间，在负责胡志程承建的县府新办公大楼的主楼、人大和政协两栋副楼、综合楼以及招待所基建工程中，利用职务之便，先后多次非法收受胡志程贿赂共计人民币170300元、港币40000元、美元6000元。具体事实如下：

1. 2002年底，被告人欧阳伟森在负责监管胡志程承建佛冈县政府新办公大楼主楼工程期间，非法收受胡志程贿赂的港币10000元。

认定上述事实的证据有：

（1）行贿人胡志程的证言，证实佛冈县政府新办公楼工程招标，其挂靠的中建六局东莞分公司参与竞标，但没有中标，花都四建中了标，但后来听说花都四建中标后不想做，于是就通过当时县书记的司机曾德荣与花都四建的人联系，把这个工程转给他做，欧阳伟森当时是筹建办主任，胡志程送钱给欧阳伟森，其中一个原因是希望欧阳伟森在以后的工程建设中不要刁难，并且能给予他一些支持；出于上述目的，胡志程在2002年底送给欧阳伟森港币10000元。

（2）被告人欧阳伟森的供述，证实2002年其任县机关事务局长兼县府办主任、县行政中心筹建办主任期间，负责筹建办的全面工作，年底佛冈县新办公大楼主楼工程公开招标，开始胡志程挂靠的建筑公司没有中标，被广州花都四建公司中标，在花都四建中标后县筹建办和县招标办的工作人员一起在洪发酒店吃饭，期间胡志程递给他10000元的港币，胡志程送钱是为了欧阳伟森不反对他挂靠承建主楼工程并且日后对他关照，后来胡志程就挂靠花都四建承建了主楼工程。

2. 2003年12月，被告人欧阳伟森在负责胡志程承建佛冈县政府主楼和人大、政协两栋副楼工程期间，乘其新居入伙之机非法收受胡志程贿赂的两台彩电（总值人民币11380元）以及人民币5000元。

认定上述事实的证据有：

（1）行贿人胡志程的证言，证实2003年12月欧阳伟森新屋装修入住前，其送了两台彩电及5000元现金给欧阳伟森，因为欧阳伟森在担任机关事务局局长、县府办主任期间，在胡志程承建县府办公楼主楼及副楼过程中的工程管理、督办、协调及划拨工程款等事情上进行了关照。

（2）证人何婉儿（胡志程的妻子）的证言，证实2003年底，欧阳伟森新居入伙，邀请胡志程夫妻去他家吃饭，吃饭前何婉儿按胡志程吩咐用一个利是袋装了5000元利是塞给欧阳伟森。因为欧阳伟森当时先后担任过机关事务局局长、县府办主任，并且是工程筹建办的负责人，当时胡志程在承建佛冈县新办公大楼等基建工程，在工程上有许多问题有求于欧阳伟森，所以才会趁他入伙的机会送5000元的利是，如果是一般熟人也不会给这么多利是钱的。

（3）被告人欧阳伟森的供述，证实了2003年其新居入伙时，胡志程夫妇送给他两台彩电及5000元现金。

（4）彩电发票，证实两台飞利浦彩电的价格分别为1580元、9800元。

3. 2004年5月，被告人欧阳伟森在负责监管胡志程承建佛冈县政府主楼和人大、政协两栋副楼工程期间，乘其出国到澳大利亚考察之机，非法收受胡志程贿赂的美元3000元。

认定上述事实的证据有：

（1）行贿人胡志程的证言，证实2004年欧阳伟森到澳洲考察，在广州集中时他送给欧阳伟森一个装有3000美元的信封。因为之前胡志程已承建了县府新办公楼主楼基建工程，当时正承建县人大、政协等附属楼的基建工程，而欧阳伟森当时是县府办主任也是筹建办负责人，负责监管、协调工程进度以及审批工程进度款，出于感激和讨好他以后多点关照，所以送钱给他。

（2）被告人欧阳伟森的供述，证实2004年4月某天，佛冈县政府派其去澳大利亚考察，胡志程送给他一个信封，里面有3000元美金，全部用于出国考察的日常开支和买特产。

（3）公安出入境管理机关提供的出境情况因公出国任务批件，证实欧阳伟森于2004年5月29日到澳大利亚考察，印证了胡志程、欧阳伟森关于行贿时间和事由的说法。

4. 2005年11月，被告人欧阳伟森在负责监管胡志程承建佛冈县政府主楼和人大、政协两栋副楼、招待所工程期间，乘其出国到美国、加拿大和墨西哥考察之机，非法收受胡志程贿赂的美元3000元。

认定上述事实的证据有：

（1）行贿人胡志程的证言，证实2005年欧阳伟森准备到美国、加拿大及墨西哥考察，临走前几天胡志程在欧阳伟森的车上送给他3000美元。

（2）被告人欧阳伟森的供述，证实2005年下半年，在其去美国、加拿大、墨西哥考察前，胡志程在车上送给他3000元美金。

（3）公安出入境管理机关提供的出境情况因公出国任务批件，证实欧阳伟森于2005年11月24日到美国、加拿大等地考察，印证了胡志程、欧阳伟森关于行贿时间和事由的说法。

5. 2006年底，被告人欧阳伟森在担任佛冈县政府办公室主任兼县人民中心配套工程建设工作领导小组常务副组长期间，在负责监管胡志程承建佛冈县政府主楼、人大和政协两栋副楼、招待所、县行政服务中心大楼工程期间，非法收受胡志程为其支付购买佛冈县城市春天住宅小区一套商品房的购房首期款人民币65920元以及港币20000元。

认定上述事实的证据有：

（1）行贿人胡志程的证言，证实2006年底或2007年初时，欧阳伟森以资金紧张为由要求他代付城市春天一套房子的首付款八万多元，虽然不愿意，其妻子何婉儿也反对，但由于欧阳伟森主管他承建的工程，有求于欧阳伟森，只能代付，后来由何婉儿经手，从欧普电器公司划款到城市春天，划了六至八万元。事后没有向欧阳伟森提起过这件事了，欧阳伟森也从来没有提起过还钱。

（2）证人何婉儿的证言，证实2006年底或2007年初，胡志程对她说欧阳伟森提出代付城市春天房子首期款的要求，她很生气，不同意，后来因有求于欧阳伟森，也只好帮欧阳伟森支付了65920元的首期款，是从欧普电器公司划款到城市春天的。因为之前欧阳伟森已经交了部分订金，故何婉儿还给了欧阳伟森20000元港币。

（3）证人欧阳浩锋（被告人欧阳伟森的儿子）的证言，证实城市春天的首期是父亲欧阳伟森负责搞的，自己没有出过一分钱，到2007年初听父亲讲把房子卖了，还赚了点钱。

（4）被告人欧阳伟森的供述，证实2006年底，其以资金紧张为由要求胡志程为他支付购房首期款，胡志程叫何婉儿支付了60000多元后，还以之前他付了部分订金为由给了他20000元港币，他没有想过向胡志程归还该笔购房款。

（5）书证，从佛冈县慧谷公司提取的房屋买卖合同：城市春天3幢9D房，买受人是欧阳浩锋、欧阳伟森，时间是2006年12月20日；慧谷房地产开发公司提供的收据两张：证实欧阳浩锋于2005年10月和12月分两次交伴山居3幢9D订金共18664元；慧谷房地产公司提供的商品房买卖合同，证实欧阳浩锋、欧阳伟森于2006年12月20日签订合同购买城市春天倚山居9D；慧谷公司提供的三张票据，证实2007年1月26日分别收到客户欧阳浩锋交的首期10元、1748元、64126元，经欧阳伟森辨认，不是他经手办的，而是何婉儿经办。

（6）工商银行佛冈县支行提供的转账单，证实2007年1月26日慧谷房地产开发公司收到转账款65910元，经何婉儿辨认是其经手从欧普电器有限公司转到慧谷公司帮欧阳伟森支付的购房首期款。

（7）证人范伟星的证言、购房协议及收据，证实2007年5月范伟星以28万元的价格向欧阳伟森购买了城市春天伴山居3幢9D房。

（8）中国农业银行、中国建设银行出具的存款记录，证实2007年欧阳伟森夫妇有存款及基金数十万元，不存在欧阳伟森所说的资金紧张，需要借款的情况。

6. 2007年11月，被告人欧阳伟森在担任佛冈县人民中心配套工程建设工作领导小组常务副组长负责监管县综合楼工程期间，乘出国到印度、泰国和马来西亚考察之机，非法收受工程承建商胡志程贿赂的港币10000元。

认定上述事实的证据有：

（1）行贿人胡志程的证言，证实2007年欧阳伟森去印度、泰国和马来西亚考察，胡志程在欧阳伟森的办公室送给欧阳伟森10000元港币。因为胡志程承建的工程中经常要与有关部门协调处理有关问题，欧阳伟森先后任机关事务局局长、办公室主任和筹建办主任，都帮胡出面解决，而且当时工程款还没收齐，为了感激和讨好欧阳伟森才会送钱给他。

（2）被告人欧阳伟森的供述，证实2007年上级有关部门组织他们去印度、泰国、马来西亚出国考察，胡志程来到他办公室送给他10000元港币。

7. 2003年春节至2008年春节期间，被告人欧阳伟森在先后担任佛冈县政府办公室主任兼佛冈县行政中心筹建办公室主任以及县人民中心配套工程建设工作领导小组常务副组长期间，利用其管理胡志程承建佛冈县政府主楼、人大和政协两栋副楼、招待所、县行政服务中心大楼工程的职务便利，在每年的春节和中秋期间，先后十一次非法收受胡志程贿赂的人民币88000元。其中：2003年春节收受人民币3000元；2003年至2007年每年中秋收受人民币5000元；2004年至2007年每年春节收受人民币10000元；2008年春节收受人民币20000元。

认定上述事实的证据有：

（1）行贿人胡志程的证言，证实其从2002年开始承建佛冈县新政府办公大楼等系列基建工程后，欧阳伟森先后任过县机关事务局局长、县府办主任和县长助理，并且他是基建工程筹建办负责人，胡志程的工程都要受他监管和协调有关关系，很多地方都要他关照，所以从承建上述这些办公楼工程后，胡志程就开始在每年的春节和中秋两大节日里送红包给欧阳伟森了。具体是从2003年春节前几天开始送红包给欧阳伟森，开始不敢送太多，怕他不收，一开始就封3000元的利是给他，欧阳伟森客气了几句就收下了。以后的基建工程中欧阳伟森没有为难胡志程，且有事也乐意帮胡志程。为了感激和讨好欧阳伟森，在2003年至2007年每年中秋、春节均送钱给欧阳伟森，其中中秋送5000元，春节送10000元，直到2008年2月最后一次送了20000元给他，在这几年逢年过节送给欧阳伟森红包共88000元。

（2）被告人欧阳伟森的供述，证实在其主管胡志程承建的工程期间，为了获得关照，从2003年春节起，胡志程每到中秋、春节就送钱给他，其中第一次是2003年春节送他3000元，最后一次是2008年春节送他20000元，中间的5个中秋节每次送他5000元，4个春节每次送他10000元。

认定上述七项事实还有如下综合证据材料：

1. 胡志程的证言，证实2002年佛冈县政府新办公楼工程招标，其挂靠的中建六局东莞分公司参与竞标，但没有中标，花都四建中了标，但后来听说花都四建中标后不想做，于是就通过当时县书记的司机曾德荣与花都四建的人联系，把这个工程转给他做，欧阳伟森当时是筹建办主任，胡志程送钱给欧阳伟森，其中一个原因是希望欧阳伟森在以后的工程建设中不要刁难，并且能给予他一些支持；出于上述目的，以后就多次以各种名目送钱给欧阳伟森。

2. 证人赖松佳（弘大建筑安装工程有限公司法定代表人）的证言，证实2003年6月胡志程挂靠该公司承建了佛冈县人民政府新办公大楼的人大、政协两栋副楼的基建项目。

3. 佛冈县行政中心主楼、人民中心副楼、机关服务中心、综合楼工程的合同等材料，证实2002年8月15日欧阳伟森代表机关事务局与花都第四建筑工程公司签订佛冈县行政中心主楼建筑工程合同（工程造价 1000 万元）；弘大建筑安装工程有限公司于 2003 年 6 月与机关事务局签订人民中心副楼工程承发包合同（工程造价 750 万元）；胡志程的欧普电器有限公司于 2005 年 8 月承接机关服务中心工程（工程造价 1000 万元）。

4. 经费支付明细账、支付工程款发票等，证实欧阳伟森签字审批同意机关事务局由建设费中支付胡志程所承建工程的工程款（从 2004 年至 2005 年均由欧阳伟森审批），如 2004 年 1 月支付 300 万元中心主楼装修工程款给胡志程，2004 年 2 月支付 50 万元东西两副楼基建工程款给弘大建筑公司，2004 年 3 月支付办公楼建筑工程款 100 万元给胡志程，2004 年 5 月支付副楼土建工程款 50 万元给胡志程，2004 年 6 月支付人民中心副楼装修工程款 200 万元给胡志程。

认定被告人欧阳伟森犯受贿罪，还有以下综合证据材料：

1. 被告人欧阳伟森的户籍证明。

2. 被告人欧阳伟森的任职证明，包括干部履历表、干部任免审批表、任职通知等，证实欧阳伟森收受黄国庆、郑泽民、胡志程贿赂时任佛冈县机关事务局局长、佛冈县人民政府办公主任、县长助理等职务，负责佛冈县政府新办公大楼主楼、信访楼、人大和政协两栋副楼、府前广场、档案馆、新招待所等工程建设，符合受贿罪的国家工作人员主体资格。

3. 清远市人民检察院询问笔录，证实被告人欧阳伟森被采取强制措施前主动向检察机关交代了非法收受黄国庆、郑泽民、胡志程等人贿赂的犯罪事实，有自首情节。

上述证据由公诉机关在法庭上出示，经控辩双方辩证质证。证据之间能相互吻合、相互印证，能证明被告人的犯罪事实，且证据来源合法，证据充分，本院予以确认并采纳。被告人欧阳伟森提供的佛冈县中医院的门诊病历、佛冈县人民医院体检报告及门诊病历、广州医学院第二附属医院门诊病历、佛山市中医院的住院证明书等证据，能证实其患有疾病。

对于被告人欧阳伟森辩护人对其中三次收受财物的性质的辩护意见，作如下综合评析：

一、2006 年底胡志程为欧阳伟森支付的购房款人民币 65920 元及港币 20000 元是否为民间借贷的问题。要区分是受贿或是民间借贷，应从借款的必要性和合理性、有无借据及约定还款期限和方式、借款双方有无特殊利益关系等方面予以综合评判。第一，借款当时欧阳伟森自己有充足的银行存款及基金，无其所称的资金紧张情况，无借款的必要，且在 2007 年 5 月欧阳伟森将该房卖掉得款 280000 元的情况下，依然没有任何还款的意思表示；第二，胡志程为其代付人民币 65920 元后，欧阳伟森对胡志程妻子何婉儿返还其之前支付的购房订金港币 20000 元照纳不误，这 20000 元港币显然已超出了借款购房的需要，不合乎借款的常理；第三，超过 80000 元的借款，没有订立借据，亦无约定任何利息、还款期间及还款方式，不合常理；第四，胡志程与欧阳伟森是承建工程和管理工程的关系，胡有求于欧阳，并在该笔所谓借款发生之前已多次向欧阳伟森行贿，欧阳伟森亦利用职权为胡谋取利益，双方已形成特殊的钱权交易利益关系；第五，胡志程、何婉儿均证实是在不愿意的情况下被迫支付购房款的，欧阳伟森在侦查阶段亦供述是认为关照了胡志程而向胡索贿，没有还款的意思。综上所述，被告人欧阳伟森辩护人辩护认为该笔购房款是朋友间借贷的理由不成立，不予采纳。

二、2003年12月欧阳伟森新居入伙收受的两台彩电、5000元现金以及2008年2月收取的20000元是否属于朋友间的礼尚往来的问题。首先，如前所述，自2003年春节胡志程第一次向欧阳伟森行贿3000元起，双方已形成稳定的钱权交易利益关系，胡志程为了维持这种关系，总会通过各种名目送钱物给欧阳伟森，所以他每年中秋、春节均送钱给欧阳伟森，2008年2月的20000元就属于这种情形，而新居入伙也只不过是送财物的借口之一；其次，虽然2008年2月，欧阳伟森不再主管胡志程承建的工程，但胡志程明确送钱是为了感谢欧阳伟森之前的关照及日后再照顾，欧阳伟森也心照不宣地收下，因此，这次贿赂与之前的多次贿赂亦无本质的区别；再次，联系到欧阳伟森与胡志程特殊的管理与被管理关系以及平时欧阳伟森在工程管理、划拨工程款时对胡志程的关照，这两笔财物是贿赂无疑。辩护人认为这两次收受财物是朋友间礼尚往来的辩护理由亦不成立，不予采纳。

本院认为，被告人欧阳伟森身为国家工作人员，利用职务之便为他人谋取利益，非法收受他人贿赂人民币240300元、港币40000元、美元6000元，其行为已构成受贿罪。公诉机关指控被告人欧阳伟森犯受贿罪的事实清楚，证据确实充分，依法予以支持。鉴于被告人欧阳伟森被采取强制措施前主动向检察机关交代了自己的犯罪事实，有自首情节，并已主动退清全部赃款，依法对其减轻处罚。另外，被告人欧阳伟森认罪态度良好，确有悔罪表现，对其适用缓刑确实不致再危害社会，故决定对被告人欧阳伟森适用缓刑。

综上所述，依照《中华人民共和国刑法》第三百八十五条、第三百八十六条、第三百八十三条第（一）项、第六十七条、第七十二条、第七十三条、第六十四条之规定，判决如下：

一、被告人欧阳伟森犯受贿罪，判处有期徒刑三年，缓刑四年，并处没收财产人民币200000元。

（缓刑考验期，从判决确定之日起计算）。

二、没收被告人欧阳伟森的犯罪所得人民币240300元、港币40000元、美元6000元，上缴国库。

如不服本判决，可于接到本判决书的第二日起十日内，通过本院或者直接向广东省高级人民法院提出上诉。书面上诉的，应交上诉状正本一份，副本二份。

审 判 长　陈伟光
审 判 员　张小燕
审 判 员　曾文东
二〇〇九年九月十四日
书 记 员　张健国

【评析】

该判决书结构完整，层次分明，案件事实叙述完整、清晰，证据确实、全面、充分，适用法律正确，语言通顺流畅，逻辑严谨，用语规范准确，被评为2010年全省法院优秀裁判文书。证据是准确认定事实、正确适用法律、恰当裁量刑罚的基础，是保证案件质量的“生命线”，该判决书严格执行事实和证据标准，对于证据认定部分下了很大笔墨，注重查明定罪事实，也非常注重查明影响量刑的重要事实和证据，证据类型既有言词，又有实物，既有证人、涉案当事人证言，又有被告人陈述，证据之间能够相互印证，做到认定案件事实有相应的证据予以证明，一切靠证据说话，确保审判结果万无一失。另外，法官在量刑时严格按照宽严相济的刑事政策，能准确把握和正确适用依法从“宽”的政策要求，充分考虑被告人的主观恶性、自首情节、悔罪表现，做到宽严有据，罚当其罪。

广东省清新县人民法院

刑事判决书

(2009) 清新刑初字第25-1号

公诉机关清新县人民检察院。

被告人刘水生，男，1973年3月28日出生于广东省英德市，身份证号码：441822197303283156，汉族，初中文化，个体工商户，住广东省英德市九龙镇金鸡村委会冷水田组。因涉嫌犯故意伤害罪，于2008年9月28日被清新县公安局羁押，次日被刑事拘留，同年10月10日以过失致人死亡罪被依法逮捕，现羁押于清新县看守所。

辩护人欧阳晟，广东尚义律师事务所律师。

清新县人民检察院以清新检刑诉字［2008］第174号起诉书指控被告人刘水生犯过失致人死亡罪，于2008年12月29日向本院提起公诉，本院于同日立案，并依法组成合议庭，公开开庭审理了本案。清新县人民检察院指派检察员陆奕健出庭支持公诉，被告人刘水生及其辩护人欧阳晟均到庭参加诉讼，现已审理终结。

公诉机关指控，2008年9月27日3时20分许，被告人刘水生发现其水果店被盗一箱加州提子，立即乘坐出租摩托车追赶，当追至清新县太和镇清和大道商业街右一街星空网吧楼下附近的巷子处，见到被害人梁某亨手提一串加州提子，即下车上前抓着梁的衣领并扯其倒地，随后在质问被盗水果去向时，踢打被害人背部并用脚踩被害人头部，后被害人在被送往医院后因伤重不治身亡。经法医鉴定，被害人系颅脑损伤死亡。针对上述指控，公诉机关向法庭提交了证人肖某强等人的证言、法医鉴定结论书等证据证实。公诉机关认为，被告人刘水生的行为已构成了过失致人死亡罪，要求依照《中华人民共和国刑法》第二百三十三条之规定判处。

被告人刘水生对公诉机关指控的犯罪事实及罪名均无异议。

其辩护人辩称：1. 被告人无伤害的故意，是疏忽大意的过失所致。对被告人构成过失致人死亡罪是无异议的。2. 被告人有自首行为，能积极救助被害人，且认罪态度好。3. 被害人有偷窃被告人水果的行为，且其曾做过开颅手术，并患有严重糖尿病，其自身的疾病与死亡有因果关系。综上所述，本案应对被告人减轻处罚，并请求对其适用缓刑。

经审理查明：2008年9月27日3时20分许，被告人刘水生发现其位于清新县太和镇石场路口的水果店被盗一箱加州提子，立即乘坐出租摩托车追赶。当追至清新县太和镇清和大道商业街右一街星空网吧楼下附近的巷子处，被告人刘水生见到被害人梁利享手提一串加州提子，即下车上前用手抓着梁的衣领并扯其倒地，继而用脚踢打被害人背部并用脚踩被害人梁利享头部，同时还持一砖头恐吓被害人并质问被盗水果的去向。后被告人刘水生在他人的劝阻下到附近的公用电话打110报警称其抓获一小偷，请求出警。民警接报赶到现场，见被害人梁利享晕睡在地，民警即拨打120并将其送往清新县人民医院救治，后因抢救无效死亡。经法医鉴定，被害人梁利享符合头部减速运动（高速运动的头部碰撞静止的大平面物体）所致的颅脑损伤死亡。

上述事实，有公诉机关提交并经法庭质证的下列证据予以证明。

1. 证人肖某强的证言及辨认笔录证明，2008年9月27日3时许，其坐在所经营的摩托车保管站门口看电视，听见门口有人在哭喊，遂顺声望去，看见有一名男子倒在地上，旁边站着一名男子。其便问发生什么事，站在旁边的男子就讲他是卖水果的，而倒在地上的男子偷了他的水果。其见到站着的男子用脚踢打倒地男子的胸部、颈部、背部，当时站立的男子问倒在地上的男子他的水果去了哪里。其没有看见该男子是如何倒地的。后来卖水果的男子走出街口找电话报警时，倒地的男子站起来走了两步就跌倒了。其没有见到其他人殴打倒地男子。经其辨认指出，刘水生是自称卖水果的男子，梁利享是倒在地上的男子。当时刘水生有用脚踢打跌倒在地的梁利享。

2. 证人曾某玲的证言及辨认笔录证明，2008年9月27日3时30分许，其在清新县太和镇商业街右一巷所经营的摩托车保管站里，听见有人在哭，并看见一名男子倒在地上，有个自称石场路水果店的老板右手拿一块红砖头，左手拿着一串提子，那位老板用脚踢打倒在地上的男子的胸部、颈部、背部、腿部，还用脚用力踩那男子的头部，倒地的男子在哭。那老板想用砖头打倒地的男子，其与丈夫肖某强都劝那老板不要再打了，并叫他去报警，后来老板去报警，地上那名男子，用手按在地上，慢慢吃力地爬起来，接着那名男子用双手捂着胸口，晕头转向在地上转了三个圈，他的脚一软，就倒在地上，在地上打滚，不断地哭，还哭得很大声，那名男子挣扎着想爬起来，但爬不起来，在墙角打滚，过了一会儿他的哭声停止了，张大口呼吸，后来警察来了。经其辨认指出，刘水生是自称卖水果的男子，梁利享是倒在地上的男子。当时刘水生有用脚踢打跌倒在地的梁利享。

3. 证人黎某民的证言证明，2008年9月27日2时30分许，其在清新县太和镇石场路2号水果店做生意时，看见一名男子从刘水生的水果店拿着一个篮出来，往滨江路口跑去，便打电话给刘水生，告诉他有人偷水果，刘水生就打了一辆摩托车往滨江路方向去追。其不能辨认那名小偷。

4. 证人罗某聚的证言及辨认笔录证明，其在从事摩托车搭客。2008年9月27日3时许，其在太和镇石场路候客时，看见一名男子捧着一箱水果从石场路口出来，然后往滨江路方向快步行走过去。过了一两分钟，刘水生就出来问其有没有看到有人捧走他水果，其便说刚看到一名缩肩男子捧一箱水果往滨江路方向走去。刘水生就叫其搭载他去追那名男子。刚到滨江路口时，刘水生看到一名男子拿着一串提子往商业街走去，就叫其追，追到商业街附近星空网吧楼下一间士多店门口，刘水生下车去追那名男子，其见刘抓住那名男子的衣领，便离开了。经其辨认指出，刘水生是在清新县太和镇石场路开设水果店的人，梁利享是被刘水生抓获的男子，刘水生是搭乘其摩托车追梁利享的，梁利享是抱着一个箱子从石场路走出来的。

5. 证人刘某宁的证言证明，2008 年 9 月 27 日凌晨 3 时许，其在清新县太和镇商业街右一街的仓库门口时，看见有一个男子趴在地面上，同时见一男子手提一串提子往商业街右一街街口走去，之后走到其兄的公用电话处打 110 报警。

6. 证人陆某财的证言证明，2008 年 9 月 27 日 3 时许，其在清新县太和镇商业街右一巷 2 号四楼睡觉，听见有哭声，于是起床看见一名男子侧睡在地上，旁边一名男子手里拿着一块砖头，质问地上的男子水果哪里去了。睡在地上的男子不断地哭，没有回答。手拿砖头的人用脚对着地上的男子的背部踢了三四脚后，其听不见哭声了，拿砖头的男子讲："你是不是诈死?"之后拿砖头的男子就到路口边的士多店去了。

7. 警情信息表证明，2008 年 9 月 27 日 03：41：03，110 指挥中心接到刘水生报案称，其在星空网吧楼下抓到一个小偷。

8. 刑事案件登记表、抓获经过情况说明证明，清新县太和镇派出所接 110 报警中心报称："报案人刘水生在广东省清远市清新县太和镇商业街星空网吧附近发现一名小偷，请前去处理。"接报后，值班民警立即赶往现场，发现一名叫刘水生的事主在现场，当场指认睡在地上的男子偷其水果，被怀疑是小偷的男子晕睡在地上。民警即打 120 救护车将伤者送医院治疗；将刘水生传回派出所调查。经过初查，伤者叫梁利享，送往医院后因伤势过重死亡。2008 年 9 月 28 日，经调查，发现刘水生有重大故意伤害嫌疑，并进行立案侦查，于 2008 年 9 月 28 日 23 时在清新县太和镇石场路口二号刘水生经营的水果店内将其传唤到太和派出所进行审查。

9. 户籍证明，证明被告人刘水生的身份等基本情况，其已达刑事责任年龄。

10. 清新县人民医院诊断证明书，证明被害人梁利享曾患有糖尿病。

11. 法医学尸体检验报告书证明：

（一）死亡原因分析

死者梁利享右额、颞、顶叶及脑底硬膜下血肿，右额、颞、顶叶蛛网膜下腔出血，右额叶、颞极脑挫伤，颅脑损伤严重，分析梁利享系因颅脑损伤死亡。

（二）损伤成因及案件性质分析

死者梁利享枕部有明显的头皮损伤，并出现了右额、颞、顶叶及脑底硬膜下血肿，右额、颞、顶叶蛛网膜下腔出血，右额叶、颞极脑挫伤等严重的对冲性颅脑损伤，损伤具有外轻内重的特点，符合头部减速运动（高速运动的头部碰撞静止的大平面物体）作用形成。其右颞部、右面部及右耳廓损伤在同一平面上，符合上述部位与较粗糙的大平面物体（如地面）作用形成；其左颞部、左颧部及左耳廓损伤符合钝性外伤作用形成；结合左右面部的损伤部位及形态分析，其左右面部损伤挤压作用（右面部为着地点）可以形成。其四肢损伤在身体的突出部位，符合与粗糙平面（如地面）碰擦作用形成。

（三）结论

（1）梁利享符合头部减速运动（高速运动的头部碰撞静止的大平面物体）所致颅脑损伤死亡。

（2）梁利享双侧头面部等处损伤挤压作用可以形成。

12. 现场勘查记录及照片证明，案发现场的路面等情况。

13. 被告人刘水生2008年10月3日供述，2008年9月27日2时许，其正准备关铺（水果店），旁边店的黎某民打其手机说有人偷水果。其立即下楼，发现放在其店门口的一箱红提子不见了，便问阿民偷水果的人哪去了，阿民说往滨江路去了，其立即租乘摩托车去追，当时小偷已不在其视线，当其追到清和大道时，见对面商业街口站着一名男子，手中拿着一串提子，其和司机追过去，那名男子跑入商业街一条小巷里，其追了10米左右，追至该男子侧面，一手抓住其衣领，然后扯其下地，该男子就向前趴倒在地，其又用脚撩了他四五下，并踢他的肩膀、背部，另用脚踩了他的头部一下，当时其还拿一块砖头吓唬他，问他："我的提子去了哪里？"后来其去打电话报警。

上述证据，均经法庭出示、质证、辨认等调查程序查证属实，合法有效，可作为定案的依据，且证据间能相互印证，形成锁链，本院予以确认。

本院认为，被告人刘水生发现水果被盗后，在自认为被害人是小偷的情况下，租乘摩托车对其进行追赶，当追到被害人后，将其扯倒在地，继而用脚踢打其肩部、背部，还用脚踩其头部，被告人刘水生作为一个成年人，虽然其对被害人死亡的后果不是积极追求的，但其对自己的行为可能造成危害他人身体健康的后果应当是明知的，被告人刘水生的一系列行为，足以说明其主观上具有伤害的故意，而不是过失，结合法医学尸体检验报告书中分析的被害人的死亡原因，说明被告人刘水生的伤害行为与被害人死亡后果间存在因果关系，应当以故意伤害罪追究其刑事责任。因此，公诉机关指控被告人刘水生的犯罪事实成立，但罪名不能成立，应予以纠正。故被告人的辩护人提出本案是被告人疏忽大意的过失所致的辩护意见亦不能成立，本院不予采纳。

对于辩护人提出被告人刘水生有自首情节的辩护意见以及公诉机关建议采用自首情节处理的意见，经查，公安机关的警情信息表、刑事案件登记表、抓获经过情况说明等证据已证明，事发后被告人刘水生打110报警，声称抓了一小偷要求出警。公安民警向其询问时，其亦陈述是被害人偷了其水果，并没有陈述其对被害人有伤害行为，后公安机关多次讯问直至刑事拘留后讯问其都拒不供认其有伤害被害人的行为，在公安机关调查了证人证明其有踢打被害人背部、胸部、颈部的情况下，才供述自己有踢打被害人肩部的行为，法医鉴定结论出来后，其才又供述有抓住被害人衣领，将其扯倒在地，继而用脚踢打其肩部、背部，还用脚踩其头部的行为。而自动投案，是指被告人在犯罪之后，归案之前，出于本人的意志向公安机关承认自己实施了犯罪，接受国家裁判的行为，故被告人刘水生在案发后的行为不符合自动投案，并如实供述自己犯罪行为的自首特征，故该意见不能成立，本院不予采纳；对于辩护人提出的被害人有偷水果的行为，有过错的辩护意见，经查，现有的证据不足以证明被害人梁利享就是偷被告人刘水生水果的人，故该意见不能成立，本院不予采纳；对于辩护人提出被害人自身的疾病与死亡结果有因果关系的辩护意见，无证据证明，故该意见亦不能成立，本院亦不予以采纳。

综上所述，根据本案的情节、性质，依照《中华人民共和国刑法》第二百三十四条第二款、第四十七条、第五十五条第一款、第五十六条第一款之规定，判决如下：

被告人刘水生犯故意伤害罪，判处有期徒刑十一年，剥夺政治权利二年。

（其刑期从判决生效之日起计算。判决执行前先行羁押的，羁押一日折抵刑期一日，即从2008年9月28日起至2019年9月27日止。其剥夺政治权利的刑期，从徒刑执行完毕之日或者假释之日起计算，其效力当然施用于主刑执行期间。）

如不服本判决，可在接到判决书的第二日起十日内，通过本院或直接向广东省清远市中级人民法院提出上诉。书面上诉的，应当提交上诉状正本一份，副本五份。

审 判 长 黄庆莲
审 判 员 胡 燃
审 判 员 梁建华
二〇〇九年四月二日
书 记 员 梁湘远

【评析】

本案是一起因财物被盗，在不确认对方是小偷的情况下将对方打死的一审刑事案件。该裁判文书做到了基本要素齐全，结构完整，层次分明；案件事实叙述完整、清晰，繁简得当；证据确实、全面、充分，证明力强；适用法律正确，引用法条准确、完整；语言通顺流畅，逻辑严谨，用语规范准确，被评为2010年全省法院优秀裁判文书。该文书有两大亮点：一是承办法官通过认真查明案情，仔细分析证据，对公诉机关起诉的定性予以了纠正。案中控辩双方对指控被告人过失致人死亡的罪名均无异议，认为被告人对被害人无伤害的故意，是疏忽大意的过失所致。但承办法官综观事实，认定被告人的一系列行为足以说明其主观上具有伤害的故意，论证理据充分，详略得当，逻辑性强，让人信服。二是抓住了控辩双方争议的焦点，通过分析书证及被告人在侦查阶段的多次供述，对辩护人及公诉机关提出的自首是否成立进行了驳斥，其说理透彻，逻辑严密，论证有理有据，具有较强的说服力和公信力。

●张剑锋等犯故意伤害罪一案刑事附带民事判决书

广东省惠州市中级人民法院

刑事附带民事判决书

（2009）惠中法刑一终字第74号

抗诉机关广东省惠东县人民检察院。

上诉人（原审被告人）张剑锋，男，1971年10月30日出生于广东省惠东县安墩镇，汉族，高中文化，个体户，住惠东县平山街道办事处利埔路15号。因涉嫌故意伤害于2008年1月15日被抓获，次日被刑事拘留，同年2月22日被逮捕。现押于惠东县看守所。

辩护人黄溢，广东惠宏信律师事务所律师。

上诉人（原审被告人）张月花，女，1977年5月20日出生于广东省惠东县，汉族，小学文化，农民，住惠东县铁涌镇石桥村委石桥村。因涉嫌故意伤害于2008年1月15日被抓获，次日被刑事拘留，同年2月22日被逮捕。现押于惠东县看守所。

辩护人郭志武，广东惠宏信律师事务所律师。

上诉人（原审附带民事诉讼被告人）张月香，1970年6月6日出生于广东省惠东县，汉族，小学文化，个体户，住惠东县平山街道办事处利埔路15号。系被告人张剑锋的妻子。

原审附带民事诉讼原告人祁欣红，男，1956年1月1日出生，汉族，大学文化，高级工程师，住北京市大兴区旧宫镇芳源里小区乙区1号楼6－402室，系被害人祁磊的父亲。

原审附带民事诉讼原告人崔阿丽，女，1955年9月9日出生，汉族，住北京市大兴区旧宫镇芳源里小区乙区1号楼6－402室，系被害人祁磊的母亲。

上述附带民事诉讼原告人的诉讼代理人张平，义方律师事务所律师。

广东省惠东县人民法院审理惠东县人民检察院指控原审被告人张剑锋、张月花犯故意伤害罪及原审附带民事诉讼原告人祁欣红、崔阿丽提起附带民事诉讼一案，于2009年7月8日作出（2008）惠东法刑初字第247号刑事附带民事判决。广东省惠东县人民检察院对刑事部分判决提出抗诉。原审被告人张剑锋、张月花及原审附带民事诉讼被告人张月香对刑事和民事部分判决均不服，提出上诉。本院依法组成合议庭，公开开庭合并审理了本案。广东省惠州市人民检察院指派代理检察员钟秀婷出庭履行职务，上诉人（原审被告人）张剑锋、张月花、（原审附带民事诉讼被告人）张月香及辩护人黄溢、郭志武，原审附带民事诉讼原告人祁欣红及其诉讼代理人张平到庭参加诉讼。现已审理终结。

原判认定，2008年1月15日凌晨4时许，被害人祁磊到惠东县平山街道办事处利埔路15号被告人张剑锋经营的“阳光电子室”打老虎机，至9时许，输了现金500元，还欠200元的赌债又想借钱赌。因张月香（系张剑锋之妻，已取保候审）不肯再借钱给祁继续赌，怕祁输钱耍赖，就打电话叫张兆锋、张艳锋（系张剑锋堂弟，均在逃）过来帮手。在张兆锋、张艳锋未到来之时，祁磊将刚从楼上下来的张剑锋叫到电子室门外，要求返回其赌输的500元钱，张月香听后不愿意，就同祁磊争吵起来。祁磊与张月香相互推扯到旁边的“业城傢俬厂”门前，张月香跑进该厂内叫门卫报警，祁磊见状上前阻止，并在值班室桌上拿了一把剪刀，将随后进厂内的张剑锋左耳刺伤（经法医鉴定属轻微伤），又跑回电子室向被告人张月花（来接张月香班的）讨回赌输的钱，因要不到钱就用剪刀将张月花的左边头部、左耳等部位刺伤流血（经法医鉴定属轻微伤）。此时张月花拿了一张木凳追出门外朝祁磊的手打去，张月香、张月花追到惠东县平山街道办事处利埔路与营利街路口时，张月花随地捡了一块砖块朝祁磊的头部砸去，同时，张剑锋手持铁棍对祁磊的头、腿等部位进行殴打致祁倒在地上。随后赶来的张兆锋持摩托车保险锁打祁的头部、腹部，张艳锋用脚对祁踢打。公安民警接报赶到现场后及时将被害人祁磊送往医院抢救，经抢救无效死亡（经法医鉴定，死者祁磊生前系外界因素［类外伤等］的作用导致其自身疾病〈脂肪心、冠心病〉急性发作而死亡）。2008年1月16日，公安机关将被告人张剑锋、张月花抓获。

在诉讼过程中，附带民事诉讼原告人祁欣红对惠东县公安机关作出的法医鉴定提出异议，申请重新鉴定。惠东县人民法院于2008年5月13日在广东省政府指定的医院中，召集了原、被告人的辩护人、代理人自行协商选定鉴定单位，因附带民事诉讼原告人不同意在广东省政府指定的医院鉴定，坚持要到北京指定的医院鉴定而无法达成一致意见，后由本院指定北京华大方瑞司法物证鉴定中心鉴定。2008年10月20日，北京华大方瑞司法物证鉴定中心作出鉴定：祁磊的死亡原因为多因素，其中主要是颅脑损伤所致，祁磊的损伤有颅脑外伤、胸部外伤、脾破裂、全身多处软组织损伤，但这些损伤不是致命伤。同时祁磊存在脂肪心、冠心病，心脏病理显示没有冠心病急性缺血发作的证据，不足引起死亡，但由于存在脂肪心、冠心病，机体对损伤的耐受程度降低，故不排除该因素亦参与死因竞争。故此，祁磊的死亡原因主要是颅脑损伤所致。在开庭审理过程中，被告人张剑锋、张月花认为上述两份鉴定结论相互矛盾，要求对祁磊的死亡原因再作重新鉴定。原、被告人的诉讼代理人对选定何单位鉴定，又无法达成一致意见。经咨询有关鉴定机构认为，现因两个不同的鉴定结论，应组织专家对两个鉴定结论进行论证。本院于2008年12月18日去函要求惠东县人民检察院对祁磊的死因补充侦查，广东省公安厅刑事技术中心于2009年1月14日邀请中山大学法医鉴定中心、南方医科大学法医鉴定中心、广州法医专家、广东省人民检察院、广东省高级人民法院的法医专家进行会诊论证后，于2009年5月8日由广东省公安厅刑事技术中心出具《关于祁磊死因会诊情况的复函》：1. 祁磊的头面部、躯干和四肢有多处软组织挫裂创、挫擦伤和皮下出血，解剖见头皮下广泛出血，脾破裂，腹腔积血，右手无名指指甲脱落。除右胸部和左腹部的较大类圆形中空性皮下出血印痕符合医疗抢救所致外，其他损伤均符合钝器作用所致，这些损伤较为严重，但尚未达到致人死亡的严重程度。2. 祁磊体型肥胖，心脏表面有较多脂肪附着，心肌细胞有脂肪浸润现象，冠状动脉有粥样硬化改变，程度达二级，说明其心脏有一定程度的病理改变，但并未达到非常严重的程度，应能承受正常生活和运动所需的负荷，一般情况下这些病理改变不足以致其突然死亡，同时也说明其心脏承受负荷的能力较正常人有限。3. 根据审阅现有的解剖照片和镜下观察病理学组织切片所见，未发现祁磊有颅骨骨折、蛛网膜下腔出血、脑组织挫伤、出血等现象，故依据现有材料认定其颅脑损伤致死的依据不足。4. 死者双肺膨隆，切面有血性液体溢出，在医院急救过程中有口鼻腔溢出粉红色泡沫的现象，其他脏器也呈淤血改变等现象，分析认为祁磊死前发生了严重的急性左心衰竭。5. 结合祁磊整个死亡过程分析，祁磊是在熬夜后与人发生纠纷并剧烈打斗和跑动，损伤较为严重但不致死，死亡过程较为迅速，上述因素综合作用使其原已患有病变的心脏所承受的负荷急剧增加，进而产生急性左心衰竭而死亡。

原判认定上述事实的证据有：证人莫志光、魏建东、张伟龙、范建成、陈远钦、陈佛金、祁欣红、陈武生、张月香的证言，惠东县人民医院病情记录，公（惠东）鉴（法伤）字［2008］089－090 号法医学活体检验鉴定书、公（惠东）鉴（刑技法尸）字［2008］018 号法医学尸体检验报告书，北京华大方瑞鉴定中心［2008］法病鉴字第 126 号法医学尸体检验报告，广公刑技（函）字［2009］94 号关于祁磊死因会诊情况的复函，作案现场勘查、照片，扣押物品清单，证人范建成、莫志光、张伟龙、魏建东的辨认笔录，抓获被告人的经过材料，惠东县公安局巡警大队一中队出警经过，被告人张剑锋、张月花的供述等证据。

原判认为，本案的焦点是采信哪个鉴定结论的问题。一、惠东县公安局法医鉴定。二、北京华大方瑞司法物证鉴定中心鉴定。三、广东省公安厅刑事技术中心出具的《关于祁磊死因会诊情况的复函》。从上述两个鉴定结论和《复函》分析，惠东县公安局法医的鉴定结论是死者祁磊生前系外界因素［类外伤等］的作用导致其自身疾病急性发作而死亡，与广东省公安厅刑事技术中心的《复函》较相符。而北京华大方瑞司法物证鉴定中心鉴定，祁磊的死亡原因主要是颅脑损伤所致，但又不能排除祁磊由于存在脂肪心、冠心病，机体对损伤的耐受程度降低因素亦参与死因竞争。此鉴定对死因认定较含糊。故本院认为广东省公安厅刑事技术中心的《复函》分析，较客观、全面、真实。被告人张剑锋、张月花伙同他人故意伤害祁磊身体，间接致祁磊死亡，其行为均已构成故意伤害罪。被告人张剑锋、张月花除负刑事责任外，同时应对自己的犯罪行为给被害方造成的经济损失负民事赔偿责任。附带民事诉讼原告人要求被告人赔偿医药费、丧葬费、死亡赔偿金、交通费的请求，符合法律规定，是合理的，应予以支持。被害人住所地的城镇居民人均可支配收入高于受诉法院所在地标准，死亡赔偿金可按被害人住所地的标准计算，但丧葬费应按受诉法院所在地的标准计算。交通费没提交票据，不予支持；民事诉讼原告人要求赔偿被扶养人生活费，但两原告人均未达到被扶养人的法定年龄，又未举证证明丧失了劳动能力，因此对该请求不予支持。要求赔偿精神抚慰金，不符合《最高人民法院关于刑事附带民事诉讼范围问题的有关规定》第一条第二款之规定，不予支持。预交鉴定费 3 万元，实际支出 19000 元，附带民事诉讼原告人在申请重新鉴定时已承诺负担，故实际支出部分应由附带民事诉讼原告人承担，剩余部分予以退还。附带民事诉讼被告人张月香在本案中用电话通知了在逃同案人张兆锋、张艳锋来到现场，其亦与祁磊相互推扯，虽已取保候审未随案起诉，但应负民事连带赔偿责任。依照《中华人民共和国刑法》第二百三十四条第二款，《中华人民共和国民法通则》第一百一十九条、第一百三十条及《最高人民法院关于审理人身损害赔偿案件适用法律若干问题的解释》第十七条、第二十七条、第三十条之规定，作出判决如下：

一、被告人张剑锋犯故意伤害罪，判处有期徒刑十年。

二、被告人张月花犯故意伤害罪，判处有期徒刑十年。

三、被告人张剑锋、张月花应赔偿附带民事诉讼原告人祁欣红、崔阿丽人民币共514018元。

四、附带民事诉讼被告人张月香对上述附带民事诉讼原告人的赔偿承担连带赔偿责任。

五、驳回附带民事诉讼原告人祁欣红、崔阿丽的其他诉讼请求。

广东省惠东县人民检察院抗诉认为，被告人张剑锋、张月花的故意伤害行为造成被害人祁磊死亡，两被告人无任何法定可从轻或减轻的情节，而惠东县人民法院却从法定的最轻量刑来判处两被告人有期徒刑十年，量刑畸轻。请依法判处。

广东省惠州市人民检察院支持抗诉认为：1. 本案应认定为故意杀人罪，惠东县人民法院认定为故意伤害罪属认定罪名错误，导致重罪轻判。2. 本案只有惠东县公安局的鉴定结论符合程序法的规定，北京华大方瑞司法物证鉴定中心虽然有司法鉴定资格，但不是《刑诉法》规定的“省级人民政府指定的医院”，所以没有依法进行“重新鉴定”的主体资格。广东省公安厅刑事技术中心也没有“重新鉴定”的主体资格。且广东省公安厅出具的复函没有鉴定人的签名，没有加盖鉴定专用章，也不是以鉴定结论而是以复函的形式作出的。所以，本案只有惠东县公安局的鉴定结论才符合证据的“三性”要求，北京的鉴定结论和省厅的复函因不具备证据的“合法性”要求，不能作为定案的依据。一审判决根据省厅的复函进行判决，属采信证据有错误。

上诉人张剑锋上诉提出：1. 我的行为并未构成被害人祁磊重伤或死亡，应当在一般伤害行为的量刑幅度内进行量刑。2. 纠纷的发生是被害人首先引起的，当我的妻子张月香叫人报警时，被害人祁磊不但不等候公安部门来人处理，反而手持利器，向我的头部刺、戳，在我的反抗和躲避下才未造成严重后果。随后被害人又将张月花刺伤。我是在无故受到伤害后，一时气愤才伤害被害人的。被害人祁磊对本案的发生存在重大过错，依法应对其从轻或减轻处罚。3. 原审判决民事部分未考虑被害人祁磊对本案的发生存在严重过错，判决上诉人承担全部赔偿责任，是不恰当的，依法应予纠正。

其辩护人辩称：1. 公诉机关指控上诉人张剑锋是故意杀人，没有事实和法律依据，是错误的。2. 上诉人张剑锋的行为并未构成被害人祁磊重伤或死亡，应当在一般伤害行为的量刑幅度内进行量刑，并综合考虑全案情节，对上诉人张剑锋正确量刑，从轻或减轻处罚。原审判决确定的刑期，明显过重。3. 本案的发生过错在于被害人祁磊。上诉人张剑锋在本案发生后，如实交代自己的罪行，积极主动配合公安机关侦破案件，认罪态度良好，具有明显的悔过行为。二审庭审后，张剑锋通过妻子张月香，真诚向被害人家属悔罪，并积极履行赔偿义务，与被害人家属达成了和解协议，取得了被害人家属的谅解。4. 上诉人张剑锋从未与人发生过纠纷，更没有受过刑事处分，其父亲很早就过世，也没有其他兄弟，年迈的母亲要靠他赡养，唯一一个姐姐也身患胰腺癌，无法照顾家里，两个年幼的孩子也需要抚养，家庭生活艰难，经此变故，已经对其家庭造成了严重的打击和影响。恳请合议庭综合上述情节，对上诉人张剑锋减轻处罚。

上诉人张月花上诉提出：1. 我对祁磊的打击行为，是在受到本案被害人祁磊严重暴力不法侵害的时候，为了避免自身遭到更大的不法伤害而采取的正当防卫行为。由于我的行为属于防卫过当，虽然仍应以故意伤害罪定罪量刑，但应当依法减轻或免除处罚。2. 原审判决认定我伙同张剑锋故意伤害祁磊身体，并间接致祁磊死亡，属于认定事实不清，证据不足。3. 我的行为并未构成被害人祁磊重伤或死亡，应当在一般伤害行为的量刑幅度内进行量刑，并综合考虑全案情节，对我正确量刑。原审判决我与张剑锋同样刑期，明显过重。请求二审法院依法改判。

其辩护人辩称：1. 公诉机关指控上诉人张月花是故意杀人，没有事实和法律依据。2. 本案中，上诉人张月花的行为属于防卫过当，应当减轻或免除处罚。3. 上诉人张月花应当在一般伤害行为的量刑幅度内进行量刑，并减轻或免除处罚，而不应当在故意伤害致人死亡或重伤的量刑幅度内量刑。4. 本案的发生过错在于被害人祁磊。上诉人张月花在本案发生后，如实交代自己的罪行，积极主动配合公安机关侦破案件，认罪态度良好，具有明显的悔过行为。二审庭审后，张月花通过丈夫黄子青，与张剑锋的妻子张月香一起真诚地向被害人家属悔罪，并积极履行赔偿义务，与被害人家属达成了和解协议，取得了被害人家属的谅解。5. 上诉人张月香是一个老实本分的农家妇女，从未与人发生纠纷，更没有受过刑事处分，其家中既有年老体弱的父母，也有两个年幼的孩子，夫妻两人收入微薄，生活艰难，经此变故，已经对其家庭造成了严重的打击和影响。恳请合议庭综合上述情节，对上诉人张月花减轻处罚。

上诉人张月香上诉提出：本案的发生首先是被害人祁磊引起的，且被害人首先动手与上诉人拉扯。我为避免矛盾激化，叫人报警处理时，被害人祁磊不但阻止我一方报警处理，还抓起剪刀刺、戳我丈夫张剑锋的头部，接着又冲进游戏机室刺伤张月花。其行为中伤害的主观故意严重，并严重激化双方矛盾，对损害的发生和扩大存在故意，依法应当减轻我的赔偿责任。原审无视被害人的过错，判决我承担全部赔偿责任，是不恰当的，依法应予纠正。案发后，我对本案的发生非常悔恨，对被害人祁磊的家人深表歉意。但是，如果被害人祁磊不阻止我一方报警，或者没有首先行凶，也不会发生最后的惨剧。希望二审法院能够在查明事实的基础上，依法改判。

原审附带民事诉讼原告人祁欣红、崔阿丽对附带民事赔偿没有提出上诉意见。

经审理查明，2008 年 1 月 15 日凌晨 4 时许，被害人祁磊到惠东县平山街道办事处利埔路 15 号原审被告人张剑锋经营的“阳光电子室”打老虎机赌博，至 9 时许，输了现金人民币 500 元，还欠人民币 200 元。后被害人祁磊向看管该电子室的张月香（张剑锋之妻，已取保候审）借钱，继续赌。因张月香怕被害人祁磊输钱要赖，不肯再借钱给祁继续赌，并打电话叫张兆锋、张艳锋（系张剑锋堂弟，均在逃）过来帮忙。在张兆锋、张艳锋到来之前，被害人祁磊将刚从楼上下来的张剑锋叫到电子室门外，要求其返回他赌输的人民币 500 元钱。张月香听后不愿意，就与被害人祁磊争吵起来，后两人相互推扯到旁边的“业城傢俬厂”门前。张月香跑进该厂内叫门卫报警，被害人祁磊见状上前阻止，并在值班室桌上拿了一把剪刀，将随后进入厂内的张剑锋左耳刺伤

（经法医鉴定属轻微伤），后又跑回电子室向刚来接张月香班的原审被告人张月花讨回赌输的钱，因要不到钱就用剪刀将张月花的左边头部、左耳等部位刺伤致流血（经法医鉴定属轻微伤）。张月花被刺后，拿起一张木凳追出门外朝祁磊的手打去。张月香见状便与张月花一起追打被害人祁磊，至惠东县平山街道办事处利埔路与营利街路口时，张月花随地捡起一块砖块朝被害人祁磊的头部砸去，同时，张剑锋手持铁棍对被害人祁磊的头、腿等部位进行殴打致其倒在地上。随后赶来的张兆锋也持摩托车保险锁朝被害人祁磊的头部、腹部等部位打击。张艳锋则用脚踢打被害人祁磊。公安民警接到报案赶到现场后，及时将被害人祁磊送往医院抢救。被害人祁磊经抢救无效死亡。经法医鉴定：死者祁磊生前系外界因素［类外伤等］的作用导致其自身疾病〈脂肪心、冠心病〉急性发作而死亡。2008 年 1 月 16 日，公安机关将被告人张剑锋、张月花抓获。

另查明，二审庭审后，原审附带民事原告人祁欣红与上诉人张剑锋、张月花、张月香及家属达成赔偿协议（该协议于 2009 年 12 月 3 日在广东省惠州市惠城区公证处公证），上诉人张剑锋、张月花、张月香及家属服从一审刑事附带民事诉讼判决的赔偿数额，并已支付人民币 32 万元给原审附带民事原告人祁欣红、崔阿丽。余款人民币 197018 元在 2010 年 11 月 30 日前付清。原审附带民事原告人祁欣红向本院提出谅解意见：（1）不再追究张月香的刑事责任，让其承担家庭和教育孩子的责任；（2）本着严惩和教育相结合的目的，对张月花应与张剑锋在量刑方面给予区别考虑，在法律允许的范围内减轻处罚；（3）对张剑锋量刑方面，由于其主观犯意明确和后果严重，应以严惩，但考虑其家属积极在民事赔偿方面的态度及家庭实际情况，我们予以谅解，法院在量刑上依据法律在法律允许的情况下酌情从轻考虑。

认定上述事实的证据有：

1. 刑事案件受理表、立案决定书，证实惠东县南湖派出所于 2008 年 1 月 15 日 10 时 30 分接到 110 指令后，即派出民警赶赴现场，并将被害人祁磊送医院抢救。

2. 证人证言：证人莫志光（联防队员）述称，2008 年 1 月 15 日，我与张伟龙在惠东县法院门前路口定点上岗，至上午 9 时 50 分左右，发现对面公路有一男子向该路段的人行道跑来，有两名妇女尾随追上来，跑在前面的妇女脸上有血迹，被追的男子手持剪刀，这时持砖头的妇女（张月花）追上来，一手拉住那男子的衣服，一手用砖头从该男子的背后向其头部砸去，砸在其后头部位置，并说“打死他，诈骗犯”。我即上前抢过她的砖头，另一妇女（张月香）又用拳头打和拉扯该男子，张伟龙上前劝开并将该男子的剪刀抢过来，该男子一直在猛喘气，没有与他们对打，这时周围有很多群众围观，突然有一持铁棍（约 70 厘米长，实心，拇指大小）的男子（张剑锋）从人群中钻出来，对着该男子的头、身、腿部猛打，被害人被打倒地，又有持摩托车 U 形防盗锁的男子（张兆锋）及没有持工具的三名男子从人群中钻出来，围着对那男子殴打。持砖头的妇女（张月花）在该男子倒地后还用脚猛蹬他的裆部，整个过程约有七八个人参与打人。这时，我另两名同事也到现场，但都控制不了，现场情况很乱。当我和同事将打人方拉开后，打人方要求送受伤的妇女去医院。

证人张伟龙述称，2008 年 1 月 15 日上午 10 时许，我和莫志光在惠东县法院门前路口执勤时，看见对面马路有两名妇女追着一手持剪刀的男子，一妇女（张月花）持砖头对着那男子的后脑部打，我和莫志光赶紧跑过去阻拦，没拦住，那男子跑了几步倒在地上，手拿砖头的妇女还想打，被莫志光抢走了砖头，另一妇女（张月香）走上前朝那男子的肚子上踢了几脚，被我拉开，而那流血的妇女（张月花）从那男子手上拿过剪刀想插那男子，被我抢过剪刀，这时有三名男青年过来，其中一名（张剑锋）持一根70厘米长的铁管殴打被害人的脚部、头部等，另一名（张兆锋）持保险锁打被害人的脚，还有一名用脚踢被害人的肚子和头部等。我和莫志光拦不住他们，他们继续在打被害人，莫志光就打电话叫队里派人过来帮忙。约5分钟后，有队员过来帮忙阻拦，还是拦不住，那流血的妇女（张月花）还叫他们打被害人，再后来派出所的人也过来了。

证人魏建东证述称，我与范建成接到指挥中心指令称法院对面电子室有人打架，即赶往现场。当时莫志光、张伟龙在劝架，一小胖子（被害人）躺在地上，有三个男人和一个女人对其殴打，但对方情绪很激动，我和同事拉开他们，但他们还不罢休，挣脱后再冲上去打，头部有血的女人（张月花）对着被害人的腹部和裆部猛踢了两三下，一男子（张剑锋）持铁棍对着被害人的头部猛打了一下，被我们拉开，后又有一个人（张艳锋）挣开冲向被害人对他的胸部和肋部各猛蹬了一下，又被我拉开，然后持防盗锁的男子挣脱我同事，冲上前用防盗锁打被害人的胸部，当时被害人抱头曲着身体躺在地上，流血的女子（张月花）还上前伸出左手手指向胖子的眼睛插去，插了一下后被我拉开，后来我的同事围着被害人，他们才无法打他。魏建东辨认出张剑锋用铁棍打被害人头部和腿部。

证人范建成述称，我与魏建成接110指示赶到现场，见被害人躺在地上，头部在流血，一名妇女及四个男人在殴打被害人，那妇女用脚在踢被害人的身体，一男人（张剑锋）持一根几十厘米长的铁棍趁我们不备，冲上去用铁棍朝被害人的头部打了一棍，后又打了一棍，因被我拉住，这一棍打在被害人的腿上，第三棍因被我挡住打在我的手上。

证人陈佛金述称，2008年1月15日上午10时许，我在“业城傢俬厂”保安室上班，突然看到张剑锋和他的一个女工人与一名男青年发生争执，于是我就马上走出厂门去看，只见张剑锋的工人站在我厂铁门前，正与那名男青年对骂撕扯。后那名男青年就推着张剑锋的工人往我厂铁门内进来。我见状就想去关门不让他们进厂打架，但是正当我准备关门时，那名男青年已经将张剑锋的女工人推进我厂里，并且双方在对扯，相互对骂。这时我的手机刚好响了，我就走进保安室的办公室里接听手机，那名男青年不知怎的走到我身边，伸手想拿我手中的手机，我便问他拿我手机干什么。接着，那名男青年就将放在办公室的一把剪刀拿起来指着我说：“你给不给手机?”我说我自己打电话干你什么事。这时那名男青年又说“你给不给”，并推我到保安室门外对我说“你给不给”。我说就是不给。后那名男青年就松开手。之后那名男青年和张剑锋他们是怎么走出厂的我没看见。

证人陈远钦述称，2008年1月15日上午10时许，我在平山“小天鹅”鞋厂大门前，突然看见两名妇女及三名男子追赶一名较胖的男青年，追到法院门前公路，那胖男子就被抓住了。接着看到很多群众围住那名胖男子，并有人用脚踢他。打了一阵后，巡警就过来了，后见那胖男子被抬上120急救车。当天上午11时许，我在厂大门左边人行道上捡到一根铁棍，后就交给了公安人员。

证人祁欣红述称，2008年1月15日我儿子祁磊的朋友陈武生在惠东打电话给我，说祁磊在惠东与他人打架在医院抢救，叫我过来惠东。我于当天赶到惠东，得知我儿子祁磊抢救无效死亡。次日我两夫妇到殡仪馆看到儿子的尸体。

证人陈武生述称，我与祁磊是朋友关系，2007 年 12 月 23 日他从北京市来到惠东找我，说他在北京市卡拉 OK 同他人打架，打伤他人，现出来躲避一阵。后他在惠东一家宾馆住了三天，离开时他说去东莞，后他和我都有电话联系。至 2008 年 1 月 13 日祁磊打电话给我说他在惠东，并向我借钱，我说没时间拿钱给他，直到他出事。

3. 辨认笔录：证人莫志光、张伟龙、范建成对公安机关出示的照片进行辨认后，均证实张剑锋用铁棍打被害人头部和腿部，张月花用砖头砸被害人头部，张月香拉扯被害人；证人魏建东对公安机关出示的照片进行辨认后，证实张剑锋用铁棍打被害人头部和腿部。

4. 公（惠东）鉴（刑技法尸）字［2008］018 号法医学尸体检验报告书，证实被害人祁磊左颞顶枕部皮下广泛出血，额顶部头皮下广泛出血，颅骨无骨折，颅内无出血，脑组织未见挫伤出血。结论为：死者祁磊生前系外界因素［类外伤等］的作用导致其自身疾病〈脂肪心、冠心病〉急性发作而死亡。

5. 惠东县人民医院出具的《抢救危重病人记录》：主要症状，外伤致全身多处流血，疼痛 2 小时，烦躁 30 分钟；体征，神志尚清，左颞部可见一约 1.5cm 的裂口，左手掌肿胀，右手中指可见一约 1.5cm 的裂口。

6. 惠东县公安局将被害人祁磊的心、肝、脾、肺、肾、咽喉、胰腺、胃、脑送中华医学会惠州（东江）病理学会病理诊断部作病理诊断，结论为：（1）心脏：脂肪心（心肌灶性肥大、变性伴间质较多脂肪组织浸润），左冠状动脉前降支粥样硬化伴管腔狭窄（管腔堵塞达 65%）；（2）双肺：重度急性肺水肿；（3）肝脏：重度脂肪肝；（4）脾脏：见破裂口伴脾实质性小灶性出血；（5）大小脑：神经元灶性变性伴间质灶性水肿；（6）胃及咽喉：均见粘膜充血水肿；（7）双肾：肾小管轻度灶性变性。

7. 惠公（惠东）鉴（法伤）字［2008］089－090 号法医学活体检验鉴定书，证实张剑锋左颞部有一 2.1cm 长缝合创口，创缘整齐，呈“L”形；张月花左颞部有一 2.8cm 长缝合创口，创缘整齐；左鼻部有一 1.7cm 长缝合创口，创缘整齐；左面部有一 1.1cm 长缝合创口，创缘整齐呈“L”形。结论为被鉴定人张剑锋、张月花的损伤程度均属轻微伤。

8. 现场勘查记录、照片、提取痕迹、物证登记表，证实现场位于惠东县平山街道办事处利埔路“业城傢俬厂”前，扩大现场外围勘验检查见：在惠东县人民法院大门东门柱正对利埔路东往西车道中间白线处地板上 30cm×60cm 范围内有滴落状血迹和接触状血泊，该血泊往东北侧 19 米处有一块大小为 4cm×13cm×5cm 的砖块，该砖块上有接触状血迹。在现场提取砖块一块，血迹棉签三条。

9. 惠东县公安局扣押物品清单证实，扣押螺丝形镶有三枚螺丝的铁棍一条，长 68.5 厘米。经被告人张剑锋辨认后，证实是他伤害被害人使用的铁棍。

10. 上诉人（原审被告人）供述。其中：张剑锋述称，2008 年 1 月 15 日凌晨 4 时许，一名肥胖的外省男青年来到我经营的阳光花园电子室打老虎机赌博，至早上 8 时许，共输现金人民币 500 元。后他没钱还要继续上分赌博。我当时在电子室二楼睡觉，是我老婆张月香叫醒我告诉我这一情况。我听后就到电子室对那名外省男青年说没钱就不要赌了。但他还要赌，并说不会少你钱。我没办法就上了200元分给他，结果他又赌输了。后他又让我上分，我看他很凶，就连续几次上分给他赌。这时我的小姨张月花来到电子室坐在柜台旁。那名外省男青年把分都输完后，叫我出去，我就跟随他走出电子室。走到电子室门前，他对我说："你把我输的500元还给我。"我听后说："可以商量吗?"他听后就气势汹汹地推我。这时我老婆张月香过来对外省男青年说："你欠我2000元没有还，还要拿钱给你。"那个外省男青年听后就用手抓住我老婆的衣领，将她拖到旁边"业城傢俬厂"门前，我尾随过去，还叫厂门卫报警。外省男青年不准门卫报警，这时外省男青年不知从什么地方拿到一把剪刀向我左耳边刺了一下，当时就流血。外省男青年刺伤我后就往电子室方向逃跑，我顺手在厂里面拿到一条铁棍，追了出去。看到我小姨张月花满脸是血，我就知道是被外省男青年刺伤的。我就向他逃跑的方向追，追到法院门前路口，看到外省男青年已躺在地上，我堂弟张兆锋拿着摩托车保险锁站在旁边，又看到张月花满脸是血在旁边，当时我很气，就举起铁棍往外省男青年腿部打了两下，就被在场的保安人员制止了。后我就坐摩托车到医院疗伤。

张月花述称，2008年1月15日上午10时许，我到电子室接我姐夫张剑锋的班，当时见收银台前站着一名肥大的外省男青年在叫我姐夫上分，那外省男青年没有拿钱，我姐夫还劝他不要上分，那外省男青年说最后一次，也不知上了多少分。之后我见我姐夫和那外省男青年走出去了。大约过了二十分钟，我看到那外省男青年返回电子室，手中还拿了一把剪刀，他进来后，就用左手抓住我的手，右手拿剪刀，叫我把钱拿给他，我说我哪里有钱给你。那外省男青年就用手中的剪刀插我，插到我左额角流血，我就和他对扯，想夺他的剪刀，那外省男青年又插了我几剪刀，我边躲边推对方，还是被他插了几下，均在头部、面部。我俩扯至电子室门前，那外省男青年就挣脱往公路跑，我就拿了一条长木凳追上去，朝他打过去。那外省男青年用手挡，木凳打在他手上，我因脸被刺伤流血，不知被什么人拉住，我就大喊"不要让他走"喊了几句。之后我感觉到那外省男青年跑到公路对面被群众抓住。我就跑过去，见那外省男青年躺在地上，我从地上捡了一块可能是水泥砖，走近那外省男青年朝他头部砸过去，砸在前额。之后我被送去医院包扎伤口。

11. 上诉人（原审附带民事被告人）张月香述称，2008年1月15日早晨6时30分许，我起床后到电子室换我丈夫张剑锋的班。我接班后见一个讲普通话较高大的外省男青年在收银台侧边赌老虎机，至8时30分许，该名男子输了有一千多元，我见他这么疯狂，怕他输钱后发烂，就上楼去叫我丈夫张剑锋下来。我丈夫到电子室，该名男子就开始叫我丈夫上分给他赌，我丈夫上了金额200元给他赌。因我怕该名男子输了钱不服发烂，人多点他可能不敢怎样。于是我到外面打电话给我堂弟张兆锋，叫他过来帮手。打完电话，我丈夫告诉我他已上了1200元的分数给该名男子了。不一会该名男子又要求上分给他。我就对他说："我们是做生意的，不能这样，你既然没钱就不要再赌了。"这时，该名男子很凶地跟我讲："你先上分给我，我不会赖账的。"我见他这么凶，就叫我丈夫又上了金额200元给他赌，不一会他又输完了，又叫上分，于是我就对他说："你老是这样是不行的，输了又叫上，输了又叫上。"他就对我说上多金额600元，凑到整数2000元。这样我又叫我丈夫上多金额600元给他。后我去接了一个电话，9时许，回到收银台不见我丈夫和那个外省男子。我妹妹张月花说我丈夫被那个外省男子叫出去了。于是我就走出去看，看到他俩站在电子室门前的花池边讲话，我走过去问我丈夫怎么回事。这时那个外省男子就叫我将他输掉的钱还给他，我说不能这样的，输了钱就向我们拿回去，赢了就拿走，这样怎么行。他听后就很凶地对我说“你拿不拿”，并伸手拉住我的衣领。我丈夫见状就过来拔他的手，叫他不要打我。于是我就退到家具厂，此人也推着我进，我丈夫也跟着进去。家具厂的门卫见状叫我们不要进去，我就拿出小灵通准备打电话报案。这时该男子就过来抢我的电话，没抢到。我就马上叫家具厂的门卫报警，门卫就马上用自己的手机打电话。结果该男子又过去抢他的手机。不一会儿他就持一把剪刀出来，并用剪刀指着我说：“现在你拿不拿钱给我?”我说我会去拿的，我身上没有这么多钱，我要回去拿。他听我这么说就拿着剪刀走出门外，而我丈夫见他出去也跟着出去。停了一会我也出去。走到门外我见我丈夫和我妹张月花都满脸是血。我问是不是那个男子用剪刀刺伤的。张月花说那个人很凶残，到收银台向她要钱，要不到就用剪刀刺她的脸。说完张月花就去追那个男子。我见状就用小灵通打了110报警，并和张月花一起去追那个男子。当我追到法院门前路口时，见那个男子已在法院左侧路躺着，并用双手抱着头部，当时已围了很多看热闹的群众。接着我见张月花拿起一块砖块对着该男子的头部砸打，后又见张兆锋拿着一个摩托车保险锁对着该男子后腰部位置砸打了一下，同时我丈夫的另一个堂兄张艳锋用脚踢他的屁股。我见状就叫张兆锋不要这样打，会死人的。后我还看到我丈夫张剑锋手持一条铁棒站在那，我就叫他去医院。这样张兆锋就开摩托送我丈夫和我妹张月花去惠东县人民医院包扎伤口。后我丈夫张剑锋和我妹张月花被南湖派出所传去问话。

12. 抓获经过、取保候审保证书及相关证明证实，2008年1月15日上午10时许，惠东县公安局巡警大队联防队员在惠东县平山街道办事处利博路口巡逻时，发现一名男青年与两名妇女正在厮打，即上前制止，并向110汇报情况，要求派人前来处理。巡警大队干警到现场后即对现场进行控制，并将被殴打的男青年送医院抢救。被殴打的男青年经抢救无效，于当日13时25分死亡。当晚，惠东县南湖派出所分别将张剑锋、张月花、张月香传唤回派出所讯问，次日对张剑锋、张月花、张月香执行拘留。2008年2月5日对张月香采取取保候审。张剑锋的堂弟张艳锋、张兆锋经多次抓捕未抓获。

13. 户籍证明，证实被告人张剑锋于1971年10月30日生；被告人张月花于1973年5月20日生；被告人张月香于1970年6月6日生，均是广东省惠东县人，均无犯罪记录。

14. 原审附带民事原告人提交的证据有：（1）被害人祁磊的户口本、身份证复印件，证实被害人祁磊于1984年8月26日生，北京市大兴区人，住北京市大兴区旧宫镇芳源里小区乙区1号楼6－402室；（2）婚姻状况证明书、亲属关系公证书，证实原审附带民事原告人祁欣红、崔阿丽与被害人祁磊系父子、母子关系；（3）北京市公安局大兴分局证明、居委会居住证明、房产证、单位证明、单位营业执照，证实被害人祁磊长期在北京市居住和工作；（4）鉴定费票据，证实原审附带民事原告人支付鉴定费人民币3万元；（5）医疗费票据，证实原审附带民事原告人为被害人祁磊支付医疗费人民币1320元。

15. 二审期间，原审附带民事原告人祁欣红向法院提交谅解意见书、公证书、民事赔偿协议书及收据各一份证实：（1）原审附带民事原告人祁欣红与原审附带民事被告人张剑锋、张月花、张月香及家属于2009年12月2日达成谅解协议，并已支付人民币32万元赔偿给原审附带民事原告人祁欣红、崔阿丽。余款分五次付清，即在2010年1月30日前付2万元；在2010年5月30日前付5万元；在2010年7月30日前付5万元；在2010年9月30日前付4万元；在2010年11月30日前付清余款。该协议于2009年12月3日在广东省惠州市惠城区公证处公证。（2）原审附带民事原告人祁欣红提出谅解意见：①不再追究张月香的刑事责任，让其承担家庭和教育孩子的责任；②本着严惩和教育相结合的目的，对张月花应与张剑锋在量刑方面给予区别考虑，在法律允许的范围内减轻处罚；③对张剑锋量刑方面，由于其主观犯意明确和后果严重，应以严惩，但考虑其家属积极在民事赔偿方面的态度及家庭实际情况，我们予以谅解，法院在量刑上依据法律在法律允许的情况下酌情从轻考虑。

上述证据由控方和原告方提供，并经当庭举证、质证，来源合法、内容真实，本院予以确认。

本院认为，上诉人张剑锋、张月花在被被害人祁磊持剪刀刺伤后，伙同他人追打被害人祁磊，在被害人祁磊倒地已无反抗能力的情况下，仍持砖块、铁棍等殴打被害人祁磊的身体，并间接致被害人祁磊死亡，其行为均已构成故意伤害罪。惠州市人民检察院支持抗诉认为本案应定性为故意杀人罪，惠东县人民法院定性为故意伤害罪属认定罪名错误的意见，不能成立。在共同犯罪中，上诉人张剑锋持铁棍打被害人，表现积极，起主要作用，是主犯；上诉人张月花所处地位及作用次要，是从犯。广东省惠州市人民检察院支持抗诉认为，本案只有惠东县公安局的鉴定结论才符合证据的“三性”要求，应采信惠东县公安局作出的公（惠东）鉴（刑技法尸）字［2008］018号法医学尸体检验报告书的结论，本院予以采纳。关于上诉人张剑锋、张月花及其辩护人所提上诉意见，经查，本案是因被害人先持剪刀刺伤二上诉人而起，被害人对本案的发生存在严重过错。但事发后，二上诉人完全可以采取合法的方式解决，而不应采用追打被害人的暴力手段。特别是在公安联防队员出面阻止的情况下，二上诉人仍不听劝阻，继续殴打被害人。虽然法医学鉴定结论证实，被害人祁磊生前系外界因素［类外伤等］的作用导致其自身疾病〈脂肪心、冠心病〉急性发作而死亡，并不是二上诉人的伤害行为直接导致的，但是被害人的死亡是二上诉人的伤害行为直接引发的，因此，二上诉人应对被害人的死亡承担共同责任。故辩称上诉人张月花的行为属于防卫过当，及上诉人张剑锋的行为并未构成被害人祁磊重伤或死亡，应当在一般伤害行为的量刑幅度内进行量刑的意见，均不能成立。鉴于被害人对本案的发生存在严重过错，被害人的死亡原因并不是上诉人张剑锋、张月花的行为直接导致的，以及上诉人张剑锋、张月花犯罪的主观恶性不大，且被害人家属与上诉人家属达成谅解协议等情节，可对上诉人张剑锋从轻处罚，对上诉人张月花减轻处罚。惠东县人民检察院抗诉认为惠东县人民法院对张剑锋、张月花量刑畸轻的意见，据理不足，本院不予支持。

关于附带民事诉讼部分，因原审附带民事原告人祁欣红已与上诉人张剑锋、张月花、张月香及家属达成赔偿协议，上诉人张剑锋、张月花、张月香及家属服从一审刑事附带民事判决的赔偿数额，并已支付人民币32万元给原审附带民事原告人祁欣红、崔阿丽，余款人民币197018元在2010年11月30日前付清。该协议是原告人与上诉人双方真实意思表示，本院予以支持。原审判决认定事实清楚，证据确实、充分，定罪和适用法律准确，审判程序合法，唯未充分考虑上诉人张月花在共同犯罪中的地位和作用，致对上诉人张月花量刑不当，应予改判。依照《中华人民共和国刑事诉讼法》第一百八十九条第（二）项、《中华人民共和国民事诉讼法》第一百五十三条第（一）项和《中华人民共和国刑法》第二百三十四条第二款、第二十六条第一款、第二十七条之规定，判决如下：

一、维持广东省惠东县人民法院作出的（2008）惠东法刑初字第247号刑事附带民事判决中的第一、三、四、五项判决及第二项判决的定罪部分。

二、撤销广东省惠东县人民法院作出的（2008）惠东法刑初字第247号刑事附带民事判决中的第二项判决的量刑部分。

三、上诉人张月花犯故意伤害罪，判处有期徒刑五年。

（刑期从判决执行之日起计算。判决执行以前先行羁押的，羁押一日折抵刑期一日。即从2008年1月15日起至2013年1月14日止）。

本判决为终审判决。

审 判 长 肖少丽
审 判 员 黄 静
审 判 员 邱志勇
二〇〇九年十二月三十一日
书 记 员 李建云

【评析】

这是一篇部分维持、部分改判的二审刑事附带民事判决书。案件本身比较有特点，两名被告人和附带民事诉讼被告人均提起上诉，两名被告人均被检察院提起抗诉，而广东省惠州市和惠东县两级抗诉机关也存在不同意见。因此，二审要解决的问题较多，最终将审理结果体现在法律文书上，对文书的写作有较高的要求。该判决的主要特点是：1. 内容概括全面，理由客观、充分。文书对案件来源、审理经过、判决内容的表述规范、归纳准确、表述客观。2. 叙述事实精练，分析证据透彻。二审对案件事实的认定表述全面、准确，案件的关键要素都得到了体现，但又不冗长拖沓：合理排列证据顺序，并在证据表述上获得凸显证据的指向性；将每个证人的身份表述出来，强化其证明作用。3. 判决理由针对性强，论证充分有力。文书将庭审过程中各方的意见进行分析评判，根据犯罪构成理论、确认的案件事实以及法律规定，分别论证两被告人的犯罪行为，以及在共同犯罪中所起的作用，并在此基础上分析原判对两人的量刑。

●王忠臣等犯抢劫、盗窃罪一案刑事判决书

广东省汕尾市中级人民法院

刑事判决书

（2009）汕中法刑二终字第16号

原公诉机关海丰县人民检察院。

上诉人（原审被告人）王忠臣，男，1976年6月27日出生，汉族，河南省商水县人，初中文化，打工，户籍所在地：商水县大武乡大王村十一组351号，暂住广东省东莞市大朗镇葵边村。因本案于2008年6月20日被羁押，同日被海丰县公安局刑事拘留，同年7月25日被海丰县公安局执行逮捕。现押于海丰县看守所。

上诉人（原审被告人）姚子宾，男，1971年7月26日出生，汉族，广东省汕尾市城区人，小学文化，打工，住汕尾市城区香洲街道办事处新兴大祯祥村五巷13号。因本案于2008年6月20日被羁押，同日被海丰县公安局刑事拘留，同年7月25日被海丰县公安局执行逮捕。现押于海丰县看守所。

原审被告人陈高飞，男，1982年12月29日出生，汉族，河南省商水县人，初中文化，打工，户籍所在地：商水县谭庄镇陈庄村二组，暂住广东省东莞市大朗镇松柏朗市场旁毛织厂。因本案于2008年6月20日被羁押，同日被海丰县公安局刑事拘留，同年7月25日被海丰县公安局执行逮捕。现押于海丰县看守所。

海丰县人民法院审理海丰县人民检察院指控原审被告人陈高飞、王忠臣、姚子宾抢劫、盗窃一案，于2009年2月20日作出（2009）海法刑初字第3号刑事判决。宣判后，原审被告人王忠臣、姚子宾不服，提出上诉。本院依法组成合议庭，公开开庭审理了本案。汕尾市人检察院指派检察员许木彬出庭履行职务。上诉人王忠臣、姚子宾及原审被告人陈高飞到庭参加诉讼。现已审理终结。

原判认定，2008年6月5日凌晨4时许，被告人陈高飞、王忠臣、姚子宾伙同他人，驾驶一部面包车在海丰县鲘门镇松滋饭店前盗窃一部货车油箱内的柴油时，被人发现，即持刀威胁被害人，强行抢走柴油200升。随后，被告人陈高飞、王忠臣、姚子宾等人又到鲘门镇长安饭店前盗窃一部货车油箱内的柴油340升（价值人民币2108元）。

2008年6月20日凌晨，被告人陈高飞、王忠臣、姚子宾伙同他人，驾驶一部面包车在海丰县城三环路顺德家私城附近盗窃一部大货车油箱内的柴油200升，得手后沿广汕公路盗窃停放在路边的货车油箱内的柴油，至鲘门镇常德饭店前盗窃一部货柜车的柴油时，被人发现报警。公安机关追赶至赤石路段将该车截停，当场抓获被告人陈高飞、王忠臣、姚子宾，并在车上缴获柴油 34 桶共 850 公斤（价值人民币 6460 元）、油管、长刀、钢管及阻车钉等工具。

原判认定上述事实的证据有：三被告人的供述、证人证言、作案工具及现场照片、公安局扣押物品清单、发还物品清单、赃物的价格鉴定结论书、户籍证明材料。

原判认为，被告人陈高飞、王忠臣、姚子宾以非法占有为目的，采用秘密手段窃取他人财物，数额较大，其行为均已构成盗窃罪；被告人陈高飞、王忠臣、姚子宾伙同他人在盗窃过程中被人发现，其为窝藏转移赃物而当场以暴力对被害人进行威胁，其行为均已构成抢劫罪，应数罪并罚。依照《中华人民共和国刑法》第二百六十九条、第二百六十三条、第二百六十四条、第六十九条之规定，作出判决：

一、被告人陈高飞犯抢劫罪，判处有期徒刑三年，并处罚金人民币 1000 元；犯盗窃罪，判处有期徒刑一年六个月，并处罚金人民币 2000 元。数罪并罚，决定执行有期徒刑四年，罚金人民币 3000 元。

二、被告人王忠臣犯抢劫罪，判处有期徒刑三年，并处罚金人民币 1000 元；犯盗窃罪，判处有期徒刑一年六个月，并处罚金人民币 2000 元。数罪并罚，决定执行有期徒刑四年，罚金人民币 3000 元。

三、被告人姚子宾犯抢劫罪，判处有期徒刑三年，并处罚金人民币 1000 元；犯盗窃罪，判处有期徒刑一年六个月，并处罚金人民币 2000 元。数罪并罚，决定执行有期徒刑四年，罚金人民币 3000 元。

被告人王忠臣、姚子宾均上诉提出：其只参与 2008 年 6 月 20 日的盗窃作案，并未参与 2008 年 6 月 5 日凌晨 4 时许的抢劫及盗窃，原判认定事实不清，量刑过重，请求二审法院从轻判处。

原审被告人陈高飞辩称：其只参与 2008 年 6 月 20 日的盗窃作案，并未参与 2008 年 6 月 5 日凌晨 4 时许的抢劫及盗窃，请求从轻改判。

汕尾市人民检察院在本院二审期间未提供新的证据。认为原判除认定三被告人盗窃柴油 340 升有误外，其他认定事实清楚，证据确实、充分。

经审理查明：

（一）抢劫犯罪事实

2008 年 6 月 5 日凌晨 4 时许，原审被告人陈高飞伙同他人驾驶一部车牌号为粤 A30181 面包车窜到海丰县鲘门镇广汕公路边的湖北松滋饭店前，见停放一部车牌号为闽 C25678 大货车，即将该车的油箱盖钳掉后实施盗油。该饭店老板李伦彬发现后上前阻止，原审被告人陈高飞及其同伙持刀威胁李不许做声。此时，在该车驾驶位上休息的娄国锋闻声下车，原审被告人陈高飞即持刀架在娄的脖子上，强行抢走其大货车内的柴油 200 升（价值人民币 1240 元）后逃离现场。

以上事实有以下证据证实：

1. 被害人娄国锋陈述：2008 年 6 月 5 日凌晨 4 时许，其将货车停放在海丰县鲘门镇湖北松滋饭店前，遂在货车上休息，随后听到车后有响声，即下车查看，忽然被一男子持刀架在脖子上，另三四名男子强行抽走其货车油箱内的柴油，得手后几名男子驾驶一部面包车（车牌号有“181”几个数字）往鲘门方向逃跑。被抢走的柴油有 200 多升，价值人民币 1200 多元；经辨认一组照片，娄国锋指出原审被告人陈高飞就是持刀威胁其的歹徒。

2. 证人李伦彬证实，2008 年 6 月 5 日凌晨 4 时许，一名司机将大货车停放在其饭店前，其在车上休息，随后有几名男子驾驶一部车牌号为粤 A30181 的面包车停放在大货车旁边，并实施盗油。其发现后上前阻止，被几名男子持刀恐吓。此时，司机下车，亦被一名男子持刀威胁，几名男子盗油后驾车逃离现场；经辨认一组照片，李伦彬指出原审被告人陈高飞就是持刀的歹徒。

3. 海丰县价格认证中心海价（认）字［2008］112 号涉案财产价格鉴定结论书证实被抢柴油的价值。

4. 海丰县公安局扣押物品、文件清单，证明扣押了一部蓝色车牌号为粤 A30181 的面包车及作案工具。

5. 原审被告人陈高飞供述：从 2008 年 5 月份开始其伙同他人多次到海丰县公路边、公路边饭店盗抢停放着的汽车油箱内的柴油，其记得盗抢柴油十几次，其中有几次被饭店老板及司机发现，其即采用持刀威胁的手段盗抢柴油后驾车逃离现场；原审被告人陈高飞带公安人员指认了海丰县鲘门镇湖北松滋饭店门口等作案现场。

6. 公安机关出具的《户籍证明》证实了原审被告人陈高飞的基本情况。

（二）盗窃犯罪事实

2008 年 6 月 20 日凌晨，上诉人王忠臣、姚子宾及原审被告人陈高飞伙同他人，驾驶一部车牌号为粤 A30181 面包车窜到海丰县城三环路顺德家私城附近，见彭少华的一部车牌号为粤 ND1053 大货车停放在该处，即钳掉该车的油箱盖，插入油管盗窃了柴油 200 升，得手后沿着广汕公路以同样方法盗窃了停放在路边的货车油箱内的柴油，至海丰县鲘门镇常德饭店前盗窃熊建红、唐泽恒、丁进忠的货柜车的柴油时，被人发现后报警。上诉人王忠臣、姚子宾及原审被告人陈高飞等人驾车逃离。公安机关迅速追赶，至赤石路段将面包车逼停，现场抓获上诉人王忠臣、姚子宾及原审被告人陈高飞，并在面包车上缴获柴油 34 桶共 850 公斤（价值人民币 6460 元）及油管、长刀、钢管、阻车钉等作案工具。

以上事实有以下证据证实：

1. 被害人彭少华陈述，2008 年 6 月 20 日凌晨 2 时许，其驾驶一部大货车停放在海丰县城大圆盘附近（顺德家私城附近），其下车到县城内朋友处拿货，约半小时后回到停车地准备开车时，发现油箱被撬开，油箱内刚加满的 2000 元柴油被盗光。

2. 证人梁作华证实，2008 年 6 月 20 日早上 5 时许，其饭店的员工梁枝城告知其看到疑似近期盗油的面包车开过，其上饭店二楼查看，即看到该车停放在对面的常德饭店前，有一人放风，二人提胶桶上面包车，其立即报警。

3. 证人梁枝城证实，2008 年 6 月 20 日早上 5 时许，其在长安饭店看到一部疑似近期盗油的面包车开过，后该车停放在常德饭店前货柜车旁边，有一人在车旁放风。其即把情况告知老板梁作华。

4. 证人熊建红证实，2008 年 6 月 20 日早上 6 时许，其在常德饭店内休息，听到警报声，即出门查看车，发现其车的油箱上的锁头被撬开，油盖被拧开。由于其车油箱里焊了过滤网，油没有被盗。

5. 证人唐泽恒证实，2008 年 6 月 20 日凌晨 2 时许，其将车停放在常德饭店前，其在车上休息，于6时许被人叫醒告知有车被盗油。其下车查看，发现油盖被拧开。由于其车油箱内焊了过滤网，油没有被盗。

6. 证人丁进忠证实，2008年6月20日凌晨2时许，其将车停放在常德饭店前，其在车上休息，于6时许被人叫醒告知有车被盗油。其下车查看，发现油盖被拧开。由于其车油箱内焊了过滤网，油没有被盗。

7. 海丰县价格认证中心海价（认）字［2008］109号涉案财产价格鉴定结论书证实被盗柴油的价值。

8. 海丰县公安局扣押物品、文件清单，证明扣押了一部蓝色车牌号为粤A30181面包车及作案工具。

9. 作案工具及上诉人姚子宾、原审被告人陈高飞指认作案现场的照片附卷为证。

10. 公安机关出具的《抓获经过》证明了抓获上诉人王忠臣、姚子宾及原审被告人陈高飞的时间、地点及经过。

11. 上诉人王忠臣、姚子宾及原审被告人陈高飞各自供述于2008年6月20日凌晨其参与盗窃的事实经过。

12. 公安机关出具的《户籍证明》证实了上诉人王忠臣、姚子宾及原审被告人陈高飞的基本情况。

以上证据均经原审及本院二审庭审质证，经查证属实，本院予以确认。

对于上诉人王忠臣、姚子宾提出的上诉理由，经查，于2008年6月5日凌晨4时许上诉人王忠臣、姚子宾及原审被告人陈高飞等人在海丰县鲘门镇松滋饭店前实施的抢劫，原审判决认定二上诉人参与该次抢劫的证据只有原审被告人陈高飞笼统供述伙同王忠臣、姚子宾等人多次盗抢柴油。上诉人王忠臣、姚子宾在公安机关直至庭审均否认参与该次抢劫犯罪，且被害人、证人均无法指证及辨认二上诉人参与作案。综上，原审判决认定上诉人王忠臣、姚子宾参与该次抢劫的证据不足，依法不能认定。二上诉人提出没有参与该次抢劫的理由能够成立，本院予以采纳。对于原审判决认定上诉人王忠臣、姚子宾及原审被告人陈高飞于上述时间在海丰县鲘门镇长安饭店前实施盗窃柴油340升，对此原公诉机关没指控，更无针对该宗犯罪出示证据，本院二审庭审过程中出庭履行职务的检察人员鉴此也提出对该次盗窃依法不能认定，故原判认定三被告人等实施该次盗窃依法不能成立，本院予以纠正。

对于原审被告人陈高飞辩解其没有实施于2008年6月5日凌晨4时许在海丰县鲘门镇松滋饭店前的抢劫，经查，原审被告人陈高飞在公安机关供述其从2008年5月份开始伙同他人在海丰县公路边饭店前盗抢停放的汽车柴油达十几次，并带公安人员指认了海丰县鲘门镇松滋饭店前等作案现场，且被害人、证人均经辨认照片指认陈高飞持刀实施该宗抢劫犯罪。故原审被告人陈高飞辩称没有实施抢劫，请求从轻判处的意见，与查证的事实不符，本院不予采纳。

本院认为，上诉人王忠臣、姚子宾及原审被告人陈高飞无视国家法律，以非法占有为目的，采用秘密手段窃取他人财物，数额较大，其行为均已构成盗窃罪；原审被告人陈高飞还伙同他人在实施盗窃被发现时，当场持刀威胁被害人，劫取被害人汽车柴油，其行为已构成抢劫罪，依法应予数罪并罚。原审判决认定上诉人王忠臣、姚子宾参与2008年6月5日凌晨4时许的抢劫作案，证据不足，本院不予认定。原审判决认定上诉人王忠臣、姚子宾和原审被告人陈高飞在海丰县鲘门镇长安饭店前盗窃柴油340升有误，本院予以纠正。原审判决认定部分事实不清、证据不足，以致认定上诉人王忠臣、姚子宾犯抢劫罪，以及二上诉人和原审被告人共同盗窃340升柴油有误，本院予以纠正。依照《中华人民共和国刑事诉讼法》第一百八十九条第（三）项的规定，判决如下：

一、维持海丰县人民法院（2009）海法刑初字第3号刑事判决第一项即对被告人陈高飞犯抢劫罪、盗窃罪的定罪量刑部分，以及第二、三项中对被告人王忠臣、姚子宾犯盗窃罪的定罪、量刑部分。

二、撤销海丰县人民法院（2009）海法刑初字第3号刑事判决第二、三项中对被告人王忠臣、姚子宾犯抢劫罪的定罪、量刑。

三、上诉人王忠臣犯盗窃罪，判处有期徒刑一年六个月，并处罚金人民币3000元。（刑期从判决执行之日起计算。判决执行以前先行羁押的，羁押一日折抵刑期一日，即自2008年6月20日起至2009年12月19日止。罚金于判决生效之日起十日内缴纳）。

四、上诉人姚子宾犯盗窃罪，判处有期徒刑一年六个月，并处罚金人民币3000元。（刑期从判决执行之日起计算。判决执行以前先行羁押的，羁押一日折抵刑期一日，即自2008年6月20日起至2009年12月19日止。罚金于判决生效之日起十日内缴纳）。

本判决为终审判决。

审 判 长 郑仕忠
审 判 员 马丹娜
审 判 员 许淑芬
二〇〇九年四月十三日
书 记 员 蔡素芬

【评析】

该案系一宗刑事二审对原判部分罪名和部分事实作出改判的典型案例。该二审判决书的特点主要体现在格式规范、结构严谨、层次分明、要素齐全、繁简结合。特别对原判认定有误的事实和证据，以及二审改判后的事实和证据作出完整、清晰的论述，使人一目了然，对二审据以认定的证据也写得比较详细、清楚，证据确实、充分，有较强的说服力。该判决书引用法条准确、完整，适用法律正确，根据二审已经查明的犯罪事实对各被告人作出恰如其分的终审判决，量刑适当，真正体现罚当其罪的办案原则。鉴于二审改判一审判决，二审法院已经对该案进行了公开开庭审理，充分体现法律赋予被告人的辩护权，程序公正、合法。此外，该判决书语言通顺流畅，没有出现错漏现象，逻辑性强，用词规范，说理全面，是一篇值得借鉴的优秀裁判文书。

广东省汕尾市中级人民法院

刑事附带民事判决书

(2009)汕中法刑一初字第11号

公诉机关广东省汕尾市人民检察院。

附带民事诉讼原告人周长碧，女，1946年12月11日生于重庆市铜梁县，汉族，住铜梁县平滩镇仁怀村三组。系被害人王晓东的母亲。

附带民事诉讼原告人王映海，男，1946年7月21日生于重庆市铜梁县，汉族，住址同上。系被害人王晓东的父亲。

附带民事诉讼原告人王欢欢，女，1992年8月27日生于重庆市铜梁县，汉族，住址同上。系被害人王晓东的女儿。

附带民事诉讼原告人王厚兴，男，1995年9月21日生于重庆市铜梁县，汉族，住址同上。系被害人王晓东的儿子。

法定代理人刘帮群，女，1974年6月28日生于重庆市铜梁县，汉族，住址同上。系原告人王欢欢、王厚兴的母亲，被害人王晓东的妻子。

委托代理人刘邦秀，女，1977年5月21日生于重庆市铜梁县，汉族，初中文化，打工，住铜梁县平滩镇双山乡新兴村五组。系刘帮群的妹妹。

委托代理人阳远友，男，1975年2月17日生于重庆市铜梁县，汉族，初中文化，住铜梁县平滩镇仁怀村六组。系被害人王晓东的妹夫。

被告人杨南华，又名杨华，男，1978年12月2日出生于重庆市梁平县，汉族，初中文化，打杂工，户籍所在地：重庆市梁平县城北乡高都村五组85号；常住地：广东省海丰县公平镇吉祥街出租屋。因本案于2008年11月1日被羁押，同月4日被刑事拘留，同月18日被执行逮捕。现羁押于海丰县看守所。

辩护人郭智明，广东海陆律师事务所律师。

汕尾市人民检察院以汕检刑诉（2009）第18号起诉书，指控被告人杨南华犯故意伤害罪，于2009年5月7日向本院提起公诉；在诉讼期间，附带民事诉讼原告人提出附带民事诉讼。本院审查受理后，于2009年6月3日公开开庭进行了合并审理。汕尾市人民检察院指派检察员许木彬出庭支持公诉，附带民事诉讼原告人、被告人杨南华及其辩护人郭智明等均到庭参加诉讼。现已审理终结。

汕尾市人民检察院指控，2007年，被告人杨南华（已婚）与离异女青年刘某某产生不正当男女关系，后刘某某欲与杨南华分手，杨南华不同意。为了与刘某某继续保持不正当男女关系，杨南华于2008年11月1日上午到刘某某所在的工厂找刘某某，被刘某某的姐夫王晓东叫管工赶出厂外。当天中午12时许，杨南华到公平镇人民路等待刘某某下班，准备说服刘某某与其保持关系。因担心遭王晓东阻挠，身上带了一把约30厘米长的水果刀。当杨南华见到刘某某及其姐刘帮群、姐夫王晓东走出厂外时，便上前对刘某某进行纠缠。王晓东见状上前阻止，并与杨南华扭打在一起。刘帮群见状用做服装用的剪刀将杨南华的背部和右手臂刺伤，杨南华拿出随身携带的小刀朝王晓东的胸部刺了一刀，致王晓东受伤倒地，经送往公平卫生院抢救无效死亡。被告人杨南华作案后逃离现场，于当天下午3时许在海丰县收费站附近被公安机关抓获。

经海丰县公安局法医鉴定，王晓东系被单刃锐器刺中心脏致失血性休克死亡。

为证明以上事实，公诉机关当庭宣读了刘帮群等证人证言，出示了物证、书证、现场勘查笔录、鉴定结论（尸体、活体、DNA）等证据。指控认为，被告人杨南华故意非法伤害他人身体，致人死亡，其行为触犯了《中华人民共和国刑法》第二百三十四条第二款之规定，应当以故意伤害罪追究其刑事责任。

附带民事诉讼原告人周长碧等诉称，由于王晓东被被告人杨南华伤害致死，造成其家庭丧失经济来源，请求判令被告人赔偿其丧葬费、被抚养人生活费、死亡赔偿金等共计人民币15万元。

被告人杨南华辩称，其在与王晓东扭打过程中，因背部遭王晓东妻子刘帮群用刀刺伤，为了脱身才用小刀刺了王晓东一刀，是自卫，而不是故意伤害王晓东。其辩护人郭智明提出的辩护意见是：1. 案发过程中，杨南华与王晓东互相扭打，刘帮群用剪刀连续猛刺杨南华的背部和手臂时，王晓东仍然抓住杨南华的手不放，这时，王晓东是共同的不法侵害人；2. 王晓东和刘帮群所实施的共同不法侵害行为，造成杨南华轻伤，同时已经对杨南华的生命构成威胁，王晓东和刘帮群的行为已构成犯罪；3. 被告人杨南华为了制止王晓东和刘帮群正在实施的不法侵害，才拿出水果刀随意刺了一刀，能脱身时马上离开现场。据此表明，被告人杨南华所实施的导致王晓东死亡的行为，属于正当防卫。即使认为被告人杨南华的行为超过必要限度，造成不法侵害人的死亡，也只能认定被告人杨南华的行为属于防卫过当。

经审理查明，2007年，被告人杨南华（已婚）与离异女青年刘某某产生不正当男女关系，后刘某某表示与杨南华分手，杨南华不同意。为了与刘某某继续保持不正当男女关系，杨南华于2008年11月1日上午到刘某某所在的工厂找刘某某，刘某某的姐夫王晓东叫管工劝其出厂外。当天中午12时许，杨南华身上带了一把约30厘米长的水果刀，到公平镇人民路等待刘某某下班，准备说服刘某某与其保持关系。当杨南华见到刘某某及其姐刘帮群、姐夫王晓东走出厂外时，便上前对刘某某进行纠缠。王晓东见状上前阻止，并与杨南华扭打在一起。刘帮群见状用做服装用的剪刀将杨南华的背部和右手臂刺伤，杨南华拿出随身携带的小刀朝王晓东的胸部刺了一刀，致王晓东受伤倒地，随后逃离现场。王晓东经送往公平卫生院抢救无效死亡。当天下午3时许，被告人杨南华逃至海丰县收费站附近时被公安机关抓获归案。

经海丰县公安局法医鉴定，王晓东系被单刃锐器刺中心脏致失血性休克死亡。

附带民事诉讼原告人提出的经济赔偿请求，根据《最高人民法院关于审理人身损害赔偿案件适用法律若干问题的解释》的相关规定，受害人王晓东被伤害后立即死亡，赔偿义务人（即被告人杨南华）应当赔偿丧葬费、被抚养人生活费、死亡补偿费以及受害人亲属办理丧葬事宜支出的交通费、住宿费和误工损失等其他合理费用。原告人请求赔偿数额共计人民币15万元，被告人杨南华表示同意，不违反法律规定。

上述事实，有经法庭质证的下列证据证明：

（一）证人证言

1. 证人刘某某的证言，称其于2007年离婚后，老乡杨南华平时对其很照顾，两人发生了多次性关系。后来，其不想再这样继续下去，就与杨南华说清楚不要在一起，但是杨南华不听。此后，杨南华一直对其纠缠、威胁；因此，杨南华也与妻子常闹矛盾。2008年11月1日12时许，其与姐夫王晓东下班走出工厂门口时，被杨南华拦住，杨南华要求其跟他好，王晓东就叫其不要理他，并拉其走，杨南华便在后面跟着。至其租住屋门口时，杨南华上来拉其的手，王晓东就推杨南华，他们两人扯打了起来。其姐刘帮群上前从中间分开他们，杨南华拿出一把尖刀刺中王晓东，王晓东被刺后倒下，杨南华见状就跑掉了。其等马上报警，并将王晓东送至卫生院抢救，到了卫生院医生证实王晓东已经死亡。

2. 证人刘帮群的证言，称案发当天上午9时许，杨南华到其与丈夫王晓东、妹妹刘某某做工的工厂（位于海丰县公平镇人民路42号）找刘某某闹事，王晓东便让工厂的师傅将杨南华支出厂外。中午12时下班后，其一家三人走路回家途中，杨南华骑自行车窜至刘某某跟前，并拉扯刘某某，王晓东上前制止杨南华时，被杨南华持刀刺中胸腹部致流血。其见状取出放在提袋里的剪刀，对杨南华的背部乱刺，杨南华就自行逃跑。

3. 证人张鹏（男，1987年出生，湖南省永田市新田县大坪塘村人，在公平镇嘉威服装厂做工）的证言，称案发时，其在公平人民路一间饭店吃饭，突然听见外面有女声在叫，便走出饭店，看见街上有两个男人扭打在一起，两个女的和其中一方是同伴，正在边拉另一方边大声叫喊，约过了六七分钟，另一方的男人从身上拿出凶器朝对方的腹部刺了一下，对方被刺中流血倒地，凶手见状逃跑。

4. 证人陈利君的证言，称其丈夫杨南华和刘某某姘居至案发前约有两年时间，至于杨南华与王晓东之间有何矛盾不清楚。

5. 证人陈新林（公平镇人民路42号服装厂的管工）的证言，称案发当天上午9时许，有一名约30岁的男青年站在车间内王晓东及其妻子刘帮群的身后，王晓东夫妻正坐在车位上干活，其靠近时王晓东对其说："师傅，这个人是神经病，把他赶出去。"其见这个人不是厂里的工人，就对这个人讲："有什么好好说，现在是上班时间，你不要影响他人工作。"并叫他出去。这个人离开车间后约5分钟又返回来在四楼楼梯口被其看见，其就制止他，不让他再进入车间，之后他就走了。约20分钟后，其见王晓东接了一个电话，说了几句就挂了，看样子很生气。

6. 证人向开林（公平镇人民路42号服装厂的管工）的证言，称案发前杨南华经常到厂里帮助刘某某干活，案发当天上午约8时30分，其在厂里四楼车间的楼梯口碰见杨南华，当时杨南华要求其帮忙叫刘某某出来，其对杨南华讲"现在是上班时间，不能随便叫工人出来，你要是有事等下班再讲"，杨南华在那里站了一会儿就走了。

7. 证人彭金庭的证言，称案发当天上午，其在公平镇振兴五街19号“白山”卫生站上班，中午12时许，有一位没有着上衣的外省男青年到其卫生站，背部受伤要求治疗。其问他为何受伤，他说是被同工厂的工友用剪刀刺伤。其检查后发现伤势较重，就叫他去医院，只用纱布贴在伤口帮他止血。

8. 证人陈极训、洪胜侯（海丰县附城镇科技园警务室工作人员）的证言，称案发当天下午2时许，他们二人驾警用摩托车巡逻至海丰县收费站时，看见警察在设卡，细问得知公平镇发生一宗故意伤害致死案，且该案的犯罪嫌疑人已向收费站方向潜逃。他们从刑警的手中拿了犯罪嫌疑人的照片细看后，协助堵截抓捕。下午3时30分，他们在三环路“BP”油站处，见一名徒步往收费站走的男青年形迹可疑，就下车上前查问，该男青年突然开逃，他们就随后紧追，追了一百多米就将该男青年制服。经核实，该男青年便是抓捕的犯罪嫌疑人。

（二）现场勘验检查笔录、物证

海丰县公安局刑警三中队制作的公海勘（2008）136号《现场勘验检查笔录》、现场照片及现场平面示意图、现场勘验提取痕迹、物证登记表。现场勘查时间为2008年11月1日13时20分至14时50分。现场位于海丰县公平镇人民路25号商铺门前，门前台阶下有一把单刃小刀（刀长30cm，刃长18cm，木柄），刀刃上有血迹；此刀东北方向100cm至390cm有多处滴落血迹；末血迹处旁有一辆倒地女装自行车，车后轮东侧旁有一个塑料包裹和一把剪刀（剪刀长24cm，刃长8cm），均沾有血迹。

现场提取物证小刀、剪刀各一把，以及小刀上的血迹、地面上的血迹4处。

（三）鉴定结论

1. 海丰县公安局法医于2008年11月3日出具的海法刑技法尸鉴字（2008）第82号《法医学尸体检验报告书》及尸检照片，检验时间2008年11月1日；检验地点在海丰县殡仪馆。死者王晓东皮肤粘膜苍白，尸斑不明显；左前胸第4、5肋处有纵形长3.8cm裂创，创缘整齐，创角上锐下钝，深达胸腔；右额面部、鼻根处、左肘外侧等处有皮肤擦伤。尸体解剖：心包膜有长4.3cm裂口；左心房处有长4.5cm创口，贯通心腔；左胸腔内大量积血。分析：死者左前胸裂创符合单刃锐器伤特征；失血性休克系其死亡原因。结论：王晓东系被单刃锐器刺中心脏致失血性休克死亡。

2. 广东省公安厅刑事技术中心于2008年12月3日出具的粤公刑鉴（DNA）字（2008）11132号《法医学DNA检验鉴定书》，送检时间2008年11月11日，检材和样本：①现场可疑血迹为1号、2号；②现场刀上提取的可疑血迹为3号；③现场剪刀上提取的可疑血迹为4号；④死者王晓东的肋软骨为5号；⑤嫌疑人杨南华的血纱为6号。鉴定结果：①2号、3号、4号、5号检材的基因分型一致；②1号检材未检见出有效基因分型，无法比对。

3. 海丰县公安局法医于2008年11月21日出具的海公刑技法字（2008）第1384号《法医学活体检验鉴定书》及伤情照片，检验时间2008年11月1日；检验地点为海丰县公安局刑警一中队。对杨南华的身体检查见：①右背部有长2cm裂创，创缘整齐；②背部下段有长1cm两处裂创，创缘整齐；③右上臂下段外侧有长1cm裂创，创缘整齐。病历资料：右下肺叩诊浊音，右肺呼吸音减弱；左肺叩诊清音；背部有两处创口；X片示右侧血气胸。诊断为右侧开放性血气胸。结论：被鉴定人杨南华伤情属轻伤。